D1640574

SCHÄFFER
POESCHEL

Peter Albrecht / Raimond Maurer

Investment- und Risikomanagement

Modelle, Methoden, Anwendungen

3., überarbeitete und erweiterte Auflage

2008
Schäffer-Poeschel Verlag Stuttgart

Professor Dr. Peter Albrecht, Lehrstuhl für ABWL, Risikotheorie, Portfolio Management und Versicherungswirtschaft, Universität Mannheim

Professor Dr. Raimond Maurer, Lehrstuhl für Investment, Portfolio Management und Alterssicherung, Universität Frankfurt a. M.

Dozenten finden Folienvorlagen für dieses Lehrbuch unter www.sp-dozenten.de, Registrierung erforderlich.

Bibliografische Information Der Deutschen Bibliothek

Die Deutsche Bibliothek verzeichnet diese Publikation in der Deutschen Nationalbibliografie; detaillierte bibliografische Daten sind im Internet über <http://dnb.ddb.de> abrufbar

Gedruckt auf chlorfrei gebleichtem, säurefreiem und alterungsbeständigem Papier

ISBN 978-3-7910-2827-9

www.schaeffer-poeschel.de
info@schaeffer-poeschel.de

Einbandgestaltung: Willy Löffelhardt/Melanie Weiß
Bildmotiv: elektra Vision AG
Satz: Johanna Boy, Brennberg
Druck und Bindung: Kösel Krugzell · www.koeselbuch.de
Printed in Germany
August 2008

Schäffer-Poeschel Verlag Stuttgart

Ein Tochterunternehmen der Verlagsgruppe Handelsblatt

Vorwort zur dritten Auflage

Auch die zweite Auflage unseres Lehrbuchs über Investment- und Risikomanagement ist von der Leserschaft dankenswerterweise freundlich aufgenommen worden, so dass eine weitere Neuauflage notwendig wurde. Wir werten dies als Bestätigung unserer grundsätzlichen Konzeption und haben im Rahmen der vorliegenden dritten Auflage versucht, den mit der ersten Auflage eingeschlagenen Weg konsequent weiter zu beschreiten.

Im Mittelpunkt des vorliegenden Buches stehen nach wie vor Modelle, Methoden und Anwendungen eines quantitativ geprägten Investment- und Risikomanagements. Wir haben uns unverändert darum bemüht, dem Leser die methodischen Ergebnisse nicht nur in Form von „Kochrezepten“ darzustellen, sondern auch die dahinter stehenden Ansätze und Ideen sowie die eingehenden Prämissen zu vermitteln. Die vorherrschende quantitative Sichtweise wird dabei nicht als Selbstzweck verstanden, sondern als zentrales Werkzeug für Anwendungen in der Investmentpraxis. Nach wie vor tragen auch ausführliche Fallstudien zum besonderen Profil des Buches bei.

Die augenfälligsten Erweiterungen bestehen sicherlich in der Neuaufnahme eines Schlusskapitels über „Operationelle Risiken“ sowie in dem Ausbau des Kapitels 14 über „Grundlagen von Immobilieninvestments“ zu einem Kapitel über „Immobilien und alternative Investments“, in dem nun auch Hedgefonds, Private Equity-Investments und strukturierte Produkte behandelt werden.

Weitere wesentliche stoffliche Erweiterungen betreffen die Behandlung von inflationsbereinigten Renditen in Kapitel 2, die Aufnahme von AR(1)-Prozessen (zur Erfassung von Mean Reversion-Effekten) in Kapitel 4, die Behandlung des Dreifaktormodells nach Fama/French und des Vierfaktormodells nach Carhart sowie der referenzpunktbezogenen risikoadjustierten Performancemessung (Sortino Ratio, Omega-Performancemaß) in Kapitel 6, die Darstellung der Duration Gap-Analyse in Kapitel 8, die Aufnahme von Multifaktormodellen der Zinsstruktur nach Duffie/Kan in Kapitel 9 und schließlich die Darstellung des Black/Litterman-Verfahrens in Kapitel 13.

Darüber hinaus haben wir eine Reihe von systematischen Überarbeitungen im Detail vorgenommen sowie den Fundus an Fallstudien, Beispielen und Aufgaben erweitert. Wir sind daher zuversichtlich, dass auch die 3. Auflage nochmals eine erhebliche Qualitätssteigerung beinhaltet und zudem wichtige neue Themenkreise eröffnet.

Auf der Homepage **www.investmentbuch.de** an der Universität Frankfurt werden wir zeitnah uns bekannt gewordene Druckfehler (die trotz allem Bemühen eine offenbar unausrottbare Species darstellen) der dritten Auflage einstellen. Unsere geneigten Leser bitten wir herzlich, uns per Mail (aber auch auf jedem anderen Wege) an **risk@bwl.uni-mannheim.de** über entsprechende Druckfehler zu informieren.

Zur Verbesserung des Services für Dozenten, die mit unserem Lehrbuch arbeiten bzw. arbeiten wollen, haben wir Lehrmaterialien für zentrale Kapitel des Buches erarbeitet, die unter **www.sp-dozenten.de** abrufbar sind.

Auch bei der Vorbereitung und Erarbeitung der dritten Auflage haben wir vielfältige Unterstützung erfahren dürfen und wir sind daher einer Vielzahl von Personen zu Dank verpflichtet. Dank gebührt hier neben einer Reihe von Kollegen, hierunter vor allem

Frau Prof. Dr. Claudia Cottin und Herrn Prof. Dr. Günter Bamberg, vor allem vielen unserer aktuellen und früheren Mitarbeiter, die sich aktiv in die kritische Sichtung der dritten Auflage eingebracht haben. Hier sind vor allem zu nennen Herr Dipl. Volksw. Roland Bodenstein (MBA), Frau Dipl.-Kffr. Jingjing Chai, Herr Dipl.-Kfm. Cemil Kantar (MBA), Herr Dipl.-Kfm Wolfram Horneff (MBA), Herr Dipl.-Kfm. Timo Klett, Herr Dipl.-Kfm. Jochen Mandl, Herr Dipl.-Kfm. Christoph Mayer, Frau Dipl. Wirt. Math. Vanya Petkova, Herr Dipl.-Volksw. Ralph Rogalla, Herr Dipl. Kfm. Alexander Schaefer, Frau Dipl.-Kffr. Barbara Somova, Herr Dr. Michael Stamos, Herr Dipl.-Kfm Huy Thanh Vo.

Besonderer Dank gebührt auch Herrn Dipl.-Vw. Frank Katzenmayer sowie Frau Adelheid Fleischer vom Schäffer-Poeschel Verlag, die auch die Entstehung der dritten Auflage aufmerksam und engagiert begleitet haben.

Dank gilt ein weiteres Mal unseren Sekretariaten, geleitet durch Frau Marina Hammerschmidt und Frau Traudel Walther, für ihren stets bewährten Einsatz. Aber auch zahlreichen Studenten und Teilnehmern unserer Seminare haben wir für ihre Anregungen zu danken. Auch diesmal schulden wir unseren Partnern und Kindern, Maja Sommer und Sarah Anthea Albrecht sowie Yong-Ae, Anna-Maria, Jacqueline und Richard Maurer mehr als nur formalen und pflichtgemäßen Dank.

Mannheim/Frankfurt, im Mai 2008

Peter Albrecht / Raimond Maurer

Prof. Dr. Peter Albrecht

Prof. Dr. Raimond Maurer

Vorwort zur 2. Auflage

Die erste Auflage unseres Lehrbuchs über Investment- und Risikomanagement ist von der Leserschaft freundlich aufgenommen worden. Hierfür sind wir unseren Lesern zu großem Dank verpflichtet. Wir fühlen uns hierdurch auch in unserer grundsätzlichen Konzeption bestätigt und haben bei der vorliegenden zweiten Auflage versucht, den eingeschlagenen Weg konsequent weiter zu beschreiten. Im Mittelpunkt des vorliegenden Buches steht nach wie vor die Behandlung von Modellen, Methoden und Anwendungen des quantitativ geprägten Investment- und Risikomanagements. Auf der einen Seite ist es weiterhin unser Bemühen, dem Leser die methodischen Ergebnisse nicht nur in Form von „Kochrezepten" darzustellen, sondern auch die dahinter stehenden Ansätze und Ideen sowie die eingehenden Prämissen zu vermitteln. Auf der anderen Seite wird die vorherrschende quantitative Sichtweise nicht als Selbstzweck verstanden, sondern als zentrales Werkzeug für Anwendungen in der Investmentpraxis. Nach wie vor tragen auch ausführliche Fallstudien zum besonderen Profil des Buches bei.

Wir haben im Rahmen der Erarbeitung der zweiten Auflage sowohl im methodischen Bereich als auch im Bereich von Anwendungsfeldern des Investment- und Risikomanagements eine substanzielle Überarbeitung vorgenommen. Darüber hinaus hat der behandelte Stoff auch umfangreiche Erweiterungen erfahren. Die augenfälligsten Erweiterungen bestehen sicherlich in der Neuaufnahme eines umfangreichen Schlusskapitels über „Kreditrisiken" sowie in dem Ausbau des früheren Kapitels 14 (und nunmehrigen Kapitels 13) über „Internationale Portfolio-Diversifikation" zu einem Kapitel über „Asset Allocation", wobei hier nun auch die Problematik der Behandlung von Schätzrisiken im Kontext der Markowitzschen Mittelwert/Varianz-Optimierung eine ausführliche Behandlung findet.

Weitere wesentliche stoffliche Erweiterungen betreffen die Diskussion der „richtigen Renditeverteilung" in Kapitel 3 sowie die Darstellung der Methoden einer risikoadjustierte Performancemessung in Kapitel 6. Im Zinsbereich wird neu auf die Bewertung variabel verzinslicher Anleihen eingegangen und es erfolgt eine Erörterung der statistischen Identifikation des Cox/Ingersoll/Ross-Modells, ferner wurde der Abschnitt über die Schätzung von Zinsstrukturkurven substanziell erweitert. Im Forward/Future-Bereich erfolgt nunmehr eine explizite Berücksichtigung des Mark to Market bei Futures im Rahmen der Positionsanalyse, der Bewertung und des Hedgens (Tailing the Hedge) sowie eine Behandlung von Devisenforwards. Im Bereich der Optionen werden nun der „Volatility Smile" und Methoden der Volatilitätsschätzung behandelt. Darüber hinaus werden nun auch sowohl Devisenoptionen und Optionen auf Futures als auch in umfänglicher Weise Zinsoptionen (Bondoptionen, Caps, Floors, Swaptions) dargestellt und es wurde ein Abschnitt über die Bewertung amerikanischer Optionen eingefügt. Die wichtigsten methodischen Überarbeitungen und Erweiterungen betreffen den Conditional Value at Risk, die mehrdimensionale geometrische Brownsche Bewegung, das Martingal-Pricing, den Numeraire-Wechsel sowie das LIBOR-Marktmodell und das Swap-Marktmodell.

Zur Verbesserung der Interaktion mit unseren Lesern haben wir eine Homepage **www.investmentbuch.de** an der Universität Frankfurt eingerichtet, auf der wir dann zeitnah uns bekannt gewordene Druckfehler (die trotz allem Bemühen eine offenbar unausrottbare Spezies darstellen) der zweiten Auflage einstellen werden. Unsere geneigten Leser bitten wir herzlich, uns per Mail (aber auch auf jedem anderen Wege) an **risk@bwl.uni-mannheim.de** über entsprechende Druckfehler zu informieren.

Auch bei der Vorbereitung und Erarbeitung der zweiten Auflage haben wir vielfältige Unterstützung erfahren dürfen und wir sind daher einer Vielzahl von Personen zu Dank verpflichtet. Dank gebührt hier neben einer Reihe von Kollegen, hierunter vor allem Frau Prof. Dr. Claudia Cottin und Herrn Prof. Dr. Günter Bamberg, primär vielen unserer aktuellen und früheren Mitarbeiter, die sich aktiv in die kritische Sichtung der ersten Auflage eingebracht haben. Hier sind vor allem zu nennen Frau Dr. Elke Eberts, Herr Dr. Ulf Herold und Herr Dr. Steffen Sebastian sowie Herr Dipl-Kfm. Ivica Dus, Herr Dipl-Kfm. Wolfram Horneff, Herr Dipl.-Kfm. Cemil Kantar (der sich u.a. hinsichtlich der Optimierung einer Vielzahl von Grafiken verdient gemacht hat), Herr Dipl.-Kfm. Timo Klett, Herr Dipl.-Kfm. Jochen Mandl, Herr Dipl.-Kfm. Christoph Mayer, Herr Dipl-Kfm. Frank Reiner, Herr Dipl.-Volksw. Ralph Rogalla, Herr Dipl-Kfm. Michael Stamos, Herr Dipl.-Kfm. Carsten Weber sowie Herr Dipl-Kfm. Than Huy Vo.

Dank gilt des Weiteren unseren Sekretariaten, geleitet durch Frau Marina Hammerschmidt und Frau Traudel Walther, für ihren stets bewährten Einsatz. Aber auch zahlreichen Studenten und Teilnehmern unserer Seminare haben wir für ihre Anregungen zu danken. Auch diesmal schulden wir unseren Partnern und Kindern, Maja Sommer und Sarah Anthea Albrecht sowie Yong-Ae, Anna-Maria, Jacqueline und Richard Maurer, mehr als nur formalen und pflichtgemäßen Dank.

Mannheim/Frankfurt, im Juni 2005 Peter Albrecht / Raimond Maurer

Vorwort zur 1. Auflage

Das vorliegende Buch ist entstanden auf der Basis einer Reihe von unterschiedlichen Veranstaltungen, welche die Verfasser im Laufe des letzten Jahrzehnts gehalten haben. Hierzu zählen zunächst Vorlesungen, Übungs- und Seminarveranstaltungen über Investment- und Risikomanagement im betriebswirtschaftlichen Hauptstudium der Universitäten Mannheim und Frankfurt/M. Andere Teile des Buches haben ihren Ursprung in Veranstaltungen des wirtschaftswissenschaftlichen Doktorandenstudiums. Hierzu zählen Veranstaltungen über Kapitalmarkttheorie am Graduiertenkolleg »Allokation auf Finanz- und Gütermärkten« der Universität Mannheim und über »Advanced Topics in Investments« am Graduiertenkolleg für Finanzen und Monetäre Ökonomie an der Universität Frankfurt/M. Die dritte Quelle des Buches sind schließlich Veranstaltungen der Deutschen Aktuarakademie (DAA) über Finanzmathematik im Grund- und Spezialwissen, welche die Verfasser regelmäßig abhalten. Zielgruppe sind hier Versicherungsmathematiker aus der Berufspraxis, die sich zum Aktuar (DAV) qualifizieren.

Entsprechend dieser Vielzahl von Quellen ist das angestrebte Profil des vorliegenden Buches vielschichtig. Angestrebt ist eine in sich geschlossene, umfassende und methodisch fundierte Einführung in das moderne, quantitativ geprägte Investment- und Risikomanagement. Der Spannungsbogen reicht dabei von »klassischen« Grundlagen bis hin zu aktuellen methodischen Entwicklungen, von elementaren Methoden bis zu komplexen Kalkülen. Durch eine differenzierte Struktur des Buches wurde versucht, unterschiedlichen Ausbildungsprofilen Rechnung zu tragen. Dabei werden weiterführende und vertiefende Elemente teilweise in Anhängen, teilweise in eigenen Kapiteln behandelt. Insgesamt war es unser Bemühen, dem Leser methodische Ergebnisse nicht in Form von »Kochrezepten« zur Verfügung zu stellen, sondern auch die dahinter stehenden Ansätze und Ideen sowie die eingehenden Prämissen zu vermitteln. Trotz einer unbestreitbaren Dominanz der quantitativen Sichtweise wird der formale Aspekt nicht als Selbstzweck verstanden, sondern als zentrales Werkzeug für Anwendungen in der Investmentpraxis. Insofern tragen auch ausführliche Fallstudien, welche die theoretischen Konzeptionen illustrieren und deren Einsatz in der Investmentpraxis aufzeigen sollen, zum besonderen Profil des vorliegenden Buches bei.

Der Fokus des Buches liegt auf den Methoden des Investment- und Risikomanagements institutioneller Investoren, wie Investmentgesellschaften und Versicherungsunternehmen, und weniger auf der »reinen« Kapitalmarkttheorie bzw. der Theorie der Preisbildung von Finanztiteln, wenn auch entsprechende Elemente im Einzelfall eingehend erörtert werden. Zielgruppen des Buches sind Wirtschaftswissenschaftler sowie Informatiker, Ingenieure, Mathematiker, Physiker und Statistiker des Haupt- bzw. Doktorandenstudiums mit einem Interesse an quantitativen Methoden des Investment- und Risikomanagements ebenso wie entsprechend interessierte Berufsgruppen der Investmentpraxis.

Ein solches Buch kann nicht ohne vielfältige Unterstützung zustande kommen, insofern sind wir einer Vielzahl von Personen zu Dank verpflichtet. Diesen schulden wir einer Reihe von Kollegen für ihre kritische und sehr hilfreiche Kommentierung von einzelnen Kapiteln im Vorfeld, vor allem Frau Dr. Nicole Branger, Frau Prof. Dr. Claudia Cottin und Herrn Prof. Dr. Christian Schlag. Zu Dank verpflichtet sind wir auch vielen Mitarbeitern, die sich aktiv in die Entwicklung des Buchprojekts eingebracht haben. Zu nennen sind hier vor allem Frau Dipl.-Kffr.

Ulla Ruckpaul, Frau Dr. Elke Eberts, Herr Dr. Michael E. H. Adam, Herr Dr. Alexander König, Herr Dipl. Wirtsch.-Inf. Ivica Dus, Herr Dipl.-Kfm. Ulf Herold, Herr Dipl.-Kfm. Cemil Kantar MBA, Herr Dipl.-Kfm. Sven Koryciorz, Herr Dipl.-Kfm. Christoph Mayer, Herr Dipl.-Kfm. Frank Reiner, Herr Dipl.-Kfm. Diplomé de l'ESSEC Steffen Sebastian, Herr Dipl.-Kfm. Carsten Weber, Herr cand. rer. oec. Wolfram Horneff, Herr cand. rer. oec. Marcus Opp, Herr cand. rer. oec. Peter Potthoff, Herr cand. rer. oec. Oliver Bohuschke, Frau Monika Wehe, Frau Marina Hammerschmidt und, last not least, Frau Traudel Walther, ohne deren überaus engagierten und kompetenten Einsatz die Vollendung des Buches eine erhebliche zeitliche Verzögerung erfahren hätte. Aber auch zahlreichen Studenten und Seminarteilnehmern haben wir für ihre Anregungen zu danken. Besonderen Dank schulden wir schließlich Herrn Dipl.-Vw. Bernd Marquard, freier Lektor, und Herrn Dipl.-Vw. Frank Katzenmayer vom Schäffer-Poeschel Verlag, der das Projekt aufmerksam, geduldig und engagiert begleitet hat. Mehr als nur formalen und pflichtgemäßen Dank schulden wir schließlich unseren Partnern und Kindern, Maja Sommer und Sarah Anthea Albrecht sowie Yong-Ae, Anna-Maria und Richard Maurer, die auf eine Vielzahl von gemeinsamen Stunden verzichten mussten.

Mannheim/Frankfurt, im März 2002 Peter Albrecht / Raimond Maurer

Inhaltsübersicht

Teil I: Institutionelle und methodische Grundlagen

Teil II: Investment- und Risikomanagement primärer Finanztitel

Teil III: Investment- und Risikomanagement mit derivativen Finanztiteln

Teil IV: Weiterführende und vertiefende Fragestellungen

Inhaltsverzeichnis

Teil I:
Institutionelle und methodische Grundlagen

1 Allgemeine Grundlagen des Investment- und Risikomanagements

1.1 Einführung

1.1.1 Vorbemerkungen und Abgrenzungen

Zentraler Gegenstand des vorliegenden Buches ist das systematische Management, d.h. die Analyse, Planung und Kontrolle von Investitionen in Finanztitel[1] (Finanzinvestments). Dabei steht primär die Perspektive institutioneller Anleger, wie etwa Investmentgesellschaften oder Versicherungsunternehmen, im Mittelpunkt der Betrachtungen. Diese Investoren sind weniger an kurzfristigem Trading oder der Ausnutzung von Arbitragemöglichkeiten interessiert[2], sondern an längerfristigen Investmentstrategien zur Nutzung der Chancen einer Vermögensmehrung[3] an den Finanzmärkten.

Diese Chancen zu einer Mehrung des Vermögens durch Finanzinvestments gehen stets einher und sind untrennbar verbunden mit Verlustrisiken. Insofern sind Methoden des Risikomanagements ein integraler Bestandteil einer jeglichen Investmentsteuerung. Die Konzeption und der Einsatz von Strategien des Risikomanagements treten damit als zweiter systematischer Schwerpunkt neben die Behandlung von Strategien des Investmentmanagements.

Der Ort, an dem Finanzinvestments getätigt werden, ist der Finanzmarkt. Dabei kann jeder Finanzmarkt durch eine Reihe von Determinanten charakterisiert werden. Hierzu gehören im Kern:

- die Marktteilnehmer,
- die Art des Finanzmarktes sowie
- die am Markt gehandelten Finanztitel.

Hinzu treten weitere Bestimmungsfaktoren[4], wie etwa die Art und die Intensität der Marktregulierung.

Im weiteren Verlauf dieses einführenden Kapitels wird nach Erläuterungen zum Buchaufbau zunächst auf die wesentlichen Teilnehmer an den Finanzmärkten eingegangen, wobei insbesondere die institutionellen Investoren im Fokus stehen. Nach einer Typisierung der Organisationsformen von Finanzmärkten wird ein Überblick über die wesentlichen dort gehandelten Finanztitel gegeben. Anschließend erfolgt eine Darstellung der grundlegenden Prinzipien und Charakteristika eines quantitativen Investment- und Risikomanagements.

---

1 In Kapitel 14 werden darüber hinaus auch Immobilieninvestments behandelt, wobei aber auch hier die finanzwirtschaftliche Perspektive im Vordergrund steht.

2 Zu den grundlegenden Transaktionsmotiven von Finanzmarktteilnehmern vgl. Abschnitt 1.2.3.

3 Diese Vermögensmehrung geschieht dabei nicht zuletzt im Interesse und zugunsten der Kunden der institutionellen Investoren, etwa den Inhabern von Investmentzertifikaten oder den Versicherungsnehmern.

4 Vgl. etwa *Blake* (2000, S. 5).

1.1.2 Zum Aufbau des Buches

Das vorliegende Buch enthält vier Teile. Teil I behandelt institutionelle (Kapitel 1) und methodische Grundlagen (Kapitel 2 bis Kapitel 5). Kapitel 2 beschäftigt sich mit Investments unter Sicherheit. Neben Grundlagen der Investitionsrechnung stehen dabei die Renditebestimmung von Investitionen sowie als Anwendungsfall die Grundlagen einer Erfolgsanalyse von Fondsinvestments im Vordergrund. Kapitel 3 behandelt Investments unter Risiko, wobei zunächst eine Beschränkung auf Einperiodenmodelle erfolgt. Neben relevanten Grundlagen der Wahrscheinlichkeitstheorie steht die Diskussion von (verteilungsbasierten) Risikomaßen im Vordergrund. Kapitel 4 dehnt die Erörterung von Investments unter Risiko aus auf zeitdiskrete sowie zeitstetige Mehrperiodenmodelle. Kapitel 5 schließlich befasst sich mit der Bewertung von Investments unter Risiko, wobei zwischen dem Ansatz der Individualbewertung, insbesondere auf der Grundlage von Risiko-/Wertmodellen, einerseits und dem Ansatz der Marktbewertung, insbesondere No-Arbitrage-Modellen, andererseits unterschieden wird.

Teil II des Buches behandelt das Investment- und Risikomanagement von primären Finanztiteln, einerseits sind dies Aktien (Kapitel 6 und 7), andererseits Zinstitel (Kapitel 8 und 9). Dabei folgt jeweils auf eine einführende Erörterung ein Kapitel, in dem weiterführende und vertiefende Fragestellungen behandelt werden. Kapitel 6 behandelt zunächst die Bewertung von Aktien auf der Einzeltitelebene unter der Annahme sicherer Zahlungsströme[5] (Dividendendiskontierungsmodelle). Es folgt eine eingehende Erörterung der Markowitzschen Portfoliotheorie[6]. Schließlich wird die Bewertung von Aktien im Kapitalmarktgleichgewicht im Rahmen des Capital Asset Pricing-Modells erörtert. Die weiterführenden und vertiefenden Ausführungen des Kapitels 7 konzentrieren sich auf der einen Seite auf eine Weiterführung der Markowitzschen Portfolioselektion auf der Basis von Shortfallrisikomaßen[7]. Auf der anderen Seite werden eingehend Methoden der Portfoliosteuerung auf der Grundlage von Multifaktormodellen behandelt. Schließlich wird auf die Arbitrage Pricing-Theorie eingegangen. Diese Bewertungstheorie verbindet in ihrer Grundform die Multifaktormodellierung mit dem Prinzip der arbitragefreien Märkte[8].

Kapitel 8 befasst sich mit der Analyse und Steuerung von Zinstiteln bzw. Rentenportfolios. Neben der Renditebestimmung[9] werden Charakterisierungen des Zinsgefüges (Zinsstruktur) sowie des Preisgefüges[10] (Preisbildung) dargestellt. Schließlich wird das Zinsänderungsrisiko analysiert und es werden Matching- und Immunisierungsstrategien zur Steuerung von Bondportfolios behandelt. Die weiterführenden und vertiefenden Ausführungen des Kapitels 9 konzentrieren sich zunächst auf die Steuerung des Zinsänderungsrisikos unter alternativen Zinsstrukturmodellen (Fisher/Weil-Duration, Key Rate-Duration). Der zweite Schwerpunkt bildet die Behandlung von arbitragefreien Zinsstrukturmodellen[11].

---

5 Entsprechende Grundlagen werden in Abschnitt 2.2 bereitgestellt.

6 Grundlagen hierfür werden sowohl in Kapitel 3 (wahrscheinlichkeitstheoretische Aspekte) als auch in Abschnitt 5.2 (Bewertungsaspekte) behandelt.

7 Entsprechende Grundlagen werden in Abschnitt 3.6.3 bereitgestellt.

8 Die zugehörigen Grundlagen finden sich in Abschnitt 5.3.2.2.

9 Hierzu werden die Grundlagen in Abschnitt 2.3 entwickelt.

10 Entsprechende Grundlagen werden in Abschnitt 2.2 behandelt.

11 Grundlagen hierfür werden in Abschnitt 5.3.2.2 (Arbitragefreiheit) sowie Abschnitt 4.3 (Diffusionsprozesse) entwickelt.

Teil III des Buches widmet sich dem Investment- und Risikomanagement von derivativen Finanztiteln. Die behandelten Derivateklassen sind Futures (Kapitel 10), Optionen (Kapitel 11) und Swaps (Kapitel 12). Gegenstand der Erörterung sind jeweils die Basispositionen[12] in den jeweiligen Derivaten, die Bewertung von derivativen Finanztiteln[13] sowie deren Anwendung im Investment- und Risikomanagement.

Teil IV des Buches behandelt schließlich spezifische weiterführende und vertiefende Problemkomplexe. Es werden behandelt Konzepte der Asset Allocation und der internationalen Diversifikation[14], das Management von Währungsrisiken sowie die Rolle von Schätzfehlern (Kapitel 13), Investments in Immobilien (Kapitel 14), die Value at Risk-Methodologie (Kapitel 15) sowie Kreditrisiken (Kapitel 16).

1.2 Teilnehmer an den Finanzmärkten

1.2.1 Kapitalsuchende und -nachfragende Wirtschaftssubjekte

Die Teilnehmer an den Finanzmärkten können nach unterschiedlichen Kriterien charakterisiert und klassifiziert werden. Ein erstes Kriterium besteht in der Unterscheidung zwischen Kapitalgebern (Investoren) und Kapitalnehmern (Schuldner). Dabei treten Kapitalgeber oder Investoren als Kapitalanbieter und als Nachfrager von Finanztiteln auf. Kapitalnehmer treten als Kapitalnachfrager und als Anbieter von Finanztiteln auf. Die Abbildung 1.1 vermittelt einen grundsätzlichen Überblick der an den Finanzmärkten als Kapitalgeber bzw. -nehmer agierenden Wirtschaftssubjekte.

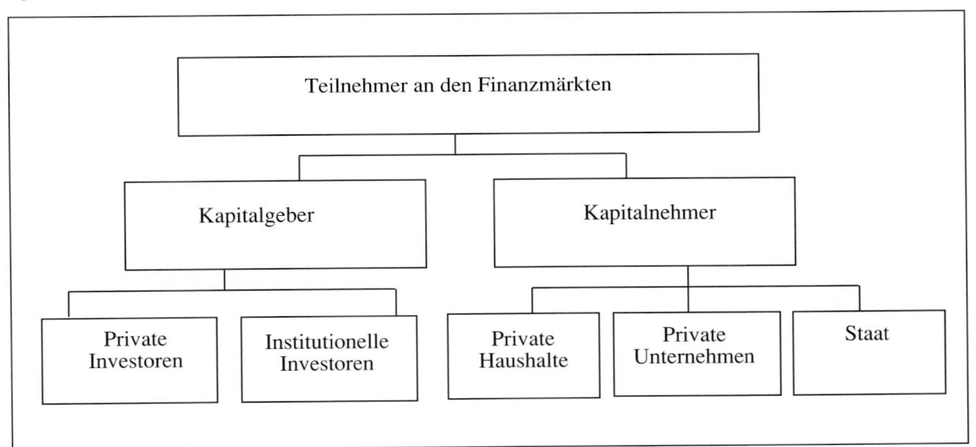

Abb. 1.1: Wirtschaftssubjekte als Kapitalgeber und Kapitalnehmer des Finanzmarkts

12 Insofern bestehen eine Reihe von Querverbindungen zu den Kapiteln 6–9.

13 Im Rahmen der Optionspreistheorie finden sich dabei relevante Grundlagen in den Abschnitten 4.2 bzw. 4.3 (Mehrperiodenmodelle) sowie in den Abschnitten 5.3.2 und 5.3.3 (Bewertung in arbitragefreien Märkten).

14 Die internationale Diversifikation beinhaltet einerseits eine Verallgemeinerung der Markowitzschen Portfoliotheorie um eine internationale Dimension, zum anderen werden sowohl Aktien- als auch Zinstitelpositionen simultan betrachtet.

Kapitalgeber sind Wirtschaftssubjekte, die anderen Wirtschaftssubjekten das Verfügungsrecht über eigene finanzielle Mittel einräumen. Hierzu gehören zum einen die privaten Haushalte, welche in diesem Kontext auch als *private Investoren* bezeichnet werden. Diese besitzen entweder bereits ein privates, investierbares Vermögen oder sie bauen eines auf, indem sie nicht ihre gesamten Einkünfte konsumieren. Den privaten Haushalten stiftet das Eigentum an *Finanztiteln* keinen unmittelbaren Konsumnutzen. Die Nachfrage nach Finanztiteln geschieht vielmehr, um den persönlichen Lebenskonsum von Realgütern oder Dienstleistungen in die Zukunft zu transferieren (Sparen), etwa im Hinblick auf die generelle Bildung privaten Vermögens, zur Absicherung möglicher Einkommensverluste in wirtschaftlich schlechten Zeiten (Vorsichtssparen) oder zum Aufbau einer Eigenvorsorge für das Alter. Aufgrund der hohen Bedeutung im Rahmen von Kapitalbildungsprozessen soll im Folgenden kurz auf grundlegende Aspekte der Alterssicherung eingegangen werden.

Das Alterssicherungssystem in Deutschland basiert wie in den meisten Industrieländern auf drei Säulen.

- der gesetzlichen Rentenversicherung (erste Säule),
- der betrieblichen Altersvorsorge (zweite Säule) und
- der privaten Altersvorsorge (dritte Säule).

Die erste Säule umfasst die öffentlich-rechtlichen Pflichtsysteme, wobei die gesetzliche Rentenversicherung für die Arbeiter und Angestellten der wichtigste Teil darstellt. Weitere Versorgungssysteme der ersten Säule sind die Beamtenversorgung, die Alterssicherung der Landwirte sowie die berufständigen Versorgungswerke. Die gesetzliche Rentenversicherung basiert auf einem Umlageverfahren, bei dem die heute Erwerbstätigen mit Ihren Beiträgen die Altersversorgung der aktuellen Rentnergeneration finanzieren. Dagegen basiert die zweite und dritte Säule der Altersversorgung auf einem Kapitaldeckungsverfahren, bei der Alterskonsum aus dem während der Erwerbsphase angesammelten Kapital und dessen Erträgen finanziert wird. Ist der Arbeitgeber in den Kapitalbildungsprozess rechtlich involviert, spricht man von betrieblicher ansonsten von privater Altersvorsorge.

Die zweite Säule umfasst die betriebliche Alterssicherung der Privatwirtschaft sowie die Zusatzversorgung des öffentlichen Dienstes. Die betriebliche Altersversorgung (kurz bAV) der Privatwirtschaft ist in Deutschland im so genannten Betriebsrentengesetz geregelt. Eine bAV liegt vor, wenn der Arbeitgeber aufgrund eines Arbeitsverhältnisses dem Arbeitnehmer bestimmte Versorgungsleistungen (zur Alters-, Hinterbliebenen- oder Invaliditätsabsicherung) zusagt, oder der Arbeitnehmer über den Arbeitgeber Teile seines Gehalts in eine wertgleiche Anwartschaft auf Versorgungsleistung umwandelt (so genannte arbeitnehmerfinanzierte bAV). Je nach Leistungsumfang sind dabei zwei Basistypen zu unterscheiden: Bei einer reinen Leistungszusage (englisch *defined benefit*) verspricht der Arbeitgeber dem Arbeitnehmer, bei Fälligkeit Versorgungsleistungen in einer vorab definierten Höhe zukommen zu lassen. Die Versorgungsleistungen sind meist als lebenslange Leibrente zu leisten, deren Höhe von der Betriebszugehörigkeit und des in dieser Zeit erzielten Einkommens abhängt. Bei einer reinen Beitragszusage (englisch *defined contribution*), verpflichtet sich der Arbeitgeber bestimmte Beträge für Versorgungszwecke zugunsten des Arbeitsnehmers aufzuwenden, übernimmt jedoch keine Verpflichtungen hinsichtlich der Versorgungshöhe. *Hybride Pensionspläne* stellen Mischformen aus beiden Systemen dar. Traditionell sind in Deutschland Leistungszusagen am weitesten verbreitet, wogegen in den USA Beitragszusagen eine hohe Bedeutung haben. Die Durchführung der betrieblichen Altersversorgung in Deutschland erfolgt traditionell im

Rahmen von so genanten Direktzusagen, wobei der Arbeitgeber die vertraglich vereinbarten Versorgungsleistungen aus eigenen Mitteln finanziert und hierfür Pensionsrückstellungen zu bilden hat. Teilweise baut der Arbeitgeber im Rahmen so genannter *interner Pensionsfonds* (auch Contractual Trust Arrangement, CTA) getrennt vom eigenen Vermögen Finanzkapital auf, aus denen die Pensionsverbindlichkeiten finanziert werden können. Neben diesem internen, existieren weiterhin verschiedene externe Durchführungswege der betrieblichen Altersversorgung. Hierbei zahlt der Arbeitgeber Beiträge an einen externen Versorgungsträger (Pensionsfonds, Pensionskasse, Unterstützungskasse und Direktversicherung), der daraus systematisch einen Kapitalstock zur Deckung der zukünftigen Versorgungsleistungen auf- und abbaut.

Die folgende Abbildung gibt einen Eindruck über die Bedeutung der vorgestellten Durchführungswege der betrieblichen Altersversorgung in Deutschland.

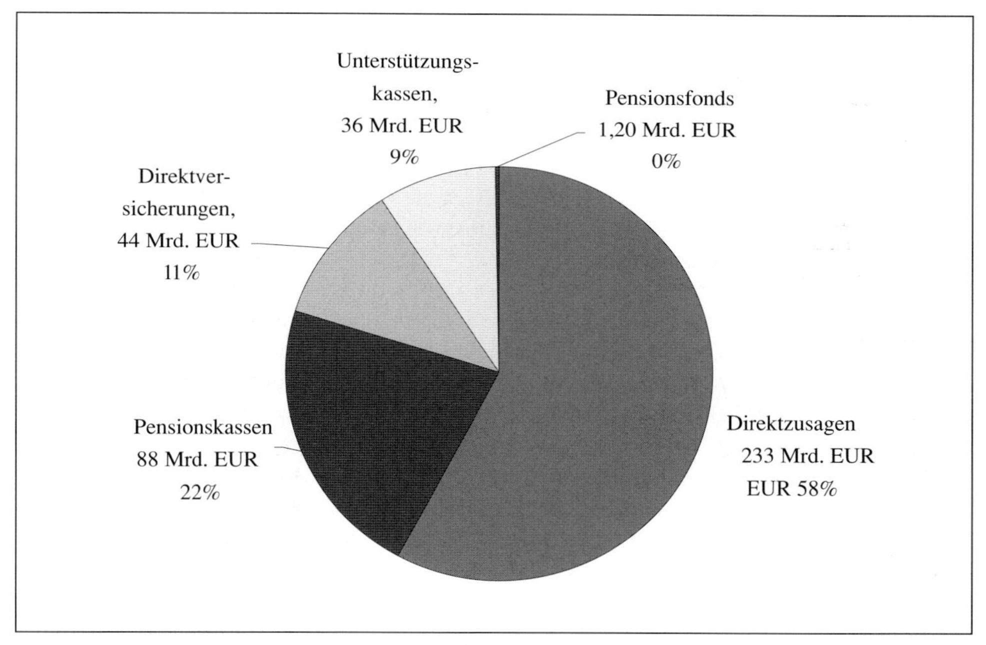

Abb. 1.2: Aufteilung der Deckungsmittel in der betrieblichen Altersversorgung im Jahr 2005 nach Durchführungswegen (Quelle: *Schwind* (2007): Die Deckungsmittel der betrieblichen Altersversorgung in 2005, in: Betriebliche Altersversorgung, Heft 4, S. 365ff.)

Die dritte Säule stellt die von den Bürgern selbst finanzierte private Altersvorsorge dar. Hierbei gibt es eine Fülle unterschiedlicher Anlageformen. Teilweise unterstützt der Staat den Aufbau einer kapitalgedeckten Altersversorgung durch steuerliche Anreize, welche gleichzeitig an die Einhaltung bestimmter Kriterien geknüpft ist. Hervorzuheben ist in diesem Zusammenhang das im Jahre 2002 in Kraft getretene Altersvermögensgesetz (AVmG) – auch unter dem Namen des damaligen Bundesarbeitsministers bekannt als »Riesterrente«. Das Gesetz sieht vor, von Arbeitern, Angestellten sowie Beamten freiwillige erbrachte Altervorsorgebeiträge (bis zu bestimmten Grenzen) durch eine nachgelagerte Besteuerung und/oder durch direkte Zulagen für Geringverdiener steuerlich zu fördern.[15] Die erbrachten Altervorsorgebeiträge fließen dabei in individuelle Altersvorsorgeprodukte, welche von Banken, Lebensversicherungsunternehmen und Investmentgesellschaften breiten Bevölkerungsschichten angeboten werden. Vorher prüft die Bundesanstalt für Finanzdienstleistungsaufsicht (BaFin), ob die vom Gesetzgeber im Altervorsorge-Zertifizierungsgesetz (AltZertG) vorgeschrieben Förderkriterien eingehalten werden. Der Produktanbieter muss garantieren, dass zu Beginn der nicht vor dem sechzigsten Lebensjahr beginnenden Auszahlphase zumindest die eingezahlten Beiträge zur Verfügung stehen. Weiterhin dürfen Entnahmen nur in Form einer lebenslangen Leibrente oder Ratenzahlungen im Rahmen eines Auszahlungsplans mit einer anschließenden Teilkapitalverrentung im Alter 85 erfolgen. Per Jahresultimo 2007 wurden fast 11 Millionen Riesterverträge abgeschlossen, was mehr als einem Viertel der sozialversicherungspflichtigen Arbeitnehmer(innen) in Deutschland entspricht.

Auch durch das Alterseinkünftegesetz aus dem Jahre 2005 wird der Aufbau einer kapitalgedeckten Alterssicherung – bekannt auch als Basisrente – steuerlich gefördert. Der Staat fördert die Basisrente durch die Möglichkeit der Ansetzung der Beiträge auf spezielle Verträge als Sonderausgabe. Wie bei der Riester-Rente können diese Verträge ebenfalls von Banken, Versicherungs- und Investmentgesellschaften angeboten werden, jedoch ohne einem vorherigen Zertifizierungsverfahren unterzogen zu werden. Die steuerliche Förderung ist ebenfalls an die Einhaltung bestimmter Kriterien geknüpft: So dürfen die Ansprüche aus der Basisrente nicht beleihbar, nicht vererbbar, nicht veräußerbar, nicht kapitalisierbar und nicht vor dem sechzigsten Lebensjahr ausgezahlt werden.

Die Entwicklung und Zusammensetzung des (Netto-)Geldvermögens der *privaten Haushalte* in Deutschland in den Jahren 1993 und 2006 zeigt Tabelle 1.1. Dabei wird deutlich, dass sich die Anlagestruktur der privaten Haushalte in den letzten dreizehn Jahren nachhaltig verändert hat. Insbesondere hat der relative Anteil von Forderungen gegenüber Versicherungen und Investmentanteile deutlich zugenommen. Dagegen haben der Direkterwerb von Aktien oder Rentenwerten sowie die Einlagen bei Banken an Bedeutung verloren.

Unter die so genannten *institutionellen Investoren* sind private Unternehmen aus dem Produktions- und Finanzsektor, öffentliche Institutionen (Gebietskörperschaften, Sozialversicherungsträger, öffentliche Unternehmen) sowie private Organisationen ohne Erwerbszweck (Kirchen, Parteien, Stiftungen u.a.) zu subsumieren. Dabei fragen Produktionsunternehmen und öffentliche Institutionen, welche gleichzeitig zu den wichtigsten Kapitalnachfragern gehören, primär[16] deshalb Finanztitel nach, um temporär auftretende oder (wie bei den Sozialversicherungsträgern) notwendige Liquiditätsbestände kurzfristig ertragbringend anzulegen. Insofern ist ihre Bedeutung als institutionelle Investoren eher als gering einzuschätzen. Die wichtigsten institutionellen Investoren stammen aus dem Finanzsektor, hierzu zählen Investmentfonds, Geschäftsbanken (Kreditinstitute) und Versicherungsunternehmen. Während Kreditinstitute im Rahmen ihrer Geschäftstätigkeit gleichzeitig als Nachfrager von Finanztiteln auftreten, gilt dies für Investmentfonds und Versicherungsunternehmen nicht. Insofern soll

15 Bei einer nachgelagerten Besteuerung erfolgen die Beiträge aus unversteuertem Gehalt, die während der Ansparphase erzielten Erträge (Zinsen, Dividenden, Kursgewinne) bleiben ebenfalls unversteuert, allerdings sind Leistungen in der Entnahmephase als Einkommen zu versteuern.

16 Daneben treten weitere Notwendigkeiten, wie etwa das Management von Währungsrisiken.

auf diese »reinen« institutionellen Investoren aus dem Finanzsektor kurz näher eingegangen werden.[17]

	1993		2006	
	Mrd. EUR	Relativ	Mrd. EUR	Relativ
Bruttogeldvermögen der privaten Haushalte				
Bei Banken[1)]:	1.089	44,85%	1.541	34.03%
– kurzfristig	760	31,30%	1.228	27.11%
– langfristig	329	13,55%	313	6.91%
Bei Versicherungen[2) 3)]:	479	19,73%	1.148	25.35%
In Wertpapieren:	722	29,74%	1.591	35.13%
– Rentenwerte[4)]	297	12,23%	482	10.64%
– Aktien	191	7,87%	372	8.21%
– Sonstige Beteiligungen	99	4,08%	212	4.68%
– Investmentanteile	136	5,60%	525	11.59%
Aus Pensionsrückstellungen	138	5,68%	248	5.48%
Insgesamt:	2.428	100,00%	4.529	100.00%
Verbindlichkeiten der privaten Haushalte				
Konsumentenkredite	154	15,71%	203	12,96%
Wohnungsbaukredite	580	59,18%	1.057	67,50%
Gewerbliche Kredite	236	24,08%	296	18,90%
Sonstige Verbindlichkeiten	10	1,02%	10	0,64%
Insgesamt	980	100,00%	1.566	100,00%
Nettogeldvermögen	1.449		2.963	
- EUR je Haushalt	40.000		75.500	
- in % des verfügbaren Einkommens	132,7%		133,6%	

Anmerkungen: (1) Im In- und Ausland; (2) inklusive Pensionskassen, Pensionsfonds, berufsständische Versorgungswerke und Zusatzversorgungseinrichtungen: (3) inklusive sonstige Forderungen; (4) inklusive Geldmarktpapiere

Tab. 1.1: Geldvermögen der privaten Haushalte (einschließlich private Organisationen ohne Erwerbszweck) (Quelle: Deutsche Bundesbank, Monatsbericht Juni 2004, S. 54, Monatsbericht Juni 2007, S. 26)

17 Pensionsfonds als externer Durchführungsweg der betrieblichen Altersversorgung sind ebenfalls den institutionellen Investoren zuzurechnen. In Deutschland wurden Pensionsfonds erst im Jahre 2002 zugelassen. Aktuell liegen nur geringe empirische Erfahrungen mit diesem Finanzintermediär vor.

Unter *Kapitalanlage-* oder *Investmentgesellschaften* versteht man Unternehmen, die das bei ihnen angelegte Geld im eigenen Namen für die gemeinschaftliche Rechnung der Einleger nach dem Grundsatz der Risikomischung in bestimmten, gesetzlich zugelassenen Vermögensgegenständen gesondert vom eigenen Vermögen in Form von speziellen Sondervermögen (*Investmentfonds*) anlegen und über die hieraus sich ergebenden Rechte der Anteilseigner Anteilscheine (*Investmentanteile*) ausstellen. Geschäfts- und Leitgedanke des Investmentwesens ist es, einer Vielzahl von Anlegern, auch mit kleinen Anlagebeträgen, den Zugang an der Wertentwicklung der nationalen und internationalen Anlagemärkte zu ermöglichen.[18] Dabei können Anteile an *Publikumsfonds* von jedermann erworben werden. Dagegen können Anteile an *Spezialfonds* nur von nicht-natürlichen Personen erworben werden. Spezialfonds sind mithin ein speziell für den institutionellen Anlegerkreis konzipiertes Medium des externen Vermögensanlagemanagements. Sowohl Publikums- als auch Spezialfonds haben den im Investmentgesetz (InvG) abgesteckten aufsichtsrechtlichen Rahmen mit den daraus resultierenden umfangreichen Anlegerschutzanforderungen einzuhalten[19]. Lediglich Unternehmen, deren Rechtsverhältnisse im Rahmen des InvG geregelt sind, dürfen gemäß § 3 InvG unter der Bezeichnung »Kapitalanlagegesellschaft« oder »Investmentgesellschaft« firmieren.

Die Kapitalanlagen eines *Versicherungsunternehmens* resultieren grundsätzlich aus drei Vorgängen,

- der Vorauszahlung der Prämien und dem dadurch induzierten Auseinanderfallen von Prämienzugang und den entsprechenden Auszahlungen für Versicherungsleistungen,
- den (vor allem in der Lebensversicherung) integrierten Spar- und Entsparprozessen sowie
- der Anlage von Teilen des Eigenkapitals, das den Versicherungsunternehmen nicht primär der Finanzierung von Investitionen dient, sondern in erheblichem Umfang Sicherheitskapital darstellt sowie des nicht-versicherungstechnischen Fremdkapitals (etwa: Pensionsrückstellungen).

Im Hinblick auf die ersten beiden Tatbestände, die sich bilanziell in entsprechenden versicherungstechnischen Rückstellungen (Schadenrückstellung, Deckungsrückstellung, Rückstellung für Beitragsrückerstattung) und Verbindlichkeiten (Verbindlichkeiten gegenüber Versicherungsnehmern aufgrund gutgeschriebener Gewinnanteile) niederschlagen und die Hauptquelle der Kapitalanlagen eines Versicherungsunternehmens darstellen, liegt somit ein direkter wirtschaftlicher Verbund mit dem Versicherungsgeschäft, den einzelnen vermarkteten Versicherungsverträgen, vor. Doch auch hinsichtlich der Anlagequelle Sicherheitskapital besteht insoweit eine wirtschaftliche Verbindung zum Versicherungsgeschäft, als dieses einen zentralen Beitrag zur generellen Erfüllbarkeit der Verpflichtungen aus den Versicherungsverträgen leistet. Ähnlich wie Investmentfonds haben Versicherungsunternehmen bei der Anlage ihres Vermögens umfangreiche, im Versicherungsaufsichtsgesetz (VAG) kodifizierte Restriktionen einzuhalten. Diese zielen darauf ab, die dauernde Erfüllbarkeit des Versicherungsschutzversprechens nicht durch eine zu risikoreiche Vermögensanlage zu gefährden.

Die nachfolgende Tabelle vermittelt einen Eindruck über die Höhe der Vermögensanlagen von Investmentfonds (unterteilt in Spezial- und Publikumsfonds) sowie von Versicherungs-

18 Vgl. hierzu auch *Laux* (2002).

19 Darüber hinaus unterliegen Kapitalanlagegesellschaften partiell den Vorschriften anderer Gesetze, insbesondere dem Kreditwesengesetz (KWG) sowie dem Wertpapierhandelsgesetz (WpHG).

unternehmen (differenziert nach Versicherungszweigen) gemäß der Kapitalmarktstatistik der Deutschen Bundesbank im Dezember 2004.

	Mio. EUR	Prozent
Investmentfonds[1]	1.047.036	100,00
Publikumsfonds	353.170	33,73
Spezialfonds	693.866	66,27
Versicherungsunternehmen[2]	1.246.313	100,00
Lebensversicherungsunternehmen	669.195	53,69
Pensions- und Sterbekassen	94.228	7,56
Krankenversicherungsunternehmen	130.841	10,50
Schaden- und Unfallversicherungsunternehmen	133.130	10,68
Rückversicherungsunternehmen	218.919	17,57

[1] Quelle: Deutsche Bundesbank Kapitalmarktstatistik, Feb. 2008, S. 52 f.
[2] Quelle: Jahresbericht BaFin, 2006, S. 92

Tab. 1.2: Vermögensanlagen deutscher Investmentfonds im Dez. 2007 und Versicherungsunternehmen in Millionen EUR im Dezember 2006

Zu den Kapitalnehmern gehören zum einen Wirtschaftsunternehmen, die eine Finanzierung der von ihnen getätigten Investitionen vornehmen müssen. Neben die Innenfinanzierung von Investitionen aus dem Umsatzprozess etwa durch einbehaltene Gewinne (Selbstfinanzierung), treten hierbei die Möglichkeiten einer Außenfinanzierung durch Zuführung von Zahlungsmitteln externer Kapitalgeber. Dies geschieht etwa in Form einer Beteiligungsfinanzierung – dies impliziert die Beteiligung der Kapitalgeber am Unternehmenseigentum –, z.B. durch die Ausgabe von Aktienkapital oder GmbH-Anteilen oder in Form einer Fremdfinanzierung, etwa durch Aufnahme von Bankkrediten oder die Emission von Schuldverschreibungen (z.B. Industrieschuldverschreibungen). Aus dem Finanzsektor sind es vor allem die Geschäftsbanken (Kreditinstitute), die im Rahmen ihrer Eigenschaft als Finanzintermediäre als bedeutende Emittentengruppe von Finanztiteln auftreten. Zur Finanzierung der ihnen übertragenen Aufgaben treten des Weiteren die Gebietskörperschaften (Bund, Länder, Kommunen) und die öffentlichen Unternehmen (Bundesbahn, Bundespost, Kreditanstalt für Wiederaufbau u.a.) als bedeutende Kapitalnachfrager und Emittenten von Finanztiteln auf. Schließlich sind auch die privaten Haushalte selbst wichtige Kapitalnachfrager (siehe Tabelle 1.1), etwa zur Finanzierung des gegenwärtigen Konsums durch die Aufnahme von Konsumentenkrediten, im Rahmen der Finanzierung des privaten Wohnungseigentums durch Wohnungsbaukredite oder zur Finanzierung gewerblicher Aktivitäten.

1.2.2 Finanzintermediäre versus Endnutzer

Ein zweites Kriterium der Charakterisierung von Teilnehmern an den Finanzmärkten besteht in der Unterscheidung zwischen *Endnutzern* und *Finanzintermediären*. Abbildung 1.3 gibt einen Überblick.

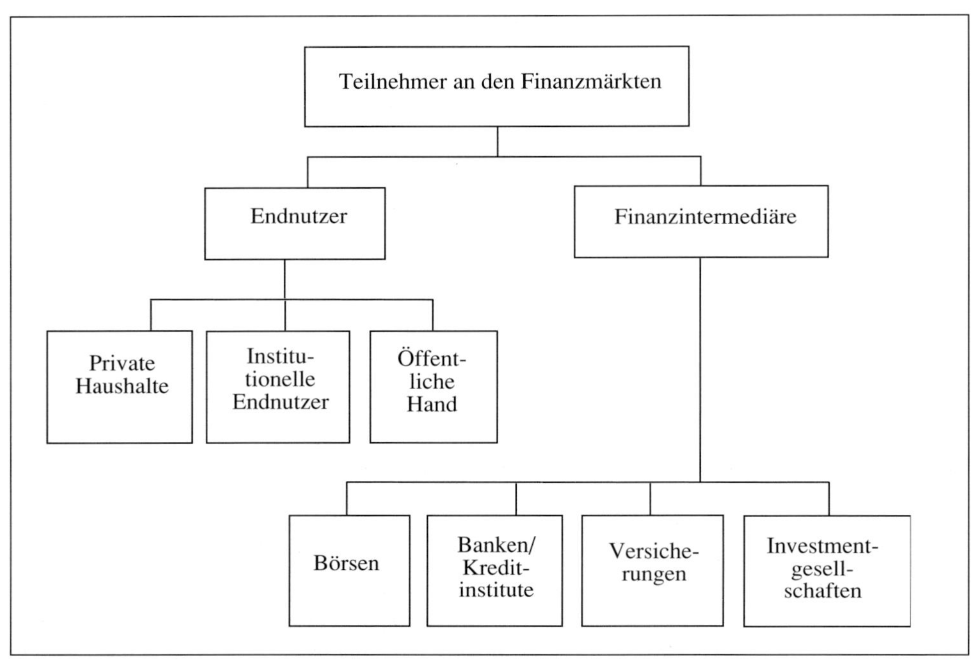

Abb. 1.3: Endnutzer und Finanzintermediäre als Teilnehmer an den Finanzmärkten

Endnutzer der Finanzmärkte sind vor allem die privaten Haushalte auf der Seite der Kapitalanbieter sowie Wirtschaftsunternehmen und der Staat auf der Seite der Kapitalnachfrager. In der Regel bestehen jedoch bei den potenziellen Kontraktparteien divergierende Vorstellungen über z.B. Fristen, Renditen, Risiken oder Losgrößen der Kapitalaufnahme bzw. -anlage. Insofern vollziehen sich Transaktionen zwischen den einzelnen Wirtschafssubjekten oftmals nicht direkt zwischen Kapitalanbietern und -nachfragern, sondern durch die Zwischenschaltung von *Finanzintermediären*. Diese versuchen durch Fristen-, Losgrößen- und Risikotransformationsleistungen die oben genannten »Reibungsprobleme« bei der Durchführung von Finanztransaktionen zu reduzieren. Darüber hinaus erbringen Finanzintermediäre auch einen Know how-Transfer (Informationstransformation) durch Ausübung einer Beratungsfunktion[20]. Zu

20 Etwa bei Börsengängen oder im Mergers & Acquisitions-Bereich.

den wichtigsten Finanzintermediären zählen Wertpapier- und Terminbörsen, Kreditinstitute, Investmentgesellschaften und Versicherungsunternehmen. So sind etwa bei Kreditinstituten ein Großteil der aufgenommenen Gelder (etwa in Form von Sicht-, Termin- und Spareinlagen) kurzfristiger Natur, wogegen Bankkredite meist langfristig vergeben werden. Auch Wertpapierbörsen ermöglichen eine derartige *Fristentransformation*, indem sie etwa eine börsentägliche Handelbarkeit von Finanztiteln gewährleisten. Wertpapierbörsen und Finanzunternehmen erbringen eine *Losgrößentransformation*, indem hohe Investitionsvolumina in kleine Finanzierungseinheiten gestückelt werden. Terminbörsen ermöglichen die Redistribution von speziellen Finanzmarktrisiken. Kapitalanlagegesellschaften und Lebensversicherungsunternehmen ermöglichen dem Anleger, mit bereits kleinen Beträgen an der Wertentwicklung eines breit diversifizierten und von Experten verwalteten Anlageportfolios partizipieren zu können.

Hinsichtlich der Funktionen von Finanzintermediären kann man etwa die folgenden Unterscheidungen treffen:

- Beratungsfunktion
- Brokerfunktion
- Händlerfunktion sowie
- Market Maker-Funktion.

Im Rahmen der *Beratungsfunktion* werden reine Beratungsleistungen gegen Entgelt erbracht. Im Rahmen der *Brokerfunktion* werden Vertragsvereinbarungen gegen eine Gebühr vermittelt, ohne dass der Finanzintermediär jedoch selbst als Kontraktpartei auftritt. Finanzintermediäre können jedoch auch als Kontraktpartei zwischen zwei Endnutzer treten. Sie übernehmen dabei regelmäßig ein Ausfallrisiko. Im Rahmen der *Händlerfunktion* beschränkt sich hierbei jedoch die Aktivität des Finanzintermediärs auf ein reines »Durchhandeln« der Vertragsvereinbarung unter Erwirtschaftung einer Gewinnmarge, ohne dass dabei der Händler planmäßig offene Positionen eingeht. Market Maker hingegen stehen als Kontraktparteien zur Verfügung, ohne dass notwendigerweise eine entsprechende Gegenpartei existiert. Dies impliziert das Eingehen und erfordert das Management von offenen Positionen. Im Rahmen einer *Market Maker-Funktion* erfolgt ein regelmäßiges Angebot von Finanztiteln eines bestimmten Typus[21] und eine damit einhergehende Preisstellung. Die Verpflichtung, laufend verbindliche Kurse festzustellen, sichert die Liquidität des betreffenden Marktsegments. Für den Endnutzer besitzt dies den Vorteil, dass er permanent in entsprechende Vereinbarungen eintreten kann – und diese gegebenenfalls auch jederzeit liquidieren kann –, ohne dass hierbei ein anderer »passender« Endnutzer existieren muss.

21 Z.B. Futures, Optionen, Swaps.

1.2.3 Differenzierung hinsichtlich Transaktionsmotiven

Eine weitere Unterscheidung ergibt sich hinsichtlich der einzelwirtschaftlichen Transaktionsmotive der Teilnehmer am Finanzmarkt.

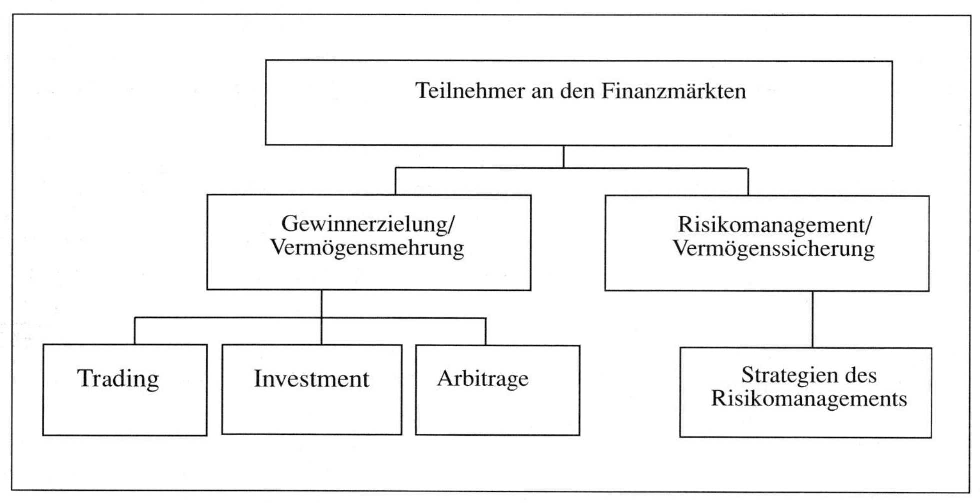

Abb.1.4: Grundlegende Transaktionsmotive der Teilnehmer an Finanzmärkten

Ein erstes grundlegendes Transaktionsmotiv für ein Engagement an Finanzmärkten ist die Absicht zur Erzielung von Gewinnen und damit der Vermehrung des vorhandenen Vermögens. Hierzu können unterschiedliche Strategien angewendet werden. Hinsichtlich der Fristigkeit des Engagements kann man etwa unterscheiden in ein eher kurzfristig orientiertes Trading (auch: Spekulation) und ein eher langfristig orientiertes Investment. Tradingstrategien dienen der aktiven Wahrnehmung von Gewinnchancen[22] an den Finanzmärkten, damit geht allerdings die Übernahme eines entsprechend erhöhten Risikos einher. Trader (Spekulanten) spielen somit eine wichtige Rolle für die Funktionsfähigkeit von Finanzmärkten. Sie übernehmen bewusst Finanzrisiken und sorgen damit auch für eine ausreichende Marktliquidität. Investmentstrategien beinhalten im Unterschied zu Tradingstrategien hingegen eine Ausnutzung der langfristigen Chancen einer Vermögensmehrung an den Finanzmärkten.

Arbitragestrategien dienen schließlich der Ausnutzung von Preisdifferenzen von »äquivalenten« Finanzpositionen[23]. Ein einfaches Beispiel hierfür bieten Preisdifferenzen von identischen Finanztiteln, die an unterschiedlichen (nationalen oder internationalen) Märkten gehandelt werden. Äquivalente Finanzpositionen kann man generell auf unterschiedliche Arten und Weisen generieren, insbesondere durch den Einsatz von Finanztermingeschäften, und auf dieser Basis versuchen, entsprechende Preisdifferenzen auszunutzen.

---

22 Dies geschieht entweder durch eine Antizipation steigender oder fallender Kurse oder durch eine Ausnutzung einer potentiellen Abweichung von Marktpreisen von ihrem »fairen« oder »fundamentalen« Wert.

23 Die entsprechende theoretische Konzeption einer *risikolosen* Arbitragemöglichkeit wird eingehend in Abschnitt 5.3.2.2 behandelt. Sie ist fundamental für die theoretische Fundierung von Finanztitelpreisen.

Die Wertentwicklung von Finanztiteln ist sowohl in kurzfristiger, aber auch in langfristiger Hinsicht mit Risiken behaftet. Gewinnchancen gehen stets einher und sind untrennbar verbunden mit Verlustrisiken. Insofern besteht ein zweites grundlegendes Transaktionsmotiv für ein Engagement an Finanzmärkten in der Vermögenssicherung (Risikomanagement). Die Konzeption und der Einsatz entsprechender Strategien des Risikomanagements erfahren im weiteren Verlauf dieses Buches eine ausführliche Darstellung und treten damit als zweiter systematischer Schwerpunkt neben die Behandlung von Strategien des Investmentmanagements. Trading- und Arbitragestrategien werden hingegen nur in einzelnen Fällen behandelt.

1.3 Charakterisierung von Finanzmärkten

1.3.1 Grundsätzliche Abgrenzungen

Finanzmärkte bieten ihren Teilnehmern die Möglichkeit, Finanztitel zu erwerben und zu veräußern. Sie lassen sich dabei auf unterschiedliche Arten und Weisen klassifizieren und charakterisieren[24]. Im Folgenden konzentrieren wir uns auf die Unterschiede zwischen Kassa- und Terminmärkten einerseits sowie zwischen Börsenhandel und Over the Counter (OTC)-Handel andererseits. Weitere Unterscheidungsmöglichkeiten, auf die eingegangen wird, bestehen in der Unterscheidung zwischen dem Geld- und Kapitalmarkt sowie zwischen Primär- und Sekundärmärkten.

Ausgangspunkt der weiteren Ausführungen bildet die Abbildung 1.5, die auf eine Unterteilung der Finanzmärkte in Kassa- und Terminmärkte abstellt.

Kassamärkte (auch: Cash Markets, Spot Markets) sind insbesondere dadurch gekennzeichnet, dass Vertragsabschluss und Geschäftserfüllung zeitlich zusammenfallen.[25] Ferner sind Kassamärkte grundsätzlich[26] auf eine effektive Erfüllung ausgerichtet.

Finanztermingeschäfte haben stets einen Bezug zu Kassamärkten, da das dem Termingeschäft zugrunde liegende Basisobjekt durch einen Kassamarkt definiert wird. Termingeschäfte sind ohne Kassageschäfte nicht denkbar – die an Kassamärkten gehandelten Titel werden deshalb auch als originäre und die an Terminmärkten gehandelten Kontrakte als derivative Finanztitel bezeichnet. Für Terminmärkte ist charakteristisch, dass zwischen Vertragsabschluss und Vertragserfüllung stets eine bestimmte, vertraglich vereinbarte Frist liegt. Termingeschäfte können zwar auch auf effektive Erfüllung ausgerichtet sein, oftmals findet aber ein *Cash Settlement* statt, d.h. durch Zahlung des entsprechenden Differenzbetrages wird ein zahlungsmäßiger Ausgleich zwischen den bestehenden Finanzpositionen herbeigeführt.

Finanzkontrakte können an *Börsen* oder außerbörslich an *Over the Counter-Märkten* gehandelt werden. Börsen sind typischerweise räumlich konzentriert[27] und dienen dem Zustande-

---

24 Vgl. allgemein etwa *Blake* (2000, S. 20 ff.).

25 Zumindest ist dies die zugrunde liegende Intention. Realiter kann eine technisch oder usancenmäßige Frist bestehen.

26 Ausnahmen bilden der Erwerb synthetischer Finanztitel, wie etwa (verbriefte) Aktienindices.

27 Auch wenn der Börsenhandel nicht notwendigerweise in einem Börsensaal stattfindet, sondern auch auf elektronischem Wege (Computerbörse) erfolgen kann.

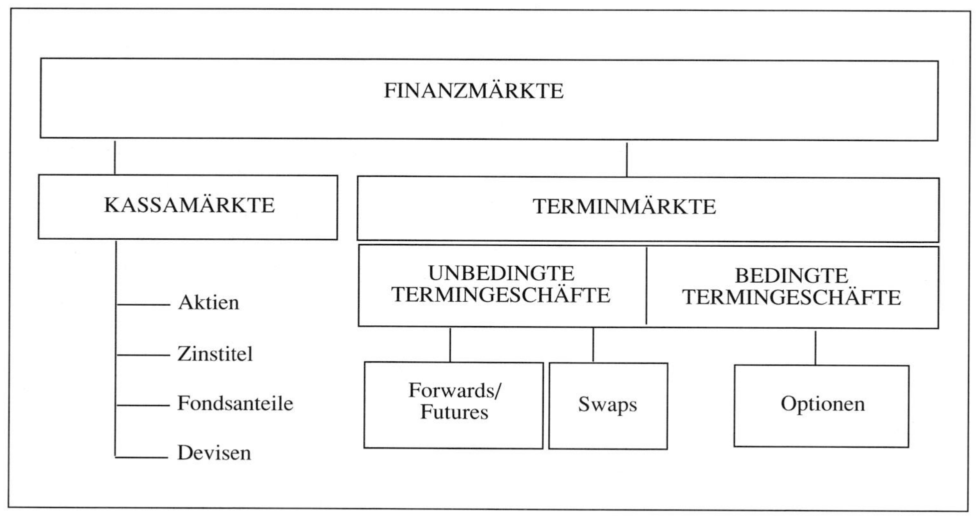

Abb. 1.5: Kassa- und Terminmärkte

kommen von Geschäftsabschlüssen durch Bündelung von Angebot und Nachfrage im Rahmen einer organisatorisch abgeschlossenen Institution. Börsen unterliegen einer staatlichen Aufsicht und tragen damit dem Anlegerschutz in besonderer Weise Rechnung. Die Aufsicht bezieht sich etwa auf die Zulassung bei der Einrichtung einer Börse, die Marktteilnehmer, die zum Handel zugelassenen Finanztitel sowie den Handelsablauf. Rechtsgrundlagen sind etwa das Börsengesetz, das Wertpapierhandelsgesetz und durch das zuständige Aufsichtsorgan erlassene Regeln. Im Hinblick auf die Art der gehandelten Finanztitel unterscheidet man zwischen Wertpapierbörsen (primäre Finanztitel) und Terminbörsen (derivative Finanztitel).

Außerbörsliche Märkte, auch als OTC-Märkte bezeichnet, unterliegen keiner unmittelbaren staatlichen Aufsicht. Vielmehr findet der Handel von Finanztiteln direkt zwischen Käufern und Verkäufern statt, meist über Telefon oder über ein System von Terminals.[28]

Generell sind Börsen durch eine starke Standardisierung gekennzeichnet. Dies bezieht sich sowohl auf die Charakteristika der Finanztitel (Laufzeit, Währung, Stückelung u.a.) als auch auf die Handelsgeschäfte selbst. Hieraus folgt insbesondere eine größere Liquidität und höhere Preiseffizienz der börsenmäßig getätigten Geschäfte im Vergleich zu OTC-Geschäften. Auf der anderen Seite besitzen OTC-Geschäfte eine größere Vielfalt, sie bieten eine erweiterte Produktpalette und eröffnen die Möglichkeit, stärker auf individuelle Produktbedürfnisse von (Unternehmens-)Nachfragern einzugehen.

Aber auch im OTC-Handel wird in bestimmten Segmenten durch eine Standardisierung der Verträge versucht, die Vielfalt und Komplexität der einzelnen Transaktionen zu vermindern, um eine Beschleunigung von Vertragsabschluss und -dokumentation sowie eine verbesserte

28 Hierzu gehört insbesondere auch der Interbankenhandel.

Liquidität zu erreichen[29]. In bestimmten Segmenten, hierzu zählen insbesondere die Swapgeschäfte und die Devisentermingeschäfte, weisen in Deutschland die Märkte im OTC-Bereich ein erhebliches Volumen auf und es wird ein quasi börsenmäßiger Handel betrieben.

Schließlich kann man noch unterscheiden zwischen dem *Primärmarkt* (Emissionsmarkt), auf dem die Erstausgabe von Finanztiteln stattfindet, und dem *Sekundärmarkt*, auf dem die Finanztitel nach ihrer Emission gehandelt werden können. Ziel eines funktionsfähigen Sekundärmarktes ist insbesondere, den betreffenden Finanztitel ohne substanzielle Liquiditätsrisiken bei Bedarf veräußern bzw. erwerben zu können. Weiterhin sichert ein funktionsfähiger Sekundärmarkt eine kontinuierliche Marktbewertung der dort gehandelten Finanztitel.

1.3.2 Terminmärkte

Auch die Terminmärkte selbst können zunächst in *Terminbörsen*[30] und *OTC-Märkte* unterschieden werden. Neben den bereits in Abschnitt 1.3.1 dargelegten generellen Unterschieden zwischen börsenmäßig organisiertem und OTC-Handel treten für Terminbörsen typischerweise zwei weitere spezifische Elemente hinzu:

1) das Clearingkonzept sowie das
2) das Marginsystem.

Charakteristisch für Terminbörsen ist die Existenz einer Verrechnungsinstitution (Clearingstelle), die stets zwischen die kaufenden und verkaufenden Marktteilnehmer geschaltet ist, d.h. in jedem Kontrakt als Kontrahent eintritt. Die Institution der Clearingstelle führt praktisch zu einer Eliminierung des Ausfallrisikos (Erfüllungs- bzw. Bonitätsrisiko der Vertragsgegenpartei) und ermöglicht zudem eine jederzeitige Liquidierung (Glattstellung) der eingegangenen Termingeschäfte zu Marktpreisen.

Die finanzielle Integrität der Clearingstelle wird durch Mindestanforderungen an die Höhe des Eigenkapitals, durch die bei der Clearingstelle zu hinterlegenden Sicherheiten der Clearingmitglieder sowie durch die Forderung von Sicherheitsleistungen (Margins) der Clearingstelle gegenüber den Marktteilnehmern gewährleistet. Die Margins werden durch die Clearingmitglieder, d.h. die Teilnehmer an der Terminbörse, die eine Clearinglizenz besitzen, von den Nicht-Clearingmitgliedern[31] erhoben. Diese fordern ihrerseits von ihren Kunden entsprechende Sicherheitsleistungen[32] in mindestens gleicher Höhe[33]. Direkte Geschäfte an der Terminbörse können nur die Clearingmitglieder tätigen, alle Termingeschäfte

---

29 Als Beispiel hierfür seien die Standardisierungsbestrebungen auf den Swapmärkten durch die International Swap Dealers Association (ISDA) genannt.

30 Beispielsweise die deutsch-schweizerische Terminbörse *Eurex* (Eurexchange) mit Sitz in Frankfurt und Zürich.

31 Z.B. Hausbank eines Privatkunden, die selbst keine Clearinglizenz besitzt.

32 Die Sicherheiten können in Geld und/oder durch die Hinterlegung von Wertpapieren geleistet werden. Die als Sicherheit akzeptierten Wertpapiere müssen bestimmten Qualitätsanforderungen genügen.

33 Der Investor hat den Margin-Anforderungen umgehend nachzukommen. Er muss daher über ausreichende liquide Mittel verfügen, um diese Anforderungen abdecken zu können. Um tägliche kostenträchtige Nachbesicherungen zu vermeiden, verlangen die Kreditinstitute von ihren Kunden daher regelmäßig höhere Sicherheiten als die Terminbörse selbst.

werden durch diese abgewickelt. Die Abbildung 1.6 illustriert die grundsätzliche Struktur[34] des Margin- und Clearingsystems.[35]

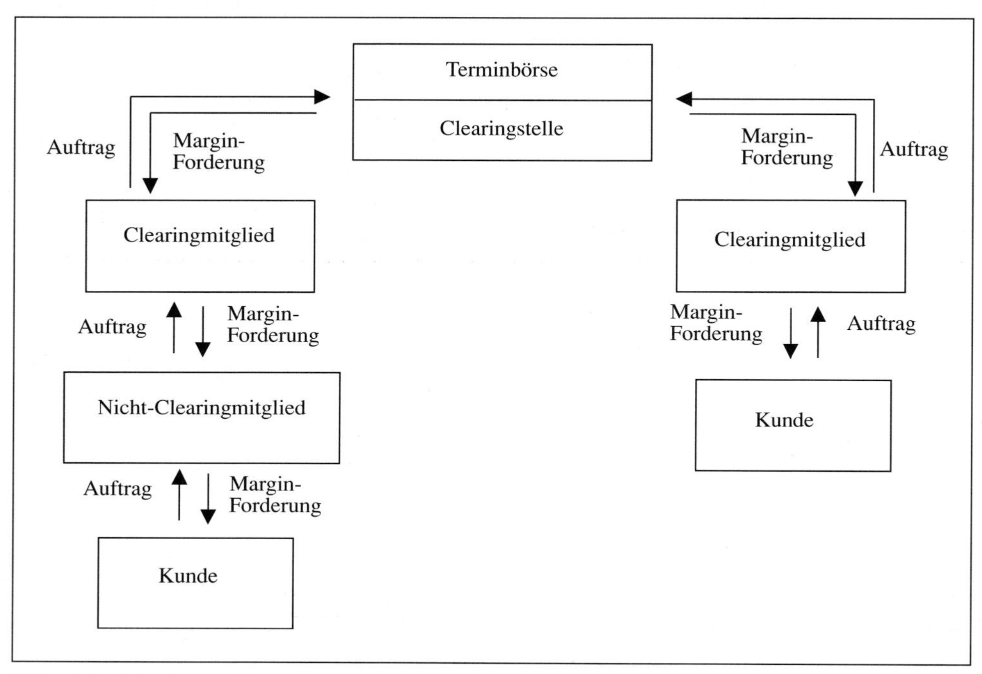

Abb. 1.6: Margin- und Clearingsystem einer Terminbörse

Eine standardmäßige Differenzierung ist diejenige hinsichtlich unbedingter (fixer) und bedingter Termingeschäfte. Bei unbedingten Termingeschäften (Futures, Forwards, Swaps) haben beide Kontraktpartner die feste Verpflichtung, das Termingeschäft zu einem fest vereinbarten Zeitpunkt zu erfüllen. Bei bedingten Termingeschäften (Optionsgeschäften) besteht eine Asymmetrie hinsichtlich der Kontraktpartner. Der Käufer (Long-Position) hat ein Wahlrecht (optio), jedoch nicht die Verpflichtung, das Termingeschäft zu erfüllen. Der Käufer einer Option kann sein Optionsrecht verfallen lassen, insofern ist sein Einsatz auf die bezahlte Optionsprämie begrenzt. Dies führt zu einer *asymmetrischen* Rendite-/Risikoposition des Käufers der Option, die wesentlich den Nutzen des Einsatzes von Optionen im Investmentmanagement bestimmt. Der Verkäufer (Short-Position) der Option hingegen hat die Verpflichtung, im Falle der Ausübung des Optionsrechts seitens des Käufers den Kontrakt zu erfüllen, er wird deswegen

---

34 Die Eurex, vgl. *Eurex* (2001, S. 4 f.), unterscheidet dabei zusätzlich zwischen General Clearing-Mitgliedern und Direct Clearing-Mitgliedern. Letztere sind nur zur Durchführung eigener Geschäfte sowie Geschäften mit eigenen Kunden berechtigt, wohingegen erstere zusätzlich auch Geschäfte von Börsenteilnehmern ohne Clearing-Lizenz (Nicht-Clearingmitglieder) abwickeln dürfen.

35 Hinsichtlich des Marginsystems im Einzelnen sei dabei an dieser Stelle verwiesen auf die Anhänge 10A bzw. 11B. Dort wird das an der Eurex bestehende Marginsystem hinsichtlich Futures- bzw. Optionskontrakten behandelt.

auch als *Stillhalter* bezeichnet. Für die Einräumung des Optionsrechts wird er durch eine Optionsprämie kompensiert.

Hinsichtlich der Basisobjekte von Termingeschäften kann allgemein unterschieden werden in konkrete (physische) Basisobjekte, die an den Kassamärkten direkt gehandelt werden sowie in *abstrakte (synthetische) Basisobjekte,* deren Wert indirekt durch an Kassamärkten gehandelte Titel bestimmt wird. Abbildung 1.7 enthält hierzu eine entsprechende Übersicht.

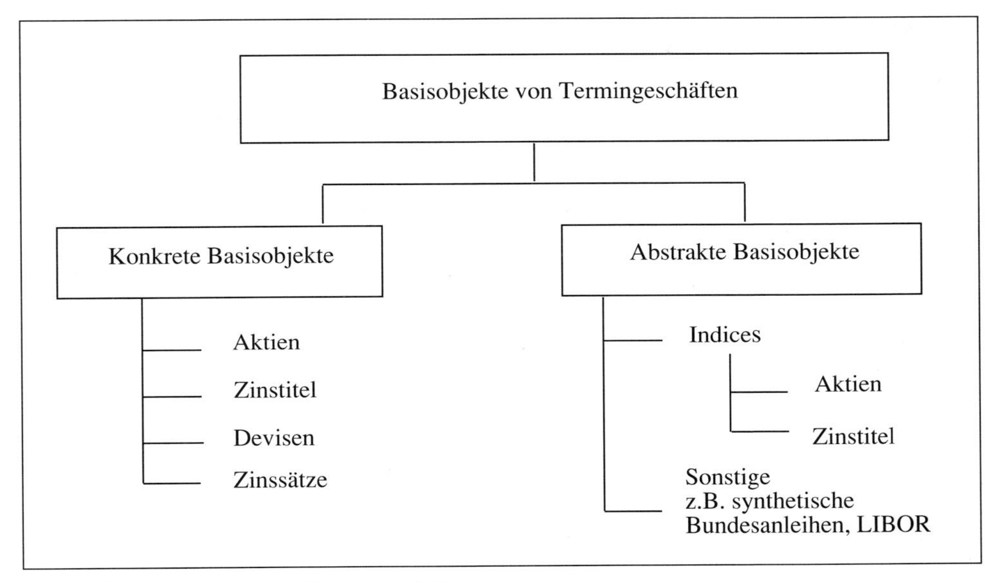

Abb. 1.7: Basisobjekte von Termingeschäften

Hinsichtlich der einzelwirtschaftlichen Dispositionsmotive für ein Engagement an den Terminmärkten können vor allem die folgenden Motive unterschieden werden:

- *Wertsicherungsmotiv*
  Die Terminposition dient der Absicherung eines bestehenden oder geplanten Portfolios (Kassaposition) gegen mögliche Wertverluste. Intendiert wird eine Risikoreduktion oder die Realisierung eines günstigeren Erwerbspreises gegenüber dem ungesicherten Portfolio.
- *Tradingmotiv (Spekulationsmotiv)*
  Die Terminposition dient der aktiven Wahrnehmung von Kurschancen, damit geht die Übernahme eines entsprechend erhöhten Risikos einher.
- *Arbitragemotiv*
  Die Terminposition dient der Ausnutzung von Kursdifferenzen zwischen Terminmärkten einerseits (Differenzarbitrage) oder zwischen Kassa- und Terminmärkten andererseits (Kreuzarbitrage) zwecks Erzielung eines risikolosen Ertrags.
- *Duplikationsmotiv*
  Die Terminposition dient der Generierung einer zu einer angestrebten Kassaposition äquivalenten Position. Intendiert wird die Ausnutzung von Vorteilen unterschiedlicher, aber hinsichtlich der angestrebten Finanzposition äquivalenter Strategien.

- *Innovationsmotiv*
  Die Terminposition dient der Generierung von neuartigen Rendite-/Risikopositionen, die an den Finanzmärkten in direktem Wege (Handelbarkeit eines entsprechenden Titels) nicht darstellbar sind.

Unter Einnahme einer generellen Sichtweise lassen sich vor allem die folgenden allgemeinen ökonomischen Funktionen von derivativen Instrumenten herausarbeiten[36]. Der Handel von derivativen Instrumenten führt zum einen zu einer *Marktkomplettierung*. Risiken bzw. Risikoteile werden handelbar gemacht und es erfolgt damit eine Umverteilung von Risiken. Zielvorstellung ist, dass jeder Investor in die Lage versetzt werden soll, möglichst nur diejenigen Risiken zu tragen, die er auch wirklich tragen möchte. Der Einsatz von Finanzderivaten führt zudem zu der Generierung von neuartigen Rendite-/Risikoprofilen, die auf den Märkten der rein primären Finanzinstrumente entweder so nicht oder nur näherungsweise oder nur unter erheblichen Kosten darstellbar sind. Der Einsatz derivativer Finanzinstrumente kann auch eine deutliche Senkung von *Transaktionskosten* bewirken. Dies erleichtert zum einen den Marktzutritt, zum anderen wird es damit günstiger, Positionen über den Einsatz von Derivaten zu ändern, als dieses direkt im Primärmarkt zu realisieren. Der für den Aufbau einer Futures- bzw. Optionsposition erforderliche Betrag ist typischerweise deutlich geringer als der entsprechende Betrag einer vergleichbaren Position in den betreffenden Basistiteln. Durch einen relativ geringen Kapitaleinsatz können somit große Investitionsvolumina kontrolliert werden. Hierdurch entsteht ein *Leverageeffekt*, der sowohl hohe Gewinnchancen, aber auch hohe Verlustrisiken beinhaltet. Derivate erleichtern die *Portfoliodiversifikation* (und damit die Senkung des Ausmaßes des eingegangenen Risikos). Dies bezieht sich zum einen auf die Möglichkeit der Handelbarkeit von bereits diversifizierten Instrumenten (z.B. Aktienindexfutures), zum anderen auf die günstigere Möglichkeit (*Transaktionskosten*), bestehende Positionen in besser diversifizierte Positionen zu transformieren. Durch die erweiterten Möglichkeiten eines Risikomanagements werden den Wertpapiermärkten neue Marktteilnehmer bzw. Investorenkreise eröffnet. Zusammen mit den durch Arbitrageprozesse zwischen Termin- und Kassamärkten induzierten zusätzlichen Umsätzen wird damit insgesamt die *Marktliquidität* erhöht. Schließlich beinhalten Derivate *informationsökonomische Effekte*. Die mit der günstigeren Handelbarkeit einhergehende schnellere Informationsverarbeitung führt zu einer Informationsführerschaft und damit einem Vorlauf der Terminmärkte gegenüber den Primärmärkten[37]. Abbildung 1.8 fasst die allgemeinen ökonomischen Funktionen von Derivaten zusammen.

Über diese allgemeinen ökonomischen Wirkungen von Finanzderivaten hinaus, beinhalten diese noch weitere zusätzliche Nutzeffekte. Der Einsatz von Termingeschäften im Investmentmanagement erlaubt:

- *Die effektivere Umsetzung bewährter Anlagestrategien*

Strategien, die ursprünglich rein für primäre Portfolios entwickelt worden sind (Beta-Änderung eines Aktienportfolios, Durationsanpassung eines Rentenportfolios, Änderung der Asset-Allocation), können durch Einsatz von Termingeschäften effektiver umgesetzt werden, da die ursprünglich notwendige physische Umschichtung des Portfolios entfällt.

---

36 Vgl. etwa *Gibson/Zimmermann* (1996).

37 Dieses schnellere Anzeigen der Erwartungen der Marktteilnehmer ist an sich positiv, kann sich aber auch destabilisierend auswirken, wenn in den verarbeiteten Informationen zu viel Noise enthalten ist.

- Marktkomplettierung
  - Handelbarkeit/Umverteilung von Risiken
  - Generierung neuartiger Rendite-/Risikoprofile
- Senkung der Transaktionskosten
- Erhöhung der Marktliquidität
- Erleichterung der Diversifikation
- Informationsökonomische Effekte

Abb. 1.8: Allgemeine ökonomische Funktionen von Finanzderivaten

- *Die Durchführung eines Financial Engineering*

Die Konstruktion und Realisierung neuartiger Anlagestrategien durch die Generierung flexibler Rendite-/Risikopositionen (Financial Engineering), insbesondere die Realisierung von solchen Rendite-/Risikopositionen, die für verschiedene Bedürfnisse im Investmentmanagement »maßgeschneidert« sind.

Entsprechend der Vielfalt der generierbaren Rendite-/Risikopositionen bestehen vielfältige Möglichkeiten des Einsatzes von Termingeschäften, hierzu gehören:

- Durchführung der Asset Allocation
- Durchführung von Hedging- und Wertsicherungsstrategien
- Passives Aktien- bzw. Rentenmanagement
- Aktives Aktien- bzw. Rentenmanagement
- Durchführung von Arbitragestrategien.

Die Bedeutung des Einsatzes von Termingeschäften im Investmentmanagement ist erheblich. Diese neue Entwicklung stellt aber sehr hohe Anforderungen an das Finanzmanagement, nicht nur in Form des methodischen Know how, sondern auch in Form von schwierigen Anpassungen im organisatorischen (Aufbau eines leistungsfähigen Abwicklungs- und Steuerungssystems), bilanziellen und steuerlichen Bereich[38].

38 Vgl. hierzu insbesondere *Scharpf/Luz* (2000).

1.4 Charakterisierung von Finanztiteln

1.4.1 Allgemeine Abgrenzungen

Im Allgemeinen können Finanztitel als ein durch Gesetz und Vertrag umschriebenes Bündel von monetären und nicht-monetären Rechten und Pflichten charakterisiert werden. Die konkrete Ausgestaltung dieser Rechte und Pflichten erfolgt zum einen durch einen speziellen zwischen den Parteien auszuhandelnden Vertrag, den *Finanzkontrakt*. Zum anderen werden diese Rechte und Pflichten durch eine Vielzahl von Gesetzen determiniert, die von den Kontraktpartnern zu beachten sind. Die monetären Rechte und Pflichten von Finanztiteln bestehen in erster Linie aus der Höhe, den Zeitpunkten und den (exogenen) Bedingungen unter denen Zahlungen zu leisten oder zu empfangen sind. Nicht-monetäre Rechte, die dem Eigentümer eines Finanztitels gewährt werden, lassen sich unterteilen in Gestaltungsrechte (Veräußerung oder Kündigung) und Einwirkungsrechte gegenüber dem Emittenten wie Alleinentscheidungs-, Mitentscheidungs-, Informations- sowie Veto- oder Anhörungsrechte.[39]

Finanztitel, deren Zahlungsströme aufgrund vertraglicher Regelungen wesentlich von den Zahlungsströmen eines oder mehrerer anderer Finanztitel (Basistitel) abhängen, werden als *derivative Finanztitel* bezeichnet. Die entsprechende Komplementmenge zu den derivativen Finanztiteln ist die Klasse der *primären (originären) Finanztitel*. Dementsprechend ist die Wertentwicklung des primären Finanztitels eine wesentliche Determinante der Wertentwicklung des Derivats. Derivative Finanzinstrumente gewähren regelmäßig keine Einwirkungsrechte.

Hinsichtlich des Erfüllungszeitpunktes der Zahlungen aus einem Finanztitel unterscheidet man zwischen *Kassa-*, *Kredit-* sowie *Termingeschäften*. Bei Kassageschäften fällt der Zeitpunkt des Erfüllungsgeschäftes beider Parteien mit dem Zeitpunkt des Verpflichtungsgeschäftes zusammen. Bei Termingeschäften hingegen fallen Erfüllungsgeschäft und Verpflichtungsgeschäft beider Kontrahenten zeitlich auseinander. Eine Zwischenstellung nimmt das Kreditgeschäft ein, bei dem bereits zum Zeitpunkt des Erfüllungsgeschäftes der Kreditgeber zahlt, wogegen der Kreditnehmer erst in der Zukunft seine Zins- und Tilgungsverpflichtungen erfüllen muss.

Die Rechte aus Finanztiteln können in Form von Wertpapieren verbrieft werden. Wertpapiere sind *vertretbare Urkunden*, die private Vermögensrechte derart verbriefen, dass zur Ausübung des Rechts der Besitz der Urkunde notwendig ist. Der Verpflichtete kann an jeden berechtigten Inhaber des Wertpapiers die darin benannten Verbindlichkeiten mit befreiender Wirkung erfüllen. Ein maßgebliches Motiv für die wertpapiermäßige Verbriefung privater Vermögensrechte ist, deren Übertragung an Dritte und damit den Handel von Finanztiteln zu erleichtern. So braucht der Erwerber eines Wertpapiers nicht zu befürchten, dass der Verpflichtete bereits mit befreiender Wirkung an einen anderen geleistet hat.

Je nachdem, in welcher Form die Rechte aus einem Wertpapier übertragen werden, unterscheidet man in *Inhaber-* und *Orderpapiere*. Inhaberpapiere lauten auf den Inhaber, dementsprechend kann jeder Besitzer der Urkunde das verbriefte Recht gegenüber dem Schuld-

39 Vgl. *Franke/Hax* (1999, Kapitel VIII).

ner geltend machen. Der Verpflichtete kann gegenüber jedem Besitzer des Wertpapiers mit befreiender Wirkung leisten. Die Übertragung von Inhaberpapieren vollzieht sich wie bei beweglichen Sachen durch Einigung und Übergabe der Urkunde. Orderpapiere hingegen sind auf den Namen eines Berechtigten ausgestellt. Dieser kann jedoch seine Rechte in der Weise an eine andere Person übertragen, dass er das Wertpapier mit einem Übertragungsvermerk (*Indossament*) übergibt. Ansprüche aus dem Wertpapier kann dementsprechend nur der in der Urkunde selbst Benannte oder eine durch das Indossament legitimierte Person geltend machen.

Nach Art der bestehenden Rechte bzw. Ansprüche kann man unterscheiden in *Beteiligungs-* und *Gläubigerpapiere*. Zur ersteren Kategorie gehören Wertpapiere des Aktientypus. Der Aktionär ist »Miteigentümer« des Unternehmens und besitzt entsprechende Ansprüche auf Gewinnbeteiligung und Beteiligung an Unternehmensentscheidungen. Gläubigerpapiere hingegen beinhalten keine Eigentumsrechte, sondern verbriefen eine schuldrechtliche Verpflichtung und beinhalten Forderungsrechte gegen den Aussteller des Papiers.

Vertretbare (fungible) Wertpapiere, d.h. solche mit gleicher Ausstattung an Rechten und Pflichten, bezeichnet man auch als *Effekten*. Für den Inhaber eines fungiblen Wertpapiers ist es gleichgültig, welches Stück er von welchem Handelspartner (rechtmäßig) erwirbt. Insofern können fungible Wertpapiere untereinander ausgetauscht werden, ohne dass der Inhaber eine Minderung oder Mehrung seiner Rechte erfährt. Effekten werden in der Wertpapierstatistik der Deutschen Bundesbank nach der Art der in ihnen verbrieften Rechte in die drei Gruppen *Aktien*, *festverzinsliche Wertpapiere* und *Anteile an Kapitalanlagegesellschaften* (Investmentzertifikate) eingeteilt[40]. Auf diese Basistypen von Wertpapieren wird im Weiteren näher eingegangen.

1.4.2 Aktien

Aktien sind Wertpapiere, die Teilhaberrechte an einer Aktiengesellschaft verbriefen. Dabei ist bei den in Deutschland üblichen Nennwertaktien[41] das Grundkapital der Aktiengesellschaft in eine bestimmte Anzahl auf einen festen Nennwert lautende Aktien zerlegt, mit deren Übernahme der Aktionär einen bestimmten Anteil an der Gesellschaft erwirbt. Als »Miteigentümer« einer Gesellschaft partizipiert der Aktionär sowohl an einer positiven Entwicklung (Anteil am Gewinn, Anteil an der Mehrung des Unternehmenswerts) als auch an einer negativen Entwicklung (Gewinnausfall, Liquidation) der Gesellschaft. Seine Haftung ist jedoch auf den Verlust des Nennwerts der von ihm erworbenen Aktien begrenzt.

Je nach Aktienart ist das Anteilsrecht unterschiedlich ausgestaltet. Grundsätzlich umfasst es die folgenden Sachverhalte:

40 Darüber hinaus existieren auch weitere Formen von verbrieften Rechten, z.B. *Asset Backed Securities* (ABS), dies sind Wertpapiere, die durch die Verbriefung von Vermögenspositionen, typischerweise Forderungen von Unternehmen, entstehen. Diese Form der *Verbriefung* (Securitization) dient der Finanzierung durch Mobilisierung eines in der Bilanz ansonsten gebundenen Vermögens.

41 Stückaktien lauten auf keinen Nennbetrag und sind am Grundkapital einer Gesellschaft in gleichem Umfang beteiligt; vgl. § 9 Abs. 3 Aktiengesetz. Im Gegensatz zu den Vereinigten Staaten sind Stückaktien in Deutschland unüblich.

- Teilnahme an und Stimmrecht in der Hauptversammlung
- Anspruch auf Teilhabe am Unternehmensgewinn in Form einer Dividendenzahlung (Dividendenanspruch)
- bei Kapitalerhöhung das Recht auf den Bezug junger Aktien (Bezugsrecht)
- Auskunfts- und Anfechtungsrechte sowie
- Anteil am Liquidationserlös bei Auflösung der Gesellschaft.

Für Aktien sind verschiedene Formen zulässig. *Stammaktien* verbriefen die vollen Rechte eines Aktionärs. So genannte *Vorzugsaktien* beinhalten bestimmte Sonderregelungen hinsichtlich des Stimmrechts und/oder des Dividendenanspruchs.

Bezüglich der Übertragbarkeit ist in Inhaber-, Namens- und vinkulierte Namensaktien zu unterscheiden. *Inhaberaktien* sind die in Deutschland gebräuchlichste Form. Ihre Eigentumsübertragung vollzieht sich einfach und kostengünstig durch Einigung und Übergabe der Aktie. *Namensaktien* sind kraft Gesetz Orderpapiere, hier erfolgt die Übertragung durch Einigung und Übergabe der indossierten Urkunde. Namensaktien sind gemäß § 67 Aktiengesetz unter Angabe des Namens, Geburtsdatums und Wohnort des Inhabers sowie der Stückzahl oder der Aktiennummer in das Aktienregister der Gesellschaft einzutragen. Nur wer im Aktienregister eingetragen ist, kann die Rechte gegenüber der Gesellschaft geltend machen. Bei *vinkulierten Namensaktien* im Sinne von § 68 Abs. 2 Aktiengesetz ist die Übertragung zusätzlich an die Zustimmung der Gesellschaft gebunden.

Bei Aktiengesellschaften, bei denen ein Teil des Aktienkapitals oder das gesamte Aktienkapital gehandelt wird, tritt neben den Nennwert einer einzelnen Aktie ihr Kurswert, der in der Regel vom Nennwert deutlich abweicht. Der Investor kann Aktien zu ihrem jeweiligen Kurswert erwerben und wieder veräußern. Die Kursentwicklung ist dabei grundsätzlich abhängig von der Unternehmensentwicklung, wird aber – vor allem in kurzfristiger Hinsicht – auch durch eine Vielzahl weiterer Faktoren beeinflusst. Der Investor partizipiert damit an den Kurschancen des Aktieninvestments, aber ebenso an den Kursrisiken.

Aus einer zahlungswirtschaftlichen Perspektive kann ein Aktieninvestment charakterisiert werden durch den induzierten Zahlungsstrom. Dieser wird durch Abbildung 1.9 illustriert.

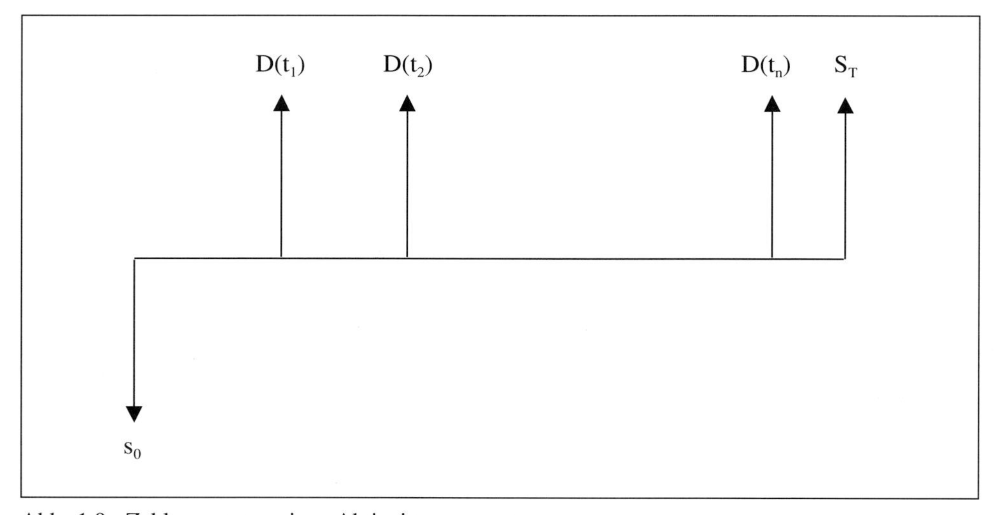

Abb. 1.9: Zahlungsstrom eines Aktieninvestments

Im Zeitpunkt t_0 erfolgt der Erwerb der Aktie zu einem bestimmten Preis (Kaufkurs) s_0. Zu Zeitpunkten t_i (i = 1, ..., n; $t_0 < t_1 < ... < t_n < T$) werden Dividendenzahlungen an den Investor vorgenommen. Zum Zeitpunkt T erfolgt eine Desinvestition durch Verkauf der Aktie zu einem bestimmten Preis (Verkaufskurs) S_T. Sowohl die Höhe der Dividendenzahlungen als auch[42] der Verkaufspreis sind aus Sicht des Investitionszeitpunktes t_0 indeterminiert. Hierin äußert sich die Unsicherheit der Wertentwicklung des getätigten Investments.

Es verbleibt noch festzuhalten, dass der Desinvestitionszeitpunkt durch den Investor prinzipiell frei wählbar ist, ein Aktienengagement besitzt grundsätzlich eine nicht beschränkte Laufzeit. Nur die Liquidation bzw. ein Delisting der Gesellschaft erzwingen ein Ende des getätigten Investments.

1.4.3 Gläubigertitel

1.4.3.1 Vorbemerkungen

Gläubigertitel verbriefen eine schuldrechtliche Verpflichtung[43] und beinhalten entsprechende Forderungsrechte des Gläubigers. Diese Forderungen erstrecken sich insbesondere auf die Rückzahlung (Tilgung) des aufgenommenen Geldbetrages im Rahmen der vertraglich vereinbarten Regelungen sowie i.d.R. auf die terminlich fixierte Zahlung von Zinsen als Entgelt für die Kapitalüberlassung. Als Sammelbegriffe dienen die Termini Schuldverschreibungen, Darlehen, Rentenwerte (Renten), Zinstitel, Bonds oder Anleihen.

Aus einer zahlungswirtschaftlichen Perspektive kann ein Bondinvestment wiederum charakterisiert werden durch den induzierten Zahlungsstrom. Dieser wird durch Abbildung 1.10 illustriert.

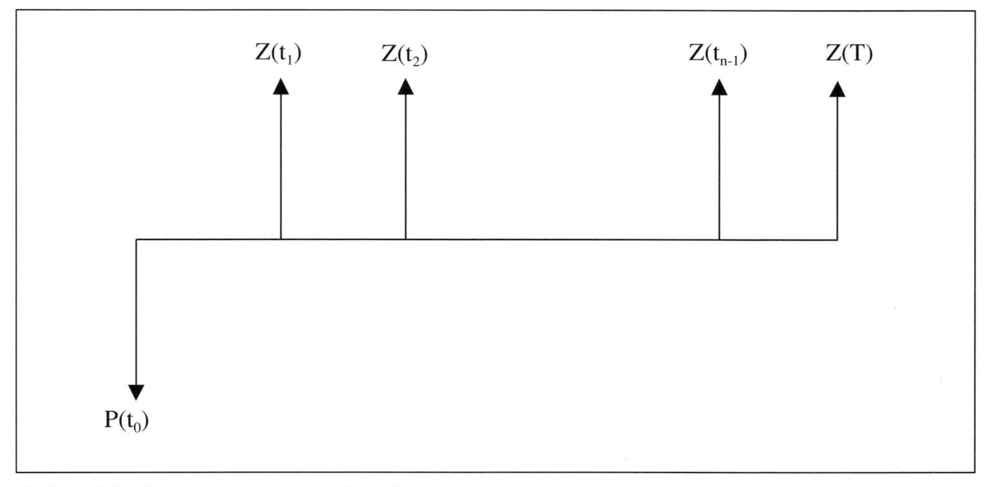

Abb. 1.10: Zahlungsstrom eines Bondinvestments

42 Dabei ist der Grad der Unsicherheit hinsichtlich der Kursentwicklung regelmäßig deutlich höher als der hinsichtlich der Dividendenhöhe.

43 In Deutschland bestehen entsprechende rechtliche Regelungen im Rahmen des BGB.

Im Zeitpunkt t_0 erfolgt der Erwerb des Zinstitels zu einem bestimmten Preis (Kaufkurs) $P(t_0)$. Zu den Zeitpunkten t_i ($i=1,...,n-1$; $t_0 < t_1 < ... < t_n = T$) erfolgen Zins- und ggf. Tilgungszahlungen. Fällt der Zeitpunkt T mit dem Ende der Laufzeit des Bonds zusammen, so erfolgen eine Zinszahlung sowie die (restliche) Tilgungszahlung. Entspricht der Zeitpunkt T einem (früheren) Verkaufszeitpunkt, so setzt sich Z(T) zusammen aus dem Verkaufskurs des Bonds sowie einer anteiligen Zinszahlung (Accrued Interest) für den Zeitraum $[t_{n-1}, T]$. Im Gegensatz zu einem Aktieninvestment ist ein Bondinvestment stets a priori durch die Laufzeit des Zinstitels befristet.

Trotz dieser Gemeinsamkeit gibt es eine große Vielfalt an verzinslichen Titeln. Sie unterscheiden sich insbesondere bezüglich

- Art der wertpapierrechtlichen Verbriefung
- Zins- und Tilgungsmodalitäten
- Emittentengruppen
- Laufzeit sowie
- Währung.

Auf diese in den Anleihebedingungen (Bond Covenants) zu bestimmenden Ausstattungsmerkmale soll anschließend näher eingegangen werden[44]:

1.4.3.2 Wertpapierrechtliche Verbriefung

Hinsichtlich der Übertragbarkeit eines Zinstitels auf Dritte kann man unterscheiden in Inhaber-, Order- und Namensschuldverschreibungen. Bei *Inhaberschuldverschreibungen* erfolgt die Übertragung der Rechte durch Einigung der Vertragspartner und Übergabe der Urkunde. *Orderschuldverschreibungen* lauten auf den Namen einer bestimmten Person, die Übertragung geschieht durch Einigung und Indossament. Eine *Namensschuldverschreibung* lautet auf den Namen einer bestimmten Person und nur der namentlich genannte Inhaber oder dessen Rechtsnachfolger ist zur Geltendmachung des verbrieften Anspruchs berechtigt.

Schuldscheine verbriefen keine Wertpapierrechte, sondern sind lediglich Beweisurkunden. Ein *Schuldscheindarlehen*[45] ist ein Darlehen mit typischerweise langer Laufzeit und anleiheähnlichen Ausstattungsmerkmalen. Bei Schuldscheindarlehen handelt es sich um individuelle und nicht-standardisierte Darlehensverträge, die nicht an der Börse gehandelt werden[46]. Besondere Bedeutung besitzen Schuldscheindarlehen für die Kapitalanlage von Versicherungsunternehmen. Dies ist generell bedingt durch die Möglichkeit der Bilanzierung zum Anschaf-

---

44 Daneben existieren noch hybride Formen, wie die Wandelanleihe und die Optionsanleihe, die nur zum Teil Anleihecharakter besitzen. So ist die Wandelanleihe ein verzinsliches Wertpapier, das über Zins- und Tilgungszahlungen hinaus ein verbrieftes Wandlungsrecht enthält, das es dem Inhaber erlaubt, innerhalb einer bestimmten Frist die Anleihe einer Gesellschaft in Aktien bei vorgegebener Wandlungsparität umzutauschen. Macht der Inhaber von seinem Recht Gebrauch, so erlischt sein Rückzahlungs- und Zinsanspruch. Die Optionsanleihe gibt dem Investor das Recht, Aktien der emittierenden Gesellschaft zu einem festgelegten Kurs und in einem vorgegebenen Verhältnis zu beziehen, wobei auch bei der Optionsanleihe bestimmte Bezugfristen zu beachten sind. Anders als bei der Wandelanleihe bleibt aber das Forderungsrecht erhalten.

45 Die explizite Ausstellung eines Schuldscheins ist dabei nicht zwingend erforderlich (»schuldscheinloses Schuldscheindarlehen«), es genügt der Abschluss eines entsprechenden Darlehensvertrages.

46 Dementsprechend liegt der Zinssatz über dem vergleichbarer börsengehandelter Anleihen.

fungswert[47] und damit der Eliminierung von Abschreibungsrisiken. Ferner sind im Falle von Lebensversicherungsunternehmen Schuldscheindarlehen unter bestimmten Bedingungen (z.B. Bonität des Schuldners) deckungsstockfähig[48].

1.4.3.3 Zinszahlungsmodalitäten

Hinsichtlich der Zahlung von Zinsen unterschiedet man Diskontpapiere, Zuwachsanleihen und zinstragende Titel (Yield Papers, Coupon Bearing Bonds). *Diskontpapiere* (Discount Papers, Abzinsungspapiere) werden mit einem Abschlag vom Nennwert gehandelt[49] und leisten keine laufenden Zinszahlungen. Der Käufer zahlt als Kaufpreis den um den Diskont verringerten Nennwert und erhält am Ende der Laufzeit vom Schuldner den vollen Nennwert zurück. Beispiele für Diskonttitel im kurzfristigen Laufzeitenbereich sind Wechsel, unverzinsliche Schatzanweisungen, Treasury Bills sowie Commercial Papers. Längerfristige Diskontpapiere sind die *Zerobonds* (Nullkuponanleihen).

Eine besondere Variante der Zerobonds stellen die Stripped Bonds (Separate Trading of Registered Interest and Principal of Securities) dar. Bei diesen werden die Kupons (Zinsscheine) einer verzinslichen Anleihe von der Schuldurkunde getrennt und sodann getrennt gehandelt. In Deutschland wurde der Handel mit gestrippten Bundesanleihen im Juli 1997 aufgenommen.

Bei *Zuwachsanleihen* erfolgen ebenfalls keine Zinszahlungen. Die Emission erfolgt hier jedoch zu 100 % und die Rückzahlung umfasst die thesaurierten Zinsen (Zinskumulation). Das für den deutschen Kapitalmarkt bekannteste Beispiel für Zuwachsanleihen sind die vom Bund laufend emittierten Bundesschatzbriefe der Serie B.

Bei *zinstragenden Titel* erfolgen Zinszahlungen in periodischen Abständen, i.d.R. nachschüssig, über eine vorher festgelegte Laufzeit. Dabei unterscheidet man zwischen fixen Zinszahlungen, Staffelzinssätzen sowie variabel verzinslichen Anleihen. Im (Standard-)Fall fixer Zinszahlungen wird zum Emissionszeitpunkt ein für alle Perioden konstanter Zinssatz fixiert. Als *Standardbond* (*Straight Bond*) oder Kuponbond wird dabei der Fall bezeichnet, dass zum einen eine endfällige Tilgung in Höhe des Nennwerts N vorliegt und die laufenden Zinszahlungen in konstanter Höhe Z erfolgen, die durch einen festen Nominalzins i auf den Nennwert bestimmt sind, $Z = Ni$. Bei der *Staffelzinsanleihe* verändert sich hingegen der zu zahlende Zins nach einer von vornherein festgelegten Zinsstaffel. Dabei spricht man von einer Step up-Anleihe (Step down-Anleihe), wenn der Zins stufenweise während der Laufzeit ansteigt (zurückgeht). Als Sonderform der Step up-Anleihe präsentiert sich die Kombizins-Anleihe; bei ihr ist die Laufzeit in zwei Unterabschnitte gegliedert. Für den ersten Abschnitt gilt häufig ein Nominalzins von Null, für den zweiten Abschnitt, der die letzten Perioden umfasst, gilt ein entsprechend höherer Zinssatz, weil diese Anleiheform häufig zum Nominalwert begeben und getilgt wird.

---

47 Im Gegensatz zu börsengehandelten Anleihen, bei denen der ggf. niedrigere Börsenkurs bilanziell anzusetzen ist.

48 Der Deckungsstock entspricht der Deckungsrückstellung, der Differenz zwischen den Barwerten der künftigen Verpflichtungen und den künftigen Prämieneinnahmen aus den bestehenden Versicherungsverträgen. Die Vermögenswerte des Deckungsstocks müssen bestimmten Qualitätsanforderungen genügen, die vom Bundesaufsichtsamt für das Versicherungswesen überwacht werden.

49 Aus theoretischer Sicht zum Barwert des Rückzahlungsbetrages, man vgl. die entsprechenden Ausführungen in Abschnitt 8.4.

Bei Anleihen mit *variabler Verzinsung* (*Floating Rate Notes* oder auch kurz *Floater*) wird der Zins nicht von vornherein festgelegt, sondern in einem bestimmten zeitlichen Abstand (häufig alle drei, sechs oder zwölf Monate) an einen anerkannten Referenzzins (z.B. LIBOR, FIBOR oder EURIBOR) angepasst.[50] Floater zahlen den zugrunde gelegten Referenzzinssatz zuzüglich einem Spread, dem (positiven oder negativen) Abstand zwischen der Zinshöhe und dem Referenzzinssatz (z.B. Spread over LIBOR). Dieser entspricht dabei dem Zinssatz für eine Laufzeit, die durch den Abstand zwischen den Zinszahlungszeitpunkten bestimmt wird (z.B. 6-Monats-LIBOR). Der Spread richtet sich dabei vor allem nach der Bonität[51] des Emittenten.

Im Gegensatz zu diesen Normal-Floatern besteht bei Reverse-Floatern (Inverse Floater) ein negativer Zusammenhang zwischen Zinszahlung und dem zugrunde gelegten Referenzzinssatz. Je höher das Niveau des Referenzzinssatzes zum Zeitpunkt des Fixing ist, desto geringer ist die Verzinsung des Floaters. Über die Normal-Floater besitzt der Anleger die Möglichkeit, an steigenden Zinssätzen zu partizipieren, wohingegen der Investor bei sinkenden Zinssätzen durch das Investment in Reverse Floater profitiert. Neben solchen variabel verzinslichen Anleihen, die an einen geldmarktorientierten Referenzzinssatz gebunden sind, gibt es SURF-Anleihen (Step Up Recovery-Floating Rate), die sich an der Rendite von langfristigen Staatsanleihen orientieren. Im Falle der Drop Lock-Floating Rate Notes (Floors) folgt der vereinbarte variable Zinssatz dem Referenzzinssatz nur bis zu einer festgelegten Untergrenze (Floorzinssatz), im Falle der Capped-Floating Rate Notes (Caps) bis zu einer festgelegten Obergrenze. Der Floorzinssatz entspricht damit einem Mindestzinssatz über die Laufzeit, der Capzinssatz entsprechend einem Höchstzinssatz.

Die nachfolgende Tabelle verdeutlicht die große Bedeutung von Anleihen für den deutschen Kapitalmarkt.

	Mio. EUR	Prozent
Nullkupon-Anleihen	226.416	5.89
Variabel verzinsliche Anleihen	484.329	12.61
Festverzinsliche Anleihen	3.130.723	81.50
Summe	3.841.468	100,00

Tab. 1.3: Umlauf von Nullkupon-Anleihen, variabel verzinslichen Anleihen sowie festverzinslichen Wertpapieren inländischer Emittenten in Millionen EUR am deutschen Kapitalmarkt im Dez. 2007 (Quelle: Deutsche Bundesbank Kapitalmarktstatistik, Feb. 2008, S. 26).

1.4.3.4 Tilgungsmodalitäten

So unterschiedlich wie die Art der Zinszahlung erfolgen kann, so verschieden sind auch die Möglichkeiten, die Tilgungsmodalitäten auszugestalten. Zunächst lässt sich eine Einteilung

50 Bei LIBOR (London Interbank Offered Rate), FIBOR (Frankfurt Interbank Offered Rate) und EURIBOR (European Interbank Offered Rate) handelt es sich um Durchschnittszinssätze, die aus den Briefkursen für Ein- bis Zwölfmonatsgelder im Interbankengeschäft berechnet werden. Vgl. die entsprechenden Ausführungen im Anhang zu diesem Kapitel.

51 Beispielsweise zahlen erstklassige Adressen wie der Bund zumeist weniger als den Referenzzinssatz, Unternehmen schwächerer Bonität hingegen deutliche Aufschläge.

in planmäßige sowie außerplanmäßige Tilgung vornehmen. Bei einer planmäßigen Tilgung erfolgt die Rückzahlung i.d.R. zum Nennwert am Ende der gesamten Laufzeit (endfällige Tilgung). Es existieren allerdings auch Anleihen, bei denen die Tilgung bereits vor Ende der Laufzeit einsetzt (sinking fund provision). Die Rückzahlung kann durch eine bereits bei der Emission feststehenden Annuitätentilgung geschehen. Bei der Annuitätentilgung erfolgt die Rückzahlung ratenweise in der Form, dass der für Tilgung und Zinszahlung aufzubringende Betrag gleich bleibt, weil der auf die Tilgung entfallende Teil der Zahlung in dem Maße zunimmt, wie auf der anderen Seite die Zinsbelastung niedriger wird. Häufig erfolgen die ersten Zahlungen erst nach einem bestimmten tilgungsfreien Zeitraum. Anleihen können auch im Rahmen eines Auslosungsverfahrens zurückgezahlt werden, wenn es vorher entsprechend in den Anleihebedingungen spezifiziert wurde. Dabei erfolgt die Rückzahlung ebenfalls häufig nach einer tilgungsfreien Zeit, in einer Reihenfolge, die durch das Los bestimmt wird. Grundsätzlich können hierbei Serien-, Gruppen- sowie Endziffernauslosung unterschieden werden. Bei dieser Art der Tilgung besteht bei dem Anleger Unsicherheit über den Zeitpunkt der Rückzahlung, die sich durch das Auslosungsverfahren ergibt.

Der Emittent kann auch eine außerplanmäßige Tilgung in den Anleihebedingungen festsetzen. Dabei wird entweder dem Gläubiger (Putoption), dem Schuldner (Calloption) oder beiden eine Kündigungsmöglichkeit eingeräumt. Anleihen mit Kündigungsrecht werden auch als Retractable-Bonds bezeichnet. Eine gesonderte Gruppe, die nur am Rande erwähnt werden soll, bilden Anleihen mit unbegrenzter Laufzeit (Consols), die keine Rückzahlungsverpflichtung seitens des Schuldners besitzen.

Hinsichtlich der Höhe der Rückzahlung wird in der Regel eine betragsmäßige Fixierung, typischerweise in Höhe des Nennwertes des Zinstitels, vorgenommen. Aber auch eine Indexierung ist möglich, etwa in Form einer Inflationsindexierung oder der Koppelung des Rückzahlungsbetrages an einen Aktienindex.

1.4.3.5 Einteilung nach Emittenten

Generell kann eine Einteilung in private und öffentliche Schuldner vorgenommen werden. Zu den öffentlichen Schuldnern zählen unter anderem Staaten, Gebietskörperschaften, öffentlich-rechtliche Unternehmen, Sonderinstitute und internationale Organisationen. Zu den privaten Schuldnern gehören Industrie- und Dienstleistungsunternehmen und dort insbesondere Banken.

Die Bundesrepublik Deutschland begibt am Kapitalmarkt Bundesanleihen, Bundesobligationen, Bundesschatzanweisungen, unverzinsliche Schatzanweisungen, Finanzierungsschätze und Bundesschatzbriefe. Bundesanleihen sind langfristige Schuldverschreibungen der Bundesrepublik; die häufigste Variante ist die mit zehnjähriger Laufzeit. Bundesanleihen sind meistens mit einem festen Zins ausgestattet; jedoch können sie auch als Floater emittiert werden. Bundesobligationen sind mit einer Laufzeit von fünf Jahren hingegen für die mittleren Laufzeiten konzipiert und werden mit einem festen Nominalzins ausgestattet. Bundesschatzanweisungen sind mit einer Laufzeit von zwei Jahren im kurzfristigen Bereich anzusiedeln. Alle drei Bundeswertpapiere werden nach Emission ohne Zulassungsverfahren in den amtlichen Handel eingeführt.

Bankschuldverschreibungen werden von privaten Banken, Realkreditinstituten und öffentlich-rechtlichen Kreditanstalten begeben. Die gedeckten Bankschuldverschreibungen nehmen hier eine Schlüsselrolle ein. Zu den gedeckten Bankschuldverschreibungen gehören insbesondere die Pfandbriefe. Sie dürfen nur von den Hypothekenbanken bzw. den öffentlich-rechtlichen Kreditanstalten begeben werden. Pfandbriefe dienen zur Refinanzierung entweder eines gewährten Realkredits[52] (Hypothekenpfandbriefe) oder eines Investitionsdarlehens an die öffentliche Hand (öffentlicher Pfandbrief).[53] Sie werden auf der Grundlage des Hypothekenbank- bzw. dem öffentlichen Pfandbriefgesetz ausgegeben und es wird eine Bedeckung des Nennwertes durch Hypotheken oder Grundschulden[54] von mindestens gleicher Höhe und mindestens gleichem Zinsertrag gefordert. Trotz der Dominanz der festverzinslichen Pfandbriefe existieren auch Pfandbriefe mit variabler Verzinsung. So genannte *Jumbopfandbriefe* besitzen ein Mindestemissionsvolumen von 500 Mio. EUR mit einem festen Zins und einer jährlichen Zinszahlung. Die Emittenten haben sich dabei verpflichtet, Marktpflege zu betreiben und über Handelsbildschirme verbindliche Preisstellungen für Tranchen bis zu 12,5 Mio. EUR anzubieten. Diese Maßnahmen beinhalten neben der grundsätzlichen Senkung der Refinanzierungskosten durch Jumboanleihen eine Steigerung der Fungibilität der Produkte. Die Kategorie der *Sonstigen Bankschuldverschreibung* sei an dieser Stelle der Vollständigkeit halber erwähnt.

	Mio. EUR	Prozent	Prozent
Bankschuldverschreibungen	1.868.066	100,00	59,67
Hypothekenpfandbriefe	133.501	7,15	
Öffentliche Pfandbriefe	452.896	24,24	
SV von Spezialkreditinstituten	411.041	22,00	
Sonstige BankSV	870.629	46,61	
Staatsanleihen	1.166.974	100,00	37,27
Bund	938.053	80,38	
Länder	227.737	19,52	
Gemeinden	256	0,02	
Bundespost	442	0,04	
Treuhandanstalt	205	0,02	
Sonstige	101	0,01	
Industrieobligationen	95.863	100,00	3,06

Tab. 1.4: Umlauf festverzinslicher Wertpapiere in Millionen EUR am deutschen Kapitalmarkt nach inländischen Emittentengruppen im Dez. 2007 (Quelle: Deutsche Bundesbank Kapitalmarktstatistik, Feb. 2008, S. 26 und S. 30).

52 Als Realkredit werden Darlehen bezeichnet, die durch die Bestellung, Verpfändung oder Abtretung von Grundpfandrechten gesichert sind. In Deutschland existieren nach BGB zwei Arten von Grundpfandrechten, zum einen die Hypothek, zum anderen die Grundschuld.

53 Eine besondere Form von Pfandbriefen stellen Schiffspfandbriefe dar, die durch Schiffspfandbriefbanken ausgegeben werden und durch Hypotheken auf Schiffe gedeckt sind.

54 Die Sicherung gewinnt Bedeutung im Rahmen der Insolvenz des Schuldners. Es werden hierdurch bestimmte Vermögensteile des Emittenten in einem möglichen Insolvenzfall ausschließlich zur Befriedigung der Ansprüche der Wertpapierinhaber herangezogen und stehen dem Zugriff anderer Gläubiger nicht mehr offen. Auch Industrieobligationen sind regelmäßig durch Grundpfandrechte besichert und werden durch einen Treuhänder im Interesse der Gesamtheit der Wertpapierinhaber verwaltet.

Industrieanleihen (*Corporate Bonds*) werden von Unternehmen begeben. Sie nehmen eine zunehmend wichtige Rolle in der Asset Allocation der Anleger ein. Die Nachfrage nach diesen Titeln ist in den letzten Jahren stark gestiegen, da die Staatsanleihen (der Industrieländer) infolge der niedrigen Inflationsraten stark gesunkene Renditen aufweisen. Unternehmensanleihen werden mit einem Renditeaufschlag gehandelt, dessen Höhe sich nach der Bonität des Emittenten bemisst.

Tabelle 1.4 vermittelt einen Eindruck hinsichtlich des Umlaufvolumens am deutschen Rentenmarkt (Ende 2004) differenziert nach inländischen Emittenten.

1.4.3.6 Währungskomponente

Inlandsanleihen liegen dann vor, wenn es sich um einen inländischen Emittenten handelt, der die Anleihe im Inland in der inländischen Währung begibt. Eine *Auslandsanleihe* (Foreign Bond) ist dadurch charakterisiert, dass ein ausländischer Emittent eine Schuldverschreibung im Inland platziert, die auf inländische Währung lautet. Als Beispiel dafür kann eine EUR-Anleihe genommen werden, die von einem US-amerikanischen Unternehmen in Deutschland begeben wird. Bei einem *Eurobond* hingegen handelt es sich um eine Anleihe, die durch ein internationales Konsortium in mehr als einem Land (überwiegend außerhalb des Landes des Emittenten) abgesetzt wird.

Doppelwährungsanleihen (Dual Currency Bonds) liegen dann vor, wenn die Währung, in der die Anleihe emittiert wurde und in der die Zinszahlungen stattfinden, von der Währung abweicht, in der die Rückzahlung erfolgen soll. Diese Form der Anleihe eröffnet dem Emittenten die Möglichkeit, sich über gegebenenfalls relativ zu heimischen Zinsen günstigere ausländische Konditionen zu finanzieren und dabei für den Zeitpunkt der Rückzahlung das Wechselkursrisiko zu eliminieren. Aus umgekehrter Perspektive, der Sicht des Anlegers, wird von einer Fremdwährungsanleihe gesprochen, wenn Zins- und Rückzahlungen in einer anderen Währung erfolgen als in seiner Heimatwährung.

1.4.3.7 Laufzeit

Hinsichtlich der Fristigkeit sind zu unterscheiden *Geldmarkttitel* auf der einen Seite und *Renten-* bzw. *Kapitalmarkttitel* (langfristige Darlehen) auf der anderen. Geldmarkttitel (Money Market-Instruments) sind kurzfristige Finanztitel mit einer Laufzeit von typischerweise bis zu einem Jahr, in Einzelfällen[55] aber auch bis zu zwei Jahren. Beim *Geldmarkt* handelt es sich in erster Linie um einen Interbankenmarkt, an dem allerdings inzwischen neben der Zentralbank und den Kreditinstituten auch Industrieunternehmen und Kapitalsammelstellen wie Versicherungsunternehmen beteiligt sind. Der Abschluss der Geschäfte erfolgt telefonisch oder über elektronische Handelssysteme. Bei den Handelsobjekten des Geldmarkts kann zwischen *Geldmarktkrediten* und *Geldmarktpapieren* unterschieden werden. Geldmarktkredite sind kurzfristig eingeräumte Kredite und können zunächst in die Haupttypen

55 So existieren etwa unverzinsliche Schatzanweisungen oder Commercial Papers mit Laufzeiten von bis zu zwei Jahren.

- Tagesgeld
- terminiertes Tagesgeld sowie
- Termingeld

unterschieden werden. Beim *Tagesgeld* (Overnight Money) stellt die geldgebende Bank Mittel von einem auf den nächsten Tag zur Verfügung. Regelmäßig werden Tagesgelder dabei »bis auf weiteres zur Verfügung« gestellt. *Terminiertes Tagesgeld* weist eine Laufzeit von mehr als einem, aber weniger als 30 Tagen auf. Liegen die Laufzeiten bei einem Monat und darüber, so handelt es sich um *Termingelder*. Geläufige Formen sind hier Monats-, Dreimonats-, Halbjahres- oder Jahresgelder.

Auch *Wertpapierpensionsgeschäfte* können zu den Geldmarktkrediten gezählt werden. Wertpapierpensionsgeschäfte werden von Banken regelmäßig mit der Zentralbank abgeschlossen, um liquide Mittel gegen die Übertragung von Wertpapieren bereitgestellt zu bekommen. Wertpapierpensionsgeschäfte mit Nichtbanken sind in den USA als so genannte Repurchase-Agreements (Repos) das bedeutendste Geldmarktsegment. Nach Aufhebung der Mindestreservepflicht von Wertpapierpensionsgeschäften bis zu einem Jahr im Jahre 1997 hat sich der Repo-Handel auch in Deutschland spürbar ausgeweitet.

Neben der Kreditvergabe kann Kapital auch über den Kauf von Geldmarktpapieren, dies sind verbriefte kurzfristige Forderungen, zur Verfügung gestellt werden. Je nach Emittent unterscheidet man die in Abbildung[56] 1.11 angeführten Geldmarktpapiere.

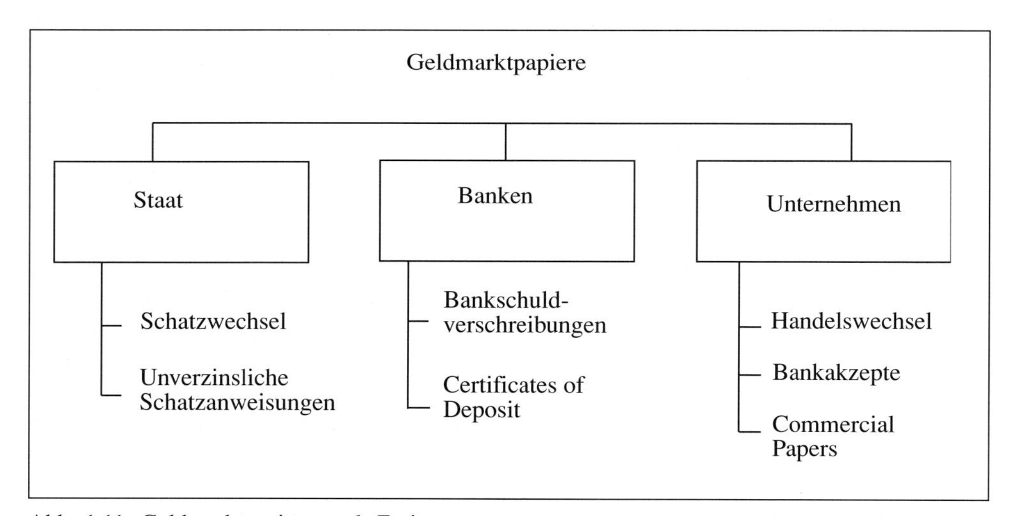

Abb. 1.11: Geldmarktpapiere nach Emittentengruppen

Sowohl *Schatzwechsel* als auch *Unverzinsliche Schatzanweisungen* (»U-Schätze«) dienen der Finanzierung der öffentlichen Haushalte und werden vom Bund bzw. seinen Sondervermögen oder den Ländern emittiert. Beide Arten von Staatsgeldmarktpapieren werden in Form von Diskonttiteln emittiert und unterscheiden sich im Wesentlichen lediglich hinsichtlich der Lauf-

56 Man vgl. hierzu *Hasewinkel* (1993, S. 124).

zeit. Die Laufzeit von Schatzwechseln liegt zwischen 30 und 90 Tagen, U-Schätze besitzen eine Laufzeit zwischen 6 Monaten und zwei Jahren. Geldmarktpapiere gehören in vielen Ländern zum Standardrepertoire bei der Beschaffung kurzfristiger Mittel durch öffentliche Stellen, so etwa die *Treasury Bills* (T-Bills) in den USA, und stellen dort das kurzfristige Finanzinstrument mit dem höchsten Volumen und dem liquidesten Sekundärmarkt dar. In Deutschland spielen Geldmarktpapiere bei der Finanzierung der öffentlichen Haushalte dagegen eine eher untergeordnete Rolle.

Bankgeldmarktpapiere werden als kurzlaufende Bankschuldverschreibungen und als Certificates of Deposit ausgegeben. *Bankschuldverschreibungen* tragen i.d.R. einen Coupon. Die auch als Einlagen- oder Depositenzertifikate bezeichneten *Certificates of Deposit* (CDs) sind handelbare Geldmarktpapiere von Banken und resultieren aus der Verbriefung von Termingeldern. CDs sind i.d.R. Zinstitel, aber auch eine Emission als Diskontpapier ist möglich. Im Vergleich zu den traditionellen Termingeldern kann der Anleger CDs vorzeitig veräußern.

Bei den Unternehmensgeldmarktpapieren sind neben den *Handelswechseln* und *Bankakzepten* (Banker's Acceptances) vor allem die *Commercial Papers* zu nennen. Dies sind handelbare Geldmarktpapiere von Banken und Nichtbanken zur kurzfristigen Geldbeschaffung und damit auch zur kurzfristigen Geldanlage. Commercial Papers gehören international zu den wichtigsten Geldmarktpapieren und sind als Diskontpapiere ausgestaltet.

1.4.4 Anteile an Investmentfonds

Investmentanteile werden durch Kapitalanlagegesellschaften (KAG) ausgegeben. Hierunter versteht man im Sinne von § 2 Abs. 6 des Investmentgesetzes (InvG) Unternehmen, die das bei ihnen angelegte Geld im eigenen Namen für die gemeinschaftliche Rechnung der Einleger nach dem Grundsatz der Risikomischung in zugelassenen Vermögensgegenständen gesondert vom eigenen Vermögen in Form von speziellen Sondervermögen (Investmentfonds) anlegen und über die hieraus sich ergebenden Rechte der Anteilseigner Urkunden (Anteilscheine) ausstellen. Eine gesetzlich vorgeschriebene Institution zur Sicherstellung der Anlegerinteressen ist eine unabhängige *Depotbank.* So werden die Vermögensgegenstände des Investmentfonds nicht von der Kapitalanlagegesellschaft verwahrt, sondern von der Depotbank. Diese übernimmt auch die Ausgabe und Rücknahme der Anteilscheine, hat die Anteilspreisermittlung durchzuführen und verfügt über umfangreiche gesetzlich geregelte Kontroll- und Mitwirkungsbefugnisse. Durch die Trennung von Fondsvermögen und Vermögen der Kapitalanlagegesellschaft und die Verwahrung der Anteile durch die Depotbank weisen Investmentfonds eine hohe Insolvenzsicherheit auf. Auch im Fall einer möglichen Insolvenz der Kapitalanlagegesellschaft, werden die Ansprüche der Investoren nicht beeinträchtigt.

Rechtlich sind Investmentfonds in Deutschland meist nach dem so genannten *Vertragstyp* organisiert. Dies hat zur Konsequenz, dass die Vermögensgegenstände des Investmentfonds und das Betriebskapital der KAG wirtschaftlich keine Einheit bilden.[57] Die von deutschen Investmentfonds ausgegebenen Anteile sind damit keine gesellschaftsrechtlichen Beteiligungspapiere, wie etwa Aktien. Vielmehr handelt es sich um Wertpapiere eigener Art, die

57 Bei der für deutsche Investmentfonds überwiegend gewählten *Treuhandlösung* stehen die Vermögensgegenstände des Fonds rechtlich nicht im Eigentum der Sparer, sondern der Kapitalanlagegesellschaft.

schuldrechtliche Ansprüche der Anteilinhaber an dem Sondervermögen gegenüber der KAG verbriefen. Weiterhin sind die von Kapitalanlagegesellschaften angebotenen Investmentfonds meist nach dem »*Open-End-Prinzip*« konzipiert, das heißt die KAG nimmt laufend neues Anlagekapital auf und ist gesetzlich verpflichtet, jederzeit die Anteilscheine des Sondervermögens zurückzunehmen.[58] Hierzu muss sie täglich Rücknahmepreise veröffentlichen, welche den anteiligen Inventarwert des Sondervermögens repräsentieren. Dabei erfolgt die Bewertung der Vermögensgegenstände eines Investmentfonds grundsätzlich zu Marktwerten.

Eine Kapitalanlagegesellschaft verwaltet in aller Regel eine Vielzahl von Investmentfonds. Dabei werden die konkreten Anlageentscheidungen für die einzelnen Investmentfonds, d.h. An- und Verkauf einzelner Vermögenswerte, in Abstimmung mit der Geschäftsführung und verschiedenen Anlageausschüssen von bei der KAG beschäftigten Fondsmanagern getroffen.

Grundsätzlich unterscheidet das Investmentgesetz zwischen Sondervermögen im Sinne der europäischen Richtlinie über Organismen für gemeinsame Anlagen in Wertpapieren[59] (richtlinienkonforme Sondervermögen) und nicht-richtlinienkonforme Sondervermögen. Letztere unterliegen nicht den strengen Anforderungen der OGAW-Richtlinie bezüglich der zulässigen Vermögensgegenstände.

Hinsichtlich des Anlegerkreises lassen sich Investmentfonds in *Publikumsfonds* und *Spezialfonds* differenzieren. Publikumsfonds stehen allen natürlichen und nicht-natürlichen Personen offen, während Spezialfonds nur für institutionelle Investoren konzipiert sind. Eine weitere Differenzierung ergibt sich nach den Anlageschwerpunkten des Investmentfonds. Aus dem Investmentgesetz lassen sich folgende Fondstypen ableiten:

- Geldmarktfonds,
- Wertpapierfonds,
- Dachfonds,
- Offene Immobilienfonds,
- Gemischte Sondervermögen,
- Altersvorsorge-Sondervermögen,
- Infrastruktur-Sondervermögen,
- Sonstige Sondervermögen,
- Hedgefonds sowie
- Dach-Hedgefonds.

Für jeden dieser Fondstypen existieren im Investmentgesetz spezifische Vorschriften, in denen insbesondere die zum Erwerb zugelassenen Vermögensgegenstände, der Einsatz Derivativer Finanzinstrumente, die Möglichkeit der Aufnahme von Fremdkapital, die Bewertung von Vermögensgegenständen bei der Anteilspreisermittlung sowie teilweise auch bestimmte quantitative Anlagerestriktionen geregelt sind. Geldmarktfonds, Wertpapierfonds und Fonds die Anteile an anderen Investmentfonds (Dachfonds) erwerben, gehören dabei regelmäßig zu den so genannten Richtlinien konformen Investmentfonds. Für Anteile an diesen Sondervermögen

58 Nur in bestimmten gesetzlich geregelten Ausnahmefällen darf eine KAG zum Schutz der Anlegerinteressen und in Abstimmung mit der Aufsichtsbehörde die Rücknahme von Anteilen temporär aussetzen. Ein Beispiel hierfür sind die Terroranschläge in den USA vom 11. September 2001, infolge derer Ausgabe und Rücknahme von Fondsanteilen deutscher Investmentfonds wenige Tage ausgesetzt wurden.

59 »Richtlinie des Rates vom 20. Dezember 1985 (85/611/EWG) zur Koordinierung der Rechts- und Verwaltungsvorschriften betreffend bestimmte Organismen für gemeinsame Anlagen in Wertpapieren (OGAW)«

gilt ein erleichtertes Zulassungsverfahren, falls diese in anderen Ländern der Europäischen Union vertrieben werden. Die Besonderheit an Hedgefonds (so genante Sondervermögen mit zusätzlichen Risiken) ist, dass deren Manager Anlagemärkte, Anlageinstrumente und Strategien frei wählen und nahezu keinen gesetzlichen Vorgaben unterworfen sind. So ist Hedgefonds die Aufnahme von Krediten zur Steigerung des Investitionsgrades (Leverage), der Verkauf von Vermögensgegenständen, die im Verkaufzeitpunkt nicht zum Sondervermögen gehören (Leerverkauf) sowie der nahezu uneingeschränkte Einsatz von Derivativen Finanzinstrumenten erlaubt. Für Dach-Hedgefonds gilt dagegen ein Leverage- und Leerverkaufsverbot. Die nachfolgende Tabelle enthält eine Übersicht über die Zahl sowie das Anlagevolumen von in Deutschland zugelassenen Investmentfonds differenziert nach den verschiedenen Anlageschwerpunkten.

Es ist bemerkenswert, dass es mehr als dreimal so viele Spezialfonds wie Publikumsfonds gibt mit einem fast doppelt so hohen Fondsvolumen. Bei den Spezialfonds dominiert mit mehr als 85% am gesamten Fondsvolumen der Wertpapierspezialfonds. Dabei sind mit einem Anteil von etwa 50% am gesamten Fondsvermögen die Versicherungsunternehmen die weitaus größten Nachfrager nach Spezialfondsprodukten. Auch bei den Publikumsfonds sind die meisten Gelder in Wertpapierfonds angelegt, allerdings können vor allem Offene Immobilien- und Geldmarktfonds substanzielle Marktanteile verzeichnen.

Anlageschwerpunkt	Publikumsfonds		Spezialfonds	
	Anzahl	Fondsvermögen (in Mio. EUR)	Anzahl	Fondsvermögen (in Mio. EUR)
Geldmarktfonds	45	26.836	24	2.818
Wertpapierfonds	1.306	216.618	3.509	599.391
– Aktienfonds	563	121.794	291	71.107
– Rentenfonds	333	59.589	911	177.549
– Gemischte Wertpapierfonds	410	35.235	2.307	350.735
Offene Immobilienfonds	45	84.662	118	21.322
Gemischte Fonds	163	10.715	451	66.970
Altersvorsorgefonds	32	1.798		
Dachfonds	232	11.741	61	3.056
Hedgefonds	11	472	2	192
Dach-Hedgefonds	15	329	2	117
Summe	1.849	353.170	4.167	693.866

Tab. 1.5: Vermögensanlagen deutscher Investmentfonds differenziert nach Fondstypus im Dez 2007 (Quelle: Deutsche Bundesbank Kapitalmarktstatistik, Feb. 2008, S. 52 f.)

Mit der Einführung des Investmentgesetzes 2004 wurde eine alternative Anlagemöglichkeit in Form der Investment AG (InvAG) geschaffen. Damit wurde neben dem in Deutschland traditionell vorherrschenden Vertragstypus der insbesondere im angelsächsischen Bereich verbreitete Gesellschaftstypus als rechtlich Gestaltung von Investmentfonds im Investmentgesetz zugelassen. Der Unternehmensgegenstand der InvAG ist die Anlage und Verwaltung der Mittel nach dem Grundsatz der Risikomischung mit dem einzigen Ziel, die Aktionäre an dem Gewinn aus der Verwaltung des Gesellschaftsvermögens zu beteiligen. InvAGen dürfen nur in der Rechtsform der Aktiengesellschaft betrieben werden. Bei den ausgegebenen Aktien handelt es sich um Stückaktien. Damit sind die Aktien grundsätzlich nennwertlos und verbriefen denselben Anteil am Vermögen der InvAG. Eine InvAG kann in der Satzung auch eine Beteiligung nach Bruchteilen an Aktien zulassen, wie dies bereits bei Sondervermögen möglich ist.

Mit der Novellierung des Investmentgesetzes 2007 wird bei den Aktien der InvAG zwischen Unternehmens- und Anlageaktien unterschieden. Während Unternehmensaktien von den Gründern der InvAG zu übernehmen sind und Teilnahme- und Stimmrechte bei der Hauptversammlung gewähren, können Anlageaktien erst nach Eintragung der InvAG ins Handelsregister begeben werden. Sofern die Satzung der InvAG nichts anderes vorsieht, gewähren Anlageaktien keine Teilnahme- und Stimmrechte bei der Hauptversammlung. Im Unterschied zu Unternehmensaktien ist bei Anlageaktien ein Wechsel der Aktionäre nicht bei der BaFin anzuzeigen. Die Aufteilung in Aktiengattungen kann eine bessere Berücksichtigung divergierender Interessen der beteiligten Aktionäre ermöglichen.

Die deutsche InvAG entspricht im Wesentlichen dem SICAV (*Société d'Investissment à Capital Variable*), dem rechtlichen Gegenstück nach schweizerischem, luxemburgischem und französischem Recht. Zudem ist die deutsche InvAG auch vergleichbar zur US-amerikanischen *Investment Company* (z.B. in Form von »Mutual Funds«). Die Definition der InvAG im Investmentgesetz schließt explizit die Spezial-InvAG ein. Die Satzung einer Spezial-InvAG lässt ausschließlich Anleger zu, die nicht natürliche Personen sind.

1.4.5 Forwards und Futures

Financial Forwards und Financial Futures gehören zu den unbedingten Finanztermingeschäften. Beide Arten von Finanztermingeschäften beinhalten sowohl für den Käufer (Long-Position) als auch den Verkäufer (Short-Position) die *feste* Verpflichtung

- zu einem bestimmten zukünftigen Zeitpunkt (*Liefertermin*)
- zu einem bereits bei Vertragsabschluss festgelegten Referenzpreis
- einen nach Qualität und Quantität (*Kontraktvolumen*) genau bestimmten (realen oder synthetischen) Finanztitel (Basisobjekt) zu kaufen bzw. zu verkaufen oder den entsprechenden Differenzbetrag zu begleichen (*Cash Settlement*).

Der zentrale Unterschied zwischen Forward- und Futureskontrakten besteht darin, dass letztere an einer Terminbörse gehandelt werden. Dies hat eine Reihe von Konsequenzen, die in Tabelle 1.6 zusammengestellt sind.

Auf einige wesentliche dieser Unterschiede soll dabei im Folgenden noch kurz näher eingegangen werden. Ein erster zentraler Unterschied besteht in der Erfüllungssicherheit der Kontrakte. Aufgrund der Existenz der Clearingstelle bei einer Terminbörse ist sowohl für den Käufer als auch den Verkäufer des Futureskontraktes, deren Vertragspartner ja immer die Clearingstelle ist, das Erfüllungsrisiko praktisch auf null reduziert. Bei Forwardkontrakten tragen beide Vertragspartner, Käufer und Verkäufer, das Risiko, dass der jeweilige Kontrahent ausfällt. Die Höhe des Risikos wird dabei von der Bonität des jeweiligen Kontraktpartners bestimmt. Aufgrund der Zwischenschaltung der Clearingstelle besteht bei Financial-Futures zudem jederzeit die Möglichkeit einer Glattstellung der eingegangenen Position zu Markt-

	Forwards	Futures
Handel	nicht börsenmäßig organisiert	an einer Börse zentralisiert
Größe und Gegenstand des Kontraktes	individuell nach den Bedürfnissen des Kunden festgelegt	standardisiert
Zeitpunkt der Erfüllung	individuell nach den Bedürfnissen des Kunden festgelegt	standardisiert
effektive Erfüllung	beabsichtigt	nur 2 - 5% werden erfüllt; Verpflichtung kann durch ein Gegengeschäft ausgeglichen werden
Sicherheitsleistungen	individuell ausgehandelt	standardisiert
Erfüllungsrisiko	tragen Käufer und Verkäufer gleichzeitig	übernimmt die Clearing-Stelle
Geldfluss	bei Lieferung	täglicher Gewinn- und Verlustausgleich (*Marking to Market*)
Liquidität	niedrig, da aufgrund individueller Absprachen schwer übertragbar	hoch, da aufgrund der Standardisierung leicht übertragbar

Tab. 1.6: Futures vs. Forwards: Generelle Unterschiede

konditionen (aktueller Futurekurs). Bei Forwardkontrakten hingegen sind die Möglichkeiten zu einer vorzeitigen Vertragsauflösung i.d.R. eingeschränkt.

Ein dritter zentraler Unterschied besteht in den mit den Kontrakten verbundenen Sicherheitsleistungen und dem dadurch induzierten Geldfluss. Forwardkontrakte beinhalten bei Vertragsabschluss die Hinterlegung einer Sicherheitsleistung (Margin, typischerweise in Prozent des Kontraktwertes) sowohl seitens des Käufers als auch des Verkäufers. Der Abschluss des Geschäfts geschieht zum vereinbarten Zeitpunkt und die Endabrechnung[60] erfolgt durch Lieferung/Bezahlung des Basisobjekts bzw. einer Differenzzahlung. Bei Futureskontrakten hingegen findet über die anfängliche Sicherheitsleistung (Initial-Margin) hinaus eine börsentägliche Bewertung (*Mark to Market*) der Position auf der Grundlage des für diesen Tag gültigen Abrechnungskurses (Settlement Price) statt. Die entsprechende Wertänderung im Vergleich zum Vortag führt zu einer Gutschrift bzw. einer Belastung des Marginkontos (Margin Account). Hineraus resultiert ein börsentäglicher variabler Einschuss (Variation Margin)[61].

Kommen wir damit zur zahlungswirtschaftlichen Charakterisierung von Forward- bzw. Futureskontrakten. Lässt man die Margins außen vor, die ja reine Sicherheitsleistungen zur Sicherstellung der Erfüllung der Kontraktverpflichtungen darstellen, so fallen bei Kontraktabschluss für die Vertragspartner keine Kosten an. Der bei Vertragsabschluss festgelegte Referenzpreis wird – zumindest aus theoretischer Sicht – so festgelegt, dass das Forward- bzw. Futuresgeschäft den Wert Null hat. Der Referenzpreis geht erst in die Schlussabrechnung

60 Wird die Sicherheitsleistung während der Kontraktlaufzeit »aufgezehrt«, muss gegebenenfalls ein Nachschuss geleistet werden (Verminderung der Gefahr der Verlustakkumulation).

61 Für weitere Einzelheiten vgl. man Anhang 10A.

bzw. ggf. in die Abrechnung bei vorzeitiger Glattstellung ein. Bei Futureskontrakten wird dabei als Referenzpreis der Futureskurs F_s zum Zeitpunkt des Kontraktabschlusses zugrunde gelegt. Abbildung 1.12 illustriert den aus einem Forward- bzw. Futureskontrakt ohne Berücksichtigung der Margins resultierenden Zahlungsstrom.

Abb. 1.12: Zahlungsstrom eines Forward- bzw. Futureskontraktes aus Sicht des Käufers (ohne Margins)

Dabei bezeichne s den Zeitpunkt des Kontraktabschlusses und T den vereinbarten Zeitpunkt der Vertragserfüllung (Liefertermin im Falle der physischen Erfüllung). Bezeichnet ferner K_T den Wert des Basisobjekts des Futures zum Zeitpunkt T, so erwirbt der Käufer das Basisobjekt zum Betrag $K_T - F_s$. Dieser Betrag kann positiv oder negativ sein, je nachdem, welche Kursentwicklung das Basisobjekt im Zeitpunkt [s,T] genommen hat. Die finanzielle Position des Verkäufers entspricht dabei dem Negativen der Position des Käufers.
Im Falle von Futureskontrakten ist zudem die vorzeitige Glattstellung zu einem Zeitpunkt t, $s < t < T$ möglich. Der hieraus resultierende Zahlungsstrom, wiederum ohne Berücksichtigung von Margins, wird in Abbildung 1.13 illustriert.

Bei vorzeitiger Glattstellung zum Zeitpunkt t wird somit der aktuelle Futurespreis neben dem Futurespreis bei Kontraktabschluss in die Ermittlung der Settlementposition einbezogen.

Berücksichtigt man die zu erbringenden Sicherheitsleistungen, so ist bei einem Forwardkontrakt nur die anfängliche Sicherheitsleistung zusätzlich zu berücksichtigen[62]. Bei Futureskontrakten wird die Situation durch das börsentägliche Mark to Market und die hieraus resultierende Variation Margin deutlich komplexer. Aus diesem Grunde lässt man den zusätzlichen Zahlungsstrom, der aus der börsentäglichen Abrechnung resultiert, regelmäßig außer Betracht[63].

---

62 Zumindest wenn man von dem Fall einer Nachschusspflicht absieht.

63 Man vergleiche allerdings das Resultat des Anhangs 10B über die preisliche Identität von Future- und Forwardkontrakten im Falle deterministischer Zinssätze.

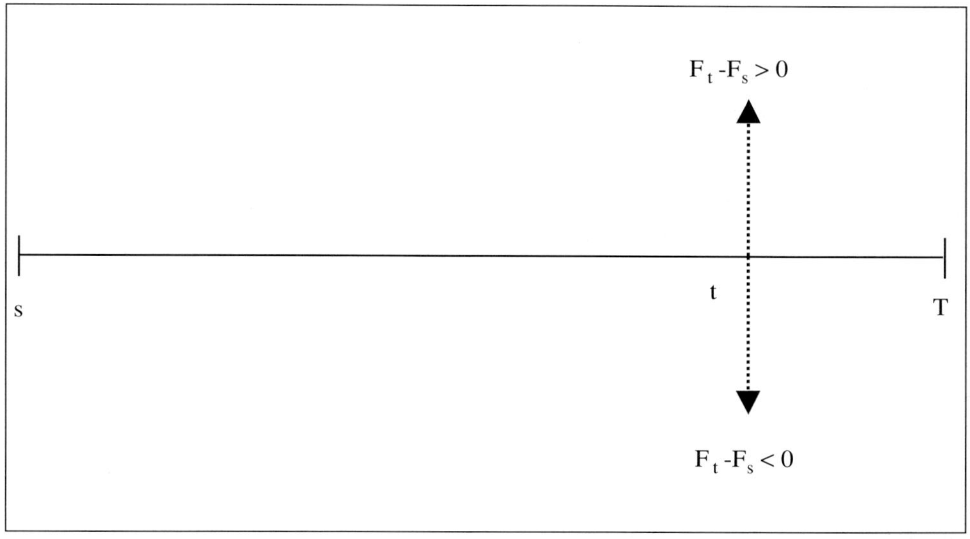

Abb. 1.13: Zahlungsstrom eines Futureskontraktes bei vorzeitiger Erfüllung aus Sicht des Käufers (ohne Margins)

1.4.6 Optionen

Finanzoptionen (Financial Options) gehören im Gegensatz zu Forwards/Futures und Swaps zu den bedingten Finanztermingeschäften. Bei Optionsgeschäften wird dabei das Recht erworben (Long-Position) oder veräußert (Short-Position), eine bestimmte Anzahl (Kontraktvolumen) eines spezifizierten Basisobjekts (Underlying) zu einem vorab festgelegten Preis (Ausübungspreis, Basispreis, Exercise-Preis, Strike), innerhalb (amerikanische Option) oder am Ende (europäische Option) einer bestimmten Frist zu kaufen (Kaufoption, Call) oder zu verkaufen (Verkaufsoption, Put). Der Inhaber der Option kann, muss aber dieses Recht nicht ausüben. Aufgrund dieses Wahlrechts (lateinisch: optio) werden Optionsgeschäfte als bedingte Termingeschäfte klassifiziert. Das Wahlrecht besitzt aber nur der Käufer (Inhaber der Option) hingegen, nicht der Verkäufer, der aus diesem Grunde auch *Stillhalter* genannt wird. Für den Erwerb des Wahlrechts hat der Optionskäufer an den Stillhalter eine Optionsprämie zu zahlen. Wird das Optionsrecht ausgeübt, erfolgt entweder die physische Lieferung des Underlyings unter Bezahlung des vereinbarten Basispreises oder es wird ein Differenzausgleich (Cash Settlement) durchgeführt. Dabei wird dem Optionsinhaber bzw. Stillhalter die Differenz zwischen dem Basispreis und dem aktuellen Wert des Underlyings gutgeschrieben bzw. belastet, sofern diese positiv ist. Die nachfolgende Tabelle 1.7 fasst die Rechte und Pflichten von Käufer bzw. Verkäufer in Abhängigkeit von der Grundposition zusammen.

Partei	Recht bzw. Pflicht	Optionstyp	
		Kaufoption (Call)	Verkaufsoption (Put)
Käufer (Long-Position)	Recht	Kauf des Basisobjekts zum Ausübungspreis innerhalb oder nur am Ende einer bestimmten Periode	Verkauf des Basisobjekts zum Ausübungspreis innerhalb oder nur am Ende einer bestimmten Periode
	Pflicht	Zahlung des Optionspreises	Zahlung des Optionspreises
Stillhalter (Short-Position)	Recht	Erhalt des Optionspreises	Erhalt des Optionspreises
	Pflicht	Lieferung des Basisobjekts zum Ausübungspreis innerhalb oder nur am Ende einer bestimmten Periode	Abnahme des Basisobjekts zum Ausübungspreis innerhalb oder nur am Ende einer bestimmten Periode

Tab. 1.7: Rechte und Pflichten bei Optionsgeschäften

Neben der Art des Optionsrechts (Call/Put) sowie dessen zeitlicher Dimension (amerikanisch/europäisch) wird die konkrete Ausgestaltung eines Optionsgeschäfts noch durch die Art des zugrunde liegenden Basisobjekts sowie der Organisation des Marktes, auf dem die Optionsgeschäfte durchgeführt werden, bestimmt.

Hinsichtlich der einem Optionskontrakt zugrunde liegenden Basisobjekte vergleiche man zunächst allgemein die Ausführungen zu Basisobjekten von Finanztermingeschäften, insbesondere Abbildung 1.6. Darüber hinaus existieren Optionen auf Futureskontrakte (Futures Options) sowie Optionen auf Optionen (Compound Options).

Auch Optionen können entweder an *Terminbörsen* oder an *Over the Counter* (*OTC*)-Märkten gehandelt werden. Bei an Terminbörsen gehandelten Optionsgeschäften tritt somit als weitere Handlungsalternative die Möglichkeit der vorzeitigen Glattstellung der eingegangenen Position hinzu[64], dies gilt sowohl für den Käufer als auch für den Verkäufer.

Eine weitere Charakterisierung von Optionen wird durch das Verhältnis zwischen aktuellem Marktwert des Basisobjekts und dem festgelegten Ausübungspreis bestimmt. Ist der aktuelle Marktpreis des Basisobjekts identisch mit dem Ausübungspreis, so bezeichnet man die betreffende Position als eine *am Geld* (at the money) stehende Option. Ist der Ausübungspreis eines Calls (Puts) geringer (höher) als der aktuelle Marktpreis des zugrunde liegenden Basisobjekts, ist die Option *im Geld* (in the money). Umgekehrt wird eine Option als *aus dem Geld* (out of the money) bezeichnet, wenn im Falle des Calls (Puts) der Ausübungspreis höher (geringer) ist als der aktuelle Marktpreis. Nachfolgende Tabelle 1.8 fasst dies zusammen.

	Call	Put
Ausübungspreis < Kurs	in the money	out of the money
Ausübungspreis = Kurs	at the money	at the money
Ausübungspreis > Kurs	out of the money	in the money

Tab. 1.8: Relationen zwischen Ausübungspreis und Kurs des Basisobjekts

64 Der Käufer einer amerikanischen Option an einer Terminbörse hat damit insgesamt die folgenden Handlungsalternativen: Ausübung der Option am Ende der Laufzeit, vorzeitige Ausübung der Option vor Ende der Laufzeit, vorzeitige Glattstellung der Position, Verfallenlassen des Optionsrechts.

Kommen wir abschließend zur zahlungswirtschaftlichen Charakterisierung von Optionsgeschäften. Der Käufer eines Call bzw. Put hat zu Beginn der Laufzeit die Optionsprämie C_0 bzw. P_0 zu entrichten[65]. Am Ende der Laufzeit T wird der Käufer sein Optionsrecht ausüben, wenn beim Call der Wert S_T des Basisobjekts zum Zeitpunkt T höher ist als der Ausübungspreis X, beim Put entsprechend, wenn der Wert des Basisobjekts niedriger ist als der Ausübungspreis. Ansonsten lässt der Käufer sein Optionsrecht verfallen, der Wert der Position ist dann null. Insgesamt ist damit aus Sicht des Käufers beim Call die Schlusszahlung $C_T = \max(S_T - X, 0)$ und beim Put $P_T = \max(X - S_T, 0)$. Bei vorzeitiger Glattstellung im Zeitpunkt t ($0 < t < T$) erhält der Käufer den jeweiligen (stets nichtnegativen) Marktpreis C_t bzw. P_t der Kauf- bzw. Verkaufsoption erstattet. Abbildung 1.14 illustriert die entsprechenden Zahlungsströme.

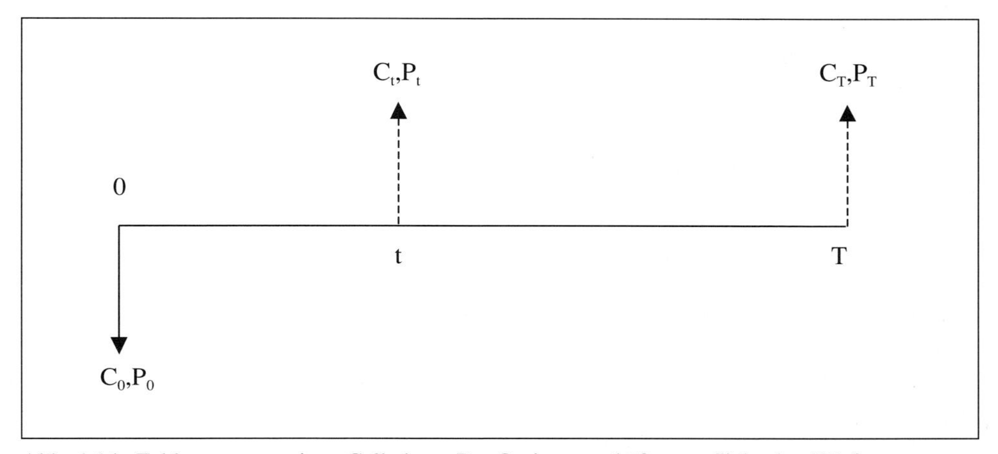

Abb. 1.14: Zahlungsstrom eines Call- bzw. Put-Optionsgeschäfts aus Sicht des Käufers

Im Vergleich mit den Abbildungen 1.12 bzw. 1.13 werden nochmals die Unterschiede von Options- zu Futuresgeschäften deutlich. Bei Futuresgeschäften erfolgt (unter Vernachlässigung der Margins) nur eine Zahlung bei Lieferung bzw. Glattstellung, diese kann negativ (Auszahlung) oder positiv (Einzahlung) sein. Beim (Standard-)Optionsgeschäft erfolgt aus Sicht des Käufers eine anfängliche Auszahlung sowie eine Einzahlung der Höhe größer oder gleich null zum Zeitpunkt der Lieferung bzw. Glattstellung. Entsprechend gestaltet sich die zahlungswirtschaftliche Charakterisierung von Optionsgeschäften aus Sicht des Verkäufers.

65 Eine Ausnahme stellen dabei i.d.R. Optionen auf Futureskontrakte, so z.B. Optionen auf den DAX-Future an der Eurex, dar. Hier erfolgt die Abrechnung »future style«, d.h. wie bei Futures endfällig, aber inklusive täglichem Mark to Market.

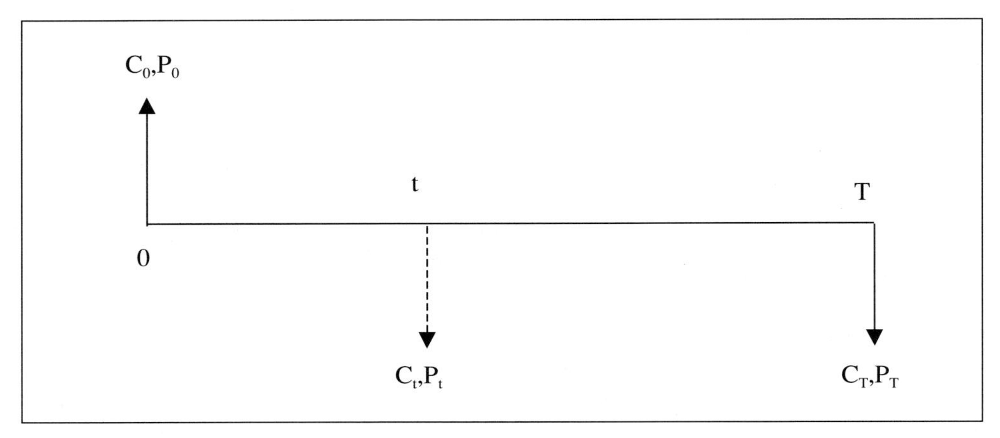

Abb. 1.15: Zahlungsstrom eines Call- bzw. Put-Optionsgeschäfts aus Sicht des Verkäufers

1.4.7 Swaps

Financial Swaps gehören ebenso wie Financial Forwards bzw. Financial Futures zu den unbedingten Termingeschäften. Die allgemeine Charakteristik von Swapvereinbarungen besteht dabei darin, dass diese den Austausch von Zahlungsströmen zwischen zwei Parteien A und B beinhalten. Eine Swapvereinbarung lässt sich somit stets dadurch charakterisieren, dass sich zwei Parteien *verpflichten*, zu bestimmten Zeitpunkten bestimmte Zahlungsbeträge, d.h. insgesamt eine Folge von Zahlungen (Zahlungsstrom), auszutauschen. Die nachfolgende Abbildung 1.16 soll diesen Sachverhalt illustrieren. Dabei bezeichnen $Z_A(t_i)$ bzw. $Z_B(t_i)$ die periodischen Zahlungen, die Partei A von Partei B bzw. B von A empfängt[66]. $K_A(0)$ bzw. $K_B(0)$ bezeichnen die anfänglichen Kapitalzahlungen, die A von B bzw. vice versa empfängt. Schließlich bezeichnen $K_A(T)$ bzw. $K_B(T)$ die Schlusskapitalzahlungen, die A von B bzw. vice versa empfängt.

Neben dieser formalen Charakteristik ist es vor allem wichtig herauszuarbeiten, vor welchem ökonomischen Hintergrund ein solcher Austausch angestrebt wird. Swapvereinbarungen beinhalten den Tausch der zukünftigen »Performance« eines bestimmten »Marktes« gegen die zukünftige »Performance« eines anderen »Marktes«, ohne die auf dem jeweiligen »Markt« bestehenden Vermögens- bzw. Verpflichtungspositionen selbst zu tauschen. Der Begriff »Performance« ist dabei zunächst in einem allgemeinen intuitiven Sinne zu verstehen, sein präziser Gehalt konkretisiert sich jeweils im Rahmen der einzelnen Swaparten. Auf diese werden wir im Weiteren noch differenzierter eingehen. Die zugrunde liegenden »Märkte« können dabei auch aus verschiedenen Marktsegmenten desselben Gesamtmarktes[67] bestehen bzw. durch unterschiedliche »Referenzbasen«[68] (für Renditen oder Renditeentwicklungen) dessselben

66 Die periodischen Zahlungen können dabei ihrer zukünftigen Höhe nach unbestimmt sein (z.B. LIBOR-Sätze zu den Zahlungszeitpunkten).

67 Etwa verschiedene Marktsegmente (Branchen) eines Aktienmarktes.

68 Etwa alternative Aktien- oder Geldmarktindizes.

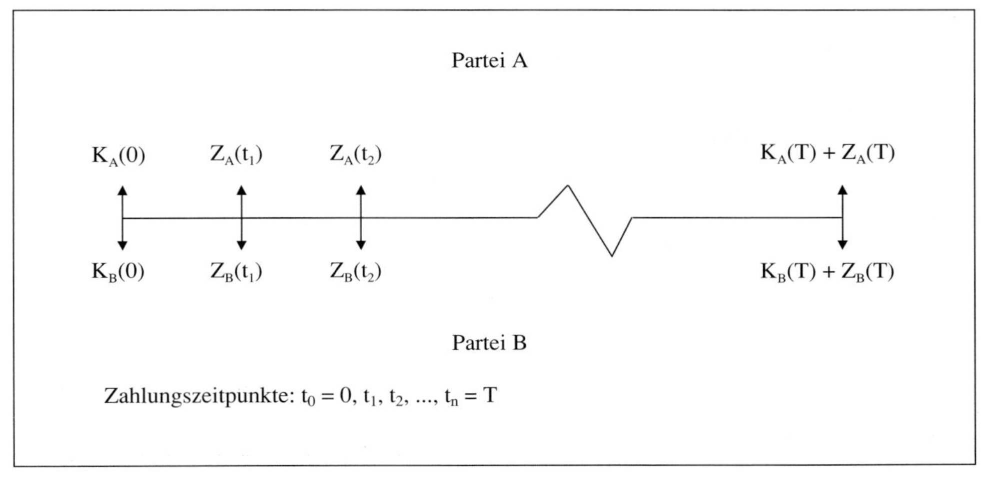

Abb. 1.16: Charakterisierung von Financial Swaps als Austausch von Zahlungsströmen

Marktes (Marktsegmentes) induziert sein. Zentral ist dabei die Eigenschaft, dass bei den Swapparteien (zumindest bei den Swapkunden, den »Endverbrauchern« des Swap) in der Regel eine bestimmte Finanzposition[69] in einem bestimmten Markt besteht, diese aber durch den Swap selbst nicht aufgelöst wird, sondern lediglich die durch die bestehende Position induzierten Zahlungen ausgestauscht werden.

Die vorstehende allgemeine Charakterisierung von Swapvereinbarungen und die dabei benutzten, noch etwas vagen Begriffe, wie »Performance« oder »Markt« werden schnell konkreter und gewinnen an Substanz, wenn man als Beispiel die Haupt-Swapkategorien betrachtet, was im Folgenden getan werden soll.

- *Zinsswaps (Interest Rate Swaps)*
  Hier sind die beteiligten Märkte entweder auf der einen Seite der *Rentenmarkt* und auf der anderen Seite der *Geldmarkt* bzw. auf beiden Seiten der Geldmarkt. Im ersten Falle werden Festzinszahlungen aus einem Festzinstitel mit einer bestimmten Fristigkeit gegen Geldmarktzinsen getauscht, d.h. gegen im Rahmen der Laufzeit der Swapvereinbarung variable Zinszahlungen (kurz: fix gegen variabel bzw. fixed to floating). Im zweiten Fall (variabel gegen variabel bzw. floating to floating) werden variable Zinszahlungen, die durch verschiedene Referenzzinssätze wie LIBOR oder EURIBOR induziert werden, getauscht.
- *Währungsswaps (Currency Swaps)*
  Hier sind die beteiligten Märkte Devisenmärkte, vereinbart wird der Austausch von zwei Zahlungsströmen in verschiedenen Währungen. Dabei werden nicht nur die durch die auf den verschiedenen Devisenmärkten bestehenden Vermögens- bzw. Verpflichtungspositionen induzierten Zinszahlungen getauscht, sondern auch die entsprechenden Kapitalbeträge (»Nennwerte« der betreffenden Positionen). Die bestehenden Vermögens- und Verpflichtungspositionen selbst werden dabei nicht getauscht.

---

69 Auch der Begriff Finanzposition kann dabei in einem allgemeinen Sinne benutzt werden, wie etwa, dass ein bestimmter Betrag in die Anlagekategorie Aktien bzw. Festverzinsliche Titel investiert wird, d.h. eine *allgemeine Position* im Aktien- bzw. Rentenmarkt eingenommen wird, im Gegensatz zu einer *konkreten Position* in bestimmten Aktien bzw. Zinstiteln.

- *Equity Swaps*
  Hier wird die Performance eines Aktienmarktes gegen die eines Renten- bzw. Geldmarktes getauscht. Die Aktienposition (Equity) kann dabei aus Einzelaktien bestehen, aus Aktienportefeuilles (etwa bestimmte Branchen) oder durch einen bestimmten Aktienindex repräsentiert werden. Gegebenenfalls kann die entsprechende Swapvereinbarung auch eine Währungskomponente beinhalten. Ebenfalls ist eine Swapvereinbarung »Equity to Equity« möglich, d.h. beide involvierte »Märkte« sind Aktienmärkte, entweder verschiedene Marktsegmente (Branchen) oder zwei unterschiedliche Aktienindizes, etwa DAX gegen FAZ-Index oder (inklusive einer Währungskomponente) DAX gegen Standard & Poors 500-Index.
- *Non Financial Swaps*
  Swapvereinbarungen außerhalb des Bereiches der Financial-Swaps stellen etwa *Debt to Equity Swaps* dar, die im Austausch von Krediten an ausländische Schuldner gegen Beteiligungen im Ausland bestehen. Des Weiteren existieren auch Loan-Swaps (Kredite gegen Kredite bzw. Geld) und Waren-Swaps (Commodity Swaps; Austausch von Warenindex gegen Geldmarktindex).

Darüber hinaus ist es auch möglich, die vorstehenden Hauptkategorien von Swaps zu mischen. So werden etwa bei einem *Cocktail Swap*[70] die Grundformen von Swaps mit verschiedenen Partnern in verschiedenen Währungen verknüpft. Damit ist man in der Lage, die spezifischen Zielsetzungen der Marktteilnehmer besser zu erfüllen.

Eine alternative Systematisierung von Swaps besteht darin, ob ein Asset Swap oder ein Liability Swap vorliegt. Beim *Asset Swap* ist die Ausgangsposition der jeweiligen Kontraktpartei eine Investmentposition (Gläubigerposition) und die Swaptransaktion soll eine Steigerung der Investmenterträge bewirken. Bei einem *Liability Swap* ist die Ausgangsposition eine Schuldnerposition und die Swaptransaktion soll einer Optimierung der Finanzierungskosten dienen. Im Rahmen des vorliegenden Buchs stehen dabei Asset Swaps im Mittelpunkt der Betrachtung.

Die Märkte für Swaps zählen zu den umsatzstärksten[71] Märkten für derivative Finanztitel und weisen hohe Wachstumsraten auf[72]. Die ersten Swaps waren dabei individuell zugeschnittene Vereinbarungen zwischen zwei Parteien, die gleichzeitig als »Endnutzer« des Swaps fungierten. Damit diese beiden Parteien zusammenfinden konnten, mussten insbesondere ihre Finanzierungsstrukturen und ihre Interessenlagen »zueinander passen«[73]. Um dies zu verdeutlichen, betrachten wir den in Abbildung 1.17 illustrierten Asset Swap. Dabei haben die beiden Swapparteien jeweils Kapital *angelegt*, die eine Partei festverzinslich, die andere jedoch variabel verzinslich. Der Abschluss eines fix/variablen Zinsswaps führt für Partei A zu einer Transformation von fixen in variable *Zinsforderungen*, für Partei B entsprechend vice versa. Damit ändern beide Parteien zugleich die Richtung des von ihnen getragenen Zinsänderungsrisikos. Neben den zueinander passenden Finanzierungsstrukturen müssen somit zusätzlich unterschiedliche Beurteilungen der Entwicklung der Zinssätze für die entsprechenden Laufzeiten vorliegen.

---

70 Vgl. etwa *Nabben* (1998, S. 32).

71 Vgl. aktuell etwa *Bruttel* (2001, S. 13).

72 Die publizierten Volumina, etwa für Zinsswaps, sind allerdings mit Vorsicht zu interpretieren. Erfasst werden dabei die Nominalbeträge, die bei Zinsswaps i.d.R. nicht ausgetauscht werden. Das Gegenparteirisiko eines Zinsswaps besteht hingegen aus den noch zu leistenden Netto-Zinszahlungen, die nur einen Bruchteil des Nominalbetrages ausmachen.

73 Darüber hinaus spielen etwa Fragen von Bonitätsunterschieden und des unterschiedlichen »Standings« an Märkten eine Rolle, vgl. etwa *Schierenbeck/Hölscher* (1998, S. 649 ff.).

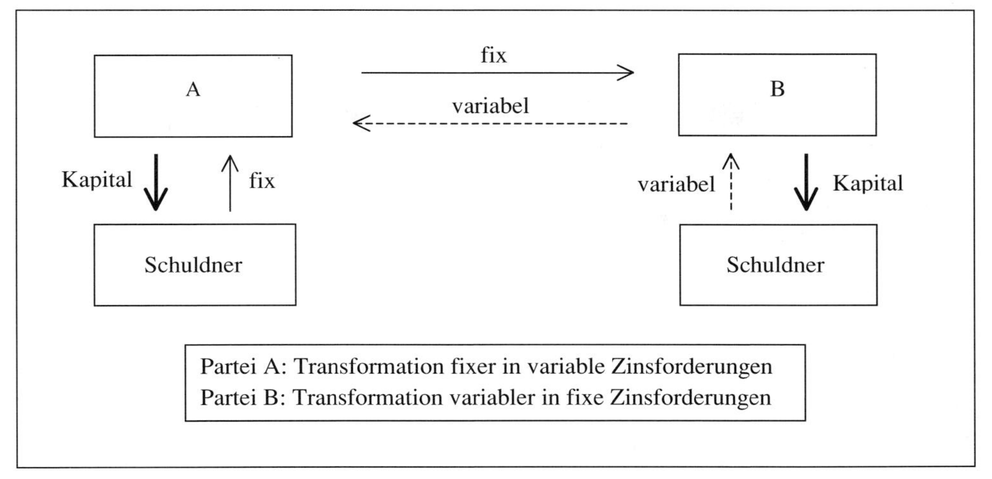

Abb. 1.17: Fix/variabler Zinsswap: Zugrunde liegende Finanzierungsstrukturen – Beispiel Asset Swap

In diesen Frühformen von Swapvereinbarungen waren Finanzinstitutionen nur gegebenenfalls als *Broker* beteiligt, d.h. sie arrangierten eine Swapvereinbarung gegen Entrichtung einer Gebühr, ohne jedoch selbst als Kontraktpartei in den Swap einzutreten. Im Rahmen der Weiterentwicklung von Swapvereinbarungen fungierten Finanzinstitutionen dann als Swaphändler, indem sie gegen Gebühr als Kontraktpartei zwischen zwei potenzielle Endverbraucher eines Swaps traten. Im Unterschied zur Tätigkeit als Broker übernimmt die Finanzinstitution bei dieser Konstruktion das Ausfallrisiko. Im Prinzip besteht darüber hinaus die Aktivität der Finanzinstitution hierbei jedoch nur in einem reinen »Durchhandeln« einer Swapvereinbarung mit Erwirtschaftung einer Zinsdifferenz (Marge).

Die moderne Form eines Swaps, die gleichzeitig die Grundlage[74] für das explosive Wachstum der Swapmärkte darstellt, besteht darin, dass Finanzinstitutionen bereit sind, als *Market Maker* zu fungieren. Sie stehen als Swappartner bereit, ohne dass notwendigerweise eine entsprechende Gegenpartei existiert, dies impliziert das Eingehen von offenen Positionen. Es erfolgt ein tägliches Angebot und eine *Preisstellung* für Swaps verschiedener Laufzeiten und Positionen (Käufer bzw. Verkäufer). Abbildung 1.18 illustriert diesen Sachverhalt.

Für den Swap-Endnutzer beinhaltet diese Konstruktion den großen Vorteil, dass er permanent in eine Swapvereinbarung nach seinen Bedürfnissen eintreten kann (und diese gegebenenfalls auch in Abstimmung mit der Finanzinstitution jederzeit liquidieren[75] kann), ohne dass hierbei ein anderer Endnutzer mit passender Finanzierungsstruktur und entgegengesetzter Interessenlage existieren muss. Für die Finanzinstitution selbst bedingt das Eingehen offener Positionen die Notwendigkeit eines *Risikomanagements* des bestehenden Swapportfolios. Für

74 Hierzu trugen auch die Initiativen zur Standardisierung von Swapkontrakten, vor allem durch die ISDA (International Swap Dealers Association) in New York und die BBA (Britisch Bankers' Association) in London, erheblich bei.

75 Die Auflösung des Swapvertrages kann dabei durch Vornahme eines Gegengeschäfts (Reverse Swap) oder durch eine Ausgleichszahlung zu Marktbedingungen (Bailout) vorgenommen werden.

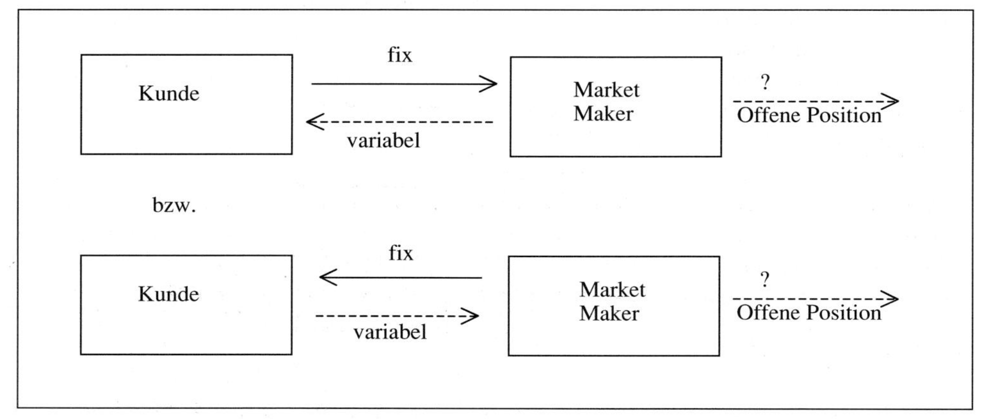

Abb. 1.18: Finanzinstitution als Market Maker von Zinsswaps

den Endnutzer ist dabei die Bonität der als Kontraktpartner gewählten Finanzinstitution bzw. entsprechend eine Diversifikation von Swapvereinbarungen über verschiedene Finanzinstitutionen von Bedeutung.

Als Ergebnis dieser Entwicklungen stellt sich der Swapmarkt heute als leistungsfähiger und fast börsenmäßig organisierter Over the Counter-Markt dar[76].

1.4.8 Zertifikate

Unter *Zertifikaten* versteht man eine spezielle Form verbriefter derivativer Finanzinstrumente, mit denen Anleger an der Wertentwicklung eines zugrunde liegenden Basisinstruments partizipieren können. Rechtlich sind Zertifikate Inhaberschuldverschreibungen, womit der Anleger als Schuldner grundsätzlich dem Ausfallrisiko des Emittenten ausgesetzt ist. Primär werden Zertifikate von Banken emittiert und werden nach Platzierung am Primärmarkt meist an Sekundärmärkten über Handelplattformen oder außerbörslich an OTC-Märkten gehandelt. So existiert an der Stuttgarter Börse mit der EUWAX seit dem Jahre 1999 ein Börsensegment, welches sich u.a. auf den Handel von Zertifikaten spezialisiert hat. Auch an der Frankfurter Wertpapierbörse werden Zertifikate in einem speziellen Segment gehandelt. Meist verpflichtet sich der Emittent bei der Platzierung eines Zertifikats auch als Handelspartner am Sekundärmarkt (meist als Market Maker) aufzutreten, um für eine ausreichende Liquidität zu sorgen.

Zertifikate lassen sich nach folgenden wesentlichen Ausstattungsmerkmalen klassifizieren:

- Basiswert,
- Laufzeit,
- Rückzahlungsstruktur.

76 Die Londoner Futuresbörse *Liffe* hat mit dem *Swap Future* inzwischen ein börsengehandeltes Instrument entwickelt, das die Preisentwicklung von Zinsswaps nachbildet, vgl. *Wegmann* (1999, S. 362 f.).

Zertifikate können mit begrenzter (Closed End) oder unbegrenzter Laufzeit (Open End) ausgestattet sein. Nicht selten ist eine vorzeitige Kündigung des Emittenten beim Eintreten bestimmter Bedingungen zulässig. Die Wahl des Basisobjekts bei Zertifikaten ist sehr flexibel und erlaubt es dem Anleger in eine Vielzahl von Anlagemärkten zu investieren. Als Basiswerte können Einzelwerte wie Aktien, speziell gebildete Körbe aus Einzelaktien (sog. Baskets), Indizes, Zinsen, Währungen, Rohstoffe u.a. dienen. Auch können sich Zertifikate auf bestimmte quantitative Investmentstrategien beziehen. Weiterhin werden Investmentfonds oder Hedgefonds als Bezugsobjekt von Zertifikaten verwendet. Die nachfolgende Tabelle enthält einen Überblick über die Marktanteile der verschiedenen Zertifikate nach Basiswerten (gemessen am Open Interest).

	Volumen in Mio. EUR (Open Interest)	Marktanteil in Prozent (Open Interest)
Aktien	79.282	85,1
Renten	7.616	8,2
Währungen/Rohstoffe	1.627	1,7
Hedgefonds	4.642	5,0
Sonstige	1.395	1,5

Tab. 1.9: Marktanteile von Zertifikaten nach Basiswerten von 13 Emittenten gemessen am Open Interest per 31.12.2007 (Quelle: Deutscher Derivate Verband)

Zertifikate weisen regelmäßig keine laufenden Erträge wie Zinsen oder Dividenden auf und ihr Wert hängt entscheidend von der Kursentwicklung des in den Vertragsbedingungen spezifizierten Basiswertes ab. Dabei gibt es hinsichtlich der funktionalen Verbindung zwischen Kurs des Basisobjekts und dem vom Emittenten zu leistenden Rückzahlungskurs des Zertifikats eine Vielzahl von Konstruktionen am Markt. Zu den gängigsten Varianten zählen Partizipations-, Discount-, Bonus- und Garantie-Zertifikate.

Bei einem *Partizipations-Zertifikat* nimmt der Anleger vollständig an den Gewinnen und Verlusten des vereinbarten Basisobjekts teil. Die gängigste Form ist das *Indexzertifikat*, wobei als Basiswert ein Aktienindex (etwa wie DAX und S&P 500) oder ein Rentenindizes (wie der REXP) fungiert. Aber auch andere Arten von Indizes wie z.B. Rohstoff- oder Immobilienindizes sind als Basiswert möglich. Mittels Index-Zertifikaten kann ein Investor vergleichsweise einfach und kostengünstig ein diversifiziertes Portfolio zusammenstellen. Er trägt lediglich das systematische Risiko des Index, allerdings auch des Ausfallrisiko des Emittenten.

Ein *Discount-Zertifikat* erlaubt es im Vergleich zu einem Direktinvestment, den Basiswert zu einem günstigeren Einstandspreis als der aktuelle Kurswert (durch den Abschlag) zu erwerben. Allerdings partizipiert der Anleger an Kursbewegung des Basiswertes nur bis zu einem bestimmten Schwellenwert (Cap). Steigt der Kurs des Basiswertes über diese Grenze, profitiert der Anleger nicht mehr an der weiteren Kursbewegung. Finanztheoretisch kann ein Discount-Zertifikat auch als eine Kombination aus dem Basiswert und einer Short Call-Position auf den Basiswert (Covered Short Call) aufgefasst werden.

Garantiezertifikate gewährleisten eine bestimmte Mindestverzinsung des eingesetzten Kapitals, bei gleichzeitig unbeschränktem Gewinnpotenzial. Garantiegeber ist regelmäßig die das Zertifikat emittierende Bank. Hinsichtlich Höhe und Bezugszeitraum der Garantie sind viele Gestaltungsmöglichkeiten denkbar. Häufige Formen sind die Rückzahlung des eingesetzten Kapitals am Ende der Laufzeit (»Kapitalerhaltungsgarantie«), oder die Garantie eines einmal erreichten Höchststands (»Höchststandsgarantie«). Neben der garantierten Mindestverzinsung des eingesetzten Kapitals wird die Partizipation an der Wertentwicklung eines riskanten Basiswerts (Aktien, Renten, Alternative Investments u.a.) gewährleistet, der meist durch einen Index repräsentiert wird. Im Gegensatz zum Index- ist beim Garantiezertifikat die Partizipationsrate an Gewinnen geringer als hundert Prozent, damit der Emittent die Absicherungskosten finanzieren kann. Eine andere geläufige Möglichkeit zur Finanzierung der Absicherungskosten ist, dass der Emittent die laufenden Erträge des Basisobjekts (Dividenden, Zinsen, u.a.) einbehält.

Bonus-Zertifikate gewährleisten einem Anleger eine bedingte Absicherung bei moderaten Kursverlusten. Die wesentlichen Ausstattungsmerkmale eines Bonus-Zertifikates sind die Laufzeit, der Festbetrag und die Kursschwelle. Sofern der Kurs des Basiswerts während der Laufzeit die Kursschwelle nach unten nicht erreicht oder unterschreitet sowie am Ende der Laufzeit unterhalb des Festbetrages bleibt, erhält der Anleger den Festbetrag ausgezahlt. Sollte der Basiswert jedoch diesen Korridor während der Laufzeit nach unten oder am Fälligkeitstag nach oben verlassen, partizipiert der Anleger direkt an der Kursentwicklung des Basiswertes. Oft finanziert der Emittent die Absicherungskosten durch Einbehaltung der Erträge des Basiswerts, womit der Anleger bei Verlassen des Korridors schlechter gestellt wird als bei einem direkten Investment in den Basiswert.

Neben diesen Formen gibt es noch zahlreiche andere weitere Formen von Zertifikaten. So kombinieren so genannte Express-Zertifikate verschiedene der bereits vorgestellten Ausstattungsmerkmale. Zu nennen sind weiterhin *Hebelprodukte*, welche u.a. als Turbo-, Hebel-, Knock Out-Zertifikate am Markt angeboten werden.[77] Im Kern sind diese ähnlich wie eine Option konstruiert, d.h. gewährleisten dem Anleger bei geringem Einstandspreis weit überproportionale Gewinnpotenziale bei einer bestimmten Kursentwicklung des Basisobjekts. Allerdings wird dies mit einem erhöhten Risiko erkauft, d.h. durchbricht der Kurs des Basisobjekts einen bestimmten Wert, verfallen diese Produkte und der Anleger erleidet einen Totalverlust des eingesetzten Kapitals.

Die nachfolgende Tabelle enthält eine Übersicht über das Marktvolumen der gängigsten Zertifikatetypen.

	Anzahl	Volumen in Mio. EUR (Open Interest)	Marktanteil in Prozent (Open Interest)
Garantiezertifikate	2.481	30.247	32,5
Bonuszertifikate	37.235	20.438	21,9
Expresszertifikate	1.543	14.800	15,9
Discountzertifikate	37.621	12.531	13,5
Indexzertifikate	818	5.434	5,8
Sonstige	6.934	9.719	10,4

Tab. 1.10: Marktanteile von Zertifikaten nach Kategorien von 13 Emittenten gemessen am Open Interest per 31.12.2007 (Quelle: Deutscher Derivate Verband)

77 Hebelprodukte haben per 31.12.2007 gemessen am Open Interest eine Marktkapitalisierung von nur 1,5%.

1.5 Strukturierung des Investmentprozesses

Abbildung 1.19 enthält zunächst eine Darstellung, die die Konzeption des Investmentmanagements als einen planmäßigen und strukturierten Prozess wiedergibt. Die dargelegte grundsätzliche Struktur ist dabei unabhängig vom betrachteten, typischerweise institutionellen, Investor.
Seitens des Investors ist im Rahmen dieses Prozesses dabei von primärer Relevanz

- das Zielsystem des Investors
- das Restriktionensystem des Investors sowie
- der jeweils relevante Anlagehorizont.

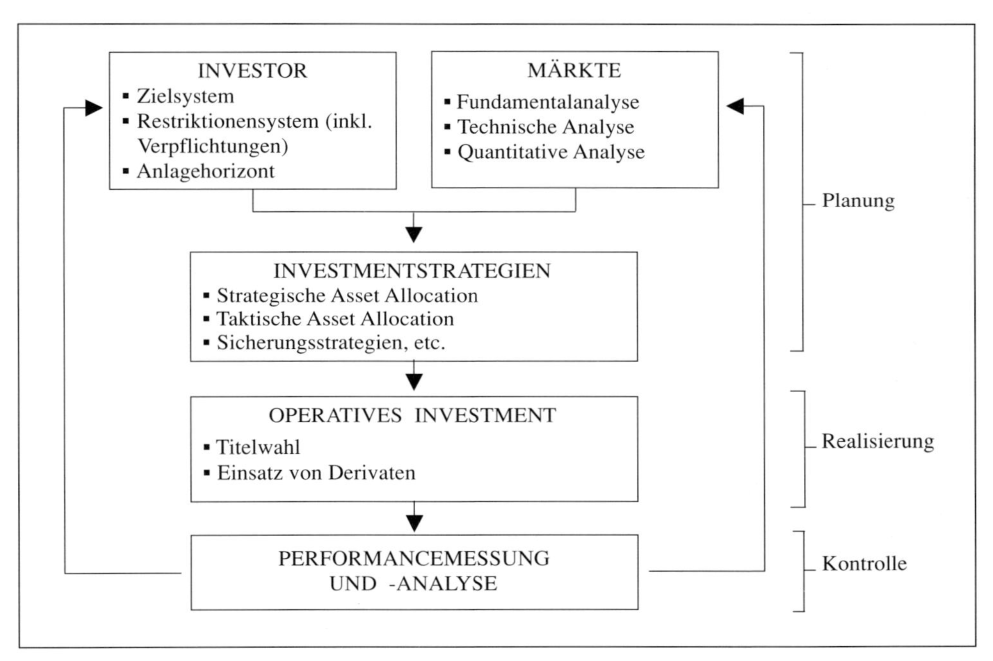

Abb. 1.11: Strukturierung des Investmentprozesses

Das Zielsystem des Investors umfasst dabei die verfolgten Investmentziele sowie den Abgleich dieser Ziele im Rahmen einer Zielfunktion, insbesondere vor dem Hintergrund der Risikotoleranz des Investors. Das Restriktionensystem seinerseits umfasst sowohl endogene Restriktionen – gegebenenfalls auch induziert durch bestehende Verpflichtungen (Liabilities) des Investors – als auch exogene Restriktionen, insbesondere die zu beachtenden rechtlichen Vorschriften.

Den zweiten, in Abbildung 1.18 dargestellten Pfeiler eines planmäßigen Investmentmanagements bilden die Märkte, auf denen der jeweilige Investor agiert. »All markets are local« gilt auch für die Finanzmärkte. So ist es unabdingbar, sich mit den jeweiligen Märkten, den spezifischen Charakteristika der an ihnen gehandelten Finanztitel, ihren spezifischen Handelsmodalitäten sowie dem wirtschaftlichen, rechtlichen und politischen Umfeld intensiv auseinanderzusetzen. Dies gilt insbesondere für eine international orientierte Kapitalanlage. Die Finanzmärkte sowie ihr wirtschaftliches Umfeld liefern zugleich die Daten, die unter Anwendung des Instrumentariums des Assetresearch ausgewertet werden und als Input für Verfahren des Investmentmanagements dienen. Das Instrumentarium umfasst dabei wie in Abbildung 1.18 dargestellt

- Methoden der Fundamentalanalyse, insbesondere die Analyse makro- sowie mikroökonomischer Daten,
- Methoden der Technischen Analyse, etwa die Chartanalyse, Momentumanalyse und Relative Stärke-Analyse,
- Methoden der quantitativen Analyse.

Für einen Überblick hinsichtlich der Methoden der Fundamentalanalyse und der technischen Analyse sei an dieser Stelle verwiesen etwa auf *Steiner/Bruns* (2002, Abschnitt 4.4). In der vorliegenden Monographie stehen die Methoden der quantitativen Analyse im Vordergrund. Hierbei sind von primärer Relevanz

- die Rendite/Risiko-Charakteristika der einzelnen Vermögenswerte
- die Zusammenhangstruktur zwischen den Rendite/Risiko-Charakteristika der Vermögenswerte.

Auf der Grundlage der beiden Pfeiler »Investor« und »Märkte« kann sich nun, wie in Abbildung 1.18 dargestellt, ein planmäßiges und strukturiertes Investmentmanagement entfalten. In der ersten Stufe ist hierbei die so genannte *Strategische Asset Allocation* (SAA) durchzuführen, die planmäßige Aufteilung (*Allokation*) der Anlagemittel auf die einzelnen Assetklassen (Anlagekategorien). Auf die SAA werden wir in Kapitel 13 in systematischer Weise näher eingehen. Aber auch innerhalb der einzelnen Assetklassen erfordert ein strukturiertes Investmentmanagement die Anwendung planmäßiger Strategien. Auch auf diese Ebene der *Taktischen Asset Allocation* (TAA) werden wir in Kapitel 13 eingehen. Die methodischen Grundlagen, auf denen die genannten Investmentstrategien beruhen, so zum Beispiel die Portfoliotheorie als Grundlage der SAA, werden primär in den Kapiteln 6 – 9 behandelt.

Nur im Rahmen und auf der Basis der vorgegebenen Investmentstrategien erfolgt schließlich die konkrete *Titelwahl* (*Security Selection*), gegebenenfalls begleitet durch den systematischen Einsatz von Finanzderivaten. Der Einsatz von Derivaten im Rahmen des Investmentmanagements wird in den Kapiteln 10 – 12 behandelt.

Die Aufteilung des Investmentmanagements in eine strategische Ebene einerseits und eine operative Ebene andererseits hat den folgenden Hintergrund. Wenn alle Informationen am Kapitelmarkt kostenlos und unmittelbar verfügbar wären, dann wäre es sinnvoller, statt diesem hierarchischen Ansatz alle in das Portfolio aufzunehmenden Titel unmittelbar in einem einzigen Entscheidungsschritt festzulegen. In der Praxis des Investmentmanagements erweist sich dies aber als problematisch. Insbesondere ist das Sammeln von Informationen mit Kosten verbunden, die zu begrenzen sind. Der vorstehend dargestellte strukturierte Ansatz hat sich daher in der Investmentpraxis als sinnvoll und nützlich erwiesen.

Die letzte Stufe eines strukturierten Investmentprozesses besteht in der Messung und Analyse der realisierten Kapitelanlageperformance und dem darauf aufbauenden Feedback für die Kapitalanlageplanung. Methoden der Performancemessung und –analyse werden an verschiedenen Stellen erörtert, und zwar in den Abschnitten 2.4, 6.5 sowie 7.3.5.6.

1.6 Elemente eines quantitativen Investment- und Risikomanagements

Das folgende Zitat aus *Rudd/Clasing* (1988, S. 8) ist zentral für ein erstes Verständnis des Ansatzpunktes eines »modernen« Investment- und Risikomanagements quantitativer Prägung:

»The key to understanding the importance of Modern Investment Management lies in one concept – *Measurement*. The world of investment, so dependent on the vagaries of human behavior and judgement, has been able to exist for centuries with customs that were almost beyond question. The advent of better measurement is bringing this to an end. The age of the computer, systematic analysis, and rational decision making based on economic theory has dawned.«

Ein modernes Investment- und Risikomanagement in diesem Sinne beinhaltet dabei die Anwendung modell- und methodenbasierter quantitativer Ansätze zur Analyse, Evaluation und Steuerung von Investmentpositionen. Modernes Investment- und Risikomanagement beinhaltet ebenso eine *Rationalisierung des Investment-Entscheidungsprozesses*. Dies umfasst die Explizierung der Investmentziele und -restriktionen sowie die adäquate Berücksichtigung der Rendite- und Risikopositionen von Investments und Investmentstrategien. Zentral hierfür sind eine Performanceorientierung mit expliziter Kontrolle des eingegangenen Risikos, die Quantifizierung der Risiken von Einzelanlagen und Portfolios, die Identifizierung von Einflussfaktoren und die Quantifizierung ihres Einflusses auf Rendite und Risiko.

Modernes Investment- und Risikomanagement führt damit zu einer effizienteren Kombination der primären Assets. Angestrebt wird die Realisierung einer Position mit maximaler Erwartungsrendite bei vorgegebenem Risiko bzw. mit minimalem Risiko bei vorgegebener Erwartungsrendite.

Modernes Investment- und Risikomanagement beruht zudem wesentlich auf dem systematischen und flexiblen Einsatz moderner Finanzmarktinstrumente (Futures, Optionen, Swaps) zum Zwecke der Optimierung des Redite-/Risikoprofils.

In Form zweier Thesen sollen die Konsequenzen eines modernen Investment- und Risikomanagements quantitativer Prägung beleuchtet werden.

These 1: Modernes Investment- und Risikomanagement führt zu einer Erhöhung der Performanceeffizienz. Dies geschieht etwa auf der Basis einer systematischen Asset Allocation auf der Grundlage von Verfahren zur Portfoliooptimierung und durch Umsetzung eines systematsichen Portfoliomanagements.

These 2: Modernes Investment- und Risikomanagement führt aber auch zu einer Verbesserung der Absicherungsqualität. Dies geschieht etwa durch den Einsatz von Termininstrumenten sowie auf der Grundlage des Einsatzes von Immunisierungs- und Wertsicherungsstrategien.

Zu berücksichtigen ist, dass gerade bei der praktischen Umsetzung der Ansätze eines quantitativen Investment- und Risikomanagements eine extensive DV-Unterstützung unabdingbar ist. Dies begründet sich zum einen aus der hohen Komplexität der einzusetzenden Methoden und Modelle, zum anderen aus der Erfassung, Auswertung und Überwachung großer Datenmengen (etwa: Zeitreihen von Wertpapier- bzw. Indexkursen sowie exogenen mikro- und makroökonomischen Größen).

Traditionelle Ansätze des modernen Investment- und Risikomanagements hingegen beruhen mehr auf *Intuition* und weniger auf *rationalen Überlegungen*. Sie erfolgen daher in weniger *disziplinierter* und *konsistenter* Weise. Des Weiteren weisen solche Ansätze eine größere Bedeutung des »Picking« einzelner Anlagealternativen (Kauf-, Verkauf- bzw. Halteempfehlungen) auf. Weniger im Vordergrund stehen die *Bedeutung der Gesamtposition* sowie die *Beachtung allgemeiner Markteinflüsse*. Ein zentrales Manko mehr traditioneller Ansätze ist schließlich die fehlende systematische Messung und Kontrolle der eingegangenen Risikoposition.

Der Nutzen der quantitativen Orientierung des Investment- und Risikomanagements besteht insbesondere auch in dem Zwang zur Disziplinierung des Anlageprozesses unter Explizierung der Ziele, der Markteinschätzungen und der Risiken. Was ein modernes Investment- und Risikomanagement und seine Methoden jedoch nicht liefern können, ist eine *»vollautomatische Vermögensanlage«* (Push Button-Management).

Stets sind jedoch die bereitstehenden Methoden *planmäßig, risikobewusst* und unter Beachtung ihrer *Restriktionen* einzusetzen. Es ist wichtig, keine unrealistischen Vorstellungen über die Möglichkeiten eines Investment- und Risikomanagements an sich zu haben. An funktionierenden Märkten existieren keine Strategien, die vollständig ohne Risiko und in jeder Marktkonstellation systematisch Überrenditen generieren (»No Free Lunch«). Möglich ist »lediglich« die effizientere und flexiblere Realisation angestrebter Rendite-/Risikopositionen.

1.7 Literaturhinweise und Ausblick

Zu dem in Abschnitt 1.2 behandelten Themenkomplex, den Grundlagen der Finanzmärkte, insbesondere der einführenden Darstellung ausgewählter Finanztitel sei der Leser verwiesen auf *Blake* (2000, Kapitel 1) sowie etwa auf *Bitz* (1993), *Gebhardt/Gerke/Steiner* (1993), *Schierenbeck* (1994) und *Schierenbeck/Hölscher* (1998).

Zu den in Abschnitt 1.3 behandelten Elementen eines quantitativen Investment- und Risikomanagements sei etwa verwiesen auf *Rudd* (1989), *Rudd/Clasing* (1998, Kapitel 1), aber auch auf *Feinstein* (1990).

Der Fokus des vorliegenden Buches schließlich, das Investment- und Risikomanagement, ist Gegenstand einer Vielzahl von einführenden und vertiefenden Abhandlungen. Im Folgenden kann deshalb nur eine kleine und subjektive Auswahl von Lehrbüchern präsentiert werden, in denen die Verfasser bei ihrer eigenen Ausarbeitung immer wertvolle Anregungen finden konnten. Im englischen Sprachraum sind dies vor allem *Blake* (2000), *Bodie/Kane/Marcus* (2005), *Elton/Gruber/Brown/Goetzmann* (2003), *Fabozzi* (1999), *Jorion/Khoury* (1996), *Levy* (1999), *Luenberger* (1998), *Panjer* (1998) sowie *Smithson/Smith/Wilford* (1995). Empfehlenswerte deutsche Bücher sind *Bruns/Meyer-Bullerdiek* (1996), *Gehrig/Zimmermann* (2001), *Kleeberg/Rehkugler* (2002), *Loistl* (1996), *Oehler/Unser* (2001), *Steiner/Bruns* (2002) sowie *Steiner/Uhlir* (2001).

Anhang: Referenzzinssätze für variable Zinszahlungen

Im internationalen Bereich ist der LIBOR (London Interbank Offered Rate) der Standardreferenzzinssatz für variable Zinszahlungen. Der LIBOR existiert für verschiedene Fristigkeiten (1-Monats-/3-Monats/6-Monats/12-Monats-LIBOR), dem so genannten *Tenor*, und für verschiedene Währungen (US-Dollar-LIBOR, Yen-LIBOR, etc.). Ausgangspunkte sind dabei die entsprechenden (Laufzeit, Währung) Zinssätze, zu denen Kreditinstitute am Bankplatz London bereit sind, anderen Banken mit erstklassigem Standing kurzfristige Kredite (Termingeld) zu gewähren. Diese Zinssätze werden ständig durch telefonische Anfrage bei einer Zahl von ausgewählten, im Interbankengeschäft führenden Londoner Instituten, ermittelt. Dabei wird so vorgegangen, dass zunächst eine bestimmte Zahl von Extremwerten eliminiert und anschließend das arithmetische Mittel gebildet wird. Neben der Verwendung als Referenzzinssatz für Floater fungiert der LIBOR auch als Referenzzinssatz für Swaptransaktionen sowie für Geldmarktfutures.

Eine entsprechende Funktion und Konstruktion im nationalen Bereich besitzt der FIBOR (Frankfurt Interbank Offered Rate), hier sind die Zinssätze ausgewählter Kreditinstitute am Frankfurter Bankenplatz der Ausgangspunkt für dessen Ermittlung. Nachfolger des FIBOR ist der EURIBOR (European Interbank Offered Rate).

Weitere Geldmarkt-Referenzzinssätze sind im Euromarktbereich der LIMEAN (London Interbank Mean Rate), der Mittelwert aus dem Geldangebotssatz LIBOR und dem Geldnachfragesatz LIBID (London Interbank Bid Rate), der EONIA (European Overnight Index Average), einem Durchschnittszinssatz für Übernachtkredite auf dem Interbankengeldmarkt sowie im US-amerikanischen Bereich die T-Bill-Rate, der Zinssatz für US-Treasury Bills.

Die nachfolgende Tabelle enthält eine Übersicht über ausgewählte Eurogeldmarktsätze am Interbankenmarkt am 11. März 2008 (Quelle: Handelsblatt).

	1 Mon.	2 Mon.	3 Mon.	6 Mon.	12 Mon.
EURIBOR	4,305	4,417	4,597	4,573	4,555
EURO-LIBOR	4,3075	4,41875	4,59563	4,58	4,5625
USD-LIBOR	2,89	2,88	2,8675	2,74	2,57

Tab. 1.12: Ausgewählte Eurogeldmarktsätze unter Banken (in Prozent) am 11. März 2008 (Quelle: Handelsblatt vom 12. März 2008)

Literatur zu Kapitel 1

Bitz, M. (1993): Finanzdienstleistungen, München.
Blake, D. (2000): Financial Market Analysis, 2. Aufl., Baffins Lane/Chichester.
Bodie, Z., A. Kane, A.J. Marcus (2005): Investments, 6. Aufl., Chicago u.a.
Bruttel, H. (2001): Einsatz von Swapgeschäften in Versicherungsunternehmen, in: *Schwebler, R., K.-W. Knauth, D. Simmert* (Hrsg.): Aktuelle Anlage- und Absicherungsmöglichkeiten für Versicherungsunternehmen, Karlsruhe, S. 1–49.
Bruns, Ch., F. Meyer-Bullerdiek (1996): Professionelles Portfoliomanagement, Stuttgart.
Deutsche Bundesbank (2001): Statistische Beihefte der Monatsberichte der Deutschen Bundesbank, Kapitalmarktstatistik, Frankfurt.
Elton, E.J., M.J. Gruber, S.J. Brown, W.N. Goetzmann (2003): Modern Portfolio Theory and Investment Analysis, 6. Aufl., New York.
Eurex (2001): Risk Based Margining, Frankfurt/Zürich [www.eurexchange.com].
Fabozzi, F.J. (1999): Investment Management, 2. Aufl., Upper Saddle River/New Jersey.
Feinstein, A. (1990): Quantitative Models: When they might not work and what to do about it, in: *Fabozzi, F.J.* (Hrsg.): Managing Institutional Assets, New York, S. 643–663.
Franke, G., H. Hax (2004): Finanzwirtschaft des Unternehmens und Kapitalmarkt, 5. Aufl., Berlin u.a.
Gebhardt, G., W. Gerke, M. Steiner (1993, Hrsg.): Handbuch des Finanzmanagements, München.
Gehrig, B., H. Zimmermann (2001), Hrsg.): Fit for Finance, 7. Aufl., Zürich.
Gibson, R., H. Zimmermann (1996): The Benefits and Risks of Derivative Instruments: An Economic Perspective, Finanzmarkt und Portfolio Management 10, S. 12–44.
Hasewinkel, V. (1993): Geldmarkt und Geldmarktpapiere, Frankfurt/Main.
Jorion, P., S.J. Khoury (1996): Financial Risk Management, Cambridge/Massachusetts.
Kleeberg, J.M., H. Rehkugler (2002, Hrsg.): Handbuch Portfolio Management, 2. Aufl., Bad Soden/Ts.
Laux, M. (2002): Gibt es so etwas wie eine einheitliche europäische Investmentfonds-Philosophie?, in: *BVI Bundesverband Deutscher Investment- und Vermögensverwaltungs-Gesellschaften* (Hsrg.), Chance für alle: Entwicklung und Verbreitung der Investmentfonds-Idee, Frankfurt/M., S. 86–91.
Levy, H. (1999): Introduction to Investments, 2. Aufl., Cincinnati u.a.
Loistl, O. (1996): Computergestütztes Wertpapiermanagement, 5. Aufl, München, Wien.
Luenberger, D.G. (1998): Investment Science, New York, Oxford.
Oehler, A., M. Unser (2001): Finanzwirtschaftliches Risikomanagement, Berlin u.a.
Panjer, H.H. (1998, Hrsg.): Financial Economics, Schaumburg/Illinois.
Rudd, A. (1989): The Quantitative Approach, in: *Stoakes, C., A. Freeman* (Hrsg.): Managing Global Portfolios, London, S. 19–25.
Rudd, A., H.K. Clasing (1988): Modern Portfolio Theory: The Principles of Investment Management, 2. Aufl, Orinda.
Scharpf, P., G. Luz (2000): Risikomanagement, Bilanzierung und Aufsicht von Finanzderivaten, 2. Aufl, Stuttgart.
Schierenbeck, H. (Hrsg., 1994): Bank- und Versicherungslexikon, München.
Schierenbeck, H., R. Hölscher (1998): Bankassurance, 4. Aufl., Stuttgart.
Smithson, C.W., C.W. Smith, Jr., D.S. Wilford (1995): Managing Financial Risk, Chicago u.a.
Steiner, M., Ch. Bruns (2002): Wertpapiermanagement, 8. Aufl., Stuttgart.
Steiner, P., H. Uhlir (2001): Wertpapieranalyse, 4. Aufl., Heidelberg.
Wegmann, P. (2001): Zinsderivate: Einsatz und Bewertung, in: *Gehrig, B., H. Zimmermann* (Hrsg.): Fit for Finance, Zürich, S. 357–373.

2 Charakterisierung von Investments unter Sicherheit

2.1 Einführung

Aus einer zahlungswirtschaftlichen Perspektive können Finanzinvestitionen (Investments) auf Basis der durch sie induzierten Zahlungsströme charakterisiert werden.[1] Die Bewertung, insbesondere die Analyse der Vorteilhaftigkeit von durch Investitionen ausgelösten Zahlungsströmen ist aus genereller Sicht Gegenstand der betriebswirtschaftlichen Investitionsrechnung. Insofern sind deren Resultate von grundsätzlicher Relevanz für die Analyse der aus einem Investment resultierenden Zahlungsströme. Dabei wird in diesem Abschnitt zunächst davon ausgegangen, dass Höhe und Zeitpunkt der Zahlungen des zu beurteilenden Investments bekannt, d.h. sichere Größen sind. Eine solche Konstellation liegt etwa vor, wenn man ein bereits realisiertes Investitionsprojekt ex post beurteilen möchte. Sollen jedoch Investitionsprojekte aus einer Ex-ante-Perspektive beurteilt werden, so beruht diese Annahme auf der Voraussetzung, dass sichere Erwartungen über die zukünftigen Zahlungsströme bestehen. Obgleich eine solche Annahme für einen Großteil der hier betrachteten Finanzinvestments nicht zutreffend ist, sind Modelle bei sicheren Erwartungen ein wichtiger Baustein für solche unter Unsicherheit, denen wir uns ab dem dritten Kapitel ausführlich widmen werden.

Der weitere Verlauf dieses Kapitels ist nun wie folgt: Zunächst werden in Abschnitt 2.2 grundlegende Resultate der Investitionsrechnung dargestellt, die im weiteren Verlauf dieses Buches benötigt werden. Abschnitt 2.3 widmet sich dann den Konzeptionen zur Renditebestimmung von Investitionen. Abschließend werden in Abschnitt 2.4 die Grundlagen der Erfolgsanalyse von Fondsinvestments erörtert.

2.2 Grundlagen der Investitionsrechnung

2.2.1 Zins- und Diskontrechnung

Verfahren der Zins- und Zinseszinsrechnung haben ihren Ursprung im Rahmen von Darlehensgeschäften.[2] Bei einem Darlehensvertrag überlässt der Gläubiger dem Schuldner für eine bestimmte Zeit (Darlehenslaufzeit) einen bestimmten Geldbetrag (Darlehenssumme). Im Gegenzug verpflichtet sich der Darlehensnehmer zur Rückzahlung (Tilgung) der Darlehenssumme und zur Zahlung von Zinsen. Insofern kann der »Zins« als Preis für die zeitweilige Überlassung von Kapital angesehen werden. Wann und in welcher Höhe die Zins- und Tilgungszahlungen erfolgen, ist in den Darlehensbedingungen zu spezifizieren. Im Folgenden konzentrieren wir uns auf methodische Aspekte der Zinszahlungsmodalitäten und formalisieren diese durch ein *Zinsmodell*.

---

1 Man vergleiche die entsprechenden Charakterisierungen im Rahmen des Abschnitts 1.4.

2 Man vergleiche hierzu auch die allgemeine Erörterung von Gläubigerpapieren in Abschnitt 1.4.3.

Zentrale Elemente eines *Zinsmodells* sind die Festlegung des *Zinssatzes* sowie der *Zinszahlungstermine*. Der Zinssatz ist eine prozentuale Größe, die angibt, welcher Zinsbetrag pro Geldeinheit verbleibender Restschuld bezogen auf einen bestimmten Referenzzeitraum zu den Zinszahlungsterminen zu begleichen ist. Dabei hat es sich in der kaufmännischen Praxis eingebürgert, Zinssätze auf Jahresbasis (per annum, p.a.) anzugeben.[3] Ferner kann vorgesehen sein, dass der Schuldner die vereinbarten Zinsen im Fälligkeitszeitpunkt nicht bar an den Gläubiger zu zahlen hat, sondern diese dem Kapital zugeschlagen (*kapitalisiert*) und dann gemeinsam mit dem bereits vorhandenen Kapital bis zu einem bestimmtem Zeitpunkt weiter verzinst werden (so genannte *Zinseszinsen*). Hinsichtlich der Zahlungszeitpunkte geht man gewöhnlich so vor, dass bestimmte Teilperioden (Verzinsungsintervalle) gleicher (äquidistanter) Länge festgelegt werden. Je nach dem, ob die Zinsen am Anfang oder Ende der jeweiligen Teilperiode fällig sind, spricht man von einer *vorschüssigen* (antizipativen) oder *nachschüssigen* (dekursiven) Zinsverrechnung.

Um diese Aspekte modellmäßig erfassen zu können, betrachten wir hierzu das folgende Grundmodell der Verzinsung von Kapital:

- die Tilgung der Darlehensschuld erfolge in einer Summe nach T Jahren
- der Zinssatz betrage über die gesamte Laufzeit konstant $p\%$ p.a.[4]
- die Zinsen sind jährlich nachschüssig fällig.

Unter dem angenommenen Verzinsungsmodell wächst ein (zu $t = 0$) anfänglich überlassenes Kapital in Höhe von K_0 bei einem Jahreszinssatz von $r = p/100$ nach einem Jahr auf einen Wert inklusive Zinsen in Höhe von $K_1 = K_0 + K_0 r = K_0(1 + r)$ an. Werden die fälligen Zinsen am Ende des ersten Jahr kapitalisiert, ergibt sich nach dem zweiten Jahr ein Kapital in Höhe von $K_2 = K_1 + K_1 r = K_0(1 + r)^2$. Allgemein ergibt sich für ein auf Zinseszinsen angelegtes Kapital nach T Jahren ein *Endwert* in Höhe von

$$K_T = K_0\left(1 + \frac{p}{100}\right)^T = K_0(1 + r)^T = K_0 q^T. \tag{2.1}$$

Die Größe $q = 1 + r$ wird dabei als *Aufzinsungsfaktor* bezeichnet. Der so genannte Gegenwartswert (*Barwert*) K_0 eines nach T Jahren fälligen Kapitals K_T ist gemäß Gleichung (2.1) gegeben durch:

$$K_0 = K_T(1+r)^{-T} = K_T q^{-T} = K_T v^T. \tag{2.2}$$

Man bezeichnet die Funktionsvorschrift gemäß der Gleichung (2.2) auch als Diskontierung bzw. als Abzinsung und die Größe $v = 1/q$ als *Diskontierungs-* bzw. *Abzinsungsfaktor*. Fragen der Diskontierung spielen etwa beim Kauf bzw. Verkauf von Wechseln in der kaufmännischen Praxis eine Rolle. Der Aussteller des Wechsels verpflichtet sich, zu einem bestimmten Zeitpunkt eine bestimmte Geldsumme an den durch die Urkunde legitimierten Inhaber zu zahlen. Der Wechselinhaber kann seinen verbrieften Zahlungsanspruch vor Verfalltag durch Übergabe der indossierten Urkunde veräußern, etwa an ein Kreditinstitut. Dabei wird der Wechselkäufer zum Zeitpunkt des Ankaufs einen geringeren Preis als die Wechselsumme bezahlen. Es erfolgt

---

3 Es finden sich hierzu auch gesetzlich Vorschriften. So bestimmt etwa § 6 Abs. 1 der Preisangabenverordnung von 2002, dass bei der gewerbsmäßigen Kreditvergabe Zinssätze auf Jahresbasis anzugeben sind.

4 Die Größe p wird dabei in der Literatur auch als *Zinsfuß* bezeichnet.

eine *Diskontierung*, wobei die Höhe des Abschlags vom angesetzten Diskontierungsfaktor q und der Restlaufzeit T des Wechsels abhängt.

Beispiel 2.1: Wechseldiskont

Ein Wirtschaftsunternehmen reicht bei einem Kreditinstitut einen Wechsel zur Diskontierung ein. Der Wechselbetrag in Höhe von 1.000.000 EUR ist in einem Jahr fällig. Bei einem Wechseldiskontsatz in Höhe von 5% bietet das Kreditinstitut an, den Wechsel zu einem Preis von 1.000.000/1,05 = 952.380,95 anzukaufen, d.h. der Wechseldiskont beträgt 47.619,05 EUR.

Gibt man die Prämisse der konstanten (zeitunabhängigen) jährlichen Verzinsung auf und erlaubt (Beispiel: Zinsstaffel) jährlich variierende Zinsfüße $p_1,..., p_T$, so gilt für den Endwert K_T eines anfänglich investierten Kapitals K_0 ($r_t = p_t/100$):

(2.3)
$$K_T = K_T(1+r_1)\cdot ... \cdot(1+r_T) = K_0 \prod_{t=1}^{T}(1+r_t) \ .$$

Entsprechend errechnet sich der Barwert K_0 eines in T Jahren fälligen Kapitalbetrags K_T durch Diskontierung gemäß den jeweiligen Einjahreszinssätzen, das bedeutet:

(2.4)
$$\begin{aligned} K_0 &= K_T(1+r_1)^{-1}\cdot ... \cdot(1+r_T)^{-1} \\ &= K_T \prod_{t=1}^{T}(1+r_t)^{-1} = K_T\left[\prod_{t=1}^{T}(1+r_t)\right]^{-1} \ . \end{aligned}$$

Bislang wurde davon ausgegangen, dass die Zinszahlungen lediglich am Jahresende fällig sind. In Darlehensverträgen können jedoch auch unterjährige Zinskapitalisierungstermine (etwa monatlich, viertel- oder halbjährlich) vereinbart werden. Würde der Referenzzeitraum der vereinbarten Zinssätze mit den Kapitalisierungszeiträumen übereinstimmen – also p% p.m. (bzw. p% p.q.) bei monatlicher (vierteljährlicher) Kapitalisierung –, so könnten die obigen Ergebnisse direkt verwendet werden. Allerdings hat es sich in der Praxis zwecks besserer Vergleichbarkeit eingebürgert, auch bei unterjährigen Fälligkeitsterminen die Zinssätze in den Darlehensbedingungen auf Per-annum-Basis anzugeben. Bei einer unterjährigen Kapitalisierung von Zinsen stellt sich dann die Frage, wie groß der Endwert des Kapitals nach mehreren Perioden ist und wie der nominelle Jahreszins in einen effektiven Jahreszins umzurechnen ist. Um eine solche Möglichkeit abbilden zu können, ist das Verzinsungsmodell wie folgt zu modifizieren:

- Die Zinsgutschrift erfolge nachschüssig, aber nun auch unterjährig und zwar jeweils am Ende von m äquidistanten Zeitperioden, d.h. zu $t = 1/m, 2/m, ..., (m - 1)/m, 1$,
- der *nominelle* Jahreszinssatz u sei vorgegeben und
- als unterjähriger Zinssatz sei u/m vereinbart.

Wird beispielsweise $m = 12$ gewählt, so erfolgt die Zinszahlung bzw. Zinskapitalisierung am Ende eines jeden Monats und bei $m = 4$ vierteljährlich nachschüssig. Am Ende des ersten Jahres ist dann ein anfänglich investiertes Kapital K_0 inklusive Zinseszinsen angewachsen auf

(2.5) $$K_1 = K_0\left(1 + \frac{u}{m}\right)^m .$$

Die äquivalente *effektive Jahresverzinsung* r_m ergibt sich damit aus der Gleichung

$$1 + r_m = \left(1 + \frac{u}{m}\right)^m$$

und somit zu:

(2.6) $$r_m = \left(1 + \frac{u}{m}\right)^m - 1 .$$

Es ist damit zwischen dem rein nominellen Jahreszinssatz u und dem effektiven Jahreszinssatz r_m zu unterscheiden. Der effektive Jahreszinssatz entspricht dabei demjenigen Zinssatz, der bei jährlich nachschüssiger Zinsgutschrift zum gleichen Endkapital führen würde wie bei einer unterjährigen Zinsgutschrift.

Beispiel 2.2: Effektiver und nomineller Jahreszins bei vierteljährlicher Verzinsung
Man betrachte ein Darlehen in Höhe von 100, welches in einem Jahr inklusive Zinsen fällig ist. Es ist ein nomineller Jahreszins in Höhe von 10% bei einer vierteljährlichen Zinsverrechnung vereinbart. Nach einem Jahr ergibt sich inklusive Zins- und Zinseszinsen eine Restschuld in Höhe von $K_1 = 100\ (1 + 0{,}1/4)^4 = 110{,}38$. Der äquivalente Jahreszinssatz bei jährlicher Zinsgutschrift beträgt damit $r_m = (1 + 0{,}1/4)^4 - 1 = 10{,}38\%$.

Nach T Jahren ist das anfänglich investierte Kapital mit jeweils m unterjährigen Verzinsungsintervallen dann angewachsen auf:

(2.7) $$K_T = K_0\left(1 + \frac{u}{m}\right)^{mT} = K_0(1 + r_m)^T.$$

Lässt man nun in dem Modell der unterjährigen Verzinsung gedanklich die Zinszahlungsintervalle der Länge $1/m$ immer kürzer werden ($1/m \rightarrow 0$, äquivalent: $m \rightarrow \infty$), so ist nach Vornahme des Grenzübergangs das anfänglich investierte Kapital K_0 nach einem Jahr angewachsen auf

(2.8) $$K_1 = \lim_{m \to \infty} K_0\left(1 + \frac{u}{m}\right)^m = K_0 e^u.$$

Dabei bezeichnet e ≈ 2,7183 die so genannte *Eulersche Zahl.* Dies ist das Modell der so genannten *zeitstetigen* bzw. *kontinuierlichen Verzinsung* (auch Momentanverzinsung) von Kapital zur Zinsrate bzw. Zinsintensität u. Die hierzu äquivalente Verzinsung bei jährlicher Zinsgutschrift ergibt sich aus der Gleichung $1 + r = e^u$ zu

(2.9) $$r = e^u - 1.$$

Umgekehrt kann man zu jedem Zinssatz r die hierzu äquivalente Zinsrate u wie folgt bestimmen:

(2.10) $$u = \ln(1 + r).$$

wobei *ln* den natürlichen Logarithmus, den Logarithmus mit der Basis *e*, bezeichnet.

Beispiel 2.3: Effektiver und nomineller Jahreszins bei kontinuierlicher Verzinsung
Es sei wiederum ein nomineller Jahreszins in Höhe von 10%, nun aber bei kontinuierlicher Zinsverrechnung vereinbart. Nach einem Jahr ergibt sich inklusive Zins- und $K_1 = 100\ e^{0,1} = 110{,}52$. Der äquivalente diskrete Jahreszinssatz bei jährlicher Zinsgutschrift beträgt folglich $r_m = e^{0,1} - 1 = 10{,}52\%$.

Bei kontinuierlicher Verzinsung ist nach T Jahren ein anfänglich investiertes Kapital K_0 dann angewachsen auf:

(2.11) $$K_T = K_0 e^{uT}.$$

Allgemein ist ein zu einem beliebigen Zeitpunkt $t = s$ investiertes Kapital K_s bei einer kontinuierlichen Verzinsung zur Zinsrate u bis zum Zeitpunkt $t = T$ ($>s$) angewachsen auf

(2.12) $$K_T = K_s e^{u(T - s)}.$$

Gibt man die Prämisse einer zeitunabhängigen Zinsrate u auf und ersetzt diese durch eine zeitabhängige Zinsintensität $u(t)$, so geht der Zusammenhang (2.12) über in

(2.13) $$K_T = K_s \exp\left[\int_s^T u(t)dt\right].$$

Umgekehrt lässt sich die Zinsintensität $u(t)$ damit definieren durch:

(2.14) $$u(t) = \frac{\mathrm{d}}{\mathrm{d}t}\int_s^t u(\tau)\mathrm{d}\tau = \frac{\mathrm{d}}{\mathrm{d}t}\ln\left(\frac{K_t}{K_s}\right).$$

Geht man, wie in praxi üblich, von Jahren als Standardperioden aus, so stellt sich bei unterjährigen Zahlungen die Frage nach der Erfassung von Teilperioden. Man spricht von *Tagzählungsmethoden* (*Day Count*) oder auch von *Zinskonventionen*. Dabei ist sowohl die Anzahl B der Tage eines Jahres festzulegen (Standardbeispiele: B = 365, B = 360) als auch die Anzahl A der Tage der Teilperiode. Man spricht dann von einer Tagzählungsmethode nach der Konvention A / B. Beispiele hierfür sind die Konventionen echt/echt bzw. actual/actual oder 30/360 oder echt/365. Echt (actual) bedeutet hierbei die taggenaue Bestimmung der Zinstage. Die Konvention 30/360 bedeutet, dass volle Monate zu 30 Zinstagen und das Jahr zu 12 Monaten (360 Tage) angesetzt werden (auch: kaufmännische Konvention). Die 30/360-Konvention beinhaltet insbesondere die Vereinbarung, dass bei Monaten mit 31 Tagen der 31. Tag kein Zinstag ist. Bei allen Konventionen gilt grundsätzlich, dass der erste Tag mitgezählt wird, der letzte jedoch nicht (Anzahl der verstrichenen Tage).

Beispiel 2.4: Day Count
Die Konvention sei echt/echt. Zwischen dem 27.02.07 und dem 10.04.07 liegen 2 + 31 + 9 = 42 Tage. Das Jahr 2007 hat 365 Tage und somit umfasst der Zeitraum 42/365 = 0,11507 Jahre.
Im Falle der Konvention 30/360 liegen hingegen zwischen dem 27.02.07 und dem 10.04.07 4 + 30 + 9 = 43 Tage, das Jahr wird zu 360 Tagen angesetzt und damit umfasst der Zeitraum 43/360 = 0,11944 Jahre.

Wenden wir uns nun der Klärung der Problematik einer taggenauen Zinsberechnung zu. Konkret lautet die Problemstellung: Welches ist der korrekte anteilige Zinsbetrag, wenn ein (nachschüssiger) Jahreszins von $p\%$ p.a. vereinbart worden ist und x Tage seit der Anlage eines Anfangskapital K_0 verstrichen sind. Zur Klärung dieser Frage müssen wir zunächst eine Zinskonvention vereinbaren. Diese sei nachfolgend echt/365.

Der effektive Jahreszinssatz lautet in diesem Falle $r = r_m = 1 + p$, wobei $m = 1/365$. Eine Aufzinsung des Anfangskapitals über x Tage bei einem (zunächst unspezifizierten) nominellen Zinssatz u ergibt den Kapitalstand

$$K_\tau = K_0 \cdot \left(1 + \frac{u}{365}\right)^x , \tag{2.15}$$

wobei $\tau = x/365$. Da nun andererseits nach einem Jahr, d.h. $x = 365$, gelten muss

$$K_1 = K_0 \cdot \left(1 + \frac{u}{365}\right)^{365} = K_0 \cdot (1 + r) , \tag{2.16}$$

folgt hieraus die Beziehung $\left(1 + \frac{u}{365}\right) = (1 + r)^{1/365}$, d.h. $\left(1 + \frac{u}{365}\right)^x = (1 + r)^{x/365} = (1 + r)^\tau$.

Durch entsprechende Substitution in (2.15) erhalten wir insgesamt die Beziehung

$$K_\tau = K_0 \cdot (1 + r)^\tau . \tag{2.17}$$

Der korrekte unterjährige Aufzinsungsfaktor für x Tage unter Zins ist somit $(1 + r)^\tau$, wobei $\tau = x/365$. Bei Anwendung der Zinskonvention echt/360 ergibt sich in analoger Weise $\tau = x/360$. Der taggenau abgerechnete Zinsbetrag beträgt somit

$$K_\tau - K_0 = K_0 \cdot [(1 + r)^\tau - 1] . \tag{2.18}$$

Benutzt man die *Taylorentwicklung* (Binomische Reihe) der Funktion $f(x) = (1 + x)^m$, die gegeben ist durch

$$(1 + x)^m = 1 + \binom{m}{1} x + \binom{m}{2} x^2 + \ldots ,$$

(2.19) $$(1+r)^{\tau} \approx 1+r\cdot\tau \text{ bzw. } (1+r)^{\tau}-1 \approx \tau\cdot r.$$

Die lineare Approximation des taggenau abgerechneten Zinsbetrags ist somit identisch mit einer zeitproportionalen Aufteilung der Per Annum-Zinsen. Unter der Zinskonvention echt/365 führt dies auf den Zinsbetrag $\tau\cdot r = \frac{x}{365}\cdot r$, wobei x die Anzahl der Tage unter Zins bedeute. Entsprechend verfährt man bei der Zinskonvention echt/360.

Beispiel 2.5: Taggenaue Zinsberechnung

Am 01.12.2004 erfolge zu einem jährlichen Zinssatz von 5% eine Anlage von 100 EUR bis (einschließlich) zum 31.03.2005. Wie hoch ist der Rückzahlungsbetrag bei Anwendung der Konvention 30/360 mit Zinseszinsen

a) bei taggenauer Zinsverrechnung?

b) bei zeitproportionaler Aufteilung der Per Annum-Zinsen (lineare Verzinsung)?

Der Gesamtzeitraum umfasst bei Konvention 30/360 insgesamt 4 · 30 Tage. Es folgt damit:

a) $100\cdot(1{,}05)^{\frac{4\cdot 30}{360}} = 100\cdot(1{,}05)^{0{,}33333} = 100\cdot(1{,}0164) = 101{,}64$

b) $100\cdot\left[1+0{,}05\cdot\left(\frac{4\cdot 30}{360}\right)\right] = 100\cdot[1+0{,}05\cdot(0{,}33333)$

$= 100 \cdot (1{,}0166) = 101{,}66.$

Erstreckt sich eine Anlage über mehrere Jahre, so wird in der Praxis in der Regel die *gemischte Verzinsung* angewandt. Die Jahresbruchteile des ersten und letzten Jahres werden dabei linear verzinst, während ganze Jahre exponentiell verzinst werden. Der Tag der Kapitalanlage wird wiederum mitgezählt, der Auszahlungstag jedoch nicht.

Beispiel 2.6: Lineare, exponentielle und gemischte Verzinsung

Am 24.11.07 erfolge eine Anlage über 10 000 EUR bis zum 03.06.12. Der Zinssatz liege bei 5% p.a., die Zinsen werden reinvestiert und jeweils am Ende des Kalenderjahres gutgeschrieben. Die Konvention sei 30/360.

Im Anlagejahr 2007 wird das Kapital 37 Tage (7 Tage im November, der Anlagetag wird mitgezählt, und 30 Tage im Dezember) bei linearer Zinsverrechnung verzinst. Hierauf folgt eine vierjährige exponentielle Verzinsung und im Auszahlungsjahr 2012 schließlich eine lineare Verzinsung für 152 Tage (5 Monate zu 30 Tagen – Januar bis Mai – und 2 Tage im Juni, der Auszahlungstag wird nicht mitgezählt). Das Endkapital wächst somit auf

$$K_T = 10\,000\cdot\left(1+0{,}05\cdot\frac{37}{360}\right)\cdot 1{,}05^4\cdot\left(1+0{,}05\cdot\frac{152}{360}\right) = 12\,475{,}45.\ \cdot$$

Bei einer strikt exponentiellen Verzinsung ergäbe sich durch die Verzinsung über

$\frac{37}{360}+4+\frac{152}{360}=4\frac{189}{360}$ Jahre ein Endkapital von

$$K_T = 10\,000 \cdot 1{,}05^{4\frac{189}{360}} = 12\,470{,}43,$$

bei einer strikt linearen Verzinsung sogar nur

$$K_T = 10\,000 \cdot \left(1 + 0{,}05 \cdot 4\frac{189}{360}\right) = 12\,262{,}50.$$

2.2.2 Barwert- und Endwertberechnung

Zur Erfassung der Zahlungsstruktur von Investitionen wird der Investitionszeitraum bei Anwendung eines diskreten Zahlungsmodells in aufeinander folgende Perioden gleicher Länge zerlegt. Sämtliche Zahlungen innerhalb einer Periode werden zum (positiven/negativen) Einzahlungsüberschuss dieser Periode zusammengefasst und so behandelt, als fielen sie am Ende (nachschüssig) oder Anfang (vorschüssig) der Periode an. Ausgangspunkt der folgenden Betrachtungen ist dann eine Zahlungsreihe der Form $\{Z_1,..., Z_T\}$. Die Zahlungen Z_t an den Investor erfolgen dabei jeweils nachschüssig zum Zeitpunkt t (am Ende der Periode t). Als Modell für die Verzinsung dient das Grundmodell des vorherigen Abschnitts (nachschüssige jährliche Verzinsung). Der Endwert $K_T(r)$ der Zahlungsreihe zum Zeitpunkt T in Abhängigkeit vom gegebenen Zinssatz r ist dann gegeben durch

(2.20)
$$K_T(r) = \sum_{t=1}^{T} Z_t(1 + r)^{T-t}.$$

Dieser Endwert besitzt dabei die folgende materielle (zahlungswirtschaftlich wirksame) Bedeutung. Bei (Re-) Investition aller Zahlungen Z_t zum Zinssatz r bis zu $t = T$ beträgt der Wert des gesamten Kapitals zum Zeitpunkt $t = T$ gerade $K_T(r)$. Für die materielle Relevanz des Endwertes ist somit die tatsächliche Erwirtschaftung des Jahreszinses r bis zu $t = T$ von entscheidender Bedeutung, die hierbei verwendete *Wiederanlageprämisse* muss in der Realität auch valide sein. Der Barwert $K_0(r)$ der Zahlungsreihe ist dann gegeben durch:

(2.21)
$$K_0(r) = \sum_{t=1}^{T} Z_t(1 + r)^{-t} = K_T(r) \cdot (1 + r)^{-T}.$$

Es gilt somit

(2.22)
$$K_T(r) = K_0(r) \cdot (1 + r)^{T}.$$

Die materielle Bedeutung der Barwertbestimmung ergibt sich somit aufgrund von (2.22) aus der folgenden Überlegung. Der Barwert einer Zahlungsreihe zum Zinssatz r ist derjenige Betrag, der bei Investition zum Zinsfuß r bis zu $t = T$ auf den gleichen Endwert wächst wie die Zahlungsreihe bei Investition der Rückflüsse zum identischen Zinsfuß bis zu $t = T$. Insofern erhält der Barwert über die äquivalente Endwertbetrachtung, d.h. über die Explizierung der Anlagebedingungen, eine materielle, zahlungswirtschaftlich wirksame Bedeutung.

Beispiel 2.7: Nachschüssige Rente

Gegeben sei die Zahlung des gleichhohen Betrags $Z_t = R$ zu den Zeitpunkten $t = 1, \ldots, T$ an den Investor (nachschüssige Zeitrente). Unter Berücksichtigung des Zusammenhangs ($q \neq 1$ bzw. $r \neq 0$)

$$(2.23) \qquad 1 + q + \ldots + q^{n-1} = \frac{1 - q^n}{1 - q} = \frac{q^n - 1}{q - 1} = \frac{q^n - 1}{r}$$

erhält man als Endwert der nachschüssigen Rente somit

$$(2.24) \qquad R(q^{T-1} + q^{T-2} + \ldots + q + 1) = R\frac{q^T - 1}{q - 1} = R \cdot REF(r, T).$$

Dabei bezeichnet man den Ausdruck

$$(2.25) \qquad REF(r, t) = \frac{q^t - 1}{q - 1}$$

auch als den *Rentenendwertfaktor* einer nachschüssigen Rente in Abhängigkeit vom Zinsfuß r und der Laufzeit t der Rentenzahlungen. Der entsprechende Rentenbarwert ergibt sich durch Diskontierung der einzelnen Rentenzahlungen auf $t = 0$.

$$(2.26) \qquad R(q^{-1} + q^{-2} + \ldots + q^{-T}) = R\frac{q^T - 1}{q^T(q - 1)} = R \cdot RBF(r, T).$$

Der Faktor

$$(2.27) \qquad RBF(r, t) = \frac{q^t - 1}{q^t(q - 1)} = \frac{1 - q^{-t}}{r} = \frac{1}{r}\left(1 - \frac{1}{q^t}\right)$$

heißt *Rentenbarwertfaktor*.

Beispiel 2.8: Kapitalwert einer Investition

Eine Investition ist typischerweise charakterisierbar durch eine Zahlungsreihe $\{-A_0, Z_1, \ldots, Z_T\}$, wobei A_0 die Anfangsauszahlung zur Durchführung der Investition bezeichne und Z_t den aus der Investition resultierenden Zahlungssaldo aus den Ein- und Auszahlungen der Periode t. Der *Kapitalwert* (englisch: net present value) der Investition zum Kalkulationszins r entspricht dann gerade dem Barwert der zukünftigen Zahlungen zum Zinssatz r abzüglich der Anfangsauszahlung

$$(2.28) \qquad K_0(r) = -A_0 + \sum_{t=1}^{T} Z_t(1 + r)^{-t}.$$

Der Kapitalwert ist eines der zentralen Beurteilungskriterien für Investitionsalternativen. Der Kapitalwert zum Kalkulationszinssatz r ist offenbar dann positiv, wenn $\sum Z_t(1 + r)^{T-t} > A_0(1 + r)^T$. Es ist somit vorteilhafter, die Investition zu tätigen und deren Rückflüsse zum Kalkulationszins anzulegen, als die Investition nicht zu tätigen und den Investitionsbetrag zum Kalkulationszinssatz anzulegen.

Gibt man nun die Prämisse einer zeitunabhängigen Jahresverzinsung auf und bezeichne r_s den für Periode s, d.h. vom Zeitpunkt $t = s - 1$ bis zum Zeitpunkt $t = s$ gültigen Zinssatz, so ergibt sich für den Endwert einer Zahlungsreihe $\{Z_1,..., Z_T\}$

(2.29) $$K_T(r_1,..., r_T) = \sum_{t=1}^{T} Z_t \prod_{i=t+1}^{T} (1 + r_i).$$

Für den entsprechenden Barwert ergibt sich

(2.30) $$K_0(r_1,...,r_T) = \sum_{t=1}^{T} Z_t \left[\prod_{i=1}^{t} (1 + r_i) \right]^{-1}.$$

Abschließend betrachten wir noch eine Variation des Zahlungszeitpunktmodells. Ist dabei r der konstante (zeitunabhängige) Jahreszinssatz und erfolgen Zahlungen $Z(t_i)$, $i = 1,..., n$, zu den Zeitpunkten $0 < t_1 < ... < t_n \le T$, so ergibt sich aus den Überlegungen zur tagesgenauen Zinsberechnung der entsprechende Barwert gemäß

(2.31) $$K_0(r) = \sum_{i=1}^{n} Z(t_i)(1 + r)^{-t_i},$$

sowie der zugehörige Endwert zu:

(2.32) $$K_T(r) = \sum_{i=1}^{n} Z(t_i)(1 + r)^{T-t_i}.$$

2.3 Renditebestimmung von Investitionen

2.3.1 Die Bedeutung von Renditen im Investmentmanagement

Die Rendite ist in der betriebswirtschaftlichen Praxis ein häufig verwendetes Maß zur Beurteilung von Investitionsmöglichkeiten. Sie kommt zum Einsatz, wenn eine oder mehrere Investitionsmöglichkeiten ex ante auf ihre Vorteilhaftigkeit relativ zu anderen Alternativen hin überprüft werden sollen und dabei Zahlungsreihen eines deterministischen Typus unterstellt werden, d.h. jede der betrachteten Zahlungen weist nur einen realisierbaren bzw. realisierten Wert auf. Weiterhin wird sie auch dazu benutzt, um den mit einer Investition erzielten Erfolg ex post zu messen und mit dem alternativer Anlagemöglichkeiten zu vergleichen. Im Folgenden soll auf letztere Frage detaillierter eingegangen werden.

Die Ex-post-Berechnung der Rendite ist dann unproblematisch, wenn ein bestimmtes Investitionsprojekt betrachtet wird, dessen Zahlungsreihe aus der Sicht eines Investors lediglich aus zwei Zahlungen besteht, durch eine Auszahlung am Anfang sowie durch eine Einzahlung am Ende des Betrachtungszeitraums, und wenn der Investitionserfolg nur einer bestimmten Person zuzuschreiben ist.

Eine solche Konstellation charakterisiert jedoch nur einen kleinen Bruchteil (z.B. eine Zerobond-Anlage) der praktisch durchgeführten Investitionsprojekte. So tritt bei den meisten Investitionen das Problem der Finanzierung oder Re-Investition von zwischenzeitlichen Zahlungen innerhalb des Betrachtungszeitraumes auf. Bei der Anlage in Aktien oder Zinstiteln ergibt sich regelmäßig das Problem der Wiederanlage von zwischenzeitlichen Dividenden- und Zinszahlungen. Bei Investitionen in Sachwerte, wie beispielsweise in Immobilien, empfängt ein Kapitalanleger nicht nur regelmäßig Zahlungen in Form von Mieten, sondern er muss von Zeit zu Zeit auch für Instandhaltung- oder Modernisierungsmaßnahmen Geld ausgeben.

Darüber hinaus besteht gegebenenfalls eine Trennung zwischen den Personen, die Mittel für Investitionsprojekte bereitstellen (Kapitalgeber), und solchen, die für die Durchführung der mit dem bereitgestellten Kapital ermöglichten Investitionsprojekte verantwortlich sind (Investmentmanager). Dabei geben erstere zwar bestimmte Rahmenbedingungen vor, doch verbleibt die unmittelbare Verfügungsgewalt über die bereitgestellten Investitionsmittel bei den Managern. Ein typisches Beispiel für die institutionelle Trennung zwischen Fondsmanagement einerseits und Kapitalgebern andererseits inklusive der Möglichkeit von Einlagen und Entnahmen seitens der Kapitalgeber ist ein *offener Investmentfonds*. Hierbei[5] beauftragen ein oder mehrere Anleger eine Kapitalanlagegesellschaft, eine bestimmte Geldsumme in ein Aktien-, Renten-, Beteiligungs- oder Immobilienportfolio zu investieren. Rechtlich bildet das von den Kapitalgebern eingebrachte Kapital ein Sondervermögen, das von der Kapitalanlagegesellschaft getrennt von ihrem eigenen Vermögen zu halten ist. Diese ist befugt, im eigenen Namen über die Vermögensgegenstände des Sondervermögens zu disponieren. Die Rechte der Anleger werden durch Anteilscheine verbrieft, wobei jeder Anleger das Recht hat, seine Anteilscheine gegen Zahlung des jeweiligen Marktwertes an das Sondervermögen zurückzugeben und diesem somit Kapital zu entziehen. Durch den Erwerb neuer Anteilscheine bringt er zusätzliches Kapital in das Fondsvermögen ein.

2.3.2 Rendite einer einperiodigen Investition

Wir beginnen mit einem zentralen Spezialfall, der einperiodigen Investition. Hier weist die Renditebestimmung keine konzeptionellen Probleme auf. Gegeben sei ein anfänglicher Vermögensbetrag v_0 zum Zeitpunkt $t = 0$. Die Investition dieses Vermögensbetrages werde zum Zeitpunkt $t = 1$ vollständig liquidiert, wobei der entsprechende Liquidationserlös v_1 betrage. Alternativ zur Liquidation kann auch eine Bewertung der Investition etwa zu ihrem Marktwert v_1 in $t = 1$ erfolgen. Geht man davon aus, dass innerhalb der Periode keine Rückflüsse erfolgen, so ergibt sich die Gesamtrendite

$$r = \frac{v_1 - v_0}{v_0} = \frac{v_1}{v_0} - 1 \tag{2.33}$$

5 Man vergleiche hierzu auch die generellen Ausführungen über Investmentzertifikate in Abschnitt 1.4.4.

durch einfache Gegenüberstellung des Anfangs- und Endwerts des Investments. Sie gibt demnach den auf den Anfangswert bezogenen prozentualen Wertzuwachs bis zum Ende der Investitionsperiode an.

Beispiel 2.9: Einperiodige Anlage zum Zinssatz *i*
Für eine einperiodige Anlage eines Anfangskapitals in Höhe von K_0 gilt in diesem Falle $K_1 = K_0(1 + i)$, und die Rendite gemäß (2.33) entspricht somit dem Zinssatz i, d.h. $r = i$.

Beispiel 2.10: Ex post-Analyse einer einperiodigen Aktienanlage
Zielsetzung ist die Ex post-Analyse einer Aktienanlage, die in $t = 0$ zum Kurs K_0 aufgebaut und in $t = 1$ zum Kurs K_1 liquidiert worden ist. Ist während der Anlageperiode eine Dividendenzahlung D erfolgt und wird diese dem Zeitpunkt $t = 1$ zugerechnet, d.h. werden unterjährige Verzinsungseffekte vernachlässigt, so bezeichnet man

(2.34)
$$r = \frac{K_1 + D - K_0}{K_0}$$

als *Cum Dividenden-Rendite*. Alternativ kann man D auch als aufgelaufenen Wert zu $t = 1$ aus einer Wiederanlage der Dividende interpretieren.

Beispiel 2.11: Ex post-Analyse einer einperiodigen Anlage in ein festverzinsliches Wertpapier
Es erfolge nun im Weiteren eine Ex post-Analyse einer einperiodigen Anlage in ein festverzinsliches Wertpapier, das in $t = 0$ zum Emissionskurs K_0 ge- und in $t = 1$ zum (Ex Kupon-)Kurs K_1 verkauft worden ist. Darüber hinaus fällt während der Investitionsperiode eine Zinszahlung in Höhe von Z an, die dem Zeitpunkt $t = 1$ zugerechnet wird. Die Einperiodenrendite ergibt sich dann gemäß:

(2.35)
$$r = \frac{K_1 + Z - K_0}{K_0}$$

Möchte man die einperiodige Investition nicht durch eine zeitdiskrete Rendite, sondern durch eine zeitstetige Rendite charakterisieren, so ergibt sich unter der Annahme einer während der Periode konstanten Zinsrate u [(2.10) in Verbindung mit (2.33)]:

(2.36)
$$u = \ln(1 + r) = \ln\left(\frac{v_1}{v_0}\right).$$

2.3.3 Gesamtrendite, Durchschnittsrendite und annualisierte Rendite einer endfälligen Investition

Im Rahmen einer endfälligen Investition, charakterisierbar durch die Zahlungsreihe $\{-A_0, 0, \ldots, 0, Z_T\}$, folgt auf die anfängliche Investition in Höhe von A_0 nur eine Desinvestition (Rückzahlung in Höhe von Z_T) zum Zeitpunkt $t = T$, d.h. zwischenzeitlich erfolgen keine weiteren Rückzahlungen. Damit entfällt auch die Wiederanlageproblematik. Die Gesamtrendite $r(0, T)$ über den Zeitraum $[0, T]$ ergibt sich in diesem Fall zu

$$r(0, T) = \frac{Z_T - A_0}{A_0} = \frac{Z_T}{A_0} - 1 \tag{2.37}$$

durch einfache Gegenüberstellung von Anfangs- und Endvermögen infolge der Investition. Es gilt damit des weiteren $Z_T = A_0\,[1 + r(0, T)]$.

Beispiel 2.12: Zerobond
Ein Zerobond bzw. eine Nullkuponanleihe ist ein Zinstitel, bei dem keine zwischenzeitlichen Zinszahlungen, sondern nur eine endfällige Tilgung erfolgt. Dies spiegelt sich entsprechend im Emissionspreis des Zerobonds wider.

Auch Fälle einer permanenten Kapitalakkumulation führen auf die Konstellation einer endfälligen Investition. Dabei wächst ein anfänglich ($t = 0$) investiertes Kapital der Höhe v_0 sukzessiv auf Vermögenswerte der Höhe $v_1, \ldots, v_T$ zu den Zeitpunkten $t = 1,\ldots,T$, ohne dass zwischenzeitlich Ausschüttungen oder Investitionen/Desinvestitionen durch den Investor vorgenommen werden.

Beispiel 2.13: Sparbuch/Sparbrief
Ein Betrag von K_0 werde für T Perioden verzinslich angelegt, ohne dass dabei exogene Kapitalzuführungen oder -entnahmen stattfinden. Der Zinssatz r_t für die t-te Anlageperiode ist dabei i.A. zeitabhängig.

Beispiel 2.14: Thesaurierender Investmentfonds
Bei einem thesaurierenden Investmentfonds erfolgen keine Ausschüttungen an die Inhaber der Fondsanteile. Ausschüttungen aus den in den Fonds enthaltenen Finanztiteln werden im Fonds wiederangelegt. Findet zudem während einer Zeitperiode $[0, T]$ keine Investition/Desinvestition seitens der Anteilsinhaber statt, so führt dies ebenfalls auf die Konstellation einer permanenten Kapitalakkumulation.

Beispiel 2.15: Kursentwicklung eines Performanceindex
Betrachtet werde die Wertentwicklung eines Aktien- oder Rentenindex, d.h. eines spezifischen Portfolios aus Aktien oder festverzinslichen (realen oder synthetischen)

Wertpapieren. Der Index ist dann als Performanceindex (im Gegensatz zu einem reinen Kursindex) konzipiert, wenn die Ausschüttungen in Form von Dividenden oder Zinszahlungen in wohldefinierter Weise wieder in den Index reinvestiert werden. Auch dies führt zu der Konstellation einer permanenten Kapitalakkumulation.

Die Rendite $r(0, T)$ gemäß (2.37) ist als Gesamtrendite über den Zeitraum $[0, T]$ konzipiert. Zur besseren Vergleichbarkeit von Investitionen verschieden langer Laufzeit ist man interessiert an der *äquivalenten Einperiodenrendite* bezüglich eines bestimmten Referenzzeitraums. Dabei wird in der Praxis üblicherweise das Jahr als Referenzperiode verwendet. Man spricht dann auch von einer *annualisierten Rendite*. Bezeichne nun T die in Jahren gemessene Dauer der Investitionsperiode, dann wird eine geometrische Annualisierung der absoluten Rendite formal gemäß der folgenden Bestimmungsgleichung durchgeführt

$$(2.38a) \qquad (1 + r_G)^T = 1 + r(0, T), \quad \Leftrightarrow \quad r_G = \sqrt[T]{1 + r(0, T)} - 1,$$

denn es gilt dann $Z_T = A_0\,[1 + r(0, T)] = A_0(1 + r_G)^T$. Verwendet man kontinuierliche Renditen, so ist die Annualisierung einer Gesamtrendite $u(0, T)$ wie folgt durchzuführen:

$$(2.38b) \qquad e^{u_G T} = e^{u(0,T)} \quad \Leftrightarrow \quad u_G = \frac{1}{T}u(0,T) = \frac{1}{T}\ln\left(\frac{Z_T}{A_0}\right).$$

Eine Annualisierung von Renditen ist folgendermaßen zu interpretieren: Ist der Investitionszeitraum größer als ein Jahr, $T > 1$, so bedeutet dies, dass der gesamte Wertzuwachs gemäß einem Verzinsungsmodell mit dem einheitlichen Zinssatz r_G gleichmäßig über den Gesamtzeitraum verteilt wird. Ist beispielsweise ein Kapital von 100 nach zwei Jahren auf 121 angewachsen, so ergibt dies eine annualisierte Rendite von $r_G = 10\%$ (bzw. $u_G = 9{,}53\%$). Dies bedeutet gedanklich, dass das Anfangskapital nach einem Jahr von 100 auf 110 und dann im zweiten auf 121 gewachsen ist. Ist dagegen der Betrachtungszeitraum kleiner als ein Jahr, bedeutet eine Annualisierung der Gesamtrendite, dass der gesamte Wertzuwachs auf ein Jahr »hochgerechnet« wird. Dies ist nicht unproblematisch, da implizit unterstellt wird, man könne bei Ausweitung des Investitionszeitraums in der Zukunft die gleiche Rendite erzielen. Betrachtet man etwa ein Anfangskapital von 100, das nach einem Monat ($T = 1/12$) auf 101 angewachsen ist, so ergibt sich eine annualisierte Rendite in Höhe von $r_G = (1{,}01)^T - 1 = 12{,}68\%$. Man unterstellt dadurch, dass das Anfangskapital bis zum Jahresende auf $v_1 = 112{,}68$ anwächst. Die Berechtigung einer solchen Vorgehensweise hängt jedoch wesentlich von dem Unsicherheitsgrad der Wertentwicklung des betrachteten Investments ab. Um Missverständnissen vorzubeugen, sollte man daher das Hochrechnen der Gesamtrenditen unterjähriger Anlagezeiträume auf ein Jahr vermeiden.

In Fällen der Konstellation einer permanenten Kapitalakkumulation mit zugehörigen Einperiodenrenditen

$$(2.39) \qquad r_t = \frac{v_t - v_{t-1}}{v_{t-1}} = \frac{v_t}{v_{t-1}} - 1 \;, \quad t=1, \ldots, T$$

und der damit verbundenen Wertentwicklung

$$v_T = v_0(1 + r_1) \dots (1 + r_T) = v_0 \prod_{t=1}^{T} (1 + r_t) ,$$

ist man darüber hinaus interessiert an dem Zusammenhang zwischen den sukzessiven Einperiodenrenditen und einer äquivalenten Durchschnittsrendite. Letztere ist diejenige einheitliche Periodenrendite, mit der das Anfangsvermögen auf den gleichen Endbetrag gewachsen wäre. Offenbar gilt

(2.40)
$$r_G = \sqrt[T]{(1+r_1)\cdot \ldots \cdot (1+r_T)} - 1 = \left[\prod_{t=1}^{T} (1+r_t)\right]^{1/T} - 1$$

Das bedeutet, die gesuchte Größe ist als geometrischer Durchschnitt der Aufzinsungsfaktoren zu berechnen, weshalb auch von der *geometrischen Durchschnittsrendite* gesprochen wird.

Es ist darauf hinzuweisen, dass die Zeitdimension der geometrischen Durchschnittsrendite mit der Länge der Perioden übereinstimmt, die für die Messung der jeweiligen Einperiodenrenditen verwendet wird. Liegt etwa eine Zeitreihe von Einmonatsrenditen vor, so weist die gemäß (2.40) berechnete geometrische Durchschnittsrendite als Zeiteinheit ebenfalls einen Monat auf. Möchte man die errechnete Durchschnittsrendite per annum angeben, ist zusätzlich noch eine Annualisierung der geometrischen Durchschnittsrendite durchzuführen. In einem solchen Fall könnte man von einer *geometrischen und annualisierten Durchschnittsrendite* sprechen.

Daneben wird häufig auch die *arithmetische Durchschnittsrendite* r_A

(2.41)
$$r_A = \frac{1}{T} (r_1 + \dots + r_T)$$

als Maß für die durchschnittliche Verzinsung benutzt. Dies ist schon deshalb problematisch, da die entsprechenden Renditen (die ja Prozentzahlen sind) sich auf verschiedene Anfangskapitalien beziehen.

Beispiel 2.16a: Bestimmung einer Aktienrendite

Wir betrachten eine nicht-dividendenzahlende Aktie, die ihren Anfangskurs ($t = 0$) von 100 EUR nach einem Monat verdoppelt hat ($K_1 = 200$). Nach zwei Monaten hat sich der Preis dann wieder halbiert ($K_2 = 100$). Für die Monatsrenditen ergibt sich zunächst

$$r_1 = \frac{200 - 100}{100} = 1, \quad r_2 = \frac{100 - 200}{200} = -\frac{1}{2} .$$

Die arithmetische Durchschnittsrendite p.m. ergibt sich zu

$$r_A = \frac{1}{2} (1 - \frac{1}{2}) = 0{,}25 .$$

und weist demnach eine durchschnittlich 25%-ige Wertsteigerung pro Monat aus. Die geometrische Durchschnittsrendite p.m. ergibt dagegen korrekt

$$r_G = \sqrt{2 \cdot \frac{1}{2}} - 1 = 0 .$$

Beispiel 2.17: Durchschnittsrendite bei identischen Periodenrenditen
Die Periodenrenditen sind identisch, d.h. $r_1 = ... = r_T = r$. Es gilt dann

$$r_A = \frac{1}{T}(Tr) = r$$

$$r_G = \sqrt[T]{(1+r)^T} - 1 = r .$$

In dem hier betrachteten Falle führen somit beide Formen der Durchschnittsbildung zu einem identischen Ergebnis.

Allgemein ist die Beziehung $r_A \geq r_G$ gültig, das Gleichheitszeichen gilt dabei nur im Falle $r_1 = ... = r_T$.[6] Hieraus folgt insbesondere (mit Ausnahme des Falles identischer Periodenrenditen) $K_0(1 + r_A)^T > K_0(1 + r_G)^T = K_T$. Da aber der Endwert des Vermögens für beide Berechnungsarten identisch vorgegeben war, bedeutet dies nichts anderes, als dass die arithmetische Durchschnittsrendite einen *systematisch zu hohen* Renditewert aufweist, der durch die betreffende Finanzinvestition nicht erwirtschaftet wird. Die arithmetische Durchschnittsrendite ist mithin kein zuverlässiger Maßstab für die tatsächlich realisierte Rendite. Die zwischen arithmetischer und geometrischer Durchschnittsrendite sich ergebende systematische Differenz nimmt den Wert Null an, wenn alle Periodenrenditen r_t identisch sind, und wird umso höher, je stärker sie differieren.

Abschließend soll noch auf die geeignete Form der Durchschnittsbildung von Renditen im Falle des Ansatzes eines zeitstetigen Zinsmodells eingegangen werden. Die einperiodigen Zinsraten sind in diesem Falle gegeben durch

(2.42) $$u_t = \ln(1 + r_t) = \ln(v_t / v_{t-1}) .$$

Die zur Wertentwicklung äquivalente, als konstant angenommene, einperiodige Zinsintensität u_G ist analog gegeben durch

(2.43) $$u_G = \ln(1 + r_G) ,$$

es gilt dann $v_T = v_0 \exp(u_G T) = v_0 (1 + r_G)^T$. Folglich ergibt sich der Zusammenhang zwischen der durchschnittlichen Zinsintensität u_A und den einperiodigen Zinsraten u_t gemäß der Identität $\exp(u_G T) = \exp(u_1 + ... + u_T)$ zu

(2.44) $$u_G = \frac{1}{T} \sum_{t=1}^{T} u_t = \frac{1}{T} \sum_{t=1}^{T} \ln(v_t / v_{t-1}) .$$

---

6 Ein Beweis dieser Aussage wird im Anhang A zu Kapitel 2 geführt.

Die korrekte Durchschnittsbildung zeitstetiger Renditen kann damit in einfacher Weise auf der Basis eines arithmetischen Mittels erfolgen. Dies begründet die Vorteilhaftigkeit einer Verwendung von zeitstetigen Renditen in einem Mehrperiodenzusammenhang.

Beispiel 2.16b: Bestimmung einer Aktienrendite bei kontinuierlichen Einperiodenrenditen

Wir betrachten wiederum die Situation des Beispiels 2.16a. Für die einperiodigen Zinsraten ergibt sich zunächst

$$u_1 = \ln(200) - \ln(100) = 0{,}693 \;;\; u_2 = \ln(100) - \ln(200) = -0{,}693 \;.$$

Die durchschnittliche Zinsintensität ergibt sich dann zu

$$u_A = \frac{1}{2}(0{,}693 - 0{,}693) = 0$$

und weist damit korrekterweise eine durchschnittliche Wertsteigerung von 0% pro Periode aus.

2.3.4 Allgemeine Renditekonzeptionen für mehrperiodige Investitionen

2.3.4.1 Vorbemerkung

Die von uns betrachtete Investition sei charakterisiert durch die Zahlungsreihe $\{-A_0, Z_1, ..., Z_T\}$. A_0 sei die anfängliche Auszahlung zur Durchführung der Investition, die Zahlungen $Z_1,..., Z_T$ bezeichnen die Rückflüsse aus der Investition, die im Weiteren zunächst sämtlich als positiv angenommen werden, so dass A_0 dem insgesamt investierten Kapital entspricht. Zu bestimmen ist nun die *Gesamtkapitalrentabilität*, d.h. die *Effektivverzinsung* des eingesetzten Kapitals A_0. In der *Ex ante-Perspektive* besteht die Problematik der Bestimmung der exakten Gesamtkapitalrentabilität darin, dass hierfür grundsätzlich[7] eine Spezifikation der Verzinsung der Rückflüsse bis zum Zeitpunkt T erforderlich ist (*Wiederanlageproblematik*). Diese Problematik besteht unabhängig von der benutzten Methode zur Renditemessung. Dabei unterscheiden sich die einzelnen Methoden hinsichtlich der in sie eingehenden Wiederanlageprämisse. Diese ist zu explizieren, um die Methoden adäquat beurteilen zu können. Bevor wir uns einzelnen Methoden zuwenden, seien zunächst zwei Beispiele für mehrperiodige Finanzinvestitionen gegeben.

Beispiel 2.18: Festzinsinvestment

Ein festverzinsliches Wertpapier wird zum Emissionszeitpunkt $t = 0$ zum Kurs K_0 gekauft und weist die Rückflüsse (Zins- und Tilgungszahlungen) $Z_1, ..., Z_T$ auf. Das Papier ist somit charakterisiert durch die Zahlungsreihe $\{-K_0, Z_1, ..., Z_T\}$. Die Wiederanlageproblematik resultiert in diesem Falle aus der Wiederanlage der Rückflüsse.

---

7 Ausnahmen ergeben sich in den Fällen $T = 1$ sowie einer endfälligen Gesamtdesinvestition, d.h. $Z_t = 0$ $(t = 1, ..., T\text{-}1)$.

Beispiel 2.19: Mehrperiodiges Aktieninvestment
Eine Aktie wird in $t = 0$ unmittelbar nach einer erfolgten Dividendenzahlung zum Ex-Dividenden-Kurs K_0 gekauft, zu den Zeitpunkten $t = 1, ..., T$ erfolgt jeweils eine Dividendenzahlung in Höhe von D_t. Zum Zeitpunkt $t = T$ werde die Aktie zum Ex-Dividenden-Kurs K_T verkauft. Die Zahlungsreihe dieser Investition ist gegeben durch $\{-K_0, D_1, ..., D_{T-1}, D_T + K_T\}$. Die Wiederanlageproblematik besteht hierbei in der Wiederanlage der Dividendenzahlungen.

2.3.4.2 Durchschnittliche Rendite

Die *durchschnittliche Rendite* der Zahlungsreihe $\{-A_0, Z_1, ..., Z_T\}$ ist gegeben durch

(2.45)
$$r_A = \frac{1}{T} \frac{\sum_{t=1}^{T} Z_t - A_0}{A_0} .$$

Im Falle $T = 1$ entspricht die durchschnittliche Rendite der Einperiodenrendite gemäß Abschnitt 2.3.3. Im Falle $T > 1$ wird bei der Bestimmung der Durchschnittsrendite die Möglichkeit der Wiederanlage der Rückflüsse ignoriert bzw. ein Wiederanlagezins in Höhe von null angesetzt. *Zinseszinseffekte* werden somit nicht berücksichtigt. Zudem wird der Prozess der Verzinsung nicht korrekt modelliert (man vergleiche zu einem korrekten Ansatz die späteren Ausführungen zum modifizierten internen Zinsfuß).

Beispiel 2.20: Durchschnittliche Rendite
Es erfolge der Erwerb von Investmentanteilen in $t = 0$ zu $A_0 = 100$. Der Wert in $T = 2$ betrage $Z_2 = 121$, in $t = 1$ erfolge keine Kapitalzuführung oder -entnahme. Die zugehörige Zahlungsreihe lautet $\{-100, 0, 121\}$, die arithmetische Rendite ergibt sich zu:

$$r_A = \frac{121 - 100}{100} \frac{1}{2} = 0{,}105 .$$

Dies bedeutet eine rechnerische Rendite von 10,5% p.a. Aus der Anlage von 100 Geldeinheiten zu 10,5% p.a. würde andererseits ein Kapitalrückfluss von

$$100 \cdot (1{,}105)^2 = 122{,}10$$

resultieren. Dies belegt, dass die Rendite nicht korrekt ermittelt worden ist.

2.3.4.3 Interne Rendite

Die *interne Rendite* (Internal Rate of Return) r_I, auch als *interner Zinsfuß* bezeichnet, der Zahlungsreihe einer Investition $\{-A_0, Z_1, ..., Z_T\}$ ergibt sich als derjenige Zins, bei dessen Ansatz als Diskontierungsfaktor der Kapitalwert der Investition den Wert null annimmt. Die Bestimmungsgleichung (Interne Zinsfuß-Gleichung) ist somit gegeben durch

(2.46a)
$$A_0 = \sum_{t=1}^{T} Z_t (1+r)^{-t}.$$

Die interne Rendite ist dann eine Lösung $r = r_I$ der Gleichung (2.46a) im Wertebereich $[-1,\infty]$, d.h. $r_I \geq -1$. Für den Spezialfall $T = 1$ ist der interne Zinsfuß gegeben durch $r_I = Z_1/A_0 - 1$ und somit identisch mit der Einperiodenrendite gemäß Abschnitt 2.3.2. Im Falle $T > 1$ ergibt sich für die Konstellation einer endfälligen Investition $r_I = \sqrt[T]{Z_T/A_0} - 1$ und damit die geometrisch annualisierte Rendite gemäß (2.40).

Im allgemeinen Fall beinhaltet die interne Zinsfußmethode für $T > 1$ die Prämisse, dass die Wiederanlage der Rückflüsse genau zum *internen Zinsfuß* geschieht. Dies wird deutlich, wenn die Bestimmungsgleichung (2.46a) unter Einsetzen der Lösung r_I in die äquivalente Endwertform gebracht wird:

(2.46b)
$$A_0(1 + r_I)^T = \sum_{t=1}^{T} Z_t(1 + r_I)^{T-t} .$$

Eine Betrachtung der linken Seite der obigen Beziehung – das Anfangskapital wächst auf den Endwert $A_0(1 + r_I)^T$ – zeigt, dass der interne Zinsfuß ein Maß für die Effektivverzinsung des eingesetzten Kapitals A_0 ist. Die rechte Seite zeigt allerdings, dass diese Aussage nur unter der Prämisse der Wiederanlage der Rückflüsse zum internen Zinssatz r_I gilt. In aller Regel werden die individuellen Investitions- bzw. Finanzierungskonditionen eines Investors außerhalb der betrachteten Investition jedoch von deren interner Rendite abweichen. Daher ist dieses Renditemaß im Hinblick auf eine Messung des gesamten Anlageerfolges nicht ohne Problematik.

Unter Umgehung der Wiederanlageproblematik lässt sich der interne Zinsfuß als Effektivverzinsung des jeweils *noch in der Investition gebundenen Kapitals* bis zum Zeitpunkt der nächsten Kapitalfreisetzung (Rückfluss aus der Investition) interpretieren. Dies sei anhand eines Beispiels illustriert.

Beispiel 2.21: Effektivverzinsungseigenschaft der internen Rendite

Die Zahlungsreihe eines Investments sei gegeben durch {-1000, 700, 500, 300}. Sie weist einen internen Zinsfuß von $r_I = 27{,}6\%$ auf. Es ergibt sich nun folgender Verlauf der Kapitalbindung unter Berücksichtigung der Verzinsung des investierten Kapitals:

$t = 0$ gebunden: 1000
Verzinsung bis $t = 1$: $1000 \cdot (1{,}276) = 1.276$
$t = 1$ gebunden: $1276 - 700 = 576$
Verzinsung bis $t = 2$: $576 \cdot (1{,}276) = 735$

$t = 2$ gebunden: 735 - 500 = 235
Verzinsung bis $t = 3$: 235 · (1,276) = 300
$t = 3$ gebunden: 300 - 300 = 0.

Im allgemeinen Fall einer Investition, die aus einer Folge von Auszahlungen $\{-A_0, -A_1, ..., -A_{T-1}\}$ sowie einer Folge von Einzahlungen $\{E_1, ..., E_T\}$ besteht, lautet die Bestimmungsgleichung für den internen Zinsfuß entsprechend

(2.47) $$\sum_{t=0}^{T-1} A_t\,(1+r_I)^{-t} = \sum_{t=1}^{T} E_t(1+r_I)^{-t}.$$

Generell führt die Bestimmung des internen Zinsfußes einer Zahlungsreihe auf die Problematik der Bestimmung der Nullstelle bzw. der Nullstellen eines Polynoms T-ten Grades und damit auf die bekannten Probleme der Existenz einer (reellen) Lösung, der Eindeutigkeit einer Lösung sowie der Berechnung der Lösung bzw. der Lösungen. Ein einfaches Hilfsmittel hinsichtlich der Überprüfung der Existenz und Eindeutigkeit einer positiven Nullstelle ist die *Descartessche Zeichenregel*, die besagt, dass die Anzahl der Zeichenwechsel oder eine um eine gerade Zahl kleinere Zahl der Anzahl der positiven Nullstellen eines Polynoms entspricht. Dies garantiert z.B. die Existenz einer positiven Lösung[8] der Bestimmungsgleichung (2.46) für den internen Zinsfuß.

2.3.4.4 Modifizierter interner Zinsfuß

Die kritische Annahme der internen Zinsfußmethode, wie aber auch jeder anderen Methode zur Renditeberechnung besteht in der Spezifikation des Wiederanlagezinses, bei der stets Annahmen über künftige Anlagen bzw. Zinskonstellationen gemacht werden müssen. Die interne Zinsfußmethode basiert auf der impliziten Prämisse, dass eine Wiederanlage stets zum internen Zinsfuß des ursprünglichen Zahlungsstroms möglich ist. Dies ist unrealistisch. Aber auch jede andere an ihre Stelle tretende Hypothese beruht auf Annahmen, die zum Zeitpunkt der Durchführung der Renditeberechnung zwar realistischer sind, aber sich im Zeitablauf nicht zu bestätigen brauchen.

Der Ansatz einer realistischen Wiederanlagerendite, etwa eine Anlage zu »dem« Marktzins r_0, ist der Kern der *modifizierten internen Zinsfußmethode* (Baldwin-Verzinsung). Die Vorgehensweise besteht dabei aus den folgenden Schritten:

1) Spezifiziere den Wiederanlagezins r_0.
2) Bestimme den zugehörigen Endwert der Zahlungen Z_t auf der Basis von r_0.
3) Bestimme den (modifizierten internen) Zinsfuß r_B, unter dem der anfängliche Investitionsbetrag A_0 auf diesen Endwert wächst.

Die formale Bestimmungsgleichung lautet:

(2.48) $$A_0(1+r_B) = \sum_{t=1}^{T} Z_t(1+r_0)^{T-t}$$

8 Nach *Descartes* existiert eine positive Nullstelle $v_0 = 1/(1 + r_0)$.

Durch direkte Umformung folgt für den modifizierten internen Zinsfuß:

$$r_B = \sqrt[T]{\frac{1}{A_0}\sum_{t=1}^{T} Z_t (1+r_0)^{T-t}} - 1 \tag{2.49}$$

Beispiel 2.22: Bestimmung des modifizierten internen Zinsfußes
Wir betrachten wiederum die Situation des Beispiels 2.21 mit einem Zahlungsstrom {-1000, 700, 500, 300}. Der als realistisch angenommene Wiederanlagezinssatz wird mit r_0 = 10%. angesetzt. Der modifizierte interne Zinsfuß ergibt sich dann aus der Lösung der Gleichung:

$$1000(1+r_B)^3 = 700 \cdot (1{,}1)^2 + 500 \cdot 1{,}1 + 300 = 1697$$

Hieraus resultiert ein modifizierter interner Zinsfuß in Höhe von r_B = 19,278%, welcher damit deutlich geringer als der interne Zinsfuß von r_I = 27,6% ausfällt.

Der modifizierte interne Zinsfuß besitzt gegenüber dem internen Zinsfuß den Nachteil, dass für seine Berechnung aufgrund der ausdrücklichen Angabe eines Wiederanlagezinses mehr Informationen benötigt werden und die Berechnung somit in diesem Sinne aufwändiger wird. Dieser vermeintliche Nachteil der realistischen Rendite ist zugleich ihr Vorteil. Es existiert stets eine eindeutige, mathematisch einfach ermittelbare Lösung. Weiterhin trifft die realistische Rendite nicht die problematische Finanzierungs- bzw. Wiederanlageprämisse der internen Rendite. Sie bietet daher gegenüber der internen Zinsfußmethode den Vorteil einer realistischeren Modellierung bei gleichzeitig einfacherer mathematischer Handhabung.

2.3.5 Inflationsbereinigte Rendite

Investitionen dienen aus der Perspektive privater Haushalte zum intertemporalen Konsumtransfer, etwa im Rahmen der kapitalgedeckten Altersversorgung. Insofern besteht die Gefahr, dass durch die allgemeine Preissteigerung (Inflation) die reale Kaufkraft der angelegten Mittel bzw. der erworbenen Zahlungsansprüche im Zeitablauf Wert verlieren. Ein Beispiel: Bei einer Inflationsrate von 10% p.a. könnte für ein unverzinslich angelegtes Anfangskapital von 1.000 EUR nach einem Jahr nur noch 1.000 / 1,1 = 909,09 EUR an vergleichbaren Gütern erworben werden. Insofern sind Investoren insbesondere bei langfristigen Anlagehorizonten neben der nominalen auch an der *realen (inflationsbereinigten) Rendite* interessiert. Geht man davon aus, dass das allgemeine Preisniveau im Zeitpunkt t durch einen geeigneten Konsumentenpreisindex CPI_t gemessen werden kann, dann ergibt sich die Inflationsrate π_t für die Periode t aus $\pi_t = CPI_t / CPI_{t-1} - 1$. Stellt nun r_t die einfache nominale Rendite eines Investments dar, dann berechnet sich die reale Rendite gemäß:

$$r_t^{real} = \frac{1+r_t}{1+\pi_t} - 1 \approx r_t - \pi_t \tag{2.50}$$

Wenn sowohl die Inflationsrate in kontinuierlicher Form, d.h. $\pi_t = \ln(CPI_t) - \ln(CPI_{t-1})$, als auch die nominale Rendite in kontinuierlicher Form spezifiziert wird, dann ist die obige Approximation exakt und es gilt $u_t^{real} = u_t - \pi_t$.

Auch bei vergleichsweise niedrigen Inflationsraten ist die Fragestellung nach dem mit einer Anlage verbundenen inflationsbedingten Kaufkraftverlust gerade im Rahmen der kapitalgedeckten Alterssicherung und den damit verbundenen langen Investmenthorizonten von Bedeutung. Dies soll im Rahmen der nachfolgenden Darstellung illustriert werden. Ausgangspunkt ist ein anfänglicher Investitionsbetrag in Höhe von 100 EUR der über Zeiträume von 1 – 30 Jahren unverzinslich angelegt werden. Bei einer Inflationsrate von jährlich 2 Prozent liegt der reale Kaufkraftwert dieses Betrages nach 20 bzw. 30 Jahren bei 100.000 / $(1.02)^{20}$ = 67,30 bzw. 100.000 / $(1.02)^{30}$ = 55,21. Das bedeutet der inflationsbedingte Kaufkraftverlust beträgt zirka 33 bzw. 45 Prozent. Liegt die Inflationsrate dagegen bei 4 oder gar 8 Prozent pro Jahr, so beläuft sich der Kaufkraftverlust nach 30 Jahren auf zirka 70 bzw. 90 Prozent (siehe Abbildung 2.1).

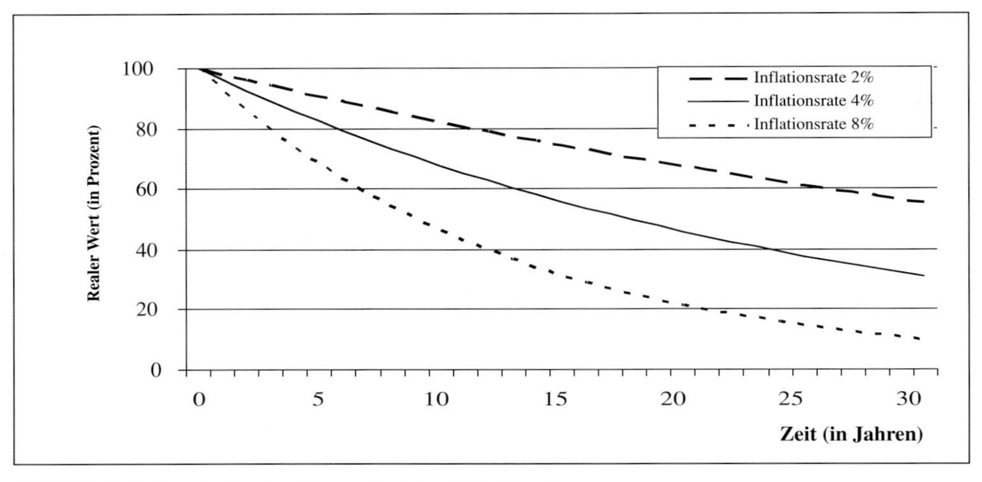

Abb 2.1: Inflationsbedingter Wertverlust im Zeitablauf

2.4 Grundlagen der Erfolgsanalyse von Fondsinvestments

2.4.1 Vorbemerkungen

Bei (offenen) Investmentfonds besteht die Möglichkeit, dass die Anteilseigner zu beliebigen Zeitpunkten (partielle) Desinvestitionen (Verkauf von Fondsanteilen, Kapitalabfluss) oder Neuinvestitionen (Erwerb neuer Fondsanteile, Kapitalzufluss) tätigen können. Zugleich ist ein Investmentfonds ein Beispiel für die institutionelle Trennung zwischen Personen, die Mittel für Investitionsprojekte bereitstellen (Kapitalgeber), und solchen, die für die Durchführung der mit dem bereitgestellten Kapital ermöglichten Investitionsprojekte verantwortlich sind (Fondsmanager). Aus der Sicht eines Kapitalgebers spielen für den Erfolg seines Engagements in einem bestimmten Investmentportfolio Höhe und Zeitpunkt von Einlagen bzw. Entnahmen eine große Rolle. So ist es für ihn sicherlich günstiger, vor einer Baisse dem Anlageportfolio Kapital zu entziehen und vor einer Hausse zusätzliche Mittel einzubringen als umgekehrt. Aus der Sicht des Investors sollte ein Erfolgsmaß diese *Timingeffekte* berücksichtigen. Die Fondsmanager haben jedoch regelmäßig keinen direkten Einfluss auf Höhe und Zeitpunkt solcher externer Einlagen bzw. Entnahmen. Insofern sollten für die Beurteilung der Leistung des Managements im gewählten Erfolgsmaß diese Timingeffekte somit unberücksichtigt bleiben.

Dieser Sachverhalt verdeutlicht, dass im Rahmen der Messung des Erfolgs einer Investitionsentscheidung verschiedene Ziele verfolgt werden können. Es liegt auf der Hand, dass hinsichtlich deren Erreichung nicht nur ein, sondern mehrere Erfolgsmaße zur Verfügung stehen müssen. Ändert sich seitens der Einlage oder Entnahme durch die Kapitalanleger innerhalb des Betrachtungshorizontes das im Fonds gebundene Kapital, so existieren verschiedene Konzeptionen zur Renditeberechnung, die im Allgemeinen zu unterschiedlichen Ergebnissen führen können. Ein Urteil über die Adäquanz des verwendeten Renditemaßes kann in diesem Fall nur vor dem Hintergrund der mit der Renditebestimmung verbundenen Ziele gefällt werden.

1. Ziel: Messung der reinen Managementleistung
Ein mögliches Ziel ist die Beurteilung der Leistung des Fondsmanagements. Ein zielkonformes Renditemaß sollte dabei in der Lage sein, nur diejenigen Dispositionen zu berücksichtigen, die durch das Management auch tatsächlich beeinflussbar sind. Dies gilt vor allem für die konkrete Zusammensetzung des Fondsvermögens nicht jedoch für die durch den Kapitalanleger im Betrachtungszeitraum veranlassten Einlagen und Entnahmen, auf deren Höhe und Zeitpunkt das Management im Allgemeinen keinen Einfluss hat.

2. Ziel: Messung der Gesamtperformance
Alternativ kann die Beurteilung des Gesamterfolgs des Investments aus der Sicht des Kapitalanlegers im Vordergrund stehen. In diesem Fall sollte die verwendete Renditekennziffer neben den Dispositionen des Managements auch diejenigen des Anlegers erfassen.

2.4.2 Renditemessung eines Fondsinvestments (Performancemessung)

2.4.2.1 Ein allgemeines Zahlungsmodell

Der formalen Darstellung und Diskussion der Performancemessung bei einem Fondsinvestment sei das folgende allgemeine Zahlungsmodell zugrunde gelegt. Wir zerlegen den Betrachtungszeitraum $[0,T]$ in äquidistante Teilperioden (Monate, Jahre) $[0,1]$, $[1,2]$, ..., $[T\text{-}1,T]$. Wir treffen dann die folgenden Notationen:

v_0 : (Gesamt-)Wert des Fonds zu Beginn des Betrachtungszeitraums
v_1 : Wert des Fonds am Ende der ersten Teilperiode
$v_1 + z_1$: Wert des Fonds zu Beginn der zweiten Teilperiode
v_2 : Wert des Fonds am Ende der zweiten Teilperiode
$v_2 + z_2$: Wert des Fonds zu Beginn der dritten Teilperiode
$\vdots$
v_T : Wert des Fonds am Ende des Betrachtungszeitraums

Dabei bezeichnen die Größen z_t die Nettozahlungen in ($z_t > 0$) bzw. aus ($z_t < 0$) dem Fonds zu den Zeitpunkten $t = 1,...,T-1$, wobei wir davon ausgehen, dass diese jeweils exakt zu Periodenbeginn (bzw. fiktiv in der logischen Sekunde zwischen den Perioden [0,1], [1,2], ..., [T-1,T]) erfolgen. Im Fall $z_t = 0$ ist die Nettozahlung gerade gleich null. Nettozahlung bedeutet hierbei, dass über alle Zu- und Abflüsse bedingt durch entsprechende Dispositionen der Einzelanleger saldiert wird. Insgesamt wird der Fonds somit aus einer kollektiven Sichtweise, d.h. über alle Einzelanleger aggregiert, betrachtet. Die Menge der einzelnen Anleger kann dabei in $t = 0,...,T-1$ variieren, d.h. die Einzahlungen in $t = 1,...,T-1$ können sowohl durch die Startgeneration als auch durch neue Anleger getätigt werden. Auszahlungen sind partielle oder komplette Desinvestitionen seitens der jeweils vorhandenen Anleger.

Wir treffen als Weiteres die Annahme, dass ein thesaurierender Fonds vorliegt. Abflüsse sind daher stets nur Desinvestitionen seitens der Investoren.

2.4.2.2 *Zeitgewichtete Rendite eines Fondsinvestments*

Unter Zugrundelegung des Zahlungsstrommodells des voran stehenden Abschnitts ergibt sich die um die Kapitalzuführungen bzw. -entnahmen bereinigte Rendite der Periode [t-1, t] (t = 1, ..., T) zu ($z_0 := 0$):

$$r_t = \frac{v_t}{v_{t-1} + z_{t-1}} - 1 = \frac{v_t - (v_{t-1} + z_{t-1})}{v_{t-1} + z_{t-1}}. \tag{2.51}$$

Durch diese Renditeberechnung werden die nicht im Einflussbereich des Fondsmanagements liegenden Timingeffekte von externen Einlagen in den oder Entnahmen aus dem Fonds neutralisiert. Dies setzt voraus, dass der Marktwert des Fonds in jedem Zeitpunkt, zu dem Zu- und Abflüsse erfolgen, bekannt ist.[9]

Die Beurteilung der Leistung des Fondsmanagements über eine Zeitperiode [0, T] fällt in die in Abschnitt 2.3.3 behandelte Konstellation einer endfälligen Investition. Die Gesamtrendite $r_{ZGR}(0, T)$ über den Gesamtzeitraum ergibt sich dann auf der Basis von (2.51) zu

$$1 + r_{ZGR}(0, T) = \prod_{t=1}^{T} (1 + r_t) = \prod_{t=1}^{T} \frac{v_t}{v_{t-1} + z_{t-1}}. \tag{2.52}$$

Die Rendite $r_{ZGR}(0, T)$ wird in der Literatur auch als *zeitgewichtete* (*Gesamt-*)*Rendite* (time weighted rate of return) bezeichnet. Die Umrechnung auf eine äquivalente Durchschnittsrendite r_{ZGR} erfolgt wiederum durch die Bildung des geometrischen Mittels

$$r_{ZGR} = \left[\prod_{t=1}^{T} \left(\frac{v_t}{v_{t-1} + z_{t-1}}\right)\right]^{\frac{1}{T}} - 1. \tag{2.53}$$

9 Kennt man nicht an allen Stichtagen den Fondswert, so existieren verschiedene Verfahren (wie etwa die so genannte *Dietz*-Methode), um die zeitgewichtete Rendite approximativ berechnen zu können; vgl. hierzu etwa *Klings* (2001, S. 138). Allerdings verlieren diese Verfahren, die aus einer Zeit stammen, in der eine börsentägliche Bewertung der in einem Fonds enthaltenen Finanztitel technisch kaum möglich war, mit den schnellen Fortschritten der elektronischen Datenverarbeitung zunehmend an praktischer Bedeutung.

In der Variante einer zeitgewichteten Zinsintensität u_{ZGR} ergibt sich die Beziehung

(2.54)
$$u_{ZGR} = \frac{1}{T} \prod_{t=1}^{T} \ln\left(\frac{v_t}{v_t + z_{t-1}}\right).$$

Die jeweiligen Einperiodenrenditen geben die Rendite des in der Subperiode gebundenen Kapitals an. Folglich kann die zeitgewichtete Rendite als der mit der Bindungszeit gewichtete Durchschnitt der Renditen des in den Subperioden jeweils gebundenen Kapitals interpretiert werden.[10] Die zeitgewichtete Rendite erlaubt eine Messung der Fondsperformance unabhängig vom Timing der Kapitalzuführungen bzw. -entnahmen seitens der Kapitalgeber bzw. des Kapitalgebers.

Ob das Timing der Kapitalzuführungen bzw. -entnahmen bei der Performancemessung berücksichtigt werden soll oder nicht, hängt ausschließlich davon ab, ob dieses dem Einfluss des Fondsmanagements unterliegt und zur vereinbarten bzw. gemessenen Leistung gehört. Bei einem rein »exogenen Timing« sind die Einflüsse der Kapitalzuführungen bzw. -entnahmen zu eliminieren und die Performance des Fondsmanagements ist auf der Basis der zeitgewichteten Rendite zu messen. Gehört zu den Leistungen des Fondsmanagements hingegen – z.B. im Falle einer privaten Vermögensanlage – auch die Beratung, wann ein verstärktes kapitalmäßiges Engagement riskiert werden soll (und wann nicht), dann dürfen diese Timing-Einflüsse nicht aus der Performancemessung eliminiert werden.

2.4.2.3 Rendite nach dem Anteilswertkonzept (BVI-Methode)

Die Rendite nach dem *Anteilswertkonzept*[11] r_{AWK} ergibt sich aus der Gegenüberstellung der Anteilsscheinpreise eines Investmentfonds zu Beginn AW_0 und am Ende AW_T des Betrachtungszeitraumes. Formal berechnet sich die nach dem Anteilswertkonzept berechnete Gesamtrendite wie folgt:

(2.55)
$$r_{AWK}(0, T) = \left[\frac{AW_T}{AW_0}\right] - 1.$$

Es kann nun gezeigt werden, dass die *zeitgewichtete Rendite* mit der nach dem *Anteilswertkonzept* berechneten zusammenfällt, wenn eine Einlage in das und eine Entnahme aus dem Fonds stets zu einem entsprechenden Kauf bzw. Verkauf von Anteilen führt. Hierzu mögen n_t die Anzahl der zu Beginn der Periode t (t = 0, 1, 2,..., T-1) in Umlauf befindlichen Anteilscheine des Fonds, AW_0 den Wert eines Anteils zu Beginn der ersten Periode und AW_t (t = 1, 2,..., T) den entsprechenden Wert am Ende der t-ten Periode bezeichnen. Der Wert eines Anteils berechnet sich nach den gesetzlichen Vorschriften aus dem Inventarwert des Fonds dividiert durch die ausgegebenen Anteile. Offenbar gelten dann $v_0 = n_0 AW_0$ sowie $v_t = n_{t-1} AW_t$. Da eine Nettozahlung der Anleger im Zeitpunkt t in Höhe von z_t unmittelbar

10 Vgl. *Stucki* (1988, S. 43) sowie *Maurer* (1996, S. 118).

11 In der deutschen Investmentbranche wird dieses Verfahren auch vom Bundesverband der Deutschen Investment- und Vermögensanlagegesellschaften (BVI) bei der Berechnung von Fondsrenditen verwendet, weshalb sich in der Investmentpraxis auch die Bezeichnung BVI-Methode eingebürgert hat, vgl. BVI (2001).

zum Erwerb/Rückgabe von $z_t \,/\, AW_t$ neuen Anteilscheinen verwendet wird, gilt:

(2.56)
$$v_t + z_t = n_t \cdot AW_t \,.$$

Aus der Definition der zeitgewichteten Rendite gemäß Gleichung (2.52) in Verbindung mit (2.56) resultiert:

(2.57)
$$\begin{aligned} 1 + r_{ZGR}(0, T) &= \frac{v_1}{v_0} \cdot \frac{v_2}{v_1 + z_1} \cdot \frac{v_3}{v_2 + z_2} \cdot \ldots \cdot \frac{v_T}{v_{T-1} + z_{T-1}} \\ &= \frac{n_0 AW_1}{n_0 AW_0} \cdot \frac{n_1 AW_2}{n_1 AW_1} \cdot \ldots \cdot \frac{n_{T-1} AW_T}{n_{T-1} AW_{T-1}} \\ &= \frac{AW_T}{AW_0} = 1 + r_{AWK} \,. \end{aligned}$$

Damit ist die Äquivalenz der zeitgewichteten Rendite und derjenigen nach dem Anteilswertkonzept gezeigt. Die dem Fondsmanagement zuzurechnende Wertentwicklung kann folglich direkt über die Wertveränderung der veröffentlichten Anteilspreise berechnet werden, wenn sich Einlagen und Entnahmen stets in entsprechenden Veränderungen des in Umlauf befindlichen Anteilbestandes niederschlagen. Einlagen in den Fonds werden als Zukauf von Anteilen und damit als eine Erhöhung des Anteilsbestandes, Entnahmen aus dem Fonds als Rückzahlungen und damit als Reduktion des Anteilsbestandes interpretiert.

Bei Publikumsfonds ergibt sich eine gewisse Problematik aus der Tatsache, dass diese in der Regel Erträge pro Fondsanteil ausschütten. In unserer Konzeption stellen Ertragsausschüttungen externe Entnahmen aus dem Fondsvermögen dar und leiten bei der zeitgewichteten Rendite eine neue Subperiode ein bzw. würden beim Anteilswertkonzept durch eine entsprechende Reduktion der Fondsanteile berücksichtigt. Allerdings werden in der Praxis Ertragsausschüttungen buchungstechnisch nicht durch eine Verminderung des Anteilsbestandes erfasst werden, sondern führen zu einer Reduktion des Inventarwerts des Fonds und damit zu einer Reduktion des Anteilspreises. Insofern würde die unmittelbare Verwendung der obigen Gleichung zu einem verzerrten Ergebnis führen. Zur Lösung dieser Problematik wird davon ausgegangen, dass die Ertragsausschüttung D unmittelbar nach Anfall zum Erwerb neuer Fondsanteile zum Preis nach der Ausschüttung AW^{ex} verwendet wird. Basierend auf diese Reinvestitionshypothese wird ein Korrekturfaktor gemäß

(2.58a)
$$KF = 1 + \frac{D}{AW^{ex}}$$

berechnet. Bei der Renditeberechnung sind die entsprechende Anteilspreise nach der Ausschüttung von Erträgen mit diesem Korrekturfaktor zu multiplizieren.

Bei der Renditeberechnung sind die entsprechenden Anteilspreise nach der Ausschüttung von Erträgen mit diesem Korrekturfaktor zu multiplizieren. Wenn über einen bestimmten Investmenthorizont mehrere Ausschüttungen erfolgen, dann ist der entsprechende Anteilswert mit jedem Bereinigungsfaktor zu multiplizieren. Insgesamt erhält man dann:

(2.58b) $$r_{ZGR}(0,T) = \frac{AW_T \cdot \prod_{t=1}^{T}\left(1 + \frac{D_t}{AW_t^{ex}}\right)}{AW_0}.$$

Das nachfolgende Beispiel illustriert das Verfahren.

Beispiel 2.23: Rendite von Investmentfonds unter Berücksichtigung von Ausschüttungen

Der Anteilspreis eines Investmentfonds beträgt am Jahresanfang 100 EUR und am Jahresende 106 EUR. Innerhalb des Jahres erfolgten zwei Ertragsausschüttungen in Höhe von 2,5 EUR bzw. 3 EUR pro Anteilsschein. Dabei betrug der Preis eines Anteils unmittelbar nach der ersten (zweiten) Ertragsausschüttung 99 EUR (104 EUR). Der erste Korrekturfaktor berechnet sich gemäß 1 + 2,5/99 = 1,02525 und der zweite gemäß 1 + 3/104 = 1,02885 was zu einer Gesamtrendite am Jahresende in Höhe von r_{AWK} = (106 · 1,02525 · 1,02885) / 100 – 1 = 11,78% führt.

2.4.2.4 Kapitalgewichtete Rendite eines Fondsinvestments

Bisher haben wir die Perspektive des Fondsmanagers eingenommen. Dieser hat keinerlei Einfluss auf die Dispositionen der Anleger in den Fonds. Wenden wir uns nunmehr der Perspektive dieser Investoren zu. Für diese ist das Fondsinvestment ein mehrperiodiges Investment, wie es in Abschnitt 3.2.4 behandelt worden ist. Gehen wir der Einfachheit wegen (um die bisherige Notation beibehalten zu können) davon aus, dass nur ein einzelner Investor (etwa ein großer institutioneller Investor wie im Falle eines Spezialfonds) existiert, dem sämtliche Zahlungen (konkret v_0, z_1, ..., z_{T-1}) zuzurechnen sind. Aus seiner Sicht ergibt sich die folgende Zahlungsreihe aus seinem Fondsinvestment:

(2.59) $$I = \{-v_0, -z_1, ..., -z_{T-1}, v_T\}.$$

Die Rendite des Investors aus dem Fondsengagement ist auf Basis dieser Zahlungsreihe zu bestimmen. Legt man die interne Zinsfußmethode in ihrer allgemeinen Form (2.47) der Renditebestimmung zugrunde, so ergibt sich die Bestimmungsgleichung (hier in Endwertform)

(2.60) $$v_0(1 + r_I)^T + \sum_{t=1}^{T-1} z_t(1 + r_I)^{T-t} = v$$

Der resultierende interne Zinsfuß wird in der Literatur im Zusammenhang mit der Performancemessung von Fonds auch als *kapitalgewichtete Rendite* (oder auch als dollar weighted rate of return) bezeichnet. Sie ist als (annualisierte) Durchschnittsrendite des vom Investor jeweils im Fonds gebundenen Kapitals zu interpretieren.

Die kapitalgewichtete Rendite eines Fondsinvestments ist ein mögliches Instrument zur Messung der Performance eines Fondsinvestments aus der Perspektive des Anlegers. Im Gegensatz zur zeitgewichteten Rendite vermag sie aber nicht die Leistung des Fondsmanagements zu isolieren. Der Messaufwand zur Berechnung der kapitalgewichteten Rendite ist geringer, da keine Informationen über die Fondswerte v_t zu den Zeitpunkten der Kapitalzuführung bzw. -entnahme verarbeitet werden.

Beispiel 2.24: Rendite von Fondsinvestments

Wir betrachten zwei Investmentfonds A und B mit identischer Anlagepolitik. Die Ausgangsdaten lauten wie folgt:

	Vermögen in $t = 0$	Zufluss in $t = 1$
Fonds A	100 000 EUR	–
Fonds B	50 000 EUR	50 000 EUR

Beide Fonds erzielen im ersten Jahr eine Rendite von 10%, im zweiten Jahr 5%. Die Wertentwicklungen lauten damit:

	v_0	$v_1 = v_0 \cdot (1{,}1)$	$v_2 = (v_1 + z_1) \cdot (1{,}05)$
Fonds A	100 000 EUR	110 000 EUR	115 500 EUR
Fonds B	50 000 EUR	55 000 EUR	110 250 EUR

Am Ende des zweijährigen Betrachtungszeitraums folgt damit für die Zahlungsreihen:

Fonds A	Fonds B
{-100 000, 0, 115 500}	{-50 000, -50 000, 110 250}

Interner Zinsfuß Fonds A:

$100\,000 \cdot (1+r_{I,A})^2 = 115\,500 \Rightarrow r_{I,A} = 7{,}47\%$

Interner Zinsfuß Fonds B:

$50\,000 \cdot (1+r_{I,B})^2 + 50\,000 \cdot (1+r_{I,B})^1 = 110\,250 \Rightarrow r_{I,B} = 6{,}68\%$

Trotz einer identischen Anlagepolitik sind die kapitalgewichteten Renditen (erwartungsgemäß) unterschiedlich. Auf der anderen Seite ergibt sich für die zeitgewichtete Rendite (erwartungsgemäß) ein identischer Wert.

Fonds A	$1 + r_{ZGR}(0,2) = \frac{110000}{100000} \cdot \frac{115500}{110000} = 1{,}1 \cdot 1{,}05 = 1{,}155$
Fonds B	$1 + r_{ZGR}(0,2) = \frac{55000}{50000} \cdot \frac{110250}{105000} = 1{,}1 \cdot 1{,}05 = 1{,}155$
In annualisierter Form:	$r_{ZGR} = \sqrt{1{,}155} - 1 = 0{,}0747 \quad (7{,}47\%)$

Der Einsatz der internen Zinsfußmethode ist dabei nicht auf das Zahlungsstrommodell gemäß Abschnitt 2.4.2.1 beschränkt, das die Konstellation von Kapitalzuflüssen bzw. Entnahmen in einen thesaurierenden Fonds unterstellt und damit auf die Erhöhung oder Verminderung des im Fonds gebundenen Kapital abstellt. Die interne Zinsfußmethode stellt vielmehr unter Berücksichtigung der Ausführungen in Abschnitt 2.3.4.3 eine generelle Methode zur Messung der Fondsperformance aus Sicht des Investors dar. Dies soll das folgende Beispiel illustrieren.

Beispiel 2.25: Rendite eines Fondssparplans unter Berücksichtigung von Kosten
Bei der Anlage in einen Investmentfonds fallen eine Reihe von Kosten an. Die Hauptkostenarten entfallen dabei auf

- den Ausgabeaufschlag beim Erwerb von Fondsanteilen, üblicherweise in Prozent des aktuellen Anteilswertes (auf Basis der Rücknahmepreise) am Periodenbeginn ausgedrückt,
- die laufenden Verwaltungsgebühren seitens der Kapitalanlagegesellschaft.

In der Praxis ist es dabei üblich, die periodischen Verwaltungsvergütungen direkt dem Fondsvermögen zu belasten, d.h. die Anteilswerte auf Rücknahmebasis sind bereits um diese Kosten reduziert.

Unterstellen wir daher eine Entwicklung der Anteilswerte (inkl. Verwaltungsgebühren) $\{AW_t\}$; $t = 0, \ldots, T$, einen konstanten Ausgabeaufschlag von $100 \cdot \alpha\%$ sowie eine laufende jährliche vorschüssige Sparrate (ohne zwischenzeitliche Desinvestitionen) seitens des Anlegers in Höhe von Z_t ($t = 0, 1, \ldots T\text{-}1$), so ergibt sich die folgende Investmentsituation.

Der Investor erwirbt zu den Zeitpunkten $t = 0, \ldots, T\text{-}1$ genau $n_t = Z_t / AW_t (1 + \alpha)$ Anteile. Zum Zeitpunkt $t = T\text{-}1$ sind damit $k_t = n_0 + \ldots + n_{T-1}$ Anteile in Besitz des Investors, sein Endvermögen zum Zeitpunkt T beträgt $K_T = k_T\, AW_T$. Die resultierende Zahlungsreihe aus Sicht des Investors ist gegeben durch $\{-Z_0, -Z_1, \ldots, -Z_{T-1}, V_T\}$. Weitere Kosten des Fondsengagements, wie Depotgebühren und sonstige Nebenkosten, können dabei einfach in der Weise angesetzt werden, dass sie die Einzahlungen Z_t erhöhen. Auf der Basis der internen Zinsfußmethode ergibt sich die Rendite des Fondsengagements aus Sicht des Investors dann durch Lösung der Gleichung (Endwertform)

$$Z_0(1 + r_I)^T + \sum_{t=1}^{T-1} Z_t(1 + r_I)^{T-t} = k_T\, AW_T \,. \tag{2.61}$$

Unter Annahme eines gleichhohen vorschüssigen Investments in den Fonds, d.h. $Z_0 = Z_1 = \ldots = Z_{T-1} = Z_T = Z$ lässt sich eine strukturelle Vereinfachung dieser Bestimmungsgleichung vornehmen. Gemäß Beispiel 2.7 gilt

$$\sum_{t=0}^{T} (1 + r_I)^t = REF(r_I, T+1) = \frac{(1 + r_I)^{T+1} - 1}{r_I} \,,$$

d.h. es ergibt sich der Rentenendwertfaktor bei $T+1$ vorschüssigen Rentenzahlungen ausgewertet in r_I. Die Beziehung (2.61) reduziert sich somit zu $Z[REF(r_I, T+1) - 1]$

= $k_T AW_T$ und damit ergibt sich (unter Ansatz der expliziten Form des Rentenendwertfaktors) nach einigen Umformungen die reduzierte Gleichung

(2.62) $$(1 + r_I)^{T+1} - \left[1 + \frac{k_T \, AW_T}{Z}\right] r_I - 1 = 0 \, .$$

In der nachfolgenden Tabelle ist im Rahmen eines numerischen Beispiels illustriert, in welchem Ausmaß die Durchschnittsrendite (kapitalgewichtete Rendite) eines Fondssparplans durch die Erhebung eines periodischen Ausgabeaufschlages reduziert wird. Dabei wird von einer zeitlich konstanten sicheren Rendite der Anteilscheine in Höhe von 8% per annum, Ausgabeaufschlägen in Höhe von 0%, 2,5% bzw. 5% sowie einer Sparplandauer von 1, 5, 10, 15, 20, 25 und 30 Jahren ausgegangen.

Ausgabeaufschlag (%)	Sparplandauer (Jahre)						
	1	5	10	15	20	25	30
0	8%	8%	8%	8%	8%	8%	8%
2,5	5,4%	7,2%	7,6%	7,7%	7,8%	7,8%	7,9%
5	2,9%	6,3%	7,1%	7,4%	7,6%	7,7%	7,8%

Tab. 2.1: Interne Rendite (in % p.a.) eines Sparplans unter Berücksichtigung des Ausgabeaufschlags

2.4.2.5 Fallstudie zur Ex post-Erfolgsmessung eines Fondsinvestments

Anhand eines einfachen Zahlenbeispiels soll verdeutlicht werden, dass die vorstehend dargestellten Renditekonzeptionen zu unterschiedlichen Ergebnissen führen können und wie dieses ökonomisch begründet werden kann. Ausgangspunkt ist die folgende Wertentwicklung eines zu beurteilenden Investmentfonds. Es soll sich dabei um ein Spezialfondsmandat handeln, bei dem alle Anteile in der Hand eines institutionellen Anlegers liegen. Um die interne mit der zeitgewichteten Rendite direkt vergleichen zu können, werden beide jeweils als Durchschnittsrendite per annum (annualisierte Rendite) angegeben.

Wertentwicklung	
Anfangsvermögen in $t = 0$	1.000.000 EUR
Wertzuwachs bis $t = 1$	100.000 EUR
Externer Zufluß in $t = 1$	2.000.000 EUR
Gebundenes Kapital in $t = 2$	3.100.000 EUR
Wertverlust bis $t = 2$	- 200.000 EUR
Endvermögen	2.900.000 EUR

Tab. 2.2: Wertentwicklung eines Investmentfonds

Die zeitgewichtete Rendite wird gemäß dem folgenden Berechnungsschema ermittelt:

1. Schritt: Berechnung der Wachstumsfaktoren für alle Teilperioden, innerhalb derer keine Nettozahlungen erfolgt sind,
2. Schritt: Berechnung des geometrischen Durchschnitts der einperiodigen Wachstumsfaktoren.

Angewandt auf das oben vorliegende Datenmaterial ergibt sich, dass das Management in der ersten Teilperiode für das im Portfolio gebundene Kapital eine positive Rendite in Höhe von 10 % und in der zweiten einen Wertverlust von -6,45% erzielt hat. Die zeitgewichtete Rendite p.a. berechnet sich somit gemäß:

$$r_{ZGR} = \sqrt{\frac{1.100.000}{1.000.000} \cdot \frac{2.900.000}{3.100.000}} - 1 \approx 1{,}441 \ \% \ .$$

Der prozentuale Wertzuwachs des in der ersten Teilperiode gebundenen Kapitals wiegt somit schwerer als der prozentuale Wertverlust in der zweiten Teilperiode. Insgesamt kann dem Portfoliomanagement eine in absoluten Termen positive Leistung bescheinigt werden.

Um zu verdeutlichen, dass die Rendite nach dem Anteilswertkonzept zum gleichen Ergebnis führt wie die zeitgewichtete Rendite, sei unterstellt, dass im Zeitpunkt $t = 0$ 10.000 Anteile mit einem Marktwert von 100 EUR ausgestellt worden sind. Der Wertzuwachs bis zum Ende der ersten Periode beträgt pro Anteilschein 10%, womit sich ein Marktwert pro Anteilschein in $t = 1$ von 110 EUR ergibt. Der Zufluss von 2.000.000 in $t = 1$ führt demzufolge zu einer Erhöhung des Gesamtbestandes an Anteilen um 18.181,82 auf insgesamt 28.181,82 Stück. Bis zum Zeitpunkt $t = 2$ reduziert sich der Marktwert eines Anteilscheines um 6,4516% auf 102,9032 EUR.

Zeit	Anteilbestand (Stück)	Wert pro Anteil (EUR)	Fondsvermögen (EUR)
$t = 0$	10.000	100	1.000.000
$t = 1$	28.181,82	110	3.100.000
$t = 2$	28.181,82	102,9032	2.900.000

Tab 2.3: Rendite nach dem Anteilswertkonzept

Die Rendite nach dem Anteilswertkonzept p.a. berechnet sich gemäß der folgenden Gleichung

$$r_{AWK} = \sqrt{\frac{102{,}9032}{100}} - 1 \approx 1{,}441\%$$

und entspricht somit der zeitgewichteten Rendite.

Die kapitalgewichtete Rendite berechnet sich aus der Lösung folgender Gleichung:

$$1.000.000 \cdot (1 + r_I)^2 + 2.000.000 \cdot (1 + r_I) = 2.900.000.$$

Die ökonomisch einzig sinnvolle Lösung dieser Gleichung führt zu einer internen Rendite von r_I = -2,516% p.a. Die folgende Aufstellung verdeutlicht die Interpretation der internen Rendite als die Verzinsung des jeweils im Fonds noch gebundenen Kapitals.

Gebundenes Kapital in $t = 0$:	1.000.000
Verzinsung bis $t = 1$: 1.000.000 · 0,974842 =	974.842
Einlage in $t = 1$:	2.000.000
Gebundenes Kapital in $t = 1$:	2.974.842
Verzinsung bis $t = 2$: 2.974.842 · 0,974842 ≈	2.900.000

Tab. 2.4: Verzinsung des gebundenen Kapitals bei der internen Rendite

Die negative interne Rendite in Höhe von -2,516% erklärt sich aus dem Umstand, dass der Kapitalanleger nach den Kurssteigerungen der ersten Teilperiode, wohl in Erwartung steigender Kurse, zusätzliche Mittel in den Fonds investiert hat. Der Zeitpunkt dieser Transaktion war jedoch ex post betrachtet schlecht gewählt, da in der zweiten Periode Wertverluste eingetreten sind.

2.4.3 Relative Performancemessung

2.4.3.1 Festlegung einer Benchmark

Kern der relativen Leistungsbeurteilung des Fondsmanagements ist der Vergleich der Wertentwicklung (Performance) des von diesem verwalteten Vermögens mit einer bestimmten Referenzrendite (Benchmark). Die Bestimmung der Benchmark ist eine wichtige Komponente des Investmentprozesses und hat eine hohe Bedeutung für Anreizbeziehungen zwischen Fondsmanager und dem Investor. Teilweise wird im Rahmen erfolgsabhängiger Vergütungssysteme (Performance Fees) die Fondsmanager bei einem Übertreffen der Benchmark an einer besonders guten Anlageentscheidung finanziell beteiligt. Aus der Sicht des Anlegers sollte die Benchmark seine wesentlichen Ertragserwartungen und Risikopräferenzen reflektieren. Aus Sicht des Fondsmanagements sollte die vereinbarte Benchmark mit den realisierbaren Investmentmöglichkeiten kompatibel sein, insbesondere gesetzliche Anlagerestriktionen (etwa aus dem InVG oder VAG) sowie die in den Vertragsbedingungen vereinbarten mandatspezifischen Restriktionen beachten.

Hinsichtlich ihres Bestimmtheitsgrades lassen sich *deterministische* und *stochastische Zielvorgaben* unterscheiden. Die Höhe von deterministischen Zielvorgaben liegt a priori fest. Beispiele hierfür wären etwa die Forderung einer nominellen Kapitalerhaltung oder einer Mindestverzinsung des Fondsvermögens von 3% p.a. Deterministische Zielrenditen sind insbesondere bei Hedgefonds verbreitet. Dies ist insofern sachgerecht, da der Manager eines Hedgefonds sehr wenige Restriktionen hinsichtlich des zur Verfügung stehenden Anlageuniversums besitzt. Insbesondere kann der Hedgefonds sowohl Long- als auch Short-Positionen in verschiedenen Einzeltitel- und Anlageklassen (Aktien, Bonds, Kasse) eingehen. Ziel ist es eine möglichst hohe »absolute« Rendite zu erzielen. Zentrales Problem von deterministischen

Zielvorgaben ist der Umstand, dass sie auf den Fonds exogen einwirkende, nicht vermeidbare Schwankungen am Kapitalmarkt unberücksichtlich lassen. So wäre einem Fondsmanager, der aufgrund von Vereinbarung am Aktienmarkt operieren muss (nur mit Long-Positionen), ein knappes Unterschreiten der Mindestrendite negativ anzulasten, obgleich am Gesamtmarkt weitaus höhere Einbußen zu verzeichnen waren. Andererseits würde seine Leistung positiv beurteilt werden, wenn sie die Mindestrendite nur knapp übertroffen hat, obwohl der Markt weit stärkere Zuwächse verzeichnet hat.

Stochastische Zielvorgaben sind zwar dem Grunde nach eindeutig festgelegt, allerdings sind die zukünftigen möglichen Realisationen ungewiss, die Zielgröße ist mithin als Zufallsgröße aufzufassen. Beispiele für stochastische Zielvorgaben sind: die Durchschnittsrendite von Fonds mit vergleichbaren Anlageschwerpunkten und -restriktionen (Peer Group-Vergleich)[12], die Veränderung eines Konsumentenpreisindex oder die Rendite eines Aktien-, Renten- oder Immobilienindex bzw. Kombinationen davon. Dabei ist für die Aktien- und Anleihemärkte –differenziert nach verschiedenen Branchen und Ländern – ein breites Spektrum von Indizes kostengünstig verfügbar, die von einer neutralen Stelle nach transparenten Prinzipien berechnet werden. Bei *Performanceindizes* werden neben Kursveränderungen der enthalten Finanztitel auch Ausschüttungen (Zinsen, Dividenden) sowie Kapitalmaßnahmen (Bezugsrechte, Tilgungen) durch bestimmte Reinvestitionsverfahren berücksichtigt. Dagegen bleibt beim *Kursindex* die Ausschüttung unberücksichtigt. Für Immobilienmärkte sowie für Alternative Investments (Private Equity, Hedgefonds) sind Benchmarks deutlich schwieriger zu konstruieren, da diese Märkte durch zahlreiche Besonderheiten geprägt sind, insbesondere nicht die Markttiefe und -breite aufweisen wie etwa Aktien oder festverzinsliche Wertpapiere.[13] Eine weitere Möglichkeit besteht darin, dass der Anleger zusammen mit dem Fondsmanagement und ggf. einer sachkundigen dritten Institution ein auf das jeweilige Mandat abgestimmtes Referenzportfolio konstruiert.[14] Eine derart maßgeschneiderte Benchmark kann auch eine komplexe dynamische Investmentstrategie repräsentieren, derivative Finanzinstrumente sowie Transaktionskosten berücksichtigen.

2.4.3.2 Aktiver versus passiver Investmentstil

Bezeichnen x_{Pi} bzw. x_{Bi} die relativen Investmentgewichte von Vermögenswert i im Fonds bzw. im Benchmarkportfolio, dann repräsentiert die Struktur des *aktiven* Portfolios $x_{Ai} = x_{Pi} - x_{Bi}$ die vom Fondsmanagement verfolgte aktive Managementstrategie. Dabei ist das aktive Portfolio wegen $\sum x_{Ai} = \sum x_{Pi} - \sum x_{Bi} = 0$ als ein Differenzportfolio aufzufassen Eine *passive Strategie* liegt im Idealfall vor, wenn für alle Vermögenswerte $i = 1, ..., N$ gilt $x_{Ai} = x_{Pi} - x_{Bi} = 0$, d.h. wenn das Fondsmanagement die Investmentgewichte des Fonds an die Benchmark exakt anpasst. Eine passive Strategie setzt voraus, dass die Zusammensetzung der Benchmark zu Beginn des Betrachtungszeitraums bekannt ist und in die darin enthaltenen Vermögenswerte tatsächlich investiert werden kann. Stellt r_i die Ein-Periodenrendite des i-ten Vermögenswertes dar, dann kann die resultierende Rendite des Fonds zerlegt werden in:

---

12 Zu solchen auch als »Median-Manager-Vergleich« bezeichneten Benchmarkvereinbarungen vgl. *Bailey/Richards/Tierney* (1990, S. 254 f.).

13 Zur Konstruktion von Wertpapierindizes vergleiche Anhang D und zu Immobilienindizes Kapitel 13.

14 Zu Anforderungen, Möglichkeiten und Konstruktionstechniken von individuellen Benchmarkportfolios vgl. *Bailey* et al. (1990).

(2.63) $$r_P = \sum_{i=1}^{N} x_{Pi} r_i = \sum_{i=1}^{N} x_{Bi} r_i + \sum_{i=1}^{N} x_{Ai} r_i = r_B + r_A,$$

wobei die Differenz zwischen der Rendite des Sondervermögens R_P und der Benchmark R_B

(2.64) $$r_A := r_P - r_B,$$

den renditemäßigen Erfolgsbeitrag des aktiven Portfolios extrahiert (*aktive Rendite*).

Der *passive Portfoliomanager* hält die Finanzmärkte für weitestgehend effizient und versucht das mit dem Anleger vereinbarte Benchmarkportfolio möglichst exakt und kostengünstig nachzubilden. Aktive Positionen werden nicht aufgrund von Informationen, die eine überdurchschnittliche Wertentwicklung versprechen, eingegangen, sondern lediglich aus technischen Gründen im Rahmen des gewählten Index-Replikationsverfahrens.

Dagegen glaubt der *aktive Portfoliomanager*, dass am Markt zumindest temporär Ineffizienzen bestehen, und er die zukünftige Wertentwicklung einzelner Finanztitel (*Selektivität*) oder ganzer Marktsegmente zueinander (*Timing, Allokation*) besser einschätzen kann als die übrigen Marktteilnehmer. Auf Basis dieser Einschätzungen geht er positive oder negative aktive Positionen ein. Die aktive Position wird wieder aufgelöst, sobald die der Position zugrunde liegende Information vom Markt verarbeitet worden ist. Insgesamt geht der aktive Portfoliomanager davon aus, durch diese aktive Strategie die Benchmark schlagen zu können.

2.4.4 Renditeorientierte Performanceattribution

2.4.4.1 Problemstellung

Neben dem reinen Vergleich der Fondsrendite relativ zur gewählten Benchmark und einer Überprüfung der erwirtschafteten positiven/negativen aktiven Renditen auf Signifikanz können mit dem Benchmarkkonzept weitere Informationen gewonnen werden. Im Folgenden werden zwei Ansätze der so genannten (algebraischen) *Performanceattribution* vorgestellt, mit deren Hilfe die realisierte Rendite des Fonds relativ zur Benchmark in einzelne Komponenten zerlegt werden können. Die erste Renditekomponente stellt die langfristige Investmentpolitik (strategische *Asset Allocation*) des Anlegers, repräsentiert durch das Benchmarkportfolio, dar. Das Benchmarkportfolio setzt sich aus mehreren Marktindizes zusammen, welche mit »normalen« Gewichten verknüpft werden. Aktives Management führt das Fondsmanagement durch temporäre Abweichungen von den Normalgewichten durch. Es wird davon ausgegangen, dass neben den realisierten Renditen pro Anlageklasse auch die Investitionsgewichte des zu beurteilenden Fonds im Zeitablauf nachvollzogen werden können. Insofern wird hier die Sichtweise einer internen Instanz eingenommen.

Um die grundsätzliche Vorgehensweise zu verdeutlichen, wird des Weiteren folgendes Zahlenbeispiel betrachtet. Ein Investmentfonds ist in zwei Anlageklassen, Aktien- und Geldmarkt, investiert, wobei der Aktienmarkt wiederum in zwei Branchen A und B unterteilt ist. Das Fondsmanagement kann durch *Market Timing* die Allokation zwischen Aktien und Geldmarkt relativ zur Benchmark verändern. Innerhalb der Anlageklasse Aktien kann es die Gewichte der Branchen relativ zur Benchmark verändern (*Branchenselektion*). Innerhalb der Branchen kann das Fondsmanagement noch *Einzeltitelselektion* betreiben. Es wird weiter angenommen, dass während der Messperiode keine externen Zahlungen in den Fonds stattfinden und keine weiteren aktiven Entscheidungen getroffen werden. Die Rendite des Benchmarkportfolios ergibt sich aus der gewichteten Summe der Renditen des Aktienindex, unterteilt in zwei Subindizes für die Branchen 1 und 2, und eines Geldmarktindex. Die folgende Tabelle enthält die Ausgangsdaten:

	Aktuelles Portfolio		Benchmarkportfolio	
	Gewicht	Rendite	Gewicht	Rendite
Geldmarkt	20%	4%	40%	4%
Aktienmarkt	80%	10%	60%	11%
- Branche A	50%	12%	66,67%	10%
- Branche B	50%	8%	33,33%	13%

Tab. 2.5: Ausgangsdaten zur Performanceattribution relativ zu einer Benchmark

2.4.4.2 Der additive Ansatz zur Performanceattribution

Idee des im Folgenden dargestellten additiven Ansatzes zur Renditeattribution ist eine Zerlegung der realisierten Gesamtrendite des Fonds in die passive Komponente der Benchmark die aktiven Komponenten Market Timing, Branchen-, Titelselektion sowie eine Interaktionskomponente. Kern des Verfahrens ist die Kombination von Gewichten und Renditen einzelner Teilsegmente des Fonds und der Bechmark derart, dass die Summe der Teilbeträge wiederum der Gesamtrendite des Fonds entspricht.

Bezeichnen $x^G{}_P$ bzw. $x^G{}_B$ die relativen Investitionsgewichte des Fonds bzw. der Benchmark in Geldmarkttitel sowie entsprechend $x^A{}_P$ und $x^A{}_B$ die Gewichte in Aktien. Es muss gelten:

$$x^G{}_P + x^A{}_P = x^G{}_B + x^A{}_B = 1.$$

Der Aktienmarkt unterteilt sich in $n = 2$ Branchen. Dabei gibt x_{iB} das relative Investitionsvolumen der Branche i am gesamten Aktienanteil des Benchmarkportfolios an. Entsprechend bezeichnet $x_{i,P}$ das realisierte Investitionsgewicht in der i-ten Branche bezogen auf den gesamten Aktienanteils des Fonds. Für die betrachtete Periode bezeichnen weiter

$r^A{}_P$ bzw. $r^A{}_B$ =: Rendite Aktien im realisierten Portfolio bzw. in der Benchmark.
r_{iP} bzw. r_{iB} =: Rendite der Branche i des realisierten Portfolios bzw. der Benchmark.
$r^G{}_B$ bzw. $r^G{}_B$ =: Rendite Geldmarkt im realisierten Portfolio bzw. in der Benchmark.

Die gesamte Portfoliorendite r_P und die Rendite der Benchmark r_B ergeben sich dann zu

$$\begin{aligned} r_P &= x_P^A \sum_{i=1}^{n} x_{ip} r_{ip} + x_P^G r_P^G \\ &= x_P^A r_P^A + x_P^G r_P^G \end{aligned} \tag{2.65}$$

und

$$r_B = x_B^A \sum_{i=1}^{n} x_{iB} r_{iB} + x_B^G r_B^G$$

(2.66)

$$= x_B^A r_B^A + x_B^G r_B^G$$

In dem vorliegenden Fall resultiert für die Portfoliorendite r_P = (0,2 · 4% + 0,8 · 10%) = 8,8% und für die Rendite der Benchmark r_B = (0,4 · 4% + 0,6 · 11%) = 8,2%. Die aktive Rendite ergibt sich aus der Differenz $r_A = r_P - r_B$ = 8,8% – 8,2% = 0,6%. Im weiteren Verlauf sollen die einzelnen Beiträge zur aktiven Rendite sukzessive isoliert werden. Der Effekt aus *Market Timing* ergibt sich wie folgt:

(2.67)

$$\begin{aligned} r_{MT} &= (x_P^A - x_B^A) \cdot r_P^A + (x_P^G - x_B^G) \cdot r_P^G \\ &= (x_P^A - x_B^A) \cdot (r_P^A - r_B) + (x_P^G - x_B^G) \cdot (r_P^G - r_B) \end{aligned}$$

Dieser Ausdruck gibt an, welche aktive Rendite auf eine Über- bzw. Untergewichtung des Aktien- bzw. Geldmarkts relativ zur Benchmark zurückzuführen ist. Hierzu werden die Investitionsgewichte in den einzelnen Anlageklassen des Portfolios relativ zur Benchmark mit Renditen der Anlageklassen gemäß der Benchmark verknüpft. Dadurch bleiben Renditebeiträge aus der Identifizierung fehlbewerteter Einzelaktien bzw. Branchen unberücksichtigt. Der Ausdruck spiegelt daher den gesamten *Market-Timing-Effekt* wider. Im Beispiel ergibt sich der Beitrag aus Market Timing in Höhe von (0,8 – 0,6) · 10% + (0,2 – 0,4) · 4% = 1,2%. Um die Market Timing-Beiträge in den einzelnen Anlageklassen besser darzustellen, werden teilweise in der Praxis die aktiven Gewichte mit den Indexrenditen relativ zur Gesamtbenchmark verknüpft, was insgesamt zu einem identischen Gesamtbeitrag führt. So ist der Entscheidung Aktien überzugewichten ein Performancebeitrag von (0,8 – 0,6) · (10% – 8,2%) = 0,36% zuzuordnen. Der Entscheidung den Geldmarkt unterzugewichten sind (0,2 – 0,4) · (4% – 8,2%) = 0,84% zuzurechnen. Insgesamt erhält man wiederum 0,36% + 0,84% = 1,2% als gesamten Beitrag aus Market Timing.

Analog resultiert für den aktiven Renditebeitrag aus einer Über- oder Untergewichtung einer bestimmten Branche *i* (*Branchenselektion*) relativ zur Benchmark die Beziehung

(2.68)

$$r_{BS,i} = (x_{iP} - x_{iB}) \cdot (r_{iB} - r_B^A) \quad .$$

Hierbei bezeichnet x_{iP} (x_{iB}) das Investitionsgewicht der Branche i im Portfolio (Benchmark). Die Übergewichtung/Untergewichtung einer Branche relativ zur Benchmark führt dann zu einem positiven aktiven Renditebeitrag, wenn die realisierte Rendite der betreffenden Branche höher/niedriger ausfällt als die gesamte Aktienrendite der Benchmark. Im vorliegenden Beispiel war es gut, die Branche 1 unterzugewichten, da diese eine geringere Rendite erzielt hat als die Aktienrendite im Benchmarkportfolio (0,5 – 0,6667) · (10% – 11%) = 0,167%. Entsprechend war es positiv die Branche 2 überzugewichten, (0,5 – 0,3333) · (13% – 11%) = 0,3340%. Der Gesamteffekt aus der Branchenselektion ergibt sich aus der Summe über alle Branchen, gewichtet mit dem Anteil der Aktienklasse im Benchmarkportfolio. Wegen $3(x_{iP} - x_{iB})\, r^A{}_B = 0$ folgt für den gesamten Brancheneffekt damit:

(2.69)

$$r_{BS} = x_B^A \cdot \sum_{i=1}^{n} (x_{iP} - x_{iB}) \cdot r_{iB} \quad .$$

Im vorliegenden Zahlenbeispiel errechnet sich der Beitrag über die beiden Branchen $n = 2$ zu 0,3% = 0,6 · [(0,5 – 0,6667) · 10% + (0,5 – 0,3333) · 13%] = 0,6 · [0,167% + 0,334%] d.h. das Fondsmanagement hatte positive Fähigkeit in der Branchenselektion.

Der isolierte Renditebeitrag aus der Wertpapierselektion innerhalb einer Branche ergibt sich aus der Überrendite innerhalb der entsprechenden Branche relativ zur Benchmark gewichtet mit dem relativen Investitionsanteil in der Benchmark, d.h. zu

(2.70) $$r_{TS,i} = (r_{iP} - r_{iB}) \cdot x_{iB} \,.$$

Hierbei ist r_{iP} (r_{iB}) die realisierte Rendite des Portfolios (der Benchmark) in der Branche i. Im Bereich Geldmarkt fallen Portfolio- und Benchmarkrendite zusammen, mithin wurde dort keine Titelselektion betrieben. In unserem Beispiel erzielte das Portfoliomanagement in Branche 1 eine Überrendite von 12% – 10% = 2%, d.h. hatte dort positive Selektionsfähigkeiten auf Einzeltitelebene. Bei einem Branchengewicht von 0,6667 resultiert hieraus ein Beitrag von 1,334%. Allerdings war das Selektionsergebnis in Branche 2 mit 8% – 13% = -5% schlecht. Bei einem Branchengewicht von 0,3333 schlägt dies mit -1,6665% zu Buche. Summiert man über alle Branchen auf, und gewichtet das Resultat mit dem gesamten Aktienanteil in der Benchmark, so erhält man den gesamten aktiven Renditebeitrag aus der Wertpapierselektion zu

(2.71) $$r_{TS} = x_B^A \cdot \sum_{i=1}^{n} x_{iB} \cdot (r_{iP} - r_{iB}) \,.$$

In unserem Beispiel war das Fondsmanagement mit -0,2% = 0,6 · [0,6667 · (12% -10%) + 0,3333 · (8% – 13%)] insgesamt wenig erfolgreich in der Selektion auf Einzeltitelebene.

Der letzte Renditebeitrag ist der Interaktionseffekt, mit dem alle Renditekomponenten erfasst werden, die nicht eindeutig durch Market Timing, Branchen- oder Wertpapierselektion erklärt werden können. Der Interaktionseffekt ergibt sich aus dem Kreuzprodukt der Abweichungen zu

(2.72) $$r_{IA} = (x_P^A - x_B^A) \cdot (r_P^A - r_B^A) + x_B^A \cdot \sum_{i=1}^{n} (x_{iP} - x_{iB}) \cdot (r_{iP} - r_{iB}) \,.$$

In unserem Beispiel ergibt sich ein negativer Interaktionseffekt in Höhe von -0,9% = (0,8–0,6) · (10%-11%) + 0,6 · [(0,5–0,6667) · (12%-10%) + (0,5–0,3333) · (8%-13%)]. Der Interaktionsterm ist im Vergleich zu den anderen Komponenten regelmäßig nicht klein. Eine ökonomisch schlüssige und intuitive Interpretation des Interaktionsterms ist nicht einfach, weshalb an dieser Stelle darauf verzichtet werden soll. Hinzuweisen ist noch darauf, dass in der Investmentpraxis der Interaktionsterm teilweise den Selektionsbeiträgen zugeschlagen wird. Diese Zuordnung ist allerdings lediglich eine Vereinfachung und inhaltlich nicht zweifelsfrei zu begründen.[15] Die Tabelle 2.6 fasst die Resultate zusammen.

15 Vgl. hierzu ausführlich *Fischer* (2001), S. 126.

Gesamtrendite	Rendite Benchmark	Aktive Rendite			
		Beitrag Market Timing	Beitrag Branchenselektion	Beitrag Titelselektion	Beitrag Interaktion
8,80%	= 8,20%	+ 1,20%	- 0,30%	- 0,20%	- 0,10%

Tab. 2.6: Methode der additiven Renditeattribution

An dieser Stelle soll auf zwei Untersuchungen von *Brinson/Hood/Beebower* (1986) und *Brinson/Singer/Beebower* (1991) hingewiesen werden, in denen die vorgestellte Methode für eine Attributionsanalyse der historischen Rendite großer amerikanischer Pensionsfonds für die Zeiträume 1974–1983 und 1977–1987 verwendet wurde. Dabei kamen die Autoren zu dem Ergebnis, dass ein Großteil der Rendite durch die Festlegung der strategischen Asset Allocation, also der langfristigen Aufteilung des Anlagebudgets auf die Hauptanlageklassen (repräsentiert durch entsprechende Benchmarks) determiniert wird.

2.4.4.3 Der multiplikative Ansatz zur Performanceattribution

Eine zweite Methode der Renditeattribution ermittelt die gesamte Fondsrendite durch eine multiplikative Verknüpfung der Performance unterschiedlicher Renditekomponenten.[16] Dabei ist hier unter der Performance nicht die Rendite r, sondern der Zuwachsfaktor $1 + r$ zu verstehen. Wir beschreiben die Methode wiederum anhand des im vorangegangenen Abschnitts verwendeten Beispiels. Ausgangspunkt ist ein nationaler gemischter Fonds mit aktiven Strategien im Rahmen des Market-Timing, der Branchen- sowie der Wertpapierselektion. Es zeigt sich, dass eine Berücksichtigung von Interaktionseffekten nicht erforderlich ist.

Die Methode, um die Performance aus einem aktiven Management $1 + r_A$ zu bestimmen, besteht darin, den Quotienten aus der gesamten Performance des Fonds $1 + r_P$ sowie der Performance des passiven Benchmarkportfolios $1 + r_B$ zu bilden:

$$1 + r_A = \frac{1 + r_P}{1 + r_B} . \tag{2.73}$$

Im vorliegenden Zahlenbeispiel ergibt sich $1 + r_A = (1{,}0880)/(1{,}0820) = 1{,}0055$, d.h. die gesamte Performance des Fonds fiel ca. 0,55% höher aus als die der Benchmark.

Um nun den Einfluss einer bestimmten aktiven Managemententscheidung zu quantifizieren, wird ein fiktives Portfolio konstruiert, bei dem die gerade nicht betrachtete Entscheidung neutralisiert wird. Unterstellt wird dabei ein dreistufiger Investmentprozess: Nach der Benchmarkdefinition erfolgt auf der ersten Stufe die Market Timing-Entscheidung (= Veränderung der Asset-Gewichte bei passiven Renditen), in der zweiten Stufe die Branchenselektion und auf Stufe drei die Wertpapierselektion.

Der Market Timing-Effekt wird dadurch separiert, dass die passiven Renditen der jeweiligen Anlageklassen mit den aktuellen Portfoliogewichten multipliziert und aufsummiert

16 Vgl. *Allen* (1991).

werden. Die Performance dieses Zwischenportfolios beträgt 1 + (0,2 · 4% + 0,8 · 11%) = 1,0960. Durch die Division dieser Komponente durch die Performance des Benchmarkportfolios (1,0960/1,0820 = 1,0129) erhält man den isolierten Effekt aus dem Market Timing.

Lässt man in Stufe zwei neben dem Market Timing noch eine Veränderung der Branchengewichte innerhalb des in Aktien investierten Budgets zu, dann ergibt sich eine Performance in Höhe von 1 + 0,2 · 4% + 0,8 · (0,5 · 10% + 0,50 · 13%) = 1,10. Gemäß den Gewichten nach Market Timing und Veränderung der Branchengewichte innerhalb des in Aktien investierten Budgets, wäre der Fonds um demnach 10,0% gewachsen. Der isolierte Effekte aus der Branchenselektion ergibt sich durch Neutralisierung des Market Timing-Effekts, d.h. zu 1,100/1,0960 = 1,0036. Der Effekt aus der Wertpapierselektion ergibt sich durch entsprechende Neutralisierung der Gesamtperformance 1 + 0,2 · 4% + 0,8 · (0,5 · 12% + 0,5 · 8%) = 1,0880 um die Effekte aus Market Timing und Branchenselektion, d.h. zu 1,0880/1,1000 = 0,9891.

Nachfolgend sind die Resultate der einzelnen aktiven Managementbeiträge noch einmal zusammengefasst. Es zeigt sich, dass das Produkt der einzelnen Zuwachsraten gerade der erzielten Zuwachsrate des Fonds entspricht.

Gesamt-performance	Performance Benchmark	Performance Market-Timing	Performance Branchenselektion	Performance Titelselektion
1,0880	= 1,082	· 1,0129	· 1,0036	· 0,9891

Tab. 2.7: Methode der multiplikativen Performanceattribution

2.4.4.4 Kritische Würdigung der Ansätze zur Performanceattribution

Bei beiden vorgestellten Methoden ist positiv zu würdigen, dass sie auf der Basis der Bestandsstruktur des Portfolios eine Renditeattribution vornehmen. Sie bieten damit dem Fondsmanagement Anregungen, seine Entscheidungen zu systematisieren und nach jeder Periode überprüfen zu können. Der Investor erhält die Möglichkeit, die vereinbarten Zielsetzungen zu kontrollieren, und er erhält einen Eindruck von den Stärken und Schwächen des Fondsmanagements. Da die beiden Methoden aber zu unterschiedlichen Ergebnissen führen, erscheint es notwendig, die unterschiedlichen Anwendungsgebiete herauszuarbeiten.

Der multiplikative Ansatz bietet den Vorteil, dass im Gegensatz zum additiven Ansatz kein ökonomisch schwer interpretierbarer Interaktionseffekt auftritt. Dieses Resultat bleibt auch erhalten, wenn mehrere Anlageklassen und Währungskomponenten bei internationalen Anlagen berücksichtigt werden.[17] Darüber hinaus ermöglicht der multiplikative Ansatz auf einfache Art einer Periodenverknüpfung mehrerer Messperioden. Zu beachten ist das unterstellte, streng hierarchische Bild des Investmentprozesses. Einzelne aktive Managemententscheidungen können somit nicht unabhängig voneinander getroffen werden. Diese Unabhängigkeit wird vom additiven Ansatz berücksichtigt. Allerdings wird dies mit einem nicht eindeutig zuordenbaren Residualterm erkauft. Bei beiden Ansätzen ist zu kritisieren, dass sie eine Zeitpunktbetrachtung durchführen. Dadurch nimmt der Aussagegehalt der Attributionsanalyse mit der Aktivität des Fondsmanagements zwischen den Messzeitpunkten ab. Da eine tägliche Attributionsanalyse zu aufwändig ist, arbeitet die Praxis oft mit monatlichen Abständen.

---

17 Vgl. *Allen* (1991).

2.5 Literaturhinweise und Ausblick

Die Elemente der elementaren Finanzmathematik (Zins- und Zinseszinsrechnung) werden in einer großen Zahl von Lehrbüchern behandelt, an dieser Stelle sei nur exemplarisch verwiesen auf *Albrecht/Mayer* (2007), *Bitz/Ewert/Terstege* (2002), *Milbrodt/Helbig* (1999) sowie *Renger* (2003). Die Methoden der Investitionsrechnung werden etwa behandelt in *Bitz/Ewert/Terstege* (2002), *Franke/Hax* (2004), *Kruschwitz* (2002) sowie *Schmidt/Terberger* (1996). Die Ex post-Erfolgsanalyse von Investmentfonds wird behandelt in *Stucki* (1988), *Zimmermann* (1992), *Gebauer/Rudolph* (1994), *Maurer* (1996, Kapitel 3) sowie *Klings* (2001). Hinsichtlich spezieller Fragen der Renditemessung bei externen Entnahmen und Einlagen sei auf die Beiträge von *Mills* (1970), *Lake* (1980), *Spremann* (1992) sowie *Maurer* (1997) verwiesen. Neben dem Standardwerk von *Bleymüller* (1966) enthalten *Giesselbach* (1989) sowie *Jansen/Rudolph* (1992) Übersichten zu den unterschiedlichen Konstruktionsformen von Aktienindizes. Hinsichtlich der Konstruktion von Indizes für den Rentenmarkt sei auf *Wertschulte/Schalk* (1992) verwiesen. Weiterführende Aspekte der Performanceattribution sind in dem Werk von *Fischer* (2001) enthalten.

Anhang 2A: Beweis zum Verhältnis von arithmetischer und geometrischer Durchschnittsrendite

Behauptet wird

$$\frac{1}{T}(r_1 + \ldots + r_T) \geq \sqrt[T]{(1+r_1)\cdot \ldots \cdot(1+r_T)} - 1,$$

wobei das Gleichheitszeichen nur für $r_1 = \ldots = r_T$ gelte. Mit $x_i = 1 + r_i$ ist dies äquivalent zu

$$x_1 + \ldots + x_T \geq T\cdot\sqrt[T]{x_1\cdot\ldots\cdot x_T}$$

bzw. zu

$$Z(x_1, \ldots, x_T) := \ln(x_1 + \ldots + x_T) - \ln T - \frac{1}{T}\sum_{t=1}^{T} \ln x_i \geq 0 .$$

Wir bestimmen[18] nun das lokale Minimum der Funktion Z durch die Lösung der Gleichungen

$$0 = \frac{\partial Z}{\partial x_i} = \frac{1}{x_1 + \ldots + x_T} - \frac{1}{T}\cdot\frac{1}{x_i}, \; i = 1,\ldots,T$$

bzw.

$$Tx_i = x_1 + \ldots + x_T \qquad \text{für i} = 1, \ldots, \text{T} .$$

Die Lösung dieser Gleichung und somit das lokale Minimum der Funktion Z ist dann gegeben durch $x_1 = \ldots = x_T$, im lokalen Minimum nimmt Z den Wert 0 an. Damit ist die Behauptung nachgewiesen.

18 Unter Beschränkung auf die notwendige Bedingung.

Anhang 2B: Die »Einzigartigkeit« der zeitgewichteten Rendite

Im Folgenden sollen die Argumente für die Verwendung der zeitgewichteten Rendite als »korrektes« Maß für die Leistung des Fondsmanagements in einem axiomatischen Kontext untermauert werden. Hierzu sei die Geschichte eines Fonds charakterisiert durch $F = (v_0, v_1,...,v_T; z_1, z_2,...,z_{T-1})$, wobei v_t den Portfoliowert zur Zeit t und z_t die Nettozahlung in bzw. aus dem Portfolio zur Zeit t bezeichnen. Gesucht ist ein Renditemaß bezüglich der gesamten Fondsgeschichte, das den beiden folgenden plausiblen Anforderungen genügt:

1) Wenn ein Fonds innerhalb einer Periode $[s, s+\tau]$ mit $(\tau = 1, 2, ..., T\text{-}s)$ keine Nettozahlungen aufweist, so soll sich das Renditemaß für diese Periode durch $[v_{s+\tau} / v_s] - 1$ berechnen.
2) Wenn die Periodenrenditen zweier Fonds für alle Subperioden identisch sind, so sollen auch die Renditen für die gesamte Fondsgeschichte identisch sein.

Man erkennt leicht, dass die zeitgewichtete Rendite $r_{ZGR}\ (0, T)$ gemäß (2.51) der Anforderung 1) genügt, da

$$\text{(2B.1)} \qquad 1 + r_{ZGR}\,(0, T) = \frac{v_1}{v_0} \cdot \frac{v_2}{v_1 + z_1} \cdot \frac{v_3}{v_2 + z_2} \cdots \frac{v_T}{v_{T-1} + z_{T-1}}$$

für $z_1 = z_2 = ... = z_{T-1} = 0$ gerade v_T / v_0 entspricht.

Auch Prinzip 2) wird von der zeitgewichteten Rendite erfüllt, da sie sich gemäß (2B.1) als geometrisches Mittel der jeweiligen Periodenrenditen berechnet und eine neue Periode genau dann eingeleitet wird, wenn eine Zahlung in den oder aus dem Fonds erfolgt. Die zeitgewichtete Rendite erfüllt demnach jeweils die Prinzipien 1) und 2). Es kann nun gezeigt werden, dass die zeitgewichtete Rendite das einzige Renditemaß ist, welches simultan den Anforderungen 1) und 2) genügt. Hierzu betrachten wir die Geschichte eines Fonds mit beliebigen Nettozahlungen $F = (v_0, v_1,..., v_T; z_1, z_2,..., z_{T-1})$ und ein beliebiges Renditemaß, das jeweils die Anforderungen 1) und 2) erfüllt. Anforderung 1) sichert, dass die jeweiligen Periodenrenditen gemäß

$$\text{(2B.2)} \quad r_1(F) = \frac{v_1}{v_0} - 1,\; r_2(F) = \frac{v_2}{v_1 + z_1} - 1, ...,\; r_T(F) = \frac{v_T}{v_{T-1} + z_{T-1}} - 1$$

gegeben sein müssen. Wir betrachten nun einen zweiten Fonds ohne Nettozahlungen $F' = (v'_0, v'_1,..., v'_T; 0, 0,..., 0)$ mit identischen Perioden-Renditen $1 + r_s(P') = v'_s / v'_{s-1}$ $(s = 1, 2, ..., T)$ wie Fonds F. Es gelte also die Identität $r_s(P) = r_s(P')$ für $s = 1,..., T$, wobei Anforderung 2) sichert, dass die Renditemaße für die gesamten Fondsgeschichten P und P' identisch sind. Anforderung 1) gewährleistet, dass das Renditemaß für die gesamte Historie von P' sich durch $(v'_T / v'_0) - 1$ ergibt. Da für die Rendite der gesamten Fondsgeschichte von F'

$$\left(\frac{v'_T}{v'_0}\right) - 1 = \left(\frac{v'_1}{v'_0} \cdot \frac{v'_2}{v'_1} \cdots \frac{v'_T}{v'_{T-1}}\right) - 1$$

$$= \left(\frac{v_1}{v_0} \cdot \frac{v_2}{v_1 + z_1} \cdots \frac{v_T}{v_{T-1} + z_{T-1}}\right) - 1$$

gilt, stellt dieser Ausdruck gleichzeitig das Renditemaß für die Fondsgeschichte von F dar. Das beliebig gewählte Renditemaß entspricht somit der zeitgewichteten Rendite. Damit ist diese das einzige Renditemaß, das simultan die Anforderungen 1) und 2) erfüllt.

Anhang 2C: Ein Unmöglichkeitstheorem

Anzuführen ist in diesem Zusammenhang noch, dass es kein Renditemaß gibt, das die beiden aufgeführten Messziele – Messung der Managementleistung und Messung der Gesamtperformance – simultan erfüllen kann. Hierzu wird eine dritte Anforderung an ein Renditemaß gestellt:

3) Falls zwei Fonds identische Zahlungsreihen aufweisen, dann sollen die Renditemaße der beiden Fonds ebenfalls identisch sein.

Offensichtlich genügt die interne Rendite den Anforderungen 1) und 3). Es gibt nun kein Renditemaß, welches Anforderungen 1), 2) und 3) genügt.

Beweis: Um dies zu demonstrieren betrachte man die beiden folgenden Fondsgeschichten: F = (100, 90, 100; 10) und F' = (100, 100, 100; 10). Der Wert von Fonds F startet mit 100, fällt bis zum Ende der ersten Periode auf 90 und erhält dann eine Zuzahlung von 10, womit das gesamte Fondsvermögen zu Beginn der zweiten Periode 100 beträgt; anschließend verändert sich kein Wert mehr. Auch Fonds F' startet mit 100, verharrt bis zum Ende der ersten Periode auf 100 und erhält eine externe Zuzahlung von 10. Das Endvermögen des Fonds am Ende der zweiten Periode beträgt 100. Die Zahlungsreihen der beiden Portfolios sind somit gleich, aber deren Wertentwicklung fällt unterschiedlich aus. Da die Zahlungsreihen der beiden Fonds gleich sind, müssen deren interne Renditen ebenfalls identisch sein. Die zeitgewichtete Rendite für Fonds F entspricht $90/100 \cdot 100/100 = 0{,}9$ und die des Fonds F' jedoch $100/100 \cdot 100/110 = 0{,}909$.

Die zeitgewichtete Rendite erfüllt somit nicht Anforderung 3). Da sie das einzige Renditemaß ist, das sowohl 1) als auch 2) genügt und durch ein Gegenbeispiel gezeigt wurde, dass die zeitgewichtete Rendite nicht immer Anforderung 3) erfüllt, ist die obige Behauptung bewiesen. Das Unterfangen, nach einem Renditemaß zu suchen, das alle drei Anforderungen simultan erfüllt, hat somit keine Aussicht auf Erfolg.

Anhang 2D: Konstruktionsprinzipien von Investmentindizes

Investmentindizes spielen eine zentrale Rolle als Vergleichsmaßstab zur Beurteilung der Leistung des Managements eines Investmentfonds sowie als Benchmarkportfolio im Rahmen von renditeorientierten Performance-Attributionsanalysen. Dabei sollte der verwendete Index im Idealfall eine realisierbare passive Anlagestrategie repräsentieren. Mit Blick auf dieses Ziel, stehen die Selektion und Gewichtung der Finanztitel, die Indexformel sowie bestimmte Indexkorrekturen als Gestaltungsmöglichkeiten zur Diskussion.

Selektion und Gewichtung der im Index einbezogenen Finanztitel

Die im Index enthaltenen Finanztitel sollten mit dem gewünschten Anlageuniversum des Anlegers korrespondieren und für das Fondsmanagement tatsächlich verfügbar sein. Für die internationalen Aktien- und Anleihemärkte stehen hier eine Vielzahl von Marktindizes zur Verfügung. Solche Indizes werden von den lokalen Wertpapierbörsen (wie etwa der DAX für Deutschland oder der NIKKEI für Japan) oder von international tätigen Dienstleistungsunternehmen (wie etwa Morgan Stanley Capital International, JP Morgan, Salomon Smith Barney, Reuters, Datastream) konstruiert und gewöhnlich öffentlich zur Verfügung gestellt. Dabei werden Aktienindizes typischerweise nach Ländern, Branchen sowie in Blue Chips bzw. Small Cap-Werte differenziert. Indizes für festverzinsliche Wertpapiere werden nach Ländern, Emittenten sowie Laufzeitklassen unterteilt.

Gewichtete Indizes weisen den ausgewählten Finanztiteln unterschiedliche Bedeutungen zu, indem die Werte der Finanztitel mit einem bestimmten Faktor multipliziert werden. Dagegen ist bei ungewichteten Indizes dieser Gewichtungsfaktor für alle Finanztitel gleich. Bei Aktienindizes findet eine Gewichtung nach der Börsenkapitalisierung (= Anzahl der ausgegebenen Aktien multipliziert mit dem aktuellen Börsenkurs) häufig Anwendung, wobei teilweise Beteiligungen von Aktiengesellschaften untereinander oder bekannte Festbesitzanteile heraus gerechnet werden.

Wahl der Indexformel

Ziel der Berechnung mit Hilfe einer Indexformel ist es, die Wertschwankungen des Indexportfolios im Zeitablauf zu ermitteln. Bekannt sind die Wertschwankungen der einzelnen Finanztitel. Gesucht ist eine Formel, die über eine geeignete Durchschnittsbildung der Kursschwankungen der einzelnen Finanztitel die gesamte Wertänderung des Indexportfolios wiedergibt. Um diesem Ziel gerecht zu werden, muss die Indexformel zwei wesentlichen Anforderungen genügen: Zum einen ist nicht der absolute Wert eines Finanztiteles, sondern die Wertveränderung relativ zu einem Bezugszeitpunkt von Interesse. Die Benutzung absoluter Kurse führt zu einer Übergewichtung von Finanztiteln mit relativ hohen Werten.[19] Weiterhin ist die Wertveränderung eines Finanztitels entsprechend seinem Anteil im Indexportfolio zu gewichten.[20] Dabei wird der (Preis-)Index nach *Laspeyres* dem Konzept der Wertänderung eines Buy and hold-Portfolios am besten gerecht.[21]

---

19 Der Dow Jones-Industrial Average-Index ist als einfaches arithmetisches Mittel (zuzüglich einem Korrekturfaktor) der Kurse von 30 »blue chip«-Werten berechnet, vgl. *Rudd* (1977, S. 57 ff.) sowie *Butler/Allen* (1979, S. 23 ff.).

20 Die einfache Durchschnittsbildung der Wertveränderungen über das einfache arithmetische oder geometrische Mittel hat den Nachteil, dass bei einer auseinander laufenden Wertentwicklung der verschiedenen Finanztitel laufende Umschichtungen im Indexportfolio erforderlich sind und damit nicht die gewünschte Buy-and-hold-Strategie vorliegt; vgl. *Bleymüller* (1966, S. 45 f) sowie *Giesselbach* (1989, S. 52 ff.).

21 Vgl. *Bleymüller* (1966, S. 40). Eine Alternative ist der Index nach *Paasche*. In die Gewichtung der Wertveränderungen geht als Mengenkomponente die Anzahl der gehaltenen Finanztitel zum Zeitpunkt t ein. Formal ergibt sich $P_{0,1} = \sum s_{it}\, q_{it} / \sum s_{i0}\, q_{it}$. Der momentane Wert eines Portfolios wird daher mit einem fiktiven Portfolio zur Basiszeit verglichen, was eine Interpretation der zugrunde liegenden Anlagestrategie erschwert.

Der Laspeyres-Index entspricht der Summe der gewichteten Wertänderungen der einzelnen Finanztitel innerhalb eines bestimmten Zeitraums. Es bezeichne q_{i0} die Anzahl von Finanztitel i zur Zeit null im Indexportfolio. Sei weiterhin s_{it} der Wert von Finanztitel i zur Zeit t, so ergibt sich der Laspeyres-Index zu

$$L_{0,t} = \frac{\sum_{i=1}^{n} \frac{s_{it}}{s_{i0}} \cdot \frac{s_{i0}\, q_{i0}}{100}}{\sum_{i=1}^{n} \frac{s_{i0}\, q_{i0}}{100}} = \frac{\sum_{i=1}^{n} s_{it}\, q_{i0}}{\sum_{i=1}^{n} s_{i0}\, q_{i0}}. \tag{2D.1}$$

Der Laspeyres-Index repräsentiert somit eine Buy-and-Hold-Strategie. Der relative Anteil des i-ten Finanztitels zur Zeit t ergibt sich zu $y_{it} = q_{i0}\, p_{it} / (L_{0,t}\, \Sigma q_{i0}\, p_{i0})$, was bedeutet, dass dieser einer zeitlichen Änderung unterliegt.

Indexkorrekturen

Neben den Kursveränderungen der einzelnen Finanztitel sind weitere Erfolgkomponenten wie Dividenden, Zinsen, Bezugserlöse, Kapitalherabsetzungen oder Aktiensplits für die Wertentwicklung des Benchmarkportfolios bedeutsam. Die oben genannten Korrekturanlässe führen entweder direkt zu Barzuflüssen in das Portfolio oder können als hypothetische Barzuflüsse aufgefasst werden.[22] Um die Eignung eines Index als Vergleichsmaßstab für die Performancebeurteilung zu gewährleisten, müssen diese Erfolgsfaktoren in Form von Indexkorrekturen erfasst werden. Man spricht dann auch von einem *Performance-* oder *Total Return-Index*. Dagegen liegt ein so genannter *Kursindex* vor, wenn sämtliche Barabflüsse außer Dividenden und Bonuszahlungen bei Aktien- bzw. Zinsen bei Rentenindizes berücksichtigt werden. Die Korrekturtechniken unterscheiden sich darin, wie der induzierte Barzufluss reinvestiert wird.

Bei der so genannten *Operation Blanche* wird der Barzufluss zum Erwerb desselben Finanztitels verwendet. Zur Illustration betrachten wir einen Aktienindex, bei dem eine Dividendenzahlung[23] zu berücksichtigen ist. Die ausgeschüttete Dividende betrage z_{it} pro Aktie. Es seien s_{it-1} der Wert von Finanztitel i unmittelbar vor (Cum-Dividende) und s_{it} (Ex-Dividende) unmittelbar nach der Dividendenausschüttung, wobei $z_{it} = s_{it-1} - s_{it}$ angenommen wird. Es wird also unterstellt, dass sich durch die Barausschüttung der Gesamtwert des Portfolios nicht verändert hat. Mit den zugeflossenen Mitteln $q_{it}\, z_{it}$ können $q_{it}\, z_{it} / s_{it}$ Stücke von Finanztitel i erworben werden. Für den Wert des Portfolios gilt $(q_{it} + q_{it}\, z_{it} / s_{it})\, s_{it} = c_{it}\, q_{it}\, s_{it}$. Dabei bezeichne c_{it} einen Bereinigungsfaktor, der angibt, wie stark der Anteilsbestand von i gewachsen ist. Offensichtlich gilt:

---

22 Bezugsrechte entstehen aufgrund von Kapitalerhöhungen einer Aktiengesellschaft. Seien m das Grundkapital vor der Kapitalerhöhung, n das Nominalkapital der Kapitalerhöhung und se der Bezugspreis, ergibt sich der theoretische Wert eines Bezugsrechts gemäß

$$s_t^{Bez} = \frac{m \cdot s_{t-1} + n \cdot s^e}{m + n}.$$

23 Die Ableitung anderer Korrekturanlässe folgt analog. Vgl. *Bleymüller* (1966, S. 82 ff.).

(2D.2)
$$c_{it} = \frac{s_{it} + z_{it}}{s_{it}} .$$

In der Indexformel von *Laspeyres* ist dies dann dahingehend zu berücksichtigen, dass bei jedem Barzufluss der Anteilsbestand um c_{it} erhöht werden muss.[24] Bezeichne nun $c_{it}^* = \prod_{k=1}^{t} c_{ik}$, so ergibt sich die modifizierte *Laspeyres*-Formel zu

(2D.3)
$$L_{0,t} = \frac{\sum_{i=1}^{n} s_{it}\, q_{i0}\, c_{it}^*}{\sum_{i=1}^{n} s_{i0}\, q_{i0}} .$$

Eine solche Reinvestitionsprämisse wird bei den meisten Aktien-Performanceindizes, wie etwa beim DAX, angewendet.[25]
Alternativ zur Operation Blanche kann der Barzufluss zum Erwerb weiterer Anteile verwendet werden, die gemäß ihren relativen Gewichten x_{it} über alle im Index enthaltenen Finanztitel verteilt werden. Der Bereinigungsfaktor berechnet sich dann aus dem Ansatz $(\Sigma q_{it} + x_{it}\, z_t / s_{it})\, s_i = c_t^* \, \Sigma q_{it} s_{it}$ zu

(2D.4)
$$c_t = \frac{\sum_{i=1}^{n} s_{it}\, q_{it} + z_t}{\sum_{i=1}^{n} s_{it}\, q_{it}} .$$

Bezeichne wiederum $c_t^* = \prod_{k=1}^{t} c_k$, so führt dies zu der modifizierten Laspeyres-Formel

(2D.5)
$$L_{0,t} = \frac{\sum_{i=1}^{n} s_{it}\, q_{i0}}{\sum_{i=1}^{n} s_{i0}\, q_{i0}}\, c_t^* .$$

Eine solche Reinvestitionsprämisse verwendet bspw. der Deutsche Renten-Performanceindex (REX-P)[26], die Korrekturmethode beim Dow Jones sowie (approximativ) die Berechnung des Verkettungsfaktors beim DAX.[27]

Schließlich können Barzuflüsse in festverzinsliche Wertpapiere oder Geldmarktinstrumente investiert werden. Dabei werden die Festzinsanlagen wie ein eigenes Portfolio betrachtet, zu den aktuellen Marktkonditionen verzinst. Seien z_{ik} der Barzufluss in der k-ten Periode und f_k der entsprechende Aufzinsungsfaktor, ergibt sich der modifizierte Laspeyres-Index zu

24 Vgl. *Bleymüller* (1966, S. 79).
25 Vgl. *Jansen/Rudolph* (1992, S. 22 f.).
26 Vgl. *Wertschulte/Schalk* (1992, S. 323-326).
27 Vgl. *Bleymüller* (1966, S. 80) sowie *Jansen/Rudolph* (1992, S. 30).

(2D.6)

$$L_{0,t} = \frac{\sum_{i=1}^{n} s_{it}\, q_{i0} + \sum_{i=1}^{n} \sum_{k=1}^{t} z_{ik}\, f_k}{\sum_{i=1}^{n} s_{i0}\, q_{i0}}.$$

Für Wertpapierportfolios ist eine solche Reinvestitionshypothese nicht geeignet. Für Indizes im Bereich der Immobilieninvestments, sofern sie auf Grundlage einzelner Immobilienobjekte beruhen, ist diese Reinvestitionshypothese allerdings eine beachtenswerte Alternative.

Übungsaufgaben zu Kapitel 2

Aufgabe 2.1: (Vorschüssige arithmetisch wachsende Rente)
Bestimmen Sie den Barwert einer n-mal vorschüssig zahlbaren Folge von Rentenzahlungen $\{R_0, R_1, ..., R_{n-1}\}$, wobei $R_0 = R$ und $(c > 0)$ $R_{t+1} = R_t + c$ für $t = 1, ..., n-2$.

Aufgabe 2.2: (Nachschüssige arithmetisch wachsende Rente)
Betrachten Sie die Situation der Aufgabe 2.1, wobei nunmehr die Rentenzahlungen in nachschüssiger Weise erfolgen. Bestimmen Sie wieder den entsprechenden Barwert.

Aufgabe 2.3: (Vorschüssige geometrisch wachsende Rente)
Bestimmen Sie den Barwert einer n-mal vorschüssig zahlbaren Folge von Rentenzahlungen $\{R_0, R_1, ..., R_{n-1}\}$, wobei $R_0 = R$ und $(0 < h < 1)$ $R_{t+1} = R_t(1+h)$ für $t = 1, ..., n-2$.

Aufgabe 2.4: (Nachschüssige geometrisch wachsende Rente)
Betrachten Sie die Situation der Aufgabe 2.3, wobei nunmehr die Rentenzahlungen in nachschüssiger Weise erfolgen. Bestimmen Sie wiederum den entsprechenden Barwert.

Aufgabe 2.5:
Herr Abs hat 18 Jahresraten in Höhe von 3 000 EUR, jeweils fällig am Jahresende, zu zahlen. Mit welchem Betrag ließe sich diese Verpflichtung zu Beginn des ersten Jahres ablösen? Unterstellen Sie einen Zinssatz von 6%.

Aufgabe 2.6:
Im Rahmen eines Ratensparvertrages werden jährlich 700 EUR gezahlt. Über welchen Endwert kann nach 6 Jahren verfügt werden, wenn sich der Zinssatz auf 5% beläuft?

Aufgabe 2.7:
Bestimmen Sie die exakte (zeitabhängige!) Aufteilung des Kapitaldiensts in Zinsanteil und Tilgungsanteil!

Aufgabe 2.8:
Ein Versicherungsnehmer, der eine Lebensversicherung abgeschlossen hat, möchte die im 65. Lebensjahr fällige Versicherungssumme sich nicht auszahlen lassen, sondern zieht eine

Verrentung vor. Welche Jahresrente wird ihm die Versicherungsgesellschaft anbieten, wenn die Versicherungssumme sich auf 50 000 EUR beläuft, eine statistische Lebenserwartung von 10 Jahren anzusetzen ist, mit einem Kalkulationszins von 3% gerechnet und von einem Kostenansatz abgesehen wird?

Aufgabe 2.9:
Sie arbeiten im Investmentcontrolling einer Kapitalanlagegesellschaft. Ihnen liegen folgende Informationen für ein Portfolio im abgelaufenen Quartal vor:

	Portfolio		Benchmark	
	Gewicht	Rendite	Gewicht	Rendite
Aktien	30%	6,00%	20%	4,00%
Renten	60%	200%	55%	3,00%
Cash	10%	1,00%	25%	0,50%

a) Ermitteln Sie für das Portfolio die aktive Rendite und zerlegen Sie diese in die verschiedenen Bestandteile auf der Basis des additiven Ansatzes.
b) Welches sind die Timing-Beiträge auf Ebene der einzelnen Assetklassen?

Literatur zu Kapitel 2

Albrecht, P., C. Mayer (2007) : Finanzmathematik für Wirtschaftswissenschaftler, Stuttgart.

Allen, G.C. (1991): Performance Attribution for Global Equity Portfolios, Journal of Portfolio Management, Fall 1991, S. 59–65.

Bailey, J. V., T. M. Richards, D. E. Tierney (1990): Benchmark Portfolios, in: *F.J. Fabozzi* (Hrsg.), Managing Institutional Assets, New York, S. 245–275.

Bitz, M., J. Ewert, U. Terstege (2002): Investition, Wiesbaden.

Bleymüller, J. (1966): Theorie und Technik der Aktienkursindizes, Wiesbaden.

Brinson, G. P., R. L. Hood, G. L. Beebower (1986): Determinants of Portfolio Performance, Financial Analysts Journal, July-August, S. 39–44.

Brinson, G. P., B. D Singer, G. L. Beebower (1991): Determinants of Portfolio Performance II: An Update, Financial Analysts Journal, May-June, S. 40–47.

Bundesverband Deutscher Investment- und Vermögensverwaltungs-Gesellschaften e.V. (BVI 2001): BVI-Methode, www.bvi.de.

Dietz, P.O., J.R. Kirschman (1983): Evaluating Portfolio Performance, in: *J. Maginn, D.L. Tuttle* (Hrsg.): Managing Investment Portfolios, Boston Mass., S. 611–653.

Fischer, B.R. (2001): Performanceanalyse in der Praxis, 2. Aufl., Oldenburg.

Franke, G., H. Hax (2004): Finanzwirtschaft des Unternehmens und Kapitalmarkts, 5. Aufl., Berlin u.a.

Gebauer, W., B. Rudolph (Hrsg.) (1994): Erfolgsmessung und Erfolgsanalyse im Portfolio-Management, Frankfurt a. M., S. 125–140.

Giesselbach, A. (1989): Strategien mit Aktienkursindex-Instrumenten, Berlin.

Jansen, B., B. Rudolph (1992): Der Deutsche Aktienindex DAX-Konstruktion und Anwendungsmöglichkeiten, Frankfurt a. M.

Klings, P. (2001): Performancemessung in der Praxis, in: *I. Westphal, C. Horstkotte* (Hrsg.), Asset Management 2002, Stuttgart, S. 131–151.

Kruschwitz, L. (2002): Investitionsrechnung, 9. Aufl., München, Wien.
Lake, J. (1980): The Uniqueness of Time-Weighted Returns, The Investment Analyst 56, S. 37–38.
Maurer, R. (1996): Kontrolle und Entlohnung von Spezialfonds als Instrument der Vermögensanlage von Versicherungsunternehmen, Karlsruhe.
Maurer, R. (1997): Renditemaße zur Ex-post-Erfolgsmessung von Anlagen in Investmentfonds, Wirtschaftswissenschaftliches Studium 26, S. 613–617.
Milbrodt, H., M. Helbig (1999): Mathematische Methoden der Personenversicherung, Berlin, New York.
Mills, H. D. (1970): On the Measurement of Fund Performance, Journal of Finance 25, S. 1125–1131.
Renger, K. (2003): Finanzmathematik mit Excel, Wiesbaden.
Rohweder, H. C. (1992): Performancebeitragsmessung und Risikoanalyse in Wertpapierportfolios, Die Bank 10, S. 579–584.
Rudd, A. (1979): The Revised Dow Jones Industrial Average: New Wine in Old Bottles?, Financial Analysts Journal, November-December, S. 57–63.
Schmidt, R.H., E. Terberger (1996): Grundzüge der Investitions- und Finanzierungstheorie, 3. Aufl., Wiesbaden.
Spremann, K. (1992): Zur Abhängigkeit der Rendite von Entnahmen und Einlagen, Finanzmarkt und Porfoliomanagement 6, S. 179–192.
Stucki, E. (1988): Beschreibende Methoden zur Messung der Performance von Aktienportfolios, Sankt Gallen.
Wertschulte, J. F., M. Schalk (1992): Meßlatte für deutsche Rentenportfolios, Die Bank 6/92, S. 323–326.
Zimmermann, H. (1992): Performance Messung im Asset-Management, in: *K. Spremann, E. Zur* (Hrsg.), Controlling, Wiesbaden, S. 49–109.

3 Charakterisierung von Investments unter Risiko I: Einperiodenmodelle

3.1 Einführung

Die Unsicherheit eines Finanzinvestments liegt in der ex ante bestehenden Ungewissheit über die durch Anlage des investierten Kapitals realisierbare zukünftige Wertentwicklung begründet. Ein typisches Beispiel hierfür ist etwa die Anlage in Aktien, bei der die zukünftigen Rückflüsse in Form von Dividenden sowie insbesondere des Marktwerts bei Veräußerung auch für kurzfristige Anlageperioden unsichere Größen sind. Das zentrale Instrumentarium zur Quantifizierung der Unsicherheit eines Finanzinvestments liefern die Konzeptionen der Wahrscheinlichkeitstheorie, deren Grundlagen hierzu im Weiteren dargestellt werden sollen. Dabei konzentrieren wir uns in diesem Abschnitt auf die Analyse eines Investments mit einem Anlagehorizont von einer Periode. Es ist gekennzeichnet durch den bekannten Vermögenswert $V_0 = v_0$ zu Beginn des Anlagehorizonts im Zeitpunkt $t = 0$ und den unsicheren Vermögenswert V_1 am Ende der Investitionsperiode zu $t = 1$. In dem hier betrachteten Einperiodenmodell werden zwischenzeitliche Zahlungen (ggf. in verzinster Form) dem Zeitpunkt $t = 1$ zugerechnet, d.h. sie sind im Vermögenswert V_1 am Ende der Investmentperiode enthalten. Neben der Zufallsgröße absoluter Vermögensendwert spielen in Anlehnung an die Ausführungen des zweiten Abschnitts den relativen Erfolg des Investments charakterisierende Renditegrößen eine wesentliche Rolle. Es sind dies die diskrete Einperiodenrendite

(3.1)
$$R = \frac{V_1 - v_0}{v_0} = \frac{V_1}{v_0} - 1$$

sowie die kontinuierliche Einperiodenrendite

(3.2)
$$U = \ln(1 + R) = \ln\left(\frac{V_1}{v_0}\right).$$

Es gilt dabei $V_1 = v_0\,(1 + R) = v_0\,e^U$. Mit V_1 sind auch die Größen R bzw. U Zufallsgrößen. Im Einperiodenkontext sind dies die zentralen Zufallsgrößen, deren Charakterisierung das Ziel der weiteren Ausführungen ist.

3.2 Charakterisierung von Zufallsvariablen: Verteilungsfunktion, Dichte, Momente

Die Spezifikation der Zufallsgesetzmäßigkeit einer Zufallsvariablen X kann auf verschiedene Weisen erfolgen, die im Folgenden dargestellt werden.[1] Eine Zufallsvariable heißt *diskret*,

1 Generell werden in diesem Buch Zufallsgrößen mit großen Buchstaben (X, Y, Z, ...) notiert und ihre Realisationen mit den betreffenden Kleinbuchstaben (x, y, z, ...).

wenn sie nur endlich ($x_1, ..., x_n$) oder abzählbar viele ($x_1, ..., x_n, ...$) mögliche Realisationen aufweist. Zu dem können Zufallsvariable einen kontinuierlichen Wertebereich aufweisen, etwa den Bereich der reellen Zahlen $\mathbb{R}$ oder ein Intervall $[a, b]$. Schließlich existieren Mischtypen[2], bei denen der Wertebereich teilweise diskret und teilweise kontinuierlich ist.[3]

Eine erste Möglichkeit zur vollständigen Spezifikation der Zufallsgesetzmäßigkeit besteht in der Angabe der *Verteilungsfunktion*

$$F(x) = \mathrm{P}(X \leq x) \tag{3.3}$$

der Zufallsvariablen. Für jede mögliche Ausprägung x gibt die Verteilungsfunktion die Wahrscheinlichkeit dafür an, dass die Zufallsvariable einen Wert annimmt, der die Ausprägung x nicht übersteigt.

Bei diskreten Zufallsvariablen lässt sich ebenso eine vollständige Spezifikation der Zufallsgesetzmäßigkeit durch die Angabe der *Einzelwahrscheinlichkeiten* ($0 \leq p_i \leq 1$ mit $\sum p_i = 1$)

$$p_i = \mathrm{P}(X = x_i) \tag{3.4}$$

vornehmen. Bei einer Zufallsgröße mit einem rein kontinuierlichen Wertebereich ist dies nicht mehr möglich bzw. sinnvoll, da hier jeder mögliche Einzelwert die Wahrscheinlichkeit Null aufweisen muss, denn ansonsten würde die Summe über die Einzelwahrscheinlichkeiten unendlich groß werden.

Besitzt die Zufallsvariable X einen rein kontinuierlichen Wertebereich und existiert eine Funktion $\mathrm{f}(x) \geq 0$ mit

$$F(x) = \int_{-\infty}^{x} \mathrm{f}(y)\, \mathrm{d}y, \tag{3.5}$$

so heißt $\mathrm{f}(x)$ die *Dichtefunktion* der Zufallsvariable X, welche dann auch als (absolut) *stetige* Zufallsvariable bezeichnet wird. Die Dichtefunktion stellt für kontinuierliche Zufallsvariable das der Angabe von Einzelwahrscheinlichkeiten bei diskreten Zufallsvariablen korrespondierende Konstrukt dar. Dichten sind aber keine Wahrscheinlichkeiten, sondern nur Integrale über Dichten resultieren in Wahrscheinlichkeiten. Es gilt allgemein:

$$\mathrm{P}(a \leq X \leq b) = \int_{a}^{b} \mathrm{f}(x)\, \mathrm{d}x. \tag{3.6}$$

Die Angabe der Verteilungsfunktion oder der Dichtefunktion bzw. der Einzelwahrschein-lichkeiten erlaubt eine vollständige Spezifikation der Zufallsgesetzmäßigkeit einer Zufallsvariable. Eine wichtige Alternative stellen Momente (Funktionalparameter) dar, die jeweils eine partielle Information über die zugrunde liegende Zufallsgesetzmäßigkeit enthalten. Zum Zwecke der Investmentanalyse sind dabei vor allem solchen Momente relevant, die Informationen über das mit einem Investment verbundene Risiko- bzw. Chancepotenzial beinhalten.

Wir beginnen zunächst mit den Lokalisationsgrößen (Lageparametern). Dies sind Größen, welche die mittlere Lage der Wahrscheinlichkeitsbelegung kennzeichnen. Die wichtigste Lokalisationsgröße stellt die *mathematische Erwartung* (*Erwartungswert*) dar. Ist X eine diskrete Zufallsvariable, so ist der Erwartungswert $\mathrm{E}(X)$ der Zufallsvariablen gegeben durch

2 Zum allgemeinen Fall vgl. *Loéve* (1963, S. 175ff.).

3 Entsprechende Beispiele finden sich in Anhang 3C.

(3.7) $$E(X) = \sum_{i=1}^{n} x_i p_i ,$$

und im Falle einer kontinuierlichen Zufallsvariable X mit Dichtefunktion $f(x)$ durch

(3.8) $$E(X) = \int_{-\infty}^{+\infty} x f(x) dx.$$

Die hohe Bedeutung des Erwartungswertes als charakterisierendes Maß für den »im Durchschnitt angenommenen Wert« einer Verteilung basiert vor allem auf der Gültigkeit des Gesetzes der großen Zahlen. Dieses besagt, dass für eine Folge von unabhängig und identisch verteilten Zufallsgrößen $\{X_1, X_2, ..., X_n, ...\}$ mit Stichprobenmittel $\overline{X_n} = \frac{1}{n}\sum_{i=1}^{n} X_i$ für wachsendes n die Aussage $P(\overline{X_n} \xrightarrow{n \to \infty} E(X)) = 1$ gilt. Bei häufiger Wiederholung eines Zufallsexperiments unter konstanten Bedingungen weicht der arithmetische Durchschnitt der Realisationen immer weniger von dem zugrunde liegenden Erwartungswert ab. Im Kontext von Fragen der Investment- und Portfolioanalyse stellt das erwartete Endvermögen oder die erwartete Rendite einer unsicheren Anlagemöglichkeit auch aus entscheidungstheoretischer Sicht eine zentrale Größe für das damit verbundene Chancepotential dar.[4]

Sind a und b reelle Koeffizienten, so gilt für den Erwartungswert die Beziehung

(3.9) $$E(aX + b) = aE(X) + b$$

Im Rahmen der statistischen Identifizierung von $E(X)$ auf der Basis $\{x_1, ..., x_T\}$ von unabhängigen Realisationen der Zufallsgröße X dient schließlich der (empirische) *Stichprobenmittelwert*

(3.10) $$\bar{x} = \frac{1}{T}\sum_{t=1}^{T} x_t$$

als verteilungsfreie, d.h. nicht an die Zugrundelegung der Annahme einer bestimmten Verteilung gebundene (empirische) Schätzgröße für $E(X)$.

Eine weitere Lokalisationsgröße ist der Median $M(X)$. Intuitiv ist der Median einer Verteilung derjenige Wert, über und unterhalb dessen jeweils die Hälfte der Wahrscheinlichkeitsmasse liegt, d.h.

(3.11) $$P(X \leq M(X)) = P(X \geq M(X)) = \frac{1}{2}.$$

Bei stetigen Zufallsvariablen ist der Median stets eindeutig bestimmt.

Wir kommen nun zu den Größen, welche die Dispersion (Streuung) einer Zufallsgröße messen sollen. Das bedeutendste Dispersionsmaß ist das zweite zentrale Moment, die *Varianz*. Sie ist definiert durch

(3.12) $$Var(X) = E[(X - E(X))^2]$$

und gibt somit die erwartete quadrierte Abweichung der für X möglichen Werte vom Erwartungswert an. Je weiter die Realisationen vom Erwartungswert entfernt sein können,

4 Vgl. hierzu auch *Sarin/Weber* (1993) oder *Albrecht/Maurer/Möller* (1998).

desto größer fällt die Varianz aus. Sie ist somit ein direktes Maß für die Streuung der Zufallsvariable um ihren Erwartungswert. Dies wird durch die Ungleichung von *Tschebyscheff*, die bekanntermaßen lautet $P(|X - E(X)| \geq \varepsilon) \leq Var(X)/\varepsilon^2$ untermauert, welche eine verteilungsfreie Abschätzung der Wahrscheinlichkeit der Abweichung der Realisation einer Zufallsvariablen vom Erwartungswert in Abhängigkeit von der Varianz erlaubt. Zieht man die positive Quadratwurzel aus der Varianz, so ergibt sich mit der *Standardabweichung* ein weiteres wichtiges Streuungsmaß:

$$\sigma(X) = +\sqrt{\mathrm{Var}(X)}. \tag{3.13}$$

Diese in der finanzwirtschaftlichen Literatur und der Investmentpraxis auch als *Volatilität* bezeichnete Kenngröße ist lageunabhängig und weist lediglich dem einwertigen (sicheren) Ereignis einen Wert von Null zu. Wird die Zufallsvariable in einer Größeneinheit gemessen (etwa: EUR), so weist die Varianz eine quadratische Dimension auf (etwa: EUR^2), die Standardabweichung hingegen nicht. Die Benutzung der Standardabweichung als Streuungsmaß besitzt somit gegenüber der Varianz den Vorteil, die gleiche Dimension wie der Erwartungswert aufzuweisen und kann damit direkt mit diesem verglichen werden. Sind $a > 0$ und b reelle Koeffizienten, so gelten für die Varianz bzw. die Standardabweichung allgemein die Beziehungen

$$\mathrm{Var}(aX + b) = a^2\mathrm{Var}(X); \quad \sigma(aX + b) = a\sigma(X). \tag{3.14}$$

Im Rahmen der statistischen Identifizierung von Var(X) bzw. $\sigma(X)$ auf der Basis einer Stichprobe $\{x_1,..., x_T\}$ von unabhängigen Beobachtungswerten liefert die (korrigierte) Stichprobenvarianz

$$s^2 = \frac{1}{T-1}\sum_{t=1}^{T}(x_t - \bar{x})^2 \tag{3.15a}$$

eine erwartungstreue und verteilungsfreie (empirische) Schätzgröße für Var(X). Entsprechend verwendet man die korrigierte Stichprobenstandardabweichung

$$s = \sqrt{\frac{1}{T-1}\sum_{t=1}^{T}(x_t - \bar{x})^2} \tag{3.15b}$$

als verteilungsfreie Schätzgröße für $\sigma(X)$.

Ein weiterer wichtiger Funktionalparameter ist die *Schiefe* $\gamma(X)$ einer Verteilung. Sie ist eine dimensionslose Verhältniszahl, die Auskunft über den Grad der Asymmetrie einer Zufallsgröße um den Erwartungswert gibt. Formal ist sie definiert gemäß:

$$\gamma(X) = \frac{E[(X - E(X))^3]}{\sigma(X)^3}. \tag{3.16a}$$

Ähnlich wie die Varianz ist die Schiefe lageunabhängig und weist jedem sicheren Ereignis den Wert Null zu. Für symmetrische Verteilungen (wie z.B. die Normalverteilung) hat die Schiefe einen Wert von Null. Zufallsvariable mit positiver Schiefe $\gamma(X) > 0$ werden als *rechtsschief* (linkssteil) bezeichnet, solche mit $\gamma(X) < 0$ als *linksschief* (rechtssteil).[5] Liegt eine Stichprobe $\{x_1,..., x_T\}$ von unabhängigen Beobachtungswerten vor, kann die Schiefe durch die folgende Stichprobenfunktion konsistent geschätzt werden:

(3.16b)
$$\hat{\gamma}(X) = \frac{1}{T}\frac{\sum_{t=1}^{T}(x_t - \bar{x})^3}{s^3}.$$

Die letzte hier behandelte Kenngröße zur Charakterisierung einer Wahrscheinlichkeitsverteilung, die in Fragen der Investmentanalyse eine wichtige Rolle spielt, ist das vierte zentrierte normierte Moment, die so genannte *Kurtosis*. Sie wird nach der folgenden Gleichung berechnet:

(3.17a)
$$\kappa(X) = \frac{\mathrm{E}[(X - \mathrm{E}(X))^4]}{\sigma(X)^4}.$$

Diese Kenngröße weist für normalverteilte Zufallsgrößen einen Wert von drei auf. Für Werte $\kappa(X) > 3$ befindet sich in den Enden der Verteilung mehr Wahrscheinlichkeitsmasse (so genannte »dicke Enden« oder engl. »heavy tails« bzw. »fat tails«) als bei der Normalverteilung. Ist die Kurtosis geringer (größer) als drei, so wird die Verteilung auch als platikurtisch (leptokurtisch) bezeichnet. Gegeben eine empirische Stichprobe von $\{x_1,..., x_T\}$ unabhängigen Beobachtungswerten, so lässt sich die Kurtosis durch ihr Stichprobengegenstück

(3.17b)
$$\hat{\kappa}(X) = \frac{1}{T}\frac{\sum_{t=1}^{T}(x_t - \bar{x})^4}{s^4}.$$

schätzen.

3.3 Ausgewählte Verteilungen

3.3.1 Normalverteilung

Eine Zufallsvariable X ist normalverteilt

(3.18a)
$$X \sim N(\mu, \sigma^2),$$

wenn sie eine Dichte der Form ($-\infty < x < \infty$)

(3.18b)
$$\mathrm{f}(x) = \frac{1}{\sqrt{2\pi}\,\sigma} e^{-\frac{(x-\mu)^2}{2\sigma^2}}$$

5 Dabei heißt im Allgemeinen eine Zufallsgröße X mit Verteilungsfunktion F symmetrisch bezüglich des Symmetriepunktes a, wenn gilt: $\mathrm{F}(a + x) = 1 - \mathrm{F}(a - x)$.

besitzt. Die Größen $-\infty < \mu < \infty$ und $\sigma \geq 0$ stellen dabei die Parameter der Verteilung dar. Die Dichte der Normalverteilung besitzt die in Abbildung 3.1 illustrierte Glockenform, sie ist symmetrisch zum Punkt μ. Im Falle $\mu = 0$ und $\sigma = 1$ liegt die so genannte Standardnormalverteilung vor, $X \sim N(0, 1)$. Die Verteilungsfunktion der Standardnormalverteilung wird in der Literatur oftmals mit $\Phi(x)$ notiert.

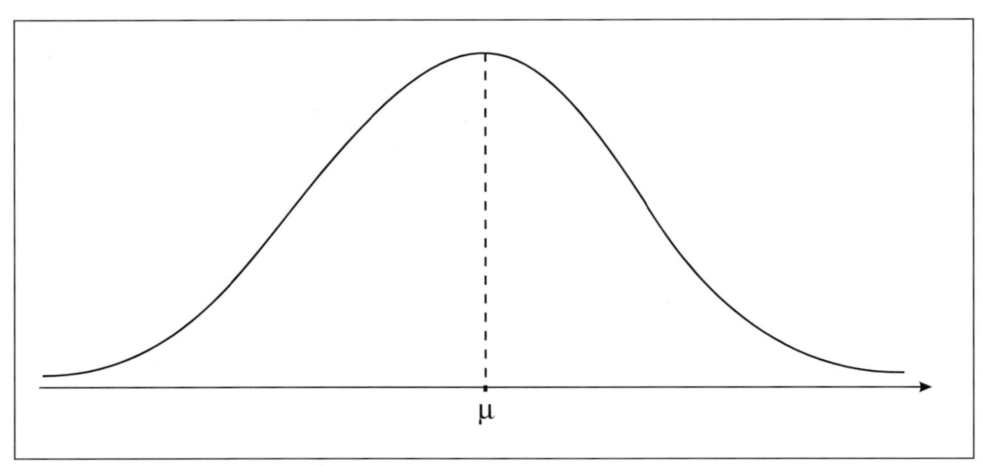

Abb. 3.1: Dichte einer normalverteilten Zufallsvariable

Sind a und b reelle Koeffizienten, so gelten die Beziehungen:

(3.19)
$$X \sim N(\mu, \sigma^2) \Rightarrow a + bX \sim N(a + b\mu, b^2\sigma^2)$$
$$X \sim N(\mu, \sigma^2) \Rightarrow \frac{X - \mu}{\sigma} \sim N(0, 1).$$

Die Transformation $(X - E(X))/\sigma(X)$ bezeichnet man auch *Standardisierung* einer Verteilung bzw. Zufallsvariablen.

Die wichtigsten Funktionalparameter einer $N(\mu, \sigma^2)$-Verteilung ergeben sich wie folgt:

(3.20)
$$E(X) = \mu \ , \ M(X) = \mu$$
$$\mathrm{Var}(X) = \sigma^2 \ , \ \sigma(X) = \sigma$$
$$\gamma(X) = 0$$
$$\kappa(X) = 3.$$

Erwartungswert und Standardabweichung entsprechen gerade den Parametern μ und σ. Die Verteilung ist symmetrisch um den Erwartungswert mithin gilt $\gamma(X) = 0$ und der Median fällt mit dem Erwartungswert zusammen.

Geht man von einem normalverteilten Vermögensendwert V_1 aus, so ist wegen (3.19) auch die diskrete Einperiodenrendite $R = V_1/v_0 - 1$ normalverteilt, kurz:

(3.18c)
$$R \sim N(\mu, \sigma^2),$$

es gilt dann $E(R) = \mu$ und $\mathrm{Var}(R) = \sigma^2$.

Die Normalverteilung stellt die Standardspezifikation des Wahrscheinlichkeitsgesetzes einer zufallsabhängigen Rendite R dar. Dies liegt vor allem in der leichten analytischen Handhabbarkeit der Normalverteilung begründet. Andererseits kann der Ansatz einer Normalverteilung nur eine Approximation an die empirischen Verhältnisse sein, denn sie besitzt einen Wertebereich von $(-\infty, +\infty)$, während der Wertebereich von Anlagerenditen durch $[-1, \infty)$ gegeben ist (wenn man den Fall einer Kreditaufnahme zur Durchführung des Investments ausschließt). Zudem ist die Normalverteilung eine symmetrische Verteilung, während empirische Renditeverteilungen tendenziell rechtsschief sind. In der Literatur wird für »kurze« Zeitintervalle die Annahme einer Normalverteilung als akzeptable Approximation angesehen. Als kurze Zeitintervalle gelten dabei Perioden von ein bis drei Monaten. Da in der vorliegenden Ausarbeitung auch längere Zeithorizonte eine wesentliche Rolle spielen, ist die Darstellung von Alternativen zur Normalverteilung erforderlich. Eine zentrale Alternative stellt die logarithmische Normalverteilung dar.

3.3.2 Lognormalverteilung

Eine Zufallsvariable $X > 0$ heißt logarithmisch normalverteilt oder kurz lognormalverteilt, $X \sim \mathrm{LN}(m, v^2)$, wenn ihr logarithmierter Wert einer Normalverteilung folgt:

(3.21) $$X \sim \mathrm{LN}(m, v^2) \Leftrightarrow \ln X \sim \mathrm{N}(m, v^2).$$

Die Dichtefunktion der Lognormalverteilung ist gegeben durch

(3.22) $$f(x) = \begin{cases} \dfrac{1}{\sqrt{2\pi}\, x v}\, e^{-\frac{(\ln x - m)^2}{2v^2}} & x > 0 \\ 0 & x \leq 0. \end{cases}$$

Sind a und b reelle Koeffizienten $(a, b \neq 0)$, so gilt die Beziehung

(3.23) $$\begin{aligned} & X \sim \mathrm{LN}(m, v^2) \\ \Rightarrow\ & aX^b \sim \mathrm{LN}(\ln a + b m, b^2 v^2). \end{aligned}$$

Die wichtigsten Momente einer $\mathrm{LN}(m, v^2)$-Verteilung ergeben sich wie folgt:

(3.24) $$\begin{aligned} & \mathrm{E}(X) = e^{m + \frac{1}{2}v^2}\ ;\ \mathrm{M}(X) = e^m \\ & \mathrm{Var}(X) = e^{2m + v^2}\left(e^{v^2} - 1\right) = \mathrm{E}(X)^2\left(e^{v^2} - 1\right);\ \sigma(X) = \mathrm{E}(X)\sqrt{e^{v^2} - 1} \\ & \gamma(X) = \sqrt{e^{v^2} - 1}\left(e^{v^2} + 2\right). \end{aligned}$$

Insbesondere liegt der Erwartungswert der Lognormalverteilung immer überhalb des Medians, während er bei der Normalverteilung, wie bei allen symmetrischen Verteilungen, mit dem Erwartungswert zusammenfällt. Die Schiefe einer Lognormalverteilung ist stets größer als

Null und wächst (sinkt) mit steigendem (sinkenden) v^2. Generell gilt zudem, dass je kleiner die Varianz der Lognormalverteilung, desto weniger unterscheidbar ist deren Dichte von der Normalverteilung und vice versa. Dies bedeutet, dass vor allem für größere Zeithorizonte ein Ansatz der Lognormalverteilung zu deutlichen Abweichungen im Vergleich zu einer Analyse auf Basis der Normalverteilung führt.

Durch die Werte von Erwartungswert und Varianz sind auch die Parameter der Lognormalverteilung eindeutig bestimmt und es gilt:

(3.25)
$$v^2 = \ln\left[1 + \frac{\mathrm{Var}(X)}{\mathrm{E}(X)^2}\right]$$
$$m = \ln \mathrm{E}(X) - \frac{1}{2}v^2 .$$

Unterstellt man, dass der Vermögensendwert V_1 lognormalverteilt ist, $V_1 \sim \mathrm{LN}(m_1, v^2)$ so gilt dies gemäß (3.23) auch für den »Aufzinsungsfaktor« $1 + R$ und es folgt

(3.26)
$$1 + R = \frac{V_1}{v_0} \sim \mathrm{LN}(m, v^2),$$

mit $m = m_1 - \ln(v_0)$. Die Rendite R selbst folgt dann einer (um eine Einheit nach links) verschobenen Lognormalverteilung. Damit ist gewährleistet, dass der Wertebereich der Rendite $(-1, \infty)$ beträgt. Ferner folgt hieraus, dass die zeitstetige Rendite (der »logarithmierte Aufzinsungsfaktor«) gemäß (3.2) normalverteilt ist

(3.27)
$$U = \ln(1 + R) \sim \mathrm{N}(m, v^2) .$$

Sollen nun umgekehrt die Parameter der Verteilung (3.26) von $1 + R$ so gewählt werden, dass Erwartungswert und Varianz von R mit den entsprechenden Parametern der Normalverteilung identisch sind, d.h. $\mathrm{E}(R) = \mu$ und $\mathrm{Var}(R) = \sigma^2$, so folgt:

(3.28)
$$m = \ln(1 + \mu) - \frac{1}{2}v^2$$
$$v^2 = \ln\left[1 + \left(\frac{\sigma}{1 + \mu}\right)^2\right].$$

Dies ergibt sich aus der Beziehung (3.25), wenn man noch beachtet, dass nicht R, sondern $1 + R$ als lognormalverteilt angenommen wurde.

Zur Veranschaulichung der beiden alternativen Verteilungsannahmen für die Einperiodenrendite sind in der nachfolgenden Abbildung beispielhaft die Dichten der beiden Verteilungen eingezeichnet. Hierbei wird von einer identischen erwarteten Einperiodenrendite von 12% ($\mu = 0{,}12$) und einer Standardabweichung von 80% ($\sigma = 0{,}8$) ausgegangen. Die Parameter der Lognormalverteilung für $1 + R$ ergeben sich gemäß (3.28) entsprechend $v^2 = \ln[1+ 0{,}8^2/1{,}12^2] = 0{,}412$ sowie $m = \ln(1{,}12) - \frac{1}{2}(0{,}412) = -0{,}093$. Die resultierende Dichtefunktion für den logarithmisch normalverteilten Aufzinsungsfaktor ist noch um -1 zu verschieben, um eine unmittelbare Vergleichbarkeit mit der normalverteilten Rendite herzustellen.

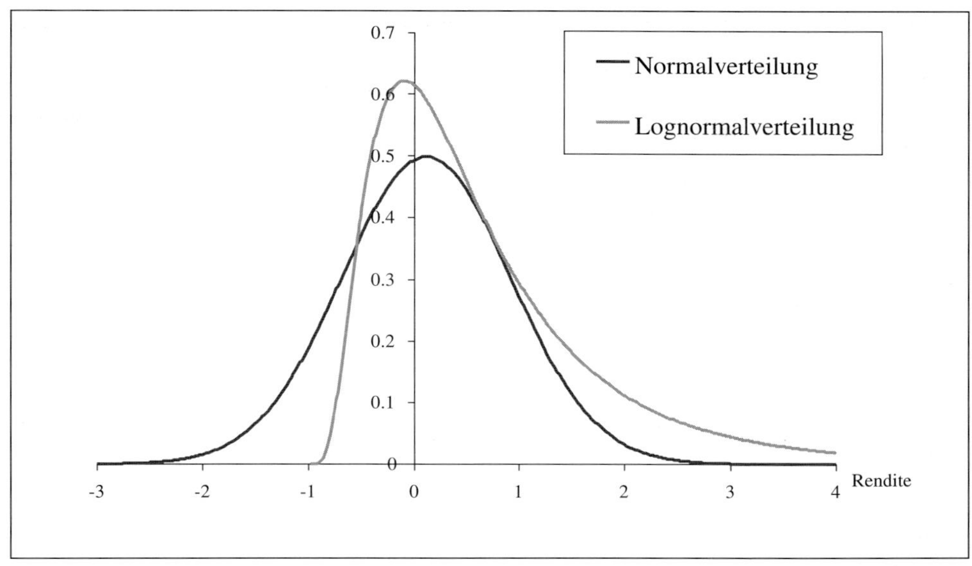

Abb. 3.2: Dichtefunktion für eine normalverteilte bzw. logarithmisch normalverteilte Zufallsrendite jeweils mit Erwartungswert 12% und Volatilität 80%

Obgleich beide Verteilungen einen identischen Erwartungswert und eine identische Standardabweichung aufweisen, zeigen sich deutliche Unterschiede. Zum einen wird aus der Abbildung die asymmetrische Gestalt der Lognormalverteilung deutlich. Der Schiefekoeffizient weist im Falle der Lognormalverteilung einen Wert von $\gamma = 2{,}51$ auf und der Median der Rendite liegt mit -8,85% deutlich unterhalb des Erwartungswertes von 12%. Bei der Lognormalverteilung liegt somit, im Gegensatz zur Normalverteilung, mehr als die Hälfte der Realisationen unter dem Erwartungswert. Weiterhin ist aus der Abbildung zu erkennen, dass die Normalverteilung mit nicht zu vernachlässigender Wahrscheinlichkeit Renditewerte von weniger als -100% annehmen kann. Aus ökonomischer Sicht ist dies problematisch, da ein Investor in der Regel nicht mehr als 100% des eingesetzten Kapitals verlieren kann. Dagegen ist die minimale Rendite bei Ansatz der Lognormalverteilung auf den Wert von -100% nach unten hin begrenzt.

3.4 Interdependenzen, Summen und Produkte von Zufallsgrößen

Wenden wir uns nun der Analyse von mehreren Zufallsvariablen und deren Interdependenzen zu. Im Kontext des Investmentmanagements ist hierbei typischerweise an die Interdependenz zwischen den Renditen von Einzelinvestments zu denken, deren systematische Ausnutzung zum Zwecke der Risikodiversifikation im Zentrum der Portfoliotheorie steht. Aber auch zeitliche Interdependenzen zwischen sukzessiven Renditen sind von großer Relevanz.

Wir gehen im Weiteren zunächst von der Situation zweier Zufallsgrößen X und Y aus. Diese sind allgemein charakterisierbar durch ihre gemeinsame Verteilungsfunktion $F(x, y)$ definiert durch

(3.29a) $$F(x, y) = P(X \leq x, Y \leq y).$$

Zu bestimmen ist dabei die Wahrscheinlichkeit, dass sowohl X den Wert x als auch Y den Wert y nicht übersteigt. Sind X und Y Zufallsgrößen mit einem jeweils diskreten Wertebereich $(x_1, x_2, ..., x_n, ...)$ bzw. $(y_1, y_2, ..., y_n, ...)$, so gilt

(3.29b) $$F(x, y) = \sum_{x_i \leq x, y_i \leq y} P(X \leq x_i, Y \leq y_j).$$

Sind X nd Y Zufallsgrößen mit einem jeweils kontinuierlichen Wertebereich und existiert eine Funktion $f(x, y) \geq 0$ mit

(3.29c) $$F(x, y) = \int_{-\infty}^{x} \int_{-\infty}^{y} f(u, v)\, du\, dv,$$

so wird $f(x, y)$ als *gemeinsame Dichte(-funktion)* von X und Y bezeichnet.

Die beiden Zufallsgrößen X und Y heißen *stochastisch unabhängig*, wenn gilt

(3.30) $$P(X \leq x, Y \leq y) = P(X \leq x)P(Y \leq y).$$

Die gemeinsame Wahrscheinlichkeitsverteilung ergibt sich damit als Produkt der einzelnen Wahrscheinlichkeitsverteilungen[6]. Eine entsprechende multiplikative Aufspaltung gilt für die gemeinsame Verteilungsfunktion und die gemeinsame Dichte.

Eine zentrale Größe zur Messung des Zusammenhangs zweier Zufallsvariablen X und Y ist deren Kovarianz, die durch

(3.31) $$\mathrm{Cov}(X, Y) = E[(X - E(X))(Y - E(Y))]$$

definiert ist. Es gilt zudem $\mathrm{Cov}(X, Y) = E(XY) - E(X)E(Y)$. Durch eine Normierung der Kovarianz gelangen wir zum *Korrelationskoeffizienten*, der durch

(3.32a) $$\rho(X, Y) = \frac{\mathrm{Cov}(X, Y)}{\sigma(X)\sigma(Y)}$$

definiert ist. Es gilt stets $-1 \leq \rho \leq 1$. Im Falle $\rho > 0$ spricht man von positiver Korrelation, im Falle $\rho = 0$ von unkorrelierten und im Falle $\rho < 0$ von negativ korrelierten Zufallsvariablen. Sind die Zufallsvariablen X und Y stochastisch unabhängig, so sind sie auch unkorreliert. Die Umkehrung gilt i.d. R. nicht, eine Ausnahme stellt der Fall dar, dass X und Y normalverteilt sind. Die Bedeutung des Korrelationskoeffizienten liegt zunächst in seiner Eigenschaft als Maß für die Stärke des linearen Zusammenhanges zweier Zufallsvariablen. Es gilt für $b > 0$

---

6 In Termen der in Anhang 4A eingeführten bedingten Verteilungsfunktionen kann die Eigenschaft der stochastischen Unabhängigkeit von X und Y auch dahingehend charakterisiert werden, dass die bedingten jeweils den unbedingten Verteilungsfunktionen bzw. Dichten entsprechen. Dies bedeutet intuitiv, dass das Auftreten einer bestimmten Realisation der einen Zufallsgröße bzw. die Kenntnis darüber keine Auswirkungen auf die Zufallsgesetzmäßigkeit der anderen beinhaltet.

(3.32b)
$$\rho = +1 \Leftrightarrow Y = a + bX$$
$$\rho = -1 \Leftrightarrow Y = a - bX.$$

Sind unabhängige Beobachtungen $x_1,..., x_n$ der Zufallsvariablen X und $y_1,..., y_n$ der Zufallsvariablen Y gegeben, so kann man den Stichprobenkorrelationskoeffizienten r_{xy} (*Bravais-Pearson-Korrelationskoeffizient*) berechnen. Er dient als verteilungsfreier Schätzwert für den zugrunde liegenden (unbekannten) Korrelationskoeffizienten

(3.32c)
$$r_{xy} = \frac{\sum_{i=1}^{n} (x_i - \bar{x})(y_i - \bar{y})}{\sqrt{\sum_{i=1}^{n} (x_i - \bar{x})^2 \sum_{i=1}^{n} (y_i - \bar{y})^2}},$$

$$\text{dabei ist } \bar{x} = \frac{1}{n}\sum_{i=1}^{n} x_i\,,\ \bar{y} = \frac{1}{n}\sum_{i=1}^{n} y_i.$$

Die nachfolgende Abbildung illustriert den Datenzusammenhang in Abhängigkeit von Größe und Vorzeichen des Korrelationskoeffizienten.

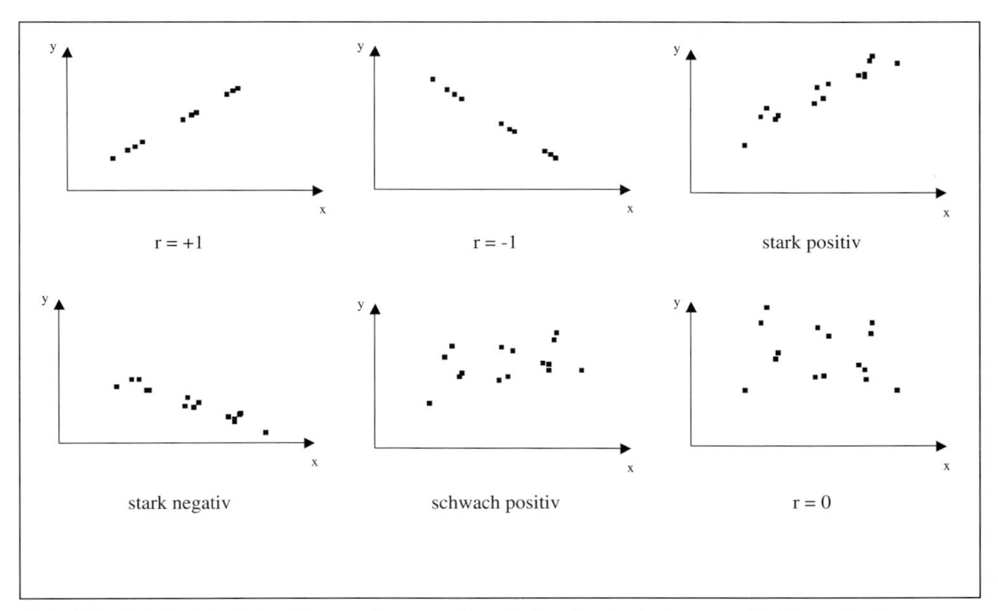

Abb. 3.3: Abhängigkeit des Bravais-Pearson-Korrelationskoeffizienten von der Form des Streuungsdiagramms

Eine zweite wichtige Anwendung findet der Korrelationskoeffizient (bzw. die Kovarianz) im Zusammenhang mit der Zerlegung der Varianz einer Summe von Zufallsvariablen in additive Komponenten.

$$\text{(3.33)} \quad \begin{aligned} \mathrm{Var}(X + Y) &= \mathrm{Var}(X) + \mathrm{Var}(Y) + 2\,\mathrm{Cov}(X, Y) \\ &= \sigma^2(X) + \sigma^2(Y) + 2\rho(X, Y)\sigma(X)\sigma(Y) \end{aligned}$$

Im Falle unkorrelierter Zufallsgrößen ($\rho = 0$) folgt damit $\mathrm{Var}(X + Y) = \mathrm{Var}(X) + \mathrm{Var}(Y)$. Folgende Regeln sind beim Rechnen mit Kovarianzen von Bedeutung:

$$\text{(3.34)} \quad \begin{aligned} \mathrm{Cov}(X, X) &= \mathrm{Var}(X) \\ \mathrm{Cov}(aX, bY) &= ab\,\mathrm{Cov}(X,Y) \quad a, b \in \mathbb{R} \\ \mathrm{Cov}(aX, bY + cZ) &= ab\,\mathrm{Cov}(X, Y) + ac\,\mathrm{Cov}(X, Z) \\ \mathrm{Cov}(aX + bY, cZ) &= ac\,\mathrm{Cov}(X, Z) + bc\,\mathrm{Cov}(Y, Z). \end{aligned}$$

Die Kovarianz ist demnach linear in beiden Komponenten.

Es sollen nun Rechenregeln für die Bestimmung des Erwartungswertes bzw. der Varianz einer Summe von Zufallsvariablen angegeben werden. Diese erweisen sich in Fragen der Portfoliobildung als nützlich. Gegeben sind die Zufallsvariablen $X_1,\dots, X_n$ und die Zahlen $a_1,\dots, a_n$. Es gilt nun unter Berücksichtigung von $\mathrm{Cov}(X_i, X_j) = \mathrm{Cov}(X_j, X_i)$:

$$\text{(3.35)} \quad \begin{aligned} \mathrm{E}\Big(\sum_{i=1}^{n} a_i X_i\Big) &= \sum_{i=1}^{n} a_i \mathrm{E}(X_i) \\ \mathrm{Var}\Big(\sum_{i=1}^{n} a_i X_i\Big) &= \sum_{i=1}^{n} \sum_{j=1}^{n} a_i a_j \,\mathrm{Cov}(X_i, X_j) \\ &= \sum_{i=1}^{n} a_i^2 \,\mathrm{Var}(X_i) + 2 \sum\sum_{1 \le i < j \le n} a_i a_j \,\mathrm{Cov}(X_i, X_j). \end{aligned}$$

Fasst man die Folge von Zufallvariablen zu einem Vektor $X = (X_1,\dots, X_n)$ zusammen, so enthält die so genannte Varianz/Kovarianz-Matrix $\Sigma = \mathrm{Cov}(X)$ eine geordnete Zusammenstellung sämtlicher Varianzen und Kovarianzen

$$\text{(3.36)} \quad \Sigma = (\sigma_{ij}) = \begin{pmatrix} \sigma_1^2 & \sigma_{12} & \cdots & \sigma_{1n} \\ \sigma_{21} & \sigma_2^2 & & \vdots \\ \vdots & & \ddots & \vdots \\ \sigma_{n1} & \cdots & \cdots & \sigma_n^2 \end{pmatrix},$$

wobei $\sigma_{ij} := \mathrm{Cov}\,(X_i, X_j)$. Wegen $\sigma_{ij} = \sigma_{ji}$ ist die Varianz/Kovarianz-Matrix stets symmetrisch.

Die voranstehenden Grundbeziehungen sind jeweils unabhängig von der Spezifikation einer Verteilung gültig. Treffen wir zusätzlich Verteilungsannahmen, so sind weitergehende Folgerungen möglich. Wir betrachten zunächst den Fall stochastisch unabhängiger normalverteilter Zufallsvariablen, $X_i \sim \mathrm{N}(\mu_i, \sigma_i^2)$, $i = 1,\dots, n$. Es gilt dann für reelle Koeffizienten a_i ($i = 1,\dots, n$) die Beziehung

$$\text{(3.37)} \quad X_i \sim \mathrm{N}(\mu_i, \sigma_i^2) \Rightarrow \sum_{i=1}^{n} a_i X_i \sim \mathrm{N}\Big(\sum_{i=1}^{n} a_i \mu_i, \sum_{i=1}^{n} a_i^2 \sigma_i^2\Big).$$

Eine Verallgemeinerung dieser Aussage auf korrelierte normalverteilte Zufallsvariablen ist nicht generell möglich, sondern nur erlaubt, wenn der Zufallsvektor $X = (X_1,..., X_n)$ *multivariat normalverteilt* (vgl. Anhang 3A) ist. Es gilt dann:

(3.38) $$\sum_{i=1}^{n} a_i X_i \sim N\left(\sum_{i=1}^{n} a_i \mu_i, \sum_{i=1}^{n} \sum_{j=1}^{n} a_i a_j \sigma_{ij}\right).$$

Jede Linearkombination von (multivariat) normalverteilten Zufallsvariablen ist wiederum normalverteilt, insbesondere ist die Normalverteilung geschlossen unter der Addition von Zufallsvariablen. Für stochastisch unabhängige logarithmisch normalverteilte Zufallsgrößen gelten entsprechende Aussagen hinsichtlich der Multiplikation von Zufallsvariablen. Für das Produkt zweier stochastisch unabhängiger lognormalverteilter Zufallsgrößen X_1 und X_2 gilt zunächst:

(3.39) $$\begin{aligned} &X_1 \sim LN(m_1, v_1^2) \; ; \; X_2 \sim LN(m_2, v_2^2) \\ &\Rightarrow X_1 X_2 \sim LN(m_1 + m_2, v_1^2 + v_2^2). \end{aligned}$$

Sind die beiden Zufallsgrößen identisch verteilt mit den Parametern m und v^2, so gilt:

(3.40) $$X_1 X_2 \sim LN(2m, 2v^2).$$

Dies lässt sich leicht verallgemeinern auf den Fall von $i = 1,..., n$ stochastisch unabhängigen logarithmisch normalverteilten Zufallsvariablen

(3.41) $$\begin{aligned} &X_i \sim LN(m_i, v_i^2) \\ &\Rightarrow \prod_{i=1}^{n} X_i \sim LN\left(\sum_{i=1}^{n} m_i, \sum_{i=1}^{n} v_i^2\right), \end{aligned}$$

bzw. im Falle identisch verteilter Zufallsgrößen

(3.42) $$\prod_{i=1}^{n} X_i \sim LN(nm, nv^2).$$

Für das geometrische Mittel der Zufallsvariablen gilt im letzteren Falle wegen (3.23) zudem:

(3.43) $$\sqrt[n]{\prod_{i=1}^{n} X_i} \sim LN\left(m, \frac{v^2}{n}\right).$$

Des Weiteren sei noch auf die Verteilung des Quotienten zweier unabhängiger gemäß (3.39) lognormalverteilter Zufallsgrößen eingegangen. Es gilt:

(3.44) $$\frac{X_1}{X_2} \sim LN(m_1 - m_2, v_1^2 + v_2^2).$$

Verallgemeinerungen dieser Beziehungen auf den Fall korrelierter Zufallsgrößen sind wiederum nur dann möglich, wenn eine multivariate Lognormalverteilung vorliegt.

3.5 Fallstudie: Analyse der Zufallsgesetzmäßigkeit von Aktien- und Bondindizes

Im Folgenden sollen die oben erläuterten wahrscheinlichkeitstheoretischen Kennziffern bzw. deren empirische Gegenstücke für die Hauptanlageklassen Aktien und Bonds illustriert werden. Datenbasis sind die Wertverläufe entsprechender Indizes für den deutschen Finanzmarkt. Als Repräsentant für die Wertentwicklung eines diversifizierten Aktienportfolios bestehend aus 30 Blue Chips wurde der DAX-Aktienindex gewählt. Es handelt sich dabei um einen Performanceindex, der sowohl Kapitalmaßnahmen sowie Dividendenausschüttungen durch Reinvestition in die betreffenden Werte berücksichtigt. Ein entsprechender Performanceindex für ein Portfolio aus Staatsanleihen ist der REXP-Index. Für diese Indizes liegen diskrete nominale Jahresrenditen für den Zeitraum 1950–2005 vor. In der nachfolgenden Abbildung 3.4 sind für den Zeitraum 1950–2005 die Jahresendwerte dargestellt. Weiterhin wurde der Wertverlauf des vom Statistischen Bundesamt berechneten Konsumentenpreisindex in die Abbildung eingetragen.

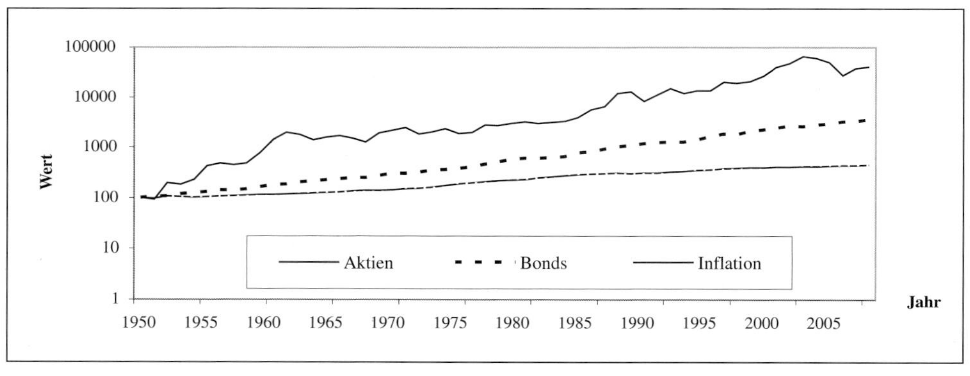

Abb. 3.4: Indexverlauf für Deutsche Aktien (DAX), deutsche Staatsanleihen (REXP) und Kaufkraftveränderung (Inflationsindex) 1950–2005 (logarithmische Skalierung)

Aus der obigen Abbildung ist zu erkennen, dass nach Ablauf der 56 Jahre Aktien im Vergleich zu Bonds eine deutlich höhere Wertsteigerung zu verzeichnen hatten. Beide Anlageformen könnten die reale Kaufkrafterhaltung über diesen Zeitraum gewährleisten, d.h. erzielten eine höhere Wertsteigerung als der Inflationsindex. Während die Anlagen in Renten einer recht stabilen Entwicklung folgten, sind bei Aktien hohe Wertschwankungen zu beobachten. Die unterschiedlichen Renditeschwankungen der betrachteten Indexportfolios für Aktien und Bonds sind in der nachfolgenden Abbildung zu ersehen. Dabei werden die auf diskreter Basis berechneten nominalen Ein-Jahresrenditen der Indizes für die jeweiligen Anlageklassen dargestellt.

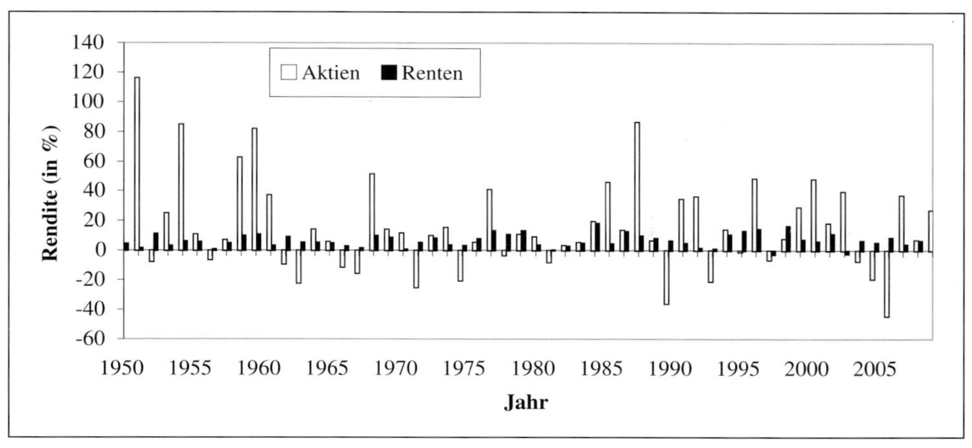

Abb. 3.5: Jahresrenditen für deutsche Aktien (DAX) und Staatsanleihen (REXP) 1950–2005

Eine differenzierte Analyse der historischen Zufallsgesetzmäßigkeit der Aktienanlage ergibt sich aus der nachfolgenden Abbildung. Hierbei werden für die historischen Jahresrenditen, verschiedene statistische Kennziffern sowie die *Jarque-Bera*-Teststatistik angegeben. Beim *Jarque-Bera*-Test[7] handelt es sich um einen so genannten Goodness-of-fit-Test, wobei die Nullhypothese lautet »die zugrunde liegenden Beobachtungswerte stammen aus einer Normalverteilung«.

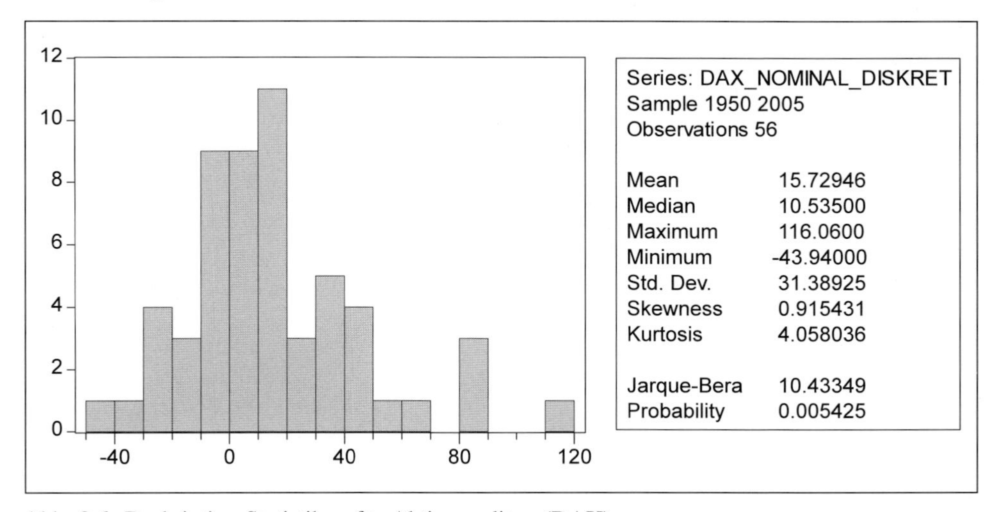

Abb. 3.6: Deskriptive Statistiken für Aktienrenditen (DAX)

In der Abbildung 3.7 sind die entsprechenden Angaben für die Ein-Jahresrenditen von Staatsanleihen enthalten.

7 Die formalen Grundlagen des *Jarque-Bera*-Tests sind im Anhang 3B zu diesem Kapitel dargestellt.

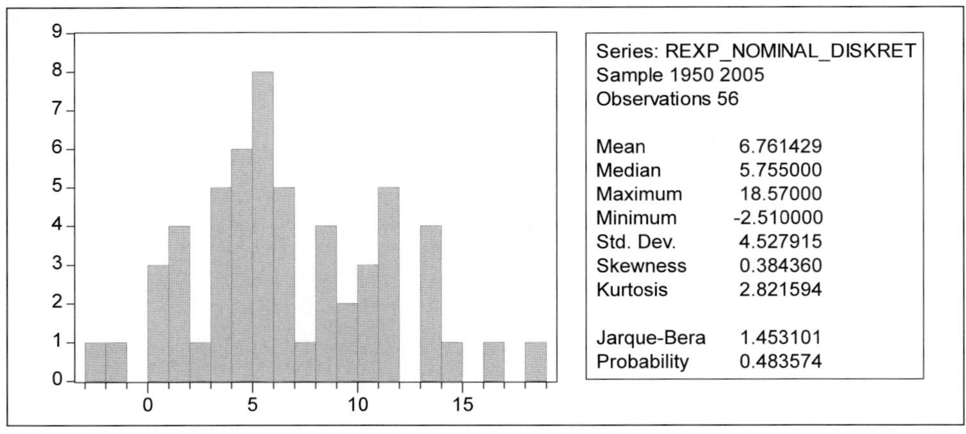

Abb. 3.7: Deskriptive Statistiken für Renditen von Staatsanleihen (REXP)

Bei der Betrachtung der Maximalrendite als Kennziffer für das *Best-Case*-Renditepotenzial und der Minimalrendite als Kennzahl des *Worst-Case*-Renditerisikos ergeben sich für die Aktien mit +116,06% und -43,94% die betragsmäßig größten Werte. Dagegen ergibt sich für die Rentenanlage mit +18,57% und -2,51% eine weit geringere Spannweite. Schon die Betrachtung dieser einfachen Kenngrößen bestätigt ein Grundpostulat der modernen Kapitalmarkttheorie, dass höhere Renditechancen mit gleichzeitig höheren Renditerisiken einhergehen. Dies wird auch durch die Kennzahlen Mittelwert und Standardabweichung der Jahresrenditen bestätigt. So weisen Aktien mit 15,72% eine weitaus höhere Durchschnittsrendite auf als Bonds mit 6,72%. Allerdings ist die Volatilität von Aktien mit 31,37% etwa sechsmal so hoch wie die der Bonds mit 4,52%. Sowohl Aktien- als auch Bondrenditen sind rechtsschief verteilt, d.h. weisen einen positiven Schiefekoeffizienten auf. Der Median liegt in beiden Fällen deutlich unterhalb des Erwartungswertes. Für Aktien ist zudem ein Wert für die Kurtosis zu beobachten, der mit 4,05 deutlich über dem Normwert für eine Normalverteilung liegt. Eine derart hohe Kurtosis über den Normwert von 3 hinaus bedeutet, dass in den Enden der Verteilung im Vergleich zu einer Normalverteilung mehr Realisationen aufgetreten sind. Insofern kann für Aktienrenditen die Null-Hypothese normalverteilter Renditen gemäß der *Jarque-Bera*-Statistik mit hoher Signifikanz verworfen werden.

Die asymmetrische Verteilung der Aktienrenditen soll nun weiter vertieft werden. In Abschnitt 3.3.2 wurde als Alternative zur Normalverteilung die Lognormalverteilung betrachtet. Die Log-Normalverteilung weist den Vorzug auf, dass die diskreten Renditen keine Werte annehmen können, die kleiner als -100% sind. Die Lognormalverteilung ist systematisch rechtsschief, was in den empirischen Renditen zu beobachten ist. In der nachfolgenden Darstellung sind die so genannten Quantilplots der Aktienrenditen dargestellt. Hierbei werden die empirischen Quantile der realisierten Renditen im Vergleich zu den theoretischen Quantilen bei Annahme einer Normalverteilung dargestellt. Im oberen Teil der Graphik sind die diskreten Renditen R und im unteren Teil die Log-Renditen U dargestellt. Wenn S_t der Indexstand zum Zeitpunkt t ist, besteht zwischen den beiden Renditekonzepten bekanntlich der Zusammenhang $S_t = (1+R) \cdot S_{t-1} = e^U \cdot S_{t-1} \Leftrightarrow \ln(1+R) = U$. Wenn demnach die Lognormalverteilung für die diskreten Renditen ein gutes Verteilungsmodell ist, dann sollten die Log-Renditen normalverteilt sein.

Aus den Quantilplots erkennt man, dass insbesondere in den Enden der Verteilung die Normalverteilung für die diskreten Renditen nicht passt. Anders sieht dies für die Log-Renditen aus, die über das gesamte Spektrum der Verteilung sehr nahe an den theoretischen Werten einer Normalverteilung liegen. Die Jarque-Bera-Teststatistik weist einen sehr geringen Wert auf, d.h. die Nullhypothese einer Normalverteilung kann nicht verworfen werden.

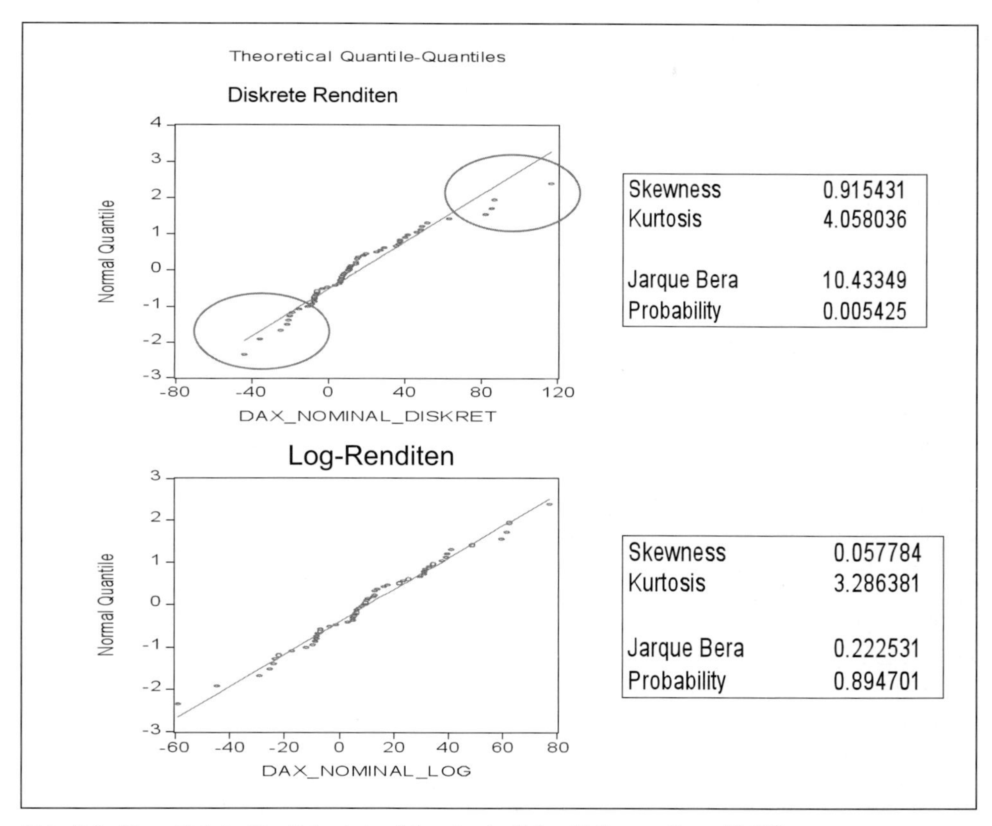

Abb. 3.8: Quantilplots für diskrete und kontinuierliche Aktienrenditen (DAX)

Abschließend sind in der Tabelle 3.1 die Korrelationskoeffizienten für die betrachteten Renditezeitreihen enthalten.

	Aktien	Bonds	Inflation
Aktien	1		
Bonds	0,12	1	
Inflation	0,11	-0,05	1

Tab. 3.1: Korrelationskoeffizienten von Aktien, Bonds und Inflation

Die schwach positive Korrelation von 0,12 zwischen Aktien und Bonds ist mit den Werten anderer internationaler Finanzplätze vergleichbar. Dies bedeutet, dass steigende (fallende) Renditen auf den Aktienmärkten mit tendenziell ebenfalls steigenden (fallenden) Renditen auf den Bondmärkten einhergehen. Beachtlich ist auch die positive Korrelation zwischen den Aktienrenditen und der Inflationsrate. Wenn das allgemeine Preisniveau noch oben geht, waren in der Vergangenheit die Aktienrenditen tendenziell positiv. Dagegen zeigen die Renditen von Bonds und der Inflationsrate eine negative Korrelation, d.h. die Renditen auf den Bondmärkten weisen also tendenziell ein umgekehrtes Vorzeichen zu der Entwicklung der Inflationsrate auf. Insofern scheinen Aktienanlagen bessere Hedging-Eigenschaften gegenüber Inflationsrisiken aufzuweisen als Bonds.

3.6 Verteilungsbasierte Risikomaße

3.6.1 Vorbemerkungen

Die Ungewissheit bei einem Finanzinvestment besteht hinsichtlich der Höhe des am Ende der Anlageperiode realisierten Endvermögens. Die Gefahr besteht dabei insbesondere in der Möglichkeit der Realisation einer aus Sicht des Investors finanziell ungünstigen Wertentwicklung. Risikomaße haben das Ziel, das Ausmaß der Ungewissheit bzw. Ausmaß der bestehenden Gefahr zu quantifizieren. Im Folgenden konzentrieren wir uns auf solche Risikomaße, die direkt an der zugrunde liegenden Zufallsgesetzmäßigkeit (Verteilung) des Endvermögens oder der Rendite eines Finanzinvestments anknüpfen. Daneben existieren weitere Klassen von Risikomaßen, etwa kapitalmarktorientierte oder verhaltenswissenschaftliche Risikomaße, in die weitere Aspekte neben der zugrunde liegenden Verteilung Eingang finden.

Grundsätzlich kann man dabei, *Albrecht* (2004) folgend, zwei idealtypische Konzeptualisierungen von Risiko unterscheiden:

- Risiko als Ausmaß der Abweichungen von einer Zielgröße (Risikokonzeptualisierung des Typus I),
- Risiko als notwendiges Kapital (bzw. notwendige Prämie bzw. notwendige Rendite) (Risikokonzeptualisierung des Typus II).

Die im Folgenden dargestellten Risikomaße sind zunächst zweiseitige (Volatilitätsmaße) sowie einseitige (Shortfallrisikomaße) Risikomaße des Typus I. Die anschließend behandelten Maße Value at Risk und Conditional Value at Risk sind hingegen im Allgemeinen Risikomaße des Typus II.

Dabei besteht für zentrale Fälle ein einfacher intuitiver Zusammenhang zwischen Risikomaßen des Typus I und solchen des Typus II. Wendet man ein Risikomaß des Typus II nicht auf die Zufallsgröße X, sondern auf die zentrierte Zufallsvariable $X - E(X)$ an, so resultiert ein – nunmehr lageunabhängiges – Risikomaß des Typus I. Entsprechend kann man die umgekehrte Transformation vornehmen, um von einem lageunabhängigen Risikomaß des Typus I zu einem Risikomaß des Typus II zu gelangen.

Da Risikomaße des Typus II nicht lageunabhängig sind, d.h. auch die Höhe des Erwartungswertes einen Einfluss auf die Risikohöhe nimmt, kann man Risikomaße des Typus II auch als eine Variante risikoadjustierter (wobei hierbei nun Risiko im Sinne des Typus I verstanden wird) Performancemaße ansehen, ein Gedanke, der in Abschnitt 6.5.7 wieder aufgegriffen wird.

3.6.2 Volatilitätsmaße

Die zentralen Maße für die Volatilität einer Verteilung bzw. einer möglichen Wertentwicklung sind die bereits in Abschnitt 3.2 eingeführten Funktionalparameter Varianz sowie Standardabweichung, die das Ausmaß der Streuung der möglichen Realisationen um die mittlere Realisation quantifizieren. Neben der direkten Charakterisierung als Streuungsmaße und ihrer definitorischen Konstruktion (Erfassung der quadrierten Abweichungen vom mittleren Wert) existiert im Falle der Normalverteilung für die Standardabweichung eine weitere intuitiv einfach erschließbare Charakterisierung, der Ansatz der Sigma-Äquivalente. Bestimmt werden dabei für eine normalverteilte Zufallsvariable $X \sim N(\mu, \sigma^2)$ die Wahrscheinlichkeiten $P(|X - \mu| > n\sigma)$ bzw. $P(|X - \mu| \leq n\sigma)$ $(n = 1,2,...)$, d.h. man berechnet, welche Wahrscheinlichkeitsmasse sich innerhalb eines Intervalls von $\pm\, n$ Standardabweichungen um den Erwartungswert befindet und welche außerhalb, an den Flügeln bzw. Enden der Verteilung, liegt.

Bezeichne $N(x) = N(\mu, \sigma^2)(x)$ die Verteilungsfunktion einer Normalverteilung mit den Parametern μ und σ, so gilt allgemein

$$P(|X - \mu| > n\sigma) = N(\mu - n\sigma) + [1 - N(\mu + n\sigma)]\,, \tag{3.45}$$
$$\text{sowie } P(|X - \mu| \leq n\sigma) = 1 - P(|X - \mu| > n\sigma)\,.$$

Die Tabelle 3.2 fasst die Ergebnisse für $n = 1,2,3$, d.h. die Ein-, Zwei- und Drei-Sigma-Äquivalente zusammen.

n	innen	außen
1	0,6827	0,3173
2	0,9545	0,0455
3	0,9973	0,0027

Tab. 3.2: Ein-, Zwei- und Drei-Sigma-Äquivalente der Normalverteilung

Insbesondere sind diese Werte somit unabhängig von den konkret vorliegenden Parametern μ und σ. Die Abbildung 3.9 illustriert den Sachverhalt für den Fall des Ein-Sigma-Äquivalents, wobei noch eine grobe Approximation der in Tabelle 3.2 für $n = 1$ enthaltenen Werte zu Zwecken einer verbesserten intuitiven Deutung vorgenommen wird.

Abbildung 3.9 verdeutlicht, dass im Falle der Normalverteilung circa zwei Drittel der Wahrscheinlichkeitsmasse sich innerhalb eines Intervalls von $\pm\, 1$ Standardabweichung um den Erwartungswert befinden und jeweils circa ein Sechstel der Wahrscheinlichkeitsmasse außerhalb der betreffenden Intervallgrenzen. Anschaulich bedeutet dies, dass in circa zwei von drei Perioden die Realisation des betrachteten finanziellen Ergebnisses (Periodenerfolg, Investmentrendite) innerhalb des $\pm\, 1$ Sigma-Intervalls um den Erwartungswert fallen wird und in jeweils circa einer von drei Perioden die Realisation die Größe »Erwartungswert

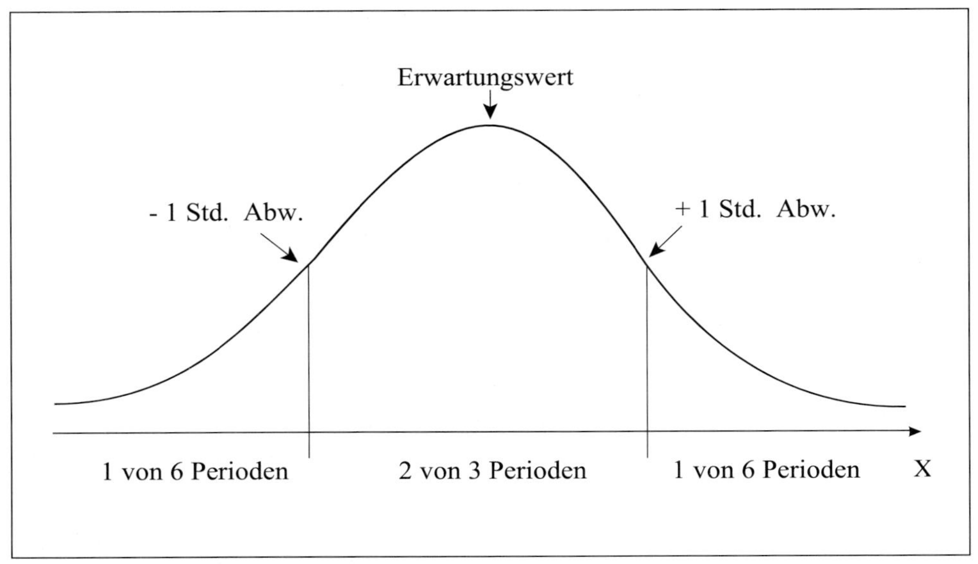

Abb. 3.9: Standardabweichung als Streuungsmaß

minus eine Standardabweichung« *unterschreiten* oder aber die Größe »Erwartungswert plus eine Standardabweichung« *überschreiten* wird.

Festzuhalten ist allerdings, dass diese spezifische Interpretationsmöglichkeit der Standardabweichung gebunden ist an die Annahme einer Normalverteilung. Schon im Fall einer logarithmischen Normalverteilung ist sie nicht mehr gültig, was auch intuitiv aufgrund deren Asymmetrie einsichtig ist.

Varianz bzw. Standardabweichung sind etablierte finanzwirtschaftliche Risikomaße, die u.a. zentral in die Markowitzsche Portfoliotheorie eingehen. Dies liegt auch daran, dass sie aus technischer Sicht eine Reihe von Vorteilen bieten. So kann bei einer Portfoliobildung die Portfoliovarianz aufgrund von (3.35) als Summe der Varianzen (und Kovarianzen) der Titel im Portefeuille ermittelt werden. Die Varianz lässt sich ferner technisch gut als Zielfunktion in Optimierungsproblemen (quadratische Optimierung) verwenden. Aus statistischer Sicht ist schließlich ein etabliertes Instrumentarium verfügbar, mit dessen Hilfe die Varianz/Kovarianzmatrix aus historischen Renditezeitreihen geschätzt werden kann.

Trotz ihrer weiten Verbreitung und günstigen Eigenschaften ist eine volatilitätsbasierte Risikomessung der Kritik ausgesetzt. Sowohl Varianz als auch Standardabweichung erfassen sowohl negative als auch positive Abweichungen vom Erwartungswert. Risiko wird demnach in der Gefahr gesehen, eine bestimmte Rendite hier den Renditemittelwert zu verfehlen, d.h. zu untertreffen als auch zu übertreffen. Verbindet man den Begriff des Risikos intuitiv mit der Möglichkeit einer *adversen* finanziellen Entwicklung, so würde man nur in einer Unterschreitung der mittleren Rendite eine Gefahr sehen, in einer Überschreitung daher eine willkommene Chance des Finanzinvestments. Solange dem Finanzinvestment eine symmetrische Verteilung zugrunde liegt, ist dies weniger problematisch, da eine Erhöhung der Varianz bzw. Standardabweichung hier zu einer symmetrischen Erhöhung sowohl der Über- als auch Unterschreitungswahrscheinlichkeit führt. Sobald aber asymmetrische Verteilungen (dies ist typisch sowohl für Finanzinvestments mit längerem Anlagehorizont als auch etwa für solche, die Optionspositionen enthalten) vorliegen, gilt dies nicht mehr. In der Tat ist ein weiterer Kritikpunkt an der Varianz bzw. Standardabweichung, dass sie den Grad der Asymmetrie der zugrunde liegenden Verteilung nicht berücksichtigt. Aus diesem Grunde wird auch die flankierende Erfassung höherer Momente (etwa der Schiefe) empfohlen, um die Größenordnung des Risikos präziser abschätzen zu können. Konsequenz dieser Überlegungen ist die Suche nach alternativen Risikomaßen, die den dargestellten Kritikpunkten (zumindest teilweise) nicht ausgesetzt sind.

3.6.3 Shortfallrisikomaße

Im Rahmen der Shortfallkonzeption des Risikos stellt man ab auf das Ausmaß der Gefahr der Unterschreitung einer von dem Investor angestrebten finanziellen Zielgröße (Target, Benchmark) z, z.B. einer vorgegebenen Mindestrendite auf das investierte Kapital. Dies entspricht einer Konzeptualisierung des Risikos im Sinne der Gefahr einer adversen Entwicklung. Infolge der Vorgabe einer investorspezifischen Zielgröße ist somit in einem strengen Sinne die Shortfallkonzeption keine verteilungsbasierte Risikokonzeption, denn die Risikoevaluation erfolgt unter Benutzung einer verteilungsexogenen Referenzgröße. Allerdings können die Shortfallmaße trotzdem alleine aufgrund der Kenntnis der Verteilung vollständig berechnet werden. Im Rahmen der Shortfallkonzeption existiert eine Reihe von Risikokennziffern, die in verschiedenem Ausmaß Informationen der zugrunde liegenden Verteilung verarbeiten. Eine allgemeine Fundierung der Shortfallkonzeption ist in Anhang 3C dargestellt. Im Folgenden gehen wir allgemein aus von einer Zufallsgröße X mit Verteilungsfunktion $F(x)$ und existierender Dichte $f(x)$.

Die einfachste Risikomaßzahl im Rahmen der Shortfallkonzeption ist die *Shortfallwahrscheinlichkeit*

$$\mathrm{SW}_z(X) = \mathrm{P}(X \leq z) = F(z)\,. \tag{3.46}$$

Diese misst die Wahrscheinlichkeit dafür, dass Realisationen der Zufallsgröße auftreten, die zu einer Unterschreitung des angestrebten Targets führen. Nachfolgende Abbildung illustriert diesen Sachverhalt anhand eines (normalverteilten) Finanzinvestments, dessen mittlere Rendite sich auf 10% beläuft, wobei eine Mindestrendite von z = 4% angestrebt wird.

Die Shortfallwahrscheinlichkeit entspricht somit anschaulich gerade der Wahrscheinlichkeitsmasse derjenigen Realisationen der Zufallsgröße, die das geforderte Target nicht überschreiten. Die Shortfallwahrscheinlichkeit ist ein einfaches, aber sehr flexibles Instrument zur Steuerung von Finanzinvestments. Ein Kritikpunkt an dieser Risikokennziffer ist, dass die mögliche Unterschreitungshöhe keine Berücksichtigung findet, vielmehr werden kleine und große Unterschreitungen der Zielgröße bei der Risikomessung gleich stark bewertet. Dies ist etwa dann von Relevanz, wenn die Zielgröße eine Schwelle darstellt, deren Unterschreitung für einen Entscheidungsträger mit erheblichen persönlichen oder auch rechtlichen Konsequenzen verbunden ist.

Eine zweite Risikokennziffer, die sowohl Informationen über Wahrscheinlichkeit als auch über das Ausmaß einer möglichen Unterschreitung der Zielgröße berücksichtigt, ist der *Shortfallerwartungswert*.

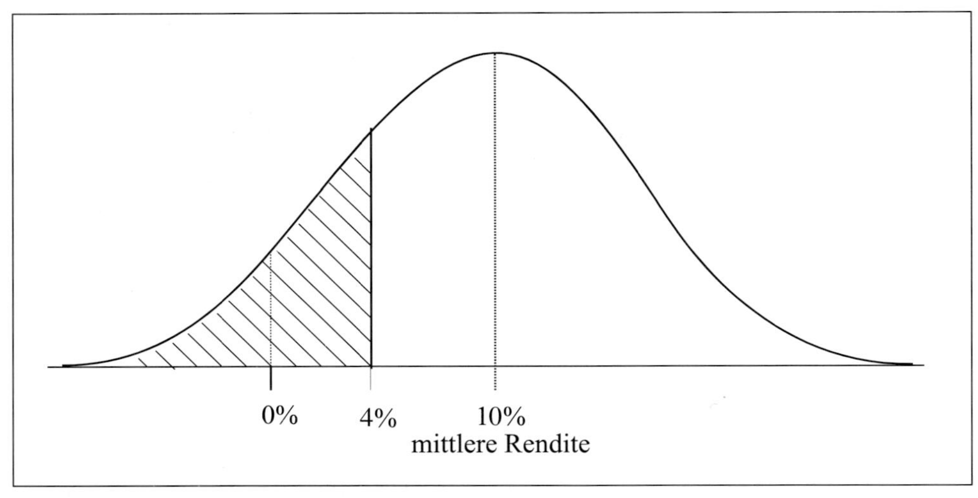

Abb. 3.10: Shortfallwahrscheinlichkeit bei einer Zielrendite von 4%

(3.47) $$SE_z = \int_{-\infty}^{z} (z - x)\, f(x)\, dx,$$

der eine Kennzahl für den mittleren Betrag der Unterschreitung des angestrebten Zielgröße z darstellt.

Für den Shortfallerwartungswert gilt[8] die folgende Faktorisierung:

(3.48) $$SE_z(X) = SW_z(X) \cdot MEL_z(X).$$

Hierbei bezeichnet die Kennziffer $MEL_z(X)$ den so genannten *Mean Excess Loss* (mittlerer Excessverlust), formal

(3.49) $$MEL_z(X) = E(z - X \mid X < z)\ ,$$

mithin intuitiv die mittlere Unterschreitungshöhe (relativ zur Zielgröße z) unter der Bedingung, dass ein Shortfall eintritt. Das MEL-Maß ist als bedingter (Shortfall-)Erwartungswert definiert.[9]

Die Faktorisierung (3.48) bedeutet somit intuitiv, dass der Shortfallerwartungswert (der Erwartungswert wird hierbei über alle Realisationen der Zufallsgröße gebildet, welche die Zielgröße unterschreiten) sich als Produkt einerseits der Wahrscheinlichkeit ergibt, dass die Referenzgröße unterschritten wird und andererseits der aus dieser Konstellation resultierenden

8 Vgl. hierzu allgemein (3C.9) im Anhang 3.C

9 Eine Einführung in die formale Konzeption bedingter Wahrscheinlichkeiten und bedingter Erwartungswerte ist in Anhang 3D enthalten ist.

mittleren Unterschreitung. Neben seiner Rolle im Kontext des Shortfallerwartungswertes, spielt der MEL auch als eigenständiges Risikomaß eine zunehmend bedeutsame Rolle. So kann diese Kennziffer auch als *Worst Case-Risikomaß* interpretiert werden, es misst gerade die durchschnittlichen Konsequenzen aus einer unerwünschten Situation (Shortfall) unter der Annahme, dass diese eintreten wird.

Beispiel 3.1: Shortfallrisikomaße

Wir betrachten eine diskrete Renditezufallsgröße R, es gelte $P(R = r_i) = p_i$ mit ($i = 1, \ldots, 5$). Im Einzelnen sei:

$$\begin{array}{ll} r_1 = -0{,}1 & p_1 = 0{,}1 \\ r_2 = -0{,}05 & p_2 = 0{,}1 \\ r_3 = 0{,}0 & p_3 = 0{,}1 \\ r_4 = 0{,}1 & p_4 = 0{,}5 \\ r_5 = 0{,}2 & p_5 = 0{,}2 \end{array}$$

Als Zielrendite fungiere $z = 0{,}05$. Berechnet werden sollen die Shortfallwahrscheinlichkeit, die Shortfallerwartung sowie der Mean Excess Loss.

Für die Shortfallwahrscheinlichkeit gilt:

$$SW_z(R) = p_1 + p_2 + p_3 = 0{,}3.$$

Für den Shortfallerwartungswert gilt entsprechend zu (3.47)

$$\begin{aligned} SE_z(R) &= \sum_{r_i \le 0{,}05} (0{,}05 - r_i)p_i \\ &= 0{,}15p_1 + 0{,}1p_2 + 0{,}05p_3 = 0{,}03. \end{aligned}$$

Die Shortfallerwartung relativ zur Zielrendite ist damit relativ gering, obwohl deutliche Unterschreitungen der Zielgröße vorkommen können. Dies wird aber »kompensiert« durch die geringe Eintrittswahrscheinlichkeit.

Für den Mean-Excess-Loss gilt entsprechend zu (3.49) und den Ausführungen des Anhangs 3C zum bedingten Erwartungswert und zu bedingten Wahrscheinlichkeiten:

$$MEL_z(R) = \sum_{r_i \le 0{,}05} (0{,}05 - r_i)P(R = r_i \mid R \le 0{,}05).$$

Die bedingten Wahrscheinlichkeiten ergeben sich (für $i = 1$, 2 und 3) einheitlich zu

$$P(R = r_i \mid R \le 0{,}05) = \frac{p_i}{p_1 + p_2 + p_3} = \frac{1}{3}.$$

Der Mean Excess Loss beträgt damit insgesamt 0,1. Durch die Vornahme der Bedingung auf den Eintritt eines Verlusts $R \le 0{,}05$, werden die (bedingten) Eintrittswahrscheinlichkeiten deutlich höher und damit auch die mittlere Abweichung von der Zielrendite.

Als vierte beispielhafte Risikokennziffer im Rahmen der Konzeption des Shortfallrisikos sei nun die *Shortfallvarianz* behandelt, formal:

$$\text{(3.50)} \qquad SV_z(X) := \int_{-\infty}^{z} (z - x)^2 f(x)\,dx\ .$$

Die Shortfallvarianz ist ein Maß für die mittlere quadratische Streuung der betragsmäßigen Unterschreitung der Zielgröße z. Wird die Zielgröße in Höhe des Erwartungswertes gewählt, $z = E(X)$, so entspricht die resultierende Größe der Semivarianz. Ausgehend von der Shortfallvarianz wird die Shortfallstandardabweichung entsprechend definiert durch

$$\text{(3.51)} \qquad SSD_z(X) = +\sqrt{SV_z(X)}\ .$$

In Verallgemeinerung der bisherigen Konstruktionen liefert die Klasse der so genannten *Lower Partial Moments* vom Grad n, formal

$$\text{(3.52)} \qquad LPM_n(X,z) = \int_{-\infty}^{z} (z - x)^n f(x)\,dx\ ,$$

eine breite Klasse von Risikokennziffern, die zudem die bisher behandelten Fälle Shortfallwahrscheinlichkeit ($n = 0$), Shortfallerwartung ($n = 1$) und Shortfallvarianz ($n = 2$) umfasst.

Shortfallmaße besitzen den Vorzug einer Risikodefinition, die konsistent ist zu einem intuitiven Risikoverständnis. Zudem nehmen sie spezifischen Bezug auf den Investor in Form des vorzugebenden finanziellen Targets. Ist das Finanzinstrument durch eine asymmetrische Verteilung gekennzeichnet, so sind shortfallbasierte den volatilitätsbasierten Risikomaßen überlegen.

Ein Nachteil von Shortfallrisikomaßen besteht darin, dass es im Rahmen einer Portfoliobildung nicht in einfacher Weise möglich ist, das Gesamtrisiko eines Portfolios als Funktion der entsprechenden Einzelrisiken der jeweiligen Finanztitel zu ermitteln.

Im Falle des Vorliegens einer Stichprobe $\{x_1, \ldots, x_T\}$ von unabhängigen Realisationen des Finanzinvestments liefert die folgende Größe LPM_z^* eine geeignete verteilungsfreie (empirische) Schätzgröße für das Lower-Partial-Moment von Grad n:

$$\text{(3.53)} \qquad LPM_n^*(z) = \frac{1}{T} \sum_{t=1}^{T} (z - x_t)^n I(x_t)\ ,$$

dabei ist $I(x_t) = 1$, falls $x_t < z$ und $I(x_t) = 0$ für alle $x_t \geq z$.

Beispiel 3.2: Schätzung der Shortfallwahrscheinlichkeit

Geschätzt werden soll die Größe LPM_0 (Shortfallwahrscheinlichkeit) unter Vorgabe einer Mindestverzinsung von $z = 2\%$. Von 85 beobachteten Renditen einer Zeitreihe sind 24 kleiner als 2%. Die empirische Shortfallhäufigkeit und damit die Schätzgröße für die Shortfallwahrscheinlichkeit beträgt damit 24/85 = 0,2823.

Gerade in der empirischen Identifikation liegt ein weiteres Problem der Lower Partial Moments. Die verteilungsfreie Schätzung gemäß (3.53) kann hohe Schätzungenauigkeiten aufweisen, vor allem für kleine Targetwerte, die »weit« vom Erwartungswert entfernt sind. Auf die Stabilität der gemäß (3.53) ermittelten Schätzwerte ist somit kritisches Augenmerk zu richten.

Abschließend soll noch darauf hingewiesen werden, dass die formelmäßigen Berechnungsgrundlagen der Lower Partial Moments der Grade $n = 0$, 1 und 2 bei Vorliegen einer Normal- bzw. Lognormalverteilung in Anhang 3C.4 enthalten sind.

3.6.4 Quantile als Risikomaße

Einen differenzierten Einblick in die Wahrscheinlichkeitsbelegung und damit in die Risiko- aber auch Chancenstruktur, liefern die Quantile einer Verteilung. Die Quantile stellen diejenigen Ausprägungen der Zufallsgröße dar, die mit einer spezifischen Wahrscheinlichkeit über- bzw. unterschritten werden. Die Quantile stellen eine Verallgemeinerung des Konzepts des Medians dar. Während der Median die Wahrscheinlichkeitsmasse in zwei gleich große Teile aufteilt, unterteilt ein allgemeines Quantil die Wahrscheinlichkeitsmasse in zwei ungleiche Teile. Allgemein bezeichnet man denjenigen Wert Q_ε als ε-Quantil der Verteilungsfunktion F einer Zufallsvariablen X, für den gilt

(3.54) $$P(X \leq Q_\varepsilon) = \varepsilon \text{ bzw. } P(X > Q_\varepsilon) = 1 - \varepsilon.$$

Dieser ist für Verteilungen, die eine Dichtefunktion besitzen, eindeutig bestimmt. Ist $F(x)$ die Verteilungsfunktion der stetigen Zufallsvariablen X so gilt $F(Q_\varepsilon) = \varepsilon$ und dazu äquivalent $Q_\varepsilon = F^{-1}(\varepsilon)$. Das ε-Quantil ist derjenige Wert, unterhalb dessen eine Wahrscheinlichkeitsmasse der Höhe ε liegt. Die nachfolgende Abbildung illustriert diese Eigenschaft, wobei $f(x)$ die Dichtefunktion von X bezeichne.

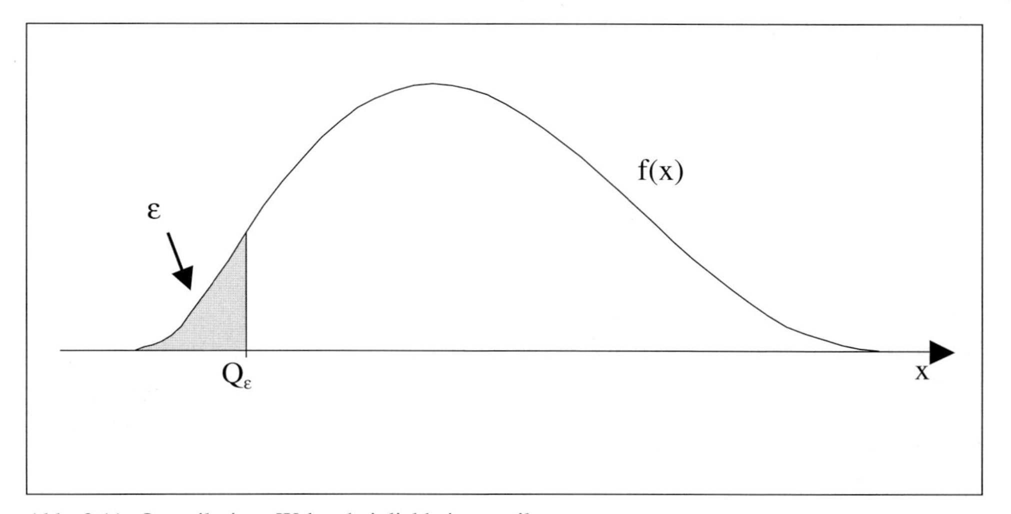

Abb. 3.11: Quantil einer Wahrscheinlichkeitsverteilung

Zwischen der Konzeption der Shortfallwahrscheinlichkeit und den Quantilen besteht ein dualer Zusammenhang. Bei der Shortfallwahrscheinlichkeit wird ein spezifischer möglicher Wert vorgegeben und die zugehörige Unterschreitungswahrscheinlichkeit bestimmt, bei den Quantilen wird die Über- bzw. (äquivalent) die Unterschreitungswahrscheinlichkeit vorgegeben und die zugehörige Ausprägung bestimmt. Allgemein gilt für das ε-Quantil Q_ε einer Zufallsvariablen mit einer stetigen Verteilungsfunktion F

(3.55) $$Q_\varepsilon = F^{-1}(\varepsilon) = \max(z; SW_z(x) \le \varepsilon)$$

Wir betrachten im Weiteren zunächst die Standardnormalverteilung, deren ε-Quantil mit N_ε bezeichnet werde. Zunächst gilt allgemein, dass aufgrund der Symmetrie der Standardnormalverteilung zum Nullpunkt das (1-ε)-Quantil $N_{1-\varepsilon}$ gegeben ist durch $N_{1-\varepsilon} = -N_\varepsilon$, wobei dann $N_{1-\varepsilon} > 0$. Dieser Sachverhalt wird nochmals grafisch in Abbildung 3.12 dargestellt.Da die Quantile der Standardnormalverteilung ein zentraler Ausgangspunkt der Bestimmung von Quantilen anderer Verteilungen sind, sind in der Tabelle 3.3 eine Reihe von ausgewählten Werten zusammengestellt.

$N_{0,01}$	$N_{0,05}$	$N_{0,1}$	$N_{0,2}$	$N_{0,25}$	$N_{0,5}$	$N_{0,75}$	$N_{0,8}$	$N_{0,9}$	$N_{0,95}$	$N_{0,99}$
-2,326	-1,645	-1,282	-0,842	-0,674	0	0,674	0,842	1,282	1,645	2,326

Tab. 3.3: Ausgewählte Quantile der Standardnormalverteilung

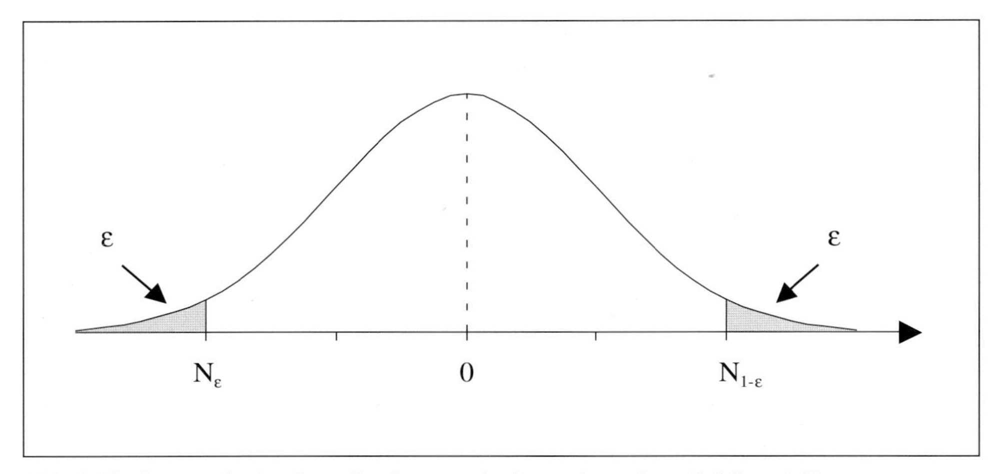

Abb. 3.12: Symmetrie der Quantile einer standardnormalverteilten Zufallsvariablen

Bezeichnet man mit N_ε (μ, σ) das ε-Quantil einer beliebigen Normalverteilung, so gilt der folgende Zusammenhang zum ε-Quantil der Standard-Normalverteilung

(3.56) $$N_\varepsilon(\mu,\sigma) = \mu + N_\varepsilon\sigma = \mu - N_{1-\varepsilon}\sigma\,.$$

Bezeichnet ferner $LN_\varepsilon(m,v^2)$ das ε-Quantil einer Lognormalverteilung, so gilt die Beziehung

(3.57) $$LN_{\varepsilon}(m, v^2) = e^{m+N_{\varepsilon}v} = e^{m-N_{1-\varepsilon}v}$$

Zur Demonstration der Anwendung der Konzeption der Quantile nehmen wir im Weiteren einen Vergleich der Normal- mit der Lognormalverteilung vor. In Fortführung der Illustration des Abschnitts 3.3.2 sind in der folgenden Tabelle eine Reihe von ausgewählten Quantilen zusammengestellt, mit alternativer Annahme einer Normalverteilung bzw. Lognormalverteilung, wobei die Periodenrendite einheitlich einen Erwartungswert von 12% bzw. eine Standardabweichung von 20% aufweist.

Quantil	Normalverteilung	Lognormalverteilung
1%	-0,3453	-0,2699
5%	-0,2090	-0,1762
10%	-0,1363	-0,1214
25%	-0,0149	-0,0216
50%	0,1200	0,1026
75%	0,2549	0,2425
90%	0,3763	0,3836
95%	0,4490	0,4756
99%	0,5853	0,6649

Tab. 3.4: Quantile bei normal- und lognormalverteilten Renditen

Die berechneten Quantile spiegeln den unterschiedlichen Verlauf der beiden Verteilungsfunktionen sehr gut wider. Die 50%- und 25%-Quantile der Lognormalverteilung sind kleiner als die entsprechenden Quantile der Normalverteilung. Auf diesem Niveau ist somit die »Gefährlichkeit« der Lognormalverteilung (größere Wahrscheinlichkeit für eine Unterrendite) höher, dies schlägt um für die 10%-, 5%- und 1%- Quantile. Die Begründung dafür liegt darin, dass die Normalverteilung einen nach unten unbegrenzten Wertebereich aufweist. Bei den 50%- und 75%- Quantilen weist die Normalverteilung höhere Werte auf, vice versa bei den 90%-, 95%- und 99%-Quantilen, hier kommt die Rechtsschiefe der Lognormalverteilung zum Tragen.

Die 5%-, 25%-,50%-,75%- und 95% -Quantile der Tabelle 3.4 sind in Abbildung 3.13 nochmals grafisch aufbereitet. Entsprechende Grafiken erlauben einen schnellen Überblick über die jeweilige Verteilung der Wahrscheinlichkeitsmasse und ermöglichen einen guten Vergleich alternativer Belegungen (etwa bei unterschiedlichen Verteilungsannahmen, unterschiedlichen Zeithorizonten, unterschiedlichen Anlageportefeuilles).

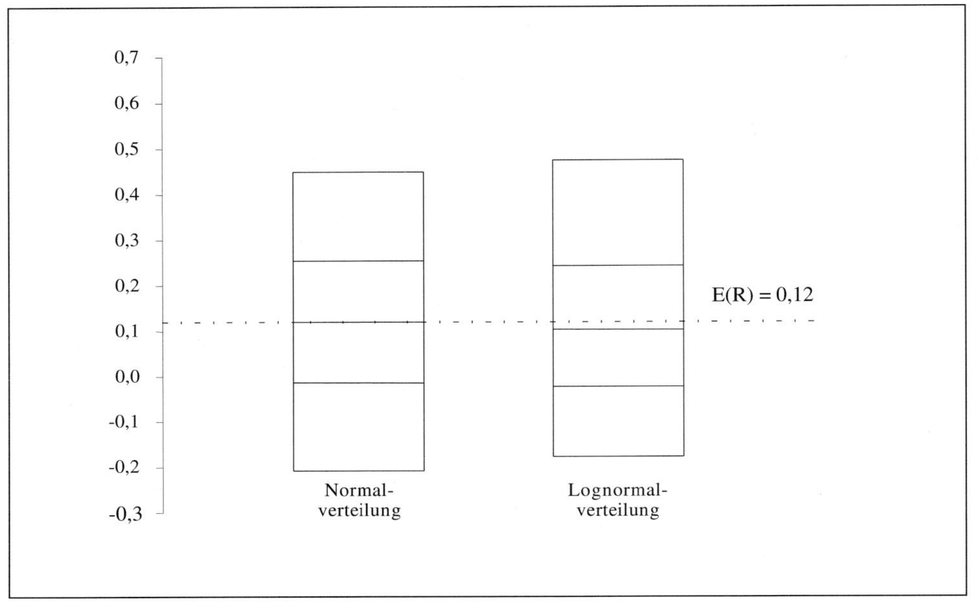

Abb. 3.13: Illustration der Quantile der Normal- und Lognormalverteilung

3.6.5 Der Value at Risk

Ein spezifisches Quantilrisikomaß von zentraler Bedeutung für die Risikosteuerung (insbesondere der Kapitalunterlegung von bestehenden Marktrisiken) von Banken ist der *Value at Risk* (VaR).[10] Wir betrachten hierzu eine Finanzposition über ein Intervall $[t, t + h]$ der Länge h mit den entsprechenden Marktwerten $V_t = v_t$ und V_{t+h} am Anfang bzw. am Ende der betrachteten Periode. Die Größe $L = L_h = v_t - V_{t+h}$ entspricht offenbar der potenziellen Verlusthöhe der Finanzposition über das betrachtete Zeitintervall. Formal ist nun der Value at Risk der Finanzposition zum Konfidenzniveau $0 < \alpha < 1$ über den betrachteten Zeitraum definiert durch

(3.58) $$P(L > VaR_\alpha) = \alpha$$

Der Value at Risk zum Konfidenzniveau α ist somit diejenige Ausprägung der Verlusthöhe, die nur mit der vorgegebenen (kleinen) Wahrscheinlichkeit α überschritten wird. Offenbar entspricht der VaR gerade dem $(1\text{-}\alpha)$-Quantil der Verteilung der potenziellen Verlusthöhe L_h, formal $VaR_\alpha = F^{-1}(1-\alpha) = Q_{1-\alpha}(L)$, wobei F die Verteilungsfunktion von L bezeichne. Abbildung 3.14 illustriert diesen Sachverhalt.

10 Im Folgenden wird nur eine Einführung in die Value at Risk-Konzeption gegeben, eine vertiefte Behandlung erfolgt in Kapitel 15.

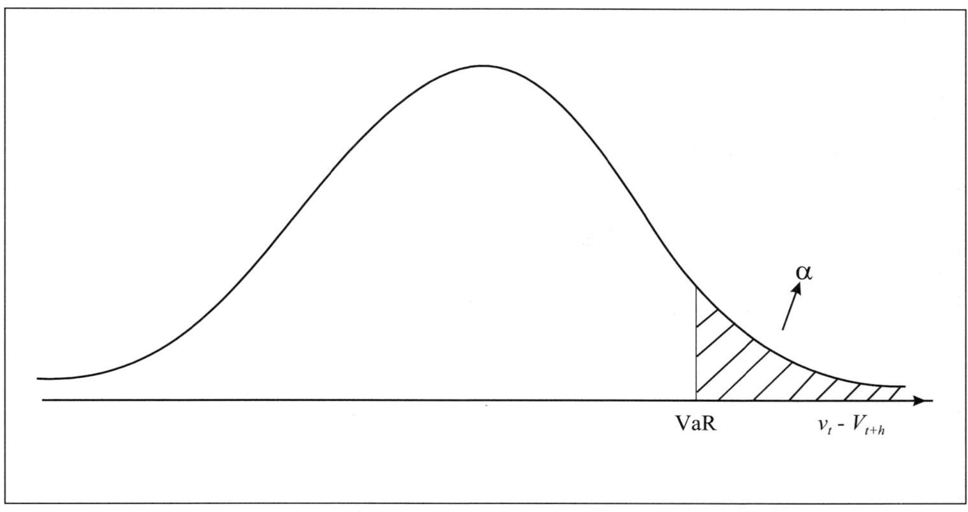

Abb. 3.14: Value at Risk als (1-α)-Quantil der Verteilung der Verlusthöhe

Interpretiert man den VaR als Höhe eines zu unterlegenden Kapitals, dann besagt (3.58), dass die Wahrscheinlichkeit der Aufzehrung dieses Kapitals durch ein negatives Investmentergebnis kontrolliert klein ist.

Gehen wir davon aus, dass der Periodenverlust L einer Normalverteilung mit den Parametern $E(L)$ und $\sigma(L)$ folgt, so ergibt sich der zugehörige Value at Risk zum Konfidenzniveau α entsprechend der Bestimmung des $(1-\alpha)$-Quantils im Falle der Normalverteilung zu

(3.59) $$VaR_\alpha(L) = E(L) + N_{1-\alpha}\sigma(L).$$

Im Falle der Lognormalverteilung, d.h. $L \sim LN(m, v^2)$ lautet das entsprechende Resultat:

(3.60) $$VaR_\alpha(L) = \exp(m + N_{1-\alpha}v).$$

Nimmt man – wie in der Bankenpraxis üblich – an, dass die mittlere Rendite $E(L)$ über das betrachtete Zeitintervall approximativ gleich null ist (was vor allem für kurze Zeitintervalle, etwa ein Tag, eine Woche, als erfüllt angesehen werden kann), so verschwindet der zweite Term auf der rechten Seite der Beziehung (3.59) und der Value at Risk wird damit proportional zur Standardabweichung.

Im letzteren Fall ist der VaR damit ein Risikomaß des Typus I, wohingegen er im Allgemeinen ein Risikomaß des Typus II ist. Die Betrachtung des Risikomaßes VaR – E(L), d.h. die Korrektur um den Lageparameter, führt zu einer VaR-Variante, die ein Risikomaß des Typus I beinhaltet. Teilweise wird der VaR in der Literatur auch direkt so definiert. So spricht *Dowd* (1998, S. 40 f.) ähnlich wie *Jorion* (1997, S. 87 f.) von VaR »relative to the mean« im Unterschied zum VaR »in absolute dollar terms«.

Beispiel 3.3: Value at Risk bei Normalverteilungsannahme
Nehmen wir an, der heutige Kurs eines getätigten Finanzinvestments betrage v_t = 100. Über den Zeitraum des nächsten Tages gehen wir von einer Normalverteilung mit Mittelwert 0,03 und Standardabweichung 0,05 aus. Wie hoch ist der Value at Risk zu einem Konfidenzniveau in Höhe von α = 1%?

Aus Tabelle 3.3 folgt $N_{0,99}$ = 2,326. Gemäß (3.59) ergibt sich der Value at Risk für die betrachtete Halteperiode von einem Tag in der angenommenen Konstellation daher zu

$$VaR = 100\ [2{,}326\ (0{,}05) - 0{,}03] = 8{,}63.$$

Die Wahrscheinlichkeit, dass ein höherer Kursverlust als 8,63 eintritt, d.h. der Kurs am nächsten Tag unter 91,37 sinkt, ist dann gleich dem gewählten Konfidenzniveau von α = 1%. Bildet der Investor eine Kapitalreserve in Höhe von 8,63, dann kann der aus dem Finanzinvestment resultierende potenzielle Verlust am nächsten Tag mit einer Wahrscheinlichkeit von 99% aufgefangen werden.

Bezieht man die VaR-Definition nicht auf die Ebene der absoluten Geldeinheiten, sondern auf die Renditeebene, so gelangt man zur Konzeption der *Wahrscheinlichen Mindestrendite (Probable Minimum Return)* PMR. Ausgehend von einer Einperiodenrendite R und einem Konfidenzniveau α lautet in Analogie zu (3.58) die Bedingungsgleichung dann

(3.61) $$P(R \leq PMR_\alpha) = \alpha \quad \text{bzw.} \quad P(R > PMR_\alpha) = 1-\alpha\ .$$

Anschaulich findet daher eine Unterschreitung des PMR zum Konfidenzniveau α (im Durchschnitt) nur in $100\alpha\%$ der Realisierungen von R statt bzw. eine Überschreitung (im Durchschnitt) in $100(1-\alpha)\%$ der Realisierungen. Der *PMR* entspricht offenbar dem α-Quantil der Verteilung der Rendite R. Insofern folgt aus den entsprechenden Resultaten des Abschnitts 3.6.4

(3.62) $$PMR_\alpha = E(R) - N_{1-\alpha}\ \sigma(R)$$

im Normalverteilungsfall sowie

(3.63) $$PMR_\alpha = \exp(m - N_{1-\alpha}\ v) - 1$$

im Lognormalverteilungsfall, d.h. $\ln(1+R) \sim N(m,v^2)$.

Beispiel 3.4: Probable Minimum Return bei Normalverteilungsannahme
Gegeben sei eine normalverteilte Einperiodenrendite $R \sim N(\mu,\sigma^2)$ mit μ = 0,05 sowie $\sigma = 0{,}10$. Man bestimme die Wahrscheinliche Mindestrendite PMR zum Konfidenzniveau 5%.

Zunächst gilt gemäß Tabelle 3.3 $N_{0,95} = 1{,}645$, aus (3.62) folgt dann

$$PMR_{0,05} = 0{,}05 - (1{,}645)\ 0{,}1 = -0{,}1145.$$

Dies bedeutet, dass in 5% der Realisationen von R diese kritische Rendite in Höhe von –11,45% unterschritten oder bestenfalls erreicht wird bzw. in 95% der Fälle überschritten wird.

3.6.6 Conditional Value at Risk

Wie im Falle des Value at Risk gehen wir wieder von der Verlustverteilung $L = L_h$ eines Finanzinvestments über eine Anlageperiode der Dauer h aus. Das Risikomaß Conditional Value at Risk (CVaR) zum Konfidenzniveau α ist dann definiert durch

$$CVaR_{\alpha}(L) = E[L \mid L > VaR_{\alpha}] = E[L \mid L > Q_{1-\alpha}], \tag{3.64}$$

wobei $Q_{1-\alpha}$ das $(1-\alpha)$-Quantil der Verteilung von L bezeichne. Unter Rückgriff auf die Interpretation des Value at Risk als Verlusthöhe, die (im Durchschnitt) nur in $100\alpha\%$ der Fälle überschritten wird, kann der CVaR dann intuitiv als durchschnittlicher Maximalverlust in den $100\alpha\%$ schlechtesten Fällen interpretiert werden. Vor diesem Hintergrund kann der CVaR auch als Worst Case-Risikomaß apostrophiert werden, da er auf das Risikoausmaß in den schlechtesten Fällen fokussiert.

Es sei noch angefügt, dass der CVaR die Zerlegung

$$CVaR_{\alpha}(L) = VaR_{\alpha}(L) + E[L - VaR_{\alpha} \mid L > VaR_{\alpha}] \tag{3.65}$$

besitzt. Hierdurch wird zunächst deutlich, dass der CVaR stets zu einem höheren Risiko (einer höheren Kapitalunterlegung) führt als der VaR. Ferner berücksichtigt der CVaR nicht nur die Verlustwahrscheinlichkeit, sondern auch die mittlere Höhe des Verlustes (relativ zum VaR), wenn ein solcher Verlust eintreten sollte. Insgesamt ergibt sich der CVaR damit in anschaulicher Weise als Summe des Value at Risk sowie der mittleren Überschreitung im Überschreitungsfall (mittlere bedingte Überschreitung).

Interpretiert man den CVaR als notwendiges Risikokapital, so setzt sich dieses damit aus drei Komponenten zusammen:

Notwendiges Risikokapital =
Erwarteter Verlust $E(L)$
+ Quantilkapital $VaR_{\alpha} - E(L)$
+ Excesskapital $E[L - VaR_{\alpha} \mid L > VaR_{\alpha}]$.

Die erste Komponente des notwendigen Risikokapitals deckt den mittleren Verlust ab, die zweite Komponente anschaulich gesprochen die Differenz zum $100(1-\alpha)\%$-Maximalverlust. Das Excess- oder Stress-Kapital schließlich deckt den mittleren Excess-Verlust in denjenigen Fällen ab, in denen der realisierte Verlust den $100(1-\alpha)\%$-Maximalverlust übersteigt. Die nachfolgende Abbildung 3.15 dient der Illustration des dargelegten Sachverhalts.

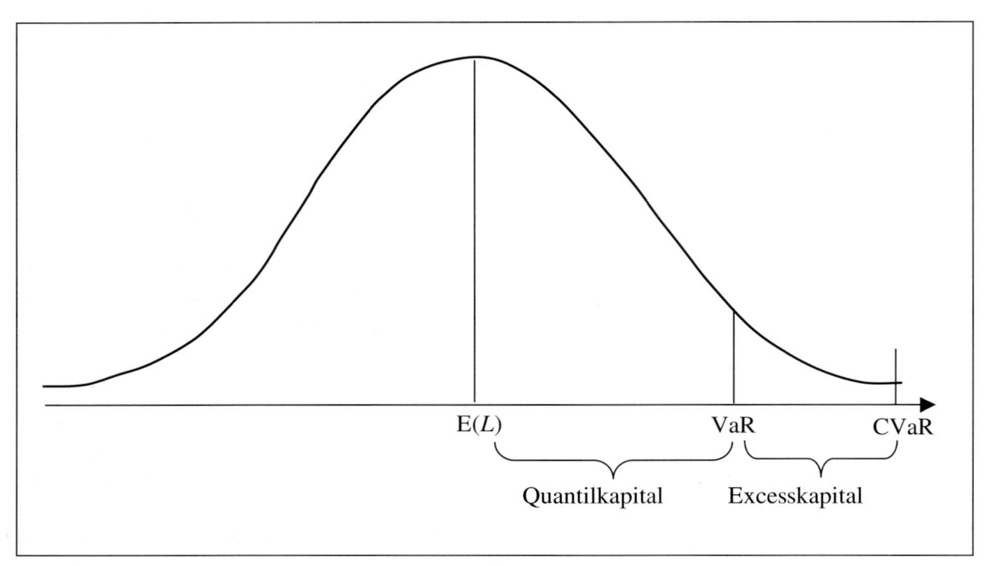

Abb. 3.15: Zerlegung des notwendigen Risikokapitals

Im Falle normalverteilter Verluste, d.h. $L \sim N(\mu, \sigma^2)$, existiert die folgende explizite Lösung für den CVaR

$$CVaR_\alpha(L) = E(L) + \frac{\varphi(N_{1-\alpha})}{\alpha}\sigma(L), \tag{3.66}$$

dabei ist wiederum $N_{1-\alpha}$ das (1–α)-Quantil der Standardnormalverteilung und φ bezeichnet die Dichtefunktion der Standardnormalverteilung.

Im Falle der Lognormalverteilung, d.h. $L \sim N(m, v^2)$, ergibt sich das folgende Resultat:

$$CVaR_\alpha(L) = E(L)\frac{1-\Phi(N_{1-\alpha} - v)}{\alpha}, \tag{3.67}$$

dabei bezeichne Φ die Verteilungsfunktion der Standardnormalverteilung.

Wie im Falle des Value at Risk, bei dem wir die Renditevariante Wahrscheinliche Mindestrendite betrachtet haben, existiert auch beim Conditional Value at Risk eine Variante auf der Renditeebene, die *Worst Case-Durchschnittsrendite* (*Worst Case-Average Return*) WCAR. Wiederum unter Vorgabe eines Konfidenzniveaus α ist dabei für eine zufallsabhängige Einperiodenrendite R der Worst Case-Average Return zum Niveau α definiert durch

$$WCAR_\alpha := E\left[R \mid R < PMR_\alpha\right]. \tag{3.68}$$

Anschaulich beinhaltet der Worst Case-Average Return daher die mittlere Rendite unter der Bedingung, dass der Probable Minimum Return unterschritten wird. Unter Beachtung der in Abschnitt 3.6.5 gegebenen Interpretation des PMR kann der WCAR zum Konfidenzniveau α daher insgesamt als »mittlere Rendite in den 100α% schlechtesten Fällen« interpretiert werden.

Im Falle einer normalverteilten Einperiodenrendite R *gilt*

$$WCAR_\alpha = E(R) - \frac{\varphi\left(N_{1-\alpha}\right)}{\alpha}\sigma(R) \; . \tag{3.69}$$

Dabei bezeichnet wiederum $N_{1-\alpha}$ das $(1-\alpha)$-Quantil der Standardnormalverteilung und $\varphi(x)$ die Dichtefunktion der Standardnormalverteilung.

Im Falle der Annahme einer logarithmischen Normalverteilung, etwa der Form $\ln(1+R) \sim N(m, v^2)$, gilt hingegen

$$WCAR_\alpha = \left[1 + E(R)\right] \frac{\Phi(-N_{1-\alpha} - v)}{\alpha} - 1 \; . \tag{3.70}$$

Beispiel 3.5: Worst Case-Average Return im Normalverteilungsfall
Unter Voraussetzung der Konstellation in Beispiel 3.4 sei nun auch die Worst Case-Durchschnittsrendite zum Konfidenzniveau 5% zu bestimmen. Man verwende hierzu noch die Information, dass $\varphi\ (N_{0,95}) = 0{,}103$.

Aus (3.69) folgt dann

$$WCAR_{0,05} = 0{,}05 - \frac{0{,}103}{0{,}05} 0{,}1 = -0{,}156$$

Die durchschnittliche Rendite in den 5% schlechtesten Fällen beträgt somit -15,6%, die liegt nochmals substanziell unter der Wahrscheinlichen Mindestrendite in Höhe von -11,45%.

3.6.7 Stress-Risikomaße

Die bislang diskutierten Risikomaße waren statistische Risikomaße in dem Sinne, dass in ihre Berechnung sowohl Eintrittshöhen als auch Eintrittswahrscheinlichkeiten der zugrunde liegenden Wertentwicklung eingehen. Ergänzend bzw. flankierend kann man Risikomaße betrachten, die auf den unter Annahme bestimmter besonders ungünstiger Szenarien (Stress-Szenarien) resultierenden Wertänderungen beruhen. Ein solches Szenario kann z.B. in dem angenommenen Rückgang der Aktienkurse um 25% oder in einem simultanen Rückgang der Aktienkurse um 15% bei gleichzeitiger Erhöhung des langfristigen Zinses um einen Prozentpunkt bestehen. Oder es kann rückblickend festgestellt werden, welche Minimalrenditen von Fonds aus einem bestimmten Universum (etwa alle nationalen Aktienfonds) über bestimmte vergangene Zeitperioden (etwa: alle Vierteljahresrenditen in einem Zeitraum von 5 Jahren) realisiert wurden.

3.7 Fallstudie: Wahrscheinliche Mindestrendite und Worst Case-Durchschnittsrendite bei Aktien-/Renteninvestments

Wir gehen im Weiteren aus von einem einperiodigen Aktieninvestment (etwa in den DAX) sowie einem einperiodigen Renteninvestment (etwa in den REXP). Als Ausgangsparameter für unsere Evaluation verwenden wir die folgenden Spezifikationen:

- mittlere Rendite Aktieninvestment: 8%
- mittlere Rendite Renteninvestment: 5,5%
- Renditestandardabweichung (Volatilität) Aktieninvestment: 20%
- Volatilität Renteninvestment: 5%
- Korrelation Aktien/Renten: 0,2.

Die Werte für die mittleren Renditen werden dabei tendenziell prospektiv festgelegt und folgen einem ökonomischen Basisszenario, das von einem moderaten Wirtschaftswachstum und einer moderaten Inflationsentwicklung ausgeht. Die Risikoprämie (Rendite Aktien minus Rendite Renten) in Höhe von 2,5% wurde ebenfalls eher konservativ angesetzt. Volatilität und Korrelation wurden hingegen retrospektiv auf der Basis statistischer Analysen festgelegt. Es wird ferner unterstellt, dass die Einperiodenrenditen lognormalverteilt sind. Tabelle 3.5 enthält für ausgewählte Aktien-/Rentenmischungen die resultierenden Werte für die Wahrscheinliche Mindestrendite (PMR) und die Worst Case-Durchschnittsrendite (WCAR), jeweils zu einem Konfidenzniveau von 10%.

Mischung Aktien/Renten		10%-PMR	10%-WCAR
100%	0%	-16,07%	-22,85%
0%	100%	-0,82%	-3,01%
4%	96%	-0,75%	-2,94%

Tab. 3.5: PMR/WCAR-Werte bei ausgewählten Aktien-/Rentenmischungen

Zunächst wird anhand dieser Ergebnisse deutlich, dass ein 100%-iges Investment in Aktien zu einem 10%-PMR von -16,07% führt, d.h. im Durchschnitt in einem von 10 Jahren wird sich – unter den getroffenen Annahmen – eine Rendite realisieren, die geringer ist als –16,07%. Der 10%-WCAR, d.h. die erwartete Rendite in diesem einen schlechten Jahr liegt nochmals ca. 6,5 Prozentpunkte tiefer. Bei einem reinen Renteninvestment ist der 10%-PMR leicht negativ, der 10%-WCAR etwas deutlicher. Die Mischung 4% Aktien und 96% Renten ist schließlich diejenige Mischung, aus der ein maximaler 10%-PMR resultiert. Aber auch in diesem für den 10%-PMR »besten Fall« gelingt es nicht, zu einem nicht negativen PMR-Wert zu gelangen.

3.8 Zufallsabhängige Durchschnittsrenditen

Wir knüpfen an die Ausführungen des Abschnitts 2.2.3 zur permanenten Kapitalakkumulation an und betrachten ein Investment, unter dem ein gegebener anfänglicher Vermögenswert $V_0 = v_0$ in $t = 0$ sukzessive auf die Vermögenswerte $V_1, \ldots, V_T$ zu den Zeitpunkten $t = 1, \ldots, T$ anwachse. Der Einfachheit halber seien Kapitalzuführungen bzw. -entnahmen ausgeschlossen und sämtliche Ausschüttungen werden wieder investiert. Die zufallsabhängige Rendite R_t der t-ten Periode ist dann gegeben durch (am Anfang der jeweiligen Periode ist die konkrete Ausprägung von V_t jeweils bekannt)

(3.71)
$$R_t = \frac{V_t - v_{t-1}}{v_{t-1}} = \frac{V_t}{v_{t-1}} - 1$$

bzw. in kontinuierlicher Form

(3.72)
$$U_t = \ln(1 + R_t) = \ln\left(\frac{V_t}{v_{t-1}}\right).$$

Die arithmetische Durchschnittsrendite R_A ergibt sich in diesem Zusammenhang zu

(3.73)
$$R_A = \frac{1}{T}(R_1 + \ldots + R_T),$$

die geometrische Durchschnittsrendite R_G zu

(3.74)
$$R_G = \sqrt[T]{(1 + R_1) \cdot \ldots \cdot (1 + R_T)} - 1.$$

Schließlich ergibt sich die äquivalente, als konstant angenommene, einperiodige Zinsintensität (»durchschnittliche Zinsintensität«) zu

(3.75)
$$U_A = \frac{1}{T}\sum_{t=1}^{T} U_t = \frac{1}{T}\sum_{t=1}^{T} \ln\left(\frac{V_t}{v_{t-1}}\right).$$

Ferner besteht die Beziehung (in Verallgemeinerung von (2.43))

(3.76)
$$U_A = \ln(1 + R_G),$$

welche die direkte Verbindung der geometrischen Durchschnittsrendite mit der äquivalenten Zinsintensität widerspiegelt.

Zunächst stellt sich die Frage nach der adäquaten Verteilung der Größen R_G bzw. R_A bzw. U_A. Dabei ist insbesondere auf die Konsistenz zu den Verteilungsannahmen im einperiodigen Fall zu achten. Im Folgenden gehen wir davon aus, dass die Renditen R_t stochastisch unabhängig und identisch verteilt sind, wie im Falle einer Periode gelte dabei

(3.77)
$$E(R_t) = \mu, \quad Var(R_t) = \sigma^2.$$

Werden die Renditen als normalverteilt, d.h. $R_t \sim N(\mu, \sigma^2)$ angenommen, so gilt wegen der Geschlossenheit der Klasse der Normalverteilung unter linearen Operationen für das arithmetische Mittel

$$R_A \sim N\left(\mu, \frac{\sigma^2}{T}\right), \tag{3.78}$$

das arithmetische Mittel besitzt den Erwartungswert $E(R_A) = \mu$ und die Standardabweichung $\sigma(R_A) = \sigma/\sqrt{T}$. Die Streuung der arithmetischen Durchschnittsrendite gemäß (3.73) nimmt mit zunehmender Zahl der Perioden monoton ab, die Quantile der Renditeverteilung liegen wegen (3.56) damit immer näher am Erwartungswert. Die Kritik an der Normalverteilungsannahme wurde bereits in Abschnitt 3.3.1 deutlich gemacht, eine Alternative stellt die logarithmische Normalverteilung dar. Diese ist aber nicht geschlossen unter linearen Operationen, sodass in diesem Falle kein geschlossener Ausdruck für die Verteilung der arithmetischen Rendite existiert.

Wir wenden uns nun dem Fall logarithmisch normalverteilter Renditen $1 + R_t \sim LN(m, v^2)$ zu, wobei die Parameter m und v^2 der Lognormalverteilung zur Wahrung von (3.77) wieder durch (3.28) gegeben seien. Aufgrund von (3.43) folgt für die geometrische Durchschnittsrendite:

$$1 + R_G \sim LN\left(m, \frac{v^2}{T}\right). \tag{3.79}$$

Die Annahme einer logarithmischen Normalverteilung für die geometrische Durchschnittsrendite besitzt eine zweite Begründungsbasis. Zunächst gilt $\ln[(1 + R_G)^T] = \ln[(1 + R_1) \ldots (1 + R_T)] = \ln(1 + R_1) + \ldots + \ln(1 + R_T)$. Werden die Zufallsgrößen R_t als stochastisch unabhängig angenommen, so gilt dies auch für die Zufallsgrößen $\ln(1 + R_t)$. Nach dem Zentralen Grenzwertsatz folgt damit, dass die Verteilung der Summe dieser Zufallsvariablen mit wachsender Zahl T der Perioden immer besser durch eine Normalverteilung approximiert wird. Unabhängig von der Verteilung R_t kann dadurch die Approximation der Verteilung von $(1 + R_G)^T$ und damit der Verteilung von $1 + R_G$ durch eine logarithmische Normalverteilung begründet werden.

Für den Median, den Erwartungswert und die Varianz der geometrischen Durchschnittsrendite folgt in diesem Falle:

$$\begin{aligned} M(R_G) &= e^m - 1 \\ E(R_G) &= e^{m + \frac{1}{2}v^2/T} - 1 \\ Var(R_G) &= e^{2m + v^2/T}\left[e^{v^2/T} - 1\right]. \end{aligned} \tag{3.80}$$

Der Median der geometrischen Durchschnittsrendite ist somit im Falle der Lognormalverteilungsannahme im Zeitablauf konstant. Der Erwartungswert der geometrischen Durchschnittsrendite konvergiert in monoton fallender Weise gegen den Median. Die Varianz bzw. die Standardabweichung nehmen im Zeitablauf monoton ab und streben gegen null.

Weitere Aufschlüsse erhält man durch die Analyse der Quantile der geometrischen Durchschnittsrendite. Bezeichne $R_{1-\varepsilon}(T)$ das $(1-\varepsilon)$-Quantil der geometrischen Rendite R_ε in Abhängigkeit vom Zeithorizont, so gilt aufgrund von (3.79) in Verbindung mit (3.57):

(3.81)
$$R_{1-\varepsilon}(T) = e^{m + N_{1-\varepsilon}v/\sqrt{T}} - 1.$$

Die Quantile nähern sich damit mit wachsendem Zeithorizont T immer mehr dem Median $e^m - 1$ an. Dieser Effekt soll anhand der Abbildung 3.16 illustriert werden, welche den »80%-Wahrscheinlichkeitskanal« um den Median[11] der geometrischen Rendite, d.h. das 10%- und das 90%- Quantil in Abhängigkeit vom Zeithorizont, enthält. Dabei ist die stärkere Konzentration (innerhalb des 80%-Kanals liegen 80% der Wahrscheinlichkeitsmasse) der geometrischen Rendite um den Erwartungswert mit zunehmendem Zeithorizont deutlich zu erkennen.

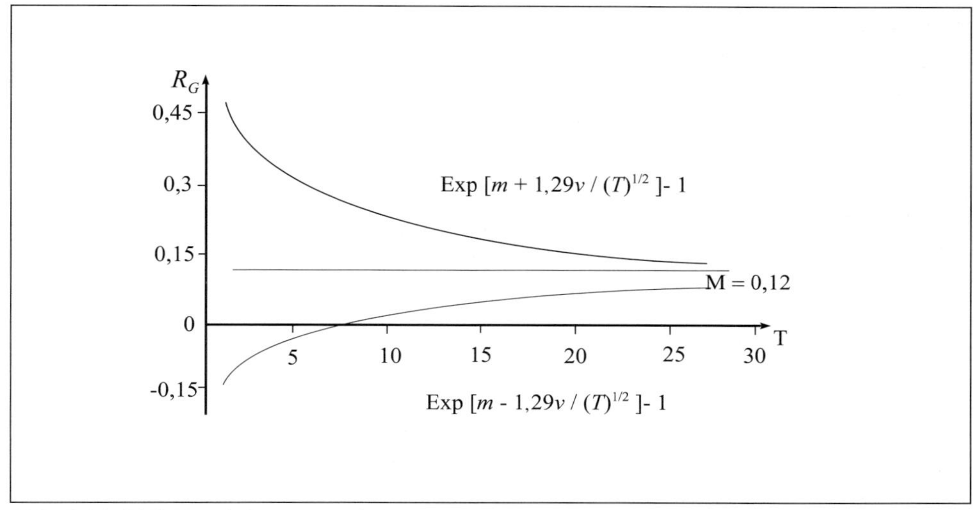

Abb. 3.16: 80%-Kanal der geometrischen Durchschnittsrendite um den Median

Die allgemeine Analyse des Konvergenzverhaltens der Verteilung der Zufallsgröße $1 + R_G$ bei einem wachsenden Anlagehorizont T macht zudem einen weiteren Effekt deutlich. Mit wachsendem T nähert sich die Verteilung von $1 + R_G$ und damit die Verteilung von R_G immer mehr der Normalverteilung. Zugleich ist die Approximation durch die Normalverteilung im Mehr-Perioden-Fall immer besser als im Ein-Periodenfall. Wichtig ist aber festzuhalten, dass die Aussage über die Normal-Approximation nur für das geometrische Mittel gültig ist und nicht für die Zufallsgröße $\prod_{t=1}^{T}(1 + R_t)$ und damit für die Verteilung des Endvermögens, denn gemäß (3.24) wächst im letzten Fall der Parameter σ^2 und damit die Schiefe der Verteilung monoton mit wachsendem Anlagehorizont. Bei Annahme logarithmisch normalverteilter Aufzinsungsfaktoren $1 + R_t$ ergeben sich gleichgelagerte Konzentrationstendenzen mit zunehmendem Zeithorizont auch für die Zinsintensität U_A. Diese kann alternativ über die Verbindung (3.76) zur geometrischen Durchschnittsrendite R_G analysiert werden oder über das arithmetische Mittel (3.75) der normalverteilten einperiodigen Zinsintensitäten U_t.

11 Dabei wird von einem Median von 0,12, d.h. m = 0,1133, und v = 0,2 ausgegangen.

Nehmen wir allgemein die Renditen R_t und damit die Größen $\ln(1 + R_t)$ als unabhängig und identisch verteilte Zufallsgrößen $R_t \sim R$ an, so lässt sich auch ohne Verteilungsannahme eine weitere Konvergenzeigenschaft nachweisen. Notieren wir die Abhängigkeit der geometrischen Rendite von Zeithorizont durch $R_G(T)$, so lässt sich aufgrund des Zusammenhangs $\ln[1 + R_G(T)] = \Sigma(1 + R_t) \;/\; T$ das starke Gesetz der großen Zahlen anwenden und es gilt mit Wahrscheinlichkeit 1

(3.82a)
$$\ln[1 + R_G(T)] \xrightarrow{T \to \infty} E[\ln(1 + R)]$$

bzw. äquivalent

(3.82b)
$$R_G(T) \xrightarrow{T \to \infty} e^{E[\ln(1 + R)]} - 1 .$$

Für große Zeithorizonte nähert sich die Verteilung der geometrischen Durchschnittsrendite immer mehr einer Einpunktverteilung, d.h. der (degenerierten) Verteilung einer deterministischen Größe an.

3.9 Fallstudie: Langfristige Shortfallrisiken eines Aktieninvestments

Im Rahmen der nachfolgenden Fallstudie soll der Frage nachgegangen werden, welchen zeitlichen Verlauf ausgewählte Shortfallrisikomaße einer repräsentativen Anlage in den deutschen Aktienmarkt in Abhängigkeit vom Zeithorizont nehmen. Als Repräsentant für die Wertentwick-lung eines Portfolios deutscher Blue Chip-Aktien wurde eine steuerbereinigte Version des Deutschen Aktienindexes DAX gewählt, im Weiteren als DAX/0 bezeichnet. Neben der Korrektur der DAX-Zeitreihe um steuerliche Effekte wird eine Inflationsbereinigung vorgenommen, d.h. sämtliche verwendeten Renditen sind in realen Termen. Zur Generierung einer repräsentativen Verteilung von (realen) steuerkorrigierten DAX/0-Renditen wird dabei von einer Folge unabhängig normalverteilter zeitstetiger Renditen ausgegangen. Zur Gewinnung der Parameter dieser repräsentativen Verteilung von DAX/0-Renditen wird der Auswertungszeitraum von 1970–2000 zugrunde gelegt (reale mittlere Rendite von 7,16% p.a. bei einer Volatilität von 23,21%).

Grundlage der Evaluation ist somit nicht die betreffende historische Renditezeitreihe, sondern eine Wahrscheinlichkeitsverteilung, die konsistent zu den empirisch beobachteten Daten ist. Die derart gewonnenen repräsentativen Renditeverteilung bildet die Grundlage für die Evaluation der Shortfallrisiken einer Aktienanlage relativ zu einer sicheren (realen) Wertentwicklung in Höhe der alternativen Benchmarkrenditen von real 0% und 2% in Abhängigkeit vom Zeithorizont. Zur Gewährleistung einer analytischen Lösung wird dabei jeweils von der Konstellation eines Einmalinvestments ausgegangen. Ermittelt wurden die Kennziffern Shortfallwahrscheinlichkeit, Shortfallerwartungswert und Mean Excess Loss. Weiterhin wird die wahrscheinliche Mindestrendite (PMR) zu den Konfidenzniveaus 5%, 25% und 50% dargestellt. Die technischen Grundlagen sind in Anhang 3E zusammengestellt.

In den nachfolgenden Abbildungen 3.17 und 3.18 ist zunächst der Verlauf der Shortfallwahrscheinlichkeit und des Shortfallerwartungswertes für die betrachteten Zielrenditen enthalten.

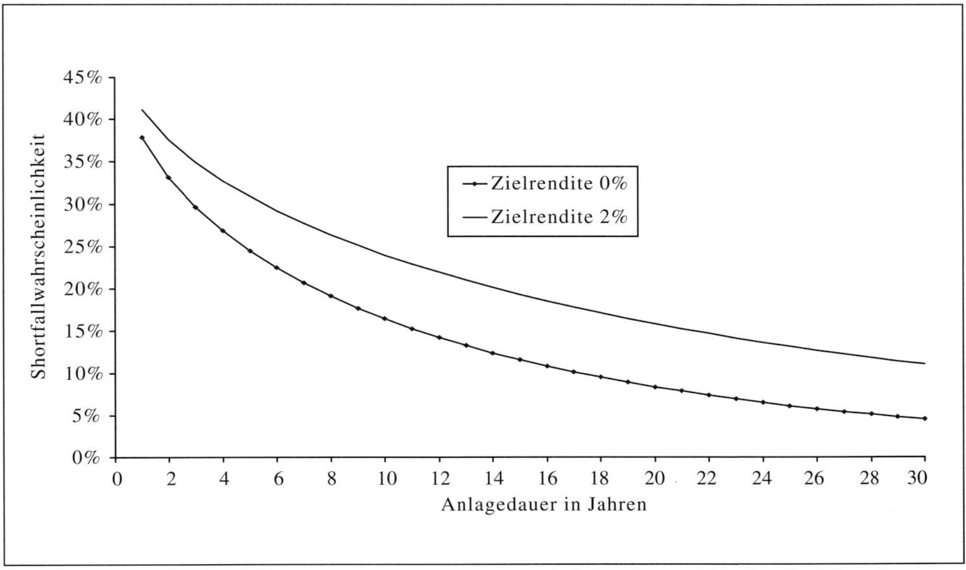

Abb. 3.17: Zeitliche Entwicklung der Shortfallwahrscheinlichkeit des DAX/0 bei Zielrenditen von real 0% p.a. und 2% p.a. auf Basis der repräsentativen Renditeverteilung 1970–2000

Die Shortfallwahrscheinlichkeit zeigt einen im Zeitablauf monoton abnehmenden Verlauf. Gemessen an dieser Risikokennziffer nimmt das Langfristrisiko einer Aktienanlage also im Zeitablauf ab. Allerdings bestätigen die Ergebnisse auch die von *Leibowitz/Krasker* (1988) als *Persistenz des Risikos* bezeichnete Eigenschaft, dass die Shortfallwahrscheinlichkeiten einer Aktienanlage in Abhängigkeit von der Zeit nicht rasch gegen null konvergieren wie es durch rein historisch orientierte Studien nahegelegt wird, sondern eher langsam und auch über sehr große Zeithorizonte teilweise auf einem durchaus substanziellen Niveau bleiben. Die Höhe des Niveaus hängt maßgeblich von der gewählten Zielrendite ab. Gleichgelagerte Resultate erzielt *Zimmermann* (1993), der auf statistisch signifikante Aussagen abstellt.

Die entsprechenden Ergebnisse hinsichtlich der zeitlichen Entwicklung des Shortfall-erwartungswertes sind in Abbildung 3.18 festgehalten. Zur besseren Interpretierbarkeit wurde dabei die Entwicklung des Shortfallerwartungswertes jeweils in Relation zur entsprechenden sicheren Benchmarkentwicklung bei Annahme einer Verzinsung in Höhe von real 0% p.a. und 2% p.a. gesetzt und ist mithin als Prozentgröße ausgewiesen.

Auch der Shortfallerwartungswert einer Aktienanlage nimmt nach einer anfänglichen Phase des Risikozuwachses[12] einen in der Zeit monoton fallenden Verlauf. Dabei ist auch hier eine Persistenzeigenschaft zu konstatieren, wobei das Ausmaß des verbleibenden Risikoniveaus über sehr lange Zeiträume wiederum von der gewählten Zielrendite abhängt.

12 Die Phase des Risikoanstiegs ist umso länger, je höher die gewählte Zielrendite ist.

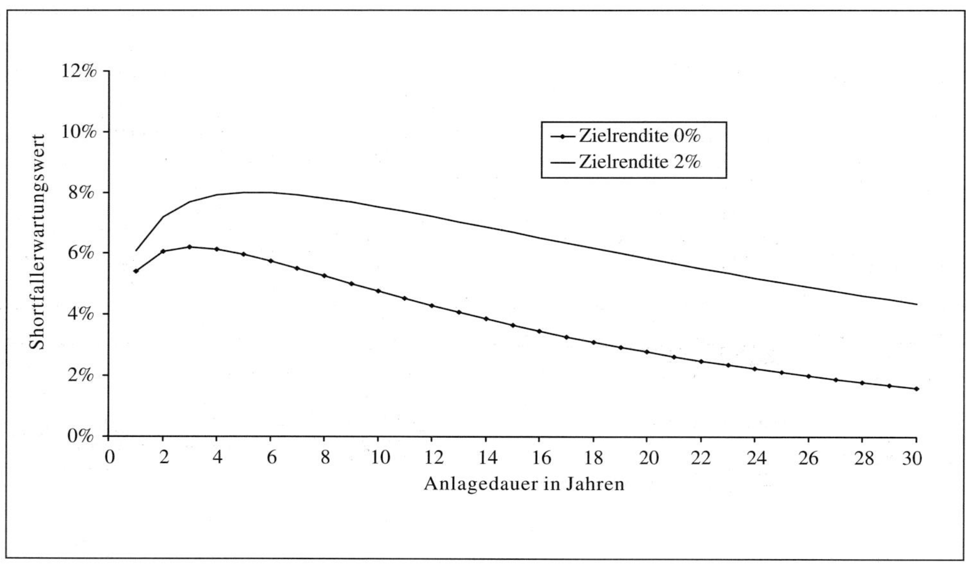

Abb. 3.18: Zeitliche Entwicklung der Shortfallerwartung des DAX/o bei Zielgrößen von real 0% p.a. und 2% p.a. auf Basis der repräsentativen Renditeverteilung 1970–2000

Die entsprechenden Ergebnisse für das Risikomaß mittlerer Exzess-Verlust (Mean-Excess-Loss) sind in Abbildung 3.19 enthalten. Dabei wurde wiederum die Entwicklung des mittleren Exzess-Verlustes jeweils in Relation zur entsprechenden sicheren Benchmarkentwicklung gesetzt, d.h. ist als Prozentgröße ausgewiesen.

Die Analyse des (relativen) mittleren Excess-Verlustes enthüllt dabei ein interessantes strukturelles Phänomen: Die bedingte mittlere Shortfallhöhe steigt monoton im Zeitablauf. Dies ist dabei unabhängig von der gewählten Benchmarkrendite und der gewählten repräsentativen Renditeverteilung, diese bestimmen lediglich das Niveau der bedingten mittleren Short-fallhöhe. Die Analyse des Worst Case-Risikomaßes MEL hat damit insgesamt zur Konsequenz, dass aus einer Worst Case-Perspektive das Risiko einer Aktienanlage zunimmt und enthüllt damit einen Aspekt der Gefährlichkeit einer Aktienanlage.

So beträgt etwa je nach als repräsentativ unterstellter Verteilung der Aktienrenditen unter der Annahme, dass ein Shortfall relativ zu einer realen Benchmark in Höhe von null eintritt und mithin keine Kapitalerhaltung in realen Termen mehr gewährleistet ist, die mittlere Höhe dieser Verfehlung nach 30 Jahren ca. 35% der entsprechenden Wertentwicklung bei realer Kapitalerhaltung. Unter der Annahme, dass eine Wertentwicklung realisiert wird, die geringer ist als real 2% per annum, beträgt die mittlere Verlusthöhe nach 30 Jahren ca. 40% der Benchmarkentwicklung. Die Betrachtung des MEL führt damit insgesamt zu der Konsequenz, dass unter Worst Case-Gesichtspunkten das Risiko einer Aktienanlage im Zeitablauf zunimmt. In der nachfolgenden Tabelle sind für ausgewählte Anlagezeiträume die numerischen Werte für die ausgewählten Shortfallrisiken angegeben.

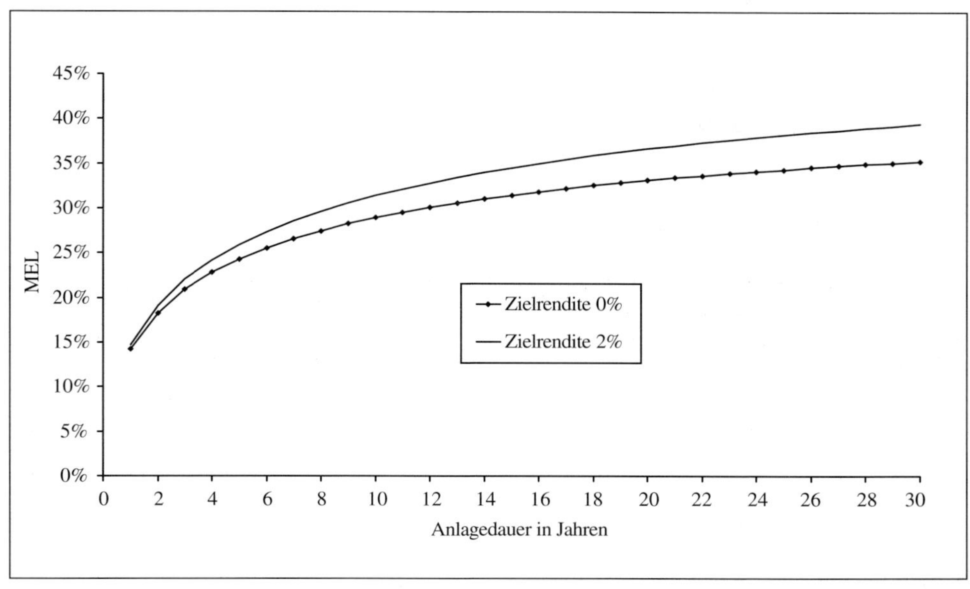

Abb. 3.19: Zeitliche Entwicklung des MEL des DAX/0 bei Zielgrößen von real 0% p.a. und 2% p.a. auf Basis der repräsentativen Renditeverteilung 1970–2000

Anlagezeitraum	1 Jahr	5 Jahre	10 Jahre	15 Jahre	20 Jahre	25 Jahre	30 Jahre
	Zielgröße 2% p.a. real						
SW	41,16	30,87	24,00	19,35	15,89	13,21	11,06
SE	6,06	8,00	7,53	6,68	5,82	5,05	4,36
MEL	14,73	25,92	31,39	34,52	36,64	38,21	39,42
	Zielgröße 0% p.a. real						
SW	37,88	24,50	16,45	11,59	8,37	6,14	4,54
SE	5,39	5,96	4,76	3,65	2,77	2,11	1,60
MEL	14,24	24,31	28,93	31,47	33,14	34,34	35,26

Tab. 3.5: Shortfallrisiken (in %) eines DAX-Einmalinvestments für unterschiedliche Zielrenditen und ausgewählte Anlagezeiträume. Es bezeichne SW die Shortfallwahrscheinlichkeit, SE den Shortfallerwartungswert und MEL den Mean Excess Loss relativ zur Zielgröße

Insgesamt ist zu konstatieren, dass die Wahrscheinlichkeit eines Verlusts im Zeitablauf abnimmt. Die mittlere Verlust- bzw. Shortfallhöhe, gegeben dass ein solcher Verlust bzw. Shortfall eintritt, nimmt hingegen zu. Im Saldo, auf der Grundlage der Beziehung (3.48), wirkt dieser Effekt allerdings nicht kompensatorisch, der Verlauf der Shortfallwahrscheinlichkeit überkompensiert den Verlauf des bedingten Shortfallerwartungswertes bis zu einem gewissen Grad. Der Worst Case-Aspekt einer Langfristanlage in Aktien wird damit durch die alleinige Betrachtung der Shortfallwahrscheinlichkeiten teilweise verdeckt. Die Verdeutlichung des einer Langfristanlage in Aktien immanenten Worst Case-Risikos erweist sich für die Investoren somit als wesentliche Zusatzinformation über die reine Shortfallwahrscheinlichkeit hinaus. Zudem erweist sich die Beurteilung des Langfristrisikos einer Aktienanlage als entscheidend abhängig von der Art des benutzten Risikomaßes und damit der Perspektive der Risikobeurteilung.

Abschließend wird noch in Abbildung 3.20 der zeitliche Verlauf der kumulierten Mindestrendite (PMR) zu den Konfidenzniveau 99%, 90% oder 75%. dargestellt. In Tabelle 3.6 sind für ausgewählte Zeiträume die numerischen Werte aufgeführt. Die Kennzahl gibt die relative (inflationsbereinigte) Wertsteigerung des eingesetzten Kapitals an, die mit einem bestimmten Konfidenzniveau nicht unterschritten wird. Eine Betrachtung 75%-PMR(t) zeigt, dass auf diesem Konfidenzniveau die erreichbare (kumulierte) Mindestrendite im Zeitablauf permanent zunimmt. Bei einem Anlagehorizont von $t = 1$ wird eine reale Wertsteigerung von -8,14% mit einer 75%igen Wahrscheinlichkeit erreicht oder überschritten. Nach zehn Jahren liegt dieser Wert bei 107,90% es kann auf dem betrachteten Konfidenzniveau mit mehr als Verdopplung des Anlagekapitals nach Abzug der Inflation gerechnet werden. Steigert man das Konfidenzniveau auf 90% sinkt der PMR zunächst und steigt nach ca. 6 Jahren anschließend an. Nach 20 Jahren liegt die reale Wertsteigerung des eingesetzten Kapitals bei lediglich 10,71%, d.h. knapp über der realen Kapitalerhaltung. Der 99%-PMR sinkt über fast zwanzig Jahre lang und nimmt erst dann zu. Selbst nach dreißig Jahren beträgt der Wert lediglich -55,49%, d.h. auf diesem (mitunter sehr hoch angesetzten) Konfidenzniveau kann der Anleger mit einem inflationsbereinigten Endvermögen rechnen, welches nur etwa die Hälfte seines Anfangskapitals beträgt.

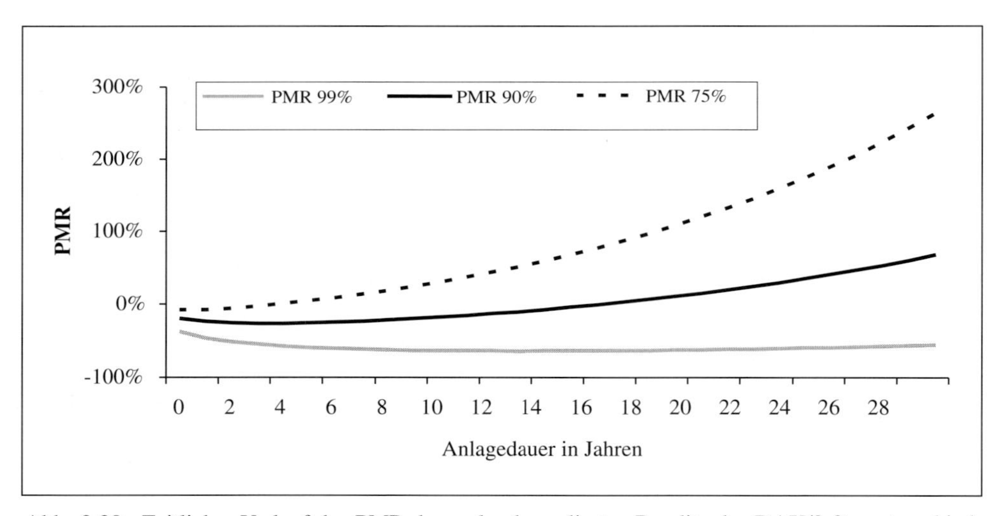

Abb. 3.20: Zeitlicher Verlauf des PMR der realen kumulierten Rendite des DAX/0 für unterschiedliche Konfidenzniveaus

Anlagezeitraum	1 Jahr	5 Jahre	10 Jahre	15 Jahre	20 Jahre	25 Jahre	30 Jahre
99%-PMR	-37,40	-57,23	-62,90	-63.84	-62,57	-59,74	-55,49
90%-PMR	-20,22	-26,44	-20,12	-7,50	10,71	35,36	68,00
75%-PMR	-8,14	0,80	24,73	59,63	107,90	173,81	263,48

Tab. 3.6: Zeitlicher Verlauf des PMR der realen kumulierten Rendite des DAX/0 für unterschiedliche Konfidenzniveaus

3.10 Welches ist die »richtige« Renditeverteilung?

Beginnen wir im Rahmen der Erörterung der in der Überschrift dieses Abschnitts gestellten Frage zunächst mit strukturellen Überlegungen. *Bamberg/Dorfleitner* (2002) betrachten die folgenden wünschenswerten Anforderungen an eine Folge von Renditeverteilungen im Zeitablauf und stellen dabei auf die zeitstetigen Einperiodenrenditen (Log-Renditen) $U_1,\ldots,$ $U_n,\ldots$ ab:

Forderung 1: Die Log-Renditen sind stochastisch unabhängig.

Forderung 2: Die Log-Renditen sind identisch verteilt.

Forderung 3: Bezeichnet $U_{0,t}$ die Log-Rendite über das Zeitintervall $[0,t]$, so hat diese die gleiche Wahrscheinlichkeitsverteilung wie die Zufallsgröße $a_t + b_t U_1$ (dabei sind $a_t > 0$ und b_t geeignete Konstanten).

Forderung 4: Die Wertpapierpreise V_t weisen einen endlichen Erwartungswert $E(V_t)$ auf. Wegen $V_t = V_{t-1}e^{U_t}$ läuft dies auf die Forderung eines endlichen Wertes $E(e^{U_t})$ hinaus.

Die Verteilungsklasse, die die Forderungen 1 – 3 erfüllt, sind die sog. *stabilen Verteilungen*, vgl. hierzu insbesondere *Rachev/Mittnik* (2000). Zu den stabilen Verteilungen gehört insbesondere die Normalverteilung. Die entsprechenden diskreten Renditen sind dann entweder lognormalverteilt oder logstabil.

Fügt man allerdings noch die Forderung 4 hinzu, dann bleibt als einzige Lösung nur die Normalverteilung übrig. Die diskreten Renditen sind dann lognormalverteilt.

Die Lognormalverteilung besitzt nun aber den gravierenden Nachteil, dass sie nicht geschlossen ist unter linearen Operationen. Dies bedeutet insbesondere, dass die Rendite eines Wertpapierportfolios nicht mehr lognormalverteilt ist, wenn alle Einzeltitel im Portfolio lognormalverteilte Renditen besitzen. Eine Aufgabe der Forderungen 1 und 2 auf der einen Seite bzw. Forderung 3 auf der anderen erschwert hingegen die statistische Inferenz bzw. die einfache Annualisierung (d.h. die Umrechnung von kürzeren auf längere Zeitperioden bzw. vice versa). Die Forderung endlicher erwarteter Wertpapierpreise schließlich ist essenziell für die traditionelle Portfoliotheorie und die Kapitalmarkttheorie (man vgl. hierzu Kapitel 6).

Bamberg/Dorfleitner (2002) schließen hieraus, dass kein ideales Modell existiert, das gleichzeitig

- wahrscheinlichkeitstheoretisch konsistent ist
- sich entscheidungstheoretisch begründen lässt
- auch für Praktiker und Studenten handhabbar und zudem
- empirisch valide ist.

Levy/Duchin (2004) betrachten elf Wahrscheinlichkeitsverteilungen (Normal-, Beta-, Exponential-, Extremwert-, Gamma-, Lognormal-, t-, Skewed Normal-, Stabile Pareto-, Weibull- sowie Logistische Verteilung) und überprüfen deren Anpassungsgüte für unterschiedliche Assetklassen (Common Stocks, Small Stocks, Corporate Bonds, Government Bonds, Treasury Bills). Die Anpassung wird an die diskreten Renditegrößen vorgenommen und unterstellt unabhängig und identisch verteilte Renditen. Die Ergebnisse zeigen, dass die Verteilung mit der besten Anpassungsgüte im Allgemeinen sowohl von der betrachteten Assetklasse – dies ist weniger überraschend – als auch vom betrachteten Zeithorizont abhängig ist – dies hat insbesondere drastische negative Konsequenzen für die Annualisierung von Renditen. Die untersuchten Zeithorizonte umfassen die Zeitintervalle von einem bis achtundvierzig Monate (vier Jahre). Für Common Stocks erweist sich etwa für kürzere Zeithorizonte (1 – 11 Monate) die logistische Verteilung als Verteilung mit der besten Anpassungsgüte, für mittlere Zeithorizonte (12 – 33 Monate) ist dies alternativ die Gamma- und die Lognormalverteilung und für längere Zeithorizonte (34 – 48 Monate) mehrheitlich die Extremwertverteilung, teilweise auch die Lognormalverteilung.

Aber auch die Forderung unabhängig und identisch verteilter Renditen ist im Einzelfall nicht unproblematisch. So werden etwa bei der Analyse von Aktienrenditen über kürzere Zeitperioden in der Literatur standardmäßig statistische Modelle eingesetzt, die Varianten und Erweiterungen von ARCH (Autoregressive Conditional Heteroskedasticity)-Modellen sind. Diese erlauben es, die Effekte einer »stochastischen Volatilität« zu modellieren, man vergleiche hierzu etwa *Schmitt* (2002). Unbefriedigend bleibt hier allerdings, dass diese Prozesse nicht notwendigerweise eine (modelltheoretische) ökonomische Fundierung besitzen, auf diesen Punkt machen etwa *Lüders/Schröder* (2004) aufmerksam.

Die vorstehenden Ausführungen bestätigen noch einmal nachhaltig die Schlussfolgerung von *Bamberg/Dorfleitner* (2002) hinsichtlich der Nichtexistenz einer idealtypischen Renditeverteilung.

3.11 Literaturhinweise und Ausblick

Kapitel 3 enthielt überwiegend Standardmaterial zu den Grundlagen der Wahrscheinlichkeitstheorie und Statistik, welche für viele Fragen des Investment- und Risikomanagements nützlich sind. Als weitere Referenzquelle im Kontext des Investmentmanagements sei auf *Poddig/Dichtl/Petersmeier* (2003) hingewiesen. Die Unterscheidung hinsichtlich Risikomaßen des Typus I sowie des Typus II folgt *Albrecht (2004)*. Für die Behandlung und allgemeine Konstruktion von Shortfallrisikomaßen sei etwa verwiesen auf *Albrecht* (1993), *Albrecht/Maurer/Möller* (1999) und *Maurer* (2000, S. 59ff.). Zum Value at Risk und zum Conditional Value at Risk vergleiche man allgemein *Dowd* (1998) und *Jorion* (1997) sowie die vertiefte

Behandlung in Kapitel 15. Eine entsprechende Behandlung des Normal- sowie Lognormalverteilungsfalles findet man insbesondere in *Koryciorz* (2004). Bei der Definition der Varianten auf der Renditeebene, dem Probable Minimum Return und dem Worst Case-Average Return folgen wir *Albrecht* (2003). Zum Stress-Test (im VaR-Kontext) sei verwiesen auf *Hull* (2001, Abschnitt 19.9). Die Fallstudie des Abschnitts 3.8 ist der Veröffentlichung *Albrecht/Maurer/Ruckpaul* (2001) entnommen. Für weitergehende Eigenschaften der geometrischen Durchschnittsrendite sei auf *Michaud* (1981) sowie auf *Dorfleitner* (2002) verwiesen. Die Ausführungen in Abschnitt 3.10 fußen auf den Beiträgen *Bamberg/Dorfleitner* (2002) und *Levy/Duchin* (2004).

Anhang 3A: Multivariate Normal- und Lognormalverteilung

Ein Zufallsvektor $X = (X_1,..., X_n)^T$ heißt n-dimensional normalverteilt mit Erwartungsvektor $E(X) = \mu = (\mu_1,..., \mu_n)^T$ und Varianz/Kovarianz-Matrix Cov $(X) = \Sigma = (\sigma_{ij})$, kurz $X \sim N_n(\mu, \Sigma)$, wenn seine Dichte gegeben ist durch

$$\text{(3A.1)} \qquad f(x) = \frac{1}{(2\pi)^{n/2} \det(\Sigma)^{1/2}} \cdot \exp\left[-\frac{1}{2}(x-\mu)^T \Sigma^{-1}(x-\mu)\right]$$

für alle $x \in \mathbb{R}^n$, wobei Σ als positiv definite Matrix angenommen wird.

Damit X multivariat normalverteilt ist, genügt es nicht, dass alle Einzelzufallsgrößen X_i normalverteilt sind, sondern es müssen auch alle Linearkombinationen $\sum a_i X_i$ normalverteilt sein. Präzise gilt die folgende Charakterisierung[13]:

$$\text{(3A.2)} \qquad \begin{aligned} &X \sim N_n(\mu, \Sigma) \Leftrightarrow \text{ für alle } a \in \mathbb{R}^n,\ a \neq 0 \text{ ist} \\ &a^T X \text{ normalverteilt mit } Var(a^T X) = a^T \Sigma a > 0. \end{aligned}$$

Allgemein gilt die folgende Transformationsregel:

$$\text{(3A.3)} \qquad X \sim N_n(\mu, \Sigma) \Rightarrow Y \sim N_m(A\mu + b, A\Sigma A^T).$$

wobei A eine (m, n)-Matrix mit rg(A) $= m \leq n$ und $Y = AX + b$ ist.

13 Vgl. etwa *Fahrmeir/Hamerle* (1996, Satz 3.3).

Beispiel: Bivariate Normalverteilung

$$X = (X_1, X_2)^T,\ \mu_i := \mathrm{E}(X_i),\ \sigma_i^2 := \mathrm{Var}(X_i),\ i = 1,2,\ \rho = \rho(X_1, X_2)$$

$$\Rightarrow \Sigma = \begin{pmatrix} \sigma_1^2 & \rho\sigma_1\sigma_2 \\ \rho\sigma_1\sigma_2 & \sigma_2^2 \end{pmatrix}$$

$$\Rightarrow \Sigma^{-1} = \begin{pmatrix} \dfrac{1}{\sigma_1^2(1-\rho^2)} & -\dfrac{\rho}{\sigma_1\sigma_2(1-\rho^2)} \\ -\dfrac{\rho}{\sigma_1\sigma_2(1-\rho^2)} & \dfrac{1}{\sigma_2^2(1-\rho^2)} \end{pmatrix}$$

$$\Rightarrow f(x_1, x_2) = \frac{1}{2\pi\,\sigma_1\sigma_2\sqrt{1-\rho^2}} \cdot$$

$$\exp\left\{-\frac{1}{2(1-\rho^2)}\left[\left(\frac{x-\mu_1}{\sigma_1}\right)^2 - 2\rho\left(\frac{x_1-\mu_1}{\sigma_1}\right)\left(\frac{x_2-\mu_2}{\sigma_2}\right) + \left(\frac{x_2-\mu_2}{\sigma_2}\right)^2\right]\right\}.$$

Definieren wir $\ln X := (\ln X_1,\ldots, \ln X_n)^T$, so folgt in direkter Erweiterung des eindimensionalen Falles $X = (X_1,\ldots, X_n)^T$ einer Lognormalverteilung, $X \sim LN_n(\mu,\Sigma)$, genau dann, wenn $\ln X \sim N_n(\mu, \Sigma)$ gilt.

Anhang 3B: Momententests auf Normalverteilung, insbesondere Jarque-Bera-Test

Die klassische von *K. Pearson* vorgeschlagene Vorgehensweise zur Überprüfung der Normalverteilungshypothese besteht darin, Abweichungen von dieser Verteilungshypothese durch die standardisierten und zentrierten dritten und vierten Momente, Schiefe und Kurtosis, zu charakterisieren. Er schlug vor, auf Basis einer vorliegenden Beobachtungsreihe x_i ($i = 1,\ldots, n$) Schiefe und Kurtosis durch die entsprechenden Stichprobengegenstücke

(3B.1) $$\hat{\gamma} = m_3 / m_2^{3/2} \quad \text{bzw.}$$

$$\hat{\kappa} = m_4 / m_2^2$$

zu schätzen, wobei $m_k = \sum_{i=1}^{n}(x_i - \bar{x})^k / n$ für $k = 3, 4$ und $\bar{x} = \sum_{i=1}^{n} x_i / n$. Die Nullhypothese »$H_0$: es liegt eine Normalverteilung vor« wird verworfen, wenn die beobachteten Momente zu stark von denjenigen bei Gültigkeit der Normalverteilungshypothese abweichen. Der Jarque-Bera (JB)-Test nutzt gleichzeitig Informationen sowohl der Schiefe- als auch der Kurtosis-Statistik. Die Prüfgröße dieses Tests ist folgendermaßen definiert:

(3B.2)
$$\mathrm{JB} = n\left[\frac{1}{6}\hat{\gamma}^2 + \frac{1}{24}(\hat{\kappa} - 3)^2\right].$$

Diese Prüfgröße ist asymptotisch χ^2-verteilt mit 2 Freiheitsgraden. Für große Stichproben kann die Nullhypothese verworfen werden, wenn die Prüfgröße den Signifikanzwert $\chi^2_{(2)}$ übersteigt. Die Verteilung der Prüfgröße bei kleinen Stichprobenumfängen ist nicht bekannt, womit man auf Approximationsverfahren oder Monte Carlo-Simulationen angewiesen ist. Entsprechende Signifikanzwerte liegen in *Jarque/Bera* (1986, S. 169) tabelliert vor. Darüber hinaus zeigen *Jarque/Bera* (1986, S. 168), dass die Konvergenzgeschwindigkeit der Prüfgröße gegen die χ^2-Verteilung sehr langsam ist. Aufgrund der vergleichsweise einfach berechenbaren Teststatistik ist der JB-Test oftmals in statistischen Softwareprogrammen standardmäßig enthalten.

Anhang 3C: Allgemeiner Ansatz zur Fundierung von Shortfallrisikomaßen

3C.1 Vorüberlegungen

Die Konzeption des Shortfallrisikos stellt auf das Ausmaß der Gefahr der Unterschreitung einer angestrebten finanziellen Zielgröße (Target) z ab. Formaler Ausgangspunkt für eine generelle Fundierung dieser Risikokonzeption ist die folgende additive Zerlegung der zugrunde liegenden Zufallsgröße X in drei Komponenten:

(3C.1)
$$X = X_+(z) + z - X_-(z)\ .$$

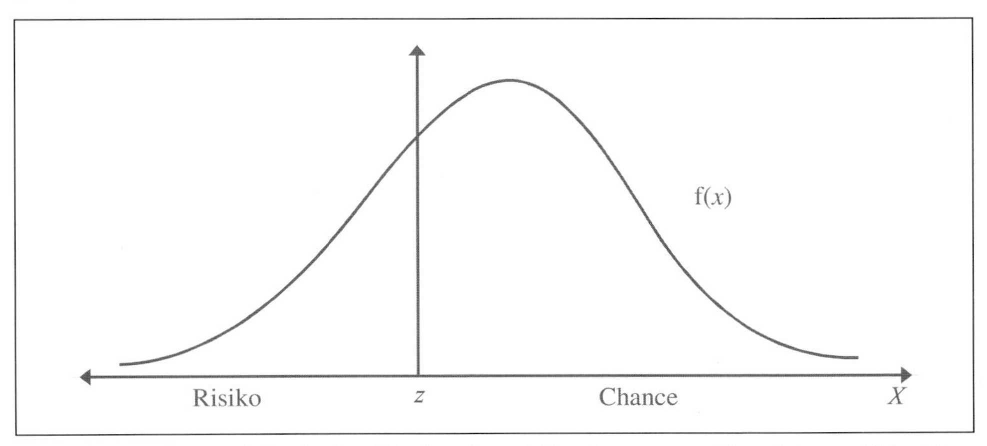

Abb. 3C.1: Verlust- und Gewinnbereich einer finanziellen Steuerungsgröße relativ zur Zielgröße z

Dabei erfasst die Zufallsgröße $X_-(z) = \max(z - X, 0)$ die Höhe der potenziellen Fehlbeträge (Shortfall) der die finanzielle Zielgröße z unterschreitenden Realisationen von X. Die Zufallsgröße $X_-(z)$ nimmt nur dann einen positiven Wert an, und zwar in Höhe des Fehlbetrages $z - X$, wenn die Zielgröße unterschritten wird. Die Zufallsgesetzmäßigkeit von $X_-(z)$ quantifiziert das Verlustpotenzial von X relativ zu z. Analog beschreibt die Zufallsgröße $X_+(z) = \max(X - z, 0)$ das Gewinnpotenzial von X relativ zum gewählten Referenzpunkt. Sie nimmt nur dann einen positiven Wert in Höhe des Überschreitungsbetrages $X - z$ an, wenn die Zielgröße überschritten wird. Abbildung 3C.1 illustriert die vorgenommene Zerlegung.

Unter der Annahme, dass die Zufallsgröße X eine Dichtefunktion $f(x)$ besitzt, ergeben sich die entsprechenden gemischten »Dichtefunktionen« $f_-(x)$ bzw. $f_+(x)$ mit F als Verteilungsfunktion von X zu:

(3C.2a)
$$f_-(x) = \begin{cases} 0 & x < 0 \\ 1 - F(z) & x = 0 \\ f(z - x) & x > 0 \end{cases}$$

und

(3C.2b)
$$f_+(x) = \begin{cases} 0 & x < 0 \\ F(z) & x = 0 \\ f(x - z) & x > 0\,. \end{cases}$$

Offenbar besitzen die Dichten eine Unstetigkeitsstelle im Punkt $x = 0$. $X_-(z)$ besitzt eine in Null *links konzentrierte* Verteilung, die Wahrscheinlichkeitsmasse $P(X_- = 0) = P(X > z) = 1 - F(z)$ ist im Punkt $x = 0$ konzentriert. $X_+(z)$ ist ebenfalls in Null links konzentriert, die entsprechende Wahrscheinlichkeitsmasse ist $P(X_+ = 0) = P(X \leq z) = F(z)$.

3C.2 Shortfallrisikomaße zur Messung des Verlustpotenzials einer Zufallsgröße

Im Sinne der gewählten Risikokonzeptualisierung beinhaltet $X_-(z)$ alle relevanten Informationen über das Verlustpotenzial von X. Eine (eindimensionale) Maßgröße erhält man jedoch erst durch eine *Bewertung* von $X_-(z)$. In Analogie zur Vorgehensweise der statistischen Entscheidungstheorie (Risiko = erwarteter Verlust) führen wir dazu eine Verlust- bzw. Kostenfunktion (loss function, cost function) $L : [0, \infty) \rightarrow \mathbb{R}$ ein, die eine Bewertung der mit verschiedenen Unterschreitungshöhen verbundenen Konsequenzen für den Entscheidungsträger beinhaltet. L werde dabei im Folgenden als nicht-negativ, stetig sowie monoton wachsend angenommen. Damit sind wir in der Lage, das mit X relativ zur Zielgröße z für den Entscheidungsträger verbundene Risiko $SR_z(X)$ im Sinne eines Shortfallrisikos zu definieren durch:

(3C.3)
$$SR_z(X) := E[L(X_-(z))]\ .$$

Unter Berücksichtigung von (3C.2a) folgt in rechentechnischer Hinsicht

$$\text{(3C.4)} \qquad \begin{aligned} SR_z(X) &= \int_{-\infty}^{+\infty} L(x)\, f_-(x)\, dx \\ &= \int_0^{\infty} L(y)\, f(z-y)\, dy = \int_{-\infty}^{z} L(z-y)\, f(y)\, dy \, . \end{aligned}$$

Damit steht ein allgemeiner struktureller Rahmen zur Messung des Verlustpotenzials zufallsabhängiger finanzieller Ergebnisse zur Verfügung. Spezifische Maße für das Verlustpotenzial ergeben sich in Abhängigkeit von der durch den Entscheidungsträger zu treffenden Wahl der Verlustfunktion L. Im Folgenden wird dazu eine Reihe von Beispielen betrachtet.

Eine Standardklasse von Verlustfunktionen bilden dabei die Potenzfunktionen $L(x) = x^n$, $n \in \mathbb{N}_0$. In diesem Fall gilt

$$\text{(3C.5)} \qquad \begin{aligned} SR_z(X) &= E[X_-(z)^n] = E[\max(z-X, 0)^n] \\ &= \int_{-\infty}^{z} (z-y)^n\, f(y)\, dy = LPM_n(X, z) \, . \end{aligned}$$

Die solchermaßen konstruierten Shortfall-Risikomaße entsprechen mithin den unteren partiellen Momenten (*Lower Partial Moments*) von X bezüglich der Zielgröße z. Grundsätzlich kann jedes beliebige $n \geq 0$ verwendet werden, allerdings ergeben sich für die Spezialfälle $n = 0$, 1 und 2 Risikomaße mit besonders intuitiven Interpretationsmöglichkeiten. Bei einer Wahl von $n = 0$ mit $L(x) \equiv 1$ bedeutet dies, dass sämtliche möglichen Unterschreitungen der finanziellen Zielgröße z gleich bewertet werden, etwa ein Unterschreiten von z um eintausend EUR ebenso wie eine Verfehlung um eine Million EUR. Bei entsprechender Auswertung von (3C.5) ergibt sich demgemäß

$$\text{(3C.6)} \qquad SW_z(X) := E(X_-^0) = P(X \leq z) \, ,$$

d.h. die Wahrscheinlichkeit dafür, dass die Realisierung von X die Zielgröße z nicht überschreitet (*Shortfallwahrscheinlichkeit* SW_z). Die mögliche Höhe der Unterschreitung hat dabei keine Bedeutung.

Für $n = 1$ und damit $L(x) = x$, werden die möglichen Unterschreitungen von z proportional zu ihrer Höhe gewichtet und man erhält dann aus (3C.5):

$$\text{(3C.7)} \qquad SE_z(X) := E(X_-) = \int_{-\infty}^{z} (z-y)\, f(y)\, dy \, .$$

Der Ausdruck (3C.7) entspricht dem *Shortfallerwartungswert* SE_z, einem Maß für den mittleren Betrag der Unterschreitung der finanziellen Zielgröße z.

Wählt man schließlich eine quadratische Verlustfunktion $L(x) = x^2$, so werden größere Unterschreitungen von z entsprechend höher (im Verhältnis der quadrierten Abweichungen) bewertet als geringere. In diesem Falle resultiert:

(3C.8)
$$SV_z(X) := E(X_-^2) = \int_{-\infty}^{z} (z - y)^2 f(y)\, dy .$$

Der Ausdruck (3C.8) entspricht der *Shortfallvarianz* SV_z, einem Maß für die mittlere quadratische Streuung der betragsmäßigen Unterschreitungen der Zielgröße z.

Ein Charakteristikum von Shortfallrisikomaßen ist, dass sie Risiko als eine Funktion der Verlustwahrscheinlichkeit und der Verlustschwere verstehen. Besonders deutlich wird dieser Sachverhalt, wenn Gleichung (3C.5) folgendermaßen zerlegt wird:

(3C.9)
$$\begin{aligned} LPM_n(X, z) &= E[\max(z - X, 0)^n \mid X \leq z] \cdot P(X \leq z) \\ &+ E[\max(z - X, 0)^n \mid X > z) \cdot P(X > z) \\ &= E[(z - X)^n \mid X \leq z] \cdot P(X \leq z) . \end{aligned}$$

Die Risikomessvorschrift ergibt sich folglich als (auf den Eintritt einer Zielunterschreitung) bedingtes n-tes Moment der Zufallsgröße $z - X$ multipliziert mit der Wahrscheinlichkeit, eine Zielunterschreitung zu realisieren.

Abschließend soll noch auf die Grundlagen der Berechnung der im Haupttext enthaltenen Formeln für Shortfallrisikomaße bei expliziter Verteilungsannahme eingegangen werden.

3C.3 Berechnung partieller Momente bei Verteilungsannahmen

Ausgangspunkt der weiteren Berechnungen ist das n-te ($n \geq 1$) partielle Moment einer Zufallsvariable X mit Dichtefunktion $f(x)$ über den Bereich $(-\infty, a]$:

(3C.10)
$$E_a(X^n) := \int_{-\infty}^{a} x^n f(x)\, dx.$$

Im Folgenden geben wir explizite Ausdrücke für die ersten beiden o.a. partiellen Momente der Normalverteilung sowie der Lognormalverteilung an. Zur Berechnung partieller Momente vgl. allgemein *Winkler at al.* (1972).

Sei X also normalverteilt mit den Parametern μ und σ^2. $\Phi(x)$ bezeichne die Verteilungsfunktion einer standardnormalverteilten Zufallsgröße und $\varphi(x)$ deren Dichte. Schließlich sei a_N stets die standardisierte Größe $a_N = (x - \mu) / \sigma$. Für das erste partielle Moment $E_a(X)$ ergibt sich dann

(3C.11)
$$E_a(X) = \mu \Phi(a_N) - \sigma \varphi(a_N).$$

Für das zweite partielle Moment gilt:

(3C.12)
$$E_a(X^2) = (\mu^2 + \sigma^2)\Phi(a_N) - \sigma(\mu + a)\varphi(a_N).$$

Sei nun X logarithmisch normalverteilt mit den Parametern μ und σ^2. Mit a_{LN} sei stets die standardisierte Größe $a_{LN} = (\ln x - \mu) / \sigma$ bezeichnet. Für das erste partielle Moment $E_a(X)$ ergibt sich dann

(3C.13)
$$E_a(X) = \exp(\mu + \frac{1}{2}\sigma^2)\Phi(a_{LN} - \sigma).$$

Schließlich gilt für das zweite partielle Moment:

(3C.14)
$$E_a(X^2) = \exp[2(\mu + \sigma^2)]\Phi(a_{LN} - 2\sigma).$$

3C.4 Beispiele: Lower Partial Moments für Normal- und Lognormalverteilung

Hinsichtlich der Berechnung der Lower Partial Moments der Grade $n = 0$, 1 und 2 bei Vorliegen einer Normal- bzw. Lognormalverteilung konzentrieren wir uns im Weiteren beispielhaft auf den Fall einer einperiodigen Renditegröße R. Für die Fälle $n = 1$ und 2 wird dabei die Berechnung vereinfacht durch weitere Zerlegungen der Integrale (3.49) bzw. (3.50). Es gilt:

(3C.15)
$$\begin{aligned} SE_z(X) &= z\int_{-\infty}^{z} f(x)\,dx - \int_{-\infty}^{z} x f(x)\,dx \\ &= z F(z) - E_z(X)\,, \end{aligned}$$

dabei ist $E_z(X) = \int_{-\infty}^{z} x\, f(x)\, dx$ ein partielles Moment 1. Ordnung, dessen Berechnung in Anhang 3C. 3 dargestellt wurde. Ferner gilt analog

(3C.16)
$$\begin{aligned} SV_z(X) &= z^2 F(z) - 2z\int_{-\infty}^{z} x f(x)\,dx + \int_{-\infty}^{z} x^2 f(x)\,dx \\ &= z^2 F(z) - 2z\,E_z(X) + E_z(X^2)\,, \end{aligned}$$

dabei ist $E_z(X^2) = E_z(X^2) = \int_{-\infty}^{z} x^2 f(x)\, dx$ ein partielles Moment 2. Ordnung, dessen Berechnung ebenfalls in Anhang 3C.3 dargestellt wurde.

Beispiel 3C.1: Shortfallmaße bei Normalverteilung
Es gelte $R \sim N(\mu, \sigma^2)$; es bezeichne $F(x)$ die Verteilungsfunktion sowie $\varphi(x)$ die Dichte der Standardnormalverteilung. Wir definieren noch $m = (z - \mu)/\sigma$, dann gilt:

(3C.17)
$$\begin{aligned} SW_z(R) &= F(z) = \Phi(m) \\ SE_z(R) &= (z - \mu)\Phi(m) + \sigma\,\varphi(m) \\ SV_z(R) &= [(z - \mu)^2 + \sigma^2]\,\Phi(m) + \sigma(z - \mu)\,\varphi(m)\,. \end{aligned}$$

Beispiel 3C.2: Shortfallmaße bei Lognormalverteilung
Wir gehen von der Verteilungsannahme $U = \ln(1 + R) \sim N(\mu,\sigma^2)$ aus, d.h. nehmen an, dass die Zufallsgröße $1 + R$ (Aufzinsungsfaktor) lognormalverteilt bzw. R verschoben logarithmisch normalverteilt ist. Die Targetgröße z soll für R gelten (wird sie für die zeitstetige Rendite U angesetzt, sind wir im Fall des Beispiels 3C.1). Wir definieren $m = [\ln(1 + z) - \mu] / \sigma$. Es folgt:

$$SW_z(R) = P(1 + R \leq 1 + z) = \Phi(m)$$

$$SE_z(R) = (1 + z)\,\Phi(m) - \exp(\mu + \frac{1}{2}\sigma^2)\,\Phi(m - \sigma)$$

$$SV_z(R) = (1 + z)^2\,\Phi(m) - 2(1 + z)\exp(\mu + \frac{1}{2}\sigma^2)\,\Phi(m-\sigma)$$

$$+ \exp[2(\mu + \sigma^2)]\,\Phi(m - 2\sigma)\ .$$

Anhang 3D: Bedingte Wahrscheinlichkeit und bedingter Erwartungswert

Seien im Folgenden A und B zwei Ereignisse mit $P(A) > 0$. Die *bedingte Wahrscheinlichkeit* von B gegeben A ist dann definiert durch

(3D.1)
$$P(B|A) := \frac{P(B \cap A)}{P(A)}.$$

Die bedingte Wahrscheinlichkeit $P(B \mid A)$ ist dabei als Wahrscheinlichkeit des Eintretens von B zu verstehen, *nachdem* das Eintreten des Ereignisses A beobachtet wurde. Die Beobachtung des Eintretens von A bzw. die Information über das Eintreten von A kann die Wahrscheinlichkeit des künftigen Eintretens anderer Ereignisse beeinflussen. Zugleich bedeutet dies, dass Wahrscheinlichkeitsbelegungen immer nur relativ zu spezifischen Informationsständen zu sehen sind.

Es gilt (*stochastische Unabhängigkeit* von Ereignissen):

(3D.2)
$$P(B|A) = P(B) \leftrightarrow P(B \cap A) = P(B)\,P(A).$$

Sind die Ereignisse A und B stochastisch unabhängig, dann beeinflusst das Eintreten von A nicht die Eintrittswahrscheinlichkeit von B. Ist X eine diskrete Zufallsvariable, so ist die bedingte Wahrscheinlichkeit $P(X = x_i | A)$ unmittelbar gemäß (3D.1) definiert und der bedingte Erwartungswert $E(X | A)$ durch

(3D.3)
$$\begin{aligned} E(X|A) &= \sum x_i \, P(X = x_i | A) \\ &= \frac{1}{P(A)} \sum_{x_i \in A} x_i \, P(X = x_i) \; . \end{aligned}$$

Besitzt X eine Dichte, so gilt in Analogie zu (3D.3):

(3D.4)
$$E(X|A) = \frac{1}{P(A)} \int_A x \, f(x) \, dx \; .$$

Der Anwendungsfall im Haupttext, vgl. (3.49), ist der Mean Excess Loss (bedingter Shortfallerwartungswert) relativ zu einem Target z. Besitzt X eine Dichte $f(x)$, so gilt gemäß (3D.4):

(3D.5)
$$E(z - X | X < z) = \frac{1}{P(X < z)} \int_{-\infty}^{z} (z - x) \, f(x) \, dx \, .$$

Da der Shortfallerwartungswert selbst gemäß (3.47) durch $SE_z(X) = \int_{-\infty}^{z} (z - x) f(x) \, dx$ definiert ist, folgt unmittelbar die Faktorisierung (3.48).

Anhang 3E: Technische Grundlagen der Fallstudie 3.8

Zur Erfassung der Wertentwicklung des DAX gehen wir von der folgenden Modelldarstellung aus. Der DAX entwickle sich gemäß des Kursverlaufes $S_0 = s_0$, $S_1, \ldots, S_T$ zu den Zeitpunkten $t = 0, \ldots, T$. Wir nehmen an, dass die kontinuierlichen Einperiodenrenditen $U_t = \ln(S_t / s_{t-1})$ stochastisch unabhängig und normalverteilt sind. Es gelte $U_t \sim N(m, v^2)$, d.h. es wird unterstellt, die kontinuierliche Rendite sei in jeder Periode normalverteilt mit konstantem Erwartungswert m und konstanter Varianz v^2. Bei Vorliegen einer beobachteten Renditezeitreihe $u_1, \ldots, u_T$ wählt man dann als Standardschätzer für m das arithmetische Mittel

(3E.1)
$$\bar{m} = \frac{1}{T} \sum_{t=1}^{T} u_t = \frac{1}{T} \sum_{t=1}^{T} \ln\left(\frac{s_t}{s_{t-1}}\right)$$

und für v^2 die korrigierte Stichprobenvarianz

(3E.2)
$$v = \left[\frac{1}{T-1} \sum_{t-1}^{T} (u_t - \bar{m})^2\right]^{1/2} .$$

Für den Fall der Wertentwicklung in realen Termen des im Haupttext betrachteten DAX-Einmalinvestments betragen die entsprechenden Schätzgrößen $\bar{m} = 0{,}0716$ und $v = 0{,}2321$.

Für die absolute Kursentwicklung gilt nun

(3E.3)
$$\ln S_t = \ln s_0 + \sum_{i=1}^{t} U_i \; .$$

Damit folgt

(3E.4a) $$\ln S_t \sim N(m_t, v_t^2) \,,$$

wobei

$$m_t = \ln s_0 + m\,t$$

(3E.4b) $$v_t = v\sqrt{t} \,.$$

Es sei noch angemerkt, dass diese Modellierung konsistent ist zu der in Abschnitt 4.3.3 behandelten geometrischen Brownschen Bewegung.

Sei nun z_t eine beliebige deterministische Benchmarkfunktion (zeithorizontabhängige Benchmark). Uns interessieren dann gemäß Abschnitt 3.9 des Hauptteils die folgenden Größen. Die Shortfallwahrscheinlichkeit relativ zur Benchmark

$$SW_z(t) = P(S_t < z_t) \,,$$

der Shortfallerwartungswert relativ zur Benchmark

$$SE_z(t) = E[\max(z_t - S_t, 0)]$$

sowie der bedingte Shortfallerwartungswert (Mean-Excess-Loss) relativ zur Benchmark

$$MEL_z(t) = SE_z(t) / SW_z(t) \,.$$

Für den Fall logarithmisch normalverteilter Zufallsgrößen liegen geschlossene analytische Lösungen für $SW_z(t)$ bzw. $SE_z(t)$ vor, vgl. Beispiel 3C.2 in Anhang 3C.4. In der entsprechenden Spezialisierung folgt mit $q_t := (\ln z_t - m_t)/v_t$:

$$SW_z(t) = \Phi(q_t)$$

und

$$SE_z(t) = z_t \Phi(q_t) - \exp(m_t + \frac{1}{2} v_t^2) \Phi(q_t - v_t) \,,$$

wobei $\Phi(x)$ wiederum die Verteilungsfunktion der Standardnormalverteilung bezeichne. Im Haupttext entspricht die Benchmark einer deterministischen Renditeentwicklung der Form $z_t = s_0(1+r)^t$, wobei r eine vorgegebene reale Mindestverzinsung (0% bzw. 2%) bedeute. Der Startwert s_0 entspricht dem vorgegebenen Startkapital, o.B.d.A. $s_0 = 1$. Der so ermittelte Shortfallerwartungswert (und folglich auch der MEL) wird zur besseren Interpretierbarkeit noch durch die Wertentwicklung der Benchmark dividiert, mithin im vorliegenden Fall die Größe $SE_z(t) \,/\, (1+r)^t$ betrachtet.

Schließlich ergibt sich die für die relative Wertveränderung des eingesetzten Kapitals bis zum Zeitpunkt t (kumulierte Mindestrendite) $S_t \,/\, s_0$ die resultierende wahrscheinliche Mindestrendite PMR zum Konfidenzniveau α gemäß der Gleichung:

$$PMR_\alpha(t) = \exp(tm - N_{1-\alpha} v\sqrt{t}) - 1.$$

Übungsaufgaben zu Kapitel 3

Aufgabe 3.1: (Wahrscheinliche Mindestrendite)
Gegeben seien die folgenden Rendite/Risiko-Profile der Einperiodenrenditen R_2 und R_2 zweier Investments I_1 und I_2:

$$E(R_1) = 0{,}1 \qquad \sigma(R_1) = 0{,}2$$
$$E(R_2) = 0{,}06 \qquad \sigma(R_2) = 0{,}5$$

Bestimmen Sie die Wahrscheinliche Mindestrendite (PMR) der beiden Investments zum Konfidenzniveau $\alpha = 0{,}05$ und ordnen Sie beide Investments anhand des PMR an!
Hinweis: Gehen Sie von normalverteilten Renditen aus. Das 95%-Quantil der Standardnormalverteilung beträgt 1,674.

Aufgabe 3.2: (Worst Case-Durschnittsrendite)
Gegeben seien zwei Investments mit jeweils normalverteilten Einperiodenrenditen $R_1 \sim N(\mu,\sigma_1^2)$ und $R_2 \sim N(\mu_2,\sigma_2^2)$. Es gelte:

$$\mu_1 = 0{,}05 \qquad \sigma_1 = 0{,}10$$
$$\mu_2 = 0{,}075 \qquad \sigma_2 = 0{,}20$$

Bestimmen Sie die Worst Case-Durchschnittsrendite (WCAR) zum Konfidenzniveau 5% für beide Investments und ordnen Sie beide Investments anhand des WCAR an!
Hinweis: $\varphi(1{,}674) = 0{,}103$, wobei $\varphi(x)$ die Dichtefunktion der Standardnormalverteilung bezeichne.

Aufgabe 3.3:
Weisen Sie im VaR/CVaR-Kontext und bei Annahme einer Normalverteilung die Beziehungen (3.59), (3.62), (3.66) sowie (3.69) nach!

Aufgabe 3.4:
Weisen Sie im VaR/CVaR-Kontext und bei Annahme einer Lognormalverteilung die Beziehungen (3.60), (3.63), (3.67) sowie (3.70) nach!

Aufgabe 3.5:
Wir gehen aus von der Dichtefunktion der Weibull-Verteilung und wählen dabei folgende Parametrisierung:

$$f(x) = \begin{cases} \dfrac{a}{\lambda}\left(\dfrac{x}{\lambda}\right)^{a-1} \exp\left[-\left(\dfrac{x}{\lambda}\right)^{a}\right] & x > 0 \\ 0 & x \leq 0\,. \end{cases}$$

Dabei ist $\lambda > 0$ ein Skalenparameter und $a > 0$ ein Formparameter. Die zugehörige Verteilungsfunktion lautet:

$$F(x) = \begin{cases} 1 - \exp\left[-\left(\frac{x}{\lambda}\right)^a\right] & x > 0 \\ 0 & x \leq 0\,. \end{cases}$$

Unter Benutzung der Gammafunktion ($x > 0$)

$$\Gamma(x) := \int_0^\infty e^{-t}\, t^{x-1}\, dt$$

ergeben sich dann zunächst die folgenden Resultate

$$\mu = E(X) = \lambda\, \Gamma\left(1 + \frac{1}{a}\right) = \frac{\lambda}{a} \Gamma\left(\frac{1}{a}\right),$$

$$E[(X - \mu)^2] = \lambda^2 \left[\Gamma\left(1 + \frac{2}{a}\right) - \Gamma^2\left(1 + \frac{1}{a}\right)\right].$$

Unter der Benutzung der unvollständigen Gammafunktion ($x > 0$)

$$\gamma(x,z) = \int_0^z e^{-t}\, t^{x-1}\, dt$$

erhalten wir als weitere Resultate

$$E_z(X) = \lambda \left[\Gamma\left(1 + \frac{1}{a}\right) - \gamma\left(1 + \frac{1}{a}, \left(\frac{z}{\lambda}\right)^a\right)\right],$$

$$E_z(X^2) = \lambda^2 \left[\Gamma\left(1 + \frac{2}{a}\right) - \gamma\left(1 + \frac{2}{a}, \left(\frac{z}{\lambda}\right)^a\right)\right].$$

Bestimmen Sie auf dieser Grundlage die Lower Partial Moments $LPM_1(z;X)$ und $LPM_2(z;X)$ im Falle der Weibull-Verteilung!

Literatur zu Kapitel 3

Albrecht, P. (1993): Analyse der Zufallsgesetzmäßigkeit von Unterrenditen, in: *Hipp*, Ch. (Hrsg.): Geld, Finanzwirtschaft, Banken und Versicherungen 1993, Karlsruhe, S. 585–602.

Albrecht, P. (2003): Produktgarantien und Aktienkrise – Implikationen für die Kapitalanlagepolitik von Lebensvesricherungsunternehmen, Zeitschrift für die gesamte Versicherungswisenschaft 92, S. 725–743.

Albrecht, P. (2004): Risk Measures, in: *Teugels, J.L., B. Sundt* (Hrsg.): Encyclopedia of Actuarial Science, Vol. 3, S. 1493–1501, Chichester.

Albrecht, P., R. Maurer, U. Ruckpaul (2001): Shortfall-Risks of Stocks in the Long Run, Financial Markets and Portfolio Management, S. 427–439.

Albrecht, P, R. Maurer, M. Möller (1999): Shortfall-Risiko/Excess-Chance-Entscheidungskalküle, Zeitschrift für Wirtschafts- und Sozialwissenschaften 118, S. 249–274.

Bamberg, G., G. Dorfleitner (2002): Is Traditional Capital Market Theory Consistent with Fat-Tailed Log Returns?, Zeitschrift für Betriebswirtschaft 72, S. 865 – 878.

Dorfleitner, G. (2002): Stetige vs. diskrete Renditen: Überlegungen zur richtigen Verwendung beider Begriffe in Theorie und Praxis, Kredit und Kapital 35, S. 216 – 241.

Dowd, K. (1998): Beyond Value at Risk, Chichester.

Fahrmeir, L., A Hamerle (1996): Multivariate statistische Verfahren, 2. Aufl., Berlin u.a.

Hull, J.C. (2001): Optionen, Futures und andere Derivate, 4. Aufl., München, Wien.

Jarque, C.M., A.K. Bera (1987): A Test for the Normality of Observations and Regression Residuals, International Statistical Review 55, S. 163–172.

Jorion, P. (1997): Value at Risk, Chicago.

Koryciorz, S. (2004): Sicherheitskapitalbestimmung und -allokation in der Schadenversicherung, Karlsruhe.

Leibowitz, M.L., W.S. Krasker (1988): The Persistence of Risk: Stocks versus Bonds over the Long Term, Financial Analysts Journal, November/December 1988, S. 40–47.

Levy, H., R. Duchin (2004): Asset Return Distributions and the Investment Horizon, Journal of Portfolio Management, Spring 2004, S. 47–62.

Loéve, M. (1963): Probability Theory, 3. Aufl., New York u.a.

Lüders, E., M. Schröder (2004): Modelling Asset Returns: A Comparison of Theoretical and Empirical Models, ZEW-Discussion Paper Nr. 04-19, Mannheim.

Maurer, R. (2000): Integrierte Erfolgssteuerung in der Schadenversicherung auf der Basis von Risiko-Wert-Modellen, Karlsruhe.

Michaud, R.G. (1981): Risk Policy and Long-Term Investment, Journal of Financial and Quantitative Analysis 16, S. 147–167.

Poddig,T., H. Dichtl, K. Petersmeier (2002): Statistik, Ökonometrie, Optimierung, 3. Aufl., Bad Soden/ Ts.

Rachev, S.T., S. Mittnik (2000): Stable Paretian Models in Finance, Chichester u.a.

Winkler, R.L., G.M. Roodman, R.R. Britney (1972): The Determination of Partial Moments, Management Science 19, S. 290–295.

Zimmermann, H. (1993): Editorial: Aktien für die lange Frist?, Finanzmarkt und Portfolio Management 7, S. 129–133.

4 Charakterisierung von Investments unter Risiko II: Mehrperiodenmodelle

4.1 Einführung

Im dritten Kapitel stand die Modellierung der Zufallsabhängigkeit des zukünftigen Wertes sowie der daraus abgeleiteten Rendite von Finanztiteln im Kontext von Einperiodenmodellen im Vordergrund.[1] In diesem Kapitel sollen nunmehr die methodischen Grundlagen einer zufallsabhängigen Wertentwicklung von Finanztiteln über mehrere Perioden hinweg gelegt werden. Aus modelltheoretischer Sicht lassen sich zufallsabhängige (stochastische) Entwicklungen durch das Konzept des *stochastischen Prozesses* formalisieren. Ein stochastischer Prozess ist typischerweise eine Folge $\{X_0, X_1,..., X_t,...\}$ oder Menge $\{X_t;\ t \geq 0\}$ von Zufallsgrößen. Der Parameter t ist dabei als Zeitpunkt zu interpretieren. Eine entsprechende Realisation $\{x_0, x_1,..., x_t,...\}$ oder $\{x_t;\ t \geq 0\}$ des stochastischen Prozesses wird auch als Pfad (Trajektorie) bezeichnet. Ein Pfad eines stochastischen Prozesses kann auch als eine Folge bzw. Menge von Realisationen der den Prozess konstituierenden Zufallsvariablen betrachtet werden. Im Vordergrund unseres Interesses stehen dabei zufallsabhängige Wertentwicklungen $\{V_t\}$ oder Renditeentwicklungen $\{R_t\}$ von Finanztiteln.

Bei diskreter Zeitmodellierung stehen Martingale und Random Walks, insbesondere Binomialgitterprozesse, sowie AR(1)-Prozesse im Mittelpunkt. Erstere spielen vor allem im Zusammenhang mit Ansätzen der arbitragefreien Bewertung (Fundamental Theorem of Asset Pricing 5.3.3.3) von börsengehandelten Finanztiteln eine große Rolle. Binomialgitterprozesse sind vor allem im Kontext diskreter Optionspreismodelle von Relevanz.

Im Rahmen einer zeitstetigen Formulierung behandeln wir den Wienerprozess (Brownsche Bewegung) als den fundamentalen Baustein für die Klasse der Diffusionsprozesse. Es folgen Beispiele für weitere wichtige Vertreter dieser Prozesse, wobei vor allem der geometrische Wienerprozess eingehend erörtert wird. Bei der Charakterisierung von Diffusionsprozessen steht ihre Eigenschaft als Markovprozess, der sich durch zwei Parameterfunktionen (Drift und Diffusion) kennzeichnen lässt, im Vordergrund. In diesem Kontext wird auch das Lemma von *Itô* behandelt. Die alternative Charakterisierung von Diffusionsprozessen als Lösung von stochastischen Differential- bzw. Integralgleichungen wird flankierend und im Rahmen der Anhänge angesprochen. Diffusionsprozesse spielen eine zentrale Rolle im Rahmen der zeitstetigen Optionspreistheorie (Abschnitt 11.3) sowie bei der Modellierung von arbitragefreien Diskontstrukturprozessen (Abschnitt 9.4). Abschließend wird noch auf das Problem der diskreten Approximation von Diffusionsprozessen mit Hilfe numerischer Methoden eingegangen. Dies ist etwa bei der stochastischen Simulation von Diffusionsprozessen sowie im Rahmen der numerischen Bestimmung von Optionspreisen relevant. Neben der bereits ausgeführten Relevanz zeitdiskreter und zeitstetiger Mehrperiodenmodelle für die Bewertung von Finanztiteln (Optionspreistheorie, Modellierung der Diskontstruktur), besteht auch ein

---

1 Eine Ausnahme bildete die Betrachtung der Durchschnittsrendite einer Folge sukzessiver Einperiodenrenditen.

breites Anwendungsspektrum im Bereich der Analyse von Investments bzw. Investmentstrategien bei Bestehens eines längerfristigen Anlagehorizonts. Die in Abschnitt 4.4 präsentierte Fallstudie über Investmentsparpläne soll hiervon einen Eindruck vermitteln.

4.2 Modelle in diskreter Zeit

4.2.1 Martingale

Die zufallsabhängige Wertentwicklung $\{V_0, V_1, \ldots, V_t, \ldots\}$ eines Finanztitels wird als (zeitdiskretes) *Martingal* bezeichnet, wenn gilt[2]

Martingal

(4.1a) $$E(V_{t+1} | V_t = v_t, V_{t-1} = v_{t-1}, \ldots, V_1 = v_1, V_0 = v_0) = v_t$$

und dies für alle $t \geq 0$ sowie alle Verläufe (»Geschichten«) der Wertentwicklung $\{v_0, v_1, \ldots, v_t, \ldots\}$ gültig ist. In Kurzform lässt sich dies auch wie folgt schreiben:

(4.1b) $$E(V_{t+1} | V_t, V_{t-1}, \ldots, V_0) = V_t$$

bzw. äquivalent

(4.1c) $$E(V_{t+1} - V_t | V_t, V_{t-1}, \ldots, V_0) = 0.$$

Die Martingaleigenschaft besagt mithin, dass der *erwartete* Wert des Finanztitels am Ende der nächsten Periode, gegeben die Information $V_t = v_t$ über den »heutigen« Wert sowie über die »vergangene« Wertentwicklung $V_{t-1} = v_{t-1}, \ldots, V_0 = v_0$, stets dem aktuellen Wert entspricht. Auch für die künftigen Vermögensstände zu Zeitpunkten $T > t+1$ ändert sich diese Situation nicht, es gilt:

(4.2) $$E(V_T | V_t, \ldots, V_0) = V_t \, .$$

Martingale können als modelltheoretische Umsetzung der Konzeption eines so genannten *fairen Spiels* interpretiert werden. Repräsentiert V_t den Vermögensstand (kumulierte Gewinne und Verluste) aus der Teilnahme an einem derartigen Spiel, so ist der erwartete Vermögensstand nach der nächsten Spielperiode gerade der heutige Vermögensstand bzw. der erwartete Vermögenszuwachs gleich null. Dies schließt nicht aus, dass sich im konkreten Spielverlauf auch erhebliche positive oder negative Vermögensänderungen realisieren können. Das Spiel ist aber nicht als *systematische* »Gewinn- bzw. Verlustmaschine« konzipiert.

---

2 Die Charakterisierungen (4.1) eines Martingals verwenden die Konstruktion des bedingten Erwartungswertes. Die methodischen Grundlagen hierfür werden in Anhang 4.A dargestellt.

Repräsentiert $\{V_t\}$ den Verlauf der Kursentwicklung eines Finanztitels, so besagt die Martingalhypothese, dass der erwartete Kurszuwachs gleich null ist. Positive und negative Kursänderungen halten sich wahrscheinlichkeitsgewichtet die Waage. Aus einer Prognoseperspektive impliziert daher die Martingalhypothese, dass der heutige Wert der »beste« (im Sinne eines minimalen mittleren quadratischen Fehlers) Schätzer für den Wert am Ende der nächsten Periode ist.

Gilt für die Wertentwicklung hingegen die Eigenschaft

$$E(V_{t+1} \mid V_t, \ldots, V_0) \geq V_t \quad ,$$

d.h. gilt in (4.1b) anstelle des Gleichheitszeichens ein Größer- oder Gleichzeichen, dann spricht man von einem *Submartingal*. In diesem Falle ist der erwartete zukünftige Wert somit immer höher als der heutige Wert.

Inwieweit sind nun Martingale realistische Modelle für rationale Wertpapierpreise? In diesem Zusammenhang sind zunächst die Resultate von *Samuelson* (1965, 1973) zu nennen, der den Nachweis führt, dass Preise von Finanztiteln zwangsläufig die Martingaleigenschaft aufweisen müssen. Allerdings beruht dieser Nachweis essentiell auf der kritischen Annahme der Risikoneutralität der Investoren. Lässt man diese Annahme fallen, so zeigt sich – man vgl. hierzu etwa *LeRoy* (1973, 1989) sowie *Lucas* (1978) –, dass im Rahmen ökonomischer Gleichgewichtsmodelle Preise resultieren können, die die Martingaleigenschaft verletzten. *Campbell et al.* (1997, S. 31) formulieren hierzu:

»Therefore, despite the intuitive appeal that the fair-game interpretation might have, it has been shown that the martingale property is neither a necessary nor sufficient condition for rationally determined asset prices.«

Auch aus empirischer Sicht ist die Martingalhypothese nicht notwendigerweise erfüllt, vgl. hierzu etwa *LeRoy* (1989, S. 1595 ff.). So weisen etwa Aktienkurse typischerweise eine positive Drift auf (das liegt begründet in dem Wachstum der zugrunde liegenden Volkswirtschaft), somit liegt hier eher ein Submartingal vor.

Trotz der vorstehenden negativen Befunde ist die Konzeption eines Martingals zentral für die moderne Finanzmathematik. Es wird sich nämlich im Rahmen des so genannten *Fundamental Theorem of Asset Pricing* herausstellen[3], dass Wertpapierpreise, die in einer angemessenen Weise risikoadjustiert werden, in arbitragefreien Märkten die Martingaleigenschaft aufweisen.

Löst man die Eigenschaft (4.1a) rekursiv auf, so erkennt man, dass Martingale stationäre (zeitlich invariante) Erwartungswerte[4] besitzen, die dem anfänglichen Vermögenswert entsprechen:

(4.3)
$$\mathrm{E}(V_t) = \mathrm{E}(V_{t-1}) = \ldots = \mathrm{E}(V_1) = v_0 .$$

Betrachten wir die sukzessiven *Wertzuwächse* $Z_1 = V_1 - v_0$, $Z_2 = V_2 - v_1, \ldots, Z_t = V_t - v_{t-1}, \ldots$ eines Finanztitels mit der Martingaleigenschaft, so gilt

3 Siehe Abschnitt 5.3.3.3.

4 Man beachte, dass sich die Martingaldefinition gemäß (4.1) auf bedingte Erwartungswerte stützt, wohingegen (4.3) eine Aussage über den »unbedingten« Erwartungswert enthält.

$$\text{(4.4)} \qquad \mathrm{Cov}(Z_t, Z_{t-1}) = 0,$$

d.h. die Wertzuwächse sind zeitlich unkorreliert. Vergangene und zukünftige Wertänderungen besitzen somit keine systematischen (linearen) Abhängigkeiten. Des Weiteren gilt: $E(Z_t) = 0$ für alle $t \geq 0$. Martingale stellen damit eine Verallgemeinerung von Prozessen mit unabhängigen Zuwächsen dar. Zugleich impliziert die Eigenschaft (4.4), dass lineare Prognosetechniken auf der Basis von Vergangenheitswerten wenig geeignet für Martingale sind. Umgekehrt kann man zeigen, dass jede Wertentwicklung $\{V_0, V_1, \ldots, V_t, \ldots\}$ mit stochastisch unabhängigen Zuwächsen und mit Erwartungswert null bereits die Martingaleigenschaft erfüllt.[5]

Die Martingaleigenschaft kann auch für allgemeinere Informationsentwicklungen $\{I_0, I_1, \ldots, I_t, \ldots\}$, betrachtet werden, d.h. Situationen, in denen etwa zusätzliche Informationen über die historische Wertentwicklung des Finanztitels hinaus zur Verfügung stehen:

$$\text{(4.5)} \qquad E(V_{t+1} \mid I_t, \ldots, I_0) = V_t \,.$$

Die Vermögensentwicklung $\{V_t\}$ ist dann ein *Martingal bezüglich der Informationsentwicklung* $\{I_t\}$.

4.2.2 Random Walks und Binomialgitterprozesse

Die Wertentwicklung $\{V_0 = v_0, V_1, \ldots, V_t, \ldots\}$ eines Finanztitels in der Zeit heißt (diskreter) *Random Walk mit Drift*, wenn die beiden folgenden Eigenschaften erfüllt sind:

Random Walk mit Drift

(4.6a) $V_t - V_{t-1} = m + Z_t$ (mit $m \in \mathrm{IR}$, $t \geq 1$)
(4.6b) $\{Z_t\}$ identisch verteilt mit $E(Z_t) = 0$, $Var(Z_t) = \sigma^2$, $Cov(Z_t, Z_{t-1}) = 0$

Die Eigenschaft (4.6a) bedeutet, dass die absolute Wertveränderung des betrachteten Finanztitels sich durch eine zeitlich konstante Komponente, ausgedrückt in dem so genannten Driftparameter m, beschreiben lässt, die durch einen Zufallsprozess (Z_t) überlagert wird. Die Eigenschaft (4.6b) besagt, dass diese Zufallsschwankungen einen so genannten *White Noise-Prozess* darstellen, d.h. die Zufallsgrößen Z_t ($t \geq 1$) sind unkorreliert und identisch verteilt mit einem Erwartungswert von null und einer konstanten Varianz. Insgesamt folgt damit für die Wertentwicklung

$$\text{(4.7)} \qquad V_t = v_0 + mt + Z_1 + \ldots + Z_t \,.$$

Ausgehend von einem Startwert v_0 weist die Wertentwicklung damit eine systematische zeitliche Steigerung (positive Drift) bzw. Minderung (negative Drift) auf, die durch einen reinen Zufallsprozess überlagert wird.

---

5 Aus theoretischer Sicht deutet dieser Zusammenhang zu Prozessen mit unabhängigen Zuwächsen auf eine zentrale Eigenschaft von Martingalen hin, die es erlaubt, z.B. klassische Grenzwertsätze für Summen von Folgen unabhängiger Zufallsgrößen (Gesetze der großen Zahlen, Zentraler Grenzwertsatz) im Martingalkontext verallgemeinert zu behandeln. Martingale sind aufgrund ihrer strukturellen Eigenschaften daher zu einem zentralen Werkzeug der Wahrscheinlichkeitstheorie geworden.

Die zufällige Abweichung von dem im Grunde nach linearen Trend entsteht somit im Zeitablauf durch eine Akkumulation der einzelnen Fehler (Schocks). Diese mögliche »Aufschaukelung« der Fehler führt dazu, dass die Abweichungen vom zugrunde liegenden Trend dem Grunde nach »beliebig groß« werden können. Insofern ist die erwartete Entwicklung $E(V_t) = v_0 + mt$ keine zuverlässige Prognose für die sich künftig realisierende Entwicklung. Das Random Walk-Modell beinhaltet daher im Kern eine *Nicht-Prognostizierbarkeit der künftigen Wertveränderungen.*

Shiller/Perron (1985, S. 381) charakterisieren diese Random-Walk-Eigenschaft folgendermaßen:

»In the finance context, the random walk null hypothesis means that price p_t can never be described as »too high« (i.e., that it can be expected to fall in the future) or »too low« (i.e., that it can be expected to rise in the future).«

In alternativer Form wird dies ausgedrückt durch die Angabe der besten (im Sinne des mittleren quadratischen Fehlers) Prognose. Es gilt beim Random Walk

$$E(V_{t+s} \mid V_t, V_{t-1}, \ldots, V_0) = v_0 + m(t+s) + \sum_{i=1}^{t} Z_i \,.$$

Jeder vergangene Schock hat damit Auswirkungen auf alle zukünftigen Werte. Die Form der zufälligen Überlagerungen der Gesamtentwicklung V_t des Prozesses ist beim Random Walk nicht stationär, da die Überlagerung $Z_1 + \ldots + Z_t$ nicht stationär (in den Parametern) ist. Durch Differenzenbildung, d.h. durch den Übergang zu den Zuwächsen gemäß (4.6a) wird der Random Walk allerdings stationär. Man bezeichnet den Random Walk daher auch als differenzenstationären Prozess bzw. als integriert von der Ordnung 1.

Aus (4.7) in Verbindung mit (4.6) folgt unmittelbar für den erwarteten Vermögenswert zum Zeitpunkt t

(4.8a) $$\mathrm{E}(V_t) = v_0 + mt$$

und für die Varianz

(4.8b) $$\mathrm{Var}(V_t) = \sigma^2 t \,.$$

Der Prozess der Zufallsüberlagerungen der systematischen Wertänderungen ist zunächst verteilungsfrei konzipiert. Spezifische Klassen von Random Walks erhält man dadurch, dass Annahmen über die Wahrscheinlichkeitsverteilung der Wertzuwächse getroffen werden. So ergibt sich etwa unter der Annahme $Z_t \sim \mathrm{N}(0, \sigma^2)$ ein so genannter *normaler Random Walk.*[6]

Beispiel 4.1: Binomialer Random Walk

Im Random Walk-Modell (4.6) definieren wir $\varepsilon_t = m + Z_t = V_t - V_{t-1}$ und es gelte $\mathrm{P}(\varepsilon_t = a) = p$, $\mathrm{P}(\varepsilon_t = -a) = 1 - p =: q$

Es gilt: $\mathrm{E}(\varepsilon_t) = (p - q)\, a$, $\mathrm{Var}(\varepsilon_t) = 4\, a^2\, p\, q$.

Für $p = ½$ liegt somit ein Random Walk ohne Drift bzw. ein Martingal vor.

Aus (4.8) folgt: $\mathrm{E}(V_t) = v_0 + a(p - q)t$, $\mathrm{Var}(V_t) = 4\, a^2\, p\, q\, t$ und für $t_1 < t_2$ $\mathrm{E}(V_{t2} - V_{t1}) = v_0 + a(p - q)\,(t_2 - t_1)$ bzw. $\mathrm{Var}(V_{t2} - V_{t1}) = 4\, a^2\, p\, q\, (t_2 - t_1)$.

---

6 So ist etwa der in Abschnitt 3.7 der Ermittlung der arithmetischen Durchschnittsrendite gemäß (3.67) zugrunde gelegte Prozess der sukzessiven Einperiodenrenditen ein solcher Random Walk (auf Renditeebene).

Folgt nicht die Wertentwicklung $\{V_t\}$, sondern $\{\ln V_t\}$ einem Random Walk, so spricht man auch von einem *logarithmischen bzw. multiplikativen Random Walk*. Wegen $U_t = \ln(V_t / V_{t-1}) = \ln(V_t) - \ln(V_{t-1})$ lässt sich der logarithmische Random Walk auch charakterisieren durch $(t \geq 1)$

$$U_t = \ln\left(\frac{V_t}{V_{t-1}}\right) = m + Z_t, \tag{4.9}$$

wobei die Zufallsgrößen Z_t wiederum einen White Noise-Prozess darstellen. Ein logarithmischer Random Walk kann somit als ein Random Walk auf der Ebene der kontinuierlichen Einperiodenrenditen angesehen werden.[7]

Im weiteren Verlauf benötigen wir vor allem eine spezifische Form von Random Walks, die *Binomialgitterprozesse*. Diese stellen ein sehr wichtiges und flexibles Werkzeug für die diskrete kapitalmarkttheoretische Modellierung von Wertpapierpreisen und für die Approximation einer zeitstetigen Modellierung (z.B. Approximation von Wienerprozessen, Optionspreistheorie) dar. Binomialgitterprozesse sind elementare Random Walks, die von jedem Zustand aus nur zwei »Sprünge« machen können. Sie sind zudem so strukturiert, dass sich als Verzweigungsstruktur kein Baum, sondern ein Gitter ergibt, was erhebliche Vorteile hinsichtlich der Auswertungseffizienz ergibt. Eine solche typische Gitterstruktur für den Fall von fünf Perioden ist in der nachfolgenden Abbildung dargestellt.

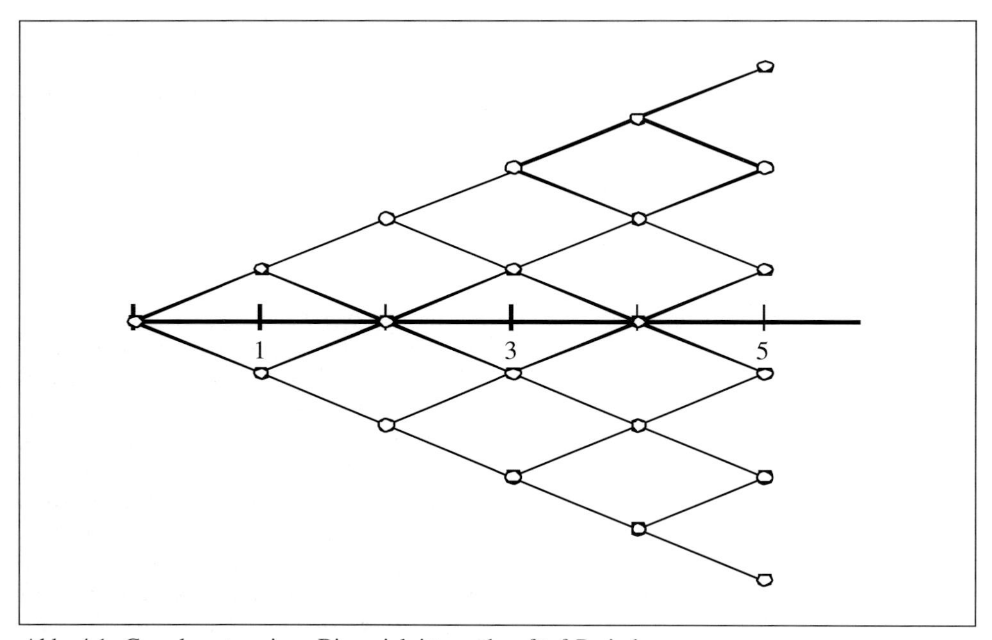

Abb. 4.1: Grundmuster eines Binomialgitters über fünf Perioden

7 Der in Abschnitt 3.7 der Ermittlung der geometrischen Durchschnittsrendite gemäß (3.68) zugrunde gelegte Prozess der sukzessiven zeitstetigen Einperiodenrenditen ist ein normalverteilter logarithmischer Random Walk, ebenso der Prozess, welcher der Fallstudie 3.8 zugrunde liegt (vgl. auch Anhang 3.E).

Das einfachste Beispiel für einen *arithmetischen Binomialgitterprozess* ist die folgende Konstruktion ($v_0 = 0, t \geq 1$).

(4.10a) $$V_t = X_1 + ... + X_t,$$

wobei $X_1,..., X_t$ unabhängige Zufallsgrößen mit ($i = 1,..., t$)

(4.10b) $$P(X_i = +1) = P(X_i = -1) = \frac{1}{2}$$

sind. Intuitiv entspricht V_t der Position des Prozesses nach jeweils t Auf- oder Abwärtsbewegungen der Höhe 1. Der Prozess kann damit nur Aufwärts- und Abwärtsbewegungen der Sprunghöhe 1 machen und dies nur zu ganzzahligen Zeitpunkten. Ausgehend von diesem Basisprozess erhält man beliebige Sprunghöhen h durch die Definition

(4.11a) $$S_t := V_t \cdot h = (X_1 + ... + X_t) \cdot h,$$

beliebige äquidistante Sprungweiten Δt durch

(4.11b) $$S_{n\Delta t} := V_n = X_1 + ... X_n,$$

beliebige Sprungwahrscheinlichkeiten durch den Ansatz

(4.11c) $$P(X_i = +1) = p, \quad P(X_i = -1) = q = 1 - p$$

sowie beliebige Ausgangsniveaus v_0 durch Übergang zu $V_t = v_0 + X_1 + ... + X_t$. Schließlich ist eine Kombination dieser Modifikationsvarianten möglich. Offenbar sind dies zudem alles Varianten des binomialen Random Walks (mit $X_t = m + Z_t$) aus Beispiel 4.1. Insbesondere ist der Basisprozess (4.10) ein Random Walk ohne Drift und damit ein Martingal. Die Modifikation (4.11b) zeigt zugleich, dass der Modellierungsansatz (pro Zeitintervall nur zwei mögliche Kursbewegungen) nur auf den ersten Blick unrealistisch erscheint. Wird die Periodenlänge sehr klein gewählt, dann sind schon nach wenigen Schritten viele Werte möglich.

Mit Hilfe von bedingten Wahrscheinlichkeiten kann der Basisprozess (4.10) äquivalent auf Basis seines Übergangsverhaltens charakterisiert werden ($v_0 = 0$)

(4.12) $$P(V_{t+1} = z + 1 \mid V_t = z) = \frac{1}{2}$$
$$P(V_{t+1} = z - 1 \mid V_t = z) = \frac{1}{2},$$

mit entsprechender Variation bei Wahl der Modifikationen (4.11a-c). Diese Formulierung charakterisiert den arithmetischen Binomialprozess als *Markovkette*, d.h. als diskreten Prozess mit der *Markoveigenschaft*. Intuitiv ist dabei die Wahrscheinlichkeit der Wertentwicklung in der nächsten Periode nur durch den »heutigen« Wert bestimmt und nicht mehr von der Wertentwicklung in der Vergangenheit.

Ein *multiplikativer Binomialgitterprozess* V_t liegt dann vor, wenn $\ln V_t$ einem arithmetischen Binomialgitterprozess folgt. In direkter Charakterisierung eines allgemeinen Falles gilt ($v_0 = v$):

(4.13a) $$V_t = V_{t-1} H_t$$

wobei $\{H_t;\ t \geq 1\}$ unabhängige Zufallsgrößen mit $(u > 1)$

(4.13b)
$$P(H_t = u) = p$$
$$P\left(H_t = d = \frac{1}{u}\right) = q = 1 - p$$

sind. Insgesamt gilt dann für die Wertentwicklung des betrachteten Finanztitels

(4.14)
$$V_t = v \cdot H_1 \cdot \ldots \cdot H_t.$$

Eine Modifikation ist wiederum einfach möglich. Die (4.12) entsprechende Charakterisierung des Übergangsverhaltens lautet:

(4.15)
$$P(V_{t+1} = zu \mid V_t = z) = p$$
$$P(V_{t+1} = zd \mid V_t = z) = q.$$

Die Wertentwicklung des multiplikativen Binomialgitterprozesses wird durch nachfolgende Abbildung illustriert.

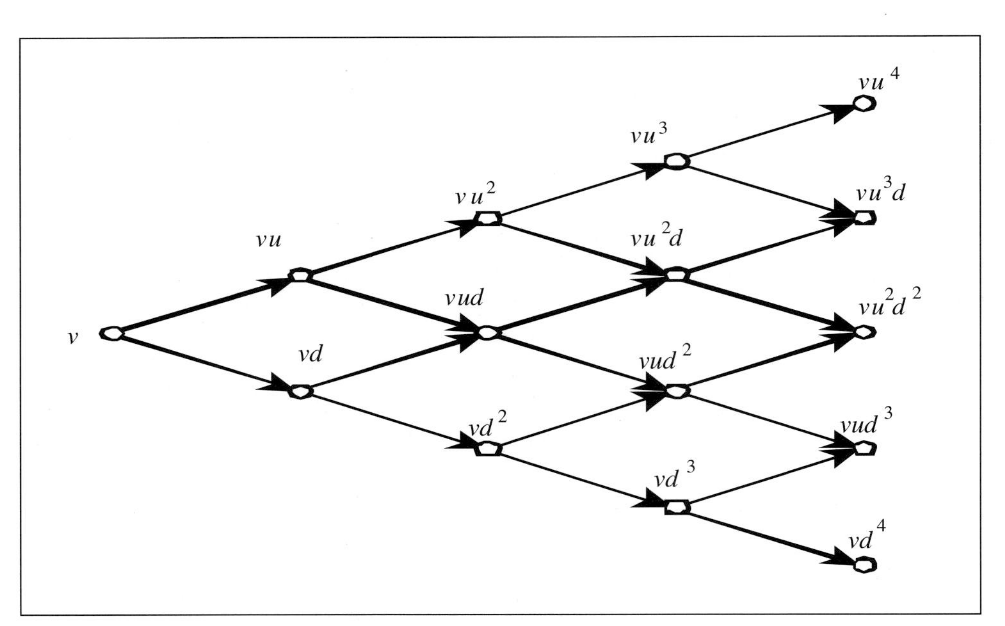

Abb. 4.2: Multiplikativer Binomialgitterprozess über vier Perioden

Nimmt der Parameter d nicht den Wert $1/u$ an, so resultiert nach wie vor ein Binomialgitter (da $ud = du$), jedoch mit »Trend« ud.

Für den Binomialgitterprozess gilt zu jedem Zeitpunkt die folgende Wahrscheinlichkeitsbelegung ($j = 0, ..., t$)

(4.16) $$P(V_t = vu^j d^{t-j}) = \binom{t}{j} p^j (1-p)^{t-j}$$

d.h. der zukünftige Wert des Finanztitels lässt sich durch eine Binomialverteilung mit den Parametern p und t charakterisieren.

4.2.3 AR(1)-Prozesse

Wir wenden uns in diesem Abschnitt möglichen Alternativen der Random-Walk-Hypothese mit dem Ziel der Modellierung von Mean-Reversion-Effekten zu. Das Basismodell sind hier die autoregressiven Prozesse der Ordnung 1, kurz AR(1)-Prozesse.

Die Wertentwicklung eines AR(1)-Prozesses besitzt dabei die folgende Charakterisierung ($t = 1,2,3,...\ ;\ |a| < 1$):

(4.17a) $$V_t - m = a(V_{t-1} - m) + Z_t \ ,$$

wobei der Überlagerungsprozess Z_t wiederum den Anforderungen gemäß (4.6b) genügt. Unter der Bedingung $|a| < 1$ ist der AR(1)-Prozess ein stationärer Prozess.

Die Bedingungsgleichung (4.17a) für den AR(1)-Prozess impliziert, dass der Parameter m das langfristige Mittel des Prozesses darstellt und der Wertverlauf dieses Prozesses bei temporären Abweichungen auf dieses Langfristmittel hingezogen wird. Je größer der Parameter a, desto stärker ist die Elastizität, mit der der Prozess zum Langfristmittel hingezogen wird. Für den Erwartungswert des Prozesses gilt:

(4.18a) $$E(V_t) = m + a^t (v_0 - m) \ .$$

In der Anwendung geht man dabei davon aus, dass der beobachtete Prozess schon »lange läuft« bzw. eingeschwungen ist und damit wegen $\lim_{t\to\infty} a^t = 0$ für $|a| < 1$ approximativ die Beziehung

(4.18b) $$E(V_t) = m$$

gerechtfertigt ist. Der Parameter a ist zudem identisch mit dem Autokorrelationskoeffizienten 1. Ordnung des AR(1)-Prozesses, d.h. $\rho(V_{t+1}, V_t) = a$.

Äquivalent zur Darstellung (4.17a) ist die folgende Charakterisierung eines AR(1)-Prozesses, die ebenfalls häufig in der Literatur zu finden ist:

(4.17b) $$V_t = c + aV_{t-1} + Z_t \ .$$

Dies erkennt man, wenn man (4.17a) explizit nach V_t auflöst und dann $c = m(1-a)$ setzt. Die Charakterisierung (4.17b) zeigt im Vergleich mit der Darstellung 1, dass der Random Walk ein Grenzfall des AR(1)-Prozesses für $a \to 1$ ist. Tests der Hypothese $H_0 : a = 1$ gegen $H_1 : a < 1$, so genannte Einheitswurzel- oder Unit Root-Tests, bilden entsprechend ein zentrales Instrumentarium zur Überprüfung der Frage »Random Walk oder Mean Reversion?«. Zugleich wird deutlich, dass die Charakterisierung (4.17b) als Regressionsgleichung mit der erklärten Variablen V_t sowie der erklärenden Variablen $V_{t\text{-}1}$ interpretiert werden kann. Die Durchführung der entsprechenden Regression führt zu einer Bestimmung der Parameter c bzw. a und dient als Ausgangspunkt vieler Einheitswurzeltests.

Die Existenz des Langfristmittels m, zu dem der AR(1)-Prozess »hingezogen« wird, beinhaltet zugleich den zentralen Unterschied zum Random Walk, bei dem es – wie bereits ausgeführt – (systematisch) zu beliebig großen Abweichungen vom zugrunde liegenden Trend kommen kann. In Termen der besten Prognose (im Sinne des mittleren quadratischen Fehlers) gilt:

(4.19) $$E(V_{t+s} \mid V_t, V_{t-1}, \ldots, V_0) = m + a^s (V_t - m)\,.$$

Der Einfluss der momentanen Abweichung $V_t - m$ des aktuellen Prozesswertes vom Langfristmittel nimmt somit mit geometrischer Rate ab, und insgesamt nähert sich die (beste) Prognose immer mehr dem Langfristmittel an.

Prozesse mit einer allgemeineren autoregressiven Struktur sind die autoregressiven Prozesse p-ter Ordnung, kurz AR(p)-Prozesse. Diese genügen der folgenden Charakterisierung:

(4.20) $$V_t = c + a_1 V_{t-1} + \ldots + a_p V_{t-p} + Z_t\,.$$

Im Spezialfall $p = 1$ ergibt sich der AR(1)-Prozess.

4.3 Zeitstetige Modelle

4.3.1 Wienerprozess (Brownsche Bewegung)

Ein Wertverlauf $\{W_t;\ t \geq 0\}$ folgt einem *Wienerprozess (Brownsche Bewegung)*, wenn gilt:

Wienerprozess

(4.21a) Der Prozess besitzt unabhängige Zuwächse, d.h für alle $0 \leq t_0 \leq t_1 \leq \ldots \leq t_n$ sind die Zuwächse (Inkremente) $W(t_1) - W(t_0)$, $W(t_2) - W(t_1)$,..., $W(t_n) - W(t_{n\text{-}1})$ stochastisch unabhängige Zufallsgrößen.

(4.21b) Der Prozess besitzt stationäre Zuwächse, d.h. die Verteilung von $W_{t+h} - W_t$ ist nur von h abhängig und nicht von der Lage des Intervalls $[t, t+h]$ auf der Zeitachse.

(4.21c) Der Prozess besitzt normalverteilte Zuwächse, insbesondere gilt für $s < t$ $W_t - W_s \sim \mathrm{N}[\mu(t-s), \sigma^2(t-s)]$.

Die Parameter μ und σ^2 werden auch als Drift (Driftkoeffizient) und Diffusion (Diffusionskoeffizient) bezeichnet, teilweise spricht man auch von σ als Diffusion. Der erwartete Wertverlauf in der Zeit ist zeitproportional zum Driftkoeffizienten, der Verlauf der Standardabweichung in der Zeit unterliegt dagegen der Beziehung $\sigma \sqrt{t}$. Im Falle $w_0 = 0$, $\mu = 0$ sowie $\sigma = 1$ spricht man von einem *Standard-Wienerprozess*. Dieser spielt eine zentrale Rolle in der Theorie der zeitstetigen stochastischen Prozesse. Er ist Baustein für alle (glatten) Diffusionsprozesse sowie Ausgangspunkt der stochastischen Integration nach Itô.

Der (allgemeine) Wienerprozess besitzt die folgende, oftmals nützliche Repräsentation

$$W_t = w_0 + \mu t + \sigma \sqrt{t}\, Z_t, \tag{4.22}$$

wobei $Z_t \sim N(0, 1)$ eine standardnormalverteilte Zufallsgröße ist.

Für den Wienerprozess gilt des Weiteren die folgende Eigenschaft hinsichtlich der Kovarianzen[8]

$$\operatorname{Cov}(W_s, W_t) = \min(s,t)\,\sigma^2 . \tag{4.23}$$

Hinsichtlich der Pfade, d.h. den Realisationen des Wienerprozesses im Zeitablauf, lässt sich zeigen, dass diese stetig sind. Interessanterweise sind sie darüber hinaus aber in keinem einzigen Punkt differenzierbar. Intuitiv kann man dies dadurch nachvollziehen, dass für den Differenzenquotient gilt $(W_{t+h} - W_t) / h \sim N(0, \sigma^2/h)$, d.h. für $h \to 0$ strebt die Varianz des Differenzenquotienten gegen unendlich. Der Differenzenquotient kann daher nicht (punktweise) gegen eine endliche Zufallsgröße konvergieren.

Die vorstehende Eigenschaft der Pfade des Wienerprozesses verleiht diesen die charakteristische Form eines Verlaufs mit sehr vielen »Knicken«, die zugleich an den Kursverlauf vieler börsengehandelter Finanztitel erinnert. Die folgende Abbildung enthält beispielhafte Pfade des Standard-Wienerprozesses bzw. des Wienerprozesses mit $\mu = 0{,}3$. Startwert ist dabei jeweils $w_0 = 0{,}2$. Basis der Abbildung ist die Simulation jeweils einer Entwicklung dieser Prozesse unter Ausnutzung der Beziehung (4.22).

Der Standard-Wienerprozess kann auch als »geeigneter« Grenzwert eines Random Walk in diskreter Zeit konstruiert werden. Ein eleganter Zugang stützt sich auf eine geeignete Modifikation des in 4.2.2 behandelten arithmetischen Binomialgitterprozesses. Gegeben sei dazu ein Zeitintervall $[0, T]$, das in $N = T / \Delta t$ Zeitintervalle der Länge Δt unterteilt werde, d.h. $0 < \Delta t < 2\Delta t < \dots < N\Delta t = T$. Ausgangspunkt ist nun der elementare Binomialgitterprozess gemäß (4.10) in der folgenden Modifikation ($S_0 := 0$)

$$S_{n\Delta t} := (X_1 + \dots + X_n)\sqrt{\Delta t} . \tag{4.24a}$$

Intuitiv repräsentiert $S_{n\Delta t}$ den Zustand des Prozesses nach jeweils n Auf- oder Abwärtsbewegungen der Höhe $\pm\sqrt{\Delta t}$ bei Sprungintervallen der Länge Δt .

Der Prozess $\{S_{n\Delta t}, 0 \le n \le N\}$ist nur in diskreter Zeit definiert, der Wienerprozess dagegen in stetiger Zeit. Deswegen ist zu einem Prozess $\{S_N(t); 0 \le t \le T\}$überzugehen, indem diese »zeitlichen Lücken« geschlossen werden. Dies gelingt etwa durch ($S_N(T) := S_{n\Delta t}$):

$$S_N(t) := S_{n\Delta t} \quad \text{für} \quad n\Delta t \le t < (n+1)\Delta t, \quad n = 0,\dots,N-1 . \tag{4.24b}$$

Die Lücke wird also so geschlossen, dass jeweils der Funktionswert an der linken Intervallgrenze für das ganze Intervall (exklusive der rechten Intervallgrenze) gilt. Alternativ könnte

8 Vgl. hierzu auch Aufgabe 4.10.

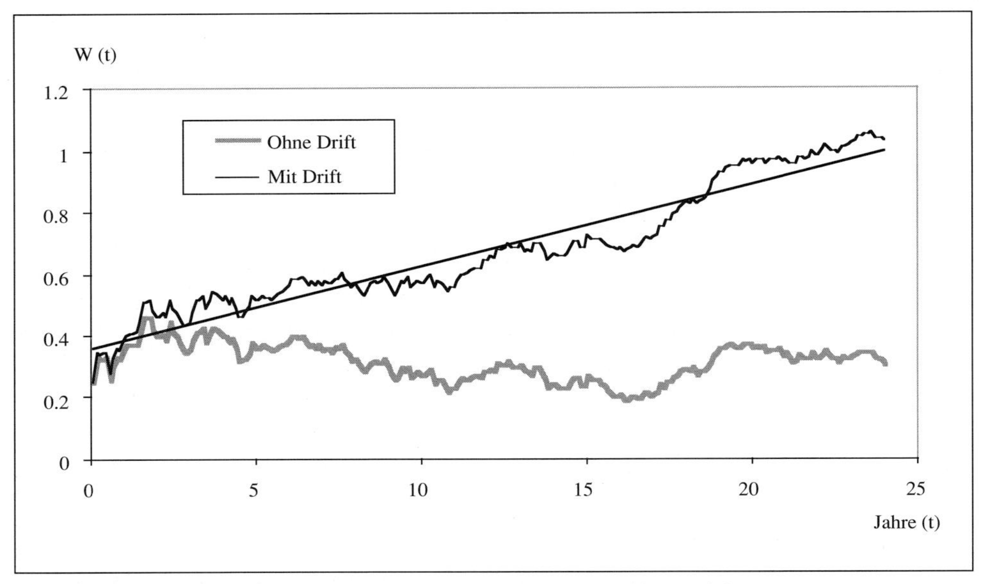

Abb. 4.3: Pfad eines Wienerprozesses ohne Drift und mit Drift von 0,3

man auch die Werte des Prozesses $S_{n\Delta t}$ linear interpolieren. Es lässt sich nun das folgende Resultat formulieren. $S_N(t)$ konvergiert für $N \to \infty$ bzw. $\Delta t \to 0$ gegen den Standard-Wienerprozess. Die Konvergenz ist dabei eine Konvergenz in Verteilung, der Grenzprozess besitzt dabei normalverteilte und unabhängige Zuwächse.

4.3.2 Diffusionsprozesse und Lemma von Itô

Die Wertentwicklung eines Finanztitels $\{V_t;\ t \geq 0\}$ folgt einem *Diffusionsprozess*, wenn die nachfolgenden Bedingungen (4.25a) bis (4.25d) erfüllt sind:

Diffusionsprozess

(4.25a)	a)	$P(V_t \leq v_t \mid V_u = v_u, u \leq s) = P(V_t \leq v_t \mid V_s = v_s)$
(4.25b)	b)	$P(\lvert V_t - V_s \rvert > \varepsilon \mid V_s = x) = o(t-s)$
(4.25c)	c)	$E(V_t - V_s \mid V_s = x) = \mu(s, x)(t-s) + o(t-s)$
(4.25d)	d)	$E[(V_t - V_s)^2 \mid V_s = x] = \sigma^2(s, x)(t-s) + o(t-s)$

Dabei ist $o(t-s)$ eine Funktion mit der Eigenschaft $o(t-s)/(t-s) \to 0$ für $t \to s$.

Die Bedingung (4.25a) gilt für alle $s < t$ sowie für alle Realisationen v_t und $\{v_u;\ u \leq s\}$. Der Prozess $\{V_t\}$ besitzt die (elementare) Markoveigenschaft, was intuitiv wie folgt zu interpretieren ist: Gegeben eine komplette Beobachtungsreihe (Geschichte) des Prozesses, so ist die Zufallsgesetzmäßigkeit für die künftige weitere Entwicklung des Prozesses nur abhängig von der zuletzt beobachteten Realisation. In ihr sind bereits sämtliche Informationen für die weitere Entwicklung des Prozesses enthalten. Die Markoveigenschaft ist eine zentrale Eigenschaft für stochastische Prozesse, denn sie vereinfacht die Analyse im Vergleich zu Prozessen, bei denen die gesamte Geschichte einen Einfluss auf die künftige Wertentwicklung nimmt, erheblich. Da insbesondere alle Prozesse mit unabhängigen Zuwächsen offenbar die Markoveigenschaft besitzen, sind insbesondere der Random Walk, der Binomialgitterprozess sowie der Wienerprozess spezielle Markovprozesse.

Die Eigenschaften (4.25b) bis (4.25d) charakterisieren[9] das Verhalten des Diffusionsprozesses über kurze Zeitintervalle $[s, t]$. So besagt die Eigenschaft (4.25b) intuitiv, dass große Veränderungen des Prozesses in kurzen Zeitintervallen nur eine geringe Wahrscheinlichkeit aufweisen. Die Bedingungen (4.25c) und (4.25d) sichern die Existenz zweier Grenzwerte, die, gegeben den Zustand des Prozesses in einem bestimmten Zeitpunkt (hier $V_s = x$), die weitere kurzfristige (lokale bzw. momentane) Entwicklung des Prozesses charakterisieren. Die Größe $\mu(s, x)$ quantifiziert dabei die kurzfristige mittlere Entwicklung des Prozesses (*momentaner Erwartungswert*). Die Größe $\sigma^2(s, x)$ quantifiziert die kurzfristige mittlere quadratische Abweichung des Prozesses von der aktuellen Position (*momentane Variation*), sie ist ein Maß für die Stärke der lokalen Fluktuationen, d.h. der *Volatilität*.

Die zentrale Qualität von Diffusionsprozessen besteht in der Eigenschaft, dass unter gewissen Regularitätsvoraussetzungen durch die Vorgabe der *Parameterfunktionen* $\{\mu(s, x)\}$ sowie $\{\sigma(s, x)\}$ bereits die gesamte Zufallsgesetzmäßigkeit der Entwicklung eines zeitstetigen Prozesses mit Markoveigenschaft eindeutig bestimmt ist. Die beiden *lokalen* ersten Momente *Drift* und *Diffusion* legen bereits den gesamten Prozess fest.

Beispiel 4.2: Wienerprozess als Diffusionsprozess
Der Wienerprozess ist offenbar ein spezieller Diffusionsprozess mit konstanter Drift und Diffusion, d.h. $\mu(s, x) \equiv \mu$ und $\sigma(s, x) \equiv \sigma$ für alle t, x.

Diffusionsprozesse besitzen die folgende wichtige Eigenschaft, die es erlaubt, Transformationen von Diffusionsprozessen in eleganter Weise zu charakterisieren und zu analysieren. Ist $\{V_t\}$ ein Diffusionsprozess, so ist unter gewissen Regularitätsvoraussetzungen an die Funktion $F(t, x)$ auch das »Bild« $\{F(t,V_t)\}$ ein Diffusionsprozess. Dabei sind die Drift- sowie Diffusionskoeffizienten des Bildprozesses wie folgt gegeben:

Lemma von Itô

(4.26a) $$\mu_F(t, x) = F_t(t, x) + F_x(t, x)\,\mu(t, x) + \tfrac{1}{2} F_{xx}(t, x)\,\sigma^2(t, x)$$

(4.26b) $$\sigma_F^2(t,x) = F_x^2(t,x)\,\sigma^2(t,x),$$

wobei $F_t = \partial F / \partial t$, $F_x = \partial F / \partial x$ und $F_{xx} = \partial F^2 / \partial x^2$ die entsprechenden partiellen Ableitungen der Funktion F bezeichnen.

9 Die Darstellung der strukturellen Eigenschaften (4.25b) – (4.25d) folgen einer intuitiv zugänglichen Charakterisierung, eine mathematisch präzisere Darstellung findet man etwa in *Arnold* (1993, S. 55).

Beispiel 4.3: Drift und Diffusion des geometrischen Wienerprozesses
Der in Abschnitt 4.3.3 behandelte geometrische Wienerprozess S_t ergibt sich aus dem Standard-Wienerprozess W_t durch $S_t = s_0 \exp(m\,t + \sigma\,W_t)$. Es gilt somit $F(t, x) = s_0 \exp(m\,t + \sigma\,x)$ und damit weiter $F_t = m\,F$, $F_x = \sigma\,F$, $F_{xx} = \sigma^2\,F$. Aufgrund des Satzes von *Itô* folgt somit (Drift und Diffusion des Wienerprozesses betragen 0 bzw. 1)

$$\mu_S = (m + \sigma^2/2)\,F = \mu F\,, \quad \sigma_S = \sigma F \tag{4.23}$$

dabei ist $\mu := m + \frac{1}{2}\sigma^2$. Alternativ drückt man dieses Ergebnis auch instruktiv aus durch $\mu_S(t, S_t) = \mu\,S_t$, $\sigma_S(t, S_t) = \sigma\,S_t$.

Ein alternativer zentraler Zugang zu den Diffusionsprozessen, der allerdings eine sehr viel komplexere mathematische Maschinerie erfordert, ist ihre Charakterisierung als stochastische Integralgleichung der Form

$$V_t = V_{t_0} + \int_{t_0}^{t} \mu(u, V_u)du + \int_{t_0}^{t} \sigma(u, V_u)dW_u. \tag{4.28}$$

Die Integrale auf der rechten Seite sind zum einen ein (für stochastische Prozesse pfadweise anzuwendendes) traditionelles deterministisches *Riemann-Integral* nach der Integrationsvariablen dt, auf der anderen Seite aber ein Integral mit der Integrationsvariablen dW_t, das so genannte Itô-Integral nach dem Standard-Wienerprozess W_t. Aufgrund der in Abschnitt 4.3.1 behandelten Eigenschaft des Wienerprozesses, dass seine Pfade in keinem Punkt differenzierbar sind, wird klar, dass dieses Integral keine einfache Verallgemeinerung des deterministischen *Riemann-Stieltjes-Integrals* $\int f(t)dg(t)$ einer Funktion $f(t)$ nach der Funktion $g(t)$ sein kann, sondern eine vollständig neuartige Konstruktion ist.[10]

Hinsichtlich der stochastischen Integralgleichung (4.28) ist ein stochastischer Prozess $\{V_t;\ t \geq t_0\}$ gesucht, der diese Gleichung unter Vorgabe des Startwertes $V(t_0)$ erfüllt. Unter bestimmten Bedingungen (*Lipschitz-Bedingung,* Wachstumsbedingung) können Existenz und Eindeutigkeit der Lösung dieser Gleichung gewährleistet werden. Die besondere Bedeutung stochastischer Integralgleichungen liegt nun darin, dass sich ihre Lösungen – unter gewissen Regularitätsvoraussetzungen – als Diffusionsprozesse mit Drift $\mu(t, x)$ und Diffusion $\sigma(t, x)$ erweisen! Durch die Eigenschaft von Diffusionsprozessen, dass sie eine Repräsentation der Form (4.28) besitzen, wird über den darin eingehenden Wiener-Term $\int \sigma dW_t$ auch klar, dass sich die Eigenschaften der Pfade des Wienerprozesses, nämlich Stetigkeit und Nicht-Differenzierbarkeit in allen Punkten, auf Diffusionsprozesse übertragen. Das bedeutet, dass auch Diffusionsprozesse das in Abbildung 4.3 dargestellte typische Aussehen mit vielen »Knicken« besitzen.

Die stochastische Integralgleichung wird in zunächst einmal rein symbolischer Form üblicherweise oftmals in der kompakteren Form einer *stochastischen Differentialgleichung* geschrieben,

$$dV_t = \mu\,(t, V_t)dt + \sigma\,(t, V_t)dW_t, \tag{4.29}$$

die der äquivalenten formalen Charakterisierung von Diffusionsprozessen dient. Da das Differential dW_t seinen Ursprung im Itô-Integral $\int dW_t$ hat, ist hierbei auch wichtig festzuhalten, dass

---

10 In Anhang 4B zu diesem Kapitel sind die Grundideen der Konstruktion des Itô-Integrals enthalten.

klassische Differentationsregeln der Analysis nicht mehr notwendigerweise gelten müssen. In diesem Zusammenhang erfährt das Lemma von Itô eine neue Bedeutung. Er erweist sich als Modifikation der klassischen Kettenregel im Kontext stochastischer Differentiale.[11]

Beispiel 4.4: Stochastische Differentialgleichung des Wienerprozesses
Da Drift bzw. Diffusionsterm des Wienerprozesses durch μ bzw. σ gegeben sind, lautet die zugehörige stochastische Differentialgleichung:

(4.30) $$dV_t = \mu\, dt + \sigma\, dW_t\,.$$

Beispiel 4.5: Stochastische Differentialgleichung des geometrischen Wienerprozesses
Aufgrund der Ergebnisse (4.27) des Beispiels 4.3 lautet die stochastische Differentialgleichung, welche die geometrische Brownsche Bewegung charakterisiert, wie folgt:

(4.31) $$dV_t = \mu\, V_t dt + \sigma\, V_t dW_t\,.$$

4.3.3 Die geometrische Brownsche Bewegung

Die *geometrische Brownsche Bewegung* (auch *geometrischer Wienerprozess*) ist das kapitalmarkttheoretische Standardmodell für die zufallsabhängige Entwicklung des Kursverlaufs einer (dividendenlosen) Aktie bzw. eines (thesaurierenden) Aktienportfolios. Bezeichne μ den Drift- und σ den Diffusionsterm des Standard-Wienerprozesses $\{W_t\}$, dann folgt der Kursverlauf $\{S_t\}$ einer geometrischen Brownschen Bewegung[12], wenn gilt:

Geometrische Brownsche Bewegung (explizite Darstellung)

(4.32a) $$S_t = S_{t_0}\, e^{(\mu - \frac{1}{2}\sigma^2)(t - t_0) + \sigma (W_t - W_{t_0})}$$

bzw. im Falle $t_0 = 0$ mit $m := \mu - \frac{1}{2}\sigma^2$ und $S_0 = s_0$:

(4.32b) $$S_t = s_0\, e^{mt + \sigma W_t}\,.$$

Die geometrische Brownsche Bewegung wird gelegentlich auch als exponentielle Brownsche Bewegung bezeichnet, da man im Kern den Prozess e^{W_t} betrachtet. Offenbar gilt $S_t > 0$ für alle t und somit ist die geometrische Brownsche Bewegung ein besser geeignetes Modell zur Beschreibung des Kursverlaufs von Aktien als die Brownsche Bewegung selbst.

Aufgrund von (4.32a) in Verbindung mit der Normalverteilungseigenschaft der Zuwächse der geometrischen Brownschen Bewegung gilt ferner:

(4.33) $$\ln S_t \sim N(\ln s_{t_0} + m(t - t_0),\ \sigma^2 (t - t_0))\,,$$

---

11 Diese Variante des Lemmas von *Itô* ist in Anhang 4C, Formel (4C.6) dargelegt, dort findet sich auch ein Beispiel.

12 Der Literatur folgend, verwenden wir im Falle der geometrischen Brownschen Bewegung die Notation $\{S_t\}$ (S wie share oder stock) anstelle der bisherigen Notation $\{V_t\}$.

d.h. gegeben $S_{t_0} = s_{t_0}$ folgt das Wahrscheinlichkeitsgesetz für den zukünftigen Kurs S_t für jedes feste t einer logarithmischen Normalverteilung. Dabei gilt für den Erwartungswert und die Varianz des zukünftigen Werts im Zeitpunkt t[13]

(4.34)
$$E(S_t) = s_{t_0}\, e^{\mu(t - t_0)}$$
$$\mathrm{Var}(S_t) = s_{t_0}^2\, e^{2\mu(t - t_0)}\, [e^{\sigma^2(t - t_0)} - 1]\,.$$

Insbesondere kann damit der Parameter μ als mittlere Wachstumsrate des Prozesses interpretiert werden.

Für die Kovarianzen der geometrischen Brownschen Bewegung gilt ($S_{t_0} = s_{t_0}$, $t_0 < u < v$):

(4.35)
$$\mathrm{Cov}(\ln S_u,\ \ln S_v) = \sigma^2(u - t_0)\,.$$

Die zeitstetigen Einperiodenrenditen $U_t = \ln\,(S_t\, /\, s_{t-1})$ einer Kursentwicklung, welche der geometrischen Brownschen Bewegung folgt, sind aufgrund von (4.28a) normalverteilt und es gilt:

(4.36)
$$U_t \sim N(m, \sigma^2)\,.$$

Damit können m (und daher auch μ) und σ standardmäßig entsprechend (3.10) und (3.15a) aufgrund einer Zeitreihe von unabhängigen[14] Beobachtungen identifiziert werden. Des Weiteren können die Parameter m und σ nunmehr als Erwartungswert und Standardabweichung (»Volatilität«) der zeitstetigen Periodenrenditen interpretiert werden.[15]

Die Beziehung (4.36) dient auch als Ausgangspunkt für eine Simulation der Geometrischen Brownschen Bewegung. Gegeben m und σ lassen sich zunächst unabhängige Realisationen $u_1, \ldots, u_n$ einer $N(m, \sigma^2)$-Verteilung generieren. Die Folge

$$s_t = s_0\, e^{u_1} \ldots e^{u_t} = s_0\, e^{u_1 + \ldots + u_t}$$

erzeugt dann für $1 \le t \le n$ einen (diskreten Teil-)Pfad der Geometrischen Brownschen Bewegung. Durch Wiederholung dieser Vorgehensweise lassen sich eine gewünschte Anzahl von Pfaden der Geometrischen Brownschen Bewegung erzeugen, die dann ihrerseits den Ausgangspunkt für weitere Evaluationen dienen (wie etwa in Fallstudie 3.8 geschehen, vgl. hierzu Anhang 3E). Auf diese Weise wurden auch die Pfade der Geometrischen Brownschen Bewegung mit $\mu = 0{,}1$ und $\sigma = 0{,}2$ (und daher $m = 0{,}08$) in der Abbildung 4.4 erzeugt.

---

13 Vgl. hierzu auch Gleichung (3.24) im dritten Kapitel.
14 Die Zuwächse des Wienerprozesses sind unabhängig, dies gilt damit auch für die logarithmierten Zuwächse.
15 Diese Vorgehensweise liegt auch der Fallstudie 3.8 zugrunde, vgl. Anhang 3E.

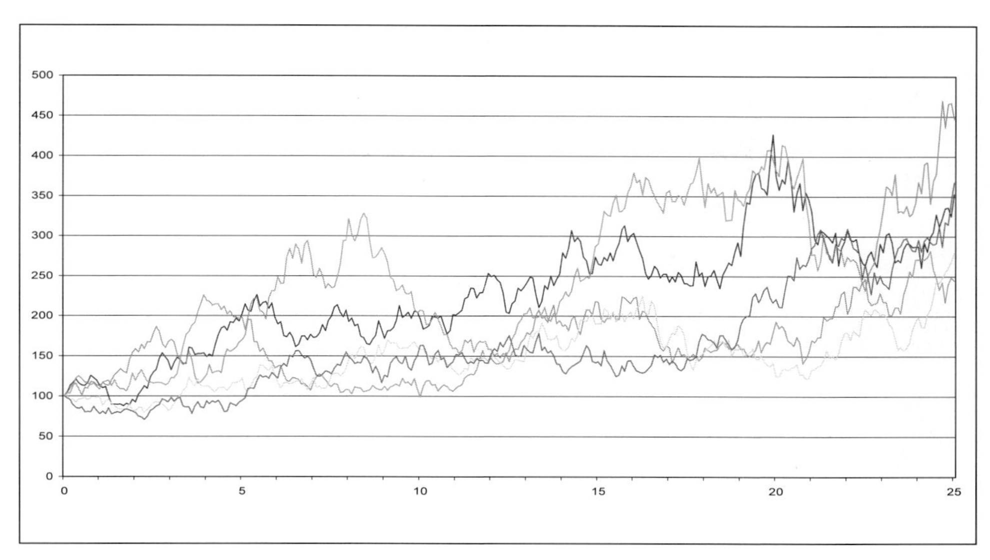

Abb. 4.4: Pfade der Geometrischen Brownschen Bewegung (μ = 0,1; σ = 0,2)

Definieren wir schließlich in Analogie zu (2.12) die äquivalente konstante Zinsintensität zur Entwicklung des Prozesses in $[t, T]$ durch

(4.37) $$U = \frac{1}{T-t} \ln\left(\frac{S_T}{S_t}\right)$$

denn es gilt dann $S_T = S_t \, e^{U(T-t)}$. Aufgrund von (4.32) folgt

(4.38) $$U \sim N\left(m, \frac{\sigma}{T-t}\right)$$

die äquivalente konstante Zinsintensität ist damit normalverteilt mit einem Erwartungswert von $m = \mu - \frac{1}{2}\sigma^2$(und nicht etwa μ!) und einer Varianz $\sigma^2/(T-t)$.

Die geometrische Brownsche Bewegung ist durch die stochastische Differentialgleichung (4.31) des Beispiels 4.5 charakterisiert, die man oftmals in (symbolischer) Renditeschreibweise wie folgt notiert:

Geometrische Brownsche Bewegung (Darstellung als stochastische Differentialgleichung)

(4.39a) $$\frac{dS_t}{S_t} = \mu\, dt + \sigma\, dW_t$$

Betrachtet man die geometrische Brownsche Bewegung als einen speziellen Diffusionsprozess, so folgt aus Beispiel 4.3 $\mu(t, x) = \mu x$ sowie $\sigma^2(t, x) = \sigma^2 x$. Aus der Charakterisierung (4.25c) bzw. (4.25d) von Drift und Diffusion ergibt sich daraus

(4.40a)
$$\mu = \lim_{\Delta t \to 0} \frac{1}{\Delta t} E\left[\frac{S_{t+\Delta t} - S_t}{S_t} \,\Big|\, S_t = s\right]$$

sowie

(4.40b)
$$\sigma^2 = \lim_{\Delta t \to 0} \frac{1}{\Delta t} E\left[\left\{\frac{S_{t+\Delta t} - S_t}{S_t}\right\}^2 \,\Big|\, S_t = s\right].$$

Dies bedeutet, dass die erwartete prozentuale Kursänderung in kleinen Zeitintervallen proportional zu μ bzw. die erwartete quadrierte Kursänderung in kleinen Zeitintervallen proportional zu σ^2 ist.

Die stochastische Differentialgleichung (4.39a), die auf der Betrachtung der Momentanrendite dS_t / S_t als »Grenzwert« der diskreten Rendite $(S_{t+\Delta t} - S_t) / S_t$ beruht, ist diejenige Charakterisierung der geometrischen Brownschen Bewegung, die in der Optionspreistheorie standardmäßig gewählt wird. Aus der Repräsentation (4.32b), die äquivalent lautet $\ln S_t = \ln s_{t_0} + mt + \sigma W_t = \ln s_{t_0} + \int m dt + \int \sigma dW_t$, ergibt sich[16] die äquivalente stochastische Differentialgleichung

(4.39b)
$$d(\ln S_t) = m\, dt + \sigma dW_t.$$

Damit ist m der Driftkoeffizient des logarithmierten Kursprozesses, insbesondere gilt $E(\ln S_t) = mt$. Aus der Charakterisierung des Driftterms folgt ferner

(4.40c)
$$m = \mu - \frac{1}{2}\sigma^2 = \lim_{\Delta t \to 0} \frac{1}{\Delta t} E\left[\ln\left(\frac{S_{t+\Delta t}}{S_t}\right)\right].$$

Während m somit intuitiv die momentane zeitstetige mittlere Rendite charakterisiert (dies ist bereits in (4.36) eingeflossen), so beschreibt μ intuitiv die momentane mittlere diskrete Rendite.

Betrachten wir die relative Kursveränderung

(4.41)
$$\frac{\Delta S}{S} := \frac{S_{t+\Delta t} - S_t}{S_t} = \frac{S_{t+\Delta t}}{S_t} - 1$$

über ein Zeitintervall $[t, t + \Delta t]$, so ist $S_{t+\Delta t} / S_t$ als Quotient zweier logarithmischer Normalverteilungen wiederum logarithmisch normalverteilt und mithin folgt $\Delta S/S$ einer verschobenen Lognormalverteilung. Durch Einsetzen in (4.32b) erhält man ferner mit $Z \sim N(0,1)$:

(4.42)
$$\frac{\Delta S}{S} = \exp\left[m\, \Delta t + \sigma \sqrt{\Delta t}\, Z\right] - 1.$$

16 Alternativ kann das Lemma von Itô auf $\ln S_t$ angewendet werden, wenn S_t die Charakterisierung (4.39a) besitzt, vgl. Aufgabe 4.11.

Dies zeigt, dass die populäre Diskretisierung[17]

(4.43) $$\frac{\Delta S}{S} = \mu\,\Delta t + \sigma\,\sqrt{\Delta t}\,Z \sim N(\mu\,\Delta t,\ \sigma\sqrt{\Delta t})$$

so nicht korrekt sein kann. In der Tat ist (4.43) nur eine Approximation von $\Delta S/S$, es liegt das so genannte *Euler-Approximationsschema* vor.[18] Dies verdeutlicht zugleich die Problematik der Schreibweise (4.39a), die man nicht überinterpretieren darf.

Eine elegante direkte diskrete Approximation der geometrischen Brownschen Bewegung kann auf der Basis der Approximation des Wienerprozesses in 4.3.1 stattfinden. Wegen (t_0 = 0, $s_0 = s$) $S_t = s\,\exp[mt + \sigma W_t]$ konvergiert der mittels $F(t, x) = s\,\exp(mt + \sigma x)$ transformierte Prozess $F(t, S_N(t))$ in Verteilung gegen die geometrische Brownsche Bewegung. Dieser Approximation liegt der folgende in Abbildung 4.4 dargestellte Binomialgitterprozess zugrunde ($h = \Delta t$). Er entsteht durch Transformation[19] eines multiplikativen Binomialgitterprozesses mit $u = \exp\,(\sigma\sqrt{\Delta})$ und Sprungintervallen der Länge Δt, d.h. der Approximation von $\exp(\sigma W_t)$.

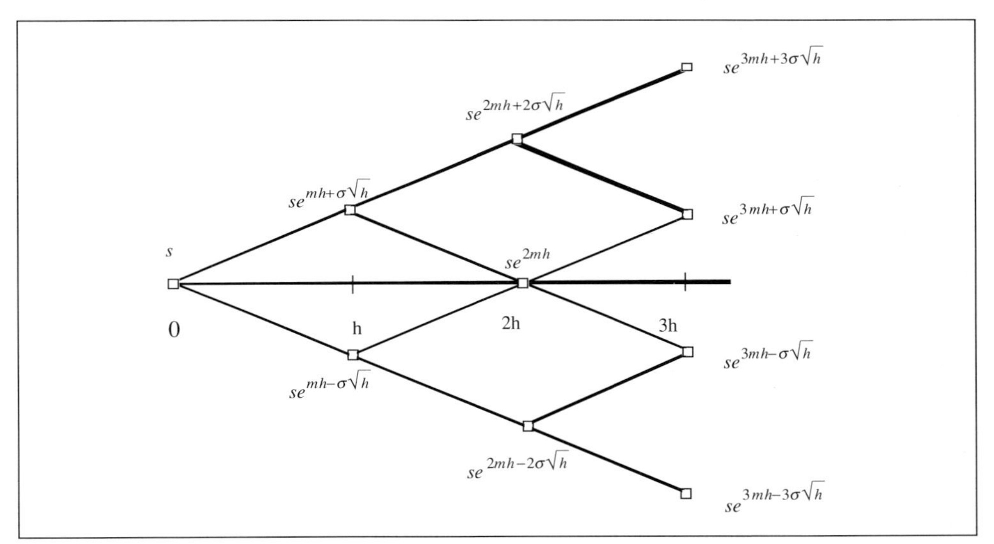

Abb. 4.5: Binomialisierung der geometrischen Brownschen Bewegung

Abschließend sei noch erwähnt, dass die Koeffizienten μ und σ ohne Probleme zeitabhängig gewählt werden können. Die stochastischen Differentialgleichung

(4.44) $$\frac{dS_t}{S_t} = \mu(t)\,dt + \sigma(t)\,dW(t)$$

besitzt die Lösung

17 Vgl. z.B. *Hull* (2006, S. 346).

18 Vgl. Abschnitt 4.3.6, insbesondere Beispiel 4.7.

19 Addition von $s\,\exp(mt)$ zum Zeitpunkt t.

(4.45)
$$S_t = S_{t_0} \exp\left[\int_{t_0}^{t}\left[\mu(u) - \tfrac{1}{2}\sigma^2(u)\right]du + \int_{t_0}^{t}\sigma(u)dW_u\right].$$

Probleme bereitet erst das Vorliegen einer Volatilität, die selbst stochastisch ist.

4.3.4 Ornstein/Uhlenbeck-Prozess

Ein *Ornstein/Uhlenbeck-Prozess* mit Mean Reverting-Drift ist charakterisiert durch die stochastische Differentialgleichung[20]

Ornstein/Uhlenbeck-Prozess mit Mean Reverting-Drift

(4.46)
$$dV_t = \alpha\,[\mu - V_t]\,dt + \sigma\,dW_t\,.$$

Ein solcher Ansatz liegt insbesondere dem *Vasicek-Zinsstrukturmodell* zugrunde.[21]

Zur Vorbereitung der weiteren Ausführungen führen wir zunächst die Zufallsgröße

(4.47)
$$Z_{s,t} = \int_s^t e^{-\alpha(t-u)}dW_u$$

ein. Gemäß den Aussagen der Itô-Integrationstheorie (vgl. hierzu Anhang 4C sowie insbesondere Aufgabe 4.12), ist $Z_{s,t}$ eine normalverteilte Zufallsgröße mit

(4.48a)
$$E(Z_{s,t}) = 0$$

(4.48b)
$$Var(Z_{s,t}) = \frac{1}{2\alpha}\left[1 - e^{-2\alpha(t-s)}\right].$$

Eine analytisch geschlossene Form der Lösung von (4.46) ist unter der Bedingung $V_s = v_s$ nun gegeben[22] durch

(4.49)
$$V_t = e^{-\alpha(t-s)}v_s + \mu\left[1 - e^{-\alpha(t-s)}\right] + \sigma Z_{s,t}.$$

Der Ornstein/Uhlenbeck-Prozess ist damit ein *Gauß-Prozess,* dies bedeutet, alle V_t sind normalverteilt. Damit sind insbesondere negative Werte von V_t möglich. Dies ist ein zentrales Manko des Prozesses, wenn dieser für die Modellierung etwa von Wertpapierpreisen oder Zinsintensitäten verwendet wird. Insbesondere folgt für $s = 0$

(4.50)
$$V_t \sim N\left(\mu + e^{-\alpha t}(v_0 - \mu),\ \frac{\sigma^2}{2\alpha}(1 - e^{-2\alpha t})\right).$$

20 Einer Modifikation der Langevin-Gleichung $dV_t = -aV_t dt + \sigma dW_t$, vgl. etwa *Arnold* (1973, S. 146).

21 Vgl. hierzu Abschnitt 9.3.2.2.

22 Dies kann man etwa auf der Basis des Lemmas von Itô nachvollziehen, vgl. Aufgabe 4.12. Allgemein ist der Ornstein/Uhlenbeck-Prozess durch eine lineare stochastische Differentialgleichung gekennzeichnet. Für diese Klasse von Differentialgleichungen existieren explizite Lösungen, vgl. etwa *Arnold* (1973, Kapitel 8).

Aus (4.49) folgt weiter ($s < t$)

(4.51a)
$$E(V_t/V_s = s) = \mu + (v_s - \mu)e^{-\alpha(t-s)}$$
$$= v_s e^{-\alpha(t-s)} + \mu[1 - e^{-\alpha(t-s)}]$$

sowie

(4.51b)
$$\text{Var}(V_t \mid V_s = v_s) = \frac{\sigma^2}{2\alpha}\left[1 - e^{-2\alpha(t-s)}\right].$$

Die Mean Reversion-Eigenschaft hat zur Folge, dass die Zuwächse des Ornstein/Uhlenbeck-Prozesses nicht unabhängig sind. Es gilt ($s < t$)

(4.51c)
$$Cov(V_s, V_t) = \frac{\sigma^2}{2\alpha}\left(e^{-\alpha(t-s)} - e^{-\alpha[2s+(t-s)]}\right)$$
$$= e^{-\alpha(t+s)}\frac{\sigma^2}{2\alpha}(e^{2\alpha s} - 1).$$

Ferner gilt:

(4.52)
$$\text{E}(V_t) \to \mu \text{ und Var}(V_t) \to \frac{\sigma^2}{2\alpha} \text{ für } t \to \infty.$$

Der Parameter μ kann somit als Langfristmittel des Prozesses angesehen werden. Die Konvergenzgeschwindigkeit der Erwartungswertfunktion zum langfristigen Mittel hin wird vom Parameter $\alpha > 0$, der Elastizität des Prozesses, bestimmt. Die Grenzverteilung selbst folgt einer Normalverteilung.

Um weiteren Aufschluss über die Struktur des Ornstein/Uhlenbeck-Prozesses zu erhalten, fixieren wir v_0 und betrachten $V_t - \mu = e^{-\alpha t}(v_0 - \mu) + \sigma Z_{0,t}$ sowie $V_{t-1} - \mu = e^{-\alpha(t-1)}(v_0 - \mu) + \sigma Z_{0,t-1}$. Wie man sich überzeugt, gilt

(4.53a)
$$(V_t - \mu) - e^{-\alpha}(V_{t-1} - \mu)$$
$$= \sigma(Z_{0,t} - Z_{0,t-1}) = \sigma Z_{t-1,t},$$

bzw. in nach $V_t - \mu$ aufgelöster Form (mit $\varepsilon_t := \sigma Z_{t-1,t}$)

(4.53b)
$$V_t - \mu = e^{-\alpha}(V_{t-1} - \mu) + \varepsilon_t.$$

Der diskrete stochastische Prozess $\{V_0, V_1, \ldots, V_t, \ldots\}$ ist somit gemäß (4.17a) ein autoregressiver Prozess 1. Ordnung.

Die Beziehung (4.48b) liefert auch den Schlüssel zur stochastischen Simulation von Pfaden des Ornstein/Uhlenbeck-Prozesses. Die Zufallsgröße

(4.54)
$$Z_{t-1,t} = \int_{t-1}^{t} e^{-\alpha(t-u)}\,dW_u$$

ist gemäß den vorstehenden Ausführungen eine normalverteilte Zufallsgröße mit den Parametern $E(Z_{t-1,t}) = 0$ und $Var(Z_{t-1,t}) = (1 - e^{-2\alpha})/2\alpha$ und damit ist ε_t eine normalverteilte Zufallsgröße mit $\text{E}(\varepsilon_t) = 0$ und $Var(\varepsilon_t) = \sigma^2(1 - e^{-2\alpha})/2\alpha$ bzw. $\varepsilon_t = \sigma\sqrt{(1 - e^{-2\alpha})/2\alpha}\, Z_t$, wobei Z_t eine standardnormalverteilte Zufallsgröße ist. Da der Wienerprozess unabhängige Zuwächse besitzt, sind zudem die Zufallsgrößen ε_t ebenfalls unabhängig verteilt. Mit dieser

Konstruktion ist es damit gelungen, den Ornstein/Uhlenbeck-Prozess auf eine Folge von unabhängig und identisch normalverteilten Zufallsgrößen zurückzuführen. Dies ermöglicht auf der Grundlage der Beziehung (4.48b) eine rekursive Generierung der Pfade eines Ornstein/Uhlenbeck-Prozesses.

Zuvor sind aber noch die Parameter des Prozesses auf der Basis einer Stichprobe $\{v_0, v_1, \ldots, v_n\}$ empirisch zu identifizieren. Zunächst ist – unter Anlehnung an Resultate im Rahmen der Analyse von AR(1)-Prozessen – festzuhalten, dass der Parameter $a = e^{-\alpha}$ in (4.53b) gerade dem Korrelationskoeffizienten $\rho = \rho(V_{t-1} - \mu, V_t - \mu) = \rho(V_t, V_{t-1})$ entspricht. Damit bietet es sich an, den Parameter a auf der Basis des Stichprobenkorrelationskoeffizienten (vgl. Abschnitt 3.4) zu schätzen, der sich im vorliegenden Fall spezialisiert zu:

(4.55a)
$$\hat{a} = \frac{\sum_{t=1}^{n} (v_t - \bar{v})(v_{t-1} - \bar{v})}{\sum_{t=1}^{n} (v_t - \bar{v})^2}.$$

Entsprechend erhalten wir einen Schätzer für α durch

(4.55b)
$$\hat{\alpha} = -\ln(\hat{a}) = \ln(1/\hat{a}).$$

Aufgrund von $E(\varepsilon_t) = 0$ gilt auf der Basis von (4.53b) ferner $E(V_t) - \mu = a[E(V_{t-1}) - \mu]$ und damit $E(V_t) - aE(V_{t-1}) = (1-a)\mu$. Damit liegt der folgende Schätzer für μ nahe:

(4.55c)
$$\hat{\mu} = \frac{\sum_{t=1}^{n} (v_t - \hat{a} v_{t-1})}{n(1-\hat{a})}.$$

Definieren wir nun $V = \sigma\sqrt{(1-e^{-2\alpha})/2\alpha}$, so gilt $Var(\varepsilon_t) = Var[(V_t - \mu) - a(V_{t-1} - \mu)]$ $= Var[V_t - aV_{t-1} - \mu(1-a)]$. Damit liegt der folgende Schätzer für V nahe:

(4.55d)
$$\hat{V} = \sqrt{\frac{1}{n-1} \sum_{t=1}^{n} [v_t - \hat{a} v_{t-1} - \hat{\mu}(1-\hat{a})]^2}.$$

Als entsprechenden Schätzer für σ erhalten wir hieraus:

(4.55e)
$$\hat{\sigma} = \sqrt{2\hat{\alpha}}\, \hat{V} / \sqrt{1-e^{-2\hat{\alpha}}}.$$

4.3.5 Quadratwurzel-Prozesse

Zu den *Quadratwurzel-Prozessen* (*Square Root Process*) gehört zunächst der spezielle[23] *Constant Elasticity of Variance* (CEV)-*Prozess* mit zugehöriger stochastischer Differentialgleichung

---

23 Der allgemeine CEV-Prozess besitzt die Definitionsgleichung $dS_t = \mu S_t dt + \sigma S_t^{a/2} dW_t$. Die Varianzfunktion dieser Prozesse ist durch eine konstante Elastizität a gekennzeichnet.

CEV-Prozess

(4.56) $$dS_t = \mu S_t \, dt + \sigma \sqrt{S_t} \, dW_t \, .$$

Der CEV-Prozess wird insbesondere für die Modellierung der Entwicklung von Aktienkursen verwendet.[24] Zur Interpretation greifen wir zurück auf die Charakterisierung (4.25d) des Diffusionsterms. Hieraus folgern wir:

(4.57) $$E\left[\left(\frac{S_{t+\Delta t} - S_t}{S_t}\right)^2 \mid S_t\right] \approx \frac{\sigma^2 S_t}{S_t^2}\Delta t = \frac{\sigma^2}{S_t}\Delta t.$$

Der Prozess ist somit dadurch gekennzeichnet, dass die erwartete relative quadratische Änderung über eine kleine künftige Zeitperiode proportional zum Inversen des heutigen Wertes ist. Dies bedeutet intuitiv, dass höhere Kurse mit niedrigeren Volatilitäten verbunden sind und vice versa.

Ein leichte Verallgemeinerung des CEV-Prozesses ist der CIR-Prozess von *Cox/Ingersoll/Ross* (1985), welche dadurch die zeitliche Entwicklung der lokalen Zinsintensität (Spot Rate) R_t abbilden. Die zugehörige stochastische Differentialgleichung lautet (α, $\mu > 0$):

CIR-Prozess

(4.58) $$dR_t = \alpha(\mu - R_t)dt + \sigma\sqrt{R_t}dW_t.$$

Sie ist somit im Vergleich zu (4.56) durch einen Mean Reverting-Drift ähnlich dem Ornstein/Uhlenbeck-Prozess gekennzeichnet. Bei Vorgabe eines anfänglichen positiven Wertes $r_0 > 0$ bleibt der Prozess dabei stets im positiven Bereich (Garantie positiver Zinssätze), wenn die Parameterkonstellation $\alpha\mu > \sigma^2/2$ gewährleistet ist. Im Falle $0 \leq \alpha\mu < \sigma^2/2$ kann der Prozess den Wert null erreichen, kehrt danach aber unmittelbar wieder in den positiven Bereich zurück (Reflektion). Im Falle $\alpha\mu < 0$ bleibt der Prozess im Zustand null, nachdem er ihn einmal erreicht hat (Absorption). Dieses Verhalten wird in Abbildung 4.6 illustriert, die der entsprechenden Abbildung in *Avellaneda/Laurence* (2000, S. 266) nachempfunden ist.

Wie in Anhang 4D gezeigt wird, folgt die Verteilung von R_t einer nicht-zentralen Chiquadratverteilung und es gilt ($s < t$) insbesondere

(4.54)
$$E(R_t | R_s = r) = re^{-\alpha(t-s)} + \mu\left[1 - e^{-\alpha(t-s)}\right]$$
$$\operatorname{Var}(R_t | R_s = r) = r\,\frac{\sigma^2}{\alpha}\left[e^{-\alpha(t-s)} - e^{-2\alpha(t-s)}\right] + \mu\,\frac{\sigma^2}{2\alpha}\left[1 - e^{-\alpha(t-s)}\right]^2.$$

Je größer der Parameter a, desto näher liegt $E[R_t \mid R_s = r]$ bei μ und je kleiner α, desto näher liegt $E[R_t \mid R_s = r]$ bei der aktuellen Zinsrate. Der CIR-Prozess für die kurzfristige Zinsrate hat die folgende Eigenschaften:

- Keine negativen Zinsraten (im Unterschied zum Vasicek-Modell).
- Die Volatilität der Zinsrate steigt mit steigender Zinsrate.
- Es existiert eine Grenzverteilung (hier: Gammaverteilung) für die Zinsrate für $t \to \infty$.

---

24 Vgl. hierzu *Beckers* (1980).

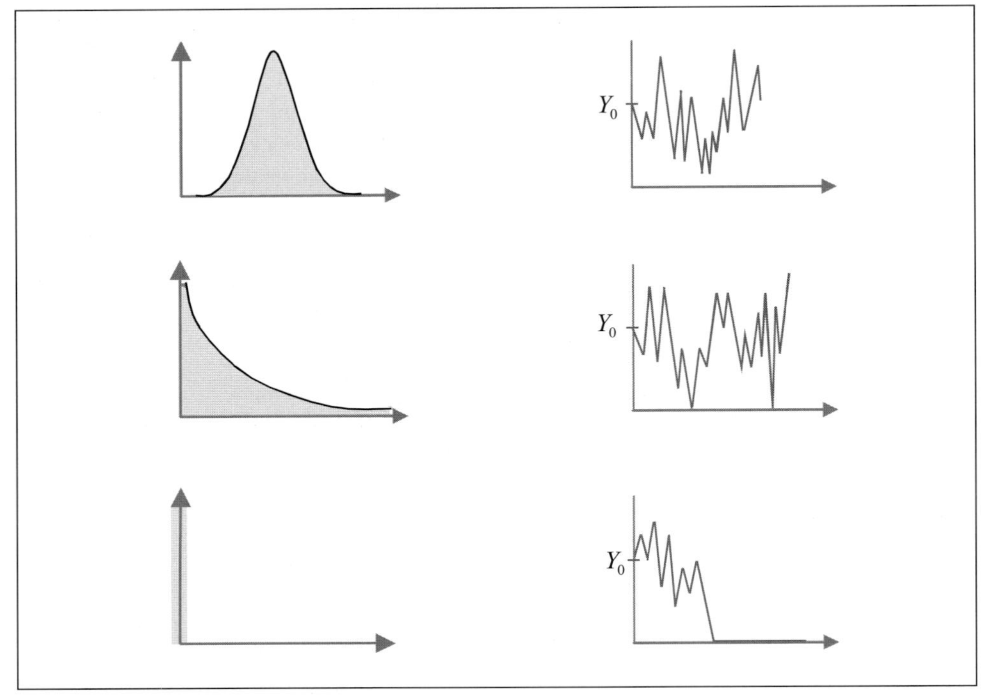

Abb. 4.6: Asymptotische Dichte und Verlaufsverhalten des CIR-Prozesses

4.3.6 Numerische Approximation von Diffusionsprozessen

Für nur wenige Diffusionsprozesse $\{V_t\}$ existieren analytisch geschlossene Lösungen. Insofern ist es für praktische Anwendungen (etwa im Rahmen von stochastischen Simulationsstudien) von großem Interesse, systematische Approximationsverfahren zur Verfügung zu haben. Eine wichtige Klasse von Verfahren sind hierbei Methoden zur numerischen Lösung von stochastischen Differentialgleichungen. Gemäß (4.32) besitzt eine Diffusionsprozess mit Drift $\mu(t, x)$ und Diffusion $\sigma^2(t, x)$ eine Repräsentation als stochastische Differentialgleichung:

(4.60) $$dV_t = \mu(t, V_t)dt + \sigma(t, V_t)dW_t.$$

Diese ist der Ausgangspunkt für die numerische Approximation des Prozesses über ein Zeitintervall $[t_0, T]$. Dieses diskretisieren wir zunächst ($\Delta t := (T - t_0)/N$) in N+1 Zeitpunkte $t_n = t_0 + n\Delta t$ ($n = 0,..., N$). Es sei $\Delta W_n = W(t_{n+1}) - W(t_n)$. Aus den Eigenschaften des Wienerprozesses folgt: $E(\Delta W_n) = 0$, $E[(\Delta W_n)^2] = \Delta t$, d.h. $\Delta W_n \sim N(0, \Delta t)$. Ferner gilt damit $\Delta W_n = \sqrt{\Delta t} Z_n$ mit $Z_n \sim N(0,1)$. Das *Euler-Schema* (auch *Euler-Maruyama-Schema* genannt) zur Diskretisierung von (4.60) ist dann gegeben durch $[V_n := V(t_n), \mu_n := \mu(t_n, V_n), \sigma_n = \sigma(t_n, V_n)]$:

(4.61) $$V_{n+1} = V_n + \mu_n \Delta t + \sigma_n \sqrt{\Delta t}\, Z_n \text{ mit } V_0 = v_0 .$$

Das Iterationsschema (4.61) ist ein rekursives Schema zur schrittweisen Erzeugung eines Pfades des Diffusionsprozesses, ausgehend von einem Startwert $V(t_0) = v_0$. Die rekursive Struktur ist dabei besonders geeignet für eine rechnergestützte Umsetzung des Verfahrens. Das Iterationsschema liefert zunächst nur einen diskretisierten Pfad. Möchte man einen stetigen Pfadverlauf haben, dann kann man etwa die so erzeugten Punkte durch Geradenstücke verbinden (lineare Interpolation). Durch die Generierung vieler (diskretisierter) Pfade und damit der Generierung vieler Realisationen von $V(t_n)$ lässt sich schließlich die Verteilung von $V(t_n)$ auf dem Weg der Simulation erzeugen. Eine »binomialisierte« Variante des Euler-Schemas lautet

(4.62) $$V_{n+1} = V_n + \mu_n \Delta t + \sigma_n \sqrt{\Delta t}\, X_n ,$$

wobei $\{X_i\}$ eine Folge von unabhängigen Zufallsvariablen mit $P(X_i = \pm 1) = ½$ ist.

Beispiel 4.6: Euler-Schema für die geometrische Brownsche Bewegung

Das *Euler*-Schema für die geometrische Brownsche Bewegung lautet ($\mu_n = \mu S_n$, $\sigma_n = \sigma S_n$; $S_0 = s$):

(4.63) $$S_{n+1} = S_n + \mu S_n \Delta t + \sigma S_n \sqrt{\Delta t}\, Z_n .$$

Lösen wir dieses Schema rekursiv auf, so ergibt sich:

(4.64) $$S_{n+1} = s_0 \prod_{k=0}^{n} \left[1 + \mu \Delta t + \sigma \sqrt{\Delta t}\, Z_k\right] .$$

Die exakte Lösung in $t = t_{n+1}$ ist dagegen gemäß (4.34a) gegeben durch

(4.65) $$S_{n+1} = s_0 \exp\left[(\mu - \tfrac{1}{2}\sigma^2)\, t_{n+1} + \sigma \sum_{k=0}^{n} \sqrt{\Delta t}\, Z_k\right] .$$

Das Beispiel verdeutlicht zudem nochmals, dass bei Verwendung eines numerischen Approximationsschemas ein Approximationsfehler $\varepsilon = \varepsilon(\Delta t)$ auftritt.[25] Um diesen Sachverhalt auch explizit zu erfassen, notiert man allgemein:

(4.66) $$\Delta V_t = \Delta V_t^* + \varepsilon(\Delta t) .$$

Dabei bedeute ΔV_t^* ein Approximationsschema für die Lösung der stochastischen Differentialgleichung (4.60), etwa das *Euler*-Schema gemäß (4.61). Ein Approximationsschema muss dabei die Eigenschaft aufweisen, dass der Approximationsfehler immer geringer wird, wenn die Diskretisierung feiner wird, d.h. $\varepsilon(\Delta t) \to 0$ für $\Delta t \to 0$. Verschiedene Approximationsschemata unterscheiden sich allerdings durch ihre Konvergenzgeschwindigkeit. Ein Approximationsschema mit höherer Konvergenzgeschwindigkeit liefert bei gleicher Diskretisierungslänge Δt eine bessere Approximation als ein Schema mit geringerer Konvergenzgeschwindigkeit bzw. bereits bei geringerer Auflösung eine verbesserte Approximation. Für das Euler-Schema kann allgemein nachgewiesen werden, dass der Fehler mit der Ordnung $\sqrt{\Delta t}$ gegen null konvergiert, d.h. so schnell wie $f(x) = \sqrt{\Delta x} \to 0$ für $x \to 0$ (also nicht besonders schnell). Man notiert deswegen für das Euler-Schema:

---

25 Insbesondere bestehen für das Schema (4.65) positive Wahrscheinlichkeiten für negative Werte, was bei der geometrischen Brownschen Bewegung nicht möglich ist. Vorzuziehen ist daher eine Erzeugung auf der Basis von (4.65) oder das in Abschnitt 4.3.3 angesprochene Verfahren der direkten Binomialisierung.

(4.67) $$\Delta V_t = \Delta V_t^* + \varepsilon(\sqrt{\Delta t}) .$$

Beispiel 4.7: Euler-Schema für die geometrische Brownsche Bewegung (Fortführung)
Gehen wir auf der Basis von (4.53) über zu $\Delta S_n = (S_{n+1} - S_n)/S_n$, so ergibt sich $\Delta S_n / S_n = \mu \Delta t + \sigma \sqrt{\Delta t} \cdot Z_n$ und damit in der Schreibweise (4.67), welche die Größe des Approximationsfehlers erfasst $Z \sim N(0, 1)$:

(4.68) $$\frac{\Delta S_t}{S_t} = \mu \, \Delta t + \sigma \sqrt{\Delta t} \, Z + \varepsilon(\sqrt{\Delta t}).$$

Dies entspricht der in Abschnitt 4.3.3 angesprochenen populären Diskretisierung (4.43), doch diesmal unter expliziter Erfassung des Approximationsfehlers.

Da das Euler-Schema eine nicht sonderlich befriedigende Konvergenzordnung aufweist, sind in der Literatur eine Reihe von verbesserten Approximationsverfahren entwickelt worden (*Milstein-Schema, Itô-Taylor-Approximationen*), die eine höhere Konvergenzordnung aufweisen. Basierend auf einem Approximationsschema $\{V_n\}$ kann man darüber hinaus auch Momente oder andere Funktionale eines Diffusionsprozesses numerisch approximieren. So bietet es sich z.B. an, $E[g(V_T)]$ zu approximieren durch

(4.69) $$\overline{V}_g := \frac{1}{n} \sum_{i=1}^{n} g(V_T^i) ,$$

wobei $V_T^i (i = 1,...,n)$ Realisationen darstellen, die auf der Basis eines Approximationsschemas der Schrittlänge Δt, etwa (4.61) gewonnen worden sind.

Beispiel 4.8: Euler-Schema für den Cox/Ingersoll/Ross-Prozess
Das Euler-Schema gemäß (4.61) lautet für den CIR-Prozess (4.58):

(4.70) $$R_{n+1} = R_n + \alpha(\mu - R_n)\Delta t + \sigma \sqrt{R_n} \sqrt{\Delta t} \, Z_n$$

mit $R_0 = r_0$.

4.4 Fallstudie: Langfristige Shortfallrisiken eines DAX-Investmentsparplans

In Fortführung der Fallstudie des Abschnitts 3.8, in der die langfristigen Shortfallrisiken einer Einmalanlage in den Deutschen Aktienindex (DAX) illustriert worden sind, soll nunmehr der Fall eines Investmentsparplans betrachtet werden – einer wiederholten Investition in den DAX in regelmäßigen Zeitabständen. Zur Modellierung der Kursentwicklung des DAX wird dabei von einer geometrischen Brownschen Bewegung ausgegangen. Aufgrund der Ergebnisse des Abschnitts 4.3.3 ist dies die äquivalente zeitstetige Modellvariante zu der in Abschnitt 3.8

unterstellten Folge logarithmisch normalverteilter Einperiodenrenditen. Die Modellparameter wurden wiederum auf der Basis der Schätzperiode von 1970-2000 identifiziert.[26]

Ausgangspunkt der nachfolgenden Betrachtungen ist ein Investor, der regelmäßig in realen[27] Termen gleiche Sparraten jährlich vorschüssig in den DAX/0[28] anlegt. Als Sparplandauer werden 1 bis 25 Jahre betrachtet. Zielsetzung ist die Quantifizierung der Gefahr, dass am Ende des Investmentsparplans das reale Endvermögen unter der Summe der vom Investor geleisteten (inflationsadjustierten) Sparbeiträge liegt, mithin die reale Kapitalerhaltung verfehlt wird. Wie im Falle eines Einmalinvestments wird dieses Shortfallrisiko wiederum durch die Shortfallwahrscheinlichkeit, den Shortfallerwartungswert und den Mean Excess Loss (bedingter Shortfallerwartungswert) ausgewertet. Im Unterschied zur Situation eines Einmalinvestments lassen sich diese Kenngrößen bei Sparplänen jedoch nicht auf analytischem Wege gewinnen. Insofern werden sie auf der Basis einer Monte Carlo-Simulation von 50.000 Pfaden der zugrunde gelegten geometrischen Brownschen Bewegung ermittelt. Grundlage hierfür ist die Normalverteilungseigenschaft der zeitstetigen Einperiodenrenditen gemäß (4.32), Ausgangspunkt ist somit die Generierung normalverteilter Zufallszahlen. Die relevanten Kennziffern werden anschließend auf der Basis dieses Spektrums möglicher zukünftiger Wertentwicklungen gemäß den korrespondierenden Stichprobengegenstücken ermittelt. Um den zeitlichen Verlauf der Kenngrößen instruktiver darzustellen, werden diese relativ zur Wertentwicklung der Benchmark, also eines perfekt inflationsgeschützten Alternativinvestments betrachtet. Die folgenden Abbildungen 4.7-4.9 enthalten den Verlauf der interessierenden Risikokennzahlen für Investmenthorizonte von 1 bis 25 Jahre. Um die Resultate unmittelbar vergleichen zu können, wurden die entsprechenden Werte für den Fall des Einmalinvestments ebenfalls erfasst.

Die Grundmuster des Verlaufs der betrachteten Risikokennzahlen entsprechen denen im Fall eines Einmalinvestments. Für die Shortfallwahrscheinlichkeit sowie für den Shortfallerwartungswert zeigt sich ein monoton fallender Verlauf, wogegen der Mean Excess Loss mit zunehmender Anlagedauer monoton steigt. Die Worst Case-Charakteristik eines Aktieninvestments bleibt somit auch im Falle eines Sparplans erhalten. Die Tabelle 4.1 enthält schließlich für ausgewählte Zeiträume die numerischen Werte der betrachteten Kennzahlen für das Shortfallrisiko:

Anlagezeitraum	1 Jahr	5 Jahre	10 Jahre	15 Jahre	20 Jahre	25 Jahre
	Zielrendite 0% p.a.					
SW	37.88 (37.88)	25.24 (24.50)	17.60 (16.45)	12.80 (11.59)	9.53 (8.37)	7.19 (6.14)
SE	5.39 (5.39)	4.37 (5.96)	3.51 (4.76)	2.78 (3.65)	2.18 (2.77)	1.71 (2.11)
MEL	14.24 (14.24)	17.33 (24.31)	19.97 (28.93)	21.73 (31.47)	22.87 (33.14)	23.80 (34.34)

Tab. 4.1: Shortfallrisiken (in %) eines Sparplans im Vergleich zu einem Einmalinvestment in den DAX/0 relativ zur Zielrendite »reale Kapitalerhaltung« für ausgewählte Anlagezeiträume (Einmalinvestment in Klammer)

26 Vgl. hierzu Anhang 3E.

27 Es findet somit wie in Abschnitt 3.8 eine inflationsbereinigte Analyse der langfristigen Shortfallrisiken eines DAX-Investments statt.

28 Beim DAX/0 wird ein Investor mit einem Steuersatz von 0% unterstellt, vgl. Abschnitt 3.8.

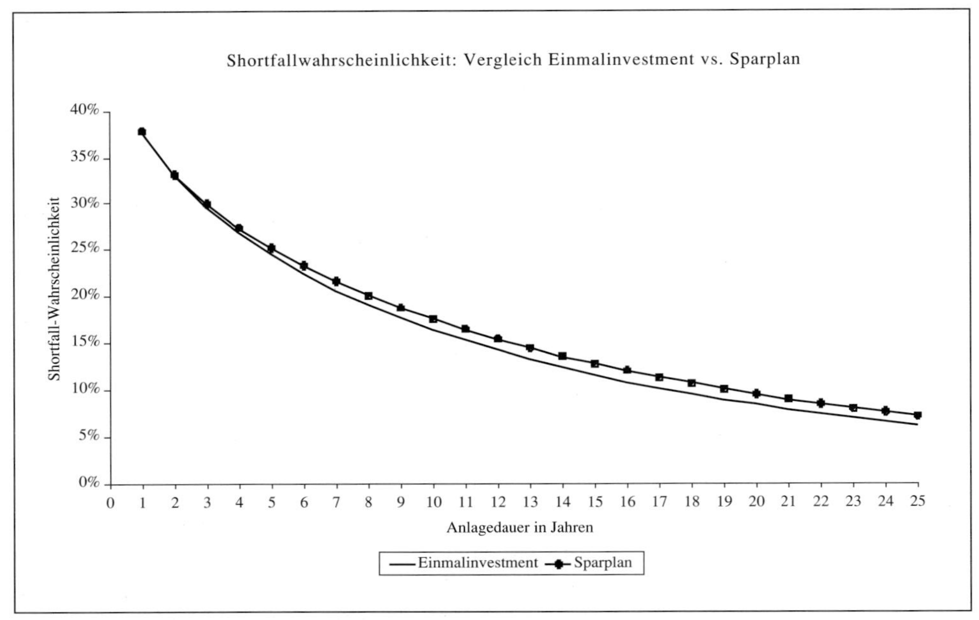

Abb. 4.7: Zeitliche Entwicklung der Shortfallwahrscheinlichkeit eines Sparplans im Vergleich zu einem Einmalinvestment in den DAX/0 jeweils relativ zur Zielrendite »reale Kapitalerhaltung«

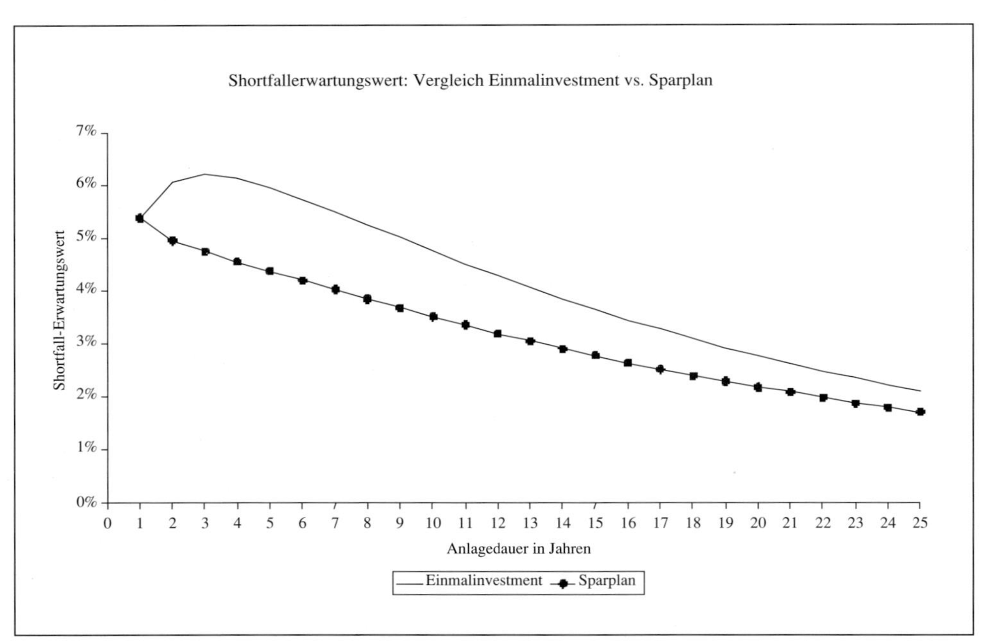

Abb. 4.8: Zeitliche Entwicklung des Shortfallerwartungswertes eines Sparplans im Vergleich zu einem Einmalinvestment in den DAX/0 jeweils relativ zur Zielrendite »reale Kapitalerhaltung«

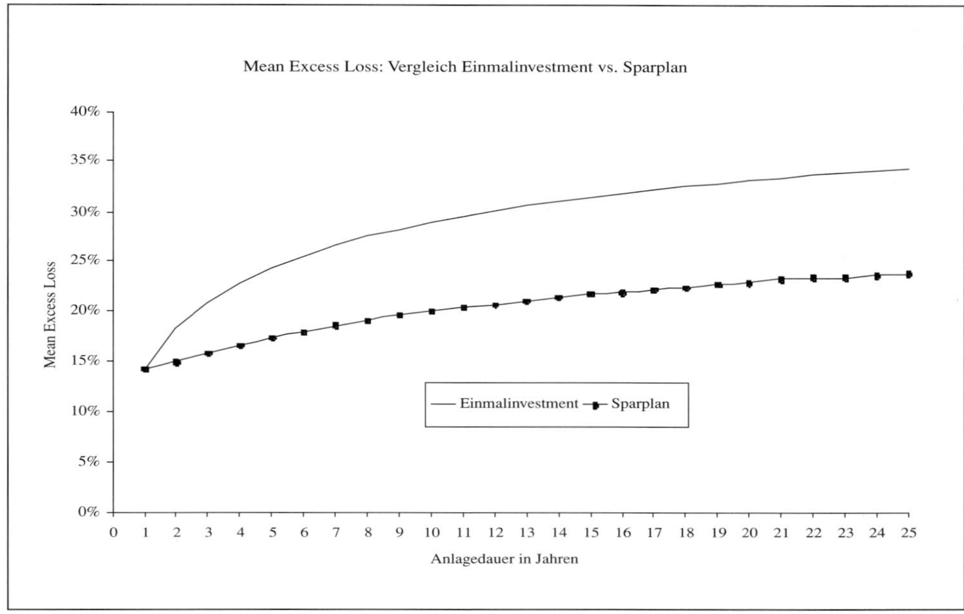

Abb. 4.9: Zeitliche Entwicklung des Mean Excess Loss eines Sparplans im Vergleich zu einem Einmalinvestment in den DAX/0 jeweils relativ zur Zielrendite »reale Kapitalerhaltung«

Der Vergleich der Situation eines Investmentsparplans mit der eines Einmalinvestments deckt zugleich einen interessanten Aspekt für die Beurteilung des so genannten *Cost Average-Effekts* auf. Dies bezeichnet die Realisierung eines geringeren durchschnittlichen Einstandspreises bei einer sukzessiven Anlage gegenüber einer Einmalanlage. Die vorgenommenen Analysen erlauben Aufschluss über die Konsequenzen eines Investmentsparplans im Vergleich zum Einmalinvestment im Hinblick auf die resultierenden Shortfallrisiken. Für die Shortfallwahrscheinlichkeit zeigen sich bei einem Sparplan leicht höhere Werte als beim Einmalinvestment. Dagegen ergibt sich hinsichtlich des Shortfallerwartungswerts und des Mean Excess Loss eine Risikominderung. Die risikomäßigen Konsequenzen eines Cost Averaging sind somit in Hinsicht auf die Shortfallwahrscheinlichkeit als ungünstig, jedoch beim Shortfallerwartungswert und beim Mean Excess Loss als günstig zu beurteilen.

4.5 Literaturhinweise und Ausblick

Die Behandlung zeitdiskreter Martingale geschieht standardmäßig, allerdings unter Vermeidung der in der Literatur üblichen Bedingung auf Filtrationen. Man vgl. etwa *Malliaris/Brock* (1982, Kapitel 1, Abschnitt 6) sowie ausführlich und weiterführend *Rolski* u.a. (1999, Kapitel 9). *Le Roy* (1989) behandelt die Verbindung von Martingalen und Random Walks vor dem Hintergrund der Hypothese effizienter Kapitalmärkte.

Die Behandlung des Random Walks enthält ebenfalls Standardmaterial, vgl. etwa *Cox/Miller* (1965, Kapitel 2), für eine tiefergehende Darstellung vgl. etwa *Rolski* u.a. (1999, Kapitel 6.3). Binomialgitterprozesse liegen standardmäßig der diskreten Optionspreistheorie zugrunde. Die Flexibilisierung des Basisprozesses (4.10) gemäß (4.11a) – (4.11c) wurde durch *Kloeden/Platen* (1992, S. 40) angeregt.

Die Behandlung des Wienerprozesses enthält wiederum nur standardmäßiges Material, vgl. etwa *Arnold* (1973, Kapitel 3) oder *Malliaris/Brock* (1982, Kapitel 1, Abschnitt 7.2). Auf die explizite Forderung stetiger Pfade wurde dabei verzichtet, da stets eine Modifikation des Wienerprozesses mit stetigen Pfaden existiert, vgl. etwa *Karatzas/Shreve* (1991, § 2.2.B) oder *Kloeden/Platen* (1992, S. 39). Die diskrete Approximation des Wienerprozesses als Grenzverteilung eines arithmetischen Binomialgitterprozesses folgt *Kloeden/Platen* (1992, S. 40).

Die mehr intuitive Charakterisierung von Diffusionsprozessen gemäß (4.25b) – (4.25d) folgt *Arnold* (1973, Bemerkung (2.5.3)), dieser gibt auch die präzise Darstellung. Auf die explizite Forderung stetiger Pfade wurde wiederum verzichtet, denn zumindest bei Diffusionsprozessen, die sich als Lösung der stochastischen Integralgleichung (4.28) ergeben, ist diese Eigenschaft gesichert, vgl. auch *Duffie* (1988, S. 225). Das Lemma von *Itô* wurde bewusst als Transformation von Drift und Diffusion von Diffusionsprozessen formuliert, um ihn nicht notwendigerweise mit der Maschinerie der stochastischen Integral- bzw. Differentialgleichungen verknüpfen zu müssen. Für die Behandlung von Diffusionsprozessen als Lösungen von stochastischen Integral- und Differentialgleichungen vgl. ausführlich vor allem *Arnold* (1973, Kapitel 6ff.) sowie *Malliaris/Brock* (1982, Kapitel 2) und Mikosch (1998), für die Grundkonstruktion des Itô-Integrals (Anhang 4.B) zusätzlich *Bauer* (1991, §47).

Die geometrische Brownsche Bewegung ist *der* Standardprozess der Kapitalmarkttheorie, insofern existiert hierzu eine umfangreiche Literatur, vgl. ausführlich etwa *Hull* (2006, Kapitel 12, 13).

Zum Ornstein/Uhlenbeck-Prozess vgl. etwa *Arnold* (1973, § 8.3), *Brigo/Mercurio* (2001, S. 50ff.) und *Kwok* (1998, S. 324f). Die Quadratwurzelprozesse sind Spezialfälle des *Feller*-Prozesses, vgl. *Feller* (1951). Zum CEV-Prozess vgl. etwa *Beckers* (1980) und *Yuen* et al. (2001), zum CIR-Prozess *Avellaneda/Laurence* (2000, S. 264 ff.), *Brigo/Mercurio* (2001, S. 50ff.), *Cox/Ingersoll/Ross* (1985) und *Kwok* (1998, S. 324f). Die Ausführungen über die Methoden zur numerischen Approximation von Diffusionsprozessen stützen sich sämtlich auf das Standardwerk *Kloeden/Platen* (1992).

Die Fallstudie des Abschnitts 4.4 basiert auf den Ergebnissen von *Albrecht/Maurer/Ruckpaul* (2001).

Für die Behandlung von mehrdimensionalen Diffusionsprozessen, dem mehrdimensionalen Itô-Integral und mehrdimensionalen stochastischen Differential- und Integralgleichungen sei verwiesen auf *Arnold* (1973) und *Mikosch* (1998).

Anhang 4A: Bedingte Verteilung und bedingte Erwartung

In Erweiterung des Anhangs 3D, in dem die Bedingung auf ein Ereignis A mit $P(A) > 0$ vorgenommen wurde, werden im Folgenden Konzeptionen dargestellt, die auf der Bedingung $X = x$ für eine stetige Zufallsvariable X beruhen. Es sei dazu $f_X(x)$ die Dichte der Zufallsvariablen X und $f_{XY}(x, y)$ die Dichte der Zufallsvariablen (X,Y). Für $f_X(x) > 0$ definieren wir in Analogie zu (2D.1) dann die *bedingte Dichte* von Y, gegeben $X = x$ durch:

(4A.1)
$$f_{Y|X}(y \mid x) = \frac{f_{XY}(x,y)}{f_X(x)} = \frac{f_{XY}(x,y)}{\int_{-\infty}^{+\infty} f_{XY}(x,y)\,dy}.$$

Entsprechend ergibt sich die *bedingte Verteilung* von Y gegeben $X = x$ durch

(4A.2)
$$F_{Y|X}(y|x) = P(Y \le y \,|X = x) = \int_{-\infty}^{y} f_{Y|X}(z|x)\,dz\,.$$

Der *bedingte Erwartungswert* von Y, gegeben $X = x$ ist dann definiert durch:

(4A.3)
$$E(Y\,|X = x) = \int_{-\infty}^{+\infty} y\, f_{Y|X}(y|x)\,dy = \frac{1}{f_X(x)} \int_{-\infty}^{+\infty} y\, f_{XY}(x,y)\,dy\,.$$

Wir definieren nun eine neue Zufallsvariable Z. Diese besitzt die Realisationen $E(Y\,|\,X = x)$ genau dann, wenn $X = x$ und damit die gleiche Verteilung wie X, nur andere Werte. Man nennt diese Zufallsvariable auch *bedingte Erwartung* von Y gegen X und notiert $Z = E(Y\,|\,X)$.

Wir berechnen nun den Erwartungswert von Z. Es gilt:

$$\begin{aligned} E(Z) &= \int_{-\infty}^{+\infty} E(Y\,|X = x)\, f_X(x)\,dx \\ &= \int_{-\infty}^{+\infty} \left[\frac{1}{f_X(x)} \int_{-\infty}^{+\infty} y\, f_{XY}(x,y)\,dy\right] \cdot f_X(x)\,dx \\ &= \int_{-\infty}^{+\infty} y \left[\int_{-\infty}^{+\infty} f_{XY}(x,y)\,dx\right] dy \\ &= \int_{-\infty}^{+\infty} y\, f_Y(y)\,dy = E(Y)\,, \end{aligned}$$

mithin gilt:

(4A.4)
$$E\left[E\,(Y|X)\right] = E\,(Y)\,.$$

Weitere Rechenregeln für bedingte Erwartungswerte sind etwa:

(4A.5a) $$E\left[g(X)Y|X\right] = g(X)E(Y|X)$$

(4A.5b) $$\mathrm{E}\left[Y|X\right] = \mathrm{E}\,(X)\text{ , falls } X, Y \text{ unabhängig}$$

(4A.5c) $$\mathrm{E}\left[c\ |X\right] = c \text{ für beliebige Konstanten } c$$

(4A.5d) $$\mathrm{E}\left[f(X)|X\right] = f(X)$$

(4A.5e) $$\mathrm{E}\left[aU + bV|X\right] = a\,\mathrm{E}\,(U|X) + b\,\mathrm{E}\,(V|X)$$

(4A.5f) $$Y \geq 0 \Rightarrow \mathrm{E}(Y|X) \geq 0$$

(4A.5g) $$U \leq V \text{ (punktweise)} \Rightarrow \mathrm{E}\,(U|X) \leq \mathrm{E}(V|X)$$

(4A.5h) $$h\left[\mathrm{E}(Y|X)\right] \leq \mathrm{E}\left[h(Y)|X\right] \text{ für h konvex und stetig}$$

(Jensensche Ungleichung für bedingte Erwartungswerte).

Auf der Basis des bedingten Erwartungswertes wird die *bedingte Varianz* definiert durch

(4A.6) $$\mathrm{Var}(Y|X) := \mathrm{E}\left[\left(Y - \mathrm{E}\,(Y|X)\right)^2|X\right]$$

und es gilt hier insbesondere die Rechenregel

(4A.7) $$\mathrm{Var}(Y) = \mathrm{E}\left[\mathrm{Var}\,(Y|X)\right] + \mathrm{Var}\left[\mathrm{E}(Y|X)\right].$$

Anhang 4B: Stochastische Integration bezüglich des Standard-Wienerprozesses (Itô-Integral)

Bezeichne $\{W_t;\ t \geq 0\}$ den Standard-Wienerprozess sowie $\{X_t;\ t \geq 0\}$ einen weiteren stochastischen Prozess, der noch zu klärende Regularitätseigenschaften erfüllen soll. Ziel ist die Entwicklung des stochastischen Integrals

(4B.1) $$\int_a^b X(t)\, dW(t).$$

Eine nahe liegende Idee wäre die »pfadweise Definition« dieses Integrals, d.h. die Zurückführung auf den deterministischen Fall durch Betrachtung von

(4B.2) $$\int_a^b X(t,\ \omega)\, dW(t,\ \omega)$$

für jedes feste ω. Lässt man dann ω variieren, so erhält man die entsprechende Zufallsvariable. Dies ist in direkter Weise jedoch nicht möglich, da das übliche *Riemann-Stieltjes-Integral*

(4B.3) $$\int_a^b f(x)\, dg(x)$$

nur dann definiert ist, wenn $g(x)$ von *beschränkter Variation* auf $[a,\ b]$ ist. Da die Pfade des Wienerprozesses aber nirgends differenzierbar sind, ist dies jedoch nicht gewährleistet. Man kann aber zeigen, dass der Standard-Wienerprozess im quadratischen Mittel von beschränkter Variation ist, woraus man die Idee gewinnt, die Konvergenz der *Riemann-Stieltjes-Summen* (RS-Summen) im quadratischen Mittel zu betrachten. Eine Folge von Zufallsvariablen $\{X_n\}$ konvergiert dabei gegen X im quadratischen Mittel, wenn gilt: $\lim\limits_{n \to \infty} E\left[(X_n - X)^2\right] = 0$.

Unterteilt man das Zeitintervall $[0,\ T]$ demnach gemäß $0 = t_0^{(n)} = t_1^{(n)} < \ldots < t_n^{(n)} = T$, so sind die RS-Summen der Form

(4B.4) $$S_n = \sum_{j=1}^{n} X(\tau_j)\left[W(t_j^{(n)}) - W(t_{j-1}^{(n)})\right]$$

mit

(4B.5) $$\tau_j \in \left[t_{j-1}^{(n)},\ t_j^{(n)}\right]$$

zu betrachten. Eine Analyse für einfache Fälle zeigt jedoch, dass der Grenzwert von S_n (im quadratischen Mittel) i.a. abhängig von der Wahl der Zwischenpunkte τ_j ist, vgl. etwa *Bauer* (1991, S. 430ff.). Beim Integral von *Itô* wird jeweils das linke Intervallende als der relevante Zwischenwert gewählt, d.h.

(4B.6) $$\tau_j = t_{j-1}^{(n)}.$$

Durch (systematische) Wahl anderer Zwischenwerte ergeben sich andere Integralbegriffe, z.B. das *Stratonovitch-Integral*. Aufgrund des noch darzustellenden Zusammenhangs zu den Diffusionsprozessen hat sich jedoch der Itôsche Integralbegriff als besonders fruchtbar erwiesen. Soweit zur grundlegenden Idee des Itô-Integrals. Für eine exakte Konstruktion vgl. etwa *Bauer* (1991, S. 434ff.), *Malliaris/Brock* (1982, S.70ff.) oder *Arnold* (1973, S. 72ff.), oder *Mikosch* (1998, S. 87ff.).

Ein Ergebnis in diesem Kontext, vgl. *Arnold* (1973, S. 89), sei noch dargestellt. Besitzt $\{X_t \,;\, t \geq 0\}$ stetige Pfade, so gilt:

$$\int_0^T X_t \, dW_t = st\text{-}\lim \sum_{j=1}^{n} X(t_{j-1})[W(t_j)\text{-}W(t_{j-1})] \tag{4B.7}$$

dabei bezeichne st – lim (.) den Begriff der schwachen Konvergenz[29] (Konvergenz nach Wahrscheinlichkeit). Im Falle stetiger Pfade kann somit das Integral bereits als stochastischer Limes entsprechender Treppenfunktionen gewonnen werden. Im allgemeinen Fall existiert für einen integrierbaren stochastischen Prozess $\{X(t)\}$ eine gegen diesen im quadratischen Mittel konvergente Folge einfacher Prozesse, für die das Itô-Integral gemäß (4B.4) bestimmt werden kann. Die Folge dieser Itô-Integrale konvergiert nun wiederum im quadratischen Mittel gegen einen Grenzwert, der das Itô-Integral des Prozesses $\{X(t)\}$ darstellt.

Das Itô-Integral $I(t) = \int_0^t X(u)\, dW(u)$ besitzt eine Reihe wichtiger Eigenschaften, die im Folgenden darstellt werden.

1) $\{I(t)\}$ ist ein Martingal bezüglich $\{W(t)\}$
2) $E[I(t)] = 0$ für jedes $t \geq 0$
3) Es gilt die folgende *Itô-Isometrie* (für quadratintegrierbare X_t)

$$E\left[\left(\int_0^t X(u)\, dW(u)\right)^2\right] = \int_0^t E[X(u)^2]\, du. \tag{4B.8}$$

Ist $X(t) = H(t)$ dabei insbesondere eine deterministische Funktion, so gilt sogar:

$$E\left[\left(\int_0^t X(u)\, dW(u)\right)^2\right] = \int_0^t H(u)^2\, du. \tag{4B.9}$$

4) Der Prozess $I(t)$ hat stetige Pfade.

In Erweiterung von (4B.9) gilt zudem das folgende Resultat. Ist $X(t) = H(t)$ wieder eine deterministische Funktion, so gilt

$$\int_{t_0}^t H(u)^2\, dW(u) \sim N\left(0, \int_{t_0}^t H^2(u)\, du\right). \tag{4B.10}$$

29 Dabei konvergiert eine Folge $\{X_n\}$ von Zufallsvariablen schwach gegen X, wenn für alle $\varepsilon > 0$ gilt: $\lim_{n \to \infty} P(|X_n - X| \geq \varepsilon) = 0$.

Anhang 4C: Stochastische Differentiale; Satz von Itô

Sind $G(t)$ und $H(t)$ stochastische Prozesse mit geeigneten Regularitätseigenschaften, so definiert

(4C.1) $$X_t := X_{t_0} + \int_{t_0}^{t} G(\tau)\, d\tau + \int_{t_0}^{t} H(\tau)\, dW(\tau)$$

einen neuen stochastischen Prozess. In einer zunächst rein symbolischen Definition besitzt dieser Prozess das *stochastische Differential*

(4C.2) $$dX(t) = G(t)\, dt + H(t)\, dW(t)\,.$$

Der Satz von *Itô* erlaubt nun die rechnerische Behandlung von stochastischen Differentialen im Sinne der klassischen Analysis (»Kettenregel«) und lautet in seiner Grundform:

Ist $u(t, x)$ eine auf $[t_0, T]$ x IR definierte stetige Funktion mit den stetigen partiellen Ableitungen u_t, u_x und u_{xx} und ist der stochastische Prozess $\{X_t\,;\, t_0 \leq t \leq T\}$ definiert durch das o.a. stochastische Differential, so besitzt der Prozess $Y(t) := u(t, X_t)$ mit Anfangswert $Y(t_0) = u(t_0, X(t_0))$ ebenfalls ein stochastisches Differential bezüglich W_t. Es gilt

(4C.3) $$dY_t = \left[u_t(t, X_t) + u_x(t, X_t)G(t) + \tfrac{1}{2}u_{xx}(t, X_t)H^2(t)\right] dt + u_x(t, X_t)H(t)\, dW(t)\,.$$

In Integralschreibweise würde dieser Zusammenhang lauten:

(4C.4) $$\begin{aligned} Y_t - Y_{t_0} &= \int_{t_0}^{t} \left[u_t(\tau, X_\tau) + u_x(\tau, X_\tau)G_\tau + \tfrac{1}{2}u_{xx}(\tau, X_\tau)H_\tau^2\right] d\tau \\ &+ \int_{t_0}^{t} u_x(\tau, X_\tau)H_\tau\, dW_\tau\,. \end{aligned}$$

Ist X_t ein Diffusionsprozess, so genügt dieser gemäß (4.29) der stochastischen Differentialgleichung

(4C.5) $$dX_t = \mu(t, X_t)\mathrm{d}t + \sigma(t, X_t)\mathrm{d}W_t$$

in Kondensierung der stochastischen Integralgleichung (4.28). Entsprechend ist unter geeigneten Regularitätsvoraussetzungen $Y_t = \mathrm{u}(t, X_t)$ ein Diffusionsprozess mit einer stochastischen Differentialgleichung der Form (Lemma von Itô).

(4C.6) $$dY_t = \left[u_t(t, X_t) + u_x(t, X_t)\mu(t, X_t) + \tfrac{1}{2}u_{xx}(t, X_t)\sigma^2(t, X_t)\right] dt + u_x(t, X_t)\sigma(t, X_t)\, dW_t\,.$$

Betrachten wir hierzu ein Beispiel. Gegeben sei der Prozess $V_t = W_t^3 - tW_t$, wobei W_t den Standard-Wienerprozess bezeichne. Die Funktion $u(t, \mathrm{x})$ ist daher gegeben durch $u(t, x) = x^3 - tx$ und es gilt $V_t = u(t, W_t)$. Die entsprechenden partiellen Ableitungen lauten $u_t = -x$, $u_x = 3x^2 - t$ und $u_{xx} = 6\mathrm{x}$. Hieraus folgt $\mu_V(t, x) = 2x$ und $\sigma_V(t, x) = 3x^2 - t$ bzw. $\mu_V(t, V_t) = 2W_t$ und $\sigma_V(t, V_t) = 3W_t^2 - t$. Die stochastische Differentialgleichung gemäß dem Lemma von Itô (4C.6) lautet damit:

$$dV_t = 2W_t\, dt + (3W_t^2 - t)\, dW_t\,.$$

Anhang 4D: Verteilung des CIR-Prozesses

Für α, $\mu > 0$ folgt die Zufallsgröße:

(4D.1a) $$\frac{4\alpha}{\sigma^2(1-e^{-\alpha t})}R_t$$

einer nicht-zentralen Chiquadratverteilung $\chi^2(x, v, c)$ mit den Parametern

(4D.1b) $$v=\frac{4\alpha\mu}{\sigma^2}$$

und

(4D.1c) $$c=\frac{4\alpha r_0 e^{-\alpha t}}{\sigma^2(1-e^{-\alpha t})}=\frac{4\alpha r_0}{\sigma^2(e^{\alpha t}-1)}$$

Der Parameter v kennzeichnet die Zahl der Freiheitsgrade der χ^2-Verteilung und c ist der Nichtzentralitätsparameter. Die zentrale χ^2-Verteilung mit v Freiheitsgraden entspricht der Verteilung der Summe der Quadrate von v unabhängigen standardnormalverteilten Zufallsgrößen. Die nichtzentrale χ^2-Verteilung ist die Verteilung der Summe der Quadrate von v unabhängigen $N(\mu_i, 1)$-verteilten Zufallsgrößen, der Nichtzentralitätsparameter berechnet sich dabei aus der Summe $c=\sum_{i=1}^{v}\mu_i^2$. Zur nichtzentralen χ^2-Verteilung, insbesondere bei Parameterwerten von v, die nicht den natürlichen Zahlen angehören, vgl. *Cairns* (2004, S. 69 f.).

Die Dichte- und die Verteilungsfunktion der nichtzentralen χ^2-Verteilung sind nicht in geschlossener Form, sondern nur durch Reihenentwicklungen darstellbar. Es gilt:

(4D.2) $$\chi^2_{vc}=\sum_{i=0}^{\infty}\frac{e^{-c/2}(c/2)^i x^{k-1}e^{-x/2}}{i!\,2^k\Gamma(k)},$$

wobei $k = (v + 2i)/2$ und $\Gamma(x)=\int_0^\infty t^{x-1}e^{-t}dt$ die Gammafunktion bezeichnet.

Eine wichtige Konsequenz von (4D.1) ist, dass der Nichtzentralitätsparameter abhängt von der Wahl des Ausgangspunkts r_0. Dies impliziert, dass die Wahl des Ausgangswerts die Form der Dichte und damit auch die Momente beeinflusst.

Anhang 4E: Mehrdimensionale Geometrische Brownsche Bewegung

Wir führen zunächst den n-dimensionalen (Standard-)Wienerprozess $W(t)$ ein und definieren

(4E.1) $$W(t)=\begin{pmatrix}W_1(t)\\ \vdots \\ W_n(t)\end{pmatrix}.$$

Dabei sind die Komponentenprozesse $W_i(t)$ jeweils eindimensionale (Standard-)Wienerprozesse, die zudem voneinander stochastisch unabhängig sind.

Damit gilt insbesondere (zur multivariaten Normalverteilung vergleiche man Anhang 3A)

(4E.2) $$W(t) - W(s) \sim (t-s) N_n(0,E),$$

wobei E die (n,n)-Einheitsmatrix und 0 den $(0,n)$-Nullvektor bezeichne.

Wir betrachten nun die spezielle n-dimensionale stochastische Differentialgleichung

(4E.3) $$dX(t) = m\,dt + H\,dW(t).$$

Dabei ist $X(t) = (X_1(t),...,X_n(t))^T$ ein n-dimensionaler stochastischer Prozess, $m = (m_1,\ldots,m_n)^T$ und $H = (h_{ij})$ eine (n, n)-Matrix.

Wie bereits in Abschnitt 4.3.2 ausgeführt, ist diese stochastische Differentialgleichung zunächst nur eine kompakte Schreibweise der stochastischen Integralgleichung ($t_0 < t$)

(4E.4) $$X(t) = X(t_0) + \int_{t_0}^{t} m\,dt + \int_{t_0}^{t} H\,dW_t.$$

Im vorliegenden sehr einfach strukturierten Falle ist damit zugleich die Lösung gegeben. Es gilt

(4E.5) $$\begin{aligned} X(t) &= m(t-t_0) + H[W(t) - W(t_0)] \\ &= m(t-t_0) + \sqrt{t-t_0}\, H\, Z(t), \end{aligned}$$

wobei $Z(t)$ einer multivariaten Normalverteilung folgt, d.h. $Z(t) \sim N_n(0,E)$. Hieraus resultiert:

(4E.6) $$X(t) - X(s) \sim N_n(m(t-s),(t-s)\Sigma),$$

wobei

(4E.7) $$\Sigma = HH^T$$

eine Varianz/Kovarianz-Matrix ist.

Umgekehrt lässt sich jede Varianz/Kovarianz-Matrix gemäß (4E.7) faktorisieren, man nennt dies Cholesky-Zerlegung.

Eine elegante Verbindung zur *mehrdimensionalen geometrischen Brownschen Bewegung* liefert nun die Verallgemeinerung der Charakterisierung der eindimensionalen geometrischen Brownschen Bewegung gemäß (4.35b). Wir betrachten den n-dimensionalen Prozess $ln\,S(t) = (ln\,S_1(t),...,ln\,S_n(t))^T$, und definieren die n-dimensionale geometrische Brownsche Bewegung durch

(4E.8) $$d\,ln\,S(t) = mdt + H\,dW(t).$$

Die vorstehend dargestellten Resultate für die Lösung von (4E.3) übertragen sich entsprechend. Hieraus ergibt sich auch die Verallgemeinerung der fundamentalen Charakterisierung (4.32) in Termen der zeitstetigen Einperiodenrenditen (Log-Renditen). Wir definieren $U(t)$ entsprechend durch $U(t) = (U_1(t),...,U_n(t))^T$, wobei (gegeben $S(t-1) = s(t-1)$) die Größen

(4E.9)
$$U_i(t) = ln\, S_i(t) - ln\, s_i(t-1) = ln[S_i(t) / s_i(t-1)]$$

die zeitstetigen Einperiodenrenditen in der i-ten Komponente darstellen. Aufgrund von (4E.6) folgt hieraus

(4E.10)
$$U(t) \sim N_n(m, \Sigma),$$

d.h. der Vektor der zeitstetigen Einperiodenrenditen folgt einer (von t unabhängigen) n-dimensionalen Normalverteilung. Da die Zuwächse des n-dimensionalen Wienerprozesses wiederum stochastisch unabhängig sind, sind auch die Zufallsvektoren $U(t)$ stochastisch unabhängig. Dies gilt dann insbesondere auch für die Komponenten $U_i(t)$ des Vektors $U(t)$. Damit haben wir einen konstruktiven Ansatzpunkt sowohl für die empirische Identifikation der Parameter m und Σ, als auch zur Simulation der n-dimensionalen geometrischen Brownschen Bewegung.

Ist auf der anderen Seite (4E.10) vorgegeben, so liefert die Cholesky-Zerlegung (4E.7) den Schlüssel zur Identifikation der zugehörigen stochastischen Differentialgleichung.

Zur Konkretisierung dieser Ausführungen betrachten wir den Fall $n = 2$. Für den zweidimensionalen Vektor der Log-Renditen gilt in diesem Fall

(4E.11)
$$U(t) \sim N_2(m, \Sigma),$$

wobei $m = (m_1, m_2)^T$ und

(4E.12)
$$\Sigma = \begin{pmatrix} \sigma_1^2 & \rho\sigma_1\sigma_2 \\ \rho\sigma_1\sigma_2 & \sigma_2^2 \end{pmatrix}$$

Man überzeuge sich zunächst, dass die Cholesky-Zerlegung die Matrix

(4E.13)
$$H = \begin{pmatrix} \sigma_1 & 0 \\ \rho\sigma_2 & \sqrt{1-\rho^2}\,\sigma_2 \end{pmatrix}$$

liefert. Damit ist die stochastische Differentialgleichung für die zweidimensionale geometrische Brownsche Bewegung gegeben durch

(4E.14a)
$$d \ln S(t) = m\, dt + H\, dW(t)$$

bzw. in komponentenweiser Form durch

(4E.14b)
$$\begin{pmatrix} d\, ln\, S_1(t) \\ d\, ln\, S_2(t) \end{pmatrix} = \begin{pmatrix} m_1 \\ m_2 \end{pmatrix} dt + \begin{pmatrix} \sigma_1 & 0 \\ \rho\sigma_2 & \sqrt{1-\rho^2}\,\sigma_2 \end{pmatrix} \begin{pmatrix} dW_1(t) \\ dW_2(t) \end{pmatrix}.$$

In expliziter Form folgt hieraus

(4E.15a)
$$\begin{pmatrix} \ln S_1(t) \\ \ln S_2(t) \end{pmatrix} = \begin{pmatrix} \ln s_1(0) \\ \ln s_2(0) \end{pmatrix} + \begin{pmatrix} m_1 t \\ m_2 t \end{pmatrix} + \begin{pmatrix} \sigma_1 & 0 \\ \rho\sigma_2 & \sqrt{1-\rho^2}\,\sigma_2 \end{pmatrix} \begin{pmatrix} W_1(t) \\ W_2(t) \end{pmatrix}$$

bzw. komponentenweise

(4E.15b)
$$\ln S_1(t) = \ln s_1(0) + m_1\, t + \sigma_1\, W_1(t)$$

(4E.15c)
$$\ln S_2(t) = \ln s_2(0) + m_2\, t + \rho\,\sigma_2\, W_1(t) + \sqrt{1-\rho^2}\,\sigma_2\, W_2(t).$$

Aus (4E.15b) folgt $\sigma[\ln S_1(t)] = \sigma_1\, \sigma[W_1(t)] = \sigma_1 \sqrt{t}$. Aus (4E.15c) folgt zunächst aufgrund der Unabhängigkeit von $W_1(t)$ und $W_2(t)$

$$\begin{aligned} Var[\ln S_2(t)] &= \rho^2\, \sigma_2^2\, Var[W_1(t)] + (1-\rho^2)\sigma_2^2\, Var[W_2(t)] \\ &= \rho^2\, \sigma_2^2\, t + (1-\rho^2)\sigma_2^2\, t = \sigma_2^2\, t \end{aligned}$$

und damit $\sigma[\ln S_2(t)] = \sigma_2 \sqrt{t}$. Aus (4E.15) folgt des Weiteren

$$\begin{aligned} Cov[\ln S_1(t), \ln S_2(t)] &= Cov[\sigma_1\, W_1(t), \rho\,\sigma_2\, W_1(t) + \sqrt{1-\rho^2}\,\sigma_2\, W_2(t)] \\ &= \rho\,\sigma_1\,\sigma_2\, Var[W_1(t)] = \rho\,\sigma_1\,\sigma_2\, t\,. \end{aligned}$$

Hieraus ergibt sich dann insgesamt

(4E.16)
$$\rho\,[\ln S_1(t), \ln S_2(t)] = \frac{\rho\,\sigma_1\,\sigma_2\, t}{\sigma_1 \sqrt{t}\,\sigma_2 \sqrt{t}} = \rho\,.$$

Für die Größen $U_i(t) = \ln S_i(t) - \ln s_i(t-1)$ folgt damit aus (4E.15) weiter

(4E.17a)
$$U_1(t) = m_1 + \sigma_1\, [W_1(t) - W_1(t-1)] = m_1 + \sigma_1\, Z_1$$

(4E.17b)
$$\begin{aligned} U_2(t) &= m_2 + \rho\,\sigma_2\, [W_1(t) - W_1(t-1)] + \sqrt{1-\rho^2}\,\sigma_2\, [W_2(t) - W_2(t-1)] \\ &= m_2 + \rho\,\sigma_2\, Z_1 + \sqrt{1-\rho^2}\,\sigma_2\, Z_2\,, \end{aligned}$$

wobei Z_1 und Z_2 unabhängige standardnormalverteilte Zufallsgrößen sind. In Matrixschreibweise lautet (4E.17) entsprechend

(4E.18)
$$\begin{aligned} \begin{pmatrix} U_1(t) \\ U_2(t) \end{pmatrix} &= \begin{pmatrix} m_1 \\ m_2 \end{pmatrix} + \begin{pmatrix} \sigma_1 & 0 \\ \rho\,\sigma_2 & \sqrt{1-\rho^2}\,\sigma_2 \end{pmatrix} \begin{pmatrix} Z_1 \\ Z_2 \end{pmatrix} \\ &= \begin{pmatrix} m_1 \\ m_2 \end{pmatrix} + \mathrm{H} \begin{pmatrix} Z_1 \\ Z_2 \end{pmatrix}. \end{aligned}$$

Man überzeugt sich wie zuvor, dass die Varianz/Kovarianzmatrix von $(U_1(t), U_2(t))^T$ gegeben ist durch Σ gemäß (4E.12). Insbesondere gilt

(4E.19)
$$\rho\,[U_1(t),\, U_2(t)] = \rho$$

Die bisherige Konstruktion der mehrdimensionalen geometrischen Brownschen Bewegung ging davon aus, dass die beiden involvierten Standard-Wienerprozesse unabhängig sind. Eine alternative Möglichkeit besteht darin, mit zwei korrelierten Standard-Wienerprozessen $W_1^*(t)$ und $W_2^*(t)$ zu operieren. Nehmen wir an, dass $Cov[W_1^*(t), W_2^*(t)] = \rho\, t$ und damit $\rho\,[W_1^*(t),\, W_2^*(t)] = \rho$, so lautet das Pendant zu (4E.14b)

(4E.20)
$$\begin{pmatrix} d\,ln\,S_1(t) \\ d\,ln\,S_2(t) \end{pmatrix} = \begin{pmatrix} m_1 \\ m_2 \end{pmatrix} dt + \begin{pmatrix} \sigma_1\, dW_1^*(t) \\ \sigma_2\, dW_2^*(t) \end{pmatrix}$$

bzw. das Pendant zu (4E.15)

(4E.21)
$$\begin{pmatrix} ln\,S_1(t) \\ ln\,S_2(t) \end{pmatrix} = \begin{pmatrix} ln\,s_1(0) \\ ln\,s_2(0) \end{pmatrix} + \begin{pmatrix} m_1 t \\ m_2 t \end{pmatrix} + \begin{pmatrix} \sigma_1 W_1^*(t) \\ \sigma_2 W_2^*(t) \end{pmatrix}.$$

Der Zusammenhang zwischen den entsprechenden Wienerprozessen ist gegeben durch

(4E.22)
$$\begin{pmatrix} W_1^*(t) \\ W_2^*(t) \end{pmatrix} = \begin{pmatrix} 1 & 0 \\ \rho & \sqrt{1-\rho^2} \end{pmatrix} \begin{pmatrix} W_1(t) \\ W_2(t) \end{pmatrix}.$$

Die verknüpfende Matrix entspricht dabei der der folgenden Zerlegung von (4E.15)

(4E.23)
$$H = DH^* = \begin{pmatrix} \sigma_1 & 0 \\ 0 & \sigma_2 \end{pmatrix} \begin{pmatrix} 1 & 0 \\ \rho & \sqrt{1-\rho^2} \end{pmatrix}.$$

Diese Faktorisierung separiert die Varianzen auf der einen Seite und die Kovarianzen auf der anderen. Zugleich liefert diese Faktorisierung die allgemeine Form der alternativen Konstruktion der mehrdimensionalen geometrischen Brownschen Bewegung. Die Cholesky-Zerlegung besitzt dann die allgemeine Form

(4E.24)
$$\Sigma = (DH^*)(DH^*)^T = DH^* H^{*T} D$$

wobei $D = diag(\sigma_1,...,\sigma_n)$ eine Diagonalmatrix ist, deren Diagonale aus den Größen $\sigma_1,\ldots,$ σ_n besteht. Mit $W^* = H^*W$ ist dann das Pendant zu (4E.13a) gegeben durch

(4E.25)
$$d\,ln\,S(t) = m\,dt + D\,dW^*(t).$$

Übungsaufgaben zu Kapitel 4

Aufgabe 4.1: Weisen Sie die Eigenschaft (4.3) nach.
Hinweis: In eleganter Weise gelingt dies durch Verwendung der Eigenschaften des bedingten Erwartungswertes.

Aufgabe 4.2: Zeigen sie, dass mit $\{V_t\}$ auch $\{V_t - \mathrm{E}(V_t)\}$ ein Martingal mit stationärem Erwartungswert null ist. Mann kann daher ohne Beschränkung der Allgemeinheit von Martingalen mit Erwartungswert null (Zero Mean-Martingal) ausgehen.

Aufgabe 4.3: Weisen Sie die Eigenschaft (4.4) nach.

Aufgabe 4.4: Zeigen Sie, dass Prozesse mit unabhängigen Zuwächsen stets Martingale sind.

Aufgabe 4.5: Weisen Sie nach, dass $\{V_t = E(V \mid S_t,...,S_0)\}$ein Martingal bezüglich $\{S_t\}$ ist. V_t kann als risikoneutrale Bewertung eines Finanztitels mit Rückfluss V, gegeben die Informationsentwicklung $\{S_t\}$ angesehen werden.

Aufgabe 4.6: Zeigen Sie für die Zuwächse des Random Walk die folgenden Eigenschaften ($0 < t_1 < t_2 < t_3 < t_4$):
a) $E[V(t_2) - V(t_1)] = m(t_2 - t_1)$
b) $Var[V(t_2) - V(t_1)] = \sigma^2(t_2 - t_1)$
c) $Cov[V(t_2) - V(t_1), V(t_4) - V(t_3)] = 0$
d) $Cov[V(t_3) - V(t_1), V(t_4) - V(t_2)] = \sigma^2(t_3 - t_2)$.

Aufgabe 4.7: Weisen Sie für den logarithmischen Random Walk gemäß (4.9) die folgenden Eigenschaften nach:
1) $V_t = v_0 \exp \{mt + \sum_{v=1}^{t} Z_v\}$

2) $E(V_t) = v_0 \, e^{mt} \, E(e^{Z_1})^t$
3) $E(V_t^2) = v_0^2 \, e^{2mt} \, E(e^{2Z_1})^t$.

Aufgabe 4.8: Weisen Sie für den normalverteilten logarithmischen Random Walk $\ln(V_t / v_0) \sim N(mt, v^2t)$ nach:
1) $V_t / v_0 \sim LN(\mu_t, s_t^2)$ mit $\mu_t = \exp(mt + ½\, v^2t)$ und $\sigma_t^2 = \exp(2mt + v^2t)(e^{v^2t} - 1)$
2) Berechnen Sie ferner $E(V_t)$ und $Var(V_t)$.

Aufgabe 4.9: Zeigen Sie, dass der Wienerprozess ein Martingal ist.

Aufgabe 4.10: Weisen Sie die Beziehung (4.23) nach.
Hinweis: Benutzen Sie $Cov(W_s, W_t) = Cov(W_s, W_t - W_s + W_s)$

Aufgabe 4.11: Der Prozess $\{S_t\}$ sei charakterisiert durch die folgende stochastische Differentialgleichung $\frac{dS_t}{S_t} = \mu\, dt + \sigma\, dW_t$. Zeigen Sie auf der Basis des Lemmas von *Itô*, dass dann für den logarithmierten Kursprozess $\{\ln S_t\}$ die stochastische Differentialgleichung $d(\ln S_t) = m dt + \sigma dW_t$ mit $m = \mu + 1/2\sigma^2$ folgt.

Aufgabe 4.12: a) Weisen Sie nach, dass der Prozess $(V_s = v_s)$

$$V_t = e^{-\alpha(t-s)} v_s + \mu[1 - e^{-\alpha(t-s)}] + \sigma Z_{s,t}\,,$$

wobei

$$Z_{s,t} = \int_s^t e^{-\alpha(t-u)} dW(u)\,,$$

eine Lösung der stochastischen Differentialgleichung

$$dV_t = \alpha(\mu - V_t)dt + \sigma dW_t$$

ist.

b) Berechnen Sie den Erwartungswert $E(V_t \mid V_s = v_s)$.

c) Welchen Erwartungswert $E(R_t \mid R_s = r_s)$ besitzt der Cox/Ingersoll/Ross-Prozess?

Hinweise:

1) Man betrachte die stochastische Differentialgleichung von $\{e^{\alpha t} V_t\}$.

2) Es gilt $E\left(\int_0^t h(s)\, dW_s\right) = 0$ (Martingaleigenschaft des Itô-Integrals).

Aufgabe 4.13: Man bestimme explizit die Cholesky-Zerlegung einer dreidimensionalen Varianz-/Kovarianz-Matrix.

Literatur zu Kapitel 4

Albrecht, P., C. Kantar (2004): Random Walk oder Mean Reversion? Kredit und Kapital 37, 223–245.

Albrecht, P. R. Maurer, U. Ruckpaul (2001): Shortfall-Risks of Stocks in the Long Run, Financial Markets and Portfolio Management 15, S. 481–499.

Arnold, L. (1973): Stochastische Differentialgleichungen, München, Wien.

Avellaneda, M., P. Laurence (2000): Quantitative Modelling of Derivative Securities, Boca Ratu, u.a.

Beckers, S. (1980), The Constant Elasticity of Variance Process, Journal of Finance 35, S. 661–673.

Brigo, D., F. Mercurio (2001): Interest Rate Models: Theory and Practice, Berlin u.a.

Campbell, J.Y., A.W. Lo, A.C. Mac Kinlay (1997): The Econometrics of Financial Markets, Princeton, New Jersey.

Cairns, A.J.G. (2004): Interest Rate Models, Princeton/New Jersey.

Cox, D.R., H.D. Miller (1965): The Theory of Stochastic Processes, New York.

Cox, J.C., J.E. Ingersoll, Jr., S.A. Ross (1985): A Theory of the Term Structure of Interest Rates, Econometrica 53, S. 385–408.

Duffie, D. (1988): Security Markets, Boston u.a.

Feller, W. (1951): Two Singular Diffusion Problems, Annals of Mathematics 54, S. 173–182.

Hull, J.C. (2006): Optionen, Futures und andere Derivate, 6. Aufl., München, Wien.

Karatzas, I., S.E. Shreve (1991): Brownion Motion and Stochastic Calculus, 2. Aufl., New York u.a.

Kwok, Y.K. (1998): Mathematical Models of Financial Derivatives, Singapore u.a.

Kloeden, P.E., E. Platen (1992): Numerical Solution of Stochastic Differential Equations, Berlin u.a.

LeRoy, S. (1973): Risk Aversion and the Martingale Property of Stock Returns, International Economic Review 14, S. 436–446.

LeRoy, S. (1989): Efficient Capital Markets and Martingales, Journal of Economic Literature 27, S. 1583–1621.

Lucas, R., Jr. (1978): Asset Prices in an Exchange Economy, Econometrica 46, S. 1429–1446.

Malliaris, A.G., W.A. Brock (1982): Stochastic Methods in Economics and Finance, Amsterdam u.a.

Mikosch, T. (1998): Elementary Stochastic Calculus, Singapore u.a.

Rolski, T., H. Schmidli, V. Schmidt, J. Teugels (1999): Stochastic Processes for Insurance and Finance, Chichester u.a.

Samuelson, P.A. (1965): Proof that Properly Anticipated Prices Fluctuate Randomly, Industrial Management Review, S. 41–49.

Samuelson, P.A. (1973): Proof that Properly Discounted Present Values of Assets Vibrate Randomly, Bell Journal of Economics and Management Science 4, S. 369–379.

Shiller, R., P. Perron (1985): Testing the random walk hypothesis, Economic Letters 18, S. 381–386.
Yuen, K.C., H. Yong, K.L. Chu (2001): Estimation in the Constant Elasticity of Variance Model, British Actuarial Journal 7, S. 275–292.

5 Grundlagen der Bewertung von Investments unter Risiko

5.1 Einführung

Investments führen zu zufallsabhängigen Einperioden-Vermögensendwerten V oder allgemeiner zu Wertentwicklungen $\{V_0, V_1, \ldots, V_t, \ldots\}$ in diskreter bzw. $\{V_t;\, t \geq 0\}$ in stetiger Zeit. Einem Investor stehen typischerweise mehrere alternative Anlagemöglichkeiten zur Verfügung, zwischen denen er – bei einem beschränkten Budget – wählen, d.h. die in einem bestimmten Sinne optimale Kombination von Investmentalternativen selektieren muss. Der Vergleich alternativer Investments und die Selektion des optimalen Investmentportfolios setzt jeweils voraus, dass der Anleger zuvor die zufallsabhängigen Alternativen bewertet. Dabei lassen sich hinsichtlich der Bewertungskonzeption mit der *Individualbewertung* einerseits sowie der *Marktbewertung* andererseits zwei Sichtweisen unterscheiden.

Im Rahmen einer Individualbewertung evaluiert der Entscheidungsträger die mit dem Investment verbundenen unsicheren Zahlungen auf der Grundlage seiner Risikopräferenzen. Dabei kann er von gegebenen Marktpreisen ausgehen, um die für ihn beste Alternative bzw. Kombination von Alternativen zu bestimmen. Eine andere Konstellation besteht darin, dass ihm ein Investment zu einem bestimmten Preis angeboten wird und er beurteilt, ob ihm dieser Preis als angemessen erscheint oder nicht. Aus methodischer Sicht konzentrieren sich die weiteren Ausführungen (Abschnitt 5.2) in diesem Bereich vor allem auf so genannte *Risiko/Wert-Modelle*, welche die Charakterisierung der zukünftig unsicheren Wertentwicklungen eines Investments auf bestimmte Kennziffern für das damit verbundene Chance- bzw. Risikopotential zurückführen. Dagegen streifen wir das *Bernoulli-Prinzip* nur am Rande, denn für die später zu behandelnden Anwendungsfälle des Investment Managements, insbesondere die Portfolioselektion, bilden erstere eine ausreichende und genügend flexible modelltheoretische Grundlage. Im Rahmen der Individualbewertung liegt der Fokus auf dem Einperiodenfall.

Eine Marktbewertung ist relevant, wenn Investments durch alle am Markt agierenden Teilnehmer zu bewerten sind (*Pricing*). Typischerweise liegt eine solche Situation für börsengehandelte Finanztitel vor. Die Preise bzw. die Preisentwicklung der Finanztitel spiegeln deren Bewertung seitens aller Marktteilnehmer wider. Im Rahmen der Marktbewertung werden im Weiteren (Abschnitt 5.3) die Bedingungen und Konsequenzen einer arbitragefreien Bewertung in einem zustands- und zeitdiskreten Kontext betrachtet. In diesem Rahmen kann dann eines der zentralen Erkenntnisse der modernen Kapitalmarkttheorie formuliert werden, das *Fundamental Theorem of Asset Pricing*. Dieses besagt, dass in einem arbitragefreien Markt Preise, die in geeigneter Weise risikoadjustiert werden, die Martingaleigenschaft aufweisen müssen. Dies findet zentrale Anwendungen vor allem bei der Bewertung derivativer Finanzinstrumente.

5.2 Individualbewertung

5.2.1 Vorbemerkungen

Das zu behandelnde Grundproblem besteht – im einfachsten Falle eines diskreten Einperiodenmodells – in der *Bewertung* eines Finanzinvestments mit resultierendem, zufallsabhängigem Einperiodenendwert V_1 bzw. mit zufallsabhängiger Einperiodenrendite $R = V_1/v_0 - 1$. Methodologisch ist dies in die *Entscheidungstheorie unter Risiko* einzuordnen. Die Bewertung der betreffenden Zufallsgröße und damit der sie charakterisierenden Zufallsgesetzmäßigkeit (Verteilung) soll es dem Entscheider (hier: dem Investor) erlauben, *Präferenzvorstellungen* zu explizieren, d.h. eine Auswahl zwischen alternativen Zufallsgrößen bzw. Wahrscheinlichkeitsverteilungen durchführen zu können. Formal geschieht die Äußerung solcher Präferenzen durch die Angabe einer *Funktion* $\boldsymbol{V}$ (Präferenzfunktional). Hierbei operationalisiert $\boldsymbol{V}(X)$ die Bewertung der Zufallsgröße X. Die Präferenzrelation $\succ$ zwischen alternativen Zufallsgrößen X bzw. Y wird auf der Grundlage des Präferenzfunktionals dann folgendermaßen expliziert:

$$X \succ Y \Leftrightarrow \boldsymbol{V}(X) > \boldsymbol{V}(Y)\,. \tag{5.1}$$

Das in der ökonomischen Entscheidungstheorie unter Risiko vorherrschende Paradigma ist das Bernoulli-Prinzip (*Erwartungsnutzentheorie* nach *von Neumann/Morgenstern*). Das Bernoulli-Prinzip besitzt eine axiomatische Fundierung (Axiome »rationalen Verhaltens« unter Risiko) und besagt, dass auf der Grundlage dieser Axiome die Existenz einer Funktion u, der Risikonutzenfunktion des Entscheidungsträgers, gewährleistet ist, sodass das individuelle Präferenzfunktional $\boldsymbol{V}$ die folgende Repräsentation besitzt:

$$\boldsymbol{V}(X) = E[u(X)]\,, \tag{5.2}$$

d.h., zur Bewertung von X bildet man den *Erwartungsnutzen* von X.

Diese Vorgehensweise geht zurück auf *Daniel Bernoulli* (1738). Dieser bemerkte im Kontext des Paradoxons beim St. Petersburger Spiel, dass die Bewertung einer Risikosituation allein auf der Grundlage ihres Erwartungswerts (im diskreten Fall: $\Sigma x_i p_i$) in bestimmten Entscheidungssituationen zu unplausiblem Verhalten führt. Bernoulli schlug daher vor, stattdessen den Erwartungswert einer transformierten Ergebnisverteilung $\Sigma u(x_i)p_i$ zu verwenden, konkret $u(x) = \ln x$.

Die moderne Variante der Erwartungsnutzentheorie geht zurück auf *John von Neumann/ Oskar Morgenstern* (1944) und basiert auf einer axiomatischen Vorgehensweise. Auf der Grundlage von »Axiomen rationalen Verhaltens unter Risiko« (z.B. Stetigkeitsaxiom, Substitutionsaxiom) wird die Existenz einer Funktion $u(x)$ nachgewiesen, die eine Repräsentation der Präferenzvorstellungen des Entscheiders gemäß (3.2) gewährleistet. Das Bernoulli-Prinzip beinhaltet dabei sowohl eine

- simultane Bewertung von Risiko- und Chancenpotenzial als auch eine
- simultane Bewertung von Höhen- und Risikopräferenz.

Simultan bedeutet hierbei insbesondere, dass im Allgemeinen keine Disaggregation in die einzelnen vorstehenden Bewertungsdimensionen vorgenommen werden kann.

Das Bernoulli-Prinzip ist mit einer Reihe von Problemen verbunden, die teilweise theoretischer Natur (z.B.: spiegeln die Axiome des rationalen Verhaltens individuelles Entscheidungsverhalten angemessen wider?) sowie teilweise empirischer Natur sind (z.B.: welches ist die Risikonutzenfunktion des Entscheidungsträgers? – i.d.R. behilft man sich hier mit dem Ansatz von Standard-Risikonutzenfunktionen). Der entscheidende Grund aber, warum im Weiteren nicht auf der Grundlage des Bernoulli-Prinzips aufgebaut werden soll, ist, dass das Bernoulli-Prinzip nur eine simultane Bewertung von Risiko- und Chancenpotential zulässt, d.h. im Rahmen des Bernoulli-Prinzips ist keine eigenständige Risikobewertung möglich, bzw. die hierzu vorgeschlagenen Alternativen haben sich bisher weder in der Investmenttheorie noch in der Investmentpraxis durchsetzen können. Für viele Investoren, insbesondere institutionelle Investoren wie Versicherungen oder Banken, existieren eine Vielzahl von relevanten Entscheidungskontexten, in denen eine isolierte Konzeptualisierung des Risikos unabdingbar ist. Ein wichtiges Beispiel ist die Eigenkapitalunterlegung von Marktrisiken durch Banken auf der Basis des Value at Risk-Ansatzes.[1] Aus diesem Grunde sowie der direkteren empirischen Umsetzbarkeit stehen im Weiteren Risiko/Wert-Modelle im Vordergrund. Dies bedeutet aber nicht, dass wir damit den Boden des Bernoulli-Prinzips zwangsläufig verlassen. Es gibt eine Reihe von Konstellationen, in denen ein solches Vorgehen *konsistent* zum Bernoulli-Prinzip ist, d.h., ein identisches Präferenzfunktional bzw. ein identischer Wahlakt auch im Rahmen des Bernoulli-Prinzips fundierbar ist.

Wir wenden uns aber zunächst einigen zentralen Ansätzen und Ergebnissen im Kontext des Bernoulli-Prinzips zu und beginnen mit der Konstruktion des Sicherheitsäquivalents. Das Sicherheitsäquivalent $s(X)$ ist dabei derjenige deterministische Wert, der zur »Risikosituation« X als (nutzen-)äquivalent (indifferent) angesehen wird, d.h. $\boldsymbol{V}[s(X)] = \boldsymbol{V}(X)$ bzw. $u[s(X)] = E[u(X)]$.

Im Normalfall einer monoton steigenden Nutzenfunktion führt dies auf die folgende explizite Darstellung des Sicherheitsäquivalents:

$$s(X) = u^{-1}(E[u(X)]). \tag{5.3}$$

Auf der Grundlage des Sicherheitsäquivalents können wir die folgenden globalen (d.h. sich auf den gesamten Bewertungsbereich beziehenden) Risikoeinstellungen unterscheiden:

(5.4a) *Sicherheitsäquivalent = Erwartungswert: Risikoneutralität*

(5.4b) *Sicherheitsäquivalent < Erwartungswert: (globale) Risikoaversion*

(5.4c) *Sicherheitsäquivalent > Erwartungswert: (globale) Risikosympathie.*

Bei Ansatz von Standardnutzenfunktionen lautet eine hierzu äquivalente alternative Charakterisierung:

(5.5a) *Risikoneutralität: lineare Risikonutzenfunktion*

(5.5b) *Risikoaversion: konkave Risikonutzenfunktion*

---

1 Vgl. Abschnitt 3.6.5 und Kapitel 15.

(5.5c) *Risikosympathie: konvexe Risikonutzenfunktion*

Risikonutzenfunktionen mit teils konkavem, teils konvexem Verlauf erfordern darüber hinaus eine lokale Charakterisierung der Risikoeinstellung. Ein Beispiel hierfür ist die *Risikoaversionsfunktion*

(5.6) $$r(x) = -u''(x)/u'(x)$$

nach *Pratt*. Diese quantifiziert die lokale (absolute) Risikoaversion im Punkt $X = x$.

Betrachten wir im Weiteren zwei Standardbeispiele für Risikonutzenfunktionen. Wir beginnen mit der exponentiellen Risikonutzenfunktion

(5.7) $$u(x) = -e^{-ax}/a \; , \; a > 0 \, .$$

Die exponentielle Risikonutzenfunktion weist dabei eine konstante absolute Risikoaversion $r(x) = a$ auf. Im Spezialfall einer normalverteilten Zufallsgröße $Z \sim N(\mu, \sigma^2)$ ergibt sich konkret

(5.8) $$\begin{aligned} E[u(X)] &= -\frac{1}{a}\exp\left\{-a\left(\mu - \frac{1}{2}a\sigma\right)\right\} \\ &= u\left(\mu - \frac{1}{2}a\sigma^2\right) = v[E(X), \sigma(X)]. \end{aligned}$$

Die in die Bewertung auf der Basis der Erwartungsnutzentheorie eingehenden Aspekte der Zufallsgesetzmäßigkeit sind daher auf den Erwartungswert und die Standardabweichung (bzw. äquivalent die Varianz) der Verteilung beschränkt. Als Sicherheitsäquivalent erhalten wir entsprechend

(5.9) $$s(X) = u^{-1}\left[u\left(\mu - \frac{1}{2}a\sigma^2\right)\right] = \mu - \frac{1}{2}a\sigma^2 .$$

Als zweites Standardbeispiel betrachten wir die quadratische Risikonutzenfunktion

(5.10) $$u(x) = ax - \frac{1}{2}x^2 \; (a > 0) \, .$$

Diese ist monoton steigend für $x < a$. In diesem Falle ergibt sich – unabhängig von der zugrunde liegenden Verteilung – der Erwartungsnutzen zu

(5.11) $$\begin{aligned} E[u(X)] &= a\,E(X) - \frac{1}{2}E(X^2) = a\,E(X) - \frac{1}{2}[Var(X) + E(X)^2] \\ &= v[E(X) + \sigma(X)^2] \, . \end{aligned}$$

Wiederum ist der Erwartungsnutzen nur vom Erwartungswert $\mu = E(X)$ und von der Standardabweichung $\sigma = \sigma(X)$ abhängig. Generell spricht man von einem (μ, σ)-*Prinzip*, wenn das Präferenzfunktional die Form

(5.12) $$V(X) = v[E(X), \sigma(X)]$$

besitzt. Wie gesehen, reduziert sich in bestimmten Spezialfällen das Bernoulli-Prinzip somit auf ein (μ, σ)- Prinzip. Generell gilt dies beispielsweise für $X \sim N(\mu, \sigma^2)$.

Jedoch gilt hiervon nicht die Umkehrung, d.h. nicht jedes (μ,σ)–Prinzip ist auf der Klasse der Normalverteilungen auch konsistent zum Bernoulli-Prinzip. Als Standardbeispiel hierfür dient das Präferenzfunktional $V(X) = E(X) - \alpha\sigma(X)$. Dieses ist »nicht rational« auf der Klasse der Normalverteilungen, d.h. es gibt für $X \sim N(\mu,\sigma^2)$ kein u mit $E[u(X)] = \mu - a\sigma$.

Wenden wir uns abschließend dem Zusammenhang von Bernoulli-Prinzip und Zeitpräferenz zu. Es sei hierzu V_1 das Endvermögen in $t = 1$. Der Erwartungsnutzen $E[u(V_1)]$ misst dabei zwar (simultan) Höhen- und Risikopräferenz in $t = 1$, trifft aber keine Aussage über Bewertung in $t = 0$. Die Betrachtung eines diskontierten Sicherheitsäquivalents

$$\frac{1}{1+r}s(V_1) \tag{5.13}$$

beinhaltet eine Bewertung zu $t = 0$, die zwar pragmatisch und nahe liegend ist, nutzentheoretisch jedoch nicht fundiert werden kann. Man vergleiche hierzu etwa *Bamberg/Dorfleitner/Krapp* (2006).

Generell zur Entscheidungstheorie unter Risiko vergleiche man etwa *Bamberg/Coenenberg* (2006, Kapitel 4) sowie *Eisenführ/Weber* (2003, Kapitel 9).

5.2.2 Risiko/Wert-Modelle

Risiko/Wert-Modelle (*Risk/Value-Models*) zerlegen den Bewertungsprozess in zwei Stufen.

Stufe 1: Der Entscheidungsträger quantifiziert Risiko und Wert (bzw. Chance) der zu beurteilenden Zufallsgröße.

Stufe 2: Die Risiko- und Werteinschätzung wird zu einer Gesamtpräferenz zusammengeführt.

Formal werden die Präferenzvorstellungen des Entscheidungsträgers hinsichtlich einer Zufallsgröße X durch das folgende Präferenzfunktional spezifiziert:

$$V(X) = H[R(X), W(X)]. \tag{5.14}$$

$R(X)$ stellt dabei eine Kennziffer für das Risiko und $W(X)$ für den Wert der zu beurteilenden Zufallsgröße dar. Als Wertmaß wird in dieser Arbeit ausschließlich (wie traditionell üblich) der Erwartungswert verwendet[2], d.h. $W(X) = E(X)$. Alternative Wert- bzw. Chancenmaße sind zwar bereits angedacht worden[3], haben bisher jedoch nur geringe Anwendung gefunden. Als Risikomaße finden die in Abschnitt 3.6 ausführlich behandelten Risikokennziffern Verwendung. Die vorstehenden Ausführungen sollen durch die folgenden Beispiele illustriert werden.

Beispiel 5.1: Erwartungswert/Varianz- und Erwartungswert/Standardabweichungs-Modell

Diese Modelle sind gekennzeichnet durch die folgenden Spezifikationen von Risiko- und Wertmaß:

$$W(X) = E(X),\ R(X) = Var(X) \text{ bzw. } R(X) = \sigma(X). \tag{5.15}$$

---

2 Zu dessen Konstruktion und Interpretation vgl. Abschnitt 3.2.

3 Vgl. etwa *Albrecht/Maurer/Möller* (1999, S. 262 f.)

Bei Verwendung der Varianz bzw. der Standardabweichung als Risikomaß spricht man auch vom E/V- bzw. vom E/S-Modell. Sie bilden die Grundlage der in Abschnitt 6.3. behandelten Markowitzschen Portfoliotheorie.

Beispiel 5.2: Erwartungswert/Lower Partial Moments (E/LPM_n)-Modelle

Diese Modelle sind gekennzeichnet durch folgende Wert- bzw. Risikomaße ($n \geq 1$):

(5.16) $$W(X) = E(X),\ R(X) = LPM_n(X) \text{ bzw. } R(X) = LPM_n(X)^{1/n}.$$

Wesentliche Spezialfälle[4] sind das Erwartungswert/Shortfallerwartungswert (*E/SE*)-Modell, das Erwartungswert/Shortfallvarianz(*E/SV*)-Modell sowie das Erwartungswert/Shortfallstandardabweichungs(*E/SSD*)-Modell.

Die Funktion H quantifiziert schließlich, in welchem Austauschverhältnis (Substitutionsrate) sich Risiko und Wert für den Entscheidungsträger befinden, dieser hat (implizit oder explizit) einen Trade-off zwischen Risiko und Wert vorzunehmen. Dabei wird regelmäßig vorausgesetzt, dass H fallend im Risiko- und steigend im Wertmaß ist. Damit wird, wie auch intuitiv geboten, mit Risiko das »Negative« und mit Wert das »Positive« einer Unsicherheitssituation assoziiert.

Hinsichtlich des Trade-offs zwischen Risiko und Wert gibt es mehrere Varianten. Ist die Funktion H vollständig spezifiziert, so führt eine Maximierung von (5.14) über die Menge D der zulässigen Investmentergebnisse X zur Bestimmung der optimalen Alternative X_0:

(5.17) $$X_0 = \max\{\Phi(X);\ X \in D\}.$$

Eine typische Klasse von vollständig spezifizierten Funktionen H bildet $H(x, y) = y - ax$ mit $a > 0$, im Standardfall $W(X) = E(X)$ und damit insgesamt

(5.18) $$\mathrm{H}(X) = E(X) - aR(X).$$

Der Entscheider ist in diesem Falle durch *risikoaverses Verhalten* (in einem allgemeinen Sinne) charakterisiert, d.h. er bewertet ein unsicheres Investmentergebnis durch einen Abschlag vom Erwartungswert. Mit anderen Worten: Bei einer Wahl zwischen einer sicheren Auszahlung in Höhe von $E(X)$ und dem unsicheren Investmentergebnis X zieht er $E(X)$ vor.

Bleibt die Funktion H unspezifiziert, so ist zumindest die Untersuchung von Dominanzeigenschaften und die Bestimmung aller nicht dominierten Alternativen (geometrisch: *effizienter Rand*) möglich. Bezeichnet $\succ$ die zugehörige (starke) Präferenzordnung, dann dominiert die Zufallsgröße X die Zufallsgröße Y, wenn gilt:

(5.19) $$X \succ Y \Leftrightarrow R(X) \leq R(Y) \text{ und } W(X) \geq W(Y),$$

wobei mindestens eine der beiden Ungleichungen strikt zu gelten hat.

---

4 E/LPM_n-Modelle werden vertieft in Abschnitt 7.2 behandelt. In der Literatur werden auch Erwartungswert/Shortfallwahrscheinlichkeit (*E/SW*)-Modelle behandelt, u.E. ist es aber wegen der rudimentären Risikomessung durch die Shortfallwahrscheinlichkeit sinnvoller, diese als zu beschränkende und nicht als durch das Wertmaß zu substituierende Größe anzusetzen.

Beispiel 5.3: *Markowitz*-Effizienz
Im Falle $R(X) = Var(X)$ und $W(X) = E(X)$ begründet (5.8) die Konzeption der Markowitz- bzw. Erwartungswert/Varianz (EV)-Effizienz und lautet in ausführlicher Form:

$$X \succ Y \Leftrightarrow E(X) \geq E(Y) \text{ und } Var(X) < Var(Y) \text{ oder } E(X) > E(Y) \text{ und } Var(X) \leq Var(Y). \tag{5.20}$$

Offenbar wird die identische Dominanz-Relation induziert, wenn $R(X) = \sigma(X)$, da $\sigma(X)$ durch eine monotone Transformation aus $Var(X)$ hervorgeht (und vice versa.)

Beispiel 5.4.: E/LPM_n–Effizienz
Dieser Spezialfall resultiert aus $W(X) = E(X)$ und $R(X) = LPM_n(X)$.

Der effiziente Rand lässt sich nun durch die Lösung des folgenden Optimierungsproblems ermitteln:

$$\min\{R(X);\ X \in D \text{ mit } W(X) = c\}, \tag{5.21}$$

wobei c über alle erreichbaren Ausprägungen von $W(X) \geq w^*$ zu variieren ist. Dabei ist w^* das zugehörige Wertmaß derjenigen Alternative mit dem geringsten Risiko. Ist das Risikomaß eine konvexe Funktion der relevanten Entscheidungsvariablen (etwa Portfoliogewichte), können hierzu regelmäßig Standardoptimierungstechniken verwendet werden.

Die bisher behandelnden Spielarten von Risiko/Wert-Modellen waren *kompensatorische* Modelle. Diese lassen ein grundsätzlich unbeschränktes Austauschverhältnis zwischen Wert und Risiko zu, d.h. der Entscheidungsträger wird ein höheres Risiko dann akzeptieren, wenn die damit verbundene Erhöhung des Wertes nur hoch genug ausfällt. Dagegen lassen nicht kompensatorische Modelle die unbeschränkte Substitutionsmöglichkeit von Wert und Risiko nicht mehr zu. Vielmehr findet eine absolute Begrenzung der vom Entscheidungsträger tolerierten Risikoexponierung statt, die unabhängig von der mit einer Handlungsalternative verbundenen Wertkomponente nicht überschritten werden darf. Ein typisches Beispiel sind Banken, deren Exponierung gegenüber Marktrisiken ein bestimmtes Konfidenzniveau für den Value at Risk nicht überschreiten darf.

Nicht-kompensatorische Entscheidungsmodelle sind dabei grundsätzlich nicht kompatibel zum Bernoulli-Prinzip, da sowohl das Stetigkeitsaxiom als auch das Substitutionsaxiom verletzt werden. Wenn der Entscheidungsträger explizit eine obere Risikogrenze vorgibt oder aufgrund exogener Rahmenbedingungen eine solche nicht überschreiten darf, bietet sich die Bewertung zweier zur Auswahl stehender Alternativen X und Y in der folgenden Form an:

$$X \succ Y \Leftrightarrow \begin{cases} R(X) \leq c, R(Y) > c \\ \\ W(X) > W(Y), \text{falls } \max[R(X), R(Y)] \leq c. \end{cases} \tag{5.22}$$

Die so definierte unvollständige[5] Präferenzordnung orientiert sich zunächst an dem Risikokontrollkriterium. Erst wenn beide Verteilungen die kritische Risikogrenze c nicht überschreiten, wird die Verteilung mit dem höheren Wertindex bevorzugt.

Ist das Risikokontrollkriterium $R(X) \leq c$ sowie das Wertmaß $W(X)$ festgelegt und gibt es aus der Menge der zulässigen Handlungsalternativen $X \in D$ zumindest zwei, für die $R(X) \leq c$ gilt, so wird das Wahlproblem unter Unsicherheit formal gelöst durch:

$$\max\{W(X);\ X \in D \text{ mit } R(X) \leq c\} \tag{5.23}$$

In der Ex ante-Betrachtung sind nur solche Alternativen zulässig, die das Risikokontrollkriterium nicht gefährden. Innerhalb der verbleibenden Alternativen wird diejenige mit dem höchsten resultierenden Wertindex gewählt.

Beispiel 5.5: Safety first-Prinzip

Das Safety first-Prinzip[6] ergibt sich auf der Grundlage der voranstehenden Überlegungen durch Wahl von $W(X) = E(X)$ und $R(X) = SW_z(X)$. Es kann alternativ folgendermaßen formuliert werden (Safety-first-Prinzip nach *Telser*):

(5.24)

$$E(X) \rightarrow \max!$$

unter den Bedingungen

1) $X \in D$

2) $P(X \leq z) \leq \varepsilon$.

Varianten des Safety first-Prinzips können etwa dahingehend konstruiert werden, dass mehrere Shortfallrestriktionen seitens des Investors Verwendung finden.[7]

Eine von *Libby/Fishburn* (1977) vorgeschlagene Variation des Safety first-Prinzips basiert auf einer Verknüpfung von kompensatorischen und nicht-kompensatorischen Entscheidungsregeln. Ausgangspunkt sei beispielsweise die Menge aller zulässigen Zufallsgrößen $X \in D$. Zunächst wird das Verlustrisiko in Form der einperiodigen Shortfallwahrscheinlichkeit relativ zu einem Target z begrenzt. Anschließend wird ein allgemeines kompensatorisches Risiko/ Wert-Modell der Form $H[R(X), W(X)]$ betrachtet. Die Funktion $H(x, y)$ bleibt unspezifiziert, soll jedoch den üblichen Dominanzanforderungen genügen (steigend im Wert-, fallend im Risikomaß).

Die Lösung des folgenden Optimierungsproblems auf der Menge aller zulässigen Verteilungen führt dann zur Menge aller Alternativen, die einerseits eine ausreichende Shortfallwahrscheinlichkeit wahren und andererseits effizient im Sinne des gewählten Risiko/Wert-Modells sind:

---

5 Angeordnet werden können keine Alternativen X und Y, für die gilt $R(X) > c$ und $R(Y) > c$. Diese sind unzulässig im Rahmen des Bewertungsverfahrens.

6 Eine allgemeine lexikographische Version des Safety first-Prinzips formulieren *Arzac/Bawa* (1977). Die resultierende vollständige Ordnung genügt, im Gegensatz zu den Varianten von *Roy* (1952) und *Telser* (1955), dem Prinzip der stochastischen Dominanz erster Ordnung.

7 Vgl. etwa Abschnitt 6.3.4.2.

(5.25) $R(X) \to \min!$
unter den Bedingungen

1) $X \in D$
2) $W(X) = v$
3) $P(X \leq z) \leq \varepsilon$.

Dabei ist v über alle erreichbaren Ausprägungen von $W(X) \geq w^*$ zu variieren (es bezeichne w^* das zugehörige Wertmaß derjenigen Alternative mit dem geringsten Risiko).

Beispiel 5.6: Markowitz-Effizienz mit Shortfallnebenbedingung
Dieser Spezialfall resultiert aus einer Verknüpfung der Konzeption der Markowitz-Effizienz aus Beispiel 5.3 mit einer Shortfallnebenbedingung (typischerweise Beschränkung der Shortfallwahrscheinlichkeit).

Beispiel 5.7: E/LPM$_n$-Effizienz mit Shortfallnebenbedingung
Dieser Spezialfall resultiert aus der Verknüpfung der E/LPM$_n$-Effizienz gemäß Beispiel 5.4 mit einer Shortfallnebenbedingung.

5.3 Marktbewertung

5.3.1 Vorbemerkungen

In diesem Abschnitt wird die Bewertung von risikobehafteten Finanztiteln auf der Basis eines Kapitalmarktes im Preisgleichgewicht betrachtet. Zentrale Bedingung ist hierbei die Markträumung, d.h., der explizite Ausgleich von Angebot und Nachfrage wird notwendig. Dies erfordert im Allgemeinen die Aggregation der Informationen der Marktteilnehmer hinsichtlich der weiteren Wertentwicklung des betrachteten Marktes einerseits sowie der Risikopräferenzen der Marktteilnehmer andererseits. Ein Beispiel für ein Preisgleichgewichtsmodell unter Risiko wird in Abschnitt 6.4 behandelt, das Capital Asset Pricing-Modell (CAPM).

Bei einem Markt im Preisgleichgewicht ist davon auszugehen, dass im Rahmen von Gleichgewichtspreisen keine *Arbitrageoperationen* mehr möglich sind, denn Arbitragemöglichkeiten werden von den Marktteilnehmern (vollständige Information und unendlich große Reaktionsgeschwindigkeit vorausgesetzt) sofort ausgenutzt und so lange realisiert, bis sie verschwunden sind. Erst *nach* Ausnutzung aller Arbitragemöglichkeiten kann sich der Markt im Preisgleichgewicht befinden.

Interessanterweise können bereits durch Ausschluss der Möglichkeit von Arbitrageoperationen in vielen Fällen weitreichende Folgerungen über angemessene Marktpreise gezogen werden. In vielen wichtigen Fällen sind die resultierenden Preisgleichungen sogar *präferenzfrei,* d.h. erfordern keine explizite Kenntnis der individuellen Risikopräferenzen der Marktteilnehmer. Diese Eigenschaft führt zu erheblichen Vereinfachungen, auch im Hinblick auf eine empirische Umsetzung. Allerdings sichert die Wahrung der Bedingung der Arbitragefreiheit nur die *interne Konsistenz der Preise eines Wertpapiermarktes* bzw. die Konsistenz von Wertpapierpreisen relativ zu den gegebenen Preisen von Basis-Finanztiteln (*relatives Pricing*). Aus diesem Grund sind die Ergebnisse über die Preisbildung auf arbitragefreien Märkten vor allem von Bedeutung für die Bewertung von *derivativen Finanztiteln* (Finanztermingeschäfte). Im Folgenden werden die Arbitragefreiheitsbedingungen und deren Konsequenzen für das Pricing (*Martingal Pricing*) im Kontext von zeit- und zustandsdiskreten Märkten (State Space-Märkte) fokussiert. Die dabei gewonnenen Erkenntnisse erweisen sich als zentral (*Fundamental Theorem of Asset Pricing*) für die Preisbildung auf arbitragefreien Märkten und reichen in ihrer Struktur weit über State Space-Märkte hinaus.

5.3.2 Bewertung in arbitragefreien Märkten: Einperiodiger State Space-Markt

5.3.2.1 Grundlagen

Der von uns betrachtete Modellfinanzmarkt (*State Space-Markt*) bestehe aus $n+1$ Basisfinanztiteln. Der Finanztitel 0 entspreche dabei der Wertentwicklung einer Geldeinheit unter der Annahme einer sicheren Verzinsung r_0. Die Basisfinanztitel sind gekennzeichnet durch anfängliche Preise w_0, $w_1, \ldots, w_n$ sowie zufallsabhängige Rückflüsse (Marktwerte) $V_0, V_1, \ldots, V_n$ am Periodenende. Zum Zeitpunkt $t = 1$ kann sich dabei nur einer von s möglichen Zuständen des Finanzmarktes realisieren, wobei der Zustand i ($i = 1,\ldots, s$) zu den Rückflüssen v_{i0}, v_{i1}, …, v_{in} der Basisfinanztitel führe. Hierbei sei $v_{ij} \geq 0$ vorausgesetzt. Der Zustand i tritt mit Wahrscheinlichkeit p_i ($p_i > 0$, $\sum p_i = 1$) ein. Für den Finanztitel 0 gilt offenbar $w_0 = 1$ und $v_{i0} = 1 + r_0$ für alle $i = 1, \ldots, n$. Das in der folgenden Abbildung dargestellte *Zustandstableau* (State Space-Tableau) bezeichnet die Situation zu $t = 1$.

ZUSTÄNDE		FINANZTITEL 0	1	…	j	…	n
p_1	1	$1+r_0$	v_{11}	…	v_{1j}		v_{1n}
⋮	⋮	⋮	⋮				
p_i	i	$1+r_0$	v_{i1}	…	v_{ij}	…	v_{in}
⋮	⋮	⋮	⋮		⋮		⋮
p_s	s	$1+r_0$	v_{s1}	…	v_{sj}	…	v_{sn}

Tab.. 5.1: Zustandstableau des einperiodigen State Space-Marktes

Hierbei charakterisieren die Zeilen des Zustandtableaus die möglichen Zustände des Finanzmarktes samt ihrer Eintrittswahrscheinlichkeiten. Die Spalten erfassen die mit den einzelnen Zuständen verbundenen Rückflüsse der Finanztitel, sie enthalten die möglichen Realisationen der Zufallsgrößen V_j.

In Vektor- bzw. in Matrixschreibweise bezeichne im Folgenden $w = (w_0,..., w_n)^T$ den $(n+1, 1)$-Spaltenvektor der Preise der Finanztitel am Anfang und entsprechend $V = (v_{ij})$ die $(s, n+1)$-Matrix der Preise am Ende der Periode. Die Elemente der Matrix V entsprechen gerade den Elementen des Zustandstableaus, d.h. die Rückflüsse des Finanztitels j sind gegeben durch die j-te Spalte von V.

Der zuvor beschriebene State Space-Finanzmarkt heißt *vollständig*, wenn für den Rang der Matrix V gilt $rg(V) = s$. Insbesondere muss dazu $n+1 \geq s$ sein, d.h. man braucht zumindest so viele unabhängige Basisfinanztitel, wie Marktzustände vorhanden sind. In diesem Falle kann man aufgrund von Standardresultaten über Vektorräume alle denkbaren zufallsabhängigen Rückflüsse (*Contingent Claims*) $C = (c_1,..., c_s)^T$ als Linearkombination der Rückflüsse der Basisfinanztitel des Marktes repräsentieren. Solche Rückflüsse können etwa durch Portfoliobildung oder durch Termingeschäfte auf die Basistitel des Marktes induziert werden. Alle denkbaren zufallsabhängigen Rückflüsse sind durch die Basisfinanztitel des betrachteten Marktes *erreichbar*. Dabei soll im Weiteren stets von einem vollständigen State Space-Markt ausgegangen werden.

Im Folgenden wird eine Portfoliobildung aus den Basistiteln des Finanzmarktes betrachtet. Es sei dazu $x = (x_0,..., x_n)^T$ ein (Spalten-)Vektor, der die von den Finanztiteln zu Periodenbeginn erworbenen *absoluten Stückzahlen* erfasse. Der Vektor x darf dabei ein beliebiger Vektor sein, d.h. eine beliebige Teilbarkeit der Finanztitel sowie die Möglichkeit negativer Positionen (»Leerverkäufe«) sei gegeben. Das aus dem Portfolio resultierende Endvermögen besitzt den folgenden Zustandsvektor (in Spaltenform)

$$v(x) = (\sum_{j=0}^{n} x_j v_{1j}, ..., \sum_{j=0}^{n} x_j v_{sj})^T$$

bzw. in Matrixschreibweise

(5.26) $$v(x) = \mathrm{V}x$$

Der Vektor $v(x)$ enthält dabei offenbar gerade die möglichen Realisierungen der Zufallsvariablen V_x, dem *zufallshängigen Vermögensendwert des Portfolios x*. Der Preis, zu dem das Portfolio am Periodenanfang erworben wurde, ergibt sich zu:

(5.27) $$w(x) = \sum_{j=0}^{n} x_j w_j = w^T x .$$

5.3.2.2 Systematisierung von Arbitragefreiheitsbedingungen

Bei der Eigenschaft eines *arbitragefreien Wertpapiermarktes* geht es im Kern darum, ob es im Rahmen der gegebenen Wertpapierpreise möglich ist, dass ein Investor durch Umstrukturierung seines Portfolios erreichen kann, dass er – bei unveränderten Rückflüssen – für das revidierte Portfolio weniger bezahlen muss. Wenn eine derartige *Arbitrageoperation* zu einem geringeren Preis für das revidierte Portfolio führt, dann kann der Arbitrageur den eingesparten Betrag konsumieren, er ermöglicht ihm einen *Free Lunch*.

Die Bedingung der Arbitragefreiheit von Märkten kann (bereits im Einperiodenfall) in verschieden starker Form gefasst werden. Betrachten wir zunächst ein einführendes Beispiel. Eine Arbitrageoperation, d.h. eine Umstrukturierung des Portfolios, der einen risikolosen Arbitragegewinn zulässt, ist z.B. durch die folgende Konstellation gekennzeichnet: Dabei bezeichne $x = (x_0,..., x_n)^T$ den Vektor der Positionen in den Finanztiteln vor der Umstrukturierung und $y = (y_0,...,y_n)^T$ den entsprechenden Vektor nach der Umstrukturierung (Arbitrageoperation). Es gelte

(5.28a) $$\sum_{j=0}^{n} y_j v_{ij} \geq \sum_{j=0}^{n} x_j v_{ij} \text{ für alle } i = 1,..., s$$

d.h. die Rückflüsse (Marktwerte) des revidierten Portfolios sind in jedem möglichen Zustand des Finanzmarktes zu $t = 1$ nicht geringer als diejenigen des Originalportfolios. Zugleich gelte aber:

(5.28b) $$\sum_{j=0}^{n} y_j w_j < \sum_{j=0}^{n} x_j w_j$$

d.h. der Preis des revidierten Portfolios ist geringer als der des Originalportfolios.

Eine Arbitragekonstellation gemäß (5.28) ist somit gekennzeichnet durch die Bedingungen $v(y) \geq v(x)$ und $w(y) < w(x)$ bzw. äquivalent durch $v(y - x) = 0$ und $w(y - x) < 0$. Auf der Basis dieses Beispiels kann man die Arbitragefreiheitsbedingung in der betrachteten Konstellation auch in der folgenden, mehr formalen Fassung formulieren:

Arbitragefreiheitsbedingung:
Es darf kein Portfolio aus Titeln des Finanzmarktes existieren, das einerseits mit Sicherheit zu einem nicht-negativen Rückfluss führt und andererseits einen negativen Preis am Anfang der Periode aufweist.

Formal bedeutet diese Bedingung im Rahmen des analysierten Modellmarktes (wobei x eine beliebige Umstrukturierung darstelle):

(5.29) $$v(x) \geq 0 \Rightarrow w(x) \geq 0$$

Die formale Bedingung (5.29) bezeichnet man auch als Bedingung der *schwachen Arbitragefreiheit*. Eine Verletzung dieser Bedingung, d.h. eine Arbitrageoperation x_0 ist dann gekennzeichnet durch

(5.30) $$w(x_0) < 0 \text{ und } v(x_0) \geq 0 \,.$$

Eine schärfere Bedingung (mit entsprechend weiterreichenden Folgerungen) an die Arbitragefreiheit der Finanzmärkte ist die *starke Arbitragefreiheitsbedingung*. Sie ist aus zwei Teilbedingungen zusammengesetzt und lautet:

(5.31a) $$v(x) \geq 0,\ v(x) \neq 0 \Rightarrow w(x) > 0$$

und

(5.31b) $$v(x) = 0 \Rightarrow w(x) = 0.$$

Arbitrageoperationen x_0 in diesem Sinne haben dann eine der beiden folgenden Eigenschaften:

(5.32a) $$w(x_0) \leq 0 \text{ und } v(x_0) \geq 0,\ v(x_0) \neq 0$$

(5.32b) $$w(x_0) \neq 0 \text{ und } v(x_0) = 0.$$

Eine Arbitragekonstellation gemäß (5.32b) ist offenbar insbesondere dann möglich (man betrachte die Differenzinvestition), wenn es zwei Finanztitel gibt, die in jedem Zustand des Finanzmarktes identische Rückflüsse aufweisen, zu Beginn der Periode aber verschiedene Preise besitzen. Dies führt zu der folgenden speziellen Fassung einer Arbitragefreiheitsbedingung

Law of One Price I:
Portfolios mit identischen Rückflüssen in jedem Zustand des Finanzmarktes müssen identische Preise zu Beginn der Periode aufweisen.

Diese Forderung kann man leicht im Rahmen eines zeitstetigen Modells verallgemeinern:

Law of One Price II:
Portfolios, die zu jedem Zeitpunkt $t > 0$ und in jedem Zustand des Finanzmarktes eine identische Wertentwicklung aufweisen, müssen in $t = 0$ einen identischen Preis haben.

Es gelten die folgenden systematischen Beziehungen zwischen den vorstehend ausgeführten, verschieden starken Versionen der Arbitragefreiheit (Übungsaufgabe 5.4.):

Schwache Arbitragefreiheit $\Rightarrow$ Law of One Price
Starke Arbitragefreiheit $\Rightarrow$ schwache Arbitragefreiheit.

Eine weitere Variation der Arbitragefreiheitsbedingungen lautet:

(5.33) $$w(x) = 0,\ Var(V_x) = 0 \Rightarrow E(V_x) = 0$$

Intuitiv bedeutet dies: Es darf nicht möglich sein, zum Preis von null (Nullinvestition) ein *risikoloses* positives Endvermögen zu realisieren. Diese Version der Arbitragefreiheitsbedingung ist ebenfalls eine Folgerung aus der starken Arbitragefreiheitsbedingung.[8]

Insbesondere können damit aus der Forderung der starken Arbitragefreiheit alle weiteren Varianten der Arbitragefreiheitsbedingung gefolgert werden. Wir gehen deswegen im Weiteren von arbitragefreien Märkten im Sinne der starken Arbitragefreiheitsbedingung aus.

Abschließend soll noch auf den Zusammenhang zwischen Arbitrageoperationen und den Präferenzen der Investoren auf den Märkten, etwa formalisiert durch eine Risikonutzenfunktion u, d.h. der Zugrundelegung des Bernoulli-Prinzips gemäß (5.2), eingegangen werden. Zur Ausnutzung von Arbitragemöglichkeiten muss nur gefordert werden, dass alle Investoren monoton steigende Nutzenfunktionen haben und damit höhere Endvermögen niedrigeren vorziehen. Dieser Zusammenhang wird im Anhang zu diesem Kapitel thematisiert.

8 Vgl. hierzu Übungsaufgabe 5.5.

5.3.2.3 Charakterisierung arbitragefreier State Space-Märkte

Eine erste Frage hinsichtlich arbitragefreier Märke stellt sich dahingehend, ob es einfache Kriterien gibt, die es erlauben, die Arbitragefreiheit zu prüfen. Für den State Space-Markt des Abschnitts 5.3.2.1 existiert hierzu das folgende fundamentale Ergebnis:

Satz 5.1 (Arbitragefreier State Space-Markt):
Der State Space-Markt ist (stark) arbitragefrei genau dann, wenn es einen strikt positiven $(s, 1)$-Vektor $w^* = (w_1^*,\ldots, w_s^*)^T$ gibt mit

$$V^T w^* = w\,. \tag{5.34}$$

Ein solcher Vektor w^* wird *preiserzeugender Vektor* (Vektor der Zustandspreise, State Price-Vector) genannt. Er lässt sich[9] fundieren als Preisvektor derjenigen Titel (*Arrow/Debreu-Titel*), deren Rückflüsse den Einheitsvektoren entsprechen. Existiert ein preiserzeugender Vektor, dann ist die Gültigkeit der Arbitragefreiheitsbedingung einfach nachzuweisen[10]. Der Beweis der Rückrichtung erfordert hingegen tiefliegende mathematische Sachverhalte (über separierende Hyperebenen) der Funktionalanalysis.

Die Analyse des linearen Gleichungssystems

$$V^T x = w \tag{5.35}$$

liefert zugleich die Grundlage für eine *konstruktive* Überprüfung der Preise $w = (w_1, \ldots, w_n)^T$ eines Wertpapiermarktes hinsichtlich der Bedingung der Arbitragefreiheit. Besitzt (5.35) eine Lösung x mit $x_i > 0$ für alle $i = 1,\ldots, n$, so ist der Preisvektor w (stark) arbitragefrei, andernfalls nicht.

Für die Existenz einer (nicht notwendigerweise positiven) Lösung muss gelten $rg(V^T) = rg(V^T,w)$, im Falle eines vollständigen State Space-Marktes mithin $rg(V^T,w) = s$. Der preiserzeugende Vektor ist, wenn diese Lösung positiv ist, in diesem Falle eindeutig bestimmt.

Beispiel 5.8: Markt aus sicherer Anlage und »Binomial-Aktie«
Wir betrachten einen State Space-Markt mit zwei Zuständen und zwei Finanztiteln: Neben der risikolosen Anlagemöglichkeit zum Zinssatz r_0 existiert eine so genannte Binomial-Aktie. Ausgehend vom heutigen Aktienkurs s_0 beträgt im Zeitpunkt $t = 1$ der Aktienkurs entweder $s_0 u$ (mit Wahrscheinlichkeit p) oder $s_0 d$ (mit Wahrscheinlichkeit $q = 1-p$), wobei $u > d > 0$ gelten soll. Es gilt damit

$$V^T = \begin{pmatrix} 1+r_0 & 1+r_0 \\ u\,s_0 & d\,s_0 \end{pmatrix},\quad w = \begin{pmatrix} 1 \\ s_0 \end{pmatrix}$$

Es gilt weiter $det(V^T) = (1+r_0)(s_0 d - s_0 u)$. Offenbar ist $\det(V^T) \neq 0$, wenn $u \neq d$. Es existiert in diesem Falle eine Lösung des linearen Gleichungssystems $V^T x = w$, welche gegeben ist durch

9 Vgl. Übungsaufgabe 5.3.
10 Vgl. Übungsaufgabe 5.6

(5.36) $$w^* = \frac{1}{(1+r_0)(u-d)}\left((1+r_0)-d, u-(1+r_0)\right)^T.$$

Für die Existenz eines positiven preiserzeugenden Vektors ist $1 + r_0 - d > 0$ und $u-(1 + r_0) > 0$ erforderlich. Mithin sichert erst

(5.37) $$d < 1 + r_0 < u$$

die Existenz eines positiven preiserzeugenden Vektors und damit die Arbitragefreiheit des Marktes. Natürlich kann man im Falle $d \geq 1 + r_0$ bzw. $u \leq 1 + r_0$ die Arbitrageoperation gemäß (5.32) auch direkt angeben (Übungsaufgabe 5.9).

5.3.2.4 Preisbildung auf arbitragefreien State Space-Märkten: Pseudo-risikoneutrale Bewertung

Hinsichtlich der arbitragefreien Preisbildung auf State Space-Märkten werde zunächst der (Vektor-)Raum $H = [V_0,...,V_n]$ aller Linearkombinationen (aller Portfoliobildungen) der durch die Basistitel erzeugten Rückflüsse betrachtet. Ist der State Space-Markt vollständig, dann gilt $H = \mathrm{IR}^s$. Das Preisfunktional $w : H \to \mathrm{IR}$ definiert durch

(5.38) $$w[v(x)] = w^T x = w^{*T} Vx$$

ist ein wohldefiniertes lineares Preisfunktional. Mit anderen Worten: Jedem denkbaren Portfolio x kann durch (5.38) ein eindeutig definierter Preis zugeordnet werden. Portfolios mit nichtnegativen Rückflüssen, die in mindestens einem Zustand des Finanzmarktes einen positiven Rückfluss aufweisen, wird ein eindeutig bestimmter positiver Preis zugeordnet. Bezeichne $e_i = (0,...,0,1,0,...,0)^T$ den i-ten Einheitsvektor, so ergibt sich insbesondere

(5.39) $$w_i = w^{*T} Ve_i .$$

Zur Erläuterung der Konzeption einer *pseudo-risikoneutralen Bewertung* werde zunächst festgehalten[11], dass $(1+r_0)\sum_{j=1}^{n} w_j^* = 1$ gilt. Der $(s, 1)$-Vektor q gemäß

(5.40) $$q = (q_1,..,q_s) := (1+r_0)(w_1^*,...,w_s^*) = (1+r_0)w^*$$

erfüllt damit die Eigenschaften $q_j > 0$ sowie $\sum_{j=1}^{s} q_j = 1$ und kann damit als Vektor von Wahrscheinlichkeiten interpretiert werden.

Die Zustände $j=1,...,s$ des Finanzmarktes waren ursprünglich durch die Wahrscheinlichkeitsbelegung $P = (p_1,...,p_s)$ charakterisiert. Diese spielte ($p_i > 0$ ist hier vorauszusetzen) allerdings keine Rolle bei den vorangegangenen Analysen über die Arbitragefreiheit (dies ist ein generelles Charakteristikum des zeitdiskreten Falles). Wird nun den Zuständen des Finanzmarktes die alternative Wahrscheinlichkeitsbelegung $Q = (q_1,..., q_s)$ zugeordnet, spricht man auch von *Pseudo-Wahrscheinlichkeiten* oder *synthetischen Wahrscheinlichkeiten*. Auch die Pseudo-Wahrscheinlichkeiten sind wieder sämtlich positiv (»Äquivalenz« der Wahrscheinlichkeitsbelegungen

11 Vgl. Übungsaufgabe 5.8.

Q und P). Für eine beliebige Zufallsvariable Z mit Realisationen (in Vektorform) $(z_1,...,z_s)^T$ kann dann ein Erwartungswert auch hinsichtlich der Pseudo-Wahrscheinlichkeiten gebildet werden

$$E_Q(Z) = \sum_{i=1}^{s} z_i q_i = q^T z. \tag{5.41}$$

Für den Preisvektor w gilt dann die folgende fundamentale Beziehung:

$$\begin{aligned} w_i &= w^{*T} Ve_i = \frac{1}{1+r_0} q^T Ve_i \\ &= \frac{1}{1+r_0} E_Q(V_i), \end{aligned} \tag{5.42}$$

wobei V_i dem zufallsabhängigen Rückfluss des i-ten Basis-Finanztitels entspricht.

Dieses Ergebnis kann wie folgt interpretiert werden: Die Preise der Basisfinanztitel können gewonnen werden durch Diskontierung der erwarteten Rückflüsse. Die Bildung des Erwartungswertes findet dabei allerdings nicht unter den Original-Wahrscheinlichkeiten statt, sondern hinsichtlich der Pseudo-Wahrscheinlichkeiten. Da die Bewertung einer Zufallsvariablen durch den Erwartungswert $\boldsymbol{V}(X) = E(X)$ in der Notation von 5.2.1) üblicherweise als *risikoneutrale Bewertung* (Risikomaße gehen nicht ein in die Bewertung) seitens des Investors bezeichnet wird, spricht man hinsichtlich Q auch von einer *risikoneutralen Wahrscheinlichkeitsbelegung*. Wichtig ist aber festzuhalten, dass diese Bewertung durch einen Erwartungswert *pseudo-risikoneutral* ist, denn sie erfolgt nicht bezüglich der Original-Wahrscheinlichkeitsbelegung, sondern hinsichtlich der Wahrscheinlichkeitsbelegung Q. Bei einer »Umrechnung« in Terme von $E_P(.)$ wäre ersichtlich, dass sehr wohl eine Bewertung des Risikos in die Preise einfließt.

Wegen (5.36) gilt die Preisbildung im Sinne einer diskontierten pseudo-risikoneutralen Bewertung nicht nur für die Basisfinanztitel bzw. dessen Rückflüsse V_i, sondern (in vollständigen State Space-Märkten) für beliebige Rückflüsse V_x mit zugehörigem Portfolio x:

$$\begin{aligned} w[V_x] &= w[v(x)] = w^{*T} Vx \\ &= \frac{1}{1+r_0} q^T Vx = \frac{1}{1+r_0} E_Q(V_x). \end{aligned} \tag{5.43}$$

Die Wahrscheinlichkeitsbelegung $Q = \{q_1,...,q_s\}$ lässt sich dabei konstruktiv aus (5.38) in Verbindung mit (5.34) ermitteln. Die vorstehende Ableitung mag auf den ersten Blick einen konstruierten Anschein haben, aber sie erweist sich als strukturell fundamental für die Preisbildung auf arbitragefreien Märkten. Wie sich zeigen wird, können erreichbare Finanztitel in sehr allgemeinen Konstellationen durch eine diskontierte pseudo-risikoneutrale Bewertung mit arbitragefreien Preisen versehen werden.

Beispiel 5.9: Pseudo-Wahrscheinlichkeiten für einen Markt mit sicherer Anlage und Binomial-Aktie.

Wir betrachten die Situation des Beispiels 5.8. Der preiserzeugende Vektor w^* ist dort bereits bestimmt worden, insofern gilt mit (5.40) für die Pseudo-Wahrscheinlichkeiten:

$$q_1 = \frac{(1+r_0)-d}{u-d} \quad \text{sowie} \quad q_2 = \frac{u-(1+r_0)}{u-d}. \tag{5.44}$$

Beispiel 5.10: Pseudo-risikoneutrale Bewertung in einem Markt mit sicherer Anlage und Binomial-Aktie.

Es sei in dem Markt des Beispiels 5.8 ein Finanztitel mit dem zufallsabhängigen Rückfluss $C = \begin{pmatrix} c_1 \\ c_2 \end{pmatrix}$ am Ende der Periode gegeben. Zu bestimmen ist der arbitragefreie Preis dieses Titels zu Periodenbeginn. Der Preis des Finanztitels auf der Basis des diskontierten Erwartungswertes unter der risikoneutralen Wahrscheinlichkeitsbelegung ist dann gegeben durch:

$$\begin{aligned} c_0 &= \frac{1}{1+r_0}(c_1 q_1 + c_2 q_2) \\ &= \frac{1}{(1+r_0)(u-d)}\{c_1(1+r_0) - c_1 d + c_2 u - c_2(1+r_0)\} \\ &= \frac{1}{(1+r_0)(u-d)}\{[(1+r_0)-d]\, c_1 + [u-(1+r_0)]\, c_2\}. \end{aligned} \tag{5.45}$$

Beispiel 5.11: Pricing by Duplication

Eine alternative (äquivalente) Preisbestimmung lässt sich in der Situation von Beispiel 5.10 durch Anwendung des *Duplikationsprinzips* (*Pricing by Duplication*) durchführen. Der Rückfluss $C = (c_1, c_2)^T$ kann zunächst äquivalent durch eine geeignete Kombination von Binomialaktie (absolutes Investmentgewicht x_1) und sicherer Anlage (absolutes Investmentgewicht x_2) in eindeutiger Weise erzeugt werden. Aus der *Duplikationsbedingung* (zum Zeitpunkt $t = 1$)

$$x_1 \begin{pmatrix} s_0 u \\ s_0 d \end{pmatrix} + x_2 \begin{pmatrix} 1+r_0 \\ 1+r_0 \end{pmatrix} = \begin{pmatrix} c_1 \\ c_2 \end{pmatrix} \tag{5.46}$$

folgt die eindeutige Lösung

$$x_1 = \frac{c_1 - c_2}{s_0(u-d)} \tag{5.47a}$$

$$x_2 = \frac{uc_2 - dc_1}{(1+r_0)(u-d)}. \tag{5.47b}$$

Das in $t = 0$ gebildete Duplikationsportfolio $x_1 s_0 + x_2$ führt somit in $t = 1$ zu einem identischen Rückfluss wie der Finanztitel mit Rückfluss $(c_1, c_2)^T$. Der Preis des Duplikationsportfolios in $t = 0$ ist aufgrund von (5.47) gegeben durch

$$\begin{aligned} w[(x_1, x_2)] = x_1 s_0 + x_2 &= \frac{c_1 - c_2}{u-d} + \frac{u c_2 - d c_1}{(1+r_0)(u-d)} \\ &= \frac{1}{(1+r_0)(u-d)}[(1+r_0)(c_1 - c_2) + (u c_2 - d c_1)] \\ &= \frac{1}{(1+r_0)(u-d)}\{[(1+r_0)-d)]c_1 + [u-(1+r_0)]c_2\}. \end{aligned} \tag{5.48}$$

Offenbar sind die Preise gemäß (5.48) und (5.45) identisch. Dies bestätigt aber nur das bereits dargestellte Law of One Price I, nach dem Finanztitel mit identischen Rückflüssen in jedem Zustand der Welt auch identische Preise aufweisen müssen.
Darüber hinaus eröffnen das Duplikationsprinzip und das Pricing of Duplication einen eigenständigen und zudem elementaren Zugang zur Bewertung von Finanzderivaten. Dies wird entsprechend in den späteren Kapiteln zu Finanzderivaten wieder aufgegriffen.

Beispiel 5.12: Arbitragefreier Preis einer Calloption

Wir betrachten eine einperiodige Calloption mit Basispreis X auf die Aktie im Rahmen des Marktes der vorherigen Beispiele. Dieser Finanztitel besitzt den Rückfluss[12]

(5.49) $$C = \max(S - X,\ 0) = \begin{cases} S - X & S \geq X \\ 0 & S \leq X. \end{cases}$$

Die Calloption kann nun unter Anwendung der Ergebnisse (5.45) bzw. (5.48) bewertet werden. Dazu sind drei Fälle zu unterscheiden:

(5.50a) **Fall 1:** $$X \geq su \Rightarrow C \equiv 0 \Rightarrow c_0 = 0$$

(5.50b) **Fall 2:** $$X \leq sd \Rightarrow C = S - X \Rightarrow c_0 = s - \frac{1}{1+r_0}X$$

Fall 3: $sd < X < su$, nur dieser Fall ist nicht-trivial, er führt im Rahmen der Bezeichnungen von Beispiel 5.10 zu $c_1 = su - X$ und $c_2 = 0$, mithin

(5.50c) $$\begin{aligned} c_0 &= \frac{1}{(1+r_0)(u-d)} \{(su-X)(1+r) - (su-X)d\} \\ &= \frac{1}{1+r_0} \frac{1+r_0-d}{u-d} (su-X)\ . \end{aligned}$$

Beispiel 5.13: Arbitragefreier Preis einer Putoption

Analog betrachten wir eine einperiodige Putoption[13] auf die Aktie, diese besitzt den Rückfluss

(5.51) $$P = \max(X - S,\ 0) = \begin{cases} X - S & S \leq X \\ 0 & S \geq X. \end{cases}$$

Als arbitragefreier Preis für die Putoption im nicht-trivialen Fall $d < X < u$ damit ergibt sich analog

(5.52) $$p = \frac{1}{1+r_0} \frac{1+r_0-d}{u-d} \cdot (X - su).$$

Aus den Ergebnissen (5.50) sowie (5.52) kann man nun die Put/Call-Parität

12 Vgl. die entsprechenden Ausführungen in Abschnitt 1.2.3.6.
13 Vgl. die entsprechenden Ausführungen in Abschnitt 1.2.3.6.

(5.53)
$$c_0 - p_0 = s_0 - X\,(1+r_0)^{-1}$$

ableiten, welche die Preise von Put- und Calloption (gleicher Basistitel, gleicher Ausübungspreis) koppelt an den heutigen Kurs des Basistitels sowie die risikolose Verzinsung (Übungsaufgabe 5.10).

Beispiel 5.14: Arbitragefreie Bewertung eines Forwardkontrakts

Gegeben sei ein Basisobjekt mit zufallsabhängigem Rückfluss *V* am Periodenende und Preis w zu Periodenbeginn. Ein einperiodiger Forwardkontrakt[14] mit Referenzpreis w_F in $t=0$ beinhaltet dann für den Käufer des Kontraktes die feste Verpflichtung, das Basisobjekt am Periodenende zum Preis w_F zu kaufen. Zu Periodenbeginn muss er allerdings keinen Preis für den Erwerb des Forwards entrichten, d.h. es findet kein anfänglicher Geldfluss statt. Es ist daher ein State Space-Markt mit den Titeln sichere Anlage, Basisobjekt und Forwardkontrakt zu betrachten. Die $(s,3)$-State Space-Matrix *V* ist gegeben durch

$$\begin{pmatrix} 1+r_0 & v_1 & v_1 - w_F \\ \vdots & \vdots & \vdots \\ \\ 1+r_0 & v_s & v_s - w_F \end{pmatrix}$$

und der Preisvektor durch $(1,v,0)^T$. Der Gesamtmarkt ist gemäß (5.34) arbitragefrei, wenn das folgende lineare Gleichungssystem eine strikt positive Lösung besitzt:

(5.54a)
$$\begin{pmatrix} 1+r_0 & \cdots & 1+r_0 \\ v_1 & \cdots & v_s \\ v_1 - w_F & \cdots & v_s - w_F \end{pmatrix} \begin{pmatrix} x_1 \\ \vdots \\ x_s \end{pmatrix} = \begin{pmatrix} 1 \\ v \\ 0 \end{pmatrix}$$

Die Einzelgleichungen lauten:

(5.54b)
$$(1+r_0)\sum x_i = u$$

(5.54c)
$$\sum v_i x_i = v$$

(5.54d)
$$\sum v_i x_i - w_F \sum x_i = 0.$$

Aus (5.54d) ergibt sich mit (5.54b) und (5.54c)

14 Vgl. die entsprechenden Ausführungen in Abschnitt 1.2.3.5.

(5.55) $$w_F = \frac{\sum v_i x_i}{\sum x_i} = (1+r_0)v.$$

Die gefundene Lösung entspricht dem *Cost of Carry-Preis* des Forwardkontraktes.

Abschließend betrachten wir noch eine weitere Konsequenz des Ansatzes einer arbitragefreien Bewertung, die zeigt, welche strukturelle Kraft dieser besitzt. Ist $w^* = (w_1^*, w_2^*, \ldots, w_s^*)$ ein preiserzeugender Vektor gemäß (5.34), so betrachten wir eine Zufallsvariable V_0 auf dem State Space-Markt, die charakterisiert ist durch den Rückflussvektor $v_0 = (w_1^* / p_1, \ldots, w_s^* / p_s)$. Man kann die Rückflüsse dieses Vektors interpretieren als *Zustandspreise pro Einheit Wahrscheinlichkeit* (state prices per unit probability). Es gilt zunächst[15]

(5.56) $$E(V_0) = \sum_{i=1}^{s} \frac{w_i^*}{p_i} p_i = \sum_{i=1}^{s} w_i^* = \frac{1}{1+r_0}$$

und des Weiteren vgl. (5.28):

(5.57) $$\begin{aligned} E(V_i V_0) &= \sum_{i=1}^{s} v_{ij} \frac{w_i^*}{p_i} p_i = \sum_{i=1}^{s} v_{ij} w_i^* \\ &= w^{*T} V e_i = w_i . \end{aligned}$$

Damit folgt:

(5.58) $$\begin{aligned} w_i &= E(V_i V_0) = E(V_i)E(V_0) + Cov(V_i, V_0) \\ &= \frac{1}{1+r_0}\left[E(V_i) + (1+r_0)Cov(V_i, V_0)\right] . \end{aligned}$$

Dies entspricht in seiner strukturellen Form bereits dem Capital Asset Pricing-Modell (CAPM) des Abschnitts 6.4 in seiner Preisversion und wird aus diesem Grunde auch als *State Space-CAPM* bezeichnet mit V_0 als preisbestimmendem Faktor. Die Zufallsgröße V_0 wird in der Literatur auch als *State Price Deflator* bezeichnet, denn er beruht auf den Zustandspreisen (pro Einheit Wahrscheinlichkeit) und die Preise von Finanztiteln mit zufallsabhängigem Rückfluss V ergeben sich aufgrund von (5.58) allgemein als Erwartungswert $E(VV_0)$ des mit V_0 (zufallsabhängig) diskontierten Rückflusses V. V_0 kann somit als stochastische Diskontierungsfunktion angesehen werden. Im Falle eines arbitragefreien State Space-Marktes existiert somit ein positives lineares Preisfunktional $w : [V_0, \ldots, V_n] \rightarrow I\!R$ der Form $w(V) = E(V\,V_0)$, d.h. mit V_0 als State Price Deflator und $P_0(V_0 > 0) = 1$.

Die grundsätzliche Struktur des CAPM ist bereits durch die Arbitragefreiheit eines Marktes im Preisgleichgewicht vorgezeichnet. Die zusätzlichen Annahmen des CAPM, insbesondere über die Risikopräferenzen der Investoren (*EV*-Investoren gemäß Beispiel 5.3) sind »nur noch« notwendig, um den preisbestimmenden Faktor als Marktportfolio zu identifizieren. Dieses Beispiel zeigt zugleich die strukturelle Stärke des arbitragefreien Ansatzes als auch seine Ohnmacht in Bezug auf die Bewertung primärer Finanztitel, denn der Faktor V_0 bleibt ohne weitere Prämissen nur ein theoretisches Konstrukt, dessen Existenz zwar gesichert ist, aber welcher ökonomischer Faktor bzw. welche Kombination von ökonomischen Faktoren sich

15 Vgl. wieder Übungsaufgabe 5.8.

dahinter verbirgt, bleibt offen. Die Arbitrage Pricing-Theorie des Abschnitts 7.3.3 versucht, allerdings unter weiteren strukturellen Annahmen (Multifaktormodelle), den grundlegenden preiserzeugenden Faktoren auf die Spur zu kommen.

5.3.3 Bewertung in arbitragefreien Märkten II: Mehrperiodiger State Space-Markt

5.3.3.1 Grundlagen

In Erweiterung des Abschnitts 5.3.2.1 werde nun ein mehrperiodiger State Space-Markt betrachtet. Wieder gebe es nur s mögliche Zustände des Finanzmarktes mit einer korrespondierenden Wahrscheinlichkeitsbelegung $P = \{p_1,..., p_s\}$, wobei $p_i > 0$ für alle $i = 1,..., s$. Gegeben sei zudem eine Folge von Handelszeitpunkten (Kauf/Verkauf von Finanztiteln) $t = 0, 1, ... , T$ (zeit- und zustandsdiskretes Modell mit endlichem Zeithorizont). Gegeben seien des Weiteren $n+1$ Basisfinanztitel, deren Wertentwicklung in der Zeit durch den diskreten stochastischen Prozess $\{S_t^i; t=0, 1,...,T\}$ $(i = 1,..., n)$ formalisiert werde.

Finanztitel 0 entspreche der *sicheren Anlage* zu einem *risikolosen Zins* r_0. Mit $s_0^0 = 1$ ergibt sich die Wertentwicklung dieses Finanztitels zu $S_t^0 = (1+r_0)^t$. Die Werte (Preise) der übrigen Finanztitel $i = 1,..., n$ zu Periodenbeginn in $t = 0$ sind mit $S_0^i = s_0^i$ bekannt. Tabelle 5.2 enthält eine Zusammenstellung der (zufallsabhängigen) Wertentwicklungen der Basisfinanztitel des betrachteten Marktes.

		ZEITPUNKTE			
		$t=0$	$t=1$	...	$t=T$
T	0	1	$1+r_0$	...	$(1+r_0)^T$
I	1	s_0^1	S_1^1	...	S_T^1
T	⋮	⋮	⋮		⋮
E					
L	n	s_0^n	S_1^n	...	S_T^n

Tab. 5.2: Entwicklung der Marktwerte des mehrperiodigen State Space-Markts

5.3.3.2 Handelsstrategien

Handelsstrategien (*trading strategies*) in dem betrachteten Markt bestehen aus zeitlich variierenden (absoluten) Portfoliozusammensetzungen aus den $n+1$ Finanztiteln des Marktes. Zum Zeitpunkt $t = 0$ kennt der Investor die anfänglichen Preise der Finanztitel. Auf der Basis seiner Informationen über die aktuellen Marktpreise sowie seinen »Erwartungen« über die Zufallsgesetzmäßigkeiten der zukünftigen Kurse in $t = 1$ stellt er ein Portfolio mit den absoluten Stückzahlen $x_0 = (x_0^0, x_0^1,..., x_0^n)$ zusammen. Der Startwert dieses Portfolios beträgt

(5.59) $$V_0(x_0) = \sum_{i=0}^{n} x_0^i s_0^i .$$

Entsprechend ist der Wert des Portfolios in $t = 1$ aus heutiger Sicht

(5.60) $$V_1(x_0) = \sum_{i=0}^{n} x_0^i S_1^i.$$

Zum Zeitpunkt $t = 1$ kennt der Investor die realisierten Preise der einzelnen Finanztitel $s_1^0,\ldots,s_1^n$ und damit den realisierten Wert $v_1(x_0) = \sum_{i=0}^{n} x_0^i s_1^i$ seines Portfolios. Auf der Grundlage seiner Informationen über die bisherige Kursentwicklung sowie seinen Erwartungen über $S_2^1,\ldots,S_2^n$ ändert der Investor die Portfoliozusammensetzung in $x_1 = (x_1^0, x_1^1,\ldots,x_1^n)$. Nimmt man an, dass dabei keine Mittel aus der Investition abgezogen und keine neuen Mittel zugefügt werden, so muss gelten:

(5.61) $$v_1(x_1) = \sum x_1^i s_1^i = \sum x_0^i s_1^i = v_1(x_0),$$

d.h. der anfängliche Wert des neu zusammengestellten Portfolios x_1 muss dem realisierten Endwert des Portfolios mit der Struktur x_0 entsprechen. Der Ex-ante-Wert des Portfolios x_1 zum Zeitpunkt $t = 1$ ist

(5.62) $$V_2(x_1) = \sum_{i=0}^{n} x_1^i S_2^i,$$

sein realisierter Wert am Periodenende in $t = 2$ beträgt $v_2(x_1) = \sum x_1^i s_2^i$. Auf der Grundlage seiner Informationen über die bisherige Kursentwicklung sowie seinen Erwartungen über die Kurse S_3^i in $t=3$ stellt der Investor am Anfang von Periode 2 ein neues Portfolio mit der Struktur $x_2 = (x_2^0, x_2^1,\ldots,x_2^n)$ zusammen. Dabei soll wiederum gelten $v_2(x_2) = v_2(x_1)$. Die letzte Umstrukturierung des Portfolios erfolgt in $t = T - 1$ auf der Grundlage der bisherigen Kursentwicklung sowie den Erwartungen über $S_T^1,\ldots,S_T^n$. Das resultierende Portfolio besitzt den Ex ante-Wert

(5.63) $$V_T(x_{T-1}) = \sum_{i=0}^{n} x_{T-1}^i S_T^i.$$

Der am Ende des Planungshorizontes realisierte Wert aus den Aktivitäten des Investors ist schließlich $v_T(x_{T-1}) = \sum x_{T-1}^i s_T^i$. Eine Handelsstrategie H des Investors gemäß der zuvor dargelegten Konzeption ist dann eine Folge von Portfoliozusammenstellungen $H = (x_0,\ldots,x_{T-1})$. Tabelle 5.3 enthält eine Zusammenstellung des Verlaufs einer solchen Handelsstrategie.

Aus der Handelsstrategie H resultiert ein Wertverlauf der resultierenden Portfolios $V_H = \{V_0(H), V_1(H),\ldots,V_T(H)\}$. Dabei gilt:

(5.64) $$V_t(H) = V_t(x_{t-1}) = \begin{cases} \sum_{i=0}^{n} x_0^i s_0^i & t = 0 \\ \sum_{i=0}^{n} x_{t-1}^i S_t^i & t = 1,\ldots,T. \end{cases}$$

$V_0(H)$ ist der anfängliche Wert des ersten in $t = 0$ gebildeten Portfolios und $V_t(H)$ gibt jeweils den (Ex-ante-)Periodenendwert des zum Zeitpunkt t-1 zusammengestellten Portfolios x_{t-1} an.

Eine Handelsstrategie H heißt *selbstfinanzierend,* wenn gilt:

(5.65) $$\sum_{i=0}^{n} x_t^i s_t^i = \sum_{i=0}^{n} x_{t-1}^i s_t^i, \quad t = 1,\ldots,T-1,$$

		ZEITPUNKTE			
		$t=0$	$t=1$	...	$t=T-1$
T	0	x_0^0	x_1^0	...	x_{T-1}^0
I	1	x_0^1	x_1^1	...	x_{T-1}^1
T	⋮	⋮	⋮		⋮
E					
L	n	x_0^n	x_1^n	...	x_{T-1}^n

Tab. 5.3: Allgemeine Handelsstrategie im mehrperiodigen State Space-Markt

d.h. der anfängliche Wert jedes neu zusammengestellten Portfolios ist identisch mit dem Endwert des vor der Umstrukturierung bestehenden Portfolios. Es werden keine Mittel entnommen und keine zusätzlichen investiert, d.h. die Portfolioumgestaltung wird nur aus ihm selbst bestritten. Der Investor ist dabei zu jedem Zeitpunkt voll in die Basistitel des Marktes investiert.

5.3.3.3 *Arbitragefreiheit und pseudo-risikoneutrale Bewertung: Fundamental Theorem of Asset Pricing*

Der im Abschnitt 5.3.3.1 betrachtete Finanzmarkt enthält *Arbitragemöglichkeiten,* wenn es eine selbstfinanzierende Handelsstrategie H gibt, sodass[16]

(5.66)
1. $V_0(H) = v_0(x_0) = 0$
2. $V_T(H) \geq 0,\ V_T(H) \neq 0.$

Mit einer anfänglichen *Nullinvestition* kann ein nicht-negatives Vermögen realisiert werden, das nicht sicher null ist, d.h. mit positiver Wahrscheinlichkeit in einen positiven Rückfluss am Ende des Planungshorizontes mündet. Die Eigenschaft der selbstfinanzierenden Strategie gewährleistet dabei, dass es bei einer Nullinvestition bleibt.

Der mehrperiodige State Space-Markt heiße global arbitragefrei, wenn für alle selbstfinanzierenden Strategien H mit $v_0(H) = 0$ gilt:

$$V_T(H) \geq 0 \Rightarrow V_T(H) \equiv 0. \tag{5.67}$$

Unter den Voraussetzungen H selbstfinanzierend und $v_0(H) \geq 0$ folgt aus $V_T(H) \geq 0,\ V_T(H) \neq 0$, bei Vorliegen der globalen Arbitragefreiheit somit $v_0(H) > 0$. Unter diesen Voraussetzungen erweist sich die Eigenschaft der globalen Arbitragefreiheit als Verallgemeinerung der Bedingung (5.31a) der starken Arbitragefreiheit im Einperiodenmodell. In Erweiterung der Überlegungen

16 Die Konstellation 2 kann auch durch $P[V_T(H) > 0] > 0$ charakterisiert werden.

zu einer *pseudo-risikoneutralen Bewertung* in Abschnitt 5.3.2.4 wird eine zu der Wahrscheinlichkeitsbelegung $P = (p_1, ..., p_s)$ der Eintrittswahrscheinlichkeiten des Finanzmarktes eine alternative Wahrscheinlichkeitsbelegung $Q = (q_1, ..., q_s)$ von *Pseudo-Wahrscheinlichkeiten* betrachtet. Auch diese seien sämtlich positiv (Eigenschaft der Äquivalenz der Wahrscheinlichkeitsbelegungen).

Definition (Martingal-Wahrscheinlichkeitsbelegung):
Eine Martingal-Wahrscheinlichkeitsbelegung Q für den Finanzmarkt liegt dann vor, wenn die *diskontierten Kursverläufe* der Basisfinanztitel S_t^i $(i = 1,..., n)$ die Martingaleigenschaft (4.1) besitzen, d.h. (unter Unterdrückung von i)

$$E_Q[(1+r_0)^{-(t+1)}S_{t+1} \mid (1+r_0)^{-t}S_t,..., (1+r_0)^{-1}S_1, S_0] = (1+r_0)^{-t}S_t. \tag{5.68}$$

Zu (5.68) äquivalente Bedingungen mit einfacherer Struktur sind:

$$E_Q(S_{t+1} / S_t,..., S_0) = (1+r_0)\, S_t \tag{5.69a}$$

bzw.

$$E_Q\left(\frac{1}{1+r_0}S_{t+1} \mid S_t,...,S_0\right) = S_t. \tag{5.69b}$$

Dies ist eine geeignete Stelle, um die Forderung der Martingaleigenschaft ökonomisch zu plausibilisieren. Betrachtet man eine konkrete Kursentwicklung $s_0, s_1,..., s_t$, dann besagt (5.69a) in Renditeschreibweise:

$$E_Q\left(\frac{S_{t+1}-s_t}{s_t} \middle| S_t = s_t,...,S_0 = s_0\right) = \frac{(1+r_0)s_t - s_t}{s_t} = r_0. \tag{5.70}$$

Gegeben sei eine konkrete Kursgeschichte, dann entspricht die künftige Einperiodenrendite unter der Wahrscheinlichkeitsbelegung Q im *Erwartungswert* gerade der risikolosen Verzinsung. Dies gilt für alle Basistitel des Finanzmarktes und somit auch für alle durch diese erzeugbaren Titel.[17]

Die Martingaleigenschaft der Finanztitelpreise lässt sich damit wie folgt plausibilisieren. Die arbitragefreien Preise sind unabhängig von den Präferenzen der Anleger, dies wurde bereits in Abschnitt 5.3.2 dargestellt. Damit würde man auch in einer Welt risikoneutraler Investoren zu diesen Preisen gelangen. Deren Vorstellung über die Wahrscheinlichkeitsbelegung der Zustände des Finanzmarktes sei gegeben durch $Q = (q_1,..., q_s)$. Da risikoneutrale Investoren sich nur am Erwartungswert orientieren, können die resultierenden Preise auch nur die Informationen über die erwartete Wert- bzw. Preisentwicklung widerspiegeln. Dies muss zudem, und dies für jeden Finanztitel am Markt, der Wertentwicklung im Rahmen einer sicheren Anlage entsprechen, mithin muss (5.70) gelten. Die Annahme, dass diskontierte Preisprozesse unter einer risikoneutralen Bewertung die Martingaleigenschaft besitzen müssen, ist damit zwingend. Die zentrale Erkenntnis der modernen Kapitalmarkttheorie ist, dass für diese Aussage auch die Umkehrung zwingend ist, d.h. dass aus der Existenz einer Martingal-Wahrscheinlichkeitsbelegung auch die Arbitragefreiheit des Marktes folgt. Dies ist der Inhalt des folgenden Satzes, der

17 Vgl. (5.72) sowie Übungsaufgabe 5.11.

aufgrund seiner fundamentalen Bedeutung für die Preisbildung auf arbitragefreien Finanzmärkten auch als Fundamental Theorem of Asset Pricing bezeichnet wird.

Satz 5.2 (Fundamental Theorem of Asset Pricing):
Der betrachtete Finanzmarkt ist arbitragefrei gemäß (5.67) genau dann, wenn es eine Martingal-Wahrscheinlichkeitsbelegung $Q = (q_1,..., q_s)$ mit $q_i > 0$ $(i=1, ..., s)$ für den Finanzmarkt gibt.

Die Aussage des Satzes 5.2, hier formuliert für die Konstellation eines endlichen Zustandsraums für ein zeitdiskretes Modell mit endlichem Zeithorizont, ist die zentrale Erkenntnis der modernen Kapitalmarkttheorie mit vor allem herausragender Bedeutung für die Bewertung derivativer Finanztitel. Die Aussage bleibt zumindest im Kern auch für sehr viel allgemeinere modelltheoretische Spezifikationen von Finanzmärkten erhalten. Zugleich besagt der Satz auch, dass dann, wenn keine Martingal-Wahrscheinlichkeitsbelegung existiert, der Markt Arbitragemöglichkeiten beinhalten muss.[18]

Im Unterschied zum Einperiodenfall liegt dabei kein allgemeines konstruktives Kriterium für den Nachweis bzw. die Ermittlung der Existenz einer Martingal-Wahrscheinlichkeitsbelegung von Pseudo-Wahrscheinlichkeiten vor. Da jede Teilperiode des Mehrperiodenmodells für sich selbst gesehen arbitragefrei ist, existiert aber eine wie im Abschnitt 5.2 zu bestimmende risikoneutrale Wahrscheinlichkeitsbelegung. Durch »geeignetes Zusammensetzen« dieser Wahrscheinlichkeitsbelegung kann man dann die gewünschte Martingal-Wahrscheinlichkeitsbelegung gewinnen.[19]

Wendet man Satz 5.2 auf den Einperiodenfall an, so folgt aus (5.69)

$$E_Q\left[\frac{1}{1+r_0}S_1^i\right] = s_0^i \tag{5.71a}$$

für alle Finanztitel $i = 1,..., n$ des Marktes bzw. mit den Bezeichnungen des Abschnittes 5.3.2.4

$$w_i = \frac{1}{1+r_0}E_Q(V_i). \tag{5.71b}$$

Die Martingal-Wahrscheinlichkeitsbelegung dieses Abschnittes ist somit für den Fall $t = 1$ identisch mit der risikoneutralen Wahrscheinlichkeitsbelegung, die zu einer pseudo-risikoneutralen Festlegung der Wertpapierpreise führt. Diesen Sachverhalt kann man nun auf den Mehrperiodenfall verallgemeinern. Zunächst gilt aufgrund der Stationarität des Erwartungswertes von Martingalen, vgl. (4.3):

$$\begin{aligned} E_Q[V_T(H)] &= (1+r_0)^T E_Q[V_0(H)] \\ &= (1+r_0)^T v_0(H). \end{aligned} \tag{5.72}$$

Mit anderen Worten:

18 Vgl. hierzu auch Übungsaufgabe 5.12.
19 Man vgl. hierzu auch Übungsaufgabe 5.14.

Satz 5.3 (Martingal-Pricing): Der Preis des anfänglich zusammengestellten Portfolios aus Finanztiteln (und analog auch die Preise der einzelnen Finanztitel) ergibt sich in einem arbitragefreien Markt durch den diskontierten Erwartungswert des Vermögensendwertes einer selbstfinanzierenden Strategie unter der Martingal-Wahrscheinlichkeitsbelegung:

(5.73a) $$w[v_0(H)] = (1+r_0)^{-T} E_Q[V_T(H)].$$

Es ist zu beachten, dass durch die Preisgleichung (5.73a) offenbar jeder Finanztitel mit zufallsabhängigem Rückfluss (Contingent Claim) C_T in $t = T$ bewertet werden kann, der durch eine selbstfinanzierende Handelsstrategie H aus den Basistiteln des Finanzmarktes erreicht werden kann, d.h. $C_T = V_T(H)$.

Intuitiv muss im Falle eines arbitragefreien Marktes der Preis eines (durch eine selbstfinanzierende Strategie) aus den Basistiteln replizierbaren Finanztitels dem Preis des entsprechenden Replikationsportfolios entsprechen. In struktureller Umformulierung von (5.61) gilt dann:

(5.73b) $$\begin{aligned} C_0 &= (1+r_0)^{-T} E_Q[C_T] \\ &= (1+r_0)^{-T} \sum_{j=1}^{s} c_T^j q_j, \end{aligned}$$

wobei c_T^j die Realisationen von C_T in den möglichen Zuständen des Finanzmarktes darstelle und C_0 den Wert des Finanztitels in $t = 0$.

Die Beziehung (5.73b) charakterisiert die Preisbildung zum Zeitpunkt $t = 0$ in einem arbitragefreien Markt als diskontierte pseudo-risikoneutrale Bewertung auf der Basis der Martingal-Wahrscheinlichkeitsbelegung Q der Pseudo-Wahrscheinlichkeiten q_j. In Verallgemeinerung der Preisbeziehung (5.73b) gilt für die Bewertung zu einem beliebigen Zeitpunkt:

(5.74) $$C_t = (1+r_0)^{-(T-t)} E_Q[C_T \mid S_t, \dots, S_0].$$

Dabei bezeichne C_t den Wert des Finanztitels mit Rückfluss in $t = T$ in Abhängigkeit von dem Verlauf der Entwicklung der Werte (vgl. Tabelle 5.2) der Basistitel des Finanzmarktes, wobei $S_t = (S_t^0, S_t^1, \dots, S_t^n)$. Zur Begründung der Preisgleichung (5.74) ist nachzuweisen, dass $\{(1+r_0)^{-t} C_t\} = \{(1+r_0)^{-t} V_t(H)\}$ ein Martingal hinsichtlich der Preisentwicklung $\{S_t\}$ darstellt.[20]

Ist ferner $\{S_t\}$ ein Markovprozess unter Q und gilt – wie beispielsweise im Falle von Standard-Optionspositionen – $C_T = h(S_T)$ mit einer monotonen Funktion h, so reduziert sich die Preisgleichung weiter auf:

(5.75) $$C_t = (1+r_0)^{-(T-t)} E_Q[C_T \mid S_t]$$

Es sei nochmals explizit darauf hingewiesen, dass die zentralen Preisgleichungen (5.73) bzw. (5.74) *präferenzfrei* sind, d.h. es gehen keine expliziten Annahmen über die Präferenzen der Investoren am Markt ein. Vorausgesetzt wird nur, dass Arbitragemöglichkeiten auch ausgenutzt

20 Vgl. zu dieser Konstruktion (4.5).

werden, d.h. nicht-gesättigte Investoren vorliegen, vgl. den Anhang zu diesem Kapitel. Ferner geht in die Preisgleichung auch keine Annahme über die Original-Wahrscheinlichkeitsbelegung ein, d.h. die Investoren müssen zwar die möglichen Rückflüsse der Finanztitel kennen, nicht aber deren Eintrittswahrscheinlichkeiten.[21] Letzteres ist allerdings nur charakteristisch für den zeit- und zustandsdiskreten Fall. Im allgemeinen Fall müssen Investoren zumindest hinsichtlich der Einschätzung der Verteilung der Rückflüsse (etwa: Lognormalverteilung bzw. geometrische Brownsche Bewegung) übereinstimmen, wenn auch nicht notwendigerweise hinsichtlich deren Parameter.

Der betrachtete Mehrperioden-State Space-Markt heiße nun *vollständig* (in Erweiterung der entsprechenden Definition für den Einperiodenfall), wenn jeder Contingent Claim C_T durch eine selbstfinanzierende Handelsstrategie in den Basistiteln des Finanzmarktes *erreichbar* (*attainable*) ist. Es gilt der folgende, ebenfalls fundamentale Satz:

Satz 5.4 (vollständiger Finanzmarkt):
Der betrachtete Finanzmarkt ist vollständig genau dann, wenn es eine *eindeutig bestimmte* Martingal-Wahrscheinlichkeitsbelegung $Q = (q_1,..., q_s)$ mit $q_i > 0$ ($i = 1,...., s$) gibt.

Ein Beispiel, in dem die Martingal-Wahrscheinlichkeitsbelegung nicht eindeutig und der Finanzmarkt daher unvollständig ist, beinhaltet die Übungsaufgabe 5.13. Aus der Existenz einer eindeutig bestimmten Martingal-Wahrscheinlichkeitsbelegung ergeben sich damit weitreichende Konsequenzen:

1. Der Markt ist arbitragefrei.
2. Jeder Finanztitel (nicht nur die Basisfinanztitel) lässt sich in arbitragefreier Weise zu jedem Zeitpunkt $t = 0,...,T-1$ bewerten (arbitragefreies Pricing).
3. Das arbitragefreie Pricing erfolgt als diskontierte pseudo-risikoneutrale Bewertung, d.h als diskontierter Erwartungswert bei Zugrundelegung der Martingal-Wahrscheinlichkeitsbelegung $Q = (q_1,..., q_s)$.

Damit ist die arbitragefreie Preisbildung zumindest für mehrperiodige State Space-Märkte umfassend und befriedigend gelöst.

Kommen wir abschließend zu einem Beispiel, das grundlegend für die zeitdiskrete Optionspreistheorie ist und zum binomialen Optionspreismodell nach *Cox/Ross/Rubinstein* führt.

Beispiel 5.15: Arbitragefreiheit im State Space-Markt mit sicherer Anlage und Binomialgitterprozess
Wir betrachten einen mehrperiodigen State Space-Markt mit zwei Finanztiteln, der sicheren Anlage sowie einer Aktie, deren Kursverlauf $\{S_t\}$ durch einen multiplikativen Binomialgitterprozess gemäß (4.12) bzw. (4.14) gegeben ist. Es gelte $d < 1 + r_0 < u$. Gemäß der Charakterisierung (4.13b) lassen sich die multiplikativen Zuwächse H_t für jede Teilperiode auf einem Zwei-Zustandsraum mit zugehöriger Wahrscheinlichkeitsbelegung $p = (p, 1\text{-}p)$ definieren. Gesucht ist eine Wahrscheinlichkeitsbelegung $Q = (q, 1\text{-}q)$ mit $q > 0$, sodass $(1 + r_0)^{-t} S_t$ die Martingaleigenschaft aufweist, d.h. gemäß (5.69a) $E_Q(S_{t+1} \mid S_t,...,S_0) = (1 + r_0)S_t$ gilt.

---

21 Vorliegen muss allerdings zumindest eine übereinstimmende Einschätzung hinsichtlich der Zahl der möglichen Zustände des Finanzmarkts.

Aus (4.13) sowie der stochastischen Unabhängigkeit der $\{H_t\}$ lässt sich nun folgern:

$$E_Q(S_{t+1} \mid S_t,\ldots,S_0) = E_Q[sH_{t+1}\prod_{i=1}^{t} H_i \mid S_t,\ldots,S_0]$$

$$= s\prod_{i=1}^{t} H_i E_Q(H_{t+1} \mid S_t,\ldots,S_0) = s\prod_{i=1}^{t} H_i E_Q(H_{t+1})$$

$$= S_t E_Q(H_{t+1}).$$

Die zu erfüllende Eigenschaft lautet mithin:

(5.76) $$E_Q(H_{t+1}) = 1 + r_0.$$

Wegen $E_Q(H_{t+1}) = uq + d(1-q) = (u-d)q + d$ folgt hieraus:

(5.77) $$q = \frac{1 + r_0 - d}{u - d}.$$

Die Martingal-Wahrscheinlichkeitsbelegung ist somit gefunden und entspricht gemäß Beispiel 5.9 dem Ergebnis (5.44) im Einperiodenfall. Die Martingal-Wahrscheinlichkeitsbelegung ist zudem eindeutig, sodass Satz 5.3 greift. Unter der Pseudo-Wahrscheinlichkeitsbelegung ist $\{S_t\}$ nach wie vor ein Binomialgitterprozess, nun aber mit veränderter Wahrscheinlichkeitsbelegung. Gemäß (4.16) gilt:

(5.78) $$P_0(S_t = su^j d^{t-j}) = \binom{t}{j} q^j (1-q)^{t-j}.$$

5.4 Literaturhinweise und Ausblick

Über die Grundlagen der Entscheidungstheorie, insbesondere das Bernoulli-Prinzip, liegen eine Reihe von elementaren Lehrbüchern, u.a. *Bamberg/Coenenberg* (2004), *Eisenführ/Weber* (2002) und *Laux* (2004), vor. Im Hinblick auf die Behandlung der Fragestellungen Risikobewertung, Risikoteilung und Risikomanagement aus entscheidungstheoretischer Sicht sei auf *Eeckhoudt/Gollier* (1995) hingewiesen.

Hinsichtlich der Thematik von Risiko/Wert-Modellen vgl. *Sarin/Weber* (1993), *Maurer* (2000, Kapitel 2) sowie mit einem Schwerpunkt hinsichtlich Shortfallrisikomaße *Albrecht/Maurer/Möller* (1999). Letztere gehen dabei insbesondere auf die Konsistenz (spezifischer) Risiko/Wert-Modelle zum Bernoulli-Prinzip ein.

Die Darstellung von Spielarten von Risiko/Wert-Modellen konzentriert sich dabei auf die Schaffung eines allgemeinen Rahmens im Hinblick auf typische Anwendungen im Rahmen der Portfoliotheorie. Die Markowitzsche Portfoliotheorie, ebenso das Capital Asset Pricing-Modell (CAPM), basieren dabei auf einem Erwartungswert/Varianz-Modell sowie dem Konzept der Erwartungswert/Varianz-Effizienz. Für *E/LPM*$_n$-Modelle vgl. generell *Fishburn* (1977) und *Albrecht/Maurer/Möller* (1999, Abschnitt 3) sowie die Ausführungen des Abschnitts 7.2.

Safety first-Modelle in der in der vorliegenden Arbeit benutzten Variante – für alternative Varianten vgl. etwa *Roy* (1952) und *Reichling* (1996) – gehen zurück auf *Telser* (1955/56), die angesprochenen Erweiterungen auf *Arzac/Bawa (1977)* sowie *Bawa* (1978).

Anwendungen der Verbindung von kompensatorischen mit nicht-kompensatorischen Bewertungsmodellen im Rahmen der Portfolioselektion beinhalten etwa *Leibowitz/Henriksson* (1989), *Leibowitz/Kogelmann* (1991) sowie *Maurer* (2000).

Zur Theorie der Bewertung in Finanzmärkten in ihren unterschiedlichen Spielarten vgl. sehr allgemein und tiefgehend *Duffie* (1991). Eine Einführung in die Ansätze der Preisbildung in einem Marktgleichgewicht (Equilibrium Pricing) bieten etwa *Huang/Litzenberger* (1988, Kapitel 7) und *Panjer* (1998, Kapitel 4). Einperiodige State Space-Märkte werden ausführlich in *Ingersoll* (1987, Kapitel 2) behandelt, allerdings formuliert *Ingersoll* seine Arbitragefreiheitsbedingungen auf der Renditeebene. *Varian* (1987) beinhaltet eine elementare Abhandlung der Bedeutung des Prinzips der Arbitragefreiheit für die Kapitalmarkttheorie. Der Terminus schwache Arbitragefreiheit findet sich bei *Duffie* (2001, Übung 1). Er liegt, teilweise implizit, vielen Ausführungen über arbitragefreie Märkte zu Grunde, so etwa *Spremann* (1966, Kapitel 1). *Ingersoll (1987)* verwendet die Termini Arbitragemöglichkeit des Typus 1 bzw. des Typus 2.

Cox/Ross (1976) gebührt der Verdienst, den strukturellen Zusammenhang zwischen Optionspreistheorie und risikoneutraler Bewertung aufgedeckt zu haben. Der Terminus synthetische Wahrscheinlichkeiten ist bei *Neftci* (2000, S. 20) zu finden. Dieser Zusammenhang, insbesondere die Verbindung zu Martingalen sowie (zeitstetiger Fall) zu stochastischen Integralen, wurde von *Harrison/Kreps* (1979), *Harrison/Pliska* (1981) und *Kreps* (1982), systematisch zu einer allgemeinen Theorie des Martingal-Pricing weiterentwickelt. Für den zeit- und zustandsdiskreten Fall vgl. in großer Allgemeinheit *Taqqu/Willinger* (1987) und *Dalang/Morton/Willinger* (1990). Diese Resultate sind inzwischen auch in die Lehrbuchwelt migriert, vgl. etwa *Naik* (1995), *Bingham/Kiesel* (2004), *Irle* (1998), *Korn/Korn* (1999), *Panjer* (1998, Kapitel 5) sowie *Schlag* (1995). Eine elementare Einführung in die Grundideen- und Werkzeuge der pseudo-risikoneutralen Bewertung gibt *Sundaram* (1997). Hinsichtlich der in den Anhängen 5B – 5E dargestellten Verallgemeinerungen, Vertiefungen und Erweiterungen sei neben der dort angegebenen Literatur primär verwiesen auf *Bingham/Kiesel* (2004) und *Korn/Korn* (1999).

Die von uns gewählte Konzentration auf den zeit- und zustandsdiskreten Fall beinhaltet den Vorteil, die Basisidee und zentrale Folgerungen des für die moderne Kapitalmarkttheorie zentralen Martingal-Pricing in (einigermaßen) elementarer Form sowie unter weitgehender Vermeidung der üblichen mathematischem Maschinerie (äquivalente Maße, Bedingungen auf Filtrationen, stochastische Integrale, etc.) erhellen zu können. Dies stand im Vordergrund unserer Zielsetzung und spiegelt sich auch in entsprechend angepassten Formulierungen wie u.a. Martingal-Wahrscheinlichkeitsbelegung wider, auch wenn dies zu Lasten einer strukturell allgemeineren Einführung in die Konzeption des Martingal-Pricing geht.

Anhang 5A: Arbitragefreiheit und stochastische Dominanz erster Ordnung

Gegeben seien zwei Zufallsgrößen X und Y. X dominiert Y im Sinne der stochastischen Dominanz 1. Ordnung, X $_{FSD}$ Y, wenn gilt $P(X \leq x) \leq P(Y \leq x)$ für alle x bzw. $P (X > x) \geq P (Y > x)$ für alle x, wobei zumindest eine Ungleichung strikt erfüllt sein muss. Für jede mögliche Realisation x weist X damit eine höhere Übersteigungswahrscheinlichkeit auf. Die Verbindung zum Bernoulli-Prinzip lautet:

$$X_{FSD}Y \Leftrightarrow E[u(X)] \geq E[u(Y)] \text{ für alle } u \text{ mit } u' \geq 0.$$

Alle Investoren mit monoton steigender Nutzenfunktion ziehen bei Vorlage einer stochastischen Dominanz 1. Ordnung die Zufallsgröße X vor.

Seien nun X und Y diskrete Zufallsgrößen mit Realisationen $x_1,..., x_s$ bzw. $y_1,..., y_s$, entsprechend den Rückflüssen in den möglichen Zuständen des State-Space-Finanzmarktes gemäß Abschnitt 5.3.2.1. Für die Preise w_X und w_Y von X und Y gelte $w_X \leq w_Y$. Eine Arbitragemöglichkeit gemäß (5.21a) für die Differenzinvestition $X - Y$ impliziert dann $x_i - y_i \geq 0$, für alle $i = 1,...,s$ wobei für mindestens ein i $x_i > y_i$ gilt. Damit gilt offenbar $X_{FSD}Y$. Es genügt damit ein Investor am Markt, für dessen Nutzenfunktion $u' \geq 0$ gilt (nicht-gesättigter Investor), um die Arbitragemöglichkeit zu realisieren.

Jarrow (*1986*) bietet eine vertiefte Diskussion des Zusammenhangs zwischen Arbitragefreiheit und stochastischer Dominanz 1. Ordnung.

Anhang 5B: Martingal-Pricing: Anmerkungen zum allgemeinen Fall

Wir greifen zunächst noch einmal die zentralen Erkenntnisse des Abschnitts 5.3.3.3 in verallgemeinerter Notation auf.

1) Fundamental Theorem of Asset Pricing

Ein Finanzmarkt ist genau dann arbitragefrei, wenn es ein zu P äquivalentes Wahrscheinlichkeitsmaß Q (»Martingalmaß«) gibt, so dass der diskontierte Preisprozess ein Martingal unter Q ist.

2) Vollständiger Markt und eindeutiges Martingalmaß

Ein arbitragefreier Markt ist vollständig genau dann, wenn ein eindeutig bestimmtes Martingalmaß existiert. Vollständig bedeutet hierbei, dass jeder Contingent Claim durch eine selbstfinanzierende (und zulässige) Strategie duplizierbar ist.

3) Martingal-Pricing (Pseudo-risikoneutrale Bewertung)

Der Preis eines duplizierbaren Finanztitels ergibt sich in einem arbitragefreien Markt durch den diskontierten Erwartungswert des Vermögensendwertes der duplizierenden Strategie unter dem Martingalmaß Q.

Diese Resultate der modernen Finanzmathematik gelten in sehr großer Allgemeinheit – vgl. hierzu *Dalang/Morton/Willinger* (1990) – für den Fall, in dem sowohl die Menge der Zeitpunkte endlich ist als auch der zugrunde liegende Wahrscheinlichkeitsraum nur endlich viele Zustände besitzt (mehrperiodiger State Space-Markt), dies war der Inhalt des Abschnitts 5.3.3.3. Bei der Verallgemeinerung dieser Resultate auf die Fälle einer beliebigen, insbesondere kontinuierlichen Zeitmenge und eines beliebigen Wahrscheinlichkeitsraums sind zunächst eine Reihe von Basisfragen zu klären:

1) Welche Preisprozesse $\{S_t\}$ werden zugelassen?
2) Welches ist das adäquate Konzept einer selbstfinanzierenden Tradingstrategie?
3) Welche selbstfinanzierenden Tradingstrategien werden zugelassen, d.h. sind zulässig (admissible)?
4) Welche Bedingungen (z.B. Arbitragefreiheit) sind an den Finanzmarkt zu stellen, damit die Existenz eines äquivalenten Martingalmaßes gesichert ist?
5) Welche Wertentwicklungen sind durch die zulässigen selbstfinanzierenden Tradingstrategien duplizierbar – und damit bewertbar? Dies betrifft die Frage der Erreichbarkeit von zufallsabhängigen Rückflüssen (attainable claims).

Die Beantwortung dieser Fragen setzt außerordentlich anspruchsvolle Konzepte und Methoden voraus und sprengt den Rahmen des vorliegenden Buches bei Weitem. Dem Grunde nach kann aber gezeigt werden, dass die anfangs formulierten Kernaussagen in sehr großem Umfang verallgemeinert werden können und ihre Gültigkeit behalten. Wir begnügen uns an dieser Stelle mit wenigen ausgewählten Hinweisen.

Das Konzept der zeitdiskreten Tradingstrategie des Abschnitts 5.3.3.2 lässt sich zunächst sehr einfach auf den zeitstetigen Fall verallgemeinern, wenn man annimmt, dass jeweils nur am Anfang der Periode umgeschichtet wird und dann für den Rest der Periode die realisierte Wertpapierzusammenstellung unverändert bleibt. Eine solche Tradingstrategie (*einfache Tradingstrategie*) H lässt sich zu jedem Zeitpunkt $t = 0,1,\ldots,T-1$ wieder als Folge $H = \{H_0, H_1, \ldots, H_{T-1}\}$ darstellen, wobei $H_t = x_t$ den Vektor der Wertpapierzusammenstellung zum Zeitpunkt t bezeichne. Die Selbstfinanzierbarkeitsbedingung lautet wie in (5.65), nun aber in Vektorform dargestellt:

$$H_t^T S_t = H_{t+1}^T S_t, \quad t = 1,\ldots,T. \tag{5B.1}$$

Für den Wertprozess $\{V_t(H)\}$ gilt dann in Verallgemeinerung von (5.64):

$$\begin{aligned} V_t(H) - V_0(H) &= \sum_{j=1}^{t} H_j^T (S_j - S_{j-1}) \\ &= \int_0^t H^T(u)\, dS(u) = \sum_{i=0}^{n} \int_0^t H^i(t)\, dS^i(t)\,, \end{aligned} \tag{5B.2}$$

dabei bezeichnen $H^i(t)$ bzw. $S^i(t)$ jeweils die i-te ($i = 0,\ldots,n$) Komponente von H_t bzw. S_t. Die Darstellung unter Verwendung des (n+1)-dimensionalen stochastischen Integrals $\int H^t(u)\, dS(u)$ bzw. der eindimensionalen stochastischen Integrale $\int H^i(t)\, dS^i(t)$ ergibt sich im vorliegenden Falle einer einfachen Tradingstrategie unmittelbar aus der Definition des Itô-Integrals, vgl. Anhang 4B, für einfache Prozesse (Treppenfunktionen). Zugleich liefert (5B.2) den Ausgangspunkt für die Definition allgemeiner Handelsstrategien H und Wertprozesse $\int H dS$. Zentral hierfür ist offenbar die Definition und Existenz eines stochastischen Integrals $\int H dS$.

Zudem kann man dann die folgende äquivalente elegante Charakterisierung einer selbstfinanzierenden Tradingstrategie nachweisen: H ist selbstfinanzierend, genau dann, wenn gilt

(5B.3) $$V_t(H) = V_0(H) + \int_0^t H^T(u)\,dS(u).$$

Zwar ist bei Existenz eines Martingalmaßes die globale Arbitragefreiheit des Finanzmarktes gemäß (5.56) wiederum gesichert, jedoch ist diese Forderung bereits im Falle eines endlichen Zustandsraums bei unendlichem zeitdiskretem Horizont zu schwach, um auch die Umkehrung dieser Aussage und damit das Fundamental Theorem of Asset Pricing zu erzwingen. Als relevante stärkere Konzeption erweist sich die auf *Kreps* (1981) zurückgehende *No Free Lunch-Bedingung*. Diese wird in der Variante des *No Free Lunch with Vanishing Risk* (NFLVR) von *Schachermayer* (1994) für den Fall eines zeitdiskreten Zeithorizonts und von *Delbaen/Schachermayer* (1994, 1998), *Frittelli/Lakner* (1994) und *Yan* (1998) im allgemeinen Fall benutzt, um – unter weiteren Bedingungen an die zulässigen Tradingstrategien – sehr weitgehende Verallgemeinerungen des Fundamental Theorem of Asset Pricing zu erzielen.

Im Rahmen einer Zeitperiode T sei nun C_T ein durch eine selbstfinanzierende Tradingstrategie H duplizierbarer Contingent Claim. Es gelten dann in Verallgemeinerung von (5.73) bzw. (5.74) die fundamentalen Preisgleichungen

(5B.4) $$\begin{aligned} w_0(C_T) = w[v_0(H)] &= e^{-\int_0^T r(t)dt} E_Q[V_T(H)] \\ &= e^{-\int_0^T r(t)dt} E_Q[C_T] \end{aligned}$$

für die Bewertung in $t = 0$ sowie

(5B.5) $$\begin{aligned} w_t(C_T) &= e^{-\int_t^T r(u)du} E_Q[V_T(H) \mid S_t,\ldots,S_0] \\ &= e^{-\int_t^T r(u)du} E_Q[C_T \mid S_t,\ldots,S_0] \end{aligned}$$

für die Bewertung zu einem beliebigen Zeitpunkt $0 < t < T$. Dabei wurde noch vorausgesetzt, dass die Wertentwicklung der sicheren Anlage (des Wertpapiers $i = 0$ in Abschnitt 5.3.3) gegeben ist durch $S^0(t) = \exp\left[\int_0^t r(u)\,du\right]$ bzw. äquivalent $dS^0(t) = r(t)\,S^0(t)\,dt$.

Nach Sicherstellung einer hinreichenden Verallgemeinerung der Resultate des Abschnitts 5.3.3 ist nun die Umsetzung der Konzeption der arbitragefreien Bewertung die Identifikation eines äquivalenten Martingalmaßes Q zentral. Dazu muss erreicht werden, das der diskontierte Preisprozess ein Martingal ist. Im Falle von Diffusionsprozessen gelingt dies regelmäßig, wenn die Wahrscheinlichkeitsbelegung so verändert wird, dass ein Diffusionsprozess mit einer Drift von null resultiert. Eine zentrale Technik hierbei ist der Satz von *Girsanov* (teilweise auch Satz von *Cameron-Martin-Girsanov* genannt), den wir im Folgenden in der eindimensionalen Variante behandeln werden.

Anhang 5C: Satz von Girsanov, State Price Deflator

Es gilt die folgende Aussage (Theorem von *Girsanov*): Ist $\{W_t\}$ ein (Standard-)Wienerprozess unter P und $\{C_t\}$ ein Prozess, der die Bedingung (*Novikov*)

(5C.1) $$E_P\left[\exp\left(\tfrac{1}{2}\int_0^T C^2(t)\,dt\right)\right] < \infty$$

erfüllt, dann existiert ein Wahrscheinlichkeitsmaß $Q = Q_C$, das äquivalent zu P ist (d.h. $P(A) = 0 \Leftrightarrow Q(A) = 0$) und unter dem der Prozess

(5C.2) $$W^*(t) = W(t) + \int_0^t C(u)\,du$$

nunmehr ein (Standard-)Wienerprozess unter Q ist.

Das Theorem von *Girsanov* erlaubt somit insbesondere einen simultanen Maß- und Driftwechsel.

Wir illustrieren die Anwendung des Satzes von *Girsanov* für einen Diffusionsprozess der Form $dS_t = \mu(t,S_t)\,dt + \sigma(t,S_t)\,dW_t$. Wir betrachten zunächst den Prozess

(5C.3) $$C_t := \frac{\mu(t,S_t)}{\sigma(t,S_t)},$$

wobei wir $\sigma(t,x) > 0$ und die Erfüllung der Novikov-Bedingung annehmen. Der Prozess

(5C.4) $$W_t^* = W_t + \int_0^t C(u)\,du = W_t + \int_0^t \frac{\mu(u,S_u)}{\sigma(u,S_u)}\,du$$

ist dann nach *Girsanov* ein (Standard-)Wienerprozess unter Q und es gilt

(5C.5) $$dS_t = \sigma(t,S_t)\,dW^*(t),$$

denn wir haben $dW_t^* = dW_t + \mu\,dt/\sigma$ und damit $\sigma\,dW_t^* = \sigma\,dW_t + \mu\,dt = dS_t$. Unter dem Wahrscheinlichkeitsmaß Q (der »neuen Wahrscheinlichkeitsbelegung«) besitzt der Ursprungsprozess damit eine Drift in Höhe von null und ist somit intuitiv ein Martingal. Eine hinreichende Voraussetzung hierfür ist $E_Q\left[\int_0^T \sigma^2(t,S_t)\,dt\right] < \infty$. Setzen wir noch einen Zinssatz von null voraus, d.h. S_t ist bereits ein diskontierter Preisprozess, so haben wir nach dem Satz von *Girsanov* damit insbesondere ein äquivalentes Martingalmaß gefunden. Es lässt sich nun auch eine weitergehende Charakterisierung des Maßes Q erreichen. Wir definieren hierzu den stochastischen Prozess

(5C.6) $$Z_C(t) = \exp\left[-\int_0^t C(u)\,dW(u) - \tfrac{1}{2}\int_0^t C^2(u)\,du\right].$$

Zunächst ist $Z_C(t)$ ein (positives) Martingal und es gilt $E[Z_C(t)] = 1$ für alle $t \geq 0$. Wir definieren nun für festes T die folgende Mengenfunktion

(5C.7) $$Q_C(A) = E_P[I_A\, Z_C(T)].$$

dabei ist I_A die Indikatorfunktion der Menge A. Man kann nun nachweisen, dass Q_C ein Wahrscheinlichkeitsmaß ist. Insbesondere gilt offenbar $Q_C(\Omega) = E[Z_C(T)] = 1$.

Das durch (5C.7) definierte Wahrscheinlichkeitsmaß ist nun genau die explizite Konstruktion des Wahrscheinlichkeitsmaßes $Q = Q_C$ im Theorem von *Girsanov*. Aus theoretischer Sicht entspricht $Z_C(T)$ der *Radon/Nikodym-Dichte* dQ_C/dP, dies folgt aus der Konstruktion und es gilt daher generell

(5C.8)
$$E_Q(X) = \int X dQ = \int X \frac{dQ}{dP} dP$$
$$= E_P(XZ_C) .$$

Auch dies ist eine zentrale Beziehung, denn sie erlaubt eine »Rücktransformation« eines Erwartungswertes unter dem Maß Q und damit der generellen Preisgleichungen (5B.4) bzw. (5B.5) auf einen Erwartungswert unter dem Originalmaß P.

Aus (5C.8) folgt ferner für einen zufälligen Rückfluss X_T zum Zeitpunkt T

(5C.9a)
$$w_0(X_T) = e^{-rT} E_Q(X_T) = e^{-rT} E_P(X_T Z_C) = E_P(X_T V_0)$$

wobei

(5C.9b)
$$V_0 = e^{-rT} Z_C(T).$$

Die Zufallsgröße V_0 wird in der Literatur als *State Price Deflator* oder auch als *State Price-Density* bzw. *risikoneutrale Dichte* bezeichnet, denn offenbar ergibt sich der Wert des Finanztitels mit zufälligem Rückfluss X als Erwartungswert (unter dem Originalmaß P) der mit V_0 (zufallsabhängig) diskontierten Zufallsgröße X_T. V_0 kann somit als stochastische Diskontierungsfunktion angesehen werden.

Anhang 5D: Black/Scholes-Finanzmarkt

Zur Illustration der Ergebnisse in den Anhängen 5B und 5C fixieren wir das Zeitintervall $[0, T]$ und betrachten einen Finanzmarkt, der aus zwei Titeln besteht, einer sicheren Anlage und einer Aktie. Die sichere Anlage verzinst sich mit einer deterministischen Zinsrate r und die Aktie folgt einer geometrischen Brownschen Bewegung unter dem Ausgangswahrscheinlichkeitsmaß (physisches Wahrscheinlichkeitsmaß P).

Das erste Ziel ist die Identifikation eines (zu P äquivalenten) Wahrscheinlichkeitsmaßes Q, unter dem der diskontierte Preisprozess

(5D.1)
$$S^*(t) = e^{-rt} S(t)$$

ein Martingal ist. Zunächst gilt unter Zuhilfenahme des Satzes von *Itô* $dS_t^* = [-r e^{-rt} S_t + e^{-rt} \mu S_t] dt + e^{-rt} \sigma S_t dW_t$ und damit

(5D.2)
$$dS^*(t) = (\mu - r) S^*(t) dt + \sigma S^*(t) dW_t .$$

Der diskontierte Preisprozess folgt somit wiederum einer geometrischen Brownschen Bewegung, nunmehr aber mit $(\mu - r)$ als Driftkoeffizient und es gilt daher

(5D.3) $$S^*(t) = s_0^* \exp[(\mu - r - \tfrac{1}{2}\sigma^2)t + \sigma W_t].$$

Definieren wir $(\sigma > 0)$

(5D.4) $$C_t = c = (\mu - r)/\sigma,$$

intuitiv der »Marktpreis des Risikos«, so folgt mit (5C.6)

$$\begin{aligned} Z_t &= \exp\left(-\int_0^t c\,dW_u - \tfrac{1}{2}\int_0^t c^2 du\right) \\ &= \exp\left(-cW_t - \tfrac{1}{2}c^2 t\right). \end{aligned}$$

Das zu P äquivalente Maß Q, unter dem $S^*(t)$ ein Martingal ist, wird damit bestimmt durch

(5D.5) $$Q(A) = E_P[I_A \exp(-cW_T - \tfrac{1}{2}c^2T)].$$

Unter Q ist dann

(5D.7a) $$W^*(t) = W_t + ct$$

ein (Standard-)Wienerprozess und es gilt

(5D.7b) $$dS_t^* = \sigma S_t^* \, dW_t^*,$$

bzw. in expliziter Form

(5D.7) $$S_t^* = s_0^* \exp(-\tfrac{1}{2}\sigma^2 t + \sigma W_t^*).$$

Der Prozess $\{S_t^*\}$ ist somit ein Martingal unter Q. Man kann darüber hinaus zeigen, dass das Martingalmaß eindeutig bestimmt und damit der Black/Scholes-Finanzmarkt vollständig ist.

Der Prozess $\{S_t^*\}$ ist damit unter Q ein Diffusionsprozess mit Drift $\mu^* = 0$ und Diffusion $\sigma^* = \sigma S^*$.

Kehren wir nun zurück zu dem Originalprozess $S_t = e^{rt} S_t^*$. Mit $F(t,x) = e^{rt}x$ gilt $S_t = F(t, S_t^*)$. Wir erhalten $F_t = r e^{rt} x = tF$, $F_x = e^{rt}$ und $F_{xx} = 0$. Unter Anwendung des Satzes von *Itô* erhalten wir hieraus für den Drift μ_Q bzw. die Diffusion σ_Q von $\{S_t\}$ unter dem äquivalenten Martingalmaß:

(5D.8a) $$\mu_Q = rS + e^{rt}\mu^* = rS$$

(5D.8b) $$\sigma_Q = e^{rt}\sigma S^* = \sigma S.$$

Der Prozess $\{S_t\}$ folgt somit unter dem äquivalenten Martingalmaß Q der stochastischen Differentialgleichung

$$dS_t / S_t = r\,dt + \sigma\, dW_t^* . \tag{5D.9}$$

Es liegt somit nach wie vor eine geometrische Brownsche Bewegung vor, in expliziter Form

$$S_t = s_0 \exp\left[\left(r - \tfrac{1}{2}\sigma^2\right)t + \sigma\, dW_t^*\right]. \tag{5D.10}$$

Da $\{W_t^*\}$ unter Q ebenso ein Standard-Wienerprozess ist wie $\{W_t\}$ unter P, so ist der Übergang von P nach Q praktisch dazu äquivalent, dass der Driftterm μ von dS_t / S_t durch den risikolosen Zinssatz r ersetzt wird.

Sei nun C_T ein zufallsabhängiger Rückfluss in T und H die diesen Rückfluss duplizierende Strategie. Es gelten die Bewertungsgleichungen

$$C_0 := w_0(C_T) = e^{-rT} E_Q[V_T(H)] = e^{-rT} E_Q(C_T) \tag{5D.11}$$

bzw. $(0 < t < T)$

$$C_t := w_t(C_T) = e^{-r(T-t)} E_Q(C_T \mid S_t, \ldots, S_0). \tag{5D.12}$$

Auf der Grundlage von (5D.12) ergibt sich insbesondere die Beziehung

$$E_Q\left[\frac{C_T}{C_t} \mid S_t, \ldots, S_0\right] = e^{r(T-t)} \tag{5D.13}$$

Dies ist die entsprechende Verallgemeinerung der Beziehung (5.59) im Haupttext. Gegeben die Information über die Kursentwicklung des Basistitels entspricht für jeden (duplizierbaren) Finanztitel die künftige Wertentwicklung unter dem Wahrscheinlichkeitsmaß Q gerade derjenigen der risikolosen Verzinsung. Diese Eigenschaft ist, wie bereits ausgeführt, ein zentrales Charakteristikum eines arbitragefreien Marktes.

Unter Beibehaltung von $c = (\mu - r) / \sigma$ gilt nun aufgrund von (5C.8) in Verbindung mit (5D.5) weiter:

$$\begin{aligned} C_0 &= e^{-rT} E_P[C_T\, e^{-cW_T - \frac{1}{2}c^2 T}] \\ &= E_P[C_T\, e^{-(cW_T + \frac{1}{2}c^2 T + rT)}]. \end{aligned} \tag{5D.14}$$

Der State Price Deflator im Black/Scholes-Finanzmarkt ist damit gegeben durch $\exp[-(cW_T + \frac{1}{2}c^2 T + rT)]$.

Abschließend stellt sich noch die Frage nach der konkreten Bestimmung einer selbstfinanzierenden Tradingstrategie. Aufgrund der Beziehung (5D.12) ist hierfür die Bestimmung des bedingten Erwartungswertes $E_Q(C_T \mid S_t, \ldots, S_0)$ der geeignete Ansatzpunkt.

Anhang 5E: Numerairewechsel

Aus der Beziehung (5B.5) resultiert der eindeutige arbitragefreie Preis für jeden erreichbaren zufallsabhängigen Rückfluss als diskontierter Erwartungswert unter dem äquivalenten Martingalmaß Q. Unter Benutzung des Referenzwertes (*Numeraire*) $B(t) = \exp\left(\int_0^t r(u)\,du\right)$ werden die Preise der Basisfinanztitel $S_1(t)/B(t),...,S_n(t)/B(t)$ zu einem Q-Martingal. *Geman/El Karoui/Rochet* (1995) weisen nun darauf hin, dass das äquivalente Martingalmaß nicht notwendigerweise die beste Wahl ist, um arbitragefreie Preise in einfacher Art und Weise zu bestimmen. Durch »geschickte« Wahl des Referenzwertes kann gegebenenfalls der Aufwand bei der Bestimmung arbitragefreier Preise reduziert werden. Die damit verbundene Technik ist der Numerairewechsel, die wir im Folgenden darstellen.

Als Numeraire geeignet ist zunächst einmal jeder Finanztitel mit einem strikt positiven Preisprozess $Z(t)$. Die Wahl eines Numeraires führt zur Betrachtung der relativen (bzw. normalisierten) Preise $S(t) / Z(t)$. Ein erstes zentrales Resultat besteht nun darin, dass selbstfinanzierende Handelsstrategien bei einem Numerairewechsel, d.h. der Ersetzung des »nullten« Finanztitels mit Wertentwicklung $B(t)$ durch den Finanztitel mit Wertentwicklung $Z(t)$, selbstfinanzierend bleiben (zur Verallgemeinerung dieses Resultats von *Geman et al.* (1995) in dem in Anhang 5B angesprochenen Kontext des No Free Lunchs with Vanishing Risk vgl. *Yan*, 1998). Gehen wir nun aus von einem fixierten (zum Ausgangsmaß P äquivalenten) Martingalmaß Q und betrachten einen strikt positiven Preisprozess $Z(t)$, so dass $Z(t) / B(t)$ ein Q-Martingal ist. Definieren wir das Maß Q^* durch Spezifikation der Radon/Nikodym-Dichte $dQ^* / dQ = L(t)$ mit

$$L(t) = \frac{1}{Z(0)} \frac{Z(t)}{B(t)}, \tag{5E.1}$$

dann lässt sich zunächst zeigen, dass Q^* ein Wahrscheinlichkeitsmaß ist. Ferner gilt für jeden Preisprozess $\pi(t)$, für den $\pi(t) / B(t)$ ein Q-Martingal ist, dass nun auch $\pi(t) / Z(t)$ ein Q^*-Martingal ist. Ferner gilt für einen zufallsabhängigen Rückfluss $C(T)$ in T die äußerst elegante Preisidentität

$$w_t(C_T) = B(t) E_Q\left[\frac{C(T)}{B(T)} \mid S_t,...,S_0\right] = Z(t) E_{Q^*}\left[\frac{C(T)}{Z(T)} \mid S_t,...,S_0\right]. \tag{5E.2}$$

Die erste Identität ist aufgrund von $B(t)/B(T) = \exp\left(-\int_t^T r(u)\,du\right)$ genau die Preisgleichung (5B.5), die zweite Identität liefert die Preisbestimmung nach erfolgtem Numerairewechsel.

Übungsaufgaben zu Kapitel 5

Aufgabe 5.1: (Arrow/Debreu-Titel)
Man betrachte s Finanztitel, deren Rückflusse $V_1,..., V_s$ in Vektorform gerade den s Einheitsvektoren $e_1,...,e_s$ entsprechen (Arrow/Debreu-Titel, State Contingent Claims). Für den j-ten Arrow/Debreu-Titel gilt somit $V_j = 1$ genau dann, wenn der j-te Zustand des Finanzmarktes eintritt und ansonsten $V_j = 0$. Die Arrow/Debreu-Titel lassen sich somit als Bewertung des Eintritts eines bestimmten Zustands interpretieren:

a) Man bestimme $E(V_j)$, $Var\,(V_j)$ und $Cov\,(V_i, V_j)$.
b) Man zeige, dass trotz linearer Unabhängigkeit der Einheitsvektoren die Rückflüsse $V_1, \ldots, V_s$ stochastisch abhängig sind. (Es gibt eine Linearkombination, die zu einem sicheren Rückfluss führt.) *Hinweis:* Man addiere die Arrow/Debreu-Titel.

Aufgabe 5.2: (Erzeugung von Arrow/Debreu-Titeln)
Unter der Annahme $n+1 \geq s$, rg $(V) = s$ repliziere man die Arrow/Debreu-Titel als Portfolios aus den Basisfinanztiteln des State-Space-Marktes aus 5.3.2.1.
Hinweis: Man benutze hier insbesondere die Rechtsinverse $V_R = V^T(VV^T)^{-1}$ der Matrix V.

Aufgabe 5.3: (Vektor der Zustandspreise als preiserzeugender Vektor)
Der Vektor $w^* = (w_1^*, \ldots, w_s^*)^T$ der Arrow/Debreu-Titel heißt Vektor der Zustandspreise, w_j^* ist der Preis für eine Geldeinheit bei Realisierung des Zustands j, d.h. intuitiv die preisliche Bewertung des Eintritts eines Zustandes des Finanzmarktes. Man zeige, dass w^* ein preiserzeugender Vektor des State Space-Marktes gemäß Abschnitt 5.3.2.3 ist.

Aufgabe 5.4.:
Man weise die folgenden Bezeichnungen zwischen den Arbitragefreiheitsbedingungen nach:

1) Schwache Arbitragefreiheit $\Rightarrow$ Law of One Price
2) Starke Arbitragefreiheit $\Rightarrow$ schwache Arbitragefreiheit.

Aufgabe 5.5:
Man weise nach, dass an der starken Arbitragefreiheitsbedingung die Bedingung (5.22) folgt.

Aufgabe 5.6:
Man weise nach, dass bei Existenz eines preiserzeugenden Vektors die starke Arbitragefreiheitsbedingung erfüllt ist.

Aufgabe 5.7: (Minkowski/Farkas-Lemma)
Ist der State Space-Markt nur schwach arbitragefrei gemäß (5.18), so ist dies ebenfalls äquivalent zur Existenz eines preiserzeugenden Vektors, allerdings nur mit der Eigenschaft $w^* \geq 0$. Die zusätzliche Eigenschaft $w^* > 0$ ist hier nicht mehr gesichert. Man folgere hieraus das folgende Resultat (Minkowski/Farkas-Lemma):

Gegeben sei eine (m, n) Matrix A und ein $(n,1)$ Vektor $a \neq 0$. Dann gibt es genau eine der beiden folgenden sich ausschließenden Möglichkeiten:

1) Entweder es existiert ein (n,1)-Vektor x, so dass sowohl $a^T x < 0$ als auch $A^T x \geq 0$, oder
2) es existiert ein (n,1)-Vektor $u \geq 0$ mit der Eigenschaft $Au = a$.

Aufgabe 5.8:
Weisen Sie für einen preiserzeugenden Vektor w^* gemäß (5.23) nach, dass $(1+r_0)\sum_{j=1}^{n} w_j^* = 1$.
Hinweis: Man betrachte $e_1 V^T w^*$, wobei $e_1 = (1,0, \ldots ,0)$.

Aufgabe 5.9:
Wie lauten die Arbitrageoperationen in den Konstellationen $d \geq 1+r_0$ bzw. $u \leq 1 + r_0$ gemäß Beispiel 5.8 ?

Aufgabe 5.10:
Man weise die Put/Call-Parität (5.42) auf der Basis der Ergebnisse der Beispiele 5.11 und 5.12 nach.

Aufgabe 5.11:
Weisen Sie nach, dass der Prozess $\{V_t(H)\}$ gemäß (5.53) ein Martingal bezüglich der Preisentwicklung $\{S_t\}$ darstellt. Folgern Sie hieraus die Gültigkeit der Beziehung (5.61).

Aufgabe 5.12:
Wir betrachten einen State Space-Markt mit sicherer Anlage und zwei Aktien $(i = 1,2)$, die jeweils einer Binomialentwicklung mit den Parametern $u_i = 1,2$ folgen. Die anfänglichen Preise der Aktien seien gegeben durch s_i $(i = 1,2)$. Die Aktienpreise in $t = 1$ seien ferner vollständig positiv korreliert, wenn S_1 den Zustand $u_1 s_1$ bzw. $d_1 s_1$ annimmt, dann nimmt S_2 den Zustand $u_2 s_2$ bzw. $d_2 s_2$ an. Zeigen Sie:

1) Es gibt Parameterkonstellationen, unter denen keine risikoneutrale Wahrscheinlichkeitsbelegung existieren kann.
2) Der Finanzmarkt beinhaltet in diesen Fällen Arbitragemöglichkeiten.

Aufgabe 5.13: (Trinomialmodell)
Wir betrachten einen State Space-Markt mit sicherer Anlage und einer Aktie, die einem Trinomialmodell folgt, d.h. gegeben $S_0 = s$ gilt ($u > m > d$, $p_u > 0$, $p_m > 0$, $p_d > 0$):

$$S_1 = \begin{cases} us & \text{mit Wahrscheinlichkeit } p_u \\ ms & \text{mit Wahrscheinlichkeit } p_m \\ ds & \text{mit Wahrscheinlichkeit } p_d. \end{cases}$$

Zeigen Sie:

1) Es existiert eine risikoneutrale (jedoch nicht eindeutige) Wahrscheinlichkeitsbelegung.
2) Der Markt ist nicht vollständig (expliziter Nachweis).

Aufgabe 5.14:
Wir betrachten einen Wertpapiermarkt bestehend aus zwei Finanztiteln mit Kursprozessen $\{S_t\}_{t=0,1,2}$ und $\{Z_t\}_{t=0,1,2}$. Es gelte:

1) $S_t \equiv 1$ für alle t, d.h. Wertpapier 1 ist eine risikolose Anlage mit Zins null.
2) Der Kursverlauf von Z_t ergibt sich aus dem folgenden »Realisationsbaum«:

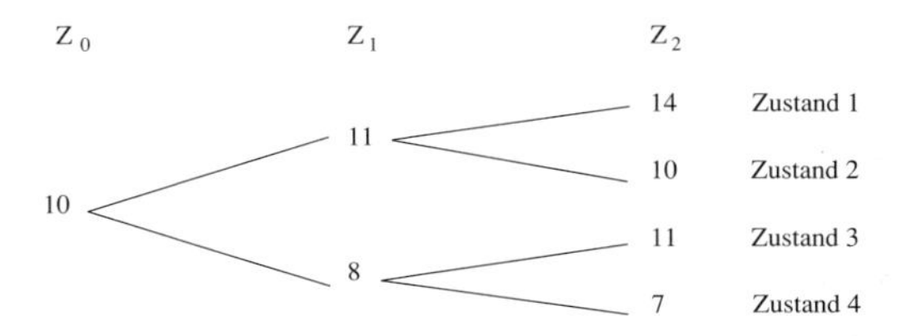

Die vier möglichen Pfade des stochastischen Prozesses $\{Z_t\}$ entsprechen in natürlicher Weise den vier Zuständen des State Space-Marktes. Existiert eine Martingal-Wahrscheinlichkeitsbelegung Q? Ist diese eindeutig bestimmt?

Hinweis:

$$P(Z_2 = j,\ Z_1 = i,\ Z_0 = k) = P(Z_2 = j \mid Z_1 = i,\ Z_0 = k)\, P\,(Z_1 = i \mid Z_0 = k)\, P\,(Z_0 = k)$$

bzw. allgemein:

$$P(A_1 \cap \ldots \cap A_n) = P(A_n \mid A_{n-1} \cap \ldots . \cap A_1)\, P\,(A_{n-1} \mid A_{n-2} \cap \ldots \cap A_1) \ldots .\ P(A_2 \mid A_1) P(A_1).$$

Literatur zu Kapitel 5

Literatur zu Kapitel 5.2

Albrecht, P., R. Maurer, M. Möller (1999): Shortfall-Risiko/Excess-Chance-Entscheidungskalküle: Grundlagen und Beziehungen zum Bernoulli-Prinzip, Zeitschrift für Wirtschafts- und Sozialwissenschaften 118, S. 249–274.

Arzac, E.R., V.S. Bawa (1977): Portfolio Choice and Equilibrium in Capital Markets with Safety-First Investors, Journal of Financial Economics 4, S. 277–288.

Bamberg, G., A.G. Coenenberg (2006): Betriebswirtschaftliche Entscheidungslehre, 13. Aufl., München.

Bamberg, G., G. Dorfleitner, M. Krapp (2004): Zur Bewertung risikobehafteter Zahlungsströme mit intertemporaler Abhängkeitsstruktur, Betriebswirtschaftliche Forschung und Praxis 2/2004, S. 101–118.

Bawa, V.S. (1978): Safety-First, Stochastic Dominance and Optimal Portfolio Choice, Journal of Financial and Quantitative Analysis 13, S. 255–271.

Eeckhoudt, L., C. Gollier (1995): Risk: Evaluation, Management and Sharing, New York u.a.

Eisenführ, F., M. Weber (2003): Rationales Entscheiden, 4. Aufl., Berlin u.a.

Fishburn, P.C. (1977): Mean Risk Analysis with Risk Associated with Below Target Returns, American Economic Review 67, S. 116–126.

Laux, H. (2002): Entscheidungstheorie, 5. Aufl., Berlin u.a.

Libby, R., P.C. Fishburn (1977): Behavioural Models of Risk Taking in Business Decisions: A Survey and Evaluation, Journal of Accounting Research 15, S. 272–292.

Maurer, R. (2000): Integrierte Erfolgssteuerung in der Schadenversicherung auf der Basis von Risiko-Wert-Modellen, Karlsruhe.

Reichling, P. (1996): Safety First-Ansätze in der Portfolio-Selektion, Zeitschrift für betriebswirtschaftliche Forschung 48, S. 31–55.

Roy, A.D. (1952): Safety First and the Holding of Risky Assets, Econometrica 20, S. 431–449.

Sarin. R.K., M. Weber (1993): Risk-Value Models European Journal of Operation Research 72, S. 135–149.

Telser, L.G. (1955/56): Safety First and Hedging, Review of Economic Studies 23, S. 1–16.

Literatur zu Kapitel 5.3

Bingham, N.H., R. Kiesel (2004): Risk-Neutral Valuation, 2. Aufl., London

Cox, J.C., S.A. Ross (1976): The Valuation of Options for Alternative Stochastic Processes, Journal of Financial Economics 3, S. 145–166.

Dalang, R.C., A. Morton, W. Willinger (1990): Equivalent Martingale Measures and No-Arbitrage in Stochastic Securities Market Models, Stochastics and Stochastic Reports 29, S. 185–201.

Delbaen, F., W. Schachermayer (1994): A General Version of the Fundamental Theorem of Asset Pricing, Mathematische Annalen 200, S. 463–520.

Delbaen, F., W. Schachermayer (1998): The Fundamental Theorem of Asset Prices for Unbounded Processes, Mathematische Annalen 312, S. 215–250.

Duffie, D. (1991): The Theory of Value in Security Markets, in: *Hildenbrand, W., H. Sonnenschein (Hrsg.)*: Handbook of Mathematical Economics, Amsterdam, S. 1615–1682.

Duffie, D. (2001): Dynamic Asset Pricing Theory, 3. Aufl., Princeton, New Jersey.

Frittelli, M., P. Lakner (1994): Almost sure characterization of martingales, Stochastics and Stochastic Reports 49, S. 181–190.

Geman, H., N. El Karoui, J.C. Rochet (1995): Changes of Numeraire, Changes of Probability Measures and Pricing of Options, Journal of Applied Probability 32, S. 443–458.

Harrison, J.M., D. Kreps (1979): Martingales and Arbitrage in Multiperiod Securities Markets, Journal of Economic Theory 20, S. 381–405.

Harrison, J.M., S.R. Pliska (1981): Martingales and Stochastic Integrals in the Theory of Continuous Trading, Stochastic Processes and their Applications 11, S. 215–260.

Huang, C.-F., R.H. Litzenberger (1988): Foundations for Financial Economics, New York u.a.

Irle, A. (1998): Finanzmathematik, Stuttgart.

Jarrow, R. (1986): The Relationship between Arbitrage and First Order Stochastic Dominance, Journal of Finance 41, S. 915–921.

Korn, R., E. Korn (1999): Optionsbewertung und Portfolio-Optimierung, Braunschweig, Wiesbaden.

Kreps, D.M. (1981): Arbitrage and Equilibrium in Economics with Infinitely Many Commodities, Journal of Mathematical Economics 8, S. 15–35.

Kreps, D. (1982): Multiperiod Securities and the Efficient Allocation of Risk: A Comment on the Black-Scholes Option Pricing Model, in: *McCall, J.J.* (Hrsg.): The Economics of Uncertainty and Information, Chicago, S. 203–232.

Naik, V. (1995): Finite State Securities Market Models and Arbitrage, in: *Jarrow, R.A., V. Maksimovic, W.T. Ziemba* (Hrsg.): Finance, Amsterdam u.a., S. 31–64.

Neftci, S.N. (2000): An Introduction to the Mathematics of Financial Derivatives, 2. Aufl., San Diego u.a.

Panjer, H.H. (1998, Hrsg.): Financial Economics, Schaumburg, Illinois.

Schachermayer, W. (1994): Martingale Measures for Discrete-Time Processes with Infinite Horizon, Mathematical Finance 4, S. 25–56.

Schlag, Ch. (1995): Bewertung derivativer Finanztitel in zeit- und zustandsdiskreten Modellen, Wiesbaden.

Sundaram, R.K. (1997): Equivalent Martingale Measures And Risk Neutral Pricing: An Expository Note, Journal of Derivatives, Fall 1997, S. 85–98.

Spremann, K. (1996): Wirtschaft, Investition und Finanzierung, 5. Aufl., München, Wien.

Taqqu, M.S., W. Willinger (1987): The Analysis of Finite Security Markets Using Martingales, Advances in Applied Probability 19, S. 1–25.

Varian, H.R. (1987): The Arbitrage Principle in Financial Economics, Economic Perspectives 1, S. 55–72.

Yan, J.A. (1998): A New Look at the Fundamental Theorem of Asset Pricing, Journal of the Korean Mathematical Society 35, S. 659–673.

Teil II: Investment- und Risikomanagement primärer Finanztitel

6 Aktieninvestments: Grundlagen

6.1 Einführung

Im Rahmen eines Investments in primäre Finanztitel wenden wir uns zuerst dem Aktieninvestment[1] zu, wobei Kapitel 6 grundlegende Themenstellungen behandelt, welche dann in Kapitel 7 in vertiefter Form weitergeführt werden.

Im Hinblick auf eine *Bewertung* von Aktien (ohne Portfoliobezug) stellen *Dividendendiskontierungsmodelle* ein zentrales Instrument für die Investmentpraxis dar, sie werden in Abschnitt 6.2 behandelt, wobei auch auf Querverbindungen zum Price/Earnings-Ratio (Kurs/Gewinn-Verhältnis) eingegangen wird. Gestreift werden in diesem Zusammenhang auch statistisch-ökonometrische Erklärungsmodelle für Aktienkurse bzw. das P/E-Ratio. Dieser Ansatz wird in Kapitel 7 im Rahmen von Faktormodellen systematisch weitergeführt.

Die Markowitzsche Portfoliotheorie (Abschnitt 6.3) stellt einen der Grundpfeiler der Investmenttheorie und des Investmentmanagements dar und erfährt insofern eine ausführliche und eingehende Behandlung. Zentrale Effekte einer Portfoliobildung sind der Diversifikationseffekt im Sinne von *Markowitz* (Abschnitt 6.3.2) sowie die Existenz effizienter Rendite/Risiko-Positionen (Abschnitt 6.3.3), die auch im kapitalmarkttheoretischen Kontext eine wichtige Rolle spielen. Die Problematik der Selektion eines optimalen Portfolios (Abschnitt 6.3.4) wird im Hinblick auf eine flexible und praxisorientierte Lösung eingehend aus dem Blickwinkel eines Safety-first-Ansatzes bzw. einer Portfoliooptimierung unter Shortfallrestriktionen beleuchtet. Gestreift werden abschließend (Abschnitt 6.3.5) praktische Probleme bei der Implementierung der Markowitzschen Portfoliooptimierung. Eine vollständige formale Analyse des Portfoliooptimierungsproblems enthält Anhang 6A.

Festgehalten werden soll an dieser Stelle noch, dass die Markowitzsche Portfoliotheorie nicht beschränkt ist auf Fragen eines Aktieninvestments, sondern dass auch Fragen der optimalen Kombination von Anlageklassen (Asset Allocation) die gleichen strukturellen Grundlagen aufweisen.

Einen weiteren Grundpfeiler der Investmenttheorie stellt das *Capital Asset Pricing-Modell* (CAPM) dar, das in seiner Basisvariante eingehend behandelt wird (Abschnitt 6.4, Anhang 6B). Betont wird dabei insbesondere die Verbindung zum statistisch-ökonometrischen Ansatz der Marktindexmodelle (Abschnitt 6.4.1). Das Capital Asset Pricing-Modell ermöglicht ebenfalls eine Bewertung von Aktien, im Gegensatz zu Dividendendiskontierungsmodellen aber nicht unter dem spezifischen Blickwinkel der einzelnen Aktie, insbesondere ihrem Wachstumspotenzial, sondern im Kapitalmarktzusammenhang. Dabei besteht der Kapitalmarkt neben rein riskanten Anlagen aus einer risikolosen Referenzanlage (Abschnitt 6.4.2). Die durch das CAPM spezifizierten Kurse bzw. Renditen basieren auf der Gleichgewichtsannahme eines geräumten (vollkommenen) Kapitalmarktes. Eine Verbindung von CAPM und Dividendendiskontierungsmodellen basiert dabei auf der Möglichkeit, aus dem CAPM einen risikoadjustierten Diskontierungsfaktor abzuleiten.

---

1 Vgl. zu den Grundlagen der Investmentklasse Aktien die entsprechenden Ausführungen in Kapitel 1.

In Weiterführung der Darstellung des Themenkomplexes Performanceanalyse bei deterministischen Investments in Kapitel 2, werden abschließend in Abschnitt 6.5 Methoden zur Performancemessung im Kontext von Investments unter Risiko behandelt.

6.2 Bewertung von Aktien auf der Titelebene: Dividendendiskontierungsmodelle

6.2.1 Vorbemerkungen

Das zentrale Prinzip der Bewertung von Zahlungsströmen unter Sicherheit ist das bereits in Abschnitt 2.1.2 erörterte Barwert- bzw. Kapitalwertprinzip. Im Rahmen eines Aktieninvestments bestehen die Rückflüsse gerade in den erhaltenen Dividenden. Im Rahmen der Konzeption der *Dividendendiskontierungsmodelle* (DDM) entspricht daher der heutige Unternehmenswert v_0 gerade dem Barwert des künftigen Dividendenstroms $\{D_t;\ t = 1, 2, \ldots\}$:

$$v_0 = \sum_{t=1}^{\infty} D_t (1+r)^{-t}. \tag{6.1}$$

Dabei wird im Weiteren der Einfachheit halber von äquidistanten Zeitpunkten der Dividendenzahlung ausgegangen, insbesondere von der Annahme, dass der Unternehmenswert unmittelbar nach der letzten Dividendenausschüttung ermittelt wird sowie von der Annahme eines konstanten Diskontierungsfaktors. Variationen hinsichtlich einer unterperiodigen Unternehmensbewertung sowie zeitlich variierender Diskontierungsfaktoren können auf der Grundlage der Ergebnisse von Abschnitt 2.2.2 in einfacher Form durchgeführt werden.

Der gemäß (6.1) bestimmte Wert v_0 kann als »fairer Wert« des zu bewertenden Unternehmens angesehen werden und damit im Vergleich zum beobachteten Marktwert Über- bzw. Unterbewertungen transparent machen. Voraussetzung hierfür ist aber die Kredibilität des berechneten Wertes. Im Rahmen des Dividendendiskontierungsmodells (6.1) stellen sich dabei drei grundlegende Fragen:

1) Welche Rolle spielen die Gewinne des Unternehmens?
2) Wie sind die künftigen Dividenden in angemessener Form zu prognostizieren?
3) Welches ist der angemessene Diskontierungsfaktor?

Eine erste nahe liegende Frage ist, warum bei der Wertermittlung nicht von den Gewinnen des Unternehmens ausgegangen wird. Schließlich stellen die Dividenden nur den ausgeschütteten Teil der Gewinne dar, der restliche – vielleicht sogar der größere Teil – wird thesauriert und dient der Finanzierung von Investitionen des Unternehmens, teilweise sind dies Ersatz-, teilweise Erweiterungsinvestitionen. Durch letztere wachsen die Unternehmen und können, Profitabilität unterstellt, mehr Gewinn ausweisen und eine höhere Dividende ausschütten. Die Einbehaltung von Gewinnen führt mithin zu Reinvestitionen in das Unternehmen zum Zwecke der Steigerung künftiger Gewinne (implizite Wachstumsannahme). Würde man also die Gewinne kapitalisieren, so käme es zu einer Doppelverrechnung einbehaltener Gewinnanteile. Sie würden sowohl bei ihrer Entstehung wertsteigernd angesetzt als auch über ihre Reinvestitionserfolge. Auf modelltheoretischer Grundlage lässt sich dies wie folgt nachvollziehen.

Es gilt (Dividendenzahlung am Periodenende)

$$v_0 = \frac{D_1}{1+r} + \frac{v_1}{1+r},$$

d.h. der heutige Wert entspricht der diskontierten Dividende plus dem diskontierten Ex-Dividenden-Wert am Ende der Periode. Für v_1 selbst gilt wiederum

$$v_1 = \frac{D_2}{1+r} + \frac{v_2}{1+r},$$

und damit

$$v_0 = \frac{D_1}{1+r} + \frac{D_2}{(1+r)^2} + \frac{v_2}{(1+r)^2}.$$

Setzt man diese Argumentation sukzessive fort, so ergibt sich im Grenzübergang die Bewertungsgleichung (6.1).

Die Festlegung des geeigneten Diskontierungsfaktors sollte nun insbesondere *risikoadjustiert* sein, um die in der Realität unsichere Dividenden- bzw. Gewinnentwicklung des Unternehmens adäquat zu berücksichtigen. Der Diskontierungsfaktor sollte dabei genauso hoch gewählt werden wie die Rendite, die bei alternativen Anlagen mit vergleichbarem Risiko zu erwarten ist. Dies kennzeichnet den Diskontierungsfaktor als Opportunitätsrendite und damit als vom Investor *geforderte Verzinsung* (required rate of return) seines Investments. Die adäquate Risikoadjustierung eines Zahlungsstroms ist jedoch ein Problem, für das nur im Rahmen spezifischer Modelle eine Lösung existiert. Ein solches Modell ist das im Rahmen dieses Kapitels behandelte Capital Asset Pricing-Modell (CAPM). In praxi behilft man sich aus diesem Grunde oftmals mit einem aus dem CAPM abgeleiteten Diskontierungsfaktor. Zugleich macht dies deutlich, dass die traditionelle Aktienanalyse, bei der die Bewertung einzelner Papiere im Vordergrund steht, und die moderne portfolio- und marktbasierte Finanztheorie keineswegs disjunkte Welten sind, sondern diese einander sogar zum Teil bedingen.

6.2.2 Wachstumsmodelle

Kommen wir schließlich zur Problematik der Dividendenprognose. Hier behilft man sich in praxi mit Annahmen über zukünftige Wachstumsraten (*Constant Growth-Modell* von Gordon). Unterstellt man ein fixes prozentuales Wachstum g der Dividenden, ausgehend von der aktuellen Dividende D_0, d.h. $D_t = D_0\,(1+g)^t$, so ergibt sich aus (6.1) unter Benutzung der geometrischen Reihe (bzw. des Grenzwerts des Rentenendwertfaktors gemäß (2.25)):

(6.2)
$$v_0 = D_0 \sum_{t=1}^{\infty} \left(\frac{1+g}{1+r}\right)^t = \frac{D_0\,(1+g)}{r-g} = \frac{D_1}{r-g}.$$

Dieses Ergebnis erfordert allerdings die Voraussetzung $r > g$, d.h. der risikoadjustierte Diskontierungsfaktor bzw. die geforderte Verzinsung muss größer als der angenommene Wachstumsfaktor der Dividenden sein.

Beispiel 6.1: (Constant Growth-Modell von Gordon)
Gegeben sei ein Unternehmen, das eine aktuelle Dividende von 10 Geldeinheiten ausschüttet. Geht man von einer Dividendenwachstumsrate von 5% sowie einer geforderten Verzinsung von 10% aus, so bestimmt sich der Wert (6.2) nach dem Gordon-Growth-Modell zu:

$$v_0 = \frac{10 \cdot (1{,}05)}{0{,}05} = 210 \,.$$

Das Gordon-Growth-Modell verdeutlicht, dass *Wachstumserwartungen eine wesentliche Grundlage der Bewertung von Aktien darstellen*. Die korrekte Einschätzung der Höhe der Wachstumsrate ist allerdings kritisch für das Modell, da dieses sehr sensitiv auf die unterstellte Wachstumserwartung reagiert. Von stabilen und daher gut abschätzbaren Wachstumsraten kann dabei vor allem für etablierte Unternehmen ausgegangen werden. Die verwendete Wachstumsrate kann dabei auch die Gewinnwachstumsrate darstellen. Wäre das Dividendenwachstum höher als das Gewinnwachstum, dann würden die Dividenden irgendwann den Gewinn übersteigen. Im umgekehrten Fall würde die Ausschüttungsquote und damit langfristig der Preis der Aktie gegen null konvergieren. Außerdem ist zu beachten, dass das nominale Wirtschaftswachstum eine natürliche Obergrenze für das langfristige Wachstumspotenzial darstellt, ansonsten würde das Unternehmen langfristig größer werden als die gesamte Volkswirtschaft.

Auf Grund der Sensitivität von (6.2) sowohl im Hinblick auf die unterstellte Wachstumsrate als auch den angenommenen Diskontierungsfaktor kann der ermittelte Wert damit nur als eine Approximation an den »wahren« inneren Wert der Aktie bzw. für deren fairen Preis angesehen werden.

Eine alternative Fundierung des Gordon-Growth-Modells erhält man durch Annahmen über die Thesaurierungsquote e $(0 < e < 1)$, d.h. dem Bruchteil der einbehaltenen Gewinne relativ zu den Gewinnen (Earnings) E_t der Periode sowie der Rendite r_E, die das Unternehmen aus ihren einbehaltenen Gewinnen erzielen kann. Es gilt zunächst

(6.3) $$E_t = E_{t-1} + e\, r_E E_{t-1} \,,\ t \geq 1 \,,$$

hieraus folgt für die Gewinnwachstumsrate g_E

(6.4) $$g_E = \frac{E_t - E_{t-1}}{E_{t-1}} = e\, r_E \,.$$

Für die Entwicklung der Dividenden gilt $D_t = E_t(1 - e)$ und damit

(6.5) $$D_t = E_0 (1 + e\, r_E)^t (1 - e) \,.$$

Die Dividendenwachstumsrate beträgt damit

(6.6) $$g_D = \frac{D_t - D_{t-1}}{D_{t-1}} = \frac{(1-e)E_t - (1-e)E_{t-1}}{(1-e)E_{t-1}} = e\, r_E \,.$$

Gewinn- und Dividendenwachstumsrate stimmen damit überein. Auf der Basis des Dividendendiskontierungsmodells (6.1) ergibt sich somit

$$v_0 = E_0(1-e)\sum_{t=1}^{\infty}\left(\frac{1+er_E}{1+r}\right)^t$$
$$= E_0(1-e)\frac{1+er_E}{1+r}\sum_{t=0}^{\infty}\left(\frac{1+er_E}{1+r}\right)^t$$
$$= E_0(1-e)(1+er_E)/(r-er_E)$$

und damit gemäß (6.5)

(6.7) $$v_0 = \frac{D_1}{r-er_E}.$$

Dies verdeutlicht nochmals, dass – bei korrekter Erfassung der Gewinneinbehaltungen – es irrelevant ist, ob man beim Dividendendiskontierungsmodell (6.1) von der Gewinn- oder der Dividendenreihe ausgeht.

Betrachten wir noch die Wachstumsrate $g_v = (v_t - v_{t-1}) / v_{t-1}$ im Zeitablauf, so folgt aus $v_t = D_{t+1} / (r - er_E)$ – welches die Dynamisierung von (6.6) darstellt –:

(6.8) $$g_v = \frac{v_t - v_{t-1}}{v_{t-1}} = \frac{D_{t+1}/(r-er_E) - D_t/(r-er_E)}{D_t/(r-er_E)} = \frac{D_{t+1}-D_t}{D_t} = er_E.$$

Unter den getroffenen Annahmen sind somit die Wachstumsraten von Gewinnen, Dividenden und Aktienkursen identisch.

Eine zentrale Variante des Gordon-Growth-Modells ist das *Zwei-Phasen-DDM*. Es beinhaltet zwei unterschiedliche Phasen mit zugehöriger, jeweils konstanter Wachstumsrate. Phase 1 reiche von $t = 0, \ldots, n$, hier gelte $D_t = D_0 (1+g)^t$ und Phase 2 beginne danach, hier gelte $D_{n+t} = D_n (1+g_M)^t$, $(t \geq 1)$. Aus (6.1) folgt dann:

(6.9) $$v_0 = D_0\frac{1+g}{1+r}\sum_{t=0}^{n-1}\left(\frac{1+g}{1+r}\right)^t + (1+r)^{-n}D_n\frac{1+g_M}{1+r}\sum_{t=0}^{\infty}\left(\frac{1+g_M}{1+r}\right)^t$$
$$= D_1\frac{\left[1-\left(\frac{1+g}{1+r}\right)^n\right]}{r-g} + (1+r)^{-n}D_{n+1}\frac{1}{r-g_M}$$
$$= \frac{D_1}{r-g}\left[1-\left(\frac{1+g}{1+r}\right)^n\right] + \frac{D_1}{r-g_M}\frac{1+g_M}{1+r}\left(\frac{1+g}{1+r}\right)^{n-1}.$$

Eine Standardinterpretation besteht dabei darin, dass in der ersten Phase das Unternehmen unterschiedlich (i.d.R. stärker) wächst als der für das Unternehmen relevante Teilmarkt und dann die Wachstumsrate auf Marktniveau sinkt bzw. man wegen der Prognoseproblematik für das Dividendenwachstum des Unternehmens das geschätzte langfristige mittlere Marktwachstum ansetzt.

Im Gegensatz zum Gordon-Growth-Modell ist in der ersten Phase die Wachstumsrate der Aktienkurse geringer als diejenige der Dividenden. Die Wachstumsrate des Aktienkurses fällt während der Phase des überdurchschnittlichen Dividendenwachstums monoton, bis in der zweiten Modellphase Dividenden und Aktienkurse mit identischer langfristiger Rate g_M wachsen.

Beispiel 6.2: Zwei-Phasen-DDM

In Fortführung des Beispiels 1 erwarten die Analysten für die nächsten fünf Jahre ein überdurchschnittliches Dividendenwachstum von 8%. Danach werde ein langfristiges Dividendenwachstum von 5% angenommen. Für den Wert der Aktie gemäß dem Zwei-Phasen-DDM folgt dann aus (6.9)

$$v_0 = \frac{10 \cdot (1{,}08)}{0{,}02}\left[1-\left(\frac{1{,}08}{1{,}10}\right)^5\right]+\frac{10 \cdot (1{,}08)}{0{,}05}\,\frac{1{,}05}{1{,}10}\left(\frac{1{,}08}{1{,}10}\right)^4$$
$$= 238{,}93\,.$$

In der US-amerikanischen Investmentpraxis wird standardmäßig mit einem Drei-Phasen-DDM gearbeitet. Die erste und dritte Phase entsprechen dabei dem Zwei-Phasen-DDM, die mittlere Phase ist durch ein gleichmäßiges Absinken von g auf g_M gekennzeichnet. Man vergleiche hierzu auch die Übungsaufgabe 6.1.

Allen vorstehend aufgeführten DDM-Modellen ist gemeinsam, dass die Wachstumserwartungen eine wesentliche Grundlage bei der Bewertung von Aktien darstellen. Würde der Kapitalmarkt nur die aktuelle Dividende als ewige Rendite diskontieren, so würden die Aktienkurse nur einen Bruchteil ihres tatsächlichen Preises darstellen.

Eine alternative Möglichkeit der Verwendung von DDM-Modellen besteht darin, die in den Marktpreisen enthaltenen impliziten Wachstumserwartungen zu bestimmen. Folgt man Thesen der Markteffizienz, so spiegeln sich in den Aktienpreisen zu jedem Zeitpunkt sämtliche bewertungsrelevanten Informationen wider. Es wäre also müßig, nach dem fairen Preis einer Aktie zu suchen. Dieser ist bereits in Form des aktuellen Marktpreises gegeben. Aber man kann immerhin die marktimpliziten Wachstumserwartungen transparent machen. Im Rahmen des Gordon-Growth-Modells gilt dabei bei beobachtetem aktuellen Preis v_0 und (geschätzter) künftiger Dividendenrendite D_1:

$$g = r - \frac{D_1}{v_0}\,. \tag{6.10}$$

Damit ist die in den Kursen implizite Wachstumserwartung aber erst dann eindeutig isolierbar, wenn über die Höhe des (risikoadjustierten) Diskontierungsfaktors Übereinstimmung erzielt wurde.

Beispiel 6.3: Implizite Wachstumserwartungen auf Basis des Gordon-Growth-Modells

Gegeben sei eine Aktie mit heutigem Kurs v_0 = 2500 und einer Dividende D_1 von 30 Geldeinheiten. Unterstellen Sie einen risikoadjustierten Diskontierungsfaktor von 10%. Wie hoch sind die impliziten Erwartungen des Marktes über Dividenden- bzw. Gewinnwachstum gemäß des Gordon-Growth-Modells?

Gemäß (6.10) ergibt sich:

$$g = 0{,}10 - \frac{30}{2500} = 0{,}10 - 0{,}012 = 0{,}088\,.$$

Die implizite (ewige!) Wachstumserwartung beträgt somit 8,8%.

Da die künftige Dividende aus heutiger Sicht nicht bekannt ist, wohl aber die heutige, besteht eine angemessenere Variante von (6.10) darin, D_1 ausgehend von der aktuellen Dividende D_0 und bei konsistenter Unterstellung der impliziten Wachstumsrate g zu ermitteln. Dies führt zu

(6.11) $$g = r - \frac{D_0(1+g)}{v_0}$$

und damit zu

(6.12) $$g = \frac{r - D_0 / v_0}{1 + D_0 / v_0} .$$

Der Quotient D_1 / v_0 aus (künftiger) Dividende bzw. Schätzung der künftigen Dividende und aktuellem Kurs wird auch als *Dividendenrendite* bezeichnet. Auf der Basis des Gordon-Growth-Modells stellt damit (6.10) einen Zusammenhang her zwischen Wachstumserwartung, geforderter Verzinsung und Dividendenrendite. Offenbar gehen hohe Wachstumsraten einher mit niedrigen Dividendenrenditen und hohe Dividendenrenditen mit niedrigen Wachstumserwartungen.

In der Investmentpraxis spielt neben der Dividendenrendite vor allem das Kurs/Gewinn-Verhältnis (KGV) bzw. (als englischer Fachausdruck) das Price/Earnings-Ratio (P/E-Ratio) eine zentrale Rolle bei der Suche nach dem fairen Wert bzw. der Attraktivität einer Aktie:

(6.13) $$\frac{P}{E} = \frac{aktueller\ Kurs}{(geschätzter)\ Periodengewinn} .$$

Der KGV bzw. das P/E-Ratio macht transparent, wie oft der Gewinn im Kurs enthalten ist. Neben dem KGV einzelner Aktien sind vor allem auch Branchen-KGVs sowie das KGV des Gesamtmarktes von Interesse. Im Rahmen des Gordon-Growth-Modells ergibt sich dabei

(6.14) $$\frac{P}{E} = \frac{v_0}{E_1} = \frac{D_1 / E_1}{r - g} .$$

Das Price/Earnings-Ratio wird damit bestimmt durch:

1) die (erwartete) Dividendenausschüttungsquote (Quotient aus Dividenden und Gewinn),
2) die geforderte Verzinsung,
3) die angenommene Dividenden- bzw. Gewinnwachstumsrate.

Im Rahmen der alternativen Fundierung des Gordon-Growth-Modells folgt wegen $D_1 = E_1(1\text{-}e)$ für das Price/Earnings-Ratio:

(6.15) $$\frac{P}{E} = \frac{1-e}{r-g} .$$

Hieraus folgt c.p., dass hohe Kurs/Gewinn-Verhältnisse grundsätzlich mit einem hohen Wachstumspotenzial verbunden sind bzw. ein geringes KGV mit einem geringen Wachstumspotenzial. Damit wird auch transparent, warum Aktien trotz vergleichbarer erwarteter Renditen sehr unterschiedliche Price/Earnings-Ratios aufweisen können.

6.2.3 Statistisch-ökonometrische Fundamentalmodelle

Der vorstehend dargestellte Ansatz des Dividendendiskontierungsmodells fundiert die Suche nach dem fairen Preis einer Aktie auf der Basis eines theoriegeleiteten ökonomischen Barwertansatzes. Ein alternativer Ansatz besteht darin, den Aktienpreis auf der Grundlage eines statistisch-ökonometrischen Erklärungsmodells

$$V_0 = F(x_1,\ldots,x_n;\, b_0,b_1,\ldots,b_n;\, \varepsilon) \tag{6.16}$$

abzuleiten. Dabei werden die funktionale Form (z.B. lineare Form) sowie die preisbestimmenden Variablen $x_1, \ldots, x_n$ (z.B. Wachstumsrate der Gewinne, Ausschüttungsrate, Verschuldungsgrad oder Gewinnschwankungen als Risikoindikatoren) vorgegeben und die Parameter b_0, b_1, …, b_n auf der Grundlage statistischer Beobachtungen identifiziert. Ein solcher Ansatz kann als empirisch-induktiv gekennzeichnet werden. Ein Standardansatz ist dabei das multiple lineare Regressionsmodell. Anstelle der Erklärung des Kurses kann alternativ auch eine Erklärung des Kurs/Gewinn-Verhältnisses angestrebt werden, d.h.

$$\frac{V_0}{E_1} = F(x_1,\ldots,x_n;\, b_0,b_1,\ldots,b_n;\, \varepsilon)\,, \tag{6.17}$$

dabei repräsentiert E_1 eine geeignet normalisierte Gewinnschätzung.

Beispiel 6.4: Whitbeck/Kisor-Modell

Das Modell von *Whitbeck/Kisor* (1963) besitzt die folgende Spezifikation als multiples lineares Regressionsmodell:

$$\begin{aligned} \text{KGV} = a_0 \quad & + a_1 \cdot \text{Gewinnwachstumsrate} \\ & + a_2 \cdot \text{Dividendenausschüttungsrate} \\ & + a_3 \cdot \text{Standardabweichung Wachstumsrate} \\ & + \text{Residualterm.} \end{aligned}$$

Aktuelle Weiterentwicklungen dieser traditionellen Ansätze münden in den Ansatz der *Faktormodelle*, die in Kapitel 7 behandelt werden.

6.2.4 Konsequenzen für die Investmentpraxis

Abschließend erhebt sich die Frage, inwieweit die vorstehenden Ansätze zur Fundierung eines fairen Aktienkurses angesichts der Hypothese über effiziente Märkte nutzenstiftend (und gewinnbringend) eingesetzt werden können. Die Antwort darauf lautet, dass die aktive Fundamentalanalyse ein zentrales Werkzeug ist, dessen Umsetzung eine (approximative) Effizienz von (hier) Aktienmärkten erst gewährleistet. Die Durchführung von Arbitrageoperationen, die zur Effizienzsteigerung führen, bedingt zuvor die Entdeckung von Arbitragemöglichkeiten. Hierfür sind die in diesem Abschnitt dargestellten Ansätze wichtige Hilfsmittel.

Eine solche Umsetzung sind beispielsweise so genannte *Contrarian-Investmentstrategien*. Zahlreiche empirische Untersuchungen belegen, dass Portfolios mit geringen Price/Earnings-Ratios die Performance des Gesamtmarktes deutlich schlagen, Portfolios mit hohem durchschnittlichem KGV hingegen regelmäßig eine schlechtere Performance als der Markt aufweisen. Insofern sind in der Investmentpraxis Strategien weit verbreitet, welche den systematischen Kauf bzw. Verkauf von Aktien mit geringem bzw. hohem KGV beinhalten.

Eine systematische Erklärung dieses so genannten *Price/Earnings*-Effektes besteht darin, dass Aktien mit einem geringen KGV ein höheres Risiko aufweisen und Investoren durch eine höhere mittlere Rendite hierfür kompensiert werden. Risikobereinigt sollte dann keine Outperformance des Marktes mehr bestehen. Eine alternative Erklärung besteht darin, dass Anleger das Wachstumspotenzial von Aktien häufig überschätzen und daher Aktien mit hohen impliziten Wachstumserwartungen fundamental überbewertet sind.

In diesem Zusammenhang sind auch *Value-* bzw. *Growth-Strategien* anzusprechen. *Value-Aktien* zeichnen sich durch geringe Werte relativ zu wertbestimmenden Variablen wie Gewinn pro Aktie, Dividenden oder Buchvermögen aus. *Growth-Aktien* weisen dagegen hohe Kurs/Gewinn-Verhältnisse, geringe Dividendenrenditen sowie geringe Quotienten von Preis und Buchwert auf. Über lange Zeiträume erzielten Value-Portfolios substanziell höhere Renditen als Growth-Portfolios. Dass diese empirischen Befunde aber keine Garantie auf eine Outperformance darstellen, haben gerade die Erfahrungen 1999/2000 gezeigt, einer Phase, in der mit Growth-Aktien teilweise spektakuläre Gewinne zu erzielen waren.

6.3 Optimale Selektion eines Aktienportfolios: Portfoliotheorie

6.3.1 Vorbemerkungen

In Abschnitt 6.2 sowie bei den Darstellungen in Kapitel 3 über die Zufallsgesetzmäßigkeit der Rendite von Finanztiteln stand der einzelne Finanztitel bzw. die einzelne Anlageklasse (z.B. Anlageklasse der Aktien) im Vordergrund. Im Rahmen der Portfoliotheorie hingegen werden systematisch die Effekte untersucht, die aus der Portfoliobildung, d.h. der planmäßigen Kombination von Finanztiteln (hier: Einzelaktien) bzw. Anlageklassen resultieren. Die Ergebnisse haben dabei einerseits Bedeutung für die *optimale Zusammenstellung von Portfolios* (Portfolioselektion), sei es auf der Ebene einzelner Finanztitel oder der Ebene der einzelnen Anlageklassen (*Asset Allocation*). Andererseits bilden die Ergebnisse der Portfoliotheorie die Grundlage der *Bewertung von Finanztiteln* bei Annahme von Gleichgewichtspreisen unter Risiko. Dies wird in Abschnitt 6.4 untersucht.

Die beiden Haupteffekte der Portfoliobildung sind der *Markowitzsche Diversifikationseffekt* auf der einen Seite sowie die Existenz *effizienter Portfolios*, d.h. effizienter Rendite/Risiko-Positionen auf der anderen. Diese Effekte werden im Rahmen der Abschnitte 6.3.2 bzw. 6.3.3 untersucht. Die Behandlung des Problems der optimalen Portfolioselektion ist Gegenstand von Abschnitt 6.3.4. Abschließend wird auf Fragen der praktischen Umsetzung der Portfolioselektion eingegangen.

Die Markowitzsche Portfoliotheorie basiert auf einer Reihe von Grundannahmen, die im Folgenden expliziert werden sollen. Dabei beschränken wir uns auf die Basisform der Portfoliotheorie, die insbesondere die Analyse des Einperiodenfalles beinhaltet. Die Grundannahmen (Portfoliomodell) sind:

Charakterisierung der Finanztitel: Zur Auswahl stehen n Finanztitel, die durch ihre (Cum Dividenden-) Einperiodenrendite gemäß (3.1) bzw. (2.34) charakterisiert werden (i = 1, ..., n):

(6.18)
$$R_i = \frac{K_i(1) + D_i - K_i(0)}{K_i(0)} .$$

Dabei bezeichne $K_i(0)$ den (bekannten) Kaufkurs bzw. Marktwert des Titels zu Periodenbeginn bzw. $K_i(1)$ den unsicheren Verkaufskurs bzw. Marktwert des Titels zu Periodenende. Eine zwischenzeitliche Dividende werde (ggf. verzinst) dem Periodenende zugerechnet.

Charakterisierung der Investoren: Die Investoren sind *Erwartungswert/Varianz (EV)-Investoren.*

a) Diese beurteilen die Zufallsgesetzmäßigkeit der Rendite eines Finanztitels bzw. eines Portfolios aus Finanztiteln alleine auf der Grundlage der Bewertungsgrößen Erwartungswert der Rendite E(R) sowie der Varianz der Rendite Var(R) bzw. (äquivalent) der Renditestandardabweichung $\sigma(R)$.
b) Gilt für zwei Titel $\text{Var}(R_1) = \text{Var}(R_2)$, so wird der Titel mit dem höheren Renditeerwartungswert vorgezogen (Eigenschaft der *Nicht-Sättigung*).
c) Gilt für zwei Titel $E(R_1) = E(R_2)$, so wird der Titel mit der geringeren Varianz vorgezogen (Eigenschaft der *Risikoaversion* der Investoren).

Im Sinne der Ausführungen von Abschnitt 5.2 über Individualbewertung liegt somit ein spezifisches Risiko/Wert-Modell in der Variante des Beispiels 5.1 vor.

Charakterisierung des Modellmarktes: Die Finanztitel sind beliebig teilbar, Transaktionskosten werden im Rahmen der Analyse nicht berücksichtigt bzw. sind schon in den Kauf-/Verkaufskursen enthalten.

Die Wahl der Renditeform hat dabei zum Zweck, die Analyse unabhängig vom – als fixiert angenommenen – Budget des Investors zu machen. Es ist dabei unerheblich, ob die folgenden Analysen in der Rendite- oder der Endwertversion vorgenommen werden, vgl. hierzu Übungsaufgabe 6.2.

6.3.2 Markowitz-Diversifikation

6.3.2.1 Vorbemerkungen

Ausgangspunkt der *Markowitz-Diversifikation* ist die Erkenntnis, dass das Risiko eines Portfolios nicht der Summe der Risiken der Elemente (einzelne Finanztitel, Anlageklassen) des Portfolios entspricht. Als klassisches Maß für das Investmentrisiko dient dabei die Standardabweichung der Einzel- bzw. Portfoliorenditen. Der zentrale Einflussfaktor für das Portfoliorisiko ist dabei die Korrelation zwischen den Renditen der Portfoliotitel, intuitiv der Grad der Gleich- oder Gegenläufigkeit der Kurse (Renditen) der Titel des Portfolios.

Das Prinzip der Diversifikation ist allgemein geläufig. I.d.R. versteht man darunter eine Diversifikation in einem *naiven* Sinne, eine Risikominderung durch Vermeidung von Risikokonzentrationen (»not putting all eggs in one basket»). Für eine Investition in Aktien würde dies etwa bedeuten, statt in (wenige) einzelne Aktien in ein Portfolio aus vielen Aktien zu investieren.

Die Diversifikation im Sinne von *Markowitz* besteht dagegen in einer gezielten Kombination von Wertpapieren bzw. von Wertpapierklassen (Asset Allocation) unter Berücksichtigung der jeweils gegebenen Korrelationsstruktur. Der Markowitz-Diversifikationseffekt besteht dabei darin, dass i.d.R. durch *geeignete* Kombination der Wertpapiere (bzw. Anlageklassen) das Risiko (Renditestandardabweichung) des sich durch die Kombination ergebenden Portfolios unter das Risiko *jedes* der Einzelpapiere (bzw. der einzelnen Anlageklassen) gesenkt werden kann. Generell steigt der Grad der durch Portfoliobildung möglichen Risikoreduktion mit der Abnahme des Grades der Korrelation der Elemente des Portfolios, d.h. in einem Portfolio, in dem die Wertpapiere (bzw. Wertpapierklassen) geringer korreliert sind als in einem anderen Portfolio, ist eine Risikoreduktion in einem größeren Umfange möglich. Es lässt sich aber zeigen, dass schon im Falle einer naiven Diversifikation i.d.R. eine deutliche Risikoreduktion erreicht werden kann. Es zeigt sich aber auch, dass i.d.R. das Investmentrisiko allein durch Diversifikation nicht auf Null gesenkt werden kann. Die bestehende Korrelations- und Varianzstruktur des den kombinierten Wertpapieren zu Grunde liegenden Gesamtmarktes begrenzt intuitiv das Ausmaß der möglichen Diversifikation.

Die vorstehend getroffenen Aussagen werden im Weiteren analytisch präzise herausgearbeitet. Wir beginnen dabei mit dem einfachsten Fall, der Kombination zweier Finanztitel, wobei ein »Titel« im allgemeinen Sinne auch eine Anlageklasse darstellen kann.

6.3.2.2 Analyse des Zwei-Titel-Falls

Die folgenden Abbildungen verdeutlichen auf eine eher intuitive Weise, welchen Effekt die Kombination zweier Wertpapiere in Abhängigkeit von der Stärke der Korrelation (gemessen durch den Wert des Korrelationskoeffizienten) nach sich zieht.

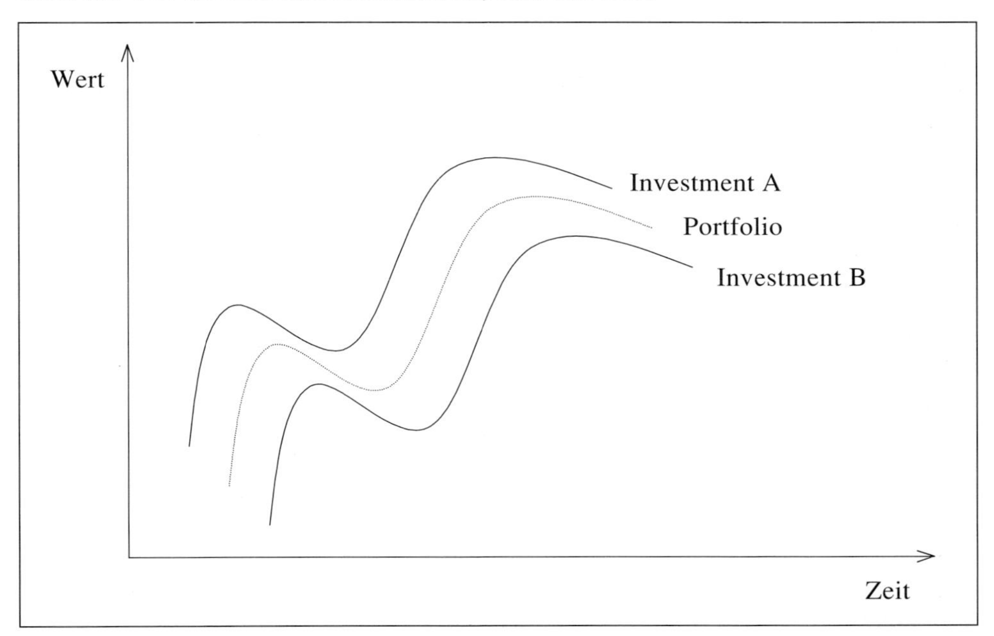

Abb. 6.1: Portfolioeffekt im Falle perfekt positiver Korrelation

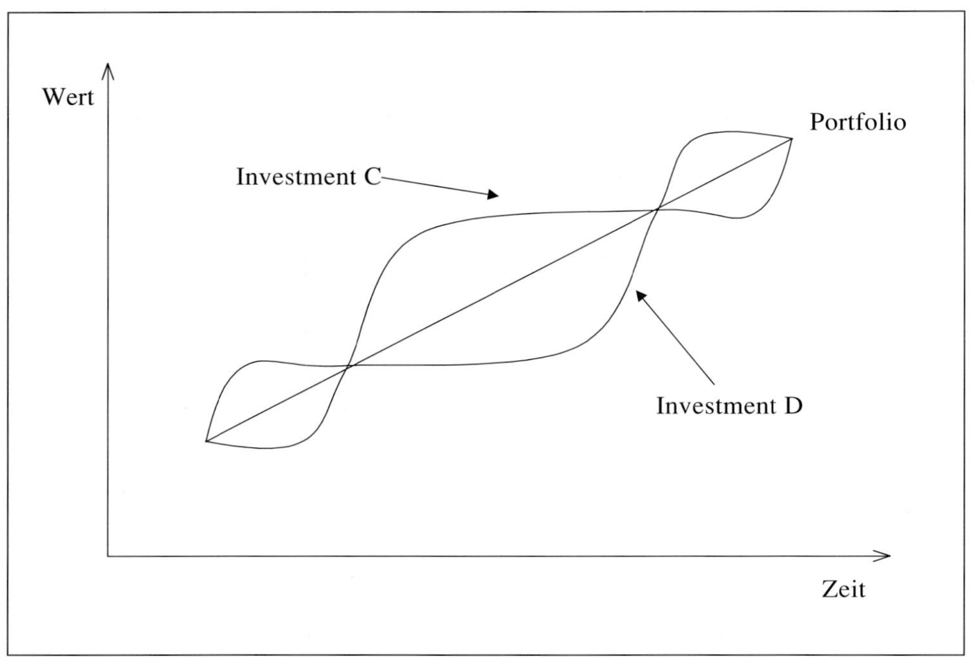

Abb. 6.2: Portfolioeffekt im Falle perfekt negativer Korrelation

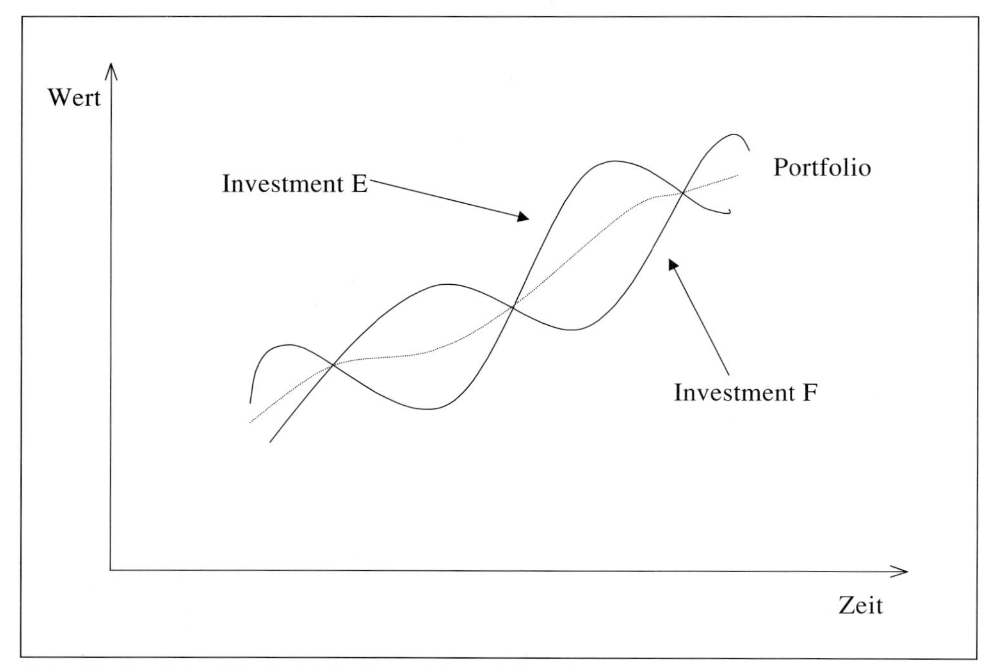

Abb. 6.3: Portfolioeffekt im Falle einer nicht perfekten Korrelation

Es soll aber ausdrücklich darauf hingewiesen werden, dass im Kontext der Abbildungen 6.2 und 6.3 die entsprechenden Effekte nur für geeignete (im Falle der Abbildung 6.2 nur für eine einzige) Kombinationen der Wertpapiere valide sind.

Wir wenden uns nun der analytischen Herausarbeitung der dargestellten Effekte zu. Wir betrachten dazu zwei Aktien mit folgenden Ausgangsdaten:

R_1, R_2 :	Rendite von Aktie 1 bzw. 2
x:	anteilige Investition in Aktie 1 ($0 \leq x \leq 1$)
$\mu_i = E(R_i), \sigma_i = \sigma(R_i)$:	Erwartungswert bzw. Standardabweichung der Rendite von Aktie i (i=1,2)
$\mu = E(R), \sigma = \sigma(R)$:	Erwartungswert bzw. Standardabweichung der Rendite des Portfolios
$\rho = \rho\ (R_1, R_2)$:	Korrelationskoeffizient der Renditen von Aktie 1 und Aktie 2.

Die Rendite R des durch Kombination von Aktie 1 und Aktie 2 entstehenden Portfolios kann bei anteiliger Investition x in Aktie 1 spezifiziert werden zu

(6.19) $$R = x R_1 + (1-x) R_2 \ .$$

Gemäß (3.35) ergibt sich damit für den Erwartungswert:

(6.20a) $$E(R) = x\mu_1 + (1-x)\mu_2$$

bzw. die Varianz der Portfoliorendite:

(6.20b) $$Var(R) = x^2\sigma_1^2 + (1-x)^2\sigma_2^2 + 2x(1-x)\rho\sigma_1\sigma_2 \ .$$

Damit ist festgelegt, welche (μ,σ)-Kombinationen sich durch eine Portfoliobildung bei Variation von x (»Mischung« der Aktien 1 und 2) erreichen lassen. Die Menge M der erreichbaren Portfolios ergibt sich zu:

(6.21) $$\begin{aligned} M = \{(\mu,\sigma);\ & \mu = x\mu_1 + (1-x)\mu_2, \\ \sigma^2 = x^2\sigma_1^2 + (1-x)^2\sigma_2^2 + 2x(1-x)\rho\sigma_1\sigma_2;\ & 0 \leq x \leq 1\} \end{aligned}$$

Die Form von M soll nun im Folgenden in Abhängigkeit von ρ genauer untersucht werden.

Fall 1: $\rho = 1$ (perfekt positive Korrelation)

$$\sigma^2 = x^2\sigma_1^2 + (1-x)^2\sigma_2^2 + 2x(1-x)\sigma_1\sigma_2$$
$$= [x\sigma_1 + (1-x)\sigma_2]^2 \quad \text{und damit}$$
$$\sigma = x\sigma_1 + (1-x)\sigma_2 = \sigma_2 + (\sigma_1 - \sigma_2)x \ .$$

Mit $x = \dfrac{\sigma - \sigma_2}{\sigma_1 - \sigma_2}$ ergibt sich somit:

(6.22) $$\begin{aligned} \mu &= x\mu_1 + (1-x)\mu_2 = \mu_2 + (\mu_1 - \mu_2)x \\ &= \mu_2 + (\mu_1 - \mu_2)\frac{\sigma - \sigma_2}{\sigma_1 - \sigma_2} \ . \end{aligned}$$

Im (μ,σ)-Koordinatensystem erweist sich die Menge M aller erreichbaren (μ,σ)-Kombinationen somit als ein Geradenstück. Endpunkte des Geradenstücks sind die (μ,σ)-Kombinationen der Aktien 1 und 2, da für x = 1 gilt $\sigma = \sigma_1$ und $\mu = \mu_1$ bzw. für x = 0 entsprechend $\sigma = \sigma_2$ und $\mu = \mu_2$. Grafisch folgt somit:

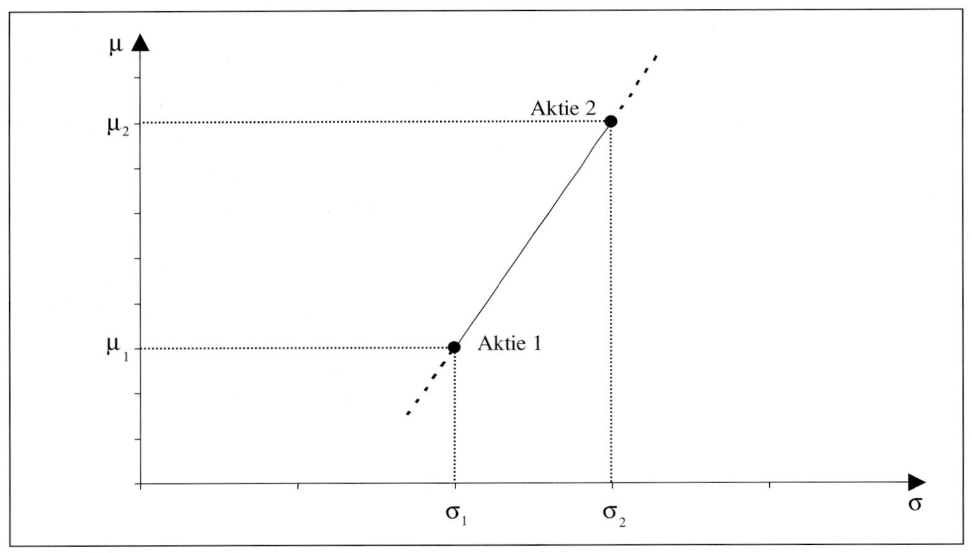

Abb. 6.4: Rendite und Risiko von Portfoliomischungen im Fall $\rho = 1$

Gibt man die Beschränkung ($0 \leq x \leq 1$) auf, so wird nun die gesamte Gerade, auf der das Geradenstück in Abb. 6.4 liegt, erreichbar (angedeutet durch die punktierten Teile der Grafik). Betrachten wir nun den Fall zweier unkorrelierter Aktienrenditen.

Fall 2: $\rho = 0$ (unkorrelierte Renditen)

(6.23)
$$\begin{aligned}\sigma^2 &= x^2\,\sigma_1^2 + (1-x)^2\,\sigma_2^2\\ &= (\sigma_1^2+\sigma_2^2)x^2 - 2x\sigma_2^2 + \sigma_2^2.\end{aligned}$$

Die Bestimmung des (global) varianzminimalen Portfolios (MVP) erfolgt nun standardmäßig durch Nullsetzen der ersten Ableitung:

(6.24)
$$\begin{aligned}&\frac{d\sigma^2}{dx} = 2(\sigma_1^2+\sigma_2^2)x - 2\sigma_2^2 = 0\\ &\Leftrightarrow x = \frac{\sigma_2^2}{\sigma_1^2+\sigma_2^2}\quad .\end{aligned}$$

Insbesondere gilt $0 < x < 1$. Die Varianz des MVP erhält man dann durch Einsetzen von (6.24) in (6.23):

(6.25)
$$\begin{aligned}\sigma_{\text{MVP}}^2 &= \left(\frac{\sigma_2^2}{\sigma_1^2+\sigma_2^2}\right)^2(\sigma_1^2+\sigma_2^2) - 2\frac{\sigma_2^2}{\sigma_1^2+\sigma_2^2}\sigma_2^2 + \sigma_2^2\\ &= \frac{\sigma_2^4}{\sigma_1^2+\sigma_2^2} - 2\frac{\sigma_2^4}{\sigma_1^2+\sigma_2^2} + \frac{\sigma_2^2(\sigma_1^2+\sigma_2^2)}{\sigma_1^2+\sigma_2^2}\\ &= \frac{\sigma_1^2\,\sigma_2^2}{\sigma_1^2+\sigma_2^2}.\end{aligned}$$

Es folgt somit:

(6.26)
$$\sigma_{MVP} = \frac{\sigma_1 \sigma_2}{\sqrt{\sigma_1^2 + \sigma_2^2}}.$$

Weiter folgt:

(6.27)
$$\sigma_{MVP} = \sigma_1 \frac{\sigma_2}{\sqrt{\sigma_1^2 + \sigma_2^2}} < \sigma_1 \frac{\sigma_2}{\sqrt{\sigma_2^2}} = \sigma_1.$$

Analog ergibt sich: $\sigma_{MVP} < \sigma_2$.

Ein Diversifikationseffekt tritt somit ein. Zumindest für das (global) varianzminimale Portfolio ist damit gewährleistet, dass dessen Renditestandardabweichung geringer ist als bei beiden Einzelaktien. Die Darstellung im (σ, μ)-Koordinatensystem kann auf analytischer Basis wie folgt abgeleitet werden:

(6.28)
$$\mu = \mu_2 + (\mu_1 - \mu_2)x \Rightarrow x = \frac{\mu - \mu_2}{\mu_1 - \mu_2}.$$

Mit (6.24) folgt daraus:

(6.29)
$$\mu_{MVP} = \mu_2 + (\mu_1 - \mu_2)\frac{\sigma_2^2}{\sigma_1^2 + \sigma_2^2}.$$

Aus (6.23) ergibt sich damit:

$$0 = (\sigma_1^2 + \sigma_2^2)x^2 - 2\sigma_2^2 x + \sigma_2^2 - \sigma^2.$$

Es folgt weiter
$$0 = x^2 - \frac{2\sigma_2^2}{\sigma_1^2 + \sigma_2^2}x + \frac{\sigma_2^2 - \sigma^2}{\sigma_1^2 + \sigma_2^2}$$

und damit schließlich:

(6.30)
$$x = \frac{\sigma_2^2}{\sigma_1^2 + \sigma_2^2} \pm \sqrt{\left(\frac{\sigma_2^2}{\sigma_1^2 + \sigma_2^2}\right)^2 - \frac{\sigma_2^2 - \sigma^2}{\sigma_1^2 + \sigma_2^2}}.$$

Durch Einsetzen von (6.30) in (6.28) folgt hieraus:

$$\frac{\mu - \mu_2}{\mu_1 - \mu_2} = \frac{\sigma_2^2}{\sigma_1^2 + \sigma_2^2} \pm \sqrt{\left(\frac{\sigma_2^2}{\sigma_1^2 + \sigma_2^2}\right)^2 - \frac{\sigma_2^2 - \sigma^2}{\sigma_1^2 + \sigma_2^2}}.$$

Damit gilt:

$$\mu = (\mu_1 - \mu_2) \cdot \left[\frac{\sigma_2^2}{\sigma_1^2 + \sigma_2^2} \pm \sqrt{\left(\frac{\sigma_2^2}{\sigma_1^2 + \sigma_2^2}\right)^2 - \frac{\sigma_2^2 - \sigma^2}{\sigma_1^2 + \sigma_2^2}}\right] + \mu_2.$$

Aus (6.29) folgt schließlich:

(6.31)
$$\mu = \mu_{MVP} \pm (\mu_1 - \mu_2) \cdot \left[\sqrt{\left(\frac{\sigma_2^2}{\sigma_1^2 + \sigma_2^2}\right)^2 - \frac{\sigma_2^2 - \sigma^2}{\sigma_1^2 + \sigma_2^2}} \right].$$

Dieser mathematische Ausdruck führt zu einer Funktion, die die Gestalt einer Wurzelfunktion (präziser: rechter Ast einer Hyperbel) aufweist. Sie kann grafisch wie folgt dargestellt werden:

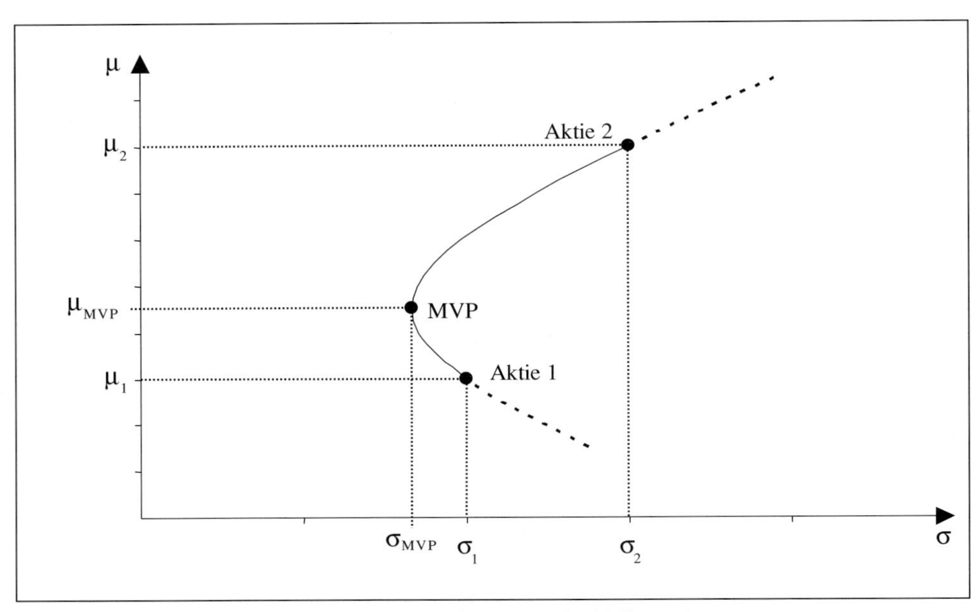

Abb. 6.5: Rendite und Risiko von Portfoliomischungen im Fall $\rho = 0$

Gibt man die Beschränkung $0 \leq x \leq 1$ auf, so wird nun die gesamte Wurzelfunktion erreichbar (angedeutet wiederum durch die punktierten Teile der Funktion).
Betrachten wir nunmehr den Fall zweier perfekt negativ korrelierter Renditen.

Fall 3: $\rho = -1$ (perfekt negative Korrelation)

$$\sigma^2 = x^2 \sigma_1^2 - 2x(1-x)\,\sigma_1 \sigma_2 + (1-x)^2 \sigma_2^2$$
$$= \left[x\sigma_1 - (1-x)\sigma_2\right]^2.$$

Hieraus folgt[2]:

(6.32)
$$\sigma = \left| x(\sigma_1 + \sigma_2) - \sigma_2 \right|.$$

2 Anmerkung: Der Ausdruck in der eckigen Klammer kann negativ werden.

Die Bestimmung des varianzminimalen Portfolios ergibt sich sodann aus:

(6.33) $$\sigma = 0 \Leftrightarrow x(\sigma_1 + \sigma_2) - \sigma_2 = 0 \Rightarrow x = \frac{\sigma_2}{\sigma_1 + \sigma_2}.$$

Da $\sigma_{min} = 0$, ergibt sich als Fazit der Ableitung, dass das Risiko in diesem Falle sogar vollständig diversifiziert werden kann. Die folgende Abbildung soll diesen Zusammenhang nochmals verdeutlichen.

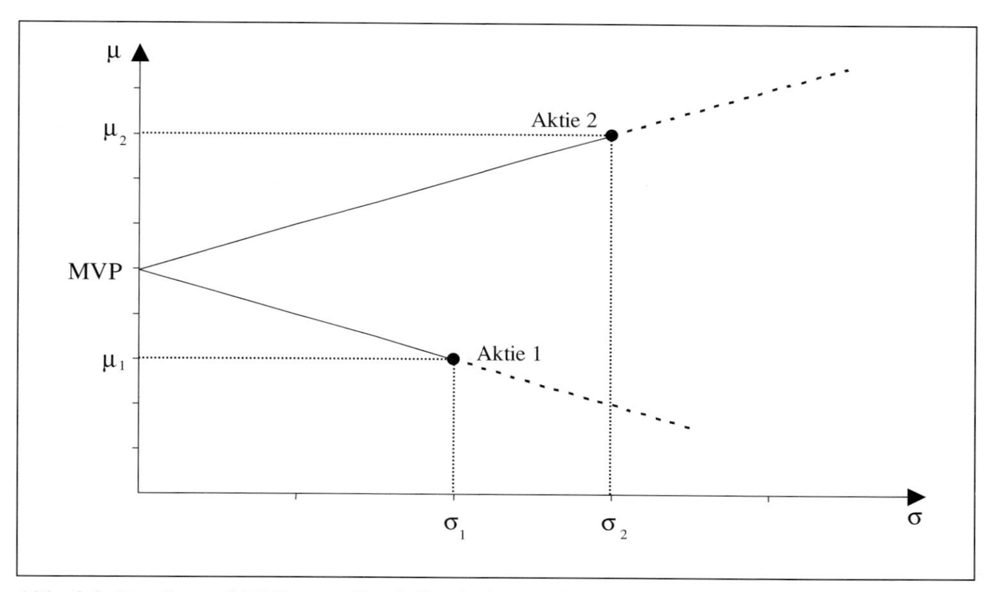

Abb. 6.6: Rendite und Risiko von Portfoliomischungen im Fall $\rho = -1$

Gibt man die Beschränkung $0 \leq x \leq 1$ auf, so sind nun nicht nur die beiden Geradensegmente in Abb. 6.6 erreichbar, sondern auch die hieraus resultierenden Halbgeraden im Bereich $\sigma > 0$ (punktierte Funktionsteile).

Wenden wir uns nun abschließend den restlichen möglichen Korrelationswerten zu. Wie im Fall $\rho = 0$ bestimmen wir zunächst das x-Gewicht des varianzminimalen Portfolios.

Fall 4: $-1 < \rho < +1$

(6.34)
$$\sigma^2 = x^2\sigma_1^2 + (1-x)^2\sigma_2^2 + 2\rho x(1-x)\,\sigma_1\sigma_2$$
$$\frac{d\sigma^2}{dx} = 2x\sigma_1^2 - 2(1-x)\sigma_2^2 + 2\rho\sigma_1\sigma_2 - 4x\rho\sigma_1\sigma_2 = 0$$
$$\Leftrightarrow x = \frac{\sigma_2^2 - \rho\sigma_1\sigma_2}{\sigma_1^2 + \sigma_2^2 - 2\rho\sigma_1\sigma_2}.$$

Der Nenner von (6.34) entspricht $Var(R_1 - R_2)$ und ist somit im Fall $-1 < \rho < 1$ ungleich null.

Zu bedenken bleibt noch, dass sich das varianzminimale Portfolio nicht notwendigerweise mit Gewichten im Wertebereich [0, 1] realisieren muss. Möchte man die Durchführung einer Kreditaufnahme (x > 1) ausschließen, so muss zunächst gelten:

(6.35a)
$$\begin{aligned} x \leq 1 &\Leftrightarrow \sigma_2^2 - \rho\sigma_1\sigma_2 \leq \sigma_1^2 + \sigma_2^2 - 2\rho\sigma_1\sigma_2 \\ &\Leftrightarrow \rho\sigma_1\sigma_2 \leq \sigma_1^2 \Leftrightarrow Cov(R_1, R_2) \leq Var(R_1). \end{aligned}$$

In analoger Schlussweise folgt $x \geq 0 \Leftrightarrow Cov(R_1, R_2) \leq Var(R_2)$, womit sich als Bedingung für die Realisierung des varianzminimalen Portfolios ohne Leerverkäufe (x < 0) bzw. Kreditaufnahme (x > 1)

(6.35b)
$$Cov(R_1, R_2) \leq \{Var(R_1), Var(R_2)\}$$

ergibt.

Weitere Aufschlüsse erbringt die Analyse der Portfoliovarianz in Abhängigkeit von ρ

(6.36)
$$\begin{aligned} \sigma_\rho^2 &= x^2\sigma_1^2 + (1-x)^2\sigma_2^2 + 2\rho x(1\text{-}x)\sigma_1\sigma_2 \\ \frac{d\sigma_\rho^2}{d\rho} &= 2x(1-x)\sigma_1\sigma_2 \geq 0\,. \end{aligned}$$

Für festes x ist σ_ρ^2 damit monoton steigend in ρ, insbesondere gilt $\sigma_{-1}^2 < \sigma_\rho^2 < \sigma_1^2$. Als Konsequenz ergibt sich damit der in Abb. 6.7 dargestellte Sachverhalt (die gepunkteten Teile repräsentieren wiederum die Aufhebung der Beschränkung $0 \leq x \leq 1$).

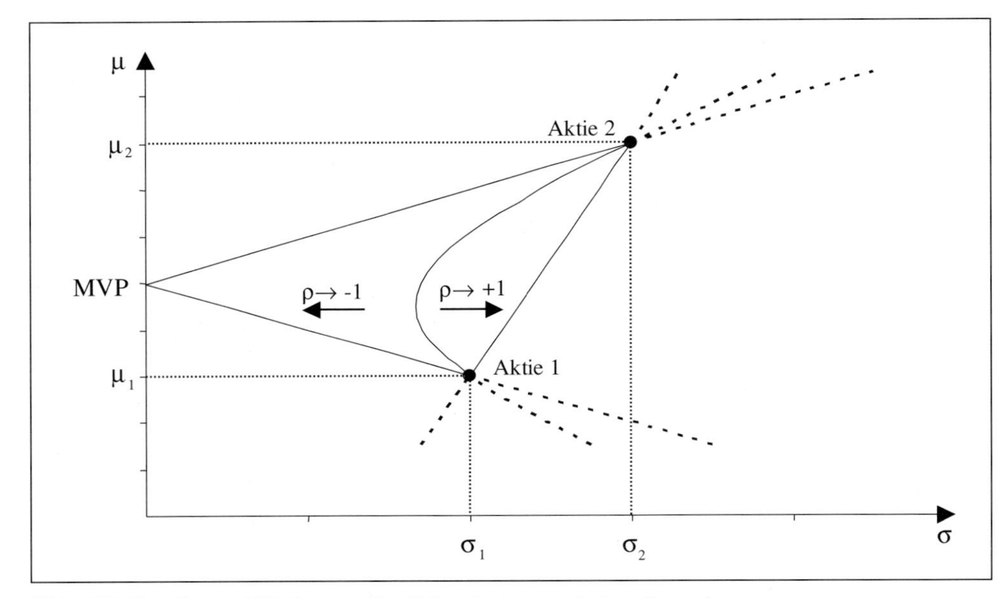

Abb. 6.7: Rendite und Risiko von Portfoliomischungen bei variierendem ρ

Die (μ,σ)-Koordinaten der erreichbaren Portfolios liegen für $-1<\rho<1$ wie bereits im Fall $\rho = 0$ auf einer Wurzelfunktion. Dieses mehr intuitiv abgeleitete Resultat soll im Folgenden nunmehr noch explizit bestätigt werden.

Hierzu definieren wir zunächst zur Notationsvereinfachung die Konstante k durch $k=\sigma_1^2+\sigma_2^2-2\rho\sigma_1\sigma_2$. Das x-Gewicht des varianzminimalen Portfolios ist dann gemäß (6.34) gegeben durch $x_{MVP}=(\sigma_2^2-\rho\sigma_1\sigma_2)/k$. Aus $\mu = x\mu_1+(1-x)\mu_2=\mu_2+(\mu_1-\mu_2)x$ ergibt sich hieraus der Erwartungswert μ_{MVP} des varianzminimalen Portfolios zu

(6.37) $$\mu_{MVP}=\mu_2+(\mu_1-\mu_2)(\sigma_2^2-\rho\sigma_1\sigma_2)/k.$$

Lösen wir nun den Ausdruck $\sigma^2=x^2\sigma_1^2+(1-x)^2\sigma_2^2+2\rho x(1-x)\sigma_1\sigma_2$ für die Portfoliovarianz auf nach x, so erhalten wir insgesamt

(6.38) $$x_{1,2}=\frac{\sigma_2^2-\rho\sigma_1\sigma_2\pm\sqrt{(\rho^2-1)\sigma_1^2\sigma_2^2+k\sigma^2}}{k}.$$

Setzen wir diesen Ausdruck in $\mu=\mu_2+(\mu_1-\mu_2)x$ ein und vergleichen dies mit (6.37), so ergibt sich

(6.39) $$\mu=\mu_{MVP}\pm\frac{\mu_1-\mu_2}{k}\sqrt{(\rho^2-1)\sigma_1^2\sigma_2^2+k\sigma^2}.$$

Auf der anderen Seite ergibt das Einsetzen von $x_{MVP}=(\sigma_2^2-\rho\sigma_1\sigma_2)/k$ in den Ausdruck für die Portfoliovarianz $\sigma^2=\sigma^2(x)$ die Beziehung

(6.40) $$\sigma_{MVP}^2=(1-\rho^2)\sigma_1^2\sigma_2^2/k.$$

Definieren wir nun noch die Konstante h durch $h=(\mu_1-\mu_2)^2/k$, so erhalten wir aus (6.39) insgesamt

(6.41) $$\mu=\mu_{MVP}\pm\sqrt{h(\sigma^2-\sigma_{MVP}^2)}.$$

Damit ist in Verallgemeinerung von (6.31) eine explizite Darstellung der (μ,σ)-Koordinaten der erreichbaren Portfolios für den Fall $-1<\rho<1$ gefunden. Für jede σ-Position σ_0 können hieraus die zugehörigen erwarteten Renditen bestimmt werden. Aus $x=(\mu-\mu_2)/(\mu_1-\mu_2)$ dann hieraus auch die entsprechenden Portfoliogewichte.

Abschließend soll noch geklärt werden, für welche Korrelationswerte die Existenz des Diversifikationseffektes im Rahmen des Zwei-Aktien-Falles gesichert ist.

Wir gehen hierzu (ohne Beschränkung der Allgemeinheit) von der Annahme aus, dass $\sigma_2 < \sigma_1$ ist. Es bezeichne x_{MVP} die anteilige Investition in Aktie 1 im Rahmen des (globalen) varianzminimalen Portfolios. Wäre $x_{MVP} = 0$, dann würde offenbar 100% in Aktie 2, die Aktie mit dem geringeren Einzelrisiko investiert, d.h. eine Diversifikation würde nicht stattfinden. Ein geeignetes Diversifikationskriterium ist demnach $x_{MVP} > 0$. Gemäß (6.34) folgt hieraus $\sigma_2^2 > \rho\sigma_1\sigma_2$ bzw. $\rho<\sigma_2/\sigma_1$ (<1). Als Ergebnis können wir damit festhalten, dass der Markowitz-Diversifikationseffekt stets erzielbar ist, solange die Konstellation

(6.42) $$\rho<\frac{\sigma_2}{\sigma_1}$$

vorliegt.

Beispiel 6.5: Varianzminimales Portfolio

Gegeben seien die folgenden Grunddaten hinsichtlich der Renditen R_A bzw. R_B der beiden Aktien A und B:

$\mu_A = 0,1; \sigma_A = 0,2$

$\mu_B = 0,2; \sigma_B = 0,3.$

Zu bestimmen ist zunächst das varianzminimale Portfolio (MVP) unter allen aus den Aktien A und B generierbaren Portfolios, wenn die Renditen von A und B

- perfekt positiv korreliert sind ($\rho_{AB} = +1$)
- unkorreliert sind ($\rho_{AB} = 0$)
- perfekt negativ korreliert sind ($\rho_{AB} = -1$) .

Im Falle $\rho_{AB} = 0$ sollen ferner die erwartete Rendite sowie die Standardabweichung des varianzminimalen Portfolios bestimmt werden.

Im Falle $\rho = 1$ liegen alle erreichbaren Portfolios auf dem Verbindungsstück zwischen (μ_B, σ_B) und (μ_A, σ_A). Das MVP resultiert daher aus einer 100%-igen Investition in Aktie A.

Bezeichne nun x_A die anteilige Investition in Aktie A. Allgemein gilt daher für die Varianz $\sigma^2 = \text{Var}(R_P)$ der Portfoliorendite $R_P = x_A R_A + (1\text{-}x_A) R_B$: $\sigma^2 = x_A^2 \sigma_A^2 + (1\text{-}x_A)^2 \sigma_B^2 + 2 x_A (1\text{-}x_A) \rho_{AB} \sigma_A \sigma_B$.

Im Falle $\rho = -1$ folgt hieraus $\sigma^2 = 0,25 x_A^2 - 0,30 x_A + 0,09$. Da im Falle $\rho = -1$ die Portfoliovarianz durch geeignete Mischung auf null reduziert werden kann, ergibt sich der gesuchte Anteil x_A des MVP somit als (eindeutige) Lösung der quadratischen Gleichung $25x^2 - 30x + 9 = 0$, hier zu $x_A = 0,6$. Die Investmentgewichte des MVP sind damit (0,6; 0,4).

Im Falle $\rho = 0$ ergibt sich $\sigma^2 = 0,04 x_A^2 + 0,09 (1\text{-}x_A)^2$. Nullsetzen der ersten Ableitung, d.h. $d\sigma^2/dx = 0$, führt zu der Gleichung $0,26x - 0,18 = 0$ und damit zu $x = 0,692$. Die Investmentgewichte des MVP-Portfolios sind damit (0,692; 0,308). Da allgemein für die erwartete Portfoliorendite gilt $\mu = x_A \mu_A + (1\text{-}x_A) \mu_B$, folgt hieraus für den Erwartungswert des MVP $\mu = 0,1 (0,692) + 0,2 (0,308) = 0,13$. Die Varianz des MVP ergibt sich durch Einsetzen der Investmentgewichte in die bereits spezifizierte Varianzformel, d.h. $\sigma^2 = 0,04 (0,692)^2 + 0,09 (0,308)^2 = 0,028$. Dies entspricht einer Standardabweichung von $\sigma = 0,167$.

Beispiel 6.6: Erreichbare Portfolios

Unter Annahme der folgenden Daten soll im unkorrelierten Falle die Menge aller (μ, σ)-Kombinationen der durch Mischung der beiden Titel erreichbaren Portfolios analytisch bestimmt werden, wobei μ als Funktion von σ darzustellen ist.

$\mu_A = 0,25; \quad \sigma_A = 0,3$

$\mu_B = 0,15; \quad \sigma_B = 0,1; \rho_{AB} = 0.$

Zunächst gilt $\mu = 0,25x + 0,15 (1\text{-}x) = 0,1x + 0,15$. Die Auflösung nach x ergibt: $x = 10 \mu - 1,5$. Einsetzen von x in die Varianzformel $\sigma^2 = 0,09x^2 + 0,01(1 - x)^2$ ergibt $\sigma^2 = 10\mu^2 - 3,2\mu + 0,265$. Die Lösung dieser quadratischen Gleichung in μ ergibt:

$$\mu_{1,2} = 0,16 \pm \sqrt{0,1\sigma^2 - 0,0009}.$$

6.3.2.3 Analyse des allgemeinen Falls

Im Rahmen des allgemeinen Portfoliomodells mit n Finanztiteln, die zunächst wieder als Aktien interpretiert werden, gilt für die Portfoliorendite R

(6.43)
$$R = x_1 R_1 + \ldots + x_n R_n = \sum_{i=1}^{n} x_i R_i ,$$

dabei bezeichnen $x_1, \ldots, x_n$ die anteiligen Investitionen in Wertpapier i ($i = 1, \ldots, n$; $x_i \geq 0$; $\sum x_i = 1$). Für Erwartungswert und Varianz der Portfoliorendite folgt damit gemäß der Ergebnisse des Abschnitts 3.4 über Erwartungswert und Varianz einer Summe von gewichteten Zufallsvariablen:

(6.44a)
$$\mu = E(R) = \sum_{i=1}^{n} x_i \mu_i$$

sowie

(6.44b)
$$\sigma^2 = Var(R) = \sum_{i=1}^{n} x_i^2 \sigma_i^2 + 2 \sum_{i<j} x_i x_j \rho_{ij} \sigma_i \sigma_j ,$$

wobei

$$\mu_i = E(R_i),\ \sigma_i^2 = Var(R_i),\ \rho_{ij} = \rho(R_i, R_j).$$

Auf die Höhe der Portfoliovarianz und damit das Ausmaß des Diversifikationseffektes nehmen somit sämtliche Renditevarianzen der Einzelpapiere sowie sämtliche (paarweise gebildete) Renditekovarianzen einen Einfluss.

Als naive Diversifikation bezeichnet man nun den Fall, dass alle Titel im Portfolio den gleichen Anteil besitzen, bei n Titeln gilt somit $x_1 = \ldots = x_n = 1/n$. Zur theoretischen Analyse einer naiven Diversifikation führen wir die folgenden Größen ein:

(6.45a)
$$\overline{V}(n) = \frac{1}{n} \sum_{i=1}^{n} Var(R_i) \quad \text{(durchschnittliche Varianz)}$$

(6.45b)
$$\overline{C}(n) = \frac{1}{n(n-1)} \sum_{i \neq j} Cov(R_i, R_j) \quad \text{(durchschnittliche Kovarianz)} .$$

Für die Varianz eines naiv diversifizierten Portfolios gilt dann (mit $x_i = 1/n$; i = 1, ..., n)

(6.46)
$$\sigma^2(n) = \sum_{i=1}^{n} \frac{1}{n^2} \sigma_i^2 + \sum_{i \neq j} \left(\frac{1}{n}\right)\left(\frac{1}{n}\right) Cov(R_i, R_j)$$
$$= \frac{1}{n} \overline{V}(n) + \frac{n-1}{n} \overline{C}(n) = \frac{1}{n}\left[\overline{V}(n) - \overline{C}(n)\right] + \overline{C}(n) .$$

Die Varianz des naiv diversifizierten Portfolios hängt somit ab von der durchschnittlichen Varianz sowie der durchschnittlichen Kovarianz der Titel im Portfolio. Zugleich erkennt man, dass der erste Term für wachsende n immer kleiner wird (die technische Bedingung dafür ist, dass $\overline{V}(n)$ und $\overline{C}(n)$ bei wachsendem n nicht selbst unendlich groß werden, was etwa unter der Bedingung $Var(R_i) \leq V$, $Cov(R_i,R_j) \leq C$ für alle i, j stets der Fall ist). Dies bedeutet, dass sich die Portfoliovarianz bei wachsender Zahl der Titel im Portfolio der durchschnittlichen Kovarianz des Marktes annähert, d.h. $\sigma^2 \approx \overline{C}(n)$ für große n. Die durchschnittliche Kovarianz des Marktes (man spricht auch vom *systematischen Risiko* des Marktes) ist zugleich die Grenze für den Diversifikationseffekt, d.h. das systematische Risiko ist nicht (hier: naiv) diversifizierbar.

Beispiel 6.7: Naive Diversifikation
Gehen wir zunächst von der Konstellation aus, dass sämtliche Finanztitel im Markt unkorreliert sind und eine identische Varianz aufweisen, so reduziert sich (6.46) auf $\sigma^2(n) = \overline{V}(n)/n = \sigma^2/n$. Die Portfoliovarianz reduziert sich damit rasch, wenn die Zahl der Wertpapiere zunimmt. Dies wird verdeutlicht in Abbildung 6.8, wobei hier $\sigma = 1$ gesetzt wurde. Unterstellen wir nun des Weiteren, dass für die Renditekovarianzen einheitlich 0,2 σ^2 gilt, dann folgt aus (6.46):

$$\sigma^2(n) = \frac{1}{n}\overline{V}(n) + \left(1 - \frac{1}{n}\right)0{,}2\sigma^2 .$$

Dies wird (wiederum unter der Annahme $\sigma = 1$) verdeutlicht im Rahmen von Abbildung 6.8. Die Geschwindigkeit der Varianzreduktion ist deutlich geringer, zudem existiert eine Untergrenze in Höhe von 0,2 σ^2, der durchschnittlichen Kovarianz des Marktes.

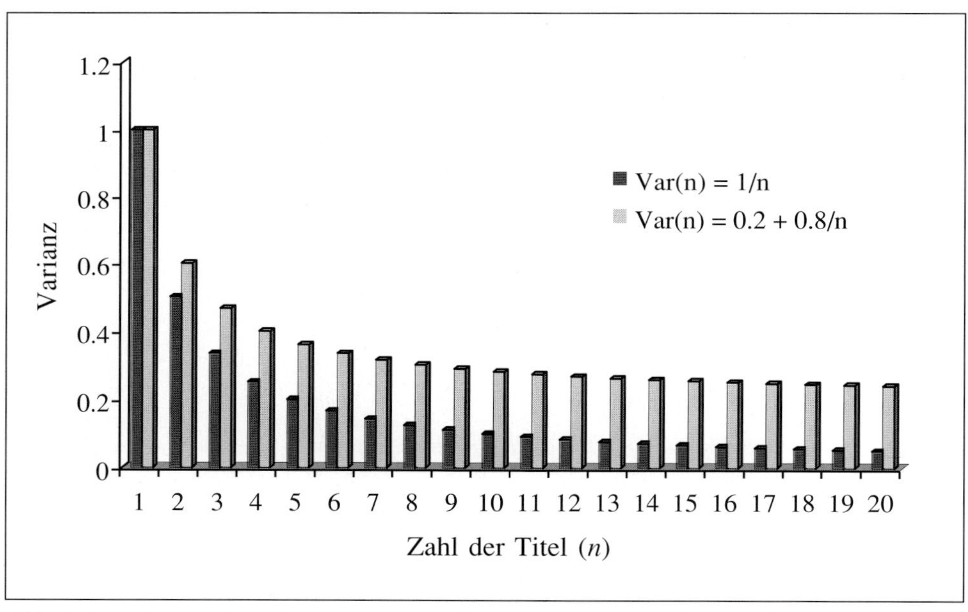

Abb. 6.8: Varianzreduktion bei naiver Diversifikation (korrelierte und unkorrelierte Titel)

6.3.3 Markowitz-Effizienz

6.3.3.1 Vorbemerkungen

Kern des in Abschnitt 6.3.2 analysierten Markowitz-Diversifikationseffektes ist die Möglichkeit, durch Portfoliobildung eine Risikoposition (gemessen an der Standardabweichung der

Wertpapier- bzw. Portfoliorendite) zu erreichen, die unterhalb der Risikopositionen jedes der Portfolio-Elemente liegt. Doch die Risikodimension ist nur eine der Dimensionen, die für eine Bewertung von Wertpapierportfolios von Relevanz ist. Daneben ist die erwartete Gesamtrendite des Portfolios von zentraler Bedeutung.

Das Konzept der *Markowitz-* oder *Erwartungswert-Varianz-Effizienz* (ebenfalls gebräuchlich: *Erwartungswert-Standardabweichungs-Effizienz, MV(Mean-Variance)-Effizienz)* erlaubt es nun, diejenigen Portfolios zu identifizieren und auszuschließen, die für alle Investoren von vorne herein suboptimal sind (*ineffiziente* Portfolios).

Als Komplement dazu ergibt sich die Menge $M^* \subset M$ der *effizienten* Portfolios (geometrisch: effizienter Rand). Da wir gemäß Abschnitt 6.3.1 von EV-Investoren ausgehen, ist ein zulässiges Portfolio dabei *effizient*, wenn es kein zulässiges Portfolio gibt, das bei gleichem »Ertrag« $E(R)$ ein geringeres »Risiko« $\sigma(R)$ aufweist bzw. bei gleichem Risiko einen höheren Ertrag besitzt.

Von Bedeutung ist schließlich noch die folgende Anmerkung: M^* ist die Menge *aller optimalen* Portfolios für EV-Investoren, d.h. für jeden Investor, der nach dem EV-Kriterium entscheidet, ist genau eines der Portfolios aus M^* optimal.

Beispiel 6.8: Effizienter Rand im 2-Titel-Fall
Da wir in Abschnitt 6.3.2.2 die Menge aller erreichbaren Portfolios für den 2-Wertpapier-Fall für alle Korrelationskonstellationen bereits geometrisch charakterisiert haben, lässt sich der effiziente Rand hier einfach bestimmen. Die Menge aller erreichbaren Portfolios ergab sich jeweils als eine Kurve im (σ, μ)-Koordinatensystem. Im Falle $\rho = +1$ ist diese Kurve bereits der effiziente Rand, in den Fällen $\rho < +1$ ist der effiziente Rand jeweils der »obere Ast« (inklusive varianzminimalem Portfolio) dieser Kurve, d.h. alle (σ, μ)-Kombinationen mit $\mu \geq \mu_{MVP}$.

6.3.3.2 Analyse des allgemeinen Falles

Wenden wir uns nun der Analyse des allgemeinen Falles zu. Dabei geben wir im Allgemeinen die Beschränkung $0 \leq x_i \leq 1$ auf. Wie können die Mengen M aller erreichbaren Portfolios bzw. M^* aller effizienten Portfolios charakterisiert werden? Hierzu zunächst ein intuitives Ergebnis für den Fall von drei unkorrelierten Aktien A, B und C. Sämtliche Mischungen von A und B, A und C bzw. B und C lassen sich hier jeweils gemäß des Zwei-Titel-Falles bestimmen – dies wird in Abbildung 6.9 verdeutlicht –, ebenso alle weiteren Mischungen jeweils zweier in dieser ersten Stufe erzeugten Portfolios. Setzt man diesen Prozess gedanklich fort, so gelangt man zu einem Gesamtergebnis, wie es in Abbildung 6.9 enthalten ist. Hierbei wird zusätzlich angenommen, dass die Portfolios A, B und C eine identische Renditestandardabweichung besitzen und die Erwartungsrenditen äquidistant sind.

Die typische geometrische Struktur der Abbildung 6.5 bleibt erhalten, nur dass nun auch die *inneren Punkte* der Hyperbel (Wurzelfunktion) erreichbar sind. Der geometrische Rand der Menge aller erreichbaren Portfolios besteht offenbar aus allen Punkten, die bezüglich eines fixierten Erwartungswertes eine minimale Varianz aufweisen (Kurve der (lokalen) Minimum-Varianz-Portfolios bzw. Randportfolios). Im Falle nichtnegativer Investmentgewichte können dabei nur Erwartungswerte im Intervall [min (μ_A, μ_B, μ_C), max (μ_A, μ_B, μ_C)] angenommen werden. Gibt man die Nichtnegativitätsbedingung auf, so kann der erreichbare Portfolioerwartungswert

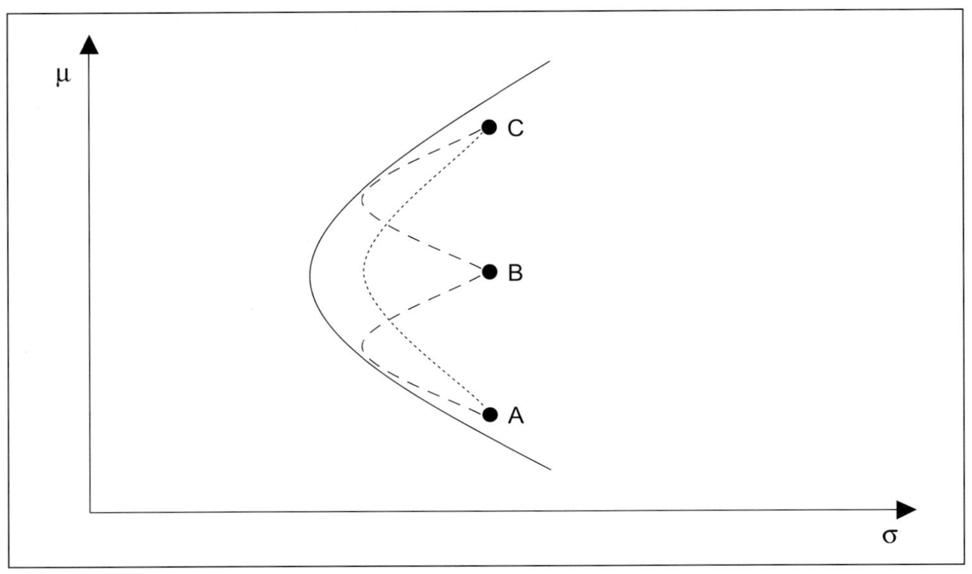

Abb. 6.9: Erreichbare Portfolios im 3-Aktien-Fall

frei variieren. Der effiziente Rand besteht dann offenbar aus dem »oberen Ast« der Kurve der Randportfolios, inklusive dem global varianzminimalen Portfolio. Abbildung 6.9 verdeutlicht zugleich auch den Gewinn an Effizienz, der mit einer Portfoliobildung einhergeht, wenn die Zahl der Wertpapiere erhöht wird (hier jeweils von zwei auf drei).

Die bisher nur auf einer intuitiven Ebene erzielten Ergebnisse hinsichtlich des effizienten Randes lassen sich im allgemeinen Fall analytisch vollständig bestätigen. Dabei wird zunächst der aus analytischer Sicht erheblich einfachere Fall betrachtet, dass den Investmentgewichten x_i gemäß Abschnitt 6.3.2.3 nur die Beschränkung $x_1 + \ldots + x_n = 1$ auferlegt wird und sich diese ansonsten frei variieren lassen (Vernachlässigung der Nichtnegativitätsbedingung). Die Aufgabe der Bestimmung aller Randportfolios lässt sich dann analytisch wie folgt formulieren (σ_{ij}: = $Cov(R_i, R_j)$):

(6.47a) $$Z(x) = Var(R_P) = \sum_{i=1}^{n} \sum_{j=1}^{n} x_i \, x_j \, \sigma_{ij} \rightarrow \min!$$

unter den Nebenbedingungen

(6.47b) $$E(R_P) = x_1 \mu_1 + \ldots + x_n \mu_n = r$$

(6.47c) $$x_1 + \ldots + x_n = 1.$$

Dieses Problem lässt sich mittels eines Standard-Lagrangeansatzes lösen:

(6.48) $$\frac{1}{2} \sum \sum x_i \, x_j \, \sigma_{ij} + \lambda_1 (r - \sum x_i \mu_i) + \lambda_2 (1 - \sum x_i) \rightarrow \min!\,,$$

dabei sind λ_1 bzw. λ_2 zwei Lagrangemultiplikatoren (und es wurde standardmäßig mit 1/2 $Var(R_P)$ anstelle $Var(R_P)$ formuliert, um eine Vereinfachung der resultierenden Ergebnisse zu erhalten).

Die formale Ableitung der analytischen Lösung dieses Problems ist in Anhang 6A.2 enthalten. Die dabei gewonnenen Ergebnisse bestätigen vollständig die zuvor auf intuitiver Ebene gewonnenen Lösungen. Allerdings ist die Ableitung recht aufwändig, sodass im Folgenden die generelle Vorgehensweise nur anhand eines Beispiels illustriert wird.

Beispiel 6.9: Minimum-Varianz-Portfolios: 3-Titel-Fall, ohne Nichtnegativitätsbedingung
Betrachtet werden 3 Wertpapiere mit unkorrelierten Renditen und identischen Renditevarianzen der Höhe 0,1. Die Renditeerwartungswerte seien gegeben durch 0,2, 0,1 und 0,3. Die Lagrangefunktion zur Bestimmung des effizienten Randes lautet dann:

$$L(x_1,x_2,x_3,\lambda_1,\lambda_2)=\tfrac{1}{2}(0{,}1x_1^2+0{,}1x_2^2+0{,}1x_3^2)-\lambda_1(0{,}2x_1+0{,}1x_2+0{,}3x_3-r)$$
$$-\lambda_2(x_1+x_2+x_3-1).$$

Die Lagrangegleichungen sind entsprechend spezifiziert durch:

$$\begin{aligned}
L_{x_1}&=0{,}1x_1-0{,}2\lambda_1-\lambda_2=0 &&\Rightarrow x_1=2\lambda_1+10\lambda_2\\
L_{x_2}&=0{,}1x_2-0{,}1\lambda_1-\lambda_2=0 &&\Rightarrow x_2=\lambda_1+10\lambda_2\\
L_{x_3}&=0{,}1x_3-0{,}3\lambda_1-\lambda_2=0 &&\Rightarrow x_3=3\lambda_1+10\lambda_2\\
L_{\lambda_1}&=0{,}2x_1+0{,}1x_2+0{,}3x_3-r=0\\
L_{\lambda_2}&=x_1+x_2+x_3=1.
\end{aligned}$$

Einsetzen der Lösungen der ersten drei Gleichungen in die vierte und fünfte ergibt:

$$\begin{aligned}
14\lambda_1+60\lambda_2&=10r\\
6\lambda_1+30\lambda_2&=1.
\end{aligned}$$

Hieraus folgt $\lambda_1 = 5r - 1$ sowie $10\lambda_2 = 7/3 - 10r$. Dies führt zu $x_1 = 1/3$, $x_2 = 4/3 - 5r$, $x_3 = 5r - 2/3$, den Investmentgewichten der Minimum-Varianz-Portfolios für ein festes r. Die entsprechende Varianz ist

$$\sigma^2=(x_1^2+x_2^2+x_3^2)/10=5r^2-2r+7/30.$$

Für $r = 0{,}2$ ergibt sich das global varianzminimale Portfolio, es folgt:

$$\sigma_{\mathrm{MVP}}=1/\sqrt{30}\approx 0{,}1826.$$

Zur entsprechenden Funktion gelangt man durch Auflösung von $\sigma^2=5\mu^2-2\mu+7/30$ (hier kann man die Fixierung von $\mu = r$ wieder aufgeben) und es resultiert:

$$\mu=0{,}2\pm\sqrt{0{,}2(\sigma^2-1/30)}\,.$$

Wird die Nichtnegativitätsbedingung beibehalten, so bestimmt sich die Menge der Randportfolios analytisch wie folgt:

Zielfunktion: $Z(x) = \mathrm{Var}(R_P) \rightarrow \min!$
unter den Nebenbedingungen

$$\begin{aligned}
&1)\,E(R_P)=r\\
&2)\,x_1+\ldots+x_n=1\\
&3)\,x_1,\ldots,x_n\geq 0\;.
\end{aligned}\tag{6.49}$$

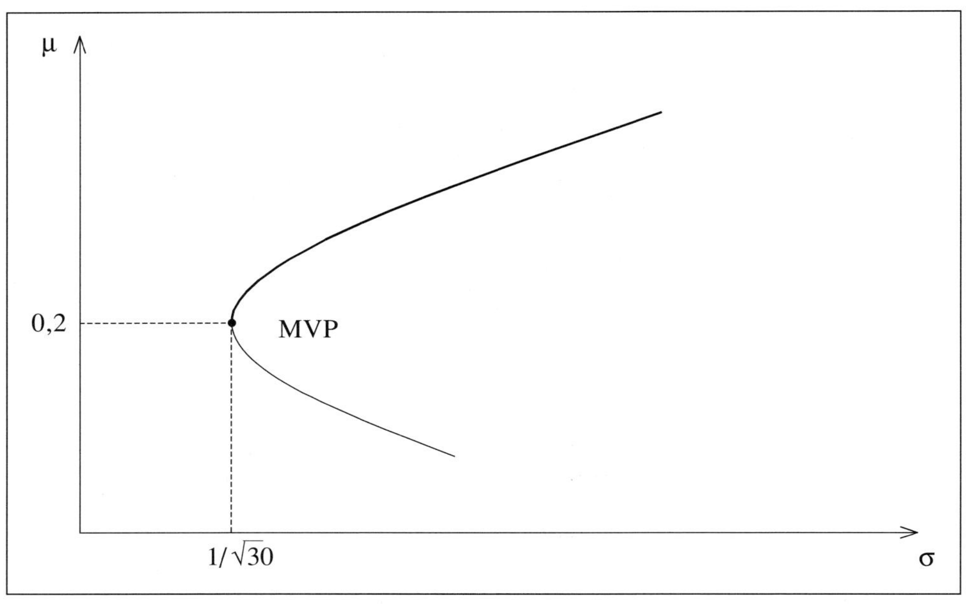

Abb. 6.10: Kurve der Minimum-Varianz-Portfolios: 3-Titel-Fall, ohne Nichtnegativitätsbedingung

Diese Problemstellung ist ein parametrisches quadratisches Optimierungsproblem, das nur in einfachen Spezialfällen einer (selbst dann aufwändigen) analytischen Lösung zugänglich ist. Für den allgemeinen Fall stehen eine Reihe von Standardalgorithmen zur numerischen Lösung bereit. Auch hier soll der generelle Fall (nur) anhand eines Beispiels illustriert werden.

Beispiel 6.10: Minimum-Varianz-Portfolios: 3-Titel-Fall, mit Nichtnegativitätsbedingung
Die Analyse wird unter Annahme der Daten aus Beispiel 6.9 fortgeführt. Für die dortigen Investmentgewichte (in Abhängigkeit von r) ist die Nicht-Negativität nicht immer gewährleistet. Es gilt insbesondere $x_2 \geq 0 \Leftrightarrow r \leq 4/15$ und $x_3 \geq 0 \Leftrightarrow r \geq 2/15$. Die bisherige Lösung bleibt daher nur für den Fall $2/15 \leq r \leq 4/15$ erhalten.

Die Lösung des Optimierungsproblems ist in Abbildung 6.11 dokumentiert, wobei zum Vergleich nochmals die Randportfolios aus Beispiel 6.9 dargestellt sind. Die neue Menge der Randportfolios besteht aus drei zusammenhängenden Stücken, die jeweils Segmente einer Wurzelfunktion darstellen. Die Wurzelfunktionssegmente entsprechen den Wertebereichen $1/10 \leq r \leq 2/15$, $2/15 \leq r \leq 4/15$ sowie $4/15 \leq r \leq 3/10$.

Ein wesentlicher Unterschied im Lösungsverhalten der Optimierungsprobleme (6.47) und (6.49) besteht darin, dass im Falle ohne Nichtnegativitätsbeschränkung in der Regel alle Titel im optimalen Portfolio vertreten sind. Im Falle der Wahrung der Nichtnegativitätsbeschränkung ist dies nicht mehr der Fall (Investmentgewichte von null).

In der Investmentpraxis kommen oftmals weitere Restriktionen hinzu, insbesondere für institutionelle Investoren. Mit jedem Investor ist typischerweise ein individuelles Restriktionensystem verbunden. Dieses resultiert zum einen aus internen Restriktionen hinsichtlich der Kapitalanlagetätigkeit, zum anderen aus exogenen Restriktionen. Beispiele für letztere sind die

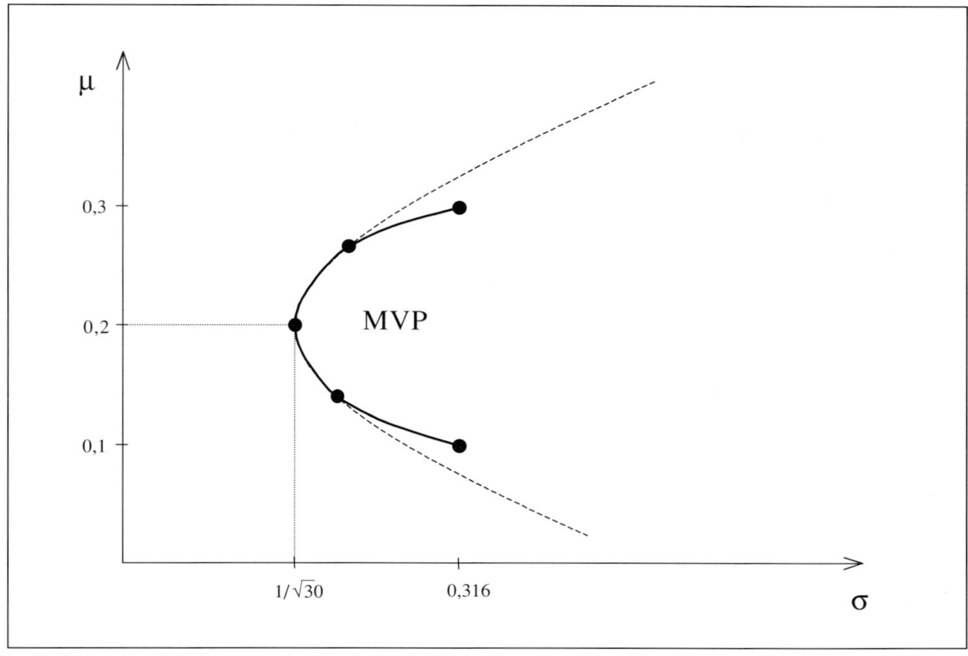

Abb. 6.11: Kurve der Minimum-Varianz-Portfolios: 3-Titel-Fall inkl. Nichtnegativitätsbedingung

aufsichtsrechtlichen Kapitalanlagevorschriften für Versicherungsunternehmen oder Restriktionen für Investmentfonds, die sich aus dem Investmentgesetz ergeben. Die nachfolgende Abbildung 6.12 illustriert die Konsequenzen eines zu beachtenden Restriktionensystems für die Portfoliobildung.

Das Restriktionensystem bewirkt, dass nur noch eine Teilmenge der prinzipiell erreichbaren Portfolios realisiert werden darf, d.h. eine eingeschränkte Menge von *zulässigen* Portfolios. Die Menge der zulässigen Portfolios besitzt nun selbst wieder einen effizienten Rand, der als *bedingt* effizienter Rand bezeichnet wird, um zu kennzeichnen, dass diese Portfolios nur im Rahmen einer eingeschränkten Portfoliobildung effiziente Portfolios darstellen. Allgemein gilt: Restriktionen hinsichtlich der Portfoliobildung bewirken grundsätzlich einen Verlust an Effizienz. Diese modelltheoretische Aussage gilt allerdings uneingeschränkt nur bei vollständiger Gewissheit über die zu Grunde liegenden Parameter des Portfoliomodells (Erwartungsrenditen, Renditevarianzen, Korrelationen).

Schließlich lässt die generelle Form des effizienten Randes noch eine weitere Schlussfolgerung zu:

- Systematisch höhere Renditen sind (im Rahmen von effizienten Positionen) nur unter erhöhtem Risiko realisierbar und vice versa!

Lässt man ineffiziente Positionen außer Betracht, so zeigt die Form des effizienten Randes einen positiven Zusammenhang zwischen Risiko und Rendite. Je höher die erwartete Rendite, die man erzielen will, desto höher das Risiko, das hierfür in Kauf genommen werden muss und damit umso größer die Gefahr, dass die angestrebte Rendite nicht erreicht wird. Umgekehrt: Je

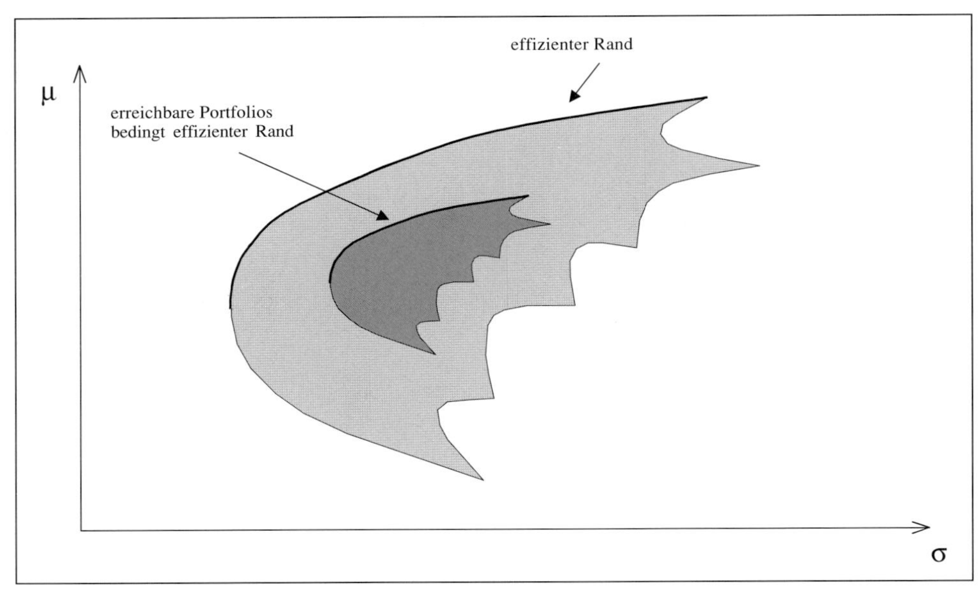

Abb. 6.12: Portfoliobildung unter Restriktionen

geringer das Risiko, das in Kauf genommen wird, desto niedriger wird auch die Rendite sein, die erwirtschaftet werden kann.

Im Rahmen von effizienten Positionen gilt insbesondere:

- Die Position mit maximaler erwarteter Rendite weist stets das höchste Risiko auf.
- Die Position mit minimalem Risiko weist stets die geringste erwartete Rendite auf.

Daraus sind unmittelbar die folgenden Konsequenzen für die Investmentpraxis zu ziehen:

- Weder uneingeschränkte Ertragsmaximierung noch uneingeschränkte Risikominimierung sind i.d.R. adäquate Strategien.
- Es muss stets ein Abgleich (Trade-off) zwischen Risiko und Rendite vorgenommen werden.

Abschließend wenden wir uns noch einem empirischen Beispiel im Asset Allocation-Kontext zu. Dieses ist in Abbildung 6.13 illustriert. Zum einen wird hier der effiziente Rand auf der Basis von Mischungen aus den Anlageklassen deutsche Anleihen und deutsche Aktien generiert. Als (effizientes) Beispiel-Portfolio dient dabei ein Portfolio bestehend aus 30% Aktien und 70% Anleihen. Zum anderen ist der effiziente Rand auf der Basis von Mischungen von europäischen Anleihen, europäischen Aktien, europäischen Small Caps und osteuropäischen Aktien eingezeichnet. Als Beispiel-Portfolio dient wiederum ein Portfolio bestehend aus 30% Aktien (im Detail: 20% europäische Aktien, 5% Small Caps und 5% osteuropäische Aktien) und 70% europäische Anleihen. Dieses Portfolio liegt leicht unterhalb der Effizienzlinie.

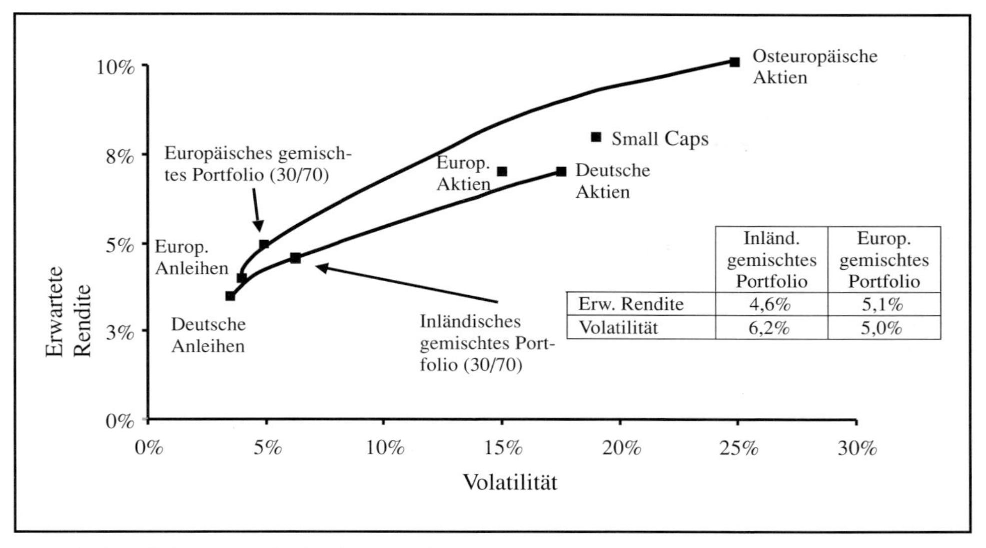

	Inländ. gemischtes Portfolio	Europ. gemischtes Portfolio
Erw. Rendite	4,6%	5,1%
Volatilität	6,2%	5,0%

Abb. 6.13: Effiziente Ränder in einer empirischen Asset Allocation

6.3.4 Selektion eines optimalen Portfolios

6.3.4.1 Vorbemerkungen

Wie am Ende des letzten Abschnitts festgehalten wurde, muss jeder Investor zur Bestimmung des für ihn spezifischen optimalen Portfolios einen individuellen Abgleich zwischen Risiko und Rendite vornehmen. Jeder rationale EV-Investor selektiert eine für ihn charakteristische (μ, σ)-Position auf dem effizienten Rand. Zur Bestimmung dieser Position muss der Investor dabei direkt oder indirekt seine Präferenzvorstellungen hinsichtlich der Bewertung von risikobehafteten Investments (vgl. hierzu allgemein Abschnitt 5.2.1) offenlegen bzw. beachten.

Im Rahmen des Markowitzschen Basismodells der Portfoliotheorie bedeutet eine explizite Offenlegung der Präferenzvorstellungen die konkrete Spezifizierung der Präferenzfunktion $V(R) = V[E(R), \sigma(R)]$. Standardformen solcher Präferenzfunktionen sind etwa

(6.50a) $$V(R) = E(R) - a\text{Var}(R) \quad a > 0$$

oder

(6.50b) $$V(R) = E(R) - b\sigma(R) \quad b > 0,$$

die Risikoaversionsparameter a bzw. b sind dabei konkret zu spezifizieren. Das individuell optimale Portfolio des Investors ergibt sich dann formal durch Lösung des folgenden Optimierungsproblems:

(6.51)
$$V(\mu, \sigma) = V(x_1, ..., x_n) \rightarrow \max!$$
unter der Nebenbedingung
$$(\mu, \sigma) \in M \text{ bzw. } (x_1, ..., x_n) \in D,$$

wobei M die Menge der zulässigen (μ, σ)-Positionen bzw. D die entsprechende Menge der zulässigen Investmentgewichte bezeichne.

Beispiel 6.11: Portfolio-Selektion im Zwei-Aktien-Fall

Wir betrachten beispielhaft den Zwei-Aktien-Fall sowie die Präferenzfunktion $V(R)$ gemäß (6.50a), wobei x unbeschränkt variieren darf. Es gilt dann ($\sigma_{12} := Cov\ (R_1, R_2)$):

$$V(R) = E(R) - aVar(R) = \mu_2 + (\mu_1 - \mu_2)x$$

$$-a[\sigma_1^2 x^2 + (1-x)^2 \sigma_2^2 + 2x(1-x)\sigma_{12}] \to \max!$$

$$\frac{dV(x)}{dx} = (\mu_1 - \mu_2) - 2a\sigma_1^2 x + 2a(1-x)\sigma_2^2$$

$$-2a\sigma_{12} + 4ax\sigma_{12} = 0$$

$$\Rightarrow x = \frac{2a(\sigma_{12} - \sigma_2^2) - (\mu_1 - \mu_2)}{4a\sigma_{12} - 2a(\sigma_1^2 + \sigma_2^2)}$$

$$= \frac{\frac{\mu_1 - \mu_2}{2a} + \sigma_2^2 - \sigma_{12}}{\sigma_1^2 + \sigma_2^2 - 2\sigma_{12}}.$$

Für $a \to \infty$ strebt diese Lösung somit gegen das x-Gewicht des varianzminimalen Portfolios gemäß (6.34).

Hinsichtlich des Optimierungsproblems (6.49) ist noch die folgende Eigenschaft optimaler Lösungen (μ^*, σ^*) anzumerken:

(6.52)
$$\text{Für } (\mu^*, \sigma^*) \text{ mit } V(\mu^*, \sigma^*) = \max_M V(\mu, \sigma)$$
$$\text{gilt: } (\mu^*, \sigma^*) \in M^*.$$

Die individuell optimale (μ, σ)-Kombination muss natürlich ein Element des effizienten Randes sein. Statt über die Menge M könnte man also auch über die Menge M^* optimieren. Dies setzt allerdings die vorherige Bestimmung von M^* voraus, was durch direkte Maximierung über M vermieden werden kann. Damit werden aber die Ausführungen des Abschnitts 6.3.3 nicht überflüssig: neben didaktischen Gründen ist die Menge M^* der für *alle Investoren* optimalen Portfolios vor allem für kapitalmarkttheoretische Ansätze zentral, vgl. Abschnitt 6.4.

Aus empirischer Sicht ist die Offenlegung der Präferenzen eines Investors schwierig, auch wenn im einfachsten Fall nur die Parameter a bzw. b gemäß (6.50) zu spezifizieren sind. Der Entwicklung von alternativen Ansätzen zur Selektion des für den Investor optimalen Portfolios kommt damit große praktische Bedeutung zu.

In der Investmentpraxis (insbesondere bei der Verwaltung der Vermögen von institutionellen Kunden) erfolgen Planung und Umsetzung von Anlageentscheidungen sowie Erfolgsmessung und Risikokontrolle üblicherweise anhand eines Referenzportfolios (Benchmark, besser Benchmarkportfolio), das als »Messlatte« für einzugehende Risiken oder Performanceerwartungen dient. Das Benchmarkportfolio dient sowohl als Referenzpunkt für die Portfoliooptimierung als auch für die Ex-post-Performancekontrolle.

Eine Möglichkeit, ein solches Referenzportfolio zu spezifizieren, ist die Vorgabe eines Aktien-Index (DAX, MSCI). Zum anderen kann auch das bestehende Portfolio eines Investors als symptomatisch für den einzugehenden Risikograd angesehen werden. In diesem Fall kann das bestehende Portfolio als Benchmark verwendet werden. Allgemein ist ein Benchmarkportfolio charakterisiert durch:

R_B = Einperiodenrendite des Benchmarkportfolios
μ_B = $E(R_B)$
σ_B = $\sigma(R_B)$
$x_1^0, \ldots, x_n^0$ = prozentualer Anteil der Aktie i im Benchmarkportfolio.

Eine Aufgabenstellung für den Portfoliomanager könnte dann lauten: Erziele eine maximale (erwartete) Überrendite bei unveränderter Risikoposition! Analytisch kann dies durch das folgende Optimierungsproblem gelöst werden:

$$\text{Zielfunktion: } E(R) - E(R_B) = \sum x_i \mu_i - \sum x_i^0 \mu_i = \sum (x_i - x_i^0)\mu_i \rightarrow \max!$$

(6.53)

$$\text{Nebenbedingungen: } \quad 1)\ Var(R) = Var(R_B), \text{ d.h. } \sum\sum x_i x_j \sigma_{ij} = \sum\sum x_i^0 x_j^0 \sigma_{ij}$$

$$2)\ \sum x_i = 1.$$

Im nachfolgenden Fallbeispiel soll dies verdeutlicht werden.

Beispiel 6.12: Optimierung relativ zu einer Benchmark

Das zulässige Anlageuniversum für einen Portfoliomanager umfasst sieben Aktien. Die relativen Investmentanteile des Benchmarkportfolios sowie die Schätzungen des Managers bezüglich der Renditeerwartungswerte, -volatilitäten und -korrelationen sind in der nachfolgenden Tabelle enthalten.

Ausgangsdaten							
Aktie Nr.	1	2	3	4	5	6	7
Renditeerwartung	1,48	1,37	0,42	0,95	1,53	1,20	1,30
Renditevolatilität	6,15	4,94	6,19	4,32	5,55	4,34	6,17
Benchmark	0,25	0,16	0,12	0,09	0,15	0,12	0,11
Korrelationen							
Aktie 1	1,00						
Aktie 2	0,60	1,00					
Aktie 3	0,41	0,34	1,00				
Aktie 4	0,55	0,67	0,35	1,00			
Aktie 5	0,65	0,65	0,37	0,62	1,00		
Aktie 6	0,57	0,71	0,34	0,78	0,63	1,00	
Aktie 7	0,71	0,52	0,31	0,48	0,72	0,50	1,00

Anmerkungen: Renditeerwartungswerte und Renditevolatilität in % p.m.

Zielsetzung des Portfoliomanagers ist es, das Rendite- und Risikoprofil der Benchmark, welches eine erwartete Rendite von 1,24% bei einer Renditevolatilität von 4,35% aufweist, zu verbessern. Hierzu verwendet er die Optimierungsprozedur (6.53), das heißt, er sucht diejenige Portfoliokomposition, welche unter Fixierung der Risikoposition (Renditevolatilität der Benchmark) einen maximalen Renditeerwartungswert generiert. Dabei sind neben dem Ausschluss von Leerverkäufen (negative Portfoliogewichte) keine weiteren Restriktionen zu beachten. Es ergeben sich die folgenden in diesem Sinn optimalen Portfoliogewichte:

Optimale Portfoliogewichte							
Aktie Nr.	1	2	3	4	5	6	7
Anteil	0,11	0,28	0,00	0,00	0,30	0,31	0,00

Im Vergleich zum Benchmarkportfolio wurden die Investmentgewichte der Aktien Nr. 2, 5 und 6 deutlich erhöht und diejenigen der Aktien Nr. 1, 3, 4, und 7 zurückgefahren. Die Volatilität des optimierten Portfolios beträgt 4,35% und stimmt mit derjenigen der Benchmark überein. Allerdings kann die erwartete Rendite von 1,24% (Benchmark) auf 1,38% deutlich gesteigert werden. In der nachfolgenden Abbildung sind die Menge aller effizienten Portfolios und das Rendite- und Risikoprofil der Benchmark sowie des optimalen Portfolios dargestellt.

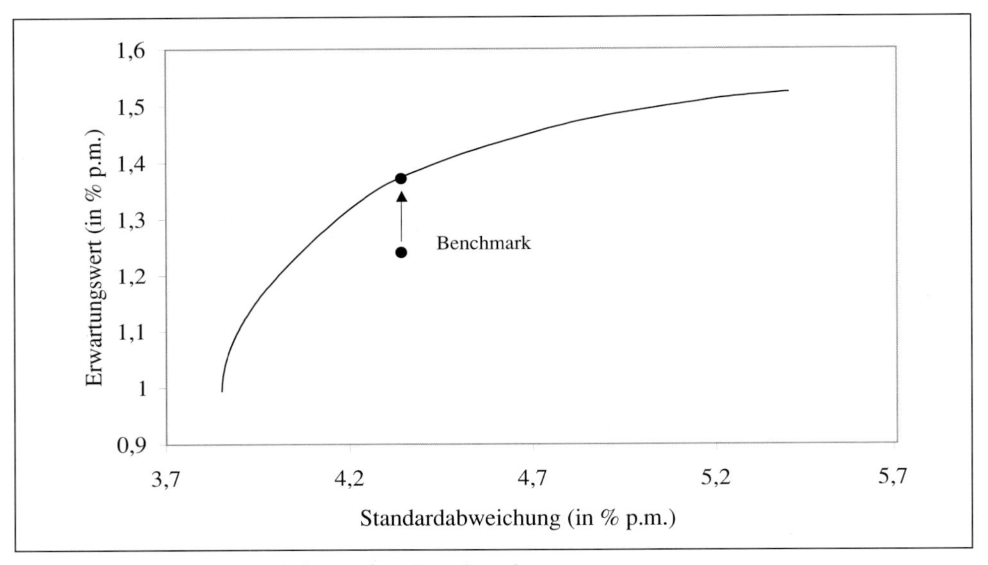

Abb. 6.14: Optimierung relativ zu einer Benchmark

Eine alternative Möglichkeit besteht darin, den Renditeerwartungswert des Benchmarkportfolios unter einem geringeren Risikoausmaß zu realisieren und hierzu das entsprechende risikominimale Portfolio auf dem effizienten Rand zu bestimmen. Das Segment zwischen diesen beiden Portfolios enthält alle effizienten Portfolios, die das Ausgangsportfolio hinsichtlich Erwartungswert und Varianz bzw. Standardabweichung dominieren, d.h. entweder einen höheren Ertrag bei geringerem Risiko oder ein geringeres Risiko bei höherem Ertrag aufweisen.

Die Problematik des Benchmarkansatzes besteht darin, dass eine Risikokontrolle in absoluten Termen nicht gewährleistet ist. Erst nachdem feststeht, in welchem Ausmaß das Investmentrisiko toleriert werden kann, können sinnvolle Benchmarkportfolios festgelegt werden. Für die Investmentpraxis wünschenswert sind daher ebenfalls Ansätze, die eine *effektive Risikokontrolle* seitens des Investors erlauben. Der Risikoaversionsparameter wird dabei nicht explizit festgelegt, sondern implizit durch Spezifikationen des Ausmaßes des tolerierbaren Risikos bestimmt. Als ein sehr flexibles Instrumentarium erweist sich dabei die Kontrolle der Höhe der Shortfallwahrscheinlichkeit gemäß (3.46). Die resultierenden methodischen Ansätze sind Varianten des Safety first-Ansatzes (nach *Telser*), hierauf werden wir uns im Weiteren konzentrieren. Dabei soll zunächst auf die Möglichkeiten der Kontrolle der Shortfallwahrscheinlichkeit eingegangen werden.

6.3.4.2 Portfolioselektion auf der Basis des Safety first-Ansatzes

6.3.4.2.1 Kontrolle der Shortfallwahrscheinlichkeit

Die Shortfallwahrscheinlichkeit $SW_z(R) = P(R \leq z)$ gemäß (3.46) misst die Wahrscheinlichkeit dafür, dass die Realisierung der Rendite eines Investments (hier: Aktienportfolio) eine vorgegebene Zielrendite z (Benchmarkrendite, Mindestrendite, Targetverzinsung) unterschreitet oder gerade erreicht.

Die Kontrolle der Shortfallwahrscheinlichkeit erfordert daher

- die Vorgabe einer gewünschten, durch das Investment zu erwirtschaftenden Mindestrendite z
- die Vorgabe einer (kleinen) Wahrscheinlichkeit ε, sodass höchstens mit Wahrscheinlichkeit ε die Mindestrendite nicht übertroffen wird bzw. sie mit (hoher) Wahrscheinlichkeit $1-\varepsilon$ übertroffen wird.

Formal führt die Kontrolle der Shortfallwahrscheinlichkeit somit auf die folgenden (äquivalenten) Wahrscheinlichkeitsrestriktionen (Shortfall-Constraints) für die Mindestrendite:

(6.54) $$P(R \leq z) \leq \varepsilon \quad bzw. \quad P(R > z) \geq 1-\varepsilon.$$

Zur Auswertung von Nebenbedingungen des Typs (6.54) erweist sich zunächst die Verschärfung der Wahrscheinlichkeitsungleichung zu einer Wahrscheinlichkeitsgleichung als vorteilhaft.

(6.55) $$P(R \leq z) = \varepsilon \quad bzw. \quad P(R > z) = 1-\varepsilon.$$

Denn nun wird unmittelbar der Zusammenhang zu dem so genannten ε-Quantil Q_ε der Verteilung von R deutlich, das definiert ist (vgl. 3.53) durch:

(6.56) $$P(R \leq Q_\varepsilon) = \varepsilon \quad bzw. \quad P(R > Q_\varepsilon) = 1-\varepsilon.$$

Mit Hilfe des ε-Quantils Q_ε gelingt nun die Transformation der Wahrscheinlichkeitsgleichung (6.55) in die äquivalente deterministische Gleichung

(6.57) $$z = Q_\varepsilon$$

bzw. die Umwandlung der Wahrscheinlichkeitsungleichung (6.54) in die äquivalente deterministische Ungleichung

(6.58) $$z \leq Q_\varepsilon.$$

Für die angestrebte Auswertung der Shortfallwahrscheinlichkeit spielt somit die Bestimmung der Quantile der Verteilung der zufallsabhängigen Rendite eine zentrale Rolle. Möglich ist dabei die direkte nicht-parametrische (verteilungsfreie) Schätzung der Quantile auf der Grundlage der beobachteten Daten oder die analytische Berechnung von Q_ε auf der Grundlage einer Annahme über das Wahrscheinlichkeitsgesetz von R. Dem letzteren Fall soll im Weiteren auf der Grundlage der Ergebnisse der Abschnitte 3.3 und 3.7 nachgegangen werden. Dabei beschränken wir uns auf den Fall normalverteilter Ein- und Mehrperiodenrenditen.

Bezeichne wieder N_ε das ε-Quantil der Standardnormalverteilung, so folgt aus (3.56) in Verbindung mit (6.58) sowie $N_\varepsilon = -N_{1-\varepsilon}$:

(6.59)
$$z \le N_\varepsilon(\mu,\sigma) = \mu + N_\varepsilon\,\sigma = \mu - N_{1-\varepsilon}\,\sigma$$
$$\Leftrightarrow \mu \ge z + N_{1-\varepsilon}\,\sigma\,.$$

In einem (σ, μ)-Diagramm lässt sich die Wahrscheinlichkeitsrestriktion (6.59) somit folgendermaßen visualisieren. Durch die Gerade $\mu = z + N_{1-\varepsilon}\,\sigma$ wird das (σ, μ)-Diagramm in zwei disjunkte Sektoren unterteilt. Der Sektor oberhalb der Geraden (diese inklusive) ist dann die Menge aller Paare (σ, μ), d.h. aller Rendite/Risiko-Positionen, bei denen das Shortfallrisiko im gewünschten Sinne kontrolliert ist. Zur Veranschaulichung dieser Aussage dienen die folgenden Abbildungen. Abbildung 6.15 visualisiert zunächst das Shortfallrisiko bei einer Mindestrendite von 6% und alternativen Mindestwahrscheinlichkeiten von 75%, 80% und 90%, dass diese Rendite übertroffen wird.

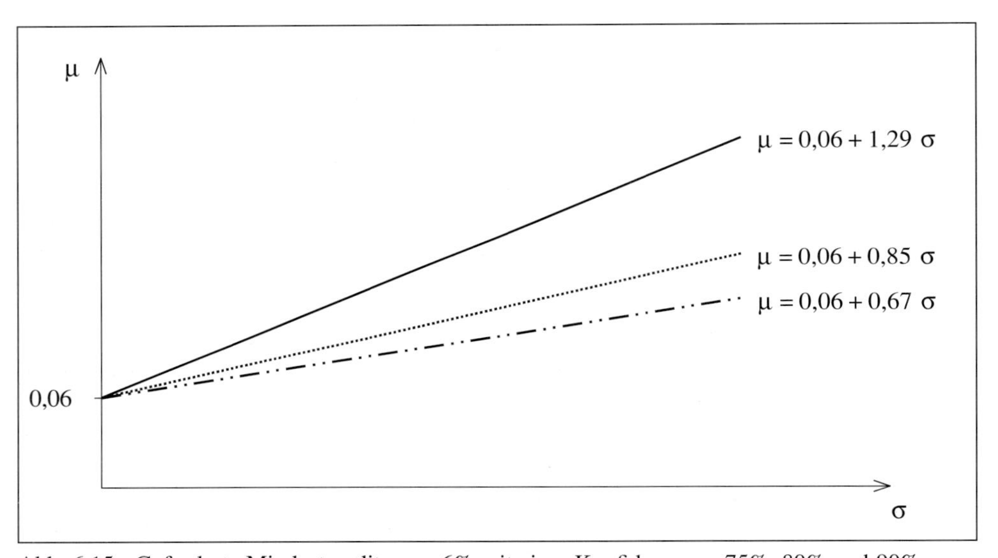

Abb. 6.15: Geforderte Mindestrendite von 6% mit einer Konfidenz von 75%, 80% und 90%

Abbildung 6.16 visualisiert sodann die Shortfallwahrscheinlichkeit für alternative Mindestrenditen von 3% bzw. 6% bzw. 9% und einer Konfidenz von 80%, dass diese Mindestrenditen übertroffen werden.

Ein alternativer Ansatz, der zu strukturell identischen Ergebnissen führt, basiert auf der Übertragung der Value at Risk-Konzeption gemäß Abschnitt 3.6.5 auf die Renditeebene. Wir definieren hierzu die *Wahrscheinliche Mindestrendite* (*Probable Minimum Return*) PMR_ε zum Konfidenzniveau ε durch die Bedingung

(6.60)
$$P(R \le PMR_\varepsilon) = \varepsilon.$$

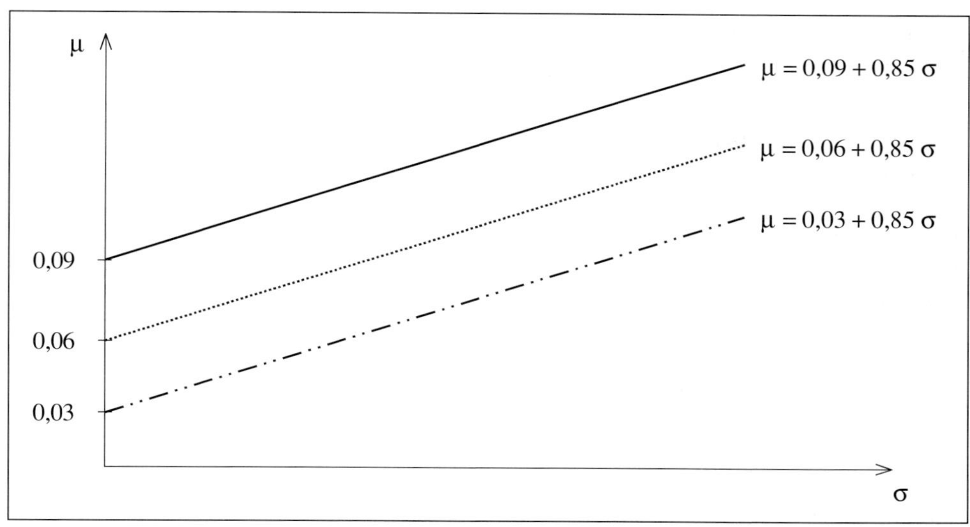

Abb. 6.16: Geforderte Mindestrendite von 3%, 6% und 9% mit einer Konfidenz von 80%

Eine Unterschreitung des PMR zum Niveau ε findet daher (im Durchschnitt) nur in 100ε% der Realisierungen von R statt bzw. eine Überschreitung (im Durchschnitt) in 100(1-ε)% der Realisierungen.

Offenbar gilt im Rahmen der voranstehenden Terminologie $PMR_\varepsilon = Q_\varepsilon$, d.h. die Wahrscheinliche Mindestrendite zu einem Niveau ε ist formal identisch mit dem ε-Quantil der Verteilung der Renditegröße R. Die zur Kontrolle der Shortfallwahrscheinlichkeit gemäß (6.58) äquivalente Bedingung kann daher auch in der Form

(6.61) $$PMR_\varepsilon \geq z$$

gefasst werden. Die Kontrolle der Shortfallwahrscheinlichkeit relativ zu einer Zielrendite z ist (bei gleichem Konfidenzniveau) damit dazu äquivalent zu der Bedingung, dass die Wahrscheinliche Mindestrendite mindestens die Höhe dieser Zielrendite erreicht.

Wir wenden uns nun dem Mehrperiodenfall zu und betrachten zunächst Forderungen hinsichtlich eines Targets für die arithmetische Durchschnittsrendite R_A gemäß (3.62). Dies führt zu einer Wahrscheinlichkeitsrestriktion der Form

(6.62) $$P\left(\frac{1}{T}(R_1 + ... + R_T) > z\right) \geq 1 - \varepsilon ,$$

d.h. im zeitlichen Durchschnitt soll die Mindestrendite z mit hoher Wahrscheinlichkeit erzielt werden. Unter der Normalverteilungsannahme ist das (1-ε)-Quantil gemäß (3.56) gegeben durch $\mu + N_{1-\varepsilon}\sigma/\sqrt{T}$ und die Transformation der Wahrscheinlichkeitsungleichung (6.54) in eine äquivalente deterministische Ungleichung gemäß (6.59) geschieht unverändert. Wir erhalten als Ergebnis

(6.63) $$\mu \geq z + N_{1-\varepsilon}\frac{\sigma}{\sqrt{T}} .$$

Im Vergleich zu der entsprechenden einperiodigen Bedingung (6.59) zeigt sich, dass der längere Zeithorizont durch eine Division des zweiten Terms auf der rechten Seite der Ungleichung (6.63) durch den Faktor $\sqrt{T}$ widergespiegelt wird. Die folgende Abbildung illustriert dies, indem bei einer 90%-igen Konfidenz der geforderten (annualisierten) Mindestrendite von 6% der Zeithorizont variiert wird (1, 5, 15 Jahre).

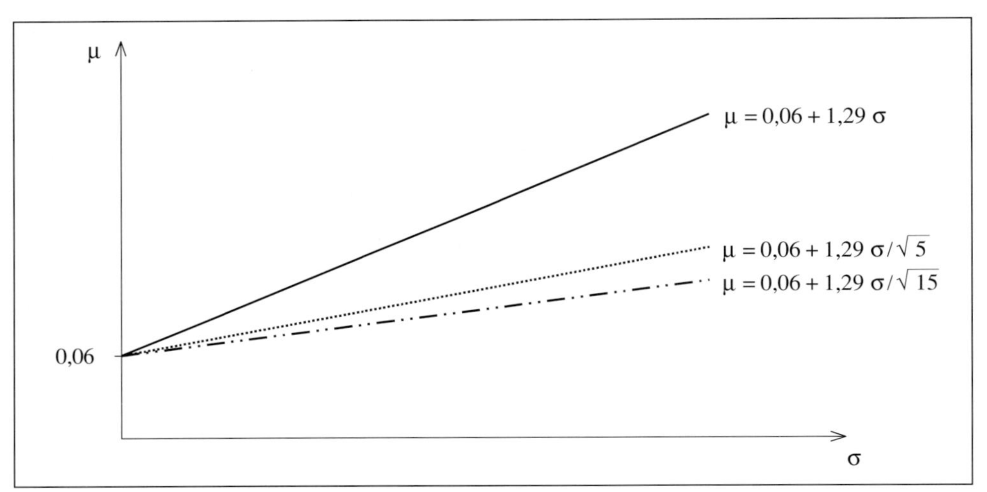

Abb. 6.17: Geforderte Mindestdurchschnittsrendite von 6% mit 90%-iger Konfidenz bei variierendem Zeithorizont (1, 5, 15 Jahre)

Durch die Abbildung 6.17 wird auch optisch gut dokumentiert, dass bei zunehmendem Zeithorizont die Wahrscheinlichkeitsrestriktion (6.60) »leichter« zu erfüllen ist, d.h. weniger (μ, σ)-Kombinationen ausgeschlossen werden. Dies liegt darin begründet, dass die Standardabweichung der arithmetischen Durchschnittsrendite mit zunehmendem Zeithorizont abnimmt, $\sigma(R_A) = \sigma/\sqrt{T}$, und sich damit die Wahrscheinlichkeitsmasse immer stärker um den Mittelwert μ konzentriert.

Die Eigenschaft, dass im zeitlichen Durchschnitt eine bestimmte Mindestrendite mit hoher Konfidenz erzielt werden kann, beinhaltet allerdings noch keine Aussage über die Höhe der Mindestrenditen in den einzelnen Perioden, die von dem »Durchschnitt« im Prinzip erheblich nach oben oder nach unten abweichen können.

Eine stark verschärfte alternative Variante besteht dann darin, zu fordern, dass mit hoher Wahrscheinlichkeit die gewünschte Mindestrendite in jeder einzelnen Periode erwirtschaftet wird, formal:

(6.64) $$P(R_1 > z, R_2 > z, \ldots, R_T > z) \geq 1 - \varepsilon\,.$$

Die Konfidenz, in *jeder* Periode die geforderte Mindestrendite z zu erzielen, soll insgesamt groß sein.

Bei Annahme einer stochastischen Unabhängigkeit und identischer Verteilung der sukzessiven Renditen gestaltet sich die Auswertung der Wahrscheinlichkeitsrestriktion (6.64) einfach. Es gilt zunächst

$$P(R_1 > z, R_2 > z, \ldots, R_T > z) = \prod_{t=1}^{T} P(R_t > z) = [P(R > z)]^T\,.$$

Die zu (6.64) äquivalente Bedingung ist damit

(6.65)
$$P(R > z) \geq \sqrt[T]{1-\varepsilon}.$$

Da $(1-\varepsilon)^{1/T}$ eine mit T, dem Anlagehorizont, steigende Größe ist, bedeutet somit die Forderung (6.64) nichts anderes als eine Verschärfung der geforderten Konfidenz für die einperiodigen Mindestrenditen. Um eine gegebene Konfidenz für die einperiodigen Mindestrenditen über einen mehrperiodigen Anlagehorizont aufrechterhalten zu können, müssen die Mindestrenditen jeder Periode eine erhöhte Konfidenz aufweisen, wobei die notwendige Konfidenzerhöhung mit der Länge des Anlagehorizonts steigt. Die rechnerische Auswertung der Bedingung (6.64) selbst kann auf Grund von (6.65) auf die Bestimmung der Konfidenz einperiodiger Mindestrenditen zurückgeführt werden.

Eine flexiblere Variante der Auswertung einer mehrperiodigen Wahrscheinlichkeitsrestriktion des Typus (6.64) besteht weiterhin darin, diese auf T einperiodige Wahrscheinlichkeitsrestriktionen zurückzuführen. Dies sei anhand der leicht verallgemeinerten Mehrperiodenrestriktion

(6.66)
$$P(R_1 > z_1, R_2 > z_2, ..., R_T > z_T) \geq 1-\varepsilon$$

illustriert, bei der unterschiedliche Mindestrenditen für unterschiedliche Zeithorizonte gefordert werden dürfen. Bei stochastischer Unabhängigkeit der Renditen (das Vorliegen einer identischen Verteilung ist nicht mehr erforderlich) ist (6.66) wegen

$$P(R_1 > z, R_2 > z, ..., R_T > z) = \prod_{t=1}^{T} P(R_t > z) = [P(R > z)]^T .$$

immer dann erfüllt, wenn für die einperiodigen Wahrscheinlichkeitsrestriktionen

(6.67)
$$P(R_t > z_t) \geq 1-\varepsilon_t$$

gilt

(6.68)
$$\prod_{t=1}^{T} (1-\varepsilon_t) \geq 1-\varepsilon .$$

Diese Art der Auswertung bietet eine vorteilhafte Kombination der Möglichkeit, einerseits für die einzelnen Perioden verschiedene Mindestrenditen und verschiedene Konfidenzen für diese gemäß (6.67) zu fordern und andererseits, die Konfidenz über den gesamten Anlagehorizont durch (6.68) zu kontrollieren. Zugleich wird durch die Zurückführung von (6.66) auf den Fall einperiodiger Restriktionen die Auswertung erleichtert. Die höhere Flexibilität der simultanen Forderung von einperiodigen Restriktionen favorisiert diese Lösung, zumal auch die rechnerische Auswertung wiederum auf die Berechnung von Konfidenzen für einperiodige Mindestrenditen zurückgeführt werden kann.

Die herausgearbeitete Verschärfung der Konfidenzanforderungen für die Einperiodenmindestrenditen bei Wahrung eines über den gesamten Anlagehorizont hohen Konfidenzniveaus ist teilweise dadurch bedingt, dass in den Formulierungen (6.64) bzw. (6.66) die in den einzelnen Perioden erwirtschafteten Renditen *isoliert* betrachtet werden, d.h. Kompensationen *zwischen* den Perioden nicht erlaubt sind. Sonst könnte etwa eine erhöhte erwirtschaftete Rendite in einer Periode eine verminderte in der Folgeperiode kompensieren.

Eine weitere Alternative besteht nun darin, die Bedingung (6.64) dahingehend zu variieren, dass die Kontrolle der Konfidenz der Mindesthöhe der annualisierten Rendite für alle (Teil-)Zeithorizonte 1, 2, ..., T oder auch nur für ausgewählte (Teil-)Zeithorizonte $1 \leq T_1 < T_2 < ... < T_k \leq T$ erfolgt, wobei allgemein auch die Mindestrenditen und die geforderten Konfidenzen für deren Erreichung variabel gestaltet werden können. Bezeichnet $R_A(T_i) = (R_1 + ... + R_{T_i})/T_i$ die arithmetisch annualisierte Mindestrendite über den Zeitraum der Länge T_i, so lässt sich diese Vorgehensweise wie folgt formalisieren:

$$P(R_A(T_1) \geq z_1) \geq 1 - \varepsilon_1,$$

(6.69)
$$\vdots \qquad \vdots$$

$$P(R_A(T_k) \geq z_k) \geq 1 - \varepsilon_k .$$

Jede der einzelnen Restriktionen des Systems (6.69) kann dabei auf die bereits bekannte Weise ausgewertet werden. Diese allgemeine Vorgehensweise soll abschließend noch anhand eines Beispiels illustriert werden.

Beispiel 6.13: Restriktionen für die arithmetische Rendite über verschiedene Zeithorizonte

Gefordert seien die folgenden Bedingungen:

$$P(R_A(3) \geq 0{,}03) \geq 0{,}9$$
$$P(R_A(10) \geq 0{,}05) \geq 0{,}9$$
$$P(R_A(15) \geq 0{,}07) \geq 0{,}9 .$$

Mit jeweils 90%-iger Konfidenz soll die arithmetisch annualisierte Rendite über einen Investmenthorizont von 3 Jahren mindestens 3% Rendite, über einen Zeithorizont von 10 Jahren mindestens 5% sowie über einen Zeithorizont von 15 Jahren mindestens 7% betragen. Abbildung 6.17 illustriert die entsprechenden Ergebnisse.

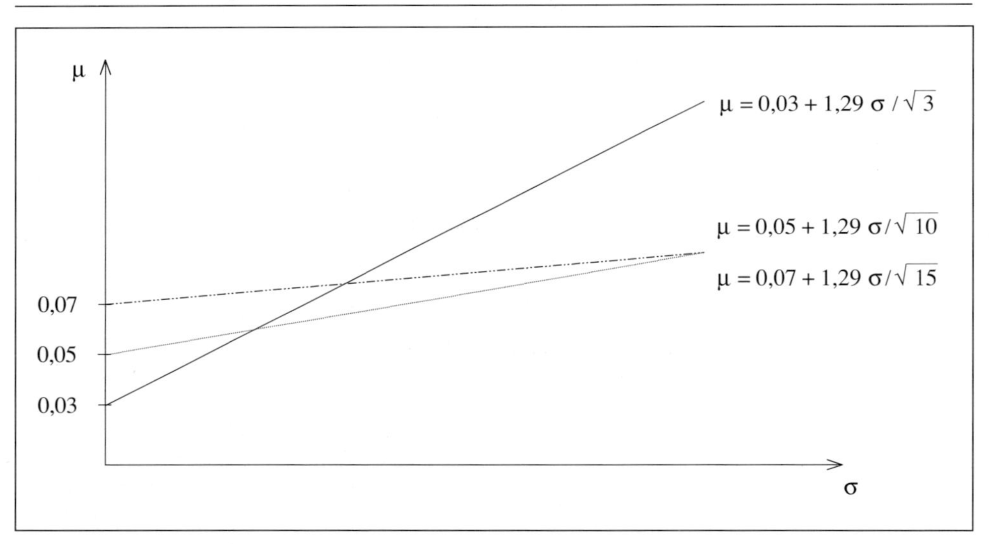

Abb. 6.18: Variierende Restriktionen für die arithmetische Durchschnittsrendite über verschiedene Zeithorizonte

Abschließend präsentieren wir ein empirisches Beispiel. Der Anlagehorizont beträgt hierbei ein Jahr. Als Anlagealternativen stehen Anleihen (mit einer angenommenen erwarteten Rendite von 4,2% und einer Volatilität von 4%) sowie eine einjährige Geldmarktanlage (angenommene erwartete Rendite: 2%) als Repräsentant für eine sichere Anlage zur Verfügung. Als Mindestrendite wird $z = 0\%$ (Kapitalerhalt) gefordert. Diese Mindestrendite soll mit 95%-iger Konfidenz erzielt werden, d.h. die Shortfallwahrscheinlichkeit beträgt 5%. Eine reine Anlage in Anleihen weist eine Shortfallwahrscheinlichkeit von 14,69% auf, d.h. erfüllt die Shortfallrestriktion nicht. Es muss also die Geldmarktanlage beigemischt werden, um das Shortfallrisiko zu senken. Die Abbildung 6.19 illustriert diese Situation und weist ein Portfolio aus, das eine Shortfallwahrscheinlichkeit von exakt 5% besitzt. Dieses Portfolio investiert 45,66% in Anleihen und 54,34% in die Geldmarktanlage. Es weist eine erwartete Rendite von 3% auf (Nachweis als Übungsaufgabe; es wird dabei von normalverteilten Renditen ausgegangen).

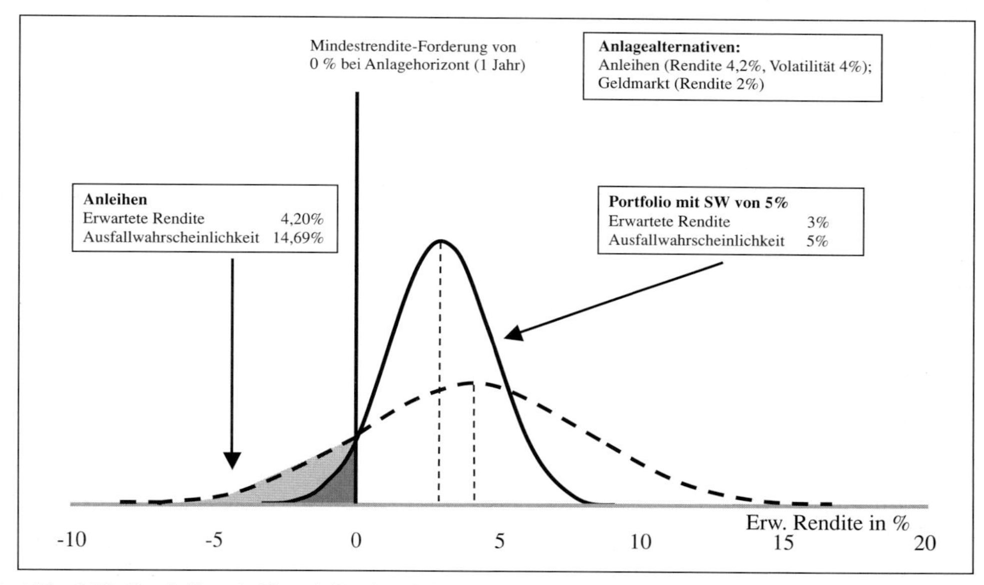

Abb. 6.19: Portfolio mit Shortfallwahrscheinlichkeit 5%

6.3.4.2.2 Portfoliooptimierung unter Shortfallrestriktionen

Aus einer intuitiven Sicht kann die Vorgabe von Shortfallrestriktionen, wie sie im vorangegangenen Abschnitt dargestellt worden sind, als Konkretisierung der Risikoaversion des Investors gedeutet werden, wobei die unerwünschten (μ,σ)-Positionen expliziert werden. Geht man von der Annahme aus, dass die so geäußerten Restriktionen vollständig sind, ist dasjenige Portfolio als optimal anzusehen, das innerhalb der verbleibenden zulässigen Aktivitätenmenge die höchste erwartete Rendite $E(R)$ aufweist. Der Ansatz der Kontrolle von Shortfallwahrscheinlichkeiten führt damit auf die Klasse der Safety first-Entscheidungsmodelle (vgl. auch Abschnitt 5.2.2).

In der Basisvariante mit einer einzigen Restriktion $P(R \leq z) \leq \varepsilon$ lautet dabei das Safety first-Prinzip zur Portfolioselektion:

$$\begin{gathered} E(R) \rightarrow \max! \\ \text{unter den Nebenbedingungen} \\ P(R \leq z) \leq \varepsilon \\ \text{sowie } 0 \leq x_i \leq 1,\ \Sigma x_i = 1\,. \end{gathered} \tag{6.70}$$

Wie im vorangehenden Abschnitt gezeigt wurde, kann dabei die Wahrscheinlichkeitsrestriktion z.B. im Falle einer Normalverteilungsannahme einfach in eine (lineare) deterministische Restriktion umgewandelt werden.

Im Kontext eines Portfoliomodells existiert eine äquivalente Formulierung des Problems (6.70), die sich auf die Konzeption des effizienten Randes stützt. Wir gehen dabei weiterhin von der Normalverteilungsannahme aus.

Gemäß (6.59) wird durch die Shortfallbedingung $P(R \leq z) \leq \varepsilon$ der (σ, μ)-Raum in zwei disjunkte Sektoren unterteilt, induziert durch die Gerade $\mu = z + N_{1-\varepsilon}\sigma$. Nur der Sektor oberhalb der Geraden (diese inklusive) ist dann noch zulässig im Sinne einer kontrollierten Shortfallwahrscheinlichkeit. Kombiniert man dies mit der Darstellung des effizienten Randes, so erhält man die Situation, dass i.d.R. nur noch ein Teil des effizienten Randes in dem zulässigen Sektor liegt. Auch dieser Sachverhalt soll anhand eines Beispiels illustriert werden.

Beispiel 6.14: 3-Titel-Fall mit Shortfallrestriktion

Wir unterstellen die Situation des Beispiels 6.9 und fügen die Shortfallbedingung $P(R \leq 0{,}05) \leq 0{,}2$ hinzu. Diese ist bei normalverteilter Rendite gemäß (6.59) äquivalent zu der Restriktion $\mu \geq 0{,}05 + 0{,}842\sigma$. Zulässig sind nur noch (σ, μ)-Positionen oberhalb dieser Geraden (inklusive dieser). Die Gleichung des effizienten Randes lautet dann:

$$0{,}2 + \sqrt{0{,}2(\sigma^2 - 1/30)}\,.$$

Die Schnittpunkte der Geraden $\mu = 0{,}05 + 0{,}842\sigma$ mit dem effizienten Rand sind dann gekennzeichnet durch $\sigma_1 = 0{,}1828$ und $\sigma_2 = 0{,}3135$. Unter der Shortfallrestriktion ist nur noch ein Teil der Menge der ursprünglich erreichbaren Portfolios ebenso wie ein Teil des ursprünglichen effizienten Randes zulässig. Der reduzierte effiziente Rand unterliegt keinen weiteren Restriktionen hinsichtlich des Risikos mehr, insofern liegt es nahe, dasjenige Portfolio auf dem reduzierten effizienten Rand mit maximaler Erwartungsrendite als optimales Portfolio zu betrachten. Dieses ist gerade gegeben durch den oberen Schnittpunkt, seine (σ, μ)-Position ist $(0{,}3135,\ 0{,}3140)$.
Verschärfen wir hingegen die Restriktion zu $P(R \leq 0{,}05) = 0{,}10$, so lautet die Restriktion $\mu = 0{,}05 + 1{,}282\sigma$ und man überzeugt sich leicht, dass diese Gerade keinen Schnittpunkt mit dem effizienten Rand mehr besitzt, d.h. es existiert keine zulässige Lösung mehr. Die angesetzte Shortfallrestriktion ist, gegeben die Daten des Modellkapitalmarktes, nicht erfüllbar. Abbildung 6.20 illustriert beide Sachverhalte.

Die Ausführungen des Beispiels 6.14 verdeutlichen die generelle Situation. Äquivalent zur Lösung des Safety first-Problems (6.70) kann auch die Kurve der Minimum-Varianz-Portfolios aus einem Markowitz-Effizienz-Ansatz mit der Shortfallrestriktion (6.59) kombiniert werden. Betrachtet der Investor den erforderlichen Trade-off zwischen Risiko und Rendite auf der Risikoebene durch die Shortfallrestriktion als vollständig spezifiziert, so ist dasjenige Portfolio als optimal zu betrachten, das den oberen Schnittpunkt zwischen der Minimum-Varianz-Kurve und der Shortfallgeraden darstellt – sofern ein solcher Schnittpunkt existiert. Ansonsten besitzt das Safet first-Problem – gegeben die spezifizierte Shortfallrestriktion sowie die Daten des Portfoliomodells – keine Lösung.

Das Safety first-Modell (6.70) kann in einfacher Form erweitert werden, um in flexibler Weise mehrere Shortfallrestriktionen zu berücksichtigen:

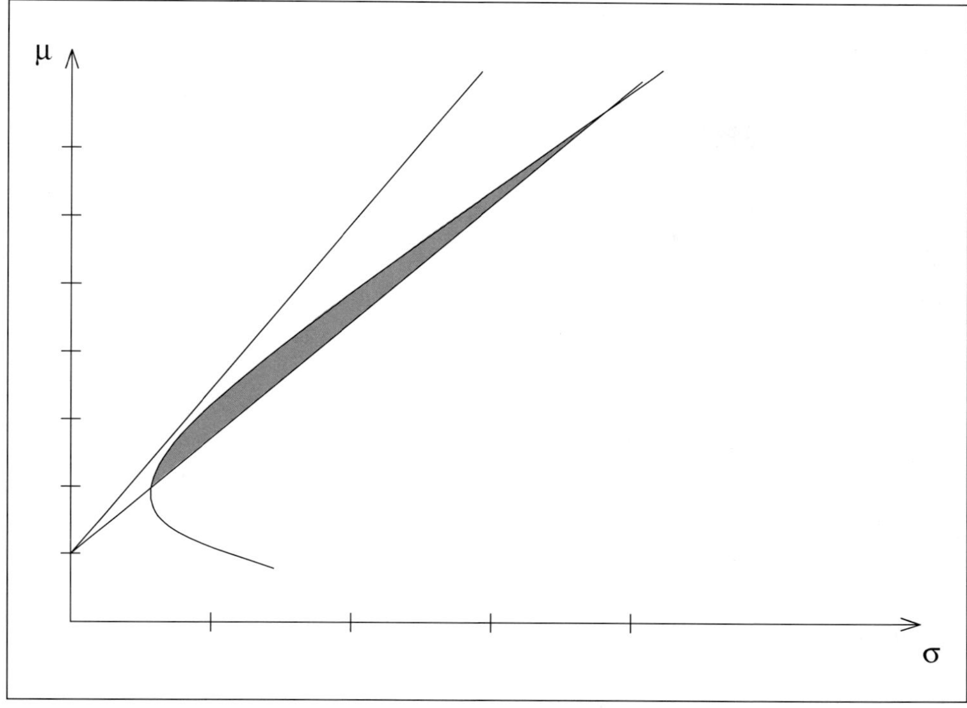

Abb. 6.20: Portfoliomodell mit erfüllbarer bzw. nichterfüllbarer Shortfallrestriktion

(6.71)

$$
\begin{aligned}
&E(R) \rightarrow \max! \\
&\text{unter den Bedingungen} \\
&P(R \le z_1) \le \varepsilon_1 \\
&\quad\vdots \qquad \vdots \\
&P(R \le z_n) \le \varepsilon_n .
\end{aligned}
$$

Auch eine mehrperiodige Formulierung ist auf Basis der arithmetischen Durchschnittsrendite in einfacher Form möglich:

(6.72)

$$
\begin{aligned}
&E[R_A(T)] = E(R) \rightarrow \max! \\
&\text{unter den Bedingungen} \\
&P(R_A(T_1) \le z_{T_1}) \le \varepsilon_{T_1} \\
&\quad\vdots \qquad \vdots \\
&P(R_A(T_n) \le z_{T_n}) \le \varepsilon_{T_n} .
\end{aligned}
$$

Zu maximieren ist hier der Erwartungswert der arithmetischen Durchschnittsrendite über den gesamten Anlagehorizont unter verschiedenen Restriktionen hinsichtlich der Konfidenzen von Mindesthöhen von arithmetischen Durchschnittsrenditen über Teil-Anlagehorizonte der Länge $1 \leq T_i \leq T$ $(i = 1,..., k)$.

Abbildung 6.21 enthält in einem beispielhaften Fall abschließend zur Illustration eine Visualisierung des Problems (6.71).

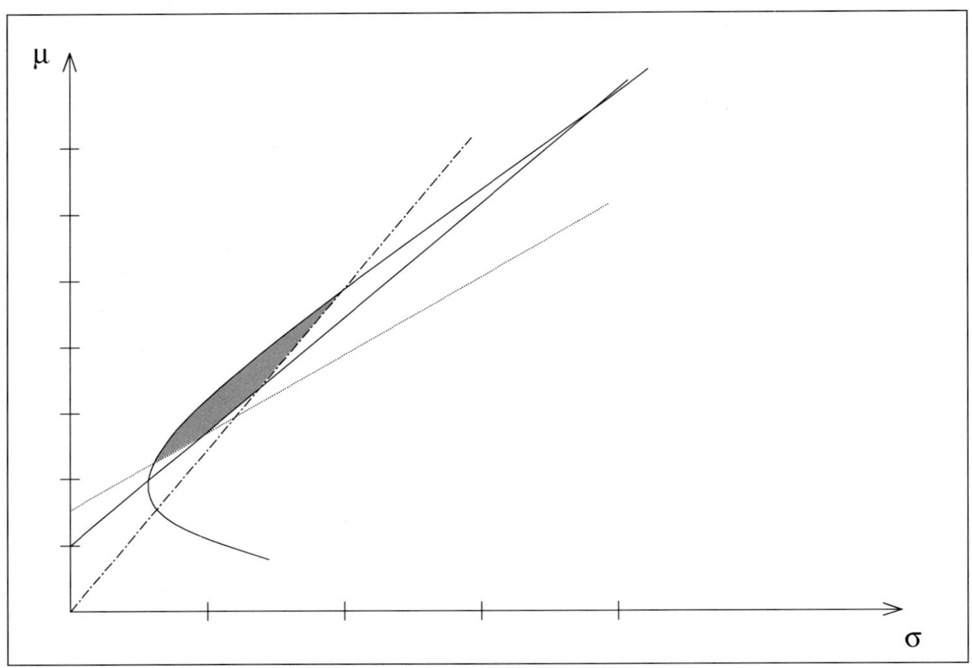

Abb. 6.21: Portfoliomodell mit mehreren Shortfallrestriktionen

Beenden wir den Abschnitt mit einigen empirischen Illustrationen, die an die in Abbildung 6.13 dargestellten Verhältnisse anknüpfen. In Abbildung 6.22 werden Mischungen aus deutschen Aktien und deutschen Anleihen (Bonds) betrachtet. Als Mindestrendite wird -5% gefordert, diese ist mit einem Konfidenzniveau von 95% zu erreichen. Der Schnittpunkt zwischen Shortfallgerade und effizientem Rand wird durch ein Portfolio (optimales Portfolio) markiert, das zu 34,1% aus Aktien und zu 65,9% aus Bonds besteht. Das optimale Portfolio weist die höchste erwartete Rendite unter allen Portfolios auf, die die Shortfallrestriktion erfüllen. Abbildung 6.23 variiert dieses Ausgangsszenario, indem bei unveränderter Mindestrendite alternative Konfidenzniveaus betrachtet werden. Generell führt dabei ein Absenken des Konfidenzniveaus zu einem höheren Aktienanteil im optimalen Portfolio. In Abbildung 6.24 wird hingegen das Konfidenzniveau auf 95% fixiert und die Mindestrenditen werden variiert. Je höher die Anforderungen an die Mindestrenditen, desto höher ist hierbei der Bondanteil im Portfolio. Wird die Anforderung an die Mindestrendite zu hoch angesetzt (in der Abbildung als Beispiel 0%), so existiert keine Mischung aus Aktien und Bonds mehr, die diese Anforderung (bei gegebenem Konfidenzniveau) erfüllt. In Abbildung 6.25 werden schließlich weitere Anlageklassen auf europäischer Ebene zugelassen. Als Mindestrendite wird -2,5% gefordert, bei einem Konfidenzniveau von 90%.

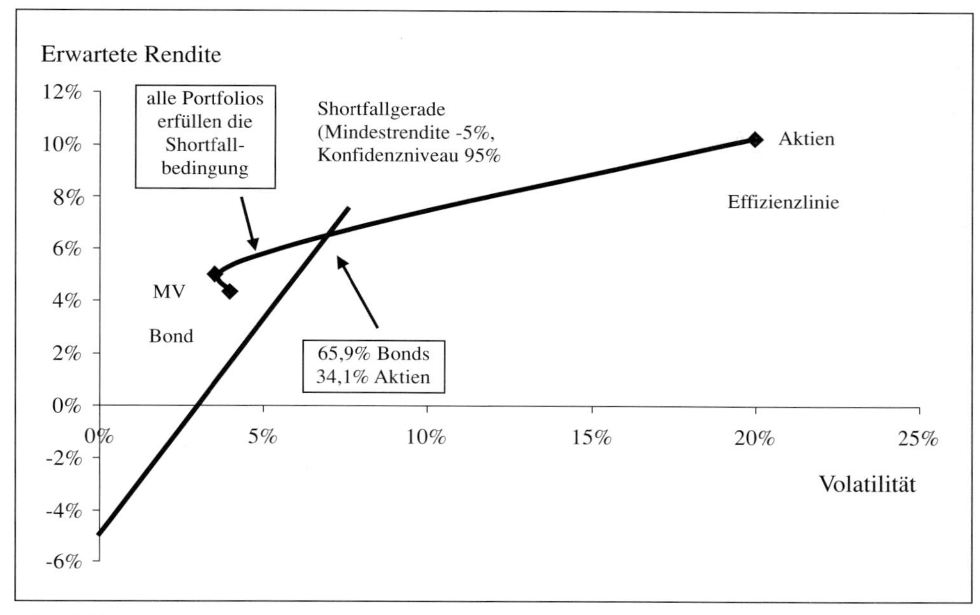

Abb. 6.22: Optimale Portfolios bei Shortfallrestriktion (I)

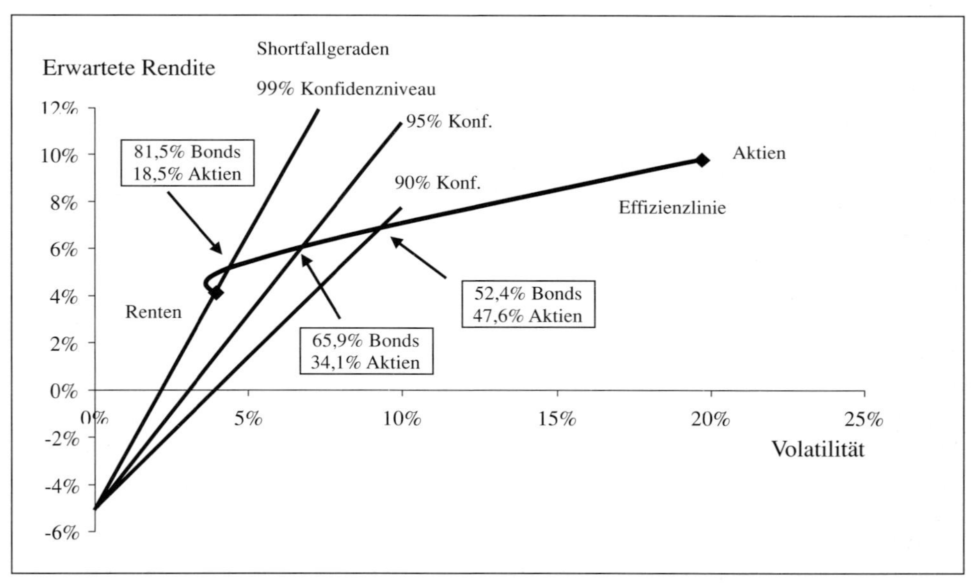

Abb. 6.23: Optimale Portfolios bei Shortfallrestriktion (II)

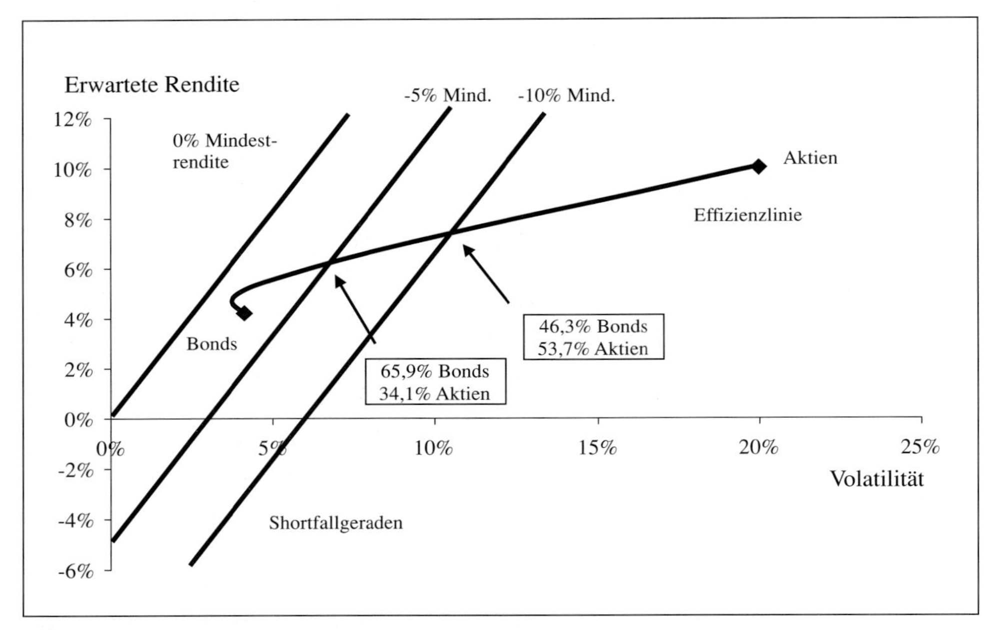

Abb. 6.24: Optimale Portfolios bei Shortfallrestriktion (III)

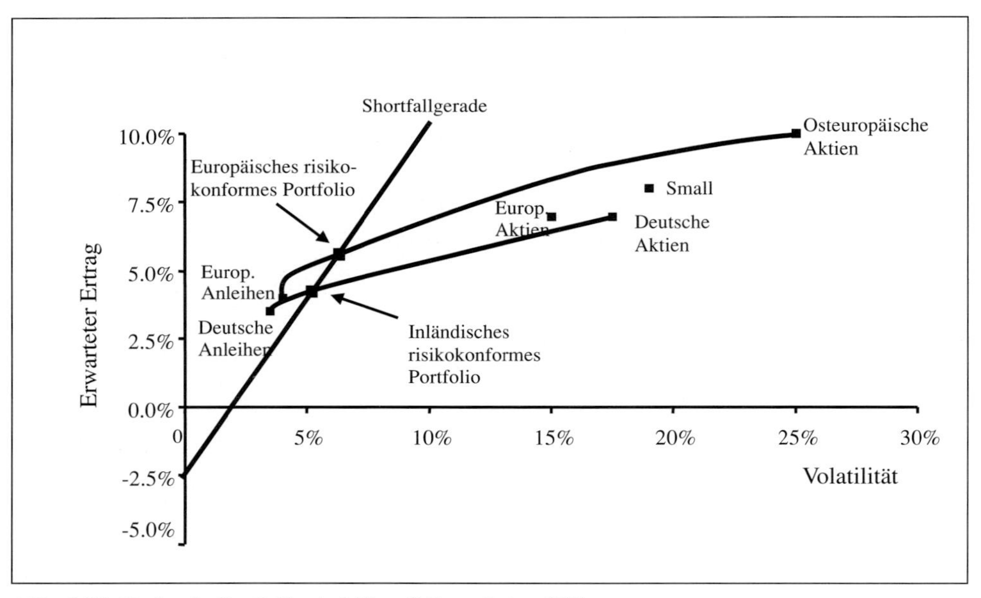

Abb. 6.25: Optimale Portfolios bei Shortfallrestriktion (IV)

6.3.5 Anwendungsaspekte der Portfolioselektion

6.3.5.1 Inputdaten

Über die mehr technischen Aspekte der Portfolioselektion hinaus, wie sie in den vorangegangenen Abschnitten dargelegt worden sind, liegt eine weitere große Herausforderung in ihrer praktischen Umsetzung. Hier stellt sich zunächst die Frage nach den Inputgrößen, denn ohne aussagekräftige Inputdaten bleibt die moderne Portfoliotheorie eine interessante, aber letztlich inhaltslose Hülle.

Als Inputdaten sind zunächst bereitzustellen die Renditekennziffern $E(R_i)$, $Var(R_i)$ sowie $Cov(R_i,R_j)$. Diese Größen sind aus dem Wertpapierresearch zu gewinnen. Dies zeigt ein weiteres Mal (vgl. auch Abschnitt 6.2), dass die moderne Portfoliotheorie und die traditionelle Investmentanalyse keine separaten, voneinander unabhängigen Welten sind, sondern dass hier enge Verknüpfungen vorliegen. Die Portfoliotheorie ist eher als Weiterentwicklung der traditionellen Ansätze zu verstehen, auf deren Fundamenten sie aufbaut. In der Praxis des Portfoliomanagements werden die Inputgrößen $Var(R_i)$ und $Cov(R_i,R_j)$ dabei primär auf der Grundlage von statistischen Methoden auf der Basis von Vergangenheitsdaten ermittelt, während man sich bei den Inputdaten $E(R_i)$ zusätzlich von der Einschätzung der zukünftigen Entwicklung leiten lässt.

Weiter sind zu spezifizieren die Risikopräferenzfunktion bzw. der Risikoaversionsparameter oder das Benchmarkportfolio oder die angestrebten Mindestrenditen sowie die zugehörigen Konfidenzen. Diese Größen sind seitens des Investors bereitzustellen bzw. sind in Zusammenarbeit von Kunde und Portfoliomanagement zu gewinnen. Schließlich sind noch endogene/exogene Restriktionen für die Investmentgewichte x_i zu beachten.

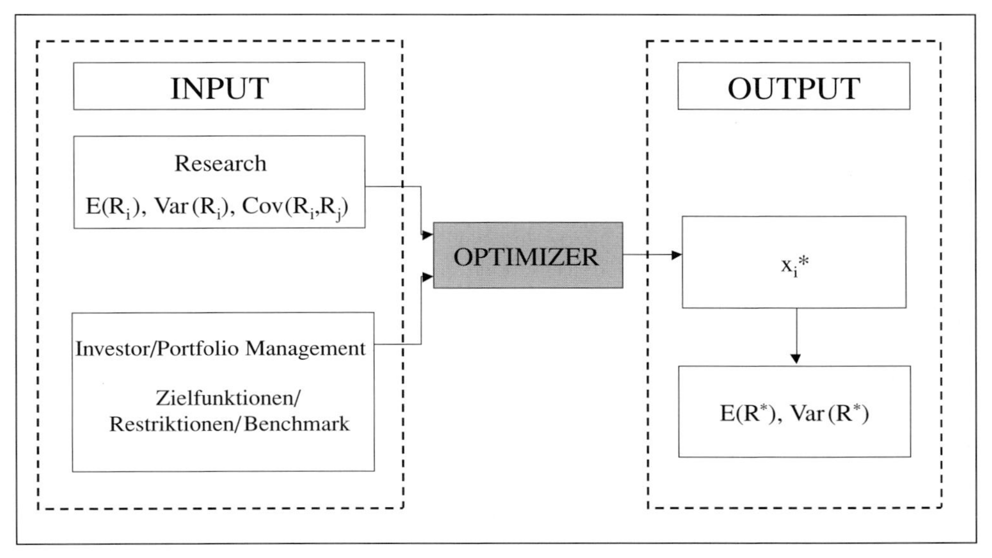

Abb. 6.26: Prozess der Portfolioselektion

Der Gesamtprozess der Portfolioselektion wird in Abbildung 6.26 verdeutlicht. Der Optimizer ist dabei ein DV-gestützter Algorithmus, der die Inputdaten gemäß der vorgegebenen Zielsetzung und Restriktionen im Rahmen eines vorgegebenen Modells verarbeitet.

Schließlich ist noch anzumerken, dass sowohl die Inputdaten $E(R_i)$, $Var(R_i)$, $Cov(R_i,R_j)$ als auch die Zielfunktion sowie die Restriktionen des Investors Änderungen im Zeitablauf unterliegen. Dies muss durch entsprechende Anpassungen berücksichtigt werden. Portfoliooptimierung ist somit ein dynamischer, revolvierender Prozess und keine Ein-Zeitpunkt-Entscheidung.

6.3.5.2 Probleme der Markowitzoptimierung

Erfahrungen mit der Anwendung des MV-Ansatzes und der Bestimmung von effizienten sowie optimalen Portfolios zeigen, dass diese Vorgehensweise in der Anlagepraxis zu unbefriedigenden Resultaten führt. Das Anlagevolumen ist oft in wenigen Assets bzw. Finanztiteln konzentriert, d.h. der Diversifikationsgrad ist gering, und die Zusammensetzung entlang der Effizienzkurve ändert sich stark. Optimierte Portfolios besitzen oftmals extreme Allokationen. Bei der Variante ohne Leerverkaufsbeschränkung führt dies mitunter zu sehr hohen Leerverkaufspositionen (negativen Portfoliogewichten). Bei der Variante mit einer Leerverkaufsbeschränkung führt es dazu, dass oftmals viele Assets bzw. Finanztitel des Ausgangsuniversums nicht im optimalen Portfolio enthalten sind und damit der Diversifikationsgrad gering ist.

Generell besitzen die aus einer Markowitzoptimierung resultierenden Portfoliogewichte eine hohe Sensitivität im Hinblick auf die Inputparameter. So kommen etwa *Chopra/Ziemba* (1993) zum Schluss, dass Fehlspezifikationen in den Inputparametern signifikante Konsequenzen für die optimale Portfoliomischung besitzen. Dabei haben Fehler bei der Spezifikation der Erwartungswerte circa (abhängig von der gewählten Risikotoleranz) zehnmal so hohe Auswirkungen wie Fehler in den Spezifikationen der Varianzen und Kovarianzen. Fehler bei der Spezifikation der Varianzen wiegen annähernd doppelt so schwer wie bei der Spezifikation der Korrelationen. Der möglichst korrekten Spezifikation der Renditeerwartungen kommt somit eine zentrale Bedeutung für die Validität der Ergebnisse der Portfoliooptimierung zu. Entsprechend zeigen *Schäfer/Zimmermann* (1998), dass einzelne Assets auch bei nur geringen Änderungen der Spezifikation ihrer Renditeerwartungen aus dem optimalen Portfolio verschwinden bzw. umgekehrt sofort mit einem deutlichen Anteil in das Portfolio aufgenommen werden. Eine zentrale Frage besteht daher darin, in welcher Weise Schätzfehler bei der Identifikation der Renditeerwartungen angemessen berücksichtigt werden können. Dieser Problemkreis findet in Abschnitt 13.4 eine eingehende Behandlung.

Michaud (1989) spricht im Zusammenhang mit der Sensitivitätsproblematik der Markowitzoptimierung von »Markowitz Optimization Enigma«. Die optimale Lösung übergewichtet Assets bzw. Finanztitel, die hohe geschätzte Renditen sowie geringe geschätzte Varianzen bzw. Korrelationen aufweisen und untergewichtet entsprechend Assets bzw. Finanztitel mit niedrigen geschätzten Renditen sowie hohen geschätzten Varianzen bzw. Korrelationen.

Ein weiterer Problempunkt in diesem Zusammenhang besteht darin, dass unterschiedliche Konfidenzgrade hinsichtlich der Schätzwerte bei den einzelnen Assets bzw. Finanztiteln bestehen können. Dies kann im Rahmen der traditionellen Markowitzoptimierung nicht berücksichtigt werden. Das Black/ Litterman-Verfahren, vgl. hierzu *Black/Litterman* (1992) sowie unsere Ausführungen in Abschnitt 13.5, bietet für diese Problematik einen Ansatzpunkt zur Lösung.

6.3.5.3 Indexmodelle

Es wurde bereits betont, dass der Gewinnung von aussagekräftigen Inputgrößen, insbesondere der Renditekennziffern, eine wesentliche Bedeutung im Rahmen einer praktischen Umsetzung der Theorie der Portfolioselektion zukommt. Dies gilt auch deswegen, weil die Optimierungsalgorithmen bekannterweise sehr sensitiv auf die Input-Renditekennziffern reagieren. Dies bedeutet, dass aus einer Änderung dieser Kennziffern z.T. völlig unterschiedliche Portfolios resultieren können. Eine Konsequenz hieraus ist, dass man in der Investmentpraxis bei einer Portfoliorevision auf Grund von veränderten Inputdaten Restriktionen für das Ausmaß der tolerierten Umschichtung vorgeben muss, um den damit verbundenen Transaktionskosten Rechnung zu tragen.

Grundsätzlich wird eine Verbesserung der Stabilität der Input-Renditekennziffern erreicht, wenn diese nicht im Rahmen einer Einzelschätzung gewonnen werden, sondern auf gemeinsame erklärende Faktoren zurückgeführt werden. Dies führt zugleich zu einer deutlichen Reduktion der Größenordnung der zu schätzenden Kennziffern ebenso wie der zur Verarbeitung benötigten DV-Kapazität. Immerhin bestehen die benötigten Daten für die Varianz/Kovarianz-Matrix im n-Aktienfall aus n Varianzen sowie $n(n-1)/2$ Kovarianzen (Symmetrie!). Sollen beispielsweise bei einer Anlage 100 Aktien berücksichtigt werden, so müssen rund 5000 Kovarianzen geschätzt werden, bei 250 Aktien wären es schon rund 30 000 Kovarianzen.

Der Grundgedanke der Verbesserung der Stabilität der Input-Kennziffern bei gleichzeitiger Reduktion der Dimensionsproblematik wird systematisch in Kapitel 7 im Rahmen von Faktormodellen aufgegriffen und umgesetzt. Im Folgenden soll der Kerngedanke nur anhand eines einfachen Beispiels, dem Single Index-Modell, illustriert werden.

Die grundlegende Annahme des Single Index-Modells ist, dass die Gleich- oder Gegenläufigkeit der Kursentwicklung der Aktien eines Marktes durch einen (einzigen) gemeinsamen (beobachtbaren) Faktor (zu einem hohen Grad) erklärt werden kann. Dieser Faktor ist somit die zentrale marktbeeinflussende Größe, der die Renditen und Risiken der Titel des Marktes treibt. Prinzipiell sind hier verschiedene Indizes (z.B. volkswirtschaftliche Größen wie Bruttosozialprodukt, etc.) denkbar.

Wir definieren nun:

R_i	:	Ein-Periodenrendite der Aktie i, $i = 1,..., n$
I	:	Marktfaktor.

Die Rendite der Aktie i werde nun durch das folgende lineare Modell erklärt:

(6.73) $$R_i = a_i + b_i I + \varepsilon_i .$$

Das Residuum ε_i ist dabei derjenige Teil der Zufallsschwankung der Rendite der Einzelaktie, der nicht linear durch I erklärt wird. Die Interpretation dieses Residuums ist die einer Störvariablen, die den Einfluss von I überlagert. Die zentrale Annahme des Modells ist somit, dass die Renditen einzelner Aktien (und damit von Portfolios aus solchen) bis auf Zufallsabweichungen durch den Marktfaktor linear erklärt werden können.

Im Unterschied zu den üblichen Regressionsmodellen mit einer erklärenden Variablen ist die erklärende Variable (exogener Faktor) hier eine zufallsabhängige Größe (ein so genannter stochastischer Regressor). Dies bereitet im Prinzip keine Schwierigkeiten, man arbeitet einfach unter der Bedingung $I = c$, d.h. auf der Grundlage der beobachteten Realisation des

Marktfaktors. Unter dieser Voraussetzung ist es auch möglich, die bekannten Ergebnisse im Zusammenhang mit Regressionsmodellen wiederzugewinnen.

Um das Indexmodell vollständig spezifizieren zu können, sind eine Reihe von Annahmen notwendig. Es gelten die Prämissen (jeweils $i = 1,\ldots, n$):

$$\begin{aligned} &1)\ E(\varepsilon_i) = 0;\ Var(\varepsilon_i) = E(\varepsilon_i^2) = \sigma_i^2 \\ &2)\ Cov(\varepsilon_i, I) = E(\varepsilon_i \cdot I) = 0 \\ &3)\ Cov(\varepsilon_i, \varepsilon_j) = 0,\quad i \neq j\,. \end{aligned} \tag{6.74}$$

Die Bedingung 3) beinhaltet insbesondere, dass die Tendenz der Aktien zur Gleich- oder Gegenläufigkeit *nur* in ihrer Koppelung an den Marktfaktor begründet liegt.[3] Dies stellt eine zentrale vereinfachende Approximation an die Realität dar und von der Güte dieser Approximation hängt der Nutzen des Modells ab. Auf Grund der getroffenen Prämissen ergeben sich nun weitere Folgerungen:

$$\begin{aligned} E(R_i) &= a_i + b_i E(I) + E(\varepsilon_i) \\ &= a_i + b_i E(I) = a_i + b_i \mu_I\,. \end{aligned} \tag{6.75}$$

Hieraus ist insbesondere zu schließen, dass der Koeffizient a_i angibt, in welchem Umfang die erwartete Rendite einer Aktie (unter der Annahme der Gültigkeit des Modells) *unabhängig* von der Bewegung des vorgegebenen Marktfaktors ist, während der Faktor b_i den Grad der Abhängigkeit von der Veränderung des Faktors quantifiziert.

$$\begin{aligned} Var(R_i) &= Var(a_i + b_i I + \varepsilon_i) \\ &= b_i^2 Var(I) + 2b_i Cov(I, \varepsilon_i) + Var(\varepsilon_i) \\ &= b_i^2 Var(I) + Var(\varepsilon_i) \\ &= b_i^2 \sigma_I^2 + \sigma_i^2\,. \end{aligned} \tag{6.76}$$

Auch die Varianz der Rendite einer Einzelaktie lässt sich somit in einen Teil aufspalten, der abhängig ist vom Marktfaktor und in einen vom Marktfaktor unabhängigen, für die einzelne Aktie charakteristischen Teil. Weiter gilt:

$$\begin{aligned} Cov(R_i, R_j) &= Cov(a_i + b_i I + \varepsilon_i, a_j + b_j I + \varepsilon_j) \\ &= b_i b_j Cov(I, I) + b_j Cov(I, \varepsilon_j) \\ &\quad + b_i Cov(\varepsilon_i, I) + Cov(\varepsilon_i, \varepsilon_j) \\ &= b_i b_j Var(I) = b_i b_j \sigma_I^2,\quad i \neq j. \end{aligned} \tag{6.77}$$

Die Kovarianz zwischen zwei Renditen ist unter den Prämissen des Modells jeweils proportional zur Varianz der Rendite des Marktfaktors.

Für ein beliebiges Portfolio mit der Rendite $R = \sum x_i R_i$ folgt hieraus für den Erwartungswert:

$$\begin{aligned} E(R) &= E(\sum x_i R_i) = \sum x_i E(R_i) \\ &= \sum x_i [a_i + b_i E(I) + E(\varepsilon_i)] \\ &= \sum x_i a_i + \left(\sum x_i b_i\right) \mu_I \end{aligned} \tag{6.78}$$

---

3 *Beja* (1972) sowie *Fama* (1973) weisen auf die Widersprüche hin, die sich aus der Bedingung 3) ergeben, wenn für den Marktfaktor das Marktportfolio verwendet wird, das aus allen betrachteten Einzelaktien besteht. Aber auch darüber hinaus wirkt die Bedingung 3) sehr restriktiv, vgl. *Beja* (1972, S. 39).

bzw. für die Varianz:

$$
\begin{aligned}
Var(R) &= Var(\sum x_i R_i) \\
&= \sum x_i^2 Var(R_i) + 2\sum_{i<j} x_i x_j Cov(R_i, R_j) \\
&= \sum x_i^2 b_i^2 \sigma_I^2 + \sum x_i^2 \sigma_i^2 + 2\sum_{i<j} x_i x_j b_i b_j \sigma_I^2 .
\end{aligned} \tag{6.79}
$$

Damit sind alle Größen zur Durchführung einer Portfoliooptimierung spezifiziert. Benötigt werden $3n + 2$ Inputdaten (a_i, b_i, σ_i, jeweils $i = 1,..., n$; μ_I, σ_I) im Vergleich zum Markowitz-Modell mit $2n + n(n-1)/2 = (n^2 + 3n)/2$ Inputdaten (μ_i, σ_i; $i = 1,..., n$; $Cov(R_i, R_j)$, $i < j$).

6.3.5.4 Portfoliooptimierung unter realen Bedingungen

Über die in den vorstehenden Abschnitten dargelegten Problemkreise hinaus erfordert eine Portfoliooptimierung unter realen Bedingungen die Berücksichtigung einer Vielzahl von weiteren Faktoren, z.B. die Einbeziehung von Transaktionskosten, die Konstruktion effizienter Algorithmen für »große« Probleme, etc. An dieser Stelle kann dabei nur auf die Literatur verwiesen werden, vgl. etwa *Rudd/Rosenberg* (1979) oder *Perold* (1984).

All dies hat zur Konsequenz, dass die Anwendung des Markowitz-Ansatzes in seiner Grundform auf der Basis einer vollständigen Spezifikation aller Renditekennziffern im Wesentlichen im Rahmen von Asset Allocation-Entscheidungen, d.h. auf der Ebene von Wertpapierklassen, erfolgt. Die Optimierung auf Wertpapierebene wird primär auf der Basis von Faktormodellen vorgenommen.

6.4 Bewertung von Aktien im Kapitalmarktgleichgewicht: Capital Asset Pricing-Modell

6.4.1 Marktindexmodell

6.4.1.1 Eigenschaften des Marktindexmodells

In diesem Abschnitt wird zunächst das in Abschnitt 6.3.5.2 dargestellte Single Index-Modell wieder aufgegriffen, wobei der Marktfaktor I nunmehr als Marktindex MI interpretiert wird. Hieraus werden weitere Charakterisierungen abgeleitet, die von Relevanz im Zusammenhang mit dem CAPM sind. Zuvor soll jedoch noch ein zentraler Spezialfall des Marktindexmodells eingeführt werden, das so genannte *Marktmodell*, bei dem der zu Grunde liegende Marktindex *MI* dem so genannten *Marktportfolio M* entspricht, das strukturell identisch mit dem zu Grunde liegenden (Aktien-)Gesamtmarkt ist. Die Beziehung (6.73) lautet dann entsprechend:

$$R_i = \alpha_i + \beta_i R_{MI} + \varepsilon_i \quad i = 1,...,n. \tag{6.80}$$

An dieser Stelle soll festgehalten werden, dass beim CAPM selbst das Marktportfolio die fundamentale Größe ist, während bei praktischen Umsetzungen des CAPM-Gedankenguts stets mit Marktindexportfolios gearbeitet wird.

Wir wiederholen nochmals zwei Annahmen[4] über das Single Index-Modell (6.74), die sich als bereits zentral für die weiteren Ableitungen erweisen werden ($i = 1, ..., n$):

(6.81) $$\begin{aligned} &1)\ E(\varepsilon_i) = 0;\ \ Var(\varepsilon_i) = \sigma_i^2 \\ &2)\ Cov(\varepsilon_i, R_M) = 0 \ . \end{aligned}$$

Interessanterweise lassen sich bereits aus diesen einfachen strukturellen Annahmen auf elementarem Wege eine Reihe von aufschlussreichen Folgerungen ziehen. Es gilt zunächst unter Zugrundelegung der allgemeinen Form (6.73) des Marktindexmodells

$$\begin{aligned} Cov(R_i, R_{MI}) &= Cov(a_i + b_i R_{MI} + \varepsilon_i, R_{MI}) \\ &= b_i Cov(R_{MI}, R_{MI}) + Cov(\varepsilon_i, R_{MI}) \\ &= b_i Var(R_{MI}) \ , \end{aligned}$$

hieraus folgt

(6.82) $$b_i = \frac{Cov(R_i, R_{MI})}{Var(R_{MI})} \ .$$

Der Koeffizient $b_i = Cov(R_i, R_{MI})/Var(R_{MI})$ wird als *Betafaktor* der Aktie R_i in Bezug auf den gewählten Aktienindex (bzw. nur Betafaktor im Rahmen des Marktmodells) bezeichnet.

Weiterhin gilt:

(6.83) $$E(R_i) = a_i + b_i E(R_{MI}) \text{ bzw. } a_i = E(R_i) - b_i E(R_{MI}) \ .$$

Dies ist der so genannte *Alphafaktor* der Aktie. Insgesamt sind die Koeffizienten des Regressionsmodells (6.80) somit strukturell durch die Modellannahmen (6.81) bereits festgelegt. Weiter gilt:

(6.84) $$\sigma(R_{MI}) = \sum_{i=1}^{n} c_i \rho(R_i, R_{MI}) \sigma(R_i),$$

wobei die Gewichte c_i die Indexgewichte sind, d.h. $R_{MI} = \sum c_i R_i$. Dies lässt sich wie folgt nachweisen:

4 Dieses im Vergleich zu (6.74) reduzierte Annahmenbündel führt dazu, dass die in Fußnote 3 aufgeführten Probleme nicht mehr auftreten. *Beja* (1972, S. 39) weist darauf hin, dass (6.81) praktisch keine Restriktion darstellt (»do not involve any assumption«).

$$
\begin{aligned}
Var(R_{MI}) &= Cov(R_{MI}, R_{MI}) = Cov(\sum c_i R_i, R_{MI}) \\
&= \sum c_i Cov(R_i, R_{MI}) = \sum_{i=1}^{n} c_i \rho(R_i, R_{MI}) \sigma(R_i) \sigma(R_{MI}) \\
&= \left[\sum_{i=1}^{n} c_i \rho(R_i, R_{MI}) \sigma(R_i) \right] \sigma(R_{MI}) .
\end{aligned}
$$

Beziehung (6.84) bedeutet, dass in die Renditestandardabweichung des Marktindexportfolios die Renditestandardabweichungen der Einzelaktien nicht in ihrer vollen Höhe eingehen, sondern nur anteilig[5]. Wir zerlegen dazu $\sigma(R_i)$ wie folgt in zwei Komponenten:

(6.85)
$$\sigma(R_i) = \rho(R_i, R_{MI}) \sigma(R_i) + [1 - \rho(R_i, R_{MI})] \sigma(R_i) .$$

Der erste Summand wird dabei als *systematisches Risiko* der Aktie in Bezug auf den gewählten Marktindex bezeichnet, der zweite Summand als *nicht-systematisches* oder *diversifizierbares Risiko*. Unter Vornahme dieser Definition besagt Beziehung (6.84), dass nur das systematische Risiko der Aktie zur Renditestandardabweichung des Marktindex beiträgt, dagegen nicht der nicht-systematische Risikoanteil, dieser kann im Rahmen der Indexbildung diversifiziert werden.

Auch der Betafaktor einer Aktie kann nun in Zusammenhang mit dem systematischen Risiko gebracht werden:

(6.86)
$$
\begin{aligned}
b_i &= \frac{Cov(R_i, R_{MI})}{Var(R_{MI})} = \frac{\rho(R_i, R_{MI}) \sigma(R_i)}{\sigma(R_{MI})} \\
&= \frac{\text{systematisches Risiko der Aktie}}{\textit{Marktrisiko}} .
\end{aligned}
$$

Den vorstehend genannten strukturellen Beziehungen und Eigenschaften werden wir im Rahmen des CAPM wiederbegegnen. Der zentrale Unterschied dabei ist, dass wir in diesem Abschnitt mit der Annahme (6.80) einer (einfaktoriellen) linearen Struktur der Einzelaktien gearbeitet haben, was beim CAPM nicht der Fall ist. Dafür muss das CAPM Annahmen über das Marktgleichgewicht treffen.

Ein direkter Zusammenhang zwischen CAPM und Marktmodell liegt darin, dass die empirische Identifizierung der in das CAPM eingehenden Renditekennziffern üblicherweise (zumindest in der Basisvariante) auf der Grundlage der Hypothese des Vorliegens des Marktmodells erfolgt. Dies soll im folgenden Abschnitt anhand der Schätzung des Betafaktors illustriert werden.

6.4.1.2 Schätzung des Betafaktors

Wir konzentrieren uns im Weiteren auf eine *einzelne* Aktie (Rendite R) und reformulieren noch einmal das Regressionsmodell (6.80) in seiner *bedingten* Form (gegeben die Beobachtung der Rendite des Markt(index)-Portfolios), als Referenzportfolio verwenden wir o.B.d.A. das Marktportfolio M. Das Regressionsmodell ergibt sich dann zu

(6.87)
$$R = \alpha + \beta r_M + \varepsilon .$$

---

5 *Fama* (1973, S. 1184) weist für das Marktmodell weitergehend die Eigenschaft $\Sigma c_i \varepsilon_i = 0$ nach, d.h. die Störterme ε_i – und damit auch deren Varianzbeiträge σ_i^2 – verschwinden im Rahmen des Gesamtmarktes.

Zur empirischen Bestimmung von α und β muss jedoch noch ein hierauf aufbauendes Modell formuliert werden, das die Gesetzmäßigkeit der zur Verfügung stehenden Beobachtungen spezifiziert. Wir gehen aus von m Beobachtungen, die sich in m äquidistanten Perioden (etwa: Wochen, Monate, Jahre) realisiert haben. Unter der Annahme, dass sich die zu Grunde liegende Gesetzmäßigkeit nicht geändert hat (Stationarität), ist die folgende Modellformulierung die übliche (jeweils $t = 1,...,m$):

- $R_t = \alpha + \beta\, r_{Mt} + \varepsilon_t$
- r_{Mt} : beobachtete Rendite des Marktportfolios in Periode t
- $E(\varepsilon_t) = 0,\ \sigma(\varepsilon_t) = \sigma$
- $Cov(\varepsilon_t, \varepsilon_s) = 0\ , \quad t \neq s.$

Diese Bedingungen sind somit identisch mit den Bedingungen eines homoskedastischen Regressionsmodells. Grafisch liegt damit die folgende Situation vor:

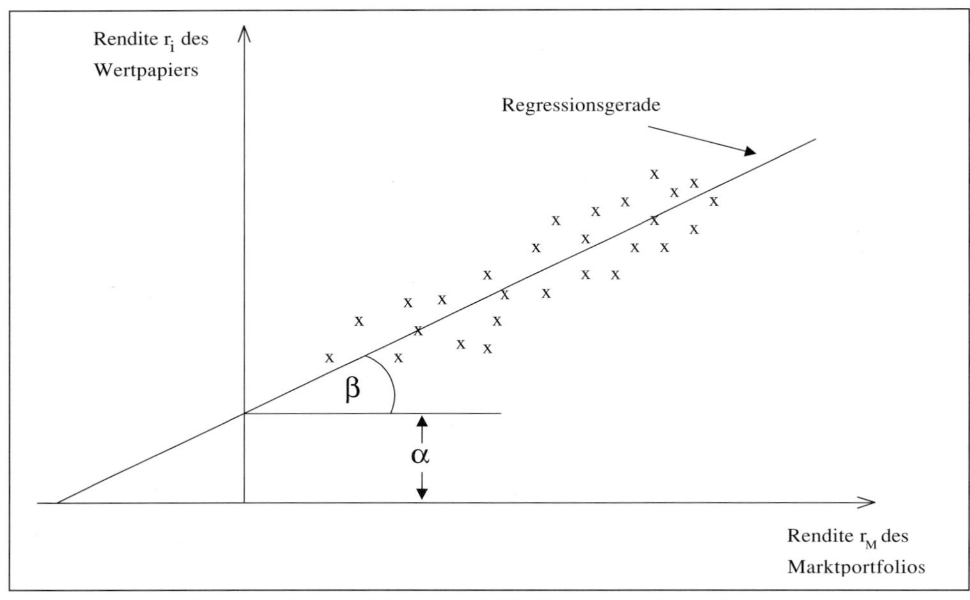

Abb. 6.27: Regressionsmodell zur Erklärung individueller Wertpapierrenditen

Im Kontext eines homoskedastischen Regressionsmodells können insbesondere die folgenden Standardschätzer (Kleinste-Quadrate-Schätzer) zur Bestimmung der Regressionskoeffizienten verwendet werden:

(6.88)

$$\hat{\beta} = \frac{\sum_{t=1}^{m} (r_t - \bar{r})(r_{M_t} - \bar{r}_M)}{\sum_{t=1}^{m} (r_{M_t} - \bar{r}_M)^2}$$

$$\bar{r} = \frac{1}{m} \sum_{t=1}^{m} r_t$$

$$\bar{r}_M = \frac{1}{m} \sum_{t=1}^{m} r_{M_t}$$

$$\hat{\alpha} = \bar{r} - \hat{\beta}\, \bar{r}_M \, .$$

Anzumerken ist dabei, dass die Schätzgrößen $\hat{\alpha}$ und $\hat{\beta}$ exakt die empirischen Gegenstücke der in Abschnitt 6.4.1.1 gewonnenen strukturellen Charakterisierungen von α und β sind. Die Schätzung der Residualvarianz $\sigma = \sigma(\varepsilon)$, die auch als Datum in eine Portfoliooptimierung im Rahmen des Single Index-Modells eingeht, erfolgt durch:

(6.90) $$\hat{\sigma}^2 = \frac{1}{m-2}\sum_{t=1}^{m}(r_t - \hat{\alpha} - \hat{\beta}\bar{r}_{M_t})^2 .$$

Die Güte der Erklärung der Beobachtungen durch das vorgegebene Modell wird gemessen durch das Bestimmtheitsmaß R^2, gegeben durch:

(6.91) $$\mathrm{R}^2 = \frac{\sum_{t=1}^{m}(\hat{\alpha} + \hat{\beta} r_{M_t} - \bar{r})^2}{\sum_{t=1}^{m}(r_t - \bar{r})^2} .$$

R^2 gibt den Anteil der durch das Regressionsmodell erklärten Streuung an der Streuung der historischen Renditen um ihren Mittelwert an. Das Bestimmtheitsmaß entspricht zugleich dem Quadrat des Korrelationskoeffizienten. Übersetzen wir diesen Zusammenhang zurück auf die Modellebene, so erhalten wir:

(6.92) $$\begin{aligned} R^2 = \rho^2(R, R_M) &= \frac{[Cov(R, R_M)]^2}{\sigma^2(R)\sigma^2(R_M)} \\ &= \frac{[Cov(R, R_M)]^2}{Var^2(R_M)} \cdot \frac{Var(R_M)}{Var(R)} \\ &= \beta^2 \frac{Var(R_M)}{Var(R)} . \end{aligned}$$

Der Anteil der durch die Regression erklärten Streuung ergibt sich gemäß obiger Gleichung demnach als das Produkt aus dem quadrierten Betafaktor und der durch den Markt bedingten Varianz dividiert durch die Varianz der Aktie.

Dieser Zusammenhang unterstreicht, unter der Annahme der Validität des zugrundegelegten Modells, nochmals die Bedeutung des Betafaktors. Wegen

(6.93) $$R^2 = \rho^2(R, R_M) = \frac{\rho^2(R, R_M) \cdot \sigma^2(R_i)}{\sigma^2(R_i)}$$

gilt auch der Zusammenhang, dass der Anteil der durch die Regression erklärten Streuung sich als

$$\left(\frac{\text{systematisches Risiko}}{\text{Risiko der Aktie}}\right)^2$$

schreiben lässt.

Ein empirisches Beispiel ist in der nachfolgenden Abbildung enthalten. Dabei wurden die Monatsrenditen der Industrieverwaltungsgesellschaft (IVG) gegenüber dem DAX im Zeitraum von Januar 1987 bis Juni 1999 regressiert.

Empirische Analysen zeigen, dass sowohl die Standardannahmen des einfachen linearen Regressionsmodells in der Regel problematisch sind, als auch die implizite Stationaritätsannahme (zeitliche Konstanz der Alpha- und Betafaktoren).

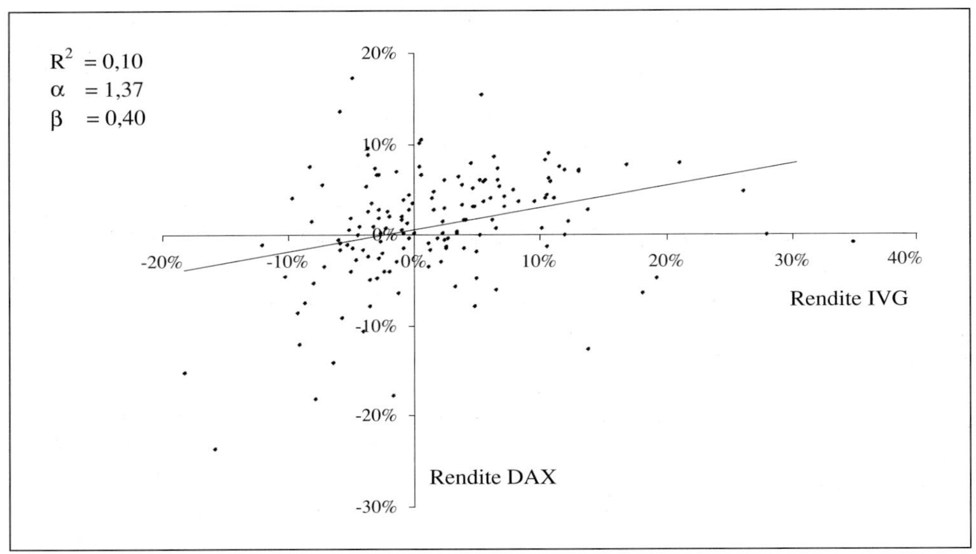

Abb. 6.28: Interdependenz DAX/IVG im Zeitraum 01/1987 bis 06/1999

Dies führt zu einer Fülle von entsprechend verallgemeinerten Ansätzen. Grundsätzlich ist dabei empirisch zu überprüfen, inwieweit das jeweils zugrunde gelegte Modell die empirischen Fakten widerspiegelt, im Grundmodell also etwa, wie groß das Bestimmtheitsmaß ist, d.h. wie groß der Anteil der empirischen Streuung ist, der durch das Modell erklärt werden kann. Als Studie hinsichtlich des deutschen Aktienmarktes sei auf *Frantzmann* (1990) verwiesen. Er kommt insbesondere zum Schluss, dass zwar die Rendite des Marktindex nur 40-50% der Schwankungen der Einzelaktie erklärt, aber der Erklärungsgehalt des Betakonzeptes für die Risikobeurteilung von stärker diversifizierten Portfolios, wie sie etwa von institutionellen Anlegern gehalten werden, deutlich höher ist. Dies macht nun wiederum die Bestimmung der Einzel-Betafaktoren relevant, da diese die Ausgangsbasis für die Bestimmung des Betafaktors eines Portfolios bilden. Sei $R_P = \sum x_i R_i$ die Rendite eines Portfolios, so gilt:

(6.94)
$$\beta_P = \sum_{i=1}^{n} x_i \beta_i \, .$$

Dies folgt aus der Linearitätseigenschaft der Kovarianz:

(6.95)
$$\begin{aligned}\beta_P &= \frac{Cov\,(R_P, R_M)}{Var\,(R_M)} = \frac{Cov\,(\sum x_i R_i, R_M)}{Var\,(R_M)} \\ &= \frac{\sum x_i Cov\,(R_i, R_M)}{Var\,(R_M)} = \sum x_i \beta_i \, .\end{aligned}$$

Ein nächster Schritt der Modellverfeinerung ist es, den Betafaktor einer Aktie von anderen als relevant erachteten Variablen abhängen zu lassen, etwa in Form eines multiplen Regressionsansatzes: $\beta_i = a_i + b_{i1} x_1 + ... + b_{ir} x_r$. Ein solcher Ansatz resultiert aus den im Rahmen von Kapitel 7 behandelten Faktormodellen.

6.4.2 Portfoliotheorie bei Einführung einer sicheren Anlage

In Erweiterung des portfoliotheoretischen Grundmodells des Abschnitts 6.3.1, in dem das Anlagespektrum nur aus rein riskanten Titeln besteht, betrachten wir die folgende Kapitalmarktkonstellation.

Gegeben sei ein Kapitalmarkt aus n Aktien mit (zufallsabhängigen) Einperiodenrenditen R_i $(i = 1,...,n)$, charakterisiert durch die Größen $E(R_i)$, $Var(R_i)$ und $Cov(R_i, R_j)$ sowie einer risikolosen (Varianz der Rendite gleich null) Anlage zum sicheren Zins r_0.

Anzumerken ist dabei, dass das Vorliegen einer (vollständig) risikolosen Anlage zu »dem« sicheren Zins i.d.R. eine modelltheoretische Idealisierung ist, bei einer praktischen Umsetzung muss diese Anlageform approximiert werden. Vollständige Risikolosigkeit beinhaltet insbesondere die Nicht-Existenz von Ausfall- und Zinsänderungsrisiken. In praxi kann bei gegebenem Anlagehorizont der risikolose Zins durch den zu $t = 0$ bestehenden Geldmarktzins gleicher Fristigkeit approximiert werden. Der sichere Zins wird als Alternativrendite für nicht aktienkursreagible Kapitalanlagen benötigt.

Folgende Prämissen werden getroffen:

- Es können beliebige Beträge zum risikolosen (fristigkeitsunabhängigen) Zins r_0 sowohl angelegt als auch aufgenommen werden.
- Es gelten die Prämissen des Grundmodells der Portfoliotheorie (vgl. Abschnitt 6.3.1), insbesondere sind alle Anleger EV-Investoren.

Es stellt sich nun die Frage nach der Menge der im Rahmen des neuen Anlagespektrums realisierbaren Portfolios. Jedes solche Portfolio besteht dabei aus einem Teil, das in der sicheren Anlage investiert (bzw. als Kredit aufgenommen) ist und einem Teil, der ein Portfolio $P \in M$ ist, d.h. aus der Menge der durch Aktienmischung realisierbaren Portfolios stammt, vgl. dazu Abschnitt 6.3.3. Es bedeute $0 \leq a < \infty$ die anteilige Investition in P und $-\infty < 1 - a \leq 1$ die anteilige Investition in die sichere Anlage.

Beispiel 6.15: Kreditfinanzierter Aktienkauf

Gegeben sei ein Budget der Höhe B und eine anteilige Investition der Größe a = 2. Dies impliziert die Anlage des Betrags 2B in das Portfolio P. Die Größe 1 - a ergibt sich dann zu -1, dies beinhaltet die Aufnahme eines Kredits in Höhe B zu r_0.

Die Rendite R des Gesamtportfolios ergibt sich nun gemäß

(6.96)
$$R = a R_P + (1-a) r_0 ,$$

wobei R_P die Rendite des rein riskanten Teilportfolios P bedeute.

Führen wir die Notationen $\mu_P = E(R_P), \sigma_P = \sigma(R_P)$ und $\mu = E(R), \sigma = \sigma(R)$ ein, so folgt für den Erwartungswert bzw. die Varianz der Rendite des Gesamt-Portfolios

(6.97a)
$$\mu = a \mu_P + (1-a) r_0 = r_0 + a(\mu_P - r_0)$$

(6.97b)
$$\sigma^2 = Var(a R_P + (1-a) r_0) = a^2 \sigma_P^2 .$$

Aus (6.97b) folgt $a = \frac{\sigma}{\sigma_P}$, durch Substitution in (6.97a) ergibt sich hieraus:

(6.98)
$$\mu = r_0 + \frac{\mu_P - r_0}{\sigma_P}\sigma .$$

Bei festem rein riskantem Portfolio *P* und variierendem Anteil *a* liegen somit die erreichbaren (σ, μ)-Kombinationen auf einer Geraden durch r_0, deren Steigung durch $(\mu_P - r_0)/\sigma_P$ gegeben ist. Diese Steigung entspricht offenbar der *Sharpe Ratio* SR_P

(6.99)
$$SR_P = \frac{E(R_P) - r_0}{\sigma(R_P)}$$

der Portfoliorendite R_P..

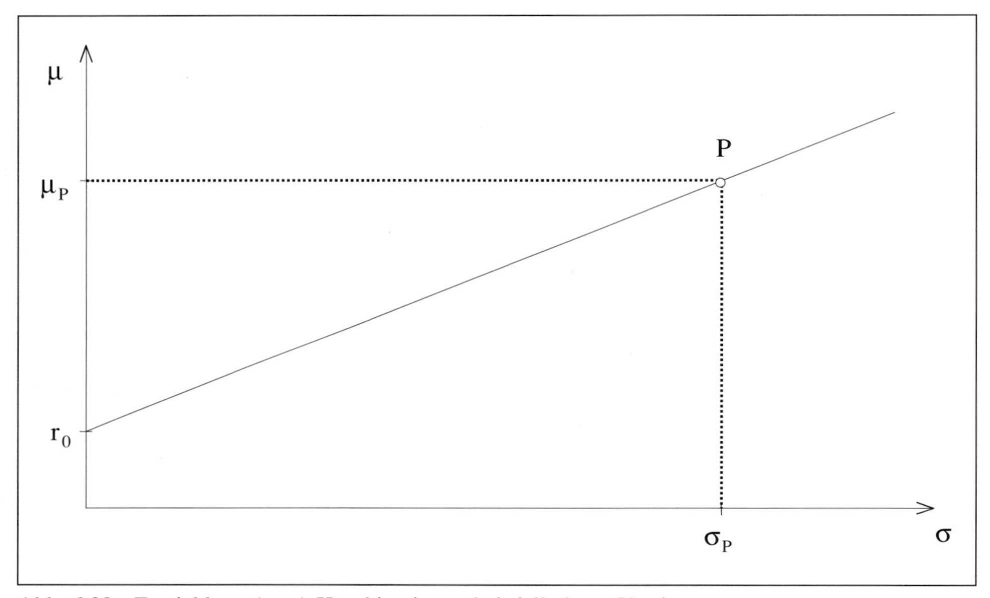

Abb. 6.29: Erreichbare (σ, μ)-Kombinationen bei risikoloser Verzinsung r_0

Bezeichne nun $\tilde{M}$ die Menge der im erweiterten Anlagespektrum erreichbaren Portfolios, so gilt:

(6.100)
$$\tilde{M} = \{(\mu,\sigma); \mu = r_0 + \frac{\mu_P - r_0}{\sigma_P}\sigma,\ (\mu_P, \sigma_P) \in M\ \}.$$

Zur Veranschaulichung diene die folgende grafische Illustration:

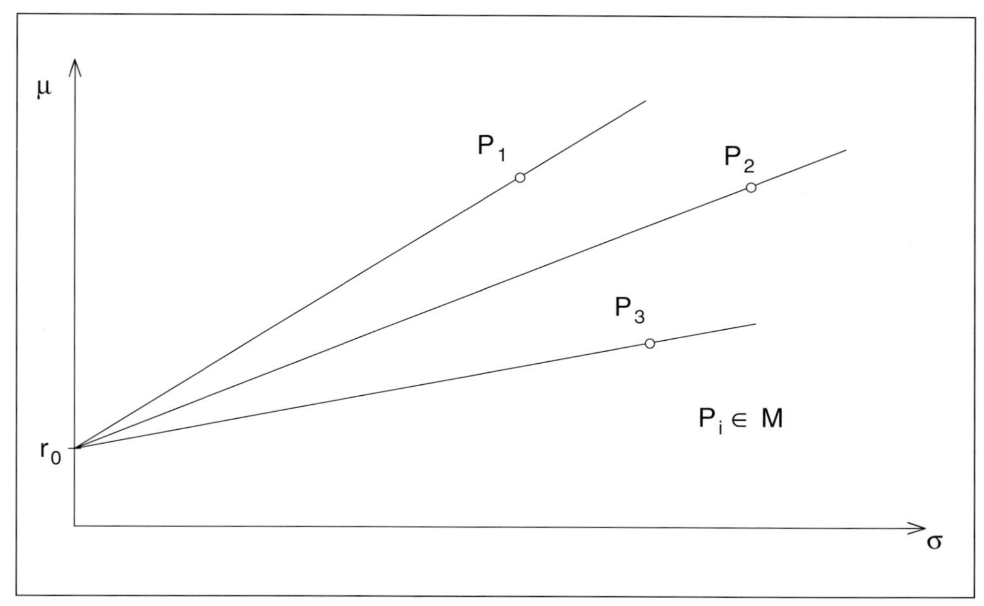

Abb. 6.30: Erweitertes Anlagespektrum bei risikoloser Verzinsung r_0

Aus welchen Portfolios besteht nun der effiziente Rand $\tilde{M}^*$ der Menge $\tilde{M}$? Auch diese Frage kann auf Grund geometrischer Überlegungen beantwortet werden.

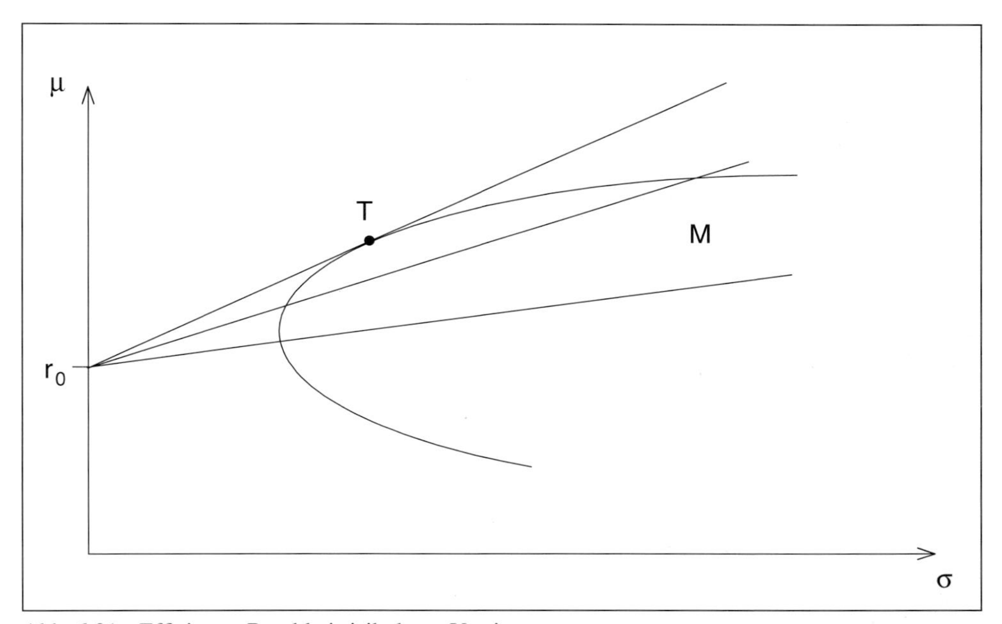

Abb. 6.31: Effizienter Rand bei risikoloser Verzinsung r_0

Als Fazit ergibt sich hieraus, dass $\tilde{M}^*$ die Tangente von $(0, r_0)$ an den (bisherigen) effizienten Rand M^* ist, bzw.:

(6.101) $$\tilde{M}^* = \{(\mu,\sigma); \mu = r_0 + \frac{\mu_T - r_0}{\sigma_T}\sigma\}.$$

Das Portfolio T wird als Tangenzialportfolio bezeichnet, es gilt $\mu_T = E(R_T), \sigma_T = \sigma(R_T)$. Eine präzise Ableitung des Resultats (6.101) ist in Anhang 6B enthalten.

Aus diesen Überlegungen lassen sich nun die folgenden Konsequenzen ziehen:

- Für jeden EV-Investor ist ein Portfolio aus $\tilde{M}^*$, d.h. ein Punkt auf der Effizienzgeraden, das für ihn optimale Portfolio.
- Die optimalen Portfolios unterscheiden sich *nur* durch den Betrag a, der in das Tangenzialportfolio T investiert wird. Der *rein riskante* Teil *sämtlicher* effizienter Portfolios ist strukturell (relativer Anteil der Einzelaktien) identisch. Dies bedeutet insbesondere, dass a den unterschiedlichen Grad an Risikoaversion vollständig ausdrückt.
- Die Sharpe Ratio $SR_T = (\mu_T - r_0)/\sigma_T$ des Tangenzialportfolios ist die maximal erreichbare Sharpe Ratio.
- Alle optimalen Portfolios mit positiver Standardabweichung besitzen die Sharpe Ratio SR_T.

Diese Erkenntnisse entsprechen gerade dem Separationstheorem (auch Two Fund-Theorem genannt) von *Tobin*. Separiert wird dabei die Zusammensetzung des rein riskanten Teilportfolios von der Risikoaversion des Investors.

Die Portfolios mit höherem Ertrag als μ_T erreicht man dabei durch Kreditaufnahme zum sicheren Zins, je höher diese Kreditaufnahme, desto höher die (erwartete) Rendite, desto höher aber auch das eingegangene Risiko. Es besteht insbesondere ein *linearer Zusammenhang* zwischen der Rendite und dem Risiko effizienter Portfolios. Gemäß des Separationstheorems von *Tobin* lässt sich das optimale Portfolio eines beliebigen EV-Investors stets in den folgenden Schritten ermitteln:

1) Ermittlung der Struktur des Teilportfolios aus rein riskanten Wertpapieren (Ermittlung des Tangenzialportfolios). Dies geschieht insbesondere unabhängig vom Grad der Risikoaversion des Investors.
2) Festlegung der anteiligen Investition a in T, a spezifiziert dabei den Grad der Risikoaversion des Investors vollständig.

Ein formaler Nachweis der Gültigkeit des Theorems über die Fondsseparation ist ebenfalls in Anhang 6B enthalten. Abschließend sei noch in Form eines Beispiels eine explizite Ableitung des effizienten Randes im erweiterten Anlagekontext vorgenommen.

Beispiel 6.16: Bestimmung des effizienten Randes bei risikoloser Anlage

Wie aus Abschnitt 6.3.2.2 bekannt, hat der effiziente Rand bei einem rein riskanten Anlagespektrum die allgemeine Form ($h > 0$)

$$\mu = \mu_0 + \sqrt{h(\sigma^2 - \sigma_0^2)}, \ \sigma \geq \sigma_0,$$

dabei spezifiziert (μ_0, σ_0) die Rendite/Risiko-Position des global varianzminimalen Portfolios.

Gesucht ist nun der effiziente Rand nach Einführung einer sicheren Anlage mit risikoloser Verzinsung $r_0 < \mu_0$. Wir wissen, dass der neue effiziente Rand eine Gerade ist, also die Form $\mu = r_0 + a\sigma$ besitzt und diese Gerade im (σ, μ)-Raum die Tangente von $(0, r_0)$ an den »alten« effizienten Rand ist.

Beginnen wir mit der Explikation der Schnittpunktbedingung. Diese lautet:

$$r_0 + a\sigma = \mu_0 + \sqrt{h(\sigma^2 - \sigma_0^2)}.$$

Durch Quadrieren und Umformen erhält man:

$$(a^2 - h)\sigma^2 - 2a(\mu_0 - r_0)\sigma + (\mu_0 - r_0)^2 + h\sigma_0^2 = 0,$$

bzw. in Kurzform $A\sigma^2 + B\sigma + C = 0$.

Da diese Gleichung zugleich eine Tangente festlegt, müssen die beiden Lösungen der quadratischen Gleichung identisch sein. Dies führt auf die Bedingung $B^2 = 4AC$ bzw.

$$4a^2(\mu_0 - r_0)^2 = 4(a^2 - h)[(\mu_0 - r_0)^2 + h\sigma_0^2] \; bzw.$$

$$a^2 = [(\mu_0 - r_0)^2 + h\sigma_0^2] / \sigma_0^2 = h + \left(\frac{\mu_0 - r_0}{\sigma_0}\right)^2.$$

Die Geradengleichung des effizienten Randes ergibt sich damit insgesamt zu

$$\mu = r_0 + \sqrt{h + \left(\frac{\mu_0 - r_0}{\sigma_0}\right)^2}\,\sigma \qquad (6.102)$$

$$= r_0 + \sqrt{h + SR_0^2}\,\sigma.$$

6.4.3 Capital Asset Pricing-Modell (CAPM)

6.4.3.1 Vorbemerkungen

Während die bisherigen Modelle die Eigenschaften von Einzelaktien bzw. Aktienportfolios isoliert (Markowitz) bzw. in Verbindung zu erklärenden Variablen (Indexmodelle) betrachtet haben, im letzteren Falle aber mehr als wahrscheinlichkeitstheoretisch-statistisch motiviertes Modell zur Erklärung von Aktienkursen (-renditen), stellt das CAPM einerseits den Kontext des Gesamtmarktes in den Vordergrund und stellt andererseits ein ökonomisch motiviertes Modell auf der Grundlage von Annahmen über die am Markt agierenden Investoren dar. Ziel ist die Ermittlung von *Gleichgewichtspreisen* von Wertpapieren (Aktien) unter *Risiko*, d.h. (bei einem einperiodigen Modell) die Bestimmung eines Marktpreises in $t = 0$ in Abhängigkeit von dem zu $t = 1$ sich realisierenden zufallsabhängigen Rückfluss. Zentral ist dabei die Annahme der Markträumung, d.h. das Gesamtangebot an Aktien einerseits sowie die Gesamtnachfrage nach Aktien andererseits sind (preislich) ausgeglichen. Wichtig ist dann die Beantwortung der Frage, welche Faktoren für diese Preisbildung relevant sind, d.h. sich explizit in der Preisgleichung wiederfinden.

Die Ableitung des CAPM baut direkt auf dem in Abschnitt 6.3.1 dargestellten Grundmodell der Portfoliotheorie auf, wobei das Anlagespektrum gemäß Abschnitt 6.4.2 um eine sichere

Anlage erweitert wird. Ferner sei darauf hingewiesen, dass wir nur das CAPM-Grundmodell behandeln, zu dem eine Vielzahl von Verfeinerungen vorliegen.

6.4.3.2 Prämissen und Basisresultat des CAPM

Die folgenden Prämissen werden getroffen:

1) Es gelten die Prämissen des Abschnitts 6.4.2 (Grundmodell der Portfoliotheorie inklusive der Existenz einer sicheren Anlage).
2) Es gebe am Markt m EV-Investoren mit Wertpapierbudget $V_i > 0$ ($i = 1, ..., m$) $V := \sum_{i=1}^{m} V_i$.
3) Alle Investoren haben identische Einschätzungen hinsichtlich der Größen r_0, $E(R_i)$, $Var(R_i)$, $Cov(R_i, R_j)$ (homogene Erwartungen).
4) Der Markt sei zu $t = 0$ im *Gleichgewicht*, d.h. die Preise zu $t = 0$ (äquivalent: die Einperiodenrenditen) pendeln sich (auf der Basis der Kenntnis der unsicheren Rückflüsse zu $t = 1$) so ein, dass der Markt »geräumt« ist (Nachfrage = Angebot).

Jeder Investor erwirbt nun ein EV-effizientes Portfolio P_i. Dieses besteht gemäß Abschnitt 6.4.2 jeweils aus einer Mischung aus sicherer Anlage und Tangenzialportfolio T. Der i-te Investor investiere einen Anteil λ_i seines Budgets in das Tangenzialportfolio. Wird dessen Investmentvektor durch $x_T = (x_{T1}, ..., x_{Tn})$ bezeichnet, so ist das *Nachfrageportfolio des Marktes* gegeben durch

(6.103)
$$\left(\sum_{i=1}^{m} \lambda_i V_i\right) x_T .$$

Das Angebotsportfolio auf der anderen Seite besteht aus allen Finanztiteln des betrachteten Marktes, angesetzt mit ihren aktuellen Marktwerten. Das *Marktportfolio M* wird nun dadurch definiert, dass jeder Titel in seinem relativen Anteil P_i / P zum Gesamtmarktwert $P = \sum_{i=1}^{n} P_i$ gehalten wird, der zugehörige Investmentvektor $x_M = (x_{M1}, ..., x_{Mn})$ ist dann

(6.104)
$$x_M = \left(\frac{P_1}{P}, ..., \frac{P_n}{P}\right).$$

Das Angebotsportfolio des Marktes ist daher in absoluten Termen gegeben durch Px_M. Die Bedingung für ein Marktgleichgewicht ist dann:

(6.105)
$$\left(\sum_{i=1}^{m} \lambda V_i\right) x_T = P\, x_M .$$

Diese Gleichung beinhaltet, dass das Nachfrageportfolio aus einer Investition von $\sum \lambda_i V_i$ Geldeinheiten in das Tangenzialportfolio T besteht und das Angebotsportfolio aus P Geldeinheiten des Marktportfolios M. Auf Grund der Identität (6.105) unterscheiden sich die Vektoren x_M und x_T nur durch ein konstantes Vielfaches. Da beides aber Investmentvektoren sind, muss dann sogar $x_M = x_T$ gelten und damit $P = \sum \lambda_i V_i$, d.h. der Gesamtmarktwert muss gerade der Summe der insgesamt investierten Mittel entsprechen.

Als zentrales Resultat dieser Überlegung folgt damit:

Im Kapitalmarktgleichgewicht gilt T = M, d.h. das Tangenzialportfolio aus Abschnitt 6.4.2 ist identisch mit dem Marktportfolio.

Aus dieser zentralen Erkenntnis können nun eine Reihe von Folgerungen gezogen werden, die wir in den nächsten Abschnitten behandeln.

6.4.3.3 Die Kapitalmarktlinie: Charakterisierung optimaler Portfolios

Die Menge aller optimalen Portfolios (*Kapitalmarktlinie,* Capital Market Line) ist gegeben durch:

$$E(R) = r_0 + \frac{E(R_M) - r_0}{\sigma(R_M)} \sigma(R) = r_0 + SR_M \, \sigma(R) \qquad (6.106)$$

Dieses Resultat folgt dabei direkt aus (6.100). Insbesondere weist das Marktportfolio eine *maximale* Sharpe Ratio auf. Eine grafisch anschauliche Darstellung dieser zentralen Gleichung ist in Abbildung 6.32 enthalten.

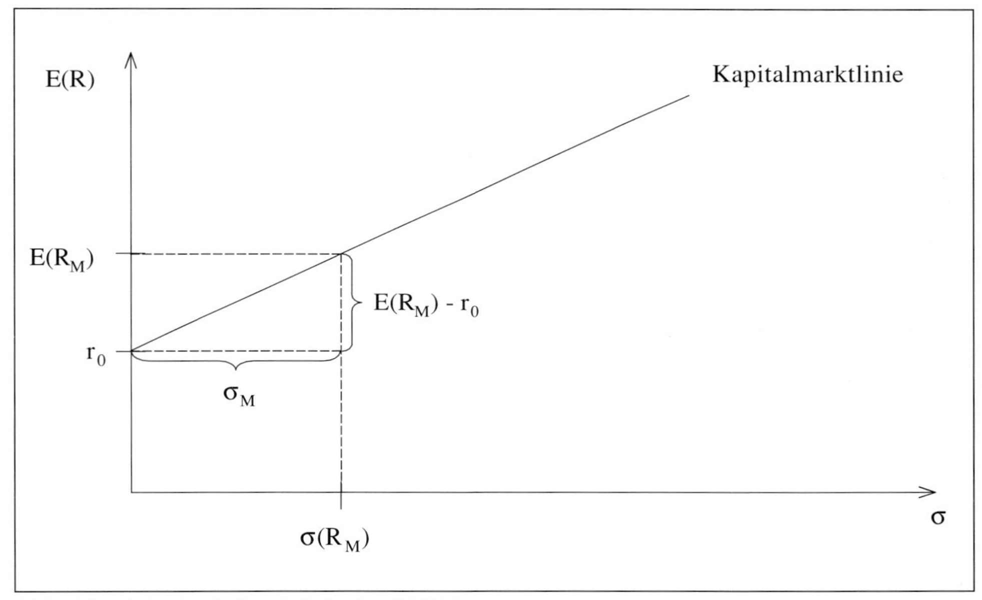

Abb. 6.32: Die Kapitalmarktlinie des CAPM

Im Kapitalmarktgleichgewicht besteht somit für die *optimalen* Portfolios ein linearer Zusammenhang zwischen (erwarteter) Rendite und Risiko. Für einen höheren (erwarteten) Ertrag muss ein höheres Risiko in Kauf genommen werden. Optimal sind dabei nur solche Portfolios, die in ihrem rein riskanten Teil dieselbe Struktur wie der Gesamtmarkt besitzen. Es wäre daher auf der Grundlage dieser Theorie für den Investor optimal, anteilig den Gesamtmarkt, etwa repräsentiert durch einen (breiten) Marktindex, zu kaufen. Wenn ein solches Marktindexportfolio nicht als eigenständiges Wertpapier angeboten wird, führt dies auf eine Methode des passiven Portfoliomanagements, des »Indexing«, d.h. der Replizierung eines vorgegebenen Index.

Beispiel 6.17: Kapitalmarktlinie

Die Rendite der sicheren Anlage betrage 5%. Der Erwartungswert bzw. die Standardabweichung der Rendite des Marktportfolios betrage 10% bzw. 20%. Wie lautet vor diesem Hintergrund die Kapitalmarktlinie?

Die Inputdaten in die Beziehung (6.106) für die Kapitalmarktlinie sind im vorliegenden Falle $r_0 = 0{,}05$, $E(R_M) = 0{,}1$ sowie $\sigma(R_M) = 0{,}2$. Damit folgt für die Kapitalmarktlinie

$$E(R) = 0{,}05 + \frac{0{,}1 - 0{,}05}{0{,}2}\sigma(R) = 0{,}05 + 0{,}25\sigma(R).$$

6.4.3.4 Die Wertpapiermarktlinie: Charakterisierung beliebiger Portfolios

Ein weiteres zentrales Ergebnis im Rahmen des CAPM ist folgende Charakterisierung der erwarteten Rendite eines beliebigen Portfolios, insbesondere auch einer einzelnen Aktie. Es gilt:

$$\begin{aligned} E(R) &= r_0 + \frac{Cov(R, R_M)}{Var(R_M)}[E(R_M) - r_0] \\ &= r_0 + \beta_R[E(R_M) - r_0]\,. \end{aligned} \qquad (6.107)$$

Dieses fundamentale Resultat lässt sich wie folgt ableiten. Gemäß Abschnitt 6.4.3.3 weist das Marktportfolio die maximale Sharpe Ratio auf, insbesondere innerhalb der Menge aller rein riskanten Portfolios. Wir betrachten daher die Funktion

$$SR(x_1, \ldots, x_n) = (\Sigma x_i \mu_i - r_0)/\sigma = \left[\Sigma x_i(\mu_i - r_0)\right]/\sigma,$$

wobei

$$\sigma = \sigma(x_1, \ldots, x_n) = (\Sigma\Sigma x_i x_j \sigma_{ij})^{1/2}.$$

Die Funktion SR entspricht der Sharpe Ratio eines beliebigen (rein riskanten) Portfolios aus den Ausgangswertpapieren mit den n erwarteten Renditen $\mu_i = E(R_i)$ und Kovarianzen $\sigma_{ij} = Cov(R_i, R_j)$. Die partielle Ableitung von SR nach x_i weist nun die folgende Gestalt auf:

$$\partial SR/\partial x_i = [(\mu_i - r_0)\sigma - \tfrac{1}{2}\sigma^{-1}\, 2\left(\Sigma x_j \sigma_{ij}\right) \Sigma x_i(\mu_i - r_0)]/\sigma^2.$$

Im Optimum gilt daher aufgrund von $\partial SR/\partial x_i = 0$ komponentenweise die Beziehung

$$(\mu_i - r_0)\sigma = \frac{(\Sigma x_j \sigma_{ij})\, \Sigma x_i(\mu_i - r_0)}{\sigma}. \qquad (6.108)$$

Bezeichnen nun x_i^M die relativen Anteile des i-ten Wertpapiers im Marktportfolio, so gilt im Optimum $x_i = x_i^M$. Im Optimum folgt hieraus ferner $\sigma = \sigma_M$, $\Sigma x_i \sigma_{ij} = \Sigma x_j^M Cov(R_i, R_j) = Cov(R_i, R_M)$ sowie $\Sigma x_i(\mu_i - r_0) = \mu_M - r_0$, wobei $\mu_M = E(R_M)$ und $\sigma_M = \sigma(R_M)$. Die Beziehung (6.108) geht damit über in

$$\mu_i - r_0 = \frac{Cov(R_i, R_M)(\mu_M - r_0)}{\sigma_M^2}$$

Dies entspricht nun aber genau der in (6.107) dargestellten Beziehung.

Die Größe $ß_R = Cov(R, R_M) / Var(R_M)$ ist dabei der bereits in Abschnitt 6.4.1.2 eingeführte Betafaktor der Aktie, das Verhältnis von dem systematischen Risiko $\rho(R,R_M)\sigma(R)$ der Aktie zum Marktrisiko $\sigma(R_M)$. Die entsprechenden Interpretationen wurden ebenfalls bereits in Abschnitt 6.4.1.2 fundiert. Die obige strukturelle Beziehung wird auch als *Wertpapiermarktlinie* (Security Market Line) bezeichnet, nachfolgend die zugehörige grafische Illustration.

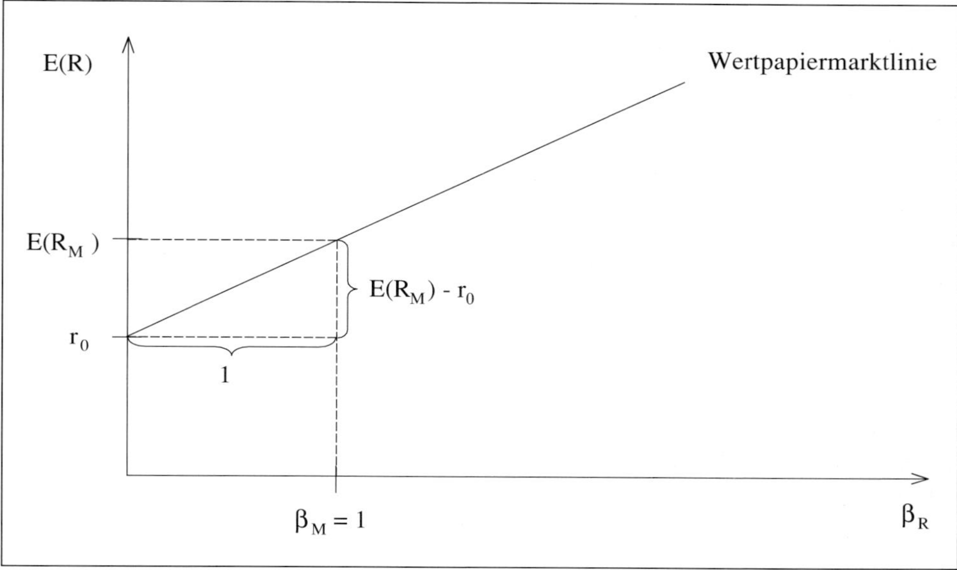

Abb. 6.33: Wertpapiermarktlinie

Aus dieser Illustration wird eine weitere Interpretation des Betafaktors deutlich, der hier stets in Bezug auf den Gesamtmarkt, das Marktportfolio, definiert ist. Der Betafaktor misst den Grad der Reaktion der Rendite einer Einzelaktie bzw. eines Aktienportfolios auf die Bewegung des Gesamtmarktes. Gilt $ß > 0$, so haben wir eine gleichgerichtete Bewegung, und das sowohl wenn der Gesamtmarkt steigt, als auch, wenn er fällt. Dabei entspricht ein $0 < ß < 1$ einer unterproportionalen Reaktion auf die Bewegung des Gesamtmarktes, ein $ß > 1$ impliziert eine überproportionale Reaktion auf die Bewegung des Gesamtmarktes (auch hier sowohl wenn der Markt steigt, als auch wenn er fällt). Ein $ß < 0$ würde eine *gegenläufige* Reaktion in Bezug auf die Bewegung des Gesamtmarkts bedeuten. Allerdings sind Aktien mit negativem Beta (innerhalb des vorgegebenen Gesamtmarktes) in praxi nicht existent.

Beispiel 6.18: Wertpapiermarktlinie

Im Rahmen der CAPM-Modellwelt seien die beiden Wertpapierportfolios mit den Renditen R_1 und R_2 gemäß der Wertpapiermarktlinie korrekt bewertet:

$$E(R_1) = 0{,}15 \qquad \beta_1 = 0{,}5$$
$$E(R_2) = 0{,}25 \qquad \beta_2 = 1{,}5.$$

Wie lautet vor diesem Hintergrund die Wertpapiermarklinie?

Beide Wertpapiere erfüllen die Gleichung (6.107) für die Wertpapiermarktlinie. Dies führt zu dem folgenden Gleichungssystem:

i) $$0{,}15 = r_0 + 0{,}5[E(R_M) - r_0] = 0{,}5r_0 + 0{,}5E(R_M)$$

ii) $$0{,}25 = r_0 + 1{,}5[E(R_M) - r_0] = -0{,}5r_0 + 1{,}5E(R_M).$$

Als Lösungen dieses Gleichungssystems resultieren $E(R_M) = 0{,}2$ sowie $r_0 = 0{,}1$. Die Wertpapiermarktlinie lautet somit

$$E(R) = 0{,}1 + 0{,}1\beta.$$

Wie hoch ist nun im CAPM-Gleichgewicht die erwartete Rendite eines Wertpapierportfolios mit einem Betafaktor von 3? Die Antwort liefert ein Einsetzen in die zuvor bestimmte Wertpapiermarktlinie.

$$E(R) = 0{,}1 + (0{,}1)3 = 0{,}4.$$

Die Erwartungsrendite beträgt somit 40%.

Wie hoch ist im CAPM-Gleichgewicht die Rendite des Marktportfolios? Das Marktportfolio weist ein Beta in Höhe von 1 auf, demgemäß beträgt die Erwartungsrendite des Marktportfolios 20%.

Unterstellen wir nun, dass auf dem vorstehend dargestellten Markt ein Wertpapierportfolio mit einer erwarteten Rendite von 15% und einem Betafaktor von 1,2 existiere. Weist dieses Wertpapierportfolio eine Gleichgewichtsrendite auf?

Die Gleichgewichtsrendite für einen Betafaktor von 1,2 ergibt sich durch Einsetzen des Betafaktors in die Wertpapiermarktlinie und beträgt somit $E(R) = 0{,}1 + (0{,}1)1{,}2 = 0{,}22$. Relativ zur Gleichgewichtsrendite von 22% weist das Wertpapierportfolio eine zu niedrige Rendite auf, d.h. der heutige Kurs des Wertpapierportfolios ist zu hoch (Überbewertung). Agieren auf dem betrachteten Markt EV-Investoren, so löst dieser Sachverhalt Arbitrageoperationen aus, die zu niedrigeren Kursen führen und damit die Rendite des Wertpapierportfolios zur Gleichgewichtsrendite hinbewegen.

Etwas umformuliert lässt sich die obige Gleichgewichtsgleichung wie folgt schreiben:

(6.109) $$E(R) - r_0 = \beta_R[E(R_M) - r_0].$$

Die Größe $E(R) - r_0$ wird als *Risikoprämie* des zu Grunde liegenden Portfolios bezeichnet. Sie ist die im Kapitalmarktgleichgewicht von den Investoren geforderte »Überrendite«, d.h. eine über die Rendite der sicheren Anlage hinausgehende Rendite, die für das Eingehen einer risikobehafteten Investition in eine Einzelaktie bzw. ein Aktienportfolio gefordert wird. Die Gleichung (6.109) kann daher interpretiert werden als:

Risikoprämie der Einzelaktie = Betafaktor · Risikoprämie des Marktportfolios.

Insgesamt lässt sich auch folgern, dass die erwartete Gleichgewichtsrendite nicht vom individuellen Risiko $\sigma(R)$, sondern vom Betafaktor β_R abhängig ist. Der Betafaktor ist der zentrale preisbestimmende Faktor der (Grundform der) Kapitalmarkttheorie. Eine weitere Umformulierung der Strukturgleichung der Wertpapiermarktlinie erbringt:

(6.110) $$E(R) = r_0 + \frac{E(R_M) - r_0}{\sigma(R_M)} \cdot \rho(R, R_M)\sigma(R).$$

Die Größe $[E(R_M) - r_0]/\sigma(R_M)$ ist das Verhältnis der Risikoprämie des Marktportfolios zum Risiko des Marktes und wird auch als *Marktpreis des Risikos* bezeichnet. Der Marktpreis des Risikos gibt an, um wie viele Einheiten die erwartete Überrendite des Portfolios steigt, wenn sein systematisches Risiko um eine Einheit steigt. Verbal kann die obige Strukturgleichung damit auch geschrieben werden als:

$$\begin{aligned} &\textit{Erwartete Rendite} = \textit{risikolose Verzinsung} \\ &\qquad + \textit{Marktpreis des Risikos} \cdot \textit{systematisches Risiko}. \end{aligned}$$

Die erwartete Rendite einer Aktie (eines Aktienportfolios) ergibt sich aus der risikolosen Verzinsung plus einem Risikozuschlag. Der Risikozuschlag ist proportional zum eigentlichen Risiko der Aktie (des Aktienportfolios), nämlich dem systematischen Risiko. Es bleibt anzumerken, dass im Falle eines effizienten Portfolios sich hieraus wieder als Spezialfall die Kapitalmarktlinie ergibt, denn die Korrelation eines effizienten Portfolios mit dem Marktportfolio ist gleich Eins.

Abschließend soll noch kurz auf das Verhältnis von CAPM und Marktmodell, wie wir es in Abschnitt 6.4.1.1 eingeführt haben, eingegangen werden. Aus dem Marktmodell konnten wir ja bereits den Betafaktor sowie die Interpretation des systematischen Risikos ableiten.

CAPM: $E(R) = r_0(1 - \beta) + \beta E(R_M)$
Marktmodell: $E(R) = \alpha + \beta E(R_M)$

Das Gleichgewichtsmodell (CAPM) erbringt somit neben der ökonomischen Begründung der Erwartungsstruktur des Marktmodells eine spezifischere Kennzeichnung des vom Markt unabhängigen Teils der erwarteten Rendite. Dies liefert zum einen den Ausgangspunkt, um eine CAPM-konsistente Variante des Marktmodells zu erhalten, zum anderen beinhaltet die Hypothese $\alpha = r_0(1-\beta)$ eine einfache Testmöglichkeit für die Gültigkeit des CAPM.

6.4.3.5 Gleichgewichtspreis eines beliebigen Portfolios

Abschließend soll die Gleichgewichtsgleichung für die bei Gültigkeit des CAPM erwartete Rendite zurückgerechnet werden in eine entsprechende Gleichung für die zu $t = 0$ herrschenden Gleichgewichtspreise. Dabei gelten folgende Abkürzungen:

P bzw. P_M = Gleichgewichtspreis des Portfolios bzw. Marktportfolios in $t = 0$
V bzw. V_M = zufallsabhängiger Preis des Portfolios bzw. Marktportfolios in $t = 1$.

Besteht das Portfolio gerade aus allen Aktien eines einzelnen Unternehmens, so ist P bzw. V gerade der *Marktwert* des Unternehmens *in* $t = 0$ bzw. $t = 1$. Es gilt nun:

(6.111) $$E(R) = \frac{E(V) - P}{P} = \frac{E(V)}{P} - 1 \text{ bzw. } E(R_M) = \frac{E(V_M)}{P_M} - 1.$$

Setzt man den Ausdruck (6.111) in die Wertpapiermarktlinie ein, so erhält man:

$$\frac{E(V)}{P} - 1 = r_0 + \beta_R [E(R_M) - r_0]$$

und somit insgesamt:

(6.112)
$$P = \frac{E(V)}{1 + r_0 + \beta_R [E(R_M) - r_0]}.$$

Der Gleichgewichtspreis entspricht somit dem erwarteten Rückfluss diskontiert zum sicheren Zins korrigiert um einen Zuschlagsfaktor für das eingegangene Risiko, kurz: diskontiert zu einem (durch das Modell spezifizierten) risikoadjustierten Kalkulationszinsfuß. P ist somit ein risikoadjustierter Barwert (Risk Adjusted Present Value, RAPV), wobei der geeignete Diskontierungsfaktor durch den Markt festgelegt wird. Weitere Umformungen erbringen das hierzu äquivalente Ergebnis:

(6.113)
$$P = \frac{1}{1 + r_0} [E(V) - \lambda_M \, Cov(V, V_M)],$$
$$wobei: \ \lambda_M = \frac{E(V_M) - (1 + r_0) P_M}{Var(V_M)}.$$

Der Gleichgewichtspreis ergibt sich als Barwert, wobei hier allerdings der erwartete Rückfluss zuerst um einen Korrekturfaktor für das Risiko des Rückflusses korrigiert wird, bevor er zum sicheren Zins diskontiert wird. Beide Barwertkonzepte spielen bei der Bewertung von Investitionen unter Risiko eine Rolle, wobei die benötigten Größen dort aber nicht modellendogen sind. Man vergleiche ferner (6.112) auch mit der Bewertungsgleichung (5.47) des State Space-CAPM, das in Abschnitt 5.3.2.4 alleine auf der Grundlage der Arbitragefreiheitsbedingung abgeleitet wurde.

6.5 Risikoadjustierte Performancemessung

6.5.1 Vorbemerkungen

In diesem Abschnitt führen wir die Überlegungen des Abschnitts 2.4 fort, der eine Darstellung der Methoden zur Performancemessung von Wertpapierfonds zum Gegenstand hatte. Ausgangspunkt waren dabei Investments unter Sicherheit. Im Falle von Investments unter Risiko muss diese Methodik erweitert werden, um eine angemessene Risikoadjustierung durchzuführen. Erst auf der Basis einer solchen Risikoadjustierung ist es möglich, Investments, die ein unterschiedliches Risikoausmaß aufweisen, miteinander vergleichbar zu machen. Im Weiteren erfolgt eine Aufarbeitung der grundlegenden Performancemaße, die zu diesem Zweck entwickelt worden sind.

6.5.2 Sharpe Ratio

Die (Ex ante-) *Sharpe Ratio* eines Investments mit (nicht degenerierter) Einperiodenrendite R ist definiert durch

(6.114a)
$$SR(R) = \frac{E(R) - r_0}{\sigma(R)}.$$

Dabei entspricht r_0 dem risikolosen Einperiodenzins. Die Sharpe Ratio setzt damit den Modellrahmen der Abschnitte 6.4.2 und 6.4.3 voraus, d.h. des um die Existenz einer sicheren Anlage erweiterten portfoliotheoretischen Grundmodells des Abschnitts 6.3.1.

Die Sharpe Ratio misst die Höhe der Risikoprämie $E(R) - r_0$, d.h. der mittleren Überrendite über die risikolose Verzinsung hinaus, pro Einheit des für die Erzielung dieser Überrendite eingegangenen (Schwankungs-)Risikos $\sigma(R)$. Dahinter steckt die folgende Überlegung: Die risikolose Verzinsung weist ein Schwankungsrisiko von null auf (man beachte, dass die Sharpe Ratio für risikolose Investments nicht definiert ist). Der Investor will für das Investment in eine risikoreichere Anlage (im Mittel) durch eine Risikoprämie entschädigt werden. Das Verhältnis von (ex ante) erzielbarer Risikoprämie zu dem (ex ante) eingegangenen Risiko gibt Aufschluss über die »Effizienz« des getätigten Investments. Dies wird auch bestätigt durch die Ergebnisse der Abschnitte 6.4.2 und 6.4.3, die – innerhalb dieses Modellrahmens – effizienten Portfolios weisen zugleich die maximale Sharpe Ratio auf, wie wir bereits festgestellt haben.

Die Sharpe Ratio beinhaltet eine Division von Prozentgrößen und ist daher nur schwer auf einer absoluten Ebene interpretierbar. Insbesondere ist sie keine Renditegröße im üblichen Sinn. Die Sharpe Ratio eignet sich daher primär für eine ordinale Skalierung (Ranking). Kardinale Vergleiche sind nicht sinnvoll möglich, da die Differenzen zwischen unterschiedlichen Sharpe Ratios nicht zu interpretieren sind.

In der Investmentpraxis sind die realisierten Renditen eines Investments der Ausgangspunkt der Performanceanalyse. Auf der Grundlage der realisierten Renditen sind die Erwartungsrendite $E(R)$ sowie die Renditestandardabweichung $\sigma(R)$ zu schätzen. Ferner ist ein zum gegebenen Zeithorizont »passendes« risikoloses Investment zu identifizieren (z.B. bei einem Einjahreshorizont der 12-Monats-EURIBOR). Auf diese Weise gelangt man zu einer Ex post-Sharpe Ratio.

Beispiel 6.19: Sharpe Ratio

Wir betrachten zwei Investments mit Einperiodenrenditen R_1 bzw. R_2. Es gelte dabei:

$$E(R_1) = 0{,}10 \qquad \sigma(R_1) = 0{,}20$$

$$E(R_2) = 0{,}05 \qquad \sigma(R_2) = 0{,}05.$$

Der risikolose Zins betrage 3%. Wie hoch sind vor diesem Hintergrund die Sharpe Ratios der beiden Investments und welches Investment ist auf dieser Grundlage vorzuziehen?

Es gilt:

$$SR(R_1) = \frac{0{,}10 - 0{,}03}{0{,}2} = 0{,}35.$$

$$SR(R_2) = \frac{0{,}05 - 0{,}03}{0{,}05} = 0{,}4.$$

Investment 2 weist somit die höhere Sharpe Ratio auf und ist damit auf risikoadjustierter Basis vorzuziehen.

Wie *Sharpe* (1994) und *Dowd* (2000) betonen, beruht die Sharpe Ratio immer auf einem Vergleich von zwei Finanztiteln bzw. Finanztitelportfolios. Im elementaren Fall (6.114a) entspricht die Vergleichsanlage der sicheren Anlage. Im Allgemeinen Fall geht man aus von einem Benchmarkportfolio B mit zugehöriger Rendite R_B. In diesem Fall lautet die (verallgemeinerte) Sharpe Ratio:

(6.114b) $$SR(R) = \frac{E(R - R_B)}{\sigma(R - R_B)} = IR(R - R_B)\,.$$

Man verwendet dabei auch die Bezeichnung *Information Ratio*. Diese werden wir in Abschnitt 7.3.5.3 wieder aufgreifen.

Zu einer Erweiterung der Sharpe Ratio vor dem Hintergrund, dass die betrachteten Investments in einem Portfoliokontext zu sehen sind vgl. *Dowd* (2000).

6.5.3 Modigliani/Modigliani-Leveragerendite

Die *Modigliani/Modigliani-Leveragerendite* setzt an den bereits angesprochenen Problemen der Sharpe Ratio an, dass diese weder direkt interpretierbar ist, noch einen kardinalen Vergleich von Investments ermöglicht. Auch eine weitere Problematik wird berücksichtigt. Bei der Bestimmung der Sharpe Ratio wird das gegebene Risikoniveau fixiert, was für Investoren problematisch ist, die ein anderes Risikoniveau anstreben. Die Grundidee von *Modigliani/Modigliani* besteht darin, die Anlagealternativen mit einem unterschiedlichen Risikoniveau durch Vornahme einer Leverageoperation auf ein identisches Risikoniveau zu bringen. Die daraus resultierenden absoluten Erwartungsrenditen können dann unmittelbar miteinander verglichen und auch direkt interpretiert werden.

Auch der Ansatz von *Modigliani/Modigliani* basiert auf dem Modellrahmen des Abschnitts 6.4.2, des um eine sichere Anlage erweiterten Portfoliomodells. Durch anteiliges Investment in die sichere Anlage bzw. anteilige Kreditaufnahme zum sicheren Zins kann das Risiko einer Position systematisch verringert bzw. erhöht werden.

Zur Darstellung der Methode von *Modigliani/Modigliani* treffen wir zunächst einige Bezeichnungen. Es bezeichnen im Folgenden:

σ_N: die angestrebte Normrisikoposition
μ_N: die zugehörige mittlere Rendite
r_0: die risikolose Verzinsung
σ_I: die Risikoposition eines gegebenen Investments I
μ_I: die zugehörige mittlere Rendite
R_I: die zugehörige Ex ante-Rendite
R_{LI}: die Rendite des Leverageportfolios.

Das Leverageportfolio entsteht durch anteilige (Proportion: $x_L, 0 \le x_L$) Investition in das Investment I bzw. komplementär (Proportion: $1 - x_L$) in die sichere Anlage. Die Rendite des Leverageportfolios ist dann gegeben durch:

(6.115) $$R_{LI} = x_L R_I + (1 - x_L) r_0 .$$

Es folgt

(6.116a) $$E(R_{LI}) = x_L E(R_I) + (1 - x_L) r_0 = x_L \mu_I + (1 - x_L) r_0$$

sowie

(6.116b) $$\sigma(R_{LI}) = x_L \sigma(R_I) = x_L \sigma_I .$$

Nun soll die Risikoposition des Leverageportfolios der Normrisikoposition entsprechen, d.h. $\sigma(R_{LI}) = \sigma_N$. Hieraus folgt $x_L = \sigma_N / \sigma_I$. Dies legt den Umfang der Leverageposition hinsichtlich der Anlage in das Investment I fest. Die anteilige Investition in die risikolose Anlage beträgt entsprechend $(\sigma_I - \sigma_N) / \sigma_I$. Die mittlere Rendite des Leverageportfolios ist schließlich gegeben durch

(6.117) $$E(R_{LI}) = \frac{\sigma_N}{\sigma_I} \mu_I + \left(1 - \frac{\sigma_N}{\sigma_I}\right) r_0 .$$

Wir beschreiben nun anhand eines Beispiels, wie diese Leveragetechnik zum risikoadjustierten Performancevergleich benutzt werden kann.

Beispiel 6.20: Modigliani/Modigliani-Leveragerendite

Wir greifen das Beispiel 6.19 wieder auf und bestimmen zunächst die Leverageoperation, mit der Investment 1 auf das (hier niedrigere) Risikoniveau des Investments 2 gebracht werden kann.

Das Leverageportfolio besitzt die Rendite $R_L = x R_1 + 0{,}03(1 - x)$. Das Zielrisikoniveau ist $\sigma_N = \sigma(R_2) = 0{,}05$. Hieraus folgt $\sigma(R_L) = x\sigma(R_1) = 0{,}2x = 0{,}05$ und damit x = 0,25. Das geeignete Leverageportfolio mit angestrebtem Risikoniveau ist somit durch $R_L = 0{,}25R_1 + (0{,}75)0{,}03 = 0{,}25R_1 + 0{,}0225$ gegeben. Die Modigliani/Modigliani-Leveragerendite entspricht dann $E(R_L) = 0{,}25E(R_1) + 0{,}0225 = 0{,}0475$.

Das Investment R_2 weist bereits die Normrisikoposition auf, seine Erwartungsrendite beträgt $E(R_2) = 0{,}05$. Diese ist höher als $E(R_L)$ und damit ist auch im Rahmen des Ansatzes von *Modigliani/Modigliani* das Investment R_2 dem Investment R_1 vorzuziehen. Alternativ zur dargestellten Vorgehensweise hätte man auch $\sigma(R_1)$ als Normrisikoposition deklarieren und R_2 einer Leverageoperation unterziehen können. Eine weitere Alternative besteht in der Wahl einer von $\sigma(R_1)$ bzw. $\sigma(R_2)$ abweichenden Normrisikoposition und Anwendung einer entsprechenden Leverageoperation sowohl auf R_1 als auch R_2. Das Basisergebnis der Vorziehenswürdigkeit von R_2 bleibt hiervon unberührt.

Die Schlussaussagen des Beispiels 6.20 sollen nochmals anhand der Abbildung 6.34 systematisch illustriert werden.

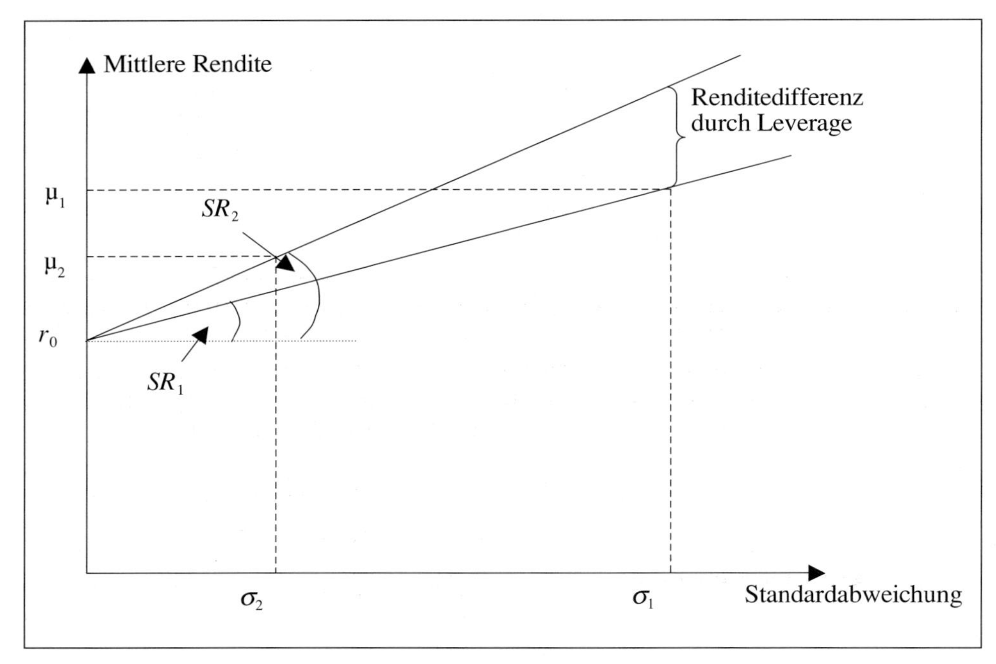

Abb. 6.34: Leverageoperation nach *Modigliani/Modigliani*

Die beiden Geradenstrahlen kennzeichnen alle (μ,σ)-Positionen, die aus den beiden Originalpositionen (μ_1, σ_1) bzw. (μ_2, σ_2) durch die Modigliani/Modigliani-Leverageoperation erreichbar werden. Offenbar stimmen die Steigungen dieser Geraden gerade mit den Sharpe Ratios $SR_1 = SR(R_1)$ bzw. $SR_2 = SR(R_2)$ überein. Dies impliziert, dass die Anwendung des Ansatzes von *Modigliani/Modigliani* zu einem gegenüber der Sharpe Ratio unveränderten Ranking führt. Es werden lediglich die ökonomische Interpretierbarkeit der Ergebnisse verbessert und die Anwendungsmöglichkeiten erweitert. Insbesondere kann der Investor eine beliebige Risikoposition anstreben und auch realisieren. Grundsätzlich gilt:

- Je höher die Sharpe Ratio, desto mehr Rendite ist für alle Risikoniveaus erreichbar.
- Jedes Risikoniveau wird durch eine entsprechende Leverageoperation erreichbar.

6.5.4 Jensen-Index

Der Jensen-Index beruht auf der Analyse der *residualen Rendite*

(6.118) $$RR_P = (R_P - r_0) - \beta_P (R_M - r_0)$$

des Wertpapierportfolios mit Rendite R_P. Die residuale Rendite bereinigt die Excessrendite $R_P - r_0$ um Markteffekte, indem sie die Excessrendite des betaäquivalenten Marktportfolios subtrahiert. Das *betaäquivalente Marktportfolio* ist dasjenige Portfolio auf der Kapitalmarktlinie, d.h. diejenige Mischung aus sicherer Anlage und Marktportfolio, das den gleichen Betafaktor wie das Ausgangsportfolio aufweist. Im vorliegenden Fall ist β_P der Betafaktor des Ausgangsportfolios P und es gilt offenbar $\beta(\beta_P R_M) = Cov(\beta_P R_M, R_M) / Var(R_M) = \beta_P \beta_M = \beta_P$.

Der *Jensen-Index* oder auch *Alphafaktor* α_P entspricht nun der erwarteten residualen Rendite:

$$\alpha_P = E(RR_P) = [E(R_P) - r_0] - \beta_P [E(R_M) - r_0]. \tag{6.119}$$

Bei Annahme eines CAPM-Gleichgewichts gilt für jedes Portfolio gerade $\alpha_P = 0$. Dies ist die Konsequenz der Beziehung (6.107), der Wertpapiermarktlinie. Insofern impliziert ein $\alpha_P > 0$ bzw. ein $\alpha_P < 0$ eine erwartete Überrendite bzw. eine erwartete Unterrendite, jeweils relativ zur CAPM-Gleichgewichtsrendite. Der Jensen-Index bzw. der Alphafaktor stellen damit ein Maß für die Fähigkeit zur *Selektivität* dar, d.h. relativ zu einem betaäquivalenten Portfolio (Fixierung der Risikoposition) durch gezielte Abweichungen vom Markt (z.B. Ausnutzung von Fehlbewertungen) im Mittel eine Überrendite zu erreichen. Das Ausmaß von positiven bzw. negativen Alphas gibt zugleich Aufschluss über die Gültigkeit bzw. Nichtgültigkeit des CAPM.

Eine Problematik des Jensen-Index besteht darin, dass er auf einer fixierten Betaposition beruht. Ein Vorteilhaftigkeitsvergleich zweier Investments mit unterschiedlicher Betaposition ist damit problematisch. So sind auch zwei Investments mit gleichem (positiven) Jensen-Index nicht notwendigerweise als gleichrangig anzusehen. Weist eines dieser Investments ein geringeres Beta auf, so ist dieses als vorteilhaft anzusehen, da es die gleiche erwartete Überrendite (Alpha) bei einem geringeren (systematischen) Risiko erzielt.

Eine Weiterentwicklung des Jensen-Index unter Berücksichtigung des sog. residualen Risikos findet im Rahmen der Behandlung von Multifaktormodellen in Abschnitt 7.3.5 statt.

6.5.5 Treynor-Index

Der *Treynor-Index* eines Investments mit (nicht-degenerierter) Einperiodenrendite ist definiert durch

$$TI(R) = \frac{E(R) - r_0}{\beta(R)}. \tag{6.120}$$

Ist insbesondere der Treynor-Index TI_P eines Portfolios P größer als der Treynor-Index $TI_M = E(R_M) - r_0$ des Marktportfolios, so erzielt das Portfolio eine bessere Performance, als es nach dem CAPM möglich ist.

Im Unterschied zur Sharpe Ratio (6.114) wird beim Treynor-Index das systematische Risiko, quantifiziert durch den Betafaktor, und nicht das Gesamtrisiko zur Risikobereinigung verwendet. Damit unterliegt der Treynor-Index der gleichen Kritik, die wir bereits beim Jensen-Index in diesem Zusammenhang artikuliert haben.

6.5.6 Zusammenhänge zwischen Sharpe Ratio, Jensen-Index und Treynor-Index

Konzentrieren wir uns zunächst auf den Zusammenhang zwischen Sharpe Ratio und Jensen-Index. Für ein Wertpapierportfolio P mit Rendite R_P gilt offenbar

(6.121)
$$\begin{aligned}\alpha_P &= \sigma_P SR_P - \beta_P \sigma_M SR_M \\ &= \sigma_P [SR_P - \rho(R_P, R_M) SR_M],\end{aligned}$$

wobei R_M die Rendite des Marktportfolios (entsprechend σ_M und SR_M) bezeichne.

Der entsprechende Zusammenhang zwischen Treynor- und Jensen-Index lautet:

(6.122)
$$\begin{aligned}\alpha_P &= \beta_P TI_P - \beta_P [E(R_M) - r_0] \\ &= \beta_P \{TI_P - [E(R_M) - r_0]\}.\end{aligned}$$

Hieraus folgt wiederum:

(6.123)
$$TI_P = \frac{\alpha_P}{\beta_P} + E(R_M) - r_0.$$

Der Treynor-Index erweist sich damit als eine positive lineare Transformation des Jensen-Index.

Schließlich besteht folgender Zusammenhang zwischen Sharpe Ratio und Treynor-Index:

(6.124)
$$SR_P = \frac{\beta_P}{\sigma_P} TI_P = \frac{\rho(R_P, R_M)}{\sigma(R_M)} TI_P.$$

Es gelten damit die folgenden Aussagen (man beweise diese!):

1) Ein positiver Jensen-Index $\alpha_P > 0$ impliziert einen »guten« Treynor-Index $TI_P > \mu_M - r_0$ und umgekehrt. Der entsprechende Zusammenhang gilt für einen negativen Jensen-Index.
2) Eine »gute« Sharpe Ratio $SR_P > (\mu_M - r_0)/\sigma_M$ impliziert einen »guten« Treynor-Index $TI_P > \mu_M - r_0$, aber nicht notwendigerweise umgekehrt.
3) Ein »schlechter« Treynor-Index $TI_P < \mu_M - r_0$ impliziert eine »schlechte« Sharpe Ratio $SR_P < (\mu_M - r_0)/\sigma_M$, aber nicht notwendigerweise umgekehrt.

6.5.7 Wahrscheinliche Mindestrendite als risikoadjustiertes Performancemaß

Die in Abschnitt 6.3.4.2.1 eingeführte *Wahrscheinliche Mindestrendite* (*Probable Minimum Return*) zu einem Konfidenzniveau ε kann ebenfalls als risikoadjustiertes Performancemaß interpretiert werden. Dies sieht man am einfachsten bei Vorliegen einer Normalverteilung für die zu evaluierende Rendite R. In diesem Falle gilt:

(6.125)
$$PMR_\varepsilon = E(R) - N_{1-\varepsilon}\, \sigma(R),$$

wobei $N_{1-\varepsilon}$ wiederum das (1-ε)-Quantil der Standardnormalverteilung bezeichne. Der führt in diesem Fall zu einem zur Standardabweichung proportionalen (»risikoproportionalen«)

Abschlag vom Erwartungswert, wobei die Höhe des Proportionalitätsfaktors vom gewählten Konfidenzniveau abhängt.

Im Unterschied zum Sharpe- und Treynor-Index ist die Wahrscheinliche Mindestrendite nicht als Quotient konstruiert und kann damit direkt als (kritische) Rendite interpretiert werden. Ein weiterer wesentlicher Unterschied zu den bisher behandelten risikoadjustierten Performancemaßen besteht darin, dass die Wahrscheinliche Mindestrendite ohne Rekurrenz auf eine sichere Anlage definiert ist.

Beispiel 6.21: Wahrscheinliche Mindestrendite als Performancemaß

Wir führen das Beispiel 6.19 bzw. 6.20 weiter fort, wobei wir nunmehr zusätzlich annehmen, dass die betreffenden Renditen R_1 und R_2 normalverteilt sind. Als Konfidenzniveau werde 5% gewählt. Die Wahrscheinliche Mindestrendite ergibt sich dann gemäß (6.125) zu

$$PMR(R_1) = E(R_1) - N_{0.95}\,\sigma(R_1) = 0{,}1 - 1{,}645(0{,}2) = -0{,}23 \quad \text{bzw.}$$
$$PMR(R_2) = E(R_2) - N_{0.95}\,\sigma(R_2) = 0{,}05 - 1{,}645(0{,}05) = -0{,}0325.$$

Auch bei diesem Performancemessungsansatz bleibt somit Investment 2 vorziehenswürdig.

6.6 CAPM: Empirische Validität und grundlegende Verallgemeinerungen

6.6.1 Empirische Validität des CAPM

Das CAPM liefert zentrale Einsichten in die Preisbildung auf Aktienmärkten unter Berücksichtigung des Risikos, dem Investoren bei einem Aktienengagement ausgesetzt sind. Das CAPM stellt eines der zentralen Paradigmen der modernen Kapitalmarkttheorie dar. Fundamental ist hierbei neben den Aussagen, die das Verhältnis zwischen Risiko und Rendite betreffen, die Konkretisierung des Marktrisikos als einzige von Investoren bewertete Risikoquelle. Jenseits dieser grundlegenden Einsichten stellt sich jedoch die Frage nach der empirischen Erklärungskraft, der empirischen Validität des CAPM. Denn erst bei einer ausreichenden empirischen Erklärungskraft kann es sinnvoll sein, Investmentstrategien auf der Grundlage des CAPM zu entwickeln und im Rahmen einer CAPM-basierten Performancemessung zu evaluieren.

Vor diesem Hintergrund ist das CAPM in der Literatur intensiven empirischen Untersuchungen ausgesetzt gewesen. Überblicke über die hierbei zentralen Arbeiten und Erkenntnisfortschritte beinhalten *Fama/French* (2004) und *Spremann* (2007, Abschnitt 14.3). Während sich frühe Arbeiten mit der korrekten empirischen Spezifikation der CAPM-Modellgrößen und der grundlegenden Frage beschäftigen, ob das CAPM überhaupt als ein wahres Modell identifiziert werden kann, stehen ab ca. 1985 Anomalien bzw. Irregularitäten im Vordergrund, die im Widerspruch zum CAPM stehen. Ein ausführlicher Überblick über diese Anomalien ist in *Schwert* (2003) zu finden. Von zentralem Interesse sind hierbei insbesondere Anomalien, die darauf hindeuten, dass neben das Marktportfolio weitere Erklärungsfaktoren für die Preisbildung treten bzw. die Markt-Risikoprämie nicht die einzige Risikoprämie ist, die von den Investoren gefordert wird.

Zu den zentralen Anomalien zählen

- der *Größen- bzw. Size-Effekt*: Unternehmen mit geringer Marktkapitalisierung (Small Caps) weisen eine höhere Rendite auf, als es nach dem CAPM der Fall sein sollte. Größere Unternehmen haben entsprechend eine tendenziell geringere Rendite.
- der *Buchwert-zu-Marktwert-Effekt*: Unternehmen mit einem hohen Buchwert/Marktwert-Quotienten (u.a. Value-Aktien) haben eine tendenziell höhere Rendite als Unternehmen mit einem geringen Buchwert/Marktwert-Quotienten.
- der *Momentum-Effekt*: Unternehmen mit hohen (relativ zum Markt) Renditen über kürzerfristige (i.d.R. 3 – 12 Monate) zurückliegende Zeiträume haben höhere aktuelle Renditen als Unternehmen mit relativ geringen Renditen über kürzerfristige zurückliegende Zeiträume.

Eine Erklärung dieser Anomalie, die noch eine Konsistenz mit dem CAPM wahrt, besteht in der Auffassung, dass die genannten Erklärungsfaktoren nur unterschiedliche Messungen des unbekannten zugrunde liegenden Betafaktors sind, der auf der Basis eines reinen Marktmodells nicht präzise genug gemessen werden kann. Dieses letzte Schlupfloch für die Validität des CAPM wurde durch die fundamentale Arbeit von *Fama/French* (1992) geschlossen. Die Autoren kommen zu dem Schluss, dass die genannten Faktoren in der Tat Variationen in der erwarteten Rendite erklären, die nicht bereits durch den (Markt-)Betafaktor erfasst sind. Das CAPM ist damit in seiner Grundstruktur erschüttert und das CAPM-Paradigma, das in Wissenschaft und Praxis seine Alleinstellung bereits verloren hatte (als Alternative hatte sich ab Mitte der 80er-Jahre die in Abschnitt 7.3.3 behandelte Arbitrage Pricing-Theorie etabliert), war endgültig am Ende, was in kurzer (aber nicht zutreffender) Form auch als »Beta is dead« apostrophiert wurde.

6.6.2 Das Dreifaktormodell nach Fama/French und das Vierfaktormodell nach Carhart

In Abschnitt 6.6.1 wurde dargelegt, dass durch eine Reihe von empirischen Studien die mangelnde Erklärungskraft des CAPM bzw. seiner statistisch/ökonometrischen Gegenstücke erhärtet worden ist. Hieraus ergibt sich die Notwendigkeit, nach Alternativen zum CAPM bzw. nach statistisch/ökonometrischen Erklärungsmodellen mit einer verbesserten Erklärungskraft Ausschau zu halten. Im Allgemeinen führt dies auf die in Abschnitt 7.3 behandelten Multifaktormodelle als empirische Gegenstücke der das CAPM verallgemeinernden Arbitrage Pricing Theorie (APT). Zwei solche Multifaktormodelle, das Dreifaktormodell von *Fama/French* (1993) sowie das Vierfaktormodell von *Carhart* (1997), sollen jedoch bereits in diesem Kapitel behandelt werden, da sie unmittelbar auf den Renditeanomalien aufbauen, die das CAPM nicht zu erklären vermag.

Ausgangspunkt der Analyse von *Fama/French* ist die Überlegung, dass, selbst wenn die Einflussfaktoren Größe (Size) und Wert (Value) keine genuinen Risikofaktoren sind, die höheren durchschnittlichen Renditen von Aktien mit geringer Marktkapitalisierung sowie hohem Buchwert/Marktwert-Quotienten als Value-Maßstab den Einfluss von nicht identifizierten Risikofaktoren bzw. Zustandsvariablen widerspiegeln. Diese induzieren nicht diversifizierbare Risiken, die nicht bereits durch die Marktrendite erfasst werden (Extra Market Covariance) und daher zu zusätzlichen Risikoprämien führen. *Fama/French* (1993) untermauern diese Überlegung, indem sie nachweisen, dass die Renditen von Unternehmen mit geringer Marktkapitalisierung untereinander eine stärkere Kovariation aufweisen als mit Renditen von Unternehmen mit hoher Marktkapitalisierung und ebenso Renditen von Unternehmen mit hohem Buchwert/Marktwert(BM)-Quotienten untereinander eine höhere Kovariation aufweisen als mit Renditen von Unternehmen mit geringem BM-Quotienten. *Fama/French* (1995) weisen nach, dass auf der Ebene der Unternehmensgewinne und des Unternehmensumsatzes ähnliche Muster in Abhängigkeit von Größe und Wert existieren.

Auf der Grundlage dieser Evidenzen schlagen *Fama/French* (1993, 1995) das folgende Dreifaktormodell zur Erklärung erwarteter Renditen vor:

$$E(R) = r_0 + \beta_M [E(R_M) - r_0] + \beta_S E(SMB) + \beta_H E(HML) . \tag{6.126}$$

Dabei bezeichnet R die (Einperioden-)Rendite einer Aktie oder eines Aktienportfolios, r_0 die risikolose Verzinsung, R_M die Rendite des Marktportfolios und β_M den »üblichen« Betafaktor gemäß den Abschnitten 6.4.1.1 und 6.4.3.4, den wir im Weiteren als Markt-Betafaktor bezeichnen wollen. Die Größe *SMB* (Small Minus Big) erfasst die Renditedifferenz von diversifizierten Portfolios mit geringer und hoher Marktkapitalisierung und die Größe *HML* (High Minus Low) die Renditedifferenz von Portfolien mit hohem und geringem BM-Quotienten. Auf die genaue Konstruktion dieser Faktoren kommen wir noch zurück. Die Größen β_S und β_H bezeichnen die entsprechenden Faktorsensitivitäten.

In einer Zeitreihenformulierung lautet das entsprechende multivariate Regressionsmodell

$$\begin{aligned} R(t) - r_0(t) = \alpha &+ \beta_M [r_M(t) - r_0(t)] \\ &+ \beta_S\, smb(t) + \beta_H\, hml(t) + \varepsilon_t . \end{aligned} \tag{6.127}$$

Hierbei bezeichnen $r_0(t)$, $r_m(t)$, $smb(t)$ sowie $hml(t)$ die realisierten Renditen der risikolosen Anlage, des Markts sowie der Faktoren[6] *SMB* und *HML* (es wird somit eine Regression bedingt auf die Realisierungen der Marktrendite sowie von *SMB* und *HML* durchgeführt). Der Alphafaktor in (6.127) darf statistisch nicht von null zu unterschieden sein, damit das Erklärungsmodell (6.126) valide ist.

Im Durchschnitt des Zeitraums von 1927–2003 beträgt nach *Fama/French* (2004) der Beitrag der Marktrisikoprämie $r_M(t) - r_0(t)$ zur Gesamtrendite 8,3% p.a., des *SMB*-Faktors 3,6% p.a. und des *HML*-Faktors 5% p.a. Allerdings deuten hohe Standardfehler darauf hin, dass diese Risikoprämien zum einen sehr volatil in der Zeit sind und dass zum anderen eine hohe Unsicherheit hinsichtlich der wahren Werte dieser Prämien bestehen.

Kommen wir damit zur näheren Erläuterung der Konstruktion der *SMB*- und *HML*-Faktoren, da diese sehr spezifisch ist. Wir skizzieren diese Vorgehensweise hier nur und verweisen für

6 Ein Datensatz zur Entwicklung von SMB und HML wird auf der Homepage http://mba.tuck.dartmouth.edu/pages/faculty/ken.french/ von *Kenneth R. French* gepflegt.

Details auf *Fama/French* (1993, S. 8 ff.) sowie auf die entsprechende Vorgehensweise für den deutschen Aktienmarkt in *Ziegler et al.* (2007).

Zur Bestimmung von *SMB* werden die Aktien einer bestimmten Grundgesamtheit nach aufsteigender Größe, gemessen an der Marktkapitalisierung geordnet. Dann werden zwei Portfolios aus der Grundgesamtheit gebildet. Das Small-Portfolio besteht aus allen Aktien, deren aggregierte Marktkapitalisierung gerade 50% der Gesamtmarktkapitalisierung erreicht, die restlichen Aktien bilden das Big-Portfolio. Das Small Minus Big-Portfolio besteht dann in einer Long-Position in dem Small Portfolio sowie einer Short-Position (Leerverkaufsposition) in dem Big-Portfolio. Aufgrund der identischen Marktkapitalisierung des Small- und des Big-Portfolios führt die Gesamtposition zu einer Nullinvestition (Zero Investment). Die Rendite $smb(t)$ ist dann die realisierte Rendite des *SMB*-Portfolios im Monat t. Zu beachten bleibt hierbei, dass sich das Größenranking der Unternehmen im Zeitablauf ändert und damit das Small-Portfolio und das Big-Portfolio im Zeitablauf seine Zusammensetzung ändert.

Ähnlich wird bei dem *HML*-Faktor vorgegangen, hier erfolgt eine Rangordnung nach der Höhe des Quotienten aus Buchwert und Marktwert. Das Low-Portfolio wird nun aber so gebildet, dass die aggregierte Marktkapitalisierung der Low-Aktien (Basis: Aktien mit einem geringen Rang hinsichtlich des BM-Quotienten) genau 30% der Gesamtmarktkapitalisierung beträgt. Die aggregierte Marktkapitalisierung des High-Portfolios (Aktien mit einem hohen Rang hinsichtlich des BM-Quotienten) beträgt ebenfalls 30% der Gesamtmarktkapitalisierung. Das High Minus Low-Portfolio besteht dann in einer Long-Position in dem High-Portfolio und einer Short-Position in dem Low-Portfolio. Wiederum beinhaltet die Gesamtposition eine Nullinvestition. Ebenso ändert auch das *HML*-Portfolio im Zeitablauf seine Zusammensetzung. Durch die spezifische Konstruktion der *SMB*- und *HML*-Portfolios als Differenzportfolio soll erreicht werden, dass die in (6.126) eingehenden Faktoren weitgehend unkorreliert sind. Hinsichtlich einer weitergehenden ökonomischen Charakterisierung von *SMB*- und *HML*-Portfolio verweisen wir an dieser Stelle auf *Spremann* (2007, S. 477 ff.).

Das Dreifaktormodell nach *Fama/French* (1993) hat breite Beachtung in der Wissenschaft und ebenso eine Reihe von Anwendungen in der Wirtschaftspraxis gefunden. Für viele internationale Märkte, vgl. etwa *Fama/French* (1998), so auch für den deutschen Aktienmarkt, vgl. etwa *Ziegler et al.* (2007), besitzt das Modell eine deutlich höhere Erklärungskraft als das CAPM. Dies liegt sicherlich daran, dass das Dreifaktormodell nach *Fama/French* stark empirisch motiviert ist, da es direkt an in früheren Studien dokumentierten Renditeanomalien ansetzt und diese im Rahmen der erweiterten Modellbildung zu erklären vermag, vgl. hierzu etwa *Fama/French* (1996). Eine Renditeanomalie, die durch das Fama/French-Modell jedoch nicht erklärt wird, ist der Momentum-Effekt. *Jegadeesh/Titman* (1993) weisen in ihrem Beitrag nach, dass Winner-Portfolios (Portfolios aus Aktien mit hohen Renditen relativ zum Markt, wobei diese Renditen über zurückliegende kürzerfristige Zeiträume, i.d.R. 3–13 Monate, berechnet werden) entsprechende Loser-Portfolios (Portfolios mit entsprechend relativ geringen Renditen über zurückliegende kürzerfristige Zeiträume) outperformen, d.h. ein Momentum-Effekt besteht. Die Fama/French-Faktoren, die Größen- und Werteffekte repräsentieren, vermögen diesen Momentum-Effekt nicht abzubilden. *Carhart* (1997) betrachtet deshalb ein Vierfaktormodell, bei dem das Fama/French-Modell ergänzt wird um einen Momentum-Faktor *WML* (Winners Minus Losers). Das Vierfaktormodell nach *Carhart* besitzt daher die folgende grundsätzliche Erklärungsstruktur:

$$E(R) = r_0 + \beta_M [E(R_M) - r_0)] + \beta_S E(SMB) + \beta_H E(HML) + \beta_W E(WML) . \tag{6.128}$$

Wie bereits die Faktoren *SMB* und *HML*, so beruht auch der Faktor *WML* auf der Konstruktion eines entsprechenden Differenzportfolios und führt netto zu einer Nullinvestition. Das *WML*-Portfolio entspricht der Differenz aus den Unternehmen der Grundgesamtheit, die die 30% höchsten um einen Monat verzögerten (Lag 1 Monat) Elf-Monats-Renditen aufweisen und den Unternehmen, die die 30% niedrigsten verzögerten Elf-Monats-Renditen aufweisen. Dieses Portfolio wird monatlich neu formiert.

Wie das Fama/French-Modell ist also auch das Carhart-Modell zunächst empirisch motiviert, indem es an beobachteten Renditeanomalien ansetzt. Diese Vorgehensweise trägt zu einem im Vergleich zum CAPM verbesserten empirischen Erklärungsgehalt bei. Diese Art von Modellkonstruktion ist aber zugleich auch der zentrale Kritikpunkt an diesen Modellen, denn sie beruhen im Gegensatz zum CAPM nicht auf einem ökonomisch motivierten (Gleichgewichts-) Modell. *Fama/French* (2004) argumentieren, dass aber eine Kompatibilität mit dem (zeitstetigen) *Intertemporal CAPM* (ICAPM) nach *Merton* (1973) vorliegt. Im ICAPM spielen neben dem Markt weitere Risikoquellen (Zustandsvariable) eine Rolle hinsichtlich der Renditeerklärung und die Faktoren *SMB*, *HML* sowie *WML* können zumindest grundsätzlich Proxies für diese Faktoren darstellen. Vor diesem Hintergrund beschäftigt sich die Literatur damit, welche volkswirtschaftlichen Größen durch diese Proxies implizit erfasst sein können.

Überblicke über diese Literatur geben *Aretz et al.* (2005) sowie *Spremann* (2007, Abschnitt 15.2.4). Auf der Basis ihrer eingehenden Studie finden *Aretz et al.* (2005) eine deutliche Evidenz dafür, dass die Faktoren *SMB*, *HML* und *WML* das Risikoexposure von Aktien hinsichtlich einer Reihe von volkswirtschaftlichen Größen (u.a. Änderungen der gesamtwirtschaftlichen Wachstumserwartung, unerwartete Inflation, aggregiertes Ausfallrisiko, etc.) widerspiegeln und diese in konzentrierter Form erfassen.

Dieses Ergebnis liefert zugleich einen Anhaltspunkt dafür, warum das CAPM keine ausreichende empirische Erklärungskraft besitzt. Die Eigenschwankungen des Aktienmarktes (das Marktrisiko) alleine vermögen konjunkturelle Risiken (wie etwa das Rezessionsrisiko) nicht in einem für die Investoren ausreichendem Maße erfassen. Es resultieren zwar aus beiden Risiken Marktschwankungen, bei konjunkturellen Risiken ist jedoch nicht nur die Vermögensposition des Investors bedroht, sondern auch sein Arbeitseinkommen (vor dem Hintergrund eines möglichen Arbeitsplatzverlustes). Für dieses zusätzliche, über reine Marktschwankungen hinausgehende, Risiko verlangen die Investoren eine zusätzliche Risikoprämie.

6.6 Literaturhinweise und Ausblick

Dividendendiskontierungsmodelle werden in der Lehrbuchliteratur umfassend behandelt, man vgl. etwa *Elton/Gruber* (2003), *Steiner/Uhlir* (2001), *Bodie/Kane/Marcus* (2005) sowie *Fabozzi* (1999). Dem Leser empfehlen möchten wir besonders die praxisorientierte Abhandlung von *Drobetz* (1999). *Spremann* (1996) stellt die Verbindung zum Shareholder-Value-Ansatz her. Schließlich behandelt *Fabozzi* (1999, Kapitel 15) insbesondere die aktuelle Entwicklung der stochastischen Dividenden-diskontierungsmodelle. Hingewiesen sei ferner auf *Sorensen/Williamson* (1985), *Zimmermann* (1996) sowie *Drobetz/Zimmermann* (1998). Eine theoretisch anspruchsvolle Erweiterung des in Abschnitt 6.2 dargestellten Ansatzes stellt das stochastische Dividendendiskontierungsmodell von *Campbell* (1987, 1991) dar.

Hinsichtlich statistisch-ökonometrischer Ansätze zur Erklärung von Aktienkursen vgl. etwa *Malkiel/Cragg* (1970) sowie *Jacobs/Levy* (1988a,b;1990), kritisch zu solchen Ansätzen vgl. hingegen *Black* (1982).

Sowohl die Markowitzsche Portfolio Selection-Theorie als auch das Capital Asset Pricing-Modell gehören zu den Grundpfeilern des Investmentmanagement und der Kapitalmarkttheorie. Beispielhaft sei – neben dem Standardwerk von *Markowitz* (1967) selbst – hingewiesen auf *Bodie/Kane/Marcus* (2005), *Capinski/Zastawiak* (2003), *Elton/Gruber et al.* (2003), *Fabozzi* (1999), *Huang/Litzenberger* (1988), *Luenberger* (1998), *Panjer* (1998), *Spremann* (2000), *Steiner/Bruns* (2002) sowie *Steiner/Uhlir* (2000).

Auch die Darstellung der risikoadjustierten Performanceanalyse ist in der vorstehend genannten Lehrbuchliteratur standardmäßig enthalten, vgl. etwa *Bodie/Kane/Marcus* (2005), *Elton/Gruber* (2003), *Fabozzi* (1999) sowie *Steiner/Bruns* (2002). Hingewiesen sei ferner auf die Monographie *Wittrock* (2000). Zur Sharpe Ratio vgl. insbesondere auch *Sharpe* (1994). Die Modigliani/Modigliani-Leveragerendite basiert auf dem Beitrag *Modigliani/Modigliani* (1997). Die Interpretation der Wahrscheinlichen Mindestrendite als risikoadjustiertes Performancemaß folgt der Vorgehensweise in *Albrecht/Dus/Maurer* (2004, S. 62 ff.) im Zusammenhang mit dem Probable Minimum Wealth und überträgt diese auf die Renditeebene.

Die Analytik des effizienten Randes (Efficient Set Mathematics) unter Vernachlässigung der Nichtnegativitätsbedingung geht zurück auf *Merton* (1972) und hat mit der Zeit eine Reihe von Verallgemeinerungen und Erweiterungen erfahren, vgl. vor allem *Roll* (1977, Appendix), *Constantinides/Malliaris* (1995), *Best/Grauer* (1992) und *Stevens* (1998). Eine Erweiterung der Efficient Set Mathematics unter Berücksichtigung linearer Nebenbedingungen erfolgte durch *Best/Grauer* (1990).

Die Gestaltung der Abbildungen 6.1–6.3 wurde durch den Beitrag von *Levedag* (1990) angeregt. Die Beispiele 6.9 und 6.10 folgen *Luenberger* (1998, S. 159 ff.). Eine formale Analyse der Portfolioselektion unter Einführung einer Shortfallrestriktion enthält *Panjer* (1998, Kapitel 8.5). Zum Safety first-Prinzip vgl. die Literaturhinweise zu Kapitel 5.2.

Hingewiesen sei ferner noch auf die Behandlung von Optimierungstechniken mit portfoliotheoretischen Anwendungen in *Poddig/Dichtl/Petersmeier* (2003, Teil C) ebenso wie auf die umfassende Darstellung des Marktmodells in *Prakash et al.* (1999). Hingewiesen sei ebenso auf die weiterführende und vertiefende Behandlung der Methodik der Portfolio Selektion durch *Scherer* (2002).

Anhang 6A: Formale Analyse des Portfoliooptimierungsproblems

Anhang 6A.1 Formulierung des Portfoliomodells in Matrixschreibweise

Es werden zunächst die folgenden Größen spezifiziert (alle Vektoren seien Spaltenvektoren):

$R = (R_1, ..., R_n)^T$: Vektor der einperiodigen Renditen von n Finanztiteln

$x = (x_1, ..., x_n)^T$: Vektor der Investmentgewichte (Portfolios)

$\mu = (\mu_1, ..., \mu_n)^T$: Vektor der erwarteten Renditen

$C = C(R) = (\sigma_{ij})$: Varianz/Kovarianz-Matrix von R, $\sigma_{ij} = \mathrm{Cov}(R_i, R_j)$, $i, j = 1, ..., n$

X: Menge der realisierbaren Portfolios x.

Aus diesen Basisgrößen können weitere Größen wie folgt bestimmt werden. Für die Portfoliorendite R_P gilt:

(6A.1)
$$R_P = x^T R = \sum x_i R_i .$$

Für die erwartete Portfoliorendite gilt analog:

(6A.2)
$$\mu_P := E(R_P) = x^T \mu = \sum x_i \mu_i .$$

Schließlich gilt für die Varianz der Portfoliorendite:

(6A.3)
$$\sigma_P^2 := Var(R_P) = x^T C x = \sum x_i x_j \sigma_{ij} .$$

Das Portfoliooptimierungsproblem im Sinne der Bestimmung der Minimum-Varianz-Portfolios (Randportfolios) kann nun wie folgt formalisiert werden:

3) Zielfunktion:

(6A.4a)
$$Z(x) = \frac{1}{2} x^T C x \quad \rightarrow \text{min!}$$

4) Nebenbedingung:

(6A.4b)
$$x^T \mu = r .$$

5) Menge der realisierbaren Portfolios ($e := (1, ..., 1)^T$):

(6A.4c)
$$X = \left\{ x \in R^n ; x^T e = 1, x \geq 0 \right\} .$$

Für jeden festen Wert liegt somit ein quadratisches Optimierungsproblem mit einer linearen Nebenbedingung vor. Die Menge X kann durch Einführung weiterer Restriktionen, z.B. $Ax \leq b$, modifiziert werden, wird dabei aber generell als konvexe Menge gewählt.

Anmerkung 1:
Für min $\mu_i < r <$ max μ_i ist die Existenz zulässiger Lösungen gewährleistet, damit auch die Existenz einer optimalen Lösung.

Argumentation:
Z(x) ist eine stetige Funktion in x, die Menge X der zulässigen Lösungen ist kompakt (abgeschlossen und beschränkt). Die Funktion muss damit ein globales Minimum (und ein globales Maximum) besitzen (Satz von *Weierstraß*).

Anmerkung 2:
Das Problem ist ein konvexes Optimierungsproblem, insbesondere ist jedes lokale Minimum auch ein globales Minimum.

Anmerkung 3:
Für jedes r (das zu einer zulässigen Lösung führt) identifiziert das Optimierungsproblem (6A.4) ein *Minimum-Varianz(MV)-Portfolio*. Die Menge aller EV-effizienten Portfolios ist eine Teilmenge der Minimum-Varianz-Portfolios.

Argumentation:
Bei MV-Portfolios ist nicht gewährleistet, dass kein Portfolio mit gleicher Varianz, aber höherem Erwartungswert existiert.

Anmerkung 4:
Die Menge der MV-Portfolios ist eine konvexe Kurve im (μ, σ^2)-Raum, vgl. Übungsaufgabe 6.9. Dies schließt nicht aus, dass diese Kurve »Knicke« enthält, d.h. $d\sigma^2/d\mu$ muss nicht in jedem Punkt stetig sein.

Anhang 6A.2 Analytik des effizienten Randes

Zwecks Bestimmung analytischer Lösungen und damit weiterer Einsichten in die Struktur der Lösungen des Portfolioproblems erweitert man die Menge der realisierbaren Portfolios des Optimierungsproblems (6A.4), indem nur noch die Restriktion $\sum x_i = 1$ aufrecht erhalten wird:

(6A.4d) $$X = \left\{x \in \mathrm{IR}^n; x^T e = 1\right\}.$$

Einzelne Investmentgewichte können damit negativ werden.

Diese Form des Portfoliooptimierungsproblems wird in der Literatur in einer Reihe von Varianten behandelt, die im Folgenden kurz angesprochen werden sollen. Die Varianten sind dabei zueinander äquivalent in dem Sinne, dass sie zu einer identischen Menge von Lösungen x führen. Variante 1 besteht in der Zielfunktion

(6A.5) $$Z(x) = tE(R_P) - \frac{1}{2}Var(R_P) \quad \rightarrow \max!$$

Maximiert wird dabei über die Menge der zulässigen Portfolios (6A.4d). Der Parameter t variiert dabei über die reellen Zahlen, das Resultat ist wiederum ein parametrisches Optimierungsproblem. Beachtet man, dass Z(x) $\rightarrow$ max $\Leftrightarrow$ -Z(x) $\rightarrow$ min!, so wird klar, dass auch ein konvexes Optimierungsproblem vorliegt. Zum Nachweis der Äquivalenz der Problemformulierungen untersucht man die Optimierungsbedingungen im Lagrangeansatz, vgl. Übungsaufgabe 6.10. Insbesondere erweist sich der Parameter t als der Lagrangemultiplikator zur Nebenbedingung (6A.4b).

Die Problemformulierung (6A.5) beinhaltet aus entscheidungstheoretischer Sicht, vgl. Abschnitt 5.2.1, zugleich eine vollständige Spezifizierung der zugehörigen Präferenzfunktion, nämlich $\Phi(X) = \Phi(\mu, \sigma) = t\mu - ½\ \sigma^2$. Der Parameter $t > 0$ kann dabei als Maß für die Stärke der Risikoaversion des zugehörigen Investors aufgefasst werden. Je größer t, desto weniger risikoavers ist der Investor, t wird deswegen auch als *Risikotoleranzparameter* bezeichnet.

Eine weitere in der Literatur zu findende Variante ist

(6A.6) $$Z(x) = E(R_P) - \lambda Var(R_P),$$

wiederum unter der Nebenbedingung (6A.4d). Diese Variante entsteht aus (6A.5) durch eine alternative Skalierung der Zielfunktion, was an der Lage des Optimums nichts ändert. Der Parameter $\lambda = 1/(2t)$ ist ein Maß für die Risikoaversion, je größer λ, desto stärker risikoavers ist der Investor.

Ausgangspunkt für die weiteren Ausführungen ist die Variante (6A.5), da diese unseres Erachtens zu der elegantesten Ableitung der Lösung führt und zugleich hierfür in der Literatur die meisten Verallgemeinerungen existieren. Wir nehmen weiter an, dass die Varianz/Kovarianz-Matrix $C = C(R)$ regulär ist. Insbesondere ist damit keine der Einzelrenditen R_i linear abhängig voneinander und damit redundant (im Fall $n = 2$ schließt dies die Fälle $\rho = \pm 1$ aus).

Zur Lösung des Problems wird nun die Lagrangefunktion gebildet:

(6A.7) $$L(x,\lambda) = tx^T\mu - \frac{1}{2}x^TCx - \lambda(x^Te - 1).$$

Notwendig und hinreichend für die Identifikation der optimalen Lösung sind damit die Bedingungen:

(6A.8a) $$L_x = t\mu - Cx - \lambda e = 0 \quad \Leftrightarrow \quad x = tC^{-1}\mu - \lambda C^{-1}e$$

sowie

(6A.8b) $$L_\lambda = x^Te - 1 = 0 \quad \Leftrightarrow \quad e^Tx = 1.$$

Einsetzen von (6A.8a) in (6A.8b) ergibt

$$e^T(tC^{-1}\mu - \lambda C^{-1}e) = 1 \quad \Leftrightarrow \quad te^TC^{-1}\mu - \lambda e^TC^{-1}e = 1.$$

Damit folgt

(6A.9a) $$\lambda = -\frac{1}{e^TC^{-1}e} + t\frac{e^TC^{-1}\mu}{e^TC^{-1}e}$$

sowie

(6A.9b) $$x = \frac{C^{-1}e}{e^TC^{-1}e} + t\left[C^{-1}\left(\mu - \frac{e^TC^{-1}\mu}{e^TC^{-1}e}e\right)\right].$$

Wir definieren nun die folgenden Portfoliokonstanten:

(6A.10) $$a = e^TC^{-1}\mu, b = \mu^TC^{-1}\mu, c = e^TC^{-1}e,$$ $$h = C^{-1}\left(\mu - \frac{a}{c}e\right).$$

Für die Lösungen des Lagrangeansatzes folgt mithin:

(6A.11a) $$x^*(t) = \frac{1}{c}C^{-1}e + th$$

sowie

(6A.11b) $$\lambda^*(t) = -\frac{1}{c} + \frac{a}{c} t.$$

Die Funktionen $x^*(t)$ und $\lambda^*(t)$ sind somit insbesondere linear in t. Für das Minimum-Varianz-Portfolio $P(t) = P(x^*(t))$, das durch die Portfoliogewichte $x^*(t)$ gekennzeichnet ist, folgt mithilfe der Konstanten

(6A.12) $$\gamma_0 = \frac{1}{c}, \gamma_1 = \alpha_1 = b - \frac{a^2}{c}, \alpha_0 = \frac{a}{c}$$

zunächst

(6A.13a) $$\begin{aligned} \mu(t) &:= E\left[R_{P(t)}\right] = \mu^T x^*(t) \\ &= \frac{1}{c}\mu^T C^{-1} e + t\left[\mu^T C^{-1}\mu - \frac{a}{c}\mu^T C^{-1} e\right] \\ &= \frac{a}{c} + t\left[b - \frac{a^2}{c}\right] = \alpha_0 + \alpha_1 t \end{aligned}$$

sowie (vgl. Übungsaufgabe 6.11)

(6A.13b) $$\sigma^2(t) = Var\left[R_{P(t)}\right] = x^*(t)^T C x^*(t) = \gamma_0 + \gamma_1 t^2.$$

Das global varianzminimale Portfolio $P_0 = P_0(x_0)$ ist damit offenbar gekennzeichnet durch $t = 0$. Hieraus folgt, vgl. (6A.11a) sowie (6A.13):

(6A.14a) $$\mu_0 := E(R_{P_0}) = \mu(0) = \alpha_0 = \frac{a}{c}$$

(6A.14c) $$x_0 = \frac{1}{c} C^{-1} e$$

(6A.14b) $$\sigma_0^2 := Var(R_{P_0}) = \sigma^2(0) = \gamma_0 = \frac{1}{c}.$$

Für beliebige MV-Portfolios folgt hiermit:

(6A.15a) $$\mu(t) = \mu_0 + \alpha_1 t$$

(6A.15b) $$\sigma^2(t) = \sigma_0^2 + \gamma_1 t^2$$

(6A.15c) $$x(t) = x_0 + th.$$

Die Gleichung der Minimum-Varianz-Kurve resultiert durch Einsetzen von (6A.15a) in (6A.15b):

(6A.16) $$\sigma^2 = \sigma_0^2 + \frac{\gamma_1}{\alpha_1^2}(\mu - \mu_0)^2 = \sigma_0^2 + \frac{1}{\alpha_1}(\mu - \mu_0)^2.$$

Dabei ist $\alpha_1 > 0$ stets gewährleistet, vgl. Übungsaufgabe 6.12.

Die Kurve der Portfolios mit minimaler Varianz ist damit eine Parabel im (μ, σ^2)- bzw. (σ^2, μ)-Raum und eine Hyperbel im (σ, μ)-Raum. Zu beachten ist dabei, dass zumindest im allgemeinen Fall $\mu_0 > 0$ nicht gewährleistet ist, was jedoch bei einer Portfoliooptimierung in einem ökonomischen Kontext erfüllt sein sollte.

Als Folgerung aus dem Vorstehenden folgt für die Menge M^* der EV-effizienten Portfolios:

(6A.17a)
$$M^* = \{x; x_0 + th, t \geq 0\}$$

bzw.

(6A.17b)
$$M^* = \{(\sigma, \mu); \sigma^2 = \sigma_0^2 + \gamma_1 t^2, \mu = \mu_0 + \alpha_1 t, t \geq 0\} \ .$$

Als Gleichung für den effizienten Rand ergibt sich entsprechend:

(6A.18)
$$\sigma^2 = \sigma_0^2 + \frac{1}{\alpha_1}(\mu - \mu_1)^2 \quad \text{für } t \geq 0 \ .$$

Die Steigung des effizienten Randes ist damit gegeben durch

(6A.19a)
$$\frac{d\mu}{d\sigma} = \frac{d\mu / dt}{d\sigma / dt} = \frac{\alpha_1}{\frac{1}{2}\sigma^{-1} 2\gamma_1 t} = \frac{\sigma}{t}, t \neq 0$$

bzw.

(6A.19b)
$$d\mu / d\sigma^2 = \frac{1}{2t}, t \neq 0 \ .$$

Damit kann insbesondere der Parameter t, die Risikotoleranz, als Austauschrate (Substitutionsrate) zwischen »Rendite« E(R) und »Risiko« Var(R) interpretiert werden.

Wir fassen die bisher erzielten Ergebnisse in Form eines Satzes zusammen:

Satz 6.1:
Unter der Annahme der Regularität der Varianz/Kovarianz-Matrix gilt bei Definition der Parameter gemäß (6A.10) sowie (6A.12):

1) Das global varianzminimale Portfolio P_0 besitzt die Investmentgewichte
$x_0 = \frac{1}{c} C^{-1} e$ und es gilt $(\mu_0, \sigma_0^2) = (\frac{a}{c}, \frac{1}{c})$.
2) Für jedes Minimum-Varianz-Portfolio P_t gilt:
$x_t = x_0 + th$
$(\mu_t, \sigma_t^2) = (\mu_0 + \alpha_1 t, \ \sigma_0^2 + \gamma_1 t^2)$.
Für $t = 0$ ergibt sich P_0, für $t \geq 0$ ergeben sich alle EV-effizienten Portfolios.
3) Die Gleichung des effizienten Randes ist
$$\sigma^2 = \sigma_0^2 + \frac{1}{\alpha_1}(\mu - \mu_0)^2 \quad \text{für } t \geq 0 \ .$$
Der effiziente Rand μ^* ist gegeben durch
$$\mu^* = \{(\sigma, \mu); \sigma^2 = \sigma_0^2 + \gamma_1 t^2, \mu = \mu_0 + \alpha_1 t, t \geq 0\} \ .$$

Es gelten die nachstehenden weiteren Folgerungen (Nachweise als Übungsaufgaben 6.13 und 6.14):

Satz 6.2:
Das globale Minimum-Varianz-Portfolio P_0 ist mit jedem anderen Portfolio positiv korreliert und weist dabei eine konstante Kovarianz in Höhe von σ_0^2 auf.

Satz 6.3:
Alle Minimum-Varianz-Portfolios auf dem oberen Ast der Minimum-Varianz-Kurve sind zueinander positiv korreliert. Das Gleiche gilt für alle MV-Portfolios auf dem unteren Ast.

Anhang 6B: Formale Analyse des CAPM

Wir fügen den riskanten Finanztiteln i ($i = 1,...,n$) des Anhangs 6A den Titel $i = 0$, die risikolose Kapitalanlage bzw. -aufnahme zum risikolosen Zins r_0, hinzu. Wir bezeichnen die Investmentgewichte mit $w_0, w_1, ..., w_n$. Mit $w := (w_1, ..., w_n)^T$ gilt dann $w_0 = 1 - \sum_{i=1}^{n} w_i = 1 - w^T e$.

Dabei wird nicht vorausgesetzt, dass $\sum w_i = w^T e = 1$. Ist $w^T e < 1$, so erfolgt eine anteilige Anlage in Höhe von w_0 zum risikolosen Zins und ist $w^T e > 1$, so erfolgt eine anteilige Kapitalaufnahme in Höhe von w_0 zum risikolosen Zins.

Hinsichtlich des Vektors R der (riskanten) Einzelrenditen, seinem Erwartungswertvektor μ sowie seiner (regulären) Varianz/Kovarianz-Matrix $C = C(R)$ behalten wir die Bezeichnung bei. Wir definieren schließlich noch den Vektor r der Excess-Renditen durch

(6B.1) $$r = \mu_0 - r_0 e = (\mu_1 - r_0, ..., \mu_n - r_0)^T \quad .$$

Die Rendite R_P des (Gesamt-)Portefeuilles ergibt sich damit zu

$$R_P = w_0 r_0 + w^T R \; .$$

Damit folgt:

(6B.2a) $$\mu_P := E(R_P) = w_0 r_0 + w^T \mu = (1 - w^T e) r_0 + w^T \mu$$

(6B.2b) $$r_P := E(R_P) - r_0 = -r_0 w^T e + w^T \mu = w^T(\mu - r_0 e) = w^T r$$

(6B.2c) $$\begin{aligned}\sigma_P^2 &:= Var(R_P) = Var(w_0 r_0 + w^T R) = Var(w^T R)\\ &= w^T C w.\end{aligned}$$

Wir kommen nun zur Bestimmung der MV-Portfolios. Als Nebenbedingung betrachten wir gemäß (6B.2b) $w^T r = \sum_{i=1}^{n} w_i(\mu_i - r_0) = r_P$. Die im Rahmen von Anhang 6A enthaltene Budgetnebenbedingung (6A.4d) ist hier implizit enthalten durch das resultierende Gewicht $w_0 = 1 - w^T e$ der risikolosen Anlage, eine Beschränkung von $w^T e$ ist hier daher nicht vorzunehmen.

Das (6A.4) entsprechende Optimierungsproblem ist dann:

(6B.3) $$Z(w) = \frac{1}{2} w^T C w \quad \rightarrow \text{min!}$$

Entsprechend lautet das zu (6A.5) korrespondierende Optimierungsproblem:

(6B.4) $$Z(w) = tw^T r - \frac{1}{2} w^T C w \quad \to \text{max!}$$

Analog zu den Ableitungen von Anhang 6A gilt:

Satz 6.4:
Das Optimierungsproblem (6B.4) besitzt eine eindeutige Lösung in Form von:

(6B.5a) $$w^* = tC^{-1} r \quad .$$

Beweis: Übungsaufgabe 6.15.

Definieren wir die Portfolio-Konstanten

(6A.6) $$A = e^T C^{-1} r, B = r^T C^{-1} r,$$

so folgt

(6A.5b) $$w_0^* = 1 - e^T w^* = 1 - te^T C^{-1} r = 1 - At$$

sowie

(6B.7a) $$\sigma^2(w^*) = w^{*T} C w^* = (tC^{-1} r)^T C (tC^{-1} r) = t^2 r^T C^{-1} r = Bt^2$$

(6B.7b) $$\mu(w^*) = w^{*T} r = (tC^{-1} r)^T r = tr^T C^{-1} r = Bt.$$

Durch Auflösen von (6B.7b) nach t und Einsetzen in (6B.7a) folgt damit $\sigma^2 = r_P^2 / B$. Damit gilt weiter $r_P = \pm\sqrt{B}\sigma_P$ und somit:

$$\mu_P = \mu_0 \pm \sqrt{B}\sigma_P \quad .$$

Die Menge aller MV-Portfolios im (σ, μ)-Raum entspricht damit zwei Geradenstrahlen mit Schnittpunkt $(0, r_0)$ und Steigung $\pm \sqrt{B}$. Wiederum sind die Portfolios auf dem oberen Ast gerade die EV-effizienten und es gilt

(6B.9) $$M^* = \{(\sigma, \mu); \sigma^2 = Bt^2, \mu = Bt, t \geq 0\}.$$

Definieren wir die Sharpe Ratio eines Portfolios gemäß

(6B.10) $$SR(R) = \frac{E(R) - r_0}{\sigma(R)},$$

so gilt für alle EV-effizienten Portfolios R_P^*

(6B.11) $$SR(R_P^*) = \sqrt{B} = const.$$

Im Rahmen des Portfoliomodells mit risikoloser Anlage besitzen somit alle EV-effizienten Portfolios eine identische Sharpe Ratio in Höhe der Steigung der Effizienzgerade. Wir fassen die erzielten Ergebnisse wieder im Rahmen eines Satzes zusammen.

Satz 6.5:
Im Rahmen des Portfoliomodells mit sicherer Anlage gilt unter der Annahme der Regularität von C = C(R):

1) Für jedes Minimum-Varianz-Portfolio P_t gilt:

$$w_t = tC^{-1}r,\ w_0 = 1 - At$$
$$(\mu_t, \sigma_t^2) = (Bt, Bt^2)\ .$$

Für $t \geq 0$ ergeben sich gerade die EV-effizienten Portfolios.

2) Die Gleichung des effizienten Randes ist

$$\mu = r_0 + \sqrt{B}\,\sigma\ .$$

Der effiziente Rand ist gegeben durch

$$M^* = \{(\sigma, \mu);\ \sigma^2 = Bt^2,\ \mu = Bt,\ t \geq 0\}\ .$$

Wir interessieren uns nun speziell für das MV-Portfolio T mit einem Anteil $w_0 = 0$ in der sicheren Anlage. Hieraus folgt $1 - At = 0$ bzw. $t = 1/A$ und damit:

(6B.12)
$$w_T = \frac{1}{A}C^{-1}r,\ r_T = B/A, \sigma_T^2 = B/A^2.$$

Man kann zeigen, dass das Portfolio T für $r_0 < a/c$ ein rein riskantes EV-effizientes Portfolio ist, vgl. Übungsaufgabe 6.16. Da a/c gerade die erwartete Rendite des global varianzminimalen Portfolios im Rahmen des Modells ohne sichere Anlage ist, ist in einem ökonomischen Kontext nur der Fall $r_0 < \mu_0 = a/c$ von Relevanz.

Zudem kann T in diesem Fall als das *Tangentialportfolio* charakterisiert werden, das entsteht als Tangente des Punktes $(0, r_0)$ an den Rand der rein riskanten EV-effizienten Portfolios, vgl. Übungsaufgabe 6.17. Die entsprechenden geometrischen Visualisierungen befinden sich im Haupttext.

Für $r_0 < a/c$ ist T somit das einzige effiziente Portfolio im Modell ohne sichere Anlage, das auch im Modell mit risikoloser Anlage effizient bleibt.

Es folgt weiterhin (Nachweis als Übung 6.18):

Satz 6.6: (Fonds-Separation)
Im Falle $r_0 < a/c$ kann jedes EV-effiziente Portfolio als Kombination von risikoloser Anlage und dem Tangentialportfolio T dargestellt werden. Es gilt dabei $(w_0, w_t) = \lambda(0, w_T) + (1 - \lambda)(1, 0)$, wobei $\lambda = tA$, $t \geq 0$, die anteilige Investition in das Tangentialportfolio darstellt.

Jeder EV-Investor kann somit sein optimales Portfolio realisieren, indem er die sichere Anlage geeignet mit T kombiniert (*Separationstheorem von Tobin*, vgl. Haupttext).

Weitergehend folgt:

Satz 6.7:
Bezeichne R_T die Rendite des Tangentialportfolios, so gilt für die riskanten Titel des Marktes:

$$\mathrm{Cov}(R_i, R_T) \text{ ist linear in } E(R_i).$$

Beweis:
Gemäß (6B.12) gilt

(6B.13)
$$Cov(R_i, R_T) = e_i^T C w_T = e_i^T C\left(\frac{1}{A}C^{-1}r\right)$$
$$= \frac{1}{A}(\mu_i - r_0) = \lambda(\mu_i - r_0).$$

Definieren wir $w_T := (w_{T1}, ..., w_{Tn})$, so folgt hieraus weiter:

$$\sigma_T^2 = Cov(R_T, R_T) = Cov\left(\sum w_{Ti} R_i, R_T\right)$$
$$= \sum w_{Ti} \lambda(\mu_i - r_0) = \lambda(\mu_T - r_0)$$

und damit

(6B.14)
$$\lambda = \frac{\sigma_T^2}{\mu_T - r_0}.$$

Hieraus folgern wir zunächst

(6B.15)
$$E(R_i) - r_0 = \frac{Cov(R_i, R_T)}{\lambda} = \frac{Cov(R_i, R_T)}{Var(R_T)}[E(R_T) - r_0]$$
$$= \beta_{iT}[E(R_T) - r_0]$$

und damit für beliebige rein riskante Portfolios $R_P = \sum x_i R_i$

$$E(R_P) = \sum x_i E(R_i) = \sum x_i \left\{ r_0 + \frac{Cov(R_i, R_T)}{Var(R_T)}[E(R_T) - r_0] \right\}$$
$$= r_0 + \frac{Cov(\sum x_i R_i, R_T)}{Var(R_T)}[E(R_T) - r_0]$$

und damit insgesamt

(6B.16a)
$$E(R_P) = r_0 + \beta_{PT}[E(R_T) - r_0]$$

mit

(6B.16b)
$$\beta_{PT} := Cov(R_P, R_T) / Var(R_T) \ .$$

Dies ist strukturell bereits die Preisgleichung des CAPM (in Renditeform), hier zunächst aber noch mit dem Tangentialportfolio T als preiserzeugendem Portfolio.

Anhang 6C: Referenzpunktbezogene risikoadjustierte Performancemessung

Die Sharpe Ratio als Standardkenngröße einer risikoadjustierten Performancemessung basiert auf der Verwendung der Standardabweichung, also einer Volatilitätsgröße, als Risikomaß. Die Schwächen einer volatilitätsbasierten Risikomessung wurden bereits in Abschnitt 3.6.2 thematisiert und führten zur Alternative der Shortfallrisikomaße. Entsprechende Verallgemeinerungen der Sharpe Ratio werden in der Literatur behandelt und sollen im Folgenden kurz dargestellt werden. Wir verwenden hierzu die Ergebnisse des Abschnitts 3.6.2. Fixiert wird dabei zunächst eine angestrebte Mindestrendite z.

Wählt man den Shortfallerwartungswert als Risikomaß, so führt dies zu der *Downside Performance Ratio*

(6C.1)
$$DPR_z(R) = \frac{E(R) - z}{SE_z(R)} = \frac{E(R) - z}{E[\max(z - R, 0)]}$$

als Performancemaß. Der Konstruktion von Shortfallrisikomaßen entsprechend wird hierbei anstelle der risikolosen Verzinsung r_0 die Mindestrendite als Referenzwert im Zähler verwendet.

Wählt man die Shortfallstandardabweichung als Risikomaß, so gelangt man entsprechend zur *Sortino Ratio*

(6C.2) $$SOR_z(R) = \frac{E(R) - z}{SSD_z(R)} = \frac{E(R) - z}{\sqrt{E[\max(z - R, 0)^2]}} \ .$$

Eine weitere Überlegung geht dahin, im Zähler der Performancegrößen nicht die Größe Erwartungswert minus Zielrendite (d.h. den um die Zielrendite verschobenen Erwartungswert) zu verwenden, sondern in größerer Übereinstimmung mit der Bildung des Nenners den Exzesserwartungswert

(6C.3) $$XE_z(R) = E[\max(R - z, 0)] \ .$$

In die Erwartungswertbildung gehen dabei nur Renditerealisationen ein, die die Zielrendite übersteigen. Dies erlaubt intuitiv eine bessere Messung des Chancenpotenzials (relativ zur Zielgröße) als bei Verwendung der Größe $E(R) - z$.

Der Downside Performance Ratio entspricht dann das *Omega-Performancemaß* (1. Ordnung):

(6C.4a) $$\Omega(R) = \frac{XE_z(R)}{SE_z(R)} = \frac{E[\max(R - z, 0)]}{E[\max(z - R, 0)]} \ .$$

Unter Verwendung der Verteilungsfunktion F der Rendite R kann das Omega-Performancemaß äquivalent auch durch

(6C.4b) $$\Omega(R) = \frac{\int_z^{\infty} [1 - F(r)]dr}{\int_{-\infty}^{z} F(r)]dr} \ .$$

berechnet werden. Intuitiv misst das Omega-Performancemaß die Exzess-Chancen (gemessen durch den Exzesserwartungswert) pro Einheit Shortfallrisiko (gemessen durch den Shortfallerwartungswert).

Das Analogon zur Sortino Ratio ist dann entsprechend die *Upside Potential Ratio*

(6C.5) $$UP_z(R) = \frac{XE_z(R)}{SSD_z(R)} = \frac{E[\max(R - z, 0)]}{\sqrt{E[\max(z - R, 0)^2]}} \ .$$

Eine zentrale Problematik der referenzpunktbezogenen risikoadjustierten Performancemaße besteht in der Abhängigkeit von der zu spezifizierenden Zielrendite bzw. Mindestrendite z. Dies kann zu unterschiedlichen Performancekennziffern für unterschiedliche Investoren (mit entsprechend differierenden Zielrenditen) führen. Eine Überwindung dieser Problematik besteht darin, z selbst als variable Größe aufzufassen und entsprechende in Abhängigkeit von z definierte Performancefunktionen zu betrachten. Im Kontext des Omega-Performancemaßes führt dies beispielsweise zur *Omegafunktion* $\Omega(z;R)$, die wiederum wie in (6C.4) definiert ist, nun aber bei variiendem z.

Betrachten wir abschließend ein Beispiel zur Omegafunktion. Wir gehen hierzu aus von zwei Anlageklassen A und B, deren Periodenrendite einer Normalverteilung folge. Beide Anlageklassen besitzen einen identischen Erwartungswert von 7%. Anlageklasse A weist eine Varianz von 15% auf, wohingegen Anlageklasse B eine Varianz von 3% aufweist. Damit beinhaltet die Anlageklasse B in symmetrischer Weise sowohl ein höheres Shortfallrisiko relativ zum Mittelwert als auch höhere Exzesschancen. Unter Ansatz der Sharpe Ratio würde die Anlageklasse A bevorzugt werden, da in der Sharpe Ratio (implizit) ein höheres Verlustpotenzial als ebenso unerwünscht betrachtet wird wie ein höheres Gewinnpotenzial. Betrachten wir nunmehr die Gegenüberstellung der Omegafunktionen der beiden Anlageklassen in Abbildung 6C.1. Dabei wird zur Erreichung einer höheren grafischen Transparenz jeweils der natürliche Logarithmus der Omegafunktionen dargestellt. Die Funktionen schneiden dabei die z-Achse jeweils im zugrunde gelegten Erwartungswert.

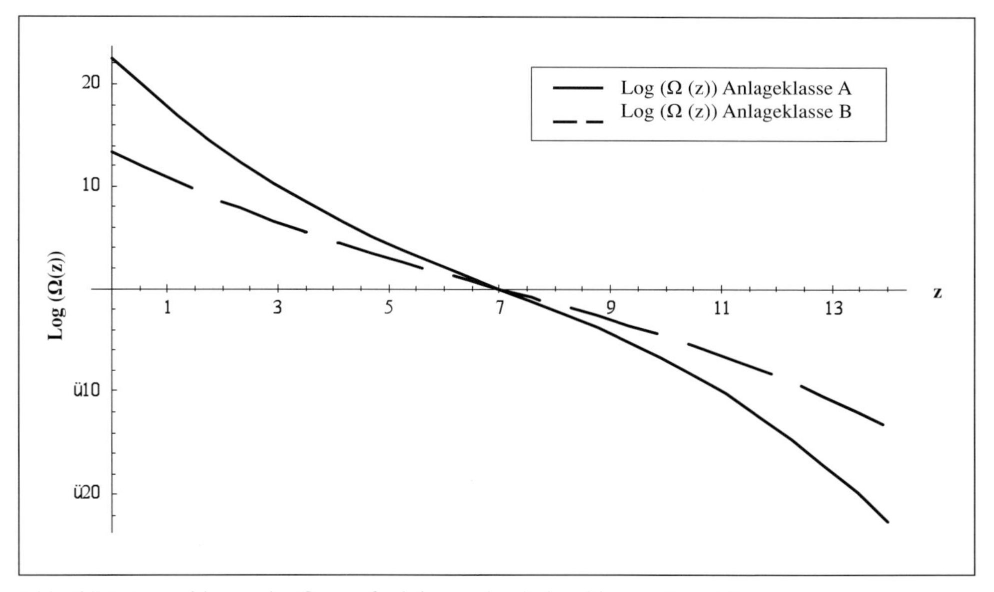

Abb. 6C.1: Logarithmus der Omegafunktionen der Anlageklassen A und B

Im Unterschied zur Sharpe Ratio, die eine generelle Bevorzugung von Assetklasse A impliziert, gilt dies für die Omegafunktion nur für Zielrenditen z unterhalb von 7%. Für Zielrenditen z oberhalb von 7% wird dagegen die Anlageklasse B vorgezogen, hier überwiegt das höhere Chancenpotenzial. Für $z = 7\%$ sind die beiden Anlageklassen hinsichtlich der Omegafunktion indifferent.

Betrachten wir als zweites Beispiel nun die Anlageklassen C und D, deren Periodenrenditen wiederum einer Normalverteilung folgen. Anlageklasse C weise einen Mittelwert von 7% sowie eine Standardabweichung von 5% auf, Anlageklasse D einen Mittelwert von 10% sowie eine Standardabweichung von 25%. Anlageklasse C kann als idealisierte Anlage in den REX-Performanceindex, d.h. eine Anlage in deutsche Rentenpapiere, angesehen werden und die Anlageklasse D als eine idealisierte Anlage in den deutschen Aktienindex DAX. Unterstellt wird damit eine Risikoprämie von 3%. In Termen der traditionellen Sharpe Ratio ergibt sich beispielsweise bei einem risikolosen Zins[7] von 4% für die Anlageklasse C eine Sharpe Ratio von 0.6 und für die Anlageklasse D eine Sharpe Ratio von 0,24. Die »Rentenanlage« wird somit in Termen der Sharpe Ratio bevorzugt. Oder anders ausgedrückt: Die unterstellte mittlere Rendite der »Aktienanlage« ist nicht ausreichend, um das im Vergleich zur Rentenanlage höhere Schwankungsrisiko zu kompensieren.

Die Omegafunktion hingegen bemisst das Chancenpotenzial nicht an der mittleren Rendite bzw. der mittleren Überrendite (über die sichere Verzinsung hinaus), sondern am Erwartungswert der potenziellen Überschreitungen der Referenzrendite z, dem Exzesserwartungswert. Auch das Risiko wird anders gemessen, bei der Sharpe Ratio wird das Schwankungsrisiko in Termen der Standardabweichung betrachtet, bei der Omegafunktion der Shortfallerwartungswert relativ zur Referenzrendite. Insgesamt ergibt sich damit eine grundsätzlich andersartige Konzeption eines Rendite/Risiko-Quotienten. Die Abbildung 6C.2 illustriert die resultierenden (logarithmierten) Omegafunktionen der Anlageklassen C und D.

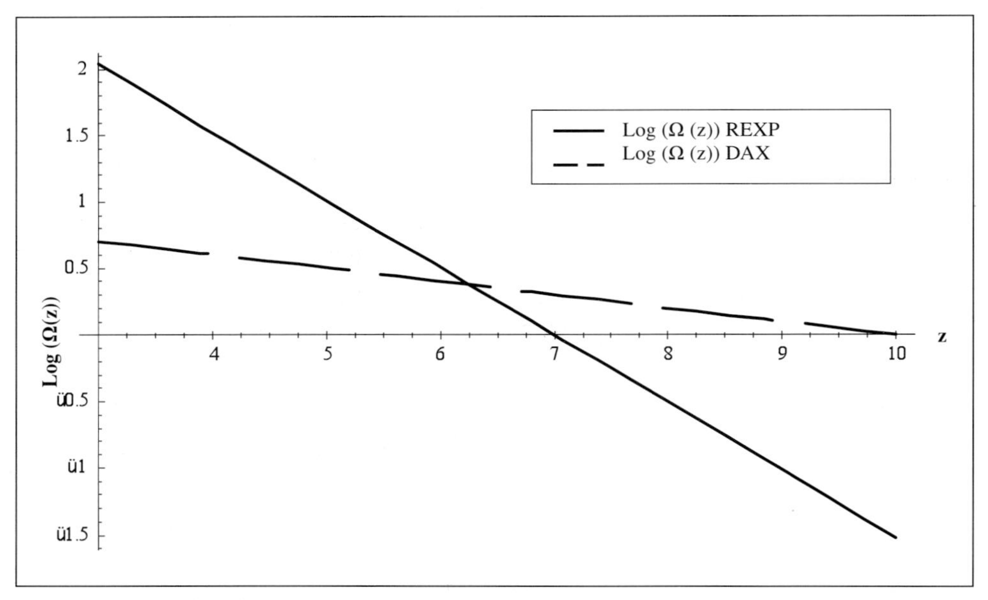

Abb. 6C.2: (Logarithmierte) Omegafunktionen einer (idealisierten) REXP- bzw. DAX-Anlage

Zum Omega-Performancemaß vergleiche man *Keating, C., W. Shadwick* (2002): A Universal Performance Measure, Journal of Performance Measurement 6, S. 59–84 und allgemein zu referenzpunktbezogenen risikoadjustierten Performancemaßen *Albrecht, P., T. Klett* (2004): Referenzpunktbezogene risikoadjustierte Performancemaße: Theoretische Grundlagen, Universität Mannheim.

7 Das Ranking der beiden Anlageklassen auf der Basis der Sharpe Ratio ist dabei unabhängig von der angenommenen Höhe des sicheren Zinses.

Übungsaufgaben zu Kapitel 6

Aufgabe 6.1: (Drei-Phasen-DDM)
Wir betrachten ein Unternehmen, dessen Dividendenwachstumsrate folgenden Verlauf nimmt. In den nächsten vier Jahren wächst das Unternehmen mit einer Wachstumsrate von 10%. Ab dem fünften Jahr nimmt die Wachstumsrate gleichmäßig auf 5% ab und pendelt sich bei dieser Wachstumsrate langfristig ein. Die anfängliche Dividende (t = 0) beträgt 5 Geldeinheiten, der risikoadjustierte Diskontierungsfaktor sei r = 15%.
Bestimmen Sie den heutigen Unternehmenswert!

Aufgabe 6.2: (Rendite vs. Endwertform des Portfoliomodells)
Weisen Sie nach, dass unter der Annahme eines fixierten Anfangsinvestitionsbudgets für Aktien ein Portfolio EV-effizient in der Renditeform des Portfoliomodells genau dann ist, wenn es EV-effizient in der Endwertform ist.

Aufgabe 6.3:
Das neue Vorstandsmitglied einer großen deutschen Versicherungsunternehmung mit Zuständigkeitsbereich Kapitalanlage steht vor der Aufgabe, sein Anlagevolumen in Höhe von 5 Millionen Euro für das nächste Jahr neu zu strukturieren. Nach eingehender Diskussionen mit seinem Beraterstab identifiziert er vorerst drei strategische Anlagekategorien, die für ihn von Interesse sind. Anlagekategorie 1 ist dabei eine Investition in den deutschen Aktienmarkt. Anlagekategorie 2 enthält deutsche Rententitel mit einer Restlaufzeit von durchschnittlich 5 Jahren und Anlagekategorie 3 risikolose Titel des deutschen Geldmarktes. Durch die Auswertung historischer Zeitreihen gibt die Abteilung für Ökonometrie die folgende Varianz/Kovarianz-Matrix für die unsicheren Jahresrenditen R_1 bzw. R_2 der beiden Anlageklassen an:

$$Cov(R_1, R_2) = \begin{pmatrix} 0,16 & 0 \\ 0 & 0,04 \end{pmatrix}.$$

Nach Rücksprache mit der volks- und betriebswirtschaftlichen Abteilung werden die zukünftig erwarteten Jahresrenditen wie folgt eingeschätzt:

$$E(R_1) = 0,3 \text{ bzw. } E(R_2) = 0,1.$$

Die Jahresrendite für die Anlage am Geldmarkt beträgt 5%.

a. Bestimmen Sie die Struktur des varianzminimalen, aus den Anlageklassen 1 und 2 gebildeten Portfolios. Wie groß sind der Erwartungswert und die Varianz der jährlichen Rendite dieses Portfolios?
b. Ermitteln Sie analytisch die Menge aller (μ, σ)-Kombinationen der durch Mischung der beiden Anlageklassen erzielbaren Portfolios (vier Nachkommastellen). Stellen Sie Ihre Ergebnisse grafisch dar.
c. Berechnen Sie die neue Effizienzlinie, falls Sie die dritte Anlagemöglichkeit mit in Ihr Kalkül einbeziehen. Stellen Sie die neue Effizienzlinie ebenfalls grafisch dar.

Aufgabe 6.4:
Betrachten Sie die beiden Wertpapiere 1 und 2. Die erwarteten Einperiodenrenditen μ_i sowie die zugehörigen Standardabweichungen σ_i (i = 1, 2) weisen die folgenden Werte auf:

$$\mu_1 = 0{,}25 \text{ bzw. } \sigma_1 = 0{,}30$$
$$\mu_2 = 0{,}15 \text{ bzw. } \sigma_2 = 0{,}10.$$

Die Korrelation der beiden Renditen beträgt null.

a. Bestimmen Sie die Struktur des varianzminimalen, aus den Anlageklassen 1 und 2 gebildeten Portefeuilles. Wie groß sind der Erwartungswert und die Standardabweichung der Rendite dieses Portfolios?
b. Ermitteln Sie analytisch die Menge aller (μ,σ)-Kombinationen der durch Mischung der beiden Wertpapiere erzielbaren Portfolios (vier Nachkommastellen). Stellen Sie Ihre Ergebnisse grafisch dar.
c. Als dritte Anlagemöglichkeit steht dem Investor nunmehr zusätzlich eine risikofreie Geldmarktanlage mit einer Verzinsung von r_0 = 10% zur Verfügung. Er fordert eine erwartete Portfoliorendite in Höhe von 16%. Welche Struktur und welche Standardabweichung hat das entsprechende effiziente Portfolio? (*Hinweis*: Gehen Sie davon aus, dass der rein riskante effiziente Rand der Gleichung $\mu = 0{,}16 \pm \sqrt{0{,}1(\sigma^2 - 0{,}009)}$ genügt.)
d. Der Investor orientiert sich bei der Wahl des optimalen Portfolios nun an dem Quotienten $SR_P = [E(R_P) - r_0] / \sigma_P$, der so genannten Sharpe Ratio. Ermitteln Sie dasjenige Portfolio aus rein riskanten Anlagen, welches diesen Quotienten maximiert.
e. Unterstellen Sie zwei Wertpapiere, deren Renditen perfekt negativ miteinander korreliert sind. Welche Rendite weist das varianzminimale Portfolio auf, wenn Sie arbitragefreie Märkte unterstellen?

Aufgabe 6.5:
Betrachten Sie die beiden Wertpapiere 1 und 2. Die erwarteten Ein-Perioden-Renditen μ_i sowie die zugehörigen Standardabweichungen σ_i (i = 1, 2) weisen die folgenden Werte auf:

$$\mu_1 = 0{,}2 \qquad \sigma_1 = 0{,}3$$
$$\mu_2 = 0{,}1 \qquad \sigma_2 = 0{,}1.$$

Die Korrelation der beiden Renditen betrage null.

a) Bestimmen Sie die Struktur des varianzminimalen, aus den Anlageklassen 1 und 2 gebildeten Portfolios. Wie groß ist der Erwartungswert und die Standardabweichung der Rendite dieses Portfolios?
b) Existiert eine Korrelation zwischen den Wertpapieren 1 und 2 derart, dass sich das varianzminimale Portfolio zu je ½ aus den Wertpapieren 1 und 2 zusammensetzt?
c) Die Korrelation zwischen den Wertpapieren habe im folgenden weiterhin den Wert null. Ermitteln Sie analytisch die Menge aller (μ, σ)-Kombinationen der durch Mischung der beiden Anlageklassen erzielbaren Portfolios (vier Nachkommastellen).
d) Als dritte Anlagemöglichkeit steht dem Investor nunmehr zusätzlich eine risikofreie Geldmarktanlage mit einer Verzinsung von r_f = 10% zur Verfügung. Er fordert eine erwartete Portfolio-Rendite in Höhe von μ_P = 16%. Welche Struktur (relative Investitionsgewichte) und welche Standardabweichung hat das entsprechende effiziente Portfolio, welches sich aus der Mischung der zur Verfügung stehenden Anlagemöglichkeiten ergibt? Gehen Sie dabei davon aus, daß sich der rein riskante Teil des Portfolios zu 25% aus Wertpapier 1 zusammensetzt.
e) Ermitteln Sie weiter Erwartungswert und Standardabweichung des optimalen Portfolios, wenn sich der Investor gemäß der (μ, σ)-Nutzenfunktion $\Phi = \mu - 2\sigma^2$ entscheidet.

Aufgabe 6.6:
Auf der Grundlage einer Lagrangeoptimierung ergibt sich die folgende funktionale Form für die (μ,σ)-Koordinaten der lokal (d.h. für einen festen Erwartungswert) varianzminimalen Portfolios:

$$\sigma^2 = 5\mu^2 - 2\mu + 7/30 \,.$$

Als Shortfallrestriktion sei die Bedingung

$$P(R_P \leq 0{,}2) \leq 0{,}1$$

gefordert, wobei R_P die einperiodige Portfoliorendite bezeichne. R_P folge einer Normalverteilung.
Bestimmen Sie unter diesen Voraussetzungen die (μ,σ)-Position des optimalen Portfolios mit maximaler erwarteter Rendite!

Aufgabe 6.7:
Durch die Auswertung der Marktentwicklung über die letzten 10 Jahre und durch ein geeignetes Schätzverfahren wurde folgende historische Wertpapiermarktlinie ermittelt:

$$r = 0{,}06 + 0{,}16\hat{\beta}.$$

Weiter ergaben sich für zwei Investmentfonds über den gleichen Zeitraum als geschätzte Erwartungswerte bzw. Betafaktoren die folgenden Werte:

$$\textit{Investmentfonds } A: r_A = 10\% \qquad \hat{\beta}_A = 0{,}8$$

$$\textit{Investmentfonds } B: r_B = 15\% \qquad \hat{\beta}_B = 1{,}2.$$

Welche Aussage über die Performance der beiden Fonds können Sie treffen?

Aufgabe 6.8:
Im Rahmen der Grundform des CAPM betrage die Verzinsung der sicheren Anlage 5%. Der Erwartungswert bzw. die Standardabweichung der Rendite des Marktportfolios betrage 10% bzw. 20%.
Bestimmen Sie die erwartete Gleichgewichtsrendite einer Aktie, deren Korrelation mit der Rendite des Marktportfolios 0,02 und deren Renditestandardabweichung 0,4 beträgt.

Aufgabe 6.9:
Weisen Sie nach, dass die Menge aller Minimum-Varianz-Portfolios eine konvexe Kurve im (μ, σ^2)-Raum darstellt.

Aufgabe 6.10:
Weisen Sie nach, dass die Optimierungsprobleme $Z(x) = \frac{1}{2}\,Var(R_P) \rightarrow min!$ unter den Nebenbedingungen $\Sigma x_i\, E(R_i) = r$ und $\Sigma x_i = 1$ sowie $Z(x) = t\, E(R_P) - \frac{1}{2}\,Var(R_P) \rightarrow max!$ unter der Nebenbedingung $\Sigma x_i = 1$ zueinander äquivalent sind.

Hinweis: Kuhn-Tucker-Bedingungen.

Aufgabe 6.11:
Weisen Sie die Beziehung (6A.13b) des Anhangs für die Varianz eines Minimum-Varianz-Portfolios nach.

Aufgabe 6.12:
Weisen Sie nach, dass für den Parameter $\alpha_1 = b - \frac{a^2}{c}$ bei Wahl der Portfoliokonstanten gemäß (6A.10) stets $\alpha_1 = 0$ gilt.

Aufgabe 6.13:
Weisen Sie nach, dass das globale Minimum-Varianz-Portfolio positiv mit jedem anderen Portfolio korreliert ist und dabei eine konstante Varianz in Höhe von σ_0^2 aufweist.

Aufgabe 6.14:
Weisen Sie nach: Alle Minimum-Varianz-Portfolios auf dem oberen Ast der Minimum-Varianz-Kurve sind zueinander positiv korreliert. Das Gleiche gilt für alle MV-Portfolios auf dem unteren Ast.

Aufgabe 6.15:
Weisen Sie nach, dass im Rahmen des Portfoliomodells mit sicherer Anlage das Optimierungsproblem $Z(w) = tw^T r - ½w^T Cw \rightarrow$ min! gemäß (6B.4) die eindeutige Lösung $w^T = tC^{-1}r$ besitzt.

Aufgabe 6.16:
Zeigen Sie, dass das Portfolio T gemäß (6B.12) mit risikolosem Anteil in Höhe von $r_0 < a / c$ null für ein rein riskantes EV-effizientes Portfolio ist.

Aufgabe 6.17:
Zeigen Sie, dass das Portfolio T aus Aufgabe 6.15 das Tangentialportfolio ist, das entsteht, wenn die Tangente des Punktes $(0, r_0)$ an den effizienten Rand des Portfoliomodells ohne sichere Anlage gelegt wird.

Aufgabe 6.18:
Weisen Sie den Satz 6.6 des Anhangs 6B nach.

Aufgabe 6.19:
Auf der Grundlage einer Lagrange-Optimierung ergibt sich die folgende funktionale Form für die (μ, σ)-Koordinaten der (rein riskanten) Randportfolios (lokal varianzminimalen Portfolios):

$$\sigma^2 = 5\mu^2 - 2\mu + 0{,}25\,.$$

Bestimmen Sie die Gleichung der Tangentialgeraden unter der Annahme eines sicheren Zinses von $r_0 = 0{,}05$! Bestimmen Sie ferner die Standardabweichung sowie den Erwartungswert der Rendite des Tangentialportfolios!

Aufgabe 6.20:
Gegeben seien die folgenden Rendite/Risiko-Profile der Einperioden-Renditen R_1 und R_2 zweier Investments I_1 und I_2:

$E(R_1) = 0{,}075$ $\qquad$ $\sigma(R_1) = 0{,}2$

$E(R_2) = 0{,}05$ $\qquad$ $\sigma(R_2) = 0{,}10.$

a) Berechnen Sie die Sharpe-Ratio der beiden Investments unter der Annahme einer risikolosen Verzinsung in Höhe von $r_0 = 0{,}04$.
b) Berechnen Sie die Modigliani/Modigliani-Rendite der beiden Investments, wenn als Norm-Risikoposition $\sigma = 0{,}10$ gewählt wird.
c) Bestimmen Sie die Wahrscheinliche Mindestrendite (PMR) der beiden Investments zum Konfidenzniveau $\alpha = 0{,}05$.

Hinweis: Gehen Sie von normalverteilten Renditen aus. Das 95%-Quantil der Standardnormalverteilung beträgt 1,645.

Literatur zu Kapitel 6

Literatur zu Abschnitt 6.2

Black, F. (1982): The Trouble with Econometric Models, Financial Analysts Journal, March/April 1982, S. 29–37.

Bodie, Z., A. Kane, A.J. Marcus (2005): Investments, 6. Aufl., Chicago u.a.

Campbell, J.J. (1987): Stock Returns and the Term Structure, Journal of Financial Economics 18, S. 373–399.

Campbell, J.J. (1991): A Variance Decomposition for Stock Returns, Economic Journal 101, S. 157– 179.

Drobetz, W. (1999): Das Dividend Discount Modell, in: *Gehrig, B., H. Zimmermann* (Hrsg.): Fit for Finance, 5. Aufl., Zürich, S. 97–117.

Drobetz, W., H. Zimmermann (1998): Editorial: Gordon, Zins und Aktienmarkt, Finanzmarkt und Portfolio Management 12, S. 1–5.

Elton, E.J., M.J. Gruber, et al. (2003): Modern Portfolio Theory and Investment Analysis, 6. Aufl., New York u.a.

Jacobs, B.I., K.N. Levy (1988a): Disentangling Equity Return Regularities: New Insights and Investment Opportunities, Financial Analysts Journal, May/June 1988, S. 18–43.

Jacobs, B.I., K.N. Levy (1988b): On the Value of Value, Financial Analysts Journal, July/August 1988, S. 47–62.

Jacobs, B.I., K.N. Levy (1990): Stock Market Complexity and Investment Opportunity, in: Fabozzi, F.J. (Hrsg.): Managing Institutional Assets, New York, S. 119–141.

Malkiel, B., J. Cragg (1970): Expectations and the Structure of Share Prices, American Economic Review 60, S. 601–617.

Sorensen, E.H., D.A. Williamson (1985): Some Evidence on the Value of Dividend Discount Models, Financial Analysts Journal, November/December 1985, S. 60–69.

Steiner P., H. Uhlir (2001): Wertpapieranalyse, 4. Aufl., Heidelberg.

Whitbek, V., M. Kisor (1963): A New Tool in Investment Decision Making, Financial Analysts Journal, May/June 1963, S. 55–62.

Zimmermann, H. (1996): Finanzanalyse und Kapitalmarkttheorie am Beispiel schweizerischer Wirtschaftssektoren, Finanzmarkt und Portfolio Management 10, S. 148–171.

Literatur zu den Abschnitten 6.3–6.5

Albrecht, P., I. Dus, R. Maurer (2004): Cost-Average Strategie versus Einmalanlage: Shortfallrisiken und Probable Minimum Wealth, in: *Bank, M., B. Schiller* (Hrsg.): Finanzintermediation, Stuttgart, S. 49–67.

Beja, A. (1972): On Systematic and Unsystematic Components of Financial Risk, Journal of Finance 27, S. 37–45.

Best, M.J., R.R. Grauer (1990): The Efficient Set Mathematics When Mean-Variance Problems are Subject to General Linear Constraints, Journal of Economics and Business 42, S. 105–120.

Best, M.J., R.R. Grauer (1992): Positively Weighted Minimum Variance Portfolios and the Structure of Asset Expected Returns, Journal of Financial and Quantitative Analysis 27, S. 513–537.

Black, F., R. Litterman (1992): Global Portfolio Optimization, Financial Analysts Journal, September/October 1992, S. 28–43.

Bodie, Z., A. Kane, A.J. Marcus (1999): Investments, 4. Aufl., Chicago u.a.

Capinski, M., T. Zastawniak (2003): Mathematics for Finance, London.

Chopra, V.K., W.T. Ziemba (1993): The Effect of Errors in Means, Variances, and Covariances on Optimal Portfolio Choice, Journal of Portfolio Management 19, S. 6–11.

Constantinidis, G.M., A.G. Malliaris (1995): Portfolio Theory, in: *Jarrow, R.A., V. Maksimovic, W.T. Ziemba* (Hrsg.): Finance, Amsterdam u.a., S. 1–30.

Dowd, K. (2000) : Adjusting for Risk : An improved Sharpe ratio, International Review of Economics and Finance 9, S. 209–222.

Elton, E.J., M.J. Gruber, et al. (2003): Modern Portfolio Theory and Investment Analysis, 6. Aufl., New York u.a.

Fabozzi, F.J. (1999): Investment Management, 2. Aufl., Upper Saddle River, New Jersey.

Fama, E.F. (1973): A Note on the Market Model and the Two-Parameter Model, Journal of Finance 28, S. 1181–1185.

Frantzmann, H.J. (1990): Zur Messung des Marktrisikos deutscher Aktien, Zeitschrift für betriebswirtschaftliche Forschung 42, S. 67–83.

Huang, C.-F., R.H. Litzenberger (1988): Foundations for Financial Economics, New York u.a.

Levedag, R.W. (1990): Vermögensanlagestrategien - über Markowitz hinaus: in: *Rudolph, B.* (Hrsg.): Instrumente und Strategien im Investmentbanking, Frankfurt/Main, S. 11–34.

Luenberger, D.G. (1998): Investment Science, New York, Oxford.

Markowitz, H.R. (1967): Portfolio Selection, 3. Aufl., New York u.a.

Merton, R.C. (1972): An Analytic Derivation of the Efficient Portfolio Frontier, Journal of Financial and Quantitative Analysis 7, S. 1851–1872.

Michaud, R.D. (1989): The Markowitz Optimization Enigma: Is »Optimized« Optimal?, Financial Analysts Journal, January/February, S. 31–42.

Modigliani, F., L. Modigliani (1997): Risk-Adjusted Performance, Journal of Portfolio Management, Winter 1997, S. 45–54.

Panjer, H.H. (1998, Hrsg.): Financial Economics, Schaumburg, Illinois.

Perold, A. (1984): Large-Scale Portfolio Optimization, Management Science 30, S. 1143–1160.

Poddig, T., H. Dichtl, K. Petersmeier (2003): Statistik, Ökonometrie, Optimierung, 3. Aufl., Bad Soden/Ts.

Prakash, A.J., R.M. Bear, K. Doudapani, G.L. Ghai, T.E. Paetura, A.M. Parliczgasi (1999): The Return Generating Models in Global Finance, Oxford.

Rudd, A., B. Rosenberg (1979): Realistic portfolio optimization, in: Elton, E.J., M.J. Gruber (Hrsg.): Portfolio Theory 25 Years After, Amsterdam u.a., S. 21–46.

Roll, R. (1977): A Critique of the Asset Pricing Theory´s Tests, Journal of Financial Economics 4, S. 129– 176.

Schäfer, K., P. Zimmermann (1998): Portfolio Selection und Schätzfehler bei den erwarteten Renditen, Finanzmarkt und Portfolio Management 12, S. 131–149.

Scherer, B. (2002): Portfolio Construction and Risk Budgeting, London.

Sharpe (1994): The Sharpe-Ratio, Journal of Portfolio Management, Fall 1994, S. 49–58.

Spremann, K. (2000): Portfoliomanagement, München, Wien.

Steiner M., C. Bruns (2002): Wertpapiermanagement, 8. Aufl., Stuttgart.

Steiner, P., H. Uhlir (2001): Wertpapieranalyse, 4. Aufl., Heidelberg.

Stevens, G.V.G. (1998): On the Inverse of the Covariance Matrix in Portfolio Analysis, Journal of Finance 53, S. 1821–1827.

Wittrock, C. (2000): Messung und Analyse der Performance von Wertpapierportfolios, 3. Aufl., Bad Soden/Ts.

Literatur zu Abschnitt 6.6

Aretz, K., S.M. Bartram, P.F. Pope (2005): Macroeconomic Risks and the Fama and French/Carhart Model, Working Paper, University of Lancaster.

Carhart, M.M. (1997): On Persistence of Mutual Fund Performance, Journal of Finance 52, S. 57–82.

Fama, E.F., K.R. French (2004): The Capital Asset Pricing Model: Theory and Evidence, Journal of Economic Perspectives 18, S. 25–46.

Fama, E.F., K.R. French (1998): Value versus Growth: the International Evidence, Journal of Finance 53, S. 1975–1999.

Fama, E.F., K.R. French (1996): Multifactor Explanations of Asset Pricing Anomalies, Journal of Finance 1996, S. 55–84.

Fama, E.F., K.R. French (1995): Size and Book-to-Market Factors in Earnings and Returns, Journal of Finance 50, S. 131–155.

Fama, E.F., K.R. French (1993): Common Risk Factors in the Returns on Stocks and Bonds, Journal of Financial Economics 33, S. 3–56.

Fama, E.F., K.R. French (1992): The Cross-section of expected returns, Journal of Finance 47, S. 427–465.

Jegadeesh, N., S. Titman (1993): Returns to Buying Winners and Selling Losers: Implications for Stock Market Efficiency, Journal of Finance 48, S. 65–91.

Merton, R.C. (1973) An Intertemporal Capital Asset Pricing Model, Econometrica 41, S. 867–887.

Schwert, G.W. (2003): Anomalies and Market Efficiency, in: *Constantinides, G.M., M. Harris, R.M. Stulz* (Eds.): Handbook of the Economics of Finance, Vol. 1B: Financial Markets and Asset Pricing, Amsterdam u.a., S. 939–974.

Spremann, K. (2007): Finance, 3. Aufl., München.

Ziegler, A., M. Schröder, A. Schulz, R. Stehle (2007): Multifaktormodelle zur Erklärung deutscher Aktienrenditen: Eine empirische Analyse, Zeitschrift für betriebswirtschaftliche Forschung 59, S. 355–389.

7 Aktieninvestments: Vertiefung

7.1 Einführung

In diesem Kapitel werden eine Reihe von weiterführenden und vertiefenden Fragestellungen im Zusammenhang mit der Analyse und Steuerung von Aktienportfolios aufgegriffen. Dabei modifiziert Abschnitt 7.2 den Ansatz der Markowitzschen Portfolioanalyse des Abschnitts 6.3 durch Berücksichtigung von Shortfallrisikomaßen anstelle des dort verwendeten Risikomaßes Renditevarianz bzw. Renditestandardabweichung.

Abschnitt 7.3 enthält schließlich eine eingehende Darstellung des Ansatzes der Multifaktormodelle, dem zentralen Instrumentarium zur Portfoliosteuerung in der Investmentpraxis. Multifaktormodelle können als Erweiterungen der in Abschnitt 6.3.5.2 behandelten Indexmodelle angesehen werden. Das korrespondierende[1] Bewertungsmodell im Kapitalmarktgleichgewicht ist die in Abschnitt 7.3.3 behandelte Arbitrage-Pricing-Theorie (APT).

7.2 Portfolioselektion mit Shortfallrisikomaßen

7.2.1 Vorbemerkungen

Die klassische, von *Markowitz* entwickelte, Portfoliotheorie basiert auf spezifischen Risikomaßen, der Renditevarianz bzw. der Renditestandardabweichung. Diese Risikomaße messen primär die Volatilität der Renditeentwicklung. Alternativ werden in jüngerer Zeit Risikomaße betrachtet, welche die Gefahr des Shortfalls, der Unterschreitung eines vom Investor gesetzten Targets z (Planrendite, gewünschte Mindestrendite) in den Vordergrund stellen.[2]

Eine allgemeine Klasse von Shortfallrisikomaßen sind die Lower-Partial-Moments der Ordnung $k \geq 0$, definiert durch

(7.2.1a)
$$LPM_k(z;R) := E\left[\max(z-R,0)^k\right].$$

Im Falle einer stetigen Zufallsvariablen R mit Dichtefunktion f(r) spezialisiert sich dies zu

(7.2.1b)
$$LPM_k(z;R) = \int_{-\infty}^{z} (z-r)^k f(r)\,dr\,,$$

im Falle einer diskreten Zufallsvariablen R mit Realisationen $r_1, \ldots, r_n$ und zugehörigen Eintrittswahrscheinlichkeiten $p_1, \ldots, p_n$ zu

(7.2.1c)
$$LPM_k(z;R) = \sum_{r_i<z} (z-r_i)^k p_i = \sum (z-r_i)^k p_i I_z(r_i)\,,$$

dabei ist $I_z(r)$ eine Indikatorfunktion mit $I_z(r) = 1$, wenn $r < z$, und ansonsten $I_z(r) = 0$.

1 Entsprechend der aufgezeigten Korrespondenz von Marktindex-Modell und CAPM in Abschnitt 6.4.
2 Vgl. hierzu die einführende Darstellung des Abschnitts 3.6.3 sowie Anhang 3C.

In Anwendungen konzentriert man sich dabei üblicherweise auf drei Spezialfälle, die den Ordnungen k = 0, 1 und 2 entsprechen. Diese Spezialisierungen[3] sind die Shortfallwahrscheinlichkeit

(7.2.2) $$SW(z;R) = P(R \leq z),$$

der Shortfallerwartungswert

7.2.3) $$SE(z;R) = E[\max(z-R,0)]$$

und die Shortfallvarianz

(7.2.4a) $$SV(z;R) = E\left[\max(z-R,0)^2\right].$$

Zusätzlich zur Shortfallvarianz betrachtet man zudem die Shortfallstandardabweichung

(7.2.4b) $$SSD(z;R) = \sqrt{SV(z;R)}.$$

Neben der direkteren Kontrolle des Shortfallrisikos des Investors hinsichtlich des (bzw. der) von ihm gesetzten Targets beinhalten Shortfallrisikomaße Vorteile beim Vorliegen einer asymmetrischen Verteilung von R. Es gibt umfangreiche empirische Evidenz, dass auf Finanzmärkten eher asymmetrische Renditeverteilungen vorliegen, denn symmetrische[4]. Insofern ist es naheliegend, Erweiterungen der Markowitzschen Portfoliotheorie zu betrachten, die auf Shortfallrisikomaßen basieren[5].

Eine erste einfache Erweiterung der Markowitzschen Portfoliotheorie besteht dabei darin, die Erwartungswert-Varianz-Optimierung unter der Einführung einer Restriktion für die Shortfallwahrscheinlichkeit (Shortfall-Constraint) durchzuführen[6]. Da zur Auflösung der Shortfall-Constraint typischerweise die Normalverteilungsannahme getroffen wird, erlaubt diese Vorgehensweise zwar die Kontrolle des Shortfalls, jedenfalls hinsichtlich seiner Wahrscheinlichkeitsdimension, nicht aber die Berücksichtigung der Verteilungsasymmetrie. Insofern behandeln wir im Weiteren den Fall einer *Erwartungswert/Lower-Partial-Moment-Optimierung*.

Als Probleme der Portfoliooptimierung auf der Basis von Shortfallrisikomaßen sind zunächst deren i.d.R. deutlich höhere Komplexität zu nennen. Ferner besteht eine Sensitivität der Ergebnisse hinsichtlich der Wahl der Targetgröße. Ist die Höhe der Targetgröße eher unbestimmt, so kann man als Ersatzgrößen z = 0 (nominale Kapitalerhaltung), z = E(X), $z = r_0$ (risikolose Verzinsung) oder z = Inflationsrate (reale Kapitalerhaltung) wählen. Sensitivitätsprobleme bestehen auch hinsichtlich der empirischen Bestimmung der $LPM_k(z;R)$-Größen, vor allem wenn z eine sehr kleine (insbesondere negative) Größe ist.

---

3 Vgl. wiederum die einführende Darstellung in Abschnitt 3.6.3.

4 Unter der Hypothese der Lognormalverteilung, der Standard-Referenzverteilung für Finanzmärkte, steigt der Umfang der Asymmetrie – und damit der Approximationsfehler bei Annahme einer Normalverteilung – mit der Länge des Investmenthorizonts. Auch Finanzpositionen, die Optionspositionen einschließen, können zu stark asymmetrischen Verteilungen führen. Zu weiteren relevanten Anwendungskonstellationen vgl. etwa *Merriken* (1994). Zu Konstellationen, in denen die Markowitzsche Portfoliotheorie problematische Resultate generiert, vgl. *Rom/Ferguson* (1994b).

5 *Rom/Ferguson* (1994a) sprechen von postmoderner Portfoliotheorie (PMPT).

6 Vgl. Abschnitt 6.3.4.2.2 sowie vertiefend *Kalin/Zagst* (1999).

7.2.2 Erwartungswert/Lower-Partial-Moment-Optimierung

Bezeichne R_P die Rendite eines Portfolios mit Investmentvektor x_P, so lautet das E/LPM$_k$-Optimierungsproblem analog zum EV-Optimierungsproblem formal[7] ($e:=(1,...,1)^T$):

$$Z(x_P) = LPM_k(z;R_P) \rightarrow \min!$$

unter den Bedingungen

(7.2.5)
$$E(R_P) = c$$
$$x_P^T e = 1$$
$$x_P \geq 0 .$$

Intuitiv generiert man dabei bei Variation von c den E/LPM$_k$-effizienten bzw. in größerer Analogie zu *Markowitz* den E/LMP$_k^{1/k}$-effizienten Rand, dies werde durch die folgende Abbildung illustriert:

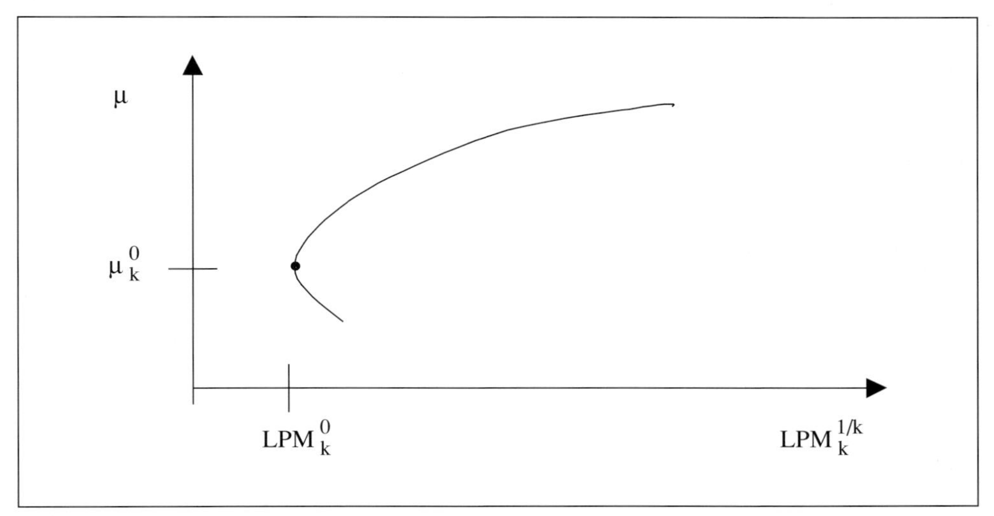

Abb. 7.1: E/LPM-effizienter Rand

Dabei bezeichne LMP$_k^0$ die LMP$_k^{1/k}$-minimale Position und μ_k^0 den zugehörigen Erwartungswert[8].

Zunächst offen ist dabei, inwiefern (7.2.5) überhaupt ein wohldefiniertes Optimierungsproblem darstellt und inwieweit die Konkavität des effizienten Randes gesichert ist. Für eine allgemeine Analyse verweisen wir auf den Anhang 7A. Als Resultat kann dabei festgehalten werden, dass die E/LPM$_k$-Optimierung in das Gebiet der konvexen Optimierung führt.

7 Unter Beschränkung auf die Basisrestriktionen für x_P.

8 Dabei wird die Abhängigkeit vom gewählten Target unterdrückt. Auch ist $\mu_k^0 \geq 0$ nicht garantiert.

Neben der Wohldefiniertheit der Problemstellung ergibt sich als weiteres Problem die Berechnung der betrachteten Lower-Partial-Moments im Portfoliofall. Hierzu bestehen die beiden im Folgenden dargestellten Möglichkeiten.

Ein eher pragmatischer, aber einfach implementierbarer Weg wird von *Harlow* (1991, S. 33) beschritten und geht von den beobachteten Renditen und der daraus resultierenden empirischen Verteilungsfunktion für die Portefeuillerendite aus. Konkret gehen wir aus von T Beobachtungsperioden und Renditerealisationen r_{it} der Rendite R_i in Periode t. Unter Annahme eines Investmentvektors $(x_1,..., x_n)$ besitzt dann die zugehörige Portefeuillerendite $R_P = R(x_1, ..., x_n)$ die T Realisationen

$$r_{P1} = r_1(x_1,...,x_n) = \sum_{i=1}^{n} x_i r_{i1}, ..., r_{PT} = r_T(x_1,...,x_n) = \sum_{i=1}^{n} x_i r_{iT} \quad .$$

Die Zielfunktion bestimmt sich damit zu

$$\text{(7.2.6a)} \quad \begin{aligned} z(x) &= \frac{1}{T}\sum_{t=1}^{T}\left[z - r_t(x_1,...,x_n)\right]^k I_z(r_t(x_1,...,x_n)) \\ &= \frac{1}{T}\sum_{t=1}^{T}\left[z - \sum_{i=1}^{n} x_i r_{it}\right]^k I_z(r_t(x_1,...,x_n)), \end{aligned}$$

wobei wieder $I_z(x) = 1$ für $x < z$ und ansonsten $I_z(x) = 0$.

Die Nebenbedingungen für die Investmentvektoren $(x_1, ..., x_n)$ ergeben sich neben $x_i \geq 0$ und $\sum x_i = 1$ auf der Basis der Schätzung von $E(R_i)$ durch das Stichprobengegenstück $\frac{1}{T}\sum_{t=1}^{T} r_{it}$ zu

$$\text{(7.2.6b)} \quad \begin{aligned} \sum_{i=1}^{n} x_i \left(\frac{1}{T}\sum_{t=1}^{T} r_{it}\right) &= \frac{1}{T}\sum_{i=1}^{n}\sum_{t=1}^{T} x_i r_{it} \\ &= \frac{1}{T}\sum_{t=1}^{T} r_t(x_1,...,x_n) = c\,. \end{aligned}$$

In kondensierter Form lautet die E/LPM$_k$-Portfoliooptimierung damit

$$\text{(7.2.6c)} \quad \begin{gathered} \frac{1}{T}\sum (z - r_{Pt})^k I_z(r_{Pt}) \rightarrow \min! \\ \text{unter den Bedingungen} \\ \frac{1}{T}\sum r_{Pt} = c \\ \sum x_i = 1, x_i \geq 0\,. \end{gathered}$$

Ein aus theoretischer Sicht vorziehenswürdiger, aber aufwändigerer Ansatz basiert auf einer der Zerlegung der Portfoliovarianz nachgebildeten Vorgehensweise auf der Basis der Co-Lower-Partial-Moments[9] CLPM_z^k .

9 Zu den Details vgl. Anhang 7B.

Für eine Portfoliorendite R_P mit Investmentvektor $(x_1,...,x_n)$ gilt dabei insbesondere[10] [11]:

$$LPM_z^k(R_P) = \sum_{i=1}^{n} x_i^2 LPM_z^k(R_i) + \sum_{i \neq j} x_i x_j CLPM_z^k(R_i, R_j). \tag{7.2.7}$$

Die Durchführung dieses Ansatzes erfordert die empirische Bestimmung der Lower-Partial-Moments der Einzelrenditen und sämtlicher Co-Lower-Partial-Moments, in der Regel durch die direkten Stichprobenstücke.

7.2.3 Empirische Ergebnisse

Empirische Vergleiche des traditionellen EV-Ansatzes mit dem E/LPM_k-Ansatz liegen für k = 1, 2 bzw. k = 2 von *Harlow* (1991) bzw. *Schmidt-von Rhein* (1996, 2000) vor. Die typische Struktur der Ergebnisse ist schematisch in Abbildung 7.2 festgehalten.

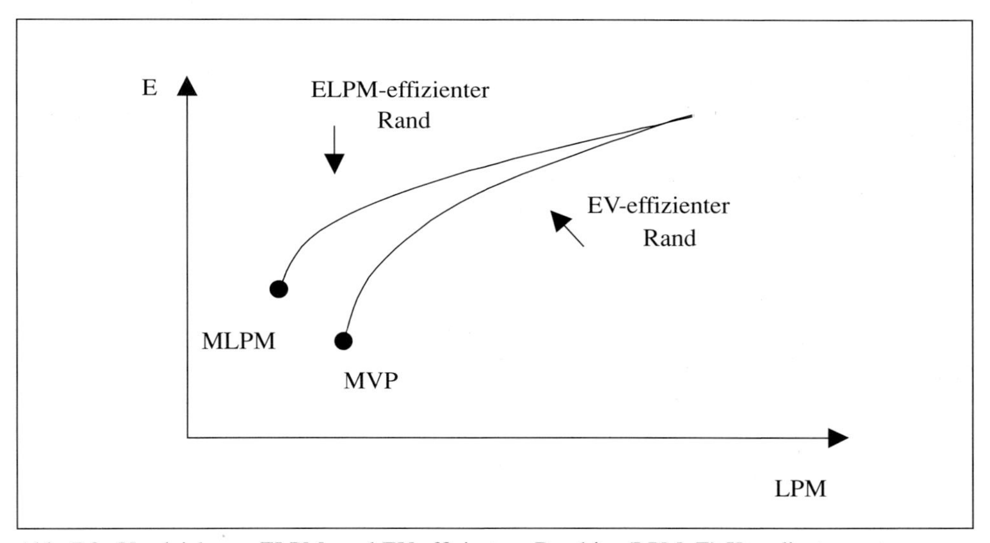

Abb. 7.2: Vergleich von ELPM- und EV-effizientem Rand im (LPM, E)-Koordinatensystem

Dargestellt sind hier die Ergebnisse im $(LPM_k^{1/k}, E)$-Koordinatensystem. MVP bzw. MLPM bezeichnen das jeweilige Minimum-Varianz-Portfolio bzw. Minimum-Mean-Lower-Partial-Moment-Portfolio. Aus der Perspektive des benutzten Shortfallrisikomaßes lassen sich somit typischerweise sowohl Risikoreduktionseffekte als auch Effizienzerhöhungen durch den ELPM-Ansatz erreichen.

---

10 Die Co-Lower-Partial-Moments sind nicht symmetrisch, vgl. Anhang 7B.

11 Eine vereinfachte approximative Beziehung entwickelt *Nawrocki* (1991), zu einer entsprechenden Diskussion vgl. *Schmidt-von Rhein* (2000, S. 597 f.).

Die Studie von *Harlow* (1991) betrachtet ein internationales Portfolioproblem mit währungsgesicherten Aktien- und Anleihepositionen gewichtet über 11 verschiedene Länder über die Untersuchungsperiode Januar 1980 – Dezember 1990 (Ex-post-Optimierung). Angesichts der signifikanten Renditeasymmetrien lieferte z.B. der E/SV-Ansatz bei Wahl eines Targets von $z = 0$ eine deutlich bessere Verlustsicherung als der EV-Ansatz, bei jeweils gleichem Renditeerwartungswert. Dies hat auch Auswirkungen auf die Asset Allocation. Bei einem Renditeerwartungswert von 15% lieferte der EV-Ansatz einen Anleiheanteil von 59.47%, der E/SV-Ansatz hingegen einen entsprechenden Anteil von 67.17%.

Schmidt-von Rhein (2000) kommt unter Verwendung von Quartalsrenditen für 15 Aktienmärkte zu den folgenden Schlüssen (S. 622 f.):

1) Für 11 der 15 Märkte waren die Renditen signifikant schief.
2) Der »Fehler«[12] (Risikozuwachs), den man bei einer EV-Optimierung begeht, nimmt im Vergleich zur ESV-Optimierung in Richtung des risikominimalen Portfolios (i.d.R. deutlich) zu. Mit anderen Worten: Je risikoaverser der Anleger desto größer der »Fehler« bei Durchführung einer EV-Optimierung.
3) Die Unterschiede zur EV-Optimierung nehmen zu mit der Zunahme des Abstandes von z zu E(R).

Als Faustregel hält *Schmidt-von Rhein* (2000, S. 623) fest, dass der Approximationsfehler bei Durchführung einer EV-Approximation umso größer wird: a) je größer die Schiefe der Renditeverteilungen, b) je risikoaverser der Anleger und c) je größer der Abstand von z zur mittleren Assetrendite.

7.2.4 Weitere Anwendungen des Erwartungswert/Lower-Partial-Moment-Ansatzes

Analog zur (EV-) Portfoliotheorie bei Annahme einer risikolosen Verzinsung und darauf aufbauend der Entwicklung des CAPM kann man auch eine E/LPM-Optimierung bei Einführung einer risikolosen Verzinsung (dabei ist diese auch die natürliche Wahl einer Targetverzinsung) sowie Kapitalmarktgleichgewichtsmodelle in einem E/LPM-Rahmen betrachten.

Parallel zur Konstruktion des risikoadjustierten Performancemaßes nach *Sharpe* (*Sharpe*-Ratio) können shortfallbasierte risikoadjustierte Performancemaße konstruiert werden. Größere Popularität hat dabei vor allem der *Sortino-Ratio*[13]

$$SortR_z(R) = \frac{E(R) - z}{SSD_z(R)} \tag{7.2.8}$$

erlangt. Neben der Anwendung auf das Problem der Asset Allocation haben E/LPM-Ansätze insbesondere bei der Steuerung optionierter Finanztitelpositionen ihren Einsatz gefunden.

Schließlich soll abschließend hingewiesen werden auf den zum E/LPM$_1$-Ansatz verwandten Mean-Absolute-Deviation-Ansatz, der als Risikomaß die Größe

12 Dabei wird unterstellt, dass das Shortfallrisikomaß das korrekte Risikomaß ist.
13 Vgl. *Sortino/Price* (1994).

(7.2.9)
$$MAD(R) = E[|X - E(X)|]$$

verwendet. Dieser Ansatz besitzt insbesondere rechentechnische Vorteile, weil er auf Ansätze der linearen Optimierung zurückgeführt werden kann. Wählt man als Target z = E(X), dann gilt die folgende einfache Beziehung zum LPM_1-Maß:

(7.2.10)
$$LPM_1(E(R); R) = \frac{1}{2} MAD(R).$$

7.3 Multifaktormodelle und Arbitrage-Pricing-Theorie

7.3.1 Vorbemerkungen

In empirischen Wertpapiermärkten sind die Renditeentwicklungen unterschiedlicher Wertpapiere desselben Marktes nicht unabhängig voneinander, sondern weisen in verschiedenem Ausmaß Tendenzen zu gleich- bzw. gegenläufigen Bewegungsmustern auf. Der Ansatz der Markowitzschen Portfoliotheorie beruht darauf, diese gleich- bzw. gegenläufigen Tendenzen der Renditeentwicklungen durch die Kovarianzen zwischen den Wertpapierrenditen quantitativ zu erfassen und in das Kalkül der Portfolioselektion mit einzubeziehen.

Faktormodelle beruhen nun auf der Annahme, dass fundamentale (makro- oder mikroökonomische) Größen (Faktoren) existieren, welche die Renditeentwicklungen eines Marktes beeinflussen und damit die beobachtbaren gleich- bzw. gegenläufigen Tendenzen auslösen. Ein sehr einfaches Beispiel für ein Faktormodell ist das in Abschnitt 6.3.5.2 behandelte Single-Index-Modell von *Sharpe*, bei dem nur ein einzelner Faktor, z.B. ein Marktindex, als renditebeeinflussende Größe angenommen wird.

Auf der Basis der Studien von *Rosenberg et al.* (1973, 1974, 1976), dem Mitbegründer der Investment Consulting Firma *BARRA*, sind Multifaktormodelle bereits sehr frühzeitig in der Investment Praxis eingesetzt worden und stellen heute häufig die zentrale Grundlage für die Lösung von Investment-Problemen und der Umsetzung einer Vielzahl von Investment-Strategien dar. Der Grund hierfür liegt darin, dass Multifaktormodelle eine differenzierte Rendite/Risiko-Analyse erlauben, gewissermaßen die Feinpositionierung eines Wertpapierportfolios in einem mehrdimensionalen Rendite/Risiko-Raum. Diese Feinpositionierung bildet ihrerseits die Grundlage für die Möglichkeit einer Rendite/Risiko-Feinsteuerung und damit für die effektive Umsetzung moderner Investmentstrategien.

Neben diesen Anwendungen im Rahmen von praktischen Investmentstrategien, sind Multifaktormodelle auch Ausgangspunkt für Verallgemeinerungen des CAPM, d.h. finden ihre Anwendung im Rahmen von Modellen für die Preisbildung unter Risiko auf Finanzmärkten. Die hiermit angesprochene Theorie ist die so genannte Arbitrage-Pricing-Theorie (APT), bei der – im Unterschied zum CAPM, bei dem nur eine einzige erklärende Variable, der Gesamtmarkt, Eingang findet – mehrere erklärende Faktoren in der Preisgleichung berücksichtigt werden können.

7.3.2 Formale Spezifikation von Multifaktormodellen

Ein (lineares) *Multifaktormodell* dient der Erklärung der (zufallsabhängigen) Periodenrenditen R_i $(i = 1,...,n)$ der Wertpapiere, die auf einem gegebenen Finanzmarkt gehandelt werden. Es hat die folgende allgemeine formale Struktur:

$$\begin{aligned} R_i &= b_{i1}F_1 + ... + b_{im}F_m + U_i \\ &= \sum_{j=1}^{m} b_{ij}F_j + U_i , \qquad i = 1,...,n \ . \end{aligned} \tag{7.3.1}$$

Dabei bezeichne die Zufallsgröße F_j $(j = 1,..., m)$ den j-ten *gemeinsamen Faktor* des Wertpapiermarktes. Die Renditen von mehreren (in diesem Falle ist ein Teil der Koeffizienten b_{ij}, $i = 1,..., n$, gleich null) bzw. allen Wertpapieren des Marktes werden damit durch diesen Faktor beeinflusst. Die Zufallsgröße U_i, die *spezifische Rendite*, entspricht dann der nicht durch die gemeinsamen Faktoren (linear) erklärten Renditekomponente des i-ten Wertpapiers. Sind in dem Faktorenmodell tatsächlich alle Faktoren erfasst, welche die Renditen zumindest von zwei Wertpapieren gleichzeitig beeinflussen, so ist U_i die genuin spezifische (ideosynkratische) Renditekomponente des i-ten Wertpapiers. Die Koeffizienten b_{ij} quantifizieren die Sensitivität der Rendite der i-ten Aktie in Bezug auf den j-ten erklärenden Faktor, sie werden auch als Faktorladungen bezeichnet. Ebenso können sie als verallgemeinerte Betafaktoren interpretiert werden, man vergleiche hierzu auch die Beziehung (7C.2) des Anhangs 7C.

Wir treffen nun die folgenden Bezeichnungen:

$$\begin{aligned} f_j &= E(F_j) \ , \ f_{ij} = Cov(F_i, F_j) \\ a_i &= E(U_i) \ , \ s_i^2 = Var(U_i). \end{aligned} \tag{7.3.2}$$

Dabei bezeichne a_i die *spezifische erwartete Rendite* und s_i^2 das *spezifische Risiko* des i-ten Wertpapiers. Die Größe f_{ii} entspricht der Varianz $Var(F_i)$ des i-ten Faktors.

Als strukturelle Annahmen werden getroffen:

$$\begin{aligned} Cov(F_i, U_j) &= 0 \qquad \text{für alle } i, j \\ Cov(U_i, U_j) &= 0 \qquad \text{für alle } i \neq j \ . \end{aligned} \tag{7.3.3}$$

Die spezifischen Risiken und die Faktoren sind jeweils unkorreliert, ebenso die spezifischen Renditen untereinander. Sind tatsächlich alle gemeinsamen Faktoren des Marktes in (7.3.1) erfasst, so sind diese Annahmen nicht mehr restriktiv.

Grundsätzlich soll sich das Modell auf eine fixierte Periode beziehen, typischerweise die zukünftige nächste Investitions-Planperiode. Insbesondere soll die Modellierung (7.3.1) nicht notwendigerweise eine zeitliche Stationarität des Modells beinhalten. Eine zeitliche Variabilität kann leicht modelliert werden, indem man eine Folge von Perioden betrachtet und in jeder Periode ein Modell des Typus (7.3.1) gültig ist.

Das Modell (7.3.1) und seine Analyse lassen sich sehr viel kompakter in Matrixform notieren. Zugunsten einer größeren Transparenz der Darstellung und der Ergebnisse verzichten wir aber an dieser Stelle darauf und verweisen auf Anhang 7C, der ausgewählte Ergebnisse in Matrixform enthält.

Definieren wir $\varepsilon_i = U_i - a_i$, so geht Modell (7.3.1) in die äquivalente Form

(7.3.4) $$R_i = a_i + \sum_{j=1}^{m} b_{ij} F_j + \varepsilon_i$$

über, mit dem Vorteil, dass nun das »Residuum« ε_i einen Erwartungswert von null aufweist. Trifft man die Annahme, dass alle Residualterme ε_i verschwinden, d.h. $\varepsilon_i \equiv 0$ für alle i, so spricht man von einem Faktormodell ohne *ideosynkratische Risiken*. Trifft dies nicht generell, sondern nur für spezifische Portfolios zu, so spricht man auch von einem *wohldiversifizierten Portfolio*. In einem wohldiversifizierten Portfolio haben nur noch die Faktoren einen Einfluss auf die Rendite/Risiko-Position.

Statt der Rendite R_i des Wertpapiers i werden wir, motiviert durch das CAPM, auch Faktormodelle für die Excessrendite $ER_i = R_i - r_0$, d.h. die Rendite über die risikolose Verzinsung (der fixierten Periode) hinaus betrachten:

(7.3.5) $$ER_i = R_i - r_0 = a_i + \sum_{j=1}^{m} b_{ij} F_j + \varepsilon_i .$$

Es soll noch angemerkt werden, dass unter den Faktoren F keine Portfolios aus Wertpapieren des Marktes enthalten sein sollen, insbesondere nicht das Marktportfolio bzw. ein Marktindex-Portfolio. Modell (7.3.1) soll also nicht vom Typ des Marktmodells bzw. eine entsprechende Verallgemeinerung davon sein. Denn sonst kann die Annahme $Cov(\varepsilon_i,F) = 0$, $i = 1,\ldots, n$, nicht mehr exakt gültig sein, da in F selbst Papiere des Marktes enthalten wären. Aussagen über die Renditen von Wertpapierportfolios, insbesondere das Marktportfolio oder Marktindizes erhält man korrekterweise durch Aggregation von (7.3.1) bzw. (7.3.5) über die im Portfolio enthaltenen Wertpapiere.

7.3.3 Arbitrage-Pricing-Theorie (APT)

Im CAPM stellt der Beta-Faktor die zentrale Größe zur Erklärung der erwarteten Gleichgewichtsrendite eines Wertpapiers und damit den zentralen preisbestimmenden Faktor dar. Die Kritik an der empirischen Validität des CAPM führte, neben einer Fülle von Erweiterungen des CAPM-Basismodells, zur Entwicklung der Arbitrage-Pricing-Theorie (APT) durch *Ross* (1975, 1976).

Zentrales Ziel der APT ist es dabei, die folgende Gleichung für die erwarteten Renditen der Aktien eines betrachteten Marktes entweder exakt oder aber zumindest in asymptotischer Form (für »sehr große« Wertpapiermärkte) abzuleiten:

(7.3.6) $$E(R_i) = \lambda_0 + b_{i1}\lambda_1 + \ldots + b_{im}\lambda_m .$$

Dabei entspricht λ_0 der Verzinsung r_0 einer risikolosen Anlage, falls eine solche am Markt existiert. Die Größen λ_j können als Risikoprämien hinsichtlich des j-ten Faktors (Faktorprämien) interpretiert werden. Die Preisgleichung (7.3.6) weist im Unterschied zum CAPM eine »Multi-Beta-Struktur« auf.

Im Kontext empirischer Anwendungen ist man interessiert an Factor Mimicking Portfolios, d.h. Portfolios FM_j, deren Exzess-Rendite $R_{FM}(j) - r_0$ in der Preisgleichung (7.3.6) den Erklärungseinfluss des j-ten Faktors zu substituieren vermag. Die APT-Preisgleichung geht dann über in

$$E(R_i) = r_0 + \sum_{j=1}^{m} b_{ij} \{E[R_{FM}(j)] - r_0\}. \tag{7.3.7}$$

Zur systematischen Konstruktion von Factor Mimicking Portfolios vgl. *Admati/Pfleiderer* (1985) und *Huberman et al.* (1987), zu empirischen Anwendungen *Lehmann/Modest* (1988).

Die APT ist kein einzelner geschlossener Ansatz, sondern es existieren mittlerweile eine recht große Zahl von durchaus heterogenen APT-Varianten. Alle APT-Varianten weisen jedoch die gemeinsame Prämisse auf, dass die Wertpapiere des betrachteten Marktes einem Multifaktormodell des Typus (7.3.1) folgen. Die grundsätzliche lineare Struktur der erwarteten Renditen der Wertpapiere des Marktes ist damit also quasi vorprogrammiert, jedoch noch nicht die spezifische Form (7.3.6). Im Rahmen der APT-Modelle der ersten Generation, den Arbitrage-APT-Modellen, treten als zweite Säule Varianten der Arbitragefreiheitsbedingungen des zugrunde liegenden Wertpapiermarktes, wie sie im Rahmen dieses Buches in Abschnitt 5.3 behandelt worden sind, hinzu.

Im Rahmen der Setzung von No Arbitrage-Bedingungen ist der Nachweis der exakten Gültigkeit der Preisgleichung (7.3.6) nur unter sehr restriktiven Annahmen möglich. Das Standardbeispiel hierzu wird in Anhang 7D behandelt.

Im Allgemeinen kann die Preisgleichung nur asymptotisch nachgewiesen werden, im Rahmen einer Folge von Wertpapiermärkten mit gegen unendlich strebender Zahl von Wertpapieren.

Unter bestimmten Annahmen kann dabei weiterhin bewiesen werden, dass die Summe der quadrierten Bewertungsfehler nicht ebenfalls gegen unendlich strebt, sondern beschränkt ist, d.h. es gibt eine endliche Konstante L mit

$$\lim_{n \to \infty} \sum_{i=1}^{n} \left[E(R_i) - \lambda_0 - b_{i1}\lambda_1 - \ldots - b_{im}\lambda_m\right]^2 \le L < \infty. \tag{7.3.8}$$

Für endliche, auch sehr große, Wertpapiermärkte gilt damit die Preisgleichung (7.3.6) nur approximativ:

$$E(R_i) \approx \lambda_0 + \sum_{j=1}^{m} b_{ij}\lambda_j. \tag{7.3.9}$$

Damit (7.3.8) gültig sein kann, muss für die Folge $v_n = E(R_i) - \lambda_0 - b_{i1}\lambda_1 - \ldots - b_{im}\lambda_m$ der Preisfehler notwendigerweise gelten $\lim_{n \to \infty} v_n^2 = 0$. Zudem wird der durchschnittliche Preisfehler $\frac{1}{n}\sum_{i=1}^{n} v_i^2$ mit wachsendem Wertpapiermarkt immer geringer. In diesem Sinne gilt die APT-Preisgleichung »im Durchschnitt« über die betrachteten Wertpapiere des Marktes. Für einzelne Wertpapiere kann die Fehlbewertung, die Abweichung von der APT-Preisgleichung aber dennoch sehr groß sein. *Shanken* (1982, 1992) zieht hieraus den Schluss, dass für endliche Wertpapiermärkte eine empirisch feststellbare Signifikanz der Preisgleichung (7.3.9) nicht gegeben, die APT in ihrer traditionellen Form also nicht testbar ist.

Weitergehende Resultate lassen sich nur erzielen, wenn die Bedingung über die Arbitragefreiheit des betrachteten Wertpapiermarktes ersetzt wird durch stärkere Bedingungen, die auf die Präferenzen der Investoren und das Vorliegen eines Marktgleichgewichts rekurrieren. Damit ist aber die Arbitrage-Pricing-Theorie in ihrer ursprünglichen Zielsetzung, nur auf der Ebene von Arbitragefreiheitsbedingungen operieren zu müssen, gescheitert.

Im Rahmen solcher APT-Gleichgewichtsmodelle gelingt es zunächst *Dybvig* (1983) und *Grinblatt/Titman* (1983), für die wertpapierspezifische Abweichung von der exakten APT-Preisgleichung eine obere Schranke der Struktur

$$|v_i| \leq KVar(\varepsilon_i)h(i) \qquad i = 1, \ldots, n$$

herzuleiten. Dabei ist K eine obere Schranke für die relative Risikoaversion, ε_i der residuale Term des Faktormodells (7.3.5) und h(i) der Anteil des Wertpapiers i am Marktgesamtwert. Die Bestimmungsgrößen des maximal möglichen Bewertungsfehlers pro Wertpapier sind zudem direkt beobachtbar bzw. zumindest nach oben abschätzbar. Insgesamt ist der Bewertungsfehler für alle Wertpapiere sehr gering, wenn die relative Risikoaversion der Anleger nicht zu groß, die Residualvarianz der Wertpapiere und ebenso der Anteil der einzelnen Wertpapiere am Marktgesamtwert niedrig sind. *Dybvig* ermittelt im Rahmen seiner Analyse eine Abweichung von maximal 0.04%, *Grinblatt/Titman* (1983) ermitteln einen entsprechenden Wert von 0.2%.

Zudem kann im Rahmen von Gleichgewichts-APT-Modellen unter bestimmten Bedingungen auch eine exakte Gültigkeit der APT-Preisgleichung (7.3.6) nachgewiesen werden, vgl. etwa *Chen/Ingersoll* (1983) und *Connor* (1984). Ein entsprechendes Resultat wird in Anhang 7E dargestellt. Allerdings laufen die Prämissen dieser beiden Ansätze im Grunde darauf hinaus, dass das (faktorbezogene) nichtsystematische Risiko vom Investor vermieden werden kann (und damit auch nicht bewertungsrelevant ist). *Connor* (1984) geht aus von einem wohldiversifizierten Marktportfolio (Marktportfolio ohne ideosynkratische Risiken), wohingegen *Chen/Ingersoll* (1983) nur fordern, dass ein wohldiversifiziertes Portfolio im Rahmen der gegebenen Faktorstruktur existiert und zumindest für einen nutzenmaximierenden Investor optimal ist. *Wei* (1988, S. 882) weist darauf hin: »...the assumption that the market portfolio is well diversified in a given factor structure is very restrictive in a finite economy since asset supplies must exist in exactly the correct proportion for their nonsystematic risks to net to zero in the market portfolio. The assumption is also non generic since even a minor pertubation of asset supplies would almost certainly destroy the net-zero position.« *Wei* (1988) selbst entwickelt den APT-Gleichgewichts-Ansatz von *Connor* (1984) weiter, indem er die Prämisse, dass das Marktportefeuille keine unsystematischen (faktorbezogenen) Risiken aufweist, aufhebt bzw. modifiziert. Dabei trifft er die Prämisse, dass die wertpapierspezifischen Störgrößen des Faktormodells der Beziehung

(7.3.10) $$\varepsilon_i = b_{iM}\varepsilon_M + e_i \qquad (i = 1, \ldots, n)$$

genügen, d.h. in Bezug auf den Residualterm des Marktportfolios eine bestimmte residuale Struktur aufweisen. Darüber hinaus formuliert *Wei* (1988) weitere Prämissen, die auf die Sicherung der Bedingung $E[e_i \mid F, \varepsilon_i] = 0$ hinauslaufen. Der Ansatz eines nicht-wohldiversifizierten Marktportfolios kann auch so interpretiert werden, dass »verdeckte« preisbestimmende Einflussgrößen existieren, die durch die Faktoren nicht erfasst werden, aber im Rahmen der Struktur des Marktportfolios in das Modell Eingang finden.

Das zentrale Ergebnis von *Wei* (1988) ist dann die folgende Bewertungsgleichung im Marktgleichgewicht

(7.3.11) $$E(R_i) = \lambda_0 + \sum_{j=1}^{m} \lambda_j b_{ij} + \lambda_M b_{iM} \quad (i = 1, \ldots, n) \quad .$$

Im Unterschied zur traditionellen APT-Preisgleichung (7.3.6) tritt in (7.3.11) noch ein marktbezogener Term hinzu. Das Modell von *Wei* (1988) kann gewissermaßen als Synthese zwischen APT und CAPM angesehen werden, da das allein bewertungsrelevante systematische Risiko sowohl auf die erklärenden Faktoren (exogene preisbestimmende Determinanten) als auch auf die Rendite des Marktportfolios (endogene preisbestimmende Determinante) zurückgeführt werden kann. Weist das Marktportfolio kein nicht-systematisches Risiko auf, dann reduziert sich (7.3.11) auf die exakte APT-Preisgleichung.

Insgesamt führt damit die Arbitrage Pricing Theorie zwar zu einer allgemeineren und flexibleren Preisgleichung als das CAPM, allerdings nur unter vergleichbar restriktiven Prämissen. Zudem bleibt offen, welches die preisbestimmenden Faktoren sind und wie viele zur Preisfindung benötigt werden. In Verbindung mit einem hinsichtlich der Anzahl und der Natur der Faktoren konkret spezifizierten Multifaktormodell kann die Gültigkeit der Preisgleichung (7.3.5) aber immerhin statistisch überprüft werden.

Unabhängig von der Gültigkeit einer APT-Preisgleichung, einer Frage der Investmenttheorie, sind aber Multifaktormodelle von zentraler Bedeutung für das Investmentmanagement. Diesem Problemkreis gehen wir im Folgenden nach.

7.3.4 Identifikation von Faktormodellen

7.3.4.1 Statistische Ansätze der Identifikation

Die primäre Unterscheidung unterschiedlicher Ansätze zur Identifikation von Faktormodellen richtet sich nach der Art der Spezifikation der Faktoren bzw. Faktorladungen:

A) Simultane Identifikation von Faktoren und Faktorladungen
B) Prä-Spezifikation der Faktoren und Identifikation der Faktorladungen
C) Prä-Spezifikation der Faktorladungen und Identifikation der Faktoren.

Im Falle des Ansatzes A wird das Gebiet der statistischen Faktoranalyse berührt[14]. Hierzu zählen statistische Verfahren zur *simultanen* Bestimmung der Faktoren F_j und ihrer Koeffizienten (*Faktorladungen*) b_{ij}. Dabei wird die Kovarianzstruktur einer Menge von Zufallsvariablen durch eine möglichst kleine Anzahl von Linearkombinationen dieser Zufallsvariablen (die als Faktoren interpretiert werden) zu erklären versucht. Die Schwächen dieses Ansatzes liegen vor allem darin begründet, dass die identifizierten Faktoren nur statistische Extraktionen darstellen, deren ökonomische Bedeutung erst noch bestimmt werden muss, wobei subjektive Elemente nicht ausgeschlossen werden können. Vorauszusetzen ist ferner die multivariate Normalverteilung der Residuen ε_i. Auch die vorauszusetzende Modell-Stationarität ist im Rahmen der Analyse von Finanzmärkten nicht sonderlich befriedigend.

Im Falle des Ansatzes B gibt man bekannte, ökonomisch plausible Faktoren vor. Dahinter steht die Hypothese, dass sich die Faktoren des Modells, die das Ausmaß der Gleich- bzw. Ge-

14 Zu faktorenanalytischen Ansätzen im Zusammenhang mit Faktormodellen vgl. allgemein *Kryzanowski/To* (1983).

genläufigkeit der Renditeentwicklungen eines Marktes bestimmen, (linear) durch makro- bzw. mikroökonomische Größen erklären lassen. Es existiert dann immer ein äquivalentes Faktormodell mit diesen ökonomischen Größen als direkte Faktoren[15]. Das Single-Index-Modell von *Sharpe* bzw. Multi-Index-Modelle sind klassische Beispiele für einen solchen Modellansatz mit bekannten (und damit direkt beobachtbaren) Faktoren. Modelle dieses Typus werden in der Regel auf der Basis von Längsschnitt-Regressionsanalysen identifiziert, d.h. man geht für festes i aus von einem Ansatz der Form

$$R_{it} = \sum_{j=1}^{m} b_{ij} f_{jt} + \varepsilon_{it},\ t = 1,...,T .$$

Dies führt zur entsprechenden Bestimmung der Faktorladungen. Die statistische Überprüfung der empirischen Adäquanz des solchermaßen identifizierten Modells erlaubt auch die Prüfung der Signifikanz verschiedener plausibler ökonomischer Einflussfaktoren. Die Vorteile dieser Methodik bestehen in der Kontrolle und damit in der Interpretierbarkeit der ausgewählten Faktoren. Eine Problematik, zumindest bei der Basisform einer linearen Regressionsanalyse, ist die angenommene zeitliche Konstanz der Regressionsparameter.

Im Falle des Ansatzes C, bei dem vor allem *Rosenberg* Pionierarbeit leistete, geht man davon aus, dass die Faktorladungen b_{ij}, die Sensitivitäten der Wertpapierrenditen bezüglich der Faktoren, sich (linear) durch die Ausprägungen $x_{i1},..., x_{in}$ fundamentaler Daten der Unternehmen, die den Wertpapiermarkt definieren, erklären lassen. In diesem Falle existiert (vgl. Anhang 7C, Beziehung (7C.7)) ein zu Modell (7.3.1) äquivalentes Faktormodell mit nunmehr bekannten Faktorladungen. Ein solches lässt sich dann auf der Grundlage einer Querschnitts-Regressionsanalyse identifizieren. Die Regression wird also nicht, wie einer Längsschnittanalyse üblich, über ein Wertpapier zu allen Zeitpunkten durchgeführt, sondern über alle Wertpapiere zu einem Zeitpunkt. Die Matrix der Ausprägungen der fundamentalen Daten dient als Regressormatrix, der geschätzte Parametervektor wird als Vektor der Faktorausprägungen interpretiert. Der Ansatz lautet damit zu einem festen Zeitpunkt t

$$R_{it} = \sum_{j=1}^{m} f_{jt} b_{ijt} + \varepsilon_{it},\ i = 1,...,n .$$

Einen empirischen Vergleich zwischen einem mit einer Querschnittsanalyse identifizierten fundamentalen Faktormodell und einem faktoranalytischen Ansatz findet man in *Beckers/Cummins/Woods* (1993). Während der faktoranalytische Ansatz in-the-sample den höheren Erklärungsgehalt bot, sprach dagegen die Out-of-the-Sample-Eigenschaft für das fundamentale Faktormodell. Auch *Connor* (1995), der alle drei dargelegten Ansätze vergleicht, kommt zu einem entsprechenden Ergebnis. Fundamentale Faktormodelle bei Spezifikation der Faktorladungen stellen die in der Investmentpraxis wohl am weitesten verbreiteten Multifaktormodelle dar, sie werden von einer Reihe von Investment-Consulting-Unternehmen als Basis zur Lösung von Investmentmanagement-Problemen angeboten[16].

Neben der (mikro-)ökonomischen Fundierung des Faktormodells besitzt dieser Ansatz den Vorteil der guten Identifizierbarkeit von zeitlichen Änderungen in den Koeffizienten (den Faktoren des ursprünglichen Modells), da die erklärenden Variablen (die Faktorladungen des ursprünglichen Modells) fundamentalen Daten des Unternehmens entsprechen und somit qua-

15 Vgl. dazu Anhang 7C.

16 Kritisch zu diesem Ansatz äußern sich *Hamerle/Rösch* (1998 a,b), vgl. jedoch auch *Hahnenstein/Lockert* (1999).

si automatisch einer zeitlichen Änderung unterliegen. Die damit in zweifacher Hinsicht erfassbare Nicht-Stationarität eines solchen Modells, die auch für Prognosezwecke von fundamentaler Bedeutung ist, dürfte eine Erklärung für die erfolgreiche Anwendung dieser Modelle bieten.

7.3.4.2 Beispiele identifizierter Faktoren

Grundsätzlich sind makroökonomische und mikroökonomische (fundamentale) Faktoren zu unterscheiden. An sich gebietet es die Intuition, dass primär makroökonomische Faktoren die Renditeentwicklungen eines Wertpapiermarktes beeinflussen. Makroökonomische Faktoren wirken jedoch auf die einzelnen Unternehmen und ihre Auswirkungen sind damit insbesondere in den Änderungen der fundamentalen Daten spürbar. Zusätzlich erlauben es fundamentale Daten auch, unternehmens- bzw. sektorspezifische Einflüsse zu erfassen. Nachfolgend geben wir einen selektiven Überblick über entsprechende Ergebnisse in der Literatur.

»Klassische« Beispiele für Multifaktormodelle sind Multi-Index-Modelle, hierbei sind die Faktoren, typischerweise Marktindices für einzelne Industriesektoren, vorgegeben.

Für den deutschen Aktienmarkt hat das US-Beratungsunternehmen *BARRA* ein fundamentales Faktormodell gemäß Ansatz C entwickelt, das auf 27 Risikofaktoren, darunter 17 Industriezweige, beruht. Die folgende Abbildung, die dem Beitrag von *Nielsen* (1982) entnommen ist, gibt einen Überblick über diese Faktoren. Für die Verhältnisse des Schweizer Aktienmarktes sei entsprechend auf *Beckers/Cummins/Woods* (1993) verwiesen.
Aus dieser Dokumentation der Faktoren wird deutlich, dass diese ihrerseits Aggregationen spezifischer Mengen von fundamentalen Daten, so genannten *Deskriptoren* sind. Zur präzisen Berechnung dieser Deskriptoren sei auf die Literatur verwiesen (vgl. etwa *BARRA* 1991 oder *Beckers* et al 1993).

Breite Beachtung hat die Arbeit von *Chen/Roll/Ross* (1986) gefunden, in der die Renditen des US-amerikanischen Aktienmarktes durch makroökonomische Einflussfaktoren sowie Größen anderer Finanzmärkte erklärt werden. Methodisch basiert die Studie auf dem im vorherigen Abschnitt dargestellten Ansatz B, der Prä-Spezifikation von (hier: makroökonomischen) Faktoren. Folgenden Faktoren kam dabei eine hohe Signifikanz zu:

1. Änderung der erwarteten Inflation
2. Nicht-antizipierte Inflation
3. Nicht-antizipierte Änderungen der Zinsstrukturkurve, insbesondere die Renditedifferenz zwischen langfristigen und kurzfristigen Titeln
4. Nicht-antizipierte Änderungen der Renditedifferenzen (Risikoprämien) von festverzinslichen Titeln unterschiedlicher Bonität
5. Nicht-antizipierte Änderungen in der erwarteten Industrieproduktion.

In den bereits in Abschnitt 6.6 dargestellten Ansätzen von *Fama/French* (1993) und *Carhart* (1997) werden Multifaktormodelle betrachtet, die auf den folgenden Faktoren beruhen:

1. Marktportfolio,
2. Unternehmensgröße (operationalisiert durch den Small Minus Big-Faktor),
3. Buchwert/Marktwert-Verhältnis (operationalisiert durch den High Minus Low-Faktor),
3. Momentum (operationalisiert durch den Winners Minus Losers-Faktor).

1. Schwankungen im Markterfolg (Variability in Markets) • Historischer Beta-Faktor • Bandbreite der logarithmierten Aktienkurse (1 Jahr) • Historische Volatilität	2. Erfolg (Success) • Historischer Alpha-Faktor • Relative Stärke (1 Jahr) • Netto DVFA-Gewinn/Eigenkapital • Netto DVFA-Cash Flow/Verbindlichkeiten < 5 Jahre
3. Auslandseinkommen (Foreign Income) • Auslandsumsatz/Umsatz • Währungskurssensitivität US$)	4. Lohnintensive Tätigkeit (Labor Intensity) • Personalkosten/Umsatz • Umsatz/Sachanlagen netto
5. Größe (Size) • Logarithmus der Marktkapitalisierung • Bilanzsumme	6. Ertrag (Yield) • aktuelle Dividendenrendite • durchschnittliche Dividendenrendite (5 Jahre) • Dividendensumme/([DVFA-Gewinn netto + Jahresüberschuss]/2)
7. Wert (Value) • DVFA-Gewinn pro Aktie/Kurs Jahresende • Eigenkapital/durchschnittlicher Börsenwert	8. Außergewöhnliche Erträge (Extraordinary Earnings) • (DVFA-Gewinn netto – Jahresüberschuss)/DVFA-Gewinn netto
9. Verschuldungsgrad (Financial Leverage) • Finanzschulden/Bilanzsumme • (Eigenkapital + Finanzschulden)/Eigenkapital • Reagibilität auf Zinsänderungen	10. Nicht bewertete Anlagen (Non-Estimation Universe) • Index, der die Renditeentwicklung der Aktien erklärt, die nicht in der Datenbasis enthalten sind

Abb. 7.3 Faktoren des *BARRA*-Modells für den deutschen Aktienmarkt

Hinsichtlich der Identifizierung fundamentaler Faktoren im Rahmen von Längsschnitt-Regressionsanalysen für den Deutschen Aktienmarkt sei ferner auf *Steiner/Bauer* (1992) verwiesen.

Chan/Karceski/Lakonishok (1998) vergleichen eine Reihe von makro- und mikroökonomischen Faktoren hinsichtlich ihrer Fähigkeit in Bezug auf eine Kovarianzerklärung und kommen insbesondere zum Schluss, dass makroökonomische Faktoren in vielen Fällen von geringerer Erklärungskraft sind.

An Untersuchungen, in denen Faktoren identifiziert werden, die simultan die Renditen von Aktien- und Rentenmärkten erklären, sind u.a. zu nennen *Fama/French* (1993a,b) und *Chaumeton/Connor/Curds* (1996).

Schließlich sei noch hingewiesen auf die Fallstudien der Abschnitte 7.3.6 und 7.3.7, in denen ebenfalls mikro- bzw. makroökonomische erklärende Faktoren bestimmt werden.

7.3.5 Anwendungen von Faktormodellen im Investmentmanagement

7.3.5.1 Vorüberlegungen

Ausgangspunkt der folgenden Überlegungen ist das Faktormodell des Typs (7.3.5). Für jedes Wertpapier des Marktes gilt zunächst

(7.3.12)

$$\begin{aligned}
\mu_i - r_0 &= E(R_i) - r_0 = a_i + \sum_{j=1}^{m} b_{ij} E(F_j) \\
&= a_i + \sum b_{ij} f_j \\
\sigma_i^2 &= Var(R_i) = \sum_{k=1}^{m} \sum_{l=1}^{m} b_{ik} b_{il} Cov(F_i, F_j) + Var(U_i) \\
&= \sum \sum b_{ik} b_{il} f_{ij} + s_i^2 \\
\sigma_{ij} &= Cov(R_i, R_j) = \sum_{k=1}^{m} \sum_{l=1}^{m} b_{ik} b_{jl} Cov(F_i, F_j) \\
&= \sum \sum b_{ik} b_{jl} f_{ij} \quad .
\end{aligned}$$

Dieses Ergebnis belegt bereits einen ersten Vorteil der Verwendung eines Multifaktormodells. Gegenüber der direkten Schätzung der n Erwartungswerte $E(R_i)$ und der $1/2 \cdot n \cdot (n + 1)$ Kovarianzen $Cov(R_i, R_j)$ sind im Rahmen des Faktormodells nur die folgenden Größen zu schätzen: die m Erwartungswerte f_j der Faktoren, die $1/2 \cdot m \cdot (m + 1)$ (Ko-)Varianzen der Faktoren, die n Erwartungswerte a_i und n Varianzen s_i^2 der spezifischen Risiken sowie die $n \cdot m$ Koeffizienten b_{ij}. Den insgesamt $1/2 \cdot n \cdot (n + 3)$ Größen im ersten Fall stehen $1/2 \cdot m \cdot (m + 3) + n \cdot m + 2n$ Größen im zweiten Fall gegenüber. Bei einer in praxi üblichen Relation von Faktoren zu Wertpapieren bedeutet dies eine erhebliche Reduktion. So beläuft sich beispielsweise im Falle eines Aktienmarktes mit $n = 300$ Aktien und $m = 5$ Faktoren die erste Größe auf 45450, die zweite auf 2120, was eine drastische Reduktion des Schätzproblems, aber etwa auch der Rechenprobleme im Falle von Portfoliooptimierungen beinhaltet.

Neben der reinen Reduktion des Schätzproblems ist aber auch vor allem eine Stabilisierung (Reduktion der zufälligen Schwankungen) der Schätzgrößen bzw. Prognosegrößen für die Erwartungswerte und Kovarianzen zu erwarten, da durch die Zurückführung auf gemeinsame Faktoren eine Einbettung in plausible mikro- oder makroökonomische Zusammenhänge gewährleistet wird.

Der *zentrale* Vorteil von Multifaktormodellen ist schließlich die Möglichkeit, differenzierte Rendite/Risiko-Positionierungen von Wertpapierportfolios vorzunehmen, dies ist der Gegenstand des nächsten Abschnitts. Eine differenzierte Rendite/Risiko-Analyse stellt den Schlüssel zur »Feinsteuerung« eines Wertpapier-Portfolios dar und ist die Grundlage für zahlreiche Anwendungen des Investmentmanagements.

7.3.5.2 Rendite/Risiko-Positionierungen

Sei nun P ein beliebiges Wertpapierportfolio und bezeichne x_{Pi} die anteilige Investition in Wertpapier i. Für die Rendite R_P des Portfolios P gilt dann:

(7.3.13)
$$\begin{aligned} \mathrm{R_P} &= \sum_{i=1}^{n} x_{Pi}\left[r_0 + \sum_{j=1}^{m} b_{ij}F_j + U_i\right] \\ &= r_0 + \sum_{j=1}^{m}\left(\sum_{i=1}^{n} x_{Pi}b_{ij}\right)F_j + \sum_{i=1}^{n} x_{Pi}U_i \\ &= r_0 + \sum_{j=1}^{m} b_{Pj}F_j + \sum_{i=1}^{n} x_{Pi}U_i \quad . \end{aligned}$$

Dabei bedeutet $b_{Pj} = \sum_{i=1}^{n} x_{Pi}b_{ij}$ die *Sensitivität des Portfolios* in Bezug auf den j-ten gemeinsamen Faktor. Aus (7.3.13) ergibt sich

(7.3.14)
$$\begin{aligned} \mathrm{E(R_P)} &= r_0 + \sum_{j=1}^{m} b_{Pj}E(F_j) + \sum_{i=1}^{n} x_{Pi}E(U_i) \\ &= r_0 + \sum_{j=1}^{m} b_{Pj}f_j + \sum_{i=1}^{n} x_{Pi}a_i \quad . \end{aligned}$$

Die Beziehung beinhaltet eine Zerlegung der erwarteten Gesamtrendite des Portfolios P in drei Hauptkomponenten, die Komponente der risikolose Verzinsung, die Komponente der erwarteten Faktorrenditen und die Komponente der erwarteten spezifischen (nicht auf die gemeinsamen Faktoren zurückführbare) Rendite. Abbildung 7.4 illustriert diese Aufspaltung.

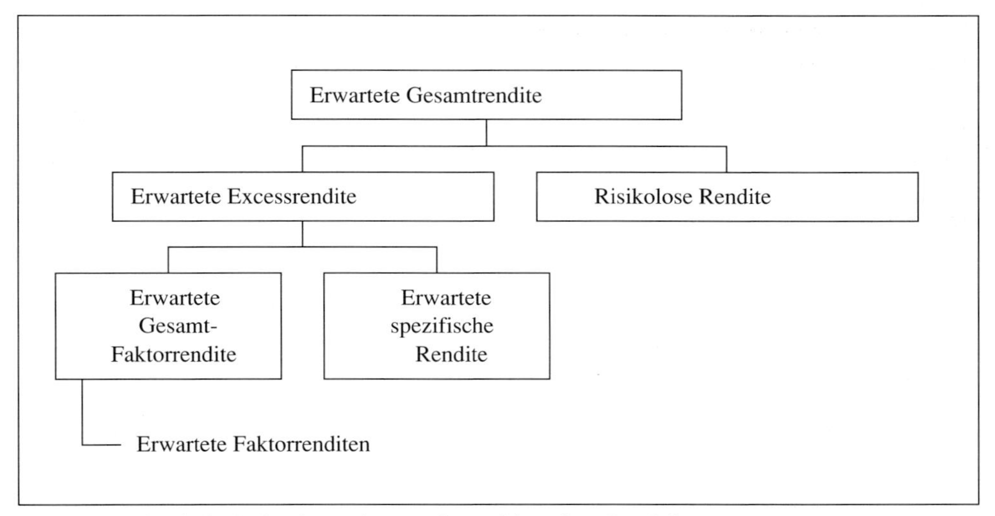

Abb. 7.4: Faktorielle Aufspaltung der Renditeposition eines Portfolios

Entsprechend ergibt sich für die Renditevarianz des Portfolios:

(7.3.15)
$$\begin{aligned}\mathrm{Var}(\mathrm{R_P}) &= Var\left[\sum_{j=1}^{m} b_{Pj}F_j\right] + Var\left[\sum_{i=1}^{n} x_{Pi}U_i\right] \\ &= \sum_{j=1}^{m}\sum_{k=1}^{m} b_{Pj}b_{Pk}Cov(F_i,F_k) + \sum_{i=1}^{n} x_{Pi}^2 Var(U_i) \\ &= \sum\sum b_{Pj}b_{Pk}f_{jk} + \sum x_{Pi}^2 s_i^2 \ .\end{aligned}$$

Die Beziehung beinhaltet eine Zerlegung des Risikos des Portfolios, gemessen durch die Varianz der Portfoliorendite in einen durch die gemeinsamen Faktoren bedingten Teil (der sich nicht in rein additiver Form auf die Risiken der einzelnen Faktoren zurückführen lässt) und einen spezifischen Teil. Abbildung 7.5 illustriert diesen Sachverhalt.

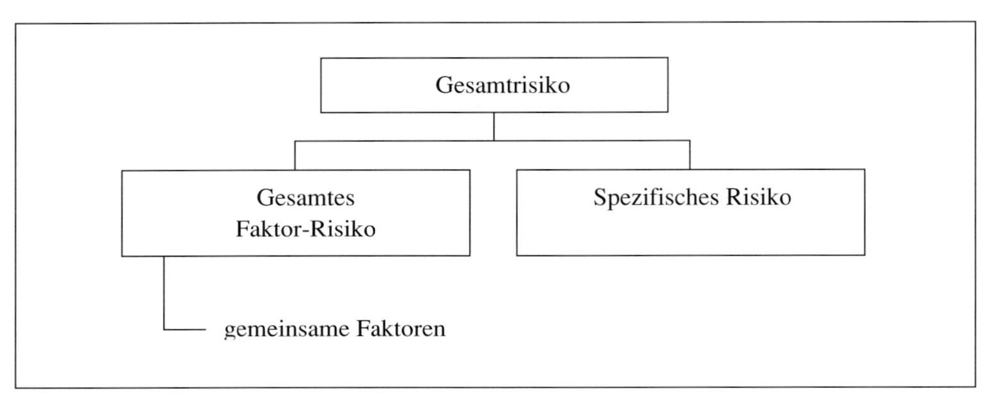

Abb. 7.5: Faktorielle Aufspaltung der Risikoposition eines Portfolios

Da das vorstehend betrachtete Wertpapierportfolio ein beliebiges Portfolio war, sind somit Aussagen über spezifische Portfolios, wie etwa das Marktportfolio oder Marktindexportfolios, als Spezialfälle zu gewinnen. Bedeute x_{Mi} den relativen Anteil des i-ten Wertpapiers in einem Markt- bzw. Marktindexportfolio, so folgt mit $R_M = \sum_{i=1}^{n} x_{Mi}R_i$, und $b_{Mj} = \sum_{i=1}^{n} x_{Mi}b_{ij}$

(7.3.16)
$$\begin{aligned}E(R_M) &= r_0 + \sum b_{Mj}f_j + \sum x_{Mi}a_i \\ Var(R_M) &= \sum\sum b_{Mj}b_{Mk}f_{jk} + \sum x_{Mi}^2 s_i^2 \ .\end{aligned}$$

Die bisherige Aufspaltung der Rendite/Risiko-Position eines Portfolios erfolgte nur hinsichtlich der erklärenden Faktoren. Nach dem CAPM besitzen nun aber das Marktportfolio M und der Betafaktor $\beta_P = Cov(R_P, R_M) / Var(R_M)$ einen zentralen Einfluss auf die Rendite/Risiko-Position. Es liegt daher nahe, die vorstehende Analyse um Markteffekte zu erweitern. Die hierfür relevante Rendite ist die so genannte *residuale Rendite* des Portfolios

(7.3.17)
$$RR_P = (R_P - r_0) - \beta_P(R_M - r_0),$$

die um Markteffekte (Betrachtung des betaäquivalenten Markt(index)portfolios) bereinigte Excessrendite.

Im CAPM-Gleichgewicht muss $E(RR_P) = 0$ gelten. Das durch die Abweichung von einer CAPM-effizienten Position entstehende residuale Risiko $Var(RR_P)$ wird bei Gültigkeit des CAPM vom Markt nicht bewertet. Ein bewusstes Abweichen von einer CAPM-effizienten Position ist daher nicht sinnvoll. Diese Situation ändert sich, wenn man die Annahme der Gültigkeit des CAPM aufgibt. Nun steht der residualen Varianz $Var(RR_P)$ ein Erwartungswert $E(RR_P)$ gegenüber, der im Allgemeinen ungleich null ist. Lohnend für den Investor können dabei aber nur Positionen mit $E(RR_P) > 0$ sein. Aus diesen Überlegungen resultieren die Grundzüge eines aktiven (hier: relativ zur Marktposition bzw. zu CAPM-effizienten Positionen) Managements. Durch bewusstes Eingehen eines zusätzlichen Risikos kann ein zusätzlicher erwarteter Ertrag erwirtschaftet werden. Der Investor führt nun nicht mehr einen Trade-Off zwischen Risiko und Rendite, sondern zwischen aktivem (hier: residualem) Risiko und aktiver (hier: residualer) Rendite durch. Erst im Rahmen von Multifaktormodellen können entsprechende Strategien auf eine rationale Basis gestellt werden.

Es gilt zunächst:

(7.3.18a)
$$\begin{aligned} RR_P &= \sum_{j=1}^{m} b_{Pj}F_j + \sum_{i=1}^{n} x_{Pi}U_i - \beta_P\left[\sum_{j=1}^{m} b_{Mj}F_j + \sum_{i=1}^{n} x_{Mi}U_i\right] \\ &= \sum_{j=1}^{m}\left(b_{Pj} - \beta_P b_{Mj}\right)F_j + \sum_{i=1}^{n}\left(x_{Pi} - \beta_P x_{Mi}\right)U_i \\ &= \sum_{i=1}^{m} \gamma_{Pj}F_j + \sum_{i=1}^{n} \delta_{Pi}U_i \ . \end{aligned}$$

Dabei bezeichne

(7.3.18b)
$$\begin{aligned} \delta_{Pi} &= x_{Pi} - \beta_P x_{Mi} \\ \gamma_{Pj} &= b_{Pj} - \beta_P b_{Mj} \\ &= \sum_{i=1}^{n}\left(x_{Pi} - \beta_P x_{Mi}\right)b_{ij} = \sum_{i=1}^{n} \delta_{Pi} b_{ij} \ . \end{aligned}$$

Die Größen δ_{Pi} quantifizieren (in Termen der anteiligen Investitionen in das *i*-te Wertpapier) die Differenz des Portefeuilles *P* und des dazu betaäquivalenten Markt(index)portefeuilles, die Größen γ_{Pj} die Differenz der Sensitivitäten dieser Portefeuilles bezüglich des *j*-ten gemeinsamen Faktors. Das betaäquivalente Markt(index)portefeuille ist in diesem Falle das Referenzportefeuille, wobei man sich von der Abweichung von dieser Position eine zusätzliche erwartete Rendite erhofft – und dafür ein zusätzliches Risiko in Kauf nimmt.

Für das *residuale Risiko* $\omega_P^2 = Var\ (RR_P)$ ergibt sich aus (7.3.18a):

(7.3.19)
$$\begin{aligned} \omega_P^2 &= Var\left(\sum_{j=1}^{m} \gamma_{Pj}F_j\right) + Var\left(\sum_{i=1}^{n} \delta_{Pi}U_i\right) \\ &= \sum_{j=1}^{m}\sum_{k=1}^{m} \gamma_{Pj}\gamma_{Pk}Cov\left(F_j, F_k\right) + \sum_{i=1}^{n} \delta_{Pi}^2 Var\left(U_i\right) \\ &= \sum\sum \gamma_{Pj}\gamma_{Pk} f_{jk} + \sum \delta_{Pi}^2 s_i^2 \ . \end{aligned}$$

Das residuale Risiko besteht aus einer Komponente, die das (marktbereinigte) Faktorrisiko und einer Komponente, die das (marktbereinigte) spezifische Risiko beinhaltet. Das residuale Risiko des Portefeuilles ist offenbar gleich null, wenn alle $\delta_{Pi} = 0$ $(i = 1, ..., n)$ und damit wegen (7.3.18b), wenn $x_{Pi} = \beta_P \, x_{Mi}$ für alle $i = 1, ..., n$. Das residuale Risiko entsteht somit allein dadurch, dass das Portefeuille P von dem zu ihm betaäquivalenten Markt(index)portefeuille abweicht.

Für die erwartete residuale Rendite $\alpha_P = E(RR_P)$ erhalten wir entsprechend

$$\alpha_P = E(RR_P) = \sum_{j=1}^{m} \gamma_{Pj} f_j + \sum_{i=1}^{n} \delta_{Pi} a_i \ . \tag{7.3.20}$$

Die erwartete residuale Rendite des Portefeuilles P lässt sich aufspalten in einen Teil, der durch die erwarteten Faktorrenditen gegeben ist und einen Teil, der von den erwarteten spezifischen Renditen der Wertpapiere im Portefeuille herrührt. Im Gegensatz zum CAPM ist die erwartete residuale Rendite, die zurückgehend auf Jensen auch als *Alphafaktor* bezeichnet wird, nicht notwendigerweise gleich null, d.h. das Eingehen eines zusätzlichen residualen Risikos (im Vergleich zur betaäquivalenten Marktposition) kann die Erwirtschaftung einer zusätzlichen erwarteten Rendite nach sich ziehen. Der Alphafaktor kann als *nicht-systematische* erwartete Rendite angesehen werden, die zu erwirtschaften ist, weil der Markt (zumindest im Vergleich zum CAPM-Gleichgewicht) das Portefeuille P unterbewertet $(\alpha_P > 0)$ oder überbewertet $(\alpha_P < 0)$. Die Konzeption des α-Faktors spielt eine zentrale Rolle im modernen Investmentmanagement[17].

Wie schon im Falle des residualen Risikos verschwindet die erwartete residuale Rendite, wenn $\delta_{Pi} = 0$ für alle i (und damit $(\gamma_{Pj} = 0$ für alle j). *Die erwartete residuale Rendite entsteht somit nur dadurch*, dass vom betaäquivalenten Marktportefeuille abgewichen bzw. *ein residuales Risiko* durch dieses Abweichen *in Kauf genommen wird.*

Die Analyse macht auch sehr deutlich, dass es keinesfalls sinnvoll ist, eine beliebige nicht-(CAPM-)effiziente Portefeuilleposition zu realisieren. Das durch Abweichen von der effizienten Position stets resultierende residuale Risiko ω_P^2 sollte nur in Kauf genommen werden, wenn dies zumindest eine positive erwartete residuale Rendite $\alpha_P > 0$ nach sich zieht. In diesem Sinne dient das Markt(index)portefeuille (bzw. das betaäquivalente Markt(index)-portefeuille aus Sicht der gesamten Finanzposition) als *neutrales Portefeuille* für die Aktienanlage.

Transformieren wir nun (7.3.20) zurück in eine Aufspaltung von $E(R_P)$, so erhalten wir insgesamt

$$E(R_P) = r_0 + \beta_P [E(R_M) - r_0] + \sum_{j=1}^{m} \gamma_{Pj} E(F_j) + \sum_{i=1}^{n} \delta_{Pi} E(U_i) \ , \tag{7.3.21}$$

Abbildung 7.6 illustriert diese Aufspaltung.

17 Vgl. etwa *Rudd/Clasing* (1988, Kapitel 4) sowie *Grinold/Kahn* (1995).

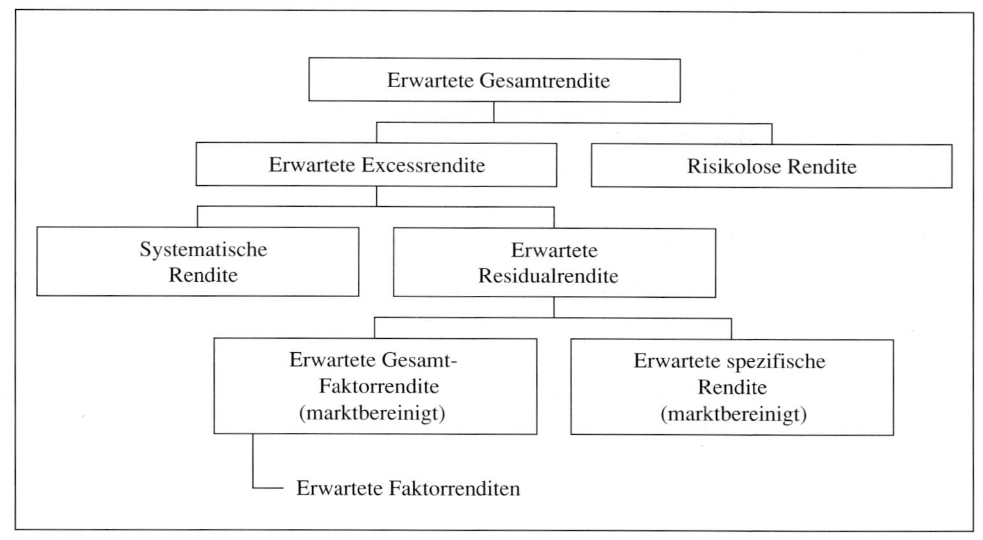

Abb. 7.6: Faktorielle marktadjustierte Aufspaltung der Renditeposition eines Portfolios

Eine analoge Aufspaltung ergibt sich für die gesamte Risikoposition. Mit $Cov(R_P, R_M) = \beta_P\, Var(R_M)$ und damit $Cov(\beta_P R_M, RR_P) = Cov(\beta_P R_M, R_P - \beta_P R_M) = \beta_P\, Cov(R_M, R_P) - \beta_P^2\, Var(R_M) = 0$, folgt insgesamt

(7.3.22) $$Var(R_P) = \beta_P^2 Var(R_M) + Var(RR_P) \ .$$

Der systematische Teil $[\beta_P \sigma(R_M)]^2 = [\rho(R_P, R_M)\sigma(R_P)]^2$ entspricht dabei dem Quadrat des systematischen Risikos des Portefeuilles P gemäß dem CAPM. Die Beziehung (7.3.22) zeigt nochmals sehr deutlich, dass durch eine Abweichung vom betaäquivalenten Marktportefeuille ein *zusätzliches* Risiko in Kauf genommen wird. Abbildung 7.7 illustriert die gesamte Aufspaltung.

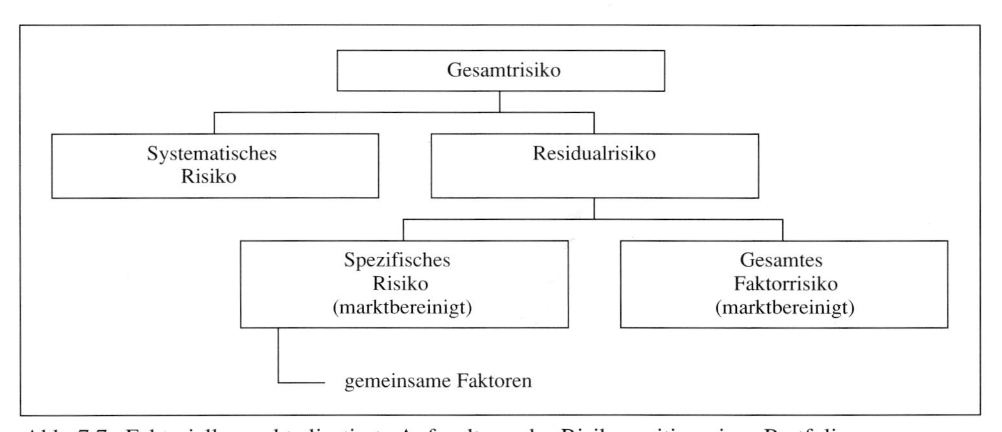

Abb. 7.7: Faktorielle marktadjustierte Aufspaltung der Risikoposition eines Portfolios

Eine hierzu erweiterte Zerlegung der Rendite/Risiko-Position erfolgt im Rahmen eines aktiven Portfoliomanagements. Hierbei versucht man, die Performance eines vorgegebenen Portfolios N, dem *Normal- oder Benchmarkportfolio*, durch zielgerichtete Abweichung von der Position dieses Portfolios zu »schlagen«. Eine formale Analyse dieser Strategie soll hinsichtlich ihrer Konsequenzen auf die Rendite/Risiko-Position im Folgenden skizziert werden.

Ausgehend von einem (reinen) Aktienportefeuille N, einem Benchmark- bzw. Normalportefeuille, lautet die zugehörige Aktienmarkt/Geldmarktallokation

(7.3.23) $$R = xR_N + (1-x)\, r_0 .$$

Wir definieren nun einen Betafaktor relativ zum Normalportefeuille durch

(7.3.24) $$\beta_{PN} := \frac{Cov(R_P, R_N)}{Var(R_N)}$$

und erhalten $\beta_{PN} = \mathrm{Cov}(xR_N + (1-x)r_0, R_N)/\mathrm{Var}(R_N) = x$. Eine normale Aktienmarkt/Geldmarktallokation, ausgehend von einem normalen Aktienportefeuille, besitzt somit stets die Form

(7.3.25) $$R_P - r_0 = \beta_{PN}\left(R_N - r_0\right).$$

Eine aktive Abweichung von normalen Allokationsportefeuilles kann nun erfasst werden durch

(7.3.26) $$R_{AA} := \left(R_P - r_0\right) - \beta_{PN}\left(R_N - r_0\right),$$

die *aktive Allokationsrendite* R_{AA} erfasst dabei die renditemäßigen Konsequenzen der Abweichung von der Normalallokation.

Ein Vergleich zwischen den Beziehungen (7.3.17) und (7.3.26) zeigt unmittelbar, dass diese strukturell identisch sind, wenn man formal bei der ersteren das Markt(index)portefeuille M

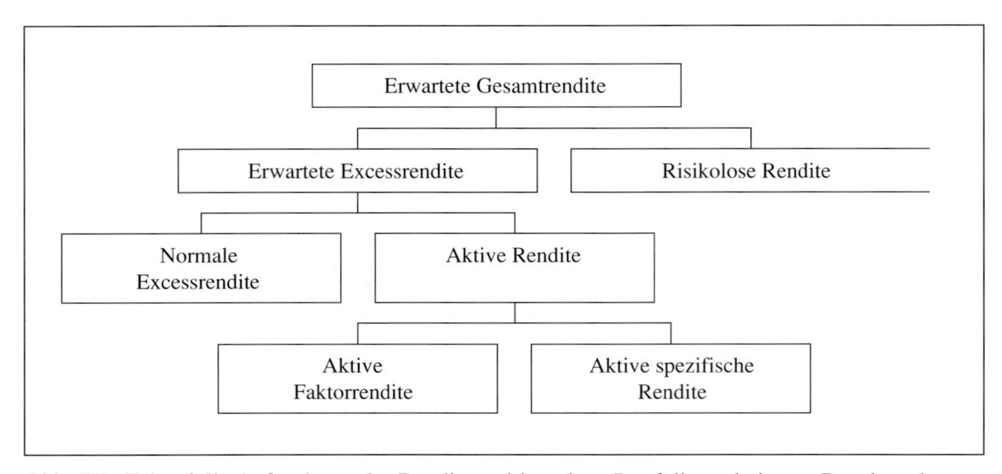

Abb. 7.8: Faktorielle Aufspaltung der Renditeposition eines Portfolios relativ zur Benchmark

durch das Normalportefeuille N ersetzt sowie die Betafaktoren nicht relativ zum Markt, sondern relativ zum Normalportefeuille definiert, vgl. die Beziehung (7.3.24). Die Ergebnisse für den Fall einer normalen Allokation als Benchmark können dann in vollständiger Analogie zu den entsprechenden Resultaten bei Vorgabe eines Markt(index)portfolios als Benchmark gewonnen werden (man vergleiche hierzu Aufgabe 7.5). Die Abbildungen 7.8 und 7.9 illustrieren die entsprechenden Zerlegungen für den Renditeerwartungswert bzw. die Renditevarianz.

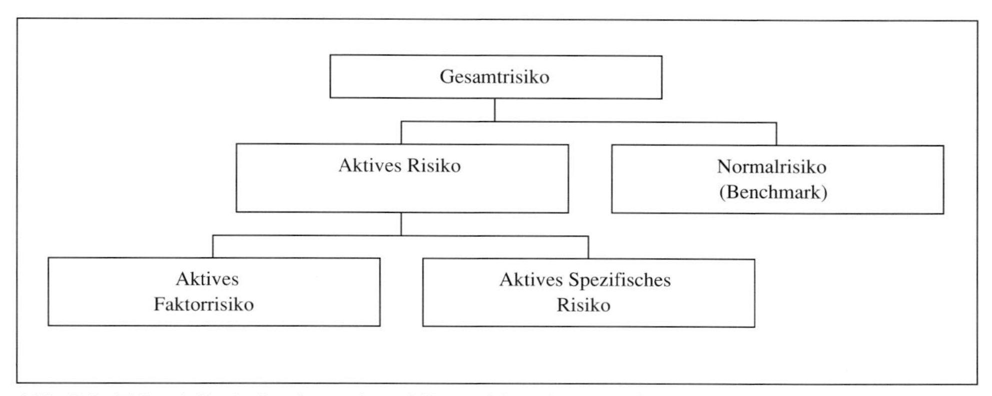

Abb. 7.9: Faktorielle Aufspaltung der Risikoposition eines Portfolios relativ zur Benchmark

Grundsätzlich erlauben die in diesem Abschnitt vorgenommenen Aufspaltungen der erwarteten Rendite und des Risikos (hier gemessen durch die Renditevarianz) eines beliebigen Portfolios eine differenzierte Rendite/Risiko-Positionierung und damit eine Feinsteuerung von Portfolios im Rahmen des Investmentmanagements.

7.3.5.3 Der Information-Ratio

Wir gehen nun noch auf eine Kennzahl ein, die insbesondere bei der Beurteilung eines *aktiven Portfoliomanagements* eine Rolle spielt. Der *Information-Ratio* $IR(R)$ einer Rendite R ist definiert durch

(7.3.27) $$IR(R) = \frac{E(R)}{\sigma(R)} \quad ,$$

dies entspricht mithin dem inversen Betrag des *Variationskoeffizienten* der Rendite R. Üblicherweise wird der Information Ratio auf die Excessrendite $R - r_0$ angewendet. Er wird in diesem Falle nach *Sharpe* (1966) auch als Reward-to-Variability-Ratio bzw. als *Sharpe*-Ratio bezeichnet.

Entsprechend lässt sich der *aktive Information-Ratio* IR_A definieren, indem man (7.3.27) auf entsprechende aktive Renditekonzeptionen anwendet, wie sie vorstehend dargestellt worden sind. Wir werden uns dabei auf aktive Positionen im Sinne der Abweichung von gegebenen Allokationspositionen auf dem Aktien- bzw. Geldmarkt beschränken. Der aktive Information- Ratio wird dabei interpretiert als das Verhältnis der durch Abweichung vom Benchmarkportefeuille *zusätzlich erzielten erwarteten Rendite* zum infolge der Abweichung in Kauf genommenen *zusätzlichen Risiko.*

Geht man von einer Referenzallokation aus, die aus einer Mischung von einem Markt(index) portefeuille mit der sicheren Anlage entsteht, so ist der aktive Information-Ratio auf der Grundlage der residualen Rendite gemäß (7.3.17) zu definieren. Gemäß den Ergebnissen (7.3.19) bzw. (7.3.20) gilt dann

(7.3.28) $$IR_A := IR(RR_P) = \frac{\alpha_P}{\omega_P},$$

in diesem Zusammenhang wird der Information-Ratio auch als *α zu ω-Ratio* bezeichnet. Gemäß (7.3.21) bzw. (7.3.22) sind α_P bzw. ω_P auch tatsächlich die durch Abweichung von der Referenzallokation erzielten Zusatzrendite bzw. -risiko. Es ergibt sich zudem ein einfacher Zusammenhang zwischen dem gesamten Information-Ratio und dem aktiven Information-Ratio. Berechnen wir den Information-Ratio für die Excessrendite des Portefeuilles und definieren naheliegenderweise $IR_{PS} = [E(R_M)\text{-}r_0] / \sigma(R_M)$ als passiven bzw. systematischen Information-Ratio, so ergibt sich insgesamt

(7.3.29) $$IR_P^2 := IR^2(R_P - r_0) = \frac{1 + H_P^2}{IR_{PS}^{-2} + H_P^2 IR_A^{-2}},$$

wobei die Größe H_P gegeben ist durch $H_P = \alpha_P \beta_P^{-1} \left[E(R_M) - r_0 \right]^{-1}$. Die Beziehung (7.3.29) quantifiziert die Aufspaltung des Information-Ratio der Excessrendite des Gesamtportefeuilles in seinen systematischen (passiven) und seinen residualen (aktiven) Teil.

Wählt man eine beliebige Aktienmarkt/Geldmarktallokation *N* als Referenzportefeuille, so ist der aktive Information-Ratio auf der Grundlage der aktiven Allokationsrendite R_{AA} gemäß (7.3.26) zu definieren, man vgl. zu weiteren Ergebnissen Aufgabe 7.6.

Der Information-Ratio ist ein zentrales Maß zur Beurteilung des Erfolgs eines aktiven Managements. Aktives Management zielt – bei fixiertem tolerierten aktiven Risiko – auf die Maximierung des Information-Ratio ab. Aus der Praxis wird berichtet[18], dass der Marktdurchschnitt aller Vermögensverwalter (nach Berücksichtigung der Transaktionskosten) ein negatives Information-Ratio aufweist, d.h. es ihnen nicht gelingt, die gesetzte Benchmark zu schlagen. Ein Information-Ratio von 0.5 wird als gute Leistung angesehen, ein Information- Ratio von 1.0 gilt als exzellent.

7.3.5.4 Betaprediktion

Sei *P* ein beliebiges Portfolio und *M* das Markt- bzw. ein Marktindexportfolio. Der Betafaktor β_P des Portfolios in Bezug auf den Markt(index) ist dann gegeben durch

(7.3.30) $$\beta_P = \beta(R_P) = \frac{Cov(R_P, R_M)}{Var(R_M)}.$$

Auf der Grundlage des Faktormodells (7.3.5) lässt sich der Betafaktor zunächst weiter aufspalten in ($b_{Pj} = \Sigma x_{Pi} b_{ij}$):

18 Vgl. *Luley* (1992, S. 27).

(7.3.31)
$$\begin{aligned}\beta(R_P) &= \frac{1}{Var(R_M)} Cov\left(\sum_{j=1}^{m} b_{Pj}F_j + \sum_{i=1}^{n} x_{Pi}U_i, R_M\right) \\ &= \sum_{j=1}^{m} b_{Pj}\frac{Cov(F_j, R_M)}{Var(R_M)} + \sum_{i=1}^{n} x_{Pi}\frac{Cov(U_i, R_M)}{Var(R_M)} \\ &= \sum_{j=1}^{m} b_{Pj}\beta(F_j) + \sum_{i=1}^{n} x_{Pi}\beta(U_i)\,.\end{aligned}$$

Der Betafaktor eines jeden Portfolios (und damit auch jedes einzelnen Wertpapiers) lässt sich zurückführen auf eine gewichtete Summe der Betafaktoren der Faktoren und der spezifischen Renditen. Im Falle eines diversifizierten Portfolios kann man in erster Näherung davon ausgehen, dass der Gesamteinfluss der spezifischen Komponente vernachlässigbar ist, d.h.

(7.3.32)
$$\beta(R_P) = \sum_{j=1}^{m} b_{Pj}\beta(F_j)\,.$$

Eine weitergehende Aufspaltung kann man aus (7.3.30) erhalten, wenn auch R_M faktoriell zerlegt wird ($b_{Mj} = \Sigma x_{Mi} b_{ij}$):

(7.3.33)
$$\begin{aligned}\beta(R_P) &= \frac{1}{Var(R_M)} Cov\left(\sum_{j=1}^{m} b_{Pj}F_j + \sum_{i=1}^{n} x_{Pi}U_i, \sum_{j=1}^{m} b_{Mj}F_j + \sum_{i=1}^{n} x_{Mi}U_i\right) \\ &= \frac{1}{Var(R_M)}\left[\sum_{i=1}^{m}\sum_{j=1}^{m} b_{Pj}b_{Mj}Cov(F_i, F_j) + \sum_{i=1}^{n} x_{Pi}x_{Mi}Var(U_i)\right].\end{aligned}$$

Die Berechnung des Betafaktors ist damit (bis auf $Var(R_M)$) auf im Rahmen des Faktormodells identifizierbare Größen zurückgeführt worden. Der Spezialfall eines einzelnen Wertpapiers ist ebenfalls in (7.3.33) enthalten ($x_{Pi} = 1$, $x_{Pj} = 0$ für $j \neq i$; $b_{Pj} = x_{Pi}b_{ij}$ für alle j).

Eine Beta-Prediktion besteht in der Prognose des Betafaktors $\hat{\beta}_{t+1}(R_P)$ für die nächste Investmentperiode t+1. Dazu werden Prognosen für die Betas $\hat{\beta}_{t+1}(F_j)$ der Faktoren benötigt

(7.3.34)
$$\hat{\beta}_{t+1}(R_P) = \sum_{j=1}^{m} b_{Pj}\hat{\beta}_{t+1}(F_j),$$

bzw. im Rahmen von (7.3.33) Prognosen $\hat{f}_{ij,t+1}$ bzw. $\hat{s}^2_{i,t+1}$ für die Kovarianzen der Faktoren bzw. die Varianz der spezifischen Renditen sowie eine Prognose der Variabilität $\sigma^2_{M,\,t+1}$ des Markt(index)portfolios

(7.3.35)
$$\hat{\beta}_{t+1}(R_P) = \left[\sum_{i=1}^{m}\sum_{j=1}^{m} b_{Pj}b_{Mj}\hat{f}_{ij,t+1} + \sum_{i=1}^{n} x_{Pi}x_{Mi}\hat{s}^2_{i,t+1}\right]\left(\hat{\sigma}^2_{M,t+1}\right)^{-1}.$$

7.3.5.5 Portfoliooptimierung

Im Rahmen der Markowitzschen Portfoliotheorie erfordert die Selektion des für den individuellen Investor optimalen Portefeuilles P die Durchführung eines Trade-Offs zwischen der erwarteten Rendite $E(R_P)$ und dem Risiko, der Varianz $Var(R_P)$ des Portefeuilles. Zur Illustration der grundsätzlichen Vorgehensweise gehen wir im Weiteren von der folgenden pragmatischen Formulierung der Zielfunktion aus (dabei bezeichne x_P den Vektor der anteiligen Investitionen x_{Pi}):

(7.3.36) $$Z(x_P) = E(R_P) - \lambda Var(R_P) \quad \rightarrow \quad \max \ !$$

Die Wahl des Parameters λ spezifiziert den Trade-Off zwischen »Risiko« und »Rendite« sowie den Grad der Risikoaversion des Investors.

Dieser allgemeine Ansatz lässt sich im Rahmen der oben vorgenommenen Rendite/Risiko-Zerlegungen in einer Vielzahl von Arten und Weisen spezialisieren. Wir wollen im Folgenden nur einen einfachen Spezialfall betrachten und uns dabei generell auch nur auf die Formulierung der Zielfunktion konzentrieren, d.h. auf die bei der praktischen Portfoliooptimierung in gleichem Maße wichtigen Nebenbedingungen nicht weiter eingehen.

Zerlegt man beispielsweise $E(R_P)$ bzw. $Var(R_P)$ in die entsprechenden systematischen (marktbezogenen) sowie residualen Anteile, so weist die vorstehende Zielfunktion die folgende Gestalt auf (unter Vernachlässigung der konstanten Terme):

(7.3.37) $$Z = \beta_P \left[E(R_M) - r_0 \right] + \alpha_P - \lambda \left[\beta_P^2 Var(R_M) + \omega_P^2 \right] \ .$$

Damit – da r_0, $E(R_M)$ und $Var(R_M)$ für die betrachtete Zeitperiode fix sind – stellen β_P, α_P sowie ω_P^2 die zentralen Steuerungsparameter der Portefeuilleoptimierung dar.

Ist β_P, d.h. die gewünschte Reagibilität des Portefeuilles relativ zum Markt, bereits festgelegt, so reduziert sich die Zielfunktion in diesem Falle auf

(7.3.38) $$Z = \alpha_P - \lambda \ \omega_P^2 \ .$$

Abzugleichen sind nur noch erwartete residuale Rendite und residuales Risiko bzw. relevant für die Portefeuilleselektion ist nur noch der *residuale bzw. aktive effiziente Rand.*

Im allgemeinen Falle muss neben dem Trade-Off zwischen α_P und ω_P^2 ein weiterer Trade-Off mit β_P vorgenommen werden. Die Zerlegung von $E(R_P)$ bzw. $Var(R_P)$ in die relevanten Steuerungsgrößen erlaubt gleichzeitig die *differenziertere* Modellierung des Trade-Offs zwischen diesen Größen und auf diese Weise gelangt man etwa zu der folgenden bereits sehr flexiblen Zielfunktion, die noch die Berücksichtigung eines Ziel-Betafaktors (Target-Beta) β_T im Rahmen der Portefeuillesteuerung erlaubt:

(7.3.39) $$Z = \alpha_P - \lambda_1 \omega_P^2 - \lambda_2 \left(\beta_P - \beta_T \right)^2 \quad \rightarrow \quad \max \ !$$

Die Parameter λ_1 bzw. λ_2 spezifizieren den Trade-Off zwischen (residualer) Rendite und residualem Risiko bzw. dem systematischen Risiko.

Eine einfache Anwendung findet die Zielfunktion (7.3.39) zum Beispiel beim *passiven Portfoliomanagement (Indexmanagement)*. Dies soll im Folgenden aufgezeigt werden. Ziel eines Indexmanagements (Indexing) ist die Steuerung eines Aktienportefeuilles derart, dass die Kursentwicklung eines Aktienindex dupliziert wird.

Beim Einsatz von Portfoliooptimierungstechniken im Rahmen des Indexmanagements versucht man den Index mit einer geringeren Zahl von Aktien zu »tracken«. Dies geschieht auf der Grundlage von Multifaktormodellen wie folgt.

Findet die Zerlegung bezüglich des betrachteten Marktindexportefeuilles statt (insbesondere sind dann die Betafaktoren relativ zum zu trackenden Marktindex definiert), so ist das Target-Beta $\beta_T = 1$. Eine residuale Rendite aufgrund des Abweichens vom Marktindexportefeuille soll beim Indexmanagement nicht erzielt werden, mithin ist $\alpha_P = 0$ zu setzen. Die Zielfunktion gemäß (7.3.39) spezialisiert sich dann zu

(7.3.40) $$Z = \lambda_1 \omega_P^2 - \lambda_2 \left(\beta_P - 1 \right)^2 \quad \rightarrow \quad \min \ !$$

Die Distanz zum Marktindex-Beta von Eins sowie das residuale Risiko sollen (simultan) minimiert werden.

Allgemein findet die Zielfunktion (7.3.39) Verwendung bei einer Portefeuillerevision zum Zwecke der Änderung der systematischen Position des Portefeuilles (Erreichung des Target-Betas) unter Abgleich der dadurch induzierten Änderungen in der residualen Rendite sowie dem residualen Risiko. Wählt man $\beta_T = 1$ und revidiert man (unter Berücksichtigung von Transaktionskosten) das Portefeuille auf der Grundlage der Zielfunktion (7.3.39), so erhält man eine Portefeuilleumschichtung, die das Risikoprofil des Portefeuilles »in der Nähe« des jeweiligen Index belässt und gleichzeitig die residuale Rendite optimiert.

7.3.5.6 Performanceanalyse

Die in diesem Abschnitt betrachteten Multifaktormodelle besitzen die folgende allgemeine Struktur

(7.3.41) $$R_P = E(R_P) + \varepsilon_P \ ,$$

wobei $E(\varepsilon_P) = 0$ gilt. Das Faktormodell versucht im Kern, die Gesetzmäßigkeit für die erwartete Portefeuillerendite zu erklären. Diese Modellgesetzmäßigkeit wird überlagert von einem Zufallsterm (noise), der auch als die nicht durch das Modell erklärte Renditekomponente (*residuale Größe*) interpretiert werden kann.

Am Anfang der betrachteten Investmentperiode erfolgt eine Identifikation des vorstehenden Modells für die Periodenrendite R_P eines Portefeuilles, dessen Performance am Periodenende analysiert werden soll. Insbesondere erhält man in der Identifikationsphase Schätzgrößen bzw. Prognosegrößen für die erwartete Rendite $\hat{E}(R_P)$ und die Variabilität der Rendite $V\hat{a}r(R_P)$ in der betreffenden Periode. Am Periodenende stellt man die realisierte Rendite r_P fest. Die Abweichung

(7.3.42) $$\hat{\varepsilon}_P = r_P - \hat{E}(R_P)$$

zwischen beobachteter und erwarteter Rendite ist der natürliche Ausgangspunkt einer Performanceanalyse. Die Abweichung $\hat{\varepsilon}$ stellt dabei die Realisierung des residualen Terms des statistischen Modells dar. Das Multifaktormodell erlaubt nun eine Zerlegung der Abweichung in einzelne Erklärungskomponenten und damit die Vornahme einer *Performanceattribution* bzw. *Performancebeitragsmessung* mit dem Ziel der Erfassung der Einflussgrößen auf die realisierte Portefeuillerendite. Der Vorteil eines statistischen Modells für die Investmentrendite besteht darin, dass insbesondere Aussagen über die statistische Güte (Signifikanz) der vorgenommenen Attribution möglich sind. Die residualen Abweichungen $\hat{\varepsilon}_P(t)$ sukzessiver Perioden bilden auf der Grundlage der Größe *RSS* (Residual Sum of Squares), gegeben durch

(7.3.43) $$RSS = \sum_{t=1}^{T} \hat{\varepsilon}_P^2(t)$$

den Ausgangspunkt für die Prüfung der Güte des Erklärungsmodells.

Die residuale Rendite RR_P entsteht durch bewusste Abweichung von einer Benchmarkallokation, die in einer Mischung aus Markt(index)portefeuille und sicherer Anlage besteht. Der aktive Investmentmanager versucht, durch Inkaufnahme eines residualen Risikos eine zusätzliche residuale Rendite zu erzielen. Die residuale Rendite $RR_P = (R_P - r_0) - \beta_P(R_M - r_0)$ beinhaltet den Vergleich der Rendite des Portefeuilles mit der Rendite eines betaäquivalenten

Marktportefeuilles. Dies bedeutet den Vergleich mit der Rendite eines *passiven Managements* bei fixierter Beta-Position $\beta = \beta_P$.

Bezeichnen r_P bzw. r_M die Realisierungen der Portefeuillerendite bzw. der Rendite des Markt(index)portefeuilles, so ist

(7.3.44) $$rr_P = (r_P - r_0) - \beta_P(r_M - r_0)$$

die *realisierte residuale Rendite*. Die Performancezerlegung lautet dann

(7.3.45) $$rr_P = \hat{E}(RR_P) + \hat{\varepsilon}_P = \hat{\alpha}_P + \hat{\varepsilon}_P \ ,$$

d.h. die realisierte residuale Rendite lässt sich aufspalten in einen erklärten Teil, die geschätzte erwartete residuale Rendite bzw. der geschätzte *Alphafaktor des Portefeuilles* und in einen nicht erklärten Anteil. Dabei lässt sich $\hat{\alpha}_P$ weiter aufspalten in

(7.3.46) $$\hat{\alpha}_P = \sum_{j=1}^{m} \hat{\gamma}_{Pj}\hat{f}_j + \sum_{i=1}^{n} \hat{\delta}_{Pi}\hat{a}_i .$$

Diese Zerlegung quantifiziert den Beitrag der Faktoren bzw. der spezifischen Renditen zu dem erzielten Alphafaktor und legt entsprechende Erfolgs- bzw. Misserfolgsbeiträge offen.

Die Größe $\hat{\alpha}_P$ ist ein Maß für die *Portefeuilleperformance* (Vergleich mit dem Erfolg eines passiven Managements mit gleicher Beta-Position). Ein $\hat{\alpha}_P > 0$ deutet auf einen erfolgreichen aktiven Manager hin, der Erfolg resultiert aus einer geänderten Wertpapierselektion relativ zum Markt(index)portefeuille. Ein $\hat{\alpha}_P < 0$ deutet darauf hin, dass es dem Investmentmanager nicht gelungen ist, das Vergleichsportefeuille zu schlagen, etwa aufgrund von Transaktionskosten oder durch Realisierung einer Allokation, deren erwartete residuale Rendite negativ ist. Die ggf. positive residuale Zusatzrendite muss ins Verhältnis gesetzt werden zu dem zusätzlich in Kauf genommenen residualen Risiko $\hat{\omega}_P^2$.

Die Beziehung (7.3.45) verdeutlicht, dass zudem ein ex ante zu erwartender Erfolg aus aktivem Management $\hat{\alpha}_P > 0$ sich nicht notwendigerweise in einem realisierten aktiven Erfolg niederschlagen muss, da noch eine zufällige Überlagerung stattfindet. Da zudem die realisierten residualen Renditen gemäß (7.3.45) in die Schätzung des Alphafaktors für die nächste Periode eingehen, ist auch $\hat{\alpha}_P$ zufallsverzerrt und es stellt sich die Frage, ob in einer Reihe von Perioden beobachtete positive realisierte residuale Renditen bereits eine ausreichende Grundlage dafür bieten, um von einer *systematischen* Fähigkeit des Investmentmanagers, das Referenzportefeuille zu schlagen, ausgehen zu können. Zur Überprüfung einer entsprechenden statistischen Signifikanz kann ein t-Test eingesetzt werden. Bezeichnen $RR(t)$, $t = 1,..., T$ die residualen Renditen sukzessiver Perioden und geht man davon aus, dass diese im Zeitablauf stochastisch unabhängig und identisch normalverteilt sind, $RR(t) \sim N(\alpha_P, \omega_P)$, so lassen sich die folgenden Hypothesen überprüfen.

(7.3.47) $$H_0: \ \alpha_P = 0 \quad \text{gegen} \quad H_1: \ \alpha_P \neq 0$$

bzw.

(7.3.48) $$H_0: \ \alpha_P = 0 \quad \text{gegen} \quad H_1: \ \alpha_P > 0.$$

Die Prüfstatistik für diese Hypothesen nach dem t-Test bestimmt sich wie folgt. Es sei

(7.3.49) $$\overline{RR}_P := \frac{1}{T}\sum_{t=1}^{T} RR_P(t)$$

sowie

(7.3.50) $$S^2_{RR_P} := \frac{1}{T-1}\sum_{t=1}^{T}\left[RR_P(t) - \overline{RR}_P\right]^2 .$$

Die t-Statistik T_T definiert durch

(7.3.51) $$T_T = \sqrt{T}\ \overline{RR}_P / S_{RR_P}$$

ist dann unter der Nullhypothese t-verteilt mit T-1 Freiheitsgraden

(7.3.52) $$T_T \sim t_{T-1} .$$

Der Quotient $\overline{RR}_P / S_{RR_P}$ wird auch als aktiver Information-Ratio bezeichnet. Man findet deshalb in der Literatur (vgl. etwa *Beckers* et al. 1993, S. 40) auch die Beziehung

(7.3.53) $$\textit{t-Statistik} = \textit{Information-Ratio} \ * \sqrt{\textit{Anzahl der Perioden}}$$

Gegeben ein Konfidenzniveau α, so lehnt der (einseitige) t-Test die Hypothese (7.3.48) ab, wenn

(7.3.54) $$T_T > t_{T-1,\,1-\alpha} ,$$

d.h. die t-Statistik das α-Quantil der t-Verteilung mit T-1 Freiheitsgraden übersteigt. In einem solchen Falle wäre (unter den getroffenen Annahmen) die Fähigkeit des Investmentmanagers, das Referenzportefeuille zu schlagen, statistisch signifikant (bei gegebenem Konfidenzniveau).

Bei gegebenem aktiven Information-Ratio, d.h. bei gegebenem Alphafaktor α_P und gegebenem residualen Risiko $\hat{\omega}^2_P$ kann man berechnen, wie viele Beobachtungsperioden notwendig sind, um eine systematische Outperformance nachweisen zu können, es muss gelten:

(7.3.55) $$\textit{Anzahl der Perioden} > IR^{-2}\ t^2_{T-1,\,1-\alpha} .$$

Die folgende *Brown/Kritzman* (1990, S. 21) entnommene Tabelle geht aus von einem Konfidenzniveau von α = 5% und nimmt zusätzlich eine Approximation[19] der t_T-Verteilung durch die Grenzverteilung für $T \rightarrow \infty$, die Standardnormalverteilung, vor. Das 0,95-Quantil der Standardnormalverteilung ist gegeben durch 1.645.

Aktives	Aktive erwartete Rendite				
Risiko (%)	0,5	0,75	1	2	5
2	44	19	11	3	0
3	98	44	25	6	1
4	174	77	44	11	2
6	392	174	98	25	4
8	697	310	174	44	7

Abb. 7.10: Erforderliche Perioden zum Nachweis einer signifikanten Outperformance

19 Dies bewirkt eine Verzerrung vor allem für kleinere Periodenanzahlen T, erst für $T \geq 30$ ergeben sich akzeptable Approximationen.

Trotz ihres approximativen Charakters gibt die Tabelle eine deutliche Vorstellung davon, wie schwierig es ist, trotz recht restriktiver Voraussetzungen eine systematische Outperformance von einer zufälligen Outperformance bzw. schlagwortartig »Zufall« von »Können« statistisch signifikant zu unterscheiden zu können.

7.3.6 Fallstudie: Ein makroökonomisches Multifaktormodell für deutsche Versicherungsaktien

7.3.6.1 Datenbasis und Untersuchungsdesign

Grundlage für die nachfolgend behandelten empirischen Auswertungen sind die monatlichen Kurs- und Dividendendaten der in Tabelle 7.2 aufgelisteten 23 deutschen Versicherungsaktiengesellschaften im Zeitraum[20] 01/1995 bis 12/1998.

Nr.	Gesellschaft	WKN	Jahr
1.	Aachener und Münchener Leben	845392	1993
2.	Aachener und Münchener Versicherung	841080	1981
3.	Albingia Versicherungs-AG	845700	1975
4.	Allianz Leben	840300	1975
5.	Allianz Holding	840400	1975
6.	Alte Leipziger Versicherung	842301	1993
7.	AXA Colonia Konzern	841000	1975
8.	AXA Colonia Leben	841230	1993
9.	DBV-Winterthur Holding	841690	1993
10.	Gerling Konzern	841895	1993
11.	Hermes Kreditversicherung	841902	1993
12.	Mannheimer AG Holding	842800	1975
13.	Nordstern Allgemeine Versicherung	843300	1975
14	Nordstern Leben	843400	1981
15.	Nürnberger Beteiligungs-AG	843596	1993
16.	Rheinland Holding	841513	1993
17.	Thuringia Versicherung	844600	1975
18.	Vereinte Versicherung	840703	1975
19.	Victoria Versicherung	845300	1975
20.	Volksfürsorge Holding	840450	1993
21.	Württembergische Leben	840502	1993
22.	Württembergische und Badische Versicherung	845500	1993
23.	Württembergische AG Versicherungsbeteiligungs-Gesellschaft	845600	1995

Erläuterung: »WKN« bezeichnet die Wertpapierkennnummer und »Jahr« das Jahr der erstmaligen Berücksichtigung der betreffenden Aktie.

Tab. 7.2: Liste der in den einzelnen Perioden einbezogenen Gesellschaften

20 Wie in der Tabelle angegeben, standen nicht für alle u.a. nach den Kriterien Börsennotierung und Marktliquidität selektierten Gesellschaften die entsprechenden Daten ab 01/1995 zur Verfügung, da ein Teil dieser Gesellschaften erst später an die Börse gebracht wurde.

Von den $i = 1, ..., n=23$ ausgewählten Versicherungsaktien wurden die monatlichen Risikoprämien folgendermaßen ermittelt. Definiert man $P_{i,t}$ als den um Ausschüttungen und Kapitalmaßnahmen bereinigten Preis der i-ten Versicherungsaktie zum Zeitpunkt t und $r_{f,t}$ als die Rendite einer risikolosen Anlage von t bis $t+1$, dann berechnet sich die Risikoprämie für den Monat t gemäß:

$$RP_{i,t} = \frac{P_{i,t+1} - P_{i,t}}{P_{i,t}} - r_{f,t}\,. \qquad (7.3.56)$$

Für den risikolosen Zinssatz wurde der jeweils am Monatsanfang vorliegende Frankfurter Interbankenzins (FIBOR) verwendet. Die nachfolgende Tabelle enthält für jedes Jahr im Zeitraum 1975 bis 1998 die durchschnittliche Risikoprämie der n einbezogenen Einzelwerte, deren Streuung sowie den kleinsten und größten Wert. Dabei ist zu erkennen, dass die beobachteten Risikoprämien sowohl zwischen verschiedenen Gesellschaften in einer Periode sowie zwischen verschiedenen Perioden erheblichen Schwankungen unterlagen.

Jahr	MW	STD	Min	Max	n
1975	4,45	16,96	-15,26	30,76	9
1976	-10,75	18,88	-43,47	17,58	9
1977	7,25	12,29	-9,00	30,26	9
1978	33,30	48,14	1,34	154,52	9
1979	-1,48	16,39	-34,06	28,79	9
1980	-1,91	17,75	-27,71	28,50	9
1981	-19,12	23,85	-41,90	17,11	11
1982	20,59	25,06	-12,69	74,56	11
1983	33,77	17,02	6,68	56,69	11
1984	27,22	31,58	-4,23	102,42	11
1985	95,77	54,24	48,09	211,98	11
1986	-1,86	27,69	-44,70	31,41	11
1987	-48,61	14,84	-74,27	-27,97	11
1988	5,93	5,79	-2,07	14,28	11
1989	38,83	29,65	-25,56	92,40	11
1990	-14,32	25,69	-54,69	39,92	11
1991	-4,74	6,34	-15,62	8,64	11
1992	-26,76	14,89	-53,17	2,86	11
1993	30,85	21,18	-26,78	69,05	22
1994	-17,50	19,31	-42,58	29,95	22
1995	-2,36	4,67	-15,35	7,36	23
1996	2,79	11,22	-16,64	23,13	23
1997	31,27	26,05	-17,11	72,57	23
1998	11,81	19,50	-25,69	58,32	23

Erläuterung: »MW« bezeichnet den arithmetischen Mittelwert der Risikoprämien der n im betreffenden Jahr einbezogenen Versicherungsaktien, »STD« die zugehörige Standardabweichung, »Min« den kleinsten und »Max« den größten Wert.

Tab. 7.3: Risikoprämien deutscher Versicherungsaktien (in% p.a.)

Hinsichtlich des unterstellten Typus von Multifaktormodell wird im Weiteren von einer Längsschnitt-Regressionsanalyse auf der Basis von makroökonomischen Faktoren ausgegangen.[21] Dabei werden die folgenden sechs Faktoren ausgewählt:

21 Dies entspricht dem Typus B der in Abschnitt 7.3.4.1 behandelten Ansätze.

(1) *Allgemeines Zinsniveau*: Die in Theorie und Praxis angewendeten Verfahren zu Unternehmens- bzw. Aktienbewertung enthalten regelmäßig eine Zinskomponente zur Diskontierung zukünftiger Cash-Flows. Insofern sollte das allgemeine Zinsniveau eine der wichtigsten Determinanten zur Erklärung von Aktienkursentwicklungen darstellen. Das gilt für Aktien allgemein, aber insbesondere auch für Versicherungsaktien, die aufgrund ihrer Geschäftsstruktur als zinssensitiv gelten. So wirken Veränderungen des Zinsniveaus sowohl auf das versicherungstechnische Ergebnis als auch auf das Ergebnis aus den Vermögensanlagen. Als Indikator für das aktuelle Niveau der Zinsstrukturkurve wurde die Rendite für zehnjährige deutsche Bundesanleihen verwendet.

(2) *Form der Zinsstrukturkurve*: Die Form der Zinsstrukturkurve wird hier durch die Differenz von lang- und kurzfristigen Zinsen quantifiziert. Dabei deutet ein positiver (negativer) Spread zwischen lang- und kurzfristigen Zinsen auf eine normale (inverse) und ein Zinsspread von null auf eine flache Zinsstruktur hin. Als Repräsentant für langfristige Zinsanlagen dient die Umlaufrendite für zehnjährige Bundesanleihen, wogegen für kurzfristige Zinstitel der dreimonatige FIBOR verwendet wurde. Für die zinssensitiv geltenden Versicherungsaktien könnte diese Variable von besonderer Bedeutung zu sein, da der Zinsspread auch Informationen über die Erwartungen der Marktteilnehmer bezüglich der zukünftigen Zinsentwicklung enthält.

(3) *Der Wechselkurs der Deutschen Mark zum US-Dollar*: Als erklärende Variable wird die monatliche relative Veränderung des Wechselkurses der DM zum US-Dollar herangezogen. Hierbei handelt es sich um eine Variable, die in anderen Studien eher fehlt. Dies liegt daran, dass sich der größte Teil der hier angeführten Arbeiten auf den amerikanischen Markt bezieht. Der Wechselkurs gegenüber der DM spielt dort eine weitgehend untergeordnete Rolle. Für den deutschen Aktienmarkt lässt sich jedoch eine signifikante Korrelation mit der Kursentwicklung des US-Dollars gegenüber der DM beobachten. Dies hängt einerseits mit der Leitfunktion der New Yorker Börse zusammen, hat andererseits aber auch fundamentale Gründe, da die gesamte deutsche Wirtschaft stark vom Außenhandel abhängig ist, wobei im Allgemeinen in US-Dollar fakturiert wird.[22]

(4) *Unerwartete Inflation*: Die Berücksichtigung dieser Variable geht zurück auf *Chen/Ross/Roll*.[23] Gerade für Versicherungsaktien scheint sie auch von Bedeutung zu sein, was sich daraus ableitet, dass die meisten Zahlungsströme durch den Nominalzins determiniert sind. Es ist wichtig, darauf hinzuweisen, dass hierbei die unerwartete Inflation von Interesse ist. Die erwartete und tatsächliche Inflation der Vorperioden sind als a priori Information schon in den Kursen enthalten, sodass nur noch die unerwartete Inflation in einer gegebenen Periode die Aktienkurse beeinflussen kann. Eine bedeutsame Problematik ist, dass die von den Marktteilnehmern erwartete Inflationsrate keine beobachtbare Größe

---

22 Vgl. hierzu die Studie von *Entorf* (2000), hierbei wird auf der Basis rollierender Regressionen und Kointegrationsanalysen festgestellt, dass zwischen dem Deutschen Aktienindex (DAX) und dem Wechselkurs zum US-Dollar im Untersuchungszeitraum 1974-1995 eine statistisch signifikante Beziehung besteht.

23 *Chen* et al. (1986) messen der Inflation eine besonders hohe Bedeutung zu, sie verwenden die Änderung der erwarteten Inflation und die unerwartete Inflation. Jedoch finden die Autoren, dass die Signifikanz der Inflation für Aktienrenditen hinter der der anderen makroökonomischen Variablen zurückbleibt. Vgl. *Chen* et al. (1986, S. 396, S. 398 und S. 402).

darstellt. Sie muss daher in geeigneter und transparenter Weise modelliert werden. Hierzu wird auf ein von *Maurer/Eberts* (2001) vorgeschlagenes ARMA(1,1)-Zeitreihenmodell zurückgegriffen, welches die Entwicklung der Inflationsrate gemäß der Gleichung

$$I_t = 0{,}0026 + 0{,}98 I_{t-1} + U_t - 0{,}87 U_{t-1} \qquad (7.3.57)$$

abbildet. Dabei bezeichnet I die Inflationsrate berechnet auf Basis des von der Deutschen Bundesbank nach dem modifizierten Census X-11 Verfahren saisonbereinigten Preisindex für die Lebenshaltung aller privaten Haushalte im früheren Bundesgebiet (1991 = 100), U einen Zufallsterm und t den Zeitparameter. Mit Hilfe der auf den Zeitpunkt t-1 konditionierten Informationen kann die erwartete Inflationsrate für die nächste Periode mit Hilfe von Gleichung (7.3.57) auf der Basis einer Einschrittprognose ermittelt werden. Die unerwartete Inflationsrate ergibt sich als Differenz aus der zu Beginn der Periode erwarteten und der am Periodenende realisierten Inflationsrate.

(5) *Veränderungen der realen Industrieproduktion*: Diese Variable wird verwendet, um den Einfluss der allgemeinen wirtschaftlichen Entwicklung auf die Veränderung von Aktienkursen abzubilden. Ökonomisch scheint das wirtschaftliche Wachstum vor allem für die Kompositversicherer von Bedeutung zu sein, da diese in einem zyklischeren Geschäftsumfeld arbeiten als die Anbieter von Lebensversicherungen.

(6) *Der Januareffekt*: Dieser wird hier durch eine Dummyvariable modelliert, die für den Monat Januar den Wert eins und sonst den Wert null annimmt. Ein möglicher Erklärungsansatz des Januareffektes ist das Phänomen, dass viele Anleger, insbesondere Fonds, zu Beginn des Jahres in großem Umfang Aktien kaufen, was die Kurse meist in die Höhe treibt.[24] Es ist also zu erwarten, dass die Aktienrenditen im Januar signifikant höher sind als in den übrigen Monaten eines Jahres.

Die nachfolgende Tabelle 7.4 enthält die Mittelwerte, Standardabweichungen sowie die entsprechenden Korrelationen der einbezogenen Variablen, berechnet für den gesamten Untersuchungszeitraum.

Man erkennt, dass im Betrachtungszeitraum die ausgewählten Faktoren alle korreliert sind. Während sich das Ausmaß der Korrelation bei den meisten Variablen in einem beschränkten Rahmen hält, ist der Zusammenhang zwischen den Renditen langfristiger Bundesanleihen und dem Zinsspread ausgeprägt.[25]

---

24 Zu einer weiterführenden Behandlung des Januareffektes, vgl. etwa *Rozeff/Kinney* (1979).

25 Ein Verfahren, um den daraus resultierenden statistischen Problemen aufgrund der Multikollinearität von erklärenden Variablen Rechnung zu tragen, besteht in der Vornahme einer Orthogonalisierung. Dies hätte allerdings den Nachteil, dass die Faktoren ökonomisch nur eingeschränkt interpretierbar wären. Im Weiteren sollen daher nur die Ergebnisse der nicht bereinigten Faktoren vorgestellt werden, da sie ökonomisch aussagekräftiger sind.

	MW	STD	Korrelationen				
			Zinsniveau	Zinsspread	USD	Unerw. Inflation	IP
Zinsniveau	7,30	1,29	1				
Zinsspread	1,20	1,70	-0,3555	1			
USD	-0,07	3,32	0,0892	-0,0293	1		
Unerw. Inflation	0,12	0,49	-0,0459	0,0442	0,1110	1	
IP	1,41	4,29	-0,1523	0,2067	-0,1264	0,0173	1

Erläuterungen: »Zinsniveau« bezeichnet die annualisierte Umlaufrendite 10-jähriger Bundesanleihen (% p.a.); »Zinsspread« die Differenz zwischen der Umlaufrendite 10-jähriger Bundesanleihen und dem 3-Monatsgeldmarktzins (in % p.a.); »Unerw. Inflation« die unerwartete Inflationsrate; „USD" die relative Veränderung des US-Dollars zur DM (% p.m.); »IP« das Wachstum der Industrieproduktion; »MW« steht für den Mittelwert und »STD« für die Standardabweichung der jeweiligen Variablen.

Tab. 7.4: Korrelationsmatrix der verwendeten Faktoren im Zeitraum 1975-1998

7.3.6.2 Erklärungskraft des Modells

Der Untersuchungszeitraum von 1975 bis 1998 (jeweils einschließlich) umfasst 24 Jahre, welche in vier nicht überlappende Subperioden à sechs Jahre (bzw. 72 Monaten) – Periode 1: 01/1975-12/1980, Periode 2: 01/1981-12/1986, Periode 3: 01/1987-12/1992 und Periode 4: 01/1993-12/1998 – zerlegt wurden. Die Bildung von Teilperioden bei der empirischen Modellspezifikation ist zweckmäßig, da sich der Einfluss von makroökonomischen Risikofaktoren auf die Aktienrenditen im Zeitablauf durchaus ändern kann. Anderseits ist eine gewisse Periodenlänge erforderlich, um eine ausreichende Präzision von statistischen Inferenzaussagen zu gewährleisten. Dabei hat sich in vergleichbaren Studien ein Zeitintervall von fünf bis sechs Jahren als sinnvoll herausgestellt.[26]

Für jede Periode wurde dann für jede Aktie und für einen gleichgewichteten Index eine lineare Regression durchgeführt, wobei die realisierte Risikoprämie mit den Faktorausprägungen des dazugehörigen Monats erklärt wurde. Nachfolgende Tabelle 7.5 zeigt die Erklärungskraft anhand des statistischen Bestimmtheitsmaßes R^2. Das R^2 gibt an, welcher Teil der Varianz der zu erklärenden Variablen mit den selektierten Regressoren erklärt werden kann.

	1975–1980	1981–1986	1987–1992	1993–1998
Anzahl der Aktien	9	11	11	23
Mittleres R^2	13,62%	14,12%	9,29%	9,62%
Größtes R^2	21,82%	28,97%	16,21%	21,06%
Kleinstes R^2	5,88%	5,94%	1,24%	2,03%
R^2 des Indexes	19,29%	11,61%	13,03%	14,66%
Mittleres R^2 der fünf liquidesten Werte	18,64%	12,80%	12,64%	14,67%

Erläuterungen: Die unterschiedliche Anzahl der untersuchten Aktien in den Subperioden liegt an der Verfügbarkeit der Daten und ist dementsprechend in den frühen Perioden kleiner. Der Index ist ein gleichgewichtetes Portefeuille aus allen Aktien, für die Kursdaten zur Verfügung standen. Die fünf liquidesten Werte sind Allianz Leben, Allianz Holding, AXA Colonia, Mannheimer und Nordstern Allgemeine. Diese Auswahl ist in allen vier Perioden konstant gehalten.

Tab. 7.5: Erklärungskraft des Modells

26 Vgl. *Mei/Saunders* (1994) oder *Cummins/Harrington* (1988).

Es wird deutlich, dass die verwendeten makroökonomischen Faktoren die Renditeschwankungen von Aktien nur zum Teil erklären können. Die hier erzielten Ergebnisse liegen im Rahmen vergleichbarer Studien. So kommt *Connor* (1995, S. 45) auf ein R^2 von 10,9% für Aktien allgemein und *Mei/Saunders* (1994, S. 20) auf ein adjustiertes R^2 von 5,2% für einen Index aus Kompositversicherern und 6,4% für einen Index aus Lebensversicherern. Dies entspricht in dem Kontext dieser Studie (72 Perioden bei 6 Regressoren) einem nicht-adjusitierten R^2 von 13,2% und 14,3% respektive. Bemerkenswert ist, dass die liquiden Werte im Allgemeinen besser durch das Modell erklärt werden. Dies ist nicht überraschend, da eine vernünftige Funktionsweise der Faktorenmodelle nur bei hinreichender Liquidität der zugrunde liegenden Finanzinstrumente gewährleistet werden kann. Dieses Phänomen spiegelt sich auch in der Tatsache wider, dass die Ergebnisse für den Index aus allen Versicherungsaktien deutlich besser sind. Einflüsse, die nur einzelne Aktien betreffen, werden hier offensichtlich über alle Aktien weitgehend nivelliert, sodass die Erklärungskraft des Modells steigt.

Um einen graphischen Eindruck von der Höhe und den Schwankungen der tatsächlichen bzw. erwarteten Risikoprämien zu vermitteln, sind in der folgenden Abbildung die entsprechenden Werte für den betrachteten Index aus Versicherungsaktien im Zeitraum 1/1975-12/1998 abgetragen.

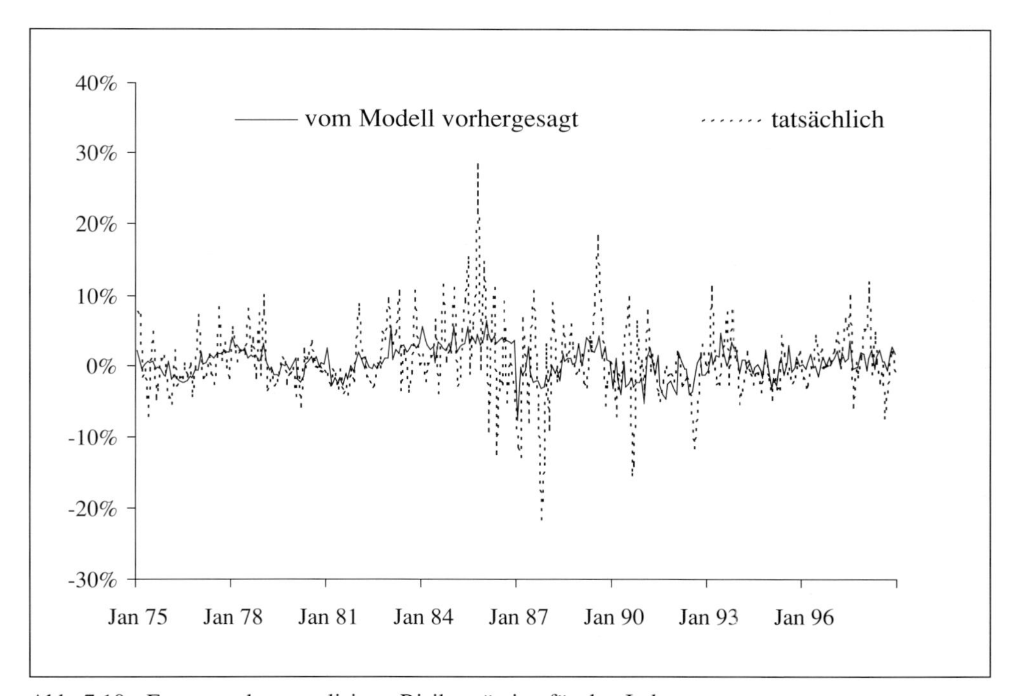

Abb. 7.10: Erwartete bzw. realisierte Risikoprämien für den Index

Aus der Abbildung ist zu erkennen, dass die vom Modell errechneten Risikoprämien im Zeitablauf wenig stabil sind. Dies resultiert daraus, dass die verwendeten makroökonomischen Faktoren im Zeitablauf ebenso deutlichen Schwankungen unterliegen, was sich auf die im Modell ermittelten erwarteten Risikoprämien durchschlägt. Allerdings wird aus der Abbildung ebenfalls deutlich, dass die erwarteten Risikoprämien im Zeitablauf deutlich geringeren Schwankungen unterliegen als die tatsächlich realisierten Werte. So kann Tabelle 7.6 entnommen werden, dass etwa im Zeitraum 1975-1980 die Volatilität der realisierten (3,43%) im Vergleich zu den

Zeitraum	MW		STD		Min		Max	
1975-1980	0,40	(0,40)	1,51	(3,43)	-2,26	(-7,02)	4,14	(9,92)
1981-1986	2,03	(1,97)	2,40	(6,38)	-7,62	(-12,24)	6,59	(28,36)
1987-1992	-0,50	(-0,32)	2,26	(6,62)	-5,17	(-21,47)	4,35	(18,16)
1993-1998	0,71	(0,58)	1,44	(3,59)	-3,17	(-7,17)	4,69	(11,82)

Erläuterungen: »MW« bezeichnet die durchschnittliche erwartete Risikoprämie, »STD« die zugehörige Standardabweichung, »Min« den kleinsten und »Max« den größten Beobachtungswert im jeweiligen Betrachtungszeitraum. In Klammern sind die korrespondierenden Werte für die realisierten Risikoprämien angegeben.

Tab. 7.6: Erwartete bzw. realisierte Risikoprämien für den Index (in% p.a.)

erwarteten (1,51%) Risikoprämien mehr als doppelt so hoch ausfällt. Ähnliches gilt für die anderen Teilperioden.

Eine weitere interessante Beobachtung ist, dass in einzelnen Perioden die erwarteten Risikoprämien negativ ausfallen.[27] Eine mögliche Erklärung könnte darin liegen, dass Versicherungsaktien in bestimmten ökonomischen Situationen gute Hedge-Eigenschaften gegenüber ausgewählten Risikofaktoren aufweisen. Eine weitere Erklärung könnte in Überreaktionen der Marktteilnehmer liegen. So könnten die Investoren in bestimmten Börsenphasen zu optimistisch hinsichtlich der zukünftigen Wertentwicklung von Versicherungsaktien gewesen sein und waren deshalb bereit, derart hohe Preise zu zahlen, sodass die Risikoprämien negativ ausfielen. Das wird besonders deutlich für den Zeitraum von 1987 bis 1992, in dem sich eine durchschnittlich negative erwartete Risikoprämie von -0,50% ergab. Dabei waren in den Börsenjahren 1987 und 1990 die erwarteten Risikoprämien mit Ausnahme weniger Monate stets negativ. Der Spitzenwert ergab sich im Januar 1987 mit –7,621%. Die nachfolgenden Börsencrashs in diesen Jahren führten zu einer (drastischen) Korrektur der Kurse und auch der Erwartungen der Marktteilnehmer.

7.3.6.3 *Bedeutung einzelner Faktoren*

Neben der Erklärungskraft des Modells ist es von Interesse, inwieweit einzelnen Faktoren ein signifikanter Einfluss auf die Aktienkursentwicklungen zugewiesen werden kann. Hierzu wird ein t-Test bezüglich den Schätzwerten für die Regressionskoeffizienten durchgeführt. Die folgende Tabelle zeigt die entsprechenden Ergebnisse, zunächst für einzelne Aktien.

27 Auch *Mei/Saunders* (1994, S. 22–23) berichten von negativen erwarteten Risikoprämien.

	1975–1980	1981–1986	1987–1992	1993–1998
Anzahl der Aktien	9	11	11	23
Konstante	0,1002 (4/3)	0,0606 (1/0)	0,1580 (4/1)	0,0376 (0/0)
10jähriger Zins	-1,2072 (4/3)	-0,6024 (1/0)	-2,2531 (4/2)	-0,3775 (1/0)
Zinsspread	-0,2026 (0/0)	0,4596 (1/0)	-1,3370 (1/0)	-0,3783 (2/2)
Veränderung des USD	-0,0537 (4/2)	-0,0454 (0/0)	0,3055 (2/1)	0,4624 (12/8)
Unerwartete Inflation	0,0056 (0/0)	0,0109 (2/2)	-0,0064 (0/0)	0,0012 (1/0)
Veränderung der IP	-0,0017 (3/3)	0,0016 (1/1)	0,0053 (5/2)	0,0000 (0/0)
Januardummy	0,0207 (1/1)	0,0296 (2/2)	-0,0430 (1/0)	-0,0244 (4/0)

Erläuterungen: Die angegebenen Werte entsprechen jeweils dem Mittelwert der Koeffizientenschätzung über alle einbezogenen Aktien. In Klammern ist die Anzahl der Aktien angegeben, für die dieser Faktor signifikant zum 10%-Niveau von null verschieden ist, der zweite Wert gibt das gleiche für das 5%-Niveau an. USD steht für US-Dollar und IP für Industrieproduktion.

Tab. 7.7: Bedeutung der Faktoren für einzelne Aktien

Die folgende Tabelle zeigt des Weiteren die Ergebnisse der Koeffizientenschätzungen für den gleichgewichteten Index der einbezogenen Versicherungsaktien.

	1975–1980	1981–1986	1987–1992	1993–1998
Konstante	0,098** (3,22)	0,0606 (0,819)	0,151* (1,80)	0,038 (1,24)
10jähriger Zins	-1,21** (-3,08)	-0,602 (-0,707)	-2,17* (-1,93)	-0,382 (-0,750)
Zinsspread	-0,176 (-0,874)	0,459 (0,6497)	-1,21 (-1,63)	-0,381 (-0,912)
Veränderung des USD	-0,0379 (-0,284)	-0,0454 (-0,212)	0,307 (1,46)	0,464** (2,82)
Unerwartete Inflation	0,0046 (0,556)	0,0109 (0,634)	-0,008 (-0,564)	0,0013 (0,164)
Veränderung der IP	-0,0017** (-2,22)	0,0016 (0,790)	0,0056** (2,02)	0,0000 (0,0354)
Januardummy	0,0217 (1,5780)	0,0296 (1,09)	-0,043 (-1,54)	-0,0240 (-1,51)

Erläuterungen: Die Zahlen sind jeweils die Koeffizientenschätzung für den Index. In Klammern ist der t-Wert angegeben. Die mit »*« bzw. mit »**« gekennzeichneten Werte sind signifikant zum 10%- bzw. 5%-Niveau. USD steht für US-Dollar und IP für Industrieproduktion.

Tab. 7.8: Bedeutung der Faktoren für den Versicherungsindex

Bei der Betrachtung dieser Ergebnisse zeigt sich, dass – wie erwartet – Veränderungen des allgemeinen Zinsniveaus einen substanziellen Einfluss auf die Risikoprämien von Versicherungsaktien haben. Dabei ist der zugehörige Koeffizient in allen vier Unterperioden negativ, d.h. Zinssteigerungen gehen in der Tendenz mit fallenden Risikoprämien einher. Für eine Reihe von Gesellschaften ist dieser Einfluss signifikant und für den Index lässt sich in zwei der vier Unterperioden eine deutliche Signifikanz feststellen. Die Bedeutung des langfristigen Zinses für die Versicherungsaktien scheint in der vierten Periode abzunehmen. Dies kann darauf zurückzuführen sein, dass es in dieser Periode zwei durch Börsencrashs ausgelöste lang anhaltende Baissephasen (im Sommer 1997 und Herbst 1998) gab, die zu einer kurzfristigen Inversion des klassischen Zinsverhaltens vieler Sektoren so auch der Versicherungen führten.[28] Insgesamt korrespondieren die Ergebnisse mit denen von *Mei/Saunders*, die für die Risikoprämien eines Index aus US-amerikanischer Versicherungsaktien ebenfalls eine signifikant negative Abhängigkeit vom allgemeinen Zinsniveau feststellen konnten.[29]

---

28 So kam es im Zuge der Krisen in Asien, Lateinamerika und Russland im Sommer bzw. Herbst 1998 zu einem erheblichen Einschnitt im Risikoverhalten internationaler Finanzinstitutionen, wie der Sell-Off von Finanzaktien und die plötzliche Flucht in Staatsanleihen zeigt.

29 Vgl. *Mei/Saunders* (1994, S. 20).

Im Vergleich zum allgemeinen Zinsniveau fällt der Einfluss des Zinsspreads, als Indikator für die Form der Zinsstrukturkurve, deutlich weniger sensitiv und signifikant aus. Für den Index ist der entsprechende Koeffizient in keiner Teilperiode auf dem 10%-Niveau signifikant von null verschieden. Auch für die Einzelwerte lassen sich nur für wenige Gesellschaften signifikante Ergebnisse beobachten. Auch diese Ergebnisse sind konsistent mit den empirischen Befunden von *Mei/Saunders*.

Der Einfluss von Wechselkursänderungen gegenüber dem US-Dollar auf die Risikoprämien deutscher Versicherungsaktien war in den beiden ersten Perioden negativ, während sich in der dritten und vierten Teilperiode das Vorzeichen umkehrt.[30] Dabei ist zu beobachten, dass die Sensitivität gegenüber Wechselkursschwankungen beständig zunimmt. So führte etwa im Beobachtungszeitraum 1975-1980 (1993-1998) eine Dollarsteigerung um 1% zu einem durchschnittlichen Rückgang (Zunahme) der Risikoprämie des gleichgewichteten Index aus Versicherungsaktien um 0,0379% (0,464%). Zudem steigt die Signifikanz des Einflusses von Wechselkursschwankungen. So ist der Koeffizient in der vierten Periode für zwölf der 23 Gesellschaften signifikant zum 10%-Niveau und bei acht davon auch zum 5%-Niveau von null verschieden.[31] Bei der Betrachtung des Indexes lässt sich analoges feststellen, wobei in der vierten Perioden der US-Dollar sogar den einzigen Faktor darstellt, dem ein signifikanter Einfluss nachgewiesen werden kann. Ökonomisch begründet werden könnte die verstärkte Abhängigkeit der Kurse von Versicherungsaktien vom US-Dollar durch die gestiegene Integration der internationalen Finanzmärkte und der zunehmenden Rolle des US-Dollar als EURO-Außenwährung nach dem Vertrag von Maastricht.[32] Dabei konzentrieren Analysten und Anleger ihre Gewinn- und Kurserwartungen in verstärktem Maße auf Bewegungen des Dollars und nicht mehr auf die Währungen der übrigen EU-Länder. Verstärkt werden könnte dieser für den gesamten deutschen Aktienmarkt wirkende Effekt durch die Akquisitionspolitik deutscher Versicherer im Ausland, insbesondere in den USA, was ein höheres Exposure zum US-Dollar bedeutet.

Der Januareffekt war jeweils nur für sehr wenige Aktien von Bedeutung, außerdem lässt sich auch kein eindeutiges Vorzeichen feststellen. Für den Index war in keiner der vier Betrachtungszeiträume signifikant von null verschieden. Diese Ergebnisse ähneln den von *Mei/Saunders*, die ebenfalls keine Signifikanz der Januardummies feststellen konnten.[33] Ebenso ist die Sensitivität der Risikoprämien der hier betrachteten Versicherungsaktien bezüglich der nicht antizipierten Inflationsrate gering und nur selten statistisch signifikant. Auch dies korrespondiert mit vergleichbaren Studien für den amerikanischen Aktienmarkt.[34] Der Einfluss von Veränderungen der Industrieproduktion ist vergleichsweise oft signifikant. So konnten für den Index in den Unterperioden von 1975-1980 sowie 1987-1992 signifikante Koeffizienten beobachtet werden. Allerdings sind die betragsmäßigen Werte der Koeffizienten und damit das Ausmaß der Sensitivität der Risikoprämien von Versicherungsaktien gegenüber diesem Risikofaktor sehr gering.

---

30 Vgl. im Weiteren auch *Entorf* (2000, S. 520ff.), der ähnliche empirische Befunde für den gesamten deutschen Aktienmarkt feststellen konnte.

31 Dabei sind es vor allem die großen und liquiden Werte, für die diese Signifikanz festgestellt werden kann. Bei den acht zum 5%-Niveau signifikanten Gesellschaften handelt es sich um die Aachener und Münchener Leben, Allianz Holding, AXA Colonia Allgemeine und AXA Colonia Leben, DBV-Winterthur, Gerling-Konzern, Nürnberger und Volksfürsorge.

32 Vgl. hierzu *Entorf* (2000, S. 531).

33 Vgl. *Mei/Saunders* (1994, S. 20).

34 So etwa in *Chen* et al. (1986).

7.3.6.4 Prognose der Risikoprämien

Ein wichtiges Einsatzgebiet von Multifaktorenmodellen in der Investmentpraxis ist die Prognose von Renditen von Aktien bzw. Aktienportfolios. Dabei werden die Prognosewerte dadurch ermittelt, indem die Faktorausprägungen – mit den aus der Regression bestimmten Faktorladungen gewichtet – addiert werden. Je näher die tatsächlichen Risikoprämien bei den prognostizierten Werten liegen, desto höher die Prognosegüte des Modells. Insofern ist die Evaluation der Prognosegüte des im vorherigen Abschnitt spezifizierten Modells von Bedeutung.

Dabei sind zwei Arten von Abweichungsanalysen denkbar. Einerseits können die Faktorladungen aus der gleichen Periode benützt werden, was den »In-the-Sample-Test« ergibt. Andererseits können die Faktorladungen aus der Regression der Vorperiode Eingang in die Berechnung der Modellrendite finden. Das letztgenannte Verfahren – auch »Out-of-the-Sample-Test« genannt – ist das für praktische Anwendungen interessante, da hier nur Informationen verwendet werden, die zum Zeitpunkt der Prognoseerstellung auch tatsächlich verfügbar sind.

Zur Evaluation der Prognosegüte für die verschiedenen Teilperioden spezifizierten Modelle werden zwei quantitative Kennzahlen herangezogen: Zum einen wird berechnet mit welcher relativen Häufigkeit das Vorzeichen der prognostizierten mit den tatsächlichen Überrenditen einer Periode übereinstimmt. Zum anderen wird die mittlere quadratische Abweichung der in einem festgelegten Untersuchungszeitraum prognostizierten und realisierten Risikoprämien ermittelt. In der nachfolgenden Tabelle 7.9 sind diese beiden Kennzahlen differenziert nach Teilperioden für den Versicherungsindex angegeben.

Zeitraum	1981–1986	1987–1992	1993–1998
	Relative Häufigkeit korrektes Vorzeichen		
In-the-Sample	66,67%	66,67%	62,50%
Out-of-the-Sample	56,94%	45,83%	63,84%
	Mittlere quadratische Abweichung		
In-the-Sample	0,337%	0,379%	0,119%
Out-of-the-Sample	0,402%	0,563%	0,213%

Tab. 7.9: Prognosegüte des Modells für den Index

Zunächst ist es nicht verwunderlich, dass die Prognosequalität der Out-of-the-Sample-Analyse nicht so gut wie bei dem »In-the-Sample-Test« ausfällt. Trotzdem liegen die Modellvorhersagen nicht völlig von den tatsächlichen entfernt, wie das angesichts der Datenlage nicht überraschend gewesen wäre.[35] So weisen die prognostizierten Risikoprämien beim In-the-Sample-Test für alle Teilperioden in mehr als 50% der Perioden das gleiche Vorzeichen wie der realisierte Indexwert auf. Mit Ausnahme der Teilperiode 1987-1992, die mit 45,83% eine nur geringe Trefferquote aufweist, gilt dies auch für die Out-of-the-Sample-Abweichungsanalyse. Damit bietet sich der Einsatz des Modells im Rahmen von Market-Timing-Strategien an. Die mittlere quadratische Abweichung der vom Modell vorgeschlagenen Werte mit den tatsächlichen Ausprägungen fällt in den beiden Teilperioden relativ hoch aus. Dies gilt erneut im Besonderen

35 Man bedenke in diesem Zusammenhang, dass die meisten der hier untersuchten Aktien relativ illiquide Werte sind.

für die Out-of-the-Sample-Analyse bezogen auf den Zeitraum 1987-1992. Im Vergleich dazu fallen die Vorhersagen des Modells in der letzten Periode deutlich besser aus. Insgesamt ist zu konstatieren, dass die Risikoprämien des betrachteten Index aus Versicherungsaktien relativ gut durch das spezifizierte Faktormodell prognostizierbar sind.

7.3.7 Fallstudie: Ein fundamentales Multifaktormodell für europäische Aktienportfolios

7.3.7.1 Datenbasis und Untersuchungsdesign

Die Datenbasis bezieht sich auf eine Auswahl von 656 Aktien aus 12 Ländern der europäischen Union sowie Norwegen und der Schweiz, welche auf Grund ihrer Marktkapitalisierung und Liquidität ein Standard-Universum für europäische Fonds bilden. Für dieses Universum von untersuchten Aktien wurden die um Kapitalmaßnahmen bereinigten Renditen r_{ti} auf wöchentlicher Basis berechnet.

Die Zeitreihen der wöchentlichen Renditen reichen vom 01.01.1988 bis zum 30.06.1998. Referenztag für die Renditeberechnung ist der Freitag, die Periodenrenditen werden in lokaler Währung ermittelt. Hinsichtlich des unterstellten Typus von Multifaktormodell wird im Weiteren von einer Querschnitts-Regressionsanalyse auf der Basis von fundamentalen Faktoren ausgegangen.[36] Die Vorgehensweise orientiert sich dabei eng an der *BARRA*-Methodologie.[37]

Für jede Aktie, zu jedem Zeitpunkt werden nun Werte für die so genannten Deskriptoren benötigt. Bei den Deskriptoren handelt es sich dabei um Kenngrößen, die im Rahmen der fundamentalen Aktienanalyse eine bedeutende Rolle spielen. Die Auswahl ist angelehnt an die Liste von Deskriptoren, die sich im *BARRA*-Modell bewährt haben. Ausgewählt wurden die folgenden Deskriptoren:

1. *SIZE*: Der natürliche Logarithmus des Marktwertes (Marktwert = Anzahl der Aktien mal aktueller Preis einer Aktie).
2. *SUCCESS*: Der natürliche Logarithmus der Rendite des letzten Jahres. Die Rendite berechnet sich als heutiger Preis einer Aktie dividiert durch den Preis von vor einem Jahr. Der heutige Preis ist dabei um Kapitalmaßnahmen bereinigt.
3. BTOP (*Book to Price*): Der in der letzten Bilanz der Firma veröffentlichte Eigenkapitalwert dividiert durch den aktuellen Marktwert. Diese Kenngröße wird im Bereich der Aktienanalyse oftmals verwendet, um »billige« Aktien zu identifizieren.
4. ETOP (*Earnings to Price*): Die von Analysten prognostizierten Gewinne des laufenden Geschäftsjahres dividiert durch den aktuellen Marktwert. Dieser Deskriptor ist dem BTOP sehr ähnlich. Da eine Schätzung des zukünftigen Gewinns in die Berechnung eingeht, ist ETOP etwas aktueller, dafür aber auch ungenauer als BTOP.
5. VIM (*Variability in Markets*): Der historische Wert für die spezifische Varianz $\sigma^2(\varepsilon_i)$, also ein Maß für die Variabilität in der Vergangenheit.

36 Dies entspricht dem Typus C der in Abschnitt 7.3.4.1 behandelten Ansätze.

37 Vgl. die entsprechenden Ausführungen in Abschnitt 7.3.4.2 sowie etwa *Beckers/Cummins/Woods* (1993).

6. YIELD (*Dividend Yield*): Die zuletzt gezahlte Dividende geteilt durch den aktuellen Marktpreis.
7. PEG (*Price to Earnings to Growth*): Hier wird das Kurs-Gewinn-Verhältnis (der Kehrwert von ETOP) in Beziehung zum Gewinnwachstum der letzten vier Jahre gesetzt. Der ETOP-Wert wird also relativiert. PEG gibt einen Hinweis, in welcher Phase der Unternehmensentwicklung sich die Gesellschaft befindet.
8. PBROE (*Price to Book to Return on Equity*): Hier wird der Quotient von Buchwert zu Marktwert (der Kehrwert von BTOP) in Verhältnis gesetzt zur Eigenkapitalrendite der letzen vier Jahre. Das Analogon zu PEG für BTOP.
9. RSI6M (*Relative Strength Index, 6-Month*): Relativer Stärke-Index nach *Levy*. Der Logarithmus vom Quotienten aus Durchschnittskurs der vergangenen Woche und Durchschnittskurs der vergangenen sechs Monate.
10. REV1M: Gewinnrevision auf 1-Monatsbasis. Der heute von Analysten prognostizierte Gewinn dividiert durch den vor einem Monat prognostizierten Wert. Dies gibt die kurzfristige Veränderung der Analysteneinschätzungen wieder.
11. REV3M: Gewinnrevision auf 3-Monatsbasis. Der heute von Analysten prognostizierte Gewinn dividiert durch den vor drei Monaten prognostizierten Gewinn.
12. ROE (*Return on Equity*): Der Quotient aus Gewinn des laufenden Geschäftsjahres und dem Eigenkapital der Firma.
13. CROE (*Cash-flow Return on Equity*): Der Quotient aus dem so genannten *cash-flow* des laufenden Geschäftsjahres und dem Eigenkapital der Firma.
14. F1CV: Der Variationskoeffizient der Analysten-Gewinnschätzungen für das laufende Geschäftsjahr. Ein Maß für die Einigkeit unter den Analysten über die nähere Zukunft des Unternehmens.
15. F2CV: Der Variationskoeffizient der Analysten-Gewinnschätzungen für das kommende Geschäftsjahr.

Zunächst muss die Datenbasis »gesäubert« werden, d.h. Ausreißer sollen identifiziert und modifiziert werden. Dies geschieht mittels der so genannten *Skipped-Huber-Method*. Für jede Beobachtung einer Variablen wird dazu die absolute Abweichung vom Median berechnet. Der Median der Variablen wird dabei über alle Zeitpunkte und alle Aktien gleichzeitig berechnet. Dann wird der Median der Abweichungen ermittelt. Als Grenzwerte werden der Median der Beobachtungen plus bzw. minus 5,2 mal der Median der Abweichungen festgelegt. Der Wert der Ausreißer wird dann auf den jeweiligen Grenzwert festgesetzt. Diese Methode unterscheidet nicht zwischen Beobachtungen, die aufgrund von Datenfehlern solche extremen Werte annehmen, und Beobachtungen, die tatsächlich solche Werte aufweisen. Da davon ausgegangen werden kann, dass es sich in den meisten Fällen um Datenfehler handelt und zudem extreme Ausreißer die Ergebnisse der linearen Regression stark verzerren können, wird diese Vorgehensweise als notwendig und akzeptabel angesehen. Der Vorteil dieser Methode gegenüber der gebräuchlicheren W*insorization* (abschneiden der Werte bei drei Standardabweichungen) liegt darin, dass die Ausreißer jene Werte, die zu ihrer Untersuchung verwendet werden, nicht selbst beeinflussen.

Nach der Bereinigung der Ausreißer werden die Variablen standardisiert. Dies geschieht mit dem üblichen Verfahren, d.h. von jeder Beobachtung wird der Mittelwert aller Beobachtungen (über alle Zeitpunkte und alle Aktien) subtrahiert. Das Ergebnis wird durch die Standardabweichung der Beobachtungen (über alle Zeitpunkte und alle Aktien) dividiert. Wenn x_{it} den

Wert für die Beobachtung der i-ten Aktie zum Zeitpunkt t bezeichnet, dann berechnet sich der standardisierte Wert y_{it} also als:

(7.3.58)
$$y_{it} = \frac{x_{it} - \bar{x}}{s_x} \quad .$$

Dabei bezeichnet $\bar{x}$ das arithmetische Mittel aller Beobachtungen und s_x deren Standardabweichung. Zu beachten ist, dass diese Werte aus den bereits ausreißerbereinigten Daten ermittelt werden.

Die gefilterten und standardisierten Deskriptoren werden im nächsten Schritt wie im *BARRA*-Modell zu den so genannten Risikoindizes verdichtet. Die Entscheidung, welche Deskriptoren zu welchem Risikoindex zugeordnet werden bzw. welche Risikoindizes überhaupt verwendet werden sollen, wurde nach fundamentalen Gesichtspunkten vorgenommen.

Zu den aus den Deskriptoren berechneten Risikoindizes wurde nach dem Vorbild des *BARRA*-Modells für europäische Aktien noch ein weiterer Risikoindex hinzugefügt, bei dem es sich lediglich um eine Blue-Chip-Indikatorvariable handelt. Als *Blue Chip* werden in dieser Untersuchung die größten Unternehmen definiert, die zusammen 10% der gesamten Marktkapitalisierung ausmachen. Ist eine Aktie ein solcher *Blue Chip*, so erhält die Variable BLUECHIP den Wert 1, andernfalls den Wert 0.

Zusätzlich zu den Risikoindizes werden Länder- und Branchenfaktoren berücksichtigt. Dazu werden ebenfalls Indikatorvariablen gebildet: Für jedes Land bzw. jede Branche gibt es eine Indikatorvariable, die den Wert 1 annimmt, wenn die Aktie dem jeweiligen Land bzw. der jeweiligen Branche zuzuordnen ist.

7.3.7.2 Identifikation des Multifaktormodells

In jeder Woche werden die Renditen der Aktien auf die Risikoindizes sowie die Länder- und Branchen-Indikatorvariablen regressiert. Das Regressionsmodell für den Zeitpunkt t hat damit das folgende Aussehen:

(7.3.59)
$$\underbrace{\begin{pmatrix} r_{t1} \\ \vdots \\ r_{tn} \end{pmatrix}}_{r_t} = \underbrace{\begin{bmatrix} \delta_{t11} & \cdots & \delta_{t1u} & l_{t11} & \cdots & l_{t1v} & b_{t11} & \cdots & b_{t1w} \\ \vdots & \cdots & \vdots & \vdots & \cdots & \vdots & \vdots & \cdots & \vdots \\ \delta_{tn1} & \cdots & \delta_{tnk} & l_{tn1} & \cdots & l_{tnv} & b_{tn1} & \cdots & b_{tnw} \end{bmatrix}}_{L_t} \cdot \underbrace{\begin{pmatrix} f_{t1} \\ \vdots \\ f_{tk} \end{pmatrix}}_{f_t} + \underbrace{\begin{pmatrix} \varepsilon_{t1} \\ \vdots \\ \varepsilon_{tn} \end{pmatrix}}_{\varepsilon_t} .$$

Dabei bezeichnet r_t den Vektor der realisierten Renditen der Aktien. Die Matrix L_t enthält die Werte aller Risikoindizes und Länder- sowie Branchen-Indikatorvariablen. Dabei sind $\delta_{ti1}, ..., \delta_{tiu}$ die Risikoindizes, $l_{ti1}, ..., l_{tiv}$ die Länder-Indikatorvariablen und $b_{ti1}, ..., b_{tiv}$ die Branchen-Indikatorvariablen für die i-te Aktie. Somit gilt $u + v + w = k$. Weiter gilt:

$$l_{tij} = \begin{cases} 1 \Leftrightarrow \text{Aktie } i \text{ kommt aus Land } j \\ 0 \Leftrightarrow \text{sonst} \end{cases} \quad \text{und} \quad b_{tij} = \begin{cases} 1 \Leftrightarrow \text{Aktie } i \text{ gehört zu Branche } j \\ 0 \Leftrightarrow \text{sonst} \end{cases} .$$

Der Parametervektor f_t wird als Vektor der Faktorausprägungen interpretiert und der Vektor der Fehlerterme ε_t gibt schließlich die spezifischen Renditen an. Allerdings können die Varianzen der Fehlerterme ε_{it} nicht als konstant über alle Aktien angenommen werden. Zur Berücksichtigung dieser Heteroskedastie bietet sich eine Generalized-Least-Squares-Schätzung bzw. gewichtete lineare Regression an.

Es gibt vielfältige empirische Hinweise dafür, dass die Aktie umso weniger volatil ist (d.h. eine kleinere Varianz hat), je größer die entsprechende Firma ist. Daher wird gemäß der Methodik von *BARRA* die Annahme unterstellt, dass sich die Wurzel der Marktkapitalisierung umgekehrt proportional zur Varianz des Fehlerterms verhält[38]. Ist diese Annahme gültig, so kann eine gewichtete lineare Regression durchgeführt werden, wobei die Gewichte die Wurzel der Marktkapitalisierung sind. Der Schätzer für den Parametervektor – der in diesem Fall als Ausprägung der Faktoren interpretiert wird – lautet dann[39]:

(7.3.60) $$\hat{f}_t = (L_t^T \cdot W_t \cdot L_t)^{-1} \cdot L_t^T \cdot W_t \cdot r_t.$$

Dabei bezeichnet W_t die Diagonalmatrix der Gewichte. Die Elemente der Hauptdiagonalen von W_t entsprechen den Wurzeln der Marktkapitalisierung der Aktien und alle anderen Elemente sind gleich 0.

Durch die Verwendung von Länder- und Branchen-Indikatorvariablen entsteht eine Multikollinearität, d.h. die Regressormatrix L_t hat nicht vollen Spaltenrang. Hier wird dadurch Abhilfe geschaffen, dass eine Restriktion auf die Branchenfaktoren eingeführt wird:

(7.3.61) $$\sum_{i=u+v+1}^{k} f_{ti} = 0 \quad .$$

Durch diese Restriktion sind allgemeine Bewegungen des Marktes ausschließlich in den Länderfaktoren enthalten.

Das Ergebnis der wöchentlichen Regressionen ist eine Schätzung für die Ausprägung der Faktoren. Aus den so gewonnenen Zeitreihen der Faktorausprägungen wird die Kovarianzmatrix der Faktoren Φ_t geschätzt. Dabei wird ein exponentieller Glättungsparameter verwendet, um weiter zurückliegenden Daten ein geringeres Gewicht zu geben. Das Element φ_{tij} aus der Matrix Φ_t wird also wie folgt geschätzt:

(7.3.62) $$\hat{\varphi}_{tij} = \frac{1}{t-1} \cdot \sum_{u=0}^{t-1} \frac{\lambda^u}{\Lambda} \cdot (\hat{f}_{t-u,i} - \bar{\hat{f}}_{\cdot i}) \cdot (f_{t-u,j} - \bar{\hat{f}}_{\cdot j}).$$

Dabei dient der Parameter L dazu, die Gewichte so zu normieren, dass deren Summe *t* beträgt. Es gilt deshalb:

(7.3.63) $$\Lambda = \frac{1}{t-1} \cdot \sum_{i=0}^{t-1} \lambda^i \; .$$

Für $\lambda = 1$ gilt $\Lambda = 1$, die obige Gleichung entspricht dann der üblichen erwartungstreuen Schätzung für φ_{tij}. Durch die Wahl des exponentiellen Glättungsparameters λ kann gesteuert werden, welches Gewicht weiter zurückliegende Beobachtungen erhalten sollen.

Die Güte der wöchentlichen Regressionen soll mittels eines Bestimmtheitsmaßes überprüft werden. Verwendet wird das Bestimmtheitsmaß R_A^2 nach der folgenden Formel:

(7.3.64) $$R_A^2 = 1 - \frac{n}{n-k} \cdot \frac{\sum_{i=1}^{n} (y_i - \hat{y}_i)^2}{\sum_{i=1}^{n} (y_i - \bar{y})^2}.$$

---

38 Vgl. *Connor/Herbert* (1998).

39 Vgl. etwa *Montgomery/Peck* (1982, Kap. 9.2).

Diese Definition des Bestimmtheitsmaßes ist die laut *Kvalseth* (1985) geeignetste unter den vielen verschiedenen, in der Literatur vorgeschlagenen Definitionen.

Für die Darstellung der Kovarianzmatrix $\Sigma_t = L_t \cdot \Phi_t \cdot L_t^T + \Omega_t$ benötigt man noch eine Quantifizierung der Diagonalmatrix Ω, welche das spezifische Risiko beschreibt. In der Untersuchung wird für die Schätzung von Ω die von *Connor/Herbert* (1998) vorgeschlagene Methodik verwendet. Die Matrix L_t besteht aus den Risikoindizes sowie den Länder- und Branchen-Indikatorvariablen zum Zeitpunkt t und ist somit bekannt. Eine Schätzung für die Matrix Ω_t wird aus dem Modell für das spezifische Risiko gewonnen. Die Kovarianzmatrix der Faktoren Φ_t wird aus den Ergebnissen der wöchentlichen Regressionen geschätzt. Damit kann die Kovarianzmatrix der Aktien zum Zeitpunkt *t* geschätzt werden als:

(7.3.65) $$\hat{\Sigma}_t = L_t \cdot \hat{\Phi}_t \cdot L_t^T + \hat{\Omega}_t .$$

7.3.7.3 Ergebnisse

Für die wöchentlichen Regressionen wurden die 15 ausgewählten Deskriptoren zu sechs Risikoindizes verdichtet. Dabei wurde die Zuordnung von Deskriptoren zu Risikoindizes nach rein fundamentalen Gesichtspunkten vorgenommen. Ein Risikoindex wurde als einfaches arithmetisches Mittel der darin enthaltenen (standardisierten) Deskriptoren berechnet. Die Zuordnung der Deskriptoren ist in Tabelle 7.10 angegeben.

Risikoindex	Deskriptor(en)
SIZE	SIZE
SUCCESS	SUCCESS, RSI6M
VALUE	BTOP, ETOP, PEG, PBROE
VIM	VIM, REV1M, REV2M, F1CV, F2CV
YIELD	YIELD
PROFIT	ROE, CROE

Tab. 7.10: Zuordnung von Deskriptoren zu Risikoindizes

Zu diesen sechs Risikoindizes wurde noch der Index BLUCHIP hinzugenommen. In jeder Regression waren somit sieben Risikoindizes beteiligt.

Die Zuordnung der Aktien zu den Ländern erfolgte nach dem Hauptsitz der Firma. Die untersuchten Aktien kamen aus den Ländern: Belgien, Dänemark, Deutschland, Finnland, Frankreich, Großbritannien, Irland, Italien, Niederlande, Norwegen, Österreich, Schweden, Schweiz und Spanien. Die Zuordnung zu Branchen wurde wieder nach fundamentalen Gesichtspunkten vorgenommen. Grundlage war die Branchenzuordnung von MSCI. Da diese Zuordnung jedoch für den Zweck einer Faktoranalyse zu fein erschien (sie enthält über 30 Branchen), wurden die MSCI-Branchen zu zehn Sektoren zusammengefasst. Diese Sektoren sind: Finanzen, Gesundheit, Grundstoffe, Kommerzielle Dienstleistungen, Konsum und Handel, Maschinenbau/Elektro, Medien/Freizeit/Software, Multi-Industrie, Öl/Energy Equipment und Versorger/Telekommunikation.

Empirische Untersuchungen von *BARRA* haben gezeigt, dass die kontinentaleuropäischen Branchen als hinreichend ähnlich zueinander angesehen werden können, um jeweils durch einen einzigen Faktor bzw. durch eine einzige Indikatorvariable vertreten zu werden[40]. Die britischen Branchen führen jedoch ein so deutliches Eigenleben, dass für diese jeweils eine eigene Indikatorvariable eingeführt werden muss. Irland wird in diesem Zusammenhang zu Kontinentaleuropa gezählt. Jede Aktie gehört entweder zu einer der zehn kontinentalen Branchen oder zu einer der zehn britischen Branchen. Die Restriktion zur Vermeidung der Multikollinearität wird dabei sowohl auf die kontinentalen Branchen als auch auf die britischen Branchen angewendet.

Insgesamt ergeben sich damit 41 Regressoren für die wöchentlichen Regressionen. Diese setzen sich zusammen aus sieben Risikoindizes, 14 Länder-Indikatorvariablen, zehn kontinentalen Branchen-Indikatorvariablen und zehn britischen Branchen-Indikatorvariablen. Die 41 Regressoren wurden in jeder Woche vom 1. Januar 1988 bis zum 30. Juni 1998 auf die Renditen von den 656 Aktien regressiert. Die tatsächliche Zahl der Aktienrenditen ist in jeder Regression allerdings etwas niedriger. Dies erklärt sich dadurch, dass nicht alle untersuchten Aktien bereits 1988 an der Börse gehandelt wurden oder zu manchen Zeitpunkten keine Daten für einige Aktien verfügbar waren. Die Zahl der Beobachtungen schwankt zwischen 473 zu Beginn des Untersuchungszeitraums und 653 gegen Ende des Zeitraums. Der (arithmetische) Mittelwert der Anzahl der Beobachtungen beträgt 581.

Die erste Regression wurde für den 7.1.88 durchgeführt, die letzte für den 25.6.98. Insgesamt ergaben sich dadurch 547 Regressionen. Um die Anpassungsgüte der Regressionen zu bestimmen, wurde das Bestimmtheitsmaß R_A^2 nach Gleichung (7.3.64) berechnet. Die Werte für R_A^2 in dieser Untersuchung reichten von 7,3% bis 66,3%. Der Mittelwert war 32,9% (arithmetisches Mittel) bzw. 32,1% (Median). Die Werte bei der vergleichbaren Untersuchung von *BARRA*[41] reichten von 9,6% bis 56,3% bei einem (arithmetischen) Mittelwert von 30,2%. Abbildung 7.11 zeigt ein Histogramm der Bestimmtheitsmaße R_A^2.

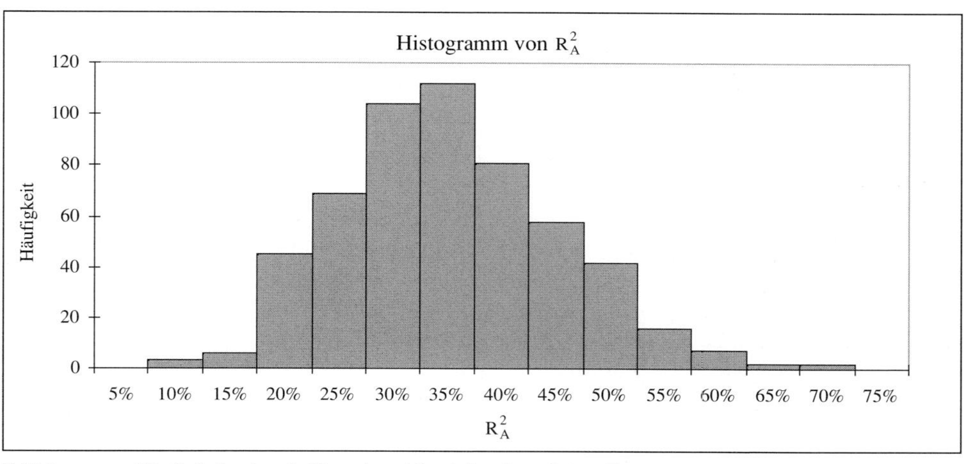

Erläuterungen: Die Rubrikenbeschriftung bezeichnet die obere Intervallgrenze.

Abb. 7.11: Quantile des Bestimmtheitsmaßes

40 Vgl. *Connor/Herbert* (1998).

41 Vgl. *Connor/Herbert* (1998).

Ausgewählte Quantile der Realisierungen von R_A^2 sind in Tabelle 7.11 angegeben.

Quantil	R_A^2
Minimum	7,3%
10%	20,1%
25%	25,5%
Median	32,0%
75%	39,3%
90%	45,8%
Maximum	66,3%

Tab. 7.11: Quantile des Bestimmtheitsmaßes

Die Werte für R_A^2 im Zeitverlauf können Abbildung 7.12 und Abbildung 7.13 entnommen werden. Abbildung 7.12 enthält die wöchentlichen Werte für die zufällig ausgewählte Periode vom 4. Januar 1990 bis zum 26. Dezember 1991.

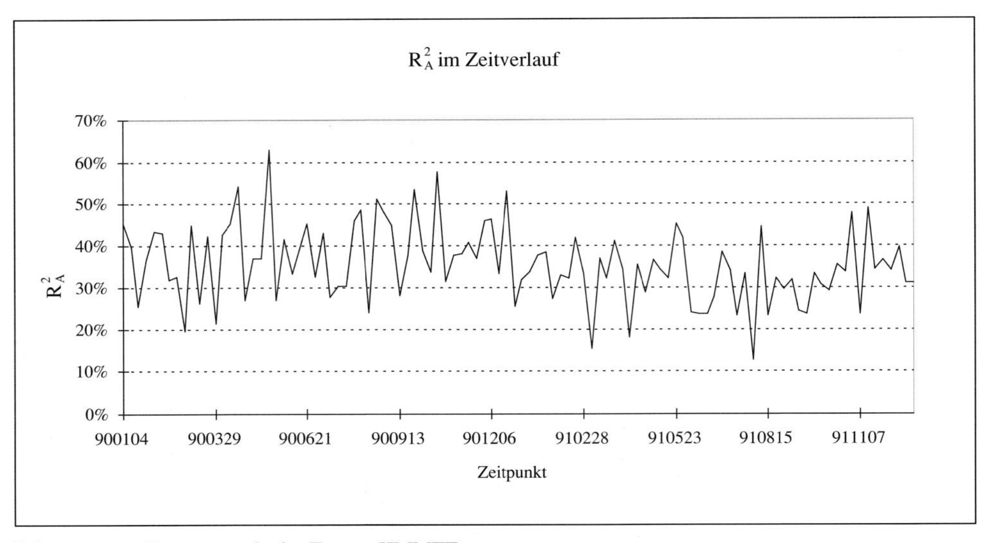

Erläuterungen: Datumsangabe im Format JJMMTT.

Abb. 7.12: Verlauf des Bestimmtheitsmaßes im Zeitablauf

Die Darstellung des gesamten Untersuchungszeitraums in dieser Form wäre zu unübersichtlich geworden. Um dennoch einen Überblick über den gesamten Untersuchungszeitraum zu erhalten, sind gleichgewichtete gleitende 1-Jahresdurchschnitte von R_A^2 berechnet worden. Diese berechnen sich nach der Formel:

(7.3.66)
$$\tilde{R}^2_{A,t} = \frac{1}{52}\sum_{i=0}^{51} R^2_{A,t-i} \ .$$

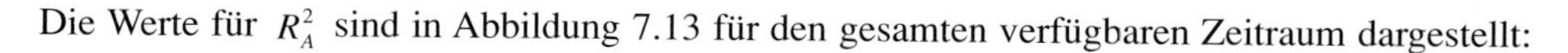

Die Werte für R_A^2 sind in Abbildung 7.13 für den gesamten verfügbaren Zeitraum dargestellt:

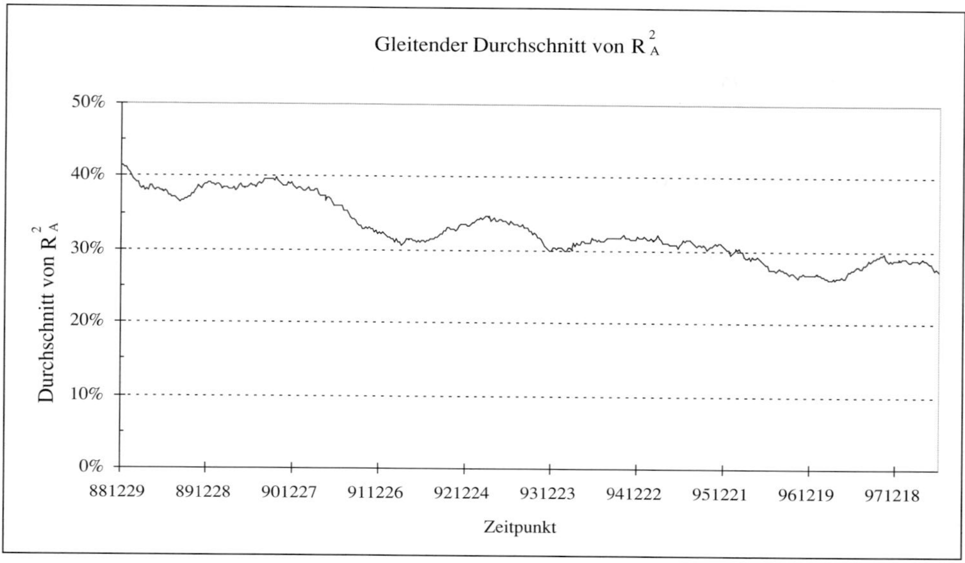

Erläuterungen: Datumsangabe im Format JJMMTT.

Abb. 7.13: Gleitender Durchschnitt des Bestimmtheitsmaßes

Die Auswertung zeigt, dass etwa 32% der Gesamtvarianz in den Aktienrenditen durch das Faktormodell erklärt werden können. Der Vergleich mit anderen Untersuchungen ergibt, dass dieser Wert als durchaus zufriedenstellend gelten kann. In Abbildung 7.13 ist weiterhin zu erkennen, dass sich die Werte für R_A^2 im Verlauf der Zeit etwas verschlechtert haben.

In der folgenden Tabelle ist angegeben, wie oft ein Faktor in den wöchentlichen Regressionen statistische Signifikanz aufweisen konnte. Dazu ist jeweils ein einfacher *t*-Test durchgeführt worden. Allerdings muss beachtet werden, dass die Schätzungen für den Parametervektor als Schätzung für die Faktorausprägungen interpretiert werden. Trifft die Nullhypothese des *t*-Tests zu, so bedeutet dies bei dieser Interpretation lediglich, dass die Ausprägung des Faktors in dieser Woche gleich oder nahe bei null gelegen hat; nicht aber, dass dieser Faktor generell unwichtig ist. Weist ein Faktor allerdings nur selten Signifikanz auf, so sollte genauer untersucht werden, ob es sinnvoll ist, diesen Faktor weiter in der Untersuchung zu behalten. In Tabelle 7.12 ist angegeben, wie oft (ausgedrückt in Prozent aller 547 Regressionen) ein Faktor Signifikanz zum 5%-Niveau aufgewiesen hat.

Die Faktoren in Tabelle 7.12 sind nach der Häufigkeit der Signifikanz sortiert. Deutlich am häufigsten signifikant sind die Länderfaktoren. Dies ist nicht überraschend, wenn man bedenkt, dass durch die Konstruktion der Regressormatrix der Achsenabschnitt (also generelle Marktbewegungen) in den Länder-Indikatorvariablen integriert war. Insbesondere die Faktoren der großen und wichtigen Länder weisen in über 60% der Fälle Signifikanz auf. Für die Risikoindizes stellt sich die Situation uneinheitlich dar. Die Indizes SUCCESS, VIM und SIZE sind in immerhin noch mehr als ein Viertel der Regressionen signifikant. Dagegen befinden sich die Indizes PROFIT und BLUECHIP am unteren Ende der Tabelle. Ähnlich uneinheitlich

Nr.	Faktor	Häufigkeit	Nr.	Faktor	Häufigkeit
1	Großbritannien	70,6%	22	UK – Versorger / Telekomm	25,4%
2	Italien	68,2%	23	Öl / Energy Equipment	22,1%
3	Frankreich	67,1%	24	Norwegen	21,6%
4	Deutschland	62,0%	25	Irland	21,4%
5	Spanien	61,6%	26	UK – Maschinenbau / Elektro	21,4%
6	Niederlande	52,5%	27	YIELD	18,6%
7	Schweiz	44,6%	28	UK – Komm. Dienstleistungen	18,1%
8	Belgien	43,3%	29	Versorger / Telekommunikation	15,9%
9	Schweden	41,0%	30	VALUE	14,8%
10	SUCCESS	36,6%	31	Maschinenbau / Elektro	13,9%
11	Österreich	36,4%	32	UK-Medien / Freizeit / Software	13,7%
12	UK – Gesundheit	32,7%	33	UK - Multi Industrie	13,7%
13	Dänemark	32,5%	34	Konsum und Handel	13,2%
14	Finnland	32,2%	35	Grundstoffe	12,4%
15	Finanzen	29,3%	36	PROFIT	12,1%
16	UK – Grundstoffe	28,5%	37	BLUECHIP	11,0%
17	UK – Finanzen	27,4%	38	Gesundheit	10,8%
18	UK – Konsum und Handel	27,4%	39	Kommerzielle Dienstleistungen	10,4%
19	VIM	26,0%	40	Medien / Freizeit / Software	7,3%
20	UK – Öl / Energy Equipment	25,8%	41	Multi Industrie	6,0%
21	SIZE	25,4%			

Tab. 7.12: Häufigkeit der Faktorsignifikanzen zum 5%-Niveau

ist die Situation für die Branchen-Indikatorvariablen. Deutlich ist allerdings, dass die britischen Branchenfaktoren deutlich häufiger signifikant sind als die jeweiligen kontinentalen Branchen. Bei den am seltensten signifikanten Faktoren handelt es sich ausnahmslos um kontinentale Branchen. Insgesamt fügt sich Tabelle 7.12 in das zufriedenstellende Gesamtbild der Ergebnisse der Regressionen ein.

7.4 Literaturhinweise und Ausblick

Portfoliotheoretische Fragestellungen mit LPM-Bezug behandeln *Harlow* (1991), *Hogan/Warren* (1972), *Kalin/Zagst* (1999), *Maurer* (2000), *Maurer/Reiner* (2001), *Merriken* (1994), *Nawrocki* (1991), *Rom/Ferguson* (1994 a,b), *Schmidt-von Rhein* (1996, 2000), *Scheuenstuhl/Zagst* (2000) sowie *Sortino/Price* (1994).

Kapitalmarktgleichgewichtsmodelle mit LPM-Bezug sind dargestellt in *Bawa/Lindenberg* (1977), *Harlow/Rao* (1989), *Hogan/Warren* (1974), *Lee/Rao* (1988), *Nantell/Price* (1979) und *Price/Price/Nantell* (1982).

Anwendungen des LPM-Ansatzes auf optionierte Positionen findet man etwa in *Albrecht/Maurer/Stephan* (1995), *Marmer/Ng* (1993) und *Scheuenstuhl/Zagst* (1998).

Zum MAD-Ansatz vgl. *Konno/Yamazaki* (1992) und *Simaan* (1997).

Beziehungen zur *Bernoulli*-Nutzentheorie im Allgemeinen und zu Ansätzen der stochastischen Dominanz im Besonderen behandeln *Albrecht/Maurer/Möller* (1999), *Bawa* (1975), *Fishburn* (1997), *Gotoh/Konnno* (2000) sowie *Ogryczak/Ruszczynski* (1999).

Als primäre Referenzquelle für die Ausführungen dieses Buches zu dem Komplex der Multifaktormodelle dient die Veröffentlichung *Albrecht/Maurer/Mayser* (1996), die ihrerseits eine Vielzahl von weiteren Referenzen enthält. Des Weiteren sei verwiesen auf Wallmeier (1997).

Überblicke über die Arbitrage-Pricing-Theorie bieten *Shanken* (1992), *Connor/Korajczyk* (1995) sowie aktuell *Lockert* (1998) und *Hahnenstein/Lockert* (2001).

Die Unterscheidung in drei unterschiedliche systematische Ansätze zur Identifikation von Faktormodellen kann auf *Connor* (1995) zurückgeführt werden.

Zur empirischen Identifizierung von Multifaktormodellen (mit oder ohne Bezug zur APT) vgl. im Überblick *Connor/Korajczyk* (1995) sowie *Elton/Gruber* (1995, S. 374 ff.). Zu aktuellen Veröffentlichungen vgl. etwa *Chan/Karceski/Lakonishok* (1998) und *Merville/Hayes-Yelken/Xu* (2001). Für den deutschen Aktienmarkt sei etwa verwiesen auf *Steiner/Nowak* (1994), *Sauer* (1995), *Rösch* (1998) und *Maurer/Elgeti* (2000) sowie *Bessler/Opfer* (2003) und *Ziegler et al.* (2007), für den Schweizer Markt auf *Gallati* (1994).

Die zahlreichen Anwendungen von Multifaktormodellen im Investmentmanagement werden beschrieben in *Rudd/Clasing* (1988), *Grinold/Kahn* (1995), *Albrecht/Maurer/Mayser* (1996) sowie *Fabozzi* (1999, Kapitel 17). Aktuelle Anwendungen von Multifaktormodellen im Hinblick auf eine Identifizierung der Varianz/Kovarianzmatrix bieten *Chan/Karceski/Lakonishok* (1999) und *Steiner/Wallmeier* (1999).

Für eine Darstellung empirischer Ergebnisse der Beta-Prognose auf der Grundlage von (fundamentalen) Multifaktormodellen für den deutschen Markt sei auf *Kleeberg* (1992) verwiesen. Grundlegend zu diesem Themenkomplex vgl. *Rosenberg/Guy* (1976) sowie weiter *Young* et al. (1991).

Die Fallstudien der Abschnitte 7.3.6 und 7.3.7 gehen zurück auf *Elgeti/Maurer* (2000) und *Maurer/Stephan/Dürr* (2002).

Anhang 7A: Formale Analyse der E/LPM-Optimierung

Es bezeichne $R = (R_1, ..., R_n)^T$ den Vektor der Renditen der betrachteten Wertpapiere und $x = (x_1, ..., x_n)$ den zugehörigen Investmentvektor. Es werde vorausgesetzt, dass x über eine kompakte und konvexe Menge D variiere. $R_P = x^TR$ ist die Rendite des Wertpapierportfolios mit Investmentvektor x. Die Zielfunktion des LPM-Portfoliooptimierungsproblems ist demnach

$$\begin{aligned} Z(x) &= LPM_k(z; R_P) \\ &= E\left[\max(z - x^T R, 0)^k\right]. \end{aligned} \tag{7A.1}$$

Da $\max(z - x^T R, 0) \geq 0$, ist auch $E\left[\max(z - x^T R, 0)^k\right] \geq 0$ bzw. $LPM_k \geq 0$ für alle x. Ferner ist für $k \geq 1$ Z(x) eine konvexe Funktion in $x \in D$. Dies kann man durch die folgende Überlegung verifizieren. Man zeigt zunächst, dass g(y) = max (y,0) eine konvexe Funktion ist und benutzt anschließend, dass $E(\cdot)$ ein monotoner und linearer Operator ist. Damit ist das Optimierungsproblem

$$
(7A.2) \qquad \begin{aligned} &Z(x) \to \min! \\ &x^T \mu = c \\ &x \in D, \end{aligned}
$$

wobei $\mu := (E(R_1),\ldots,E(R_n))^T$ für jedes erreichbare c ein konvexes Optimierungsproblem.

Für die konvexe Funktion Z über einer konvexen Menge D gilt ferner generell die folgende Aussage (Nachweis als Übungsaufgabe): Die Funktion

$$
F(c) := \min_{x \in D} \left\{ Z(x); x^T \mu = c \right\}
$$

ist eine konvexe Funktion. Damit ist die Konvexität der E/LPM_k-effizienten (E, LPM_k)-Kombinationen im (E, LPM_k)-Raum bzw. die Konkavität der Funktion $\mu = \mu(LPM_k)$ im (LPM_k, E)-Raum gesichert. Allerdings folgt hieraus nicht notwendigerweise, dass (für $k \geq 1$) $LPM_k^{1/k}$ eine konvexe bzw. $\mu = \mu(LPM_k^{1/k})$ eine konkave Funktion ist. Für den im Haupttext betrachteten Fall $k = 2$ der Shortfallvarianz muss daher eine zusätzliche Bedingung gestellt werden, um die Konvexität zu sichern. Üblicherweise fordert man die Konvexität von $\ln LPM_2(\mu)$ bzw. $\ln SV(\mu)$. Diese zusätzliche Bedingung sei bei den Betrachtungen im Haupttext als erfüllt angenommen.

Anhang 7B: Co-Lower-Partial-Moments

Ähnlich wie die Varianz kann das Lower-Partial-Moment einer (gewichteten) Summe von ($i = 1, \ldots, m$) Zufallsgrößen $X = \sum w_i X_i$ aus den einzelnen Momenten sowie deren Interrelationsbeziehungen bestimmt werden. Für den Fall $n \geq 1$ gilt dabei die folgende Zerlegung:

$$
(7B.1) \qquad \begin{aligned} LPM_z^n(X) &= \sum_{i=1}^{m} \sum_{j=1}^{m} w_i w_j CLPM_z^n(X_i, X_j) \\ &= \sum_{i=1}^{m} w_i^2 LPM_z^n(X_i) + \sum_{i \neq j} w_i w_j CLPM_z^n(X_i, X_j). \end{aligned}
$$

Dabei bezeichnet der Ausdruck $CLPM_z^n(X_i, X_j)$ das Co-Lower-Partial-Moment vom Grade n der Zufallsgrößen X_i und X_j. Die Co-Lower-Partial-Moments sind dabei definiert als:

$$
(7B.2) \qquad \begin{aligned} CLPM_z^n(X_i, X_j) &= E\left[(\max(z - X_i, 0))^{n-1}(z - X_j)\right] \\ &= \int_{-\infty}^{+\infty} \int_{-\infty}^{z} (z - x_i)^{n-1}(z - x_j) f(x_i, x_j) dx_i dx_j \\ &= E\left[(z - X_i^*)^{n-1}(z - X_j)\right], \end{aligned}
$$

wobei

$$
X_i^* = \begin{cases} X_i & \text{für } X_i < z \\ z & \text{für } X_i \geq z. \end{cases}
$$

Weiterhin gilt

(7B.3)
$$CLPM_z^n(X_i, X_j) = LPM_z^n(X_i) \qquad wenn\ i = j;$$
$$CLPM_z^n(X_i, X_j) \neq CLPM_z^n(X_j, X_i) \quad wenn\ i \neq j.$$

Die Matrix der Co-Lower-Partial-Moments ist somit vergleichbar mit einer herkömmlichen Kovarianzmatrix, ohne allerdings ihre Symmetrieeigenschaft zu besitzen[42]. Repräsentieren die einzelnen w_i Portefeuilleanteile, ist damit wie für die Varianz eine Separation von Parameteridentifikation und Risikoquantifizierung möglich. Zunächst kann aus den vorliegenden Daten die Matrix der Co-Lower-Partial-Moments mit den entsprechenden Stichprobengegenstücken von (7B.2) geschätzt werden. Anschließend wird durch Variation der Portefeuillegewichte das Gesamtrisiko bestimmt.

Anhang 7C: Matrixstruktur von Multifaktormodellen

Wir treffen zunächst die Konvention, dass die im folgenden betrachteten Vektoren grundsätzlich Spaltenvektoren sind. $E(X)$ bzw. $Var(X)$ bezeichnen den Erwartungswert (-vektor) bzw. die Varianz/Kovarianzmatrix des Zufallsvektors X, $Cov(X,Y)$ die Kovarianzmatrix zweier Zufallsvektoren X und Y. Die Notation I bezeichne stets eine Einheitsmatrix, die Notation D stets eine (quadratische) Diagonalmatrix, $D = diag(d_1, ..., d_n)$ spezifiziert die Elemente der Diagonalmatrix. Die Notation e ist für einen Spaltenvektor der Form $(1,..., 1)^T$ reserviert.

Mit $R = (R_1,...,R_n)^T$, $F = (F_1,...,F_m)^T$, $U = (U_1,...,U_n)^T$, $\varepsilon = (\varepsilon_1,...,\varepsilon_n)^T$, $a = E(U)$ und $B = (b_{ij})$ lautet die Matrixdarstellung des Faktormodells (7.1) bzw. (7.4)

(7C.1)
$$R = BF + U = a + BF + \varepsilon$$

Strukturelle Annahmen sind $Cov(F, U) = 0$ und $D_\varepsilon := Var(\varepsilon) = diag(s_1^2,...,s_n^2)$.

Unter Annahme der Regularität der Varianz/Kovarianzmatrix $Var(F)$ folgt aus $Cov(R, F) = Cov(BF + U, F) = B\ Var(F)$ die Beziehung

(7C.2)
$$B = Cov(R, F)\ Var(F)^{-1}.$$

Wir erhalten somit bereits aus einfachen Annahmen über die Struktur des Multifaktormodells eine Gestalt der Faktorladungen, die es nahelegt, von *Betafaktoren* bzw. von einer *Betamatrix* des Vektors R bezüglich des Vektors F zu sprechen. Es gilt des Weiteren ($f := E(F)$, $V_F := Var(F)$):

(7C.3a)
$$E(R) = a + Bf,$$

(7C.3b)
$$V_R := Var(R) = B\ V_F\ B^T + D_\varepsilon,$$

Wir betrachten nun im Weiteren eine Reihe von relevanten Transformationen: Da V_F (insbesondere) eine *symmetrische* Matrix ist, gibt es eine zugehörige *orthogonale* Matrix P, d.h.

42 Vgl. etwa *Hogan/Warren* (1974, S. 9). Intuitiv liegt dies daran, dass der nicht risikorelevante Wertebereich (z,∞) jeweils alternativ für X_i bzw. X_j nicht in die Berechnung eingeht.

$PP^T = I$, mit $P^T V_F P = D = diag(\lambda_1, .., \lambda_m)$. Dabei sind die λ_i die *Eigenwerte* von V_F und die Spaltenvektoren von P bestehen aus paarweise *orthogonalen Eigenvektoren* von V_F. Mit $\tilde{F} := P^T F$ und $\tilde{B} := BP$ besitzt (7C.1) die äquivalente Darstellung

(7C.4) $$R = \tilde{B}\tilde{F} + U,$$

wobei nun $Var(\tilde{F}) = P^T V_F P = D$ eine Diagonalform besitzt, d.h. die (transformierten) Faktoren sind nunmehr *unkorreliert*.

Ist die Matrix $Var(F)$ sogar regulär und damit positiv definit, so sind alle Eigenwerte $\lambda_i > 0$ und mit $F^* := D^{-½} P^T F$, wobei $D^{-½} := diag(\lambda_1^{-½}, ..., \lambda_m^{-½})$ gilt in diesem Falle $Var(F^*) = D^{-½} P^T V_F P D^{-½} = D^{-½} diag(\lambda_1, ..., \lambda_m) D^{-½} = I_m$, d.h. die Faktoren sind unkorreliert und weisen sämtlich Standardabweichungen der Höhe 1 auf. Nimmt man noch eine Erwartungswertbereinigung vor, so erhält man mit $B^* := BPD^{½}$ das zu (7C.1) äquivalente Faktormodell

(7C.5) $$R = E(R) + B^* F^* + \varepsilon,$$

wobei nun neben $Cov(F^*, \varepsilon) = 0$ und $Var(\varepsilon) = diag(s_1^2, \ldots, s_n^2)$ auch $E(F^*) = 0$ und $Var(F^*) = I$ gilt, d.h. die Faktoren sind standardisiert und orthonormal.

Existiert nun eine reguläre Matrix C, sodass für einen Vektor F^* aus beobachtbaren (zufallsabhängigen) ökonomischen Faktoren gilt $F^* = C F$, so erhalten wir aus (7C.1) $R = B C^{-1} F^* + U$ und daraus mit $B^* = B C^{-1}$ das Faktormodell.

(7C.6) $$R = B^* F^* + U,$$

mit direkt beobachtbaren Faktoren. Im Rahmen einer zeitlichen Analyse jeder Zeile des linearen Modells (7C.6) (d.h. für jedes R_i isoliert) führt (7C.6) auf ein lineares Regressionsmodell mit stochastischem Regressor F^*. In empirischen Anwendungen argumentiert man üblicherweise auf der Grundlage der Bedingung einer Beobachtung $F^* = f^*$. Unter Annahmen über die bedingte Unverzerrtheit gelten dann alle Ergebnisse der Standard-Regressionsanalyse, vgl. etwa *Fahrmeir/Hamerle* (1984, S. 85 ff.).

Ist hingegen die Matrix B der Faktorladungen eine lineare Transformation $B = X C$ einer (bekannten) (n, k)-Matrix X (mit $n >> k$), etwa den fundamentalen Daten (x_{ij}) des betrachteten Unternehmens, denen das Wertpapier i entspricht, so ergibt sich aus (7A.1) $R = X C F + U$ und daraus mit $F^* = C F$ das Faktormodell

(7C.7) $$R = X F^* + U,$$

mit nunmehr bekannten Faktorladungen. Modelle des Typus (7C.7) führen auf Querschnitts-Regressionsanalysen[43].

Abschließend gehen wir noch kurz auf die Matrixstruktur der Darstellung von Portfoliorenditen im Rahmen von Multifaktormodellen ein. Dabei verwenden wir insbesondere die Ergebnisse des Anhangs 6.A.1 über die Formulierung des Portfoliomodells in Matrixschreibweise.

Für die Rendite R_P eines Portfolios mit Investmentvektor $x = (x_1, ..., x_n)^T$ gilt im Rahmen des Multifaktormodells (7C.1):

(7C.8) $$R_P = x^T R = x^T a + x^T BF + x^T \varepsilon.$$

---

43 Vgl. hierzu im Detail etwa auch *Steiner/Wallmeier* (1999, S. 86 ff.).

Hieraus folgt für den Erwartungswert der Portfoliorendite

(7C.9a) $$E(R_P) = x^T a + x^T Bf$$

sowie für die entsprechende Portfoliovarianz

(7C.9b) $$Var(R_P) = x^T B\ V_F\ B^T x + x^T D_\varepsilon\ x\ .$$

Der Term $x^T B$ entspricht dabei dem Vektor der Sensitivitäten des Portfolios in Bezug auf die erklärenden Faktoren, er ergibt sich als gewichtete Summe der Faktorsensitivitäten der einzelnen Wertpapiere, im Haupttext waren dies die Größen $b_{Pj} = \sum_{i=1}^{n} x_{Pi} b_{ij}$. Entsprechend lassen sich auch die anderen Ergebnisse des Haupttextes in Matrixform formulieren.

Anhang 7D: Exakte APT-Preisgleichung für Wertpapierrenditen ohne idiosynkratische Risiken

Wir gehen aus von einem Faktormodell $R = a + BF$ ohne idiosynkratische Risiken in Standardform[44], d.h. es gelte E(F) = 0 und Var(F) = I. hieraus folgt zunächst:

(7D.1) $$E(R) = a, \quad Var(F) = B^T B\ .$$

Die (n, m)-Matrix B besitze die Spaltenvektoren $b_1, ..., b_m$. Wir betrachten nun die orthogonale Projektion v des Vektors a auf den Vektorraum $[e, b_1, ..., b_m]$. Es gibt dann Skalare $\lambda_0, \lambda_1, ..., \lambda_k$ mit

(7D.2a) $$a - v = \lambda_0 e + \lambda_1 b_1 + \lambda_m b_m\ ,$$

(7D.2b) $$v^T e = v^T b_1 = \ldots = v^T b_m = 0$$

Insbesondere gilt $v^T B = 0$, v ist ein »Zero-Beta-Portfolio«.

Wir betrachten nun die Investition in den Wertpapiermarkt mit Investmentvektor v. Wegen $v^T e = 0$ weist diese Investition anfängliche Kosten von null auf. Die zugehörige Rendite ist

(7D.3) $$Z(v) = v^T R = v^T a + v^T B\ F = v^T a\ \ .$$

Hieraus folgt:

(7D.4) $$E[Z(v)] = v^T a, \quad Var[Z(v)] = 0$$

Gemäß der Arbitragefreiheitsbedingung (5.22) muss damit gelten:

$$\begin{aligned} 0 &= E[Z(v)] = v^T a \\ &= v^T(\lambda_0 e + \lambda_1 b_1 + \ldots + \lambda_m b_m + v) \\ &= v^T v = \sum v_i^2 \Leftrightarrow v = 0 \end{aligned}$$

44 Man vgl. die entsprechenden Ausführungen in Anhang 7C hierzu.

Aufgrund von (7D.2a) gilt damit

(7D.5a) $$E(R) = a = \lambda_0 e + \lambda_1 b_1 + \ldots + \lambda_m b_m$$

bzw. für die i-te Komponente

(7D.5b) $$E(R_i) = \lambda_0 e + \lambda_1 b_{i1} + \ldots + \lambda_m b_{im}.$$

Dies entspricht der exakten APT-Preisgleichung (7.3.6).

Anhang 7E: Exakte APT-Preisgleichung im Rahmen eines Gleichgewichts-APT-Ansatzes

Wir gehen aus von einem Faktormodell $R = a + BF + \varepsilon$ in Standardform[45]. Es gelte $E(F) = 0$, $Var(F) = I$ und $Var(\varepsilon) = diag(s_1^2, ..., s_n^2)$, die Faktoren sind insbesondere standardisiert und orthonormal. Anstelle der Annahme $Cov(F, \varepsilon) = 0$ trete die Hypothese $E(\varepsilon_i | F_1, ..., F_m) = 0$ für alle $i = 1, ..., n$ bzw. kurz $E(\varepsilon|F) = 0$.

Wir betrachten nun die nutzentheoretische Variante des Portfoliooptimierungsproblems in Matrixform:

(7E.1) $$E[u(x^T R)] \to \max! \quad \text{unter } x^T e = 1.$$

Aus dem Lagrange-Ansatz ergeben sich die folgenden Bedingungen 1. Ordnung für das Vorliegen eines Maximums[46]:

(7E.2a) $$E[u'(x^T R)R] + \lambda e = 0$$

(7E.2b) $$x^T e = 1.$$

Einsetzen der Faktorstruktur in (7E.2a) ergibt zunächst:

$$-\lambda e = E\left[u'(x^T R)(a + BF + \varepsilon)\right] = E\left[u'(x^T R)\right] a$$

$$+B\, E\left[u'(x^T R)F\right] + E\left[u'(x^T R)\varepsilon\right]$$

$$= ma + Bg + E\left[u'(x^T R)\varepsilon\right].$$

Hieraus folgt

$$ma = -\lambda e - Bg - E\left[u'(x^T R)\varepsilon\right]$$

bzw. mit $\lambda_0 = -\lambda/m$ und $f = g/m$:

(7E.3) $$E(R) = \lambda_0 e + Bf - \frac{1}{m} E\left[u'(x^T R)\varepsilon\right].$$

45 Man vgl. die entsprechenden Ausführungen in Anhang 7C hierzu.

46 Aus technischer Sicht muss dazu die Vertauschung von Differentiation und Integration erlaubt sein.

Dies ist die APT-Preisgleichung, bis auf den Term $\frac{1}{m}E\left[u'(x^T R)\varepsilon\right]$. Es sind daher Bedingungen zu finden, unter denen dieser Term null wird. Wir treffen hierzu zwei Annahmen:

1) Es gibt ein Portfolio N mit Investmentvektor x_N ohne idiosynkratisches Risiko (vollständig diversifiziertes Portfolio), d.h. es gilt:

(7E.4)
$$\begin{aligned} R_N &= x_N^T R = x_N^T a + x_N^T BF \\ &= E(R_N) + B^* F . \end{aligned}$$

2) Dieses Portfolio ist für einen der Investoren am Markt optimal. Damit gilt aufgrund von (7E.3)

(7E.5)
$$E(R_N) = \lambda_0 e + Bf + \frac{1}{m}E\left[u'(x_N^T R)\varepsilon\right].$$

Nun gilt weiter:

$$\begin{aligned} E[u'(x_N^T R)\varepsilon] &= E[u'(E(R_N) + B^* F)\varepsilon] = E[g(F_1,\ldots,F_n)\varepsilon] \\ &= E[E[g(F_1,\ldots,F_n)\varepsilon \mid F_1,\ldots,F_n]] \\ &= E[g(F_1,\ldots,F_n)E(\varepsilon \mid F_1,\ldots,F_n)] = 0 . \end{aligned}$$

Damit gilt insgesamt:

(7E.6)
$$E(R) = \lambda_0 e + Bf .$$

Dies ist das Resultat von *Chen/Ingersoll* (1983), das wir nochmals in folgendem Satz zusammenfassen:

Satz: Gibt es in einem Wertpapiermarkt, der durch ein Faktormodell in Standardform mit $E(\varepsilon|F) = 0$ repräsentiert wird, ein Portfolio N ohne idiosynkratisches Risiko und gibt es einen Investor, der N als optimales Portfolio hält, so gilt eine exakte APT-Preisgleichung.

Dies bedeutet jedoch nicht, dass alle Investoren vollständig diversifizierte Portfolios halten. *Chen/Ingersoll* (1983, S. 987) formulieren: »Nonsystematic risk is not priced even if only a single investor chooses not to bear it.«

Übungsaufgaben zu Kapitel 7

Aufgabe 7.1: Weisen Sie die folgende Identität für das Lower Partial Moment einer positiven linearen Transformation $Y = a + bX$ $(b > 0)$ einer Zufallsgröße X nach:

$$LPM_n = (Y,z) = b^n LPM_n(X, \frac{z-a}{b}).$$

Aufgabe 7.2: Es sei R die Rendite eines rein riskanten Portfolios P. Bezeichne die anteilige Investition in P und $1 - a$ die anteilige Investition in die sichere Anlage mit Verzinsung r_0. Zeigen Sie:

a) $LPM_n^{1/n}(r_0, R_a) = a LPM_n^{1/n}(r_0, R)$, wobei $R_a := aR + (1-a)r_0$

b) $E(R_a) = r_0 + \dfrac{E(R) - r}{LPM_n^{1/n}(r_0, R)} LPM_n^{1/n}(r_0, R_a).$

Aufgabe 7.3: Weisen Sie die folgende Beziehung nach:

$$LPM_n(z; X) = E[(z - X)^n | X < z] \, P(X < z),$$

d.h. das LPM ist das Produkt aus »bedingter Shortfallhöhe« und Shortfallwahrscheinlichkeit.

Aufgabe 7.4: Es seien R_1 und R_2 zwei Zufallsgrößen mit der folgenden gemeinsamen Wahrscheinlichkeitsverteilung:

$P(R_1 = 0.05, R_2 = 0.06) = 0.2$
$P(R_1 = 0.05, R_2 = 0.09) = 0.1$
$P(R_1 = 0.10, R_2 = 0.06) = 0.1$
$P(R_1 = 0.05, R_2 = 0.09) = 0.4$.

Rechnen Sie nach, dass bei Wahl des Targets z = 0.07 für die Co-Shortfallvarianzen gilt: $CSV_z(R_1, R_2) \neq CSV_z(R_2, R_1)$.

Aufgabe 7.5:

a) Ermitteln Sie für die aktive Allokationsrendite R_{AA} (7.3.26) einen zur Darstellung (7.3.18) der residualen Rendite RR_P analogen Ausdruck. Ermitteln Sie auf dieser Grundlage die erwartete aktive Allokationsrendite (aktiver Alphafaktor) α_A sowie die Varianz der aktiven Allokationsrendite (aktives Risiko) ω_A^2.

b) Zeigen Sie: $Cov(\beta_{PN} R_N, R_{AA}) = 0.$

c) Zeigen Sie ferner: $Var(R_P) = \beta_{PN}^2 Var(R_N) + \omega_A^2.$

Aufgabe 7.6:

a) Zeigen Sie, dass für den Information-Ratio der aktiven Allokationsrendite R_{AA} gilt:

b) Es bezeichne $IR_N = [E(R_N) - r_0] / \sigma(R_N)$ den normalen Information-Ratio und wir definieren $H_P^* := \alpha_A / \beta_{PN}[E(R_N) - r_0]$. Bestimmen Sie die dem Ausdruck (7.3.29) entsprechende Beziehung zwischen IR_P, IR_A, IR_N und H_P^* .

Literatur zu Kapitel 7

Literatur zu Abschnitt 7.2

Admati, A.R., P. Pfleiderer (1985): Interpreting the Factor Risk Premia in the APT, Journal of Economic Theory 35, S. 191–195.

Albrecht, P., R. Maurer, M. Möller (1999): Shortfall-Risiko/Excess-Chance-Entscheidungskalküle: Grundlagen und Beziehungen zum Bernoulli-Prinzip, Zeitschrift für Wirtschafts- und Sozialwissenschaften 118, S. 249–274.

Albrecht, P., R. Maurer, T.G. Stephan (1995): Shortfall-Performance rollierender Wertsicherungsstrategien, Finanzmarkt und Portfolio Management 9, S. 197–209.

Bawa, V.S. (1975): Optimal Rules for Ordering Uncertain Prospects, Journal of Financial Economics 2, S. 95–121.

Bawa, V.S., E.B. Lindenberg (1977): Capital Market Equilibrium in a Mean-Lower Partial Moment Framework, Journal of Financial Economics 5, S. 189–200.

Fishburn, P.C. (1977): Mean Risk Analysis with Risk Associated with Below Target Returns, American Economic Review 67, S. 116–126.

Gotoh, J., H. Konno (2000): Third Degree Stochastic Dominance and Mean-Risk Analysis, Management Science 37, S. 519–531.

Harlow, W.V. (1991): Asset Allocation in a Downside-Risk Framework, Financial Analysts Journal, September/October, S. 28–40.

Harlow, W.V., R.K.S. Rao (1989): Asset Pricing in a Generalized Mean Lower Partial Moment Framework: Theory and Evidence, Journal of Financial and Quantitative Analysis 24, S. 285–311.

Hogan, W.V., J.M. Warren (1972): Computation of the Efficient Boundary in the E-S Portfolio Selection Model, Journal of Financial and Quantitative Analysis 7, S. 1881–1897.

Hogan, W.V., J.M. Warren (1974): Towards the Development of an Equilibrium Capital-Market Model Based on Semivariance, Journal of Financial and Quantitative Analysis 9, S. 1–11.

Kalin, D., R. Zagst (1999): Portfolio Optimization: Volatility Constraints versus Shortfall Constraints, OR Spektrum 21, S. 97–122.

Konno, H., H. Yamazaki (1991): Mean absolute deviation portfolio optimization model and its application to Tokyo stock market, Management Science 37, S. 519–531.

Lee, W.Y., R.K.S. Rao (1988): Mean Lower Partial Moment Valuation and Lognormally Distributed Returns, Management Science 34, S. 446–453.

Marmer, H.S., F.K.L. Ng (1993): Mean Semivariance Analysis of Option-Based Strategies: A Total Asset Mix Perspective, Financial Analysts Journal, May – June 1993, S. 47–54.

Maurer, R. (2000): Integrierte Erfolgssteuerung in der Schadenversicherung auf der Basis von Risiko-Wert-Modellen, Karlsruhe.

Maurer, R., F. Reiner (2001): International Asset Allocation with Real Estate Securities in a Shortfall-Risk Framework: The Viewpoint of German and US Investors, Arbeitspapier, Universität Frankfurt.

Merriken, H.E. (1994): Analytical Approaches to Limit Downside Risk: Semivariance and the Need for Liquidity, Journal of Investing, Fall 1994, S. 65–72.

Nantell, T.J., B. Price (1979): An Analytical Comparison of Variance and Semivariance Capital Market Theories, in: Journal of Financial and Quantitative Analysis 14, S. 221–242.

Nawrocki, D. (1991): Optimal algorithms and lower partial moment: ex post results, in: Applied Economics 23, S. 465–470.

Ogryczak, W., A. Ruszczynski (1999): From stochastic dominance to mean-risk models: Semideviations as risk measures, European Journal of Operational Research 116, S. 33–50.

Price, K., B. Price, T.J. Nantell (1982): Variance and lower partial moment measures of systematic risk: Some analytical and empirical results, Journal of Finance 37, S. 843–855.

Rom, B.M., K. Ferguson (1994a): Post-Modern Portfolio Theory Comes of Age, Journal of Investing, Fall 1994, S. 11–17.

Rom, B.M., K. Ferguson (1994b): »Portfolio Theory is Alive and Well«: A Response, Journal of Investing, Fall 1994, S. 24–44.

Scheuenstuhl, G., R. Zagst (1998): Asymmetrische Renditestrukturen und ihre Optimierung im Portfoliomanagement mit Optionen, in: *Kutscher, C., G. Schwarz* (Hrsg.): Aktives Portfolio Management, Zürich, S. 153–174.

Scheuenstuhl, G., R. Zagst (2000): Portfoliosteuerung bei beschränktem Verlustrisiko, in: *Johanning, L., B. Rudolph* (Hrsg.): Handbuch Risikomanagement, Bad Soden/Ts., Band 2, S. 941–971.

Schmidt-von Rhein, A. (1996): Die Moderne Portfoliotheorie im praktischen Wertpapiermanagement, Bad Soden/Ts.

Schmidt-von Rhein, A. (200): Portfoliooptimierung mit der Ausfallvarianz, in: *Kleeberg/Rehkugler* (Hrsg.): Handbuch Portfoliomanagement, Bad Soden/Ts., S. 591–625.

Simaan, Y. (1997): Estimation Risk in Portfolio Selection: The Mean Variance Model Versus the Mean Absolute Deviation Model, Management Science 43, S. 1437–1446.

Sortino, F. A., L.N. Price (1994): Performance Measurement in a Downside Risk Framework, Journal of Investing, Fall 1994, S. 59–64.

Literatur zu Abschnitt 7.3

Albrecht, P., R. Maurer, J. Mayser (1996): Multi-Faktorenmodelle: Grundlagen und Einsatz im Management von Aktien-Portefeuilles, Zeitschrift für betriebswirtschaftliche Forschung 48, S. 3–29.

BARRA (1991): The German Equity Model, BARRA Associates.

Beckers, S., P. Cummins, Ch. Woods (1993): The estimation of multiple factor models and their applications: The Swiss equity market, Finanzmarkt und Portfolio Management 7, S. 24–45.

Bessler, W., H. Opfer (2003): Empirische Untersuchung zur Bedeutung makroökonomischer Faktoren für Aktienrenditen am deutschen Kapitalmarkt, Financial Markets and Portfolio Management 17, S. 412–436.

Brown, S.J., M.P. Kritzman (Hrsg.) (1991): Quantitative Methods for Financial Analysis, 2. Aufl., Homewood (Illinois).

Chan, L.K.C., J. Karceski, J. Lakonishok (1998): The Risk and Return from Factors, Journal of Financial and Quantitative Analysis 33, S. 159–188.

Chan, L.K.C., J. Karceski, J. Lakonishok (1999): On Portfolio Optimization: Forecasting Covariances and Choosing the Risk Model, Review of Financial Studies 12, S. 937–974.

Chaumeton, L., G. Connor, R. Curds (1996): A Global Stock and Bond Model, Financial Analysts Journal, November/December 1996, S. 65–74.

Chen, N.-F., J.E. Ingersoll (1983): Exact Pricing in Linear Factor Models with Finitely Many Assets: A Note, Journal of Finance 38, S. 985–988.

Chen, N.-F., R. Roll, S.A. Ross (1986): Economic Forces and the Stock Market, Journal of Business 59, S. 386–403.

Connor, G. (1995): The Three Types of Factor Models: A Comparison of Their Explanatory Power, Financial Analysts Journal, March-June 1995, S. 42–46.

Connor, G., N. Herbert (1998): Regional Modelling of the Western European Equity Market (Internes *BARRA*-Arbeitspapier), London.

Connor, G., R.A. Korajczyk (1995): The arbitrage pricing theory and multifactor models of asset returns, in: *Jarrow, R., V. Maksimovic, W. Ziemba* (Hrsg.): Finance. Handbooks in Operations Research and Management Science, Vol. 9, Amsterdam u.a., S. 87–144.

Cummins, J.D., S.E. Harrington (1988): The Relationship Between Risk and Return: Evidence for Property-Liability Insurance Stocks, Journal of Risk and Insurance 55, S. 15–31.

Dybvig, P.H. (1983): An Explicit Bound on Individual Assets' Deviations from APT pricing in a Finite Economy, Journal of Financial Economics 12, S. 483–496.

Eberts, E., R. Maurer (2001): Vergleich von Zeitreihen- und Zinsratenmodellen zur Prognose der deutschen Inflationsrate, Der Aktuar 7/2001, S. 86–93.

Elgeti, R., R. Maurer (2000): Zur Quantifizierung der Risikoprämien deutscher Versicherungsaktien im Kontext eines Multifaktorenmodells, Zeitschrift für die gesamte Versicherungswissenschaft 89, S. 577–603.

Elton, E.J., M.J. Gruber (1995): Modern Portfolio Theory and Investment Analysis, 5. Aufl., New York u.a., Kapitel 16.

Entorf, H. (2000): Der deutsche Aktienmarkt, der Dollar und der Außenhandel, Zeitschrift für die Betriebswirtschaft 70, S. 515–539.

Fabozzi, F.J. (1999): Investment Management, 2. Aufl., Upper Saddle River, N.J.

Fama, E.F., K.R. French (1992): The cross-sections of expected stock returns, Journal of Finance 47, S. 427–465.

Fama, E.F., K.R. French (1993): Common risk factors in the returns on stocks and bonds, Journal of Financial Economics 33, S. 3–56.

Fahrmeir, L., A. Hamerle (1984): Multivariate statistische Verfahren, Berlin, New York.

Gallati, R.R. (1994): Multifaktor-Modell für den Schweizer Aktienmarkt, Bern u.a.

Grinblatt, M., S. Titman (1983): Factor Pricing in a Finite Economy, Journal of Financial Economics 12, S. 497–507.

Grinold, R.C., R.N. Kahn (1995): Active Portfolio Management, Chicago/Illinois.

Hahnenstein, L., G. Lockert (1999): Eine Sackgasse in der empirischen Kapitalmarktforschung?, Die Betriebswirtschaft 58, S. 415–418.

Hahnenstein, L., G. Lockert (2001): Reale Faktorstruktur und Bewertung originärer Beteiligungstitel, Betriebswirtschaftliche Forschung und Praxis, Heft 6/2001, S. 593–613.

Hamerle, A., D. Rösch (1998a): Zum Einsatz »fundamentaler« Faktorenmodelle im Portfolio Management, Die Betriebswirtschaft 58, S. 38–48.

Hamerle, A., D. Rösch (1998b): Zur empirischen Identifikation von Risikofaktoren bei Modellen der Arbitrage Pricing Theory, OR-Spektrum 20, S. 123–134.

Huberman, G., S. Kandel, R.F. Stambaugh (1987): Mimicking Portfolios and Exact Arbitrage Pricing, Journal of Finance 42, S. 1–9.

Kleeberg, J.M. (1992): Der Einsatz von fundamentalen Betas im modernen Portfoliomanagement, Die Bank 8/92, S. 474–478.

Kryzanowski, L., M.C. To (1983): General Factor Models and the Structure of Security Returns, Journal of Financial and Quantitative Analysis 18, S. 31–52.

Kvalseth, T. O. (1985): Cautionary Note About R, The American Statistician 39, S. 279–285.

Lehmann, B.N., D. Modest (1988): The Empirical Foundations of the Arbitrage Pricing Theory I: The Empirical Tests, Journal of Financial Economics 21, S. 213–254.

Lockert, G. (1998): Kapitalmarkttheoretische Ansätze zur Bewertung von Aktien: Entwicklung und Stand der Arbitrage Pricing Theory, Zeitschrift für Betriebswirtschaft, Ergänzungsheft 2/98, S. 75–98.

Luley, M. (1992): Quantitative Methoden der Messung und Auswertung von Performance, in: Risk and Reward, 3/92 BIL Asset Management, Juli 1992, S. 25–33.

McElroy, M.B., E. Burmeister (1988): Arbitrage pricing theory as a restricted nonlinear multivariate regression model, Journal of Business and Economic Statistics 6, S. 29–42.

Mei, J, A. Saunders (1994): The time-variation of risk premiums on insurer stocks, Journal of Risk and Insurance 61, S. 12-32.

Merville, L.J., S. Hayes-Yelken, Y. Xu (2001): Identifying the factor structure of equity returns, Journal of Portfolio Management, Summer 2001, S. 51–61.

Montgomery, D. C., E.A. Peck (1982): Introduction to Linear Regression Analysis, New York, NY: Wiley.

Nielsen, L. (1992): Quantifizierung von Investitionsrisiken auf dem Deutschen Aktienmarkt, Die Bank 4/92, S. 228–230.

Roll, R., S. A. Ross (1995): The Arbitrage Pricing Theory Approach to Strategic Portfolio Planning, Financial Analysts Journal, January/February 1995, S. 122–131.

Rösch, D. (1998): Empirische Identifikation von Wertpapierrisiken: Faktoren-, Arbitrage- und Gleichgewichtsmodelle im Vergleich, Wiesbaden.

Rosenberg, B. (1974): Extra-market Components of Covariance in Security Returns, Journal of Financial and Quantitative Analysis 9, S. 263–274.

Rosenberg, B, J Guy (1976): Prediction of beta from investment fundamentals, Financial Analysts Journal, May/June 1976, S. 60–72, July/August 1976, S. 62–70.

Rosenberg, B., W. McKibben (1973): The prediction of systematic and specific risk in common stocks, Journal of Financial and Quantitative Analysis 8, S. 317–333.

Ross, S.A. (1975): Return, Risk and Arbitrage, in: *Friend, I., J. Bicksler* (Hrsg.): Studies in Risk and Return, Cambridge, Mass.

Ross, S.A. (1976): The Arbitrage Theory of Capital Asset Pricing, Journal of Economic Theory 13, S. 341–360.

Rozeff, M.S., W.R. Kinney (1976): Capital Market Seasonality: The Case of Stock Returns, Journal of Financial Economics 3, S. 379–402.

Rudd, A., H.K. Clasing (1988): Modern Portfolio Theory: The Principles of Investment Management, 2. Aufl., Orinda.

Sauer, A. (1994): Faktormodelle und Bewertung am deutschen Aktienmarkt, Frankfurt/Main.

Shanken, J. (1982): The arbitrage pricing theory: Is it testable?, Journal of Finance 37, S. 1129–1140.

Shanken, J. (1992): The Current Status of the Arbitrage Pricing Theory, Journal of Finance 47, S. 1569–1574.

Steiner, M., Ch. Bauer (1992): Die fundamentale Analyse und Prognose des Marktrisikos deutscher Aktien, Zeitschrift für betriebswirtschaftliche Forschung 44, S. 347–368.

Steiner, M., T. Nowak (1994): Zur Bestimmung von Risikofaktoren am deutschen Aktienmarkt auf Basis der Arbitrage Pricing Theory, Die Betriebswirtschaft 54, S. 347–362.

Steiner, M., M. Wallmeier (1999): Forecasting the correlation structure of German stock returns: A test of firm-specific factor models, European Financial Management 5, S. 85–102.

Stephan, T.G., R. Maurer, M. Dürr (2002): Ein Multi-Faktor-Modell für europäische Aktienportfolios, in: Fachausschuß Finanzmathematik (Hrsg.): Investmentmodelle für das Asset Liability Modelling von Versicherungsunternehmen, Karlsruhe, S. 227–241.

Wallmeier, M. (1999): Prognose von Aktienrenditen und -risiken mit Mehrfaktormodellen, Bad Soden/Ts.

Wei, K.C.J. (1988): An Asset Pricing Theory Unifying the CAPM und APT, Journal of Finance 43, S. 881–892.

Young, S.D., M.A. Berry, D.W. Harvey, J.R. Page (1991): Macroeconomic Forces, Systematic Risk, and Financial Variables: An Empirical Investigation, Journal of Financial and Quantitative Analysis 26, S. 559–564.

Ziegler, A., M. Schröder, A. Schulz, R. Stehle (2007): Multifaktormodelle zur Erklärung deutscher Aktienrenditen: Eine empirische Analyse, Zeitschrift für betriebswirtschaftliche Forschung 59, S. 355–389.

8 Investments in Zinstitel: Grundlagen

8.1 Einführung

Aus einer finanzwirtschaftlichen Perspektive lassen sich Investments in verzinsliche Titel, unabhängig von ihren konkreten Ausstattungsmerkmalen[1], sowohl aus Sicht des Emittenten (Schuldnerposition) als auch des Inhabers (Gläubigerposition) durch eine vereinbarte Folge von Zins- und Tilgungszahlungen zu bestimmten Zeitpunkten charakterisieren. Im Folgenden soll die Position des Investors im Mittelpunkt stehen, der einen oder mehrere Zinstitel erworben hat. Dabei steht die Klasse der festverzinslichen Wertpapiere (auch als Renten, Anleihen oder Bonds bezeichnet) im Vordergrund der Ausführungen dieses Kapitels.

Sind die Zahlungszeitpunkte äquidistant, so lässt sich ein festverzinsliches Wertpapier durch eine Folge von hinsichtlich Höhe und Fälligkeitszeitpunkt fixierten Zins- und Tilgungszahlungen $\{Z_1,..., Z_T\}$ des Schuldners an den Gläubiger charakterisieren. Zur Vereinfachung sollen zunächst sämtliche Zahlungen Z_t (t = 1, 2, ..., T) am Periodenende fällig werden und die Periodenlänge jeweils ein Jahr betragen, wobei T der Laufzeit des Titels entspricht. Aus Sicht des Inhabers ist diese Zahlungsreihe zu ergänzen um die geleistete Anfangsauszahlung, den Preis P_0 des Bonds:

$$\{-P_0, Z_1,..., Z_T\}.$$

Diese formale Darstellung betont den Zusammenhang zur betriebswirtschaftlichen Investitionstheorie, die hier ein breites Anwendungsfeld findet und deren grundlegende Ergebnisse in Kapitel 2 bereitgestellt worden sind. Zwei Spezialfälle eines Bonds werden im Folgenden regelmäßig wieder aufgegriffen:

Zerobond: Ein Zerobond bzw. eine Nullkuponanleihe ist ein Zinstitel, bei dem während der Laufzeit keine Zinszahlung, sondern nur eine endfällige Tilgung in Höhe des Nennwerts N erfolgt. Dies spiegelt sich in einem entsprechenden Abschlag (Disagio) des Emissionspreises vom Nennwert, d.h. $P_0 < N$, wider. Die Abbildung 8.1 illustriert die mit einem Zerobond-Investment verbundene Zahlungsreihe.

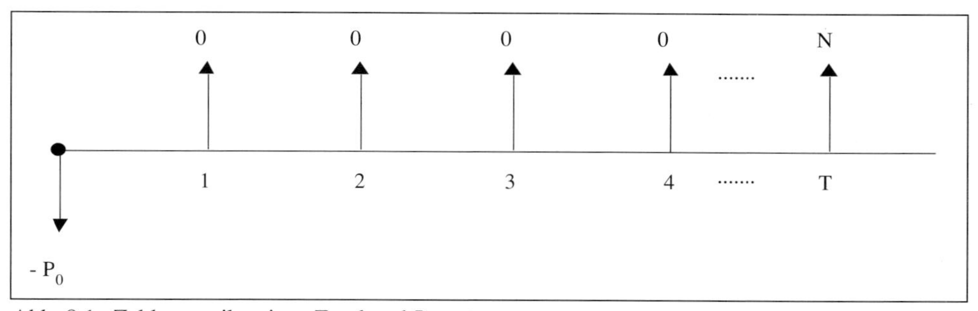

Abb. 8.1: Zahlungsreihe eines Zerobond-Investments

1 Vgl. hierzu die Übersicht in Abschnitt 1.4.3.

Standardbond: Ein Standardbond ist gekennzeichnet durch periodische Zinszahlungen in konstanter Höhe von $Z := N \cdot i$, definiert durch einen festen Nominalzins i auf den Nennwert N des Titels und eine endfällige Tilgung in Höhe von N am Ende der Laufzeit in T. Bezeichne ferner P_0 den Emissionskurs, dann wird im Fall $P_0 = N$ der Bond zu pari emittiert. Ansonsten wird der Betrag $P_0 - N > 0$ (über pari-Emission) als Agio bzw. der Betrag $N - P_0 > 0$ (unter pari-Emission) als Disagio bezeichnet. Die entsprechende Zahlungsreihe ist in Abbildung 8.2 dargestellt.

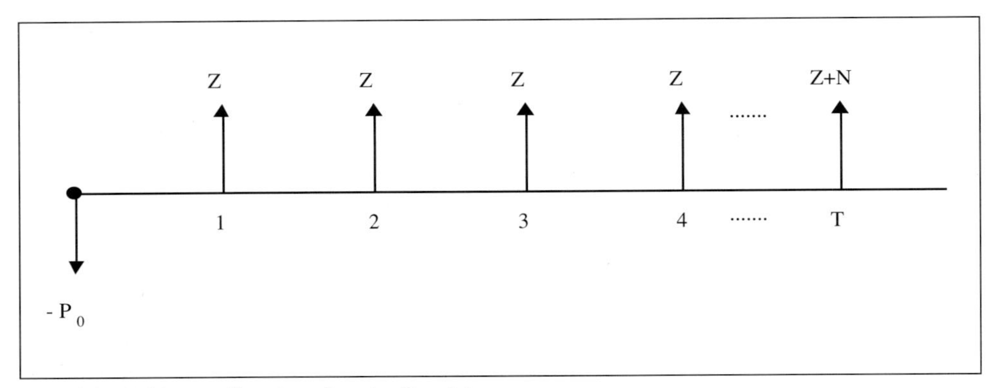

Abb. 8.2: Zahlungsreihe eines Standardbond-Investments

Die Beispiele zeigen, dass sich die Art des durch einen Zinstitel verbrieften Zahlungsanspruchs deutlich von einer Aktienanlage unterscheidet. Der Aktionär erzielt Rückflüsse in Form von hinsichtlich Höhe und Fälligkeit unsicheren künftigen Dividendenzahlungen und einen ebenso unsicheren Liquidationserlös bei Veräußerung der Aktie. Dagegen hat der Inhaber einer Anleihe in Höhe und Fälligkeit fixierte Nominalansprüche in Form von Zins- und Tilgungszahlungen des Schuldners. Der Marktwert einer Aktie ist grundsätzlich der Höhe nach unbeschränkt. Demgegenüber ist der Kurs einer Anleihe durch die Summe aus Tilgungsbetrag und noch ausstehenden Kuponzahlungen beschränkt.

Insgesamt sind die mit einem Investment in Anleihen verbundenen Zahlungsströme deutlich weniger risikobehaftet als die eines Aktieninvestments. Allerdings sind aufgrund von Veränderungen des allgemeinen Zinsniveaus auch Anleiheinvestments nicht risikolos, auch dann nicht, wenn wie in diesem Kapitel vom Ausfallrisiko des Bonds, d.h. der Möglichkeit der Nichterfüllung von Zins- und Tilgungszahlungen infolge der Zahlungsunfähigkeit des Emittenten abgesehen wird.

Floating Rate Notes: Im Gegensatz zu festverzinslichen Papieren werden die Zinszahlungen bei Anleihen mit variabler Verzinsung (*Floating Rate Notes* oder *Floater*) nicht von vorneherein festgelegt, sondern die eigentlichen Kuponzahlungen werden in periodischen Abständen (*Reset Periods*) variabel an einen anerkannten Referenzzinssatz i_t (beispielsweise LIBOR oder EURIBOR) angepasst. Typischerweise werden die periodischen Abstände meistens auf drei, sechs oder zwölf Monate festgelegt. Der periodische Abstand wird so gewählt, dass der Kupontermin mit dem Zinsanpassungstermin zusammenfällt. Dann stimmt die Laufzeit des Referenzzinssatzes mit der Laufzeit der Kuponzahlung überein. Die Kuponzahlung Z_t ergibt sich als Produkt aus dem Referenzzinssatz i_t und dem Nennwert N. Im Anhang 8F wird die Bewertung von variabel verzinslichen Anleihen behandelt.

Normalerweise wird als Referenz ein Marktzinssatz gewählt. Jedoch kann sich die Kuponhöhe auch an einem Rohstoffindex oder Konsumentenpreisindex orientieren. Wenn der Bond an einen Konsumentenpreisindex gekoppelt ist, handelt es sich um eine *inflationsgeschützte variable Anleihe*.

Inflationsgeschützte Bonds werden dazu verwendet, den Investor gegen einen realen Kaufkraftverlust der Kuponzahlungen und/oder des Nennwertes zu schützen. Die häufigsten Formen von inflationsgeschützten Bonds sind Interest Indexed Bonds (IIB) und Capital Indexed Bonds (CIB).

IIBs zahlen einem Investor einen festen Kupon plus eine Indexierung des Nennwertes an einen Konsumentenpreisindex. Bei Endfälligkeit wird eine Tilgungszahlung in Höhe des Nennwertes geleistet. Hierbei wird der Nennwert nicht an den Konsumentenpreisindex angepasst, sondern es wird nur der nominale Betrag an den Gläubiger ausgezahlt. Die gesamte Anpassung an den Konsumentenpreisindex erfolgt somit durch die einzelnen Kuponzahlungen selbst. Die Kuponzahlungen ergeben sich als Summe aus der periodischen Inflationsrate und dem realen Kupon des Bonds.

CIBs besitzen im Gegensatz dazu eine feste, reale Kuponzahlung und einen nominalen Nennwert, der mit dem Konsumentenpreisindex ansteigt. Die Kuponzahlungen ergeben sich als Produkt aus dem periodisch inflationsangepassten Nennwert und dem festen Realzinssatz. Die endfällige Tilgung besteht aus dem über die gesamte Laufzeit angepassten Nennwert. Tabelle 8.1 verdeutlicht die Zahlungsströme eines Capital Indexed Bonds.

Jahr	Realer Zinssatz	Kumulierte Inflation	Kuponzahlung	Rückzahlungsbetrag
1	3%	1,015	3,045	
2	3%	1,035	3,106	
3	3%	1,052	3,156	
4	3%	1,076	3,228	
5	3%	1,108	3,325	110,83

Tab. 8.1: Beispiel eines Capital Indexed Bonds (CIB)

Zielsetzung dieses Kapitels ist es, spezifische Methoden und Konzepte zur Charakterisierung und Bewertung von festverzinslichen Wertpapieren aufzuarbeiten. Hierzu wird in Abschnitt 8.2 zunächst auf spezifische Kennziffern zur Renditemessung von festverzinslichen Titeln eingegangen. Abschnitt 8.3 beinhaltet eine Aufarbeitung von Konzepten zur Abbildung des momentanen Zinsgefüges und Abschnitt 8.4 widmet sich der Kursbildung. In Abschnitt 8.5 werden Ansätze zu Quantifizierung des Zinsänderungsrisikos von Zinstiteln behandelt und in Abschnitt 8.6 entsprechende Techniken zur Steuerung des Zinsänderungsrisikos von Bondportfolios vorgestellt.

8.2 Renditebestimmung von Zinstiteln

8.2.1 Überblick

Wie bei anderen Investments auch sind Investoren beim Erwerb von Zinstiteln an Informationen hinsichtlich der ex ante zu erwartenden Rendite ihres eingesetzten Kapitals interessiert. Dabei kann der Inhaber eines Zinstitels aus den drei folgenden Quellen Einnahmen aus seinem Investment erwarten:

- Einnahmen aus den laufenden Zinszahlungen
- Einnahmen aus der Wiederanlage von Zinszahlungen
- Einnahmen aus der Tilgung bzw. dem Verkauf des Titels.

Wenn der Investor beabsichtigt, den Bond bis zur Fälligkeit zu halten, so sind sowohl Höhe als auch Zeitpunkt von Zins- und Tilgungszahlungen im Erwerbszeitpunkt bekannte Größen. Allerdings sind die Einnahmen aus der Wiederanlage von Zinszahlungen von der zugrunde gelegten Wiederanlageprämisse abhängig.

Um die Bedeutung der Wahl des Wiederanlagezinses formal herauszuarbeiten, soll zunächst der Endwert der Rückflüsse eines Standardbonds bestimmt werden. Dabei wird davon ausgegangen, dass der Investor den Bond bis zur Fälligkeit in T hält und zwischenzeitliche Zinszahlungen unmittelbar nach Anfall zu einem einheitlichen fristigkeitsunabhängigen Wiederanlagezins in Höhe von r bis Fälligkeit reinvestiert. Mit $q = 1 + r$ ergibt sich dann die folgende Aufspaltung:

$$
\begin{aligned}
K_T(r) &= Z \sum_{t=1}^{T} q^{T-t} + N \\
&= Z\, q^T \sum_{t=1}^{T} q^{-t} + N \\
&= Z\, q^T \frac{1}{r} \left(1 - \frac{1}{q^T}\right) + N \qquad (8.1) \\
&= Z \cdot \frac{q^T - 1}{r} + N \\
&= TZ + Z\left(\frac{q^T - 1}{r} - T\right) + N.
\end{aligned}
$$

Der erste Summand entspricht den Einnahmen aus laufenden Zinszahlungen, der zweite Summand den Einnahmen aus der Wiederanlage von Zinszahlungen und der dritte Summand der Einnahme aus der Tilgung des Bonds bei Fälligkeit. Mit zunehmender Laufzeit wird der Endwert immer stärker durch die laufenden Zinszahlungen sowie den daraus erzielten Reinvestitionserlösen und immer weniger durch die Tilgungszahlung bestimmt.

Die folgende Beispielrechnung soll demonstrieren, dass die Einnahmen aus der Wiederanlage von Zinsen, insbesondere bei Bonds mit langer Restlaufzeit einen erheblichen Teil der Gesamteinnahmen ausmachen können.

Beispiel 8.1: Bedeutung der Wiederanlage von Zinszahlungen

Wir gehen von folgender Konstellation aus: $T = 15$, $N = 1$, $r = i = 0{,}07$, $Z = 0{,}07$, $K_T(r) = 2{,}76$. Die antizipierten Einnahmen aus Wiederanlage betragen 0,71. Dies entspricht ca. 26% des Endwertes.

Da die im Fälligkeitszeitpunkt der Zinszahlung für den Investor tatsächlich realisierbaren Wiederanlagezinsen aus einer Ex-ante-Perspektive regelmäßig unsicher sind, ist auch der Endwert bei einer Investition in ein festverzinsliches Wertpapier eine mit Risiko behaftete Größe.

In Abschnitt 2.3.4 wurden verschiedene Renditekonzeptionen zur Beurteilung von Investitionen mit sicheren Zahlungen vorgestellt und dabei die zentrale Problematik der Wahl der zugrunde gelegten Wiederanlageprämisse diskutiert. Da die entsprechenden Rückflüsse eines festverzinslichen Wertpapiers ebenso ex ante bekannt sind, bietet es sich insofern an, die dort diskutierten Rentabilitätskennziffern auch für die Analyse von festverzinslichen Wertpapieren zu verwenden. Im Folgenden sollen mit der laufenden Rendite, der arithmetischen Rendite, der Rendite nach der internen Zinsfußmethode sowie weiteren Renditekonzepten verschiedene Methoden zur Rentabilitätsmessung von festverzinslichen Wertpapieren dargestellt werden, wie sie am Markt und in der Literatur gebräuchlich sind.

8.2.2 Laufende Rendite

Die so genannte *laufende Rendite* (Current Yield, CY) eines festverzinslichen Wertpapiers errechnet sich aus den regelmäßigen Kuponzahlungen Z bezogen auf den aktuellen Preis P_0 des Titels:

(8.2) $$CY = \frac{Z}{P_0} = \frac{N}{P_0} \cdot i\,.$$

Entspricht der Kaufpreis P_0 dem Nominalwert N (pari-Notierung), so stimmen die laufende Verzinsung und Nominalverzinsung $CY = Z/N = i$ überein. Allgemein ergibt sich:

$$\begin{aligned} P_0 > N &\quad \rightarrow \quad \text{CY} < \textit{Nominalverzinsung} \\ P_0 = N &\quad \rightarrow \quad \text{CY} = \textit{Nominalverzinsung} \\ P_0 < N &\quad \rightarrow \quad \text{CY} > \textit{Nominalverzinsung}. \end{aligned}$$

In den folgenden Zahlenbeispielen wird die laufende Verzinsung eines Zerobonds sowie die eines Standardbonds illustriert.

Beispiel 8.2a: Laufende Rendite (Current Yield) eines Zerobonds

Ein Investor kauft einen Zerobond mit einer Restlaufzeit von zehn Jahren und einem Nennbetrag von 100 zu einem Preis von 45,2. Die laufende Verzinsung ergibt sich zu:

$$CY = \frac{0}{45{,}2} = 0\%.$$

Beispiel 8.3a: Laufende Rendite (Current Yield) eines Standardbonds
Ein Investor kauft zu einem Preis von 85 einen Standardbond mit zehn Jahren Restlaufzeit, der einen über die Laufzeit konstanten Nominalzins von 6% p.a. und einem Nennwert von 100 aufweist. Damit ergibt sich eine laufende Verzinsung in Höhe von

$$CY = \frac{6}{85} = 7{,}06\%.$$

Die laufende Verzinsung dient als erste Orientierung über die Rentabilität eines Zinstitels, weist allerdings selbst für diesen begrenzten Zweck offenkundige Mängel auf. Generell entsteht bei einer Differenz zwischen Kauf- und Rückzahlungskurs ein Kursgewinn bzw. -verlust, der die Gesamtrendite eines Investments beeinflusst, aber bei der laufenden Verzinsung nicht in die Berechnung einfließt. Besonders deutlich wird dies bei einem Zerobond, der eine laufende Rendite von null besitzt. Im Falle einer Notierung unter (über) pari unterschätzt (überschätzt) die laufende Rendite die Gesamtrentabilität eines festverzinslichen Wertpapiers systematisch. Die nachfolgende Renditekonzeption versucht diese Problematik zu beheben.

8.2.3 Durchschnittsrendite

Die Durchschnittsrendite eines festverzinslichen Wertpapiers, welche im Bereich der Analyse von Zinstiteln auch als Börsenformel (Simple Yield to Maturity, SYTM) bezeichnet wird, berechnet sich gemäß der folgenden Gleichung:

$$SYTM = \frac{1}{T}\frac{N + TZ - P_0}{P_0} = CY + \frac{1}{T}\left(\frac{N}{P_0} - 1\right). \tag{8.3}$$

Im Vergleich zur laufenden Verzinsung wird zusätzlich das (Dis-)Agio, gleichmäßig verteilt auf die Restlaufzeit T, erfasst. Allgemein gilt der folgende Zusammenhang zwischen der laufenden und der arithmetischen Rendite:

$$\begin{array}{lcl} P_0 > N & \rightarrow & \text{CY} > \text{SYTM} \\ P_0 = N & \rightarrow & \text{CY} = \text{SYTM} \\ P_0 < N & \rightarrow & \text{CY} < \text{SYTM}. \end{array}$$

Die folgenden Zahlenbeispiele, welche sich wiederum auf den Zero- bzw. Standardbond beziehen, illustrieren diese Renditekonzeption.

Beispiel 8.2b: Simple Yield to Maturity eines Zerobonds

$$SYTM = \frac{1}{T}\frac{N - P_0}{P_0} = \frac{1}{10}\left(\frac{100 - 45{,}20}{45{,}20}\right) = 12{,}12\%$$

Beispiel 8.3b: Simple Yield to Maturity eines Standardbonds

$$SYTM = \frac{6}{85} + \frac{1}{10}\frac{100 - 85}{85} = 7{,}06\% + 1{,}76\% = 8{,}82\%.$$

Hinsichtlich der arithmetischen Rendite ist kritisch anzumerken, dass für Zahlungen vor Ende der Restlaufzeit ein Wiederanlagezins von null angesetzt wird und somit Zinseszinseffekte unberücksichtigt bleiben.

8.2.4 Interne Rendite

Die interne Rendite r_I (auch Yield to Maturity, YTM) ergibt sich als der einheitliche Diskontierungszinssatz bei dem der Barwert aus Zins- und Tilgungszahlungen dem Kaufpreis des Bonds entspricht. Für den Fall eines Standardbonds ist die Bestimmungsgleichung mit $q = 1 + r_I$ gegeben durch

(8.4)
$$P_0 = Z \sum_{t=1}^{T} q^{-t} + N q^{-T}.$$

Unter Berücksichtigung des Rentenbarwertfaktors einer nachschüssigen Rente $RBF(r_I, T) = (1 - 1/q^T)/r_I$ folgt hieraus

(8.5)
$$P_0 = \frac{Z}{r_I}\left(1 - \frac{1}{q^T}\right) + \frac{N}{q^T}$$
$$= \frac{Z}{r_I}\frac{q^T - 1}{q^T} + \frac{P_0 + (N - P_0)}{q^T}.$$

Multiplikation beider Seiten von (8.5) mit dem Faktor $\frac{r_I}{P_0}\frac{q^T}{q^T - 1}$ führt auf

$$r_I \frac{q^T}{q^T - 1} = \frac{Z}{P_0} + \frac{r_I}{q^T - 1} + \frac{N - P_0}{P_0}\frac{r_I}{q^T - 1}$$

und somit auf die *implizite* Gleichung

(8.6)
$$YTM = r_I = CY + \frac{r_I}{q^T - 1}\frac{N - P_0}{P_0}.$$

Die interne Rendite eines Bonds ergibt sich damit aus der laufenden Verzinsung (erster Summand) zuzüglich der Verteilung des (Dis-)Agios auf die Laufzeit. Dabei gilt es anzumerken, dass die Größe $r_I / (q^T - 1)$ der finanzmathematischen Größe des Restwertverteilungsfaktors $RVF(r_I,T)$ entspricht, ausgewertet im internen Zinsfuß und der Laufzeit T.[2] Im Gegensatz zur

2 Eine Approximation der Bestimmungsgleichung (8.6), die zu einer expliziten Lösung führt, erhält man durch Ersetzung von $RVF(r_I,T)$ durch $RVF(i,T)$, wobei i der Nominalverzinsung entspricht.

arithmetischen Rendite werden daher noch Zinseszinseffekte bei der Verteilung des (Dis-) Agios auf die Restlaufzeit berücksichtigt. Für Kuponbonds mit unendlicher Restlaufzeit (so genannte Perpetuals oder Consols) strebt der zweite Summand gegen Null, d.h. die interne Rendite stimmt mit der laufenden Verzinsung überein. Notiert das Papier zu pari ($P_0 = N$), so gilt $r_I = Z/N = i$ und Nominal- und Effektivverzinsung fallen zusammen. Allgemein gilt:

$$P_0 > N \quad \rightarrow \quad \text{Nominalverzinsung} > CY > YTM$$
$$P_0 = N \quad \rightarrow \quad \text{Nominalverzinsung} = CY = YTM$$
$$P_0 < N \quad \rightarrow \quad \text{Nominalverzinsung} < CY < YTM.$$

Beispiel 8.2c: Interner Zinsfuß eines Zerobonds

Die Bestimmungsgleichung des internen Zinsfuß für eine Nullkuponanleihe lautet allgemein $P_0 = N(1 + r_I)^{-T}$ und somit $r_I = (N/P_0)^{1/T} - 1$. Damit ergibt sich der interne Zinsfuß für den betrachteten Zerobond zu

$$YTM = \sqrt[10]{\frac{100}{45{,}2}} - 1 = 0{,}08265 \ (8{,}265\%)\ .$$

Bei einem Zerobond fallen die ex ante berechnete und die ex post realisierte Effektivverzinsung zusammen.

Beispiel 8.3c: Interner Zinsfuß eines Standardbonds

Die (implizite) Bestimmungsgleichung ist gegeben durch

$$r_I = \frac{6}{85} + \frac{r_I}{q^{10} - 1}\,\frac{100 - 85}{85}.$$

Die Lösung dieser impliziten Gleichung ist YTM = 8,265%.

Betrachtet man ein Portfolio aus n Zinstiteln mit zugehörigen Renditen gemäß der internen Zinsfußmethode, so kann die Effektivverzinsung des Portfolios nicht in einfacher Weise als gewichtete Summe der Einzelrenditen dargestellt werden. Vielmehr muss zunächst der gesamte Rückzahlungsstrom $\{Z^P(t_1),..., Z^P(t_n)\}$ des Portfolios sowie die Summe der Kaufpreise $P_0 = P^1_0 + ... + P^n_0$ der Einzeltitel ermittelt werden. Anschließend sind diese aggregierten Größen in die Bestimmungsgleichung für die Effektivverzinsung einzusetzen. Die resultierende Größe wird auch als *gepoolte interne Rendite* (Pooled Internal Rate of Return) bezeichnet.

Beispiel 8.4: Portfoliorendite

Wir betrachten zwei Kuponbonds mit zugehörigen Zahlungsströmen $Z_1 = \{-100, 20, 120\}$ und $Z_2 = \{-98, 8, 108\}$. Das Portfolio bestehe aus einer anteiligen Investition des Investitionsbudgets von 60% in Bond 1 sowie 40% in Bond 2. Gesucht ist die Portfoliorendite (interner Zinsfuß).

Bond 1 notiert zu pari und weist deshalb eine Rendite von 20% auf, die Rendite von Bond 2 ergibt sich mit $q = 1 + r$ aus der Lösung der Gleichung $98q^2 - 8q - 108 = 0$. Die positive Lösung beträgt in diesem Falle $r = 9{,}14\%$. Der Zahlungsstrom des Portfolios ergibt sich zu $Z_P = 0{,}6\, Z_1 + 0{,}4\, Z_2 = \{-99{,}2, 15{,}2, 115{,}2\}$. Die Portfoliorendite ergibt sich damit korrekterweise als Lösung der Gleichung $992q^2 - 152q - 1152 = 0$, die positive Lösung ist $r_p = 15{,}7\%$. Hingegen ergibt $0{,}6(20\%) + 0{,}4(9{,}14\%) = 15{,}65\%$.

Eine weitere technische Problematik ergibt sich, wenn die Rendite gemäß der internen Zinsfußmethode für ein festverzinsliches Wertpapier zu bestimmen ist, bei dem unterjährige Zahlungen anfallen und/oder die Restlaufzeit gebrochen ist. Unterjährige Zinszahlungen sind etwa für am US-amerikanischen Markt gehandelte Kuponanleihen üblich, die in der Regel halbjährliche Kuponzahlungen aufweisen. Eine gebrochene Restlaufzeit ergibt sich dann, wenn der Bond nicht unmittelbar nach einem Kupontermin gekauft wird. Die zentrale Fragestellung lautet dann, wie die Zinsverrechnung im unterjährigen Bereich erfolgt, wofür eine Reihe von unterschiedlichen Verfahren gebräuchlich sind.[3] Im Folgenden konzentrieren wir uns auf die international übliche AIBD-Methode, die auch in Deutschland zunehmend Verbreitung findet.

Die Methode der *International Securities Market Association* ISMA (vormals: Association of International Bond Dealers, AIBD) zur Berechnung des Effektivzinses schließt unmittelbar an die Ausführungen des Abschnitts 2.2.1 über die tagesgenaue Abrechnung von Zinsen an. Allgemein sei in $t_0 = 0$ ein Kaufpreis in Höhe von P_0 für den Bond zu entrichten und es erfolgen Zins- und Tilgungszahlungen der Höhe $Z(t_i)$ zu den Zeitpunkten $0 < t_1 < t_2 < \ldots < t_n$. Der interne Zinsfuß der allgemeinen Zahlungsreihe $\{-P_0, Z(t_1),\ldots, Z(t_n)\}$ ist durch die folgende Gleichung definiert:

$$P_0 = \sum_{i=1}^{n} Z(t_i)\,(1 + r)^{-t_i}. \tag{8.7}$$

Der *Effektivzins nach AIBD* ergibt sich dann aus der Lösung dieser Gleichung bezüglich r. Gewöhnlich sind die im Finanzteil von Tageszeitungen angegebenen Renditen nach der AIBD-Methode berechnet. Nicht alle Finanzteile verwenden aber dieselbe Renditekonzeption. Die Abbildung[4] 8.3 zeigt eine typische redaktionelle Darstellungsform von öffentlichen Anleihen im Finanzteil einer Zeitung. Die Rendite wird hier nicht mit der AIBD-Methode, sondern mit der Braeß/Fangmeyer-Methode berechnet.

Der interne Zinsfuß ist die am weitesten verbreitete Kennzahl zur Charakterisierung der anfänglichen Rendite von Anleihen. Seine Berechnung basiert ausschließlich auf bekannten Größen, dem aktuellen Preis der Anleihe sowie den ex ante sicheren Zins- und Tilgungszahlungen. Im Gegensatz zur arithmetischen Rendite wird ein von null verschiedener Wiederanlagezinsfuß der Rückflüsse unterstellt. Allerdings ist die implizite Wiederanlageprämisse, dass die Rückflüsse zum internen Zinsfuß bis zum Laufzeitende auch tatsächlich investiert werden können, durchaus problemtisch.[5] Die Diskontierung bzw. entsprechend die Wiederanlage zu einem einheitlichen fristenunabhängigen Zinssatz bedeutet, dass für alle Laufzeiten ein solcher einheitlicher Zinssatz am Markt realisierbar ist, was grundsätzlich wenig realistisch ist. Insofern sind Alternativen von Interesse, welche die zukünftigen Wiederanlageerträge in differenzierter Form zu erfassen vermögen.

---

3 Vgl. im Einzelnen hierzu *Kroll/Hochrein* (1993, S. 75ff.), *Schierenbeck/Rolfes* (1986) sowie *Weick* (1993).
4 Die Angaben entstammen der Börsenzeitung vom 18. März 2005 mit Kursen vom 17. März 2005.
5 Dies wurde bereits in Abschnitt 2.3.4.3 eingehend diskutiert.

Öffentliche Anleihen

ISIN Börse	Zinssatz Letzter	Laufzeit Vortag	Zinstermin Kennz. Ums/St.	Rendite	Rating HT seit 2.1.04
		Baden-Württemberg			
Landesschatzanweisungen					
DE0001040350	3 1/4	v. 03 (29.01.08/29.01.)	▲		AAA//
ST	101,41	101,33G	154.000	[2,78]	102,02/99,-
DE0001040376	3 3/8	v. 04 (23.01.09/23.01.)	▲		AAA/Aaa/
ST	101,53	101,42	290.000	[2,98]	102,23/98,30
DE0001040368	3 1/2	v. 03 (19.11.10/19.11.)	▲		AAA//
ST	101,16	101,20G	35.000	[3,26]	102,39/96,65
DE0001040384	3 1/2	v. 05 (14.01.15/14.01.)	▲		AA+//
ST	98,15	97,86	36.000	[3,75]	100,09/97,05
		Bayern			
Landesschatzanweisungen					
DE0001053171	3 3/4	v. 03 (27.01.10/27.01.)	▲		AAA//
Mü	102,79	102,80	20.000	[3,14]	103,75/99,10
DE0001053205	3 3/8	v. 05 (21.01.13/21.01.)			AAA//
Mü	99,06	99,10	166.000	[3,53]	100,50/98,20
Schatzanweisungen					
DE0001053130	4%	v. 99 (27.05.09/27.05.)	▲		AAA//
Mü	103,80rB	103,85	29.000	[3,01]	104,63/100,75
		Brandenburg			
Landesschatzanweisungen					
DE0001076487	3 1/4	v. 03 (08.10.08/08.10.)	▲		AA-/Aa2/
Fr	100,95	101,14G	13.000	[2,95]	106,60/98,16
DE0001076438	4%	v. 03 (20.02.13/20.02.)	▲		AA-/Aa2/
ST:	103,-	102,53G	75.000	[3,60]	104,44/96,75
		Bundesländer			
Landesschatzanweisungen					
DE0001240174	3 3/4	v. 04 (02.06.10/02.06.)			AAA//
Fr	102,76	102,58G	4.000	[3,16]	103,58/98,15
		Bundesländer-Schatz Nr. 20			
Landesschatzanweisungen					
DE0001240190	3 3/8	v. 05 (28.02.12/28.02.)			//
Mü:	99,62	99,64	64.000	[3,43]	99,75/98,88
		Bundesrepublik Deutschland			
Anleihen					
DE0001134989	6 1/2	v. 95 (14.10.05/14.10.)			AAA/Aaa/AAA
Fr	102,416	102,454G	15.338	[2,16]	107,035/102,42
DE0001040350	3 1/4	v. 96 (05.01.06/05.01.)			AAA/Aaa/AAA
Fr	101,41	103,006	77.669	[2,19]	107,72/102,97

Abb. 8.3: Kursteil: Öffentliche Anleihen

8.2.5 Weitere Konzepte zur Rentabilitätsmessung

In der Literatur und auf dem Finanzmarkt sind noch weitere Konzepte zur Rentabilitätsmessung von Investments in festverzinsliche Wertpapiere verbreitet. Im folgenden Abschnitt werden einerseits Konzepte besprochen, die eine Vergleichbarkeit der einzelnen Renditekennziffern von Bonds mit unterschiedlichen Tilgungsmodalitäten gewährleisten sollen, und andererseits wird ein Renditebegriff vorgestellt, der im Gegensatz zu den bisher eingeführten Methoden explizite Annahmen über den verwendeten Wiederanlagezinssatz trifft.

Yield to Call: Wenn Anleihen durch den Schuldner (Emittenten) kündbar sind, werden diese als *Callable Bonds* bezeichnet. Callable Bonds geben dem Emittenten das Recht zu einem bestimmten Zeitpunkt (Call Date) die Anleihe zu einem vorher festgelegten Preis (Call Price) zurückzukaufen. Für Callable Bonds wird die Rendite bis zum erstmöglichen Kündigungstermin des Emittenten (*Yield to Call*) als Konzept der Rentabilitätsmessung verwendet. In der Literatur wird hier speziell auch von der *Yield to Next Call* gesprochen. Die Yield to Call (YTC) kann als interne Rendite berechnet werden, wenn der aktuelle Preis der kündbaren Anleihe gleichgesetzt wird mit dem Barwert aller zukünftigen Zahlungen bis zum nächsten Kündigungstermin T_c.

(8.8a)
$$P_0 = Z\sum_{t=1}^{T_c} q^{-t} + Nq^{-T_c}$$

Die Berechnungsmethode nimmt an, dass der Emittent von seinem Kündigungsrecht zum nächstmöglichen Termin auch tatsächlich gebraucht macht.

Yield to Average Life: Die *Yield to Average Life* (YTM_{AL}) wird genutzt um Bonds, bei denen die Tilgung bereits vor Ende der Laufzeit einsetzt, mit Anleihen, die durch Endfälligkeit charakterisiert werden, vergleichen zu können. Bonds mit Tilgungszahlungen vor Ende der Laufzeit sind beispielsweise Sinking Fund Bonds oder Mortgage Backed Securities. Zur Berechnung der Vergleichsrendite wird daher angenommen, dass die einzelnen Tilgungszahlungen aggregiert zur durchschnittlichen Lebensdauer *AL* des Bonds erfolgen. Die durchschnittliche Lebensdauer ergibt sich als gewichtete Summe der Zeitpunkte der einzelnen Tilgungszahlungen:

(8.8b)
$$AL = \sum_{t=0}^{T} \frac{N_t}{\sum_{t=0}^{T} N_t} \cdot t$$

Das Gewicht wird als Quotient aus der Tilgungszahlung zum jeweiligen Zeitpunkt und der Summe aller Tilgungszahlungen gebildet. Die Yield to Average Life ist dann die interne Rendite, die sich aus der Gleichsetzung des Anleihekurses und der mit dem internen Zinsfuß diskontierten Zahlungsreihe ergibt:

(8.8c)
$$P_0 = Z\sum_{t=1}^{AL} q^{-t} + Nq^{-AL}$$

Call-Adjusted Yield: Die *Call-Adjusted Yield* ist für einen Callable Bond die interne Rendite einer äquivalenten, nicht kündbaren Anleihe. In der Berechnung wird quasi der Wert der eingebetteten Call Option zu dem Preis der durch den Emittenten kündbaren Anleihe addiert und die interne Rendite berechnet. Da der Preis einer äquivalenten, nicht kündbaren Anleihe höher ist als der eines durch den Emittenten kündbaren Bonds wird die Call-Adjusted Rendite niedriger ausfallen. Die Berechnung der Call-Adjusted Yield ist vor allem dann sinnvoll, wenn das in der internen Rendite immanente Kreditrisiko bei einem Vergleich unterschiedlicher Emittenten isoliert betrachtet werden soll.

Modifizierte interne Rendite: Die modifizierte interne Rendite r_R verwendet eine explizite Prämisse hinsichtlich der Wiederanlagekonditionen zukünftiger Zinszahlungen bis zum Zeitpunkt der Fälligkeit des Bonds. Im einfachsten Fall wird ein für alle Fristigkeiten einheitlicher, aus Sicht des Investors »realistischer« Wiederanlagezinsfuß r_0 angenommen. In diesem Fall lautet die Bestimmungsgleichung für die modifizierte interne Rendite im Falle eines Standardbonds ($q = 1 + r_0$):

(8.9a) $$P_0(1 + r_R)^T = Z\frac{q^T - 1}{r_0} + N,$$

was nach einigen Umformungen zur folgenden Gleichung führt:

(8.9b) $$r_R = q\sqrt[T]{\frac{N}{P_0}\left[\frac{i}{r_0} + \left(1 - \frac{i}{r_0}\right)\frac{1}{q^T}\right]} - 1.$$

Beispiel 8.2d: Modifizierte interne Rendite eines Zerobonds

Aufgrund von $i = 0$ lautet geht die Bestimmungsgleichung (8.9b) über in $P_0 = N(1 + r_R)^{-T}$ und der modifizierte interne Zinsfuß eines Zerobonds ergibt sich zu

$$r_R = \sqrt[10]{\frac{100}{45{,}2}} - 1 = 8{,}265\%$$

und fällt somit mit der internen Verzinsung zusammen.

Beispiel 8.3d: Modifizierte interne Rendite eines Standardbonds

Unterstellt man, dass der Wiederanlagezins mit der Nominalverzinsung des Bonds zusammenfällt ($i = r_0 = 6\%$), so ergibt sich der modifizierte interne Zinsfuß gemäß

$$r_R = (1 + i)\sqrt[T]{\frac{N}{P_0}} - 1 = 1{,}06\sqrt[10]{\frac{100}{85}} - 1 = 7{,}737\%.$$

Die modifizierte interne Rendite ist in diesem Falle somit geringer als die Rendite nach der internen Zinsfußmethode.

Im Portfoliokontext kann die modifizierte interne Zinsfußmethode des Weiteren als Basis für die Durchführung von Szenarioanalysen dienen. Dies ist der Inhalt des nächsten Abschnitts.

8.2.6 Zur Problematik der Verwendung von Renditen als Selektionskriterium: Total Return-Analyse

Die Verwendung der vorstehend vorgestellten Renditekennziffern als ausschließliches Beurteilungs- bzw. Selektionskriterium bei der Zusammenstellung eines Bondportfolios ist mit einer Reihe von Problemen verbunden. Grundsätzlich sind die dargestellten Kennzahlen als anfänglich erwartete Rendite bei Halten des Bonds bis Fälligkeit zu interpretieren, wobei implizit oder explizit eine bestimmte Wiederanlageprämisse getroffen wird. Die ex ante berechnete Rendite fällt nur dann mit der ex post realisierten Rendite zusammen, wenn die unterstellte Wiederanlageprämisse auch tatsächlich eingetreten ist. Dies ist in aller Regel nicht der Fall. Insofern bleiben Risikoaspekte, die sich aus Änderungen der Markt- und damit Wiederanlagezinssätze ergeben, unberücksichtigt.[6] Insbesondere ist dieser Aspekt auch dann von besonderer Bedeutung, wenn der Bond nicht bis zur Fälligkeit gehalten wird, sondern vorzeitig verkauft werden muss.

Aufgrund der vorgenannten Probleme sind Alternativen von Interesse, welche auch Risikoaspekte der zukünftigen Erträge innerhalb eines bestimmten Anlagehorizontes (Horizon Analysis) zu erfassen vermögen. Dies führt auf Ansätze einer *Total Return-Analyse*. Methodische Grundlage ist die bereits vorgestellte realistische Zinsfußmethode, die mit einem expliziten Wiederanlagezins zukünftiger Rückzahlungen arbeitet. In der Vermögensendwertform führt die realistische Zinsfußmethode für ein Bondportfolio mit zugehörigem Zahlungsstrom aus Zins- und Tilgungsleistungen $\{Z^P(t_1),\ldots,Z^P(t_n)\}$ bei Annahme eines Zeithorizonts von $T \geq t_n$ Perioden auf den Endwert

$$K_T(r_0) = \sum_{i=1}^{n} Z^P(t_i)(1+r_0)^{T-t_i}. \tag{8.10}$$

Da ein realistischer Wiederanlagezins in den seltensten Fällen eindeutig bestimmbar ist, bietet es sich an, Sensitivitäts- oder Szenarioanalysen durchzuführen. Hierbei wird der Wiederanlagezins variiert, insbesondere besteht dabei die Möglichkeit, die Fristigkeitsunabhängigkeit des Wiederanlagezinses bzw. der Wiederanlagezinsen aufzugeben. Im Rahmen dieser Szenarioanalysen kann anstelle von deterministischen Annahmen über die weitere Entwicklung der Zinssätze auch mit stochastischen Annahmen operiert und die Total Return-Analyse im Wege einer stochastischen Simulation durchgeführt werden. Eine solche Total Return-Analyse bietet eine Reihe von Vorteilen:

- Kurs- und Wiederanlagerisiken können explizit quantifiziert werden.
- Alternative Zinsszenarien können in ihren Auswirkungen auf die Wertentwicklung eines Bondportfolios untersucht werden.

Mit jedem angenommenen Szenario (*SZ*) ist ein spezifischer Vermögensendwert (Horizon-Wert) $K_T(SZ)$ verbunden. Dieser kann wie bei der realistischen Zinsfußmethode auf eine Renditekennziffer transformiert werden. Hiermit ergibt sich ein Spektrum szenarioabhängiger Renditekennziffern. Alternativ kann man die anfängliche Rendite (interner Zinsfuß) oder eine geplante Rendite in einen Vermögensendwert transformieren. Ein Vergleich mit dem Spektrum der szenariospezifischen Vermögensendwerte liefert dann Anhaltspunkte darüber, wie realistisch die anfängliche bzw. geplante Rendite ist.

---

6 Vgl. hierzu Abschnitt 8.5.

8.3 Charakterisierung des Zinsgefüges

8.3.1 Vorbemerkungen

Die Rendite von festverzinslichen Wertpapieren unterliegt einer Reihe von Einflussfaktoren. Dies sind etwa:

- die Restlaufzeit
- die Höhe der Kuponzahlung
- das Ausfallrisiko des Bonds, d.h. die Möglichkeit der Nichterfüllung von Zins- und Tilgungszahlungen infolge einer Zahlungsunfähigkeit des Emittenten
- die steuerliche Behandlung der Zahlungsströme
- in der Anleihe gegebenenfalls enthaltene Kündigungsrechte.

Im Folgenden konzentrieren wir uns auf den Zusammenhang zwischen der Rendite und der Restlaufzeit einer bestimmten am Markt gehandelten Klasse von Bonds, und halten die anderen Faktoren konstant. Je nach dem, ob es sich um Standard- oder Zerobonds handelt, unterscheidet man zwischen der *Rendite-* und der *Zinsstrukturkurve*.

8.3.2 Renditestruktur

Unter der *Renditestruktur* bzw. *Renditestrukturkurve* (Yield Curve) versteht man die funktionale Abhängigkeit der Rendite einer vorgegebenen Klasse von Standardbonds (etwa: Bundesanleihen, Pfandbriefe, Unternehmensanleihen) von ihrer Restlaufzeit. Die Basis der Renditebestimmung stellt dabei i.d.R. der interne Zinsfuß (Yield to Maturity) der Titel in Abhängigkeit von der Restlaufzeit dar. Bei gebrochenen Restlaufzeiten ist die AIBD-Methode die relevante Berechnungsmethode. Die Problematik der impliziten Wiederanlageprämisse der internen Zinsfußmethode zur Bestimmung der Effektivverzinsung überträgt sich dabei auf die Konstruktion der Renditestruktur.

Betrachtet man nur ganzzahlige Restlaufzeiten, so ist die Renditestruktur zu einem festen Zeitpunkt s spezifiziert durch die Größen

(8.11a) $$\{ y_1(s), \ldots, y_n(s) \}$$

bzw. im allgemeinen Falle durch die Größen

(8.11b) $$\{ y_T(s);\ T > 0 \},$$

wobei jeweils $y_T(s)$ die Rendite eines Bonds zum Zeitpunkt s bei einer Restlaufzeit von T Perioden bezeichne. Innerhalb der gegebenen Klasse von Bonds werden die berechneten empirischen Renditen von Titeln mit gleicher Restlaufzeit i.d.R. nicht vollständig identisch sein, sodass hier die durchschnittliche empirische Rendite anzusetzen oder ein Repräsentant für jede Restlaufzeit auszuwählen ist. Darüber hinaus werden regelmäßig die durchschnittlichen empirischen Renditen in Abhängigkeit von der Restlaufzeit noch einem Glättungsverfahren unterworfen.[7] Abbildung 8.4 illustriert diesen Ansatz in einer grundsätzlichen Art und Weise.

---

7 In Anhang 8B werden die wichtigsten Verfahren zur empirischen Bestimmung von Renditestrukturkurven behandelt.

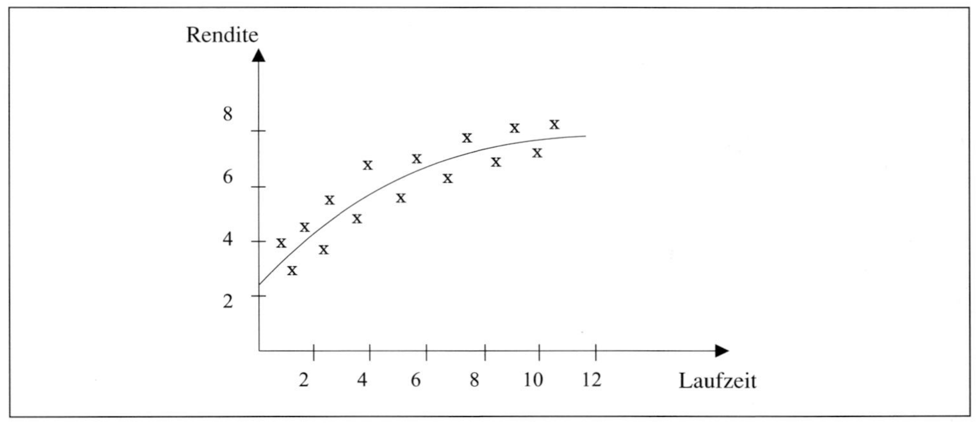

Abb. 8.4: Gewinnung der Renditestruktur

Sind die internen Renditen für alle Restlaufzeiten identisch, so spricht man von einer *flachen Renditestruktur*. Nehmen die Renditen mit zunehmender Restlaufzeit zu, liegt eine *steigende* oder auch *normale Renditestruktur* vor. Nehmen die Renditen dagegen mit zunehmender Restlaufzeit ab, so spricht man von einer *fallenden* oder auch *inversen Renditestruktur*. Die Abbildung 8.5 enthält neben der Darstellung dieser Basistypen auch eine zunächst steigende und anschließend sinkende Form der Renditestrukturkurve.

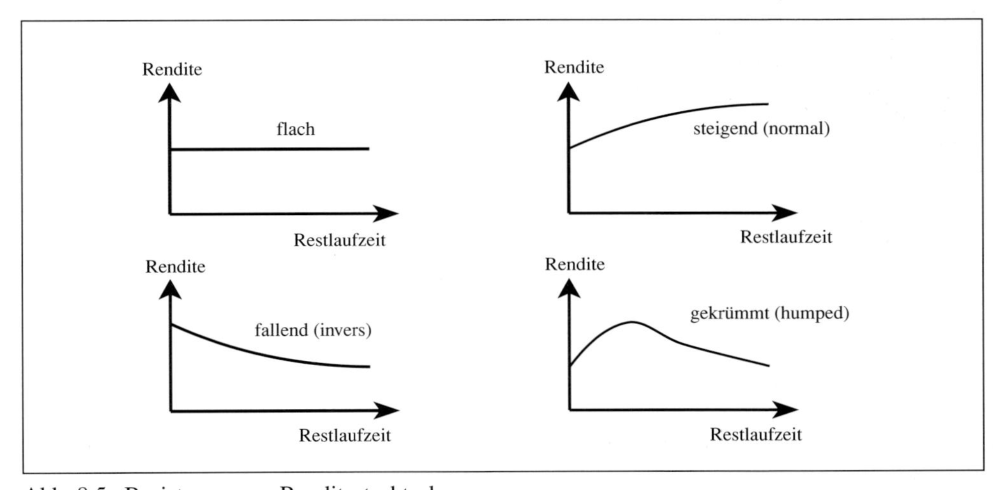

Abb. 8.5: Basistypen von Renditestrukturkurven

Abbildung 8.6 zeigt den empirischen Verlauf der Renditestrukturkurve in den Vereinigten Staaten, Großbritannien und Deutschland vom 21. März 2000.

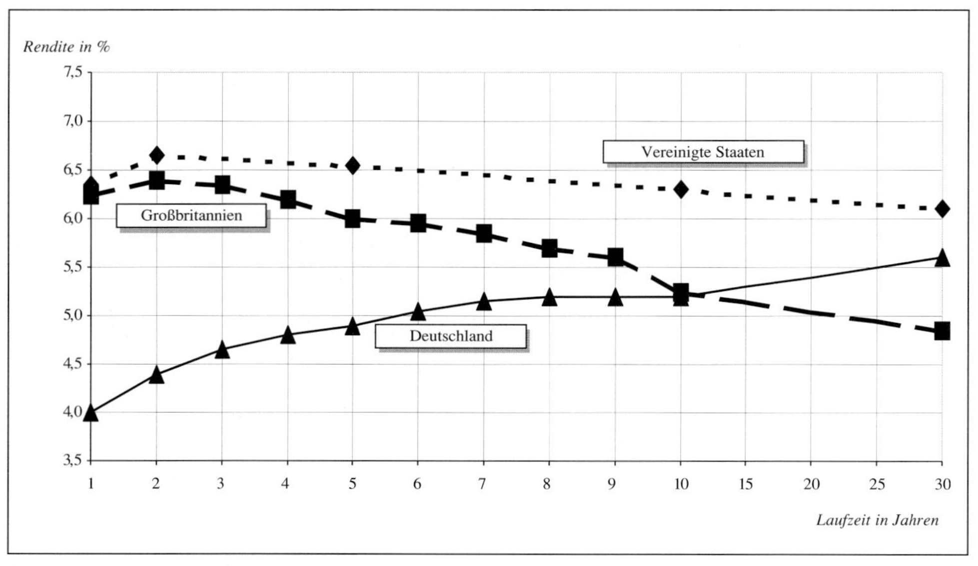

Abb. 8.6: Empirische Renditestrukturkurven vom 21. März 2000

Man erkennt, dass in den Vereinigten Staaten die internen Renditen für alle betrachteten Restlaufzeiten (nahezu) identisch sind, mithin eine annähernd flache Renditestruktur vorliegt. Dagegen kann das zu diesem Zeitpunkt herrschende Zinsgefüge am Markt für deutsche Bundesanleihen durch eine steigende Renditestruktur beschrieben werden. In Großbritannien liegt eine inverse Renditestruktur vor.

Die Abbildung 8.7 illustriert die zeitliche Entwicklung des Zinsgefüges für börsennotierte Bundeswertpapiere im Zeitraum von 1980 bis 2005. Es zeigt sich, dass die Renditestrukturkurve in einem festen Zeitpunkt nur eine Momentaufnahme des aktuellen am Markt herrschenden Zinsgefüges darstellt, welches sich im Zeitablauf sowohl im Niveau als auch in der funktionalen Form (normal, invers, flach) ändert.

Damit ergeben sich zwei wichtige Fragestellungen. Aus einer ökonomischen Perspektive ist es von Interesse, die Ursachen für eine Änderung eines aktuellen Zinsgefüges zu ergründen, worauf in Anhang 8A eingegangen wird. Da die zukünftige Entwicklung der Renditestruktur ex ante unsicher ist, ist aus einer methodischen Perspektive deren zeitliche Entwicklung $\{y_T(t);\ t \geq s\}$ durch einen geeigneten stochastischen Prozess zu modellieren. Dies steht im Fokus des neunten Kapitels.

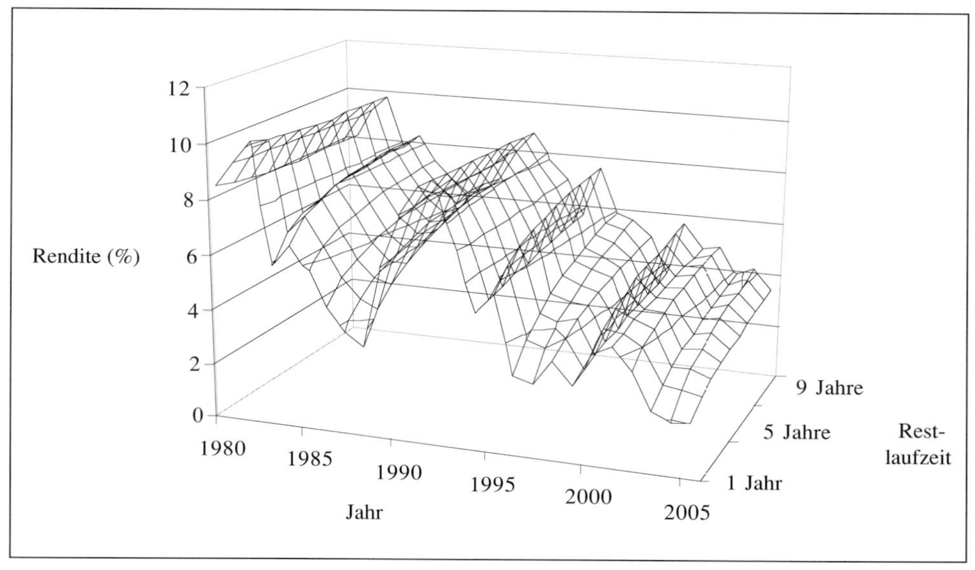

Abb. 8.7: Entwicklung der Renditestruktur für börsennotierte Bundeswertpapiere (1980 bis 2005)

8.3.3 Zins- und Diskontstruktur

Die *Zinsstrukturkurve* (*Term Structure of Interest Rates*) erfasst ebenfalls die funktionale Abhängigkeit der Renditen von ihrer Restlaufzeit, jedoch werden hierbei nur Nullkuponanleihen zugrunde gelegt. Bei nur ganzzahligen Restlaufzeiten $T = 1,\dots, n$ ist die Zinsstrukturkurve zu einem festen Zeitpunkt s spezifiziert durch die Menge der Größen

(8.12a) $$\{r_1(s),\dots,r_n(s)\}$$

und im allgemeinen Fall durch die Menge der Größen

(8.12b) $$\{r_T(s);\ T > 0\}.$$

Dabei bezeichnet $r_T(s)$ den internen Zinsfuß (auch: *Kassazinssatz*, *Spot Rate*) zum Zeitpunkt s einer Nullkuponanleihe mit Restlaufzeit T. Alternativ zur Notation $r_T(s)$ wird auch die Notation $r(s, s + T)$ verwendet.

Die Abbildung 8.8 illustriert die zeitliche Entwicklung der Zinsstruktur für den Zeitraum September 1972 bis Juni 2006 auf der Basis der von der Bundesbank veröffentlichten historischen Zinsstrukturkurven. Es zeigt sich, dass die Zinsstrukturkurve zu einem festen Zeitpunkt nur eine Momentaufnahme des aktuell am Markt herrschenden Zinsgefüges darstellt, welches im Zeitablauf einer Änderung sowohl im Niveau als auch in der funktonalen Form unterliegt.

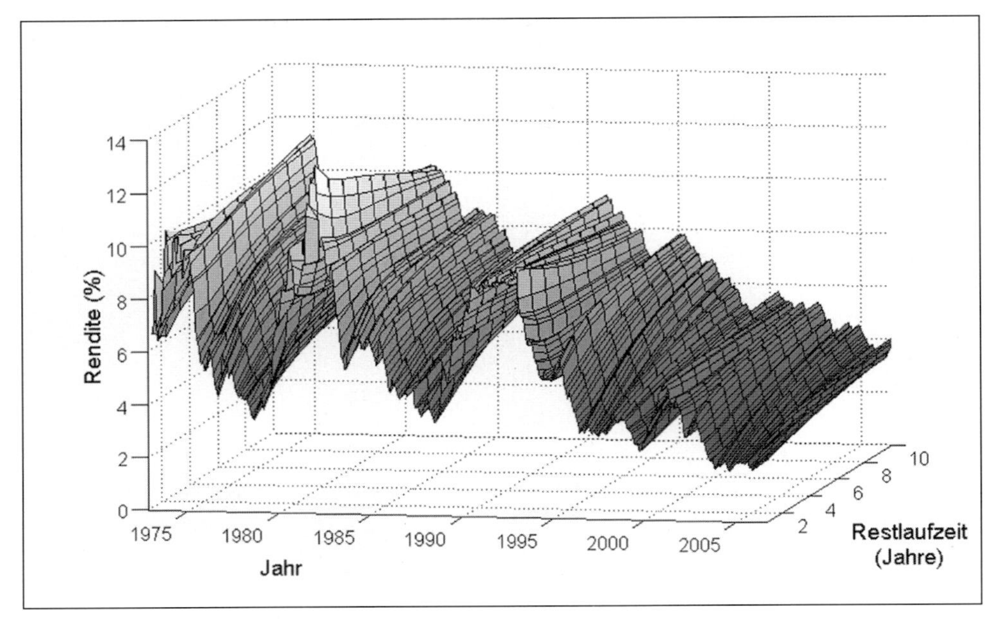

Abb. 8.8: Entwicklung der Zinsstruktur 1972–2006

Kommen wir abschließend zur *Diskontstrukturkurve*, diese ist allgemein spezifiziert durch die Menge der Größen

(8.13) $$\{b_T(s); T > 0\}.$$

Die Diskontstrukturkurve ist äquivalent zur Zinsstrukturkurve und gibt die Kurse von Einheitszerobonds mit Restlaufzeit T zum Zeitpunkt s an. Alternativ zur Notation $b_T(s)$ wird auch die Notation $b(s, s + T)$ verwendet.

Der Zusammenhang zwischen Zins- und Diskontstrukturkurve ist bei diskreter Verzinsung gegeben durch

(8.14a) $$r_T(s) = \sqrt[T]{\frac{1}{b_T(s)}} - 1 \Leftrightarrow b_T(s) = [1 + r_T(s)]^{-T}$$

und bei Ansatz eines kontinuierlichen Verzinsungsmodells mit Zinsrate u

(8.14) $$u_T(s) = -\frac{1}{T}\ln[b_T(s)] \quad \Leftrightarrow \quad b_T(s) = e^{-Tu_T(s)}.$$

Die fristigkeitsabhängigen Zinssätze und die Kurse der Einheitszerobonds stehen somit in einem ein-eindeutigen Verhältnis zueinander. Ist die Zinsstrukturkurve bekannt, kann aus dieser in konsistenter Weise die Diskontstruktur abgeleitet werden und umgekehrt.

Beispiel 8.5: Zinsstruktur und Zerobondpreise
Es werden drei idealtypische Zinsstrukturen betrachtet:

Zinsstruktur I (flach): $r_1 = r_2 = r_3 = r_4 = r_5 = 0{,}06$
Zinsstruktur II (steigend): $r_1 = 0{,}04$, $r_2 = 0{,}05$, $r_3 = 0{,}06$, $r_4 = 0{,}07$, $r_5 = 0{,}08$
Zinsstruktur III (invers): $r_1 = 0{,}09$, $r_2 = 0{,}08$, $r_3 = 0{,}07$, $r_4 = 0{,}06$, $r_5 = 0{,}05$.

Zu bestimmen sind die zugehörigen Preise der Einheitszerobonds, d.h. die aus der jeweiligen Zinsstruktur resultierenden Diskontierungsfaktoren. Grundlage hierfür ist Beziehung (8.13). Es gilt:

Diskontstruktur I: $b_1 = 0{,}9434$, $b_2 = 0{,}8900$, $b_3 = 0{,}8396$, $b_4 = 0{,}7921$, $b_5 = 0{,}7473$
Diskontstruktur II: $b_1 = 0{,}9615$, $b_2 = 0{,}9070$, $b_3 = 0{,}8396$, $b_4 = 0{,}7629$, $b_5 = 0{,}6806$
Diskontstruktur III: $b_1 = 0{,}9174$, $b_2 = 0{,}8573$, $b_3 = 0{,}8163$, $b_4 = 0{,}7921$, $b_5 = 0{,}7835$.

Durch die Wahl von Zerobonds als Ausgangspunkt der Renditebestimmung entfällt die Problematik der Wiederanlageprämisse der internen Zinsfußmethode und die dadurch bedingten Verzerrungen. Wenn die Zinsen mit zunehmender Laufzeit steigen (normale Zinsstruktur), unterschätzt die Renditestrukturkurve aufgrund der Wiederanlageprämisse systematisch den Anstieg im Vergleich zur Zinsstrukturkurve. Grafisch betrachtet, befindet sich der Ausschnitt der Renditestruktur unterhalb der Zinsstrukturkurve. Umgekehrt befindet sich die Renditestruktur oberhalb der Zinsstrukturkurve, wenn die Zinsen mit zunehmender Restlaufzeit fallen. Die folgende Abbildung 8.9 verdeutlicht den diskutierten Unterschied zwischen der Renditestruktur und Zinsstrukturkurve durch einen empirischen Vergleich in den Jahren 1992 und 2005.

Nur die Zinsstruktur (bzw. äquivalent hierzu die Diskontstruktur) ist die korrekte Konzeption zur Quantifizierung der Fristigkeitsabhängigkeit der Zinssätze und damit die adäquate Basis für weiter gehende Überlegungen wie etwa die Bewertung von festverzinslichen Titeln oder die Quantifizierung des Zinsänderungsrisikos.

Aus einer empirischen Sicht ergibt sich jedoch die Problematik, dass oftmals nicht genügend Zerobonds innerhalb einer Laufzeitklasse von festverzinslichen Wertpapieren (etwa: Bundesanleihen) vorhanden sind, um als Datenbasis für die Bestimmung der Zinsstruktur zu dienen. Daher muss diese auf der Basis von Standardbonds durch einen systematischen Ansatz expliziert werden, dies ist in Anhang 8B dargestellt. Eine Alternative besteht in der Verwendung von Swapsätzen, da die Swapmärkte i.d.R. das liquideste Segment eines Kapitalmarktes darstellen.[8] Allerdings ist zu beachten, dass zwischen den für den Swapmarkt und dem Markt für Staatsanleihen relevanten Spot Rates durchaus deutliche Differenzen bestehen können.

8 Vgl. hierzu Kapitel 12.

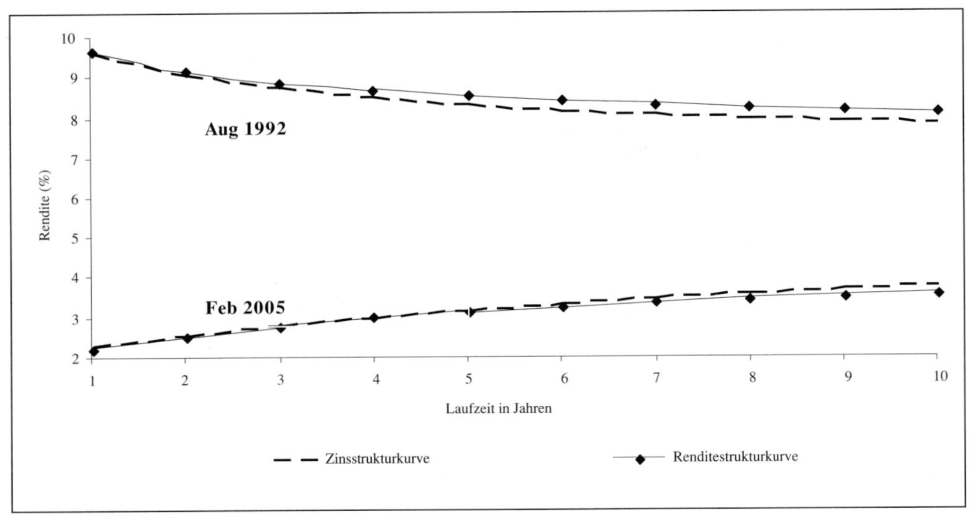

Abb. 8.9: Empirische Rendite- und Zinsstrukturkurven

Eine weitere empirische Problematik besteht darin, dass die bei der Transformation von Preisen von Standardbonds in Spot Rates unterstellte Arbitragefreiheit von Wertpapierpreisen nur eingeschränkt erfüllt sein kann. Man vgl. hierzu etwa die Untersuchung von *Jaschke/Stehle/ Wernicke* (2000). Dafür können unterschiedliche Gründe ausschlaggebend sein – für eine Übersicht vgl. etwa *Jaschke et al.* (2000, S. 448 f.) -, darunter Transaktionskosten, Liquiditätseffekte und vor allem der sog. Steuerklienteleffekt (auch Kuponeffekt genannt). Aufgrund der Tatsache, dass Kuponzahlungen der Einkommensteuer unterliegen und höhere Kupons somit eine höhere Steuerbelastung nach sich ziehen, sind die Preise von Festzinstiteln aus einem sonst homogenen Segment, etwa Bundeswertpapiere, in der Empirie oftmals nicht nur laufzeit-, sondern auch kuponabhängig. Dem Problem kann grundsätzlich dadurch begegnet werden, dass (ausgewählten) unterschiedlichen Kuponhöhen unterschiedliche Zinsstrukturen zugeordnet werden.

Abschließend wird noch im nachfolgenden Beispiel die Problematik des internen Zinsfußes als Selektionskriterium verdeutlicht.

Beispiel 8.6: Problematik des internen Zinsfußes als Selektionskriterium

Wir betrachten zwei Standardbonds A und B mit 5% bzw. 10% Nominalverzinsung, fünfjähriger Laufzeit und Nennwert $N = 100$, die zugehörigen Zahlungsreihen lauten somit

$A = \{5, 5, 5, 5, 105\}$ und

$B = \{10, 10, 10, 10, 110\}$.

Unter den Diskontstrukturen I-III des Beispiels 8.5 ergeben sich unterschiedliche Preise für diese Bonds. Es gilt $P_A(\text{I}) = 95{,}788$, $P_A(\text{II}) = 88{,}817$, $P_A(\text{III}) = 99{,}186$ sowie $P_B(\text{I}) = 116{,}849$, $P_B(\text{II}) = 109{,}575$, $P_B(\text{III}) = 120{,}019$. Da im Falle von Bond A der Nominalzins jeweils kleiner als alle Spot Rates ist, notiert der Bond A jeweils zu unter-pari-Kursen, Bond B notiert entsprechend stets zu über-pari-Kursen. Basierend auf diesen unterschiedlichen Preisen haben die beiden Kuponbonds entsprechend für jede Diskontstruktur unterschiedliche interne Zinsfüße. Es gilt $r_A(\text{I}) = 6\%$, $r_A(\text{II}) = 7{,}8\%$, $r_A(\text{III}) = 5{,}2\%$ sowie $r_B(\text{I}) = 6\%$, $r_B(\text{II}) = 7{,}6\%$, $r_B(\text{III}) = 5{,}3\%$. Hieraus wird deutlich, dass der interne Zinsfuß kein eindeutiges Selektionskriterium bei alternativen nicht-flachen Zinsstrukturen darstellt, selbst bei gleicher Laufzeit der Bonds.

8.3.4 Implizite Terminzinssätze

Eine zu einem Zeitpunkt s gegebene Zinsstruktur $\{r_T(s)\}$ beinhaltet neben der Darstellung der Kassazinssätze (Spot Rates) auch Informationen über die so genannten *impliziten Terminzinssätze* (*Implied Forward Rates*). Diese geben diejenigen zum Zeitpunkt s fest vereinbarten Verzinsungen $f_1(s),..., f_T(s)$ für eine Mittelaufnahme oder Mittelanlage in den zukünftigen sukzessiven Perioden $[s, s+1]$, $[s+1, s+2]$,..., $[s+T\text{-}1, s+T]$ an, sodass keine Arbitragemöglichkeiten durch eine Kombination von Kassageschäften bestehen. Alle zum heutigen Zeitpunkt bereits festgelegten (Termin-)Zinssätze, zu denen die Akteure des Kapitalmarkts für eine in der Zukunft liegende Periode Geld anlegen oder aufnehmen können, sind somit durch die heute herrschende Zinsstruktur gegeben.

Um den Zusammenhang zwischen der Zinsstruktur und den darin enthaltenen Terminzinssätzen zu verdeutlichen, soll ein Anleger mit den beiden folgenden Investitionsalternativen im Zeitpunkt s betrachtet werden.

Alternative 1: Investiere gemäß der im Zeitpunkt s herrschenden Zinsstruktur eine Geldeinheit zum Zinssatz $r_T(s)$ bis zum Zeitpunkt $s+T$.

Alternative 2: Investiere eine Geldeinheit bis zum Zeitpunkt $s+T\text{-}1$ zum Kassazinssatz $r_{T\text{-}1}(s)$ und lege den Erlös im Zeitpunkt $s+T\text{-}1$ für eine Periode zum bereits heute fest vereinbarten Terminzinssatz $f_T(s)$ wieder an.

Im Zeitpunkt $s+T$ erhält der Anleger bei der ersten Alternative einen sicheren Rückfluss in Höhe von $[1 + r_T(s)]^T$ und bei der zweiten Alternative einen ebenfalls sicheren Rückfluss in Höhe von $[1 + r_{T\text{-}1}(s)]^{T\text{-}1}$ $[1 + f_T(s)]$. Da beide Strategien den gleichen Kapitaleinsatz und die gleiche Laufzeit aufweisen, müssen auf einem arbitragefreien Markt diese Rückflüsse identisch sein, d.h. es muss gelten $[1 + r_T(s)]^T = [1 + r_{T\text{-}1}(s)]^{T\text{-}1}$ $[1 + f_T(s)]$ und damit für den impliziten Terminzinssatz:

$$(8.15) \qquad 1 + f_T(s) = \frac{[1 + r_T(s)]^T}{[1 + r_{T-1}(s)]^{T-1}}.$$

Beispiel 8.7: Zusammenhang zwischen Forward Rates und den Spot Rates

Ein Investor hat die Möglichkeit zu den Kassazinssätzen $r_1 = 11{,}11\%$ sowie $r_2 = 10{,}43\%$ für ein bzw. zwei Jahre 1.000 Geldeinheiten anzulegen bzw. sich mit dem gleichen Betrag zu verschulden. Weiterhin wird ihm ein Termingeschäft offeriert, bei dem er die Möglichkeit hat, zum Terminzinssatz $f_2 = 10\%$ in einem Jahr für ein Jahr Geld anzulegen. Wie sollte er sich verhalten?

Lösung: Gemäß (8.15) müsste sich ein Terminzinssatz einstellen von
$f_2 = (1{,}1043)^2 / (1{,}1111) - 1 = 9{,}75\%$.

Der ihm offerierte Terminzinssatz ist damit zu hoch und er kann durch die folgende Strategie einen Arbitragegewinn erzielen.

1. Kreditaufnahme von 1.000 für zwei Jahre zum Zinssatz 10,43% p.a.
2. Mittelanlage von 1.000 für zunächst ein Jahr zu 11,11% und anschließender einjähriger Wiederanlage des Liquidationserlöses zu 10%.

Der Tilgungsbetrag für den Kredit beträgt nach zwei Jahren $1.000 \cdot 1{,}1043^2 = 1.219{,}48$ und der Rückfluss aus der Investitionsstrategie $1.000 \cdot 1{,}1111 \cdot 1{,}1 = 1.222{,}21$. Nach Saldierung ergibt sich ein Nettorückfluss in Höhe 2,73 bei einem Kapitaleinsatz in Höhe von null. Diese Geldmaschine würde von allen Investoren durchgeführt werden, was zur Selbstzerstörung dieser Strategie in funktionierenden Märkten führen muss.

Eine Verallgemeinerung der vorstehenden Überlegungen führt offenbar zum folgenden Zusammenhang

(8.16)
$$\begin{aligned}[1 + r_T(s)]^T &= [1 + f_1(s)][1 + f_2(s)]\ldots[1 + f_T(s)] \\ &= \prod_{t=1}^{T} [1 + f_t(s)]\,.\end{aligned}$$

Dies bedeutet, die Verzinsung einer Nullkuponanleihe mit einer Laufzeit vom Zeitpunkt *s* bis zum Zeitpunkt *s+T* kann auf einem arbitragefreien Markt als Produkt der sukzessiven einperiodigen Terminzinssätze dargestellt werden. Die Abbildung 8.10 stellt diesen Sachverhalt grafisch anschaulich dar.

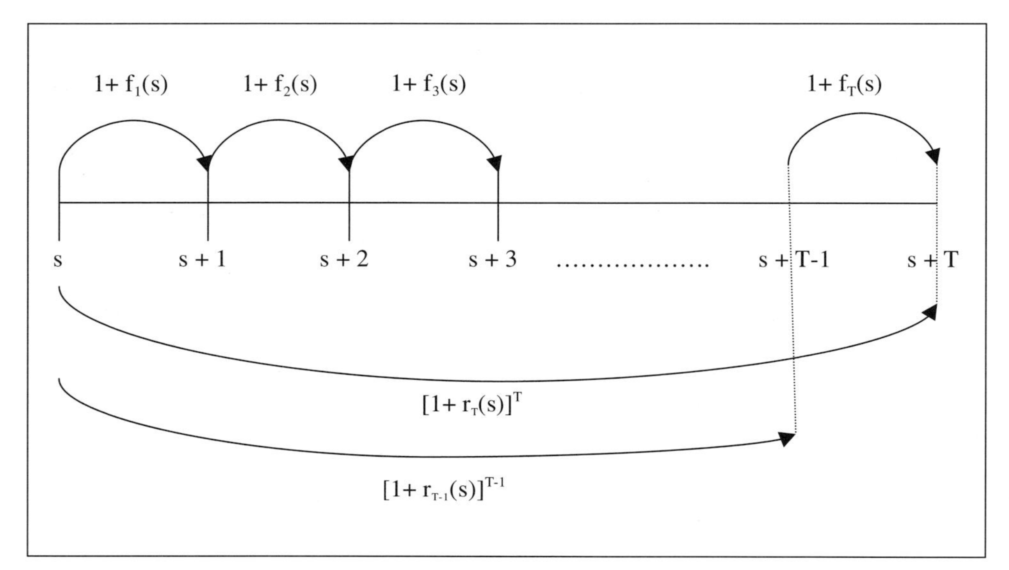

Abb. 8.10: Kassa- und Terminzinssätze

Dieser Zusammenhang liefert zugleich die Basis zur rekursiven Ermittlung der impliziten Terminzinssätze aus einer gegebenen Zinsstruktur in Alternative zu Beziehung (8.15). Es gilt sukzessive

$$1 + r_1(s) = 1 + f_1(s) \Rightarrow f_1(s) = r_1(s),$$

$$[1 + r_2(s)]^2 = [1 + f_1(s)]\,[1 + f_2(s)]$$

$$\Rightarrow 1 + f_2(s) = \frac{[1 + r_2(s)]^2}{1 + f_1(s)} \qquad \text{etc.}$$

und somit allgemein

$$1 + f_T(s) = \frac{[1 + r_T(s)]^T}{[1 + f_1(s)] \ldots [1 + f_{T-1}(s)]}. \tag{8.17}$$

Hieraus wird auch deutlich, dass bei flacher Zinsstruktur die Kassazinssätze und die Terminzinssätze zusammenfallen

$$r_T(s) = r \text{ für alle } T \Rightarrow f_T(s) = r \text{ für alle } T.$$

Bei einer normalen (steigenden) Zinsstrukturkurve gilt hinsichtlich des Zusammenhangs zwischen Kassa- und Terminzinssätzen $r_{T-1}(s) < r_T(s) < f_T(s)$ und bei einer inversen (fallenden) Zinsstruktur $f_T(s) < r_T(s) < r_{T-1}(s)$.

Hinsichtlich des Zusammenhangs zwischen Diskontstrukturkurve und impliziten Terminzinssätzen gilt:

$$b_T(s) = [1 + r_T(s)]^{-T} = \prod_{t=1}^{T} [1 + f_t(s)]^{-1} \tag{8.18}$$

Im Falle einer fallenden Zinsstruktur gilt es zu beachten, dass in funktionierenden Märkten keine negativen Terminzinssätze vorkommen dürfen. Dies bedeutet gleichzeitig, dass alle vorkommenden Zinsstrukturen zu einer fallenden Diskontstruktur führen müssen. Wäre dies nicht der Fall, d.h. es gilt $b_{T-1}(s) < b_T(s)$, dann bestünde folgende Arbitragemöglichkeit im Zeitpunkt s: Kauf eines Einheitszerobonds mit Fälligkeit $s+T-1$ zum Preis von $b_{T-1}(s)$ und gleichzeitiger Verkauf eines Einheitszerobonds mit Fälligkeit $s+T$ zum Preis von $b_T(s)$. Wegen $b_{T-1}(s) < b_T(s)$ hat der Arbitrageur in s einen Nettomittelzufluss. Im Zeitpunkt $s+T$ wird der kürzer laufende Zerobond fällig und schüttet eine Geldeinheit aus. Diese wird eine Periode bis $s+T$ als Kasse gehalten, um dann die Verpflichtung aus dem länger laufenden, leerverkauften Zerobond zu begleichen. Insgesamt hat der Arbitrageur damit im Betrachtungszeitpunkt s einen Nettomittelzufluss und in der Zukunft keine Auszahlungsverpflichtungen. Insgesamt muss daher aufgrund von No-Arbitragebedingungen gelten:

$$b_{T-1}(s) \geq b_T(s) \text{ für alle } T \Leftrightarrow f_T(s) \geq 0 \text{ für alle } T. \tag{8.19}$$

Abschließend betrachten wir noch ein Beispiel zur vorstehenden Materie.

Beispiel 8.8: Gewinnung der Forward Rates aus den Spot Rates
Gegeben seien die heutigen Preise $P_t(0)$ von Zerobonds mit den Laufzeiten

$$t = 1, 2, 3 \text{ und } 4$$

sowie einer Rückzahlung von jeweils 1000 Geldeinheiten. Es gilt:

$$P_1(0) = 900,\ P_2(0) = 820,\ P_3(0) = 725 \text{ und } P_4(0) = 675.$$

Zu bestimmen sind zunächst die Spot Rates und auf dieser Grundlage dann die Forward Rates. Für die Spot Rates bietet Beziehung (8.13) die geeignete Berechnungsgrundlage, es folgt

$$r_t = \sqrt[t]{1000 / P_t} - 1.$$

Die Forward Rates gewinnt man rekursiv aus den Spot Rates, Es gilt zunächst

$$f_1 = r_1,\ 1 + f_2 = (1 + r_2)^2 / (1 + r_1),\ 1 + f_3 = (1 + r_3)^3 / (1 + r_2)^2$$
$$\text{sowie } 1 + f_4 = (1 + r_4)^4 / (1 + r_3)^3.$$

Dies führt zu den folgenden Ergebnissen:

$$r_1 = 0{,}1111,\ r_2 = 0{,}1043,\ r_3 = 0{,}1132 \text{ und } r_4 = 0{,}1033.$$
$$f_1 = 0{,}1111,\ f_2 = 0{,}0976,\ f_3 = 0{,}1310 \text{ und } f_4 = 0{,}0741.$$

8.4 Charakterisierung des Preisgefüges

8.4.1 Flache Zinsstruktur

Zentral für die Theorie der Kursbildung (Preisbildung) am Markt für festverzinsliche Titel ist der *Barwertansatz*. Wir gehen dazu von folgender Situation aus: Gesucht sei der Kurs P_0 eines Bonds, charakterisiert durch die Zahlungsreihe $Z_1, \ldots, Z_T$, zum Zeitpunkt $t = 0$. Wir setzen zur Analyse einen flachen Verlauf der Zinsstrukturkurve voraus, der im Anlagezeitraum in seinem Niveau unverändert bleibt. Der zum Ansatz kommende Wiederanlagezins betrage dabei r. Bei Reinvestition der Zahlungen Z_t ergibt sich dann zum Zeitpunkt T ein Gesamtvermögen in Höhe von:

(8.20) $$K_T(r) = \sum_{t=1}^{T} Z_t \, (1 + r)^{T-t} = \sum_{t=1}^{T} Z_t \, q^{T-t}.$$

Würde der Investor nicht den festverzinslichen Titel kaufen, sondern alternativ sein Geld zum Zinssatz r in Zerobonds anlegen, so müsste er dies in der Höhe von

$$K_T(r) q^{-T} = \left(\sum_{t=1}^{T} Z_t \, q^{T-t} \right) q^{-T} = \sum_{t=1}^{T} Z_t \, q^{-t}$$

tun, um ein identisches Vermögen zum Zeitpunkt $t = T$ zu besitzen. Unter Ausschluss von Arbitragemöglichkeiten stellt der Betrag $K_T(r)q^{-T}$, der *Barwert* des Zahlungsstroms $\{Z_1, ..., Z_T\}$ zum Zins r, offenbar die richtige Marktbewertung des Bonds dar. Formal ergibt sich die Kursbildung gemäß dem Barwertansatz zu

(8.21)
$$P_0(r) = \sum_{t=1}^{T} Z_t (1 + r)^{-t} = \sum_{t=1}^{T} Z_t q^{-t}.$$

Wichtig ist nochmals festzuhalten, dass zur Ableitung dieses Ergebnisses und damit zur ökonomischen Rechtfertigung des Barwerts als korrekter Preis für ein festverzinsliches Wertpapier ein während der Laufzeit konstanter und fristenunabhängiger Wiederanlagezins r vorausgesetzt werden muss. Dies wird aus dem Ergebnis (8.21) allein nicht vollständig deutlich (hier könnte die flache Zinsstruktur auch nur in $t = 0$ gelten).

Betrachten wir nun einen beliebigen Zeitpunkt s, auf den noch n jährlich nachschüssige Zinszahlungen folgen. Die Länge eines Jahres werde auf 365 (alternativ: 360) Tage normiert. Seit dem letzten Kupontermin (bzw. seit dem Emissionszeitpunkt) seien x Tage verstrichen, der nächste Kupontermin ist noch $y = 365 - x$ Tage entfernt. Gemäß Abschnitt 2.2.1 folgt mit $\tau = x/365$ für die Kursbildung zu einem beliebigen Zeitpunkt:

(8.22a)
$$\begin{aligned} P_\tau(r) &= \sum_{t=1}^{n} Z_t (1 + r)^{-(t-\tau)} \\ &= (1 + r)^{\tau} \sum_{t=1}^{n} Z_t (1 + r)^{-t}. \end{aligned}$$

Das Ergebnis ist von der Struktur her somit einfach. Der Barwert beim Kauf zu Beginn der Periode ist mit einem Aufzinsungsfaktor zu multiplizieren, dessen Exponent dem Jahresbruchteil der bei einem späteren Kauf seit Periodenbeginn verstrichenen Zeit entspricht. Intuitiv steigt der Kurswert, da die Rückzahlungen relativ zum Kaufzeitpunkt früher liegen.

Eine leichte Variation ergibt sich, wenn das Jahr nicht in Tage, sondern nur gröber in Monate aufgeteilt wird. Beträgt die Distanz zum nächsten Kupontermin y Monate und sei $f = y/12$, so ergibt sich analog ($\tau = x/12 = (12 - y)/12 = 1 - f$)

(8.22b)
$$P_\tau(r) = (1 + r)^{1-f} \sum_{t=1}^{n} Z_t (1 + r)^{-t}.$$

Beispiel 8.15: Kurs eines Zerobonds

Bei Annahme eines fristenunabhängigen Diskontierungszinssatzes der Höhe r ($q = 1 + r$) folgt für den heutigen Preis eines Zerobonds mit Nennwert N und Fälligkeit im Zeitpunkt T unmittelbar

$$P_0(T) = Nq^{-T}.$$

Beispiel 8.16: Kurs eines Standardbonds bei flacher Zinsstruktur

Der Kurs eines Standardbonds bei Annahme einer flachen Zinsstruktur $r_t = r$ unmittelbar nach einem Kupontermin (bzw. zum Zeitpunkt der Emission) ist gegeben durch die Summe aus den diskontierten Zinszahlungen Z und der diskontierten endfälligen Tilgung N

$$P_0(r) = Z \sum_{t=1}^{T} q^{-t} + N q^{-T},$$

wobei $q = 1 + r$. Unter Berücksichtigung des Rentenbarwertfaktors einer nachschüssigen Rente gemäß (2.26) folgt hieraus

$$\text{(8.23)} \qquad \begin{aligned} P_0 &= \frac{Z}{r}\left(1 - \frac{1}{q^T}\right) + \frac{N}{q^T} \\ &= \frac{Z}{r} + \left(N - \frac{Z}{r}\right) q^{-T}. \end{aligned}$$

Berücksichtigt man noch den Zusammenhang $Z = Ni$, so geht (8.23) über in

$$\text{(8.24)} \qquad P_0(r) = N\left[\frac{i}{r} + \left(1 - \frac{i}{r}\right) q^{-T}\right].$$

Hieraus ergeben sich die Folgerungen[9]:

$$\begin{aligned} r > i \quad &\Rightarrow P_0(r) < N \\ r = i \quad &\Rightarrow P_0(r) = N \\ r < i \quad &\Rightarrow P_0(r) > N\,. \end{aligned}$$

Entscheidend für das Verhältnis von Bar- und Nennwert eines Standardbonds ist somit das Verhältnis von Diskontierungsfaktor (aktueller Marktzins) und Nominalzins.

Im Falle eines beliebigen Kaufzeitpunktes ergibt sich aus (8.24) in Verbindung mit (8.22a):

$$\text{(8.25a)} \qquad P_\tau(r) = N q^\tau \left[\frac{i}{r} + \left(1 - \frac{i}{r}\right) q^{-n}\right].$$

Werden bei der Kursbestimmung nur die Anzahl y der Monate bis zum *nächsten* Kupontermin angesetzt, so lautet die Beziehung ($f = y/12$):

$$\text{(8.25b)} \qquad P_\tau(r) = N q^{1-f} \left[\frac{i}{r} + \left(1 - \frac{i}{r}\right) q^{-n}\right].$$

9 Beweis als Übungsaufgabe 8.1.

Eine Kursnotierung zwischen zwei Kuponterminen gemäß (8.25a) bzw. (8.25b) führt zu Kursen, die (bei unveränderter Zinsstruktur) bis zum Kupontermin steigen und zu diesem Zeitpunkt um den Betrag der Kuponhöhe fallen (*Cum-Kuponnotierung*), Abbildung 8.11 illustriert diesen Sachverhalt. Der dargestellte Effekt ist in praxi unerwünscht, aus diesen Gründen werden die Kurse i.d.R. *Ex-Kupon* (exklusive der seit der letzten Kuponzahlung aufgelaufenen Stückzinsen) notiert. Der damit verbundene Prozess der Bereinigung der Kuponanteile wird in Anhang 8C näher analysiert.

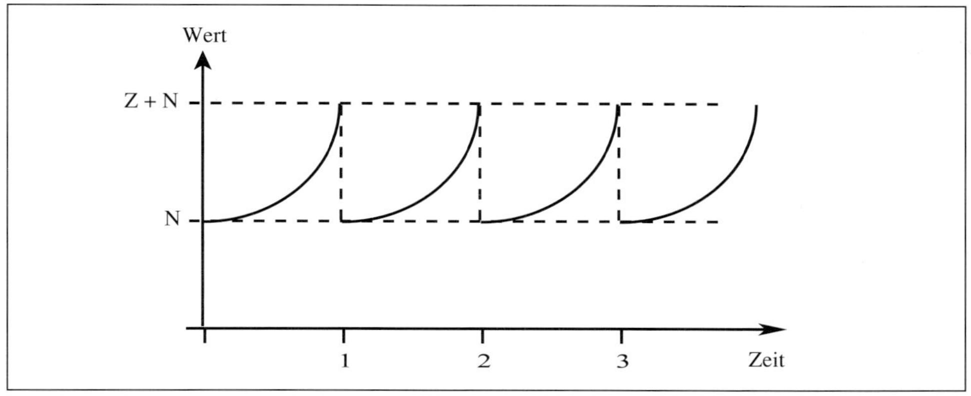

Abb. 8.11: Wertverlauf eines Paribonds bei Cum-Kuponkursen

Abschließend betrachten wir noch den Fall von n beliebigen Zins- bzw. Tilgungsterminen $0 < t_1 < ... < t_n$. Gemäß (2.31) ergibt sich als Kurswert zu $t = 0$:

(8.26)
$$P_0(r) = \sum_{i=1}^{n} Z(t_i)(1 + r)^{-t_i}.$$

Beispiel 8.17: Amerikanische Standardbonds

Bei amerikanischen Standardbonds ist eine halbjährige Kuponzahlung der Höhe $Z/2$ bei endfälliger Tilgung üblich. Bei einer Restlaufzeit von n Perioden ergibt sich gemäß (8.26):

(8.27)
$$P_0(r) = \frac{Z}{2}\sum_{t=1}^{2n} (1 + r)^{-\frac{t}{2}} + N(1 + r)^{-n}.$$

8.4.2 Allgemeine Zinsstruktur

Wir beschränken uns auf den Fall der Bestimmung des Preises P_0 eines festverzinslichen Titels mit der Zahlungsreihe $\{Z_1,..., Z_T\}$ zu Beginn der ersten Periode. Die in $t = 0$ herrschende Zinsstruktur sei spezifiziert durch die fristigkeitsabhängigen Zinssätze $\{r_1,..., r_T\}$ bzw. die impliziten Terminzinssätze $\{f_1,..., f_T\}$, dabei sei $r_t := r_t(0)$ und $f_t := f_t(0)$.

Wiederum ergibt sich der adäquate Preis des Titels aus der (Arbitrage-) Überlegung, dass die Investition von P_0 in Nullkuponanleihen gemäß der aktuell herrschenden Zinsstruktur denselben Endwert erbringen muss, wie der Kauf des Titels und die Reinvestition der Rückflüsse zu Marktbedingungen. Als implizite Prämisse geht in die Überlegungen somit ein, dass für $s > 0$ die Zinsstruktur $\{r_t(s)\}$ unverändert der in $s = 0$ herrschenden Zinsstruktur entspricht bzw. äquivalent dazu, dass die impliziten Terminzinssätze $\{f_1, \ldots, f_T\}$ auch tatsächlich realisierbar sind.

Die Formalisierung dieser Arbitrageüberlegung unter Benutzung der Terminzinssätze ergibt die Bedingung

$$P_0 \prod_{i=1}^{T} (1+f_i) = \sum_{t=1}^{T} Z_t \prod_{i=t+1}^{T} (1+f_i)$$

und somit

(8.28)

$$\begin{aligned} P_0(f_1, \ldots, f_T) &= \sum_{t=1}^{T} Z_t \prod_{i=t+1}^{T} (1+f_i) \prod_{i=1}^{T} (1+f_i)^{-1} \\ &= \sum_{t=1}^{T} Z_t \left[\prod_{i=1}^{t} (1+f_i) \right]^{-1} . \end{aligned}$$

Gemäß der Beziehung (8.16) ist dies äquivalent zu

(8.29a)

$$P_0(r_1, \ldots, r_T) = \sum_{t=1}^{T} Z_t (1+r_t)^{-t}$$

Unter der Benutzung der Beziehung (8.13) über die Eigenschaft der Einheitszerobonds als Diskontfaktoren kann man (8.29a) auch schreiben als

(8.29)

$$P_0 = \sum_{t=1}^{T} Z_t b_t(0) .$$

Die Gleichung lässt die folgende Rechtfertigung des Barwerts als dem ökonomisch korrekten Preis eines festverzinslichen Wertpapiers in funktionierenden Finanzmärkten zu. Betrachtet wird jede zukünftige Zins- und Tilgungszahlung eines Standardbonds als endfällige Tilgung eines Zerobonds mit Restlaufzeit t. Die gesamten Rückzahlungen eines Standardbonds können gedanklich in ein entsprechendes Portfolio aus (Einheits-)Zerobonds zerlegt werden, welches die Zins- und Tilgungszahlungen dupliziert. Um dies zu erreichen, wird jede zukünftige Zahlung Z_t aus dem Standardbond durch den Kauf von jeweils Z_t Einheiten des Einheitszerobonds mit Fälligkeit im Zeitpunkt t repräsentiert. Bei einer gegebenen Diskontstruktur betragen die Preise der Zerobonds jeweils $b_t(0)$ und folglich der gesamte Preis des Zerobondportfolios $\sum b_t(0)\, Z_t$. Aufgrund des[10] »Gesetz des einen Preises« muss auf einem arbitragefreien Kapitalmarkt der Preis zweier Portfolios aus Finanztiteln mit hinsichtlich Höhe und Zeitpunkt identischen Rückflüssen ebenfalls gleich sein. Damit muss der Preis eines Standardbonds dem Preis des seinen Rückzahlungsstrom replizierenden Portfolios aus Einheitszerobonds (Bond Stripping)

10 Vgl. hierzu Abschnitt 5.3.2.2.

entsprechen, das heißt $P_0 = \sum b_t(0)Z_t$. Der Preis des Standardbonds entspricht folglich dem gemäß der herrschenden Diskontstruktur ermittelten Barwert der von ihm verbrieften Zins- und Tilgungsleistungen.

Wenden wir uns vor dem Hintergrund der vorstehend dargestellten Zusammenhänge nunmehr der Methode des *Bootstrapping* zur Bestimmung von Diskont- bzw. Zinsstruktur zu. Für jede der Restlaufzeiten $t = 1, \ldots, m$ liege hierbei ein Kuponbond mit Laufzeit t, Preis P_t und Zahlungsstrom $\{Z_{t1},\ldots,Z_{tt}\}$ vor. Es besteht damit das Gleichungssystem

$$
\begin{aligned}
P_1 &= Z_{11} b_1 \\
P_2 &= Z_{21} b_1 + Z_{22} b_2 \\
&\vdots \\
P_t &= Z_{t1} b_1 + Z_{t2} b_2 + \ldots + Z_{tt} b_t \\
&\vdots \\
P_m &= Z_{m1} b_1 + Z_{m2} b_2 + \ldots + Z_{mt} b_t + \ldots + Z_{mm} b_m
\end{aligned}
\tag{8.30}
$$

für die Diskontstrukturkurve $\{b_1,\ldots,b_m\}$. Offenbar ist es möglich, dieses Gleichungssystem rekursiv aufzulösen, d.h. es gilt

$$b_1 = P_1 / Z_{11}\ , \quad b_2 = (P_2 - Z_{21} b_1)/Z_{22}\ , \text{ etc.} \tag{8.31}$$

Mit dieser Vorgehensweise kann somit die Diskontstruktur direkt aus den Kuponbondpreisen abgeleitet werden (und daraus dann die Zinsstruktur).

Beispiel 8.18: Bootstrapping

Gegeben sind drei Kuponbonds mit identischem Nennwert $N = 100$, den Restlaufzeiten $t = 1$, 2 sowie 3, einem einheitlichen Kupon von $Z = 5$ und Marktpreisen $P_1 = 99$, $P_2 = 98$ sowie $P_3 = 97$. Bestimmen Sie die Diskontstruktur $\{b_1, b_2, b_3\}$ sowie die Zinsstruktur $\{r_1, r_2, r_3\}$.

Zahlungsströme:

Bond 1: $\{-99, 105\}$

Bond 2: $\{-98, 5, 105\}$

Bond 3: $\{-97, 5, 5, 105\}$

Bootstrapping-Gleichungssystem:

(1) $99 = 105 b_1$

(2) $98 = 5 b_1 + 105 b_2$

(3) $97 = 5 b_1 + 5 b_2 + 105 b_3$

Aus (1) folgt $$b_1 = \frac{99}{105} = 0.9428$$

und damit $$r_1 = (1/b_1) - 1 = 0.0606 \qquad (6.06\%)$$

Aus (2) folgt: $b_2 = \frac{98 - 5b_1}{105} = \frac{98 - 4.7143}{105} = \frac{93.2857}{105} = 0.8884$

und damit $r_2 = \sqrt{1/b_2} - 1 = 0.0609 \quad (6.09\%)$

Aus (3) folgt schließlich: $b_3 = \frac{97 - 5b_1 - 5b_2}{105} = \frac{97 - 4.7143 - 4.442}{105} = \frac{87.8437}{105} = 0.8366$

und damit $r_3 = \sqrt[3]{1/b_3} - 1 = 0.0613 \quad (6.13\%)$.

Abschließend sei noch ein Beispiel zur Kursbildung im Kontext der Möglichkeit von Arbitrageoperationen betrachtet.

Beispiel 8.19: Konsistenz einer Kuponanleihe bei einer gegebenen Zinsstruktur

Es wird ein Standardbond betrachtet mit zwei Perioden Restlaufzeit, einem Kupon von 6% und einer Rückzahlung zu pari. Die Anleihe notiert zu 99%. Ist dieser Kurs zu der Zinsstruktur $r_1 = 3{,}5\%$ und $r_2 = 4{,}5\%$ konsistent?

Wählen wir als beliebigen Nennwert etwa $N = 100$, dann lautet die zugehörige Zahlungsreihe des Bond {6, 106}. Auf der Grundlage von Beziehung (8.29a) ergibt sich der korrekte Kurs damit zu:

$$P_0(r_1, r_2) = 6(1 + r_1)^{-1} + 106(1 + r_2)^{-2} = 102{,}8645.$$

Die zu 0,99 $N = 99$ notierte Anleihe ist offenbar unterbewertet und eröffnet damit die Möglichkeit zu Arbitrageoperationen. Diese könnten wie folgt aussehen:

- Leerverkauf (Emission) von 6 Stück des Einheitszerobonds mit Fälligkeit in einem Jahr zum Preis von 6 (1/1,035) = 5,7971.
- Leerverkauf (Emission) von 106 Stück des Einheitszerobonds mit Fälligkeit in zwei Jahren zum Preis von 106 $(1/1{,}045^2)$ = 97,0674.
- Kauf der Anleihe zum Preis von 99.

Die Tilgungsverpflichtungen aus der Emission der Zerobonds werden offensichtlich exakt durch die Rückflüsse aus der Anleihe gedeckt. Die gesamten Einnahmen aus der Emission der Zerobonds betragen 5,7971 + 97,0674 = 102,8645. Dem stehen Einstandskosten für den Kauf der Anleihe in Höhe von 99 gegenüber. Es ergibt sich damit ein Arbitragegewinn in Höhe von 102,8645 – 99 = 3,8645.

Diese vorteilhafte Alternative würde von allen Akteuren des Kapitalmarks durchgeführt werden, was zur Selbstzerstörung dieser Strategie in funktionierenden Märkten führen muss.

8.4.3 Einsatz von Faktormodellen zur Erklärung von Zinsspreads

Bereits in Abschnitt 8.3.1 wurde deutlich gemacht, dass die Zinsstruktur von festverzinslichen Titeln und damit auch die für die Kursbildung notwendigen Diskontierungsfaktoren nicht nur abhängig sind von der Fristigkeit des Titels, sondern auch von der Kuponhöhe sowie weiteren Einflussfaktoren.

Diese Erkenntnis ist der Ausgangspunkt zur Konstruktion von Faktormodellen zur einheitlichen Bewertung festverzinslicher Titel. Der Preis eines festverzinslichen Titels bestimmt sich im Rahmen eines solchen Modells allgemein etwa wie folgt:

$$P = \sum_{i=1}^{n} Z(t_i)(1 + r(t_i))^{-t_i} (1 + \sum \alpha_j x_j)^{-t_i}. \tag{8.32}$$

Dabei entspricht P dem Preis des Titels in t_0, $Z(t_i)$ den Zahlungen des Titels in den Zeitpunkten $t_1 < ... < t_n$ und die Größen $\{r(t_i)\}$ bestimmen die Zinsstruktur auf der Basis von ausfallrisikofreien Zero-Bonds zum Zeitpunkt t_0. Die Größe x_j ist eine 0-1-Variable, die genau dann den Wert 1 annimmt, wenn der Einflussfaktor j wirksam ist. Schließlich ist α_j ein Maß für die *Renditedifferenz (Spread)* aufgrund des Einflusses von Faktor j. Als relevante Einflussfaktoren, die Rendite- und damit Bewertungsdifferenzen bedingen, identifiziert *Kahn* (1989, 1995) für den US-Bond Markt:

- 20 Sektoren: Treasury Bonds, Industrial Bonds, Oil Bonds, Electric Utility Bonds (etc.)
- Bonität (Ausfallrisiko): AAA,..., BBB
- Verschiedene: Eigenkapitalquote, Kuponhöhe, ausländische Bonds ...

Für den deutschen Rentenmarkt liegen Ergebnisse im Rahmen eines Multifaktormodells in den Veröffentlichungen *Juen/Nielsen* (1996) und *Langewand/Nielsen* (1998) vor. Die Basiszinsstruktur wird dabei von Bundesobligationen und -anleihen sowie den LIBOR-Sätzen im kurzfristigen Bereich bestimmt. An Spreads werden dabei erfasst:

- Der Pfandbriefspread zur Berücksichtigung des zusätzlichen Kredit- und Liquiditätsrisikos von Pfandbriefen gegenüber Staatsanleihen.
- Der DM-Eurobondspread zur Berücksichtigung des höheren Kredit- und Liquiditätsrisikos von DM-Eurobonds gegenüber Staatsanleihen.
- Der Liquiditätsspread erfasst Renditedifferenzen zwischen Staatsanleihen in Abhängigkeit von ihrer Emissionsgröße.
- Der Kuponspread berücksichtigt die unterschiedliche steuerliche Behandlung von Kuponzahlungen und Kursgewinnen.

8.5 Analyse des Zinsänderungsrisikos

8.5.1 Vorüberlegungen

Unter den verschiedenen Risiken (z.B. Ausfallrisiko, ggf. Kündigungs- oder Wechselkursrisiken), die mit einer Investition in festverzinsliche Titel verbunden sein können[11] spielt das Zinsänderungsrisiko eine zentrale Rolle. Im weiteren Verlauf dieses Kapitels werden wir uns deshalb auf dieses fundamentale Risiko konzentrieren. Das Zinsänderungsrisiko liegt begründet in der Änderung der Zinsstruktur bzw. der impliziten Terminzinssätze im Zeitablauf und manifestiert sich durch

- Änderungen des Kurswertes (Barwert)
- Änderungen der Reinvestitionserträge aus den Rückflüssen (Endwert)

festverzinslicher Titel. Die Voraussetzung einer Quantifizierung der Auswirkungen des Zinsänderungsrisikos ist daher die Quantifizierung der Zinsstrukturkurve und ihrer möglichen zeitlichen Änderungen. Hierzu existieren in der Literatur die beiden folgenden Ansätze:

I. Deterministische Ansätze: Bei diesen Ansätzen wird eine zulässige Menge von Funktionen $\{f(t)\}$ spezifiziert, denen die Zinsstrukturkurve und ihre Änderungen entstammen dürfen. Der einfachste Spezialfall stellt dabei die Menge $\{f(t); f(t) \equiv r, r > 0\}$ dar, d.h. nur flache Zinsstrukturkurven und Übergänge in solche sind erlaubt.

II. Stochastische Ansätze: Hierbei ist ein spezieller Typ eines stochastischen Prozesses zur Beschreibung der zulässigen zeitlichen Veränderungen der Zinsstruktur zu spezifizieren. Eine Identifizierung der Parameter ist vor der empirischen Umsetzung dieses Ansatzes erforderlich.

Insgesamt ist auf die ökonomische Relevanz und Plausibilität der gewählten Funktionen bzw. stochastischen Prozesse zu achten. Eine wichtige Rolle spielt bei theoretischen Analysen zudem die Forderung der Konsistenz mit den Bedingungen eines Marktgleichgewichts, insbesondere die Eigenschaft der Arbitragefreiheit.

Im Folgenden soll noch etwas detaillierter auf die möglichen Auswirkungen des Zinsänderungsrisikos eingegangen werden. Dabei wird, um die Analyse möglichst einfach und transparent zu halten, eine idealisierte Modellwelt zugrunde gelegt. Ausgangspunkt ist ein Portfolio aus festverzinslichen Titeln, das in seiner Gesamtheit zu einem bestimmten Zeitpunkt erworben wird, bei dem alle Titel den gleichen Nominalzins besitzen und eine identische Restlaufzeit haben. Die anfängliche Zinsstruktur sei flach, entspreche der einheitlichen Nominalverzinsung der Titel im Portfolio und gehe nur einmal innerhalb der betrachteten Laufzeit in eine flache Zinsstruktur von einem unterschiedlichen Niveau über. Welche verschiedenen Auswirkungen hat diese Zinsänderung nun für einen Investor?

I. Konstellation steigender Zinsen: In diesem Falle sinkt der Kurs des Portfolios. Auf der anderen Seite steigen die Reinvestitionserträge der Kuponzahlungen aus dem Portfolio und damit der Endwert des Portfolios. Wird das Portfolio bis zu seiner Endfälligkeit gehalten, bedingt dies insbesondere eine höhere realisierte Rendite. Hinsichtlich der induzierten *Kursrisiken* sind dabei die folgenden Aspekte zu unterscheiden

11 Vgl. hierzu allgemein etwa *Uhlir/Steiner* (1983).

- *Reales Kursrisiko*: Aufgrund des gefallenen Kurses des Portfolios besteht ein Preisrisiko im Falle seiner Liquidation, in diesem Falle ergibt sich auch eine geringere realisierte Rendite als anfänglich geplant.
- *Formales Kursrisiko*: Hierunter ist das Risiko der Abschreibung des Wertes des Portfolios zum Bilanzstichtag zu verstehen. Bei Nicht-Liquidierung des Portfolios ist dies zunächst ein reines Buchrisiko. Dies kann aber durchaus reale Konsequenzen haben, z.B. wenn eine Kapitalbeschaffung oder aufsichtsrechtliche Maßnahmen an die Einhaltung bestimmter Bilanzrelationen gebunden sind.
- *Opportunitätsrisiko*: Im Vergleich zu der nach der Zinserhöhung bestehenden Konstellation ist zum Zeitpunkt des Portfoliokaufs nur ein geringerer Nominalzins am Markt erhältlich. Auch hierdurch werden geringere Reinvestitionserträge induziert.

II. Konstellation fallender Zinsen: In diesem Falle steigt der Kurs des Portfolios. Auf der anderen Seite fallen die Reinvestitionserträge der Kuponzahlungen und damit der realisierte Endwert des Portfolios. Es bestehen die folgenden Risiken:

- *Reinvestitionsrisiko*: Wird das Portfolio bis zur Endfälligkeit gehalten, so fällt die realisierte Rendite geringer aus als die anfänglich geplante.
- *Antiselektionsrisiko*: Ein Antiselektionsrisiko besteht bei zinssensitiven Investmentprodukten mit der folgenden Option: Recht der Investition zusätzlicher Mittel zu einem anfänglich garantierten Zinssatz (etwa bei bestimmten Versicherungsprodukten).

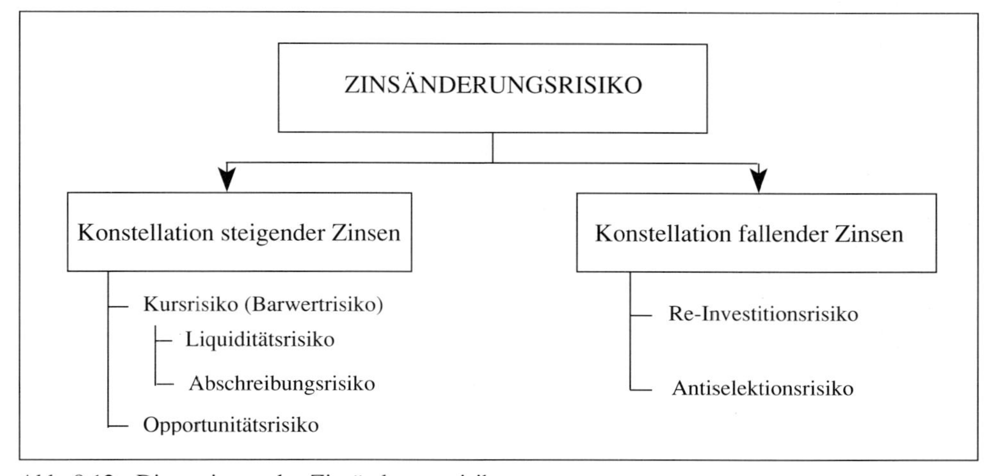

Abb. 8.12: Dimensionen des Zinsänderungsrisikos

Geht man aus von realistischeren Szenarien der Entwicklung des Portfolios aus festverzinslichen Titeln (unterschiedliche Kaufzeitpunkte, unterschiedliche Nominalverzinsungen, unterschiedliche Restlaufzeiten, bilanziell nicht abschreibungspflichtige Schuldscheindarlehen sowie abschreibungspflichtige festverzinsliche Wertpapiere im Portfolio, unterschiedliche Phasen einer nicht-flachen Zinsstruktur, mehrfache Zinsänderungen), so wird deutlich, dass die Steuerung eines Rentenportfolios eine hochgradig komplexe Aufgabe ist. Die Kontrapunkte dieser Steuerung bilden die entgegengesetzten Wirkungen einer Zinsänderung auf den Barwert (Kurswert) des Portfolios einerseits sowie den Endwert des Portfolios andererseits. Im Weiteren konzentrieren wir uns auf den Basisfall einer flachen Zinsstruktur, was die Problemstellung und die damit verbundenen Lösungsmöglichkeiten erheblich vereinfacht. Auf dieser Grundlage können dann realistischere Konstellationen mit einhergehend höherer Problemkomplexität angegangen werden.

8.5.2 Analyse des Zinsänderungsrisikos bei flacher Zinsstruktur

8.5.2.1 Grundlagen

Wir treffen im Rahmen der weiteren Analyse die folgenden Annahmen:

1) die Zinsstruktur in $s = 0$ sei flach, $r_t(0) \equiv r$,
2) gekauft werde in $s = 0$ ein festverzinslicher Titel mit den Rückflüssen $\{Z_1,...,Z_T\}$ zum Kurs
   (Barwert) $P(r) = \sum_{t=1}^{T} Z_t(1+r)^{-t}$,
3) die Zinsänderung bestehe in einem *einmaligen* Übergang in eine flache Zinsstruktur der Höhe $r + \Delta r$ $(r + \Delta r > 0)$,
4) dieser Übergang geschehe »unmittelbar« nach dem Kauf des festverzinslichen Titels bzw. in $t = 0$. Eine solche Analyse läuft somit auf die Variation des Diskontierungsfaktors bzw. des Zinssatzes bei der Berechnung des Barwertes hinaus.

Die Konsequenzen der Zinsänderung im definierten Rahmen werden zum einen erfasst durch die induzierte Barwert- bzw. Kursänderung

(8.33a) $$P(r + \Delta r) - P(r)$$

und zum anderen durch die induzierte Änderung des Endwertes des Vermögens

(8.33b) $$K_T(r + \Delta r) - K_T(r).$$

Wir untersuchen zunächst die Konsequenzen einer solchermaßen strukturierten Zinsänderung auf den Kurs bzw. den Barwert des Titels. Bei flacher Zinsstruktur gilt für die Barwertfunktion, welche den Barwert in Abhängigkeit vom angesetzten Zinssatz abbildet:

(8.34)
$$P(r) = \sum_{t=1}^{T} Z_t(1+r)^{-t}$$

$$P'(r) = -\frac{1}{1+r}\sum_{t=1}^{T} tZ_t(1+r)^{-t} < 0$$

$$P''(r) = \frac{1}{(1+r)^2}\sum_{t=1}^{T} t(t+1)Z_t(1+r)^{-t} > 0.$$

Die Barwertfunktion ist somit eine *streng monoton fallende* und *konvexe* Funktion. Bei steigendem Marktzins fällt der Barwert des Titels, bei fallendem Marktzins steigt der Barwert. Zudem folgt die Eigenschaft

$$|P(r - \Delta r) - P(r)| > |P(r + \Delta r) - P(r)|\,, \tag{8.35}$$

d.h. eine Zinssenkung führt zu einer stärkeren Barwertänderung als eine gleich hohe Zinssteigerung. Abbildung 8.13 illustriert das typische Aussehen der Barwertfunktion.

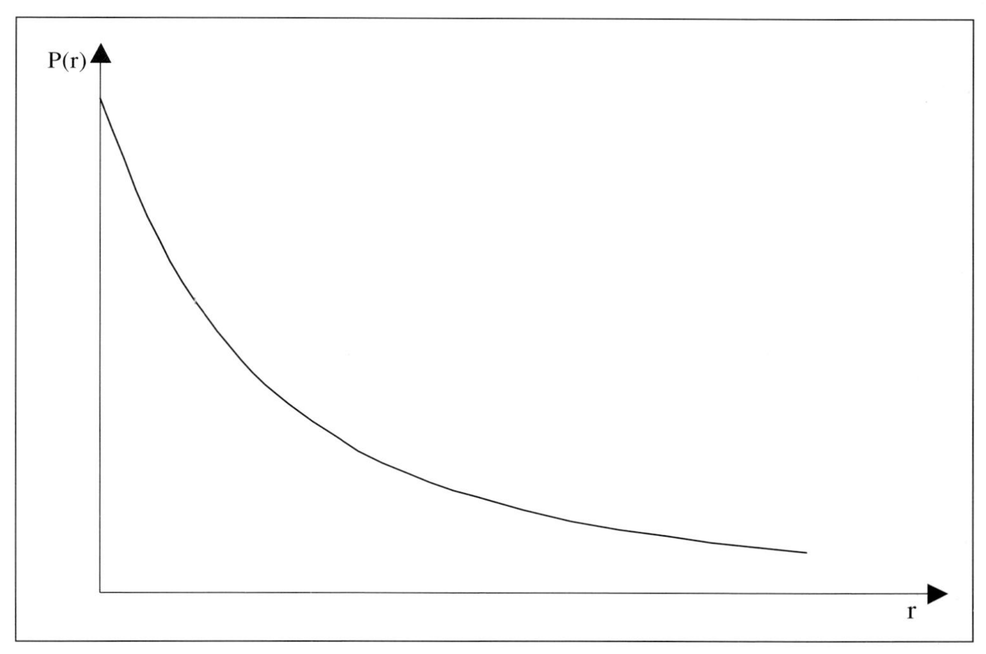

Abb. 8.13: Barwertfunktion eines festverzinslichen Titels bei flacher Zinsstruktur

Eine entsprechende Analyse der Endwertfunktion des festverzinslichen Titels ergibt ($T > 2$):

$$\begin{aligned} K_T(r) &= \sum_{t=1}^{T} Z_t\,(1+r)^{T-t} \\ K_T{}'(r) &= \frac{1}{1+r}\sum_{t=1}^{T-1}(T-t)\,Z_t\,(1+r)^{T-t} > 0 \\ K_T{}''(r) &= \frac{1}{(1+r)^2}\sum_{t=1}^{T-2}(T-t)(T-t-1)\,Z_t\,(1+r)^{T-t} > 0\,. \end{aligned} \tag{8.36}$$

Die Endwertfunktion ist somit ebenfalls *konvex*, aber nun *streng monoton steigend*.[12] Bei steigendem Marktzins steigen auch die Erträge aus der Wiederanlage der Rückflüsse und damit der Endwert des Vermögens, bei fallendem Marktzins fallen dagegen die Reinvestitionserträge und somit der Vermögensendwert. Zudem gilt

12 Letzteres gilt auch für $T = 2$.

(8.37) $$|K_T(r + \Delta r) - K(r)| > |K_T(r - \Delta r) - K(r)|,$$

d.h. eine Zinssteigerung führt zu einem stärkeren Anstieg des Endwertes als eine Zinssenkung in gleichem Umfang umgekehrt zu einem Sinken des Endwertes führt. Als wichtiges *Fazit* lässt sich damit festhalten, dass bei flacher Zinsstruktur Zinsänderungseffekte sich entgegengesetzt auf den Barwert bzw. Endwert eines festverzinslichen Titels auswirken. Abbildung 8.14 illustriert diesen Effekt ($r_1 > r_0$).

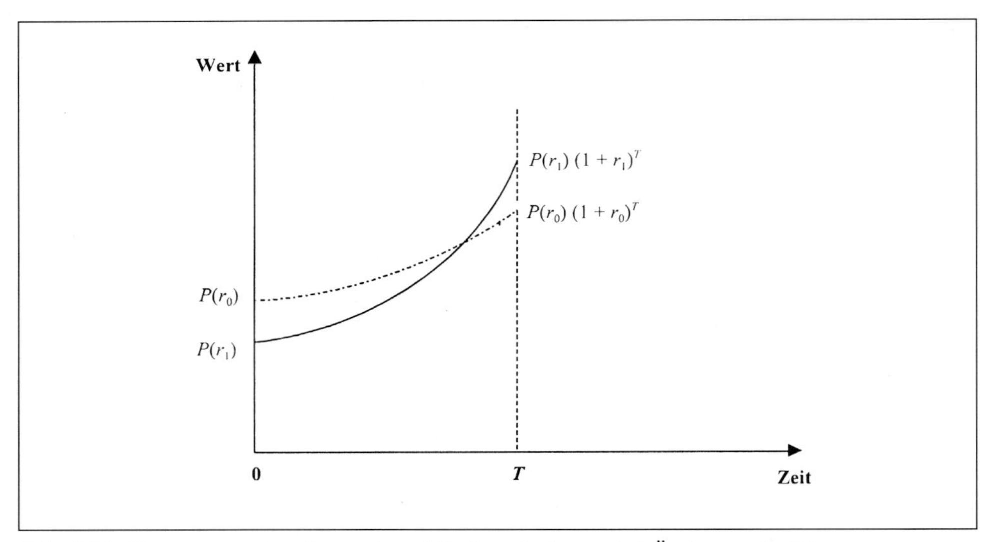

Abb. 8.14: Entgegengesetzte Barwert- und Endwertänderung bei Änderung des Zinssatzes

8.5.2.2 *Kennzahlen zur Zinssensitivität des Barwertes*

8.5.2.2.1 *Duration*

Wir beginnen mit dem Maß der *absoluten Duration* (*Dollar Duration*) $D_A(r)$. Diese ist definiert als

(8.38) $$D_A(r) = -P'(r) = \frac{1}{1+r} \sum_{t=1}^{T} tZ_t(1+r)^{-t},$$

mithin als die erste Ableitung der Barwertfunktion versehen mit einem negativen Vorzeichen. Da gemäß (8.34) $P'(r) < 0$, folgt $D_A(r) > 0$. Für jedes feste r entspricht die absolute Duration somit dem negativen Betrag der Steigung der Barwertfunktion. Dies verdeutlicht zugleich die Natur des Durationsansatzes zur Erfassung der Wirkung der Zinsänderung auf den Barwert (Kurswert) des Titels. Für den anfänglichen Zinssatz r wird die (konvexe) Barwertfunktion ersetzt durch die Tangente an die Barwertkurve und die Änderung der Barwertfunktion wird *approximiert* durch die entsprechende Änderung des Funktionswertes der Tangente; es gilt somit

(8.39) $$\Delta P(r) := P(r + \Delta r) - P(r) \approx -D_A(r)\Delta r.$$

Die absolute Duration ist somit ein approximatives Maß für die Kursänderung bei absoluter Zinsänderung und damit ein Maß für eine der beiden Komponenten des Zinsänderungsrisikos, der induzierten Barwertänderung. Insbesondere sind die Auswirkungen der Zinsänderung auf den Kurswert umso größer, je größer die absolute Duration des Titels.

Abbildung 8.15 verdeutlicht die vorgenommene Approximation der Barwertkurve durch die entsprechende Tangente und Abbildung 8.16 verdeutlicht die Abhängigkeit der Duration von der Höhe des anfänglichen Zinssatzes.

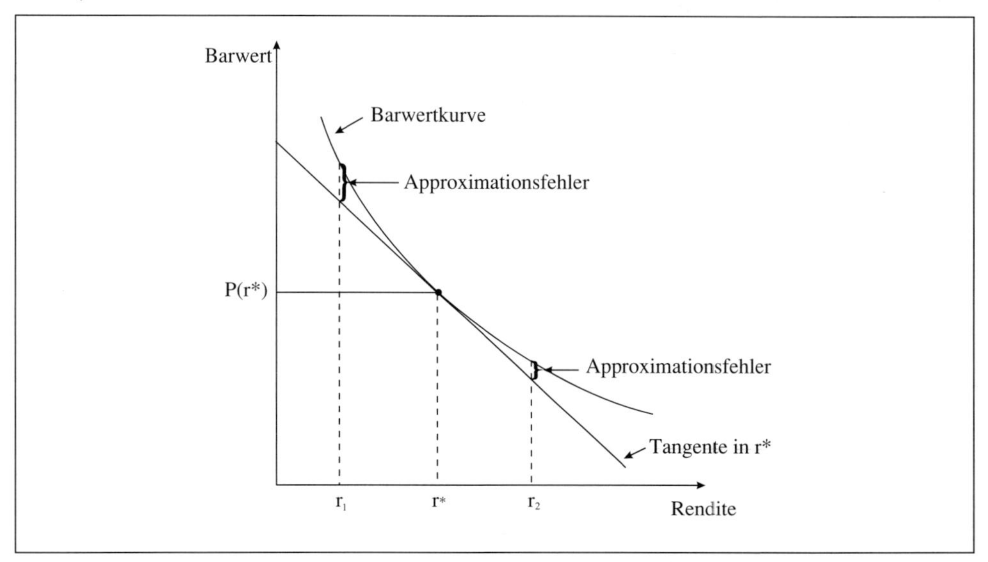

Abb. 8.15: Approximation der Barwertkurve auf der Grundlage der absoluten Duration

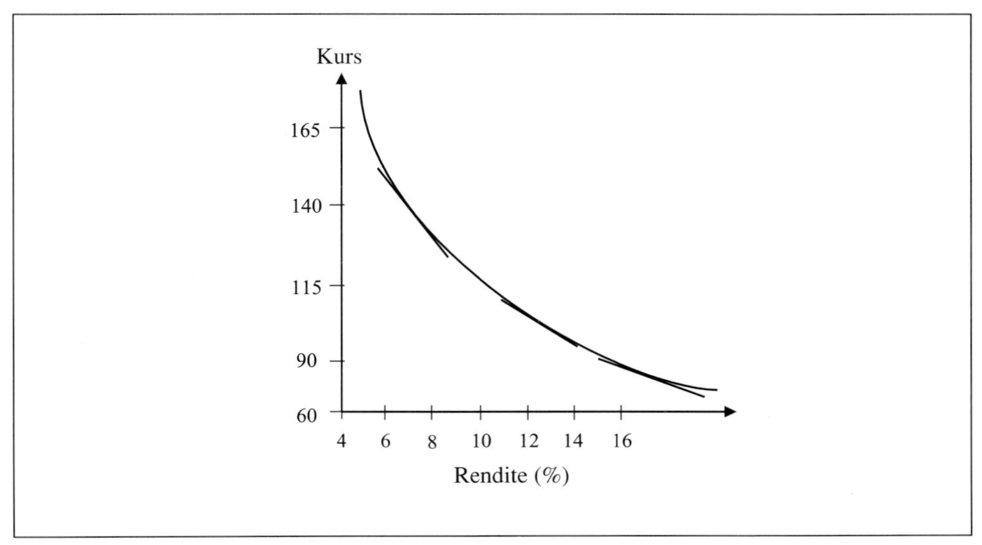

Abb. 8.16: Abhängigkeit der Duration vom anfänglichen Zinssatz

Abbildung 8.15 macht zugleich das Ausmaß und die Komponenten des *Approximationsfehlers* deutlich:

- Der Approximationsfehler ist umso größer, je größer die Änderung des Marktzinses Δr ist. Der Approximationsfehler ist nur für »infinitesimale« Änderungen gleich null bzw. die Approximation ist nur für sehr geringe Zinsänderungen gut.
- Der Approximationsfehler ist umso größer, je »gekrümmter« die Barwertfunktion in der Umgebung des anfänglichen Zinssatzes r ist.
- Die Durationsapproximation erlaubt keine Erfassung der »Konvexität der Barwertänderung« gemäß (8.35). Insbesondere wird der Effekt steigender Zinsen (Kursverlust) *überschätzt* und der Effekt fallender Zinsen (Kurstanstieg) *unterschätzt*.

Auf der Basis der absoluten Duration lassen sich nun zwei weitere Durationsmaße ableiten, die durch die Vornahme einer Transformation der absoluten Duration entstehen. Die *modifizierte Duration* (modified duration) ist definiert durch

$$(8.40) \qquad D_M(r) := \frac{D_A(r)}{P(r)} = \frac{\frac{1}{1+r}\sum_{t=1}^{T} tZ_t(1+r)^{-t}}{P(r)}.$$

Auf der Basis von (8.37) hat dies die folgende approximative Beziehung zur Konsequenz

$$(8.41) \qquad \frac{\Delta P(r)}{P(r)} \approx -D_M(r) \cdot \Delta r.$$

Die modifizierte Duration ist somit ein approximatives Maß für die relative Kursänderung bei absoluter Zinsänderung. Schließlich ist die *Macaulay-Duration* eines festverzinslichen Titels definiert durch[13]

$$(8.42a) \qquad D(r) = (1+r)\,D_M(r) = \frac{\sum_{t=1}^{T} tZ_t(1+r)^{-t}}{P(r)}.$$

Die Macaulay-Duration ergibt sich als die zeitgewichtete Summe aller diskontierten Zahlungsströme, dividiert durch den Barwert der Anleihe. Aus (8.40a) folgt dabei direkt die Beziehung $D(r) \geq 1$. Eine alternative Interpretation der Macaulay-Duration ergibt sich, wenn man sich den Zinstitel gedanklich als ein Portfolio von Zerobonds mit unterschiedlichen Restlaufzeiten $t = 1, 2, ..., T$ vorstellt. Dabei entspricht Z_t dem Rückzahlungsbetrag des Zerobonds mit Fälligkeit im Zeitpunkt t. Der Barwert dieses Zerobonds beträgt $Z_t(1+r)^{-t}$ und $P(r) = \sum Z_t(1+r)^{-t}$ entspricht dem Barwert des gesamten Zerobondportfolios, mithin dem Barwert des betrachteten Zinstitels. Der relative Investitionsanteil in den Zerobond mit Fälligkeit im Zeitpunkt t ergibt sich zu $x_t = Z_t(1+r)^{-t} / P(r)$ mit $\sum x_t = 1$. Damit kann (8.42a) auch folgendermaßen geschrieben werden:

$$(8.42b) \qquad D(r) = \sum_{t=1}^{T} x_t\, t.$$

---

13 Historisch gesehen ist die Macaulay-Duration das zuerst entwickelte Durationsmaß.

Die Macaulay-Duration eines Zinstitels kann als gewogenes arithmetisches Mittel der Fälligkeitszeitpunkte der einzelnen Zahlungsströme interpretiert werden, wobei die Gewichtung jeweils anhand des Quotienten des Barwertes des Cashflows bezogen auf den Preis (Barwert aller Cashflows) des Zinstitels erfolgt. Aufgrund dieser Eigenschaft sowie ihrer Konstruktion als gewichtete Summe von Zeitpunkten kann die Macaulay-Duration in der Maßgröße Zeiteinheit (i.d.R. Jahre) gemessen werden, was einen direkten Vergleich mit der Laufzeit ermöglicht. Insofern wird einem Fälligkeitszeitpunkt ein umso höheres Gewicht zugewiesen je höher der Cashflow ist und je ferner dieser in der Zukunft liegt. Man kann hier auch von dem mittleren Fälligkeitszeitpunkt der Cashflows eines Zinstitels sprechen.

Beispiel 8.20: Macaulay-Duration eines Standardbonds

Gegeben sei ein Bond mit vierjähriger Laufzeit, Nennwert von 1.000 und 5% Nominalverzinsung. Zu bestimmen ist die Macaulay-Duration des Bonds für eine anfänglich flache Zinsstruktur, die ein Niveau in Höhe von $r = 10\%$ aufweist.

Diskontierter Cashflow	Gewicht	Zeit	Gewicht*Zeit
$50/1{,}1 = 45{,}45$	0,054	1	0,054
$50/(1{,}1)^2 = 41{,}32$	0,049	2	0,098
$50/(1{,}1)^3 = 37{,}57$	0,045	3	0,135
$1050/(1{,}1)^4 = 717{,}16$	0,852	4	3,408
Summe p = 841,50	1		3,695

Die Macaulay-Duration des Bonds beträgt somit 3,695.

Die (8.41) entsprechende approximative Beziehung ist gegeben durch

$$\frac{\Delta P(r)}{P(r)} \approx -\frac{\Delta(r)}{1+r} D(r), \tag{8.41}$$

d.h. die entsprechende Macaulay-Duration ist ein approximatives Maß für die *relative* Kursänderung eines festverzinslichen Titels bei (sofortiger, kleiner) *relativer* Zinsänderung. Die Gleichung zeigt, dass der Barwert des Zinstitels umso sensitiver auf Veränderungen des Zinsniveaus reagiert, je höher seine Duration ist. Angewendet auf den Bond des obigen Beispiels ergibt dies bei einer Zinsänderung von ± 1% eine relative Kursänderung in Höhe von

$$\frac{\Delta P(r)}{P(r)} \approx \frac{\pm 0{,}01}{1{,}1} 3{,}695 = \mp 0{,}0336 \quad (\mp 3{,}36\%)$$

Bei einem Zinsanstieg von 10% auf 11% gibt somit der Kurs approximativ um 3,36% nach, bei einer Zinssenkung von 10% auf 9% erhöht sich der Kurs approximativ um 3,36%. Im Weiteren soll zunächst der enge Zusammenhang zwischen der Macaulay-Duration bzw. der modifizierten Duration und der Zinselastizität $E_P(r)$ der Barwertfunktion aufgezeigt werden.

Aufgrund von

$$P'(r) = -\frac{1}{1+r}\sum_{t=1}^{T} t Z_t (1+r)^{-t} = -\frac{1}{1+r} D(r) P(r)$$

folgt unmittelbar

$$E_P(r) := \frac{P'(r)}{P(r)} r = -\frac{r}{1+r} D(r) = -r\,D_M(r). \tag{8.44}$$

Schließlich ist der Zusammenhang zwischen Macaulay-Duration und absoluter Duration gegeben durch

$$D(r) = \frac{1+r}{P(r)} D_A(r) = \frac{-(1+r)\,P'(r)}{P(r)}. \tag{8.45}$$

Letztlich sind aber alle zuvor dargestellten Durationsmaße nur andere Darstellungsformen desselben Grundzusammenhangs und beinhalten daher keine neuen Informationen.

Beispiel 8.21: Macaulay-Duration eines Zerobonds

Da ein Zerobond lediglich bei Fälligkeit einen Rückfluss aufweist, folgt aus (8.42b) unmittelbar

$$D(r) = T \tag{8.46}$$

Für einen Zerobond entspricht die Duration der (Rest-) Laufzeit des Titels. Je länger die Laufzeit, desto stärker fällt eine Kursänderung bei Änderung des Marktzinses aus.

Die Duration eines Zerobonds mit Laufzeit T beinhaltet gleichzeitig die maximale Duration aller Bonds mit gleicher Laufzeit, denn es gilt

$$D(r) = \frac{\sum_{t=1}^{T} t\,Z_t (1+r)^{-t}}{P(r)} \le \frac{\sum_{t=1}^{T} T\,Z_t (1+r)^{-t}}{P(r)} = T\,. \tag{8.47}$$

Beispiel 8.22: Duration eines Standardbonds

Für den Barwert eines Standardbonds mit Nennwert N, Nominalverzinsung i, jährlichem Kupon $Z = Ni$ und Restlaufzeit T ergibt sich

$$P(r) = Z\,r^{-1} - Z\,r^{-1}\,q^{-T} + N\,q^{-T}$$

und damit

$$D_A(r) = -P'(r) = Z\,r^{-2} - (r^{-1} + T\,q^{-1})\,Z\,r^{-1}\,q^{-T} + T\,N\,q^{-T-1}.$$

Es folgt

$$q\,D_A(r) = q\,r^{-1}\,P(r) - T\,Z\,r^{-1}\,q^{-T} + T\,N\,q^{-T} - r^{-1}\,q\,N\,q^{-T}$$

und daraus mit N = Z/i

$$D(r) = \frac{1+r}{r} - \frac{TZr^{-1}q^{-T} - TNq^{-T} + r^{-1}qNq^{-T}}{Zr^{-1} - Zr^{-1}q^{-T} + Nq^{-T}}$$

(8.48)
$$= \frac{1+r}{r} - \frac{TZ + (q - rT)N}{Z(q^T - 1) + Nr}$$

$$= \frac{1+r}{r} - \frac{(1+r) + T(i-r)}{i[(1+r)^T - 1] + r}.$$

Für Consols, also Kuponbonds mit unendlicher Laufzeit, strebt der zweite Summand offensichtlich gegen null und die Duration besitzt für $T \to \infty$ einen Grenzwert bei D(r) = $(1 + r)/r$. Für $i \geq r$ (pari- bzw. über-pari-Notierung) ist dies zugleich eine obere Abschätzung für die Duration, d.h. $D(r) \leq (1 + r)/r$. Dagegen ist für Bonds mit einer unter-pari-Notierung $r > i$ diese Abschätzung nur unter der Bedingung $T \leq (1 + r)/(r - i)$ gültig.

Dieses Ergebnis bildet den Ausgangspunkt einer Analyse der Abhängigkeit der Duration vom anfänglichen Zinsniveau *r*, von der Restlaufzeit *T* und von der Kuponhöhe *Z*. Insbesondere subsumiert die Duration diese einzelnen Einflussfaktoren auf den Barwert eines festverzinslichen Titels in einem einzigen Faktor. Hinsichtlich der angesprochenen Analysen der Wirkung der einzelnen Einflussfaktoren auf die Duration gehen wir im Folgenden einige ausgewählte Resultate näher ein.

I. Abhängigkeit von Kuponhöhe und Restlaufzeit: An einem Beispiel sollen die Ergebnisse einer *simultanen* Variation von Kuponhöhe und Restlaufzeit bezüglich der Duration eines Standardbonds verdeutlicht werden. Dabei wird von einem jährlich fälligen Kupon und einem Marktzinssatz in Höhe von 6% ausgegangen.

	Restlaufzeit (Jahre)					
Kupon (%)	5	10	20	30	50	100
0	5,00	10,00	20,00	30,00	50,00	100,00
2	4,79	8,96	15,17	18,57	19,97	18,10
4	4,61	8,28	13,22	15,82	17,59	17,74
6	4,47	7,80	12,16	14,59	16,71	17,61
8	4,34	7,45	11,50	13,89	16,25	17,55
10	4,24	7,17	11,04	13,44	15,97	17,52
12	4,15	6,95	10,71	13,12	15,78	17,49
14	4,07	6,77	10,46	12,89	15,64	17,48
16	4,00	6,62	10,26	12,71	15,54	17,46

Tab. 8.2: Die Duration in Abhängigkeit von Kuponhöhe und Restlaufzeit

Aus der Tabelle ist zu entnehmen, dass die Duration ceteris paribus zunimmt, je geringer der Kupon und je länger die Restlaufzeit ausfällt. Die folgende Grafik gibt eine Illustration der Ergebnisse dieser Analyse. Dabei wird die Duration für einen Zerobond sowie für drei Standardbonds mit einer Nominalverzinsung von jeweils 3%, 6% bzw. 9% in Abhängigkeit von der Restlaufzeit gegenübergestellt. In allen Fällen wird ein Ausgangszinsniveau von 6% unterstellt. Der Standardbond mit einem Kupon von 3%/6%/9% wird daher unter pari/zu pari/ über pari notieren.

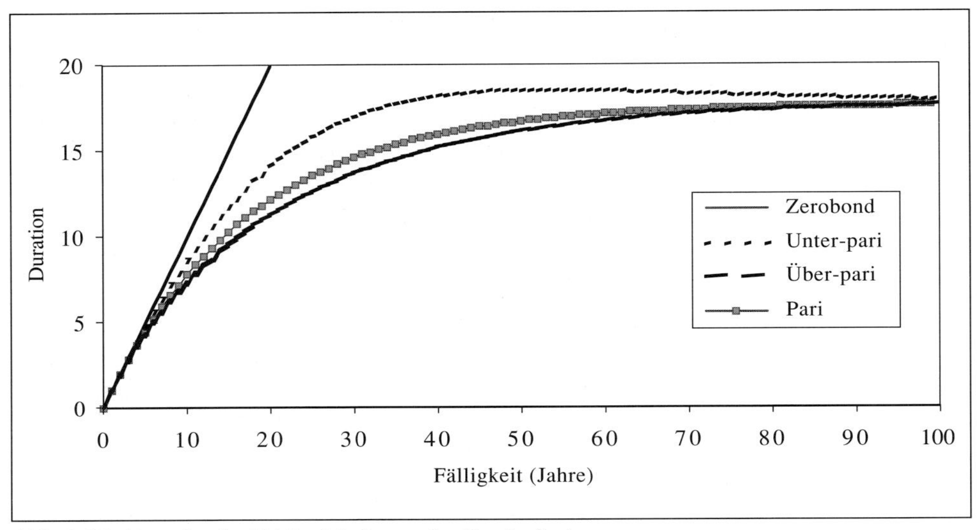

Abb. 8.17: Duration in Abhängigkeit von der Restlaufzeit

Aus der Grafik ist das bereits bekannte Resultat zu entnehmen, dass die Duration des Zerobonds linear mit der Restlaufzeit ansteigt und bei identischer Restlaufzeit stets höher ausfällt als die der Standardbonds. Bei den Standardbonds weist derjenige mit einem Kupon von 3% (unter-pari-Notierung) die höchste und derjenige mit einem Kupon von 9% (über-pari-Notierung) bei identischer Restlaufzeit die niedrigste Sensitivität gegenüber Zinsänderungen auf. Zudem lässt sich für den 6%- und 9%-Kuponbond eine mit zunehmender Restlaufzeit monoton steigende Duration beobachten. Dagegen steigt für den 3%-Kuponbond die Duration bis zu einer Restlaufzeit von ca. 50 Jahren an und nimmt dann einen fallenden Verlauf. Für sehr lange Laufzeiten strebt die Duration in allen Fällen gegen ihren Grenzwert in Höhe von (1 + r)/r = 1,06/0,06 = 17,67 Jahren.

II. Abhängigkeit vom anfänglichen Zinsniveau: Generell (auch für Nicht-Standardbonds) gilt $D'(r) < 0$ für $T > 1$, d.h. die Duration ist eine monoton fallende Größe in r. Ein höheres Zinsniveau impliziert eine kürzere Duration und vice versa. Dies kann wie folgt nachgewiesen werden. Es gilt nach der Quotientenregel

$$\frac{dD}{dr} = \frac{-\frac{1}{1+r}P_0 \sum t^2 Z_t (1+r)^{-t} + \frac{1}{1+r}\left[\sum t Z_t (1+r)^{-t}\right]^2}{P_0(r)^2}$$

(8.49)

$$= \frac{1}{(1+r)P_0(r)^2}\left\{\left[\sum t Z_t (1+r)^{-t}\right]^2 - \left[\sum t^2 Z_t (1+r)^{-t}\right]\left[\sum Z_t (1+r)^{-t}\right]\right\}.$$

Wie man sich durch Ausmultiplizieren leicht überzeugt, ist der Ausdruck in der geschwungenen Klammer für $T > 1$ stets negativ (für $T = 1$ hingegen null).

Wir wenden uns im Weiteren nun noch einigen generellen Eigenschaften der Macaulay-Duration zu. Ist zunächst nicht $t = 0$ der Zeitpunkt der Kursbildung und damit der Durationsmessung, sondern betrachten wir einen beliebigen Zeitpunkt $0 < \tau < 1$, so gilt nach (8.22a)

$$P_\tau'(r) = \tau(1+r)^{\tau-1}P(r) + (1+r)^\tau P'(r),$$

hieraus folgt gemäß (8.45)

$$D_\tau(r) = \frac{-(1+r)P'_\tau(r)}{P_\tau(r)} = \frac{-\tau(1+r)^\tau P(r) - (1+r)^{\tau+1}P'(r)}{(1+r)^\tau P(r)}$$

und damit gilt

(8.50)
$$D_\tau(r) = D(r) - \tau.$$

Die unterperiodige Duration verkürzt sich somit exakt um den Betrag der verstrichenen Laufzeit.

Zentral für Fragen der Duration von Portfolios aus Zinstiteln ist der folgende Zusammenhang: Sind $X = \{X_1, ..., X_T\}$ und $Z = \{Z_1, ..., Z_T\}$ zwei Zahlungsreihen, so gilt

(8.51a)
$$D_{X+Z} = \frac{D_X P_X + D_Z P_Z}{P_X + P_Z},$$

wobei P_X, P_Z die entsprechenden Barwerte bedeuten. Die Macaulay-Duration zweier Titel ist somit ein gewichtetes Mittel der Durationen der einzelnen Titel.[14] Das folgende Beispiel bietet eine Konkretisierung dieses Zusammenhangs.

Beispiel 8.23: Duration zweier Kuponbonds

Gegeben seien zwei Kuponbonds mit Zahlungsströmen $X = \{-125{,}67;\ 20;\ 120\}$ sowie $Y = \{-105{,}35;\ 8;\ 8;\ 108\}$. Die Zinsstruktur am Markt sei flach und der einheitliche Zinssatz betrage r = 6%. Zuerst wird die Duration der einzelnen Anleihen ermittelt. Für den Zahlungsstrom X ergibt sich eine Macaulay-Duration von $D_X = 1{,}850$ und für die Rückflüsse der Anleihe Y entsprechend $D_Y = 2{,}789$. Die gemeinsame Duration ergibt sich als ein mit den Barwerten gewichtetes Mittel der Durationen der einzelnen Titel.

---

14 Der Nachweis dieser Beziehung ist der Inhalt von Übungsaufgabe 8.3.

$$D_{X+Z} = \frac{125{,}67 \cdot 1{,}850 + 105{,}35 \cdot 2{,}789}{125{,}67 + 105{,}35} = 2{,}278.$$

Von der Richtigkeit des Ergebnisses kann man sich überzeugen, wenn aus dem aggregierten Zahlungsstrom die Duration berechnet wird. $X+Y$ = (-231,01; 28; 128; 108). Als Duration ergibt sich ebenfalls D_{X+Y} = 2,278.

Dies lässt sich auf beliebig viele Titel verallgemeinern und man erhält auf diese Weise die Möglichkeit der Berechnung der Macaulay-Duration eines *Portfolios* als gewichtete Summe der einzelnen Durationen der im Portfolio gehaltenen festverzinslichen Titel gemäß

(8.51b)
$$D_P = \sum_{i=1}^{n} x_i D_i .$$

Dabei entspricht $x_i = P_i / P$ dem Barwert des Titel i bezogen auf den Gesamtwert des Portfolios $P = \sum P_i$, also dem relativen Investitionsgewicht des i-ten Titels.

8.5.2.2.2 *Konvexität*

Wie die Analyse des vorstehenden Abschnitts deutlich machte, liefert das Durationsmaß nur eine approximative Erfassung der durch eine Zinsänderung induzierten Barwertänderung. Eine Verbesserung der Approximation und damit eine Reduktion des Approximationsfehlers lässt sich durch die Verwendung der Maßzahl Konvexität erreichen. Theoretischer Ausgangspunkt ist hierbei die Taylor-Entwicklung einer Funktion f im Punkt x_0. Ein Abbruch der Taylor-Entwicklung nach dem ersten Glied beinhaltet die Approximation

$$f(x_0 + h) - f(x) \approx f'(x_0)\, h,$$

d.h. die Approximation der Kurve in der Umgebung von x_0 durch die entsprechende Tangente. Diese Vorgehensweise ist verbunden mit dem Konzept der Duration. Ein Abbruch der Taylor-Entwicklung nach dem zweiten Glied beinhaltet die Approximation

$$f(x_0 + h) - f(x_0) \approx f'(x_0)\, h + \frac{1}{2} f''(x_0)\, h^2.$$

Übersetzt auf die vorliegende Situation ergibt dies:

(8.52)
$$\begin{aligned} \Delta P &\approx P'(r)\Delta r + \frac{1}{2} P''(r)(\Delta r)^2 \\ &= -D_A(r)\Delta r + \frac{1}{2} C_A(r)(\Delta r)^2, \end{aligned}$$

dabei bezeichnet

(8.53)
$$C_A(r) = P''(r) = \frac{1}{(1+r)^2} \sum_{t=1}^{T} t(t+1)\, Z_t (1+r)^{-t}$$

die *absolute Konvexität*. Der Betrag $\frac{1}{2} C_A(r)(\Delta r)^2$ erfasst die absolute Kursänderung aufgrund des quadratischen Anteils der Krümmung der Barwertkurve. Eine leichte Umformung ergibt insgesamt die folgende Approximation.

$$\frac{\Delta P}{P} \approx \frac{P'(r)}{P(r)} \Delta r + \frac{1}{2} \frac{P''(r)}{P(r)} \cdot (\Delta r)^2 \tag{8.54}$$

$$= - D_M(r) \Delta r + \frac{1}{2} C(r)(\Delta r)^2,$$

dabei bezeichnet

$$C(r) = \frac{P''(r)}{P(r)} = \frac{\sum t(t+1) Z_t (1+r)^{-t}}{(1+r)^2 \sum Z_t (1+r)^{-t}} \tag{8.55}$$

die *Konvexität*. Der Betrag $C(r) \cdot (\Delta r)^2$ erfasst die prozentuale Kursänderung aufgrund der Konvexität der Barwertkurve. Insgesamt bietet die Einbeziehung der Konvexität eine Verbesserung der Approximation der absoluten bzw. relativen Kursänderung.

Beispiel 8.24: Konvexität eines Zerobonds

Gegeben ist ein T-jähriger Zerobond mit Rückzahlungsbetrag Z, zu berechnen seine Konvexität $C(r) = P''(r)/P(r)$.

Es gilt $P(r) = Z(1 + r)^{-T}$, $P'(r) = -T Z(1 + r)^{-(T+1)}$, $P''(r) = T(T + 1) Z(1 + r)^{-(T+2)}$ und somit:

$$C(r) = T(T + 1)(1 + r)^{-2} > 0.$$

Übungsbeispiel 8.25:

Wir gehen aus von einer flachen Diskontstrukturkurve in Höhe von 5%. Wie hoch ist der faire Kurs der Anleihe mit den Rückflüssen {6, 106} unter diesen Bedingungen? Wie verändert sich der Kurs exakt, wenn das Zinsniveau auf 5,5% steigt? Wie verändert sich der Kurs approximativ unter

a) alleiniger Verwendung der Duration,
b) unter Verwendung von Duration und Konvexität.

Vergleichen Sie die Ergebnisse.

Lösung:

a) Zunächst gilt $P(0{,}05) = 6(1{,}05)^{-1} + 106(1{,}05)^{-2} = 101{,}86$ sowie $P(0{,}055) = 6(1{,}055)^{-1} + 106(1{,}055)^{-2} = 100{,}92316$.

Für die absolute Duration gilt $D_A(r) = \frac{1}{1+r} \sum_{t=1}^{T} t Z_t (1+r)^{-t}$ sowie die Approximation $\Delta P(r) \approx -D_A(r) \Delta r$. Es folgt:

$$D_A(0{,}05) = \frac{1}{1{,}05}\left[6(1{,}05)^{-1} + 212(1{,}05)^{-2}\right] = \frac{6}{(1{,}05)^2} + \frac{212}{(1{,}05)^3} = 188{,}57575.$$

$\Rightarrow \Delta P(r) \approx -188{,}57575 \cdot 0{,}005 = -0{,}94288$
$\Rightarrow P(0{,}055) \approx 101{,}86 - 0{,}94288 = 100{,}91712.$

Die Approximation auf der alleinigen Basis der Duration ist damit zufriedenstellend.

b) $C_A(r) = P''(r)$
$P(r) = 6(1 + r)^{-1} + 106(1 + r)^{-2}$
$P'(r) = -6(1 + r)^{-2} - 212(1 + r)^{-3}$
$P''(r) = 12(1 + r)^{-3} + 636(1 + r)^{-4}$
$\Rightarrow 0{,}5\ C_A(0{,}05) = 6(1{,}05)^{-3} + 318(1{,}05)^{-4} = 266{,}80241$
$\Delta P(0{,}055) \approx -D_A(r)\ \Delta r + 0{,}5\ C_A(r)(\Delta r)^2 = -0{,}93621$
$\Rightarrow P(0{,}055) \approx 101{,}86 - 0{,}93621 = 100{,}92379.$

Die zusätzliche Verwendung der Konvexität führt damit zu einer deutlich verbesserten Approximation.

Für den Fall eines Standardbonds haben *Nawalka/Lacey/Schneeweis* (1990) die folgende Formel für die Konvexität hergeleitet:

$$C = \frac{2i\left[(1+r)^2\left[(1+r)^T - 1\right] - Tr(1+r)\right] + r^2T(T+1)(r-i)}{r^2(1+r)^2\left[i\left[(1+r)^T - 1\right] + r\right]}, \tag{8.56}$$

dabei entspricht i der Nominalverzinsung, r dem Marktzins und T der Restlaufzeit des Bonds.

Generell erfolgt eine Erhöhung der Konvexität bei geringerer Nominalverzinsung, geringerem Marktzins sowie längerer Restlaufzeit. Portfolios mit identischer oder ähnlicher Duration können durchaus deutlich verschiedene Konvexitäten aufweisen. So hat z.B. ein Bondportfolio mit *Hantelstruktur* (*Barbell Portfolio*), bei dem sich die Titel im Portfolio auf die kurzen und langen Restlaufzeiten konzentrieren, im Allgemeinen. eine höhere Konvexität als Portfolios mit *Kugelstruktur* (*Bullet Portfolios*), bei denen sich die Titel im Portfolio auf mittlere Restlaufzeiten konzentrieren.

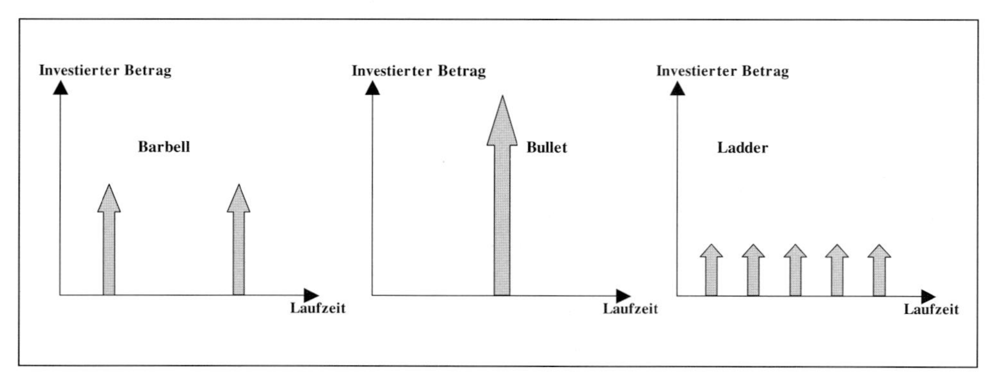

Abb. 8.18: Unterschiedliche Laufzeitstrategien

Beispiel 8.26:

Gegeben sei ein Kugelportfolio, bestehend aus einem Zerobond mit 10-jähriger Restlaufzeit bei einem aktuellen Marktzins von 8%. Die Duration des Portfolios beträgt 10 Jahre, seine Konvexität 94,307 Jahre im Quadrat. Alternativ betrachten wir ein Hantel-Portfolio, bei dem die Mittel zu 50% in Bargeld (Duration und Konvexität null) und zu 50% in einen Zerobond mit 20-jähriger Restlaufzeit investiert sind. Die Duration dieses Portfolios beträgt ebenfalls 10 Jahre, seine Konvexität beträgt $0{,}5 \cdot 20 \cdot 21 \cdot (1{,}08)^{-2} = 180{,}041$ und ist damit etwa doppelt so hoch.

Aufgrund der Beziehung (8.54) hat eine (positive) Konvexität sowohl im Falle steigender als auch in der Konstellation fallender Zinsen eine positive Wirkung. In der Konstellation fallender Zinsen erfolgt bei höherer Konvexität und gleicher Duration eine höhere Kurssteigerung. Dies bildet die Grundlage von für Konvexitätsstrategien im Rahmen eines aktiven Bondmanagements, bei dem von fallenden Zinsen ausgegangen wird. Im Falle steigender Zinsen fällt die Kursverminderung im Vergleich zu einem Portfolio mit gleicher Duration und geringerer Konvexität entsprechend geringer aus. Es ist allerdings festzuhalten, dass die vorgenommene Analyse auf der angenommenen Art der Diskontstruktur und ihrer Änderung basiert, insbesondere werden rein additive Shifts der Zinsstruktur unterstellt.

Abschließend sei noch erwähnt, dass *Barber* (1995) auf der Grundlage einer Taylor-Approximation der logarithmierten Bondpreise zu der folgenden Approximation gelangt:

(8.57)
$$\frac{\Delta P}{P} \approx \exp\left[-D_M \Delta r + \frac{1}{2}\left(C - D_M^2\right)(\Delta r)^2 - 1\right].$$

Nach den Untersuchungen von *Barber* führt dies zu einer verbesserten Approximation, die auch für größere Zinsänderungen gute Werte liefert.

8.5.2.2.3 Der zeitstetige Fall

Betrachten wir abschließend noch die Verhältnisse im zeitstetigen Fall. Ausgehend von einer konstanten Zinsrate u gilt hier

(8.58)
$$P(u) = \sum_{t=1}^{T} Z_t e^{-ut}.$$

Eine additive Änderung der Zinsrate von u nach $u + h$ wirkt im diskreten Fall wegen $1 + r = e^{u+h} = e^u \cdot e^h$ wie eine multiplikative Änderung des Aufzinsungsfaktors (nicht des Zinssatzes).

Definieren wir die Macaulay-Duration gemäß (8.42) durch

(8.59a)
$$D(u) = \frac{\sum t Z_t e^{-ut}}{P(u)},$$

so folgt anders als im diskreten Fall[15]

15 Vgl. (8.45).

(8.59b)
$$D(u) = -\frac{P'(u)}{P(u)}.$$

Entsprechend definiert man die zeitstetige Version der (relativen) Konvexität durch

(8.60)
$$C(u) = \frac{P''(u)}{P(u)} = \frac{\Sigma t^2 Z_t e^{-ut}}{P(u)}$$

Als weitere Zinssensitivitätskennziffer definieren wir im zeitstetigen Fall die Größe M-Quadrat (M-squared) durch

(8.61)
$$M^2 = \frac{\Sigma (t-D)^2 Z_t e^{-ut}}{P(u)} = C - D^2$$

Durch Anwendung der Quotientenregel ergibt sich[16]

(8.62)
$$\frac{dD}{du} = -M^2.$$

Da M^2 per Konstruktion eine nicht-negative Größe ist, folgt hieraus, dass die (zeitstetige) Duration abnimmt, wenn die Zinsrate zunimmt und vice versa.

8.5.2.3 Zinssensitivität des Endwertes

8.5.2.3.1 Babcock-Beziehung

Wir beginnen mit einer Analyse des zeitdiskreten Falls. Unterliegt unmittelbar nach Kauf des Bonds die anfängliche Zinsrate r einer additiven Veränderung, d.h. geht über nach $r + \varepsilon$, so gilt für den sich dann einstellenden Endwert

(8.63)
$$K_T(r+\varepsilon) = K_0(r+\varepsilon)(1+r+\varepsilon)^T.$$

Der anfängliche Investitionsbetrag war $K_0(r)$. Bezeichnet r_ε die realisierte Rendite nach der Zinsänderung, so gilt definitionsgemäß

(8.64)
$$K_0(r)(1+r_\varepsilon)^T = K_0(r+\varepsilon)(1+r+\varepsilon)^T$$

und damit

(8.65)
$$r_\varepsilon = \left[\frac{K_0(r+\varepsilon)}{K_0(r)}\right]^{\frac{1}{T}}(1+r+\varepsilon) - 1.$$

Da die anfängliche Rendite gleich r ist, ist $r_\varepsilon - r$ die aus der Zinsänderung resultierende Renditeänderung im Sinne der Differenz zwischen realisierter Rendite und anfänglich in Aussicht gestellter Rendite. Es lässt sich nun die folgende approximative Beziehung nachweisen (*Babcock*- bzw. *Babcock/Langetieg-Beziehung*)

16 Vgl. Übungsaufgabe 8.4.

(8.66)
$$r_\varepsilon - r \approx \left(1 - \frac{D}{T}\right) \varepsilon.$$

Dies folgt durch die Vornahme einer linearen Approximation (Taylorentwicklung 1.Ordnung) für (8.65). Die Beziehung (8.66) stellt eine Beziehung zwischen der Veränderung der realisierten Rendite, der Duration und der anfänglichen Zinsänderung dar.

Im zeitstetigen Fall gehen wir zur Analyse der Konsequenzen einer additiven Änderung $u + \varepsilon$ der zeitstetigen Rendite aus von dem Ansatz

(8.67)
$$K_0(u + \varepsilon)\, e^{(u + \varepsilon)T} = K_0(u)\, e^{(u + \varrho)T}.$$

Die Renditegröße ϱ mißt damit direkt die Veränderung in der anfänglichen zeitstetigen Verzinsung, die durch die Änderung der Zinsrate von u auf $u + \varepsilon$ verursacht wird. Es gilt damit

(8.68)
$$e^{\varrho T} = \frac{K_T(u + \varepsilon)}{K_T(u)}.$$

Auf der Grundlage einer Taylorapproximation der rechten Seite gewinnt man die folgenden Näherungen

(8.69a)
$$\varrho \approx \left(1 - \frac{D}{T}\right) \varepsilon + \frac{M^2 \varepsilon^2}{2T}$$

bzw. unter Vernachlässigung des ε^2-Terms

(8.69b)
$$\varrho \approx \left(1 - \frac{D}{T}\right) \varepsilon$$

in Verallgemeinerung der Beziehung (8.66).

8.5.2.3.2 *Durationsfenster*

In Abbildung 8.13 wurden die gegenläufigen Wirkungen einer Zinsänderung in Bezug auf Barwert und Endwert eines Bonds gezeigt. Es stellt sich daher die Frage, ob es in bestimmten Konstellationen möglich ist, die anfängliche (vor Eintritt der Zinsänderung) Wertentwicklung trotz einer eingetretenen Zinsänderung zu sichern. Zur Analyse dieser Frage betrachten wir zunächst den Wert eines durch die Rückflüsse $\{Z_1, ..., Z_T\}$ charakterisierten festverzinslichen Titels zu einem beliebigen Zeitpunkt $0 \leq s \leq T$ unter dem anfänglichen Zins r_0, es gilt:

(8.70a)
$$K_s(r_0) = \sum_{t=1}^{T} Z_t (1 + r_0)^{s-t}.$$

Der Barwert zum Zeitpunkt s setzt sich dabei zusammen aus der bis zum Zeitpunkt s mit einer Verzinsung von r_0 akkumulierten Reinvestition der Rückflüsse plus dem Kurswert zum Zeitpunkt s der noch ausstehenden Rückflüsse. Dies sieht man deutlicher, wenn man beispielsweise $s = m \in \mathbb{N}$, $1 < m < T$ setzt. Es gilt dann

(8.70b)
$$K_s(r_0) = \sum_{i=1}^{m} Z_i (1 + r_0)^{s-i} + \sum_{i=m+1}^{T} Z_i (1 + r_0)^{-(s-i)}.$$

Gehen wir unverändert von einer sofortigen einmaligen Zinsänderung $r + \Delta r$ in $t = 0$ aus, so ergibt sich für den Barwert zum Zeitpunkt s unter dieser Konstellation

(8.71) $$K_s(r_0 + \Delta r) = \sum_{t=1}^{T} Z_t(1 + r + \Delta r)^{s-t}.$$

Es stellt sich nun die Frage, ob es zu einem Zeitpunkt s möglich ist, dass für Zinsänderungen eines bestimmten Ausmaßes Δr stets

(8.72) $$K_s(r_0 + \Delta r) \geq K_s(r_0)$$

gilt. In einem solchen Fall wäre gewährleistet, dass zumindest in diesem Zeitpunkt und für Änderungen des anfänglichen Zinssatzes in einem bestimmten Umfang der Wert des Bonds zum Zeitpunkt s trotz Zinsänderung nicht geringer, ggf. sogar höher, ist als unter den anfänglich geltenden Bedingungen. Die Erfüllung der Ungleichung (8.72) läuft auf die Frage der Existenz eines lokalen oder sogar globalen Minimums hinaus.

Die Antwort ist dabei positiv und sie lautet

(8.73) $$s = D(r_0).$$

Wenn wir einen Zeitpunkt wählen, welcher der Duration zum anfänglichen Zins entspricht, so besitzt die Wertfunktion $K_s = K_D$ ein Minimum im Punkt r_0 und die Eigenschaft (8.72) ist damit gewährleistet. In Anhang 8D wird gezeigt, dass es sich hierbei insbesondere um ein globales Minimum handelt, d.h. die Beziehung (8.72) gilt sogar für Zinsänderungen der zugelassenen Form in beliebiger Höhe.[17] Weiterhin bedeutet (8.72), dass spätestens bis zum Zeitpunkt $s = D(r_0)$ ein anfänglicher Kursverlust infolge steigender Zinsen durch die verbesserten Reinvestitionsmöglichkeiten zumindest kompensiert, ggf. sogar überkompensiert worden ist. Man beachte, dass die Aussage nicht $K_s(r_0 + \Delta r) = K_s(r_0)$ lautet, d.h. die Zinsänderungen werden nicht notwendigerweise alle im gleichen Zeitpunkt kompensiert, sondern jede Zinsänderung besitzt in der Regel einen eigenen Kompensationszeitpunkt. Gesichert ist aber, dass im Zeitpunkt s die Wertentwicklung gleich der unteren Grenze $K_s(r_0)$ ist, oder darüber liegt. Fasst man den Wert $K_s(r_0)$ als Untergrenze eines (nach oben unbegrenzten) Fensters auf, das sich »um« den Zeitpunkt der Duration befindet, so gelangt man zu dem auf *Bierwag* (1987, S. 90) zurückgehenden Begriff *Durationsfenster* (*Duration Window*), um den vorstehend erläuterten Sachverhalt zu illustrieren. Abbildung 8.19 veranschaulicht diesen Zusammenhang.[18]

8.5.2.4 Zur Bedeutung elementarer Durationsanalysen

Die voran stehenden Analysen beruhen auf einer Reihe von restriktiven Annahmen, deren grundsätzlicher Vorzug ist, dass sie zu einfach strukturierten Modellen und Strategien führen. Da die Annahmen jedoch nur wenig realitätsgerecht sind, ist es aber notwendig, sich der immanenten Modellprämissen und den daraus resultierenden Beschränkungen bei einer praktischen Umsetzung bewusst zu sein.

---

17 Dies impliziert aber auch zugleich, dass die Art der zugelassenen Zinsänderung nicht mit einem arbitragefreien Markt vereinbar ist.

18 Die Abbildung 8.18 wurde angeregt durch die entsprechende Darstellung in *Steiner/Uhlir* (2001, S. 79).

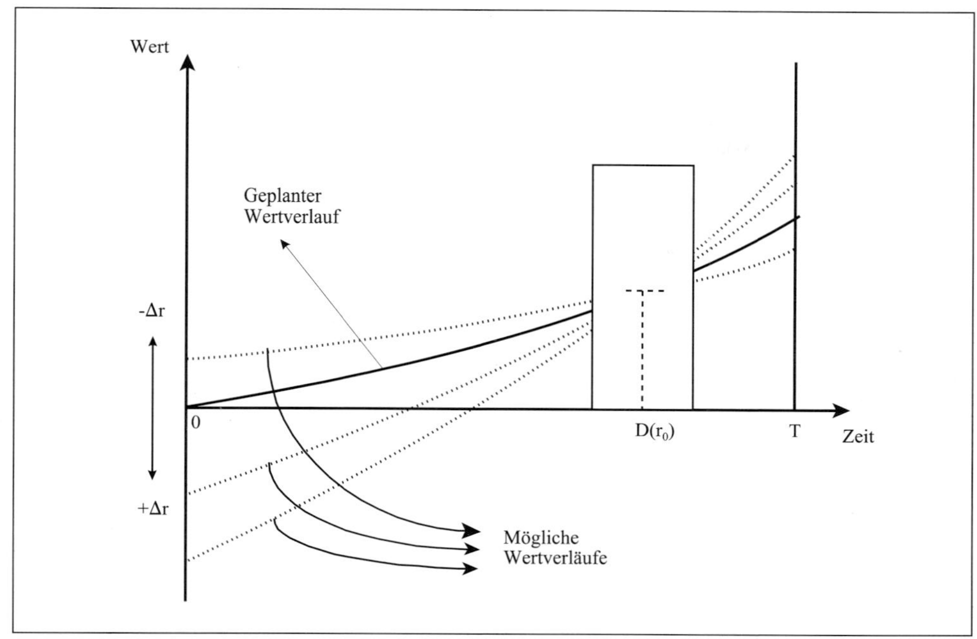

Abb. 8.19: Das Durationsfenster

Die zentrale Annahme ist diejenige einer flachen Zinsstruktur, die nur einer einzigen anfänglichen deterministischen Änderung einer bestimmten Form unterliegen darf. Mehrfache Änderungen stellen dabei aber grundsätzlich kein Problem dar, da man sich nach jeder erfolgten Zinsänderung entsprechend der neuen Konstellation anpassen kann. Im Hinblick auf eine flache Zinsstruktur existieren inzwischen eine Reihe von Erweiterungen (Single Factor-Durationsmodelle, Faktorenmodelle der Zinsstruktur, Key Rate-Durationen) die ebenso wie Modellierungsansätze für stochastische Zinsstrukturen Gegenstand des weiterführenden Kapitels 9 sind.

Untersuchungen von *Bierwag et al.* (1983) sowie *Bühler/Herzog* (1989) im Zusammenhang mit auf alternativen Modellen für *deterministische* Änderungen der Renditestruktur und den entsprechenden Durationsmaßen basierenden Immunisierungsstrategien stützen jedoch die These, dass die entsprechenden Ergebnisse sich nur geringfügig unterscheiden. Auf der anderen Seite kommt *Bußmann* (1989) zu der Folgerung, dass Durationsmaße, die aus theoretisch fundierten Renditemodellen für Anleihen (No-Arbitragemodelle) abgeleitet sind, einfachen Durationsmaßen überlegen sind und stützt seine Aussage auf eine im Vergleich zu früheren Untersuchungen verbesserte Testvorgehensweise. *Ilmanen* (1992) kommt hingegen zu dem Schluss, dass im Rahmen einer Querschnittsanalyse das einfache Durationsmaß im Zeitraum von 1980 bis 1989 bereits 80% bis 90% der Variation von Bondrenditen erklärt. Gegenteilige Ergebnisse früherer Studien führt er darauf zurück, dass in diesem Zeitraum

- die Gesamtvolatilität des Rentenmarktes deutlich gestiegen ist,
- Parallelverschiebungen der Zinsstruktur einen höheren Anteil an den Änderungen der Zinsstruktur ausgemacht haben.

Beide Effekte stärken die Erklärungskraft des einfachen Durationsmaßes. Ein vergleichbares empirisches Ergebnis wird in Abschnitt 9.2.2 im Kontext einer Erklärung der Zinsstruktur durch statistische Faktormodelle erzielt.

Als weiteres grundsätzliches Problem des Durationsansatzes ist noch anzuführen, dass traditionelle Durationskonzepte Zinsänderungsrisiken dann nicht mehr korrekt erfassen können, wenn die Höhe der Zinszahlungen selbst von Zinsänderungen beeinflusst wird (zinssensitive Produkte oder Bonds mit eingebetteten Optionen). Einen Ausweg bieten hier optionsadjustierte Durationsmaße.

Insgesamt kann festgehalten werden, dass das einfache Durationsmaß ein sehr nützliches Konzept im Sinne einer ersten Approximation für die Analyse des Ausmaßes des Zinsänderungsrisikos und einer darauf aufbauenden Portfoliosteuerung darstellt. Die Konzeption unterliegt jedoch einer Reihe von Beschränkungen und liefert nur approximative Ergebnisse, sodass es vor allem auf den spezifischen Anwendungszweck ankommt, ob mit diesem Ansatz oder verfeinerten Analysen gearbeitet wird.

8.6 Management von Bondportfolios

8.6.1 Vorbemerkungen

Im Folgenden betrachten wir nur rein primäre Strategien, das heißt Strategien unter Ausschluss des Einsatzes derivativer Instrumente. Hinzu treten in praxi Strategien auf der Grundlage von Zinsfutures und Zinsoptionen, die u.a. auf den in den Kapiteln 10 und 11 betrachteten allgemeinen Trading- und Hedgingstrategien mit Futures und Optionen beruhen. Des Weiteren ist der Einsatz von Zinsswaps von großer Relevanz für die Steuerung von Bondpositionen.

Grundsätzlich steht bei *passiven* (auch: *strukturierten*) *Strategien* als Steuerungsziel im Vordergrund, dass die Performance einer vorgegebenen Benchmark erreicht wird. Die Benchmark kann dabei entweder ein Rentenportfolio darstellen, analog zum Indexmanagement von Aktienportfolios, oder aber durch die Verpflichtungen des Unternehmens definiert sein. Hierzu zählen insbesondere *Matching- und Immunisierungsstrategien*. Passive Strategien haben dabei die Eigenschaft, nicht auf expliziten Zinsprognosen bzw. Szenarien für die Änderung der Zinsstruktur zu basieren. Im Gegensatz hierzu stehen *aktive Strategien*, die auf der Basis der Explizierung von Zinserwartungen beruhen, die von einfachen Erwartungen über die Richtung der Zinsentwicklung bis hin zu detaillierten Erwartungen in Form von Zinsszenarien reichen. *Hybride Strategien* (auch: *semi-aktive* oder *semi-passive* Strategien) verbinden Elemente einer aktiven sowie einer passiven Portfoliosteuerung. Im Rahmen der weiteren Darstellung beschränken wir uns auf die Behandlung von Matching- und Immunisierungsstrategien, da diesen eine besondere Bedeutung im Rahmen des Asset/Liability-Managements von institutionellen Investoren zukommt.

8.6.2 Matching- und Immunisierungsstrategien

8.6.2.1 Problemstellung

Immunisierungsstrategien setzen eine spezifische Konstellation auf Seiten des Bondinvestors voraus. Ausgangspunkt hierbei ist eine projektierte Folge von (als deterministisch angenommenen) Auszahlungsverpflichtungen, z.B. eine Folge von Rentenzahlungen, die ein Versicherungsunternehmen im Rahmen von Leibrenten an ein Kollektiv von Versicherungsnehmern zu zahlen hat. Die Bedeckung der Auszahlungsverpflichtungen kann einerseits durch eine einmalige Einzahlung oder andererseits durch eine entsprechende Folge von Einzahlungen (z.B. laufende Prämieneinnahmen eines Versicherungsunternehmens) geschehen. Diese Einzahlungen werden zinsbringend in ein Portfolio aus festverzinslichen Titeln investiert, wobei die Möglichkeit einer verzinslichen Anlage i.d.R. bereits bei der Festlegung der notwendigen Einzahlungen berücksichtigt wird.

Unter der Ausgangszinsstruktur in $t = 0$ reichen die projektierten Einnahmen aus dem Bondportfolio aus, die projektierten Ausgaben zu finanzieren. Diese Finanzierung ist prinzipiell gefährdet durch Änderungen der Zinsstruktur im Zeitablauf, da die Rückflüsse aus dem Bondportfolio bei ihrer ggf. notwendigen Wiederanlage unter veränderten Bedingungen zu investieren sind.

Mindestziel von Matching- und Immunisierungsstrategien ist es nun, die Steuerung des Portfolios aus festverzinslichen Titeln so zu gestalten, dass Änderungen des Marktzinses während des Planungshorizontes und die damit einhergehende Änderung der Reinvestitionsbedingungen die Finanzierung der Verpflichtungen bei ihrer Fälligkeit nicht gefährden, d.h. die Rückflüsse aus dem Portfolio auch bei Änderung des Marktzinses ausreichen, die Verpflichtungen zu decken.

8.6.2.2 Cashflow Matching

Im Rahmen von *Cashflow Matching-Strategien* (CFM) versucht man, die Rückflüsse aus dem Bondportfolio so zu steuern, dass daraus die bestehenden Zahlungsverpflichtungen direkt vollständig finanziert werden können, d.h. die bestehenden Zahlungsverpflichtungen werden durch die aus dem Portfolio resultierenden Zins- und Tilgungszahlungen *exakt* repliziert (Perfect Matching).

Da die Rückflüsse aus dem Bondportfolio vollständig verbraucht werden, um die bestehenden Verpflichtungen zu finanzieren, entfällt jegliche Wiederanlage der Rückflüsse und damit ist das Zinsänderungsrisiko *vollständig* ausgeschaltet. Insbesondere sind bei dieser Vorgehensweise Prämissen über die Zinsstruktur sowie deren mögliche Änderungen *nicht* erforderlich. Anzumerken ist, dass es, neben der Problematik der Verfügbarkeit der entsprechenden Bonds am Markt, zur Validität der Methode notwendig ist, dass am Anfang des Planungszeitraumes bereits der gesamte Investitionsbetrag zur Verfügung stehen muss, um das gemäß CFM konstruierte Portfolio erwerben zu können. Abbildung 8.20 illustriert die Konzeption.

Da im Allgemeinen in praxi verschiedene Portfolios gefunden werden können, die ein perfektes Matching ermöglichen, versucht man, das günstigste, d.h. kursminimale unter diesen Portfolios zu realisieren. Unter dieser Fragestellung führt das Problem des CFM auf die Lösung eines (ganzzahligen) Linearen Optimierungsproblems (Lineares Programm), auf dessen Struktur wir im Folgenden eingehen.

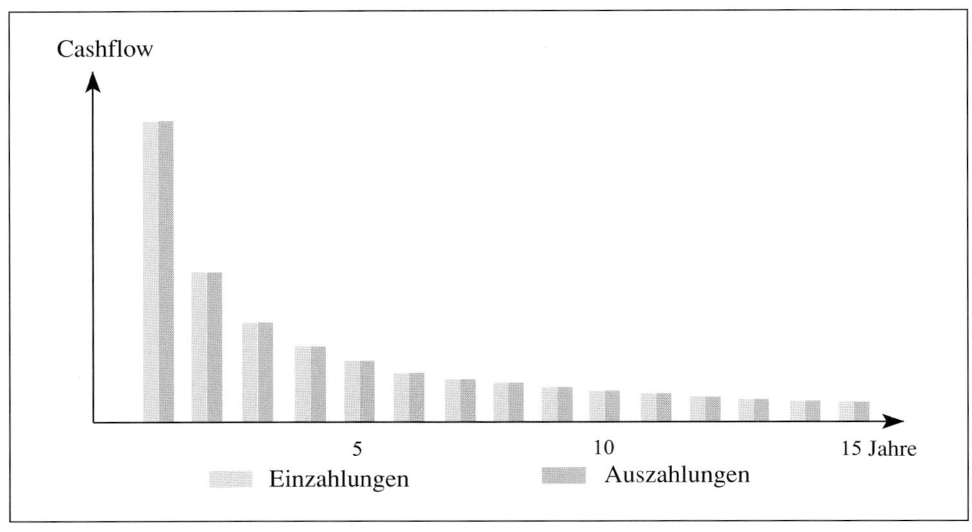

Abb. 8.20: Die Konzeption des Cashflow Matching

Dazu sind zunächst einige Bezeichnungen notwendig: Gegeben sei eine Grundmenge bestehend aus n festverzinslichen Titeln, aus denen das optimale Portfolio zu extrahieren ist. Es sei

T : Planungshorizont
K_i : Kurs des Titels i zu $t = 0$, $i = 1,\ldots, n$
$C(j, i)$: Rückfluss (Kupon,Tilgung) zum Zeitpunkt $t = j$ ($j = 1,\ldots, T$) von Titel i
n_i : gesuchte Anzahl von Titel i im optimalen Portfolio.

Schließlich bezeichne L_j ($j = 1,\ldots, T$) die aus den Rückflüssen des Portfolios zu deckende Zahlungsverpflichtung (Liability) des Investors zum Zeitpunkt $t = j$. Das Lineare Programm zu Bestimmung des optimalen Portfolios besitzt dann die folgende Struktur:

(8.74)

Zielfunktion : $\sum_{i=1}^{n} n_i K_i \rightarrow \min !$

Nebenbedingung : $\sum n_i \, C(j, i) \geq L_j$, $(j = 1,\ldots, T)$

$n_i \geq 0$, $(i = 1,\ldots, n$, mit $n \in \mathbb{N}_0)$

Beispiel 8.26: Cashflow Matching einer Versicherung

Ein Versicherungsunternehmen hat jährliche Zahlungsverpflichtungen aus abgeschlossenen Leibrenten mit 5-jähriger Rentengarantie in Höhe von jährlich 2.000.000 EUR. Zu berechnen ist die Komposition des kostengünstigsten Bondportfolios, das zumindest die Auszahlungsverpflichtungen über den Garantiezeitraum abdeckt und gegenüber Zinsrisiken vollständig immunisiert ist. Zur Auswahl stehen die folgenden Bonds.

Kurs	Restlaufzeit	Kupon	Nennwert
100,49	1	5,0%	100
101,34	2	5,5%	100
98,41	3	4,0%	100
99,59	4	4,5%	100
103,71	5	5,5%	100
101,64	6	5,0%	100
107,52	7	6,0%	100

Zielfunktion:

$\min = 100{,}49n_1 + 101{,}34n_2 + 98{,}41n_3 + 99{,}59n_4 + 103{,}71n_5 + 101{,}64n_6 + 107{,}52n_7;$

Matching-Nebenbedingungen:

$$105n_1 + 5{,}5n_2 + 4n_3 + 4{,}5n_4 + 5{,}5n_5 + 5n_6 + 6n_7 \geq 2.000.000;$$
$$105{,}5n_2 + 4n_3 + 4{,}5n_4 + 5{,}5n_5 + 5n_6 + 6n_7 \geq 2.000.000;$$
$$104n_3 + 4{,}5n_4 + 5{,}5n_5 + 5n_6 + 6n_7 \geq 2.000.000;$$
$$104{,}5n_4 + 5{,}5n_5 + 5n_6 + 6n_7 \geq 2.000.000;$$
$$105{,}5n_5 + 5n_6 + 6n_7 \geq 2.000.000;$$

Nicht-Negativitätsbedingung

$n_1, n_2, n_3, n_4, n_5, n_6, n_7 \geq 0$

Optimale Lösung:

$n_1 = 15.747$ $n_2 = 16.534$ $n_3 = 17.444$ $n_4 = 18.141$

$n_5 = 18.958$ $n_6 = 0$ $n_7 = 0.$

Der Zielfunktionswert beträgt EUR 8.747.432

Wegen der Ganzzahligkeitsbedingung übersteigen die Rückflüsse aus dem Bondportfolio die Zahlungsverpflichtungen geringfügig.

Eine Variation dieser Vorgehensweise besteht darin, sich nicht auf ein exaktes Matching der nominalen Zins- und Tilgungszahlungen aus dem Bondportfolio mit den nominalen Auszahlungsverpflichtungen zu beschränken, sondern die Verpflichtungen auch partiell aus *einperiodiger* verzinslicher Anlage der Rückflüsse zu decken. Da die Menge der zulässigen Portfolios des vorherigen Problems eine (im Allgemeinen echte) Teilmenge der zulässigen Portfolios bei dieser Variation darstellt, resultiert aus dieser leichten Flexibilisierung i.d.R. ein optimales Portfolio mit einem geringeren Gesamtpreis. Auf der anderen Seite bedeutet die Zulässigkeit einer einperiodigen verzinslichen Anlage, dass das Zinsänderungsrisiko (Wiederanlagerisiko) nicht *vollständig* ausgeschaltet werden kann. Dies berücksichtigt man durch den Ansatz eines »konservativen« Einperiodenzinses r (im Extremfall $r = 0$), der mit hoher Sicherheit stets erwirtschaftet werden kann.

Wir gehen nun auf die formale Formulierung dieses Ansatzes (CFM mit einperiodigem Zinsübertrag) ein. Sei dazu

r : der konservative Einperiodenzins

S_t : der nicht zur Deckung von Verpflichtungen benötigte Teil der Rückflüsse aus dem Portfolio zum Zeitpunkt t.

Somit ist $S_t(1 + r)$ der Zinsübertrag in die Periode $t + 1$. Zur Formulierung eines entsprechenden LP-Programms ist es hilfreich, vorab die Zusammenhänge in einem festen Zeitpunkt $t = j$ zu spezifizieren:

(8.75)

$$\sum_{i=1}^{n} n_i K_i \qquad \to \min !$$

$$\sum n_i C(1, i) \qquad - S_1 \geq L_1$$

$$\sum n_i C(j, i) + S_{j-1}(1+r) - S_j \geq L_j , \qquad (j = 2,\ldots, T-1)$$

$$\sum n_i C(T, i) + S_{T-1}(1+r) \qquad \geq L_T ,$$

$$\text{wobei} \quad n_i \geq 0 \ , \ (i = 1,\ldots, n, \text{ mit } n \in \mathbb{N}_0)$$

$$S_j \geq 0 \ , \ (j = 1,\ldots, T-1).$$

Das entsprechende LP-Programm weist nun die folgende Struktur auf:

Fortführung Beispiel 8.26: Cashflow Matching einer Versicherung

Es ist nunmehr eine einjährige Wiederanlage des periodischen Überschusses zu 1,5% in Geldmarktanlagen möglich. Das Optimierungsproblem ist dann wie folgt zu formalisieren:

Zielfunktion:

$\min = 100{,}49n_1 + 101{,}34n_2 + 98{,}41n_3 + 99{,}59n_4 + 103{,}71n_5 + 101{,}64n_6 + 107{,}52n_7;$

Matching-Nebenbedingungen:

$$105n_1 + 5{,}5n_2 + 4n_3 + 4{,}5n_4 + 5{,}5n_5 + 5n_6 + 6n_7 - S_1 \geq 2.000.000;$$
$$105{,}5n_2 + 4n_3 + 4{,}5n_4 + 5{,}5n_5 + 5n_6 + 6n_7 + 1{,}015\, S_1 - S_2 \geq 2.000.000;$$
$$104n_3 + 4{,}5n_4 + 5{,}5n_5 + 5n_6 + 6n_7 + 1{,}015\, S_2 - S_3 \geq 2.000.000;$$
$$104{,}5n_4 + 5{,}5n_5 + 5n_6 + 6n_7 + 1{,}015\, S_3 - S_4 \geq 2.000.000;$$
$$105{,}5n_5 + 5n_6 + 6n_7 + 1{,}015\, S_4 \geq 2.000.000;$$

Nicht-Negativitätsbedingung:

$n_1, n_2, n_3, n_4, n_5, n_6, n_7 \geq 0$

$S_1, S_2, S_3, S_4 \geq 0$

Optimale Lösung:

$n_1 = 15.747$	$n_2 = 16.534$	$n_3 = 17.444$	$n_4 = 18.153$
$n_5 = 18.945$	$n_6 = 0$	$n_7 = 0$	
$S_1 = 33{,}99$	$S_2 = 33{,}49$	$S_3 = 95{,}98$	$S_4 = 1.283{,}42$

Der Zielfunktionswert ist 8.747.279 EUR und mithin etwas geringer als im Falle des exakten Matching ohne Zinsübertrag.

Die Vorteile des Cashflow Matching lassen sich wie folgt zusammenfassen:

- Keinerlei Wiederanlagerisiken für Zins- und Tilgungszahlungen
- Keine Transaktionskosten durch Portfolioumschichtung (Buy and Hold-Strategie)
- Keine Erfordernis der Spezifikation von Zinserwartungen
- Das optimale Portfolio kann mit Hilfe der Linearen Optimierung bestimmt werden.

Die Nachteile des Cashflow Matching bestehen vor allem in seiner extremen Inflexibilität hinsichtlich des Ausnutzens von Marktchancen. Bei der Titelwahl ist des Weiteren auf höchste Bonität zu achten, die Aufnahme von Titeln mit flexiblem Tilgungstermin in das Portfolio ist zu vermeiden. Die Attraktivität der Verzinsung des erworbenen Portfolios steht nicht im Vordergrund der Überlegungen, die Verzinsung muss nur ausreichen, um zusammen mit den Tilgungszahlungen die Finanzierung des Verbindlichkeitsstroms zu decken. Grundsätzlich erfordert die Methode des Cashflow Matching, dass der gesamte Anlagebetrag des Vermögens bereits zu Beginn des Planungszeitraumes vorhanden sein muss. Im Versicherungsfall bedeutet dies die Beschränkung der Anwendung des Cashflow Matching auf den Fall von Versicherungsformen mit einer Einmalbeitragszahlung. Aufgrund der extremen Ausrichtung der Portfoliosteuerung im Hinblick auf die Eliminierung der Risikoposition und der damit einhergehenden Ausschaltung der Wahrnehmung von Marktchancen ist der Einsatz der Technik des Cashflow Matching vor allem dann sinnvoll, wenn das Versicherungsunternehmen selbst durch ein entsprechendes Versicherungsprodukt ein hohes Zinsänderungsrisiko eingeht. Als Beispiel seien Versicherungsformen mit Einmalbeitragszahlung angeführt, die Zinsgarantien beinhalten, die nahe am aktuellen Marktzins sind.

8.6.2.3 Duration Matching

Duration Matching-Strategien beruhen auf den Ergebnissen des Abschnitts 8.5.2.3 über das Zusammenfallen von anfänglicher Duration und Immunisierungszeitpunkt bzw. der Existenz eines Durationsfensters. Auf der Basis der Duration eines Bonds bzw. eines Bondportfolios lassen sich hieraus alternative Absicherungsstrategien ableiten.

Angestrebt sei zunächst die Absicherung (Immunisierung) des Wertes eines durch die Zahlungsreihe $\{Z_1,..., Z_n\}$ gekennzeichneten Bondportfolios zu einem Zeitpunkt $T < n$ gegen bestimmte Arten der Zinsänderung. Dabei gehen wir davon aus, dass in $t = 0$ eine flache Zinsstruktur der Höhe r_0 gegeben ist und die Art der Zinsänderung in einem *einmaligen* Übergang in eine wiederum flache Zinsstruktur der Höhe $r + \Delta r$ $(\Delta r \in IR)$ »unmittelbar« nach dem Kauf in $t = 0$ (man vergleiche die entsprechenden Anmerkungen in Abschnitt 8.5.2.1) bestehen soll.

Verdeutlicht sei diese Anwendung zunächst anhand des Problems des Matching einer einzelnen Verpflichtung (Single Liability) L_T zu einem bestimmten künftigen Zeitpunkt $t = T$. Dieser Verpflichtung steht ein Portfolio aus festverzinslichen Titeln gegenüber (im Gegensatz zum Cashflow Matching sind hierbei auch laufende Prämienzahlungen zulässig), dessen Endwert $K_T(r_0)$ unter der anfänglichen (flachen) Zinsstruktur die Verpflichtung exakt deckt:

(8.77) $$K_T(r_0) = L_T.$$

Ziel ist es nun, das Portfolio so zu steuern, dass der Wert des Portfolios zum Zeitpunkt T für Zinsänderungen in einem bestimmten Umfang Δr nicht geringer ausfällt als unter der anfänglichen Zinsstruktur, d.h.

(8.78) $$K_T(r_0 + \Delta r) \geq K_T(r_0).$$

In einem solchen Fall ist zumindest das Ziel einer *lokalen* Immunisierung des Bondportfolios gegen Marktzinsänderungen erreicht. Zur Lösung dieser Aufgabenstellung können wir nun direkt auf die Ergebnisse des Abschnittes 8.5.2.3.2 über das *Durationsfenster* zurückgreifen. Gemäß Beziehung (8.73) gilt für den Zeitpunkt $t = D(r_0)$, dass $K_t(r_0 + \Delta r) \geq K_t(r_0)$, d.h. die Barwertfunktion zum Zeitpunkt D besitzt im anfänglichen fristenunabhängigen Zins ihr (hier sogar globales) Minimum. Jede Zinsänderung der zulässigen Art *erhöht* diesen Barwert. Übertragen auf unser Ziel der Endwertabsicherung ist die Beziehung (8.73) dahingehend zu modifizieren, so dass $D(r_0) = T$ gilt. Dies führt auf die folgende Absicherungsstrategie des *Duration Matching*.

Ziel dieser Strategie ist es, zur Absicherung des Wertes eines Bondportfolios in $t = T$ das gesuchte Portfolio so zu konstruieren, dass gerade

$$D(r_0) = T \tag{8.79}$$

gilt.

Übungsbeispiel 8.27: Duration Matching

1. Ein Investor möchte einen Anlagebetrag von 10.000 EUR bei einem derzeitigen Marktzins von 10% p.a. und flacher Zinsstruktur in festverzinsliche Wertpapiere investieren. Ihm stehen Standard-Zerobonds mit einer Restlaufzeit von einem Jahr und sieben Jahren zur Verfügung. Wie muss er sein Investitionsbudget aufteilen, damit sein Vermögen nach vier Jahren gegen mögliche Zinsänderungen, die sich unmittelbar nach Anlage realisieren, immunisiert ist? (Vernachlässigen Sie dabei Ganzzahligkeitsbedingungen.)
2. Berechnen Sie das Vermögen des Investors nach vier Jahren, wenn sich der Marktzins nach der Investition
   (i) nicht ändert,
   (ii) unmittelbar nach Anlage auf 8% absinkt und danach dort verbleibt,
   (iii) unmittelbar nach Anlage auf 12% ansteigt und im weiteren dort verbleibt.

Lösung zu 1:

Der Investor erwirbt x Einheiten von Zerobond 1 sowie y Einheiten von Zerobond 2. Die Zielduration ist $D_W = 4$. Es gilt: $D_Z = 1$, $D_V = 7$; $P_Z = (1+r)^{-1} = (1{,}1)^{-1}$; $P_V = (1+r)^{-7} = (1{,}1)^{-7}$.

Bedingung 1: $I_0 = 10000 = x\,P_Z + y\,P_V$

Folgerung: $y\,P_V = I_0 - x\,P_Z$

Bedingung 2: (vgl. Übungsaufgabe 8.22)

$$4 = D_W = \frac{x\,D_Z P_Z + (I_0 - x\,P_Z)\,D_V}{I_0}$$

$$x = \frac{I_0\,(4 - D_V)}{P_Z(D_Z - D_V)} = \frac{1}{2}\,I_0\,(1{,}1)$$

$$= 5000\,(1{,}1) = 5500.$$

Der Investor erwirbt somit 5500 Einheiten von Zerobond 1 mit einem Investitionswert in $t = 0$ von 000 EUR.

Analog: $y = (I_0 - x\, P_Z)/P_V = 5000\,(1{,}1)^7 = 9743{,}59$.

Der Investor erwirbt somit 9743,58 Einheiten von Zerobond 2 mit einem Investitionswert $t = 0$ von 5000 EUR.

Fazit: Es erfolgt eine hälftige Aufteilung des Investitionsbudgets.

Lösung zu 2:

i) $5000\,(1{,}1)^4 + 5000\,(1{,}1)^4 = 10000\,(1{,}1)^4 = 14641$.

ii) Entwicklung Zerobond 1: Rückzahlung zu 1 in $t = 1$, dann Wiederanlage über 3 Jahre zu 8%, d.h. $(1{,}08)^3 = 1{,}2597$.
Entwicklung Zerobond 2: Wert in $t = 4$ entspricht dem abgezinsten Endwert unter 8%, d.h. $(1{,}08)^{-3} = 0{,}7938$.
Der Wert in t = 4 ist insgesamt somit:
$5500 \cdot 1{,}2597 + 9743{,}59 \cdot 0{,}7938 = 14663{,}19$.

iii) Analog: $5500\,(1{,}12)^3 + 9743{,}59\,(1{,}12)^{-3} = 14662{,}40$.

Beispiel 8.28: Immunisierung bei marktkonformen Kuponbonds

Die Duration eines Kuponbonds beträgt gemäß Übungsaufgabe 8.22 im Falle der Übereinstimmung von Marktzins und Nominalzins

$$D(i) = \frac{1+i}{i}\left[1 - (1+i)^{-n}\right].$$

Bei einer anfänglichen Investition in Höhe des Nennwerts N wächst das Vermögen zum Zeitpunkt T (akkumulierte Reinvestition der Rückflüsse plus Kurswert) auf $V_T = N(1+i)^T$. Dieser Wert sei zu immunisieren.

Die Problemstellung ist gelöst, wenn $D(i) = T$. Auflösen der vorstehenden Gleichung nach n erbringt in Abhängigkeit von T:

$$n = \ln\left(\frac{1+i}{1+i-Ti}\right) / \ln(1+i)\ .$$

Zu erwerben wäre somit ein marktkonformer Standardbond mit entsprechender Laufzeit.

Es stellt sich nun die Frage, ob es immer möglich ist, das Portfolio so zu konstruieren, dass seine Duration identisch mit dem vorgegebenen Absicherungshorizont ist. Hierzu genügt die Existenz zweier Bonds (mit genügend hohen Nennwerten), wobei einer eine Duration $D_1 > T$ und einer eine Duration $D_2 < T$ aufweist. Die Duration des Portfolios aus den beiden Zinstiteln ist gemäß (8.51) bzw. Übungsaufgabe 8.23 ein gewichteter Durchschnitt der Einzel-Durationen. Dies führt auf die folgende Lösung: Bezeichne x den prozentualen Anteil, mit dem das Papier mit der höheren Duration im Portfolio enthalten sein muss, so ist zu fordern:

(8.80)
$$T = \frac{x\,D_1 P_1 + (1-x)\,D_2 P_2}{x\,P_1 + (1-x)\,P_2}\,.$$

Hieraus ergibt sich:

(8.81)
$$x = \frac{P_2\,(T - D_2)}{P_1\,(D_1 - T) + P_2\,(T - D_2)}.$$

Zusammenfassend ist zu konstatieren: Die Herleitung der Immunisierungsbedingung zur Absicherung des Vermögenswertes zu einem spezifischen Zeitpunkt T erfolgt unter der Annahme, dass zum Zeitpunkt $t = 0$ eine flache Zinsstrukturkurve existiert, die einer einmaligen Änderung der Form unterliegt, dass »unmittelbar« nach $t = 0$ ein Übergang in eine (beliebige) andere flache Zinsstruktur (Parallelverschiebung der flachen Zinsstruktur) stattfindet. Unter diesen Voraussetzungen bildet bei erfolgter Immunisierung das Vermögen, das sich bei unverändertem Zins am Ende des Planungshorizontes ergibt, die Untergrenze für die realisierbaren Endvermögen bei Zinsänderungen der beschriebenen Art. Die folgende Abbildung erläutert diesen Zusammenhang, wobei von der Situation eines globalen Minimums ausgegangen wird:

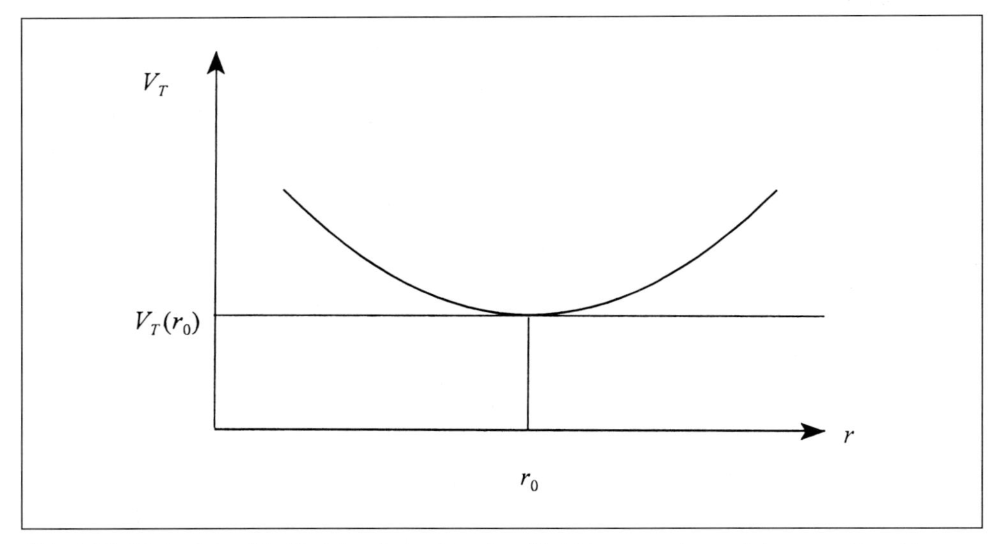

Abb. 8.21: Verlauf der Wertfunktion beim Duration Matching zum Immunisierungszeitpunkt

Weiter ist anzumerken, dass das Grundresultat der Erreichbarkeit einer lokalen Immunisierung auch bei mehrmaligen Zinsänderungen (der zugelassenen Art, d.h. in Form einer Parallelverschiebung der flachen Zinsstruktur) in der Weise erhalten bleibt, dass nach jeder erfolgten Zinsänderung die Duration des Portfolios an den restlichen Planungshorizont anzugleichen ist. Die Basisstrategie lautet somit:

Immunisierungsbedingung (Single Liability)

(8.82)
$$Duration = Restlaufzeit$$

Da sich die Duration auch nach erfolgter Kuponzahlung ändert[19] erweist sich das Duration Matching damit insgesamt als eine dynamische Strategie. In praxi wird man dabei die Position in bestimmten Zeitabständen (etwa: Monate) oder nach erfolgten Zinsänderungen eines größeren Ausmaßes anpassen.

Schließlich lassen sich analoge Resultate auch bei anderen Modellierungen der Zinsstrukturkurve und der zulässigen Art ihrer Änderungen erzielen.[20] Es ändert sich dabei im Wesentlichen nur das relevante Durationsmaß. Jedoch gelingt die (lokale) Immunisierung stets *nur* in Bezug auf den unterstellten Zinsänderungsprozess. Tritt eine andere Form der Zinsänderung ein, so ist auch die Immunisierung nicht mehr gewährleistet. Im Unterschied zum Cashflow Matching findet keine vollständige Eliminierung des Zinsänderungsrisikos statt.

Bisher haben wir nur den Fall analysiert, dass der Wert eines Bondportfolios zu einem bestimmten Zeitpunkt der Höhe nach abgesichert wird. In dem generellen Kontext, dass bestimmte Zahlungsverpflichtungen des Investors durch die Rückflüsse aus dem Portfolio zu sichern sind, liegt somit die Situation vor, dass der Investor nur eine einzige Zahlungsverpflichtung (Single Liability) zum Zeitpunkt T besitzt. Analoge Resultate lassen sich für den allgemeinen Fall mehrfacher Verpflichtungen (Multiple Liabilities) erzielen.

Wir betrachten dazu wieder nur den Spezialfall einer einmaligen sofortigen Zinsänderung in Form einer Parallelverschiebung einer anfänglichen flachen Zinsstruktur. Weiter gehen wir von einem Planungsintervall $[0, T]$ aus. In diesem Intervall sind zu den Zeitpunkten $t = 1,...,$ T Verpflichtungen der Höhe $L_1,..., L_T$ zu erfüllen, denen ihrerseits Einnahmen der Höhe E_1 ,..., E_T gegenüberstehen (man denke an Prämieneinnahmen eines Versicherungsunternehmens). Die erforderlichen Immunisierungsbedingungen sind in diesem Falle:

Immunisierungsbedingungen (Multiple Liabilities)

(8.83a)	*Barwert der Einzahlungen = Barwert der Verpflichtungen*
(8.83b)	*Duration Assets = Duration Liabilities*
(8.83c)	*Konvexität Assets > Konvexität Liabilities*

Unter der in $t = 0$ herrschenden flachen Zinsstruktur r_0 muss grundsätzlich gewährleistet sein, dass die verzinslich angelegten Einnahmen ausreichen, die Verpflichtungen zu erfüllen. Ferner hat die Portfoliozusammenstellung so zu erfolgen, dass die Duration des Bondportfolios stets (d.h. sowohl anfänglich als auch im Zeitablauf) der Duration des Verpflichtungsstroms entspricht. Die Zusammensetzung des immunisierenden Portfolio hat zudem so zu erfolgen, dass die Konvexität des Bondportfolios stets (anfänglich und im Zeitablauf) größer als die Konvexität der Verpflichtungen sein muss. Abbildung 8.22 illustriert die mit diesen Immunisierungsbedingungen verbundene Konstellation der Barwertkurve (Marktwerte) der Assets und Liabilities.

19 Eine alleinige Änderung der Restlaufzeit ist aufgrund von (8.50) unschädlich für die Gewährleistung der Immunisierungseigenschaft

20 Vgl. hierzu auch Abschnitt 9.2

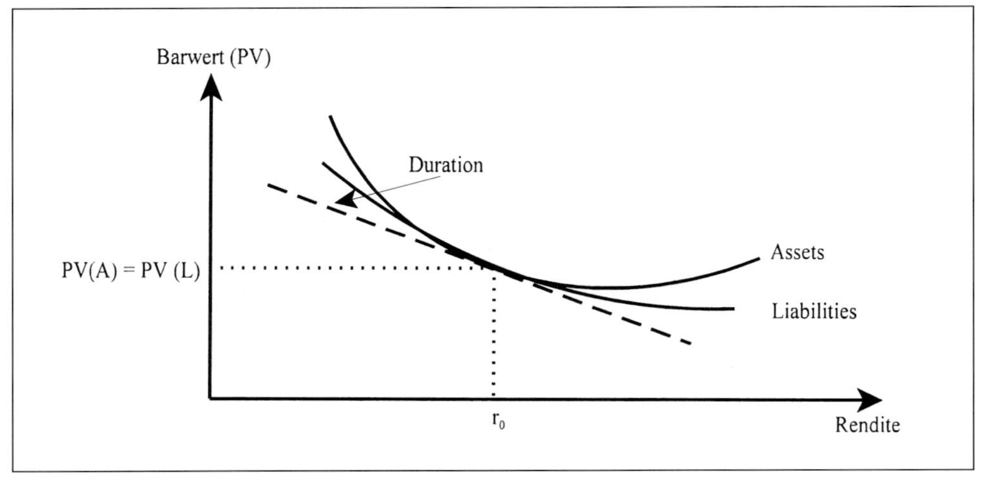

Abb. 8.22: Duration Matching im Falle mehrfacher Verpflichtungen

Unter den genannten Bedingungen gilt wiederum die Konstellation der Abbildung 8.21, dieses Mal bezogen auf die Differenz der Barwertfunktionen der Assets und Liabilities. Der formale Nachweis dieser Aussage erfolgt in Anhang 8E.

Wichtig ist wiederum festzuhalten, dass die angestrebte Immunisierung nur in Bezug auf die zugelassene Struktur der Zinsänderung sowie im Allgemeinen nur lokal möglich ist. Da sich sowohl die Struktur der Assets als auch die der Liabilities im Zeitablauf ändert und zudem die Maßzahl der Duration einer permanenten zeitlichen Änderung unterliegt, führt dies dazu, dass die Strategie des Duration Matching von Assets und Liabilities sich insgesamt als ein dynamischer Prozess erweist, dessen Grundstruktur in Abbildung 8.23 dargestellt ist.

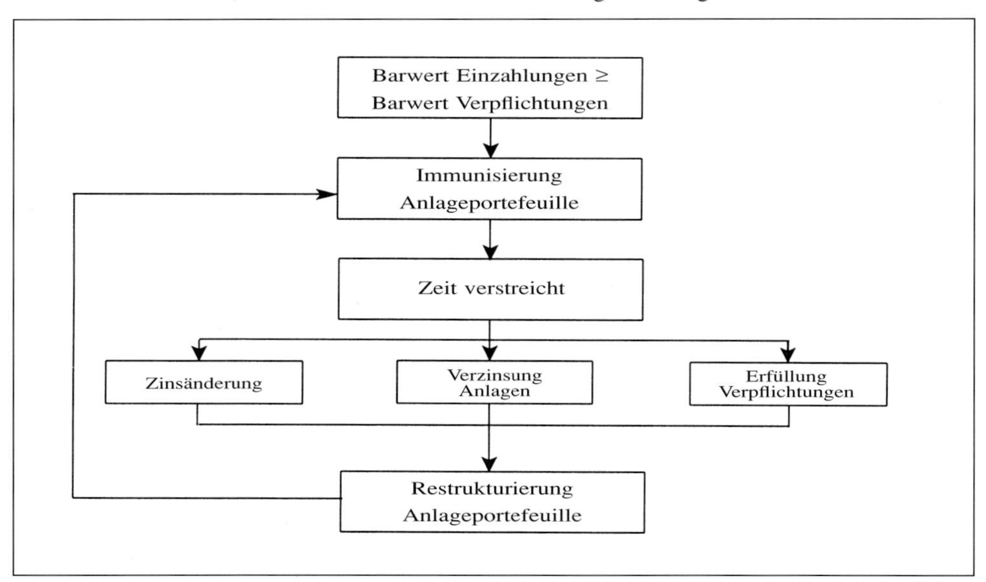

Abb. 8.23: Grundstruktur des Immunisierungsprozesses

Der Prozess des Duration Matching ist mit einer Reihe von Problemen verbunden:

- Der Prozess ist (in seiner Reinform) sehr aufwändig, da eine häufige Restrukturierung des Portfolios erfolgen muss. Dies hat entsprechende Konsequenzen für die Höhe der Transaktionskosten. In praxi wird man daher die Immunisierungsposition nur zu bestimmten Zeitpunkten anpassen (etwa nach größeren Zinsänderungen) und zudem kostengünstiger unter Einsatz von Zinsfutures (Duration Hedge) operieren.
- Im Rahmen des Duration Matching ist eine vollständige Risikoeliminierung nicht notwendigerweise gewährleistet. Selbst eine lokale Immunisierung gelingt nur, wenn die empirischen Änderungen der Zinsstruktur denen im Modell zugelassenen entsprechen und eine permanente Anpassung der Duration erfolgt.
- Wie bei allen reinen Immunisierungsstrategien wird in einseitiger Weise die Realisierung einer vollständig risikolosen Position angestrebt. Dies impliziert eine entsprechende Verminderung von Renditechancen.
- Zinssensitive Verpflichtungen sind zunächst nicht behandelbar, dies führt auf die allgemeine Konzeption der Immunisierung auf Basis einer optionsadjustierten Duration.
- Als Kapitalanlageportfolio wird ein reines Bondportfolio unterstellt.

8.6.2.4 Duration Gap-Analyse

Eine weitere Anwendung findet der Durationsansatz im Rahmen der Duration Gap-Analyse. Ausgangspunkt der Überlegungen ist hierbei eine Bilanz zu Marktwerten bei Annahme sicherer Zahlungen und einer flachen Zinsstruktur r. Es gilt dann

$$NW(r) = P_{A-L}(r) = P_A(r) - P_L(r), \tag{8.84}$$

wobei NW (Net Worth) das Eigenkapital zu Marktwerten im Sinne eines »Barwerts der Überschüsse« (bzw. Barwert der Assets minus Barwert der Liabilities) ist.

Wir definieren dann die Größe *Duration Gap* (*Durationslücke*) durch

$$D_{Gap}(r) = D_A(r) - \frac{P_L(r)}{P_A(r)} D_L(r). \tag{8.85}$$

In diesem Falle gilt nämlich für die relative Änderung des Eigenkapitals in % der Assets bei einer Änderung der Ausgangszinsstruktur

$$\frac{\Delta NW}{P_A(r_0)} = \frac{NW(r_0 + \Delta r) - NW(r_0)}{P_A(r_0)} \approx -D_{Gap}(r_0) \frac{\Delta r}{1 + r_0}, \tag{8.86}$$

d.h. der Duration Gap erfasst die relative Änderung des Eigenkapitals bei einer relativen Zinsänderung. Die (weitgehende) Analogie zur Durationskonstruktion ist offensichtlich. Eine Approximation für ΔNW in absoluten Termen erhält man des Weiteren durch Multiplikation von (8.86) mit $P_A(r_0)$.

Je größer somit der Duration Gap, desto stärker ändern sich die Überschüsse des betrachteten Unternehmens. Banken weisen hierbei i.d.R. einen positiven Duration Gap auf, da die Duration der Kredite höher ist als die Duration der Einlagen. Lebensversicherungsunternehmen hingegen weisen typischerweise einen negativen Duration Gap auf. Denn hier ist die Duration der Kapitalanlangen geringer als die der Versicherungsverpflichtungen.

Ein Duration Gap-Management verringert grundsätzlich das Risiko einer adversen Beeinflussung des Net Worth durch eine Änderung des Zinsniveaus. Wenn $P_A = P_L$ und $D_A = D_L$ gilt, dann ist – korrespondierend zum Immunisierungsergebnis – der Duration Gap gleich null.

8.7 Literaturhinweise und Ausblick

Kapitel 8 enthält weitgehend Standardresultate, die in zahlreichen allgemeinen Investment- bzw. Finance-Lehrbüchern behandelt werden, so z.B. *Bodie/Kane/Marcus* (2005, Kapitel 14–16), *Elton/Gruber* (2003, Kapitel 20 und 21), *Fabozzi* (1999, Kapitel 23–28), *Gehrig/Zimmermann* (1999, Kapitel 15), *Jorion/Khoury* (1994, Kapitel 2 und 3, *Luenberger* (1998, Kapitel 3 und 4), *Panjer* (1998, Kapitel 3) und *Steiner/Uhlir* (2001, Kapitel 2) ebenso wie in auf die Analyse und das Management von Rententiteln spezialisierten Lehrbüchern, so z.B. *Bierwag* (1987), *Eller* (1993, Teil I), *Fabozzi* (1997, 2007), *Ho* (1990) und *Kroll/Hochrein* (1993).

Zur Total Return-Analyse (Abschnitt 8.2.5) vergleiche man ein- bzw. weiterführend *Dattatreya /Fabozzi* (1989), *Fabozzi* (1999, S. 490ff.), *Ho* (1990, S. 90ff., S. 280ff.), *Kroll/Hochrein* (1993, S.28ff.), *Miller* et al. (1989a,b) und *Shimpi* (1991).

Zu Faktormodellen für Zinsstruktur-Spreads (Abschnitt 8.4.3) vgl. *Bhansali/Goldberg* (1997), *Juen/Nielsen* (1996), *Kahn* (1989, 1991) sowie *Langewand/Nielsen* (1998).

Die Konzeption des Durationsmaßes geht zurück auf *Frederick Macaulay* (1938) und wurde unabhängig wiederentdeckt von den Nobelpreisträgern *Sir John Hicks* (1939) und *Paul A. Samuelson* (1945). Die Technik des Cashflow Matching geht auf einen weiteren Nobelpreisträger zurück, den Holländer *Tjalling C. Koopmans* (1942), der als Flüchtling im zweiten Weltkrieg bei der Penn Mutual Life-Versicherung arbeitete. Die Durationsimmunisierung geht zurück auf den britischen Versicherungsmathematiker *Frank M. Redington* (1952), Chefmathematiker bei der Prudential Assurance. Zu den vorstehenden historischen Anmerkungen vergleiche insbesondere *Panjer* (1998, S. 94ff.).

Die Babcock-Beziehung (Abschnitt 8.5.2.3.1) wird für den diskreten Fall in *Bierwag* (1987, S. 118ff., S. 126ff.) sowie für den zeitstetigen Fall in *Panjer* (1998, S. 102ff.) diskutiert.

Einen weiterführenden Überblick über Strategien zum Management von Bondportfolios (Abschnitt 8.6.1) findet der Leser in *Hiller/Schaack* (1990), *Fabozzi* (1999, Kapitel 27) sowie *Kroll/Hochrein* (1993, S. 77ff.).

Eine dynamische Variante des Cashflow Matching wird in *Hochmuth/Zwiesler* (1999) vorgestellt. Zu den ökonomischen Theorien der Zinsstruktur (Anhang 8A) vergleiche ein- bzw. weiterführend *Campbell/Lo/MacKinley* (1997, S. 413ff.), *Elton/Gruber* (1995, S. 509ff.) *Jorion/ Khoury* (1996, S. 52ff.) sowie *Levin* (1996).

Zu den Verfahren zur Identifikation von Zinsstrukturen vgl. neben der in Anhang 8B dazu angegebenen Literatur im Überblick *Cairns* (2004, S. 227 ff.), *Campbell/Lo/MacKinley* (1987, S. 409ff.), *Jorion/Khoury* (1996, S.46ff.) sowie *Walter* (1996, S. 108ff.). Die Methode des Bootstrapping wird dargestellt in *Hull* (2001, Abschnitt 4.4) sowie *La Grandville* (2001, Abschnitt 9.2). Anwendungen der in Anhang 8B dargestellten Verfahren für den deutschen Rentenmarkt enthalten *Cairns/Pritchard* (2001), *Uhrig-Homburg/Walter* (1997) sowie *Düllmann/ Uhrig-Homburg/Windfuhr* (2000).

Anhang 8A: Ökonomische Theorien der Zinsstruktur

Ökonomische Theorien der Zinsstruktur versuchen durch Rückgriff auf bestimmte Verhaltenshypothesen der Marktteilnehmer die Gestalt der zu einem bestimmten Zeitpunkt herrschenden Zinsstruktur zu erklären. Im Folgenden sollen die wichtigsten dieser Theorien dargestellt werden.

Erwartungstheorie

Die klassische ökonomische Theorie der Zinsstruktur ist die *Erwartungstheorie* bzw. *Erwartungshypothese*, die auf *Irving Fisher* (1896) zurückgeführt wird. Die Erwartungshypothese ist fundamental für die gesamte Entwicklung der Zinsstrukturtheorie. Man unterscheidet heute zwischen der *reinen* Erwartungshypothese in ein- bzw. n-periodiger Form auf der einen Seite sowie der allgemeinen (oder verzerrten) Erwartungshypothese auf der anderen Seite.[21] Im Zusammenhang mit arbitragefreien zeitstetigen Zinsstrukturen[22] sind ferner lokale Versionen der Erwartungshypothese relevant.

Im Modellrahmen der klassischen Erwartungshypothese (reine Form, Einperiodenvariante) agieren die Wirtschaftssubjekte rational und renditemaximierend auf einem friktionslosen Bondmarkt (keine Transaktionskosten, keine Steuern). Konstituierende Annahme des Modells ist hierbei die Risikoneutralität der Anleger. Wertpapiere mit unterschiedlicher Fristigkeit werden als vollkommene Substitute behandelt, weil die Anleger keine Präferenz bezüglich der Restlaufzeit besitzen. Die Investoren sind somit indifferent zwischen einer Langfristanlage mit dem Zeithorizont T einerseits und T sukzessiven (einperiodigen) Kurzfristanlagen anderseits. In ihrer Basisform kann die klassische Erwartungshypothese folgendermaßen formalisiert werden:

$$E[R_1(s+i)] = f_{i+1}(s) \quad i = 1,\dots, T-1. \tag{8A.1}$$

Die vom heutigen Zeitpunkt s aus zukünftigen (und daher unsicheren) einperiodigen Spot Rates entsprechen der Erwartung der Investoren nach (formal: Erwartungswertbildung) exakt den Terminzinssätzen wie sie der aktuellen Zinsstruktur implizit sind. Nach dieser Form der Erwartungstheorie sind die impliziten Terminzinssätze unverzerrte Schätzer für die zukünftigen einperiodigen Zinssätze. Insgesamt folgt damit

$$(1 + r_T(s))^T = (1 + r_1(s))\,(1 + E[R_1\,(s + 1)])\cdot\ldots\cdot(1 + E[R_1(s + T - 1)])\ . \tag{8A.2}$$

Die Rendite einer Langfristanlage mit dem Zeithorizont T muss dem Produkt aus dem zum Zeitpunkt s beobachtbaren kurzfristigen Zins und allen T-1 erwarteten zukünftigen einperiodigen Zinssätzen entsprechen, weil die einmalige langfristige Anlagestrategien im Gleichgewicht den gleichen Ertrag liefern muss wie eine revolvierende Strategie. Weichen die Forward Rates von den Erwartungen ab, so nutzen Arbitrageure dies entsprechend aus. Betragen beispielsweise die Ein- bzw. Zweijahres-Spot Rates 7% bzw. 8%, so beträgt der Terminzinssatz für die zweite Periode 9,01%. Beläuft sich die Erwartung der Investoren für die Einjahres-Spot Rate dieser künftigen Periode dagegen auf 8%, so würden sie versuchen, sich 9,01% zu sichern und darauf bauen, dass sie erwartungsgemäß einen Kredit zu 8% aufnehmen können. Konkret würde dies so aussehen:

---

21 Vgl. *Campbell/Lo/MacKinley* (1997, S. 413ff.).

22 Vgl. hierzu Kapitel 9.

1. Investiere 100.000 Geldeinheiten (GE) für zwei Perioden zu 8%, zugehörige Position in $t = 2$ beträgt 116.640.
2. Die notwendigen 100.000 GE werden für eine Periode zu 7% aufgenommen, am Ende der ersten Periode ist der Kreditstand 107.000 GE.
3. Der Kredit wird am Ende der ersten Periode verlängert zu den dann erwartungsgemäß eingetretenen 8%, damit wächst der Kreditbetrag bis an das Ende von Periode 2 auf 115.560 GE.
4. Am Ende der zweiten Periode wird der Kredit aus dem ermittelten Investmentbetrag abgelöst, es bleibt ein Gewinn in Höhe von 116.640 – 115.560 = 1.080.

Voraussetzung für diese Strategie ist, dass sich die Investoren gemäß ihren Erwartungen verhalten. Voraussetzung für ihren Erfolg ist darüber hinaus, dass die Erwartungen über die künftigen einperiodigen Spotrates auch eintreten. Der zugrunde gelegte Begriff einer Arbitrageoperation ist also nicht derjenigen einer risikolosen Arbitrage gemäß Abschnitt 5.3.2.2.

Die Basistypen der Zinsstruktur können unter der Erwartungshypothese wie folgt erklärt werden:

1) Normale Zinsstruktur: Erwartung künftig steigender (Einperioden-)Zinssätze
2) Inverse Zinsstruktur: Erwartung künftig fallender Zinssätze
3) Gekrümmte Zinsstruktur: Erwartung zunächst steigender, dann aber wieder fallender künftiger Zinssätze.

Von der einperiodigen Form der (reinen) Erwartungshypothese ist die n-Periodenform zu unterscheiden, sie lautet:

$$(1 + r_T(s))^T = (1 + r_1(s))\,\mathrm{E}\Big([1 + R_1(s+1)]\cdot\ldots\cdot[1 + R_1(s+T-1)]\Big)\,. \tag{8A.3}$$

Es ist anzumerken, dass die einperiodige Form und die n-periodige Form der Erwartungshypothese offenbar nicht zugleich gelten können. Eine »Zwischenform« beinhaltet die logarithmierte Version der Erwartungshypothese.[23]

Liquiditätspräferenztheorie

Die auf *Hicks* (1946) zurückgehende *Liquiditätspräferenztheorie* berücksichtigt die Tatsache, dass ein Bond mit einer längeren Restlaufzeit eine längere Kapitalbindung beinhaltet und damit ein größeres Risiko bei einer notwendig werdenden vorzeitigen Liquidierung aufweist. Unerwartete Zinsänderungen können zu unerwarteten Kursverlusten führen und das umso mehr, je länger die Restlaufzeit der Papiere ist. Risikoaverse Investoren werden tendenziell somit eine Präferenz für Wertpapiere mit einer kürzeren Laufzeit aufweisen. Hierdurch wird die substitutive Beziehung zwischen Wertpapieren unterschiedlicher Laufzeiten eingeschränkt. Damit die Investoren bereit sind, Papiere mit längerer Laufzeit zu halten, müssen sie für ihr zusätzliches Risiko eine Liquiditätsprämie LP erhalten, die ihrerseits umso höher ist, je länger die Restlaufzeit des Bonds ist. Formal geht dann (8A.1) über in ($i \geq 0$)

$$f_{i+1}(s) = \mathrm{E}[R_1(s+i)] + LP_{i+1}\,, \tag{8A.4}$$

23 Vgl. *Campbell/Lo/MacKinley* (1997, S. 417).

wobei LP_{i+1} eine (einperiodige) Liquiditätsprämie für die Periode $[s+i, s+i+1]$ ist. Zusätzlich muss $0 < LP_1 < LP_2 < ...$ erfüllt sein, insbesondere ist die Liquiditätsprämie ihrer Natur nach stets positiv. Der erwartete zukünftige einperiodige Zinssatz muss kleiner sein als der aus der Zinsstruktur abgeleitete implizite Terminzinssatz, weil die Differenz als die notwendige Liquiditätsprämie interpretiert wird. In diesem Modell sind die Forward Rates nach oben verzerrte Schätzer für die zukünftigen kurzfristigen Zinssätze.

Marktsegmentierungstheorie

Hier zeichnen sich die Akteure durch extreme Risikoaversion einerseits und Gleichgültigkeit gegenüber Renditedifferenzen andererseits aus. Die Wirtschaftssubjekte können ihr Ertragsrisiko nur dann vollständig eliminieren, wenn die Restlaufzeit gerade ihrem gewünschten Anlagezeitraum entspricht, der sich aus der Struktur ihrer Ausgaben ergibt. In dem Grade wie versucht wird, eine Deckungsgleichheit zwischen den beiden Zeiträume zu erzeugen, zerfällt der gesamte Markt in Partialmärkte. Arbitrageoperationen werden nicht vorgenommen, weil der Aspekt des Risikos dominant ist. Folglich sind Wertpapiere mit unterschiedlicher Restlaufzeit nicht substituierbar. Die Gleichgewichte für unterschiedliche Restlaufzeiten bilden sich separat. Die Gestalt der Zinsstrukturkurve wird maßgeblich davon bestimmt, wie sehr die Laufzeitpräferenz auf der Angebots- und Nachfrageseite abweicht. Zu den Investoren, die aufgrund eines möglichen Risikos einer längeren Kapitalbindung bei vorzeitiger Liquidation ein Präferenz für kurze Laufzeitsegmente aufweisen, kommen Langfristinvestoren, die einem Wiederanlagerisiko nach Ablauf eines Kurzfristinvestments ausgesetzt sind. Darüber hinaus betreiben institutionelle Investoren wie Banken und Versicherungen Asset/Liability-Management, erstere mit einem eher kurzfristigen Horizont, letztere mit einem langfristigen Horizont. So wie die Investoren versuchen, ihr Risiko zu minimieren, sind auch die Emittenten bestrebt, genügend Planungs- und Kalkulationssicherheit zu erreichen. In Abhängigkeit von den zu finanzierenden Investitionsobjekten bildet sich auch eine Präferenz für spezielle Laufzeitsegmente heraus. Die Höhe der Zinssätze reflektieren somit die Knappheitsverhältnisse, die sich aus der Fristigkeitsstruktur von Angebot und Nachfrage ergeben.

Preferred Habitat-Theorie

Ähnlich wie in der Theorie der segmentierten Märkte unterstellen *Modigliani* und *Sutch* (1966) in ihrer Preferred Habitat-Theorie, dass die Anleger a priori unterschiedliche Präferenzen für bestimmte Laufzeitsegmente besitzen. Es wird angenommen, dass ein Anleger jedoch bereit ist seinen bevorzugten Laufzeitenbereich zu wechseln, falls ihm eine Prämie angeboten wird, die sein mögliches Ertragsrisiko und seine Transaktionskosten, die mit der Umschichtung verbunden sind, deckt. Im Gegensatz zur Marktsegmentierungstheorie führt die Divergenz in der Laufzeitpräferenz nicht zu einem Zerfall in Teilmärkte, weil die Substituierbarkeit aufgrund von Liquiditätsprämien erhalten bleibt. Die Risikoprämie bewertet die Differenz zwischen Angebot und Nachfrage bezogen auf einen Laufzeitbereich.

Aus allgemeiner Sicht können die Laufzeitprämien (term premia) sowohl positiv als auch negativ ausfallen, da Investoren weiteren Risiken über das Liquiditätsrisiko hinaus ausgesetzt sind. Vorstehend wurden bereits das Wiederanlagerisiko für Langfristinvestoren genannt und beschrieben, wie unterschiedliche Präferenzen für bestimmte Laufzeitsegmente auf der Nachfrageseite entstehen können. Im Saldo können durch diese Effekte sowohl positive als auch negative Liquiditätsprämien auftreten.

In ihrer reinen Form impliziert dabei die Erwartungshypothese Laufzeitprämien in Höhe von Null, in ihrer verzerrten Form (biased expectation hypothesis) konstante Laufzeitprämien.

Anhang 8B: Verfahren zur Identifikation von Zinsstrukturen

Wir betrachten ein homogenes Segment eines Bondmarktes (standardmäßig z.B. Staatsanleihen), bestehend aus endfälligen (ausfallfreien) Kuponbonds $i = 1,..., n$ mit zugehörigen Restlaufzeiten T_i ($T_i \neq T_j$ für $i \neq j$, d.h. aus mehreren zur Auswahl stehenden Bonds mit gleicher Fälligkeit wird nur einer ausgewählt) und aktuellen (Cum-Dividenden- bzw. Dirty-)Preisen P_i. Aufgabe ist dann entweder

- die Bestimmung der Renditestruktur $y_t = y_t(0)$ oder
- die Bestimmung der Zinsstruktur $r_t = r_t(0)$ bzw. hierzu äquivalent der Diskontstruktur $b_t = b_t(0)$.

Im Folgenden unterstellen wir eine vereinfachte Zahlungsstruktur, um die grundlegenden Verfahrensweisen besser illustrieren zu können. Die Zahlungstermine (Kupons und Rückflüsse) aller betrachteten Bonds sollen jeweils in der Zeitpunktmenge $\{1,\ldots,m\}$ liegen. Der Bewertungszeitpunkt $t = 0$ fällt damit auf einen Kupon- bzw. Emissionstermin. Die entsprechende Verallgemeinerung auf eine beliebige Zahlungsstruktur ist dabei unproblematisch, nur notationsmäßig deutlich aufwändiger. Bezeichnet nun Z_{it} den Rückfluss des i-ten Bonds ($i = 1,\ldots,n$) zum Zeitpunkt t ($t = 1,\ldots,m$), so gilt unter Verwendung der Diskontstruktur

(8B.1)
$$P_i = \sum_{t=1}^{m} Z_{it}\, b_t .$$

Wir betrachten in Weiterführung der entsprechenden Darstellung im Haupttext zunächst die Methode des Bootstrapping. Hierbei wird die Diskontstruktur direkt, d.h. ohne weitere Glättung, aus den Preisen von Kuponbonds abgeleitet. Dabei wird standardmäßig angenommen, dass für jede der Restlaufzeiten $t = 1,\ldots,m$ ein Kuponbond mit genau dieser Restlaufzeit vorliegt und in die Bestimmung der Diskontstruktur einbezogen wird. Insbesondere gilt damit $n = m$. Die für jedes $i = 1,\ldots,m$ geltende Bewertungsgleichung (8B.1) induziert damit das im Folgenden dargestellte Gleichungssystem.

(8B.2a)
$$\begin{aligned}
P_1 &= Z_{11}\, b_1 \\
P_2 &= Z_{21}\, b_1 + Z_{22}\, b_2 \\
&\vdots \\
P_t &= Z_{t1}\, b_1 + Z_{t2}\, b_2 + \ldots + Z_{tt}\, b_t \\
&\vdots \\
P_m &= Z_{m1}\, b_1 + Z_{m2}\, b_2 + \ldots + Z_{mt}\, b_t + \ldots + Z_{mm}\, b_m .
\end{aligned}$$

Offenbar ist es möglich, dieses Gleichungssystem rekursiv aufzulösen, d.h. es gilt $b_1 = P_1 / Z_{11}$, $b_2 = (P_2 - Z_{21}\, b_1) / Z_{22}$ und allgemein

(8B.3)
$$b_t = \frac{P_t - \sum_{k=1}^{t-1} Z_{tk}\, b_k}{Z_{tt}}.$$

Durch diese Methode des Bootstrapping kann somit die Diskontstruktur direkt aus den Kuponpreisen abgeleitet werden und damit aufgrund von $r_t = (1/b_t)^{1/t} - 1$ ebenfalls die Zinsstruktur. Gehen wir davon aus, dass alle Bonds Standardbonds sind mit Nennwert $N = 1$ und Nominalverzinsung i_t, so gilt $Z_{tk} = i_t$ und (8B.3) reduziert sich damit auf ($t = 1,\ldots,m$)

(8B.4)
$$b_t = \frac{P_t - i_t \sum_{k=1}^{t-1} b_k}{1 + i_t}.$$

Zu einer eleganteren Variante des Bootstrapping gelangt man, wenn man mit $P = (P_1,\ldots,P_m)^T$, $b = (b_1,\ldots,b_m)^T$ und der unteren Dreiecksmatrix $Z = (Z_{tk})$ zur Matrixschreibweise des Gleichungssystems (8B.2) übergeht:

(8B.2b)
$$P = Z\,b.$$

Der gesuchte Vektor der Diskontierungsfaktoren, d.h. die Diskontstruktur, ergibt sich dann durch

(8B.5)
$$b = Z^{-1} P.$$

Im zuvor betrachteten Falle von Standardbonds gilt

(8B.6)
$$Z_{tk} = \begin{cases} i_t & k < t \\ 1 + i_t & k = t. \\ 0 & k > t \end{cases}$$

Die inverse Matrix $Z^{-1} = (Z_{tk}^{-1})$ lässt sich in diesem Falle einfach ermitteln und es gilt, vgl. hierzu *Gruber/Overbeck* (1998):

(8B.7)
$$Z_{tk}^{-1} = \begin{cases} -\dfrac{r_t}{\prod_{j=t}^{k}(1 + r_j)} & k < t \\[2ex] \dfrac{1}{1 + r_t} & k = t. \\[2ex] 0 & k > t \end{cases}$$

Hieraus resultiert zugleich eine explizite Formel zur Bestimmung der Diskontfaktoren:

(8B.8)
$$b_t = \sum_{k=1}^{t} Z_{tk}^{-1} P_t = \frac{1}{1+i_t}\left\{P_t - i_t \sum_{k=1}^{t-1} \frac{P_k}{\prod_{j=k}^{t-1}(1+i_j)}\right\}.$$

Die solchermaßen ermittelte Diskont- bzw. Zinsstruktur ist jedoch in praxi regelmäßig nicht »glatt genug« und es werden deshalb Ausgleichsverfahren angewendet, um dieser Problematik zu begegnen. Dabei werden bestimmte parametrische Funktionen verwendet, aus denen ein glatterer Verlauf als im nicht ausgeglichenen Fall resultiert. Diese Vorgehensweise wird auch zum Ausgleich der empirisch beobachteten Renditestruktur verwendet und wir beginnen mit diesem Anwendungsfall. Dabei behalten wir die bestehende Annahme über die vereinfachte Zahlungsstruktur bei. Nehmen wir wiederum an, dass $n = m$ und dass Bond t eine Restlaufzeit von t Jahren aufweist, so ergibt sich die Rendite dann allgemein als interner Zinsfuß des Bonds t, d.h.

(8B.9)
$$P_t = \sum_{k=1}^{t} Z_{tk}(1+y_t)^{-k}.$$

Zum Ausgleich der solchermaßen empirisch ermittelten Größen y_t $(t = 1,...,m)$ verwendet man Varianten von Regressionsmodellen und unterstellt dabei etwa die folgende funktionale Abhängigkeit von y_t von der Restlaufzeit t

(8B.10a)
$$y_t = F(t; b_0,...,b_s) + \varepsilon_t$$

oder alternativ

(8B.10b)
$$\ln(1+y_t) = F(t; b_0,...,b_s) + \varepsilon_t.$$

Dabei sind b_0, b_1,..., b_s Koeffizienten (typischerweise Koeffizienten eines Regressionsmodells), die auf der Grundlage der empirischen Beobachtungen zu identifizieren sind und die ε_i stellen Zufallsüberlagerungen der grundsätzlich bestehenden funktionalen Gesetzmäßigkeit dar. Nach Identifikation der Parameter ist die Renditestruktur gegeben durch $y_t = F(t;\ \hat{b}_0,\ ...,\ \hat{b}_s)$ bzw. $y_t = \exp[F(t;\ \hat{b}_0,\ ...,\ \hat{b}_s)] - 1$ wobei die $\hat{b}_0$, $\hat{b}_1$,..., $\hat{b}_s$ die Schätzwerte der Regressionskoeffizienten darstellen. Beispiele für solche Ansätze sind etwa das klassische Modell von *Bradley/Crane* (1973)

(8B.11)
$$\ln(1 + y_t) = b_0 + b_1 t + b_2 \ln t + \varepsilon_t,$$

oder der Ansatz von *Faßbender* (1973)

(8B.12)
$$y_t = b_0 + b_1 t + b_2 t^2 + b_3 t^3 + b_4 \ln t + b_5 (\ln t)^2 + \varepsilon_t.$$

Teilweise wird in diesen Ansätzen auch der Kuponeffekt explizit erfasst, d.h. es wird nicht nur die Restlaufzeit, sondern auch die Höhe der Kuponzahlungen simultan als Einflussvariable zugelassen. Dies kann man auch so deuten, dass hieraus für jede Kuponhöhe eine eigenständige Zinsstruktur resultiert. Beispiele sind der Ansatz von *Echols/Elliot* (1976), hier gilt

(8B.13) $$\ln(1 + y_t) = b_0 + b_1 \frac{1}{t} + b_2 t + b_3 C + \varepsilon_t,$$

wobei C die Höhe des Kupons bedeute. Die Deutsche Bundesbank benutzt u.a. den Ansatz

(8B.14) $$y_t = b_0 + b_1 t + b_2 \ln t + b_3 C + b_4 \ln C + \varepsilon_t$$

zur Identifikation der Renditestruktur. Bei der Konstruktion des Deutschen Rentenindex REX arbeitet man mit dem Ansatz[24]

(8B.15) $$y_t = b_0 + b_1 t + b_2 t^2 + b_3 t^3 + b_4 \ln t + b_5 C + b_6 C^2 + \varepsilon_t,$$

Einen Ansatz zu einer »sparsamen« Modellierung der Renditestruktur, d.h. mit der Zielsetzung der Verwendung von möglichst wenigen Parametern, präsentieren *Nelson/Siegel* (1987). Ihr Ansatz beinhaltet vier freie Parameter und lautet

(8B.16) $$y_t = b_0 + (b_1 + b_2)\left(\frac{1 - e^{-\alpha t}}{\alpha t}\right) - b_2 e^{\alpha t} + \varepsilon_t,$$

dabei ist α ein weiterer Parameter. Trotz sparsamer Parametrisierung erlaubt dieser Ansatz flexible funktionale Formen der Renditestruktur. Eine Anwendung dieses Ansatzes auf öffentliche Anleihen der Bundesrepublik Deutschland beinhaltet *Röhrs* (1991).

Eine Verallgemeinerung des Nelson/Siegel-Ansatzes wurde von *Svensson* (1994), vgl. auch *Dalquist/Svensson* (1996), entwickelt. Der Ansatz von *Svensson* beinhaltet sechs freie Parameter und lautet:

(8B.17) $$\begin{aligned} y_t &= b_0 + b_1\left(\frac{1 - e^{-\alpha t}}{\alpha t}\right) \\ &+ b_2\left(\frac{1 - e^{-\alpha t}}{\alpha t} - e^{-\alpha t}\right) \\ &+ b_3\left(\frac{1 - e^{-\beta t}}{\beta t} - e^{-\beta t}\right) + \varepsilon_t . \end{aligned}$$

Offenbar ergibt sich im Spezialfall $b_3 = 0$ das Nelson/Siegel-Modell. Die Erweiterung des Nelson/Siegel-Ansatzes durch *Svensson* erlaubt einen zusätzlichen Wendepunkt in der geschätzten Kurve. Der parametrische Ansatz mit Exponentialtermen ist – sowohl in der Nelson/Siegel-

24 Vgl. *Mella* (o.J.).

Variante als auch in der Svensson-Variante sehr flexibel. Er erlaubt die Erfassung monoton steigender und fallender, U-förmiger, invertiert U-förmiger sowie S-förmiger Kurvenverläufe.

Der Nelson/Siegel-Ansatz und der Svensson-Ansatz werden auch zur Glättung von Zinsstrukturkurven verwendet, etwa, wenn die Zinsstruktur auf der Grundlage des vorstehend dargestellten Bootstrappingverfahrens generiert wurde. Die Deutsche Bundesbank verwendet seit 1997 – man vgl. hierzu den Monatsbericht der Deutschen Bundesbank vom Oktober 1997 – den Svensson-Ansatz zur Glättung der Zinsstrukturkurve anstelle des vorher benutzten Ansatzes (8B.14) zur Glättung der Renditestrukturkurve.

Der Bootstrappingansatz setzt eine spezifische Struktur der verwendeten Kuponbonds voraus, um die Diskontstruktur rekursiv ermitteln zu können. Im allgemeinen Fall geht man von beliebigen Kuponbonds aus und passt eine funktionale Form der Diskontstruktur an die Wertpapierpreise an. Dieser Ansatz sei nun im Weiteren näher beleuchtet.

Walter (1996, S. 110ff.) stellt eine Lösung vor, die darauf hinausläuft, dass die Summe der quadrierten Abstände direkt aufeinander folgender Diskontfaktoren minimal wird. Er merkt hierzu an, dass dieses Verfahren – wie aber die im Weiteren dargestellten Verfahren auch – nicht notwendigerweise gewährleistet, dass die resultierende Diskontfunktion monoton fallend ist und somit negative Terminzinssätze auftreten können. Als einfachste Lösungsmöglichkeit schlägt er vor, diejenigen Bonds vom Schätzvorgang auszuschließen, die dieses Problem verursachen (und unschwer zu identifizieren sind).

Im Gegensatz zu *Walter* (1996) spezifizieren die anderen Autoren eine funktionale Form $b(t) = b(t;\, b_0, b_1,\ldots, b_s)$ für die Diskontstruktur und ermitteln die Parameter $b_0, b_1,\ldots, b_s$ auf der Grundlage eines Regressionsansatzes. Ein einfaches Beispiel soll diese Vorgehensweise verdeutlichen.

Unterstellen wir

$$b(t) = b_0 + b_1\, t + b_2\, t^2 + b_3\, t^3, \tag{8B.18}$$

so folgt aus (8B.1)

$$\begin{aligned} P_0 &= P_0(b_0, b_1, b_2, b_3) \\ &= \sum_{k=1}^{m} Z_{ik}(b_0 + b_1\, t_k + b_2\, t_k^2 + b_3\, t_k^3) \\ &= b_0\left(\sum_{k=1}^{m} Z_{ik}\right) + b_1\left(\sum_{k=1}^{m} Z_{ik}\, t_k\right) + b_2\left(\sum_{k=1}^{m} Z_{ik}\, t_k^2\right) + b_3\left(\sum_{k=1}^{m} Z_{ik}\, t_k^3\right). \end{aligned} \tag{8B.19}$$

Damit liegt nun ein Regressionsmodell auf der Ebene der Bondpreise vor, auf dessen Basis man die Koeffizienten $b_0, b_1,\ldots, b_s$ und damit die Diskontstruktur ermitteln kann.

Alternativ zur direkten parametrischen Spezifikation der Diskontstruktur kann auch zunächst die Zinsstruktur parametrisch spezifiziert und dann in die entsprechende Diskontstruktur umgerechnet werden. So verwenden etwa *Ferguson/Raymar* (1998) unter anderem den Nelson/ Siegel-Ansatz (8B.16) zur Spezifikation der zeitstetigen Zinsstruktur u_t und verwenden dann die Diskontfunktion $b_t = \exp(-u_t\, t)$ zur Anpassung.

Eine weitere elegante Alternative hierzu besteht in der Spezifikation der Forwardintensität (momentane Forward Rate) $f(t,u)$, deren Konstruktion wir in Anhang 9B systematisch erläutern werden. Gemäß der dort dargestellten Resultate ist die Diskontstruktur in diesem Fall gegeben durch $b_t = \exp\left(-\int_0^t f(0,u)\,du\right)$. *Cairns* (1998), *Cairns/Pritchard* (2001) sowie *Cairns* (2004, S. 228 ff.) folgen diesem Ansatz und untersuchen dabei für britische und deutsche Staatsanleihen die folgenden Ansätze. Den Nelson/Siegel-Ansatz, der in der Forwardformulierung lautet

(8B.20) $$f(t,t+s) = b_0 + (b_1 + b_2 s)e^{-\alpha s},$$

den Svensson-Ansatz in der Forwardformulierung

(8B.21) $$f(t,t+s) = b_0(b_1 + b_2\, s)e^{-\alpha s} + b_3\, s\, e^{-\beta s}$$

sowie den Ansatz von Cairns (1998), der die folgende Forwardintensität beinhaltet

(8B.22) $$f(t,t+s) = b_0 + b_1\, e^{-c_1 s} + b_2\, e^{-c_2 s} + b_3\, e^{-c_3 s} + b_4\, e^{-c_4 s} + b_5\, e^{-c_5 s}.$$

Im Unterschied zur Nelson/Siegel- sowie Svensson-Variante, bei der jeweils alle auftretenden Parameter geschätzt werden – und dies zu jedem Zeitpunkt, zu dem die Diskont- bzw. Zinsstrukturkurve neu geschätzt wird –, arbeiten *Cairns et al.* mit fixierten, vorausgewählten Parametern $c_1,\ldots c_5$. Es werden dann jeweils nur die Parameter $b_0,\ldots,b_5$ geschätzt. Insbesondere im Zeitablauf erhöht sich die Stabilität der Schätzung der Zinsstrukturkurven damit erheblich. *Cairns et al.* weisen ferner darauf hin, dass beim Nelson/Siegel-Ansatz und beim Svensson-Ansatz die Problematik besteht, dass es bei der Anpassung mit der gewichteten Kleinsten-Quadrate-Methode zu multiplen Minima und damit zu einer Instabilität bei der Parameterschätzung kommen kann. Beim Cairns-Ansatz tritt diese Problematik nur in einer erheblich abgeschwächten Form auf. Schließlich zeigen die empirischen Studien von *Cairns et al.* auch eine bessere Anpassung als beim Nelson/Siegel- bzw. Svensson-Ansatz.

Als eine Alternative zu den vorstehenden parametrischen Modellansätzen hat sich der Einsatz von *Splines* etabliert.[25] Bei der Verwendung *kubischer Splines* etwa wird alternativ zu (8B.18) nicht auf dem gesamten Wertebereich mit einem einheitlichen Polynom 3. Grades gearbeitet, sondern es gilt $(t_0 = 0,\ t_{l+1} = T)$:

(8B.23) $$b(t) = b_{0i} + b_{1i}\,t + b_{2i}\,t^2 + b_{3i}\,t^3$$
$$\text{für } t_i < t < t_{i+1}\,,\ i = 0,\ldots,l.$$

Für jedes Teilintervall (t_i, t_{i+1}) wird grundsätzlich ein anderes kubisches Polynom angesetzt, die Folge wäre eine Serie von getrennt zu identifizierenden Regressionsmodellen. Zusätzlich soll aber eine gewisse Glattheit, i.d.R. eine zweifache Differenzierbarkeit, der Splinefunktion an den Übergängen gewährleistet werden, was unter der Anwendung von Lagrange-Multiplikatoren auf ein integriertes Gleichungssystem führt.[26] *McCulloch* (1971, 1975) und *Shea* (1984) arbeiten

25 Vgl. vor allem *McCulloch* (1971, 1975), *Shea* (1984, 1985) und *Vasicek/Fong* (1982).
26 Vgl. etwa *Walter* (1996, S. 112ff.).

mit quadratischen bzw. kubischen Splines, *Vasicek/Fong* (1982) und *Shea* (1985) mit Exponentialfunktionen an der Stelle von Polynomen (»exponentielle Splines«). Weitere Varianten des Splineansatzes werden in *Cairns* (2004, S. 234 ff.) beschrieben.

Schließlich sei noch angemerkt, dass aus stochastischen No-Arbitragemodellen für die Zinsstruktur, die in Kapitel 9 behandelt werden, grundsätzlich ebenfalls funktionale Formen für die Diskontstruktur abgeleitet werden können.

Anhang 8C: Dirty-Preise von Kuponbonds

Zur theoretischen Analyse der Bereinigung der Kuponzahlungen im Rahmen der Kursnotierung von Festzinstiteln gehen wir von dem folgenden Ansatz aus. Der adäquate Kürzungsbetrag $AI_*(r)$ zum Zeitpunkt τ entspreche gerade der bis zu τ aufgelaufenen Verzinsung (*Accrued Interest*) eines noch zu bestimmenden Betrages X, der dem Verkäufer des festverzinslichen Titels zusteht, d.h.

$$P_\tau^{ex}(r) = P_\tau(r) - X[(1+r)^\tau - 1].$$

Zum Zeitpunkt $\tau = 1$ muss der Ex-Kuponkurs gerade mit dem Kurs eines Titels übereinstimmen, der nur noch n-1 Kuponzahlungen aufweist. Bei Annahme einer flachen Zinsstrukturkurve folgt in $\tau = 1$ somit:

$$\begin{aligned} X &= \frac{1}{r}\left[P_1(r) - P_1^{ex}(r)\right] \\ &= \frac{1}{r}\left\{Nq\left[\frac{i}{r} + \left(1 - \frac{i}{r}\right)q^{-n}\right] - N\left[\frac{i}{r} + \left(1 + \frac{i}{r}\right)q^{-(n-1)}\right]\right\} \\ &= \frac{1}{r}\left\{Nq\frac{i}{r} - N\frac{i}{r}\right\} = \frac{1}{r}N\frac{i}{r}(q-1) = N\frac{i}{r}\,. \end{aligned}$$

Der anzusetzende Zinsträger entspricht bei präziser Analyse somit nicht dem Nominalbetrag, sondern ist noch aufgrund der Abweichung von Nominal- und Marktzins zu korrigieren. Wir erhalten somit als korrekten Kürzungsbetrag $AI_\tau(r)$

(8C.1) $$AI_\tau(r) = N\frac{i}{r}\left[(1+r)^\tau - 1\right].$$

Der Ex-Kuponkurs eines Standardbonds bestimmt sich somit zu

$$P_\tau^{ex}(r) = P_\tau - AI_\tau(r)$$

$$= Nq^\tau\left[\frac{i}{r} + \left(1 - \frac{i}{r}\right)q^{-n}\right] - \frac{Ni}{r}\left(q^\tau - 1\right)$$

$$= N\left[\frac{i}{r} + \left(1 - \frac{i}{r}\right)q^{-(n-\tau)}\right].$$

Betrachten wir nochmals den Kürzungsbetrag gemäß (8C.1) und nehmen an, dass der Marktzins r mit dem Nominalzins i übereinstimmt. Es gilt dann

(8C.3) $$AI_\tau(r) = N\left[(1 + i)^\tau - 1\right] \approx Ni\tau = Z\tau.$$

Dies entspricht gerade der in praxi üblichen Verrechnung des aufgelaufenen Zinses, nämlich der *zeitproportionalen* Aufteilung des Kuponbetrages. Bei Verwendung dieser approximativen Vorgehensweise ist der Ex-Kuponkurs eines Standardbonds gegeben durch die Beziehung

(8C.4) $$P_\tau^{ex}(r) = Nq^\tau\left[\frac{i}{r} + \left(1 - \frac{i}{r}\right)q^{-n}\right] - Ni\tau.$$

Die Größe

(8C.5) $$PD_\tau(r) = P_\tau^{ex}(r) + Z\tau$$

wird auch als *Dirty Price* des festverzinslichen Titels bezeichnet und ist vom Käufer an den Verkäufer im Erwerbszeitpunkt zu entrichten. Der Dirty Price ergibt sich somit als Summe des notierten Ex-Kuponkurses des Titels plus (zeitproportional berechnetem) aufgelaufenem Zins (in der kaufmännischen Praxis auch als *Stückzins* bezeichnet).

Anhang 8D: Das Durationsfenster

Auf der Basis von (8.67a) folgt zunächst

(8D.1) $$K_s'(r_0) = \frac{1}{(1 + r_0)}\sum_{t=1}^{T}(s - t)Z_t(1 + r_0)^{s-t}.$$

Aus der notwendigen Bedingung $K'_s(r_0) = 0$ folgt

$$
\begin{aligned}
0 &= K_s{}'(r_0) \\
&= \sum_{t=1}^{T} (s - t) Z_t (1 + r_0)^{s-t-1} \\
&= s(1 + r_0)^{s-1} \sum_{t=1}^{T} Z_t (1 + r_0)^{-t} - (1 + r_0)^{s-1} \sum_{t=1}^{T} t Z_t (1 + r_0)^{-t}
\end{aligned}
$$

und durch Auflösung dieser Gleichung nach s somit

(8D.2)
$$
s = \frac{\sum t Z_t (1 + r_0)^{-t}}{P(r_0)} = D(r_0) .
$$

Zum Nachweis des Vorliegens eines globalen Minimums in $s = D$ beschreiten wir einen alternativen Weg. Es gilt zunächst $K_s(r) = (1 + r)^s P(r)$ und damit

(8D.3)
$$
\begin{aligned}
dK_s(r)/dr &= s(1+r)^{s-1} P(r) + (1+r) P'(r) \\
&= (1+r)^{s-1} P(r)[s + (1+r) P'(r)/P(r)] \\
&= (1+r)^{s-1} P(r)[s - D(r)] .
\end{aligned}
$$

Für $s = D = D(r_0)$ gilt somit

(8D.4)
$$
dK_s(r)/dr = (1+r)^{D-1} P(r)[D - D(r)] .
$$

Für T > 1 gilt nach dem Haupttext, dass $D(r)$ eine monoton fallende Funktion in r ist. Hieraus folgt, dass $D(r_0) = D$ und $D(r) < D$ für $r > r_0$ sowie $D(r) > D$ für $r < r_0$. Insgesamt folgt hieraus für $s = D(r_0)$

(8D.5)
$$
\begin{aligned}
dK_s(r)/dr > 0 &\Leftrightarrow r > r_0 \\
dK_s(r)/dr = 0 &\Leftrightarrow r = r_0 \\
dK_s(r)/dr < 0 &\Leftrightarrow r < r_0 .
\end{aligned}
$$

Damit ist der Nachweis eines globalen Minimums erbracht.

Anhang 8E: Immunisierungsbedingungen bei mehrfachen Verpflichtungen

Der größeren strukturellen Einfachheit wegen formulieren wir das Immunisierungsproblem in einem zeitstetigen Zinskontext. Zugleich lassen wir beliebige Zeitpunkte $0 < t_1 < ... < t_n = T$ für die Einzahlungen $E(t_i)$ sowie die Verpflichtungen $L(t_i)$ zu (wobei $E(t_i) = 0$ bzw. $L(t_i) = 0$ zugelassen ist, wenn in t_i keine Einzahlung bzw. Auszahlung erfolgt). Unter Annahme einer anfänglichen Zinsrate u ist dann der Überschuss (Surplus) $S(u)$ der Einzahlungen (Rückflüsse aus dem Bondportfolio) und Auszahlungen (Verpflichtungen) zum Zeitpunkt $t = 0$ gegeben durch

$$S(u) = \sum_{i=1}^{n} E(t_i)\, e^{-ut_i} - \sum_{i=1}^{n} L(t_i)\, e^{-ut_i}.$$

Da zumindest unter der anfänglichen Zinsrate gewährleistet sein muss, dass die Rückflüsse aus dem Bondportfolio die Finanzierung der Verpflichtungen sicherstellen, muss gelten:

(8E.2a) $$S(u) = 0$$

bzw.

(8E.2b) $$P_E(u) = P_L(u),$$

d.h. der Barwert von Einzahlungen und Verpflichtungen ist unter der anfänglichen Zinsrate identisch. Ändert sich nun die Zinsrate von u auf $u + \varepsilon$, so ändert sich entsprechend der Überschuss auf $S(u + \varepsilon)$ und es stellt sich die Frage, ob zumindest lokal die Erfüllung der Beziehung

(8E.3) $$S(u + \varepsilon) \geq S(u) = 0$$

möglich ist. Unter Benutzung der Taylor-Approximation 2. Ordnung (ohne Restglied) gilt zunächst:

(8E.4) $$S(u + \varepsilon) = S(u) + \varepsilon\, S'(u) + \frac{1}{2}\varepsilon^2 S''(u + y),$$

wobei y ein Punkt zwischen 0 und ε ist. Unter den Bedingungen

(8E.5a) $$S'(u) = 0$$

sowie

(8E.5b) $$S''(u) > 0$$

ist somit $S(u + \varepsilon) > S(u)$, d.h. das Vorliegen eines lokalen Minimums in u ist gewährleistet. Nun gilt

$$\begin{aligned} S'(u) &= -\sum t_i\, E(t_i)\, e^{-ut_i} + \sum t_i\, L(t_i)\, e^{-ut_i} \\ &= -D_E(u)\, P_E(u) + D_L(u)\, P_L(u), \end{aligned}$$

wobei D_E bzw. D_L die (zeitstetige) Duration gemäß Beziehung (8.59a) der Einzahlungsstromes bzw. des Verpflichtungsstromes bezeichne. Aufgrund von (8E.2b) ist damit die Bedingung (8E.5a) äquivalent zu:

(8E.6a) $$D_E(u) = D_L(u).$$

Weiter gilt

$$S''(u) = \sum t_i^2 E(t_i) e^{-ut_i} - \sum t_i^2 L(t_i) e^{-ut_i}$$
$$= C_E(u) P_E(u) - C_L(u) P_L(u),$$

wobei C_E bzw. C_L die zeitstetige Konvexität gemäß Beziehung (8.60) bezeichne. Aufgrund (8E.2b) ist damit (8E.5b) äquivalent zu

(8E.6b) $$C_E(u) > C_L(u).$$

Anhang 8F: Kassa- und Forward-LIBOR; Bewertung variabel verzinslicher Anleihen

Wir gehen im Folgenden aus von der Notation $r(s,u)$ bzw. $b(s,u)$, wenn wir die Spot Rates für das Zeitintervall $[s,u]$ bzw. die damit einhergehenden Zerobondpreise $b(s,u) = [1+r(s,u)]^{-(u-s)}$ betrachten. Entsprechend bezeichne $f(t;\, s,u)$ die in t $(t \leq s)$ bestehende Forward Rate für die Verzinsung von s bis u.

Wir sprechen im Folgenden vereinfacht von LIBOR, wenn wir einen beliebigen variablen Referenzzinssatz[27] im Auge haben. Es bezeichne nun $L(s, h)$ den *Kassa-LIBOR* zum Zeitpunkt s *mit Tenor h,* d.h. den Zins für die Anlage von s bis $s + h$. In praxi entspricht h etwa einem Monat, drei Monaten oder sechs Monaten. In Termen der Zinsstruktur bzw. der Zerobondpreise gilt

(8F.1a) $$L(s,h) = r(s,s+h) = \left[\frac{1}{b(s,s+h)}\right]^{1/h} - 1.$$

Da die betrachteten Zinsperioden der Länge h aber kurz sind, nimmt man an dieser Stelle in der Literatur – in Übereinstimmung mit der Verfahrensweise der Investmentpraxis – die in Abschnitt 2.1.1 erläuterte lineare Zinsapproximation vor, d.h. arbeitet mit

(8F.1b) $$L(s,h) = \frac{1}{h}\left[\frac{1}{b(s,s+h)} - 1\right].$$

Entsprechend geht man beim *Forward-LIBOR* $L(t;\, s,\, h)$ vor, der in Termen der Forward Rates der Zinsstruktur definiert ist durch $(t \leq s)$

(8F.2) $$L(t;s,h) := f(t;s,s+h).$$

27 Zu einer ersten (nicht quantitativen) Behandlung der Thematik vergleiche man den Anhang zu Kapitel 1.

Forward Rates und Spot Rates werden annualisiert angegeben und in der zeitdiskreten Variante betrachtet. Damit gilt zunächst der allgemeine Zusammenhang

(8F.3) $$[1+r(t,s)]^{s-t}[1+L(t;s,h)]^h=[1+r(t,s+h)]^{s+h-t}.$$

Unter Berücksichtigung von $b(t,u)=[1+r(t,u)]^{-(u-t)}$ folgt hieraus weiter

(8F.4a) $$L(t;s,h)=\left[\frac{b(t,s)}{b(t,s+h)}\right]^{1/h}-1$$

bzw. wiederum in Termen einer linearen Zinsapproximation

(8F.4b) $$L(t;s,h)=\frac{1}{h}\left[\frac{b(t,s)}{b(t,s+h)}-1\right].$$

Ausgehend von dieser Spezifikation des variablen Zinses können wir damit die Zahlungsstruktur von *variabel verzinslichen Anleihen (Floating Rate Notes, Floater)* behandeln. Die Zahlungszeitpunkte seien dabei äquidistant, d.h. der Form $t_i=t_0+ih\ (i=1,...,n)$. Die variable Zinszahlung in $t_i\ (i=1,...,n)$ ist dann üblicherweise gleich dem LIBOR mit entsprechendem Tenor h für die *vorausgegangene* Anlageperiode t_{i-1} bis $t_{i-1}+h$ multipliziert mit der Länge der Anlageperiode (lineare Zinsapproximation), d.h. es gilt – ausgehend von einem Nennwert $N = 1$ – für die variable Zinszahlung $Z_V(t_i)$

(8F.7a) $$Z_V(t_i)=L(t_{i-1},h)h, \quad i=1,...,n.$$

Aufgrund von (8F.1b) gilt damit weiter $i = 1,\ldots,n$

(8F.8a) $$Z_V(t_i)=\frac{1}{b(t_{i-1},t_i)}-1.$$

Im Zeitpunkt t_n erfolgt die Rückzahlung des Nennwerts sowie die entsprechende, durch den in t_{n-1} bestehenden LIBOR bestimmte Zinszahlung, d.h. es gilt

(8F.7b) $$Z(t_n)=1+Z_V(t_n)=1+L(t_{n-1},h)h.$$

Entsprechend zu (8F.8a) gilt hier

(8F.8b) $$Z(t_n)=1/b(t_{n-1},t_n).$$

Insgesamt gilt somit für die Zahlungen in $t_i\ (i=1,...,n)$, dass ihre Höhe zum Zeitpunkt t_{i-1} (*Reset Date*) bestimmt wird, die Zahlung hingegen erst in t_i (*Payment Date*) erfolgt.

Wir sind nun in der Lage, die Bewertung einer variabel verzinslichen Anleihe vorzunehmen. Durch die besondere Struktur ist dies ohne Zugrundelegung eines expliziten Zinsmodells möglich. Beginnen wir (nach wie vor gelte $N = 1$) mit der Bewertung der variablen Zahlungen zum Zeitpunkt $t_i\ (i=1,...,n)$. Diese variable Zahlung ist zwar aus Sicht der Zeitpunkte $t < t_{i-1}$ unbekannt, in t_{i-1} kann jedoch eine Bewertung vorgenommen werden. Die Zahlung gemäß (8F.8a) ist dazu mit dem entsprechenden Zerobondpreis $b(t_{i-1},t_i)$ zu multiplizieren. Insgesamt ergibt sich aufgrund von (8F.8a) als Preis $P(t_{i-1})$ zum Zeitpunkt t_{i-1}:

(8F.9)
$$\begin{aligned} P(t_{i-1}) &= b(t_{i-1},t_i)\left[\frac{1}{b(t_{i-1},t_i)}-1\right] \\ &= 1-b(t_{i-1},t_i) = b(t_{i-1},t_{i-1}) - b(t_{i-1},t_i)\,. \end{aligned}$$

Offenbar entspricht dies dabei dem Wert zum Zeitpunkt t_{i-1} eines Portfolios bestehend aus einem Zerobond mit Fälligkeit t_{i-1} (long) und einem Zerobond mit Fälligkeit t_i (short). Der Wert $P(t_0)$ dieser Position zum Zeitpunkt t_0 ist nun aber bekannt, er beträgt

(8F.10)
$$P(t_0) = B(t_0,t_{i-1}) - B(t_0,t_i).$$

Damit gilt insgesamt für den Wert $P_V(t_0)$ der variabel verzinslichen Anleihe:

(8F.11)
$$\begin{aligned} P_V(t_0) &= \sum_{i=1}^{n}[B(t_0,t_{i-1}) - B(t_0,t_i)] + B(t_0,t_n) \\ &= B(t_0,t_0) = 1. \end{aligned}$$

Im Zeitpunkt t_0 ist der Wert einer wie vorstehend definierten variabel verzinslichen Anleihe somit gleich eins bzw. gleich dem Nennwert *N*. Allgemein gilt diese Aussage zu jedem Zinszahlungszeitpunkt (nach bereits erfolgter Zinszahlung). Dies entspricht damit jeweils dem Wert einer zu pari notierenden Anleihe mit Nennwert *N* und einer Restlaufzeit der Länge eins (nach erfolgter Zinszahlung).

Bei einem Bewertungszeitpunkt τ, der zwischen zwei Zahlungszeitpunkten liegt, hat man sich hingegen an dem Wert einer variabel verzinslichen Anleihe unmittelbar *vor* erfolgter Zahlung zu orientieren. So gilt etwa für $t_0 \le \tau < t_1$:

(8F.12)
$$P_V(\tau) = b(\tau,t_1)[1+L(t_0,h)h].$$

Der Wert $1+L(t_0,h)h$ unmittelbar vor erfolgter Zinszahlung in t_1 setzt sich dabei zusammen aus dem Wert unmittelbar nach erfolgter Zinszahlung sowie dem Wert $L(t_0,h)h$ der Zinszahlung in t_1. Aufgrund von (8F.1b) folgt hieraus wiederum $P_V(t_0) = 1$.

Übungsaufgaben zu Kapitel 8

Aufgabe 8.1: Weisen Sie Beziehung in Beispiel 8.16 nach.

Aufgabe 8.2: Gegeben sei die Duration eines Standardbonds gemäß (8.48). Gehen wir aus von einer Identität zwischen Marktzins r und Nominalzins i, so folgt bei T-jähriger Restlaufzeit

$$D(i) = \frac{1+i}{i}\left[1 - \frac{1}{(1+i)^T}\right].$$

Weisen Sie dies nach.

Aufgabe 8.3: Es seien $Z = \{Z_1,..., Z_T\}$ bzw. $V = \{V_1,..., V_T\}$ zwei Zahlungsreihen mit den (Macaulay-) Durationen $D_Z(r)$ bzw. $D_V(r)$ zum anfänglichen Zins r.

a) Zeigen Sie, dass die Duration der Zahlungsreihe $W = xZ + (1 - x)V$ mit $0 < x < 1$, die sich durch anteilige Investition x in die Zahlungsreihe Z bzw. $(1 - x)$ in Zahlungsreihe V ergibt, gegeben ist durch

$$D_W = \frac{x\,D_Z P_Z + (1-x)\,D_V P_V}{x\,P_Z + (1-x)\,P_V},$$

wobei P_Z bzw. P_V die Barwerte der Zahlungsreihen Z bzw. V unter r_0 bezeichnen.

b) Welche spezifische Beziehung ergibt sich, wenn $P_Z = P_V = P$ angenommen wird? (Diese Beziehung wird oftmals als erste Approximation gewählt, um die Duration eines Bondportfolios zu bestimmen).

c) Werden von der Zahlungsreihe Z x Einheiten (in absoluter Maßgröße) und von V y Einheiten erworben, so kann die vorherige Beziehung einfach modifiziert werden. Weisen Sie dies nach.

Aufgabe 8.4: Weisen Sie die Beziehung $\mathrm{d}D/\mathrm{d}u = -M^2$ gemäß (8.62) nach.

Aufgabe 8.5: Weisen Sie nach, dass bei flacher Zinsstruktur in Höhe von $r_t = r$ auch alle Kuponbonds eine interne Verzinsung von r aufweisen.

Aufgabe 8.6: Gegeben sei ein Investitionsbetrag von 10.000 EUR sowie eine anfängliche flache Zinsstruktur von $r = 8\%$. Der Planungshorizont (Immunisierungszeitpunkt) sei $t = 9$ Jahre. Welche Laufzeit muss ein marktkonformer (Übereinstimmung von Markt- und Nominalzins) Kuponbond aufweisen, damit die Wertentwicklung zum Zeitpunkt $t = 9$ immunisiert ist? Welche tatsächlichen Vermögensstände werden erreicht, wenn der Zins unmittelbar nach Erwerb

a) um 2%-Punkte steigt?
b) um 2%-Punkte fällt?

Wird eine Immunisierung unter diesen Zinsänderungen tatsächlich sichergestellt?

Aufgabe 8.7: Bei einer flachen Zinsstruktur in Höhe von $r = 8\%$ sind am Bondmarkt marktkonforme Bonds mit Laufzeiten von 8 bzw. 12 Jahren verfügbar. Kann aus diesen Bonds ein Bondportfolio mit einer Duration von 7 Jahren konstruiert werden? Wie hoch ist hierbei die anteilige Investition in den Bond mit 8 Jahren Laufzeit?

Aufgabe 8.8: Betrachten Sie die folgende Tabelle für Kuponbonds mit jährlichen Zinszahlungen (Nennwerte 100 EUR)

Restlaufzeit	Preis (EUR)	Kuponzins (p.a.)	YTM	Spot Rate	Forward Rate
1 Jahr	102,86	8%	(1)	(4)	5%
2 Jahre	103,67	8%	(2)	6,04%	(6)
3 Jahre	102,62	8%	7%	7,11%	(7)
4 Jahre	100	8%	(3)	(5)	(8)

Unterstellen Sie einen arbitragefreien Markt und berechnen Sie die fehlenden YTM, Spot Rates und impliziten Forward Rates!

Literatur zu Kapitel 8

Barber, J.R. (1995): A Note an Approximating Bond Price Sensitivity Using Duration and Convexity, Journal of Fixed Income, March 1995, S. 95–98.

Bhansali, R., L. Goldberg (1997): An Integrated Framework for Valuation and Risk Analysis of International Bonds, in: *Fabozzi*, F.J. (Hrsg.): Advances in Fixed Income Valuation Modeling and Risk Management, New Hope, S. 213–232.

Bierwag, G.O. (1987): Duration Analysis: Managing Interest Rate Risk, Cambridge/Massachusetts.

Bierwag, G.O., G.G. Kaufman, A. Toevs (1983): Duration: Its development and its use in bond portfolio management, Financial Analysts Journal, S. 15–35.

Bodie, Z., A. Kane, A.J. Marcus (1999): Investments, 4. Aufl., Chicago.

Bradley, S., D. Crane (1973): Management of Commercial Bank Government Security Portfolios: An Optimization Approach under Uncertainty, Jounal of Bank Research, Spring S. 18–30.

Bühler, W., W. Herzog (1989): Die Duration – eine geeignete Kennzahl für die Steuerung von Zinsänderungsrisiken in Kreditinstituten?, Kredit und Kapital 22, S. 403–428 und S. 524–564.

Bußmann, J. (1989): Tests verschiedener Zinsänderungsrisikomaße mit Daten des deutschen Rentenmarktes, Zeitschrift für Betriebswirtschaft 59, S. 747–765.

Cairns, A.J.G. (1998): Descriptive bond-yield and forward-rate models for the British government securities' market, British Actuarial Journal 4, S. 265–321.

Cairns, A.J.G. (2004): Interest Rate Models, Princeton, Oxford.

Cairns, A.J.G., D.J. Pritchard (2001): Stability of descriptive models for the term structure of interest rates with application to German market data, British Actuarial Journal 7, S. 465–507.

Chaplin, G.B. (1998): A Review of Term-Structure Models and their Applications, British Actuarial Journal 4, S. 323–383 (inkl. Diskussion).

Dalquist, M., L.E.O. Svensson (1996): Estimating the term structure of interest rates for monetary policy analysis, Scandinavian Journal of Economics 98, S. 163–183.

Dattatreya, R.E., F.J. Fabozzi (1989): Active Total Return Management of Fixed Income Portfolios, Chicago/Illinois.

Düllmann, K., M. Uhrig-Homburg, M. Windfuhr (2000): Risk Structure of Interest Rates: An Empirical Analysis for Deutschmark-Denominated Bonds, European Financial Management.

Echols, M.E., J.W. Elliot (1976): A Quantitative Yield Curve Model of Estimating the Term Structure of Interest Rates, Journal of Financial and Quantitative Analysis 11, S. 87–114.

Eller, R. (1993, Hrsg.): Modernes Bondmanagement, Wiesbaden.

Elton, E.J., M.J. Gruber (1995): Modern Portfolio Theory and Investment Analysis, 5. Aufl., New York u.a.

Fabozzi, F.J., (1997): Fixed Income Mathematics, 3. Aufl., New York.

Fabozzi, F.J., (1999): Investment Management, 2. Auflage, Upper Saddle River/New Jersey.

Fabozzi, F.J. (2007): Bond Markets, Analysis and Strategies, 6. Aufl., Upper Saddle River/New Jersey.

Faßbender, H. (1973): Zur Theorie und Empirie der Fristigkeitsstruktur, Berlin.

Ferguson, R., S. Raymar (1998): A Comparative Analysis of Several Popular Term Structure Estimation Models, Journal of Fixed Income, March 1998, S. 17–33.

Gehrig, B., H. Zimmermann (1999): Fit for Finance, 5. Auflage, Zürich.

Gruber, W., L. Overbeck (1998): »Nie mehr Bootstrapping«, Finanzmarkt und Portfoliomanagement 12, S. 59–73.

Hicks, J.R. (1979): Value and Capital, 2. Aufl., Neudr., Oxford.

Hiller, R.S., C. Schaack (1990): A classification of structured bond portfolio modelling techniques, Journal of Portfolio Management, Fall 1990, S. 37–48.

Ho, T.S.Y. (1990): Strategic Fixed-Income Investment, Homewood/Illinois.

Hochmuth, N., H.J. Zwiesler (1999): Das iterierte Cash Flow Matching am Beispiel der sofort beginnenden Rentenversicherung gegen Einmalbeitrag, Blätter der Deutschen Gesellschaft für Versicherungsmathematik, Band XXIV, Heft 1, April 1999, S. 63–85.

Hull, J.C. (2001): Optionen, Futures und andere Derivate, 4. Aufl., München, Wien.

Ilmanen, A. (1992): How Well Does Duration Measure Interest Rate Risk?, Journal of Fixed Income, March 1992, S. 43–51.

Jaschke, S., R. Stehle, S. Wernicke (2000): Arbitrage und die Gültigkeit des Barwertprinzips im Markt für Bundeswertpapiere, Zeitschrift für betriebswirtschaftliche Forschung 52, S. 440–468.

Jorion, P., S.J. Khoury (1996): Financial Risk Management, Cambridge/Massachusetts.

Juen, S., F. Nielsen (1996): An Integrated Valuation and Risk Model for German Fixed-Income Portfolios, in: *Albrecht, P.* (Hrsg.): Aktuarielle Ansätze für Finanz-Risiken, Karlsruhe, Band I, S. 925 – 948

Kahn, R.N. (1989): Risk and Return in the US-Bond Market: A Multifactor Approach, in: *Fabozzi, F.J.* (Hrsg.): Advances and Innovations in the Bond and Mortgage Markets, Homewood/Illinois, S. 7–16.

Kahn, R.N. (1995): Fixed income risk modeling, in: *Fabozzi, F.J.* (Hrsg.): The Handbook of Fixed Income Securities, Burr Ridge/New York, S.720–732.

Kroll, M., M. Hochrein (1993): Festverzinsliche optimal managen, Wiesbaden.

La Grandville, O. de (2001): Bond Pricing and Portfolio Analysis, London.

Levin, F. (1996): Die Erwartungstheorie der Zinsstruktur, 1996.

McCulloch, J.H. (1971): Measuring the Term Structure of Interest Rates, Journal of Business 44, S. 19–31.

Mella, F. (o.J.): Deutscher Rentenindex REX, Frankfurter Wertpapierbörse AG.

Miller, L., U. Rajan, P. Shimpi (1989a): Liability Funding Strategies, in: *Fabozzi, F.J.* (Hrsg.): Portfolio and Investment Management, Chicago/Illinois, S. 285–318.

Miller, L., U. Rajan, P. Shimpi (1989b): Funding SPDA liabilities: An application of realized return optimization, in: *Fabozzi, F.J.* (Hrsg.): Fixed Income Portfolio Strategies, Chicago/Illionois, S. 143–146.

Modigliani F., Sutch, R. (1966): Innovation in Interest Rate Policy, The American Economic Review 56, S.178–197.

Nawalka, S.K., N.J. Lacey, T. Schneeweis (1990): Closed-form Solutions of Convexity and M-Square, Financial Analysts Journal, 1990, S. 75–77.

Nielsen, C.R., A.F. Siegel (1987): Parsimonious Modeling of Yield Curves, Journal of Business 60, S. 473–489.

Panjer, H. (1998, Hrsg.): Financial Economics, Schaumburg/Illinois.

Redington, F.M. (1952): Review of the Principles of Life Office Valuation, Journal of the Institute of Actuaries 78, S. 286–340.

Röhrs, M. (1991): Empirischer Vergleich von Zinsstrukturfunktionen anhand öffentlicher Anleihen der Bundesrepublik Deutschland, Zeitschrift für Betriebswirtschaft 61, S. 919–940.

Schierenbeck, H., B. Rolfes (1986): Effektivverzinsung in der Bankenpraxis, Zeitschrift für betriebswirtschaftliche Forschung 38, S. 766–778.

Shea, G.S. (1984): Pitfalls in Smoothing Interest Rate Term Structure Data – Equilibrium Models and Spline Approximations, Journal of Financial and Quantitative Analysis 19, S. 253–269.

Shea, G.S. (1985): Interest Rate Term Structure Estimation with Exponential Splines – A Note, Journal of Finance 40, S. 319–325.

Shimpi, P.A. (1991): Realized return optimization: A targeted total return approach to funding liabilities, Proceedings 2nd AFIR International Colloquium/Brighton 1991, Volume 2, S. 57–74.

Steiner, P., H. Uhlir (2001): Wertpapieranalyse, 4. Aufl., Heidelberg.

Svensson, L.E.O. (1994): Estimating and interpreting forward interest rates: Sweden 1992 – 1994, Working Paper, International Monetary Fund 94.114.

Uhlir, H., P. Steiner (1983): Analyse anleihespezifischer Risiken, Zeitschrift für Betriebswirtschaft 53, S. 632–657.

Uhrig-Homburg, M., U. Walter (1997): Ein neuer Ansatz zur Bestimmung der Zinsstruktur: Theorie und Ergebnisse für den deutschen Rentenmarkt, Kredit und Kapital 30, S. 116–39.

Walter, U. (1996): Die Bewertung von Zinsoptionen, Wiesbaden.

Weick, M. (1993): Renditeberechnungsmethoden am deutschen Kapitalmarkt, in: *Eller, R.* (Hrsg.): Modernes Bondmanagement, Wiesbaden, S. 3–27.

9 Investments in Zinstitel: Vertiefung

9.1 Einführung

In diesem Kapitel werden eine Reihe von weiterführenden und vertiefenden Fragestellungen im Zusammenhang mit der Analyse und Steuerung von Zinstiteln aufgegriffen. Dabei führt Abschnitt 9.2 die Diskussion des Abschnitts 8.5 hinsichtlich der Quantifizierung und Steuerung des Zinsänderungsrisikos fort. Insbesondere werden nicht-flache Zinsstrukturen unterstellt und die zugehörigen Durationsmaße bestimmt, die eine (lokale) Immunisierung in Bezug auf die unterstellte Form der Zinsänderung erlauben. Die nicht-flachen Zinsstrukturen werden entweder in ihrer funktionalen Form vorgegeben (Abschnitt 9.2.1) oder auf der Basis eines statistischen Faktorenmodells aus den empirischen Daten extrahiert (Abschnitt 9.2.2). Die faktorielle Erklärung der Zinsstruktur erlaubt insbesondere einen Einblick in die zentralen Basistypen von Zinsänderungen und deren Bedeutung hinsichtlich der Erklärung empirischer Zinsänderungen. Abschnitt 9.2 schließt mit der Darstellung eines flexiblen Ansatzes zur Steuerung von Zinsänderungsrisiken, dem Key Rate-Durationsansatz, und geht auf dessen Einbettung in ein Faktormodell der Zinsstruktur ein.

Die in Abschnitt 9.2 behandelten Zinsstrukturmodelle weisen aus theoretischer Sicht die Problematik auf, dass sie nicht notwendigerweise den Bedingungen eines arbitragefreien Bondmarktes genügen. Dieser Aspekt wird in Abschnitt 9.3 eingehend behandelt, wobei auf eine Darstellung zeitdiskreter Ansätze verzichtet wird (Ho/Lee-Modell, Black/Derman/Toy-Modell). Wir konzentrieren uns stattdessen direkt auf die Analyse des zeitstetigen Falles, da unserer Überzeugung nach die grundlegenden Strukturen erst im zeitstetigen Fall transparent werden. Insofern werden die genannten zeitdiskreten Modellansätze daher auch nur im Lichte ihrer zeitstetigen Grenzwerte (Abschnitt 9.3.2.6) analysiert. Eine zentrale zeitdiskrete Fragestellung, die der Problematik der geeigneten Modellbildung jedoch nachgelagert ist, besteht allerdings in der geeigneten Diskretisierung zeitstetiger Modelle mit dem Ziel einer effektiven numerischen Auswertung.

Die Behandlung von zeitstetigen Zinsstrukturmodellen bedingt den Rückgriff auf das in Abschnitt 4.3 dargestellte Instrumentarium der Diffusionsprozesse. Es wird dabei jedoch versucht, im Haupttext eher die zentralen grundlegenden Ideen und Ansätze herauszuarbeiten und die Elemente von größerer mathematischer Komplexität primär in den Anhängen vertieft zu behandeln. Die Bedeutung arbitragefreier Zinsstrukturen liegt wesentlich in der konsistenten Bewertung von Zinstiteln sowie von Zinsderivaten. Zwar existieren in der Literatur auch Anwendungen stetiger Zinsstrukturmodelle im Hinblick auf die Steuerung von Zinsänderungsrisiken,[1] diese haben jedoch nach unserer Einschätzung bisher im praktischen Investmentmanagement nicht die Bedeutung der nicht-arbitragefreien Ansätze des Abschnitts 9.2 erlangt.

1 Vgl. etwa *Cox/Ingersoll/Ross* (1979), *Boyle* (1978, 1980), *Albrecht* (1985, 1986), *Chen* (1996, Kapitel 7), *Ho/Cadle/Theobald* (2001) sowie *La Grandville* (2001, Kapitel 19).

9.2 Analyse des Zinsänderungsrisikos bei nicht-flacher Zinsstruktur

9.2.1 Single Factor-Durationsmodelle

9.2.1.1 Fisher/Weil-Ansatz zur Immunisierung gegen additive Shifts

Der Fisher/Weil-Ansatz basiert auf einer beliebigen nicht-flachen Zinsstruktur und wird im Folgenden im zeitstetigen Kontext formuliert. Ist $r_t = r_t(0)$ eine anfängliche zeitdiskrete Zinsstruktur, so ergeben sich die entsprechenden anfänglichen Zinsraten zu

(9.1) $$u(t) := u_t(0) = \ln(1 + r_t(0)).$$

Der Barwert eines Bonds mit der Zahlungsfolge $\{Z(t_1), ..., Z(t_n)\}$ zu den Zeitpunkten $0 < t_1 < ... < t_n = T$ ist dann gegeben durch

(9.2) $$P = P(u_1, ..., u_n) = \sum_{i=1}^{n} Z(t_i)\, e^{-u_i t_i} \quad ,$$

wobei $u_i := u(t_i)$. In Verallgemeinerung zu (8.56a) definiert man die *Fisher/Weil-Duration* gemäß

(9.3a) $$D_{FW} = \frac{1}{P} \sum_{i=1}^{n} t_i\, Z(t_i)\, e^{-u_i t_i} \quad .$$

In Termen der zeitdiskreten Verzinsung gilt mit $r_i := r_{t_i}(0)$ mithin

(9.3b) $$D_{FW} = \frac{1}{P} \sum_{i=1}^{n} t_i\, Z(t_i)(1 + r_i)^{-t_i} \,,$$

wobei $P = \Sigma Z(t_i)(1 + r_i)^{-t_i}$.

Wenden wir uns zunächst einem Beispiel zu.

Beispiel 9.1: Fisher/Weil-Duration

Wir betrachten einen zehnjährigen Kuponbond mit Nominalzins 6,25% und Nennwert 100. Die weiteren Bestimmungselemente der Fisher/Weil-Duration sind in der folgenden Tabelle enthalten.

t	$Z(t)$	$r_t(0)$	$\frac{1}{(1+r_t(0))^t}$	$\frac{Z(t)}{(1+r_t(0))^t}$	$\frac{1}{P}\frac{t \cdot Z(t)}{(1+r_t(0))^t}$
1	6,25%	5,20%	0,95	5,94	0,06
2	6,25%	5,60%	0,90	5,60	0,11
3	6,25%	5,90%	0,84	5,26	0,16

t	$Z(t)$	$r_t(0)$	$\frac{1}{(1+r_t(0))^t}$	$\frac{Z(t)}{(1+r_t(0))^t}$	$\frac{1}{P}\frac{t \cdot Z(t)}{(1+r_t(0))^t}$
4	6,25%	6,05%	0,79	4,94	0,20
5	6,25%	6,12%	0,74	4,64	0,23
6	6,25%	6,17%	0,70	4,36	0,26
7	6,25%	6,21%	0,66	4,10	0,29
8	6,25%	6,24%	0,62	3,85	0,31
9	6,25%	6,27%	0,58	3,62	0,33
10	106,25%	6,30%	0,54	57,68	5,77
			Summe	100,00	7,71
				Bondpreis P	FW-Duration

Bei einem Bondpreis von 100 beträgt die Yield to Maturity 6,25% und die zugehörige Macaulay-Duration 7,73.

Wir betrachten nun einen *additiven Shift* der vorgegebenen zeitstetigen anfänglichen Zinsstruktur der Form ($\lambda \in \mathbb{R}$)

(9.4) $$u^*(t) = u(t) + \lambda \quad \text{für alle } t .$$

Die Abbildung 9.1 illustriert solche Parallel-Shifts für eine normale bzw. inverse Zinsstruktur.

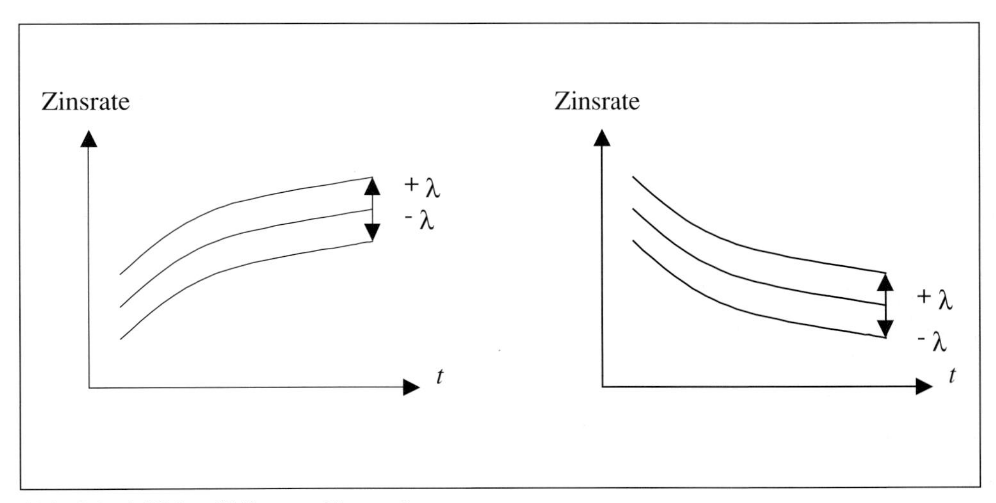

Abb. 9.1: Additive Shifts von Zinsstrukturen

Überträgt man einen zeitstetigen additiven Shift in einen zeitdiskreten Kontext, so gilt

(9.5)
$$1+r_t^*(0) = e^{u^*(t)} = e^{u(t)+\lambda} = d(1+r_t(0))$$

mit $d > 0$, d.h. die zeitdiskreten Zinsraten unterliegen entsprechend einem *multiplikativen Shift*.

Wie in den bisher behandelten Durationsmodellen sei angenommen, dass der Shift in der Zinsstruktur unmittelbar nach Erwerb des Bonds stattfinde. Für den betreffenden Barwert gilt

(9.6)
$$P(\lambda) = P(u_1+\lambda,\ldots,u_n+\lambda) = \sum_{i=1}^{n} Z(t_i)e^{-(u_i+\lambda)t_i} .$$

Fixieren wir die u_i ($i = 1,\ldots, n$), so kann dieser Barwert aufgrund der angenommenen speziellen Form der Änderung der Zinsstruktur als Funktion des Shift-Parameters λ angenommen werden. Differentiation nach λ ergibt:

$$\frac{dP(\lambda)}{d\lambda} = \frac{d}{d\lambda}\sum_{i=1}^{n} Z(t_i)e^{-u_i t_i}\, e^{-\lambda t_i}$$
$$= -\sum_{i=1}^{n} t_i\, Z(t_i)e^{-(u_i+\lambda)t_i} .$$

Damit gilt insbesondere

(9.7a)
$$\left.\frac{dP}{d\lambda}\right|_{\lambda=0} = -D_{FW} \cdot P$$

bzw.

(9.7b)
$$D_{FW} = -\frac{1}{P}\cdot\left.\frac{dP}{d\lambda}\right|_{\lambda=0} .$$

Damit gilt unmittelbar eine zum zeitstetigen Fall bei flacher Zinsstruktur analoge Aussage, vgl. (8.56b). Gleiches gilt, wenn man die *Fisher/Weil-Konvexität* durch

(9.8)
$$C_{FW} = \frac{1}{P}\sum t_i^2\, Z(t_i)e^{-u_i t_i} .$$

definiert.

Als approximative Beziehung für die relative Barwertänderung bei einem additiven Parallel-Shift gilt dann

(9.9)
$$\frac{\Delta P(\lambda)}{P} \approx -D_{FW}\,\Delta\lambda + C_{FW}\,(\Delta\lambda)^2 ,$$

wobei $\Delta P(\lambda) := P(u_1 + \lambda,\ldots, u_n + \lambda) - P(u_1,\ldots, u_n)$.

Betrachtet man des Weiteren den Wert des Bonds (akkumulierte reinvestierte Rückflüsse plus Kurswert) zu einem Zeitpunkt $0 < s < T$ unter der Annahme eines anfänglich erfolgten additiven Parallel-Shifts, so gilt

(9.10)
$$K_s(\lambda) = e^{[u(s)+\lambda]s}\sum_{i=1}^{n} Z(t_i)e^{-(u_i+\lambda)t_i}$$
$$= e^{u(s)s}\sum_{i=1}^{n} Z(t_i)e^{-u_i t_i}\, e^{\lambda(s-t_i)} .$$

Differentiation nach λ ergibt:

(9.11)
$$dK_s(\lambda)/\,d\lambda \;= e^{u(s)s}\sum_{i=1}^{n}(s-t_i)\,Z(t_i)e^{-u_i t_i}\,e^{\lambda(s-t_i)}$$
$$= e^{u(s)s}\left\{s e^{\lambda s}\sum_{i=1}^{n} Z(t_i)e^{-(u_i+\lambda)t_i} - e^{\lambda s}\sum_{i=1}^{n} t_i\,Z(t_i)e^{-(u_i+\lambda)t_i}\right\}.$$

Die Bedingung $\left.\frac{dK_s}{d\lambda}\right|_{\lambda=0} = 0$ führt unter Auflösung nach s somit auf

(9.12)
$$s = \frac{\sum t_i\, Z(t_i)e^{-u_i t_i}}{\sum Z(t_i)e^{-u_i t_i}} = D_{FW} \quad .$$

Das Durationsmaß nach *Fisher/Weil* weist somit auch die (lokale) Immunisierungseigenschaft auf, d.h. die aus dem Bond resultierende Wertentwicklung kann gegen anfängliche Änderungen der (zeitstetigen) Zinsstruktur in Form eines (kleinen) Shifts gesichert werden.

Betrachten wir auch hierzu ein Beispiel.

Beispiel 9.2: Fisher/Weil-Immunisierung

Ein Investor verfüge über ein Investitionsbudget von 1000 EUR. Sein angelegtes Vermögen soll nach 1 ½ Jahren gegen einen anfänglichen parallelen Shift immunisiert sein. Zur Verfügung stehen in $t = 0$ ein einjähriger Zerobond mit einem Marktwert von 100 EUR und einem Rückzahlungsbetrag von 105 EUR sowie ein zweijähriger Zerobond mit einem Marktwert von 100 EUR und einem Rückzahlungsbetrag von 112,36 EUR (offensichtlich betragen die einjährigen und zweijährigen aktuellen Spot Rates damit 5% und 6%).

Bezeichne x die absolute Stückzahl, die in den einjährigen Zerobond und y die absolute Stückzahl, die in den zweijährigen Zerobond investiert werden soll. Die Immunisierungsbedingung (Basis: Fisher/Weil-Duration) sowie die Budgetbedingung lauten:

$$1{,}5 = \frac{x\,105(1{,}05)^{-1}\cdot 1 + y\,112{,}36(1{,}06)^{-2}\cdot 2}{100}$$

$$1000 = 100\,x + 100\,y$$

Als Lösung ergibt sich $x = y = 5$.

Es sei noch abschließend angemerkt, dass die bislang betrachteten Kennziffern (Macaulay-Duration sowie Fisher/Weil-Duration) jeweils übereinstimmend sowohl auf der einen Seite die Sensitivität des Barwerts hinsichtlich Zinsänderungen einer bestimmten zulässigen Struktur messen (Sensitivitätsduration, adjusted duration) als auch auf der anderen Seite die Immunisierungseigenschaft aufweisen (Immunisierungsduration, immunizing duration). Im allgemeinen Fall ist dies nicht mehr gewährleistet, so dass man dann präzise unterscheiden muss zwischen *Sensitivitätsduration* D auf der einen Seite und *Immunisierungsduration* ID auf der anderen.

Eine allgemeine Darstellung von Single Factor-Durationsmodellen, bei denen die Änderung der Zinsstruktur durch die Veränderung eines einzigen Parameters repräsentiert wird, ist in Anhang 9A enthalten. Im nächsten Abschnitt verbleiben wir im Fisher/Weil-Kontext und untersuchen die Auswirkungen spezifischer nicht-additiver Shifts (so genannte Twists) auf die immunisierte Position.

9.2.1.2 M^2: Kontrolle des Twist-Risikos

Die im voranstehenden Abschnitt dargestellte Immunisierung nach *Fisher/Weil* erlaubt eine lokale Immunisierung gegen additive Shifts der Zinsstruktur. Bei andersartig strukturierten Zinsänderungen ist dagegen die angestrebte Immunisierung nicht mehr notwendigerweise gewährleistet. Bei der Frage nach den Auswirkungen andersartiger Zinsänderungen auf die Immunisierungsposition, die sich bei der Annahme rein additiver Shifts ergibt, spielt die auf *Fong/Vasicek* zurückgehende Größe M_H^2 eine zentrale Rolle. Diese Kennzahl ist definiert durch

(9.13)
$$M_H^2 = \frac{\sum_{i=1}^{n} (t_i - H)^2 Z(t_i) e^{-u_i t_i}}{\sum_{i=1}^{n} Z(t_i) e^{-u_i t_i}} = C_{FW} - 2HD_{FW} + H^2 \quad .$$

Dabei ist $0 < H < T = t_n$ ein vorgegebener zeitlicher Planungshorizont und $u_i := u(t_i)$, wobei $u(t)$ die anfängliche zeitstetige Zinsstruktur darstellt.

Die Größe M_H^2 stellt eine gewichtete quadratische Streuung der Zahlungszeitpunkte um den Zeithorizont H dar und wird aus diesem Grunde auch als eigenständiges Risikomaß verwendet, denn je stärker die Zahlungszeitpunkte um den Planungshorizont streuen, desto stärker wirken sich Zinsstrukturänderungen auf den Wert des Portfolios in H aus und um so größer ist M_H^2.

Für einen Zerobond mit Laufzeit T gilt $M_H^2 = (T - H)^2$. Schließlich ergibt sich für $H = D_{FW}$ die entsprechende Verallgemeinerung der entsprechenden M^2-Größe aus Beziehung (8.58) und es gilt $M_H{}^2 = C_{FW} - D_{FW}{}^2$.

Wir betrachten nun die folgende allgemeine Änderung der Zinsstruktur:

(9.14)
$$u^*(t) = u(t) + h(t) \quad .$$

Im Gegensatz zum Fisher/Weil-Fall – hier gilt $h(t) \equiv \lambda$ – ist in diesem Fall eine zunächst beliebige Änderung der Zinsstruktur zugelassen. Es interessiert uns nun das Ausmaß der durch die Zinsänderung induzierten relativen Änderung des Wertes zum Zeitpunkt H, d.h.

(9.15)
$$\frac{\Delta K_H^*}{K_H} = \frac{K_H(u^*) - K_H(u)}{K_H(u)} .$$

Fong/Vasicek (1983b) weisen nun auf der Basis einer Taylorapproximation nach, dass für (gegenüber additiven Shifts) immunisierte Portfolios in $H = D_{FW} = D$ gilt

(9.16)
$$\frac{\Delta K_D^*}{K_D} \approx - M_D^2 \, \Delta_h(D) \quad .$$

Dabei ist Δ_h (D) eine Größe, die nur von der Funktion der Zinsratenänderung h(t) abhängig ist. Die Beziehung (9.16) wird dabei dahingehend interpretiert, dass sie das Ausmaß des Twist-Risikos für eine Fisher/Weil-immunisierte Position approximiert. Finden nur rein additive Shifts $h(t) = \lambda$ statt, so geht (9.16) über in

(9.17)
$$\frac{\Delta K_D^*}{K_D} \approx \frac{1}{2} \lambda^2 M_D^2 \quad ,$$

was der (lokal) geltenden Immunisierungseigenschaft entspricht, bei der $K_D^* \geq K_D$ gilt.

Erfolgt hingegen ein Twist der Zinsstruktur, so kann der Wert des immunisierten Portfolios durchaus unter seinen Zielwert K_D bei unveränderter Zinsstruktur fallen. Das approximative Ausmaß ist dabei gemäß (9.16) umso größer, je größer M_D^2 bzw. $\Delta_h(D)$. Die Größe unterliegt dabei nicht der Kontrolle des Investors, wohl aber die Größe M_H^2. Zur bestmöglichen Kontrolle des Twist-Risikos eines Fisher/Weil-immunisierten Portfolios sollte man daher – so die Empfehlung der Literatur – die Größe M_H^2 minimieren. Die entsprechende Strategie lautet daher

(9.18) $$H = D, \quad M_H^2 \rightarrow \min!$$

Wegen $M_D^2 = C - D^2$ ist dies aber äquivalent zu einer Minimierung der Konvexität.

Dieses Ergebnis weist auf die zentrale Gefahr hin, der Konvexitätsstrategien[2] unterliegen. Zwar hat eine Konvexität positive Wirkungen bei additiven Shifts der Zinsstruktur, zugleich wird aber mit steigender Konvexität das Twist-Risiko erhöht. Da aber – wie noch in Abschnitt 9.2.2 dargestellt wird – additive Shifts empirisch erheblich häufiger vorkommen als Twists, ist es sinnvoll, eine Balance zwischen diesen beiden gegenläufigen Effekten einer Konvexitätserhöhung zu suchen. In der Literatur werden daher Strategien vorgeschlagen, bei denen ähnlich wie bei einem Markowitz-Ansatz dieser Trade off zunächst quantifiziert und dann optimiert wird.

Es ist allerdings darauf hinzuweisen, dass die vorstehende Analyse ebenso wie die angesprochenen Strategien nicht auf einer exakten Beziehung, sondern einer approximativen Beziehung basieren, die zudem nur lokal gültig ist. Verwendet man eine exakte Berechnung, basierend auf einer Taylor-Approximation mit Restglied, so zeigt sich, dass eine Minimierung von M^2 nicht notwendigerweise auch eine Minimierung der Endwertabweichung ΔK^* bedeutet.

Dennoch wird M^2 als Risikokennziffer verwendet, denn es gilt:

- (9.19) $\Delta K_D^* = K_D(u^*) - K_D(u) = 0$, wenn $M^2 = 0$
- der Investor hat im Wege der Zusammenstellung seines Bondportfolios Kontrolle über M^2
- M_H^2 ist genau dann null, wenn das Portfolio nur aus Zerobonds mit Restlaufzeit H besteht.

Ferner bleibt als wichtige Erkenntnis diejenige über die unterschiedlichen Auswirkungen einer Konvexitätserhöhung.

9.2.2 Erklärung von Zinsstrukturbewegungen durch statistische Faktormodelle

Die in Abschnitt 9.2.1 behandelten Single Factor-Durationsmodelle sowie ihre entsprechende Weiterentwicklung in Form von Multi Factor-Durationsmodellen versuchen, die funktionale Änderung der Zinsstruktur auf die Veränderung eines Parameters bzw. eines Parametervektors zurückzuführen. Dabei wird von bestimmten vorab festgelegten Funktionenklassen ausgegangen. Im Rahmen von statistischen Faktormodellen versucht man hingegen, die Änderungen

---

2 Vgl. Abschnitt 8.5.2.2.2.

der Zinsstruktur durch eine statistisch-ökonometrische Analyse empirischer Daten in Form eines Mehrfaktormodells zu quantifizieren. Zur terminologischen Unterscheidung zu den Faktor-Durationsmodellen und den in Abschnitt 9.3 behandelten Faktormodellen im Rahmen einer arbitragefreien Modellierung der Zinsstruktur (No Arbitrage-Faktormodelle) verwenden wir im Weiteren den Terminus »statistische Faktormodelle«.

Die statistischen Faktormodelle zur Erklärung der Zinsstruktur gehen dabei vom gleichen grundsätzlichen Analyseansatz aus wie die in Kapitel 7 behandelten Faktormodelle zur Erklärung von Aktienrenditen. Während die in Abschnitt 8.4.3 behandelten Faktormodelle sich auf die Spreads relativ zu einer Referenz-Zinsstruktur aufgrund von Faktoren wie Kupon-Höhe, Ausfallrisiko, etc. beziehen, wird hingegen in diesem Abschnitt die Referenz-Zinsstruktur selbst einer Faktoranalyse unterzogen.

Die Basisform einer Analyse der Zinsstruktur in Form eines Faktormodells soll nun im Folgenden dargestellt werden. Dabei gehen wir aus von Spot Rates $r_i(s) = r_{ti}(s)$ für bestimmte Restlaufzeiten $t_1,..., t_n$. Faktoriell erklärt werden sollen dabei die Änderungen $r_i(s+h) - r_i(s)$ der Spot Rates über bestimmte Zeitintervalle der Länge h (etwa: ein Monat). Da Faktormodelle im Grunde die Determinanten einer Zufallsgesetzmäßigkeit spezifizieren, gehen wir im Weiteren konsequenterweise von zufallsabhängigen Änderungen $\Delta R_i(s) = R_i(s+h) - r_i(s)$ aus. Das Faktormodell lautet in einer allgemeinen Form dann (da s ein beliebiger Zeitpunkt bzw. h eine beliebige Zeitperiode sein kann, werden diese Größen in der weiteren Notation unterdrückt):

$$(9.20) \qquad \Delta R_i = b_{i0} + b_{i1} F_1 + ... + b_{im} F_m + U_i, \qquad i = 1,..., n.$$

Erklärt werden somit die Änderungen der Spot Rates über ein bestimmtes Zeitintervall für alle Laufzeiten t_1, ..., t_n durch gemeinsame laufzeitenunabhängige Faktoren in Form eines linearen Ansatzes. Die Faktoren F_j ($j = 1,..., m$) sind ebenso wie die Überlagerungen U_i des linearen Erklärungsmusters Zufallsgrößen. Gilt $E(F_j) = 0$ und $E(U_i) = 0$ für alle i, j, so entspricht $b_{i0} = E[\Delta R_i] = E[R_i(s+h)] - r_i(s)$ der erwarteten Änderung der Spot Rate mit Laufzeit t_i über das nächste Zeitintervall der Länge h. Offenbar wird im Rahmen des Grundmodells (9.20) zudem vorausgesetzt, dass die Zufallsgesetzmäßigkeit der Änderung ΔR_i stationär, d.h. unabhängig von der Lage des betrachteten Zeitintervalls der Länge h ist.

Das Faktormodell (9.20) bezieht sich auf die Erklärung (der Änderung) der Zinsstruktur, in der Literatur existieren zudem Faktormodelle auf Basis der Renditestruktur sowie auf der Basis von Bonds bzw. Bondrenditen.

Wie im Falle der Faktormodelle für Aktienrenditen des Kapitels 7 bestehen auch im Falle des Faktormodells (9.20) verschiedene Ansätze zur Durchführung einer statistischen Analyse. Eine Variante ist die Prä-Spezifikation der Faktoren, dies läuft auf die Anwendung eines linearen Regressionsmodells hinaus. Ein einfaches Beispiel hierfür ist die folgende Analyse von *Longstaff/Schwartz* (1993), die auf einem Regressionsmodell der Form

$$(9.21) \qquad \Delta Y_i = a + \beta \Delta r + \gamma \Delta V + U_i$$

beruht. Die erklärte Variable ist dabei die monatliche Änderung der t_i-jährigen Treasury-Rendite Y_i (die Änderung der Renditestruktur von Treasury-Bonds bestimmter fixierter Laufzeiten). Die erklärenden Variablen sind die monatlichen Änderungen Δr der Rendite von Treasury-Bills (Geldmarktpapieren des amerikanischen Staates) mit einmonatiger Restlaufzeit und die Änderung ΔV der Volatilität der Renditeänderungen von Treasury-Bills. Im Kern versucht dieser Ansatz die Änderungen der Renditestruktur für »alle« Laufzeiten zurückzuführen auf

Änderungen einer Kurzfristrendite sowie Änderungen der Volatilität der Kurzfristrendite. Zugleich ist (9.21) die zeitdiskrete Variante eines entsprechenden zeitstetigen No-Arbitrage-Zwei-Faktorenmodells der Zinsstruktur[3].

Während somit Anwendungen des Faktormodells (9.20) in Form einer multivariaten Regressionsanalyse durchaus existieren, basiert aber die Mehrzahl der in der Literatur enthaltenen Ergebnisse auf der Durchführung einer Faktoranalyse. Bei diesem statistischen Verfahren werden nicht wie bei einem Regressionsmodell die Faktoren vorab spezifiziert und dann die Regressionskoeffizienten (Faktorladungen) auf der Grundlage empirischer Daten geschätzt, sondern Faktoren und Faktorladungen werden simultan aus den Daten extrahiert. Insbesondere sind die Faktoren dabei unbeobachtbare Variablen, die noch geeignet interpretiert werden müssen.

Eine spezielle Variante der Faktoranalyse ist die Hauptkomponentenanalyse. Dabei werden stochastisch unabhängige standardisierte Faktoren (Faktoren mit einem Erwartungswert von null und einer Varianz von eins) extrahiert, die einer Normalverteilung folgen. Zudem können die Faktoren hinsichtlich ihres Erklärungsgehaltes (Kommunalität) absteigend sortiert werden. So wird u.a. der erste Faktor derart berechnet, dass er den größten Teil der Variabilität in den Daten erklärt. Entsprechende Verfahren der Faktoranalyse sind i.d.R. Bestandteil von Standard-Statistiksoftwarepaketen. Aufgrund der empirischen Eigenschaft, dass kurzfristige Spot Rates eine höhere Volatilität aufweisen als langfristige, empfiehlt sich zudem auch eine Standardisierung der Inputdaten für die Größen R_i.

Die in der Literatur enthaltenen Ergebnisse laufen darauf hinaus, dass bereits drei Faktoren genügen, um den größten Teil (teilweise über 98 %) der Variabilität in den Daten zu erklären. Gehen wir daher von drei Faktoren F_1, F_2 und F_3 aus, so kann (9.20) in die folgende Form gebracht werden:

(9.22) $$R_i(s+h) = r_i(s) + \hat{b}_{i0} + \hat{b}_{i1} F_1 + \hat{b}_{i2} F_2 + \hat{b}_{i3} F_3 + U_i \quad , \quad i = 1, \ldots, n \quad ,$$

die Koeffizienten $\hat{b}_{ij}$ sind dabei die empirisch identifizierten Faktorladungen.

Aufgrund von (9.22) lässt sich insbesondere die weitere Entwicklung der Ausgangs-Zinsstruktur $r_i(s)$ auf dem Wege einer Simulation gewinnen. Die Beziehung (9.22) kann dabei schrittweise über sukzessive Zeitperioden der Länge h angewandt werden. Man beachte dabei die vorausgesetzte Stationarität der Zufallsgesetzmäßigkeit der Renditeänderungen. Die Faktoren F_j (j = 1, 2, 3) sind zwar unbeobachtbare bzw. synthetische Variablen, für eine Simulation genügt aber ihre Charakterisierung als unabhängige standardnormalverteilte Zufallsvariablen.

Da die Faktoren standardisiert sind, impliziert eine Änderung des j-ten Faktors um ± 1 Standardabweichung von seinem Mittelwert ($F_j = \pm 1$) eine Änderung der Spotrate r_i mit Laufzeit t_i um b_{ij} Einheiten, i.d.R. Basispunkte.

Weitere Anhaltspunkte für die Interpretation der Faktoren F_j läßt sich aus einer Analyse des Verlaufs der Faktorladungen b_{ij} in Abhängigkeit von i, d.h. der Restlaufzeit t_i, gewinnen. Die Abbildungen 9.2-9.4 enthalten idealtypische Verläufe der Faktorladungen. Die Laufzeitachse ist dabei in drei Segmente aufgeteilt, in kurze, mittlere und lange Restlaufzeiten.

---

3 Vgl. für entsprechende Ansätze allgemein Abschnitt 9.3.3.

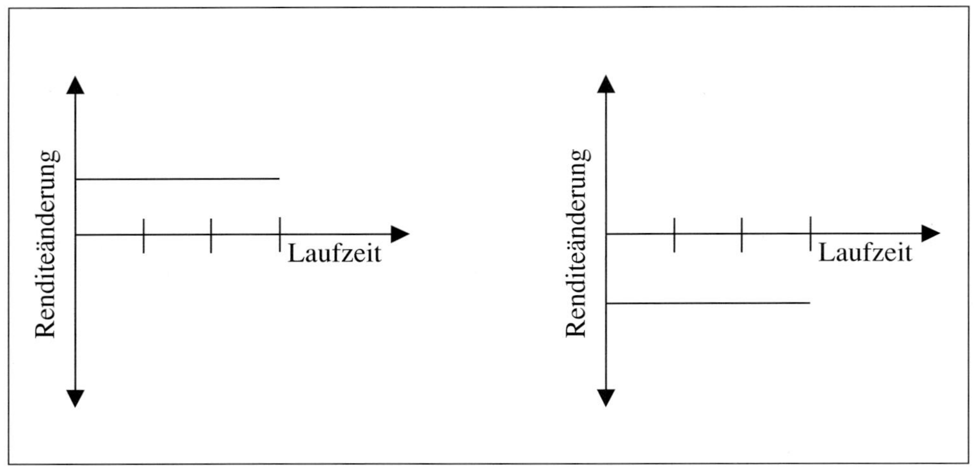

Abb. 9.2: Idealtypische funktionale Form der Ladungen des ersten Faktors in einem Dreifaktormodell der Zinsstruktur

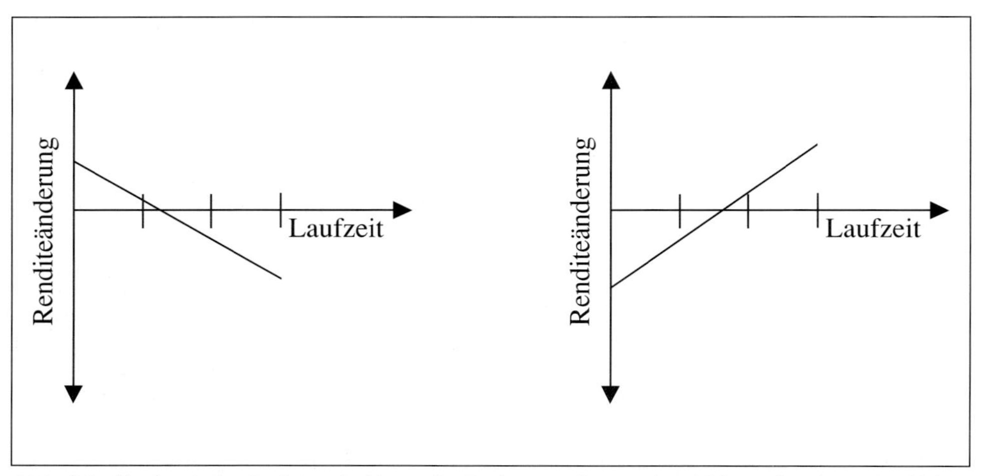

Abb. 9.3: Idealtypische funktionale Form der Ladungen des zweiten Faktors in einem Dreifaktormodell der Zinsstruktur

Der erste Faktor läuft damit (in seiner idealtypischen Form) auf eine positive oder negative Parallelverschiebung der Zinsstruktur hinaus. Er wird in der Literatur als Shift- oder Level-Faktor bezeichnet. Dieser Faktor ist der dominierende Faktor, sein Erklärungsgehalt beträgt je nach Studie bis zu 90 % der Gesamterklärung (wobei die Erklärungskraft pro Restlaufzeit durchaus stark variieren kann).

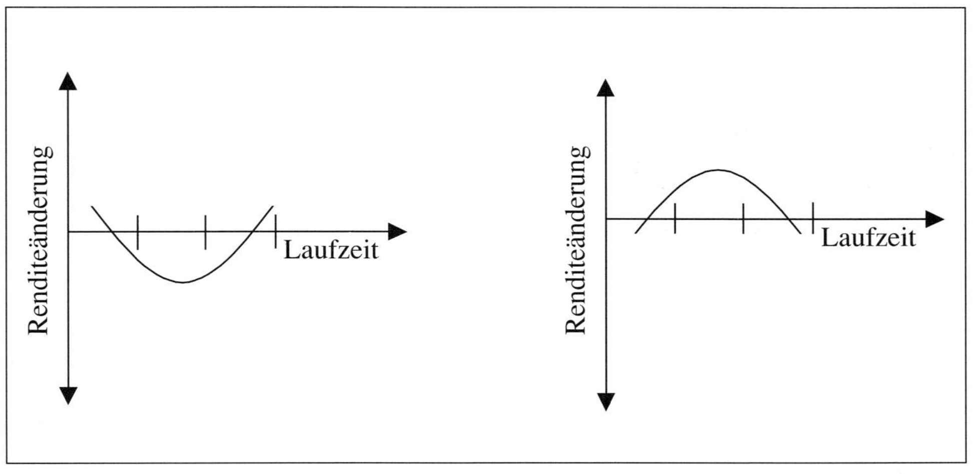

Abb. 9.4: Idealtypische funktionale Form der Ladungen des dritten Faktors in einem Dreifaktormodell der Zinsstruktur

Der zweite Faktor bewirkt idealtypischerweise eine Veränderung der Steigung der Zinsstruktur (»Drehung« der Zinsstruktur nach oben oder nach unten), er wird in der Literatur als Twist- oder Slope-Faktor bezeichnet. Die im linken Teil der Abbildung 9.3 enthaltene Bewegung bewirkt eine Abflachung der Steigung (flattening twist), die im rechten Teil enthaltene Bewegung eine Erhöhung der Steigung (steepening twist). Sein Gesamterklärungsgehalt liegt im Bereich von 5% – 9%.

Der dritte Faktor beeinflusst vorwiegend die Krümmung der Zinsstrukturkurve. Er wird in der Literatur als Butterfly- oder Curvature-Faktor bezeichnet. Sein Gesamterklärungsgehalt liegt im Bereich von 1% – 3%. Die im linken Teil der Abbildung 9.4 enthaltene Bewegung bewirkt eine konvexe Form der Zinsstruktur (positive butterfly), die im rechten Teil enthaltene Bewegung eine konkave Form der Zinsstruktur (negative butterfly).

Die nachfolgenden Abbildungen illustrieren (wiederum in idealisierter Form) die Konsequenzen der in den Abbildungen 9.2–9.4 enthaltenen Basistypen von Zinsstrukturänderungen auf die Gestalt der Zinsstruktur.

Faktormodelle für Zinsstrukturen oder für Bondrenditen besitzen ebenso wie Faktormodelle für Aktienrenditen einen breiten Anwendungsbereich im Rahmen der Risikokontrolle (z.B. Kontrolle des Risiko-Exposures in bezug auf Shift-, Twist- und Butterfly-Faktor, Minimierung des Tracking-Errors relativ zu einem Benchmark-Portfolio im Rahmen eines passiven Managements), der Rendite/Risikosteuerung (z.B. Optimierung der mittleren aktiven Rendite relativ zu einer Benchmark unter Kontrolle des aktiven Risikos, Maximierung der mittleren risikoadjustierten Gesamtrendite) sowie der Performanceanalyse von Bondportfolios. Auf spezifische Aspekte der Risikoanalyse werden wir im Zusammenhang mit der im folgenden Abschnitt dargestellten Konzeption der Key Rate-Duration zurückkommen.

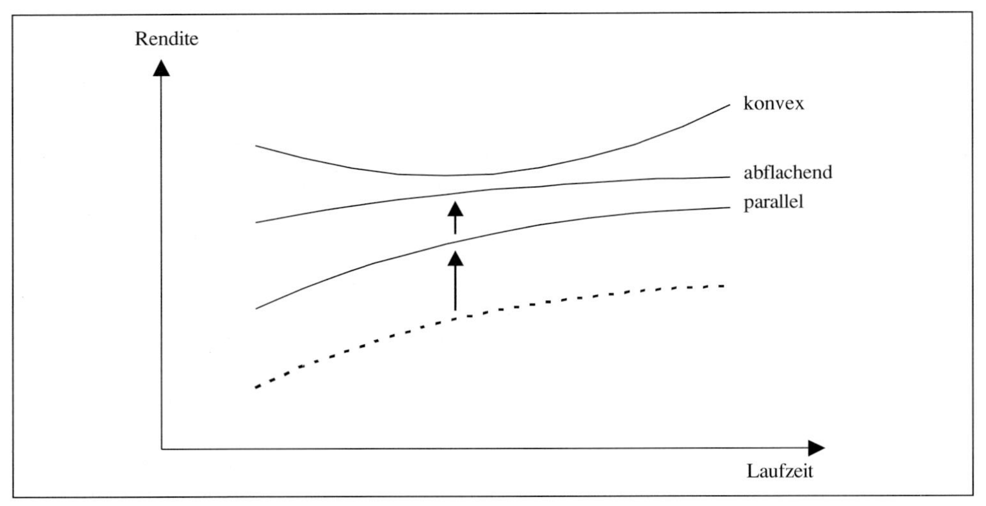

Abb. 9.5: Positiver Parallel-Shift, abflachende Steigung und konvexer Butterfly

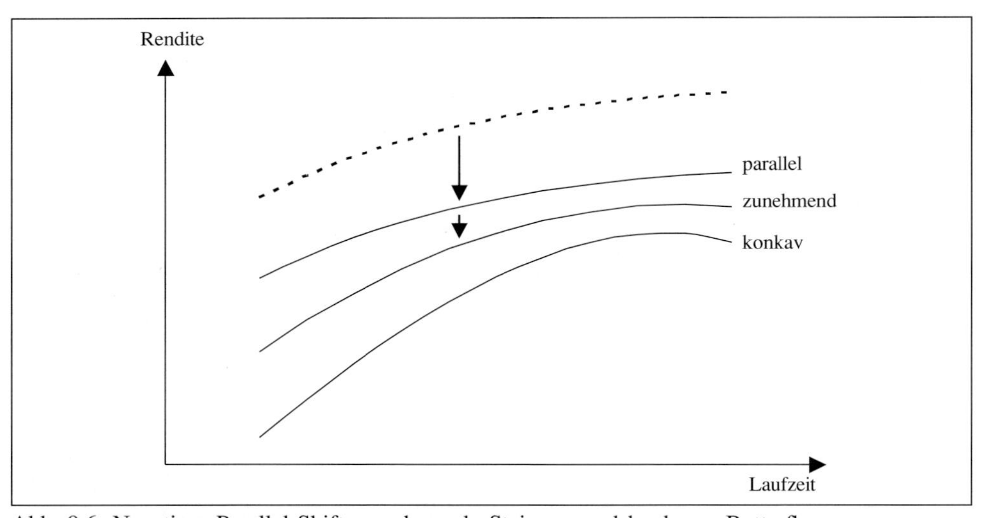

Abb. 9.6: Negativer Parallel-Shift, zunehmende Steigung und konkaver Butterfly

Zuvor soll aber noch der Ansatz der statistischen Faktoranalyse auf den deutschen Kapitalmarkt angewendet werden. Als Datenbasis dienen die von der Deutschen Bundesbank veröffentlichten monatlichen Zinssätze in dem Laufzeitenbereich ein bis zehn Jahre für den Zeitraum 12/1974 bis 12/2004. Eine Hauptkomponentenanalyse der Veränderungen dieser Zinssätze ergibt ein Modell mit drei Faktoren. Die Erklärungskraft des ersten Faktors liegt bei rund 89%, diejenige des zweiten bei 8% und der dritte Faktor erklärt weitere 2%.

Die entsprechenden Faktorladungen der drei Faktoren bezogen auf die Restlaufzeiten 1, 2, ... 10 Jahre können der nachfolgenden Abbildung 9.7 entnommen werden. Mann erkennt, dass die empirischen Verhältnisse den postulierten Verläufen in den Abbildungen 9.2 bis 9.4 sehr nahe kommen. Die Ladungen des ersten Faktors sind über alle Restlaufzeiten positiv und nahezu gleich, repräsentieren mithin den »Shift-Faktor«. Die Ladungen des zweiten Faktors nehmen mit zunehmender Restlaufzeit zu, d.h. wenn die Zinsen am kurzen Ende steigen gehen diese am langen Ende zurück. Insofern verkörpert dieser Faktor eine Drehung (»Twist«) der Zinskurve. Der letzte Faktor hat für kurze Laufzeiten positive, für mittlere Laufzeiten negative und für lange Laufzeiten wiederum positive Faktorladungen. Insofern lässt sich über diesen Faktor eine Drehung erklären.

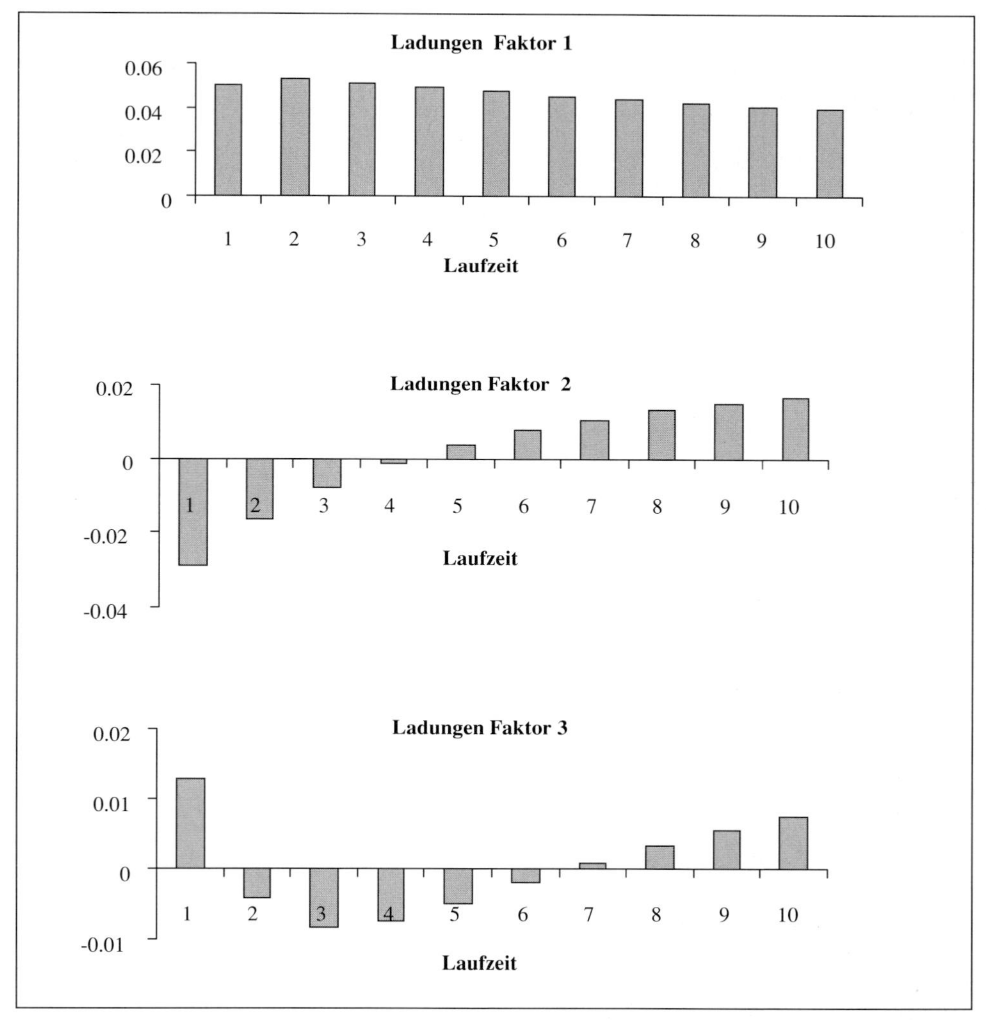

Abb. 9.7: Faktorladungen für ein statistisches Faktormodell für die Zinssätze auf dem deutschen Kapitalmarkt (12/1974–12/2004)

9.2.3 Key Rate-Duration

9.2.3.1 *Die Basiskonzeption*

In den bisher betrachteten Durationsmodellen wurde stets von der grundlegenden Annahme ausgegangen, dass die anfängliche Zinsstruktur in ihrer Gesamtheit einer einheitlichen funktionalen Veränderung unterliegt (additive oder multiplikative Shifts). Im Gegensatz hierzu beruht der Key Rate-Durationsansatz auf der Vorauswahl einer Menge von zentralen Restlaufzeiten $0 < t_1 < ... < t_n = T$, und analysiert werden nur die Änderungen der anfänglichen Zinsstruktur $r(t_i) = r(0, t_i)$ in diesen Zeitpunkten (Key Rate-Bewegungen). Diese Änderungen können dabei prinzipiell unabhängig voneinander stattfinden. Der Vorauswahl der Key-Laufzeiten kommt dabei eine wesentliche Bedeutung zu, die Laufzeitstruktur des analysierten Bondportfolios spielt hier eine wichtige Rolle.

Wir konzentrieren uns nun zunächst auf Bonds, deren Zahlungszeitpunkte mit den Key-Laufzeiten übereinstimmen. Ist die betreffende Zahlungsreihe dann gegeben durch $\{Z(t_1),..., Z(t_n)\}$, so gilt für den Barwert im zeitdiskreten Fall ($r_i := r(t_i)$)

(9.23a) $$P(r_1, ..., r_n) = \sum_{t=1}^{n} Z(t_i)\,(1+r_i)^{-t_i}$$

bzw. im zeitstetigen Fall mit $u_i = u(t_i) = \ln[1 + r(t_i)]$:

(9.23b) $$P(u_1, ..., u_n) = \sum_{i=1}^{n} Z(t_i)\, e^{-u_i t_i} \quad .$$

Wir definieren nun die i-te absolute Key Rate-Duration (auch: Key Rate-Delta) durch den negativen Wert der partiellen Ableitung des Barwerts in bezug auf die i-te Zinsrate, d.h.

(9.24a) $$\begin{aligned} KRD_i^A(r_1, ..., r_n) &= -\frac{\partial P(r_1, ..., r_n)}{\partial r_i} \\ &= t_i\, Z(t_i)(1+r_i)^{-t_i} / (1+r_i) \end{aligned}$$

bzw. im zeitstetigen Fall analog durch

(9.24b) $$KRD_i^A(r_1, ..., r_n) = t_i\, Z(t_i)\, e^{-u_i t_i} \quad .$$

Wie bei den »üblichen« Durationen[4], können wir dann auch im zeitdiskreten Fall modifizierte Key Rate-Durationen definieren durch $KRD_i^M = -\frac{1}{P} \cdot \partial P / \partial r_i$ bzw. Key Rate-Durationen

4 Vgl. Abschnitt 8.5.2.2.1 für den zeitdiskreten bzw. Abschnitt 8.5.2.2.3 für den zeitstetigen Fall.

durch $KRD_i = -(1+r_i)\frac{1}{P}\partial P / \partial r_i$ sowie im zeitstetigen Fall (nur) eine Key Rate-Duration durch $KRD_i = -\frac{1}{P} \cdot \partial P / \partial r_i$.

Aufgrund der Taylorapproximation 1. Ordnung für Funktionen in n Variablen gilt generell die folgende Beziehung

(9.25a)
$$\begin{aligned}\Delta f &= f(x_1 + \Delta x_1, \ldots, x_n + \Delta x_n) - f(x_1, \ldots, x_n) \\ &\approx \frac{\partial f}{\partial x_1} \cdot \Delta x_1 + \ldots + \frac{\partial f}{\partial x_n} \cdot \Delta x_n \, .\end{aligned}$$

Auf den vorstehenden Fall übertragen erhalten wir damit insgesamt

(9.25b)
$$\begin{aligned}\Delta P &= P(r_1 + \Delta r_1, \ldots, r_n + \Delta r_n) - P(r_1, \ldots, r_n) \\ &= -\left[KRD_1^A \cdot \Delta r_1 + \ldots + KRD_n^A \cdot \Delta r_n)\right] \, .\end{aligned}$$

Die vorgenommene Approximation beinhaltet somit eine lineare Approximation der Änderung der Barwertfunktion aufgrund von Änderungen in den Key Rates und stellt die entsprechende Verallgemeinerung von Beziehung (8.37) auf den Fall einer beliebigen Zinsstruktur dar. Entsprechende Approximationen erhält man im zeitstetigen Fall sowie für die Analyse relativer Kursänderungen $\Delta P/P$.

Beispiel 9.3: Macaulay-Duration

Gehen wir aus von einer flachen Zinsstruktur, so sind alle Key Rates identisch, d.h. es gilt $r_1 = r_2 = \ldots = r_n = r$. Es folgt $P(r_1, \ldots, r_n) = P(r) = \sum Z(t_i)(1+r)^{-t_i}$ und $\partial P(r_1, \ldots, r_n) / \partial r_i = -t_i Z(t_i)(1+r)^{-t_i} / (1+r)$.
Weiter folgt $\sum KRD_i(r_1,\ldots,r_n) = \frac{1}{P(r)} \sum t_i Z(t_i)(1+r)^{-t_i}$. Dies ist offenbar identisch mit der Macaulay-Duration, d.h. $D = \sum KRD_i(r_1,\ldots,r_n)$.

Betrachten wir nun ein Portfolio aus m Bonds, deren Zahlungszeitpunkte den Key-Laufzeiten entsprechen, so ist der Barwert P des Portfolios gerade die Summe der Barwerte P_j der einzelnen Bonds, $P = P_1 + \ldots + P_m$. Damit gilt aber auch $\partial P / \partial r_i = \sum_{j=1}^{m} \partial P_j / \partial r_i$. Insofern existiert sowohl für die absolute, für die modifizierte als auch für die i-te Key Rate-Duration des Portfolios ein einfaches Berechnungsschema. Betrachten wir beispielhaft die i-te Key Rate-Duration eines Portfolios.

Beispiel 9.4: Key Rate-Duration eines Portfolios

Es gilt der folgende Zusammenhang:

$$
\begin{aligned}
KRD_{i,P} &= -(1+r_i)\frac{1}{P}\partial P/\partial r_i \\
&= -(1+r_i)\frac{\sum \partial P_j/\partial r_i}{\sum P_j} = -(1+r_i)\frac{\sum \partial P_j/\partial r_i}{P_j}\cdot\frac{P_j}{\sum P_j} \\
&= \sum \frac{P_j}{\sum P_j} KRD_{i,j} = \sum w_j KRD_{i,j}\,.
\end{aligned}
$$

Die i-te Key Rate-Duration des Portfolios entspricht gerade der gewichteten Summe der i-ten Key Rate-Duration der einzelnen Bonds im Portfolio, wobei das Gewicht durch das Verhältnis des Bondbarwerts zur Summe der Bondbarwerte, dem Barwert des Portfolios, bestimmt wird.

Wie lässt sich das vorstehende Konzept nun anwenden, wenn der Bond bzw. das Bondportfolio Zahlungszeitpunkte enthält, die nicht mit den Key-Laufzeiten übereinstimmen? Wir konzentrieren uns auf die Analyse eines solchen Zahlungszeitpunktes t mit $t_i < t < t_{i+1}$, wobei t_i und t_{i+1} die dem Zeitpunkt t benachbarten Key-Laufzeiten sind. Es muss dann eine Zahl $0 < a < 1$ geben mit $t = a\ t_i + (1-a)t_{i+1}$, entsprechend wählt man $\Delta r_t = a\ \Delta r_i + (1-a)\ \Delta r_{i+1}$ für die Approximation des Bond-Preises gemäß (9.25b). Analog geht man vor, wenn mehrere solche Zahlungszeitpunkte existieren.

Eine weitere Verallgemeinerung vom elementaren Durationsfall auf das Key Rate-Durationskonzept ist das *Key Rate-Duration Matching*. Ist ein Verpflichtungsstrom $\{L(t_1),..., L(t_n)\}$ mit entsprechenden Key Rate-Durationen $KRD_{i,L}$ gegeben, so kann dieser Verpflichtungsstrom durch ein Bond-Portfolio »gematcht«, d.h. gegen Änderungen der Key Rates lokal immunisiert werden, wenn gilt (notwendige Bedingung):

1. Barwert Bondportfolio = Barwert Liabilities.
2. $KRD_{i,P} = KRD_{i,L} \qquad (i = 1,..., n)$.

Die Barwerte sind dabei unter den Key Rates zu bilden. Da die Key Rate-Durationen des Portfolios gemäß Beispiel 9.2 linear von den Key Rate-Durationen der einzelnen Bonds abhängen, führt dies auf ein lineares Gleichungssystem zur Erfüllung der gestellten Bedingungen.

Übungsbeispiel 9.3: Key Rate-Duration Matching

Sie erwarten in den Jahren i = 1, 2, 3 Zahlungsverpflichtungen in Höhe von L = {40 Mio., 50 Mio., 60 Mio.}. Am Markt seien folgende Standardbonds handelbar.

	Kurs	Restlaufzeit	Kuponrate	Yield to Maturity
Bond 1	107,84	1	10,00%	2,00%
Bond 2	104,84	2	5,00%	2,49%
Bond 3	100,06	3	3,00%	2,98%

a) Bestimmen Sie die Spot Rates $\{r_1, r_2, r_3)$ für Zerobonds mit den Laufzeiten 1, 2 und 3 Jahre.

b) Bestimmen Sie die Stückzahlen $\{N_1, N_2, N_3\}$ eines Portfolios aus obigen Standardbonds so, dass die Zahlungsverpflichtungen perfekt gedeckt sind! Was ist der Wert dieses Portfolios P? Vernachlässigen Sie dabei die Ganzzahligkeitsbedingung!
c) Mit welcher Wertänderung des Portfolios ΔP müssen Sie rechnen, wenn die Zinsen um $\{\Delta R_1 = 100bp, \Delta R_2 = 50bp, \Delta R_3 = 0bp\}$ (bp: Basispunkte = 0,01 %) steigen? Verwenden Sie dazu das Konzept der (absoluten) Key Rate-Durationen (KRD)!
d) Wie groß ist die Standardabweichung der Wertveränderung des Portfolios ΔP? Nehmen Sie dazu an, die Zinsänderungen $\{\Delta R_1, \Delta R_2, \Delta R_3\}$ hätten die Standardabweichungen $\{\sigma_1 = 0{,}01,\ \sigma_2 = 0{,}007,\ \sigma_3 = 0{,}005\}$ und seien perfekt korreliert.
e) Nehmen Sie an, die Wertänderung des Portfolios ΔP sei normalverteilt mit Erwartungswert 0 und Standardabweichung 1, 83 Mio. EUR. Berechnen Sie den $VaR_{5\%}$.

Lösung

a) $r_1 = 0{,}02$; r_2: $104{,}84 = 5/1{,}02 + 105/(1+r_2)? \Rightarrow r_2 = 0{,}025$
r_3: $100{,}06 = 3/1{,}02 + 3/1{,}025? + 103/(1+r_3)^3 \Rightarrow r_3 = 0{,}03$.

b) $103N_3 = 60 \text{ Mio} \Rightarrow N_3 = 582.524{,}27$

$105N_2 + 3N_3 = 50 \text{ Mio} \Rightarrow N_2 = 459.546{,}93$

$110N_1 + 5N_2 + 3N_3 = 40 \text{ Mio} \Rightarrow N_3 = 326.860{,}84$

$P = 107{,}84N_1 + 104{,}84N_2 + 100{,}06N_3 = 143{,}7057 \text{ Mio}.$

c) $\Delta P = -\sum_{i=1}^{3} KRD_i \Delta R_i\,; P = 40(1+r_1)^{-1} + 50(1+r_2)^{-2} + 60(1+r_3)^{-3}$

$KRD_1 = -P'(r_1) = 40(1+r_1)^{-2} = 38{,}4468\,; KRD_2 = 92{,}8599; KRD_3 = 159{,}93$

$\Delta P = -(38{,}44 \cdot 0{,}01 + 92{,}85 \cdot 0{,}005) = -0{,}8488 \text{ Mio}.$

d) $\Delta P = -\sum_{i=1}^{3} \text{KRD}_i \Delta R_i = -(38{,}45 \cdot \text{Ä}R_1 + 92{,}86 \cdot \Delta R_2 + 159{,}93 \cdot \Delta R_3)$

$Var\,(\Delta P) = 38{,}45^2\ 0{,}01^2 + 92{,}86^2 \cdot 0{,}007^2 + 159{,}93^2 \cdot 0{,}005^2$

$+ 2 \cdot 38{,}45 \cdot 92{,}86 \cdot 0{,}01 \cdot 0{,}007 + 2 \cdot 38{,}45 \cdot 159.93 \cdot 0{,}01 \cdot 0{,}005$

$+ 2 \cdot 92{,}86 \cdot 159{,}93 \cdot 0{,}007 \cdot 0{,}005 = 3{,}364.$

Die Standardabweichung beträgt mithin 1,834 Mio.

e) VaR(5%) = 1,65*1,834 Mio. = 3,0195 Mio.

Schließlich kann das Konzept der Key Rate-Durationen nun in einfacher Weise dahingehend verallgemeinert werden, dass auch Key Rate-Konvexitäten betrachtet werden. Wir illustrieren dies im Folgenden anhand der Konzeption der absoluten Key Rate-Konvexität KRC_i^A (auch Key Rate-Gamma) im zeitstetigen Kontext. Es gilt:

$$\begin{aligned} KRC_i^A(u_1,\ldots,u_n) &= \partial^2 P(u_1,\ldots,u_n) / \partial u_i^2 \\ &= t_i^2 Z(t_i)\, e^{-u_i t_i}. \end{aligned} \tag{9.26}$$

Die entsprechende, die Beziehung (8.49) verallgemeinernde, Barwertapproximation ist dann gegeben durch (man beachte hierbei, dass die Mischglieder $\partial^2 P / \partial u_i \partial u_j$ gleich null sind)

(9.27)
$$\Delta P = -\left[\sum KRD_i^A \cdot \Delta u_i\right] + \frac{1}{2}\left[\sum KRC_i^A \cdot (\Delta u_i)^2\right] \quad .$$

Dies entspricht gerade einer Taylor-Approximation 2. Ordnung von ΔP.

Abschließend soll noch festgehalten werden, dass die Konzeptionen der Key Rate-Duration bzw. der Key Rate-Konvexität weiter in einfacher Weise dahingehend verallgemeinert werden können, dass anstelle der Barwertfunktionen (9.23a) bzw. (9.23b) beliebige Preisfunktionen durch das entsprechende totale Differential 1. Ordnung bzw. 2. Ordnung in Bezug auf die Key Rates approximiert werden. Eine solche Anwendung besteht etwa in der Bestimmung von Key Rates von Optionspositionen, wenn eine Optionspreisformel zum Ausgangspunkt der Analyse genommen wird. Eine andere Anwendung besteht in der Verbindung des Key Rate-Durationskonzeptes mit dem Ansatz der Faktormodelle nach Abschnitt 9.2.2. Dieser Verbindung werden wir im nachfolgenden Abschnitt nachgehen.

Schließlich lassen sich analog zu der bereits dargestellten Verallgemeinerung des Duration-Matching auch weitere Verallgemeinerungen von Verfahren, die auf der Macaulay-Duration beruhen, wie z.B. das Duration-Hedging von Bondportfolios auf der Basis von Futures sowie das Delta-Hedging von Zinsoptionen, entsprechend durchführen.

9.2.3.2 Key Rate-Duration und Faktormodelle

Zur Illustration des Zusammenhangs zwischen Key Rate-Duration und Faktormodellen der Zinsstruktur gehen wir aus von dem Dreifaktor-Modell gemäß der Beziehung (9.22) und ferner von der approximativen Beziehung (9.25b). Wir nehmen dabei an, dass die Periode der Länge h, über welche die Veränderung der Zinsrate gemessen wird, in beiden Fällen identisch ist. Durch Verbindung der beiden Ansätze erhalten wir zunächst als Gesamtapproximation ($F_0 \equiv 1$)

(9.28a)
$$\begin{aligned}\Delta P &\approx -\sum_{i=1}^{n} KRD_i^A \left(\sum_{j=0}^{3} b_{ij} F_j + U_i\right) \\ &= -\left[\sum_{j=0}^{3}\left(\sum_{i=1}^{n} b_{ij} KRD_i^A\right) F_j + \sum_{i=1}^{n} KRD_i^A U_i\right] \\ &= -\sum_{j=0}^{3} \Delta_j^P F_j - \sum_{i=1}^{n} KRD_i^A U_i \quad ,\end{aligned}$$

dabei entsprechen die Größen

(9.28b)
$$\Delta_j^P = \sum_{i=1}^{n} b_{ij} KRD_i^A$$

den *Faktordeltas*, d.h. den Sensitivitäten der Änderung des Portfoliowertes in Bezug auf die gemeinsamen Faktoren der Änderung der Zinsstruktur, insbesondere also die Sensitivitäten in Bezug auf die Twist-, Shift- und Butterfly-Faktoren.

Weitergehend erhalten wir aufgrund der Eigenschaft der Faktoren als unabhängige, standardnormalverteilte Zufallsgrößen die folgenden Approximationen für den Erwartungswert und die Varianz der Änderung des Portfoliowertes:

(9.29a) $$E(\Delta P) \approx -\sum_{i=1}^{n} b_{i0} KRD_i^A$$

(9.29b) $$Var(\Delta P) \approx \sum_{j=1}^{3} (\Delta_j^P)^2 + \sum_{i=1}^{n} (KRD_i^A)^2.$$

Dabei wurde ferner vorausgesetzt, dass $E(U_i) = 0$, $Var(U_i) = 1$, und $Cov(U_i, U_k) = Cov(F_j, U_k) = 0$.

Da ΔP unter der Annahme der exakten Gültigkeit der Approximation normalverteilt ist, bildet dies die Grundlage für eine (approximative) Risikoanalyse der Barwertänderung infolge der Shifts in den Key Rates, etwa die Berechnung eines Value at Risk-Wertes gemäß Abschnitt 3.6.5. Eine verbesserte Analyse erhält man durch Zugrundelegung der Approximation (9.27). Insgesamt ergibt sich durch die Verbindung der Key Rate-Durationskonzeption mit Faktormodellen für die Änderung der Zinsstruktur ein einfaches, empirisch gestütztes Instrumentarium für das Zinsrisikomanagement.

9.3 Arbitragefreie Modelle der Zinsstruktur im zeitstetigen Fall

9.3.1 Vorbemerkungen

Im Weiteren betrachten wir einen vollkommenen Markt für festverzinsliche Wertpapiere (ohne Steuern, Transaktionskosten, etc.), auf dem die folgenden Basistitel gehandelt werden:

1. Die Einheitszerobonds für jeden Fälligkeitszeitpunkt $T > 0$
2. Eine Möglichkeit zur (lokal) risikolosen Geldanlage (Money Account).

Die Preise der Zerobonds lassen sich beschreiben durch stochastische Prozesse $\{B(t, T); 0 \leq t \leq T\}$, wobei der heutige Preis $B(0, T) = b(0, T)$ bekannt ist. Als Nebenbedingungen müssen die Beziehungen $B(T, T) = 1$ sowie $B(t, T_1) > B(t, T_2)$ für $T_1 < T_2$ erfüllt sein, d.h. die Zerobondpreise müssen mit zunehmender Restlaufzeit monoton fallen.

Die Standardvorgehensweise zur Bestimmung von arbitragefreien Zerobondpreisen ist alternativ wie folgt:

1. Spezifiziere einen stochastischen Prozess, i.d.R. ein Diffusionsprozess gemäß Abschnitt 4.3.2, für die Entwicklung der Zinsintensität und bestimme unter Eliminierung von Arbitragemöglichkeiten die Zerobondpreise.
2. Spezifiziere einen stochastischen Prozess, i.d.R. ebenfalls ein Diffusionsprozess, für die Entwicklung der Forwardintensitäten und bestimme unter Eliminierung von Arbitragemöglichkeiten die Zerobondpreise.

Wir werden uns dabei im Haupttext primär auf die Zinsintensität als zentrale Inputvariable konzentrieren. Dies geschieht in Abschnitt 9.3.3, das entsprechende Gegenstück im Rahmen der Forwardintensität, der Heath/Jarrow/Morton (HJM)-Ansatz wird in Anhang 9H behandelt. Abschnitt 9.4.3 sowie der zugehörige Anhang 9G behandeln den allgemeinen Fall, dass mehrere noch zu spezifizierende »Zustandsvariablen« die Entwicklung von $B(t, T)$ beeinflussen.

Die (zeitstetigen) Spot Rates $R(t, T)$ sind – in Verallgemeinerung des deterministischen Falles in Abschnitt 8.3.3 – definiert als die internen Zinsfüße der Zerobondpreise, d.h. es muss die folgende Beziehung erfüllt sein:

(9.30a) $$B(t,T)\exp\{R(t,T)(T-t)\}=1$$

bzw.

(9.30b) $$R(t,T)=-\frac{1}{T-t}\ln B(t,T) \quad .$$

Umgekehrt gilt

(9.31) $$B(t,T)=\exp\{-(T-t)\,R(t,T)\} \quad .$$

Die Zinsintensität $R(t)$ ist nun definiert durch:

(9.32a) $$R(t)=\lim_{h\to 0} R(t,t+h) \, .$$

Allgemein beschreibt $R(t,T)$ die Entwicklung des Wertes einer Geldeinheit bis zum Ende des Zeitraums $[t,T]$ bei Anlage auf dem gegebenen Bondmarkt. Mit anderen Worten: Gilt $K_t = 1$, dann ist $K_T=\exp\{R(t,T)(T-t)\}$.

In einem arbitragenfreien Markt gilt eine auf *Dybvig/Ingersoll/Ross* (1996) zurückgehende Charakterisierung der »langfristigen Spot Rate« $L(t)=\lim_{T\to\infty} R(t,T)$. Die langfristige Spot Rate in einem arbitragefreien Markt ist eine nicht-fallende Funktion von t. Diese generelle Aussage lässt sich als Prüfstein dafür nutzen, inwieweit ein spezifisches Zinsstrukturmodell konsistente Resultate liefert.

Die Zinsintensität zu einem festen Zeitpunkt t entspricht der Rendite eines in t erworbenen und »unmittelbar ablaufenden« Bonds. Im empirischen Umsetzungen wählt man üblicherweise spezifische Kurzfristverzinsungen, z.B. Geldmarktzinsen für eine einmonatige Anlage. Aufgrund von (9.31) gilt alternativ:

(9.32b) $$R(t)=-\left.\frac{\partial \ln B(t,T)}{\partial T}\right|_{T=t} \quad .$$

Die Existenz der betreffenden Ableitung werde angenommen.

Unter einer (lokal) risikolosen Geldanlage wird nun die Möglichkeit verstanden, eine Geldeinheit in $t = 0$ zur Zinsintensität $R(t)$ anzulegen. Für die entsprechende Wertentwicklung gilt:

(9.33) $$B(t)=\exp\left\{\int_0^t R(s)\,ds\right\} \quad .$$

Die Dynamik dieser Entwicklung ist aufgrund von $dB(t)/dt = B(t)R(t)$ gegeben durch:

(9.34) $$dB_t = R_t B_t\, dt, \quad B_0 = 1 \quad .$$

Die Struktur der solchermaßen eingeführten Geldanlage ist eine Verallgemeinerung des zeitdiskreten Analogons, der sog. *rollierenden Geldanlage*, auf die noch kurz eingegangen werden soll, da hierbei die intuitive Struktur klarer zu Tage tritt.

Im Rahmen von stochastischen Zinsstrukturmodellen ist es nicht mehr sinnvoll, von einem deterministischen risikolosen Zins auszugehen. Dieser kann im zeitdiskreten Fall ersetzt werden durch eine rollierende Strategie, die darin besteht, zu den Zeitpunkten $t = 0, 1, 2, \ldots$ jeweils in einen Zerobond mit einer Restlaufzeit von einer Periode zu investieren. Die Wertentwicklung dieser Anlage ist zwar von Periode zu Periode risikolos (*lokal risikolos*), insgesamt – aus dem Blickwinkel des Zeitpunkts $t = 0$ – aber nicht mehr risikolos. Die Eigenschaft der lokalen Risikolosigkeit ist jedoch ausreichend, um entsprechende Arbitrageoperationen formalisieren bzw. ausschließen zu können.

Die Variante gemäß (9.33) ist die direkte Verallgemeinerung dieser lokal risikolosen rollierenden Strategie. Sie ist lokal risikolos in dem Sinne, dass r_t zum Zeitpunkt t bekannt ist und kann interpretiert werden als zeitstetige rollierende Strategie, die intuitiv darin besteht, dass zu jedem Zeitpunkt t in $t + dt$ fällig werdende Zerobonds erworben werden.[5]

Schließlich gilt in dem betrachteten Markt die eine zentrale Rolle spielende (lokale) Arbitragefreiheitsbedingung. Existiert im Markt ein Titel bzw. ein Portfolio mit der Wertentwicklung $dY_t = H(t)Y_t dt$, so gilt $H(t) = R(t)$:

$$dY_t = H(t)Y_t dt \quad \Rightarrow \quad H(t) = R(t), \tag{9.35}$$

bzw. in Termen der Realisationen h(t) = r(t), d.h. die Entwicklung muss derjenigen der (lokal) risikolosen Geldanlage entsprechen.[6]

Damit haben wir die Basisbeziehungen der fundamentalen Größen des betrachteten Bondmarkts spezifiziert und können uns dem Bewertungsproblem zuwenden. Zuvor sei noch angemerkt, dass Anhang 9B eine erweiterte Darstellung der obigen Basisbeziehungen enthält, indem noch die Forwardintensitäten mit einbezogen werden.

9.3.2 Einfaktormodelle der Zinsintensität

9.3.2.1 Grundsätzliche Vorgehensweise und strukturelle Ergebnisse

Zentraler Ausgangspunkt von einfaktoriellen Ansätzen einer arbitragefreien Zinsstruktur, die von der Modellierung der Zinsintensität ausgehen, ist die Spezifizierung der Entwicklung der Zinsintensität als Diffusionsprozess $\{R(t);\ t \geq 0\}$. Ein Diffusionsprozess[7] lässt sich dabei eindeutig durch die Angabe der Funktionen ($R_t = r$)

$$\mu(t,r) \quad bzw. \quad \sigma(t,r), \tag{9.36a}$$

der Driftfunktion (Funktion des momentanen Erwartungswertes) bzw. der Diffusionsfunktion (Funktion der momentanen Variabilität) charakterisieren. Alternativ hierzu kann eine Charakterisierung auf der Basis einer stochastischen Differentialgleichung der Form

$$dR_t = \mu(t,R_t)dt + \sigma(t,R_t)dW_t \tag{9.36b}$$

vorgenommen werden.

---

5 Vgl. im Detail zu dieser Konstruktion *Björk* (1997, S. 72 f.) sowie *Harrison/Pliska* (1981, S. 232 f.). Aus technischer Sicht ist der Prozess R(t) als adaptierter Prozess zu wählen, dies gewährleistet, dass zum Zeitpunkt t die gültige momentane Zinsintensität R(t) = r(t) allen Marktteilnehmern bekannt ist.

6 Vgl. im Detail hierzu *Björk* (1997, S. 58 f.).

7 Vgl. hierzu im Detail Abschnitt 4.3.2.

Mit $R(t)$ sind – unter bestimmten Voraussetzungen – auch Bildprozesse $F(R(t))$ wieder Diffusionsprozesse, insbesondere gilt dies für die Entwicklung $\{B(t,T) = B(t, R_t, T);\ 0 \leq t \leq T\}$ der Einheitszerobonds. Die entsprechenden Drift- und Diffusionskoeffizienten der Renditeversion des Diffusionsprozesses $B(t,T)$, d.h. von $dB(t,T)/B(t,T)$ seien dann gegeben durch ($T > 0$)

(9.37)
$$\mu_T := \mu_B(t,x,T), \sigma_T := \sigma_B(t,x,T) \quad ,$$

sie können auf der Basis des Lemmas von *Itô*[8] bestimmt werden.

Die traditionelle weitere Vorgehensweise geht zurück auf *Vasicek* (1979) und besteht in einer Erweiterung der Black/Scholes-Methodologie der Konstruktion eines lokal risikolosen Hedge Portfolios. Wir werden diesen Ansatz in seinem Kern und seinen Konsequenzen skizzieren, eine vollständige Ableitung ist in Anhang 9C enthalten. Der alternative Ansatz eines Martingal-Pricing – in Verallgemeinerung der Ausführungen in Abschnitt 5.3.3 sowie Anhang 5B – ist in Anhang 9D dargestellt.

Das Hedge Portfolio besteht dabei aus den folgenden beiden Elementen:

1. dem Erwerb einer Einheit eines Zerobonds mit Restlaufzeit T_1,
2. einer zeitvariablen Short-Position $x(t)$ in einem Einheits-Zerobond der Laufzeit $T_2 \neq T_1$.

Die Wertentwicklung dieses Portfolios ist damit gegeben durch

(9.38)
$$V_t = B(t,R_t,T_1) + x(t)\, B(t,R_t,T_2) \quad .$$

Durch »geeignete Wahl« von $x(t)$ ist es nun möglich[9], das Portfolio so zu konstruieren, dass seine Wertentwicklung lokal risikolos ist und damit der Entwicklung der risikolosen Geldanlage entspricht.[10] Dies erfordert insbesondere die zeitstetige Readjustierung (Vernachlässigung von Transaktionskosten) der Short Position. Der Vergleich mit der Wertentwicklung der Geldanlage führt auf das folgende strukturelle Ergebnis. Die Quotienten ($R_t = r$)

(9.39)
$$q(t,r) = \frac{\mu_B(t,r,T) - r}{\sigma_B(t,r,T)}$$

sind unabhängig von der Restlaufzeit, sie können aber nicht modellendogen bestimmt werden, sondern sind abhängig von den Präferenzen der Marktteilnehmer. Hier tritt ein fundamentaler Unterschied zur arbitragefreien Bewertung von Aktienoptionen auf, bei der die Optionspreise vollständig unabhängig von den Präferenzen der Marktteilnehmer gewonnen werden können. Dies resultiert daraus, dass das Referenzobjekt der arbitragefreien Bewertung im Optionsfall (Referenzobjekt = Basistitel der Option) am Markt gehandelt und mit Marktpreisen bewertet wird, im Zinsstrukturfall (Referenzobjekt = Zinsintensität) dies jedoch nicht der Fall ist. Zunächst wird hier nur eine Bedingung ermittelt, nämlich die Beziehung (9.39), welche die interne Konsistenz des Preissystems gewährleistet. Die zeitabhängige Größe $q(t, r)$ wird aufgrund ihrer spezifischen Struktur auch als (Momentan)-Marktpreis des Risikos bezeichnet.[11] Sie gibt an, um wie viele Einheiten die erwartete Momentanrendite eines Zerobonds – unabhängig von seiner Laufzeit – zum Zeitpunkt t über der momentanen Verzinsung des

8 Vgl. die Beziehungen (4.22).
9 Vgl. Anhang 9C.
10 Man vgl. hierzu die Anmerkungen des Abschnitts 9.3.1.
11 Vgl. analog im CAPM-Fall Abschnitt 6.4.3.2.

Marktes liegen muss, um die Erhöhung der Momentanvariabilität, des »Risikos«, um eine Einheit, zu kompensieren.

Unter Benutzung der modellexogenen Größe $q(t, r)$ lässt sich dann die folgende parabolische deterministische Differentialgleichung für den Preisprozess $B(t,T) = B(t,r,T)$ ableiten:

(9.40a)
$$B_t + (\mu - q\sigma) B_r + \tfrac{1}{2}\sigma^2 B_{rr} - rB = 0$$
$$\text{Randbedingung}: B(T, r, T) = 1 .$$

Die Lösung dieser Differentialgleichung kann in geschlossener Form wie folgt dargestellt werden:

(9.40b)
$$B(t,T) = B(t,r,T) =$$
$$E\left[\exp\left\{-\int_t^T R_s\,ds - \tfrac{1}{2}\int_t^T q^2(s,R_s)\,ds - \int_t^T q(s,R_s)\,dW_s\right\} \mid R_t = r\right].$$

Damit ist eine formal geschlossene Darstellung der gesuchten Preise der Zerobonds gefunden (man beachte hierbei, dass *Vasicek* 1977 in seiner Ableitung dieses Ergebnisses mit einer Größe q arbeitet, die das Negative der vorstehenden Größe q ist).

Entsprechend lässt sich eine risikoneutrale Bewertungsgleichung ableiten. Sie lautet:

(9.41)
$$B(t,T) = B(t,T,r) = E_Q\left[\exp\left(-\int_t^T R_s\,ds\right) \mid R_t = r\right].$$

Dabei bezeichnet Q die risikoneutrale Wahrscheinlichkeitsbelegung. Zu den entsprechenden formalen Grundlagen verweisen wir auf die Ausführungen des Anhangs 9D über das Martingal-Pricing. Es ist noch darauf hinzuweisen, dass auch beim Übergang zur risikoneutralen Bewertung die Problematik der Spezifikation des Marktpreises des Risikos nicht verschwindet. Dies liegt daran, dass die risikoneutrale Wahrscheinlichkeitsbelegung Q direkt vom Marktpreis des Risikos abhängig ist, d.h. $Q = Q(q)$. Dies erkennt man äquivalent daran, dass der Diffusionsprozess (9.36) für die Entwicklung der Spot Rate unter der risikoneutralen Wahrscheinlichkeitsbelegung nun die folgende Form annimmt:

(9.42a)
$$dR_t = \mu_Q(t,R_t)\,dt + \sigma(t,R_t)\,dW_t ,$$

wobei

(9.42b)
$$\mu_Q(t,r) = \mu(t,r) - q(t,r)\sigma(t,r).$$

Offenbar muss dabei lediglich der Driftterm angepasst werden. Der Diffusionsterm bleibt unverändert.

Bei der konkreten Ableitung von Preisen für Zerobonds oder für Zinsderivate verwendet man in der Regel die einfachere Bewertungsgleichung (9.41), d.h. arbeitet mit der risikoneutralen Bewertung. Bei der statistischen Identifikation der Modellparameter ist darauf zu achten, ob man an beobachtete Preise anpasst, d.h. unter Q operiert, oder an beobachtete Spot Rates, d.h. unter P arbeitet. Der Zusammenhang der jeweiligen Parameter ist durch (9.42b) gegeben.

Die Konkretisierung der allgemeinen strukturellen Lösungen (9.40) bzw. (9.41) bedarf noch der Spezifikation

1) eines speziellen Diffusionsprozesses für die Zinsintensität R_t sowie
2) des Marktpreises des Risikos.

Die wichtigsten Spezifikationen des Inputprozesses für die Zinsintensität werden wir in den folgenden Abschnitten behandeln. Dabei erweisen sich Modelle, die zu der folgenden spezifischen Form der Zerobondpreise führen, als besonders traktabel:

(9.43)
$$B(t,r,t+\tau) = e^{A(\tau)-H(\tau)r}$$

Eine Zinsstruktur, bei der die Zerobondpreise diese Struktur haben, wird als *zeithomogene affine Zinsstruktur* bezeichnet (in der Literatur bestehen dabei diverse Vorzeichenvarianten für die Funktionen A und H). In Anhang 9E sind die wichtigsten Spezialfälle hierzu formelmäßig zusammengestellt, um den Haupttext zu entlasten.

Für die notwendige Spezifikation des Marktpreises des Risikos bestehen insbesondere die folgenden Möglichkeiten:

1) Die Übertragung einer der traditionellen Hypothesen zur Zinsstruktur, vgl. Anhang 8A, auf den zeitstetigen stochastischen Fall. So führt die Festlegung $q(t,r) \equiv 0$ zu der Konkretisierung

(9.44)
$$B(t,r,T) = E\left[\exp\left(-\int_t^T R(s)ds\right) \mid R(s) = r\right].$$

Diese Preisgleichung wird in der Literatur als »lokale Erwartungshypothese« bezeichnet.

2) Einführung von Annahmen über die Präferenzen der Teilnehmer am Kapitalmarkt. So bestimmt etwa *Dothan* (1978) den Marktpreis des Risikos auf der Grundlage des zeitstetigen CAPM von *Merton* mit logarithmischer Nutzenfunktion für den Konsum. Allgemein erfolgt eine modellendogene Spezifikation des Marktpreises des Risikos im Rahmen von sog. *Gleichgewichtsansätzen* zur Ermittlung der Zinsstruktur.[12]
3) Strukturelle Vorgehensweise: Wahl einer Form von q, so dass der Prozess für die Zinsintensität auch unter dem äquivalenten Martingalmaß derselben Prozessklasse (z.B. Ornstein/Uhlenbeck-Prozess) entstammt.

Cox/Ingersoll/Ross (1985) haben darauf hingewiesen, dass bei einer exogenen Festlegung des Marktpreises des Risikos nicht jede Wahl von $q(t,r)$ mit einem Marktgleichgewicht verträglich ist und die Arbitragefreiheit des Modells garantiert. *Walter* (1996, S. 12 f.) leitet für Einfaktormodelle die Bedingung $|q(t,r)| < \infty$ für alle t, r für arbitragefreie exogene Vorgaben der Funktion $q(t, r)$ her.

Bevor wir zu einzelnen zentralen Hauptfällen kommen, soll zunächst noch eine kurze Übersicht über grundlegende in der Literatur entwickelte einfaktorielle Modelle gegeben werden. Diese ist in Tabelle 9.1 zusammengestellt.

Modell	$\mu(t,r)$	$\sigma(t,r)$
Merton (1973)	μ	σ
Dothan (1978)	μr	σr
Vasicek (1977)	$\alpha(\mu - r)$	σ

12 Vgl. zu solchen etwa *Uhrig* (1996).

Modell	$\mu(t,r)$	$\sigma(t,r)$
Cox/Ingersoll/Ross (1980)	$\alpha\,(\mu - r)\,r$	$\sigma\, r^{3/2}$
Cox/Ingersoll/Ross (1985)	$\alpha\,(\mu - r)$	$\sigma\sqrt{r}$
Pearson/Sun (1994)	$\alpha\,(\mu - r)$	$\sigma\sqrt{r-\beta}$
Brennan/Schwartz (1979)	$\alpha\,(\mu - r)$	$\sigma\, r$
Black/Karasinski (1991)	$\theta r - \alpha r \ln r$	$\sigma\, r$
Walter (1996)	$\alpha\,(\mu - r^{\nu})$	$\sigma\, r^{\delta}$

Tab. 9.1: Einfaktorielle Modelle der Zinsstruktur

9.3.2.2 Das Vasicek-Modell

Im Rahmen des Modells von *Vasicek* (1977) wird als Prozess für die Zinsintensität der in Abschnitt 4.3.4 eingeführte Ornstein/Uhlenbeck-Prozess mit Mean Reverting-Drift gewählt. Es wird dabei angenommen, dass unter der risikoneutralen Wahrscheinlichkeitsbelegung gilt ($\alpha > 0$):

(9.45) $$dR_t = \alpha(\mu - R_t)\,dt + \sigma\, dW_t.$$

Auf dieser Grundlage gelangt man zu den in Anhang 9E im Detail dargestellten Ergebnissen für die Zerobondpreise sowie die Zinsstruktur (Spot Rates), denn das Vasicek-Modell führt zu einer homogenen affinen Zinsstruktur gemäß (9.43). Die zugehörige Zinsstruktur ist sehr flexibel, sie kann sowohl monoton steigende, monoton fallende als auch gekrümmte (humped) Formen annehmen. Da der Ornstein/Uhlenbeck-Prozess ein Gauß-Prozess ist, sind alle R_t und damit auch die Spot Rates $R(t, t + \tau)$ normalverteilt, vgl. hierzu Anhang 9E. Dies bedeutet, dass auch negative Spot-Rates vom Modell generiert werden können. Dies ist zugleich ein zentrales Manko des Vasicek-Modells.

Die Zerobondpreise schließlich sind aufgrund von (9.43) logarithmisch normalverteilt.

Schließlich besteht ein fundamentales Problem des Vasicek-Ansatzes darin, dass die nach statistischer Schätzung der Parameter ermittelte Zinsstruktur zu $t = 0$ nicht mit der aktuell bestehenden übereinstimmen muss. Die Lösung dieses Problems führt auf das erweiterte Vasicek-Modell nach *Hull/White*, auf das wir im Abschnitt 9.3.2.5 noch zurückkommen werden.

9.3.2.3 Das einfaktorielle Cox/Ingersoll/Ross-Modell

Im Rahmen des Modells von *Cox/Ingersoll/Ross* (CIR) (1985) wird als Prozess für die Zinsintensität der in Abschnitt 4.3.5 eingeführte Quadratwurzel-Prozess in der Mean Reversion-Variante (4.53), d.h.

(9.46) $$dR_t = \alpha(\mu - R_t)\,dt + \sigma\sqrt{R_t}\, dW_t$$

verwendet. Aufgrund der in Abschnitt 4.3.5 beschriebenen Eigenschaften sind dabei negative Zinsintensitäten ausgeschlossen.

Auch im Rahmen des CIR-Modells ergibt sich eine geschlossene Darstellung der Preise von Zerobonds in Form einer homogenen affinen Zinsstruktur.[13] Die aus dem CIR-Modell resultierenden Zinsstrukturen können ebenfalls monoton steigend, monoton fallend sowie gekrümmt sein. Für eine weitergehende Darstellung der statistischen Identifikation sowie der Simulation des CIR-Prozesses verweisen wir auf Anhang 9F.

9.3.2.4 Verallgemeinerte einfaktorielle Modelle

Die Arbeit von *Walter* (1996, S. 18 ff.) beinhaltet eine eingehende und ausführliche Analyse von einfaktoriellen Zinsstrukturmodellen auf der Basis des folgenden allgemeinen Diffusionsprozesses für die Zinsintensität

(9.47a) $$dR_t = \alpha(\mu - R_t^{\nu})\,dt + \sigma R_t^{\delta} dW_t$$

mit zugehörigem Marktpreis des Risikos der Form

(9.47b) $$q(t,r) = qr^{\nu}.$$

Neben den bereits dargestellten Modellen von *Vasicek* und *Cox/Ingersoll/Ross* enthält dieser allgemeine Modellansatz eine Reihe weiterer in der Literatur behandelter einfaktorieller Zinsmodelle als Spezialfall.

Im Rahmen einer empirischen Studie untersucht *Walter* (1996, S. 152 ff.) die Entwicklung des kurzfristigen Zinssatzes am deutschen Geldmarkt auf Basis der Einmonatsgeldmarktzinssätze, die in wöchentlichem Abstand (Wochenschlusswerte) über den Zeitraum von Januar 1970 bis Dezember 1993 erhoben wurden. Dabei bestätigt sich die Mean Reverting-Hypothese, die Einmonatsgeldmarktzinssätze oszillieren um ein Niveau von ca. 7 %. Hinsichtlich des Parameters δ kommt Walter zu einer »optimalen« Wahl von $\delta = 0.772$. Am schlechtesten schnitt hinsichtlich der Anpassungsgüte das Vasicek-Modell ab, das Cox/Ingersoll/Ross-Modell lieferte hingegen gute Ergebnisse. Zu einer ähnlichen Einschätzung des CIR-Modells kommen *Dell'Aquila/Ronchetti/Trojani* (2003). Diese Autoren weisen zugleich darauf hin, dass die in vielen Studien angewandte GMM (Generalized Method of Moments)-Schätzmethode Probleme hinsichtlich ihrer Robustheit besitzt und damit insbesondere das »klassische« Resultat von *Chan/Karolyi/ Longstaff/Sanders* (1992), die zu einem δ-Wert von 1,5 gelangten, nicht valide ist. *Leithner* (1992) kommt für den schweizerischen Rentenmarkt zu einem Wert von $\delta = 0{,}522$. Für den britischen Markt kommen *Joannides/Skinner* (2003) zu δ-Werten im Bereich von 0,255 bis 0,332.

Gegenüber der allgemeinen Spezifikation (9.47) besitzen die Modelle von *Vasicek* und *Cox/ Ingersoll/Ross* den Vorteil einer analytischen Handhabbarkeit der resultierenden Bewertungsgleichungen, insbesondere aufgrund der resultierenden affinen Zinsstruktur. Zudem existieren nicht nur geschlossene Lösungen für die Bondpreise, sondern auch für Futures und Optionen, insbesondere auf Zerobonds.

13 Vgl. wiederum die detaillierte Darstellung in Anhang 9E.

9.3.2.5 Anpassung an die bestehende Zinsstruktur durch den Invertierungsansatz nach Hull/White

Ein Problem der vorstehend dargestellten Ansätze besteht darin, dass die – nach Schätzung der Modellparameter – ermittelte Zinsstruktur für den Zeitpunkt $t = 0$ deutlich von der am Markt bestehenden Zinsstruktur abweichen kann.

Hull/White (1990) schlagen für dieses Problem die folgende Vorgehensweise vor, die zunächst für das Vasicek-Modell verdeutlicht werden soll. *Hull/White* gehen hierbei (wiederum unter der risikoneutralen Wahrscheinlichkeitsbelegung) auf eine modifizierte Modellvariante

(9.48) $$dR_t = \alpha(t)[\mu(t) - R_t]dt + \sigma(t)dW_t$$

mit zeitabhängigen Modellparametern über. Ferner wird die funktionelle Form des Marktpreises des Risikos als reine Funktion der Zeit angenommen, d.h. $q(t, r) = q(t)$. Das Modell hat nun genügend Freiheitsgrade, um nicht nur eine Übereinstimmung mit der gegenwärtigen Zinsstruktur zu erzwingen, sondern ggf. auch eine Übereinstimmung mit der Kurve der Volatilitäten der Spot- oder der Forward Rates zu gewährleisten. Zugleich kann nun der Marktpreis des Risikos rein auf der Basis empirischer Daten ermittelt werden.

Anhang 9E enthält die vollständige Darstellung der Anpassung einer reduzierten Variante des Modells (9.48), nämlich

(9.49) $$dR_t = \alpha[\mu(t) - R_t]dt + \sigma dW_t$$

an die am Markt beobachtete gegenwärtige Zins- bzw. Preisstruktur.

Festgehalten werden soll ferner noch, dass *Hull/White* (1993, 1994) numerisch effiziente Verfahren zur zeitdiskreten Approximation von (9.49) entwickelt haben, die auf Trinomialgitter-prozessen beruhen.

Die entsprechende Modifizierung des Cox/Ingersoll/Ross-Modells lautet

(9.50) $$dR_t = \alpha(t)[\mu(t) - R_t]dt + \sigma(t)\sqrt{R_t}\,dW_t.$$

Jamshidian (1991) und *Hull/White* (1993b) erweitern die vorstehende Vorgehensweise, die – zurückgehend auf *Heath/Jarrow/Morton* – in der Literatur aufgrund der spezifischen Vorgehensweise auch als *Inversionsansatz* bezeichnet wird, auf eine Reihe von weiteren Zinsmodellen. Da diese Ansätze beinhalten, dass die Entwicklung der Zinsintensität einem Markov-Prozess folgt, sind diese Modelle im Regelfall unter numerischen Aspekten einfacher zu handhaben als auf dem Ansatz von *Heath/Jarrow/Morton* (1990, 1992) beruhende Modelle.

Walter (1996, S. 52 ff.) enthält eine allgemeine Diskussion über Möglichkeiten der Anpassung an die empirische Zinsstruktur. Weiterhin ist dort ein allgemeines numerisches Verfahren (invertierte implizite Differenzen-Methode) zur Diskretisierung der resultierenden partiellen Differentialgleichung für die Zerobond-Preise angegeben, die insbesondere auch für den allgemeinen einfaktoriellen Ansatz (9.45) greift. *Jamshidian* (1991) bzw. *Hull/White* (1993) hingegen verwenden binomische bzw. trinomische Baumstrukturen zur Diskretisierung der Differentialgleichung.

Longstaff (1993, S. 29, Fußnote 2) und *Rogers* (1995, S. 97) weisen auf die Problematik hin, dass die Ausgangszinsstruktur selbst wiederum Ergebnis eines Anpassungsprozesses ist[14] und nur unter der Inkaufnahme von Messfehlern ermittelt werden kann. Es besteht daher

14 Vgl. hierzu Anhang 8B.

die Gefahr eines Overfitting bei der Modellspezifikation. Auch *Bühler* et al. (1996, 1999) weisen darauf hin, dass bei bestimmten Anpassungsmodellen der »Noise« in den empirischen Renditedaten von Kuponbonds sich auf die Spezifikation des Zinsstrukturmodells übertragen kann. Der Qualität der Anpassung der Ausgangs-Zinsstruktur kommt daher eine zentrale Bedeutung bei den Inversionsansätzen zu.

9.3.2.6 Exkurs: Zeitstetige Varianten zeitdiskreter arbitragefreier Zinsstrukturmodelle

Die vorstehenden Einfaktormodelle beruhen auf der Wahl der Zinsintensität als Ausgangsgröße der arbitragefreien Bewertung. Hierzu ist jedoch die exogene Spezifikation des Marktpreises des Risikos erforderlich, zudem hat eine Anpassung an die empirische Zinsstruktur zu erfolgen.

Eine Alternative besteht darin, direkt die anfängliche Zinsstruktur als Ausgangspunkt der arbitragefreien Ermittlung der Zerobond-Preise zu wählen. Diese Vorgehensweise entspricht dem zeitdiskreten Modellansatz von *Ho/Lee* (1986). Eine bessere strukturelle Einsicht sowie eine Vergleichsmöglichkeit mit den voranstehenden Einfaktorenmodellen vermittelt die zeitstetige Variante dieses Modells, die auf dem entsprechenden zeitstetigen Grenzwert des benutzten Binomialbaums beruht.

Für das Ho/Lee-Modell kann nachgewiesen werden, dass

$$dR_t = \theta(t)\,dt + \sigma\,dW_t \tag{9.51}$$

gilt, d.h. das Ho/Lee-Modell kann als Spezialfall des reduzierten modifizierten Vasicek-Ansatzes nach *Hull/White* gemäß (9.49) angesehen werden, wobei allerdings dessen zentrale Mean Reversion-Eigenschaft fehlt.

Da die Zinsintensität gemäß (9.51) normalverteilt ist und auch das (zeitstetige) Ho/Lee-Modell zu einer affinen Zinsstruktur gemäß (9.43) führt, sind die Zerobondpreise hier logarithmisch normalverteilt. Weitere Details sind in Anhang 9E enthalten.

Ein weiterer diskreter Modellansatz wurde von *Black/Derman/Toy* (*BDT*) (1990) entwickelt. Dieser Ansatz basiert auf der zeitdiskreten Entwicklung der einperiodigen Spot Rates. Als Modellinput finden dabei sowohl die anfängliche Zinsstruktur als auch die Volatilitäten der Spot Rates Eingang.

Die entsprechende zeitstetige Variante des *BDT*-Modells lautet

$$d\ln R_t = \left[\theta(t) - \frac{\sigma'(t)}{\sigma(t)}\ln R_t\right]dt + \sigma(t)\,dW_t. \tag{9.52}$$

Das Modell liefert nicht-negative Zinssätze, da die Spot Rates lognormalverteilt sind. Die Parameterfunktion $\theta(t)$ ermöglicht die Anpassung an die Zinsstruktur, die Parameterfunktion $\sigma(t)$ die Anpassung an die Volatilitäten (im zeitstetigen Fall der Momentanvarianz der relativen Änderungen der Spot-Rates, d.h. von dR_t/R_t) der Zinsstruktur. Wird $\sigma(t) = \sigma$ gesetzt, so reduziert sich das *BDT*-Modell auf eine lognormale Version des Ho/Lee-Modells. Die Black/Karasinski (1991)-Modellvariante, die zunächst direkt für den zeitstetigen Fall konstruiert (und anschließend diskretisiert) wird, beruht auf einer Entkopplung der Mean Reversion-Komponente und der Volatilitätskomponente in (9.52):

(9.53) $$d \ln R_t = \left[\theta(t) - \alpha(t) \ln R_t\right] dt + \sigma(t) dW_t.$$

Ein zentrales Problem von Modellen, bei denen die Zinsintensität als lognormalverteilt angenommen wird, legt *Björk* (1997, S. 111) offen.[15] Es entsteht die unliebsame Konsequenz, dass

(9.54) $$E(B_t) = \infty \quad \text{für alle} \quad t > 0,$$

d.h. die (lokal) risikolose Geldanlage nimmt einen unendlich hohen Erwartungswert an. Dies hat z.B. zur weiteren Folge, dass der Preis eines entsprechenden Geldmarktfutures minus Unendlich ist. *Björk* stellt daher fest, dass Zinsstrukturmodelle, die auf lognormalverteilten Zinsintensitäten beruhen, in eine gewisse »Sackgasse« führen. Dies gilt wohlgemerkt nicht für Ansätze wie etwa der von *Miltersen/Sandmann/Sondermann* (1997), die auf lognormalverteilten Forwardintensitäten beruhen.

9.3.2.7 Anmerkung zur empirischen Identifikation von Zinsintensitätsmodellen

Die empirische Identifikation von arbitragefreien Modellen der Zinsstruktur auf Basis der Spezifikation eines Prozesses $\{R_t\}$ für die Zinsintensität beinhaltet eine spezifische Problematik. Die Zinsintensität als Grenzwert kurzfristiger Zinssätze ist keine am Markt beobachtbare Größe, sondern eine latente Variable. Bei den Standardansätzen zur Identifikation von Zinsstrukturmodellen wird daher die Zinsintensität durch einen kurzfristigen Zinssatz, etwa Zinssätzen auf Monatsbasis, approximiert. Diese Vorgehensweise führt notwendigerweise zu Verzerrungen bei der statistischen Identifikation der Prozessparameter.

Eine Alternative hierzu bildet der State-Space-Ansatz bzw. Kalman-Filter, da dieser explizit die Erfassung latenter Variablen mit stochastischer (linearer) Entwicklungsdynamik erlaubt. Die Verwendung des Kalman-Filters auf die Identifikation von Zinsstrukturmodellen wurde erstmals von *Pennacchi* (1991) durchgeführt und hat in jüngerer Zeit verstärkt Beachtung gefunden, vgl. hierzu etwa *Albrecht/Mayer* (2008). Der Kalman-Filter weist dabei eine Reihe von weiteren Vorzügen auf, die ihn – gerade bei höherdimensionalen Modellen – zu einem interessanten und wertvollen generellen Ansatz zur Identifikation von Zinsstrukturmodellen machen:

- Durch seine rekursive Struktur ist ein ständiges Update der Prognosen (Projektionen) der Zinsstrukturkurve möglich, sowohl einstufig als auch mehrstufig.
- Die rekursive Struktur des Kalman-Filters erlaubt auch in einfacher und direkter Weise die Bestimmung der Likelihood-Funktion als Basis einer Maximum Likelihood-Schätzung.

9.3.3 Multifaktormodelle der Zinsstruktur

Eine zentrale Problematik von Einfaktormodellen ist die zugrunde liegende Annahme, dass die gesamte Zinsstruktur durch einen einzigen Faktor beschrieben werden kann. Die gesamte Zinsstruktur ist bekannt, wenn die Zinsintensität spezifiziert ist.

---

15 Vgl. entsprechend auch *Sandmann* (1999, S. 372 f.).

Eine notwendige Weiterentwicklung stellen daher Multifaktormodelle der Zinsstruktur dar. Hier hat sich das in Anhang 9G dargestellte mehrdimensionale zeithomogene affine Modell nach *Duffie/Kan* (1996) als sehr fruchtbare Struktur herausgestellt.
Anwendungen von Multifaktormodellen der Zinsstruktur findet man etwa in *Chen/Scott* (2003), *Dai/Singleton* (2000), *De Jong* (2000) und *Fischer/May/Walther* (2004). Hinsichtlich weiterer Darstellungen von Multifaktormodellen verweisen wir auf *Cairns* (2004a), *Brigo/ Mercurio* (2006) sowie *Rebonato* (1996).

9.3.4 Welches Zinsstrukturmodell sollte man wählen?

Die vorstehenden Ausführungen zeigen, dass es eine Reihe von grundsätzlichen Ansätzen gibt, arbitragefreie Zerobondpreise zu ermitteln. Relevante Ausgangsgrößen sind:

- die Zinsintensität,
- die Spot Rates sowie
- die Forwardintensität.

Zudem können diese Ansätze jeweils auf einer unterschiedlichen Anzahl von Faktoren, d.h. einer unterschiedlichen Anzahl von exogenen stochastischen Einflussfaktoren (Wiener-Termen) gelten. Da zwischen Zinsintensität, Spot Rates und Forward Rates jeweils funktionale Beziehungen bestehen, kann man darüber hinaus i.d.R. ohne Probleme von einer Modellwelt in die andere gelangen.[16]

Diese Modellvielfalt kann Anlass zur Verwirrung geben. Für die Bewertung von Zinsderivaten existiert im Gegensatz zur Bewertung von Aktienoptionen kein Standard-Referenzmodell wie etwa das von *Black/Scholes*. Es drängt sich daher die Frage auf: Welches Zinsstrukturmodell sollte man wählen? Die Antwort auf diese Frage ist nicht eindeutig zu geben und hängt im Wesentlichen ab von der Perspektive, z.B. theoretisch oder empirisch sowie von dem Einsatzzweck des Zinsstrukturmodells, z.B. generelle konsistente Bewertung dieser breiten Palette von Zinsderivaten oder (Ad-Hoc-)Einsatz im Derivatehandel, in dem die kurzfristige Auswertungseffizienz eine zentrale Rolle spielt. Einige Facetten der eingangs gestellten Frage sollen nun beleuchtet werden.

Rogers (1995) nimmt eine theoretische Perspektive ein und kritisiert zunächst das Vasicek-Modell (sowohl in der Basisvariante als auch in der Modifikation von *Hull/White*) aufgrund der resultierenden normalverteilten Spot Rates. Insbesondere leitet er explizit Parameterkonstellationen her, bei denen diese problematischen Eigenschaften substanziell werden können. Auch der Heath/Jarrow/Morton-Ansatz wird von *Rogers* (1995, S. 107) kritisiert: »Heath/ Jarrow/Morton give two examples, where there are simple formulae for bond prices, but where r is allowed to go negative, and they give an example where r ≥ 0, but there are no simple formulae. It appears very difficult to obtain both of the desirable properties, not least because this approach begins by trying to model *derived* quantities (the forward rates) instead of the *fundamental* quantity (the spot rate) and thus loses control. If one ever *could* find a specification of the model where $r \geq 0$ and where bond prices were given by a simple formula, then one could just as well obtain this by starting directly with the spot rate process r ! So these whole-yield models appear to offer no advantage over the approach of modelling

16 Man vgl. hierzu etwa *Björk* (1997, S. 69 ff.) oder *Kwok* (1998, S. 332 ff.).

r, although the ability to input the initial yield curve directly and to vary the volatilities of different forward rates are attractions.« Als möglichen Ausweg sieht *Rogers* den Ansatz quadratischer Gauß-Prozesse, z.B. in der modifizierten Version des Cox/Ingersoll/Ross-Modells nach *Hull/White*, sowie höherdimensionale Verallgemeinerungen hiervon.

Ein weiterer theoretischer Aspekt von Relevanz für die Beurteilung von Zinsstrukturmodellen wurde bereits in Abschnitt 9.3.2.6 angesprochen, nämlich die unliebsame Eigenschaft von Modellen mit lognormalverteilter Zinsintensität, die zu einer Explosion der mittleren Verzinsung unter der (lokal risikolosen) Geldanlage und nach *Björk* (1997, S. 111) daher in eine gewisse Sackgasse führen.

Wenden wir uns nun der empirischen Sichtweise zu. Dabei kann man unterschiedliche Perspektiven des Modellierungszwecks unterscheiden. Hat man »nur« die Güte der Anpassung der zentralen Input-Diffusionsprozesse von Zinsintensitäts- bzw. Multifaktormodellen an die empirischen Daten im Blick, so gelangt man rasch zur Einsicht, dass dies auf deutlich komplexere Modelle als die bisher vorgestellten hinausführt. Von Relevanz sind hier etwa Modelle mit stochastischer Volatilität und GARCH-Eigenschaften, eine aktuelle Diskussion hierzu bietet *Bali* (2000), *Dai/Singleton* (2003b) legen ihrer umfassenden Untersuchung neben den »traditionellen« vorstehend dargestellten Zinsstrukturmodellen auch neuere Entwicklungen wie quadratische Gaussmodelle, nicht-affine Modelle mit stochastischer Volatilität, Sprung-Diffusionsmodelle sowie Zinsstrukturmodelle mit Regime-Shifts zugrunde. Sie untersuchen dabei, inwieweit diese Modelle in der Lage sind, typische Eigenschaften von historischen Zinsratenänderungen zu erfassen, unter anderem hinsichtlich der unbedingten und bedingten Volatilitäten von Änderungen der Zinsraten. Sie kommen zum Schluss, dass hinsichtlich der von ihnen betrachteten Kriterien die Anwendung von Einfaktormodellen problematisch ist, aber auch multifaktorielle CIR-Modelle defizitär sind. *Dai/Singleton* (2003b) verweisen schließlich auf Indizien, dass zu einer gesamthaften Erfassung der Zinsstrukturkurve, insbesondere auch im Bereich der sehr kurzfristigen Geldmarktsätze, Modelle mit vier Faktoren erfolgreich sind. Insgesamt kommen *Dai/Singleton* (2003b, S. 669) allerdings zum Schluss, dass ein traktables Zinsstrukturmodell, das beide von ihnen aufgestellte Kriterien zufriedenstellend erfüllt, noch nicht existiert.

Einen weiteren Gesichtspunkt bringt *Cairns* (2004b) in die Diskussion ein. Er weist darauf hin, dass die traditionellen Zinsstrukturmodelle vor allem darauf ausgerichtet sind, im kürzerfristigen Zeitbereich eine gute Erklärung von Bond- und Derivatepreisen sowie das Hedgen von Zinsderivaten zu ermöglichen. Langfristinvestoren wie Versicherungsunternehmen und Pensionsfonds sind jedoch primär an der langfristigen Zinsentwicklung interessiert. Er postuliert daher die Relevanz von Zinsstrukturmodellen, die sowohl ein (kürzerfristiges) Pricing als auch ein langfristiges Risikomanagement erlauben. Insbesondere sollte das Modell in der Lage sein, auch anhaltende Zeitperioden von sehr hohen als auch von sehr niedrigen Zinssätzen – beide Konstellationen entsprechen der historischen Erfahrung – zu produzieren. Sein eigener (durchaus komplexer) Lösungsvorschlag beinhaltet eine neue Familie von Zinsstrukturmodellen, die auf einem Ansatz von *Flesaker/Hughston* (1996) basiert. Dieser Ansatz führt auf eine Preisfunktion der Form

$$B(t,T) = \frac{\int_{T-t}^{\infty} H(s,X(s))\,ds}{\int_{0}^{\infty} H(s,X(s))\,ds}, \tag{9.55}$$

wobei $\{X_t\}$ ein multivariater Ornstein/Uhlenbeck-Prozess ist. Man vergleiche hierzu auch die Ausführungen in *Cairns* (2004a, Kapitel 8).

Ein weiterer Blickwinkel besteht darin, dass arbitragefreie Zinsstrukturmodelle die Basis einer konsistenten Bewertung von Zinsderivaten bilden sollen. Diesen Blickwinkel nehmen *Bühler* et al. (1996, 1999) ein. In einer breit angelegten Studie wurden eine Reihe von Modellen in den Punkten Schätzprobleme, Anpassungsgüte, Bewertungseigenschaften und Implementierungsprobleme verglichen. Zu den evaluierten Modellen gehören diverse Ein- und Zweifaktormodelle gemäß des Heath/Jarrow/Morton-Ansatzes, das Modell (9.45) in seiner modifizierten Inversionsform, das Zweifaktormodell (9.54) nach Walter (in seiner Inversionsvariante) sowie ein Zweifaktormodell mit stochastischer Zinsvolatilität in Verallgemeinerung von *Longstaff/Schwartz* (1992). Dabei weisen die Modelle des Heath/Jarrow/Morton-Typus eine Reihe von Problemdimensionen auf, insbesondere hinsichtlich der Bewertungseigenschaften und der empirischen Qualität. Am besten schneidet in der Gesamtschau der Kriterien das Walter-Modell ab.

Moraleda/Pelsser (2000) merken zu der *Bühler* et al. (1996, 1999)-Evaluation an, dass die Traktabilität der Modelle aus Sicht des praktischen Derivatehandels keinen Eingang in die Bewertung gefunden hat. Die Autoren selbst evaluieren spezielle Heath/Jarrow/Morton-Modelle des MFR-Typus[17] sowie u.a. das modifizierte Vasicek-Modell nach *Hull/White* und das Black/Karasinski-Modell gemäß (9.52). Als Konsequenz ihrer Untersuchung halten *Moraleda/Pelsser* fest, dass alle Zinsintensitätsmodelle ihre Forwardintensitätsgegenstücke outperformen. Ferner liefern die Zinsintensitätsmodelle nach *Black/Karasinski* – offenbar spielt das hier zuvor angesprochene theoretische Manko aus empirischer Sicht keine Rolle – und *Vasicek* (modifiziert) – in dieser Reihenfolge – die besten Ergebnisse.

Im Zusammenhang mit der Bewertung von Zinsoptionen ist ferner anzumerken, dass die Anwendung der in Abschnitt 9.3 dargestellten Zinsstrukturmodelle durchaus aufwändig ist und in praxi stattdessen oftmals auf eine (deutlich einfachere) Variante des Modells von *Black* (1976) zurückgegriffen wird. Auf diesen Sachverhalt kommen wir in Kapitel 11 zurück, wo wir uns mit Zinsoptionen befassen werden.

Schließlich verweisen wir noch auf eine Einschätzung in *Mayer* (1999, S. 3). Nach diesem hat sich das erweiterte Vasicek-Modell nach *Hull/White* in den letzten Jahren als zentrale Benchmark etabliert und wird von vielen großen Investmenthäusern und Banken zur Bewertung und zur Absicherung von zinsderivaten Produkten eingesetzt. Als Beleg hierfür zitiert er u.a. eine Erhebung der Zeitschrift RISK.[18]

Insgesamt führt die vorstehende Diskussion damit zur Einschätzung, dass »das« Standardmodell im Bereich arbitragefreier Zinsstrukturkurven noch nicht gefunden ist. Insbesondere kommt es nicht zuletzt auf die jeweilige Anwendung (Pricing von Bonds, Pricing von Zinsderivaten, langfristiges Risikomanagement) an. Die entwickelten Modelle sind hierfür unterschiedlich geeignet. Aber auch innerhalb dieser Anwendungsfelder sind die Dinge durchaus noch (teilweise erheblich) im Fluss.

---

17 Vgl. Anhang 9H.

18 Vgl. *Weston/Cooper* (1996).

9.4 Literaturhinweise und Ausblick

Die Fisher/Weil-Duration und die damit verbundenen Immunisierungsaussagen in Abschnitt 9.2.1.1 gehen zurück auf *Fisher/Weil* (1971).

Der Ansatz von *Fong/Vasicek* in Abschnitt 9.2.1.2, insbesondere die Behandlung des Twist-Risikos, wird entwickelt in *Fong/Vasicek* (1983a, 1983b, 1984). Eine exakte Analyse (*Taylor*-Approximation mit Restglied) der Endwertänderung wird vorgenommen in *Shiu* (1990). Eine ausführliche und empfehlenswerte Aufarbeitung dieser Materie findet man in *Hauser* (1992, S. 63 ff.).

Die allgemeine Darstellung von Single Factor-Durationsmodellen in Anhang 9A folgt *Albrecht/Stephan* (1994). Einen Überblick über Single Factor-Durationsmodelle geben *Bierwag* (1987, Kapitel 11), *Hauser* (1992, Abschnitt 3.3.1) sowie *Jorion/Khoury* (1996, S. 104 ff.). *Hauser* (1992, S. 136) bietet ferner eine Darstellung des Zusammenhangs zwischen (Sensitivitäts-)Duration und Immunisierungsduration. Aktuelle Weiterentwicklungen beinhalten etwa die Aufsätze *Uberti* (1997) oder *Rzadkowski/Zaremba* (2000).

Der Einsatz von statistischen Faktormodellen zur Erklärung von Zinsstrukturbewegungen und zum Management von Bondportfolios liegt unseres Wissens in Lehrbuchform noch nicht vor. Wir verweisen aus diesem Grunde auf die Einzeldarstellungen in *Barber/Copper* (1996), *Bhansali/Goldberg* (1997), *Dahl* (1993), *Golub/Tilman* (1997), *Kalm* (1989, 1995), *Litterman/Scheinkman* (1991), *Longstaff/Schwartz* (1993) und *Willner* (1996) sowie insbesondere für die Verhältnisse des deutschen Rentenmarktes auf *Bühler/Zimmermann* (1996), *Juen/Nielsen* (1996), *Kaltenbacher/Rohweder* (1998), *Langewand/Nielsen* (1998) und *Paulus/Sauer/Walther* (1998). Die Abbildungen 9.5 sowie 9.6 wurden von der Darstellung in *Jones* (1991) angeregt. Der Key Rate-Durationsansatz (Abschnitt 9.2.3) geht zurück auf *Ho* (1990, Kapitel 15; 1992) und wird dargestellt in *Bühler/Hies* (1995) sowie *Bühler* (1999). Die Verbindungen des Key Rate-Durationsansatzes zu Faktormodellen werden – über die bereits genannte Literatur hinaus – behandelt in *Bühler* (1994), *Bühler/Zimmermann* (1996), *Golub/Tilman* (1997) und *Zagst* (1998).

Die Darstellung zeitstetiger Zinsstrukturmodelle hat inzwischen den Eingang gefunden in eine Reihe von Monographien, die sich primär mit der Modellierung von Finanzderivaten beschäftigen, so etwa *Avellaneda/Laurence* (2000, Kapitel 12–14), *Branger/Schlag* (2004), *Brigo/Mercurio* (2001), *Cairns* (2004a), *Kwok* (1998, Kapitel 7), *Rebonato* (1996) sowie *Sandmann* (1999). Hinsichtlich neuerer Entwicklungen verweisen wir vor allem auf *Dai/Singleton* (2003a,b) sowie *Cairns* (2004a).

Hinsichtlich diskreter Zinsstrukturmodelle verweisen wir auf die Originalaufsätze von *Ho/Lee* (1986) und *Black/Derman/Toy* (1990) sowie auf *Leitner* (1991) und die Aufarbeitungen in *Panjer* (1998, Kapitel 7) und *Sandmann* (1999, Kapitel 9).

Eine Darstellung der zeitstetigen Grenzwerte der zeitdiskreten Zinsstrukturmodelle (Abschnitt 9.3.2.6) findet man in *Hull/White* (1994, S. 8 ff.) und *Kwok* (1998, S. 331 ff.). Hinsichtlich der Problematik der statistischen Anpassung von Zinsstrukturmodellen verweisen wir auf *Rogers/Stummer* (2000), *Dai/Singleton* (2003b), *Dell'Aquila/Ronchetti/Trojani* (2003), *Joannides/Skinner* (2003) sowie *Fischer/May/Walther* (2004)

Das Martingal Pricing im Zusammenhang mit Zinsstrukturmodellen (Anhang 9.D) wird einführend behandelt in *Panjer* (1998, Kapitel 7) sowie *Sandmann* (1999, Kapitel 9 und 10), vertiefend in *Artzner/Delbaen* (1989), *Branger/Schlag* (2004), *Björk* (1997) sowie *Cairns* (2004a).

Die Ergebnisse des Anhangs 9E sind enthalten in *Vasicek* (1977), *Cox/Ingersoll/Ross* (1985), *Hull* (2001, Kapitel 15), *Hull/White* (1993, 1994) sowie *Kwok* (1998, Kapitel 7). Affine Zinsstrukturmodelle werden vertieft behandelt in *Avellaneda/Laurence* (2000, Kapitel 14), *Björk* (1997, Abschnitt 3.4) und *Duffie* (2001, Kapitel 7).

Die Ausführungen des Anhangs 9F zur statistischen Identifikation des CIR-Modells folgen *Fischer/May/Walther* (2003).

Eine interessante Anwendung von statistischen Faktormodellen gemäß Abschnitt 9.2.2 hinsichtlich der Modellierung der Faktorvolatilitäten im Heath/Jarrow/Morton-Modell findet man schließlich in *Avellaneda/Laurence* (2000, S. 239 ff.).

Anhang 9A: Single Factor-Durationsmodelle im allgemeinen Fall

Wir gehen im Weiteren aus von einer zum Zeitpunkt v bestehenden Zinsstruktur in Abhängigkeit von einem Parameter x (single factor), d.h. von einer Funktion $u_v(t, x)$. Die anfängliche Zinsstruktur in v ist gekennzeichnet durch den Parameter x_0. Ein Shift zu einer beliebigen Ausprägung des Parameters x erfolge unmittelbar nach Erwerb eines Bonds bzw. Bond-Portfolios in v. Für den Barwert eines Zahlungsstroms $\{Z(t_1),..., Z(t_n)\}$ mit $v < t_1 < ... < t_n = T$ gilt dann allgemein:

(9A.1) $$P_v(x) = \sum_{i=1}^{n} Z(t_i)\exp\{-(t_i - v)u_v(t_i - v, x)\}.$$

Entsprechend gilt für den Wert des Bonds (akkumulierte reinvestierte Rückflüsse plus Kurswert) zu einem Zeitpunkt $v < s < t$

(9A.2) $$K_s(x) = e^{(s-v)u_v(s-v,x)} P_v(x).$$

Im Zentrum der weiteren Analyse steht nun die Immunisierungskonstellation

(9A.3) $$K_s(x) \geq K_s(x_0),$$

die zumindest lokal erfüllt sein soll, d.h. das Vorliegen eines lokalen Minimums im anfänglichen Parameter x_0. Gesucht ist ein Zeitpunkt $x = ID$, für den gilt

(9A.4) $$\left.\frac{dK_{ID}(x)}{dx}\right|_{x = x_0} = 0.$$

Einen solchen Zeitpunkt wollen wir *immunisierende Duration ID* nennen.

Definieren wir zur Erleichterung der Notation $u_v'(t,x) = \partial u(t,x)/\partial x$ und $P_v'(x) = \frac{\partial P_v(x)}{\partial x}$ sowie $u_v(t) = u_v(t,x_0)$ und $P_v = P_v(x_0)$, so folgt aus (9A.2)

$$K_{ID}'(x_0) = (ID - v)u_v'(ID - v, x_0)e^{(ID-v)u_v(ID-v)} P_v + e^{(ID-v)u_v(ID-v)} P_v'(x_0) \quad .$$

Damit kann die Bedingung (9A.4) umgeformt werden zu

(9A.5a)
$$(ID - v)u_v'(ID - v, x_0) = -\frac{P_v'(x_0)}{P_v} \quad ,$$

wobei

(9A.5b)
$$P_v'(x_0) = -\sum_{i=1}^{n} (t_i - v)Z(t_i)e^{-(t_i - v)u_v(t_i - v)}\, u_v'(t_i - v, x_0).$$

Da *ID* einen Zeitpunkt und keinen Zeitraum angibt, ist es vorteilhaft, zu der folgenden Größe ID^* überzugehen, die den Immunisierungszeitraum (von *v* aus gesehen) erfasst. Da bisher $v = 0$ gewesen ist, war diese Unterscheidung ohne Relevanz. Es gilt:

(9A.6)
$$ID^*(v) = ID - v.$$

Das Durationsmaß $ID^*(v)$, die *restliche immunisierende Duration*, vermag die Dynamik der analysierten Situation besser zu erfassen. Die Beziehung (9A.5a) geht damit über in

(9A.7)
$$ID^*(v)u_v'(ID^*(v), x_0) = -\frac{P_v'(x_0)}{P_v(x_0)} \quad .$$

Unter der Hypothese

(9A.8)
$$u_v'(t_i - v, x_0) = u_v'(x_0) \quad ,$$

d.h., dass die Größe unabhängig von *t* ist, gelangen wir darüber hinaus zu der folgenden expliziten Darstellung der restlichen immunisierenden Duration:

(9A.9)
$$ID^*(v) = \frac{1}{P_v}\sum_{i=1}^{n} (t_i - v)Z(t_i)e^{-(t_i - v)u_v(t_i - v)}.$$

Soweit zur allgemeinen Analyse. Wir betrachten einige Beispiele, um den Sachverhalt weiter zu erhellen.

Beispiel 9A.1: Macaulay-Duration

Wir gehen von einer flachen zeitdiskreten Zinsstruktur aus, $r_v(t) = r_v$, die einem anfänglichen additiven Shift unterliegt, d.h. $r_v(t) = r_v + x$. In den zeitstetigen Modellrahmen übersetzt, folgt (mit $x_0 = 0$) $u_v(t, x) = \ln(1 + r_v + x)$. Hieraus folgt $u_v'(t, x_0) = 1/(1 + r_v)$. Die Bedingung (9A.8) ist damit erfüllt und wir erhalten

$$\begin{aligned} ID^*(v) &= \frac{\sum (t_i - v)Z(t_i)(1 + r_v)^{-(t_i - v)}}{\sum Z(t_i)(1 + r_v)^{-(t_i - v)}} \\ &= \frac{1}{P_v}\sum t_i Z(t_i)(1 + r_v)^{-(t_i - v)} - r_v. \end{aligned}$$

Für $v = 0$ folgt $ID^* = ID = D$, die übliche Macaulay-Duration.

Beispiel 9A.2: Fisher/Weil-Duration
Hier gilt mit $x_0 = 0$ $u_v(t, x) = x + u_v(t)$. Hieraus folgt $u'_v(t, x) \equiv 1$, d.h. die Bedingung (9A.8) ist wiederum erfüllt. Aus (9A.9) folgt damit

$$
\begin{aligned}
ID^*(v) &= \frac{\sum (t_i - v) Z(t_i) e^{-(t_i - v) u_v (t_i - v)}}{\sum Z(t_i) e^{-(t_i - v) u_v (t_i - v)}} \\
&= \frac{1}{P_v} \sum t_i \, Z(t_i) e^{-(t_i - v) u_v (t_i - v)} -
\end{aligned}
$$

Dies stellt die dynamische Variante der Fisher/Weil-Duration D_{FW} gemäß (9.3) dar. Im Falle $v = 0$ folgt direkt $ID^* = ID = D_{FW}$ (man beachte die in 9.2.1 getroffene Definition $u_i = u(t_i)$).

Beispiel 9A.3: Khang-Duration
Khang (1979) geht aus von der folgenden Shiftfunktion für die anfängliche Zinsrate ($x_0 = 0$)

(9A.10)
$$u_v(t, x) = u_v(t) + \frac{x \ln(1 + \alpha t)}{\alpha t}.$$

Die verwendete Shiftfunktion soll dabei den Effekt erfassen, dass kurzfristige Zinsraten eine höhere Variabilität aufweisen als langfristige Zinsraten, d.h. ein im kurzfristigen Bereich auftretender Zinsshift soll im längerfristigen Bereich nur gedämpft auftreten. Die Dämpfungsintensität wird dabei durch den Parameter α erfasst. Je größer α, desto rascher nimmt der Zinsshift mit wachsendem t ab. Für $\alpha \to 0$ kommt es zu einer Parallelverschiebung der Zinsstruktur. Abbildung 9A.1 illustriert entsprechende Shifts der Zinsstruktur. Aus (9A.10) folgt zunächst $u'_v(t, x) = \ln(t + \alpha t) / \alpha t$, damit können wir (9A.8) nicht anwenden, sondern müssen von der allgemeinen Beziehung (9A.7) ausgehen. Es folgt:

$$ID^*(v) \frac{\ln\left[1 + \alpha ID^*(v)\right]}{\alpha ID^*(v)} = \frac{1}{P_v} \sum_{i=1}^{n} (t_i - v) Z(t_i) e^{-(t_i - v) u_v (t_i - v)} \quad \frac{\ln\left[1 + \alpha (t_i - v)\right]}{\alpha (t_i - v)}.$$

Hieraus folgt die Beziehung

(9A.11)
$$\ln\left[1 + \alpha ID^*(v)\right] = \frac{1}{P_v} \sum_{i=1}^{n} \ln\left[1 + \alpha(t_i - v)\right] Z(t_i) \mathrm{e}^{-(t_i - v) u_v (t_i - v)} \; .$$

Eine Auflösung nach ID^* ist hierbei unschwer möglich.

In der Literatur werden über die vorstehenden Beispiele hinaus eine Reihe von weiteren speziellen einfaktoriellen Ansätzen diskutiert. Ebenso existieren Weiterentwicklungen (Multi-Faktor-Durationsmodelle), bei denen die Änderung der Zinsstruktur durch die Änderung eines Parametervektors induziert wird. Für einen diesbezüglichen Überblick sei etwa auf *Hauser* (1992, Abschnitt 3.3) verwiesen.

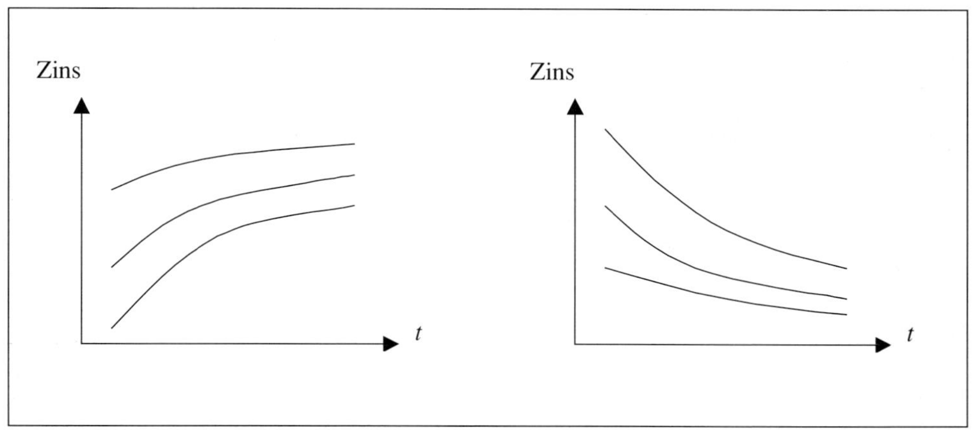

Abb. 9.A1: Laufzeitabhängiger additiver Shift von Zinsstrukturen

Anhang 9B: Basisbeziehungen zwischen Zerobondpreisen, Spot Rates, Zinsintensität, Forward Rates und Forwardintensität

Wir gehen im Folgenden wieder aus von dem in Abschnitt 9.3.1 betrachteten Bondmarkt. Die Forward Rates $F(t;\ u,\ v)$, $t < u < v$, die durch die Zinsstruktur zum Zeitpunkt t implizit definiert sind und die (zeitstetige) Verzinsung vom Zeitpunkt u bis zum Zeitpunkt v widerspiegeln, müssen die folgende fundamentale Beziehung erfüllen, welche die sukzessive Wertentwicklung einer Geldeinheit von t nach u und dann von u nach v bzw. alternativ die Entwicklung von t nach v angibt:

(9B.1a)
$$\exp\left\{ R(t,u)\,(u-t) + F(t;u,v)\,(v-u)\right\} = \exp\left\{R(t,v)\,(v-t)\right\}.$$

Damit gilt:

(9B.1b)
$$F(t;u,v) = \frac{1}{v-u}\left[R(t,v)\,(v-t) - R(t,u)\,(u-t)\right] \quad .$$

In Termen der (im Markt vorgegebenen) Zerobondpreise muss gemäß (9.30b) somit gelten:

(9B.2)
$$F(t;u,v) = -\frac{1}{v-u}\left[\ln B(t,v) - \ln B(t,u)\right] \quad .$$

Entsprechend gilt wiederum gemäß (9.30b)

(9B.3)
$$R(t,T) = F(t;t,T) \quad .$$

Die Forwardintensität $F(t,\ T)$ ist nun definiert durch

(9B.4)
$$F(t,T) = \lim_{h \to 0} \frac{1}{h} F(t;T,T+h) = -\frac{\partial \ln B(t,T)}{\partial T}$$
$$= -\frac{1}{B(t,T)} \frac{\partial B(t,T)}{\partial T}$$

und es gilt damit (pfadweise)

(9B.5)
$$F(t;u,v) = \frac{1}{v-u} \int_u^v F(t,s)\,ds \quad .$$

Des weiteren ergibt sich für die Zinsintensität:

(9B.6)
$$R(t) = \lim_{T \to t} R(t,T) = R(t,t) = F(t,t). \quad .$$

Für die Zerobondpreise gilt dann gemäß (9.32a)

(9B.7)
$$B(t,T) = \exp\left\{ -\int_t^T F(t,s)\,ds \right\}.$$

Schließlich gelten für die Spot Rates die Relationen

(9B.8)
$$R(t,T) = \frac{1}{T-t} \int_t^T F(t,s)\,ds.$$
$$= -\frac{1}{T-t} \ln B(t,T) \quad .$$

Anhang 9C: Arbitragefreie Zerobondpreise bei Vorgabe der Zinsintensität: Der Hedge Portfolio-Ansatz

Ausgangspunkt der weiteren Überlegungen ist zunächst die Annahme eines (eindimensionalen) Diffusionsprozesses

(9C.1a)
$$dR_t = \mu(t,R_t)\,dt + \sigma(t,R_t)\,dW_t$$

für die Entwicklung der Zinsintensität, die zugehörigen Drift- bzw. Diffusionsfunktionen sind:

(9C.1b)
$$\mu = \mu(t,x), \quad \sigma = \sigma(t,x) \quad .$$

Die Zerobondpreise $B(t,T) = B(t,R_t;T)$ sind dann als Bildprozesse der Zinsintensität ebenfalls Diffusionsprozesse, deren Drift- bzw. Diffusionsfunktionen $\mu_T(t) := \mu_B(t,x;T)$ bzw. $\sigma_T(t) = B_x(T)\sigma$, gemäß des Lemmas von Itô[19], bestimmt werden können zu:

(9C.2a)
$$\mu_T(t) = B_t(T) + B_x(T)\mu + \frac{1}{2} B_{xx}(T)\sigma^2$$

19 Vgl. Gleichung 4.22 in Abschnitt 4.

(9C.2b)
$$\sigma_T(t) = B_x(T)\sigma,$$

wobei $B_t(T) := \partial B(t,x;T)/\partial t, B_x(T) := \partial B(t,x;T)/\partial x$ und $B_{xx}(T) = \partial^2 B(t,x;T)/\partial x^2$.
Entsprechend gilt

(9C.3)
$$\frac{dB_T(t)}{B_T(t)} = \mu_T^* \, dt + \sigma_T^* \, dW_t$$

mit $\mu_T^* = \frac{1}{B}\mu_T$ und $\sigma_T^* = \frac{1}{B}\sigma_T$.

Wir betrachten nun das folgende Portfolio, bestehend aus

1) $x(t) = 1$ Einheiten eines Zerobonds mit Laufzeit T_1
2) $y(t) = -h(t)$ Einheiten eines Zerobonds mit Laufzeit $T_2 \neq T_1$.

Für die Wertentwicklung V_t dieses Portfolios gilt somit

(9C.4)
$$V_t = B(t,T_1) - h(t)B(t,T_2)$$

und damit $(\mu_i^* := \mu_{T_i}^*, \sigma_i^* := \sigma_{T_i}^*, B_i = B_{T_i}, i = 1,2)$

(9C.5)
$$\begin{aligned} dV_t &= \left(\mu_1^* B_1 \, dt + \sigma_1^* B_1 \, dW_t\right) - h(t)(\mu_2^* B_2 \, dt + \sigma_2^* B_2 \, dW_t) \\ &= \left[\mu_1^* B_1 - h(t)\mu_2^* B_2\right] dt + \left[\sigma_1^* B_1 - h(t)\sigma_2^* B_2\right] dW_t. \end{aligned}$$

Offenbar verschwindet der Diffusionsterm für

(9C.6)
$$h(t) = \frac{\sigma_1^* B_1}{\sigma_2^* B_2}.$$

Das Portfolio weist dann die Dynamik der Wertentwicklung (9.34) auf und ist damit selbst lokal risikolos. Hieraus folgt:

(9C.7)
$$\begin{aligned} dV_t &= \left(\mu_1^* B_1 - \frac{\sigma_1^* B_1}{\sigma_2^* B_2} \mu_2^* B_2\right) dt \\ &= \left(\mu_1^* B_1 - \frac{\sigma_1^*}{\sigma_2^*} \mu_2^* B_1\right) dt \end{aligned}$$

und damit

(9C.8)
$$\begin{aligned} \frac{dV_t}{V_t} &= \frac{\left(\mu_1^* - \frac{\sigma_1^*}{\sigma_2^*}\mu_2^*\right) B_1}{B_1 - \frac{\sigma_1^* B_1}{\sigma_2^* B_2} B_2} dt \\ &= \frac{\mu_1^* - \sigma_1^* \mu_2^* / \sigma_2^*}{1 - \sigma_1^* / \sigma_2^*} dt. \end{aligned}$$

Aufgrund der Arbitragefreiheitsbedingung (9.35) muss nun gelten $dV_t / V_t = dZ_t / Z_t = r_t\, dt$ und es folgt mit (9C.8)

(9C.9) $$\frac{\mu_1^* - \sigma_1^* \mu_2^* / \sigma_2^*}{1 - \sigma_1^* / \sigma_2^*} = r_t \quad .$$

Dies führt zu

$$\mu_1^* - \frac{\sigma_1^*}{\sigma_2^*} \mu_2^* = r_t - \frac{\sigma_1^*}{\sigma_2^*} r_t$$

und schließlich zu

$$\frac{\mu_1^* - r_t}{\sigma_1^*} = \frac{\mu_2^* - r_t}{\sigma_2^*},$$

bzw. in vollständiger Notation zu

(9C.10) $$\frac{\mu^*(t, r_t, T_1) - r_t}{\sigma^*(t, r_t, T_1)} = \frac{\mu^*(t, r_t, T_2) - r_t}{\sigma^*(t, r_t, T_2)} \quad .$$

Die vorstehenden Quotienten sind daher unabhängig von den (beliebig gewählten) Laufzeiten T_1 bzw. T_2. Die Größe

(9C.11) $$q(t, r_t) := \frac{\mu^*(t, r_t, T) - r_t}{\sigma^*(t, r_t, T)}$$

bezeichnet den »Marktpreis des Risikos«.[20] Mit $r_t = r$ folgt dann weiter

(9C.12) $$\mu^*(t,r,T) - r = q(t,r)\sigma^*(t,r,T) \quad .$$

Setzt man in diese Beziehungen die Ausdrücke aus (9C.2a) ein, dabei gilt $\mu_T^* = \mu_T/B$ und $\sigma_T^* = \sigma_T/B$, so folgt

$$\frac{1}{B}\left[B_t + \mu B_r + \frac{1}{2}\sigma^2 B_{rr} \right] - r = q \frac{1}{B} \sigma B_r$$

bzw.

$$B_t + (\mu - q\sigma) B_r + \frac{1}{2}\sigma^2 B_{rr} - rB = 0$$

bzw. in ausgeschriebener Form

(9C.13) $$\frac{\partial}{\partial t} B(t,r,T) + [\mu(t,r,T) - q(t,r)\sigma(t,r,T)] \frac{\partial}{\partial r} B(t,r,T) + \frac{1}{2}\sigma^2 \frac{\partial^2}{\partial r^2} B(t,r,T) - r\,B(t,r,T) = 0 \quad .$$

Dies ist die zentrale deterministische partielle Differentialgleichung für arbitragefreie Zerobondpreise, dabei ist die Randbedingung $B(T, r, T) = 1$ für alle $t > 0$ zu beachten.

Die Lösung der partiellen Differentialgleichung (9C.13) kann nun, wie *Vasicek* (1977) zeigt, in die explizite Form (9.40) des Haupttextes gebracht werden.

20 Vgl. hierzu den Haupttext.

Anhang 9D: Zinsstrukturmodelle und Martingal-Pricing

Die Analysen des Abschnitts 5.3.3 bzw. der Anhänge 5B und 5C, die das Martingal-Pricing im Zusammenhang mit einem zeitdiskreten Modell und einen deterministischen risikolosen Zins behandelt haben, müssen im Falle stochastischer Zinsstrukturmodelle verallgemeinert werden, da die Referenzverzinsung nicht mehr sinnvollerweise als deterministisch gewählt werden kann. Die die (vollständig) risikolose Anlage verallgemeinernde Anlage ist die in Abschnitt 9.3.1 dargestellte Anlagestrategie (Geldanlage) mit Wertentwicklung $B(t)$ gemäß (9.33), die lokal risikolos ist.

Der betrachtete Bondmarkt besteht damit zum einen aus der Geldanlage (Money Account) gemäß (9.33), zum anderen aus einem Einheitszerobond der Restlaufzeit $T > 0$. Der Bondmarkt ist damit charakterisiert durch die Preisprozesse $\{B(t), B(t, T);\ 0 \leq t \leq T\}$. Ziel ist nun die Bewertung des Einheitszerobonds relativ zu der (lokal) risikolosen Geldanlage. Wir betrachten dazu den Prozess

(9D.1) $$Z(t,T) = \frac{B(t,T)}{B(t)} \qquad 0 \leq t \leq T,$$

d.h. diskontieren die Zerobondpreise auf der Grundlage der Wertentwicklung *B(t)* der Geldanlage. Eine Wahrscheinlichkeitsbelegung Q, die dieselben Nullmengen aufweist wie die Originalwahrscheinlichkeitsbelegung P, d.h. $P(A) = 0 \Leftrightarrow Q(A) = 0$, heißt dann *Martingal-Wahrscheinlichkeitsbelegung*, wenn der Preisprozess (9D.1) die Martingaleigenschaft besitzt. Folgt $\{R_t\}$ einem Diffusionsprozess (Einfaktormodell) gemäß (9.36), so erhält man das folgende zentrale Pricing-Resultat:

(9D.2) $$\begin{aligned} B(t,r,T) &= B(t)E_Q[1/B(T) \mid R_t = r] \\ &= E_Q\left[\exp\left\{-\int_t^T R(s)\,ds\right\} \mid R_t = r\right]. \end{aligned}$$

Unter der Wahrscheinlichkeitsbelegung Q entspricht der Zerobondpreis gerade der Diskontierung des Wertes des Zerobonds in $t = T$, d.h. der Diskontierung von $B(T, T) = 1$.

Betrachten wir nun ein anderes Wertpapier, dessen Wertentwicklung von der Entwicklung $B(t, T)$ abhängt, etwa eine Option auf den Zerobond. Ist der Rückfluss dieses Papiers in $t = T$ gegeben durch X_T, so gilt für den betreffenden Preis $P_t(X_T)$ in t:

(9D.3) $$\begin{aligned} P_t(X_T) &= B(t)E_Q[X_T / B(T) \mid R_t = r] \\ &= E_Q\left[\exp\left\{-\int_t^T R(s)\,ds\right\} X_T \mid R_t = r\right]. \end{aligned}$$

Grundlage dieser Pricing-Resultate ist ein Maßwechsel auf der Grundlage des Satzes von *Girsanov*, wie dies bereits in Anhang 5C dargestellt wurde.

Bezeichnen dabei $\mu_T(t,r)$ und $\sigma_T(t,r)$ den Drift- bzw. Diffusionskoeffizienten des Rendite-Diffusionsprozesses für $B(t,T)$, d.h. $dB(t,T)/B(t,T) = \mu_T\,dt + \sigma_T\,dW_t$, so definiert der Prozess

(9D.4) $$q(t) = \frac{\mu_T(t,R_t) - R_t}{\sigma_T(t,R_t)}$$

seinerseits wie in (5C.6) den Prozess

(9D.5) $$Z_q(t) = \exp\left[-\int_0^t q(s)\,dW_s - \tfrac{1}{2}\int_0^t q^2(s)\,ds\right],$$

die Radon/Nikodym-Dichte dQ/dP des äquivalenten Martingalmaßes Q in Bezug auf das Originalmaß P. Unter Q hat dann der Diffusionsprozess für die Zinsintensität die Form

(9D.6a) $$dR_t = \mu^*\,dt + \sigma\,dW_t^*,$$

wobei

(9D.6b) $$\mu^*(t,r) = \mu(t,r) - q(t)\sigma(t,r)$$

gilt und

(9D.6c) $$W^*(t) = W(t) + \int_0^t q(s)\,ds$$

ein (Standard-)Wienerprozess unter Q ist.

Die Beziehung (9D.6b) verdeutlicht zugleich, dass das äquivalente Martingalmaß nicht eindeutig ist, sondern es unendlich viele davon gibt. Erst die (implizite) Spezifikation des Marktpreises des Risikos q durch die Investoren (und deren Präferenzen) am Bondmarkt legt das äquivalente Martingalmaß fest.

Ferner ist festzuhalten, dass unter einem äquivalenten Martingalmaß Q gilt:

(9D.7) $$dB(t,T)/B(t,T) = R_t dt + \sigma_T\,dW_t^*.$$

Die Drift des Renditeprozesses für $B(t,T)$ entspricht der Zinsintensität, d.h. der »risikolosen Verzinsung«.

Auf der Grundlage der Ergebnisse des Anhangs 5C, insbesondere der Gleichung (5C.8) erhalten wir ferner die (5D.2) bzw. (5D.3) entsprechenden Preisgleichungen unter dem Originalmaß P.

Es gilt dann

(9D.8) $$B(t,T) = E_P\left[\exp\left\{-\int_t^T R(s)\,ds - \tfrac{1}{2}\int_t^T q^2(s)\,ds - \int_t^T q(s)\,dW_s\right\} | R_t = r\right]$$

bzw.

(9D.9) $$P_t(X_T) = E_P\left[\exp\left\{-\int_t^T R(s)\,ds - \tfrac{1}{2}\int_t^T q^2(s)\,ds - \int_t^T q(s)\,dW_s\right\} X_T | R_t = r\right].$$

Anhang 9E: Affine Zinsstrukturen

Ausgehend von einem Einfaktormodell für die Zinsintensität – dabei wird in der Literatur regelmäßig angenommen, dass die Betrachtung unter dem äquivalenten Martingalmaß Q erfolgt – gemäß (9.36) heißt die resultierende arbitragefreie Zinsstruktur *affin*, wenn für die Zerobond-Preise gilt ($R_t = r$):

(9E.1)
$$\begin{aligned} B(t,r,T) &= e^{A(t,T)-H(t,T)r} \\ &= A^*(t,T)e^{-H(t,T)r}. \end{aligned}$$

Gilt $A(t, T) = A(T - t) = A(\tau)$ und $B(t, T) = B(T - t) = B(\tau)$, so wird die Zinsstruktur als *homogen affin* bezeichnet. Affine Zinsstrukturen weisen besondere Vorzüge hinsichtlich ihrer Traktabilität auf. Dies liegt darin begründet, dass für die Funktion H eine Differentialgleichung des Riccati-Typus gültig und somit analytisch lösbar ist. Eine hinreichende Bedingung für das Vorliegen einer affinen Zinsstruktur ist die folgende Gestalt von Drift- und Diffusionsfunktion:

(9E.2a)
$$\mu(t,r) = a(t)r + b(t)$$

(9E.2b)
$$\sigma^2(t,r) = c(t)r + d(t).$$

Driftfunktion und das Quadrat der Diffusionsfunktion sind somit lineare Funktionen der Zinsintensität.

Wir betrachten einige zentrale Einfaktormodelle und stellen die daraus resultierende Funktion gemäß (9E.1) dar.

1. Vasicek-Modell

Das Vasicek-Modell gemäß Abschnitt 9.4.2.2, insbesondere (9.45), erfüllt die Bedingungen (9E.2), da hier gilt $\mu(t, r) = \alpha(\mu - r) = \alpha\mu - \alpha r$ und $\sigma(t, r) = \sigma$, d.h. $a(t) = -\alpha$, $b(t) = \alpha\mu$, $c(t) = 0$, $d(t) = \sigma$.

Als Lösung für die in (9E.1) eingehenden Funktionen gilt dann

(9E.3a)
$$H(\tau) = \frac{1-e^{-\alpha\tau}}{\alpha}$$

und

(9E.3b)
$$A(\tau) = [H(\tau)-\tau]\left(\mu - \frac{\sigma^2}{2\alpha^2}\right) - \frac{\sigma^2}{4\alpha}H(\tau)^2$$

Wenn $\alpha = 0$ ist, dann gilt $H(\tau) = \tau$ und $A(\tau) = \exp\,[\sigma^2\,\tau^3/6]$.

Die zugehörigen Spot Rates zum Zeitpunkt t zur Fristigkeit τ sind dann gegeben durch

(9E.4)
$$R(t,t+\tau) = -\frac{1}{\tau}A(\tau) + \frac{1}{\tau}H(\tau)R_t\,.$$

Hieraus folgt des Weiteren (unter Q) für die langfristige Spot Rate

(9E.5)
$$\lim_{T\to\infty} R(t,T) = \mu - \sigma^2/(2\alpha^2)$$

Da der Ornstein/Uhlenbeck-Prozess ein Gauß-Prozess ist, sind alle R_t normalverteilt. Aufgrund von (9E.1) sind dann die Zerobondpreise lognormalverteilt und aufgrund von (9E.4) sind die Spot Rates normalverteilt. Dies ist ein Manko des Vasicek-Modells, denn dies bedeutet, dass auch negative Spot Rates vom Modell generiert werden können.

Aufgrund der Spezifikation des Prozesses gemäß (9.45) gilt auf Basis der Ergebnisse von Abschnitt 4.3.4 bei Vorgabe eines Startwerts $R_0 = r_0$

(9E.6)
$$R_t \sim N\left(\mu + e^{-\alpha t}(r_0 - \mu),\ \frac{\sigma^2}{2\alpha}(1 - e^{-2\alpha t})\right).$$

Die Parameter α, μ und σ sind dabei Parameter unter der risikoneutralen Wahrscheinlichkeitsbelegung Q. Der Startwert der (nicht direkt beobachtbaren) Zinsintensität wird dabei üblicherweise approximiert durch einen Kurzfristzins.

Die Spot Rate $R(t, t+\tau)$ ist damit normalverteilt mit

(9E.7a)
$$E[R(t,t+\tau)] = -\frac{1}{\tau}A(\tau) + \frac{1}{\tau}H(\tau)\left[\mu + e^{-\alpha t}(r_0 - \mu)\right]$$

(9E.7b)
$$Var[R(t,t+\tau)] = H^2(\tau)\left[\frac{\sigma^2}{2\alpha\tau^2}(1 - e^{-2\alpha t})\right].$$

Die Zinsstruktur des Vasicek-Modells[21] ist monoton steigend (normal) oder monoton fallend (invers) oder gekrümmt (humped).

Löst man (9E.4) nach R_t für zwei beliebige Laufzeiten auf, so erhält man durch Gleichsetzen der Beziehungen eine Beziehung zwischen beliebigen Spot Rates. Dies bedeutet, dass alle Spot Rates im Vasicek-Modell – wie auch bei allen anderen Einfaktormodellen der Zinsintensität – perfekt korreliert sind. Dies entspricht nur bedingt der empirischen Erfahrung.

Wenden wir uns damit den unter der Original-Wahrscheinlichkeitsbelegung (physische Wahrscheinlichkeiten) P bestehenden Beziehungen zu. Zur Verdeutlichung der Verhältnisse bezeichnen wir die Parameter unter Q nunmehr mit α_Q, μ_Q und σ_Q. Hinsichtlich des Marktpreises des Risikos verwenden wir die Standardannahme $q(t,r) = -q$. Daneben findet man in der Literatur auch die Spezifikationen $q(t,r) = q$ sowie $q(t,r) = qr$.

Unter der P- bzw. Q-Dynamik gilt dann für die Drift:

$$\mu_P(t,r) = \alpha_P(\mu_P - r) = \alpha_P\mu_P - \alpha_P r$$
$$\mu_Q(t,r) = \alpha_Q(\mu_Q - r) = \alpha_Q\mu_Q - \alpha_Q r.$$

Generell gilt gemäß (9.42b):

$$\mu_Q(t,r) = \mu_P(t,r) - q(t,r)\sigma(t,r).$$

21 Vgl. etwa *Kwok* (1998, S. 355 f.).

Im vorliegenden Fall folgt hieraus:

$$\alpha_Q \mu_Q - \alpha_Q r = \alpha_P \mu_P - \alpha_P r + q\sigma.$$

Aus einem Vergleich der Terme ergibt sich:

(9E.8a) $$\alpha_Q = \alpha_P = \alpha\,.$$

Ein Vergleich der Restterme ergibt:

(9E.8b) $$\mu_Q = \mu_P + \frac{q\sigma}{\alpha} \text{ bzw. } \mu_P = \mu_Q - \frac{q\sigma}{\alpha}.$$

Unter Verwendung der Parameter (r_∞ entspricht dabei der langfristigen Spot Rate unter P)

(9E.9a) $$\beta = 1 - e^{-\alpha\tau}$$

(9E.9b) $$r_\infty = \mu_P + \frac{\sigma q}{\alpha} - \frac{\sigma^2}{2\alpha^2}$$

folgt damit

(9E.10a) $$H(\tau) = \beta/\alpha$$

und

(9E.10b) $$\begin{aligned} A(\tau) &= [H(\tau) - \tau]\left(\mu_Q - \frac{\sigma^2}{2\alpha^2}\right) - \frac{\sigma^2}{4\alpha} H(\tau)^2 \\ &= \left(\frac{\beta}{\alpha} - \tau\right)\left(\mu_P + \frac{q\sigma}{\alpha} - \frac{\sigma^2}{2\alpha^2}\right) - \frac{\sigma^2 \beta^2}{4\alpha^3}\,. \end{aligned}$$

Hieraus folgt insgesamt

(9E.11) $$\begin{aligned} \ln B(t, t+\tau) &= \left(\frac{\beta}{\alpha} - \tau\right) r_\infty - \frac{\sigma^2 \beta^2}{4\alpha^3} - \frac{\beta}{\alpha} r \\ &= \frac{\beta}{\alpha}(r_\infty - r) - \tau r_\infty - \frac{\sigma^2 \beta^2}{4\alpha^3}\,. \end{aligned}$$

Dies entspricht der von *Vasicek* (1977) angegebenen Lösung.

2. Cox/Ingersoll/Ross-Modell

Auch das Cox/Ingersoll/Ross-Modell gemäß Abschnitt 9.4.2.3, insbesondere (9.46) führt zu einer affinen Zinsstruktur. Generell ist dabei $2\alpha\,\mu > \sigma^2$ vorauszusetzen, damit der Zinsintensitätsprozess im positiven Bereich verbleibt. Als Lösung für die in (9E.1) eingehenden Koeffizienten gilt dann mit $\gamma = \sqrt{\alpha^2 + 2\sigma^2}$:

(9E.12a)
$$A(\tau)=\frac{2\alpha\mu}{\sigma^2}\ln\left[\frac{2\gamma\, e^{(\alpha+\gamma)\tau/2}}{(\alpha+\gamma)(e^{\gamma\tau}-1)+2\gamma}\right]$$

9E.12b)
$$H(\tau)=\left[\frac{2(e^{\gamma\tau}-1)}{(\alpha+\gamma)(e^{\gamma\tau}-1)+2\gamma}\right].$$

Die Spot Rates zum Zeitpunkt t mit Fristigkeit τ sind wiederum gegeben durch (9E.4). Die Zinsintensität R_t folgt dabei einer nicht-zentralen Chi-Quadrat-Verteilung, vgl. hierzu Anhang 4D. Abschnitt 4.3.5 enthält die entsprechenden Ausdrücke für $E(R_t \mid R_0 = r_0)$ und $Var\,(R_t \mid R_0 = r_0)$. Diese Größen sind dabei aufgrund der Mean-Reversion-Eigenschaft startwertabhängig. Auf der Basis von (9E.4) erhält man dann Erwartungswert und Varianz der Spot Rates $R(t,\, t+\tau)$.

Hieraus folgt des Weiteren (immer noch unter Q) für die langfristige Spot Rate:

(9E.13)
$$\lim_{T\to\infty} R(t,T)=\frac{\alpha\mu(\gamma-\alpha)}{\sigma^2}.$$

Wenden wir uns damit wie im Vasicek-Fall den unter der Original-Wahrscheinlichkeitsbelegung P bestehenden Verhältnissen zu. Zur Verdeutlichung bezeichnen wir wiederum die Parameter unter Q mit α_Q, μ_Q und σ_Q. Hinsichtlich des Marktpreises des Risikos verwenden wir dabei die Standardannahme $q(t,r)=q\sqrt{r}/\sigma$.

Unter der P- bzw. Q-Dynamik gilt für den Drift wiederum:

$$\mu_P(t,r)=\alpha_P(\mu_P-r)=\alpha_P\,\mu_P-\alpha_P\,r$$

$$\mu_Q(t,r)=\alpha_Q(\mu_Q-r)=\alpha_Q\,\mu_Q-\alpha_Q\,r\;.$$

Ferner gilt gemäß (9.42b)

$$\mu_Q(t,r)=\mu_P(t,r)-q(t,r)\,\sigma(t,r)\;.$$

Im vorliegenden Fall folgt hieraus:

$$\begin{aligned}\alpha_Q\,\mu_Q-\alpha_Q\,r\;&=\alpha_P\,\mu_P-\alpha_P\,r-q\sqrt{r}\,\sigma\sqrt{r}/\sigma\\&=\alpha_P\,\mu_P-\alpha_P\,r-qr\;.\end{aligned}$$

Aus einem Vergleich der r-Terme ergibt sich damit:

(9E.14a)
$$\alpha_Q=\alpha_P+q \;\text{ bzw. }\; \alpha_P=\alpha_Q-q\,.$$

Aus dem Vergleich der restlichen Terme ergibt sich entsprechend:

(9E.14b)
$$\mu_Q=\frac{\alpha_P}{\alpha_Q}\mu_P=\frac{\alpha_P}{\alpha_P+q}\mu_P \;\text{ bzw. }\; \mu_P=\frac{\alpha_Q}{\alpha_P}\mu_Q=\frac{\alpha_Q}{\alpha_Q-q}\mu_Q\;.$$

Die Lösung für $B(t, t + \tau)$ unter der P-Dynamik ergibt sich dann wiederum durch Ersetzen von α bzw. μ in (9E.12) durch die entsprechenden Funktionen in α_P bzw. μ_P gemäß (9E.14). Der Parameter γ geht entsprechend über in $\gamma = \sqrt{(\alpha_p + q)^2 + 2\sigma^2}$.

3. Das erweiterte Vasicek-Modell nach *Hull/White*

Wir betrachten den folgenden Spezialfall des Zinsintensitätsmodells gemäß (9.49):

(9E.15)
$$dR_t = \alpha[\mu(t) - R_t]dt + \sigma dW_t \ .$$

Wir rufen zunächst die Definition der Forwardintensität $F(t,T) = -\partial \ln B(t,T) / \partial T$ in Erinnerung und bezeichnen im Weiteren mit $F(0,T) = f^M(0,T)$ die anfängliche *beobachtete* Forwardintensität. Ein erstes zentrales Resultat, vgl. etwa die Ableitung in *Branger/Schlag* (2004, S. 176 f.), besteht dann darin, dass bei der Wahl $f_T(0,t) := \partial f(0,T) / \partial T|_{T=t}$

(9E.16)
$$\mu(t) = f^M(0,t) + \frac{1}{\alpha} f_T^M(0,t) + (1 - e^{-2\alpha t}) \frac{\sigma^2}{2\alpha^2}$$

die aus dem Modell resultierende Forwardintensität $f(0,t)$ mit der beobachteten Kurve $f^M(0,t)$ übereinstimmt. Das Modell kann somit in Übereinstimmung mit den beobachteten Ausgangsverhältnissen kalibriert werden.

Für den Zinsintensitätsprozess gilt die folgende Charakterisierung

(9E.17)
$$R_t = f^M(0,t) + \frac{\sigma^2}{2\alpha^2}(1 - e^{-\alpha t})^2 + \sigma Z_{0,t} \ ,$$

wobei – wir rufen die Definition (4.43) aus Kapitel 4 in Erinnerung –

(9E.18)
$$Z_{0,t} = \int_0^t e^{-\alpha(t-s)} dW_s$$

eine normalverteilte Zufallsgröße mit $E(Z_{0,t}) = 0$ und

(9E.19)
$$Var(Z_{0,t}) = \frac{1}{2\alpha}(1 - e^{-2\alpha t})$$

ist. Damit ist der Zinsintensitätsprozess vollständig spezifiziert. Die dem Vasicek-Modell sehr ähnlichen Verteilungseigenschaften erlauben nun in entsprechender Weise eine Ableitung der Zerobondpreise. Es liegt wiederum eine affine Zinsstruktur vor. Insbesondere gilt, man vgl. hierzu *Cairns* (2004, S. 88):

(9E.20a)
$$H(t,T) = \frac{1 - e^{-\alpha(T-t)}}{\alpha}$$

– das ist, man vgl. (9E.3a), unverändert gegenüber dem Vasicek-Modell – sowie

(9E.20b)
$$A(t,T) = \ln \frac{B^M(0,T)}{B^M(0,t)} + H(t,T) f^M(0,t) - \frac{\sigma^2}{4\alpha^3}[1 - e^{-\alpha(T-t)}]^2 (1 - e^{-2\alpha t}).$$

Dabei bezeichne $B^M(0,t)$ die am Markt beobachtete Struktur der Zerobondpreise. Gemäß Anhang 9B gilt hierbei $B^M(0,t) = \exp\left\{-\int_0^t f^M(0,s)\,ds\right\}$.

4. Das (zeitstetige) Ho/Lee-Modell

Das zeitstetige Ho/Lee-Modell gemäß (9.51) ist ein Spezialfall von (9E.15), unterdrückt wird dabei der Mean Reversion-Term. Bei Wahl des Parameters gemäß $(f_T(0,t) := \partial f(0,T)/\partial T\,|_{T=t})$

(9E.21)
$$\theta(t) = f_T^M(0,t) + \sigma^2 t$$

ist wiederum eine Anpassung der sich aus dem Modell ergebenden Forwardintensitäten $f(0,t)$ an die am Markt beobachteten Forwardintensitäten $f^M(0,t)$ gewährleistet. Für die zugehörige affine Zinsstruktur gilt:

(9E.22a)
$$H(t,T) = T - t$$

(9E.22b)
$$A(t,T) = \ln\frac{B(0,T)}{B(0,t)} + (T-t)f(0,t) - \frac{1}{2}\sigma^2 t(T-t)^2.$$

Abschließend soll noch darauf hingewiesen werden, dass weder die zeitstetige Variante des Black/Derman/Toy-Modells gemäß (9.52) noch das Black/Karasinski-Modell gemäß (9.53) zu einer affinen Zinsstruktur führen. Dies liegt an der Lognormalverteilung der zugrunde liegenden Zinsintensitäten.

Anhang 9F: Statistische Identifikation und Simulation des CIR-Modells

Wir gehen zunächst davon aus, dass der Prozess R_t unter dem risikoneutralen Wahrscheinlichkeitsmaß Q bzw. unter dem (beobachtbaren) Ausgangswahrscheinlichkeitsmaß P die folgenden Spezifikationen von Drift und Diffusion besitzt:

(9F.1) $$\mu_Q = b - ar\,, \quad \sigma_Q = \sigma\sqrt{r}$$

(9F.2) $$\mu_P = b - (a - q\sigma)r = b - \alpha r\,, \quad \sigma_P = \sigma\sqrt{r}\,.$$

Die Wahl von $\alpha = a - q\sigma$ garantiert dabei, dass beim Übergang von P nach Q unter der Standardannahme $q(t,r) = q\sqrt{r}$ über den Marktpreis des Risikos die richtigen Koeffizienten resultieren, denn es gilt nach (9.43) $\mu_Q = \mu_P - q(t,r)\sigma_P = \mu_P - q\sqrt{r}\,\sigma\sqrt{r} = b - (a - q\sigma)r - q\sigma r = b - ar$. In Termen von q lautet dieser Zusammenhang

(9F.3) $$q = (a - \alpha)/\sigma\,.$$

Zu einer vollständigen statistischen Identifikation des CIR-Modells muss daher neben den P-Parametern b, α und σ auch der Q-Parameter a identifiziert werden. Erst dann ist nicht nur der beobachtete Spot Rate-Prozess spezifiziert, sondern auch die Bewertung von Zerobonds bzw. Zinsderivaten möglich. Die P-Parameter werden entsprechend durch Beobachtungen des Spot Rate-Prozesses identifiziert, der Q-Parameter durch Beobachtung der Marktpreise für Bonds.

Wir gehen nun aus von einer Zeitreihe von $n+1$ »Beobachtungen« $r_i = r(t_i)$, $t_i = t_0 + ih\ (i = 0,\dots,n)$ des Prozesses $\{R_t\}$. Da der Prozess der Zinsintensität nicht direkt beobachtet werden kann, wird hierbei üblicherweise ein Platzhalter zur Approximation verwendet, etwa Monatsgeldmarktsätze.

Im Folgenden stützen wir uns auf die Ausführungen von *Fischer/May/Walther* (2003) zur Gewinnung zweier Standardschätzer für die P-Parameter.

Auf der Basis einer Approximation der Likelihoodfunktion erhalten wir die folgenden expliziten Schätzgrößen

(9F.4a) $$\hat{\alpha} = \frac{\frac{1}{n}(r_n - r_0)\sum \frac{1}{r_i} - \sum_{i=1}^{n} \frac{r_i}{r_{i-1}} + n}{h\left[n - \left(\sum_{i=1}^{n} r_{i-1}\right)\left(\sum_{i=1}^{n} \frac{1}{r_{i-1}}\right)/n\right]}$$

(9F.4b) $$\hat{b} = \frac{n(r_n - r_0)\left(\sum_{i=1}^{n} r_{i-1}\right)^{-1} - \sum_{i=1}^{n} \frac{r_i}{r_{i-1}} + n}{h\left[n^2\left(\sum_{i=1}^{n} r_{i-1}\right)^{-1} - \sum_{i=1}^{n} \frac{1}{r_{i-1}}\right]}$$

(9F.4c) $$\hat{\sigma}^2 = \frac{1}{nh}\sum_{i=1}^{n} \frac{1}{r_{i-1}}\left[r_i - r_{i-1} - (\hat{b} - \hat{\alpha} r_{i-1})h\right]^2.$$

Aufgrund der Art der vorgenommenen Approximation sind diese Schätzgrößen allerdings verzerrt und daher nur für kleine Zeitintervalle h verwendbar. Eine Verbesserung stellen die auf *Sörensen* (1997) zurückgehenden Martingalschätzfunktionen dar. Auch diese können so gewählt werden, dass explizite Schätzfunktionen resultieren und es gilt (wir verzichten hierbei zur Notationsvereinfachung auf die explizite Unterscheidung zwischen den Parametern und den Schätzern für die Parameter)

(9F.5a)
$$\alpha = \frac{1}{h}\ln\left\{\frac{n^2 - \left(\sum_{i=1}^{n} r_{i-1}\right)\left(\sum_{i=1}^{n}\frac{1}{r_{i-1}}\right)}{n\sum_{i=1}^{n}\frac{r_i}{r_{i-1}} - \left(\sum_{i=1}^{n} r_{i-1}\right)\left(\sum_{i=1}^{n}\frac{1}{r_{i-1}}\right)}\right\}$$

(9F.5b)
$$b = \frac{a\left(n e^{-ah} - \sum_{i=1}^{n}\frac{r_i}{r_{i-1}}\right)}{(e^{-ah}-1)\sum_{i=1}^{n}\frac{1}{r_{i-1}}}$$

(9F.5c)
$$\sigma^2 = \frac{\sum_{i=1}^{n}\frac{1}{r_{i-1}}(r_i - F(r_{i-1}))^2}{\sum_{i=1}^{n}\frac{1}{r_{i-1}}G(r_{i-1})},$$

wobei

(9F.5d)
$$F(r) = [b - (b-\alpha r)e^{-\alpha h}]/\alpha$$

und

(9F.5e)
$$G(r) = \frac{1}{2\alpha^2}[(b-2\alpha r)e^{-2\alpha h} - 2(b-\alpha r)e^{-\alpha h} + b)].$$

Zur Schätzung des noch offenen Parameters a vergleichen wir nun noch die »beobachteten« Zerobondpreise $b(0,1),\ldots,b(0,m)$ für m Jahre mit den sich gemäß dem CIR-Modell ergebenden theoretischen Zerobondpreisen. Die »beobachteten« Zerobondpreise ergeben sich auf der Grundlage der beobachteten Spot Rates $r(0,1),\ldots,r(0,m)$ gemäß $b(0,t) = \exp(-t\,r(0,t))$. Die theoretischen Zerobondpreise ergeben sich auf der Grundlage der Preisgleichungen (9E.7), hier ist der noch offene Parameter a enthalten. Etwa durch Anwendung der Methode der Kleinsten Quadrate kann nun a bestimmt werden.

Zur Simulation der solchermaßen bestimmten Zinsstruktur im Rahmen des CIR-Modells greifen wir auf das Euler-Schema (vgl. Beispiel 4.8) zurück. Gegeben einen Startwert r_0 gilt dann

(9F.6)
$$R_{n+1} = R_n + (b - \alpha R_n)h + \sigma\sqrt{R_n}\sqrt{h}\,Z_n.$$

Anhang 9G: Multifaktormodelle der Zinsstruktur

9G.1 Das allgemeine zeithomogene affine Modell

Im Weiteren gehen wir auf zentrale strukturelle Resultate für den Fall eines allgemeinen mehrdimensionalen Zinsstrukturmodells der (zeithomogenen) affinen Form ein, man vgl. hierzu *Duffie/Kan* (1996) sowie *Cairns* (2004, S. 102 ff.).

Die Zinsintensität R_t ist gegeben durch die Spezifikation

(9G.1) $$R_t = r_0 + \sum_{j=1}^{r} X_j(t) = r_0 + e^T X_t \, .$$

Dabei ist $r_0 \in R$, $e = (1, \ldots, 1)^T$ und $X_t = (X_1(t), \ldots, X_r(t))^T$ ein r-dimensionaler Diffusionsprozess.

Ziel ist die Ableitung eines Ausdrucks für die Zerobondpreise der Form

(9G.2) $$\begin{aligned} B(t,t+\tau) &= E_t^Q\left[\exp\left(-\int_t^{t+\tau} R(s)\, ds\right)\right] \\ &= \exp\left[A(\tau)+\sum_{j=1}^{r} B_j(\tau)\, X_j(t)\right] = \exp\left[A(\tau)+B(\tau)^T X_t\right] , \end{aligned}$$

einer so genannten *zeithomogenen affinen Zinsstruktur*.

Die Spot Rates sind in diesem Falle gegeben durch ($\tau > 0$)

(9G.3) $$R(t,t+\tau) = -\frac{1}{\tau}\left[A(\tau)+B(\tau)^T X_t\right] ,$$

Der folgende allgemeine r-dimensionale Diffusionsprozess führt auf eine zeithomogene affine Zinsstruktur und umfasst zahlreiche in der Literatur vertretene Spezialfälle:

(9G.4a) $$dX_t = \mu_P(X_t)\, dt + \sigma(X_t)\, dW_P(t) \; ,$$

wobei

(9G.4b) $$\mu_P(X_t) = \alpha_P(\mu_P - X_t)$$

und

(9G.4c) $$\sigma(X_t) = C\sqrt{S_t} \; .$$

Dabei ist anzumerken, dass der Diffusionsprozess hier unter dem physischen (beobachtbaren) Wahrscheinlichkeitsmaß P spezifiziert wurde. Auf die Repräsentation unter dem risikoneutralen Wahrscheinlichkeitsmaß wird im Weiteren noch eingegangen.

Die Matrix α_P ist eine reellwertige (r,r)-Diagonalmatrix[22], $\alpha_P = \text{diag}(\alpha_1^P, ..., \alpha_r^P)$, der Vektor $\mu_P = (\mu_P(1), ..., \mu_P(r))^T$ ein reellwertiger $(r,1)$-Vektor. Die Matrix $C = \Sigma^{1/2}$ ist die Cholesky-Zerlegung einer Varianz-/Kovarianzmatrix $\Sigma = (\sigma_{ij})$. Insbesondere ist C eine untere Dreiecksmatrix. Die symbolisch mit $\sqrt{S_t}$ bezeichnete Matrix ist eine (r,r)-Diagonalmatrix, deren i-tes Diagonalelement gegeben ist durch

(9G.4d) $$\left[\sqrt{S_t}\right]_{ii} = a_i + b_i^T X_t \; ,$$

die Skalare a_i und die $(r,1)$-Vektoren b_i sind dabei jeweils reellwertig.

Für weitergehende Zwecke fassen wir noch die Skalare a_i in einem $(r,1)$-Vektor $a = (a_1, ..., a_r)^T$ zusammen und die Vektoren b_i in eine (r,r)-Matrix $B = (b_1, ..., b_r)$.

Ist $B = 0$, so führt die Spezifikation (9G.4) auf einen r-dimensionalen Gauß-Prozess und es treten keine Zulässigkeitsprobleme auf. Im Allgemeinen ist der Modellansatz (9G.4) nur zulässig (admissible), wenn $\left[\sqrt{S_t}\right]_{ii} > 0$ für $i = 1, ..., r$. Im Allgemeinen sind daher Restriktionen an die Parameter notwendig, um die Zulässigkeit zu sichern. Im Allgemeinen existiert darüber hinaus ein Identifizierungsproblem, da nicht alle Parameter isoliert zu identifizieren sind, beispielsweise ist nur die Produktmatrix $C^{-1}\alpha C$ identifizierbar. Dies macht eine Reihe von Normierungen der in das Modell (9G.4) eingehenden Matrizen bzw. Vektoren notwendig. Zur ausführlichen Diskussion der Problemkreise »Zulässigkeit« und »Identifizierung« bzw. »Normierung« verweisen wir auf *Duffie/Kan* (1996), *Dai/Singleton* (2000) und *De Jong* (2000).

Kommen wir nun auf die Zusammenhänge zwischen der Spezifikation des Prozesses $\{X_t\}$ unter Q auf der einen Seite und unter dem physischen (beobachtbaren) Wahrscheinlichkeitsmaß P auf der anderen. Hierzu betrachten wir einen Vektor $\lambda(t) = (\lambda_1(t), ..., \lambda_r(t))^T$ von Marktpreisen des Risikos. Unter Q gelten dann für Drift und Diffusion des Prozesses die allgemeinen Beziehungen

(9G.5a) $$\mu_Q(X_t) = \mu_P(X_t) - \sigma(X_t)\lambda(t)$$

(9G.5b) $$\sigma_Q(X_t) = \sigma(X_t) \; ,$$

d.h. nur die Drift ändert sich bei Betrachtung des Prozesses unter Q.

Im Weiteren wird nun die folgende Annahme für die Struktur der Marktpreise des Risikos getroffen, wobei $\lambda := (\lambda_1, ..., \lambda_r)^T$:

(9G.6) $$\lambda(t) = \sqrt{S_t}\,\lambda \, .$$

In diesem Falle geht (9G.5a) zunächst über in

(9G.7a) $$\mu_Q(X_t) = \mu_P(X_t) - CS_t\lambda \, ,$$

---

22 Wie *Dai/Singleton* (2000, S. 1995) anmerken, führt die Annahme einer Diagonalmatrix zu einer Überidentifizierung der Parameter. Im Allgemeinen ist α_P als untere Dreiecksmatrix zu wählen, deren Werte außerhalb der Diagonale nur kleiner oder gleich null sind. Wir folgen trotzdem der üblichen Vorgehensweise, α_P als Diagonalmatrix zu postulieren, um die Anzahl der offenen – und damit empirisch zu identifizierenden Parameter – unter Kontrolle zu halten.

wobei S_t eine Diagonalmatrix mit $\left[\sqrt{S_t}\right]_{ii} = a_i + b_i^T X_t$ ist. Die Beziehung (9G.7a) lässt sich daher in disaggregierter Form schreiben als

(9G.7b) $$\mu_Q(X_t) = \mu_P(X_t) - C\Psi - C\Phi X_t$$

wobei Ψ ein $(r,1)$-Vektor $\Psi = (\Psi_1, \ldots, \Psi_r)^T$ mit $\Psi_i = \lambda_i a_i$ ist und Φ eine (r, r)-Matrix, deren i-te Zeile gegeben ist durch $\lambda_i b_i^T$, d.h.

$$\Phi = \begin{pmatrix} \lambda_1 b_1^T \\ \vdots \\ \lambda_r b_r^T \end{pmatrix}.$$

Notieren wir nun noch $\mu_Q(X_t)$ in der Form

(9G.7c) $$\mu_Q(X_t) = \alpha_Q(\mu_Q - X_t),$$

so gelten die Zusammenhänge

(9G.8a) $$\alpha_P = \alpha_Q - C\Phi$$

und

(9G.8b) $$\alpha_P \mu_P = \alpha_Q \mu_Q + C\Psi$$

bzw.

(9G.8c) $$\mu_P = \alpha_P^{-1}[\alpha_Q \mu_Q + C\Psi].$$

Die eindimensionale reelle Funktion $A(\tau)$ und die vektorwertige reelle Funktion $B(\tau) = (B_1(\tau),\ldots,B_r(\tau))^T$ genügen nun dem folgenden System von (gewöhnlichen) Differentialgleichungen, vgl. etwa *Dai/Singleton* (2000, S. 1947):

(9G.9a) $$dA(\tau)/d\tau = (\alpha_Q \mu_Q)^T B(\tau) + \frac{1}{2}\sum_{i=1}^{r} [C^T B(\tau)]_i^2 \, a_i - r_0$$

(9G.9b) $$dB(\tau)/d\tau = -\alpha_Q B(\tau) + \frac{1}{2}\sum_{i=1}^{r} [C^T B(\tau)]_i^2 \, b_i - e.$$

Dabei bedeute generell $[A]_i$ die i-te Zeile der Matrix A.

Die folgende alternative Darstellung bietet *De Jong* (2000, S. 301):

(9G.10a) $$dA(\tau)/d\tau = (\alpha_Q \mu_Q)^T B(\tau) + \frac{1}{2}\sum_i \sum_j B_i(\tau)\, B_j(\tau)\, a_{ij} - r_0$$

(9G.10b) $$dB(\tau)/d\tau = -\alpha_Q B(\tau) + \frac{1}{2}\sum_i \sum_j B_i(\tau)\, B_j(\tau)\, b_{ij} - e,$$

wobei die Skalare a_{ij} und die Vektoren b_{ij} der Gleichung

(9G.10c) $$a_{ij} + b_{ij}^T x = [\, C \operatorname{diag}(a + B^T x)\, C^T]_{ij}$$

genügen.

Das Differentialgleichungssystem (9G.9) bzw. (9G.10) ist in einigen zentralen Fällen explizit lösbar, im Allgemeinen – vgl. etwa *Dai/Singleton* (2000, S. 1947) – jedoch nur durch numerische Integration unter Zugrundelegung der Startbedingungen $A(0) = 0$ und $B(0) = 0$.

9G.2 Das verallgemeinerte Vasicek-Modell

Das verallgemeinerte Vasicek-Modell gewinnt man, indem man im Rahmen von (9G.4) jeweils $b_i = 0$ (bzw. $B = 0$ bzw. $\Phi = 0$) und $a_i = 1$ (bzw. $a = e$) setzt.

Die allgemeine stochastische Differentialgleichung (9G.4) besitzt dann die Form

(9G.11) $$dX_t = \alpha_P\,(\mu_P - X_t)\,dt + C dW_P(t)\ .$$

Die Zusammenhänge (9G.8) hinsichtlich des Zusammenhangs der Parameter α und μ lauten dann (man beachte $C\Psi = C\lambda$)

(9G.12a) $$\alpha_P = \alpha_Q = \alpha$$

(9G.12b) $$\mu_P = \mu_Q + \alpha^{-1} C\lambda\,.$$

Das Differentialgleichungssystem (9G.9) lautet hiermit (man beachte $CC^T = \Sigma$)

(9G.13a) $$\frac{dA(\tau)}{d\tau} = \lambda^T C^T B(\tau) + \frac{1}{2} B(\tau)^T \Sigma B(\tau) - r_0$$

(9G.13b) $$\frac{dB(\tau)}{\tau} = -\alpha\, B(\tau) - e\ .$$

Da α eine Diagonalmatrix ist, kann (9G.13b) relativ einfach gelöst werden und man erhält insbesondere

(9G.14) $$B(\tau) = (B_1(\tau), \ldots, B_r(\tau))^T = \left(\frac{e^{-\alpha_1 \tau} - 1}{\alpha_1}, \ldots, \frac{e^{-\alpha_r \tau} - 1}{\alpha_r} \right)^T .$$

9G.3 Das verallgemeinerte CIR-Modell

Das verallgemeinerte CIR-Modell (mit unkorrelierten Faktoren) gewinnt man, indem man generell $a_i = 0$ (bzw. $a = 0$) sowie $b_{ij} = 1$ für j = i und $b_{ij} = 0$ für $j \neq i$ setzt. Die allgemeine stochastische Differentialgleichung (9G.4) besitzt dann die Form

(9G.15) $$dX_t = \alpha_P(\mu_P - X_t)\, dt + C \begin{pmatrix} \sqrt{X_1(t)} & & 0 \\ & \ddots & \\ 0 & & \sqrt{X_r(t)} \end{pmatrix} dW_P(t)\ .$$

Die Zusammenhänge (9G.8) hinsichtlich der Parameter α und μ lauten dann (man beachte $\Psi = 0$ und $\Phi = \text{diag}\,(\lambda_1, \ldots, \lambda_r)$)

(9G.16a) $$\alpha_P = \alpha_Q - C\lambda$$

(9G.16b) $$\mu_P = \alpha_P^{-1}\,\alpha_Q\,\mu_Q\,.$$

9G.4 Empirische Ergebnisse

Nachfolgend präsentieren wir exemplarisch einige empirische Ergebnisse[23] im Kontext der vorstehenden Multifaktormodelle. Grundlage der Auswertung sind die von der Deutschen Bundesbank veröffentlichten Spot Rates, wobei jeweils die Monatsendwerte für die Monate September 1972 bis Juni 2007 als Datenbasis verwendet werden (Fristigkeiten: 1 bis 10 Jahre). Die Tabelle 9G.1 enthält zunächst die Schätzwerte für die Parameter der einfaktoriellen Vasicek- und Cox/Ingersoll/Ross-Zinsstrukturmodelle. Basis der Parameterschätzungen ist jeweils die Maximierung der Log-Likelihoodfunktion im Kontext einer Kalman-Filter-Modellierung. Entsprechend ist in der Tabelle der den geschätzten Parametern gehörige Wert der Log-Likelihoodfunktion L ausgewiesen. Zur Verdeutlichung der wachsenden Anpassungsgüte bei der Verwendung eines 2- bzw. 3-Fakor-Vasicek-Modells (mit korrelierten Faktoren) sowie eines 2- bzw. 3-Faktor-CIR-Modells (mit unkorrelierten Faktoren) sind die zugehörigen Werte der Log-Likelihoodfunktion aufgeführt. Es wird deutlich, dass der Übergang zu einem Mehrfaktormodell, zumindest im Hinblick auf die Anpassungsgüte der Modelle an die empirischen Daten, jeweils zu einer Verbesserung führt. Dabei resultiert aus dem Übergang vom Ein-Faktor- zum Zwei-Faktormodell jeweils der stärkste Anstieg der Likelihood-Funktion.

	α	μ	σ	L
Vasicek -1	0,0682	0,0519	0,0099	17 082,99
Vasicek -2				21 749,55
Vasicek -3				24 235,05
CIR -1	0,1577	0,0497	0,0443	16 484,47
CIR -2				20 964,19
CIR -3				21 668,18

Tab. 9G.1: Verbesserung der Likelihood-Funktion durch Übergang zu Mehrfaktormodellen der Zinsstruktur

23 Für die Berechnungen sind wir *Christoph Mayer* zu Dank verpflichtet.

Anhang 9H: Skizzierung des Ansatzes von Heath/Jarrow/Morton

Der fundamentale Ansatzpunkt von *Heath/Jarrow/Morton* (1990, 1992) ist die direkte Modellierung der Entwicklung der gesamten Kurve der Forwardintensitäten (momentane Terminzinssätze) als System von stochastischen Prozessen. Wir skizzieren im Folgenden einige der Kernideen, wobei wir uns auf den Fall, dass die eingehenden Prozesse (eindimensionale) Diffusionsprozesse sind, beschränken. *Heath/Jarrow/Morton* lassen allgemeinere Prozesse zu, insbesondere können die Drift- bzw. Diffusionsterme grundsätzlich von der gesamten Geschichte des Prozesses abhängen.

Wir betrachten ein Kontinuum von Restlaufzeiten $0 < T \leq T^*$. Für jedes T gelte für die Entwicklung der Forwardintensität

(9H.1a) $$F(t,T) - f(0,T) = \int_0^t \mu(s,T)\,ds + \int_0^t \sigma(s,T)\,dW_s \quad .$$

Dabei ist $\{f(0, T); 0 < T \leq T^*\}$ eine deterministische Funktion, die in Übereinstimmung mit der am Markt beobachtbaren Kurve der Forwardintensitäten gewählt wird, d.h. $f(0,T) = f^M(0,T)$. Die Darstellung als stochastische Integralgleichung gemäß (4.24) dient zur Verdeutlichung der Tatsache, dass die Funktion der »heutigen« Forwardintensität Ausgangspunkt der Konstruktion ist. In der reduzierten Schreibweise als stochastische Differentialgleichung gilt

(9H.1b) $$dF_t(T) = \mu(t,T)\,dt + \sigma(t,T)\,dW_t \quad .$$

Im Vergleich mit der allgemeinen Darstellung einer stochastischen Differentialgleichung gemäß (4.25) sehen wir, dass in dieser reduzierten Form des Heath/Jarrow/Morton-Modells für jedes feste T die Drift- und Diffusionskoeffizienten zwar zeit-, aber nicht zustandsvariabel sind, d.h. $\mu(t, T, F_t) = \mu(t, T)$ und $\sigma(t, T, F_t) = \sigma(t, T)$. Für jedes feste T ist damit $\{F(t, T)\}$ ein *Gauß*-Prozess, d.h. alle $F(t, T)$ sind normalverteilt. Betont werden soll noch einmal, dass (9H.1a) bzw. (9H.1b) ein System von Diffusionsprozessen beschreibt.

Wie in Anhang 9D spielt die Martingaleigenschaft des diskontierten Prozesses $Z(t, T) = B(t, T) / B(t)$ gemäß (9D.1) eine zentrale Rolle im Zusammenhang mit der Analyse der Arbitragefreiheit des betrachteten Bondmarktes. Diese Analyse gestaltet sich jedoch recht aufwändig, sodass wir uns im Folgenden auf eine zentrale Konsequenz der Arbitragefreiheit des Marktes bzw. der Existenz eines äquivalenten Martingalmaßes Q konzentrieren, der so genannten *Forward Drift-Restriktion*. Wir formulieren im Folgenden diese Restriktion direkt unter dem äquivalenten Martingalmaß Q. Es gilt dann

(9H.2a) $$\mu(t,T) = \sigma(t,T) \int_t^T \sigma(t,s)\,ds.$$

Eine der zentralen Erkenntnisse der HJM-Analyse ist damit, dass die Arbitragefreiheit des Marktes nicht für beliebige Spezifikationen des Driftterms des Prozesses für die Forwardintensität gegeben ist.

Unter Berücksichtigung des Marktpreises des Risikos, d.h. unter dem beobachtbaren Wahrscheinlichkeitsmaß P, gilt des Weiteren

(9H.2b) $$\mu(t,T)=\sigma(t,T)\left[q(t)-\int_t^T\sigma(t,s)ds\right].$$

Der Marktpreis des Risikos $q(t)$ ist damit in diesem Falle eine rein zeitabhängige Größe.

Der Prozess für die Forwardintensität lautet damit (unter Q)

(9H.3) $$dF_t(T)=\left[-\sigma(t,T)\int_t^T\sigma(t,s)ds\right]dt+\sigma(t,T)dW_t.$$

Hieraus resultiert aufgrund der Beziehung (9B.6), d.h. $R(t) = F(t,t)$, der folgende Prozess für die Zinsintensität

(9H.4) $$R_t=f(0,t)+\int_0^t\sigma(s,t)\left[\int_s^t\sigma(s,u)du\right]ds+\int_0^t\sigma(s,t)\,dW_s.$$

Im Allgemeinen hat dies zur unliebsamen Konsequenz, dass im $\{R_t\}$ kein Markovprozess mehr ist. *Carverhill* (1994) weist nach, dass die Markoveigenschaft des Zinsintensitätsprozesses gesichert ist, wenn $\sigma(t,T)=a(t)b(T)$, wobei a und b zwei strikt positive deterministische Funktionen sind.

Die zentralen Bewertungsgleichungen (9D.2) für Zerobonds bzw. (9D.3) für Zinsderivate bleiben von der Art des Ansatzes unberührt.

Im Allgemeinen liefert der HJM-Ansatz eine sehr viel breitere Klasse von Zinsstrukturen, da – wie bereits eingangs dieses Anhangs erwähnt – die Analyse nicht auf Diffusionsprozesse beschränkt ist. Diese Erweiterung der Analyse führt im allgemeinen Fall aber auf eine Pfadabhängigkeit der stochastischen Dynamik der Forwardintensitäten sowie (bei Diskretisierung) zu Baumstrukturen, d.h. nicht auf Gitterstrukturen wie beim Binomialgitterprozess des Abschnitts 4.2.2. Beide erwähnten Probleme führen zu wenig attraktiven Eigenschaften aus der Sicht einer rechnerischen Modellumsetzung. Ein Ansatzpunkt, um zu einer traktablen Sub-Klasse von Verallgemeinerungen zu kommen, stellen die so genannten Markov-Forward Rate-(MFR)-Modelle dar, vgl. hierzu etwa *Ritchken/Sankarasubramanian* (1995) und *Li/Ritchken/Sankarasubramanian* (1995).

Im Rahmen von Diffusionsprozessen für die Forwardintensitäten besteht aber eine enge Verbindung zu den im Haupttext behandelten Modellen, die auf der Zinsintensität als Ausgangspunkt beruhen. Dies zeigen auch die beiden nachfolgenden Beispiele, die zwei einfache Spezialfälle des HJM-Ansatzes beinhalten.

So ergibt sich für $\sigma(t, T) \equiv \sigma$ das *Ho/Lee*-Modell und für $\sigma(t, T) = \sigma e^{-\alpha(T-t)}$ das modifizierte Vasicek-Modell nach *Hull/White*, man vgl. hierzu etwa *Cairns* (2004a, S. 96) sowie *La Grandville* (2001, S. 368 ff.).

Mercurio/Moraleda (2000) betrachten die folgende Spezifikation der Volatilität der Forwardintensität

(9H.5) $$\sigma(t,T)=\sigma[\gamma(T-t)+1]e^{-\lambda(T-t)/2},$$

wobei σ, γ und λ nichtnegative Parameter sind. Das Hull/White-Modell ergibt sich dabei als Spezialfall mit $\gamma = 0$ und $\lambda = 2\alpha$. Der Vorteil dieser Spezifikation besteht darin, dass nun auch buckelförmige Volatilitäten (humped volatilities) der Forwardintensität berücksichtigt werden können. *Mercurio/Moraleda* (2000) entwickeln zudem explizite Formeln für Optionen auf Zerobonds, nicht aber für Kuponbonds. Problematisch an diesem Modellansatz ist aber, dass der Prozess $\{R_t\}$ der Zinsintensität kein Markovprozess ist.

Abschließend verweisen wir noch auf *Wilkens/Baule/Entrop* (2004), die auf der Basis des HJM-Modells eine Analyse des Bundesschatzbriefmarktes durchführen.

Übungsaufgaben zu Kapitel 9

Aufgabe 9.1: Bestimmen Sie die Fisher/Weil-Duration sowie die Fisher/Weil-Konvexität eines Zerobond mit Restlaufzeit T!

Aufgabe 9.2: Gegeben sei der Planungshorizont H. Weisen Sie nach, dass für einen Zerobond mit Restlaufzeit H gilt $M_H^2 = 0$.

Aufgabe 9.3: Die anfängliche Zinsstrukturkurve $u(t) = u_t(0)$ in zeitstetiger Darstellung unterliege einem (anfänglichen) multiplikativen Shift der Form ($\lambda > 0$)

$$u^*(t) = (1+\lambda)\, u(t)$$

Bestimmen Sie für diesen Fall die »Sensitivitätsduration« sowie die »immunisierende Duration«.

Aufgabe 9.4: Gegeben sei ein vierjähriger Standardbond mit einem Kupon von 5%. Die am Markt bestehende Zinsstrukturkurve beträgt:

Laufzeit (Jahre)	1	2	3	4
Spot-Rate	4,1%	4,3%	4,4%	4,5%

a) Bestimmen Sie die (absoluten) Key Rate-Durationen zu den Zahlungszeitpunkten {1,2,3,4}.

b) Welche approximative Darstellung folgt hieraus für
$\Delta P = P(r_1 + \Delta r_1, ..., r_4 + \Delta r_4) - P(r_1, ..., r_4)$?

Aufgabe 9.5: Weisen Sie nach, dass aus einem Einfaktormodell der Zinsintensität der Form

$$dR_t = \mu\, dt + \sigma\, dW_t$$

(unter der risikoneutralen Wahrscheinlichkeitsbelegung) der folgende explizite Ausdruck für die Zerobondpreise resultiert:

$$B(t,T) = \exp\left[\frac{\sigma^2}{6}(T-t)^3 - \frac{\mu}{2}(T-t)^2 - (T-t)r_t\right].$$

Aufgabe 9.6: Weisen sie nach, dass für das Einfaktormodell der vorherigen Aufgabe gilt

$$F(t,T) = -\frac{\sigma^2}{2}(T-t)^2 + \mu(T-t) + r_t.$$

TB 24

Aufgabe 9.7: Unterliegt die anfängliche zeitstetige Zinsstruktur $u(t)$ einem additiven Shift λ, so ergibt sich die neue Zinsstruktur zu $u(t)^* = u(t) + \lambda$. Gegeben sei nun ein Bond mit der Zahlungsreihe $X = \{X(t_i)\}$ mit $i = 1,...,n$.

a) Zeigen Sie, dass der Zeitpunkt, zu dem der Wert des Bonds immunisiert ist, gerade der Fisher/Weil-Duration

$$D_{FW} = \frac{1}{P} \sum_{i=1}^{n} t_i \; X(t_i) \; e^{-u_i t_i}$$

entspricht. Berücksichtigen Sie dabei die Anforderung an den immunisierenden Durationszeitpunkt s: $\frac{dK_s(\lambda)}{d\lambda}\Big|_{\lambda=0} = 0$.

b) Es seien $X_1 = \{X_1(t_i)\}$ und $X_2 = \{X_2(t_i)\}$ die Zahlungsreihen zweier Bonds mit zugehörigen Barwerten P_1 und P_2 bzw. Fisher/Weil-Durationen $D_{FW,1}$ und $D_{FW,2}$. Von Bond 1 werden a Einheiten, von Bond 2 werden b Einheiten erworben. Nun möchten Sie wissen, zu welchem Zeitpunkt Ihr Bond-Portfolio gegenüber einem additiven Zinsshift immunisiert ist. Wie Sie in Teilaufgabe a) bewiesen haben, entspricht dieser Zeitpunkt gerade der Fisher/Weil-Duration des Portfolios. Zeigen Sie, dass für diese gilt:

$$D_{FW,P} = \frac{aP_1 D_{FW,1} + bP_2 D_{FW,2}}{aP_1 + bP_2}.$$

Gehen Sie nun von folgender zeitstetiger Zinsstruktur aus:

Laufzeit (Jahre) t	1	2	3	4	5	6	7
Spot Rate $u(t)$	4,0%	5,0%	6,0%	6,5%	7,0%	7,5%	8,0%

c) Es seien Zero Coupon Bonds mit Laufzeit $T = 7$ und Nennwert 100 und Standardbonds mit Coupon 5%, Nennwert 100 und Laufzeit $T = 3$ verfügbar. Wie hoch müssen die Stückzahlen der Bonds in Ihrem Portfolio gewählt werden, wenn der Gesamtanlagebetrag 10.000,-EUR beträgt und es im Zeitpunkt $T = 4$ gegenüber einem additivem Zinsshift immunisiert sein soll. (Vernachlässigen Sie Ganzzahligkeitsbedingungen!)

d) Nehmen Sie den Zinsshift $\lambda = 0{,}5\%$ an. Berechnen Sie den genauen Wert Ihres eben berechneten Portfolios nach 4 Jahren einmal mit und einmal ohne Zinsshift! Benutzen Sie dazu die oben errechneten Stückzahlen bzw. die Stückzahlen $a = 48{,}38$ und $b = 74{,}58$, falls c) nicht gelöst wurde.

Aufgabe 9.8: Eine Hauptkomponenten-Analyse der Veränderung der Zinsstruktur von Anleihen einer bestimmten Ratingklasse hat folgendes Ergebnis gebracht:

$$\Delta R_t(T) = b1(T) \cdot \Delta F_{t,1} + b2(T) \cdot \Delta F_{t,2} + b3(T) \cdot \Delta F_{t,3} + \varepsilon_t(T) \text{ mit}$$

$$E[\varepsilon_t] = 0, Var[\varepsilon_t] = \sigma^2,$$

$$E[\Delta F_{t,i}] = 0, Var[\Delta F_{t,i}] = \sigma_i^2, i = 1,...,3 \cdot$$

D.h. der Zinssatz $R_t(T)$ in t mit Restlaufzeit T, steigt/fällt um $\Delta R_t(T)$, bei einer Veränderung der laufzeitunspezifischen, systematischen Risiko-Faktoren $F_{t,i}$ um $\Delta F_{t,i}$ unter Berücksichtigung eines laufzeitspezifischen, unsystematischen Risikofaktors $\varepsilon_t(T)$. Dabei sind die laufzeitspezifischen, konstanten Faktorladungen. Die Kovarianzen seien alle gleich 0.

a) Wie hoch ist die erwartete Zinssatzveränderung ?
b) Wie hoch ist die Varianz der Zinssatzveränderung ?
c) Die aktuelle Zinsstruktur $R_t(T)$ ist flach bei 5%. Welche Zinssätze erwarten Sie für die Restlaufzeiten 1 und 10 Jahre bei einer Veränderung
   - nur des 1. Faktors F_1 um 0,05,
   - nur des 2. Faktors F_2 um 0,08.

Beachte: Die Faktorladungen sind wie folgt gegeben:

T	1	2	3	4	5	6	7	8	9	10
b1(T)	0,326	0,355	0,350	0,339	0,326	0,313	0,301	0,290	0,280	0,272
b2(T)	-0,593	-0,391	-0,215	-0,065	0,059	0,158	0,236	0,299	0,348	0,388
b3(T)	0,643	-0,103	-0,378	-0,379	-0,266	-0,122	0,020	0,144	0,253	0,346

Literatur zu Kapitel 9

Literatur zu Abschnitt 9.1

Albrecht, P. (1985): A note on immunization under a general stochastic equilibrium model of the term structure, Insurance: Mathematics and Economics 4, S. 239–244.

Albrecht, P. (1986): Zinsimmunisierung mehrfacher Verpflichtungen bei Arbitragemodellen für die Zinsstruktur, Zeitschrift für Betriebswirtschaft 56, S. 1002–1028.

Boyle, P.P. (1978): Immunization under Stochastic Models of the Term Structure, Journal of the Institute of Actuaries 105, S. 177–187.

Boyle, P.P. (1980): Recent models of the term structure of interest rates with actuarial applications, Transactions of the 21st International Congress of Actuaries, Vol. 4, S. 95–104.

Chen, L. (1996): Interest Rate Dynamics, Derivatives Pricing and Risk Management, Heidelberg.

Cox, J.C., J.E. Ingersoll, Jr., S.A. Ross (1979): Duration and the Measurement of Basis Risk, Journal of Business 52, S. 51–61.

Ho, J.C., J. Cadle, M. Theobald (2001): Estimation and Hedging with a One-Factor Heath-Jarrow-Morton-Model, Journal of Derivatives, Summer 2001, S. 49–61.

La Grandville, O. de (2001): Bond Pricing and Portfolio Analysis, Cambridge, London.

Literatur zu Abschnitt 9.2.1

Albrecht, P., T. Stephan (1994): Single-Factor Immunizing Duration of an Interest Rate Swap, Proceedings of the 4th AFIR International Colloquium, Orlando/Florida 1994, Vol. 2, S. 757–779.

Bierwag, G.O. (1987): Duration Analysis, Cambridge/Massachusetts.

Fisher, L., R. Weil (1971): Coping with the risk of interest-rate fluctuations: Returns to bondholders and stockholders from naive and optimal strategies, Journal of Business 44, S. 408–431.

Fong, H.G., O.A. Vasicek (1983a): Return maximization for immunized portfolios, in: *Kaufman, G.G., G.O. Bierwag, A. Toevs* (Hrsg.): Innovations in Bond Portfolio Management: Duration Analysis and Immunization, Greenwich/Connecticut, S. 227–238.

Fong, H.G., O.A. Vasicek (1983b): The trade off between return and risk in immunized portfolios, Financial Analysts Journal, 1983, S. 73–78.

Fong, H.G., O.A. Vasicek (1984): A Risk Minimizing Strategy for Portfolio Immunization, Journal of Finance 39, S. 1541–1546.

Hauser, S. (1992): Management von Portfolios festverzinslicher Wertpapiere, Frankfurt/Main.

Jorion, R., S.J. Khoury (1996): Financial Risk Management, Cambridge/Massachusetts.

Khang, C. (1979): Bond immunization when short term interest rates fluctuate more than long-term rates, Journal of Financial and Quantitative Analysis 13, S. 1085–1090.

Rzadkowski, G., L.S. Zaremba (2000): New formulas for immunizing durations, Journal of Derivatives, Winter 2000, S. 28–36.

Shiu, E.S.W. (1990): On Redington´s theory of immunization, Insurance: Mathematics and Economics 9, S. 171–175.

Uberti, M. (1997): A note on Shiu's immunization results, Insurance – Mathematics and Economics 21, S. 195–200.

Literatur zu Abschnitt 9.2.2

Barber, J.R., M.L. Copper (1996): Immunization Using Principal Component Analysis, Journal of Portfolio Management, Fall 1996.

Bhansali, R., L. Goldberg (1997): An Integrated Framework for Valuation and Risk Analysis of International Bonds, in: *Fabozzi, F.J.* (Hrsg.): Advances in Fixed Income Valuation Modeling and Risk Management, New Hope, S. 213–232.

Bühler, A., H. Zimmermann (1996): A Statistical Analysis of the Term Structure of Interest Rates in Switzerland and Germany, Journal of Fixed Income 6, S. 55–67.

Dahl, J. (1993): A Flexible Approach to Interest-Rate Risk Management, in: *Zenios, S.A.* (Hrsg.): Financial Optimization, Cambridge, S. 189–209.

Golub, B.W., L.M. Tilman (1997): Measuring Yield Curve Risk Using Principal Components Analysis, Value at risk, and Key Rate Durations, Journal of Portfolio Management, Summer 1997, S. 72–84.

Jones, F.J. (1991): Yield Curve Strategies, Journal of Fixed Income, September 1991, S. 43–51.

Juen, S. F. Nielsen (1996): An Integral Valuation and Risk Model for German Fixed-Income Portfolios, in: *Albrecht, P.* (Hrsg.): Aktuarielle Ansätze für Finanz-Risiken, Karlsruhe, Band I, S. 925–948.

Kahn, R.N. (1989): Risk and return in the US-Bond Market: A multifactor approach, in: *Fabozzi, F.J.* (Hrsg.): Advances and Innovations in the Bond and Mortgage Markets, Homewood/Illinois, S. 7–16.

Kahn, R.N. (1989): Fixed income risk modeling, in: *Fabozzi, F.J.* (Hrsg.): The Handbook of Fixed Income Securities, Burr Ridge/New York, S. 720–732.

Kaltenbacher, M., H.C. Rohweder (1998): Visualisierung der Zinssensitivität von Rentenportfolios, in: *Kleeberg, J.M., H. Rehkugler* (Hrsg.): Handbuch Portfoliomanagement, Bad Soden/Taunus, S. 695–715.

Langewand, J., F. Nielsen (1998): Ein Mehrfaktorenmodell zur Analyse des Risikos deutscher Rentenportfolios, in: *Kleeberg, J.M., H. Rehkugler* (Hrsg.): Handbuch Portfoliomanagement, Bad Soden/ Taunus, S. 653–672.

Litterman, R., J. Scheinkman (1991): Common Factors Affecting Bond Returns, Journal of Fixed In-

come, June 1991, S. 54–61.
Longstaff, F.A., E.S. Schwartz (1993): Interest Rate Volatibility and Bond Prices, Financial Analysts Journal, July/August 1993, S. 70–74.
Paulus, H., A. Sauer, B. Walther (1998): Faktorbasierte Szenario-Strategien am deutschen Rentenmarkt, in: *Kleeberg, J.M., H. Rehkugler* (Hrsg.): Handbuch Portfoliomanagement, Bad Soden/Taunus, S. 673–694.
Willner, R. (1996): A New Tool for Portfolio Managers: Level, Slope, and Curvature Durations, Journal of Fixed Income, June 1996.

Literatur zu Abschnitt 9.2.3

Bühler, A. (1994): Bewertung, Preischarakteristika und Risikomanagement von zinsderivativen Wertpapieren, Finanzmarkt und Portfolio-Management 8, S. 468–498.
Bühler, A. (1999): Management komplexer Zinsänderungsrisiken, in: *Gehrig, B., H. Zimmermann* (Hrsg.): Fit for Finance, 5. Aufl., Zürich, S. 335–355.
Bühler, A., M. Hies (1995): Key Rate Duration: Ein neues Instrument zur Messung des Zinsänderungsrisikos, Die Bank 2/1995, S. 112–118.
Bühler, A., H. Zimmermann (1996): A Statistical Analysis of the Term Structure of Interest Rates in Switzerland and Germany, Journal of Fixed Income, December 1996, S. 55–67.
Golub, B.W., L.M. Tilman (1997): Measuring Yield Curve Risk Using Principal Components Analysis, Value at Risk, and Rey Rate Durations, Journal of Portfolio Management, Summer 1997, S. 72–84.
Ho, T.S.Y. (1992): Key Rate Durations: Measures of Interest Rate Risks, Journal of Fixed Income, September 1992, S. 29–44.
Ho, T.S.Y. (1990): Strategic Fixed-Income Investment, Homewood/Illinois.
Zagst, R. (1998): Modernes Risikomanagement komplexer Rentenportfolios, in: *Kleeberg, J.M., H. Rehkugler* (Hrsg.): Handbuch Portfoliomanagement, Bad Soden/Taunus, S. 743–774.

Literatur zu Abschnitt 9.3

Albrecht, P., C. Mayer (2008): Anwendung des Kalman-Filters zur Identifikation und Projektion von Zinsstrukturmodellen: Modelltheoretische Grundlagen, Universität Mannheim.
Amin, K.I., A.J. Morton (1994): Implied Volatility Functions in Arbitrage-Free Term Strucutre Models, Journal of Financial Economics 35, S. 141–180.
Artzner, P., F. Delbaen (1989): Term Structure of Interest Rates: The Martingale Approach, Advances in Applied Mathematics 19, S. 95–129.
Avellaneda, M., P. Laurence (2000): Quantitative Modeling of Derivative Securities, Boca Raton u.a.
Bali, T.G. (2000): Testing the Empirical Performance of Stochastic Volatility Models of the Short-Term Interest Rate, Journal of Financial and Quantitative Analysis 35, S. 191–215.
Björk, T. (1997): Interest Rate Theory, in: *W.J. Runggaldier* (Hrsg.): Financial Mathematics, Berlin, Heidelberg, S. 54–121.
Branger, N., C. Schlag (2004): Zinsderivate, Berlin u.a.
Brennan, M., E. Schwartz (1979): A continuous-time approach to the pricing of bonds, Journal of Banking and Finance 3, S. 133–155.
Black, F. (1976): The Pricing of Commodity Contracts, Journal of Financial Economics 3, S. 167–179.
Black, F., E. Derman, W. Toy (1990): A One-Factor Model of Interest Rates and Its Application to Treasury Bond Options, Financial Analysts Journal, January/February 1990, S. 33–39.
Black, F.; P. Karasinski (1991): Bond and Option Pricing when Short Rates are Lognormal, Financial Analysts Journal, July/August 1991, S. 52–59.
Brigo, D., F. Mercurio (2006): Interest Rate Models: Theory and Practice, 2. Aufl., Berlin u.a.
Bühler, W., M. Uhrig, U. Walter, T. Weber (1996): An Empirical Comparison of Valuation Models for

Interest Rate Derivatives, in: *Albrecht, P.* (Hrsg.): Aktuarielle Ansätze für Finanz-Risiken, Karlsruhe, Band II, S. 1185–1226.

Bühler, W., M. Uhrig, U. Walter, T. Weber (1999): An Empirical Comparison of Forward- and Spot-Rate Models for Valuing Interest Rate Options, Journal of Finance 54, S. 261–305.

Cairns, A.J. (2004a): Interest Rate Models, Princeton, Oxford.

Cairns, A.J. (2004b): A Family of Term-Structure Models for Long-Term Risk Management and Derivative Pricing, Mathematical Finance 14, S. 415–444.

Carverhill, A. (1994): When is the Short Rate Markovian?, Mathematical Finance 4, S. 305–312.

Chan, K.C., G.A. Karolyi, F.A. Longstaff, A.B. Sanders (1992): An Empirical Comparison of Alternative Models of the Short-Term Interest Rate, Journal of Finance 47, S. 1209–1227.

Chen, R.-R., L. Scott (2003): Multi-Factor CIR Models of the Term Structure: Estimates and Tests from a State-Space Model Using a Kalman Filter, Journal of Real Estate Finance and Economics 27, S. 143–172.

Cox, J.C., J.E. Ingersoll, Jr., S.A. Ross (1980): An analysis of variable loan contracts, Journal of Finance 35, S. 389–403.

Cox, J.C., J.E. Ingersoll, Jr., S.A. Ross (1981): A Reexamination of Traditional Hypothesis about the Term Structure of Interest Rates, Journal of Finance 36, S. 769–799.

Cox, J.C., J.E. Ingersoll, Jr., S.A. Ross (1985): A Theory of the Term Structure of Interest Rates, Econometrica 53, S. 385–407.

Dai, Q., K.J. Singleton (2000): *Specification* Analysis of Affine Term Structure Models, Journal of Finance 55, S. 1943–1978.

Dai, Q., K.J. Singleton (2003a): Fixed Income Pricing, in: *Constantinides, G.M., M. Harris, R.M. Stulz* (Hrsg.): Handbook of the Economics of Finance, Vol. 1B: Financial Markets and Asset Pricing, Amsterdam u.a., s. 1207–1246.

Dai, Q., K.J. Singleton (2003b): Term Structure Dynamics in Theory and Reality, Review of Financial Studies 16, s. 631–678.

De Jong, F. (2000): Time Series *and* Cross-section Information in Affine Term-Structure Models, Journal of Business & Economic Statistics 18, S. 300–314.

Dell'Aquila, R., E. Ronchetti, F. Trojani (2003): Robust GMM analysis of models for the short rate process, Journal of Empirical Finance 10, S. 373–397.

Dothan, L.U. (1978): On the Term Structure of Interest Rates, Journal of Financial Economics 6, S. 59–69.

Duffie, D. (2001): Dynamic Asset Pricing Theory, 3. Aufl., Princeton/New Jersey.

Duffie, D., R. Kan (1996): A Yield Factor Model of Interest Rates, Mathematical Finance 16, S. 379–406.

Dybvig, P.H, J.E. Ingersoll, Jr., S.A. Ross (1996): Long forward and zero-coupon rates can never fall, Journal of Business 69, S. 1–25.

Fischer, T., A. May, B. Walther (2003): Anpassung eines CIR-1-Modells zur Simulation der Zinsstrukturkurve, Blätter der Deutschen Gesellschaft für Versicherungs- und Finanzmathematik, Band XXVI, Heft 2, November 2003, S. 193–206.

Fischer, T., A. May, B. Walther (2004): Anpassung eines CIR-k-Modells zur Simulation der Zinsstrukturkurve, Blätter der Deutschen Gesellschaft für Versicherungs- und Finanzmathematik, Band XXVI, Heft 3, Mai 2004, S. 369–387.

Fong, H.G., O.A. Vasicek (1991): Fixed-income volatility management, Journal of Portfolio Management, Summer 1991, S. 41–46.

Harrison, J.M., S.R. Pliska (1981): Martingales and Stochastic Integrals in the Theory of Continuous Trading, Stochastic Processes and their Applications 11, S. 215–260.

Heath, D., R. Jarrow, A. Morton (1990): Contingent Claims Valuation with a Random Evolution of Interest Rates, Review of Futures Markets 9, S. 54–76.

Heath, D., R. Jarrow, A. Morton (1992): Bond Pricing and the Term Structure of Interest Rates – A New Methodology for Contingent Claims Evaluation, Econometrica 60, S. 77–105.

Ho, L.-C., J. Cadle, M. Theobald (2001): Estimation and Hedging with a One-Factor Heath-Jarrow-Morton Model, Journal of Derivatives, Summer 2001, S. 49–61.

Ho, T.S.Y., S.-B. Lee (1986): Term Structure Movements and Pricing Interest Rate Contingent Claims, Journal of Finance 41, S. 1011–1029.

Hull, J. (2001): Optionen, Futures und andere Derivate, 4. Aufl., München, Wien.

Hull, J., A. White (1990): Pricing Interest-Rate-Derivative Securities, Review of Financial Studies 3, S. 573–592.

Hull, J., A. White (1993): One-Factor Interest-Rate Models and the Valuation of Interest-Rate Derivative Securities, Journal of Financial and Quantitiative Analysis 28, S. 235–254.

Hull, J., A. White (1994): Numerical Procedures For Implementing Term Structure Models I: Single-Factor Models, Journal of Derivatives, Fall 1994, S. 7–16.

Jamshidian, F. (1991): Forward Induction and Construction of Yield Curve Diffusion Models, Journal of Fixed Income, June 1991, S. 62–74.

Joannides, M., F.S. Skinner (2003): Parametric estimation of different interest rate processes, Applied Financial Economics 13, S. 431–446.

Kwok, Y.K. (1998): Mathematical Models of Financial Derivatives, Singapur.

Leithner, S. (1991): Eine Einführung in die präferenzfreie Bewertung zinsabhängiger Finanzinstrumente, Finanzmarkt und Portfolio Management 5, S. 305–320.

Li, A., R. Ritchken, L. Sankarasubramanian (1995): Lattice models for Pricing American Interest Rate Claims, Journal of Finance 50, S. 719–737.

Longstaff, F.A., E.S. Schwartz (1992): Interest Rate Volatility and the Term Structure – A Two-Factor General Equilibrium Model, Journal of Finance 47, S. 1259–1282.

Marsh, T.A., E.R. Rosenfeld (1983): Stochastic Process for Interest Rates and Equilibrium Bond Prices, Journal of Finance 38, S. 635–646.

Mayer, S.R. (1999): Bewertung exotischer Zinsderivate, Institut für Finanz- und Aktuarwissenschaften, Ulm.

Medvedev, G., S.H. Cox (1996): The Market Price of Risk For Affine Interest Rate Term Structures, in: Albrecht, P. (Hrsg.): Aktuarielle Ansätze für Finanzrisiken, Karlsruhe, Band I, S. 913–924.

Mercurio, F., J.M. Moraleda (2000): An Analytically Tractable Interest Rate Model with Humped Volatility, European Journal of Operations Research 120, S. 205 – 214.

Merton, R.C. (1973): Theory of Rational Option Pricing, Bell Journal of Economics and Management Science 4, S. 141–183.

Miltersen, K., K. Sandmann, D. Sondermann (1997): Closed Form Solutions for Term Structure Derivatives with Log-Normal Interest Rates, Journal of Finance 52, S. 409–430.

Moraleda, J.M., A. Pelsser (2000): Forward versus Spot Interest Rate Models of the Term Structure: An Empirical Comparison, Journal of Derivatives, Spring 2000, S. 9–21.

Pearson, N., T.-S. Sun (1994): An empirical examination of the Cox-Ingersoll-Ross model of the term structure of interest rates using the method of maximum likelihood, Journal of Finance 54, S. 929–959.

Panjer, H.H. (1998, Hrsg.): Financial Economics, Schaumburg/Illinois.

Pennacchi, G. (1991): Identifying the Dynamics of Real Interest Rates and Inflation: Evidence Using Survey Data, Review of Financial Studies 4, S. 53–86.

Rebonato, R. (1996): Interest-Rate Option Models, Chichester u.a.

Ritchken, P., L. Sankarasubramanian (1995): Volatility Structures of Forward Rates and the Dynamics of the Term Structure, Mathematical Finance 5, S. 55–72.

Rogers, L.C.G. (1995): Which model for term structure of interest rates should one use?, in: *Davis, M.H.A. et al.* (Hrsg.): Mathematical Finance, New York u.a., S. 93–116.

Rogers, L.C.G., W. Stummer (2000): Consistent fitting of one-factor models to interest rate data, Insurance: Mathematics and Economics 27, S. 45–63.

Sandmann, K. (1991): Arbitrage und die Bewertung von Zinssatzoptionen, Heidelberg.

Sandmann, K. (1999): Einführung in die Stochastik der Finanzmärkte, Berlin u.a.

Sörensen, M. (1997): Estimating Functions for Discretely Observed Diffusions: A Review, in: *Basawa, I.V., V.P. Godambe, R.L. Taylor* (Hrsg.): Selected Proceedings of the Symposium on Estimating Functions, IMS Lecture Notes-Monograph Series 32, S. 305–325.

Uhrig, M. (1996): Bewertung von Zinsoptionen bei stochastischer Zinsvolatilität, Wiesbaden.

Vasicek, O.A. (1977): An Equilibrium Characterization of the Term Structure, Journal of Financial Economics 5, S. 177–188.

Walter, U. (1996): Die Bewertung von Zinsoptionen, Wiesbaden.

Weston, S., C. Cooper (1996): Bankchecks, RISK 9, S. 23–27.

Wilkens, M., R. Baule, D. Entrop (2004): Bundesschatzbriefe – Bewertung und empirische Analyse der Attraktivität für Anleger und Bund, Zeitschrift für Betriebswirtschaft 74, S. 905–931.

Teil III: Investment- und Risikomanagement mit derivativen Finanztiteln

10 Forwards und Futures

10.1 Einführung

Die vorstehenden Kapitel 6–9 behandelten die Analyse und das Management von primären Finanztiteln bzw. Finanztitelportefeuilles. Das vorliegende Kapitel 10 beinhaltet nun eine Einführung in eine erste Klasse von derivativen Finanztiteln, den (Financial) Forwards bzw. Futures. Financial Futures gehören ebenso wie Financial Forwards zu den unbedingten Finanzderivaten.[1]

Im Zentrum der weiteren Ausführungen stehen dabei die Analyse der Basispositionen (Abschnitt 10.2), die Preisbildung bei Forward- bzw. Futurekontrakten auf der Grundlage des Cost of Carry-Ansatzes (Abschnitt 10.3) sowie das Risikomanagement mit Futurekontrakten in Form des Hedging (Abschnitt 10.4).

Die Anhänge gehen auf das System der Sicherheitsleistungen (Margins) bei Futurekontrakten (Anhang 10A) ein und weisen die im Falle einer deterministischen Zinsstruktur bestehende preisliche Äquivalenz von Forward- und Futurekontrakten nach (Anhang 10B). Des Weiteren erfolgt eine überblicksmäßige Behandlung der Futureprodukte an der Eurex (Anhang 10C), wobei insbesondere der DAX-Future, der Einmonats-EURIBOR-Future und der Euro-BUND-Future eingehender behandelt werden. Die Problematik der Cheapest to Deliver-Anleihe im Zusammenhang mit Zinsfutures erfährt eine eingehende Behandlung in Anhang 10D. Sodann beinhaltet Anhang 10E eine Einführung in statistische Ansätze zur Bestimmung der varianzminimalen Hedgeposition. Abschließend erfolgen in Anhang 10F noch eine strukturelle Charakterisierung des Forward/Future-Spreads im Falle stochastischer Zinsen sowie in Anhang 10G die Behandlung von Forward Rate Agreements.

10.2 Basispositionen

10.2.1 Forwards

Wir gehen im Folgenden aus von einem Forwardkontrakt, der sich auf *eine Einheit* des zugrunde liegenden Basisobjekts bezieht und treffen zur weiteren Analyse die folgenden Bezeichnungen:

T: Erfüllungstermin des Forwardkontraktes
K_T: Wert des Basisobjekts in $t = T$
s: Zeitpunkt des Kontraktabschlusses ($s < T$)
K_s: Wert des Basisobjekts in $t = s$
F_s: Vereinbarter Abrechnungspreis bei Erfüllung des Forwardkontraktes.

1 Man vgl. die einführende Behandlung in Abschnitt 1.4.5.

Der *Kauf eines Forwards (Forward long)* zum Zeitpunkt $t = s$ mit dem Erfüllungstermin $t = T$, d.h. einer (Rest-) Laufzeit von $T - s$ Zeiteinheiten, beinhaltet zum Zeitpunkt der *Erfüllung* des Kontraktes die *Verpflichtung* (unbedingtes Termingeschäft) der *Abnahme* (physisch oder per Differenzausgleich) des Basisobjekts. Die Erfüllung geschieht dabei zu dem im Kaufzeitpunkt vereinbarten Preis F_s. Der Kauf des Basisobjekts via Forward entspricht somit im Prinzip einem zukünftigen Kauf des Basisobjekts zu den zum Zeitpunkt des Kontraktabschlusses vereinbarten Bedingungen. Diese entsprechen aber nicht exakt dem Kurs K_s des Basisobjekts zu $t = s$, sondern diesem Kurs korrigiert um $F_s - K_s$ (Basis). Wichtig ist auch festzuhalten, dass F_s nicht dem Kaufpreis des Kontrakts im üblichen Sinne entspricht, denn der Betrag F_s ist zum Zeitpunkt $t = s$ nicht zu entrichten, er dient lediglich als Referenzgröße für die Abrechnung bei der Erfüllung (oder der Glattstellung) des Kontrakts. Die zum Zeitpunkt des Kontraktabschlusses zu erbringende Sicherheitsleistung (Margin) ist dabei ebenfalls nicht als Preis im üblichen Sinne zu verstehen. Von einer Berücksichtigung der Sicherheitsleistungen sehen wir im Rahmen der weiteren Analysen jeweils ab.

Wir nehmen nun eine Analyse der Gewinn-/Verlustposition des Käufers des Forwardkontrakts zum Zeitpunkt der Erfüllung des Kontrakts vor, wobei wir zwischen den Fällen physische Erfüllung und Erfüllung in Form eines Differenzgeschäfts (Zahlung der entsprechenden Wertedifferenz) unterscheiden.

I. Physische Erfüllung

Die relevanten Zahlungen zum Zeitpunkt $t = T$ sind:

- Erhalt des Basisobjekts zum Preis F_s
- Verkauf des Basisobjekts am Markt zum Tageswert K_T.

Der Zahlungssaldo und damit die Gewinn-/Verlustposition des Käufers zum Zeitpunkt $t = T$ ist damit durch $K_T - F_s$ gegeben. Der Käufer gerät dabei in eine Gewinnposition, wenn der Kurs des Basisobjekts zum Zeitpunkt $t = T$ den in $t = s$ vereinbarten Preis des Forwards übersteigt, prinzipiell somit bei *steigenden Kursen* des Basisobjekts.

II. Erfüllung per Differenzgeschäft

Aus Gründen der Arbitragefreiheit gilt $F_T = K_T$ und es ergibt sich damit die folgende Zahlungsdifferenz aus Sicht des Käufers des Forwardkontrakts:

$$F_T - F_s = K_T - F_s = \begin{cases} < 0 & \text{Zahlung der Differenz} \\ > 0 & \text{Erhalt der Differenz} \end{cases}$$

Die wertmäßige Position zum Zeitpunkt $t = T$ ist somit identisch zum vorangehenden Fall der physischen Lieferung.

Der *Verkauf eines* Forwards (Forward short) zum Zeitpunkt $t = s$ mit dem Erfüllungstermin $t = T$ beinhaltet zum Zeitpunkt der Erfüllung des Kontrakts die Verpflichtung zur *Lieferung* des Basisobjekts (physisch oder per Differenzausgleich) zu dem bei Abschluss des Kontrakts vereinbarten Preis F_s. Die entsprechende Gewinn-/Verlustfunktion ist in den zuvor behandelten Fällen jeweils der negative Betrag der entsprechenden Position des Käufers.

Abschließend sollen die Basispositionen nochmals kurz zusammengefasst werden. Aus den Analysen dieses Abschnitts ergeben sich zum Zeitpunkt T die folgenden Gewinn-/Verlustpositionen G_T bei Abschluss eines Forwardkontrakts zum Zeitpunkt s:

(10.1) Käufer: $G_T = K_T - F_s = F_T - F_s$
Verkäufer: $G_T = F_s - K_T = F_s - F_T$

Der Käufer eines Forwardkontrakts rechnet somit mit tendenziell steigenden Kursen des Basisobjekts, der Verkäufer mit entsprechend fallenden Kursen. Abbildung 10.1 illustriert die Gewinn-/Verlustfunktion der Basispositionen.

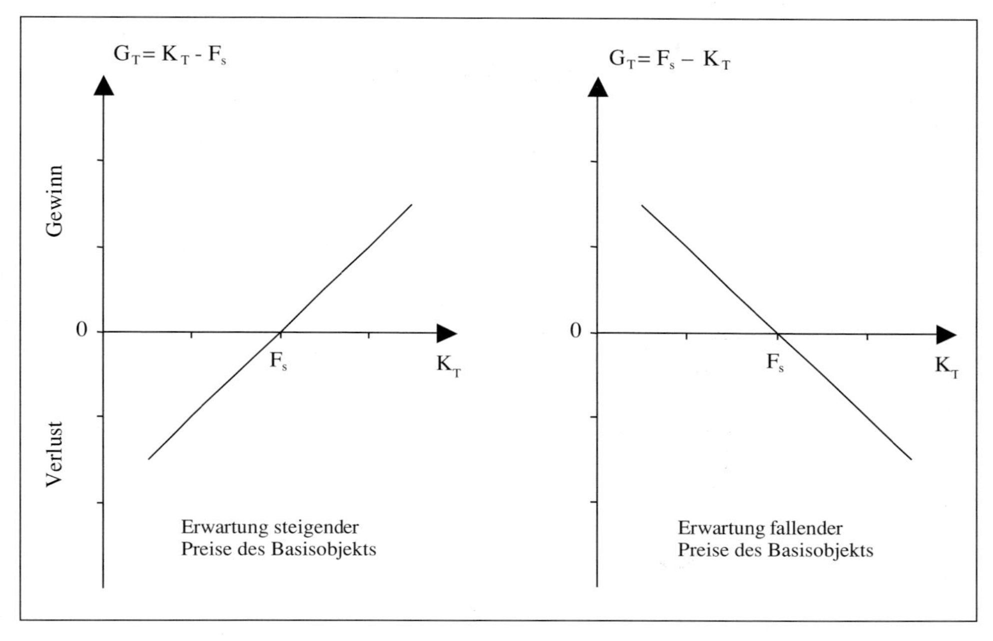

Abb. 10.1: Gewinn-/Verlustfunktion der Basisposition eines Forwardkontrakts zum Liefertermin

10.2.2 Futures

Bei der börsengehandelten Variante der Forwardkontrakte, den Futurekontrakten, ist die Situation aufgrund der börsentäglichen Abrechnung (Marking to Market) komplexer.

Wir treffen zunächst wieder eine Reihe von Bezeichnungen. Es bedeute

T: Erfüllungstermin (Liefertermin)
s: Zeitpunkt des Kontraktabschlusses ($s < T$)
K_t: Wert des Basisobjekts in t ($s \le t \le T$)
$F_t = F(t,T)$: Wert des Futurekontrakts (bezogen auf eine Einheit des Basisobjekts) mit Liefertermin T zum Zeitpunkt t ($s \le t \le T$).

Ein zentraler Unterschied zum Forwardfall besteht dabei darin, dass zum Zeitpunkt s der Abrechnungspreis F_s nicht mehr frei zwischen den Kontraktparteien vereinbart wird, sondern im Futurefall dem zum Zeitpunkt s am Markt gültigen Futurepreis (Kurs) $F(s,T)$ entspricht.

Die Differenz B_t zwischen Futurekurs und Kurs des zugrunde liegenden Basisobjekts zum Zeitpunkt t wird dabei als Basis (zum Zeitpunkt t) bezeichnet

(10.2) $$B_t = F_t - K_t \, .$$

Hierzu ist anzumerken, dass in der Literatur teilweise auch die alternative Definition $B_t = K_t - F_t$ zu finden ist. Als weitere grundlegende Eigenschaft ist – wie schon im Falle des Forwards – festzuhalten, dass

(10.3) $$F_T = K_T \text{ bzw. } B_T = 0$$

gilt. Zum Lieferzeitpunkt muss der Wert des Futures dem Wert des zugrunde liegenden Basisobjekts entsprechen, denn in diesem Zeitpunkt sind die Positionen Kauf bzw. Verkauf des Titels auf der Grundlage eines Futurekontraktes identisch mit dem direkten Kauf bzw. Verkauf des Titels am Kassamarkt. Aus dieser Überlegung ergibt sich auch die folgende Aussage über die Konvergenz des Futurekurses bzw. der Basis bei Annäherung an den Liefertermin T:

(10.4) $$\lim_{t \to T} F_t = K_T \text{ bzw. } \lim_{t \to T} B_t = 0 \, .$$

Abbildung 10.2 illustriert diesen Sachverhalt.

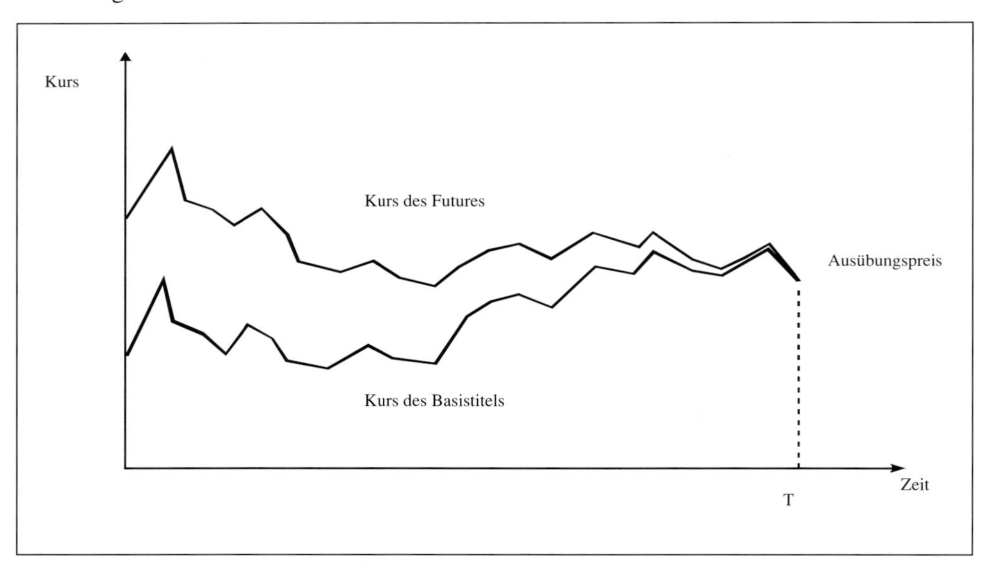

Abb. 10.2: Konvergenz des Futurekurses

Dabei ist die Konstellation, dass der Kurs des Future systematisch über dem Kurs des Basistitels liegt, nur ein Spezialfall. Auch andere Konstellationen sind möglich.

Kommen wir nun wieder zur Analyse der Basisposition. Ein im Zeitpunkt s abgeschlossener und bis zum Fälligkeitstermin T gehaltener Long-Futurekontrakt impliziert dann den Erwerb des folgenden Zahlungsstroms:

$$t = s+1: \quad F(s+1,T) - F(s,T)$$
$$t = s+2: \quad F(s+2,T) - F(s+1,T)$$
$$\vdots$$
$$t = T \quad : \quad F(T,T) - F(T-1,T) = K_T - F(T-1,T).$$

Dabei gehen wir davon aus, dass die Zeiteinheit einem Tag (tägliches Marking to Market) entspricht. Von einer Berücksichtigung von Sicherheitsleistungen sehen wir dabei wieder ab.

Nehmen wir nun an, dass auf dem Marginkonto, auf das diese börsentäglichen Zahlungssalden gebucht werden, keine Gutschrift von Habenzinsen bzw. keine Belastung mit Sollzinsen erfolgt, so ist die Saldoposition G_T zum Zeitpunkt T offenbar gegeben durch

$$G_T = K_T - F(s,T) \,. \tag{10.5}$$

Dies entspricht damit der Gewinn-/Verlustposition (10.1) im Fall des Long Forward. Entsprechendes gilt für die jeweiligen Shortpositionen. Im Falle einer börsentäglichen Zinsgutschrift bzw. Zinsbelastung werden die Verhältnisse entsprechend komplexer. Zum Zwecke einer approximativen Analyse dieser Situation gehen wir aus von einem im Zeitablauf konstanten, identischen börsentäglichen Soll- bzw. Habenzins *i*. Der Zahlungssaldo $F(s+1,T) - F(s,T)$ wird dann zu diesem Zins vom Zeitpunkt $s + 1$ bis zum Zeitpunkt *T*, d.h. $T - s - 1$ Tage verzinst, der Zahlungssaldo $F(s+2,T) - F(s+1,T)$ entsprechend $T - s - 2$ Tage und so weiter, der letzte Zahlungssaldo $F(T,T) - F(T-1,T)$ wird nicht mehr verzinst. Damit gilt im Falle einer Longposition für die Gewinn-/Verlustposition G_T zum Erfüllungstermin *T*:

$$G_T = [F(s+1,T) - F(s,T)](1+i)^{T-s-1} + [F(s+2,T) - F(s+1,T)](1+i)^{T-s-2} + \ldots$$
$$+ [F(T,T) - F(T-1,T)].$$

Zusammenfassend gilt damit insgesamt

$$G_T = \sum_{t=1}^{T-s} [F(s+t,T) - F(s+t-1,T)](1+i)^{T-s-t} \tag{10.6}$$

bzw. entsprechend $-G_T$ bei einer Shortposition.

Zur Illustration des Unterschiedes im Zahlungsfluss zwischen Future und Forward betrachten wir das folgende Beispiel.

Beispiel 10.1: Zahlungsfluss Forward vs. Future

Betrachtet werden eine Forward- bzw. Futureposition auf eintausend Einheiten eines Basisobjekts mit einer Laufzeit von fünf Tagen. Stark vereinfachend wird dabei davon ausgegangen, dass der der vereinbarte Abrechnungspreis des Forward in $t = 0$ dem Settlementpreis des entsprechenden Future entspricht. Der Settlementpreis des Future beziehe sich auf eine Einheit des Basisobjekts. Von einer Berücksichtigung von Zinseffekten wird abgesehen. Die Tabelle 10.1 des Haupttextes fasst die resultierenden Zahlungsströme zusammen

---

Tag	Settlement	Forward Long	Forward short	Future Long	Future Short
0	52				
1	53	0	0	+1000	-1000
2	54	0	0	+1000	-1000
3	50	0	0	-4000	+4000
4	52	0	0	+2000	-2000
5	54	0	0	+2000	-2000
Gesamt	+2	+2000	-2000	+2000	-2000

Tab. 10.1: Unterschiedlicher Zahlungsfluss bei Forward- und Futurekontrakten

Im Unterschied zu Forwardkontrakten ist es bei den börsengehandelten Futurekontrakten auch möglich, den Kontrakt vorzeitig zu Marktpreisen glattzustellen. Bei einer Glattstellung zu einem Zeitpunkt $t\ (s < t < T)$ entspricht dies im Falle einer Longposition dem Erwerb des Zahlungsstroms $\{F(s+1,T)-F(s,t),...,F(t,T)-F(t-1,T)\}$. Sehen wir vereinfachend von Zinseffekten auf dem Marginkonto ab, so ist die Saldoposition G_t bei der Glattstellung gegeben durch

(10.7a) $$G_t = F(t,T) - F(s,T)$$

bzw. bei Glattstellung einer Shortposition durch

(10.7b) $$G_t = F(s,T) - F(t,T)\ .$$

Der Käufer eines Futurekontrakts rechnet somit mit tendenziell mit steigenden Futurekursen, der Verkäufer mit tendenziell fallenden Futurekursen. Abbildung 10.3 illustriert die Gewinn-/Verlustfunktion bei Glattstellung.

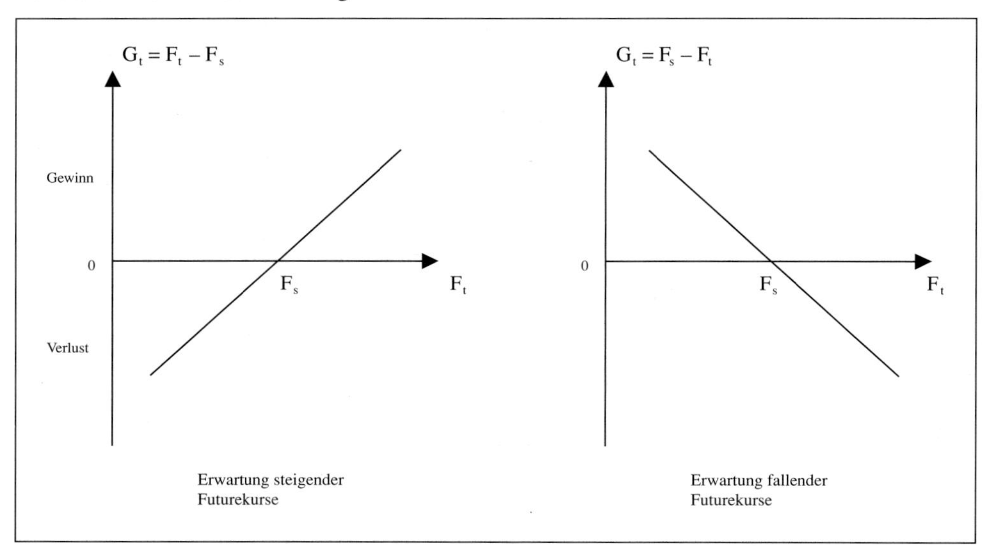

Abb. 10.3: Gewinn-/Verlustfunktion bei Glattstellung eines Futurekontrakts

Im Falle der Berücksichtigung von Zinseffekten ergibt sich für die Longposition bei gleichen Prämissen wie im Fall (10.6)

$$G_t = \sum_{\tau=1}^{t-s} [F(s+\tau,T) - F(s+\tau-1,T)](1+i)^{t-s-\tau} \tag{10.8}$$

bzw. entsprechend $-G_t$ für die Shortposition.

Die vorstehenden Ausführungen betreffen die grundsätzliche Charakteristik eines Futurekontrakts, bezogen auf eine Einheit eines abstrakten Basisobjekts. Bei den an Terminbörsen konkret gehandelten Futurekontrakten sind zusätzlich eine Reihe von institutionellen Charakteristika in Form von konkreten Kontraktspezifikationen zu beachten. Dies betrifft insbesondere

- das Kontraktvolumen (Wert eines Futurekontrakts relativ zum Basisobjekt)

sowie Standardisierungen hinsichtlich

- der Notierung
- der zulässigen Liefertermine
- der Kontraktabwicklung

und schließlich

- die Ausgestaltung des Marginsystems.

Der Anhang C zu diesem Kapitel enthält eine Übersicht über die an der deutsch-schweizerischen Terminbörse Eurex gehandelten Aktienindex-, Geldmarkt- und Zinsfutures.

Je nach Art des Basisobjekts kommt es zu einer entsprechenden Konkretisierung der allgemeinen Analyse der Gewinn-/Verlustposition nach Abbildung 10.3. Betrachten wir beispielsweise die Position des Käufers eines Zinsfutures, so gerät dieser in die Gewinnposition, wenn die Zinsen[2] fallen und daher der Preis des Basisobjekts, typischerweise einer (synthetischen) Anleihe, steigt. Steigende Preise des Basisobjekts aber führen bei rationaler Bewertung zu steigenden Preisen des Futures. Umgekehrt gerät der Verkäufer eines Futurekontrakts in die Gewinnzone, wenn die Zinsen steigen und damit der Kurs des Basisobjekts bzw. der Futureskurs fällt. Abbildung 10.4 illustriert die vorstehend beschriebene Konkretisierung.

10.3 Preisbildung: der Cost of Carry-Ansatz

10.3.1 Allgemeine Überlegungen

10.3.1.1 Einkommensfreies Basisobjekt

Wir beginnen mit einer Vorbemerkung. Die nachfolgenden Überlegungen zur Preisbestimmung vernachlässigen (neben der Stellung von Sicherheiten) die Marking to Market-Problematik. Insofern beziehen sie sich im strikten Sinne zunächst nur auf Forwardkontrakte. In Anhang 10B wird jedoch nachgewiesen, dass zumindest im Falle einer deterministischen Zinsstruktur

2 Unterstellt wird dabei typischerweise implizit das Vorliegen einer flachen Zinsstrukturkurve.

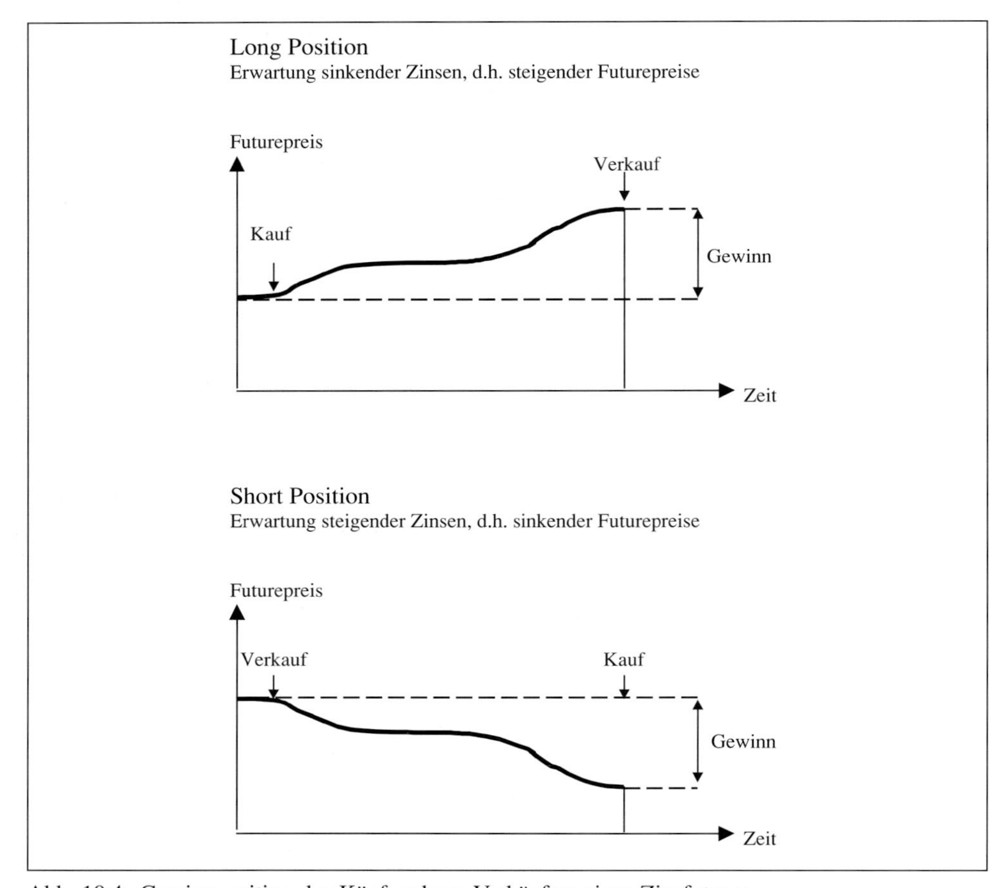

Abb. 10.4: Gewinnposition des Käufers bzw. Verkäufers eines Zinsfutures

Future- und Forwardpreise identisch sind. Aus diesem Grunde unterscheiden wir im Weiteren nicht mehr explizit zwischen Forwards und Futures.

In der Literatur sind eine Reihe von Ansätzen zur Bewertung von Futureskontrakten zur Bestimmung eines »fairen« Futurespreises entwickelt worden.[3] Zentrale Bedeutung hat dabei das im Folgenden dargestellte Konzept der *Netto-Finanzierungskosten (Cost of Carry)* erlangt, das auf der Bedingung der Nichtexistenz von Arbitragemöglichkeiten zwischen dem Terminmarkt einerseits und dem zugrunde liegenden Kassamarkt andererseits beruht.

Im Folgenden wird zunächst von einem einkommensfreien Basisobjekt ausgegangen, das während der Laufzeit des Futurekontraktes kein Einkommen, wie Zins- oder Dividendenzahlungen, abwirft. Wir treffen dabei die folgenden Bezeichnungen. Es sei

---

3 Vgl. etwa *Duffie* (1989, Kapitel 4-6).

$F(t,T)$ der (faire) Kurs eines Futurekontrakts auf eine Einheit des Basisobjekts mit Erfüllungstermin T zu einem beliebigen Zeitpunkt $t < T$,

K_t der Kassapreis des Basisobjekts zum Zeitpunkt t,

$r(t,T)$ der *akkumulierte* Zinssatz für die verzinsliche Ansammlung eines angelegten oder aufgenommenen[4] Kapitals in Höhe einer Geldeinheit von t bis T.

Wir betrachten nun die beiden folgenden Investitionen, die zum Zeitpunkt $t = T$ identisch sind.

I. Kauf des Basisobjekts via Kauf eines Futures in $t = s$, Abrechnung in $t = T$:
Im Zeitraum $[s,T)$ finden (unter Vernachlässigung der Marginproblematik) keine Zahlungen statt, die Abrechnung in $t = T$ ergibt eine Gewinn-/Verlustposition in Höhe von:

$$G_T = K_T - F(s,T) \ .$$

II. Direkter Kauf des Basisobjekts auf Kredit in $t = s$, Abrechnung in $t = T$:
Aufnahme eines Kredits in Höhe K_s, Kauf des Basisobjekts in $t = s$, Verzinsung des Kredits bis $t = T$, Verkauf Basisobjekt in $t = T$, Ablösung des Kredits in $t = T$. Die Gewinn-/Verlustposition dieser Investition in $t = T$ ist dann gegeben durch:

$$G_T = K_T - K_s[1 + r(s,T)] \ .$$

Beide Investitionen sind zum Zeitpunkt $t = T$ identisch, unter Ausschluss von Arbitragemöglichkeiten zwischen Future- und Kassamarkt bzw. nach Ausnutzung entsprechender Arbitragemöglichkeiten (»Cash and Carry-Arbitrage«) muss gelten

$$K_T - F(s,T) = K_T - K_s[1 + r(s,T)]$$

und somit ergibt sich der Cost of Carry-Preis eines Future mit einem einkommensfreien Basisobjekt zu einem *beliebigen* Zeitpunkt t zu

$$F(t,T) = K_t[1 + r(t,T)] \ . \tag{10.9}$$

Eine alternative Möglichkeit zur Konstruktion zweier äquivalenter Investitionen zwecks einer Preisbestimmung von Futurekontrakten wäre der Kauf des Basisobjekts aus dem Vermögen des Investors einerseits und der Kauf des Basisobjekts via Future bei zwischenzeitlicher Investition des Betrags K_s am Geldmarkt. Es ergibt sich wiederum die CoC-Beziehung (10.9), bei einem vollkommenen Kapitalmarkt darüber hinaus zu einer identischen Verzinsung $r(t,T)$.

Eine einfache Umformung von (10.9) stellt den Zusammenhang zwischen der Konzeption der Basis gemäß (10.2) und dem CoC-Preis her

$$F(t,T) - K_t = K_t r(t,T) \tag{10.10}$$

oder kurz:

$$\textit{Basis} = \textit{Cost of Carry}.$$

Offenbar liegen bei einem einkommensfreien Basisobjekt positive Netto-Finanzierungskosten und damit stets eine positive Basis vor.

4 In den USA ist dabei der maßgebliche Finanzierungszinssatz der Pensionszinssatz (*Repo-Rate*) für Wertpapierverkäufe mit Rückkaufvereinbarung (Repurchase-Agreements), vgl. etwa *Berger* (1990, S.290 f.). Zu den Repurchase-Agreements vgl. unsere Ausführungen in Abschnitt 1.2.3.3 sowie ausführlicher *Berger* (1990, S. 290) und *Bruns/Meyer-Bullerdiek* (1996, S. 352 ff.).

Die gewählte Ableitung des Cost of Carry-Preises ist mit einer beliebigen (deterministischen) Verzinsung eines aufgenommenen oder angelegten Kapitals kompatibel, insbesondere auch mit einer fristigkeitsabhängigen. Im Folgenden seien noch drei Beispiele auf der Basis einer fristigkeitsunabhängigen Verzinsung betrachtet. Lässt sich der Verzinsungsprozess durch einen fristigkeitsunabhängigen Jahreszins r, d.h. $1+r(t,T) = (1+r)^{T-t}$ kennzeichnen, so folgt für den CoC-Preis

(10.11a) $$F(t,T) = K_t(1+r)^{T-t} \quad .$$

Arbeitet man mit stetiger Verzinsung zur konstanten Zinsrate r, so folgt

(10.11b) $$F(t,T) = K_t e^{r(T-t)} \quad .$$

Argumentiert man schließlich auf Basis einer linearen Approximation der unterjährigen Verzinsung, so gilt[5]

(10.11c) $$F(t,T) = K_t\left[1 + r(T-t)\right] \quad .$$

Aus der Hypothese des Vorliegens von Cost of Carry-Preisen ergeben sich eine Reihe von Folgerungen, die wir im Folgenden im Rahmen der Version (10.11a) ableiten:

(10.12a) $$\sigma(F_t) = \sigma\left[K_t(1+r)^{T-t}\right] = (1+r)^{T-t}\sigma(K_t)$$

(10.12b) $$\lim_{t \to T} \sigma(F_t) = \sigma(K_T)$$

(10.12c) $$Cov(K_t, F_t) = Cov\left(K_t, K_t(1+r)^{T-t}\right) = (1+r)^{T-t} Var(K_t)$$

(10.12d) $$\lim_{t \to T} Cov(K_t, F_t) = Var(K_T)$$

(10.12e) $$\rho(K_t, F_t) = \frac{Cov(K_t, F_t)}{\sigma(K_t)\sigma(F_t)} = \frac{(1+r)^{T-t} Var(K_t)}{\sigma(K_t)(1+r)^{T-t}\sigma(K_t)} = 1 \quad .$$

Unter der Prämisse, dass sich auf den Futuremärkten stets der Cost of Carry-Preis einstellt, sind somit insbesondere Future- und Kassapreis zu jedem Zeitpunkt *perfekt positiv korreliert*. In der Realität ist hingegen zu beobachten, dass sich Future- und Kassapreis *nicht* vollständig synchron entwickeln, d.h. es gilt

$$\rho(K_t, F_t) < 1,$$

wobei i.d.R. der Grad der Korrelation mit abnehmender Restlaufzeit zunimmt. Das Vorliegen eines nicht perfekt positiv korrelierten Kursverlaufs von Futurekontrakt und Basisobjekt wird als *Basisrisiko* bezeichnet. Dieses Risiko spielt eine wichtige Rolle bei Anwendungen von Futurekontrakten im Investmentmanagement. Die Abbildung 10.5 illustriert diesen Sachverhalt schematisch, wobei noch auf die prinzipielle Konvergenz des Futurekurses zu achten ist.

---

5 Vgl. hierzu Abschnitt 2.1.1.

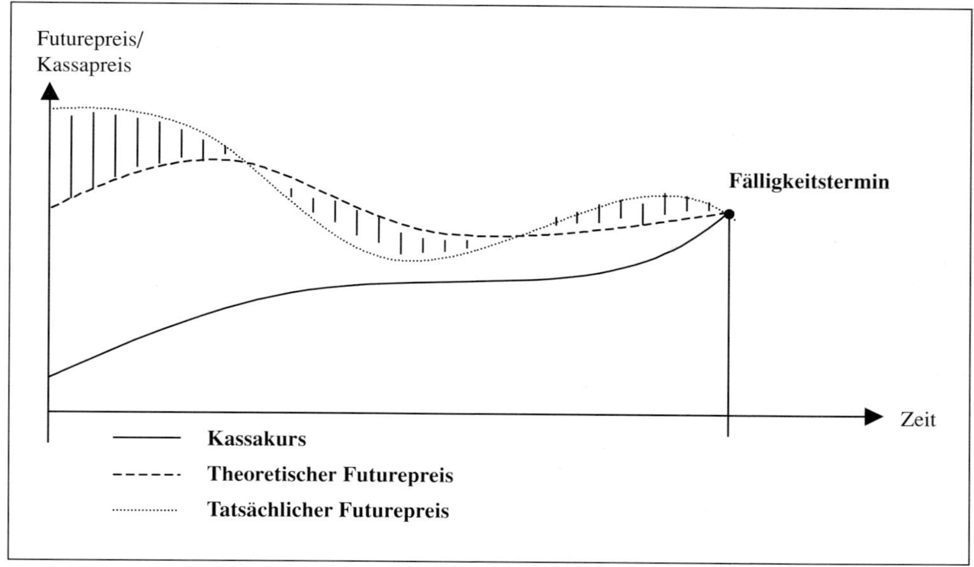

Abb. 10.5: Basisrisiko als Differenz von theoretischem und tatsächlichem Futurepreis

Die theoretisch korrekte Basis (10.8) wird auch als *Carry-Basis* bezeichnet, die empirisch vorhandene Basis als *Value-Basis*. Das Basisrisiko besteht somit in der Abweichung von Value- und Carry-Basis.

Abschließend betrachten wir noch zwei Beispiele zur Preisbildung bei Futurekontrakten.

Beispiel 10.2:

Der Wert eines Basisobjekts betrage per 01.01.2005 EUR 10 000. Ein Investor kann das Basisobjekt zu einem marktkonformen Kreditzins von 8% erwerben, der für zwei Jahre festgeschrieben ist. Welchen Gewinn bzw. Verlust macht der Investor, wenn er das Basisobjekt per Kredit erwirbt und den Kredit nach zwei Jahren ablöst? Wie hoch ist entsprechend der CoC-Preis zum 01.01.2005 eines Future auf dieses Basisobjekt mit zweijähriger Restlaufzeit, wenn marktkonforme Zinsen unterstellt werden?

Bezeichnen wir mit K_0 bzw. K_2 den Wert des Basisobjekts zu den Zeitpunkten $t=0$ (01.01.2005) bzw. $t=2$ (31.12.2006) und G_2 die Gewinn-/Verlustposition des Investors im Zeitpunkt $t=2$, so gilt offenbar $G_2 = K_2 - K_0(1{,}08)^2 = K_2 - 11\,664$. Die entsprechende Gewinn-/Verlustposition bei einem zweijährigen Future auf dieses Basisobjekt ist $G_2 = F_2 - F_0 = K_2 - F_0$. Bei arbitragefreien Märkten müssen diese Positionen identisch sein, mithin ist $F_0 = 11\,664$ der arbitragefreie Preis des Futures. Bei direkter Anwendung der CoC-Beziehung (10.9) ergibt sich entsprechend $F_0 = K_0(1{,}08)^2 = 11\,664$.

Beispiel 10.3:
Nehmen wir an, dass der Preis eines Basisobjekts am 01. April 2005 10% geringer ist als am 01. Januar 2005. Wir betrachten einen Futurekontrakt auf eine Einheit des Basisobjekts mit Erfüllungstermin 01. Oktober 2005. Der für die Preisbestimmung relevante Zins betrage 3% per annum. Welchen prozentualen Kursverlust erfährt der Futurepreis am 01. April im Vergleich zum 01. Januar, wenn von Cost of Carry-Preisen ausgegangen wird? Unterstellt werde dabei eine monatliche Zinskonvention.

Bezeichne K_0 den Preis des Basisobjekts zum Zeitpunkt 01. Januar und K_3 den Preis des Basisobjekts zum 01. April, so gilt $K_3 = 0{,}9\ K_0$. Für den CoC-Futurepreis $F(0{,}9)$ zum Zeitpunkt 0 gilt $F(0{,}9) = K_0(1{,}03)^{0.75} = K_0(1{,}0224)$. Entsprechend gilt für den CoC-Futurepreis $F(3{,}9)$ zum 01. April $F(3{,}9) = K_3(1{,}03)^{0{,}5} = 0{,}9\ K_0(1{,}03)^{0{,}5} = K_0(0{,}9134)$. Die prozentuale Kursveränderung des Future beträgt damit $(0{,}9134 / 1{,}0224) - 1 = -0{,}1066$, d.h. es tritt ein Kursverlust von 10,66% ein. Der Future fällt somit etwas stärker als das zugrunde liegende Basisobjekt.

10.3.1.2 Basisobjekt mit determiniertem Einkommen

Wir betrachten in Erweiterung der Konstellation in Abschnitt 10.3.1.1 ein Basisobjekt, das zum Zeitpunkt $t = u$ ($s < u < T$) ein sicheres Einkommen (Zinszahlung, Dividende) der Höhe Z abwirft. Dieses sichere Einkommen kann im Rahmen der Betrachtung äquivalenter Investitionen bei der Ableitung des CoC-Preises (10.7) zur Verringerung der aufgelaufenen Kreditverpflichtungen verwendet werden. Die Gesamthöhe der Kreditverpflichtungen in $t = T$ ist dann

$$\left[K_s\left(1+r(s,u)\right)-Z\right]\left(1+r(u,T)\right)= K_s\left(1+r(s,T)\right) - Z\left(1+r(u,T)\right) .$$

Der Kreditbetrag (bzw. Anlagebetrag) aus Abschnitt 10.3.1.1 ist somit um den *Endwert* der einmaligen Zahlung bei gegebenem Verzinsungsprozess zu vermindern. Dies lässt sich problemlos auf den allgemeinen Fall eines deterministischen (zeitstetigen oder zeitdiskreten) Einkommensstroms übertragen. Sei dazu

$Z(t,T)$ der Endwert des deterministischen Zahlungsstroms in $[t,T]$ bei gegebenem Verzinsungsprozess,

so ergibt sich der Cost of Carry-Preis eines Basisobjekts mit einem deterministischen Einkommensstrom allgemein zu

$$F(t,T) = K_t\left[1+r(t,T)\right] - Z(t,T) \quad (10.13)$$

Betrachten wir auch hierzu ein Beispiel.

Beispiel 10.4:
Nehmen wir in Fortführung des Beispiels 10.2 an, dass das Basisobjekt per 31.12.2005 ein Einkommen von 2 000 EUR abwirft, das der Investor zu einer partiellen vorzeitigen Kredittilgung verwenden bzw. (äquivalent) marktkonform zu 8% anlegen kann. Wie ändert dieser Sachverhalt die Gewinn-/Verlustposition des Investors im Zeitpunkt t = 2 sowie den entsprechenden fairen Futurepreis in $t = 0$?

Zunächst gilt $G_2 = K_2 - 11664 + 2000(1{,}08) = K_2 - 9504$. Hieraus folgt zugleich $F_0 = 9\,504$. Unter Verwendung der CoC-Preisformel (10.13) folgt entsprechend $F_0 = K_0(1{,}08)^2 - 2\,000(1{,}08) = 9\,504$.

10.3.2 Wert eines Forwardkontrakts

In diesem Abschnitt gehen wir der Frage nach, welchen Wert ein Forwardkontrakt bei arbitragefreien Märkten während seiner Laufzeit besitzt. Erworben (Long-Position) werde in s ein Forwardkontrakt auf ein einkommensfreies Basisobjekt mit Liefertermin T (»(s,T)-Forward«). Dieser beinhaltet keinen Kapitaleinsatz, sondern erworben wird die folgende Finanzposition in T: $K_T - F(s,T)$. Dabei ist K_T der Preis des Basisobjekts in T und $F(s,T)$ ist der in s vereinbarte (faire) Abrechnungs-Referenzpreis. Es stellt sich nun die Frage, welches der Wert $V(t)$ des (s,T)-Forwards in t, $s \le t \le T$, ist.

Wir betrachten hierzu die folgende Strategie zum Zeitpunkt t:

1) Erwerbe in t einen (s,T)-Forward zum (unbekannten) Preis $V(t)$ auf Kredit.
2) Gehe in t short in einem (t,T)-Forward.

Hierbei gehen wir von einer deterministischen Zinsstruktur $r(t,T)$ aus.

Die Gesamtposition in T lautet nun:

Endwert Teilposition 1: $K_T - F(s,T) - V(t)[1+r(t,T)]$
Endwert Teilposition 2: $F(t,T) - K_T$
Endwert Gesamtposition: $F(t,T) - F(s,T) - V(t)[1+r(t,T)]$.
Die Gesamtposition in T ist damit offenbar risikolos (deterministisch).

Der Kapitaleinsatz in t betrug 0 Geldeinheiten. Damit muss aus Gründen der Arbitragefreiheit (man vergleiche hierzu insbesondere die Arbitragefreiheitsbedingung (5.22)) auch der Positionswert in T identisch null sein. Hieraus resultiert $F(t,T) - F(s,T) - V(t)[1+r(t,T)] = 0$ und damit gilt insgesamt

$$V(t) = [F(t,T) - F(s,T)]\,[1+r(t,T)]^{-1}. \tag{10.14}$$

Im Spezialfall einer konstanten zeitdiskreten Verzinsung der Höhe r spezialisiert sich (10.14) etwa zu:

$$V(t) = [F(t,T) - F(s,T](1+r)^{-(T-t)}.$$

Als weitere Folgerungen aus der Identität (10.14) ergeben sich:

$$V(T) = [F(T,T) - F(s,T)]\,[1+r(T,T)]^{-1} = K_T - F(s,T) \tag{10.15a}$$

sowie

$$V(s) = 0. \tag{10.15b}$$

Der (faire) Abrechnungs-Referenzwert ist also insbesondere derjenige Referenzwert, der zu einem Kontraktwert von null zum Zeitpunkt des Vertragsabschlusses führt.

10.3.3 Preisbildung bei Aktienindexfutures

Die grundsätzlichen Überlegungen des Abschnitts 10.3.1 zur Preisbildung auf der Grundlage des Cost of Carry-Ansatzes gelten auch für Aktienindexfutures. Zu beachten ist, dass hier das Basisobjekt i.d.R. nicht selbständig gehandelt wird, sondern durch ein entsprechend zu konstruierendes Indexportefeuille ersetzt bzw. approximiert werden muss. Dies erschwert die Ausnutzung von Cash and Carry-Arbitragemöglichkeiten und somit das Einpendeln auf einen arbitragefreien Futurespreis. Eine zentrale Rolle spielt des Weiteren die Behandlung der Dividendenzahlungen, die ja ex ante unsicher sind, d.h. hier liegt der Fall eines stochastischen Einkommens aus dem Basisobjekt vor. In der Regel wird hierbei aber approximativ mit einem Modell für einen deterministischen Einkommensstrom gearbeitet.

Bei Vorliegen eines *Performanceindex*, wie etwa dem DAX, findet eine Dividenden-reinvestition in den Index statt. Geht man davon aus, dass dies bei der Konstruktion des entsprechenden Indexportefeuilles in gleicher Weise getan wird, so spielt die Dividendenproblematik bei einem Futurekontrakt auf einen Performanceindex keine Rolle, da die gezahlten Dividenden in den Kurs des Basisobjekts eingehen.

Unterstellt man eine lineare Zinsapproximation, so ergibt sich daher der Cost of Carry-Preis eines DAX-Futures[6] bei einer Restlaufzeit von d Tagen zu

$$\begin{aligned} CoC\ DAX\text{ - }Future &= Zinssatz\ *\ Kontraktwert\ *\ \frac{d}{365} \\ &= Zinssatz\ *\ DAX\ *\ EUR\,25\ *\ \frac{d}{365}. \end{aligned} \tag{10.16}$$

Im Falle eines Kursindex ist eine Standardmodellvorstellung hinsichtlich des Dividendeneinkommens das Vorliegen einer kontinuierlichen *Dividendenrate* q. Diese Hypothese ist etwa beim Standard & Poor's 500-Index sinnvoll, denn in den USA liegt – im Gegensatz zu Deutschland – eine wesentlich geringere zeitliche Dividendenkonzentration vor, so dass bei marktbreiten Indizes von einem relativ stetigen Dividendenstrom ausgegangen werden kann.[7] Bei Annahme einer Dividendenrate q ergibt sich der CoC-Preis in analoger Weise zu

$$F(t,T) = K_t e^{(r-q)(T-t)} \ . \tag{10.17a}$$

In einer diskreten Formulierung mit einer linearen Approximation der unterjährigen Verzinsung gilt entsprechend[8]:

$$\begin{aligned} &\text{Cost of Carry} = \\ &K_t * (\text{Kreditzins p.a.} - \text{Dividendenrate p.a.}) * \frac{\text{Tage bis zur Erfüllung}}{365} \end{aligned} \tag{10.17b}$$

6 Vgl. hierzu Anhang C1.

7 In Deutschland hingegen sind die Dividendenzahlungen stark konzentriert auf die Monate Mai, Juni und Juli, so dass ein entsprechender Modellansatz hier zu Verzerrungen führt.

8 Eine weitere Variante ergibt sich, vgl. etwa *Scharpf/Luz* (2000, S. 612), wenn man noch die Möglichkeit der Erzielung von Erträgen aus einer möglichen Wertpapierleihe der Aktien des zugrunde liegenden Portfolios einbezieht.

In praxi ist die Dividendenrate ex ante unbekannt und die Zinskosten sind nicht eindeutig bestimmt (fristenabhängig, Anlage- und Kreditzins fallen auseinander), zudem ist die Finanzierung der Marginzahlungen nicht berücksichtigt. Dies alles erhöht die Risiken einer Cash and Carry-Arbitrage und führt dazu, dass es »den« arbitragefreien Preis nicht gibt, sondern dass eher ein mögliches Spektrum fairer Preise innerhalb einer Bandbreite vorliegt.

10.3.4 Preisbildung bei Geldmarktfutures

Im Weiteren wird die Preisbildung bei Geldmarktfutures anhand der an der Eurex gehandelten Ein- bzw. Dreimonats-EURIBOR-Futures diskutiert. Wie in Anhang 10C.2 dargelegt, ergibt sich der Futurespreis durch Subtraktion des Terminzinssatzes (Forward-Rate) für den Ein- bzw. Dreimonats-EURIBOR von 100:

(10.18) $$F_t = 100 - FR_t(T, T+h) \ .$$

Dabei bezeichnen $FR_t\,(T, T+h)$ die Höhe der Forward Rate zum Zeitpunkt t für den Zeitraum $(T, T+h)$ sowie die Zeitpunkte t den Bewertungszeitpunkt, T ($> t$) den Erfüllungstermin und die Zeitdauer h den Referenzzeitraum, auf den sich der Geldmarktzinssatz bezieht. Es bezeichnen ferner $r(t,T)$ bzw. $r(t,T+h)$ die (diskreten, annualisierten) Spot Rates zum Zeitpunkt t für die Laufzeiten T-t bzw. T+h-t. Der in der zum Zeitpunkt t herrschenden Zinsstruktur implizite Forwardzinssatz $FR_t\,(T, T+h)$ muss dann der Beziehung

(10.19) $$\left[1+r(t,T+h)\right]^{T+h-t} = \left[1+r(t,T)\right]^{T-t}\left[1+FR_t(T,T+h)\right]^{h}$$

genügen. Damit ergibt sich als fairer Wert für die Forward-Rate allgemein:

(10.20) $$FR_t(T,T+h) = \left\{\left[1+r(t,T+h)\right]^{T+h-t} / \left[1+r(t,T)\right]^{T-t}\right\}^{1/h} - 1 \ .$$

Betrachten wir als Beispiel den Einmonats-EURIBOR-Future, wobei wir noch eine lineare Zinsapproximation vornehmen. Es betrage dabei der Zeitraum T-t bis zur Erfüllung des Futures d Tage und damit der Zeitraum T+h-t $d+30$ Tage. Die entsprechenden (annualisierten) Spotrates zum Zeitpunkt t seien mit $r(d)$ bzw. $r(d+30)$ bezeichnet. Auf der Basis der Beziehung (10.19) ergibt sich dann (approximativ)

(10.21) $$1+r(d+30)\frac{d+30}{365} = \left[1+r(d)\frac{d}{365}\right]\left[1+FR\frac{30}{365}\right]$$

und damit:

(10.22) $$FR = \left[\frac{1+r(d+30)\dfrac{d+30}{365}}{1+r(d)\dfrac{d}{365}} - 1\right]\frac{365}{30} \ .$$

10.3.5 Preisbildung bei Zinsfutures

Auch im Falle von Zinsfutures gelten die grundsätzlichen Überlegungen des Abschnitts 10.3.1. Ist das Basisobjekt ein Standardbond, so stellen dabei die Ergebnisse des Abschnitts 10.3.1.2 den relevanten Ausgangspunkt dar. Arbeitet man mit Cum-Kupon-Kursen, so ist die Beziehung (10.11) zu verwenden, wobei $Z(t,T)$ hier dem Endwert zum Erfüllungstermin von eventuellen Zinszahlungen des Basisobjekts während der Laufzeit des Kontrakts bei gegebenem Verzinsungsprozess entspricht.

Zwecks Analyse der Situation bei Zugrundelegung von Ex-Kupon-Kursen betrachten wir ein Beispiel.

Beispiel 10.5:
Gegeben sei die folgende Konstellation von Zeitpunkten: $t_0 < s < t_1 < t_2 < T < t_3$. Dabei bezeichnet der Zeitpunkt T den Erfüllungstermin eines Zinsfuture, s den Zeitpunkt des Erwerbs dieses Future sowie $t_0,\ldots,t_3$ die Zinszahlungszeitpunkte des dem Zinsfuture zugrunde liegenden Bonds. Zur Bestimmung des Futurepreises $F(s,T)$ replizieren wir nochmals die Arbitragestrategie aus Abschnitt 10.3.1. Es bezeichnen dabei noch $AI(u,v)$ den vom Zeitpunkt u bis zum Zeitpunkt v aufgelaufenen Zins aus dem Bond und K_t den Ex-Kupon-Kurs zum Zeitpunkt t. Bei direktem Erwerb des Bonds (auf Kredit) muss der Käufer zum Zeitpunkt s den Betrag $K_s + AI(t_0,s)$ entrichten, bei Verkauf in T erhält er $K_T + AI(t_2,T)$. Als volle Kupons erhält er $Z(t_1)$ sowie $Z(t_2)$. Der aufgelaufene Zins $AI(t_0,s)$ ist die Korrektur dafür, dass ihm der Kupon $Z(t_1)$ nur anteilig zusteht, entsprechend $AI(t_2,T)$ dafür, dass ihm nur ein Anteil des Kupons $Z(t_3)$ zusteht. Insgesamt ist die Gewinn-/Verlustposition G_T des Käufers des Bonds bei direktem Erwerb damit in $t = T$ gegeben durch

$$G_T = K_T + AI(t_2,T) + Z(t_1)[1+r(t_1,T)] + Z(t_2)[1+r(t_2,T)] - [K_s + AI(t_0,s)][1+r(s,T)].$$

Bei Erwerb des Bonds via einer Future-Longposition gilt hingegen:

$$G_T = F_T - F_s = K_T - F_s .$$

Bei Äquivalenz der beiden Positionen, d.h. bei arbitragefreier Bewertung, folgt hieraus insgesamt

$$\begin{aligned} F_s = {} & [K_0 + AI(t_0,s)][1+r(s,T)] - Z(t_1)[1+r(t_1,T)] \\ & - Z(t_2)[1+r(t_2,T)] - AI(t_2,T) . \end{aligned}$$

Auf der Grundlage des vorstehenden Beispiels gelangen wir zu der allgemeinen CoC-Beziehung:

(10.23) $$F(t,T) = \left[K_t + AI_t\right]\left[1+r(t,T)\right] - Z(t,T) - AI_T \quad .$$

Dabei wurde vereinfachend mit AI_t bzw. AI_T der abgelaufene Zins seit dem jeweils letztgelegenen vorherigen Zinstermin bezeichnet und mit $Z(t,T)$ – wie in Abschnitt 10.3.1.2 – der Endwert der Zinszahlungen während der Periode $[t,T]$.

In praxi ist bei Umsetzung dieser Beziehung noch zu beachten, dass nicht das (fiktive) Basisobjekt des Futures geliefert wird, sondern die so genannte Cheapest to Deliver-Anleihe (CTD).[9]

Ferner wird bei Lieferung der betreffenden Anleihe ein Konversionsfaktor in Ansatz gebracht, der diese – unter Idealbedingungen[10] – mit der fiktiven Basisanleihe hinsichtlich des Kurses gleichnamig macht.

Im Folgenden unterstellen wir daher, dass zum Zeitpunkt t die CTD-Anleihe bekannt ist[11], ihr Kurs $K_{CTD}(t)$ beträgt und der Konversionsfaktor durch CF_{CTD} gegeben ist. Ferner wird unterstellt, dass die CTD-Anleihe bis zum Liefertermin nicht wechselt, d.h. zum Lieferzeitpunkt physisch angedient und unter Berücksichtigung des Konversionsfaktors abgerechnet wird. Die Basis-CoC-Beziehung (10.9) lautet in diesem Fall

(10.24) $$F(t,T) = \frac{K_{CTD}(t)}{CF_{CTD}}[1 + r(t,T)] \ .$$

Entsprechend gilt unter Berücksichtigung von Ex-Kupon-Kursen und (beispielsweise) genau einer zwischenzeitlichen Kuponzahlung C in u ($t < u < T$) auf der Basis von (10.23):

(10.25a) $$F(t,T) = \frac{(K_{CTD}(t) + AI_t)[1 + r(t,T)] - AI_T - C[1 + r(u,T)]}{CF_{CTD}} \ .$$

Allerdings wurde zur Ableitung von (10.25) unterstellt, dass die CTD-Anleihe zum Zeitpunkt t auch im Zeitpunkt T noch die CTD-Anleihe ist. Der Inhaber der Future-Shortposition besitzt dabei die Option (Quality Option), zum Liefertermin eine andere Anleihe zu liefern. Obwohl er ggf. eine Cash and Carry-Position[12] auf Basis der anfänglichen CTD-Anleihe eingegangen ist, hat er die Möglichkeit, zum Lieferzeitpunkt die anfängliche CTD-Anleihe zu verkaufen sowie die aktuelle CTD-Anleihe zu erwerben und diese anzudienen. Die Preisgleichung (10.25a) gilt daher nicht exakt. Allgemein gilt[13,14]:

(10.26) $$F(t,T) = \frac{(K_{CTD}(t) + AI_t)[1 + r(t,T)] - AI_T - C[1 + r(u,T)]}{CF_{CTD}}$$
$$- \textit{Wert}^{15} \textit{ der Qualitätsoption.}$$

9 Vgl. die entsprechenden Ausführungen in Anhang 10D.
10 Unter Anwendung der Notation von Anhang 10D gilt $K_T^i(i_0)/CF = K_T^{i_0}(i_0) = N$.
11 Zur Bestimmung der CTD-Anleihe vor dem Fälligkeitszeitpunkt vgl. ebenso Anhang 10D.
12 Verkauf des Futures und Erwerb der anfänglichen CTD-Anleihe auf Kredit mit der Absicht, diese in T anzudienen.
13 Vgl. etwa *Stoll/Whaley* (1993, S. 149).
14 Da die Qualitätsoption einen positiven Wert hat, ist ein Investor, der Cash and Carry-Arbitrage durchführt, willens, den Future zu einem niedrigeren Preis als dem Preis gemäß (10.25a) zu verkaufen.
15 Die Qualitätsoption des Verkäufers eines Zinsfutures ist eine Austauschoption, zu deren Bewertung vgl. etwa *Stoll/Whaley* (1993, S. 230 f.).

In der Literatur und wohl auch in der Investmentpraxis wird gleichwohl üblicherweise auf der Basis der approximativen Preisgleichung (10.25a) argumentiert, was wir im Weiteren ebenfalls tun werden. Auf jeden Fall kommt es während der Laufzeit des Futures regelmäßig zu einem Wechsel der aktuellen CTD-Anleihe, was zu Kurssprüngen beim Zinsfuture führen kann.

Geht man aus von einer linearen Zinsapproximation und unterstellt, dass im Zeitraum $[t,T]$ keine Zinszahlung stattfindet, so folgt insbesondere für den Fall des Bundfutures:

$$\text{(10.25b)} \qquad CoC\text{-}Preis\ Bundfuture = \frac{\left(K_{CTD}(t) + SZ\right)\left[1 + r\frac{d}{365}\right] - C_{CTD} \cdot \frac{d}{365}}{CF_{CTD}} .$$

Dabei bezeichne $K_{CTD}(t)$ bzw. C_{CTD} bzw. CF_{CTD} den Ex-Kupon-Kurs bzw. den Kupon bzw. den Konversionsfaktor der CTD-Anleihe, *SZ* die Stückzinsen der CTD-Anleihe bis zum aktuellen Tag, r den Finanzierungszinssatz und d die Tage bis zu Liefertermin.

Ohne auf die Ableitung des Resultats einzugehen, soll abschließend noch festgehalten werden, dass im Falle einer *normalen Zinsstruktur* die Basis in der Regel negativ ist, d.h. *negative Cost of Carry* vorliegen, dagegen bei Vorliegen einer *inversen Zinsstruktur* typischerweise die Basis positiv ist, d.h. *positive Cost of Carry* vorhanden ist. Ausgangspunkt einer entsprechenden Analyse ist etwa die Beziehung (10.13), nach der die Basis durch $B_t = K_t r(t,T) - Z(t,T)$ gegeben ist. Intuitiv ist entscheidend, ob die (kurzfristigen) Finanzierungskosten die (langfristigen) Zinserträge aus dem Basisobjekt übersteigen oder nicht. Abbildung 10.6 illustriert das Vorliegen negativer Cost of Carry sowie das entsprechende Basisrisiko, d.h. das Abweichen von CoC-Preis und realem Futurepreis.[16]

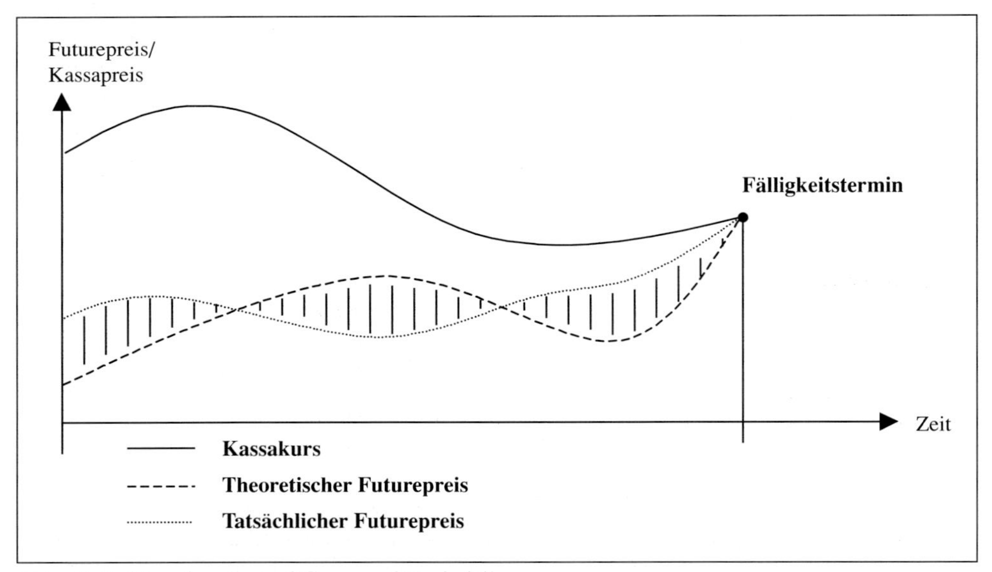

Abb. 10.6: Negative Cost of Carry und Basisrisiko

16 Zu weitergehenden Illustrationen vgl. *Berger* (1990, S. 382 ff.).

10.3.6 Preisbildung bei Devisenforwards

Wir gehen im Weiteren aus von der Entwicklung eines *Devisenkassakurses* (Wechselkurses), d.h. dem Wert einer Fremdwährungseinheit gemessen in der Inlandswährung. Um spezifischer zu werden, wählen wir im Folgenden als Standardkonstellation für die Inlandswährung den Euro (EUR) sowie als Fremdlandswährung den US-Dollar (USD). Mit $\{S_t\}$ bezeichnen wir dann die zeitliche Entwicklung des Wertes eines USD gemessen in EUR.

Wir bezeichnen des Weiteren mit r die risikolose Zinsrate in EUR-Termen sowie mit r_F die risikolose Zinsrate in der Fremdwährungseinheit (hier: USD). Ein *Devisenforward* ist dann ein Forwardkontrakt mit dem Devisenkassakurs als Underlying. Beträgt die Laufzeit des Devisenforwards T, so ergibt sich als arbitragefreier *Devisenterminkurs*

$$F_t = S_t e^{(r-r_F)(T-t)} \quad . \tag{10.27}$$

Man bezeichnet diesen Zusammenhang auch als *Zinsparitätentheorem*. Um nachzuweisen, dass dies ein arbitragefreier Preis ist, betrachten wir die folgende Serie von Investments:

1. Der Investor nimmt in t einen Kredit in Höhe von $e^{-r_F(T-t)}$ in Fremdwährung auf mit Kreditzinsrate r_F und Restlaufzeit $T-t$. Die Rückzahlung dieses Kredits in T erfordert eine Einheit Fremdwährung (USD).
2. Den Betrag $e^{-r_F(T-t)}$ konvertiert er in t in inländische Währung (EUR) – dies ergibt $S_t e^{-r_F(T-t)}$ – und legt dies zur sicheren Zinsrate an. Sein Vermögen in T aus dieser Position beträgt dann $S_t \exp[(r-r_F)(T-t)]$.
3. Er geht in t long in einen Devisenforward auf eine Fremdwährungseinheit mit Restlaufzeit $T-t$. Zum Zeitpunkt T muss er daher für einen USD S_t bezahlen.
   Seine in T bestehende Schuld von einem USD kann er damit mit F_t EUR ablösen. Damit dies gelingt, muss $S_t \exp[(r-r_F)(T-t)] = F_t$ sein.

Wie man ferner sieht, ist die Gleichung (10.27) identisch mit der Gleichung (10.17a), nur dass die kontinuierliche Dividendenrate ersetzt wird durch die risikofreie Zinsrate r_F in Fremdwährung. Mit anderen Worten: Eine Fremdwährung ist im Kern ein Vermögenswert, der eine bekannte Dividendenrate in Höhe der Fremdwährungszinsrate beinhaltet.

10.4 Hedgen mit Futureskontrakten

10.4.1 Vorüberlegungen

In den weiteren Ausführungen gehen wir – im Gegensatz zu Abschnitt 10.3 – explizit von Futures aus, da auf der Grundlage von Forwardkontrakten aufgrund deren fehlender Glattstellungsmöglichkeit Hedgeoperationen nur sehr eingeschränkt durchführbar sind. Grundsätzlich ist ein (perfektes) Hedge eine Transaktion (typischerweise an einem Terminmarkt), durch deren Eingang man den unsicheren Erfolg aus einer Kassaposition durch einen ebenfalls unsicheren, aber »entgegengesetzten« Erfolg kompensiert, d.h. insgesamt eine risikolose Position realisiert.

Ziel eines *Short Hedge* mit Futurekontrakten ist es insbesondere, eine *bestehende* Kassaposition (Kassa long) gegen einen eventuellen Wertverlust aufgrund von zwischenzeitlichen Kursänderungen zu einem bestimmten Zeitpunkt abzusichern, indem man versucht, eine entgegengesetzte Position in Futureskontrakten aufzubauen. Dies realisiert man durch den Eingang einer entsprechenden Shortposition in Futures. Im idealen Falle ist dabei der Future direkt auf die Kassaposition des Investors bezogen. Basisobjekt des Futures und abzusicherndes Objekt des Investors stimmen also strukturell überein.

Wir gehen im Weiteren vom Fall aus, dass eine Einheit des Kassatitels gegeben ist und sich der Futurekontrakt auf diese Einheit bezieht. Ferner nehmen wir das Vorliegen eines 1:1 Hedges an. Es bezeichnen nun

s	:	Zeitpunkt Verkauf des Futurekontrakts
t	:	Zeitpunkt der Glattstellung des Futurekontrakts
T	:	Erfüllungszeitpunkt des Futures
K_s, K_t	:	Preis des Kassatitels zu den Zeitpunkten s bzw. t
F_s, F_t	:	Kurs des Futurekontrakts zu den Zeitpunkten s bzw. t .

Im Weiteren vernachlässigen wir zunächst die Zinseffekte auf dem Marginkonto. Die Gewinn-/Verlustposition zum Zeitpunkt t ist dann aufgrund von (10.7) gegeben durch

(10.27)
$$\begin{aligned} G_t &= (K_t - K_s) - (F_t - F_s) = (F_s - K_s) - (F_t - K_t) \\ &= B_s - B_t \ . \end{aligned}$$

Dies entspricht der *Veränderung* der Basis während des Zeitraums des Bestehens des Futurekontrakts. Zu beachten ist, dass für $t < T$ die Basis B_t eine zufallsabhängige Größe darstellt, d.h. die Erfüllung des Ziels eines perfekten Hedges ist gefährdet. Im Falle $t = T$, wenn also der

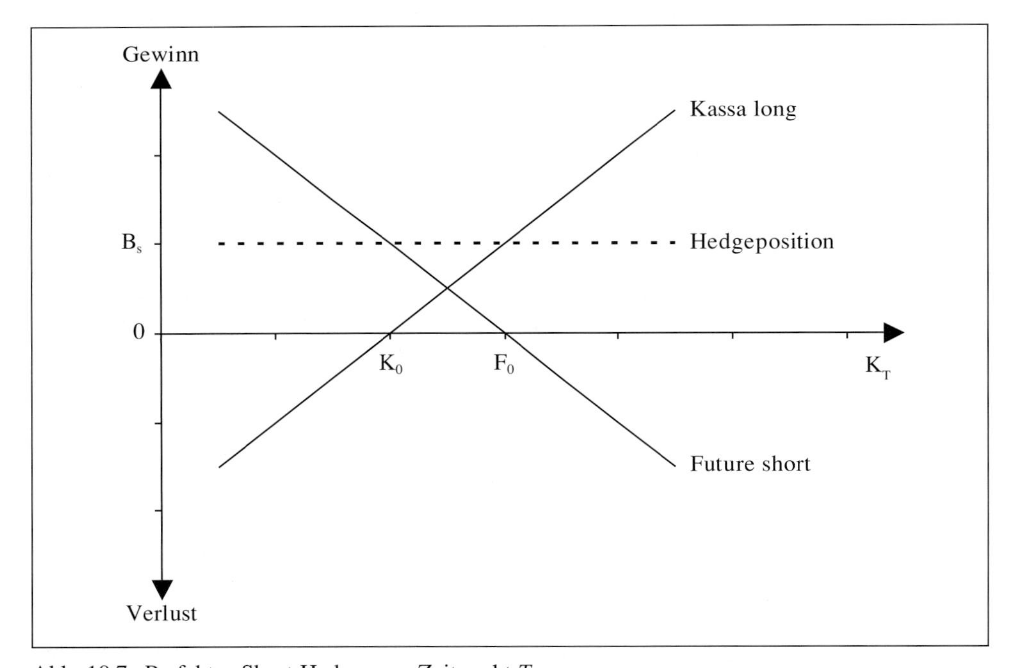

Abb. 10.7: Perfektes Short Hedge zum Zeitpunkt T

Sicherungshorizont genau dem Erfüllungstermin des Futurekontrakts entspricht, gilt dagegen (im Falle der Identität von abzusicherndem Objekt und Basisobjekt) $B_T = F_T - K_T = 0$ und es folgt $G_T = B_s$. Abbildung 10.7 illustriert den letzteren Sachverhalt im Falle einer positiven Basis, $B_s > 0$. Die Abbildung 10.7 enthüllt zudem ein Charakteristikum des Hedgens mit Futures.[17] Zwar wird im dargestellten Idealfall in der Tat ein Wertverlust in der Kassaposition durch einen entsprechenden Wertgewinn in der Futureposition (positiv) kompensiert. Gleichzeitig wird aber auch ein Wertgewinn in der Kasse durch einen entsprechenden Wertverlust im Future (negativ) kompensiert. Die Realisation einer idealen Hedgeposition impliziert das »Einfrieren« des realisierten Wertes in einer bestimmten Höhe, unabhängig von der Wertposition der Kasse zum Sicherungszeitpunkt.

Im Falle eines einkommensfreien Basistitels gilt gemäß (10.10) $B_s = K_s\, r\,(s, T)$, d.h. die Wertentwicklung der Hedgeposition wird auf einem Niveau festgeschrieben, das der risikolosen Wertentwicklung des Anfangsvermögens K_s entspricht.

Die vorgenommene Analyse zeigt ferner, dass das Ziel eines Perfect Hedge nicht nur durch das Auseinanderfallen von Sicherungszeitpunkt und Erfüllungstermin des Futures gefährdet ist, sondern auch durch das *Cross Hedge-Risiko*. Dieses resultiert aus der strukturellen Nicht-Identität zwischen Basisobjekt des Futurekontrakts und der abzusichernden Kassaposition des Investors. Auch bei Identität von Absicherungshorizont und Laufzeit des Futures kann in diesem Fall eine perfekte Kompensation der unsicheren Wertentwicklungen und damit eine risikolose Gesamtposition gefährdet sein, da nun $F_T = K_T$ nicht mehr gewährleistet ist.

Im Gegensatz zum Short Hedge dient ein *Long Hedge (antizipatives Hedge)* unter Einsatz von Futurekontrakten dazu, den Wert einer zwar noch nicht bestehenden, aber künftig geplanten Kassaposition gegen die Gefahr zwischenzeitlich steigender Kurse, d.h. einer Verteuerung der Kaufbedingungen, abzusichern.

Beispielsweise erwartet ein Versicherungsunternehmen zum Planungszeitpunkt 1. September per darauf folgendem 1. Januar Prämieneinnahmen, die in festverzinslichen Wertpapieren angelegt werden sollen. Befürchtet wird ein Zinsverfall (Kursanstieg) in der Zwischenzeit und das Versicherungsunternehmen möchte sich die künftige Anlage zu den heutigen Marktzinsbedingungen sichern (Verminderung eines Opportunitätsverlustes). Hierzu müssen Futures auf das betreffende Basisobjekt *gekauft* werden (Future long).

Grundsätzlich gilt, dass bei einem *perfekten* Long Hedge zu einem gegebenen Zeitpunkt t der Gewinn aus der Terminposition den eventuellen zwischenzeitlichen Kursanstieg der in t geplanten Kassaposition »kompensiert« (Realisierung einer risikolosen Position). Andererseits wird dadurch aber auch ein eventueller zwischenzeitlicher Wertverlust der Kassaposition, der zu einer günstigeren Investition führen würde, durch einen entsprechenden Verlust aus der Terminposition kompensiert. Der Wert der zum Zeitpunkt t einzugehenden Kassaposition wird auf dem aufgezinsten Niveau K_s der Kassaposition zum Zeitpunkt des Abschlusses der Terminkontrakts »eingefroren«. Abbildung 10.8 illustriert diesen Sachverhalt.

Auch für den Fall des Long Hedge führen wir eine Analyse des betreffenden 1:1-Hedge durch. Die vorstehend getroffenen Bezeichnungen bleiben unverändert. Es gilt

$$G_t = -(K_t - K_s) + (F_t - F_s) = B_t - B_s. \qquad (10.29)$$

17 Insbesondere stellt dies einen zentralen Unterschied zur Wertsicherung mit Optionen dar, die im folgenden Kapitel behandelt wird.

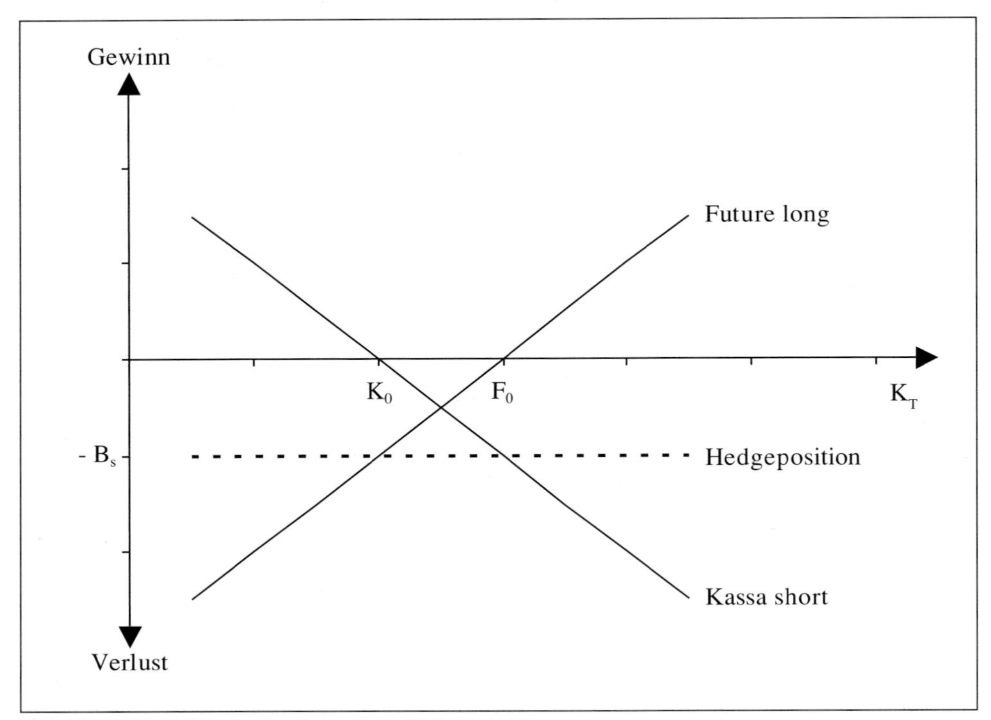

Abb. 10.8: Perfektes Long Hedge zum Zeitpunkt T

Auch in diesem Falle wird das bestehende Hedgeziel durch die Veränderung der Basis gefährdet. Im Fall $t = T$ gilt (bei Identität von abzusicherndem Objekt und Basisobjekt) wiederum $B_T = F_T - K_T = 0$ und es folgt $G_T = -B_s$. Im Fall einer positiven Basis ergibt sich damit ein (sicherer) Verlust und im Fall einer negativen Basis ein (sicherer) Gewinn. Wie im Falle des Short Hedge tritt in praxi das Cross Hedge-Risiko hinzu.

10.4.2 Allgemeine Hedgeanalyse

10.4.2.1 Analyse der Hedgeposition

Im Rahmen der nachfolgenden allgemeinen Hedgeanalyse betrachten wir nur den Fall des Short Hedge eingehender. Ausgangspunkt ist eine im Zeitpunkt $t = s$ bestehende Position aus n Anteilen eines Kassatitels mit einem Kurs von K_s. Es werden x Futureskontrakte auf ein Basisobjekt verkauft, wobei jeder Kontrakt sich auf eine Einheit des Basisobjekts beziehe. Eine Identität von Basisobjekt und Kassatitel muss im allgemeinen Fall dabei nicht vorliegen. Unter diesen Voraussetzungen ergibt sich der Gewinn G_t aus der Hedgeposition zu:

(10.30a) $$G_t = n(K_t - K_s) + x(F_s - F_t) = n(K_t - K_s) - x(F_t - F_s) \quad .$$

Unter der Annahme, dass K_t und F_t und somit auch G_t zufallsabhängige Größen sind, folgt daraus unmittelbar für Erwartungswert und Varianz des Gewinns im Zeitpunkt t

(10.30b) $$E(G_t) = n[E(K_t) - K_s] - x[E(F_t) - F_s]$$

(10.30c) $$Var(G_t) = n^2 Var(K_t) + x^2 Var(F_t) - 2nx\, Cov(K_t, F_t)\ .$$

Im Folgenden werden nun mit dem varianzminimalen Hedge, dem nutzenmaximalen Hedge und dem portfoliotheoretischen Ansatz drei Ansätze zur Bestimmung der »optimalen« Anzahl von Futurekontrakten zur Etablierung einer Hedgeposition näher untersucht.

10.4.2.2 Varianzminimales Hedge

Ziel eines varianzminimalen Hedges (VMH) ist es, diejenige Anzahl $x = x(t)$ der zu verkaufenden Futures zu bestimmen, die gewährleistet, dass zum Zeitpunkt t die Gesamtposition ein möglichst geringes Schwankungsrisiko aufweist. Das zugehörige Optimierungsproblem besteht damit in der Minimierung der Größe $Var(G_t)$. Es gilt zunächst

$$\frac{d\, Var(G_t)}{dx} = 2x Var(F_t) - 2n\, Cov(K_t, F_t)\ .$$

Durch Nullsetzen und Auflösung nach der Zahl der zu verkaufenden Futurekontrakte folgt hieraus:

(10.31) $$x(t) = n\frac{Cov(K_t, F_t)}{Var(F_t)} = n\beta_{KF}(t)\ .$$

Aufgrund von $$\frac{d^2\, Var(G_t)}{dx^2} = 2\, Var(F_t) > 0$$

liegt dabei ein Minimum vor.

Es erweist sich somit, dass es selbst im Falle der Identität von Kassatitel und Basisobjekt *nicht* optimal (varianzminimal) ist, so viele Futures zu verkaufen, wie Anteile am Kassatitel gehalten werden, sondern es muss eine *Betakorrektur* vorgenommen werden. Dabei ist darauf hinzuweisen, dass die optimale Zahl der zu verkaufenden Kontrakte abhängt vom gewählten Zeitpunkt t der Absicherung. Die Größe $\beta_{KF}(t)$ ist *nicht* unabhängig von t. Im Falle der Identität von Kassatitel und Basisobjekt wird beispielsweise aufgrund der Beziehung

$$\lim_{t \to T} F_t = K_T$$

die Abhängigkeit von F_t und K_t im Zeitablauf »immer stärker«.

Das »Restrisiko« der Hedgeposition zur Zeit t ergibt sich aus der folgenden Überlegung:

$$\begin{aligned} Var(G_t) &= n^2\, Var(K_t) + n^2 \frac{Cov^2(K_t, F_t)}{Var^2(F_t)} Var(F_t) \\ &\quad - 2n^2 \frac{Cov(K_t, F_t)}{Var(F_t)}\, Cov(K_t, F_t) \\ &= n^2\left[Var(K_t) - \frac{Cov^2(K_t, F_t)}{Var(F_t)}\right] \\ &= n^2\left[Var(K_t) - \frac{\rho^2(K_t, F_t) \cdot Var(F_t) \cdot Var(K_t)}{Var(F_t)}\right] \\ &= n^2\, Var(K_t)\, [1 - \rho^2(K_t, F_t)]\ . \end{aligned}$$

Insgesamt gilt somit:

(10.31)
$$\sigma(G_t) = n\sigma(K_t)\sqrt{1-\rho^2(K_t,F_t)} \quad .$$

Geht man sinnvollerweise davon aus, dass $\rho(K_t,F_t) > 0$ gilt, so lässt sich aufgrund der Beziehung

(10.32)
$$n\sigma(K_t)\sqrt{1-\rho^2} < n\sigma(K_t)$$

durch den Verkauf von Futures *stets* eine Minderung der Original-Risikoposition erreichen. Dabei steigt der Risikoabsicherungsgrad mit der Höhe der Korrelation zwischen Future- und Kassapreis. Die Konstellation des »Perfect Hedges«, d.h. es gilt $Var(G_t) = 0$, wird *genau dann* erreicht, wenn Future- und Kassapreis perfekt positiv korreliert sind. Dies liegt im Falle der Identität von Kassatitel und Basisobjekt gemäß den Ausführungen des Abschnitts 10.3 insbesondere bei Cost of Carry-Preisen vor. Durch die empirischen Abweichungen der Marktpreise von den Cost of Carry-Preisen entstehen auf der anderen Seite Konstellationen mit $\rho(K_t,F_t) < 1$ (»Basisrisiko«) und damit $Var(G_t) > 0$. Das Bestehen des Basisrisikos im Falle der Identität von Kassatitel und Basisobjekt sowie darüber hinausgehend das Bestehen eines Cross Hedge-Risikos gefährden somit die Realisierung eines Perfect Hedges.

Ein Sonderfall verdient noch spezielle Beachtung, nämlich der, dass der Absicherungshorizont *identisch ist* mit der Laufzeit des Futures, d.h. der Fall $t = T$. Im Falle der Identität von Kassatitel und Basisobjekt gilt dann $F_T = K_T$ und es muss damit zwangsläufig $\rho(K_T, F_T) = 1$ gelten. Ferner gilt in diesem Falle ß = 1 und $x = n$. Das 1:1 Hedge ist in diesem Falle somit ein Perfect Hedge.

Ist der Absicherungshorizont im Falle der Identität von Kassatitel und Basisobjekt nicht identisch mit der Laufzeit des Futures (was in praxi die Regel sein wird), so wird eine risikofreie Gesamtposition nur bei Vorliegen von CoC-Preisen, d.h. bei einem verschwindenden Basisrisiko, erreicht werden können.

Generell wird die Größe[18]

(10.33a)
$$\beta_{KF}(t) = \frac{x(t)}{n} = \frac{Cov(K_t,F_t)}{Var(F_t)}$$

als *Hedge Ratio* bezeichnet. Sie gibt an, wie viele Futures pro Einheit des Kassatitels zu verkaufen sind, um zum Zeitpunkt t die varianzminimale Position zu erreichen.

Ist die Hedge Ratio gleich *Eins*, sind somit[19] so viele Futures zu verkaufen, wie an Einheiten des Basisobjekts gehalten werden (1:1-Hedge). Eine äquivalente Darstellung der Hedge Ratio ist gegeben durch

(10.33b)
$$\beta_{KF}(t) = \frac{Cov(K_t,F_t)}{Var(F_t)} = \frac{\rho(K_t,F_t)\cdot\sigma(F_t)\cdot\sigma(K_t)}{\sigma^2(F_t)} = \rho(K_t,F_t)\frac{\sigma(K_t)}{\sigma(F_t)} \quad .$$

18 Zur empirischen Identifikation dieser Größe vgl. Anhang 10E.

19 Vorausgesetzt wird hierbei allerdings, dass der Umfang eines Futureskontrakts gleich Eins ist (in praxi bezieht sich ein Futureskontrakt stets auf eine spezifizierte Anzahl von Basisobjekten).

Wir betrachten nun ein Beispiel zur Bestimmung des varianzminimalen Hedge.

Beispiel 10.6:
In Fortführung des Beispiels 10.2 soll nun die Anzahl der in $t = 0$ (01.01.2005) zu verkaufenden Futurekontrakte mit einer Restlaufzeit von 2 Jahren ermittelt werden, die gewährleistet, dass in $t = 1$ (01.01.2006) eine varianzminimale Hedgeposition erreicht wird. Die Gültigkeit von CoC-Preisen werde dabei unterstellt. Allgemein ist die Hedgeposition in $t = 1$ gegeben durch

$$\begin{aligned} G &= (K_1 - K_0) - x[F(1,2) - F(0,2)] \\ &= K_1 - xF(1,2) - 10\,000 + 16\,664x \end{aligned}$$

Da ferner $F(1,2) = (1{,}08)K_1$ gilt, erhalten wir hieraus

$$G = (1 - 1{,}08x)K_1 + 11\,664x - 10\,000\,.$$

Die Varianz dieser Position ist gegeben durch

$$Var(G) = (1 - 1{,}08x)^2\,Var(K_1)\,.$$

Offenbar ist nun $Var(G) = 0$, wenn $x = 1/1{,}08 = 0.926$. Ein identisches Resultat folgt aus der Beziehung (10.33), da im Falle von CoC-Preisen $\rho(K_1, F_1) = 1$ und $\sigma(F_1) = \sigma(1{,}08K_1) = 1{,}08\sigma(K_1)$ und damit $\beta = 1/1{,}08$ gilt.

Im Rahmen der bisherigen Analyse stand das *Risiko* der Hedgeposition im Mittelpunkt. Was ist nun der resultierende (erwartete) Gesamtgewinn aus der Hedgeoperation?
Allgemein gilt auf der Grundlage von (10.30b):

(10.34)
$$\begin{aligned} E(G_t) &= n[E(K_t) - K_s] - n\beta[E(F_t) - F_s] \\ &= n\left\{ [\beta F_s - K_s] - [\beta E(F_t) - E(K_t)] \right\}\,. \end{aligned}$$

Wir betrachten im Folgenden zwei Spezialfälle, um einen besseren Einblick zu erhalten. Dabei gehen wir von einer Identität von Kassatitel und Basisobjekt aus.

Fall I: $t = T$ (Absicherungshorizont = Laufzeit Future) und damit : ß = 1, $F_T = K_T$

Es folgt:

(10.35a)
$$G_t = E(G_t) = n(F_s - K_s) = nB_s\,.$$

Da die Gesamtposition risikolos ist, wird somit bei *positiver Basis* ein sicherer Gewinn (pro Einheit in Höhe der Basis), bei *negativer Basis* ein sicherer Verlust erzielt. Geht man von einem einkommensfreien Basisobjekt und der Existenz fairer Preise aus (Basis = Cost of Carry), so wird pro Einheit gerade ein Gewinn in Höhe der Nettofinanzierungskosten einer Einheit des Basisobjekts erzielt (intuitiv erspart sich ein Hedger diese Kosten, da er das Basisobjekt schon besitzt).

Fall II: *t* beliebig, ß = 1

Es folgt:

(10.35b)
$$G_t = E(G_t)$$
$$= n\left\{ [F_s - K_s] - [E(F_t) - E(K_t)] \right\} \quad .$$

Hieraus lassen sich mehrere Szenarien ableiten. Eine Gewinnposition liegt vor im Fall (i) einer positiven Basis, die sich aber (im Erwartungswert) nicht verbreitert oder (ii) einer negativen Basis, die sich verbreitert. Korrespondierend ergibt sich ein negativer Gewinn im Fall (i) einer negativen Basis, die sich nicht verbreitert oder (ii) einer positiven Basis, die sich verbreitert. Wichtig ist es, nochmals explizit festzuhalten, dass eine risikolose Gesamtposition nur bedeutet, dass die entsprechende Position mit *Sicherheit* eintritt, nicht aber, dass es eine positive Position (Gewinn) ist.

10.4.2.3 Nutzenmaximales Hedge

Kann der Investor seine Risikonutzenfunktion bzw. -präferenzfunktion spezifizieren, so lässt sich eine Gesamtposition (ein Mix zwischen einer Position im Kassatitel und einer Futureposition) bestimmen, die zum Zeitpunkt *t* für den Investor optimal ist. Der generelle Ansatz hierzu ist:

(10.36)
$$E[u(G_t)] = E[u\{n(K_t - K_s) - x(F_t - F_s)\}] \rightarrow \max_x \quad !$$

Das folgende Beispiel illustriert diesen generellen Ansatz:

Beispiel 10.7: (μ-σ-Hedge)
Wir gehen aus von einer Risikopräferenzfunktion der Form $\Phi = \Phi(\mu, \sigma) = \mu - a\sigma^2$.
Damit gilt:

$$\Phi\,(G_t) = E(G_t) - a\,Var(G_t) = n[E(K_t) - K_s] - x[E(F_t) - F_s]$$
$$-a n^2\,Var(K_t) - a x^2\,Var(F_t) + 2\,a\,n\,x\,Cov(K_t, F_t) \quad .$$

Es folgt:

$$d\Phi(x)/dx = F_s - E(F_t) - 2\,a\,x\,Var(F_t) + 2\,a\,n\,Cov(K_t, F_t) = 0$$

(10.37)
$$\Leftrightarrow x(t) = \frac{2\,a\,n\,Cov(K_t, F_t)}{2\,a\,Var(F_t)} - \frac{E(F_t) - F_s}{2\,a\,Var(F_t)}$$
$$= n\beta_{KF}(t) - \frac{E(F_t) - F_s}{2\,a\,Var(F_t)} \quad .$$

Es zeigt sich, dass die risikominimale Gesamtposition im Sinne eines VMH nicht optimal für den Investor ist, sondert geeignet korrigiert werden muss. Die varianzminimale Position ergibt sich für den Fall $a \rightarrow \infty$, d.h. einer extremen Risikoaversion des Investors.

10.4.2.4 Portfoliotheoretischer Ansatz

Die Ergebnisse des vorangegangenen Beispiels legen die Zugrundelegung eines portfoliotheoretischen Ansatzes nahe, um eine optimale Hedgeposition des Investors zu erreichen. Auch hier hat der Investor einen Trade off zwischen erwartetem Ertrag $E(G_t)$ der Hedgeposition und dem mit der Hedgeposition verbundenen Risiko $\sigma(G_t)$ durchzuführen. Grafisch stellt sich die Situation wie folgt dar:

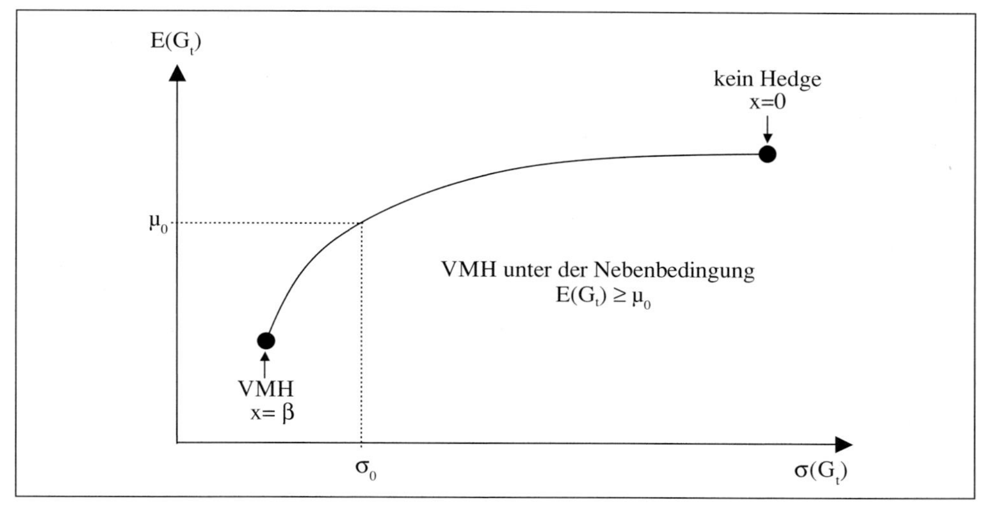

Abb. 10.8: Portfoliotheoretischer Hedgeansatz

Es ist dabei zu beachten, dass im Rahmen der Markowitzschen Portfoliotheorie die Gewichte der Anlage in den Einzeltiteln sich zu eins ergänzen. Im vorliegenden Fall ist jedoch die Position im Basisobjekt vorgegeben und die Futureposition wird variiert (zwischen 0 und β).

Entsprechend dieser Vorgehensweise können allgemeinere Ansätze zur Bestimmung einer insgesamt optimalen Gesamtposition (unter mehreren Zielen und mehreren Nebenbedingungen) konzipiert werden.[20]

10.4.2.5 Hedging mit Aktienindexfutures

Durch den Verkauf von Aktienindexfutures (Short Hedge) wird eine gegenläufige Position zu dem Verkauf eines Aktienindex aufgebaut. Hierdurch besteht die Möglichkeit, das *systematische* (durch Diversifikation nicht eliminierbare) Risiko eines Aktieninvestments zu reduzieren.

Die Realisation einer risikolosen Hedge-Position (Perfect Hedge) wird dabei gefährdet durch das Bestehen des Basisrisikos sowie des Cross Hedge-Risikos, im vorliegenden Falle der strukturellen Nicht-Identität des Aktienportefeuilles des Investors und des Basisobjekts (Aktienindex) des Futureskontrakts.

---

20 Vgl. etwa *Sharda/Musser* (1986).

Wir betrachten im Folgenden die Bestimmung eines varianzminimalen Hedges im Falle des Hedgens mit Aktienindexfutures. Dabei nehmen wir in Variation der Ausführungen in Abschnitt 10.4.2.2 die Analyse in Renditeform vor, um die relevanten Bestimmungsfaktoren transparenter zu machen. Wir treffen zunächst die folgenden Bezeichnungen:

V_s bzw. V_t	:	Wert des zu sichernden Aktienportfolios zu den Zeitpunkten *s* bzw. *t*
F_s bzw. F_t	:	entsprechende Kurse des Aktienindexfutures
I_s bzw. I_t	:	entsprechende Kurse des Aktienindex
h	:	Wert eines Futurepunktes[21] sowie
x_t	:	Anzahl der in *t* verkauften Futurekontrakte.

Es bezeichne des Weiteren G_t die Gewinn-/Verlustfunktion der Hedgeposition zum Zeitpunkt *t*. Es gilt $G_t = V_t - V_s - x_t h(F_t - F_s)$. Zur Bestimmung der zugehörigen Renditegröße ist zu beachten, dass – bei Vernachlässigung der Margins – der Aufbau der Futureposition keinen Geldeinsatz erfordert. Die relevante Renditegröße R_G der Gesamtposition ist daher gegeben durch $R_G = R_G(t) = G_t / V_s$. Hieraus folgt:

$$
\begin{aligned}
R_G &= \frac{G_t}{V_s} = \frac{V_t - V_s}{V_s} - x_t h \frac{F_t - F_s}{V_s} \\
&= \frac{V_t - V_s}{V_s} - x_t \frac{hI_s}{V_s} \frac{F_t - F_s}{I_s} \\
&= R_P - x_t \frac{hI_s}{V_s} R_F \quad .
\end{aligned} \tag{10.38}
$$

Man beachte dabei die spezielle »Renditedefinition« hinsichtlich der Futureposition! Die Varianz der Rendite der Hedgeposition ist damit gegeben durch

$$
Var(R_G) = Var(R_P) + x_t^2 \left(\frac{hI_s}{V_s} \right)^2 Var(R_F) - 2x_t \frac{hI_s}{V_s} Cov(R_P, R_F) \quad .
$$

Differentiation nach x_t ergibt:

$$
\begin{aligned}
&dVar(R_G)/dx_t \\
&= 2x_t \left(\frac{hI_s}{V_s} \right)^2 Var(R_F) - 2\frac{hI_s}{V_s} Cov(R_P, R_F) \quad .
\end{aligned}
$$

Damit ergibt sich insgesamt als Anzahl der Hedgekontrakte:

$$
x_t = \frac{V_s}{hI_s} \frac{Cov(R_P, R_F)}{Var(R_F)} \tag{10.39}
$$

bzw. in verbaler Form:

$$
\begin{aligned}
&\textit{Anzahl der zu verkaufenden Futurekontrakte} \\
&= \frac{\textit{Portefeuillewert}}{\textit{Kontraktvolumen eines Kontrakts}} * \text{Betafaktor.}
\end{aligned}
$$

21 Im Fall des DAX-Futures gilt *h*=25 EUR, vgl. Anhang 10C.1.

Anzumerken ist die unterschiedliche Definition des Betafaktors im Vergleich zu 10.4.2.2, dort wurde der Betafaktor in Bezug auf absolute Kurse definiert, hier in Bezug auf Renditen, wobei die spezifische Renditedefinition der Futuresposition zu beachten ist.[22] Analog wie in Abschnitt 10.4.2.2 ergibt sich als minimale Varianz der Rendite-Gesamtposition

(10.40) $$\sigma_{\min}^2 = \sigma_P^2\left[1-\rho^2(R_P,R_F)\right].$$

Wir analysieren im Folgenden die Einflussgrößen auf den Betafaktor $Cov(R_P,R_F)/Var(R_F)$. Zunächst gilt:

(10.41) $$\begin{aligned} F_t - F_s &= (F_t - I_t)-(F_s - I_s)+(I_t - I_s) \\ &= (B_t - B_s)+(I_t - I_s) \end{aligned}$$

Die Kursänderung des Future kann in eine entsprechende Änderung der Basis einerseits und des Aktienindex andererseits zerlegt werden. Es folgt:

(10.42a) $$\frac{F_t - F_s}{I_s} = \frac{B_t - B_s}{I_s} + \frac{I_t - I_s}{I_s},$$

bzw. kurz:

(10.42b) $$R_F = R_B + R_I.$$

Die Änderung der Futurenotiz relativ zum Indexstand kann in die Änderung der Basis relativ zum Indexstand sowie in die relative Änderung des Aktienindex selbst zerlegt werden. Es folgt:

(10.43a) $$Var(R_F) = Var(R_B) + Var(R_I) + 2Cov(R_B,R_I)$$

(10.43b) $$Cov(R_P,R_F) = Cov(R_P,R_B) + Cov(R_P,R_I).$$

Dies bestimmt die Einflussfaktoren auf den Betafaktor:

(10.44) $$Betafaktor = \frac{Cov(R_P,R_B)+Cov(R_P,R_I)}{Var(R_B)+Var(R_I)+2Cov(R_B,R_I)}.$$

Von Relevanz sind die Kovariabilität des abzusichernden Portefeuilles mit der Basis einerseits und mit dem Index andererseits sowie die Korrelation der Basis mit dem Index ebenso wie die Variabilität der Basis und des Aktienindex.

Stimmt der Absicherungshorizont mit der Laufzeit des Future überein *(t=T)*, so verschwindet das Basisrisiko, d.h. es gilt $Var(R_B) = 0$ und $Cov(R_P,R_B) = Cov(R_B,R_I) = 0$. Insgesamt ergibt sich dann:

(10.45) $$Betafaktor = \frac{Cov(R_P,R_I)}{Var(R_I)}.$$

22 In der Literatur wird die Rendite teilweise auch durch $(F_t - F_s)/F_s$ definiert, dies ändert die Definition des Betafaktors, ebenso ist hI_s durch hF_s zu ersetzen.

In diesem Falle kann somit die Betakorrektur auf der Grundlage des Betafaktors des abzusichernden Portefeuilles relativ zum Index, d.h. im Sinne von Kapitel 6.4.1.1 vorgenommen werden. Dies wird in der Literatur des Öfteren empfohlen, die Analyse enthüllt die Sub-Optimalität dieser Empfehlung. Das Resultat weist zudem auf eine weitere Problematik bei der Durchführung eines Futures Hedges hin. Die Vorgehensweise wird nur erfolgreich sein, wenn der (empirisch zu identifizierende[23]) Betafaktor relativ zum Index eine hohe Erklärungskraft für die Kursänderung des abzusichernden Portefeuilles besitzt.

10.4.2.6 Hedging mit Zinsfutures

Das grundsätzliche Ziel der Durchführung eines Hedges auf der Grundlage von Zinsfutures besteht in der Begrenzung der Konsequenzen einer zinsänderungsinduzierten Veränderung des Marktwerts eines Portefeuilles aus festverzinslichen Titeln. Mit der Realisierung eines Short Hedges begegnet man dabei einem durch einen Zinsanstieg bewirkten Kursverlust des Bondportfolios.

Wie im Falle von Aktienindexfutures ist die Realisation eines Perfect-Hedges dabei gefährdet durch das Basisrisiko (nicht-synchrone Entwicklung von Kurs des Basisobjekts und Futurekurs) einerseits und das Cross Hedge-Risiko (strukturelle Nicht-Identität zwischen Basisobjekt des Futures und abzusicherndem Portefeuille des Investors) andererseits.

Eine Hedgeanalyse auf der Grundlage der Ergebnisse des Abschnitts 10.4.2.2 würde einen stochastischen Ansatz zur Modellierung des Zinsänderungsrisikos erfordern. Im Folgenden beschränken wir uns daher auf die grundlegende Konstellation des Abschnitts 8.5.2 zur Quantifizierung des Zinsänderungsrisikos, das Vorliegen einer flachen Zinsstruktur der Höhe r, die unmittelbar in $t=0$ in eine flache Zinsstruktur der Höhe $r+\Delta r$ übergeht.

In dieser Modellwelt kann das Hedgeziel wie folgt formalisiert werden. Es bezeichne dazu:
$P_B(r)$: den Barwert (Kurs) des Bondportefeuilles des Investors
$P_F(r)$: den Barwert (Kurs) der Basisanleihe des Futurekontrakts,

wobei sich der Einfachheit wegen ein Futurekontrakt auf eine Einheit der Basisanleihe bezieht. Die Gesamtposition des Investors ist dann gegeben durch

(10.46)
$$G(r) = P_B(r) - xP_F(r) \quad .$$

Wir treffen ferner die folgenden Bezeichnungen:

$$\Delta P_B = P_B(r+\Delta r) - P_B(r) \,,$$
$$\Delta P_F = P_F(r+\Delta r) - P_F(r) \,,$$
$$\Delta G = G(r+\Delta r) - G(r) \quad .$$

Die Angleichung der Auswirkungen einer Zinsänderung der zugelassenen Art auf das Rentenportefeuille des Investors einerseits und die Basisanleihe des Futures andererseits kann dann wie folgt formalisiert werden

(10.47)
$$\Delta G = \Delta P_B - x\,\Delta P_F = 0,$$

d.h. die Zinsänderung soll keine Auswirkung auf die Gesamtposition haben.

---

23 Vgl. die Ausführungen in Abschnitt 6.4.1.2.

Verwenden wir die approximative Beziehung $\Delta G \approx G'(r)\Delta r$, so geht (10.47) über in die Bedingung

$$P_B'(r)\cdot \Delta r - x P_F'(r)\cdot \Delta r = 0$$

und damit erhält man als notwendige Anzahl der zu verkaufenden Futurekontrakte

$$x = \frac{P_B'(r)}{P_F'(r)}. \tag{10.48}$$

Verwenden wir hingegen die approximative Beziehung (Abbruch der Taylor-Reihe nach dem zweiten Glied) $\Delta G \approx G'(r)\Delta r + \frac{1}{2}G''(r)(\Delta r)^2$, so geht die Hedge-Bedingung über in die Bedingung

$$\left[P_B'(r)\Delta r + \tfrac{1}{2}P_B''(r)(\Delta r)^2\right] - x\left[P_F'(r)\Delta r + \tfrac{1}{2}P_F''(r)(\Delta r)^2\right] = 0$$

und durch Auflösung nach x erhält man hieraus als notwendige Anzahl der zu verkaufenden Futurekontrakte

$$x = \frac{P_B'(r) + \frac{1}{2}P_B''(r)\Delta r}{P_F'(r) + \frac{1}{2}P_F''(r)\Delta r}. \tag{10.49}$$

Wir stellen nun noch die Beziehung dieser Ergebnisse zu dem in Abschnitt 8.5.2.2 behandelten Konzepte der Duration her, wobei wir im Folgenden von der absoluten Duration ausgehen. Es bezeichne

$D_G(r) = -G'(r)$: die absolute Duration der Gesamtposition,
$D_B(r) = -P_B'(r)$: die absolute Duration des Rentenportefeuilles des Investors,
$D_F(r) = -P_F'(r)$: die absolute Duration der Basisanleihe des Futurekontrakts.

In erster Approximation gilt analog zu (8.36)

$$\begin{aligned} \Delta G(r) &\approx -D_G(r)\cdot \Delta r, \\ \Delta P_B(r) &\approx -D_B(r)\cdot \Delta r, \\ \Delta P_F(r) &\approx -D_F(r)\cdot \Delta r. \end{aligned} \tag{10.50}$$

Das Hedgeziel gemäß (10.47), d.h. $\Delta G(r) = 0$ ist dann gleichbedeutend mit

$$D_G(r) = 0. \tag{10.51}$$

Angestrebt wird eine Gesamtposition mit einer absoluten Duration (damit aber auch einer Macaulay-Duration) von null.[24] Die Anzahl der zu verkaufenden Futurekontrakte gemäß Beziehung (10.48) ist dann gegeben durch

$$x = \frac{D_B(r)}{D_F(r)}, \tag{10.52}$$

d.h. als Quotient der absoluten Durationen des Rentenporteufeuilles des Investors und der Basisanleihe des Futures. Bezeichnen D_B^* bzw. D_F^* die entsprechenden Macaulay-Durationen, so gilt aufgrund von (8.43)

24 Vgl. zu diesem Ansatz etwa *Bierwag* (1987, Kapitel 8).

(10.53)
$$x = \frac{P_B(r) \cdot D_B^*(r)}{P_F(r) \cdot D_F^*(r)}.$$

Nimmt man noch die Approximation *Duration CTD-Anleihe = Duration Basisobjekt * CF* vor, wobei *CF* den Konversionsfaktor gemäß Anhang 10D bedeutet, erhält man schließlich die folgende (approximative) Standardformel zur Durchführung eines Duration-Hedges:

(10.54)
$$Hedge\,Ratio = \frac{Kurswert\,Kassaposition}{Kurswert\,Future} * \frac{Duration\,Kassaposition}{Duration\,CTD\text{ - }Anleihe} * CF.$$

Teilweise findet man in der Literatur dabei die Kurswerte durch die Nominalwerte ersetzt.

Verwenden wir nicht nur die Duration, sondern zusätzlich auch die Konvexität gemäß Abschnitt 8.5.2.2.2 zur Approximation der zinsänderungsinduzierten Barwertänderungen, so erhalten wir weitergehende Ergebnisse. Gemäß (8.50) definieren wir

$C_B(r) = \frac{1}{2} P_B''(r)$: absolute Konvexität des Bondportefeuilles des Investor,
$C_F(r) = \frac{1}{2} P_F''(r)$: absolute Konvexität der Basisanleihe des Futurekontrakts.

Die Hedge-Ratio gemäß der Beziehung (10.44) geht dann über in

(10.55)
$$x = \frac{-D_B(r) + C_B(r) \cdot \Delta r}{-D_F(r) + C_F(r) \cdot \Delta r} \quad .$$

10.4.3 Tailing the Hedge

Im Rahmen der bisherigen Hedgeanalysen haben wir durchgängig das Marking to Market bei einem Futurekontrakt vernachlässigt, d.h. wir sind von der Gewinn-/Verlust-Position (10.7) und nicht von der Position (10.8) ausgegangen. Die Analyse soll im Folgenden entsprechend verallgemeinert werden. Wir begründen dazu im Zeitpunkt s eine Hedgeposition auf der Basis von Futures mit Erfüllungstermin T, die bis zum Zeitpunkt t $(s \le t \le T)$ bestehen soll. Die Zahl der verkauften Futures soll dabei zeitvariabel gestaltet werden, es bezeichne dazu x_τ die Anzahl der zu den Zeitpunkten $s + \tau$ $(\tau = 0,...,t-s-1)$ verkauften (zu adjustieren ist dabei jeweils nur die Differenz $x_{\tau+1} - x_\tau$) Futurekontrakte. Die Hedge-Gesamtposition zum Zeitpunkt t lautet mit (10.8) dann

(10.56)
$$G_t = n\,(K_t - K_s) - \sum_{\tau=1}^{t-s} x_{\tau-1}\,[F(s+\tau, T) - F(s+\tau-1, T)]\,(1+i)^{t-s-\tau}$$

Definieren wir nun $(\tau = 0,1,...,t-s-1)$

(10.57)
$$x_\tau = \frac{x}{(1+i)^{t-s-(\tau+1)}} = \frac{x}{(1+i)^{t-s-\tau-1}} \quad ,$$

so geht die Hedgeposition (10.56) offenbar über in die Position gemäß (10.30) bei Vernachlässigung der Zinseffekte, d.h. $G_t = n(K_t - K_s) - x[F(t,T) - F(s,T)]$. Die entsprechende varianzminimale Hedgeratio war gegeben durch (10.31). Insgesamt gilt damit

$$x_\tau = x_\tau(t) = n\,\beta_{KF}(t)\,(1+i)^{s+\tau+1-t}\,. \qquad (10.58)$$

Aufgrund von $s + \tau + 1 \leq t$ gilt für den neuen Faktor $(1 + i)^{s+\tau+1-t} < 1$. Für $\tau = 0, \ldots, t - s - 2$ werden somit weniger Futurekontrakte verkauft als im bisherigen Falle. Je größer τ, desto geringer die Differenz $s + \tau + 1 - t$ und desto näher liegt der Korrekturfaktor $(1 + i)^{s+\tau+1-t}$ bei 1, d.h. desto geringer fällt die Korrektur aus. Die dargestellte Vorgehensweise zur Berücksichtigung der Marking to Market-Effekte bei einem varianzminimalen Hedge mit Futurekontrakten bezeichnet man als *Tailing the Hedge*.

10.5 Literaturhinweise und Ausblick

Die Ausführungen des Kapitels 10 beinhalten weitgehend Standardmaterial über Financial Futures. Einführungen in die Thematik in deutscher Sprache enthalten u.a. *Beike/Barckow* (1998), *Bruns/Meyer-Bullerdiek* (1996, Abschnitt E.2), *Loistl* (1996, Kapitel 6), *Oehler/Unser* (2001, insb. Abschnitte 1.3.1, 3.1.2 und 3.3.1), *Rudolph/Schäfer* und *Steiner/Bruns* (2002, Abschnitt 8.1). Einführungen in die Thematik in englischer Sprache enthalten u.a. *Blake* (2000, Kapitel 8), *Bodie/Kane/Marcus* (2005, Kapitel 22 und 23), *Dubofsky/Miller* (2003), *Fabozzi* (1998, Kapitel 19 und 29), *Hull* (2001, Kapitel 2–4) und *Smithson/Smith/Wilford* (1995, Kapitel 6-9).

Bei unseren Ausführungen haben wir uns bei vertiefenden Darstellungen gestützt auf *French* (1990) – beim Pricing von Futures –, auf *Capinski/Zastawniak* (2003, S. 132 ff.) – bei der Wertposition von Forwards –, *Stoll/Whaley* (1993, S. 147 ff.) – bei der Darstellung der Cost of Carry-Beziehung von Zinsfutures sowie der Cheapest to Deliver-Anleihe –, auf *Figlewski* (1984) – beim Hedgen mit Aktienindexfutures –, auf *Bierwag* (1987, Kapitel 8) – im Zusammenhang mit dem Durationsansatz beim Hedging mit Zinsfutures, auf *Berger* (1990, S. 429 ff.) – beim Tailing the Hedge – sowie auf *Cvitanic/Zapatero* (2004, S. 203 ff.) – beim Forward/Future-Spread.

Vertiefende Darstellungen sowie Monographien zur Thematik Financial Futures beinhalten *Berger* (1990), *Duffie* (1989), *Fabozzi/Kipnis* (1989), *Figlewski* (1986), *Fitzgerald* (1993), *Pitts/Fabozzi* (1990) und *Stoll/Whaley* (1993, Part 2).

Weiterführende Abhandlungen von speziellen Themenstellungen beinhalten die Monographien *Berendes* (1994), *Heitmann* (1992) und *Röder* (1994) sowie die Aufsätze *Gay/Manaster* (1986), *Hilliard* (1984), *Koenigsberg* (1991), *Meyer-Bullerdiek* (1998), *Sharda/Musser* (1986) und *Sundaresan* (1991).

Anhang 10A: Marginsystem bei Futurekontrakten

Bei der Eröffnung und während der Laufzeit einer Futureposition muss nicht der gesamte Kontraktwert bereitgestellt werden. Um das Erfüllungsrisiko auszuschließen, werden von den Clearingmitgliedern aber Sicherheitsleistungen (Margins) erhoben. Die Clearingmitglieder müssen ihrerseits in mindestens gleicher Höhe Sicherheitsleistungen von ihren Kunden erheben. Die

Sicherheiten können dabei in Form von Geld und/oder durch die Hinterlegung von Wertpapieren geleistet werden. Die als Sicherheiten akzeptierten Wertpapiere müssen dabei eine hohe Qualität aufweisen. Hinsichtlich der Margins ist generell zu unterscheiden zwischen

- den bei der Eröffnung einer Position bereitzustellenden Sicherheitsleistungen und
- den während der Haltedauer einer Position (Bestehen von offenen Positionen) sukzessiv zu erbringenden Sicherheitsleistungen

Betrachten wir zunächst den Fall der Etablierung einer einzelnen Futureposition. Bei der Eröffnung der Position (Kauf oder Verkauf von Futurekontrakten) fällt zunächst eine anfängliche Sicherheitsleistung (*Initial Margin*) an. Die Höhe der Initial Margin richtet sich im Allgemeinen nach der Volatilität des dem Futurekontrakt zugrunde liegenden Basisobjekts. Abgedeckt werden sollen hierdurch die möglichen Glattstellungskosten im Rahmen einer Worst Case-Betrachtung. In der Regel beläuft sich die Höhe der Initial Margin nur auf einen Bruchteil des Kontraktwerts (ca. 1,5% – 5%). Durch diese relativ geringe Höhe des Einschusses kann mit Futures eine sehr hohe Hebelwirkung (Leverageeffekt) erzielt werden. Selbst bei relativ geringen Kursschwankungen des Kontrakts resultieren hieraus hohe Gewinnchancen auf der einen Seite, aber auch hohe Verlustrisiken auf der anderen.

Von der anfänglichen Sicherheitsleistung zu unterscheiden ist die so genannte *Variation Margin*. Dabei findet eine börsentägliche Bewertung (Marking to Market) der bestehenden Position auf der Basis des täglichen Abrechnungspreises (Settlement Price) statt. Gewinne werden dabei täglich dem Marginkonto gutgeschrieben, Verluste werden ebenso täglich dem Konto belastet. Damit wird verhindert, dass insbesondere Verluste unbemerkt kumulieren können. Ein Beispiel soll die Entwicklung der Variation Margin einer Futuresposition illustrieren.

Beispiel 10A.1: Variation Margin

Ein Futurekontrakt werde an einem bestimmten Tag erworben. Der zugehörige Futurepreis beträgt 96,25. Am Tag nach dem Erwerb steigt der Kurs um 40 Ticks. Bei einem Tickwert von 10 EUR ergibt sich hieraus eine positive Variation Margin (Gutschrift) von 400 EUR. Dies entspricht gleichzeitig dem realisierten Gewinn[25] bei einer Glattstellung der Position. Am zweiten Tag nach dem Erwerb fällt die Futurenotiz um 30 Ticks, am dritten Tag danach um 10 Ticks und am vierten Tag nochmals um 45 Ticks. Am fünften Tag nach Erwerb steigt der Kontrakt dann um 65 Ticks. Das Marginkonto fällt somit sukzessive um 300 EUR, 100 EUR und schließlich um 450 EUR, um dann wieder um 650 EUR anzusteigen. Bei zwischenzeitlicher Glattstellung zu den jeweiligen Schlussabrechnungspreisen würde ein entsprechender Gewinn/Verlust in Höhe des Kontostandes anfallen. Eine Glattstellung bzw. ein Ablauf eines Kontrakts kann somit in seiner Zahlungskonsequenz als eine letztmalige Neuberechnung der Variation Margin aufgefasst werden. Die Abbildung 10A.1 illustriert die Entwicklung des Marginkontos. Die Nulllinie entspreche dabei dem anfänglichen Kontostand des Marginkontos.[26]

---

25 Unter Vernachlässigung eventueller Zinsverluste aus Stellung der Initial Margin.

26 Z.B. besitzt ein privater Investor ein Wertpapierkonto bei einer Bank, auf dem er neben dem Erwerb von Aktien und Bonds auch Termingeschäfte über die Bank tätigt. Vernachlässigt werden bei der Darstellung dann Wertveränderungen des Kontos aufgrund von Wertveränderungen des sonstigen Wertpapierbestandes.

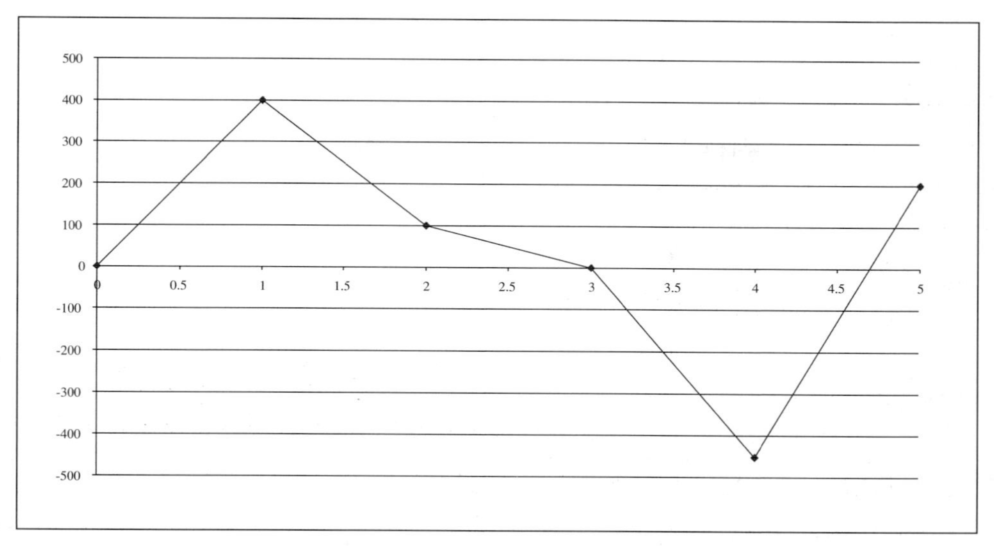

Abb. 10A.1: Entwicklung der Variation-Margin aufgrund des Mark-to-Market

Der Investor kann über die seinem Konto gutgeschriebenen Beträge (Gewinne) frei verfügen. Sinkt der Kontostand hingegen unter einen bestimmten Wert[27], so kommt es zu einem so genannten *Margin Call* (Nachschuss), und es ist die geforderte Differenz bis zum Geschäftsbeginn des darauf folgenden Börsentages wieder aufzufüllen. Ansonsten kommt es zu einer zwangsweisen Glattstellung seiner Futureposition.

Ein wichtiger Aspekt der Variation-Margin besteht darin, dass diese im Unterschied zu den anderen Marginarten nicht in Form von Wertpapieren hinterlegt werden kann[28], sondern nur in Form eines täglichen Cash Settlements durchgeführt wird. Dies erfordert seitens des Investors die Notwendigkeit eines Liquiditätsmanagements, um nicht Gefahr zu laufen, Teile der bestehenden Position liquidieren zu müssen.[29]

Komplizierter werden die Verhältnisse, wenn der Investor anfänglich oder im Zeitablauf mehrere unterschiedliche Futurepositionen etabliert. Hier wird von der Eurex das so genannte *Risk Based Margining* angewendet.[30] Bei reinen Futurepositionen werden hierzu zunächst – soweit möglich – Long- und Short-Positionen in Futures auf das gleiche Basisobjekt, z.B. den DAX, gegeneinander verrechnet. Sich (teilweise) kompensierende Positionen werden als *Spread Positionen* bezeichnet. Für diese fällt nur die *Spread Margin* an. Auf sich nicht kompensierende Positionen (Non Spread-Positionen) wird hingegen eine höhere *Additional Margin* berechnet.

---

27 An der Eurex ist die Aufzehrung der anfänglichen Sicherheitsleistungen ausschlaggebend für einen Margin-Call. An anderen Börsen wird ggf. auch eine so genannte *Maintenance Margin* als Mindestkontostand definiert.

28 Für die Eurex vgl. hierzu *Eurex* (2001 d, S. 53).

29 Vgl. zu theoretischen Aspekten einer solchen Liquiditätssteuerung etwa *Fielitz/Gay* (1989).

30 Vgl. *Eurex* (2001 d).

Bei gemischten Future- und Optionspositionen wird darüber hinaus ein *Cross Margining* durchgeführt[31], bei dem u.a. Terminpositionen, die sich auf das gleiche Basisobjekt beziehen zu Marginklassen zusammengefasst werden. Insgesamt hat das Risk Based Margining zum Ziel, Ausgleichseffekte in der Termin-Gesamtposition zu berücksichtigen, um so die notwendigen Sicherheitsleistungen seitens der Investoren möglichst effizient zu gestalten.

Anhang 10B: Identität von Forward- und Futurespreisen bei flacher Zinsstrukturkurve

Gegeben sei ein Futurekontrakt auf eine Einheit eines Basisobjekts, der in n Tagen auslaufe. Die Preisentwicklung dieses Kontrakts sei $F(t,n)$, $t = 0,1,...,n$. Gegeben sei ein vollkommener Kapitalmarkt mit einem einheitlichen fristigkeitsunabhängigen Per-annum-Zins in Höhe von r. Betrachtet werde nun die folgende rollierende Investmentstrategie. Zu jedem Zeitpunkt $i = 0,1,...,n-1$ erwirbt der Investor x_i Kontrakte, die jeweils zum Zeitpunkt i + 1 glattgestellt[32] werden. Dabei betrage $x_i = (1+r)^{(i+1)/365}$, die Long-Position im Future wird somit laufend verstärkt. Der Notwendigkeit eines Mark to Market bei Futurekontrakten auf täglicher Basis wird durch die tägliche Glattstellung entsprochen. Insgesamt werden im Zeitablauf n Futurekontrakte abgeschlossen, die Gewinn-/Verlustposition der i-ten Transaktion ist

(10B.1)
$$G_i = x_i(F_{i+1} - F_i) = (F_{i+1} - F_i)(1+r)^{(i+1)/365} \ .$$

Im Falle eines Gewinns wird dieser Betrag zu Marktkonditionen bis zu $t = n$ angelegt, im Falle eines Verlustes wird dieser zu Marktkonditionen finanziert und der entsprechende Kredit in $t = n$ getilgt. Unter Vernachlässigung der Initial Margin[33] erfolgt bei Etablierung der i-ten Position keine weitere Zahlung, der entsprechende Endwert zum Zeitpunkt $t = n$ ist damit sowohl im Falle einer Gewinn- als auch Verlustposition gegeben durch

(10B.2)
$$G_i(1+r)^{[n-(i+1)]/365} = (F_{i+1} - F_i)(1+r)^{n/365} \ .$$

Der Gesamtwert der rollierenden Strategie in $t = n$ ist damit

(10B.3)
$$\sum_{i=0}^{n-1}(F_{i+1} - F_i)(1+r)^{n/365} = (F_n - F_0)(1+r)^{n/365} = (S_n - F_0)(1+r)^{n/365} \ ,$$

wobei S_n den Marktwert des Basisobjekts zum Zeitpunkt $t = n$ bezeichne. Bei Anlage von F_0 zum risikolosen Zins ist der Endwert der Strategie (Geldmarkt long + Future long rollierend):

(10B.4)
$$F_0(1+r)^{n/365} + (S_n - F_0)(1+r)^{n/365} = S_n(1+r)^{n/365} \ .$$

---

31 Vgl. *Eurex* (2001 d, S. 32 ff.).

32 Diese Strategie wurde vorgeschlagen von *Cox/Ingersoll/Ross* (1981).

33 Die Argumentation berücksichtigt somit nur die bei Futurekontrakten notwendige Variation Margin. Möglicherweise unterschiedliche Initial Margins bei Future- bzw. Forwardkontrakten werden nicht untersucht.

Gegeben sei nun ein Forwardkontrakt auf eine Einheit des identischen Basisobjekts. G_0 sei der anfängliche Preis des Forwards. Auch der Forwardkontrakt erfordert keine anfängliche Finanzierung, erwirbt der Investor $(1+r)^{n/365}$ Einheiten des Forwardkontraktes, so ist der Wert dieser Position in $t = n$ gleich

(10B.5) $$(S_n - G_0)(1+r)^{n/365} \ .$$

Bei Investition von G_0 zum risikolosen Zins ist der Wert der Strategie (Geldmarkt long + Forward long) gegeben durch

(10B.6) $$G_0(1+r)^{n/365} + (S_n - G_0)(1+r)^{n/365} = S_n(1+r)^{n/365} \ .$$

Beide Strategien implizieren ein identisches Endvermögen, die anfänglichen Investmentbeträge betragen F_0 bzw. G_0. Unter Ausschluss von Arbitragemöglichkeiten muss daher $F_0 = G_0$ gelten.

Dieses Resultat lässt sich auch in der verallgemeinerten Konstellation ableiten, dass die Zinsstrukturkurve in $t = 0$ deterministisch (aber nicht notwendigerweise flach) ist. Für weitere Beziehungen zwischen Forward- und Futurepreisen vgl. *Cox/Ingersoll/Ross* (1981), *Jarrow/Oldfield* (1981) sowie Anhang 10F.

Anhang 10C: Futureprodukte der Eurex[34]

10C.1 Aktienindexfutures[35]

Aktienindexfutures sind Futurekontrakte, deren Basisobjekt ein Aktienindex ist. Damit ist insbesondere die physische Lieferung des Basisobjekts ausgeschlossen, es werden reine Differenzgeschäfte getätigt. An der Eurex werden Futures auf eine Reihe von Aktienindizes gehandelt. Unter anderem sind dies der DAX, der Dow Jones STOXX 50, der Dow Jones Euro STOXX 50, der SMI (Swiss Market Index) und der FOX (Finnish Trades Stock Index). Jede Kontraktart besitzt dabei eigenständige Kontraktspezifikationen hinsichtlich z.B.

- Kontraktvolumen,
- Notierung,
- Minimale Preisveränderung (Tick),
- Liefertermine sowie
- Abwicklung.

Als Standardbeispiel des Haupttextes dient der DAX-Future, dessen wichtigste Kontraktspezifikationen in Tabelle 10C.1 zusammengestellt sind.

34 Vgl. zu den Produkten der Eurex allgemein *Eurex* (2001 a).
35 Vgl. zu den Aktienindexfutures der Eurex im besonderen *Eurex* (2001 b).

Basiswert
Deutscher Aktienindex (DAX).

Kontraktwert
25 EUR pro Indexpunkt des DAX.

Erfüllung
Erfüllung durch Barausgleich basierend auf dem Schlussabrechnungspreis, fällig am ersten Börsentag nach dem letzten Handelstag.

Preisermittlung
In Punkten; auf eine Dezimalstelle.

Minimale Preisveränderung
0,5 Punkte; dies entspricht einem Wert von 12,50 EUR.

Verfallmonate
Die jeweils nächsten drei Quartalsmonate des Zyklus März, Juni, September und Dezember.

Letzter Handelstag
Der dritte Freitag des Verfallmonats, sofern dies ein Börsentag ist, andernfalls der davorliegende Börsentag. Handelsschluss ist der Beginn der Aufrufphase der von der Geschäftsführung bestimmten untertägigen Auktion im elektronischen Handelssystem der Frankfurter Wertpapierbörse (Xetra) um 13:00 Uhr MEZ.

Täglicher Abrechnungspreis
Letztbezahlter Kontraktpreis; falls dieser älter als 15 Minuten ist oder nicht den aktuellen Marktverhältnissen entspricht, wird dieser von der Eurex festgelegt.

Schlussabrechnungspreis
Wert des DAX; ermittelt auf der Grundlage der am letzten Handelstag in der untertägigen Auktion im elektronischen Handelssystem an der Frankfurter Wertpapierbörse (Xetra) zustande gekommenen Preise für die im DAX enthaltenen Werte.

Handelszeit
8:50 bis 20.00 Uhr MEZ.

Tab. 10C.1: Kontraktspezifikationen des DAX-Futures

10C.2 Geldmarktfutures

Geldmarktfutures sind Futurekontrakte, deren Basisobjekt entweder ein Geldmarkttitel[36] oder ein Geldmarktzinssatz ist. An der Eurex werden derzeit zwei Geldmarktfutures gehandelt. Es sind dies der

- Einmonats-EURIBOR-Future sowie der
- Dreimonats-EURIBOR-Future.

Basisobjekt ist dabei der Ein- bzw. Dreimonats-EURIBOR, der zum Erfüllungszeitpunkt besteht. Auch bei den EURIBOR-Futures ist nur eine Erfüllung via Cash-Settlement möglich, keine physische Andienung.

Die folgende Tabelle enthält beispielhaft die Kontraktspezifikationen des Einmonats-EURIBOR-Futures.

Zur Illustration der Kursnotierung betrachten wir beispielsweise einen Kurs von 95,745. Dies entspricht einer annualisierten Rendite von 4.255%. Dies ist der im Kurs implizite (annualisierte) Terminzinssatz für den Einmonats-EURIBOR, der zum Zeitpunkt des Erfüllungstermins des Futures besteht. Ein steigender bzw. fallender Futurepreis entspricht somit einem fallenden bzw. steigenden Terminzinssatz (Forwardzinssatz).

36 Vgl. hierzu die Ausführungen in Abschnitt 1.4.3.3.

Basiswert
European Interbank Offered Rate (EURIBOR) für Einmonats-Termingelder in Euro.

Kontraktwert
3.000.000 EUR.

Erfüllung
Erfüllung durch Barausgleich, fällig am ersten Börsentag nach dem letzten Handelstag.

Preisermittlung
In Prozent auf drei Dezimalstellen auf der Basis 100 abzüglich gehandeltem Zinssatz.

Minimale Preisveränderung
0,005 Prozent; dies entspricht einem Wert von 12,50 EUR.

Verfallmonate
Die sechs aufeinanderfolgenden Kalendermonate. Die längste Laufzeit beträgt somit sechs Monate.

Letzter Handelstag - Schlussabrechnungstag
Zwei Börsentage - soweit von der EURIBOR FBE/ACI an diesem Tag der für Einmonats-Euro-Termingelder maßgebliche Referenz-Zinssatz EURIBOR festgestellt wird, ansonsten der davor liegende Börsentag - vor dem dritten Mittwoch des jeweiligen Erfüllungsmonats. Handelsschluss für den fälligen Kontraktmonat ist 11.00 Uhr MEZ.

Täglicher Abrechnungspreis
Volumengewichteter Durchschnitt der Preise der letzten fünf zustande gekommenen Geschäfte, sofern diese nicht älter als 15 Minuten sind oder der volumengewichtete Durchschnitt der Preise aller während der letzten Handelsminute zustande gekommenen Geschäfte, sofern in diesem Zeitraum mehr als fünf Geschäfte zustande gekommen sind. Ist eine derartige Preisermittlung nicht möglich, oder entspricht der so ermittelte Preis nicht den tatsächlichen Marktverhältnissen, legt die Eurex den Abrechnungspreis fest.

Schlussabrechnungspreis
Der Schlussabrechnungspreis wird von der Eurex auf Grundlage des von der FBE/ACI ermittelten Referenz-Zinssatzes (EURIBOR) für Einmonats-Termingelder in Euro um 11.00 Uhr MEZ am letzten Handelstag festgelegt. Bei der Festlegung des Schlussabrechnungspreises wird der EURIBOR-Satz auf das nächstmögliche Preisintervall (0,005; 0,01 oder ein Vielfaches) gerundet und anschließend von 100 subtrahiert.

Handelszeit
8.45 bis 19.00 Uhr MEZ.

Tab. 10C.2: Kontraktspezifikationen des Einmonats-EURIBOR-Futures

10C.3 Zinsfutures[37]

Zinsfutures beinhalten die folgende generelle Konstruktion. Das Basisobjekt ist eine idealtypische (notionelle, synthetische) Anleihe mit einer spezifisch festgelegten (Rest-) Laufzeit T_0 bzw. einem festgelegten Laufzeitintervall $[T_1,T_2]$ (gerechnet ab dem Erfüllungszeitpunkt T des Futures) und einer spezifisch festgelegten Nominalverzinsung i_0. Die Erfüllung des Kontrakts bei Fälligkeit kann im Allgemeinen per Differenzausgleich erfolgen oder aber durch Lieferung bzw. Abnahme eines *realen* festverzinslichen Titels einer bestimmten Qualität aus einem von der jeweiligen Terminbörse definierten Korb von lieferbaren Titeln. Dabei hat der Verkäufer des Futurekontrakts das Recht, einen beliebigen Titel aus dem gegebenen Korb auszuwählen und zwecks Kontrakterfüllung zu liefern. Im Bereich der Zinsfutures[38] bietet die Eurex unter

37 Vgl. im Besonderen *Eurex* (2001c).
38 Von der Eurex Kapitalmarktfutures genannt.

anderem Terminkontrakte auf fiktive Anleihen der Bundesrepublik Deutschland mit einem Kupon von sechs Prozent an. Hinsichtlich der Erfüllung des Kontrakts bei Fälligkeit besteht eine *Lieferverpflichtung*.[39] Zur Erfüllung dieser Lieferverpflichtung zugelassen sind Anleihen der Bundesrepublik Deutschland mit aus der Tabelle hervorgehenden Restlaufzeiten.

Bezeichnung	Restlaufzeit der lieferbaren Schuldverschreibungen
Euro-SCHATZ-Future	1 ¾ bis 2 ¼ Jahre
Euro-BOBL-Future	3 ½ bis 5 Jahre
Euro-BUND-Future	8 ½ bis 10 ½ Jahre
Euro-BUXL-Future	20 bis 30 ½ Jahre

Tab. 10C.3: An der Eurex gehandelte Zinsfutures und Restlaufzeiten der zugrunde liegenden Schuldverschreibungen

Auch bei Zinsfutures sind die jeweiligen Kontraktspezifikationen im Detail zu beachten. Als Beispiel dient der Euro-BUND-Future, dessen Spezifikationen in der folgenden Tabelle zusammengestellt sind.

Insbesondere ergibt sich aus Tabelle 10C.4 der Sachverhalt, dass für den Euro-BUND-Future als Lieferstandard die physische Lieferung festgelegt ist.

Anhang 10D: Die Cheapest to Deliver (CTD)-Anleihe

Der Verkäufer des Futureskontrakts hat das Recht (Seller's Option, Quality Option), aus einem definierten Korb von lieferbaren Anleihen eine beliebige Anleihe auszuwählen, mit der der Kontrakt erfüllt werden soll. Es stellt sich daher die Frage, zu welchem *Rechnungsbetrag* (Invoice Price) die Abnahme der gelieferten Anleihe erfolgen soll. Maßgeblich für den Abrechnungsbetrag bei Lieferung ist zunächst der *Exchange Delivery Settlement-Price* (EDSP), auch kurz Settlementpreis genannt, der Schlusskurs F_T des Futures am letzten Handelstag, mithin der (fiktive) Kurs der zugrunde liegenden Basisanleihe.

Die unterschiedlichen lieferbaren Anleihen werden nun nach einem bestimmten, im Folgenden eingehender behandelten, Verfahren mit der Basisanleihe »gleichwertig« gemacht. Wir unterstellen dabei zunächst, dass alle Kurse Cum-Kupon-Kurse sind und illustrieren den Wirkungsmechanismus des Konversionsfaktorensystems anhand der Situation $s = T$, d.h. der Investor geht eine Future Short-Position zum Erfüllungstermin ein und erwirbt gleichzeitig einen Bond am Markt zur Einlieferung. Es bezeichne dann $EDSP$ den Settlementpreis des Futures und i_0 die Nominalverzinsung der Basisanleihe, $CF(r)$ den Konversionsfaktor der gelieferten Anleihe in Abhängigkeit von dem gewählten Diskontierungszinsfuß r und IP den Invoice Price. Es gilt zunächst

(10D.1) $$IP = EDSP * CF.$$

39 Eine vorzeitige Glattstellung hingegen erfolgt via Cash Settlement.

Basiswert
Fiktive langfristige Schuldverschreibung der Bundesrepublik Deutschland mit 8½ bis 10½-jähriger Laufzeit und einem Kupon von 6 Prozent.

Kontraktwert
100.000 EUR.

Erfüllung
Eine Lieferverpflichtung aus einer Short Position in einem Euro-BUND-Future-Kontrakt kann nur durch bestimmte Schuldverschreibungen – nämlich Anleihen der Bundesrepublik Deutschland – mit einer Restlaufzeit von 8½ bis 10½ Jahren am Liefertag erfüllt werden. Die Schuldverschreibungen müssen ein Mindestemissionsvolumen von 2 Mrd. Euro aufweisen.

Preisermittlung
In Prozent vom Nominalwert; auf zwei Dezimalstellen.

Minimale Preisveränderung
0,01 Prozent; dies entspricht einem Wert von 10 EUR.

Liefertag
Der Liefertag ist der zehnte Kalendertag des jeweiligen Quartalsmonats, sofern dieser Tag ein Börsentag ist, andernfalls der darauffolgende Börsentag.

Liefermonate
Die jeweils nächsten drei Quartalsmonate des Zyklus März, Juni, September und Dezember.

Lieferanzeige
Clearingmitglieder mit offenen Short Positionen müssen der Eurex am letzten Handelstag des fälligen Liefermonats bis zum Ende der Post-Trading-Periode anzeigen, welche Schuldverschreibungen sie liefern werden.

Letzter Handelstag
Zwei Börsentage vor dem Liefertag des jeweiligen Quartalsmonats. Handelsschluss für den fälligen Liefermonat ist 12.30 Uhr MEZ.

Täglicher Abrechnungspreis
Volumengewichteter Durchschnitt der Preise der letzten fünf zustande gekommenen Geschäfte, sofern sie nicht älter als 15 Minuten sind, oder der volumengewichtete Durchschnitt der Preise aller während der letzten Handelsminute zustande gekommenen Geschäfte, sofern in diesem Zeitraum mehr als fünf Geschäfte zustande gekommen sind. Ist eine derartige Preisermittlung nicht möglich, oder entspricht der so ermittelte Preis nicht den tatsächlichen Marktverhältnissen, legt die Eurex den Abrechnungspreis fest.

Schlussabrechnungspreis
Volumengewichteter Durchschnitt der Preise der letzten zehn zustande gekommenen Geschäfte, sofern sie nicht älter als 30 Minuten sind, oder der volumengewichtete Durchschnitt der Preise aller während der letzten Handelsminute abgeschlossenen Geschäfte, sofern in diesem Zeitraum mehr als zehn Geschäfte zusammengeführt wurden. Der Zeitpunkt der Festlegung des Schlussabrechnungspreises ist 12.30 Uhr MEZ des letzten Handelstages.

Handelszeit
8.00 bis 19.00 Uhr MEZ.

Tab. 10C.4: Kontraktspezifikationen des Euro-BUND-Futures

Der Abrechnungsbetrag der gelieferten Anleihe (alle Kurse im Folgenden sind Cum-Kupon-Kurse) ergibt sich als Produkt von Settlement Price und Konversionsfaktor. Die Wahl des geeigneten Konversionsfaktors ergibt sich auf der Grundlage der folgenden Überlegung. Unterstellt man eine flache Zinsstruktur in Höhe von i_0, so ist der Wert $K_T^{i_0}(i_0)$ eines Standardbonds mit Nominalverzinsung i_0 zum Zeitpunkt T gemäß (8.3) gegeben durch[40] $K_T^{i_0}(i_0) = N$. Betrach-

40 Unterstellt wird der Einfachheit halber noch, dass die nächste Zinszahlung erst nach einer vollen Periode erfolgt.

tet man hingegen einen Standardbond mit einer abweichenden Nominalverzinsung i, so ist dessen Kurs in T gegeben durch $K_T^i(i_0) = N * CF$. Der Konversionsfaktor nivelliert daher die Unterschiede einer lieferbaren Anleihe im Vergleich zur Basisanleihe. Allerdings gelingt dies nur dann exakt, wenn eine flache Zinsstruktur in Höhe der Nominalverzinsung i_0 der (fiktiven) Basisanleihe vorliegt.

Im allgemeinen Fall entspricht der Konversionsfaktor dem Barwert $P_T(i_0)$ der gelieferten Anleihe zum Zeitpunkt T unter Annahme eines Diskontierungsfaktors bzw. Marktzinses in Höhe von i_0 und eines Nennwerts von $N = 1$. Es gilt somit gemäß (8.25a):

(10D.2) $$CF = P_T(i_0) = (1+i_0)^\tau \left[\frac{i}{i_0} + \left(1 - \frac{i}{i_0}\right)(1+i_0)^{-m} \right].$$

Dabei ist m die Zahl der noch erfolgenden Zinszahlungen der gelieferten Anleihe, $\tau = x/365$ der im Erfüllungszeitpunkt T seit dem letzten Kupontermin verstrichene (anteilige) Zeitraum und i der Nominalzins der gelieferten Anleihe.

Unter welchen Bedingungen entspricht nun der Invoice Price dem tatsächlichen Kurs P_T der gelieferten Anleihe? Im Rahmen der Analyse nehmen wir dabei an, dass am Markt eine flache Zinsstruktur der Höhe r herrscht, d.h. es gilt gemäß (8.25a)

(10D.3) $$P_T = P_T(r) = N(1+r)^\tau \left[\frac{i}{r} + \left(1 - \frac{i}{r}\right)(1+r)^{-m} \right].$$

Offenbar muss zunächst $r = i_0$ erfüllt sein, d.h. der zum Zeitpunkt T herrschende fristigkeitsunabhängige Zins r ist identisch mit dem Nominalzins der fiktiven Basisanleihe. Damit $EDSP*CF = P_T$ gilt, muss darüber hinaus aber noch $EDSP = N$ gelten, d.h. der Settlementpreis des Futures und mithin der (fiktive) Kurs der Basisanleihe müssen mit dem Nennwert der gelieferten Anleihe übereinstimmen. Dies gilt insbesondere dann, wenn $r = i$, d.h. der Marktzins mit dem Nominalzins der gelieferten Anleihe übereinstimmt. Insgesamt ist somit die Erfüllung der Bedingung $r = i = i_0$ erforderlich, damit der Invoice Price mit dem tatsächlichen Kurs der gelieferten Anleihe übereinstimmt.

Da nun aber im Rahmen der real herrschenden Verhältnisse diese Bedingung nicht erfüllt sein wird und darüber hinaus auch die Annahme der flachen Zinsstruktur nicht realistisch ist, beinhaltet das dargestellte Verfahren zur Bestimmung des Abrechnungspreises *systematische Verzerrungen*. Je nach in T herrschender Zinsstruktur und Nominalzins bzw. Restlaufzeit der gelieferten Anleihe kann der Invoice Price über oder unter dem Kurs der gelieferten Anleihe liegen.

Daher wird der Verkäufer des Futurekontrakts seine Lieferoption dahingehend ausnutzen, dass er aus dem Korb der lieferbaren Anleihen die Cheapest to Deliver (CTD)-Anleihe auswählt, d.h. diejenige Anleihe, bei der die Differenz

(10D.4) $$IP - P_T = EDSP * CF - P_T$$

am höchsten ausfällt. Die CTD-Anleihe maximiert den Gewinn (minimiert den Verlust) aus der Lieferung.

Im Folgenden soll nun auf der Grundlage der vorstehenden grundsätzlichen Ausführungen die konkrete Bestimmung des Rechnungsbetrags einer zur Erfüllung eines BUND-Futureskontrakts gelieferten Anleihe behandelt werden. Im Unterschied zu (10D.2) wird dabei von Ex-Kupon-Kursen ausgegangen. Es gilt zunächst (Eurex-Formel für den Rechnungsbetrag):

(10D.5) $$Rechnungsbetrag = (EDSP * CF * 1000\ EUR) + Stückzinsen$$

Der Schlussabrechnungspreis (EDSP) bezieht sich auf EUR 100 des Nominalwerts des Kontrakts. Da das Kontraktvolumen 100000 EUR beträgt, muss daher zur Ermittlung des *EDSP* mit 1000 EUR multipliziert werden.

Die Stückzinsen werden dabei nach dem Ansatz

(10D.6) $$Stückzinsen = \frac{Tage * Nominalzins * 100000\ EUR}{365}$$

ermittelt, d.h. es wird von einer linearen (zeitproportionalen) Approximation der Stückzinsen ausgegangen.

Der Konversionsfaktor nach Eurex-Konvention[41] selbst ergibt sich nun auf Basis der folgenden Berechnungen, zunächst auf Cum-Kupon-Basis. Ausgangspunkt ist (10D.2). Es gilt:

$$\begin{aligned} P_T(0.06) &= (1.06)^{\tau}\left[\frac{i}{0.06} + \left(1 - \frac{i}{0.06}\right)(1.06)^{-m}\right] \\ &= (1.06)^{\tau}\left[\frac{c}{6} + \left(1 - \frac{c}{6}\right)(1.06)^{-m}\right] \\ &= (1.06)^{\tau}\left\{\frac{c}{6}\left[1 - (1.06)^{-m}\right] + (1.06)^{-m}\right\} \\ &= (1.06)^{\tau-1}\left\{\frac{c}{6}\left[1.06 - (1.06)^{-(m-1)}\right] + (1.06)^{-(m-1)}\right\}. \end{aligned}$$

Dabei entspricht *c* der Höhe des Kuponbetrags der gelieferten Anleihe (bei einem Nominalwert in Höhe von *N=100*). Berücksichtigt man noch, dass *n:=m–1* der Restlaufzeit der gelieferten Anleihe in vollen Jahren entspricht (die Gesamtlaufzeit beträgt demnach *n* Jahre und 365 – x = 365(1–*r*) Tage), definiert *d* = 365 – x als Anzahl der Tage bis zur nächsten Kuponzahlung und nimmt eine zeitproportionale Korrektur der Kuponzinsen (pro Euro Nennwert) auf Tagesbasis vor, so ergibt sich insgesamt die Höhe des Eurex-Konversionsfaktors zu[42]

(10D.7) $$CF = (1.06)^{-d/365}\left\{\frac{c}{6}\left[(1.06) - (1.06)^{-n}\right] + (1.06)^{-n}\right\} - \frac{c\left(1 - \frac{d}{365}\right)}{100}.$$

Beispiel 10D.1: Bestimmung des Rechnungsbetrags einer lieferbaren Anleihe

Zum Erfüllungstermin 10. Dezember 2001 betrage der EDSP 103.05 EUR und der Verkäufer des BUND-Futureskontraktes liefere eine 7¼%-Bundesanleihe mit Fälligkeit 08. Februar 2010. Auf welche Höhe beläuft sich der Rechnungsbetrag?

41 In vielen Dokumentationen ist dabei die Konvention noch in der Weise erfasst, dass eine monatliche Zinsmodalität gemäß (8.25b) die Grundlage ist. Die Umstellung der Bundesanleihen auf eine Tageszinskonvention (auf linearer Basis) erfolgte durch das »Gesetz zur Umstellung von Schuldverschreibungen auf den Euro« vom 09.06.1998, vgl. *Scharpf/Luz* (2000, S. 596).

42 Vgl. *Scharpf/Luz* (2000, S. 597) und *Eurex* (2001c, S. 96).

Die Restlaufzeit beträgt 9 Jahre und 60 Tage. Es gilt $d = 60$ und $c = 7.25$. Der Konversionsfaktor bestimmt sich gemäß (10D.7) zu:

$$CF = (1.06)^{-60/365}\left\{\frac{7.25}{6}\left[1.06-\frac{1}{(1.06)^9}\right]+\frac{1}{(1.06)^9}\right\}-\frac{7.25\left(1-\frac{60}{365}\right)}{100}$$
$$= 1.0859\,.$$

Seit dem letzten Zinstermin sind 305 Tage vergangen, die Berechnung der Stückzinsen gemäß (10D.6) ergibt:

$$\begin{aligned} Stückzinsen &= \frac{305 * 0.0725 * 100000\ EUR}{365} \\ &= 6058.22\ EUR. \end{aligned}$$

Der Rechnungsbetrag ergibt sich somit gemäß (10D.5) insgesamt zu:

$$\begin{aligned} Rechnungsbetrag &= (103.05 * 1.0859 * 1000\ EUR) + 6058.22\ EUR \\ &= 117960.22\ EUR. \end{aligned}$$

Die Berechnung der CTD-Anleihe erfolgt nun auf der Basis von (10D.4) in Verbindung mit (10D.5) auf der Basis des Differenzbetrags

(10D.8)
$$\begin{aligned} \Delta &= (EDSP * CF * 100000\ EUR) + Stückzinsen - (P_T + Stückzinsen) \\ &= EDSP * CF * 100000\ EUR - P_T, \end{aligned}$$

dabei bezeichne P_T wiederum den (Ex-Kupon-)Kurs einer lieferbaren Anleihe. P_T ist der Preis, zu dem der Verkäufer des Futures die Anleihe am Markt erwerben kann, zum Betrag $EDSP*CF*100000\ EUR$ kann er ihn an der Terminbörse andienen[43]. Je höher Δ ausfällt, desto vorteilhafter ist daher die Position des Verkäufers.

Beispiel 10D.2: Bestimmung der CTD-Anleihe

Der Inhaber der Future-Shortposition des Beispiels 10D.1 kann alternativ eine 7¾-Bundesanleihe mit Fälligkeit 12. März 2010 liefern und überlegt, welche der beiden Anleihen die günstigere Lieferung darstellen würde. Der (Ex-Kupon-)Kurs der 7¼%-Anleihe beträgt 105.90 *EUR*, derjenige der 7¾%-Anleihe 107.60 EUR.

Zunächst ist wiederum der Konversionsfaktor der alternativ lieferbaren Anleihe zu bestimmen. Er nimmt ($d = 92$) einen Wert in Höhe von 1.1211 an.

Der Differenzbetrag gemäß (10D.8) beträgt bei der 7¼%-Anleihe:

$$\begin{aligned} \Delta &= 103.05 * 1.1211 * 1000 - 107600 \\ &= 7929.35\,. \end{aligned}$$

43 Jeweils modulo Stückzinsen.

Im Falle der 7¾%-Anleihe beträgt der Differenzbetrag entsprechend

$$\Delta = 103.05 * 1.1211 * 1000 - 107600$$
$$= 7929.35 .$$

Die CTD-Anleihe ist somit die 7¾%-Anleihe.

Allgemein gelten die folgenden Tendenzaussagen[44,45]:

- Liegt die Marktrendite über 6%, so werden Anleihen mit einem Kupon unter 6% tendenziell überbewertet. Der Verkäufer eines Futures wird deshalb bevorzugt Anleihen mit einem möglichst niedrigen Kupon liefern. Liegt die Marktrendite unter 6%, so ist c.p. die Anleihe mit dem höchsten Kupon die CTD-Anleihe.
- Liegt die Marktrendite über 6%, so ist c.p. die Anleihe mit der längsten Laufzeit die CTD-Anleihe. Liegt die Marktrendite unter 6%, so ist c.p. die Anleihe mit der kürzesten Laufzeit die CTD-Anleihe.

Die CTD-Anleihe kann nicht nur am Liefertag des Futures ermittelt werden, sondern auch zu jedem Zeitpunkt vor dem Liefertag. Dann wird ein Verkauf des Futures und ein Erwerb einer entsprechenden Anzahl von Anleihen angenommen und unterstellt, dass die Anleihen bis zum Liefertermin gehalten und dann zur Erfüllung der Lieferverpflichtung angedient werden. Die Anleihe, die hierbei den größten Ertrag abwirft, ist die CTD-Anleihe. Kann durch eine solche Transaktion eine Rendite erzielt werden, die oberhalb des aktuellen Marktzinssatzes liegt, so setzen entsprechende Arbitragetransaktionen ein. Aus diesem Motiv heraus wird in der Investmentpraxis die CTD-Anleihe laufend bestimmt. Zudem ist in praxi zu beobachten, dass die CTD-Anleihe während der Laufzeit des Futures relativ häufig wechselt.[46]

Die quantitative Ermittlung der CTD-Anleihe stützt sich auf die Ableitung der Cost of Carry-Beziehung (10.25) für Zinsfutures in Abschnitt 10.3.4. In Termen der vorstehend dargestellten Cash and Carry-Strategie betrachtet man die Gewinn-/Verlustposition bei Wahl eines beliebigen lieferbaren Bonds j:

$$\pi_j(t) = F(t,T)CF_j + AI_j(T) + C_j\left[1 + r\left(u_j, T\right)\right] - \left[K_j(t) + AI_j(t)\right]\left[1 + r(t,T)\right] . \tag{10D.9}$$

Dabei bezeichne $F(t,T)$ den Preis des Futures zum Zeitpunkt t, $K_j(t)$ bzw. $AI_j(t)$ bzw. $AI_j(T)$ bzw. C_j den Ex-Kupon-Kurs bzw. den Accrued Interest in t und T bzw. die zwischenzeitliche Kuponzahlung[47] im Zeitpunkt u_j $(t<u_j<T)$ des j-ten lieferbaren Bonds und CF_j dessen Konversionsfaktor. Der Bond j, der zum Zeitpunkt t den höchsten[48] Cash and Carry-Profit $\pi_j(t)$ abwirft, ist die CTD-Anleihe zum Zeitpunkt t.

Eine gängige Vereinfachung von (10D.9) erhält man wie im Haupttext[49] unter Anwendung einer linearen Zinsapproximation und unter der Vernachlässigung der Möglichkeit einer zwischenzeitlichen Zinszahlung:

---

44 Vgl. zu dieser Aussage *Bruns/Meyer-Bullerdiek* (1996, S. 275) sowie *Scharpf/Luz* (2000, S. 597 f.).

45 Vgl. allgemein zum Bias bei der Andienung für Zinsfutures *Kilcollin* (1982) und *Meisner/Labuszewski* (1984).

46 Vgl. zu dieser Feststellung *Bruns/Meyer-Bullerdiek* (1996, S. 273).

47 Wie in (10.19) wird unterstellt, dass maximal eine zwischenzeitliche Kuponzahlung anfällt.

48 Aus Arbitragegründen kann der maximale Cash and Carry-Profit höchstens null betragen, und zwar nur im Falle der CTD-Anleihe. In allen anderen Fällen ist der Cash and Carry-Profit negativ, vgl. *Stoll/Whaley* (1993, S. 149).

49 Vgl. Beziehung (10.21).

(10D.10) $$\pi_j(t) = F(t,T)CF_j + C_j \frac{d}{365} - \left(K_j(t) + SZ_j\right)\left[1 + r\frac{d}{365}\right].$$

Dabei bezeichne d die Anzahl der Tage bis zum Liefertermin, SZ_j die Stückzinsen der Anleihe j bis zum Zeitpunkt t und C_j die (konstante) Kuponhöhe der Anleihe.

Eine alternative Möglichkeit[50] zur Bestimmung der CTD-Anleihe besteht in der Ermittlung der Rendite der Cash and Carry-Strategie. Im Falle der Vernachlässigung der zwischenzeitlichen Kuponzahlung und der Vornahme einer linearen Zinsapproximation ist diese durch Auflösung von (10.27) nach r ermittelbar – bei Unterstellung einer beliebigen lieferbaren Anleihe j. Aufgrund internationaler Gepflogenheiten[51] zur kurzfristigen Finanzierung von Wertpapieren wird der Finanzierungszinssatz auch Repo Rate genannt. Durch die angesprochene Auflösung gelangt man damit zu der aus dem aktuellen Futureskurs resultierenden Implied Repo Rate IRR:

(10D.11) $$IRR = \left[\frac{F_t CF + C \cdot \frac{d}{365}}{K_t + SZ} - 1\right]\frac{365}{d}.$$

Diese aus dem aktuellen Futurekurs resultierende Implied Repo Rate kann man zu jedem Zeitpunkt für jede lieferbare Anleihe ermitteln. Sie entspricht der aus der Cash and Carry-Strategie erzielbaren Rendite. Der höchste Wert von IRR identifiziert daher – unter den getroffenen Prämissen – die aktuelle CTD-Anleihe.

Anhang 10E: Statistische Ansätze zur Bestimmung des varianzminimalen Hedges

Wie in Abschnitt 10.4.2.2. erörtert, ist die Durchführung eines VHM zum Zeitpunkt t abhängig von der Größe

(10E.1) $$\beta_{KF}(t) = \frac{Cov(K_t, F_t)}{Var(F_t)},$$

einem Betafaktor, der die Kopplung von Future- und Kassapreis zum Zeitpunkt t widerspiegelt. Zur praktischen Durchführung eines VHM ist somit dieser Betafaktor zu bestimmen.

Die Grundlage für diese Bestimmung bilden wahrscheinlichkeitstheoretische Modelle für den funktionalen Zusammenhang zwischen Future- und Kassapreis, die zugleich eine statistische Identifikation der involvierten Parameter erlauben. In der Regel haben diese Modelle die Form einer linearen Regression, unterscheiden sich aber in den Basisgrößen, die in der Regressionsgleichung auftreten. Beispiele hierfür sind:

50 Vgl. etwa *Bruns/Meyer-Bullerdiek* (1996, S. 274).
51 Vgl. etwa *Bruns/Meyer-Bullerdiek* (1996, S. 352 ff.).

1. Lineare Regression der Kurse

(10E.2) $$K_t = a + bF_t + \varepsilon_t$$

2. Lineare Regression der Kurszuwächse über äquidistante Zeitabschnitte

(10E.3) $$K_t - K_{t-1} = a + b(F_t - F_{t-1}) + \varepsilon_t$$

3. Loglineare Regression der relativen Kursänderungen

(10E.4a) $$\ln\left(\frac{K_t}{K_{t-1}}\right) = a + b\ln\left(\frac{F_t}{F_{t-1}}\right) + \varepsilon_t .$$

Durch Anwendung der Exponentialfunktion auf beide Seiten erkennt man, dass (10E.4a) äquivalent ist zu einer Verknüpfung der relativen Kursänderungen in Potenzform:

(10E.4b) $$\frac{K_t}{K_{t-1}} = A \cdot \left(\frac{F_t}{F_{t-1}}\right)^b \cdot \tilde{\varepsilon}_t .$$

Die Logarithmierung dient dazu, die funktionale Beziehung in die Standardform der linearen Regression zu bringen, um die Standardschätzer (OLS) berechnen zu können.

Wegen der Autokorrelation (zeitlichen Korrelation) der Kurse K_t bzw. F_t wird die erste funktionale Form im Rahmen einer Standardvorgehensweise nicht adäquat sein.[52] Die dritte funktionale Form ist formal aufwändig, weshalb wir uns im Folgenden auf die zweite funktionale Form konzentrieren. *Wichtig* ist aber anzumerken, dass alle drei funktionalen Formen im Prinzip von einer *Konstanz* des Betafaktors in der Zeit ausgehen. Dies ist, wie wir gesehen haben, nicht der Fall. Die resultierenden Ergebnisse können daher nur als *Approximationen* an das theoretisch korrekte VMH verstanden werden.

Analog zu den Ausführungen zu Beginn des Abschnitts 6.4.1.1 ergibt sich zunächst wieder, dass der Regressionskoeffizient b der gesuchte Betafaktor ist[53], denn unter der Prämisse $Cov(F_t, \varepsilon_t) = 0$ folgt

$$\begin{aligned} Cov(K_t, F_t) &= Cov(K_t - K_{t-1}, F_t) \\ &= Cov(a + b(F_t - F_{t-1}) + \varepsilon_t, F_t) \\ &= bCov(F_t - F_{t-1}, F_t) + Cov(\varepsilon_t, F_t) \\ &= bCov(F_t, F_t) = bVar(F_t) \end{aligned}$$

und somit

(10E.5) $$b = \frac{Cov(K_t, F_t)}{Var(F_t)} = \beta_{KF}(t) .$$

Wie in Abschnitt 6.4.1.2 kann dann der Betafaktor im einfachsten Fall (OLS-Schätzung) auf der Grundlage der Beobachtungen der Kursinkremente über äquidistante Zeitabschnitte gewonnen werden. Die nachfolgende Abbildung illustriert diese Vorgehensweise, wobei als Zeitabschnitt jeweils k Tage angenommen werden.

---

52 Als Ausweg bietet sich eine entsprechende Modellierung der Residuen an.

53 Dabei wird angenommen, dass die Kurse zu Beginn der jeweiligen Periode bekannt sind.

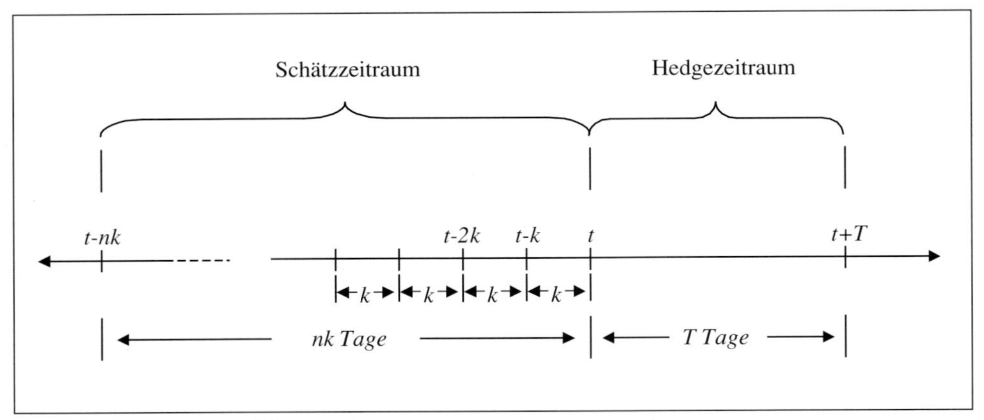

Abb. 10E.1: Schätz- und Hedgezeitraum

Auf Grundlage der *beobachteten* Kurszuwächse

(10E.6)
$$y_t := k_t - k_{t-1}$$
$$x_t := f_t - f_{t-1}$$

ergibt sich der OLS-Schätzer für b somit zu:

(10E.7)
$$\hat{b} = \frac{\sum_{i=1}^{m}(y_t - \bar{y})(x_t - \bar{x})}{\sum_{t=1}^{m}(x_t - \bar{x})^2}.$$

Die nachfolgende Abbildung illustriert nochmals den Regressionsansatz zur Bestimmung des VMH.

Die Ausführungen des Abschnitts 6.4.1.2 zur Prüfung der Validität der vorgenommenen linearen Regression können entsprechend übertragen werden.

Anhang 10F: Risikoneutrale Futurepreise und Forward/ Future-Spread bei stochastischem Zins

Im Falle einer deterministischen Zinsstruktur sind Forward- und Futurepreise identisch, dies wurde in Anhang 10B festgehalten. Welche (strukturellen) Aussagen über die Beziehung von Forward- und Futurepreisen kann man nun im Falle einer arbitragefreien stochastischen Zinsstruktur ableiten? Wir greifen zur Beantwortung dieser Frage zurück auf die Ergebnisse über das Martingal-Pricing in Anhang 9D. Dabei war $\{R(t)\}$ ein stochastischer Zinsprozess und $B(t) = \exp\left(\int_0^t R(s)ds\right)$ die Wertentwicklung der (lokal) risikolosen Geldanlage (Money Account). Die zentrale Preisgleichung für einen Finanztitel mit Rückfluss X_T in T lautet dann

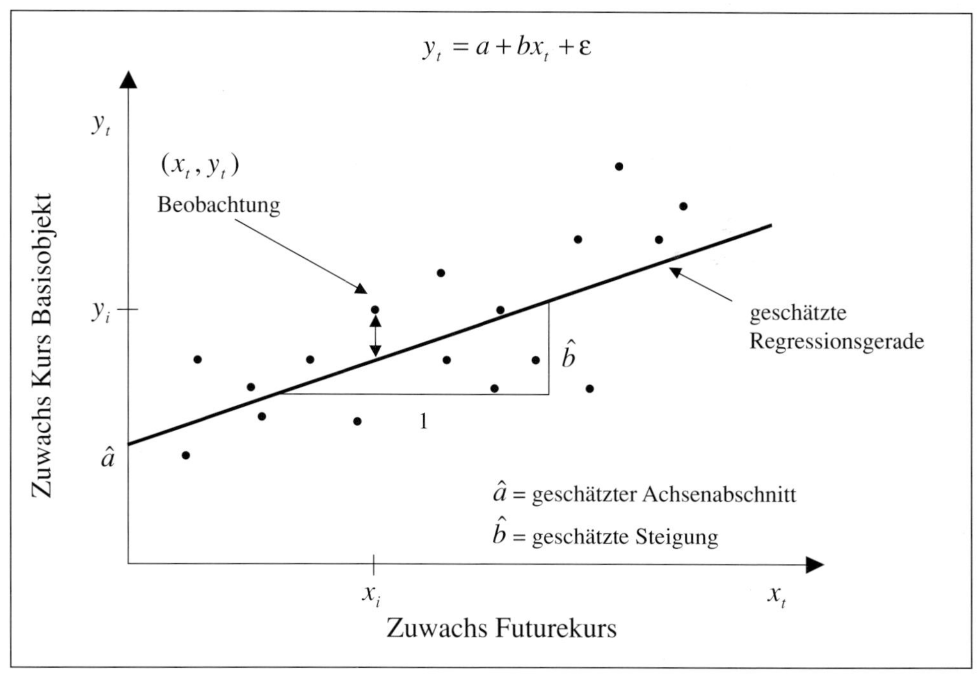

Abb. 10E.2: Identifizierung der Hedge Ratio durch lineare Regression

(10F.1) $$P_t(X_T) = B(t)E_Q[X_T / B(T)] \mid R(t) = r] ,$$

wobei Q das äquivalente Martingalmaß bezeichnet.

Wir gehen nun aus von einem einkommensfreien Basisobjekt mit Wertentwicklung $\{S_t\}$ und bezeichnen mit F_t den im Zeitpunkt t vereinbarten Preis eines Forwards mit Erfüllungstermin T. Dies entspricht (Forward long) der Finanzposition $X_T = S_T - F_t$ zum Erfüllungstermin. Der Wert dieser Finanzposition zum Zeitpunkt t ist dann

(10F.2) $$B_t E_Q[(S_T - F_t) / B_T \mid R_t = r] = 0 \ .$$

Die linke Seite dieser Identität ist gerade die Martingal-Preisgleichung, die rechte Seite entspricht der Forderung (man vgl. hierzu auch das Ergebnis des Abschnitts 10.3.3), dass in einem arbitragefreien Markt der anfängliche Wert einer Forwardposition gleich null ist. Bedenken wir weiter, dass unter dem äquivalenten Martingalmaß der diskontierte Wert des Basisobjekts ein Martingal ist, dann gilt $E_Q[S_T / B_T \mid R_t = r] = S_t / B_t$. Die Gleichung (10F.2) reduziert sich daher auf $S_t - B_t F_t E_Q[1/B_T / R_t = r] = 0$. Damit gilt für den arbitragefreien Wert eines Forwardkontraktes im Falle einer stochastischen Zinsstruktur insgesamt

(10F.3)
$$F_t = \frac{S_t}{B_t E_Q[1/B_T \mid R_t = r]} = S_t E_Q\left[\exp\left(\int_t^T R(s)ds\right) \mid R_t = r\right].$$

Im Falle einer deterministischen Zinsstruktur auf der Basis einer deterministischen Zinsintensität $r(t)$ entspricht dies offenbar

$$F_t = S_t \exp\left(\int_t^T r(s)ds\right)$$

und dies ist das Pendant zur Cost of Carry-Beziehung (10.9).

Die Analyse des Futurekontraktes gestaltet sich schwieriger. Insbesondere muss angenommen und entsprechend modelltheoretisch erfasst werden, dass nun das Marking to Market zeitstetig erfolgt. Wir verweisen für eine entsprechende Analyse im Detail auf *Cvitanic/Zapatero* (2004, S. 204 f.). Als Resultat dieser Analyse ergibt sich im Falle einer stochastischen Zinsstruktur als arbitragefreier Futurepreis $F(t,T)$

(10F.4)
$$F(t,T) = E_Q[S_T \mid R_t = r].$$

Der faire Futurepreis entspricht somit dem (undiskontierten!) erwarteten (unter dem äquivalenten Martingalmaß) Spotpreis zum Erfüllungstermin.

Da $F_T = S_T$ hat (10F.4) noch eine andere Implikation, denn es gilt vor diesem Hintergrund $(F_t = F(t,T))$

(10F.5)
$$E_Q[F_T \mid R_t = r] = F_t.$$

Mit anderen Worten: Die Entwicklung des Futurespreises ist in einer risikoneutralen Welt somit – man vergleiche hierzu (4.5) – ein Martingal bezüglich der Informationentwicklung $\{R_t\}$, d.h. gegeben die Entwicklung der Zinsintensität. Damit weisen auch die erwarteten Wertzuwächse des Futures gemäß Abschnitt 4.2.1 unter Q einen Wert von null auf. Intuitiv ist dies nicht überraschend. Da die Etablierung einer Futureposition (unter Vernachlässigung der Sicherheitsleistung) keinen Kapitaleinsatz erfordert, muss in einer risikoneutralen Welt das erwartete Wachstum des Futurepreises ebenfalls null sein.

Im Falle einer deterministischen Zinsintensität $\{r(t)\}$ esultiert aus der Martingaleigenschaft des diskontierten Preisprozesses, d.h. allgemein $E_Q[S_T / B_T \mid R_t = r] = S_t / B_t$, die Beziehung $E_Q[S_T \mid R_t = r] = S_t \exp\left(\int_t^T r(s)ds\right)$. Damit gilt im deterministischen Falle für den fairen Futurepreis

(10F.6)
$$F(t,T) = S_t \exp\left(\int_t^T r(s)ds\right)$$

und stimmt damit mit dem Forwardpreis überein.

Im allgemeinen Fall stimmen die Preise (10F.3) und (10F.4) jedoch nicht überein. Dies impliziert den *Forward/Future-Spread*

(10F.7)
$$F_t - F(t,T) = E_Q\left[S_t \exp\left(\int_t^T R(s)ds\right) - S_T \mid R_t = r\right].$$

Man kann nun nachweisen, vgl. im Detail wiederum *Cvitanic/Zapatero* (2004, S. 205), dass dies äquivalent ist zu

(10F.8)
$$F_t - F(t,T) = \frac{Cov_Q[S_T, 1/B_T \mid R_t = r]}{E_Q[1/B_T \mid R_t = r]}.$$

Dies führt zum einen zu einer intuitiveren Charakterisierung des Forward/Futures-Spreads und zum anderen zu der Aussage, dass der Forward/Future-Spread genau dann gleich null ist, bzw. Forward- und Futurepreise im allgemeinen Fall übereinstimmen, wenn

(10F.9)
$$Cov_Q[S_T, 1/B_T \mid R_t = r] = 0,$$

d.h. unter dem äquivalenten Martingalmaß der Wert S_T des Basisobjekts zum Zeitpunkt T und der reziproke akkumulierte Werte $1/B_T$ der (lokal) risikolosen Geldanlage zum Zeitpunkt T unkorreliert sind. Im Falle einer deterministischen Zinsintensität ist auch $1/B_T$ deterministisch und damit (10F.9) trivialerweise erfüllt.

Anhang 10G: Forward Rate Agreements

Ein *Forward Rate Agreement* (FRA), auch *Zinsterminkontrakt* genannt, ist ein Terminkontrakt, bei dem die Kontraktparteien für eine spezifizierte künftige Periode einen bestimmten Zins für einen bestimmten Kapitalbetrag vereinbaren. Zur näheren Analyse dieser Finanzposition treffen wir die folgenden Bezeichnungen:

Beginn des Kontrakts:	t_0
Erfüllungstermin des Kontrakts:	$t_1 > t_0$
Forwardperiode:	$[t_1, t_2]$
Zu Kontraktbeginn vereinbarte Forward-Rate:	$fr(t_0; t_1, t_2)$
Spot-Rate zum Erfüllungstermin:	$r(t_1, t_2)$
Nominalbetrag des Kontrakts:	N.

Der zu Kontraktbeginn festgeschriebene Zinssatz bezieht sich auf die künftige Kredit- bzw. Anlageperiode $[t_1, t_2]$. Zum Erfüllungstermin wird der Kontrakt bewertet, es findet ein Cash Settlement statt. Wie bei Forwards üblich, findet keine anfängliche Zahlung, sondern nur ein Differenzausgleich zum Erfüllungstermin statt. Aus Sicht des Kontraktkäufers findet die folgende Zahlung statt (die Länge eines Jahres wird hierbei zu 365 Tagen angesetzt):

(10G.1)
$$G_{FRA}(t_1) = \frac{N[r(t_1,t_2) - fr(t_0;t_1,t_2)]\,\frac{t_2-t_1}{365}}{1 + r(t_1,t_2)\,\frac{t_2-t_1}{365}}.$$

Zum Zeitpunkt t findet somit ein Vergleich der dann herrschenden Spot Rate für die Forwardperiode $[t_1, t_2]$ mit der anfänglich vereinbarten Forward Rate statt. Die Differenzverzinsung wird (zeitproportional) auf den Kontraktwert N angewendet. Dieser Betrag entspricht dem Gewinn bzw. Verlust zum Zeitpunkt t_2 eines Kredits zur anfänglichen Forward Rate gegenüber einem Kredit zur in t_1 (Kreditbeginn) herrschenden Spot Rate. Äquivalent hierzu kann man den Gewinn bzw. Verlust zum Zeitpunkt t_2 bei Anlage eines Betrags in Höhe N über die Anlageperiode

$[t_1, t_2]$ zur anfänglichen Forward Rate gegenüber der entsprechenden Anlage zu der in t_1 für die Anlageperiode $[t_1, t_2]$ herrschenden Spot Rate betrachten. Dieser Gewinn bzw. Verlust zum Zeitpunkt t_2 wird dann noch diskontiert, um den entsprechenden Wert zum Zeitpunkt t_1, dem Erfüllungstermin, zu bestimmen. Übersteigt $r(t_1, t_2)$ die anfänglich vereinbarte Forward Rate, so erzielt der Käufer des FRA einen Gewinn. Gilt $fr(t_0, t_1, t_2)$ größer als $r(t_1, t_2)$, so erzielt der Verkäufer des Kontrakts einen Gewinn. Der Käufer der FRA profitiert somit tendenziell von steigenden Spot Rates, entsprechend profitiert der Verkäufer von fallenden Spot Rates.

Zur Bewertung der Position (10G.1) ersetzt man standardmäßig die in t_0 unbekannte Spot Rate $r(t_1, t_2)$ durch die entsprechende Forward-Rate $f(t_0; t_1, t_2)$. Hieraus folgt, dass das FRA dann einen anfänglichen Wert von null hat, wenn

$$fr(t_0; t_1, t_2) = f(t_0; t_1, t_2)\,. \tag{10G.2}$$

In praxi können allerdings die quotierten Forward Rates eines FRA von den Forward Rates im Anleihemarkt abweichen und induzieren damit eine alternative Terminkurve.

Standardmäßig ist der Referenzzins $r(t_1, t_2)$ in FRA-Kontrakten ein Geldmarktzins, etwa der LIBOR mit Tenor $h = t_2 - t_1$, d.h. $r(t_1, t_2) = L(t_1, h)$ in der Notation von Anhang 8F. Entspricht weiterhin $fr(t_0; t_1, t_2)$ seinem fairen Wert, dem entsprechenden Forward-LIBOR $L(t; t_1, h)$, dann gilt in Entsprechung zu (10G.1) für die Gewinn/Verlust-Position bei einem Nominalbetrag von $N = 1$:

$$G_{FRA}(t_1) = \frac{[L(t_1, h) - L(t; t_1, h)]h}{1 + L(t_1, h)h}\,. \tag{10G.3}$$

Ein auf LIBOR, bzw. allgemein auf einen Geldmarktsatz, bezogenes FRA kann dann dazu benutzt werden, von – je nach Zinserwartung – fallenden oder steigenden Geldmarktsätzen zu profitieren. Damit ähneln sie den Zinsswaps, die wir in Kapitel 12 näher beleuchten werden. In der Tat ist die Verbindung eng, ein FRA kann als einperiodiger Zinsswap angesehen werden und ein Zinsswap als Portfolio aus FRAs. Für Beispiele zu FRAs und ihre Anwendung verweisen wir auf *Heidorn* (2002, S. 78 ff.).

Übungsaufgaben zu Kapitel 10

Aufgabe 10.1

Unterstellen Sie, dass Sie ein Basisobjekt durch den Verkauf von Futures auf dieses Basisobjekt zum Zeitpunkt $t = 1$ absichern wollen. Ihr Portefeuille umfasse 100 Einheiten des Basisobjekts. Der Kurs des Basisobjekts in $t = 0$ beträgt 200 GE, der erwartete Kurs in $t = 1$ beläuft sich auf 240 GE und die Varianz des Kurses in $t = 1$ hat einen Wert von 1.600 GE^2. Aus Marktbeobachtungen der Renditen von Nullkuponanleihen haben Sie die in vorliegende Zinsstrukturkurve für ganzzahlige Restlaufzeiten von einer und zwei Perioden ermittelt.

t	1	2
$r_t(0)$	4,5%	3,5%

Gehen Sie davon aus, dass der in Frage kommende Future in $t = 1$ fällig ist.

a. Berechnen Sie den arbitragefreien Preis des Futures in $t = 0$ mit Hilfe des Cost of Carry-Ansatzes.
b. Wie viele Futures müssen Sie verkaufen, wenn Sie ein varianzminimales Hedge anstreben und am Markt CoC Preise vorliegen?

Aufgabe 10.2

In der Situation der vorstehenden Aufgabe sei nun am Markt kein Future verfügbar, der am Ende Ihres Planungshorizontes – im Zeitpunkt Eins – fällig wird. Statt dessen bietet man Ihnen einen Future an, der eine Restlaufzeit von zwei Perioden hat. Approximieren Sie hilfsweise den unbekannten einperiodigen Kassazinssatz im Zeitpunkt Eins durch den Terminzinssatz, den Sie heute für eine Mittelanlage im Zeitpunkt Eins für dann eine Periode vereinbaren können.
Hinweis: Verwenden Sie die Annahme $E[f_1(1)] = f_2(0)$.

a. Bestimmen Sie zunächst den oben angesprochenen Terminzinssatz.
b. Berechnen Sie den Preis des Futures mit zwei Perioden Restlaufzeit im Zeitpunkt null und darüber hinaus den erwarteten Preis des Futures im Zeitpunkt Eins (der Future hat dann eine Periode Restlaufzeit). Ersetzen Sie den unbekannten Kassazinssatz in oben beschriebener Weise und unterstellen sie, dass die Zinssätze und Aktienkurse sich gegenseitig nicht beeinflussen.
c. Wie viele Futures müssen Sie nun für ein varianzminimales Hedge verkaufen? Vergleichen Sie Ihr jetziges Ergebnis mit demjenigen aus Aufgabe 10.1.

Aufgabe 10.3

Der Wert eines Basisobjekts betrage per 01.01.2000 EUR 1 000. Ein Investor kann das Basisobjekt per 01.01.2000 auf der Basis eines Kreditkaufs zu einem marktkonformen Kreditzins von 10% erwerben.

a. Wie hoch ist der Gewinn bzw. Verlust des Investors am Ende des Folgejahres (31.12.2001), wenn er das Basisobjekt per Kredit erwirbt und den Kredit per 31.12.2001 inklusive akkumulierter Zinszahlung tilgt? Unterscheiden Sie dabei den Fall, dass das Basisobjekt im betrachteten Zeitraum keine Dividende abwirft und den Fall, dass das Basisobjekt per 31.12.2000 eine Dividende in Höhe von 200 EUR abwirft, die zur teilweisen Tilgung des aufgenommenen Kredits verwendet werden kann.
b. Betrachtet werde nun ein Future auf eine Einheit des Basisobjekts mit zweijähriger Restlaufzeit. Wie hoch ist in beiden vorstehenden Fällen (einkommensfreies Basisobjekt bzw. Basisobjekt mit Einkommen) der Preis F(0,2) des Futures per 01.01.2000? Unterstellen Sie dabei arbitragefreie Märkte und vernachlässigen Sie die Margin-Problematik.
c. Charakterisieren Sie in beiden vorstehende Fällen den Preis des Futures in Termen der Cost of Carry (positiv oder negativ?).
d. Bestimmen Sie den (zufallsabhängigen) Preis F(1,2) des Futures per 01.01.2001.
e. Berechnen Sie die Korrelation zwischen F(1,2) und dem (zufallabhängigen) Kurs K_1 des Basisobjekts per 01.01.2001 in Termen des Korrelationskoeffizienten.
f. Berechnen Sie für den Fall des einkommensfreien Basisobjekts die Anzahl der zu verkaufenden Futurekontrakte, die in t = 0 (01.01.2000) benötigt werden, damit in t = 1 (01.01.2001) eine varianzminimale Hedge-Position entsteht (explizite Überlegung!).

Aufgabe 10.4:
Unterstellen Sie für den Basistitel einer Terminposition einen einperiodigen Binomialprozess mit Startwert $s_0 = 100$ und einer prozentualen Aufwärtsbewegung von 20% sowie einer prozentualen Abwärtsbewegung von 10%. Der einperiodige Zinssatz für eine sichere Kapitalanlage bzw. Kapitalaufnahme betrage 5%.

Bestimmen Sie den Wert in $t = 0$ eines einperiodigen Futurekontraktes auf den Basistitel, indem Sie die Futureposition durch Basistitel und Geldanlage/-aufnahme duplizieren.

Aufgabe 10.5:
Unterstellen Sie für den Basistitel einer Terminposition einen zweiperiodigen Binomialgitterprozess mit Startwert $s_0 = 100$ und einer prozentualen Aufwärtsbewegung von 20% bzw. einer prozentualen Abwärtsbewegung von 10% pro Periode. Der einperiodige Zinssatz für eine sichere Kapitalanlage bzw. Kapitalaufnahme betrage 5%.

Bestimmen Sie auf Basis des Duplikationsprinzips den arbitragefreien Preis in $t = 0$ eines zweiperiodigen Forwardkontraktes auf den Basistitel. Welche Beziehung weisen der arbitragefreie Forwardpreis und der Startwert des Basistitels auf?

Literatur zu Kapitel 10

Beike, R., A. Barckow (1998): Risk-Management mit Finanzderivaten, München, Wien.

Berendes, M. (1994): Analyse der Preiskomponenten von Anleihe-Futures, Wiesbaden.

Berger, M. (1990): Hedging: Effiziente Kursabsicherung festverzinslicher Wertpapiere mit Finanzterminkontrakten, Wiesbaden.

Bierwag, G.O. (1987): Duration Analysis: Managing Interest Rate Risk, Cambridge/Mass.

Blake, D. (2000): Financial Market Analysis, 2. Aufl., Baffins Lane/Chichester.

Bodie, Z., A. Kane, A.J. Marcus (2005): Investments, 5. Aufl., Chicago u.a.

Bruns, Ch., F. Meyer-Bullerdiek (1998): Professionelles Portfolio-Management, Stuttgart.

Capinski, M., T. Zastawniak (2003): Mathematics for Finance, London u.a.

Cox, J.C., J.E. Ingersoll, S.A. Ross (1981): The Relationship between Forward Prices and Futures Prices, Journal of Financial Economics 9, S. 321–346.

Cvitanic, J., F. Zapatero (2004): Economics and Mathematics of Financial Markets, Cambridge, London.

Dubofsky, D.A., T.W. Miller (2003): Derivatives, New York, Oxford.

Duffie, D. (1989): Futures Markets, Englewood Cliffs, N.J.

Eurex (2001 a): Eurex Products, Frankfurt/Zürich [www.eurexchange.com].

Eurex (2001 b): Eurex Equity and Index Products and Trading Strategies, Frankfurt/Zürich [www.eurexchange.com].

Eurex (2001 c): Eurex Capital Market Products and Trading Strategies, Frankfurt/Zürich [www.eurexchange.com].

Eurex (2001 d): Eurex Risk Based Margining, Frankfurt/Zürich [www.eurexchange.com].

Fabozzi, F.J. (1999): Investment Management, 2. Aufl., Upper Saddle River, New Jersey.

Fabozzi, F.J., G.M. Kipnis (1989): The Handbook of Stock Index Futures and Options, Homewood/Illinois.

Fielitz, B.D., G.D. Gay (1989): Controlling for Variation Margin Risk in Stock Index Futures, in: *Fabozzi, F.J., G.M. Kipnis* (Hrsg.): The Handbook of Stock Index Futures and Options, Homewood/Illinois, S. 350–364.

Figlewski, S. (1986): Hedging with Financial Futures for Institutional Investors, Cambridge/Massachussetts.
Fitzgerald, M.D. (1993): Financial Futures, 2. Aufl., London.
French, K.R. (1990): Pricing Financial Futures Contracts: An Introduction, in: *Schwartz, R.J., C.W. Smith* (Hrsg.): The Handbook of Currency and Interest Rate Risk Management, New York u.a., S. 4.1–4.17.
Gay, G.D., S. Manaster (1986): Implicit Delivery Options and Optimal Delivery Strategies for Financial Futures Contracts, Journal of Financial Economics 16, S. 41–72.
Heidorn, T. (2002): Finanzmathematik in der Bankpraxis, Wiesbaden.
Heitmann, F. (1992): Bewertung von Zinsfutures, Frankfurt/Main.
Hilliard, J.E. (1984): Hedging Interest Rate Risk with Futures Portfolios under Term Structure Effects, Journal of Finance 39, S. 1547–1569.
Hull, J.C. (2001): Optionen, Futures und andere Derivate, 4. Aufl., München, Wien.
Jarrow, R.A., G.S. Oldfield (1981): Forward Contracts and Futures Contracts, Journal of Financial Economics 9, S. 373–382.
Kilcollin, T.E. (1982): Difference Systems in Financial Futures Markets, Journal of Finance 37, S. 1183–1197.
Koenigsberg, M. (1991): A Delivery Option Model for Treasury Bond Futures, Journal of Fixed Income, June 1991, S. 75–88.
Loistl, O. (1996): Computergestütztes Wertpapiermanagement, 5. Aufl., München, Wien.
Lord, T.J. (1989): Treasury Bond and Note Futures: Pricing and Portfolio Management Applications, in: *Fabozzi, F.J.* (Hrsg.): Advances and Innovations in the Bond and Mortgage Markets, Chicago, Illinois, S. 545–589.
Meisner, J.F., J.W. Labuszewski (1984): Treasury Bond Futures Delivery Bias, Journal of Futures Markets 4, S. 569–577.
Meyer-Bullerdiek, F. (1998): Der Einsatz von Futures im Bondmanagement, in: *Kleeberg, J.M., H. Rehkugler* (Hrsg.): Handbuch Portfoliomanagement, Bad Soden/Ts.
Oehler, A., M. Unser (2001): Finanzwirtschaftliches Risikomanagement, Berlin u.a.
Pitts, M., F.J. Fabozzi (Hrsg.) (1990): Interest Rate Futures and Options, Chicago, Illinois.
Röder, K. (1994): Der DAX-Future, Bergisch Gladbach.
Rudolph, B., K. Schäfer (2005): Derivative Finanzinstrumente, Berlin, Heidelberg.
Samorajski, G.S., B.D. Phelps (1990): Using Treasury Bond Futures to Enhance Total Return, Financial Analysts Journal, January/February 1990, S. 58–65.
Scharpf, P., G. Luz (2000): Risikomanagement, Bilanzierung und Aufsicht von Derivaten, 2. Aufl., Stuttgart.
Schmidt, M. (2006): Derivative Finanzinstrumente, 3. Aufl., Stuttgart.
Schneeweis, T.R., J.M. Hill, M.G. Philipp (1983): Hedge Ratio Determination Based on Bond Yield Forecasts, Review of Research in Futures Markets 2, S. 338–349.
Sharda, R., K.D. Musser (1986): Financial Futures Hedging via Goal Programming, Management Science 32, S. 933–947.
Smithson, C.W., C.W. Smith, Jr., D.S. Wilford (1995): Managing Financial Risk, Chicago u.a.
Steiner, M., Ch. Bruns (2002): Wertpapiermanagement, 8. Aufl., Stuttgart.
Stoll, H.R., R.E. Whaley (1993): Futures and Options, Cincinnati/Ohio.
Sundaresan, S. (1991): Futures Prices on Yields, Forward Prices, and Implied Forward Prices from the Term Structure, Journal of Financial and Quantitative Analysis 26, S. 409–424.

11 Optionen

11.1 Einführung

Das vorliegende Kapitel beinhaltet eine vertiefte Darstellung der zentralen Klasse von bedingten Finanztermingeschäften, den Financial Options.[1] Nach der Analyse der Basispositionen (Abschnitt 11.2) erfolgt eine eingehende Auseinandersetzung mit der Bewertung von Optionskontrakten (Optionspreistheorie) in Abschnitt 11.3. Dabei wird sowohl die Optionsbewertung in diskreter Zeit in Form des Binomialmodells als auch in stetiger Zeit in Form des Black/Scholes-Modells behandelt. Abschnitt 11.4 beinhaltet eine Analyse von Strategien, die auf der Kombination von reinen Optionspositionen beruhen. Die restlichen Abschnitte des Kapitels 11 beinhalten eine eingehende Darstellung von Wertsicherungsstrategien, d.h. der Absicherung einer bestehenden oder angestrebten Vermögensposition, auf der Basis von realen oder synthetischen Optionen. Neben der Put Hedge-, der Covered Short Call- und der Collar-Strategie werden das Cash and Option-Hedging sowie die Strategien der Portfolio Insurance erörtert.

Die Anhänge enthalten eine Einführung in die Optionsprodukte der Eurex, in das Marginsystem bei Optionskontrakten, einen Nachweis der Black/Scholes-Formel sowie schließlich die Vornahme einer Risikoanalyse von Optionspositionen.

11.2 Basispositionen von Optionskontrakten

In diesem Abschnitt werden für die vier möglichen Grundpositionen (Long Call, Short Call, Long Put und Short Put) die resultierenden Gewinn- und Verlustprofile in Abhängigkeit vom unsicheren Wert des Basisobjekts bei Optionsausübung dargestellt. Ausgangspunkt ist dabei eine reine Tradingposition, also der Erwerb oder die Veräußerung einer isolierten Option (»Naked Option«), die keinen wirtschaftlichen Bezug zu einer anderen Optionsposition oder dem zugrunde liegenden Basisobjekt aufweist.

Kauf einer Kaufoption (Long Call): Der Käufer einer Kaufoption erwirbt durch Bezahlung des Optionspreises C_0 das Recht, innerhalb oder am Ende der Laufzeit T eine bestimmte Anzahl von Titeln des Basisobjekts zum Ausübungspreis X kaufen zu können. Wir analysieren im Folgenden den Wert C_T einer Kaufoption für den Käufer am Ende der Laufzeit. Der Wert der Option hängt dabei ab vom unsicheren Wert S_T des Basistitels zum Zeitpunkt T sowie dem vereinbarten Basispreis X. Ist $S_T > X$, so wird der Käufer die Option ausüben und das Underlying zum Basispreis X abrufen. Im Falle $S_T \leq X$ ist es nicht sinnvoll, die Option auszuüben, der Käufer lässt sie verfallen, ihr Wert ist null. Insofern kann der Optionswert nie negativ werden. Insgesamt gilt somit für den Wert des Calls im Fälligkeitszeitpunkt

1 Man vergleiche die einführende Behandlung in Abschnitt 1.4.6 sowie die Analyse der Preisbildung im Rahmen eines zeit- und zustandsdiskreten Modells in den Abschnitten 5.3.2.4 und 5.3.3.3.

$$(11.1) \qquad C_T = \max(S_T - X, 0) = \begin{cases} S_T - X & S_T \geq X \\ 0 & S_T < X \end{cases}$$

Bezeichne G_T die absolute Gewinn-/Verlustposition beim Kauf eines Calls am Ende der Laufzeit unter Berücksichtigung des Optionspreises $C_0 = C_0(X)$, so gilt:

$$(11.2a) \qquad G_T = \max(S_T - X, 0) - C_0(X)$$

Der Käufer einer Kaufoption erreicht die Gewinnzone, wenn der Wert des Basistitels bei Optionsausübung die Summe aus Ausübungspreis und Optionsprämie übersteigt. Dabei steigt der Gewinn in dieser Zone proportional mit steigenden Kursen (in absoluten Größen gemessen; relativ zum Kapitaleinsatz besteht jedoch eine Hebelwirkung). Der aus fallenden Kursen resultierende Verlust ist aus Sicht des Optionskäufers auf die gezahlte Optionsprämie beschränkt, wogegen er an Kurssteigerung unbeschränkt partizipiert. Es liegt eine Position mit asymmetrischen Ertrags- und Risikocharakteristika vor, ein wesentliches finanzwirtschaftliches Charakteristikum von Optionsgeschäften. Die dargestellten Zusammenhänge werden in der Abbildung 11.1 illustriert.

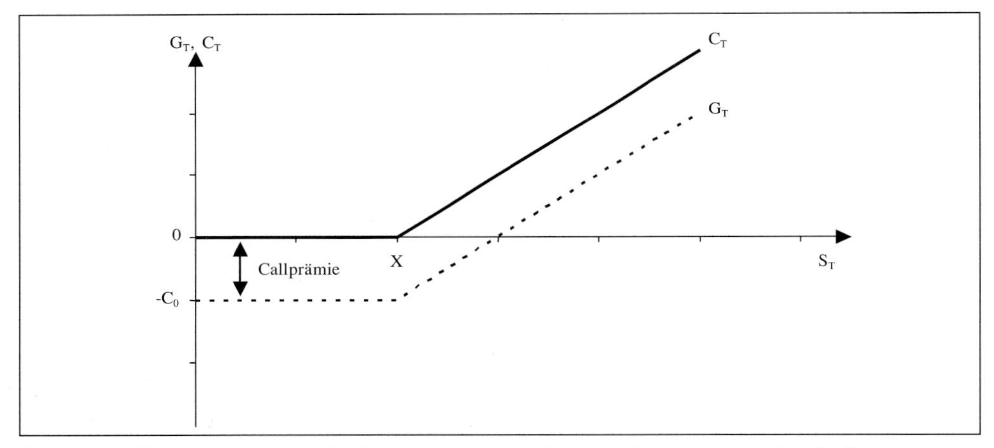

Abb. 11.1: Wert- und Gewinn-/Verlustfunktion eines Long Call am Ende der Laufzeit

Die bisherige Ableitung der Gewinn-/Verlustfunktion erfolgt ohne Berücksichtigung von Opportunitätskosten, d.h. einer entgangenen Verzinsung aus der Anlage bzw. zu leistenden Finanzierung der Optionsprämie. Bei Annahme einer risikolosen Opportunitätsanlage zu einem fristenunabhängigen Jahreszinsatz von r ist die Gewinn-/Verlustposition des Call-Käufers am Ende der Laufzeit gegeben durch

$$(11.2b) \qquad G_T = \max(S_T - X, 0) - C_0(X) \cdot (1 + r)^T \quad .$$

Im Folgenden werden zur Vereinfachung der formalen Darstellung die entsprechenden Gewinn-/Verlustpositionen ohne Berücksichtigung der verzinslichen Anlage bzw. Finanzierung der Optionsprämie durch den Käufer angegeben, d.h. ein Opportunitätszins von $r = 0$ angesetzt.

Verkauf einer Kaufoption (Short Call): Für den Stillhalter einer Kaufoption hat diese den komplementären Wert im Vergleich zur Position des Käufers, d.h.

(11.3) $$C_T = -\max(S_T - X{,}0) = \min(X - S_T{,}0)\ .$$

Da der Stillhalter die Optionsprämie erhält, ist seine Gewinn-/Verlustposition zum Zeitpunkt T:

(11.4) $$G_T = \min(X - S_T, 0) + C_0(X)$$

Der Stillhalter bleibt in der Gewinnposition, so lange der Kurs des Basistitels nicht die Summe aus Ausübungspreis und Optionsprämie übersteigt, er rechnet insofern bei Eingehen der Position mit stabilen bzw. sinkenden Kursen. Der maximal mögliche Gewinn einer reinen Short-Call-Position besteht in der vereinnahmten Optionsprämie, wohingegen der mögliche Verlust im Fall steigender Kurse nach oben hin grundsätzlich unbegrenzt ist. Nachstehende Abbildung illustriert den Verlauf der Wert- bzw. Gewinn-/Verlustfunktion.

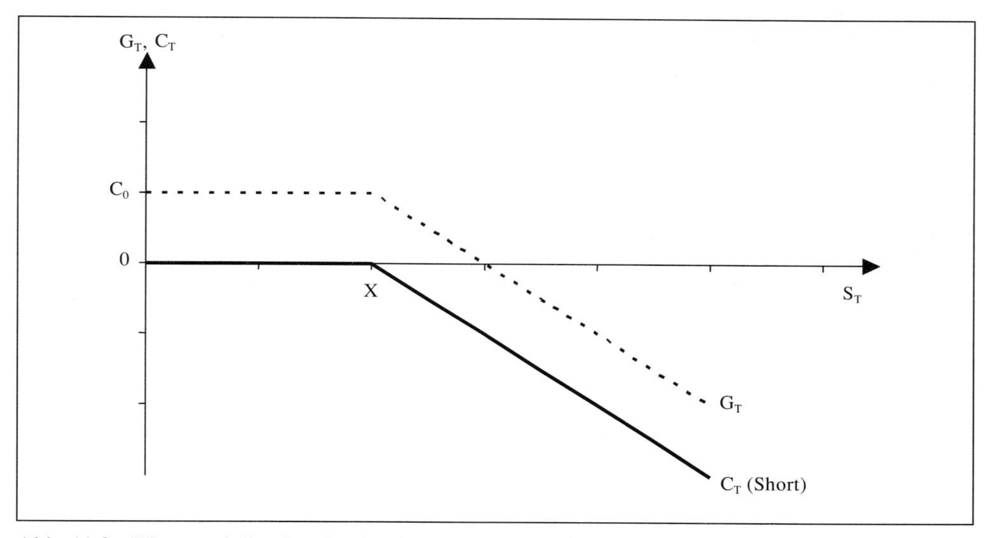

Abb. 11.2: Wert- und Gewinn-/Verlustfunktion eines Short-Calls am Ende der Laufzeit

Kauf einer Verkaufsoption (Long Put): Der Käufer einer Verkaufsoption (Put) erwirbt durch Bezahlung des Optionspreises P_0 das Recht, innerhalb oder am Ende der Laufzeit eine bestimmte Anzahl von Titeln des Basisobjekts zum Ausübungspreis X verkaufen zu können. Ist $S_T < X$ wird das Recht ausgeübt, der Wert der Verkaufsoption ist durch die Differenz $X - S_T$ gegeben. Im Falle $S_T \geq X$ wird die Option nicht ausgeübt, da sie wertlos ist. Insgesamt ergibt sich für den Wert P_T sowie für die Gewinn-/Verlustfunktion G_T am Ende der Laufzeit:

(11.5) $$\begin{aligned} P_T &= \max(X - S_T, 0) \\ G_T &= \max(X - S_T, 0) - P_0(X). \end{aligned}$$

Der Put erreicht seinen Maximalwert für $S_T = 0$, sodass der maximale Gewinn auf $X - P_0(X)$ beschränkt ist. Dagegen ist der Wert für den Long Call im Fall steigender Kurse nach oben hin unbeschränkt. Der Käufer einer Verkaufsoption erreicht die Gewinnzone, sobald der Kurs des

Basistitels unter den Ausübungspreis abzüglich der Optionsprämie fällt. Er rechnet bei Eingehen der Position mit sinkenden Kursen des Basistitels. Nachfolgende Darstellung illustriert dies in grafischer Form.

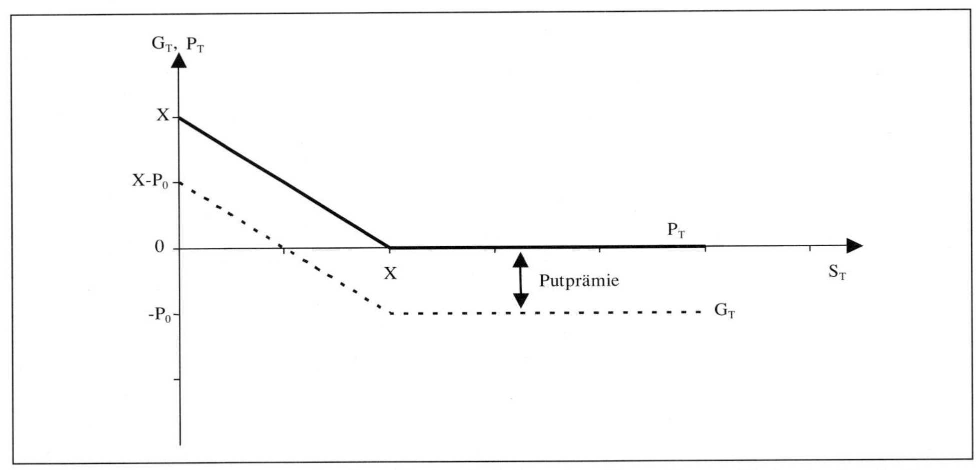

Abb. 11.3: Wertfunktion und Gewinn-/Verlustfunktion eines Long Put am Ende der Laufzeit

Verkauf einer Verkaufsoption (Short Put): Analog zu den vorgehenden Überlegungen folgt für den Wert bzw. die Gewinn-/Verlustposition im Fall des Short-Puts:

$$P_T = -\max(X - S_T, 0) = \min(S_T - X, 0)$$
$$G_T = \min(S_T - X, 0) + P_0(X) \tag{11.6}$$

Der Stillhalter einer Verkaufsoption bleibt in der Gewinnzone, solange der Kurs des Basistitels nicht den Ausübungspreis abzüglich der Optionsprämie unterschreitet. Er erwartet bei Eingehen der Position einen stabilen oder steigenden Kurs. Abbildung 11.4 illustriert die Short-Put-Position.

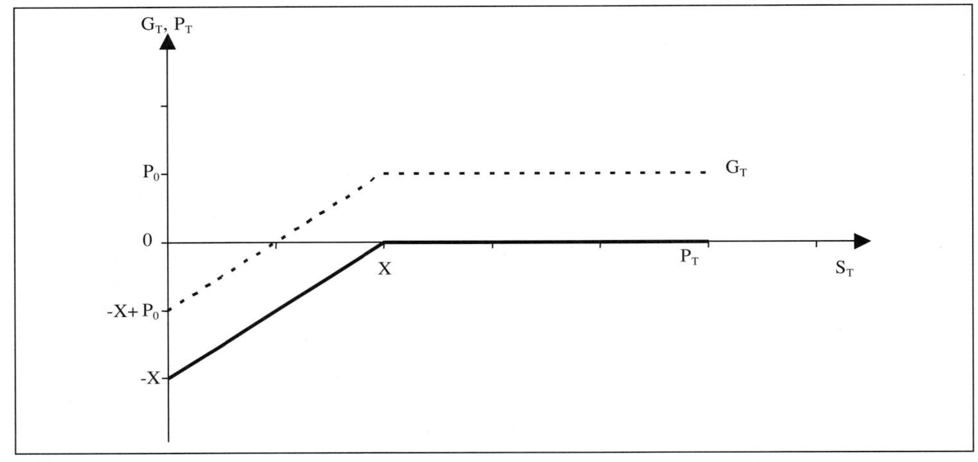

Abb. 11.4: Wertfunktion und Gewinn-/Verlustfunktion eines Short Put am Ende der Laufzeit

11.3 Bewertung von Optionen[2] (Optionspreistheorie)

11.3.1 Vorbemerkungen

Zielsetzung der Optionspreistheorie ist die Bestimmung des aktuellen Werts eines Optionsgeschäfts. Es bezeichne dazu im weiteren T den Fälligkeitszeitpunkt und X den Ausübungspreis der Option. Im Falle eines Long Call bzw. Long Put sind die resultierenden Optionswerte C_T bzw. P_T im Zeitpunkt T gegen durch

$$C_T = \max(S_T - X, 0) \text{ bzw. } P_T = \max(X - S_T, 0).$$

Die Konkretisierung der Problemstellung der Optionspreistheorie lautet damit, den (fairen) Wert C_t der Calloption bzw. der P_t Putoption für alle Zeitpunkte $0 \leq t \leq T$ zu bestimmen.

Dabei lässt sich der aktuelle Wert einer Option in zwei Komponenten zerlegen, den *inneren Wert* einerseits sowie den *Zeitwert* andererseits. Der innere Wert einer Calloption ergibt sich als Differenz aus aktuellem Marktpreis des Basisobjekts abzüglich dem vereinbarten Basispreis bzw. bei einer Putoption aus der Differenz zwischen Basispreis und aktuellem Marktpreis des Underlyings. Da der Inhaber der Option nicht zur Ausübung verpflichtet ist, ist im Falle einer negativen Differenz der innere Wert einer Option gleich null. Der Zeitwert (auch: Optionsprämie) ergibt sich aus der Differenz zwischen dem aktuellen Marktpreis der Option und dem inneren Wert. Er kann als Prämie für die Chance interpretiert werden, von Kursveränderungen bis zum Ende der Optionsfrist profitieren zu können. Die Abbildung 11.5 verdeutlicht noch einmal die dargestellten Zusammenhänge.

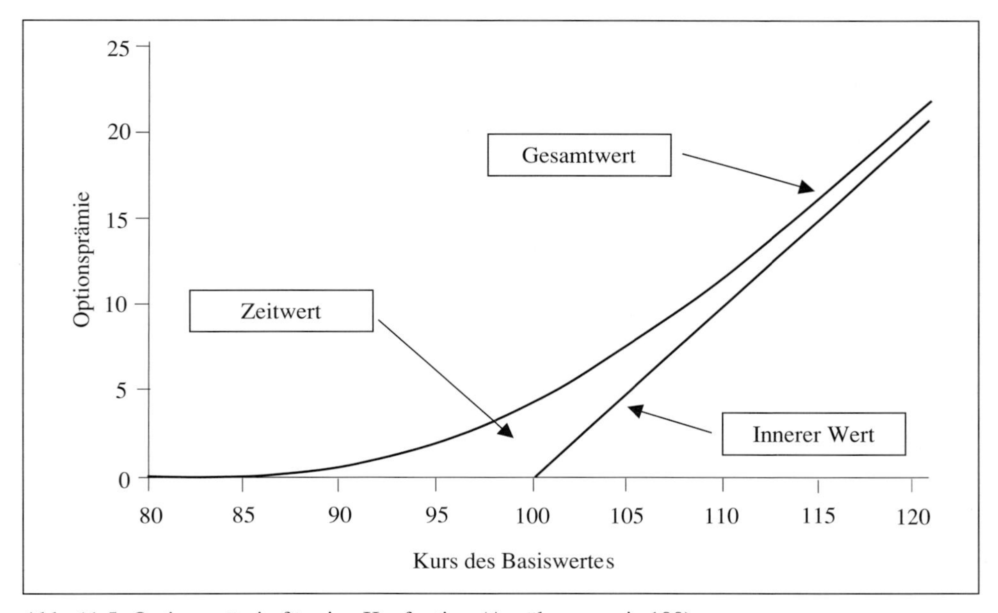

Abb. 11.5: Optionsprämie für eine Kaufoption (Ausübungspreis 100)

2 Die Ausführungen des Abschnitts 11.3 konzentrieren sich dabei primär auf den Fall von Aktien bzw. Aktienindizes als Underlying.

Im Zentrum der Optionspreistheorie steht primär die Bestimmung des Gesamtwerts von Optionsgeschäften. Damit wird aber zugleich auch der Zeitwert bestimmt.

Jegliche Art der Preisbestimmung erfordert die Explikation eines zugrunde liegenden Bewertungsmodells. Im Folgenden werden daher zunächst die wesentlichen Prinzipien der Optionsbewertung am Beispiel der Bewertung von Aktienoptionen dargestellt. Dabei sind insbesondere die folgenden Annahmen zu spezifizieren:

1) Die Annahme über die Zufallsgesetzmäßigkeit der Wertentwicklung $\{S_t;\ 0 \le t \le T\}$ des der Option zugrunde liegenden Basistitels.[3]
2) Die Annahme über den »Verzinsungsprozess« hinsichtlich der Wertentwicklung von angelegtem oder aufgenommenem Kapital.
3) Die Annahme über das zugrunde liegende Bewertungsprinzip für zufallsabhängige Zahlungsströme. Dies kann ein Marktgleichgewichtsmodell sein, oder es wird von der Annahme eines arbitragefreien Marktes augegegangen. Im letzteren Falle ist dabei der verwandte Arbitragefreiheitsbegriff [4] zu spezifizieren.

Der aktuelle Wert einer Option ist generell eine Funktion von verschiedenen preisbeeinflussenden Faktoren, wie dem Basispreis X, der Restlaufzeit T-t, dem aktuellen Zinsniveau r sowie der Zufallsgesetzmäßigkeit des Underlyings. Im Fall eines Call kann dies wie folgt formalisiert werden:

$$C_t = \mathrm{F}\left(X, T-t, r, \{S_u; 0 \le u \le t\}\right). \tag{11.7}$$

Ziel des Optionspreismodells ist damit generell die Spezifikation der Funktion F sowie die entsprechende Konkretisierung der Preisdeterminanten. Dabei lassen sich hinsichtlich der methodischen Ansätze zu einer arbitrageorientierten Ableitung von Optionspreisen vier idealtypische Basisvarianten herausfiltern:

Das Hedge-Prinzip: Diese Methodik geht auf die für die moderne Optionspreistheorie fundamentale Arbeit von *Black/Scholes* (1973) zurück. Das Hedge-Prinzip wird angewendet in einem zeitstetigen Kontext und besteht in der Konstruktion eines lokal risikolosen Hedge-Portfolios aus Aktien und Optionen. In Verbindung mit einem Arbitrageargument reduziert dieser Ansatz die Bestimmung des Optionspreises auf die Lösung einer (deterministischen) partiellen Differentialgleichung.

Das Prinzip eines selbstfinanzierenden Arbitrageportfolios: Dieser Ansatz geht auf *Merton* (1973) zurück, der die teilweise mehr intuitive Argumentation von *Black/Scholes* (1973) einer systematischen Revision zum Zwecke einer rigorosen Fundierung unterzog. *Merton* operiert mit einem Arbitrageportfolio, bestehend aus Aktie, Option und risikolosem Zerobond mit gleicher Restlaufzeit wie die Option, das einen anfänglichen Wert von null besitzt und daher im Zeitablauf keinen nicht-negativen Wert annehmen kann, der mit positiver Wahrscheinlichkeit positiv ist.[5] Auch der Ansatz von *Merton* beruht auf der Möglichkeit einer zeitstetigen Portfoliorevision und führt auf die Lösung einer (deterministischen) partiellen Differentialgleichung.

---

3 Im allgemeinen Fall muss auch der Prozess der Ausschüttungen aus dem Basistitel spezifiziert werden.
4 Vgl. hierzu allgemein die entsprechenden Ausführungen in Abschnitt 5.3.2.2.
5 Vgl. hierzu auch (5.22).

Das Duplikationsprinzip: Dieser Ansatz geht auf *Cox/Ross/Rubinstein* (1979) zurück. Auf der Basis eines Binomialgitterprozesses und damit im Kontext eines diskreten Zeit- sowie Zustandsraumes wird die Optionsposition dupliziert durch eine Kombination aus Aktie und sicherer Anlage. Der Preis dieser Kombination muss in einem arbitragefreien Markt dem gesuchten Optionspreis entsprechen. Durch einen »geeigneten« Grenzübergang zum zeitstetigen Fall kann auf diesem Wege auch die Optionspreisformel von *Black/Scholes* gewonnen werden.

Pseudo-risikoneutrale Bewertung bzw. Martingal-Pricing: Diese auf *Cox/Ross* (1976) zurückgehende und von *Harrison/Kreps* (1979) bzw. *Harrison/Pliska* (1981) mathematisch präzisierte und systematisch weiterentwickelte Vorgehensweise wurde im Rahmen von (mehrperiodigen) State Space-Märkten, d.h. einem zeit- und zustandsdiskretem Kontext, in den Abschnitten 5.3.2 und 5.3.3 behandelt. Sie erlaubt generell die Bestimmung von Wertpapierpreisen, insbesondere Optionspreisen, als (mit dem risikolosen Zinssatz) diskontierter Erwartungswert der Endauszahlung unter einer alternativen Wahrscheinlichkeitsbelegung. Voraussetzung hierfür ist allerdings, dass die Wertposition des Titels durch eine selbstfinanzierende Tradingstrategie dupliziert werden kann.

Im weiteren wird im zeitdiskreten Fall sowohl das Duplikationsprinzip als auch das Martingal-Pricing angewandt. Im Rahmen des zeitstetigen Falles wird der klassische Black/Scholes-Ansatz des Hedge-Portfolios erläutert, wenn dieser auch nicht ohne Probleme ist.[6] Zuvor gehen wir aber unabhängig von einem spezifischen Optionspreismodell auf die Ermittlung von (arbitragefreien) Wertgrenzen für Optionspreise ein.

11.3.2 Arbitragefreie Wertgrenzen für Optionen

Eine Bestimmung des Wertes eines Optionskontraktes in seiner exakten numerischen Höhe erfordert die vollständige Spezifikation eines Bewertungsmodells, insbesondere eine Annahme über den Kursprozess des zugrunde liegenden Basistitels. Fordert man hingegen nur das Vorliegen eines arbitragefreien Marktes, so lassen sich bereits eine Reihe von strukturellen Relationen, etwa in Form von Wertobergrenzen bzw. Wertuntergrenzen, ableiten, welche die Werte von Optionskontrakten erfüllen müssen. Im Folgenden werden hierzu einige ausgewählte Beispiele betrachtet.

Bezeichne C_t^E bzw. C_t^A den Wert einer europäischen bzw. einer amerikanischen Calloption auf ein ausschüttungsfreies Basisobjekt zum Zeitpunkt t und entsprechend P_t^E bzw. P_t^A die betreffenden Werte der europäischen bzw. amerikanischen Putoption. Dann gilt zunächst (diese Basiseigenschaften noch einmal wiederholend) für die entsprechenden Optionswerte am Verfalltag:

(11.8a) $$\mathrm{C}_{\mathrm{T}}^{\mathrm{E}}(X, S_T) = \mathrm{C}_{\mathrm{T}}^{\mathrm{A}}(X, S_T) = \max(S_T - X, 0)$$

(11.8b) $$\mathrm{P}_{\mathrm{T}}^{\mathrm{E}}(X, S_T) = \mathrm{P}_{\mathrm{T}}^{\mathrm{A}}(X, S_T) = \max(X - S_T, 0)$$

Dabei bezeichnet wiederum X den vereinbarten Ausübungspreis und S_T den Wert des Basisobjekts am Verfalltag.

6 Vgl. hierzu die Anmerkungen in Abschnitt 11.8.

Da zusätzliche Rechte keinen negativen Wert haben können, kann der Preis einer amerikanischen Option nicht geringer sein als derjenige einer europäischen Option mit sonst äquivalenter Ausstattung:

(11.9a) $$C_t^A(X, S_T) \geq C_t^E(X, S_T)$$

(11.9b) $$P_t^A(X, S_T) \geq P_t^E(X, S_T)$$

Hinsichtlich unterschiedlicher Ausübungspreise gilt[7] für europäische und amerikanische Optionen gleichermaßen ($X_1 > X_2$):

(11.10a) $$C_t(X_1, S_T) \leq C_t(X_2, S_T)$$

(11.10b) $$P_t(X_1, S_T) \geq P_t(X_2, S_T)$$

Je höher der vereinbarte Basispreis desto teuerer ist der Put und desto billiger der Call. Für amerikanische Optionen gilt[8], dass der Optionspreis mit zunehmender Restlaufzeit zunimmt, d.h. ($t_1 < t_2$):

(11.11a) $$C_{t_1}^A(X, S_T) \leq C_{t_2}^A(X, S_T)$$

(11.11b) $$P_{t_1}^A(X, S_T) \leq P_{t_2}^A(X, S_T)$$

Der maximale Wert einer Putoption in Höhe von X wird erreicht, wenn das Basisobjekt bei Optionsausübung völlig wertlos ist. Insofern wird der Käufer einer Putoption maximal den folgenden Preis zu zahlen bereit sein:

(11.12) $$X \geq P_t^A(X, S_T) \geq P_t^E(X, S_T)$$

Für europäische Calls gilt die die folgende Eigenschaft:

(11.13) $$C_t^E(X, S_T) \geq \max\left(S_t - X \cdot (1+r)^{-(T-t)}, 0\right)$$

d.h. die Wertuntergrenze »innerer Wert« kann dahingehend verschärft werden, dass nicht der Ausübungspreis, sondern der zum risikolosen Zins diskontierte Ausübungspreis angesetzt wird. Teilweise wird deshalb in der Literatur auch die rechte Seite der obigen Beziehung als innerer Wert bezeichnet.

Zum Nachweis von (11.13) werden zwei Portfolios A und B betrachtet. Portfolio A besteht aus einem Long Call mit Basispreis X, Restlaufzeit $(T - t)$ und aktuellen Marktpreis C_t sowie einer sicheren Anlage in Höhe von $X \cdot (1+r)^{-(T-t)}$. Portfolio B setzt sich zusammen aus einer Aktie long mit aktuellem Marktpreis S_t, welche gleichzeitig das Underlying des Calls ist. Tabelle 11.1 enthält die Werte $V_t(A)$ bzw. $V_t(B)$ der beiden Portfolios im Zeitpunkt t sowie im Zeitpunkt T (dem Verfalltermin der Option).

7 Vgl. hierzu auch die Übungsaufgabe 11.1.
8 Vgl. hierzu auch die Übungsaufgabe 11.2.

	t	T	
		$S_T \leq X$	$S_T > X$
A	$C_t + X \cdot (1+r)^{-(T-t)}$	X	$S_T - X + X = S_T$
B	S_t	S_T	S_T

Tab. 11.1: Portfolios zur Call-Bewertung unter Berücksichtigung von Zinsen

Offenbar gilt $V_T(A) \geq V_T(B)$ in allen Zuständen, mithin muss auch $V_t(A) \geq V_t(B)$ gelten, d. h. $C_t + X \cdot (1+r)^{-(T-t)} \geq S_t$, hieraus folgt schließlich (11.13).

Was bedeutet (11.13) für amerikanische Calls? Da für $t < T$ gilt

$$\max(S_t - X, 0) \leq \max\left(S_t - X \cdot (1+r)^{-(T-t)}, 0\right)$$

ist es offenbar nicht vorteilhaft, die amerikanische Calloption vorzeitig auszuüben. Dies bedeutet, dass europäische und amerikanische Calloptionen auf das gleiche Basisobjekt den gleichen Wert besitzen:

(11.14) $$C_t^A(X, S_T) = C_t^E(X, S_T).$$

Diese Aussage ist im Allgemeinen aber nur valide, wenn ein ausschüttungsfreier Basistitel vorausgesetzt wird. Zudem ist sie auch im Falle dividendenloser Basistitel nicht mehr valide, wenn Putoptionskontrakte betrachtet werden, d. h. der amerikanische Put ist in der Regel mehr wert als der europäische Put. Die Ursache für diese Asymmetrie in den Ergebnissen liegt in dem durch den Basispreis beschränkten Gewinnpotential des Puts. Für niedrige Aktienkurse kann es daher vorteilhaft sein, den Put auszuüben und die damit verbundene Auszahlung bis zum Ende der Optionsfrist zum sicheren Zins anzulegen. Charakteristisch für diese Situation ist, dass der arbitragefreie Wert des europäischen Puts unter seinen inneren Wert fällt. Beispiel 11.6 im nächsten Abschnitt wird diesen Sachverhalt illustrieren.

Eine fundamentale Beziehung zwischen europäischen Put- und Calloptionen ist die *Put/Call-Parität*:

(11.15) $$P_t^E(X, S_T) = C_t^E(X, S_T) - S_t + X \cdot (1+r)^{-(T-t)}.$$

Zum (alternativen) Nachweis wird ein Portfolio A, bestehend aus Call long mit Basispreis X, Aktie short und einer risikolosen Anlage der Höhe $X \cdot (1+r)^{-(T-t)}$, betrachtet. Der Rückfluss von Portfolio A in T ist in Tabelle 11.2 enthalten.

	$S_T \leq X$	$S_T > X$
Call long	0	$S_T - X$
Aktie short	$-S_T$	$-S_T$
Anlage von $X \cdot (1+r)^{-(T-t)}$	X	X
Portfoliowert in T	$X - S_T$	0

Tab. 11.2: Put-äquivalentes Portfolio

Offenbar weist das Portfolio in T einen Rückfluss auf, der identisch mit einer Put-Position ist, damit müssen die entsprechenden Werte auch im Zeitpunkt t identisch sein. Es bleibt aber festzuhalten, dass diese Überlegungen im Allgemeinen nur für europäische Optionen auf dividendenlose Basistitel valide sind. Für amerikanische Optionen auf dividendenlose Basistitel wird die Put/Call-Parität zu einer Ungleichheitsbeziehung[9]:

(11.16) $$P_t^A(X, S_T) \geq C_t^A(X, S_T) - S_t + X \cdot (1+r)^{-(T-t)}$$

Schließlich sei noch angemerkt, dass aus der Put/Call-Parität für europäische Optionen (auf dividendenlose Basistitel) in Verbindung mit (11.13) durch Einsetzen direkt die folgende Beziehung resultiert:

(11.17) $$P_t^E(X, S_T) \geq \max\left(X \cdot (1+r)^{-(T-t)} - S_t, 0\right)$$

Diese Wertuntergrenze gilt offenbar auch für entsprechende amerikanische Puts.

11.3.3 Optionsbewertung in diskreter Zeit: das Binomialmodell

11.3.3.1 Der Einperiodenfall

Wir gehen im Weiteren aus von einem Finanzmarkt, bei dem die Unsicherheit über die Wertentwicklung dadurch gekennzeichnet ist, dass am Periodenende nur zwei unterschiedliche Zustände der Welt existieren können (einperiodiger State Space-Markt). Entsprechend können alle Finanztitel dieses Marktes zum Periodenende maximal zwei verschiedene Werte annehmen.

Die Basistitel des Marktes sind zum einen eine sichere Anlage zum (zeitdiskreten) Zins r sowie zum anderen eine Binomialaktie. Die Binomialaktie kann, ausgehend von dem Wert s am Anfang der Periode, am Periodenende nur die Werte su (u wie »up«) und sd (d wie »down«) annehmen. Im Rahmen der Analysen des Abschnitts 5.3.2.4 im Kontext arbitragefreier State Space-Märkte wurde für einen solchen Markt das folgende zentrale Bewertungsresultat abgeleitet, das als Ausgangspunkt unserer weiteren Überlegungen dient.

Gegeben sei ein beliebiger Finanztitel (Contingent Claim) mit möglichen Rückflüssen c_1 bzw. c_2 zum Zeitpunkt $t = 1$. Der arbitragefreie Wert v_0 dieses Finanztitels ist dann gegeben durch

(11.18a) $$v_0 = \frac{1}{1+r}\left[c_1 q + c_2 (1-q)\right],$$

wobei

(11.18b) $$q = \frac{1+r-d}{u-d}.$$

Dieses zentrale Pricing-Resultat konnte sowohl auf Basis einer (pseudo-)risikoneutralen Bewertung als auch äquivalent auf der Grundlage des Duplikationsprinzips gewonnen werden. Beginnen wir mit einer Rekapitulierung des Duplikationsprinzips. Dabei wird der Finanztitel in $t = 1$ durch eine geeignete Kombination (Portfolio) von sicherer Anlage und Binomialaktie

9 Der Nachweis dieser Beziehung ist Inhalt von Übungsaufgabe 11.3.

dupliziert, d.h. Finanztitel und Portfolio weisen in beiden Zuständen der Welt jeweils identische Rückflüsse auf. Nach dem *Law of One Price* müssen dann auch die Werte von Finanztitel und Portfolio identisch sein. Der Wert des Portfolios am Periodenanfang ist nun aber bekannt und damit ist das Pricing-Problem gelöst. Zur Illustration der grundsätzlichen Vorgehensweise betrachten wir im Folgenden ein Beispiel.

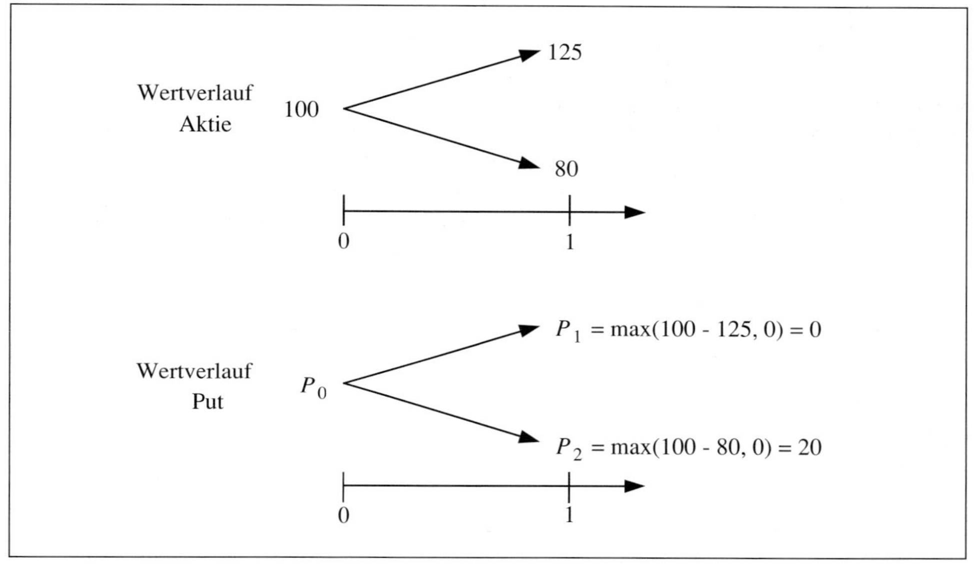

Abb. 11.6: Beispiel eines einperiodigen Binomialmarktes

Beispiel 11.1: Binomial Option Pricing im Einperiodenfall (Duplikation)

Der Zins für eine Anlage in risikolose Zerobonds betrage 10%, der aktuelle ($t = 0$) Preis der Aktie $s_0 = 100$ und die beiden möglichen Aktienkurse am Periodenende $us_0 = 125$ bzw. $ds_0 = 80$. Eine Put-Option mit Ausübungspreis in Höhe des aktuellen Aktienkurses auf eine Einheit einer solchen Binomialaktie besitzt im Zustand 1 einen Wert von $P_1 = 0$ und im Zustand 2 einen Wert von $P_2 = 20$. Abbildung 11.6 illustriert die Wertbewegungen der Titel des Marktes.

Die Bewertung des Puts erfolgt nun mit Hilfe des Law of One Price. Es wird ein Portfolio bestehend aus x Einheiten der Aktie und y Einheiten des Zerobonds gebildet, welches in jedem Zustand des Finanzmarkts in $t = 1$ den Optionswert dupliziert. Die Struktur dies Duplikationsportfolios ergibt sich durch die Lösung des linearen Gleichungssystems

$$125\,x + 1{,}1\,y = 0$$
$$80\,x + 1{,}1\,y = 20.$$

Die Lösung dieses Gleichungssystems lautet: $x = -0{,}4444$, $y = 50{,}50$.

Das Duplikationsportfolio besteht somit aus einer negativen Position (Leerverkauf) in Höhe von 0,4444 Einheiten der Aktie sowie 50,50 Geldeinheiten, die in Zerobonds angelegt sind. Da dieses Duplikationsportfolio den Wert des Puts in $t = 1$ dupliziert,

d. h. beide Positionen in jedem Zustand des Finanzmarktes zu $t = 1$ identisch sind, muss in einem arbitragefreien Markt gemäß des Law of One Price auch der Preis in $t = 0$ identisch sein, d.h.

$$P_0 = 100\,x + y = 6{,}06.$$

Die Preisgleichung (11.18) kann nun wie folgt alternativ interpretiert werden. Der Finanztitel besitzt in $t = 1$ den zufallsabhängigen Rückfluss und es gelte

(11.19)
$$P(V_1 = c_1) = p$$
$$P(V_1 = c_2) = 1 - p\,.$$

Der Erwartungswert der Finanzposition zu $t = 1$ ist dann gegeben durch $E(V_1) = c_1 p + c_2(1-p)$. Der Vergleich mit (11.18a) zeigt, dass auch hier eine Erwartungswertbildung stattfindet, allerdings unter der alternativen Wahrscheinlichkeitsbelegung $(q, 1-q)$ mit q gemäß (11.18b). Bezeichnet man mit E_Q die Erwartungswertbildung unter dieser alternativen Wahrscheinlichkeitsbelegung, so lautet die zentrale Preisgleichung (11.18a) nunmehr

(11.20)
$$v_0 = \frac{1}{1+r} E_Q(V_1)\,.$$

Der arbitragefreie Preis ergibt sich somit als diskontierter Erwartungswert der Finanzposition in $t = 1$, wobei der Erwartungswert unter der alternativen Wahrscheinlichkeitsbelegung $Q = (q, 1-q)$ gebildet wird. Da eine Bewertung rein auf Basis des Erwartungswerts als risikoneutrale Bewertung (d.h. ohne Bezugnahme auf das Risiko einer Abweichung vom Erwartungswert aufgrund der bestehenden Unsicherheitssituation) interpretiert werden kann, bezeichnet man die Wahrscheinlichkeitsbelegung $Q = (q, 1-q)$ auch als *pseudo-risikoneutrale* (oder kurz auch als *risikoneutrale*) *Wahrscheinlichkeitsbelegung*.

Charakteristisch für die Preisgleichungen (11.18) bzw. (11.20) ist dabei, dass die ursprünglichen (»physischen«) Wahrscheinlichkeiten p bzw. $1 - p$ für die Werte des Finanztitels in $t = 1$ keinen Einfluss auf die Bewertung nehmen. Dies ist charakteristisch für den zeitdiskreten Fall mit endlich vielen Zuständen der Welt und dadurch bedingt, dass der Finanztitel wertmäßig exakt dupliziert werden kann. Die Wahrscheinlichkeiten, mit denen diese Werte angenommen werden können, spielen für die Duplikation dabei keine Rolle. Auch zur (pseudo-)risikoneutralen Bewertung betrachten wir im Folgenden ein Beispiel.

Beispiel 11.2: Binomial Option Pricing im Einperiodenfall (pseudorisikoneutrale Bewertung)

In dem betrachteten Markt ist die (pseudo-)risikoneutrale Wahrscheinlichkeitsbelegung allgemein gegeben durch die Beziehung (11.18b). Im Falle der Situation des Beispiels 11.1 lautet diese konkret mit $u = 1{,}25$ und $d = 0{,}8$

$$q = \frac{(1+r)-d}{u-d} = \frac{2}{3}\,, \quad 1-q = \frac{u-(1+r)}{u-d} = \frac{1}{3}\,.$$

Dies gilt dabei unabhängig von der angenommenen Original-Wahrscheinlichkeitsbelegung, welche aus diesem Grunde hier auch nicht spezifiziert werden musste. Der Wert des Puts als diskontierter Erwartungswert unter der Wahrscheinlichkeitsbelegung (q, 1–q) ergibt sich damit zu

$$P_0 = (1{,}1)^{-1} \cdot \left[P_1 \cdot \frac{2}{3} + P_2 \cdot \frac{1}{3}\right] = (1{,}1)^{-1} \cdot \left[20 \cdot \frac{1}{3}\right] = 6{,}06.$$

Auch im Rahmen des konkreten Beispiels wird die Äquivalenz der beiden alternativen Vorgehensweisen damit noch einmal belegt.

11.3.3.2 Der Mehrperiodenfall

Wir demonstrieren nun, wie im Rahmen eines Duplikationsansatzes der Mehrperiodenfall sukzessiv auf den Einperiodenfall zurückgeführt werden kann.

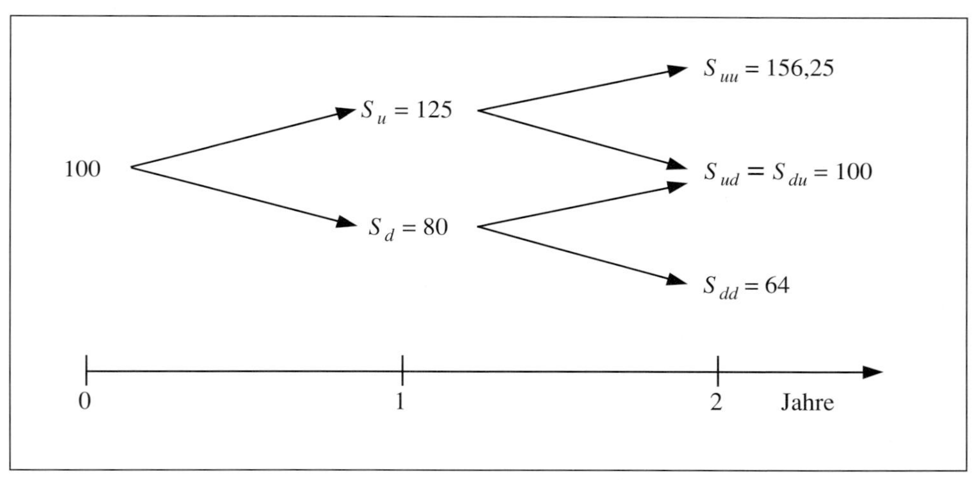

Abb. 11.7: Beispielhafter Verlauf eines zweiperiodigen Binomialprozesses

Beispiel 11.3: Binomial Option Pricing im Zweiperiodenfall (Duplikation)
Beispiel 11.2 wird fortgeführt, wobei die Entwicklung des Aktienkurses sich nunmehr über zwei Perioden erstrecke und eine Calloption mit zwei Perioden Laufzeit und Ausübungspreis X = 90 bewertet werden soll. Die Abbildung 11.7 enthält den Wertverlauf der Aktie im Zweiperiodenfall.

Zunächst wird die Situation zum Zeitpunkt $t = 1$ betrachtet, wenn der Kurs der Aktie gestiegen ist, d.h. der Zustand S_u. Bei Fixierung dieses Zustandes entspricht die weitere Entwicklung dem einperiodigen Binomialfall und kann daher analog zu Beispiel 11.1 behandelt werden. Der Wert C_{uu} der Calloption in S_{uu} ist 66,25, im Zustand S_{ud} entsprechend $C_{ud} = 10$. Die Duplikation dieser Rückflusse der Calloption durch eine geeignete Kombination aus Aktie und sicherer Anlage führt auf das Gleichungssystem

$$156{,}25\,x + 1{,}1\,y = 66{,}25$$
$$100\,x + 1{,}1\,y = 10.$$

Hieraus resultiert $x = 1$ und $y = -81{,}82$. Die Calloption kann damit durch eine Long-Position in der Aktie sowie eine Short-Position in der sicheren Anlage (Kreditaufnahme) dupliziert werden. Entsprechend ergibt sich der Preis der Calloption im Zustand S_u zu:

$$C_u = 125\,x + y = 125 - 81{,}82 = 43{,}18.$$

Analog kann die Situation bei Fixierung des Zustands S_d behandelt werden. Dies führt auf das Gleichungssystem

$$100\,x + 1{,}1\,y = 10$$

$$64\,x + 1{,}1\,y = 0$$

mit zugehörigen Lösungen $x = 0{,}2777$ und $y = -16{,}16$ und zugehörigem Optionspreis $C_d = 80 \cdot (0{,}2777) - 16{,}16 = 6{,}056$.

Ein Finanztitel mit den Rückflüssen (43,18; 6,056) in $t = 1$ lässt sich aber nun wiederum durch eine geeignete Kombination von Aktie und sicherer Anlage auf der Basis der Verhältnisse in der ersten Periode duplizieren. Das zugehörige Gleichungssystem lautet

$$125\,x + 1{,}1\,y = 43{,}18$$

$$80\,x + 1{,}1\,y = 6{,}056,$$

die Lösungen sind $x = 0{,}825$ und $y = -54{,}5$. Als Preis dieses Finanztitels ergibt sich

$$C_0 = 100 \cdot (0{,}825) - 54{,}5 = 28,$$

dies entspricht zugleich der arbitragefreien Bewertung der Calloption.

Das vorstehende Beispiel verdeutlicht, wie im Prinzip die Bewertung jeder Option auf einen Basistitel, dessen Wertentwicklung einem Binomialgitterprozess folgt, systematisch auf eine Reihe von Einperiodenproblemen reduziert und damit insgesamt gelöst werden kann. Die elegantere Variante im Mehrperiodenfall ist jedoch der risikoneutrale Ansatz, auf den sich die folgenden Ausführungen konzentrieren. Im Falle einer Calloption muss mit $C_T = \max(S_T - X, 0)$ dabei gelten, vgl. (5.73b) bzw. (5.75),

(11.21a) $$C_0 = (1+r)^{-T}\, E_Q(C_T)$$

bzw. allgemein

(11.21b) $$C_t = (1+r)^{-(T-t)}\, E_Q(C_T \mid S_t)\,.$$

Im Rahmen von Beispiel 5.15 wurde für einen State Space-Markt bestehend aus einer sicheren Anlage und einer Binomialgitterprozess-Aktie die zugehörige risikoneutrale Wahrscheinlichkeitsbelegung bereits identifiziert[10], ebenso die entsprechende transformierte Zufallsgesetzmäßigkeit des Binomialgitterprozesses. Es gilt

(11.22) $$Q = (q, 1-q) = \left(\frac{1+r-d}{u-d}, \frac{u-(1+r)}{u-d}\right)$$

10 Vgl. hierzu (5.77).

sowie ($S_0 = s$)

(11.23) $$P_Q\left(S_T = s \cdot u^j \cdot d^{T-j}\right) = \binom{T}{j} \cdot q^j \cdot (1-q)^{T-j}$$

Wegen $C_T = \max(S_T - X, 0)$ folgt hieraus

(11.24a) $$C_0 = (1+r)^{-T} \sum_{j=0}^{T} \binom{T}{j} \cdot q^j \cdot (1-q)^{T-j} \cdot \max\left(s \cdot u^j \cdot d^{T-j} - X, 0\right)$$

bzw. allgemein

(11.24b) $$C_t = (1+r)^{-(T-t)} \sum_{j=0}^{T-t} \binom{T-t}{j} \cdot q^j \cdot (1-q)^{T-t-j} \cdot \max\left(s_t \cdot u^j \cdot d^{T-t-j} - X, 0\right)$$

Die vorstehenden Ausdrücke sind etwas unhandlich und sollen im Weiteren strukturell reduziert werden, wobei eine Konzentration auf die allgemeine Preisgleichung (11.24b) erfolgt. Mit[11]

$$a = \begin{cases} a' & a' \in \mathrm{IN} \\ [a']+1 & \text{sonst} \end{cases} \quad \text{wobei} \quad a' = \frac{\ln\left(\dfrac{X}{s_t \cdot d^{T-t}}\right)}{\ln\left(\dfrac{u}{d}\right)}$$

folgt:

$$C_t = (1+r)^{-(T-t)} \sum_{j=a}^{T-t} \binom{T-t}{j} q^j (1-q)^{T-t-j} \left(s_t \cdot u^j \cdot d^{T-t-j} - X\right).$$

Wir definieren nun

$$\mathrm{B}(a, n, p) := \sum_{k=a}^{n} \binom{n}{k} \cdot p^k \cdot (1-p)^{n-k},$$

dabei ist $\mathrm{B}(a, n, p) = \mathrm{P}(X \geq a)$ für eine binomialverteilte Zufallsgröße X sowie

$$\tilde{q} := \frac{u}{1+r} q, \quad 1 - \tilde{q} := \frac{d}{1+r}(1-q),$$

dabei gilt $\tilde{q} + (1-\tilde{q}) = 1$. Es folgt:

$$\begin{aligned} C_t = {} & (1+r)^{-(T-t)} \sum_{j=a}^{T-t} \binom{T-t}{j} \cdot q^j \cdot (1-q)^{T-t-j} \cdot \left(s_t \cdot u^j \cdot d^{T-t-j}\right) \\ & - (1+r)^{-(T-t)} X \cdot \sum_{j=a}^{T-t} \binom{T-t}{j} \cdot q^j \cdot (1-q)^{T-t-j} \end{aligned}$$

und damit schließlich:

(11.25) $$C_t = s_t \cdot \mathrm{B}(a, T-t, \tilde{q}) - X \cdot (1+r)^{-(T-t)} \cdot \mathrm{B}(a, T-t, q)$$

11 Dabei bezeichne $[a]$ die größte natürliche Zahl, die kleiner oder gleich a ist.

Diese strukturelle Form des Preises für eine Calloption im Binomialfall macht zugleich nochmals deutlich, dass die Calloption zu jedem Zeitpunkt wertmäßig durch eine geeignete Long-Position in dem Basistitel (Aktie) sowie einer Short-Position in der sicheren Anlage (Kreditaufnahme) dupliziert werden kann.

Die zugehörige Tradingstrategie[12] hat die Form

$$(11.26) \qquad (x_{0t}, x_{1t}) = \left(-X\,\mathrm{B}(a, T-t, q), \mathrm{B}(a, T-t, \tilde{q})\right),$$

wobei x_{0t} die zu jedem Zeitpunkt notwendige Kreditaufnahme bzw. x_{1t} die zu jedem Zeitpunkt notwendige Investition in den Basistitel bezeichne. Durch Umwandlung von (11.25) in die äquivalente Form

$$(11.27) \qquad 0 = s_t - \frac{1}{\mathrm{B}(a, T-t, \tilde{q})} C_t - X \cdot (1+r)^{-(T-t)} \cdot \frac{\mathrm{B}(a, T-t, q)}{\mathrm{B}(a, T-t, \tilde{q})}$$

ergibt sich eine Tradingstrategie, die zu jedem Zeitpunkt eine Wertentwicklung von null aufweist und damit insbesondere zu jedem Zeitpunkt risikolos ist. Die betreffende Strategie weist dabei folgende Form auf:

$$(11.28) \qquad (x_{0t}, x_{1t}, x_{2t}) = \left(-X \frac{\mathrm{B}(a, T-t, q)}{\mathrm{B}(a, T-t, \tilde{q})}, 1, -\frac{1}{\mathrm{B}(a, T-t, \tilde{q})}\right),$$

wobei x_{0t} wiederum die notwendige Kreditaufnahme bezeichnet, x_{1t} die Position im Basistitel und x_{2t} die Position in der Calloption, die hier eine Short-Position ist.

Als *Call-Delta* $\Delta c(t)$ wird derjenige Wert bezeichnet, der (in inverser Form) angibt, wie viele Einheiten des Calls pro Einheit des Basistitels verkauft werden müssen, um eine risikolose Position zu erzielen. Üblicherweise wird dabei von der Definition

$$(11.29) \qquad \Delta \mathrm{c}(t) = \frac{\textit{Anzahl Aktien}}{\textit{Anzahl Calls short}}$$

ausgegangen, womit sich im Falle des Binomialmodells gemäß (11.28) ergibt

$$(11.30) \qquad \Delta \mathrm{c}(t) = \mathrm{B}(a, T-t, \tilde{q}) \quad .$$

Damit gilt gemäß (11.22) auch

(11.31)	*Wert des Call = Aktienkurs * Call-Delta – Kreditaufnahme.*

12 Vgl. hierzu allgemein Abschnitt 5.3.3.2.

Im Rahmen eines Beispiels wird veranschaulicht, wie Arbitragemöglichkeiten konkret ausgenutzt werden können, wenn nicht arbitragefreie Marktpreise für Optionen vorliegen.

Beispiel 11.4: Erzielung von Arbitragegewinnen bei überbewerteter Option
Es wird die Situation des Beispiels 11.3 betrachtet, die betreffende Calloption weise einen Marktpreis von 29 Geldeinheiten auf, ist also im Vergleich zum arbitragefreien Wert von 28 Geldeinheiten überbewertet. Um einen Arbitragegewinn zu realisieren, ist wie folgt vorzugehen: Ausgehend von der arbitragefreien Beziehung $C_0 = 100\,x - y = 100 \cdot (0{,}825) - 54{,}50$ bzw. $C_0 + 54{,}50 - 82{,}50 = 0$ wird eine Stillhalterposition im Call (Einzahlung: 29) eingegangen, ein Kredit in Höhe von 54,50 Geldeinheiten aufgenommen und 0,825 Einheiten (Auszahlung 82,50) der Aktie erworben. Der Zahlungssaldo in $t = 0$ beläuft sich dann zu 29 + 54,50 – 82,50 = 1, dies entspricht gerade der Differenz zwischen dem höheren (fehlbewerteten) Marktwert der Option und dem arbitragefreien Wert. Um nachzuweisen, dass dieser Arbitragegewinn risikolos vereinnahmt werden kann, wird im Folgenden die weitere Wertentwicklung des Portfolios betrachtet. Steigt der Aktienkurs in $t = 1$ auf 125, so ist das bisherige Portfolio zu adjustieren, und zwar so, dass der Bestand an Aktien auf eins steigt. Zu erwerben sind damit 0,175 Aktien zu 125 Geldeinheiten, die damit verbundene Auszahlung in Höhe von 21,87 wird kreditfinanziert. Der Stand des Kredites beläuft sich damit auf 54,50 · (1,1) + 21,87 = 81,82 GE. In $t = 2$ muss dann ein Betrag in Höhe von 90 GE abgelöst werden. Im Zustand S_{uu} ist der Rückfluss aus der Aktie 156,25, nach Ablösung des Kredits bleiben 66,25 GE, dies entspricht dem Betrag, der an den Käufer des Calls bei Ausübung zu zahlen ist. Im Zustand S_{ud} beträgt der Rückfluss aus der Aktie 100 GE, nach Ablösung des Kredits bleiben 10 GE, was wiederum an den Käufer des Calls zu überweisen ist.

Fällt der Aktienkurs in $t = 1$ auf 80, so ist der Aktienanteil auf 0,2777 zu reduzieren. Der Verkauf von 0,5473 Einheiten der Aktie zu 80 GE resultiert in einem Zufluss in Höhe von 43,78 GE, der zur Ablösung des Kredites benutzt wird, der sich dann auf 54,5 · (1,1) – 43,784 = 16,16 beläuft. In $t = 2$ wird damit ein Betrag von 17,77 GE zur Kreditablösung fällig. Im Zustand S_{du} beträgt der Rückfluss aus der Aktie 27,77 GE, nach Ablösung des Kredits verbleiben 10 GE, die an den Käufer des Calls zu überweisen sind. Im Zustand S_{dd} beträgt der Rückfluss aus der Aktie 64 · (0,2777) = 17,77 GE, die vollständig zur Kreditablösung verwendet werden müssen.

Insgesamt ist damit nachgewiesen, dass in der Tat die Differenz zwischen überbewertetem Marktwert und arbitragefreiem Wert der Calloption risikolos erwirtschaftet werden kann, Voraussetzung hierfür ist allerdings die Anwendung einer dynamischen Tradingstrategie. Eine analoge Strategie kann konstruiert werden, wenn die Option unterbewertet ist, dies ist Inhalt von Übungsaufgabe 11.6.

Der modelltheoretische Ansatz eines Binomialgitterprozesses zur Bewertung von Optionen ist ein äußerst vielseitiges und flexibles Instrument. Dies werde zunächst beispielhaft anhand eines Basistitels illustriert, der eine Dividende ausschüttet.

Es seien zunächst mit S_t die Ex-Dividendenkurse zu den Zeitpunkten $t = 0, ..., T$, mit D_t die entsprechenden Dividendenzahlungen und schließlich mit $Z_t = S_t + D_t$ die Cum-Dividendenkurse bezeichnet. In einem Binomialgitter führen Dividendenzahlungen grundsätzlich zu »Sprüngen« in Höhe der Dividendenzahlung in jedem Knoten. Dies sei zunächst anhand eines Beispiels illustriert.

Beispiel 11.5: Zweiperiodiger Binomialprozess mit Dividendenzahlung
Es wird die Situation des Beispiels 11.3 betrachtet, nun aber in der Variation, dass die Aktie (nur) im Zeitpunkt $t = 1$ eine Dividende in Höhe einer Geldeinheit ausschüttet. Nachstehende Abbildung illustriert die betreffenden Konsequenzen. Die Annahme ist dabei $P(Z_{t+1} = su \mid S_t = s) = p$, $P(Z_{t+1} = sd \mid S_t = s) = 1 - p$. Der Cum-Dividendenpreis zum Zeitpunkt $t+1$ ergibt sich als prozentuale Aufwärts- bzw. Abwärtsbewegung aus dem Ex-Dividendenpreis zum Zeitpunkt t, hier $u = 1{,}25$ und $d = 0{,}8$. Abbildung 11.8 illustriert diese Verhältnisse.

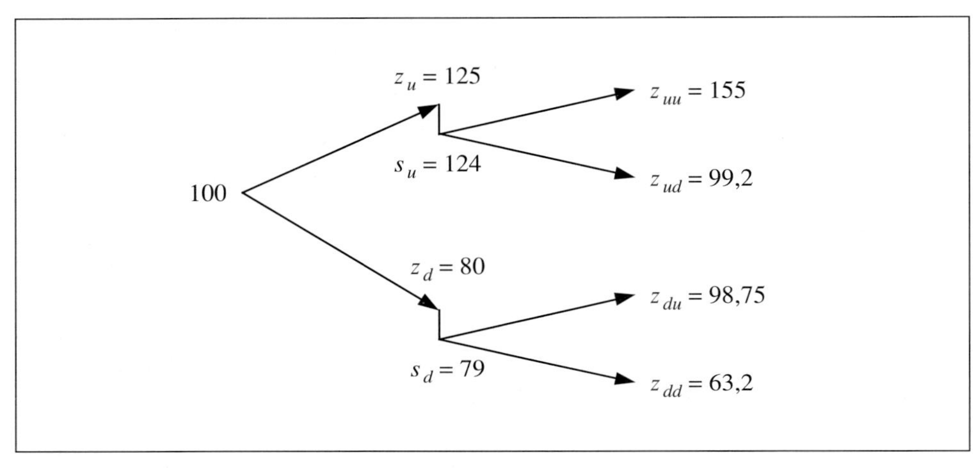

Abb. 11.8: Zweiperiodiger Binomialprozess mit konstanter Dividendenzahlung

Der resultierende Prozess der Kursentwicklung resultiert somit im Allgemeinen nicht in einem Binomialgitter, sondern einem Binomialbaum mit Sprüngen. Grundsätzlich kann im Falle dieses modifizierten Preisprozesses die Sicherung der Arbitragefreiheit und die Bewertung von (nicht-dividendengeschützten) Optionen so vorgenommen werden wie im bisher behandelten Basisfall – dies ist Inhalt der Übungsaufgabe 11.7. Im Mehrperiodenfall führt das Nichtvorliegen eines Binomialgitters aber zu einem unangenehmen Rechenaufwand. Es stellt sich daher die Frage, unter welchen Bedingungen an die Dividendenzahlung ein Binomial-gitterprozess (mit Sprüngen an den Knoten) resultiert. Die zu wahrende Bedingung ist offenbar $z_{ud} = z_{du}$. Bezeichne D_u bzw. D_d die Dividendenzahlung in $t = 1$ bei einer Aufwärts- bzw. Abwärtsbewegung des Prozesses aus Sicht von $t = 0$, so ist äquivalent zu erfüllen $(su - D_u) \cdot d = (sd - D_d) \cdot u$, d. h.

(11.32) $$\frac{D_u}{D_d} = \frac{u}{d}\ .$$

Diese Bedingung ist dann erfüllt, wenn die Dividende stets proportional zum Cum-Dividendenpreis der Aktie ist.[13]

13 Eine diesbezügliche Illustration ist der Inhalt von Übungsaufgabe 11.8.

Wird im allgemeinen Fall die Situation betrachtet, dass zu jedem Zeitpunkt eine Dividende gezahlt wird, die proportional zum jeweiligen Cum-Dividendenpreis ist, d.h. es gilt $S_t = cZ_t$ für alle $t = 1, ..., T$. Aus $\mathrm{P}(Z_{t+1} = su \mid S_t = s) = p$ folgt damit

(11.33a)
$$\mathrm{P}(S_{t+1} = csu \mid S_t = s) = p$$

und entsprechend folgt aus $\mathrm{P}(Z_{t+1} = sd \mid S_t = s) = 1 - p$:

(11.33b)
$$\mathrm{P}(S_{t+1} = csd \mid S_t = s) = 1 - p\,.$$

Der *revidierte Aktienkursprozess*, der sich nur auf die Ex-Dividendenkurse bezieht, ist offenbar ein (multiplikativer) Binomialgitterprozess mit prozentualen Aufwärtsbewegungen der Höhe $u^* = cu$ und prozentualen Abwärtsbewegungen der Höhe $d^* = cd$, mit $u/d = 1$ folgt somit auch $u^*/d^* = 1$. Die zugehörige risikoneutrale Wahrscheinlichkeitsbelegung ergibt sich demgemäß zu

(11.34a)
$$q = \frac{1 + r - d^*}{u^* - d^*} = \frac{\frac{1+r}{c} - d}{u - d}$$

bzw.

(11.34b)
$$1 - q = \frac{u^* - (1 + r)}{u^* - d^*} = \frac{u - \frac{1+r}{c}}{u - d}$$

Zur Bewertung von Optionen kann damit die ursprüngliche Basisformel für den Fall ohne Dividendenzahlung herangezogen werden. Wird vom revidierten Aktienkursprozess ausgegangen, so sind nur die risikoneutralen Wahrscheinlichkeiten zu modifizieren, indem der risikolose Aufzinsungsfaktor $1 + r$ durch den Faktor $(1 + r)/c$ ersetzt wird.

Abschließend wird noch das Beispiel für einen amerikanischen Put, bei dem die vorzeitige Ausübung vorteilhaft ist, betrachtet. Abbildung 11.9 illustriert die entsprechenden Verhältnisse.

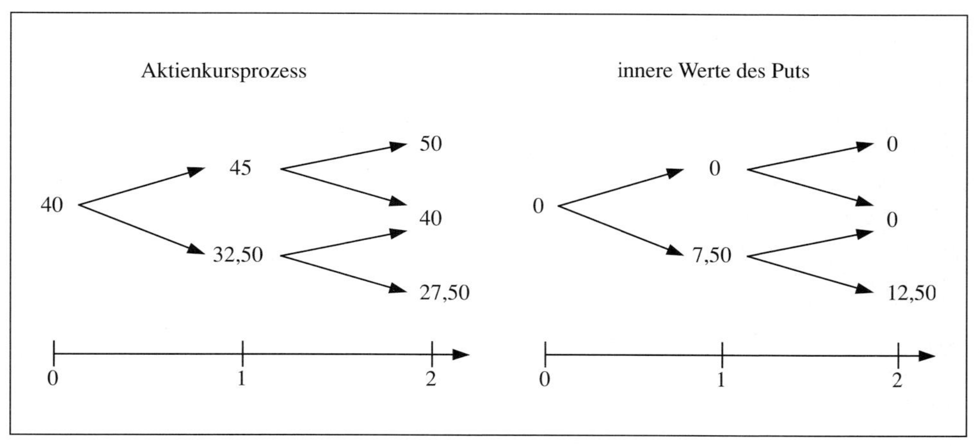

Abb. 11.9: Zweiperiodige Aktienkursentwicklung mit zugehöriger Entwicklung der inneren Werte eines Puts

Beispiel 11.6: Vorteilhaftigkeit der vorzeitigen Ausübung eines amerikanischen Puts

Es wird der Aktienkursprozess, dessen Verlauf in Abbildung 11.8 dargestellt ist, sowie ein Put auf diese Aktie mit Strike 40 betrachtet. Der risikolose Zins betrage 10%. Der arbitragefreie Wert des Puts in $t = 1$ ergibt sich im Abwärtsknoten aus dem Gleichungssystem

$$40\,x + 1{,}1\,y = 0$$

$$27{,}50\,x + 1{,}1\,y = 12{,}50\,.$$

Die entsprechenden Lösungen sind $x = -1$ sowie $y = 36{,}36$. Der arbitragefreie Wert im Abwärtsknoten entspricht demgemäß $P_d = 36{,}36 - 32{,}50 = 3{,}86$ und dies ist geringer als der innere Wert in diesem Knoten in Höhe von 7,50. Es ist damit vorteilhaft, den Put in $t = 1$ auszuüben.

Das Beispiel 11.6 liefert zugleich den Schlüssel für die generelle Bewertung amerikanischer Optionen. Wir konzentrieren uns dabei auf den Einperiodenfall. Der Wert des Amerikanischen Calls im Einperiodenfall ist dabei offenbar generell

(11.35a)
$$C_0^A = \max\left\{\frac{qC_u + (1-q)C_d}{1+r}\,,\, s_0 - X\right\}.$$

Entsprechend ist der Wert des Amerikanischen Puts im Einperiodenfall

(11.35b)
$$P_0^A = \max\left\{\frac{qP_u + (1-q)P_d}{1+r}\,,\, X - s_0\right\}.$$

Dabei bezeichnen jeweils $(q, 1-q)$ die risikoneutrale Wahrscheinlichkeitsbelegung, C_u bzw. P_u sowie C_d bzw. P_d den Wert (Payoff) des Calls bzw. Puts nach erfolgter Aufwärts- bzw. Abwärtsbewegung. X ist der Ausübungspreis und s_0 der heutige Wert des Basistitels. Die ersten Terme der geschweiften Klammern in (11.35a) bzw. (11.35b) entsprechen jeweils den Werten des Europäischen Calls bzw. Puts.

In $t = 0$ wird also verglichen, ob der Wert des Europäischen Calls bzw. Puts, d.h. der Wert bei Nichtausübung (Continuation) höher oder niedriger ist als der innere Wert, d.h. der Wert bei Ausübung des Calls bzw. Puts in $t = 0$. Je nach Ergebnis dieses Vergleichs wird ausgeübt (und der innere Wert realisiert) oder nicht ausgeübt (und damit der entsprechende Europäische Wert realisiert). Genau dieser Wertvergleich spiegelt sich auch in den Preisgleichungen (11.35a) und (11.35b) wider.

Generell gilt die Preisgleichung (11.35) in jedem einzelnen Knoten des Binomialgitters und zu jedem einzelnen Zeitpunkt. Im Wege der Rückwärtsrekursion kann somit prinzipiell der anfängliche Wert der betreffenden Amerikanischen Option ohne weitere konzeptionelle Schwierigkeiten bestimmt werden, der Aufwand ist rein rechnerischer Natur.

Infolge der Möglichkeit einer vorzeitigen Ausübung im Fall von Amerikanischen Optionen ist es aber im Allgemeinen im Rahmen des Binomialmodells nicht möglich, einen geschlossenen Ausdruck für die Optionspreisformel wie im Falle der Europäischen Optionen zu erhalten. Diese Schwierigkeit bei der Bewertung Amerikanischer Optionen besteht auch im generellen Falle, der in Anhang 11K behandelt wird.

11.3.3.3 Die Black/Scholes-Formel als Limes des binomialen Optionspreises

Aus dem (multiplikativen) Binomialgitterprozess kann im Grenzübergang der geometrische Wiener-Prozess (der Verteilung nach) gewonnen werden, der als grundlegendes Modell für den Aktienkursprozess in die Ableitung der Black/Scholes-Optionspreisformel eingeht. Insofern ist es nahe liegend, dass auch die Black/Scholes-Formel selbst als geeigneter Grenzwert des binomialen Optionspreises gewonnen werden kann. Die mit diesem Grundgedanken verbundene Vorgehensweise soll im Folgenden lediglich skizziert werden.

Zunächst wird der Zinsprozess in stetiger Zeit formuliert, d.h. $1 + r$ durch e^r ersetzt. Das Basisintervall $[0, T]$ wird dann in n Teilperioden der Länge $h = T / n$ unterteilt. Die prozentuale Aufwärtsbewegung u wird nun definiert durch $u = e^{\sigma\sqrt{h}}$ und entsprechend $d = 1 / u = e^{-\sigma\sqrt{h}}$. Die risikoneutrale Wahrscheinlichkeit q ist dann gegeben durch $q = (e^{rh} - d) / (u - d)$ und die Wahrscheinlichkeit $\tilde{q}$ durch $e^{-rh}uq$. Die Parameter werden dabei so gewählt, dass Erwartungswert und Varianz der Binomialverteilung im Grenzwert den entsprechenden Momenten des geometrischen Wienerprozesses entsprechen.

Im Grenzübergang ($n \rightarrow \infty$ bzw. $h \rightarrow 0$) ergibt sich dann die Optionspreisformel nach *Black/Scholes* wie folgt:

(11.36a)
$$C_t = S_t \cdot \mathrm{N}[d_1(t)] - X \cdot e^{-r(T-t)} \cdot \mathrm{N}[d_2(t)] \ ,$$

wobei $\mathrm{N}(x)$ die Verteilungsfunktion der Standardnormalverteilung an der Stelle x bezeichne und

(11.36b)
$$\mathrm{d}_1(t) = \frac{\ln(S_t / X) + \left(r + \frac{1}{2}\sigma^2\right) \cdot (T - t)}{\sigma\sqrt{T - t}} \ ,$$

(11.36c)
$$\mathrm{d}_2(t) = \mathrm{d}_1(t) - \sigma\sqrt{T - t} \ ,$$

gilt.

Der Vergleich zu (11.25) macht die starke strukturelle Ähnlichkeit zu der binomialen Optionspreisformel deutlich. Es werden »nur« die aus der Binomialverteilung herrührenden Werte $\mathrm{B}(a, n, \tilde{q})$ bzw. $\mathrm{B}(a, n, q)$ durch ihre Grenzwerte $\mathrm{N}(d_1)$ bzw. $\mathrm{N}(d_2)$ ersetzt. Allerdings ist die Black/Scholes-Formel erheblich einfacher rechnerisch auszuwerten.

Ein zentrales Kennzeichen der Black/Scholes-Formel ist dabei, dass in diese nur die Information über die »Volatilität« σ^2, d.h. das Ausmaß der (lokalen) Kursschwankungen eingeht, nicht aber über die erwartete weitere Entwicklung des Prozesses. Dies liegt intuitiv darin begründet, dass die Black/Scholes-Formel ebenso wie die binomiale Optionspreisformel der Wert einer spezifischen Tradingstrategie ist. Im Black/Scholes-Fall ist diese dabei so konstruiert, dass die Portfolioumschichtungen zeitstetig durchgeführt werden können (Transaktionskosten werden dabei vernachlässigt) und somit der lokalen Bewegung des zugrunde liegenden Aktienkursprozesses stets »auf der Fährte« geblieben werden kann.

Zur empirischen Identifikation der Volatilität unterscheidet man zwei Vorgehensweisen: Die so genannte *historische* Volatilität wird durch die Auswertung von vergangenen Renditezeitreihen des betreffenden Basistitels ermittelt.[14] Zur Schätzung der *impliziten* Volatilität nutzt man

---

14 Vgl. hierzu Anhang 11E.

hingegen die direkte Beobachtbarkeit der anderen wertbestimmenden Parameter der Optionspreisformel aus. Die implizite Volatilität ergibt sich durch Umkehrung der Optionspreisformel und Einsetzen der am Markt beobachtbaren Options- und Aktienpreise.

Etwas konkreter besteht die folgende Situation. Gegeben seien in $t = 0$ die bekannten Werte s_0, r, T und X. Mit $BS(\sigma)$ bezeichnen wir dann den Wert der Black/Scholes-Formel (11.36), ausgewertet in σ. Es bezeichne c_0 den am Markt beobachtbaren Call-Preis. Die implizite Volatilität IV ist dann gegeben durch die Lösung der Gleichung

$$BS(IV) = c_0 \, . \tag{11.37}$$

Die Lösung dieser Gleichung muss mit einem numerischen Verfahren bestimmt werden. Wäre das Black/Scholes-Modell vollständig korrekt, dann würde es keinen Unterschied machen, ob wir mit der historischen oder der impliziten Volatilität arbeiten. In der Realität ist die Volatilität aber nicht, wie bei Black/Scholes vorausgesetzt, konstant, sondern unterliegt im Zeitablauf erheblichen Änderungen. Aber selbst, wenn man den Zeitraum T sowie die Parameter s_0 und r fixiert, so tritt noch ein weiteres Phänomen auf. Betrachtet man Calls auf das gleiche Basisobjekt und mit gleichem Ausübungszeitpunkt T, aber unterschiedlichen Ausübungspreisen X und ermittelt jeweils die implizite Volatilität, so resultiert hieraus eine funktionale Abhängigkeit der impliziten Volatilität IV von dem Ausübungspreis X, d.h. $IV = IV(X)$. Wäre das Black/Scholes-Modell vollständig korrekt, dann müsste gelten $IV(X) = \text{const.}$, d.h. die implizite Volatilität dürfte nicht mit dem Ausübungspreis variieren. In der Realität beobachtet man jedoch oftmals den in Abbildung 11.10 dargestellten Verlauf, der als *Volatility Smile* oder als *Volatility Skew* bezeichnet wird.

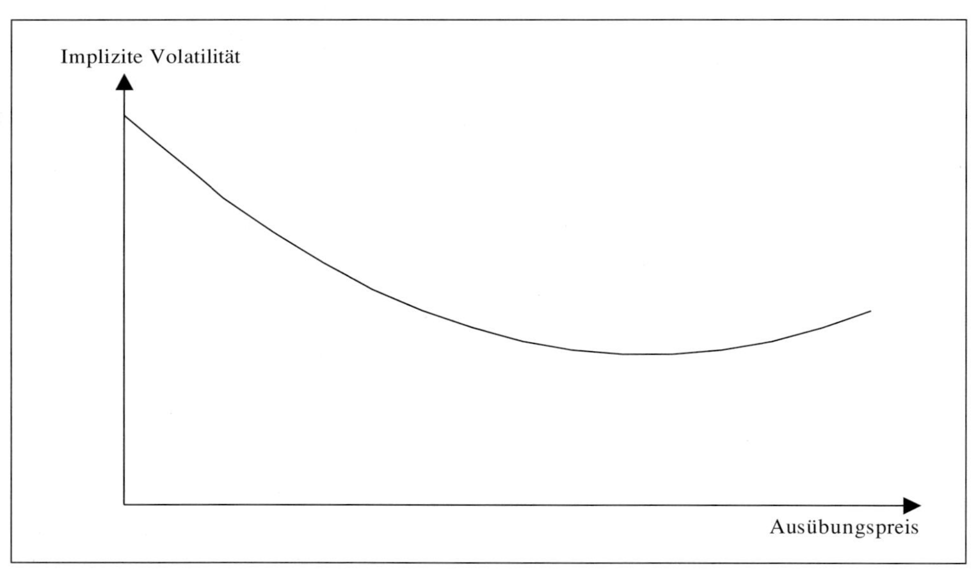

Abb. 11.10: Volatility Smile

Die Existenz des Volatility Smiles deutet darauf hin, dass die Prämissen des Black/Scholes-Modells zu hinterfragen sind. Insbesondere die Konstanz der Volatilität ist ein zentraler

Schwachpunkt. In der Theorie ist daher nach komplexeren Modellansätzen zu suchen, die die beobachteten empirischen Effekte zu erfassen erlauben, z.B. auf der Grundlage einer stochastischen Volatilität. In praxi behilft man sich mit einer geeigneten Anpassung des Black/Scholes-Modells, indem man etwa mit dem folgenden Erklärungsansatz für *IV* arbeitet:

(11.37)
$$IV(X) = a + b_1 \ln\left(\frac{s_0}{X}\right) + b_2 \ln\left(\frac{s_0}{X}\right)^2 + \varepsilon .$$

Die Volatilität ist demnach eine quadratische Funktion in $\ln(s_0 / X)$. In Abhängigkeit vom Ausübungspreis X werden dann unterschiedliche Volatilitäten zur Ermittlung des Optionspreises verwendet.

Schließlich macht die Struktur von (11.36a) deutlich, dass die Call-Position (und damit ihr Wert) durch ein Portfolio mit folgender Struktur dupliziert werden kann:

(11.38) *Call-Position = anteilige Aktienposition + geeignete Kreditaufnahme.*

Die anteilige Position im Basistitel des Calls sowie der Umfang der Kreditaufnahme sind dabei zeitstetig zu readjustieren, damit die Identität mit der Call-Position gewahrt bleibt.

11.3.4 Optionspreistheorie im zeitstetigen Fall: Das Black/Scholes-Modell

11.3.4.1 Prinzip des Hedge-Portfolios und Optionspreisformeln

Im Rahmen der im vorherigen Abschnitt dargelegten notwendigen Elemente eines allgemeinen Optionsbewertungsmodells ist der Black/Scholes-Ansatz zur Bewertung einer Calloption auf einen dividendenlosen Basistitel hinsichtlich der Spezifizierung des Aktienkursprozesses gekennzeichnet durch die Annahme einer geometrischen Brownschen Bewegung sowie hinsichtlich des Verzinsungsprozesses durch Annahme einer konstanten zeitstetigen Verzinsung. Insgesamt folgt damit[15]

(11.39a)
$$S_t = s_0 \cdot e^{mt + \sigma\sqrt{t}Z},$$

wobei $m = \mu - \frac{1}{2}\sigma^2$ gelte und $Z = Z_t$ eine standandnormalverteilte Zufallsvariable bedeute, sowie

(11.39b)
$$r_t = e^{rt},$$

wenn r_t den Verzinsungsprozess bezeichne.

Das erstmalig im Rahmen des Black/Scholes-Ansatzes eingesetzte (zeitstetige) Hedge-Prinzip besteht darin, zwecks Bewertung der Calloption ein Portfolio bestehend aus einer Einheit des Basistitels (Aktie) sowie eines zeitvariablen Anteils q_t der Calloption zu bilden. Der Wertverlauf dieses Portfolios ist demgemäß

15 Vgl. (4.28b) in Verbindung mit (4.18).

(11.37) $$V_t = S_t + q_t C_t \ .$$

Unter der wesentlichen Voraussetzung, dass der Anteil des Calls (kostenfrei) zeitstetig readjustiert werden kann, kann das Portfolio insgesamt so konstruiert werden, dass es zu jedem Zeitpunkt risikolos ist (Hedge-Portfolio) und damit in einem arbitragefreien Markt $V_t = v_0 r_t$ sein muss, d.h. der Wert des Hedge-Portfolios entwickelt sich gemäß der risikolosen Verzinsung. Damit sind die Fundamente des Black/Scholes-Ansatzes expliziert, die restlichen Überlegungen, die zur Bewertungsformel führen, sind rein technischer Natur und können dem Anhang C zu diesem Kapitel entnommen werden. Nachfolgende Abbildung[16] visualisiert den Wertverlauf des Hedge-Portfolios und seiner Komponenten, wobei der Einfachheit halber eine risikolose Verzinsung in Höhe von null angenommen wurde.

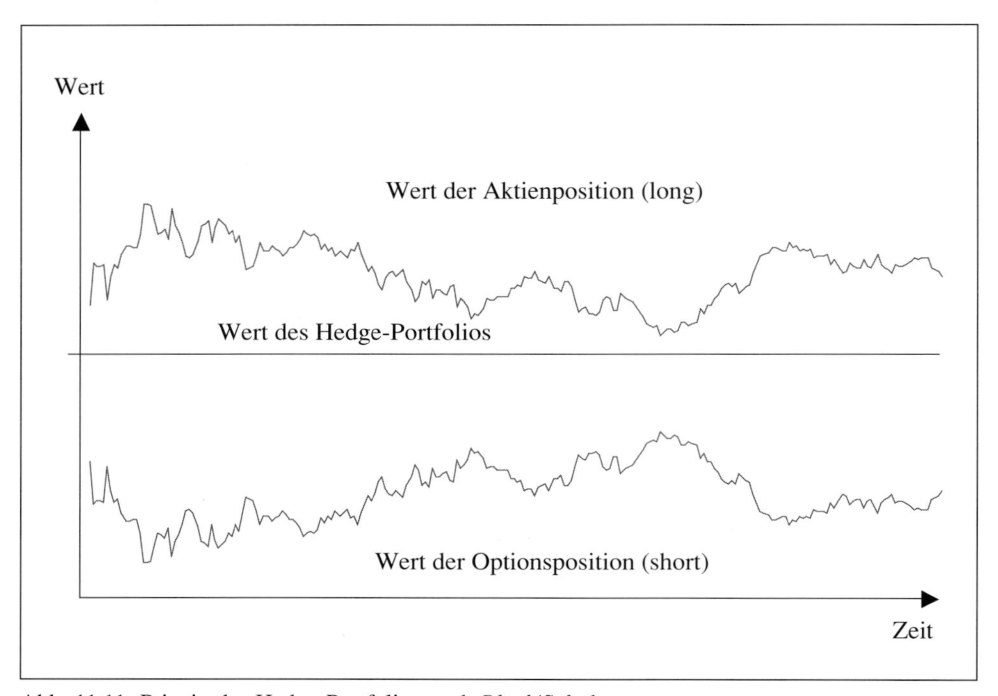

Abb. 11.11: Prinzip des Hedge-Portfolios nach *Black/Scholes*

Der Black/Scholes-Preis für eine europäische Putoption auf einen dividendenlosen Basistitel ergibt sich auf der Grundlage der Put/Call-Parität zu:

(11.41) $$P_t = X\, e^{-r(T-t)}\, N[-d_2(t)] - S_t\, N[-d_1(t)] \ ,$$

wobei die Parameter $d_1(t)$ und $d_2(t)$ wiederum gemäß (11.36b) bzw. (11.36c) spezifiziert sind. Dabei wird ausgenutzt, dass $1 - N(d_1) = N(-d_1)$ und $1 - N(-d_2)$ gilt. Die Struktur der oben ste-

16 Angeregt wurde diese Abbildung durch *Loistl* (1995, S. 343).

henden Beziehung macht deutlich, dass die Put-Position durch ein Portfolio folgender Struktur dupliziert werden kann:

(11.42)	*Put-Position* = *Risikolose Anlage in geeignetem Umfang* + *anteilige Aktien-Shortposition*

Eine alternative Ableitung des Callpreises kann auch im zeitstetigen Fall unter Verwendung der allgemeinen Preisformel (11.21b) $C_t = \exp\,[-r\,(T-t)]\; E_Q\,(C_T | S_t)$ erfolgen (mit entsprechender Variation für den Put). Der Optionspreis ergibt sich hier als diskontierter Erwartungswert der Endposition C_T in einer risikoneutralen Welt, d.h. unter der (pseudo-)risikoneutralen Wahrscheinlichkeitsbelegung Q (dem äquivalenten »Martingalmaß«). Die Ableitung der Black/Scholes-Formel im Rahmen dieses *Martingal-Pricing* ist in Anhang 11D dargestellt.

11.3.4.2 Determinanten des Optionspreises und Optionssensitivitäten (Greeks)

Die analytisch geschlossene Form der Black/Scholes-Formel ermöglicht zugleich in einfacher Form die Quantifizierung des Einflusses der zentralen Determinanten des Optionspreises im Rahmen einer Ceteribus paribus-Betrachtung. Üblicherweise erfolgt dies in Form einer lokalen Approximation durch eine lineare Funktion (Gerade), d.h. der Bildung der Ableitung des Optionspreises nach den entsprechenden Einflussfaktoren. Die entsprechende Approximation bei Berücksichtigung nur einer Einflussvariablen lautet in allgemeiner Form

(11.43a) $$\mathrm{f}(x_0+\Delta x)-\mathrm{f}(x_0)\approx \mathrm{f}'(x_0)\cdot\Delta x.$$

Führt man eine lokale Approximation durch eine quadratische Funktion (Parabel) durch, so lautet diese – wiederum wird nur eine einzige Einflussvariable betrachtet – entsprechend:

(11.43b) $$\mathrm{f}(x_0+\Delta x)-\mathrm{f}(x)\approx \mathrm{f}'(x_0)\cdot\Delta x+\frac{1}{2}\mathrm{f}''(x_0)\cdot(\Delta x)^2.$$

Der Einfachheit wegen werden im Weiteren die Preissensitivitäten stets in $t = 0$ untersucht. Zunächst wird die Einflussvariable Ausübungspreis betrachtet. Im Falle eines Calls gilt für $t = 0$

(11.44a) $$\partial C_0/\partial X = -e^{-rT}\,\mathrm{N}(d_2) < 0,$$

und bei einem Put entsprechend

(11.44b) $$\partial P_0/\partial X = e^{-rT}\left[1-\mathrm{N}(d_2)\right] > 0.$$

Der Optionspreis ist somit eine streng monoton fallende (Call) bzw. streng monoton steigende (Put) Funktion des Ausübungspreises.

In Bezug auf die Preisdeterminante Restlaufzeit T gilt für den Call (man beachte, dass die Parameter $d_1(t)$ und $d_2(t)$ ebenfalls Funktionen von T sind):

In Bezug auf die Preisdeterminante Restlaufzeit τ gilt für den Call (man beachte, dass die Parameter $d_1(t)$ und $d_2(t)$ ebenfalls Funktionen von τ sind):

(11.45a) $$\frac{\partial C_0}{\partial \tau}=\frac{S_0\sigma}{2\sqrt{\tau}}\,N'(d_1)+rX\,e^{-r\tau}\,N(d_2)>0\,.$$

Dabei bedeute N'(x) die Dichtefunktion einer standardnormalverteilten Zufallsvariablen an der Stelle x. Insgesamt ist damit der Black/Scholes-Optionspreis einer (europäischen) Calloption eine monoton steigende Funktion der Zeit, was auch intuitiv nahe liegt. Eine gebräuchliche Variante dieser Optionspreissensitivität ist das *Options-Theta*

(11.45b) $$\theta = -\partial C_0 / \partial T \ .$$

Theta misst intuitiv die mit einer kürzeren Restlaufzeit einhergehende Reduktion des Optionspreises.

Für europäische Puts erbringt eine Analyse von $\partial P_0 / \partial T$ keinen eindeutig negativen bzw. positiven Zusammenhang, was intuitiv wiederum daran liegt, dass der Preis einer europäischen Putoption unter ihren inneren Wert fallen kann. »Warten« hat damit nicht immer einen positiven (bzw. im Kontext von Theta negativen) Wert. Für amerikanische Puts (ebenso für amerikanische Calls) besteht aber wieder der intuitive monotone funktionale Zusammenhang in Bezug auf die Restlaufzeit.

Für die Preisdeterminante Zins (*Options-Rho*) gilt

(11.46a) $$\partial C_0 / \partial r = TXe^{-rT}\, \mathrm{N}(d_2) > 0$$

bzw.

(11.46b) $$\partial P_0 / \partial r = TXe^{-rT}\left[\mathrm{N}(d_2) - 1\right] < 0 \ .$$

Mit einem steigenden Zins gehen daher steigende Call- bzw. fallende Put-Werte einher und vice versa. Eine weitere Preisdeterminante ist die Kursbewegung der zugrunde liegenden Aktie. Für den Call gilt (Achtung: obwohl das folgende Resultat formal dem Ergebnis einer direkten Ableitung nach S_0 entspricht, ist es doch nicht trivial, da auch die Koeffizienten $N\,[d_1(t)]$ und $N\,[d_2(t)]$ in nicht-linearer Weise von S_0 abhängig sind; für eine einfache und elegante Ableitung des Resultats vgl. *Poulsen* 2007, S. 78).

(11.47a) $$\partial C_0 / \partial S_0 = \mathrm{N}(d_1) > 0$$

und damit führen wie auch intuitiv naheliegend steigende Preise des Basistitels *ceteris paribus* zu einem steigenden Wert des Calls. Diese Sensitivität wird auch als Call-Delta[17] bezeichnet

(11.47b) $$\Delta_C(S) = \partial C_0 / \partial S_0$$

und spielt eine zentrale Rolle bei Delta-Hedging-Strategien für den Stillhalter (Short-Position) einer Calloption. Diese aus dem Black/Scholes-Ansatz der Konstruktion eines lokal risikolosen Hedge-Portfolios[18] abgeleitete Hedging-Strategie lautet

(11.48)	*Call-Delta * Aktie + Call short = lokal risikolos.*

Pro Einheit Call aus Stillhaltersicht muss eine Anzahl von Aktien, die dem Call-Delta entspricht, erworben werden, um ein (lokal) risikoloses Portfolio zu konstruieren, d. h. die Position des Stillhalters zu hedgen (*deltaneutrale Position*).

Da generell $0 \le \mathrm{N}(d_1) \le 1$ gilt, folgt aus (11.47a) zudem, dass der Optionspreis sich nur weniger als eine Geldeinheit verändert, wenn sich der Preis des Basistitels verändert. Allerdings

17 Im Unterschied zum zeitdiskreten Fall, vgl. (11.29), ist das Delta hier lokal definiert.

18 Vgl. auch den Beweis in Anhang C; die dortige Hedge-Ratio q_t entspricht $-1/\Delta(t)$.

weist der Call-Preis auch ein anderes Wertniveau auf als der Basistitel, weswegen ein Vergleich der absoluten Preisänderungen problematisch ist. Durch Berechnung der Elastizität des Call-Preises in Bezug auf den Aktienpreis

$$\text{(11.49)} \qquad \mathrm{E}_C(S) = \left(\frac{\partial C}{\partial S}\right) \cdot \left(\frac{S}{C}\right) = \Delta_C \cdot \frac{S}{C}$$

lässt sich nachweisen, dass $\mathrm{E}_C(S) \geq 1$, d.h. der Call-Preis reagiert prozentual überproportional auf eine prozentuale Änderung des Preises des Basistitels. Dies geht konform mit der traditionellen Sichtweise, dass Optionen »riskanter« im Sinne höherer relativer Preisänderungen im Vergleich zum Basistitel sind.

Eine weitergehende Frage für die Analyse des Call-Deltas ist, ob die aus einer absoluten Preisänderung des Basistitels resultierende absolute Änderung des Optionswertes unterschiedlich für differierende Preisniveaus des Basistitels (etwa »hohe« oder »niedrige« Preise) ist. Hierzu untersucht man die Ableitung des Call-Deltas nach S (*Gamma der Option*), d.h. $\Gamma_C(S) = \partial^2 C / \partial S^2 = \partial \Delta_C(S) / \partial S$. Im Black/Scholes-Fall gilt

$$\text{(11.50)} \qquad \Gamma_C(S) = \frac{1}{S\sigma\sqrt{T}} \mathrm{N}'(d_1) > 0,$$

wobei $\mathrm{N}'(x)$ wiederum die Dichtefunktion der Standardnormalverteilung bezeichne. Im Sinne der Approximation (11.43b) gilt somit

$$\text{(11.51)} \qquad C(s_0 + \Delta s) - C(s_0) \approx \Delta_C(s_0) \cdot \Delta s + \frac{1}{2} \Gamma_C(s_0) \cdot (\Delta s)^2.$$

Dies ist der Ansatzpunkt für ein Delta/Gamma-Hedging bzw. der Konstruktion einer deltaneutralen Position, die zusätzlich gammaneutral ist.

Da sowohl Δ_C als auch Γ_C positiv sind, bedeutet dies insbesondere, dass der Black/Scholes-Optionspreis eine konvexe, monoton steigende Funktion des Aktienkurses ist.

Hinsichtlich einer entsprechenden Berechnung von Delta und Gamma eines europäischen Puts im Rahmen des Black/Scholes-Modells sei auf die Übungsaufgaben 11.9 sowie 11.10 verwiesen.

Die letzte Preisdeterminante des Black/Scholes-Preises ist die Volatilität. Die entsprechende Sensitivität wird auch als *Options-Vega* bezeichnet.[19] Es gilt

$$\text{(11.50)} \qquad \partial P / \partial \sigma = \partial C / \partial \sigma = S\sqrt{T}\, \mathrm{N}'(d_1) > 0.$$

Callwert und Putwert steigen monoton mit zunehmender Volatilität.

11.3.4.3 Dividendenzahlender Basistitel

Eine wesentliche Voraussetzung des Black/Scholes-Modells war die Annahme eines ausschüttungsfreien Basistitels. Solange die Ausschüttungen aber in deterministischer Form erfolgen, können diese in einfacher Weise im Rahmen der Black/Scholes-Bewertungsformeln berücksichtigt werden. Wir betrachten zur Illustration eine Aktie mit Dividendenzahlung.

19 Vega ist dabei kein Bestandteil des griechischen Alphabets.

Wird zum Zeitpunkt t_1 mit $t < t_1 < T$ eine Dividende in Höhe von $D(t_1)$ gezahlt, so ist der Aktienpreis einfach um den entsprechenden Barwert der Dividende zu reduzieren.[20] Dies ist valide, denn es wird damit die Bewertungsformel auf den rein riskanten Teil des Aktienkursprozesses angewendet. Eine Option auf eine dividendenfreie Aktie, die einem identischen Wertprozess folgt, wie der um den risikolosen Anteil bereinigte Kurs einer dividendenzahlenden Aktie, muss zum gleichen Wert für den Investor führen. Zu berücksichtigen ist dabei allerdings, dass sich die Volatilität nun auf den dividendenbereinigten Aktienkursprozess bezieht und nicht auf den Original-Kursprozess. Im Falle einer Kaufoption gilt

(11.53) $$C_t = \left[S_t - e^{-r(t_1-t)} \mathrm{D}(t_1)\right] \mathrm{N}(d_1) - Xe^{-r(T-t)} \mathrm{N}(d_2) \quad ,$$

entsprechend ist die Bereinigung im Falle eines Puts vorzunehmen[21].

Eine alternative Annahme besteht darin, von einer zur Höhe des Aktienkurses proportionalen konstanten Dividendenrendite auszugehen. Üblicherweise (*Proportional Dividend-Model* von *Merton*) wird mit einer konstanten Dividendenintensität gearbeitet. Geht man dabei von einer Dividendenintensität c über das Zeitintervall $[t, T]$ aus, so gilt für den Zusammenhang zwischen dem dividendenbereinigten Kurs und dem Originalprozess gerade

(11.54) $$S_t^{cum} = S_t e^{-c(T-t)} .$$

Hieraus ergibt sich eine einfache Verfahrensweise zur Optionsbewertung. Man verwendet die Black/Scholes-Bewertung und ersetzt dabei einfach den beobachteten Wert S_t durch den Wert $S_t e^{-c(T-t)}$. Im Falle eines Europäischen Call führt dies zu der folgenden Bewertung

(11.55a) $$C_t = S_t e^{-c(T-t)} N(d_1^c) - X e^{-r(T-t)} N(d_2^c) ,$$

wobei

(11.55b) $$d_1^c = d_1^c(t) = \frac{\left[\ln(S_t/X) + \left(r - c + \frac{1}{2}\sigma^2\right)\cdot(T-t)\right]}{\sigma\sqrt{T-t}}$$

(11.55c) $$d_2^c = d_2^c(t) = d_1^c(t) - \sigma\sqrt{T-t}$$

Entsprechend ist im Falle eines europäischen Puts auf eine dividendenzahlende Aktie vorzugehen[22].

20 Die Dividende wird an den Aktionär ausbezahlt und nicht an den Käufer des Calls. Für die Bewertung ist damit nur der Anteil des Aktienkurses relevant, auf den der Käufer in T auch Anspruch hat.

21 Vgl. hierzu Übungsaufgabe 11.11.

22 Vgl. Übungsaufgabe 11.12.

11.4 Kombinationen von Optionspositionen

11.4.1 Straddles

Ein *Straddle* besteht in der Kombination von Kauf- und Verkaufsoptionen mit identischem Basispreis und gleicher Restlaufzeit auf das gleiche Basisobjekt. Werden beide Optionen gekauft, handelt es sich um einen *Long Straddle,* werden beide verkauft um einen *Short Straddle*. In der Regel wird als Ausübungspreis der aktuelle Kurs S_0 des Basisobjekts gewählt, sodass zum Zeitpunkt des Straddle-Kaufs bzw. -Verkaufs alle Optionen at the money sind.
Die Gewinn-/Verlustposition eines Long-Straddles am Ende der Laufzeit ergibt sich zu

(11.56a)
$$G_T = \max(S_T - X, X - S_T) - C_0 - P_0 = \begin{cases} S_T - X - C_0 - P_0 & S_T \geq X \\ X - S_T - C_0 - P_0 & S_T < X \end{cases}$$

Bei Berücksichtigung der entgangenen Verzinsung durch Kauf von Call und Put ergibt sich die Gesamtposition zu

(11.56b)
$$G_T = \max(S_T - X, X - S_T) - C_0 \cdot (1+r)^T - P_0 \cdot (1+r)^T$$

Abbildung 11.12 illustriert die entsprechende Gewinn-/Verlustposition.

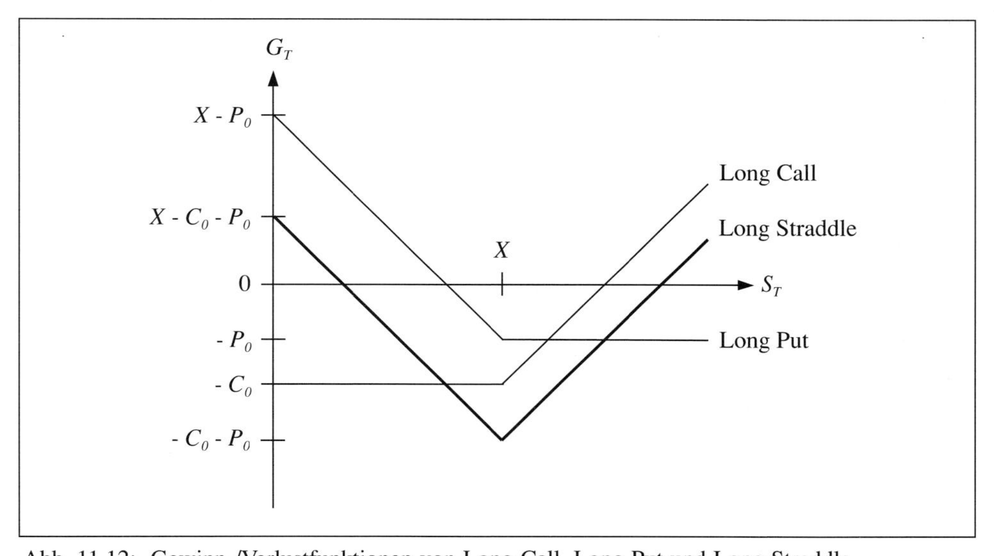

Abb. 11.12: Gewinn-/Verlustfunktionen von Long Call, Long Put und Long Straddle

Das Gewinn-/Verlustdiagramm legt die Markteinschätzung und die Strategie des Straddle-Käufers offen. Er erreicht eine Gewinnposition, wenn der Kauf des Basistitels den Ausübungspreis um mehr als $C_0 + P_0$ Geldeinheiten über- oder unterschreitet. Der Käufer des Straddle rechnet somit mit starken Kursschwankungen des Basistitels um den aktuellen Kurs $X = S_0$, die sowohl nach oben als auch nach unten gerichtet sein können, kurz: mit einer hohen Volatilität des Kassamarktes.

Die Gewinn-/Verlustfunktion eines Short Straddle am Ende der Laufzeit ergibt sich durch Addition derjenigen für einen Short Put und einen Short Call zu

$$
\begin{aligned}
G_T &= \min(S_T - X, X - S_T) + C_0 + P_0 \\
&= -\max(S_T - X, X - S_T) + C_0 + P_0 \\
&= \begin{cases} -(S_T - X) + C_0 + P_0 & S_T \geq X \\ -(X - S_T) + C_0 + P_0 & S_T < X. \end{cases}
\end{aligned} \tag{11.57}
$$

Abbildung 11.13 illustriert diese Position.

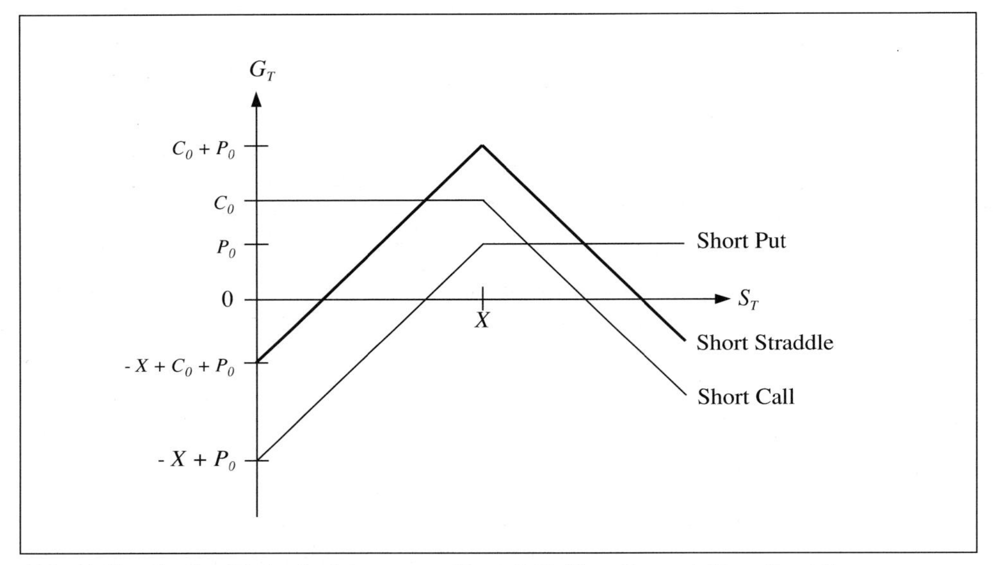

Abb. 11.13: Gewinn/Verlustfunktionen von Short Call, Short Put und Short Straddle

Der Verkäufer eines Straddle bleibt in der Gewinnposition, solange der Kurs des Basistitels nicht um mehr als $C_0 + P_0$ Geldeinheiten über (bzw. unter) den Ausübungspreis steigt (bzw. fällt). Der Anwender eines Short Straddle rechnet also mit einer geringen Marktvolatilität des Basistitels. Sein Gewinnpotential ist auf die Summe der erhaltenen Optionsprämien begrenzt.

11.4.2 Strangles

Strangles unterscheiden sich von Straddles nur dadurch, dass die Ausübungspreise X_C bzw. X_P der betreffenden Call- bzw. Put-Positionen differieren, es gelte $X_C > X_P$, wobei i.d.R. beide Optionen out of the money sind, d. h. im Vergleich zum aktuellen Kurs S_0 des Basistitels gilt $X_P < S_0 < X_C$.

Für den Long-Strangle ergibt sich als Gewinn-/Verlustfunktion am Ende der Laufzeit

(11.58)
$$G_T = \begin{cases} S_T - X_C - C_0(X_C) - P_0(X_P) & S_T \geq X_C \\ -C_0(X_C) - P_0(X_P) & X_P \leq S_T < X_C \\ X_P - S_T - C_0(X_C) - P_0(X_P) & S_T < X_P. \end{cases}$$

Abbildung 11.14 stellt diese Position in grafischer Form dar.

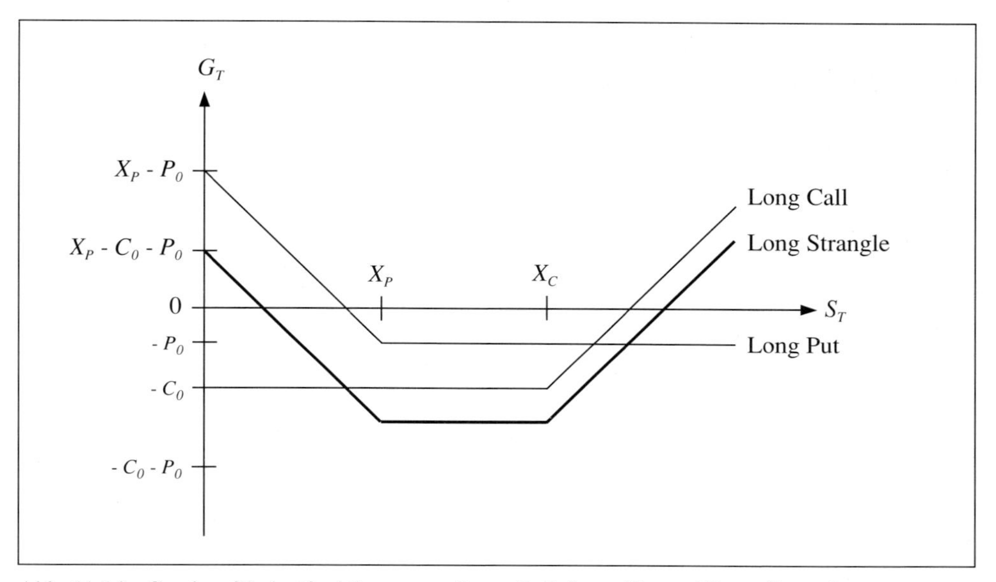

Abb. 11.14: Gewinn-/Verlustfunktionen von Long Call, Long Put und Long Strangle

Im Vergleich zum Straddle liegt der Vorteil für den Käufer des Strangle in den niedrigen Optionsprämien, wodurch der Kapitaleinsatz für die Realisierung der Kombination geringer ist. Auf der anderen Seite wird im Vergleich zum Strangle die Gewinnposition erst bei stärkeren Kursausschlägen erreicht. Der Anwendungsbereich des Long Strangle liegt in der Konstellation extrem volatiler Märkte.

Für den Short Strangle ergibt sich als Gewinn-/Verlustfunktion am Ende der Laufzeit

(11.59)
$$G_T = \begin{cases} -(S_T - X_C) + C_0(X_C) + P_0(X_P) & S_T \geq X_C \\ C_0(X_C) + P_0(X_P) & X_P \leq S_T < X_C \\ -(X_P - S_T) + C_0(X_C) + P_0(X_P) & S_T < X_P. \end{cases}$$

Abbildung 11.15 illustriert diese Position.

Der Stillhalter verlässt die Gewinnposition erst bei sehr starken Kursausschlägen in positiver oder negativer Richtung. Auf der anderen Seite ist seine maximale Gewinnspanne geringer im Vergleich zum Straddle, da beide Optionen out of the money sind.

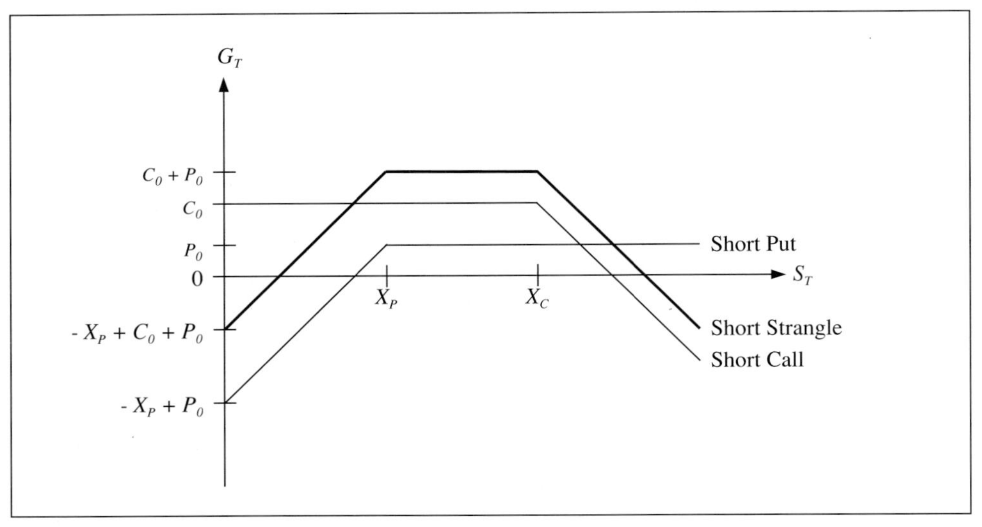

Abb. 11.15: Gewinn-/Verlustfunktionen von Short Call, Short Put und Short Strangle

11.4.3 Spreads

Ein *Spread* kombiniert Optionen gleichen Typus, d. h. entweder nur Kaufoptionen oder nur Verkaufsoptionen auf das gleiche Basisobjekt, die aber verschiedene Restlaufzeiten (*Horizontal Spread, Time Spread*), verschiedene Ausübungspreise (*Vertical Spread*) oder auch beides (*Diagonal Spread*) aufweisen können. Daneben kann sich auch das Verhältnis der jeweils ge- bzw. verkauften Kontrakte unterscheiden (*Ratio Spread*). Im Folgenden werden nur ausgewählte Vertical Spreads in den üblichen Gewinn-/Verlustdiagrammen gezeigt.

Ein (Vertical) *Bull-Call-Spread* besteht im gleichzeitigen Kauf und Verkauf von Kaufoptionen auf das gleiche Basisobjekt und mit gleicher Restlaufzeit T. Der Long Call ist dabei in oder at the money, der Short Call out of the money. Bezeichne X_L den Ausübungspreis des Long Call und X_S den Ausübungspreis des Short Call, so sei im Folgenden in Relation zum aktuellen Kurs des Basisobjekts $X_L \leq S_0 < X_S$ vorausgesetzt. Da der Preis eines Calls umso geringer ist, je mehr er out of the money ist, muss gelten

$$C_L := \mathrm{C}_0(X_L) > C_S := \mathrm{C}_0(X_S) \quad .$$

Für die Gewinn-/Verlustfunktion des Bull-Call-Spreads am Ende der Laufzeit ergibt sich durch Addition der Beziehungen (11.2a) und (11.3)

$$G_T = \begin{cases} X_S - X_L - (C_L - C_S) & S_T \geq X_S \\ S_T - X_L - (C_L - C_S) & X_L \leq S_T < X_S \\ -(C_L - C_S) & S_T < X_L \end{cases} \qquad (11.60)$$

Abbildung 11.16 stellt diese Position in grafischer Form dar.

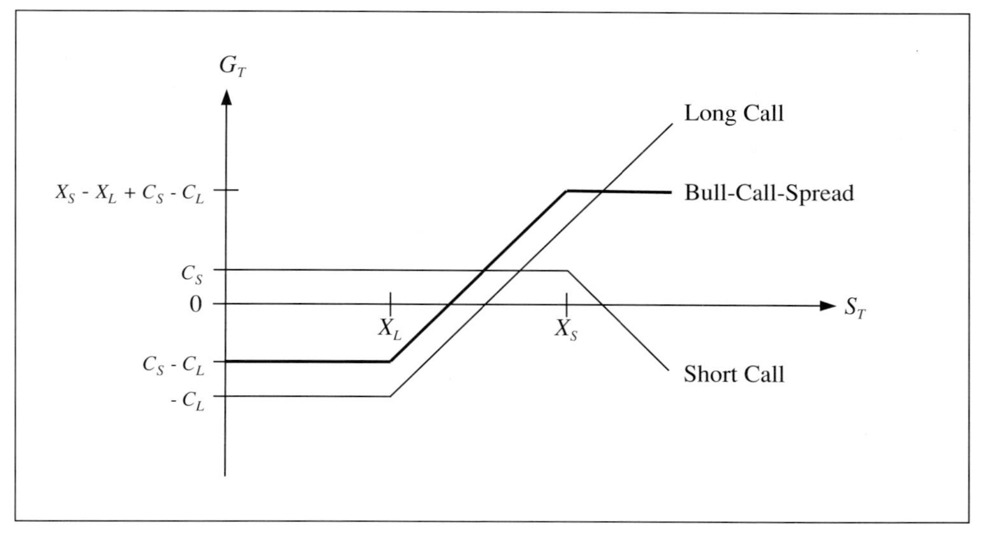

Abb. 11.16: Gewinn-/Verlustfunktionen von Long Call, Short Call und Bull-Call-Spread

Bei der Optionsstrategie des Bull-Call-Spread ist sowohl der maximal zu erzielende Gewinn (Differenz der Ausübungspreise minus Netto-Optionsprämie) als auch der maximal mögliche Verlust (Netto-Optionsprämie) begrenzt. Im Vergleich zu einem reinen Long Call verringert sich die Optionsprämie, die $C_0(X_L) - C_0(X_S)$ beträgt, auf der anderen Seite wird aber ebenfalls die Gewinnmöglichkeit beschränkt. Wie beim Long Call erwartet der Käufer eines Bull-Call-Spreads steigende Kurse, das erwartete Anstiegspotential wird im Vergleich zur reinen Call-Position jedoch als geringer eingestuft.

Ein (Vertical-) *Bull-Put-Spread* besteht im gleichzeitigen Kauf eines Puts mit niedrigerem Ausübungspreis X_L und Verkauf eines Puts mit höherem Ausübungspreis X_S, für die betreffenden Optionsprämien besteht dann die Beziehung $P_1 := P_0(X_L) < P_2 := P_0(X_S)$. Die Gewinn-/Verlustfunktion der Gesamtposition ergibt sich zu

$$G_T = \begin{cases} P_2 - P_1 & S_T \geq X_S \\ S_T - X_S + P_2 - P_1 & X_L \leq S_T < X_S \\ X_L - X_S + P_2 - P_1 & S_T < X_L \end{cases} \tag{11.61}$$

Qualitativ ergibt sich eine identische Position im Vergleich zum Bull-Call-Spread, der maximale Gewinn ist ebenso ex ante begrenzt wie der maximale Verlust aus der Position. Im Vergleich zum Short Put ist der maximale Verlust geringer, dafür auch das Gewinnpotential. Die nachstehende Abbildung illustriert die Position.

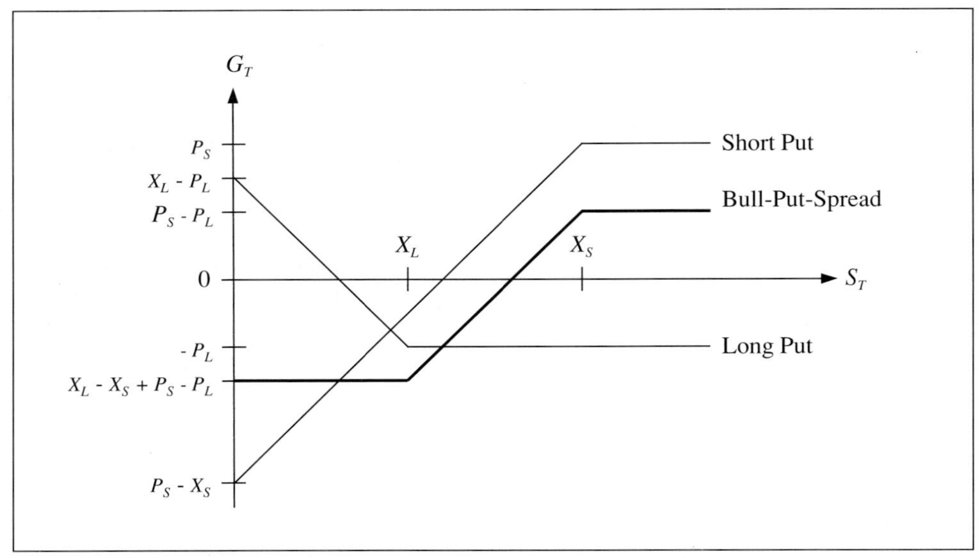

Abb. 11.17: Gewinn-/Verlustfunktionen von Long Put, Short Put und Bull-Put-Spread

Ein (Vertical-) *Bear-Put-Spread* besteht im Kauf eines Puts mit höherem Ausübungspreis X_L und gleichzeitigem Verkauf eines Puts mit niedrigerem Ausübungspreis X_S, d.h. es gilt $X_S < X_L$ und $P_S := \mathrm{P}_0(X_S) < P_L := \mathrm{P}_0(X_L)$. Die Gesamtposition am Ende der Laufzeit ist symmetrisch zu (11.61) und gegeben durch

(11.62)
$$G_T = \begin{cases} X_L - X_S - (P_L - P_S) & S_T < X_S \\ X_L - S_T - (P_L - P_S) & X_S \leq S_T < X_L \\ -(P_L - P_S) & S_T \geq X_L \end{cases}$$

Bei der Optionsstrategie des Bear-Put-Spread ist sowohl der maximal mögliche Gewinn (Differenz der Ausübungspreise minus Netto-Optionsprämie) wie auch der maximal mögliche Verlust (Netto-Optionsprämie) begrenzt. Im Vergleich zu einem Long Put verringert sich die Optionsprämie, die $\mathrm{P}_0(X_L) - \mathrm{P}_0(X_S)$ beträgt, auf der anderen Seite wird ebenfalls die Gewinnmöglichkeit stärker beschränkt. Wie beim Long Put erwartet der Käufer eines Bear-Put-Spreads sinkende Kurse des Basisobjekts, das erwartete Senkungspotential wird im Vergleich zu seiner Put-Position jedoch als geringer eingestuft. Abbildung 11.18 illustriert die Position.

Ein (Vertical) *Bear-Call-Spread* besteht im gleichzeitigen Kauf eines Calls mit höherem Basispreis X_L und Verkauf eines Calls mit niedrigerem Basispreis X_S, d.h. es gilt $X_S < X_L$ und $C_S := \mathrm{C}_0(X_S) > C_L := \mathrm{C}_0(X_L)$. Die Gewinn-/Verlustfunktion am Ende der Laufzeit ergibt sich zu

(11.63)
$$G_T = \begin{cases} C_S - C_L & S_T < X_S \\ X_S - S_T + C_S - C_L & X_S \leq S_T < X_L \\ X_S - X_L + C_S - C_L & S_T \geq X_L \end{cases}$$

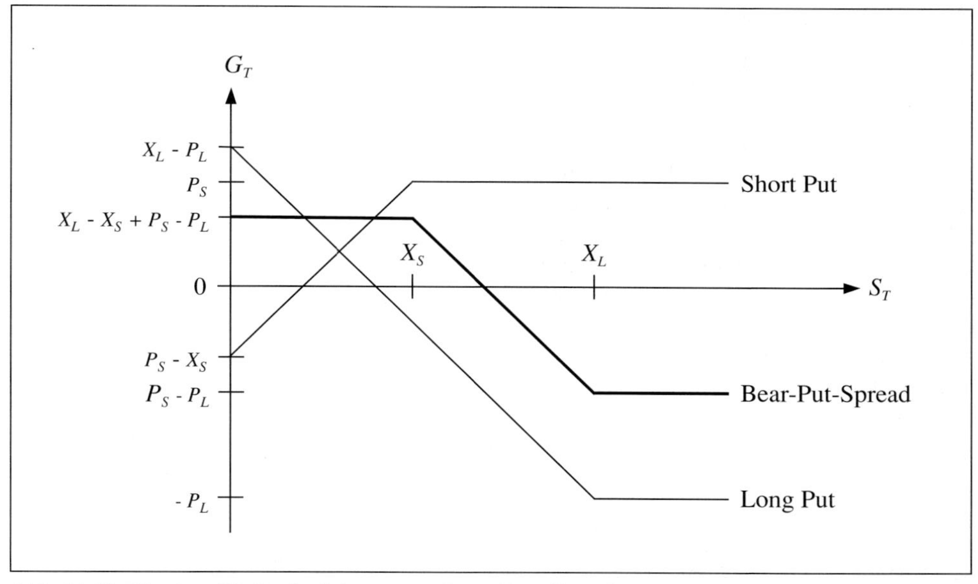

Abb. 11.18: Gewinn-/Verlustfunktionen von Long Put, Short Put und Bear-Put-Spread

Sie ist symmetrisch zum Bull-Call-Spread und qualitativ identisch mit einem Bear-Put-Spread. Abbildung 11.19 illustriert die Position.

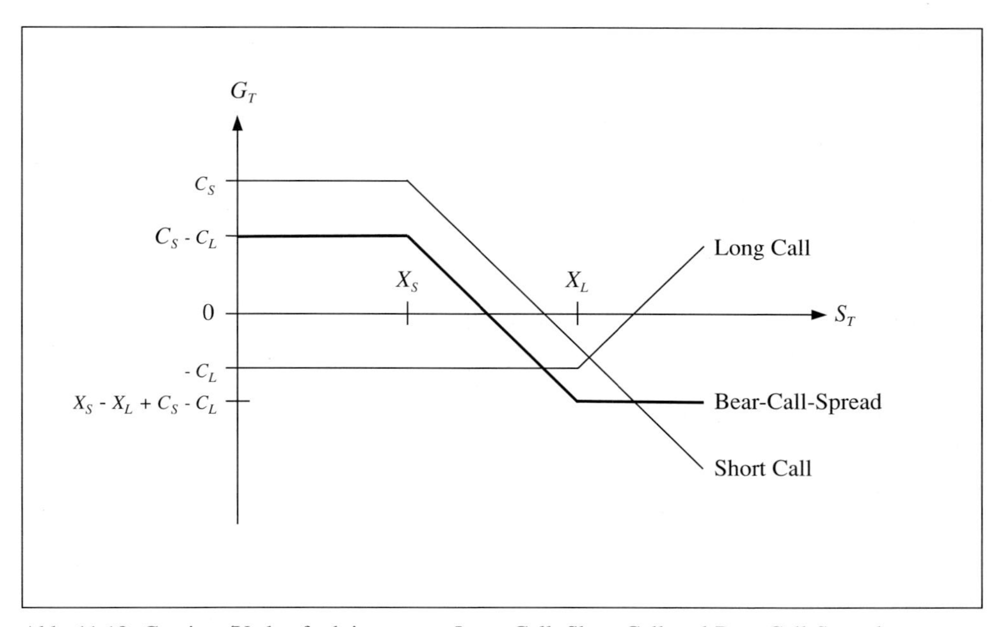

Abb. 11.19: Gewinn-/Verlustfunktionen von Long Call, Short Call und Bear-Call-Spread

Als letztes Beispiel einer Spread-Kombination betrachten wir den (Vertical) *Butterfly Spread,* der eine Kombination eines Bull Spreads mit einem Bear Spread darstellt, wobei die eingehenden Spreads entweder beide aus Calls oder beide aus Puts zusammengesetzt sein können. Wir konzentrieren uns im Folgenden auf einen *Butterfly-Call-Spread.*

Zum Aufbau eines Butterfly-Call-Spreads betrachten wir drei Ausübungspreise $X_1 < X_2 < X_3$, wobei typischerweise X_2 in der Nähe des aktuellen Kurses des Basisobjekts liegt. Gekauft werden jeweils ein Call mit dem Ausübungspreis X_1 bzw. X_3, d.h. ein In the Money Call und ein Out of the Money-Call. Verkauft werden zwei At-the-Money-Calls mit dem Ausübungspreis X_2. Typischerweise wird die Konstellation $X_2 = 1/2 \cdot (X_1 + X_3)$ realisiert, d.h. der Ausübungspreis X_2 liegt genau in der Mitte zwischen den beiden Ausübungspreisen X_1 und X_3, der Butterfly wird somit symmetrisch. Für die zugehörigen Optionspreise $C_i = C_0(X_i)$, $i = 1,\ldots, 3$, gilt $C_1 > C_2 > C_3$. Äquivalent zur Charakterisierung über die einzelnen einzugehenden Call-Positionen ist die Aussage, dass ein Butterfly-Call-Spread der Kombination eines Bull-Call-Spreads, der auf den Ausübungspreisen (X_1, X_2) aufbaut, mit einem Bear-Call-Spread, der auf den Ausübungspreisen (X_2, X_3) aufbaut, entspricht.

Die Gewinn-/Verlustfunktion eines Butterfly-Call-Spreads am Ende der Laufzeit ergibt sich insgesamt zu

$$G_T = \begin{cases} 2 \cdot C_2 - C_1 - C_3 & S_T \geq X_3 \\ 2 \cdot X_2 - X_1 - S_T + 2 \cdot C_2 - C_1 - C_3 & X_2 \leq S_T < X_3 \\ S_T - X_1 + 2 \cdot C_2 - C_1 - C_3 & X_1 \leq S_T < X_2 \\ 2 \cdot C_2 - C_1 - C_3 & S_T < X_1 \end{cases} \tag{11.64}$$

Abbildung 11.20 bietet eine grafische Umsetzung dieser Position.

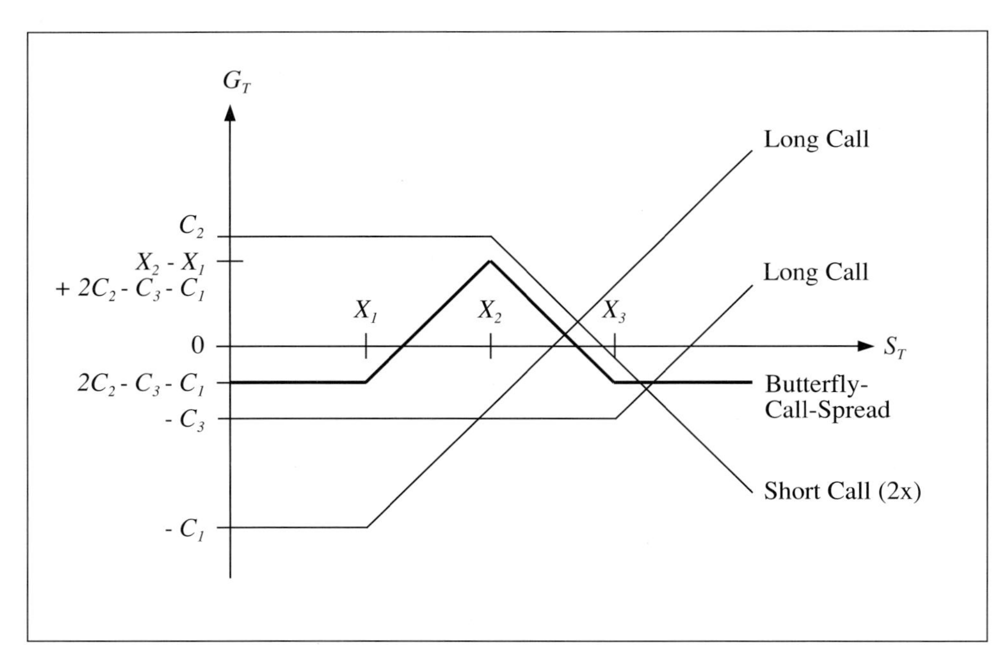

Abb. 11.20: Gewinn-/Verlustfunktionen eines Butterfly-Call-Spreads und seiner Bestandteile

Der maximale Verlust (im Falle $S_T \leq X_1$ und $S_T \geq X_3$) ist beschränkt auf die Netto-Optionsprämie $C_1 + C_3 - 2 \cdot C_2$. Der maximale Gewinn ist im Falle $S_T = X_2$ gegeben und beträgt $X_2 - X_1 - (C_1 + C_3) + 2 \cdot C_2$. Analog zum Short Straddle und zum Short Strangle rechnet der Durchführende eines Butterfly-Call-Spreads mit stagnierenden Märkten (geringe Volatilität), wobei sein Verlust, wenn diese Strategie nicht aufgeht im Gegensatz zu den vorgenannten Fällen begrenzt ist. Als Kompensation wird dies einen geringeren Gewinn zur Konsequenz haben.

11.5 Wertsicherung mit Optionskontrakten

Ein zentrales Einsatzgebiet von Optionen im Investmentmanagement besteht in der Absicherung des zukünftigen Werts einer bestehenden Vermögensposition gegenüber negativen Kursentwicklungen. Wegen der im Gegensatz zum Hedgen unter Einsatz von Futures dabei entstehenden asymmetrischen Gewinn-/Verlustposition bevorzugen wir im Weiteren den Terminus *Wertsicherung* für entsprechende Strategien. In der Literatur wird i.d.R. sowohl die Absicherung unter Einsatz von Optionen wie auch die Absicherung mittels Futures als Hedging bezeichnet.

11.5.1 Put Hedge

Ein *1:1 Put Hedge* besteht in der Absicherung einer Position aus n Titeln des Basisobjekts durch Kauf der gleichen Anzahl von Verkaufsoptionen[23] auf das Basisobjekt.

Im Folgenden entspreche der Absicherungszeitpunkt T dem Verfalltermin der Verkaufsoption. Die Wertfunktion V_T (Vermögenswert in T) des Portfolios aus einem Basistitel und einem Put auf eine Einheit des Basisobjekts zum Zeitpunkt T ist dann gegeben durch

(11.65a)
$$\begin{aligned} V_T &= S_T + P_T - \mathrm{P}_0(X) \\ &= S_T + \max(X - S_T, 0) - \mathrm{P}_0(X) \\ &= \begin{cases} X - P_0 & S_T < X \\ S_T - P_0 & S_T \geq X, \end{cases} \end{aligned}$$

die Gewinn-/Verlustfunktion G_T im Zeitpunkt T entsprechend durch

(11.65b)
$$G_T = V_T - S_0.$$

Abbildung 11.21 illustriert zunächst die Wirkungsweise des 1:1 Put Hedge in Bezug auf die Wertposition:

23 Das Kontraktvolumen sei hierbei eins, d.h. der Optionskontrakt bezieht sich auf eine Einheit des Basisobjekts.

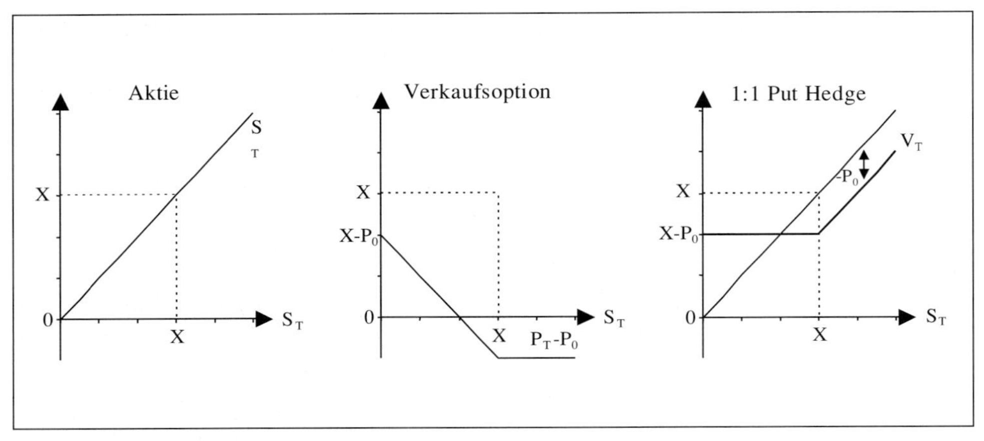

Abb. 11.21: Wirkungsweise eines 1:1 Put Hedge (Wertposition)

Insgesamt ergibt sich eine effektive Absicherung des Werts der Gesamtposition in Höhe von $X - P_0$ bzw. $X - P_0(1 + r)^T$ bei Berücksichtigung einer Kreditfinanzierung der gezahlten Optionsprämie. Zur Absicherung des Werts im Zeitpunkt T genügt dabei offenbar der Kauf einer europäischen Verkaufsoption mit Verfalltermin T.

Die Abbildung 11.22 illustriert entsprechend die Wirkung des 1:1 Put Hedge in Bezug auf die Gewinn-/Verlustfunktion:

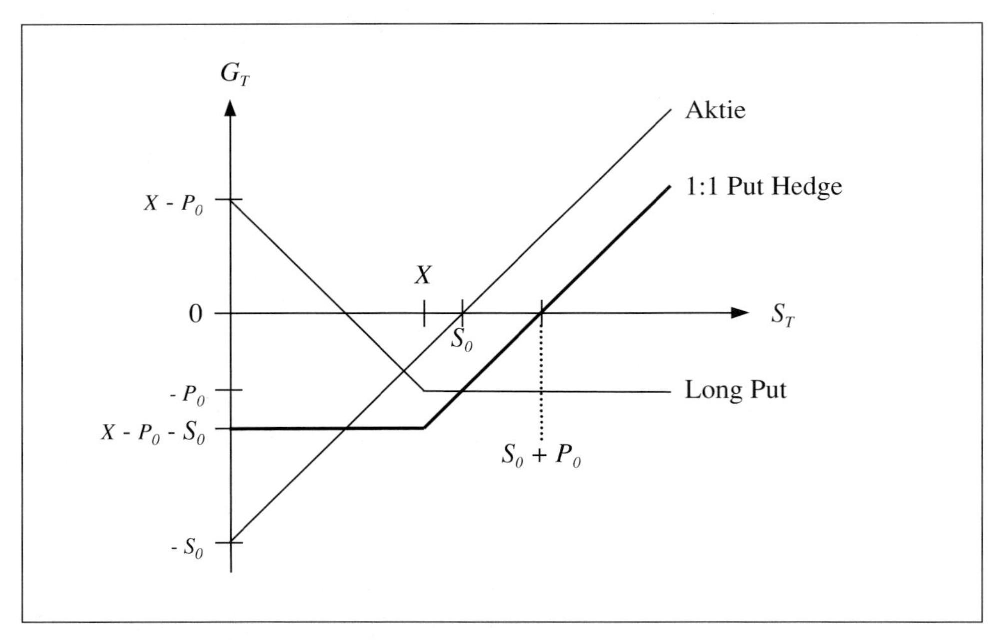

Abb. 11.22: Gewinn-/Verlustfunktion eines 1:1 Put Hedge

Insgesamt ergibt sich ein maximaler Verlust in Höhe von $X - P_0 - S_0$ bzw. in Höhe von $X - (P_0 + S_0)(1 + r)^T$ unter Berücksichtigung der Finanzierung des Investitionsbetrags. Wird ein Ausübungspreis in Höhe des anfänglichen Werts des Basistitels gewählt, $X = S_0$, so entspricht der maximal mögliche Verlust der gezahlten Optionsprämie.

Das 1:1 Put Hedge führt zu einer *asymmetrischen* Wert- bzw. Gewinn-/Verlustposition am Ende der Laufzeit. Auf der einen Seite erfolgt eine effektive Absicherung des Wertes der Gesamtposition im Falle von Kursverlusten des Basisobjekts, auf der anderen Seite erfolgt eine Partizipation an den Kursgewinnen des Basisobjekts, wenn auch vermindert um die Höhe der Optionsprämie.

Welchen Effekt hat nun die Wahl alternativer Ausübungspreise X auf die Wirkungsweise eines 1:1 Hedges? Prinzipiell gilt, dass bei fixer Restlaufzeit c. p. der Preis der Verkaufsoptionen umso höher ist, je höher der Ausübungspreis X ist bzw. vice versa. $\mathrm{P}_0(X)$ ist eine in X monoton steigende Funktion. Die Partizipation $S_T - \mathrm{P}_0(X) - S_0$ an den Kursgewinnen des Basisobjekts vermindert sich somit bei steigendem Ausübungspreis bzw. vice versa. Auf der anderen Seite ist $X - \mathrm{P}_0(X) - S_0$ insgesamt eine in X monoton steigende Funktion, da bei einer Erhöhung des Ausübungspreises der Put-Preis nicht in gleichem Umfang mitsteigt. Ein höherer Ausübungspreis führt somit zu einem erhöhten Absicherungsniveau. Insgesamt erfolgt ein Trade-off zwischen der Höhe des abgesicherten Wertes der Gesamtposition und der Partizipation an eventuellen Kursgewinnen des Basistitels. Die nachfolgende Darstellung illustriert diese Effekte.

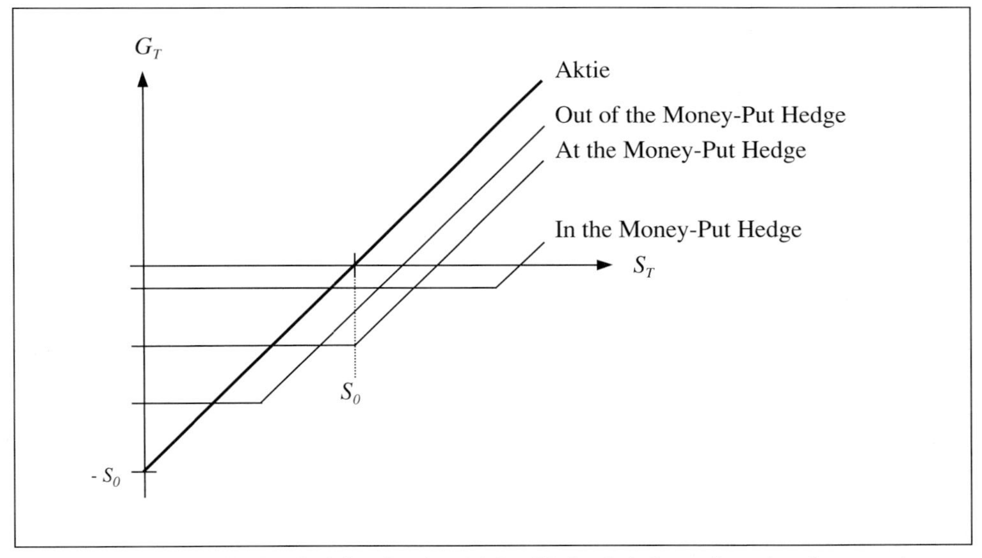

Abb. 11.23: Gewinn-/Verlustfunktion für den 1:1 Put Hedge bei alternativen Ausübungspreisen

Bisher haben wir uns auf die Absicherung des Wertes der Gesamtposition *am Ende* eines vorgegebenen Anlagehorizontes konzentriert, in welchem Maße besteht nun aber durch ein 1:1 Put Hedge eine Absicherung *während* der Laufzeit der Option? Es lässt sich zeigen, dass im Falle einer amerikanischen Verkaufsoption eine Absicherung in Höhe von $X - P_0$ auch während der Laufzeit gelingt, hingegen im Falle einer europäischen Verkaufsoption nur in Höhe von $X \cdot (1+r)^{-(T-t)} - P_0$ abgesichert werden kann.[24]

Das statische 1:1 Put Hedge bewirkt die Absicherung eines bestimmten Wertes der Gesamtposition. Im weiteren Zeitverlauf erreichbare höhere Werte werden dagegen nicht abgesichert. Die Strategie lässt sich aber leicht dynamisieren, wenn der Kurs des Basistitels im Anlagezeitraum steigt, indem man erreichte höhere Niveaus durch den Kauf entsprechender (dann am Markt verfügbarer bzw. billigerer) Puts absichert.

Das zentrale Ergebnis des 1:1 Put Hedges, die vollständige Absicherung gegen Kursverluste des Basistitels beruht auf einer Reihe von Prämissen, die in der Praxis nicht erfüllt sein müssen und damit den Erfolg der Absicherung gefährden:

- Für das abzusichernde Basisobjekt müssen Putoptionen am Markt (Terminbörse oder OTC) verfügbar sein. Aus der Verwendung von Optionen auf ein anderes Basisobjekt resultiert ein *Cross Hedge-Risiko.*
- Bei vorgegebenem Absicherungshorizont der Länge T müssen Puts mit (mindestens) dieser Laufzeit verfügbar sein, was für lange Absicherungshorizonte u. U. problematisch ist. Der erneute Kauf von Puts im Absicherungszeitraum beinhaltet u. U. erhebliche Risiken für das Absicherungsziel. Bei stark gefallenen Kursen des Basisobjekts können Puts mit dem benötigten Ausübungspreis nicht mehr verfügbar sein, auf jeden Fall sind sie dann erheblich teurer. Zudem fallen zusätzliche Transaktionskosten an.
- Zur perfekten Durchführung eines 1:1 Put Hedges muss die Zahl n der gehaltenen Basistitel ein ganzzahliges Vielfaches des (üblicherweise standardisierten) Kontraktvolumens sein.
- Positionsbeschränkungen und Exercise Limits gefährden die Durchführung eines perfekten 1:1 Hedges. Unter Positionsbeschränkungen versteht man die Höchstzahl an Kontrakten, die von einem bestimmten Börsenmitglied oder einem Kunden für eigene Rechnung gehalten werden dürfen. Ziel der Positionsbeschränkung ist die Vermeidung von Preisverzerrungen aufgrund einer marktbeherrschenden Stellung. Für die Durchführung eines 1:1 Put Hedges hätte dies dann eine Auswirkung, wenn die Zahl n der abzusichernden Titel eines Basisobjekts über der Positionsbeschränkung für das jeweilige Basisobjekt liegt, d.h. eine entsprechende Zahl von Puts nicht erworben werden kann. An einigen Börsen existieren als weitere Beschränkungen Exercise Limits, welche die Zahl der Kontrakte, die innerhalb eines gegebenen Zeitraums ausgeübt werden dürfen, beschränken.

Welche Effekte hat nun eine Änderung des *Hedge Ratio,* d. h. die Anzahl der gekauften Puts im Verhältnis zu der Anzahl der gekauften Basistitel? Wir demonstrieren die Konsequenzen anhand zweier einfacher Beispiele. Eine Verdopplung des Hedge-Ratio (1:2 Put Hedge) beinhaltet den Kauf von 2 Puts pro Basistitel. Dies führt zu folgender Gewinn-/Verlustposition G_T des Gesamtportfolios:

(11.66)
$$\begin{aligned} G_T &= S_T + 2 \cdot \max(X - S_T, 0) - 2 \cdot P_0(X) - S_0 \\ &= \begin{cases} S_T - 2 \cdot P_0 - S_0 & S_T \geq X \\ (X - 2 \cdot P_0) + (X - S_T) - S_0 & S_T < X . \end{cases} \end{aligned}$$

Diese Position wird für den Fall $X = S_0$ in der Abbildung 11.24 illustriert.

24 Man vgl. hierzu auch die Übungsaufgabe 11.13.

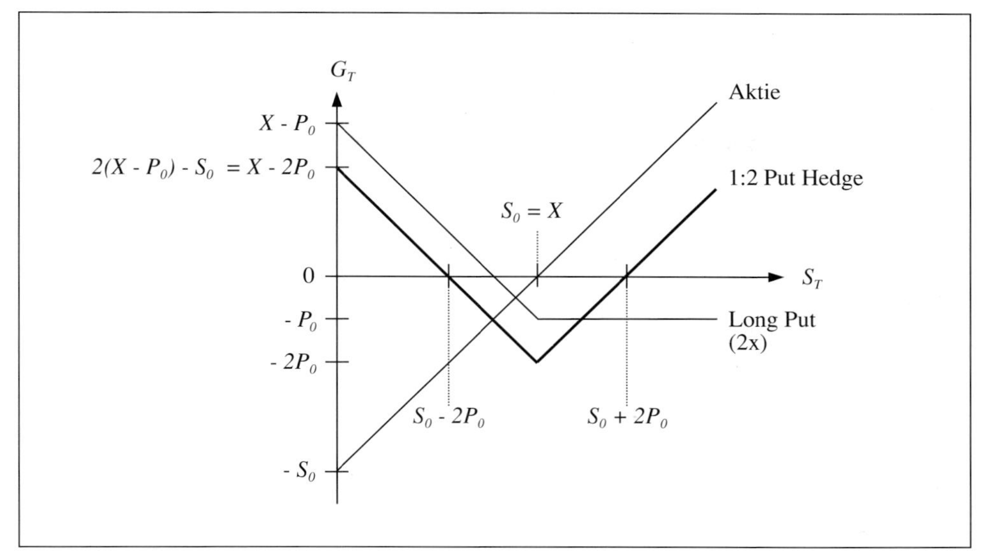

Abb. 11.24: Gewinn-/Verlustfunktion eines 1:2 Put Hedge

Die Durchführung eines 1:2 Put Hedges führt zu einer Absicherung des Portfolio-Endwertes V_T in Höhe von $X - 2\,P_0(X)$. Es findet eine (um $2P_0$ reduzierte) Partizipation an Kursgewinnen statt, d. h. die Kosten der Strategie verdoppeln sich. Dies wird kompensiert durch eine »negative« Partizipation an Kursverlusten. Selbst bei massiven Kursverlusten ist somit die Erreichung einer Gewinngesamtpostion möglich. Diese Möglichkeit ist umso größer, je höher die Kursverluste sind. Die Anwendung einer solchen Strategie kommt vor allem in Betracht, wenn man mit großen Kursschwankungen am Markt rechnet. Findet jedoch eine »Seitwärtsbewegung« der Kurse ohne große Ausschläge statt, so ist diese Strategie teurer als das 1:1-Hedge.

Als zweites Beispiel betrachten wir eine Hedge Ratio von 1/2, d.h. nur für jeden zweiten Basistitel wird ein Put gekauft. Dies kann auch so interpretiert werden, dass nur die Hälfte des Gesamtportfolios abgesichert wird. Die entsprechende Gewinn-/Verlustposition ergibt sich zu:

$$
\begin{aligned}
G_T &= S_T + 1/2 \cdot \max(X - S_T, 0) - 1/2 \cdot \mathrm{P}_0(X) - S_0 \\
&= \begin{cases} S_T - 1/2 \cdot P_0 - S_0 & S_T \geq X \\ 1/2 \cdot (X - P_0) + 1/2 \cdot S_T - S_0 & S_T < X\,. \end{cases}
\end{aligned}
\tag{11.67}
$$

Dies ist in der nachfolgenden Abbildung für $X = S_0$ illustriert.

Die halbierten Kosten der Absicherungsstrategie haben zur Konsequenz, dass sich auch die Höhe der Absicherung vermindert. Allerdings wird die Absicherungshöhe im Vergleich zum 1:1 Put Hedge nur dann exakt halbiert, falls das Basisobjekt auf den Wert null sinkt. Ansonsten hängt die Absicherungshöhe entscheidend von der Höhe der Kursverluste in der betrachteten Periode ab.

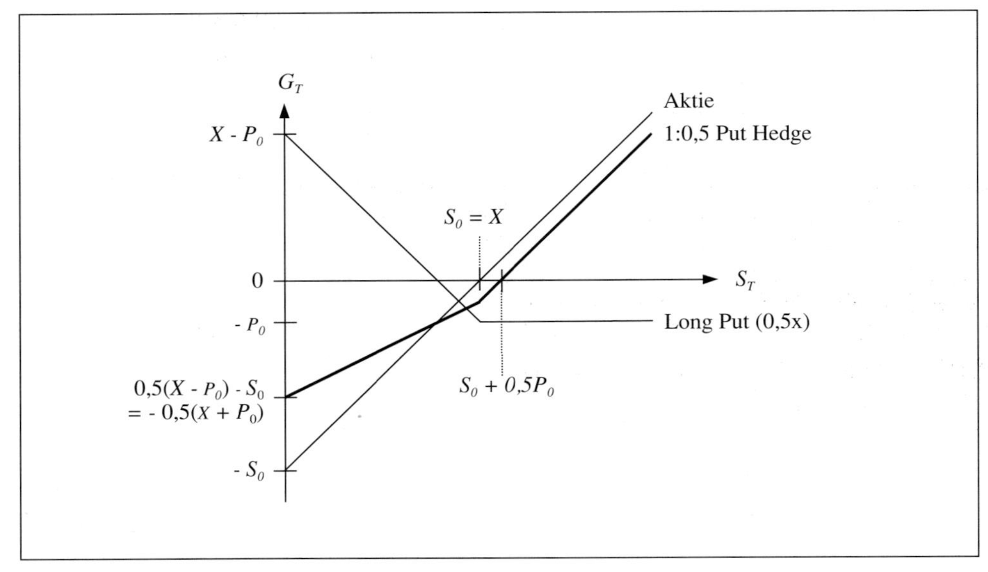

Abb. 11.25: Gewinn-/Verlustfunktion eines 1:0,5 Put Hedges

11.5.2 Covered Short Call

Ein 1:1 *Covered Short Call* beinhaltet den Verkauf einer Kaufoption auf einen im Bestand gehaltenen Basistitel. Der Investor fungiert als Stillhalter (Short Call) bei gleichzeitigem Besitz (Covered) des Basistitels. Als Gewinn-/Verlustfunktion am Ende der Laufzeit ergibt sich

(11.68)
$$\begin{aligned} G_T &= S_T + \min(X - S_T, 0) + C_0(X) - S_0 \\ &= \min(X, S_T) + C_0(X) - S_0 \\ &= \begin{cases} S_T + C_0 - S_0 & S_T < X \\ X + C_0 - S_0 & S_T \geq X \end{cases} \end{aligned}$$

wobei C_0 die (vom Stillhalter vereinnahmte) Optionsprämie bezeichne. Abbildung 11.26 beinhaltet eine graphische Darstellung dieser Konstellation.

Trotz der anzutreffenden Bezeichnung Call Hedge, stellt der Covered Short Call kein eigentliches Hedge dar. Nur Kursverluste bis zur Höhe des vereinbarten Optionspreises C_0 werden ausgeglichen, ansonsten fallen die Verluste nur um diesen Betrag vermindert an, gleichzeitig kann von Kurssteigerungen nicht profitiert werden, da in diesem Fall die Option ausgeübt wird. Die Relevanz einer solchen Position ist nur bei stagnierenden Märkten mit geringen Kursschwankungen gegeben.

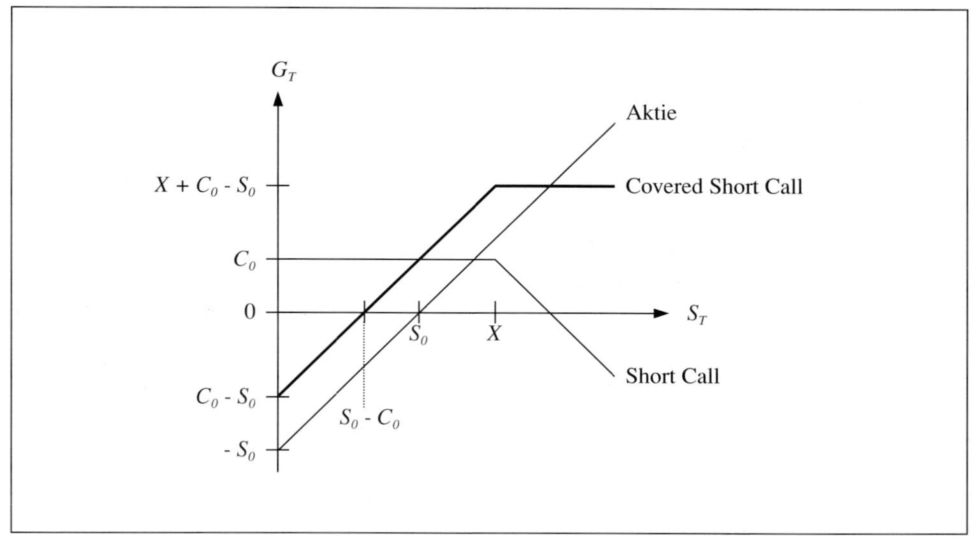

Abb. 11.26: Gewinn-/Verlustfunktion eines Covered Short Call

Eine Erhöhung des Gesamtgewinns bei geringen Kursänderungen lässt sich durch einen 1:2 Call Hedge erreichen. Gewinne bei geringen Kursänderungen lassen sich auf diese Weise jedoch nur erhöhen, weil stärkere Verluste bei großen Kursänderungen in Kauf genommen werden.

11.5.3 Fallstudie: Empirische Absicherungswirkungen (historische Analyse)

Im Rahmen der nachfolgenden Fallstudie soll die Absicherungswirkung von Put Hedge- und Covered Short Call-Strategien aus empirischer Sicht auf der Grundlage historischer Renditedaten untersucht werden. Betrachtet werden dabei zum einen die Rendite, welche sich bei einer *einmonatigen* Anlage in das DAX-Portfolio ergeben hätte und zum anderen die *einmonatige* Rendite eines durch einen 1:1-Put Hedge bzw. 1:1 Covered Short Call abgesicherten DAX-Portfolios. Zur Absicherung wurde jeweils die Option ausgewählt, deren Ausübungspreis dem DAX-Stand zu Periodenbeginn am nächsten war. Die verwendeten Optionspreise sind die Settlementpreise der Eurex bzw. ihrer Vorläuferin, der Deutschen Terminbörse (DTB), die Untersuchung startet mit der Einführung von DAX-Optionen an der DTB im August 1991 und endet im März 2000.

Die Abbildung 11.27 zeigt zunächst die absolute Häufigkeit der realisierten Renditen des ungesicherten DAX-Portfolios in den 104 beobachteten einmonatigen Perioden von August 1991 bis März 2000, eingeteilt in Renditeintervalle in einer Länge von 0,5 Prozentpunkten. Die äußeren Intervalle erfassen alle Renditerealisationen über von über 12,5% bzw. unter 11,5%. Dabei zeigt sich, dass die realisierten Werte relativ symmetrisch um ihren Mittelwert

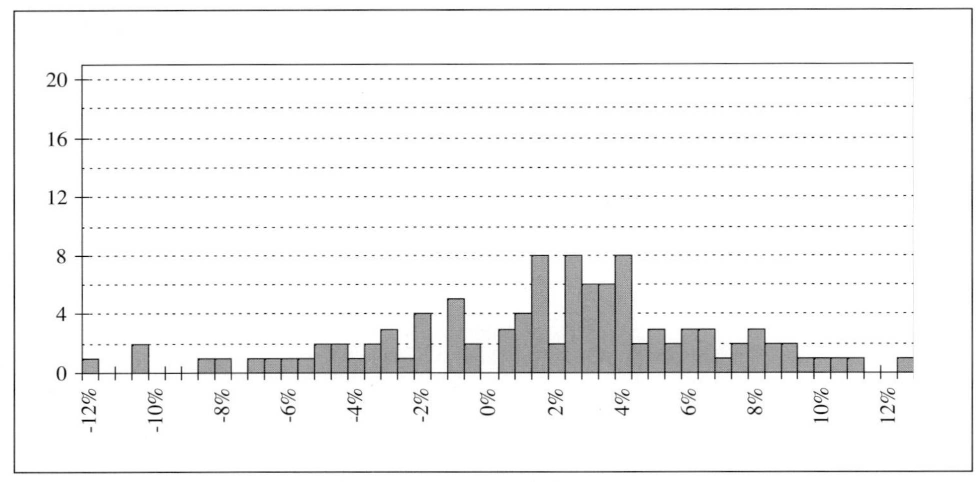

Abb 11.27: Histogramm der Renditen des DAX-Portfolios

schwanken. Die Maximalrendite beträgt 14,89% und die minimal erreichte Rendite –16,01%. Die Schiefe ist leicht negativ und weist einen Wert von – 0,560 auf.

Nachfolgende Abbildungen zeigen das entsprechende Ergebnis für das 1:1 Put Hedge sowie den 1:1 Covered Short Call. Dabei lag beiden Optionsstrategien jeweils ein Basispreis von 100% des DAX-Stands zu Beginn jeden Monats zugrunde, d.h. es wurden jeweils At the Money-Optionen verwendet.

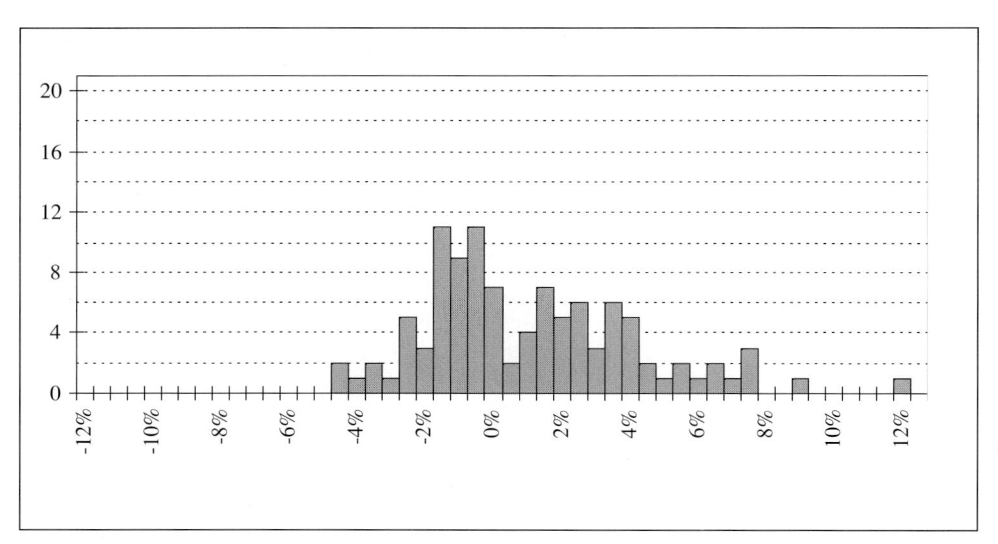

Abb. 11.28: Histogramm der Renditen der 100%-Long Put-Strategie

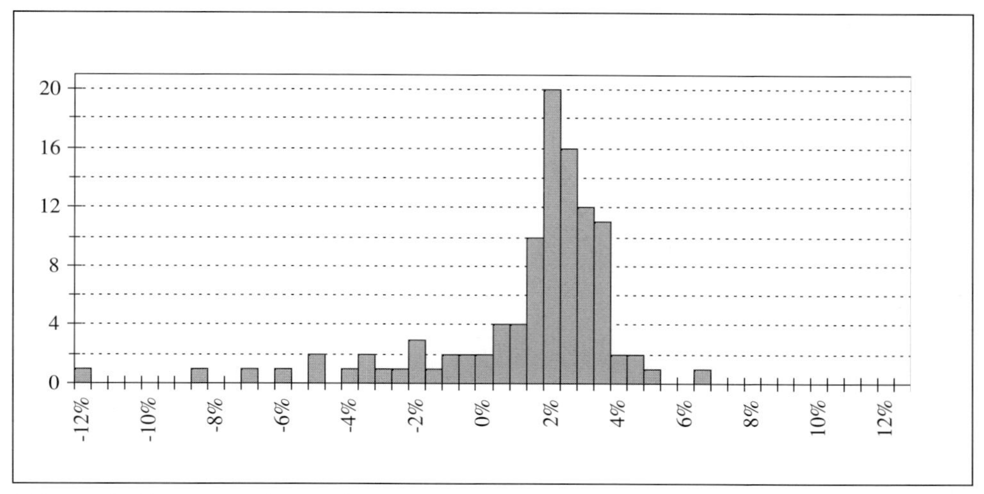

Abb. 11.29: Histogramm der Renditen der 100%-Short Call-Strategie

Die Tabelle 11.3 erlaubt den Vergleich einiger elementarer Risiko- und Renditekennziffern von ungesichertem DAX-Portfolio, Put Hedge und Covered Short Call. Die durchschnittlich erzielte Monatsrendite fällt beim abgesicherten Portfolio zwar geringer aus, doch auch die Standardabweichung der Rendite reduziert sich in beträchtlichem Umfang. Negative Ausreißer der Rendite werden durch den Put Hedge abgefangen. Dies führt zur Entstehung einer rechtsschiefen Renditeverteilung.

	DAX-Portfolio	1:1 Put Hedge	1:1 Covered Short Call
Mittlere Rendite	1,548%	0,808%	1,005%
Standardabweichung	5,076%	3,093%	2,938%
Minimalrendite	-16,011%	-4,598%	-13,714%
Maximalrendite	14,886%	11,574%	6,065%
Schiefe	-0,560	0,774	-2,245

Tab. 11.3: Kennzahlen der Renditeverteilungen von DAX-Portfolio, 1:1 Put Hedge und Covered Short Call

Betrachtet man die empirische Renditeverteilung der beiden Optionsstrategien, kommt sehr klar deren Asymmetrie zum Ausdruck. Der Put Hedge weist eine starke Rechtsschiefe (0,774) auf, wogegen der Covered Short Call die leichte Linksschiefe in der ungesicherten DAX-Renditezeitreihe noch deutlich auf -2,245 verstärkt. Die Minimalrendite ist beim Put Hedge mit -4,598% deutlich größer als diejenige der ungesicherten DAX-Position mit -16,011%.

Dagegen liegt die maximal erzielte Monatsrendite mit einem Wert von 11,574% nur leicht unter derjengen der ungesicherten DAX-Position mit 14,886%. Im Gegensatz dazu liegt die Minimalrendite für den Covered Short Call mit -13,714% nur leicht über derjenigen der ungesicherten Aktienposition. Darüber hinaus liegt die Maximalrendite von 6,065% deutlich unter derjenigen des DAX. Insofern reduziert der Put Hedge das »Worst-Case-Risiko« einer ungesicherten Aktienposition in effektiver Weise, ohne das »Best-Case-Renditepotenzial« zu stark zu reduzieren. Allerdings kann daraus nicht geschlossen werden, dass der Put Hedge dem Covered Short Call grundsätzlich überlegen ist. So fällt der Rückgang der mittleren Rendite im Vergleich zur ungesicherten DAX-Position beim Covered Short Call mit einem Wert von 1,005% deutlich geringer aus als beim Put Hedge mit 0,808%. Auch ist die Gesamtvolatilität des Covered Short Call leicht geringer als diejenige des Put Hedges.

Ein Put Hedge entfaltet seine volle Wirkung insbesondere in Crash-Situationen wie beispielsweise zwischen Juli und Oktober 1998 zu beobachten war. Der DAX verlor in diesem Zeitraum bis zu 37%. Die unten stehende Übersicht zeigt einen Performancevergleich von ungesichertem und gesichertem Portfolio während dieses Zeitraums.

	20.07.98	08.10.98
DAX-Stand	6.171,43	3.896,08
Wert eines Puts mit Fälligkeit 10/98, $X = 6150$	229,50	2304,30
DAX-Portfolio	Erwerb von 1,6204 DAX-Portfolioanteilen, Wert: 10.000 EUR	Portfoliowert: 1,6204 · 3.896,08 = 6.313,09 EUR (Verlust: 36,87%)
1:1 Put Hedge	Erwerb von 1,5623 DAX-Portfolioanteilen und ebenso vielen Puts, Wert: 10.000 EUR	Portfoliowert: 1,5623 · (3.896,08 + 2304,30) = 9.686,69 EUR (Verlust: 3,13%)

Tab. 11.4: Wirkung eines Put Hedge in einer Crash-Situation

11.5.4 Collar

Die Position eines Collar beruht auf dem Besitz eines Basistitels bei gleichzeitigem Kauf einer Verkaufsoption (Long Put) mit Ausübungspreis X_1 und Verkauf einer Kaufoption (Short Call) mit Ausübungspreis $X_2 > X_1$, jeweils bezogen auf den Basistitel mit gleicher Restlaufzeit T. Es bezeichne $P_0 = \mathrm{P}_0(X_1)$ den Preis des Puts und $C_0 = \mathrm{C}_0(\mathrm{X}_2)$ die erhaltene Call-Prämie. Als Gewinn/Verlust-Funktion eines Collar am Ende der Laufzeit ergibt sich

(11.69)
$$G_T = \begin{cases} X_2 - P_0 + C_0 - S_0 & S_T \geq X_2 \\ S_T - P_0 + C_0 - S_0 & X_1 \leq S_T < X_2 \\ X_1 - P_0 + C_0 - S_0 & S_T < X_1 \end{cases}$$

In Abbildung 11.30 ist zunächst die Wertposition des Collar dargestellt.

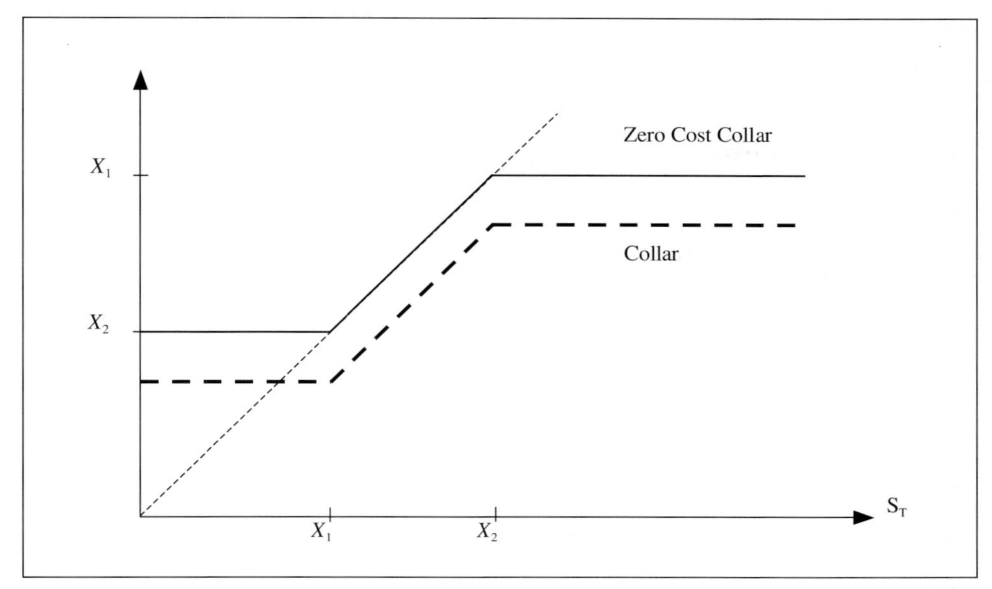

Abb. 11.30: Wertposition eines Collar

Die Abbildung 11.30 enthält zusätzlich die Wertposition des sog. *Zero Cost Collar*. In diesem Falle ist $P_0 = C_0$ realisierbar, d.h. die Kosten des Puts long (»die Absicherungskosten«) werden durch den Verkauf des Calls vollständig finanziert.

Die Abbildung 11.31 illustriert sodann die Gewinn-/Verlustposition des Collar.

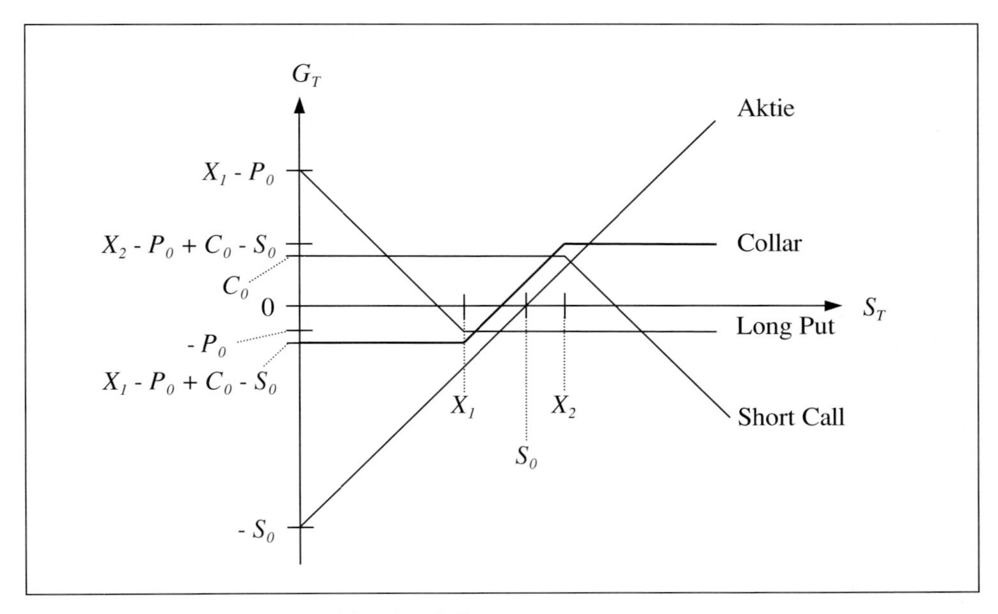

Abb. 11.31: Gewinn-/Verlustposition des Collar

Der Collar kann nun neben der Ausgangskonstruktion (Basistitel + Long Put + Short Call) offenbar auch alternativ erzeugt werden. Variante 1 ist hierbei die Kombination eines 1:1 Put Hedge mit einem Short Call, Variante 2 besteht in der Kombination eines Covered Short Call mit einem Long Put. Die Abbildung 11.32 enthält daher noch eine grafische Gegenüberstellung von Collar, Put Hedge und Covered Short Call.

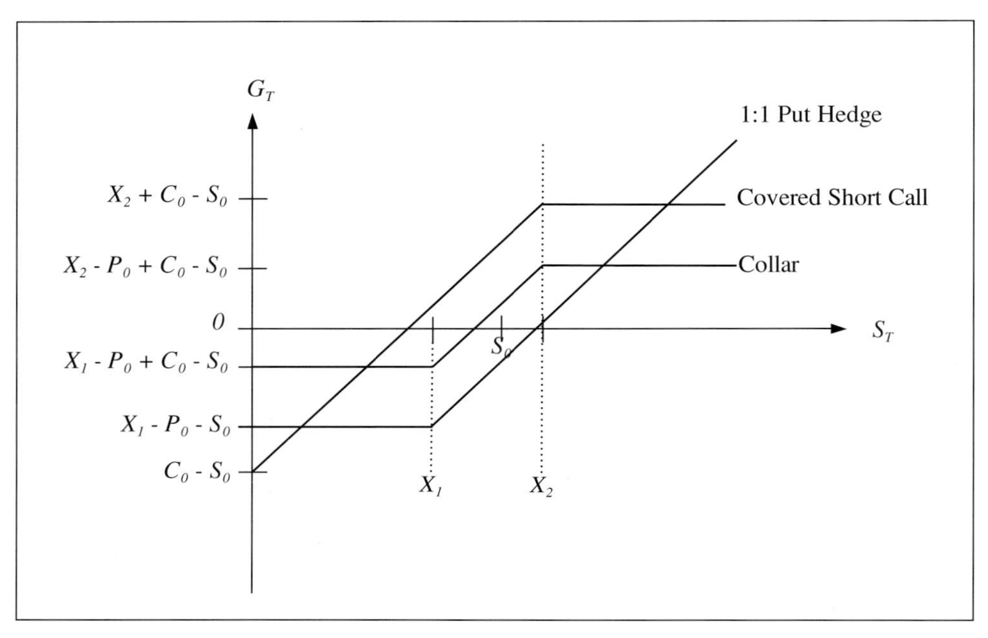

Abb. 11.32: Collar, Put Hedge und Covered Short Call

Der Collar besitzt somit zum einen die Eigenschaft des 1:1 Put Hedge, die Gewährleistung einer effektiven Verlustbegrenzung (*Floor*), hier in Höhe von $X_1 - P_0 + C_0 - S_0$ Geldeinheiten. Zum anderen besitzt der Collar aber auch die Eigenschaft des Covered Short Call, die auf eine Gewinnbegrenzung (*Cap*) hinausläuft, hier in Höhe von $X_2 - P_0 + C_0 - S_0$ Geldeinheiten. Bedingt durch die partielle Finanzierung der Absicherungskosten durch den Verkauf des Call ist beim Collar der Floor höher als beim 1:1 Put Hedge. Im Vergleich zum Covered Short Call andererseits ist der Cap niedriger.

Ein Spezialfall des Collars ist nun die Konstellation $X_1 = X_2 = X$, d. h. die Ausübungspreise von Putoption und Calloption stimmen überein. Für die Endvermögensposition V_T ergibt sich in diesem Falle

$$V_T = X - (P_0 - C_0) \cdot (1 + r)^T$$

wobei wir hier nun auch die Verzinsungseffekte bezüglich der Optionsprämien mit berücksichtigt haben.

Offenbar resultiert aus der angenommenen Konstellation eine *risikolose Position* am Ende der Laufzeit, d.h. es gilt (bei Annahme eines identischen Ausübungspreises X für Put und Call)

Basis-Objekt + Long Put (X) + Short Call (X) = risikolose Anlage

Zur Ausschaltung von Arbitragemöglichkeiten muss konsequenterweise $V_T = S_0 \cdot (1+r)^T$ gelten, wobei S_0 den Kurs des Basisobjekts zum Zeitpunkt des simultanen Kaufs bzw. Verkaufs von Put bzw. Call bezeichne. Hieraus folgt

$$C_0 - P_0 = S_0 - X \cdot (1+r)^{-T} \qquad (11.70)$$

Dies entspricht gerade der Put/Call-Parität (11.15), die damit auf eine alternative Weise nachgewiesen werden konnte.

11.5.5 Hedging bei heterogenen Portfolios

Grundsätzlich kann die Aufgabe der Absicherung eines beliebigen diversifizierten Portfolios auf zwei Arten angegangen werden.

- Kaufe Puts auf die Einzelaktien des Portfolios.
- Kaufe Aktienindexoptionen.

Prinzipiell können auch beide Möglichkeiten kombiniert werden. Die beiden Verfahren sind dabei nicht identisch, d. h. eine gewichtete Summe von Einzel-Puts beinhaltet keine gleichartige Absicherung wie ein Index-Put. Dies soll an einem stark vereinfachten Beispiel verdeutlicht werden.

Beispiel 11.7:
Der Index besteht aus 5 Aktienwerten mit gleicher Kapitalisation und ist ein reiner Kursindex.

$$I(t) = \frac{1}{5} \cdot \sum_{i=1}^{5} S_i(t) .$$

Alle Aktien weisen in $t = 0$ einen Wert von 100 EUR auf, d.h. $S_i(0) = 100$, dies gilt dann auch für den Index, $I(0) = 100$. Wir kaufen für jede Aktie einen Put auf diese Aktie mit Ausübungspreis $X_i = 100$. Alternativ kaufen wir einen Index-Put mit $X = 100$. Folgende Kursentwicklungen sind am Ende der Periode ($t = 1$) gegeben:

Aktie	$S_i(0)$	$S_i(1)$	Put-Wert in $t = 1$
1	100	105	0
2	100	95	5
3	100	110	0
4	100	90	10
5	100	105	0
Index	100	101	0

Tab. 11.5: Beispielhafte Kursentwicklungen verschiedener Aktien

Der Durchschnittswert der *Einzelabsicherung* des Portfolios beträgt:

$$\frac{1}{5}\cdot(105+100+110+100+105)=104.$$

Im Falle der Absicherung durch den Index-Put beträgt der Wert des Portfolios 101, d. h. die Absicherungseffekte sind nicht identisch.

Die Strategie der Puts auf Einzelaktien erlaubt einen höheren Absicherungsgrad im Vergleich zum Indexput, die Kosten werden allerdings in der Regel höher sein. Zudem steigt der Managementaufwand, es stellt sich aber auch die Frage der Verfügbarkeit der betreffenden Optionen.

Der Einsatz von Index-Puts ist eine Alternative zu einem geringeren Preis, doch der Absicherungsgrad ist entsprechend geringer. Letzteres wird verstärkt durch die Möglichkeit der *nicht-synchronen* Entwicklung des Aktienportfolios des Investors und des Aktienindex (Cross-Hedge-Risiko). Selbst wenn die Absicherung relativ zum Index in Höhe des Ausübungspreises gesichert ist, muss dies nicht relativ zum Aktienportfolio des Investors gelten, nämlich dann, wenn das Portfolio stärker fällt als der Index. Diese Gefahr versucht man durch eine Betakorrektur der Anzahl der gekauften Indexputs zu verringern, ermittelt wird der Betafaktor zwischen Portfolio des Investors und Index. Ist S_t der Kurs des Gesamtportfolios und gilt eine Beziehung der Form (I_t sei der Kurs des Index)

(11.71a) $$S_t=\alpha+\beta\cdot I_t+\varepsilon_t$$

mit $E(\varepsilon_t)=0$, so folgt

(11.71b) $$E(S_t)=\alpha+\beta\cdot E(I_t)$$

Ist der Kontraktumfang des Indexputs = 1, d.h. der Put bezieht sich direkt auf den Kurs des Index und sei I^* der Ausübungspreis der gekauften Index-Option, so ergibt sich (ohne Berücksichtigung des Optionspreises) zum Zeitpunkt T bei x gekauften Indexputs die Gesamtposition:

(11.72a) $$\begin{aligned}V_T&=S_T+x\cdot\max(I^*-I_T,0)\\&=\alpha+\beta\cdot I_T+\varepsilon_T+x\cdot\max(I^*-I_T,0),\end{aligned}$$

im Falle $I_T<I^*$ somit

(11.72b) $$V_T=\alpha+\beta\cdot I_T+x\cdot I^*-x\cdot I_T+\varepsilon_T$$

Wählt man $x=\beta$ und vernachlässigt den Residualterm, so erhält man insgesamt einen abgesicherten Wert des Portfolios in Höhe von

(11.73) $$V_T=\alpha+\beta\cdot I^*$$

Es sei darauf hingewiesen, dass die Ableitung mehr heuristischer Natur ist. Eine exakte Analyse wäre aber erheblich komplexer und bereits im Rahmen dieser einfachen Vorgehensweise lassen sich relevante Aufschlüsse erzielen:

- Die Betakorrektur vernachlässigt die Höhe des Alphafaktors.
- Der Erfolg der Betakorrektur hängt von der Validität des Erklärungsmodells (11.71a) ab, d.h. in welchem Umfange die Kursschwankungen des Aktienportfolios durch die Schwankung des Index erklärt werden.

- Selbst wenn diese Erklärung an sich sehr gut ist (hohes Bestimmtheitsmaß), können Zufallsabweichungen eintreten.

Grundsätzlich stellt aber eine Betakorrektur eine Anpassung in die richtige Richtung dar.

11.6 Kombination von Option und sicherer Anlage

Als sichere Anlage betrachten wir festverzinsliche Titel, wie Terminanlagen und Zerobonds, die am Ende eines vorgegebenen Anlagehorizonts T zu einer sicheren Vermögensendwertposition führen. Der zugehörige sichere Einperiodenzins ist i_T, d. h. ein anfänglich vorgegebenes Kapital der Höhe K ist zu $t = T$ auf den Betrag $K_T = K(1 + i_T)^T$ angewachsen.

Wir betrachten zunächst die Kombination einer sicheren Anlage mit einem Long-Call mit Fälligkeitstermin T. Dazu wird ein anfängliches Kapital der Höhe K aufgeteilt in einen Teilbetrag K_1, der in die sichere Anlage investiert wird und einen Teilbetrag K_2, der zum Kauf einer Kaufoption mit Ausübungspreis X, Restlaufzeit T und Optionsprämie C_0, verwendet wird, dabei gilt $K_2 = nC_0$, d.h. es werden n Calls (bezogen auf eine Einheit des Basistitels) gekauft ($K = K_1 + n \cdot C_0$). Die Vermögensendposition V_T ist dann gegeben durch

(11.74) $$V_T = K_1 \cdot (1+i_T)^T + n \cdot \max(S_T - X, 0),$$

wobei S_T den Wert des Basistitels am Ende des Anlagehorizontes bedeutet. Ist zum Fälligkeitstermin T die Konstellation $S_T < X$ gegeben, so verfallen die Optionen und die Vermögensendposition beträgt $V_T = K_1 \cdot (1+i_T)^T$. Diese Vermögensposition stellt zugleich eine untere Schranke (Floor) der möglichen Vermögensendpositionen dar, d.h. es gilt

(11.75) $$V_T \geq K_1 \cdot (1+i_T)^T,$$

sodass auch in diesem Falle eine wertgesicherte Vermögensgesamtposition am Ende des Planungshorizonts besteht.

Werden für den Betrag K_2 genau n Verkaufsoptionen mit Ausübungspreis X, Fälligkeitstermin T und Optionsprämie P_0 gekauft ($K_2 = nP_0$, $K = K_1 + nP_0$), so beträgt die Vermögensposition

(11.76) $$V_T = K_1 \cdot (1+i_T)^T + n \cdot \max(X - S_T, 0).$$

In diesem Falle gilt

(11.77) $$V_T \geq K_1 \cdot (1+i_T)^T,$$

sodass hier ebenfalls eine wertgesicherte Endposition erreichbar ist. Die den vorstehenden Analysen zugrunde liegenden Strategien werden auch als *Cash and Option Hedging-Strategien* bezeichnet.

Bezieht man den erreichbaren Mindestendvermögenswert auf das ursprüngliche Kapital K_0, so erhält man die Floorverzinsung i_F. Für diese gilt

(11.78) $$1+i_F=(1+i_T)\sqrt[T]{K_1/K}.$$

Allgemein gilt somit $i_F \leq i_T$. Die Konstellation $i_F = i_T$ ist nur erreichbar, wenn $K_1 = K_0$, d.h. das gesamte anfängliche Kapital wird sicher investiert. Je geringer i_F auf der anderen Seite gewählt wird, desto höher ist entsprechend der Betrag, der in die Optionsposition investiert werden kann und somit das Gewinnpotenzial. Durch die Wahl von i_F (bzw. die Aufteilung von K_0 in K_1 sowie K_2) erfolgt somit insgesamt ein Trade off zwischen der Höhe des Floors und der Höhe des Gewinnpotenzials.

11.7 Wertsicherung mit synthetischen Optionen: Portfolio Insurance

11.7.1 Grundlagen

Die in den Abschnitten 11.5.1 bzw. 11.5.5 dargestellten Ansätze einer Wertsicherung auf der Grundlage des Einsatzes von Puts auf Einzelaktien bzw. Puts auf Aktienindizes weisen eine Reihe von Problempunkten auf, die bereits angesprochen wurden. Bei einzelnen Verkaufsoptionen ist dies vor allem die Frage der Verfügbarkeit, generell besteht die Problematik der relativ kurzen Laufzeit von Optionen. Absicherungsstrategien sind in der Investmentpraxis oftmals auf längere Zeiträume intendiert. Im Rahmen der von *Black/Scholes* (1973) begründeten modernen Optionspreistheorie sind nun Prinzipien entwickelt worden, auf deren Grundlage alternative Strategien (synthetische Optionen, dynamisches Hedging) möglich sind. Diese Strategien beruhen darauf, durch eine geeignete, im Zeitablauf zu variierende, Mischung aus Aktienportfolio plus Geldmarktanlage eine Gesamtposition zu generieren, die ein identisches Profil aufweist wie das von Absicherungsstrategien mit »realen« Optionen.

11.7.2 Synthetische Puts

Als Ausgangspunkt wählen wir im Folgenden den sich nach *Black/Scholes* ergebenden arbitragefreien Preis (11.41) für eine europäische Verkaufsoption, deren zugrunde liegende Aktie im betrachteten Zeitraum keine Dividenden zahlt. Die Größe $-\mathrm{N}(-d_1)$ entspricht dem so genannten »Put-Δ«, das die Reagibilität des Optionspreises auf Kursänderungen der Basistitels quantifiziert (gebildet wird die partielle Ableitung $\partial P_t / \partial S_t$). Analysiert man die Formel (11.41) für den europäischen Put, so erkennt man, dass der Putwert durch den Wert der folgenden Kombinationsposition darstellbar ist:

1) Anlage des Betrages $X \cdot e^{-r(T-t)} \cdot \mathrm{N}(-d_2)$ zum sicheren Zins
2) Leerverkauf von $\mathrm{N}(-d_1)$ Anteilen des Basistitels.

Anzumerken ist, dass dies nur vollständig korrekt ist, wenn diese Positionen zeitstetig adjustiert werden, denn die Parameter d_1 und d_2 hängen, wie gesehen, von t ab, d. h. unterliegen einer zeitlichen Variation. Das Grundprinzip der Generierung eines synthetischen Put lautet somit:

(11.79)	Synthetischer Put = Geldmarktanlage + (Put-Δ) * Aktie

Dies ermöglicht nun auch die synthetische Generierung eines 1:1 Put Hedge.

11.7.3 Synthetisches Hedge

Formal bestimmt man den Wert $S_t + P_t$, wobei S_t der Kurs des zu sichernden Portfolios ist und P_t der Black/Scholes-Preis des europäischen Puts:

$$\begin{aligned} S_t + P_t &= S_t + X \cdot e^{-r(T-t)} \cdot \mathrm{N}(-d_2) - \mathrm{N}(-d_1) \cdot S_t \\ &= [1 - \mathrm{N}(-d_1)] \cdot S_t + X \cdot e^{-r(T-t)} \cdot \mathrm{N}(-d_2) \\ &= \mathrm{N}(d_1) \cdot S_t + X \cdot e^{-r(T-t)} \cdot \mathrm{N}(-d_2). \end{aligned} \tag{11.80}$$

Dies bedeutet nichts anderes, als dass ein 1:1 Hedge synthetisch erzeugbar ist. Dabei wird angenommen, dass das Aktienportfolio des Investors durch das gleiche Modell beschrieben werden kann wie eine Einzelaktie bei *Black/Scholes* (insbesondere, dass das Portfolio keine Dividende abwirft). Bei der Generierung eines synthetischen Hedges wird ein Anteil q des Gesamtvermögens in das zu sichernde Portfolio investiert sowie ein komplementärer Anteil $1 - q$ in die Terminanlage. Der betreffende Prozentsatz q_t ist gegeben durch

$$q_t = \frac{\mathrm{N}(d_1) \cdot S_t}{S_t + P_t} = \frac{\mathrm{N}(d_1) \cdot S_t}{\mathrm{N}(d_1) \cdot S_t + X \cdot e^{-r(T-t)} \cdot \mathrm{N}(-d_2)} \tag{11.81}$$

Es lässt sich zeigen, dass q_t monoton steigend in S_t ist. Dies bedeutet:

- Wenn S_t steigt: Erhöhe Aktienanteil, verringere Umfang Geldmarktanlage.
- Wenn S_t sinkt: Verringere Aktienanteil, erhöhe Umfang Geldmarktanlage.

Ein synthetisches Hedge beinhaltet somit eine (im Modell kontinuierlich) fortgesetzte aktive Umschichtung (dynamisches Hedging) der Portfoliostruktur durch Veränderung des Aktienanteils (der aber in seiner Struktur gleich bleiben muss) und komplementär des Anteils der Geldmarktanlage.

Welche Problempunkte können bei der Portfolio Insurance mit synthetischen Optionen auftreten? Eine Analyse der gesetzten Prämissen bietet hier die wesentlichen Anhaltspunkte. Zunächst wird ein spezielles Modell (geometrischer Wienerprozess) für die Kursdynamik des Aktienportfolios des Investors angesetzt. Zwei kritische Punkte bedürfen dabei der Erwähnung:

- Der geometrische Wienerprozess weist stetige Pfade auf. In der Realität können in speziellen Situationen aber auch Kurssprünge auftreten, die etwa in Crash-Situationen einen Umfang annehmen können, der eine rechtzeitige Portfolioadjustierung nicht erlaubt und damit zu einem Durchbruch des Floors führt.
- Das Modell geht von einer konstanten Volatilität der Kursschwankungen des Aktienportfolios aus. Die Volatilität wird aufgrund der Kursdaten der Vergangenheit geschätzt. Problematisch sind hier Änderungen der Volatilität, vor allem ein plötzlicher unerwarteter Anstieg (dies steht in Verbindung mit der vorstehenden Situation).

Die dem Black/Scholes-Modell zugrunde liegenden Prämissen gehen außerdem von kontinuierlichen Märkten aus, insbesondere muss die Hedgeposition kontinuierlich adjustiert werden, und vernachlässigen zudem Transaktionskosten. Die Existenz von Transaktionskoten auf realen Märkten impliziert aber einen Zielkonflikt. Die Hedgeposition wird (bei Gültigkeit des Modells) umso besser aufrechterhalten, je häufiger readjustiert wird. Dies treibt aber die Transaktionskosten hoch und gefährdet somit die Durchführbarkeit der Strategie. Es muss folglich eine Balance zwischen Häufigkeit der Readjustierung und Transaktionskosten der Strategie gefunden werden. Dies muss in Zusammenhang mit der zweiten Problematik von oben geschehen, denn ein Ansteigen der Volatilität bedingt eine Readjustierung in kürzeren Zeitabständen. Zur Behandlung dieser Problematik sei an dieser Stelle nur auf die Literatur verwiesen.[25]

Die Transaktionskosten der bisher betrachteten Strategie sind auch deswegen hoch, weil die Adjustierung des Aktienteils so zu erfolgen hat, dass die Struktur des Portfolios erhalten bleibt, nur der investierte Betrag ändert seinen Umfang. Es müsste somit bei gleicher Readjustierung von jeder Aktie im Portfolio ein bestimmter Prozentsatz zugekauft oder verkauft werden. Dies ist auf diese Weise nicht praktikabel. Einen Ausweg bietet der Einsatz von Aktienindexfutures. Hierauf wird im nächsten Abschnitt eingegangen. Hierdurch ist es möglich, das abzusichernde Portfolio unverändert zu halten und die durch die PI-Strategie notwendigen Anpassungen durch den Kauf bzw. Verkauf von Futures durchzuführen.

Ein weiteres Problem von PI-Strategien hat der Crash im Oktober 1987 aufgedeckt. PI-Strategien sind prozyklische Strategien, da die Aktienposition bei steigenden Kursen verstärkt und bei fallenden Kursen verringert wird. Wird eine solche Strategie massiv von einer Vielzahl von Investoren gleichartig verfolgt, so kann dies zur Folge haben, dass die zyklische Bewegung verstärkt wird. Dies ist vor allem bei einem Kursverfall gefährlich. Es gibt Vermutungen, dass auch der umfangreiche Einsatz von PI-Strategien einer der Faktoren war, der den Oktober-1987-Crash mit begünstigt hat, ein Nachweis dafür konnte jedoch nicht erbracht werden.

Auch aus den bereits weiter oben gemachten Ausführungen wird deutlich, dass PI-Strategien auf einer normalen Funktionsfähigkeit der Märkte aufbauen und in Zeiten, in denen dies nicht gewährleistet ist, auch keinen 100%-igen Schutz bieten können. Aber dieser Schutz wird höher sein als ohne Absicherungsstrategie. Ihre Eigenschaft als prozyklische Strategie enthüllt einen weiteren Schwachpunkt der PI-Strategien. Sie bieten eine gute Absicherung bei fallenden Kursen und erlauben eine gute Performance bei steigenden Kursen, also insgesamt in Märkten mit klaren Kurstendenzen. In oszillierenden Märkten sind sie jedoch wenig vorteilhaft. Die insgesamt geringe Marktperformance wird durch hohe Transaktionskosten noch substanziell reduziert. Trotz der herausgearbeiteten Schwachpunkte der dynamischen Hedge-Strategien bleiben diese doch, wie die Erfahrung zeigt, praktikabel und vorteilhaft einsetzbar.

11.7.4 Einsatz von Aktienindexfutures

Die Generierung von synthetischen Hedgepositionen geschieht in praxi auf der Basis des Einsatzes von Aktienindexfutures. Der adjustierte, in Aktien investierte, Teil zum Zeitpunkt t ist nach (11.80) gegeben durch $\mathrm{N}(d_1(t)) \cdot S_t$. Statt zu jedem Umschichtungszeitpunkt jede Aktie des Portfolios in einem bestimmten Umfang zu kaufen bzw. zu verkaufen, werden Aktienindexfutures gekauft bzw. verkauft, um die angestrebten Positionen zu erreichen. Hierbei treten zwei Problemkreise auf, die wir vorab diskutieren wollen.

25 Vgl. etwa *Leland* (1985).

1) Um den notwendigen Anteil der zum Umschichtungszeitpunkt zu kaufenden bzw. zu verkaufenden Futures zu bestimmen, benötigt man das Vorliegen fairer Futurespreise, um die Koppelung zwischen Futureskurs und Kurs des Basisobjekts ausnutzen zu können. Faire Futurespreise kann man zumindest approximativ nach dem Cost of Carry-Prinzip bestimmen.[26] Ein starkes Abweichen der Marktpreise von den fairen Preisen beeinträchtigt den Erfolg der PI-Strategien.
2) Zur optimalen Entfaltung der Strategie muss nicht nur eine starke Koppelung zwischen Futureskurs und Kurs des Basisobjekts (Aktienindex), sondern auch eine starke Koppelung zwischen der Kursentwicklung des Aktienindex und der Kursentwicklung des Aktienportfolios des Investors bestehen.[27] Anbieter von PI-Produkten können, um diese Gefahr zu vermeiden, das Aktienportfolio als Indexportfolio konstruieren. Investoren, die ihr reales Aktienportfolio absichern wollen, müssen eine Betakorrektur, etwa aufgrund eines Zusammenhangs der Form $S_t = \alpha + \beta \cdot I_t + \varepsilon_t$, durchführen.[28]

Wir gehen abschließend noch auf die technische Seite ein. Dabei betrachten wir den einfachst möglichen Fall ohne Betakorrektur. Der Futures-Kontraktumfang sei gleich 1, schließlich sei die einfache Cost-of-Carry-Beziehung $F_t = e^{r(T-t)} \cdot S_t$ adäquat. Die Größe x_t bezeichne die zum Zeitpunkt t zu haltende Anzahl an Futures. Die Bedingungsgleichung ist somit

(11.82)
$$S_t + x_t \cdot F_t = \mathrm{N}(d_1) \cdot S_t$$
$$\Leftrightarrow S_t + x_t \cdot e^{r(T-t)} \cdot S_t = \mathrm{N}(d_1) \cdot S_t.$$

Hieraus folgt:

(11.83)
$$x_t = \left[\mathrm{N}(d_1(t)) - 1\right] \cdot e^{-r(T-t)}.$$

11.7.5 Constant Proportion Portfolio Insurance (CPPI)

Die CPPI ist eine pragmatische und für den praktischen Einsatz konzipierte Form der Portfolio-Insurance. Sie besteht in der Steuerung der prozentualen Aufspaltung des Gesamtvermögens in einen Aktienanteil und einen Terminanlageanteil für jede Umschichtungsperiode, legt somit insbesondere nur die Aktienquote, nicht aber deren Strukturierung fest. Diese Wertsicherungsstrategie bedarf keiner Modellannahmen über die Gesetzmäßigkeit des Aktienkursverlaufs und benötigt keine konkrete Spezifikation des Absicherungshorizonts.

Gegeben sei ein Anfangsvermögen V_0, der Start-Floor F_0 sei $F_0 = c \cdot V_0$ $(0 < c < 1$, z. B. $c = 0{,}95)$. Ferner ist eine maximale tolerierte Aktienquote[29] $\alpha \leq 1$ festzulegen sowie ein so genannter Multiplikator, eine natürliche Zahl $m > 1$, dessen Bedeutung sich im Laufe der

26 Vgl. hierzu Abschnitt 10.3.
27 Dies führt wieder auf die Frage, wie gut der Kursverlauf des Aktienportfolios durch den Kursverlauf des benutzten Aktienindex, auf den der Future bezogen ist, linear erklärt wird.
28 Man vgl. die entsprechenden Ausführungen in Abschnitt 11.5.5.
29 Der Fall $\alpha = 1$ beinhaltet eine 100%-ige Investition in Aktien und würde nur in dem Sinne als Restriktion wirken, dass keine Kreditaufnahme zur Erhöhung des Aktieninvestitionsanteils erlaubt ist.

weiteren Analyse ergeben wird. Man beginnt mit der Festlegung der Start-Aktienquote q_0. Hierzu sind eine Reihe von Größen zu definieren:

(11.84a) Start-Cushion $C_0 := V_0 - F_0$

Das Cushion (Kissen, im Sinne von Sicherheitsreserve) gibt generell an, in welchem Umfang der aktuelle Portfoliowert den abzusichernden Wert übersteigt.

(11.84b) Start-Exposure $E_0 := m \cdot C_0$

Das Exposure gibt den absoluten Investitionsbetrag an, der dem Aktienkursrisiko ausgesetzt ist (»exposed to risk«), das Exposure muss dabei kleiner oder gleich $\alpha \cdot V_0$ sein, um realisiert zu werden, sonst wird die maximale Aktienquote realisiert. Ist A_0 der *absolute* Umfang des Aktienengagements, so gilt

(11.85a)
$$A_0 := \min(m \cdot C_0, \alpha \cdot V_0),$$

die Start-Aktienquote $q_0 = A_0 / V_0$ beträgt

(11.85b)
$$q_0 = \min\left(\frac{m \cdot C_0}{V_0}, \alpha\right).$$

Bezeichne B_0 den absoluten Umfang des Engagements in der sicheren Anlage, so gilt: $B_0 = V_0 - A_0 = (1 - q_0) \cdot V_0$. Wir betrachten zunächst ein Beispiel für die Festlegung der Start-Aktienquote.

Beispiel 11.7:

Das Anfangsvermögen betrage $V_0 = 100$ und es wird $c = 0{,}95$ gewählt. Hieraus resultiert $F_0 = cV_0 = 95$. Das Start-Cushion ist somit $C_0 = V_0 - F_0 = 5$. Als Multiplikator werde $m = 4$ angesetzt. Als Start-Exposure resultiert hieraus $E_0 = mC_0 = 20$. Die maximal tolerierte Aktienquote betrage $\alpha = 0{,}6$. Aufgrund von (11.85b) ergibt sich damit $q_0 = mC_0 / V_0 = 0{,}2$. Realisiert wird damit eine Start-Aktienquote von 20% des Anfangsvermögens.

Eine Umschichtung erfolgt nun durch die Festlegung der Aktienquote q_t für die Periode t. Dabei bezeichnen:

V_t:	Gesamtvermögen zu Beginn der Periode t	
F_t:	Floor für die Periode t	
	Fall a) $F_t = F_0$	konstanter Floor
	Fall b) $F_t = F_0 \cdot e^{rt}$	nachgezogener Floor (festgelegt durch die gewünschte Mindestverzinsung)
$C_t = V_t - F_t$:		Cushion zu Beginn der Periode t.

Umschichtungsregel:

(11.86)
$$C_t \le 0 \quad \Rightarrow \quad q_t = 0$$
$$C_t > 0 \quad \Rightarrow \quad q_t = \min\left(\frac{m \cdot C_t}{V_t}, \alpha\right).$$

Liegt das Vermögen bereits unter dem relevanten Floor, so wird die Aktienquote auf null gesenkt. Ansonsten bestimmt die Höhe des Sicherheitspolsters den Aktienanteil für die nächste Periode. Ist nämlich die maximale Aktienquote nicht erreicht, d. h. $q_t < \alpha$, so gilt:

(11.87)
$$q_t = \frac{m \cdot C_t}{V_t} = m \cdot \left[1 - \frac{F_t}{V_t}\right]$$

Daraus lassen sich folgende Aussagen ableiten:

- Je größer V_t im Vergleich zu F_t, d. h. je größer das Cushion (desto kleiner F_t/V_t, desto größer $1 - F_t/V_t$), desto größer ist der Anteil der Aktienquote für die nächste Periode.
- Ein Faktor $m > 1$ verstärkt diese Tendenz, m erweist sich als Leveragefaktor für das Engagement in Aktien.
- Je größer m, desto höher die Aktienquote für die nächste Periode.

Die Höhe des Faktors m bestimmt, in welchem Umfang die Performance des Portfolios der Aktienperformance folgt. Die Höhe des Multiplikators bestimmt auf der anderen Seite auch die Gefahr, dass die Portfolioentwicklung am Ende der Periode den Floor durchbricht. Bei einem nachgezogenen Floor ist der kritische Punkt erreicht, wenn gilt:

(11.88)
$$V_{t+1} = F_{t+1} := F_t \cdot e^r .$$

Es besteht nun ein direkter Zusammenhang zwischen der Größe des Multiplikators und dem so definierten kritischen Punkt der Portfolioentwicklung:

(11.89)
$$\begin{aligned} V_{t+1} &= F_{t+1} \\ \Leftrightarrow \text{Aktienrendite} &= \left(1 - \frac{1}{m}\right) \cdot e^r - 1 . \end{aligned}$$

Dies bedeutet: Je größer der Multiplikator, desto »früher«, d. h. bei geringem Absinken der Aktienrendite, kann eine negative Kursentwicklung zum Durchbrechen des Floors führen. Der Leveragefaktor wirkt in beide Richtungen, d. h. die Entwicklung des Gesamtvermögens folgt der Aktienentwicklung in verstärktem Maße sowohl nach oben als auch nach unten.

Dies lässt sich wie folgt nachweisen. Zu Beginn der Periode gilt (bei Nichterreichung der maximalen Aktienquote):

$$\begin{aligned} & A_t = m \cdot C_t = m \cdot (V_t - F_t) && \text{absoluter Aktienanteil} \\ \Rightarrow\ & B_t = V_t - A_t = V_t - m \cdot (V_t - F_t) && \text{absoluter Anteil sichere Anlage} \\ \Rightarrow\ & B_{t+1} = B_t \cdot e^r \end{aligned}$$

Ist A_{t+1} der Wert des Aktienanteils am Ende der Periode, so ist

1) $\frac{A_{t+1}}{A_t} - 1$ die Aktienrendite

2) $V_{t+1} = A_{t+1} + B_t \cdot e^r \Rightarrow A_{t+1} = V_{t+1} - B_t \cdot e^r$

Der kritische Punkt war definiert durch: $V_{t+1} = F_t \cdot e^r$

$$A_{t+1} = (F_t - B_t) \cdot e^r = [F_t - V_t + m \cdot (V_t - F_t)] \cdot e^r$$
$$= (m-1) \cdot (V_t - F_t) \cdot e^r$$

(11.90)
$$\frac{A_{t+1}}{A_t} - 1 = \frac{(m-1) \cdot (V_t - F_t) \cdot e^r}{m \cdot (V_t - F_t)} - 1$$
$$= \left(1 - \frac{1}{m}\right) \cdot e^r - 1$$

Je häufiger eine Umschichtung vorgenommen wird, desto besser wird das Steuerungsziel erreicht. Einem Anstieg der Aktienkurse wird tendenziell gefolgt, der Floor bleibt gewahrt. Wie schon in Abschnitt 11.7.3 gilt diese Aussage aber ebenfalls nur unter den Prämissen

1) Zeitstetige Umschichtung.
2) Stetiger Verlauf der Aktienkursentwicklung.
3) Nichtberücksichtigung von Transaktionskosten.

Bei Diskontinuitäten, etwa massiven Kurseinbrüchen, ist man vor dem Durchbrechen des Floors nicht geschützt. Die Existenz von Transaktionskosten, die eine Maximierung der Umschichtungszeitpunkte verbietet, kann in praxi folgendermaßen berücksichtigt werden.

Es wird eine Größe $0 < \gamma < 1$, Toleranz genannt, eingeführt, die sich etwa an den Transaktionskosten orientiert oder eine Mindestmarktbewegung festlegt, die eingetreten sein muss, bevor eine Umschichtung stattfindet (etwa: $\gamma = 0{,}05$ erst eine mindestens 5%-ige Änderung der Kurse am Aktienmarkt erzwingt eine Umschichtung). Diese Bedingung kann folgender-maßen formalisiert werden:

(11.91)
$$|\text{ Aktienrendite }| > \gamma$$

Da dies bei sinkenden Kursen ggf. eine nicht genügend frühe Absenkung der Aktienquote und damit eine erhöhte Gefahr des Durchbrechens des Floors beinhaltet, kann die Bedingung abgeschwächt werden zu

(11.94)
$$\text{Aktienrendite} > \gamma \text{ oder}$$
$$\text{Aktienrendite} < 0.$$

Pragmatisch geht man so vor, dass man eine solche Bedingung direkt für die relative Änderung der Sicherheitsreserve einführt.

$$|\text{ relative Cushion – Änderung }| > \gamma^* \text{ bzw.}$$
$$\text{relative Cushion – Änderung} > \gamma^* \text{ oder}$$
$$\text{relative Cushion – Änderung} < 0$$

11.8 Devisenoptionen und Optionen auf Futures

11.8.1 Devisenoptionen

Der Standardansatz zur Bewertung von Devisenoptionen geht zurück auf *Garman/Kohlhagen* (1983). Wir gehen dazu im Weiteren aus von der Entwicklung des *Devisenkassakurses* (Wechselkurses), d.h. dem Wert einer Fremdwährungseinheit gemessen in der Inlandswährung. Um spezifischer zu werden, wählen wir im Folgenden als Standardkonstellation für die Inlandswährung den Euro (EUR) sowie als Fremdlandswährung den US-Dollar (USD). Mit $\{S_t\}$ bezeichnen wir dann die zeitliche Entwicklung des Wertes eines USD gemessen in EUR.

Betrachten wir nun einen Europäischen Devisencall mit Ausübungspreis X. Zum Ende der Laufzeit T besitzt der Inhaber dieser Option dann das Recht, einen USD für X EUR zu erwerben. Der entsprechende Wert dieser Position am Ende der Laufzeit ist somit (CC = Call Currency)

(11.95) $$CC_T = \max(S_T - X, 0)$$

Wir nehmen nun standardmäßig an, dass die Entwicklung des Devisenkassakurses einer geometrischen Brownschen Bewegung folgt, d.h.

(11.96) $$dS_t / S_t = \mu dt + \sigma dW_t .$$

Der Schlüssel zur Bewertung des Devisencalls ist nun das in Abschnitt 10.3.5 erzielte Resultat, dass eine Fremdwährung im Kern ein Vermögenswert ist, der eine bekannte Dividendenrate in Höhe von r_F, der risikolosen Zinsrate in der Fremdwährung, beinhaltet. Damit kann in analoger Weise die Optionspreisformel (11.55) im Falle einer Aktie mit einer kontinuierlichen Dividendenrate c verwendet werden, es ist dabei nur c durch r_F zu ersetzen. Damit erhalten wir

(11.97a) $$CC_t = S_t e^{-r_F(T-t)} N(d_1^F) - X e^{-r(T-t)} N(d_2^F) ,$$

wobei

(11.97b) $$d_1^F = d_1^F(t) = \frac{\ln(S_t / X) + (r - r_F + \frac{1}{2}\sigma^2)(T-t)}{\sigma\sqrt{T-t}}$$

und

(11.97c) $$d_2^F = d_2^F(t) = d_1^F(t) - \sigma\sqrt{T-t} .$$

Beachten wir noch, dass gemäß Abschnitt 10.3.5 der Devisenforward mit Restlaufzeit T den Devisenterminkurs $F_t = S_t \exp[(r - r_F)(T-t)]$ besitzt, so kann man (11.97a) auch alternativ als

(11.98a) $$CC_t = e^{-r(T-t)}[F_t N(d_1^F) - X N(d_2^F)]$$

schreiben, wobei wegen $F_t = S_t \exp[(r - r_F)(T-t)]$ weiterhin

(11.98b)
$$d_1^F = \frac{\ln(F_t / X) + \frac{1}{2}\sigma^2(T-t)}{\sigma\sqrt{T-t}}$$

und

(11.98c)
$$d_2^F = d_1^F - \sigma\sqrt{T-t}$$

gilt.

11.8.2 Optionen auf Futures

Der Standardansatz zur Bewertung von Optionen auf Futures geht zurück auf *Black* (1976). Dabei wird unterstellt, dass die Entwicklung des Futurepreises $F_t = F(t,T)$ für $0 \le t \le T$ dem Standard-Black/Scholes-Modell folgt, d.h.

(11.99a)
$$dF_t / F_t = \mu_F dt + \sigma_F dW_t \,.$$

Mit anderen Worten: Der Futurepreis folgt einer geometrischen Brownschen Bewegung. In expliziter Form gilt somit ($m_F = \mu_F - \frac{1}{2}\sigma_F^2$):

(11.99b)
$$F(t,T) = F(0,T)\exp\{m_F t + \sigma_F dW_t\} \quad \text{für } 0 \le t \le T \,.$$

Insbesondere impliziert dies, dass $F(t,T)$ zu jedem Zeitpunkt t einer Lognormalverteilung folgt.

Betrachten wir nun eine Europäische Kaufoption auf den vorstehenden Futurekontrakt mit Laufzeit $S \le T$ und Ausübungspreis X, so lautet der Wert der Option zum Verfallstermin (*CF* = Call Future)

(11.100)
$$CF(S) = \begin{cases} F(S,T) - X & F(S,T) \ge X \\ 0 & F(S,T) \le X \end{cases} .$$

Die Formel von *Black* für den Preis *CF* eines Calls auf einen Future lautet nun $(t \le S)$

(11.101a)
$$CF_t = e^{-r(S-t)}[F_t N(d_1) - XN(d_2)] \,,$$

wobei

(11.101b)
$$d_1 = d_1(t) = \frac{\ln(F_t / X) + \sigma_F^2 (S-t)/2}{\sigma_F \sqrt{S-t}}$$

und

(11.101c)
$$d_2 = d_2(t) = d_1(t) - \sigma_F \sqrt{S-t} \,.$$

Der Nachweis dieser Preisgleichung erfolgt in Anhang 11G.

Im Vergleich zur Black/Scholes-Formel (11.36) tritt dabei zum einen der Term $\exp[-r(S-t)]F_t$ an die Stelle von S_t. Zum anderen enthält der Koeffizient d_1 (und entsprechend d_2) nur noch die Volatilität $\sigma_F^2/2$ und nicht mehr – wie im Black/Scholes-Falle – den Term $r+\sigma^2/2$, der noch die risikolose Verzinsung enthält. Beide Unterschiede sind dadurch bedingt, dass in der risikoneutralen Welt die Entwicklung des Futurekurses einem Martingal folgt, d.h. insbesondere die erwarteten Kurszuwächse gleich null sind. Damit besitzt die Entwicklung des Futurekurses in der risikoneutralen Welt eine Drift von null. Dies erklärt den zweiten vorstehenden Unterschied. Der erste ist dadurch bedingt, dass infolge der Martingaleigenschaft $E_Q[F(S,T)]=F_t$ und damit $\exp[-r(S-t)]E_Q[F(S,T)]=\exp[-r(S-t)]F_t$ gilt. Der Term $\exp[-r(S-t)]F_t$ entspricht somit dem diskontierten risikoneutralen Erwartungswert der Vermögensendposition. Im Falle des Black/Scholes-Modell gilt entsprechend für den diskontierten risikoneutralen Erwartungswert der Vermögensposition $\exp[-r(T-t)]E_Q[S_T]=S_t$, da hier in der risikoneutralen Welt der *diskontierte* Kursprozess ein Martingal ist.

Gehen wir nun davon aus, dass auch das Underlying des Futures mit Kursentwicklung $\{S_t\}$ einer geometrischen Brownschen Bewegung folgt, d.h.

(11.102) $$S_t = s_0 \exp\{mt + \sigma dW_t\},$$

so gilt bei Vorliegen von CoC-Preisen für den Future

(11.103) $$F_t = S_t e^{r(T-t)} = s_0 \exp\{mt + r(T-t) + \sigma W_t\}.$$

Offenbar sind in diesem Fall die Diffusionskoeffizienten der Futureentwicklung und der Entwicklung des Underlyings identisch, d.h. $\sigma_F = \sigma$.

Stimmen des Weiteren die Laufzeit des Optionskontraktes und des Futurekontraktes überein, d.h. $S = T$, dann gilt wegen $F_T = S_T$, dass sich beide Kontrakte auf denselben Endwert beziehen und daher preismäßig äquivalent sein müssen. Diese Aussage gilt allerdings nur für Europäische Optionen, da bei diesen nur der Wert in T ausschlaggebend für die Preisbildung ist. Bei Amerikanischen Optionen kommt es zusätzlich auf die Entwicklung der Basis $B(t)$ an. Auch bei Europäischen Optionen ist im Falle $S < T$ der Wert der Basis in S ausschlaggebend dafür, ob der Optionspreis auf den Future über dem Optionspreis auf das Underlying liegt oder vice versa.

11.9 Zinsoptionen

11.9.1 Einführung und Überblick

Zinsoptionen sind Optionen, bei denen das Basisobjekt einem Zinssatz oder aber einem Zinstitel entspricht. Hierbei sind primär vier Arten von Optionsgeschäften zu unterscheiden:

1. Optionen auf Zinstitel (Bondoptionen)
   (z.B. reale oder synthetische Bundesanleihen)
2. Optionen auf den späteren Abschluss von Zinsderivaten
   (z.B. Swaptions)

3. (Zins-)Caps, dies sind Vereinbarungen über eine Zinsobergrenze (z.B. für variabel verzinsliche Kredite)
4. (Zins-)Floors, dies sind Vereinbarungen über eine Mindestverzinsung (z.B. für eine variabel verzinsliche Anlage).

Im weiteren Verlauf dieses Abschnitts werden wir auf Optionen auf Zinstitel sowie Optionen auf Caps und Floors eingehen. Swaptions, also Optionen auf Swaps, werden wir in Kapitel 12 behandeln.

Im Falle von Optionen auf Zinstitel kommen als Basisobjekte Zerobonds, Kuponbonds oder beliebige Zinstitel in Frage. Im Folgenden betrachten wir als ersten Standardbeispielfall eine Europäische Kaufoption auf einen Zerobond mit Laufzeit S (S-Zerobond). Die Laufzeit des Calls betrage $T < S$ und der Ausübungspreis sei $X < 1$. Der Wert des Basisobjekts bei Ausübung der Option ist damit im Rahmen der üblichen Notation $B(T, S)$ und der Wert der Option am Ende der Laufzeit somit (CZ = Call Zerobond)

(11.104a) $$CZ_T = \begin{cases} B(T,S) - X & \text{falls } B(T,S) \geq X \\ 0 & \text{sonst} \end{cases}$$

bzw.

(11.104b) $$CZ_T = \max\{B(T,S) - X, 0\}\ .$$

Kommen wir nun zu Optionen auf (beliebige) Zinstitel als Underlying. Es bezeichne wie bisher T die Laufzeit der Option. Wir betrachten nun einen Zinstitel, der zu den Zeitpunkten S_i $(i = 1,...,n)$ mit $T < S_1 < ... < S_n$ Zahlungen $Z_i = Z(S_i)$ leistet. Der Marktpreis für diesen Bond ist damit durch $K(t) = \sum_{i=1}^{n} Z_i\, B(t, S_i)$ gegeben. Der Wert eines Calls mit Laufzeit T und Ausübungspreis X beträgt dann am Ende der Laufzeit T (CB = Call Bond)

(11.105a) $$CB_T = \max(K_T - X, 0)$$

bzw. in weiter differenzierter Darstellung

(11.105b) $$CB_T = \max\left\{\sum_{i=1}^{n} Z_i\, B(T, S_i) - X, 0\right\}.$$

Wenden wir uns damit Caps und Floors als speziellen Varianten einer Zinsoption zu. Wir greifen dabei zurück auf die Darstellung des Anhangs 8F hinsichtlich des Kassa-LIBOR. Beginnen wir zunächst mit dem Cap. Ein *Cap* ist ein Portfolio aus Calloptionen auf einen Zins, wobei die einzelnen Calloptionen als *Caplets* bezeichnet werden. Spezifischer besteht ein Cap mit den Zahlungszeitpunkten $t_i = t_0 + ih$ $(i = 1,...,n+1)$ aus Caplets für diese Zeitpunkte. Die Zahlung des in t_{i+1} fälligen Caplets hängt im (hier nur behandelten) Basisfall ab von dem LIBOR mit Tenor h, der zum vorangegangenen Zeitpunkt t_i für die Periode von t_i bis $t_{i+1} = t_i + h$ gilt. Die Zahlung in t_{i+1} ist dann in Zinstermen bzw. bei Zugrundelegung eines Nennwerts von $N = 1$ gegeben durch

(11.106) $$R_{CAPLET}(t_{i+1}) = \max\{[L(t_i, t_{i+1}) - r_{CAP}]h, 0\}\ ,$$

wobei r_{CAP} den (für alle Caplets identischen) Ausübungspreis (*Cap Rate*) bezeichnet. Zu beachten ist dabei noch, dass Caps üblicherweise so definiert sind, dass der anfängliche LIBOR-Zins nicht zu einem Payoff am ersten Zinsanpassungstermin führt, selbst wenn er höher als der Cap-Zins ist. Die Beziehung (11.106) gilt somit für $i = 1,...,n$.

Betrachten wir hierzu zunächst ein Beispiel:

Beispiel 11.8: Cap
Wir betrachten einen Cap mit 4 Jahren Laufzeit, halbjährlicher Zinsanpassung und einer Cap-Rate von 6% (entsprechend dem anfänglichen 6-Monats-LIBOR, also einem Cap von 6% gegen 6-Monats-LIBOR). Die entsprechenden Zinszahlungen (in Prozent des Nennwerts), die aus dem Cap resultieren, sind in Abhängigkeit von der Entwicklung des 6-Monats-LIBOR in Tabelle 11.6 enthalten. Dabei wird der Einfachheit wegen davon ausgegangen, dass ein halbes Jahr jeweils 180/360 = 0,5 Zeiteinheiten umfasst.

Zeit in Jahren	Cap-Rate	6-Monats-LIBOR	Zinszahlungen aus Cap
0		6%	
0,5	6%	7%	-
1	6%	5%	(1%) 0,5
1,5	6%	7%	0
2	6%	6%	(1%) 0,5
2,5	6%	5%	0
3	6%	5%	0
3,5	6%	8%	0
4	6%	-	(2%) 0,5

Tab. 11.6: Zinszahlungen aus einem Cap

Der Cap greift im vorhandenen Beispiel somit immer dann (um 6 Monate verzögert), wenn der 6-Monats-LIBOR in einem Zeitpunkt die Cap-Rate von 6% übersteigt. Damit lassen sich Caps zu einer effektiven Zinsbegrenzung, etwa im Falle einer variabel verzinslichen Schuld, einsetzen. Betrachten wir auch hierzu ein Beispiel.

Beispiel 11.9: Zinsvariable Anleihe plus Cap
In Weiterführung des vorstehenden Beispiels gehen wir von einer Kapitalsumme von 10 Millionen EUR und einer zinsvariablen vierjährigen LIBOR-basierten Anleihe (man vergleiche hierzu auch Anhang 8F) mit Tenor 6 Monate aus. Ebenso wie beim Cap entspricht auch bei der zinsvariablen Anleihe der variable Zins dem LIBOR zu Beginn der vorangegangenen Zinsperiode (Reset Date). Der Preis für den Cap betrage 25 000 EUR. Tabelle 11.7 enthält die entsprechenden Zahlungen aus Sicht des Emittenten der variabel verzinslichen Anleihe, der einen Cap 6% gegen 6-Monats-LIBOR abgeschlossen hat.

Wiederum gehen wir der Einfachheit wegen davon aus, dass ein halbes Jahr jeweils 0,5 Zeiteinheiten umfasst.

Zeit in Jahren	6-Monats-LIBOR	Zinszahlungen	Zahlungen aus Cap	Saldo
0	6%	-	(25 000)	
0,5	7%	300 000	0	300 000
1	5%	350 000	-50 000	300 000
1,5	7%	250 000	0	250 000
2	6%	350 000	-50 000	300 000
2,5	5%	300 000	0	300 000
3	5%	250 000	0	250 000
3,5	8%	250 000	0	250 000
4	-	400 000	-100 000	300 000

Tab. 11.7: Zinsvariable Anleihe plus Cap

Aus der Saldospalte wird deutlich, dass die Zinsbelastung nie über 300 000 EUR, d.h. 6% gerechnet auf ein halbes Jahr, steigt.

Bevor die Thematik der Caps an dieser Stelle abschlossen wird, soll noch darauf eingegangen werden, dass die Bewertung eines Caplets auf die Bewertung eines Puts zurückgeführt werden kann.

Wir gehen dazu aus von der Gleichung (11.106), welche die im Zeitpunkt t_{i+1} resultierende Zahlung beschreibt. Zum Zeitpunkt t_{i+1} wird diese Zahlung durch die Feststellung des LIBOR $L(t_i, t_{i+1})$ bereits eindeutig bestimmt und damit kann zum Zeitpunkt t_i eine risikolose Bewertung erfolgen. Diese ist gegeben durch

$$V_{CAPLET}(t_i, t_{i+1}) = b(t_i, t_{i+1}) \max\{1 + L(t_i, t_{i+1})h - (1 + r_{CAP})h, 0\} \quad (11.107)$$

Aufgrund der Umformung (8F.7b) nach (8F.8b) gilt $1 + L(t_i, t_{i+1})h = b(t_i, t_{i+1})^{-1}$ und hieraus folgt

$$\begin{aligned} V_{CAPLET}(t_i, t_{i+1}) &= b(t_i, t_{i+1}) \max\{b(t_i, t_{i+1})^{-1} - (1 + r_{CAP}\, h), 0\} \\ &= (1 + r_{CAP}\, h) \max\{(1 + r_{CAP}\, h)^{-1} - b(t_i, t_{i+1}), 0\}\,. \end{aligned} \quad (11.108)$$

Die Zahlung $\max\{(1 + r_{CAP}\, h) - b(t_i, t_{i+1}), 0\}$ entspricht nun aber genau dem Payoff eines zum Zeitpunkt t_i fällig werdenden Put auf einen Zerobond mit Fälligkeit t_{i+1} und einem Strike von $X = (1 + r_{CAP}\, h)^{-1}$. Der Wert des Caplets entspricht somit dem Wert von $1 + r_{CAP}\, h$ Einheiten dieses Puts. Damit ist dann insgesamt auch der Cap als ein Portfolio aus Putoptionen auf Zerobonds interpretierbar und entsprechend bewertbar.

Kommen wir damit zur Konstruktion eines Floors. Ein *Floor* ist ein Portfolio aus Putoptionen auf einen Zins, wobei die einzelnen Putoptionen als *Floorlets* bezeichnet werden. Die Zahlung des in t_{i+1} fällig werdenden Floorlets hängt im (hier nur betrachteten) Standardfall ab vom LIBOR mit Tenor h, der zum vorangegangenen Zeitpunkt t_i für die Periode von t_i bis $t_{i+1} = t_i + h$ gilt. Die Zahlung in t_{i+1} ist dann in Zinstermen bzw. bei Zugrundelegung eines Nennwerts von $N = 1$ gegeben durch

(11.109) $$R_{FLOORLET}(t_{i+1}) = \max\{[r_{FLOOR} - L(t_i, t_{i+1})]h, 0\}\ ,$$

wobei r_{FLOOR} den (für alle Floorlets identischen) Ausübungspreis (*Floor Rate*) bezeichnet.

Durch den Kauf eines Floors kann der Inhaber einer variabel verzinslichen Anleihe erreichen, dass er stets eine Mindestverzinsung in Höhe der Floor Rate erhält.

Analog zum Falle eines Caplets kann auch die Bewertung eines Floorlets zurückgeführt werden auf (hier) die Bewertung einer Calloption. Wir präsentieren im Folgenden nur das Ergebnis der entsprechenden Überlegungen.

(11.110) $$V_{FLOORLET}(t_i, t_{i+1}) = (1 + r_{FLOOR}\, h) \max\{B(t_i, t_{i+1}) - (1 + r_{FLOOR}\, h)^{-1}, 0\}\ .$$

Dies ist somit gerade der Wert von $(1 + r_{FLOOR}\, h)$ Stück eines in t_i fällig werdenden Calls auf einen Zerobond mit Laufzeit t_{i+1} und einem Strike von $(1 + r_{FLOOR}\, h)^{-1}$. Damit ist insgesamt ein Floor als Portfolio aus Calloptionen auf Zerobonds interpretierbar und entsprechend bewertbar.

Analog zur Put/Call-Parität im Falle von Optionen existiert im vorliegenden Fall eine *Cap/Floor-Parität*, die eine Beziehung zwischen dem Wert eines Cap sowie eines Floors herstellt, wobei beide identische Zahlungszeitpunkte sowie einen identischen Ausübungspreis $r_{CAP} = r_{FLOOR} = L$ besitzen.

Wie bereits gesehen gilt für den Wert in $t < t_i$ des in t_{i+1} fällig werdenden Caplets mit Strike

(11.111) $$Caplet(t; t_{i+1}, L) = (1 + Lh) P_Z(t; t_i, t_{i+1}, L)$$

und analog

(11.112) $$Floorlet(t; t_{i+1}, L) = (1 + Lh) C_Z(t; t_i, t_{i+1}, L)\ ,$$

wobei P_Z bzw. C_Z die Werte der zuvor erläuterten Optionen auf Zerobonds bezeichnen. Aus der Put/Call-Parität folgt hieraus

$$\begin{aligned} &Caplet(t; t_{i+1}, L) - Floorlet(t; t_{i+1}, L) \\ &= (1 + Lh)(P_Z(t) - C_Z(t)) = (1 + Lh)[(1 + Lh)^{-1} B(t, t_i) - B(t, t_{i+1})] \\ &= B(t, t_i) - (1 + Lh) B(t, t_{i+1}) \end{aligned}$$

und damit schließlich

(11.113) $$\begin{aligned} &Caplet(t; t_{i+1}, L) + (1 + Lh) B(t, t_{i+1}) \\ &= Floorlet(t; t_{i+1}, L) + B(t, t_i)\ . \end{aligned}$$

Addiert man nun über die Zahlungszeitpunkte auf, so erhält man

$$Cap(t, L) + \sum_{i=1}^{n} (1 + Lh) B(t, t_{i+1}) = Floor(t, L) + \sum_{i=1}^{n} B(t, t_i)\ .$$

Nach einer weiteren Umformung erhält man hieraus schließlich $(t \leq t_1)$

$$Cap(t,L) + Lh\sum_{i=1}^{n} B(t,t_{i+1}) + B(t,t_{n+1}) = Floor(t,L) + B(t,t_1)\,. \tag{11.114}$$

Insgesamt ist somit die Summe aus Cap und Kuponanleihe gleich der Summe aus Floor und einer – man vergleiche hierzu das Bewertungsergebnis in Anhang 8F – (in t_i emittierten) variabel verzinslichen Anleihe.

Kommen wir abschließend zur Position eines Zins-Collar. Hierbei kombiniert man eine Long-Position in einem Cap mit Strike r_{CAP} mit einer Short-Position in einem Floor mit Strike r_{FLOOR}. Die entsprechende Zahlung in t_{i+1} ergibt sich zu

$$\begin{aligned} &Caplet(t_{i+1}) - Floorlet(t_{i+1}) \\ &= h[\max\{L(t_i,t_{i+1}) - r_{CAP}, 0\} - \max\{r_{FLOOR} - L(t_i,t_{i+1}), 0\}]. \end{aligned}$$

Unter der Annahme $r_{CAP} > r_{FLOOR}$ erhält man damit als Payoff zum Zeitpunkt t_{i+1} (*Collarlet*) $(i = 1,...,n)$

$$Collarlet(t_{i+1}) = \begin{cases} [L(t_i,t_{i+1}) - r_{CAP}]h & r_{CAP} < L(t_i,t_{i+1}) \\ 0 & \text{sonst} \\ [r_{FLOOR} - L(t_i,t_{i+1})]h & \mathrm{L}(\mathrm{t}_i,t_{i+1}) < r_{FLOOR}\,. \end{cases} \tag{11.115}$$

Es erfolgen somit Ausgleichszahlungen immer dann, wenn der LIBOR zum Zeitpunkt t_i für die Zeitperiode $[t_i,t_{i+1}]$ höher als die Cap Rate oder tiefer als die Floor Rate ist.

11.9.2 Bewertung von Bondoptionen

11.9.2.1 Einführung und Überblick

Das Modell von *Black* (1976), das wir in Abschnitt 11.7.2 dargestellt haben, beinhaltet eine Adaption des Standard-Black/Scholes-Modells auf die Bewertung von Optionen auf Futures bzw. allgemein auf die Bewertung von Optionen auf Commodities. Eine Variante dieses Modells wird in der Investmentpraxis auch zur Bewertung von Bondoptionen verwendet, vgl. etwa *Hull* (2001, S. 748 ff.) oder *Heidorn* (2002, S. 205 ff.). Die Begründung der hierbei entwickelten Optionspreisformel erfolgt dabei traditionell auf heuristischem Wege unter Zuhilfenahme bestimmter Approximationen. Erst in jüngerer Zeit ist es unter Rückgriff auf die Technik des Numeraire-Wechsels (vgl. Anhang 5E) und der Bewertung unter dem Forwardmaß (vgl. Anhang 11H) gelungen, die Anwendung des Black-Modells im Bereich der Zinsoptionen im Rahmen der sog. *Marktmodelle* auf ein sicheres Fundament zu stellen. Zu den Hintergründen dieser Entwicklung vgl. man ausführlicher *Brigo/Mercurio* (2001, S. 184 ff.). Die Ableitung des Black-Modells für Bondoptionen ist in Anhang 9I dargestellt.

Das Black-Modell geht wie im Black/Scholes-Falle davon aus, dass das Underlying, hier die Wertentwicklung $\{K_t\}$ des Bonds, einer geometrischen Brownschen Bewegung mit Drift μ und Volatilität σ folgt. Des Weiteren wird noch ein Forwardkontrakt auf den gleichen Bond benötigt, der einen identischen Fälligkeitstermin T wie die Bondoption besitzt und dessen Wertentwicklung durch $\{f_t\}$ gegeben ist. Die Black-Formel für eine Europäische Kaufoption lautet nun für $0 \leq t \leq T$ im Falle von Bonds als Underlying (CB = Call Bond)

(11.116a) $$CB(t) = B(t,T)[f_t N(d_1) - X\,N(d_2)] \;,$$

wobei

(11.116b) $$d_1 = d_1(t) = \frac{\ln(f_t / X) + \sigma^2 (T-t)/2}{\sigma\sqrt{T-t}}$$

und

(11.116c) $$d_2 = d_2(t) = \ln(f_t / X) - \sigma\sqrt{T-t} \;.$$

Vergleicht man dieses Resultat mit der Bewertungsgleichung (11.101) im Falle von Optionen auf Futures, so erkennt man die große strukturelle Ähnlichkeit. Die Formeln unterscheiden sich nur durch – aufgrund der hier vorliegenden stochastischen Zinsstruktur – den allgemeineren Diskontierungsfaktor, durch die Betrachtung eines Forwards anstelle eines Futures sowie durch die Natur der verwendeten Volatilität, in (11.116) ist es die Volatilität der Anleihe, in (11.101) die Volatilität des Futures. In praxi und auch in der Lehrbuchliteratur, vgl. etwa *Hull* (2001, S. 749 f.) und *Heidorn* (2002, S. 206), ist es dabei üblich, im Rahmen der Formel (11.116) die Volatilität σ_F des Forwardkontrakts anstelle der Volatilität der zugrunde liegenden Anleihe zu verwenden, d.h. $\sigma = \sigma_F$. Dies besitzt zugleich den Vorteil, dass bei der Betrachtung des Forwardkontraktes die Verwendung einer konstanten Volatilität eher gerechtfertigt erscheint als bei der Betrachtung der Anleihe. Bei dieser kann aufgrund der festen Rückzahlung zum Nennwert die Hypothese einer konstanten Volatilität schon aus strukturellen Gründen nicht aufrecht erhalten werden. Bei einer solchen Vorgehensweise wird dann die Ähnlichkeit zur Formel (11.101) von *Black* noch größer.

Der in die Formel (11.116) eingehende Forwardpreis f_t des Bonds ergibt sich dabei auf der Grundlage des Cost of Carry-Prinzips (10.13) bei einem Basisobjekt mit determiniertem Einkommen zu

(11.117) $$f_t = \frac{K_T - Z_{BW}(t,T)}{B(t,T)} \;,$$

wobei $Z_{BW}(t,T)$ den Barwert der Kuponzahlungen der Anleihe im Zeitraum $[t,T]$ bezeichne.

11.9.2.2 Bewertung auf der Basis von Zinsstrukturmodellen

11.9.2.2.1 Einführung

Im Rahmen der Bewertung von Bondoptionen betrachten wir Optionen, deren Basisobjekt eine Wertentwicklung aufweist, die von der Entwicklung der Zinsintensität $\{R_t\}$ abhängt. Damit ist auch der Wert X_T der Option am Ende der Laufzeit selbst wiederum eine Funktion der Zinsintensität und es greift die in Anhang 9D (Martingal-Pricing) systematisch fundierte risikoneutrale Bewertungsgleichung $(t < T)$

(11.118) $$P(t,r,T) = P_t(X_T, r) = E_Q\left[\exp\left(-\int_t^T R_s\,ds\right) X_T \mid R_t = r\right].$$

Äquivalent hierzu ergibt sich $P(t,r,T)$ als Lösung der folgenden parabolischen deterministischen Differentialgleichung

(11.119)
$$P_t + (\mu - q\sigma)P_r + \tfrac{1}{2}\sigma^2 P_{rr} - rP = 0$$
$$\text{Randbedingung:} \quad P(T,r,T) = X_T(r)\,.$$

Dabei bezeichne $q = q(t,r)$ wiederum den Marktpreis des Risikos.

11.9.2.2.2 Optionen auf Zerobonds: Einfaktormodelle

Im Kontext des Vasicek-Modells, man vergleiche hierzu Abschnitt 9.3.2.2 sowie Anhang 9E, gilt für den Preis $C_t = C_t(X_T, r)$ des Calls mit einem *S*-Zerobond als Underlying und Laufzeit T sowie Ausübungspreis X das folgende, auf *Jamshidian* (1989) zurückgehende Pricing-Resultat:

(11.120a)
$$C_t = B(t,S)\Phi(d) - X\,B(t,T)\Phi(d - \sigma_B)\,.$$

Dabei bezeichne Φ wie üblich die Verteilungsfunktion der Standardnormalverteilung. Die Preise $B(t,S)$ sowie $B(t,T)$ entsprechen den sich im Vasicek-Modell ergebenden Zerobondpreisen gemäß Anhang 9E. Die Parameter $d = d(t)$ und σ_B sind dabei wie folgt gegeben:

(11.120b)
$$d = \frac{1}{\sigma_B}\ln\frac{B(t,S)}{XB(t,T)} + \frac{\sigma_B}{2}$$

(11.120c)
$$\sigma_B = \frac{\sigma}{\alpha}\left[1 - e^{-\alpha(S-T)}\right]\sqrt{\frac{1 - e^{-2\alpha(T-t)}}{2\alpha}}\,.$$

Die Parameter α und σ sind dabei Parameter des dem Vasicek-Modell zugrunde liegenden Ornstein/Uhlenbeck-Prozesses (unter der risikoneutralen Wahrscheinlichkeitsbelegung). Im Falle $\alpha = 0$ gilt $\sigma_B = \sigma(S-T)\sqrt{T}$.

Im Kontext des Cox/Ingersoll/Ross-Modells, man vergleiche hierzu Abschnitt 9.3.2.3 sowie Anhang 9E, gilt entsprechend zum Zeitpunkt $t = 0$, wobei $S = T + \tau$ und $r(0) = r$:

(11.121a)
$$C_0 = B(0,S)\chi^2(d,\lambda_1;y_1) - XB(0,T)\chi^2(d,\lambda_2;y_2)\,.$$

Dabei bezeichne $\chi^2(d,\lambda;\gamma)$ die Verteilungsfunktion der nicht-zentralen Chiquadratverteilung – man vgl. hierzu Anhang 4D sowie *Cairns* (2004, S. 69 ff.) – mit *d* Freiheitsgraden und Nichtzentralitätsparameter λ ausgewertet im Punkt *y*. Die Parameter ergeben sich wie folgt:

(11.121b)
$$d = 4\alpha\mu / \sigma^2$$

(11.121c)
$$\gamma = \sqrt{\alpha^2 + 2\sigma^2}$$

(11.121d)
$$\lambda_1 = \frac{8\gamma^2 e^{\gamma T} r}{\sigma^2(e^{\gamma T} - 1)[2\gamma + (\gamma + \alpha + \sigma^2 H(T,S))(e^{\gamma T} - 1)]}$$

(11.121e)
$$\lambda_2 = \frac{8\gamma^2 e^{\gamma T} r}{\sigma^2 (e^{\gamma T} - 1)[2\gamma + (\gamma + \alpha)(e^{\gamma T} - 1)]}$$

(11.121f)
$$k_1 = \frac{\sigma^2 (e^{\gamma T} - 1)}{2[2\gamma + (\gamma + \alpha + \sigma^2 H(T,S))(e^{\gamma T} - 1)]}$$

(11.121g)
$$k_2 = \frac{\sigma^2 (e^{\gamma T} - 1)}{2[2\gamma + (\gamma + \alpha)(e^{\gamma T} - 1)]}$$

(11.121h)
$$r^* = \frac{\ln[A^*(T,S)/X]}{H(T,S)}$$

(11.121i)
$$y_1 = r^* / k_1$$

(11.121j) .
$$y_2 = r^* / k_2$$

Dabei sind α und σ die Parameter (unter Q) des zugrunde liegenden CIR-Prozesses und $A^*(t,T)$ bzw. $H(t,T)$ die preisbestimmenden Faktoren nach Anhang 9E.

Im Kontext des (einfachen) Hull/White-Modells, man vergleiche hierzu Abschnitt 9.3.2 sowie Anhang 9E, gilt das folgende zu (11.120) analoge Pricingresultat für unser Standardbeispiel, den Call auf einen S-Zerobond mit Laufzeit T und Strike X:

(11.122)
$$C_t = B(t,S)\Phi(d) - X\, B(t,T)\Phi(d - \sigma_B)\,.$$

Dabei ist nicht nur die Grundstruktur identisch mit dem entsprechenden Princingresultat beim Vasicek-Modell, sondern auch die Parameter sind identisch wie in (11.120) spezifiziert. Das Hull/White-Modell und das Vasicek-Modell besitzen somit strukturell identische Optionspreise. Infolge der besseren Anpassung des Hull/White-Modells an die empirischen Verhältnisse, sind dann auch die resultierenden (numerischen) Optionspreise marktnäher.

11.9.2.2.3 Optionen auf Kuponbonds: Einfaktormodelle

Für Einfaktormodelle der Zinsstruktur hat *Jamshidian* (1989) den folgenden Weg aufgezeigt, um Preise für Optionen auf Kuponbonds aus Preisen von Optionen auf Zerobonds abzuleiten.

In einem Einfaktormodell sind die Spot Rates steigend in der Zinsintensität r und damit die Zerobondpreise $B(t,r,S_i)$ ebenso wie der Preis des Kuponbonds $P(t,r)$ monoton fallend in r. Damit existiert zum Zeitpunkt T eine kritische Zinsintensität r^* mit $K(T,r^*) = X$, d.h. in welcher der Bondpreis gerade dem Ausübungspreis entspricht.

Wir definieren nun $X_i = B(T,r^*,S_i)$ und es gilt damit $\sum_{i=1}^{n} Z_i X_i = X$. Hieraus folgt

$$\begin{aligned} X_T(r^*) &= \max\left\{0, \sum_{i=1}^{n} Z_i B(T,r^*,S_i) - X\right\} \\ &= \max\left\{0, \sum_{i=1}^{n} Z_i [B(T,r^*,S_i) - X_i]\right\} \\ &= \sum_{i=1}^{n} Z_i \max\{0, B(t,r^*,S_i) - X_i\} \\ &= \sum_{i=1}^{n} Z_i CZ(T,X_i), \end{aligned}$$

wobei $CZ(T,X_i)$ dem Preis eines Calls auf einen Zerobond mit Laufzeit T und Ausübungspreis X entspreche. Insgesamt muss damit in einem arbitragefreien Markt

$$CK(T,X) = \sum_{i=1}^{n} Z_i CZ(T,X_i) \tag{11.123}$$

gelten, wobei $CK(T,X)$ den Preis des Calls auf einen Kuponbond mit Ausübungspreis X und Laufzeit T bezeichne und entsprechend $CZ(T,X_i)$ den Preis des Calls auf einen Zerobond mit Ausübungspreis X_i.

Haben wir für ein einfaktorielles Zinsstrukturmodell analytische Ausdrücke für die Zerobondpreise, dann lässt sich die kritische Zinsintensität r^* mit einem Standardnäherungsverfahren, wie etwa der Newton/Raphson-Methode, unproblematisch bestimmen.

11.9.2.2.4 Optionen auf Kuponbonds: Mehrfaktormodelle

Unglücklicherweise lässt sich die Vorgehensweise von *Jamshidian* (1989) nicht auf den Fall von Mehrfaktormodellen ausweiten, da die zugrunde legende Konstruktion der Ermittlung einer kritischen Zinsintensität hier nicht mehr aufrechtzuerhalten ist. Der Optionswert (11.123) nach *Jamshidian* beinhaltet, wie *Cairns* (2004, S. 117) anmerkt, im Rahmen von Mehrfaktormodellen sogar eine Überbewertung der Bondoption, da bei Einfaktormodellen jeweils von perfekt positiv korrelierten Zerobondpreisen ausgegangen wird.

Insgesamt ist damit im Kontext von Zinsstrukturmodellen die Situation hinsichtlich der Bewertung von Bondoptionen eher unbefriedigend. Die Vorgehensweise ist deutlich komplexer und aufwändiger im Vergleich zur Formel von *Black*. Insofern ist es nicht überraschend, dass sich die Formel von *Black* in der Investmentpraxis nach wie vor großer Beliebtheit erfreut.

11.9.2.3 Bewertung von Caps und Floors

Wie in Abschnitt 11.8.1 dargestellt, lassen sich sowohl Caps als auch Floors jeweils als ein Portfolio aus Optionen auf Zerobonds darstellen. Insofern besteht eine Möglichkeit der Bewertung von Caps und Floors darin, auf die im Rahmen des Abschnittes 11.8.2.2.2 im Kontext von Einfaktormodellen der Zinsstruktur erzielten Ergebnisse über die Bewertung von Optionen auf Zerobonds zurückzugreifen.

In der Investmentpraxis wird, wie schon im Falle von Bondoptionen, hingegen standardmäßig mit einer Variante der Formel von *Black* gearbeitet. Eine systematische Fundierung der Formel von *Black* ist unter Rückgriff auf die Technik des Numeraire-Wechsels (vgl. Anhang 5E) und der Bewertung unter dem Forwardmaß (vgl. Anhang 11H) im Rahmen des *LIBOR-Marktmodells* möglich. Diese Herleitung erfolgt im Detail in Anhang 11J. Wir beschränken uns hier auf die Darstellung der Modellannahmen und des Ergebnisses.

Ausgangspunkt des LIBOR-Marktmodells ist die Betrachtung des Forward-LIBOR $\{L(t;s,h);\, t \le s\}$. Dabei steht L für einen beliebigen Geldmarktzins (insbesondere LIBOR), der für einen fixierten Tenor (Zinsperiode, etwa 3 Monate oder 6 Monate) h zum Zeitpunkt s festgestellt wird. Fixiert sind somit die Parameter s und h. Hinsichtlich des Forward-LIBOR $L_s(t) = L(t;s,h)$ wird nun angenommen, dass dieser einer (verallgemeinerten) geometrischen Brownschen Bewegung

(11.124) $$dL_s(t)\,/\,L_s(t) = \mu_s(t)dt + \sigma_s(t)dW_t$$

folgt. Dabei nehmen wir insbesondere an, dass Drift $\mu_s(t)$ und Diffusion $\sigma_s(t)$ deterministische Funktionen sind.

Für die Bewertung eines zum Zeitpunkt s fälligen Caplets gilt dann $(t \le s)$

(11.125) $$V_{CAPLET}(t) = hB(t,s+h)[L_s(t)N(d_1) - r_{CAP}\,N(d_2)] \quad ,$$

wobei

(11.126a) $$d_1 = d_1(t) = \frac{\ln[L_s(t)\,/\,r_{CAP}] + \frac{1}{2}v_s^2}{v_s}$$

(11.126b) $$d_2 = d_2(t) = d_1(t) - v_s$$

und schließlich

(11.126c) $$v_s^2 = \int_t^s \sigma_s^2(u)du \quad .$$

Im Falle $\sigma_s(u) = \sigma_s$ reduziert sich dabei (11.126c) auf $v_s^2 = (s-t)\sigma_s^2$.

Im Vergleich mit (11.101) zeigt sich wiederum die große strukturelle Ähnlichkeit mit der Formel von *Black* für Optionen und Futures.

Für die Bewertung eines Caps mit den Zahlungszeitpunkten $t_i = t_0 + ih\ (i = 1,\ldots,n+1)$ ergibt sich entsprechend $(t_0 \le t < t_2)$

(11.127a) $$V_{CAP}(t) = h\sum_{i=1}^{n} B(t,t_{i+1})[L(t;t_i,h)N(d_{1i}) - r_{CAP}\,N(d_{2i})] \quad ,$$

wobei

(11.127b) $$d_{1i} = \frac{\ln[L(t;t_i,h)\,/\,r_{CAP}] + \frac{1}{2}v_i^2}{v_i}$$

(11.127c) $$d_{2i} = d_{1i} - v_i$$

und (für $\sigma_{t_i}(t) = \sigma_{t_i}$)

(11.127d) $$v_i^2 = (t_i - t)\sigma_{t_i}^2 .$$

Entsprechend geht man vor im Falle eines Floors oder man benutzt die in Abschnitt 11.8.1 dargestellte Cap/Floor-Parität.

Die Entwicklung einer systematischen Fundierung der Black-Formel zur Bewertung von Caps und Floors in Form des LIBOR-Marktmodells (in *Brigo/Mercurio* (2001, S. 192 ff.) als Lognormal Forward-LIBOR-Modell bezeichnet) geht zurück auf *Miltersen/Sandmann/Sondermann* (1997), *Jamshidian* (1997) und *Brace/Gatarek/Musiela* (1997). Ausgangspunkt ist hierbei eine am Markt beobachtbare Größe, der Forward-LIBOR, wohingegen im Rahmen von Zinsstrukturmodellen unbeobachtbare Größen wie die Zinsintensität oder die Forwardintensität die zentralen Basisgrößen sind. Wie *Brigo/Mercurio* (2001, S. 187) feststellen, sind allerdings zumindest für Einfaktormodelle der Zinsintensität beide Modellwelten nicht kompatibel. Kein Einfaktormodell und allgemeiner kein bekanntes Zinsstruktrumodell führt auf einen lognormalverteilten Forward-LIBOR und damit zur Black-Formel für Caps und Floors.

Diese unbefriedigende Situation wird noch verschlimmert, wenn man auch Swaptions, d.h. Optionen auf Swaps, betrachtet, was wir in Kapitel 12 tun werden. Hier ist die Situation so, dass die Anwendung des LIBOR-Marktmodells sehr komplex ist und nicht zu Bewertungsformeln des Black-Typus führt, wie sie vom Markt traditionell angewendet werden. Eine entsprechende Fundierung gelingt im Rahmen des Swap-Marktmodells (in *Brigo/Mercurio* (2001, S. 220 ff.) als Lognormal Forward-Swap-Modell bezeichnet). Allerdings sind nun das LIBOR-Marktmodell und das Swap-Marktmodell inkompatibel. Intuitiv liegt dies daran, dass im Rahmen des LIBOR-Marktmodells eine Lognormalverteilung für den Forward-LIBOR unterstellt wird, wohingegen beim Swap-Marktmodell eine Lognormalverteilung für die Forward-Swapsätze angenommen wird. Da Forward-Swapsätze (approximativ) linear in den Forward Rates sind, kann eine Lognormalverteilung nicht für beide Ansätze simultan gelten. Man steht damit vor der unschönen Situation, dass man bei der Verwendung von Bewertungsformeln des Black-Typus Modelle zugrunde legt, die jeweils nur für »eine Hälfte« des Marktes (Caps und Floors auf der einen Seite sowie Swaptions auf der anderen) gültig sind. Da darüber hinaus die Black-Formeln aber für beide Hälften des Marktes von vielen Marktbeteiligten angewendet werden und sich dadurch auch entsprechende Preise einpendeln, resultieren hieraus auch Preise, die ebenfalls nicht konsistent sind. So stellen etwa *Longstaff/Santa-Clara/Schwartz* (2001) fest, dass Cap-Preise (insbesondere in bestimmten Zeitperioden, wie der LCTM-Krise 1998) deutlich von den arbitragefreien Preisen abweichen, die aus den Bewertungen auf den Swaptions-Märkten resultieren. *Dai/Singleton* (2003, S. 666) sprechen von einem *Swaption/Cap-Puzzle* dahingehend, dass noch kein einheitliches Bewertungsmodell existiert, das die empirischen Preise sowohl von Caps als auch von Swaptions befriedigend erklärt.

11.10 Literaturhinweise und Ausblick

Der Abschnitt 11.3 über die Bewertung von (Aktien-)Optionen (Optionspreistheorie) enthält weitgehend Standardresultate, die in vielen allgemeinen Investment- bzw. Finanzlehrbüchern, so z. B. *Blake* (2000, Abschnitt 9.4), *Loistl* (1996, Abschnitt 5.4), *Bodie/Kane/Marcus* (2005, Kapitel 21), *Elton/Gruber* (2003, Kapitel 22), *Luenberger* (1998, Kapitel 12 und 13), *Rudolph/*

Schäfer (2005), *Schmidt* (2006), *Spremann* (1996, Kapitel 21), *Steiner/Bruns* (2002, Kapitel 5) sowie *Steiner/Uhlir* (2001, Kapitel 4), ebenso wie in auf Finanzderivate spezialisierten Lehrbüchern, so z. B. *Avellaneda/Laurence* (2000), *Gibson* (1991) oder *Hull* (2001) behandelt werden.

Arbitragefreie Bewertungsrelationen werden eingehend etwa bei *Blake* (2000, Abschnitt 9.4.2), *Gibson* (1991, Kapitel 2), *Kwok* (1998, Abschnitt 1.2), *Stoll/Whaley* (1993, Kapitel 10) und *Steiner/Uhlir* (2001, Abschnitt 4.2) dargestellt, das Binomial Option Pricing etwa bei *Avellaneda/Laurence* (2000, Kapitel 2 und 4), *Gibson* (1991, Kapitel 3), *Panjer* (1998, Section 6.3) und *Steiner/Uhlir* (2001, Abschnitt 4.3.1).

Die Ableitung der Black/Scholes-Formel gemäß Anhang 11.C auf der Basis der Konstruktion eines risikolosen Hedge-Portfolios ist ein Standardbeweis, der in vielen Lehrbüchern enthalten ist, so z. B. *Elton/Gruber* (2003, S. 589 ff.), *Luenberger* (1998, S. 353 f.) oder *Spremann* (1996, S. 648 ff.). *Neftci* (2000), der diesen Ansatz ebenfalls verwendet, weist darauf hin, dass diese Konstruktion heuristisch ist. Kritiken dieser Standardvorgehensweise enthalten *Bergman* (1982), *Beck* (1993) sowie *Bartels* (1995). Problematisch ist zum einen, dass die Black/Scholes-Konstruktion eines risikolosen Hedge-Portfolios kein selbstfinanzierendes Portfolio darstellt (dies ist klar, denn es wird eine Aktie mit einem zeitvariablen Call short kombiniert), zum anderen ist der Anteil q_t der Calls short zeitvariabel und nicht fix, d. h. $dV_t \,/\, dt = dS_t \,/\, dt + d\,(q_t\, F(t, S_t)) \,/\, dt$ im Gegensatz zu (11C.3a), hier ist $dV_t \,/dt = dS_t /\, dt + q_t dF(t, S_t) \,/\, dt$. Eine Lösung dieser Problematik bietet *Macdonald* (1997), indem er (11C.3a) als (Momentan-)Rendite des Hedge-Portfolios identifiziert. Dies gelingt allerdings nur unter Rückgriff auf die Darstellung der Wertentwicklung des Hedge-Portfolios als stochastisches Integral nach *Itô*, d. h. diese strukturelle Eigenschaft des Hedge-Portfolios fällt unter den Tisch, wenn nur auf der Ebene der stochastischen Differentialgleichungen gearbeitet wird. Immerhin gelingt damit der Nachweis, dass die Black/Scholes-Methodologie korrekt ist, wenn sie auch oftmals in einer Terminologie beschrieben wird, die zu Missverständnissen durchaus Anlass gibt. Der Standardbeweis der Black/Scholes-Formel wurde beibehalten, weil sie zum einen den klassischen Durchbruch der Optionspreistheorie dokumentiert. Zum anderen, weil das Prinzip des lokal risikolosen Hedge-Portfolios grundlegend für die in der Investmentpraxis wichtige Strategie des Delta-Hedgings ist. In praxi sowie im Rahmen einer diskreten Analyse ist das Hedge Ratio notwendigerweise konstant über kurze Zeitabschnitte, sodass hier das Problem nicht auftritt.

Die Analyse der Optionssensitivitäten (Greeks) wird eingehend von *Avellaneda/Laurence* (2000, Kapitel 3), *Blake* (2000, Abschnitt 9.4.5), *Gibson* (1991, Abschnitt 4.5) sowie *Hull* (2001, Kapitel 13) behandelt, empfehlenswert ist hierzu auch der Aufsatz von *Chance* (1994). Das Black/Scholes-Modell bei dividendenzahlendem Basistitel wird behandelt bei *Avellaneda/Laurence* (2000, Abschnitt 4.4) sowie *Steiner/Uhlir* (2001, Abschnitt 4.3.4).

Weiterführende Lehrbücher zur Optionspreistheorie sind *Avellaneda/Laurence* (2000), *Bingham/Kiesel* (2004), *Kwok* (1998), *Musiela/Rutkowski* (1997) sowie *Neftci* (2000). Bei *Kwok* stehen Ansätze im Vordergrund, die auf partielle deterministische Differentialgleichungen führen (PDF-Ansatz), bei *Bingham/Kiesel* und noch weitergehender bei *Musiela/Rutkowski* die pseudo-risikoneutrale Bewertung bzw. das Martingal-Pricing. *Avellaneda/Laurence* und *Neftci* behandeln beide dieser modelltheoretischen Vorgehensweisen. *Goldenberg* (1991) beinhaltet einen einheitlichen Ansatz zur Bewertung von Optionen auf Aktienkurse, die einem Diffusionsprozess folgen unter Verwendung des Martingal-Pricing.

Auch die Abschnitte 11.2 (Basispositionen) und 11.4 (Kombination von Optionspositionen) über Tradingstrategien mit Optionen sowie ebenso die Abschnitte 11.5 bis 11.7 über Wertsicherungs-, Hedging- und Portfolio Insurance-Strategien enthalten weitgehend Standardmaterial. Im deutschsprachigen Schrifttum sei etwa auf *Bruns/Meyer-Bullerdiek* (1996, Kapitel E), *Loistl* (1996, Abschnitte 5.2 und 5.8), *Scharpf/Luz* (2000, Abschnitt D1) und *Steiner/Bruns* (2002, Abschnitt 5.1 und Kapitel 6) hingewiesen. Im englischsprachigen Schrifttum sei verwiesen auf *Blake* (2000, Abschnitte 16.4 und 16.8), *Bodie/Kane/Marcus* (2005, Kapitel 20), *Fabozzi* (1999, Kapitel 20 und 29), *Fitzgerald* (1987, Kapitel 4 und 5) sowie *Hull* (2001, Kapitel 6 und 8). Die Darstellung der Abschnitte 11.5 bis 11.7 orientiert sich an der Veröffentlichung *Albrecht/Maurer* (1992).

Hinsichtlich der Evaluation, insbesondere der Risikoanalyse, von Optionspositionen und Optionsstrategien sowie einer darauf aufbauenden Steuerung und Optimierung existiert mittlerweile eine umfangreiche Spezialliteratur[30], begründet durch die Pionierarbeiten von *Bookstaber/Clarke* (1983a, b; 1984; 1985). Einen aktuellen Überblick gibt *Adam* (2001). Die Fallstudie in Abschnitt 11.5.3 benutzt dabei den Evaluationsansatz der historischen Simulation, die Ausführungen[31] in Anhang 11F beruhen auf dem Ansatz einer analytischen Evaluation. Als dritter möglicher Evaluationsansatz hat sich die Monte-Carlo-Simulation etabliert. Aufgrund der typischerweise asymmetrischen Verteilung von Optionspositionen sind bei einer Risikoanalyse dabei entsprechend asymmetrische Risikomaße wie die Schiefe oder Lower Partial-Moments von Bedeutung.

Zur Bewertung von Optionen auf Währungen oder Futures sowie von Zinsoptionen sei verwiesen auf *Hull* (2001) und für Zinsoptionen im Besonderen auf *Heidorn* (2002). Vertiefend behandeln den Bereich der Zinsoptionen *Branger/Schlag* (2004), *Brigo/Mercurio* (2001) sowie *Cairns* (2004).

Anhang 11A: Optionskontrakte der EUREX

Grundsätzlich lassen sich hinsichtlich der an der Eurex gehandelten Optionsprodukte[32] Optionen auf Einzelaktien, Optionen auf Aktienindizes, Optionen auf Geldmarktfutures sowie Optionen auf Zinsfutures unterscheiden.

Wenden wir uns zunächst den Optionen auf einzelne Aktien zu. Im Januar 2002 wurden Optionen auf 32 deutsche, 25 schweizerische, 11 nordische, 8 niederländische, 3 italienische, 9 französische und 10 US-amerikanische Einzelaktien sowie Optionen auf 8 Aktien des Neuen Marktes gehandelt.[33] Die verfügbaren Optionsfälligkeiten hängen von der Gruppenzugehörigkeit der Aktie ab. Die Gruppeneinteilung der deutschen Titel geht aus der unten stehenden Tabelle hervor. Diese Einteilung gibt Auskunft über die Verfallmonate der verfügbaren Optionen auf die entsprechenden Basistitel. Zum Beispiel sind Optionen auf Basistitel in Gruppe C verfügbar mit Verfallmonaten der drei nächsten aufeinander folgenden Monate sowie der drei darauf folgenden Monate aus dem Zyklus März, Juni, September und Dezember und der beiden darauf folgenden Monate aus dem Zyklus Juni und Dezember, d. h. Laufzeiten bis zu 24 Monaten. Nach dem Optionstypus sind die Eurex-Optionen amerikanische Optionen.

---

30 Aktuelle Arbeiten zu diesem Themenkomplex sind etwa *Adam* (2001), *Adam/Maurer* (1999, 2000), *Albrecht/Maurer/Stephan* (1995), *Greene/Figlewski* (1999), *Isakov/Morard* (2001), *Lhabitant* (1999), *Möller* (1997), *Rendleman* (1999, 2001) sowie *Scheuenstuhl/Zagst* (1998).

31 Wir orientieren uns dabei an der Dissertationsschrift *Adam* (2001).

32 Vgl. allgemein *Eurex* (2001).

33 Darüber hinaus werden so genannte Low Excercise Price-Options (LEPOS) auf deutsche, schweizerische, niederländische, französische, italienische, nordische und US-amerikanische Aktien gehandelt. LEPOS besitzen dabei einen besonders niedrigen Ausübungspreis, i.d.R. in Höhe von 1 EUR.

Gruppe A Verfalltermine: 1, 2, 3, 6 und 9 Monate	Gruppe B Verfalltermine: 1, 2, 3, 6, 9 und 12 Monate	Gruppe C Verfalltermine: 1, 2, 3, 6, 9, 12, 18 und 24 Monate
derzeit sind keine deutschen Aktien in Gruppe A enthalten	Adidas	Allianz-Holding
	BMW	BASF
	Degussa-Hüls	Bayer
	EPCOS	Bayer. Hypo-Vereinsbank
	Fresenius Medical Care	Commerzbank
	Henkel	Daimler Chrysler
	Infineon	Deutsche Bank
	Karstadt	Deutsche Post World Net
	Linde	Deutsche Telekom
	Lufthansa	Dresdner Bank
	MAN	Eon
	Metro	SAP
	MLP Vz.	Siemens
	Münchener Rückversicherung	Volkswagen
	Preussag	
	RWE	
	Schering	
	Thyssen Krupp	

Tab. 11A.1: Gruppenzuteilung der deutschen Aktien nach Optionsverfallmonaten

Die weiteren Kontraktspezifikationen sind in Tabelle 11A.2 festgehalten.

<table>
<tr><th>Basiswert</th><th colspan="2">DAX-Aktien</th></tr>
<tr><td>Kontraktgröße</td><td colspan="2">Der Kontrakt bezieht sich in der Regel auf 100 Aktien des zugrunde liegenden Basiswertes. Die Basiswerte Münchener Rückversicherung und Allianz haben eine Kontraktgröße von 50 Aktien.</td></tr>
<tr><td>Minimale Preisveränderung</td><td colspan="2">Optionspreise haben Preisabstufungen von 0,01 EUR (Ausnahme SAP mit einer Preisabstufung von 0,10 EUR).</td></tr>
<tr><td>Erfüllung</td><td colspan="2">Physische Lieferung von 100 bzw. 50 Aktien des zugrunde liegenden Basiswertes.</td></tr>
<tr><td>Erfüllungstag</td><td colspan="2">Zwei Börsentage nach der Ausübung.</td></tr>
<tr><td>Letzter Handelstag</td><td colspan="2">Der dritte Freitag eines Verfallmonats, sofern dies ein Börsentag ist, andernfalls der davor liegende Börsentag.</td></tr>
<tr><td>Täglicher Abrechnungspreis</td><td colspan="2">Letztbezahlter Kontraktpreis; falls dieser älter als 15 Minuten ist oder nicht den aktuellen Marktverhältnissen entspricht, wird dieser von der Eurex festgelegt.</td></tr>
<tr><td>Ausübungszeit</td><td colspan="2">Ausübungen sind an jedem Börsentag während der Laufzeit bis 21:00 MEZ möglich (amerikanische Art), mit Ausnahme des Tages eines Dividendenbeschlusses.</td></tr>
<tr><td>Verfallmonate</td><td colspan="2">Basistitel in Gruppe A: keine
Basistitel in Gruppe B: Die drei nächsten aufeinander folgenden Monate und die drei darauf folgenden Monate aus dem Zyklus März, Juni, September und Dezember, d.h. Laufzeiten bis zu 12 Monaten.
Basistitel in Gruppe C: Die drei nächsten aufeinander folgenden Monate, die drei darauf folgenden Monate aus dem Zyklus März, Juni, September und Dezember sowie die beiden darauf folgenden Monate aus dem Zyklus Juni und Dezember, d.h. Laufzeiten bis zu 24 Monaten.</td></tr>
<tr><td rowspan="10">Ausübungspreis</td><td colspan="2">Für die DAX-Optionen ist folgende Ausübungspreisstaffelung vorgesehen:</td></tr>
<tr><td>Ausübungspreise</td><td>Ausübungspreisabstände</td></tr>
<tr><td>bis 5 EUR</td><td>0,20 EUR</td></tr>
<tr><td>5,5 EUR bis 10 EUR</td><td>0,50 EUR</td></tr>
<tr><td>11 EUR bis 20 EUR</td><td>1,00 EUR</td></tr>
<tr><td>22 EUR bis 50 EUR</td><td>2,00 EUR</td></tr>
<tr><td>52,5 EUR bis 100 EUR</td><td>2,50 EUR*</td></tr>
<tr><td>55 EUR bis 200 EUR</td><td>5,00 EUR</td></tr>
<tr><td>200 EUR und höher</td><td>20,0 EUR</td></tr>
<tr><td colspan="2">Für jeden Call und Put stehen für jeden Verfallmonat mindestens drei Serien zur Verfügung mit je einem Ausübungspreis In the Money, At the Money und Out of the Money. Bei Optionskontrakten mit 18 und 24 Monaten Laufzeit verdoppeln sich die Ausübungspreise.
(* nur für den ersten und zweiten Verfallmonat)</td></tr>
</table>

Tab. 11A.2: Kontraktspezifikationen der Optionen auf DAX-Aktien

Neben Optionen auf einzelne Basistitel werden seit dem 16. August 1991 auch (europäische) Optionen auf den Deutschen Aktienindex gehandelt. Dabei hat sich das Handelsvolumen von ca. 20.000 täglich gehandelten Kontrakten auf bis zu über 150.000 Kontrakte pro Tag im Dezember 2000 erhöht. Exemplarisch sind in der nachfolgenden Übersicht die wichtigsten Kontraktspezifikationen der an der Eurex gehandelten DAX-Option zusammengefasst.

<table>
<tr><th>Basiswert</th><th colspan="3">Deutscher Aktienindex (DAX)</th></tr>
<tr><td>Kontraktwert</td><td colspan="3">5 EUR pro Indexpunkt des DAX.</td></tr>
<tr><td>Erfüllung</td><td colspan="3">Erfüllung durch Barausgleich, fällig am Börsentag nach dem letzten Handelstag.</td></tr>
<tr><td>Preisermittlung</td><td colspan="3">In Punkten, auf eine Dezimalstelle.</td></tr>
<tr><td>Minimale Preisveränderung</td><td colspan="3">0,1 Punkte; dies entspricht einem Wert von 0,50 EUR.</td></tr>
<tr><td>Letzter Handelstag</td><td colspan="3">Der dritte Freitag des jeweiligen Verfallmonats, sofern dies ein Börsentag ist, andernfalls der davor liegende Börsentag. Handelsschluss ist der Beginn der untertägigen Auktion im elektronischen Handelssystem der Frankfurter Wertpapierbörse (Xetra) um 13.00 Uhr MEZ.</td></tr>
<tr><td>Täglicher Abrechnungspreis</td><td colspan="3">Letztbezahlter Kontraktpreis; falls dieser älter als 15 Minuten ist oder nicht den aktuellen Marktverhältnissen entspricht, wird dieser von der Eurex festgelegt.</td></tr>
<tr><td>Schlussabrechnungspreis</td><td colspan="3">Wert des DAX; ermittelt auf der Grundlage des am letzten Handelstag in der untertägigen Auktion im elektronischen Handelssystem der Frankfurter Wertpapierbörse (Xetra) zustande gekommenen Preise für die im DAX enthaltenen Werte.</td></tr>
<tr><td>Ausübungszeit</td><td colspan="3">Ausübungen sind grundsätzlich nur am letzten Handelstag der Optionsserie bis zum Ende der Post-Trading-Periode möglich (europäische Art).</td></tr>
<tr><td>Verfallmonate</td><td colspan="3">Die drei nächsten aufeinander folgenden Kalendermonate, die drei darauf folgenden Monate aus dem Zyklus März, Juni, September und Dezember sowie die beiden darauf folgenden Monate des Zyklus Juni und Dezember; d. h. es sind Laufzeiten von 1, 2, 3, max. 6, max. 9, max. 12 sowie max. 18 und max. 24 Monaten verfügbar.</td></tr>
<tr><td rowspan="6">Ausübungspreis</td><td colspan="3">Für die DAX-Option ist folgende Ausübungspreisstaffelung vorgesehen:</td></tr>
<tr><td>Verfallmonate mit einer Restlaufzeit bis zu</td><td>Anzahl Ausübungspreise</td><td>Ausübungspreisabstände in Punkten</td></tr>
<tr><td>6 Monate</td><td>9</td><td>50</td></tr>
<tr><td>12 Monate</td><td>5</td><td>100</td></tr>
<tr><td>24 Monate</td><td>5</td><td>200</td></tr>
<tr><td colspan="3">Jeder Kontraktmonat wird mit mindestens fünf Ausübungspreisen eingeführt.</td></tr>
<tr><td>Optionsprämie</td><td colspan="3">Prämien in Punkten; Zahlung des entsprechenden EUR-Wertes in voller Höhe an dem Börsentag, der dem Kauftag folgt.</td></tr>
<tr><td>Handelszeit</td><td colspan="3">8.50 bis 20.00 Uhr MEZ.</td></tr>
</table>

Tab. 11A.3: Kontraktspezifikationen der DAX-Option

Die nachfolgende Übersicht vermittelt einen Eindruck über die Kursnotierung der an der Eurex gehandelten DAX-Optionen. Die Spalte mit dem Titel »Closing Price« gibt den letzten Preis einer Optionsserie an, für den in der letzten Handelsstunde ein Geschäft zustande gekommen ist, für den Januar-Call mit Basispreis 6.600 also 220,00. Maßgebend für die täglichen Margin-Zahlungen ist aber der Settlementpreis, bei der betrachteten Option also 213,30, der i. d. R. nicht mit dem zuletzt bezahlten Preis übereinstimmt. Vielmehr berechnet sich dieser gemäß einer Durchschnittsbildung über mehrere Optionspreise. Sinn dieser Vorgehensweise ist zu verhindern, dass ein Marktteilnehmer den Settlementpreis zu seinen Gunsten beeinflussen kann. Bei einem zeitpunktbezogenen Optionspreis wäre dies leichter zu bewerkstelligen als bei einer Durchschnittsbildung. Kommt kein Abschluss zustande, verwendet die Eurex ein anerkanntes Optionspreisbewertungsmodell. Die Spalte »Traded Contracts« gibt die Anzahl der abgeschlossenen Geschäfte des Handelstages, die Spalte »Open Interest« die Anzahl der offenen Positionen einer Optionsserie aus Sicht der Eurex an. Für den betrachteten Call wurden also 2.036 Geschäfte abgeschlossen und am Ende des Handelstages betrug der Bestand an offenen Positionen 1.754 Kontrakte.

ODAX - Call Option - Jan 01					ODAX - Put Option - Jan 01				
Strike Price	Closing Price	Settlement Price	Traded Contracts	Open Interest	Strike Price	Closing Price	Settlement Price	Traded Contracts	Open Interest
5200		1401.20		1'001	5200		3.30		10
5300		1303.00		1'000	5300	4.50	4.40	6	110
5400		1205.20		1	5400	6.50	6.00	18	4'418
5500		1108.00		201	5500	12.00	8.30	80	592
5600		1011.80		501	5600	9.50	11.50	52	3'070
5700		916.70			5700	19.00	15.80	175	2'242
5800		823.10		1	5800	20.00	21.70	321	7'868
5900		731.80			5900	28.00	29.70	150	807
6000		643.00		500	6000	36.00	40.40	1'662	17'559
6100		557.60			6100	48.00	54.40	130	1'334
6200		476.50		178	6200	71.00	72.70	1'589	16'053
6250		438.20			6250		84.10		170
6300		400.40			6300	81.50	96.10	674	2'687
6350		364.90			6350		110.20		666
6400	333.00	330.90	66	1'138	6400	112.00	125.90	1'770	10'984
6450		298.50		46	6450		143.20		211
6500	276.00	267.90	2	1'845	6500	156.00	162.30	1'961	8'294
6550		240.60		292	6550		184.70		502
6600	220.00	213.30	2'036	1'754	6600	216.00	207.10	1'744	4'884
6650		186.70	1'000	147	6650		230.20	1'000	36
6700	172.00	165.80	599	3'778	6700	236.00	259.10	13	5'180
6750		145.30		35	6750		288.30		22
6800	139.00	125.30	2'303	8'954	6800	270.00	318.00	8	5'357
6850		109.60		182	6850		352.00		66
6900	98.00	95.10	221	4'426	6900	400.00	387.20	5	5'522
6950	73.40	80.60	36	5	6950		422.40		50
7000	82.00	69.10	2'255	10'516	7000	457.00	460.60	70	4'044
7050		59.30		116	7050		500.60		10
7100	55.00	50.20	476	4'632	7100		541.10		342
7150		42.10		216	7150		582.80		23
7200	38.00	36.50	480	15'088	7200		626.80		264
7250		30.90		150	7250		670.90		31
7300	32.50	25.20	90	4'407	7300		715.00		264
7350	27.50	21.60	25	342	7350		761.10		
7400	22.50	18.60	344	13'244	7400		807.70		376
7600	12.50	9.20	798	5'290	7600		997.20		1'020
7800		4.80	2'000	5'411	7800	1160.70	1191.60	23	1'001
Total			12'731	85'397	Total			11'451	106'069

Tab. 11A.4: Notierungen der DAX-Option mit Fälligkeit Januar 2001 am 07.12.00 (Quelle: Eurex, http://www.eurexchange.com)

Abschließend gehen wir noch beispielhaft auf die Kontraktspezifikationen der Option auf den Dreimonats-EURIBOR-Future sowie der Option auf den Euro-BUND-Future ein, man vergleiche hierzu die Tabellen 11A.3 und 11A.4.

Basiswert	Dreimonats-EURIBOR-Future. Der Nominalwert eines Future-Kontraktes beträgt 1.000.000 EUR.
Kontraktwert	Ein Dreimonats-EURIBOR-Future-Kontrakt.
Erfüllung	Die Ausübung einer Option auf einen Dreimonats-EURIBOR-Future-Kontrakt resultiert für den Käufer sowie für den zugeteilten Verkäufer in einer entsprechenden Dreimonats-EURIBOR-Future-Position. Die Position wird auf der Grundlage des vereinbarten Ausübungspreises im Anschluss an die Post-Trading-Periode des Ausübungstages eröffnet
Preisermittlung	In Punkten; auf drei Dezimalstellen.
Minimale Preisveränderung	0,005 Prozent; dies entspricht einem Wert von 12,50 EUR.
Letzter Handelstag	Zwei Börsentage vor dem dritten Mittwoch des jeweiligen Erfüllungsmonats – soweit von der EURIBOR FBE/ACI an diesem Tag der für Dreimonats-Euro-Termingelder maßgebliche Referenz-Zinssatz EURIBOR festgestellt wird, ansonsten der davor liegende Börsentag. Handelsschluss für den fälligen Kontraktmonat ist 11.00 MEZ.
Täglicher Abrechnungspreis	Letztbezahlter Kontraktpreis; falls dieser älter als 15 Minuten ist oder nicht den aktuellen Marktverhältnissen entspricht, wird dieser von der Eurex festgelegt.
Ausübungszeit	Ausübungen sind an jedem Börsentag während der Laufzeit bis zum Ende der Post-Trading-Periode möglich (amerikanische Art).
Verfallmonate	Die vier nächsten Monate aus dem Zyklus März, Juni, September und Dezember; d.h. es sind Laufzeiten von 3, 6, 9 sowie max. 12 Monaten verfügbar. Fälligkeitsmonat des zugrunde liegenden Future und Verfallmonat der Option sind identisch.
Ausübungspreise	Ausübungspreise haben feste Abstufungen von 0,10 Punkten (z.B. 96, 40; 96, 50; 96, 60). Jeder Verfallmonat wird mit 21 Ausübungspreisen eingeführt.
Optionsprämie	Die Prämienabrechnung erfolgt nach dem »future-style«-Verfahren.
Handelszeit	08.30 bis 19.00 Uhr MEZ.

Tab. 11A.5: Kontraktspezifikationen für die Option auf den Dreimonats-EURIBOR-Future

Basiswert	Euro-BUND-Future
Kontraktwert	Ein Euro-BUND-Future-Kontrakt.
Erfüllung	Die Ausübung einer Option auf einen Euro-BUND-Future-Kontrakt resultiert für den Käufer sowie für den zugeteilten Verkäufer in einer entsprechenden Euro-BUND-Future-Position. Die Position wird auf der Grundlage des vereinbarten Ausübungspreises im Anschluss an die Post-Trading-Periode des Ausübungstages eröffnet
Preisermittlung	In Punkten; auf zwei Dezimalstellen.
Minimale Preis-veränderung	0,01 Punkte; dies entspricht einem Wert von 10 EUR.
Letzter Handelstag	Sechs Börsentage vor dem ersten Kalendertag des Verfallmonats der Option.
Täglicher Abrechnungs-preis	Letztbezahlter Kontraktpreis; falls dieser älter als 15 Minuten ist oder nicht den aktuellen Marktverhältnissen entspricht, wird dieser von der Eurex festgelegt.
Ausübungszeit	Ausübungen sind an jedem Börsentag während der Laufzeit bis zum Ende der Post-Trading-Periode möglich (amerikanische Art).
Verfallmonate	Die drei nächsten aufeinander folgenden Monate sowie der darauf folgende Monat aus dem Zyklus März, Juni, September und Dezember; d.h. es sind Laufzeiten von 1, 2, 3 sowie max. 6 Monaten verfügbar.
Zugrunde liegende Futures-Kontrakte	a) Verfallmonate März, Juni, September, Dezember: Fälligkeitsmonat des zugrunde liegenden Futures und Verfallmonat der Option sind identisch. b) Übrige Verfallmonate: Fälligkeitsmonat des zugrunde liegenden Futures ist der dem Verfallmonat der Option folgende Quartalsmonat.
Ausübungspreise	Ausübungspreise haben feste Abstufungen von 0,50 Punkten (z.B. 104, 00; 194, 50; 105, 00). Jeder Verfallmonat wird mit 21 Ausübungspreisen eingeführt.
Optionsprämie	Die Prämienabrechnung erfolgt nach dem »future-style«-Verfahren.
Handelszeit	08.30 bis 19.00 Uhr MEZ.

Tab. 11A.6: Kontraktspezifikationen der Option auf den Euro-BUND-Future

Anhang 11B: Marginsystem bei Optionskontrakten

Bei Optionen setzt sich die Marginforderung aus der *Premium Margin* sowie der *Additional Margin* zusammen. Die Premium Margin stellt dabei die potentiellen Glattstellungskosten bzw. -erlöse der Options-Nettoposition einer jeweiligen Optionsserie bewertet mit dem heutigen Settlementpreis dar. Letztere werden von der Eurex anhand des Durchschnitts der letzten Abschlüsse ermittelt. Darüber hinaus wird eine so genannte Additional Margin berechnet, die zusätzliche potentielle Glattstellungsverluste bei einer angenommenen ungünstigen Preisentwicklung am nächsten Börsentag abdecken soll. Als Grundlage zur Ermittlung dieses Worst-Case dient die Berechnung eines so genannten Margin-Intervalls mit Hilfe der historischen Volatilität des jeweiligen Basiswertes, das die maximale Preisschwankung markiert. Dabei greift man zur Kursermittlung der Optionen auf das Binomialmodell von *Cox/Ross/Rubin-stein* zurück und errechnet auf diese Weise den Wert des Optionsportfolios bei der unterstellten ungünstigen Aktienkursentwicklung. Da die Additional Margin die Änderung der Glattstel-lungkosten/-erlöse im Falle der ungünstigen Kursentwicklung abdecken soll, stellt sie im Gegensatz zur Premium Margin stets eine Marginforderung dar, die ein Guthaben reduziert bzw. ein Marginerfordernis noch weiter erhöht.

Die so ermittelte Margin muss bei Eröffnung risikobehafteter Short-Positionen börsentäglich als Sicherheit in Geld oder Wertpapieren geleistet werden. Bei Unterschreitung des Marginkontos erfolgt ein Margin Call, dessen Nichtbeachtung zur Zwangsliquidation der Position führt. Der Käufer der Option muss die Optionsprämie einen Börsentag nach dem Kauf der Option bezahlen. Dies gilt allerdings nicht für die Optionen auf Futures, die nach dem so genannten *Future Style-Verfahren* abgerechnet werden. Der Käufer braucht in diesem Fall den Optionspreis nicht sofort beim Kauf zu entrichten, sondern erst bei Ausübung oder Verfall der Option. Statt dessen erfolgt wie bei den Futures eine tägliche Bewertung der Position im Rahmen des Mark to Market-Verfahrens.[34]

Bei gemischten Futures- und Optionspositionen wird über die Ermittlung der Options-Nettoposition hinaus ein *Cross Margining*[35] durchgeführt, bei dem Positionen, die sich auf das gleiche Basisobjekt beziehen, zu Marginklassen zusammengefasst werden.

---

34 Man vergleiche die entsprechenden Ausführungen in Anhang 10A.

35 Man vergleiche die entsprechenden Ausführungen in Anhang 10A.

Anhang 11C: Black/Scholes-Formel: Hedgeportfolio-Ansatz

Der Aktienkursprozess S_t ist gegeben durch den in Abschnitt 4.3.3 behandelten geometrischen Wiener-Prozess, dessen Drift- und Diffusionsparameter durch $\mu(t, x) = \mu x$ und $\sigma^2(t, x) = \sigma^2 x$ gegeben sind.

Der Callwert wird als Funktion des (aktuellen) Aktienkursprozesses *angenommen*:

(11C.1) $$C_t = \mathrm{F}(t, S_t)\,.$$

C_t ist als Bild eines Diffusionsprozesses wiederum ein Diffusionsprozess, dessen Drift- und Diffusionsparameter sich durch den Satz von Itô ermitteln lassen. Aus (4.22a) bzw. (4.22b) ergibt sich damit:

(11C.2a) $$\mu_F = F_t + F_x \mu x + \frac{1}{2} F_{xx} \sigma^2 x^2$$

(11C.2b) $$\sigma_F = F_x \, \sigma x\,.$$

Das Hedge-Portfolio $V_t = S_t + q_t C_t$ ist damit ein Diffusionsprozess mit Drift bzw. Diffusion gemäß

(11C.3a) $$\mu_V = \mu x + q_t \mu_F\,,$$

(11C.3b) $$\sigma_V^2 = \sigma^2 x^2 + q_t^2 \sigma_F^2.$$

Durch geeignete Anpassung des Parameters q_t, des *Hedge Ratio*, kann man nun erreichen, dass der Diffusionsparameter verschwindet. Setzt man $\sigma_V^2 = 0$, so folgt aus (11C.3b) in Verbindung mit (11C.2b):

(11C.4) $$q_t = -\frac{\sigma x}{\sigma_F} = -\frac{1}{F_x} = -\mathrm{F}_x^{-1}(t, x)\,.$$

Durch diese Wahl von q_t verschwindet somit der Diffusionsterm. Der resultierende Prozess weist keine lokale Variation mehr auf, d. h. er ist deterministisch. Aus Arbitragegründen muss er sich damit wie die risikolose Verzinsung entwickeln, es gilt somit $V_t = e^{rt}$. Hieraus folgt weiter $dV_t/dt = re^{rt} = rV_t$. Auf der anderen Seite gilt auch $\mu_V = dV_t/dt$ und damit insgesamt

$$\begin{aligned} rV_t &= r\left(x - F_x^{-1} F\right) \\ &= \mu_V = \mu x - F_x^{-1} \mu_F \\ &= \mu x - F_x^{-1}\left[F_t + F_x \mu x + \frac{1}{2} F_{xx} \sigma^2 x^2\right]. \end{aligned}$$

Durch Umformen gelangt man zu der folgenden Gleichung:

(11C.5) $$\frac{1}{2} F_{xx} \sigma^2 x^2 + rxF_x + F_t - rF = 0\,.$$

Diese Gleichung ist eine partielle deterministische Differentialgleichung, welche die Randbedingung $\mathrm{F}(T, x) = \max(x - X, 0)$ erfüllt. Diese Differentialgleichung lässt sich nun auf die so genannte Wärmeleitungsgleichung (»heat transfer equation«)

(11C.6) $$u_t = \frac{1}{2} u_{xx}$$

transformieren, deren Lösung durch die Übergangsdichte

(11C.7) $$\frac{1}{\sqrt{2\pi}\, t} e^{-(x-y)^2/2t}$$

des Standard-Wienerprozesses gegeben ist. Die entsprechende Umkehrtransformation führt schließlich auf die Black/Scholes-Formel.

Anhang 11D: Black/Scholes-Formel: Martingal-Pricing

Nach den Ergebnissen des Anhangs 5D gilt zunächst die folgende allgemeine Preisgleichung für einen Europäischen Call mit Wertentwicklung $\{C_t\}$ auf ein dividendenfreies Basisobjekt mit Wertentwicklung $\{S_t\}$:

(11D.1) $$C_t = e^{-r(T-t)} E_Q(C_T | S_t) .$$

Dabei ist Q die risikoneutrale Wahrscheinlichkeitsbelegung (äquivalentes Martingalmaß).

Folgt das Basisobjekt einer geometrischen Brownschen Bewegung, so ist zunächst $\{S_t\}$ ein Markovprozess, d.h. $E_Q[C_T \mid S_t, ..., S_0]$ reduziert sich auf $E_Q[C_T \mid S_t]$. Wegen $C_T = \max(S_T - X, 0)$ folgt somit ferner (gegeben S_t)

(11D.1b) $$C_t = e^{-r(T-t)} E_Q[\max(S_T - X, 0)] .$$

Ebenfalls gemäß Anhang 5D wissen wir, dass $\{S_t\}$ auch unter Q eine geometrische Brownsche Bewegung, nun aber mit r anstelle von μ als Driftparameter von dS_t / S_t ist. Für S_T folgt hieraus insbesondere $(m = r - \sigma^2/2)$

(11D.2) $$\ln(S_T / S_t) \sim N[m(T-t), \sigma^2(T-t)] .$$

Aus den Ergebnissen des Abschnitts 4.3.3 über die geometrische Brownsche Bewegung folgt hieraus ferner

(11D.3) $$E_Q(S_T) = e^{r(T-t)} S_t .$$

Zur weiteren Auswertung von (11D.1b) benötigen wir nun einen Hilfssatz, vgl. hierzu etwa *Cairns* (2004, S. 144) oder *Hull* (2001, S. 382 ff.). Der Hilfssatz lautet wie folgt. Nehmen wir an, dass $lnV \sim N(\mu, \sigma^2)$, so gilt

(11D.4a) $$E[\max(V - X, 0)] = E(V)N(d_1) - X\,N(d_2) ,$$

wobei

(11D.4b) $$d_1 = \frac{\ln[E(V)/X] + \sigma^2/2}{\sigma}$$

und

(11D.4c)
$$d_2 = d_1 - \sigma = \frac{\ln[E(V)/X] - \sigma^2/2}{\sigma}.$$

Da nun aber $E(V) = \exp(\mu + \frac{1}{2}\sigma^2)$, gilt auch

(11D.5a)
$$E[\max(V - X, 0)] = e^{\mu + \frac{1}{2}\sigma^2} N(d_1) - X\,N(d_2),$$

wobei

(11D.5b)
$$d_1 = \frac{\mu + \sigma^2 - \ln X}{\sigma}$$

und

(11D.5c)
$$d_2 = d_1 - \sigma = \frac{\mu - \ln X}{\sigma}.$$

Damit sind wir nun in der Lage, (11D.1b) zu konkretisieren. Aufgrund von (11D.2) in Verbindung mit dem vorstehenden Hilfssatz folgt

(11D.6a)
$$\begin{aligned} C_t &= e^{-r(T-t)}[e^{r(T-t)} S_t N(d_1) - X\,N(d_2)] \\ &= S_t N(d_1) - X e^{-r(T-t)} N(d_2), \end{aligned}$$

wobei

(11D.6b)
$$\begin{aligned} d_1 &= \frac{\ln[e^{r(T-t)} S_t / X] + \sigma^2 (T-t)/2}{\sigma\sqrt{T-t}} \\ &= \frac{\ln(S_t / X) + (r + \sigma^2/2)(T-t)}{\sigma\sqrt{T-t}} \end{aligned}$$

und

(11D.6c)
$$d_2 = d_1 - \sigma\sqrt{T-t}.$$

Anhang 11E: Black/Scholes-Modell: Volatilitätsschätzung

Wir gehen im Weiteren aus von einer Kursentwicklung $\{S_t\}$ und betrachten die zeitstetigen Einperiodenrenditen

(11E.1)
$$U_t = \ln(S_t / s_{t-1}) \qquad t = 1, \ldots, T.$$

Im Rahmen vieler praktischer Anwendungen geht man dabei von täglichen Beobachtungen und entsprechend Tagesrenditen aus.

Unter Annahme der dem Black/Scholes-Modell zugrunde liegenden geometrischen Brownschen Bewegung gilt gemäß Abschnitt 4.3.3, dass die zeitstetigen Einperiodenrenditen unabhängig und identisch normalverteilt sind:

(11E.2) $$U_t \sim N(m, \sigma^2) .$$

Auf der Grundlage von beobachteten (realisierten) Einperiodenrenditen u_t $(t = 1,...,T)$ ergibt sich vor diesem Hintergrund als Standardschätzer s für die Volatilität σ

(11E.3a) $$s = \sqrt{\frac{1}{T-1}\sum_{t=1}^{T}(u_t - \bar{u})^2} ,$$

wobei

(11E.3b) $$\bar{u} = \frac{1}{T}\sum_{t=1}^{T} u_t .$$

Wie bereits im Haupttext bei der Behandlung des Smile-Effektes angesprochen, ist die der geometrischen Brownschen Bewegung zugrunde liegende Annahme einer konstanten Volatilität σ in praxi aber problematisch. In praxi geht man eher von der Hypothese einer von der vorangegangenen Kursentwicklung abhängigen und damit insbesondere zeitveränderlichen und stochastischen Volatilität aus. Man arbeitet daher im Allgemeinen mit der bedingten Volatilität

(11E.4) $$\sigma_k^2 = E(U_k^2 \mid U_{k-1},...,U_1) .$$

Im Weiteren stützen wir uns auf die Ausführungen in *Cvitanic/Zapatero* (2004, S. 262 ff.) und *Hull* (2001, S. 522 ff.). Ein erster Ansatz zur Schätzung der (bedingten) Volatilität besteht nun darin, diese als zeitgewichtetes Mittel der n letzten Einperiodenrenditen sowie der langfristigen durchschnittlichen Volatilität V zu schätzen, d.h.

(11E.5a) $$\sigma_k^2 = \gamma V^2 + \sum_{i=1}^{n} \alpha_i U_{k-i}^2$$

unter der Bedingung

(11E.5b) $$\gamma + \sum_{i=1}^{n} \alpha_i = 1 .$$

Man kann zeigen, dass eine solche Vorgehensweise konsistent ist mit dem sog. *ARCH(n)-Modell* von *Engle* (wobei ARCH für Autoregressive Conditional Heteroskedasticity steht). Zum ARCH-Modell im Allgemeinen vgl. etwa *Schmitt* (2002).

Setzt man $\alpha = \gamma V^2$, so kann die Gleichung (11E.5a) geschrieben werden als

(11E.5c) $$\sigma_k^2 = \alpha + \sum_{i=1}^{n} \alpha_i U_{k-i}^2 .$$

Dies ist die Variante, die üblicherweise im Rahmen einer Parameterschätzung verwendet wird.

Ein Spezialfall von (11E.5) ergibt sich bei Wahl eines exponentiell gewichteten gleitenden Mittels, dabei sind die Gewichte von der Form $(0 < \lambda < 1)$

(11E.6a) $$\alpha_i = (1-\lambda)\lambda^{i-1} .$$

Hieraus folgt insbesondere

(11E.6b) $$\alpha_i = \lambda \alpha_{i-1} ,$$

d.h. das Gewicht der (i-1)-ten Beobachtung ist gegenüber dem Gewicht der i-ten Beobachtung entsprechend reduziert. Insgesamt sinken die Gewichte exponentiell, je weiter wir uns in der Zeit zurückbewegen. Man kann auf der Basis von (11E.6a) zeigen, dass (approximativ) gilt

(11E.7) $$\sigma_k^2 = \lambda \sigma_{k-1}^2 + (1-\lambda) u_{k-1}^2 .$$

Die Schätzung für die heutige Volatilität ist somit eine Gewichtung der zuletzt ermittelten Volatilität sowie der quadrierten zuletzt beobachteten (zeitstetigen) Rendite.

Eine Erweiterung der vorstehenden Vorgehensweise führt zu dem *GARCH(1,1)-Modell* nach *Bollerslev* (GARCH steht hierbei für Generalized Autoregressive Conditional Heteroskedasticity). Zum GARCH-Modell im Allgemeinen vgl. wiederum etwa *Schmitt* (2002). Beim GARCH(1,1)-Modell ist die funktionale Abhängigkeit von σ_k^2 gegeben durch

(11E.8a) $$\sigma_k^2 = \gamma V^2 + \alpha_1 \sigma_{k-1}^2 + \alpha_2 U_{k-1}^2 ,$$

wobei $\gamma + \alpha_1 + \alpha_2 = 1$.

Im Unterschied zu (11E.7) hängt die Schätzung damit zusätzlich noch von der Langfristvolatilität V ab. Definieren wir $\alpha = \gamma V^2$, so erhalten wir

(11E.8b) $$\sigma_k^2 = \alpha + \alpha_1 \sigma_{k-1}^2 + \alpha_2 U_{k-1}^2$$

und damit wiederum die Variante, die üblicherweise im Rahmen einer Parameterschätzung verwendet wird. Verwendet man in (11E.8a) p vergangene Wert von U_k und q vergangene Werte von σ_k, so gelangt man zu einem GARCH (p, q)-Modell.

Für Beispiele zur Anwendung der voranstehend dargestellten Volatilitätsschätzer verweisen wir an dieser Stelle auf *Hull* (2001, Kapitel 15).

Anhang 11F: Risikoanalyse kombinierter Aktien- und Optionspositionen

Die Resultate der Fallstudie des Abschnitts 11.5.3, insbesondere deren Visualisierung in den Diagrammen 11.25b und 11.25c, legen eine Problematik der Standarddiagramme der Gewinn-/Verlustfunktionen von Optionspositionen am Ende der Laufzeit offen. Erfasst werden nur die möglichen Werte der Optionsposition, nicht aber die betreffenden Eintrittswahrschein-lichkeiten. Betrachtet man Kombinationen von zugrunde liegendem Basistitel und Option (Put Hedge, Covered Short Call, Collar), so findet dabei eine Transformation der Wert- bzw. Renditeverteilung des Basistitels statt. Dieser Sachverhalt soll im Weiteren präzisiert werden.

Wir gehen dabei generell davon aus, dass der Periodenendwert S_T des Basistitels (typischerweise eine Aktienposition) eine Verteilungsfunktion $F_T(s) = F(s)$ sowie eine Dichtefunktion

$f_T(s) = f(s)$ besitzt.[36] Das Standardbeispiel hierzu wäre die Annahme einer logarithmischen Normalverteilung für S_T. Dies ist konsistent zur Annahme, dass der Kursprozess $\{S_t\ ,\ t \geq 0\}$ einer geometrischen Brownschen Bewegung folgt.

Beginnen wir mit der Analyse der Wertposition V_T eines 1:1 Put Hedges am Periodenende:

(11F.1)
$$\begin{aligned} V_T &= S_T + \max(X_P - S_T, 0) - \Delta_P \\ &= \max(X_P, S_T) - \Delta_P. \end{aligned}$$

Dabei bezeichne Δ_P die Optionsprämie[37] des Put und X_P dessen Ausübungspreis. Offenbar gilt zunächst $P(V_T \leq X_P - \Delta_P) = P(S_T \leq X_P) = F(X_P)$. Die Verteilung der Zufallsgröße V_T besitzt damit einen »Massepunkt« in $X_P = \Delta_P$, d. h. sie besitzt keine reine Dichtefunktion, sondern eine gemischte Dichte[38]. Der Massepunkt ist durch die Absicherungseigenschaft des Put Hedges induziert. Fällt S_T unter den Ausübungspreis, so ist ein Positionsgesamtwert in Höhe von $X_P - \Delta_P$ abgesichert. Ingesamt ergibt sich für die gemischte Dichtefunktion $g(v) = g_T(v)$ von V_T:

(11F.2)
$$g(v) = \begin{cases} 0 & v < X_P - \Delta_P \\ F(X_P) & v = X_P - \Delta_P \\ f(v + \Delta_P) & v > X_P - \Delta_P\,. \end{cases}$$

Die Abbildung 11F.1 illustriert[39] die entsprechende Dichtetransformation eines 1:1 Put Hedges.

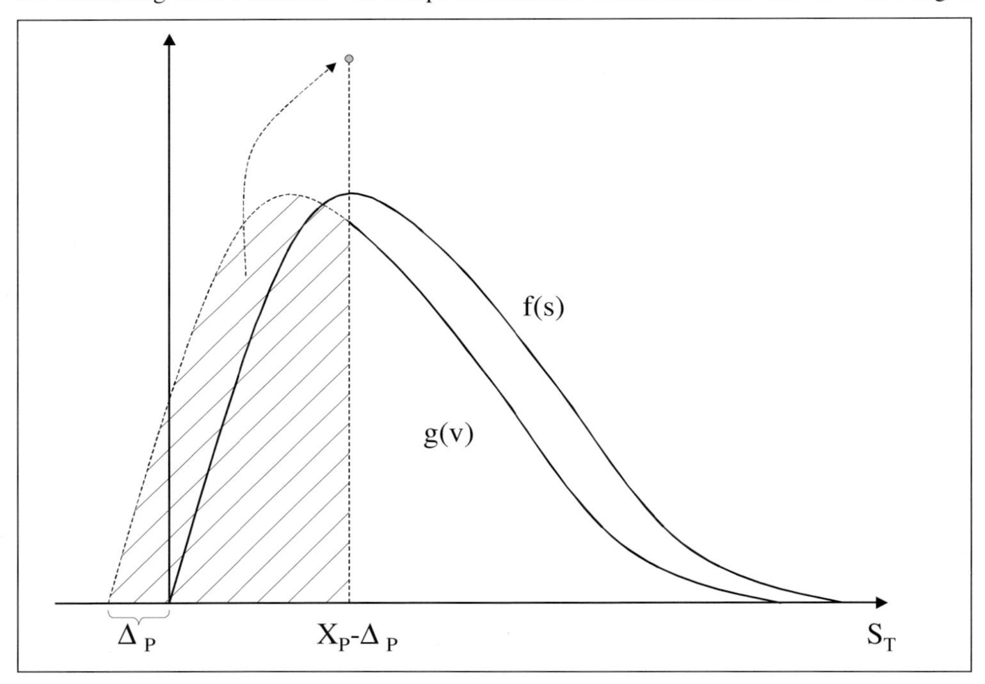

Abb. 11F.1: Dichtetransformation bei einem 1:1-Put Hedge

36 Dabei gilt allgemein $f_T(s) = 0$ für alle $s \leq 0$.
37 Ggf. aufgezinst, d.h. unter Berücksichtigung der Finanzierungskosten.
38 Man vgl. die entsprechenden Anmerkungen in Anhang 3C.1.
39 Für die Zurverfügungstellung der nachfolgenden Grafiken aus seiner Dissertationsschrift sind wir *Michael Adam* zu Dank verpflichtet.

Die (gemischte) Dichte des Put Hedges entsteht aus der Dichte des Basistitels durch eine Verschiebung um Δ_P Einheiten nach links und anschließender Konzentration der Wahrscheinlichkeitsmasse $F(X_P)$ im Punkt $X_P - \Delta_P$. Der Übergang zu einem 1:1-Put Hedge verstärkt die Asymmetrie der Ausgangsverteilung des Basistitels in erheblichem Maße. Die Verwendung symmetrischer Risikomaße wie der Varianz oder der Standardabweichung zur Evaluierung von Put Hedge-Positionen ist damit sehr problematisch[40].

Eine entsprechende Analyse ergibt sich für den Fall eines 1:1 Covered Short Call. Der Periodenendwert ist zunächst gegeben durch

(11F.3)
$$\begin{aligned} V_T &= S_T - \max(S_T - X_C, 0) + \Delta_C \\ &= \min(X_C, S_T) + \Delta_C . \end{aligned}$$

Dabei bezeichne entsprechend X_C den Ausübungspreis des Call und Δ_C die vereinnahmte Call-Prämie. Für den Covered Short Call gilt $P(V_T = X_C + \Delta_C) = P(S_T \geq X_C) = 1 - F(X_C)$. Auch in diesem Falle existiert somit ein Massepunkt. Die gemischte Dichtefunktion $h(v) = h_T(v)$ von v_T ist dann gegeben durch:

(11F.4)
$$h(v) = \begin{cases} 0 & v \leq \Delta_C \\ f(v - \Delta_C) & \Delta_C < v < X_C + \Delta_C \\ 1 - F(X_C) & v = X_C + \Delta_C \\ 0 & v > X_C + \Delta_C . \end{cases}$$

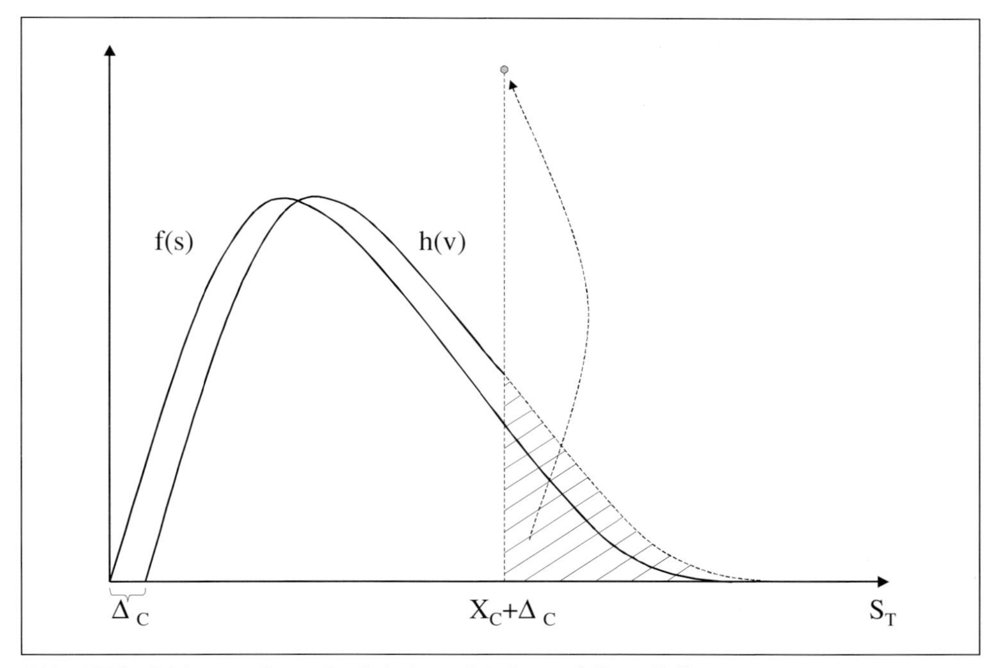

Abb. 11F.2: Dichtetransformation bei einem 1:1 Covered Short Call

40 Auf diesen Punkt machten erstmals *Bookstaber/Clarke* (1983a,b, 1984, 1985) in einer Reihe von Arbeiten aufmerksam.

Die Abbildung 11F.2 illustriert die entsprechende Dichtetransformation eines 1:1-Covered-Short-Call.

Die (gemischte) Dichte des Covered Short Call entsteht aus der Dichte des Basistitels durch eine Verschiebung um Δ_C Einheiten nach rechts und anschließender Konzentration der Wahrscheinlichkeitsmasse 1-$F(X_C)$ in $X_C + \Delta_C$. Wiederum wird die Asymmetrie der Ausgangsverteilung durch den Übergang zu einem Covered Short Call erheblich verstärkt.

Eine verallgemeinerte Analyse von optionierten Positionen erlaubt die Betrachtung der Position

(11F.5) $$V_T = S_T + \alpha_P \max(X_P - S_T, 0) - \alpha_C \max(S_T - X_C, 0) - \Delta .$$

Erworben werden dabei $0 \le \alpha_P < 1$ Puts zum Ausübungspreis X_P und verkauft werden $0 \le \alpha_C < 1$ Calls zum Ausübungspreis $X_C > X_P$. α_C Δ bezeichne dabei generell die damit verbundene Netto-Optionsprämie, gegebenenfalls unter Berücksichtigung von Finanzierungskosten. Als Spezialfälle der Position (11D.5) ergeben sich der 1 : α_P Put Hedge und der 1 : α_C Covered Short Call ebenso wie die Collar-Position des Abschnitts 11.5.4.

Für die weitere Analyse ist es hilfreich, den Ausdruck (11F.5) in Form einer Fallunterscheidung zu formulieren $(V = V_T, S = S_T)$:

(11F.6) $$V = \begin{cases} (1-\alpha_P)S + \alpha_P X_P - \Delta & S \le X_P \\ S - \Delta & X_P < S < X_C \\ (1-\alpha_C)S + \alpha_C X_C - \Delta & X \ge X_C . \end{cases}$$

Die gemischte Dichtefunktion b(v) ist dann gegeben durch:

(11F.7) $$b(v) = \begin{cases} 0 & v < \alpha_P X_P - \Delta \\ f\left(\dfrac{v - \alpha_P X_P + \Delta}{1-\alpha_P}\right) \dfrac{1}{1-\alpha_P} & \alpha_P X_P - \Delta \le v \le X_P - \Delta \\ f(v+\Delta) & X_P - \Delta < v < X_C - \Delta \\ f\left(\dfrac{v - \alpha_C X_C + \Delta}{1-\alpha_C}\right) \dfrac{1}{1-\alpha_C} & \Delta \ge X_C - \Delta . \end{cases}$$

Die nachfolgende Abbildung 11F.3 illustriert dieses allgemeine Resultat zunächst anhand des Vergleichs zweier 1 : α_P Put Hedge-Strategien mit den Parametern $\alpha_1 = 0.3$ und $\alpha_2 = 0.8$. Die entsprechenden Dichten werden mit $g_1(v)$ und $g_2(v)$ bezeichnet.

Beim einem Hedge Ratio von $\alpha_P < 1$ ist intuitiv nur ein Anteil von α_P der Aktienposition durch Putoptionen abgesichert, der Rest ist ungesichert. Im Vergleich zu einer Hedge Ratio von eins ist deshalb die Wahrscheinlichkeitsmasse unterhalb von $X_P - \Delta_P$ nicht vollständig in $X_P - \Delta_P$ konzentriert, sondern verteilt sich auf das Intervall $[\alpha_P X_P - \Delta_P, X_P - \Delta_P]$. Mit zunehmendem Hedge Ratio verringert sich die Intervallbreite, bis das Intervall für $\alpha_P = 1$ in den

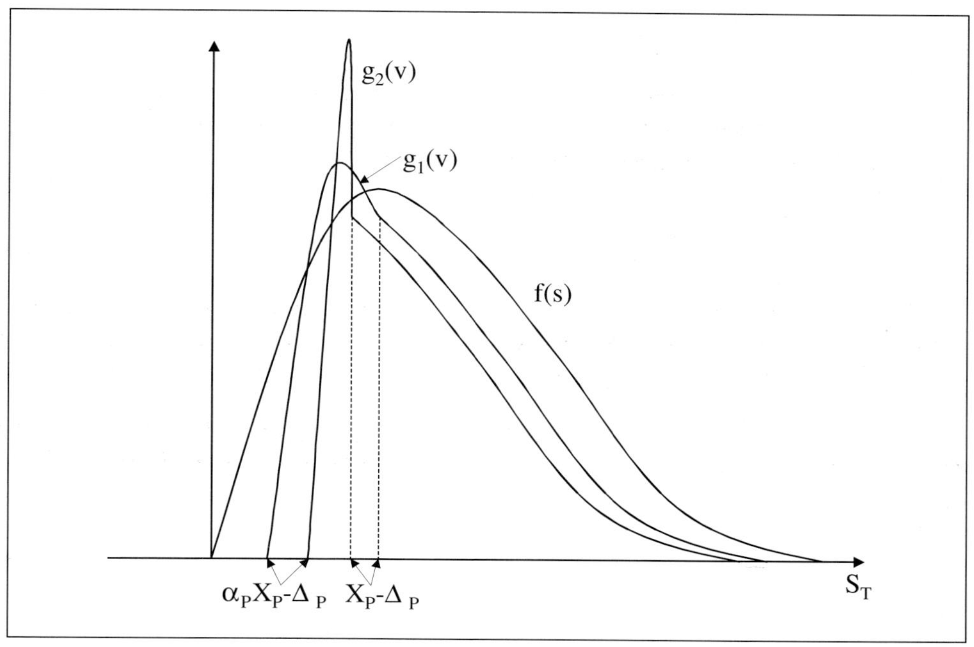

Abb. 11F.3: Dichtetransformation zweier Put Hedge-Strategien mit unterschiedlichen Hedge Ratios

Punkt $X_P - \Delta_P$ übergeht. Die Wahrscheinlichkeitsmasse von $X_P - \Delta_P$ wird daher mit steigendem Hedge Ratio auf ein immer kleineres Intervall verteilt, weswegen die Dichtefunktion in diesem Bereich sehr hohe Werte annehmen kann.

In analoger Weise illustriert Abbildung 11F.4 zwei Covered Short Call-Strategien mit den Hedge Ratios $\alpha_1 = 0.3$ und $\alpha_2 = 0.8$. Die entsprechenden Dichten seien mit $h_1(v)$ und $h_2(v)$ bezeichnet.

Generell verdichtet sich die Wahrscheinlichkeitsmasse im Intervall $[X_C + \Delta_C, \infty)$ mit zunehmender Hedge Ratio immer stärker in der Umgebung oberhalb von $X_C + \Delta_C$ und konzentriert sich schließlich im Falle $a_C = 1$ vollständig in diesem Punkt.

All den vorstehend dargestellten Optionspositionen ist die erhebliche Asymmetrie der entsprechenden Wahrscheinlichkeitsverteilungen gemeinsam. Aus diesem Grunde ist es erforderlich, hinsichtlich einer Risikoevaluation ebenfalls auf asymmetrische Risikomaße wie die Schiefe oder Lower Partial Moments zurückzugreifen. Die entsprechenden analytischen Formeln sind jedoch notationsmäßig aufwändig und wir verweisen hierzu auf die Literatur[41], ebenso für entsprechende Evaluationen[42].

41 Vgl. insbesondere *Adam* (2001), *Adam/Maurer* (2000) und *Möller* (1997).
42 Vgl. etwa aktuell *Adam/Maurer* (1999).

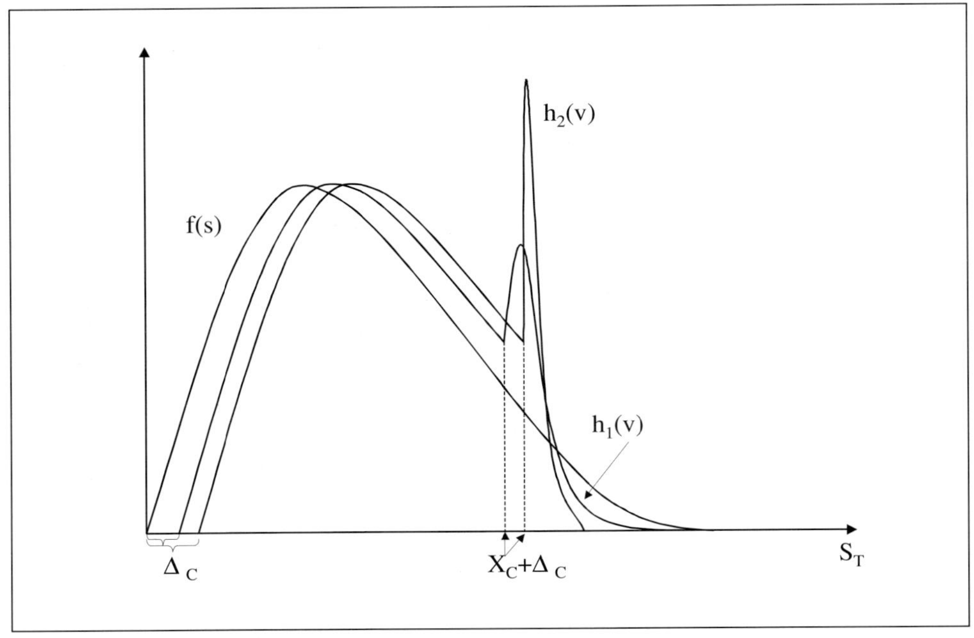

Abb. 11F.4: Dichtetransformation zweier Covered Short Call-Strategien mit unterschiedlichen Hedge Ratios

Anhang 11G: Die Formel von Black für Optionen auf Futures

Wir gehen wie im Haupttext zunächst davon aus, dass die Preisentwicklung $\{F_t\}$ des Futurekurses einer geometrischen Brownschen Bewegung folgt, d.h.

(11G.1) $$dF_t / F_t = \mu_F dt + \sigma_F dW_t \quad .$$

Nach den Ergebnissen des Anhangs 5D gilt zunächst die folgende allgemeine Preisgleichung für einen Europäischen Call mit Laufzeit S und Strike X auf das Basisobjekt mit Wertentwicklung $\{F_t\}$ (CF = Call Future):

(11G.2) $$CF(t) = e^{-r(S-t)} E_Q\left[\max\{F(S,T) - X, 0\} \mid F_t\right].$$

Dabei ist Q die risikoneutrale Wahrscheinlichkeitsbelegung (äquivalentes Martingalmaß). Bei der Übertragung des generellen Pricing-Resultats aus Anhang 5D wurde dabei noch benutzt, dass $\{F_t\}$ gemäß den getroffenen Annahmen ein Markovprozess ist. Hieraus folgt insbesondere $E_Q\left[Z \middle| F_t, ..., F_0\right] = E_Q\left[Z \middle| F_t\right]$.

Zur weiteren Konkretisierung von (11G.2) müssen wir die Eigenschaften von $\{F_t\}$ unter Q, d.h. in einer risikoneutralen Welt, kennen. Hierzu greifen wir auf ein Ergebnis des Anhangs 10F zurück. Dieses besagt, dass $\{F_t\}$ unter Q ein Martingal sein muss. Für den Diffusionsprozess (11G.1) besagt dies, dass unter Q

(11G.3a) $$dF_t / F_t = \mu_F^Q dt + \sigma_F^Q dW_t^*$$

mit

(11G.3b) $$\mu_F^Q = 0\,, \quad \sigma_F^Q = \sigma_F$$

gilt. Dabei ist W_t^* ein Standard-Wienerprozess unter Q. Mit anderen Worten: Der Preisprozess des Futures ist auch in der risikoneutralen Welt eine geometrische Brownsche Bewegung, die erwartete Wachstumsrate des Preises ist nun aber null. Aufgrund der Eigenschaften der geometrischen Brownschen Bewegung folgt hieraus unter Q $(t \le S, m := -\sigma^2/2)$

(11G.4) $$\ln[F(S,T)/F_t] \sim N[m(S-t), \sigma_F^2(S-t)]\ .$$

Hieraus sowie aus der Martingaleigenschaft folgt des Weiteren:

(11G.5) $$E_Q[F(S,T)] = F_t\ .$$

Damit sind wir nun in der Lage, den Hilfssatz des Anhangs 11D nutzen zu können, um (11G.2) zu konkretisieren. Hieraus folgt

(11G.6a) $$\begin{aligned} CF(t) &= e^{-r(S-t)}\left[E_Q[F(S,T)]N(d_1) - XN(d_2)\right] \\ &= e^{-r(S-t)}\left[F_t N(d_1) - XN(d_2)\right], \end{aligned}$$

wobei

(11G.6b) $$d_1 = \frac{\ln(F_t / X) + \sigma_F^2(S-t)/2}{\sigma_F\sqrt{S-t}}$$

und

(11G.6c) $$d_2 = d_1 - \sigma_F\sqrt{S-t}\ .$$

Anhang 11H: Bewertung von Zinsoptionen unter dem Forwardmaß

Wir knüpfen an die Darstellung des Anhangs 5E zum Numerairewechsel an und betrachten hierzu einen in T fällig werdenden Einheitszerobond. Dessen Wertentwicklung werde wie üblich mit $\{B(t,T);\, 0 \le t \le T\}$ bezeichnet, dabei gilt $B(T,T) = 1$.

Das in den Ausführungen des Kapitels 9 standardmäßig betrachtete Numeraire war die Entwicklung des Money Accounts $B(t) = \exp(\int_0^t R_s ds)$, dabei war $\{R_t\}$ ein stochastischer Zinsprozess. Unter dem äquivalenten Martingalmaß Q bei Benutzung dieses Numeraires ist die Bewertung eines Zinsderivats mit Auszahlung C_T zum Erfüllungstermin für $t < T$ gegeben durch

(11H.1) $$C_t = B(t)E_Q^t\left[C_T / B(T)\right] ,$$

wobei wir zur Vereinfachung der Notation mit $E^t(X)$ den bedingten Erwartungswert $E(X|R_t = r)$, gegeben die »heutige« Information über die Zinsintensität bezeichnen (dabei wird unterstellt, dass $\{R_t\}$ einem Markovprozess folgt, ansonsten ist die gesamte Geschichte $\{R_s, s \leq t\}$ in der Bedingung zu berücksichtigen).

Wir betrachten nun alternativ $\{B(t,T); 0 \leq t \leq T]\}$ als Numeraire. Das zugehörige äquivalente Martingalmaß sei mit Q^* bezeichnet. Wie in Anhang 5E dargelegt, gilt dann für das Zinsderivat die Bewertungsgleichung

(11H.2) $$\begin{aligned} C_t &= B(t,T)E_{Q^*}^t\left[C_T / B(T,T)\right] \\ &= B(t,T)E_{Q^*}^t(C_T) . \end{aligned}$$

Gegenüber (11H.1) ist dies eine deutlich vereinfachte Bewertungsgleichung. Das Maß Q^* wird in der Literatur auch als *T-Forwardmaß* bezeichnet.

Nehmen wir nun weiter an, dass das der Option zugrunde liegende Basisobjekt mit Wertentwicklung $\{V_t\}$ unter dem »beobachtbaren« Wahrscheinlichkeitsmaß P einer geometrischen Brownschen Bewegung folgt, d.h. $dV_t / V_t = \mu dt + \sigma dW_t$. Gemäß den Ausführungen des Anhangs 5E ist dann $V(t)/B(t)$ ein Martingal unter Q sowie $V(t)/B(t,T)$ ein Martingal unter dem T-Forwardmaß Q^*. Als Martingal besitzt $V(t)/B(t,T)$ keine Drift mehr und da $V_T = V_T / B(T,T)$ gilt damit insbesondere

(11H.3) $$\ln V_T \sim N(\ln V_T - \frac{1}{2}\int_t^T \sigma^2(u)du, \int_t^T \sigma^2(u)du) .$$

bzw. bei Vorliegen einer geometrischen Brownschen Bewegung insbesondere

(11H.4) $$\ln V_T \sim N(\ln V_T - \frac{1}{2}\sigma^2(T-t), \sigma^2(T-t)) .$$

Unter dem T-Forwardmaß gilt des Weiteren die folgende zentrale Aussage über den (arbitragefreien) Wert f_t eines in T fälligen Forwardkontrakts auf ein (zinsabhängiges) Basisobjekt mit Auszahlung V_T in T:

(11H.5) $$f_t = E_{Q^*}^t(F_T) = E_{Q^*}^t(V_T) .$$

Dies bedeutet, dass unter dem T-Forwardmaß der Prozess $\{f_t\}$ die Martingaleigenschaft besitzt und der Wert des Forwardkontrakts identisch ist mit dem (undiskontierten) Erwartungswert des Basisobjekts zum Liefertermin. Der Wert f_t wird auch als *Forwardpreis* des Basisobjekts mit Liefertermin bezeichnet. Diese Aussage ist das Analogon zur Aussage in Anhang 10F, dass unter der risikoneutralen Bewertung der Forwardpreis gerade dem diskontierten Preis des Basisobjekts zum Liefertermin entspricht. Unter der *forward-risikoneutralen Bewertung* ist die Diskontierung dabei nicht mehr erforderlich. Allerdings gilt dies nur, wenn das T-Forwardmaß in Übereinstimmung mit dem Liefertermin T des Basisobjekts gewählt wird. Zum Beweis dieser Aussage verweisen wir auf *Cairns* (2004, S. 125 f.) oder *Brigo/Mercurio* (2001, S. 34 f.).

Anhang 11I: Herleitung der Formel von Black für Zinsoptionen

Wir betrachten im Weiteren eine Europäische Kaufoption auf einen (beliebigen) Bond mit (Cum-Kupon-)Wertentwicklung $\{K_t\}$, die Laufzeit der Option betrage T und der Ausübungspreis sei X. Für die Laufzeit des Bonds gelte $S > T$.

Zusätzlich zur Option benötigen wir zur Bewertung noch einen Forwardkontrakt auf die Anleihe, der ebenfalls in T fällig werde. Den Preis des Forwardkontrakts zum Zeitpunkt t bezeichnen wir mit f_t, dem Forwardpreis der Anleihe zum Zeitpunkt t.

Als zentrale Annahme gehen wir im Weiteren davon aus, dass $\{K_t\}$ einer geometrischen Brownschen Bewegung folgt, d.h.

(11I.1)
$$dK_t / K_t = \mu\, dt + \sigma\, dW_t \,.$$

In Praxisanwendungen geht man, wie bereits im Haupttext ausgeführt, dabei davon aus, dass $\sigma = \sigma_F$, d.h. der Volatilitätsparameter der Anleihe dem Volatilitätsparameter des Forwardkontrakts entspricht oder durch diesen approximiert werden kann.

Der Wert der Zinsoption zum Fälligkeitstermin T ist nun gegeben durch

(11I.2)
$$C_T = \max(K_T - X, 0)\,.$$

Wir verwenden nun die Ergebnisse des Anhangs 11H und bewerten die Zinsoption unter Rückgriff auf das T-Forwardmaß. Es gilt dann (CB = Call Bond)

(11I.3)
$$CB(t) = B(t,T)E^t_{Q^*}[\max(K_T - X, 0)]\,.$$

Unter Q^* ist der Prozess $\{K_t\}$ wiederum eine geometrische Brownsche Bewegung und es gilt gemäß Anhang 11H insbesondere (gegeben K_t)

(11I.4)
$$\ln K_T \sim N(\ln K_t - \frac{1}{2}\sigma^2(T-t), \sigma^2(T-t))\,.$$

Unter Verwendung des Hilfssatzes aus Anhang 11D und (11I.4) können wir nunmehr (11I.3) auswerten. Es gilt dabei:

(11I.5a)
$$CB(t) = B(t,T)\{E_{Q^*}(K_T)N(d_1) - XN(d_2)\}$$

mit

(11I.5b)
$$d_1 = d_1(t) = \frac{\ln[E_{Q^*}(K_T)/X] + \sigma^2(T-t)/2}{\sigma\sqrt{T-t}}$$

und

(11I.5c)
$$d_2 = d_2(t) = \frac{\ln[E_{Q^*}(K_T)/X] - \sigma^2(T-t)/2}{\sigma\sqrt{T-t}}$$

Nach den Ergebnissen des Anhangs 11H gilt nun weiterhin $E^t_{Q^*}(K_T) = f_t$, d.h. in der forward-risikoneutralen Welt entspricht der Forwardpreis (zu jedem Zeitpunkt) dem Erwartungswert des Underlyings zum Liefertermin.

Wir erhalten damit insgesamt

(11I.6a) $$CB(t) = B(t,T)[f_t N(d_1) - XN(d_2)] ,$$

wobei

(11I.6b) $$d_1 = \frac{\ln(f_t / X) + \sigma^2 (T-t)/2}{\sigma\sqrt{T-t}}$$

und

(11I.6c) $$d_2 = \frac{\ln(f_t / X) - \sigma^2 (T-t)/2}{\sigma\sqrt{T-t}} .$$

Dies entspricht der im Haupttext angegebenen Formel von *Black* für die Bewertung von Zinsoptionen.

Anhang 11J: Herleitung des LIBOR-Marktmodells

Wir gehen im Weiteren aus von der Entwicklung des LIBOR mit einem fixierten Tenor der Länge h (beispielsweise 3 oder 6 Monate) und betrachten die Entwicklung des Forward-LIBOR $L(t,s,h)$. Gemäß (8F.4b) gilt dann bei linearer Zinsapproximation

(11J.1) $$L(t;s,h) = \frac{1}{h}\left[\frac{B(t,s)}{B(t,s+h)} - 1\right] ,$$

wobei wir im Unterschied zu Anhang 8F von einer zufallsabhängigen Entwicklung der Zerobondpreise ausgehen.

Wir fixieren den Zeitpunkt s und den Tenor h und nehmen an, dass die Entwicklung des Forward-LIBOR $L_s(t) = L(t,s,h)$ jeweils einer geometrischen Brownschen Bewegung folgt

(11J.2) $$dL_s(t) / L_s(t) = \mu_s(t)dt + \sigma_s(t)dW_t .$$

Dabei gehen wir davon aus, dass bei fixiertem Zeitpunkt s und fixiertem Tenor *h* die Volatilität $\sigma_s(t) = \sigma_{s,h}(t)$ des Prozesses deterministisch ist.

Da ein Cap ein Portfolio aus Caplets ist, genügt es, die einzelnen Caplets gemäß (11.106) zu bewerten, d.h. bei Fixierung des Zeitpunkts $s = t_i$ $(i = 1,...,n)$ die Zahlung

(11J.3) $$R_{CAPLET}(s+h) = \max\{[L_s(s) - r_{CAP}]h, 0\} .$$

Gesucht ist nun der Preis dieses Caplets zu den Zeitpunkten $t_0 \le t \le s$. Zur Bestimmung dieses (Options-)Preises wenden wir die Ergebnisse des Anhangs 11H an und gehen über zum $(s + h)$-Forwardmaß. Aus (11J.1) folgt dann für $V_s(t) := L_s(t)B(t,s+h)$.

(11J.4)
$$V_s(t) = \frac{1}{h}\left[B(t,s) - B(t,s+h)\right].$$

Als Differenz zweier Zerobonds ist V(t) damit ein am Markt handelbares Wertpapier und somit duplizierbar. Ferner ist $L_s(t) = V_s(t) / B(t,s+h)$ ein Martingal unter dem $(s + h)$-Forwardmaß und damit ein driftloser Diffusionsprozess. Die Zufallsgröße $L_s(s)$ ist somit unter dem $(s + h)$-Forwardmaß lognormalverteilt und es gilt (gegeben t)

(11J.5a)
$$Var\left[\ln L_s(s)\right] = \int_t^s \sigma_s^2(u)\,du$$

sowie

(11J.5b)
$$E\left[\ln L_s(s)\right] = \ln L_s(t) - \tfrac{1}{2}\int_t^s \sigma_s^2(u)\,du \;.$$

Kommen wir nun zur Bewertung des Caplet. Gemäß Anhang 11H gilt $(t \le s)$

(11J.6)
$$\begin{aligned} V_{CAPLET}(t) &= B(t,s+h)E_{Q^*}^t\left[\frac{R_{CAPLET}(s+h)}{B(s+h,s+h)}\right] \\ &= B(t,s+h)E_{Q^*}^t\left[\max\left\{\left[L_s(s) - r_{CAP}\right]h, 0\right\}\right]. \end{aligned}$$

Gemäß dem Hilfssatz in Anhang 11D und (11J.5) gilt damit weiter $(t \le s)$

(11J.7)
$$\begin{aligned} V_{CAPLET}(t) &= B(t,s+h)E_{Q^*}\left[L_s(s)hN(d_1) - r_{CAP}hN(d_2)\right] \\ &= hB(t,s+h)\left[L_s(t)N(d_1) - r_{CAP}N(d_2)\right], \end{aligned}$$

wobei

(11J.8a)
$$d_1 = \frac{\ln\left[L_s(t) / r_{CAP}\right] + \frac{1}{2}v_s^2}{v_s}$$

sowie

(11J.8b)
$$d_2 = \frac{\ln\left[L_s(t) / r_{CAP}\right] - \frac{1}{2}v_s^2}{v_s}$$

und

(11J.8c)
$$v_s^2 = \int_t^s \sigma_s^2(u)\,du \;.$$

Im Falle $\sigma_s(u) = \sigma_s$ reduziert sich (11J.8c) auf $v_s^2 = (s-t)\sigma_s^2$.

Hiermit ist eine Bewertung des Caplets gelungen. Damit die Preisformel (11J.7) spezifiziert werden kann, benötigen wir den Forwardzins $L(t; s, h)$ zum Bewertungszeitpunkt t sowie (im zuletzt betrachteten Spezialfall) die Volatilität σ_s^2.

Für die Bewertung des Caps in $t_0 \le t \le t_2$ gilt somit insgesamt (für $\sigma_{t_i}(t) = \sigma_{t_i}$)

(11J.9) $$V_{CAP}(t) = h\sum_{i=1}^{n} B(t, t_{i+1})\left[L(t; t_i, h)N(d_{1i}) - r_{CAP}N(d_{2i})\right],$$

wobei

(11J.10a) $$d_{1i} = \frac{\ln\left[L(t; t_i, h) / r_{CAP}\right] + \frac{1}{2}v_i^2}{v_i}$$

(11J.10b) $$d_{2i} = d_{1i} - v_i$$

(11J.10c) $$v_i^2 = (t_i - t)\sigma_{t_i}^2.$$

Anhang 11K: Bewertung Amerikanischer Optionen

Die Bewertung amerikanischer Optionen zählt nach wie vor zu den herausfordernsten Problemkreisen in der Optionspreistheorie. Zwar ist in struktureller Hinsicht die allgemeine Lösung des Bewertungsproblems eindeutig charakterisierbar, dies beinhaltet jedoch noch keine praktikablen Optionspreisformeln. Generell muss daher mit Approximationstechniken oder numerischen Verfahren gearbeitet werden. Im Folgenden geben wir nur einige grundsätzliche Hinweise zu diesem komplexen Gebiet.

Eine allgemeine Charakterisierung der Preise von Amerikanischen Optionen lässt sich auf der Grundlage des Instrumentariums der *Stoppzeiten* geben[43]. Eine Stoppzeit τ ist dabei eine Zufallsvariable, die Werte im Zeitintervall $[0, T]$ annimmt und intuitiv die Eigenschaft besitzt, dass man zu jedem Zeitpunkt t (»heute«) feststellen kann, ob τ eingetreten ist oder nicht[44]. Offenbar ist der Zeitpunkt der Ausübung einer amerikanischen Option selbst eine solche Stoppzeit und des Weiteren lässt sich jede Stoppzeit als Ausübungsstrategie betrachten. Damit liegt das folgende Resultat intuitiv nahe. Wir betrachten dazu der Einfachheit halber einen vollständigen Markt mit einem eindeutig bestimmten äquivalenten Martingalmaß Q. Die Entwicklung des Basisobjekts sei durch $\{S_t\}$ gegeben und $g(S_t)$ sei allgemein die Auszahlung aus der Amerikanischen Option zum Zeitpunkt t. Es gilt dann für den Preis A_t der Amerikanischen Option zum Zeitpunkt t die folgende strukturelle Aussage:

(11K.1) $$A_t = \sup_{t \le \tau \le T} E_Q[e^{-r(\tau - t)} g(S_\tau) \mid S_t = s].$$

Optimiert wird hierbei über alle Stoppzeiten mit Realisationsbereich $[t, T]$. Intuitiv führt dabei diejenige Stoppzeit zur optimalen Ausübung, die den risikoneutralen erwarteten diskontierten

---

43 Vgl. hierzu etwa *Cvitanic/Zapatero* (2004, S. 229), *Karatzas* (1988) sowie *Panjer* (1998, S. 492 ff.).

44 Beispielsweise ist der Zeitpunkt, zu dem eine Aktie in $[0,T)$ zum letzten Mal einen bestimmen Wert übersteigt, keine Stoppzeit, da man in $0 \le t < T$ (»heute«) nicht wissen kann, wann dies in Zukunft noch einmal passiert.

Wert zum Ausübungszeitpunkt τ maximiert. Eine optimale Ausübungsstrategie ist dann diejenige Stoppzeit, die den optimalen Wert aus (11K.1) annimmt.

Zwar ist dies eine sehr elegante Charakterisierung, bis auf einfache Fälle (Perpetual Options, d.h. Optionen mit unendlichem Zeithorizont $T = \infty$) resultiert aber hieraus zumindest bisher keine praktikable Optionsbewertung.

Wie bereits in Abschnitt 11.3.2 festgehalten, fallen der Wert der Amerikanischen Calloption und der Europäischen Calloption zusammen, wenn das zugrunde liegende Basisobjekt dividendenfrei ist. Im Falle einer einzelnen Dividendenzahlung lässt sich, wie *Whaley* (1981) nach Vorarbeiten von *Roll* (1977) und *Geske* (1979b) zeigte, dann eine explizite Optionspreisformel ableiten, wenn man annimmt, dass der explizite Ex-Dividenden-Kurs S_t der Aktie einer geometrischen Brownschen Bewegung folgt. Konkret wird angenommen, dass zu einem Zeitpunkt u, $0 < u < T$, eine *bekannte* Dividendenzahlung der Höhe D erfolgt, die zu einem *bekannten* Abschlag αD am Dividendentag führt. Bezeichnet $S_{cd}(t)$ den Cum-Dividenden-Kurs, dann gilt

$$S_t = \begin{cases} S_{cd}(t) - \alpha D \exp[-r(u-t)] & \text{für } 0 \le t < u \\ S_{cd}(t) & \text{für } u \le t \le T. \end{cases} \tag{11K.2}$$

Man kann zunächst grundsätzlich zeigen, dass die Ausübung eines Amerikanischen Calls[45] nur unmittelbar vor einer Dividendenzahlung sinnvoll ist.

Zum Zeitpunkt u ist unmittelbar nach Dividendenzahlung der Wert des Amerikanischen Calls identisch mit dem Wert des Europäischen Calls. Es gibt daher einen kritischen Wert (Boundary-Wert) b_u, bei dessen Überschreiten die Option unmittelbar vor Dividendenzahlung ausgeübt wird. Der kritische Wert ist dann die Lösung der Gleichung

$$C_u^E(b_u, X) = b_u + \alpha D - X\,, \tag{11K.3}$$

die numerisch gelöst werden muss. C^E entspricht dabei dem Wert des Europäischen Calls gemäß der Black/Scholes-Formel. Gilt unmittelbar vor Dividendenzahlung $S_u > b_u$, dann wird der Inhaber den Amerikanischen Call ausüben und dabei eine Einnahme in Höhe von $S_u + \alpha D - X$ erzielen. Im anderen Fall ist der Wert bei Nicht-Ausübung höher und die Option wird bis zur Fälligkeit gehalten.

Der Wert eines Amerikanischen Calls auf eine dividendenzahlende Aktie kann als Option auf eine Option (Compound Option) interpretiert und damit auf die Ergebnisse von *Geske* (1979a) zurückgegriffen werden. Die resultierende Optionspreisformel (»*Geske/Roll/Whaley-Formel*«) lautet dann:

$$\begin{aligned} C_0^A &= s_0\left[N(b_1) + N_2(a_1, -b_1; -\sqrt{t/T}\,)\right] \\ &\quad - X e^{-rT}\left[N(b_2)e^{r(T-u)} + N_2(a_2, -b_2; -\sqrt{t/T}\,)\right] \\ &\quad + \alpha D e^{-ru} N(b_2)\,, \end{aligned} \tag{11K.4a}$$

wobei N die Verteilungsfunktion der Standardnormalverteilung bzw. $N_2(.,.;\rho)$ die bivariate standardisierte Normalverteilung bei einem Korrelationskoeffizienten ρ bezeichne und ferner gilt

---

45 Im Falle von Amerikanischen Puts ist der Sachverhalt komplexer. *Geske/Shastri* (1985) legen aber dar, dass »mit größter Wahrscheinlichkeit« Amerikanische Puts (bei diskreter bekannter Dividende) unmittelbar *nach* Dividendenzahlung ausgeübt werden.

(11K.4b) $$a_1 = \frac{\ln(s_0 / X) + (r + \frac{1}{2}\sigma^2)T}{\sigma\sqrt{T}}, \quad a_2 = a_1 - \sigma\sqrt{T}$$

(11K.4c) $$b_1 = \frac{\ln(s_0 / b_u) + (r + \frac{1}{2}\sigma^2)u}{\sigma\sqrt{u}}, \quad b_2 = b_1 - \sigma\sqrt{u}$$

Man beachte, dass gilt $s_0 = s_{cd}(0) - \alpha D \exp(-ru)$ und dass σ der Volatilität des Cum-Dividenden-Kurses minus dem Barwert des Abschlags bei Dividendenzahlung entspricht.

Soweit das Resultat im Falle des Amerikanischen Calls bei einer diskreten Dividendenzahlung. Eine Ausweitung auf mehrere bekannte Dividenden nimmt *Geske* (1979b) vor. Die *Geske/Roll/Whaley*-Formel beinhaltet nicht nur eine analytisch geschlossene, sondern auch eine explizit bestimmbare Lösung. Diese Eigenschaft geht allerdings bereits beim Amerikanischen Call auf eine Aktie mit kontinuierlicher Dividende verloren. Im Falle des Amerikanischen Puts existiert sogar im Falle eines dividendenlosen Basisobjekts keine explizit bestimmbare Preisformel mehr.

Zur weiteren Analyse der allgemeinen Zusammenhänge im Falle Amerikanischer Optionen führen wir zunächst die Konzeption der *Ausübungsgrenze* (*Exercise Boundary*) ein, die Ausübungsgrenze ist eine Funktion von $t, 0 \le t \le T$. Die Ausübungsgrenze zerteilt den Wertebereich $[0,\infty) x [0,T]$, den das Basisobjekt S_t im Zeitablauf besitzt, in zwei Regionen, die *Ausübungsregion* (*Exercise Region, Stopping Region*) **A** sowie die *Fortführungsregion* (*Continuation Region*) **F**.

Betrachten wir beispielsweise den Amerikanischen Put auf ein dividendenloses Basisobjekt mit Wertentwicklung $\{S_t\}$. Abbildung 11K.1 illustriert dann die Situation beispielhaft.

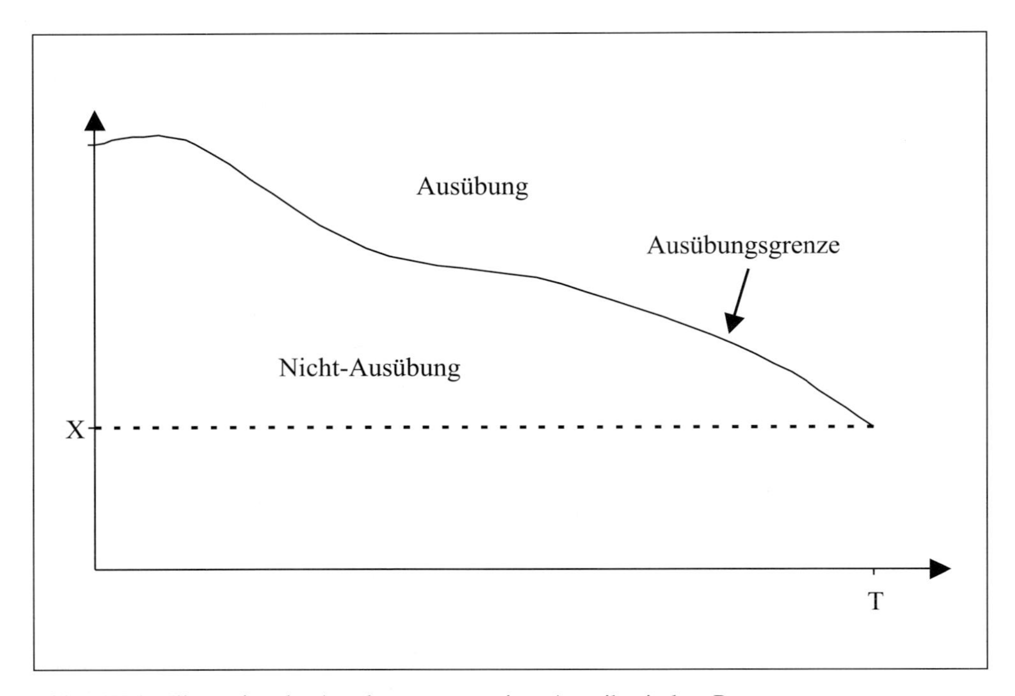

Abb. 11K.1: Illustration der Ausübungsgrenze eines Amerikanischen Put

Im Falle des Amerikanischen Put ist die Ausübungsgrenze monoton nicht steigend und mündet im Ausübungspreis, d.h. $B_T = X$. Wenn $S_t \leq B_t$, dann gilt $P_t = \max(X - S_t, 0)$ und die Option wird nicht ausgeübt. Gilt hingegen $S_t > B_t$, dann gilt $P_t > \max(X - S_t, 0)$ und die Option wird ausgeübt. Die Ausübungsregion ist mithin gegeben durch $[0, B_t] x [0, T]$, die Fortführungsregion durch $(B_t, \infty) x [0, T]$.

Kommen wir nun zurück auf die Situation im Black/Scholes-Kontext. Im Falle eines Europäischen Call auf ein dividendenloses Basisobjekt erfüllt, wie in Anhang 11 C gezeigt, der Callpreis $C_t = F(t, S_t)$ die partielle deterministische Differentialgleichung

(11K.5a) $$\tfrac{1}{2}\sigma^2 x^2 F_{xx} + rxF_x + F_t - rF = 0$$

mit den Randbedingungen

(11K.5b) $$F(t, 0) = 0$$

und

(11K.5c) $$F(T, x) = \max(x - X, 0) .$$

Im Falle des Amerikanischen Call gilt die Differentialgleichung (11K.5a) nach wie vor, nun aber nur noch in der Ausübungsregion **A**. Des Weiteren sind zusätzliche Bedingungen hinsichtlich des Ausübungsrandes zu erfüllen, nämlich

(11K.5d) $$F(t, B_t) = B_t - X$$

(11K.5e) $$F_x(t, B_t) = 1 .$$

Die Bedingung (11K.5d) besagt nichts anderes, als dass im Falle $S_t = B_t$ der Optionswert C_t gleich dem inneren Wert ist.

Da der Ausübungsrand B_t unbekannt ist, ergeben sich der Wert des Calls $C_t = F(t, S_t)$ und der Ausübungsrand B_t als *gemeinsame* Lösung des Systems (11.5). Man spricht daher auch von einem *freien Randwertproblem.* Diese Unkenntnis über den Verlauf von B_t erfordert auch über (11.5a) – (11.5d) hinaus die Einführung einer weiteren Bedingung, damit das Problem gelöst werden kann. *Samuelson* und *McKean* wiesen nach, dass die Bedingung (11K.5e), die sog. *High Contact-Bedingung*, eine solche zur Lösung des Problems ausreichende Zusatzbedingung ist.

Im Falle eines dividendenlosen Basisobjekts sind in der Black/Scholes-Welt die zusätzlichen Bedingungen (11K.5c) und (11K.5d) nicht erforderlich, da hier gemäß Abschnitt 11.3.2 der Preis des Europäischen Call und des Amerikanischen Call übereinstimmen müssen. Den Fall eines Amerikanischen Call mit einer zum Aktienkurs proportionalen Dividende analysieren etwa *Samuelson/Merton* (1969) und *Merton* (1973, Abschnitt 7).

Kommen wir damit zum Amerikanischen Put, wobei wir uns weiterhin in der Black/Scholes-Welt bewegen und auf ein dividendenloses Basisobjekt konzentrieren. Für den Europäischen Put lautet die zu (11K.5a) entsprechende Differentialgleichung für $P_t = G(t, S_t)$

(11K.6a) $$\tfrac{1}{2}\sigma^2 x^2 G_{xx} + rxG_x + G_t - rG = 0 ,$$

mit den Randbedingungen

(11K.6b) $$G(t,\infty) = 0$$

(11K.6c) $$G(T,x) = \max(X - x, 0)\,.$$

Das freie Randwertproblem für den Amerikanischen Put beinhaltet die zusätzlichen Bedingungen

(11K.6d) $$G(t,B_t) = X - B_t$$

sowie

(11K.6e) $$G_x(t,B_t) = -1\,.$$

Carr/Jarrow/Myneni (1992, S. 98 f.) erzielen nun auf dieser Grundlage ein analytisch geschlossenes Resultat für den Preis des Amerikanischen Put. In der Fortführungsregion **F** gilt dann

(11K.7) $$P_0^A = P_0^E + X_0\,,$$

wobei P_0^A den Preis des Amerikanischen Put bezeichne, P_0^E den Black/Scholes-Preis des Europäischen Put und X_0 den Wert der Möglichkeit einer frühzeitigen Ausübung, die *Ausübungsprämie* (*Early Exercise Premium*). Diese kann dabei in Termen der Ausübungsgrenze B_t charakterisiert werden durch

(11K.8a) $$X_0 = rX\int_0^T e^{-rt} N\left[\frac{\ln(B_t / S_0) - d_2 t}{\sigma\sqrt{t}}\right] dt\,,$$

wobei

(11K.8b) $$d_2 = r - \sigma^2 / 2\,.$$

Die Darstellung (11.7) in Verbindung mit (11.8) ermöglicht zwar eine analytisch geschlossene Darstellung für den Preis des Amerikanischen Put. Die Schwierigkeit in der Umsetzung dieses Resultats liegt aber offensichtlich darin, dass die Ausübungsgrenze nicht bekannt ist und zuerst noch bestimmt werden muss, etwa durch Lösung des Systems (11.6). Dies kann nur auf der Basis numerischer Verfahren erfolgen. *Brennan/Schwartz* (1977) entwickeln diesbezüglich für den Amerikanischen Put ein Finite Differenzen-Verfahren, wobei sie auch die Möglichkeit diskreter Dividenden zulassen. *Jaillet/Lamberton/Lapeyre* (1990) und *Lamberton* (1993) weisen nach, dass die auf der Grundlage des Finite Differenzen-Verfahrens ermittelte approximative Ausübungsgrenze gegen die wahre Ausübungsgrenze konvergiert.

Im Allgemeinen sind damit weder für den Amerikanischen Call (mit Ausnahme des behandelten Falls, der zur *Geske/Roll/Whaley*-Formel führt) noch für den Amerikanischen Put explizite, direkt auswertbare Optionspreisformeln bekannt. Es existieren nur diverse Verfahren zur approximativen Bestimmung des Optionspreises.

Ein robuster und flexibler Ansatz ist dabei die im Haupttext skizzierte Lösungsmöglichkeit im Rahmen des Binomial Option Pricing-Modells. Die Konvergenz dieser Methode wird in

Lamberton (1993) und *Amin/Khanna* (1994) nachgewiesen. Eine Verallgemeinerung diese Ansatzes, die BBSR-Methode, die insbesondere die Methode der Richardson-Extrapolation mit einschließt, wird in *Broadie/Detemple* (1996) entwickelt und erzielt im Vergleich mit anderen Methoden trotz ihrer einfachen Struktur sehr gute Ergebnisse.

Ein weiterer praktikabler Ansatz, das Verfahren der quadratischen Approximation, der breite Anwendung gefunden hat, wurde von *MacMillan* (1986) sowie *Barone-Adesi/Whaley* (1987) entwickelt. Die quadratische Approximation beruht auf der folgenden Idee. Offenbar erfüllt sowohl die Amerikanische Calloption als auch die Europäische Calloption die Differentialgleichung (11.5a) bzw. entsprechend die Amerikanische und Europäische Putoption die Differentialgleichung (11.6a). Infolgedessen muss auch die Ausübungsprämie $X_t^C = C_t^A - C_t^E$ des Call (11.5a) erfüllen und entsprechend die Ausübungsprämie des Put $X_t^P = P_t^A - P_t^E$ die Differentialgleichung (11.6a). Auf dieser Grundlage ist es möglich, entsprechend eine Differentialgleichung für die Ausübungsprämie zu entwickeln. Vernachlässigt man einen Term dieser Differentialgleichung (»quadratische Approximation«), so gelangt man sogar zu einer expliziten Lösung. Das Verfahren der quadratischen Approximation beruht somit zwar auf einer exakten Lösung, die Approximation findet nun aber bei der Spezifikation der zugrunde liegenden Differentialgleichung statt.

Im Rahmen der bisher dargestellten Ansätze und Ausführungen bewegten wir uns weitgehend in der Black/Scholes-Welt. In komplexeren Situationen, insbesondere im Kontext von Multifaktormodellen, werden Verfahren wie Finite Differenzen oder der Binomialansatz allerdings schnell unpraktikabel. Wenden wir uns daher abschließend einem in jüngerer Zeit von *Longstaff/Schwartz* (2001) entwickelten Verfahren zu, das auch für komplexere Situationen einen einfachen Zugang erlaubt, den *Least Squares Monte Carlo (LSM)-Ansatz*. Der LSM-Ansatz beruht auf mehreren Pfeilern. Zunächst wird der Zeitraum $[0, T]$ diskretisiert, d.h. es werden nur endlich viele zulässige Ausübungszeitpunkte $0 < t_1 < ... < t_n = T$ betrachtet. Das damit verbundene optimale Stopp-Problem kann dann im allgemeinen Fall zumindest prinzipiell durch einen Dynamischen Programmierungsansatz in Form einer Rückwärtsrekursion gelöst werden. In einem zeitdiskreten Ansatz ist der Wert der Fortführung zum Zeitpunkt t_k gegeben durch

(11K.9) $$F(t_k) = E_Q\left[\sum_{j=k+1}^{n} \exp\left(-\int_{t_k}^{t_j} R(s)ds\right) C(t_j;\, t_k, T)\right].$$

Dabei bezeichne Q das äquivalente Martingalmaß und $C(t_j;\, t_k, T)$ den Wert der Option bedingt auf die Nicht-Ausübung in t_k. Zu jedem Zeitpunkt t_k entscheidet dann der Investor durch Vergleich von $F(t_k)$ und dem inneren Wert der Option über Ausübung bzw. Nicht-Ausübung. Die Funktion $F(t_k)$ wird nun durch eine Linearkombination endlich vieler *Laguerre-Polynome* $L_j(x)$ approximiert

(11K.10) $$F(t_k) = \sum_{j=0}^{M} a_j L_j(S).$$

Dabei bezeichnet L_j das j-te *Laguerre-Polynom*, ausgewertet im (einem Markovprozess folgenden) Basisobjekt mit Wert $S = S(t_k)$. Die Koeffizienten werden durch einen linearen Regressionsansatz geschätzt. Dabei werden nur die Pfade betrachtet, bei denen die Option im Geld ist. Die entsprechende Wertfunktion (11K.9) wird dann durch Simulation bestimmt.

Wie *Longstaff/Schwartz* (2001) anhand von Beispielen nachweisen, bleibt das Gesamtverfahren auch bei komplexeren Fragestellungen handhabbar. Konvergenzeigenschaften des LSM-Verfahrens werden diskutiert in *Longstaff/Schwartz* (2001) und *Clement/Lamberton/Protter* (2002). Ein ähnlich gelagertes Verfahren wird in *Tsitsiklis/VanRoy* (2001) behandelt.

Übungsaufgaben zu Kapitel 11

Aufgabe 11.1:
Verifizieren Sie die Beziehungen (11.10a) sowie (11.10b).

Aufgabe 11.2:
Weisen Sie auf der Grundlage von Arbitrageüberlegungen die Gültigkeit der Beziehungen (11.11a) sowie (11.11b) nach. Bleiben die Argumente für europäische Optionen valide?

Aufgabe 11.3:
Weisen Sie auf der Grundlage von Arbitrageüberlegungen die Put/Call-Beziehung (11.15) für amerikanische Optionen nach.

Aufgabe 11.4: (Bewertung eines Puts im Einperioden-Binomialmodell)
Unterstellen Sie die Annahmen des so genannten Binomialmodelles zur Bewertung von Optionen. Der gegenwärtige Kurs einer Aktie sowie der mögliche Aktienkurs in einem Jahr sei durch die Werte der folgenden Grafik gegeben.

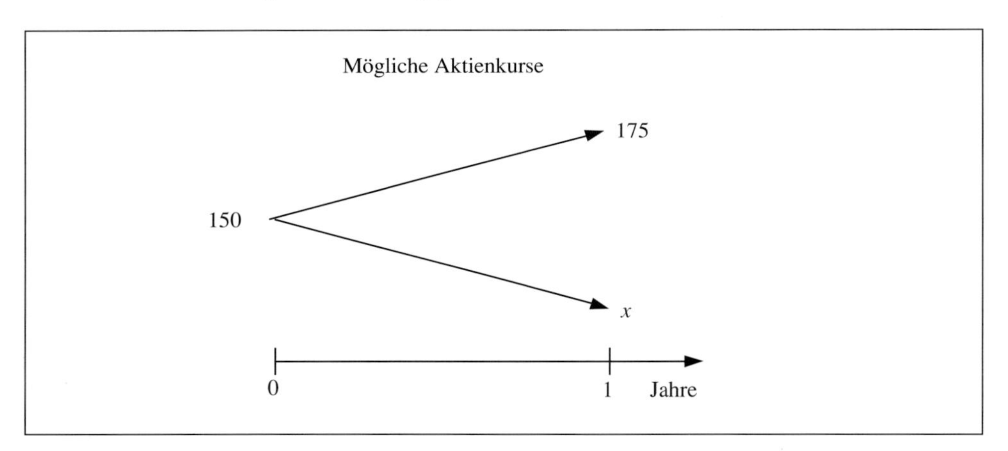

Die Wahrscheinlichkeit q für eine Erhöhung des Aktienkurses auf 175 betrage dabei 0,5. Es sei weiter bekannt, dass der Erwartungswert des zukünftigen Aktienkurses 150 betrage. Der risikolose, fristenunabhängige Zinssatz betrage i. Auf die Aktie existiere eine europäische Verkaufsoption mit Basispreis 150 und einer Optionsfrist von einem Jahr.

I. Bestimmen Sie die möglichen inneren Werte der Verkaufsoption im Fälligkeitszeitpunkt.
II. Wie viele Aktien hat ein Portefeuille aus Aktien und Zerobonds zu enthalten, dessen Liquidationserlös nach einem Jahr exakt zu demselben unsicheren Wert führt wie der Kauf einer Verkaufsoption?
III. Berechnen Sie den arbitragefreien Wert der Verkaufsoption zum gegenwärtigen Zeitpunkt in Abhängigkeit von i.

Aufgabe 11.5: (Bewertung eines Calls im Zweiperioden-Binomialmodell)
Unterstellen Sie die Annahmen des so genannten Binomialmodells. Der gegenwärtige Kurs einer Aktie S sowie die möglichen Kurse nach einem bzw. zwei Jahren sind in der folgenden Abbildung gegeben. Es besteht die Möglichkeit, zum Zinssatz von 10% p. a. unbegrenzt risikolos Geld anzulegen bzw. Geld auszuleihen.

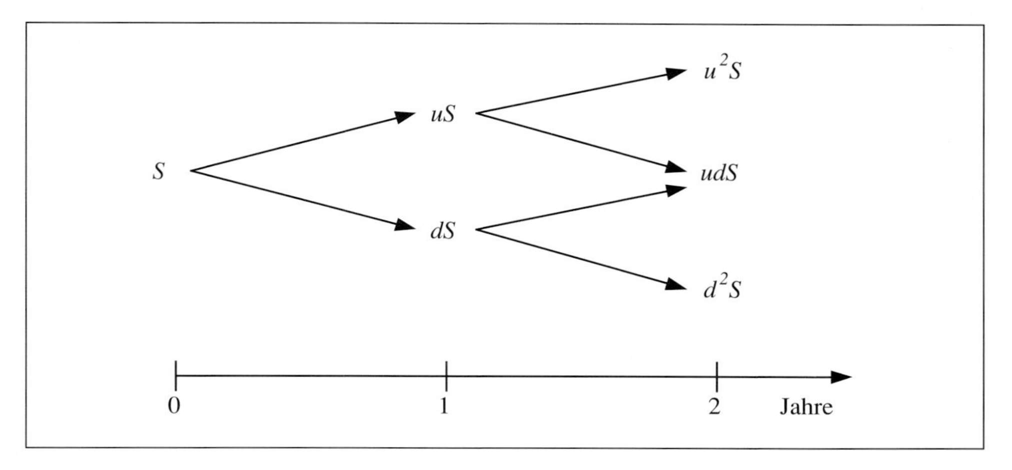

I. Berechnen Sie die möglichen inneren Werte einer europäischen Kaufoption (Call) auf diese Aktie mit Basispreis 110 für $S = 100$, $u = 1{,}2$ und $d = 0{,}9$ sowie einer Laufzeit von zwei Jahren.
II. Betrachten Sie die Situation im ersten Jahr, wobei der Aktienkurs gestiegen ist. Wie viele Aktien hat ein Portefeuille aus Aktien und Zerobonds zu enthalten, dessen Liquidationserlös im Jahr zwei zu demselben unsicheren Wert führt wie beim Kauf eines Calls mit Basispreis 110 im Jahr eins? Welchen Wert hat dieser Call? Verfahren Sie analog für die Situation eines gefallenen Kurses!
III. Berechnen Sie nun den arbitragefreien Wert des Calls im Zeitpunkt null!
IV. Wie groß muss der arbitragefreie Wert eines europäischen Puts mit identischer Laufzeit und Ausübungspreis sein?

Aufgabe 11.6: (Erzielung von Arbitragegewinnen bei unterbewerteter Option)
Betrachten Sie die Situation des Beispiels 11.4 und konstruieren Sie eine Tradingstrategie bei einem Marktwert der Calloption in Höhe von $C_0 = 27$, welche die Vereinnahmung eines risikolosen Gewinns in Höhe von einer Geldeinheit sichert.

Aufgabe 11.7: (Bewertung einer Calloption bei Dividenden zahlendem Basistitel)
Bewerten Sie im Kontext des Beispiels 11.5 eine zweiperiodige Calloption mit Ausübungspreis $X = 100$. Die risikolose Anlage werfe dabei einen sicheren Zins in Höhe von null ab.

Aufgabe 11.8:
Betrachten Sie die Situation der Aufgabe 11.7. Die in $t = 1$ gezahlte Dividende betrage 10% des Cum-Dividendenkurses der Aktie in $t = 1$. Bewerten Sie auch in diesem Falle die zweiperiodige Calloption mit Strike 100.

Aufgabe 11.9:

Berechnen Sie das Put-Delta eines europäischen Puts bei Annahme der Gültigkeit des Black/Scholes-Preises und weisen Sie nach, dass dieses negativ ist.

Aufgabe 11.10:

Berechnen Sie das Put-Gamma eines europäischen Puts bei Annahme der Gültigkeit des Black/Scholes-Preises und weisen Sie nach, dass dieses positiv ist.

Aufgabe 11.11:

Bestimmen Sie im Rahmen des Black/Scholes-Modells den Preis einer Putoption auf eine Dividenden zahlende Aktie, wenn die Dividende im Zeitintervall $[t, T]$ in Form einer konstanten Dividendenzahlung erfolgt.

Aufgabe 11.12:

Bestimmen Sie im Rahmen des Black/Scholes-Modells den Preis einer Putoption auf eine Dividenden zahlende Aktie bei Annahme einer kursproportionalen, konstanten Dividendenintensität.

Aufgabe 11.13:

Weisen Sie die Aussage des Haupttextes über die Absicherungswirkung eines 1:1 Hedges während der Laufzeit der Option nach. Unterscheiden Sie dabei den Fall des Einsatzes von amerikanischen Puts von dem Fall des Einsatzes europäischer Puts.

Aufgabe 11.14:

Einem Investor mit einem Budget von 1000 EUR stehen die folgenden 3 Anlagealternativen zur Verfügung:

1. Kauf einer Aktie der Aktuar-AG zum Kurs von 700.
2. Erwerb einer Europäischen Verkaufsoption auf diese Aktie mit Basispreis 700 und Restlaufzeit von einem Jahr zum Kurs von 100.
3. Zeichnung eines Zerobonds mit Restlaufzeit von 1 Jahr mit Kaufkurs von 950 und Rückzahlungskurs von 1000. Der Kurs des Zerobonds ergebe sich aus der am Markt herrschenden Zinsstruktur.

a. Berechnen Sie die Jahres-Rendite des Zerobonds.
b. Berechnen Sie den fairen Preis der Kaufoption. Gehen Sie davon aus, dass die Marktpreise für Optionen arbitragefrei sind.
c. Der Investor möchte ein Portefeuille aus Aktien und Verkaufsoptionen bilden. Wie viele Aktien und Verkaufsoptionen kann er erwerben, falls die Anzahl der Puts der Anzahl der Aktien entsprechen soll (1:1 Put Hedge)? Es bezeichne dabei b die Anzahl der Aktien bzw. Puts.
d. Wie groß ist der minimale Wert des Portefeuilles nach einem Jahr?
e. Der Investor möchte nun ein Portefeuille aus Kaufoptionen und dem Zerobond bilden, das die gleiche Risikostruktur am Ende der Laufzeit wie das oben genannte Portefeuille aus Puts und Aktien aufweist. Wie viele Calls hat er zu kaufen und wie hoch ist der Anlagebetrag in den Zerobond?

Aufgabe 11.15:

a. Gegeben sei ein Aktienportfolio mit Kursentwicklung $\{S_t; 0 \le t \le T\}$. Dieses Portfolio soll in t = T auf der Basis einer Putoption abgesichert werden. Zur Verfügung stehen nur Index-Puts auf einen Aktienindex mit Kursentwicklung $\{I_t; 0 \le t \le T\}$. Unterstellen Sie die Beziehung

$$S_t = \alpha + \beta I_t .$$

Wieviele Index-Puts zum Ausübungspreis F müssen erworben werden, damit das wertgesicherte Portfolio eine deterministische (positive) absolute Wertuntergrenze besitzt?

b. Betrachten Sie ein 1:1 Put Hedge auf der Grundlage einer amerikanischen Option. Bestimmen Sie die Wertuntergrenze des 1:1 Put Hedge <u>während</u> der Laufzeit der Option, d. h. für $0 < t < T$ durch Analyse des Falles $S_t < X$

i) bei Ausübung der Option in t
ii) sowie bei Verkauf (Glattstellung) der Option in t.

Dabei bezeichne S_t den Kurs der wertzusichernden Aktie und X den Ausübungspreis der Putoption.

<u>Hinweis:</u> Benutzen Sie die folgende Abschätzung für den Preis P_t einer Amerikanischen Option zum Ausübungspreis X während der Laufzeit:

$$P_t \ge \max(X - S_t, 0).$$

Aufgabe 11.16:

Unterstellen Sie für den Basistitel einer Terminposition einen einperiodigen Binomialprozess mit Startwert $s_0 = 100$ und einer prozentualen Aufwärtsbewegung von 20% sowie einer prozentualen Abwärtsbewegung von 10%. Der einperiodige Zinssatz für eine sichere Kapitalanlage bzw. Kapitalaufnahme betrage 5%.

a) Bestimmen Sie den Wert in t = 0 eines einperiodigen Futurekontraktes auf den Basistitel, indem Sie die Futureposition durch Basistitel und Geldanlage/-aufnahme duplizieren.
b) Bestimmen Sie den Wert in t = 0 einer einperiodigen Putoption auf den Basistitel, indem Sie die Optionsposition durch Basistitel und Geldanlage/-aufnahme duplizieren. Der Ausübungspreis der Option sei 100.
c) Durch welche Kombination aus Basistitel und sicherer Anlage können Sie die Position eines 1:1 Put Hedges unter Einsatz der Option aus Aufgabenteil b) duplizieren?

Aufgabe 11.17:

Unterstellen Sie für den Basistitel einer Terminposition einen einperiodigen Binomialprozess mit Startwert $s_0 = 100$ und einer prozentualen Aufwärtsbewegung von 20% sowie einer prozentualen Abwärtsbewegung von 10%. Der einperiodige Zinssatz für eine sichere Kapitalanlage bzw. Kapitalaufnahme betrage 5%.

a) Bestimmen Sie den Wert in t = 0 einer einperiodigen Calloption auf den Basistitel, indem Sie die Optionsposition durch Basistitel und Geldanlage/-aufnahme duplizieren. Der Ausübungspreis der Option sei 100.

b) Der Marktwert der Calloption aus Aufgabeteil a. entspreche nun nicht dem arbitragefreien Wert, sondern betrage 8,523. Mit welcher Arbitragestrategie lässt sich aufgrund dieser Konstellation ein risikoloser Gewinn in t = 0 in Höhe von einer Geldeinheit erzielen? Spezifizieren Sie die Arbitragestrategie und weisen Sie nach, dass diese risikolos ist.
c) Durch welche Kombination aus Basistitel und sicherer Anlage können Sie die Position eines (1:1) Covered Short Call unter Einsatz der Option aus Aufgabenteil a) duplizieren?

Aufgabe 11.18:
Unterstellen Sie für den Basistitel einer Terminposition einen zweiperiodigen Binomialgitterprozess mit Startwert $s_0 = 100$ und einer prozentualen Aufwärtsbewegung von 20% bzw. einer prozentualen Abwärtsbewegung von 10% pro Periode. Der einperiodige Zinssatz für eine sichere Kapitalanlage bzw. Kapitalaufnahme betrage 5%.

Bestimmen Sie auf Basis des Duplikationsprinzips den arbitragefreien Preis in $t = 0$ einer zweiperiodigen Calloption auf den Basistitel. Der Ausübungspreis der Option sei 126.

Aufgabe 11.19:
Einem Investor mit einem Budget von 1.000 EUR stehen die folgenden 3 Anlagealternativen zur Verfügung:

1. Kauf von Aktien der Maurer-AG zum Kurs von 700 EUR pro Stück.
2. Erwerb von Europäischen Verkaufsoptionen auf diese Aktie mit einem Basispreis 700 EUR und einer Restlaufzeit von einem Jahr zum Kurs von 100 EUR pro Stück.
3. Erwerb von Zero Bonds mit Restlaufzeit von einem Jahr mit einem Kaufkurs von 952,38 EUR und einem Rückzahlungskurs von 1.000 EUR pro Stück. Der Kurs des Zero Bonds ergebe sich aus der am Markt herrschenden Zinsstruktur.

Vernachlässigen Sie im Folgenden Ganzzahligkeitsbedingungen.

a) Berechnen Sie die Jahresrendite des Zero Bonds.
b) Berechnen Sie den fairen Preis einer Europäischen Kaufoption mit identischer Restlaufzeit und gleichem Basispreis wie der Put. Unterstellen Sie dabei arbitragefreie Marktpreise.
c) Der Investor möchte ein Portfolio aus Aktien und Verkaufsoptionen bilden. Wie viele Aktien und Verkaufsoptionen kann er erwerben, falls die Anzahl der Puts der Anzahl der Aktien entsprechen soll (1:1 Put Hedge)?
d) Wie groß ist der minimale Wert des Portfolios nach einem Jahr?
e) Der Investor möchte nun ein Portfolio aus Kaufoptionen und Zero Bonds bilden, das die gleiche Risikostruktur am Ende der Laufzeit wie das oben genannte Portfolio aus Puts und Aktien aufweist. Wie viele Calls hat er zu kaufen und wie hoch ist der Anlagebetrag in Zero Bonds?
f) Die Maurer-AG soll nunmehr in $t = 1$ auf der Basis einer Europäischen Put-Option abgesichert werden. Zur Verfügung stehen nur Puts auf einen Aktienindex mit Kursentwicklung $\{I_t\}$. Unterstellen Sie die Beziehung:

$$S_t = \alpha + \beta\, I_t$$

Wie viele Index-Puts zum Ausübungspreis 700 müssen erworben werden, damit das wertgesicherte Portfolio eine (positive) deterministische absolute Wertuntergrenze besitzt? Welchen Wert nimmt diese Preisuntergrenze an? Begründen Sie Ihre Antwort!

Literatur zu Kapitel 11

Adam, M. E. H. (2001): Kombinierte Aktien-/Optionsstrategien im ein- und mehrperiodigen Fall – eine theoretische und empirische Untersuchung, Köln.

Adam, M., R. Maurer (1999): Risk Value Analysis of Combined Stock and Option Strategies: Covered Short Call versus Put Hedge, Finanzmarkt und Portfolio Management 13, S. 431–449.

Adam, M., R. Maurer (2000) : Analytische Evaluation des Risiko-Chance-Profils kombinierter Aktien- und Optionsstrategien, Blätter der Deutschen Gesellschaft für Versicherungsmathematik 24, S. 635–653.

Albrecht, P., R. Maurer (1992): Portfolio Insurance-Strategien zur Wertsicherung von Aktien-Portefeuilles, Blätter der Deutschen Gesellschaft für Versicherungsmathematik 20, S. 337–362.

Albrecht, P., R. Maurer, T. G. Stephan (1995): Shortfall-Performance rollierender Wertsicherungsstrategien, Finanzmarkt und Portfolio Management 9, S. 197–209.

Amin, K., A. Khanna (1994): Convergence of American Option Values from Discrete- to Continuous-Time Financial Models, Mathematical Finance 4, S. 289–304.

Avellaneda, M., P. Laurence (2000): Quantitative Modelling of Derivative Securities, Boca Raton u. a.

Bartels, H.-J. (1995): The Hypotheses Underlying the Pricing of Options, Proceedings, 5th International AFIR Colloquium, Brussels, Vol. I, S. 3–15.

Barone-Adesi, G., R. Whaley (1987): Efficient Analytical Approximation of American Option Values, Journal of Finance 42, S. 301–320.

Beck, T.M. (1993): Black Scholes Revisited: Some Important Details, Financial Review 28, S. 77–90.

Bergman, Y. Z. (1982): Pricing of Contingent Claims in Perfect and Imperfect Markets, Ph. D. Thesis, University of California, Berkeley.

Bingham, N. H., R. Kiesel (2004): Risk-Neutral Valuation, 2. Aufl., London.

Black, F. (1976): The Pricing of Commodity Contracts, Journal of Financial Economics 3, S. 167–179.

Black, F., M. Scholes (1973): The Pricing of Options and Corporate Liabilities, Journal of Political Economy 81, S. 637–659.

Blake, D. (2000): Financial Market Analysis, 2. Aufl., Baffins Lane/Chichester.

Bodie, Z., A. Kane, A. J. Marcus (2005): Investments, 5. Aufl., Chicago u. a.

Bookstaber, R., R. Clarke (1983a): Option Strategies for Institutional Management, Reading/Massachusetts.

Bookstaber, R., R. Clarke (1984): Option Portfolio Strategies: Measurement and Evaluation, Journal of Business 57, S. 469–492.

Bookstaber, R., R. Clarke (1983b): An Algorithm to Calculate the Return Distribution of Portfolios with Option Positions, Management Science 29, S. 419–429.

Bookstaber, R., R. Clarke (1985): Problems in Evaluating the Performance of Portfolios with Options, Financial Analysts Journal, January/February 1984, S. 48–62.

Brace, A., D. Gatarek, M. Musiela (1977): The market model of interest rate dynamics, Mathematical Finance 7, S. 127–155.

Branger, N., C. Schlag (2004): Zinsderivate, Berlin, Heidelberg.

Brennan, M.J., E.S. Schwartz (1977): The Valuation of American Put Options, Journal of Finance 32, S. 449–462.

Broadie, M., J. Detemple (1996): American Option Valuation: New Bounds, Approximations, and a Comparison of Existing Methods, Review of Financial Studies 9, S. 1211–1250.

Bruns, Ch. F. Meyer-Bullerdiek (1996): Professionelles Portfolio-Management, Stuttgart.

Cairns, A.J.G. (2004): Interest Rate Models, Princeton, Oxford.

Carr, P., R. Jarrow, R. Myneni (1992): Alternative Characterizations of American Put Options, Mathematical Finance 2, S. 87–106.

Chance, D. M. (1994): Translating the Greek: The Real Meaning of Call Option Derivatives, Financial Analysts Journal, July/August 1994, S. 43–49.

Clement, E., D. Lamberton, P. Protter (2002) : An Analysis of a Least Squares Regression Method for American Option Pricing, Finance and Stochastics 6, S. 449–471.

Cvitanic, J., F. Zapatero (2004): Introduction to the Economics and Mathematics of Financial Markets, Cambridge, London.

Cox, J. C., S. Ross (1976): The Valuation of Options for Alternative Stochastic Processes, Journal of Financial Economics 3, S. 145–166.

Cox, J. C., S. A. Ross, M. Rubinstein (1979): Option Pricing: A Simplified Approach, Journal of Financial Economics 7, S. 229–263.

Dai, Q., K. Singleton (2003): Term Structure Dynamics in Theory and Reality, Review of Financial Studies 16, S. 631–678.

Dubofsky, D.A., T.W. Miller (2003): Derivatives, New York, Oxford.

Elton, E. J., M. J. Gruber et al. (2003): Modern Portfolio Theory and Investment Analysis, 6. Aufl., New York u. a.

Eurex (2001): Eurex Products, Frankfurt/Zürich (www.eurexchange.com).

Fabozzi, F. J. (1999): Investment Management, 2. Aufl., Upper Saddle River / New Jersey.

Fitzgerald, M. D. (1987): Financial Options, London.

Garman, M., S.W. Kohlhagen (1983): Foreign Currency Option Values, Journal of International Money and Finance 2, S. 231–237.

Geske, R. (1979a): The Valuation of Compound Options, Journal of Financial Economics 7, S. 63–81.

Geske, R. (1979b): A Note on an Analytical Valuation Formula for Unprotected American Call Options on Stocks with Known Dividends, Journal of Financial Economics 7, S. 375–380.

Geske, R., K. Shastri (1985): The Early Exercise of American Puts, Journal of Banking and Finance 9, S. 207–219.

Gibson, R. (1991): Option Valuation, New York u.a.

Goldenberg, D. H. (1991): A Unified Method for Pricing Options on Diffusion Processes, Journal of Financial Economics 29, S. 3–34.

Green, T.C., S. Figlewski (1999): Market Risk and Model Risk for a Financial Institution Writing Options, Journal of Finance 54, S. 1465–1499.

Harrison, J. M., K. Kreps (1979): Martingales and Arbitrage in Multiperiod Securities Markets, Journal of Economic Theory 20, S. 381–408.

Harrison, J. M., S. R. Pliska (1981): Martingales and Stochastic Integrals in the Theory of Continuous Trading, Stochastic Processes and their Applications 11, S. 215–260.

Heidorn, T. (2002): Finanzmathematik in der Bankpraxis, 4. Aufl., Wiesbaden.

Hull, J. C. (2001): Optionen, Futures und andere Derivate, 4. Aufl., München, Wien.

Isakov, D., B. Morard (2001): Improving portfolio performance with option strategies: Evidence from Switzerland, European Financial Management 7, S. 73–91.

Jaillet, P., D. Lamberton, B. Lapeyre (1998): Variational Inequalities and the Pricing of American Options, Acta Applicandae Mathematicae 21, S. 263–289.

Jamshidian, F. (1997): LIBOR and swap market models and measures, Finance and Stochastics 1, S. 293–330.

Jamshidian, F. (1989): An Exact Bond Option Pricing Formula, Journal of Finance 44, S. 205–209.

Karatzas, I. (1988): On the Pricing of American Options, Applied Mathematics and Optimization 17, S. 37–60.

Kwok, Y. K. (1998): Mathematical Models of Financial Derivatives, Singapur.

Lamberton, D. (1993): Convergence of the Critical Price in the Approximation of American Options, Mathematical Finance 3, S. 179–190.

Leland, H. (1985): Option Pricing and Duplication with Transaction Costs, Journal of Finance, S. 1283–1301.

Lhabitant, F.-S. (1999): On the performance of option strategies in Switzerland, Finanzmarkt und Portfolio Management 13, S. 318–338.

Loistl, O. (1996): Computergestütztes Wertpapiermanagement, 5. Aufl., München, Wien.

Longstaff, F., P. Santa-Clara, E.S. Schwartz (2001): The Relative Valuation of Caps and Swaptions: Theory and Empirical Evidence, Journal of Finance 56, S. 2067–2109.

Longstaff, F., E.S. Schwartz (2001): Valuing American Options by Simulation: A Simple Least-Squares Approach, Review of Financial Studies 14, S. 113–147.

Luenberger, D. G. (1998): Investment Science, New York, Oxford.

Macdonald, A. S. (1997): The Hypotheses Underlying the Pricing of Options: A Note on a Paper by Bartels, Proceedings, 7th International AFIR Colloquium, Cairns/Australia, Vol. 2, S. 617–630.

MacMillan, L.W. (1986): An Analytic Approximation for the American Put Price, Advances in Futures and Options Research 1, S. 119–139.

Merton, R. (1973): Theory of Rational Option Pricing, Bell Journal of Economics and Management Science 4, S. 141–183.

Merton, R.C. (1973): Theory of Rational Option Pricing, Bell Journal of Economics and Management Science 4, S. 141–183.

Miltersen, K., K. Sandmann, D. Sondermann (1997): Closed-form solutions for term-structure derivatives with log-normal interest rates, Journal of Finance 52, S. 409–430.

Möller, M. (1997): Analytische Auswertung und Steuerung von Optionspositionen, Hamburg.

Musiela, M., M. Rutkowski (1997): Martingale Methods in Financial Modelling, Berlin u.a.

Neftci, S. N. (2000): An Introduction to the Mathematics of Financial Derivatives, 2. Aufl., San Diego u. a.

Panjer, H. H. (1998, Hrsg.): Financial Economics, Schaumburg / Illinois.

Panjer, H.H. (Hrsg., 1998): Financial Economics, Schaumburg/Illinois.

Poulsen, R. (2007): Four Things You Might Not Know About the Black-Scholes Formula, Journal of Derivatives, Winter 2007, S. 77–81.

Rendleman, R.J. Jr. (1999): Option Investing from a Risk-Return Perspective, Journal of Portfolio Management, May 1999, S. 109–121.

Rendleman, R.J. Jr. (2001): Covered Call Writing from an Expected Utility Perspective, Journal of Derivatives, Spring 2001, S. 63–75.

Roll, R. (1977): An Analytical Valuation Formula for Unprotected American Call Options with Known Dividends, Journal of Financial Economics 5, S. 251–258.

Rudolph, B., K. Schäfer (2005): Derivative Finanzinstrumente, Berlin, Heidelberg.

Samuelson, P.A., R.C. Merton (1969): A Complete Model of Warrant Pricing That Maximizes Utility, Industrial Management Review 10, S. 17–46.

Scharpf, P., G. Luz (2000): Risikomanagement, Bilanzierung und Aufsicht von Finanzderivaten, 2. Aufl., Stuttgart.

Scheuenstuhl, G., R. Zagst (1998): Asymmetrische Renditestrukturen und ihre Optimierung im Portfoliomanagement mit Optionen, in: *Kutscher, C., G. Schwarz* (Hrsg.): Aktives Portfolio Management, Zürich, S. 153–174.

Schmidt, M. (2006): Derivative Finanzinstrumente, 3. Aufl., Stuttgart.

Schmitt, C. (2002): Stochastische Volatilität, in: *Schröder, M.* (Hrsg.): Finanzmarkt-Ökonometrie, Stuttgart, S. 301–358.

Spremann, K. (1996): Wirtschaft, Investition und Finanzierung, 5. Aufl., München, Wien.

Steiner, P., C. Bruns (2002): Wertpapiermanagement, 8. Aufl., Stuttgart.

Steiner, P., H. Uhlir (2001): Wertpapieranalyse, 5. Aufl., Heidelberg.

Stoll, H. R., R. E. Whaley (1993): Futures and Options, Cincinnati/Ohio.

Tsitsiklis, J.N., B. Van Roy (2001): Regression Methods for Pricing Complex American-Style Options, IEEE Transactions on Neural Networks 12, S. 694–703.

Whaley, R.E. (1981): On the Valuation of American Call Options on Stocks with Known Dividends, Journal of Financial Economics 9, S. 207–211.

12 Swaps

12.1 Einführung

Kapitel 12 beinhaltet eine vertiefte[1] Darstellung einer weiteren Klasse von unbedingten Termingeschäften, den Financial Swaps. Behandelt werden Zinsswaps (Abschnitt 12.2), Währungsswaps (Abschnitt 12.3) und Equity Swaps (Abschnitt 12.4), wobei neben einer Analyse der Grundpositionen die entsprechenden Anwendungen im Investmentmanagement im Vordergrund stehen. Eine eingehende Behandlung erfahren dabei die Zinsswaps. Hier werden neben der Darstellung der Basispositionen und der Anwendung im Investmentmanagement auch Fragen der Bewertung (Abschnitt 12.2.2.3 und Anhang 12A) und der Durationsanalyse (Anhang 12B) angesprochen. Darüber hinaus werden auch Termingeschäfte (Forwards, Optionen) auf Zinsswaps behandelt (Abschnitt 12.3), wobei hier ebenfalls zum einen auf die jeweiligen Basispositionen sowie die entsprechenden Anwendungen im Investmentmanagement eingegangen wird.

12.2 Zinsswaps

12.2.1 Vorbemerkungen

In Spezialisierung der in Abschnitt 1.2.3.7 vorgenommenen allgemeinen Charakterisierung von Swaps kann man die Zinsswaps wie folgt beschreiben:

Zinsswaps beinhalten den Austausch von Zinszahlungen (in einer bestimmten Währung) auf einen bestimmten Basisbetrag (Nennwert, Notional Amount, Principal Amount) zwischen zwei Vertragsparteien, ohne dass dabei die den Zinszahlungen zugrunde liegenden Verpflichtungen bzw. Forderungen ausgetauscht werden – oder aber auch vollständig losgelöst von bestehenden Vermögens-/Verpflichtungspositionen.

Üblicherweise wird dabei an den vereinbarten Zahlungsterminen (Settlement Dates) nur der entsprechende *Zahlungssaldo* (Netto-Zahlungen, Net Payments) beglichen.[2] Ein Austausch der Basisbeträge am Ende der Laufzeit findet nicht statt, dies hätte netto aber auch keine Auswirkungen.[3,4] Aus diesem Grunde kann ein Zinsswap in seiner Grundform *rein formal*, etwa zu Bewertungszwecken, stets als physischer Austausch zweier Zinstitel interpretiert werden.[5]

---

1 Man vgl. die einführende Behandlung in Abschnitt 1.2.3.7.

2 Nur die Partei, die zum Zahlungszeitpunkt einen negativen Saldo aufweist, leistet eine Zahlung.

3 Für beide Parteien beträgt der Zahlungssaldo null.

4 Bei bestimmten Varianten (etwa Off Market Swaps) oder bei vorzeitiger Terminierung des Swaps sind allerdings zusätzlich zu den periodischen Zinszahlungen Ausgleichszahlungen am Anfang oder am Ende der Laufzeit zu leisten. *Off Market Swaps* sind dabei Swaps, die nicht die aktuellen Geld- bzw. Kapitalmarktkonditionen widerspiegeln.

5 Diese formale Sichtweise berührt nicht das rechtliche und ökonomische Faktum, dass die den Zinstiteln zugrunde liegenden Verpflichtungen bzw. Forderungen *nicht* ausgetauscht werden.

Es existieren zwei Grundformen von Zinsswaps, zum einen der *fix/variable Zinsswap,* zum anderen der *variabel/variable Zinsswap* bzw. *Basis-Zinsswap.*

Der fix/variable Zinsswap (Fixed/Floating Interest Rate Swap) stellt dabei die Hauptform dar und besteht im Austausch von Festzinszahlungen gegen variable Zinszahlungen (etwa auf LIBOR- oder EURIBOR-Basis). Dieser Austausch bewirkt eine Änderung der Charakteristika der Zinszahlungsströme, die die beiden Parteien empfangen bzw. abgeben, insbesondere wird die »Richtung« (und damit implizit das Ausmaß) des getragenen Zinsänderungsrisikos verändert. Die zweite Grundform, der Basis-Zinsswap (Basis Rate Interest Rate Swap), beinhaltet den Austausch von variablen gegen variable Zinszahlungen, etwa bezüglich verschiedener Referenzbasen.

Neben diesen Basisformen von Zinsswaps haben sich weitere Swapstrukturen herausgebildet, die auch als Swaps der zweiten Generation bezeichnet werden. Hierzu zählen etwa:[6]

- *Amortizing Swap*: Ansteigen des Nominalbetrages über die Swaplaufzeit nach einem vereinbarten Schema.
- *Forward Swap*: Eingehen der Verpflichtung, in einen Swap zu heute fixierten Konditionen zu einem künftigen Zeitpunkt einzutreten (auch *Terminswap*).
- *Swaption*: Im Gegensatz zum Forward Swap besitzt der Käufer das Recht, nicht die Verpflichtung, den Swap zu einem künftigen Zeitpunkt einzugehen.
- *Extendable* Swap: Prolongierbarer Swap, der das Recht beinhaltet, einen bestehenden Swap zu gleichen Konditionen zu verlängern.
- *Callable Swap*: Swap mit vorzeitigem Kündigungsrecht des Festzinsempfängers.
- *Puttable Swap*: Swap mit vorzeitigem Kündigungsrecht des Festzinszahlers.

Im Weiteren konzentrieren wir uns auf die Behandlung von fix/variablen Zinsswaps.

12.2.2 Fix/variable Zinsswaps

12.2.2.1 Grundlagen

Die Grundstruktur des fix/variablen Zinsswaps ist in Abbildung 12.1 dargestellt, zum einen bei direktem Austausch der Swapparteien, zum anderen bei Zwischenschaltung eines Finanzintermediärs. Die Swappartei, die Festzinsszahlungen leistet und variable Zinszahlungen empfängt, wird als *Fixed Rate Payer* bezeichnet, teilweise auch als Käufer (Payer) des Swap. Entsprechend ist die Gegenpartei der *Floating Rate Payer* bzw. Verkäufer (Receiver) des Swap.

Dem Austausch der Zinszahlungen können dabei verschiedene Finanzierungsstrukturen der Swapparteien zugrunde liegen. Dies wird in den Abbildungen 12.2 bis 12.4 verdeutlicht, wobei die Darstellung jeweils ohne Zwischenschaltung eines Intermediärs erfolgt.

Im Falle eines *Liability Swaps* haben beide Swapparteien Kapital aufgenommen (etwa: Emission einer Anleihe), die daraus resultierenden Zinsverpflichtungen sind aber unterschiedlicher Natur, nämlich einmal fix und einmal variabel.

---

6 Weitere Swapvarianten werden etwa in *Scharpf/Luz* (2000, S. 447ff.) dargestellt.

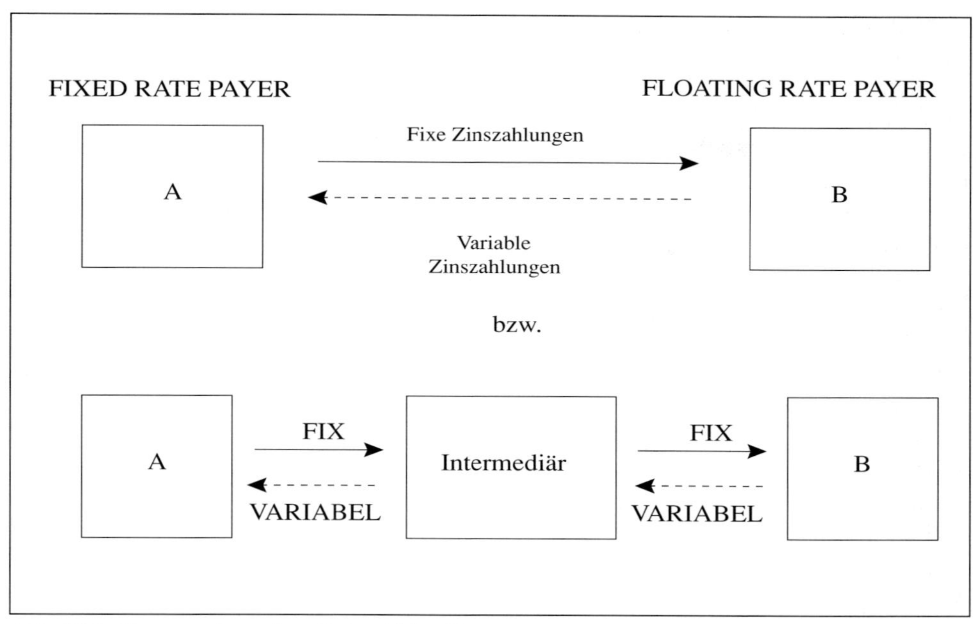

Abb. 12.1: Grundstruktur eines fix/variablen Zinsswaps

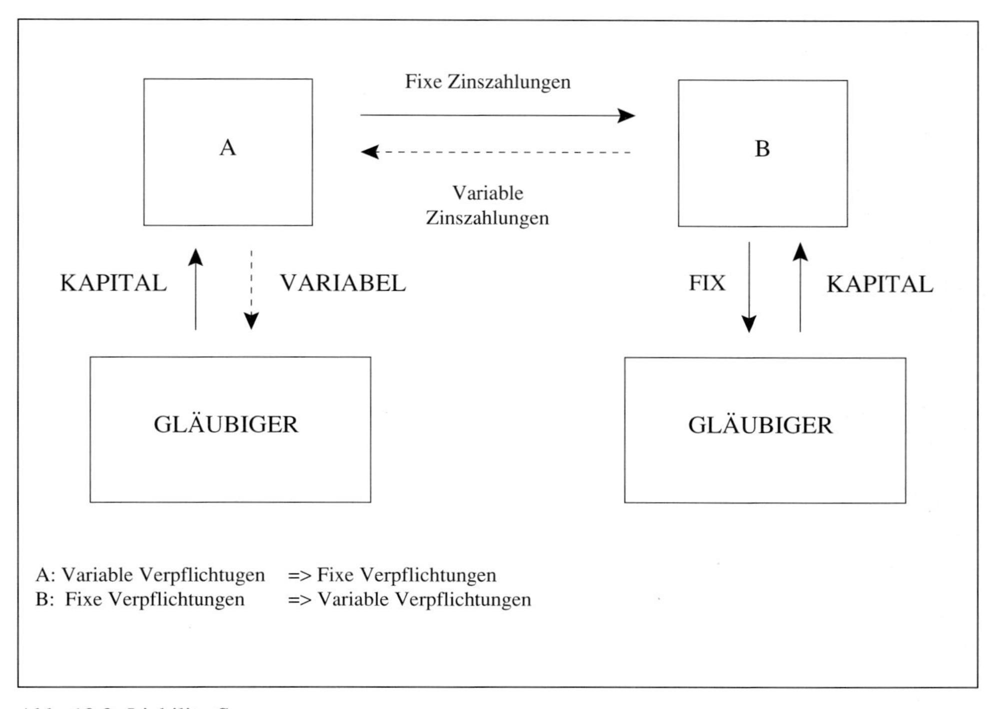

Abb. 12.2: Liability Swap

Im Falle eines *Asset Swaps* haben beide Swapparteien ihr Geld in festverzinslichen bzw. variabel verzinslichen Titeln angelegt.

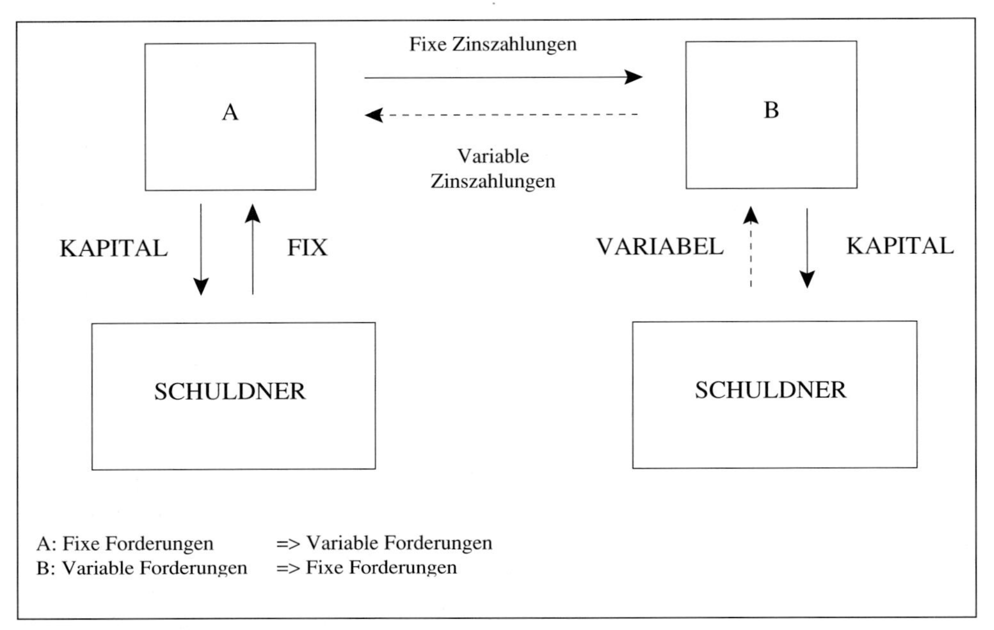

Abb. 12.3: Asset Swap

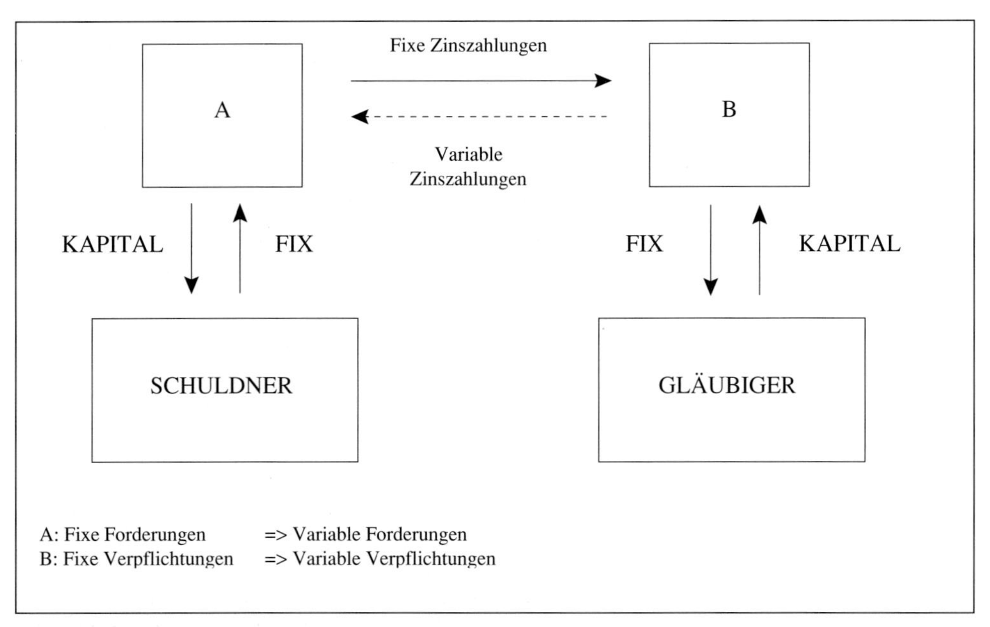

Abb. 12.4: Asset/Liability Swap

Schließlich besteht auch die Möglichkeit, dass einer der beiden Swapparteien zinsfixe Forderungen besitzt, während die andere Partei zinsfixe Verpflichtungen besitzt. Dies ist eine Form eines *Asset/Liability Swaps*.

Zinsswaps können mittels Kassageschäften dupliziert werden. Die Besonderheit besteht dabei lediglich darin, dass die Kapitalbeträge nicht ausgetauscht werden. Die Position des Fixed Rate Payers beinhaltet dabei eine entsprechende Long-Position in einer Geldmarktanlage, aus der variable Zinsen empfangen werden, kombiniert mit einer Short-Position in einer festverzinslichen Anleihe. Analog entspricht die Position eines Floating Rate Payers einer Long-Position in einem Festzinstitel, kombiniert mit einer Short-Position in einem Geldmarkttitel.

Die Märkte für Zinsswaps sind in Abhängigkeit von der jeweiligen Währung im Laufzeitbereich von 1 bis 10 Jahren hochliquide. Auch in Laufzeitbereichen über 10 Jahre ist in den Hauptwährungen eine zunehmende Liquidität zu beobachten.[7]

Es bestehen nun eine Reihe von Konventionen[8] bei Swap-Kontrakten, die zu beachten sind. Eine erste Konvention[9] besteht dabei darin, dass der zu einem Zinszahlungszeitpunkt relevante Referenzzinssatz derjenige ist, der zu dem *vorhergehenden* Zinszahlungszeitpunkt gültig war. Bei halbjährlicher variabler Zinszahlung und Wahl des LIBOR als Referenzzinssatz ist somit für die erste variable Zinszahlung der 6-Monats-LIBOR bei Vertragsabschluss relevant. Der zu zahlende LIBOR ist somit den Vertragsparteien immer eine Zinsperiode *vorher* bekannt[10]. Tabelle 12.1 illustriert diese Konvention anhand einer Swapvereinbarung per 01.01. mit einem Basisbetrag von 100 Millionen EUR, einer Laufzeit von zwei Jahren und einem Tausch von 7 % fest gegen LIBOR.[11] Swappartei A ist dabei der Fixed Rate Payer.

Datum	**A an B**	**6-Monats-LIBOR (annualisiert)**	**B an A**	**Saldo A an B**
1. Jahr: 01.01.		6,0 %		
30.06.	3,5 Mio	7,0 %	3,0 Mio.	0,5 Mio.
31.12.	3,5 Mio	7,5 %	3,5 Mio.	
2. Jahr: 30.06.	3,5 Mio	8,0 %	3,75 Mio.	-0,25 Mio.
31.12.	3,5 Mio		4,0 Mio.	-0,5 Mio.

Tab. 12.1: Konvention bei variablen Zinszahlungen

7 Vgl. etwa *Bruttel* (2001, S. 14).
8 Vgl. etwa *Brown/Smith* (1991, S. 68ff.) oder *Bruns/Meyer-Bullerdiek* (1996, S. 328f.).
9 Vgl. etwa *Brown/Smith* (1991, S. 71).
10 Dies beeinflusst insbesondere das Ausmaß des Zinsänderungsrisikos.
11 Dabei wurde hinsichtlich der Berechnung der fixen sowie variablen Zinsen vereinfachend davon ausgegangen, dass immer jeweils 180 Tage zwischen den Zahlungszeitpunkten liegen und mit 360 Zinstagen pro Jahr gerechnet wird.

In diesem Zusammenhang ist darauf hinzuweisen, dass unterschiedliche Modalitäten der Zinsberechnung auf dem Renten- bzw. Geldmarkt bestehen können. Insbesondere betrifft dies die Konventionen bezüglich der Zeiterfassung, zum einen die Berechnung der Tage zwischen den Zinszahlungen, zum anderen die Umrechnung eines Jahres in eine bestimmte Anzahl von Tagen. Im ersten Fall unterscheidet man etwa die *Actual-Konvention*, die auf einer exakten Erfassung der Anzahl von Tagen zwischen den Zinszahlungen beruht, von der *30-Konvention*, die nur ganze Monate (zu 30 Tagen) erfasst. Das Jahr wird üblicherweise zu 360 oder 365 Tagen gerechnet. Die Konvention Actual/360, die etwa für den USD-LIBOR gebräuchlich ist, bedeutet somit die exakte Erfassung der Tage zwischen den Zinszahlungszeitpunkten, wobei das Jahr zu 360 Tagen gerechnet wird. Auf dem US-Bondmarkt sind die Konventionen Actual/360 bzw. 30/360 bzw. 30/365 anzutreffen. Die Zinsverrechnung geschieht dabei linear zeitproportional auf der Basis einer der dargestellten Konventionen.

Wenden wir uns nun den Konventionen bezüglich der *Quotierung* (Preisstellung) von Zinsswaps zu. Die Preisstellung erfolgt dabei inkl. aller Gebühren (All in-Costs-Konzeption), der Standardfall ist dabei derjenige, dass ein Referenz-Festzinssatz als Ausgangspunkt gewählt wird. Auf den Referenz-Festzinssatz wird ein Aufschlag (Spread) vorgenommen; der resultierende, das Swapgeschäft bestimmende Festzinssatz wird als *Swapsatz* bezeichnet. Zu Zwecken der Preisinformation über das Swapangebot werden dann die effektiven Swapsätze oder auch nur, wenn der Referenz-Festzinssatz standardmäßig bekannt ist, die Spreadsätze bekannt gegeben bzw. notiert. Für USD-Zinsswaps dient dabei die Größe *Treasury Yield*, d.h. die Rendite des zuletzt emittierten Treasury-Bonds bzw. der zuletzt emittierten Treasury-Notes mit gleicher Laufzeit (Maturity, Tenor) wie die Swapvereinbarung als Referenz. Die Spreadsätze bestehen in Aufschlägen (Spread over Treasury) in Basispunkten auf die betreffende Treasury Yield.

Die Swap Spreads sind dabei im Zeitablauf nicht konstant, sondern variieren unter anderem in Abhängigkeit von Angebot und Nachfrage sowie den antizipierten Änderungen der Zinsstruktur. Die Spreads können dabei sowohl positiv, aber auch temporär negativ sein.[12]

Hinsichtlich der Swapsätze ist des Weiteren zwischen dem Geld-(Bid-)satz einerseits und dem Brief-(Offer-, Asked-)satz andererseits zu unterscheiden. Zum Geldsatz ist die Finanzinstitution bereit, als Fixed Rate Payer in einen Swapvertrag einzutreten, zum (höheren) Briefsatz ist die Finanzinstitution bereit, als Floating-Rate-Payer in den Swapvertrag einzutreten.

Tabelle 12.2 illustriert das vorstehend Dargelegte zunächst anhand eines Beispiels[13] für den US-amerikanischen Aktienmarkt. Per 10. Juni 1988 werden für verschiedene Laufzeiten die entsprechenden Treasury Yields, die Bid- und Offer-Spreads in Basispunkten sowie die effektiven Bid- und Offer-Swapsätze angegeben.

Laufzeit (Jahre)	Treasury Yield (Prozent)	Bid Swap Spread (Basispunkte)	Asked Swap Spread (Basispunkte)	Effektiver Swapsatz (Prozent)
2	7,98	67	74	8,65 - 8,72
3	8,17	72	76	8,89 - 8,93
4	8,38	69	74	9,07 - 9,12
5	8,50	70	76	9,20 - 9,26
7	8,75	71	77	9,46 - 9,52
10	8,94	73	79	9,67 – 9,73

Tab. 12.2: Quotierung von Zinsswaps (US-Markt)

12 Zur Entwicklung von Swap Spreads vgl. allgemein *Evans/Parente* (1991).
13 Vgl. *Brown/Smith* (1991, S. 69).

Der Euro-Swapmarkt orientiert sich hingegen nicht an der Rendite von Staatsanleihen, sondern[14] an den Renditen für Daueremissionen, insbesondere Schuldscheindarlehen[15]. Über alle Laufzeiten gesehen, weist der Markt für Schuldscheindarlehen durch die regelmäßige Emissionstätigkeit insbesondere der deutschen Landesbanken eine höhere Liquidität auf als der Markt für Emissionen der Bundesrepublik Deutschland.

Die Swapsätze werden dabei im Euro-Raum konventionsmäßig nicht als Spreadsätze, sondern als effektive Sätze notiert. Am Mittwoch, dem 12. März 2008, wurden beispielsweise im Handelsblatt die in Tabelle 12.3 gezeigten Swapsätze (Stand: 11.03.2008) veröffentlicht (6-M-EURIBOR: 4,573%).

Laufzeit Jahre	EUR		USD		YEN	
	Geld	Brief	Geld	Brief	Geld	Brief
1	4,34	4,37	2,48	2,51	0,95	0,98
2	3,96	3,99	2,59	2,62	0,92	0,95
3	3,90	3,93	2,91	2,94	0,96	0,99
4	3,92	3,95	3,24	3,27	1,03	1,06
5	3,97	4,00	3,52	3,55	1,11	1,14
6	4,03	4,06	3,75	3,78	1,20	1,23
7	4,11	4,14	3,94	3,97	1,29	1,32
8	4,18	4,21	4,09	4,12	1,38	1,41
9	4,25	4,28	4,22	4,25	1,48	1,51
10	4,31	4,34	4,34	4,37	1,58	1,61
15	4,53	4,56	4,71	4,74	1,93	1,96
20	4,62	4,65	4,85	4,88	2,16	2,19
25	4,64	4,67	4,91	4,94	2,30	2,33
30	4,63	4,66	4,93	4,96	2,37	2,40

Tab. 12.3: Swap-Quotierungen Euromarkt per 11.03.2008 (Quelle: Handelsblatt)

Die EUR-Swaps werden dabei auf jährlicher Bondbasis 30/360 gegen 6-M-EURIBOR quotiert, mit Ausnahme des Einjahresswaps, der gegen 3-M-EURIBOR quotiert wird.[16] USD-Swaps werden hingegen auf Geldmarktbasis jährlich ACTUAL/360 Tage gegen 3-M-LIBOR sowie YEN-Swaps halbjährlich ACTUAL/360 Tage gegen 6-M-LIBOR quotiert.

Neben dem vorstehenden Standardfall zur Quotierung von Zinsswaps besteht auch die Möglichkeit einer Quotierung in Form eines Zu- bzw. Abschlags auf den variablen Zinssatz. Eine entsprechende Quotierung erfolgt dabei durch eine einfache Umrechnung der sich aufgrund der Spreads auf den Festzins ergebenden Konditionen. Eine solche Vorgehensweise ist etwa dann zweckmäßig, wenn der Festzins der zugrunde liegenden Kapitalaufnahme bzw. -anlage nicht dem zum Zeitpunkt der Swapvereinbarung herrschenden Marktzins (für Treasury Bonds bzw. Schuldscheindarlehen) entspricht. Zur Herstellung einer Äquivalenz der Festzinszahlungen des zugrunde liegenden Zinstitels und des Zinsswaps ist die Quotierung als Zu- bzw. Abschlag

---

14 Vgl. etwa *Bruttel* (2001, S. 18).
15 Vgl. hierzu die entsprechenden Ausführungen im Abschnitt 1.2.3.3.
16 So die Fußnote zur vorstehenden Tabelle im Handelsblatt.

auf den variablen Zinssatz vorzunehmen. Ein Beispiel soll dies verdeutlichen: Ein Versicherungsunternehmen (VU) habe ein Schuldscheindarlehen im Bestand, das einen Nominalzins von 7,50% und eine aktuelle Restlaufzeit von 7 Jahren aufweist. Der Investor schließt eine Swaptransaktion ab, bei der er Festzinszahlungen gegen variable Zinszahlungen tauscht. Der für 7 Jahre Restlaufzeit aktuell gültige Brief-Swapsatz beträgt 6,70%. Eine Umrechnung der Konditionen zur Herstellung eines Swapsatzes von 7,50% bedingt[17] damit einen Aufschlag von 80 Basispunkten auf EURIBOR. Abbildung 12.5 illustriert diesen Sachverhalt.

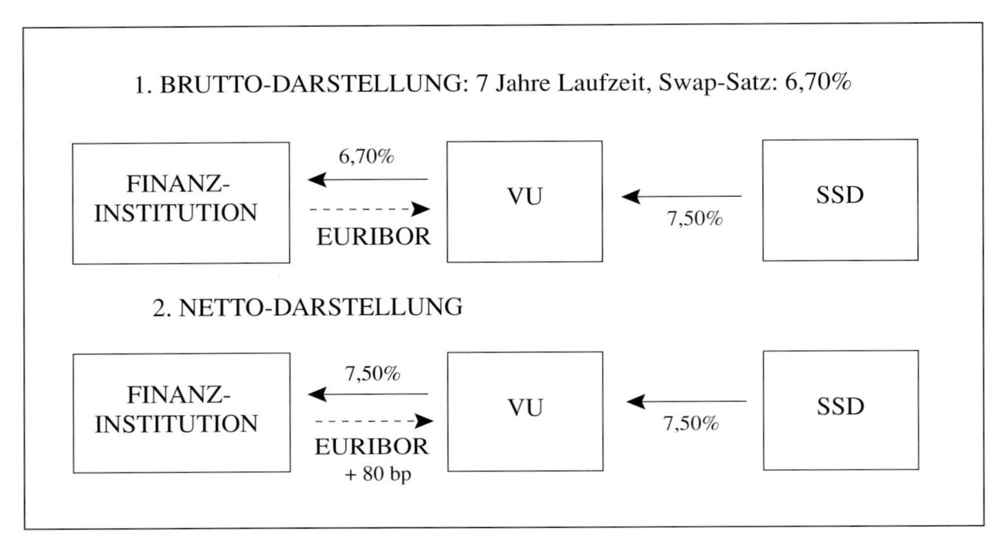

Abb. 12.5: Brutto- und Nettodarstellung eines Zinsswaps

12.2.2.2 Standard-Zinsswaps

Ein Standard-Zinsswap[18,19] (einfacher Zinsswap, Plain Vanilla Interest-Rate-Swap, Generic Interest Rate Swap) ist ein fix/variabler Zinsswap mit einer Reihe von zusätzlichen Charakteristika. Als variabler Zinssatz fungiert der 6-Monats-LIBOR oder -EURIBOR, der standardmäßig nachschüssig halbjährlich zu zahlen ist und dem LIBOR oder EURIBOR entspricht, der zu dem vorhergehenden Zinszahlungszeitpunkt bzw. bei Vertragsabschluss gültig war. Der Festzinssatz ist nachschüssig halbjährlich zu zahlen. Der Basisbetrag (Nennwert) des Swaps sei nicht veränderlich im Rahmen der Laufzeit des Swaps (»Bullet«). Darüber hinaus sei der Swap ein *Par Value-* bzw. *At Market-Swap*, d.h. die vereinbarten Festzinszahlungen entsprechen dem Marktniveau (Marktzins für eine Fristigkeit, die der Laufzeit des Swaps entspricht) bei Abschluss des Swap. Insbesondere sind damit keine zusätzlichen Ausgleichszahlungen am Anfang bzw. am Ende der Laufzeit des Swaps erforderlich.

---

17 Dies geschieht unter Vernachlässigung der dargestellten unterschiedlichen Zinsverrechnungsmodalitäten an Geld- und Rentenmarkt sowie vereinfachend auf annualisierter Basis.

18 Vgl. etwa *Brown/Smith* (1991) oder *Bruns/Meyer-Bullerdiek* (1996, S. 331).

19 Was im Einzelnen ein Standard-Swap ist, hängt von den Marktkonventionen ab und kann sich entsprechend mit der Marktentwicklung ändern.

Der Plain Vanilla Swap wird standardmäßig als Ausgangspunkt zur Analyse von Zinsswaps verwendet. Ein erstes Beispiel hierzu stellt die Bewertung von Zinsswaps dar.

12.2.2.3 Bewertung von Zinsswaps

Eine Bewertung von Zinsswaps kann aus unterschiedlichen Anlässen durchgeführt werden. Aus Sicht des Market Makers sind etwa – bei gegebener Spezifizierung des variablen Zinssatzes (Floating Leg) – geeignete Swapsätze festzulegen, die die Festzinszahlungen determinieren (Fixed Leg). Ein alternativer Bewertungsanlass ist die Bewertung eines bereits bestehenden Swaps, d.h. unter erfolgter Festlegung des fixen Zinssatzes, etwa bei der vorzeitigen Auflösung von Swaps oder bei der Ermittlung des Risikos aufgrund des Ausfalls einer Kontraktpartei.

Im Weiteren gehen wir von einem Standard-Zinsswap mit Nominalwert $N = 1$ und Laufzeit T aus. Der Swap werde in $t_0 = 0$ abgeschlossen bzw. bewertet. Zahlungen erfolgen zu den Zeitpunkten $0 < t_1 < t_2 < ... < t_n\ (=T)$, wobei wir von äquidistanten Zahlungszeitpunkten $t_i = t_{i-1}+h = ih$, $i = 1, ..., n$ ausgehen. Mit $Z_F(t_i)$ werden die fixen Zinszahlungen zum Zeitpunkt t_i bezeichnet, mit $Z_V(t_i)$ entsprechend die variablen Zinszahlungen. Die Abbildung 12.6 illustriert die resultierende Zahlungsstruktur.

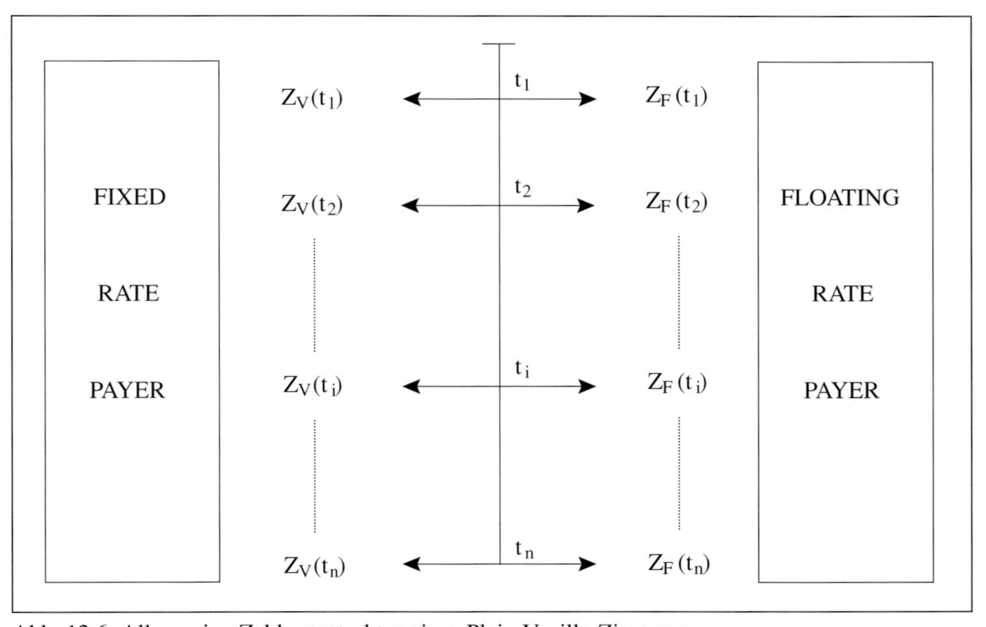

Abb. 12.6: Allgemeine Zahlungsstruktur eines Plain Vanilla-Zinsswaps

Bei der Analyse der Bewertung von Zinsswaps gehen wir im Weiteren von ausfallfreien Titeln aus, d.h. vernachlässigen das Bonitätsrisiko.

Definieren wir

(12.1) $$Z_{PS}(t_i) := Z_V(t_i) - Z_F(t_i), \quad i = 1, \ldots, n ,$$

so ist aus der Sicht des Fixed Rate Payers (*Payer Swap*), dessen Standpunkt wir im Weiteren einnehmen, der abgeschlossene Zinsswap durch die Zahlungsreihe $\{Z_{PS}(t_1), \ldots, Z_{PS}(t_n)\}$eindeutig charakterisiert.

Zur näheren Charakterisierung der variablen Zinszahlungen greifen wir dabei zurück auf die Darstellung des Anhangs 8F hinsichtlich des Kassa-LIBOR, den wir im Weiteren als Standardfall eines variablen Zinssatzes betrachten. Unter Annahme eines Nennwertes von $N = 1$ gilt vor diesem Hintergrund dann $(i = 1,\ldots,n)$.

(12.2) $$Z_V(t_i) = L(t_{i-1}, h)h .$$

Entsprechend gehen wir bei der Charakterisierung des Fixed Leg vor. Entspricht $r = r_S(T)$ dem Swapsatz bei einer Swaplaufzeit von $T = t_n$ Jahren auf annualisierter Basis, so gilt bei einer Zahlungsweise der festen Zinsen, die der Zahlungsweise der variablen Zinsen angepasst ist und bei Verwendung einer identischen Tageszählung (etwa ACTUAL/360)

(12.3) $$Z_F(t_i) = r\,h .$$

Hieraus resultiert $(i = 1,\ldots,n)$:

(12.4) $$Z_{PS}(t_i) = [L(t_{i-1}, h) - r]h .$$

Offenbar erhält man dieselbe Zahlungsdifferenz, wenn man die folgende Kombination zweier Anleihen mit gleichem Nennwert $N = 1$ betrachtet. Der Investor ist long in einer variabel verzinslichen Anleihe mit Zinszahlungen gemäß (12.2) und short in einer Festzinsanleihe gemäß (12.3). Die Nennwerte der beiden Anleihen heben sich dabei nämlich auf.

Auf der Grundlage dieses Duplikationsportfolios kann damit der Payer Swap bewertet werden. Der Wert der variabel verzinslichen Anleihe ist gemäß Anhang 8F $V_V(t_0) = B(t_0, t_0) = 1$. Entsprechend ist der Wert der Festzinsanleihe $V_F(t_0) = rh \sum B(t_0, t_i) + B(t_0, t_n)$. Insgesamt erhalten wir damit für den Wert V_{PS} des Payer Swap

(12.5) $$V_{PS}(t_0) = 1 - rh \sum_{i=1}^{n} B(t_0, t_i) - B(t_0, t_n) .$$

Auf der Grundlage von (8F.12) erhalten wir des Weiteren allgemeiner für den Wert des Payer Swap zu einem Zeitpunkt τ mit $t_0 \le \tau < t_1$:

(12.6) $$V_{PS}(\tau) = B(\tau, t_1)[1 + L(t_0, h)h] - rh \sum_{i=1}^{n} B(\tau, t_i) - B(\tau, t_n) .$$

Entsprechend ist für $t_0 \le \tau < t_1$ aus der Sicht des Floating Rate Payers der Wert des Zinsswap (*Receiver Swap*) gleich

(12.7) $$V_{RS}(\tau) = rh \sum_{i=1}^{n} B(\tau, t_i) + B(\tau, t_n) - B(\tau, t_1)[1 + L(t_0, h)h] .$$

Ist der Swapsatz $r = r_S(T)$ gerade so festgelegt, dass die Festzinsanleihe zu par notiert, dann gilt

(12.8) $$V_{PS}(t_0) = V_{RS}(t_0) = 0 \,.$$

Dies ist zugleich der Ausgangspunkt für die Bestimmung eines *fairen Swapsatzes* $fr_S(T)$ in Abhängigkeit von der Laufzeit des Swap. Dieser wird so gewählt, dass der Wert des Swap bei Abschluss in t_0 gerade null ist. Aus dieser Bedingung folgt $(T = t_n)$:

(12.9) $$fr_s(T) = \frac{1 - B(t_0, t_n)}{h \sum_{i=1}^{n} B(t_0, t_i)} \,.$$

Offenbar kann damit der faire Swapsatz aus den Preisen der Zerobonds abgeleitet werden. In praxi werden sich jedoch von dieser Idealposition Abweichungen ergeben – schon aufgrund der in den Swapsätzen enthaltenen Gewinnmargen. Aber selbst wenn der Zinsswap bei seinem Abschluss fair gepreist worden ist, so bleibt diese Konstellation aufgrund der Änderungen in der Zinsstruktur nicht bestehen.

In Anhang 12A wird noch eine zu Anhang 8F alternative Methode zur Bestimmung des Wertes einer variablen verzinslichen Anleihe dargestellt. Diese beruht darauf, die unbekannte künftige variable Zinszahlung durch den heute bekannten entsprechenden Terminzins für die betreffende Zeitperiode zu ersetzen. Die Ergebnisse sind dabei strukturell identisch zu den bisherigen und erlauben darüber hinaus die Bestimmung der Duration eines Zinsswaps.

Hinsichtlich der Preisfindung für Zinsswaps haben wir bisher auf die Zinsstruktur im Anleihemarkt bzw. die damit einhergehenden Zerobondpreise abgestellt. In praxi benutzt man alternativ – man vgl. hierzu etwa *Dubofsky/Miller* (2003, Abschnitt 13.1.4) – auch (vor allem für kürzerfristige Swaps) die Preise von Geldmarktfutures oder Forward Rate Agreements, in Abhängigkeit davon, welche Instrumente der Swaphändler benutzt, um das Floating Leg des Swaps zu hedgen.

Für die Bewertung eines Swap während der Laufzeit greift man darüber hinaus in praxi zur Bewertung von bereits abgeschlossenen Zinsswaps während der Laufzeit auf diejenige Zinsstrukturkurve zurück, die sich unter Zugrundelegung der aktuellen Swapsätze ergibt.[20] Auf das Verfahren zur Bestimmung dieser Zinsstrukturkurve (*Spot Swap Curve*) gehen wir in Anhang 12C ein.

12.2.2.4 Investmentmanagement mit Zinsswaps

Zum Zwecke einer allgemeinen Systematisierung des Einsatzes von Zinsswaps sollen zunächst mögliche *Dispositionsmotive* herausgearbeitet werden. Unterscheiden kann man das *Absicherungsmotiv*, welches das Hedging gegen Zinsänderungsrisiken umfasst, das *aktive Zinsmanagement*, das die Wahrnehmung von Zinsänderungschancen beinhaltet, die Möglichkeit der *Generierung* neuartiger, an den Märkten bisher nicht vorhandener *Rendite-/Risikoprofile* und

---

20 Vgl. hierzu etwa *Bruns/Meyer-Bullerdiek* (1996, S. 333ff.)

schließlich das *Arbitragemotiv*, das die Wahrnehmung von Zinsdifferenzen auf verschiedenen Märkten ebenso wie die synthetische Duplikation von bestehenden Rendite-/Risikoprofilen zu günstigeren Konditionen betrifft. Entsprechende Dispositionen können dabei auf der Grundlage einer bereits bestehenden Finanzposition mit dem Ziel vorgenommen werden, die bestehende Zahlungsstromcharakteristik zu ändern. Zum anderen kann die Disposition eine geplante, neu einzugehende Finanzposition betreffen. Die bestehende bzw. neu einzugehende Finanzposition kann dabei die Kapitalaufnahme (Emission eines Zinstitels) betreffen, wobei der Kredit in fest- oder variabel verzinslicher Form aufgenommen werden kann (Liability Swap). Zum anderen kann eine Kapitalanlage (Kauf eines Zinstitels) intendiert sein, auch hier ist eine fest- von einer variabel verzinslichen Anlage zu unterscheiden (Asset Swap). Die vorgenommene Aufgliederung von Dispositionsmotiven und -hintergründen verdeutlicht die Vielzahl von möglichen Konstellationen des Einsatzes von Zinsswaps im Finanzmanagement. Im Folgenden soll dabei nur der Fall von Asset-Swaps und deren Einsatz im Investmentmanagement näher betrachtet werden.

Als ersten Anwendungsfall betrachten wir das Hedging gegen Zinsänderungen auf der Basis von Zinsswaps. Wir gehen dazu aus von der folgenden vereinfachten Situation. Im Anlage-Portefeuille befinde sich ein Festzinstitel mit Nennwert N und Restlaufzeit T. Zum betrachteten Zeitpunkt (»heute«) besteht die Erwartung des Eintritts der Konstellation steigender Marktzinsen bis zum nächsten Bilanztermin. Dies führt zu fallende Kursen und es drohen damit bilanzielle Abschreibungen.

Zur Absicherung dieses Risikos treten wir in einen Payer Swap mit gleichem Nennwert und gleicher Restlaufzeit wie der zugrundeliegende Festzinstitel ein. Zur Vereinfachung der Analyse nehmen wir an, dass der Nominalzins des Festzinstitels und der T-Jahres-Swapsatz identisch sind. Die resultierende Hedgeposition ist dann identisch mit der Position einer variabel verzinslichen Anleihe. Nach den Ergebnissen des Anhangs 8F ist deren Wert an jedem Zinszahlungstermin (nach erfolgter Zinszahlung) gleich dem Nennwert. Ist der Bilanztermin gleich der Zinstermin (und kann eine entsprechende bilanzielle Bewertungseinheit gebildet werden), so ist somit keine Abschreibung mehr notwendig. Im allgemeinen Fall sind notwendige Abschreibungen auf jeden Fall (i.d.R. deutlich) geringer, da die Wertschwankungen variabel verzinslicher Anleihen entsprechend geringer als bei festverzinslichen Wertpapieren sind.

Im Allgemeinen wird die vorstehend skizzierte Idealposition nicht perfekt erreicht werden, insbesondere weil der aktuelle Swapsatz ungleich dem Nominalzins des Festzinstitels sein wird. Es werden damit allgemeinere Konstruktionen notwendig, wie beispielsweise ein Basispunkt-Hedge, man vgl. hierzu etwa *Heidorn* (2006, Abschnitt 6.2.3).

Das Hedgen von festverzinslichen Titeln auf der Basis von Zinsswaps weist eine Reihe von Vorteilen gegenüber einem Hedging mit Zinsfutures auf. Zum einen weisen Zinsfutures kürzere Laufzeiten auf, dies führt zu der Notwendigkeit rollierender Positionen. Zum anderen bestehen bei Zinsfutures eine Reihe weiterer Problemkreise, wie etwa die Marking to Market-Problematik und die Cheapest to Deliver-Problematik, man vgl. hierzu unsere entsprechenden Ausführungen in Kapitel 10.

Als zweiten Anwendungsfall betrachten wir die Möglichkeiten eines *aktiven Zinsmanagements*. Gehen wir von der Standardsituation aus, dass der Investor Kapital festverzinslich angelegt hat, so induzieren fallende Zinsen für die *bereits bestehende* Anlage kein Zinsänderungsrisiko. Hingegen bietet die Konstellation relativ zu mittel- bzw. langfristigen Zinssätzen (je nach Fristigkeit des Titels im Bestand) steigender Geldmarktzinsen eine Zinsänderungschance. Betrachten wir hierzu ein Beispiel. Gegeben sei dabei die folgende Ausgangssituation. Der

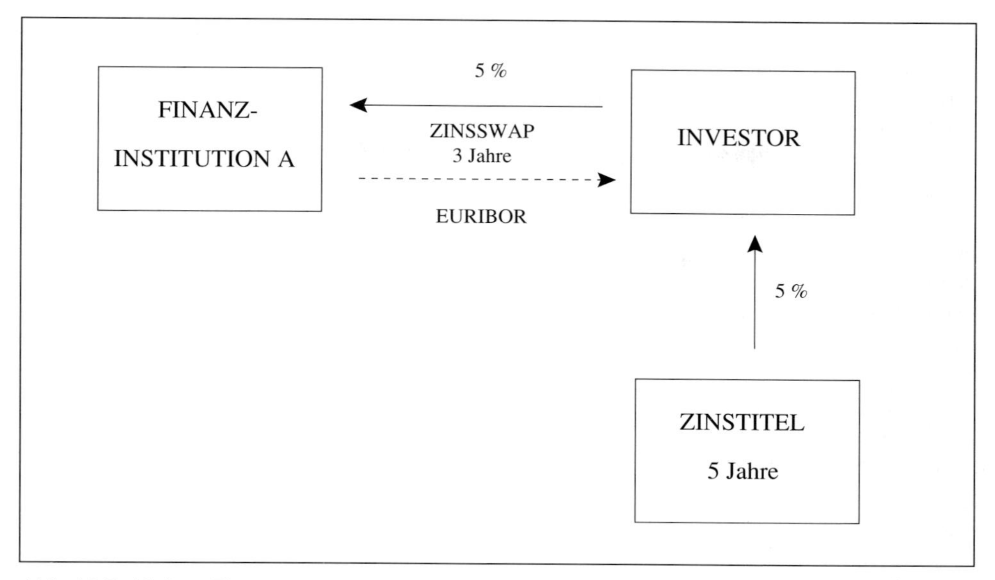

Abb. 12.7: Aktives Zinsmanagement (I)

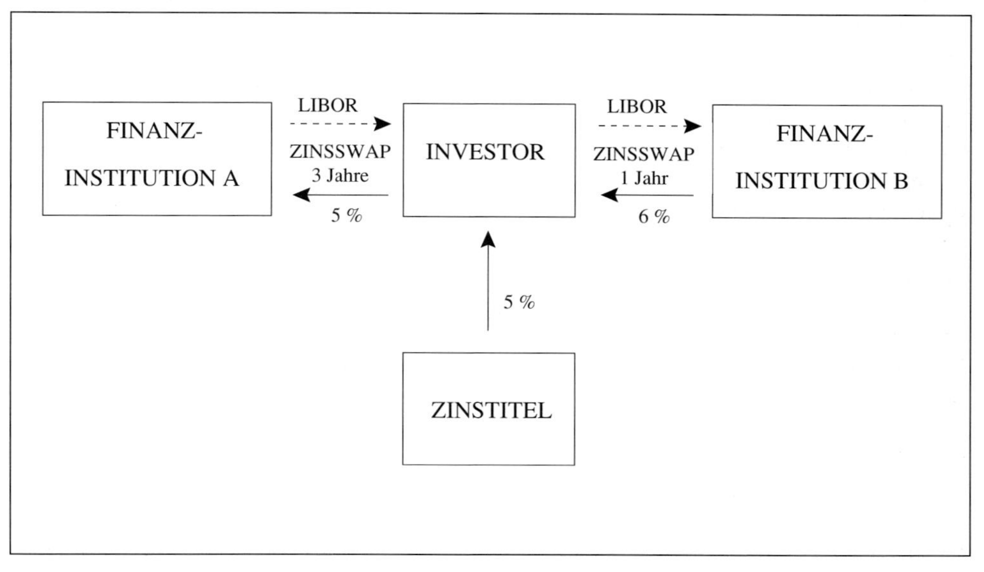

Abb. 12.8: Aktives Zinsmanagement (II)

Investor habe vor 2 Jahren ein Schuldscheindarlehen mit 5% Nominalverzinsung und 5 Jahren Laufzeit erworben. Ausgehend vom heutigen Zeitpunkt wird erwartet, dass die Geldmarktzinsen mittelfristig deutlich über 5% steigen. Aus diesem Grunde schließt der Investor einen fix/variablen Zinsswap mit einer Laufzeit von 3 Jahren ab, wobei er als Fixed Rate Payer in den Swap eintritt. Abbildung 12.7 illustriert die Swaptransaktion, wobei das Swapgeschäft in idealisierter Form[21] dargestellt wird, um den Kernvorgang besser herauszuarbeiten.

Die Durchführung der Swaptransaktion ist dann vorteilhaft für den Investor, wenn seine Erwartungen über die Entwicklung der Geldmarktzinsen sich entsprechend realisieren. Wir gehen im Weiteren von dieser Annahme aus und zeigen noch eine Möglichkeit auf, die eingeschlagene Strategie zu dynamisieren. Die antizipierten Zinssteigerungen seien eingetreten, die Geldmarktzinsen seien nach zwei Jahren auf 7% gestiegen. Der Investor erwartet nun wieder fallende Geldmarktzinsen und möchte das mittels der ersten Swaptransaktion erreichte Zinsniveau immunisieren.[22] Der Swapsatz für einen einjährigen Swap gegen EURIBOR betrage 6%. Der Investor geht aus diesem Grunde eine zweite Swapvereinbarung mit der Laufzeit von einem Jahr ein, wobei er diesmal als Floating Rate Payer in den Swap eintritt. Abbildung 12.8 illustriert diesen Vorgang, wiederum in idealisierter Form.
Durch den Abschluss der zweiten Swaptransaktion ist es dem Investor insbesondere gelungen, im letzten Jahr der Laufzeit des Zinstitels einen Zusatzertrag von einem Prozentpunkt mit Sicherheit zu erwirtschaften.

Ein aktives Zinsmanagement seitens des Investors ist auch bei Erwartung fallender Geldmarktzinsen möglich. Dies geschieht durch Generierung eines neuartigen Rendite-/Risikoprofils, der synthetischen Generierung eines *Reverse Floaters*.[23] Wir betrachten die folgende Ausgangssituation. Der Investor besitze einen Zinstitel mit Nennwert N sowie einem Nominalzins in Höhe r_1 und möchte von fallenden Geldmarktzinsen profitieren. Aus diesem Grunde tritt er als *Floating Rate Payer* in einen Zinsswap[24] r_2 gegen LIBOR mit Basisbetrag N ein. Abbildung 12.9 illustriert die Gesamtsituation.

Der vom Investor erwirtschaftete Nettozinssatz beträgt demnach insgesamt $r_1 + r_2 - r_V$, wobei r_V den variablen Zinssatz (annualisierter LIBOR) bezeichne. Diese Differenz fällt umso günstiger aus, je mehr r_2 sinkt. Insgesamt ist der Break Even-Punkt erreicht, sobald $r_V = r_F$. Ein Risiko besteht für den Investor bei dieser Konstruktion dann darin, dass die Konstellation $r_V > r_1 + r_2$ eintritt, d.h. der variable Zinssatz entgegen der erwarteten Zinsänderung drastisch steigt, insbesondere über die Summe der Zinssätze hinaus, die der Investor insgesamt erhält. In diesem Falle würde nicht nur eine negative Erfolgssituation bestehen, sondern es entsteht auch ein negativer Cash Flow, den der Investor finanzieren müsste. Davor kann sich der Investor durch Kauf eines (separaten) Zins-Caps sichern. Die Funktionsweise eines Zins-Cap ist nochmals in Abbildung 12.10 dargestellt.

---

21 Insbesondere wird unterstellt, dass der Swapsatz dem Festzins entspricht. Offen gelassen wird auch die Fristigkeit des EURIBOR.

22 Die Situation ist dabei äquivalent zum Hedging einer Floating Rate Note gegen fallende Geldmarktzinsen.

23 Die synthetische Generierung eines Reverse Floaters kann auch aus Arbitragegründen erfolgen, wenn sie zu günstigeren Konditionen realisierbar ist als der Kauf eines am Markt erhältlichen Reverse Floaters.

24 Die Konstellation, dass der Festzins der Swaptransaktion sich von dem des Zinstitels unterscheidet, stellt eine einfache Modifikation dar.

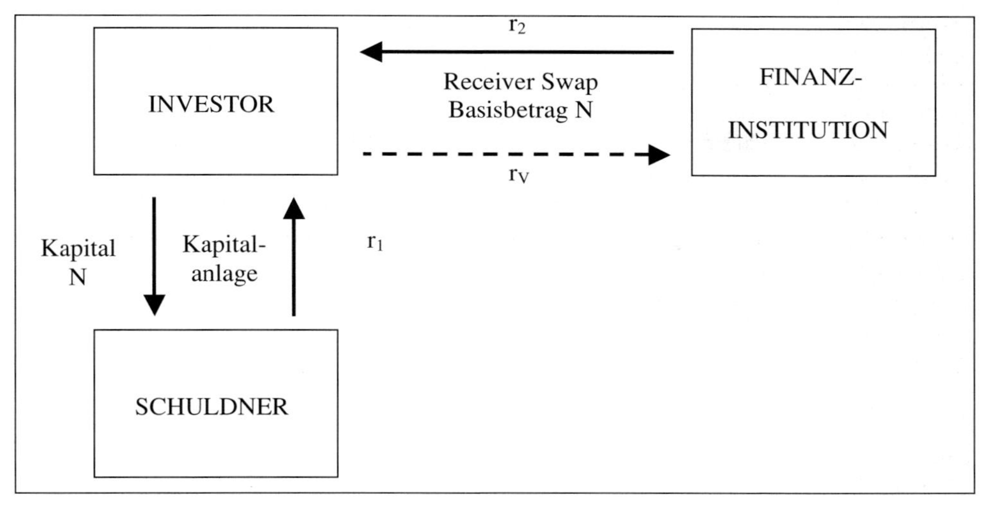

Abb. 12.9: Generierung eines Reverse Floaters (I)

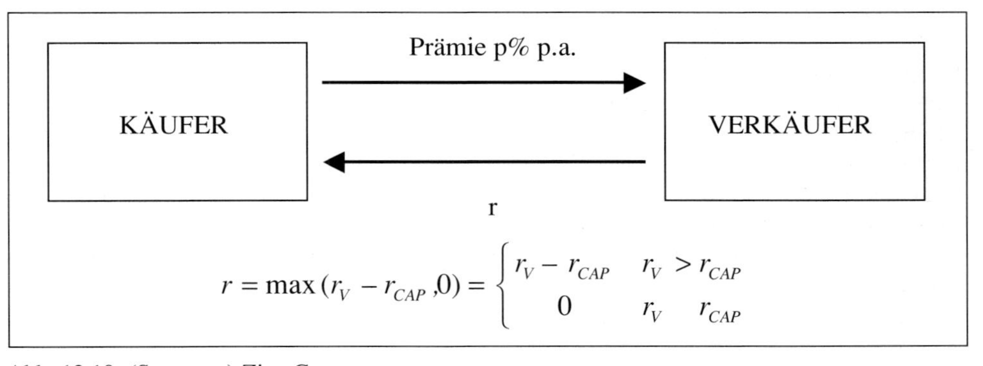

Abb. 12.10: (Separater) Zins-Cap

Gegen Zahlung einer Prämie von $p\%$ des jeweiligen Nennwerts per annum erhält der Käufer des Cap vom Verkäufer einen Zinssatz von $r\%$ p.a., wobei dieser Zinssatz null beträgt, solange ein bestimmter variabler Zinssatz, etwa der (annualisierte) 6-Monats-LIBOR die Höhe eines bestimmten Referenzzinssatzes, den *Cap-Zinssatz* r_{CAP}, nicht übersteigt. Im gegenteiligen Falle erhält der Käufer des Zins-Cap als Zinssatz die Differenz $r_V - r_{CAP}$ des variablen sowie des Cap-Zinssatzes. Erwirbt der Investor nun einen Zins-Cap mit $r_{CAP} = r_1 + r_2$, so ist er bei der vorstehenden Entwicklung $r_V > r_1 + r_2$ geschützt, denn in diesem Falle erhält er aus der Cap-Transaktion die Differenz $r_V - (r_1 + r_2)$ ausbezahlt. Abbildung 12.11 illustriert die gesamte Transaktion.

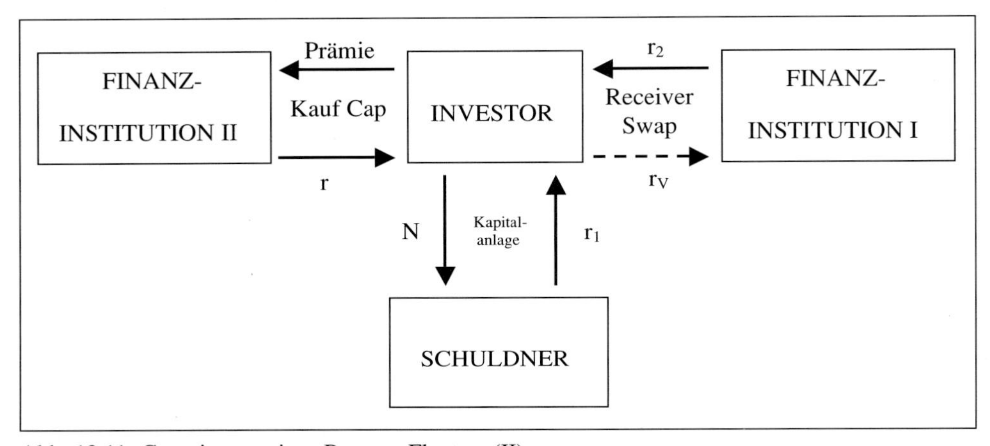

Abb. 12.11: Generierung eines Reverse Floaters (II)

Die Entrichtung der Cap-Prämie von $p\%$ ist im Rahmen der Vorteilhaftigkeitsanalyse zu berücksichtigen. Eine Vorteilhaftigkeit gegenüber der ursprünglichen Festzinsanlage ist erreicht, sobald $r_V + p < r_F$.

Neben den Möglichkeiten eines aktiven Zinsmanagements können Zinsswaps auch im Rahmen von Arbitrageoperationen eingesetzt werden. Plant der Investor z.B. den Kauf eines festverzinslichen Schuldscheindarlehens, so kann er dieses auch synthetisch[25] erzeugen, indem er ein variabel verzinsliches Papier kauft und simultan in einen fix/variablen Swap als Floating Rate Payer eintritt, somit per Saldo fixe Zinszahlungen erhält. Diese Vorgehensweise ist dann vorteilhaft, wenn aktuell die Swapsätze über dem Nominalzins von Schuldscheindarlehen bei gleicher Laufzeit liegen.

Im Falle einer variabel verzinslichen Kapitalanlage kann sich der Investor durch Swapvereinbarungen gegen fallende Geldmarktzinsen (Eintritt in einen Swap als Floating Rate Payer) sichern bzw. statt Direktkauf einer Floating Rate Note diese gegebenenfalls günstiger synthetisch generieren (Kauf eines festverzinslichen Titels sowie Eintritt in einen fix/variablen Zinsswap als Fixed Rate Payer).

25 Zur synthetischen Erzeugung von Zinstiteln unter Einsatz von Zinsswaps vgl. allgemein *Krishnan* (1991).

Abschließend wollen wir noch eine weitere Möglichkeiten aufzeigen, wie Zinsswaps eingesetzt werden können. Als Ausgangssituation betrachten wir den Fall eines Lebensversicherungskunden, der in Erwartung fallender Hypothekenzinsen beim Versicherungsunternehmen (VU) um ein variabel verzinsliches Hypothekendarlehen nachsucht. Das Unternehmen möchte dem gerne nachkommen, sich aber selbst gegen die Möglichkeit fallender Zinsen sichern. Mittels einer Swaptransaktion kann dies wie folgt realisiert werden. Der Investor gewährt das variabel verzinsliche Darlehen in Höhe des Nennbetrags N auf EURIBOR-Basis und tritt simultan als Floating Rate Payer in einen fix/variablen Zinsswap mit Basisbetrag N ein. Abbildung 12.12 illustriert diese Konstruktion.

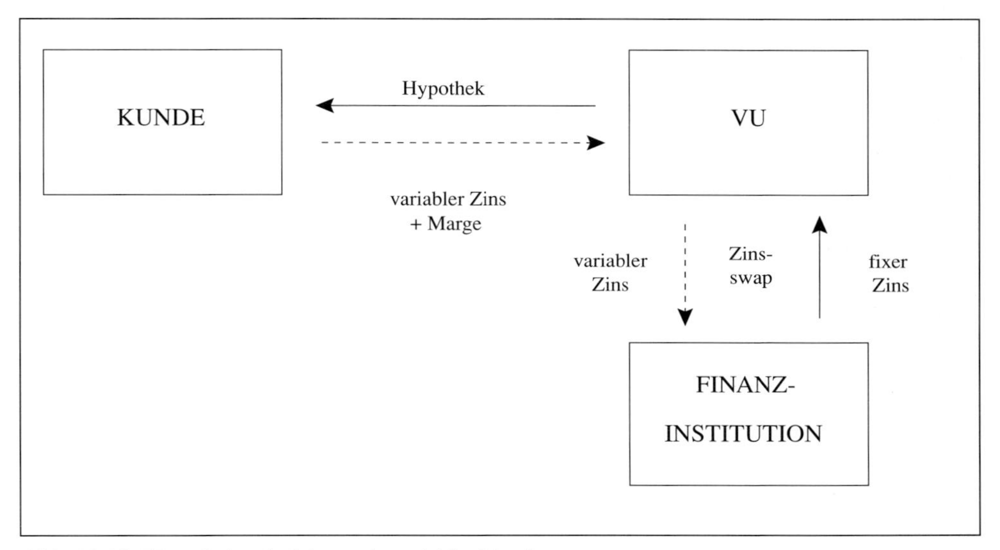

Abb. 12.12: Hypothekendarlehen mit variabler Verzinsung

Dabei erreicht das Versicherungsunternehmen eine immunisierte Position, wenn es die Quotierung des Swap auf der variabel verzinslichen Seite[26] unter Aufschlag einer Marge an den Lebensversicherungskunden weitergibt (EURIBOR + Marge des Versicherungsunternehmens). Man kann dies auch als Realisierung eines Arbitragegewinns durch das Versicherungsunternehmen interpretieren. Dies ist möglich, da dem Lebensversicherungskunden der Zugang zum Swapmarkt verschlossen ist.

Alternativ kann eine Swaptransaktion auch dazu eingesetzt werden, die Rendite eines gewährten festverzinslichen Hypothekendarlehens unter der Erwartung, dass die Geldmarktzinsen über den Festzins des Darlehens steigen, zu verbessern, indem das Versicherungsunternehmen als Fixed Rate Payer in einen Zinsswap eintritt. Dies entspricht dem Fall eines aktiven Zinsmanagements. Abbildung 12.13 illustriert diesen Sachverhalt.

---

26 Man vgl. die Ausführungen in Abschnitt 3.2.1.

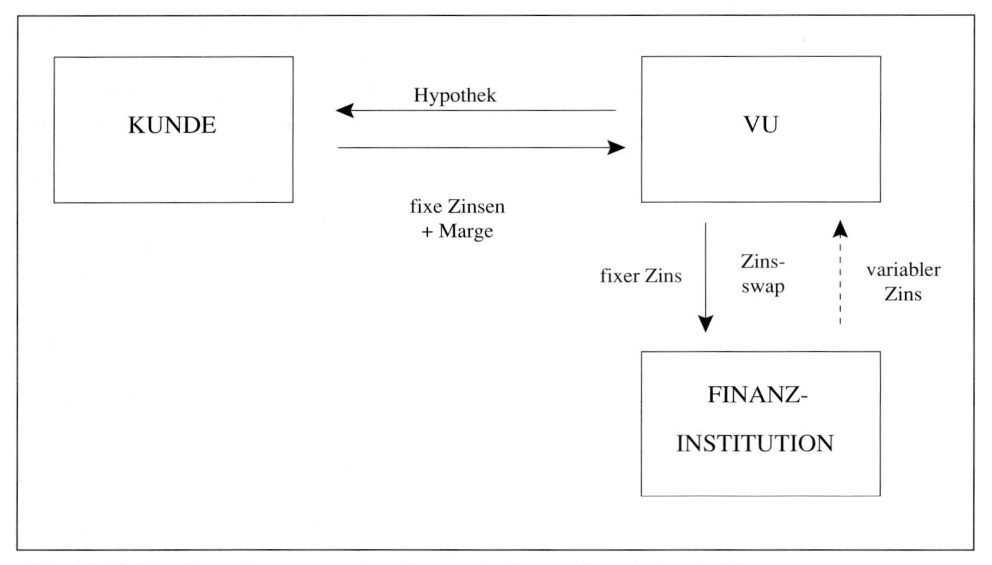

Abb. 12.13: Renditeverbesserung eines festverzinslichen Hypothekendarlehens

12.2.3 Termingeschäfte auf Zinsswaps

12.2.3.1 Grundlagen

Bei Termingeschäften auf Zinsswaps ist das dem Termingeschäft zugrunde liegende Basisgeschäft eine entsprechende Zinsswapvereinbarung, üblicherweise ein Plain Vanilla Swap.

Ein *T+S-Forward Swap*[27] ist ein unbedingtes Termingeschäft, bei dem die Kontraktparteien vereinbaren, in einen fix/variablen Zinsswap mit Laufzeit *S* Perioden, dessen Beginn *T* Perioden in der Zukunft liegt, einzutreten. Die Höhe der Festzinszahlungen wird dabei zum Zeitpunkt des Abschlusses des Forward-Kontrakts festgelegt. Abbildung 12.14 illustriert die Konstruktion eines Forward Swaps.

Anzumerken bleibt noch, dass zum Zeitpunkt $t = T$ grundsätzlich die Möglichkeit besteht, anstelle eines physischen Eintritts in das Swapgeschäft (zu den vereinbarten Konditionen) den Swap zu Marktkonditionen zu bewerten und ein *Cash Settlement* (Vornahme einer entsprechenden Ausgleichszahlung) durchzuführen.

Bezeichnen wir zur näheren Analyse mit $t_0 = t + T$ den Beginn des vereinbarten Swap mit den zugehörigen Zahlungszeitpunkten $t_i = t_0 + ih\ (i = 1,...,n)$, wobei $t_n = t + T + S$ und mit $r_{FS}(t) = r_{FS}(t;T,S)$ den in $t < t_0$ vereinbarten *Forward-Swapsatz*, d.h. die aus dem Swap resultierenden Festzinszahlungen. Der Forward-Swapsatz wird dabei so festgesetzt, dass der Wert des Forward-Swap bei Abschluss gleich null ist. Legen wir zur Bewertung die Preise von Zerobonds zugrunde, so muss dann in *t* der Wert der fixen Zahlungen gleich dem Wert der

27 Zu Forward Swaps vergleiche allgemein *Brown* (1991, S. 125 ff.).

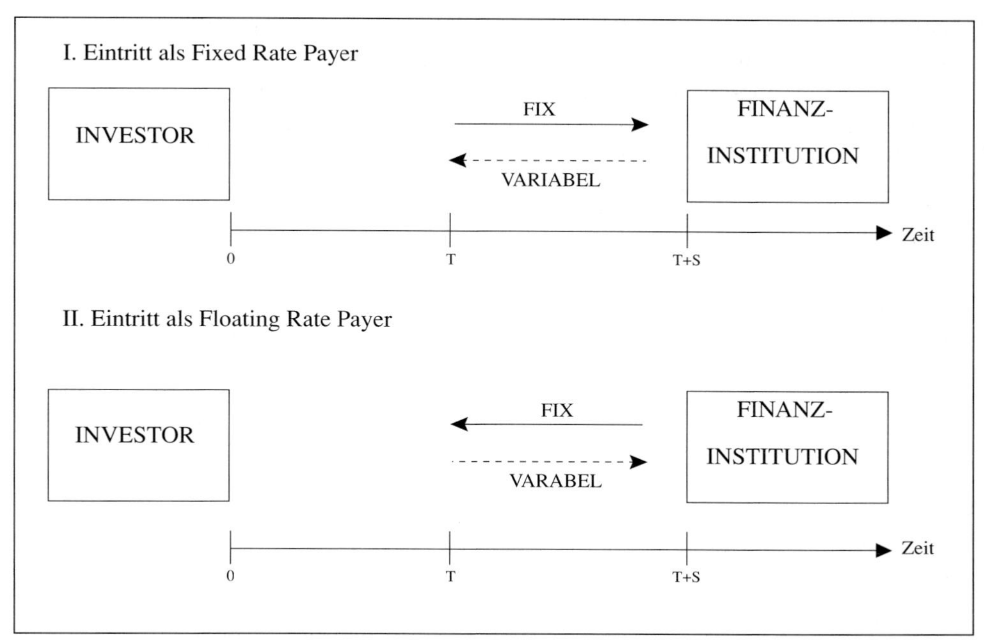

Abb. 12.14: T + S-Forward Swap

variablen Zahlungen sein. Unter Anwendung von (8F.10) für die variablen Zahlungen muss dann gelten $(t < t_0)$

(12.9)
$$\begin{aligned} r_{FS}(t)h &= \sum_{i=1}^{n} B(t,t_i) = \sum_{i=1}^{n} [B(t,t_{i-1}) - B(t,t_i)] \\ &= B(t,t_0) - B(t,t_n). \end{aligned}$$

Eine entsprechende Auflösung nach dem Forward-Swapsatz ergibt dann

(12.10)
$$r_{FS}(t) = \frac{B(t,t_0) - B(t,t_n)}{h \sum_{i=1}^{n} B(t,t_i)}.$$

In praxi orientiert man sich dabei an denjenigen Zerobondpreisen, die durch die Swap-Zinsstruktur, vergleiche hierzu Anhang 12C, induziert werden.

Optionsgeschäfte[28] auf Zinsswaps, kurz als *Swaptions* bezeichnet, umfassen *Receiver Swaptions* und *Payer Swaptions*.[29] Bei Erwerb einer Receiver Swaption besitzt der *Käufer* – gegen Zahlung der Optionsprämie – das Recht, am Ende der Laufzeit der Option in einen fix/variablen Zinsswap als Floating Rate Payer einzutreten, wobei der dabei empfangene Festzins einem ex ante festgelegten *Basiszinssatz* (*Strike-Swapsatz*) entspricht. Der Verkäufer

28 Vgl. dazu allgemein *Crowe* (1990), *Cucchissi/Tuffli* (1991) und *Heintze/Planta* (1992).

29 In der Regel sind Swaptions vom Europäischen Typus, d.h. können nur am Ende der Laufzeit ausgeübt werden.

(Stillhalter) der Receiver Swaption ist *verpflichtet*, bei Ausübung der Option seitens des Käufers den vereinbarten Basiszinssatz zu zahlen und (z.B.) EURIBOR zu empfangen. Abbildung 12.15 verdeutlicht die Grundkonstruktion einer Receiver Swaption.

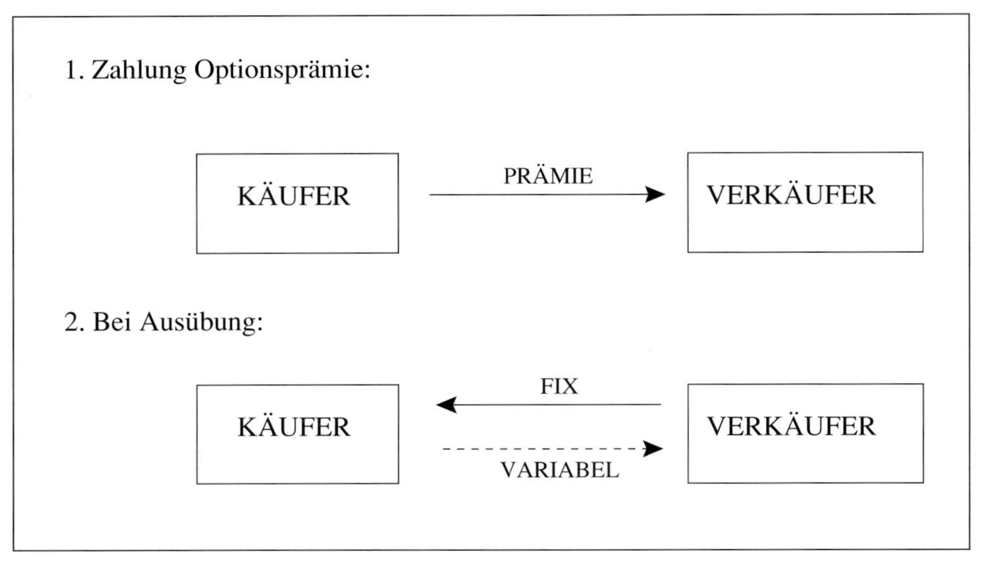

Abb. 12.15: Receiver Swaption (Long-Position)

Statt Eintritt in den zugrunde liegenden Zinsswap zu den vereinbarten Konditionen kann – bei Ausübung der Option seitens des Käufers – alternativ auch ein Cash Settlement durchgeführt werden.

Optionspositionen werden üblicherweise durch die Angabe von Gewinn-/Verlustprofilen gekennzeichnet, dies ist auch bei Swaptions möglich.[30] Abbildung 12.16 illustriert das Gewinn-/Verlustprofil des Käufers einer Receiver Swaption, Abbildung 12.17 entsprechend das des Verkäufers. Man erkennt dabei, dass für den Käufer einer Receiver Swaption *fallende Swapsätze* vorteilhaft sind, er wird die Option ausüben, wenn am Ende der Laufzeit die Konstellation *Swapsatz < Basiszinssatz* besteht. Für den Verkäufer einer Receiver Swaption sind hingegen gleichbleibende und steigende Swapsätze vorteilhaft.

Bei Erwerb einer Payer Swaption besitzt der Käufer – gegen Zahlung der Optionsprämie – das Recht, am Ende der Laufzeit der Option in einen fix/variablen Zinsswap als Fixed Rate Payer zu dem bei Abschluss der Option vereinbarten Basis-Zinssatz einzutreten. Der Verkäufer (Stillhalter) der Payer Swaption ist verpflichtet – bei Ausübung der Option – (z.B.) EURIBOR zu zahlen. Abbildung 12.18 illustriert die Konstruktion einer Payer Swaption.

30 Vgl. *Cucchissi/Tuffli* (1991, S. 193 ff.). Es ist dabei anzumerken, dass diese Gewinn-/Verlustprofile nur Approximationen sind, da die dargestellten Barwerte keine linearen, sondern in der Regel konvexe Funktionen der Swapsätze darstellen.

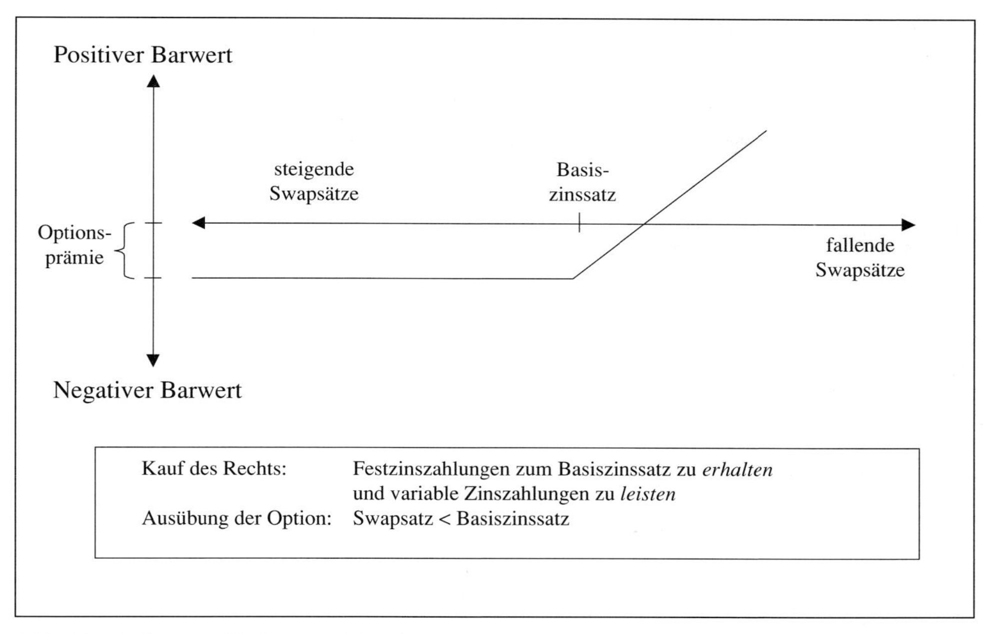

Abb. 12.16: Gewinn-/Verlustprofil Käufer einer Receiver Swaption

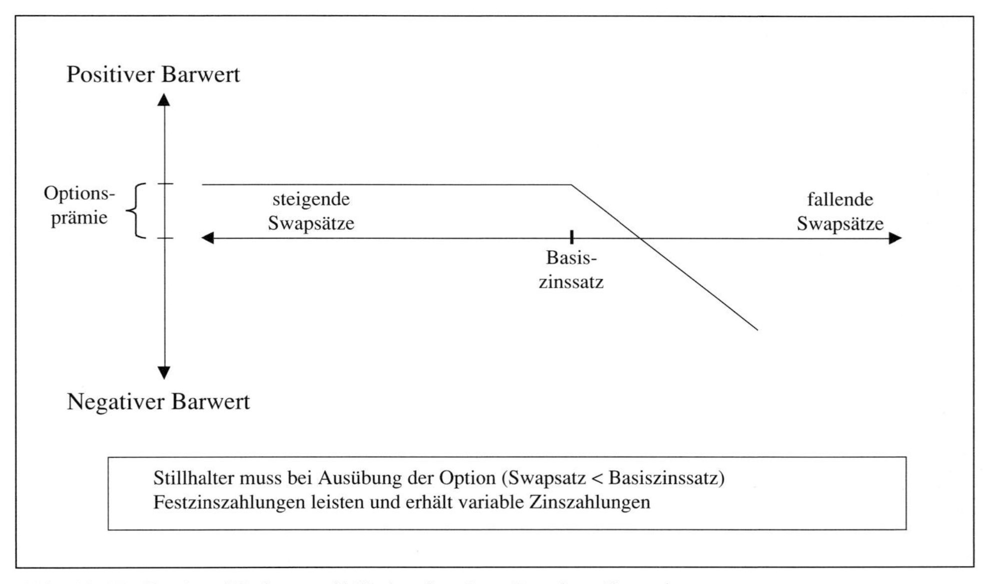

Abb. 12.17: Gewinn-/Verlustprofil Verkäufer einer Receiver Swaption

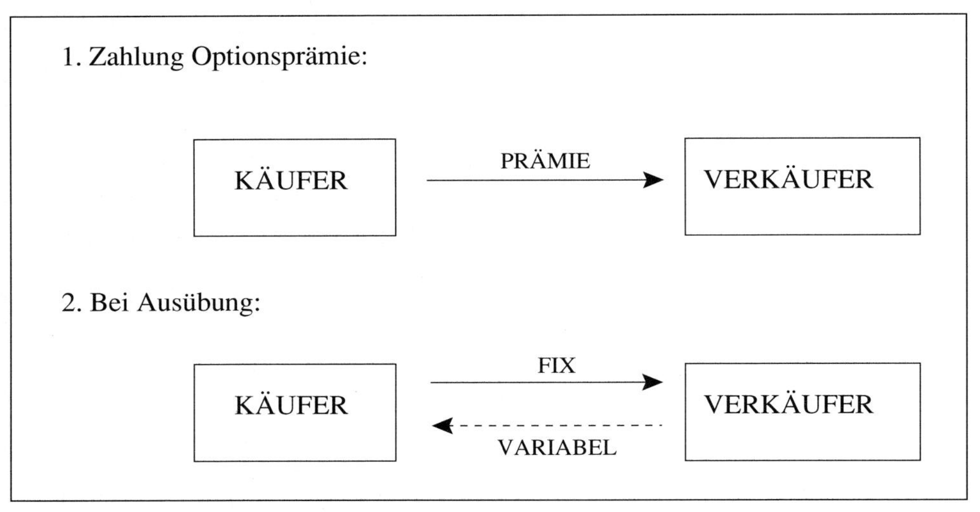

Abb. 12.18: Payer Swaption (Long-Position)

Die entsprechenden Gewinn-/Verlustprofile für den Käufer bzw. Verkäufer der Payer Swaption sind in den Abbildungen 12.19 und 12.20 dargestellt. Man erkennt dabei, dass für den Käufer der Payer Swaption *steigende Swapsätze* vorteilhaft sind, er wird die Option ausüben, wenn am Ende der Laufzeit die Konstellation *Swapsatz > Basiszinssatz* besteht. Für den Verkäufer der Payer Swaption sind hingegen gleichbleibende oder fallende Swapsätze vorteilhaft.

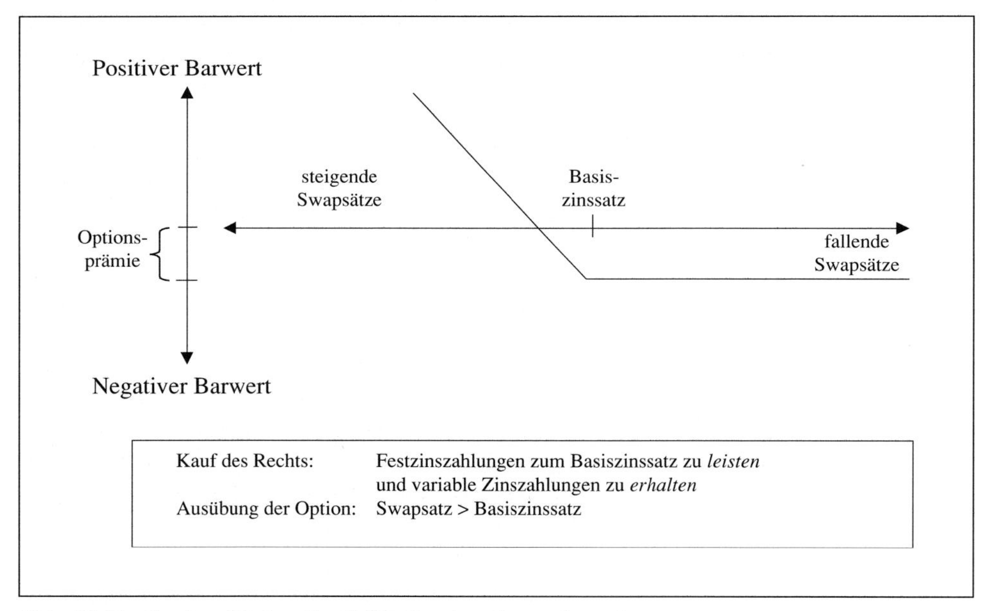

Abb. 12.19: Gewinn-/Verlust-Profil Käufer einer Payer Swaption

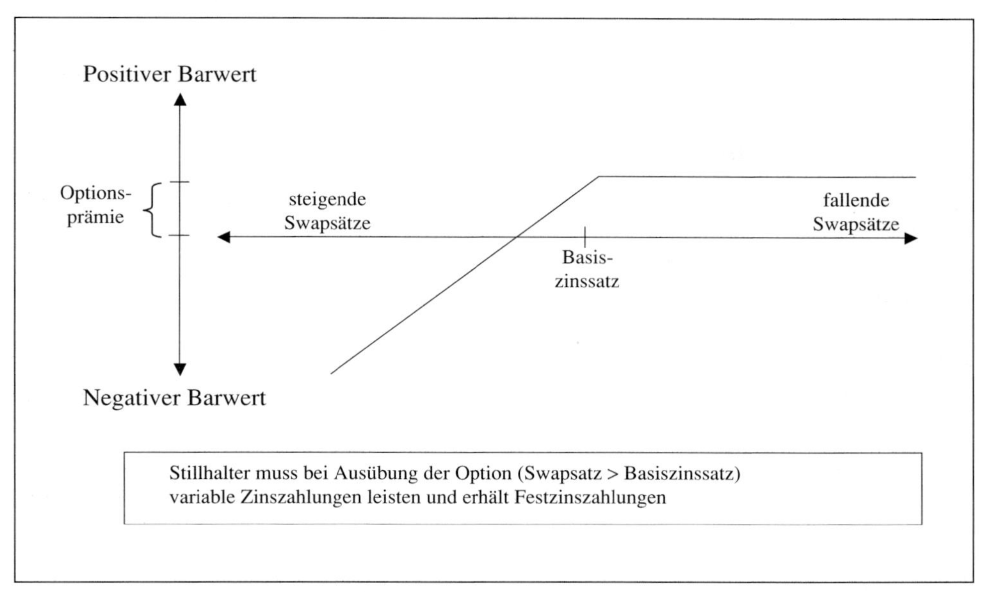

Abb. 12.20: Gewinn-/Verlustprofil Verkäufer einer Payer Swaption

Wir betrachten im Weiteren die Situation des Käufers einer Receiver Swaption näher. Diese werde zum Zeitpunkt t abgeschlossen und ermöglicht bei Ausübung zum Zeitpunkt $t_0 \geq t$ den Eintritt in einen Receiver Swap mit den Zahlungszeitpunkten $t_i = t_0 + ih$ $(i = 1,...,n)$ zum vorab vereinbarten Swapsatz (Strike) r_X. Der Käufer der Receiver Swaption ist somit Floating Rate Payer. Der zum Zeitpunkt t_0 bestehende Swapsatz für Swaps mit entsprechender Laufzeit sei $r_S(t_0)$. Der Wert O_{RS} der Receiver Swaption zum Zeitpunkt t_0 ist dann gegeben durch

(12.11) $$O_{RS}(t_0) = \max\{V_{RS}(t_0, r_X), 0\}\ .$$

Dabei entspricht $V_{RS}(t_0; r_X)$ dem Wert des Receiver Swap mit Basiszinssatz r_X zum Zeitpunkt t_0, d.h. gemäß (12.7)

(12.12) $$V_{RS}(t_0, r_X) = r_X h \sum_{i=1}^{n} B(t_0, t_i) + B(t_0, t_n) - 1\ .$$

Insgesamt ist damit (12.11) äquivalent zu einer in t_0 fälligen Calloption auf einen Kuponbond mit Zahlungen in Höhe von $r_X h$ zu den Zeitpunkten $t_1,...,t_{n-1}$ bzw. $1 + r_X h$ zum Zeitpunkt t_n, wobei der Ausübungspreis des Call $X = 1$ ist. Die Bewertung der Receiver Swaption lässt sich somit auf die Bewertung eines Call auf eine Kuponanleihe zurückführen. Unter Verwendung des Forward-Swapsatzes $r_{FS}(t) = r_{FS}(t; t_0, t_n - t_0)$ gilt entsprechend $V_{RS}(t_0, r_X) = [r_X - r_{FS}(t_0)]h \sum B(t_0, t_i)$ und damit für den Wert der Receiver Swaption

(12.13)
$$\begin{aligned} O_{RS}(t_0) &= \max\{V_{RS}(t_0,r_X),0\} \\ &= \max\{r_X - r_{FS}(t_0),0\}\, h\sum_{i=1}^{n} B(t_0,t_i)\,. \end{aligned}$$

Der Wert der Receiver Swaption in t_0 und damit auch ihr heutiger Wert sind monoton wachsend in dem Strike-Swapsatz r_X. Man sagt, dass die Receiver Swaption zum Zeitpunkt t am Geld (at the money) ist, wenn r_X mit dem Forward-Swapsatz $r_{FS}(t)$ übereinstimmt. Die Receiver Swaption ist im Geld (in the money), wenn der Strike-Swapsatz größer als der Forward-Swapsatz ist und aus dem Geld (out of the money), wenn der Strike-Swapsatz kleiner als der Forward-Swapsatz ist.

In analoger Weise beträgt aus Sicht des Käufers der Wert der entsprechend konstruierten Payer Swaption in t_0

(12.14)
$$O_{PS}(t_0) = \max\{V_{PS}(t_0,r_X),0\}\,.$$

Dabei entspricht $V_{PS}(t_0,r_X)$ dem Wert des Payer Swaps mit Basiszinssatz r_X zum Zeitpunkt t_0, d.h. gemäß (12.5)

(12.15)
$$V_{PS}(t_0;r_X) = 1 - r_X\, h\sum_{i=1}^{n} B(t_0,t_i) - B(t_0,t_n)\,.$$

Damit entspricht der Wert der Payer Swaption zum Erfüllungstermin demjenigen einer Putoption auf eine Kuponanleihe mit Kupon *rh*, wobei die Fälligkeit der Option ebenfalls t_0 ist und ihr Ausübungspreis 1 beträgt. Unter der Verwendung des Forward-Swapsatzes $r_{FS}(t) = r_F(t;t_0,t_n - t_0)$ gilt entsprechend zu (12.13)

(12.16)
$$O_{PS}(t_0) = \max\{r_{FS}(t_0) - r_X,0\}\, h\sum_{i=1}^{n} B(t_0,t_i)\,\cdot$$

Die Payer Swaption ist zum Zeitpunkt t am Geld, wenn der Basiszinssatz r_X mit dem Forward-Swapsatz $r_{FS}(t) = r_{FS}(t;t_0,t_n - t_0)$ übereinstimmt. Sie ist im Geld, wenn $r_X < r_{FS}(t)$ und entsprechend aus dem Geld, wenn $r_X > r_{FS}(t)$.

Die vorstehend dargestellten Charakterisierungen der Receiver Swaption bzw. der Payer Swaption als Optionen auf Kuponanleihen erlauben den Rückgriff auf die Ergebnisse des Abschnitts 11.8.2.2.3, wo die Bewertung von Bondoptionen auf der Grundlage von Einfaktormodellen der Zinsstruktur behandelt wird. Die in praxi oftmals genutzte Alternative ist eine Variante des Black-Modells des Abschnitts 11.7.2 und geht zurück auf *Smith* (1991). Eine exakte Fundierung dieses Ansatzes erlaubt das *Swap-Marktmodell*, das auf *Jamshidian* (1997) zurückgeht. Wir konzentrieren uns im Weiteren auf die Grundzüge und das Hauptergebnis, die Herleitung dieses Ergebnisses wird in Anhang 12D dargestellt.

Während beim Black-Modell für Bondoptionen der Forward-Preis des Bonds als geometrische Brownsche Bewegung angenommen wird und beim Black-Modell für Caps und Floors dies für den Forward LIBOR gilt, wird im Falle von Swaptions der Forward-Swapsatz $r_F(t) = r_F(t;t_0,t_n)$ als geometrische Brownsche Bewegung unterstellt. Die zugehörige Volatilität sei $\sigma^2(t_0,t_n)$.

Im Falle einer Payer Swaption gilt nun das folgende Bewertungsresultat:

(12.17a)
$$O_{PS}(t) = h\sum_{i=1}^{n} B(t,t_i)[r_{FS}(t)N(d_1) - r_X N(d_2)],$$

wobei

(12.17b)
$$d_1 = d_1(t) = \frac{\ln[r_{FS}(t)/r_F] + \frac{1}{2}(t_0 - t)\sigma^2(t_0,t_n)}{\sigma(t_0,t_n)\sqrt{t_0 - t}}$$

und

(12.17c)
$$d_2 = d_2(t) = d_1(t) - \sigma(t_0,t_n)\sqrt{t_0 - t_n}\ .$$

Wie bereits in Abschnitt 11.8.3 ausgeführt, besteht bei dieser Vorgehensweise eine unbefriedigende Situation insofern, als das Black-Modell für Caps/Floors einerseits und das Black-Modell für Swaptions andererseits nicht konsistent zueinander sind und damit jeweils die Preisbildung nur »einer Hälfte« des Marktes befriedigend erklärt wird (*Swaption/Cap-Puzzle*).

12.2.3.2 Anwendungen im Investmentmanagement

Eine Standardanwendung[31] von Forward Swaps im Investmentmanagement von Versicherungsunternehmen ist ihr Einsatz zur *Erwerbsvorbereitung* zum Zwecke der Sicherung des heutigen Festzinsniveaus für eine geplante zukünftige Kapitalanlage. Der Investor erwartet dabei ausgehend vom heutigen Zinsniveau gefallene Zinsen zum Zeitpunkt der geplanten Kapitalanlage. Folgende Maßnahmen sind dabei zu ergreifen. Zum heutigen Zeitpunkt tritt der Investor in einen *T + S-Forward Swap* als Floating Rate Payer ein. Der Startzeitpunkt des Swaps $t = T$ entspricht dabei dem Planzeitpunkt der Kapitalanlage. Zu diesem Zeitpunkt besitzt der Investor die Verpflichtung, (z.B.) EURIBOR zu zahlen und empfängt dabei den vorab vereinbarten Festzins. Zum Zeitpunkt $t = T$ legt der Investor zudem die geplanten Mittel *variabel verzinslich* zu EURIBOR an. Im Saldo erhält der Investor den Festzins r_0 für das angelegte Kapital. Die Transaktion ist dann vorteilhaft, wenn der Festzins r_0 (unter Berücksichtigung der All in-Costs) das Festzinsniveau r_T zum Zeitpunkt $t = T$ übersteigt. Statt des physischen Eintritts in den Swap kann zum Zeitpunkt $t = T$ auch ein Cash Settlement durchgeführt werden und der dabei (bei korrekter Antizipation der Zinsänderung) vereinnahmte positive Betrag bewirkt eine Verringerung des Erwerbspreises eines festverzinslichen Titels zum Zeitpunkt $t = T$. Abbildung 12.21 illustriert die Gesamtkonstruktion.

31 Vgl. dazu *Weigel* (1993, S. 28f.).

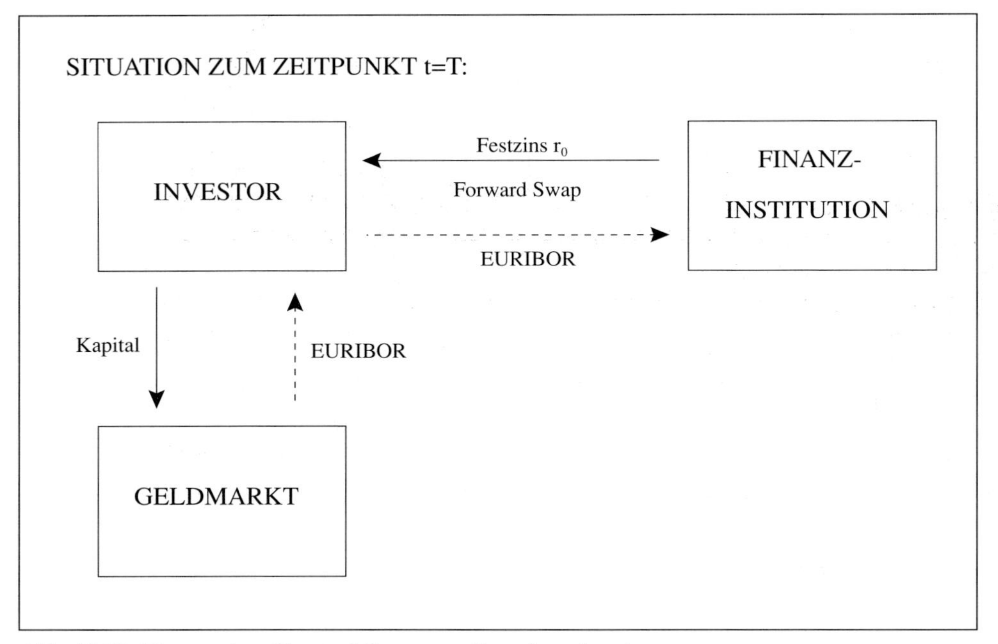

Abb. 12.21: Einsatz eines Forward Swaps zur Erwerbsvorbereitung

Eine andere Möglichkeit des Einsatzes von Forward Swaps besteht im Kapitalanlagemanagement von Versicherungsunternehmen und zwar im Rahmen einer *Zinssicherung eines Hypothekendarlehens* auf Termin. Hintergrund ist der zukünftige Ablauf eines gewährten festverzinslichen Hypothekendarlehens, wobei mit dem Darlehensnehmer (VN) eine Verlängerung des Darlehens zu Marktkonditionen vereinbart ist. Das Versicherungsunternehmen rechnet mit einer Verschlechterung dieser Marktkonditionen, d.h. fallenden Festzinssätzen. Die zu ergreifenden Maßnahmen bestehen zum einen in einem heutigen Eintritt in einen *T+S-Forward Swap* als Floating Rate Payer. Ab dem Zeitpunkt t = T, dem Zeitpunkt der anstehenden Verlängerung des Darlehens, zahlt das Versicherungsunternehmen (z.B.) EURIBOR und empfängt Festzinsen auf »heutigem Niveau« r_0. Im Zeitpunkt $t = T$ wird das Festzinsdarlehen zum Marktniveau r_T verlängert, das Versicherungsunternehmen empfängt Festzinsen auf Marktniveau. Diese dienen als Ausgangspunkt einer zweiten Swaptransaktion, bei dem das Versicherungsunternehmen dieses Mal als Fixed Rate Payer eintritt und dabei Festzinsen r_T auf Marktniveau zahlt und dafür EURIBOR empfängt. Per Saldo empfängt das Versicherungsunternehmen den Festzins r_0 aus dem verlängerten Hypothekendarlehen. Abbildung 12.22 illustriert die gesamte Konstruktion.

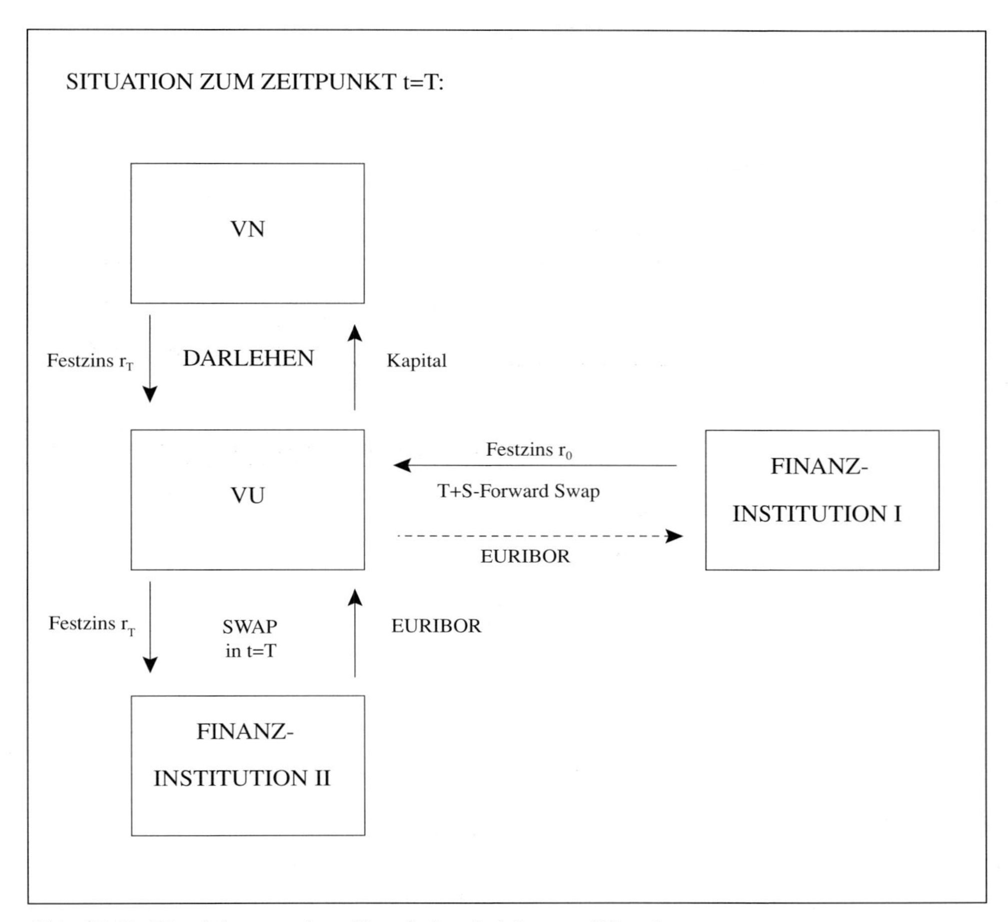

Abb. 12.22: Zinssicherung eines Hypothekendarlehens auf Termin

Anwendungen von Zinsswaptions im Investmentmanagement umfassen zunächst traditionelle Optionsstrategien, die auch bei Optionen auf andere Basisinstrumente eingesetzt werden. So kann der Investor etwa auf steigende Swapsätze spekulieren und eine Payer Swaption mit einer entsprechenden Wahl des Basiszinssatzes kaufen. Bei korrekter Antizipation der Zinsänderung wird der Investor dann via Cash Settlement den Spekulationsgewinn realisieren. Zum Zwecke einer *Ertragsmehrung* können Swaptions wie folgt eingesetzt werden. Der Investor bezieht einen festverzinslichen Titel und erwartet stabile oder fallende Swapsätze. Als Maßnahme verkauft er eine Receiver Swaption (gedecktes Schreiben einer Receiver Swaption, Covered Short Call) und nimmt bei korrekter Antizipation der Zinsänderung bzw. Nicht-Ausübung der Option durch den Käufer der Receiver Swaption die Optionsprämie als echten zusätzlichen Ertrag ein.[32]

32 Analog würde der Besitzer einer Floating Rate Note bei Erwartung stabiler bzw. fallender Swapsätze als Verkäufer einer Payer Swaption auftreten.

Der Erwerbsvorbereitung mittels Swaptions liegt die analoge Konstruktion zur Erwerbsvorbereitung mittels eines Forward Swaps zugrunde. Der Investor plant eine zukünftige festverzinsliche Kapitalanlage und rechnet mit fallenden Festzinsen. Er erwirbt daher zum heutigen Zeitpunkt eine Receiver Swaption über einen bestimmten Nennbetrag und der Laufzeit T, wobei T dem Zeitpunkt der geplanten Mittelanlage entspricht. Als Strike (Basiszinssatz) wird der aktuell gültige Festzinssatz gewählt. Für den Erwerb der Receiver Swaption ist die Optionsprämie zu entrichten. Im Zeitpunkt $t = T$ ist zu prüfen, ob die Option ausgeübt werden soll. Eine Optionsausübung ist vorteilhaft, wenn der gewählte Basiszinssatz höher als der zum Zeitpunkt $t = T$ gültige entsprechende Festzinssatz ist. Im Falle des Eintritts in den Swap zu $t = T$ ist zugleich das anzulegende Kapital variabel verzinslich (Empfang von z.B. EURIBOR) anzulegen. Per Saldo erhält der Investor den gewählten Basiszinssatz als Festzins aus seiner Kapitalanlage. *Insgesamt* ist die Konstruktion vorteilhaft, wenn der Basiszinssatz auch unter Beachtung der gezahlten Optionsprämie »höher« (bei einer entsprechenden Barwertbetrachtung) als der betreffende Festzinssatz in $t = T$ ist. Statt physischem Eintritt in den Swap kann alternativ ein Cash Settlement durchgeführt und der vereinnahmte Betrag zur Verminderung der Erwerbskosten eines festverzinslichen Titels benutzt werden. Abbildung 12.23 illustriert die Gesamtkonstruktion.

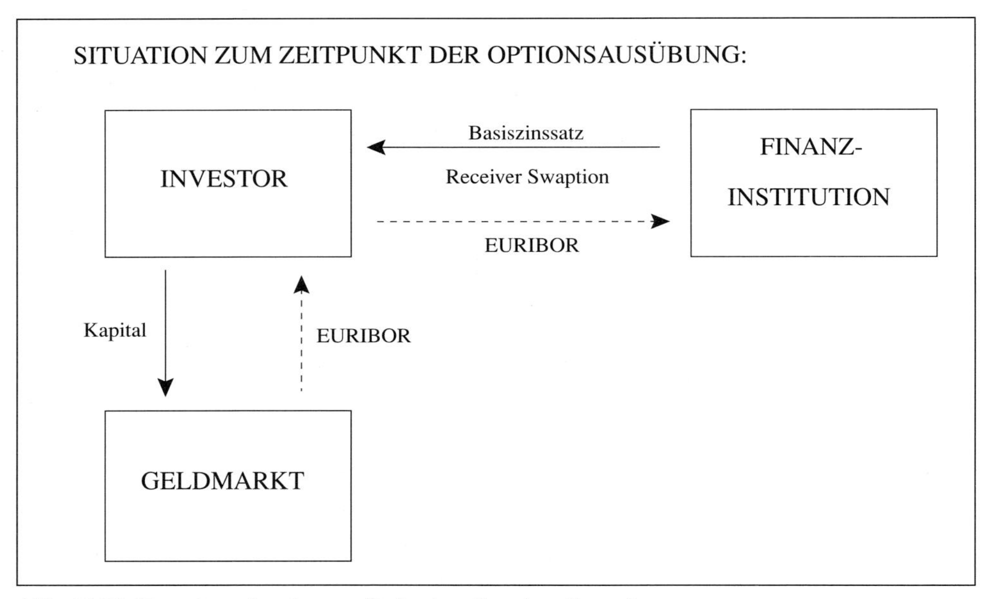

Abb. 12.23: Erwerbsvorbereitung mittels einer Receiver Swaption

In entsprechender Analogie zum Anwendungsfall bei Forward Swaps können Swaptions auch zur Zinssicherung eines Hypothekendarlehens auf Termin unter zusätzlicher Einräumung eines Optionsrechtes eingesetzt werden.

Ein weiteres Anwendungsfeld (beispielsweise im Falle von Lebensversicherungsunternehmen) von Receiver Swaptions besteht in der Absicherung eines künftigen Anlage- bzw. Wiederanlagerisikos bei langfristiger Absenkung des Zinsniveaus. Man erwirbt hierzu eine Receiver Swaption mit Strike r_0 und Laufzeit T. Wenn dies vorteilhaft ist, d.h. r_0 höher ist als der »Marktzins« in T, so legt man dann in T den zur Verfügung stehenden Geldbetrag K_T am Geldmarkt an und tauscht (Ausübung der Swaption) den Geldmarktzinssatz gegen den Festzins r_0 – und sichert sich so den höheren Festzins.

Weitere Anwendungen von Swaptions, die in der Literatur erwähnt werden, sind der Schutz vor den Konsequenzen der Kündigung einer kündbaren Anleihe im Anlageportefeuille[33] (Kauf einer geeigneten Receiver Swaption) sowie die günstigere Generierung (Arbitragemotiv) einer synthetischen festverzinslichen Finanzierung ohne Kündigungsklausel durch Emission einer kündbaren Anleihe in Verbindung mit dem Verkauf einer geeigneten Receiver Swaption.[34]

12.3 Währungsswaps

12.3.1 Grundformen von Währungsswaps

Eine allgemeine Charakterisierung eines Währungsswaps kann wie folgt vorgenommen werden:

Ein Währungsswap beinhaltet den Austausch von Kapital- und Zinszahlungen in verschiedenen Währungen zwischen zwei Vertragsparteien, ohne dass ein Tausch der den jeweiligen originären Positionen zugrunde liegenden Verpflichtungen bzw. Forderungen erfolgt – oder aber auch vollständig losgelöst von eventuellen originären Positionen.

Ein Währungsswap umfasst die folgende mehrstufige allgemeine Konstruktion:

Stufe 1:
Zu Beginn tauschen die Swapparteien Kapitalbeträge in unterschiedlicher Währung aus, üblicherweise zum aktuellen Wechselkurs.[35]

Stufe 2:
Während der Laufzeit des Swaps erfolgt der Austausch von Zinszahlungen auf die Kapitalbeträge. Für die Zinszahlungen werden dabei die auf den jeweiligen Märkten herrschenden Zinssätze bei entsprechender Fristigkeit zugrunde gelegt.

Stufe 3:
Am Ende der Laufzeit werden dann die Kapitalbeträge auf Basis der ursprünglichen Wechselkurse wieder zurückgetauscht.

Von zentraler Bedeutung ist dabei die Tatsache, dass der Rücktausch der Kapitalbeträge auf der Grundlage des zu Beginn der Swaptransaktion herrschenden Wechselkurses vorgenommen wird, das Wechselkursrisiko wird somit vollständig ausgeschaltet.[36] Ein einfaches Beispiel soll die relevanten Transaktionen verdeutlichen. Angenommen, zwei Parteien vereinbaren für einen Basisbetrag von 200 Mio. EUR bei einem fixierten Tauschkurs von 1 EUR = 0,9 USD

---

33 Vgl. *Heintze/Planta* (1992, S. 332 ff.).

34 Vgl. *Cucchissi/Tuffli* (1991, S. 198 ff.). Dabei wird die Konstellation vorausgesetzt, dass die Investoren am Bondmarkt die implizite Calloption des Emittenten geringer bewerten als der Swaption-Markt. Ursprünglich sollen diese Arbitrageoperationen eine wesentliche Triebfeder für die Ausweitung der Swaption-Märkte gewesen sein.

35 In der Regel wird dabei der Mittelkurs zwischen den aktuellen Geld- und Brief-Kursen gewählt.

36 Dies ist der wesentliche Unterschied zum Devisen-Swap (Straight Currency Swap).

Datum	A an B		B an A	
1. Jahr: 01.01.	200	Mio. EUR	180	Mio. USD
31.12.	9	Mio. USD	8	Mio. EUR
2. Jahr: 31.12.	189	Mio. USD	208	Mio. EUR

Tab. 12.4: Zahlungsströme eines Währungsswaps

einen Währungsswap EUR/USD mit zweijähriger Laufzeit. Der zweijährige EUR-Festzinssatz betrage 4%, der zweijährige USD-Festzinssatz 5%. Tabelle 12.4 enthält die durch den Währungsswap ausgelösten Zahlungen. Nach Art der Festsetzung der Zinssätze lassen sich drei Arten von Währungsswaps unterscheiden:

- Festzins/Festzins-Währungsswap (Fixed/Fixed-Currency Swap); Austausch von Festzinszahlungen
- Basis-Zins-Währungsswap[37]; Austausch von variablen Zinszahlungen

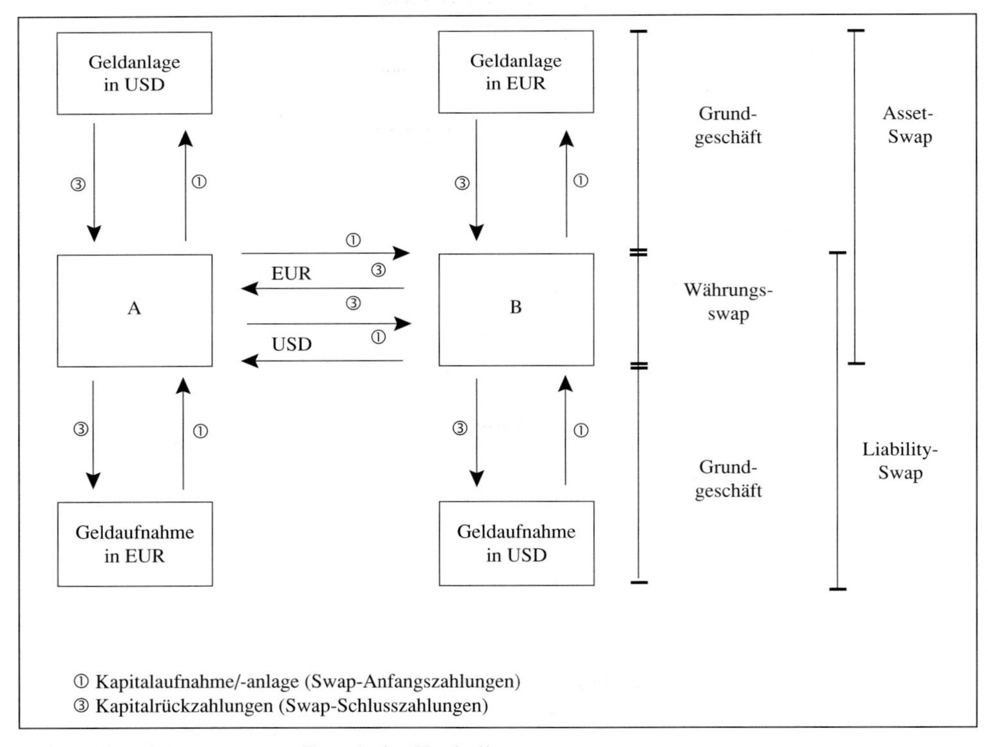

Abb. 12.24: Währungsswap: Tausch der Kapitalbeträge

37 Auch: Currency Basis Rate Swap oder Floating to Floating Currency Swap.

- Kombinierter[38] Zins- und Währungsswap[39]; Austausch von Festzins- gegen variable Zinszahlungen.

Die Abbildungen[40] 12.24 bzw. 12.25 illustrieren den Tausch der Kapitalbeträge bzw. der Zinszahlungen bei einem EUR-USD-Währungsswap. Zusätzlich werden die möglichen damit verbundenen Basisfinanzpositionen (Aufnahme bzw. Anlage von Kapital) mit berücksichtigt.

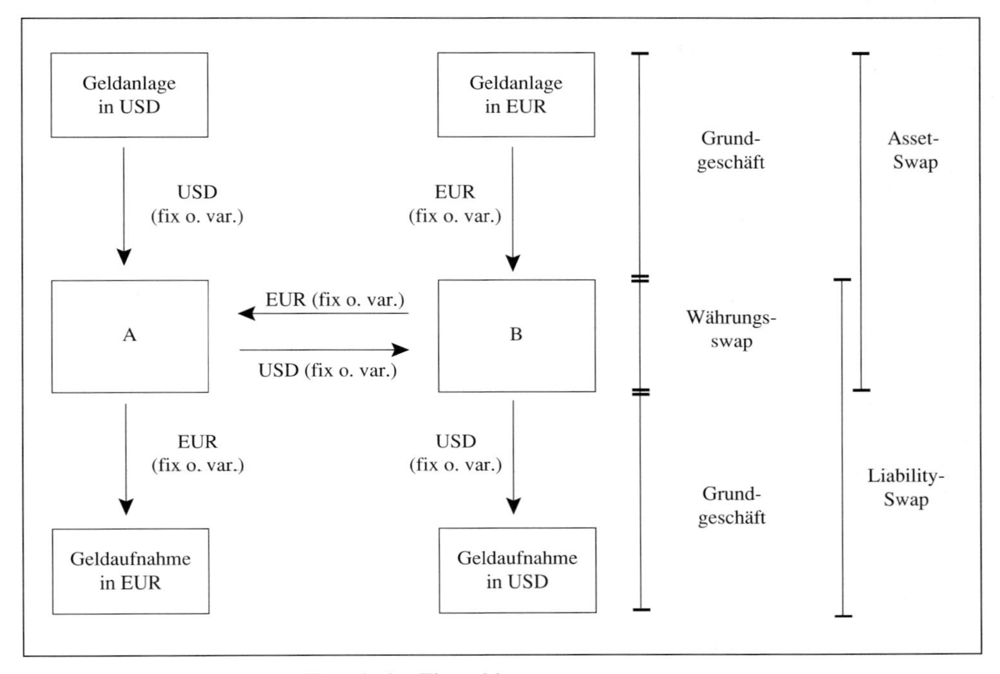

Abb. 12.25: Währungsswap: Tausch der Zinszahlungen

12.3.2 Anwendungen im Investmentmanagement

Bezüglich möglicher Dispositionshintergründe kann man unterscheiden:

- Änderung einer bereits bestehenden Finanzposition
  - in EUR
  - in Fremdwährung
- Neueingang einer Finanzposition
  - in EUR
  - in Fremdwährung.

38 Die beiden anderen Währungsswap-Arten werden auch unter dem Begriff »reine Währungsswaps« zusammengefasst.

39 Auch: Cross Currency Interest Rate Swap.

40 Vgl. *Nabben* (1990, S. 27f.).

Jede dieser Grundpositionen kann dabei in einer Kapitalaufnahme (Emission eines Zinstitels), alternativ in der Aufnahme von festverzinslichem bzw. variabel verzinslichem Kapital, oder in einer Kapitalanlage (Kauf eines Zinstitels), alternativ in der Anlage in einen festverzinslichen Titel bzw. in einen variabel verzinslichen Titel, bestehen. Als Dispositionsmotive können in Frage kommen:

- Ertragsmehrung
  Hierbei versucht man, bestehende Zinsdifferenzen (Zinsspreads) in verschiedenen Währungen unter Ausschaltung des Wechselkursrisikos auszunutzen. Gegebenenfalls besteht zusätzlich ein Diversifikationsmotiv.
- Arbitragemotiv
  Eine geplante, neu einzugehende Finanzposition ist günstiger auf der Grundlage eines Währungsswaps als im Wege einer Direktinvestition zu realisieren. Ausgenutzt werden können insbesondere komparative Kostenvorteile bei der Aufnahme bzw. Anlage von Kapital.
- Absicherungsmotiv
  Dies betrifft die Absicherung gegen Währungsrisiken alternativ bei der Anlage von in Fremdwährung aufgenommenen Mitteln in Inlandswährung bzw. die Refinanzierung von in Fremdwährung angelegten Mitteln in Inlandswährung.
- Spekulationsmotiv
  Dies betrifft die Spekulation über die Entwicklung von fixen bzw. variablen Zinsen in verschiedenen Währungen.

Die vorgenommene Aufgliederung von Dispositionsmotiven und Dispositionshintergründen verdeutlicht die Vielzahl von möglichen Konstellationen des Einsatzes von Währungsswaps im Finanzmanagement. Im Folgenden beschränken wir uns auf ein Beispiel im Bereich der Asset-Swaps, welches das Motiv der Ertragsmehrung verdeutlichen soll.

Ausgangspunkt ist dabei ein deutscher Investor, der einen Anlagebetrag von K_0 EUR verzinslich in USD unter Ausnutzung bestehender Zinsdifferenzen bei Ausschluss des Wechselkursrisikos investieren möchte. Der Investor tritt dazu in einen EUR-USD-Währungsswap ein. In der ersten Stufe der Transaktion erhält das Unternehmen von der Swapgegenpartei zum aktuellen Wechselkurs einen Kapitalbetrag von K_1 USD und zahlt selbst an die Swappartei K_0 EUR. Den erhaltenen Dollarbetrag legt der Investor fest- oder variabel verzinslich in einem (erstklassigen) Fremdwährungspapier mit gleicher Laufzeit wie die Swap-Transaktion an. Abbildung 12.26 illustriert diese Transformation.

Während der Laufzeit der Transaktion erhält der Investor feste bzw. variable USD-Zinszahlungen, die es an die Swapgegenpartei weiterleitet und von dieser je nach Swapkonstruk-tion feste bzw. variable EUR-Zinszahlungen erhält. Abbildung 12.27 illustriert diese Phase der Transaktion.

Am Ende der Laufzeit der Swap-Transaktion desinvestiert der Investor den Fremdwährungstitel, leitet den Betrag von K_1 USD an die Swapgegenpartei weiter und erhält von dieser den anfänglich zur Verfügung stehenden Anlagebetrag von K_0 EUR in vollem Umfang zurück. Abbildung 12.28 illustriert die dritte Phase der Swaptransaktion.

Die Motivation für die Durchführung der dargestellten Währungsswaptransaktion kann in der Realisierung einer verbesserten Rendite auf EUR-Basis bei entsprechend bestehenden Zinsdifferenzen bestehen. Gegebenenfalls spielt zusätzlich das Motiv der Diversifikation in ein nicht am deutschen Kapitalmarkt erhältliches Papier eine Rolle. Zu beachten sind Ausfallrisiken, die einerseits beim USD-Schuldner, zum anderen auf Seiten der Swapgegenpartei bestehen.

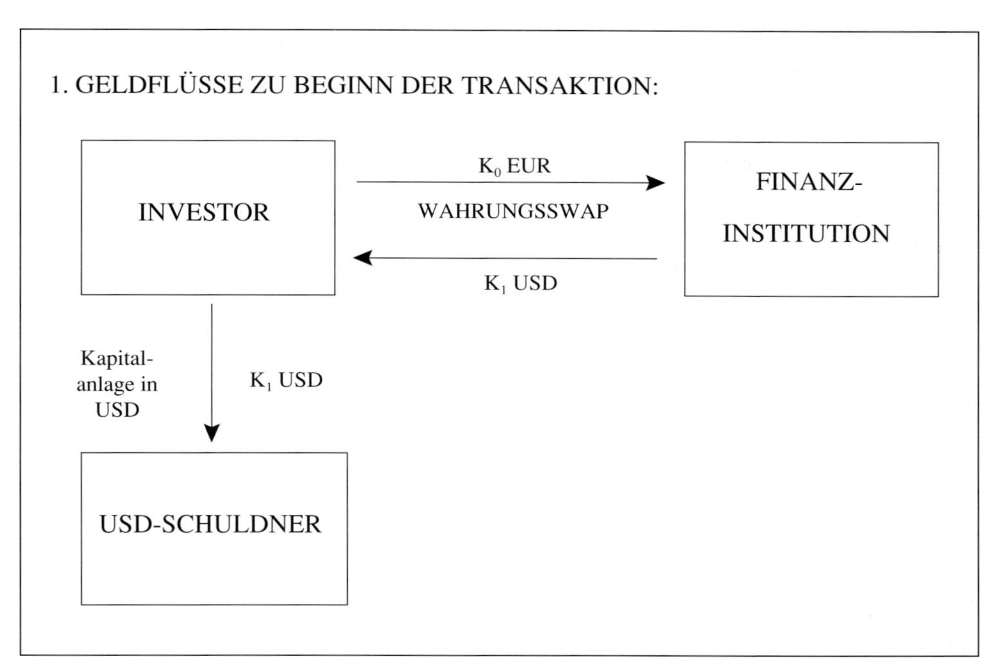

Abb. 12.26: Asset Swap: Anfängliche Kapitalströme

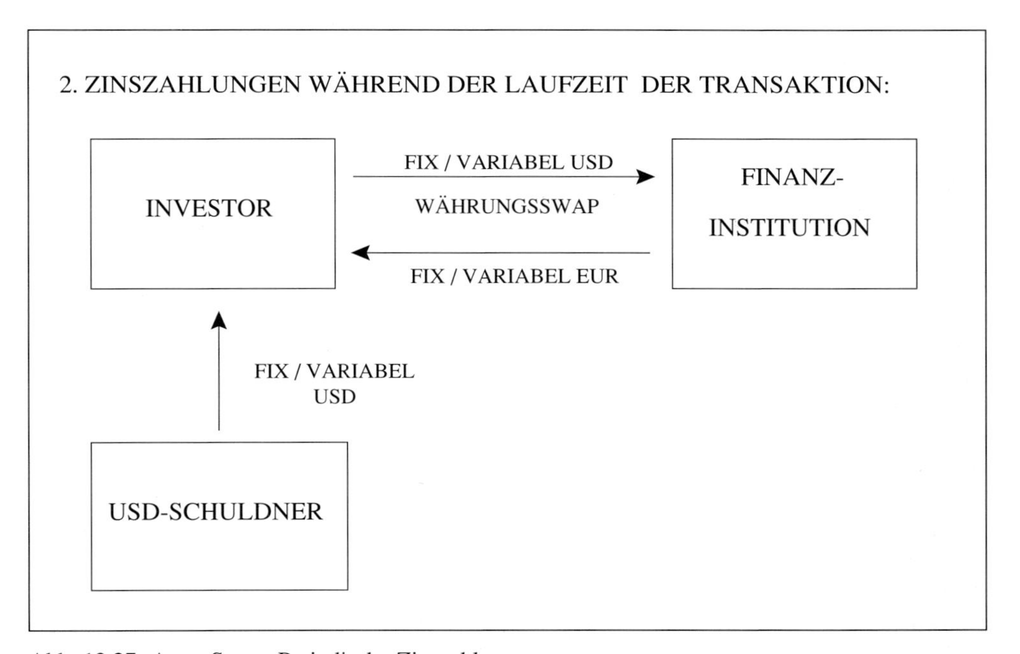

Abb. 12.27: Asset Swap: Periodische Zinszahlungen

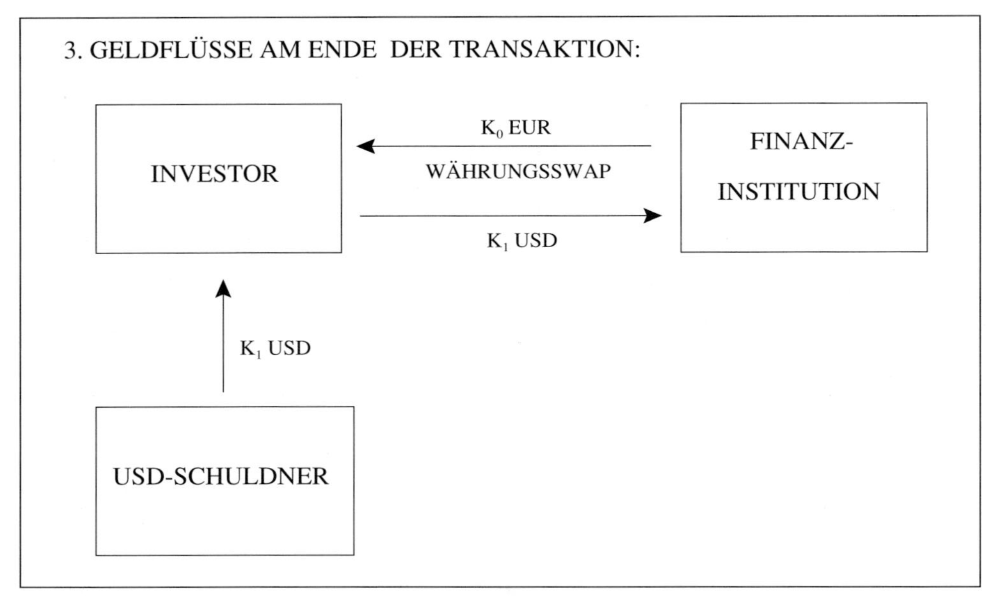

Abb. 12.28: Asset Swap: Kapitalströme am Ende der Transaktion

12.4 Equity Swaps

12.4.1 Grundformen von Equity Swaps

Die Natur eines Equity Swap lässt sich wie folgt charakterisieren:

Ein Equity Swap beinhaltet den Tausch der Performance eines Aktienmarktes gegen die Performance eines Geld- bzw. Rentenmarktes ohne Tausch der zugrunde liegenden Position auf den entsprechenden Märkten – oder aber auch vollständig losgelöst von eventuellen zugrunde liegenden Positionen.

Die Aktienseite eines Equity Swaps kann dabei die Performance (Kursänderungen, gegebenenfalls inklusive Dividendenzahlungen) einer Einzelaktie, eines Aktienportefeuilles (etwa: Branchenportefeuille) oder eines Aktienindex betreffen. Gegebenenfalls betrifft die Aktienseite auch einen Aktienmarkt in Fremdwährung, wobei die Performance mit oder ohne Währungssicherung getauscht werden kann. Die Kurssteigerungen müssen dabei nicht realisiert werden, ein Equity Swap wird im Wege eines reinen Cash Settlements abgerechnet.

Auf der Zinsseite werden feste oder variable Zinszahlungen gegen die Aktienperformance getauscht. Gegebenenfalls besteht die Swapgegenseite auch in einem alternativen Aktienmarkt (Equity to Equity Swap). Zu spezifizieren sind noch die Zahlungszeitpunkte (Reset Dates) relativ zu denen auch die entsprechenden Kursänderungen festgestellt werden. In der Regel werden die Reset Dates auf 3- oder 6-Monats-Basis vereinbart. Abbildung 12.29 illustriert die Grundform eines Equity Swaps am Beispiel eines Swap »Equity gegen Geldmarkt«.

Abb. 12.29: Grundform eines Equity Swaps

Zur Verdeutlichung der durch einen solchen Equity Swap induzierten Zahlungsströme betrachten wir als Beispiel einen Equity Swap DAX gegen 3-Monats-EURIBOR. Die Performance-Referenzbasen sind somit der DAX-Index und der 3-Monats-EURIBOR. Die Laufzeit des Equity Swap betrage 1 Jahr, der Nominalbetrag des Swaps sei 10 Mio. EUR, die Zahlungszeitpunkte werden als vierteljährlich nachschüssig festgelegt. Als Spread über EURIBOR werden –100 Basispunkte vereinbart. Der (annualisierte) 3-Monats-EURIBOR betrage zu Beginn der Swapvereinbarung 8%.

1. Zahlungszeitpunkt
Der DAX-Index sei im ersten Quartal um 9% gestiegen. Der Equity Return Payer (ERP) zahlt somit 10 Mio. EUR × 9% = 900 000 EUR an den Floating Rate Payer (FRP) und empfängt von diesem 10 Mio. EUR × (8% – 100 bp) / 4 = 175 000 EUR bzw. der ERP zahlt netto 725 000 EUR an den FRP. Zu Beginn des zweiten Quartals sei der annualisierte 3-Monats-EURIBOR auf 7% gefallen.

2. Zahlungszeitpunkt
Der DAX sei im zweiten Quartal um 4% gefallen. Der ERP empfängt daher vom FRP sowohl den Betrag 10 Mio. EUR × 4% = 400 000 EUR in Höhe des eingetretenen Kursverlustes als auch 10 Mio. EUR × (7% – 100 bp) / 4 = EUR 150 000 als variable Zinszahlung.[41]

Entsprechend lässt sich dieses Beispiel für die letzten beiden Zahlungszeitpunkte der Equity Swap-Vereinbarung fortsetzen.

41 Als alternative Konstruktion können auch die Kursgewinne/-verluste des Aktienindex dazu benutzt werden, den Nominalbetrag des Swaps zu erhöhen bzw. zu reduzieren. Der Nominalbetrag des Swaps würde im obigen Beispiel zu Beginn des zweiten Quartals 10 900 000 EUR und zu Beginn des dritten Quartals 10 900 000 EUR – (10 900 000 EUR × 4 %) = 10 464 000 EUR betragen, etc.

12.4.2 Anwendungen im Investmentmanagement

Zur Strukturierung der Möglichkeiten des Einsatzes von Equity Swaps im Investmentmanagement lassen sich die folgenden Grundfälle herausarbeiten:

I. Synthetische Aktienanlage	=	Zinsanlage + Equity Swap
II. Synthetische Zinsanlage	=	Aktienanlage – Equity Swap
III. Synthetische Geldaufnahme	=	–Aktienanlage + Equity Swap
IV. Cross-Market-Differenzswap	=	I + II
	=	Equity Swap (Markt A) - Equity Swap (Markt B)

Die im Falle I, der synthetischen Aktienanlage, induzierten Zahlungsströme sind in Abbildung 12.30 illustriert. Dabei wird davon ausgegangen, dass der Investor über eine bestimmte (fest- oder variabel verzinsliche) Zinsanlage verfügt und deren Performance gegen die Performance einer Aktienanlage tauscht, indem er als Zinszahler in einen Equity Swap eintritt.

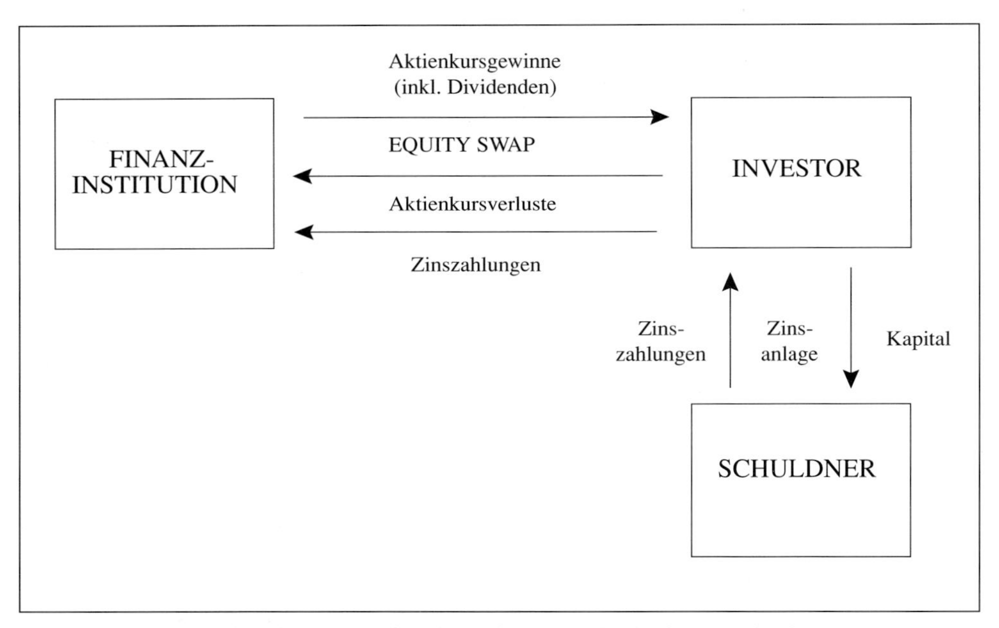

Abb. 12.30: Generierung einer synthetischen Aktienanlage durch einen Equity Swap

Wie aus Abbildung 12.30 ersichtlich, ist die Vereinbarung eines Equity Swap in der gegebenen Konstellation für den Investor vorteilhaft, wenn die Performance des involvierten Aktienmarktes besser ist als die Performance der involvierten Zinsanlage (inkl. der im Vertrag vereinbarten Marge). Das Risiko des Investors besteht insbesondere darin, dass er im Falle von Kursverlusten am involvierten Aktienmarkt diese aus eigenen zusätzlichen Mitteln kompensieren muss.

Die Anwendung der Konstruktion des Falles I im Rahmen des Investmentmanagements sei im Folgenden nochmals vertieft behandelt. Der Investor verfüge über einen Bestand an

Festzinsanlagen in Form von Bundesanleihen. Da die Rendite am deutschen Rentenmarkt stark gefallen ist, beschließt der Investor, seine Aktienquote zu Lasten der Zinsanlage in Bundesanleihen zu erhöhen, ohne den Festzins-Anlagenbestand physisch zu reduzieren (insbesondere ohne die bestehenden Kursgewinne zu realisieren) und ohne den Aktienbestand physisch zu erhöhen (synthetische Änderung der Asset Allocation).

Der Investor tauscht daher die Performance der Bundesanleihen gegen die Performance des DAX[42] im Rahmen eines Equity Swap mit einer Laufzeit von einem Jahr. Die in diesem Fall resultierenden Zahlungsströme sind in Abbildung 12.31 illustriert.

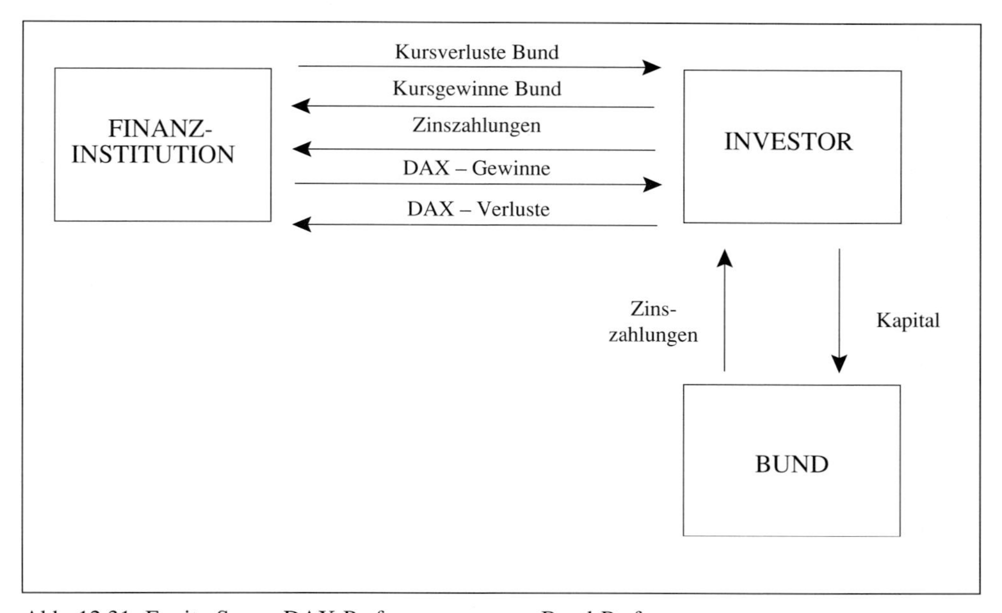

Abb. 12.31: Equity Swap: DAX-Performance versus Bund-Performance

Die Vorteilhaftigkeit der entsprechenden Swapvereinbarung für den Investor ist unter Einbeziehung der Liquiditätswirkungen abhängig von

- der isolierten Performance des DAX während der Swaplaufzeit,
- der isolierten Performance der Bundesanleihen während der Swaplaufzeit und
- der relativen Performance des DAX gegenüber der Performance der Bundesanleihen inkl. Zinszahlungen während der Swap-Laufzeit.

Als Effekte dieser Transaktion sind zu konstatieren:

- Sicherung des Kursniveaus der Bundesanleihen.
- Eine Realisierung der ggf. bestehenden stillen Reserven ist nicht notwendig, um die Aktienquote zu Lasten der Bundesanleihenquote zu erhöhen.

42 Alternativ könnte auch ein ausländischer Aktienmarkt, etwa repräsentiert durch einen Aktienindex, in Betracht gezogen werden, gegebenenfalls inklusive einer Währungssicherung.

- Einer eventuellen Verminderung der bestehenden stillen Reserven stehen außerordentliche Einnahmen gegenüber.
- Im Falle von Kursverlusten des DAX muss der Investor zusätzliche Mittel aufbringen, ebenso wie im Falle weiterer Kursgewinne der Bundesanleihen (eine Zahlungswirksamkeit besteht dabei nur in Höhe der Nettobeträge).
- Eine schnelle und kostengünstige Umsetzung der Änderung der Asset Allocation ist möglich.
- Am Ende der Swaplaufzeit erfolgt ein automatischer Rückfall in die bestehende Asset Allocation.

Betrachten wir nun den Fall II einer synthetischen Zinsanlage. Dabei wird davon ausgegangen, dass der Investor über eine bestimmte Aktienanlage verfügt und die Performance dieser Anlage gegen die Performance einer (fest- oder variabel verzinslichen) Zinsanlage tauscht, indem er als Equity-Return-Payer in einen Equity Swap eintritt. Ist die Referenzbasis für die Aktienperformance des Swaps (etwa: DAX) nicht identisch mit der Struktur des zugrunde liegenden Aktienportefeuilles, so besteht das übliche Basisrisiko. Die induzierten Zahlungsströme des Falles II sind in Abbildung 12.32 illustriert, wobei LIBOR als vereinbarte Zinszahlung angenommen sei.

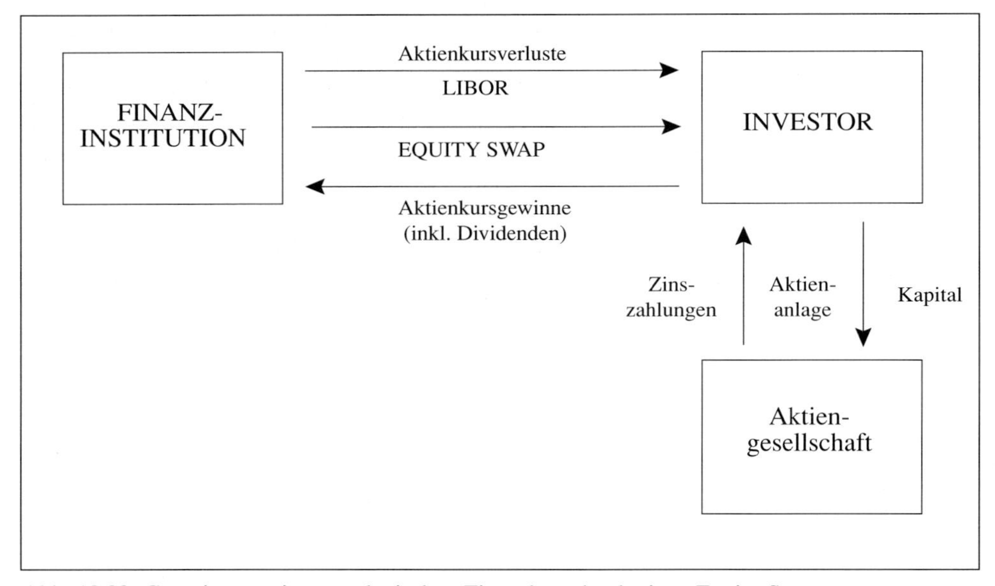

Abb. 12.32: Generierung einer synthetischen Zinsanlage durch einen Equity Swap

Die Vorteilhaftigkeitsanalyse gestaltet sich analog zu Fall I auf der Grundlage der in Abbildung 12.32 dargestellten Zahlungsströme.

Als konkretes Anwendungsbeispiel im Rahmen des Investmentmanagements ist dabei etwa an eine Änderung der Asset Allocation in Form einer Erhöhung der Geldmarktquote zu Lasten der Aktienquote (insbesondere das Hedging gegen Aktienkursverluste) zu denken. Ebenso kann die folgende Konstellation bestehen. Der Investor besitze Aktien eines Unternehmens, wobei in dem entsprechenden bilanziellen Ausweis hohe stille Reserven bestehen. Als Effekte einer entsprechenden Transaktion sind zu konstatieren:

- Stille Reserven müssen nicht aufgelöst werden.
- (Nicht-realisierte) Kursgewinne werden in erfolgswirksame Zinseinnahmen transformiert.
- Einer eventuellen Verminderung stiller Reserven bei Kursverlusten am Aktienmarkt stehen außerordentliche Einnahmen gegenüber.

Im Rahmen der Fälle III (synthetischer Kredit) und IV (Cross Market-Differenzswap) gestaltet sich die Analyse in analoger Weise.

12.5 Ausblick und Literaturhinweise

Financial Swaps werden in einführenden Publikationen zum Investmentmanagement wenn überhaupt, dann eher peripher behandelt, sodass man für eine vertiefte Darstellung überwiegend auf die Spezialliteratur zurückgreifen muss.

Darstellungen in deutscher Sprache beinhalten insbesondere *Bruns/Meyer-Bullerdiek* (2003, Abschnitt E.IV), *Bruttel* (2001), *Eller* (1996), *Heidorn* (2006, Abschnitt 3.2), *Hull* (2001, Kapitel), *Oehler/Unser* (2001, Abschnitte 1.3.3, 3.1.3, 3.2.2 und 3.3.2), *Scharpf/Luz* (2000, Abschnitt D.2) und *Schierenbeck/Hölscher* (1998, Abschnitt 7.C.I) sowie die Spezialliteratur *Jentsch* (1990), *Lerbinger* (1988) und *Nabben* (1990).

Darstellungen in englischer Sprache beinhalten *Blake* (2000, Abschnitt 10.3), *Dubofsky/Miller* (2003, Teil 3) *Fabozzi* (1999, Kapitel 30), *Smithson/Smith/Wilford* (1995, Kapitel 10+11) sowie die Spezialliteratur *Beidleman* (1991) und *Marshall/Kapner* (1993).

Unsere eigenen Ausführungen stützen sich darüber hinaus auf die Analysen in *Albrecht/Stephan* (1994) und die Darstellung in *Albrecht/Schradin* (1994).

Anhang 12A: Alternative Barwertanalyse des Floating Leg eines Zinsswaps

Wir betrachten zunächst die Bewertung des variabel verzinslichen Teils eines Zinsswaps (inklusive der Berücksichtigung des fiktiven Nennwertaustauschs) in $t = 0$, d.h. die Bestimmung des Barwerts P_V in der Notation des Haupttexts.

Wir folgen dabei der Konvention, dass die variablen Zinszahlungen zum Zeitpunkt $t_i = ih$ so festgelegt werden, dass diese dem variablen Geldmarktsatz (etwa: 6-Monats-EURIBOR) entsprechen, der zum Zeitpunkt $t_{i-1} = (i-1)h$ besteht. Damit ist es im Rahmen der Modellanalyse nahe liegend, die variable Zinszahlung zum Zeitpunkt t_i auf der Basis des in $t = 0$ gültigen Terminzinssatzes $f(0, t_{i-1}, h) = f(t_{i-1}, h)$ zum Zeitpunkt t_{i-1} mit der Fristigkeit h anzusetzen. Für $i = 1$ gilt dabei $f(0, 0, h) = r(h) = r(t_1)$. Da eine Geldeinheit über die Zeitdauer h auf $[1+f(t_{i-1}, h)]^n$ wächst, beträgt der entsprechende Zins $[1+f(t_{i-1}, h)]^n-1$. Des Weiteren gilt für den impliziten

Terminzinssatz $f(t_{i-1}, h)$ die strukturelle Beziehung $[1+r(t_{i-1})]^{t_{i-1}}[1+f(t_{i-1},h)]^h = [1+r(t_i)]^{t_i}$. Insgesamt gilt damit

(12A.1a) $$Z_V(t_1) = [1+r(t_1)]^{t_1} - 1$$

sowie für i=2, ..., n

$$Z_V(t_i) = [1+f(t_{i-1},h)]^h - 1$$

(12A.1b) $$= \frac{[1+r(t_i)]^{t_i}}{[1+r(t_{i-1})]^{t_{i-1}}} - 1 \ .$$

Welchen Barwert weist nun damit der variable Teil des Zinsswap auf? Es gilt:

$$\begin{aligned} P_V &= \sum_{i=1}^{n} Z_V(t_i)[1+r(t_i)]^{-t_i} + [1+r(T)]^{-T} \\ &= \left\{ [1+r(t_1)]^{t_1} - 1 \right\} [1+r(t_1)]^{-t_1} \\ &+ \sum_{i=2}^{n} \left\{ \frac{[1+r(t_i)]^{t_i}}{[1+r(t_{i-1})]^{t_{i-1}}} - 1 \right\} [1+r(t_i)]^{-t_i} \\ &+ [1+r(T)]^{-T} \\ &= 1 - [1+r(t_1)]^{-t_1} \\ &+ \sum_{i=2}^{n} \left\{ [1+r(t_{i-1})]^{-t_{i-1}} - [1+r(t_i)]^{-t_i} \right\} \\ &+ [1+r(T)]^{-T} \ . \end{aligned}$$

Da sich, wie man leicht nachrechnen kann, alle Terme diese Ausdrucks bis auf den ersten Summanden auskürzen, resultiert insgesamt

(12A.2) $$P_V = 1 \ ,$$

d.h. der Barwert des variablen Teils des Zinsswaps (inklusive der Berücksichtigung des fiktiven Nennwertaustauschs) ist gleich dem Nennwert. Der variable Teil des Zinsswap notiert zu pari.

Entsprechend ist vorzugehen bei einer Bewertung zum Zeitpunkt τ ($0<\tau<t_1$). Die erste Zinszahlung beträgt nach wie vor $[1+r(t_1)]^{t_1} - 1$, da diese bereits in $t = 0$ festgelegt worden ist. Die danach folgenden Zinszahlungen werden zu Bewertungszwecken dagegen auf der Grundlage der in $t=\tau$ herrschenden Zinsstruktur $r(\tau, t) := r(\tau,\tau+t)$ und den hieraus resultierenden impliziten Terminzinssätzen $f(\tau, t_i, t_i+h)$ angesetzt. Dabei gilt die strukturelle Beziehung $(i = 2, ..., n)$ $[1+r(\tau,t_{i-1}-\tau)]^{t_{i-1}-\tau}[1+f(\tau,t_{i-1},t_{i-1}+h)]^h = [1+r(\tau,t_i-\tau)]^{t_i-\tau}$. Für die variablen Zinszahlungen $(i = 2, ..., n)$ gilt damit

$$Z_V(t_i) = [1+f(\tau,t_{i-1},t_{i-1}+h)]^h - 1$$

(12A.3) $$= \frac{[1+r(\tau,t_i-\tau)]^{t_i-\tau}}{[1+r(\tau,t_{i-1}-\tau)]^{t_{i-1}-\tau}} - 1.$$

Der Barwert $P_V(\tau)$ ergibt sich dann zu:

$$P_V(\tau)=\left\{ [1+r(t_1)]^{t_1}-1\right\} [1+r(\tau,t_1-\tau)]^{-(t_1-\tau)}$$
$$+\sum_{i=2}^{n}\left\{\frac{[1+r(\tau,t_i-\tau)]^{t_i-\tau}}{[1+r(\tau,t_{i-1}-\tau)]^{t_{i-1}-\tau}}-1\right\}[1+r(\tau,t_i-\tau)]^{-(t_i-\tau)}$$
$$+[1+r(\tau,T-\tau)]^{-(T-\tau)}.$$

Wie im zuvor analysierten Fall kürzen sich alle Terme dieses Ausdrucks bis auf den ersten und reduziert sich insgesamt auf

(12A.4) $$P_V(\tau)=\frac{1+Z_V(t_i)}{[1+r(\tau,t_1-\tau)]^{t_1-\tau}}$$

Es gilt (Betrachtung des linksseitigen Limes) $\lim_{\tau\to t_1} P_V(\tau)=1+Z_V(t_1)$, d.h. der Barwert nähert sich dem Wert der ersten Zinszahlung an. Unmittelbar nach der ersten Zinszahlung sind wir wieder in der Konstellation der Analyse zum Zeitpunkt $t = 0$, d.h. der variabel verzinsliche Titel notiert zu pari.

Anhang 12B: Fisher/Weil-Duration eines Zinsswaps

Wir unterstellen im Folgenden[43] das im Abschnitt 9.2.1.1 dargestellte Fisher/Weil-Modell, d.h. gehen aus von einer beliebigen nicht-flachen anfänglichen Zinsstruktur, die einem additiven Shift (zeitstetiger Fall) unterliege.

Nach den Ergebnissen des Anhangs 9A ist im Fisher/Weil-Kontext die Duration gemäß (9A.7) gegeben durch

(12B.1) $$D(\tau):=D_{FW}(\tau)=-\frac{P_V'(\tau)}{P_V(\tau)}.$$

Da die Ergebnisse in Anhang 9A unter Zugrundelegung einer zeitstetigen Zinsstruktur $u(\tau, t) = ln[1+r(\tau, t)]$ gewonnen wurden, ist der Barwert des Floating Leg des Zinsswaps gemäß (12A.4) entsprechend in zeitstetiger Version zu reformulieren, um Ergebnisse die (12B.1) direkt nutzbar zu machen. Es gilt dabei zunächst

(12B.2) $$P_V(\tau)=Z_V(t_1)e^{-u(\tau,t_1-\tau)(t_1-\tau)}$$

Aufgrund der additiven Shiftstruktur, d.h. $u(\tau, t; x) = u(\tau, t)+x$ gilt $u'(\tau, t; x) \equiv 1$ und damit

(12B.3) $$P_V'(\tau)=(t_1-\tau)Z_V(t_1)e^{-u(\tau,t_1-\tau)(t_1-\tau)}.$$

Als Duration ergibt sich damit insgesamt gemäß (12B.1)

(12B.4) $$D_V(\tau)=t_1-\tau$$

43 Die Ergebnisse können dabei entsprechend auf den Fall der Single Factor-Durationsmodelle gemäß Anhang 9A verallgemeinert werden, vgl. *Albrecht/Stephan* (1994, S. 774ff.).

und damit

(12B.5) $$\lim_{\tau \to t_1} D_V(\tau) = 0 \ .$$

Die Duration des Floating Leg des Zinsswaps konvergiert damit immer gegen null, wenn wir uns einem Zinszahlungszeitpunkt, zu dem ja die Höhe der nächsten Zinszahlung auf Marktniveau korrigiert wird, nähern. Entsprechend besteht ein Zinsänderungsrisiko immer nur zwischen den Zinszahlungsterminen und verschwindet, wenn wir uns einem Zinszahlungszeitpunkt nähern.

Die Duration des gesamten Zinsswaps ergibt sich wiederum aufgrund von (12B.1). Unter Beachtung von $P_S(\tau) = P_V(\tau) - P_F(\tau)$ folgt insgesamt

(12B.6) $$D_S(\tau) = \frac{P_V(\tau)D_V(\tau) - P_F(\tau)D_F(\tau)}{P_S(\tau)} \ .$$

Für das Fixed Leg des Zinsswaps ist dabei die Fisher/Weil-Duration gemäß (9.3) zu bestimmen.

Anhang 12C: Ermittlung der Swap-Zinsstruktur

Ausgangspunkt für die Ermittlung der Swap-Zinsstrukturkurve (Spot Swap Curve) zu einem festen Zeitpunkt t_0 sind die Swapsätze $i_{SW}(T)$ für verschiedene Swap-Laufzeiten T (etwa wie in Tabelle 12.3 dargestellt). Dabei wird für jede Laufzeit ein Durchschnitt der Geld-Brief-Sätze angesetzt. Unter Zugrundelegung von $i_{SW}(T)$ ist der Wert des Zinsswap in $t = t_0$ gleich null. Da der Wert des Floating Leg des Swap in $t = t_0$ gleich dem Nennwert ist, muss der Wert des Fixed Leg, d.h. der T-jährigen Anleihe mit Nominalzins $i_{SW}(T)$ ebenfalls gleich N sein. Jeder Laufzeit T entspricht somit eine zu par notierende Anleihe mit Nominalzins $i_{SW}(T)$. Auf diese Menge von Kuponanleihen können dann Verfahren der Zinsstrukturschätzung, wie sie in Anhang 8B dargestellt sind, angewendet werden. Die einfachste Methode ist dabei das Bootstrapping-Verfahren. Ein Beispiel hierzu findet man in *Smith* (1991).

Anhang 12D: Herleitung des Swap-Marktmodells

Im Rahmen des LIBOR-Marktmodells des Anhangs 11J geht man davon aus, dass der Forward LIBOR einer geometrischen Brownschen Bewegung folgt. Im Rahmen des Swap-Marktmodells trifft man dieselbe Annahme hinsichtlich des Forward-Swapsatzes $r_{FS}(t) = r_{FS}(t; t_0, t_n)$ gemäß (12.10). Konkreter gilt $(t \le t_0)$

(12D.1a) $$dr_{FS}(t) / r_{FS}(t) = \mu(t)dt + \sigma(t)dW_t \ ,$$

wobei

(12D.1b) $$\mu(t) = \mu(t; t_0, t_n), \ \ \sigma(t) = \sigma(t; t_0, t_n) \ .$$

Im Vergleich zum LIBOR-Marktmodell wird des Weiteren ein unterschiedliches Numeraire verwendet, nämlich

(12D.2) $$X(t) = h\sum_{i=1}^{n} B(t,t_i)$$

mit entsprechendem Forwardmaß Q^*. Unter Q^* sind die Preise aller mit $X(t)$ diskontierten handelbaren Assets Martingale. Gemäß (12.10) gilt $r_{FS}(t) = [B(t,t_0) - B(t,t_n)] / X(t)$ und $B(t,t_0) - B(t,t_n)$ ist als Differenz zweier Zerobondpositionen ein handelbares Asset. Damit ist $r_{FS}(t)$ ein Martingal unter Q^*.

Wenden wir uns nun beispielhaft der Bewertung der Payer Swaption zu. Diese hat gemäß (12.16) in t_0 den Wert

(12D.3) $$\begin{aligned} O_{PS}(t_0) &= \max\{r_{FS}(t_0) - r_X, 0\} h\sum_{i=1}^{n} B(t_0,t_i) \\ &= \max\{r_{FS}(t_0) - r_X, 0\} X(t_0). \end{aligned}$$

Unter Verwendung der Technik des Numeraire-Wechsels, vgl. hierzu Anhang 5E, folgt nun:

(12D.4) $$\begin{aligned} O_{PS}(t) &= X(t) E_{Q^*}[O_{PS}(t_0) / X(t_0)] \\ &= X(t) E_{Q^*}[\max\{r_{FS}(t_0) - r_X, 0\}] \\ &= h\sum_{i=1}^{n} B(t,t_i) E_{Q^*}[\max\{r_{FS}(t_0) - r_X, 0\}]. \end{aligned}$$

Unter Verwendung des Hilfssatzes in Anhang 11D sowie der Martingaleigenschaft (und damit der Driftlosigkeit) von $r_{FS}(t)$ unter Q^* folgt schließlich

(12D.5a) $$E_{Q^*}[\max\{r_{FS}(t_0) - r_X, 0\}] = E_{Q^*}[r_{FS}(t_0)] N(d_1) - r_X N(d_2),$$

wobei

(12D.5b) $$E_{Q^*}[r_{FS}(t_0)] = r_{FS}(t),$$

(12D.5c) $$d_1 = d_1(t) = \frac{\ln[r_{FS}(t) / r_F] + \frac{1}{2} v^2(t_0,t_n)}{v(t_0,t_n)},$$

(12D.5d) $$d_2 = d_2(t) = d_1(t) - v(t_0,t_n),$$

(12D.5e) $$v^2(t_0,t_n) = \int_t^{t_0} \sigma^2(u;t_0,t_n)\, du \quad .$$

Im Falle $\sigma(t;t_0,t_n) = \sigma(t_0,t_n)$ reduziert sich dabei (12D.5e) auf

(12D.5f) $$v^2(t_0,t_n) = (t_0 - t)\sigma^2(t_0,t_n) \quad .$$

Zum Swap-Marktmodell vergleiche man eingehender *Branger/Schlag* (2004, Abschnitt 6.4), *Brigo/Mercurio* (2001, Abschnitt 6.7) sowie *Cairns* (2004, Abschnitt 9.4).

Literatur zu Kapitel 12

Albrecht, P., H.R. Schradin (1994): Der Einsatz von Financial Swaps im Kapitalanlage-Management von Versicherungsunternehmen, Zeitschrift für die gesamte Versicherungswissenschaft 83, S. 147–191.

Albrecht, P., T. Stephan (1994): Single-factor immunizing duration of an interest rate swap, Proceedings, 4. Internationales AFIR-Colloquium, Orlando/USA, Vol. 2, S. 757–780.

Bansal, V.K., M.E. Ellis, J.F. Marshall (1993): The pricing of short-dated and forward interest rate swaps, Financial Analysts Journal, March/April 1993, S. 82–87.

Beckstrom, R.A. (1986): The development of the swap market, in: *Antl, B.* (Hrsg.): Swap Finance, Band 1, London, S. 33–51.

Beckstrom, R.A. (1990): Fundamental models for pricing swaps, in: *Schwartz, R.J., C.W. Smith Jr.* (Hrsg): The Handbook of Currency and Interest Rate Management, New York u.a., S. 7.1–7.26.

Beidleman, C.R. (Hrsg.) (1991): Interest Rate Swaps, Homewood / Illinois.

Bhattacharya, A.K., J. Breit (1991): Customized interest rate agreements and their applications, in: *Fabozzi, F.J., T.D. Fabozzi, I.M. Pollack* (Hrsg.): The Handbook of Fixed Income Securities, 3. Aufl., Homewood / Illinois, S. 1157–1188.

Blake, D. (2000): Financial Market Analysis, 2. Aufl., Baffins Lane / Chichester.

Branger, N., C. Schlag (2004): Zinsderivate, Berlin, Heidelberg.

Brigo, D., F. Mercurio (2001): Interest Rate Models, Berlin, Heidelberg.

Brown, J.P. (1991): Variations to basic swaps, in: *Beidleman, C.R.* (Hrsg.): Interest Rate Swaps, Homewood / Illinois, S. 114–129.

Brown, K.C., D.J. Smith (1991): Plain vanilla swaps: Market structures, applications, and credit risk, in: *Beidleman, C.R.* (Hrsg.): Interest Rate Swaps, Homewood / Illinois, S. 61–96.

Bruttel, H. (2001): Einsatz von Swapgeschäften in Versicherungsunternehmen, in: *Schwebler, R., K.-W. Knauth, D.B. Simmert* (Hrsg.): Kapitalmärkte: Aktuelle Anlage- und Absicherungsmöglichkeiten für Versicherungsunternehmen, Karlsruhe, S. 1–49.

Bruns, Ch., F. Meyer-Bullerdiek (2003): Professionelles Portfolio-Management, 3. Aufl., Stuttgart.

Cairns, A.J.G. (2004): Interest Rate Models, Princeton, Oxford.

Crowe, B.J. (1990): Swaptions: Tailoring interest rate swaps, in: *Schwartz, R.J., C.W. Smith Jr.* (Hrsg.): The Handbook of Currency and Interest Rate Risk Management, New York u.a.

Cucchissi, P.G., R.M. Tuffli (1991): Swaptions applications, in: *Beidleman, C.R.* (Hrsg.): Interest Rate Swaps, Homewood / Illinois, S. 188–213.

Dubofsky, D.A., T.W. Miller, Jr. (2003): Derivatives, New York, Oxford.

Eller, R. (1996): Zinsswaps-Produktbeschreibung, Pricing und Bewertung, in: *Eller, R.* (Hrsg.): Handbuch Derivativer Instrumente, Stuttgart, S. 401–418.

Evans, E., G. P. Parente (1991): What drives interest rate swap spreads?, in: *Beidleman, C.R.* (Hrsg.): Interest Rate Swaps, Homewood / Illinois, S. 280–303.

Fabozzi, F.J. (1999): Investment Management, 2. Aufl., Upper Saddle River / New Jersey.

Finnerty, J.D. (1989): Measuring the Duration of Floating Rate Debt Instruments, in: *Fabozzi, F.J.* (Hrsg.): Advances and Innovations in the Bond and Mortgage Markets, Homewood / Illinois, S. 77–96.

Goodmann, L.S. (1991): The Duration of Swap, in: *Beidleman, C.R.* (Hrsg.): Interst Rate Swaps, Homewood / Illinois, S. 304–316.

Heidorn, T. (2006): Finanzmathematik in der Bankpraxis, 5. Aufl., Wiesbaden.

Heintze, M., R. Planta (1992): Der Einsatz von Swaptions im Obligationengeschäft, Finanzmarkt und Portfolio Management 6, S. 327–335.

Hull, J.C. (2001): Optionen, Futures und andere Derivate, 4. Aufl., München, Wien.

Iben, B. (1991): Interest rate swap valuation, in: *Beidleman, C.R.* (Hrsg.): Interest Rate Swaps, Homewood/ Illinois, S. 266–279.

Jamshidian, F. (1997): LIBOR and swap market models and measures, Finance and Stochastics 1, S. 293–330.

Jentsch, S.J. (1990): Kapitalmarkt-Swaps, 2. Aufl., Bern.

Krishnan, S.E. (1991): Asset-based interest rate swaps, in: *Beidleman, C.R.* (Hrsg.): Interest Rate Swaps, Homewood / Illinois, S. 175–187.

Lassak, G. (1988): Zins- und Währungsswaps, Frankfurt/Main.

Lerbinger, P. (1988): Zins- und Währungsswaps, Wiesbaden.

MacFarlane, J., D.R. Ross, J. Showers (1991): The interest rate swap market: Yield mathematics, terminology and conventions, in: *Beidleman, C.R.* (Hrsg.): Interest Rate Swaps, Homewood / Illinois, S. 233–265.

Marshall, J.F., K.R. Kapner (1993): Understanding Swaps, New York u.a.

Morgan, G.E. (1986): Floating Rate Securities and Immunization – Some Further Results, Journal of Financial and Quantitative Analysis 21, S. 87–94.

Nabben, S. (1990): Financial Swaps, Wiesbaden

Oehler, A., M. Unser (2001): Finanzwirtschaftliches Risikomanagement, Berlin u.a.

Ramaswamy, K., S.M. Sundaresan (1986): The Valuation of Floating Rate Instruments, Journal of Financial Economics 14, S. 251–272.

Scharpf, P., G. Luz (2000): Risikomanagement, Bilanzierung und Aufsicht von Derivaten, 2. Aufl., Stuttgart.

Schierenbeck, H., R. Hölscher (1998): Bankassurance, 4. Aufl., Stuttgart.

Schwartz, R.J., C.W. Smith Jr. (Hrsg.) (1990): The Handbook of Currency and Interest Rate Risk Management, New York u.a.

Smith, D.R. (1991): A Simple Method for Pricing Interest Rate Swaptions, Financial Analysts Journal, May/June 1991, S. 72–76.

Smithson, C.W., C.W. Smith Jr., D.S. Wilford (1995): Managing Financial Risk, Chicago u.a.

Sundaresan, S.M. (1991): Valuation of Swaps, in: *Khoury, S.J., A. Gosh* (Hrsg.): Recent Developments in International Banking and Finance, Vol. 5, Lexington / Massachusetts, S. 407–440.

Weigel, H.J. (1993): Neue Kapitalmarktinstrumente für die Kapitalanlage der Versicherungsunternehmen, Frankfurter Vorträge zum Versicherungswesen Nr. 25, Karlsruhe, S. 7–38.

Teil IV: Weiterführende und vertiefende Fragestellungen

13 Asset Allocation und Internationale Investments

13.1 Einführung

Im Zentrum von Kapitel 13 steht die Problematik der Asset Allocation (AA). Hierzu werden in Abschnitt 13.2 zunächst einmal die unterschiedlichen Spielarten der AA, die Strategische AA, die Taktische AA sowie die Dynamische AA, aufbereitet und strukturiert. Im Vordergrund steht dabei die Strategische Asset Allocation. Aus methodischer Sicht kommen hierbei die in Kapitel 6 dargestellten Ansätze der Portfoliotheorie zum Zuge. Vor diesem Hintergrund ist es notwendig, auf die zentralen Probleme, die bei der praktischen Anwendung der Markowitzschen Portfoliotheorie auftreten, einzugehen.

Im Rahmen der Strategischen Asset Allocation ist die Internationale Asset Allocation eine zentrale Thematik. Entsprechend wird in Abschnitt 13.3 dieser Problemkreis detailliert behandelt. Neben der Darstellung der methodischen Grundlagen werden eine Reihe von Fallstudien durchgeführt, um eine vertiefte Behandlung der Materie zu ermöglichen.

Einer der hierbei auftretenden zentralen Problemkreise, die *Schätzfehlerproblematik*, wird dann in Abschnitt 13.4 aufgegriffen und näher beleuchtet. Dargestellt werden die in der Literatur entwickelten Methoden zur Behandlung der Schätzfehlerproblematik. Im Rahmen von Fallstudien wird demonstriert, wie diese Methoden ihre Wirkung entfalten.

13.2 Grundlagen der Asset Allocation

13.2.1 Asset Allocation: Einflussgrößen und Dimensionen

Unter *Asset Allocation* versteht man grundsätzlich die Entscheidung über die Aufteilung (Allokation) eines gegebenen Investmentbudgets (Anlagevolumen) auf die zur Anlage in Frage kommenden Vermögensgegenstände (Assets). Diese Aufteilung hat dabei die für die Kapitalanlage relevanten Einflussgrößen sowohl

- seitens des Investors als auch
- seitens der in Frage kommenden Assets

in systematischer und disziplinierter Weise (*Asset Allocation-Prozess*) zu berücksichtigen.

Seitens des Investors sind dabei von Relevanz:

- das Zielsystem des Investors
- das Restriktionensystem des Investors sowie
- der jeweils relevante Anlagehorizont.

Das Zielsystem des Investors umfasst dabei die verfolgten Investmentziele sowie den Abgleich dieser Ziele im Rahmen einer Zielfunktion, insbesondere vor dem Hintergrund der Risikotoleranz des Investors. Das Restriktionensystem seinerseits umfasst sowohl endogene Restriktionen – hierunter gegebenenfalls bestehende Verpflichtungen (Liabilities) – als auch exogene Restriktionen, insbesondere die zu beachtenden rechtlichen Vorschriften. Grundsätzlich werden bei der Festlegung von Restriktionen entweder Mengenbegrenzungen oder Risikogrößen verwendet. Mengenrestriktionen beziehen sich auf Maximal- oder Minimalquoten der Portfoliogewichte. So schreibt etwa das Investmentgesetz vor, dass bei Altersvorsorgesondervermögen nicht mehr als 75% in Aktien bzw. 30% in Immobilienfonds investiert werden darf. Gleichzeitig müssen die Anlagen in Aktien- und Immobilienfonds zusammengenommen mindestens 51% des Gesamtvermögens ausmachen. Auch für Versicherungsunternehmen, Pensionskassen und Pensionsfonds gibt es derartige Mengenrestriktionen. Bei der risikobasierten Variante muss der Investor eine explizite Risikogröße beachten, etwa die Einhaltung einer Shortfallwahrscheinlichkeit relativ zu einem Mindestvermögen, eine Value at Risk-Restriktion, oder einen Tracking Error relativ zu einem Benchmarkportfolio.

Seitens der in Frage kommenden Assets sind insbesondere zu berücksichtigen

- die Rendite/Risiko-Charakteristika der einzelnen Assets, insbesondere deren zeitliche Entwicklung
- die Zusammenhangstruktur zwischen den Rendite/Risiko-Charakteristika der Assets.

Abbildung 13.1 illustriert nochmals die vorstehend genannten Einflussgrößen.

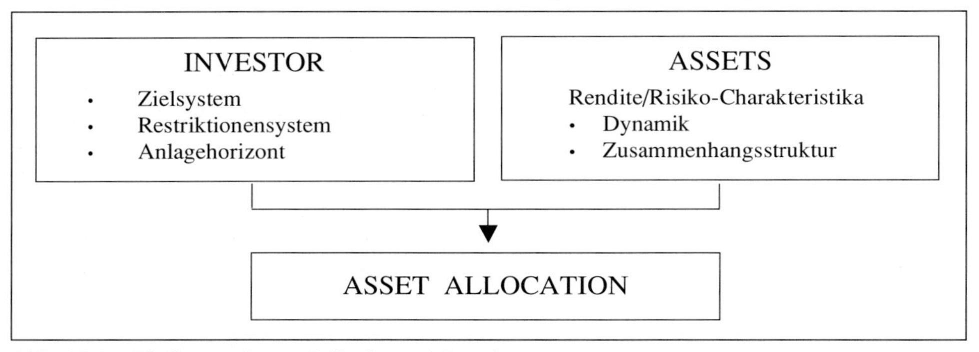

Abb. 13.1: Einflussgrößen auf die Asset Allocation

Als grundsätzliche Dimensionen der Asset Allocation werden in der Literatur genannt die Strategische Asset Allocation (SAA), die Taktische Asset Allocation (TAA) sowie die Dynamische Asset Allocation (DAA). Diese grundsätzlichen Dimensionen werden noch einmal in Abbildung 13.2 dargestellt.

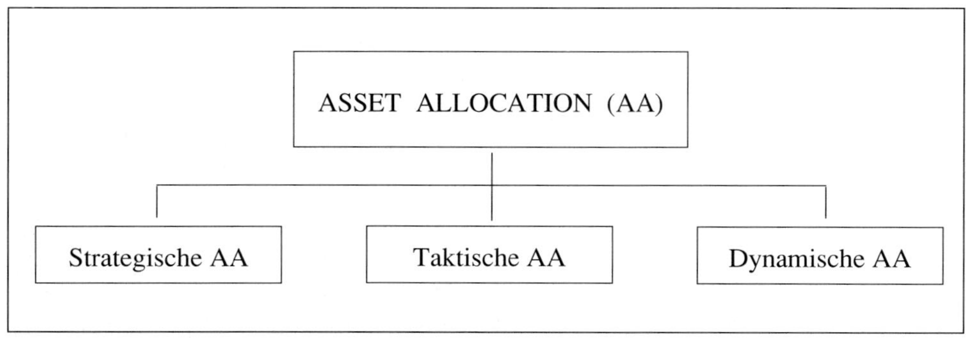

Abb. 13.2: Dimensionen der Asset Allocation

Die *Strategische Asset Allocation* beinhaltet dabei die Entscheidung über die langfristig (insbesondere typischerweise konjunkturzyklusübergreifende) adäquate Mittelallokation. Gegeben die Restriktionen seitens des Investors ist es das Ziel der SAA, denjenigen Anlagemix zu identifizieren, der über einen langfristigen Zeitraum die optimale Balance zwischen erwarteter Rendite und eingegangenem Risiko besitzt. Umgekehrt geben SAA-Analysen Aufschluss über die bei gegebenem Risikograd und bei gegebenem anteiligen Investment in die einzelnen Anlageklassen im Mittel langfristig erwirtschaftbare Rendite. Methodisch basieren die Verfahren der SAA regelmäßig auf den in Kapitel 6 dargestellten Ansätzen der Portfoliotheorie. Die SAA wird in der Regel durch eine Strategische Benchmark repräsentiert, meist in Form von marktbreiten Indices.

Die *Taktische Asset Allocation* hingegen versucht, durch eine gezielte, von der Einschätzung der kurzen oder mittelfristigen Entwicklung der einzelnen Anlageklassen abhängige, Abweichung von der durch die SAA bestimmten Langfristposition (Benchmark/Normalportfolio) eine höhere Performance unter Berücksichtigung der gewählten Risikoposition zu erreichen. In diesem Zusammenhang ist insbesondere die Prognostizierbarkeit von Renditeentwicklungen auf den einzelnen Märkten von zentraler Bedeutung.

Die *Dynamische Asset Allocation* schließlich beinhaltet eine dynamische, d.h. (zumindest approximativ) zeitkontinuierliche Änderung der Anlagemischung. Das Kernziel hierbei ist es, einerseits den Wert des Portfolios in Zeiten von adversen Wertentwicklungen zu schützen und andererseits an positiven Wertentwicklungen zu partizipieren. Methodisch kommen dabei insbesondere Varianten der in Abschnitt 11.7 dargestellten Verfahren der dynamischen Portfolio Insurance oder das CPPI-Verfahren zum Einsatz.

Kommen wir noch einmal zurück zur Verbindung zwischen Taktischer Asset Allocation und Strategischer Asset Allocation. Da die TAA auf der SAA aufbaut und Bezug auf diese nimmt, wird hierdurch eine hierarchische Struktur bestimmt, die auf der untersten Ebene ergänzt werden kann durch die konkrete Titelwahl (Security Selection). Dieser Zusammenhang ist in Abbildung 13.3 dargestellt.

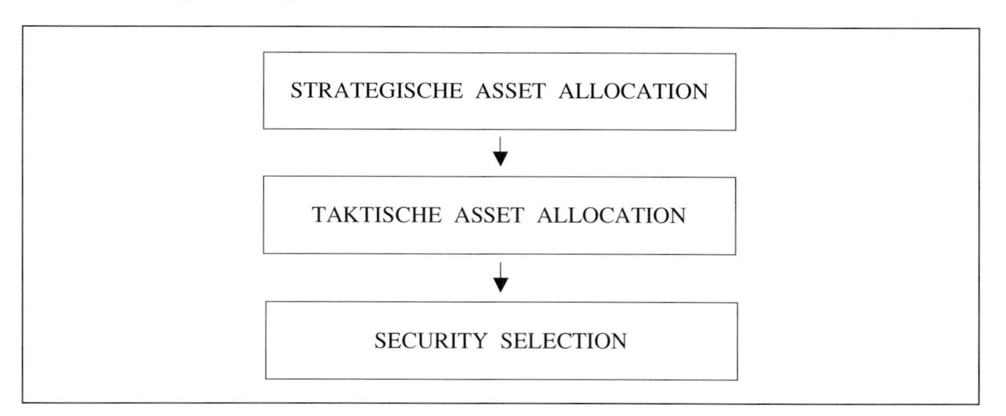

Abb. 13.3: Hierarchische Struktur der Asset Allocation

Wenn alle Informationen am Kapitalmarkt kostenlos und unmittelbar verfügbar wären, wäre es sinnvoller, statt diesem hierarchischen Ansatz alle in das Portfolio aufzunehmenden Titel unmittelbar in einem einzigen Entscheidungsschritt festzulegen. In der Praxis des Investmentmanagements erweist sich dies aber als problematisch. Insbesondere ist das Sammeln von Informationen mit Kosten verbunden, die zu begrenzen sind. Der vorstehend dargestellte strukturierte Ansatz hat sich daher in der Investmentpraxis als sinnvoll und nützlich erwiesen.

13.2.2 Strategische Asset Allocation

Im Zentrum der SAA steht die (optimale) langfristige Aufteilung des Anlagevermögens auf die im Einzelfall in Frage kommenden Assets. Wie diverse empirische Untersuchungen zeigen, so etwa *Brinson/Hood/Beebower* (1986), *Brinson/Singer/Beebower* (1991), *Hensel/Ezra/Ilkiw* (1991), *Surz/Stevens/Wiener* (1999), *Ibbotson/Kaplan* (2000) sowie *Drobetz/Köhler* (2002), zeigen, sind die hierbei getroffenen Entscheidungen zentral für den künftigen Anlageerfolg und erklären in der Regel den (teilweise weit) überwiegenden Anteil der erzielten Performance. Vor diesem Hintergrund kommt der SAA eine herausragende Bedeutung im Anlageprozess zu.

Die im Rahmen der SAA in Frage kommenden Assets sind dabei nicht einzelne Vermögensobjekte oder Finanztitel, sondern ganze *Assetklassen*, d.h. je nach Anlageproblem definierte Gruppen von Anlageobjekten.

Abbildung 13.4 gibt einen Überblick über eine mögliche Strukturierung der wesentlichen primären Assetklassen: Aktien, Zinstitel, Immobilien und Alternative Investments (wie Hedge-Funds, Private Equity, Edelmetalle, Rohstoffe, u.a.).

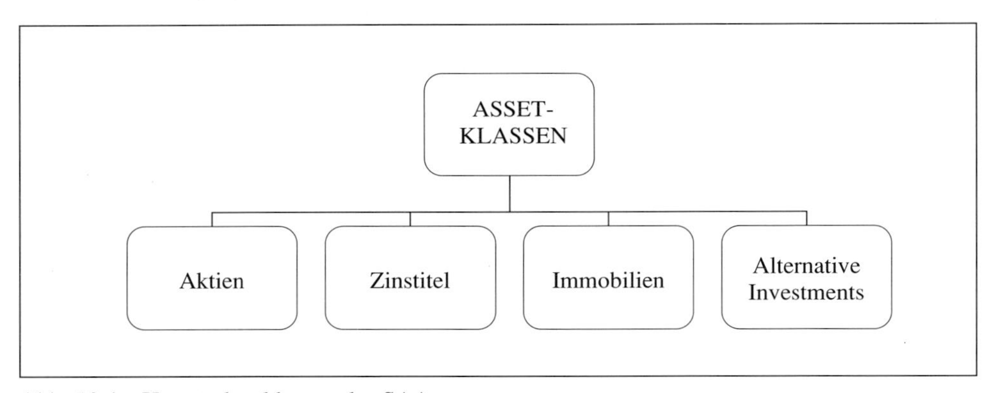

Abb. 13.4: Hauptanlageklassen der SAA

Typischerweise wird hinsichtlich der der SAA-Entscheidung zugrunde liegenden Assetklassen noch eine weitergehende Differenzierung vorgenommen. Möglichkeiten hierfür bestehen in einer

- geografischen Differenzierung, etwa: Deutschland, Europa, USA, Asien, Emerging Markets (jeweils: mit oder ohne Währungssicherung)

oder einer

- Differenzierung nach Sektoren
- bei Aktien: Branchen

- bei Anleihen: öffentliche und private Schuldner; Bonität; Laufzeitklassen,
- bei Immobilien: gewerbliche und private Objekte; Regionen.

Durch eine solche Differenzierung gelangt man zu Asset-Subklassen. Diese sind regelmäßig der Ausgangspunkt für eine SAA-Analyse. Die dabei konkret in Frage kommenden Asset-Subklassen müssen im Rahmen einer Vorauswahl spezifiziert werden, d.h. gehen jeweils als Input in die SAA-Analyse ein.

Wir wenden uns zwei Beispielen zu, um Standardansätze für SAA-Analysen zu illustrieren. Abbildung 13.5 enthält zunächst beispielhaft eine solche Zusammenstellung von Asset-Subklassen als Ausgangspunkt für eine rein nationale (domestische) SAA.

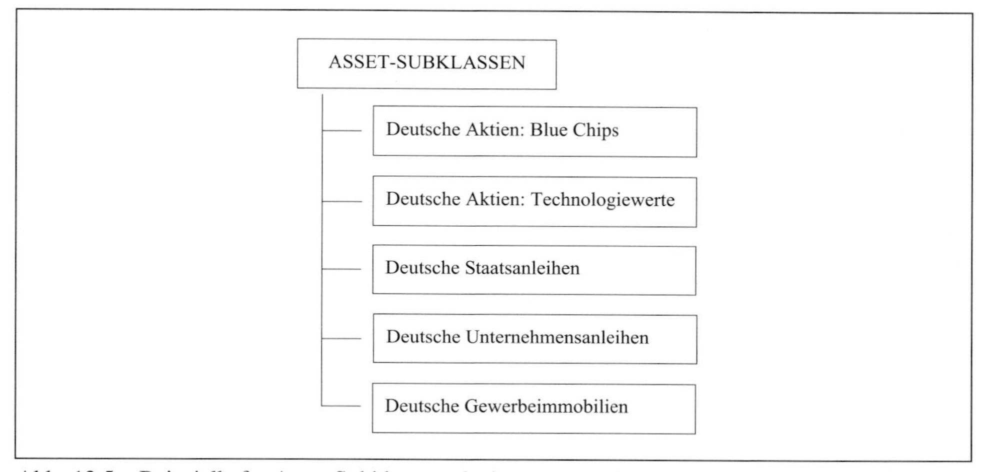

Abb. 13.5: Beispielhafte Asset-Subklassen als Ausgangspunkt einer domestischen SAA

Entsprechend illustriert Abbildung 13.6 eine internationale SAA.

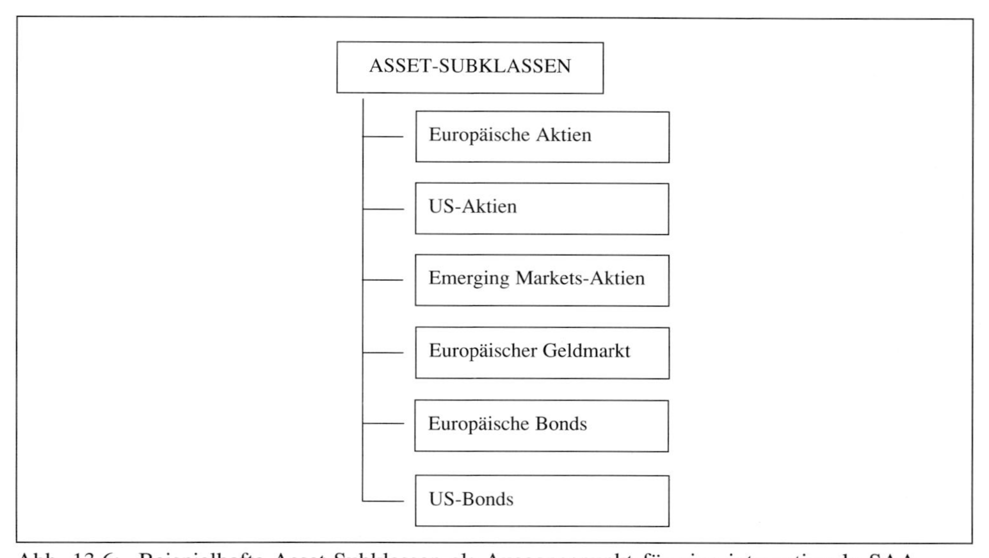

Abb. 13.6: Beispielhafte Asset-Subklassen als Ausgangspunkt für eine internationale SAA

Im Rahmen einer internationalen SAA ist dabei jeweils noch zu klären, ob die Werte der ausländischen Assets währungsgesichert (gegebenenfalls auch nur partiell) werden oder nicht. Ferner können die jeweiligen Währungen auch als selbständige Assetklassen Eingang in die Analyse finden.

Zentral für die Verwendbarkeit solcher Asset-Subklassen im Rahmen einer SAA-Analyse ist dabei die Möglichkeit ihrer Repräsentation durch entsprechende Indices. Diese werden von einer Reihe von Anbietern zur Verfügung gestellt. Meist wird die SAA an einer Strategischen Benchmark festgemacht, die regelmäßig durch marktbreite Indices abgebildet wird.

13.2.3 Taktische Asset Allocation

Hinsichtlich der Strategien der Taktischen Asset Allocation (im weiteren Sinne) kann man als grundsätzliche methodische Ansatzpunkte passive, hybride sowie aktive Strategien unterscheiden. In der Literatur werden oftmals nur aktive Strategien als Formen einer Taktischen Asset Allocation (TAA im engeren Sinne) betrachtet. Im Folgenden gehen wir von dem weiteren Begriff der TAA aus. Die grundsätzlichen Arten der TAA sind dann in Abbildung 13.7 dargestellt.

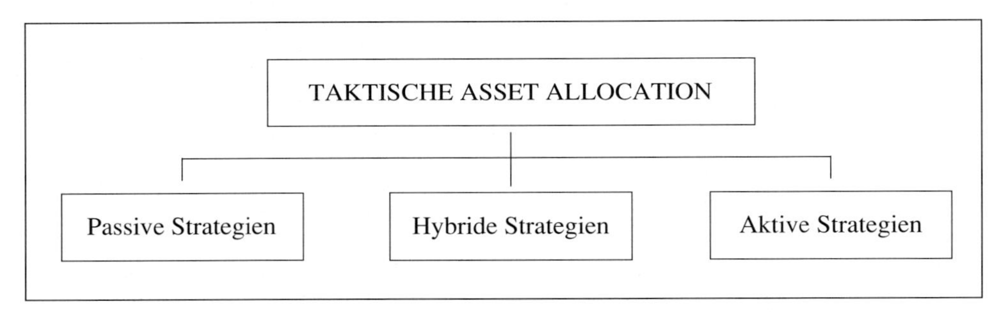

Abb. 13.7: Spielarten der Taktischen Asset Allocation

Passive Portfoliostrategien (*Indexmanagement*) orientieren sich dabei an einem (typischerweise durch die SAA-Analyse vorbestimmten) Wertpapierindex oder *Benchmark*- bzw. *Normalportfolio*. Sie werden umgesetzt, indem dieser Wertpapierindex exakt oder näherungsweise nachgebildet wird (*Index-Tracking*). Hierbei können – neben der entsprechenden Einzeltitelwahl – auch Indexderivate eingesetzt werden.

Entspricht dabei der gewählte Wertpapierindex einem breiten Marktindex einer Assetklasse (Aktienindex, Rentenindex), so liegt eine theoretische Stützung des Indexmanagements in Konzeptionen der Kapitalmarkteffizienz und der Optimalität des Marktportfolios im CAPM. Jenseits dieser theoretischen Untermauerung ist es aber auch empirisch nachhaltig belegt (vgl. für den deutschen Aktienmarkt etwa *Griese/Kempf*, 2003), dass »im Durchschnitt« Investmentmanager repräsentative Marktindices nicht nachhaltig schlagen können bzw. sogar underperformen. Betrachtet man den Durchschnitt über aktive Manager, so muss sogar (vgl. zur folgenden Argumentation *Sharpe*, 1991) bei einem fixierten Markt die von diesem Durchschnitt erzielte Rendite identisch sein mit der Markrendite und damit dem der Rendite eines passiven Managers. Aufgrund der regelmäßig höheren Transaktions- und Informationsbeschaffungskosten des aktiven Managements muss nach Kosten die Rendite des Durchschnitts der aktiven Manager zwangsläufig geringer sein als die Rendite eines Indexmanagements. Im Durchschnitt über alle aktiven Manager stellt sich der Kunde daher schlechter als beim passiven Management. Dem steht nicht entgegen, dass *einzelne* aktive Manager den Markt nachhaltig schlagen können. Aber auch hierfür existiert bestenfalls gemischte empirische Evidenz.

Ganz generell hat der Markt den Charakter einer neutralen Position und ein Abweichen von der Marktposition sollte nur dann erfolgen, wenn unter Berücksichtigung des damit verbundenen Risikos eine entsprechende Renditesteigerung möglich ist.

Weitere Vorteile eines passiven Managements bestehen in der – im Vergleich zu aktiven Strategien – entfallenden Notwendigkeit aktiver Markteinschätzungen, z.B. einer Prognose der Marktentwicklung oder – beim Management von Aktienportfolios – der Renditeentwicklung einzelner Aktien. Dies führt zu einer Reduzierung von Informationskosten und zu einer Vermeidung von Prognoserisiken. Ferner wird bei einem Indexmanagement gegebenenfalls eine Kombination mit Derivaten auf den zugrunde liegenden Index in einfacher Weise möglich. Dies ist für verschiedene Strategien, etwa Absicherungsstrategien, von Relevanz.

Aktive Portfoliostrategien sind hingegen typischerweise darauf ausgerichtet, relativ zu einer gegebenen Benchmark eine Verbesserung der Performance zu erzielen. Methodisch kommen dabei im Management von Aktienportfolios die in Abschnitt 7.3.5 dargestellten Konzepte der erwarteten residualen Rendite (Alpha) und des residualen Risikos (Omega) sowie der Information Ratio zum Zuge. Entsprechend definiert *Lee* (2000, S. 5) TAA (im engeren Sinne):

»TAA strategies are strategies that attempt to deliver a positive information ratio by systematic asset allocation shifts.«

Aktives Management beruht traditionell auf dem Vorhandensein von Marktineffizienzen, so dass daher Methoden eingesetzt werden müssen, welche die Entdeckung und die Ausnutzung solcher Ineffizienzen ermöglichen. Aktives Portfoliomanagement ist im Grunde ein traditioneller Investmentstil, wobei aber zunehmend die Expertise des Investmentmanagers graduell durch Analysen und Auswertungen auf der Grundlage von quantitativen Modellen ersetzt bzw. ergänzt wird.

Hybride Portfoliostrategien, teilweise auch *semiaktive* oder *semipassive Strategien* genannt, beinhalten schließlich Elemente sowohl des passiven als auch des aktiven Managements. Im Bereich des Aktienmanagements gehören hierzu *Tilting-Strategien* bzw. *Tilted Funds*. Zunächst wird hierbei die Benchmark nachgebildet, d.h. ein passiver Managementstil angewendet. Als aktive Managementkomponente wird in einzelnen Position sodann eine gezielte Über- oder Untergewichtung relativ zu den Benchmarkgewichten vorgenommen. Das Ziel hierbei ist es, eine Überrendite relativ zur Benchmark zu erzielen, ohne jedoch das Risikoniveau gegenüber der Benchmarkposition »zu stark« zu steigern. Durch die Über- bzw. Untergewichtung einzelner Positionen bekommt das Portfolio relativ zur Benchmark eine »schiefe Lage« (tilt). Die Über- bzw. Untergewichtung beruht auf der Erwartung, dass sich bestimmte Positionen besser bzw. schlechter entwickeln werden als die Benchmark. So kann z.B. ein DAX-Investor, der der Überzeugung ist, dass in der nächsten Zeit die Technologiewerte sich besser entwickeln werden als der DAX, ein Tilting eines DAX-Indexportfolios hinsichtlich der Technologiewerte vornehmen. Im Bereich des Managements von Rentenportfolios werden zum Beispiel Immunisierungsstrategien zu den hybriden Strategien gezählt, da sie weder auf einer Indexreplikation beruhen, noch ein aktives Management zugrunde liegt.

13.2.4 Dynamische Asset Allocation

Dichtl/Petersmeier/Schlenger (2003) sowie *Stephan* (2003) geben einen aktuellen Überblick über DAA-Strategien. *Dichtl et al.* (2003) identifizieren drei primäre Klassen von DAA-Strategien:

- Elementare Umschichtungsstrategien (Constant Mix, Lineare Investmentregel)
- Portfolio Insurance (Dynamischer Stop Loss, Synthetischer Put, Constant Proportion Portfolio Insurance (CPPI), Time Invariant Portfolio Protection (TIPP))
- Best of *n* Risky Assets.

Dichtl et al. (2003) stellen als zentrale Eigenschaften von DAA-Strategien neben der dynamischen Umschichtung die Regelgebundenheit und die Prognosefreiheit heraus. *Stephan* (2003) weist auf die Pfadabhängigkeit von DAA-Strategien hin, was für eine Evaluierung und die Optimierung besondere Herausforderungen beinhaltet. Für weitere Details kann hinsichtlich der Portfolio Insurance-Strategien auf Abschnitt 11.7 verwiesen werden, hinsichtlich der weiteren vorstehend genannten Strategien auf die Literatur.

13.3 Internationale Investments und Wechselkursrisiken

13.3.1 Einführung

Die Renditen unterschiedlicher Wertpapiere sind auf empirischen Finanzmärkten nicht unabhängig voneinander, sondern weisen in verschiedenem Ausmaß gleich- bzw. gegenläufige Bewegungsmuster auf. Die Markowitzsche Portfoliotheorie beruht darauf, diese Bewegungsmuster durch die Kovarianzen zwischen den Wertpapierrenditen zu quantifizieren und in das Kalkül der Portfolioselektion mit einzubeziehen. Je geringer die Kovarianzen zwischen den einzelnen Wertpapieren ausfallen, desto besser können Risiken im Portfoliokontext ausgeglichen werden. Die konsequente Weiterentwicklung des Diversifikationsgedankens durch Berücksichtigung internationaler Wertpapiermärkte führt in Systemen flexibler Wechselkurse jedoch nicht nur zu der bloßen Erweiterung des Spektrums möglicher Anlagealternativen. Vielmehr sind neben den lokalen Wertpapierrenditen auch Wechselkursschwankungen als weitere mit Unsicherheit behaftete Ergebnisbeiträge zu berücksichtigen. Dazu treten politische, rechtliche und operationale Risiken etwa aus der Abwicklung von internationalen Wertpapier- und Devisentransaktionen.

In dem vorliegenden Abschnitt 13.3 werden die resultierenden finanzwirtschaftlichen Aspekte der internationalen Diversifikation von Wertpapierportfolios beleuchtet. Dabei werden sowohl reine Aktien- und Anleiheportfolios betrachtet als auch solche, die sich durch Mischung dieser beiden wesentlichen Anlageklassen ergeben. Darüber hinaus werden auch die Effekte der Sicherung von Wechselkursrisiken durch Devisenterminkontrakte auf die Portfolioperformance untersucht.

13.3.2 Renditen internationaler Investments, Währungen und Devisenmärkte

Ausgangspunkt ist ein deutscher Anleger, der einen bestimmten Betrag in ein Asset des Landes i investiert. Der zur Verfügung stehende Investitionsbetrag muss zunächst am Devisenmarkt in die ausländische Währung umgetauscht werden, um das betrachtete Investment erwerben zu können. Am Ende des Investitionszeitraums verkauft der Anleger das Investment und tauscht den Verkaufserlös in Euro um. Definiert man $P_{i,t}$ als den Wert des Assets in lokaler Währung (also der des Landes i) und $S_{i,t}$ als den Preis in Euro für eine Einheit der Fremdwährung i zum Zeitpunkt t, so beträgt die Rendite aus dem Investment aus Sicht des im Euroraum domizilierten Anlegers

$$R_{i,EUR} = \frac{P_{i,t+1} \cdot S_{i,t+1} - P_{i,t} \cdot S_{i,t}}{P_{i,t} \cdot S_{i,t}} = (1+R_i) \cdot (1+e_i) - 1 = R_i + e_i + R_i \cdot e_i \cdot \qquad (13.1)$$

Diese EUR-Rendite einer Anlage setzt sich also aus der lokalen Rendite in Fremdwährung $R_i = (P_{i,t+1} - P_{i,t}) / P_{i,t}$, der Wechselkursrendite (d.h. der relativen Änderung des Wechselkurses) aus EUR-Sicht $e_i = (S_{i,t+1} - S_{i,t}) / S_{i,t}$ und dem Kreuzprodukt $R_i \cdot e_i$ zusammen. Weil das Kreuzprodukt relativ zu den beiden anderen Renditekomponenten betragsmäßig gering ist, lässt sich die Gesamtrendite approximativ gemäß $R_{i,EUR} = R_i + e_i$ darstellen. Wenn die lokale Wertpapierrendite $R_i = ln(P_{i+1,t} / P_{i,t})$ und Wechselkursrendite $e_i = ln(S_{i+1,t} / S_{i,t})$ in kontinuierlicher Form berechnet werden, dann gilt für die Gesamtrendite exakt $R_{i,EUR} = R_i + e_i$. Da sich Log-Renditen aber nicht linear verknüpfen lassen, ergeben sich hieraus bei Portfoliobetrachtungen Nachteile.

Die Zerlegung der Gesamtrendite macht deutlich, dass der Erfolg eines internationalen Investments nicht nur von den Wertentwicklungen an den lokalen Wertpapiermärkten, sondern auch von der Entwicklung des Wechselkurses abhängt. Wechselkursschwankungen können sich sowohl positiv als auch negativ auf die Gesamtrendite auswirken. Steigt der Wert der ausländischen Währung aus EUR-Sicht, steigt auch die EUR-Rendite, sinkt hingegen der Wert der ausländischen Währung aus EUR-Sicht, könnten sogar Verluste auftreten, obwohl der lokale Wert des Assets gestiegen ist.

Die nachfolgende Abbildung illustriert die entsprechenden Zahlungsflüsse, wobei als Fremdwährung i der US-Dollar (USD) angenommen wurde.

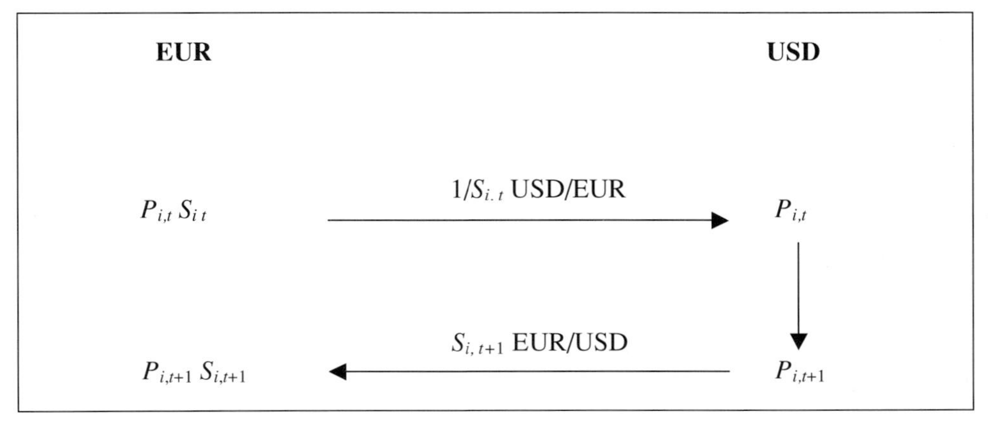

Abb. 13.8: Zahlungsflüsse bei einer Investition in USD

Die Märkte an denen Währungen getauscht werden können, nennt man Devisenmärkte (auch Foreign Exchange Markets oder kurz FX-Markets). Sie können wiederum in die Devisenspotmärkte und Devisenterminmärkte unterteilt werden und gehören hinsichtlich der Transaktionsvolumina zu den weltweit größten Finanzmärkten. In der Regel werden die Devisen 24 Stunden am Tag Over the Counter meist in elektronischer Form gehandelt. Die wichtigsten Marktteilnehmer sind internationale Geschäftsbanken, spezialisierte Händler/Makler in Devisen, Industrie-/Handelsunternehmen sowie Zentralbanken.

An den Devisenmärkten werden Wechselkurse $S_{i,t}$ oft als Preisnotierung angegeben (auch amerikanischen Methode). Das bedeutet, es wird angegeben, wie viel Geldeinheiten S(EUR/USD) in inländischer Währung (EUR) für eine Fremdwährungseinheit (USD) bezahlt werden müssen. In der Praxis trifft man häufig auch die so genannte Mengennotierung (auch europäische Methode) an. Dabei wird angegeben, wie viel Einheiten S(USD/EUR) Fremdwährung für eine Geldeinheit inländischer Währung gekauft werden können. Es ist offensichtlich, dass beide Arten der Notierung in einem reziproken Verhältnis zueinander stehen, d.h. S(EUR/USD) = 1/S (USD/EUR). Die Wechselkurse werden daher in den einschlägigen Finanzzeitungen oft auch als so genannte Crossrates angegeben.

Nachfolgendes Beispiel vom 20. Februar 2008 soll dies verdeutlichen, wobei in den Spalten die Preis- und in den Zeilen die Mengennotierung abgelesen werden kann. So konnte man zu diesem Zeitpunkt für einen Euro 1,4734 USD erwerben bzw. ein USD kostete 0,6785 EUR.

Währung	Euro	USD	Yen	Pfund	sfr
Euro		1,4734	158,43	0,7552	1,6127
USD	0,6787		107,53	0,5125	1,0943
Yen*)	6,3119	9,3000		4,7620	10,163
Pfund	1,3236	1,9508	209,70		2,1346
sfr	0,6197	0,9135	98,281	0,4682	

Tab. 13.1: Crossrates für fünf Währungen am 20. Februar 2008 (*Yen: 1000 Einheiten)

Auf einem arbitragefreien Markt müssen die Crossrates der verschiedenen Währungen in konsistenter Weise miteinander in Beziehung stehen. Zur Vermeidung von so genannten Dreiecks-Arbitragetransaktionen muss insbesondere gelten:

$$S\left(\frac{Währung\ 3}{Währung\ 2}\right)=S\left(\frac{Währung\ 1}{Währung\ 2}\right)\times S\left(\frac{Währung\ 3}{Währung\ 1}\right)$$

Dies soll im Rahmen des folgenden Beispiels verdeutlicht werden. In der Abbildung sind die Wechselkurse des Euros zum US-Dollar sowie des japanischen Yen zum Euro enthalten. Der arbitragefreie Wechselkurs Yen/USD ergibt sich folglich gemäß

$$0,6787\left(\frac{EUR}{USD}\right)\times 158,43\left(\frac{Yen}{EUR}\right)=107,53\left(\frac{Yen}{USD}\right).$$

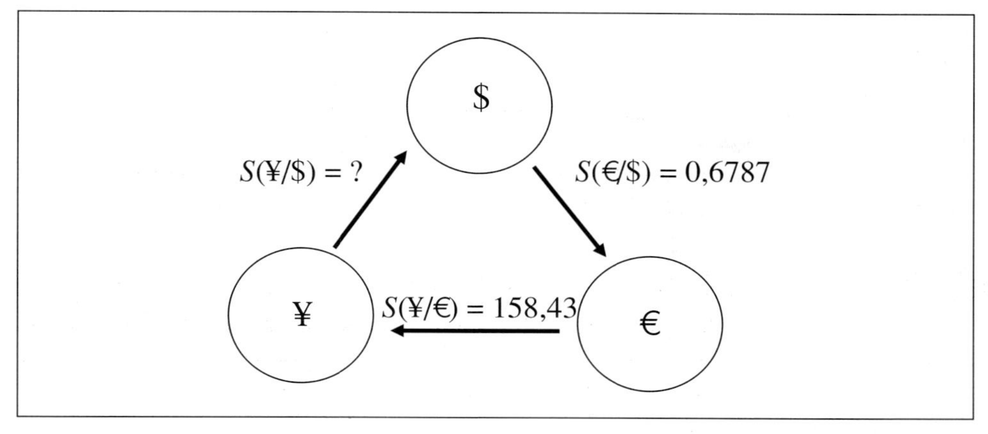

Abb. 13.9: Dreiecksbeziehungen von Wechselkursen

In Ergänzung zuden allgemeinen Ausführungen sei des Weiteren noch ein Beispiel betrachtet, welches die Zerlegung der Gesamtrendite eines internationalen Investments in die Bestandteile lokale Rendite, Wechselkursrendite und Kreuzprodukt illustriert.

Beispiel 13.1: Wechselkurse und internationale Investments
Ein deutscher Investor verfüge über einen anfänglichen Investitionsbetrag von 10.000 EUR, der in den USA angelegt wird. Der anfängliche Wechselkurs gemäß der obigen Abbildung 13.9 der Crossrates (Mengennotierung) betrage 1,4734 USD/EUR bzw. (Preisnotierung) 1/1,4734 = 0,6787 EUR/USD. Der anfängliche Investitionsbetrag in US-Assets beläuft sich damit auf 14.734 USD.
Der Wechselkurs am Ende des Jahres beträgt 1,3966 USD/EUR bzw. = 0,7160 EUR/USD. Die daraus resultierende Wechselkursrendite beträgt $\frac{0{,}7160 - 0{,}6787}{0{,}6787} = 5{,}5\ \%$. Am Ende des Jahres hat sich der Wert der US-Assets um 10% auf 16.207,4 USD erhöht, dies entspricht 16.207,4 (USD) * 0,7160 (EUR/USD) = 11.605 EUR. Also ergibt sich die Gesamtrendite aus EUR-Sicht gemäß 11.605 EUR/10.000 EUR - 1 = 16,05%. Alternativ kann die Gesamtrendite als Summe aus lokaler Rendite, Wechselkursrendite und Kreuzprodukt berechnet werden: 10% + 5,55% + 10% * 5,55% = 16,05%.

13.3.3 Rendite-/Risikoprofile Internationaler Portfolios ohne Wechselkurssicherung

In diesem Abschnitt werden die Rendite- und Risikoprofile internationaler Investments näher beleuchtet, wobei davon ausgegangen wird, dass keine Absicherung des Wechselkursrisikos stattfindet. Die erwartete EUR-Rendite der Assets im Markt *i* ergibt sich approximativ wie folgt:

(13.2) $$E(R_{i,EUR}) = E(R_i + e_i + R_i \cdot e_i) \approx E(R_i) + E(e_i).$$

Die erwartete EUR-Rendite setzt sich damit (approximativ) aus der erwarteten lokalen Rendite des ausländischen Assets und der erwarteten Wechselkursrendite zusammen.

Außer nach der (erwarteten) Rendite beurteilen risikoaverse Anleger Investitionsmöglichkeiten auch nach dem damit verbundenen Risiko. Wir folgen dabei dem klassischen Markowitzansatz und verwenden als Risikomaß die Renditevarianz $Var(R_{i,EUR})$, welche für internationale Investments in die folgenden Komponenten zerlegt werden kann:

(13.3) $$Var(R_{i,EUR}) = Var(R_i) + Var(e_i) + 2 \cdot Cov(R_i, e_i) + \Delta Var_i.$$

Der erste Summand $Var(R_i)$ repräsentiert den Risikobeitrag, der sich aufgrund von Renditeschwankungen der Assets in lokaler Währung ergibt, wogegen die wechselkursinduzierten Risikobeiträge in den Summanden zwei bis vier zum Ausdruck kommen. Dabei wirkt die (Eigen-)Schwankung der Währungsrendite $Var(e_i)$ generell risikoerhöhend. Die Interdependenzen zwischen der lokalen Rendite und der Wechselkursrendite spiegeln sich im dritten Term $Cov(R_i, e_i)$ und im (betragsmäßig i.d.R. sehr kleinen) vierten Summanden $\Delta Var_i = 2Cov(e_i, R_i e_i) + 2Cov(R_i, R_i e_i) + Var(R_i e_i)$ wider. Je nachdem, ob R_i und e_i positiv oder negativ korreliert sind, erhöhen oder vermindern diese beiden Komponenten das Gesamtrisiko. Ist die Summe der Terme zwei bis vier größer Null, steigt das Gesamtrisiko des Auslandsinvestments durch das Wechselkursrisiko, ist die Summe kleiner Null, sinkt das Gesamtrisiko.

In der nachfolgenden Tabelle ist eine Risikozerlegung für eine Anlage in den US-amerikanischen Aktien- und Rentenmarkt aus der Sichtweise eines im Euroland ansässigen Investors dargestellt. Grundlage sind dabei die historischen Jahresrenditen auf den lokalen Märkten sowie die Wechselkursrendite des USD gegenüber dem Euro (bzw. DM) im Zeitraum 1980–2004. Man erkennt, dass für eine Aktienanlage 45% und für eine Rentenanlage 77% des Gesamtrisikos aus Währungsschwankungen resultieren.

Basis	Varianz EUR-Rendite		Varianz USD-Rendite		Wechselkursbezogene Varianz gesamt		Varianz der Wechselkursrendite		2* Kovarianz zw. USD-Rendite und Wechselkursrendite		Residualvarianz
Rentenmarkt											
absolut	0.022	=	0.005	+	0.017	=	0.017	+	-0.002	+	0.003
relativ	100%	=	23%	+	77%	=	75%	+	-11%	+	13%
Aktienmarkt											
absolut	0.051	=	0.028	+	0.023	=	0.017	+	0.001	+	0.005
relativ	100%	=	55%	+	45%	=	33%	+	2%	+	10%

Tab. 13.2: Zerlegung der Varianz bei internationalen Renditen

Kommen wir nun zu den Effekten, die sich bei der Portfoliobildung ergeben. Investiert der deutsche Investor in die internationalen Märkte $i = 1,..., N$, dann ergibt sich die Rendite $R_{P,EUR}$ eines international diversifizierten Portfolios gemäß:

$$R_{P,EUR} = \sum_{i=1}^{N} x_i \cdot R_{i,EUR} = \sum_{i=1}^{N} x_i \cdot (R_i + e_i + R_i e_i) \approx \sum_{i=1}^{N} x_i \cdot (R_i + e_i). \quad (13.4)$$

Dabei bezeichnet x_i den Anteil des verfügbaren Anlagebudgets, der im Markt i investiert wird. Die erwartete Portfoliorendite ergibt sich gemäß

$$E(R_{P,EUR}) \approx \sum_{i=1}^{N} x_i \cdot E(R_i + e_i) \quad (13.5)$$

als gewichtete Summe der erwarteten Assetrenditen in lokaler Währung und der erwarteten Wechselkursrenditen. Im Vergleich zum klassischen Portfolioansatz kommen zu den N lokalen Assetrenditen noch N Wechselkursrenditen hinzu.

Im Vergleich dazu ist die Zerlegung der Gesamtvarianz eines international investierten Portfolios deutlich komplexer. Formal ergibt sich diese wie folgt:

$$\begin{aligned} Var(R_{P,EUR}) &\approx \sum_{i=1}^{N}\sum_{j=1}^{N} x_i x_j \cdot Cov(R_i, R_j) + \sum_{i=1}^{N}\sum_{j=1}^{N} x_i x_j \cdot Cov(e_i, e_j) \\ &+ 2\sum_{i=1}^{N}\sum_{j=1}^{N} x_i x_j \cdot Cov(R_i, e_j) \end{aligned} \quad (13.6)$$

Die Gesamtvarianz des Portfolios setzt sich zusammen aus (a) den N^2 Kovarianzen zwischen den lokalen Wertpapierrenditen, (b) den N^2 Kovarianzen zwischen den Wechselkursrenditen und (c) den $2N^2$ Kovarianzen zwischen den lokalen Wertpapier- und den Wechselkursrenditen. Das gesamte Fremdwährungsrisiko kommt in den Komponenten (b) und (c) zum Ausdruck. Unter Ausschluss von Leerverkaufsmöglichkeiten ist es nur im Fall negativer Korrelationen zwischen den Wechselkursrenditen bzw. zwischen den Wechselkursrenditen und den lokalen Wertpapierrenditen möglich, die Risiken wechselkursinduzierter Ergebnisbeiträge im Portfoliokontext zumindest teilweise auszugleichen.

13.3.3 Rendite-/Risikoprofile mit Absicherung des Wechselkursrisikos

13.3.3.1 Wechselkurssicherung durch Devisenforwards

Neben der systematischen Nutzung von Diversifikationseffekten im Portfoliokontext können Risiken aus offenen Kassapositionen in den einzelnen Fremdwährungsbereichen auch durch den Einsatz geeigneter Absicherungsinstrumente gesteuert werden. Hierbei spielen Devisentermingeschäfte eine zentrale Rolle. Ein Termingeschäft ist durch das zeitliche Auseinanderfallen von Verpflichtungs- und Erfüllungsgeschäft charakterisiert, wobei der Vertragsgegenstand von Devisentermingeschäften auf den Kauf oder Verkauf von Fremdwährungseinheiten gerichtet ist. Unter den verschiedenen Finanztermingeschäften auf Währungen spielen Devisenforwards als Absicherungsinstrument eine zentrale Rolle. Bei einem Devisenforward wird zwischen zwei Parteien zu Beginn der Periode festgelegt, zu welchem Forwardkurs F_i zu einem bestimmten zukünftigen Zeitpunkt (oftmals 1, 3 und 6 Monate) eine bestimmte Menge von Fremdwährungseinheiten des Landes i mit gegenwärtigem Kassakurs S_i vom Verkäufer an den Käufer der Devisen zu liefern ist. Die Größe $f_i = F_i/S_i - 1$ bezeichnet man als Forwardprämie; im Fall von $f_i > 0$ ergibt sich ein so genannter Report (auch premium) und für $f_i <$ 0 ein Deport (auch discount). Bezeichne $r_{Ausland}$ den risikolosen Zinssatz in ausländischer und r_{Inland} in heimischer Währung (jeweils mit der gleichen Laufzeit wie der Forwardkontrakt), dann berechnet sich nach dem auf Argumenten arbitragefreier Finanzmärkte basierenden (gedeckten) *Zinsparitätentheorem* (man vgl. hierzu allgemein auch Abschnitt 10.3.5) die Forwardprämie gemäß

$$f_i = \frac{1 + r_{Inland}}{1 + r_{Ausland}} - 1 \approx r_{Inland} - r_{Ausland}. \tag{13.7}$$

Der Unterschied zwischen Kassa- und Terminkurs einer Währung kann als Ausdruck der jeweiligen nationalen Zinsgefälle angesehen werden. So folgt aus dem Zinsparitätentheorem ein Deport (Report) für solche Länder, deren Zinsniveau höher (niedriger) als im Inland ist.

Beispiel 13.2: Forwardprämien und No-Arbitrage

Der Zinssatz für Jahresgeld im Euroraum beträgt 2,50% p.a. und für das britische Pfund 5,00% p.a. Der Devisenkassakurs beträgt 1,4505 Euro/Pfund und der Devisenterminkurs 1,4405, d.h. die Forwardprämie liegt bei f = -0,6894%. Bewerten Sie diese Marktsituation und geben Sie ggf. eine Arbitragestrategie an, falls die Möglichkeit besteht 10.000 Pfund in Großbritannien anzulegen.

Nach dem Zinsparitätstheorem gilt

$$f = \frac{1,025}{1,05} - 1 = -2,3810\% < -0,6894\%.$$

Der Devisenterminkurs ist offensichtlich zu hoch bewertet. Daraus ergibt sich folgende Arbitragestrategie: Geldanlage von 10.000 Pfund in Großbritannien zum Zins von 5%. Dies führt zu einem sicheren Rückzahlungsbetrag in einem Jahr in Höhe von 10.500 Pfund. Finanzierung des Anlagebetrags durch Kreditaufnahme i.H.v. 10.000 Pfund * 1,4505 Euro/Pfund = 14.505 Euro zum Zins von 2,5% p.a. Dies führt zu sicheren Nettokosten in einem Jahr für die Ablösung des Kredits von 14.505 * 1,025 = 14.867,63 Euro. Der Verkauf des zukünftigen Rückzahlungsbetrags der Fremdwährungsanlage 10.500 Pfund mittels Forwards führt zu einem sicheren Cash Flow in einem Jahr in Höhe von 1,4405*10.500 = 15.125,25 Euro. Es wurde damit ein Arbitragegewinn von 257,63 EUR realisiert.

Zur Absicherung eines Investments gegen Wechselkursschwankungen eignen sich Short-Positionen in Devisenforwards. Der Anleger verkauft dabei schon heute (teilweise) den zukünftigen Rückfluss aus dem internationalen Investment. In diesem Zusammenhang ergibt sich die Problematik, auf welchen konkreten Fremdwährungsbetrag sich das Devisentermingeschäft bezieht. Dies ist einfach, wenn der Rückfluss aus dem Investments in ausländischer Währung sicher ist, also etwa für eine Anlage in ausländischen Geldmarkttiteln oder Zerobonds. In diesem Fall verkauft der Investor die am Ende des Anlagezeitraums aus dem Investment resultierende Fremdwährungsposition zum vereinbarten Forwardpreis. Damit kennt der Investor schon heute den EUR-Betrag, mit dem er in der Zukunft aus dem Investment rechnen kann, und das Risiko zwischenzeitlicher Wechselkursschwankungen ist vollständig eliminiert. Wenn allerdings in riskante Anlagen, wie etwa Aktien, investiert wird, ist der zukünftige Rückfluss in ausländischer Währung unbekannt. Es stellt sich dann die Frage, wie viele Einheiten Fremdwährung schon heute über den Devisenforward zu verkaufen sind.

In der Literatur wird u.a. folgendermaßen vorgegangen, um die Bezugsgröße für den Devisenforward festzulegen[1]. Der Anleger verkauft zu Periodenbeginn h_i Devisenforwards bezogen auf eine Fremdwährungseinheit in Höhe des ursprünglichen Investitionsbetrags. Die Größe h_i stellt dabei die Hedge Ratio dar. Sie gibt den Anteil der Fremdwährungsposition an, die gegenüber dem Wechselkursrisiko gesichert ist. Die Gesamtrendite nach Wechselkurssicherung am Ende des Investitionszeitraums ergibt sich dann gemäß:

(13.8) $$R^h_{i,EUR} = R_i + e_i + R_i \cdot e_i + h_i \cdot (f_i - e_i).$$

Wird eine Hedge Ratio von $h_i = 0$ gewählt, ist das Investment uneingeschränkt Wechselkursrisiken ausgesetzt. Im Falle $h_i = 1$ spricht man von einem vollständigen Währungshedge. Dabei gilt es zu beachten, dass auch im Fall $h_i = 1$ wegen $R^h_{i,EUR} = R_i + f_i + R_i \cdot e_i$ mit dem Kreuzprodukt noch ein Restrisiko aus Währungsschwankungen verbleibt. Allerdings fällt der Beitrag dieses Residualterms relativ zur Gesamtrendite regelmäßig gering aus, sodass der wesentliche Teil des Wechselkursrisikos eines internationalen Investments durch Devisenforwards eliminiert werden kann.

Die nachfolgende Abbildung vermittelt eine Übersicht über das resultierende Rendite-/Risikoprofil für ein internationales Investment in Fremdwährung *i* bei einer Wahl der Hedgeratio von null bzw. eins. Weiterhin werden die resultierenden Interdependenzen mit anderen Anlagen angegeben.

---

1 Vgl. etwa in *Glen/Jorion* (1993) oder *Levy/Lim* (1994).

	h = 0	h = 1
Gesamtrendite	$\approx R_i + e_i$	$\approx R_i + f_i$
Erwartete Rendite	$\approx E(R_i) + E(e_i)$	$\approx E(R_i) + E(f_i)$
Varianz	$\approx Var(R_i) + 2Cov(R_i, e_i) + Var(e_i)$	$\approx Var(R_i)$
Kovarianz	$\approx Cov(R_i + e_i, R_j + e_j)$	$\approx Cov(R_i + f_i, R_j + f_j)$
$Cov(R_{i,EUR}, R_{j,EUR})$	$= Cov(R_i, R_j) + Cov(e_i, e_j)$ $+ Cov(e_i, R_j) + Cov(R_i, e_j)$	$= Cov(R_i, R_j)$

Abb. 13.10: Rendite-/Risikoprofile sowie Interdependenzen eines internationalen Investments mit und ohne Wechselkurssicherung

Betrachtet man Portfolios bestehend aus $i = 1,\ldots,N$ verschiedenen Investments mit der Möglichkeit der Wechselkurssicherung durch Devisenforwards, ergibt sich für die Gesamtrendite unter Vernachlässigung aller Kreuzprodukte approximativ:

(13.9)
$$R_P^h \approx \sum_{i=1}^{N} (x_i R_i + x_i (1-h_i) e_i + x_i h_i f_i).$$

Die resultierende erwartete Gesamtrendite berechnet sich gemäß:

(13.10)
$$E(R_P^h) \approx \sum_{i=1}^{N} x_i E(R_i) + \sum_{i=1}^{N} x_i (1-h_i) E(e_i) + \sum_{i=1}^{N} h_i x_i f_i$$

Für die Gesamtvarianz gilt:

(13.11)
$$Var(R_P^h) \approx \sum_{i=1}^{N}\sum_{j=1}^{N} x_i x_j \cdot Cov(R_i, R_j) + \sum_{i=1}^{N}\sum_{j=1}^{N} x_i x_j (1-h_i)(1-h_j) Cov(e_i, e_j)$$
$$+ 2\sum_{i=1}^{N}\sum_{j=1}^{N} x_i x_j (1-h_j) Cov(R_i, e_j)$$

Man erkennt, dass der an internationalen Märkten investierende Anleger bei der Bildung von Portfolios mit zwei Typen von Entscheidungsvariablen konfrontiert ist. Zum einen ist zu beantworten, welcher Anteil x_i des Investitionsbudgets in die zur Verfügung stehenden Anlagen investiert werden soll. Zum zweiten stellt sich die Frage, in welchem Umfang h_i Wechselkursschwankungen mittels Devisenforwards gesichert werden. Zur Bestimmung der Hedge Ratio h_i im Kontext einer Mittelwert/Varianz-Optimierung lassen sich u.a. drei Vorgehensweisen unterscheiden:

- **Naives Währungs-Hedging:** Hierbei werden die Hedge Ratios auf einen bestimmten Wert fixiert. Ein Standardansatz ist die Wahl $h_i = 1$ (vollständiger Hedge), d.h. für jede Fremdwährungseinheit wird ein Devisenforward verkauft. Im Kontext einer Portfoliooptimierung nach dem Mittelwert/Varianz-Kriterium werden alle Hedge Ratios vorab auf eins gesetzt und anschließend über die Portfoliogewichte optimiert.

- **Optimales Währungs-Hedging:** Hierbei handelt es sich um einen integrierten Ansatz, bei dem simultan die Portfoliogewichte und die Hedge Ratios im Kontext einer MV-Optimierung bestimmt werden. Insofern ist Wechselkursabsicherung ein integraler Bestandteil der Asset Allocation-Entscheidung.
- **Currency Overlay:** Bei dieser Variante der Währungssicherung wird zweistufig vorgegangen. In der ersten Stufe werden die optimalen Portfoliogewichte bestimmt, wobei alle Hedge Ratios auf $h_i = 0$ gesetzt werden. In der zweiten Stufe werden die Portfoliogewichte aus der ersten Stufe fixiert und anschließend die Hedge Ratios bestimmt.

In der Literatur wird teilweise die Meinung vertreten, dass eine Wechselkurssicherung mit Devisenforwards im Vergleich zu ungesicherten Anlagen zu einem grundsätzlich besseren Rendite-/Risikoprofil führe. Die theoretische Argumentation basiert auf der Annahme, dass die Forwardprämie ein annähernd unverzerrter Schätzer für die erwartete Wechselkursrendite sei, d.h. $f_i \approx \mathrm{E}(e_i)$. Dies hätte zur Konsequenz, dass einer Reduktion des Wechselkursrisikos durch Devisenforwards (nahezu) keine Sicherungskosten im Sinne einer Reduktion der lokalen erwarteten Rendite gegenüberstünden. *Perold/Schulman* (1988) sprechen hierbei sogar von einem »Free Lunch«. Einige empirische Studien zeigen, dass im Vergleich ungesicherter internationaler Wertpapierinvestments die Sicherung des Wechselkursrisikos durch Devisenforwards nur geringen Einfluss auf die durchschnittliche Rendite hat oder sie sogar steigert, während gleichzeitig das Portfoliorisiko meist deutlich verringert wird.[2] Aus theoretischer Sicht führen *Adjaouté/Tuchschmid* (1996, S. 446f.) gegen das Free Lunch-Argument ins Feld, dass aktuelle Forwardprämien nur unter sehr restriktiven Annahmen unverzerrte Schätzer für erwartete Wechselkursrenditen sind. In einer empirischen Studie, bezogen auf den Zeitraum 01/1981 bis 12/1988, zeigen *Levy/Lim* (1994), dass Forwardprämien den Wechselkurs des US-Dollars gegenüber den auch hier betrachteten Ländern je nach Subperiode systematisch unter- bzw. überschätzen.

Übungsbeispiel 13.3: Wechselkurssicherung mit Devisenforwards

Gegeben sei eine Zwei-Länder-Welt mit einem Wertpapier 1 (Heimatland des Investors) und einem Wertpapier 2 (Ausland). Die Erwartungswerte für die Renditen der Wertpapiere sind $\mathrm{E}(R_1) = 0{,}25$; $\mathrm{E}(R_2) = 0{,}10$ bzw. für die Wechselkursrendite $\mathrm{E}(e_2)$. Die Kovarianzen sind:

	R_1	R_2	e_2
R_1	0,09	0,0045	0,0003
R_2		0,0225	-0,0014
e_2			0,0064

Vernachlässigen Sie bei Ihren Berechnungen alle $(R_i e_2)$-Kreuzproduktterme.

2 Vgl. *Eun/Resnick* (1988, 1994), *Kaplanis/Schaefer* (1991), *Eaker/Grant* (1990), *Eaker/Grant/Woodard* (1991) sowie *Glen/Jorion* (1993).

a) Berechnen Sie Struktur und Volatilität des Minimum-Varianz-Portfolios (MVP), wenn der Investor keine Wechselkurssicherung durchführt.
b) Der Investor beschließt, den ursprünglichen Investitionsbetrag für Wertpapier 2 in voller Höhe durch Devisenforwards abzusichern. Welche Struktur und Volatilität hat das MVP?
c) Der Investor entschließt sich nun, die Währungsposition im Rahmen eines Currency Overlay zu optimieren. Dabei hat die Asset Allocation-Abteilung ohne Berücksichtigung einer Wechselkurssicherung ein MVP berechnet, das sich zu 20% aus Wertpapier 1 und zu 80% aus Wertpapier 2 zusammensetzt. Berechnen Sie für diese Gewichte den optimalen Umfang der Währungssicherung welche die Portfoliovarianz minimiert. Welche Volatilität hat dieses Portfolio?

Lösungsskizze

a) Portfoliorendite ohne Wechselkurssicherung (h = 0): $R_P = xR_1 + (1-x)(R_2 + e_2)$

$$\Rightarrow Var(R_P^{h=0}) = 0{,}09x^2 + (1-x)^2 0{,}0261 + 2x(1-x)0{,}0048 = 0{,}1065x^2 - 0{,}0426x + 0.0261$$

$$\Rightarrow \frac{dVar(R_P^{h=0})}{dx} = 0{,}213x - 0{,}0426 \overset{!}{=} 0 \Rightarrow x_{MVP}^{h=0} = 0{,}2 \Rightarrow \sqrt{Var(R_{MVP}^{h=0})} \approx 0{,}1478$$

b) Portfoliorendite vollständige Wechselkurssicherung (h = 1): $R_P = xR_1 + (1-x)(R_2 + f_2)$

$$\Rightarrow Var(R_P^{h=1}) = 0{,}09x^2 + 0{,}0225(1-x)^2 + 2x(1-x)0{,}0045 = 0{,}1035x^2 - 0{,}036x + 0{,}0225$$

$$\Rightarrow \frac{dVar(R_P^{h=1})}{dx} = 0{,}207x - 0{,}036 \overset{!}{=} 0 \Rightarrow x_{MVP}^{h=1} = 0{,}173913 \Rightarrow \sqrt{Var(R_{MVP}^{h=0})} \approx 0{,}1392$$

c) Portfoliorendite Currency Overlay (x = 0,2): $R_P = 0{,}2R_1 + (0{,}8)[R_2 + e_2 + h(f_2 - e_2)]$

$$\Rightarrow Var(R_P^{x=0,2}) = (0{,}2)^2 \cdot 0{,}09 + 0{,}8^2[0{,}0225 + 0{,}0064 + 0{,}0064h^2 + 2\cdot(-0{,}0014) - 2h(-0{,}0014) - 2h * 0{,}0064] + 2\cdot 0{,}2 \cdot 0{,}8 \cdot [0{,}0045 + 0{,}0003 - h \cdot 0{,}0003]$$
$$= 0{,}004096h^2 - 0{,}006496h + 0{,}02184$$

$$\Rightarrow \frac{dVar(R_P^{x=0,2})}{dh} = 0{,}008192h - 0{,}006496 \overset{!}{=} 0 \Rightarrow h_{MVP}^{x=0,2} = 0{,}793 \Rightarrow \sqrt{Var(R_{MVP}^{x=0,2})} \approx 0{,}1384$$

13.3.3.2 Wechselkurssicherung durch Money Market-Hedgepositionen

Aus dem Zinsparitätentheorem ergibt sich, dass eine finanzwirtschaftlich äquivalente Alternative zur Währungssicherung mittels Devisenforwards ein so genannter Money Market-Hedge ist. Dabei wird simultan eine Kreditaufnahme in ausländischer Währung und eine Anlage des resultierenden Betrags am inländischen Geldmarkt eingegangen. Das folgende Beispiel illustriert die Vorgehensweise:

Beispiel 13.4: Money Market-Hedge versus Devisenforwards
Ein Investor aus dem Euroraum erwartet in einem Jahr einen Rückfluss in Höhe von 100.000 USD. Der heutige Wechselkurs des USD zum Euro beträgt 1,25 USD/

EUR. Der Zinssatz am amerikanischen Geldmarkt beträgt 5% und im Euroraum 3%. Der Investor verschuldet sich in den USA mit 100.000/1,05 = 95.238,09 USD zum Zinssatz von 5% und legt den resultierenden Betrag von 95.238 USD * 1/1,25 USD/EUR = EUR 76.190 in europäischen Geldmarkttiteln zu 3% an. In einem Jahr wird der resultierende Betrag von 76.190 * 1,03 = 78.476 EUR verwendet, um den Kreditbetrag von 100.000 USD zu tilgen. In der nachfolgenden Tabelle sind die Gewinn/Verlust-Position für unterschiedliche Wechselkurse in einem Jahr angegeben:

Wechselkurs	Cash Flow von USD 100.000	Ergebnis Money Market-Hedge = 78.476 EUR – USD 100.000	Gesamter Cash Flow
1,00 USD/EUR	100.000 EUR	-21.524 EUR	78.476 EUR
1,27427 USD/EUR	78.476 EUR	+- 0	78.476 EUR
1,250 USD/EUR	80.000 EUR	- 1.524 EUR	78.476 EUR
1,33334 USD/EUR	75.000 EUR	+ 3.476 EUR	78.476 EUR

Gemäß dem Zinsparitätentheorem ergibt sich eine Forwardprämie i.H.v. von -1,9048%. Dies korrespondiert mit einem Forwardpreis in einem Jahr für einen USD in Höhe von (1/1,25)*0,98095 = 0,78476 EUR/USD oder nach der üblichen Notierung 1,27427 USD/EUR. Werden damit bereits heute mittels Devisenforwards 100.000 USD in einem Jahr zu einem Kurs von 1,27427 USD/EUR verkauft, ergibt sich ein sicherer Cash Flow wie beim Money Market-Hedge in Höhe von 100.000 / 1,27427 = 78.476 EUR

13.3.3.3 Wechselkurssicherung durch Devisenoptionen

Eine weitere Möglichkeit, das Wechselkursrisiko bei internationalen Investments zu kontrollieren, besteht in dem Einsatz von Devisenoptionen. Eine Devisenoption gibt dem Inhaber das Recht, aber nicht die Verpflichtung, eine bestimmte Menge an Fremdwährungseinheiten zu einem festgelegten Basispreis an (europäische Option) oder bis zu einem bestimmten Termin (Amerikanische Option) zu kaufen (Call) oder zu verkaufen (Put). Für dieses Recht muss der Optionsinhaber (Long-Position) dem Verkäufer der Option (Short-Position) bei Kauf der Option eine bestimmte Prämie bezahlen. Das nahe liegende Instrument zur Wechselkurssicherung ist der Erwerb von Devisenputs.

Im Vergleich zu einem Devisenforward eröffnet der Einsatz von Devisenputs zur Wechselkurssicherung eine höhere Flexibilität. Dies begründet sich aus der grundsätzlich asymmetrischen Payoff-Struktur von Optionskontrakten. Es ergibt sich ein Schutz gegenüber negativen Renditebeiträgen aus Wechselkursschwankungen, ohne auf Renditechancen verzichten zu müssen. Der Nachteil dieses Hedginginstruments besteht in den unmittelbar anfallenden Kosten zur Begleichung der Optionsprämie.

Im Kontext der Preisbildung von europäischen Devisenputs sei an dieser Stelle nochmals (man vgl. hierzu auch Abschnitt 11.7.1) auf die Formel von *Garman/Kohlhagen* (1983) hingewiesen, welche eine Weiterentwicklung der traditionellen Black/Scholes-Formel darstellt. Hierbei wird Arbitragefreiheit der relevanten Märkte unterstellt und dass der Wechselkurs S_{it} der ausländischen Währung einer geometrischen Brownschen Bewegung folgt. Der Preis P_{it}

einer Europäischen Putoption (in EUR), die das Recht beinhaltet eine Fremdwährungseinheit mit aktuellem Wechselkurs S_{it} gegenüber dem Euro zu einem festgelegten Wechselkurs in Höhe von K_i im Zeitpunkt T zu verkaufen, ergibt sich gemäß:

$$P_{it} = -S_{it} \exp(-r_i(T-t))\Phi(-d_1) + K_i \exp(-r_{EUR}(T-t))\Phi(-d_2) \,, \tag{13.12}$$

wobei

$$d_1 = \frac{\ln(S_{it} / K_i) + (r_{EUR} - r_i)(T-t)}{\sigma\sqrt{T-t}} + \frac{1}{2}\sigma\sqrt{T-t}$$

und $d_2 = d_1 - \sigma\sqrt{T-t}$. Dabei bezeichnet r_{EUR} bzw. r_i den risikolosen Zins im Euroraum (Inland) bzw. im Ausland, T- t die Restlaufzeit und σ die Volatilität der logarithmierten Wechselkursveränderungen

13.3.4 Fallstudie zur internationalen Portfoliodiversifikation

13.3.4.1 Rendite- und Risikoprofile internationaler Investments

Um einen Eindruck von den mit einem internationalen Investment verbundenen Chancen und Risiken zu gewinnen, wird in diesem Abschnitt eine Ex-post-Analyse durchgeführt. Hierzu werden historische Renditezeitreihen des britischen (UK), japanischen (JP), schweizerischen (CH), amerikanischen (USA) und deutschen (GER) Aktien- und Anleihemarktes betrachtet. Als Repräsentanten für die Aktienmärkte dienen die Morgan-Stanley-Capital-International (MSCI)-Indizes, welche Kapitalmaßnahmen bereinigen und Dividendenzahlungen reinvestieren. Als Repräsentanten für die Anleihemärkte wurden die Datastream World-Government-Bond-Indizes gewählt, welche anfallende Zinszahlungen reinvestieren. Diese breit diversifizierten Länderindizes enthalten, die hinsichtlich der Marktkapitalisierung, bedeutendsten Wertpapiere und können als Repräsentanten für die Performance entsprechender Indexportfolios (gerechnet in lokaler Währung) angesehen werden. Aus den Monatsendkursen der betreffenden Länderindizes im Zeitraum 12/1989 bis 12/2004 wurden die zugehörigen Monatsrenditen ermittelt. Die Wechselkursrenditen sowie die Fordwardprämien der verschiedenen Länder relativ zum Euro wurden Datastream entnommen.

Die nachfolgende Tabelle enthält die mittleren Gesamtrenditen der untersuchten Aktien- und Anleihemärkte, aufgeteilt in die einzelnen Komponenten lokale Rendite, Wechselkursrendite und Kreuzprodukt.

	Aktien					Renten				
	JP	UK	CH	USA	GER	JP	UK	CH	USA	GER
Gesamtrendite	-0,06%	0,77%	1,02%	0,94%	0,71%	0,57%	0,80%	0,57%	0,55%	0,59%
Absolute Renditebeiträge (in% p.m.)										
Lokale Rendite	-0,24%	0,74%	0,95%	0,97%	0,71%	0,42%	0,77%	0,48%	0,61%	0,59%
WKrendite	0,16%	0,03%	0,09%	-0,05%		0,16%	0,03%	0,09%	-0,05%	
Kreuzprodukt	0,02%	0,00%	-0,01%	0,01%		-0,01%	0,00%	0,00%	-0,01%	
Relative Renditebeiträge (in% zur Gesamtrendite)										
Lokale Rendite	-411,33%	96,07%	92,68%	103,80%	100,00%	73,45%	96,27%	84,81%	109,95%	100,00%
WKrendite	269,59%	4,02%	8,39%	-4,96%		27,36%	3,90%	15,06%	-8,38%	
Kreuzprodukt	41,74%	-0,09%	-1,07%	1,16%		-0,81%	-0,17%	0,14%	-1,57%	

Abb. 13.11: Rendite-Komponenten gemessen durch die arithmetischen Durchschnittsrendite (p.m.) für Aktien- und Rentenmärkte im Zeitraum, 01/1990 bis 12/2004 aus Sichtweise eines EUR-Investors.

In lokaler Währung waren die im Untersuchungszeitraum beobachtbaren Durchschnittsrenditen aller betrachteten Märkte positiv und fielen für Aktienmärkte höher als für die entsprechenden Anleihemärkte aus. Eine Ausnahme stellt der japanische Aktienmarkt dar, der im betrachteten Zeitraum eine negative Gesamtrendite aufweist. Die lokalen Renditen des britischen, schweizerischen und US-amerikanischen Aktienmarktes übertrafen diejenige des deutschen Aktienmarktes. Für die Anleihemärkte zeigten die britischen und US-amerikanischen Märkte höhere Durchschnittsrenditen in lokaler Währung im Vergleich zu deutschen Anleihen. Die Wechselkursrenditen waren mit Ausnahme des US-Dollars für alle Länder positiv. In dem betrachteten Zeitraum führten damit internationale Investments meistens zu höheren Durchschnittsrenditen im Vergleich zum deutschen Aktien- bzw. Anleihemarkt. Ausnahmen sind Japan auf der Aktien- und die Schweiz auf der Rentenseite.

Nachfolgende Abbildung enthält für die betrachteten Aktien- und Anleihemärkte die jeweiligen Risikobeiträge gemessen durch die empirische (Stichproben-)Varianz.

	Aktien					Renten				
	JP	UK	CH	USA	GER	JP	UK	CH	USA	GER
Gesamtvarianz	50,80%	22,70%	24,80%	29,10%	42,20%	12,20%	7,20%	2,50%	8,90%	0,90%
Absolute Varianz (in % p.m.)										
Lokale Varianz	34,00%	17,90%	25,50%	18,10%	42,20%	1,50%	2,60%	1,10%	1,70%	0,90%
WK-Varianz	11,60%	4,80%	1,30%	8,80%		11,60%	4,80%	1,30%	8,80%	
Kovarianzen WK-	4,90%	-0,20%	-2,40%	2,30%		-1,10%	-0,30%	0,10%	-1,70%	
Rest	0,20%	0,20%	0,30%	0,00%		0,10%	0,10%	0,00%	0,10%	
Relative Varianzbeiträge (in % zu Gesamtvarianz)										
Lokale Varianz	66,97%	78,83%	102,95%	62,02%	100,00%	12,45%	36,52%	43,64%	19,30%	100,00%
WK-Varianz	22,94%	21,21%	5,35%	30,09%		95,46%	66,31%	52,52%	98,18%	
Kovarianzen WK-	9,69%	-0,79%	-9,48%	7,78%		-8,71%	-4,35%	3,02%	-18,93%	
Rest	0,40%	0,76%	1,18%	0,11%		0,80%	1,52%	0,83%	1,45%	

Abb. 13.12: Risiko-Komponenten gemessen durch die empirische (Stichproben-)Varianz (p.m.) für Aktien- und Rentenmärkte im Zeitraum, 01/1990 bis 12/2004 aus Sichtweise eines EUR-Investors.

In lokaler Währung gerechnet, waren die Renditeschwankungen auf dem deutschen Aktienmarkt (42,2%) am höchsten und auf dem britischen (17,90%) am geringsten. Bei den Anleihemärkten wies die Schweiz (1,10%) die geringste und Großbritannien (2,60%) die höchste Volatilität auf. Obgleich für einige Länder negative Kovarianzen zwischen den lokalen Indexrenditen und den Wechselkursveränderungen zu beobachten waren, wirken sich Wechselkursschwankungen insgesamt Risiko erhöhend aus. Einzige Ausnahme sind Aktienengagements in der Schweiz. Für die Investments in den betrachteten internationalen Aktienmärkten stammt der weitaus größte Risikobeitrag aus den Schwankungen der lokalen Indices. Für Engagements in internationalen Anleihen sind jedoch die Risikobeiträge aus Wechselkursschwankungen dominierend. So stammt etwa für ein Investment am US-amerikanischen Aktienmarkt 62,02% des Gesamtrisikos aus Schwankungen der lokalen Rendite, während für ein Engagement in Anleihen dieser Wert lediglich 19,30% beträgt.

Zunächst bleibt festzuhalten, dass aus Renditesicht in dem betrachteten Zeitraum internationale Investments gegenüber deutschen Investments oftmals besser abgeschnitten haben. Auf den Aktienmärkten geht diese Renditeverbesserung teilweise gleichzeitig mit geringeren Renditeschwankungen einher. Anders auf den internationalen Rentenmärkten, die aufgrund des Wechselkursrisikos im Vergleich zu einem Investment in deutsche Anleihen stets eine deutlich höhere Volatilität aufweisen

13.3.4.2 Korrelationsstrukturen

Die Vorteile eines internationalen Investments liegen außerdem in der Nutzung von Diversifikationspotentialen zwischen einzelnen Märkten begründet. In Abbildung 13.13 sind daher die Korrelationen der verschiedenen Teilmärkte enthalten.

Die Korrelationen zwischen den lokalen Renditen der Aktien- bzw. Anleiherenditen fallen durchweg positiv aus. Der durchschnittliche Korrelationskoeffizient ist für die Aktienmärkte mit einem Wert von 0,57 etwas größer als für die Anleihemärkte mit einem Wert von 0,47. Die Korrelationen zwischen Aktien- und Anleihemärkten sind teilweise negativ und weisen einen Durchschnittswert von nur etwa 0,05 auf. Dies ist ein Indiz für das hohe Diversifikationspotenzial von gemischten Portfolios aus Aktien- und Anleihen. Auch die Wechselkursrenditen zum Euro sind mit Ausnahme der Schweiz zur USA positiv miteinander korreliert. Der durchschnittliche Korrelationskoeffizient der Wechselkursrenditen ist mit einem Wert von 0,22 deutlich geringer als bei den Aktien- und Anleihemärkte. Demzufolge kann ein EUR-Investor das Wechselkursrisiko im Vergleich zum lokalen Marktrisiko durch Diversifikation besser reduzieren. Betrachtet man schließlich die Korrelationen zwischen den lokalen Renditen der internationalen Aktien- und Rentenmärkte und den Wechselkursrenditen zum EUR, so schwanken diese zwischen –0,38 und 0,27, wobei die durchschnittliche Korrelation ein Wert von ca. 0,01 aufweist.

Um das Risikoreduktionspotenzial, das mit der internationalen Diversifikation als auch mit der Diversifikation in unterschiedliche Assetklassen verbunden ist, wird ein gleich gewichtetes Portfolio betrachtet. Hierbei wird das verfügbare Anlagebudget zu gleichen Anteilen ($x_i = 1/N$) in die betreffenden Anlagemärkte investiert und auf eine Wechselkurssicherung verzichtet ($h_i = 0$). Diese Entscheidungsregel versucht in »naiver« Weise, von den Diversifikationspotenzialen internationaler Wertpapierportfolios zu profitieren, ohne Informationen über erwartete Renditen, Varianzen und Korrelationen zu berücksichtigen. Die nachfolgende Tabelle illustriert die Resultate jeweils für ein reines Aktien-, Rentenportfolios sowie ein Multi-Asset-Portfolios.

	Korrelation der lokalen Renditen									
	Aktien					Renten				
	JP	UK	CH	USA	GER	JP	UK	CH	USA	GER
Aktien JP	1,00	0,38	0,43	0,38	0,35	-0,01	0,01	0,01	-0,02	0,02
Aktien UK		1,00	0,74	0,73	0,68	0,07	0,34	0,14	-0,03	0,16
Aktien CH			1,00	0,66	0,69	0,10	0,17	0,12	-0,05	0,10
Aktien USA				1,00	0,66	0,09	0,13	-0,02	0,05	0,05
Aktien GER					1,00	0,01	0,03	-0,12	-0,19	0,00
Renten JP						1,00	0,23	0,28	0,29	0,31
Renten UK							1,00	0,54	0,57	0,70
Renten CH								1,00	0,45	0,71
Renten USA									1,00	0,61
Renten GER										1,00
	Korrelation der Wechselkursrenditen zum EUR									
	JP	UK	CH	USA	GER	JP	UK	CH	USA	GER
JP	1,00	0,20	0,18	0,45	-	1,00	0,20	0,18	0,45	-
UK		1,00	0,02	0,47	-		1,00	0,02	0,47	-
CH			1,00	0,00	-			1,00	0,00	-
USA				1,00	-				1,00	-
	Korrelation zwischen lokaler Rendite und Wechselkursrendite									
	Aktien					Renten				
	JP	UK	CH	USA	GER	JP	UK	CH	USA	GER
JP	0,12	0,24	0,21	0,15	0,08	-0,13	0,14	0,07	-0,07	0,03
UK	0,19	-0,01	0,15	0,08	0,18	-0,15	-0,04	-0,15	-0,06	-0,13
CH	-0,08	-0,19	-0,20	-0,29	-0,38	-0,06	-0,03	0,03	0,00	-0,09
USA	0,08	0,22	0,29	0,09	0,27	-0,13	0,07	0,01	-0,22	-0,02

Abb. 13.13: Übersicht über die Korrelationsstruktur der lokalen Renditen internationalen Aktien- und Rentenmärkte sowie der Wechselkursrenditen zum EUR für den Gesamtzeitraum von Januar 1990 bis Dezember 2004.

	Aktienportfolio		Rentenportfolio		Aktien /Renten	
Risiko-Komponente	Absoluter Betrag	Relativer Betrag	Absoluter Betrag	Relativer Betrag	Absoluter Betrag	Relativer Betrag
$\sum_{i=1}^{N}\sum_{j=1}^{N}(1/N)^2 \operatorname{cov}(R_i,R_j)$	17,29%	80,23%	0,87%	34,02%	4,67%	61,18%
$\sum_{i=1}^{N}\sum_{j=1}^{N}(1/N)^2 \operatorname{cov}(e_i,e_j)$	1,85%	8,56%	1,85%	71,99%	1,85%	24,19%
$2\sum_{i=1}^{N}\sum_{j=1}^{N}(1/N)^2 \operatorname{cov}(R_i,e_j)$	2,31%	10,72%	-0,18%	-7,10%	1,06%	13,95%
ΔVar	0,11%	0,49%	0,03%	1,09%	0,05%	0,68%
$Var(R_p)$	21,55%	100,00%	2,56%	100,00%	7,63%	100,00%

Abb. 13.14: Risikokomponenten gleich gewichteter Aktien-, Renten- und gemischter Portfolios

Aus der Tabelle lassen sich die unterschiedlichen Risikoprofile sowie der Einfluss von Wechselkursrisiken für die verschiedenen Assetklassen erkennen. Das reine Aktienportfolio hat ein Risikoniveau, welches gemessen in Termen der Varianz nahezu zehnmal so hoch ist wie ein reines Rentenportfolio. Das gemischte Portfolio aus Aktien und Renten zeigt ein Risikoniveau von 7,63%, also lediglich etwa ein Drittel des Risikoniveaus von Aktien. Die Bedeutung des Wechselkursrisikos ist für das reine Aktienportfolio relativ gering. So stammen 80,23% des Gesamtrisikos aus lokalen Marktschwankungen der Aktienmärkte, d.h. 8,56% sind auf Wechselkursschwankungen zurückzuführen. Für ein reines Rentenportfolio beträgt der aus Wechselkursschwankungen resultierende Risikoanteil fast 75% und für das gemischte Portfolio 25%.

13.3.4.3 Portfoliobetrachtungen und Wechselkursstrategien

In diesem Abschnitt werden im Kontext einer Mittelwert/Varianz-Optimierung die möglichen Effizienzvorteile aus einer internationalen Portfoliodiversifikation im Vergleich zu einer rein nationalen Anlage in einer In-Sample-Studie demonstriert. Dabei wird von den in der Vergangenheit gemessenen Parameter (erwartete Asset-/Wechselkursrenditen, Varianzen und Korrelationen) ausgegangen. Weiterhin wird die Effizienz drei verschiedener Wechselkurssicherungs-Strategien mit Devisenforwards untersucht:

- Keine Wechselkurssicherung,
- Vollständige Wechselkurssicherung,
- Optimale Wechselkurssicherung.

Die Menge aller effizienten Portfoliomischungen unter Berücksichtigung von Devisenforwards resultiert aus der Lösung des folgenden quadratischen Optimierungsproblems unter Nebenbedingungen:

$$\begin{aligned} &\min \operatorname{Var}(R_P^h, x_i, h_i) \\ &\text{unter den Nebenbedingungen} \\ &\sum_{i=1}^{N} x_i = 1; \qquad x_i \geq 0; \qquad 0 \leq h_i \leq 1; \quad \mathrm{E}(R_P^h) = c \end{aligned} \tag{13.13}$$

wobei c über alle erreichbaren Erwartungswerte zu variieren ist. Der Ausschluss negativer Portfoliogewichte (so genannte Leerverkäufe) begründet sich dadurch, dass für Privatanleger solche Positionen nur schwer realisierbar sind und sie aus aufsichtsrechtlichen Gründen für institutionelle Anleger wie Investmentfonds oder Versicherungsunternehmen meist untersagt sind. Die optimalen Hedge Ratios und Portfoliogewichte sind abhängig von den Rendite-/Risiko-Profilen der involvierten Assets und Wechselkurse, sowie den Korrelationen der lokalen Renditen untereinander, der Wechselkursrenditen untereinander als auch der Wechselkursrenditen mit den lokalen Renditen. Werden alle Hedge Ratios auf null gesetzt ($h_i = 0$) wird auf die Absicherung von Fremdwährungspositionen verzichtet. Vollständige Sicherung von Wechselkursschwankungen liegt vor, wenn alle Hedge Ratios auf Eins gesetzt werden ($h_i = 1$).

Unter Verwendung der in den Abbildungen 13.11 bis 13.13 enthaltenen Informationen wird das oben beschriebene Optimierungsproblem gelöst. In der nachfolgenden Abbildung sind die Verläufe der effizienten Ränder für die unterschiedlichen Wechselkurssicherungsstrategien dargestellt, die ein deutscher Investor durch Diversifikation in internationale Aktien- und

Rentenmärkte erreichen kann. Weiterhin sind in der Abbildung die Rendite-/Risiko-Profile einer Anlage in deutsche Aktien, deutsche Renten sowie in ein gleich gewichtetes Portfolio aus deutschen Aktien und Renten dargestellt.

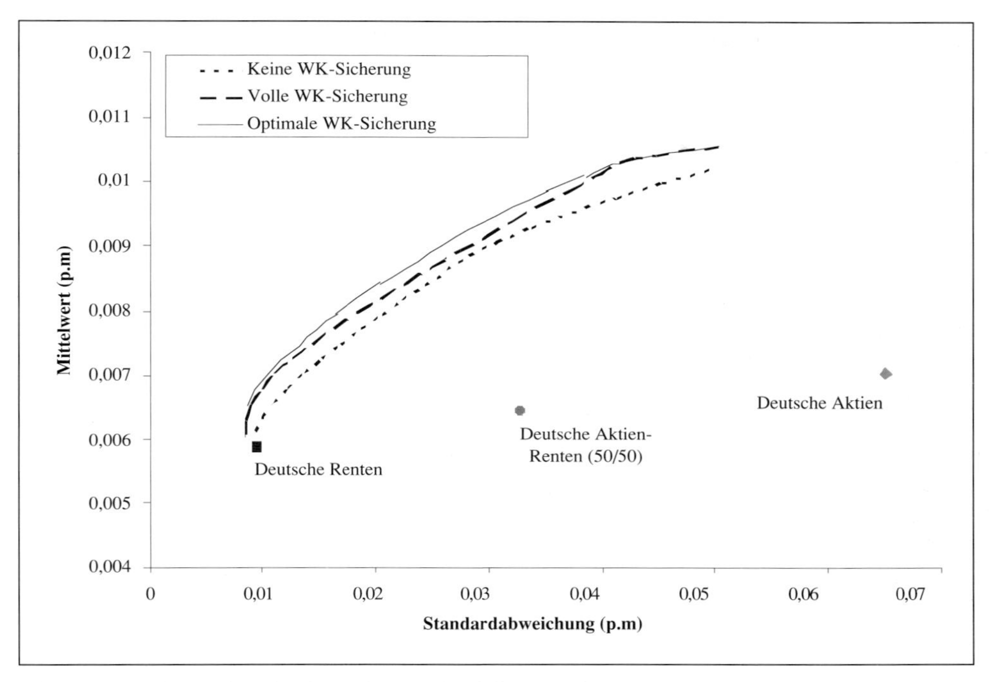

Abb. 13.15: Illustration der betrachteten Portfoliostrategien

Vergleicht man die Lage der effizienten Ränder mit den rein deutschen Portfolios im Rendite/ Risikoraum, so zeigt sich das enorme Effizienzsteigerungspotential aus einer internationalen Asset Allocation. Unabhängig von der gewählten Sicherungsstrategie für Wechselkursrisiken sind die rein deutschen Portfolios im Rahmen dieser Effizienzbetrachtung den international diversifizierten Randportfolios unterlegen. Das bedeutet, dass ein deutscher Investor durch internationale Diversifikation die erwartete Portfoliorendite teilweise deutlich steigern und gleichzeitig das Portfoliorisiko reduzieren kann. Weiterhin lässt sich erkennen, dass mit Hilfe des integrierten Ansatzes zur Wechselkurssicherung (optimales Hedging) durchweg der günstigste effiziente Rand im Rendite/Risikoraum erreichbar ist. Die unterschiedlichen effizienten Ränder verlaufen jedoch verhältnismäßig nah beieinander. So verläuft der effiziente Rand bei vollständigem Hedging im weniger riskanten Bereich fast deckungsgleich mit dem effizienten Rand bei optimalen Hedging. Dagegen führt ein Verzicht auf Währungssicherung und optimales Hedging im Bereich sehr risikoreicher Portfolios zu vergleichbaren Rendite-/ Risiko-Profilen.

13.4 Schätzrisiken und Asset Allocation

13.4.1 Schätzfehlerproblematik

Risikobehaftete Anlagen weisen zunächst ein *Zufallsrisiko* auf, d.h. die ex post tatsächlich realisierten Renditen weichen von den ex ante erwarteten Renditen ab. In der traditionellen, von Markowitz begründeten, MV-Portfoliotheorie wird dieses Zufallsrisiko durch die Standardabweichung (Volatilität), also als Streuung der Renditen um den Erwartungswert, operationalisiert. Allerdings sind in praxi der wahre Erwartungswert und die wahre Varianz nicht bekannt, sondern müssen geschätzt werden. Die Spezifikation erfolgt dabei regelmäßig auf der Basis statistischer Analysen von historischer Zeitreihen bzw. eigener Prognosen und ist damit untrennbar mit Schätzrisiken verbunden, d.h. einer Abweichung der geschätzten Werte von den wahren Werten der Parameter. Das *Schätzrisiko* tritt somit als zusätzliche Risikoquelle neben das reine Zufallsrisiko hinzu.[3] Die Auswirkung von Schätzfehlern im Rahmen einer Portfoliooptimierung wird als Schätzfehlerproblematik bezeichnet.

Anhand einer *Herold/Maurer* (2002) entnommenen Simulationsstudie sollen die Auswirkungen der Schätzfehlerproblematik im Rahmen der Portfoliooptimierung demonstriert werden. Betrachtet wird zunächst eine Anlageklasse, deren Ein-Periodenrendite normalverteilt ist mit einem Erwartungswert von 10% und einer Volatilität von 25%. Diese wahren Parameter sind nur im Rahmen der Simulationsstudie bekannt, in der Realität müssen sie geschätzt werden. Es werden nun 60 Monatsrenditen aus dieser Verteilung zufällig gezogen und der empirische Mittelwert sowie die empirische Standardabweichung basierend auf dieser Stichprobe berechnet. Abbildung 13.16 zeigt einen Ausschnitt für zehn Zufallspfade, die auf diese Weise gewonnenen wurden. In der ersten Stichprobe resultiert ein empirischer Mittelwert von 8,5% und eine empirische Standardabweichung von 25,03%; in der zweiten Stichprobe ergeben sich –15,64% für den Mittelwert und 23,84% für die Volatilität, usw. Alle diese empirischen Verteilungsmomente entstammen derselben Verteilung. Es wird ersichtlich, dass die Mittelwerte der einzelnen Pfade sehr stark streuen und von dem wahren Wert (10%) abweichen, während die Schätzungen für die Standardabweichungen relativ nahe an dem wahren Wert (25%) liegen. Der Schätzfehler für den Mittelwert ist damit deutlich größer als der für die Standardabweichung.

t	Pfad 1	Pfad 2	Pfad 3	Pfad 4	Pfad 5	Pfad 6	Pfad 7	Pfad 8	Pfad 9	Pfad 10
1	-5,35%	3,95%	1,64%	5,91%	-6,32%	3,04%	4,80%	-0,90%	1,49%	16,17%
2	-4,70%	12,47%	-2,59%-	1,40%	2,77%	-1,47%	-6,46%	9,85%	-4,84%	-5,75%
3	4,80%	5,38%	7,53%	5,75%	-9,07%	-9,89%	0,06%	4,06%	-1,73%	-2,75%
4	-12,74%	-1,64%	6,51%	6,91%	-1,92%	4,85%	0,81%	26,28%	5,11%	1,51%
5	-5,08%	-4,35%	-11,34%	-4,97%	6,02%	-16,09%	2,10%	-7,02%	0,76%	14,38%
...	...	...	...	...	...	...	...	...	...	...
55	1,08%	-17,44%	-4,04%	0,97%	-11,82%	-8,53%	1,83%	19,39%	12,99%	4,41%
56	-7,01%	7,16%	-6,19%	-2,80%	5,03%	5,19%	0,86%	1,77%	2,64%	-12,11%
57	6,12%	2,63%	3,03%	-2,25%	7,87%	9,53%	5,82%	-4,00%	21,23%	5,73%
58	0,52%	3,43%	-7,67%	0,62%	-1,68%	11,21%	4,12%	-7,11%	-8,09%	3,10%
59	-3,01%	-6,92%	-1,75%	-3,33%	-1,70%	4,74%	9,09%	1,75%	-20,63%	7,78%
60	7,34%	-7,22%	2,25%	-4,19%	-5,53%	-14,26%	2,91%	9,99%	4,02%	15,48%
empirische Verteilungsmomente										
r_{ann}	8,50%	-15,64%	13,82%	11,65%	21,25%	11,47%	1,91%	19,76%	11,05%	9,68%
s_{ann}	25,03%	23,84%	20,85%	23,53%	26,78%	23,63%	21,95%	28,37%	25,76%	27,28%

Abb. 13.16: Ausschnitt aus Zufallspfaden für simulierte Renditen, Quelle: *Herold/Maurer* (2002)

3 Vgl. hierzu auch *Herold* (2004, Kapitel 1).

Im Rahmen der Portfolioselektion werden diese Schätzungen als Inputparameter für den Optimierungsalgorithmus verwendet. Die Portfoliooptimierung reagiert extrem sensitiv auf Veränderungen der Inputparameter. Um dies zu zeigen, werden drei zusätzliche Anlagen hinzugenommen. Alle vier Anlagen weisen eine erwartete Rendite von 10%, eine Volatilität von 25% und eine paarweise Korrelation von 0,2 auf. Das theoretisch optimale Portfolio ist unter diesen Vorgaben das gleich gewichtete Portfolio, d.h. 25% des Anlagebudgets werden in jede Assetklasse investiert. Die Inputparameter sind aber wiederum nicht bekannt, sondern werden aus historischen Zeitreihen geschätzt.

Die Darstellung 13.17 zeigt die sich ergebenden Portfoliozusammensetzungen für zehn verschiedene Zufallspfade, wobei unterstellt wird, dass die Renditen einer multivariaten Normalverteilung folgen. In jedem Zufallspfad werden 60 Monatsrenditen pro Assetklasse generiert (»resampling«), die empirischen Momente (erwartete Renditen, Volatilitäten, Korrelationen) auf Basis der erzeugten Renditen (»resampled returns«) berechnet sowie das Tangentialportfolio (das Portfolio mit der maximalen Sharpe Ratio) ermittelt, wobei ein risikoloser Zins von 4% unterstellt wird. Es zeigt sich, dass die Gewichte dieser »empirisch« optimalen Portfolios teilweise deutlich von den Gewichten der »theoretisch« optimalen Portfolios (25% pro Assetklasse) abweichen und die Portfoliogewichte extrem sensitiv auf Schätzfehler in den erwarteten Renditen reagieren.

	Pfad 1	Pfad 2	Pfad 3	Pfad 4	Pfad 5	Pfad 6	Pfad 7	Pfad 8	Pfad 9	Pfad 10
Asset1	16,96%	44,04%	32,25%	31,25%	11,85%	28,03%	38,17%	15,60%	1,72%	21,03%
Asset2	28,10%	18,05%	8,74%	30,78%	40,32%	2,53%	26,32%	39,28%	50,06%	55,46%
Asset3	18,60%	34,26%	48,86%	17,86%	33,70%	27,58%	24,16%	30,02%	56,52%	33,19%
Asset4	36,33%	3,65%	10,14%	20,12%	14,14%	41,86%	11,35%	15,10%	-8,30%	-9,68%

Abb. 13.17: Portfoliozusammensetzungen basierend auf simulierten Renditen, Quelle: *Herold/Maurer* (2002)

Verallgemeinert man diese statistische Sichtweise der MV-Optimierung, dann wird hierdurch deutlich, dass es die eindeutigen effizienten Portfolios und die eine Effizienzgrenze nicht gibt. Die Effizienzgrenze ist keine Linie, sondern eine Ansammlung von sich überschneidenden Punktwolken. Rendite und Risiko der simulierten Portfolios bilden die so genannte »statistical equivalence region« Die nachfolgende Abbildung 13.18 zeigt die Punktwolke auf, die zu einem bestimmten Punkt auf der ursprünglichen MV-Effizienzlinie gehört. Die Punktwolken sind größer als man vielleicht vermuten würde.

Aufbauend auf der »statistical equivalence region« kann eine Konfidenzregion ermittelt werden, die als »sample acceptance region« bezeichnet und ebenfalls in Abbildung 13.18 dargestellt ist. Alle Portfolios innerhalb dieser Konfidenzregion (und nicht nur die Portfolios auf der ursprünglichen MV Effizienzlinie) können als MV effizient bezeichnet werden. Portfolios innerhalb dieser Konfidenzregion weisen (mitunter) sehr ähnliche Rendite/Risiko-Profile auf, können sich aber in ihrer Gewichtung substanziell unterscheiden[4].

4 Vgl. *Michaud* (1998, Kapitel 5) sowie *Herold* (2004, Kapitel 4.2) für eine ausführliche Darstellung der Ermittlung der Konfidenzregion.

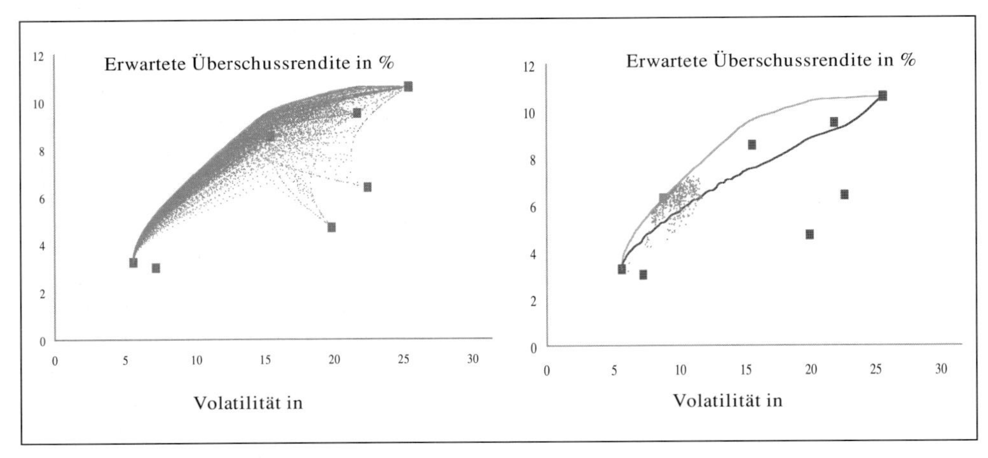

Abb. 13.18: Statistical equivalence region, simulierte Portfolios und Konfidenzregion, Quelle: *Herold/Maurer* (2002)

Insgesamt besteht damit bei der Umsetzung der Markowitzoptimierung ohne Berücksichtigung der mit der Gewinnung der Inputparameter verbundenen Unsicherheit eine Reihe von zum Teil durchaus gravierenden Problempunkten. Diesen Problemen muss mit entsprechenden Lösungsansätzen begegnet werden, um die Portfoliotheorie »praxistauglich« zu machen. Im weiteren Verlauf dieses Kapitels gehen wir dabei vor allem auf Techniken zur Verminderung der Schätzfehlerproblematik bei den erwarteten Renditen ein.

13.4.2 Lösungsansätze zur Berücksichtigung von Schätzrisiken im Überblick

Es existieren verschiedene Verfahren um Schätzrisiken im Rahmen einer Portfoliooptimierung zu berücksichtigen. Dabei ist in der Investmentpraxis ist vor allem das Einführen von Restriktionen zu nennen, d.h. die Portfoliogewichte werden vor Anwendung des Optimierungsalgorithmus auf einen vorab als plausibel eingestuften Wertebereich beschränkt. So werden Leerverkäufe oft ausgeschlossen, Höchstgrenzen für einzelne Wertpapiere oder Anlageklassen vorgegeben, die aus gesetzlichen Vorgaben resultieren. Darüber hinaus werden jedoch noch regelmäßig zusätzliche Restriktionen in Form von minimalen/maximalen Bandbreiten eingeführt, die darauf abzielen einen ausreichend hohen Diversifikationsgrad der Portfoliooptimierung zu erzwingen. Ein ähnliches Ergebnis ergibt sich durch die Anwendung so genannter Resampling Techniken (etwa wie von *Michaud* 1998 propagiert), die einen höheren Diversifikationsgrad optimierter Portfolios über eine Durchschnittsbildung erreichen. Im Rahmen der oben präsentierten Simulationsstudie, kann man sich dieses Verfahren so vorstellen, dass eine Durchschnittsbildung aus den jeweils optimalen Assetgewichten für die verschiedenen Pfade in Darstellung 13.17 durchgeführt wird.

Der Nachteil dieser eher heuristischen Verfahren ist deren mangelnde theoretische Begründung; es wird eher vom Ziel an die Sache herangegangen. Man weiß aus empirischer Erfahrung, dass die Verwendung von rohen Inputparametern im Rahmen einer Portfoliooptimierung oft zu schlecht diversifizierten Portfolios führt. Also wird der Optimierungsalgorithmus derart manipuliert – durch das Einführen von Restriktionen bzw. durch eine Durchschnittsbildung –, dass das gewünschte Ergebnis (hoher Diversifikationsgrad) herauskommt. Was ist jedoch die theoretische Rechtfertigung für eine derartige Vorgehensweise? Wenn durch Gewichts-Restriktionen das Ergebnisspektrum immer weiter eingeschränkt wird, welchen Sinn macht dann noch die Verwendung eines Optimierungsalgorithmus? Ist es nicht sinnvoller an den Ursachen des Problems (Unsicherheit bezüglich der Inputparameter) und nicht an den Symptomen (schlechter Diversifikationsgrad u.a.) anzusetzen?

Einen anderen Weg schlagen die Bayesschen Ansätze ein. Idee dieser Verfahren ist es, die »Glaubwürdigkeit« der Datenbasis zur Parameterschätzung zu beurteilen, erwartete Renditen bzw. Renditeprognosen je nach Noise-Gehalt zu adjustieren bzw. zusätzliche Informationen (»a priori Verteilung«) einzubeziehen und damit das Schätzrisiko im Rahmen der Portfoliooptimierung zu berücksichtigen. Eine derartige Behandlung von Schätzrisiken im Rahmen der Portfoliotheorie wurde bereits in den 60er und 70er Jahren thematisiert. So zeigen *Bawa et al.* (1979) in einer grundlegenden Arbeit, wie sich mit Methoden der Bayesschen Statistik das Schätzrisiko modellieren und in der Portfolioselektion berücksichtigen lässt. Eine Reihe von Bayesschen Schätzverfahren wurden in der Folgezeit entwickelt, von denen wir das Verfahren von *Jorion* (1986) im Weiteren näher herausgreifen.

13.4.3 Annäherung an das MVP: das Verfahren von Jorion

Unter der Annahme, dass Schätzfehler in den Volatilitäten und Korrelationen vernachlässigt werden können, existiert nur ein Portfolio auf der Effizienzlinie, was frei von Schätzfehlern hinsichtlich der Erwartungswerte ermittelt werden kann: das Minimum-Varianz-Portfolio. Je weiter man sich nach rechts auf der Effizienzgrenze bewegt, desto stärker schlagen Schätzfehler ins Gewicht. Dies wird in Abbildung 13.18 bestätigt: die Konfidenzregion wird breiter. Die Idee von Jorion ist nun, dass die Struktur eines Portfolios an die des MVP angenähert wird. Dies wird dadurch bewerkstelligt, dass die erwarteten Renditen zur Rendite des MVP hin »geschrumpft« werden. Technisch gesprochen handelt es sich bei dem *Bayes/Stein-Schätzer* um einen »*shrinkage estimator*«. Das Ausmaß dieser Bewegung wird von dem Noise-Gehalt der Daten bestimmt.

Methodisch wird dabei wie folgt vorgegangen: Ausgangspunkt ist ein Vektor r_t der in Periode t (t = 1,..., T) realisierten historischen Renditen von einbezogenen N Anlagealternativen. Die Kovarianzmatrix der Renditen wird mit V bezeichnet und der zugehörige Vektor der Stichprobenmittelwerte (also der arithmetische Durchschnitt) gemäß

(13.15)
$$\hat{\mu} = \bar{\mathrm{r}} = \frac{1}{T}\sum_{t=1}^{T} \mathrm{r}_t$$

berechnet. Der Erwartungswertvektor der Assetrenditen wird nun als Linearkombination des einfachen Mittelwertschätzers und der geschätzten erwarteten Rendite des varianzminimalen Portfolios $\mu_0 = \frac{1'V^{-1}}{1'V^{-1}1}\hat{\mu}$ ermittelt:

(13.16)
$$\hat{\mu}_{BS} = (1-w)\,\hat{\mu} + w1\mu_0 \,.$$

Dabei ist **1** ein Nx1 Vektor bestehend aus Einsen. Der Shrinkage-Faktor[5] bzw. Schrumpfungsfaktor $0 \leq w \leq 1$ gibt an, welches Vertrauen der Portfoliomanager in die Stichprobenmittelwerte als Schätzwert für den unbekannten Erwartungswertvektor hat. Im Fall $w = 0$ ist das Vertrauen am höchsten und für $w = 1$ am niedrigsten. Auf der Basis von Argumenten aus der statistischen Entscheidungstheorie zeigt *Jorion* (1986), dass die Wahl von w gemäß $w = \hat{\phi} / (\hat{\phi} + T)$ mit

(13.17)
$$\hat{\phi} = \frac{N+2}{(\hat{\mu} - \mu_0 1_N)' V^{-1} (\hat{\mu} - \mu_0 1_N)}$$

zu einer Minimierung des Schätzrisikos führt. Der Nenner von (13.17) drückt aus, wie stark die Stichprobenmittelwerte um die erwartete Rendite des MVP streuen. Das Ausmaß dieses Shrinkage Effekts ist offensichtlich umso stärker, je kürzer die Datenstichprobe T ist. Im Falle einer unendlich langen Datenstichprobe $T \rightarrow \infty$ resultieren die Stichprobenmittelwerte, d.h. der Bayes/Stein-Schätzer beinhaltet die Stichprobenmittelwerte als Spezialfall.

Die Kombination des gemäß (13.16) und (13.17) bestimmten Erwartungswertvektors mit der Varianz/Kovarianz-Matrix und Maximierung der Sharpe Ratio ergibt das so genannte Bayes/Stein-Tangentialportfolio (BST). Für $w = 0$ resultierte das klassische Tangentialportfolio und für $w = 1$ das varianzminimale Portfolio. Im letzten Fall wird zur Berechnung der optimalen Portfoliogewichte nicht mehr auf den Vektor der erwarteten Renditen zurückgriffen. Damit wird das Schätzrisiko bezüglich der Erwartungswerte umgangen, aber auch auf Renditechancen verzichtet. Das nachfolgende Übungsbeispiel soll die Technik des Bayes/Stein-Verfahrens verdeutlichen.

Übungsbeispiel 13.4: Schätzrisiken und Internationale Asset Allocation

Gegeben sei eine Zwei-Länder-Welt mit einem Wertpapier 1 aus Land 1 (Heimatland des Investors) und einem Wertpapier 2 aus Land 2 (Ausland). Es werden folgende Bezeichnungen für die betrachtete Investmentperiode getroffen.

R_i := lokale Rendite von Wertpapier i (i = 1, 2),
e_2 : = Wechselkursrendite zwischen Land 2 und Land 1,

Gegeben seien die Erwartungswerte und Standardabweichungen der Renditen:

$\mu(R_1)$ = 0,2725; $\mu(R_2)$ = 0,1075; $\mu(e_2)$ = 0,04
$\sigma(R_1)$ = 0,3; $\sigma(R_2)$ = 0,1; $\sigma(e_2)$ = 0,08

5 Im versicherungsmathematischen Kontext werden solche Credibility-Schätzverfahren auch in der Tarifkalkulation verwendet; vgl. hierzu etwa *Makov* et al. (1996).

Die Rendite-Korrelationsmatrix ist gegeben durch:

	R_1	R_2	e_2
R_1	1	0,15	- 0,1875
R_2		1	- 0,4
e_2			1

- Führen Sie die folgenden Berechnungen aus der Sicht des inländischen Investors durch.
- Vernachlässigen Sie bei Ihren Berechnungen alle Varianzen, Kovarianzen und Erwartungswerte der (R_2e_2) Kreuzprodukte.

a) Berechnen Sie Struktur, Renditeerwartungswerte und Renditestandardabweichung des aus Wertpapier 1 und 2 gebildeten Minimum/Varianz-Portfolio (MVP), wenn der Investor keine Wechselkurssicherung durchführt. Ermitteln Sie ferner analytisch die Menge aller (μ, σ)-Kombinationen der durch Mischung der beiden Anlagen erzielbaren Portfolios. Stellen Sie Ihre Ergebnisse graphisch dar.
b) Unterstellen Sie nunmehr, der Investor korrigiert die Schätzwerte für die erwarteten Renditen gemäß dem Bayes/Stein-Verfahren. Ermitteln Sie für den »Schrumpfungsfaktor« (hin zum MVP) $\omega = 0{,}2$ die Menge aller (μ, σ)-Kombinationen der durch Mischung der beiden Anlagen erzielbaren Portfolios (ohne Währungssicherung). Vergleichen Sie Ihre Resultate mit denen aus Teilaufgabe a).
c) Als dritte Anlagemöglichkeit steht dem Investor nunmehr zusätzlich eine risikofreie (inländische) Geldmarktanlage zum Zinssatz $r_0 = 0{,}10$ zur Verfügung. Der Investor orientiert sich bei der Wahl des optimalen Portefeuilles nun an dem Quotienten $SR(R_P) = [\mu(R_P) - r_0] / \sigma_P$, dem so genannten Sharpe Index. Ermitteln Sie in Abhängigkeit des »Schrumpfungsfaktors« $\omega = 0{,}2$ bzw. $\omega = 1$ aus dem Bayes/Stein-Verfahren die Struktur, den Renditeerwartungswert und die Renditestandardabweichung desjenigen Portfolios aus rein riskanten Anlagen, welches diesen Quotienten maximiert:

Lösungsskizze:
Es gilt für die ungesicherten Wertpapiere in inländischer Währung: $\mu(R_1) = 0{,}2725$; $\mu(R_2 + e_2) = 0{,}1475$; $\sigma(R_1) = 0{,}3$; $\sigma(R_2 + e_2) = 0{,}1$; Weiterhin gilt: $Cov(R_1, R_2 + e_2) = Cov(R_1, e_2) + Cov(R_1, R_2) = 0$.

a) Bestimmung des MVP

$$\sigma_P^2 = 0{,}3^2 x + 0{,}1^2 (1-x) + 0$$

$$\frac{d\sigma_P^2}{dx} = 0{,}2x - 0{,}02 = 0 \Rightarrow x = 0{,}1$$

$\mu_P = 0{,}16$; $\sigma_P = 0{,}0949$

Bestimmung effizienter Rand:

$$\mu = 0{,}2725x + 0{,}1475(1-x) \Leftrightarrow x = 8\mu - 1{,}18$$

$$\sigma^2 = 0{,}09x^2 + 0{,}01(1-x)^2 + 0 = 0{,}09(8\mu - 1{,}18)^2 + 0{,}01(1-(8\mu-1{,}18))^2$$

$$\mu_{1,2} = 0{,}16 \pm \sqrt{0{,}15625(\sigma^2 - 0{,}009)}$$

b) Bayes/Stein-Schätzer für erwartete Renditen:
$E(R_{1,JS}) = 0{,}2725(1-\omega) + 0{,}16\omega = 0{,}25$; $E(R_{1,JS} + e_{2,JS}) = 0{,}1475(1-\omega) + 0{,}16\omega = 0{,}15$

Bestimmung effizienter Rand:

$$\mu = 0{,}25x + 0{,}15(1-x) \Leftrightarrow x = 10\mu - 1{,}5$$

$$\sigma^2 = 0{,}09(10\mu - 1{,}5)^2 + 0{,}01(1-(10\mu-1{,}5))^2$$

$$\mu_{1,2} = 0{,}16 \pm \sqrt{0{,}1(\sigma^2 - 0{,}009)}$$

Bei Anwendung des BS-Schätzers verläuft der effiziente Rand flacher (siehe Graphik).

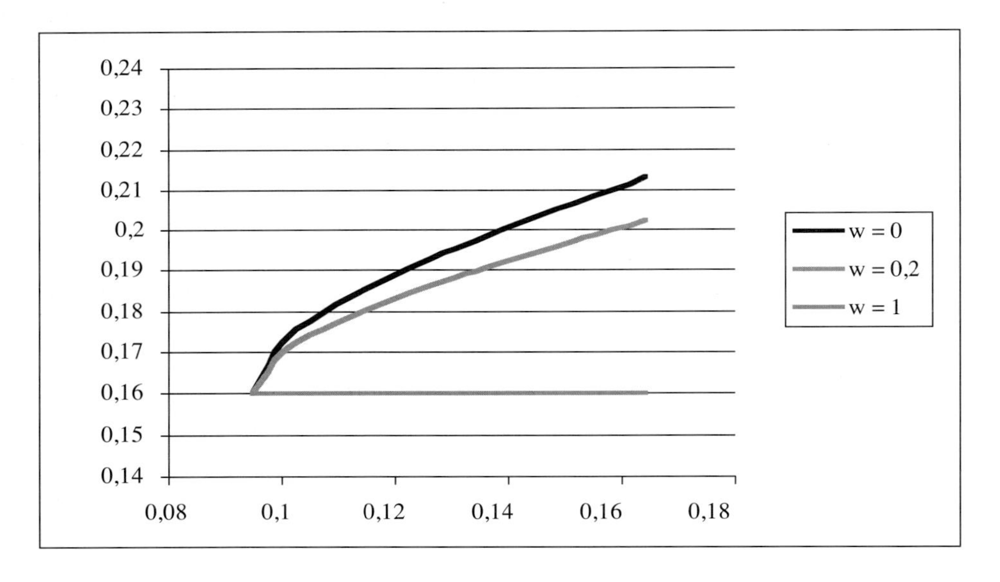

c) Bayes/Stein-Tangentialportfolio: $\omega = 0{,}2$

Schnittpunktsbedingung: $0{,}1 + a\sigma = 0{,}16 \pm \sqrt{0{,}1(\sigma^2 - 0{,}009)}$

Auflösen nach Sigma: $\sigma_{1,2} = \dfrac{0{,}12a \pm \sqrt{0{,}01444a^2 - 4(a^2 - 0{,}1)\cdot 0{,}0045}}{2(a^2 - 0{,}1)}$

Nur ein Schnittpunkt vorhanden bei einer Tangente.

$$0{,}01444a^2 - 4(a^2 - 0{,}1)\cdot 0{,}0045 = 0 \Rightarrow a^2 = \frac{0{,}0018}{0{,}00356} \approx 0{,}5\,;\sigma_T \approx 0{,}106\,;\mu_T \approx 0{,}175$$

$$\mu_T = xE(R_1) + (1-x)E(R_2) \Leftrightarrow 0{,}175 = 0{,}25x + 0{,}15(1-x) \Rightarrow x = 0{,}25$$

Bayes/Stein-Tangentialportfolio ω = 1: Es ergibt sich das Minimum-Varianz-Portfolio. Die Ergebnisse sind somit mit denen aus Aufgabenteil a) identisch.

13.4.4 Out of Sample-Vergleich

In der empirischen Studie, welche wiederum auf *Herold/Maurer* (2002) basiert, werden die beiden Portfoliostrategien MV-optimierte Portfolios einerseits sowie Bayes/Stein-Portfolios andererseits im Rahmen einer Out of the Sample-Prozedur verglichen. An jedem Monatsende wird basierend auf einem Schätzzeitraum von T = 30 bzw. T = 60 Monaten je ein Portfolio nach jeder der beiden Strategien und für einen bestimmten Grad an Risikoaversion optimiert, den nächsten Monat konstant gehalten und die Rendite des Portfolios anhand der Renditen dieses nächsten Monats ermittelt. Diese Vorgehensweise bildet insofern eine realitätsnahe Entscheidungssituation ab, als nur solche Informationen verwendet werden, die dem Portfoliomanagement im Zeitpunkt der Portfoliostrukturierung tatsächlich zur Verfügung stehen; daher die Bezeichnung »out of sample«. Zusätzlich wird die Performance des gleich gewichteten Portfolios ermitteln, welches auf jegliche erwarteten Renditen und Risikoparameter verzichtet und daher eine »informationslose« Benchmark darstellt.

Es stehen vier Aktienmärkte zur Investition zur Verfügung: Deutschland, Japan, UK, und USA. Diese Aktienmärkte werden durch die MSCI Performanceindizes abgebildet, wobei die Renditen ungehedged in USD berechnet werden, d.h. wir nehmen die Sichtweise eines US Investors ein. Mit Hilfe des Zinssatzes von Treasury Bills (mit einer Laufzeit von 3 Monaten) werden monatliche Überschussrenditen ermittelt. Die Out of Sample-Periode erstreckt sich über den Zeitraum 1/1991 bis 12/2001; das entspricht 132 Out of Sample-Renditen pro Strategie und Risikoaversion. Nachfolgende Darstellung illustriert das Vorgehen bei einer Out of Sample-Prozedur (auch *Backtesting* genannt).

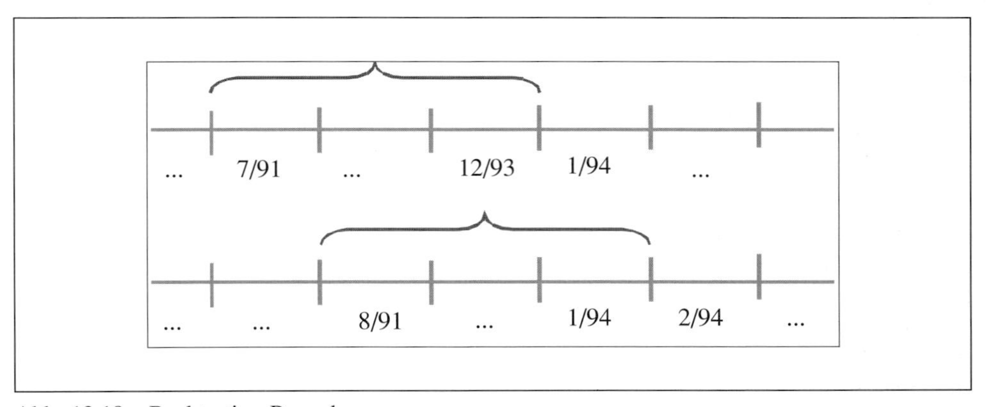

Abb. 13.19: Backtesting-Prozedur

Es werden drei Stufen von Risikoaversion untersucht: ein konservativer, ein moderater und ein aggressiver Anleger. Zur Optimierung wird auf die übliche Nutzenfunktion abgestellt: erwartete Portfoliorendite minus Risikoaversion multipliziert mit der Portfoliovarianz. Der Risikoaversionsparameter nimmt die Werte 2, 10 und 15 bei einem aggressiven, moderaten und konservativen Anleger an.

Zu jedem Zeitpunkt werden damit insgesamt sechs Portfolios bestimmt: optimale Portfolios für eine Risikoaversion von 2, 10 und 15 jeweils auf Basis der zwei Verfahren:

- »MV klassisch« (Stichprobenschätzer i.V.m. klassischer MV Optimierung),
- »Bayes/Stein« (Bayes/Stein-Schätzer i.V.m. klassischer MV Optimierung)

Die Sharpe Ratios der Out of Sample-Performance dieser Portfoliostrategien werden berechnet und einander gegenübergestellt.

a) T=30

Risikoeinstellung	MV	B/S
konservativ	0,349	0,443
moderat	0,311	0,420
aggressiv	0,028	0,331

b) T=60

Risikoeinstellung	MV	B/S
konservativ	0,516	0,477
moderat	0,527	0,490
aggressiv	0,526	0,537

Abb. 13.20: Sharpe Ratios der Out of Sample-Portfoliostrategien

Aus der Darstellung ist ersichtlich, dass bei kurzen Schätzzeiträumen (T = 30) die Sharpe Ratio durch das Bayes/Stein-Verfahren beträchtlich gesteigert werden. Beispielsweise beträgt die Sharpe Ratio für einen konservativen Anleger und T = 30 ca. 0,34 bei klassischer MV Optimierung sowie beim Bayes/Stein-Ansatz hingegen 0,44. Bei einem aggresiven Investor ist der Unterschied noch deutlicher: bei klassischer MV-Optimierung beträgt die risikoadjustierte Rendite 0,028 und bei Anwendung des Bayes/Stein-Verfahrens 0,331. Bei längeren Schätzperioden (T = 60) liegen die Sharpe Ratios des Bayes/Stein-Verfahrens und der klassischen MV-Optimierung sehr nahe beieinander. Die Sharpe Ratio ist in der Regel deutlich größer als die des gleichgewichteten Portfolios; sie beträgt in dem betrachteten Zeitraum nur 0,156.

Die Out of Sample-Portfoliorenditen der Bayes/Stein-Strategie weisen die geringste Volatilität auf, die der klassischen MV-Optimierung die höchste. Ebenso ist die Bayes/Stein-Strategie am transaktionsärmsten, bei der klassischen MV-Optimierung ist die Umschichtungsrate am größten. So müssen im Schnitt bei der klassischen MV-Optimierung jeden Monat 7,3% des Portfolios umgeschichtet werden (für T = 30 und hohe Risikoaversion). Die Bayes/Stein-Strategie verlangt einen monatlichen Turnover von nur 5,4%. Insgesamt führt damit der Bayes/Stein-Ansatz in dieser Studie somit zu stabileren Portfoliostrukturen im Vergleich zur klassischen MV-Optimierung.

13.5 Black/Litterman-Verfahren

Das auf *Black/Litterman* (1972) zurückgehende Black/Litterman-Verfahren erlaubt im Rahmen einer taktischen Asset Allocation (TAA) die konsistente Kombination von »neutralen« Renditeerwartungen mit bestimmen Formen von subjektiven Renditeprognosen des Investors. Grundlage für diese Kombination bietet – wie schon in Abschnitt 13.4.3 – die Bayesianische Statistik, d.h. die Kombination von A-priori-Verteilungen mit realisierten Beobachtungen zu A-posteriori-Verteilungen. Der systematische Ansatz des Black/Litterman-Verfahrens wird in der in Anlehnung an *Drobetz* (2003) konzipierten Abbildung 13.21 illustriert.

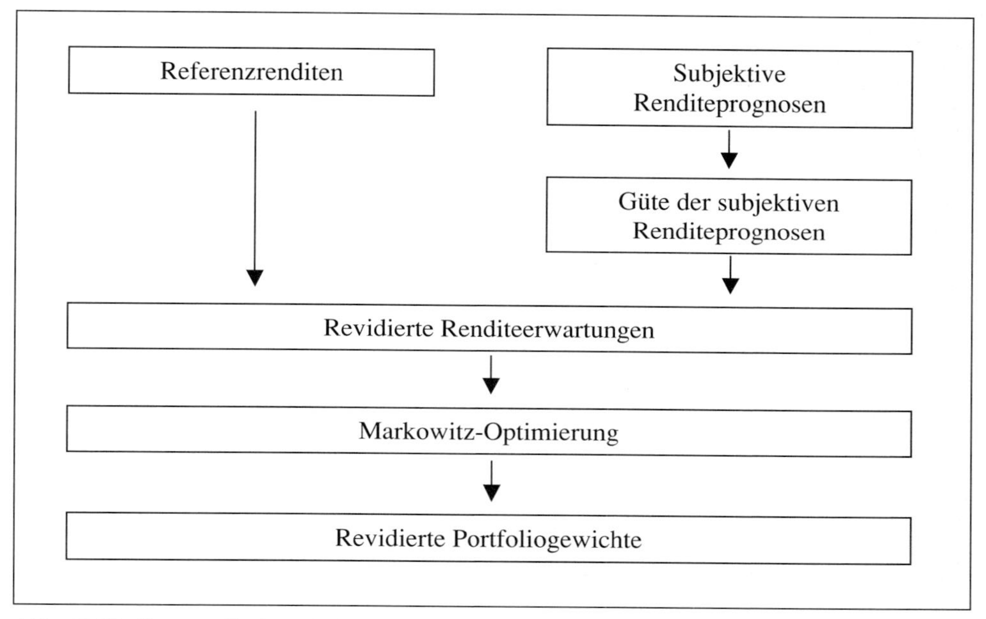

Abb. 13.21: Systematik des Black/Litterman-Verfahrens

Ausgangspunkt der weiteren Überlegungen ist der Vektor

$$\mu = \begin{pmatrix} \mu_1 \\ \vdots \\ \mu_n \end{pmatrix} = \begin{pmatrix} E(R_1) - r_0 \\ \vdots \\ E(R_n) - r_0 \end{pmatrix}, \tag{13.18}$$

der die erwarteten Exzess-Renditen (über die risikolose Verzinsung) von n Assetklassen (oder auch n Finanztiteln) enthält. Da die Schätzung dieser erwarteten Exzess-Renditen mit Unsicherheit behaftet ist, wird μ selbst als Zufallsgröße bzw. genauer als Zufallsvektor $\tilde{\mu}$ modelliert. Die erste getroffene Hypothese besteht nun darin, dass der Zufallsvektor $\tilde{\mu}$ einer (multivariaten) Normalverteilung mit Erwartungswert μ_0 und Varianz-/Kovarianzmatrix $\tau\, C$ folgt, d.h.

$$\tilde{\mu} \sim N(\mu_0, \tau C). \tag{13.19}$$

In der Sprache der Bayes-Statistik spezifiziert (13.19) die A-priori-Verteilung des Vektors der Erwartungsrenditen. Wenden wir uns damit den Parametern dieser Verteilung zu.

Eine erste Möglichkeit, A-priori-Erwartungsrenditen zu spezifizieren, besteht darin, diese auf Basis des CAPM zu gewinnen. Nach den Ergebnissen in Anhang 6B gilt dabei zunächst

(13.20) $$w^* = tC^{-1}\mu\ ,$$

wobei μ wie in (13.18) definiert ist, C die Varianz/Kovarianz-Matrix von $(R_1, \ldots, R_n)^T$ bezeichne und t den Risikotoleranzparameter. Die optimalen Gewichte im CAPM sind aber bekannt, sie entsprechen den relativen Marktkapitalisierungen der n Assets bzw. n Finanztitel. Es ist daher möglich (13.20) nach μ aufzulösen (dieser Schritt wird in der Literatur auch als Reverse Optimization bezeichnet) und man erhält

(13.21) $$\mu_0 = \frac{1}{\tau}\, Cw^* = 2\lambda\ Cw^*,$$

dabei ist $\lambda = 1/(2t)$ wie schon bisher der Risikoaversionsparameter.

Bei vorgegebener Varianz/Kovarianz-Matrix entspricht der A-priori-Renditeerwartungswert somit den CAPM-Erwartungsrenditen, d.h. den Erwartungsrenditen im Kapitalmarktgleichgewicht.

Ein zweiter, allgemeinerer Ansatz zur Gewinnung von μ_0 besteht darin, dass man von einem Benchmarkportfolio ausgeht (z.B. dem Benchmarkportfolio, das im Rahmen der Strategischen Asset Allocation verwendet wird) und auf die impliziten Erwartungsrenditen des Benchmarkportfolios zurückgreift, d.h. jene Erwartungsrenditen, deren Anwendung in der Portfoliooptimierung zur Struktur des Benchmarkportfolios führt.

Wie in (13.19) spezifiziert, wird ferner als Varianz-/Kovarianzmatrix für $\tilde{\mu}$ die Größe $\tau\, C$ verwendet. C entspricht der im Rahmen der Portfoliooptimierung verwendeten, typischerweise empirisch geschätzten, Varianz-/Kovarianzmatrix (historische Varianz-/Kovarianzmatrix). Der Proportionalitätsfaktor τ quantifiziert dann das Vertrauen, das C und damit dem neutralen bzw. Benchmarkportfolio entgegengebracht wird. Bei plausibler Wahl des Referenzportfolios wird τ entsprechend klein sein. *Drobetz* (2003) verwendet $\tau = 0{,}3$ und variiert im Rahmen einer Sensitivitätsanalyse τ zwischen 0,01 und 1.

Damit ist die A-priori-Verteilung spezifiziert. Der zweite Pfeiler des Black/Litterman-Ansatzes besteht in der Quantifizierung von Prognosen über die Renditeerwartungen. Diese erfolgen in der Form

(13.21a) $$P\tilde{\mu} = V + e.$$

Der Vektor $P\tilde{\mu}$ enthält dabei Linearkombinationen von Renditeprognosen. Der Vektor e quantifiziert dabei die Prognosefehler und es wird

(13.22) $$e \sim N(0, \Sigma)$$

vorausgesetzt, wobei Σ eine bekannte Varianz-/Kovarianzmatrix ist, die die Konfidenz des Investors hinsichtlich seiner Renditeprognosen quantifiziert. Unterstellt man, wie *Black/Litterman* (1992) dies tun, unabhängige Prognosefehler, so reduziert sich Σ auf eine Diagonalmatrix.

Der Ansatz (13.21a) ist sehr flexibel, er erlaubt sowohl die Berücksichtigung absoluter wie auch relativer Renditeprognosen. Dies soll im Folgenden erörtert werden.

Betrachten wir beispielsweise vier Assetklassen *A*, *B*, *C* sowie *D*. Eine absolute Prognose könnte dann darin bestehen, dass der Investor für Assetklasse *A* 5% Rendite prognostiziert und für Assetklasse *C* 8% Rendite. Die Beziehung (13.21a) konkretisiert sich dann zu:

$$\begin{pmatrix} 1 & 0 & 0 & 0 \\ 0 & 0 & 1 & 0 \end{pmatrix} \begin{pmatrix} \tilde{\mu}_A \\ \tilde{\mu}_B \\ \tilde{\mu}_C \\ \tilde{\mu}_D \end{pmatrix} = \begin{pmatrix} 0{,}05 \\ 0{,}08 \end{pmatrix} + e\,.$$

Da nur zwei unabhängige Prognosen abgegeben werden, besitzt *P* nicht den vollen Rang, dies ist aber unproblematisch. Im Allgemeinen müssen so viele unabhängige Prognosen vorliegen wie Assetklassen, damit *P* einen vollen Rang aufweist.

Eine relative Prognose könnte beispielsweise darin bestehen, dass Anlageklasse *A* um (absolut) 2% besser rentiert als Anlageklasse *D*. In diesem Fall konkretisiert sich (13.21a) zu

$$(1, 0, 0, -1) \begin{pmatrix} \tilde{\mu}_A \\ \tilde{\mu}_B \\ \tilde{\mu}_C \\ \tilde{\mu}_D \end{pmatrix} = 0{,}02 + e.$$

Es ist anzumerken, dass sich auch dann, wenn nur für einzelne Assetklassen bzw. Finanztitel Renditeprognosen abgegeben wurden, sich die A posteriori-Erwartungsrenditen ändern werden, da die Erwartungsrenditen gemäß (13.19) korreliert sind.

Es verbleibt nun noch die Spezifikation des Vektors der Prognoseschätzfehler. Betrachten wir auch hierzu ein Beispiel, wobei wir an der zuvor dargestellten relativen Renditeprognose anknüpfen. Es gilt hier zunächst $e = \tilde{\mu}_A - \tilde{\mu}_D - 0{,}02$. Aus der bereits getroffenen Annahme $E = \tilde{\mu}_A - \tilde{\mu}_D - 0{,}02$ resultiert $E(e) = 0$. Für die Varianz von *e* gilt zudem $Var(e) = Var(\tilde{\mu}_A - \tilde{\mu}_D)$. Die Größen *e* und damit $\tilde{\mu}_A - \tilde{\mu}_D$ sind normalverteilt. Ein symmetrisches Konfidenzintervall um 0,02 mit Konfidenzniveau ε hat daher die Form $0{,}02 \pm N_{1-0{,}5\varepsilon}\,\sigma(e)$. Im Falle eines Konfidenzniveaus von 10% (Überdeckungswahrscheinlichkeit 90%) gilt dann gemäß Abschnitt 3.6.4 $N_{1-0{,}5\varepsilon} = N_{0{,}95} = 1{,}645$. Liegt die Prognose nun mit 90%-iger Überdeckungswahrscheinlichkeit in dem symmetrischen Prognoseintervall von 0,01 bis 0,03 um 0,02, so gilt die Beziehung $0{,}02 + 1{,}645\ \sigma(e) = 0{,}03$ und damit insgesamt $\sigma(e) = 0{,}00608$. Die Verteilung des Prognosefehlers ist damit vollständig spezifiziert.

Zur Bestimmung des A-Posteriori-Erwartungswerts interpretiert man nun (13.21a) um. Mit $e^* = -e$ gilt

$$V = P\tilde{\mu} + e^*, \qquad (13.21b)$$

mithin einem linearen Modell (Regressionsmodell) im Parametervektor $\tilde{\mu}$. Es kann damit, vgl. *Lee* (2000, Kapitel 7) sowie *Scherer/Martin* (2007, Abschnitte 7.3 – 7.4), der Ansatz der Bayes-Regression verwendet werden (dies ist zugleich der Unterschied zu Abschnitt 13.4.3, wo auch ein Bayes-Ansatz vorliegt, jedoch ohne dass hierbei ein Regressionsansatz involviert ist). Gegeben den Prognosevektor V gilt dann für den A Posteriori-Erwartungswert

$$E(\tilde{\mu} \mid V) = [(tC)^{-1} + P^T \Sigma^{-1} P]^{-1} [(tC)^{-1} \mu_0 + P^T \Sigma^{-1} V]. \tag{13.23}$$

Dies ist die zentrale Beziehung des Black/Litterman-Verfahrens. Intuitiv findet eine Gewichtung zwischen dem A-Priori-Renditeerwartungswert μ_0 und der Renditeprognose V statt. Je kleiner dabei der Parameter τ, desto größer ist dabei ceteris paribus das Gewicht, das der A-Priori-Erwartungswert μ_0 erhält.

Eine Fallstudie zum Black/Litterman-Verfahren enthält *Drobetz* (2003). Verallgemeinerungen im Bayes-Kontext werden in *Scherer/Martin* (2005) behandelt. *Beach/Orlov* (2007) verwenden ein EGARCH-M-Modell zur Quantfizierung des Prognoseteils im Black/Litterman-Modell.

13.6 Literaturhinweise und Ausblick

Über die im Haupttext gegebenen Literaturhinweise hinaus verweisen wir im Folgenden auf eine Reihe von Monographien, in denen die Problemkreise der Strategischen, der Internationalen, der Taktischen sowie der Dynamischen Asset Allocation thematisiert werden. Es sind dies *Arnott/Fabozzi* (1992), *Campbell/Viceira* (2002), *Darst* (2003), *Dichtl/Kleeberg/Schlenger* (2003), *Gibson* (2000), *Hammer* (1991), *Kritzman* (1990), *Lee* (2000) sowie *Zimmermann/Drobetz/Oertmann* (2003). Zu einer vertieften Behandlung der Thematik Schätzrisiken und Asset Allocation sei auf die Arbeit von *Herold* (2004) verwiesen.

Übungsaufgaben zu Kapitel 13

Aufgabe 13.1:

Gegeben sei eine Zwei-Länder-Welt mit Wertpapier 1 aus Land 1 (Heimatland des Investors) und Wertpapier 2 aus Land 2 (Ausland). Es werden folgende Bezeichnungen für die betrachtete Investmentperiode getroffen:

R_i := lokale Rendite des Wertpapiers i (i = 1, 2),
e_2 : = Wechselkursrendite zwischen Land 2 und Land 1.

Gegeben seien die Erwartungswerte p.a. und Standardabweichungen p.a. der diskreten Renditen:

$$\mu(R_1) = 0{,}30; \quad \mu(R_2) = 0{,}20; \quad \mu(e_2) = 0{,}08$$
$$\sigma(R_1) = 0{,}25; \quad \sigma(R_2) = 0{,}2; \quad \sigma(e_2) = 0{,}15.$$

Der Zinssatz für eine risikolose Anlage in Land 1 (Inland) bzw. Land 2 (Ausland) beträgt:

$$r_1 = 0{,}08 \text{ bzw. } r_2 = 0{,}05.$$

Die Kovarianzmatrix p. a. ist gegeben durch:

	R_1	R_2	e_2
R_1	0,0625	0	0
R_2		0,04	0,01
e_2			0,0225

- Führen Sie die folgenden Berechnungen aus der Sicht des inländischen Investors durch.
- Vernachlässigen Sie bei Ihren Berechnungen alle Varianzen, Kovarianzen und Erwartungswerte der (R_2e_2) Kreuzprodukte.
- Führen Sie alle Berechnungen mit 4 Nachkommastellen durch.
- Gehen Sie von normalverteilten Renditen aus.
- Beachten Sie die Tabelle zur Standardnormalverteilung im Anhang.

a) Berechen Sie die faire Forwardprämie f_2 gemäß dem Zinsparitätentheorem

b) Berechnen Sie die Struktur, den Renditeerwartungswert und die Renditestandardabweichung des aus Wertpapier 1 und 2 gebildeten Minimum-Varianz-Portfolios (MVP), wenn der Investor eine vollständige Wechselkurssicherung des ursprünglich investierten Investitionsbetrags durchführt.

Hinweis: Sollten Sie Aufgabe a) nicht gelöst haben, rechnen Sie mit einer Forwardprämie von $f_2 = 0{,}0286$.

c) Berechnen Sie die Struktur, den Renditeerwartungswert und die Renditestandardabweichung desjenigen Portfolios aus dem in- und dem ausländischen Wertpapier, dass mit 95%iger Wahrscheinlichkeit eine Mindestverzinsung von 1% p.a. erwirtschaftet und gleichzeitig die erwartete Rendite maximiert. Gehen Sie davon aus, dass eine vollständige Wechselkurssicherung des ursprünglichen Investitionsbetrags durchgeführt wird.

Hinweis: Das Tangentialportfolio bei vollständiger Wechselkurssicherung ist zu 48,66% in Wertpapier 1 und zu 51,34% in Wertpapier 2 investiert. Der effiziente Rand hat die Form $\mu = r_1 + SR_{TP} \cdot \sigma$, wobei SR_{TP} die Sharpe-Ratio des Tangentialportfolios bezeichnet.

d) Der Investor wählt im Vorfeld eine Asset Allocation von 50% Wertpapier 1 und 50% Wertpapier 2. Sein Präferenzfunktional hat die Form $U = \mu - 2\sigma^2$. Ermitteln Sie den optimalen Umfang der Wechselkurssicherung. Ist es sichergestellt, dass das global optimale Portfolio ermittelt wurde?

e) Der Investor adjustiert die Schätzwerte für die erwarteten Renditen (ohne Wechselkurssicherung) gemäß dem James/Stein-Verfahren. Er verwendet einen Schrumpfungsfaktor hin zum MVP von $\omega = 0{,}5$. Berechnen Sie die adjustierten erwarteten Renditen. Interpretieren Sie den ω-Parameter.

Hinweis: Der effiziente Rand bestehend aus rein riskanten Anlagen (ohne Wechselkurssicherung) hat die Form $\mu = 0{,}2914 + \sqrt{0{,}003(\sigma^2 - 0{,}0356)}$.

Aufgabe 13.2:

a) Der Zinssatz für Jahresgeld im Euroraum beträgt 3,75% und im US-Dollarraum 5%. Der Devisenkassakurs notiert bei 0,845 EUR/USD und der Devisenterminkurs (Laufzeit 1 Jahr) bei 0,762 EUR/USD. Ermitteln Sie anhand des Zinsparitätentheorems, ob eine Arbitragemöglichkeit existiert!

b) Nehmen Sie an, dass zwischen den Devisenmärkten (Dreieck-)Arbitragemöglichkeiten nicht existieren. Ermitteln Sie die fehlenden Werte in der Tabelle!

Währung	EUR	USD	GBP	SFR
EUR	1		0,6758	1,5896
USD		1	0,5363	1,2612
GBP	1,4797		1	
SFR	0,6291	0,7929		1

Aufgabe 13.3:

Sie beabsichtigen, ein Investment in die inländische Aktie »Deutschland AG« sowie in die amerikanische Aktie »US Inc.« zu tätigen. Es werden folgende Bezeichnungen für die betrachtete Investmentperiode getroffen.

R_I := lokale Rendite der inländischen »Deutschland AG« - Aktie,
R_A := lokale Rendite der amerikanischen »US Inc.« - Aktie,
e := Wechselkursrendite zwischen USD und EUR,

Die Erwartungswerte (μ) p. a., Standardabweichungen (σ) p. a. und die Korrelation (ρ) der diskreten Renditen seien:

$\mu(R_I) = 0{,}30;\quad \mu(R_A) = 0{,}20;\quad \mu(e) = 0{,}08$
$\sigma(R_I) = 0{,}25;\quad \sigma(R_A) = 0{,}20;\quad \sigma(e) = 0{,}15$

Der Zinssatz für eine risikolose Anlage in Deutschland (Inland) bzw. USA (Ausland) beträgt:

$r_I = 0{,}08$ bzw. $r_A = 0{,}05$.

Die Kovarianzmatrix ist gegeben durch:

	R_I	R_A	e
R_I	0,0625	0	0
R_A		0,04	0,01
e			0,0225

- Führen Sie die folgenden Berechnungen aus der Sicht des inländischen Investors durch.
- Vernachlässigen Sie bei Ihren Berechnungen alle Varianzen, Kovarianzen und Erwartungswerte der $(R_A e)$ -Kreuzprodukte.

- Führen Sie alle Berechnungen mit 4 Nachkommastellen durch.
- Gehen Sie von normalverteilten Renditen aus.

a) Berechnen Sie die faire Forwardprämie zwischen dem Inland und Ausland gemäß dem Zinsparitätentheorem

b) Berechnen Sie Struktur (relative Investitionsgewichte), den Renditeerwartungswert und die Renditestandardabweichung des aus der »Deutschland AG« und »US Inc.« gebildeten Minimum-Varianz-Portfolios (MVP), wenn der Investor eine vollständige Wechselkurssicherung (des ursprünglichen Investitionsbetrags) durchführt!

   Hinweis: Sollten Sie Aufgabenteil a) nicht gelöst haben, nehmen Sie an, der Devisenforward notiert bei $f = 0{,}0286$.

c) Der Investor wählt im Vorfeld eine Asset Allocation von 50% »Deutschland AG« und 50% »US Inc«. Sein Präferenzfunktional hat die Form $U(\mu,\sigma^2) = \mu - 2\sigma^2$. Ermitteln Sie den optimalen Umfang der Wechselkurssicherung, welches das obige Präferenzfunktional maximiert! Welche Wechselkurssicherungsstrategie findet hier Anwendung?

   Hinweis: Die Portfoliovarianz beträgt hier:

$$\sigma^2 = 0{,}0625 \cdot 0{,}25 + (0{,}04 + (1-h)^2 0{,}0225 + 2(1-h)0{,}01) \cdot 0{,}25$$

d) Die Rendite des Minimum-Varianz-Portfolios (ohne Wechselkurssicherung) betrage $R_{\text{MVP}} = 0{,}2914$. Adjustieren Sie die Schätzwerte für die erwarteten Renditen (ohne Wechselkurssicherung) der beiden Anlagen gemäß dem Bayes/Stein-Verfahren! Verwenden Sie einen Schrumpfungsfaktor hin zum MVP von $\omega = 0{,}5$.

   Hinweis: Die erwartete inländische Gesamtrendite der »US Inc.«-Aktie ohne Wechselkurssicherung beträgt $R_A^{h=0} = 0{,}28$.

Literatur zu Abschnitt 13.2

Arnott, R.D., F.J. Fabozzi (Hrsg., 1992): Active Asset Allocation, New York u.a.

Brinson, G.P., L.H. Hood, G.L. Beebower (1986): Determinants of Portfolio Performance, Financial Analysts Journal, July/August 1986, S. 39–44.

Brinson, G.P., B.D. Singer, G.L. Beebower (1991): Determinants of Portfolio Performance II: An Update, Financial Analysts Journal, May/June 1991, S. 40–48.

Campbell, J.Y., L. Viceira (2002): Strategic Asset Allocation, Oxford, New York.

Darst, A.M. (2003): The Art of Asset Allocation, New York u.a.

Dichtl, H., J.M. Kleeberg, C. Schlenger (Hrsg., 2003): Handbuch Asset Allocation, Bad Soden/Ts.

Dichtl, H., K. Petersmeier, C. Schlenger (2003): Dynamische Asset Allocation im Lichte der Präferenzen institutioneller Anleger, in: *Dichtl, H., J.M. Kleeberg, C. Schlenger* (Hrsg.): Handbuch Asset Allocation, Bad Soden/Ts., S. 179–202.

Drobetz, W., F. Köhler (2002): The Contribution of Asset Allocation Policy to Portfolio Performance, Financial Markets and Portfolio Management 16, S. 219–233.

Gibson, R.C. (2000): Asset Allocation, 3. Aufl., New York.

Griese, K., A. Kempf (2003): Lohnt aktives Fondsmanagement aus Anlegersicht? Zeitschrift für Betriebswirtschaft 73, S. 201–224.

Hammer, D.A. (1991): Dynamic Asset Allocation, New York u.a.

Hensel, C., D. Ezra, J. Ilkiw (1991): The Importance of the Asset Allocation Decision, Financial Analysts Journal, July/August 1991, S. 65–72.

Ibbotson, R.G., P.D. Kaplan (2000): Does Asst Allocation Policy Explain 40, 90 or 100 Percent of Performance? Financial Analysts Journal, January/February 2000, S. 26–33.

Kritzmann, M. (1990): Asset Allocation for Institutional Investors, Homewood/Illinois.
Lee, W. (2000): Theory and Methodology of Tactical Asset Allocation, New Hope/Pennsylvania.
Luskin, D.L. (1998, Hrsg.): Portfolio Insurance, New York u.a.
Sharpe, W.F. (1991): The Arithmetics of Active Mangement, Financial Analysts Journal, January/February, S. 7–9.
Steiner, M., C. Bruns (2002): Wertpapiermanagement, 8. Aufl., Stuttgart.
Stephan, T. (2003): Optimierung von Dynamischen Asset Allocation-Strategien, in: *Dichtl, H., J.M. Kleeberg, C. Schlenger* (Hrsg.): Handbuch Asset Allocation, Bad Soden/Ts., S. 241–266.
Surz, R., D. Stevens, M. Wiener (1999): The Importance of Investment Policy, Journal of Investing, Winter 1999, S. 80–85.
Zimmermann, H., W. Drobetz, P. Oertmann (2003): Global Asset Allocation: New Methods and Applications, Hoboken/New Jersey.

Literatur zu Abschnitt 13.3

Black, F. (1989): Universal Hedging: Optimizing Currency Risk and Reward in International Equity Portfolios, Financial Analysts Journal 45, Juli/August 1989, S. 16-22.
Black, F. (1990): Equilibrium Exchange Rate Hedging, Journal of Finance 45, S. 899-907.
Eaker, M.R., D.M. Grant (1990): Currency Hedging Strategies for Internationally Diversified Equity Portfolios, The Journal of Portfolio Management 16, Herbst 1990, S. 30-33.
Eaker, M.R., D.M. Grant, N. Woodard (1991): International Diversification and Hedging: A Japanese and U.S. Perspective, Journal of Economics and Business 43, S. 363-374.
Eun, C.S., B.G. Resnick (1988): Exchange Rate Uncertainty, Forward Contracts, and International Portfolio Selection, The Journal of Finance 43, S. 197-215.
Eun, C.S., B.G. Resnick (1994): International Diversification of Investment Portfolios: U.S. and Japanese Perspectives, Management Science 40, S. 140-161.
Glen, J., P. Jorion (1993): Currency Hedging for International Portfolios, The Journal of Finance 48, S. 1865-1886.
Grubel, H.G. (1968): Internationally Diversified Portfolios: Welfare Gains and Capital Flows, The American Economic Review 58, S. 1299-1314.
Kaplanis, E.C., S.M. Schaefer (1991): Exchange Risk and International Diversification in Bond and Equity Portfolios, Journal of Economics and Business 43, S. 287-307.
Lessard, D.R. (1976): World, Country and Industry Relationships in Equity Returns: Implications for Reduction through International Diversification, Financial Analysts Journal 32, Januar/Februar 1976, S. 32-38.
Levy, H., K.C. Lim (1994): Forward Exchange Bias, Hedging and the Gains from International Diversification of Investment Portfolios, Journal of International Money and Finance 13, S. 159-170.
Levy, H., M. Sarnat (1970): International Diversification of Investment Portfolios, The American Economic Review 60, S. 668-675.
Longin, F., B. Solnik (1995): Is the Correlation in International Equity Returns Constant: 1960-1990?, Journal of International Money and Finance 14, S. 3-26.
Meric, I., G. Meric (1989): Potential Gains from International Portfolio Diversification and Inter-Temporal Stability and Seasonality in International Stock Market Relationships, Journal of Banking and Finance 13, S. 627-640.
Perold, A.F., E.C. Schulman (1988): The Free Lunch in Currency Hedging: Implications for Investment Policy and Performance Standards, Financial Analysts Journal 34, Mai/Juni 1988, S. 45-50.
Solnik, B. (1974): Why not Diversify Internationally Rather than Domestically?, Financial Analysts Journal 20, Juli/August 1974, S. 48-54.

Literatur zu Abschnitt 13.4

Barry, C.B. (1974): Portfolio analysis under uncertain means, variances, and covariances, in: Journal of Finance 29, S. 515-522

Bawa, V.S., S.J. Brown, R.W. Klein (1979): Estimation risk and optimal portfolio choice, Amsterdam.

Herold, U. (2004): Asset Allocation und Prognoseunsicherheit, Bad Soden/Ts.

Herold, U., R. Maurer (2002a): How much foreign stocks? Classical versus Bayesian approaches to asset allocation, Working Paper Series Finance & Accounting, No. 92, Johann Wolfgang Goethe Universität, Frankfurt/M., June

Herold, U., R. Maurer (2002b): Portfolio choice and estimation risk: A comparison of Bayesian approaches to resampled efficiency, Working Paper Series Finance & Accounting, No. 94, Johann Wolfgang Goethe Universität, Frankfurt/M.

Herold, U., R. Maurer (2002c): Resampled efficiency–Eine überlegene Methode der Asset Allokation?, Finanzbetrieb 4, Nr. 5, S. 330-335

James, W., C. Stein (1961): Estimation with quadratic loss, in: Proceedings of the 4th Berkely Symposium on Probability and Statistics 1, Berkely: University of California Press, S. 361-379

Jobson, J.D., B. Korkie (1981): Putting Markowitz Theory to Work, Journal of Portfolio Management 6, S. 70–74.

Jorion, P. (1986): *Bayes-Stein* Estimation for Portfolio Analysis, Journal of Financial and Quantitative Analysis 21, S. 279-292.

Jorion, P. (1992): Portfolio optimization in practice, Financial Analysts Journal 48, January/February, S. 68-74

Kallberg, J.G., W.T. Ziemba (1984): Misspecification in Portfolio Selection Problems, in: *Bamberg, G., K. Spremann* (Hrsg.): Risk and Capital, New York u.a., S. 74-87.

Klein, R., V. Bawa (1976): The effect of estimation risk on optimal portfolio choice, Journal of Financial Economics 3, S. 215-231

Makov, E.E., A.F.M. Smith; Y.-H. Lin (1996): Bayesian Methods in Actuarial Science, The Statistican 45, S. 503-515.

Michaud, R.O. (1998): Efficient Asset Management, Boston: Harvard Business School Press

Pastor, L. (2000): Portfolio selection and asset pricing models, Journal of Finance 55, S. 179-223

Literatur zu Abschnitt 13.5

Beach, S.L., A.G. Orlov (2007): An application of the Black-Litterman model with EGARCH-M-derived views for international portfolio management, Financial Markets and Portfolio Management 21, 147–166.

Black, F., R. Litterman (1992): Global Portfolio Optimization, Financial Analysts Journal, September/October 1992, 28–43.

Drobetz, W. (2003): Einsatz des Black/Litterman-Verfahrens in der Asset Allocation, in: *Dichtl, H., J.M. Kleeberg, C. Schlenger* (Hrsg.): Handbuch Asset Allocation, Bad Soden/Ts., 203–239.

Lee, W. (2000): Theory and Methodology of Tactical Asset Allocation, New Hope, Pennsylvania.

Satchell, S., A. Snowcroft (2000): A Demystification of the Black/Litterman Model: Quantitative and Traditional Portfolio Constructions, Journal of Asset Management 1, 138–150.

Scherer, B., D. Martin (2005): Introduction to Modern Portfolio Optimization with NUOPT and S-Plus, New York.

14 Immobilien und alternative Investments

14.1 Immobilien

14.1.1 Einführung

Neben Aktien und Bonds sind Immobilien traditionell ein bedeutendes Anlageinstrument sowohl für private als auch für institutionelle Investoren wie Investmentfonds und Versicherungsunternehmen. Dabei werden mit Immobilienanlagen bestimmte finanzwirtschaftliche Eigenschaften verbunden, die sie als Bestandteil der Asset Allocation, also der Aufteilung eines gegebenen Budgets auf die hauptsächlichen Anlageklassen (Aktien, Anleihen, Immobilien u.a.) unter Berücksichtigung der Rendite-/Risikoprofile und deren Korrelationsstruktur, attraktiv machen. Zum einen wird Immobilien eine hohe reale Wertbeständigkeit zugeschrieben. Zum anderen wird eine geringe Korrelation der Wertentwicklung von Immobilien mit anderen Anlageklassen unterstellt, was wiederum die Nutzung von Diversifikationspotenzialen im Asset Allocation-Kontext eröffnet. Im Folgenden werden die verschiedenen Formen der Immobilienanlage dargestellt, die verschiedenen Möglichkeiten der Konstruktion von Immobilienindizes erörtert sowie im Rahmen einer Fallstudie die Bedeutung von Immobilieninvestments im Kontext der Asset Allocation aufgezeigt.

14.1.2 Formen der Immobilienanlage

Dem Investor stehen mehrere Möglichkeiten zur Verfügung, um Immobilien in seine Asset Allocation integrieren zu können. Zunächst muss er sich entscheiden, ob er eine Direktanlage oder Anteile an einer Immobiliengesellschaft (indirekte Immobilienanlage) vorzieht. Hierunter sind Unternehmen zu verstehen, die sich auf die Anlage eines von mehreren Investoren aufgebrachten Kapitals in Immobilien spezialisiert haben. Sie treten auf in Form von geschlossenen oder offenen Immobilienfonds sowie als Immobilienaktiengesellschaften. Eine weitere Form der indirekten Immobilienanlage sind Immobilienderivate.

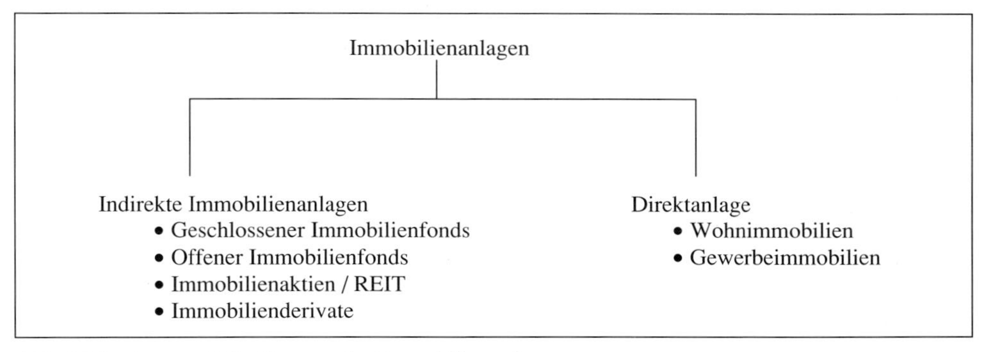

Abb. 14.1: Ausgewählte Formen der Immobilienanlage

Im Folgenden soll auf die verschiedenen Möglichkeiten der Immobilienanlage näher eingegangen werden.

Immobiliendirektanlage: Bei einer Direktanlage erwirbt der Investor selbst unmittelbar Eigentum an einer oder mehreren Liegenschaften. Portfolios aus Immobiliendirektanlagen lassen sich etwa hinsichtlich Regionen, Nutzungsarten (etwa Wohn- oder Gewerbeimmobilien) oder Standortfaktoren (Lagekriterien, Infrastrukturdaten) klassifizieren. Insbesondere bei Wohnimmobilien ist weiterhin zu unterscheiden, ob der Erwerb der Immobilie für die Eigen- oder die Fremdnutzung erfolgt. Da hier die Immobilie als Investment fokussiert wird, sollen Aspekte der Eigennutzung, welche sich nicht ausschließlich an Zahlungsströmen orientieren, in diesem Kapitel ausgeklammert bleiben. Eine Immobiliendirektinvestition kann entweder in Form des Erwerbs von bereits bestehenden Objekten erfolgen oder durch die Durchführung von Entwicklungsprojekten, bei denen die Immobilien erst noch erstellt werden müssen. Die eigene Durchführung hat den Vorzug, dass der Investor wichtige objektspezifische Faktoren, die Einfluss auf den Wert der Immobilie haben können, wie Architektur, gebäudetechnische Ausstattung, geographische Lage u.a. selbst beeinflussen kann. Dem steht der damit verbundene Zeitaufwand für die Projektentwicklung sowie die damit verbundenen Entwicklungsrisiken gegenüber.

Vorteile der Immobiliendirektanlage sind neben der individuellen Nutzungs- und Gestaltungsrechte auch steuerliche Aspekte, die insbesondere für Privatanleger von Bedeutung sein können. Verfügt ein Anleger über das notwendige Know-how, kann er durch eine Direktinvestition die Kosten eines externen Anlagemanagements vermeiden. Eine weitere wichtige Motivation für die Direktanlage kann darin bestehen, dass der Investor die Ertrags/Risikoprofile »reiner« Immobilienrenditen wünscht. Dabei setzt sich der Anlageerfolg von Immobilieninvestments aus den laufenden Mieteinnahmen (abzgl. Verwaltungs- und Instandhaltungskosten) sowie Wertsteigerungen zusammen. Allerdings stehen diesen Vorteilen auch erhebliche Nachteile gegenüber. So ist aufgrund der notwendigen hohen Investitionsbeträge pro Objekt der Aufbau eines ausreichend (etwa nach Lagen und Nutzungsarten) diversifizierten Immobilienportfolios für den durchschnittlichen Privatanleger kaum möglich.

Bei An- und Verkauf fallen relativ zu anderen Anlageklassen oftmals hohe Such- und Informationskosten an, etwa um einen geeigneten Kontraktpartner zu finden oder um den Wert eines Objekts einzuschätzen. Eine effiziente Verwaltung des eigenen Immobilienbestandes verlangt während der gesamten Investitionsdauer betriebswirtschaftliche, technische und rechtliche Kenntnisse, über die typische Privatanleger, aber auch viele institutionelle Investoren, nicht verfügen. Weiterhin fallen recht hohe explizite Transaktionskosten an für die notarielle Beurkundung, Registergebühren sowie die Eintragung ins Grundbuch, Grunderwerbsteuer oder Maklercourtage. Die nachfolgende Tabelle gibt einen Überblick über Erwerbsnebenkosten bei Immobilienkäufen für verschiedene Länder:

	Grunderwerbsteuer	Notariatsgebühren	Registergebühren	Maklercourtage	Summe
Deutschland	3,5%	0,5%		3% – 6%	ca. 10%
Frankreich	5% – 5,6%	2% – 3%		7% – 8%	ca. 16%
Schweiz	0,5 – 3%	ca. 0,4%	ca. 0,2%	2% – 5%	ca. 6%
Großbritannien	1%	ca. 0,5%	-	0,5% – 1,5%	ca. 3%

Tab. 14.1: Transaktionskosten bei Immobilienkäufen (Quelle: *Sebastian*, 2003, S. 25)

Die hohen Erwerbsnebenkosten haben zur Konsequenz, dass mit Immobiliendirektanlagen meist erst nach einigen Jahren eine positive Gesamtrendite erzielt werden kann. Insofern sind Immobilien grundsätzlich mit einem langfristigen Investmenthorizont verbunden.

Beispiel 14.1: Transaktionskosten von Immobilien und Investmenthorizont
Der Kaufpreis einer Immobilie beträgt 1. Mio. Euro zzgl. einmaligen Erwerbsnebenkosten in Höhe von 10% des Kaufpreises. Die erwartete jährliche Rendite des Objekts wird mit 5% p.a. angesetzt. Der sichere Zins einer alternativen Anlage am Kapitalmarkt beträgt 3% p.a., wobei keine Erwerbsnebenkosten anfallen. Nach wie vielen Jahren kann mit einer positiven Gesamtrendite über den sicheren Zins hinaus gerechnet werden? Die Lösung der folgenden Ungleichung:

$$1.000.000\ (1{,}05)^t > 1.100.000\ (1{,}03)^t$$

ergibt ein $t > 4{,}96$. Das bedeutet, dass erst nach circa 5 Jahren mit einer positiven Gesamtrendite über den Kapitalmarktzins hinaus aus dem Immobilieninvestment gerechnet werden kann.

Um die verschiedenen Nachteile einer Direktinvestition zu umgehen, bietet sich der Erwerb von Anteilen an einer Immobilien-Investmentgesellschaft an. Hierauf soll im Folgenden näher eingegangen werden.

Geschlossene Immobilienfonds: Eine Möglichkeit der Beteiligungsanlage in Immobilien ist der Erwerb von Anteilen an einem geschlossenen Immobilienfonds. Typischerweise werden bei geschlossenen Immobilienfonds die einzelnen Immobilienobjekte, in die das Fondsvermögen investiert werden soll, bereits bei Auflage von den Initiatoren des Fonds festgelegt. Dabei handelt es sich oftmals nur um ein Objekt (etwa ein Einkaufszentrum oder einen Gewerbepark). Weiterhin steht neben den Investitionsobjekten auch der Finanzierungsplan bereits im Auflegungszeitpunkt fest. Dabei wird das benötigte Eigenkapital von den Initiatoren über verschiedene Vertriebsgesellschaften zur Zeichnung angeboten[1]. Ist das notwendige Eigenkapital beschafft, werden keine neuen Anteile mehr angeboten, d.h. der Fonds wird geschlossen. Hinsichtlich der Rechtsform sind geschlossene Fonds meist als Personengesellschaft organisiert, ohne dass spezielle gesetzliche Regelungen, etwa hinsichtlich der Art und Zusammensetzung des Fondsvermögens, existieren[2].

Bei geschlossenen Fonds kann u.a. zwischen *steuerorientierten* und *ausschüttungsorientierten Fonds* unterschieden werden. Im ersten Fall steht, durch so genannte steuerliche Verlustzuweisungen in Verbindung mit für bestimmte Objekte gewährten Sonderabschreibungen, die Ersparnis der Anleger bei der Einkommensteuer im Vordergrund (so genannte »Steuersparmodelle«). Derartige Fonds weisen oftmals einen hohen Fremdkapitalanteil auf. Dagegen sind ausschüttungsorientierte Fonds hauptsächlich durch Eigenkapital finanziert und versuchen über die gesamte Fondslaufzeit attraktive Erträge vor Steuern zu erwirtschaften. Insofern steht bei einem geschlossenen Immobilienfonds die Finanzierung des notwendigen hohen Investitionsbudgets (bei Wahrung der steuerlichen Vorteile einer Direktanlage) für wenige Objekte im

---

1 Dabei sind Mindestanlagesummen üblich, die im Einzelfall durchaus beträchtlich sein können.
2 Vgl. hierzu auch *Stoffel* (2002, S. 91).

Vordergrund, wogegen das Ausnutzen von Risikodiversifikationseffekten durch Portfoliobildung in den Hintergrund tritt. Auch existiert für Anteile an geschlossenen Immobilienfonds i.d.R. weder ein geregelter Sekundärmarkt noch besteht eine gesetzliche oder vertragliche Rücknahmeverpflichtung der ausgegebenen Anteile seitens der Fondsgesellschaft. Insofern verbleibt nur die Veräußerung der Anteile über einen wenig organisierten Sekundärmarkt, was deren Liquidität einschränkt.

Offene Immobilienfonds: Hierbei handelt es sich um rechtlich eigenständige Sondervermögen mit einem Anlageschwerpunkt in Immobilien, die von Kapitalanlagegesellschaften im Sinne des Investmentgesetzes (InvG) initiiert und verwaltet werden. Zielsetzung ist es, breite Bevölkerungsschichten schon mit kleinen Anlagebeträgen an der Wertentwicklung eines diversifizierten und von Spezialisten verwalteten Immobilienportfolios partizipieren zu lassen. Neben dieser Losgrößen- und Risikodiversifikation betreiben Offene Immobilienfonds vergleichbar zu Geschäftsbanken auch eine Fristentransformation. Die Kapitalanlagegesellschaft ist, wie auch bei Publikumsfonds aus dem Wertpapierbereich, grundsätzlich ständig zur Ausgabe neuer und zur Rücknahme alter Anteile gemäß dem (anteiligen) aktuellen Marktwert des Sondervermögens verpflichtet.[3] Insofern besteht die Fristentransformation in einer eher geringen Liquidität der Immobilienanlage bei gleichzeitig kurzfristiger Liquidierungsmöglichkeit der Anteilsscheine zum Verkehrswert. Ähnlich wie bei Geschäftsbanken hat eine derartige Fristentransformation Konsequenzen für das Risiko-/Liquiditätsmanagement des Sondervermögens.

Zum Schutz der Anleger sind im InvG eine Vielzahl von Vorschriften (Art und Zusammensetzung des Fondsvermögens, Separierung des Sondervermögen von demjenigen der Kapitalanlagegesellschaft, Finanzierung durch Fremdkapital u.a.) enthalten, welche die Dispositionsmöglichkeiten des Fondsmanagements einschränken. Bei Einhaltung dieser Vorschriften sind Offene Immobilienfonds auf der steuerlichen Ebene einer Direktanlage weitgehend gleichgestellt (so genannte fiskalische Transparenz).[4] Im Unterschied zum geschlossenen Immobilienfonds sind weder die Höhe des Fondsvermögens noch die Anzahl der ausgegebenen Anteilsscheine nach oben hin begrenzt.[5] Es gibt auch keine Festlegung auf einzelne Immobilienobjekte, vielmehr kann das Fondsmanagement im Rahmen des durch das InvG festgelegten Rahmens jederzeit Objekte des Sondervermögens veräußern und neue erwerben. Es müssen mindestens zehn verschiedene Objekte im Fonds gehalten werden, was dem Aspekt der Risikostreuung Rechnung trägt.

Die i.d.R. tägliche Ermittlung der Rücknahmepreise, welche typischerweise von den Ausgabepreisen um einen Ausgabeaufschlag von etwa 5% differieren, erfolgt durch eine unabhängige Depotbank. Dabei werden für Finanzanlagen (festverzinsliche Wertpapiere, Geldmarktinstrumente) die aktuellen Börsenkurse zugrunde gelegt, wogegen die Verkehrswerte der Immobilien auf Gutachterschätzung basieren (§ 70 InvG). Weiterhin halten deutsche offene Immobilienfonds meist erhebliche Bestände in festverzinslichen Wertpapieren und Geldmarktanlagen (25- 49% des Fondsvermögens), um sowohl gekündigte Anteile einlösen als auch

---

3 Teilweise werden die Anteile von Offenen Immobilienfonds auch im Freiverkehr an der Börse gehandelt. Eine Mischform zwischen Börsenhandel einerseits und Rückgabemöglichkeit an die Anlagegesellschaft andererseits nehmen die Immobilienfonds in der Schweiz ein.

4 So fällt auf der Ebene des Immobiliensondervermögens keine Einkommen-, Körperschaft- und Gewerbesteuer an. Vgl. hierzu auch *Maurer/Sebastian* (1999, S. 171-174).

5 Eine Sonderform, welche speziell für institutionelle Anleger konzipiert ist, ist der Immobilienspezialfonds. Ein derartiger Fonds unterliegt mit bestimmten Ausnahmen ebenfalls den Anlegerschutzvorschriften des InvG, darf jedoch maximal aus dreißig Anteilsinhabern (nicht natürliche Personen) bestehen.

kurzfristig zufließende Mittel anlegen zu können. Insofern reflektieren die Wertenentwicklungen der Anteile an offenen Immobilienfonds sowohl die Rendite-Risikoprofile der Kapital- als auch der Immobilienmärkte. Weiterhin räumt das Investmentgesetz den Offenen Immobilienfonds in bestimmten Situationen die Möglichkeit ein, die Rücknahme der Anteile bis zu zwei Jahren auszusetzen. Man spricht hierbei auch von einer temporären Schließung des Fonds. Eine solche Situation kann etwa dann eintreten, wenn die Anleger in starkem Umfang ihre Anteile zurückgeben, die Liquiditätsreserven und Kreditlinien des Fonds erschöpft sind, Immobilienobjekte nur unter Zeitdruck und nur mit erheblichen Preiszugeständnissen veräußert werden können. Auch hat die Kapitalanlagegesellschaft die Möglichkeit den Absatz von Fondsanteilen einzustellen, etwa wenn keine lukrativen Investitionsmöglichkeiten vorhanden sind, die zufließenden Mittel nur in kurzfristigen Zinstiteln angelegt und damit die Gesamtrendite des Fonds zu Lasten der bisherigen Anteilsinhaber zu stark verwässern würde. Von beiden Möglichkeiten – temporäre Fondsschließung einerseits und Einstellung des Absatzes andererseits – wurde in der Vergangenheit Gebrauch gemacht.

Immobilienaktiengesellschaften: Hierbei handelt es sich um Aktiengesellschaften, deren Hauptgeschäftstätigkeit im Immobiliensektor liegt. Solche Gesellschaften sind nicht nur auf die Anlage in Immobilien spezialisiert (so genannte Bestandshalter), sondern treten auch als Bauträger, Projektentwickler, Makler oder Verwalter auf. In bestimmten Ländern existieren jedoch steuerliche Besonderheiten, anhand derer Immobilienaktiengesellschaften, deren Geschäftserfolg maßgeblich aus Miet- und Pachteinnahmen sowie Wertsteigerungen von im eigenen Bestand gehaltenen Immobilien abhängt, abgegrenzt werden können. Entsprechend ihrer Zweckbestimmung als börsennotierte Immobilienaktiengesellschaft sind diese bei Einhaltung bestimmter Auflagen (erlaubte Ertragsquellen, Zusammensetzung der Aktiva, Gestaltung der Ausschüttungspolitik, Streuung der Aktien u.a.) von der Körperschaftsteuer befreit.[6] Der Anleger hat die Ausschüttungen mit seinem Steuersatz zu versteuern. So qualifizieren sich US-amerikanische Aktiengesellschaften als Real Estate Investment Trusts (REITs) mit »tax exempt status«, wenn zumindest 75% des Vermögens in Immobilien- oder Hypothekendarlehn investiert sind, wenigstens 75% der Einkünfte aus Miet-, Pacht- und Darlehnzinsen oder Veräußerungsgewinnen aus Immobilien stammen und mindestens 95% des erzielten Jahresergebnisses an die Aktionäre ausgeschüttet werden. Je nach Anlageschwerpunkt unterscheidet man in Mortage REITs (Investition in Immobiliendarlehn), Equity-REITs (Investition in Immobilien und Grundstücke) und Hybrid-REITs (Investition in Immobiliendarlehn und Immobilien-Direktinvestments). Immobiliengesellschaften mit REIT-Strukturen gibt es in vielen anderen Ländern (etwa Kanada, Australien, Japan), wobei die Qualifikationskriterien im Detail von Land zu Land unterschiedlich sind. In Deutschland wurden im Jahre 2007 Immobilienaktiengesellschaften mit steuerlichem Sonderstatus zugelassen, welche vergleichbare im REIT-Gesetz aufgelistete Auflagen erfüllen müssen.

Immobilienderivate sind eine relative neue Entwicklung an den Immobilienmärkten. Als Basisobjekt dient meist ein geeigneter Immobilienindex; der Handel findet meist an OTC-Märkten statt. Am Markt sind dabei vor allem Immobilienswapgeschäfte, Immobilienanleihen oder Immobilienindexoptionen verbreitet. Bei einem *Immobilienswap* tauschen die Vertragspartner die Wertentwicklung eines Immobilienindex gegen einen festen oder variablen Zahlungsstrom aus,

---

6 Vgl. hierzu *Maurer/Sebastian* (1999, S. 171).

etwa ein variabler Zinssatz gegen die Rendite eines Immobilienindex. Bei einer *Immobilienanleihe* wird der Kupon oder der Rückzahlungskurs an die Entwicklung eines Immobilienindex gekoppelt. Immobilienanleihen werden oft in einer Zertifikatestruktur verpackt. Bei einer *Immobilienoption* dient wiederum ein Immobilienindex als Underlying.

14.1.3 Immobilienindizes

14.1.3.1 Einführung

Im Rahmen von quantitativ gestützten Verfahren des Investmentmanagements, wie sie für Aktien, Anleihen und derivativen Finanzinstrumente bei institutionellen Anlegern mittlerweile breite Anwendung finden, ist die Berücksichtigung der Anlageklasse Immobilien bislang wenig verbreitet. Dies gilt sowohl auf der Ebene der Asset-Allocation als auch für die Portfoliokontrolle. Eine zentrale Problematik besteht dabei darin, dass geeignete historische Indexrenditezeitreihen[7], etwa zur Bestimmung von Rendite, Volatilität und Korrelationen von Immobilien zu anderen Anlageformen in oftmals nur unzureichender Weise verfügbar sind. Dies liegt wiederum daran, dass aufgrund der zahlreichen Besonderheiten von Immobilieninvestments die Konstruktion geeigneter Indizes, welche die Wertentwicklung von bestimmten Segmenten des Immobilienmarkts abbilden, deutlich schwieriger ist als für Aktien- und Anleihemärkte. So weist die Assetklasse Immobilien eine große Heterogenität auf, da spezifische Faktoren wie Alter, Lage, Besitz-, Vermietungsverhältnisse und Zustand der Immobilie eine bedeutende Rolle spielen; letztendlich ist jede Immobilie ein Unikat. Im Gegensatz zu Wertpapieren oder derivativen Finanzinstrumenten, werden Immobilien nicht fortlaufend auf einem organisierten Markt zu standardisierten Bedingungen gehandelt. Transaktionspreise in vergleichbaren Immobilien ergeben sich weit seltener als bei Wertpapieren. Nicht selten dauert es Jahre, bis es zu einem Verkauf einer vergleichbaren Immobilie kommt, während bei börsengehandelten Wertpapieren oft nur wenige Sekunden zwischen den Preisfeststellungen vergehen. Eine marktorientierte Bewertung von Immobilien ist mithin wesentlich schwieriger als bei Wertpapieren.

Die international in Forschung und Praxis anzutreffenden Immobilienindizes lassen sich im Wesentlichen in drei Gruppen systematisieren[8]:

- Appraisal Based-Indizes
- Transaction Based-Indizes
- Immobilienaktien-Indizes.

In den nächsten Abschnitten sollen die zentralen Konstruktionsmerkmale der oben aufgeführten Indexkonzepte dargestellt und diskutiert werden.

---

7 Vgl. zu zeitreihenanalytischen Eigenschaften für Immobilienrenditen US-amerikanischer Märkte etwa *Zerbst/Cambon* (1984), *Sirmans/Sirmans* (1987), *Kim* (1991) oder *Myer/Webb* (1994).

8 Für eine Übersicht vgl. *Hoag* (1980), *Zisler* (1989, S. 9-12), *Bender/Gacem/Hoesli* (1994) und *Fisher/Geltner/Webb* (1994).

14.1.3.2 Appraisal Based-Indizes

14.1.3.2.1 Allgemeine Konstruktionsmerkmale

Eine erste Methode basiert auf der Ermittlung der laufenden Erträge und Wertsteigerungen von einzelnen Immobilieninvestments aus den Portefeuilles institutioneller Anleger, wie Versicherungsunternehmen, Pensionskassen oder Investmentfonds. Die separate Erfassung jeder einzelnen Liegenschaft ermöglicht, den Gesamtindex differenziert nach Nutzungsarten (Büro, Wohnung, Einzelhandel etc.) oder Lage (geographische Makrolage, innerstädtische Mikrolage) in Subindizes aufzuspalten. Auch ist die Zusammensetzung eines so gebildeten Indexportfolios über die Perioden hinweg relativ konstant, sodass Verzerrungen weitgehend vermieden werden können, die auf Veränderung der Struktur der untersuchten Stichprobe zurückzuführen sind. Sofern in der Datenbasis die wesentlichen am Markt vertretenen institutionellen Anleger erfasst sind, ist ein derartiger Index auch repräsentativ.

Wesentliches Hemmnis für die Erfüllung weiterer wünschenswerter Kriterien stellen die Immobilien inhärenten Eigenschaften selbst dar. Aufgrund der Tatsache, dass jede Immobilie (im Gegensatz zu Wertpapieren) ein Unikat darstellt, ist die Nachbildung des Indexportfolios nicht exakt möglich. Aufgrund der fehlenden Duplizität, verbunden mit der Losgröße eines Immobilieninvestments, ist eine Reinvestition der Erträge ebenfalls problematisch. Weiterhin werden Immobilien typischerweise über einen längeren Zeitraum gehalten, sodass Marktpreise für ein spezifisches Objekt nur im Abstand von mehreren Jahren feststellbar sind. Um die Wertveränderungen auch zwischen Erwerb und Verkauf zu erfassen, muss der Verkehrswert der Immobilie und damit die nicht realisierten Wertveränderungen auf der Basis einer Schätzung ermittelt werden. Daher sollen im Folgenden zunächst die rechtlichen und ökonomischen Grundprinzipien von Wertermittlungsverfahren für Immobilien dargestellt werden.

14.1.3.2.2 Verfahren zur Immobilienbewertung

Da im Gegensatz zu Wertpapieren keine Börsenkurse für einzelne Immobilien zur Verfügung stehen, muss zur Bestimmung des Marktwertes auf ein geeignetes Schätzverfahren zurückgegriffen werden, welches zufällige Einflüsse möglichst ausklammert und gleichzeitig die Markttendenzen realitätsnah berücksichtigt[9].

Die in Deutschland von Immobiliensachverständigen üblicherweise verwendeten Bewertungsverfahren sind in den §§192–199 BauGB in Verbindung mit der Wertverordnung von 1988 (WertV 88), ergänzt durch die Wertermittlungsrichtlinien von 1991 (WertR 91), beschrieben[10]. Bei Immobilienkäufen/-verkäufen der öffentlichen Hand sind diese Regelungen verpflichtend, werden jedoch in Deutschland über diesen Anwendungsbereich hinaus als Grundlage für Immobilienbewertungen verwendet. Ziel der dort beschriebenen Verfahren[11] ist es, den Verkehrswert einer Immobilie aus dem Durchschnitt möglichst zeitnaher Marktpreise vergleichbarer

---

9 Vgl. *Maurer* (1996, S. 87) sowie *Maurer/Stephan* (1996, S. 1530).

10 Vgl. *Rüchardt* (1991) oder *Morgan/Harrop* (1991).

11 Dies bezieht sich auf das Vergleichs- (§§ 13-14 WertV) und Ertragswertverfahren (§§ 15-20 WertV) gleichermaßen. Dagegen spielt das Sachwertverfahren (§§ 21-25 WertV) in praxi eine nur untergeordnete Rolle, da es sich an Wiederherstellungskosten orientiert und weder Informationen über die Nutzungs- und Ertragsmöglichkeiten noch über den Absatzmarkt der Immobilie berücksichtigt; vgl. *Berens/Hoffjan* (1995).

Objekte abzuleiten. Hierzu segmentiert man den gesamten heterogenen Immobilienmarkt nach gemeinsamen wertbestimmenden Eigenschaften, sodass innerhalb der Teilsegmente die einzelnen Immobilien hinreichend homogen sind[12]. Anschließend wird auf der Basis von zeitnahen Kaufpreissammlungen[13] ein repräsentativer und normierter Durchschnittspreis ermittelt. Für unbebaute Grundstücke wird dieser i.d.R. in EUR/m² und für Mietobjekte im einfachsten[14] Fall als Verhältnis des anfänglich erzielbaren Jahresreinertrags zum realisierten Kaufpreis (so genannter Liegenschaftszins), d.h. als anfänglich akzeptierte Mietrendite ausgedrückt:

$$LZ = \frac{Mieteinnahmen\ p.a.}{Kaufpreis} \tag{14.1}$$

Es ist auch der Kehrwert dieses Quotienten gebräuchlich, der als Vervielfältiger bezeichnet wird. Durch die Multiplikation des relevanten Vervielfältigers mit den nachhaltig erzielbaren Mieteinnahmen kann damit ein Ausgangspunkt für den aktuellen Marktwert des zu bewertenden Objekts gefunden werden.[15]

Von ihrer Konzeption her stellen Liegenschaftszinssätze Momentaufnahmen des aktuellen (normierten) Preisgefüges in bestimmten Teilsegmenten des Immobilienmarktes dar, berechnet auf der Basis innerhalb eines bestimmten Zeitraums abgeschlossener Transaktionen. Insofern sind Liegenschaftszinssätze keine zeitlich konstante, sondern aufgrund von Marktschwankungen sich ändernde Größe. Wesentliche Einflussfaktoren auf die Höhe des am Markt realisierten Liegenschaftszinses stellen gewöhnlich die Renditen von Alternativanlagen dar, die einen mit Immobilienanlagen vergleichbar langfristigen Anlagehorizont aufweisen. Langfristige Zinsen sind ein Indikator für die Finanzierungskosten einer Immobilieninvestition bzw. die Opportunitätskosten einer Alternativinvestition. Aus investitionstheoretischer Perspektive ist daher zu erwarten, dass die Liegenschaftszinssätze umso höher sind, je höher das langfristige Zinsniveau ausfällt.[16] Darüber hinaus spiegeln sich im Liegenschaftszins auch Einschätzungen über Chancen und Risiken des Wertsteigerungspotenzials von Immobilien wider. Dabei gilt, je höher das erwartete Wertsteigerungspotenzial, desto geringer die anfänglich akzeptierte Mietrendite. Es ist daher zu erwarten, dass Liegenschaftszinssätze unter den am Kapitalmarkt erzielbaren langfristigen Zinssätzen liegen.

Die Abbildung 14.2 vermittelt einen Eindruck von Höhe und Schwankung von Liegenschaftszinsen im Zeitablauf. Abgebildet ist der vom Frankfurter Gutachterausschuss publizierte Verlauf der Liegenschaftszinssätze für Mehrfamilienhäuser und Verwaltungs- und Bürogebäu-

---

12 In §§ 4 und 5 WertV 1988 sind quantitative und qualitative Faktoren näher bestimmt. Im Wesentlichen sind Grundstücke hinreichend gleichartig, wenn Lage, Maß baulicher Nutzung, Zustand, Größe und Alter vergleichbar sind. Für die Faktoren Größe und Alter sind Normwerte angegeben, die durch Umrechnungskoeffizienten ineinander überführt werden können, vgl. *Kleiber/Simon/Weyers* (1995, S. 118).

13 In Deutschland ist es gemäß § 873 Abs. 2 BGB erforderlich, jeden Kaufvertrag über Grundstücke notariell beurkunden zu lassen. Die Notare sind wiederum verpflichtet, eine Abschrift des Vertrages dem örtlichen Gutachterausschuss (§ 195 Abs. 1 BauGB) zukommen zu lassen. Die Kaufpreissammlungen geben den Gutachterausschüssen somit eine nahezu lückenlose Übersicht über die realisierten Grundstückstransaktionen in ihrem Zuständigkeitsgebiet.

14 Verfeinerte Ansätze (sogenannte Ertragswertverfahren) berücksichtigen noch die Restnutzungsdauer der Gebäude und den reinen Bodenwert, wobei der Liegenschaftszins iterativ aus der Formel für die Ertragswertermittlung berechnet wird; vgl. auch *Möckel* (1975).

15 Vgl. *Maurer/Sebastian* (1995, S. 54).

16 Vgl. *Froland* (1987), der für den US-amerikanischen Markt einen signifikant positiven Zusammenhang zwischen Liegenschaftszins und langfristigen Hypothekenzinsen feststellt. Auch *Vogel* (1996) zeigt am Beispiel von Berliner Altbauwohnungsgrundstücken einen eindeutig positiven Zusammenhang von Liegenschaftszinssätzen und Zinssätzen für erstrangige Hypothekendarlehen.

de (Baujahr nach 1948, Restnutzungsdauer über 35 Jahre) im Raum Frankfurt am Main von 04/1987 bis 10/1994.

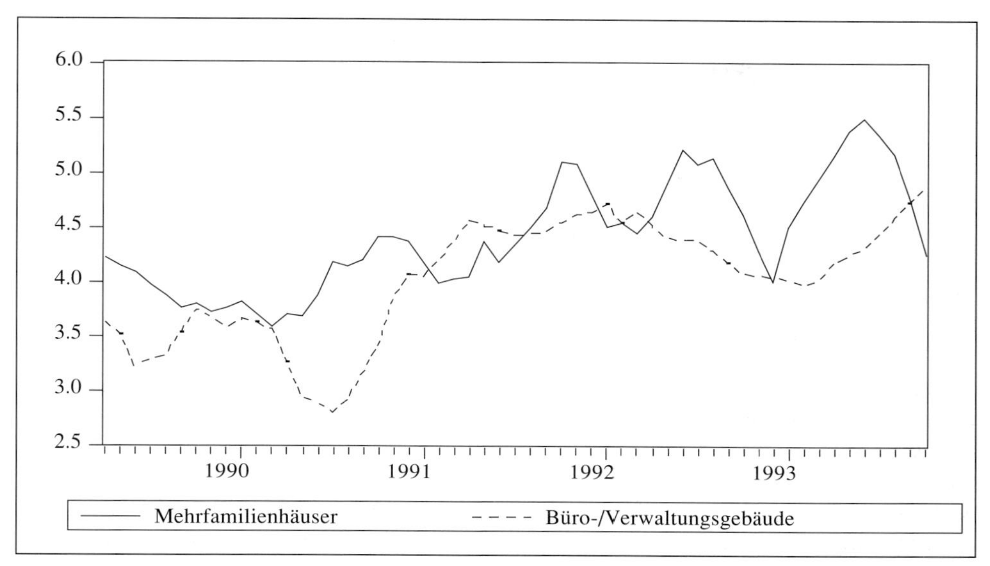

Abb. 14.2: Liegenschaftszinssätze p.a. für Mehrfamilienhäuser und Büro-/Verwaltungsgebäude im Raum Frankfurt

Der durchschnittliche (annualisierte) Liegenschaftszins für die Büro-/Verwaltungsgebäude beträgt 4,26% bei einer Schwankung von 0,55%. Dementsprechend ergibt sich bei den Mehrfamilienhäusern ein Durchschnittswert von 4,48% bei einer Volatilität von 0,67%. Im gleichen Zeitraum liegt der durchschnittliche Hypothekenzins gemäß den Angaben der Deutschen Bundesbank mit einem Wert von 8,42% deutlich über den durchschnittlichen Liegenschaftszinssätzen. Die Korrelation der Liegenschaftszinssätze für Büro-/Verwaltungsgebäude bzw. für Mehrfamilienhäuser mit den Hypothekenzinsen beträgt 0,47 bzw. 0,28, stimmt also ebenfalls mit den oben aufgeführten Erwartungen überein.

14.1.3.2.3 Appraisal Based-Indizes im internationalen Vergleich

In diesem Abschnitt soll ein Überblick über Immobilienindizes des Appraisal Based-Typus präsentiert werden, wie sie in verschiedenen Ländern verfügbar sind. Dabei konzentrieren wir uns auf die Verhältnisse in den USA, in Großbritannien und in Deutschland.

USA: Immobilienindizes des Appraisal Based Typus werden in den USA seit langem berechnet. So basiert der NCREIF-Property-Index (NPI) auf einer vierteljährlichen Erfassung der (geschätzten) Renditen von aktuell über 2000 Einzelobjekten der Mitgliedsfirmen des National Council of Real Estate Investment Fiduciaries (NCREIF) und weist eine Historie seit 1978 auf. Subindizes für Regionen und Typ der Immobilie sind ebenfalls verfügbar[17]. Des Weiteren wird

17 Vgl. *Zisler* (1989, S. 9-11) sowie *Fisher/Geltner/Webb* (1994, S. 138).

neben der Gesamtrendite (Total-Return-Index) die Wertsteigerungskomponente (Capital-Value-Index) und die Mietentwicklung (Rental-Value-Index) einzeln veröffentlicht.

Großbritannien: Für Großbritannien existiert ein ähnlich detailliert unterteilter Index der Investment-Property-Database (IPD), der seit Januar 1987 monatlich errechnet wird[18]. Datenbasis sind die laufenden Mieterträge und Wertveränderungen der Immobilienbestände von über 50 Immobilienfonds, Versicherungen und Pensionsfonds. Im Mai 1999 waren 2666 Einzelobjekte mit einem Gesamtwert von 8 Millionen Pfund erfasst. Berücksichtigt werden nur solche Liegenschaften, die nach Erwerb bzw. Fertigstellungen schon mindestens zweimal bewertet worden sind. Um Einflüsse eines aktiven Management möglichst auszublenden, werden Immobilien, die aktuell einer wesentlichen Veränderung ihrer physischen Eigenschaften unterliegen, aus dem Index extrahiert. Die im IPD-Monthly-Property-Index zusammengefassten Immobilien[19] werden von unabhängigen und akkreditierten Gutachtern (*Chartered Surveyors*) monatlich neu bewertet.

Deutschland: Nach dem Vorbild der IPD wurde 1997 auch in Deutschland mit dem Aufbau einer derartigen Datenbank begonnen[20]. Bisher sind jedoch nur wenige Jahresrenditen veröffentlicht, sodass aufgrund der kurzen Historie zeitreihenanalytische Auswertungen nur begrenzt möglich sind. *Maurer/Stephan* (1996) sowie *Maurer/Stephan/Sebastian* (2001) zeigen eine Möglichkeit zur Indexkonstruktion auf, die der Appraisal Based-Methodik recht nahe kommt, und lediglich öffentlich verfügbare Informationen verwendet. Ausgangspunkt ist die Wertentwicklung offener Immobilienfonds, welche überwiegend in deutschen Gewerbeimmobilien investieren. Zentrale Problematik ist die Tatsache, dass die Portfolios offener Immobilienfonds erhebliche Positionen in Geldmarktanlagen und festverzinslichen Wertpapieren aufweisen. Es wird daher ein Verfahren vorgeschlagen, die Gesamtrendite um die Ergebnisbeiträge der Zinsanlagen zu korrigieren[21].

In der Tabelle 14.2 sind die durchschnittliche Jahresrendite sowie die Renditevolatilität eines Immobilienindex (IMMEX) im Zeitraum 01/1980 bis 12/2006 enthalten, der nach diesem Verfahren berechnet worden ist. Zum Vergleich sind auch die Mittelwerte, Volatilitäten von deutschen Aktien (MSCI) und Zinstitel (Datastream) sowie die Korrelationen der Indexrenditen untereinander dargestellt. Weiterhin sind die Autorkorrelationen der Zeitreihen zum Lag 1 aufgeführt. Zum Vergleich sind die entsprechenden Werte für amerikanische Immobilienanlagen gemäß dem NCREIF-Index dargestellt, die wiederum amerikanischen Aktien- und Bondanlagen gegenübergestellt werden.

---

18 Vgl. *Investment Property Databank* (1995). Nach diesem Vorbild wurden seit Beginn der neunziger Jahre in Irland, in den Niederlanden und in Frankreich Immobilienindizes erstellt.

19 Darüber hinaus wird von IPD ein Immobilienindex auf Jahresbasis veröffentlicht. Der IPD *Annual Property Index* ist seit 1975 verfügbar.

20 Vgl. *Thomas /Gerhard* (1999).

21 Diese Vorgehensweise geht zurück auf Arbeiten von *Maurer/Stephan* (1995), (1996) sowie der in *Maurer/ Sebastian* (1997) aufgezeigten und hier verwendeten Weiterentwicklung.

	Deutschland			USA		
	Aktien	Zinstitel	Immobilien	Aktien	Zinstitel	Immobilien
Korrelationen						
Aktien	1			1		
Zinstitel	0.20	1		0.25	1	
Immobilien	-0.02	0.03	1	0.04	-0.17	1
Autokorr. (1)	0.10	-0.15	0.83*	0.05	-0.21	0.67*
Mittelwert (% p.a.)	15.70	8.30	5.63	14.42	8.20	9.36
STD (% p.a.)	18.89	5.80	2.50	16.16	6.53	6.39

Tab. 14.2: Rendite-/Risikoprofile von Aktien, Bonds und Immobilien in Deutschland und USA. * kennzeichnet Autokorrelationskoeffizienten, die auf dem 5%-Signifikanzniveau von null verschieden sind.

Ein Blick auf die Korrelationen zeigt, dass die Resultate in beiden Ländern zunächst vergleichbar sind. Wie auch in den USA sind die Jahresrenditen deutscher Aktien und Bonds deutlich positiv und Aktien bzw. Bonds zu Immobilien schwach positiv/negativ korreliert. In Deutschland weisen Aktien die höchste und Immobilienanlagen die niedrigste Durchschnittsrendite auf. Konsistent zum kapitalmarkttheoretischen Grundpostulat »no reward without risk« ist die Volatilität von Aktien am höchsten und diejenige von Immobilien am niedrigsten. In den USA ergibt sich jedoch, dass Immobilien eine höhere Durchschnittsrendite bei gleichzeitig geringerer Volatilität im Vergleich zu Zinstitel aufweisen. Zu beachten ist noch, dass in beiden Ländern die Autorkorrelationen der Immobilienzeitreihen signifikant positiv ausfallen. Für die Wertpapierindizes sind die entsprechenden Werte nicht signifikant von Null verschieden. Auf diesen Aspekt wird im nächsten Abschnitt detailliert eingegangen.

14.1.3.2.4 Glättungsproblematik

Die oben vorgestellten Appraisal Based-Indizes repräsentieren den Immobilienbestand großer institutioneller Anleger und erfüllen wichtige wünschenswerte Eigenschaften (Homogenität, Investierbarkeit, Buy and Hold-Strategie, Total Return-Basis, u.a.). Die zu den Indexwerten korrespondierenden Renditezeitreihen werden deshalb im Asset Allocation-Kontext häufig als Ausgangspunkt verwendet, um Informationen über das Rendite-/Risikoprofil und die Korrelationsstruktur von Immobilien auf zeitreihenanalytischer Basis abzuleiten[22]. Es gilt dabei allerdings zu beachten, dass im Gegensatz zu Indizes für börsengehandelte Aktien und Anleihen, die in den Appraisal Based-Indizes enthaltenen Wertveränderungen nicht unmittelbar

22 Vgl. etwa *Barkham/Geltner* (1995, S. 22).

auf zeitnahen Markttransaktionen, sondern auf Gutachterschätzungen zu einem bestimmten Zeitpunkt beruhen.

In der Literatur wird nun angeführt, dass die Verwendung dieser (unbereinigten) Indexzeitreihen als Datenbasis zur Schätzung der Volatilität von Immobilieninvestments und deren Korrelationen zu anderen (börsengehandelten) Anlageklassen zu Verzerrungen führt[23]. Insbesondere für kurzfristige (etwa monatliche) Betrachtungszeiträume würden die Volatilität- und Korrelationswerte unterschätzt. Die Begründung basiert im Wesentlichen auf zwei Argumenten: Die erste Argumentationslinie zielt auf die Natur des Bewertungsprozesses selbst ab. Gutachter stützten sich regelmäßig bei der Immobilienbewertung nicht nur auf Informationen über zukünftige Mieteinnahmen, die Restnutzungsdauer sowie zeitnahe Markttransaktionen in vergleichbaren Objekten. Vielmehr orientieren sie sich auch an dem Ergebnis des vorangegangenen Wertgutachtens[24]. Insofern lassen sich Neubewertungen als Komposition von vergangenem Wertgutachten und dem aktuellen Marktwert der Immobilie interpretieren. Je nachdem, wie stark sich der Gutachter an dem vergangenen Wertgutachten orientiert, werden Marktschwankungen geglättet (*Smoothing*). Zeitreihenanalytisch spiegelt sich dieser Effekt regelmäßig in Form positiver Autokorrelationen der Wertänderungen von Appraisal Based-Indizes wider[25].

Zum anderen erfolgt die Neubewertung der in einem Appraisal Based-Index enthaltenen Immobilien i.d.R. nur einmal pro Jahr. Die sich ergebenden Schwankungen bei einer unterjährigen Fortschreibung des Index resultieren somit vor allem daraus, dass die Bewertungen der einzelnen Immobilien in zeitlich versetzter Form stattfinden. Es liegt auf der Hand, dass durch diese *asynchrone* und *temporell aggregierte* Verarbeitung bewertungsrelevanter Informationen, kurzfristige (etwa monatliche) Wertschwankungen am Immobilienmarkt unterschätzt werden.

Obgleich die oben aufgeführten Glättungseffekte ein beachtliches Problem darstellen, ist es aufgrund der erheblichen Datenbeschaffungsprobleme unzweckmäßig, auf die Verwendung von Appraisal Based-Indizes als Repräsentanten der Assetklasse Immobilien zu verzichten. Vielmehr wurden insbesondere in der US-amerikanischen Literatur verschiedene Methoden entwickelt, um die oben aufgezeigten Glättungseffekte zu korrigieren. Die »Entglättungstechniken« basieren zum einen auf einem geeigneten (univariaten) Zeitreihenmodell, welches die (unbereinigte) Rendite-Zeitreihe möglichst gut erklärt. Zum anderen verwenden die Entglättungsverfahren eine ökonomische Hypothese hinsichtlich der Informationsverarbeitung auf Immobilienmärkten. So basieren die Verfahren von *Blundell/Ward* (1987), *Geltner* (1989, 1991), *Ross/Zisler* (1991) oder *Gyourko/Keim* (1992) auf der Annahme schwach informationseffizienter Immobilienmärkte. Konsistent zu dieser Hypothese resultieren zeitlich unabhängig und identisch (i.i.d.) verteilte Immobilienrenditen. Folglich basieren die Entglättungs-verfahren in technischer Hinsicht darauf, die in der ursprünglichen Zeitreihe enthaltene Autokorrelation von Immobilienrenditen zu korrigieren[26].

---

23 Vgl. *Fisher/Geltner/Webb* (1994).

24 Ein solches Verhalten muss aus Sicht der Gutachter nicht irrational sein, insbesondere dann, wenn aufgrund der Heterogenität der Liegenschaften sowie bei einer geringen Transaktionszahl in vergleichbaren Objekten wenige direkte Informationsquellen zur Verfügung stehen. So geben *Fisher/Geltner/Webb* (1994, S. 139) an, dass der NCREIF-Property-Index von 1978 bis 1994 lediglich 38 verkaufte Objekte enthält.

25 Vgl. *Ross/Zisler* (1991) oder *Geltner* (1991).

26 Es wird allerdings angeführt, dass Immobilienmärkte nicht effizient sind und damit eine gewisse positive Autokorrelation in den Renditezeitreihen »natürlich« ist; vgl. *Firstenberg/Ross/Zisler* (1988). Indizien für Ineffizienzen an Immobilienmärkten in den USA finden sich in den Studien von *Case/Shiller* (1989), *Guntermann/Norrbin* (1991) und *Darrat/Glascock* (1993). Von *Geltner* (1993) und *Barkham/Geltner* (1995) wurden Entglättungsverfahren formalisiert, die ohne die Annahme effizienter Märkte auskommen, insbesondere auch

Im Folgenden sollen das Bereinigungsverfahren von *Blundell/Ward* (1987) näher erläutert werden. Ausgehend von einem autoregressiven Modell erster Ordnung werden die ursprünglichen (geglätteten) Renditezeitreihen r_t gemäß folgender Gleichung transformiert:

$$r_t^* = \frac{r_t}{1-a} - \frac{a}{1-a} r_{t-1} \tag{14.2}$$

Dabei bezeichnet r_t^* die bereinigte Immobilienrendite für die Periode t und $a < 1$ einen Entglättungsparameter. Der Entglättungsparameter wird gemäß der (Auto-)Korrelation zum Lag eins angesetzt, d.h. $a = \mathrm{Cov}(r_t, r_{t-1})/\mathrm{Var}(r_t)$. Zwischen den Erwartungswerten der bereinigten r_t^* und unbereinigten r_t Rendite ergibt sich unmittelbar der Zusammenhang $E(r_t) = E(r_t^*)$, d.h. die mittlere Rendite wird durch das Bereinigungsverfahren nicht berührt. Dagegen zeigt sich für die Varianz der folgende Zusammenhang:

$$Var(r_t^*) = Var(r_t) \cdot \frac{1-a^2}{(1-a)^2}. \tag{14.3}$$

Je näher der Entglättungsparameter a bei eins (null) liegt, desto stärker (schwächer) wird die Varianz der ursprünglichen Renditezeitreihe nach oben korrigiert. Zur empirischen Schätzung von a wird vorgeschlagen, die ursprüngliche Renditezeitreihe durch ein autoregressives Modell erster Ordnung $r_t = a_0 + a_1 r_{t-1} + \varepsilon_t$ zu modellieren und den Entglättungsparameter gemäß dem Schätzwert für den Regressionsparameter a_1 anzusetzen.

Beispiel 14.2: Entglättung des NCREIF-Index

Die (empirische) Renditevolatilität des NCREIF-Jahresindex beträgt 6,39% bei einem (empirischen) Autokorrelationskoeffizienten in Höhe von 0,67. Die Durchführung einer Entglättung nach dem Verfahren von *Blundell/Ward* führt zu einer Erhöhung der Jahresvolatilität auf

$$14,37 = 6,39 \cdot \sqrt{\frac{1-0,67^2}{(1-0,67)^2}}.$$

d.h. um mehr als das Doppelte. Die nachfolgende Abbildung illustriert den Zusammenhang zwischen Originalzeitreihe und derjenigen nach Anwendung des Entglättungsverfahrens gemäß Gleichung (14.2). Man erkennt die deutlich höheren Fluktuationen in den Renditen nach Entglättung.

---

autokorrelierte Renditen zulassen. Allerdings sind die Annahmen dieser Verfahren ebenfalls nicht unproblematisch.

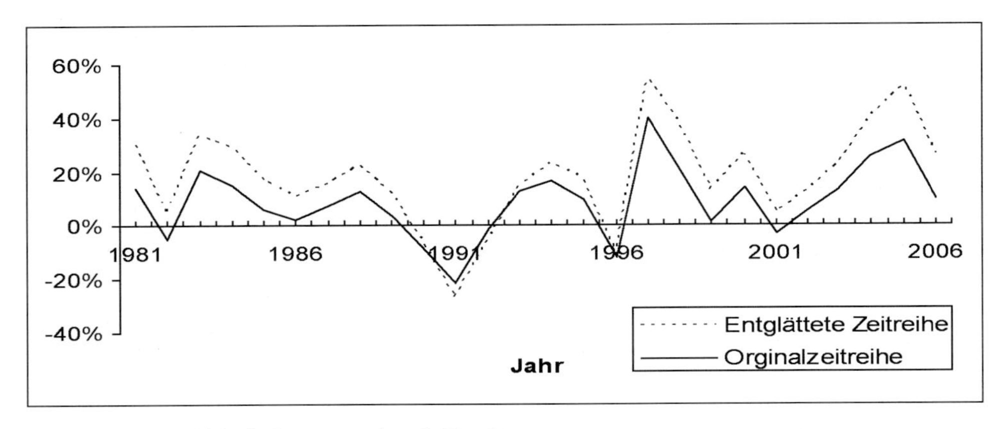

Abb. 14.3: Immobilienindex vor und nach Entglättung

Beispiel 14.3: Shortfallrisiken von Immobilien, Entglättung und Transaktionskosten
Die Auswertung historischer Zeitreihen der jährlichen (Log-)Renditen eines Immobilienindex ergibt für die mittlere Rendite $\mu(R) = 5\%$, die Volatilität $\sigma(R) = 2\%$ und die Autokorrelation 1. Ordnung $AR(1) = 0{,}6$. Unterstellen Sie im Folgenden normalverteilte iid-Renditen, wobei die oben angegebene Volatilität nach dem Blundell/Ward-Verfahren zu adjustieren ist.

a) Berechnen Sie in einem ersten Schritt die Wahrscheinlichkeit, dass die Gesamtrendite des Investments nach einem bzw. nach neun Jahren eine Mindestverzinsung von 0% verfehlt.
b) Berücksichtigen Sie in einem nächsten Schritt weiterhin, dass beim Kauf von Immobilien einmalige Transaktionskosten in Höhe von 6% des Kaufpreises und beim Verkauf von 2% des Verkaufspreises anfallen. Berechnen Sie wiederum die Wahrscheinlichkeit, die nominale Kapitalerhaltung nach einem bzw. neun Jahren zu verfehlen.

Die Korrektur der STD der Einperioden-Log-Rendite gemäß dem Blundell/Ward-Verfahren ergibt:

$$\sigma(r_t^*) = STD(r_t)\sqrt{\frac{1-a^2}{(1-a)^2}} = 2\% \cdot \sqrt{\frac{1-0{,}6^2}{(1-0{,}6)^2}} = 2\% \cdot 2 = 4\%.$$

Bei (bereinigten) iid. $r_t^* \sim \mathrm{N}(\mu;\sigma) = \mathrm{N}(5\%; 4\%)$ resultiert für die Verteilung der kumulierten Logrendite vom Zeitpunkt 0 bis T: $\sum_{t=1}^{T} r_t^* = r_{0,T} \sim \mathrm{N}\left(T\mu; \sigma\sqrt{T}\right) = \mathrm{N}\left(T \cdot 0{,}05; 0{,}04 \cdot \sqrt{T}\right)$.

a) Für die Shortfallwahrscheinlichkeit gilt: $SW = P(r_{0,T} < 0) = \Phi\left(-\frac{T\mu}{\sigma\sqrt{T}}\right) = \Phi\left(-\frac{T \cdot 0{,}05}{0{,}04 \cdot \sqrt{T}}\right)$
Für $T = 1$ resultiert hieraus $SW = \Phi(-1{,}25) = 10{,}6\%$.
Für $T = 9$ resultiert hieraus $SW = \Phi(-3{,}75) < 0{,}1\%$.

b) Es bezeichnet P_0 den Kaufpreis der Immobilie und P_T den Verkaufspreis im Zeitpunkt T, jeweils ohne Berücksichtigung von Erwerbsnebenkosten. Für die kumulierte Logrendite von 0 bis T nach Transaktionskosten i.H.v. 100a% = 6% des Kaufpreises und 100b% = 2% des Verkaufspreises gilt:

$$r_{0,T}^{TK} = \ln\left[\frac{P_T(1-b)}{P_0(1+a)}\right] = r_{0,T} + \ln(1-b) - \ln(1+a) \sim N[T\mu + \ln(1-b) - \ln(1+a), \sqrt{T}\sigma]$$

Für die Shortfallwahrscheinlichkeit gilt dann

$$\text{SW} = \text{P}(r_{0,T}^{TK} < 0) = \Phi\left(-\frac{T\mu + \ln(1-b) - \ln(1+a)}{\sigma\sqrt{T}}\right)$$

Für T = 1 resultiert hieraus SW = Φ(0,71) = 76,1%.
Für T = 9 resultiert hieraus SW = Φ(-3,1) = 0,10%.

14.1.3.3 Transaktionsbasierte Indizes

14.1.3.3.1 Allgemeine Konstruktionsmerkmale

Diese Kategorie von Immobilienindizes basiert auf der Auswertung von am Markt realisierten Transaktionspreisen für Immobilien innerhalb eines bestimmten Zeitraums. Als Datenbasis wird somit eine Stichprobe der Preise aus verkauften Immobilienobjekten und keine durch Sachverständige ermittelten Schätzwerte herangezogen. Der Wert eines Transaction Based-Index jeder Periode hängt lediglich von den ex post beobachteten Transaktionspreisen der in einer bestimmten Periode veräußerten Immobilien ab und nicht wie bei Appraisal Based-Indizes von der Summe der geschätzten Marktwerte eines Immobilienportefeuilles. Es ist darauf zu achten, dass möglichst nur solche Transaktionspreise berücksichtigt werden, die unter marktüblichen Bedingungen zustande gekommen sind[27]. Werden Transaktionen zu verschiedenen Zeitpunkten betrachtet, so können aus unterschiedlichen Preisen zunächst keine unmittelbaren Rückschlüsse auf Veränderungen des allgemeinen Marktpreisniveaus gezogen werden. Vielmehr können diese Abweichungen auf Qualitätsunterschiede etwa in Lage, Größe oder baulichen Zustand der erfassten Liegenschaften zurückzuführen sein. Deshalb muss bei einer Konstruktion eines transaktionsbasierten Immobilienindex den Qualitätsunterschieden der im Zeitablauf erfassten Liegenschaften Rechnung getragen werden. Methodisch sind Transaction Based-Indizes zu unterscheiden in die Bildung von einfachen Durchschnittspreisen und in so genannte hedonische Indizes.

27 Vgl. *Fisher/Geltner/Webb* (1994, S. 145 und 150).

14.1.3.3.2 Indizes auf der Basis von Durchschnittspreisen

Eine einfache Form der Konstruktion eines transaktionsbasierten Immobilienindex besteht in der Bildung von Durchschnittspreisen aller in einem bestimmten Marktsegment gehandelten Immobilien in einzelnen Perioden. Solche Durchschnittspreise werden insbesondere von Maklerfirmen angeboten, welche dabei oft die von ihnen vermittelten Transaktionen auswerten[28]. Dabei werden die Indizes nicht in Preis pro Objekt berechnet, da dies eine direkte Vergleichbarkeit der Objekte voraussetzen würde. Vielmehr werden Transaktionspreise als Verhältnis des Kaufpreises zu einem für den Wert einer Immobilie als wesentlich angenommener Faktor in Beziehung gesetzt, im einfachstem Fall ist dies Euro pro m^2. Ebenfalls können die o.a. Liegenschaftszinsen als Transaktionsindizes verstanden werden, wobei der Preis in Euro pro Jahresmieteinnahmen angegeben wird. Als Beispiel für den französischen Markt sei hier aufgrund seiner breiten Datenbasis der Index für Wohnimmobilien des Raumes Paris genannt, der von der Notariatskammer Paris auf der Basis beurkundeter Käufe/Verkäufe ermittelt wird[29]. Die Abbildung 14.4 enthält den Indexverlauf.

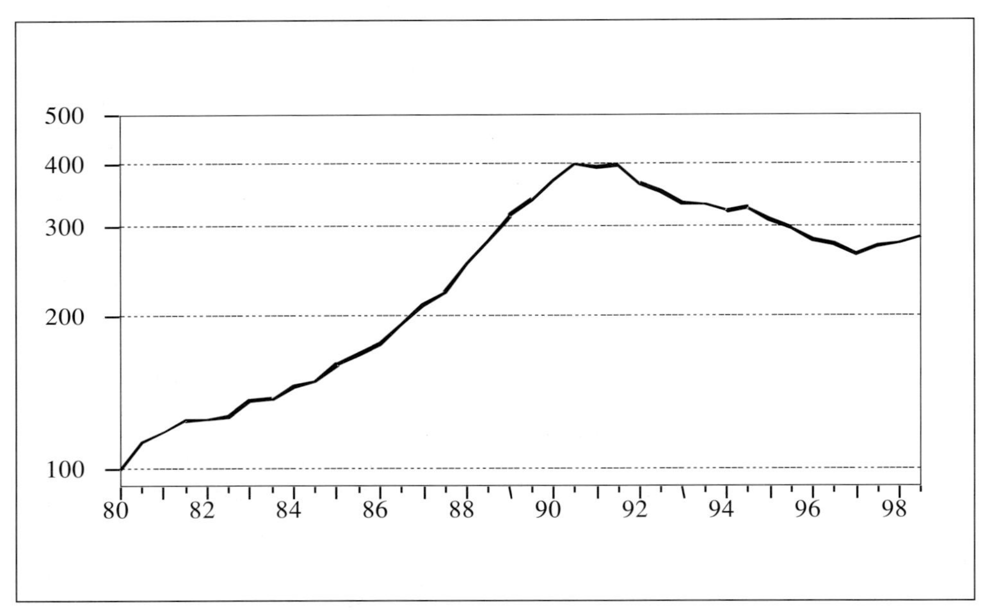

Abb. 14.4: Preisindex für Wohnungen in Paris 1980–1998 (logarithmische Skalierung)

Die Abbildung reflektiert die Verhältnisse auf dem Pariser Wohnimmobilienmarkt in den 80er und 90er Jahren. Die mit Beginn der 80er Jahre begonnene Phase von kontinuierlichen Preissteigerung erreichte 1991 ihren Wendepunkt, welcher in eine ca. siebenjährige Phase von kontinuierlichen Wertverlusten führte.

28 Zu einer Übersicht für Deutschland, vgl. *Thomas* (1997, S. 74 ff.).

29 Vgl. *Notaires* (1996). Auch die Indizes der Maklergesellschaft *Jones Lang Wootton* (1995) für Büroimmobilien in 1a-Lagen 14 europäischer Städte basieren auf der Auswertung von durchschnittlichen Transaktionspreisen.

Neben dem Umstand, dass die Konstruktionsweise der von den verschiedenen Maklergesellschaften veröffentlichten Immobilienindizes wenig transparent ist, beinhaltet die Indexbildung auf Basis von einfachen Durchschnittspreisen strukturelle Defizite. Das bedeutendste Problem ist die fehlende Erfassung von Qualitätsschwankungen der veräußerten Liegenschaften im Zeitablauf. Außer der Region und der Nutzungsart werden regelmäßig keine weiteren wertbeeinflussenden Faktoren (wie z.B. Alter, Ausstattung, Lage, etc.) berücksichtigt. Damit verbleibt das Problem, dass Wertveränderungen nicht ausschließlich durch tatsächliche Markteinflüsse, sondern auch wesentlich durch die in jeder Periode unterschiedliche Zusammensetzung bedingt sind. Eine weitergehende Segmentierung des Marktes würde zwar zu einer zunehmenden Homogenität führen, jedoch wird die Anzahl der beobachtbaren Transaktionen innerhalb eines Segmentes regelmäßig zu gering sein, um statistisch verwertbare Ergebnisse zu erzielen. Aufgrund der Beschränkung auf einen einzigen wertbestimmenden Faktor können derartige Preisindizes jedoch nur für sehr enge Segmente mit Elementen, die möglichst ähnliche Charakteristika aufweisen, sinnvolle Aussagen geben.

14.1.3.3.3 Hedonische Indizes

Hedonische Indizes versuchen die Heterogenitätsproblematik dadurch zu lösen, dass mittels eines ökonometrischen Modells die wesentlichen wertbeeinflussenden Faktoren von Immobilieninvestments erfasst und von zeitlichen Einflussfaktoren separiert werden[30]. Die theoretische Konzeption dieser Indizes basiert auf der Annahme, dass ein Gut vollständig durch einen Vektor von separat bewertbaren Eigenschaften beschrieben werden kann. Demnach bilden sich Preise für Immobilienobjekte als Summe der erworbenen einzelnen Eigenschaften wie beispielsweise Lage, Ausstattung oder Größe. Dies erlaubt es, die eigentlich von Natur aus heterogene Anlageklasse der Immobilien in homogene Attribute zu separieren und gleichzeitig deren Einfluss auf den Wert der Objekte zu bestimmen.

Statistisch liegt dem Ansatz ein multiples Regressionsmodell zugrunde, wobei die wertbestimmenden Eigenschaften die unabhängigen Variablen und die beobachteten Transaktionspreise die abhängige Variable bilden[31]. Die ermittelten Regressionskoeffizienten repräsentieren die marginale Zahlungsbereitschaft am Markt für die betreffende Eigenschaft. Die Attribute, welche den Wert einer Liegenschaft beeinflussen, werden üblicherweise in zwei Klassen eingeteilt. Die erste Gruppe enthält direkte Charakteristika (Größe, Zahl der Räume, Vorhandensein von Fahrstühlen etc.), während die zweite Standortfaktoren umfasst. Allgemein hat das Regressionsmodell die folgende Form[32]:

(14.4) $$P = f(W, M, N) + U$$

wobei

P : = beobachteter Transaktionspreis
W : = Merkmale der Wohnungsausstattung

30 Das ursprüngliche Einsatzgebiet dieser Methode war die Konstruktion von Indizes in Sektoren mit zunehmender Produktqualität im Zeitablauf (etwa Autos oder Computer). Vgl. allgemein *Griliches/Adelman* (1961) und für Immobilienmärkte *Fisher/Geltner/Webb* (1994, S. 148-153).

31 Für eine Übersicht der verschiedenen Methoden zur Konstruktion hedonischer Indizes vgl. *Mark/Goldberg* (1984).

32 Vgl. *Behring/Börsch-Supan/Goldrian* (1988, S. 100-102).

M : = Merkmale des Käufers/Verkäufers
N : = Merkmale zur Wohnungslage
U : = nicht durch das Model erklärtes Residuum

Die beiden grundsätzlichen Probleme der Indexbildung bestehen in der Identifikation der Attribute und der Funktionsform. Nach dem vorherrschenden Ansatz[33] werden Transaktionspreise auf einen Vektor von immobilienspezifischen Eigenschaften (Lage, Nutzungsart, Ausstattung, Größe) und auf einen Vektor von Zeit-Dummyvariablen regressiert. Hinsichtlich der Funktionsformen gibt es keine theoretisch beste Variante. Häufig werden lineare, semi-logarithmische oder log-lineare Modelle gewählt. Diese zeichnen sich insbesondere durch einfache Interpretierbarkeit aus, da die geschätzten Parameter eine direkte ökonomisch zugängliche Aussagekraft besitzen. Beim linearen Modell geben die Parameter absolute Preise für eine Einheit des Attributs an, bei semi-logarithmischen Modellen prozentuale Aufschläge und bei der log-linearen Funktionsform repräsentieren sie Elastizitäten des Immobilienwertes auf eine relative Veränderung der jeweiligen Merkmalsmenge.

Explizit mit der Wahl der adäquaten Funktionsform beschäftigen sich *Halvorsen/ Pollakowski* (1981). Sie kommen dabei zu dem Ergebnis, dass es aus theoretischer Sicht keine optimale Funktionsform gibt und schlagen eine rein statistische Prozedur unter Verwendung der Transformation nach *Box/Cox* (1964) vor.[34] Hierzu wird von einem Regressionsmodell der folgenden Form ausgegangen:

(14.5) $$p_i^{(\theta)} = \beta_0 + \sum_{j=1}^{k} \beta_j x_{ji}^{(\lambda)} + u_i \ ,$$

wobei der Preis p_i einer Immobilie durch den Parameter θ transformiert wird zu[35]

(14.6) $$p^{(\theta)} = \begin{cases} \dfrac{p^{\theta}-1}{\theta} & (\theta \neq 0) \\ \ln p & (\theta = 0) \end{cases}$$

und analog die exogenen Variablen $x_{ji}^{(\lambda)}$ mit dem Parameter λ zu[36]

(14.7) $$x^{(\lambda)} = \begin{cases} \dfrac{x^{\lambda}-1}{\lambda} & (\lambda \neq 0) \\ \ln x & (\lambda = 0) \ . \end{cases}$$

Je nachdem, welche Werte θ und λ annehmen, verändert sich die Funktionsform des Modells. Für den Fall $\theta = \lambda = 1$ liegt eine lineare Funktion vor, für $\theta = \lambda = 0$ eine log-lineare und für $\theta = 0$ und $\lambda = 1$ eine semiloglineare Funktionsform. Ergeben sich jedoch andere Werte als 0 und 1 für die Parameter θ und λ, so besitzen die Parameterschätzer $\hat{\beta}_i$ des *Box/Cox*-Modells keine ökonomisch unmittelbar zugängliche Aussagekraft mehr. Die Interpretation der hedonischen

33 Vgl. *Bender/Gacem/Hoesli* (1994, S. 526-527).
34 Vgl. kritisch zur Box/Cox-Transformation *Cassel/Mendelson* (1985).
35 Vgl. *Box/Cox* (1964, S. 214).
36 Es ist hierbei nicht sinnvoll, dichotome Variablen zu transformieren, da diese nur die Werte 0 oder 1 annehmen können, vgl. *Cassel/Mendelsohn* (1985, S. 138).

Preise wird durch die Transformation der Variablen erschwert, da die errechneten Koeffizienten in gewisser Weise artifiziell sind[37].

Ist man weiter in der Lage, den Einfluss der wertbestimmenden Faktoren auf die Rendite von z.B. Wohnimmobilien zu identifizieren, so ist es möglich, eine Zeitreihe für ein beliebiges Portefeuille von Wohnimmobilien zu konstruieren, sofern man deren Eigenschaften kennt. Dies geschieht im Wesentlichen dadurch, dass man die immobilienspezifischen Eigenschaften konstant hält und die Betrachtung auf die Veränderung der Zeitvariable beschränkt. So kann z.B. zur Bestimmung eines Proxys der Anlageklasse der gesamte, dem Anleger zur Verfügung stehende Bestand eines Anlagemarktes (z.B. Paris) verwendet werden. Sieht man die im Untersuchungszeitraum verkauften Liegenschaften selbst als repräsentative Stichprobe an, kann anhand der Perioden-Dummyvariablen direkt die Veränderung im Zeitverlauf ermittelt werden.

Auf der Basis von Transaktionen von Wohnimmobilien des Kanton Genf im Zeitraum 1978–1992 konstruierten *Bender/Gacem/Hoesli* (1994) einen hedonischen Index unter Verwendung linearer, semi-logarithmischer und log-linearer Funktionen als Spezialfall einer *Box/Cox*-Funktion. *Hoesli/Thion* (1994) untersuchten für den Wohnungsmarkt von Bordeaux ausgewählte Faktoren. In einer Untersuchung von *Bignasca/Kruck/Maggi* (1996) werden hedonische Indizes auf Jahresbasis für Wohnimmobilien aus dem Kanton Zürich erstellt, die in der Abbildung 14.5 enthalten sind.

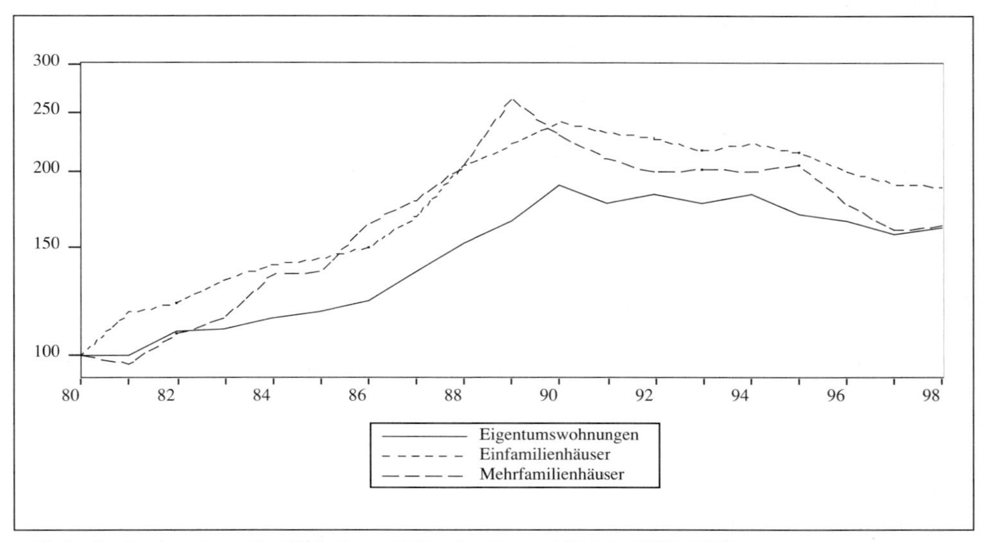

Abb.14.5: Preisindizes für Wohnimmobilien im Raum Zürich 1980–1998 (logarithmische Skalierung). Quelle: Züricher Kantonalbank

37 Vgl. *Cassel/Mendelsohn* (1985, S. 137 und S. 139).

In einer Untersuchung von *Maurer/Pitzer/Sebastian* (2004) werden hedonische Indizes auf Monats-, Quartals- und Jahresbasis für Wohnimmobilien für den Großraum Paris für den Zeitraum 1990–1999 erstellt. Die nachfolgende Tabelle gibt deskriptiven Statistiken der Quartalsrenditen an, und vergleicht diese mit denjenigen Anlagen in französische Aktien repräsentiert durch den CAC40 und Bonds abgebildet durch den JPM Government Bond Index.

	Wohnungen	Aktien	Zinstitel
Korrelationen			
Wohnungen	1		
Aktien	0,038	1	
Zinstitel	-0,328	0,413	1
Autokorr. (1)	0,575*	-0,069	0,153
Autokorr. (2)	0,252	-0,124	0,039
Autokorr. (3)	0,265	0,060	-0,103
Mittelwert	-0,003	0,032	0,005
Std. Abw.	0,024	0,094	0,026
Schiefe	0,803	-0,341	-0,507

Tab. 14.3: Deskriptive Statistiken für die Wertentwicklung von Wohnungen in Paris sowie Aktien und Bonds in Paris (Quelle: *Maurer/Pitzer/Sebastian* 2004)

Im Betrachtungszeitraum waren die Wertsteigerungen der Wohnungen negativ und niedriger als der Zuwachs der Total Return-Indizes für Aktien und Zinstitel. Allerdings ist eine direkter Vergleich der Mittelwerte problematisch, da der Index für Wohnungen nur Wertsteigerungen, jedoch keine Mieteinnahmen berücksichtigt. Weiterhin zeigen sich signifikante Autorkorrelationen für Immobilienanlagen, was auf ein zyklisches Verhalten hindeutet. Weiterhin zeigen sich sehr niedrige, teilweise negative Korrelationen von Wohnimmobilien zu Aktien und Bonds was auf ein erhebliches Diversifikationspotenzial schließen lässt.

14.1.3.3.4 Diskussion der Eignung hedonischer Indizes

Eine wesentliche Erschwernis bei der Konstruktion hedonischer Indizes liegt in der Dichte der benötigten Daten für jede einzelne Transaktion, was in Deutschland schon aufgrund der Vorschriften des Datenschutzes problematisch ist[38]. Weiterhin ist mit einem derartigen Index nur die Erfassung von Wertveränderungen möglich. Zu der Bestimmung eines Total-Return-Index müssten weiterhin die (Netto-)Mieteinnahmen jeder verkauften Immobilie ermittelt werden. Dies ist in den meisten Fällen nur durch Schätzung möglich, da zum einen diese Daten nicht systematisch erfasst werden und zum anderen eine Vielzahl der Immobilien in unvermietetem

38 Vgl. *Melvander* (1991).

Zustand verkauft werden[39]. Alternativ könnten aus anderen Stichproben korrespondierende Indizes für Mieten entwickelt und zu einem Total-Return-Index aggregiert werden, was jedoch ebenso aufgrund der unterschiedlichen Herkunft der Daten problematisch ist. Weiterhin ist auch durch die Beschränkung nur auf tatsächlich gehandelte Liegenschaften eine repräsentative Abbildung des Segmentes nicht gewährleistet; dies gilt insbesondere in Perioden geringen Umsatzes.

14.1.3.4 Immobilienaktiengesellschaften

14.1.3.4.1 Allgemeine Konstruktionsmerkmale

Nach einer dritten Methode wird versucht, die Rendite am Immobilienmarkt durch die Wertentwicklung der Anteile von börsengehandelten Immobilienaktiengesellschaften abzubilden. Es wird also eine hohe Korrelation zwischen der Entwicklung des Börsenwerts der Aktien und dem Wert der im Gesellschaftsbesitz befindlichen Immobilien unterstellt. Um die Einflüsse durch andere Geschäftstätigkeiten zu vermeiden, sollten idealerweise nur solche Gesellschaften in die Indexberechnung einbezogen werden, die ausschließlich als Immobilienbestandshalter agieren. Allerdings liegen in Praxis solche reinen Bestandshalter nur selten vor. Viele Immobiliengesellschaften sind ebenfalls als Projektentwickler oder Bauträger tätig, operieren in relevantem Umfang mit Fremdkapital und sind teilweise auch in immobilienfremden Geschäftsbereichen tätig.

14.1.3.4.2 Immobilienaktienindizes für Deutschland, Frankreich und Großbritannien

Für die meisten europäischen Länder existieren zwar Indizes mit ausreichender Historie, jedoch sind diese aufgrund verschiedener Aspekte für die Ermittlung eines Immobilienindexes problematisch. So werden oft auch Projektentwickler und Bauträger in den Indizes erfasst. Weiterhin erfolgt regelmäßig keine Berücksichtigung des Streubesitzes oder es werden bezüglich der Reinvestition der Dividenden unnötige Vereinfachungen getroffen[40].

Um für Deutschland, Frankreich und Großbritannien geeignete Immobilienbestandhalter zu identifizieren, wurden die Geschäftsaktivitäten von über 200 Gesellschaften geprüft, ob ihr Unternehmenszweck zum überwiegenden Teil in der Vermietung und Verpachtung von Immobilien besteht. Hierzu wurden die Jahresabschlüsse der Gesellschaften nach verschiedenen Kriterien ausgewertet (Angaben zur Unternehmenstätigkeit, Anteil der Miet- und Pachterträge am Jahresumsatz). Bei fehlenden Geschäftsberichten wurden die Gesellschaften direkt befragt, ob und seit wann sie sich als Immobilienbestandshalter einschätzen. Schließlich wurde nach national unterschiedlichen Kriterien geprüft, ob eine ausreichende Marktliquidität gegeben war. Die Abbildung 14.6 enthält den Verlauf der auf dieser Basis konstruierten Indizes.

Vergleicht man die Renditen der so konstruierten Indizes von Immobilienaktiengesellschaften mit Zeitreihen für andere Anlagen (Tabelle 14.4), so zeigt sich für alle Länder eine hohe

39 Vgl. *Thomas* (1995).
40 Vgl. *Maurer/Sebastian* (1999, S. 171).

Korrelation mit den entsprechenden Indizes für den lokalen Aktienmarkt. Britische und französische Immobilienaktien sind auch mit den Renditen von lokalen Anleiheindizes hoch korreliert. Hingegen sind die Korrelationen mit Appraisal Based-Indizes nahezu null.

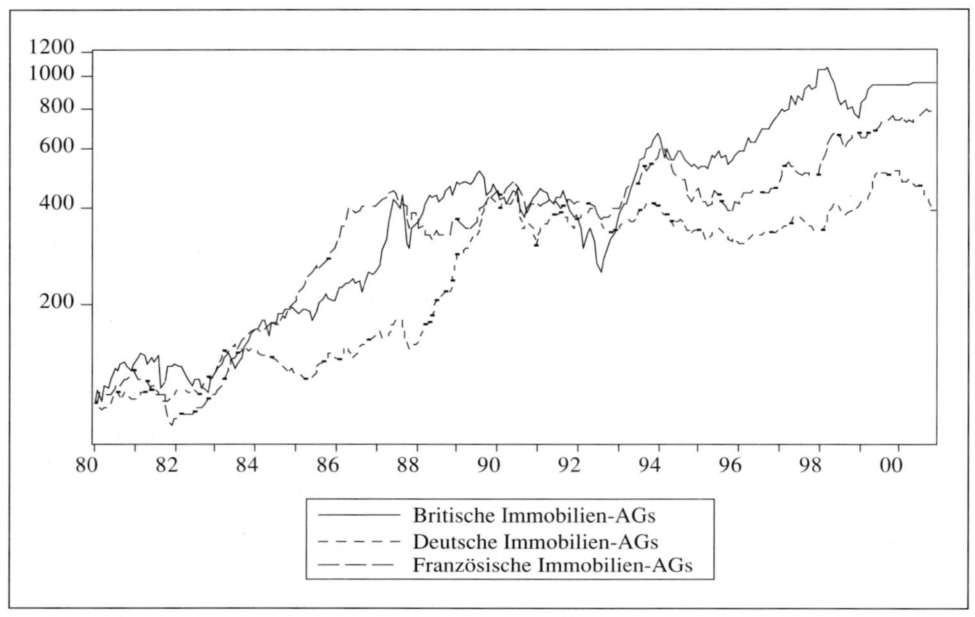

Abb. 14.6: Immobilienaktienindizes 1980–1998 (logarithmische Skalierung)

Immo-AG's	Mittelwert (in % p.m.)	Volatilität (in % p.m.)	Korrelationen zu nationalen Anlagen		
			Aktien*	Bonds**	Immobilien***
D	0,54	4,40	0,41	0,02	0,03
F	0,24	4,83	0,52	0,35	NV
UK	1,14	6,00	0,66	0,34	-0,001

* Korrelation zwischen deutschen/französischen/britischen Immobilien-AGs und deutschen (DAX) / französischen (CAC40) / britischen (FTSE30) Aktien im Zeitraum 1980-1998

** Korrelation zwischen deutschen/französischen/britischen Immobilien-AGs und deutschen (REXP) / französischen (SBWG-Frankreich) / britischen (FTA) Staatsanleihen im Zeitraum 1980-1998

*** Korrelation zwischen deutschen Immobilien-AGs und IMMEX im Zeitraum 1980-1998 bzw. zwischen britischen Immo-AGs und IPD im Zeitraum 1987-1998

Tab. 14.4: Rendite-/Risikoprofile von Immobilienaktiengesellschaften

Die hier berichteten hohen Korrelationen von Immobilienaktien mit dem Aktiengesamtmarkt und die daraus resultierenden geringen Diversifikationspotenziale korrespondieren mit vergleichbaren empirischen Untersuchungen über US-amerikanische Immobilienaktien (sog.

REITs). So konnten *Mengen/Hartzell* (1986) eine Korrelation der Renditen von REITs mit dem Aktienmarkt von 0,8 nachweisen. Auch *Ross/Zisler* (1991) und *Gyourko/Keim* (1992, 1993) bestätigen das vergleichsweise geringe Diversifikationspotenzial von Immobilienaktien im Vergleich zu Direktinvestitionen. Zu ähnlichen Ergebnissen kommen *Anderson/Hoesli* (1991) für börsengehandelte Immobiliengesellschaften in der Schweiz.

14.1.3.4.3 Diskussion der Eignung von Immobilienaktienindizes

Immobilienindizes auf der Basis von Immobilienaktien haben den Vorteil der technisch einfachen Konstruktionsform. Sie können mittels der bekannten Reinvestitionsverfahren problemlos als Total-Return-Index konzipiert werden. Die Verwendung von (i.d.R. öffentlich zugänglichen) Kapitalmarktdaten vermeidet die oben diskutierten Schätzprobleme und erlaubt eine direkte Vergleichbarkeit mit den üblichen Indexrepräsentanten für Aktien- und Anleihemärkte.

Allerdings wird in der Literatur angezweifelt, ob derartige Aktienindizes tatsächlich die Rendite des von den Gesellschaften gehaltenen Immobilienportefeuilles widerspiegeln. So ergab eine Überprüfung wesentlicher finanzwirtschaftlicher Eigenschaften (Inflationshedge, Diversifikationspotenzial) eines Portfolios aus deutschen Immobilienaktiengesellschaften, dass diese gewöhnlich nicht mit den entsprechenden Eigenschaften von Immobilienanlagen korrespondieren[41]. Als Ursachen werden vor allem folgende Argumente ins Feld geführt: Damit Immobilienaktiengesellschaften einen guten Indikator für den Immobilienmarkt darstellen, wäre es notwendig, sie nur nach den gehaltenen Immobilien zu bewerten. Die Unvollständigkeit der Informationen über den Immobilienbestand der Gesellschaften bedingt jedoch, dass die auf dem Markt tätigen Analysten Immobiliengesellschaften mangels anderer Information mit den gleichen Modellen und Parametern bewerten wie andere[42]. Auch ist anzunehmen, dass eine Beurteilung des Managements der Gesellschaft in die Kursbildung mit einfließt. Weiterhin ist keine der Gesellschaften ausschließlich als Bestandshalter tätig.

14.1.4 Fallstudie: Langfristige Rendite- und Risikoprofile von Investmentsparplänen in Aktien-, Renten- und offenen Immobilienfonds[43]

14.1.4.1 Problemstellung und Untersuchungsdesign

Im Zentrum der nachfolgenden Überlegungen steht ein Investor, der regelmäßige Sparraten jährlich vorschüssig in einen thesaurierenden Aktien-, Renten- oder Immobilienfonds sowie in verschiedene Mischungen dieser Basisfondstypen mit Anlageschwerpunkt Deutschland anlegt. Als Ausgabeaufschläge beim Erwerb der Fondsanteile werden pro geleisteter Sparrate 5% für den Aktien-, 3% für den Renten- und 5% für den Immobilienfonds angesetzt, was in etwa marktüblichen Konditionen entspricht. Zielsetzung ist die Quantifizierung des erwarteten realen

---

41 Vgl. *Maurer/Sebastian* (1999).
42 Vgl. *Bender/Gacem/Hoesli* (1994, S. 524).
43 Die Ausführungen dieses Abschnitts basieren weitgehend auf *Maurer/Schlag* (2001).

Endvermögens sowie des Shortfallrisikos über verschiedene Sparplandauern von 1 bis 20 Jahren. Das Shortfallrisiko bezeichnet die Gefahr, dass am Ende des Investmentsparplans das reale Endvermögen unter der Summe der vom Investor geleisteten (inflationsadjustierten) Beiträge inklusive der Ausgabeaufschläge liegt, mithin die reale Kapitalerhaltung verfehlt wird.

Zu seiner Quantifizierung wird auf die Shortfallwahrscheinlichkeit (SW), den Mean Excess Loss (MEL) sowie den Shortfallerwartungswert (SE) zurückgegriffen werden.

Methodisch werden die interessierenden Kennzahlen durch den Einsatz stochastischer Simulationstechniken ermittelt. Im Rahmen einer stochastischen Simulation wird auf Basis eines geeigneten Modells hinsichtlich der Stochastik und Dynamik der betrachteten Investmentfonds in konsistenter Weise zufällig eine sehr große Anzahl alternativer Szenarien der zukünftigen (inflationsadjustierten) Wertentwicklungen der betrachteten Fondsvarianten erzeugt. Hierzu wird auf die finanzmathematische Standardspezifikation einer dreidimensionalen geometrischen Brownschen Bewegung rekurriert. Um eine möglichst hohe Präzision hinsichtlich der ermittelten Risikokennziffern (insbesondere im Bereich der Worst Case-Risiken) sicherzustellen, werden jeweils 3.000.000 initialisierte Simulationspfade (antithetische Varianzreduktion auf 1.500.000 einzelnen Simulationsläufen) betrachtet. Die relevanten Kennziffern werden anschließend auf der Basis dieses Spektrums möglicher zukünftiger Wertentwicklungen gemäß den korrespondierenden Stichprobengegenstücken ermittelt. Um den zeitlichen Verlauf der Kenngrößen instruktiver darzustellen, werden diese relativ zur Wertentwicklung der Benchmark, also eines perfekt inflationsgeschützten Alternativinvestments betrachtet.

Die Datenbasis zur Schätzung der Prozessparameter bezieht sich auf die realen Ein-Jahresrenditen[44] (inkl. Ausschüttungen, vor Ausgabeaufschläge und vor Steuern) am Markt existierender Fonds im Basiszeitraum 1980–1999. Ausgehend von einer Grundgesamtheit von 17 Aktienfonds, 23 Rentenfonds und 7 Immobilienfonds mit Anlageschwerpunkt Deutschland wird innerhalb der einzelnen Fondsklassen dasjenige Sondervermögen ausgewählt, welches hinsichtlich der durchschnittlichen Wertentwicklung über die Basisperiode die jeweils mittlere Wertentwicklung aufwies (so genannte Medianfondsvariante).

Fondsklasse	Mittelwert (% p.a)	Volatilität (% p.a)	Korrelationen		
			Aktien	Renten	Immobilien
Aktien	9.92	20.06	1		
Renten	4.57	6.28	0.20	1	
Immobilien	3.91	1.49	-0.28	0.52	1

Tab. 14.5: Rendite-/Risikoprofile der (kontinuierlichen) realen Jahresrenditen (inkl. Ausschüttungen, vor Ausgabeaufschläge, vor Steuern) von Aktien-/Renten-/Immobilienfonds mit durchschnittlicher Wertentwicklung im Zeitraum 1980-1999

44 Dabei wurde zur Messung der Inflationsrate die Veränderung des von der Deutschen Bundesbank veröffentlichten saisonbereinigten Konsumentenpreisindex für Westdeutschland verwendet.

14.1.4.2 *Simulationsergebnisse*

14.1.4.2.1 *Basisfonds*

In den nachfolgenden Abbildungen werden zunächst die Simulationsergebnisse für Sparpläne in jeweils reinen Aktien-, Renten- und Immobilienfonds gegenübergestellt.

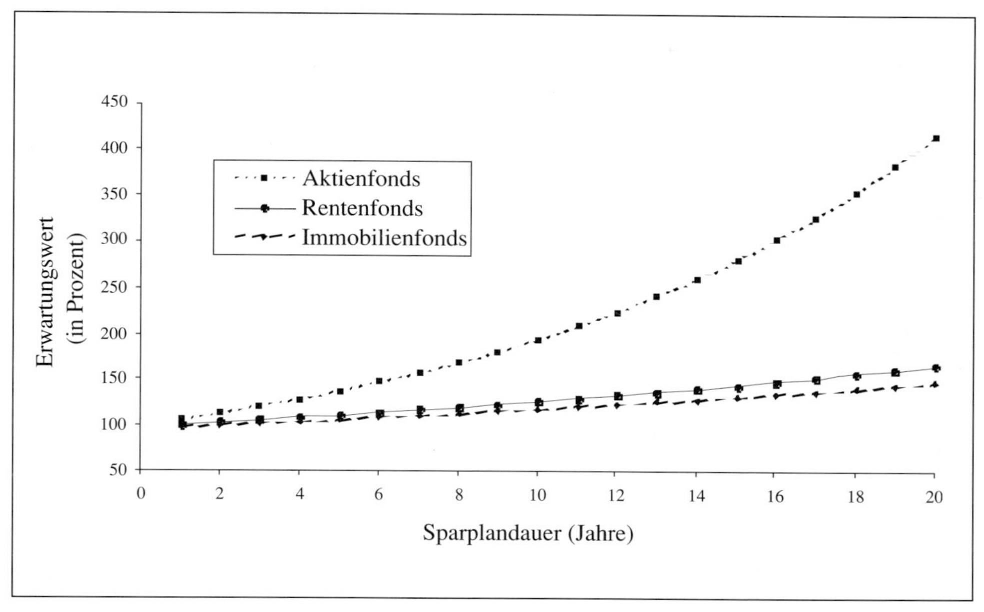

Abb. 14.7: Zeitlicher Verlauf der erwarteten realen Renditen

Ein Blick auf die erwarteten Endvermögen (EW) zeigt das wohlbekannte Resultat, dass die Ertragsstärke der Aktienmärkte das langfristig höchste Endvermögen erwarten lässt. Dabei steigt der erwartete Renditevorsprung von Aktienfonds relativ zu Immobilien- und Rentenfonds mit zunehmender Anlagedauer. So beträgt das erwartete inflationsbereinigte Endvermögen nach einer Spardauer von 20 (10) Jahren beim Immobilienfonds 147,45% (118,91%), beim Rentenfonds 166,28% (127,37%) und beim Aktienfonds 417,99% (194,94%) der eingezahlten Beiträge. Mit anderen Worten, beim Aktienfonds kann der Anleger nach zwanzig Jahren ein mehr als vierfach höheres Konsumniveau erwarten als bei einer Anlageform, welche eine Rendite exakt in Höhe der Inflationsrate aufweist.

Allerdings zeigen die Shortfallrisikomaße konsistent zu kapitalmarkttheoretischen Grundpostulaten bei Aktienfonds durchweg höhere Werte als die weniger ertragsstarken Immobilien- und Rentenfonds auf. So ist die Wahrscheinlichkeit, dass das reale Fondsvermögen nach 20 (10) Jahren unter die eingezahlten Beiträge sinkt, beim Aktienfonds mit 2,53% (9,20%) zwar gering, jedoch im Gegensatz zu Immobilien- und Rentenfonds keinesfalls vernachlässigbar. Betrachtet man die Shortfallwahrscheinlichkeit in der Zeit, so ist für alle drei Fondstypen ein fallender Verlauf zu erkennen, mithin ein zeitlicher Risiko-Diversifikationseffekt erkennbar. Auffallend ist die sehr hohe Shortfallwahrscheinlichkeit bei reinen Immobilienfonds bei einer

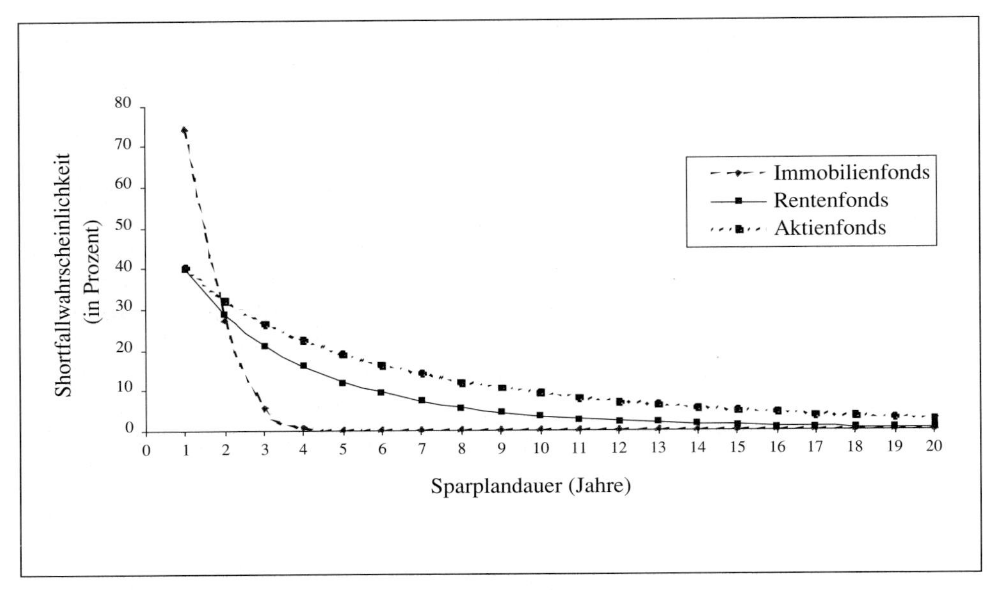

Abb. 14.8: Zeitlicher Verlauf der Shortfallwahrscheinlichkeit

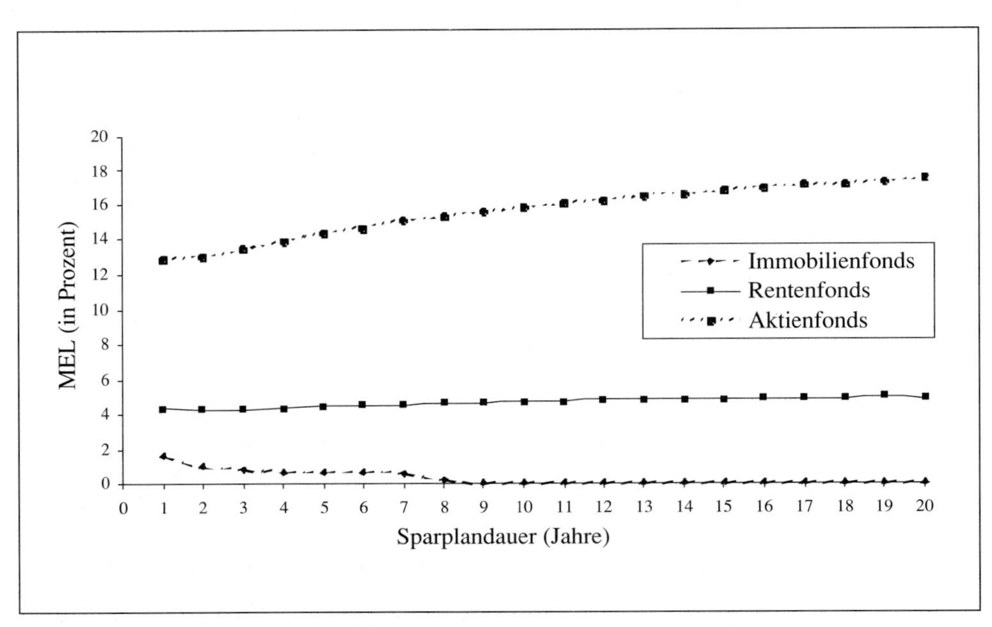

Abb. 14.9: Zeitlicher Verlauf des MEL

Sparplandauer von einem Jahr, welche dann schnell auf geringe Werte abfällt. Dies ist maßgeblich auf den relativ hohen einmaligen Ausgabeaufschlag von 5% und die vergleichsweise geringe erwartete jährliche Realrendite von 3,91% und nicht etwa auf die Renditevolatilität des Fondsvermögens zurückzuführen. Dagegen fällt die SW für die Aktienfonds deutlich weniger schnell.

Eine Betrachtung des MEL bei zunehmender Sparplandauer zeigt das bereits in Kapitel 4 aufgezeigte Resultat, dass für reine Aktienfonds zeitliche Diversifikationseffekte im Worst Case-Bereich nicht existieren. So beträgt die erwartete Unterschreitungshöhe im Verlustfalle relativ zur Benchmark, bei einem Anlagezeitraum von 10 Jahren ca. 15% und bei einer Anspardauer von 20 Jahren etwa 17%. Im Gegensatz dazu zeigt sich für diese Risikokennziffer bei Immobilien- bzw. Rentenfonds ein fallender bzw. weitgehend konstanter Verlauf.

Schließlich sind für den Shortfallerwartungswert für alle Fondstypen zeitliche Diversifikationseffekte beobachtbar. Dabei weist der Aktiensparplan über sämtliche Laufzeiten das höchste und der Sparplan in den offenen Immobilienfonds das niedrigste Risikoniveau auf.

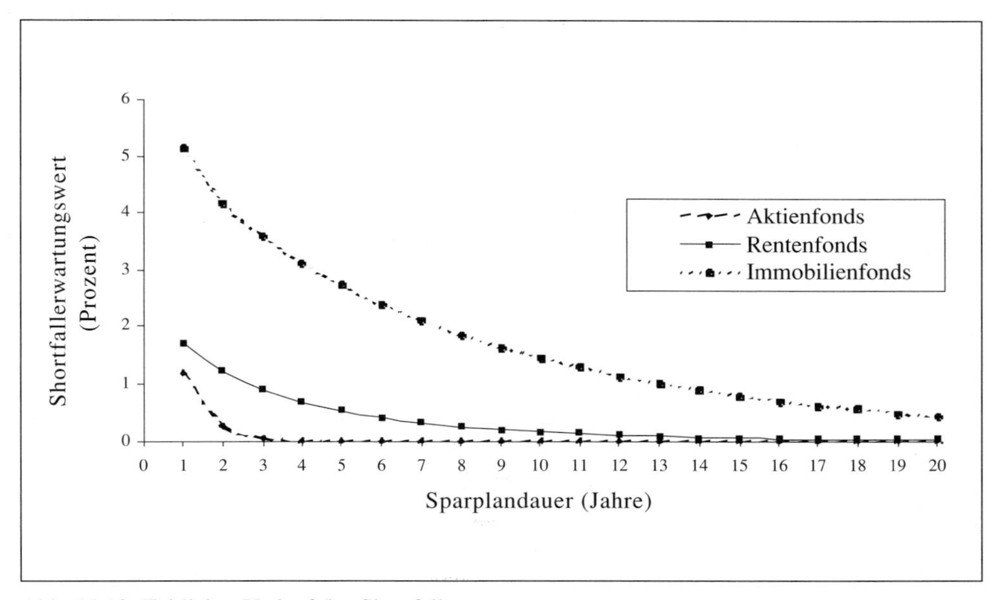

Abb. 14.10: Zeitlicher Verlauf des Shortfallerwartungswertes

Neben den rein quantitativen Ergebnissen zu den zeitabhängigen Rendite-/Shortfallrisiko-Profilen von Investmentsparplänen, welche von den jeweiligen Entscheidungsträgern in Abhängigkeit von ihren Risikopräferenzen zu bewerten sind, können die folgenden Implikationen aus den Untersuchungsergebnissen dargelegt werden.

Diversifikation in der Zeit: Im Rahmen von langfristigen Investmentfondssparplänen existieren systematische Zeitdiversifikationseffekte bzgl. Shortfallrisiken relativ zur Zielgröße einer realen Kapitalerhaltung. Dabei treten diese Risikoreduktionseffekte für reine Immobilienfonds sowohl bei der Shortfallwahrscheinlichkeit (SW) als auch beim durchschnittlichen Verlust im Verlustfalle (MEL) als Worst Case-Risikomaß und damit auch beim Shortfallerwartungswert (SE) als dem Produkt aus diesen beiden Risikokomponenten auf. Bei reinen Aktien-

anlagen und reinen Rentenanlagen sind zeitliche Risikoausgleichseffekte bei der SW und beim SE zu beobachten. Dagegen nehmen die durch den MEL quantifizierten Worst-Case-Risiken bei reinen Aktiensparplänen im Zeitablauf zu. Für Sparpläne in Rentenfonds ergibt sich für diese Risikokomponente ein weitgehend konstanter zeitlicher Verlauf.
Effizienz: Konsistent zu kapitalmarkttheoretischen Grundpostulaten korrespondieren geringe Shortfallrisiken mit geringen erwarteten Investmentrenditen und damit mit einem geringeren erwarteten Versorgungsniveau am Sparplanende. Insofern sind die im Vergleich zu Aktienfonds deutlich weniger ertragsstarken Immobilien- und Rentenfonds auch unter Langfristaspekten keine redundanten Anlageklassen. Vielmehr liegt in der verlässlichen Kontrolle von Shortfallrisiken, insbesondere im Worst Case-Bereich, die zentrale Stärke dieser Anlagen.

14.1.4.2.2 Asset Allocation-Strukturen

Die bisherigen Auswertungen vernachlässigen ein zentrales Ergebnis der modernen Portfoliotheorie, dass unter bestimmten Bedingungen durch geeignete Mischung von risikobehafteten Investmentalternativen *Diversifikationseffekte* genutzt werden können. Notwendige Voraussetzung für das Eintreten von Diversifikationseffekten ist, dass die jeweiligen Einzelinvestments nicht vollständig positiv miteinander korreliert sind. Ein Blick auf Tabelle 14.6 zeigt, dass die Korrelationskoeffizienten zwischen den einzelnen Fondsklassen in allen Fällen deutlich von eins verschieden sind und zwischen Aktien- und Immobilienfonds sogar negativ ausfallen. Im Folgenden sollen daher die Rendite-/Shortfallrisikoprofile ausgewählter Mischungen ermittelt werden[45]:

- Typus konservativ: 21% Aktien- / 49% Renten- / 30% Immobilienfonds
- Typus ausgewogen: 50% Aktien- / 35% Renten- / 15% Immobilienfonds
- Typus renditeorientiert: 75% Aktien- / 20% Renten- / 5% Immobilienfonds

In der nachfolgenden Tabelle sind die Simulationsresultate enthalten.

Die in der Tabelle enthaltenen Rendite/Risikoprofile der betrachteten Asset-Allocation-Strukturen unterscheiden sich deutlich von denjenigen der reinen Basisfondstypen. Insofern können durch Fondsmischungen Rendite/Risikoprofile erzeugt werden, die durch reine Aktien-, Renten- oder Immobilienfonds nicht darstellbar sind. Damit kann den unterschiedlichen Risikopräferenzen der Investmentsparer in flexibler Weise Rechnung getragen werden. So kann etwa mit einer eher konservativen Asset Allocation (21% Aktien / 49% Renten / 30% Immobilien) ein Sicherheitsniveau erreicht werden, welches demjenigen von reinen Immobilienfonds im Sinne eines fallenden Verlaufs aller Shortfallrisikomaße recht nahe kommt, ohne auf die Ertragsstärke der Aktienmärkte vollständig zu verzichten. Ein ähnlicher Vergleich lässt sich für eine ausgewogene Mischung (50% Aktien / 35% Renten / 15% Immobilien) und einem reinen Rentenfonds aufstellen.

Die Beimischung von Risikostabilisatoren in Form von Renten- und Immobilienanteilen führt bei der renditeorientierten Asset Allocation (75% Aktien- / 20% Renten- / 5% Immobilien) zu einer substanziellen Reduzierung der Shortfallrisiken. Gleichzeitig weist der Fonds eine Ertragsstärke auf, die einem reinen Aktienfonds vergleichbar ist. Beachtenswert ist insbesondere

45 Mischung bedeutet, dass die monatlichen Sparraten gemäß dem angegeben Mischungsverhältnis (abzüglich der entsprechenden Ausgabeaufschläge) in die jeweiligen Fonds investiert werden.

der Worst Case-Risikobereich (MEL). Während bei einer reinen Aktienanlage der MEL mit zunehmender Sparplandauer ansteigt, ist er bei einer renditeorientierten Fondsmischung nicht nur deutlich geringer, sondern auch zeitlich weitgehend konstant.

Spardauer	1 Jahr	5 Jahre	10 Jahre	15 Jahre	20 Jahre
	21% Aktien- / 49% Renten- / 30% Immobilienfonds				
EW	102,14	116,21	138,94	169,93	213,49
SW	38,08	5,61	0,53	0,04	<0,01
MEL	3,79	3,25	3,00	2,76	2,66
SE	1,44	0,18	0,01	<0,01	<0,01
	50% Aktien- / 35% Renten- / 15% Immobilienfonds				
EW	104,15	124,48	159,68	211,42	289,31
SW	38,76	12,15	3,29	0,85	0,20
MEL	6,77	6,58	6,38	6,04	5,56
SE	2,62	0,80	0,21	0,05	0,01
	75% Aktien- / 20% Renten- / 5% Immobilienfonds				
EW	105,80	131,45	177,32	246,80	354,12
SW	39,44	16,25	6,55	2,74	1,14
MEL	9,73	10,33	10,74	10,74	10,49
SE	3,84	1,67	0,70	0,29	0,12

Tab. 14.6: Erwartete Rendite und Shortfallrisiken (in %) von Investmentfondssparplänen relativ zur Zielrendite »reale Kapitalerhaltung« für ausgewählte Anlagezeiträume

14.2 Hedgefonds

14.2.1 Einführung

Der erste Hedgefonds wurde von Alfred Winslow Jones im Jahr 1949 gegründet. Charakteristisch für den Investmentansatz dieses Fonds war die Kombination von Long-Positionen und Short-Positionen im Aktienbereich. Damit begründete Jones die erste Strategie für Hedgefonds, die Long/Short-Strategie. Erfüllen sich dabei die Erwartungen auf einen Kursverfall der Short-Positionen und einen Kursanstieg der Long-Positionen, so kann zumindest grundsätzlich ein Gewinn unabhängig davon erzielt werden, dass der Aktienmarkt steigt oder fällt. Diese *Erwartung* ist auch heute noch ein wesentliches Motiv von Investoren, die sich in Hedgefonds engagieren. Nichtsdestotrotz ist die Nomenklatur »Hedgefonds« eher irreführend (bzw. ein geschickter Marketingschachzug), denn Hedgefonds sind typischerweise nicht gehedgt im üblichen Sinne, d.h. abgesichert gegenüber adversen Kursentwicklungen (man vgl. etwa unsere Ausführungen in den Abschnitten 10.4 und 11.7). *Caldwell* 2003 bezieht daher den Hedgeaspekt von Hedgefonds nur auf das Marktexposure und nicht auf die eingegangene Gesamtrisikoposition. *Singer* 2003 weist darauf hin, dass Hedgefonds oftmals enorme Gesamtrisiken aufweisen, die aus Konzentrationsrisiken resultieren.

Hedgefonds erfreuen sich gerade bei institutionellen Investoren einer großen und stark zunehmenden Beliebtheit und unterliegen daher einem rasanten Wachstum. Waren etwa im Jahr 1984 gerade einmal 68 und im Jahr 1990 dann 610 Hedgefonds zu verzeichnen, so stieg deren Anzahl bis 2005 auf über 8000 und per Ende 2008 wird von Greenwich Alternative Investments eine Anzahl von über 12 000 Hedgefonds prognostiziert. Allerdings relativiert sich diese Anzahl etwas vor dem Hintergrund, dass viele Hedgefonds ein nicht übermäßig langes Dasein am Markt genießen. In der Studie *Amin/Kat* 2003 wird etwa für den Zeitraum von 1996 bis 2001 geschätzt, dass maximal 60% des Hedgefonds-Universums länger als fünf Jahre am Markt operiert.

Hinsichtlich des verwalteten Vermögens belaufen sich die Schätzungen für 2008 auf rund 1600 Mrd. USD. Trotz dieser auf den ersten Blick hohen Zahl entspricht dies aber nur ca. 2–3% der Gesamtkapitalisierung der weltweiten Aktien- und Anleihemärkte. Diese Einschätzung der Größenordnung lässt allerdings unberücksichtigt, dass Hedgefonds über (wie noch auszuführen) Leverage- und Derivateeinsatz sehr viel größere Volumina bewegen können.

Vor dem Inkrafttreten des Investmentmodernisierungsgesetzes zum 01.01.2004 konnten aus deutscher Sicht Hedgefonds nur im Ausland, z.B. in Luxemburg, aufgelegt werden. Eine Alternative für deutsche Investoren bestand dabei im Erwerb von Hedgefonds-Zertifikaten. Seit dem 01.01.2004 können Hedgefonds nun auch in Deutschland aufgelegt werden, das Investmentmodernisierungsgesetz verwendet hierbei den Terminus *Sondervermögen mit zusätzlichen Risiken*. Der Vertrieb von Dachfonds ist dabei generell erlaubt, Einzel-Hedgefonds sind hingegen nur institutionellen Investoren zugänglich.

Diese Hedgefonds deutscher Couleur sind allerdings nur eingeschränkt mit Hedgefonds internationaler Prägung vergleichbar und können eher als Investmentfonds mit zusätzlichen Freiheiten apostrophiert werden. Im weiteren Verlauf der Ausarbeitung konzentrieren wir uns daher auf Hedgefonds in ihrer international üblichen Ausgestaltung.

Diese »traditionellen« Hedgefonds weisen typischerweise die Rechtsform einer Limited Partnership auf. Diese korrespondiert mit der deutschen Rechtsform einer Kommanditgesellschaft, d.h. es gibt Gesellschafter, die mit dem gesamten persönlichen Vermögen haften (Komplementär, General Partner) und Gesellschafter, die nur begrenzt haften (Kommanditisten, Limited Partner). Die Investoren fungieren dabei als Limited Partner, der Investment Manager als General Partner. Der Investment Manager ist verantwortlich für die verfolgten Anlagestrategien und die getätigten Investments und erhält als Entlohnung eine Vergütung (Fee). Dies verdeutlicht auch, dass der Terminus »Fonds« nicht im Sinne eines Investmentfonds deutscher Prägung zu verstehen ist.

Hedgefonds in ihrer traditionellen Form sind:

- akkumulierte Anlagekapitalien, die via
- Privatplatzierungen
- einer limitierten und typischerweise im Anlagegeschäft erfahrenen Anlegerschaft (in der Regel sind dies institutionelle Investoren oder aber vermögende Einzelpersonen) angeboten werden. Diese Anteile sind oftmals illiquide, d.h. es bestehen *Sperrfristen* für die Desinvestition von Anlagekapital.

Außer dem Aspekt des Pooling von Anlagekapitalien sind Hedgefonds mit Investmentfonds nur eingeschränkt vergleichbar. Ein wesentlicher Unterschied zu Investmentfonds liegt zunächst in der *geringen staatlichen Aufsicht* (Regulierung, Offenlegungspflichten) über Hedgefonds, was dazu führt, dass hier große Freiheiten hinsichtlich Anlagestrategien, Anlageinstrumenten und Anlageobjekten bestehen.

Charakteristisch für Hedgefonds ist die *Verfolgung aktiver Anlagestrategien*, mit denen (vermutete) Markttrends und Marktineffizienzen (Fehlbewertungen) ausgenutzt werden sollen. Dabei bestehen zunächst die folgenden zentralen Unterschiede zu Investmentfonds:

- Eingang von Short-Positionen,
- Leverage durch Kreditaufnahme sowie
- verstärkter (d.h. über eine einfache Risikoabsicherung hinausgehender) Derivateeinsatz.

An den Kassamärkten beinhalten Short-Positionen dabei Leerverkäufe, d.h. einen Verkauf von Finanztiteln, ohne in deren Besitz zu sein. Ziel ist der spätere Rückkauf (short covering) zu niedrigeren Kursen. Anlagetechnisch können Leerverkäufe durch eine Wertpapierleihe oder so genannte Repo-Geschäfte realisiert werden. Alternativ können Short-Positionen auch durch den Einsatz von Termininstrumenten (z.B. Futures short) generiert werden.

Ein weiterer zentraler Unterschied zu Investmentfonds, die typischerweise an einer Performance relativ zu Benchmarks in Form von Indices einzelner Assetklassen (z.B. Aktienindizes) orientiert sind, ist die prinzipielle *Orientierung an absoluten Renditen*, insbesondere auch bei unterschiedlichen Kapitalmarktsituationen bzw. unabhängig von solchen[46].

Hierzu ist allerdings grundsätzlich anzumerken, dass eine »Orientierung an absoluten Renditen« noch keine *Garantie* absoluter Renditen beinhaltet.

Ein weiteres Charakteristikum von traditionellen Hedgefonds sind schließlich *spezifische Entlohnungsformen für Hedgefonds-Manager*.

Diese spezifischen Entlohnungsformen bestehen in erfolgsabhängigen Vergütungen (Performance-based Fees), d.h. Gebühren in Abhängigkeit von den erzielten Wertzuwächsen. Damit hier nicht auch schon geringe Wertzuwächse zu einer erfolgsabhängigen Vergütung führen, werden vor allem zwei Varianten von Performance-based Fees installiert. Dies sind zum einen *Hurdle-Rates*, d.h. es werden bestimmte Hürden definiert, etwa der 3-Monats-EURIBOR (ggf. zuzüglich x%) und erst bei Überschreitung dieser Hürde erfolgt eine erfolgsabhängige Entlohnung. Zum anderen können dies aber *High Watermarks* sein. Bei der High-Watermark-Variante erfolgt eine erfolgsabhängige Vergütung nur dann, wenn der Wert des Fonds die *vorherige Höchstmarke* überschreitet, d.h. ein »echter« Wertzuwachs stattfindet. Zwischenzeitliche Verluste relativ zum historischen Höchstwert müssen erst wieder kompensiert worden sein, bevor eine erfolgsabhängige Vergütung bezahlt wird. Eine solche Entlohnungsform induziert einen starken Anreiz für den Hedgefonds-Manager, die Erzielung einer (hohen) absoluten Rendite in den Mittelpunkt seiner Aktivitäten zu stellen. Trotzdem ist dies ein durchaus zweischneidiges Instrument, denn auf der anderen Seite erhöht es auch die Bereitschaft zur Realisierung riskanter Positionen (mit entsprechend hohen Renditechancen) sowie der Konsequenz einer Schließung des Hedgefonds, wenn sich hierbei die Risiken (und nicht die Chancen) realisiert haben und es auf absehbare Zeit nicht realistisch ist, den letzten Höchststand des Fondswerts zu erreichen.

Neben Einzel-Hedgefonds (Single Hedge Funds) existieren dabei auch *Dach-Hedgefonds* (Funds of Funds), die in eine Varietät von Einzel-Hedgefonds investieren. Bei Dach-Hedgefonds

---

46 Entsprechend ist oftmals zu hören, dass Hedgefonds sowohl in Hausse- als auch in Baisse-Phasen Gewinne erwirtschaften. Allerdings wird nur bei einzelnen Hedgefonds-Stilen eine stabile positive Rendite unabhängig von Marktbewegungen angestrebt. Bei anderen Stilen (Market Directional) werden hingegen Wetten auf die Richtung von Marktbewegungen realisiert.

werden dabei Gebühren sowohl auf der Einzelfondsebene als auch auf der Dachfondsebene erhoben. Dies hat zur unliebsamen Konsequenz, dass Dachfonds deutliche Performancenachteile gegenüber einem Durchschnitt von Einzel-Hedgefonds besitzen, was durch eine Reihe von Studien – etwa *Fung/Hsieh* (2002) sowie *Ennis/Sebastian* (2003) – auch bestätigt wird.

Um die heterogene Assetklasse der Hedgefonds weiter differenzieren zu können, bieten sich die unterschiedlichen Investmentstile als Gliederungskriterium an. Die in der Literatur zu findenden Klassifikationen sind dabei sehr uneinheitlich. Wir gehen im Weiteren von der in Abbildung 14.11 gegebenen Klassifikation der primären Stilrichtungen aus, wobei unter jeder Kategorie wiederum weitere Einzelstile subsumiert werden können. Die Abbildung 14.11 orientiert sich dabei weitgehend an *Bessler/Drobetz/Henn* 2005 und ist insbesondere kompatibel mit der Bezeichnung der Strategieindices nach CSFB/Tremont (auf die wir noch zurückkommen).

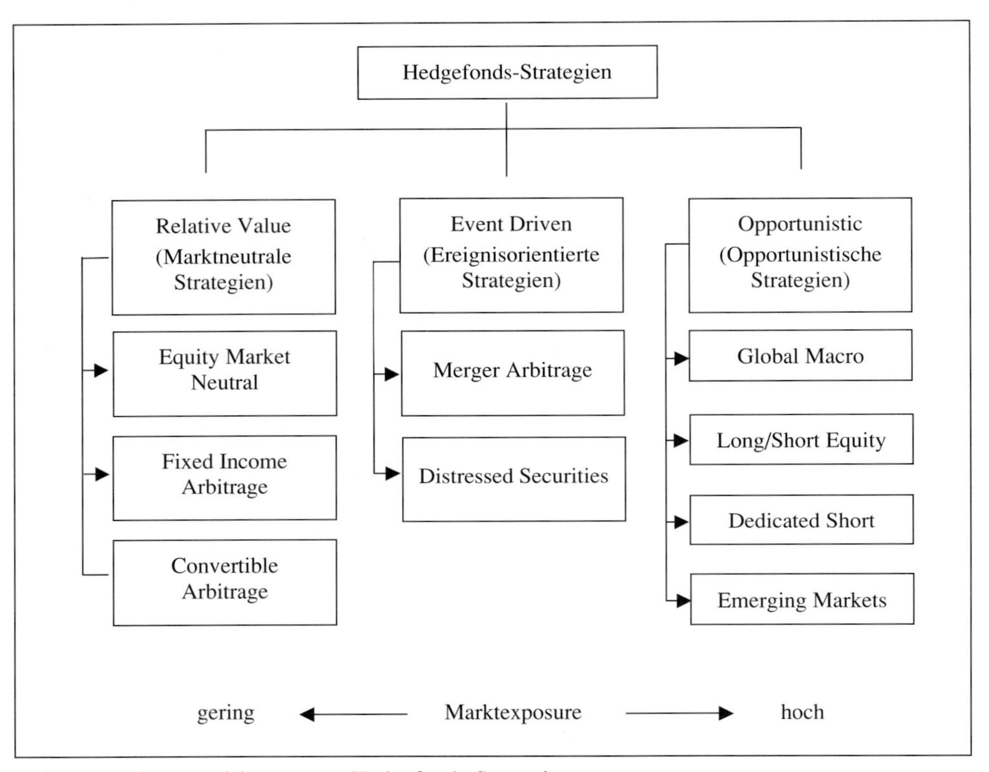

Abb. 14.11: Systematisierung von Hedgefonds-Strategien

Relative Value-Strategien

Relative Value-Strategien (auch: marktneutrale Strategien) verfolgen das Ziel, relative Preisunterschiede zwischen einzelnen Finanzinstrumenten auszunutzen. Dabei soll das Risiko des zugrunde liegenden Marktes (Aktienkursrisiko, Zinsänderungsrisiko, etc.) soweit wie möglich reduziert (beispielsweise Beta oder Duration der Gesamtposition in Höhe von Null) und unabhängig von der herrschenden Marktsituation positive Renditen erwirtschaftet werden. Marktneutrale Strategien zielen ab auf die Ausnutzung temporärer Marktineffizienzen. Ein zentrales

Element dieser Stile ist somit die Prognostizierung der Entwicklung von Preisdifferenzen und nicht der des Preisniveaus. Dahinter steht die Annahme, dass sich die Preise früher oder später zum Gleichgewicht bewegen und Fehlbewertungen im Zeitablauf korrigiert werden. Neben der Elimination des Marktrisikos zeichnen sich marktneutrale Strategien des Weiteren durch ein intensives Leverage aus. Da Fehlbewertungen in der Regel sehr gering ausfallen, bedingt ein gewinnbringendes Ausnutzen von Preis-Spreads einen hohen Fremdkapitaleinsatz. Zur Gruppe der marktneutralen Strategien zählen die Equity Market Neutral-, die Fixed Income Arbitrage- sowie die Convertible Arbitrage-Strategie.

Bei Equity Market Neutral werden Long- und Short-Positionen in Aktien in einer Weise kombiniert, dass relative Fehlbewertungen zwischen den einzelnen Papieren profitabel ausgenutzt werden können. Das Marktrisiko wird dabei soweit möglich ausgeschaltet, idealerweise ist das Beta der Gesamtposition gleich Null. Entscheidende Voraussetzung für den Erfolg der Strategie ist, dass das verwendete Bewertungsmodell temporäre Über- oder Unterbewertungen zu identifizieren vermag und der Markt diese Fehlbewertungen auch korrigiert.

Fixed Income Arbitrage zielt auf die Ausnutzung von Preisdifferenzen im Zinstitelmarkt ab. Hierfür werden Anleihen unterschiedlicher Laufzeiten und Bonitätsklassen sowie unterschiedlicher Liquidität kombiniert, wobei die Duration der Gesamtposition in der Nähe von Null liegen sollte. Damit sollen Liquiditätsprämien und Kreditrisikoprämien verdient werden. Beispiele hierfür sind die Ausnutzung von Bewertungsdifferenzen zwischen Staatsanleihen verschiedener Länder sowie zwischen Staatsanleihen auf der einen Seite und Unternehmensanleihen auf der anderen.

Convertible Arbitrage stellt auf das Ausnutzen von Preisdifferenzen von Wandelanleihen und den ihnen zugrunde liegenden Aktien ab. Beispielsweise wird eine Long-Position in einer als unterbewertet identifizierten Wandelanleihe mit einer Short-Position in der zugrunde liegenden Aktie kombiniert. Grundlage dieser Strategie ist die Komplexität der Bewertung von Wandelanleihen, da diese zum einen Optionspositionen und zum anderen Zins-, Bonitäts- und Liquiditätsrisiken beinhalten. Ein überlegenes Bewertungsmodell ist somit wieder von entscheidender Voraussetzung für den Erfolg dieser Strategie.

Ereignisorientierte Strategien (Event Driven)

Im Rahmen von Event Driven-Strategien wird auf die finanziellen Auswirkungen spezifischer Ereignisse im Unternehmenszyklus, wie z.B. Ausgliederungen (Spin-offs), Übernahmen (Merger & Acquisitions), Liquidationen oder Rekapitalisierungen spekuliert. Die Hauptspielarten hierbei sind Merger Arbitrage (auch Risk Arbitrage genannt) sowie Distressed Securities.

Eine Standardspekulation bei einer Merger Arbitrage ist etwa, dass die übernommene Aktie an Wert gewinnt, wohingegen die übernehmende an Wert verliert. Distressed Securities sind Unternehmen in Reorganisation oder in einem Insolvenzverfahren. Hier spekuliert man bei entsprechend positiver Entwicklung auf eine Werterholung.

Opportunistische Strategien

Opportunistische Strategien versuchen, die Entwicklung eines gesamten Marktes zu prognostizieren und gewinnbringend auszunutzen. Damit hängt der Erfolg entscheidend von der Prognosefähigkeit des Fondsmanagers ab. Die Gruppe der opportunistischen Strategien umfasst die Global Macro-, die Long/Short Equity-, die Dedicated Short- sowie die Emerging Markets-Strategie.

Global Macro ist ein international ausgerichteter Anlagestil. Man versucht hierbei, internationale Entwicklungen (beispielsweise die Konvergenz der langfristigen Zinsen im EURO-Raum oder den Verbleib des britischen Pfunds im EWS) zu antizipieren und an den resultierenden finanziellen Folgen zu partizipieren.

Long-/Short-Strategien können – wie bereits ausgeführt – als Ursprung der Hedgefonds-Strategien angesehen werden. Ziel des Investmentstils ist es, sowohl in steigenden als auch in fallenden Aktienmärkten Geld zu verdienen (Absolute Return Investment). Es werden dabei für unterbewertet gehaltene Aktien gekauft und für überbewertet gehaltene Aktien verkauft. Primär wird somit auf das unsystematische Risiko der einzelnen Positionen abgezielt und dabei das systematische Risiko der Gesamtposition beschränkt – jedoch nicht auf Null reduziert, wie bei Equity Market Neutral. Ein Netto-Long Exposure ist bei der Strategie üblich, dies impliziert eine positive Aktienmarktkorrelation. Ein Hedging findet – im Vergleich zu einer reinen Long-Position – somit nur eingeschränkt statt.

Bei Dedicated Short werden nur Short-Positionen in als überbewertet identifizierten Finanztiteln eingegangen. Durch den Aufbau von Short-Positionen können in (auch nur temporär) fallenden Märkten Gewinne erzielt werden, es handelt sich somit um ein aktives Market Timing. Aber auch in anderen Marktsituationen ergeben sich Chancen auf der Grundlage von Fehlbewertungen.

Emerging Markets konzentriert sich auf Investments in sich entwickelnden Märkten (Schwellenländer). Typischerweise sind dies Long-Positionen und man setzt auf eine Wertaufholung in diesen Märkten.

Der vorstehende Strategieüberblick legt offen, dass Hedgefonds eine sehr heterogene Anlageklasse darstellen, die insgesamt sehr unterschiedliche Investmentstile umfasst. Damit erweist es sich als problematisch, Hedgefonds als eine einheitliche Assetklasse aufzufassen.

14.2.2 Performance von Hedgefonds

14.2.2.1 Datengrundlage

Es existiert eine Reihe von Anbietern, die Datenbanken über die Performance von Hedgefonds pflegen und auf dieser Basis Performanceindices für einzelne Hedgefondsstile sowie auf aggregierter Ebene veröffentlichen. In diesem Abschnitt werden als Datengrundlage die von Credit Suisse (CS)/Tremont veröffentlichten Indices verwendet. Die CS/Tremont Indices bestehen aus zwölf Strategieindices, die weitgehend den in Abbildung 14.11 dargestellten Strategien entsprechen, sowie einem entsprechend aggregierten Gesamtindex (CS Composite). Alle 13 Indices werden monatlich anhand volumengewichteter Nettorenditen ausgewählter Hedgefonds der Tremont TASS-Datenbank berechnet.

14.2.2.2 Rendite/Risiko-Profile

Einen ersten Einblick in die historische Performance der einzelnen Hedgefondsstile sowie des aggregierten Index ermöglicht die in Anlehnung an Tabelle 1 in *Bessler/Drobetz/Henn* 2005 konzipierte Tabelle 14.7. Hierfür werden für den Zeitraum 1994–2004 die annualisierten Renditen der CS/Tremont-Stilindices sowie des aggregierten CS Composite-Index (hier in einfacher Weise abgekürzt mit CS) erfasst und einem Ranking nach der Performancehöhe unterzogen[47].

---

47 Die in die Tabellen 14.7 – 14.10 eingehenden Berechnungen wurden von *Jochen Mandl* durchgeführt, wozu wir ihm zu Dank verpflichtet sind.

1994	Ded. Short	Em. Mark.	Risk Arbitrage	Distressed	Fixed Inc. Arb.	Equ. Mark. N.	**Composite**	Global Macro	Conv. Arb.	L./S. Equity
	14,91%	**12,51%**	**5,25%**	**0,67%**	**0,31%**	**-2,00%**	**-4,36%**	**-5,72%**	**-8,07%**	**-8,10%**
1995	Global Macro	Distressed	L./S. Equity	**Composite**	Conv. Arb.	Fixed Inc. Arb.	Risk Arbitrage	Equ. Mark. N.	Ded. Short	Em. Mark.
	30,67%	**26,12%**	**23,03%**	**21,69%**	**16,57%**	**12,50%**	**11,90%**	**11,04%**	**-7,35%**	**-16,91%**
1996	Em. Mark.	Global Macro	Distressed	**Composite**	Conv. Arb.	L./S. Equity	Equ. Mark. N.	Fixed Inc. Arb.	Risk Arbitrage	Ded. Short
	34,50%	**25,58%**	**25,55%**	**22,22%**	**17,87%**	**17,12%**	**16,60%**	**15,93%**	**13,81%**	**-5,48%**
1997	Global Macro	Em. Mark.	**Composite**	L./S. Equity	Distressed	Equ. Mark. N.	Conv. Arb.	Risk Arbitrage	Fixed Inc. Arb.	Ded. Short
	37,11%	**26,59%**	**25,94%**	**21,46%**	**20,73%**	**14,83%**	**14,48%**	**9,84%**	**9,34%**	**0,42%**
1998	L./S. Equity	Equ. Mark. N.	Risk Arbitrage	**Composite**	Distressed	Global Macro	Conv. Arb.	Ded. Short	Fixed Inc. Arb.	Em. Mark.
	17,18%	**13,31%**	**5,58%**	**-0,36%**	**-1,68%**	**-3,64%**	**-4,41%**	**-6,00%**	**-8,16%**	**-37,66%**
1999	L./S. Equity	Em. Mark.	**Composite**	Distressed	Conv. Arb.	Equ. Mark. N.	Risk Arbitrage	Fixed Inc. Arb.	Global Macro	Ded. Short
	47,23%	**44,82%**	**23,43%**	**22,18%**	**16,04%**	**15,33%**	**13,23%**	**12,11%**	**5,81%**	**-14,22%**
2000	Conv. Arb.	Ded. Short	Equ. Mark. N.	Risk Arbitrage	Global Macro	Fixed Inc. Arb.	**Composite**	L./S. Equity	Distressed	Em. Mark.
	25,64%	**15,76%**	**14,99%**	**14,69%**	**11,67%**	**6,29%**	**4,85%**	**2,08%**	**1,95%**	**-5,52%**
2001	Distressed	Global Macro	Conv. Arb.	Equ. Mark. N.	Fixed Inc. Arb.	Em. Mark.	Risk Arbitrage	**Composite**	Ded. Short	L./S. Equity
	20,01%	**18,38%**	**14,58%**	**9,31%**	**8,04%**	**5,84%**	**5,68%**	**4,42%**	**-3,58%**	**-3,65%**
2002	Ded. Short	Global Macro	Equ. Mark. N.	Em. Mark.	Fixed Inc. Arb.	Conv. Arb.	**Composite**	Distressed	L./S. Equity	Risk Arbitrage
	18,14%	**14,66%**	**7,42%**	**7,36%**	**5,75%**	**4,05%**	**3,04%**	**-0,69%**	**-1,60%**	**-3,46%**
2003	Em. Mark.	Distressed	Global Macro	L./S. Equity	**Composite**	Conv. Arb.	Risk Arbitrage	Fixed Inc. Arb.	Equ. Mark. N.	Ded. Short
	28,75%	**25,12%**	**17,99%**	**17,27%**	**15,44%**	**12,90%**	**8,98%**	**7,97%**	**7,07%**	**-32,59%**
2004	Distressed	Em. Mark.	L./S. Equity	**Composite**	Global Macro	Fixed Inc. Arb.	Equ. Mark. N.	Risk Arbitrage	Conv. Arb.	Ded. Short
	15,62%	**12,49%**	**11,56%**	**9,64%**	**8,49%**	**6,86%**	**6,48%**	**5,45%**	**1,98%**	**-7,72%**
2005	Em. Mark.	Ded. Short	Distressed	L./S. Equity	Global Macro	**Composite**	Equ. Mark. N.	Risk Arbitrage	Fixed Inc. Arb.	Conv. Arb.
	17,39%	**17,00%**	**11,74%**	**9,68%**	**9,25%**	**7,61%**	**6,14%**	**3,08%**	**0,63%**	**-2,55%**
2006	Em. Mark.	Distressed	L./S. Equity	Conv. Arb.	**Composite**	Global Macro	Equ. Mark. N.	Fixed Inc. Arb.	Risk Arbitrage	Ded. Short
	20,49%	**15,58%**	**14,38%**	**14,30%**	**13,86%**	**13,53%**	**11,15%**	**8,66%**	**8,15%**	**-6,61%**
2007	Em. Mark.	Global Macro	L./S. Equity	**Composite**	Equ. Mark. N.	Risk Arbitrage	Distressed	Ded. Short	Conv. Arb.	Fixed Inc. Arb.
	20,26%	**17,36%**	**13,66%**	**12,56%**	**9,27%**	**8,77%**	**8,35%**	**6,04%**	**5,17%**	**3,83%**

Tab. 14.7: Performanceranking von Hedgefondsstilen

Aus Tabelle 14.7 wird die Heterogenität der einzelnen Hedgefondsstile in ihrer Performancewirkung sehr deutlich. Renditen und Risiken der Hedgefondsstile weisen große Unterschiede auf. Entsprechend ergeben sich jedes Jahr erhebliche Verschiebungen im Ranking. Zugleich wird deutlich, dass einzelne Strategiearten auch erhebliche jährliche Verluste aufweisen können.

Nach diesem ersten Einblick in die Performanceentwicklung von Hedgefonds soll eine detaillierte Rendite/Risiko-Analyse vorgenommen werden. Grundlage der weiteren Ausführungen sind Auswertungen der CS/Tremont-Indices für den Zeitraum Januar 1994 bis Dezember 2007. Eine erste Auswertung ist in Tabelle 14.8 dargestellt.

	Mittel-wert	Stdabw.	Schiefe	Exzess-Kurtosis	Min.	Max.	AC(1)
Composite	0,0090	0,0216	0,0845	2,4472	-0,0755	0,0853	0,12
Convertible Arbitrage	0,0071	0,0133	-1,2904	2,9797	-0,0468	0,0357	0,55
Fixed Income Arbitrage	0,0051	0,0105	-2,9247	15,3857	-0,0696	0,0205	0,38
Equity Market Neutral	0,0080	0,0081	0,3339	0,4595	-0,0115	0,0326	0,29
Distressed Securities	0,0106	0,0177	-2,8560	19,0149	-0,1245	0,0410	0,29
Merger Arbitrage	0,0064	0,0119	-1,0355	5,8035	-0,0615	0,0381	0,24
Dedicated Short	-0,0004	0,0485	0,8415	2,0004	-0,0869	0,2271	0,11
Emerging Markets	0,0090	0,0449	-0,7275	5,0382	-0,2303	0,1642	0,28
Global Macro	0,0113	0,0301	0,0233	3,3132	-0,1155	0,1060	0,05
Long Short Equity	0,0100	0,0283	0,2002	4,0202	-0,1143	0,1301	0,16

Tab. 14.8: Rendite- und Risikokennzahlen von Hedgefondsstilen

Die Spalten der Tabelle 14.8 weisen die in Abschnitt 3.2 eingeführten Kennziffern mittlere (monatliche) Rendite, Renditestandardabweichung (monatliche Volatilität), Schiefe und Exzess-Kurtosis sowie die im Auswertungszeitraum jeweils minimale und maximale Rendite aus. Die Exzess-Kurtosis entspricht dabei der um 3 (der Kurtosis einer Normalverteilung) verminderten Kurtosis.

Im Rahmen der traditionellen Markowitzwelt erfolgt – wie in Kapitel 6 dargestellt – eine Konzentration auf die Kennziffern Erwartungswert und Varianz bzw. Standardabweichung. Damit unterstellt man (zumindest implizit) das Vorliegen einer Normalverteilung als Renditeverteilung. Die Effekte höherer Momente werden vernachlässigt. Im Rahmen einer Analyse von Hedgefondsrenditen ist diese Vernachlässigung, wie Tabelle 14.8 offen legt, aber durchaus problematisch. Wenden wir uns daher der Schiefe und der Kurtosis (Wölbung) als relevanten Kennzahlen der Renditen von Hedgefonds zu. Im Rahmen einer Normalverteilungsannahme wäre die Schiefe gleich null und die Exzess-Kurtosis gleich null. Eine entsprechende Abweichung von diesen Referenzwerten deutet auf Abweichungen von der Normalverteilung hin.

Eine negative Schiefe bedeutet hier, dass die Ergebnisse mit höherer Wahrscheinlichkeit unterhalb des Mittelwerts liegen als im Falle der Normalverteilung. In der Tat sind für einzelne Stilrichtungen, insbesondere Fixed Income Arbitrage, Merger Arbitrage, Distressed Securities und Convertible Arbitrage die Schiefen deutlich negativ. Von noch größerer Konsequenz ist die Analyse der Kurtosis. Eine hohe Kurtosis deutet darauf hin, dass große Abweichungen vom Mittelwert eine deutlich höhere Wahrscheinlichkeit besitzen als bei der Normalverteilung. Dies betrifft (bei negativer Schiefe) insbesondere die Wahrscheinlichkeit stark negativer Renditen und ist damit ein Indikator für ein *latentes Katastrophenpotenzial*, welches sich im Rahmen einer relativ kurzen Zeitreihe in der Regel noch nicht realisiert hat. Eine sehr hohe Wölbung weisen dabei die Strategien Fixed Income Arbitrage, Merger Arbitrage, Distressed Securities und Emerging Markets auf. *Risiko – wie im Falle der Markowitzwelt – mit Volatilität gleichzusetzen, ist im Falle von Hedgefonds also zu kurz gegriffen. Kat/Lu* 2002 bringen den vorstehenden Sachverhalt wie folgt auf den Punkt: »*The average hedge fund does not provide investors with a free lunch.*« Das spezifische Risikoprofil von Hedgefonds ist gekennzeichnet durch eine signifikante Linksschiefe und eine erhebliche Kurtosis.

Interessanterweise existiert des Weiteren eine Hedgefonds-Strategie, nämlich Dedicated Short Bias, die über den gesamten betrachteten Zeitraum eine negative Rendite erwirtschaftet. Dies ist ein weiterer Hinweis, dass nicht alle Hedgefonds-Strategien Absolute Return-Strategien darstellen.

Kommen wir damit zu einer Analyse der Autokorrelationskoeffizienten, d.h. der zeitlichen Abhängigkeiten innerhalb einer Zeitreihe. Auch hier besteht ein substanzieller Problembereich. Die einzelnen Strategien weisen gemäß Tabelle 14.8 zum Teil recht deutliche Autokorrelationen 1. Ordnung auf. Generell deutet dies, so *Kat/Lu* 2002, auf Marking to Market-Probleme hin, d.h. auf Märkte mit eingeschränkter Liquidität, bei denen die Preise nicht echte Marktpreise, sondern geglättete Preise sind. Hieraus resultiert auch ein statistisches Problem, denn die Standardschätzverfahren gehen von unabhängigen und damit unkorrelierten Beobachtungen aus. Korrelierte Beobachtungen führen zu Verzerrungen der statistischen Standardschätzer. Um bessere Informationen über die wahre Höhe der interessierenden Parameter zu erhalten, können Verfahren eingesetzt werden, die zu einer »Entglättung« (De-Smoothing) führen. Ein aus dem Immobilienbereich stammendes Verfahren ist beispielsweise das in Abschnitt 14.1.3.2.4 dargestellte Blundell/Ward-Verfahren.

Das Blundell/Ward-Verfahren führt zu einer Renditereihe mit gleichem Mittelwert, aber einer Autokorrelation 1. Ordnung von null. Tabelle 14.9 weist die entsprechend entglätteten Kennziffern der Tabelle 14.8 aus.

	Mittelwert	Stdabw.	Schiefe	Exzess-Kurtosis	Min.	Max.	AC(1)
Composite	0,0090	0,0244	0,2329	2,5387	-0,0823	0,0966	0,00
Convertible Arbitrage	0,0072	0,0244	-1,4027	5,6210	-0,1277	0,0672	-0,04
Fixed Income Arbitrage	0,0052	0,0158	-3,4634	23,9400	-0,1219	0,0333	0,05
Equity Market Neutral	0,0080	0,0111	0,4583	0,9717	-0,0213	0,0500	-0,03
Distressed Securities	0,0107	0,0240	-2,6746	18,0334	-0,1698	0,0570	-0,02
Merger Arbitrage	0,0065	0,0153	-1,0674	5,3454	-0,0791	0,0463	0,02
Dedicated Short	-0,0004	0,0544	0,9084	2,3229	-0,0936	0,2616	0,01
Emerging Markets	0,0092	0,0607	-0,4080	3,9429	-0,2940	0,2221	0,02
Global Macro	0,0113	0,0319	0,1116	3,3716	-0,1215	0,1147	0,00
Long Short Equity	0,0101	0,0335	0,2086	4,7375	-0,1433	0,1544	0,00

Tab. 14.9: Entglättete Rendite- und Risikokennzahlen

Wie der ausgewiesene Autokorrelationskoeffizient zeigt, kann durch das Verfahren die serielle Korrelation zum Lag 1 nahezu eliminiert werden. Als Folge ist durchweg ein (z.T. deutlicher) Anstieg des Volatilitätsrisikos zu erkennen. Die Schiefe vermindert sich bei den meisten Stilrichtungen in absoluten Termen. Hinsichtlich der Kurtosis ist kein einheitliches Muster zu erkennen.

Der Vergleich der Ergebnisse der Tabelle 14.8 mit denjenigen der Tabelle 14.9 macht insgesamt sehr deutlich, wie *problematisch es im Falle von Hedgefonds ist, Standardschätzer für die Volatilität zu verwenden.* Die kann zu einer deutlichen Unterschätzung der wahren Volatilität führen. Ebenso problematisch ist es auch, nur die Ergebnisse hinsichtlich mittlerer Rendite und Renditevolatilität darzustellen. Störwirkungen, die von Schiefe und Kurtosis auf die Hedgefondsperformance ausgehen, werden dabei ignoriert.

Beide Problemkreise pflanzen sich fort, wenn aufbauend auf Mittelwert und (ungeglätteter) Volatilität die Standardgrafiken des effizienten Randes eingesetzt werden, um die Diversifikations- bzw. Performancevorteile bei der Aufnahme von Hedgefonds in die Asset Allocation nachzuweisen. Auch auf dieser Ebene kommt es zwangsläufig zu Verzerrungen. Eine Möglichkeit, diesem Problem gerecht zu werden, besteht darin, nicht die Standardabweichung als Risikomaß zu verwenden, sondern den Value at Risk zu bestimmen und dabei diesen nicht standardmäßig auf der Basis einer Normalverteilung, sondern auf der Basis einer Verteilung bzw. Verteilungsapproximation, die es erlaubt, Schiefe und Kurtosis zu berücksichtigen. Das Grundprinzip dieser Vorgehensweise wird illustriert in Abbildung 14.12, die einer entsprechenden Abbildung in *Signer* 2003 nachempfunden ist.

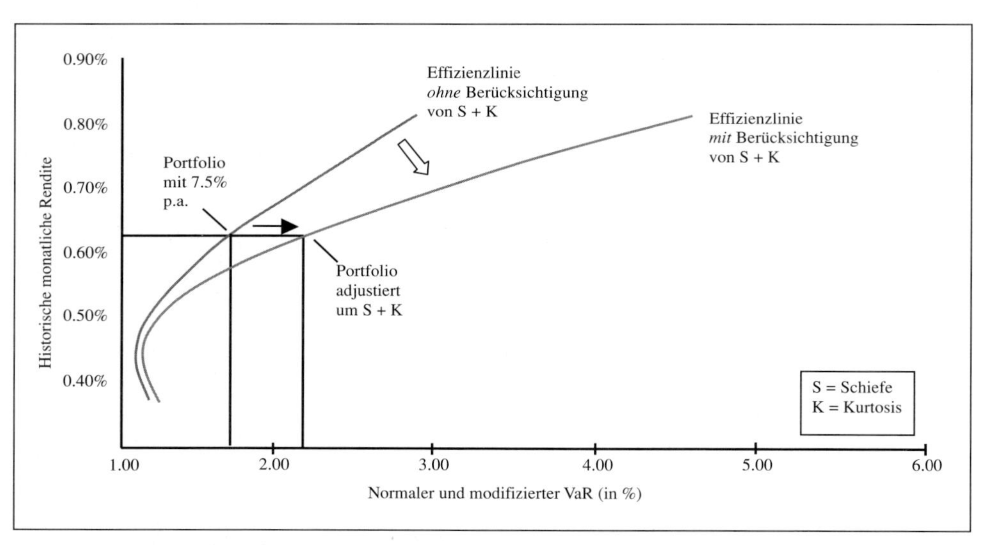

Abb. 14.12: Beispielhafte Korrektur des effizienten Randes (Quelle: *Signer* 2003)

Eine identische Problematik wie bei der Schätzung der Volatilität tritt auf, wenn zur Messung der risikoadjustierten Performance die Sharpe Ratio auf der Basis nicht geglätteter Renditezeitreihen bestimmt wird. *Lo* 2002 entwickelt ein Verfahren zur korrekten Schätzung der Sharpe Ratio – insbesondere im Fall autokorrelierter Renditezeitreihen. Hinsichtlich des Einflusses der Autokorrelation in Hedgefondszeitreihen auf die Höhe der Sharpe Ratio kommt er zum Schluss

(S. 22): »*The impact of serial correlation on the annual Sharpe ratios of hedge funds is dramatic.*« In seinen empirischen Beispielen wird die Sharpe Ratio um bis zu 65% überschätzt, wenn man mit Standardschätzern arbeitet.

Abschließend verschaffen wir uns noch einen Eindruck von der Korrelation von Hedgefonds bzw. Hedgefondsstilen mit anderen Assetklassen, wobei wir nun auf die Ergebnisse von *Kung/ Pohlmann* 2004 zurückgreifen, denen der Zeitraum 04/1994 bis 12/2003, zugrunde liegt. Die Ergebnisse sind zunächst in Tabelle 14.10 dargestellt.

	SP500	MSCIEM	MSCIWXUS	USBIG	WGBI
CS Composite	0,49	0,54	0,47	0,16	-0,08
Convertible Arbitrage	0,16	0,20	0,15	0,07	-0,09
Fixed Income Arbitrage	0,06	0,13	0,09	0,11	-0,08
Equity Market Neutral	0,37	0,29	0,31	0,10	0,09
Distressed Securities	0,55	0,59	0,55	0,02	-0,07
Merger Arbitrage	-0,18	-0,17	-0,22	0,01	-0,03
Dedicated Short	-0,76	-0,66	-0,67	0,05	0,01
Emerging Markets	0,48	0,79	0,55	-0,05	-0,14
Global Macro	0,24	0,25	0,16	0,24	-0,11
Long Short Equity	0,60	0,61	0,62	0,08	0,05

Tab. 14.10: Korrelationen mit anderen Assetklassen; Basiszeitraum 01/94 bis 12/07

Die verwendeten Indizes repräsentieren dabei den amerikanischen Aktienmarkt (S&P 500), die Emerging Markets (MSCI Emerging Markets, MSCIEM), die entwickelten Länder ohne USA (MSCI World Developed Countries ex US, MSCIWXUS), US-amerikanische Investment Grade-Bonds (Citigroup Broad Investmentgrade Bond Index, USBIG) sowie Bonds weltweit (Citigroup World Government Bond Index, WGBI). Hinsichtlich der Hedgefonds werden wie zuvor die CS/Tremont-Indices zugrunde gelegt.

Zunächst ist festzuhalten, dass die einzelnen Korrelationen naheliegenderweise stilabhängig sind. Dabei weisen aber eine Reihe von Eintragungen durchaus substanzielle Korrelationen mit den Aktienmärkten auf, so etwa der CS Composite, Emerging Markets – dies ist allerdings nicht verwunderlich –, Distressed Securities und – besonders erstaunlich, da hier die Korrelation zumindest in der Theorie in der Nähe von null liegen sollte – Market Neutral. Zwar beinhaltet auch eine Korrelation von 0,4 oder 0,5 zunächst ein deutlich vermindertes Marktexposure, eine wirkliche Entkoppelung von der Aktienmarktentwicklung, wie oftmals behauptet, ist damit aber nicht verbunden. Eine Gegenposition zum Aktienmarkt (negative Korrelation) ist nur bei Merger Arbitrage und in stärkerem Maße bei Dedicated Short festzustellen.

Festzuhalten bleibt aber noch, dass es auch hinsichtlich der Schätzung von Korrelationen problematisch ist, mit Standardschätzern zu arbeiten, wie sie etwa der Tabelle 14.10 zugrunde liegen. Die bereits angesprochene Problematik des eingeschränkten Marking to Market, aus dem geglättete Preise resultieren, berührt auch die Schätzung der Korrelationen mit anderen

Assetklassen. Typischerweise führt dies zu einer Unterschätzung der bestehenden Korrelationen – man vgl. hierzu etwa die Ergebnisse in *Asness/Krail/Liew* 2001.

Im Verlauf dieses Abschnitts haben wir uns auf die Auswertung gegebener Renditezeitreihen konzentriert und aufgezeigt, dass eine standardmäßige Auswertung dieser Zeitreihen in Termen einer traditionellen Markowitzschen Erwartungswert/Varianz-Analyse problematisch ist und zudem Bereinigungen vorgenommen werden müssen, um zu aussagefähigen Kennzahlen zu kommen. Eine *noch grundlegendere Problematik* besteht aber in der Validität der Renditezeitreihen selbst, welche die Grundlage solcher Analysen darstellen. Diesem Problemkreis widmen wir uns im nächsten Abschnitt.

14.2.2.3 Wie valide sind die Renditezeitreihen von Hedgefonds?

Gehen wir nun also der Frage nach, wie valide denn eigentlich die Renditezeitreihen sind, die die Grundlage der Erstellung von Rendite/Risiko-Profilen von Hedgefonds bilden. In diesem Kontext ist zunächst festzuhalten, dass hier eine Reihe von Datenverzerrungen (Biases) existieren. Die Zentralen hierunter sind

- der Illiquiditäts-Bias (auch Stale Price-Bias genannt),
- der Survivorship-Bias,
- der Self Selection-Bias sowie
- der Backfill-Bias.

Zum Illiquiditäts- bzw. Stale Price-Bias führen beispielsweise *Asness/Krail/Liew* (2001, S. 6) aus:

»Many hedge funds hold, to various degrees and combinations, illiquid exchange-traded securities or difficult-to-price over-the-counter securities, which can lead to non-synchronous price reactions. Illiquid exchange-traded securities often do not trade at, or even near, the end of every month. ... Moreover, publicly available traded prices often do not exist for hard-to-price over-the-counter securities. The lack of prices may leave hedge funds with »flexibility« in how they mark these positions for month-end reporting. The presence of stale prices due to either illiquidity or managed prices can artificially reduce estimates of volatility and correlation with traditional indexes.«

Die Konsequenz des Illiquiditäts-Bias ist somit die bereits in Abschnitt 14.2.2.2 angesprochene Problematik von »geglätteten« und damit artifiziellen Preisen, die ihrerseits zu einer Unterschätzung von Volatilitäten und Korrelationen führen, wenn hier keine entsprechenden Bereinigungen vorgenommen werden. Ein zentraler Indikator für das Vorliegen solcher artifizieller Preise ist eine signifikante positive Autokorrelation in der Renditezeitreihe.

Zum Survivorship-Bias führen beispielsweise *Asness/Krail/Liew* (2003, S. 7) aus:

»Survivorship bias occurs when indexes exclude all or part of the returns for dissolved or defunct funds from the index calculation. Since defunct funds typically have had very poor returns, excluding them from the index calculation will produce an unrealistically high estimate of a truly investible hedge fund portfolio. While CSFB/Tremont includes some defunct funds in the index calculations, it does not include every fund that ceased operations over the period. Moreover, TASS (and Hedge Fund Research) began collecting data on dead funds only in 1994, so hedge fund data prior to 1994 will entail significant survivorship bias and would not be suitable for accurate estimation of hedge fund risk and return.«

Die Konsequenz der Existenz eines Survivorship-Bias ist offensichtlich. Die Renditeberechnung basiert auf den Performancezahlen überlebender Fonds und weist damit im Vergleich zur tatsächlich realisierbaren Rendite einen *zu hohen* Wert aus. Mit anderen Worten: die aus historischen Daten berechnete mittlere Rendite überschätzt die in Wahrheit erzielbare mittlere Rendite. Eine präzise Quantifizierung dieses Effekts gestaltet sich allerdings schwierig. *Bessler/Drobetz/Henn* 2005 geben eine Übersicht über hierzu in der Literatur enthaltenen Ergebnisse. Diese Übersicht ist in Tabelle 14.11 dargestellt.

Autoren	Suvivorship Bias (% p.a.)	Periode	Datenbank
Ackemann/McEnally/ Ravenscraft (1999)	0,013%	1988–1995	MAR und HFR
Amin/Kat (2003)	ca. 2,0%; (für kleine, junge und fremdfinanzierte Fonds 4%–5%)	05/1994–2001	TASS
Barès/Gibson/Gyger (2001)	1,30%	1996–04/1999	FRM
Brown/Götzmann/ Ibbotson (1999)	1,5%–3,0% (abhängig von der Berechnungsmethode)	1989–1995	U.S. Offshore Funds
Edwards/Caglayan (2001)	1,85% (Durchschnitt), (Spanne: 0,36% Market Neutral, 3,06% Long Only)	01/1990–08/1998	MAR
Fung/Hsieh (2000)	3,00%	1994–1998	TASS
Liang (2000)	0,60%	1994–07/1997	HFR
Liang (2000)	2,24%	1994–07/1998	TASS
Liang (2001)	1,69%	1990–1999	TASS
Liang (2001)	2,43%	1994–1999	TASS

Tab. 14.11: Empirische Befunde zum Survivorship Bias (Quelle: *Bessler et al.* 2005)

Ein weiterer Problempunkt in diesem Kontext besteht darin, dass die Ausscheiderate (Attrition Rate) von Hedgefonds, d.h. der prozentuale Anteil von geschlossenen Hedgefonds am Gesamtuniversum, im Zeitablauf steigt. Dies belegt die aus *Banz/de Planta* 2002 übernommene, auf Untersuchungen von *Amin/Kat* 2003 zurückgehende, Abbildung 14.13.

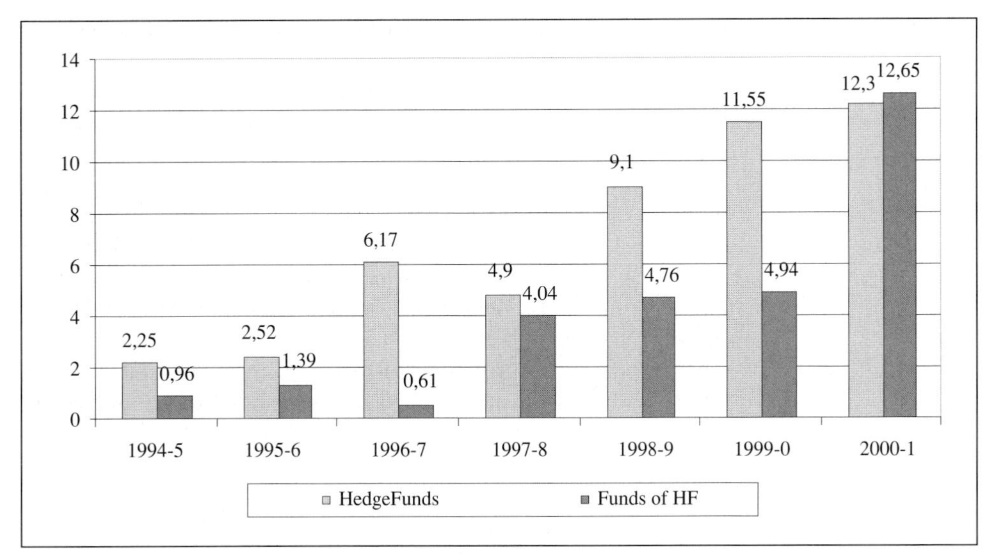

Abb. 14.13: Steigende Ausscheideraten von Hedgefonds nach *Banz/de Planta* 2002

Zum Selection-Bias (auch: Self Selection-Bias) führen *Asness/Krail/Liew* (2001, S. 8) aus:

»*Self-selection bias may occur if top- or bottom-performing funds lack the same incentive as other funds to report to data vendors, and thus are excluded from index calculations. This bias is generally slight, since most funds report, and even if some funds are excluded they must exhibit very strong persistence in their performance for any significant downward or upword bias to occur in index performance.*«

Bleibt schließlich noch der Backfill-Bias, *Asness/Krail/Liew* (2001, S. 7) führen hierzu aus:

»*Backfill bias occurs if database vendors backfill returns when a new fund is added instead of including its returns only on a going-forward basis. This will overstate index performance, since inclusion in the index is voluntary, and thus funds will generally be added only after very good past performance. CSFB/Tremont includes funds on a going-forward basis only, and therefore avoids any backfill bias.*«

14.2.3 Schlussfolgerungen für das Investmentmanagement

Hedgefonds sind grundsätzlich eine interessante neue Anlageklasse (bzw. eigentlich eine Varietät von Anlageklassen) mit potenziell attraktiven Eigenschaften. Infolge der Zulässigkeit von Short-Positionen, Leverage durch Kreditaufnahme und verstärktem Derivateeinsatz können Hedgefonds damit im Vergleich zu Investmentfonds ein erweitertes Aktivitätsspektrum einsetzen und damit grundsätzlich neue und verbesserte Rendite/Risiko-Profile erzielen.

Diese grundsätzlich positive Einschätzung von Hedgefonds darf aber nicht dazu verleiten, Hedgefonds in einem uneingeschränkt positiven Licht zu sehen. Hedgefonds sind keine »Money Machines« und sie bieten auch keinen »Free Lunch«. Das Fundamentalgesetz der

Kapitalmärkte, dass höhere mittlere Renditen nur durch Inkaufnahme höherer Risiken erzielt werden können, bleibt intakt. Im Falle von Hedgefonds sind nur die eingegangenen Risiken weniger transparent als bei Standardanlagen und die korrekte Messung des Risikos gestaltet sich komplexer. Insofern sind eine Reihe von Caveats angezeigt, die den Investor zu einem realistischeren und rationaleren Umgang mit Hedgefonds ermahnen sollen.

Zunächst sind Hedgefonds keine homogene Anlageklasse, sondern Hedgefonds verfolgen eine Reihe sehr unterschiedlicher Stile, die entsprechend in unterschiedlichen Kapitalmarktkonstellationen erfolgreich oder weniger bzw. nicht erfolgreich sein können. Nur ein Teil dieser Strategien sind Absolute-Return-Strategien, die auf die stabile Generierung positiver Renditen unabhängig von Marktbewegungen abzielen. Bei anderen Strategien werden hingegen Wetten auf die Richtung von Marktbewegungen realisiert.

Die Renditen von Hedgefonds unterliegen einer Reihe von Verzerrungen (Illiquiditäts-Bias, Survivorship-Bias, Selection-Bias, Backfill-Bias), deren präzise Höhe nur in approximativer Weise abgeschätzt werden kann und daher grundsätzlich mit Vorsicht zu genießen sind. Es empfiehlt sich dabei, auf investierbare Indices bzw. insbesondere auf Dachfondsindices abzustellen, um diese Fehlerquellen zu minimieren. Gerade Dachfonds sind aber substanziell mit Gebühren belastet, wie überhaupt die relativ hohen Gebühren von Hedgefonds aus Sicht des Investors die Performance von Hedgefonds erheblich eintrüben.

Hedgefonds verfolgen einen aktiven Investmentstil, sie gehen zusätzliche Risiken ein, um einen zusätzlichen Ertrag erwirtschaften zu können. Teilweise gehen sie dabei Nicht-Standardrisiken (Liquiditäts-, Kredit- und Volatilitätsrisiken) ein, die zu optionsähnlichen Positionen führen. Diese sind asymmetrisch und beinhalten ein latentes Katastrophenpotenzial. Entsprechend den vorstehend dargestellten Problempunkten sind die Renditen von Hedgefonds gekennzeichnet durch negative Schiefen, eine hohe Kurtosis (Wölbung) und zusätzlich durch eine teilweise substanzielle Autokorrelation. Ein rationaler Investor muss diese zusätzlichen Risiken in seiner Entscheidungsfindung sowie seinem Risikomanagement berücksichtigen. Der Trade-off zwischen Risiko und Rendite ist nicht mehr wie in der traditionellen Markowitzwelt derjenige zwischen mittlerer Rendite und Volatilität, sondern ein Trade-off zwischen mittlerer Rendite auf der einen Seite und Volatilität, Schiefe und Kurtosis auf der anderen. Modelltheoretisch zugrunde zu legen sind damit konsequenterweise Renditeverteilungen, mit denen man in der Lage ist, die ersten vier Momente der Verteilung zu steuern. Hierzu gehört etwa die Normal-Inverse-Gauß-Verteilung – man vgl. hierzu *Kassberger/Kiesel* 2006 – sowie die in der explorativen Datenanalyse entwickelte Familie der GH-Verteilungen – man vgl. hierzu *Albrecht/Mandl* 2008.

Vor diesem Hintergrund erweist es sich als durchaus problematisch, Standardverfahren der Statistik (Schätztechniken) und Investmentanalyse (Markowitzscher Erwartungswert/Varianz-Ansatz, Sharpe Ratio) unreflektiert aus der Analyse von Investmentfonds auf die Analyse von Hedgefonds zu übertragen. Diese Standardtechniken sind nur noch bedingt adäquat und es müssen daher vor ihrer Anwendung noch entsprechende Bereinigungen und Modifikationen vorgenommen werden.

Auf jeden Fall wird insgesamt deutlich, dass die gezielte Nutzbarmachung des Potenzials von Hedgefonds eine erheblich sophistiziertere Risikokontrolle und Risiko/Performance-Steuerung erfordert als im traditionellen Investment üblich.

14.3 Private Equity

14.3.1 Einführung

Die Zeitschrift *The Economist* apostrophierte in ihrer Ausgabe vom 27. November 2004 Private Equity (PE)-Fonds als *Capitalism's New Kings* und zollte damit dem rasanten Wachstum dieser Branche Tribut. Der Kapitalzufluss der Branche stieg nach *Phalippou* (2007) von 5 Mrd. USD im Jahr 1980 auf 400 Mrd. USD im Jahr 2004 und das Capital under Management auf insgesamt über eine Billion USD. Etwa zwei Drittel der PE-Fonds sind Buyout-Fonds, die zusätzlich mit einem hohen Fremdkapitalanteil (Leverage) arbeiten, was die finanzielle Dimension von Private Equity noch einmal deutlich erhöht. Auch die einzelnen PE-Fonds verwalten ein immer größeres Volumen, die Blackstone Gruppe akquirierte 2007 für einen Fonds Kapital im Umfang von 15.6 Mrd. USD, TPG 15 Mrd. USD und Permira 11 Mrd. USD.

Dieses enorme Wachstum beruht vor allem auf der Einschätzung vieler institutioneller Investoren, dass mit dieser Anlageklasse in der Vergangenheit sehr hohe Renditen zu erzielen waren. Auf der anderen Seite führt *Swenson* (2000) aus:

»*Strangely, historical results generally fail to reflect the hoped-for enhanced returns, while risk levels appear to fall below expectations. Unfortunately, poor returns from private investing probably reflect reality, while the low risk evident in data describing past returns from private investing constitutes a statistical artefact.*«

Diese Aussage unterstreicht auch die in der Investmentpraxis häufig zu hörende Einschätzung, dass es nur lohnenswert ist, in PE-Fonds aus dem obersten Quartil zu investieren.

Aufgrund der Bedeutung der PE-Branche sollen in diesem Kapitel Investments in Private Equity eingehender untersucht werden, wobei der Schwerpunkt auf der Performance von PE-Investments liegen wird.

Private Equity, also privates Beteilungskapital, bezeichnet grundsätzlich das Beteiligungskapital an nicht börslich gehandelten Unternehmen. Private Equity ist somit eine Finanzierungsform, d.h. eine Form der Ausstattung von Unternehmen mit Kapital. Allgemein kann die Finanzierung von Unternehmen durch Eigenkapital, Fremdkapital sowie durch hybride Finanzierungsformen erfolgen. Als Gegenstück zu Private Equity, bei dem eine außerbörsliche Eigenkapitalfinanzierung (oder eigenkapitalähnliche Finanzierung) vorliegt, fungiert *Public Equity*, d.h. eine Finanzierung über börsengehandeltes Eigenkapital (Aktien).

Eine eingehendere Charakterisierung von PE bietet die folgende, an *Diller* (2007) angelehnte Definition:

PE umfasst die mittel- bis langfristige Finanzierung von nicht börsennotierten Unernehmen in einer entscheidenden Phase ihrer Entwicklung mit Eigenkapital oder eigenkapitalähnlichen Mitteln. Bei Bedarf wird dem finanzierten Unternehmen eine Managementunterstützung zur Verfügung gestellt. Das Ziel der Investoren ist es, den Unternehmenswert zu steigern und damit einen dem eingegangenen Risiko entsprechenden Gewinn, der durch die (von vorneherein geplante) Veräußerung (Exit) der Beteiligung entsteht, zu realisieren.

Diese Definition erweitert zum einen die im Rahmen von PE-Beteiligungen verwendete Finanzierung auf Finanzierungsformen, die eine Sonderstellung zwischen Eigen- und Fremdkapital einnehmen (Mezzanine-Kapital; traditionelle Formen sind hier Genussrechte und stille Beteiligungen), d.h. die Geldgeber können im Falle einer Insolvenz nachrangig aus der Konkursmasse befriedigt werden. Zum anderen wird das grundsätzliche Ziel einer PE-Finanzierung, die Erzielung eines risikoadäquaten Gewinns ebenso als konstitutives Merkmal angesehen wie die von vorneherein geplante Veräußerung der Beteiligung.

Als Hauptspielarten von PE-Investments sind Venture Capital- sowie Buyout-Finanzierungen zu nennen. *Venture Capital* (VC), also Risikokapital oder Wagniskapital, bezieht sich typischerweise auf die Finanzierung junger und innovativer Unternehmen, primär in frühen Finanzierungsphasen (Gründung, Entwicklung, anfängliche Geschäftsausweitung). PE hingegen umfasst alle Finanzierungsphasen im Lebenszyklus eines Unternehmens.

Buyout (BO)-Finanzierungen beziehen sich auf nicht börsennotierte etablierte Unternehmen, wobei die Finanzierung in der Regel einer grundlegenden Restrukturierung dieser Unternehmen dient. Bei einer Buyout-Transaktion werden die Eigenkapitalien einer Unternehmung mehrheitlich übernommen, etwa um die bisherigen Eigentümer der Gesellschaft abzulösen oder frische Liquidität in großem Umfang bereitzustellen. Wird das Unternehmen durch das vorhandene Management übernommen, so wird die Transaktion als *Management Buyout* (MBO) bezeichnet. Im Gegensatz zum MBO erwirbt bei einem Management Buyin (MBI) eine Gruppe von externen zukünftigen Managern Anteile des Unternehmens. Sind bei der Übernahme nur PE-Gesellschaften beteiligt, so spricht man von einem *Leveraged Buyout* (LBO). Eine entsprechende Mischform ist das *Leveraged Management Buyout* (LMBO). Charakteristisch für Buyouts ist, dass die Finanzierung zu einem großen Teil durch Fremdkapital geschieht, das durch das Vermögen der übernommenen Gesellschaft finanziert wird. Geschieht ein Buyout bei einer zuvor börsennotierten Firma, so spricht man von Going Private. Bei Distressed/Turnaround-Finanzierungen als Buyout-Variante (in der Literatur teilweise auch als eigenständige Strategieklasse aufgefasst) werden schließlich in Schwierigkeiten geratene Firmen mit Hilfe von Überbrückungsfinanzierungen neu strukturiert und für eine Weiterveräußerung vorbereitet.

Abbildung 14.14 fasst die Hauptspielarten von PE-Beteiligungen zusammen.

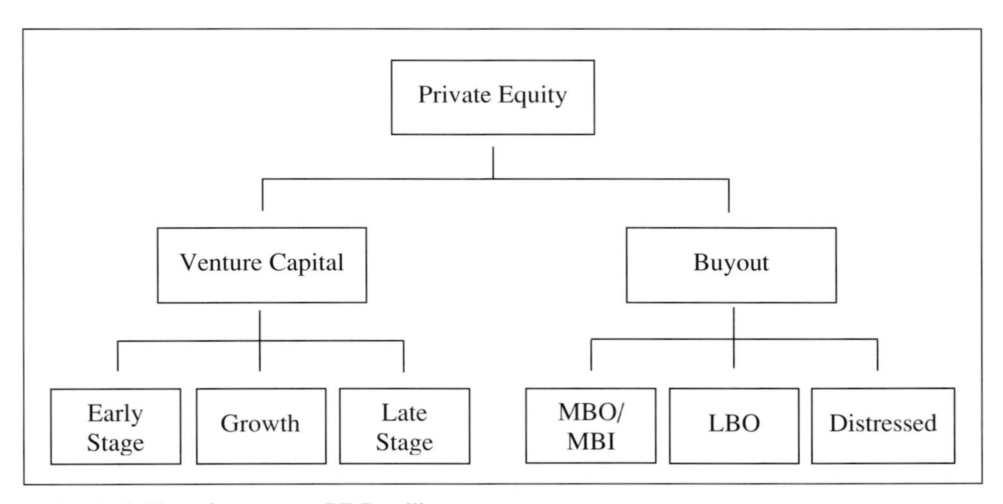

Abb. 14.14: Hauptformen von PE-Beteiligungen

Dabei wird bei VC-Beteiligungen noch unterschieden in die einzelnen Phasen des Unternehmenszyklus mit entsprechenden Finanzierungsbedarfen (die hierbei verwendete Nomenklatur und die getroffenen Phasenabgrenzungen erfolgen in der Literatur allerdings nicht einheitlich).

In der frühen Phase des Unternehmenszyklus werden die finanziellen Mittel in der Regel für Forschung und Entwicklung benötigt, um ein Produkt oder eine Dienstleistung zur Marktreife zu führen (Seed Finance). Auch der Start up des Unternehmens, d.h. die Finanzierung der Unternehmensgründung, gehört zur Early Stage-Phase. Die Growth-Phase umfasst die Markteinführung des Produktes bzw. der Produkte sowie die anschließende Erweiterung des Vertriebs und die Diversifikation der Produktpalette. An die Growth-Phase schließt sich die Late-Stage-Phase an, das Unternehmen ist bereits am Markt etabliert und es erfolgt im Verlauf dieser Phase typischerweise die Börsenvorbereitung (Bridge) sowie die Neuemission (IPO) von Aktien des Unternehmens. Bei einem reifen Unternehmen mit Restrukturierungsbedarf schließt sich hier gegebenenfalls noch eine Buyout-Phase an.

Die einzelnen Phasen im Unternehmenszyklus sind nicht nur durch spezifische Finanzierungsbedarfe gekennzeichnet, sondern auch durch einen charakteristischen Verlauf der Renditeentwicklung. Dieser Verlauf wird wegen der Ähnlichkeit mit dem Buchstaben J auch als *J-Curve* oder *J-Kurve* bezeichnet. Abbildung 14.15 illustriert dieses idealtypische Muster im Renditeverlauf.

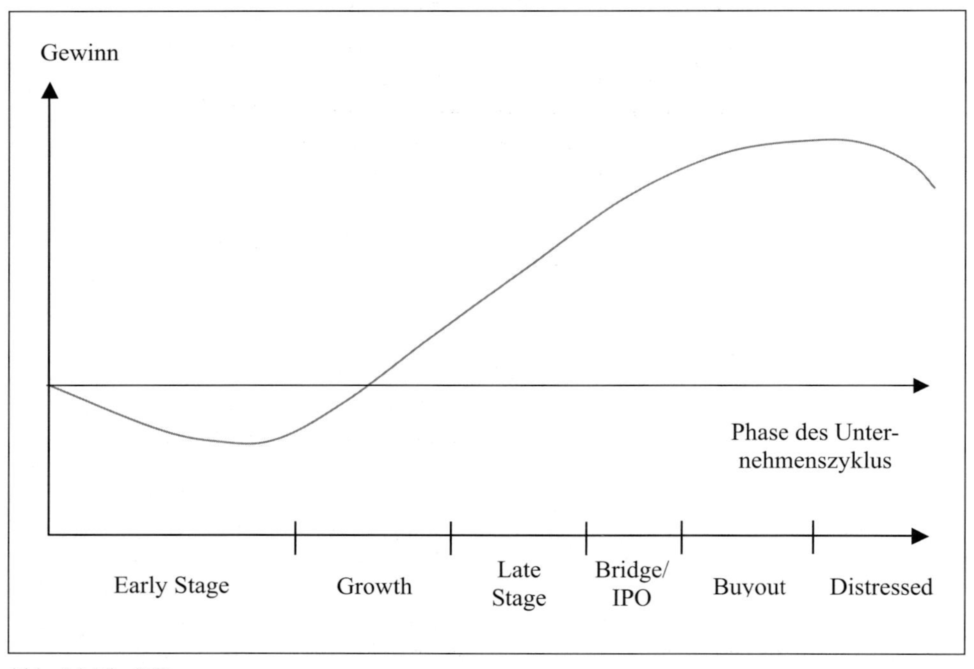

Abb. 14.15: J-Kurve

Kommen wir damit zu möglichen Exitstrategien im Rahmen einer PE-Finanzierung. Hierzu zählt primär die Neuemission, auch als *Initial Public Offering* (IPO) bezeichnet, d.h. die Beteiligung wird teilweise oder insgesamt durch die Emission von Aktien am Kapitalmarkt platziert. Weitere Exitmöglichkeiten bestehen in einem *Trade-Sale*, d.h. die Beteiligung wird nach deren Entwicklung an ein Unternehmen verkauft, einem *Secondary Purchase*, d.h. die Beteiligung wird an einen anderen Finanzinvestor weitergereicht (das Unternehmen bleibt also weiterhin

PE-finanziert), oder schließlich in einer partiellen oder vollständigen Abschreibung der PE-Investition. *Diller* (2007, S. 18) führt aus, dass im europäischen Markt für Private Equity im Zeitraum von 1998 bis 2004 der Anteil der Portfoliounternehmen, bei denen ein Teil- oder Totalverlust vorlag, zwischen 5% und 30% (dies war im Jahr 2002) geschwankt hat.

Abbildung 14.16 fast die möglichen Exitstrategien noch einmal zusammen.

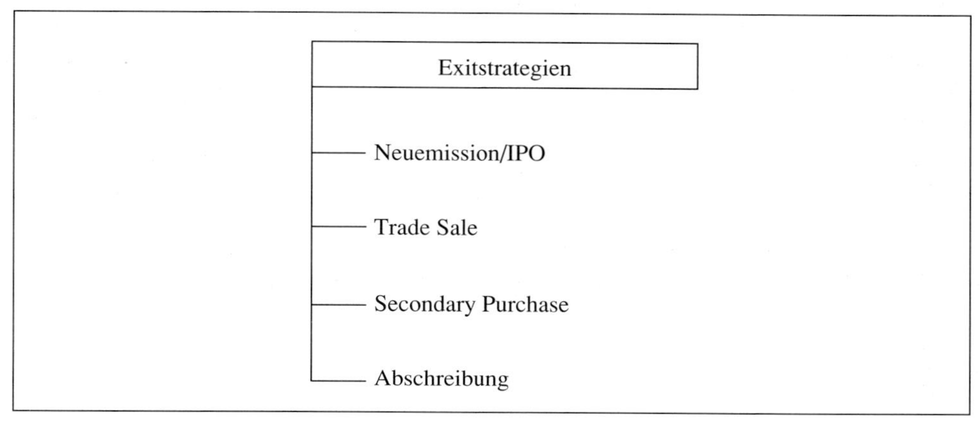

Abb. 14.16: Exitstrategien von PE-Investments

Im Vordergrund unseres Interesses steht aber weniger die Finanzierungsfunktion von PE, sondern die Beurteilung der Performance einer Beteiligung an Private Equity-Gesellschaften. Private Equity-Gesellschaften fungieren vor diesem Hintergrund als Finanzintermediäre. Sie weisen typischerweise ein Portfolio von PE-Beteiligungen unterschiedlicher Reife (unterschiedlichen Phasen auf der J-Kurve) auf, werden aber selbst wieder von (typischerweise institutionellen) Investoren finanziert. Es ist die Perspektive dieser kapitalgebenden Investoren, die hier im Vordergrund steht. PE wird somit als Anlageinstrument (Investment) betrachtet.

PE-Gesellschaften haben in der Regel die Rechtsform einer Kommanditgesellschaft, d.h. es gibt Gesellschafter, die mit dem gesamten persönlichen Vermögen haften (Komplementär, General Partner) und Gesellschafter, die nur begrenzt haften (Kommanditist, Limited Partner). Die institutionellen Investoren fungieren dabei als Limited Partner und der Investment Manager als General Partner. Der Investment Manager ist dabei für die Auswahl der Unternehmen sowie die Strukturierung und Betreuung des Beteiligungsportfolios zuständig. PE-Gesellschaften bieten über ihr Beteiligungsportfolio ein gewisses Diversifikationspotenzial, sind jedoch meist auf bestimmte Branchen, Entwicklungsstufen oder Regionen spezialisiert. Die General Partner erhalten für ihre Aktivitäten eine Vergütung (Fee), die eine Mischung von erfolgsunabhängigen und erfolgsabhängigen (Performance Based Fees, in der Praxis auch oftmals als Carried Interest bezeichnet) Vergütungsformen beinhaltet. In der Literatur werden Standard-Größenordnungen von 2% (relativ zum Committed Capital über die gesamte Fondsdauer) an erfolgsunabhängigen Vergütungen und 20% (in einzelnen Fällen auch 30%) hinsichtlich einer Erfolgsbeteiligung genannt. Neben den Limited Partnerships existieren auch börsengehandelte PE-Gesellschaften, dies ist allerdings eher die Ausnahme.

Als Bezeichnung für PE-Gesellschaften hat sich auch der Terminus *Privat-Equity-Fonds* etabliert, da eine PE-Gesellschaft über ein Portfolio an Beteiligungsunternehmen verfügt. Die vorstehenden Ausführungen machen jedoch deutlich, dass hier kein Investmentfonds im Sinne des deutschen Investmentgesetzes (vgl. hierzu Abschnitt 1.2.1) vorliegt.

Neben PE-Fonds existieren auch PE-Dachfonds (Fund of Funds). Hierbei tritt der Dachfonds in der Regel als Limited Partner bei mehreren PE-Gesellschaften auf. Darüber hinaus ist es auch möglich, dass zusätzlich direkte Einzelbeteiligungen eingegangen werden. Diese Konstruktion erlaubt dem Dachfonds-Investor ein erhöhtes Maß an Diversifikation und damit eine Senkung des Ausfallrisikos, führt auf der anderen Seite aber auch zu einer doppelten Kostenbelastung.

Die Abbildung 14.17 fasst die möglichen Beteiligungsformen aus Sicht eines Investors noch einmal zusammen, wobei der Vollständigkeit wegen auch die hier nicht im Vordergrund des Interesses stehende Direktbeteiligung einbezogen wird.

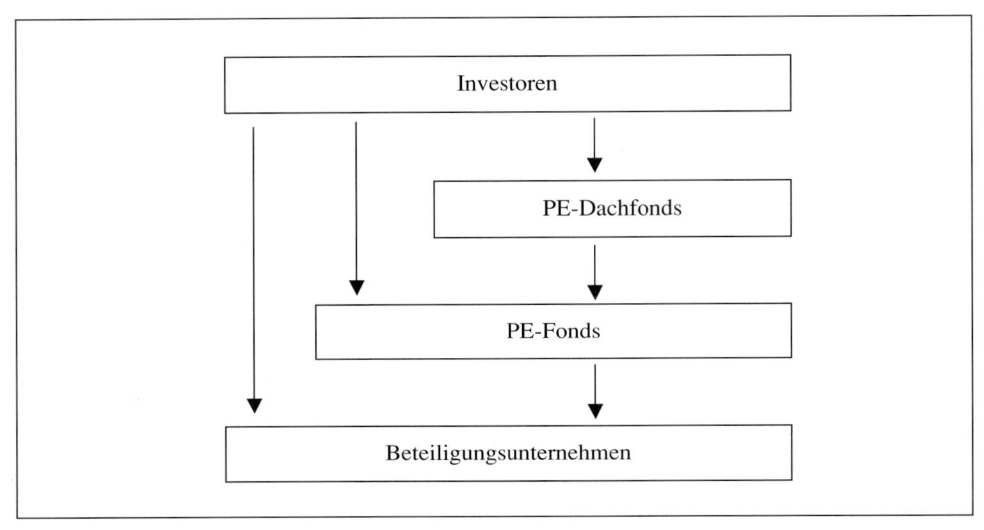

Abb. 14.17: Formen von PE-Investments

Entsprechend der in Abbildung 14.15 dargestellten Phasen des Unternehmenszyklus stellt der PE-Investor typischerweise einen grundsätzlichen Kapitalbetrag (Committed Capital) zur Verfügung, der jedoch nicht sofort in voller Höhe in Anspruch genommen wird, sondern das zur Verfügung gestellte Kapital wird in Tranchen je nach Investitionsbedarf abgerufen (Capital Call, Drawdown), wobei während dieser Phase der Kapitalinanspruchnahme auch schon erste Rückflüsse erfolgen können. In einer in *BAI* 2006 angeführten Studie der European Private Equity and Venture Capital Association (EVCA) werden zu Beginn des Investments nur 25% des Gesamtkapitals in Anspruch genommen, innerhalb der ersten drei Jahre werden 63% investiert. Innerhalb der ersten sechs Jahre der Beteiligung erfolgen 53% aller Rückzahlungen. Die volle Rückzahlung des eingesetzten Kapitals erfolgt durchschnittlich nach siebeneinhalb Jahren. Dies impliziert, dass bei einer Performancemessung zwischen dem zur Verfügung gestellten Kapital und dem tatsächlich investierten Kapital unterschieden werden muss.

Besondere Charakteristika von PE-Fonds sind laut *BAI* (2006, S. 9):

- Die Laufzeit eines Fonds ist etwa auf 10 bis 12 Jahre beschränkt.
- Die Zeichnungsperiode für Investoren beträgt ca. 3 bis 18 Monate; danach wird der Fonds geschlossen.

- Das Mindestinvestment bei mittleren und größeren Fonds beträgt 5 bis 10 Mio. EUR.
- Das Kapital wird über einen Zeitraum von 3 bis 6 Jahren investiert.
- Das gezeichnete Kapital wird in Tranchen erst beim Investor abgerufen, wenn es benötigt wird, also ebenso über 3 bis 6 Jahre.
- In der Regel wird nicht das gesamte gezeichnete Kapital abgerufen, sondern nur etwa 70 bis 95 Prozent.
- Die ersten Rückflüsse an die Investoren erfolgen nach etwa 4 bis 7 Jahren.
- Eine Veräußerung oder Kündigung der Beteiligung ist grundsätzlich nicht möglich.

Aus Investorensicht wird die Rendite des PE-Investments nicht vorrangig durch Dividendenausschüttungen erzielt, sondern in Form einer Partizipation am Unternehmenswachstum. Das Investment ist regelmäßig zeitlich befristet, mit dem Ausstieg aus der Beteiligung (inklusive deren Abschreibung) wird die (angestrebte) Steigerung des Unternehmenswerts realisiert.

PE-Investments sind somit grundsätzlich als eher langfristige und wenig liquide Investments einzustufen. Diese Charakteristika ebenso wie der typische Verlauf der Zahlungsströme sind von vorneherein im Rahmen der Investitionsplanung zu berücksichtigen.

14.3.2 Performancemessung bei Private-Equity-Investments

14.3.2.1 Einführung

Aufgrund der in Abschnitt 14.3.1 dargestellten besonderen Charakteristika von PE-Investments sind traditionelle Methoden der Performancemessung nur sehr eingeschränkt anwendbar. Insbesondere kann zur Performancemessung nicht auf eine Beobachtung von Marktwerten zurückgegriffen werden (die Ausnahme hierbei sind natürlich börsennotierte PE-Gesellschaften). Eine Abschätzung der Performance auf Buchwertbasis unterliegt einer Vielzahl von Verzerrungen und wird hier nicht weiter verfolgt, vgl. hierzu etwa *Diller* (2007, Abschnitt 3.1.2.1). Um diese Verzerrungen zu umgehen, ist es notwendig, die Performanceanalyse auf Cashflow-Basis, d.h. den tatsächlich erfolgten Zahlungen zwischen Investor und PE-Gesellschaft durchzuführen. Dies setzt voraus, dass entsprechende Cashflow-Historien zur Verfügung stehen bzw. zur Verfügung gestellt werden.

Ausgangspunkt der im Weiteren dargestellten Methoden ist daher allgemein das folgende diskrete Zahlungsstrommodell, dessen Komponenten sind:

- ein fixierter Zeitraum T,
- eine Folge von Kapitalzahlungen K_t ($t = 0, \ldots T$) des Investors an den PE-Fonds (dabei können die Kapitalzahlungen auch den Wert null annehmen) sowie
- eine Folge von (Netto-)Rückflüssen RF_t ($t = 0, \ldots, T$) an den PE-Investor, die Rückflüsse werden dabei auf Nettobasis angesetzt, d.h. Managementgebühren sind bereits abgezogen (auch hier können Rückflüsse den Wert null annehmen).

Ist dabei zum Zeitpunkt T die PE-Investition noch nicht beendet, so hat RF_T den Charakter eines Restwertes (Residual Value, Net Asset Value) des Investments zum Zeitpunkt T.

Mit $\Delta Z_t = RF_t - K_t$ seien schließlich die Zahlungssalden zum Zeitpunkt t ($t = 0, \ldots, T$) bezeichnet.

14.3.2.2 Return Multiples

Return Multiples stellen die populärste und einfachste Methode zur Beurteilung von PE-Investments dar. In der Grundform, dem Distributed to Paid in Capital (DPI), wird einfach die Summe der Rückflüsse ins Verhältnis gesetzt zur Summe der Einzahlungen, formal

$$DPI_T = \frac{\sum_{t=0}^{T} RF_t}{\sum_{t=0}^{T} K_t}. \quad (14.8)$$

Betragen beispielsweise die akkumulierten Rückflüsse aus dem PE-Investment das Doppelte der akkumulierten Kapitalzahlungen, so nimmt das Return Multiple den Wert 2 an. Offenkundig vernachlässigt eine solche Vorgehensweise vollständig die zeitliche Verteilung (dies gilt auch für die anderen Varianten von Return Multiples) der Zahlungen und damit ist eine Performancemessung – vor allem auch im Vergleich zur Performance alternativ möglicher Investments – auf der Basis von Return Multiples problematisch.

14.3.2.3 Interne Rendite

Eine Berücksichtigung der zeitlichen Verteilung der Rückflüsse erlaubt hingegen die in Abschnitt 2.3.4.3 behandelte interne Rendite (interner Zinsfuß, Internal Rate of Return) IRR, der sich im vorliegenden Kontext durch Lösung der Internen Zinsfuß-Gleichung

$$\sum_{t=0}^{T} \Delta Z_t (1 + IRR^{-t}) = 0 \quad (14.9)$$

ergibt.

Ein erstes Problem des internen Zinsfußes besteht darin, dass – wie bereits in Abschnitt 2.3.4.3 ausgeführt – er im Allgemeinen nur einen verzerrten Renditemaßstab darstellt. Dies liegt in der impliziten Prämisse der internen Zinsfußmethode begründet, die eine Wiederanlage der Rückflüsse bzw. allgemein der positiven Zahlungssalden zum internen Zinsfuß sowie ebenso eine Finanzierung der Kapitalzahlungen bzw. allgemein der negativen Zahlungssalden zum internen Zinsfuß unterstellt. Diese Annahmen sind äußerst unrealistisch.

Bei der Bildung von Durchschnittswerten von Internen Zinsfüßen lauert ein weiterer Fallstrick. Der Mittelwert von Internen Zinsfüßen unterschiedlicher Investitionen (etwa verschiedene PE-Investments) liefert nur einen verzerrten Maßstab für die Rendite auf das insgesamt eingesetzte Kapital. Ein spezifischer und für PE-Fonds auch typischer Verzerrungsgrund liegt insbesondere dann vor, wenn die interne Rendite und die (Macaulay-)Duration des Investments korreliert sind. Die interne Rendite ist eine Periodenrendite, die aber per se nichts darüber aussagt, über welchen Zeithorizont diese periodische Rendite erwirtschaftet wurde. Eine einfache arithmetische Mittelung von einzelnen internen Renditen ist dabei im Allgemeinen problematisch. *Phalippou/Gottschalg* (2007) weisen insbesondere eine negative Korrelation zwischen interner Rendite und Investmentduration nach, d.h. Investments mit längerer Duration weisen eine geringere Performance auf. Die durchschnittliche interne Rendite weist in diesem Falle eine systematische Verzerrung nach oben auf, d.h. wird überhöht ausgewiesen. Nach Korrektur dieser Verzerrung sinkt die durchschnittliche interne Rendite der von *Phalippou/Gottschalg* untersuchten PE-Investments von 14,64% auf 12,22%. In einzelnen Auflagejahren, insbesondere in den frühen Jahren ihrer Untersuchungsperiode ist der Effekt noch erheblich größer, so sinkt z.B. für das Jahr 1985 die korrigierte interne Rendite von 22,86% auf 13,88%.

Wie bereits in Abschnitt 8.2.4 ausgeführt, ist die korrekte Kennziffer für die interne Rendite des Gesamtinvestments die gepoolte interne Rendite (pooled IRR), d.h. basiert auf einer Aggregation der einzelnen Zahlungsströme als Basis für die Renditeberechnung. Beispiel 14.4 illustriert den dargestellten Sachverhalt nochmals in eindrucksvoller Weise.

Beispiel 14.4: Aggregation der internen Rendite

Wir betrachten zwei Investments, eines von 2 Jahren Dauer mit zugehörigem Zahlungsstrom A = {-1000, 0, 2000} und eines von 10 Jahren Dauer mit Zahlungsstrom B = {-1000, 0, ..., 0, 800}. Investment A weist eine interne Rendite von 41,42% auf, Investment B von -2,207%. Der arithmetische Durchschnitt der beiden Renditen beträgt in diesem Falle 19,6%. Das gepoolte Investment jedoch weist den Zahlungsstrom {-2000, 0, 2000, 0, ..., 0, 800} auf und eine interne Rendite von 9,35%. Die Renditeverzerrung beträgt somit über 10 Prozentpunkte.

Eine weitere Schwäche besitzt der interne Zinsfuß im Kontext eines Vergleichs zweier oder mehrerer alternativer Investitionen. Wie aus der Investitionstheorie bekannt, kann hier der Fall eintreten, dass eine Reihung der Investments nach der Höhe des internen Zinsfußes zu einer anderen Reihung führt als bei Anwendung der Kapitalwertmethode, d.h. die Interne Zinsfußmethode kann der Kapitalwertmethode im Hinblick auf die Vorziehenswürdigkeit von Projekten widersprechen. Dies liegt intuitiv darin begründet, dass – wie in Abschnitt 2.3.4.3 ausgeführt – der interne Zinsfuß die Effektivverzinsung des jeweils noch gebundenen Kapitals darstellt und daher im Falle einer unterschiedlichen Kapitalbindung zweier Investments (dies kann auch dann vorliegen, wenn zwei Investments den gleichen Investitionsbetrag und die gleiche Laufzeit aufweisen) zu irreführenden Resultaten kommt. Ein Beispiel soll diesen Sachverhalt illustrieren.

Beispiel 14.5: Vergleich zweier Investments

Wir betrachten die beiden Investments A und B mit den Zahlungsreihen {-4000, 4200, 460} und {-4000, 0, 5000}. Der Kalkulationszins sei 6%. Der Barwert von Investment A beträgt in diesem Falle 371,66 und der von Investment B beläuft sich auf 449,98. Vorzuziehen ist somit Investment B. Der interne Zinsfuß von Investment A beträgt hingegen 15% und bei Investment B beläuft er sich auf 11,8%. Eine Reihung nach dem internen Zinsfuß steht somit im Widerspruch zum Kapitalwertkriterium.

Im Kontext einer Beurteilung von PE-Investments ist der Fall eines Vergleichs zweier alternativer Investments von zentralem Interesse. Denn der Investor steht vor der Frage, ob er den für das PE-Investment ins Auge gefassten Investitionsbetrag (bei vergleichbarem Risiko) nicht möglicherweise ertragreicher investieren kann, etwa in Public Equity. Die Anwendung der Internen Zinsfuß-Methode zur Beurteilung der (komparativen) Performance von PE-Investments ist vor dem dargelegten Hintergrund jedoch als problematisch anzusehen.

Ungeachtet dieser Kritikpunkte aus theoretischer Sicht findet der Interne Zinsfuß jedoch in der Literatur zur Messung der Performance von PE-Investments regelmäßig Anwendung.

Im Vergleich mit der Performance von Alternativinvestments findet dabei auch die Kennzahl *Überschuss-IRR* (Excess-IRR) Verwendung. Die Kenngröße ist definiert durch

(14.10) $$\Delta IRR = IRR_{PE} - IRR_{AI} \ ,$$

wobei ΔIRR die Überschuss-IRR, IRR_{PE} die IRR des PE-Investments und IRR_{AI} die IRR des Alternativinvestments bezeichnet.

Insgesamt zeigen die vorstehenden Ausführungen, dass gerade im Falle von PE-Investments die Verwendung der internen Rendite als Performancekennziffer sich als problematisch erweisen kann. Ein weiteres Problem – die Marktphasenunabhängigkeit der internen Rendite wird im nächsten Abschnitt angesprochen.

14.3.2.4 Profitabilitätsindex

Aufgrund der zahlreichen Probleme der internen Rendite im Kontext einer komparativen Performancemessung ist hier nach Alternativen Ausschau zu halten. Eine solche Alternative bietet die Kalkulation des Profitabilitätsindex, der im Folgenden dargestellt werden soll.

Ausgangspunkt ist wiederum das in Abschnitt 14.3.2.1 spezifizierte Zahlungsstrommodell. Zudem ist ein Marktindex (Aktienindex, Bondindex) gegeben, dessen *realisierte* Renditen in der betrachteten Zeitperiode durch $MIR(t)$, $t = 1, \ldots, T$ gegeben sind.

Die Konstruktion eines Profitabilitätsindex zur Messung der PE-Performance relativ zur Performance eines Marktindex geht von dem folgenden Gedankengang aus. Investiert man die Folge von Kapitalzahlungen K_t in den Marktindex, so ergibt sich ein Endvermögen in Höhe von (vgl. Abschnitt 2.2.2)

(14.11a) $$VK_T = \sum_{t=0}^{T} K_t \prod_{s=t+1}^{T} [1 + MIR(s)]$$

Investiert man die Folge von Kapitalzahlungen nicht in den Marktindex, sondern in das PE-Investment, so erhält man die (Netto-)Rückflüsse RF_t und kann diese dann wiederum in den Marktindex investieren. Hieraus resultiert ein Endvermögen von

(14.11b) $$VRF_T = \sum_{t=0}^{T} RF_t \prod_{s=t+1}^{T} [1 + MIR(s)] \ .$$

Gilt $VRF_T / VK_T > 1$, so erhält man ein höheres Endvermögen durch Realisierung des PE-Investments und ebenso vice versa. Offenkundig bleibt zudem die Rangfolge unberührt, wenn man in Zähler und Nenner zum Barwert übergeht, d.h. Zähler und Nenner jeweils durch dividiert. Aus dieser Überlegung resultiert der *Profitabilitätsindex*, der definiert ist durch $\prod_{s=1}^{T} [1 + MIR(s)]$

(14.12) $$PI = \frac{\sum_{t=0}^{T} RF_t \prod_{s=1}^{t} [1 + MIR(s)]^{-1}}{\sum_{t=0}^{T} K_t \prod_{s=1}^{t} [1 + MIR(s)]^{-1}} \ .$$

Dabei unterstellt man für $t = 0$ die Konvention $\prod_{s=1}^{t} [1+MIR(s)]^{-1} = 1$.

Alternativ wird der Profitabilitätsindex in der Literatur auch als *Public Market Index* (PMI) bezeichnet. Ein Profitabilitätsindex in Höhe von beispielsweise 1,1 besagt, dass der Barwert im Zähler von (14.12) um 10% höher ist, als der Barwert im Nenner von (14.12). Äquivalent hierzu ist die Aussage, dass der Endwert VRF_T gemäß (14.11b) um 10% höher ist als der Endwert VK_T gemäß (14.11a). Der Profitabilitätsindex kann dabei immer nur vor dem Hintergrund des gewählten alternativen Marktindex-Investments gesehen und interpretiert werden.

Wenden wir uns nun einem Beispiel zu, das die unterschiedliche Sichtweise von Internem Zinsfuß und Profitabilitätsindex illustriert. Das Beispiel geht zurück auf *Diller* (2007, S. 95).

Beispiel 14.6: Profitabilitätsindex vs. Interner Zinsfuß

Wir betrachten zwei dreijährige PE-Investments A und B, die allerdings in unterschiedlichen Zeiträumen durchgeführt werden, d.h. der alternative Markindex MI weist unterschiedliche Renditerealisationen auf. Die folgende Übersicht illustriert die Verhältnisse:

Periode	0	1	2	3	EV	PI	IRR	IRR
MI		4%	5%	6%	115,75			
A	-100	10	50	55	119,13	1,03	6,05%	1,05%
MI		12%	15%	0%	128,80			
B	-100	15	55	55	127,25	0,99	10,20%	1,40%

Die Kalkulation der Spalte Endvermögen (EV) basiert beim Marktindex aus der Aufzinsung von 100 Geldeinheiten mit den realisierten Periodenrenditen. Annualisiert ergibt dies eine Rendite von 5% p.a. bzw. 8,8% p.a. Die zweite Marktphase ist somit Ertrag bringender und es ist vergleichsweise lohnender, in den Markt zu investieren. Die höhere interne Rendite von PE-Investment B in Höhe von 10,20% im Vergleich zur internen Rendite von 6,05% für PE Investment A vermag dies nicht zu kompensieren. PE-Investment A führt zu einem 3% höheren Endvermögen als ein Investment in den Marktindex, PE-Investment B hingegen zu einem 1% geringeren Endvermögen. Das Beispiel illustriert zugleich, dass auch die Kennzahl Überschuss-IRR diesen Sachverhalt nicht richtig widerspiegelt.

Beispiel 14.6 macht deutlich, dass Interner Zinsfuß und Profitabilitätsindex eine unterschiedliche Performanceevaluation vornehmen. Die interne Rendite betrachtet das Investment isoliert (und insbesondere marktphasenunabhängig). Der Profitabilitätsindex evaluiert das Investment relativ zu einer alternativen Anlage und damit insbesondere marktphasenabhängig. Erst ein marktphasenabhängiger Vergleich erlaubt eine valide Einschätzung der Performance von PE-Investments.

Offenbar kommt der Wahl des betreffenden Marktindex als Repräsentant für eine angemessene Alternativinvestition eine entscheidende Rolle zu. Idealerweise sollte das Alternativinvestment ein vergleichbares Risiko aufweisen, was aber nicht in einfacher Weise zu erreichen ist. Bei Anwendung einer pragmatischen Vorgehensweise wird typischerweise ein repräsentativer Aktienindex, wie etwa der S&P500 oder der MSCI Europe als Alternativinvestition zugrunde gelegt. Es ist jedoch leicht nachzuvollziehen, dass dies problematisch ist. Unternehmen, die eine Venture Capital-Finanzierung erhalten, sind typischerweise kleiner und jünger, als das durchschnittliche Unternehmen in einem Standard-Aktienindex und Buyouts haben typischerweise einen viel höheren Fremdkapitalhebel (Leverage). Darüber hinaus weisen alle PE-Fonds ein Liquiditätsrisiko aufgrund ihrer eingeschränkten Fungibilität auf. Alle diese Aspekte beeinflussen das Risikoprofil in substanzieller Weise. Insofern wird es notwendig, weitergehende Überlegungen anzustellen, um die Risikounterschiede bei Performancevergleichen zu erfassen.

Eine Berücksichtigung dieser Problematik kann grundsätzlich entweder erfolgen, indem man Markindizes verwendet, die eine besser vergleichbare Risikostruktur aufweisen, etwa der NASDAQ als Vergleich zu VC-Investments, oder indem man eine systematische Risikoadjustierung vornimmt (hierauf kommen wir in Abschnitt 14.4 zurück.)

14.3.2.5 Studien zur Performance von PE-Investments

Wir wenden uns in diesem Abschnitt empirischen Studien zur Performance von PE-Investments zu. Dabei konzentrieren wir uns aufgrund der zuvor dargestellten Problemkreise bei der Anwendung von Return Multiples und der internen Rendite auf Studien, die den Profitabilitätsindex als Performancemaßzahl verwenden.

Die erste umfassende Studie in diesem Kontext ist die Untersuchung von *Kaplan/Schoar* (2005). Die Studie von *Kaplan/Schoar* basiert auf PE-Daten aus der Datenbank von Thomson Venture Economics für die Jahre 1980 bis 2001. Dabei werden nur Fonds betrachtet, die mindestens sechs Quartale keine Aus- bzw. Einzahlung aufweisen, insgesamt sind dies 746 US-amerikanische PE-Fonds. Als Vergleichsinvestment bei der Anwendung des Profitabilitätsindex verwenden *Kaplan/Schoar* den S&P500, eine Risikoadjustierung findet dabei nicht statt. Tabelle 14.12 fasst die entsprechenden Ergebnisse zusammen.

	Gleichgewichtung			Volumengewichtung		
	alle	VC	BO	alle	VC	BO
Median	0,74	0,66	0,80	0,82	0,92	0,83
Mittelwert	0,96	0,96	0,97	1,05	1,21	0,93
25%-Quantil	0,45	0,43	0,62	0,67	0,55	0,72
75%-Quantil	1,14	1,13	1,12	1,11	1,40	1,03
Anzahl	746	577	169	746	577	169

Tab. 14.12: Profitabilitätsindex von PE-Investments nach *Kaplan/Schoar* (2005)

Zunächst ist festzuhalten, dass offenkundig eine sehr große Variationsbreite hinsichtlich der Profitabilitätsindices der einzelnen PE-Fonds besteht. Dies zeigen die sehr deutlichen Unterschiede zwischen 25%- und 75%-Quantil (d.h. dem unteren und oberen Quartil) auf. Die Tatsache, dass der Median jeweils deutlich unter dem Mittelwert liegt, deutet darauf hin, dass die Verteilung des Profitabilitätsindex in der betrachteten Grundgesamtheit linksschief ist. Es gibt somit überproportional viele PE-Fonds, die einen relativ großen Profitabilitätsindex aufweisen. Auf Medianebene liegen alle Profitabilitätsindices unterhalb von eins (d.h. es besteht eine Underperformance relativ zum S&P500), beim Mittelwert gilt dies nur im Falle einer Gleichgewichtung aller Fonds. Im Falle einer Volumen- bzw. Größengewichtung weist der Profitabilitätsindex im Mittel einen Wert von 1,05 auf (was durch die höhere relative Profitabilität der VC-Fonds getrieben wird). Zum einen deutet dies darauf hin (was *Kaplan/Schoar* auch getrennt untersuchen und bestätigen), dass größere Fonds erfolgreicher sind als kleinere Fonds. Zum anderen ist selbst bei einer Volumengewichtung die mittlere Outperformance von 5% des erzielten Endvermögens eher mager, wenn man die in Abschnitt 14.3.1 dargestellten spezifischen Risiken von PE-Investments berücksichtigt, die eine Anlage in den S&P500 nicht aufweist. Dabei ist zu berücksichtigen, dass der Performancevergleich von *Kaplan/Schoar* auf Nettogrößen basiert, d.h. die erheblichen Managementgebühren (u.a. in der Regel ca. 20% der Gewinne) von PE-Fonds sind bereits berücksichtigt. Vor Ansatz von Gebühren findet im Mittel somit durchaus eine Outperformance gegenüber dem S&P500 statt (*Kaplan/Schoar* schätzen, dass hierzu die Netto-Profitabilitätsindizes im Schnitt um mindestens 13% angehoben werden müssen). Für den PE-Investor zählt allerdings nur sein Nettoerfolg.

Tabelle 14.12 macht jedoch des Weiteren deutlich, dass bei richtiger Selektion des Managers (sprich Wahl eines PE-Fonds aus dem oberen Quartil) durchaus eine deutlichere Outperformance des S&P500 möglich ist. Es kommt mithin entscheidend auf die Selektionsfähigkeit des Investors an. Dabei scheint die Fondsgröße ein wichtiges Selektionskriterium zu sein, *Kaplan/Schoar* (2005) weisen in diesem Zusammenhang einen signifikanten Zusammenhang nach. Allerdings sinkt die Performance der PE-Fonds, insbesondere der VC-Fonds, wieder, wenn diese zu groß werden. Dies kann mit dem *Money-Chasing-Deal-Phänomen* erklärt werden. Bei einem zu großen Kapitalzufluss könnte das Fondsmanagement gegebenenfalls nicht genügend attraktive Anlagemöglichkeiten am Markt finden und die Performance des PE-Fonds sinkt entsprechend (z.B. aufgrund eines überteuerten Erwerbs von Beteiligungsunternehmen). Entsprechend finden *Kaplan/Schoar* eine konkave Beziehung zwischen Fondsgröße und Performance. *Diller* (2007, S. 219 f.) weist darauf hin, dass dies für den europäischen PE-Markt nicht bestätigt werden kann, hier ist der funktionale Zusammenhang linear ansteigend bzw. leicht konvex. Dies könnte an der unterschiedlichen Entwicklungsstufe der jeweiligen PE-Märkte liegen. Während der US-amerikanische PE-Markt eher als reifer Markt anzusehen ist, befindet sich der europäische PE-Markt noch in seiner Entwicklungsphase (zumindest für den von *Diller* analysierten Zeitraum von 1980 bis 2003).

Ein weiteres Ergebnis der Studie von *Kaplan/Schoar* (2005) besteht in dem Nachweis, dass Fonds mit stetig guter Performance eine besondere Aufmerksamkeit beim Fundraising erfahren. Dies ist wenig überraschend, zieht jedoch die Gefahr des Money Chasing Deals nach sich. PE-Fonds, die sich in ihrer Größe selbst beschränken und nur so stark wachsen wie der Markt, erzielen eine stetigere Performance.

In der Anschlussstudie von *Phalippou/Gottschalg* (2007), die auf einer im Vergleich zu *Kaplan/Schoar* erweiterten Datenbasis beruht, kommen die Autoren zu noch bescheideneren Ergebnissen hinsichtlich der Performance von PE-Investments. Auch *Phalippou/Gottschalg* verwenden Daten aus der Datenbank von Thomson Venture Economics, nunmehr aber für einen Untersuchungszeitraum von 1980 bis 2003. Aus dieser Grundgesamtheit wählen sie alle PE-Fonds aus, die eine Laufzeit von mindestens zehn Jahren aufweisen (was als Standardlaufzeit für PE-Fonds angesehen wird) und die »effektiv abgewickelt« sind. Dazu zählen neben den Fonds, die nach TVE »offiziell abgewickelt« sind, auch diejenigen, die über die letzten sechs Beobachtungsperioden keinerlei Aktivitäten (Kapitalabrufe, Ausschüttungen) mehr aufweisen. Für diese Fonds sind Informationen über die offiziell von TVE ausgewiesenen Restwerte vorhanden. Insgesamt kommen *Phalippou/Gottschalg* somit zu einer Gesamtheit von 852 Fonds, von denen ungefähr die Hälfte auch offiziell liquidiert ist.

Gegenüber der Studie von *Kaplan/Schoar* (2005) nehmen *Phalippou/Gottschalg* (2007) zwei wesentliche Veränderungen und Korrekturen vor. Zum einen weisen sie nach, dass die ausgewiesenen Restwerte für eine Reihe von Fonds substanziell überhöht sind. Diese Restwerte werden auf Buchwertbasis bestimmt und von den General Partners an die Limited Partners auf vierteljährlicher Basis berichtet. Ein größerer Teil dieser PE-Fonds hat aber über die letzten drei Jahre keinerlei Aktivitäten (Kapitalabrufe, Gebühren, Ausschüttungen) zu verzeichnen und die ausgewiesenen Restwerte haben sich seit dem Jahr 2000 (den Zeiten der Internetblase) nicht mehr verändert. *Phalippou/Gottschalg* werten dies als Hinweis darauf, dass die betreffenden PE-Fonds eher als »lebende Leichen« anzusehen sind und nehmen eine Korrektur (Abschreibung) des ausgewiesenen Restwerts vor (auf Basis einer unabhängigen Vergleichsstichprobe bereits abgewickelter Fonds).

Eine zweite Korrektur, die *Phalippou/Gottschalg* vornehmen, beruht auf der Gewichtung bei Vornahme der Aggregierung der PE-Fonds. Üblicherweise wird diese Gewichtung auf Basis des seitens der Limited Partners grundsätzlich zugewiesenen Kapitals (Committed Capital) vorgenommen. Der tatsächliche Kapitalabruf ist in praxi aber sehr unterschiedlich, insofern nehmen *Phalippou/Gottschalg* eine Gewichtung auf der Basis der Barwerte der tatsächlichen Kapitalabrufe vor.

Die Studie von *Kaplan/Schoar* (2005) berücksichtigt die vorgenannten beiden Problemkreise nicht. Nach der von *Phalippou/Gottschalg* (2007) vorgenommenen Korrektur ergibt sich ein Profitabilitätsindex von 0,92 (VL: 0,88, BO: 0,96), im Vergleich zu dem von *Kaplan/Schoar* bestimmten Wert von 1,05. Im Vergleich zu einem Investment in den S&P500 über die gleiche Anlageperiode wird somit ein um 12% geringeres Endvermögen realisiert. Eine Regressionsanalyse erbringt zudem das unmittelbarer interpretierbare Ergebnis, dass unter der Annahme eines Beta in Höhe von 1 – d.h. der Unterstellung einer mit dem S&P500 identischen Risikostruktur – ein durchschnittliches Alpha in Höhe von -2,26% vorliegt, d.h. relativ zum S&P500 wird eine durchschnittliche jährliche Underperformance von über 2% realisiert.

Phalippou/Gottschalg (2007) untersuchen des Weiteren die Auswirkungen der Gebührenstruktur auf dieses Ergebnis. Die bereits angeführte Standard-Gebührenstruktur von 2% Fixum und 20% Erfolgsbeteiligung erweist sich dabei bei näherer Analyse als eine gravierende Kostenbelastung. *Phalippou/Gottschalg* (2007) veranschlagen die hieraus resultierende Kostenbelastung auf durchschnittlich 7% jährlich (*Swenson* 2000 kommt sogar auf eine noch höhere Einschätzung der Kostenbelastung in Höhe von 12%). Hinsichtlich des Brutto-Profitabilitätsindex ergibt sich ein Wert relativ zum S&P500 in Höhe von 1,16 und das Brutto-Alpha beläuft sich auf 3,8% per annum. Vor Belastung mit Gebühren ergibt sich somit eine jährliche Outperformance von 3,8% gegenüber dem S&P500. Dies deutet nachdrücklich darauf hin, dass die Underperformance relativ zum S&P500 substanziell durch die Managementgebühren von PE-Fonds bedingt ist.

Eine weitere aktuelle Untersuchung zur Performance von PE-Investments ist die Studie von *Diller* (2007). Dieser Untersuchung liegen Cashflow-Daten von europäischen PE-Fonds für den Basiszeitraum 01.01.1980 – 30.06.2003 zugrunde. Hinsichtlich der bereits liquidierten PE-Fonds kommt *Diller* (2007, S. 158) auf einen mittleren Netto-Profitabilitätsindex (Vergleichsmaßstab ist hierbei der MSCI-Europe) unter Vornahme einer Volumengewichtung in Höhe von 0,94 (Median: 0,8). Hinsichtlich zweier weiterer gebildeter Stichproben, die nicht nur liquidierte Fonds umfassen, kommt *Diller* (2007, S. 158) auf einen Profitabilitätsindex in Höhe von 1,04 (Median: 0,82), bei Stichprobe II auf 1,16 (Median: 0,85). Stichprobe II weist dabei höhere Restbuchwerte der betrachteten Fonds auf. In einer weiteren Analyse weist *Diller* (2007, S. 160) nach, dass bei Berücksichtigung nur von solchen PE-Fonds, deren Gründungsjahr im Zeitraum von 1989 bis 2003 liegt, eine deutliche Verbesserung des Profitabilitätsindex resultiert (beispielsweise für die Stichprobe I ein Mittelwert von 1,16 und ein Median von 1,01), was als ein Indiz für eine fortschreitende Entwicklung des europäischen PE-Marktes angesehen werden kann. Im Vergleich zu den Analysen von *Gottschalg/Phalippou* (2007) ist dabei zu beachten, dass *Gottschalg/Phalippou* – wie dargestellt – die Gewichtung in einer weiter entwickelten Weise vornehmen (*Gottschalg/Phalippou* beziffern die Größenordnung des damit verbundenen Effekts im Hinblick auf eine Reduktion des Profitabilitätsindex auf eine Höhe von ca. 2%).

Allen vorstehenden Analysen ist gemeinsam, dass die unterschiedliche Risikostruktur von PE-Investments und des Vergleichs-Aktienindex noch keine Berücksichtigung findet. Diesem Themenbereich ist der nächste Abschnitt gewidmet.

14.3.2.6 Risikoadjustierte Performance von PE-Fonds

Wie bereits in Abschnitt 14.3.2.5 ausgeführt, weisen PE-Fonds eine systematisch andere Risikostruktur auf als etablierte Unternehmen in Standardmarktindizes (höheres Risiko bei VC-Fonds, höheres Leverage bei BO-Fonds, Illiquiditätsrisiko bei beiden Formen). Eine Möglichkeit, dies systematisch zu berücksichtigen, ist die Vornahme einer Risikokorrektur bzw. einer risikoadjustierten Performancemessung. Unter Berücksichtigung (nur) des systematischen Risikos erfolgt eine solche Risikokorrektur typischerweise auf der Basis einer risikoadjustierten Rendite des CAPM Typus (vgl. unsere entsprechenden Ausführungen in Abschnitt 6.4.3.4), d.h. in der Form

(14.13a) $$RAR = r_0 + \beta\,[E(R_M) - r_0]$$

bzw. auf der Basis realisierter Renditen

(14.13b) $$rar_t = r_0(t) + \beta\,[r_M(t) - r_0(t)]\ .$$

Dabei bezeichnet r_0 einen Repräsentanten für den risikolosen Zins und $r_0(t)$ dessen Realisation im Zeitablauf, β den Betafaktor relativ zum gewählten Marktindex mit Rendite R_M und $r_M(t)$ die Realisationen des Markindex im Zeitablauf. Die Diskontierungen in Zähler und Nenner des Profitabilitätsindex (14.12) werden dann auf Basis der risikoadjustierten Renditen gemäß (14.13b) vorgenommen. Das Resultat ist der *risikoadjustierte Profitabilitätsindex*

(14.14)
$$RPI = \frac{\sum_{t=0}^{T} RF_t \prod_{s=1}^{t} (1+rar_t)^{-1}}{\sum_{t=0}^{T} K_t \prod_{s=1}^{t} (1+rar_t)^{-1}}.$$

Die Bestimmung eines aussagekräftigen Betafaktors wird dabei in der Literatur regelmäßig auf der Basis der folgenden Vorgehensweise vorgenommen (vgl. hierzu *Gottschalg* 2006):

1. Für jedes einzelne Beteiligungsunternehmen eines PE-Fonds erfolgt die Identifikation einer Vergleichsgruppe von öffentlich gehandelten Unternehmen mit einem vergleichbaren operativen Risiko
2. Berechnung der Eigenkapitalbetas dieser Vergleichsunternehmen
3. Neuberechnung der Betafaktoren ohne Einfluss des Fremdkapitalhebels (ungehebelte Betas)
4. Neuberechnung der Betafaktoren unter Einbezug des Fremdkapitals auf Ebene der einzelnen Beteiligungsunternehmen (Leverage-adjusted Betas) und anschließende Aggregation auf der Ebene der jeweiligen PE-Fonds.

Phalippou/Gottschalg (2007) bestimmen entsprechende Betafaktoren, laut Angabe in *Phalippou* (2007, S. 5) erhalten sie hierbei ein durchschnittliches Beta für PE-Fonds in Höhe von 1,3. Der resultierende risikoadjustierte Profitabilitätsindex beläuft sich im Mittelwert auf 0,76 (zur Erinnerung: vor Risikoadjustierung war dies ein Wert von 0,88) bei Zugrundelegung aller Fonds. Bei BO-Fonds ist der entsprechende Wert 0,75 (zuvor 0,95), bei VC-Fonds 0,77 (zuvor: 0,88). Gerade bei den stark gehebelten BO-Fonds führt somit die Risikoadjustierung zu einer weiteren deutlichen Performancereduktion. Deutlich weniger dramatisch fällt der Profitabilitätsindex für VC-Fonds, wenn anstelle des S&P500 der NASDAQ als Vergleichsindex genommen wird, hier fällt der Profitabilitätsindex nur von 0,88 auf 0,87. Auch aufgrund der bekannten starken Instabilität von Betawerten sind die vorstehenden Resultate zunächst einmal mit Vorsicht zu interpretieren. Die Entwicklung von Methoden zu einer aussagekräftigen risikoadjustierten Performancemessung für PE-Fonds steht sicherlich noch in ihren Anfängen.

14.4 Strukturierte Produkte

14.4.1 Einführung

Bei einem strukturierten Produkt handelt es sich um einen Anlagegegenstand, bei dem ein Kassainstrument mit einem derivativen Finanzinstrument oder mehreren derivativen Finanzinstrumenten fest zu einer rechtlichen und wirtschaftlichen Einheit verbunden ist. Strukturierte Produkte sind standardmäßig in ihre Bestandteile zu zerlegen, sowohl um die Identifikation der dem strukturierten Produkt innewohnenden Risiken zu ermöglichen als auch um das strukturierte Produkt zu bewerten. Die Bewertung basiert auf einer Anwendung des Duplikationsprinzips. Es erfolgt zunächst eine äquivalente Generierung des Produkts durch Kombination einzelner Basiselemente. Die einzelnen Bausteine werden sodann separat bewertet und der Gesamtwert des strukturierten Produkts ergibt sich aus der Addition der Werte der identifizierten Bestandteile.

In den folgenden Abschnitten behandeln wir eine Reihe von Standardbeispielen für strukturierte Produkte, wobei der zentrale Fokus auf Duplikation und Bewertung liegt.

14.4.2 Discount-Zertifikat

Bei einem *Discount-Zertifikat* (auch: Diskont-Zertifikat) erhält der Inhaber bei Fälligkeit des Zertifikats den Wert einer festgelegten Anzahl von Aktien, höchstens allerdings einen festgelegten Maximalbetrag C (Cap) pro Aktie. Da hiermit das Gewinnpotenzial begrenzt wird, liegt der Preis des Zertifikats systematisch unter dem der Aktie (Diskont). Der Anleger investiert mithin in einen Basiswert, ohne jedoch den vollen Marktwert zu zahlen. Der Preis hierfür ist eine begrenzte Partizipation an den potenziellen Gewinnen des Basiswerts.

Aus technischer Sicht ergeben sich der Gesamtpositionswert sowie die Disaggregation in dessen Bestandteile auf Basis der folgenden Beziehungen:

(14.15)
$$\begin{aligned} V_T &= n \min(S_T, C) \\ &= n\,[S_T + \min(C - S_T, 0)] = n\,[S_T - \max(S_T - C, 0)]. \end{aligned}$$

Dabei bezeichne n die festgelegte Anzahl an Aktien, S_T den Wert einer zugrunde liegenden Aktie zum Fälligkeitstermin T und C den Cap.

Die Duplikationsposition lautet somit

Aktie + Short Call auf Aktie,

wobei die Laufzeit des Call der Laufzeit des Zertifikats entspricht und der Ausübungspreis des Call identisch mit dem Cap ist. Ein Vergleich mit den Ausführungen in Abschnitt 11.5.2 zeigt, dass ein Discount-Zertifikat nichts anderes als eine Verbriefung des Covered Short Call darstellt. Entsprechend ergibt sich die Preisbeziehung

Preis Discount Zertifikat = Preis Aktie – Preis Call.

Zur Illustration der Position eines Discount-Zertifikats sei auf die entsprechende Abbildung 11.26 zum Covered Short Call verwiesen.

Eine alternative Duplikation besteht (Übungsaufgabe) im Kauf eines Zerobond mit Rückzahlungsbetrag C plus einem Put Short mit Ausübungspreis C.

14.4.3 Garantiezertifikat

Bei einem Garantiezertifikat erhält der Inhaber des Zertifikats bei Fälligkeit das Underlying, falls dessen Kurs über einem festgelegten Betrag (Garantiehöhe) G liegt, ansonsten wird der Betrag G ausgezahlt. Formal gilt:

(14.16)
$$V_T = \max(S_T - G, 0) = S_T + \max\,(G - S_T, 0).$$

Die Duplikationsposition lautet somit:

Underlying + Long Put auf Underlying,

wobei die Laufzeit des Put der Laufzeit des Zertifikats entspricht und der Ausübungspreisdes Put dem Garantiebetrag G. Ein Garantiezertifikat ist somit nichts anderes als eine Verbriefung des in Abschnitt 11.5.1 behandelten Put Hedge. Analog stellt das sog. *Korridorzertifikat* nichts anderes als eine Verbriefung des in Abschnitt 11.5.4 behandelten Collar dar.

14.4.4 Aktienanleihe (Equity Linked Bond)

Bei einer *Aktienanleihe* (auch *Equity Linked Bond, Cash or Share-Anleihe*) kann der Emittent bei Fälligkeit der Anleihe diese entweder zum Nennbetrag N zurückzahlen oder eine (bei Emission) festgelegte Anzahl von Aktien einer bestimmten Gesellschaft als Tilgungsleistung andienen, wenn dies für ihn günstiger ist, d.h. der Wert der Aktien geringer als der Nennwert ist. Die Aktienanleihe wird auch als *Reverse Convertible Bond* bezeichnet, da im Gegensatz zu einer Wandelanleihe (Convertible Bond) das Wahlrecht nicht beim Investor, sondern beim Emittenten liegt. Als Ausgleich für das Tilgungsrisiko fungiert eine über dem Marktzins liegende Nominalverzinsung.

Formal lautet der Rückzahlungsstrom der Aktienanleihe $\{Z, \ldots, Z, Z + \min(N, n\, S_T)\}$. Eine Zerlegung der letzten Komponente dieses Ausdrucks kann wie folgt vorgenommen werden:

$$\begin{aligned}\min(N, nS_T) &= N + \min(nS_T - N, 0)\\ &= N + n\min(S_T - N/n, 0) = N - n\max(N/n - S_T, 0)\end{aligned}$$

Insgesamt ergibt sich somit eine mögliche Duplikationsposition zu

$$\{Z, Z, \ldots, Z + N\} - n\,\{0, 0, \ldots, \max(N/n - S_T, 0)\}. \quad (14.17)$$

Die entsprechende Duplikationsposition lautet somit:

Anleihe + Short Put (europäisch) auf Aktien der Gesellschaft.

Zusätzlich lässt sich eine weitere Zerlegung der Anleihe durch eine Darstellung der Kupon- und Tilgungszahlungen über Zerobonds erreichen. Der Basispreis des Put entspricht dem Quotienten aus Nennwert und Anzahl der anzudienenden Aktien. Die Laufzeit des Put ist identisch mit der Laufzeit der Anleihe.

Wenden wir uns damit einem Beispiel zu.

Beispiel 14.7: Aktienanleihe

Betrachtet werde eine zweijährige Aktienanleihe mit einem jährlichen Kupon von 8% und einem Nennwert von N = 5000. Bei Fälligkeit besitzt der Emittent das Recht, zu par zu tilgen oder 100 *XY*-Aktien zu liefern. Der Emittent wird die *XY*-Aktien liefern, wenn in t = 2 der Preis einer *XY*-Aktie unter 50 liegt (Basispreis = Nennwert/Anzahl

Aktien). Aus Sicht des Anlegers zahlt dieser in diesem Fall (Ausübung) den Nennwert und erhält dafür 100 Aktien, d.h. es liegt eine Short Put-Position vor (100 Zwei-Jahres-Puts auf eine Aktie mit Strike 50 oder ein Zwei-Jahres-Put auf 100 Aktien mit Strike 5000). Die Verhältnisse werden in der folgenden Übersicht zusammengefasst.

Ausübungsfall	t = 1	t = 2
Standardanleihe	400	400 + 5000
+ Short Put	0	-5000 + 100 Aktien
Aktienanleihe (Lieferung)	400	400 + 100 Aktien

Auf der formalen Ebene ergibt sich die Darstellung

$$\{400, 400+5000\} - 100\ \{0, \max(50 - S_2, 0)\}\ .$$

Für den Fall $S_2 < 50$ (Käufer Put übt aus), sei dies noch einmal grafisch illustriert:

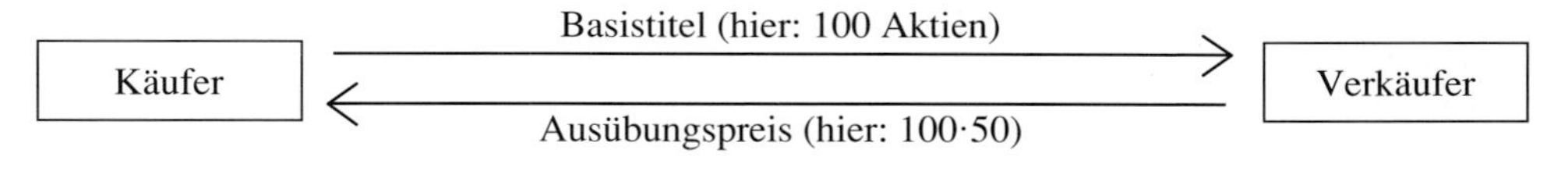

14.4.5 Callable Bond

Eine *Callable Bond* (auch kurz: *Callable*) ist eine Anleihe mit einem vorzeitigen Kündigungsrecht des Emittenten zum Nennwert zu einem oder mehreren (*Multi Callable*) Terminen. Eine Variante dieser Basisform ist der *Callable Step Up-Bond* bzw. der *Multi Callable Step Up-Bond.* Hierbei ist die entsprechende Anleihe eine Stufenzinsanleihe, d.h. der Kupon steigt während der Laufzeit einmalig oder mehrmals an. Der Ausgleich für das Kündigungsrisiko besteht in einer über dem Markt liegenden Nominalverzinsung.

Zur Ableitung einer Duplikationsposition gehen wir zur Vereinfachung davon aus, dass eine Kündigung nur zu einem Zinszahlungszeitpunkt $0 < t < T$ möglich ist. Es gilt dann die folgende Duplikationsposition:

Callable + Receiver Swaption = Standardbond.

Dabei hat die Receiver Swaption (man vgl. die entsprechenden Ausführungen in Abschnitt 12.2.3.1) den Liefertermin t, der Strike der Swaption muss dem Festzins des Callables entsprechen. Der bei Ausübung der Receiver Swaption induzierte Receiver Swap hat eine Laufzeit von $T - t$. Die vorstehende grundsätzliche Duplikationsposition wird in Beispiel 14.8 anhand eines Beispielfalles illustriert.

Eine alternative Duplikationsposition lautet:

Callable = Standardbond + Short Call.

Der hierbei involvierte Short Call ist dabei eine Zinsoption, wie wir sie in Abschnitt 11.9.1 behandelt haben. Eine entsprechende Illustration findet sich in Beispiel 14.9.

In analoger Weise lässt sich der Callable Step up-Bond duplizieren, der Unterschied liegt nur in der Zinskomponente des Bonds.

Beispiel 14.8: Callable (erste Duplikation)
In $t = 0$ sei ein Callable mit Nennwert N, Laufzeit $T = 5$, Zinszahlungszeitpunkten $t = 1, 2, \dots, 5$ und Kündigungstermin $t = 3$ gegeben. Die Festzinszahlungen betragen einheitlich Ni. Mit welcher Anlagestrategie sichert sich ein Anleger im Falle der Kündigung in $t = 3$ einen Zahlungsstrom, der identisch ist mit einem Standardbond der (Gesamt-)Laufzeit $T = 5$ und Kuponzahlungen der Höhe Ni?
Bei Kündigung in $t = 3$ erhält der Anleger den Nennwert N, den er zwei Jahre variabel anlegen kann, etwa zum 12-Monats-LIBOR. Durch Tausch der LIBOR-Zahlungen gegen einen Festzins i (in t = 4 und 5), d.h. den Eintritt in einen zweijährigen Receiver Swap in $t = 3$, wird insgesamt eine Standardbond-Zahlungsstruktur generiert. Erforderlich ist daher in $t = 0$ der Eintritt in eine Receiver Swaption mit Liefertermin $t = 3$ und Strikesatz i.

Beispiel 14.9: Callable (zweite Duplikation)
Ausgangspunkt ist nunmehr der Standardbond mit Zahlungsstruktur $\{Ni, Ni, \dots, N + Ni\}$. Wie muss eine zusätzlich erworbene Zinsoption aussehen, so dass das Gesamtinvestment dem Callable entspricht?
Die Situation bei Kündigung ist in der nachfolgenden Übersicht festgehalten.

	t = 1	t = 2	t = 3	t = 4	t = 5
Standardbond	Ni	Ni	Ni	Ni	$Ni+N$
+ offene Position	-	-	N	$-Ni$	$-(N+Ni)$
= Callable	Ni	Ni	$Ni + N$	0	0

Die offene Position ist eine Shortposition in einer Calloption mit Liefertermin $t = 3$ und Strike N, d.h. in $t = 3$ wird gegen Erhalt von N der zweijährige Bond mit Nennwert N und Nominalzins i geliefert.

14.4.6 Indexanleihe

Bei einer Indexanleihe ist die Höhe des Rückzahlungsbetrags der Anleihe abhängig vom Stand eines Aktienindex zum Rückzahlungszeitpunkt. Es erfolgt eine Rückzahlung in Höhe des Nominalwerts oder des Nominalwerts in Verbindung mit dem Wertzuwachs des Index. Bei einer *Bullanleihe* erhöht sich der Rückzahlungsbetrag bei einem Indexanstieg, bei einer *Bearanleihe* erhöht sich der Rückzahlungsbetrag bei einem Wertverlust des Index.

Zur Illustration betrachten wir eine Bullanleihe mit Nennwert N auf einen Index mit Wertentwicklung $I(t)$ und T Jahren Laufzeit sowie einer Partizipationsrate pr. Der Rückzahlungsstrom der Bullanleihe ist dann gegeben durch:

$$\left\{Z, Z, \ldots, Z+\max\left[N, N\left(1+pr\cdot\frac{I(T)-I(0)}{I(0)}\right)\right]\right\}. \tag{14.18}$$

Unter Konzentration auf die »Max-Komponente« ergibt sich die folgende Zerlegung:

$$\max[\ldots] = N+\frac{pr\cdot N}{I(0)}\max\;[I(T)-I(0),0]. \tag{14.19}$$

Der zweite Summand entspricht dabei dem Erwerb von $pr \cdot N/I(0)$ Einheiten eines Europäischen Call auf den Index mit T Jahren Laufzeit und Strike $I(0)$.

Abschließend soll noch erwähnt werden, dass auch der in Abschnitt 12.2.2.4 behandelte synthetische Reverse Floater unter die Gattung der strukturierten Produkte subsumiert wird.

14.5 Literaturhinweise und Ausblick

Übersichten zu den verschiedenen Möglichkeiten der Immobiliendirektanlage und Beteiligungen an Immobiliengesellschaften finden sich in *Zisler* (1989) und *Hoesli/MacGregor* (2000) sowie, mit einem Fokus auf Immobilienaktiengesellschaften bzw. offenen Immobilienfonds in Europa, in *Maurer/Sebastian* (2000).

Die drei verschiedenen Methoden zur Konstruktion von Immobilienindizes werden ausführlich in *Fisher/Geltner/Webb* (1994) und *Thomas* (1997) diskutiert. Abschnitt 13.2 basiert weitgehend auf *Maurer/Sebastian/Stephan* (2001). Spezielle Arbeiten zu Appraisal-Based-Indizes finden sich in *Geltner* (1989), *Geltner* (1991), *Maurer/Stephan* (1996) sowie *Ross/Zisler* (1991), zu transaktionsbasierten Immobilienindizes in *Cassel/Mendelsohn* (1985), *Halvorsen/Pollakowski* (1981) sowie *Maurer/Pitzer/Sebastian* (2004) und zu Indizes auf der Basis von Immobilienaktien in *Gyourko/Keim* (1992), (1993).

Eine eingehende Deskription der Bewertung von Immobilien enthält *Kleiber/Simon/Weyers* (1995). Zu theoretischen Aspekten der Immobilienbewertung siehe *Berens/Hoffjan* (1995), *Maurer* (1996, Kapitel 3) sowie insbesondere zur Glättungsproblematik *Geltner* (1993).

Die Fallstudie zu den langfristigen Rendite-/Risikoprofilen von Investmentsparplänen ist weitgehend *Maurer/Schlag* (2001) entnommen.

Im Hinblick auf Hedgefonds sei exemplarisch verwiesen auf die Darstellungen in *Banz/de Planta* (2002), *Bessler/Henn/Drobetz* (2005), *Dichtl/Kleeberg/Schlenger* (2005), *Guizot* (2007), *Jaeger* (2002) sowie auf *Lhabitant* (2006).

Zum Themenkreis Private Equity sei exemplarisch verwiesen auf *Busack/Kaiser* (2006), *Diller* (2007) sowie auf *Fraser-Sampson* (2007).

Im Hinblick auf strukturierte Produkte sei exemplarisch verwiesen auf *Das* (2001), *Fabozzi/Choudhry* (2004) sowie auf *Tolle et al.* (2007).

Übungsaufgaben zu Kapitel 14

Aufgabe 14.1:
Als gut ausgebildeter Student analysieren Sie die Vorteile einer Investition in einen offenen Immobilienfonds. Die Auswertung historischer Zeitreihen der jährlich auf kontinuierlicher Basis berechneten (Log-)Renditen r_t des betreffenden Immobilienfonds ergibt für die mittlere Rendite $\mu(R) = 5\%$, die Volatilität $\sigma(R) = 2\%$ und die Autokorrelation 1. Ordnung $a = 0{,}6$. Der heutige Rücknahmepreis des Fonds beträgt 100 EUR, der Ausgabepreis liegt bei 106 EUR. Unterstellen Sie im Folgenden normalverteilte iid-Renditen mit adjustierter Volatilität nach dem Blundell/Ward-Verfahren.

a) Sie investieren 10.000 EUR in den Immobilienfonds. Berechnen Sie für das Endvermögen nach einem und neun Jahren: den Erwartungswert, die Standardabweichung sowie das Mindestvermögen, welches mit einer Wahrscheinlichkeit von $\alpha = 95\%$ nicht unterschritten wird.
b) Wie groß ist die Wahrscheinlichkeit, dass sich Ihr anfänglich investiertes Kapital von 10.000 EURnach einem bzw. nach Ablauf der 9 Jahre mindestens mit einer (kontinuierlichen) Rendite von 2% p.a. verzinst hat?
c) Welchen Gesamtbetrag benötigen Sie für Ihre Investition heute, um nach 9 Jahren mit einer 95%-igen Wahrscheinlichkeit ein Vermögen von mindestens 12.000,- EUR zu realisieren?

Aufgabe 14.2:
Als Assistent des Finanzvorstands eines großen Pensionsfonds analysieren Sie die Vorteile einer Investition in einen geschlossenen Immobilienfonds. Nach Rücksprache mit Ihrer Research Abteilung erwarten Sie für die auf kontinuierlicher Basis berechneten (Log-)Renditen r_t des Investments eine mittlere Rendite von 7% p.a, bei einer Volatilität von 4% p.a. und einer Autokorrelation 1. Ordnung von $a = 0{,}6$. Der heutige Kaufpreis eines Anteils an dem geschlossenen Fonds beträgt 1.000 EUR zzgl. Transaktionskosten in Höhe von 6% des Kaufpreises. Bei Verkauf der Anteile ist mit weiteren Transaktionskosten in Höhe von 4% des Verkaufspreises zu rechnen. Unterstellen Sie im Folgenden normalverteilte iid-Renditen mit adjustierter Volatilität nach dem Blundell/Ward-Verfahren.

d) Sie beschließen 1.000 Anteile an dem Immobilienfonds zu erwerben. Berechnen Sie für das Endvermögen nach einem und zehn Jahren: den Erwartungswert, die Standardabweichung sowie das Mindestvermögen, welches mit einer Wahrscheinlichkeit von $\alpha = 99\%$ nicht unterschritten wird?
e) Wie groß ist die Wahrscheinlichkeit, dass sich Ihr anfänglich investiertes Kapital (inkl. Transaktionskosten) nach einem bzw. nach Ablauf von 10 Jahren mindestens mit einer (kontinuierlichen) Rendite von 3% p.a. verzinst hat?
f) Wie viele Anteile müssen Sie heute zeichnen, um nach 10 Jahren mit einer 99%-igen Wahrscheinlichkeit ein Vermögen von mindestens 1,2 Mio. EUR zu realisieren? (Vernachlässigen Sie dabei Ganzzahligkeitsbedingungen.)

Aufgabe 14.3:
Gegeben sei ein Finanzinvestor mit einer Long-Position in 100 XY-Aktien. Erzeugen Sie auf dieser Basis die Rückzahlungsstruktur einer zweijährigen Aktienanleihe (ebenfalls Long-Po-

sition) mit einem jährlichen Kupon von 8%, Nennwert $N = 5000$ und potenziellem Erhalt von 100 XY Aktien.

Aufgabe 14.4:

Betrachtet werde ein Diskontzertifikat folgender Struktur. Der Inhaber des Zertifikats erhält in $t = 2$ 100 XY-Aktien, maximal jedoch 50 Geldeinheiten je Aktie.

Welche Modalitäten muss eine äquivalente Aktienanleihe aufweisen?

Aufgabe 14.5:

Gegeben sei eine einfache DAX-Bullanleihe (ohne Kuponzahlungen) mit einer Laufzeit von 2 Jahren und einem Nennwert von 100 000. Die Partizipationsrate betrage 20% und die zweijährige Spot Rate belaufe sich auf 3,3%.

Der DAX stehe bei Emission der Anleihe bei 5000 und die DAX-Volatilität betrage 35%.

a) Welches Rückzahlungsprofil weist diese Bullanleihe auf?

b) Ermitteln Sie den Marktwert der Bullanleihe auf Basis einer geeigneten Zerlegung der Anleihe und unter Annahme von Black/Scholes-Preisen!

Hinweis: Der Black/Scholes-Preis eines zweijährigen DAX-Calls mit Strike 5000 beträgt unter den getroffenen Annahmen 1112.

Aufgabe 14.6:

Gegeben sei eine DAX-Bearanleihe mit Nennwert N und 3 Jahren Laufzeit. Während der Laufzeit finden Zinszahlungen der Höhe Z statt. Am Ende der Laufzeit erhält der Investor mindestens den Nennwert zurück. Im Falle einer negativen DAX-Entwicklung über die 3-Jahresperiode erhält der Investor zusätzlich einen Bonus in Höhe von $100\alpha\%$ der (relativen) DAX-Veränderung.

a) Welches Rückzahlungsprofil weist diese Bearanleihe auf?

b) Zerlegen Sie den Rückfluss in $t = 3$ geeignet, um die Optionskomponente zu explizieren! Welche Option ist hier eingebetet?

c) Führen Sie (strukturell) eine Marktbewertung der DAX-Bearanleihe im Zeitpunkt $t = 0$ durch. Welche Größen müssen hierbei spezifiziert werden? [Setzen Sie hierzu fristigkeitsunabhängige Zinssätze voraus.]

Literatur zu Abschnitt 14.1

Anderson, M., M. Hoesli (1991): The Performance of Major Swiss Real Estate Mutual Funds, 1978–1989, Finanzmarkt und Portfolio Management 5, S. 39–52.

Bailey, J. V., T. M. Richards, D. E. Tierney (1990): Benchmark Portfolios: Concept and Designs, in: *F. Fabozzi* (Hrsg.), Managing Institutional Assets, New York 1990, S. 245–275.

Barkham, R., D. Geltner (1995): Price Discovery in American and British Property Markets, in: AREUEA Journal 23, S. 21–44.

Behring, K., A. Börsch-Supan, G. Goldrian (1988): Wohnungsnachfrageprognose 1995 – Analyse und Prognose der Nachfrage nach Miet- und Eigentümerwohnungen, Berlin / München, Schriftenreihe des Ifo-Institutes für Wirtschaftsforschung Nr. 121.

Bender, A. R., B. Gacem, M. Hoesli (1994): Construction d'indices immobiliers selon l'approche hedoniste, Finanzmarkt und Portfolio Management, S. 522–534.

Berens, W., A. Hoffjan (1995): Wertermittlung von Immobilien auf Basis vollständiger Finanzpläne, Zeitschrift für betriebswirtschaftliche Forschung 47, S. 373–395.

Bignasca, F., A. Kruck, B. Maggi (1996): Immobilienmarkt Zürich – Immobilienpreise und Bauinvestitionen unter der Lupe, Züricher Kantonalbank: Wirtschaft und Gesellschaft, Zürich.

Blundell, R., C.W.R. Ward (1987): Property Portfolio Allocation: A Multifactor Model, Land Development Studies 4, S. 145–156.

Case, K.E., R.J. Shiller (1989): The Efficiency of Market for Single-Family Homes, American Economic Review, March, S. 125–137.

Cassel, E., R. Mendelsohn (1985): The Choice of Functional Forms for Hedonic Price Equations: Comment, Journal of Urban Economics 18, S. 135–142.

Darrat, A. F., J. L. Glascock (1993): On the Real Estate Market Efficiency, Journal of Real Estate Finance and Economics 7, S. 55–72.

Firstenberg, P. M., S. A. Ross; R. C. Zisler (1988): Real Estate: The Whole Story, Journal of Portfolio Management, Spring, S. 22–34.

Fisher, J. D., D. M. Geltner, R. B. Webb (1994): Value Indices of Commercial Real Estate: A Comparison of Index Construction Methodes, Journal of Real Estate Finance and Economics 9, S. 137–164

Froland, C. (1987): What determines Cap Rates on Real Estate?, Journal of Portfolio Management, Summer, S. 77–82.

Geltner, D. M. (1989): Estimating Real Estate's Systematic Risk from Aggregate Level Appraisal-Based Returns, AREUEA-Journal 17, S. 463–481.

Geltner, D. M. (1991): Smoothing in Appraisal-Based Returns, Journal of Real Estate Finance and Economics 4, S. 327–345.

Geltner, D. M. (1993): Estimating Market Values from Appraised Values without Assuming an Efficient Market, Journal of Real Estate Economics 8, S. 325–346.

Gyourko, J., D. B. Keim (1992): What Does the Stock Market tell us about Real Estate Returns?, AREUEA-Journal 20, S. 457–486.

Gyourko, J., D. B. Keim (1993): Risk and Return in Real Estate: Evidence from a Real Estate Stock Index, Financial Analysts Journal, September–Oktober, S. 39–46.

Griliches, Z., I. Adelman (1961): On an Index of Quality Change, Journal of the American Statistical Association, S. 535–548.

Guntermann, K. L., S. C. Norrbin (1991): Empirical Tests of Real Estate Market Efficiency, Journal of Real Estate Finance and Economics 4, S. 297–313.

Halvorsen, R., H.O. Pollakowski (1981): Choice of Functional Form for Hedonic Price Equations, Journal of Urban Economics 10, S. 37–49.

Hoag, J. W. (1980): Towards Indices of Real Estate Value and Return, Journal of Finance 35, S. 569–580.

Hoesli, N., B. Thion (1994): Immobilier et Gestion de Patrimoine, Economica, Paris.

Hoesli, M., B. Macgregor (2000): Property Investment: Principles and Practice of Portfolio Management; Harlow, England: Pearson Education Limited.

Investment Property Databank (1995): IPD Annual Review, London.

Jones Lang Wootton (1995): European Office Index, First Quarter 1995, London.

Kim, T. (1991): Modeling the Behavior of Real Asset Prices, Journal of Real Estate Finance and Economics 4, S. 273–281.

Kleiber, W., J. Simon, G. Weyers (1995): WertV'88: Wertermittlungsverordnung 1988, Wertermittlungsrichtlinien 1991, 4. Aufl. 1995.

Mark, J. H., M. A. Goldberg (1984): Alternative Housing Price Indizes: An Evaluation, AREUEA Journal 12, S. 31–49.

Maurer, R. (1996): Kontrolle und Entlohnung von Spezialfonds als Instrument der Vermögensanlage von Versicherungsunternehmen, Karlsruhe.

Maurer, R., M. Pitzer, S. Sebastian (2004): Construction of a Transaction Based Real Estate Index for the Paris Housing Market, Review of the German Statistical Association 88, S. 303–326.

Maurer, R., F. Reiner, S. Sebastian (2004): Characteristics of German Real Estate Return Distributions: Evidence from Germany and Comparison to the US and UK, Journal of Real Estate Portfolio Management 10(1), 59–76.

Maurer, R., C. Schlag (2001): Erwartetes Versorgungsniveau und Shortfall-Risiken von Investmentfonds-Ansparplänen, Der Langfristige Kredit 2001.

Maurer, R., S. Sebastian (1995): L'expertise immobilière en Allemagne, une approche financière, Réflexions Immobilières 10, Juin, S. 49–57.

Maurer, R., S. Sebastian (1997): Une nouvelle approche de la performance des fonds immobiliers allemands, Réflexions Immobilières 17, Avril, S. 85–89.

Maurer, R., S. Sebastian (1999):Immobilienfonds und Immobilienaktiengesellschaften als finanzwirtschaftliche Substitute für Immobiliendirektanlagen, Zeitschrift für Betriebswirtschaft, Ergänzungsheft 3/99, S. 169–194.

Maurer, R., S. Sebastian, T.G. Stephan (2002): Immobilienindizes im Portfolio-Management, in: Deutsche Aktuarvereinigung (Hrsg.), Investmentmodelle für das Asset-Liability-Modelling für Versicherungsunternehmen, S. 255–283.

Maurer, R., T. G. Stephan (1995): Immobilien-Rendite-Benchmark für offene Fonds, Die Bank, S. 491–495.

Maurer, R., T. G. Stephan (1996): Konstruktion einer Immobilien-Benchmark und deren Anwendung im Investment-Management, Zeitschrift für Betriebswirtschaft 66, S. 1527–1546.

Melvander, S. (1991): Empirische Untersuchungen zur Ermittlung preisbildender Faktoren auf dem Grundstücksmarkt mit Hilfe der Faktorenanalyse, Aachen (zugl. Diss. TH Aachen 1990).

Möckel, R. (1975): Ermittlung des Liegenschaftszinses und der Restnutzungsdauer aus Kaufpreisen von Ertragsgrundstücken, Vermessungswesen und Raumordnung, April, S. 129–135.

Morgan, J. F. M., M. J. Harrop (1991): Neue Ansätze der Bewertung und Beurteilung von Anlageobjekten, Grundstücksmarkt und Grundstückswert 3, S. 128–132.

Myer, F.C. N., J. S. Webb (1994): Statistical Properties of Returns: Financial Assets versus Commercial Real Estate, Journal of Real Estate Finance and Economics 9, S. 267–282.

O.V. (1995): Grundstücksmarkt Frankfurt am Main 1993/1994, hrsg. von Gutachterausschuss für Grundstückswerte und sonstige Wertermittlungen für den Bereich der Stadt Frankfurt am Main.

Ross, S. A., R. C. Zisler (1991): Risk and Return in Real Estate, Journal of Real Estate Finance and Economics 4, S. 175–190.

Rüchardt; K. (1991): Bemerkungen zur Immobilienbewertung in Deutschland und Großbritannien, Grundstücksmarkt und Grundstückswert 6, S. 307–312.

Sirmans, G. S., C. F. Sirmans (1987): The Historical Perspective of Real Estate Returns, Journal of Portfolio Management, Spring, S. 22–31.

Sebastian, S.P. (2003): Inflationsrisiken von Aktien-, Renten- und Immobilieninvestments, Bad Soden.

Stoffel, U. (2001): Steuerrechtliche Behandlung von offenen und geschlossenen Fonds – unter Berücksichtigung des Steuersenkungsgesetzes, in: *I. Westphal, C. Horstkotte* (Hrsg.), Asset Management 2002, Stuttgart, S. 89–106.

Thomas, M. (1995): Die Performance des deutschen Immobilienmarktes im Spiegel offener Immobilienfonds, Der Langfristige Kredit 13, S. 442–449.

Thomas, M. (1997): Die Entwicklung eines Performance-Indexes für den deutschen Immobilienmarkt, Köln.

Thomas, M., Gerhard, J. (1999): Der DIX Deutscher Immobilien Index – ein Ansatz zur Messung der Bestandsperformance, Der Langfristige Kredit 50, S. 178–182.

Vogel, R. (1996): Hypothekenzinsen und Liegenschaftszinssätze: Gibt es Abhängigkeiten, Grundstücksmarkt und Grundstückswert 3/96, S. 145–152.

Zerbst, R. H., B. R. Cambon (1984): Real Estate: Historical Returns and Risks, Journal of Portfolio Management, Spring, S. 5–20.
Zisler, R. C. (1989): Real Estate Portfolio Management, in: *J.L. Maginn, D. L. Tuttle* (Hrsg.): Managing Investment Portfolios – A Dynamic Process, 2. Aufl., Boston 1989, Kapitel 10.

Literatur zu Abschnitt 14.2

Albrecht, P., J. Mandl (2008): Zur Risikoanalyse von Hedgefonds: Ein datenanalytischer Ansatz, Zeitschrift für die gesamte Versicherungswissenschaft 97, 3–19.
Amin, G.S., H.M. Kat (2003): Welcome to the Dark Side: Hedge Fund Attrition and Survivorship Bias over the Period 1994 – 2001, Journal of Alternative Investments 6, 57–68.
Asness, C., R. Krail, J. Liew (2001): Do Hedge Funds Hedge?, Journal of Portfolio Manage-ment, Fall 2001, 6–19.
Banz, R., R. de Planta (2002): Hedge Funds: All that Glitters is not Gold – Seven Questions for Prospective Investors, Financial Markets and Portfolio Management 16, 316–336.
Bessler, W., W. Drobetz, J. Henn (2005): Hedge Funds: Die Königsdisziplin der Kapitalanlage, in: *Dichtl, H., J. Kleeberg, C. Schlenger* (Hrsg.): Handbuch Hedge Funds, Bad Soden/Ts., 3–53.
Busack, M., D.G. Kaiser (Hrsg., 2006): Handbuch Alternative Investments, Band 1, Wiesbaden.
Caldwell, T. (2003): Market Gravity and Hedge Fund Aerodynamics: The Prudent Approach to Hedge Fund Classification, in: *Lake, R. A.* (ed.): Evaluating and Implementing Hedge Fund Strategies: The Experience of Managers and Investors, 3rd ed., 22–32.
Dichtl, H., J. Kleeberg, C. Schlenger (Hrsg., 2005): Handbuch Hedge Funds, Bad Soden /Ts.
Ennis, R.M., M.D. Sebastian (2003): A Critical Look at the Case for Hedge Funds, Journal of Portfolio Management, Summer 2003, 103–112.
Fung, W., D.H. Hsieh (2002): Hedge Fund Benchmarks: Information Content and Biases, Financial Analysts Journal, January/February 2002, 22–34.
Mandl, J. (2008): Quantitative Ansätze zur Evaluation von Hedgefonds-Investments, Dissertationsschrift, Universität Mannheim.
Eling, M. (2006): Hedgefonds-Strategien und ihre Performance, Lohmar, Köln.
Eling, M. (2006): Autocorrelation, Bias and Fat Tails – Are Hedge Funds Really Attractive Investments?, Derivative Use, Trading & Regulation 12, 28–47.
Guizot, A. (2007): The Hedge Fund Compliance and Risk Management Guide, Hoboken, N.J.
Hilpold, C., D.G. Kaiser (2005): Alternative Investment-Strategien, Weinheim.
Jaeger, L. (2002): Managing Risk in Alternative Investment Strategies, London u.a.
Kassberger, S., R. Kiesel (2006): A fully parametric approach to return modelling and risk management of hedge funds, Financial Markets and Portfolio Management 20, 472–491.
Kat, H.M., S. Lu (2002): An Excursion into the Statistical Properties of Hedge Fund Returns, Working Paper No. 16, Alternative Investment Research Centre Working Paper Series, Cass Business School, City University, London.
Kung, E., L. Pohlmann (2004): Portable Alpha, Journal of Portfolio Management, Spring 2004, 78–87.
Lhabitant, F.-S. (2004): Hedge Funds: Quantitative Insights, Chichester u.a.
Lhabitant, F.-S. (2006): Handbook of Hedge Funds, Chichester, u.a.
Lo, A.W. (2001): Risk Management for Hedge Funds: Introduction and Overview, Financial Analysts Journal, November/December 2002, 16–33.
Lo, A.W. (2002): The Statistics of Sharpe Ratios, Financial Analysts Journal, July/August 2002, 36–52.
Signer, A. (2003): Generieren Hedge Funds einen Mehrwert? Schwierigkeiten bei der Messung, Relativierung und neuer Erklärungsansatz, Bern, Stuttgart.
Singer, P. (2003): Risk Control and Risk Management, in: *Lake, R.A.* (ed.): Evaluating and Implementing Hedge Fund Strategies. The Experience of Managers and Investors, 3rd ed., New York, 373–382.

Literatur zu Abschnitt 14.3

BAI (Hrsg., 2006): Private Equity als alternative Anlageklasse für Investoren, Bundesverband Alternative Investments, Bonn.

Busack, M., D.G. Kaiser (Hrsg., 2006): Handbuch Alternative Investments, Band 2, Wiesbaden.

Diller, C. (2007): Private Equity: Rendite, Risiko und Markteinflussfaktoren, Bad Soden/Ts.

Fama, E.F., K.R. French (1997): Industry costs of equity, Journal of Financial Economics 43, 153–194.

Fraser-Sampson, G. (2007): Private Equity as an Asset Class, Chichester.

Gottschalg, O. (2006): Performance-Messung und Benchmarking von Private Equity-Investments, in: *Busak, M., D.G. Kaiser* (Hrsg.): Handbuch Alternative Investments, Band 2, Wiesbaden, 189–211.

Kaplan, S.N., A. Schoar (2005): Private Equity Performance: Returns, Persistence, and Capital Flows, Journal of Finance 60, 1791–1823.

Ljungqvist, A., M. Richardson (2003): The Cashflow, Return and Risk Characteristics of Private Equity, NBER Working Paper No. 9454.

Phalippou, L. (2007): Investing in Private Equity Funds: A Survey, CFA Institute Research Foundation.

Phalippou, L., O. Gottschalg (2007): The Performance of Private Equity Funds, Working Paper, University of Amsterdam.

Swensen, D. (2000): Pioneering Portfolio Management, New York.

Literatur zu Abschnitt 14.4

Das, S. (2001): Structured Products & Hybrid Securities, Singapore u.a.

Fabozzi, F.J., M. Choudhry (2004): The Handbook of European Structured Financial Products, New York u.a.

Knop, R. (2002): Structured Products, New York u.a.

Tolle, S., B. Hutter, P. Rüthemann (2007): Strukturierte Produkte in der Vermögensverwaltung, 3. Aufl., Zürich.

Winkler, D. (2008): Profi-Handbuch Zertifikate, Frankfurt.

15 Marktrisiken und Value at Risk

15.1 Einführung

Die Konzeption des Value at Risk (VaR) hat sich zu einem globalen Standard für die Kontrolle der Marktrisiken von Finanzinstitutionen unter besonderer Berücksichtigung des Einsatzes von derivativen Instrumenten entwickelt. In diesem Kapitel werden daher in Vertiefung der entsprechenden Ausführungen in Abschnitt 3.6.5 die Grundlagen des VaR-Ansatzes und seiner Umsetzung behandelt.

Nach grundlegenden Ausführungen zur Modellierung von Marktrisiken (Abschnitt 15.2), zur Spezifikation von relevanten Risikomaßen (Abschnitt 15.3), zu Verfahren der Risikoevaluation (Abschnitt 15.4) und zu den Anwendungen der VaR-Methodologie (Abschnitt 15.5) – inklusive der Kapitalunterlegung von Marktrisiken im Bankenfall (Basel I) – bildet den Schwerpunkt des Kapitels 15 die eingehende Erörterung der Standardmethodologie zur VaR-Berechnung, die Delta-Normal-Methode (Abschnitt 15.6). Anhang 15A schließlich behandelt weiterführend eine Anwendung der Extremwerttheorie auf die VaR-Bestimmung, die Peaks over Threshold-Methode.

15.2 Modellierung von Marktrisiken

Unter die Kategorie der Marktrisiken einer bestimmten Finanzposition subsumieren wir allgemein alle Risiken, die aus der Veränderung des Marktpreises dieser Position über eine bestimmte Zeitperiode resultieren. Die Finanzposition kann dabei ein einzelner Finanztitel, eine Klasse von Finanztiteln (z.B. Aktien) oder aber ein beliebiges Portefeuille aus Finanztiteln sein. Entsprechend der betrachteten Klasse von Finanztiteln kann man etwa Aktienkursänderungsrisiken, Zinsänderungsrisiken, Währungsrisiken sowie Risiken aus derivativen Instrumenten (Forwards/Futures, Optionen, Swaps) unterscheiden. Die resultierenden Risiken hängen dabei von dem Unternehmen/der Institution ab, die die Finanzposition erworben (oder aber leerverkauft) hat, z.B. kann man die Marktrisiken im Handelsbereich einer Bank betrachten, Marktrisiken im Finanzbereich eines Industrieunternehmens oder aber Marktrisiken im Kapitalanlagebereich eines Versicherungsunternehmens.

Kennzeichnet V_t die Höhe des Marktwertes der Finanzposition zum Zeitpunkt t, so beschreibt

(15.1a) $$\Delta V_h = V_{t+h} - v_t$$

die entsprechende (absolute) Marktwertänderung über das Zeitintervall (Haltedauer) [t, t+h], wobei der Marktwert zum Zeitpunkt t als bekannt angenommen werde. Da Verlustrisiken im Vordergrund des Interesses stehen, betrachtet man alternativ den potentiellen (absoluten) Periodenverlust (auf Marktwertbasis)

(15.1b) $$L_h = -\Delta V_h = v_t - V_{t+h}$$

der Finanzposition über die betrachtete Haltedauer. Den weiteren Auswertungen liegt dann die Annahme zugrunde, dass die Wahrscheinlichkeitsverteilung von ΔV_h bzw. L_h nur von der Haltedauer h abhängig ist, nicht aber von t, d.h. von der Länge des Intervalls $[t, t + h]$, nicht aber seiner Lage auf der Zeitachse (Stationarität).

Die Modellierung von Marktrisiken umfasst im Kern drei Problemkreise:

1) Die *Spezifikation eines* (diskreten oder zeitstetigen) *stochastischen Prozesses* für die Marktwertentwicklung der Finanzposition während der betrachteten Zeitperiode oder vereinfachend die *Spezifikation einer Wahrscheinlichkeitsverteilung* für die Änderung des Marktwertes über die betrachtete Zeitperiode.
2) Die Spezifikation eines *Risikomaßes*, einer Messgröße für das Ausmaß des resultierenden (Markt-)Risikos.
3) Die *Risikoevaluation,* gegeben die Spezifikation des Risikomaßes und der Zufallsgesetzmäßigkeit der Marktwertentwicklung der Finanzposition.

Hinsichtlich der Spezifikation der Zufallsgesetzmäßigkeit der Marktwertentwicklung sowohl von primären als auch von derivativen Finanztiteln bzw. Finanztitelportefeuilles wurde in den vorangegangenen Kapiteln dieses Buches ein breites Spektrum von Modellansätzen behandelt. Insofern wenden wir uns im Weiteren direkt der Spezifikation relevanter Risikomaße zu.

15.3 Spezifikation eines Risikomaßes

15.3.1 Value at Risk

Das zentrale Risikomaß zur Quantifizierung von Marktrisiken stellt der Value at Risk (VaR) dar, der in Grundzügen bereits in Abschnitt 3.6.5 behandelt wurde. Zur formalen Definition des VaR fixieren wir zunächst die Haltedauer h und betrachten die Größen $\Delta V = V_h = V_{t+h} - v_t$ (Marktwertänderung) sowie $L = L_h = v_t - V_{t+h}$ (Periodenverlust). Vorzugeben ist des Weiteren ein Konfidenzniveau der Höhe α mit $0 < \alpha < 1$ (Achtung: teilweise wird in der Literatur auch mit $1 - \alpha$ anstelle von α, d.h. mit dem Sicherheitsniveau anstelle des Konfidenzniveaus, gearbeitet). Der Value at Risk VaR_α zum Konfidenzniveau α ist dann definiert über die folgenden alternativen (aber für Zufallsvariable mit einer Dichtefunktion äquivalenten) Bedingungen.

(15.2a) $$P(L > VaR_\alpha) = \alpha$$

(15.2b) $$P(\Delta V < -VaR_\alpha) = \alpha$$

(15.2c) $$P(VaR_\alpha + \Delta V < 0) = \alpha\,.$$

Die Forderung (15.2a) besagt, dass der Value at Risk zum Konfidenzniveau α diejenige Ausprägung der Verlusthöhe ist, die nur mit einer vorgegebenen (kleinen) Wahrscheinlichkeit α überschritten werden kann (bzw. komplementär mit Wahrscheinlichkeit $1 - \alpha$ nicht überschritten wird). Interpretiert man den VaR als Höhe eines den eingegangenen Risiken zu unterlegenden

Kapitals, dann besagt (15.2c), dass die Wahrscheinlichkeit der Aufzehrung dieses Kapitals durch ein negatives Investmentergebnis entsprechend gering (in Höhe der vorgegebenen Wahrscheinlichkeit α) ist.

Durch Vergleich der Forderung (15.2a) mit der in Abschnitt 3.6.4 vorgenommenen Definition des Quantils einer Verteilung ergibt sich des Weiteren, dass der Value at Risk dem (1-α)-Quantil der Verlustvariable L entspricht, d.h.

(15.3) $$VaR_{\alpha} = Q_{1-\alpha}(L) \ .$$

Eine Illustration dieses Sachverhalts erfolgte bereits in Abschnitt 3.6.5. Entsprechend folgt aus (15.2b) $VaR_{\alpha} = -Q_{\alpha}(\Delta V)$.

Im Falle einer normalverteilten Verlustvariable L folgt aus (15.3) in Verbindung mit den Ergebnissen des Abschnitts 3.6.4

(15.4) $$VaR_{\alpha} = E(L) + N_{1-\alpha}\,\sigma(L) \,,$$

wobei $N_{1-\alpha}$ das (1-α)-Quantil der Standardnormalverteilung bezeichne.

Zudem besteht eine Dualität[1] zwischen der Shortfallwahrscheinlichkeit $P(X \leq z)$ relativ zu einem bestimmten Target und dem VaR. Bei der Shortfallwahrscheinlichkeit wird das Target vorgegeben und die Höhe der Shortfallwahrscheinlichkeit bestimmt. Beim Value at Risk wird die Höhe der Shortfallwahrscheinlichkeit vorgegeben und das Target für die Zufallsgröße V_{t+h} bzw. ΔV_h bestimmt. Es gilt $z = v_t$ – VaR bzw. z = -VaR. Entsprechend lässt sich eine VaR-Restriktion immer in eine entsprechende Shortfallrestriktion transformieren und vice versa.

Eine vor allem im Rahmen praktischer Anwendungen des VaR-Ansatzes relevante Variante stellt der durch

$$ZVaR = VaR - E(L)$$

definierte *zentrierte Value at Risk* (auch: VaR relative to the mean) dar. Die Korrektur um den Erwartungswert (bzw. äquivalent die Anwendung des VaR-Konzeptes auf die zentrierte Zufallsgröße $L - E(L)$) bedingt, dass der zentrierte Value at Risk ein lageunabhängiges Risikomaß ist. Man vergleiche hierzu die Anmerkungen in Abschnitt 3.6.1 über unterschiedliche Arten der Risikokonzeptualisierung. In vielen praktischen Anwendungen wird bei der VaR-Bestimmung $E(L)$ approximativ gleich null gesetzt. Letztlich läuft dies auf die Bestimmung des ZVaR hinaus.

Der Value at Risk wird in Literatur und Praxis mit Bezug auf die Spezifikation unterschiedlicher Referenzgrößen bestimmt. Bei weiterhin fixierter Zeitperiode $[t, t+h]$ können dies alternativ sein:

- die zeitdiskrete Rendite
  $$R = R_h = \frac{V_{t+h} - v_t}{v_t} = (V_{t+h}/v_t) - 1$$
- die zeitstetige Rendite (Log-Rendite)
  $$U = U_h = \ln(V_{t+h}/v_t) \,.$$

---

1 Vgl. hierzu allgemein auch *Portmann/Wegmann* (1998).

Diese beiden Renditegrößen weisen die Beziehungen $R = e^U - 1$ sowie $U = ln(1+R)$ auf. Im Hinblick auf die Verlustvariable $L = L_h$ gelten die Beziehungen:

(15.5a) $$L = v_t\,[1 - V_{t+h}/v_t\,] = v_t\,[1 - e^U\,]$$

(15.5b) $$L = -v_t\,\frac{V_{t+h} - v_t}{v_t} = -v_t R\,.$$

Eine weitere Anmerkung soll an dieser Stelle angebracht werden. Wird die Log-Rendite U als normalverteilt angenommen, dann ist ln(1+R) normalverteilt und damit 1+R logarithmisch normalverteilt, mithin folgt R einer verschobenen Lognormalverteilung (ebenso folgt auch $L = -v_t R$ einer verschobenen Lognormalverteilung). Die Renditegrößen U und R können also nicht gleichzeitig normalverteilt sein. Wird – wie etwa bei Risk Metrics der Fall – U als normalverteilt angenommen, und die Approximation 1. Ordnung $U = ln(1+R) \approx R$ vorgenommen, dann ist die gleichzeitige Annahme einer Normalverteilung von R notwendigerweise eine Verteilungsapproximation, d.h. eine Approximation der wahren Verteilung von L.

Wenden wir uns nun einigen beispielhaften Berechnungen des Value at Risk zu.

Beispiel 15.1: Geometrische Brownsche Bewegung

Wir nehmen an, dass die Marktwertentwicklung $\{V_t\}$ der in Abschnitt 4.3.3 dargestellten geometrischen Brownschen Bewegung folgt. In diesem Falle gilt (bedingt auf $V_t = v_t$) mit $Z \sim N(0, h)$ zunächst (man vgl. hierzu Abschnitt 4.3.3)

$$V_{t+h} = v_t \exp(mh + vZ)$$

bzw. in Termen der zeitstetigen Rendite $U = U_h$

$$U = \ln(V_{t+h}/v_t) \sim N(mh, v^2 h)\,\cdot$$

Für die Verlustvariable L folgt hieraus aus Beziehung (15.5a)

$$L = v_t\,[1 - \exp(U)]\,.$$

Damit folgt aus der VaR-Definition (15.2a)

$$\begin{aligned}\alpha &= P(L > VaR) = P[1 - \exp(U) > VaR/v_t] \\ &= P[\exp(U) < 1 - VaR/v_t] = P[U < \ln(1 - VaR/v_t)]\,.\end{aligned}$$

Da U normalverteilt ist, muss der Term ln(1 – VaR/v) mithin dem α-Quantil der Normalverteilung entsprechen. Analog zu (15.4) gilt damit $Q_\alpha(U) = E(U) - N_{1-\alpha}\,\sigma(U)$.

Somit gilt

$$ln(1 - VaR/v_t) = mh - N_{1-\alpha}\,v\sqrt{h}$$

und hieraus folgt insgesamt

$$VaR = v_t[1 - \exp(mh - N_{1-\alpha} v\sqrt{h})].$$

Nimmt man noch die Approximation exp(x) ≈ 1 + x vor, so gelangt man zur VaR-Approximation

$$VaR = v_t(N_{1-\alpha} v\sqrt{h} - mh)$$

Wenden wir uns damit einem zweiten Beispiel zur VaR-Berechnung zu.

Beispiel 15.2: Normalverteilte diskrete Rendite
Wir nehmen hierzu an, dass für $R = R_h$ gilt $R \sim N(\mu h, \sigma^2 h)$. Für L gilt dann gemäß (15.5b) $L = v_t R$, d.h. $E(L) = -v_t E(R) = -v_t \mu h$ und $\sigma(L) = v_t \sigma(R) = v_t \sigma\sqrt{h}$. L ist ebenfalls normalverteilt und damit folgt aus (15.4) insgesamt

$$VaR = v_t[N_{1-\alpha}\sigma\sqrt{h} - \mu h].$$

Bei Vornahme der Approximation bzw. für den zentrierten Value at Risk folgt damit

$$VaR = v_t N_{1-\alpha}\sigma\sqrt{h},$$

d.h. der VaR ist direkt proportional zur Standardabweichung.

Das Risikomaß Value at Risk unterliegt einer Reihe von Kritikpunkten. Zum einen besitzt der VaR zwar unter Einschränkung der zugelassenen Verteilung (ein Standardfall ist hier die Annahme der Normalverteilung und die zusätzliche Forderung $0 < \alpha < 0{,}5$) die Eigenschaft der Subadditivität, d.h. es gilt $VaR(X+Y) \leq VaR(X) + VaR(Y)$. Generell erfüllt der VaR diese wünschenswerte Eigenschaft jedoch nicht. Damit sind Konstellationen denkbar, in denen der Value at Risk einer aus zwei Einzelpositionen kombinierten Finanzposition höher ist als die Summe der Value-at-Risk-Werte der Einzelpositionen. Dies widerspricht einer von dem Gedanken der Diversifikation geprägten Intuition. Zum anderen kontrolliert der VaR nur die Wahrscheinlichkeit eines Verlusts, nicht aber die Höhe des Verlusts. Beide Kritikpunkte finden Berücksichtigung im Rahmen des Risikomaßes Conditional Value at Risk, den wir im nächsten Abschnitt betrachten.

15.3.2 Conditional Value at Risk

Auf der Basis einer axiomatischen Vorgehensweise stellen *Artzner et al.* (1999) Bedingungen an ein Risikomaß mit wünschenswerten Eigenschaften (»kohärentes Risikomaß«), darunter die Subadditivität.[2] Ein Spezialfall ist von besonderem Interesse: Ist V_t eine ste-

---

2 Allgemein ist im Rahmen der Verteilungsklasse der elliptischen Verteilungen der VaR für $0 < \alpha < 0{,}5$ ein kohärentes Risikomaß, vgl. *Embrechts/McNeil/Straumann* (1999, S. 12).

tige Zufallsvariable[3] (Existenz einer Dichtefunktion) mit bekannter Verteilung, so ist der bereits in Abschnitt 3.6.6 eingeführte Conditional Value at Risk (CVaR; auch: Tail Value at Risk) zum Konfidenzniveau α ($0 < \alpha < 1$), definiert durch die Bedingung $CVaR_\alpha = E(L \mid L > VaR_\alpha)$, ein kohärentes Risikomaß. Äquivalent hierzu gilt die Zerlegung

$$CVaR = VaR + E(L - VaR \,/\, L > VaR)\,.$$

Hieraus wird deutlich, dass der bedingte Value at Risk stets ein höheres Risiko aufweist (bzw. zu einer höheren Kapitalunterlegung führt) als der Value at Risk. Der CVaR besitzt zudem die Eigenschaft, dass er nicht nur die Verlustwahrscheinlichkeit berücksichtigt, sondern auch die Verlusthöhe, wenn ein solcher Verlust eintreten sollte. Trotz dieser theoretischen Vorzüge des CVaR ist der Value at Risk nach wie vor der gültige Standard in der Investmentpraxis.

Im Falle einer normalverteilten Verlustgröße gilt, wie bereits in Abschnitt 3.6.6 ausgeführt

$$CVaR_\alpha = E(L) + \frac{\varphi(N_{1-\alpha})}{\alpha}\sigma(L)\,,$$

wobei wiederum $N_{1-\alpha}$ das $(1-\alpha)$-Quantil der Standardnormalverteilung bezeichnet sowie $\varphi(x)$ die Dichtefunktion der Standardnormalverteilung. Dies wenden wir an, indem wir Beispiel 15.2 weiterführen.

Beispiel 15.3: CVaR bei normalverteilter diskreter Rendite

Wir nehmen wieder an, dass für $R = R_h$ gilt $R \sim N(\mu h, \sigma^2 h)$. Die Verlustvariable L ist dann ebenfalls normalverteilt mit (man vgl. Beispiel 15.2) $E(L) = -v_t\,\mu h$ und $\sigma(L) = v_t\sqrt{h}$. Für den CVaR resultiert somit

$$CVaR_\alpha = v_t\left[\frac{\varphi(N_{1-\alpha})}{\alpha}\sigma\sqrt{h} - \mu h\right].$$

Im Normalverteilungsfall unterscheiden sich VaR und CVaR auf der formalen Ebene nur durch Verwendung eines unterschiedlichen Multiplikators (Ersatz von $N_{1-\alpha}$ durch $\varphi(N_{1-\alpha})/\alpha$). Insofern kann auch die in Abschnitt 15.6 dargestellte Delta-Normal-Methode zur (approximativen) Bestimmung des VaR uneingeschränkt auf den CVaR übertragen werden.

15.4 Verfahren der Risikoevaluation

Unter Vorgabe eines Risikomaßes und einer vollständigen Spezifikation der Zufallsgesetzmäßigkeit der Wertentwicklung (inkl. der Bestimmung der Parameter auf der Basis empirischer Daten) kann zunächst versucht werden, die numerische Ausprägung des Risikomaßes in *analytisch geschlossener* Form exakt oder unter Verwendung *analytischer Approximationsverfahren* approximativ zu berechnen. Ist dies nicht möglich, so kann man alternativ auf der Grundlage einer vollständig spezifizierten Zufallsgesetzmäßigkeit entsprechende Realisationen der betrachteten

---

3 Im Falle einer beliebigen Verteilungsfunktion ist noch eine Modifikation durchzuführen, vgl. *Acerbi/Tasche* (2001).

Wertentwicklung im Wege einer *Monte Carlo-Simulation* generieren und pro Simulation eine Ausprägung des zu evaluierenden Risikomaßes gewinnen. Auf der Basis »genügend vieler« Simulationen lässt sich so eine durchschnittliche Ausprägung gewinnen, die eine Approximation der gesuchten wahren Größe darstellt.

Analytische Evaluation und Monte Carlo-Simulation erfordern jeweils eine vollständige Spezifikation der zugrunde liegenden Zufallsgesetzmäßigkeit (parametrischer Ansatz). Im Falle von Quantilberechnungen und damit auch dem Value at Risk ist nur der untere bzw. obere Randbereich der Wahrscheinlichkeitsverteilung von Bedeutung. Mit Verfahren der *Extremwerttheorie* lässt sich dieser Verteilungsbereich durch eine Grenzverteilung (z.B. verallgemeinerte Pareto-Verteilung) approximieren und die entsprechende Quantilgröße bestimmen (semi-parametrischer Ansatz)[4].

Gänzlich ohne Annahmen über die zugrunde liegende Zufallsgesetzmäßigkeit kommt die »*historische Simulation*« aus, bei der die interessierenden Größen rein auf der Basis der in der Vergangenheit beobachteten Realisationen (die als aus einer unabhängig und identisch verteilten Zufallsgesetzmäßigkeit entstammend angenommen werden) der betreffenden Finanzposition gewonnen werden. Bei nicht genügend vielen (unabhängigen) Realisationen eröffnet das *Bootstrapping-Verfahren* eine Möglichkeit der Erhöhung des Stichprobenumfangs.

15.5 Anwendungen der VaR-Methodologie

15.5.1 Risikobasierte Kapitalanforderungen nach Basel I

Anknüpfend an die in Abschnitt 15.3.1 dargelegte Interpretation des Value at Risk als notwendige (bei Vorgabe des Konfidenzniveaus α bzw. Sicherheitsniveaus $1-\alpha$) Höhe eines den eingegangenen Risiken zu unterlegenden Kapitals (Risikokapital), findet der Value at Risk im Kontext der Risikokapitalunterlegung seine erste zentrale Anwendung. Im Zuge der Regulierung der Marktrisiken von Banken (standardmäßig sind dies Zinsänderungsrisiken und Aktienkursrisiken im Eigenhandelsbereich sowie Fremdwährungs- und Rohstoffrisiken der gesamten Bank) ist der VaR hier zu einem zentralen Regulierungsinstrument geworden. Ausgangspunkt hierfür ist der Baseler Eigenkapitalakkord von 1988 (kurz üblicherweise: Basel I) des Baseler Ausschusses für Bankenaufsicht (an dieser Stelle sei nur angemerkt, dass eine Darstellung von Basel II, die eine Ausweitung der Kapitalunterlegung von Marktrisiken auf die Kapitalunterlegung von Kreditrisiken und operationellen Risiken beinhaltet, in Abschnitt 16.5.2 erfolgen wird). Im VaR-Kontext relevant ist hierbei die Risikokapitalbestimmung auf der Basis von bankinternen Risikomodellen (kurz: interne Modelle). Im Rahmen der Anwendung interner Modelle sind die Eigenkapitalforderungen auf täglicher Basis zu erfüllen. Die zugrunde liegenden Value at Risk-Größen beziehen sich dabei auf einen Zeithorizont von 10 Tagen (h = 10 Tage) und ein Konfidenzniveau von 1% ($\alpha = 0{,}01$; 99%-Quantil). Die Bestimmung des notwendigen Risikokapitals folgt dann der Kapitalformel

$$RC(t) = \max\left\{VaR\,(t), \frac{k}{60}\sum_{i=1}^{60} VaR\,(t-i+1)\right\}. \tag{15.6}$$

4 Man vgl. hierzu Anhang 15A.

Dabei entspricht der Zeitpunkt t dem Geschäftsschluss des Vortages. Die Kapitalanforderung bemisst sich damit an dem Maximum von »heutigem« Value at Risk (Basis: 10 Tage Haltedauer, Sicherheitsniveau 99%) und dem Durchschnitt der entsprechenden VaR-Größen der letzten 60 Tage. Dieser Durchschnitt ist dabei noch mit einem Sicherheits- bzw. Stressfaktor der Höhe $3 \leq k \leq 4$ zu multiplizieren. Hinsichtlich einer eingehenden Behandlung der Regulierung von Marktrisiken für deutsche Banken sei an dieser Stelle auf *Hartmann-Wendels et al.* (2007, Kapitel L) verwiesen.

15.5.2 Weitere Anwendungen

Ein weiteres Anwendungsfeld findet der Value at Risk im Bereich des Investmentmanagements im Kontext einer Risikosteuerung.
Dies geschieht entweder durch die Setzung von VaR-basierten Risikolimits oder durch ein risikokontrolliertes Portfoliomanagement unter Beachtung einer VaR-Restriktion oder durch Hedgestrategien etwa mit dem Ziel der VaR-Minimierung. Schließlich kann auf der Basis der Kennzahl Return on Risk Adjusted Capital (RORAC), auch als Return on Value at Risk bezeichnet,

$$\text{RORAC} = \frac{\text{Ergebnis}}{\text{VaR}},$$

eine risikoorientierte Ergebnissteuerung auf Basis des Value at Risk durchgeführt werden, etwa durch Vorgabe einer risikoadjustierten Mindestprofitabilität.

Im Falle von Versicherungsunternehmen lassen sich Teile der VaR-Methodologie im Rahmen der Steuerung des Kapitalanlagebereiches anwenden, etwa zur Kontrolle von Verlust- bzw. Abschreibungsrisiken. Generell bestehen jedoch deutliche strukturelle Unterschiede (z.B. andere Fristigkeit des Zeithorizonts, Nicht-Existenz eines Handelsbestandes, Liability-Bezug) zum Bankenfall. Konzeptionell jedoch lässt sich die VaR-Methodologie übertragen bis hin zur Risikokontrolle und einer risikobasierten Ergebnissteuerung (Risk Adjusted Performance Management, RAPM) auf Gesamtunternehmensebene. Begründet liegt dies in der engen Verbindung zwischen dem VaR-Ansatz und der Shortfallwahrscheinlichkeit (im Versicherungsfall: Verlust- bzw. Ruinwahrscheinlichkeit).

Hinsichtlich der Anwendungen der VaR-Methodologie im Einzelnen sei auf die Literaturhinweise des Abschnitts 15.7 verwiesen. Im Folgenden konzentrieren wir uns auf spezifische Verfahren der (analytischen) VaR-Bestimmung.

15.6 VaR-Berechnung

15.6.1 Risiko-Mapping

In praxi besteht die zu evaluierende Finanzposition zum einen aus einer Vielzahl von heterogenen Einzelpositionen, deren Einfluss (inkl. Interaktionen) auf die Gesamtposition in expliziter Form erfasst werden soll. Dies gelingt problemlos und in einfacher Form (lineare Aggregation) nur unter starken Restriktionen an die zugelassenen Zufallsgesetzmäßigkeiten, was in der Regel auf die Postulierung einer multivariaten Normalverteilung hinausläuft. Zum anderen bestehen Abhängigkeiten zu Basisgrößen des Finanzmarktes (Zinssätze, Wechselkurse), die sinnvollerweise explizit erfasst werden, um eine einheitliche Bewertung zu gewährleisten.

Beide Gesichtspunkte werden im Rahmen des so genannten Risiko-Mappings, dem zentralen Baustein der Risk Metrics-Methodik von J.P. Morgan, berücksichtigt. Im Rahmen des Mappings werden die in einem Portefeuille enthaltenen Finanztitel in ihre Grundbausteine zerlegt und diese dann mittels Sensitivitätsmaßen (dies beinhaltet insbesondere eine Linearisierung der Preisänderungen) standardisierten Assets (Risikofaktoren) zugeordnet. Im Folgenden soll zunächst diese strukturelle Vorgehensweise dargestellt werden. Anschließend behandeln wir beispielhaft einzelne Assetklassen zur Illustration der allgemeinen Vorgehensweise.

Wir gehen im Weiteren aus von einem Bestand von n Finanztiteln mit Marktwertentwicklungen $V_1(t)$, ..., $V_n(t)$. Diese Wertentwicklungen seien ihrerseits beeinflusst von der Entwicklung der m Größen (Risikofaktoren) $Z_1(t)$,..., $Z_m(t)$. Entsprechend gibt es Funktionen $v_j(z_1,..., z_m)$, j = 1,..., n mit

(15.7a)
$$V_j(t) = v_j(Z_1(t),...,Z_m(t))$$

bzw.

(15.7b)
$$\begin{aligned}\Delta V_j &= V_j(t+h) - V_j(t)\\ &= v_j(Z_1(t+h),...,Z_m(t+h) - v_j(Z_1(t),...,Z_m(t)\ .\end{aligned}$$

Sind die Funktionen v_j bekannt und sind ebenfalls die Zufallsgesetzmäßigkeiten der Risikofaktoren bekannt, so kann der VaR der erklärten Position wiederum entweder in analytischer Weise oder auf der Basis von Approximationen oder unter Einsatz einer Monte Carlo-Simulation bestimmt werden.

Im Rahmen des Risk-Metrics-Standardansatzes werden vier Hauptrisikokategorien betrachtet:

- Aktien,
- Zinsen,
- Währungen sowie
- Rohstoffe (Commodities)

Die Risikofaktoren aus dem Aktienbereich umfassen 30 nationale Aktienindices. Die Risikofaktoren aus dem Zinsbereich beruhen auf vierzehn Standardfristigkeiten (standard maturity dates, Ecklaufzeiten, vertices) pro Land. Es sind dies die Fristigkeiten 1 Monat, 3 Monate, 6 Monate, 12 Monate, 2 Jahre, 3 Jahre, 4 Jahre, 5 Jahre, 7 Jahre, 9 Jahre, 10 Jahre, 15 Jahre, 20 Jahre sowie 30 Jahre. Die Risikofaktoren des Währungsbereichs umfassen die Wechselkurse (gegenüber USD) von 30 Ländern. Die Risikofaktoren des Rohstoffbereiches umfassen die Preisentwicklungen von 11 Rohstoffen.

Wir nehmen nun eine Taylorapproximation 1. Ordnung (Delta-Approximation) für die vj vor in der Form

(15.8)
$$\begin{aligned}\Delta v_j &= v_j(z_1+\Delta z_1,\ldots,z_m+\Delta z_m) - v_j(z_1,\ldots,z_m)\\ &\approx \frac{\partial v_j}{\partial z_1}\Delta z_1 + \ldots + \frac{\partial v_j}{\partial z_m}\Delta z_m \quad ,\end{aligned}$$

dabei gilt $z_i = z_i(t)$, $\Delta z_i = z_i(t+h) - z_i(t)$.

Damit gilt insgesamt – nun auf Ebene der Zufallsvariablen –

(15.9a)
$$\Delta V_h^j = \sum_{i=1}^{m} \frac{\partial v_j}{\partial z_i} \cdot \Delta Z_i = \sum_{i=1}^{m} d_{ij} \Delta Z_i$$

mit $d_{ij} = (\partial v_j / \partial z_i)$ bzw. entsprechend in Vektorform

(15.9b)
$$\Delta V_h^j = d_j^T \; \Delta Z \quad ,$$

wobei $d_j = (d_{1j},\ldots,d_{mj})^T$ und $\Delta Z = (\Delta Z_1,\ldots,\Delta Z_m)^T$.

Wir nehmen nun für den Vektor ΔZ eine multivariate Normalverteilung an, dabei haben alle ΔZ_j den Erwartungswert 0 und es sei $h\sigma_{ij} = Cov(\Delta Z_i, \Delta Z_j)$, d.h. insgesamt $\Delta Z \sim N(0, h\Sigma)$ mit $\Sigma = (\sigma_{ij})$. Damit ist auch ΔV_h^j normalverteilt mit $E(\Delta V_h^j) = 0$ und

(15.10)
$$\begin{aligned}Var(\Delta V_h^j) &= \sum_{i=1}^{m} \sum_{k=1}^{m} \frac{\partial v_j}{\partial z_i} \cdot \frac{\partial v_j}{\partial z_k} h\sigma_{ik}\\ &= h(d_j^T \Sigma d_j) .\end{aligned}$$

Entscheidend für die Vorgehensweise ist damit neben der Annahme der multivariaten Normalverteilung für die Änderung der Risikofaktoren die *Linearisierung der Bewertungsfunktion der Finanztitel* in Bezug auf die Risikofaktoren (Sensitivitäten, Deltas).

Grundsätzlich ist bei dieser Vorgehensweise dabei zu beachten, dass jeweils eine lokale Approximation vorgenommen wird, d.h. nur für kleine Änderungen der Marktwerte der Risikofaktoren auf eine gute Approximation zu hoffen ist.

Wenden wir uns zu Illustrationszwecken einem einfachen Beispiel zu.

Beispiel 15.4: Zwei Faktoren

Wir gehen von der Situation aus, dass nur eine Wertpapierart betrachtet wird (n = 1) und zwei Risikofaktoren (m = 2) von Relevanz sind. Die Wertfunktion $v = v(z_1, z_2)$ verknüpfe die Wertentwicklung des betrachteten Wertpapiers mit der der Risikofaktoren. Die Delta-Approximation lautet in diesem Fall

$$\begin{aligned}\Delta v &= v(z_1+\Delta z_1, z_2+\Delta z_2) - v(z_1, z_2)\\ &\approx \frac{\partial v}{\partial z_1} \Delta z_1 + \frac{\partial v}{\partial z_2} \Delta z_2 \; .\end{aligned}$$

Mit $d_1 = \partial v / \partial z_1$ und $d_2 = \partial v / \partial z_2$ gilt dann (approximativ) für die Marktwertänderung in Termen der Wertänderung der Risikofaktoren

$$\Delta V = d_1 \Delta Z_1 + d_2 \Delta Z_2 \, ,$$

d.h. ΔV lässt sich als Linearkombination von ΔZ_1 und ΔZ_2 ausdrücken.
Nimmt man nun noch $\Delta Z = (\Delta Z_1, \Delta Z_2)^T$ als bivariat normalverteilt an, so gelangt man zur Delta-Normal-Approximation. Für die relevanten Parameter gilt (i = 1, 2): $E(\Delta Z_i) = h\mu_i$, $\sigma(\Delta Z_i) = h\sigma_i$, $Cov(\Delta Z_1, \Delta Z_2) = h\sigma_{12}$. Die Wertänderung ΔV ist dann wiederum normalverteilt mit $E(\Delta V) = h(d_1\mu_1 + d_2\mu_2)$ und $Var(\Delta V) = h(d_1^2\sigma_1^2 + d_2^2\sigma_2^2 + 2d_1d_2\sigma_{12})$. Im Haupttext wird darüber hinaus noch $h\mu_1 = h\mu_2 = 0$ angenommen.

Wir kommen nun zu der Analyse auf Portefeuilleebene. Es sei $x = (x_1, \ldots, x_n)^T$ der Vektor der absoluten Zahl der Finanztitel zum Zeitpunkt t im betrachteten Bestand. Für die Marktwertentwicklung V des Bestandes gilt damit $V(t) = \sum_{j=1}^{n} x_j V_j(t) = \sum_{j=1}^{n} x_j v_j(Z_1(t), \ldots, Z_m(t))$.

Für die »Portfolio-Deltas« $d_i^P := \partial v / \partial z_i, i = 1, \ldots, m$ gilt damit

(15.11a) $$d_i^P = \sum_{j=1}^{n} x_j (\partial v_j / \partial z_i) = \sum_{j=1}^{n} x_j d_{ij}$$

bzw. vektoriell mit $d_P = (d_1^P, \ldots, d_m^P)^T$:

(15.11b) $$d_P = \sum_{j=1}^{n} x_j d_j .$$

Damit ist insgesamt ΔV_h normalverteilt mit $E(\Delta V_h) = 0$ und

(15.12) $$Var(\Delta V_h) = h(d_P^T \Sigma d_P) .$$

Als Portfolio-Value at Risk resultiert hieraus gemäß (15.4) schließlich

(15.13) $$VaR_P = N_{1-\alpha} \sqrt{d_P^T \Sigma d_P} \sqrt{h} .$$

Im Falle der Normalverteilung ($\alpha < 0{,}5$) weist der VaR die Subadditivitätseigenschaft auf, d.h. wenn wir den isolierten Value at Risk VaR_j des j-ten Finanztitels gemäß (15.10) berechnen zu

(15.14) $$VaR_j = N_{1-\alpha} \sqrt{d_j^T \Sigma d_j} \sqrt{h} ,$$

dann gilt

(15.15) $$VaR \leq \sum_{j=1}^{n} | x_j | VaR_j .$$

Hinsichtlich der am VaR gemessenen Risikoposition bestehen somit Diversifikationseffekte im Portefeuille.

Betrachten wir auch zu der Aggregationsposition ein Beispiel.

Beispiel 15.5: 3 Wertpapiere, 2 Risikofaktoren
Die Portfolioposition mit Wertentwicklung $V_P(t)$ bestehe aus x_j (j = 1, 2, 3) absoluten Einheiten der Finanzposition j mit Wertentwicklung $V_j(t)$. Für die Portfolioposition gilt dann im Falle zweier Risikofaktoren

$$V_P(t) = v_P(Z_1(t), Z_2(t)) = \sum_{j=1}^{3} x_j V_j(t) = \sum_{j=1}^{3} x_j v_j(Z_1(t), Z_2(t)).$$

Wir nehmen nun die Delta-Approximation für die Portfolioposition vor. Es bezeichne sowie $d_i^P = \partial v_P / \partial z_i$ (Portfolio-Deltas). Es gilt dann:

$$\begin{aligned} \Delta V_P(t) &= x_1 (d_{11} \Delta Z_1 + d_{21} \Delta Z_2) \\ &\quad + x_2 (d_{12} \Delta Z_1 + d_{22} \Delta Z_2) \\ &\quad + x_3 (d_{13} \Delta Z_1 + d_{23} \Delta Z_2) \\ &= (x_1 d_{11} + x_2 d_{12} + x_3 d_{13}) \Delta Z_1 \\ &\quad + (x_1 d_{21} + x_2 d_{22} + x_3 d_{23}) \Delta Z_2 \\ &= d_1^P \Delta Z_1 + d_2^P \Delta Z_2 \ . \end{aligned}$$

Dies illustriert, dass sich die Portfolio-Deltas durch einfache lineare Aggregation der Wertpapierdeltas gewinnen lassen. Als Linearkombination von ΔZ_1 und ΔZ_2 ist dann auch ΔV_P die Wertänderung auf Portfolioebene, normalverteilt, wenn $(\Delta Z_1, \Delta Z_2)^T$ als bivariat normalverteilt angenommen wird. Dies überträgt sich auf die Verlustvariable $L = -\Delta V_P$. Mit $E(L) = -E(\Delta V_P)$ und $\sigma(L) = \sigma(\Delta V_P)$, wobei $E(\Delta V_P)$ und $\sigma(\Delta V_P)$ wie im Beispiel 15.4 berechnet werden, lässt sich dann der Portfolio-Value at Risk gemäß (15.4) zu

$$VaR = N_{1-\alpha} \sigma(\Delta V_P) - E(\Delta V_P)$$

bestimmen. Im Haupttext wird darüber hinaus von $E(\Delta V_P) = 0$ ausgegangen.

Die vorstehend dargestellte Vorgehensweise wird als *Delta-Normal-Methode* (auf Titel- oder auf Portfolioebene) bezeichnet, da sie charakterisiert ist durch eine Linearisierung der Wertfunktion in Verbindung mit einer Normalverteilungsannahme. Die Problematik dieses Ansatzes besteht dementsprechend in beiden dieser Annahmen. Die Normalverteilungsannahme impliziert, dass die Risikofaktoren negative Werte annehmen können, dies ist problematisch z.B. wenn Zinssätze (Spot Rates) als Risikofaktoren betrachtet werden. Die Linearisierung führt zu einer Unterdrückung nicht-linearer Preisrisiken, was z.B. im Falle von Optionen problematisch ist. Zudem wird bei der Linearisierung eine lokale Approximation vorgenommen, d.h. der Approximationsfehler ist umso größer, je größer die Änderung der Risikofaktoren im Rahmen der Haltedauer ist.

Auf der anderen Seite weist die Delta-Normal-Methode eine Reihe von Vorzügen hinsichtlich ihres praktischen Einsatzes auf. Zur Berechnung des Portfolio-VaR ist nur die Kenntnis der Varianz/Kovarianz-Matrix der Veränderungen der Risikofaktoren notwendig. Wie wir gesehen haben, lassen sich zudem die VaR-Beiträge von Teilportfolios (Assetklassen) in einfacher Form (Portfolio-Deltas) aggregieren. Zudem existiert eine einfache Skalierungsbeziehung des VaR in Bezug auf unterschiedliche Haltedauern.

Zu einer teilweisen Verbesserung der geschilderten Problemlage kann alternativ mit einer Taylorapproximation 2. Ordnung in Bezug auf die Risikofaktoren gearbeitet werden *(Delta-Gamma-Methode)*

(15.16)
$$\Delta v_j = \sum \frac{\partial v_j}{\partial z_i} \Delta z_i + \frac{1}{2} \sum \sum \frac{\partial^2 v_j}{\partial z_i \partial z_k} (\Delta z_i)(\Delta z_k) .$$

Allerdings tritt hierbei nun die Problematik auf, dass unter der Annahme einer multivariaten Normalverteilung für $\Delta Z_1, ..., \Delta Z_m$ die Werte ΔV_h^j bzw. ΔV_h einer nicht bekannten Verteilung folgen.[5] Ein einfacher Ausweg besteht dabei in der Durchführung einer Monte Carlo-Simulation auf der Basis multivariat normalverteilter ΔZ_i. Darüber hinaus sind eine Reihe von Approximationsmethoden für diesen Fall entwickelt worden.[6,7]

15.6.2 VaR-Berechnung für Aktien

Gehen wir aus von einem Markt(index)modell für die Aktienrenditen über die betrachtete Zeitperiode, d.h. $R_j = a_j + \beta_j R_M + \varepsilon_j$, mit $\beta_j = Cov(R_j, R_M) / Var(R_M)$, so liegt bereits ein lineares Modell vor. Unter der Annahme einer zweidimensionalen Normalverteilung für die Marktrendite und das Residuum bestimmt sich der VaR auf Titelebene unter den üblichen Annahmen, insbesondere $E(R_j) = 0$, aufgrund von $\Delta V_h^j = v_t^j (a_j + \beta_j R_M + \varepsilon_j)$ zu

(15.17a)
$$VaR_j = N_{1-\alpha} v_t^j \sqrt{\beta_j^2 Var(R_M) + Var(\varepsilon_j)} .$$

Auf eine Aggregierung auf Portfolioebene verzichten wir an dieser Stelle.

In praxi wird dieser Ausdruck unter anderem durch Vernachlässigung von $Var(\varepsilon_j)$ weiter vereinfacht. Diese einfache VaR-Berechnung auf der Basis der Betafaktoren der Aktien im betrachteten Bestand führt allerdings zu einer z.T. deutlichen Unterschätzung[8] des VaR. Nehmen wir noch $\sigma(R_M) = \sigma_M \sqrt{h}$ an, so ergibt sich dann die Standardvariante

(15.17b)
$$VaR_j = N_{1-\alpha} v_t^j \, \beta_j \, \sigma_M \sqrt{h}$$

für den Value at Risk.

Unterstellen wir ein Multifaktormodell der Form

(15.18a)
$$R_i = a_i + b_{i1} F_1 + ..., + b_{im} F_m + \varepsilon_i , \quad i = 1, ..., n \quad ,$$

bzw. in Matrixform

(15.18b)
$$R = a + BF + \varepsilon,$$

so gilt[9] für ein Portfolio P die folgende Darstellung der Portfoliovarianz:

(15.19)
$$Var(R_P) = x^T B Var(F) B^T x + x^T D_\varepsilon x ,$$

---

5 Geht man von einem Risikofaktor aus, dessen Logarithmus normalverteilt ist, so führt die Delta-Gamma-Approximation in spezifischen Konstellationen zu einer nicht-zentralen Chiquadrat-Verteilung, vgl. etwa *Britten-Jones/Schaefer* (1999), *Huschens* (2000, S. 195) und *Read* (1998).

6 Vgl. etwa *Wilson* (1998, S. 86ff.).

7 Darüber hinaus besteht die Möglichkeit bei Vorgabe der Momente unter Benutzung der *Cornish-Fisher*-Entwicklung, vgl. *Johnson/Kotz* (1970, S. 33f.), die Quantile und damit den VaR zu approximieren.

8 Vgl. etwa *Huschens* (2000, S. 193f.).

9 Vgl. Anhang 7A, Beziehung (7A.9b).

dabei ist D_ε eine Diagonalmatrix. Unter der Annahme einer multivariaten Normalverteilung für die Faktoren F und der Annahme $E(R_P) = 0$ gilt damit für den Portfolio-VaR:

(15.20) $$VaR_P = N_{1-\alpha} v_t^P \sqrt{x^T B Var(F) B^T x + x^T D_\varepsilon x} \ .$$

Dabei ist v_t^P der (bekannte) Wert des Portfolios zum Zeitpunkt t.

15.6.3 VaR-Berechnung für Zinstitel

Es sei $r_t = r$ ein fristigkeitsunabhängiger deterministischer Zinssatz und es gelte $r_{t+h} = r + \Delta r$. Dann folgt für die Funktion $P_t = P(r) = \sum_{t=1}^{n} Z_t (1+r)^{-t}$ eines Zinstitels aus der Taylorapproximation (15.8)

(15.21a) $$P_{t+h} - P_t \approx -D_A(r)\Delta r.$$

Dabei ist $D_A(r) = -P_t'(r)$ die absolute Duration des Zinstitels ausgewertet in $r_t = r$. Die Durationsapproximation[10] ist damit zugleich ein einfaches Beispiel für die in Abschnitt 15.6.1 dargestellte Linearisierungstechnik. Unterstellt man nun, dass die Zinsänderung eine Zufallsvariable ist, so lautet die Approximation

(15.21b) $$P_{t+h} - P_t \approx -D_A(r_t)(R_{t+h} - r_t).$$

Unterstellen wir zudem unter Inkaufnahme negativer Zinsen eine Normalverteilung für die Zinsänderung, d.h. $\Delta R = R_{t+h} - r_t \sim N(0, h\sigma^2)$, so ergibt sich unter Anwendung der Standardargumentation

(15.22) $$\begin{aligned} VaR &= N_{1-\alpha} D_A(r_t)\sigma\sqrt{h} \\ &= N_{1-\alpha} D_M(r_t) P_t \sigma\sqrt{h} \ , \end{aligned}$$

dabei ist $D_M(r) = D_A(r)/P_t(r)$ die modifizierte Duration.

Eine direkte Verallgemeinerung dieser Vorgehensweise kann auf der Basis der in Abschnitt 9.2.3 behandelten Key Rate-Durationen erfolgen. Seien dabei die ausgewählten Restlaufzeiten $0 < t_1 < \ldots < t_n$ und betrachten wir einen Zinstitel, der nur zu den Zeitpunkten $t + t_i$ Zahlungen aufweist, so gilt approximativ

(15.23a) $$\Delta P \approx -\sum_{i=1}^{n} KRD_i^A \, \Delta r_i,$$

dabei sind $KRD_i^A(r_1,\ldots,r_n) = \partial P(r_1,\ldots,r_n)/\partial r_i = -t_i Z(t_i)(1+r_i)^{-t_i}/(1+r_i)$ die absoluten Key Rate-Durationen und $r_i = r(t, t+t_i)$ die Spot Rates in t mit Restlaufzeit t_i. Unterstellen wir einen zufallsabhängigen Vektor $\Delta R = (\Delta R_1, \ldots, \Delta R_n)$ von Zinsratenänderungen, so geht die Approximation (15.23a) über in

10 Der Unterschied zur traditionellen Durationsapproximation besteht darin, dass diese für alternative Werte $r_t = r + \Delta r$ zum gleichen Zeitpunkt t durchgeführt wird.

(15.23b)
$$\Delta P \approx -\sum_{i=1}^{n} KRD_i^A \cdot \Delta R_i$$
$$= -KRD^T \Delta R,$$

wobei $KRD = (KRD_1^A, ..., KRD_n^A)^T$. Zur Gewinnung eines Value at Risk-Wertes für den betrachteten Zinstitel bzw. ein Portefeuille aus Zinstiteln gelangt man dann wieder standardmäßig unter Annahme einer multivariaten Normalverteilung für ΔR, d.h. $\Delta R \sim N(0, h\Sigma)$.

Betrachten wir zunächst ein einfaches Beispiel zu dem vorstehend dargestellten Ansatz.

Beispiel 15.6: Zerobond

Betrachtet werde ein zehnjähriger Zerobond mit Rückzahlung 100. Die 10-Jahres-Spot Rate betrage r_{10} = 7,96%. Die tägliche Volatilität sei $\sigma(\Delta R_{10})$ = 0,0963% (9,63bp). Der Barwert $P = P(r_{10})$ beträgt:

$$P = 100(1{,}0796)^{-10} = 46{,}491 .$$

Die Key Rate-Duration eines Zerobond ist gleich seiner Laufzeit. Für die Preisänderung gilt dann approximativ

$$\Delta P = -P \frac{10}{1 + r_{10}} \Delta R_{10} = -46{,}491 \frac{10}{1{,}0796} \Delta R_{10} = -430{,}631 \Delta R_{10} .$$

Für die Standardabweichung der täglichen Wertänderung gilt entsprechend

$$\sigma(\Delta P) = 430{,}631 \sigma(\Delta R_{10}) = 430{,}631 \cdot 0{,}000963 = 0{,}415 .$$

Für den zentrierten Value at Risk zum Konfidenzniveau 1% gilt dann

$$ZVaR = 2{,}326 \cdot 0{,}415 = 0{,}965 .$$

Eine alternative Vorgehensweise zur VaR-Berechnung im Zinstitelbereich beruht auf der Verwendung der Preisentwicklung von Zerobonds als Risikofaktoren und soll im Folgenden kurz skizziert werden.

Gegeben sei ein Zinstitel mit den Zahlungen $Z(t_i)$ zu den Zeitpunkten $0 < t_1 < ... < t_m$ sowie die stochastischen Prozesse $\{B(t, t_i); 0 \le t \le t_i, i = 1,...,m\}$ für die Preisentwicklung der Einheitszerobonds mit Fälligkeit t_i. Die Ausgangswerte $B(0, t_i) = b(0, t_i)$ sind dabei bekannt.

Wir betrachten nun für $0 < h < t_1$ die logarithmischen Änderungen der Zerobondpreise, gegeben durch

$$UB_i(h) = \ln[B(h, t_i) / b(0, t_i)] .$$

Der Vektor $UB(h) = (UB_1(h),...,UB_m(h))$ sei multivariat normalverteilt, $UB(h) \sim N(0, h\,\Sigma)$.

Für den Zinstitel gilt $P_0 = \sum Z(t_i) b(0,t_i)$ sowie $P_h = \sum Z(t_i) B(h,t_i)$. Hieraus folgt:

(15.24a)
$$\begin{aligned}\Delta P = \Delta P_h &= \sum_{i=1}^{m} Z(t_i)[B(h,t_i) - b(0,t_i)] \\ &= \sum_{i=1}^{m} Z(t_i)b(0,t_i)\{[B(h,t_i)/b(0,t_i)] - 1\} \\ &= \sum_{i=1}^{m} Z(t_i)b(0,t_i)\{exp[UB_i(h)] - 1\}\ .\end{aligned}$$

Im Gegensatz zu Zinssätzen als Risikofaktoren ist zur Ermittlung von ΔP keine Approximation notwendig. Diese erfolgt üblicherweise erst im nächsten Schritt durch die Approximation der Exponentialfunktion gemäß $\exp(x) \approx 1+x$.

Wir erhalten hieraus:

(15.24b)
$$\Delta P = \sum_{i=1}^{m} Z(t_i)b(0,t_i)UB_i(h) = w^T UB(h),$$

wobei $w = (w_1, ..., w_m)^T$ und $w_i = Z(t_i)b(0,t_i)$.

Mit $UB(h) \sim N(0,h\,\Sigma)$ folgt für L = –ΔP, dass $L \sim N(0, h\,w^T \Sigma w)$ und damit insgesamt

(15.24c)
$$VaR = N_{1-á}\sqrt{w^T \Sigma w}\sqrt{h}\ .$$

15.6.4 VaR-Berechnung für Optionen

Selbst im einfachen Black/Scholes-Fall ist eine direkte Bestimmung des Value at Risk nichttrivial, denn es gilt:

$$\begin{aligned}\Delta C = C_{t+h} - C_t &= N[d_1(t+h)]S_{t+h} - N[d_1(t)]s_t \\ &\quad - X\{e^{-r(T-t-h)} N[d_2(t+h)] - e^{-r(T-t)} N[d_2(t)]\}.\end{aligned}$$

In den beiden $N[d_i(t+h)]$-Termen ist aber die Zufallsgröße S_{t+h} in nicht-linearer Form enthalten.

Damit bleibt die Vornahme einer Approximation (typischerweise Delta- oder Delta-Gamma-Approximation) oder die Durchführung einer Monte-Carlo-Simulation. Eine Zwischenstellung nimmt die »partielle Simulation« ein, bei der die Preisformel einer Delta- bzw. Delta-Gamma-Approximation unterliegt, die Realisationen des Risikofaktors selbst aber auf dem Simulationsweg generiert werden (um die zusätzliche Normalapproximation zu vermeiden).

Aus der Δ-Approximation resultiert

(15.26)
$$\begin{aligned}C_{t+h} - C_t &\approx \Delta_C(t)(S_{t+h} - s_t) = N[d_1(t)](S_{t+h} - s_t) \\ &= N[d_1(t)]s_t[\exp(U_h) - 1]\ .\end{aligned}$$

Für die Verlustvariable $L_C = L_C(h) = c_t - C_{t+h}$ folgt hieraus mit $L_S = L_S(h) = s_t - S_{t+h}$

(15.27)
$$L_C = N[d_1(t)]L_S = N[d_1(t)]s_t[1 - \exp(U_h)]\ .$$

Der VaR kann somit alternativ auf Basis einer Normalverteilungsannahme für L_S (Delta-Normal-Approximation) oder aber auf Basis einer Normalverteilungsannahme für U_h bestimmt werden (in der Literatur z.T. auch als delta-exakt bezeichnet).

Eine verbesserte Approximation, die partiell auch nichtlineare Preisänderungen berücksichtigt, liefert die in Abschnitt 11.3.2 behandelte Delta-Gamma-Approximation

$$\Delta C \approx \Delta_C(t)\Delta S + \frac{1}{2}\Gamma_C(t)(\Delta S)^2, \tag{15.28}$$

dabei ist $\Gamma_C(t) = \partial C^2 / \partial S^2 = \partial \Delta C / \partial S$ das Optionsgamma.

Durch Einbeziehung zusätzlicher Optionssensitivitäten kann eine weitere Verbesserung der vorgenommenen Approximation erfolgen.

So weisen *Bühler et al.* (1998) darauf hin, dass bei der Evaluation von Optionspositionen die Zeitwertänderung der Option über eine Theta-Approximation berücksichtigt werden sollte. *Crouhy et al.* (2001, S. 250 f.) arbeiten eine Delta-Gamma-Vega-Rho-Theta-Approximation aus.

Eine erste Problematik der vorstehenden Approximationen besteht darin, dass sowohl die Delta- als auch die Delta-Gamma-Approximation nur lokale Approximationen sind, d.h. für »große« Änderungen der Risikofaktoren (dies ist insbesondere möglich bei längeren Haltedauern) problematisch werden.

Eine zweite Problematik liegt in der Güte der Approximation des Auszahlungsprofils durch eine lineare oder quadratische Funktion. *Volmar* (2002) kommt zum Schluss, dass, wenn die Verteilung annähernd symmetrisch (Bull Spread) oder das Auszahlungsprofil annähernd quadratisch (Butterfly Spread, Straddle) ist, die Delta-Gamma-Normalapproximation gut anwendbar ist.

Probleme werden dagegen bei nicht annähernd quadratischen Auszahlungsprofilen (Call, Strangle) gesehen. Auch *Locarek/Junge* (1998) konstatiert erhebliche Probleme bei der Approximation des Black/Scholes-Preises eines Calls durch eine Delta-Gamma-Approximation. *Johanning/Ernst* (2000) schließlich weisen auf ein erhebliches Modellrisiko bei der VaR-Bestimmung hin und demonstrieren dies anhand von DAX-Optionen, die gemäß Black/Scholes bewertet werden.

15.7 Literaturhinweise und Ausblick

Monographien zur Value at Risk-Thematik sind *Dowd* (1998) und *Jorion* (1997). Ausführliche Übersichten enthalten ferner *Huschens* (2000), *Eisele/Knobloch* (2000), *Hull* (2000, Kapitel 14), *Oehler/Unser* (2001, Abschnitt II) und *Wilson* (1998), eine vertiefende Übersicht bieten *Duffie/Pan* (1997). Vielfältige Anwendungen der Value at Risk-Methodologie sind dargestellt in *Beeck/Johanning/Rudolph* (1999), *Chow/Kritzman* (2001), *Eller/Gruber/Reif* (2001), *Johanning* (1998), *Johanning/Rudolph* (2000) und *Kleeberg/Schlenger* (2000). Anwendungen der VaR-Konzeption für Versicherungsunternehmen behandeln *Albrecht/Bährle/König* (1997), *Albrecht* (1998) und *Albrecht/Korycíorz* (2000). Zur Spezifikation der Zufallsgesetzmäßigkeit der Marktwertentwicklung vgl. vertiefend *Duffie/Pan* (1997, S. 10ff.). Nicht-normale Änderungen der

Risikofaktoren behandeln *Hull/White* (1998). Zu statistischen Methoden der Quantilschätzung vgl. *Abberger/Feng/Heiler* (1998) und *Ridder* (1998). Zu Anwendungen der Extremwerttheorie vgl. *Borkovec/Klüppelberg* (2000), *Embrechts et al.* (1999), *Jansen/Koedijk/de Vries* (2000), *McNeil/Frey* (2000) sowie *Neftci* (2000). Einen Vergleich der unterschiedlichen Ansätze der Risikoevaluation (Korrelationsansatz, Monte Carlo-Simulation, historische Simulation) bieten *Bühler/Korn/Schmidt* (1998). Zum Mapping-Verfahren vgl. vertiefend *Ridder/Stahl* (2000). Zur VaR-Berechnung von Aktienpositionen vgl. neben der bereits genannten Literatur *Gaumert* (1997) und *Neumann* (2000). Zur VaR-Berechnung von Zinspositionen vgl. vertiefend *Ho/Chen/Eng* (1996), *Schween* (1998), *Tobler/Walder* (1998) und *Zagst* (1997). Zur VaR-Berechnung von Optionspositionen vgl. des Weiteren *Duffie/Pan* (1997, S. 23ff.), *El Jahel et al.* (1999), *Klaus* (1997) und *Locarek-Junge* (1998).

Anhang 15A: Extremwerttheorie und Value at Risk: Peaks over Threshold-Methode

Ausgangspunkt der weiteren Überlegungen ist die verallgemeinerte Paretoverteilung (a,b > 0)

(15A.1) $$GP_{a,b}(x) = 1 - \left(1 + \frac{xa}{b}\right)^{-1/a} \quad \text{für } x \geq 0 \quad .$$

Es bezeichne nun u einen Schwellenwert (Threshold), unter bestimmten Bedingungen gilt dann die Grenzwertaussage

(15A.2) $$\lim_{u \to \infty} P\left(\frac{X-u}{h(u)} > x \mid X > u\right) = (1 + ax)^{-1/a}$$

für eine geeignete Funktion h.

Mit $\overline{F}(x) := 1 - F(x)$ und $\overline{F}_u(x)$ definiert durch

(15A.3) $$\overline{F}_u(x) = P(X - u > x \mid X > x) = \frac{\overline{F}(u+x)}{\overline{F}(u)} \quad ,$$

kann man dann[11] die Approximation

(15A.4) $$\overline{F}_u(x) \approx 1 - GP_{a,b(u)}(x)$$

vornehmen, wobei der Parameter b = b(u) von dem gewählten Schwellenwert abhängt.

Es sei nun $F(x) = P(L_h \leq x) = P(v_t - V_{t+h} \leq x)$ die Verteilungsfunktion des Periodenverlustes L_h. $\overline{F}(u+x) = P(L_h > u + x)$ ist dann der Tail der Verteilung von L_h im Bereich $[u, \infty)$. Gemäß (15A.3) gilt $\overline{F}(u+x) = \overline{F}(u)\overline{F}_u(x)$. $\overline{F}_u(x)$ kann man gemäß (15A.4) approximieren, $\overline{F}(u)$ durch

(15A.5) $$\widehat{\overline{F}(u)} = \frac{N_u}{n}$$

11 Die Skalenfunktion h(u) wird dabei als Parameter in die Grenzverteilung integriert.

wobei N_u die Anzahl der Überschreitungen von L_h über der Grenze u bei n Beobachtungen von L_h ist. Insgesamt ergibt sich als Tailschätzer

$$\widehat{\overline{F}(u+x)} = \frac{N_u}{n}[1 - GP_{a,b}(x)] \quad , \tag{15A.6}$$

wobei noch die Parameter a und b = b(u) geeignet zu schätzen sind, etwa aufgrund einer Maximum Likelihood-Schätzung. Durch Inversion erhält man als Schätzgröße für das $(1 - \alpha)$- Quantil von L_h und damit für den Value at Risk

$$VaR = u + \frac{b}{a}\left[\left(\alpha\frac{n}{N_u}\right)^{-a} - 1\right]. \tag{15A.7}$$

Ein zentrales Problem dieser Methode ist die Festlegung des Schwellenwertes u. Je größer u, desto besser gilt die Approximation (15A.2), desto weniger aussagekräftig ist aber die empirische Schätzgröße gemäß (15A.5). Hier ist ein Trade off durchzuführen. Die Vorgehensweise verdeutlicht zudem den Charakter der POT-Methode als semiparametrische Vorgehensweise, die zugrunde liegende Verteilung bleibt dem Grunde nach unspezifiziert. Es wird lediglich mit einer wahrscheinlichkeitstheoretisch begründeten asymptotischen (parametrischen) Verteilung für den Tail gearbeitet.

Eine alternative Vorgehensweise auf der Basis des Hill-Schätzers für 1/a findet man in *Jansen/Koedijk/de Vries* (2000, S. 253 f.).

Übungsaufgaben zu Kapitel 15

Aufgabe 15.1:

Zeigen Sie, dass das $(1-\alpha)$-Quantil einer beliebigen normalverteilten Zufallsvariable X die Darstellung $E(X) + N_{1-\alpha}\sigma(X)$ besitzt, wobei $N_{1-\alpha}$ das $(1-\alpha)$-Quantil der Standard-Normalverteilung ist.

Aufgabe 15.2:

Zeigen Sie, dass der Value at Risk im Normalverteilungsfall für $0 < \alpha < 0{,}5$ ein subadditives Risikomaß ist.

Aufgabe 15.3:

Betrachten Sie einen Standardbond mit Laufzeit 2 Jahre, Nominalwert 200 000 EUR und Nominalzins 6%.

Die heutigen Spot Rates betragen $r_1 = r_1(0) = 4{,}6875\%$ und $r_2 = r_2(0) = 5{,}1928\%$.

Die täglichen Änderungen der beiden Spot Rates $(\Delta R_1, \Delta R_2)$ werden als bivariat normalverteilt angenommen und die Werte $\sigma_1 = \sigma(\Delta R_1) = 0{,}08319$, $\sigma_2 = \sigma(\Delta R_2) = 0{,}06094$ sowie $\rho = \rho(\Delta R_1, \Delta R_2) = 0{,}43762$ empirisch identifiziert.

Bestimmen Sie den Value at Risk zum Konfidenzniveau α auf Tagesbasis!

Hinweis: Argumentieren Sie auf Basis der modifizierten Key Rate-Duration!

Aufgabe 15.4:
Gegeben sei eine Futureposition auf ein einkommensfreies Basisobjekt, die nach dem Cost of Carry-Prinzip bewertet ist. Wie hoch ist der Value at Risk dieser Position über ein Intervall der Länge h, wenn für die Rendite R_h des Basisobjekts gilt $R_h \sim N(\mu h, \sigma^2 h)$?

Approximieren Sie dabei die (zufallsabhängige) Spot Rate $r(t+h,T)$ durch den (deterministischen) Terminzinssatz $f(t,t+h,T)$.

Aufgabe 15.5:
Bestimmen Sie den *zentrierten* Value at Risk zum Konfidenzniveau α über das Zeitintervall $[t, t+h]$ für eine Call-Position auf der Basis einer Delta-Approximation unter der Annahme von Black/Scholes-Preisen. Unterstellen Sie dabei für das Basisobjekt $R_h = (S_{t+h}-s_t)/s_t \sim N(0, \sigma^2 h)$!

Aufgabe 15.6:
Bestimmen Sie den Value at Risk zum Konfidenzniveau α über das Zeitintervall $[t, t+h]$ für eine Call-Position auf der Basis einer Delta-Exakt-Approximation unter der Annahme von Black/Scholes-Preisen. Unterstellen Sie dabei für die Log-Rendite U_h des Basisobjekts $U_h \sim N(0, v^2 h)$!

Aufgabe 15.7:
Gegeben sei ein Europäischer Put mit Laufzeit T, dessen heutiger Wert (Preis) P_t beträgt.

a) Wie lautet die approximative Änderung des Putwerts über das Zeitintervall $[t, t+h]$ unter Anwendung der Delta-Approximation?
b) Bestimmen Sie für die Put-Position den Value at Risk zum Konfidenzniveau α über das Zeitintervall $[t, t+h]$ auf der Basis einer Delta-Exakt-Approximation und unter der Annahme von Black/Scholes-Preisen. Unterstellen Sie dabei für die Log-Rendite $U_h = \ln(S_{t+h}/S_t)$ des Basisobjekts $U_h \sim N(0,v^2 h)$.
c) Approximieren Sie den Value at Risk aus Aufgabenteil b), indem Sie die Exponentialfunktion linear approximieren!

Hinweise:
Das Put-Delta eines europäischen Put lautet im Falle von Black/Scholes-Preisen: $\Delta_P(t) = -N[-d_1(t)]$.

Aufgabe 15.8:
Ermitteln Sie für ein synthetisch erzeugtes Put Hedge die Delta-Approximation über eine Zeitperiode der Länge h.

Hinweise:
1) Das Put Hedge werde auf der Basis der Black/Scholes-Formel für einen Europäischen Put erzeugt: $P_t = Xe^{-r(T-t)}N[-d_2(t)] - N[-d_1(t)]S_t$
2) $1 - N(-x) = N(x)$.
3) Das Put-Delta ist gegeben durch $-N[-d_1(t)]$.

Literatur zu Kapitel 15

Abberger, K., Y. Feng, S. Heiler (1998): Non Parametric Smoothing and Quantile Estimation in Time Series, in: *Bol et al.* (Hrsg., 1998), S. 1–16.

Acerbi, C., D. Tasche (2001): On the coherence of expected shortfall, Arbeitspapier, TU München.

Albrecht, P. (1998): Risikoadjustierte Performancesteuerung in der Schadenversicherung, in: *Oehler, A.* (Hrsg., 1998); S. 229–257.

Albrecht, P., R. Bährle, A. König (1997): Value-at-Risk: Eine risikotheoretische Analyse der konzeptionellen Grundlagen mit Folgerungen für die Risikokontrolle der Kapitalanlage von Versicherungsunternehmen, Zeitschrift für die gesamte Versicherungswissenschaft 86, S. 81–101.

Albrecht, P., S. Koryciorz (2000): Value-at-Risk für Versicherungsunternehmen: Konzeptionelle Grundlagen und Anwendungen, in: *Johanning/Rudolph* (Hrsg., 2000), Band 2, S. 1105–1130.

Alexander, C.O., C.T. Leigh (1997): On the Covariance Matrices Used in Value at Risk Models, Journal of Derivatives, Spring 1997, S. 50–62.

Artzner, P., F. Delbaen, J.-M. Eber, D. Heath (1999): Coherent Measures of Risk, Mathematical Finance 9, S. 203–228.

Beeck, H., L. Johanning, B. Rudolph (1999): Value-at-Risk-Limitstrukturen zur Steuerung und Begrenzung von Marktrisiken, in: OR Spektrum 21, S. 259–286.

Bol, G., G. Nakhaeizadeh, K.-H. Vollmer (Hrsg., 1998): Risk Measurement, Econometrics and Neural Networks, Heidelberg.

Borkovec, M., C. Klüppelberg (2000): Extremwerttheorie für Finanzzeitreihen – ein unverzichtbares Werkzeug im Risikomanagement, in: *Johanning/Rudolph* (Hrsg., 2000), S. 219–244.

Britten-Jones, M.B., S.M. Schaefer (1999): Non-linear Value-at-Risk, European Finance Review 2, S. 1–27.

Bühler, W., O. Korn, A. Schmidt (1998): Ermittlung von Eigenkapitalanforderungen mit »Internen Modellen«, Die Betriebswirtschaft 58, S. 64–85.

Chow, G., M. Kritzman (2001): Risk Budgets, Journal of Portfolio Management, Winter 2001, S. 56–60.

Crouhy, M., D. Galai, R. Mark (2001): Risk Management, New York u.a.

Dowd, K. (1998): Beyond Value at Risk: The New Science of Risk Management, Chichester.

Duffie, D., J. Pan (1997): An Overview of Value at Risk, Journal of Derivatives, Spring 1997, S. 7–49.

Eisele, W., A.P. Knobloch (2000): Value at Risk: Tool for Managing Trading Risks, in: *Frenkel/Hommel/Rudolf* (Hrsg.,2000), S. 155–179.

El-Jahel, L., W. Perraudin, S. Sellin (1999): Value at Risk for Derivatives, Journal of Derivatives, Spring 1999, S. 7– 26.

Eller, R., W. Gruber, M. Reif (Hrsg., 2001): Handbuch Gesamtbanksteuerung, Stuttgart.

Embrechts, P., A. McNeil, D. Straumann (1999): Correlation and Dependence in Risk Management: Properties and Pitfalls, Arbeitspapier, ETH Zürich.

Embrechts, P., S. Resnick, R. Samorodnitsky (1999): Extreme Value Theory as a Risk Management Tool, North American Actuarial Journal 3, S. 30–41.

Frenkel, M., U. Hommel, M. Rudolf (Hrsg., 2000): Risk Management, Berlin u.a.

Gaumert, U. (1997): Die Messung des spezifischen Marktrisikos durch Value-at-Risk-Modelle, Zeitschrift für das gesamte Kreditwesen 20, S. 993–997.

Guthoff, A., A. Pfingsten, J. Wolf (1998): Der Einfluß der Begrenzung des Value-at-Risk oder des Lower Partial Moment One auf die Risikoübernahme, in: *Oehler, A.* (Hrsg., 1998), S. 111–153.

Hartmann-Wendels, T., A. Pfingsten, M. Weber (2007): Bankbetriebslehre, 4. Aufl., Berlin.

Holtorf, C., M. Rudolf (2000): Market Risk: Benchmark and Standard Model, in: *Frenkel/Hommel/Rudolf* (Hrsg., 2000), S. 121–140.

Hull, J.C. (2000): Options, Futures, and other Derivatives, 4. Aufl., Upper Saddle River/N.J.

Hull, J., A. White (1998): Value at Risk when daily changes in market variables are not normally distributed, Journal of Derivatives, Spring 1998, S. 9–28.

Huschens, S. (1998): Messung des besonderen Kursrisikos durch Varianzzerlegung, Kredit und Kapital 1998, Heft 4, S. 567–591.

Huschens, S. (2000): Verfahren zur Value-at-Risk-Berechnung im Marktrisikobereich, in: *Johanning/Rudolph* (Hrsg., 2000), S. 181–218.

Ho, T.S.Y., M.Z.H. Chen, F.H.T. Eng (1996): VAR Analytics: Portfolio Structure, Key Rate Convexities, and VAR Betas, Journal of Portfolio Management, Fall 1996, S. 89–98.

Jansen, D.W., K.G. Koedijk, C.G. de Vries (2000): Portfolio selection with limited downside risk, Journal of Empirical Finance 7, S. 247–269.

Johanning, L. (1998): Value-at-Risk zur Marktrisikosteuerung und Eigenkapitalallokation, Bd. Soden/Taunus.

Johanning, L., B. Rudolph (Hrsg., 2000): Handbuch Risikomanagement, 2 Bände, Bad Soden/Ts.

Johanning, L., F. Ernst (2000): Modellrisiko bei der Value-at-Risk-Berechnung für DAX-Optionen, in: *Johanning, L., B. Rudolph* (Hrsg.): Handbuch Risikomanagement, Band 2, Bad Soden/Ts., 829 – 753.

Johnson, N.L., S. Kotz (1970): Continuous Univariate Distributions, Vol. 1, New York u.a.

Jorion, P. (1997): Value at Risk, Chicago u.a.

Klaus, M. (1997): Die Value-at-Risk-Berechnung für Optionen – praktische Probleme nicht-linearer Produkte, Zeitschrift für das gesamte Kreditwesen 50, S. 375–379.

Kleeberg, J.M., C. Schlenger (2000): Value-at-Risk im Asset Management, in: *Johanning/Rudolph* (Hrsg., 2000), S. 973–1013.

Locarek-Junge, H. (1998): Risikomessung in Portefeuilles mit Derivaten, in: *Oehler, A.* (Hrsg., 1998), S. 199–277.

McNeil, A.J., R. Frey (2000): Estimation of tail-related risk measures for heteroscedastic financial time series: An extreme value approach, Journal of Empirical Finance 7, S.271 –300.

Neftci, S.N. (2000): Value at Risk Calculations, Extreme Events, and Tail Estimation, Journal of Derivatives, Spring 2000, S. 23–37.

Neumann, K. (2000): Zeitreihenmodelle zur Schätzung des Value at Risk von Aktien, Lohmar, Köln.

Oehler, A. (Hrsg., 1998): Credit Risk und Value-at-Risk Alternativen, Stuttgart.

Oehler, A., M. Unser (2001): Finanzwirtschaftliches Risikomanagement, Berlin u.a.

Portmann, T., P. Wegmann (1998): Lower Partial Moments und Value-at-Risk: Eine Synthese, Finanzmarkt und Portfolio Management 12,S. 326–341.

Read, O. (1998): Parametrische Modelle zur Ermittlung des Value-at-Risk, Dissertationsschrift, Universität zu Köln.

Ridder, T. (1998): Basics of statistical VaR-estimation, in: *Bol et al.* (Hrsg., 1998), S. 161–187.

Ridder, T., G. Stahl (2000): Flexibles oder starres Cashflow-Mapping?, in: *Johanning/Rudolph* (Hrsg., 2000), S. 269–288.

Schween, O. (1998): Zinsänderungsrisiken im Commercial Banking, Wiesbaden.

Tobler, J., R. Walder (1998): Die Modellierung von Zinsrisikofaktoren in einem Value-at-Risk-Modell, Finanzmarkt und Portfolio Management 12, S. 342–370.

Volmar, U. (2002): Comparison of different methods for calculation of delta-gamma value at risk, Oxford University.

Weber, F. (2000): Modellrisiko bei Value-at-Risk-Schätzungen: ein Vergleich zwischen Normalverteilung und hyperbolischer Verteilung, Schweizerische Zeitschrift für Volkswirtschaft und Statistik 136, S. 99–121.

Wirch, J.L. (1999): Raising Value at Risk, North American Actuarial Journal 3, S. 106–115.

Wilson, T.C. (1998): Value at Risk, in: *Alexander, C.* (Hrsg.): Risk Management and Analysis, Vol. 1, Chichester et al., S. 61–124.

Zagst, R. (1997): Effiziente Value-at-Risk Berechnung für Rentenportfolios, Finanzmarkt und Portfolio Management 11, S. 165–178.

16 Kreditrisiken

16.1 Einführung

Gegenstand dieses Kapitels ist die Analyse, Modellierung und Bewertung von Kreditrisiken. Nicht zuletzt durch die Verabschiedung des neuen Eigenkapitalakkords (»Basel II«) des Baseler Ausschusses für Bankenaufsicht im Juni 2004 und die im Vorfeld hiervon geführte methodische, empirische und politische Diskussion finden Kreditrisiken in jüngerer Zeit verstärkte Beachtung. Im vorliegenden Kapitel findet daher eine umfassende Aufarbeitung dieses Problemkomplexes statt. Nach einem ersten Abriss über die Charakterisierung von Kreditrisiken und der Behandlung von Ratingsystemen in Abschnitt 16.2 werden in Abschnitt 16.3 die vier grundlegenden Kategorien von Kreditrisikomodellen (statische Modellierung der Ausfallverteilung, Unternehmenswertmodelle, Intensitätsmodelle und ratingbasierte Modelle) ausführlich erörtert. Es folgt in Abschnitt 16.4 eine detaillierte Darstellung der wichtigsten Industriemodelle (Credit Risk$^+$, KMV, Credit Metrics, Credit Portfolio View). Abschnitt 16.5 behandelt die Grundzüge von Basel II und der hierbei zugrunde liegenden modelltheoretischen Fundierung in Form von Einfaktormodellen. Abschnitt 16.6 widmet sich umfassend der Bewertung von ausfallbedrohten Zinstiteln und Abschnitt 16.7 befasst sich abschließend mit Kreditderivaten und (exemplarisch) deren Bewertung.

16.2 Grundlagen von Kreditrisikomodellen

16.2.1 Charakterisierung von Kreditrisiken

Zunächst ist festzuhalten, dass der Terminus *Kreditrisiko* in einem verschieden weiten Verständnis gebraucht wird. Das Kreditrisiko im engeren Sinne umfasst das *Ausfallrisiko* (*Default Risk*), das Risiko, dass der Schuldner eines Kredits nicht in der Lage ist, seinen Zahlungsverpflichtungen (beispielsweise die Zinszahlungen oder die Rückzahlung des Kreditbetrages) in vollständiger Weise nachzukommen. Das Kreditrisiko im weiteren Sinne umfasst das *Migrationsrisiko* (*Credit Migration*). Dieses beinhaltet das Risiko einer Bonitätsverschlechterung (einhergehend etwa mit einer Ratingabstufung) und damit einer Erhöhung der Ausfallwahrscheinlichkeit. Der Unterschied zwischen diesen beiden Varianten des Kreditrisikos liegt offenbar in der Behandlung des zeitlichen Aspekts. Das Ausfallrisiko zu einem bestimmten Zeitpunkt t (etwa heute) bezieht sich auf eine fixierte künftige Periode $[t,T]$ und wird für diese Periode als unveränderlich betrachtet. Das Migrationsrisiko berücksichtigt zusätzlich die Gefahr, dass sich das Ausfallrisiko auch während der fixierten künftigen Periode verschlechtern kann, was seinen Niederschlag etwa in einer entsprechenden Ratingherabstufung findet.

Diesen beiden verschieden weiten Varianten des Kreditrisikos entsprechen auf der Modellebene zwei grundsätzliche Modellvarianten, *Default Mode-Modelle* (*Ausfallmodelle*) auf der einen Seite und *Mark to Market-Modelle* auf der anderen. Im Rahmen von Default Mode-Modellen beschränkt man sich auf die Quantifizierung von Ausfallrisiken. Solche Modelle werden eingesetzt im traditionellen Kreditgeschäft der Banken. Diese Kredite werden üblicherweise nicht gehandelt, daher existieren keine Marktpreise. Ebenso werden sie in der Regel nicht verkauft, d.h. die Haltezeit entspricht der restlichen Laufzeit des Kredits. Anwendung finden Ausfallrisikomodelle ebenfalls im Rahmen der Bewertung von nicht börsengehandelten Anleihen. Mark to Market-Modelle werden eingesetzt zur Bewertung aller Arten von börsengehandelten Schuldtiteln, beispielsweise Anleihen, ausfallbedrohte OTC-Derivate sowie Kreditderivate.

Abbildung 16.1 illustriert noch einmal die vorstehend erörterten Basisvarianten des Kreditrisikos sowie die damit einhergehende Modelldifferenzierung.

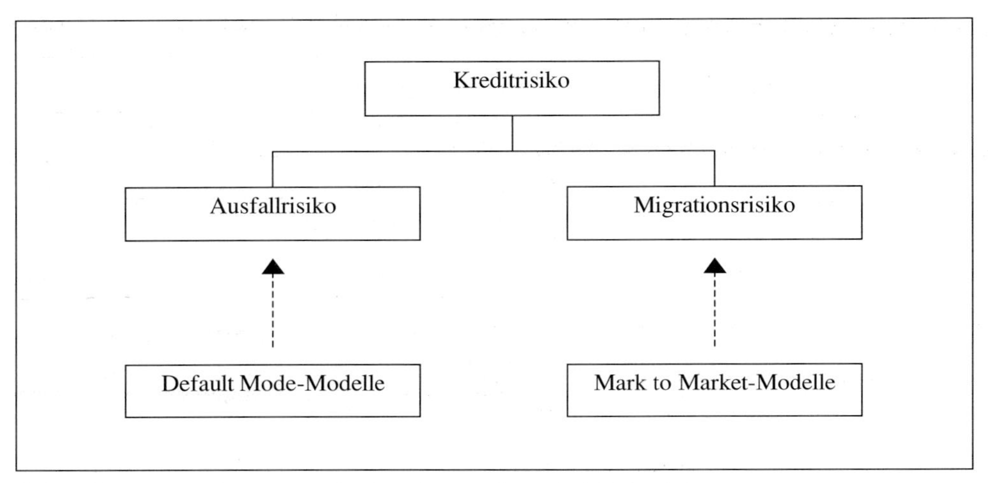

Abb. 16.1: Basisvarianten von Kreditrisiken und Kreditrisikomodellen

Wenden wir uns nunmehr dem *Basismodell des Ausfallrisikos* zu. Wir betrachten hierzu einen Individualkredit und definieren eine Verlustvariable $L \geq 0$ (*Ausfallhöhe*), die die Höhe des möglichen Ausfalls am Ende einer fixierten Periode (beispielsweise ein Monat oder ein Jahr) erfasst. Das Basismodell des Ausfallrisikos ist mithin ein statisches Modell. In seinem Rahmen gilt die folgende fundamentale Beziehung:

$$L = EAD \cdot LGD \cdot D \,. \tag{16.1}$$

Dabei bedeutet EAD den *ausfallbedrohten Betrag* (*Exposure at Default*). Dieser entspricht der Höhe der noch offenen Forderung zum Zeitpunkt des Ausfalls. Mit *LGD* (*Loss Given Default*) wird die *Verlustquote* bei Eintritt eines Ausfalls bezeichnet, d.h. der Anteil der offenen Forderungshöhe, der infolge des Ausfalls verloren ist. Alternativ hierzu betrachtet man die *Wiedereinbringungsquote* (*Recovery Rate*) RC und es gilt $RC = 1 - LGD$. Schließlich bezeichnet D den *Ausfallindikator* (*Default Indicator, Default Variable*). Diese ist eine zweiwertige Zufallsgröße mit

$$D = \begin{cases} 1 & \text{ein Ausfall tritt ein} \\ 0 & \text{sonst .} \end{cases} \tag{16.2}$$

Grundsätzlich ist jede Komponente der Basisbeziehung (16.1) eine Zufallsgröße, wobei zur Modellvereinfachung bzw. aus didaktischen Gründen oftmals *EAD* und *LGD* (zunächst) als deterministische Größen aufgefasst werden. Unterstellt man, dass die Basisgrößen *EAD*, *LGD* sowie *D* jeweils stochastisch unabhängig sind, so gilt für die erwartete Ausfallhöhe

(16.3a) $$E(L) = E(EAD) \cdot E(LGD) \cdot PD ,$$

wobei

(16.3b) $$PD = P(D = 1)$$

die *Ausfallwahrscheinlichkeit* (*Default Probability*) bezeichnet. Die Grundgrößen von Ausfallrisikomodellen sind mithin der ausfallbedrohte Betrag, die Verlust- bzw. Wiedereinbringungsquote sowie die Ausfallwahrscheinlichkeit. Im Rahmen von Mark to Market-Modellen sind zusätzlich noch die *Migrationswahrscheinlichkeiten* zu erfassen. Betrachtet man Portfolios aus Kreditrisiken, so sind darüber hinaus noch die Korrelationen zwischen den Grundgrößen von Bedeutung.

Hinsichtlich einer Bestimmung der Ausfallwahrscheinlichkeit unterscheidet man Ansätze, die auf externen oder internen Ratings basieren, von Ansätzen, die auf Marktdaten (beispielsweise Anleihekurse oder Aktienkurse) beruhen. Voraussetzung für die letztere Kategorie von Ansätzen ist, dass der Kredit gehandelt wird (etwa Unternehmensanleihen) oder aber zumindest die Aktien des Anleiheemittenten, des Kreditschuldners, im Handel sind.

Im Anhang 16A werden traditionelle statistisch-ökonometrische Verfahren aus dem Bereich der Kreditwürdigkeitsprüfung dargestellt, die eine Bestimmung der Ausfallwahrscheinlichkeit erlauben. Neuere Ansätze zur Bestimmung der Ausfallwahrscheinlichkeit im Kontext von Kreditrisikomodellen werden in den folgenden Abschnitten behandelt.

Die zu erreichenden Recovery Rates sind primär abhängig zum einen von der bestehenden *Besicherung* (*Collateral*) der Kredite bzw. Schuldtitel sowie zum anderen von der *Vorrangigkeit* der Bedienung des Gläubigers im Falle der Insolvenz. Die Besicherung wird in den *Anleihebedingungen* (*Bond Indentures*) näher geregelt. Sie kann dinglicher Art (Grundschuld, Hypothek, Wertpapiere) oder persönlicher Art sein (beispielsweise Patronatserklärung seitens der Muttergesellschaft). Anleihen ohne Sicherheiten (der Regelfall) werden als *Debentures* bezeichnet. Der Rang einer Anleihe bestimmt, in welcher Reihenfolge die Gläubiger an der Verwertung des Unternehmensvermögens partizipieren. *Senior Bonds* liegen dabei im Rang vor anderen Forderungen, *Subordinated Bonds* sind nachrangige Anleihen, d.h. sie werden im Insolvenzfall erst aus dem Unternehmensvermögen bedient, wenn vorrangige Anleihen befriedigt worden sind. Allerdings besteht beim Rang von Anleihen eine Problematik darin, dass im Insolvenzfall bei der Aushandlung von Konkursquoten ex ante bestehende Vorrangigkeiten gegebenenfalls außer Kraft gesetzt werden können. Meist wird dann jede Wertpapiergattung mit einem Teil des Liquidationsergebnisses befriedigt. Allerdings besitzt der Rang einen entscheidenden Einfluss auf die Höhe des Liquidationserlöses, der der Anleihe zuerkannt wird. In Anlehnung an *Wingenroth* (2004, S.18) gibt die nachfolgende Abbildung 16.2 eine Strukturierung der Rangfolge von Unternehmensanleihen im Insolvenzfall.

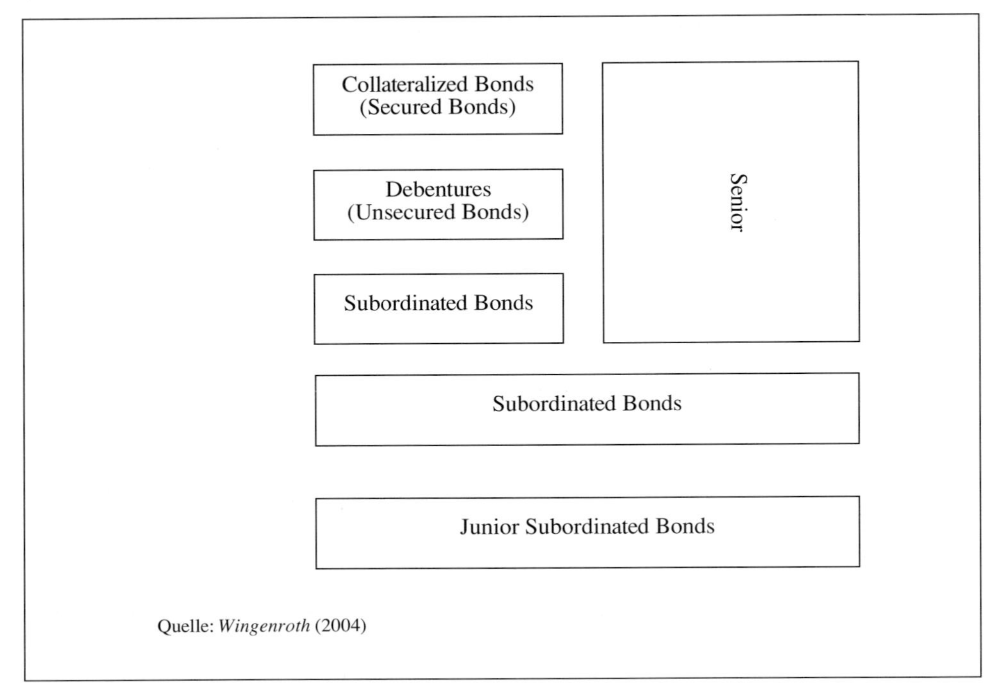

Abb. 16.2: Rangfolge von Anleihen im Insolvenzfall

Die Größenordnung von Recovery Rates wird jährlich von Ratingagenturen veröffentlicht. Die Tabelle 16.1 entstammt einer aktuellen Studie von Moody's, vgl. *Hamilton* et al. (2005), beruht auf dem Zeitraum 1982 – 2004 und bezieht sich auf die weltweite Datenbank von Moody's.

	Mittelwert	Median	Std.-Abw.	Min	Max
Sr. Secured	57,4	55,3	14,3	35,7	83,6
Sr. Unsecured	44,9	45,2	11,2	23,1	62,8
Sr. Subordinated	39,1	43,5	11,4	20,3	67,9
Subordinated	32,0	33,4	10,5	12,3	46,2
Jr. Subordinated	28,9	23,7	18,9	7,8	62,0
Angaben in Prozent; Quelle: Hamilton et al. (2005, S. 34)					

Tab. 16.1: Recovery Rates von Unternehmensanleihen 1982 – 2004

Die Tabelle 16.1 macht deutlich, dass die Recovery Rates auch innerhalb einer Rangklasse deutliche statistische Schwankungen aufweisen und ein deterministischer Ansatz daher unbefriedigend ist. Ein Standardansatz besteht dabei darin, mit einer Betaverteilung 1. Art über das Intervall $(0,1)$ als Zufallsgesetzmäßigkeit für die Recovery Rate-Verteilung zu arbeiten. Die Abbildung 16.3 illustriert eine Betaverteilung in idealtypischer Form.

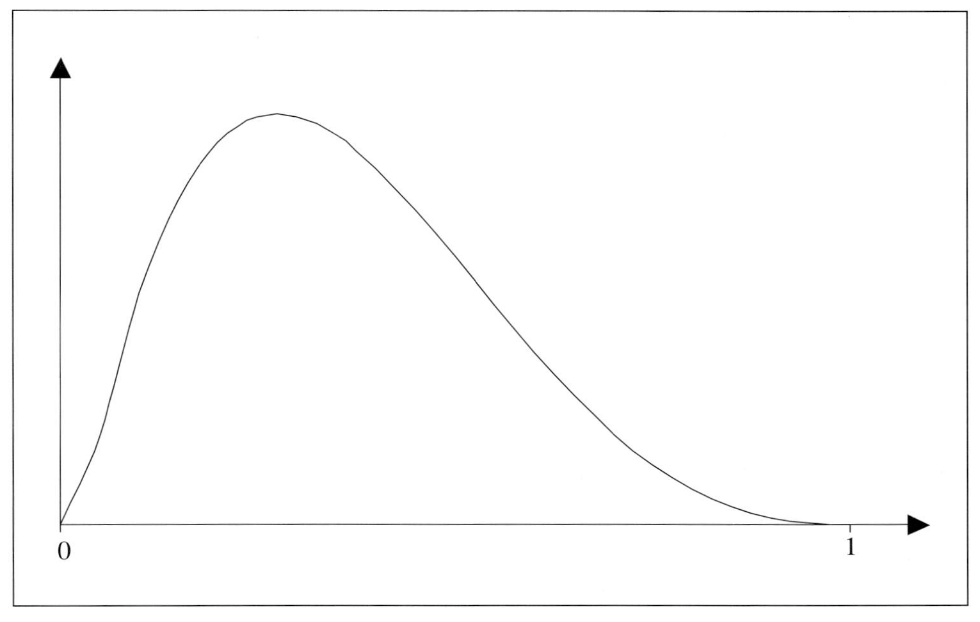

Abb. 16.3: Betaverteilte Recovery Rates (idealisiert)

Daneben weisen Recovery Rates auch eine Zeitvariabilität auf. Eine differenziertere statistische Prognose von Recovery Rates ermöglicht der von Moody's KMV entwickelte Loss Calc^{TM} (Version 2.0), zu den entsprechenden Details vgl. *Gupton/Stein* (2005).

Insgesamt erweist sich damit neben der Ermittlung von Ausfallwahrscheinlichkeiten die Ermittlung realistischer Recovery Rates als zentral für die Güte eines Kreditrisikomodells. Auch für die Kurse ausfallbedrohter Anleihen ist die Recovery Rate ein zentraler Einflussfaktor.

16.2.2 Ratingsysteme

Ratings basieren auf der Einordnung von Schuldnern, beispielsweise Emittenten von Staats- oder Unternehmensanleihen, in eine von K Ratingklassen. Das Rating kann dabei bankintern sein oder auf dem externen Rating einer Ratingagentur beruhen. Die Tabelle 16.2 stellt die Ratingklassen und die damit verbundenen Ratingsymbole der Ratingagenturen Standard & Poor's und Moody's Investor Service dar.

S & P	**Moody's**	**Interpretation**
Investment-grade ratings		
AAA	Aaa	Highest quality, extremely strong
AA+ AA AA-	Aa1 Aa2 Aa3	High quality

S & P	Moody's	Interpretation
A+ A A-	A1 A2 A3	Strong payment capacity
BBB+ BBB BBB-	Baa1 Baa2 Baa3	Adequate payment capacity
Speculative-grade ratings		
BB+ BB BB-	Ba1 Ba2 Ba3	Likely to fulfill obligations, ongoing uncertainty
B+ B B-	B1 B2 B3	High risk obligations
CCC+ CCC CCC- CCC	Caa1 Caa2 Caa3	Current vulnerability to default
C D	Ca	In bankruptcy or default, or other marked shortcoming
Quelle: *Schmid* (2004, S. 17)		

Tab. 16.2: Ratingklassen/Ratingsymbole für Long Term Senior Debt

Die Ratingklassen spiegeln dabei bestimmte (typischerweise einjährige) implizite Ausfallwahrscheinlichkeiten wider, die sich durch historische Ausfallwahrscheinlichkeiten empirisch bestimmen lassen. Da die Ausfallwahrscheinlichkeiten nicht stationär sind, ist dabei die gewählte Stützperiode von Bedeutung. Das Gleiche gilt für die Wahrscheinlichkeiten einer einperiodigen Ratingänderung (Migrationswahrscheinlichkeiten). Die *Schmid* (2004, S. 23) entnommene Tabelle 16.3 dokumentiert die Migrations- und Ausfallwahrscheinlichkeiten im historischen Durchschnitt der Jahre 1980 – 2002 für das Standard & Poor's-Rating. Dabei wurde eine No Report-Bereinigung, d.h. eine getrennte Erfassung und Adjustierung von Abgängen, aus der Grundgesamtheit, die nicht auf einen Ausfall zurückzuführen sind, vorgenommen.

Initial Rating	Rating at year end							
	AAA	**AA**	**A**	**BBB**	**BB**	**B**	**CCC**	**D**
AAA	93.06	6.29	0.45	0.14	0.06	0.00	0.00	0.00
AA	0.59	90.99	7.59	0.61	0.06	0.11	0.02	0.01
A	0.05	2.11	91.43	5.63	0.47	0.19	0.04	0.05
BBB	0.03	0.23	4.44	88.98	4.70	0.95	0.28	0.39
BB	0.04	0.09	0.44	6.07	82.73	7.89	1.22	1.53

Initial Rating	Rating at year end							
	AAA	AA	A	BBB	BB	B	CCC	D
B	0.00	0.08	0.29	0.41	5.32	82.06	4.90	6.95
CCC	0.10	0.00	0.31	0.63	1.57	9.97	55.82	31.58
D	0.00	0.00	0.00	0.00	0.00	0.00	0.00	100.00
Quelle: *Schmid* (2004); Standard & Poor's								

Tab. 16.3: Durchschnittliche einjährige Migrations- und Ausfallwahrscheinlichkeiten, Stützperiode 1980–2002

Die Ratings werden dabei in Abhängigkeit von der Änderung der Bonität der Schuldner im Zeitverlauf angepasst. Zwischenberichte werden in Form eines *Rating Outlook* (etwa: positive, negative, stable, developing) gegeben, die Tendenzaussagen enthalten, aber nicht zwangsläufig exekutiert werden müssen, da sich im weiteren Verlauf eine neue Informationslage ergeben kann.

Ratinginformationen weisen eine Reihe von Problemen auf. Ratings sind auf Stabilität angelegt. Sie spiegeln langfristige und konjunkturzyklusübergreifende Informationen wider (»rating through-the-cycle«) und nicht »aktuelle« Informationen (»current-condition« bzw. »point-in-time« ratings) bzw. aktuelle Informationen werden nicht vollständig verarbeitet. Ratings stellen somit keine guten Schätzer für das kurzfristige Ausfallrisiko dar. Ignoriert wird ferner der Aspekt der Volatilität. Ausfall- und Migrationswahrscheinlichkeiten variieren in der Zeit, insbesondere in Abhängigkeit von konjunkturellen Einflüssen. Einen Ausweg bietet hier die Ableitung von auf den Status des Konjunkturzyklus bedingten Ratings/Ratingmigrationen, man vgl. hierzu etwa *Schmid* (2004, 30 ff.). Schließlich sind Ratinginformationen retrospektiver Natur, Kreditrisiken hingegen beziehen sich auf eine künftige Zeitperiode und weisen damit einen prospektiven Charakter auf.

16.2.3 Problemstellungen und Anwendungsfelder

Kreditrisikoanalysen auf der Basis von Kreditrisikomodellen sind für vielfältige Problemkreise und Anwendungsfelder von Relevanz, die abschließend noch stichwortartig skizziert seien:

- Bestimmung von Ausfallwahrscheinlichkeiten sowie Recovery Rates
- Kreditwürdigkeitsanalyse bzw. Bonitätsprüfung
- Pricing (sowohl gehandelter als auch nicht-gehandelter) Schuldtitel
- Analyse von Kreditportfolien, insbesondere Bestimmung von Ausfallkorrelationen
- Kapitalunterlegung (»Basel II«)
- (Erfolgsorientierte) Steuerung von Kreditportfolien.

16.3 Grundlegende Kategorien von Kreditrisikomodellen

16.3.1 Statische Modellierung der Ausfallverteilung

16.3.1.1 Ausfallverteilung eines Kreditportfolios

Zur Modellierung des Ausfallrisikos eines Kreditportfolios greifen wir auf das Basismodell des Ausfallrisikos in Abschnitt 16.2.1 zurück. Die Ausfallhöhe L eines Einzelkredits wird dabei gemäß (16.1) in die Komponenten $L = EAD \cdot LGD \cdot D$ zerlegt. Die impliziten Hypothesen des Modells bestehen dabei in der Annahme einer über die Zeitperiode konstanten Ausfallwahrscheinlichkeit, was vor allem bei längeren Zeitperioden problematisch ist sowie in der Annahme, dass der Ausfall stets am Periodenende eintritt.

Der Defaultindikator D folgt einer Zweipunktverteilung (Bernoulli-Verteilung), $D \sim B(1;\pi)$, wobei $\pi = PD = P(D=1)$ der Ausfallwahrscheinlichkeit entspricht. Hieraus folgt (man vergleiche hierzu Übungsaufgabe 1)

(16.4) $$E(D) = \pi, \quad \sigma(D) = \sqrt{\pi(1-\pi)}\,.$$

Wie bereits in Abschnitt 16.2.1 betont, sind im Allgemeinen EAD bzw. LGD und damit $EAD \cdot LGD$ Zufallsgrößen. Ein (didaktischer) Spezialfall ergibt sich dadurch, dass man von einem deterministischen Ausfallbetrag $E := EAD \cdot LGD$ ausgeht. In diesem Fall gilt $L = E \cdot D$ und somit

(16.5) $$E(L) = E\pi, \quad \sigma(L) = E\sqrt{\pi(1-\pi)}\,.$$

Betrachten wir nunmehr ein Portfolio aus n Krediten mit Verlustvariablen (potenzielle Ausfallhöhe) L_i $(i = 1,\ldots,n)$ und entsprechend definierten Größen EAD_i, LGD_i sowie D_i. Der Portfolioverlust, den wir der Einfachheit wegen ebenfalls mit L bezeichnen, ist dann gegeben durch

(16.6) $$L = \sum_{i=1}^{n} L_i = \sum_{i=1}^{n} EAD_i \cdot LGD_i \cdot D_i\,.$$

Wie zuvor sei insbesondere der didaktische Spezialfall eines deterministischen Ausfallsbetrags $E_i = EAD_i \cdot LGD_i$ betrachtet. Wir definieren dann zunächst die gemeinsamen Ausfallwahrscheinlichkeiten $\pi_{ij} (i \neq j)$ durch

(16.7) $$\pi_{ij} = P(D_i = 1, D_j = 1)\,.$$

Die gemeinsame Ausfallwahrscheinlichkeit entspricht somit der Wahrscheinlichkeit, dass sowohl der Kredit i als auch der Kredit j am Ende der Periode ausfällt. Unter Benutzung der gemeinsamen Ausfallwahrscheinlichkeiten folgt (man vergleiche hierzu wiederum Übungsaufgabe 1) nun für die *Ausfallkorrelation* ρ_{ij}

(16.8) $$\rho_{ij} := \rho(D_i, D_j) = \frac{\pi_{ij} - \pi_i \pi_j}{\sigma_i \sigma_j}\,,$$

wobei $\sigma_i = \sigma(D_i) = \sqrt{\pi_i(1-\pi_i)}$ und $\sigma_j = \sigma(D_j) = \sqrt{\pi_j(1-\pi_j)}$.

Beispiel 16.1: Gemeinsame Ausfallwahrscheinlichkeit
Gegeben seien zwei Kredite A und B mit $\pi_A = \pi_B = 0{,}5\%$ und einer Ausfallkorrelation von $\rho_{AB} = 5\%$. Zu bestimmen ist die gemeinsame Ausfallwahrscheinlichkeit π_{AB}.

Nach Beziehung (16.8) gilt zunächst

$$\begin{aligned}\pi_{AB} &= \rho_{AB}\,\sigma_A\,\sigma_B + \pi_A\pi_B \\ &= \rho_{AB}\sqrt{\pi_A(1-\pi_A)\pi_B(1-\pi_B)} + \pi_A\pi_B\,.\end{aligned}$$

Im vorliegenden Fall folgt hieraus

$$\begin{aligned}\pi_{AB} &= 0{,}05(0{,}005)(0{,}995) + (0{,}005)^2 = 0{,}00024875 + 0{,}000025 \\ &= 0{,}00027375 \approx 0{,}027\%\,.\end{aligned}$$

Man erkennt hierbei insbesondere, dass der Term $\pi_A\pi_B$ sehr klein und approximativ vernachlässigbar ist.

Man erkennt für den Spezialfall eines deterministischen Exposures, dass die Ausfallverteilung des Portfolios nicht nur von den individuellen Ausfallwahrscheinlichkeiten bestimmt wird, sondern auch von den Ausfallkorrelationen. Im allgemeinen Falle (16.6) treten weitere Korrelationen hinzu.

Für das gesamte Portfolio gilt in dem betrachteten Spezialfall dann

$$L = E_1 D_1 + \ldots + E_n D_n = \sum_{i=1}^{n} E_i D_i \tag{16.9}$$

und damit

$$E(L) = \sum_{i=1}^{n} E_i \pi_i \tag{16.10a}$$

sowie

$$\sigma(L) = \sqrt{\sum_{i=1}^{n}\sum_{j=1}^{n} E_i E_j \rho_{ij}\sigma_i\sigma_j}\,. \tag{16.10b}$$

Man beachte, dass die Ausfallwahrscheinlichkeiten π_i sowohl den erwarteten Portfolioverlust als auch aufgrund von (16.8) die Portfoliostandardabweichung beeinflussen. Damit sind die Parameter $E(L)$ und $\sigma(L)$ an sich nicht unabhängig festsetzbar.

Weitere Informationen über den Portfolioverlust erhält man durch Ermittlung der Wahrscheinlichkeitsverteilung des Portfolioverlusts.

Betrachten wir zunächst den Fall unabhängiger Defaultvariablen und eines einheitlichen Exposures E. In diesem Fall gilt mit $D := D_1 + \ldots + D_n$

$$L = DE\,. \tag{16.11}$$

Die Portfolioausfallverteilung wird damit bestimmt durch die Verteilung der Anzahl der Ausfälle im betrachteten Kollektiv. Als Summe von unabhängigen Bernoulli-Verteilungen ist D binomialverteilt mit den Parametern n und p, $D \sim B(n,p)$. Insbesondere gilt $(k = 0,\ldots,n)$

$$P(D=k)=\binom{n}{k}p^k(1-p)^{n-k}\,. \tag{16.12}$$

Die Beziehung (16.12) liefert die Wahrscheinlichkeit für genau k Ausfälle bei n Krediten. Abbildung 16.4 illustriert diese Situation für $n = 200$ Kredite und $p = 5\%$.

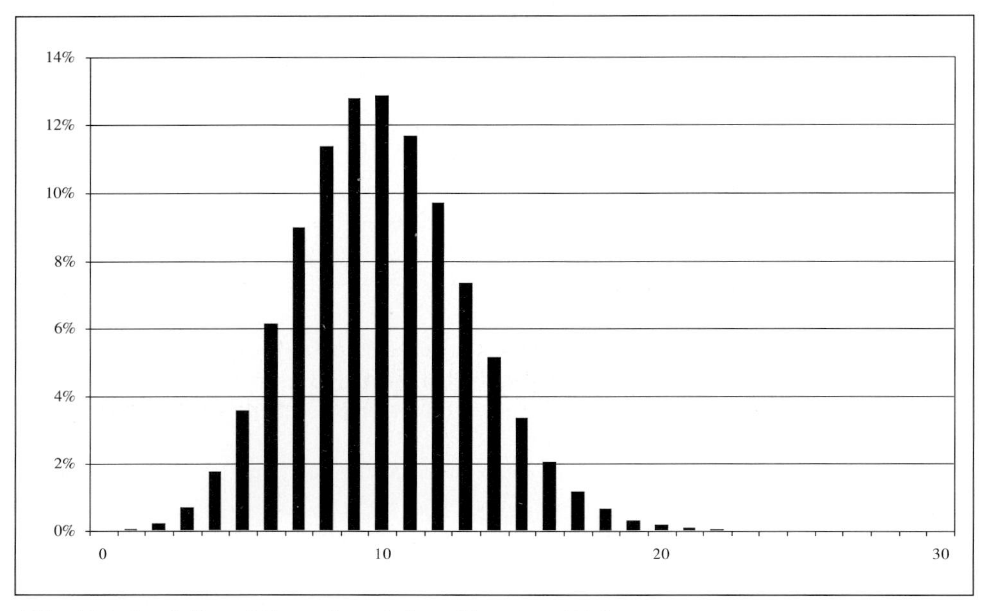

Abb. 16.4: Portfolioausfallverteilung bei unabhängigen Risiken

Für wachsende Kollektive nähert sich die Binomialverteilung der Normalverteilung an. Dies kennzeichnet auch den allgemeinen Fall bei unabhängigen Defaultvariablen. Aufgrund des zentralen Grenzwertsatzes gilt für (sehr) große n für $L_n = D_1 E_1 + \ldots + D_n E_n$ (hier wird im Unterschied zu (16.9) noch die Abhängigkeit von der Portfoliogröße explizit gemacht) approximativ

$$P(L_n \le x) \approx N[x; E(L_n), Var(L_n)]\,. \tag{16.13}$$

Die Portfolioverlustverteilung kann damit durch eine Normalverteilung mit den Parametern $E(L_n)$ und $\sigma(L_n)$ approximiert werden. Aufgrund der im Kreditkontext typischerweise vorliegenden Ausfallkorrelationen ist diese Approximation jedoch wenig realistisch.

Im allgemeinen Fall müssen daher alternative analytische Resultate abgeleitet (man vgl. hierzu etwa Anhang 16B) oder alternative Verteilungsapproximationen (etwa die Beta-Verteilung, vgl. etwa *Bluhm et al.*, 2003, S. 38 f., oder die Normal Power-Verteilung, vgl. etwa *O'Connor et al.*, 1999) verwendet werden. Eine weitere Alternative, auf die standardmäßig zurückgegriffen wird, ist schließlich die Methode der stochastischen Simulation (Monte Carlo-Simulation, vgl. etwa *Bluhm et al.*, 2003, S. 34 ff.). Abbildung 16.5 illustriert eine idealtypische »realistische« Portfolioverlustverteilung, die im Vergleich zum Normalverteilungsfall deutlich rechtsschiefer ist.

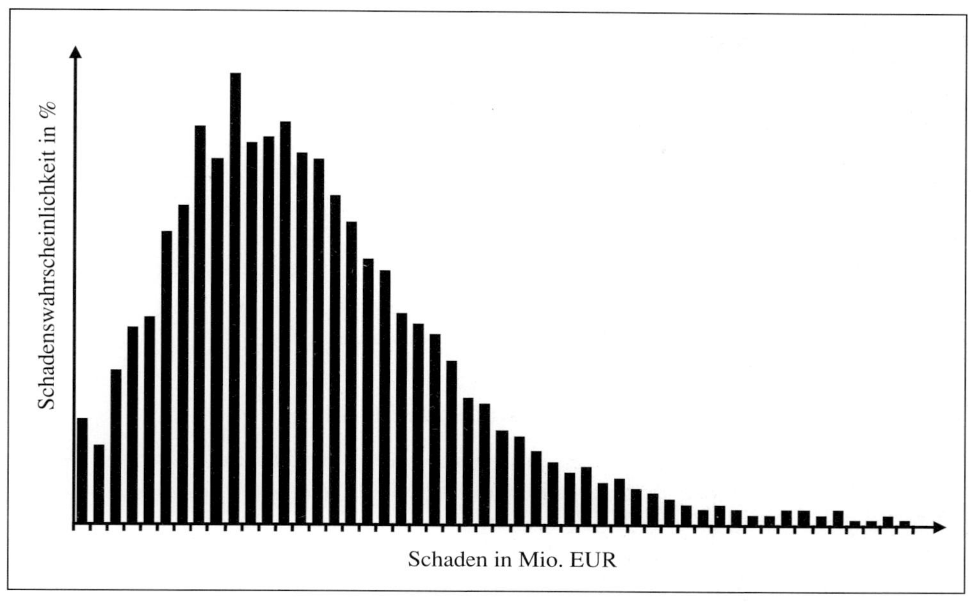

Abb. 16.5: Wahrscheinlichkeitsverteilung des Portfolioverlustes

Die Portfolioverlustverteilung ihrerseits ist dann der Ausgangspunkt für die Kreditportfoliosteuerung. Ein erstes Beispiel hierfür ist die Risikomessung bzw. Kapitalunterlegung auf der Basis der in Kapitel 3 (und erweitert in Kapitel 15) dargestellten Risikomaße Value at Risk bzw. Conditional Value at Risk.

Entsprechend definieren wir den Credit-Value at Risk $CrVaR_\alpha$ zum Konfidenzniveau α durch die Forderung

(16.14a) $$P(L > CrVaR_\alpha) = \alpha$$

sowie den Conditional Credit-Value at Risk $CCrVaR_\alpha$ durch

(16.14b) $$CCrVaR_\alpha := E\left[L \mid L > CrVaR_\alpha\right].$$

Die Differenz zwischen dem gemäß *CrVaR* bzw. *CCrVar* bestimmten Kapital und dem erwarteten Portfolioverlust *E*(*L*) wird auch als *ökonomisches Kapital* bezeichnet.

Auf der Grundlage dieser VaR-Kapitalien bzw. dem jeweiligen ökonomischen Kapital entfalten sich weitere Elemente der Kreditportfoliosteuerung. So etwa die Bestimmung der Risikobeiträge (Risk Contribution) der einzelnen Kredite bzw. Kreditsegmente zum Gesamtkreditrisiko und damit einhergehend die Kreditrisikokapitalallokation. Das Pricing der Kreditrisiken kann über die Festlegung von risikoadjustierten Mindestmargen erfolgen, etwa in der Form (jeweils auf Segmentebene)

Erwarteter Kreditverlust
+ Kosten des Vertragsprozesses
+ Kosten des Kreditrisikokapitals
– Vergütung für das Kreditrisikokapital (Anlageerträge).

Eine weitere Anwendung ist in Analogie zu Abschnitt 15.5 das Management des Credit-RORAC (RORAC = Return on Risk Adjusted Capital), der beispielsweise auf der Basis des Credit-VaR definiert wird durch

(16.15) $$CrRORAC = \frac{G}{CrVaR}.$$

Dabei entspricht G dem Ergebnis einer Periode aus dem gesamten Kreditrisikogeschäft bzw. einem Segment von Kreditrisiken. Der Focus der Credit-RORAC-Steuerung liegt auf den risikoadjustierten Ergebnissen, nicht auf den absoluten Ergebnissen.

16.3.1.2 Bedingte und gemischte Ausfallverteilungen

Die Ausfallkorrelation von Krediten spielt in praxi eine wesentliche Rolle. Zur Auswertung von (16.10b) sind $n(n-1)/2$ Ausfallkorrelationen zu bestimmen, was für große Kreditportfolien durchaus problematisch ist. Eine Standardvorgehensweise zur Erzeugung von Ausfallkorrelationen, die demgegenüber zu einer erheblichen strukturellen Vereinfachung führt, basiert auf der Verwendung von Einflussfaktoren für den Kreditausfall und der Anwendung der Konzeption der *bedingten Unabhängigkeit*. Nehmen wir an, dass die Defaultindikatoren von einem (zufallsabhängigen) Vektor $X = (X_1,...,X_m)$ beeinflusst werden, der beispielsweise konjunkturelle Einflüsse und Ratingeinflüsse umfasst.

Wir analysieren nun zunächst das Kreditportfolio gegeben eine Realisation x von X. Die bedingte Ausfallwahrscheinlichkeit $\pi_i(x)$ ist dann gegeben durch

(16.16) $$\pi_i(x) = P(D_i = 1 \mid X = x).$$

Entsprechend erhalten wir für den Portfolioverlust $L = E_1 D_1 + ... + E_n D_n$

(16.17a) $$E(L \mid X = x) = \sum_{i=1}^{n} E_i \pi_i(x)$$

sowie allgemein

(16.17b) $$Var(L \mid X = x) = \sum_{i=1}^{n}\sum_{j=1}^{n} E_i E_j Cov(D_i, D_j \mid X = x).$$

Die Fixierung einer Realisation $X = x$ bedeutet, dass alle betrachteten Einflussfaktoren eine bestimmte Ausprägung (bestimmter Status der Konjunktur, bestimmtes Land, bestimmter Sektor, bestimmtes Rating) annehmen. Sind im Zufallsvektor X alle systematischen Einflüsse auf die Kreditrisiken des Portfolios erfasst, so verbleiben für jeden Einzelkredit nur noch die auf ihn wirkenden spezifischen Einflüsse (nicht-systematische bzw. idiosynkratische Einflüsse). Da diese jeweils nur kreditspezifisch wirken, kann davon ausgegangen werden, dass diese unabhängig voneinander sind. Man kann in diesem Fall somit von einer *bedingten Unabhängigkeit* ausgehen, d.h. $(i, j = 1,...,n)$

(16.18) $$D_i \mid X = x \text{ und } D_j \mid X = x \text{ stochastisch unabhängig für } i \neq j.$$

Die Annahme der bedingten Unabhängigkeit beinhaltet eine erhebliche strukturelle Vereinfachung für die bedingte Varianz des Portfolioverlustes. Aufgrund von $Cov(D_i, D_j \mid X = x) = 0$ für $i \neq j$ folgt nunmehr

(16.19)
$$\begin{aligned} Var(L \mid X = x) &= \sum_{i=1}^{n} E_i^2 \, Var(D_i \mid X = x) \\ &= \sum_{i=1}^{n} E_i^2 \, \pi_i(x)[1 - \pi_i(x)]. \end{aligned}$$

Auf der unbedingten Ebene hingegen sind die Defaultvariablen korreliert. Es gilt (vgl. hierzu Übungsaufgabe 16.2) für $i \neq j$:

(16.20) $$\rho(D_i, D_j) = \frac{Var[\pi(X)]}{E[\pi(X)]\{1 - E[\pi(X)]\}} > 0.$$

Hieraus resultiert somit eine positive Korrelation zwischen allen Krediten, die vollständig durch den Einflussfaktor X bestimmt wird. Die zugrunde liegenden Wirkungszusammenhänge werden in Abb. 16.6 nochmals grafisch festgehalten.

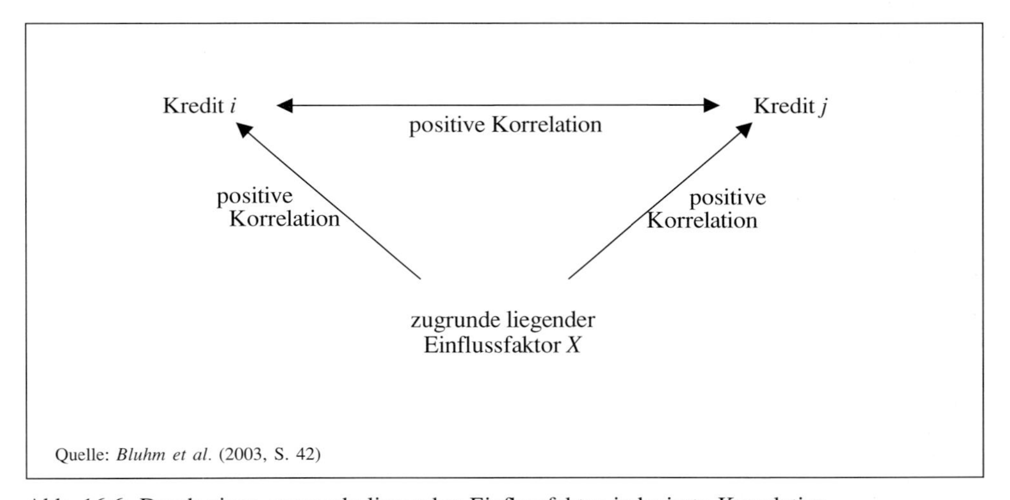

Abb. 16.6: Durch einen zugrunde liegenden Einflussfaktor induzierte Korrelation

Das Prinzip der Erzeugung von Ausfallkorrelationen durch einen zugrunde liegenden Faktor verbunden mit der Annahme der bedingten Unabhängigkeit erweist sich als zentral für eine Reihe von Kreditrisikomodellen und Kreditrisikoanalysen.

Weitergehende Ergebnisse lassen sich erzielen, wenn ein Zusammenhang zwischen den Defaultindikatoren und dem zugrunde liegenden Faktor spezifiziert wird. Dies wird (unter anderem) im nächsten Abschnitt aufgegriffen.

Eine verwandte Konstruktion liegt dem *Bernoulli-Mischungsmodell* zugrunde. Hierbei wird der zugrunde liegende Faktor nicht explizit spezifiziert, sondern die Ausfallwahrscheinlichkeiten werden direkt als Zufallsgrößen Π_i aufgefasst. Als Annahmen treffen wir hierbei

(16.21a) $$D_i \mid \Pi_i = \pi_i \sim B(1;\pi_i)$$

(16.21b) $$D_i \mid \Pi_i = \pi_i \text{ und } D_j \mid \Pi_j = \pi_j \text{ sind unabhängig } (i \neq j).$$

Die Bedingung (16.21a) besagt, dass der Defaultindikator bedingt auf jede Ausprägung π_i von Π_i bernoulliverteilt ist, d.h. wir sind dann in der Situation des Basismodells in Abschnitt 16.3.1.1. Es gelten nun die folgenden Eigenschaften (man vergleiche hierzu Übungsaufgabe 16.3):

(16.22a) $$E(D_i) = E(\Pi_i)$$

(16.22b) $$Var(D_i) = E(\Pi_i)[1 - E(\Pi_i)]$$

(16.22c) $$Cov(D_i, D_j) = Cov(\Pi_i, \Pi_j).$$

Insbesondere wird damit die Kovarianzstruktur der Defaultvariablen durch die multivariate Verteilung von $(\Pi_1,...,\Pi_n)$ bestimmt.

Der Ansatz eines zugrunde liegenden Faktors ist auch hilfreich für eine weitere implizite Problematik des Basismodells des Abschnitts 16.3.1.1, der Stationarität der Ausfallwahrscheinlichkeiten. Dies impliziert, dass – bei Wahl eines längerfristigen Zeithorizonts – die gewonnenen Größen entweder als langjährige Durchschnittsgrößen zu interpretieren sind oder, dass – bei Wahl eines kürzerfristigen Zeithorizonts – die Werte der geschätzten Größen jeweils im Zeitablauf anzupassen sind. Ein expliziter Bezug zu zeitlich variablen Rahmenbedingungen kann hergestellt werden, wenn man zu einem bedingten Ausfallmodell übergeht.

Wir betrachten dazu allgemein einen zeitabhängigen Vektor $X_t = x_t$ von Einflussfaktoren und definieren für Unternehmen i in Periode t die bedingte Ausfallwahrscheinlichkeit

(16.23) $$\pi_{it} := P(D_{it} = 1 \mid x_t),$$

wobei D_{it} den Defaultindikator von Schuldner i in Periode t bezeichne. Auch hierbei besteht die Standardvorgehensweise darin, von der Annahme der bedingten Unabhängigkeit auszugehen, woraus insbesondere $Cov(D_{it}, D_{jt} \mid x_t) = 0$ für i und j resultiert.

Konkretisiert man den Zusammenhang zwischen D_{it} und x_t weiter, so gelangt man etwa zu dem Standardansatz eines linearen Faktormodells der Form

(16.24) $$D_{it} = b_{0t} + b_{1t} x_{1t} + ... + b_{mt} x_{mt} + \varepsilon_{it}.$$

Die Faktoren x_{kt} sind dabei typischerweise makroökonomische Faktoren (BIP-Wachstum, Zinssätze) sowie mikoroökonomische Faktoren (Sektorzugehörigkeit).

Der zentrale Vorteil dieser dynamisierten Betrachtungsweise liegt in der zeitnahen Modellierung und der Erleichterung der Durchführung von Prognosen.

Eine Verfeinerung des vorstehend dargestellten Ansatzes beinhaltet das Credit Portfolio View-Modell, das wir in Abschnitt 16.4.5 behandeln werden.

16.3.1.3 Einfaktormodell für Bonitätsindikatoren

Wir gehen aus von dem folgenden allgemeinen Modellzusammenhang. Gegeben seien n Kredite von n Schuldnern. Schuldner i ($i = 1,\ldots, n$) sei charakterisierbar durch einen Bonitätsindikator Y_i, dessen genaue Spezifikation sich im Rahmen der jeweiligen Konkretisierung des allgemeinen Modellrahmens ergibt. Für Y_i gelte das folgende spezifische Einfaktormodell (zu den strukturellen Eigenschaften des Einfaktormodells vergleiche man Übungsaufgabe 16.4):

(16.25)
$$Y_i = \sqrt{\rho_i}\, F + \sqrt{1-\rho_i}\, U_i .$$

Dabei seien sowohl F als auch U_i (und damit auch Y_i) jeweils standardnormalverteilte Zufallgrößen, $F, U_i \sim N(0,1)$. Ferner seien die Zufallsgrößen F und U_i (für $i = 1,\ldots,n$) sowie U_i und U_j $(i, j = 1,\ldots,n;\ i \neq j)$ stochastisch unabhängig.

Die Beziehung (16.25) besagt nun, dass die Bonitätsindikatoren der n Schuldner nur von einem gemeinsamen (»systematischen«) Faktor, beispielsweise der konjunkturellen Lage, beeinflusst werden und ansonsten nur von unternehmensspezifischen (»idiosynkratischen«) Gegebenheiten.

Die weitere Modellvorstellung ist nun, dass ein Ausfall des Schuldners genau dann eintritt, wenn die Bonitätsvariable eine spezifische Ausfallschranke H_i unterschreitet, d.h.

(16.26)
$$D_i = 1 \Leftrightarrow Y_i < H_i .$$

Auch hier ergibt sich die Festlegung der Ausfallschranke im Rahmen der jeweiligen Konkretisierung des allgemeinen Modellrahmens.

Wir betrachten nun wieder den Spezialfall, dass alle Kredite ein einheitliches Exposure E sowie eine identische Ausfallwahrscheinlichkeit $\pi_i = \pi$ besitzen und in Beziehung (16.25) alle i identisch sind, $\rho_i = \rho$. Dies hat insbesondere zur Folge (vgl. Übungsaufgabe 16.4), dass $\rho(Y_i, Y_j) = \rho$, d.h. dass alle Bonitätsindikatoren die gleiche Korrelation untereinander aufweisen. Im Unterschied zu dem in Abschnitt 16.3.1.1 betrachteten Homogenitätsfall, in dem die Unabhängigkeit der Defaultvariablen vorausgesetzt wurde, liegt hier somit eine (einheitliche) Kreditkorrelation vor.

Der Portfoliokreditausfall ist im vorliegenden Falle gegeben durch $L = E(D_1 + \ldots + D_n) = ED$. Die Anzahl $D = D_1 + \ldots + D_n$ der Ausfälle in der betrachteten Periode bestimmt somit die Portfolioausfallverteilung. Für die Zahl der Ausfälle im Portfolio lässt sich unter den voranstehenden Voraussetzungen das folgende Resultat erzielen $(k = 0,\ldots,n)$

(16.27)
$$P(D = k) = \binom{n}{k} \int_{-\infty}^{+\infty} \left[\Phi\left(\frac{H - \sqrt{\rho}\, x}{\sqrt{1-\rho}}\right)\right]^k \left[1 - \Phi\left(\frac{H - \sqrt{\rho}\, x}{\sqrt{1-\rho}}\right)\right]^{n-k} \varphi(x)\, dx .$$

Dieses Resultat geht zurück auf *Vasicek* (1991) und wird in Anhang 16B abgeleitet. Entscheidend ist dabei, dass aus dem Modellansatz (16.25) die bedingte Unabhängigkeit der

Bonitätsindikatoren Y_i gegeben eine Realisation $F = x$ des Faktors F folgt (man vergleiche hierzu Übungsaufgabe 16.5). Dies unterstreicht nochmals die im letzten Abschnitt getroffene Aussage über die Bedeutung der Annahme der bedingten Unabhängigkeit im Kontext der Analyse von Kreditrisiken.

Wir betrachten nun den *anteiligen* (relativen, prozentualen) *Portfolioverlust* relativ zum Gesamtexposure $\overline{L}_n$ definiert durch

$$\overline{L}_n := \frac{D_1 E + \ldots + D_n E}{nE} = \frac{1}{n}(D_1 + \ldots + D_n). \tag{16.28}$$

Dabei wird dieses Mal auch notationsmäßig die Abhängigkeit von der Größe des Kreditportfolios explizit gemacht. Es lassen sich nun die folgenden, ebenfalls auf *Vasicek* (1991) zurückgehenden, Aussagen über die Verteilungsfunktion $F_\infty(x)$ bzw. die Dichtefunktion $f_\infty(x)$ der Grenzverteilung $\overline{L}_\infty$ von $\overline{L}_n$ für $n \to \infty$ nachweisen (man vgl. hierzu wiederum Anhang 16B):

$$F_\infty(x) = \Phi\left\{\frac{1}{\sqrt{\rho}}\left[\sqrt{1-\rho}\,\Phi^{-1}(x) - \Phi^{-1}(\pi)\right]\right\} \tag{16.29}$$

$$f_\infty(x) = \sqrt{\frac{1-\rho}{\rho}}\exp\left\{\frac{1}{2}\left[\Phi^{-1}(x)\right]^2 - \frac{1}{2\rho}\left[\Phi^{-1}(\pi) - \sqrt{1-\rho}\,\Phi^{-1}(x)\right]^2\right\}. \tag{16.30}$$

Die nachfolgende Abbildung 16.7 illustriert diese Dichte für die Parameterkonstellation $\rho = 0.05$ und $\pi = 0.005$.

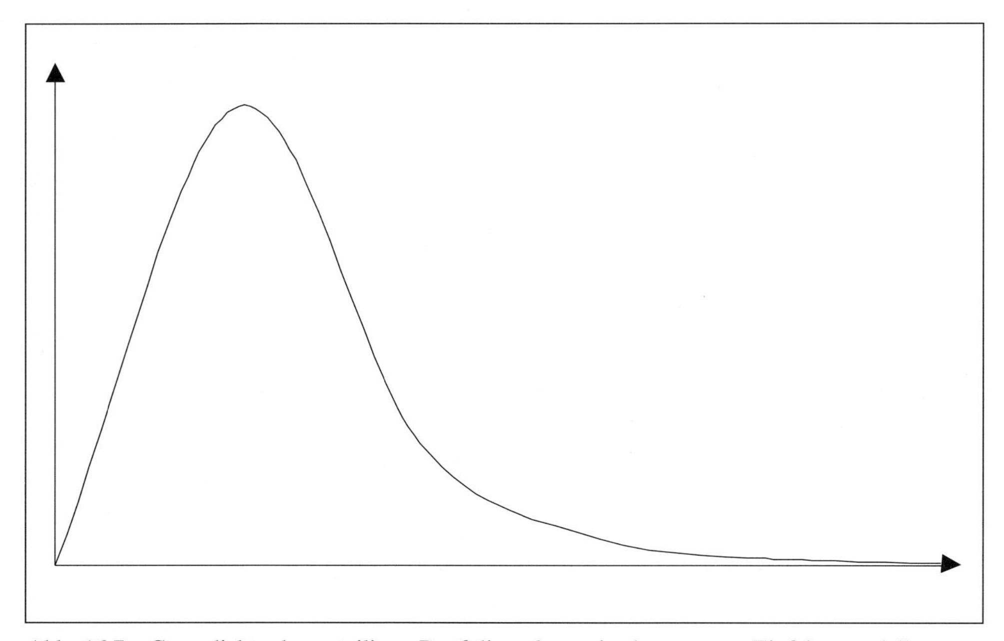

Abb. 16.7: Grenzdichte des anteiligen Portfolioverlustes im homogenen Einfaktormodell

Im Vergleich zu Abbildung 16.4, die auf der Annahme der Unabhängigkeit der Kreditrisiken beruht, resultiert im vorliegenden Fall eine deutlich höhere Rechtsschiefe.

Ferner gilt für die Grenzvariable $\bar{L}_\infty$

(16.31a) $$E(\bar{L}_\infty) = \pi$$

(16.31b) $$\text{Median}(\bar{L}_\infty) = \Phi\left[\frac{1}{\sqrt{1-\rho}}\,\Phi^{-1}(\pi)\right].$$

Weitergehende analytische Resultate für allgemeinere Portfoliokonstellationen, insbesondere auch bei Lockerung der Homogenitätsannahme, enthalten *Schönbucher* (2000, 2002), *Lucas et al.* (2001, 2002) sowie *Wehrspohn* (2003).

16.3.1.4 Mehrfaktormodelle für Bonitätsindikatoren

Der einfaktorielle Modellansatz des Abschnitts 16.3.1.3 kann entsprechend auf einen Mehrfaktoransatz verallgemeinert werden. Wir konzentrieren uns dabei auf einen Standardansatz im Rahmen von Kreditrisikomodellen, der auf einer hierarchischen Struktur der Faktoreinflüsse beruht. Die grundsätzlichen Hierarchieebenen sind in Abbildung 16.8, angelehnt an *Bluhm et al.* (2003, S. 46), dargestellt, denen wir auch bei der weiteren Analyse folgen.

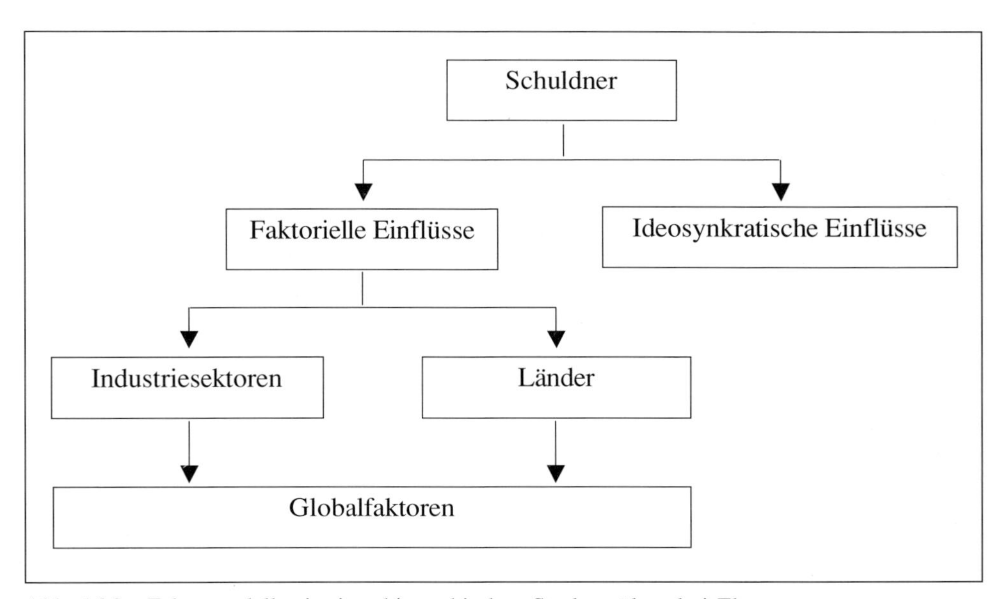

Abb. 16.8: Faktormodell mit einer hierarchischen Struktur über drei Ebenen

Auf der ersten Ebene gilt für die (nicht-standardisierten) Bonitätsindikatoren Y_i ein faktorieller Zusammenhang der Form

(16.32) $$Y_i = \beta_i F_i + U_i\,.$$

Die Zufallsgrößen F_i und U_i sind jeweils normalverteilt, die Größen U_i sind stochastisch unabhängig $(i = 1,...,n)$. Dies gilt ebenfalls für die Größen F_i und U_i $(i = 1,...,n)$. Entsprechend lässt sich die Varianz zerlegen gemäß

(16.33) $$Var(Y_i) = \beta_i^2 Var(F_i) + Var(U_i),$$

d.h. in einem faktoriellen (systematischen) und einen schuldnerspezifischen (ideosynkratischen) Einfluss.

Auf der zweiten Ebene wird jeder Faktor F_i aufgespalten in einen Industrie- bzw. Sektoranteil einerseits und einen Länderanteil andererseits:

(16.34a) $$F_i = \sum_{j=1}^{J} w_{ij} G_j .$$

Dabei sind $G_1,...,G_{j_0}$ Sektorindices und $G_{j_0+1},...,G_J$ Länderindices. Die Koeffizienten w_{ij} werden entsprechend als Industrie(Sektor)gewichte bzw. als Ländergewichte bezeichnet und es gilt $(i = 1,...,n)$

(16.34b) $$\sum_{j=1}^{j_0} w_{ij} = \sum_{j=j_0+1}^{J} w_{ij} = 1 .$$

Auf der dritten und letzten Ebene werden schließlich die Größen G_j auf unabhängige globale Einflussfaktoren zurückgeführt. Es gilt dabei $(j = 1,...,J)$

(16.35) $$G_j = \sum_{k=1}^{K} b_{jk} H_k + \varepsilon_k .$$

Verwendet man für die einzelnen Ebenen die Matrix/Vektorschreibweise, so erhalten wir $G = AH + \varepsilon$ auf Ebene 3, $F = WG$ auf Ebene 2 und $Y = BF + U$ auf Ebene 1, dabei ist B hier eine Diagonalmatrix. Insgesamt erhalten wir damit das spezifische Faktormodell

(16.36) $$Y = BW(AH + \varepsilon) + U .$$

Im Unterschied zu einem allgemeinen Faktormodell der Form $Y = BF + U$, vergleiche etwa Anhang 7C, ist das vorliegende Faktormodell durch eine spezifische Faktorstruktur gekennzeichnet.

Zur Analyse der Korrelation der Bonitätsvariablen gehen wir zunächst über zu den standardisierten Bonitätsvariablen $(\sigma_i := \sigma(Y_i))$

(16.37a) $$Y_i^* := [Y_i - E(Y_i)] / \sigma_i .$$

Hieraus folgt die alternative Faktordarstellung $(i = 1,...,n)$

(16.37b) $$Y_i^* = \frac{\beta_i}{\sigma_i} F_i^* + U_i^* ,$$

mit normalverteilten Faktoren F_i^* und U_i^*, für die $E(F_i^*) = E(U_i^*) = 0$ gilt. Für die Korrelationen der standardisierten Bonitätsindikatoren folgt hieraus

(16.38) $$\rho(Y_i^*, Y_j^*) = Cov(Y_i^*, Y_j^*) = E(Y_i^* Y_j^*) = \frac{\beta_i \beta_j}{\sigma_i \sigma_j} E(F_i^* F_j^*) .$$

Gemäß (6.83) gilt für das Bestimmheitsmaß

(16.39) $$R_i^2 = \beta_i^2 \frac{Var(F_i)}{Var(Y_i)} = \left[\frac{\beta_i}{\sigma_i}\sigma(F_i)\right]^2 .$$

Setzen wir dies in (16.38) ein und beachten $\sigma(F_i) = \sigma(F_i^*)$ – es wurde ja nur eine deterministische Verschiebung der F_i vorgenommen –, so erhalten wir

(16.40) $$\rho(Y_i^*, Y_j^*) = \frac{R_i R_j}{\sigma(F_i^*)\sigma(F_j^*)} E(F_i^* F_j^*) = R_i R_j \rho(F_i^*, F_j^*) .$$

Wir standardisieren nunmehr noch die Beziehung (16.37a) zu

(16.41) $$Y^* = \tilde{B}W(A\tilde{H} + \tilde{\varepsilon}) + \tilde{U} = \tilde{B}F^* + \tilde{U} .$$

Dabei ist $\tilde{B}$ eine Diagonalmatrix mit Elementen β_i / σ_i und es gilt $E(\tilde{H}) = E(\tilde{\varepsilon}) = E(\tilde{U}) = 0$. Darüber hinaus werden die Risiken $\tilde{\varepsilon}$ und $\tilde{U}$ als untereinander unabhängig und sowie unabhängig von $\tilde{H}$ angenommen. Es lässt sich nun das folgende Resultat nachweisen, vgl. hierzu *Bluhm et al.* (2003, S. 49 f.), das auf der angenommenen spezifischen Faktorstruktur beruht:

(16.42) $$E(Y_i^* Y_j^*) = W[A E(\tilde{H}\tilde{H}^T)A^T + E(\tilde{\varepsilon}\tilde{\varepsilon}^T)]W^T .$$

Die Matrizen $E(\tilde{H}\tilde{H}^T)$ und $E(\tilde{\varepsilon}\tilde{\varepsilon}^T)$ sind dabei Diagonalmatrizen.

16.3.1.5 Poissonapproximation

Zur Darstellung der Poissonapproximation betrachten wir die Größe $D = \sum_{i=1}^{n} D_i$, die (potenzielle) Anzahl von Ausfällen in der betrachteten Periode und definieren den Parameter λ durch

(16.43) $$\lambda := E(D) = \sum_{i=1}^{n} \pi_i .$$

Wir approximieren nun die Verteilung von *D* durch die Poissonverteilung mit dem Parameter λ, $D \sim Po(\lambda)$. Hieraus folgt

(16.44) $$P(D = k) = \frac{\lambda^k}{k!} e^{-\lambda} .$$

Dies charakterisiert die Wahrscheinlichkeit dafür, dass von den *n* betrachteten Schuldnern genau *k* ausfallen. Ferner gilt im Rahmen der Poissonverteilung

(16.45) $$E(D) = Var(D) = \lambda .$$

Unter der Poissonannahme stimmen die erwartete Anzahl von Defaults sowie die Varianz der Defaults überein. Der Parameter λ wird als *Ausfallintensität* des betrachteten (Teil-)Kollektivs von Kreditrisiken bezeichnet. Eine alternative Vorgehensweise, die ebenfalls auf (16.44) führt, besteht darin, für jeden Defaultindikator D_i direkt eine Poissonapproximation $D_i \sim Po(\lambda_i)$ vorzunehmen und dann $\lambda = \lambda_1 + ... + \lambda_n$ zu setzen. Beide Vorgehensweisen implizieren allerdings, dass jeder Kredit mehrmals ausfallen kann. Dieser Effekt ist jedoch durch eine entsprechende Kalibrierung von λ auf der Kollektivebene unproblematisch.

Auch im Falle der Poissonapproximation kann wie in Abschnitt 16.3.1.2 mit einer dynamisierten und bedingten Variante gearbeitet werden. Der Standardsatz lautet hierbei (logistisches Modell):

(16.46) $$\lambda_{it} = \frac{\exp(b_{0t} + b_{1t}x_{1t} + .. + b_{mt}\, x_{mt})}{1 + \exp(b_{0t} + b_{1t}x_{1t} + .. + b_{mt}\, x_{mt})}\,.$$

Dabei bezeichne λ_{it} die Ausfallintensität des Kreditrisikosegments i in Periode t.

Ebenfalls in Analogie zu Abschnitt 16.3.1.2 ist der Übergang zu einer *gemischten Poissonverteilung* möglich. Es sei dazu D eine diskrete Verteilung, die die Anzahl von Defaults in einer Periode erfasst und es gelte

(16.47) $$P[D = k \mid \Lambda = \lambda] = \frac{\lambda^k}{k!} e^{-\lambda}\,.$$

Die Ausfallintensität ist nunmehr nicht mehr deterministisch, sondern selbst eine Zufallsgröße Λ. Bedingt auf eine Realisation ist man in der Situation von Beziehung (16.44). D besitzt nun eine gemischte Poissonverteilung und es gilt

(16.48) $$E(D) = E(\Lambda)$$

(16.49) $$Var(D) = Var(\Lambda) + E(\Lambda)$$

sowie allgemein

(16.50) $$P(D = k) = \int_0^\infty (\lambda^k e^{-\lambda} / k!)\, dU(\lambda)\,.$$

Im Rahmen von (16.50) gehen wir dabei davon aus, dass Λ die Verteilungsfunktion U besitzt, $\Lambda \sim U$. U wird auch als *mischende Verteilung* bezeichnet. Ein Standardbeispiel besteht darin, dass Λ einer Gammaverteilung mit den Parametern $a > 0$ und $b > 0$ folgt, d.h. die Dichtefunktion

(16.51) $$u(\lambda) = \frac{1}{\Gamma(a)} b^{-a} \lambda^{a-1} e^{-\lambda/b} \text{ für } x > 0$$

besitzt. Mit $p := b/(1+b)$ gilt dann

(16.52) $$P(D = k) = \binom{k+a-1}{k} (1-p)^a p^k\,.$$

Es liegt damit eine *negative Binomialverteilung* vor. Ferner gilt

(16.53a) $$E(D) = ab$$

sowie

(16.53b) $$Var(D) = ab(1+b) > E(D)\,.$$

Im Vergleich zur Poissonverteilung besitzt somit die negative Binomialverteilung eine höhere Varianz.

Überträgt man diese Konstruktion der gemischten Poissonverteilung auf ein Portfolio von Einzelkrediten bzw. auf ein Portfolio von Kreditsegmenten, so gelangt man in Analogie zum Bernoulli-Mischungsmodell zum *Poisson-Mischungsmodell*. Im Falle von n Defaultvariablen (für Einzelkredite bzw. Kreditsegmente) sind die (16.21) entsprechenden Bedingungen

(16.54a) $$D_i \mid \Lambda_i = \lambda_i \sim Po(\lambda_i)$$

(16.54b) $$D_i \mid \Lambda_i = \lambda_i \text{ und } D_j \mid \Lambda_j = \lambda_j \text{ sind unabhängig } (i \neq j)\,.$$

Zu weiteren Eigenschaften des Poisson-Mischungsmodells vergleiche man *Bluhm et al.* (2003, S. 63 ff.). Insbesondere können Bernoulli- und Poisson-Mischungsmodell so kalibriert werden, dass die ersten beiden Momente für jedes i identisch (»gematcht«) sind. Aufgrund der höheren Varianz der Poisson-Variante führt dies zu geringeren Ausfallkorrelationen. Das Bernoulli-Mischungsmodell führt somit zu einem »fatter tail«, vgl. hierzu *Bluhm et al.* (2003, S. 65 ff.).

16.3.2 Unternehmenswertmodelle

16.3.2.1 Das Basismodell von Merton (1974)

Unternehmenswertmodelle (*Firmenwertmodelle*) werden auch als *strukturelle Modelle* (*Structural Models*) bezeichnet. Sie stellen explizit auf die Entwicklung des Unternehmenwertes ab und verwenden diesen im Rahmen eines optionspreistheoretischen Ansatzes als Ausgangspunkt für die Bewertung von Eigenkapital und Fremdkapital auf Marktwertbasis. Generelles Anwendungserfordernis ist somit die Beobachtbarkeit des Unternehmenswertes des Schuldners. Die Konzeption der Unternehmenswertmodelle geht zurück auf *Merton* (1974), dessen Basismodell auch im Mittelpunkt dieses Abschnitts steht.

Ausgangspunkt des Modells von *Merton* ist die Entwicklung der Marktwerte $\{A_t\}$ der Aktiva (Assets) und $\{L_t\}$ der Passiva (Liabilities) eines Unternehmens über das Zeitintervall $[0,T]$. Die Differenz

(16.55) $$E_t = A_t - L_t$$

entspricht dann dem Marktwert des Eigenkapitals, dem Börsenwert, des Unternehmens.

Hinsichtlich der Struktur der Verpflichtungen geht man im Basismodell von einem Zerobond mit Fälligkeit in T aus. Der entsprechende Rückzahlungsbetrag, die Höhe des aufgenommenen Fremdkapitals betrage F. Die Deckung dieser Verpflichtung besitzt Vorrang vor der Bedienung der Eigenkapitalgeber. Unter der Annahme einer konstanten Zinsrate r ist damit der Wert L_t der Verpflichtung zum Zeitpunkt t gegeben durch

(16.56) $$L_t = F \exp[-r(T-t)]\,.$$

Wie sieht nun die Situation am Ende der Laufzeit aus? Im Falle $A_T < F$ können die Verpflichtungen nicht vollständig bedeckt werden. Die Eigenkapitalgeber wählen die Insolvenz zur Wahrung der Haftungsbeschränkung, die Fremdkapitalgeber erhalten die vorhandene Vermögensmasse A_T. Im Falle $A_T \geq F$ erhalten die Eigenkapitalgeber die Differenz $A_T - F$ und die Verpflichtung kann vollständig gedeckt werden. Insgesamt gilt somit für die Position der Eigenkapitalgeber zum Zeitpunkt *T*:

(16.57a) $$E_T = \max(A_T - F, 0) \, .$$

Der Besitz des Unternehmens entspricht zum Zeitpunkt *T* aus Sicht der Eigenkapitalgeber der Position eines Europäischen Calls auf die Aktiva des Unternehmens mit einem Ausübungspreis in Höhe von *F*. Damit entspricht E_t dem Wert des Calls zum Zeitpunkt *t*.

Für die Position der Fremdkapitalgeber zum Zeitpunkt *T* gilt

(16.57b) $$L_T = \min(A_T, F) = F - \max(F - A_T, 0) \, .$$

Die Position der Fremdkapitalgeber zum Zeitpunkt *T* entspricht der Kombination einer sicheren Anlage mit einer Short-Position in einem Europäischen Put auf die Aktiva des Unternehmens, ebenfalls mit Ausübungspreis *F*. Der Put quantifiziert das bestehende Ausfallrisiko bzw. die dadurch bedingte Minderung des Wertes des Fremdkapitals aus Sicht der Fremdkapitalgeber. Zum Zeitpunkt *t* gilt entsprechend

(16.58) $$L_t = F \exp[-r(T-t)] - P_t \, ,$$

wobei P_t den Wert des Puts zum Zeitpunkt *t* bezeichne. Dies entspricht somit dem Wert des ausfallbedrohten Fremdkapitals (hier: Zerobond). Insbesondere gilt $L_t \leq F \exp[-r(T-t)] = FB(t,T)$. Bei der Bewertung der Verpflichtungen (des Zerobonds) ist ein Abschlag für das bestehende Ausfallrisiko vorzunehmen.

Insgesamt lässt sich damit sowohl die Position der Eigenkapitalgeber als auch die Position der Fremdkapitalgeber als Optionsposition hinsichtlich der Entwicklung der Aktiva des Unternehmens interpretieren. Beide Positionen können damit grundsätzlich einer optionspreistheoretischen Bewertung zugeführt werden. Zumindest vor dem Hintergrund der in Kapitel 11 dargestellten Ansätze einer arbitragefreien Bewertung besteht allerdings hierbei das implizite Problem, dass Hedgeoperationen in Bezug auf $\{A_t\}$, den Aktiva des Unternehmens, nicht durchführbar sind. Insofern sind zu einer theoretischen Stützung dieser Vorgehensweise Geichgewichtsansätze im Rahmen der Optionspreistheorie vorzuziehen.

Im Basismodell von *Merton* (1974) wird insbesondere davon ausgegangen, dass ein Ausfall nur am Periodenende, d.h. zum Zeitpunkt T, eintreten kann. Das den Ausfall auslösende Ereignis ist die Situation $A_T < F$, die (statische) Ausfallwahrscheinlichkeit *PD* ist somit gegeben durch

(16.59) $$PD = P(A_T < F) \, .$$

Die Ausfallhöhe entspricht $F - A_T$. Abbildung 16.9 enthält zunächst eine grafische Illustration des Sachverhalts, dabei wird nochmals verdeutlicht, dass ein Unterschreiten des Verpflichtungswertes *F* während der Periode keinen Ausfall induziert. Nur die Wertposition am Periodenende ist von Bedeutung.

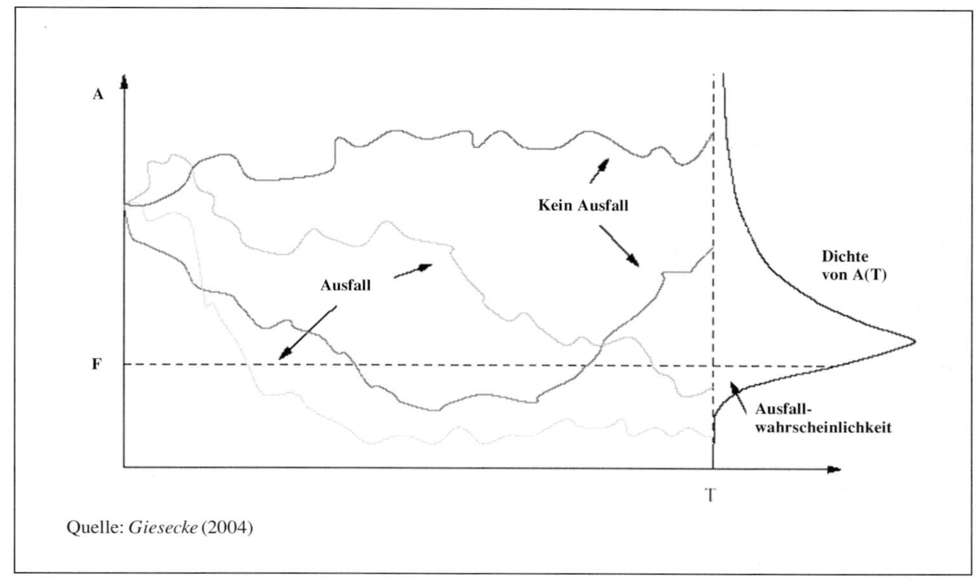

Quelle: *Giesecke* (2004)

Abb. 16.9: Ausfallwahrscheinlichkeit im Modell von *Merton* (1974)

Die weiteren Basisgrößen gemäß (16.1) sind im Basismodell von *Merton* gegeben durch $EAD = F$ und $LGD = (F - A_T)/F = 1 - RC$, wobei $RC = A_T / F$. Der Loss Given Default bzw. die Recovery Rate sind somit zufallsabhängig.

Die Ausfallwahrscheinlichkeit gemäß (16.59) kann weiter konkretisiert werden, wenn man die Zufallsgesetzmäßigkeit von A_T spezifiziert. Unterstellt man etwa den Rahmen des Black/Scholes-Modells, so ist für $\{A_t\}$ eine geometrische Brownsche Bewegung anzusetzen und es gilt $(m := \mu - \sigma^2/2)$ $A_T = A_t \exp[m(T-t) + \sigma\sqrt{T-t}\,Z]$, wobei Z eine standardnormalverteilte Zufallsgröße ist, $Z \sim N(0,1)$. Entsprechend folgt für die Ausfallwahrscheinlichkeit (gegeben die Information über den Wert A_t der Aktiva zum Zeitpunkt t) $PD(t,T) := P(A_T < F \mid A_t)$

(16.60) $$PD(t,T) = N\left[\frac{\ln(F/A_t) - m(T-t)}{\sigma\sqrt{T-t}}\right].$$

Berechnet man die Ausfallwahrscheinlichkeit nicht unter der Wahrscheinlichkeitsbelegung, die den Beobachtungen zugrunde liegt, sondern unter der risikoneutralen Wahrscheinlichkeitsbelegung Q (*RNPD*: *Risk Neutral Probability of Default*), so gilt entsprechend – man vergleiche hierzu die Ergebnisse des Anhangs 16C –

(16.61a) $$RNPD(t,T) := Q(A_T < F) = N[-d_2(t)],$$

wobei

(16.61b) $$d_2(t) = \frac{\ln(A_t/F) + m^*(T-t)}{\sigma\sqrt{T-t}}$$

und

(16.61c) $m^* = r - \sigma^2 / 2$.

Die Größe r entspricht dabei der risikolosen Zinsrate. Die Bewertung erfolgt dabei wiederum gegeben die Information über den Wert der Aktiva A_t zum Zeitpunkt t.

Vergleicht man (16.60) mit (16.61), so unterscheiden sich, da $-d_2(t) = [\ln(F / A_t) - m^*(T-t)] / \sigma\sqrt{T-t}$, Ausfallwahrscheinlichkeit und risikoneutrale Ausfallwahrscheinlichkeit nur dadurch, dass der Driftkoeffizient μ durch die risikolose Zinsrate r bzw. m durch m^* ersetzt wird.

Im Modellrahmen des Black/Scholes-Ansatzes lässt sich neben der Bestimmung der Ausfallwahrscheinlichkeit nunmehr auch der Wert des ausfallbedrohten Fremdkapitals näher bestimmen. Unter der Verwendung der Black/Scholes-Formel für die Europäische Putoption, d.h. $P_t = F \exp[-r(T-t)]\, N(-d_2) - S_t\, N(-d_1)$ folgt aus (16.58)

(16.62) $$L_t = A_t N[-d_1(t)] + F \exp[-r(T-t)]\, N[-d_2(t)] .$$

Wenden wir uns nunmehr der Bestimmung des *Credit Spread*, definiert als Differenz zwischen der Zinsrate eines ausfallbedrohten Zerobonds und eines ausfallfreien Zerobonds zu. Bezeichnen wir mit $CS(t,T)$ den entsprechenden Spread zum Zeitpunkt t, wobei die Zerobonds in T fällig werden, so lässt sich ein allgemeiner Ausdruck für $CS(t,T)$ folgendermaßen herleiten. Für den Wert des ausfallfreien Zerobonds mit Nennwert $F = 1$ zum Zeitpunkt t gilt $B(t,T) = \exp[-r(T-t)]$. Entsprechend setzen wir den Wert $B^d(t,T)$ des ausfallbedrohten Zerobonds an zu $B^d(t,T) = \exp\{-[r + CS(t,T)]\,(T-t)\}$. Hieraus folgt

(16.63) $$B^d(t,T) = B(t,T) \exp[-CS(t,T)(T-t)]$$

sowie

(16.64) $$CS(t,T) = -\frac{1}{T-t} \ln[B^d(t,T) / B(t,T)] .$$

Der Credit Spread ist somit im Allgemeinen zeitabhängig. Im Black/Scholes-Falle gilt $B^d(t,T) = L_t$ gemäß (16.62) und mit $B(t,T) = F \exp[-r(T-t)]$ folgt hieraus

(16.65) $$CS(t,T) = -\frac{1}{T-t} \ln\left\{ N[-d_2(t)] + \frac{A_t}{F}\, N[-d_1(t)] e^{r(T-t)} \right\} .$$

Determinanten des Credit Spread sind somit der restliche Zeithorizont $T-t$, die zur Zeit t bestehende Leveragequote A_t / F sowie (implizit in d_1 bzw. d_2) die Volatilität der Entwicklung der Aktiva des Unternehmens.

Das Basismodell *Merton* (1974) weist eine ganze Reihe von Problemen auf. Ein Ausfall kann nur am Periodenende stattfinden. Die Struktur der Verpflichtungen (Zerobond) und die ausfallfreie Zinsumgebung (konstante risikolose Zinsintensität) sind jeweils sehr einfach. Der Credit Spread gemäß (16.65) geht für $t \uparrow T$ gegen null. In praxi hingegen bleibt der Credit Spread auch für kurze Laufzeiten substanziell. Auch im Allgemeinen ist die empirische Erklärungsqualität des Modells eher gering. Eine besondere Problematik besteht darin, dass die Wertentwicklung $\{A_t\}$ der Aktiva nicht beobachtet werden kann, sondern nur die Entwicklung des Unternehmenswertes. Ein entsprechender Rückschluss ist aber approximativ möglich, dies soll im Weiteren abschließend behandelt werden.

Wir gehen dabei davon aus, dass die zufallsabhängige Entwicklung des Assetwertes (Asset-Dynamik) ebenso wie die zufallsabhängige Entwicklung des Marktwertes des Eigenkapitals (Equity-Dynamik) einer geometrische Brownschen Bewegung folgt, d.h. $dA_t = \mu_A A_t dt + \sigma_A A_t dW_t$ und $dE_t = \mu_E E_t dt + \sigma_E E_t dW_t$. Nun gilt gemäß (16.57a) $E_T = \max(A_T - F, 0)$, d.h. es liegt ein Europäischer Call vor. Bewerten wir diesen nach der Black/Scholes-Formel, so erhalten wir

(16.66a) $$E_t = A_t N(d_1) - F e^{-r(T-t)} N(d_2) = f(A_t) .$$

Auf der anderen Seite gilt nach Itôs Lemma

$$df(A_t) = ...dt + f_x(A_t, t)\sigma(t, A_t)dW_t = ...dt + f_x(A_t, t)\sigma_A A_t dW_t .$$

Auf der Basis von (16.66a) erhalten wir $f_x(A_t, t) = N(d_1)$. Da auf der anderen Seite die Dynamik von E_t einer geometrischen Brownschen Bewegung folgt, erhalten wir insgesamt

(16.67) $$\sigma_E E_t = \sigma_A A_t N[d_1(t)] .$$

Aufgrund von $d_1(t) = [\ln(A_t / F) + (r + \frac{1}{2}\sigma_A^2)(T-t)] / \sigma\sqrt{T-t}$ und $d_2(t) = d_1(t) - \sigma\sqrt{T-t}$ ist (16.66a) eine implizite Gleichung in A_t und σ_A, d.h. es gilt

(16.66b) $$E_t = g(A_t, \sigma_A) .$$

Mit (16.66) und (16.67) liegt somit ein Gleichungssystem, bestehend aus zwei (nichtlinearen) Gleichungen für zwei Unbekannte A_t und σ_A vor, das numerisch gelöst werden kann. In praxi ist dabei allerdings problematisch, dass die Inputgröße σ_E in dieses Gleichungssystem keine konstante Größe ist. Insofern werden bei der praktischen Umsetzung dieses Ansatzes weitere Überlegungen notwendig, so etwa beim KMV-Ansatz, vgl. hierzu *Crouhy et al.* (2001, S. 370 f.).

16.3.2.2 Merton-Einfaktormodell

Im Rahmen des in Abschnitt 16.3.1.3 dargestellten Einfaktormodells wurde offen gelassen, wie im Einzelfall der standardnormalverteilte Bonitätsindikator Y_i zu konstruieren ist. Im Rahmen des Merton-Modells ist diese Konkretisierung in einfacher Weise möglich. Die Assetwerte A_{it} folgen einer geometrischen Brownschen Bewegung, d.h. es gilt

(16.69) $$A_{it} = A_{i0} \exp\{m_i t + \sigma_i \sqrt{t}\, W_i(t)\} .$$

Ein Ausfall des Schuldners *i* findet nur am Ende des Zeithorizonts *T* statt und genau dann, wenn der Wert der Aktiva A_{iT} eine kritische Grenze F_i unterschreitet. Damit gilt

(16.70a) $$\pi_i = P(A_{iT} < F_i) = P[W_i(T) < H_i] ,$$

wobei

(16.70b) $$H_i = [\ln(F_i / A_{i0}) - mT] / \sigma\sqrt{T} .$$

Unterstellen wir für die standardnormalverteilte Größe $W_i(T)$ nun ein Einfaktormodell der Form $(i = 1,...,n)$

(16.71) $$W_i(T) = \sqrt{\rho_i}\, F + \sqrt{1-\rho_i}\, U_i ,$$

so sind wir genau in der Situation des Abschnitts 16.3.1.3. Der Bonitätsindikator entspricht dem normierten Assetwert zum Zeitpunkt T, konkret

(16.72) $$Y_i = W_i(T) = [\ln(A_{iT} / A_{i0}) - m_i T] / \sigma_i \sqrt{T} .$$

Aus einer vorgegebenen Ausfallwahrscheinlichkeit π_i lässt sich die zugrunde liegende (normierte) Ausfallschranke dann ermitteln zu

(16.73) $H_i = \Phi^{-1}(\pi_i)$.

16.3.2.3 Erweiterung des Merton-Basismodells

Die im Rahmen des letzten Abschnitts dargestellten Probleme des Basismodells von *Merton* haben in der Literatur zu einer Reihe von Erweiterungen geführt. Diese betreffen etwa

- die Berücksichtigung einer stochastischen Zinsstruktur, vgl. *Longstaff/Schwartz* (1995),
- die Möglichkeit eines strategischen Defaults seitens der Eigenkapitalgeber, um Konzessionen seitens der Fremdkapitalgeber zu erwirken, vgl. etwa *Anderson/Sundaresan/Tychon* und *Mella-Barral/Perraudin* (1997),
- die Berücksichtigung einer endogenen Defaultschranke, vgl. etwa *Black/Cox* (1976), *Leland* (1994) und *Leland/Toft* (1996),
- die Möglichkeit der Anpassung des Fremdkapitals an Änderungen des Unternehmenswertes, was zu einer Mean-reverting stochastischen Leverageratio führt, vgl. *Collin-Dufresne/Goldstein* (2001),
- die Möglichkeit intraperiodischer Ausfälle (First Passage Time-Ansätze), vgl. etwa *Zhou* (2001a),
- der Ansatz allgemeinerer Assetprozesse, wie etwa Jump Diffusion-Prozesse, vgl. *Zhou* (2001b), *Huang/Huang* (2003), oder spezieller Levy-Prozesse, vgl. *Rachev* et al. (2000),
- Berücksichtigung einer zeitvariablen Asset Risk-Prämie, vgl. *Huang/Huang* (2003).

Literaturüberblicke bieten etwa die Beiträge *Giesecke* (2004), *Huang/Huang* (2003), *Schönbucher* (2003), *Uhrig-Homburg* (2002) sowie *Wingenroth* (2004, Kapitel 7). Wie *Huang/Huang* (2003) nachweisen, ist es auf der Grundlage der entsprechenden Modellerweiterungen durchaus möglich, Credit Spreads zu erzeugen, die konsistent zu empirisch relevanten Größenordnungen sind.

Abschließend ist noch zu erwähnen, dass das KMV-Modell, auf das wir in Abschnitt 16.4.3 eingehen werden, als »Praxisvariante« des Merton-Modells anzusehen ist.

Im Weiteren gehen wir dabei nur noch auf die Möglichkeit intraperodischer Ausfälle ein. Zur Modellierung intraperiodischer Ausfälle folgen wir *Black/Cox* (1976) und nehmen an, dass für das Unternehmen eine zeitabhängige Ausfallschranke $F(t)$ (Default Boundary) existiert. Wenn der Wert der Aktiva des Unternehmens zu irgendeinem Zeitpunkt den Wert dieser Ausfallschranke annimmt oder unterschreitet, dann wird der Ausfall der bestehenden Verpflichtungen ausgelöst. *Black/Cox* (1976) gehen dabei von einer exponentiell verlaufenden Ausfallschranke der Form

(16.74) $$F(t) = e^{\lambda t} K$$

aus. Nach *Zhou* (2001a) kann K als gewichtetes Mittel der kurz- und langfristigen Verpflichtungen des Unternehmens angesehen werden und λ als Wachstumsrate dieser Verpflichtungen.

Wir definieren nun einen (dynamischen) Defaultindikator $D(t)$ durch die Forderung

(16.75) $$D(t) = \begin{cases} 1 & \text{das Unternehmen ist bis zum Zeitpunkt } t \text{ ausgefallen} \\ 0 & \text{sonst.} \end{cases}$$

Definieren wir ferner den *Ausfallzeitpunkt* τ durch

(16.76) $$\tau = \inf\{t \geq 0;\ A(t) < F(t)\},$$

dann gilt

(16.77) $$P[D(t) = 1] = P[\tau \leq t].$$

Im Weiteren betrachten wir eine Ausfallschranke der Form (16.74) und unterscheiden dabei zwei Fälle. Im ersten Fall entspricht der Driftkoeffizient der Wertentwicklung der Aktiva der Wachstumsrate der Verpflichtungen, d.h. $\lambda = \mu$. Die Aktiva und die Ausfallschranke weisen somit die gleiche Wachstumsrate auf. In diesem Falle lässt sich das folgende Ergebnis erzielen:

(16.78) $$P[D(t) = 1] = 2N\left[-\frac{\ln(A_0 / K)}{\sigma\sqrt{t}}\right] = 2N\left[-\frac{DD}{\sqrt{t}}\right].$$

Dabei kann $DD = \ln(A_0 / K)/\sigma = (\ln A_0 - \ln K)/\sigma$ als standardisierter »Abstand« (in logarithmierten Termen) des Wertes der Aktiva zur Ausfallschranke (*Distance to Default*) interpretiert werden.

Im allgemeinen Falle, d.h. $\lambda \neq \mu$, wird die Situation komplexer und es gilt

(16.79) $$\begin{aligned} P[D(t) = 1] &= N\left(-\frac{DD}{\sqrt{t}} - \frac{\mu - \lambda}{\sigma}\sqrt{t}\right) \\ &+ \exp\left[\frac{2(\lambda - \mu)DD}{\sigma}\right] N\left(-\frac{DD}{\sqrt{t}} + \frac{\mu - \lambda}{\sigma}\sqrt{t}\right). \end{aligned}$$

16.3.2.4 *Mehr-Unternehmens-Fall*

Das in Abschnitt 16.3.2.1 behandelte Basismodell von *Merton*, das auf die Situation eines einzelnen Unternehmens zugeschnitten ist, lässt sich entsprechend auf den Fall mehrerer Unternehmen verallgemeinern. Im Falle von n Unternehmen werden dabei die Wertentwicklungen der jeweiligen Aktiva als n-dimensionale geometrische Brownsche Bewegung, vgl. hierzu Anhang 4E, modelliert. Zur Illustration dieses Ansatzes konzentrieren wir uns im Weiteren auf den Fall $n = 2$.

Die Asset-Prozesse $\{A_t^1\}$ und $\{A_t^2\}$ der beiden Unternehmen 1 und 2 folgen dann einer zweidimensionalen geometrischen Brownschen Bewegung. Insbesondere gilt $dA_t^i / A_t^i = \mu_i \, dt + \sigma_i \, dW_t^i$ $(i = 1,2)$ sowie $\rho(W_t^1, W_t^2) = \rho t$. Die Höhe des aufgenommenen Fremdkapitals betrage entsprechend F_1 bzw. F_2. Die Wahrscheinlichkeit $PD_{12}(T) := P[A_1(T) < F_1, A_2(T) < F_2]$ für einen Simultanausfall beider Unternehmen am Ende eines spezifizierten Zeithorizonts ist dann gegeben durch

$$PD_{12}(T) = N_2\left[\rho; \frac{\ln(F_1 / A_0^1) - m_1 T}{\sigma_1 \sqrt{T}}, \frac{\ln(F_2 / A_0^2) - m_2 T}{\sigma_2 \sqrt{T}}\right], \tag{16.80}$$

wobei $N_2(\rho;\cdot,\cdot)$ die bivariate Standardnormalverteilung mit Korrelationskoeffizient ρ bezeichnet und $m_i = \mu_i - \sigma_i^2 / 2$ gilt.

Eine Erweiterung der Resultate des Abschnitts 16.3.2.3 im Kontext intraperiodischer Ausfälle auf den Zwei-Unternehmens-Fall wird in *Zhou* (2001a) vorgenommen.

Zhou (2001a, S. 562 f.) kommt dabei zu den folgenden Schlussfolgerungen:

- Ausfallkorrelation und Korrelation ρ auf Assetebene haben das gleiche Vorzeichen. Je höher die Korrelation auf Assetebene, desto höher die Ausfallkorrelation.
- Ausfallkorrelationen sind für kurze Zeithorizonte sehr gering. Sie steigen mit dem Zeithorizont zunächst an, um dann wieder sehr langsam zu sinken.
- Hohe Bonität impliziert geringe Ausfallkorrelation, geringe Bonität hohe Ausfallkorrelationen.
- Die Ausfallkorrelation ist zeitabhängig, da auch die Bonität der Unternehmen zeitvariabel ist.

Die beiden ersten Aussagen werden in der folgenden Abbildung 16.10 illustriert.

Der Übergang zu einer normierten Variante analog zu Abschnitt 16.3.2.2 und die Anwendung eines Faktormodells wie in Abschnitt 16.3.1.4 sind nahe liegende Weiterentwicklungen dieses Grundmodells. Zum Zusammenhang zwischen dem mehrdimensionalen Unternehmensmodell und dem Einfaktormodell vergleiche etwa *Huschens/Vogel* (2002, S. 290 ff.).

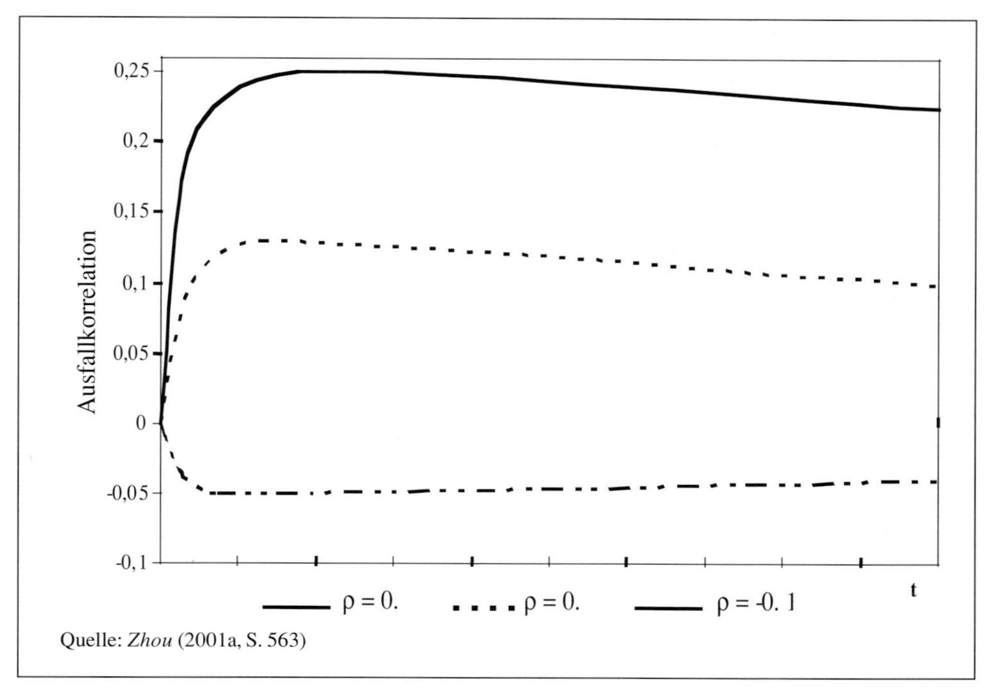

Abb. 16.10: Entwicklung der Ausfallkorrelation im Zeitablauf bei gegebener Assetkorrelation

16.3.3 Reduktionsmodelle I: Zählprozesse als Ausfallerzeuger

16.3.3.1 Ein-Unternehmens-Fall

Im Gegensatz zu den in Abschnitt 16.3.2 behandelten Unternehmenswertmodellen liegt den *Reduktionsmodellen* (*Reduced Form Model*) kein »fundamentaler« ökonomischer Ansatz zur Erklärung des Ausfalls zugrunde. Angestrebt wird lediglich eine marktkonsistente Darstellung der Preise von ausfallbedrohten Bonds und den daraus resultierenden implizit bestehenden Ausfallwahrscheinlichkeiten. Der Zeitpunkt des Ausfalls wird dabei als Zufallsvariable definiert.

Die grundlegende Konstruktion ist dabei wie folgt. Ausgangspunkt ist ein Zählprozess $\{N(t);\, t \geq 0\}$, d.h. ein Prozess mit der Eigenschaft $N(0) = 0$, der zu bestimmten Zeitpunkten (bei Eintritt bestimmter Ereignisse) Sprünge der Höhe eins macht. Der Prozess besitzt somit einen ganzzahligen Wertebereich und seine Pfade sind monoton nicht abnehmend. Wir definieren nun den *Ausfallzeitpunkt* (*Ausfallzeit*, *Time of Default*) τ als Zeitpunkt des ersten Sprungs des zugrunde liegenden Zählprozesses N, d.h.

(16.81) $$\tau := \inf\{t \geq 0;\, N(t) > 0\}.$$

Der Vergleich dieser Definition mit derjenigen unter (16.76) macht nochmals den Unterschied von Reduktionsmodellen und Unternehmenswertmodellen deutlich. Im Rahmen von

(16.76) wird die Ausfallzeit ökonomisch definiert, im Kontext von (16.81) hingegen rein formal.

Die Wahrscheinlichkeit PS (Survival Probability), am Ende des Zeitintervalls $[0,t]$ noch nicht ausgefallen zu sein (*Überlebenswahrscheinlichkeit*), beträgt

(16.82a) $$PS(t) = P[N(t) = 0] = P(\tau > t) .$$

Entsprechend beträgt die Ausfallwahrscheinlichkeit bis zum Zeithorizont t

(16.82b) $$PD(t) = 1 - PS(0,t) = P[N(t) > 0] = P(\tau \leq t) .$$

Der Ausfall kann dabei wie in Abschnitt 16.3.2.3 auch während des Zeitintervalls erfolgen. Allgemeiner beträgt die Überlebenswahrscheinlichkeit für das Zeitintervall $[s,t]$ (bedingt auf das Überleben bis s)

(16.83a) $$PS(s,t) = P[N(t) = 0 \mid N(s) = 0] = P(\tau > t \mid \tau > s)$$

und die entsprechende Ausfallwahrscheinlichkeit

(16.83b) $$\begin{aligned} PD(s,t) &= 1 - PS(s,t) = P[N(t) > 0 \mid N(s) = 0] \\ &= P(\tau \leq t \mid \tau > s) . \end{aligned}$$

Je nach Modellierung des ausfallerzeugenden Zählprozesses $N(t)$ resultieren unterschiedliche (risikoneutrale) Ausfallwahrscheinlichkeiten. Ein erstes Standardbeispiel liefert der *homogene Poissonprozess* (HPP) – für eine systematische Einführung vgl. Anhang 17A.2. Dieser ist gekennzeichnet durch unabhängige und stationäre Zuwächse sowie durch eine konstante Ausfallintensität λ , d.h.

(16.84) $$\lim_{h \to 0} \frac{1}{h}[N(t+h) - N(t) > 0] = \lambda .$$

Die Wahrscheinlichkeit, dass der Prozess im Zeitintervall n Sprünge macht, beträgt

(16.85) $$P[N(t) = n] = e^{-\lambda t} \frac{(\lambda t)}{n!} .$$

Die Wahrscheinlichkeitsverteilung entspricht damit einer Poissonverteilung mit Parameter λt. Insbesondere folgt hieraus $PS(t) = \exp(-\lambda t)$ und damit

(16.86) $$PD(t) = 1 - \exp(-\lambda t) .$$

Ferner kann gezeigt werden, dass die Ausfallzeit τ gemäß (16.81) exponentialverteilt mit Parameter λt

(16.87) $$P(\tau \leq t) = 1 - e^{-\lambda t} .$$

Weiterhin gilt $E[\tau] = 1/\lambda$, d.h. die erwartete Ausfallzeit ist reziprok zur Ausfallintensität.

Eine allgemeinere Konstruktion ist der *inhomogene Poissonprozess* (IPP) – für eine systematische Einführung vgl. Anhang 17A.2. Dieser besitzt immer noch unabhängige Zuwächse, die nun aber nicht mehr stationär, d.h. identisch verteilt sind. Die Ausfallintensität $\lambda(t)$ definiert durch

(16.88) $$\lim_{h \to 0} \frac{1}{h} P[N(t+h) - N(t) > 0] = \lambda(t)$$

ist nun zeitvariabel, aber immer noch deterministisch.

Definieren wir die Zählverteilung durch

(16.89) $$\Lambda(t) = \int_0^t \lambda(s) ds ,$$

so folgt

(16.90) $$P[N(t) = n] = \exp[-\Lambda(t)][\Lambda(t)]^n / n! .$$

Es liegt wiederum eine Poissonverteilung vor, nun aber mit Parameter $\Lambda(t)$. Für die Ausfallwahrscheinlichkeit folgt hieraus

(16.91) $$PD(t) = 1 - \exp[\Lambda(t)] .$$

Bei der Anwendung der bisherigen Modelle mit deterministischer Ausfallintensität auf die Quantifizierung von Credit Spreads erweist es sich, vgl. etwa *Schönbucher* (2003, S. 118 f.), dass die resultierenden – ebenfalls deterministischen – Credit Spreads empirisch wenig valide sind. Empirische Credit Spreads variieren nicht relativ glatt und vorhersehbar, sondern weisen ein stochastisches Element auf. Dies führt dazu, dass man allgemeinere Zählprozesse betrachten muss, um empirisch valide Credit Spreads zu generieren. Dazu fasst man die zeitvariable Intensität gemäß (16.88) nun selbst als stochastischen Prozess $\tilde{\lambda}(t)$ auf und gelangt somit zu der Familie der *Cox-Prozesse* (auch: *doppelt-stochastischer Poissonprozess*) – für eine systematische Einführung vgl. Anhang 17A.2. Definieren wir (als pfadweise gebildetes Integral)

(16.92a) $$\tilde{\Lambda}(t) = \int_0^t \tilde{\lambda}(s) ds$$

und die Verteilungsfunktion

(16.92b) $$U(\lambda, t) = P(\tilde{\Lambda}(t) \le \lambda t) ,$$

so gilt insgesamt

(16.92c) $$\begin{aligned} P[N(t) = n] &= \int_0^\infty \frac{e^{-\lambda t} (\lambda t)^n}{n!} U(d\lambda, t) \\ &= E\left[e^{-\tilde{\Lambda}(t)} \frac{\tilde{\Lambda}^n(t)}{n!} \right]. \end{aligned}$$

Hieraus resultiert als Ausfallwahrscheinlichkeit

(16.93) $$PD(t) = \int_0^\infty e^{-\lambda t} U(d\lambda, t) = 1 - E[e^{-\tilde{\Lambda}(t)}] .$$

Ein erstes in der Literatur betrachtetes Modell, das diesen allgemeinen Ansatz illustriert, ist die Annahme eines Prozesses für die Ausfallintensität der Form

(16.94) $$\tilde{\lambda}(t) = \alpha + \beta \tilde{\lambda}(t-1) + \varepsilon(t) ,$$

d.h. mit einem autoregressiven Effekt 1. Ordnung. Die Bestimmung der Ausfallwahrscheinlichkeit gemäß (16.93) muss dabei auf Basis einer Monte Carlo-Simulation erfolgen.

In der zeitstetigen Variante würde (16.94) auf einen Ornstein/Uhlenbeck-Prozess, vgl. hierzu Abschnitt 4.3.4, hinauslaufen. Dieser beinhaltet allerdings die Möglichkeit der Realisierung einer negativen Ausfallintensität. Eine Alternative hierzu bietet daher ein Diffusionsprozess vom Cox/Ingersoll/Ross-Typus, vgl. hierzu Abschnitt 4.3.5. Eine entsprechende Verallgemeinerung bieten *Duffie/Garleanu* (2001), indem sie für den Ausfallintensitätsprozess einen Sprung-Diffusionsprozess des CIR-Typus definieren durch

(16.95) $$d\tilde{\lambda}(t) = \alpha[\mu - \tilde{\lambda}(t)]dt + \sigma\tilde{\lambda}(t)^{1/2}dW(t) + \Delta J(t),$$

wobei die Komponente $J(t)$ den Sprungprozess quantifiziert.

16.3.3.2 Mehr-Unternehmens-Fall

Im allgemeinen Fall betrachten wir n Schuldner mit zugehörigen Ausfallzeiten $\tau_1,...,\tau_n$ und entsprechenden (deterministischen oder stochastischen) Ausfallintensitäten $\lambda_1(t),...,\lambda_n(t)$. Korrelationen zwischen den Ausfallzeiten können nun auf verschiedene Art und Weise induziert werden.

Giesecke (2003) geht hierzu folgendermaßen vor, wobei wir uns im Weiteren auf den Fall zweier Unternehmen beschränken. Ausgangspunkt sind drei homogene Poissonprozesse N_1, N_2 und N mit Ausfallintensitäten λ_1, λ_2 und λ. Die Ausfallintensitäten λ_1 bzw. λ_2 sind schuldnerspezifische (ideosynkratische) Ausfallintensitäten für Schuldner 1 bzw. Schuldner 2. Die Ausfallintensität λ ist eine Ausfallintensität, die aus einem makroökonomischen oder unternehmensübergreifenden Ereignis resultiert, das sowohl bei Schuldner 1 als auch bei Schuldner 2 zu einem Ausfall führen kann. In Erweiterung von (16.81) wird dann der unternehmensspezifische Ausfallzeitpunkt $\tau_i\,(i=1,2)$ definiert durch

(16.96) $$\tau_i := \inf\{t \geq 0;\ N_i(t) + N(t) > 0\}.$$

Ein Ausfall findet daher statt, wenn entweder ein ideosynkratisches Ausfallereignis (»Schock«) oder ein systematischer Schock oder beides das Unternehmen (zum ersten Mal) treffen. Die Ausfallintensität von Unternehmen i beläuft sich auf $\lambda_i + \lambda$ und es gilt damit für die Überlebenswahrscheinlichkeit von Unternehmen i

(16.97) $$PS_i(t) = P(\tau_i > t) = P[N_i(t) + N(t) = 0] = e^{-(\lambda_i+\lambda)t}.$$

Die Ausfallzeiten τ_i sind wiederum exponentiell verteilt mit $E(\tau_i) = 1/(\lambda_i + \lambda)$. Für die gemeinsame Überlebenswahrscheinlichkeit gilt

(16.98) $$\begin{aligned} PS(t,u) &= P(\tau_1 > t, \tau_2 > u) \\ &= PS_1(t)PS_2(u)\min(e^{\lambda t}, e^{\lambda u}). \end{aligned}$$

Die Korrelation zwischen τ_1 und τ_2 beträgt

(16.99) $$\rho(\tau_1,\tau_2) = \frac{\lambda}{\lambda + \lambda_1 + \lambda_2}.$$

Schließlich ist die Korrelation zwischen den gemäß (16.75) definierten Defaultindikatoren $D_1(t)$ und $D_2(t)$ gegeben durch

$$\rho[D_1(t), D_2(t)] = \frac{PS(t,t) - PS_1(t)PS_2(t)}{\sqrt{PS_1(t)[1-PS_1(t)]PS_2(t)[1-PS_2(t)]}} \,. \tag{16.100}$$

Für weitere Modelleigenschaften sowie die Verallgemeinerung auf n Unternehmen, die von unterschiedlichen Arten von Ausfallschocks getroffen werden können, verweisen wir auf *Giesecke* (2003).

Ein weiterer Ansatz, vgl. hierzu etwa *Das et al.* (2002), setzt auf der autoregressiven Modellierung gemäß (16.94) an, und überträgt dies auf den mehrdimensionalen Fall. Im Falle von zwei Unternehmen führt dies zu dem Ansatz

$$\tilde{\lambda}_i(t) = \alpha_i + \beta_i \tilde{\lambda}_i(t-1) + \varepsilon_i(t) \,, \quad i = 1,2 \tag{16.101a}$$

$$\rho(\varepsilon_1, \varepsilon_2) = \rho \,. \tag{16.101b}$$

Die Auswertung erfolgt dabei auf der Basis einer Monte Carlo-Simulation. Wir betrachten dazu folgendes Beispiel, das auf eine entsprechende Auswertung in *Das et al.* (2002) zurückgeht.

Beispiel 16.2:
Wir setzen $\alpha_1 = \alpha_2 = 0{,}012\%$, $\beta_1 = \beta_2 = 0{,}94$ und $\lambda_1(0) = \lambda_2(0) = 0{,}2\%$. Zu bestimmen ist die gemeinsame Ausfallwahrscheinlichkeit $\pi_{12}(5) = p(\tau_1 \le 5,\, \tau_2 \le 5)$ über einen Fünfjahreshorizont für unterschiedliche Korrelationen ρ gemäß (16.100b). Auf Basis einer Monte Carlo-Simulation erhält man:

ρ	-0,6	-0,2	0	0,2	0,6
$\pi_{12}(5)$	0,64%	1,56%	1,80%	2,36%	2,96%

Das illustriert den Einfluss der Korrelation zwischen den Ausfallintensitäten auf die gemeinsame Ausfallwahrscheinlichkeit.

Das et al. (2002) kommen auf der Grundlage ihrer empirischen Studie zu den folgenden Schlussfolgerungen:

- Ausfallkorrelationen zwischen Schuldnern sind im Durchschnitt positiv
- Im Durchschnitt sind die Ausfallkorrelationen von Unternehmen mit hoher Bonität höher als von Unternehmen mit niedriger Bonität. Dies ist ein bemerkenswerter Unterschied zu der in Abschnitt 16.3.2.4 dargestellten Studie von *Zhou* (2001a) im Kontext eines Unternehmenswertmodells.
- Die Ausfallkorrelationen sind zeitvariabel, aber in unterschiedlichem Ausmaß. Die größte Zeitvariabilität weisen Unternehmen mit hoher Bonität auf.
- Die Ausfallkorrelationen variieren in Abhängigkeit von einem volkswirtschaftlichen Ausfallfaktor, d.h. in Abhängigkeit vom Konjunkturzustand. Ausfallkorrelationen und gemein-

same Ausfallwahrscheinlichkeiten sind höher bei schlechtem Konjunkturzustand und vice versa.

Eine alternative Vorgehensweise zur Modellierung der gemeinsamen Ausfallstruktur von n Schuldnern besteht darin, die respektiven Ausfallintensitäten $\lambda_i(t)$ von einem gemeinsamen (mehrdimensionalen) Zustandsprozess X_t abhängig zu machen, d.h.

(16.102) $$\lambda_i(t) = \lambda_i(X_t).$$

Das Resultat ist ein multivariater Cox-Prozess. Der (mehrdimensionale) Prozess X_t repräsentiert die Einflussgrößen, die auf die Ausfallintensität wirken. Erklärt werden hierdurch beispielsweise konjunkturzyklusbedingte bzw. makroökonomisch bedingte Ausfallkorrelationen Gegeben eine Realisation $X_t = x_t$ sind die unternehmensspezifischen Ausfallzeitpunkte τ_i stochastisch unabhängig, d.h. es liegt wiederum der Fall einer bedingten Unabhängigkeit vor, dessen Bedeutung schon in Abschnitt 16.3.1.2 herausgestellt worden ist.

Ein Spezialfall von (16.102) verdient dabei besondere Beachtung. Ist die Ausfallintensität λ eine lineare Funktion von Zustandsvariablen, die Diffusionsprozessen folgen, und resultiert hieraus eine affine (ausfallbedrohte) Zinsstruktur, so ist der resultierende Prozess einer Analyse gut zugänglich. Die verschiedenen Varianten von Reduktionsmodellen unterscheiden sich dann primär durch die vorgenommene Wahl der Zustandsvariablen und der Spezifikation des zugehörigen stochastischen Prozesses. Wir kommen hierauf in Abschnitt 16.6 zurück.

Im Hinblick auf die durch (16.102) induzierte Defaultkorrelation ist in der Literatur die Meinung zu finden, dass diese zu gering im Vergleich zu empirisch beobachteten Verhältnissen ist. Wie *Yu* (2003) nachweist, ist dies jedoch kein strukturelles Defizit von Reduktionsmodellen, sondern abhängig von der sorgfältigen Wahl eines spezifischen Reduktionsmodells.

16.3.4 Reduktionsmodelle II: Ratingbasierte Modelle

Im Weiteren betrachten wir K Ratingklassen $\{1,..., K\}$, die nach absteigender Qualität indiziert werden. Der Zustand K entspricht damit dem Defaultzustand, d.h. $K = D$. Mit $RA(t)$ bezeichnen wir den zufallsabhängigen Ratingzustand eines Unternehmens bzw. Schuldners zum Zeitpunkt t. Es gilt $RA(t) \in \{1,...,K\}$ für jeden Zeitpunkt t. Das Ausgangsrating $RA(0)$ ist bekannt.

Unterstellen wir, dass $\{RA(t)\}$ ein zeitdiskreter Markovprozess ist, dann lassen sich Übergangswahrscheinlichkeiten

(16.103) $$q_{ij}(t,T) := P[RA(T) = j \mid RA(t) = i]$$

definieren sowie die zugehörige Übergangsmatrix $Q(t,T) = (q_{ij}(t,T))$. Wie *Schönbucher* (2003, S. 249 f.) zeigt, lässt sich in dieses Basismodell auch das Phänomen des Rating Momentums integrieren, indem man den Zustandsraum entsprechend erweitert. Bezeichnen wir mit $p(t) = (p_1(t),..., p_K(t))$ den Vektor der Zustandswahrscheinlichkeiten zum Zeitpunkt t, wobei

(16.104) $$p_i(t) = P[RA(t) = i],$$

so gilt allgemein

(16.105) $$p(t) = p(0)\,Q(0,t)\,.$$

Im Falle einer homogenen Markovkette, d.h. zeitunabhängigen einperiodigen Übergangswahrscheinlichkeiten p_{ij} gilt mit $Q = (p_{ij})$ die Beziehung $Q(t,T) = Q^{T-t}$ und damit

(16.106) $$p(t) = p(0)Q^{t}\,.$$

Auch im Falle einer zeitstetigen Modellierung lässt sich eine analoge Vorgehensweise implementieren, indem man auf das Konzept einer *Generatormatrix* Λ zurückgreift, die die entsprechenden Übergangswahrscheinlichkeiten enthält. In diesem Falle gilt

(16.107) $$Q(t,T) = \exp\{(T-t)\Lambda\}\,.$$

Zur Definition, Existenz und Schätzung der Generatormatrix vergleiche man im Einzelnen *Schönbucher* (2003, S. 229 ff.).

Aus den vorstehenden Basiswahrscheinlichkeiten lassen sich nun grundlegende Wahrscheinlichkeiten höherer Ordnung ableiten. Die *kumulierte Ausfallwahrscheinlichkeit* wird definiert durch (k = 1,..., K – 1)

(16.108) $$PD_k(t) := P[RA(t) = K \mid RA(0) = k]\,.$$

Sie entspricht der Wahrscheinlichkeit, bei einem Ausgangsrating von k während der nächsten t Perioden auszufallen. Die *kumulierte Überlebenswahrscheinlichkeit* ist entsprechend gegeben durch (k = 1,..., K – 1)

(16.109) $$PS_k(t) := P[RA(t) \neq K \mid RA(0) = 0] = 1 - PD_k(t)\,.$$

Die *marginale Ausfallwahrscheinlichkeit* ist definiert durch (k = 1,..., K – 1).

(16.110) $$\begin{aligned} PM_k(t) &:= P[RA(t) = K \mid RA(t-1) \neq K, RA(0) = k] \\ &= \sum_{j=1}^{K-1} P[RA(t) = K \mid RA(t-1) = j, RA(0) = k]\,. \end{aligned}$$

Die marginalen Ausfallwahrscheinlichkeiten werden von den Ratingagenturen, etwa von Moody's, auch direkt zur Verfügung gestellt. Nach *Fons* (1994, S. 26) nehmen die marginalen Ausfallwahrscheinlichkeiten für Investment Grade-Anleihen mit t zu, für High Yield-Anleihen nehmen sie mit t ab.

Schließlich definieren wir noch *die aufgeschobene Ausfallwahrscheinlichkeit* durch

(16.111) $$\begin{aligned} PD_k^*(t) &:= P[RA(t) = K \mid RA(t-1) \neq K, \ldots, RA(1) \neq K, RA(0) = k] \\ &= PS_k(t-1)PM_k(t)\,. \end{aligned}$$

Da $1 - PM_k(t) = P[RA(t) \neq K \mid RA(t-1) \neq K, RA(0) = K]$, gilt insbesondere der Zusammenhang

(16.112)
$$PS_k(t) = \prod_{j=1}^{t}[1 - PM_k(j)] .$$

Die aufgeschobene Ausfallwahrscheinlichkeit gibt die Wahrscheinlichkeit für einen Ausfall genau in Periode t an.

16.3.5 Ausblick

Frey/McNeil (2003) zeigen, dass eine Vielzahl der gängigen Kreditrisikomodelle entweder unter die Klasse der Latente Variable-Modelle (etwa: Merton-Modell, Faktormodelle für Bonitätsvariable, KMV-Modell) oder unter die Klasse der Bernoulli-Mischungsmodelle (etwa: Intensitätsmodelle, Credit Risk$^+$) subsumiert werden können. Die gängigen Latente Variablen-Modelle können dabei entsprechend in äquivalente Mischungsmodelle transformiert werden. Dieses Ergebnis verallgemeinert frühere Resultate für spezielle Fälle, etwa von *Koyluoglu/Hickman* (1998), *Gordy* (2000) oder *Wahrenburg/Nieten* (2000). Darüber hinaus lassen sich gemäß *Frey/McNeil* (2003) durch die Betrachtung von Non-Gaussian Copulas Erweiterungen der gängigen Modelle gewinnen, die es insbesondere erlauben, die Gefahr eines Extreme Credit Risk, d.h. des Eintritts »übermäßig vieler« gemeinsamer Ausfälle, modelltheoretisch besser zu erfassen.

Eine aktuelle Entwicklung stellen des Weiteren die so genannten *Incomplete Information-Modelle* dar. Die Annahme einer Informationsunsicherheit über den Unternehmenswert und/oder die Ausfallschranke führt zu einer realistischeren Modellierung. Es resultieren hierbei insbesondere »hybride« Modelle, die sowohl Aspekte von Unternehmenswertmodellen als auch von Reduktionsmodellen beinhalten. Man vergleiche hierzu etwa *Duffie/Lando* (2001), *Giesecke* (2001) sowie *Bühler/Thabe* (2004).

16.4 Industriemodelle

16.4.1 Eine erste Übersicht

Im Laufe der letzten Jahre wurden eine Reihe von Kreditrisikomodellen entwickelt, die spezifisch im Hinblick auf eine praktikable Implementierung sowie die Bestimmung des Kreditrisikos großer Kreditportfolien konzipiert worden sind und heute als Industriestandard angesehen werden. Diese »Industriemodelle« werden in diesem Abschnitt näher beleuchtet. Eine erste Übersicht gibt die folgende Abbildung 16.11.

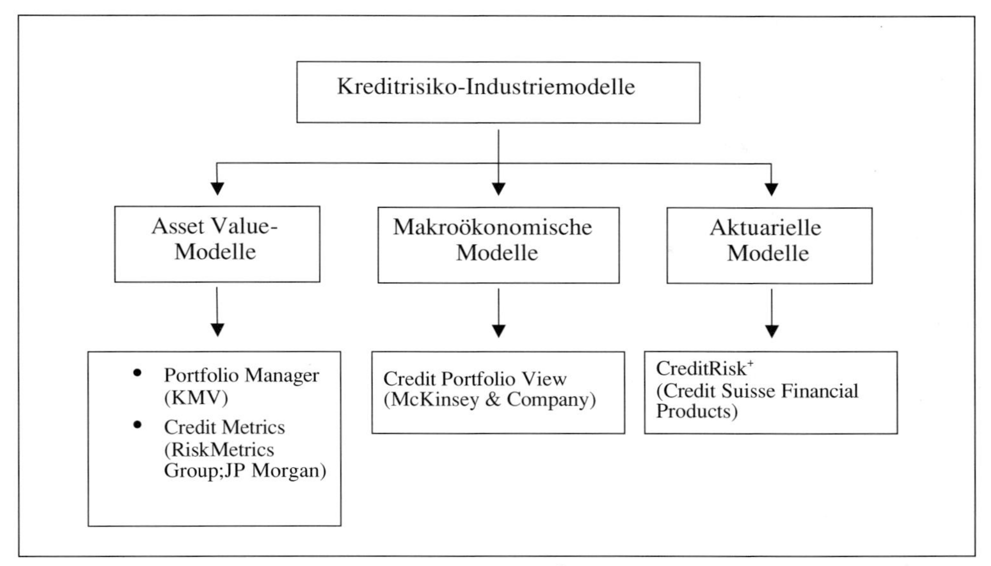

Abb. 16.11: Kreditrisiko-Industriemodelle: Eine erste Übersicht

Die Kreditrisiko-Industriemodelle unterscheiden sich in einer Vielzahl von Merkmalen, beispielsweise dem Risikoverständnis, der Art der Modellierung stochastischer Abhängigkeiten oder hinsichtlich der Berücksichtigung von Ratingmigrationen. Einen ersten Überblick gibt die folgende, *Bluhm et al.* (2003, S. 68) entnommene Grafik. Weitere Details werden in den sich daran anschließenden Ausführungen dargestellt.

	KMV-Model	**CreditMetrics**	**Credit Portfolio View**	**CreditRisk$^+$**
Risk Driver	Asset Value Process	Asset Value Process	Macroeconomic Factors	Default Intensity
Definition of Risk	Distance to Default (DtD)	Mark-to-Model of Loan Value	Mark-to-Model of Loan Value	Default Risk only
Risk Scale	DtD on contin. Scale	Down / Upgrade and Default	Default	Default
Transition Probabilities	EDF - Concept, high migration probabilites	Historic Rating Changes, e.g. from S&P	Stochastic, via Macrofactors	Not Implemented
Correlations	Asset Value Factor Model	Equity Value Factor Model	Implicit by Macroeconomy	Implicit by Sectors
Severity	Stochastic (Beta-Distr.) and Fixed	Stochastic (Beta-Distr.) and Fixed	Stochastic, Empirically Cali-brated	Deterministic LGD, Stoch. Modifications

Abb. 16.12: Kreditrisiko-Industriemodelle: Wesentliche Unterscheidungsmerkmale

16.4.2 Credit Risk$^+$: Das Basismodell

Credit Risk$^+$ ist ein Default Mode-Modell, d.h. es wird nur auf den Ausfall bzw. Nichtausfall von Krediten abgestellt. Die einzelnen Ausfallbeträge $E_i = EAD_i \cdot LGD_i$ werden als deterministisch angenommen. Ziel ist – in Fortführung der Ausführungen des Abschnitts 16.3.1 – die Bestimmung der Ausfallverteilung des analysierten Kreditportfolios.

Die erste zentrale Idee von Credit Risk$^+$ besteht nun darin, die möglichen Ausfallhöhen in einer bestimmten Art als diskrete Verteilung zu modellieren. Dazu definieren wir einen Standardausfallbetrag E, beispielsweise E = 100 000 EUR, und betrachten alle Ausfallhöhen E_i als – gegebenenfalls aufgerundetes – ganzzahliges Vielfaches von E, d.h. $E_i = v_i E$.

Wir ordnen nun jedes Kreditrisiko des betrachteten Kollektivs in eine von m Größenklassen (Exposurebänder) ein. Damit gilt für Gruppe j mit n_j Einzelrisiken einheitlich $E_{jk} = v_j E (k = 1,...,n_j)$, dabei bezeichne E_{jk} das Exposure des k-ten Einzelrisikos in Gruppe j. Entsprechend sei D_{jk} der Defaultindikator dieses Risikos. Damit ist

(16.113)
$$D_j = \sum_{k=1}^{n_j} D_{jk}$$

der Defaultindikator, d.h. die Anzahl der Kreditausfälle, von Größenklasse j. Wir nehmen nun – wie in Abschnitt 16.3.1.3 beschrieben – eine Poissonapproximation für D_j vor, $D_j \sim Po[\lambda_j]$. Der Parameter λ_j entspricht somit der Ausfallintensität der Größenklasse j und ist auf der Grundlage der Daten des Kreditportfolios zu bestimmen.

Anstelle der Ausfallhöhe $L_j = v_j E D_j$ der Größenklasse j betrachten wir die normierte Größe $LN_j = v_j D_j$. LN_j entspricht damit der Anzahl von Ausfällen der Höhe E in der Größenklasse j. Die Größe LN_j ist nun der Gegenstand der weiteren Analyse. Hierbei bestehen strukturelle Ähnlichkeiten mit den in der Schadenversicherungsmathematik betrachteten Schadenzahlverteilungen. Deswegen wird Credit Risk$^+$ auch als aktuarieller oder versicherungsmathematischer Ansatz apostrophiert. Bei gegebenen Resultaten für die Größe LN_j erhält man aufgrund von $L_j = LN_j E$ das entsprechende Resultat für die Ausfallhöhe der Größenklasse j. Analog geht man für die Ausfallhöhe des gesamten Kreditportfolios vor.

Ein zentrales Hilfsmittel zur Analyse der Schadenzahl- bzw. hier Ausfallzahlverteilung ist nun die wahrscheinlichkeitserzeugende Funktion. Allgemein ist die *wahrscheinlichkeitserzeugende Funktion G* einer diskreten Zufallsgröße X definiert durch $(|z| \le 1)$

(16.114)
$$G(z) = E[z^X] = \sum_{n=0}^{\infty} p_n z^n ,$$

wobei $p_n := P(X = n)$, $n \in I\!N_0$.

Für stochastisch unabhängige Zufallsgrößen X und Y mit erzeugenden Funktionen G_X und G_Y gilt für die erzeugende Funktion G_{X+Y} der Summe der beiden Zufallsgrößen

(16.115)
$$G_{X+Y}(z) = G_X(z) G_Y(z) .$$

Ferner besteht die Beziehung

(16.116)
$$p_n = P(X = n) = \frac{1}{n!} \frac{\partial^n G(z)}{\partial z^n}\bigg|_{z=0} .$$

Bei Kenntnis der wahrscheinlichkeitserzeugenden Funktion kann man somit die Einzelwahrscheinlichkeiten und damit auch die Verteilungsfunktion durch entsprechende Differentiation der erzeugenden Funktion bestimmen.

Ferner gelten die Beziehungen:

(16.117a) $$E(X) = G'(1)$$

(16.117b) $$E(X^2) - E(X) = G''(1)$$

(16.117c) $$Var(X) = E(X^2) - E(X)^2 = G''(1) + G'(1) - G'(1)^2 .$$

Da $P(LN_j = kv_j) = P(D_j = k)$ gilt zunächst für die wahrscheinlichkeitserzeugende Funktion von LN_j :

(16.118)
$$\begin{aligned} G_{LN_j}(t) &= \sum_{k=0}^{\infty} P(D_j = k) z^{kv_j} = \sum_{k=0}^{\infty} \frac{\lambda_j^k}{k!} e^{-\lambda_j} z^{kv_j} \\ &= e^{-\lambda_j} \sum_{k=0}^{\infty} \frac{(\lambda_j z^{v_j})^k}{k!} \\ &= \exp(-\lambda_j + \lambda_j z^{v_j}) . \end{aligned}$$

Nehmen wir nun an, dass die normierten Ausfallhöhen LN_j stochastisch unabhängig sind, so ergibt sich gemäß (16.114) für die erzeugende Funktion der normierten Ausfallverteilung $LN := \sum_{j=1}^{m} LN_j$ des Kreditportfolios die Beziehung

(16.119)
$$\begin{aligned} G_{LN}(z) &= \prod_{j=1}^{m} \exp(-\lambda_j + \lambda_j z^{v_j}) \\ &= \exp\left(-\sum_{j=1}^{m} \lambda_j + \sum_{j=1}^{m} \lambda_j z^{v_j} \right). \end{aligned}$$

Die Einzelwahrscheinlichkeiten $P(LN = n)$ können nun auf der Grundlage der Beziehung (16.116) bestimmt werden. Hieraus resultiert die folgende rekursive Beziehung, die eine effiziente Bestimmung der Einzelwahrscheinlichkeiten ermöglicht:

(16.120a) $$P(LN = 0) = \exp\left(-\sum_{j=1}^{m} \lambda_j \right)$$

(16.120b) $$P(LN = n) = \sum_{j; v_j \le n} \frac{v_j \lambda_j}{n} P(LN = n - v_j) .$$

Dieses Ergebnis unterstreicht die Vorteile des Credit Risk$^+$-Ansatzes. Das Basismodell erfordert wenig Inputdaten, nur die Größen v_j sowie λ_j, und das Ergebnis ist in analytisch geschlossener Form darstellbar. Allerdings sind bei Anwendung des Basismodells größere Diskrepanzen zwischen der empirischen Ausfallverteilung und der Modellverteilung zu registrieren. Hierfür sind eine Reihe von Gründen ausschlaggebend. Problematisch ist beispielsweise die vorgenommene Poissonapproximation.

Gemäß Abschnitt 16.3.1.3 folgt hieraus $E(D_j) = Var(D_j) = \lambda_j$, in praxi ist aber regelmäßig eine Überdispersion, d.h. $Var(D_j) > \lambda_j$ zu beobachten. Auch die Annahme der Unabhängigkeit zwischen den Kreditrisiken der einzelnen Exposurebänder ist nicht realistisch. Weitere Probleme bestehen im deterministischen Ansatz für die Recovery Rates und in der implizit angenommenen zeitlichen Konstanz der Ausfallwahrscheinlichkeiten bzw. der Ausfallintensitäten. Letzteres bedingt die Betrachtung kürzerer Zeiträume und eine regelmäßige Aktualisierung der Inputdaten.

Die vorstehend dargestellten Probleme zeigen die Notwendigkeit für Verallgemeinerungen des Basismodells auf. In Anhang 16D werden zwei solche Modellerweiterungen aufgegriffen. Diese betreffen zum einen die Poissonapproximation und zum anderen die Unabhängigkeitsannahme.

Eine Vielzahl von weiteren Verallgemeinerungen des Credit Risk$^+$-Basismodells sowie eine Darstellung weiterer Problemkreise im Credit Risk$^+$-Kontext enthält die Monographie *Gundlach/Lehrbaß* (2004).

16.4.3 Das KMV-Modell

Das KMV-Modell beruht auf dem in Abschnitt 16.3.2.1 dargestellten Unternehmenswertmodell nach *Merton*. Die Verpflichtungen werden dabei jedoch nicht zu Marktwerten angesetzt, sondern zu Buchwerten. Vorgegeben wird ein Zeithorizont der Länge T, standardmäßig ein Jahr. Die Verpflichtungen werden als Default Point $DPT = DPT(T)$ bezeichnet und bestimmen sich gemäß

(16.121) $$DPT = \text{Short Term Debt} + \tfrac{1}{2}\ \text{Long Term Debt}.$$

Dabei entspricht die Größe Short Term Debt der Summe derjenigen Verpflichtungen, die im betrachteten Zeithorizont zu erfüllen sind. Die restlichen Verpflichtungen werden unter Long Term Debt zugeordnet. Die Wahl von DPT wurde auf der Grundlage empirischer Studien getroffen.

Definiert wird nun des Weiteren die Größe *Distance to Default* $DD = DD(T)$ durch

(16.122) $$DD = \frac{E[\ln(A_T)] - \ln(DPT)}{\sigma_A \sqrt{T}}.$$

Die Größe A_T entspricht dabei dem Wert der Aktiva des Unternehmens zum Zeitpunkt T. Der Distance to Default beinhaltet somit intuitiv eine Messung des »Abstands« (in logarithmierten Termen) des erwarteten Wertes der Aktiva vom kritischen Punkt, den Verpflichtungen, pro Einheit Standardabweichung.

Definieren wir $m_A := \mu_A - \sigma_A^2 / 2$, so gilt im Merton-Modell

(16.123) $$E[\ln(A_T)] = \ln(A_0) + m_A T$$

und damit

(16.124) $$DD = \frac{\ln(A_0 / DPT) + m_A T}{\sigma_A \sqrt{T}}.$$

Im Rahmen des Merton-Modells kann man ferner nachweisen, man vergleiche hierzu Übungsaufgabe 16.6, dass für die Ausfallwahrscheinlichkeit $PD = PD(T)$ gilt:

$$PD = N(-DD) = 1 - N(DD)\,. \tag{16.125}$$

KMV verwendet nun aber nicht die auf der Normalverteilung basierende Ausfallwahrscheinlichkeit (16.125). Sie ermitteln auf der Grundlage ihrer umfangreichen Datenbasis, die aus weltweit 25000 börsengehandelten (!) Unternehmen besteht, eine (höhere) empirische Ausfallwahrscheinlichkeit. Dabei wird der Distance to Default fixiert, $DD = dd$, und die so genannte *Expected Default Frequency* (*EDF*) nach dem Prinzip

$$EDF = \frac{Firms\ actually\ defaulted\ with\ DD = dd}{Total\ population\ of\ firms\ with\ DD = dd} \tag{16.126}$$

ermittelt. Nach *Kealhofer* (2003a) erlaubt diese Vorgehensweise erheblich bessere Kurzfristprognosen der Änderungen von Ausfallwahrscheinlichkeiten und von Ausfallereignissen als die Einschätzungen von Rating-Agenturen, die typischerweise auf einem konjunkturzyklusübergreifenden Rating basieren. Zudem beruhen Ratings auf »Ausfallklassen«, d.h. im Grunde auf einer mittleren Ausfallwahrscheinlichkeit für diese Klasse. Die Aktualisierung der EDF-Größen erfolgt einmal pro Monat.

Neben dieser Analyse auf der Unternehmensebene existiert auch eine Portfoliovariante des KMV-Modells. Die Assetkorrelationen werden dabei auf der Grundlage des bereits in Abschnitt 16.3.1.4 dargestellten Faktormodells bestimmt.

16.4.4 Credit Metrics

16.4.4.1 Grundstruktur

Die Credit Metrics-Methodologie zielt – in Anlehnung an die entsprechende in Kapitel 15 dargelegte Vorgehensweise zur Quantifizierung des Marktwertrisikos – ab auf die Ermittlung der Verteilung der Wertänderung eines Kreditportfolios – typischerweise bestehend aus ausfallbedrohten Zinstiteln – über einen gegebenen künftigen Zeithorizont, beispielsweise ein Jahr. Die Wertänderungen der Einzeltitel werden dabei durch entsprechende Änderungen des Ratingstatus beeinflusst. Im Portfoliokontext sind darüber hinaus die entsprechenden Korrelationen dieser Ratingänderungen von Bedeutung.

Die nachfolgende – aus *Crouhy/Galai/Mark* (2001) entnommene – Grafik 16.13 illustriert zunächst die Grundstruktur des Gesamtmodells auf der Grundlage von vier zentralen Bausteinen.

Die konstitutiven Elemente des Credit Metrics-Ansatzes bestehen insbesondere aus:

1. Der Quantifizierung der Ratingmigration in Form einer Markovkette
2. Marktbasierten Forward-Rates pro Ratingklasse
3. Recovery Rates in Form einer Beta-Verteilung 1. Art über das Intervall $(0,1)$
4. Gewinnung der Ausfallkorrelationen von ausfallbedrohten Anleihen auf der Basis eines modifizierten Unternehmenswertmodells.

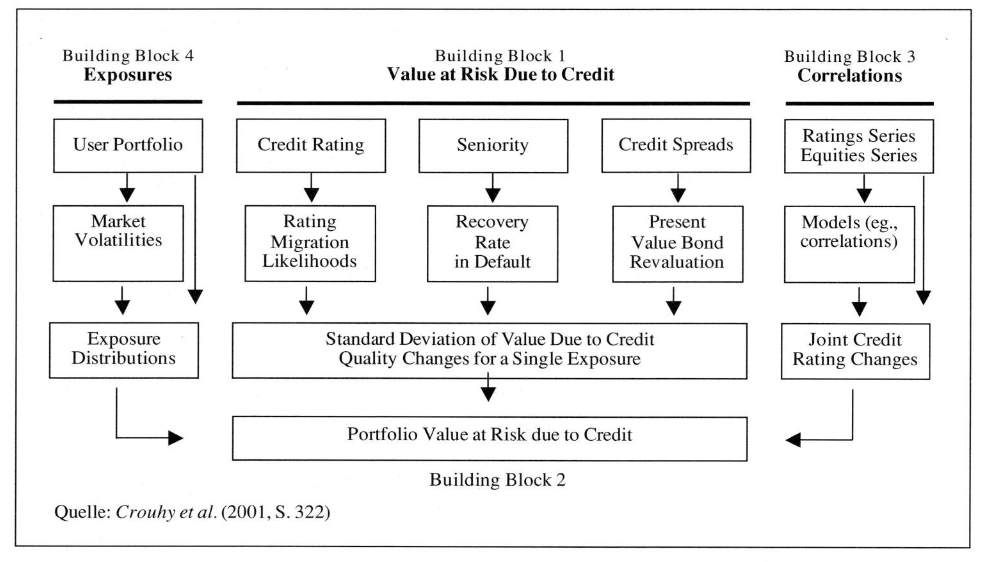

Abb. 16.13: Die Bausteine von Credit Metrics

Die Vorgehensweise von Credit Metrics erfolgt dabei in zwei Stufen:

1. Bestimmung des Credit Value at Risk für einen einzelnen Zinstitel
2. Bestimmung des Credit-VaR auf Portfolioebene.

In der weiteren Darstellung des Credit Metrics-Ansatzes folgen wir dabei dieser zweistufigen Vorgehensweise.

16.4.4.2 Analyse auf Finanztitelebene

Zur Quantifizierung der Ratingmigration wird ein Markovmodell gemäß Abschnitt 16.3.4 verwendet. Spezifiziert seien dazu K Ratingklassen $\{1,...,K\}$, wobei die Ratingklasse K dem Defaultzustand entspreche. Ist die Start-Ratingklasse gegeben durch $i \neq K$, so gilt für den Startvektor (in Zeilenform)

(16.127a) $$p_i(0) = e(i) = \begin{cases} 1 & j = i \\ 0 & sonst \end{cases}.$$

Gegeben die einperiodige Übergangsmatrix

(16.127b) $$P = (p_{ij})$$

der Ratingübergangswahrscheinlichkeiten p_{ij}, erhalten wir dann den Zustandsvektor $p_i(t) = (p_{i1}(t),...,p_{iK}(t))$ durch

(16.128) $$p_i(t) = p(0)P^t .$$

Das j-te Element dieses Zustandsvektors in Zeilenform, $p_{ij}(t)$, entspricht dabei der Wahrscheinlichkeit – gegeben die Start-Ratingklasse i – zum Zeitpunkt t in Ratingklasse j zu sein.

Implizit wird damit angenommen, dass alle Emittenten von ausfallbedrohten Zinstiteln der gleichen Ratingklasse homogene Kreditrisiken in dem Sinne sind, dass sie die gleichen Ausfall- und Übergangswahrscheinlichkeiten besitzen. Dies ist ein Unterschied zum KMV-Ansatz, da bei diesem mit emittentenspezifischen Größen (Asset-Wertentwicklung, Verpflichtungsstruktur) gearbeitet wird.

Pro Ratingklasse j werden nun die einperiodigen Forward Rates

$$f_j(t,t+1): \text{einperiodige Forward Rate der Ratingklasse } j \text{ in } t$$

marktbasiert kalibriert und in den Bewertungsprozess eingespeist. Es ist darauf hinzuweisen, dass hierbei mit deterministischen Forward Rates gearbeitet, und damit das Marktrisiko im Zinsbereich ausgeklammert wird.

Es kennzeichne nun im Weiteren der Zeitraum $[0,t]$ den betrachteten Risikohorizont der Länge t, typischerweise $t = 1$, und der Zeitraum $[0,T]$ den erfassten Gesamthorizont der Länge $T > t$. Angestrebt wird eine Bewertung des Portfoliowerts in t bzw. die Charakterisierung der Änderung des Portfoliowerts über $[0,t]$.

Zur konkreteren Illustration der Vorgehensweise betrachten wir im Weiteren einen Zinstitel mit der Zahlungsstruktur $\{Z_1,...,Z_{T-1},Z_T+N\}$, wobei Z_t die Zinszahlungen am Ende der Periode t und N den Nennwert des Titels bezeichne. Ferner definieren wir die (annualisierten) Forward Rates $f_j(u,v)$ bezüglich der Ratingklasse j durch $(v = u + k)$

(16.129)
$$[1+f_j(u,v)]^{v-u} = \prod_{j=0}^{k-1}[1+f(u+j,u+j+1)]\,.$$

Entsprechend bezeichne $f(u,v)$ die (annualisierten) Forward Rates über den Zeitraum $[u,v]$ für ausfallfreie Zinstitel, beispielsweise Staatsanleihen.

Befindet sich nun der betrachtete Bond mit gegebener Start-Ratingklasse i in 0 zum Zeitpunkt t in Ratingklasse $j \neq K$, d.h. es sei bis zum Zeitpunkt t kein Default eingetreten, so gilt für den Wert des Bond zum Zeitpunkt t offenbar

(16.130a)
$$\begin{aligned} V_{ij}(t,T) &= \sum_{k=1}^{t} Z_k[1+f(k,t)]^{t-k} \\ &+ \sum_{k=t+1}^{T} Z_k[1+f_j(t,k)]^{-(k-t)} + N[1+f_j(t,T)]^{-(T-t)}\,. \end{aligned}$$

Gilt hingegen $j = K$, d.h. bis zum Zeitpunkt t ist der Default eingetreten, so wird pauschal die Summe der bis zu T zu leistenden Zahlungen betrachtet und mit einer durchschnittlichen Recovery Rate rc, abhängig von der Seniority Class des Bonds multipliziert, d.h. es gilt

(16.130b)
$$V_{iK}(t,T) = \left(\sum_{k=1}^{T} Z_k + N\right) r_c\,.$$

Allgemeiner wird mit einer Betaverteilung 1. Art für die Recovery Rates gearbeitet, worauf wir hier aber nicht weiter eingehen.

Der Wert $V_i(t)$ zum Zeitpunkt t eines Bond i aus der Start-Ratingklasse i ist nun eine Zufallsgröße und es gilt bei Verwendung der zuvor eingeführten Größen

(16.131) $$P[V_i(t) = V_{ij}(t,T)] = p_{ij}(t).$$

Definieren wir nun noch den durch eine Ratingänderung induzierten Verlust $L_i(t)$ eines Bonds mit Start-Rating i über den Zeitraum $[0,t]$ durch

(16.132) $$L_i(t) = V_{ii}(t,T) - V_i(t),$$

wobei $V_{ii}(t,T)$ dem Wert des Bonds in t bei unveränderter Ratingklasse und $V_i(t)$ dem zufallsabhängigen Wert des Bonds in t entspreche, so ist die Verlustverteilung damit gesamthaft spezifiziert und es kann ein Credit-VaR sowie andere Kennzahlen wie etwa $E[L_i(t)]$ und $\sigma[L_i(t)]$ auf Einzeltitelebene bestimmt werden. Typischerweise ergibt sich eine stark rechtsschiefe Verteilung. Wir greifen zur Illustration auf ein Beispiel in *Crouhy/Galai/Mark* (2001) zurück. Dabei ist der betrachtete Zeithorizont t = *1* und das Ausgangsrating des analysierten Bonds sei BBB.

Rating $t=1$	$P_{\text{BBB}}(1)$	$V_{\text{BBB}}(1)$	$L_{\text{BBB}}(1)$
AAA	0,02%	109,37	-1,82
AA	0,33%	109,19	-1,64
A	5,95%	108,66	-1,11
BBB	86,93%	107,55	0
BB	5,30%	102,02	5,53
B	1,17%	98,10	9,45
C	0,12%	83,64	23,91
D	0,18%	51,13	56,42
Quelle: *Crouhy et al.* (2001, S. 330)			

Tab. 16.4: Beispielhafte Kreditverlustverteilung

Abbildung 16.14 illustriert (in idealisierter Form) die entsprechende Verlustverteilung.

Der Erwartungswert $E[L_{\text{BBB}}(1)]$ der Kreditverlustverteilung bestimmt sich zu 0,46 und die Varianz $Var[L_{\text{BBB}}(1)]$ zu 8,95, entsprechend ist die Standardabweichung $\sigma[L_{\text{BBB}}(1)] = 2{,}99$. Bei Annahme einer Normalverteilung wäre damit der Credit-VaR zum Konfidenzniveau 1% gegeben durch $0{,}46 + 2{,}33(2{,}99) = 7{,}43$. Der empirische Credit-VaR der Verteilung gemäß Tabelle 16.4 ist hingegen 23,91. Dies dokumentiert nochmals die extreme Rechtsschiefe der Kreditverlustverteilung auf Einzeltitelebene.

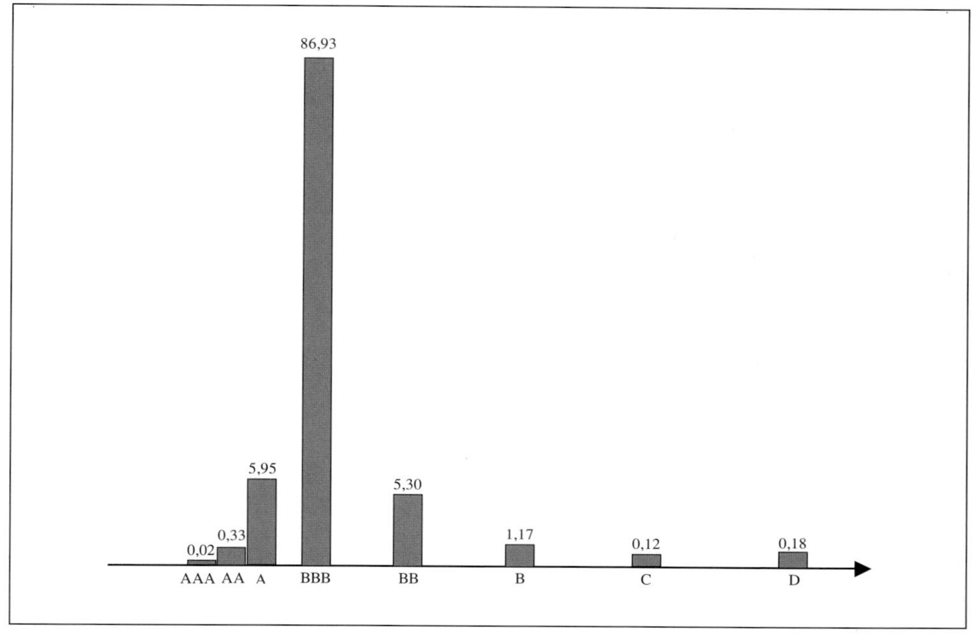

Abb. 16.14: Beispielhafte Kreditverlustverteilung auf Einzeltitelebene

16.4.4.3 Bestimmung von Ausfallkorrelationen: Zwei-Unternehmens-Fall

Zur Bestimmung der Verlustverteilung des Kreditportfolios ist es erforderlich, für je zwei Ausgangsratingklassen i_0 und j_0 $(i_0, j_0 \neq K)$ den gemeinsamen Übergang in zwei Zielratingklassen i_1 und j_1 zu quantifizieren. Wir konzentrieren uns im Weiteren zur Illustration des systematischen Ansatzes auf den Fall zweier Unternehmen und dabei zunächst auf die Default Mode-Variante von Credit Metrics, d.h. Berücksichtigung findet nur der Ausfall eines Kredits durch Insolvenz des Kreditnehmers.

Gedanklicher Ansatzpunkt von Credit Metrics ist hierbei das Unternehmenswertmodell von *Merton* gemäß Abschnitt 16.3.2.1. Beim Merton-Modell tritt der Default eines Unternehmens genau dann ein, wenn der Wert der Aktiva am Periodenende den Wert der Verpflichtungen unterschreitet. Im Einperiodenfall ist daher die Ausfallwahrscheinlichkeit gegeben durch (Φ bezeichne wie üblich die Verteilungsfunktion der Standardnormalverteilung)

$$\begin{aligned} PD &= P(A_1 < F) \\ &= P\left[\frac{\ln(A_1)-m}{\sigma} < \frac{\ln(F)-m}{\sigma}\right] \\ &= \Phi\left[\frac{\ln(F)-m}{\sigma}\right] \\ &= \Phi[F^*], \end{aligned} \tag{16.133}$$

wobei A_1 den Wert der Aktiva am Periodenende sowie F die Höhe der Verpflichtung bezeichne und unterstellt wird, dass A_1 einer Lognormalverteilung mit den Parametern m und σ folgt. Mit $F^* = [\ln(F) - m]/\sigma$ als »normierter« Ausfallschranke ergibt sich somit die Ausfallwahrscheinlichkeit durch $PD = \Phi(F^*)$. Bei *vorgegebener* Ausfallwahrscheinlichkeit lässt sich entsprechend die zugehörige Ausfallschranke gemäß $F^* = \Phi^{-1}(PD)$ ermitteln. Wird diese Ausfallschranke unterschritten, dann geht das Unternehmen in Konkurs und vom Unternehmen emittierte Zinstitel werden in eine Ratingklasse eingeordnet, die dem Defaultstatus entspricht. Der Übergang zum Defaultstatus entspricht somit dem Unterschreiten einer kritischen Größe F^*, die bei gegebener Ausfallwahrscheinlichkeit modellendogen bestimmt werden kann. Alternativ zur Betrachtung von A_1 kann in (16.133) auch äquivalent den Wertzuwachs $A_1 - A_0$ bzw. (wie üblich) die Assetrendite $(A_1 - A_0)/A_0$ betrachten, wenn man den Wert der Verpflichtung entsprechend zu $F - A_0$ bzw. $(F - A_0)/A_0$ transformiert.

Geht man daher nun allgemein von einer einperiodigen Assetrendite R eines Unternehmens aus, die entsprechend normiert und daher als standardnormalverteilt angenommen werden kann, so ergibt sich bei Vorgabe der Ausfallwahrscheinlichkeit PD die zugrunde liegende äquivalente Ausfallschranke Z_D für den Übergang zum Defaultstatus zu

(16.134) $$Z_D = \Phi^{-1}(PD).$$

Diesen Ansatz kann man nun entsprechend auf zwei Unternehmen verallgemeinern. Es seien dazu R_1 und R_2 die Assetrenditen zweier Unternehmen, die entsprechend normiert sind und daher als bivariat (korreliert) standardnormalverteilt angenommen werden können, kurz $(R_1, R_2) \sim \Phi_2(x, y; \rho_{12})$. Zur bivariaten Normalverteilung vergleiche man allgemein Anhang 3A. Die bivariate (korrelierte) Standardnormalverteilung besitzt hierbei den Erwartungsvektor μ bzw. die Varianz/Kovarianzmatrix Σ gegeben durch

$$\mu = \begin{pmatrix} 0 \\ 0 \end{pmatrix} \text{ bzw. } \Sigma = \begin{pmatrix} 1 & \rho_{12} \\ \rho_{12} & 1 \end{pmatrix}.$$

Die Größe ρ_{12} wird dabei auch als *Assetkorrelation* bezeichnet.

Die isolierten Ausfallschranken Z_1 und Z_2 ergeben sich nun entsprechend zu

(16.135) $$Z_1 = \Phi^{-1}(PD_1) \text{ und } \quad Z_2 = \Phi^{-1}(PD_2) \; .$$

Gesucht ist nun die *gemeinsame Ausfallwahrscheinlichkeit* PD_{12}, die die Wahrscheinlichkeit dafür angibt, dass beide Unternehmen zugleich am Periodenende ausgefallen sind. Offenbar gilt

(16.136) $$\begin{aligned} PD_{12} &= P[R_1 < Z_1, R_2 < Z_2] = \Phi_2(Z_1, Z_2; \rho_{12}) \\ &= \Phi_2(\Phi^{-1}(PD_1), \Phi^{-1}(PD_2); \rho_{12}). \end{aligned}$$

Aufgrund der Eigenschaften der Dichte der bivariaten Normalverteilung ist PD_{12} monoton wachsend in der Assetkorrelation ρ_{12} und ebenso monoton wachsend in PD_1 bzw. PD_2. Eine grafische Illustration der gemeinsamen Ausfallwahrscheinlichkeit PD_{12} enthält die folgende Abbildung 16.15. Die Ausfallwahrscheinlichkeit entspricht dem Volumen des Gebietes über dem Quadranten $(-\infty, Z_1) x (-\infty, Z_2)$, das durch die zweidimensionale Dichtefunktion der bivariaten Normalverteilung begrenzt wird.

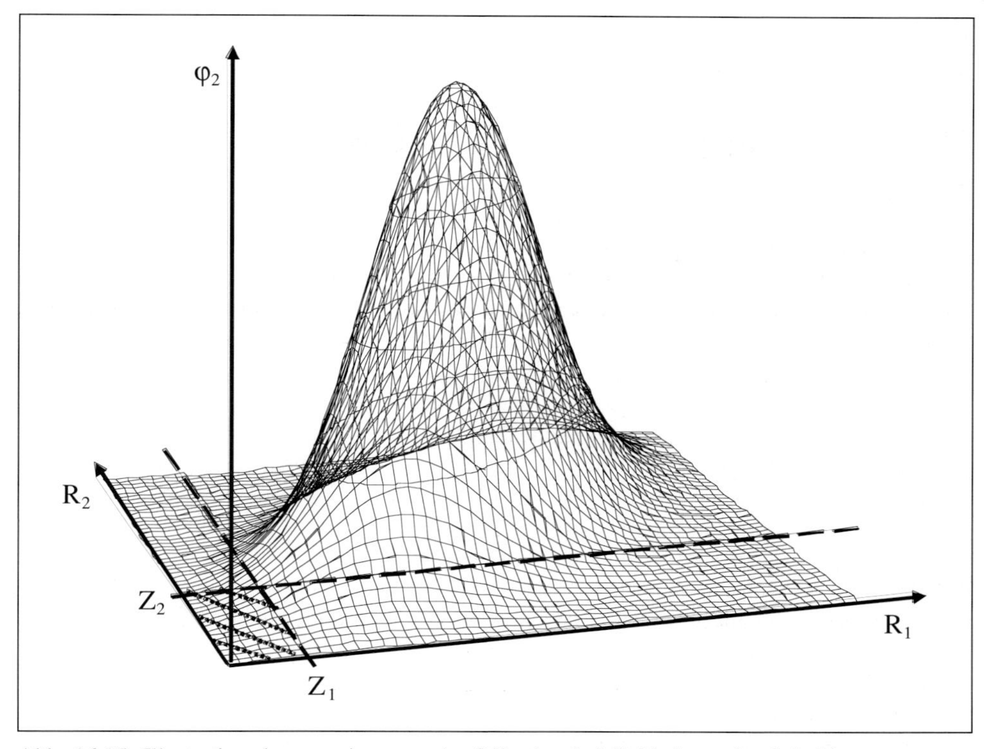

Abb. 16.15: Illustration der gemeinsamen Ausfallwahrscheinlichkeit zweier Schuldner

Auf dieser Grundlage lässt sich nun auch die Ausfallverteilung eines Portfolios, das aus zwei Krediten der beiden Unternehmen mit (deterministischer) Ausfallhöhe E_1 und E_2 besteht, bestimmen. Bezeichnen wie üblich D_1 und D_2 die Defaultgrößen, so gilt für den Portfolioverlust L die Beziehung $L = E_1 D_1 + E_2 D_2$ und die Portfolioausfallverteilung ist entsprechend gegeben durch die folgenden Ausfallwahrscheinlichkeiten. Zunächst gilt

(16.137a) $$P(L = E_1 + E_2) = P(D_1 = 1, D_2 = 1) = P(R_1 < Z_1, R_2 < Z_2) = PD_{12},$$

wobei PD_{12} durch (16.136) gegeben ist. Es gilt weiterhin

(16.137b) $$\begin{aligned} P(L = E_1) &= P(D_1 = 1, D_2 = 0) = P(R_1 < Z_1, R_2 \geq Z_2) \\ &= P(R_1 < Z_1) - P(R_1 < Z_1, R_2 < Z_2) \\ &= PD_1 - PD_{12}. \end{aligned}$$

und analog

(16.137c) $$P(L = E_2) = P(D_1 = 0, D_2 = 1) = PD_2 - PD_{12}$$

sowie

$$
\begin{aligned}
P(L=0) &= P(D_1=0, D_2=0) \\
&= 1 - PD_{12} - (PD_1 - PD_{12}) - (PD_2 - PD_{12}) \\
&= 1 - PD_1 - PD_2 + PD_{12}\,.
\end{aligned} \tag{16.137d}
$$

Die Porfolioausfallverteilung ist somit vollständig spezifiziert, wenn man die individuellen Ausfallwahrscheinlichkeiten PD_1 und PD_2 sowie die Assetkorrelation ρ_{12} kennt bzw. identifiziert.

Anzumerken ist in diesem Kontext zur Vorgehensweise von Credit Metrics noch, dass – da die Assetrenditen nicht direkt beobachtet werden können – im Rahmen von Credit Metrics die Assetrendite durch die Aktienrendite als Proxyvariable ersetzt wird. Äquivalent zu dieser Approximation ist die Annahme, dass die Unternehmensaktivitäten rein eigenkapitalfinanziert sind. Dies ist ein zentrales Manko des Credit Metrics-Ansatzes, denn bei Anwendung auf Unternehmen mit einem hohen Fremdkapitalanteil ist davon auszugehen, dass die Aktienkursentwicklung erheblich volatiler als die Wertentwicklung der Assets des Unternehmens ist.

Die vorstehend dargelegte Ansatzweise für den Default Mode kann man entsprechend auf den Mark to Market Mode, bei dem nicht nur der Defaultzustand, sondern ein Universum von Ratingklassen betrachtet wird, verallgemeinert werden. Ausgehend von einem fixierten Ausgangsrating wird angenommen, dass jegliche Ratingänderung auf dem Über- bzw. Unterschreiten bestimmter kritischer Grenzen durch die (entsprechend normierte) Assetrendite (bzw. in praxi die Aktienrendite) bestimmt wird. Die kritischen Grenzen können nun wieder durch Kalibrierung auf Basis der Ratingwahrscheinlichkeiten bestimmt werden. Betrachten wir zu weiteren Konkretisierung ein Beispiel.

Beispiel 16.3: Ratingänderungen und Assetrenditenänderungen

Gegeben sei ein Ratingsystem der Form $\{AAA, AA, A, BBB, BB, B, CCC, D\}$. Das Ausgangsrating des Unternehmens sei BBB. Wir definieren nun kritische Grenzen $Z_D, Z_{CCC}, Z_B, Z_{BB}, Z_{BBB}, Z_A, Z_{AA}$ für die standardnormalverteilte Assetrendite *R*. Die Ratingübergangswahrscheinlichkeiten seien wie in Tabelle 16.4 wiederum gegeben durch

$p_{BBB,AAA}$	=	0,02%	$p_{BBB,BB}$	=	5,30%
$p_{BBB,AA}$	=	0,33%	$p_{BBB,B}$	=	1,17%
$p_{BBB,A}$	=	5,95%	$p_{BBB,CCC}$	=	0,12%
$p_{BBB,BBB}$	=	86,93%	$p_{BBB,D}$	=	0,18%

Ein Übergang von BBB nach D ist nun äquivalent mit $R < Z_D$. Insofern gilt $0{,}0018 = P(R < Z_D) = \Phi(Z_D)$ und damit $Z_D = \Phi^{-1}(0{,}0018) = -2{,}9112$.

Ein Übergang von BBB nach CCC findet nun statt, wenn *Z* unter Z_{CCC} fällt, Z_D dabei aber nicht unterschreitet, d.h. $Z_D \le R < Z_{CCC}$. Damit gilt $0{,}0012 = P(Z_D \le R < Z_{CCC}) = \Phi(Z_{CCC}) - \Phi(Z_D) = \Phi(Z_{CCC}) - 0{,}0018$. Hieraus folgt $\Phi(Z_{CCC}) = 0{,}003$ und damit $Z_{CCC} = \Phi^{-1}(0{,}003) = 2{,}7479$. Entsprechend geht man vor für alle Wertschranken sowie alle Ausgangsratings. Insgesamt entspricht somit jede Ratingklasse einem Realisationsintervall der Assetrendite, wobei gilt:

$D \Leftrightarrow (-\infty, Z_D)$	$BBB \Leftrightarrow [Z_{BB}, Z_{BBB})$
$CCC \Leftrightarrow [Z_D, Z_{CCC})$	$A \Leftrightarrow [Z_{BBB}, Z_A)$
$B \Leftrightarrow [Z_{CCC}, Z_B)$	$AA \Leftrightarrow [Z_A, Z_{AA})$
$BB \Leftrightarrow [Z_B, Z_{BB})$	$AAA \Leftrightarrow [Z_{AA}, \infty)$

Abbildung 16.16 illustriert nochmals diesen Zusammenhang, nun aber mit dem Rating *BB* als Ausgangsrating.

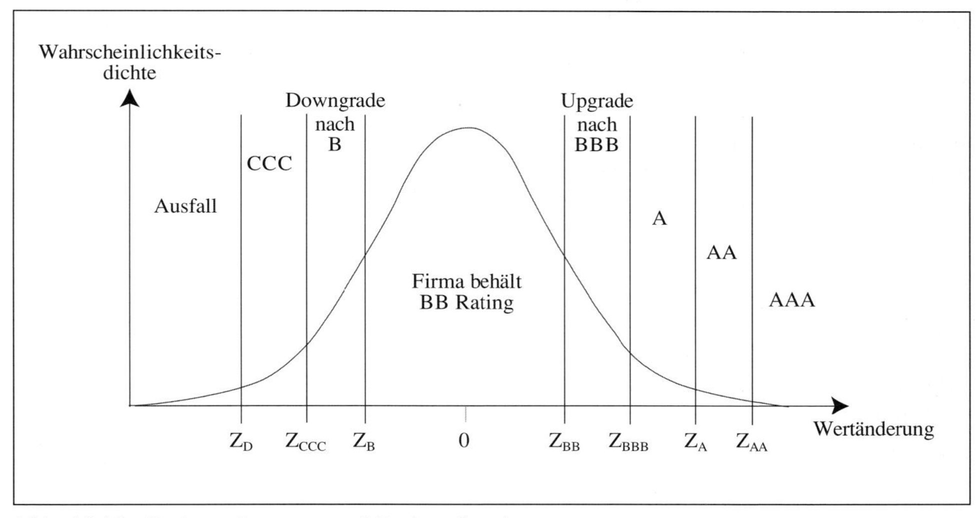

Abb. 16.16: Ratingänderungen und Ratingschranken

Wie schon im Default Mode kann dieser gedankliche Ansatz nun auch dazu verwendet werden, das gemeinsame Übergangsverhalten zu charakterisieren. Zur Illustration des Ansatzes bleiben wir wieder im Zwei-Unternehmens-Fall. Wir gehen aus von einem Ratingsystem $\{K_1 = D, K_2, ..., K_n\}$ und ersetzen entsprechend die Defaultindikatoren durch zwei Ratingindikatoren $D_1 = D_1(1)$ und $D_2 = D_2(1)$ mit jeweiligem Wertebereich $\{1,...,n\}$. Wir fixieren sodann die Ausgangsratings gemäß $D_1(0) = i^* \neq 1$ und $D_2(0) = j^* \neq 1$. Bei fixierten Ausgangsratings entspricht im Ein-Unternehmens-Fall der Ratingübergang einer Skala von Ausfallschranken $Z_1(D),...,Z_1(K_n)$ bzw. $Z_2(D),...,Z_2(K_n)$, wobei $Z_1(K_i) = Z_1(K_i; K_{i^*})$ und $Z_2(K_j) = Z_2(K_j; K_{j^*})$.

Bei bivariat (korreliert) standardnormalveteilten Assetrenditen $R_1, R_2 \sim \Phi_2(x, y; \rho_{12})$ ist daher der Übergang $R_1 \rightarrow K_i$ und $R_2 \rightarrow K_j$ $(i; j = 1,...,n)$ äquivalent zu $Z^1_{K_{i-1}} = R_1 < Z^1_{K_i}$ und gleichzeitig $Z^2_{K_{j-1}} = R_2 < Z^2_{K_j}$ $(i; j = 1,...,n+1)$. Dabei ist jeweils noch $Z^1_{K_{n+1}} = Z^2_{K_{n+1}} = +\infty$ zu setzen.

Die gemeinsame Übergangswahrscheinlichkeit – gegeben i^* und j^* – in die Ratings i bzw. j am Periodenende ist dann gegeben durch

(16.138)

$$\begin{aligned} p(i,j) &= p_{i^* j^*}(i,j) = P[D_1 = i, D_2 = j] \\ &= P[Z_1(K_{i-1}) \leq R_1 < Z_1(K_i),\ Z_2(K_{j-1}) \leq R_2 < Z_2(K_j)] \\ &= P[a_{i-1} \leq R_1 < a_i,\ b_{j-1} \leq R_2 < b_j] \\ &= \int_{a_{i-1}}^{a_i} \int_{b_{j-1}}^{b_i} \varphi_2(x,y;\rho_{12})\, dx\, dy \,. \end{aligned}$$

Dabei bezeichne entsprechend φ_2 die Dichtefunktion der bivariaten (korrelierten) Standardnormalverteilung. Auch hier genügt wiederum die Kenntnis der univariaten Ausfallschranken $a_i = Z_1(K_i)$ bzw. $b_i = Z_2(K_i)$ sowie die Korrelation ρ_{12} der Assetrenditen, um die gemeinsame Übergangswahrscheinlichkeit zu bestimmen.

Ersichtlich wird an der vorstehenden Analyse des Zwei-Unternehmens-Falls aber, dass die Anzahl der benötigten Inputdaten sowie die Modellkomplexität erheblich ansteigt, wenn dieser Ansatz direkt auf n Unternehmen ausgedehnt wird. Einen Ausweg bietet die Verwendung eines Faktormodells, wie im nächsten Abschnitt dargestellt.

16.4.4.4 Bestimmung von Ausfallkorrelationen: Faktormodell

Im Allgemeinen werden im Rahmen von Credit Metrics jedem Schuldner sowohl Länder- als auch Industriegewichte zugeordnet. Im Weiteren konzentrieren wir uns auf einen Spezialfall, der darin besteht, dass wir eine rein nationale Analyse vornehmen und jeder Schuldner $i = 1,...,n$ im Kreditportfolio genau einem Industriezweig $k = 1,...,m$ zugeordnet werden kann. O.B.d.A. betrachten wir die Gruppe k derjenigen Schuldner $i_k = 1,...,n_k$ $(n = n_1 + ... + n_m)$, die dem k-ten Industriezweig zugeordnet wird. Dieser werde durch den Index F_k repräsentiert, der so normiert wurde, dass $F_k \sim N(0,1)$. Für die Assetrendite (bzw. in Credit Metrics die Aktienrendite) R_{i_k} der Gruppe k gelte jeweils das Einfaktormodell

(16.139)
$$R_{i_k} = \sqrt{w_{i_k}}\, F_k + \sqrt{1 - w_{i_k}}\, U_{i_k},\ \ i_k = 1,...,n_k \,,$$

wobei $U_{i_k} \sim N(0,1)$ und $\{F_k, U_{i_k}\}$ sowie $\{U_{i_k}, U_{j_k}\}, i_k \neq j_k$ stochastisch unabhängige Größen seien. Die Assetrenditen $i = 1,...,n_k$ der Gruppe k werden somit beeinflusst durch einen gemeinsamen (»systematischen«) Faktor, ansonsten nur von unternehmensspezifischen (»ideosynkratischen«) Gegebenheiten.

Für Assetrenditen aus der gleichen Industriegruppe k gilt (vgl. Übungsaufgabe 16.4) einheitlich

(16.140a)
$$\rho(R_{i_k}, R_{j_k}) = w_{i_k} \,.$$

Für Assetrenditen R_{i_k} und R_{i_l} aus verschiedenen Industriegruppen k und l gilt

(16.140b)
$$\begin{aligned}\rho_{i_k i_l} &= \rho(R_{i_k}, R_{i_l}) = Cov(R_{i_k}, R_{i_l}) \\ &= E(R_{i_k} R_{i_l}) - E(R_{i_k})E(R_{i_l}) = E(R_{i_k} R_{i_l}) \\ &= \sqrt{w_{i_k} w_{i_l}}\, E(F_k F_l) = \sqrt{w_{i_k} w_{i_l}}\, \rho(F_k, F_l)\,.\end{aligned}$$

Zur Bestimmung der $n(n-1)/2$ Korrelation der Assetrenditen ist daher die Kenntnis der $m(m-1)/2$ Korrelationen $\rho(F_k, F_l)$ sowie der zu Größen $w_{i_1},...w_{i_m}$ erforderlich.

Aus den Ergebnissen von Abschnitt 6.4.1.2 wissen wir, dass bei einer univariaten linearen Regression der Assetrenditen der Gruppe k auf den Faktor F_k für das Bestimmtheitsmaß R_k^2 gilt $R_k^2 = \rho^2(R_{i_k}, F_k)$. Da des Weiteren (vgl. wiederum Übungsaufgabe 16.4) $\rho(R_{i_k}, F_k) = \sqrt{w_{i_k}}$ gilt, folgt insgesamt

(16.141)
$$R_k^2 = \rho^2(R_{i_k}, F_k) = w_{i_k}\,.$$

Damit ist das empirische Bestimmtheitsmaß ein natürlicher Schätzer für die Gewichte w_{i_k} $(k = 1,...,m)$. Der natürliche Schätzer für die Korrelationen $\rho(F_k, F_l)$ ist der entsprechende Stichprobenkorrelationskoeffizient.

Die solchermaßen bestimmten Korrelationen der Assetrenditen können nun im Rahmen der Ergebnisse des Abschnitts 16.4.4.3 sowohl im Rahmen der Default Mode-Variante als auch im Rahmen der Mark to Market-Variante benutzt werden, um die Verteilung des Portfolioverlustes (auf simulativem Wege) zu bestimmen.

16.4.5 Credit Portfolio View

Das Credit Portfolio View (CPV)-Modell setzt sich aus zwei zentralen Blöcken zusammen. Zum einen aus einem Multifaktormodell für das Ausfallrisiko eines Portfolios zur Bestimmung und zur Simulation von bedingten, (durchschnittlichen) Ausfall- und Übergangswahrscheinlichkeiten, abhängig von der aktuellen Wirtschaftslage und industrie- bzw. länderspezifischen Einflussfaktoren. Zum anderen aus einer Methode zur Bestimmung der diskreten Ausfallverteilung eines Kreditportfolios.

Im Rahmen des Multifaktormodells steht dabei vor allem der Einfluss makroökonomischer Faktoren (beispielsweise BIP-Wachstum, Langfristzins, Beschäftigungszahlen, Sparquote, Haushaltslage) im Vordergrund. Betrachtet wird hierbei ein Zeithorizont $[0,T]$, der in einjährige Perioden mit Index t aufgeteilt wird. Alle Kreditrisiken im Portfolio lassen sich m länder- und sektorspezifischen Segmenten zuordnen und durch entsprechende Segmentindices Y_j bzw. in dynamisierter Form Y_{jt} repräsentieren. Für die Indexwerte Y_{jt} wird ein Faktormodell der folgenden Form angenommen

(16.142a)
$$Y_{jt} = b_{j0} + b_{j1} X_{j1t} + ... + b_{jm} X_{jmt} + \varepsilon_{jt}\,,$$

wobei $\varepsilon_{jt} \sim N(0, \sigma_j)$. Die Größen X_{jit} repräsentieren makroökonomische Variable, die den j-ten Indexwert beeinflussen. Jede makroökonomische Variable folgt ihrerseits einem univariaten $AR(2)$-Prozess.

(16.142b) $$X_{jit} = c_{ji0} + c_{ji1} X_{jit-1} + c_{ji2} X_{jit-2} + e_{jit} \quad ,$$

wobei der Fehlerterm e_{jit} normalverteilt ist, $e_{jit} \sim N(0, \sigma_{ji})$. Zwischen den Störtermen können auch Korrelationen zugelassen werden.

Bezeichne des Weiteren nun D_{jt} den Defaultindikator für Segment j in Periode t und $p_{jt} := P(D_{jt} = 1)$ die (vom Rating unabhängige) zugehörige durchschnittliche Segmentausfallwahrscheinlichkeit. Angenommen wird nun der folgende Zusammenhang (Logit-Modell)

(16.142c) $$p_{jt} = \frac{1}{1 + \exp(-Y_{jt})} .$$

Innerhalb eines jeden Marktsegments wird nun noch das Rating der einzelnen Kreditrisiken berücksichtigt. Dazu betrachtet man zunächst Übergangsmatrizen, basierend auf den Daten von Ratingagenturen. Diese sind von ihrer Konstruktion her unbedingt, d.h. berücksichtigen nicht den aktuellen Stand der Volkswirtschaft. Insofern müssen die Übergangsmatrizen modifiziert werden, um sie an die jeweils aktuelle Wirtschaftslage anzupassen. Die (historischen) Übergangsmatrizen werden damit in bedingte Übergangsmatrizen transformiert. Die Transformation basiert für jedes Marktsegment und für jede Periode t auf einer Skalierung der Elemente der (unbedingten) Rating-Übergangsmatrix anhand der Verhältnisse der bedingten Ausfallwahrscheinlichkeiten p_{jt} gemäß (16.142c) zu den durchschnittlichen Ausfallwahrscheinlichkeiten $\overline{p}_j$ gemäß der Daten der Ratingagentur. Gilt $p_{jt} > \overline{p}_j$, so liegen erhöhte Ausfallwahrscheinlichkeiten vor und die Adjustierung wird so vorgenommen, dass mehr Wahrscheinlichkeitsmasse in die Downgrade-Zustände und den Default-Zustand geschoben wird. Vice versa geht man im Falle $p_{jt} < \overline{p}_j$ vor. Für die genaue (Ad hoc-)Adjustierungsprozedur sei auf die Literatur verwiesen, etwa *Bluhm et al.* (2003, S. 76 ff.). Ein Beispiel findet sich in *Trück/Peppel* (2003, S. 320 f.).

Aus der unbedingten Übergangsmatrix $\overline{M}$ werden auf diese Weise T bedingte Übergangsmatrizen M_t $(t = 1,...,T)$ abgeleitet. Die entsprechende (bedingte) T-periodige Übergangsmatrix M_{0T} bis zum Ende der betrachteten Periode $[0,T]$ ist dann durch $M_{0T} = M_1 \cdot ... \cdot M_T$ gegeben. Damit erhält man insgesamt zu jedem Segment und zu jedem Startrating eine bedingte, von der (prognostizierten) Entwicklung der Wirtschaftslage abhängige, Verteilung von Ausfallwahrscheinlichkeiten.

Zur Bestimmung der Ausfallverteilung eines Kreditportfolios werden im Rahmen von CPV, zunächst unter der Annahme der (bedingten) Unabhängigkeit der Ausfälle der Kreditrisiken bei gegebenem makroökonomischen Zustand, die bedingte Portfolioausfallverteilung bestimmt und dies für jeden möglichen Zustand der Wirtschaft. Diese bedingten Ausfallverteilungen werden dann zu einer unbedingten Ausfallverteilung aggregiert. Für Einzelheiten sei wiederum auf die Literatur verwiesen.

Abschließend sei noch angemerkt, dass der vorstehend dargestellte, auf makroökonomischen Regressionsmodellen beruhende CPV-Ansatz der traditionellen CPV Makro-Variante entspricht. In der Version Credit Portfolio View 2.0 wird alternativ eine CPV Direct-Variante angeboten, in deren Rahmen die segmentspezifischen bedingten Ausfallwahrscheinlichkeiten unter Zugrundelegung einer Gammaverteilung »gezogen« werden. Für weitere Einzelheiten vergleiche man etwa *Bluhm et al.* (2003, S. 80 f.)

16.5 Basel II

16.5.1 Modelltheoretische Grundlagen: Einfaktormodell

Wir knüpfen an an dem in Abschnitt 16.3.1.3 eingeführten Einfaktormodell (man vergleiche zu dessen Eigenschaften auch Übungsaufgabe 16.4) der Form $Y_i = \sqrt{\rho_i}\,F + \sqrt{1-\rho_i}\,U_i$ für den Bonitätsindikator Y_i von Schuldner *i*. Für den Defaultindikator D_i von Schuldner *i* gilt nun $D_i = 1$ genau dann, wenn $Y_i < H_i$, wobei H_i eine unternehmensspezifische (normierte) Ausfallschranke ist. Bei Vorgabe der einperiodigen Ausfallwahrscheinlichkeit π_i, z.B. als durchschnittliche einjährige Ausfallwahrscheinlichkeit für Schuldner der gleichen Ratingklasse, ergibt sich aufgrund von $Y_i \sim N(0,1)$ die zugrunde liegende Ausfallschranke zu

$$H_i = \Phi^{-1}(\pi_i)\,, \tag{16.143}$$

wobei Φ wie üblich die Verteilungsfunktion der Standardnormalverteilung bezeichne.

Wir betrachten nun des Weiteren die bedingte Defaultwahrscheinlichkeit $\pi_i(x)$ gegeben eine Realisation $F = x$ des Faktors F und definieren entsprechend

$$\pi_i(x) := P(D_i = 1 \mid F = x)\,. \tag{16.144}$$

Hieraus folgt $\quad \pi_i(x) = P\left[\sqrt{\rho_i}\,x + \sqrt{1-\rho_i}\,U_i \le H_i\right] = P\left[U_i \le \left(H_i - \sqrt{\rho_i}\,x\right) / \sqrt{1-\rho_i}\right]$

und damit aufgrund von $U_i \sim N(0,1)$ insgesamt

(16.145 $\qquad \pi_i(x) = \Phi\left[\dfrac{\Phi^{-1}(\pi_i) - \sqrt{\rho_i}\,x}{\sqrt{1-\rho_i}}\right].$

Aufgrund der strengen Monotonieeigenschaft von stetigen Verteilungsfunktionen ist insbesondere $\pi_i(x)$ streng monoton fallend in *x*. Mit anderen Worten: Je kleiner *x* ist, desto größer ist $\pi_i(x)$.

Wir betrachten nun ein »Stress-Szenario« für den Risikofaktor *F*, d.h. wir wählen $x = x_\alpha$ mit

$$P(F \le x_\alpha) = \alpha\,. \tag{16.146}$$

Da auch $F \sim N(0,1)$, gilt

$$x_\alpha = \Phi^{-1}(\alpha) = -\Phi^{-1}(1-\alpha)\,. \tag{16.147}$$

Insgesamt folgt hieraus

$$\begin{aligned} \pi_i(\alpha) := \pi_i(x_\alpha) &= \Phi\left[\frac{\Phi^{-1}(\pi_i) - \sqrt{\rho_i}\,x_\alpha}{\sqrt{1-\rho_i}}\right] \\ &= \Phi\left[\frac{\Phi^{-1}(\pi_i) + \sqrt{\rho_i}\,\Phi^{-1}(1-\alpha)}{\sqrt{1-\rho_i}}\right]. \end{aligned} \tag{16.148}$$

Die weitere Vorgehensweise beruht nun darauf, dass für sehr große Kreditportfolios, für die das Volumen jedes einzelnen Kredits in Relation zum Volumen des Gesamtportfolios verschwindend gering ist (Eigenschaft der »Granularität«) näherungsweise gilt

(16.149) $$L_n \approx E(L_n \mid F),$$

wobei $L_n = \sum_{i=1}^{n} E_i D_i$ wiederum den Gesamtverlust des Portfolios bezeichne.

Die Eigenschaft (16.149) besagt intuitiv, dass sich die idiosynkratischen Risiken im Kreditportfolio näherungsweise vollständig diversifizieren lassen. Für eine präzise Definition der Granularität und eine exakte Formulierung der Diversifikation idiosynkratischer Risiken vergleiche man Anhang 16E.

Die Beziehung (16.149) besagt insbesondere, dass die Verteilungsfunktionen von L_n und $E(L_n \mid F)$ (für jedes x) »nahe beieinander« liegen. Da nun $E(L_n \mid F = x)$ monoton fallend in x ist, entspricht $E[L \mid F = x_\alpha]$ genau dem $(1-\alpha)$-Quantil der Verteilung von $E(L_n \mid F)$, wenn x_α gemäß (16.147) dem α-Quantil von F entspricht. Da nach Verteilung $L_n \approx E(L_n \mid F)$, folgt daraus insgesamt für den Value at Risk der Portfolioverlustverteilung

(16.150) $$CrVaR_\alpha(L_n) = Q_{1-\alpha}(L_n) \approx E(L_n \mid F = x_\alpha).$$

Der Credit-Value at Risk kann somit für große Kreditportfolien zurückgeführt werden auf den bedingten Portfolioverlust, wenn die Bedingung auf ein entsprechend (gleiche Wahrscheinlichkeit) ungünstiges Szenario für den systematischen Einflussfaktor F erfolgt.

16.5.2 Kapitalunterlegungsvorschriften

Die neue Eigenkapitalvereinbarung (»Basel II«) des Baseler Ausschusses für Bankenaufsicht wurde nach einer längeren Entwicklungs- und Diskussionsphase nunmehr am 26. Juni 2004 verabschiedet, vgl. hierzu *Baseler Ausschuss für Bankenaufsicht* (2004). Basel II zielt auf die internationale Harmonisierung der Bankenaufsicht ab und dehnt den Anwendungsbereich des Baseler Eigenkapitalakkords von 1988 (Basel I) vom Bereich der Marktrisiken auf die Bereiche Kreditrisiko (im Weiteren im Vordergrund stehend) und Operationales Risiko aus. Der neue Baseler Eigenkapitalakkord, vgl. hierzu im Weiteren etwa *Wolf* (2005), *Hartmann-Wendels/Grundke/Spörk* (2005), *Rudolph* (2004) sowie *Schulte-Matter/Manns* (2005) besteht aus drei sich gegenseitig ergänzenden Säulen (Säule I: Kapitalanforderungen, Säule II: Aufsichtsrechtliche Überprüfungsverfahren, Säule III: Offenlegung). Wir konzentrieren uns im Weiteren auf die zentrale Säule I, welche die Mindesteigenkapitalanforderungen der Kreditinstitute definiert.

Grundsätzlich gilt, dass das Verhältnis von *haftendem Eigenkapital* (*EK*) zu den *gewichteten Risikoaktiva* (*Risk Weighted Assets, RWA*) nicht geringer sein darf als 8%, d.h. es gilt die Anforderung

(16.151) $$EK \geq 0{,}08\ RWA.$$

Die Summe aller gewichteten Risikoaktiva wird bestimmt, indem die Eigenkapitalanforderungen für Marktrisiken und operationelle Risiken mit 12,50 (dem Kehrwert der Mindesteigenkapitalquote von 8%) multipliziert und zur Summe der gewichteten Risikoaktiva aus dem Kreditgeschäft addiert werden. Es gilt somit

RWA (gesamt)	=	RWA (Kreditrisiko)
	+	12,5 Kapitalanforderung (Marktrisiko)
	+	12,5 Kapitalanforderung (Operationales Risiko)

und damit die Anforderung

EK	≥	0,08 RWA (Kreditrisiko)
	+	Kapitalanforderung (Marktrisiko)
	+	Kapitalanforderung (Operationales Risiko).

Die für jeden Einzelkredit gültige Basisformel zur Ermittlung der *RWA* lautet dabei

(16.152) $$RWA = 12{,}5\ EAD \cdot RW\ ,$$

wobei *EAD* dem Exposure at Default entspricht und *RW* dem Risikogewicht des Kredits.

Zur Bestimmung der Risikogewichte stellt die Bankenaufsicht drei Verfahren zur Wahl, den

- Standardansatz (*Standardised Approach*)

sowie den

- Internen Ansatz (*Internal Ratings Based Approach, IRB-Ansatz*) in Form des
  - IRB-Basisansatzes (*Foundation Approach*)

  oder des
  - fortgeschrittenen IRB-Ansatzes (*Advanced Approach*).

Im Weiteren konzentrieren wir uns auf den IRB-Ansatz. Wendet man den IRB-Ansatz auf Beziehung (16.152) an, dann wird das Risikogewicht *RW* eines Unternehmenskredits aus einer Formel berechnet, in welche die folgenden Risikokomponenten eingehen:

- die einjährige Ausfallwahrscheinlichkeit π
- die erwartete Ausfallhöhe im Ausfallzeitpunkt *LGD*
- der Forderungsbetrag im Ausfallzeitpunkt EAD sowie die
- Restlaufzeit *M* in Form eines Restlaufzeitanpassungsfaktors (Maturity Factor) *MF*.

Während im IRB-Basisansatz von den Kreditinstituten ausschließlich die Ausfallwahrscheinlichkeiten in Abhängigkeit von den Ratingklassen geschätzt werden und alle übrigen Komponenten von der Bankenaufsicht vorgegeben werden, besitzt der fortgeschrittene IRB-Ansatz die Möglichkeit, für alle Risikokomponenten bankintern geschätzte Parameter zu verwenden. Wegen der hohen Datenanforderungen an diesen Ansatz ist dabei davon auszugehen, dass nur große, international tätige Banken den fortgeschritten IRB-Ansatz werden realisieren können. Die folgende Abbildung 16.17 in Anlehnung an *Rudolph* (2004) gibt einen Überblick über die zu spezifizierenden Parameter.

Dateninput für Risikokomponenten	IRB-Basisansatz	Fortgeschrittener IRB-Ansatz
Ausfallwahrscheinlichkeit π	Von der Bank aufgrund eigener Schätzungen	Von der Bank aufgrund eigener Schätzungen
Loss Given Default *LGD*	Vom Ausschuss vorgegebener Wert $LGD = 45\%$ (Regelfall vor Berücksichtigung von Besicherungen) $LGD = 75\%$ (nachrangige Forderungen)	Von der Bank aufgrund eigener Schätzungen
Exposure at Default *EAD*	Vom Ausschuss vorgegebene Werte	Von der Bank aufgrund eigener Schätzungen
Maturityfaktor *MF*	Vom Ausschuss vorgegebener Wert	Von der Bank aufgrund eigener Schätzungen

Abb. 16.17: Dateninput für die Varianten des IRB-Ansatzes

Bei der Schätzung der Parameter wird ferner unterschieden in

- Unternehmenskredite
- Kredite an Banken
- Kredite an Staaten
- Ausgefallene Forderungen.

Im Rahmen der Unternehmenskredite sind ferner spezielle Regelungen (Größenanpassungen) für kleine und mittelgroße Unternehmen (*KMU*) vorgesehen.

Differenzierte Ansätze sind ferner vorgesehen für

- Retailkredite
- Spezialfinanzierungen
- Beteiligungspositionen sowie
- Kreditderivate.

Im Folgenden konzentrieren wir uns dabei auf den Bereich nicht ausgefallener Unternehmenskredite im Bereich des IRB-Basisansatzes, wobei wir den KMU-Fall ausklammern. Das Risikogewicht für einen einzelnen Unternehmenskredit hat dann die generelle Struktur

$$RW = LGD \cdot VaR \cdot MF \,, \tag{16.153}$$

dabei ist *VaR* eine auf den Überlegungen des Abschnitts 16.5.1 basierende Value at Risk-Größe.

Der *LGD* ist wie in Abbildung 16.17 dargelegt zu bestimmen, für Details bei der Berücksichtigung von Sicherheiten vgl. man *Baseler Ausschuss für Bankenaufsicht* (2004, S. 71 ff.).

Die Value at Risk-Größe ist gegeben durch

(16.154) $$VaR(\pi,\rho) = \Phi\left[\frac{1}{\sqrt{1-\rho}}\Phi^{-1}(\pi) + \sqrt{\frac{\rho}{1-\rho}}\Phi^{-1}(0{,}999)\right] - \pi \,.$$

Das bei der Bestimmung der *VaR*-Größe eingehende Konfidenzniveau ist $\alpha = 0{,}001$, dabei gilt $\Phi^{-1}(0{,}999) = 3{,}09023$. Die *VaR*-Größe gemäß (16.154) ist dabei identisch mit der modelltheoretisch bestimmten VaR-Größe gemäß (16.148) bis auf den Subtraktionsterm in Höhe der Ausfallwahrscheinlichkeit. Dieser Subtraktionsterm taucht erst in der Schlussfassung des neuen Baseler Eigenkapitalakkords, vgl. *Baseler Ausschuss für Bankenaufsicht* (2004), auf und war in früheren Fassungen nicht enthalten. Insofern besteht hier eine Abweichung zwischen den modelltheoretischen Grundlagen und den Regulierungsanforderungen. Hintergrund ist dabei offenbar eine politisch gewollte Absenkung des Risikogewichts, um die Eigenkapitalanforderungen zu reduzieren.

Der in (16.154) eingehende Korrelationskoeffizient ist im IRB-Basisansatz zu bestimmen durch

(16.155) $$\rho = 0{,}12\frac{1-e^{-50\pi}}{1-e^{-50}} + 0{,}24\left(1 - \frac{1-e^{-50\pi}}{1-e^{-50}}\right).$$

Auch der Ansatz für den Korrelationskoeffizienten hat im Laufe der Zeit verschiedene Änderungen erfahren. Im Rahmen von (16.155) fällt er mit steigender Ausfallwahrscheinlichkeit und bewegt sich insgesamt in einem Intervall zwischen 0,12 und 0,24.

Der Restlaufzeitanpassung ist gegeben durch

(16.156a) $$MF = \frac{1 + (M - 2{,}5)\,b(\pi)}{1 - 1{,}5\,b(\pi)}\,,$$

wobei

(16.156b) $$b(\pi) = [0{,}11852 - 0{,}05478\,\ln(\pi)]^2 \,.$$

Als Benchmark-Restlaufzeit wird damit M = 2,5 unterstellt.

Abschließend geben wir noch eine Illustration der IRB-Risikogewichte, entnommen aus dem Anhang von *Baseler Ausschuss für Bankenaufsicht* (2004, S. 230), wobei die Forderungsklasse Unternehmenskredite (ohne *KMU*) betrachtet, ein *LGD* von 45% angesetzt und eine Restlaufzeit M = 2,5 Jahre angenommen wird.

Ausfallwahrscheinlichkeit	**Risikogewicht**
0,03%	14,44%
0,05%	19,65%
0,10%	29,65%
0,25%	49,47%
0,40%	62,72%
0,50%	69,61%

Ausfallwahrscheinlichkeit	Risikogewicht
0,75%	82,78%
1,00%	92,32%
1,30%	100,95%
1,50%	105,59%
2,00%	114,86%
2,50%	122,16%
3,00%	128,44%
4,00%	139,58%
5,00%	149,86%
6,00%	159,61%
10,00%	193,09%
15,00%	221,54%
20,00%	238,23%
Quelle: Baseler Ausschuss für Bankenaufsicht (2004)	

Tab. 16.18: Risikogewichte für Unternehmenskredite im IRB-Ansatz

Für weitere Details zum IRB-Ansatz nach Basel II vergleiche man *Baseler Ausschuss für Bankenaufsicht* (2004) sowie *Schulte-Mattler/Manns* (2005).

16.6 Bewertung ausfallbedrohter Zinstitel

16.6.1 Zur Zinsstruktur von Unternehmensanleihen

Wir knüpfen im Weiteren an an die Ausführungen des Abschnitts 8.3 im Hinblick auf die Konstruktion von Zinsstrukturkurven von Zinstiteln, d.h. der Erfassung der Laufzeitabhängigkeit des Zinsgefüges. Die dortige Darstellung – ebenso wie die Ausführungen des Anhangs 8B hinsichtlich der methodischen Vorgehensweise zur empirischen Identifikation von Zinsstrukturkurven – haben zunächst generelle Gültigkeit, d.h. gelten unabhängig von der spezifisch betrachteten Klasse von Zinstiteln, wie etwa Staatsanleihen, Pfandbriefe oder Unternehmensanleihen. Im Vergleich zu Staatsanleihen treten aber bei der Analyse von Unternehmensanleihen eine Reihe von neuen Aspekten hinzu, etwa die Berücksichtigung des Kreditrisikos, der Marktliquidität sowie von gegebenenfalls in den Anleihen enthaltene Kündigungsrechten.

In praxi hat sich darüber hinaus eine relative Betrachtungsweise unter der Verwendung von Spreads etabliert. Man nimmt die Rendite- bzw. Zinsstrukturkurve von Staatsanleihen eines fixierten Landes als Ausgangspunkt bzw. Benchmark und betrachtet Staatsanleihen als risikolose oder zumindest quasi-risikolose Titel in einem Ausfallkontext. Die entsprechende Rendite- bzw. Zinsstrukturkurve der Unternehmensanleihen dieses Landes oder einer Subkategorie hiervon (etwa alle AA-gerateten Industrieanleihen) weist dann einen (positiven) Spread gegenüber dieser Benchmark auf, den *Zinsspread von Unternehmensanleihen*. Dieser Zinsspread kann dabei entweder durch Subtraktion der entsprechend separat ermittelten Rendite- bzw. Zinsstrukturkurven gewonnen werden oder aber der Zinsspread ist modellendogen und wird auf der Basis einer gemeinsamen Analyse von Staats- und Unternehmensanleihen gewonnen. Ein Beispiel für die letztere Vorgehensweise findet sich in Abschnitt 8.4.3, darüber hinaus sei auf die Untersuchung von *Houweling et al.* (2001) hingewiesen. *Houweling et al.* (2001) dokumentieren die Vorzüge der gemeinsamen Schätzung der Zinsstrukturkurven von Staatsanleihen und der Zinsspreads von Unternehmensanleihen. Die entsprechenden Resultate sind robuster und stabiler im Vergleich zur separaten Ermittlung der Zinsstrukturkurven.

Aus der Existenz des Kreditrisikos ergibt sich nun eine spezielle Problematik bei der Interpretation der gewonnenen Zinsstrukturkurve von Unternehmensanleihen bzw. Zinsspreads. Die zugrunde liegende Methodik basiert auf der Diskontierung der Rückflüsse der Anleihe. Die Rückflüsse werden damit implizit als sicher unterstellt, was insbesondere im Falle von Unternehmensanleihen nicht realistisch ist. *Die ermittelten Spot Rates bzw. Zinsspreads von Unternehmensanleihen entsprechen somit weder realisierten Renditen bzw. Zinsspreads noch können sie als erwartete Renditen bzw. Zinsspreads angesehen werden.* Insofern sind sie rein rechnerische Größen, die einen einfachen Vergleich mit der (als ausfallfrei angenommenen) Zinsstruktur von Staatsanleihen ermöglichen.

Der Zinsspread von Unternehmensanleihen soll zunächst anhand empirischer Resultate von *Elton et al.* (2001) illustriert werden. *Elton et al.* (2001) analysieren die Zehnjahresperiode 1987 – 1996 und betrachten dabei neben Staatsanleihen (Treasuries) Titel der Ratingkategorien AA, A und BBB jeweils separat für den Finanzsektor (Financial Sector) sowie den Industriesektor (Industrial Sector). Für Restlaufzeiten von 2 bis 10 Jahren werden dann die durchschnittlichen Spot Rates für Staatsanleihen sowie die durchschnittlichen Spreads über den betrachteten Analysezeitraum ermittelt. Tabelle 16.6 stellt die entsprechenden Resultate dar.

		Financial Sector			Industrial Sector		
Maturity	Treasuries	AAA	A	BBB	AAA	A	BBB
2	6,414	0,586	0,745	1,199	0,414	0,621	1,167
3	6,689	0,606	0,791	1,221	0,419	0,680	1,205
4	6,925	0,624	0,837	1,249	0,455	0,715	1,210
5	7,108	0,637	0,874	1,274	0,493	0,738	1,205
6	7.246	0,647	0,902	1,293	0,526	0,753	1,199
7	7,351	0,655	0,924	1,308	0,552	0,764	1,193
8	7,432	0,661	0,941	1,320	0,573	0,773	1,188
9	7,496	0,666	0,955	1,330	0,589	0,779	1,184
10	7,548	0,669	0,965	1,337	0,603	0,785	1,180
Quelle: *Elton et al.* (2001, S. 253)							

Tab. 16.6: Empirische Zinsspreads von Unternehmensanleihen

Die Tabelle dokumentiert, dass die Zinsspreads durchgängig positiv sind und dabei für Anleihen des Finanzsektors durchgängig höher als für Industrieanleihen. Der Spread ist zudem für beide Sektoren und über alle Laufzeiten umso höher, je schlechter das Rating ist. Dies unterstreicht sehr deutlich die Relevanz der Ratinginformation für die Zinsspreads. Des Weiteren erhöhen sich – bis auf den Fall der BBB-Industrieanleihen – die Spreads mit der Restlaufzeit. Intuitiv ist ein entsprechendes Verhalten zu erwarten, da mit längerer Laufzeit die Gefahr einer Bonitätsverschlechterung zunimmt und die Investoren hierfür eine Kompensation erwarten. Durch zusätzliche Betrachtung der Subperioden 1987 – 1991 und 1992 – 1996 weisen *Elton et al.* (2001) nach, dass die ermittelten (durchschnittlichen) Spreads in größerem Umfang zeitvariabel sind.

Welches sind nun die Einflussfaktoren auf die Höhe des Zinsspreads und welchen quantitativen Anteil weisen diese Faktoren auf? Generell spielen die folgenden Faktoren eine Rolle:

- Kreditrisiken (Ausfall- und Migrationsrisiken)
- Liquitätsrisiko
- Steuerliche Effekte
- Optionselemente in Anleihen
- Systematische Anleiherisiken.

Optionselemente in Anleihen beziehen sich auf bestehende Kündigungsrechte oder den Fall von Wandelanleihen. Optionselemente in Anleihen führen zu einer Reihe von Sonderproblemen und entsprechende Titel werden in der Literatur bei der Bestimmung von Zinsspreads von Unternehmensanleihen üblicherweise zunächst ausgeschlossen. Steuerliche Effekte bestehen dann, wenn – wie etwa in den USA – Staatsanleihen und Unternehmensanleihen einer unterschiedlichen Besteuerung unterliegen. Auf die Natur des systematischen Risikos kommen wir noch zurück.

Welchen quantitativen Einfluss besitzen nun die vorstehend dargestellten Einflussfaktoren auf den Zinsspread? In einer wegweisenden Studie kommen *Elton et al.* (2001) zum Schluss, dass das Ausfallrisiko nur einen relativ geringen Einfluss auf den gesamten Zinsspread aufweist, etwa 10% für AA-geratete, etwa 20% für A-geratete und etwa 40% für BBB-geratete Unternehmen. Vergleichbare Resultate erzielen *Collin-Dufresne et al.* (2001), *Höfling et al.* (2004) sowie *Huang/Huang* (2003), letztere im Kontext von Unternehmenswertmodellen und unter Betrachtung der gesamten Prämie für das Kreditrisiko anstelle des reinen Ausfallrisikos. Steuerliche Effekte tragen zum Zinsspread nach *Elton et al.* (2001) für den Fall von US-Unternehmensanleihen – etwa 55% für AA-geratete, etwa 35% für A-geratete sowie etwa 25% für BBB-geratete Bonds bei. Damit bleibt immer noch ein relativ großer Anteil von 35% - 45% unerklärt. *Elton et al.* (2001) weisen nun nach, dass der – nach einer Adjustierung für das Ausfallrisiko und steuerliche Effekte – restliche Zinsspread von Unternehmensanleihen sich zu einem substanziellen Anteil durch gemeinsame Faktoren erklären lässt, die sowohl den Aktienmarkt als auch den Markt der Unternehmensanleihen (nicht aber den Markt für Staatsanleihen!) beeinflussen. Konkret liegt dabei ein Dreifaktormodell nach *Fama/French* (1993) zugrunde. *Höfling et al.* (2004) kommen zu vergleichbaren Resultaten und weisen noch darauf hin, dass der Einfluss der Liquidität vergleichsweise gering ist.

Insgesamt weisen damit die Preise von Unternehmensanleihen eine beträchtliche Risikoprämie für systematische, d.h. nicht-diversifizierbare Risiken auf, die insbesondere mit der Entwicklung des Aktienmarktes in Verbindung stehen.

Neben der Höhe des Credit Spread ist auch dessen Veränderung im Zeitablauf, die *Spreadvolatilität*, von großem Interesse, denn diese ist entscheidend für das *Spreadrisiko*. Das Spreadrisiko besteht in einer Ausweitung des Credit Spread und damit einhergehend einem Kursverlust der entsprechenden Anleihe. Wir greifen im Folgenden ein Resultat von *Kao* (2000) auf, um die Bedeutung des Spreadrisikos zu illustrieren.

	AAA	AA	A	BBB	BB	B
Mittelwert	61,0	61,5	85,8	132,1	301,6	535,2
Standard-abweichung	20,3	15,0	23,7	36,4	92,2	166,9

Tab. 16.7: Mittelwert und Volatilität von Spreads, Angabe in Basispunkten, Zeitraum: 1990 – 1998, Quelle: *Kao* (2000, S. 51)

Die Spreadvolatilitäten liegen somit im Bereich von einem Viertel bis einem Drittel des Spreadniveaus. *Wingenroth* (2004, S. 53) weist allerdings darauf hin, dass der betrachtete Zeitraum eine lange Phase einer relativ ruhigen Spreadentwicklung enthält.

16.6.2 Das Modell von Fons

Das traditionelle Bewertungsmodell des Kapitels 8 im Falle von Zinstiteln mit deterministischen Rückflüssen muss erweitert werden, um ausfallbedrohte Rückflüsse zu berücksichtigen. Ein erstes Modell in dieser Hinsicht wurde von *Fons* (1994) entwickelt. Fons unterstellt dabei risikoneutrale Investoren. Dies impliziert, dass sich die Bewertung an den erwarteten Rückflüssen orientiert, die zum risikofreien Zins diskontiert werden.

Fixieren wir eine anfängliche Ratingklasse k und gehen von Rückflüssen $\{Z_1,...,Z_T\}$ des Bonds sowie einer konstanten Recovery Rate von rc aus, so resultiert hieraus die folgende modifizierte Barwertformel:

(16.157)
$$V_k = \sum_{t=1}^{T} Z_t \, PS_k(t)(1+r_T)^{-t} + \sum_{t=1}^{T} Z_t \, rc \, PD_k^*(t)(1-r_T)^{-t} \, .$$

Dabei entspricht zunächst r_T dem Marktzins der Fristigkeit T im Falle ausfallfreier Rückflüsse. $PS_k(t)$ entspricht des Weiteren der Wahrscheinlichkeit eines Unternehmens, mit Ausgangsrating k zum Zeitpunkt t noch nicht ausgefallen zu sein (mehrperiodige Überlebenswahrscheinlichkeit) und $PD_k^*(t)$ entspricht der aufgeschobenen Ausfallwahrscheinlichkeit, d.h. das Untenehmen mit Ausgangsrating k überlebt $t-1$ Perioden und fällt genau in der t-ten Periode aus. Zur Definition und Bestimmung der Wahrscheinlichkeiten $PD_k^*(t)$ und $PS_k(t)$ vergleiche man Abschnitt 16.3.4.

Das Modell von *Fons* (1994) unterstellt aufgrund der Risikoneutralität der Investoren, dass diese nur für den »erwarteten Verlust« entschädigt werden. Risikoprämien für Abweichungen vom erwarteten Verlust, für Bonitätsverschlechterungen oder für schwankende Ausfallwahrscheinlichkeiten werden nicht berücksichtigt. Entsprechend (und konsistent mit den Ergebnissen des Abschnitts 16.6.1) fallen die auf der Grundlage des Modells von *Fons* bestimmten Zinsspreads zu gering im Vergleich zu empirischen Zinsspreads aus. *Elton et al.* (2001, S. 274 f.) verwenden eine rekursive Variante des vorstehenden Ansatzes, um den in Abschnitt 16.6.1 angesprochenen Anteil des Zinsspreads zu bestimmen, der aus dem reinen Ausfallrisiko resultiert.

Im weiteren Verlauf des Abschnitts 16.6 werden wir uns nun Modellansätzen zu, die auf den Grundsätzen einer arbitragefreien Bewertung beruhen.

16.6.3 Beziehungen zwischen ausfallfreien und ausfallbedrohten Zerobonds

16.6.3.1 Beziehungen bei Unabhängigkeit von Ausfallzeiten und Zinsprozess

Wie üblich bezeichne $B(t,T)$ den Preis eines in T fälligen ausfallfreien Einheitszerobonds zum Zeitpunkt $0 \leq t \leq T$. Entsprechend bezeichne $B^d(t,T)$ den Preis eines ausfallbedrohten Zerobonds.

Unter »der« risikoneutralen Wahrscheinlichkeitsbelegung Q, deren Existenz und Eindeutigkeit wir im Weiteren voraussetzen, gilt bei gegebenem Prozess $\{R(t)\}$ für die Spot Rates

(16.158)
$$\begin{aligned} B(t,T) &= E_Q^t\left[\exp\left(-\int_T^T R(s)\,ds\right)B(T,T)\right] \\ &= E_Q^t\left[\exp\left(-\int_t^T R(s)\,ds\right)\right], \end{aligned}$$

wobei E_Q^t immer als bedingter Erwartungswert gegeben $R(t)=r$ zu verstehen ist. Wir bezeichnen nun mit τ die Ausfallzeit des den ausfallbedrohten Zerobond emittierenden Unternehmens. Als vereinfachende Annahme setzen wir zunächst voraus

(16.159) *Risikoneutrale Unabhängigkeit:*
Unter Q sind τ und $\{R(t)\}$ stochastisch unabhängig.

Bei komplexeren und realitätsnäheren Ansätzen wird diese Annahme jedoch wieder fallen gelassen, wir kommen hierauf zurück.

Zu modellieren sind nun des Weiteren die Ausfallkonsequenzen. Wir beginnen mit dem einfachsten Fall, der in einem vollständigen Ausfall des Zerobonds besteht. Hieraus resultiert der folgende Rückfluss in T (gegeben $\tau > t$):

(16.160) $$V_T = \begin{cases} 1 & \tau > T \\ 0 & \tau \leq T. \end{cases}$$

Hieraus folgt aufgrund der angenommenen Unabhängigkeit

$$B^d(t,T) = E_Q^t\left[\exp\left(-\int_t^T R(s)\,ds\right)V_T\right] = E_Q^t\left[\exp\left(-\int_t^T R(s)\,ds\right)\right]\cdot E_Q(V_T)$$ und aufgrund von

$E_Q(V_T) = Q(\tau > T)$ insgesamt

(16.161) $$B^d(t,T) = B(t,T)Q(t,T) = B(t,T)[1 - RNPD(t,T)] .$$

Dabei ist $Q(t,T) = Q(\tau > T)$ bzw. präziser $Q(t,T) = Q(\tau > T \mid \tau > t)$ die risikoneutrale (bzw. implizite) Überlebenswahrscheinlichkeit und $RNPD(t,t) = 1 - Q(t,T)$ die risikoneutrale (bzw. implizite) Ausfallwahrscheinlichkeit im Zeitintervall $[t,T]$.

Eine komplette Modellspezifikation erfordert damit eine Annahme über den »Zinsprozess« einerseits sowie eine Annahme über den »ausfallerzeugenden Prozess« andererseits. Im Weiteren betrachten wir daher explizite Pricing-Modelle, bei denen die vorgenannten Komponenten spezifiziert werden.

Der generelle Ansatz für den Credit Spread $CS(t,T)$ auf Zerobondebene ist

(16.162a) $$B^d(t,T) = B(t,T)\exp[-CS(t,T)(T-t)] .$$

Eine entsprechende Auflösung nach $CS(t,T)$ führt zu

(16.162b) $$CS(t,T) = -\frac{1}{T-t}[\ln B^d(t,T) - \ln B(t,T)] .$$

Betrachten wir nun als zweite Konstellation den Fall eines nur partiellen Ausfalls. Wir nehmen dabei an, dass der Default nur in T oder später erfolgen kann, oder aber allgemeiner, dass auch bei einem Default vor T die partielle Rückzahlung erst in T erfolgt, d.h.

(16.163) $$V_T = \begin{cases} 1 & \tau > T \\ rc & \tau \le T . \end{cases}$$

Im Rahmen der Beziehung (16.162) wird weiterhin eine konstante Recovery Rate $Rc(T) = rc$ angenommen. Im allgemeinen Fall wird somit sowohl die Recovery Rate zu spezifizieren als auch der Rückzahlungsmodus präziser festzulegen sein. Im vorstehenden Fall folgt $B^d(t,T) = B(t,T)E_Q(V_t) = B(t,T)\{Q(t,T) + rc[1 - Q(t,T)]\}$ und damit

(16.164) $$B^d(t,T) = B(t,T)[rc + (1-rc)Q(t,T)] = B(t,T)[1 - LGD \cdot RNPD(t,T)] .$$

Aus (16.164) folgt nun des Weiteren $B(t,T) - B^d(t,T) = B(t,T)[1 - rc - (1-rc)Q(t,T)]$ und damit

(16.165) $$B(t,T) - B^d(t,T) = B(t,T)(1-rc)RNPD(t,T) = B(t,T)LGD\ RNPD(t,T) .$$

Bezogen auf die Marktwerte zum Zeitpunkt t und auf die risikoneutrale Bewertung ist dies eine Variante der Basisbeziehung *»(Erwarteter) Verlust = Exposure at Default mal Loss Given Default mal Ausfallwahrscheinlichkeit«*.

Aus (16.164) kann nun weiterhin ein Ausdruck für die risikoneutrale Ausfallwahrscheinlichkeit in Termen der Marktwerte für ausfallbedrohte sowie ausfallfreie Zerobonds gewonnen werden. Es gilt

(16.166a) $$RNPD(t,T) = \frac{1}{LGD}\left[1 - \frac{B^d(t,T)}{B(t,T)}\right]$$

und analog für die risikoneutrale Überlebenswahrscheinlichkeit

(16.166b)
$$RNPS(t,T) = \frac{1}{1-rc}\left[\frac{B^d(t,T)}{B(t,T)} - rc\right].$$

Aus (16.164) ergibt sich weiterhin für den Credit Spread auf Zerobondebene in Termen der risikoneutralen Ausfallwahrscheinlichkeit

(16.167a)
$$CS(t,T) = -\frac{1}{T-t}\ln\left[1 - LGD \cdot RNPD(t,T)\right]$$

bzw. vice versa die folgende Charakterisierung der risikoneutralen Ausfallwahrscheinlichkeit in Termen des Credit Spreads

(16.167b)
$$RNPD(t,T) = \frac{1}{LGD}\left[1 - e^{-CS(t,T)(T-t)}\right].$$

16.6.3.2 Der allgemeine Fall

Im allgemeinen Fall ist sowohl die Recovery Rate $Rc(\tau)$ im Ausfallzeitpunkt τ zu spezifizieren, als auch der Referenzwert $RV(\tau)$ für die Erstattung im Ausfallzeitpunkt τ. Die allgemeine Bewertungsgleichung, vgl. etwa *Uhrig-Homburg* (2002, S. 45) oder in vereinfachter Form *Bluhm et al.* (2003, S. 216), lautet dann

(16.168)
$$B^d(t,T) = E_Q^t\left[e^{-\int_t^T R(s)ds} I_{\{\tau > T\}} + e^{-\int_t^T R(s)ds} Rc(\tau) RV(\tau) I_{\{\tau \le T\}}\right].$$

Dabei bezeichne allgemein E_Q^t den (bedingten) Erwartungswert unter Q gegeben die Informationen bis zum Zeitpunkt t und I_A die Indikatorfunktion mit $I_A = 1$, wenn das Ereignis A eintritt und $I_A = 0$, wenn das Ereignis A nicht eintritt.

Der erste Summand in (16.168) quantifiziert den Fall, dass kein Ausfall in $[0,T]$ eintritt und der zweite Summand den Ausfall im Zeitpunkt $\tau \le T$. Im letzteren Falle müssen zusätzlich noch die Recovery Rate sowie der Referenzwert, auf den sich die Recovery Rate bezieht, spezifiziert werden.

In der Literatur haben sich dabei drei Standardverfahren zur Modellierung dieses Referenzwertes herauskristallisiert:

1. Recovery of Face Value (auch Recovery of Par)
2. Recovery of Treasury Value
3. Recovery of Market Value.

Im ersten Fall ist der Referenzwert der Nennwert der Anleihe, im zweiten Fall der Wert einer identischen, aber ausfallfreien Anleihe in τ. Der dritte Ansatz geht auf *Duffie/Singleton* (1999) zurück, dies werden wir in Abschnitt 16.6.5 aufgreifen.

Wir betrachten ein Beispiel zum zweiten Ansatz. Wir bewerten einen ausfallbedrohten Zerobond und unterstellen weiterhin die Unabhängigkeit von Ausfallzeit und Spot Rate-Prozess. Wir treffen die Recovery of Treasury-Annahme und unterstellen eine konstante Recovery Rate. Hieraus folgern wir zunächst

(16.169) $$Rc(\tau)RV(\tau) = rc\,B(\tau,T).$$

Die getroffene Annahme hinsichtlich des Recovery of Treasury beinhaltet die Wahl des Wertes eines ausfallfreien Zerobonds zum Ausfallzeitpunkt τ als Referenzwert und damit eine Diskontierung auf den Zeitpunkt τ. Aufgrund der Unabhängigkeitsannahme erhalten wir auf der Basis von (16.168) zunächst

$$B^d(t,T) = E_Q^t\left[e^{-\int_t^T R(s)ds}\right]\left\{\left\{E_Q^t[I_{\{\tau>T\}}]\right\} + rcB(\tau,T)E_Q^t\left[e^{\int_\tau^T R(s)ds}\right]E_Q^t[I_{\{\tau\le T\}}]\right\}$$

und damit insgesamt

$$\begin{aligned} B^d(t,T) &= B(t,T)\{Q(t,T) + rc[1-Q(t,T)]\} \\ &= B(t,T)\{rc + (1-rc)Q(t,T)\}. \end{aligned}$$

Das Resultat ist somit identisch mit (16.164), dem Falle eines partiellen Ausfalls bei Rückzahlung in T. Insofern stützt dieses Resultat die Verwendung von (16.164) als allgemeine Bewertungsgleichung bei deterministischer Recovery sowie einer Unabhängigkeit von Ausfallprozess und Zinsprozess.

Damit sind wir nun auch in der Lage, einen ausfallbedrohten Kuponbond zu bewerten. Die Hypothese der Unabhängigkeit von Zinsintensität und Ausfallzeit bleibt dabei aufrecht erhalten. Wir nehmen an, dass der Bond zu den Zeitpunkten $t_i = ih$ $(i = 1,\ldots,n)$ einen Kupon c, $0 < c < 1$, in Termen des Nennwertes N zahlt. Im Falle eines Ausfalls in $0 < \tau \le t_n$ werden die künftigen Kupons nicht bei der Erstattung berücksichtigt. Der Nennwert hingegen unterliegt einer Erstattung gemäß der Recovery of Treasury Value-Hypothese. Betrachtet werden nun zwei Bewertungsarten für Zerobonds. Die Größen $B_0^d(t,u)$ bezeichnen eine Bewertung gemäß der Zero Recovery-Annahme, d.h. $B_0^d(t,T) = B(t,T)Q(t,T)$ gemäß (16.161). Die Größe $B^d(t,t_n)$ hingegen bezeichne eine Bewertung gemäß der Recovery of Treasury Value-Hypothese, d.h. $B^d(t,T) = B(t,T)[rc + (1-rc)Q(t,T]$ gemäß (16.164). Insgesamt ergibt sich dann als Bewertungsgleichung für den ausfallbedrohten Kuponbond in $0 \le t < t_1$:

(16. 170) $$V^d(t) = cN\sum_{i=1}^{n} B_0^d(t,t_i) + N\,B^d(t,T).$$

16.6.4 Bewertung im Merton/KMV-Modell

Im Rahmen des Merton-Modells des Abschnitts 16.3.2.1 ist die risikoneutrale Ausfallwahrscheinlichkeit für die Periode $[t,T]$ gemäß (16.61a) gegeben durch $RNPD(t,T) = N[-d_2(t)]$. Nehmen wir weiter an, dass – wie im Merton-Modell vorausgesetzt – der Default nur in T eintreten kann und ein deterministischer Loss Given Default *LGD* vorliegt, so folgt mit (16.163)

$$B^d(t,T) = B(t,T)\{1 - N[-d_2(t)]LGD\}, \tag{16.171}$$

wobei im Kontext des Merton-Modells $B(t,T) = e^{-r(T-t)}$ gilt. Im Unterschied zum Modell von Merton, in dem sich der Loss Given Default, wie in Abschnitt 16.3.2.1 dargelegt, modellendogen als stochastische Größe ergibt, wird allerdings bei Beziehung (16.171) von einer modellexogenen Spezifikation des *LGD* ausgegangen.

Zwischen der risikoneutralen Ausfallwahrscheinlichkeit $RNPD(t,T)$ unter der »physischen« Ausfallwahrscheinlichkeit $PD(t,T)$ unter der Ausgangswahrscheinlichkeitsbelegung besteht nun die folgende Beziehung (vgl. Übungsaufgabe 16.7):

$$RNPD(t,T) = \Phi\left\{\Phi^{-1}[PD(t,T)] + \frac{\mu_A - r}{\sigma_A}\sqrt{T-t}\right\}. \tag{16.172}$$

Aus einer Schätzung der physischen Ausfallwahrscheinlichkeit kann auf dieser Basis auf die risikoneutrale Ausfallwahrscheinlichkeit zurückgeschlossen und die Bewertungsgleichung (16.171) umgesetzt werden.

Ein beliebiger ausfallbedrohter Bond mit der Zahlungsstruktur $\{Z_1, ... Z_T\}$ kann nun entsprechend auf ausfallbedrohte Zerobonds zurückgeführt werden, was zu der allgemeinen Bewertungsgleichung

$$V^d(0) = \sum_{t=1}^{T} Z_t B^d(t,T) \tag{16.173}$$

führt.

Im Rahmen des Basismodells von *Merton* ist (16.173) allerdings nicht konsistent umsetzbar, da hier nur ein Ausfall in T und keine intraperiodischen Ausfälle möglich sind.

Auch das in Abschnitt 16.3.2.3 behandelte First Passage Time-Modell von *Zhou* (2001a) ist nicht direkt einsetzbar, da hier die Ausfallwahrscheinlichkeiten unter der physischen Wahrscheinlichkeitsbelegung bestimmt werden. Eine entsprechende (approximative) Umrechnung der First Passage Time-Ausfallwahrscheinlichkeiten wird im Rahmen des KMV-Modells vorgenommen. Hier lautet die Bewertungsgleichung

$$V^d(0) = \sum_{t=1}^{T} Z_t e^{-r_t t}[1 - RNPD(0,t)LGD], \tag{16.174a}$$

wobei

$$RNPD(0,t) = 2\Phi\left\{\Phi^{-1}\left(\frac{PD(0,t)}{2}\right) + \frac{\mu - r}{\sigma}\sqrt{t}\right\}. \tag{16.174b}$$

Die Umrechung (16.171b) beruht dabei auf einem nicht veröffentlichten Resultat von *Vasicek*.

Die Marktrisikoprämie $(\mu - r)/\sigma$ wird dann auf der Grundlage eines CAPM-Ansatzes gewonnen, d.h. $\mu - r = Cov(R_A, R_M)(\mu_M - r)/Var(R_M)$

(16.175)
$$\frac{\mu - r}{\sigma} = \frac{Cov(R_A, R_M)}{\sigma_M} \cdot \frac{\mu_M - r}{\sigma_M} = \rho\lambda .$$

Die Marktrisikoprämie wird entsprechend empirisch bestimmt, zu weiteren Einzelheiten vgl. etwa *Crouhy et al.* (2001, S. 383 f.), und ist zeitvariabel. Die physischen Ausfallwahrscheinlichkeiten werden durch die in Abschnitt 16.4.3 behandelte Expected Default Frequency EDF gemäß des KMV-Ansatzes bestimmt.

Insgesamt können auf diese Weise ausfallbedrohte Bonds bewertet und damit auch Credit Spreads quantifiziert werden. Nach *Kealhofer* (2003b) erweist sich diese Methodologie (mit weiteren Verfeinerungen seitens KMV) als sehr erfolgversprechend.

16.6.5 Bewertung in Intensitätsmodellen

Im Weiteren wird angenommen, dass die Ausfallzeit τ unter der Ausgangswahrscheinlichkeitsbelegung P einem Intensitätsmodell mit (zufallsabhängiger) Intensität $\tilde{\lambda}_P(t)$ und unter »der« risikoneutralen Wahrscheinlichkeitsbelegung Q einem Intensitätsmodell mit Intensität $\tilde{\lambda}_Q(t)$ folgt. P und Q seien äquivalent, was darauf hinausläuft, dass für alle $t > 0$ $\tilde{\lambda}_P(t) > 0$ genau dann, wenn $\tilde{\lambda}_Q(t) > 0$. Die risikoneutrale Ausfallwahrscheinlichkeit ist dann gemäß (16.93) allgemein gegeben durch

(16.176a)
$$RNPD(t,T) = 1 - E_Q\left[\exp\left(-\int_t^T \tilde{\lambda}_Q(s)\,ds\right)\right]$$

und entsprechend die Überlebenswahrscheinlichkeit unter Q durch

(16.176b)
$$Q(t,T) = E_Q\left[\exp\left(-\int_t^T \tilde{\lambda}_Q(s)\,ds\right)\right].$$

Betrachten wir zunächst den Fall des inhomogenen Poissonprozesses, d.h. einer zeitvariablen deterministischen Ausfallintensität $\lambda_Q(t)$. Gemäß Abschnitt 16.3.3.1 gilt hierbei $RNPD(t,T) = 1 - \exp\left(-\int_t^T \lambda_Q(s)\,ds\right)$ und $Q(t,T) = \exp\left(-\int_t^T \lambda_Q(s)\,ds\right)$. Unterstellen wir die Unabhängigkeit von τ und $\{R(t)\}$, so gilt gemäß Abschnitt 16.6.3.2 unter der Recovery of Treasury-Annahme

(16.177)
$$B^d(t,T) = B(t,T)\left\{rc + (1 - rc)\exp\left(-\int_t^T \lambda_Q(s)\,ds\right)\right\}.$$

Im Falle eines vollständigen Ausfalls $(rc = 0)$ gilt damit

(16.178)
$$\begin{aligned} B^d(t,T) &= E_Q\left[\exp\left(-\int_t^T R(s)\,ds\right)\right]\exp\left(-\int_t^T \lambda(s)\,ds\right) \\ &= E_Q\left[\exp\left(-\int_t^T R(s) + \lambda(s)\right)ds\right]. \end{aligned}$$

Die Bewertung des ausfallbedrohten Zerobonds läuft damit auf eine Diskontierung des um die Ausfallintensität modifizierten Spot Rate-Prozesses $R^*(t) = R(t) + \lambda(t)$ hinaus. Die Größe $\lambda(t)$ quantifiziert den ausfallrisikoinduzierten Spread auf die Spot Rate. Der Fall $\lambda(t) = \lambda$ (homogener Poissonprozess) wurde von *Jarrow/Turnbull* (1995) behandelt, die auch eine ausführliche Analyse des zugrunde liegenden arbitragefreien Marktes vornehmen, man vgl. hierzu auch *Cairns* (2004, S. 208f.).

Im Falle einer deterministischen Zinsstruktur mit konstanter Zinsintensität r gilt in Spezialisierung von (16.177)

(16.179)
$$\begin{aligned} B^d(t,T) &= e^{-r(T-t)}\left\{rc + (1-rc)\exp\left(-\int_t^T \lambda_Q(s)ds\right)\right\} \\ &= e^{-r(T-t)}\left\{1-(1-rc)\left[1-\exp\left(-\int_t^T \lambda_Q(s)ds\right)\right]\right\}. \end{aligned}$$

Dies ist nun nach $\lambda_Q(s)$ auflösbar und es gilt

(16.180)
$$\lambda_Q(s) = -\frac{\partial}{\partial s}\ln[e^{r(s-t)}B^d(t,s) - rc].$$

Bei Kenntnis der (beobachtbaren) ausfallbedrohten Zerobondpreise, der Zinsintensität und der Recovery Rate lässt sich somit die risikoneutrale Ausfallintensität wiedergewinnen.

Im Falle eines homogenen Poissonprozesses, d.h. $\lambda_Q(t) = \lambda_Q$, erhalten wir darüber hinaus als spezifische Preisgleichung

(16.181)
$$B^d(t,T) = e^{-r(T-t)}\{rc + (1-rc)e^{-\lambda_Q(T-t)}\}.$$

Der risikoneutrale Intensitätsparameter λ_Q lässt sich anhand dieser Beziehung rekonstruieren (vgl. Übungsaufgabe 16.8). Auf dieser Basis kann dann empirisch leicht überprüft werden, ob die Annahme einer konstanten (risikoneutralen) Ausfallintensität realistisch ist.

Wie bereits in Abschnitt 16.3.3.1 dargelegt, sind die im Falle des inhomogenen Poissonprozesses sich ergebenden Credit Spreads zwar zeitvariabel, empirische Credit Spreads haben aber darüber hinaus einen irregulären (zufallsabhängigen) Charakter. Dies legt den Ansatz von Cox-Prozessen für die Ausfallintensität nahe.

In diesem allgemeinen Kontext hat sich der Ansatz von *Duffie/Singleton* (1999) als sehr fruchtbar erwiesen. Dieser beruht auf einer spezifischen Recovery of Market Value-Annahme. Zum Defaultzeitpunkt $\tau = s$ wird unter der risikoneutralen Wahrscheinlichkeitsbelegung Q ein Loss Given Default $L(s)$ in Termen des Marktwertes (unmittelbar vor Ausfall) realisiert. Bei Annahme eines Ausfallprozesses mit stochastischer Ausfallintensität $\tilde{\lambda}(t)$ unter Q resultiert dann das folgende zentrale und elegante Pricing-Resultat:

(16.182)
$$B^d(t,T) = E_Q^t\left[\exp\left(-\int_t^T [R(s) + L(s)\tilde{\lambda}(s)]ds\right)\right].$$

Die Diskontierung erfolgt somit auf der Basis des modifizierten Spot Rate-Prozesses

(16.183a)
$$R^*(t) = R(t) + L(t)\tilde{\lambda}(t).$$

Die Größe $SP(t) := L(t)\tilde{\lambda}(t)$ quantifiziert hierbei den ausfallrisikoinduzierten Spread auf die Spot Rate. Die getroffene spezifische Recovery-Annahme ermöglicht im vorliegenden Kontext die Anwendung von Standardverfahren, vgl. hierzu Abschnitt 9.3.2, zur Quantifizierung der Zinsstruktur und besitzt damit eine Reihe von Umsetzungs- und Anwendungsvorteilen. Letztlich wird aber hier ein Trade off zwischen einzelnen Anforderungen an ein realistisches und gleichzeitig umsetzbares Modell vorgenommen. In der konkreten praktischen Anwendung ist dabei darauf zu achten, welche Recovery-Annahme realistisch ist. *Duffie/Singleton* (1999, S. 702 ff.) weisen aber darauf hin, dass in einigen von ihnen analysierten Beispielfällen die Unterschiede in den Modellergebnissen bei alternativer Anwendung der Recovery of Face Value-Annahme nur gering sind.

Da der Spread $SP(t)$ in (16.183a) in Produktform eingeht, kann auf empirischem Wege nicht ohne weiteres ein Aufschluss über die beiden Bestandteile des Produkts erhalten werden. Insofern ist es üblich, direkt die Größe $SP(t)$ zu spezifizieren.

Arbeitet man jedoch mit einer modellexogenen konstanten Recovery Rate bzw. einem entsprechenden Loss Given Default, so bleibt dies auf der risikoneutralen Ebene erhalten und der ausfallmodifizierte Spot Rate-Prozess reduziert sich auf

(16.183b) $$R^*(t) = R(t) + L\,\tilde{\lambda}(t)\,.$$

Geht man darüber hinaus von einer Recovery Rate von $rc = 0$ aus, so gilt $L = 1$ und wir erhalten als weiter reduzierten Ausdruck

(16.183c) $$R^*(t) = R(t) + \tilde{\lambda}(t)\,.$$

Ein entsprechendes Modell wurde insbesondere in *Lando* (1998) betrachtet. Der Spot Rate-Prozess $R(t)$ und der Ausfallprozess können dabei des Weiteren einer Abhängigkeitsstruktur unterliegen. Betrachten wir hierzu ein Beispiel. Nehmen wir die Existenz von n Risikofaktoren $X_1(t),\ldots,X_n(t)$ an, die in Verallgemeinerung von Abschnitt 4.3.5 einem multivariaten Quadratwurzelprozess des Cox/Ingersoll/Ross-Typus folgen. Wir nehmen weiterhin die Gültigkeit der folgenden linearen Beziehungen an, wobei $X(t) = (X_1(t),\ldots,X_n(t))$:

(16.184a) $$R(t) = a_r(t) + b_r(t)X(t)$$

(16.184b) $$\tilde{\lambda}(t) = a_\lambda(t) + b_\lambda(t)X(t)\,.$$

$R(t)$ und $\tilde{\lambda}(t)$ sind dabei gegeben $X(t) = x(t)$ bedingt unabhängig, auf unbedingter Ebene aber durch ihre gemeinsame Koppelung an $X(t)$ stochastisch abhängig.

Offenbar besitzt auch der Prozess $R^*(t) = R(t) + \tilde{\lambda}(t)$ eine Repräsentation der Form $R^*(t) = a(t) + b(t)\,X(t)$, d.h. eine *affine Form* in Bezug auf $X(t)$. Es lässt sich nun zeigen, vgl. hierzu etwa *Duffie/Singleton* (2003, S. 107), dass geeignete Koeffizienten $\alpha(t,T), \beta(t,T), \alpha_d(t,T)$ und $\beta_d(t,T)$ existieren mit

(16.185a) $$B^d(t,T) = \exp[\alpha_d(t,T) + \beta_d(t,T)X(t)]$$

(16.185b) $$B(t,T) = \exp[\alpha(t,T) + \beta(t,T)X(t)]\,.$$

Entsprechend lässt sich für den Credit Spread auf Zerobondebene zeigen, vgl. wiederum *Duffie/Singleton* (2003, S. 108), dass auch dieser in einer einfachen Beziehung zu $X(t)$ steht, nämlich

(16.186) $$CS(t,T) = -\frac{\alpha_{CS}(t,T) + \beta_{CS}(t,T)X(t)}{T-t},$$

mit geeigneten Koeffizienten $\alpha_{CS}(t,T)$ und $\beta_{CS}(t,T)$.

Die Struktur von (16.185b) stellt offenbar eine Verallgemeinerung der in Anhang 9E betrachteten affinen Zinsstrukturen dar. Diese Verallgemeinerung ist nun auch der Ausgangspunkt für weiterführende Resultate. In Anhang 16F wird auf die Klasse der *affinen Diffusionsprozesse* $X(t)$ eingegangen, die durch die folgende Eigenschaft gekennzeichnet sind

(16.187) $$E_Q^t\left[\exp\left\{-\int_t^T[\lambda_0 + \lambda_1 X(u)]du\right\}e^{a+bX(T)}\right] = e^{\alpha(t)+\beta(t)X(t)}.$$

Dies kann wie folgt interpretiert werden. Ist der Spot Rate-Prozess $R(t)$ oder der ausfallmodifizierte Spot Rate-Prozess $R^*(t)$ affin in $X(t)$ und der zu bewertende Payoff in T exponentiell-affin in $X(t)$, so ist das Bewertungsresultat, d.h. das Integral gemäß (16.187) exponentiell-affin in $X(t)$. Die Koeffizienten $\alpha(t)$ und $\beta(t)$ ergeben sich als Lösung einer gewöhnlichen Differentialgleichung, die in bestimmten Fällen explizit gelöst werden kann, ansonsten aber numerisch zu lösen ist. Im univariaten Fall und bei Betrachtung des Spot Rate-Prozesses $R(t)$ sind die Ornstein/Uhlenbeck-Prozesse nach *Vasicek* und *Hull/White* sowie der Quadratwurzelprozess nach *Cox/Ingersoll/Ross* – vgl. hierzu die Anhänge 9E oder 16F – Beispiele für die Existenz einer expliziten Lösung. Im Kontext der Bewertung ausfallbedrohter Zerobonds ist gemäß (16.182) der Fall $a = b = 0$ der relevante Ausgangspunkt für entsprechende Analysen.

In der Literatur haben dabei die folgenden Zwei- bzw. Dreifaktormodelle größere Beachtung gefunden. Im Zweifaktorfall betrachtet man die folgenden affinen Modelle für den Spot Rate-Prozess $R(t)$ bzw. den ausfallinduzierten Spread $SP(t) = L(t)\tilde{\lambda}(t)$

(16.188a) $$R(t) = \delta_0 + \delta_1 X_1(t) + \delta_2 X_2(t)$$

(16.188b) $$SP(t) = \gamma_0 + \gamma_1 X_1(t) + \gamma_2 X_2(t),$$

im Dreifaktorfall geht man entsprechend aus von

(16.189a) $$R(t) = \delta_0 + \delta_1 X_1(t) + \delta_2 X_2(t) + \delta_3 X_3(t)$$

(16.189b) $$SP(t) = \gamma_0 + \gamma_1 X_1(t) + \gamma_2 X_2(t) + \gamma_3 X_3(t).$$

Die Prozesse $X_1(t)$ und $X_2(t)$ bzw. $X_1(t), X_2(t)$ und $X_3(t)$ sind dabei jeweils entweder Vasicek-Prozesse oder Cox/Ingersoll/Ross-Prozesse. Es hat sich dabei die folgende Notation eingebürgert, vgl. etwa *Dai/Singleton* (2000) sowie *Benkert* (2004). Man betrachtet die Klassen $A_m(2)$ oder im Dreifaktorfall $A_m(3)$, wobei m die Anzahl der $X_i(t)$ vom Cox/Ingersoll/Ross-Typus angibt. So bedeutet etwa $A_0(2)$, dass beide Faktoren im Zweifaktormodell vom Vasicek-Typus sind und $A_2(3)$, dass (o.B.d.A) $X_1(t)$ vom Vasicek-Typus ist und (o.B.d.A.) $X_2(t)$ und $X_3(t)$ vom Cox/Ingersoll/Ross-Typus ist.

Sind die Prozesse $X_1(t)$ und $X_2(t)$ im Zweifaktormodell bzw. $X_1(t)$, $X_2(t)$ und $X_3(t)$ im Dreifaktormodell stochastisch unabhängig, so lässt sich, wie in Anhang 16F dargelegt, in einfacher Weise eine explizite Lösung des Bewertungsproblems erreichen, indem man die entsprechenden univariaten Ergebnisse für *Vasicek* bzw. *Cox/Ingersoll/Ross* in geeigneter Weise miteinander multipliziert. Aber auch im Falle korrelierter Faktoren lassen sich entsprechende Ergebnisse erzielen, vergleiche wiederum Anhang 16F, nun aber nurmehr auf numerischem Wege. Für eine Anwendung der Klassen $A_2(m)$ sowie $A_3(m)$ auf den deutschen Kapitalmarkt verweisen wir auf *Benkert* (2004).

Auf einige weitere Literaturergebnisse, die breitere Beachtung gefunden haben, sei im Weiteren noch eingegangen.

Duffee (1998) dokumentiert das Bestehen eines inversen Zusammenhangs zwischen dem Niveau des ausfallfreien Zinses und den Spreads ausfallbedrohter Unternehmensbonds relativ zu Staatsanleihen. Dieses Phänomen kann dadurch erklärt werden, dass im Kontext niedriger Zinsen sich die Wirtschaft eher in einem Konjunkturtal befindet und die Investoren eine entsprechend höhere Kompensation für das Ausfallrisiko fordern. *Duffee* (1999) geht vor diesem Hintergrund und im Kontext der zuvor dargestellten Modellklassen zweistufig vor. Zunächst spezifiziert er ein Modell für die ausfallfreie Zinsstrukturkurve auf Basis des Ansatzes

(16.190a) $$R_t = \alpha + X_1(t) + X_2(t)\,.$$

Dabei sind $X_1(t)$ und $X_2(t)$ unabhängige Prozesse vom Cox/Ingersoll/Ross-Typus. Dieses Faktormodell wird nun an empirische Daten angepasst. Hieraus resultiert ein negativer Wert für α. Infolge der Datenlage ist *Duffee* (1999) nicht in der Lage, den exakten Wert für α zu bestimmen und arbeitet im Weiteren mit $\alpha = -1$. Insgesamt eröffnet er damit, obwohl $X_1(t)$ und $X_1(t)$ vom Cox/Ingersoll/Ross-Typus sind, die Möglichkeit negativer Zinsraten. Nur auf diese Weise kann er angesichts der im Beobachtungszeitraum herrschenden Zinsstrukturen, die sowohl »tief und flach« als auch »sehr steil« sind, eine genügende Anpassungsgüte erzielen. Gegeben diese Anpassung, d.h. bei Fixierung des Parameters α, wählt *Duffee* (1999) als Ansatz für die Ausfallintensität von Unternehmen j nun

(16.190b) $$\tilde{\lambda}_j(t) = \beta + \lambda_j^*(t) + \beta_{1j}\,[X_1(t) - \bar{X}_1(t)] + \beta_{2j}\,[X_2(t) - \bar{X}_2(t)]\,.$$

Dabei sind $X_1(t)$ und $X_2(t)$ die Faktoren aus dem Zinsstrukturmodell und $\bar{X}_1(t)$ und $\bar{X}_2(t)$ die entsprechenden Stichprobenmittel. Auch der unternehmensspezifische Faktor $\tilde{\lambda}_j(t)$ wird als CIR-Prozess angenommen, wobei dieser unabhängig von $X_1(t)$ und $X_2(t)$ ist. Auch untereinander sind die unternehmensspezifischen Faktoren unabhängig. Die Korrelation zwischen den Ausfallintensitäten $\tilde{\lambda}_j(t)$ und der Spot Rate R_t wird durch die gemeinsame Abhängigkeit von den Faktoren $X_1(t)$ und $X_2(t)$ induziert. Die entsprechenden Sensitivitäten β_{1j} und β_{2j} sind unternehmensspezifisch.

Da Ausfallintensität und Recovery Rate nicht separat voneinander geschätzt werden können, wird die Recovery Rate exogen spezifiziert und einheitlich – basierend auf Durchschnittswerten von Moody's – als 44% angenommen.

Eine Weiterentwicklung der Vorgehensweise von *Duffee* (1999) bietet *Driessen* (2002), dessen Modellansatz im Folgenden noch skizziert sei.

Der Ansatz für den Spot Rate-Prozess R_t erfolgt in erweiterter Form eines zweidimensionalen Prozesses (R_t, V_t), wobei V_t ein (korrelierter) Faktor ist, der die Volatilität steuert.

Dies entspricht insoweit dem Ansatz von *Duffie/Pedersen/Singleton* (2003). Der Spreadprozess $SP(t) = L\tilde{\lambda}(t)$ wird nun des Weiteren auf die folgende Weise modelliert (wobei wir uns auf den Spezialfall zweier gemeinsamer Faktoren F_1 und F_2 beschränken):

(16.191)
$$SP_j(t) = \alpha_j + \gamma_{1j} F_1(t) + \gamma_{2j} F_2(t) + G_j(t) + \beta_{rj} R_t + \beta_{vj} V_t .$$

Dabei sind $F_1(t)$ und $F_2(t)$ zwei gemeinsame Faktoren, die auf alle Unternehmen wirken und $G_j(t)$ ist ein unternehmensspezifischer Faktor. Dabei folgen die Faktoren F_1 und F_2 sowie die Faktoren G_j jeweils unabhängigen Prozessen des Cox/Ingersoll/Ross-Typus. Der Unterschied zum Ansatz von *Duffee* (1999) liegt neben der komplexeren Modellierung der ausfallfreien Zinsstruktur in der Einführung gemeinsamer ausfallbeeinflussender Faktoren. In einem empirischen Vergleich beider Modelle merkt *Yu* (2003) an, dass diese Einführung von gemeinsamen ausfallbeeinflussenden Faktoren die Defaultkorrelationen in einem erheblichen Ausmaß ansteigen lässt und hierbei Größenordnungen erreicht werden, die in Übereinstimmung mit der Empirie stehen.

16.6.6 Bewertung in Migrationsmodellen

Die im vorstehenden Abschnitt behandelten Intensitätsmodelle betrachten nur einen Übergang und zwar vom Nicht-Default-Zustand in den Default-Zustand. Migrationsmodelle berücksichtigen zusätzlich die Übergänge zwischen einzelnen Ratingklassen $k = 1,...,K$, wobei $K = D$ dem Defaultzustand entspricht. Die Klasse dieser Migrationsmodelle wurde begründet durch *Jarrow/Lando/Turnbull* (1997), auf deren Resultate wir im Folgenden eingehen werden. Aufgrund der großen Komplexität der Vorgehensweise können wir dabei aber nur einige Hauptpunkte skizzieren, wobei wir *Cairns* (2004, S. 209 ff.) folgen.

Die zeitabhängigen Übergangsintensitäten unter der physischen (beobachtbaren) Wahrscheinlichkeitsbelegung P seien gegeben durch $\lambda_{ij}(t)$ und werden in einer Intensitätsmatrix $\Lambda(t)$ zusammengefasst. Die Übergangswahrscheinlichkeiten

(16.192)
$$p_{ij}(t,s) = P[RA(s) = j \mid RA(t) = i]$$

werden ebenfalls in einer Matrix $\Pi(t,s)$ zusammengefasst.

Es gilt dann

(16.193)
$$\Pi(t,s) = \exp\left[\int_t^s \Lambda(u)\,du\right],$$

wobei $\exp(B) := E + \sum_{k=1}^{\infty} \frac{1}{k!} B^k$.

Unter der – als existent und eindeutig vorausgesetzten – risikoneutralen Wahrscheinlichkeitsbelegung existieren entsprechende Übergangsintensitäten $\tilde{\lambda}_{ij}(t)$. Dabei sei $\tilde{\lambda}_{ij}(t) > 0$ genau dann, wenn $\lambda_{ij}(t) > 0$, um die Äquivalenz der beiden Wahrscheinlichkeitsbelegungen zu gewährleisten. Die risikoneutralen Übergangsintensitäten $\tilde{\lambda}_{ij}(t)$ definieren ihrerseits die Intensitätsmatrix $\tilde{\Lambda}(t)$ und damit die Übergangsmatrix $\tilde{\Pi}(t,s)$.

Wir definieren des Weiteren

$$\mu_{ij}(t) = \begin{cases} \tilde{\lambda}_{ij}(t) / \lambda_{ij}(t) & \text{für } \lambda_{ij}(t) > 0 \\ 1 & \text{sonst} \end{cases} . \quad (16.194)$$

Wir betrachten nun einen ausfallbedrohten Zerobond, der im Zeitpunkt T bei Nichtausfall eine Geldeinheit zahle und bei Ausfall eine konstante Recovery Rate rc, d.h. es gilt das Modell (16.163). Nehmen wir noch an, dass der Ratingprozess $\{RA(t)\}$ und der Zinsintensitätsprozess $\{R(t)\}$ stochastisch unabhängig voneinander sind, so ergibt sich als Bewertungsgleichung zum Zeitpunkt t, gegeben $RA(t) = i$:

$$B^d(t,T,i) = B(t,T)\,\{1-(1-rc)\,Q[RA(T) = D \mid RA(t) = i]\} . \quad (16.195)$$

Neben die für die Zinsstruktur relevanten Marktpreise des Risikos treten nun noch Marktpreise für das Kreditrisiko, die gegeben sind durch $\mu_{ij}(t)$. Es liegen somit für alle $i \neq D$ zeitabhängige Marktpreise des Kreditrisikos vor, und die Verbindung zwischen den beobachtbaren Übergangsintensitäten $\lambda_{ij}(t)$ und den für das Pricing relevanten Übergangsintensitäten $\tilde{\lambda}_{ij}(t)$ ist für $i \neq D$ gegeben durch

$$\tilde{\lambda}_{ij}(t) = \mu_{ij}(t)\lambda_{ij}(t) . \quad (16.196)$$

Zur Durchführung der Bewertung gemäß (16.195) sind somit die physischen Übergangsintensitäten $\lambda_{ij}(t)$ sowie die Marktpreise des Kreditrisikos $\mu_{ij}(t)$ zu bestimmen. Eine größere Problematik stellen dabei die zeitabhängigen Marktpreise des Kreditrisikos dar. Hier werden regelmäßig strukturelle Vereinfachungen vorgenommen, etwa $\mu_{ij}(t) = \mu_i(t)$ für alle j und $i \neq D$ oder sogar $\mu_i(t) = \mu_i$. Die entsprechende Bestimmung der Marktpreise des Kreditrisikos erfolgt anhand von Marktpreisen für ausfallfreie und ausfallbedrohte Zerobonds auf der Grundlage der Bewertungsgleichung (16.195). Beispiele für eine entsprechende empirische Identifizierung finden sich etwa in *Cairns* (2004, S. 214 ff), *Jarrow/Lando/Turnbull* (1997, S. 501 ff.) und *Wingenroth* (2004, S. 183 ff.).

Verallgemeinerungen des *Jarrow/Lando/Turnbull*-Ansatzes bieten etwa *Arvanitis/Gregory/Laurent* (1999), *Demchak* (2000) sowie *Kijima/Komoribayashi* (1998). Hinsichtlich der beiden ersteren Modellansätze vergleiche auch im Überblick *Wingenroth* (2004, S. 189 ff.).

16.7 Kreditderivate

16.7.1 Überblick über Kreditderivate

Ein Kreditderivat ist ein Finanzkontrakt, der es den Vertragsparteien erlaubt, das Kreditrisiko bzw. Bestandteile des Kreditrisikos (Ausfallrisiko, Migrationsrisiko) eines oder mehrerer Referenzschuldner zu isolieren und damit handelbar zu machen. Kreditderivate sind dabei bislang ausschließlich OTC-Produkte oder existieren in Verbindung mit Schuldtiteln. Im Folgenden gehen wir auf die wesentlichen Basisvarianten von Kreditderivaten ein und beginnen hier mit dem Credit Default Swap. Hinsichtlich komplexerer (»exotischer«) Kreditderivate verweisen wir an dieser Stelle auf *Posthaus* (2005).

16.7.1.1 *Credit Default Swap*

Der Risikotransfer bei einem *Credit Default Swap* (CDS) gestaltet sich derart, dass der *Risikoverkäufer* (*Risk Seller, Protection Buyer*) gegen die Zahlung einer Prämie für einen festgelegten Zeitraum das Recht erwirbt, vom *Risikokäufer* (*Risk Buyer, Protection Seller*) bei Eintreten eines vertraglich fixierten Kreditereignisses (Credit Event) bezogen auf einen Referenzwert (Underlying) eine Ausgleichszahlung zu erhalten. Abbildung 16.18 illustriert zunächst die Grundstruktur eines CDS.

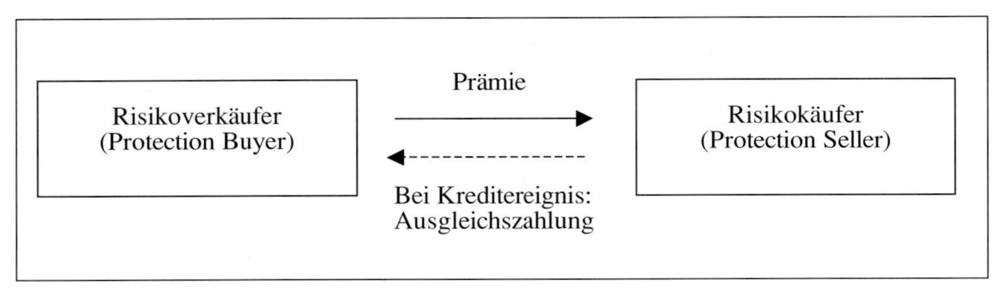

Abb. 16.18: Grundstruktur eines Credit Default Swap

Grundsätzlich sind die Kreditereignisse von den Vertragsparteien frei vereinbar, etwa Insolvenz, Zahlungsverzögerung, Ratingherabstufung (Downgrade) oder Umschuldung. Üblicherweise wird der CDS mit Eintritt des definierten Kreditereignisses terminiert. Die Prämienzahlung erfolgt entweder einmalig im Voraus (upfront) oder periodisch nachschüssig über die Laufzeit, längstens aber bis zum eventuellen Eintritt des Kreditereignisses. Sie wird in der Regel in Basispunkten des Nominalwertes der Forderung ausgedrückt. Das Underlying kann dabei eine einzelne Forderung oder ein Korb von Forderungen sein. Die Ausgleichszahlung schließlich kann marktorientiert (etwa: Ausgleich der Differenz zwischen Nominalbetrag und Marktwert der Forderung nach Default) oder pauschal definiert sein (etwa: 30% des Nominalbetrages der Forderung) und erfolgt üblicherweise via Cash Settlement. Alternativ erfolgt eine Lieferung des Basistitels zu par.
Betrachten wir zunächst ein Beispiel zum CDS.

Beispiel 16.4: (Credit Default Swap)
Am 01. März 2005 treten zwei Parteien ein in einen fünfjährigen CDS über einen Nennwert von 100 Mio. EUR. Die als Referenzwert zugrunde liegende ausfallbedrohte Anleihe weise ebenfalls einen Nominalwert von 100 Mio. EUR auf. Der Risikoverkäufer zahlt eine jährliche Prämie von 90 Basispunkten für den Ausfallschutz.

Tritt kein Default während der Laufzeit ein, so erhält der Risikoverkäufer keine Ausgleichszahlung und zahlt jeweils am 01. März 2006, 2007, 2008, 2009 und 2010 eine Risikoprämie in Höhe von 900.000 EUR.

Alternativ falle der Referenzwert zum 01. September 2008, d.h. nach 3,5 Jahren aus. Im Falle eines physischen Settlement erhält der Risikokäufer die Anleihe und entrichtet hierfür den ursprünglichen Nennwert in Höhe von 100 Mio. EUR. Im Falle eines Cash Settlement wird eine vorab vereinbarte Anzahl von Tagen (Grace Period) nach dem Ausfallereignis abgewartet. Ist an dem vereinbarten Datum der Marktwert der Anleihe auf 40 Mio. EUR gesunken, so leistet der Risikokäufer eine Ausgleichszahlung in Höhe von 60 Mio. EUR.

In beiden vorstehenden Fällen zahlt der Risikoverkäufer Prämien in Höhe von 900.000 EUR am 01.03.2006, am 01.03.2007 und am 01.03.2008. Ferner leistet er eine anteilige Prämienzahlung in Höhe von 450.000 EUR am 01.09.2008.

Im Standardfall dienen als Referenzwerte meist Anleihen, da hier die Bewertung im Fall einer Zahlungsstörung deutlich einfacher ist als bei einem Kredit. Des Weiteren wird hierbei als Credit Event üblicherweise die Zahlungsunfähigkeit verwendet. Vom Nominalwert (Par-Preis) der Anleihe wird dabei entweder der Marktwert nach Kreditereignis oder der Recovery-Wert abgezogen. Bei einem *Digital Default Swap* wird hingegen bei Ausfall ein fester Betrag gezahlt. Der Vorteil hierbei liegt in der Trennung von Ausfallwahrscheinlichkeit und Recovery Rate.

16.7.1.2 Credit Spread-Produkte

Während ein CDS direkt an einem definierten Kreditereignis ansetzt, ist der Ausgangspunkt für Credit Spread-Produkte der Zinsspread (typischerweise) einer Anleihe gegenüber einer quasi-risikolosen Anleihe im Falle von Festzinstiteln oder aber gegenüber den Referenzzinssätzen LIBOR bzw. EURIBOR im Falle von variabel verzinslichen Titeln. Ein zentrales Beispiel hierfür ist der *Credit Spread Put* (CSP). Wird der Spread hierbei größer als der vereinbarte Ausübungspreis (*Basisspread*), so kann die Option ausgeübt werden. Als Ausgleichszahlung erfolgt im Falle der Ausübung die (positive) Differenz zwischen dem Spread bei Ausübung und dem Basisspread (multipliziert mit dem Nennwert sowie gegebenenfalls einem Gewichtungsfaktor wie der Restlaufzeit oder der Duration), mithin

$$(16.197) \quad \begin{aligned} &Ausgleichszahlung \\ &= \max\{(Zinsspread - Basisspread)\ x\ Gewichtungsfaktor\ x\ Nennwert,\ 0\}. \end{aligned}$$

Die Ausübung kann dabei nur am Ende der vereinbarten Laufzeit (Europäischer Typ), zu vorab definierten Zeitpunkten (Multi-Europäischer Typ) oder aber während der gesamten Laufzeit (Amerikanischer Typ) erfolgen. Die Abbildungen 16.19 und 16.20 illustrieren die Grundstruktur eines CSP sowie das resultierende Gewinn/Verlust-Diagramm (unter Vernachlässigung von Nominalbetrag und Gewichtungsfaktor).

Im Falle des Credit Spread Put profitiert der Käufer von einer Ausweitung des Zinsspreads (Spread Widening Risk), welcher auf der anderen Seite einhergeht mit einem Kursverlust der zugrunde liegenden Anleihe. Somit beinhaltet der CSP einen Schutz gegen einen spreadinduzierten Kursverlust des Basistitels.

Oftmals wird beim CSP eine Knock out-Grenze in Höhe eines maximalen Zinsspread vereinbart. Damit kann sichergestellt werden, dass nur das Spreadrisiko transferiert wird, nicht aber das Ausfallrisiko.

Neben dem Credit Spread Put zählen entsprechend Credit Spread Calls, Credit Spread Forwards und Credit Spread Swaps zu den Credit Spread-Produkten.

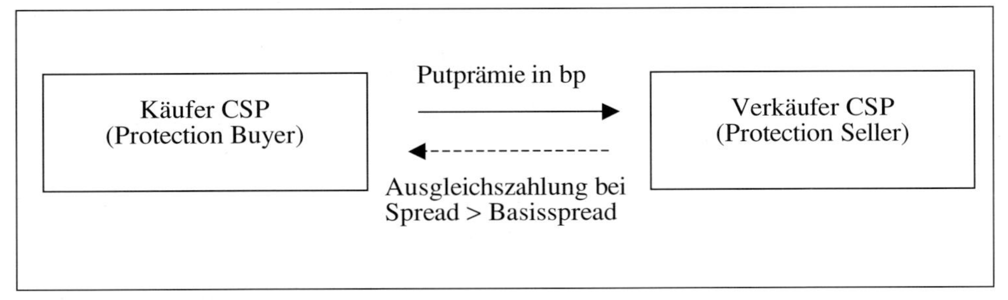

Abb. 16.19: Grundstruktur eines Credit Spread Put

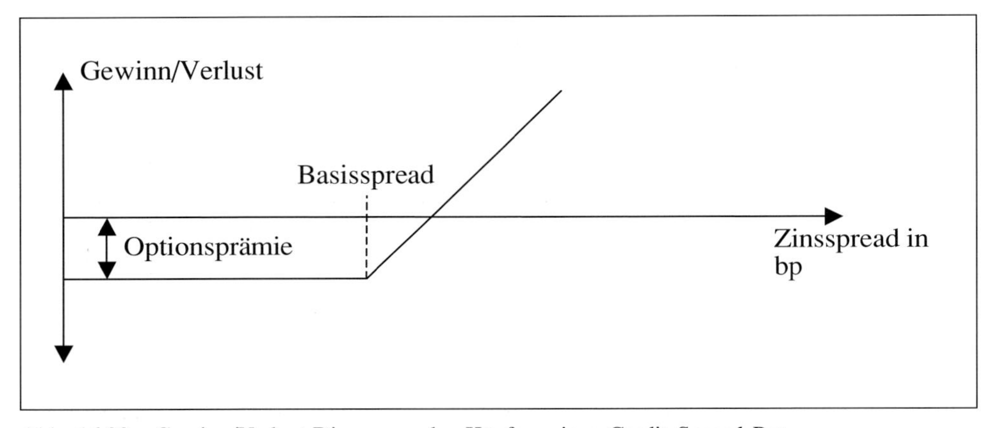

Abb. 16.20: Gewinn/Verlust-Diagramm des Käufers eines Credit Spread Put

16.7.1.3 Total Return Swap

Bei einem *Total (Rate of) Return Swap* (TRS) wird im Unterschied zu den bisher dargestellten Kreditderivaten nicht nur das Kreditrisiko, sondern auch das Marktwertrisiko übertragen. Insgesamt zahlt der Risikoverkäufer (*Total Return Payer*) den (positiven) Total Return (Kupons und Marktwertsteigerungen) auf ein festgelegtes Referenzasset an den Risikokäufer (*Total Return Receiver*) und erhält dafür LIBOR-Zahlungen (plus/minus einen Aufschlag) sowie im Falle von Marktwertverlusten den entsprechenden Ausgleich. Dadurch überträgt er neben dem Marktwertrisiko aufgrund reiner Zinsänderungen auch das Bonitätsrisiko des Referenzassets an den Risikokäufer. Die Grundstruktur eines TRS wird in Abbildung 16.21 illustriert.

Beim Ausfall des Referenzassets endet der TRS vorzeitig und es erfolgt eine Abschlussausgleichszahlung bzw. eine Übergabe des Referenzassets selbst gegen Zahlung des Nominalbetrags.

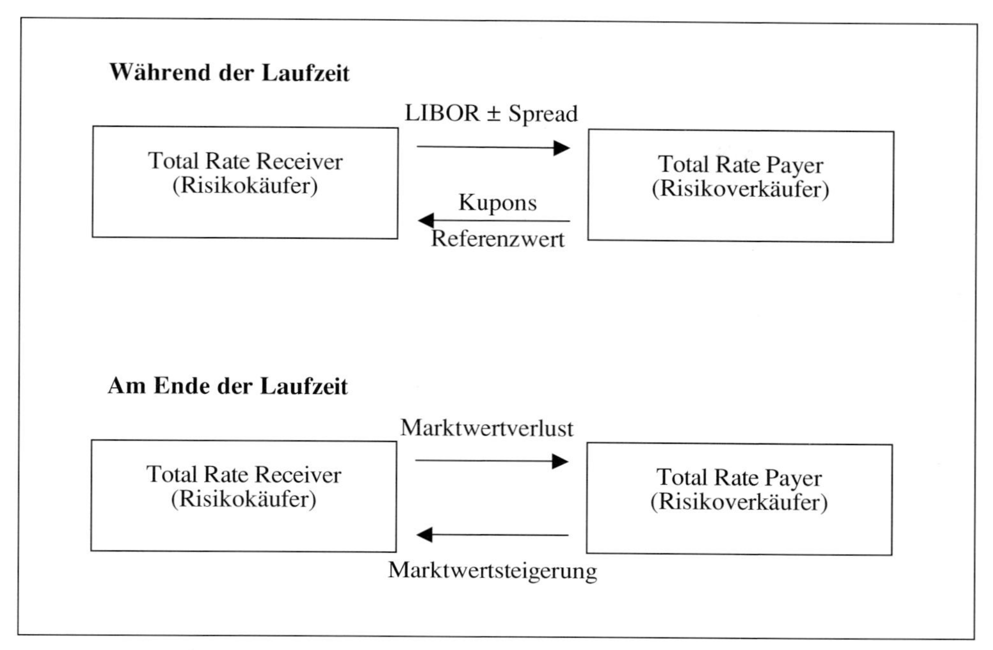

Abb. 16.21: Grundstruktur eines Total Return Swap

16.7.1.4 Credit Linked Notes

Bei den bisher dargestellten Produkten wird zwar das Kreditrisiko des Referenzwertes verändert, jedoch entsteht nun ein Kontrahentenrisiko mit dem Partner des Derivategeschäfts. Eine *Credit Linked Note* (CLN) ist eine Anleihe, in die ein Kreditderivat eingebettet ist. Infolge der Vorleistung des Emissionsbetrags der CLN durch den Risikokäufer an den Emittenten der CLN (Risikoverkäufer) wird neben dem durch das Kreditderivat transferierte Kreditrisiko auch das aus dem Derivatkontrakt resultierende Kontrahentenrisiko übertragen.

Je nach eingebettetem Kreditderivat werden unterschiedliche Varianten von CLN generiert, wie Abb. 16.22 verdeutlicht.

Im Weiteren erörtern wir die Konstruktion einer CLN am Beispiel der *Credit Default Note* (CDN). Der Risikokäufer (Investor) erhält hierbei vom Emittenten der CDN gegen Zahlung eines Nominalbetrags (Emissionsbetrags) eine in der Regel variable Verzinsung erhöht um eine risikoadäquate Prämie. Die Tilgung der CDN ist nun abhängig vom Eintritt eines bestimmten Kreditereignisses. Tritt dies nicht ein, so wird der Nominalbetrag zurückgezahlt. Tritt das Kreditereignis (typischerweise: Kreditausfall) ein, wird hingegen nur der Nominalbetrag abzüglich einer Ausgleichszahlung erstattet. Abbildung 16.23 illustriert diese Grundstruktur einer CDN.

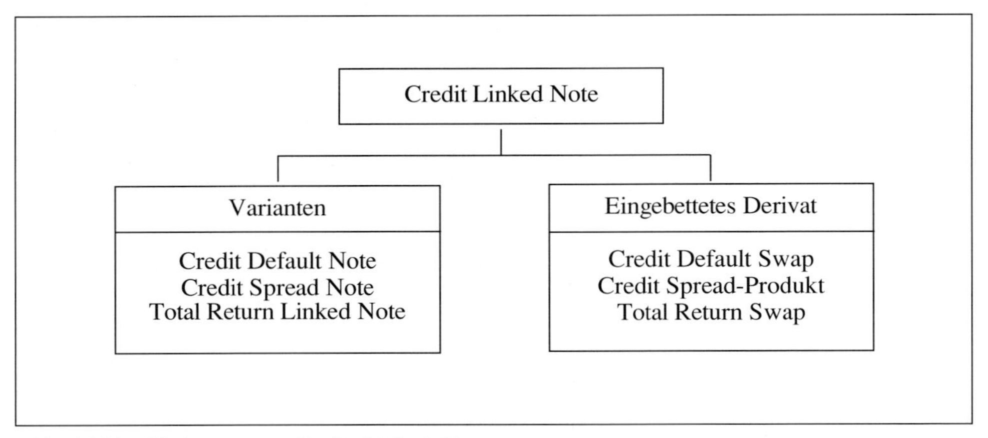

Abb. 16.22: Varianten von Credit Linked Notes

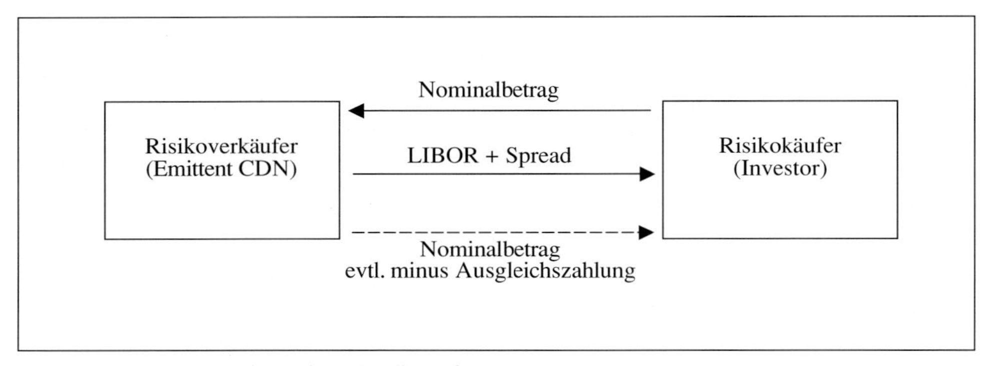

Abb. 16.23: Grundstruktur einer Credit Default Note

16.7.2 Zur Bewertung von Kreditderivaten

Wir beschränken uns an dieser Stelle auf die Bewertung eines Credit Default Swap, wobei wir zu Illustrationszwecken vereinfachend von einer zeitdiskreten Modellumgebung ausgehen und das Kontrahentenrisiko (Ausfall des Kontraktpartners) vernachlässigen.

Alle weiteren Überlegungen finden unter der risikoneutralen Wahrscheinlichkeitsbelegung Q statt und unterstellen eine Unabhängigkeit von Spot Rate-Prozess $\{R(t)\}$ und Ausfallzeit τ. Wir gehen aus von den Zahlungszeitpunkten $t_i = ih$ $(i = 0,...,n)$ und nehmen vereinfachend an, dass ein Default nur zu den Zeitpunkten $t_1,...,t_n$ (oder später) stattfinden kann. Damit arbeiten wir mit dem gestutzten (curtate) Ausfallzeitpunkt τ_c und es gilt dabei $\tau_c = t_i \Leftrightarrow t_{i-1} < \tau \leq t_i$ in Termen der ungestutzten Ausfallzeit τ. Hieraus folgt

(16.198) $$Q(\tau_c = t_i) = Q(0,t_{i-1}) - Q(0,t_i) \ .$$

Ferner nehmen wir an, dass zum Zeitpunkt τ der Risikoverkäufer eine Ausgleichszahlung in Höhe von $(1-rc)N = LGD \cdot N$ erhält, d.h. wir unterstellen die Recovery of Par-Hypothese mit einer deterministischen Recovery Rate.

Für den Wert der Ausgleichszahlung gilt dann $LGD \cdot N \cdot E_Q\left[\exp\left(-\int_0^\tau R(s)\,ds\right)\right]$. Nach dem Satz von der totalen Wahrscheinlichkeit gilt nun

$$
\begin{aligned}
E_Q\left[\exp\left(-\int_0^\tau R(s)\,ds\right)\right] &= \sum_{i=1}^n E_Q\left[\exp\left(-\int_0^\tau R(s)\,ds\right) \mid \tau_c = t_i\right] Q(\tau_c = t_i) \\
&= \sum_{i=1}^n E_Q\left[\exp\left(-\int_0^{t_i} R(s)\,ds\right)\right] Q(\tau_c = t_i) \\
&= \sum_{i=1}^n B(0,t_i)\,[Q(0,t_{i-1}) - Q(0,t_i)]\,.
\end{aligned}
$$

Damit ist eine Bewertung der Zahlung des Risikokäufers gelungen und es gilt

$$
(16.199) \quad V_{RK}(0) = LGD \cdot N \cdot \sum_{i=1}^n B(0,t_i)\,[Q(0,t_{i-1}) - Q(0,t_i]\,.
$$

Auf der anderen Seite zahlt der Risikoverkäufer eine Prämie $\pi_{CDS} N$ zu den Zeitpunkten $t_1,\ldots,t_n$, aber – gemäß der in Abschnitt 16.7.1.1 dargestellten Konvention letztmals im Zeitpunkt τ_c, wenn $\tau \le t_n$. Für den Wert in $t = 0$ einer Zahlung der Höhe eins zum Zeitpunkt t_i gilt damit unter Q die Beziehung $B(t_0,t_i)Q(0,t_{i-1})$ und damit ergibt sich insgesamt die Bewertung der Zahlungen des Risikoverkäufers zu

$$
(16.200) \qquad V_{RV}(0) = \pi_{CDS} N \sum_{i=1}^n B(0,t_i) Q(0,t_{i-1})\,.
$$

Insgesamt erhalten wir damit für den fairen Wert der Prämienzahlung

$$
(16.201) \qquad
\begin{aligned}
\pi_{CDS} &= LGD \frac{\sum_{i=1}^n B(0,t_i)\,[Q(0,t_{i-1}) - Q(0,t_i)]}{\sum_{i=1}^n B(0,t_i)\,Q(0,t_{i-1})} \\
&= LGD \left[1 - \frac{\sum_{i=1}^n B(0,t_i)\,Q(0,t_i)}{\sum_{i=1}^n B(0,t_i)\,Q(0,t_{i-1})}\right].
\end{aligned}
$$

Hinsichtlich der Bewertung eines Credit Default Swap unter realistischeren Modellumgebungen sowie der Bewertung von Kreditderivaten im Allgemeinen verweisen wir an dieser Stelle abschließend auf *Bluhm et al.* (2003, S. 216 ff.), *Duffie/Singleton* (2003, S. 178 ff.), *Grundke* (2003), *Schönbucher* (2003, S. 61 ff.) sowie *Schönbucher* (2005).

Anhang 16A: Statistisch-ökonometrische Verfahren der Bestimmung von Ausfallwahrscheinlichkeiten

Im Kreditrisikokontext, insbesondere bei der Kreditwürdigkeitsprüfung, der Konstruktion von Ratingsystemen, der Insolvenzprognose und der Bestimmung von Ausfallwahrscheinlichkeiten werden traditionell regelmäßig statistisch-ökonometrische Verfahren angewendet, darunter primär die Diskriminanzanalyse, die Regressionsanalyse, Logit- und Probitmodelle sowie neuronale Netze. Für einen Überblick vgl. etwa *Hartmann-Wendels* et al. (2004, S. 643 ff.) oder *Oehler/Unser* (2002, S. 207 ff.).

Gemeinsamer Ausgangspunkt dieser Ansätze ist die Spezifikation von Bonitätsvariablen $X_1,...,X_n$, deren Ausprägungen $x_1,...,x_n$ beim einzelnen (potenziellen) Schuldner festgestellt werden und typischerweise mittels einer linearen Funktion

(16A.1a) $$\beta_0 + \beta_1 x_1 + ... + \beta_n x_n$$

bzw. einer Transformation dieser linearen Funktion

(16A.1b) $$F(\beta_0 + \beta_1 x_1 + ... + \beta_n x_n)$$

zu einem *Bonitätswert* (*Score*) verdichtet und dann im speziellen Problemkontext weiterverarbeitet werden.

Im Kontext von Firmenkrediten entsprechen die Bonitätsvariablen typischerweise Bilanz- und Finanzkennzahlen des betreffenden Unternehmens. Ein Beispiel hierfür bildet etwa das Zeta-Modell von *Altman*. In dieses gehen die folgenden Bonitätsvariablen (Score-Variablen) ein, vgl. etwa *Wingenroth* (2004, S. 104).

- Liquidität [Working Capital/Gesamtvermögen]
- Rücklagen [Gewinnrücklagen/Gesamtvermögen]
- Ertragskraft [EBIT/Gesamtvermögen]
- Marktbewertung [Durchschnittlicher Marktwert Eigenkapital/Buchwert Gesamtverbindlichkeiten]
- Ertragsstabilität [Standardfehler der Ertragskraft]
- Schuldendeckungsgrad [EBIT/Zinsaufwand]
- Unternehmensgröße [ln (Gesamtvermögen)].

Für weitere entsprechende Bonitäts- bzw. Scoringmodelle vgl. etwa *Wingenroth* (2004, S. 103 ff.) sowie *Altman/Saunders* (1998).

Ein weiteres Beispiel für potenzielle Bonitätsvariable entnehmen wir *Kaiser/Szczesny* (2003, S. 794 f.):

- ln (Umsatz)
- ln $(\text{Umsatz})^2$
- Eigenkapitalquote [Eigenkapital/Bilanzsumme]
- Cash Flow [Cash Flow/Nettoverbindlichkeiten]
- Anlagendeckungsgrad [mittel- und langfristige Passiva/mittel- und langfristige Aktiva]
- Beschränkte Haftung (Binärvariable)
- 1992,...,1998 (Binärvariablen als Zeitdummies zur Erfassung der konjunkturellen Lage)

- Maschinenbau, Verarbeitendes Gewerbe, Baugewerbe, Handel, Sonstige Gewerbe (Binärvariable zur Erfassung der Branche).

Die dargestellten Beispiele für Bonitätsvariable machen dabei ein Problem der traditionellen linearen Diskriminanzanalyse deutlich. Diese beruht auf einer multivariaten Normalverteilung der Bonitätsvariablen. Da diese oftmals auf den positiven Wertebereich beschränkt oder gar binär sind, liegt hierbei eine Fehlspezifikation vor. Für weitere Probleme der Diskriminanzanalyse im Kreditrisikokontext vgl. *Kaiser/Szczesny* (2003, S. 800). Wir verzichten daher auf eine Darstellung der Diskriminanzanalyse und verweisen im Kreditrisikokontext hierzu auf *Hartmann-Wendels et al.* (2004, S. 643 ff.).

Des Weiteren konzentrieren wir uns im Rahmen der eingangs dargestellten Probleme auf die Bestimmung der Ausfallwahrscheinlichkeit, da diese die zentrale Inputgröße einer Reihe von Kreditrisikomodellen des Haupttextes sowie im Rahmen von Basel II ist. Die Anwendung der linearen Regression zieht in diesem Problemkontext eine Reihe von Problemen nach sich, vgl. im Einzelnen *Kaiser/Szczesny* (2003, S. 799 f.) sowie *Hartmann-Wendels et al.* (2004, S. 650 f.). Diese bestehen unter anderem darin, dass nicht gewährleistet ist, dass die geschätzten Aufallwahrscheinlichkeiten zwischen 0 und 1 liegen. Insofern beschränken wir uns im Weiteren auf die Darstellung von Logit- und Probitmodellen und folgen hierbei *Kaiser/Szczesny* (2003).

Logit- und Probitmodelle beruhen auf einer latenten, d.h. nicht beobachtbaren, Bonitätsvariablen Y_i für Schuldner i, typischerweise in der Form

(16A.2) $$Y_i = \beta_0 + \beta_1 x_{i1} + \ldots + \beta_n x_{in} + \varepsilon_i \,,$$

wobei $x_{i1},\ldots,x_{in}$ die Ausprägungen von Unternehmen i im Hinblick auf die Bonitätsvariablen $X_1,\ldots,X_n$ und ε_i ein Störterm ist. Ein Ausfall des Unternehmens i findet nun dann statt, wenn die latente Variable Y_i einen Schwellenwert s übersteigt. Unter der Benutzung des wie im Haupttext definierten Defaultindikators D_i gilt somit:

(16A.3) $$D_i = 1 \Leftrightarrow Y_i > s \,.$$

Man betrachte bei dieser Konstruktion insbesondere die Verwandtschaft zu den im Haupttext dargestellten Einfaktormodellen des Kreditausfallrisikos. Bezeichnet F die Verteilungsfunktion des standardisierten Störterms und nehmen wir an, dass dieser einer symmetrischen Verteilung mit Erwartungswert null und Standardabweichung σ folgt, so gilt für die auf die beobachteten Ausprägungen bedingte Ausfallwahrscheinlichkeit

(16A.4) $$\begin{aligned} &P(D_i = 1 \mid x_{i1},\ldots,x_{in}) \\ &= 1 - F\left(\frac{\varepsilon_i \le s - \beta_0 - \beta_1 x_{i1} - \ldots - \beta_n x_{in}}{\sigma}\right). \end{aligned}$$

Entspricht $F = \Phi$, der Verteilungsfunktion der Standardnormalverteilung, so liegt ein *Probitmodell* vor. Entspricht F der Verteilungsfunktion

(16A.5) $$F(x) = \frac{1}{1 + \exp(-u)}$$

der logistischen Verteilung, so liegt ein *Logitmodell* vor. Zur weiteren Modellidentifikation ist es notwendig, s sowie σ zu spezifizieren, vgl. hierzu *Kaiser/Szczesny* (2003, S. 796). Anschließend kann der Parametervektor $(\beta_0, \beta_1, ..., \beta_n)$ mittels der Maximum Likelihood-Methode geschätzt werden.

Neben der direkten Ermittlung der Ausfallwahrscheinlichkeit ist es mit dieser Vorgehensweise des Weiteren auch möglich, entsprechende Ratingsysteme zu konstruieren, indem einzelne Ratingklassen bestimmten Bereichen der Ausfallwahrscheinlichkeit zugeordnet werden.

Für mögliche Verallgemeinerungen der vorstehend dargestellten Ansätze verweisen wir auf *Kaiser/Szczesny* (2003) sowie *Müller/Härdle* (2004).

Eine Problematik dieser Modellansätze besteht darin, dass ein großer Teil der Inputgrößen dem externen Rechnungswesen entnommen sind und damit nur jährlich oder bestenfalls vierteljährlich auf den neuesten Stand gebracht werden. Die relevanten Daten liegen damit nur mit einer gewissen Zeitverzögerung vor und hinken der Marktdynamik, insbesondere im Falle von gehandelten Unternehmensanleihen, hinterher. Dies hat zu einer verstärkten Aufmerksamkeit für Kreditrisikomodelle geführt, in die insbesondere der aktuelle Aktienkurs des Emittenten als Information eingeht, wie etwa die im Haupttext dargestellten Unternehmenswertmodelle, beispielsweise KMV oder Credit Metrics.

Anhang 16B: (Relative) Verlustverteilung eines homogenen Portfolios bei Annahme eines Einfaktormodells

Wir spezialisieren zunächst das Einfaktormodell (16.25) des Haupttextes im Kontext eines homogenen Kreditportfolios. Gegeben sind die Bonitätsindikatoren $(j = 1, ..., n)$

(16B.1) $$Y_j = \sqrt{\rho} F + \sqrt{1-\rho}\, U_j \ .$$

Es gelte $F, U_j \sim N(0,1)$ und $\{F, U_j\}$ sowie $\{U_j, U_k\} (j \neq k)$ stochastisch unabhängig. Insbesondere gilt damit $\rho(Y_j, Y_k) = \rho$ für alle $j \neq k$, d.h. es besteht eine einheitliche Kreditkorrelation.

Für den Defaultindikator des j-ten Unternehmens gelte

(16B.2) $$D_j = 1 \quad \Leftrightarrow \quad Y_j < \mathrm{H}_j \ .$$

Als weitere Homogenitätsannahme tritt hinzu $(j = 1, ..., n)$

(16B.3) $$\pi_j := P(D_j = 1) = \pi \ .$$

Da unter den getroffenen Voraussetzungen auch $Y_j \sim N(0,1)$ gilt, folgt hieraus

(16B.4) $$\mathrm{H}_j = \Phi^{-1}(\pi) = \mathrm{H} \ ,$$

mithin bestehen auch einheitliche Ausfallschranken. Uns interessiert im Weiteren die Verteilungsfunktion der Zufallsgröße

(16B.5) $$D := D_1 + \cdots + D_n \,.$$

Diese gibt die Anzahl der Ausfälle in der betrachteten Periode an.

Im Weiteren folgen wir *Schönbucher* (2000). Es gilt zunächst

(16B.6) $$P(D = k) = \int_{-\infty}^{+\infty} P(D = k \mid F = x)\varphi(x)dx\,,$$

wobei $\varphi(x)$ die Dichtefunktion der Standardnormalverteilung bezeichne. Mit

(16B.7) $$\pi(x) := P(D_j = 1 \mid F = x) = P(Y_j < \mathrm{H} \mid F = x)$$

als bedingter (für alle j identischen) Ausfallwahrscheinlichkeit folgt aufgrund der aus (16B.1) resultierenden bedingten Unabhängigkeit

(16B.8) $$P(D = k \mid F = x) = \binom{n}{k}\pi(x)^k[1-\pi(x)]^{n-k}.$$

Des Weiteren folgt

(16B.9)
$$\begin{aligned}\pi(x) &= P\left(\sqrt{\rho}F + \sqrt{1-\rho}\,U_j < H \mid F = x\right)\\ &= P\left(U_j < \frac{\mathrm{H}-\sqrt{\rho}F}{\sqrt{1-\rho}} \mid F = x\right)\\ &= \Phi\left(\frac{\mathrm{H}-\sqrt{\rho}x}{\sqrt{1-\rho}}\right).\end{aligned}$$

Insgesamt folgt hieraus

(16B.10)
$$\begin{aligned}&P(D = k)\\ &= \binom{n}{k}\int_{-\infty}^{+\infty}\left[\Phi\left(\frac{\mathrm{H}-\sqrt{\rho}x}{\sqrt{1-\rho}}\right)\right]^k\left[1-\Phi\left(\frac{\mathrm{H}-\sqrt{\rho}x}{\sqrt{1-\rho}}\right)\right]^{n-k}\varphi(x)dx\end{aligned}$$

sowie $(m \leq n)$

(16B.11)
$$\begin{aligned}&P(D \leq m)\\ &= \sum_{k=0}^{m}\binom{n}{k}\int_{-\infty}^{+\infty}\left[\Phi\left(\frac{\mathrm{H}-\sqrt{\rho}x}{\sqrt{1-\rho}}\right)\right]^k\left[1-\Phi\left(\frac{\mathrm{H}-\sqrt{\rho}x}{\sqrt{1-\rho}}\right)\right]^{n-k}\varphi(x)dx\,.\end{aligned}$$

Wir gehen im Weiteren weiterhin von identischen Exposures der Höhe E aus und betrachten den *Portfolioverlust*

(16B.12) $$\overline{L}_n := \frac{D_1E + D_2E + \cdots + D_nE}{nE} = \frac{1}{n}\left(D_1 + \cdots + D_n\right),$$

so lässt sich, vgl. *Schönbucher* (2000) sowie *Vasicek* (1991), noch ein weitergehendes asymptotisches Resultat erzielen. Für die Dichtefunktion $f_\infty(x)$ der Grenzverteilung von $\bar{L}_n$ für $n \to \infty$ gilt

(16B.13) $$f_\infty(x) = \sqrt{\frac{1-\rho}{\rho}} \exp\left\{\frac{1}{2}\left[\Phi^{-1}(x)\right]^2 - \frac{1}{2\rho}\left[\Phi^{-1}(\pi) - \sqrt{1-\rho}\,\Phi^{-1}(x)\right]^2\right\}$$

und für die entsprechende Verteilungsfunktion

(16B.14) $$F_\infty(x) = \Phi\left\{\frac{1}{\sqrt{\rho}}\left[\sqrt{1-\rho}\,\Phi^{-1}(x) - \Phi^{-1}(\pi)\right]\right\}.$$

Schönbucher (2000) leitet darüber hinaus ein entsprechendes Ergebnis für $F_\infty(x)$ ab, wenn F bzw. die U_j einer anderen Verteilung folgen als der Standardnormalverteilung. Gilt $F \sim G_1$ und $U_j \sim G_2$, so folgt

(16B.15) $$F_\infty(x) = 1 - G_1\left[\frac{\mathrm{H}}{\sqrt{\rho}} - \sqrt{\frac{1-\rho}{\rho}}\,G_2^{-1}(x)\right].$$

Anhang 16C: Risikoneutrale Ausfallwahrscheinlichkeit im Merton-Modell

Im Rahmen des *Black/Scholes*-Modells lässt sich zeigen, man vgl. hierzu Anhang 5 D, dass eine geometrische Brownsche Bewegung mit Drift μ und Diffusion σ unter der risikoneutralen Wahrscheinlichkeitsbelegung (äquivalentes Martingalmaß) Q wiederum eine geometrische Brownsche Bewegung mit Diffusion σ, nunmehr aber mit Drift r, der risikolosen Zinsrate, ist. Unter Q gilt somit gegeben V_t $(m^* := r - \sigma^2/2)$

(16C.1) $$V_T = V_t \exp\left[m^*(T-t) + \sigma\sqrt{T-t}\,W_T\right],$$

wobei $W_T \sim N(0,1)$. Bezeichnet nun X den Ausübungspreis einer Option, so gilt weiter

$$\begin{aligned} Q(V_T \geq X) &= Q(W_T \geq [\ln(X/V_t) - m^*(T-t)]/\sigma\sqrt{T-t}) \\ &= 1 - Q(W_T \leq -[\ln(V_t/X) + m^*(T-t)]/\sigma\sqrt{T-t}) \end{aligned}$$

und damit (gegeben V_t)

(16C.2a) $$Q(V_T \geq X) = 1 - N[-h(t)] = N[h(t)],$$

wobei

(16C.2b) $$h(t) = \frac{\ln(V_t/X) + (r - \frac{1}{2}\sigma^2)(T-t)}{\sigma\sqrt{T-t}}$$

Andererseits gilt im Rahmen der Black/Scholes-Formel für den Europäischen Call

$$d_2(t) = d_1(t) - \sigma\sqrt{T-t} = \frac{\ln(V_t/X) + (r + \frac{1}{2}\sigma^2)(T-t)}{\sigma\sqrt{T-t}} - \sigma\sqrt{T-t}$$

$$= \frac{\ln(V_t/X) + (r - \frac{1}{2}\sigma^2)(T-t)}{\sigma\sqrt{T-t}} = h(t).$$

Hieraus folgt insgesamt

(16C.3) $$Q(V_T \geq X) = N[d_2(t)].$$

Die Größe $N[d_2(t)]$ lässt sich damit (gegeben die Situation in t) interpretieren als risikoneutrale Wahrscheinlichkeit für das Ereignis $V_T \geq X$, d.h. dass die Option bei Ausübung einen Wert besitzt (am oder im Geld ist). Analog gilt

(16C.4) $$Q(V_T < X) = 1 - N[d_2(t)] = N[-d_2(t)].$$

Die Größe $N[-d_2(t)]$ entspricht somit der risikoneutralen Wahrscheinlichkeit dafür, dass – gegeben die Situation in t – der innere Wert des Calls in T gleich null ist, d.h. zum Ausübungszeitpunkt wertlos verfällt.

Im Kontext des Merton-Unternehmenswertmodells entspricht somit (mit $X=F$) die Größe $N[-d_2(t)]$ der risikoneutralen Ausfallwahrscheinlichkeit gegeben den Unternehmenswert zum Zeitpunkt t.

Anhang 16D: Erweiterung des Credit Risk$^+$-Basismodells

Als zwei zentrale Probleme für die empirische Validität des in Abschnitt 16.4.2 dargestellten Credit Risk$^+$-Basismodells erweisen sich die Annahme einer Poissonverteilung für die Defaultvariablen der einzelnen Exposurebänder sowie die Annahme der stochastischen Unabhängigkeit zwischen den Risiken der Exposurebänder.

Zur Überwindung dieser Probleme arbeiten wir mit der in Anhang 17A.2 behandelten Konzeption der gemischten Poissonverteilung. Wir nehmen zu diesem Zwecke die Existenz von n stochastisch unabhängigen Einfluss- bzw. Hintergrundfaktoren $X_1,...,X_n$ an. In einem ersten vereinfachenden Schritt wird dabei davon ausgegangen, dass jedes Kreditrisiko nur von einem der Hintergrundfaktoren beeinflusst wird. Das Kreditportfolio lässt sich entsprechend in n Segmente oder Sektoren unterteilen, wobei alle Risiken eines solchen Sektors jeweils nur von einem einzelnen Hintergrundfaktor beeinflusst werden. Dabei werde Sektor j nur von X_j beeinflusst $(j = 1,...,n)$. In praxi kann man in dieser Situation auch umgekehrt vorgehen und das Kreditportfolio in Abhängigkeit von Geschäftsbereichen, Regionen, Bonität, u.ä. in n Segmente unterteilen und dabei annehmen, dass jedes Segment nur von einem Hintergrundfaktor beeinflusst wird.

Die Hintergrundfaktoren folgen dabei jeweils einer Gammaverteilung

(16D.1a) $$X_k \sim \text{Gamma}(a_k, b_k)$$

mit

(16D.1b) $$a_k = \mu_k^2 / \sigma_k^2 \quad , \quad b_k = \sigma_k^2 / \mu_k \,.$$

In diesem Falle gilt:

(16D.2a) $$E(X_k) = a_k b_k = \mu_k$$

(16D.2b) $$Var(X_k) = a_k b_k^2 = \sigma_k^2 \,.$$

Wir betrachten nun die Defaultgröße D_k, die die Anzahl der Ausfälle in Sektor k $(k = 1,...,n)$ erfasst und nehmen an $(n = 0,1,...)$

(16D.3) $$P(D_k = n \mid X_k = \lambda) = \frac{\lambda^n}{n!} e^{-\lambda} \,.$$

Bedingt auf die Hintergrundvariable folgt somit D_k einer Poissonverteilung. Gemäß den Ergebnissen des Abschnitts 16.3.1.3 ist dann die unbedingte Verteilung von D_k eine negative Binomialverteilung.

Im Einzelnen gilt $[p_k := b_k / (1 + b_k)]$

(16D.4) $$P(D_k = n) = \binom{n + a_k - 1}{n} (1 - p_k)^{a_k} p_k^n$$

sowie

(16D.5a) $$E(D_k) = a_k b_k = \mu_k$$

(16D.5b) $$Var(D_k) = E(D_k)(1 + b_k) = \mu_k \left[1 + \frac{\sigma_k^2}{\mu_k} \right] = \mu_k + \sigma_k^2 \,.$$

Da der Defaultindikator D_k eine empirisch beobachtbare Zufallsgröße ist – er erfasst die Anzahl der Ausfälle im Segment k des Kreditportfolios – sind damit die Parameter μ_k sowie σ_k und damit a_k sowie b_k bzw. p_k statistisch identifizierbar.

Die wahrscheinlichkeitserzeugende Funktion von D_k ist gegeben durch

(16D.6) $$G_{D_k}(z) = \left(\frac{1 - p_k}{1 - p_k z} \right)^{a_k} \,.$$

Wie im Basismodell wird nun jeder Sektor k in Exposurebänder unterteilt, es ergeben sich dabei m_k Exposurebänder. Es bezeichne V_{ki} das einheitliche Exposure (als Vielfaches des Standardausfallbetrags E) der Kreditrisiken des i-ten Exposurebands in Sektor k. Verbunden mit diesem Exposureband ist eine mittlere Anzahl von Ausfällen μ_{ki}, dabei gilt $\mu_k = \sum \mu_{ki}$. Wir definieren nun die Funktion

(16D.7) $$F_k(z) = \frac{1}{\mu_k} \sum_{i=1}^{m_k} \mu_{ki} z^{v_{ki}} \,.$$

Diese Funktion entspricht der erzeugenden Funktion der Ausfallhöhe in Sektor k gegeben einen Ausfall in Sektor k. Unter der Annahme unabhängiger Hintergrundfaktoren $X_1,...,X_n$

ergibt sich dann insgesamt als wahrscheinlichkeitserzeugende Funktion des (normierten) Portfolioverlustes LN :

$$G_{LN}(z) = E[z^{LN}] = \prod_{k=1}^{m} \left(\frac{1-p_k}{1-p_k F_k(z)} \right)^{a_k} .$$

Wie bereits im Basismodell lässt sich auch in diesem Falle eine Rekursionsbeziehung für $P(LN = n)$ ableiten. Die beschriebene Vorgehensweise beinhaltet zunächst eine realistischere Ausfallverteilung pro Risikosegment. Infolge der gemeinsamen Abhängigkeit von Faktor X_k sind alle Risiken in Sektor k korreliert. Aufgrund der Unabhängigkeit der Faktoren sind aber die Risiken aus unterschiedlichen Sektoren ebenfalls unabhängig. Eine weitere Verallgemeinerung besteht nun darin anzunehmen, dass die Hintergrundfaktoren $X_1,...,X_n$ auf alle Sektoren simultan wirken und sich die Ausfallintensität eines Einzelrisikos als gewichtete Summe von faktorspezifischen Ausfallintensitäten ergibt. Auch in diesem Fall existiert nach wie vor eine Rekursionsbeziehung zur Bestimmung von $P(LN = n)$, vgl. etwa *Lehrbaß et al.* (2001, S. 300 f.)

Anhang 16E: Diversifikation idiosynkratischer Risiken im Einfaktormodell

Wir betrachten ein Kreditportfolio der (variablen) Größe n, d.h. das Portfolio besteht aus n Schuldnern, mit der (relativen) Verlustvariable $\bar{L}_n$ gegeben durch

(16E.1) $$\bar{L}_n = \sum_{j=1}^{n} h_j^{(n)} l_j D_j .$$

Dabei bezeichne wie üblich D_j den Defaultindikator von Schuldner j, l_j den als deterministisch angenommenen Loss Given Default im Falle des Schuldners j sowie $h_j^{(n)}$ den Anteil des Exposure at Default von Schuldner j am EAD des Portfolios, d.h.

(16E.2) $$h_j^{(n)} = \frac{EAD_j}{\sum_{i=1}^{n} EAD_i} .$$

Es gilt $0 \le h_j^{(n)} \le 1$ und $\sum_{j=1}^{n} h_j^{(n)} = 1$.

Wir treffen nun die folgende Annahme:

(16E.3) $$\lim_{n \to \infty} \sum_{j=1}^{n} (h_j^{(n)})^2 = 0 .$$

Diese Annahme kennzeichnet die so genannte *Granularität* des Portfolios. Sie ist beispielsweise erfüllt, wenn gilt $h_j^{(n)} = 1/n$, d.h. alle individuellen Kreditexposures sind gleich groß. Hinreichend ist aber auch die Bedingung $\lim_{n \to \infty} \max_j h_j^{(n)} = 0$. Intuitiv besagt die letztere Bedingung, dass der Exposureanteil des jeweils größten vergebenen Kredits bei wachsender Portfoliogröße gegen null geht. Unter der Bedingung (16E.3) lässt sich nun die folgende Schlussfolgerung ziehen:

(16E.4) $$\lim_{n\to\infty} E\left(\left[\bar{L}_n - E(\bar{L}_n \mid Z)\right]^2\right) = 0 \ .$$

Es liegt somit eine Konvergenz im quadratischen Mittel vor. Ein Beweis dieser Aussage findet man in *Huschens/Vogl* (2002, S. 295). Dabei gilt diese Aussage für eine beliebige Variable Z, auf die bedingt wird, d.h. unabhängig von der Gültigkeit der Einfaktorstruktur (16.25). Setzt man im Spezialfall das Einfaktormodell (16.25) voraus, so ist mit $Z = F$ die Größe $E(\bar{L}_n \mid F)$ als bedingter Erwartungswert des relativen Portfolioverlusts, gegeben den systematischen Faktor F, zu interpretieren.

Für große Portfolien gilt somit grob gesagt

(16E.5) $$\bar{L}_n \approx E(\bar{L}_n \mid Z),$$

wobei das Ungefährzeichen $\approx$ sich sowohl auf den Abstand von $\bar{L}_n$ und $E(\bar{L}_n \mid Z)$ im quadratischen Mittel bezieht, als auch – da aus der quadratischen Konvergenz stets die Verteilungskonvergenz folgt – auf den punktweisen (»für jedes x«) Abstand der Verteilungsfunktionen von $\bar{L}_n$ und $E(\bar{L}_n \mid Z)$.

Eine umfassende Analyse der Eigenschaften von $\bar{L}_n \mid F$ im Kontext von Faktormodellen bietet *Gordy* (2003). *Gordy* lässt dabei auch zufallsabhängige Loss Given Default-Variable zu und leitet eine Korrekturformel für das notwendige Kapital für endliche Portfolios her.

Abschließend sei noch festgehalten, dass mit $L_n = \sum_{j=1}^{n} l_j \ EAD_j \ D_j$ für endliche Portfolios auf der Basis von (16E.5) und $Z = F$ auch gilt

(16E.6) $$L_n \approx E(L_n \mid F),$$

da hierzu auf beiden Seiten von (16E.5) lediglich mit $\sum EAD_i$ durchmultipliziert wird.

Anhang 16F: Affine Diffusionsprozesse

Wir gehen im Weiteren aus von einem multivariaten Diffusionsprozess $X(t)$, der einer n-dimensionalen stochastischen Differentialgleichung der Form

(16F.1) $$dX(t) = m(X_t)dt + H(X_t)dW(t)$$

folgt. Für einen entsprechenden Spezialfall mit konstanten Koeffizienten vergleiche man Anhang 4E.

Eine affine Funktion $F : I\!R^n \to I\!R$ besitzt nun die generelle Form

(16F.2) $$F(x) = a + b_1 x_1 + \ldots + b_n x_n = a + bx \ ,$$

wobei $b = (b_1,\ldots,b_n)$ als Zeilenvektor und $x = (x_1,\ldots,x_n)$ als Spaltenvektor aufgefasst wird.

Ein affiner Diffusionsprozess erfüllt nun die folgende strukturelle Eigenschaft (vgl. etwa *Duffie/Singleton* (2003, S. 348)):

$$(16F.3) \qquad E_Q^t\left[\exp\left\{-\int_t^T [\lambda_0 + \lambda_1 X(u)]\,du\right\}e^{a+bX(T)}\right] = e^{\alpha(t)+\beta(t)X(t)} .$$

Dies kann wie folgt interpretiert werden. Ist der Spot Rate-Prozess $R(t) = \lambda_0 + \lambda_1 X(t)$ affin in $X(t)$ und der zu bewertende Payoff in T exponentiell-affin in $X(t)$, so ist das Bewertungsresultat – unter einer Wahrscheinlichkeitsbelegung Q (etwa der risikoneutralen) und bei Betrachtung des bedingten Erwartungswerts E^t (gegeben die Information bis zum Zeitpunkt t) – exponentiell-affin in $X(t)$. Einfache Beispiele für affine Prozesse sind Prozesse, bei denen Drift- bzw. Diffusionsparameter $m(x)$ bzw. $\Sigma(x) = H(x)H^T(x)$ aus (16F.1) affin in x sind. Hierzu gehören insbesondere der mehrdimensionale Ornstein/Uhlenbeck-Prozess als auch der mehrdimensionale Quadratwurzelprozess. Die Konzeption eines affinen Prozesses lässt sich entsprechend ausdehnen auf Sprung-Diffusionsprozesse. Für generelle Charakterisierungen von affinen Prozessen vergleiche man *Duffie/Pan/Singleton* (2000) und *Duffie/Filipovic/Schachermayer* (2003).

Die Koeffizientenfunktionen $\alpha(t)$ und $\beta(t)$, die die Lösung von (16F.3) definieren, genügen einer verallgemeinerten Riccati-Differentialgleichung. In einigen Fällen, auf die wir noch zurückkommen, ist diese Differentialgleichung explizit lösbar. Im Allgemeinen muss die Lösung numerisch bestimmt werden, etwa mit einem Runge/Kutta-Verfahren.

Anwendung finden affine Prozesse unter anderem bei stochastischen Zinsstrukturen, bei denen der Spot Rate-Prozess $R(t)$ die Form $R(t) = \lambda_0 + \lambda_1 X(t)$ hat. Der entsprechende univariate Fall wurde in Anhang 9E betrachtet. Die Anwendung im Falle von ausfallbedrohten Zinstiteln ergibt sich im Kontext der hier nochmals wiederholten Bewertungsbeziehung

$$(16F.4) \qquad B^d(t,T) = E_Q^t\left[\exp\left(-\int_t^T [R(s) + L(s)\tilde{\lambda}(s)]ds\right)\right].$$

unter Verwendung der ausfallmodifizierten Spot Rate-Prozesse

$$(16F.5a) \qquad R^*(t) = R(t) + \tilde{\lambda}(t)$$

bzw.

$$(16F.5b) \qquad R^*(t) = R(t) + L(t)\tilde{\lambda}(t) .$$

Im Vergleich zu (16F.3) ist dort $a = b = 0$ zu setzen, d.h. es wird nur der Diskontierungsteil betrachtet. Sind nun im Falle (16F.5a) $R(t)$ und $\tilde{\lambda}(t)$ jeweils affine Funktionen eines affinen Prozesses $X(t)$ bzw. ist im Kontext von (16F.5b) $R^*(t)$ eine affine Funktion von $X(t)$, so ergibt sich für den ausfallbedrohten Zerobond gemäß (16F.3) eine exponentiell-affine Lösung der Form $\exp[\alpha(t) + \beta(t)X(t)]$.

Zur Vorbereitung der weiteren Analyse betrachten wir zunächst beispielhaft ein Zweifaktormodell der Form

$$(16F.6a) \qquad R^*(t) = \lambda_0 + \lambda_1 X_1(t) + \lambda_2 X_2(t) .$$

Der Prozess $X_1(t)$ folge (unter Q) einem Ornstein/Uhlenbeck-Prozess des Vasicek-Typus, d.h.

(16F.6b) $$dX_1(t) = \alpha_1(\mu_1 - X_1(t))dt + \sigma_1 \, dW_1(t).$$

Der Prozess $X_2(t)$ folge (ebenfalls unter Q) einem Quadratwurzelprozess des Cox/Ingersoll/Ross-Typus, d.h.

(16F.6c) $$dX_2(t) = \alpha_2(\mu_2 - X_2(t))dt + \sigma_2 \sqrt{X_2(t)} \, dW_2(t).$$

Die Standard-Wienerprozesse $W_1(t)$ und $W_2(t)$ seien stochastisch unabhängig. In Termen von Spot Rate-Prozess und Ausfallintensität wäre etwa ein Modellansatz $R(t) = a_1 X_1(t) + a_2 X_2(t)$ sowie (im Falle $L(t) = 1$) $\tilde{\lambda}(t) = \lambda_0 + bR(t)$ kompatibel mit (16F.6a). $R(t)$ und $\tilde{\lambda}(t)$ wären dann bedingt – d.h. gegeben $X_1(t)$ und $X_2(t)$ – voneinander unabhängig, durch ihre gemeinsame Koppelung an $X_1(t)$ und $X_2(t)$ auf der unbedingten Ebene aber stochastisch abhängige Prozesse.

Aufgrund der Unabhängigkeit der Prozesse $X_1(t)$ und $X_2(t)$ lässt sich auch der Integralausdruck für $B^d(t,T)$ gemäß (16F.4) multiplikativ zerlegen und es folgt

(16F.7) $$B^d(t,T) = e^{-\lambda_0(T-t)} E_Q^t\left[\exp\left(-\int_t^T \lambda_1 X_1(s)\,ds\right)\right] E_Q^t\left[\exp\left(-\int_t^T \lambda_2 X_2(s)\,ds\right)\right].$$

Aufgrund des Satzes von Ito gilt nun $d[\lambda_1 X_1(t)] = \lambda_1 \, dX_1(t)$ und $d[\lambda_2 X_2(t)] = \lambda_2 \, dX_2(t)$. Somit ist $\lambda_1 X_1(t)$ wieder ein Vasicek-Prozess mit Parametern $\alpha_1^* = \lambda_1 \alpha_1$ und $\sigma_1^* = \lambda_1 \sigma_1$ bzw. $\lambda_2 X_2(t)$ wieder ein Cox/Ingersoll/Ross-Prozess mit Parametern $\alpha_2^* = \alpha_2$, $\mu_2^* = \lambda_2 \mu_2$ und $\sigma_2^* = \sqrt{\lambda_2}\,\sigma_2$. Aufgrund der Zerlegung (16F.7) kann damit die Bestimmung von $B^d(t,T)$ auf die entsprechenden univariaten Ergebnisse des Anhangs 9E zurückgeführt werden, d.h. es gilt

(16F.8a) $$E_Q^t\left[\exp\left(-\int_t^T \lambda_1 X_1(s)\,ds\right)\right] = e^{A_1(t,T) + H_1(t,T) X_1(t)}$$

mit

(16F.8b) $$H_1(t,T) = \left[1 - e^{-\alpha_1^*(T-t)}\right] / \alpha_1^*$$

(15F.8c) $$A_1(t,T) = [H_1(t,T) - (T-t)]\left(\mu_1 - \frac{\sigma_1^{*2}}{2\alpha_1^{*2}}\right) - \frac{\sigma_1^{*2}}{4\alpha_1^*} H_1(t,T)^2.$$

Entsprechend gilt

(16F.9a) $$E_Q^t\left[\exp\left(-\int_t^T \lambda_2 X_2(s)\,ds\right)\right] = e^{A_2(t,T) + H_2(t,T) X_2(t)}$$

mit $(\gamma = \sqrt{\alpha_2^{*2} + 2\sigma_2^{*2}})$

(16F.9b) $$H_2(t,T) = \frac{2(e^{\gamma(T-t)} - 1)}{(\gamma + \alpha_2^*)(e^{\gamma(T-t)} - 1) + 2\gamma}$$

(16F.9c) $$A_2(t,T) = \frac{2\alpha_2^* \mu_2}{\sigma_2^{*2}} \ln\left[\frac{2\gamma e^{(a_2^*+\gamma)(T-t)/2}}{(\gamma+\alpha_2^*)(e^{\gamma(T-t)}-1)+2\gamma}\right].$$

Insgesamt ergibt sich damit

(16F.10a) $$B^d(t,T) = e^{\alpha(t)+H_1(t,T)X_1(t)+H_2(t,T)X_2(t)},$$

wobei

(16F.10b) $$\alpha(t) = -\lambda_0(T-t) + A_1(t,T) + A_2(t,T).$$

Das Pricing-Problem ist damit strukturell gelöst. Eine entsprechende Verallgemeinerung auf weitere Faktoren des Vasicek- oder Cox/Ingersoll/Ross-Typus ist unproblematisch, solange diese stochastisch unabhängig sind. Eine Inkonsistenz tritt bei Verwendung von Faktoren des Vasicek-Typus auf, da dann partiell negative Spot Rates bzw. Ausfallintensitäten nicht ausgeschlossen werden können. Insofern ist es in der Literatur auch üblich, mit mehreren Faktoren des CIR-Typus zu arbeiten. Eine Verallgemeinerung des CIR-Diffusionsprozesses nehmen *Duffie/Garleanu* (2001) vor, indem sie für den Ausfallintensitätsprozess einen Sprung-Diffusionsprozess des CIR-Typus definieren durch

(16F.11) $$d\tilde{\lambda}(t) = \alpha[\mu - \tilde{\lambda}(t)]dt + \sigma\tilde{\lambda}(t)^{1/2}dW(t) + \Delta J(t),$$

wobei $J(t)$ den Sprungprozess quantifiziert. *Duffie/Garleanu* (2001) leiten für diesen (affinen) Sprung-Diffusionsprozess einen entsprechenden expliziten Ausdruck für (16F.3) her.

Eine Verallgemeinerung des vorstehenden Ansatzes auf n Faktoren, die nicht notwendigerweise stochastisch unabhängig sind, bieten *Dai/Singleton* (2000), zunächst in einem reinen Zinsstrukturkontext, der aber entsprechend auf einen Kreditrisikokontext verallgemeinert werden kann. Der Ansatz lautet wie folgt (unter Q):

(16F.12a) $$R(t) = \lambda_0 + \lambda_1 X_1(t) + \ldots + \lambda_n X_n(t) = \lambda_0 + \lambda X(t),$$

wobei $X(t)$ einem »affinen Diffusionsprozess« der Form

(16F.12b) $$dX(t) = \alpha(\mu - X(t))dt + \sum\sqrt{S(t)}\,dW(t)$$

folgt. Dabei ist (unter Q) $W(t)$ ein n-dimensionaler Standard-Wienerprozess (bestehend aus unabhängigen eindimensionalen Standard-Wienerprozessen), α und Σ sind (n,n)-Matrizen und $S(t)$ ist eine Diagonalmatrix mit Element (i,i) gemäß

(16F.12c) $$[S(t)]_{ii} = \alpha_i + \beta_i X(t).$$

Wird hier $\beta_i = 0$ gesetzt, so ist der Prozess in der i-ten Komponente vom Vasicek-Typus, ansonsten vom CIR-Typus. Der Ansatz (16F.12a) führt auf eine Preisbildung der Form

(16F.13) $$E_Q^t\left[\exp\left(-\int_t^T R(s)\,ds\right)\right] = e^{A(t,T)-B(t,T)X(t)}$$

des affinen Typus, wobei sich $A(t,T)$ und $B(t,T)$ jeweils als Lösung einer Differentialgleichung ergeben, die in diesem allgemeinen Falle allerdings nur numerisch zu lösen ist.

Die Q-Dynamik ist damit spezifiziert. Um zur P-Dynamik zu gelangen, werden die Marktpreise des Risikos definiert durch

$$q(t) = \sqrt{S(t)}\, q\,, \tag{16F.14}$$

wobei q ein $(n,1)$-Vektor ist. Unter dieser Voraussetzung ist auch die P-Dynamik des Prozesses vom Typ (16F.12a). *Dai/Singleton* (2001) konzentrieren sich im Weiteren auf $n = 3$ Faktoren und untersuchen die Subklassen $A_m(3)$ mit $m = 0,...,3$, wobei m angibt, wie viele der Faktoren vom CIR-Typus sind. $A(3)$ würde dementsprechend etwa bedeuten, dass alle Faktoren vom Vasicek-Typus sind und $A_1(3)$ würde etwa bedeuten, dass (o.B.d.A) die ersten beiden Faktoren vom Vasicek-Typus sind und (o.B.d.A.) der dritte Faktor vom CIR-Typus ist, etc. Dieser Ansatz und diese Klassifikation ist in der Literatur des Öfteren aufgegriffen worden. Für weitere Details müssen wir an dieser Stelle auf *Dai/Singleton* (2000) verweisen.

Nur gestreift werden kann hier eine auf *Duffee* (2002) zurückgehende Verallgemeinerung des vorstehenden Ansatzes, von *Duffee* als *completely affine* bezeichnet. *Duffee* (2002) merkt an, dass der Ansatz von *Dai/Singleton* (2000) schlechte Prognosen künftiger Veränderungen der Zinsstrukturkurve von Treasuries nach sich zieht. Er führt dies auf die Spezifizierung der Marktpreise des Risikos gemäß (16F.14) zurück, die impliziert, dass die Marktpreise des Risikos nicht unabhängig von den Volatilitäten variieren können. Er schlägt eine allgemeinere strukturelle Annahme im Vergleich zu (16F.14) vor, die darin besteht, dass die Marktpreise des Risikos zusätzlich linear vom Zustandsvektor $X(t)$ abhängig sind. *Duffee* (2002) bezeichnet diese Modellklasse als *essential affine*, da sie die rechentechnischen Vorteile der rein affinen Modelle auf der Ebene der Preisbildung beibehält und weist nach, dass die entsprechenden Modifikationen der vorstehend angesprochenen $A_m(3)$-Klassen zu besseren Ergebnissen im Hinblick auf die empirische Anpassung führen. Zum gleichen Ergebnis kommen *Duffee/Stanton* (2000). Eine entsprechende Anwendung dieses Ansatzes im Kreditrisikokontext wird in *Benkert* (2004) behandelt.

Abschließend soll noch der Literaturverweis auf *Duffie/Singleton* (2003, S. 362 ff.) gegeben werden, die einen Überblick hinsichtlich der ökonometrischen Spezifizierung von affinen Zinsstrukturmodellen geben.

Übungsaufgaben zu Kapitel 16

Aufgabe 16.1:
Bestimmen Sie Erwartungswerte, Varianzen und Korrelationen im individuellen und kollektiven Ausfallverteilungsmodell.

Aufgabe 16.2:
Für zwei Ausfallrisiken D_i und D_j gelte
$\pi(x) := P(D_i = 1 \mid X = x) = P(D_j = 1 \mid X = x)$. Bestimmen Sie:
1) $E(D_i)$ bzw. $E(D_j)$
2) $Var(D_i)$ bzw. $Var(D_j)$

Bestimmen Sie ferner unter der Annahme $Cov(D_i, D_j \mid X = x) = 0$ (bedingte Unabhängigkeit) die Größen $Cov(D_i, D_j)$ sowie $\rho(D_i, D_j)$.
Hinweis: $E(Y) = E[E(Y \mid X)]$

Aufgabe 16.3:
Weisen Sie die Eigenschaften des Bernoulli-Mischungsmodells nach!

Aufgabe 16.4: (Einfaktor-Modell)
Betrachtet werde ein Einfaktormodell für die Bonitätsvariable Y_i $(i = 1, ..., n)$ der Form $Y_i = \sqrt{\rho_i}\, F + \sqrt{1-\rho_i}\, U_i$, wobei $F, U_i \sim N(0,1)$ und $\{F, U_i\}$ sowie $\{U_i, U_j\}$ für $i \neq j$ stochastisch unabhängige Zufallsgrößen seien.
Man weise die folgenden Eigenschaften nach:
1) $Y_i \sim N(0,1)$
2) $\rho(Y_i, Y_j) = \sqrt{\rho_i \rho_j}$
3) $\rho(Y_i, F) = \sqrt{\rho_i}$
4) wenn $\rho_i = \rho_j = \rho$, dann gilt $\rho(Y_i, Y_j) = \rho$.
5) $Var(Y_i) = \rho_i\, Var(F) + (1-\rho_i)\, Var(U_i)$.

Aufgabe 16.5:
Weisen Sie nach, dass aus dem in Aufgabe 16.4 dargestellten Faktormodell folgt, dass Y_j und Y_k gegeben $F = x$ stochastisch unabhängig sind (bedingte Unabhängigkeit).

Aufgabe 16.6:
Weisen Sie die fundamentale Beziehung $PD = N(-DD)$ des KMV-Modells nach!

Aufgabe 16.7:
Weisen Sie den Zusammenhang zwischen der Ausfallwahrscheinlichkeit unter dem »physischen« und dem »neutralen« Wahrscheinlichkeitsmaß im Falle des Merton-Modells nach.

Aufgabe 16.8:
Weisen Sie nach, dass im Jarrow/Turnbull-Modell mit konstanter Ausfallintensität die risikoneutrale Ausfallintensität der Beziehung

$$\lambda_Q = \frac{1}{T-t} \ln \left\{ \frac{LGD}{B^d(t,T) \exp[r(T-t)] - rc} \right\}$$

genügt.

Aufgabe 16.9:
Weisen Sie nach, dass im Jarrow/Turnbull-Modell mit konstanter Ausfallintensität λ_Q bei einer Recovery Rate von 0 die folgende Bewertung eines ausfallbedrohten Zerobonds gültig ist:

$$B^d(t,T) = e^{-(r+\lambda_Q)(T-t)}.$$

Aufgabe 16.10:
Gehen Sie zu der Bewertung eines ausfallbedrohten Zerobonds aus von einem Intensitätsmodell unter der Annahme einer Recovery Rate von null. Der Spot Rate-Prozess unter Q sei gegeben durch

$$dR_t = \alpha(\mu - R_t)dt + \sigma\sqrt{R_t}\, dW_t .$$

Der Prozess für die Ausfallintensität unter Q sei gegeben durch $(c_0, c_1 \geq 0)$

$$\tilde{\lambda}_t = c_0 + c_1 R_t .$$

Bestimmen Sie unter diesen Voraussetzungen den Wert $B^d(t,T)$ eines ausfallbedrohten Zerobonds im Duffie/Singleton-Kontext. Welches Ergebnis resultiert im Falle $c_1 = 0$?

Verwenden Sie $d(\lambda R_t) = \lambda dR_t$ (was man mit Hilfe des Lemmas von Ito nachweisen kann).

Literatur zu Kapitel 16

Altman, E.I., A. Saunders (1998): Credit Risk Measurement: Developments over the Last 20 Years, Journal of Banking and Finance 21, S. 1721–1742.

Anderson, R., S. Sundaresan, R. Tychon (1996): Strategic Analysis of Contingent Claims, European Economic Review 40, S. 871–881.

Arvanitis, A., G. Gregory, J.-P. Laurent (1999): Building Models for Credit Spreads, Journal of Derivatives, Spring 1999, S. 27–43.

Baseler Ausschuss für Bankenaufsicht (2004): Internationale Konvergenz der Kapitalmessung und Eigenkapitalanforderungen, Übersetzung der Deutschen Bundesbank, Juni 2004.

Becker, A., M. Gaulke, M. Wolf (Hrsg., 2005): Praktiker-Handbuch Basel II, Stuttgart.

Benkert, C. (2004): Default Risk in Bond and Credit Derivatives Markets, Berlin, Heidelberg, New York.

Benzin, A., S. Trück, S.T. Rachev (2003): Approaches to Credit Risk in the New Basel Accord, in: *Bol, G. et al.* (Hrsg.): Credit Risk, Heidelberg, New York, S. 1–33.

Bielecki, T.R., M. Rutkowski (2002): Credit Risk: Modeling, Valuation and Hedging, Berlin, Heidelberg.

Black, F., J.C. Cox (1976): Valuing Corporate Securities: Some Effects of Bond Indenture Provisions, Journal of Finance 31, S. 351–367.

Bluhm, C., L. Overbeck, C. Wagner (2003): An Introduction to Credit Risk Modeling, Boca Raton, London u.a.

Bühler, W., T. Thabe (2004): Bewertung von Anleihen bei potenzieller Zahlungsunfähigkeit, in: *Bank, M., B. Schiller* (Hrsg.): Finanzintermediation, Stuttgart, S. 1–24.

Cairns, A.J.G. (2004): Interest Rate Models, Princeton, Oxford.

Collin-Dufresne, P., R. Goldstein (2001): Do Credit Spreads Reflect Stationary Leverage Ratios?, Journal of Finance 56, S. 1929–1957.

Collin-Dufresne, P., R. Goldstein, J.S. Martin (2001): The Determinants of Credit Spread Changes, Journal of Finance 56, S. 2177–2207.

Crouhy, M., D. Galai, R. Mark (2001): Risk Management, New York u.a.

Dai, Q., K. Singleton (2000): Specification Analysis of Affine Term Structure Models, Journal of Finance 55, S. 1943–1978.

Dai, Q., K. Singleton (2003): Term structure dynamics in theory and reality, Review of Financial Studies 16, S. 631–678.

Das, S.R., L. Freed, G. Geng, N. Kapadia (2002): Correlated Default Risk, Working Paper, Santa Clara University.

Davis, M., V. Lo (2001): Infectious defaults, Quantitative Finance 1, S. 383–387.
Demchak, B. (2000): Modelling Credit Migration, Risk, February 2000, S. 99–103.
Driessen, J. (2002): Is default event risk priced in corporate bonds? Working Paper, University of Amsterdam.
Duan, J.C. (1994): Maximum likelihood estimation using price data of derivative contracts, Mathematical Finance 4, S. 155–167.
Duffee, G.R. (1998): The Relation between Treasury Yields and Corporate Bond Yield Spreads, Journal of Finance 53, S. 2225–2241.
Duffee, G.R.. (1999): Estimating the Price of Default Risk, Review of Financial Studies 12, S. 197–226.
Duffee, G.R. (2002): Term Premia and Interest Rate Forecasts in Affine Models, Journal of Finance 57, S. 405–443.
Duffee, G.R., R.H. Stanton (2000): EMM Estimation of Affine and Nonaffine Term Structure Models, Working Paper, Haas School of Business, University of California at Berkeley.
Duffie, D., D. Filipovic, W. Schachermayer (2003) : Affine Processes and Applications in Finance, Annals of Applied Probability 13, S. 984 - 1053.
Duffie, D., N. Garleanu (2001): Risk and Valuation of Collateralized Debt Obligations, Financial Analysts Journal, January/February 2001, S. 41–59.
Duffie, D., D. Lando (2001): Term structures of credit spreads with incomplete accounting information, Econometrica 69, 633–664.
Duffie, G.R., L.H. Pedersen, K.J. Singleton (2003): Modelling Sovereign Yield Spreads: A Case Study of Russian Debt, Journal of Finance 58, S. 119–159.
Duffie, D., K.J. Singleton (1999): Modeling term structures of defaultable bonds, Review of Financial Studies 12, S. 687–720.
Duffie, D., K.J. Singleton (2003): Credit Risk. Pricing, Measurement and Management, Princeton.
Duffie, D., J. Pan, K. Singleton (2000) : Transform Analysis and Asset Pricing for Affine Jump Diffusions, Econometrica 68, S. 1343–1376.
Elton, E.J., M.J. Gruber, D. Agrawal, C. Mann (2001): Explaining the Rate Spread on Corporate Bonds, Journal of Finance 56, S. 247–277.
Fama, E.F., K.R. French (1993): Common risk factors in the returns on stocks and bonds, Journal of Financial Economics 33, S. 3–56.
Fons, J. (1994): Using Default Rates to Model the Term Structure of Credit Risk, Financial Analysts' Journal, September/October 1994, S. 25–32.
Frey, R., A.J. Mc Neil (2003): Dependent Defaults in Models of Portfolio Credit Risk, Journal of Risk 6, S. 59–92.
Giesecke, K. (2001): Default and information, Working Paper, Cornell University.
Giesecke, K. (2003): A simple exponential model for dependent defaults, Journal of Fixed Income 13, S. 74–83.
Giesecke, K. (2004): Credit Risk Modelling and Valuation: An Introduction, erscheint in: *Shimko, D.* (Hrsg.): Credit Risk: Models and Management, Vol. 2, London.
Giesecke, K., S. Weber (2004): Cyclical correlations, credit contagion, and portfolio losses, Journal of Banking and Finance.
Gordy, M.B. (2000): A comparative anatomy of Credit Risk Models, Journal of Banking and Finance 24, S. 119–149.
Gordy, M.B. (2003): A Risk-Factor Model Foundation for Ratings-Based Bank Capital Rules, Journal of Financial Intermediation 12, S. 199–232.
Grundke, P. (2003): Modellierung und Bewertung von Kreditrisiken, Wiesbaden.
Gundlach, M., F. Lehrbaß (Hrsg., 2004): Credit Risk$^+$ in the Banking Industrie, Berlin, Heidelberg, New York.
Gupton, G.M., R.M. Stein (2005): Loss Calc V2: Dynamic Prediction of LGD, Moody's KMV.
Hahnenstein, L. (2004): Calibrating the Creditmetrics^{TM} Correlation Concept–Empirical Evidence from Germany, Financial Markets and Portfolio Management 18, S. 358–377.
Hamerle, A. (2000): Statistische Modelle im Kreditgeschäft der Banken, in: *Johanning, L., B. Rudolph* (Hrsg.): Handbuch Risikomanagement, Bad Soden/Ts., S. 459–490.
Hamilton, D.T., P. Varma, S. Ou, R. Cantor (2005) : Default and Recovery Rates of Corporate Bond Issuers, 1920–2004, Moody's Investor Service.

Hartmann-Wendels, T., A. Pfingsten, M. Weber (2004): Bankbetriebslehre, 3. Aufl., Berlin, Heidelberg, New York.

Hartmann-Wendels, T., P. Grundke, W. Spork (2005): Basel II and the Effects on the Banking Sector, in: *Frenkel, M., U. Hommel, M. Rudolf* (Hrsg.): Risk Management, 2. Aufl, Berlin, Heidelberg, New York, S. 3 - 24.

Höfling, H., R. Kiesel, G. Löffler (2004): Understanding the Corporate Bond Yield Curve, Pension Forum, Society of Actuaries.

Houweling, P., J. Hoek, F. Kleibergen (2001): The joint estimation of term structures and credit spreads, Journal of Empirical Finance 8, S. 297–323.

Huang, J., M. Huang (2003): How Much of the Corporate-Treasury Yield Spread is Due to Credit Risk? Working Paper, Standford.

Huschens, S., K. Vogl (2002): Kreditrisikomodellierung im IRB-Ansatz von Basel II, in: *Oehler, A.* (Hrsg.): Kreditrisikomanagement, 2. Aufl., S. 279–295.

Jarrow, R.A., F. Yu (2001): Counterparty risk and the pricing of defaultable securities, Journal of Finance 56, S. 555–576.

Jarrow, R.A., D. Lando, S.M. Turnbull (1997): A Markov model of the term structure of credit risk spreads, Review of Financial Studies 10, S. 481–523.

Jarrow, R.A., S.M. Turnbull (1995): Pricing derivatives on financial securities subject to credit risk, Journal of Finance 50, S. 53–86.

Kaiser, U., A. Szczesny (2003): Ökonometrische Verfahren zur Modellierung von Kreditausfallwahrscheinlichkeiten: Logit- und Probitmodelle, Zeitschrift für betriebswirtschaftliche Forschung 55, S. 790–822.

Kealhofer, S. (2003a): Quantifying Credit Risk I: Default Prediction, Financial Analysts' Journal, January/February 2003, S. 30–44.

Kealhofer, S. (2003b): Quantifying Credit Risk II: Debt Valuation, Financial Analysts' Journal, May/June 2003, S. 78–92.

Kao, D.-L. (2000): Estimating and Pricing Credit Risk: An Overview, Financial Analysts' Journal, July/August 2000, S. 50–66.

Kijima, M., K. Komoribayashi (1998): A Markov Chain Model for Valuing Credit Risk Derivatives, Journal of Derivatives, Fall 1998, S. 97–108.

Kijima, M., T. Suzuki (2001): A jump-diffusion model for pricing corporate debt securities in a complex capital structure, Quantitative Finance 1, S. 611–620.

Koyluoglu, H.U., A. Hickman (1998): Reconcilable differences, in: Risk, October 1998, S. 56–62.

Lando, D. (1998): On Cox processes and credit risky securities, Review of Derivatives Research 2, S. 99–120.

Lehrbaß, F.B., I. Boland, R. Thierbach (2001): Versicherungsmathematische Risikomessung für ein Kreditportfolio, Blätter DGVM, Band XXV, Oktober 2001, S. 285–308.

Leland, H. (1994): Corporate Debt Value, Bond Convenants, and Optimal Capital Structure, Journal of Finance 49, S. 1213–1252.

Leland, H, K. Toft (1996): Optimal Capital Structure, Endogeneous Bankruptcy, and the Term Structure of Credit Spreads, Journal of Finance 51, S. 987–1019.

Longstaff, F.A., E.S. Schwartz (1995): Valuing Risky Debt: A New Approach, Journal of Finance 50, S. 789–820.

Lou, S.G., H. Wang (2003): First Passage Times of a Jump Diffusion Process, Advances in Applied Probability.

Lucas, A., P. Klaassen, P.J.C. Spreij, S. Straetmans (2001): An analytic approach to credit risk of large corporate bond and loan portfolios, Journal of Banking and Finance 25, S. 1635–1664.

Lucas, A., P. Klaassen, P.J.C. Spreij, S. Straetmans (2002): Tail Behavior of Credit Loss Distributions for General Latent Factor Models, Working Paper, Tinbergen Institute Amsterdam.

Mella-Barral, P., W. Perraudin (1997): Strategic Debt Service, Journal of Finance 52, S. 531–566.

Merton, R.C. (1974): On the Pricing of Corporate Debt: The Risk Structure of Interest Rates, Journal of Finance 29, 449–470.

Müller, M., W. Härdle (2003): Exploring Credit Data, in: *Bol, G. et al.* (Hrsg.): Credit Risk, Heidelberg, New York, S. 157–173.

O'Connor, R., J. F. Golden, R. Beck (1999): A Value-at-Risk Calculation of Required Reserves for Credit Risk in Corporate Lending Portfolios, North American Actuarial Journal 3, 72–83.

Oehler, A., M. Unser (2002): Finanzwirtschaftliches Risikomanagement, 2. Aufl., Berlin, Heidelberg, New York.

Posthaus, A. (2005): Exotische Kreditderivate, in: *Burghof, H.-P. et al.* (Hrsg.): Kreditderivate, 2. Aufl., Stuttgart, S. 71–86.

Rachev, S.T., E. Schwartz, I. Khindanova (2000): Stable Modelling of Credit Risk, Working Paper, University of California.

Rehm, F., M. Rudolf (2000): KMV Credit Risk Modeling, in: *Frenkel, M., U. Hommel, M. Rudolf* (Hrsg.): Risk Management, Berlin, Heidelberg, New York, S. 141–154.

Rudolph, B. (2004): Ursachen und Dämpfungsmechanismen prozyklischer Wirkungen des Neuen Baseler Akkords, in: *Bank, M., B. Schiller* (Hrsg.): Finanzintermediation, Stuttgart, S. 247–269.

Schmid, B. (2004): Credit Risk Pricing Models, 2. Aufl., Berlin, Heidelberg.

Schönbucher, P. (2000): Factor Models for Portfolio Credit Risk, Department of Statistics, Bonn University.

Schönbucher, P. (2002): Taken to the Limit: Simple and Not-so-simple Loan Loss Distributions, Department of Statistics, Bonn University.

Schönbucher, P.J. (2003): Credit Derivatives Pricing Models, Chichester._

Schönbucher, P. (2005): Kreditrisikomodelle zur Bewertung von Kreditderivaten, in: *Burghof, H.-P. et al.* (Hrsg.): Kreditderivate, 2. Aufl., Stuttgart, S. 661–713.

Schulte-Mattler, H., T. Manns (2005): Techniken zur Kreditrisikominderung im Framework von Basel II, in: *Becker, A., M. Gaulke, M. Wolf* (Hrsg.): Praktiker-Handbuch Basel II, Stuttgart, S. 29–61.

Trück, S., J. Peppel (2003): Credit Risk Models in Practice: A Review, in: *Bol, G. et al.* (Hrsg.): Credit Risk, Heidelberg, New York, S. 291–329.

Trück, S., S.T. Rachev (2002): A structural approach to default risk using the alpha-stable distribution, Arbeitspapier, Universität Karlsruhe.

Uhrig-Homburg M. (2002): Valuation of Defaultable Claims–A Survey, Schmalenbach Business Review 54, S. 24–57.

Vasicek, O. (1991): Limiting Loan Loss Probability Distribution, KMV Corporation.

Wahrenburg, M., S. Niethen (2000): Portfolioeffekte bei der Kreditrisikomodellierung, in: *Johanning, L., B. Rudolph* (Hrsg.): Handbuch Risikomanagement, Band 1, Bad Soden/Ts., 491–523.

Wehrspohn, U. (2003): Analytic loss distributions of heterogeneous portfolios in the asset value credit risk model, Alfred Weber Institute, Heidelberg University.

Wilkens, M., R. Baule, D. Entrop (2002): Basel II–Die neuen Eigenmittelanforderungen im IRB-Ansatz nach QIS3, Zeitschrift für das gesamte Kreditwesen 22/2002, S. 1198–1201.

Wingenroth, T. (2004): Risikomanagement für Corporate Bonds, Bad Soden/Ts.

Wolf, M. (2005): Basel II–ein Überblick, in: *Becker, A., M. Gaulke, M. Wolf* (Hrsg.): Praktiker-Handbuch Basel II, Stuttgart, S. 3–25.

Yu, F. (2003): Default Correlation in Reduced-Form Models, University of California, Irvine.

Zhou, C. (2001a): An analysis of default correlation and multiple defaults, Review of Financial Studies 14, S. 555–576.

Zhou, C. (2001b): The term structure of credit spreads with jump risk, Journal of Banking and Finance 25, S. 2015–2040.

17 Operationelle Risiken

17.1 Einführung

Obwohl operationelle Risiken seit jeher untrennbar mit unternehmerischem Handeln verbunden sind[1], zeichnet sich erst in jüngerer Zeit die Tendenz zu einer separaten Betrachtung dieser Risikokategorie ab, einhergehend mit einer Diskussion zur effektiven Messung operationeller Risiken. Eine Intensivierung dieser Diskussion erfolgte im Kontext der Verabschiedung des neuen Baseler Eigenkapitalakkords (Basel II), der im Hinblick auf Kreditrisiken bereits Gegenstand des Abschnitts 16.5 gewesen ist. Die Regelungen von Basel II sind Gegenstand von Abschnitt 17.2.

Im Hinblick auf eine modelltheoretisch gestützte Quantifizierung operationeller Risiken wird insbesondere ein Ansatz in der Literatur eingehend diskutiert, der sogenannte *Loss Distribution Approach* (LDA). Dieser wird in Abschnitt 17.3 behandelt. Interessanterweise hat dieser Ansatz seine Wurzeln in einem sehr traditionellen Gebiet der (Schaden-)Versicherungsmathematik, der *kollektiven Risikotheorie* (*collective theory of risk*). Die Bereitstellung der notwendigen Grundlagen aus diesem Gebiet erfolgt in Anhang 17A.

17.2 Basel II

Der neue Baseler Eigenkapitalakkord[2] (kurz: Basel II) enthält eine Reihe von Ausführungen und Regelungen für das operationelle Risiko im Bankenbereich, die wir im Folgenden in selektiver Weise kurz darstellen werden.

Beginnen wir zunächst mit der gewählten Definition des operationellen Risikos.

Definition: (Par. 644)
Operationelles Risiko ist die Gefahr von Verlusten, die in Folge der Unangemessenheit oder des Versagens von internen Verfahren, Menschen und Systemen oder in Folge externer Ereignisse eintreten.

Die im Rahmen von Basel II gewählte Definition schließt dabei Rechtsrisiken[3] ein, beinhaltet aber nicht strategische Risiken oder Reputationsrisiken.

Eine analoge, stärker auf die Spezifika des Versicherungsgeschäfts abstellende Definition findet man in *Gesamtverband der Deutschen Versicherungswirtschaft* (2007, S. 8), wobei hier von »operationalen« Risiken gesprochen wird:

Operationale Risiken sind die Gefahr von Verlusten als Folge von Unzulänglichkeiten[4] *oder des Versagens von Menschen, internen Prozessen oder Systemen sowie auf Grund externer*

---

1 Traditionellerweise werden operationelle Risiken daher in der betriebswirtschaftlichen Literatur auch unter das allgemeine unternehmerische Risiko subsumiert.

2 Vgl. hierzu *Baseler Ausschuss für Bankenaufsicht* (2004, Abschnitt 5).

3 Rechtsrisiken beinhalten dabei unter anderem die potenzielle Verpflichtung zu Bußgeldern, Geldstrafen oder Straf(zahlung)en resultierend aus aufsichtlichen Maßnahmen oder privatrechtlichen Vereinbarungen.

4 Die Übersetzung des englischen Begriffs »inadequacy« durch »Unzulänglichkeit« anstelle von »Unangemessenheit« erscheint dabei sachgerecht.

Ereignisse. Rechtsrisiken sind eingeschlossen. Reputationsrisiken, Risiken aus strategischen Entscheidungen sowie die im Rahmen von Versicherungsprodukten aktiv übernommenen Risiken fallen nicht unter die operationalen Risiken.

Die vorstehenden Definitionen beinhalten zugleich eine Kategorisierung operationeller Risiken nach den vier Ursachenkategorien technische Ursachen, Menschen, Organisation sowie externe Faktoren.

Hinsichtlich der Messmethodik lässt Basel II des Weiteren drei methodische Ansätze zur Berechnung der Kapitalanforderungen[5] für operationelle Risiken zu, welche sich durch zunehmende Komplexität und Risikosensitivität auszeichnen[6],

(i) den Basisindikatoransatz
(ii) den Standardansatz
oder
(iii) ambitionierte Messansätze (Advanced Measurement Approach, AMA).

Der Basisindikatoransatz[7] setzt in pauschaler Weise an einem gesamtbankbezogenen Indikator für das operationelle Risiko an. Der Kapitalunterlegungsbetrag ergibt sich aus der Multiplikation des durchschnittlichen jährlichen Bruttoertrags der letzten drei Jahre[8] mit einem vorgegebenen Prozentsatz (Alpha genannt) in Höhe von 15%. Bruttoertrag in diesem Sinne ist dabei das Zinsergebnis zuzüglich zinsunabhängiger Erträge[9].

Formal gilt somit für die Kapitalanforderung im Jahr t

$$RC_t^{BI} = \frac{1}{n}\sum_{i=1}^{3} \alpha \max(GI^{t-i}, 0), \tag{17.1}$$

wobei GI^{t-i} der Bruttoertrag (gross income) des Jahrs $t - i$, n die Anzahl der drei letzten Jahre mit positivem Bruttoertrag und $\alpha = 0{,}15$ ist.

Der Basisindikatoransatz beruht somit auf einer einfachen und pauschalen volumenbasierten Messvorschrift.

Im Rahmen des Standardansatzes werden zunächst die Aktivitäten der Bank acht aufsichtlich definierten Geschäftsfeldern zugeordnet. Es sind dies[10]: Unternehmensfinanzierung-/beratung (Corporate Finance), Handel (Trading & Sales), Privatkundengeschäft (Retail Banking), Firmenkundengeschäft (Commercial Banking), Zahlungsverkehr und Wertpapierabwicklung, Depot- und Treuhandgeschäfte (Agency Services), Vermögensverwaltung und Wertpapierprovisionsgeschäft.

Für jedes dieser Geschäftsfelder ergibt sich dann der Kapitalunterlegungsbetrag aus der Multiplikation des durchschnittlichen jährlichen Bruttoertrags des jeweiligen Geschäftsfelds mit einem aufsichtlich vorgegebenen Prozentsatz (Betafaktoren[11] genannt, je nach Geschäfts-

---

5 Neben diesen Regelungen im Hinblick auf eine Kapitalunterlegung existieren nationale bankaufsichtliche Vorschriften zur Begrenzung von operationellen Risiken, vgl. etwa *Hartmann-Wendels et al.* (2007, 384).

6 Vgl. *Baseler Ausschuss für Bankenaufsicht* (2004, Par. 645).

7 Vgl. *Baseler Ausschuss für Bankenaufsicht* (2004, Par. 649 ff.).

8 Wobei nur Jahre mit einem positiven Bruttoertrag berücksichtigt werden.

9 Definiert durch die nationale Bankenaufsicht und/oder die nationalen Rechnungslegungsstandards.

10 Vgl. *Baseler Ausschuss für Bankenaufsicht* (2004, Par. 652 und Anhang 6).

11 Die Betafaktoren dienen als Näherungswert für das Verhältnis zwischen branchenweiten operationellen

feld in einem Bereich[12] zwischen 12% und 18%). Die Gesamtkapitalanforderung wird dann als Drei-Jahres-Durchschnitt der regulatorischen Kapitalanforderungen für die einzelnen Geschäftsfelder in jedem Jahr errechnet. Dabei können aber negative Kapitalanforderungen in einzelnen Geschäftsfeldern, die aus negativen Bruttoerträgen resultieren, mit positiven Kapitalanforderungen in andern Geschäftsfeldern zur Gänze verrechnet werden[13]. Ist jedoch die aggregierte Kapitalanforderung eines Jahres negativ, so ist für dieses Jahr die Gesamtkapitalanforderung auf null zu setzen. Formal ergibt sich daher die Gesamtkapitalanforderung im Jahr t zu

$$RC_t^{SA} = \frac{1}{n}\sum_{i=1}^{3}\left[max\left\{\sum_{j=1}^{8}\beta_j GI_j^{t-i}, 0\right\}\right], \tag{17.2}$$

wobei GI^{t-i} dem Bruttoertrag des Geschäftsfelds j im Jahr $t - i$, β_j dem Betafaktor des Geschäftsfelds j und n der Anzahl der Jahre mit positiver aggregierter Kapitalanforderung entspricht.

Alternativ kann die nationale Aufsichtsbehörde einer Bank gestatten, den Alternativen Standardansatz zu wählen. Abweichungen von dem Standardansatz bestehen dabei nur in den Geschäftsfeldern Privatkunden und Firmenkunden. Bei diesen wird anstelle des Bruttoertrags das ausstehende Kreditvolumen als Maßgröße genommen und dieses mit einem Faktor von $m = 0.035$ multipliziert, um den Kapitalunterlegungsbetrag zu ermitteln[14].

Im Unterschied zum Basisindikatoransatz erfolgt beim Standardansatz und beim Alternativen Standardansatz eine geschäftsfeldbezogene Differenzierung der notwendigen Kapitalunterlegung. Die geschäftsfeldbezogene Kapitalermittlung erfolgt jedoch nach wie vor in einer pauschalen Weise.

Indikatorbasierte Verfahren beinhalten aufgrund ihrer mangelnden Sensitivität bezüglich der geschäftsinhärenten operationellen Risiken nur wenig Anreiz für ein gutes Management dieser Risiken. Die Unternehmen werden aufgrund reiner volumenbasierter Maßstäbe, unabhängig von ihrem tatsächlichen operationellen Risiko, durch Eigenmittelanforderungen belastet. Erst bei Verwendung eines internen Risikomodells kann diese Problematik beseitigt werden.

Wenden wir uns damit den ambitionierten Messansätzen (AMA) zu. Diese basieren im Unterschied zum Basisindikatoransatz und zum Standardansatz nicht auf einer vorgegebenen formelmäßigen Kapitalbestimmung, sondern auf einem zu entwickelnden bankinternen Modell sowie einem damit verbundenen Messsystem für operationelle Risiken, vergleichbar mit internen Modellen für Markt- und Kreditrisiken. Entsprechend spezifiziert Basel II nur grundsätzliche Anforderungen an den AMA, auf die wir im Folgenden selektiv eingehen werden.

Par 667:
Das vorgegebene Konfidenzniveau beträgt 99,9% (α = 0,001) auf Jahresbasis. Eine Bank muss nachweisen können, dass ihr Ansatz auch die potenziell schwerwiegenden Verlustereignisse am oberen Rand der angenommenen Verteilung abbildet.

Verlusten und den branchenweit aggregierten Bruttoerträgen für das jeweilige Geschäftsfeld. Zu einer kritischen Analyse der Betafaktoren aus empirischer Sicht vgl. *Moscadelli* (2004).

12 Für Details vgl. *Baseler Ausschuss für Bankenaufsicht* (2004, Par. 654).

13 Im Rahmen eines nationalen Wahlrechts können hier strengere Anforderungen gestellt werden.

14 Zu weiteren Details des Alternativen Standardansatzes vgl. *Baseler Ausschuss für Bankenaufsicht* (2004, Fußnote 98).

Par. 669:
... Zum Beispiel kann passieren, dass Schätzungen des 99,9%-Konfidenzintervalls, die im Wesentlichen auf internen und externen Verlustdaten basieren, in Geschäftsfeldern mit ausgeprägtem Randbereich (»heavy tail«) und einer kleinen Anzahl beobachteter Verluste ungeeignet wären. In solchen Fällen können Szenarioanalysen eine beherrschende Rolle spielen. Umgekehrt können operationelle Verlustdaten eine dominantere Rolle in Risikomesssystemen in den Geschäftsfeldern spielen, in denen die auf diesen Daten basierenden Schätzungen des 99,9% Konfidenzintervalls als verlässlich erachtet werden.

Par. 665:
Das interne Messsystem muss ... in der Lage sein, unerwartete Verluste basierend auf einer Kombination von internen und aussagekräftigen externen Verlustdaten, Szenarioanalysen, bankspezifischem Geschäftsumfeld und internen Kontrollfaktoren angemessen zu schätzen. Zusätzlich muss das von der Bank benutzte Messverfahren die Allokation von ökonomischem Kapital für operationelle Risiken über alle Geschäftsfelder in einer Weise unterstützend ermöglichen, die Anreize zur Verbesserung des operationellen Risikomanagements auf Geschäftsfeldebene bietet.

Darüber hinaus nimmt Basel II[15] eine Aufgliederung der operationellen Risiken in bestimmte Kategorien für Verlustereignisse vor, die im Rahmen des AMA vom bankinternen Messsystem erfasst werden müssen. Unterschieden werden hierbei sieben Ereigniskategorien (Interner Betrug; externer Betrug; Beschäftigungspraxis und Arbeitsplatzsicherheit; Kunden, Produkte und Geschäftsgepflogenheiten; Sachschäden; Geschäftsunterbrechungen und Systemausfälle; Abwicklung, Vertrieb und Prozessmanagement), die ihrerseits weiter untergliedert werden.

Des Weiteren enthält Basel II noch Anforderungen im Hinblick auf die Aggregation von Risikokapitalien einzelner Segmente von operationellen Risiken. Hierzu wird im Einzelnen ausgeführt[16]:

»Risikomessungen der unterschiedlichen Schätzer für operationelle Risiken müssen zur Bestimmung der aufsichtsrechtlichen Mindestkapitalanforderungen addiert werden. Gleichwohl ... kann gestattet werden, intern abgeleitete Korrelationen der operationellen Risiken zu berücksichtigen ... . Die Bank muss ihre Korrelationsannahmen validieren, wobei angemessene quantitative und qualitative Techniken zu verwenden sind.«

Basel II geht somit von der Annahme aus, dass eine Addition der Risikokapitalien der einzelnen Risikozellen (d.h. der unterschiedlichen Kombinationen aus Geschäftsfeldern und Ereigniskategorien), eine konservative Abschätzung für das insgesamt notwendige Risikokapital darstellt. Äquivalent hierzu ist offenbar die Annahme der Subadditivität der operationellen Risiken hinsichtlich des im Rahmen von Basel II verwendeten Risikomaßes Value at Risk. Dies ist jedoch nicht notwendigerweise der Fall. *Neslehova et al.* (2006) weisen darauf hin, dass beispielsweise bei Annahme einer Paretoverteilung mit unendlich großem Erwartungswert[17] der Value at Risk (sogar im Falle unabhängiger Risiken) superadditiv ist.

---

15 Vgl. *Baseler Ausschuss für Bankenaufsicht* (2004, Par. 669, Punkt a)) in Verbindung mit Anhang 7.
16 Vgl. *Baseler Ausschuss für Bankenaufsicht* (2004, Par. 669, Punkt d)).
17 Ob dies ein praxisrelevanter Fall ist, sei an dieser Stelle dahingestellt. Wir greifen diese Diskussion in Abschnitt 3.2 wieder auf. An dieser Stelle geht es primär um die nicht vorhandene Allgemeingültigkeit der Subadditivität.

Kommen wir damit schließlich, wie in Abschnitt 17.1 avisiert, zum Loss Distribution Approach (LDA). Dieser ist als ein konkreter systematischer Ansatz innerhalb des AMA zu sehen. Zum LDA finden sich in *Basel Committee on Banking Supervision* (2001, Appendix 6) die folgenden näheren Ausführungen:

»Under the Loss Distribution Approach, the bank estimates, for each business line/risk type cell, the probability distribution functions of the single event impact and the event frequency for the next (one) year using its internal data, and computes the probability distribution function for the cumulative operational loss.«

Pro fixierter Risikozelle läuft der LDA[18] somit auf das in Anhang 17A dargestellte kollektive Modell der Risikotheorie für $t = 1$ (zusammengesetzte Verteilung) hinaus.

Im Weiteren konzentrieren wir uns auf den LDA und hierbei auf univariate Modelle[19]. Nicht jede Risikoart ist aber genügend gut quantifizierbar (z.B. Rechtsrisiken), um den LDA in sinnvoller Weise einsetzen zu können. Ein weiterer kritischer Punkt ist, ob die Anzahl der zur Verfügung stehenden Daten ausreichend ist, um die Verteilung oder auch nur bestimmte Quantile der Verlusthöhe glaubwürdig bestimmen zu können. Auf diese Probleme spielt *Paul Embrechts* (2005) mit der Wahl des Vortragstitels *»How to Model Operational Risk, if you must«* an.

17.3 Loss Distribution Approach: Univariate Modelle

Im Folgenden fixieren wir typischerweise eine Zeitperiode sowie eine Risikozelle des Geschäftsfeld/Ereigniskategorie-Typus gemäß Basel II für ein Unternehmen (Bank) und wenden auf dieses Segment den LDA an. Alternativ kann man auch gepoolte Daten[20], d.h. unterschiedliche Gruppierungen der Originaldaten, oder aber die Gesamtheit der Realisierungen operationeller Risiken eines Unternehmens betrachten[21]. Alternativ zu dieser statischen Version des LDA auf der Basis der Gesamtschadenverteilung gemäß (17A.1b) kann man auch die dynamische Variante auf der Basis des Gesamtschadenprozesses (17A.1a) betrachten.

Die Umsetzung des Modells der kollektiven Risikotheorie erfordert zunächst sowohl die Spezifikation der Schadenzahlverteilung bzw. des Schadenzahlprozesses (hier: Verteilung der Anzahl operationeller Verluste) als auch der Schadenhöhenverteilung (hier: Verteilung der Höhen operationeller Verluste). Zur Identifikation der für eine Quantifizierung operationeller Risiken angemessenen Schadenzahl- bzw. Schadenhöhenverteilungen wurden mittlerweile eine Vielzahl empirischer Studien durchgeführt[22]. Auf Basis dieser Studien ergeben sich nach *McNeil et al.* (2005, S.469) die folgenden »stylized facts«:

---

18 Zum LDA vgl. vor allem *Cruz* (2002), *Frachot et al.* (2001, 2003), *Nyström/Skoglund* (2001), *McNeil et al.* (2005, Abschnitt 10.1.3) sowie *Panjer* (2006).

19 Für multivariate Ansätze sei etwa hingewiesen auf *Böcker/Klüppelberg* (2006, 2007), *Dutta/Perry* (2006) sowie *Frachot et al.* (2004).

20 So poolt beispielsweise *Moscadelli* (2004) die Daten unterschiedlicher Banken im Hinblick auf verschiedene Geschäftsfelder, d.h. die Datengruppierung erfolgt einerseits über verschiedene Ereigniskategorien und andererseits über verschiedene Banken.

21 So analysieren etwa *Dutta/Perry* (2006) den LDA sowohl auf der Risikozellenebene als auch auf der Unternehmensebene.

22 Extensive Studien wurden u.a. vorgelegt von *De Fontnouvelle* et al. (2004), *Moscadelli* (2004) sowie von *Dutta/Perry* (2006).

(1) Loss severities have a heavy-tailed distribution
(2) Losses occur randomly in time
(3) Loss frequency may vary substantially in time.

Punkt (3) deutet darauf hin, dass neben den in der Literatur betrachteten Standardannahmen eines homogenen oder gemischten Poissonprozesses (bzw. einer Poisson- oder etwa einer Negativen Binomialverteilung in der statischen Variante) beispielsweise inhomogene Poissonprozesse mit einer zeitvariablen Intensitätsfunktion von Interesse sind.

Hinsichtlich der Schadenhöhenverteilung betrachten *Moscadelli* (2004) und *De Fontnouvelle et al.* (2004) zunächst eine Vielzahl von Schadenhöhenverteilungen (im Überblick: Exponential-, Gamma-, Weibull-, Gumbel-, Lognormal-, Loggamma-, Loglogistic-, Pareto- und Burr-Verteilung). Beide Untersuchungen kommen jedoch zum Schluss, dass keine einzelne dieser Verteilungen die Schadenhöhenrealisationen (realisierte Höhen operationeller Verluste) in ihrem gesamten Spektrum, d.h. sowohl im Low/Medium-Severity-Bereich als auch im High Severity-Bereich, angemessen abbilden kann[23].

Um die Gefährlichkeit operationaler Verlusthöhen angemessen erfassen zu können, approximieren daher *Moscadelli* (2004) und *de Fontnouvelle et al.* (2004), gestützt auf Ergebnisse (Balkema/de Haan/Pickands-Theorem) der Extremwerttheorie (EVT), die Verteilungsenden der empirischen Verlustverteilung – präzise: den Tail der Verlustverteilung jenseits eines jeweils noch festzulegenden Schwellenwerts – durch die verallgemeinerte Paretoverteilung mit der Verteilungsfunktion

(17.3) $$GPD(x;\xi,\beta)=\begin{cases}1-(1+\xi x/\beta) & \xi\neq 0\\ \exp(-x/\beta) & \xi=0.\end{cases}$$

Die verallgemeinerte Paretoverteilung gehört dabei für $\xi > 0$ zu den »besonders gefährlichen« subexponentiellen Verteilungen[24]. Insbesondere sind die Momente $E(X^k)$ für $\alpha = 1/\xi < k$ nicht mehr endlich groß.

Die von *Moscadelli* (2004) geschätzten Tailparameter liegen im Bereich von ξ = 0,85 (Geschäftsbereich Vermögensverwaltung) bis ξ = 1,39 (Geschäftsbereich Firmenkundengeschäft). Alle Geschäftsbereiche führen damit auf eine Verteilung mit unendlicher Varianz (ξ > 0,5) und sechs Geschäftsbereiche sogar auf eine Verteilung mit unendlichem Erwartungswert (ξ > 1). *Moscadelli* (und auch andere) folgern hieraus eine extreme Gefährlichkeit operationaler Verlusthöhen. Angesichts dieser exorbitant hohen Werte (die sich entsprechend auch in außerordentlichen Höhen des notwendigen Risikokapitals niederschlagen) erscheint es uns allerdings plausibler zu vermuten, dass ein im Hinblick auf den Prozess der Datengenerierung inadäquates Modell zur Anwendung gekommen ist. In der Tat hält die Extremwerttheorie einige Fallstricke (unter anderem die Annahme unabhängiger und identisch verteilter Schadenhöhen) bereit[25]. Problematisch ist auch, dass die statistische Inferenz ausschließlich auf

---

23 So führt etwa *Moscadelli* (2004, 64) aus »*the results of the conventional inference support the hypothesis that … the small/medium-sized operational risk data (i.e. the body of the loss distribution) have a different statistical 'soul' than the tail data*« und *de Fontnouvelle et al.* (2004, 16) schließen »*that it may be difficult to fit parametric loss severity distributions over the entire range of loss amounts*«.

24 Es sei an dieser Stelle auf den Anhang 17A.3 verwiesen.

25 Vgl. hierzu etwa *Diebold et al.* (2000).

(stark zufallsbeeinflussten) Daten jenseits der gewählten Schwelle basiert, d.h. die kleinen und mittleren Schäden (Verlusthöhen) werden nicht angemessen berücksichtigt. Dies beinhaltet die Gefahr einer Überschätzung der Gefährlichkeit der Verteilung operationeller Verluste (bzw. allgemein der Schadenhöhenverteilung).

Auch einer der prominentesten Vertreter der Extremwerttheorie, *Paul Embrechts*, weist darauf hin[26], dass »traditional modelling approaches, including extreme value theory, reach their limits as the structure of operational loss data is barely in line with the modelling assumptions« und präsentiert[27] Beispiele von datengenerierenden Prozessen, bei deren Datenanalyse extremwerttheoretische Methoden – da sie eben nur auf einem Teil der Daten ansetzen – zu der Einschätzung gelangen können, dass (beispielsweise) ein unendlich großer Erwartungswert vorliegt, obwohl dies für den zugrunde liegenden Zufallsmechanismus nicht gilt.

Die vorstehende Diskussion belegt nachdrücklich den Bedarf und die Notwendigkeit, alternativ zum Einsatz der Extremwerttheorie parametrische Verteilungen zu identifizieren, die den gesamten Wertebereich angemessen repräsentieren können, d.h. sowohl für die kleinen, mittleren als auch großen bis sehr großen Realisierungen operationeller Verlusthöhen eine hohe Anpassungsgüte (Fit) beinhalten.

Einen ersten Durchbruch im Hinblick auf den vorstehend dargelegten Bedarf stellt die Arbeit von *Dutta/Perry* (2006) dar. Die Autoren verwenden neben den schon in früheren Analysen untersuchten Verlusthöhenverteilungen und dem extremwerttheoretischen Ansatz erstmals zwei Vier-Parameter-Verteilungen, die verallgemeinerte Betaverteilung zweiter Art sowie die GH-Verteilung. Die GH-Verteilung gehört zu einer Familie von Transformationen einer standardnormalverteilten Zufallsvariablen $Z \sim N(0,1)$, die im Rahmen der auf *Tuckey* (1977) zurückgehenden explorativen Datenanalyse entwickelt worden sind[28]. Eine Zufallsvariable X hat dabei eine GH-Verteilung, $X \sim GH$, mit den reellwertigen Parametern a, b, g und $h \geq 0$, falls für $Z \sim N(0,1)$

(17.4a) $$X = a + b\,k(Z),$$

wobei

(17.4b) $$k(x) = \begin{cases} \dfrac{e^{gx}-1}{g} e^{hx^2/2} & g \neq 0 \\ x e^{hx^2/2} & g = 0 \end{cases}.$$

Die Parameter g bzw. h steuern dabei die Schiefe bzw. die Kurtosis (und damit die Tailstärke) der Verteilung.

Dutta/Perry (2006) analysieren Daten operationeller Verlusthöhen sowohl auf der Ebene der Geschäftsfelder und der Ereigniskategorien gemäß Basel II als auch auf der Gesamtbankebene. Nach ihren Analysen führt die Verwendung der verallgemeinerten Paretoverteilung zur Approximation der Verteilungsenden der Verlusthöhenverteilung auf der einen Seite zwar zu einer guten Anpassung, auf der anderen Seite jedoch zu unrealistisch hohen, sehr sensitiv auf die Wahl des Schwellenwerts reagierende und nicht zwischen Geschäftsfeldern, Ereigniskate-

---

26 Vgl. *Embrechts et al.* (2003, 217).

27 In *Neslehova/Embrechts/Chavez-Demoulin* (2006).

28 Eine eingehende Analyse der GH-Verteilung bietet *Hoaglin* (1983).

gorien und Banken konsistenten Werten für das notwendige Risikokapital. Die Untersuchung von *Dutta/Perry* (2006) bestätigt damit nochmals nachdrücklich die vorstehend dargelegten Probleme der Anwendung der Extremwerttheorie auf die Analyse operationeller Risiken.

Demgegenüber erbrachte die Anwendung der GH-Verteilung sowohl einen sehr guten Fit über den gesamten Realisationsbereich operationeller Verlusthöhen als auch plausible und konsistente Risikokapitalwerte. Damit erweist sich die GH-Verteilung als ein erster natürlicher Kandidat für eine Benchmark-Verlusthöhenverteilung im Bereich operationeller Risiken.

Der Grund für die hohe Anpassungsgüte der GH-Verteilung liegt darin, dass sie durch geeignete Parameterwahl eine sehr große Varietät von Verteilungen approximieren kann, wie *Martinez/Iglewicz* (1984) zeigen. Dies gilt auch für gefährliche Verteilungen. *Degen et al.* (2006) weisen in diesem Kontext insbesondere nach, dass die GH-Verteilung für $g > 0$ und $h \geq 0$ zu der Familie der subexponentiellen Verteilungen gehört, im Falle $h > 0$ sogar zu den »besonders gefährlichen« Vertretern, man vgl. hierzu jeweils den Anhang. Ferner weisen *Degen et al.* nach, dass, wenn die Verlusthöhenverteilung gut durch eine GH-Verteilung repräsentiert wird, dann die Konvergenzgeschwindigkeit gegen die verallgemeinerte Paretoverteilung außerordentlich gering ist. Dies liefert zugleich auf der theoretischen Ebene eine befriedigende Erklärung für die vorstehend konstatierten Probleme bei der Anwendung der EVT auf den Bereich der operationellen Risiken.

Damit ist die Diskussion um die optimale Wahl einer Verlusthöhenverteilung für operationelle Risiken sicherlich noch nicht abgeschlossen. Zum einen weist auch die GH-Verteilung einige Probleme auf[29], zum anderen existieren weitere Schadenhöhen- bzw. Verlustverteilungen, die in anderen Anwendungsfeldern diskutiert werden und ebenfalls darauf abzielen, den gesamten Bereich der Schaden- bzw. Verlusthöhenverteilung adäquat zu repräsentieren.

Legt man allerdings – wie beispielsweise *Dutta/Perry* (2006) dies tun – nicht nur Kriterien wie hohe Anpassungsgüte und Flexibilität zugrunde, sondern auch Simplizität, d.h. eine einfache Anwendungsmöglichkeit in praxi (statistische Identifikation und Monte Carlo-Simulation), so kommt man doch wieder auf die GH-Verteilung als relativ einfacher Transformation der Standardnormalverteilung zurück.

Soweit zu unserer (etwas extensiveren) Diskussion über die Wahl einer geeigneten Verlusthöhenverteilung für operationelle Risiken.

Die abschließende Auswertung (inklusive Quantilbestimmung) der Gesamtschadenverteilung (des Gesamtschadenprozesses), gegeben die Schadenzahlverteilung (den Schadenzahlprozess) und die Schadenhöhenverteilung, erfolgt in der Literatur zu operationellen Risiken weit überwiegend im Wege einer Monte Carlo-Simulation.

---

29 Zum einen kann die GH-Verteilung negative Werte annehmen, was inkonsistent zu einer Verlusthöhenverteilung ist. Zum anderen liefern *Degen et al.* (2006) Hinweise, die darauf hindeuten, dass in bestimmten (realistischen) Parameterbereichen die GH-Verteilung zu nicht subadditiven Value at Risk-Werten führt.

Anhang 17A: Das kollektive Modell der Risikotheorie

17A.1 Einführung

Die kollektive Risikotheorie als Zweig der (Schaden-)Versicherungsmathematik kann mittlerweile auf eine über 100-jährige Tradition zurückblicken. Sie wurde begründet durch eine Arbeit von *Filip Lundberg* im Jahre 1903. Seine Kernidee, den kumulierten Schadenprozess eines Kollektivs von Versicherten durch einen zusammengesetzten Poissonprozess zu modellieren, eröffnete der Risikomodellierung im Versicherungsbereich zum einen eine direkte kollektive Sicht, d.h. die Modellierung des Kollektivs erfolgt direkt und nicht durch eine Aggregation über die einzelnen Kollektivmitglieder, und zum anderen eine dynamische Perspektive. Die Arbeit von *Filip Lundberg* fiel in eine Zeit, in der die Wahrscheinlichkeitstheorie noch in den Anfängen einer mathematischen Fundierung stand und blieb lange Zeit unbeachtet, wohl auch unverstanden. Der Durchbruch der kollektiven Risikotheorie erfolgte durch die Arbeit von *Harald Cramér* 1930, der den Ansatz von *Lundberg* auf ein tragfähiges mathematisches Fundament stellte. Seitdem hat die kollektive Risikotheorie eine Vielzahl von Erweiterungen und Anwendungen erfahren und sie bildet heute die modelltheoretische Grundlage der Schadenversicherungsmathematik (Non-Life Insurance).

Ausgangspunkt der kollektiven Risikotheorie ist ein gegebenes Kollektiv von Versicherten im Bereich der Schadenversicherung – also etwa in der Haftpflichtversicherung (Kraftfahrzeughaftpflicht, Allgemeine Haftpflicht) oder der Versicherung gegen Naturgefahren (Feuer, Sturm, Überschwemmung). Ziel der Modellierung ist dann die Quantifizierung des kollektiven Gesamtschadens $S(t)$ des Kollektivs über das Zeitintervall $[0,t]$. In dieser dynamischen Version erfolgt die akkumulierte Betrachtung des kollektiven Gesamtschadens bis zum Zeitpunkt t und $S(t)$ ist ein stochastischer Prozess, der *Gesamtschadenprozess* (*accumulated claim process*).

Eine statische Modellierungsvariante erhält man durch Fixierung der Zeitperiode (typischerweise $t = 1$) und der Betrachtung des *kollektiven Gesamtschadens* (*aggregate loss*) $S = S(1)$, einer Zufallsgröße.

Der spezifische Ansatz der kollektiven Risikotheorie beruht nun auf einer Disaggregation des kollektiven Gesamtschadens in die Komponenten *Schadenzahl* (*claim number* bzw. *claim frequency*) und *Schadenhöhe* (auch: *Schadensumme*) pro Schadenfall (*loss severity*). In formaler Hinsicht lautet der Ansatz

(17A.1a) $$S(t) = \sum_{i=1}^{N(t)} X_i$$

(mit der Konvention $S(t) = 0$ für $N(t) = 0$) in der dynamischen Variante bzw.

(17A.1b) $$S = \sum_{i=1}^{N} X_i \,.$$

(mit der Konvention $S = 0$ für $N = 0$) in der statischen Variante.

Dabei ist $N(t)$ der sog. *Schadenzahlprozess*, der die Anzahl der Schäden des Kollektivs im Zeitintervall $[0,t]$ erfasst bzw. entsprechend $N = N(1)$ die Schadenzahl. Die Zufallsgrößen $X_1, X_2, \ldots, X_n, \ldots$ entsprechen den Schadenhöhen (pro Schadenfall), $X_i > 0$ quantifiziert die Höhe des i-ten Schadenfalls im Kollektiv. Im Gegensatz zum *individuellen Modell* der Risikotheorie – hier erfolgt die Aggregation über die Gesamtschäden der Mitglieder des gegebenen

Kollektivs – wird bei der kollektiven Risikotheorie die Aggregation über die Schäden pro Schadenfall vorgenommen. Dieser Ansatz beinhaltet somit die Möglichkeit, ein erweitertes Spektrum an Informationen in die Modellierung einbeziehen zu können. Eine Visualisierung des Gesamtschadenprozesses enthält Abbildung 17A.1.

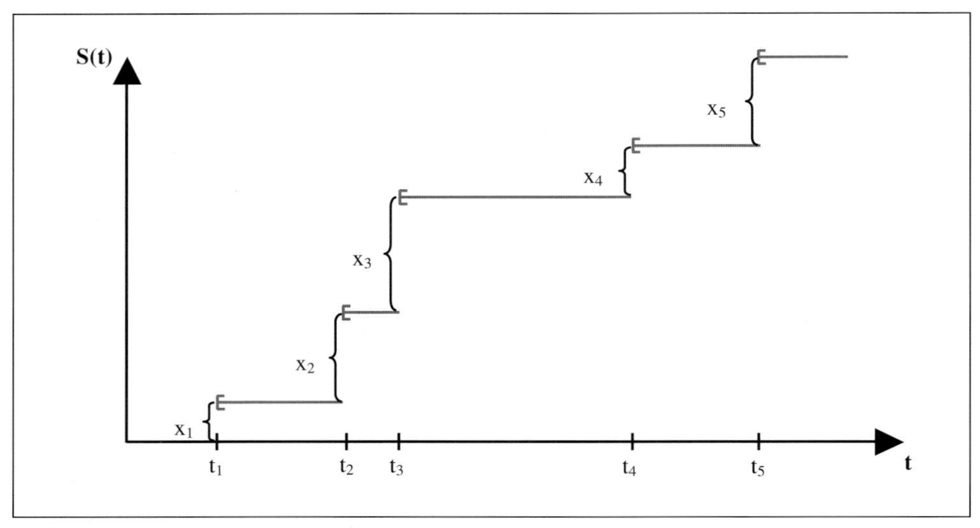

Abb. 17A.1: Illustration des Gesamtschadenprozesses

Die Abbildung erfasst dabei einen möglichen Realisationspfad des Gesamtschadenprozesses und verdeutlicht, dass der Prozess $S(t)$ ein Sprungprozess mit zufallsabhängiger (positiver) Sprunghöhe ist.

Wenden wir uns damit den Komponenten des Gesamtschadenprozesses zu.

17A.2 Der Schadenzahlprozess

Als Standardmodell für den Schadenzahlprozess ist ohne Zweifel der *homogene Poissonprozess* (HPP) anzusehen. Wir geben im Folgenden eine traditionelle axiomatische Charakterisierung des HPP, wie sie etwa in *Parzen* (1962, 118 f.) zu finden ist. Eine zentrale Rolle spielen hierbei die Zuwächse $N(t + h) - N(t)$ des Prozesses, d.h. die Anzahl von Schäden im Zeitintervall $[t, t + h]$.

Ein Zählprozess $\{N(t), t \geq 0\}$ heißt homogener Poissonprozess (HPP), wenn die folgenden Anforderungen erfüllt sind:

(17A.2a) $$N(0) = 0$$

(17A.2b) $N(t)$ besitzt unabhängige Zuwächse (über disjunkte Zeitintervalle)

(17A.2c) Für alle $t > 0$ gilt $0 < P[N(t) > 0] < 1$.

In jedem Zeitintervall $[0, t]$ kann somit (unabhängig davon, wie klein dieses ist) mit positiver Wahrscheinlichkeit ein Ereignis eintreten, aber es muss keines eintreten.

(17A.2d) $N(t)$ besitzt stationäre Zuwächse

(17A.2e) $N(t)$ ist ein Prozess ohne multiple Ereignisse (regulärer Prozess)

Formal läuft dies auf die Forderung

$$\lim_{h \to 0} \frac{P[N(t+h) - N(t) \geq 2]}{P[N(t+h) - N(t) = 1]} = 0 \text{ f. alle } t \geq 0$$

hinaus. Die Wahrscheinlichkeit, dass in einem kleinen Zeitintervall mehr als ein Schaden eintritt, ist somit klein im Vergleich zur Länge des Intervalls. Diese Anforderung schließt die Möglichkeit des Eintretens von Kumulschäden aus.

Aus den vorstehenden Axiomen lässt sich folgern, dass ein Parameter $\lambda > 0$ existiert, so dass gilt:

(17A.3) $$P_n(t) = P[N(t) = n] = \frac{e^{-\lambda t} (\lambda t)^n}{n!} .$$

Die sog. *Zählverteilung* $P_n(t)$ folgt somit einer Poissonverteilung mit dem Parameter λt. Im Spezialfall $t = 1$ (Schadenzahlverteilung) liegt eine Poissonverteilung mit dem Parameter λ vor.

Weitere Eigenschaften des HPP sind:

1) $E[N(t)] = Var[N(t)] = \lambda t$.
   Erwartungswert und Varianz der Zählverteilung über ein fixiertes Zeitintervall $[0,t]$ sind somit stets gleich groß. Dies ist eine kritische Eigenschaft im Hinblick auf empirische Anwendungen des HPP. Ferner sind Erwartungswert und Varianz proportional zur Länge des betrachteten Zeitintervalls.

2) Aufgrund der unabhängigen Zuwächse ist der HPP ein Markovprozess, speziell ein Geburtsprozess mit Intensität λ.

3) Die Schadenzwischenzeiten sind unabhängig und exponentialverteilt mit Parameter $1/\lambda$.

4) Die Schadeneintrittszeitpunkte folgen einer Erlang-Verteilung (d.h. einer Faltung von Exponentialverteilungen) bzw. $2\,\lambda T_n$ folgt einer Chi-Quadrat-Verteilung.

Wenden wir uns schließlich noch der Interpretation des Poissonparameters zu. Zunächst gilt

(17A.4) $$\lambda = \lim_{h \to 0} \frac{P[N(t+h) - N(t) > 0]}{h}$$

Es liegt somit eine konstante Intensität eines Schadeneintritts (Schadenintensität) vor. Die Wahrscheinlichkeit für einen Schadeneintritt in einem Zeitintervall der Länge h ist daher approximativ gleich λh.

Ferner gilt $\lambda = E[N(1)]$, d.h. λ entspricht der mittleren Schadenzahl in einer Periode der Länge 1.

Der Parameter λ wird im Kontext der Schadenversicherung auch als *Schadenneigung* (*accident proneness*) interpretiert.

Gibt man beim HPP die Forderung des Vorliegens stationärer Zuwächse auf, so resultiert hieraus der *inhomogene Poissonprozess* (IPP). Dieser ist insbesondere gekennzeichnet durch eine zeitabhängige Schadenintensität

(17A.5) $$\lambda(t) = \lim_{h \to 0} \frac{P[N(t+h) - N(t) > 0]}{h},$$

beispielsweise $\lambda(t) = a \exp(-bt)$.

Definiert man $\Lambda(t) = \int_0^t \lambda(s)\,ds$, so lautet die Zählverteilung nunmehr

(17A.6) $$P_n(t) = e^{-\Lambda(t)} [\Lambda(t)]^n / n!$$

und es gilt $E[N(t)] = Var\,[N(t)] = \Lambda(t)$.

Der IPP besitzt nun zwar keine stationären Zuwächse mehr, aber nach wie vor unabhängige Zuwächse. Er ist daher ein Markovprozess, insbesondere ein Geburtsprozess mit Intensitätsfunktion $\lambda(t)$.

Wenden wir uns nunmehr dem gemischten Poissonprozess zu. Dieser kann auf sehr unterschiedliche Arten und Weisen eingeführt werden[30]. Wir folgen im Weiteren der traditionellen auf (Ove) *Lundberg* (1964) zurückgehenden Charakterisierung.

Ein *gemischter Poissonprozess* (*mixed Poisson process*, MPP) ist ein Markovscher Geburtsprozess mit Zustandsraum IN_0, für dessen Zählfunktion gilt (*gemischte Poissonverteilung*)

(17A.7) $$P_n(t) = \int_0^\infty \frac{e^{-\lambda t} (\lambda t)^n}{n!} dU(\lambda),$$

wobei $U(\lambda)$ die Verteilungsfunktion einer Zufallsvariablen Λ mit $U(0) = 0$ ist. $U(\lambda)$ wird als *mischende Verteilung* des Prozesses bezeichnet.

Im Kontext der Schadenversicherung basiert diese Modellierung auf der folgenden intuitiven Überlegung. Die Schadenneigung der Mitglieder eines Kollektivs ist nicht identisch (homogenes Kollektiv) und auch nicht deterministisch, sondern eine Zufallsgröße. Pro Versicherungsnehmer erfolgt eine zufällige Realisation $\Lambda = \lambda$ und legt damit dessen konkrete Schadenneigung fest[31]. Die mischende Verteilung (Strukturfunktion) quantifiziert die Verteilung der Schadenneigung im betrachteten Kollektiv und damit die Heterogenität dieses Kollektivs.

Im Falle des MPP mit mischender Variable Λ folgt insbesondere

(17A.8a) $$E[N(t)] = t\,E(\Lambda)$$

30 Vgl. hierzu etwa *Albrecht* (1981).

31 Man vgl. hierzu etwa auch das in *Bühlmann* (1970, 65 ff.) dargestellte Urnenmodell.

und

(17A.8b) $$Var[N(t)] = t^2\, Var(\Lambda) + t\, E(\Lambda) > E[N(t)].$$

Diese Relation von $E[N(t)]$ und $Var[N(t)]$ ist oftmals empirisch realistischer als $E[N(t)] = Var[N(t)]$ wie beim HPP und IPP. Zugleich spiegelt diese Eigenschaft eine größere Gefährlichkeit der Schadenzahlverteilung wider, d.h. es besteht eine größere Wahrscheinlichkeit für höhere Schadenzahlen. Der MPP besitzt stationäre Zuwächse, jedoch keine unabhängigen Zuwächse.

Ein prominenter Vertreter des MPP ist der *Pólya-Prozess*. Hierbei verwendet man die Gamma-Verteilung als mischende Verteilung und es resultiert

(17A.9) $$P_n(t) = \binom{n+a-1}{n}\left(\frac{t}{b+t}\right)^n\left(\frac{b}{b+t}\right)^a .$$

Dies ist eine Form der negativen Binomialverteilung.

Es gilt weiter:

(17A.10) $$E[N(t)] = \frac{at}{b}, \qquad Var\,[N(t)] = \frac{at}{b}(1+\frac{t}{b}) .$$

Der Pólya-Prozess ist zudem die Grundlage des in Anhang 16D dargestellten Credit Risk$^+$-Basismodells.

Wenden wir uns abschließend dem *doppelt-stochastischen Poissonprozess* (*doubly stochastic Poisson process*) zu. Dieser geht zurück auf Cox (1955) – wird deshalb in der Literatur auch *Cox-Prozess* genannt – und entsteht intuitiv, indem man die Intensitätsfunktion $\lambda(t)$ des IPP als stochastischen Prozess $\Lambda(t)$ auffasst.

Definieren wir die (mischende) Verteilungsfunktion $U(\lambda, t)$ durch

(17A.11) $$U(\lambda,t) = P(\Lambda^*(t) \le \lambda t) ,$$

wobei $\Lambda^*(t) = \int_0^t \Lambda(s)\,ds$, so resultiert hieraus als Zählverteilung

(17A.12) $$P_n(t) = \int_0^\infty \frac{e^{-\lambda t}(\lambda t)^n}{n!} U(d\lambda,t) = E\left[\frac{\Lambda^{*n}(t)}{n!} e^{-\Lambda^*(t)}\right].$$

Im Spezialfall einer zeitunabhängigen stochastischen Intensitätsfunktion bzw. zeitunabhängigen mischenden Verteilung ergibt sich wieder der MPP.

Die Zählverteilung (17A.12) kann jedoch nur für wenige einfache (und damit wenig realistische) Modelle bestimmt werden, so dass Anwendungen in der Schadenversicherung nur vereinzelt existieren. Weitere Anwendung haben Cox-Prozesse im Rahmen von Kreditrisikomodellen gefunden, man vgl. hierzu die Ausführungen in Abschnitt 16.6.5.

Damit beschließen wir unsere Ausführungen zum Schadenzahlprozess und verweisen für weitere Verallgemeinerungen (etwa: Erneuerungsprozesse, Lévy-Prozesse, allgemeine Punktprozesse) auf die entsprechende Literatur.

17A.3 Die Schadenhöhe

Als Verteilung für die Schadenhöhe pro Schadenfall kommt grundsätzlich jede Verteilung einer Zufallsvariablen $X \geq 0$, d.h., in Termen der Verteilungsfunktion $F(0) = 0$, in Frage. In der Literatur betrachtet werden standardmäßig u.a. Exponential-, Gamma-, Lognormal- und Paretoverteilung, daneben auch Inverse Gauß-, Weibull-, Loggammaverteilung sowie viele andere mehr. Überblicke über entsprechende Verteilungen bzw. Klassen von Verteilungen enthalten *Kleiber/Kotz* (2003), *Klugman et al.* (2004, Appendix A) sowie *McNeil et al.* (2005, Appendix A.2). Diskussionen auf der Basis empirischer Daten sind beispielsweise zu finden in *Mack* (1997) sowie in *McNeil* (1997).

Von großer Relevanz für einzelne Versicherungszweige, vor allem im Haftpflichtbereich, in der Industrieversicherung, im Bereich der Versicherung von Naturkatastrophen sowie der Rückversicherung, sind *gefährliche* Verteilungen (*heavy tailed distributions*, *fat tailed distributions*). Gefährliche Verteilungen beinhalten die Möglichkeit, dass sich – relativ zum Erwartungswert – sehr große (»extreme«) Schadenhöhen mit nicht zu vernachlässigender Wahrscheinlichkeit realisieren können. Von Relevanz ist hier somit die Ausprägung des (rechten) Randbereichs (Verteilungsende, Verteilungsflanke, Tail) der Schadenhöhenverteilung. Hier besitzen gefährliche Verteilungen mehr Wahrscheinlichkeitsmasse als die nicht gefährlichen Verteilungen (medium und light tailed distributions). Intuitiv erfordern daher gefährliche Verteilungen insbesondere eine höhere Unterlegung mit Risikokapital.

Aufgrund der besonderen Relevanz gefährlicher Verteilungen sowohl in der Schadenversicherung als auch im Kontext operationeller Risiken besteht ein großes Interesse an einer quantitativen Charakterisierung gefährlicher Verteilungen. Dabei bilden die sogenannten *subexponentiellen Verteilungen* eine besonders geeignete Verteilungsklasse zur Repräsentation gefährlicher Verteilungen, man vgl. hierzu weitergehend *Embrechts/Klüppelberg/Mikosch* (1997, 295).

Zu den subexponentiellen Verteilungen gehören die Lognormalverteilung, die Weibullverteilung (für Parameterwerte $0 < \tau < 1$) und die Benktanderverteilungen sowie als »besonders gefährliche« Vertreter die Pareto-, die Burr-, die Loggammaverteilung sowie stabile Verteilungen. Die besonders gefährlichen Verteilungen besitzen dabei insbesondere die Eigenschaft, dass nicht alle Momente $E(X^n)$ endlich sind. Zu den nicht gefährlichen Verteilungen zählen beispielsweise die Exponential-, die Gamma-, die Weibull- (für Parameterwerte $\tau \geq 1$) und die gestutzte Normalverteilung. Auch diese sind grundsätzlich von Relevanz, da es auch »weniger gefährliche« Versicherungszweige, wie etwa die Kraftfahrzeughaftpflichtversicherung gibt.

17A.4 Der Gesamtschadenprozess

Kommen wir damit zurück auf den Gesamtschadenprozess gemäß (17A.1a) bzw. als Spezialfall auf die Gesamtschadenverteilung (17A.1b).

Als Standardannahme wird hierbei getroffen, dass zum einen die Schadenhöhen X_i als unabhängige und identisch nach X verteilte Zufallsgrößen angenommen werden und zum anderen für jedes feste t und alle i von der Unabhängigkeit von $N(t)$ und den X_i ausgegangen wird.

Ist $N(t)$ dann ein HPP, so bezeichnet man $S(t)$ als *zusammengesetzten Poissonprozess* (*compound Poisson process*, CPP) bzw. die Verteilung von $S = S(1)$ als *zusammengesetzte*

Poissonverteilung. Die Eigenschaft unabhängiger und stationärer Zuwächse des HPP überträgt sich dabei auf den zusammengesetzten Prozess.

Bei Gültigkeit der Standardannahmen gelten die folgenden Beziehungen:

$$E[S(t)] = E[N(t)]E(X) \tag{17A.13}$$

$$Var[S(t)] = E[N(t)]Var(X) + E(X)^2 Var[N(t)] \tag{17A.14}$$

$$\begin{aligned} G_t(x) = P[S(t) \leq x] &= \sum_{n=0}^{\infty} P[N(t) = n] P[S(t) \leq x \mid N(t) = n] \\ &= \sum_{n=0}^{\infty} p_n(t) F^{n*}(x), \quad x \geq 0,\ t \geq 0, \end{aligned} \tag{17A.15}$$

dabei bezeichnet F^{n*} die n-te Faltung der Verteilungsfunktion F.

17A.5 Auswertung der Gesamtschadenverteilung

Die Verteilungsfunktion des Gesamtschadens gemäß (17A.15) lässt sich allerdings nur für sehr einfache (und nicht praxisrelevante) Fälle explizit (d.h. analytisch) bestimmen. Man ist daher auf Verfahren der Monte Carlo-Simulation oder aber auf Approximationsverfahren angewiesen. Neben einer direkten Verteilungsapproximation (beispielsweise einer Gamma-Approximation[32]) haben in der risikotheoretischen Literatur vor allem die Panjer-Rekursion (diese beruht auf einer Diskretisierung der Schadenhöhenverteilung und setzt als Schadenzahlverteilung im Wesentlichen Binomial-, Poisson- oder Negative Binomialverteilung voraus) sowie die Fast Fourier Transformation (basierend auf numerischen Verfahren der Inversion der charakteristischen Funktion) größere Bedeutung erlangt[33].

17A.6 Quantilbestimmung und Value at Risk

In vielen Anwendungen des Risikomanagements, insbesondere im Kontext der Risikokapitalbestimmung, interessiert man sich nicht für die gesamte Verteilungsfunktion, sondern nur für bestimmte Partialinformationen. Von besonderem Interesse sind die (1-α)-Quantile $Q_{1-\alpha}[S(t)] = G_t^{-1}(1-\alpha)$ für vorgegebene Konfidenzniveaus $0 < \alpha < 1$ (klein), denn diese entsprechen dem Value at Risk der Gesamtschadenverteilung zum Konfidenzniveau α (über die betrachtete Periode $[0,t]$).

Grundsätzlich kann die Quantilbestimmung auf der Basis jeder der in Abschnitt 17A.5 dargestellten Methoden zur Berechnung der Gesamtschadenverteilung erfolgen. Im Allge-

32 Vgl. etwa *Beard et al.* (1984, 121) oder *McNeil et al.* (2005, 477).

33 Vgl. zu den diversen Verfahren etwa *Beard et al.* (1984, 100 ff.), *Buchwalder et al.* (1993), *Heilmann* (1987, 79 ff.), *Klugman et al.* (2004,159 ff.), *McNeil et al.* (2005, 476 ff.) sowie *Mikosch* (2004, 126 ff.).

meinen ist es hierbei jedoch nicht möglich, die Verbindung zwischen den Parametern der zugrundeliegenden Verteilungen und dem Value at Risk herzustellen, d.h. entsprechende Sensitivitätsanalysen sind sehr aufwändig. Aus diesem Grunde besteht ein Interesse an der Entwicklung expliziter Approximationsformeln für die Quantilbestimmung.

Ein Beispiel hierfür bietet die Normal-Power (NP)-Approximation, einer in der Risikotheorie sehr populären Approximation, die zurückgeht auf Studien einer Gruppe finnischer Versicherungsmathematiker um *Pentikainen*, vgl. etwa *Beard et al.* (1984, 107 ff.). Im Kern beruht diese Approximation auf einer Edgeworth-Entwicklung. Das (1-α)-Quantil von $S(t)$ besitzt hierbei die explizite Approximation

$$\begin{aligned} Q_{1-\alpha}[S(t)] &= E[S(t)] + N_{1-\alpha}\,\sigma[S(t)] \\ &\quad + \frac{1}{6}\left(N_{1-\alpha}^2 - 1\right)\frac{M_3[S(t)]}{Var\,[S(t)]}\,. \end{aligned} \tag{17A.16}$$

Dabei entspricht M_3 dem dritten absoluten Moment.

Liegt dem zusammengesetzten Poissonprozess ein homogener Poissonprozess mit Parameter λ als Schadenzahlprozess zugrunde, dann gilt $E[S(t)] = \lambda t\, E(X)$, $Var[S(t)] = \lambda t\, E(X^2)$ sowie $M_3[S(t)] = \lambda t\, E(X^3)$.

Die NP-Approximation ist hierbei zufriedenstellend, so lange die Schiefe von $S(t)$ nicht zu groß ist. Als Faustregel wird hier in der Literatur ein Wert von 3 genannt[34].

Verbesserte Approximationen (unter Berücksichtigung höherer Momente) lassen sich etwa auf Basis der Cornish-Fisher-Entwicklung gewinnen und werden auch außerhalb der versicherungsmathematischen Sphäre zur Bestimmung des Value at Risk verwendet[35].

---

34 Vgl. etwa *Sundt* (1993, 146).

35 Vgl. etwa *Deutsch* (2004, 421), *Holton* (2003, 152) oder *Jaschke* (2002).

Literaturhinweise

Albrecht, P. (1981): Über einige Eigenschaften des gemischten Poissonprozesses, Mitteilungen der Schweizerischen Vereinigung der Versicherungsmathematiker, Heft 2, 241 – 249.

Aue, F., M. Kalkbrener (2006): LDA at work, Deutsche Bank.

Basel Committee on Banking Supervision (2001): Operational Risk - Consultative Document, Supporting document to the New Basel Capital Accord, January 2001.

Baseler Ausschuss für Bankenaufsicht (2004): Internationale Konvergenz der Kapitalmessung und Eigenkapitalanforderungen (Übersetzung der Deutschen Bundesbank), Juni 2004.

Beard, R., T. Pentikainen, M. Pesonen (1984): Risk Theory, 2. Aufl., Chapman and Hall, London, New York.

Böcker, K., C. Klüppelberg (2006): Multivariate Models for Operational Risk, Zentrum für Mathematik, TU München.

Böcker, K., C. Klüppelberg (2007): Modelling and Measuring Multivariate Operational Risk with Lévy Copulas, Zentrum für Mathematik, TU München.

Buchwalder, M., E. Chevallier, C. Klüppelberg (1993): Approximation methods for the total claimsize distributions – an algorithmic and graphical presentation, Mitteilungen der Schweizerischen Vereinigung der Versicherungsmathematiker 1993, 187 – 227.

Bühlmann, H. (1970): Mathematical Methods in Risk Theory, Springer, Berlin.

Chavez-Demoulin, V., P. Embrechts, J. Neslehova (2006): Quantitative Models for Operational Risk: Extremes, Dependence and Aggregation, Journal of Banking and Finance 30, 2635 – 2658.

Cramér, H. (1930): On the mathematical theory of risk, Skandia Jubilee Volume, Stockholm.

Cruz, M.G. (2002): Modeling, measuring and hedging operational risk, Wiley, Chichester.

Daykin, C.D., T. Pentikainen, M. Pesonen (1994): Practical Risk Theory for Actuaries, Chapman & Hall.

De Fontnouvelle, P., E. Rosengren, J. Jordan (2004): Implications of Alternative Operational Risk Modeling Techniques, Federal Reserve Bank of Boston.

Degen, M., P. Embrechts, D.D. Lambrigger (2006): The Quantitative Modelling of Operational Risk: Between g- and -h and EVT, ETH Zürich.

Deutsch, H.-P. (2004): Derivate und Interne Modelle, 3. Aufl., Schäffer-Poeschl, Stuttgart.

Diebold, F.X., T. Schuermann, J.D. Stroughair (2000): Pitfalls and Opportunities in the Use of Extrem Value Theory in Risk Management, in: *Embrechts, P.* (Hrsg.): Extremes and Integrated Risk Management, London, 51 – 57.

Dutta, K., J. Perry (2006): A Tale of Tails: An Empirical Analysis of Loss Distribution Models for Estimating Operational Risk Capital, Federal Reserve Bank of Boston.

Embrechts, P. (2005): How to Model Operational Risk, if you must, Vortragsunterlagen, ETH Zürich.

Embrechts, P., H. Furrer, R. Kaufmann (2003): Quantifying Regulatory Capital for Operational Risk, Derivatives Use, Trading & Regulation 9, 217 – 233.

Embrechts, P., C. Klüppelberg, T. Mikosch (1997): Modelling Extremal Events, Springer, Berlin, Heidelberg, New York.

Frachot, A., P. Georges, T. Roncalli (2001): Loss Distribution Approach for Operational Risk, Credit Lyonnais.

Frachot, A., D. Moudoulaud, T. Roncalli (2003): Loss Distribution Approach in Practice, Credit Lyonnais.

Frachot, A., T. Roncalli, E. Salomon (2004): The Correlation Problem in Operational Risk, Credit Lyonnais.

Gesamtverband der Deutschen Versicherungswirtschaft (Hrsg., 2007) : Operationelle Risiken unter Solvency II aus Sicht der Deutschen Versicherungswirtschaft und Versicherungsaufsicht, Berlin.

Hartmann-Wendels, T., A. Pfingsten, M. Weber (2007): Bankbetriebslehre, 4. Aufl., Springer, Berlin u.a.

Heilmann, W.-R. (1987): Grundbegriffe der Risikotheorie, Verlag Versicherungswirtschaft, Karlsruhe.

Hoaglin, D.C. (1983): Summarizing shape numerically. The g- and -h distributions, in: Hoaglin, D.C., F. Mosteller, J.W. Tuckey (Hrsg.): Data analysis for tables, trends and shapes, Wiley, New York.

Holton, G.A. (2003): Value-at-Risk, Academic Press, Amsterdam u.a.

Jaschke, S. (2002): The Cornish-Fisher-Expansion in the Context of Delta-Gamma-Normal Approximations, Journal of Risk 5, 33 – 52.

Kleiber, C., S. Kotz (2003): Statistical Size Distributions in Economics and Actuarial Sciences, Wiley, Holbiken, N.J.

Klugman, S., H.H. Panjer, G. Willmot (2004): Loss Models – From Data to Decisions, Wiley, Hoboken, NJ.

Lundberg, O. (1964): On random processes and their application to sickness and accident statistics, 2. Aufl., Almquist & Wiksell, Uppsala.

Mack, T. (1997): Schadenversicherungsmathematik, Karlsruhe.

Martinez, J., B. Iglewicz (1984): Some Properties of the Tuckey g and h Family of Distributions, Communications in Statistics – Theory and Methods 13, 353 – 369.

McNeil, A.J. (1997): Estimating the Tails of Loss Severity Distributions Using Extreme Value Theory, ASTIN Bulletin 27, 117 – 137.

McNeil, A. (2000): Extreme Value Theory for Risk Managers, in: Embrechts, P. (Hrsg.): Extremes and Integrated Risk Management, London, 2 – 18.

McNeil, A.J., R. Frey, P. Embrechts (2005): Quantitative Risk Management, Princeton University Express, Princeton, Oxford.

Mikosch, T. (2004): Non-Life Insurance Mathematics, Springer, Berlin u.a.

Moscadelli, M. (2004): The Modelling of Operational Risk: Experience with the Analysis of the Data Collected by the Basle Committee, Bank of Italy.

Neslehova, J., P. Embrechts, V. Chavez-Demoulin (2006): Infinite Mean Models and the LDA for Operational Risk, Journal of Operational Risk 1, 3 – 25.

Nguyen, M.-T., M. Ostmann (2005): Das dicke Ende, Risknews 04/05, 43 – 46.

Nyström, K., J. Skoglund (2002): Quantitative Operational Risk Management, Swedbank.

Panjer, H.H. (2006): Operational Risk, Wiley, Hoboken, NJ.

Parzen, E. (1962): Stochastic Processes, Holden-Day, San Francisco u.a.

Sundt, B. (1993): An Introduction to Non-Life Insurance Mathematics, 3rd ed., Karlsruhe.

Tuckey, J.W. (1977): Exploratory data analysis, Addison-Wesley, Reading, M.A.

Stichwortverzeichnis